Reparieren leicht gemacht

Das
Do It Yourself Buch
für Haus, Garten, Garage und Freizeit

Reparieren leicht gemacht

Verlag Das Beste Stuttgart · Zürich · Wien

In Zusammenarbeit mit dem
ADAC Verlag, München

Sonderauflage für den ADAC Verlag GmbH, München

© 1983 Verlag Das Beste GmbH, Stuttgart
Alle Rechte, insbesondere die der Übersetzung,
Verfilmung, Funk- und Fernsehbearbeitung – auch
von Teilen des Buches –, im In- und Ausland vorbehalten

Printed in Germany

ISBN 3 87070 204 4

Achtung

Bevor Sie mit größeren Reparaturen oder Umbauarbeiten beginnen, müssen Sie genau prüfen, ob Sie damit nicht gegen eine Klausel Ihres Mietvertrags oder gegen Bestimmungen der Hypothekenverträge verstoßen.

Vergessen Sie auch nicht, daß feste bauliche Veränderungen oder Einbauten im Falle Ihres Auszugs aus der Wohnung ins Eigentum des Vermieters übergehen, der Sie andererseits aber auch verpflichten kann, die Wohnung bei Ihrem Auszug in den ursprünglichen Zustand zurückzuversetzen.

Bei Reparaturen oder Veränderungen außerhalb des Hauses dürfen Sie nicht vergessen, die Zustimmung der örtlichen Baubehörde einzuholen. Dasselbe gilt auch für einschneidende bauliche Veränderungen im Hausinneren.

Bei jeder gefährlichen Reparatur oder Veränderungsarbeit müssen Sie die entsprechenden Vorsichtsmaßnahmen treffen. Lassen Sie sich unbedingt von einem Fachmann beraten, falls Sie in einer solchen Arbeit nicht bewandert sind. Besonders bei Arbeiten an Gas-, Wasser- und elektrischen Leitungen ist sachverständige Beratung unerläßlich; eine Reihe von Arbeiten dürfen Sie selbst gar nicht ausführen.

Und schließlich: Denken Sie nicht nur an die eigene, sondern auch an die Sicherheit anderer. Eine schlecht befestigte Schornsteinhaube oder ein nicht richtig gelegter Dachziegel beispielsweise kann auch für Ihre Nachbarn eine Gefahr bedeuten.

INHALT

Energie sparen im Haus und beim Autofahren

Der Verlag Das Beste GmbH
ist folgenden Mitarbeitern
zu besonderem Dank verpflichtet:

Paul Binsch	Klaus Kunkel
Burkhard Brehm	Siegfried Künstle
Robert Clauss	Karin Momberger
Dieter K. Franke	Manfred Momberger
Werner Frech	Kurt Möschle
Peter Hamann	Wolf Nagel
Herbert E. Hofner	Hannes Ruebel
Günther Honolka	Ines Ruebel
Atelier	Renate Schnieder
G. + M. Köhler	Georg Wanner
Marinus Kolbeck	Hans A. Werner

TEIL 1

Vom Dach zum Keller: Reparieren und Renovieren

Dächer

Konstruktion eines Daches

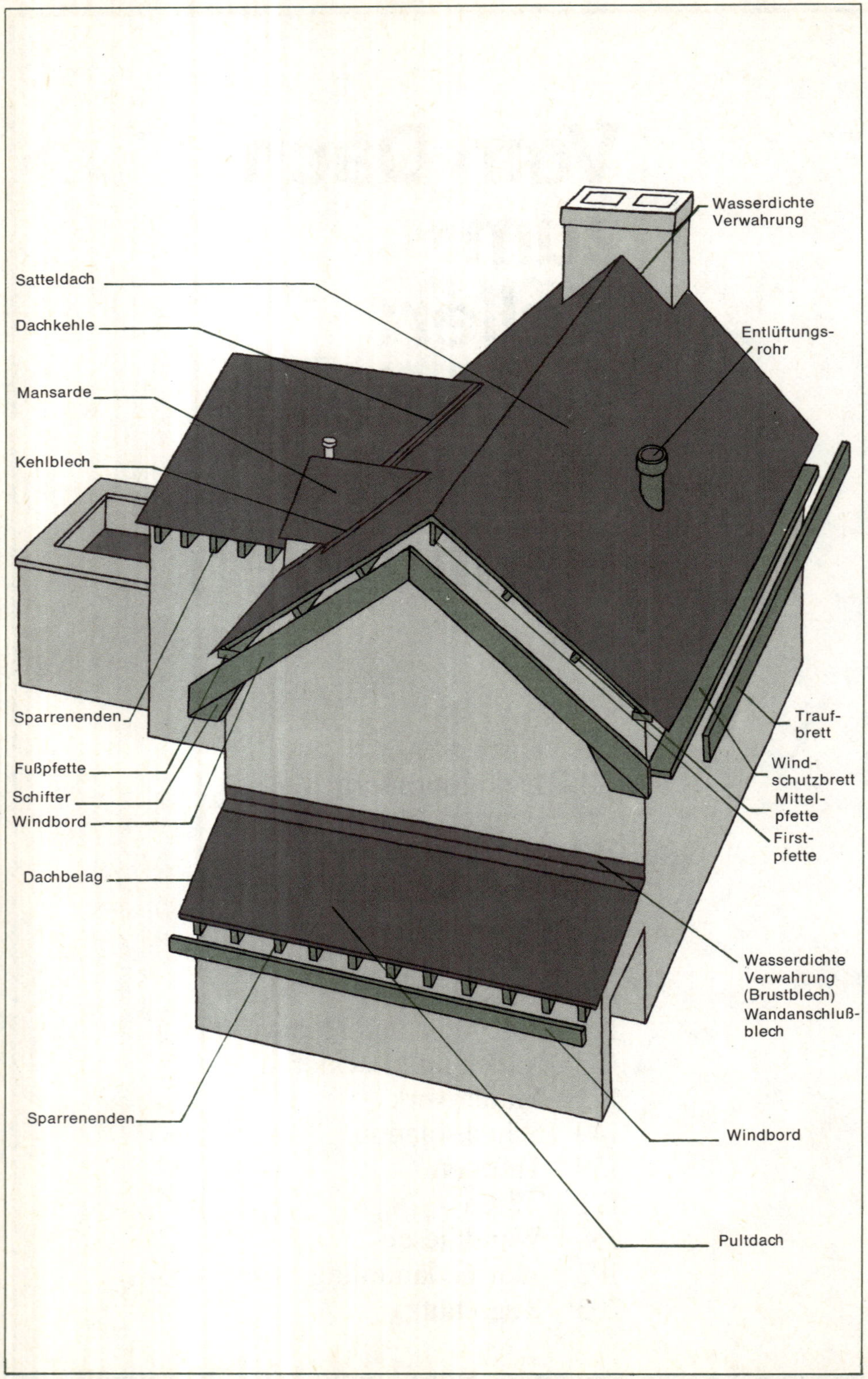

Satteldach

Dachkehle

Mansarde

Kehlblech

Wasserdichte Verwahrung

Entlüftungs- rohr

Sparrenenden

Fußpfette

Schifter

Windbord

Dachbelag

Traufbrett

Wind- schutzbrett

Mittel- pfette

Firstpfette

Wasserdichte Verwahrung (Brustblech) Wandanschluß- blech

Sparrenenden

Windbord

Pultdach

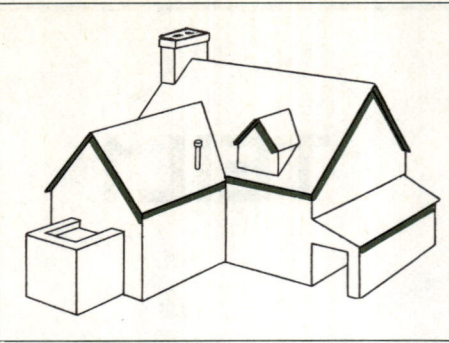

Eine Dachkonstruktion muß stabil und mit den Hausmauern fest verbunden sein, denn nicht nur das Dachgewicht übt Druck auf die Mauern aus, auch Wind und Schnee sorgen für eine zusätzliche Belastung.

Die unteren Teile des Dachstuhls sind häufig durch Stahlanker untereinander und mit den Mauern verbunden. Man sollte ab und zu überprüfen, ob diese Anker noch in einwandfreiem Zustand sind. Rost muß entfernt und der Farb- oder Mennigeanstrich gegebenenfalls erneuert werden.

Der Dachstuhl besteht im allgemeinen aus Holz. Seine wichtigsten Teile sind die waagrechten Deckenbalken, die schräg darüber stehenden Sparren und die im rechten Winkel auf ihnen oder senkrecht unter ihnen liegenden Pfetten: die auf den Mauern liegenden Fußpfetten, die Mittelpfetten und die Firstpfette.

Auf den Außenmauern liegen die Fußpfetten, auf denen die Sparren befestigt sind. Darüber ist die Dachverschalung angebracht, die aus Holzbrettern oder Platten bestehen kann (siehe S. 11–12). Bei einem verschalten Ziegeldach werden die Fugen zwischen den Brettern mit Konterlatten verdeckt, auf denen die Dachlatten befestigt sind. Dachrinnen (siehe S. 216–221) werden mit Rinnenträgern am Traufgesims befestigt. Dieses besteht aus dem senkrecht stehenden Traufbrett und dem damit durch Nut und Feder verbundenen waagrecht liegenden Boden- oder Windschutzbrett, welches das Traufbrett mit der Mauer verbindet. Dieses Brett verhindert, daß Stürme die Dachziegel von der Unterseite her abheben. Über die Giebelmauern vorstehende Pfettenenden werden durch die Windborde abgedeckt (siehe S. 14–16).

Besonders wichtig ist die Wasserabdichtung an Dachöffnungen für Schornsteine, Entlüftungsrohre, Dachreiter sowie bei Dachkehlen, Mansarden und Maueranschlüssen von Pultdächern. Diese Stellen werden durch Verwahrungen aus Zink- und Bleiblech abgedichtet. Schäden an diesen Verwahrungen müssen umgehend behoben werden, damit die darunter liegenden Holzteile nicht verrotten.

Große Dachreparaturen muß man dem Fachmann überlassen. Aber der Heimwerker kann beispielsweise beschädigte Dachziegel ersetzen, Traufgesimse und Windborde erneuern oder undichte Blechverwahrungen reparieren.

Dachverschalung, Dachlatten und Konterlatten erneuern

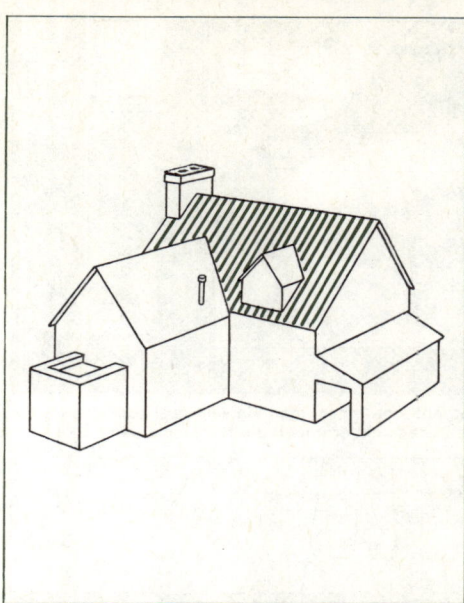

Eine Dachverschalung besteht aus etwa 20 mm dicken Weichholzbrettern, die durch Nuten und Federn miteinander verbunden und auf die Sparren genagelt sind. Bei älteren Häusern können die Bretter auch nur stumpf aneinander gelegt sein.

Beim Einbau von Wohn- oder Schlafräumen in das Dachgeschoß muß das Dach gut abgedichtet sein. Wenn das nicht der Fall ist, muß es über den betreffenden Räumen nachträglich verschalt werden.

Heute verwendet man auch verschiedenartige Bauplatten zur Dachverschalung, und Bretterverschalungen werden mit Bitumenpapier oder Kunststoffolie belegt und damit wirkungsvoll abgedichtet.

Die meisten Häuser sind mit Ziegeln gedeckt. Die Dachziegel werden an den Dachlatten eingehängt, die waagrecht auf der Dachverschalung oder, bei unverschalten Dächern, auf den Sparren befestigt sind. Die Aufhängepunkte der Ziegel sind Nasen – Vorsprünge an den Unterseiten der oberen Ziegelränder.

Damit Regenwasser, Flugschnee oder Kondenswasser abgeführt wird, liegen die Dachlatten nicht unmittelbar auf der Verschalung, sondern werden auf etwa 24 mm dicke Konterlatten genagelt, die senkrecht auf der Verschalung befestigt sind.

Um eine Holzverschalung auf herkömmliche Weise staubdicht zu machen, wird jede Brettfuge mit einer Leiste abgedeckt. Dies erschwert jedoch dem Dachdecker die Arbeit, weil er dann nicht gut auf den Dachlatten stehen kann. Daher wird vielfach über jede dritte Fuge eine Leiste genagelt. In diesem Fall müssen aber die Bretter der Verschalung so fest aneinandergepreßt werden, daß keine offenen Fugen entstehen.

Material:	Schalbretter
	Dachlatten und Leisten von
	der Dicke der vorhandenen
	Nägel
Werkzeug:	Stemmeisen
	Hammer
	Rückensäge
	Fuchsschwanz
	Beißzange
	Bohrmaschine
	Holzbohrer
	Schnur

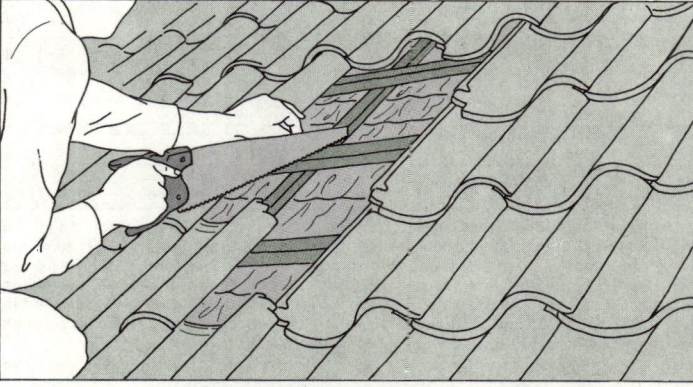

1. Über dem zu erneuernden Dachstück werden die Dachziegel entfernt. Es empfiehlt sich, sie von oben nach unten abzunehmen und an einem sicheren Platz zu stapeln. Dann durchsägt man alle Dachlatten und Konterlatten, die entfernt werden sollen, und bricht sie mit einem alten Stemmeisen heraus

2. Nun geht es an die Verschalung. Man treibt alle Nägel mit einem Versenker durch die Schalbretter, sucht dann die Mitte eines Balkens, zeichnet darauf eine Linie an und durchsägt auf ihr die Bretter. Man kann die Bretter auch entlang dem Balken durchtrennen und die Brettenden auf dem Balken wegstemmen

3. Ein Schalbrett bekommt bis dicht an die Fugen nebeneinander liegende Bohrungen. Dann durchsägt man auf ganzer Länge die Feder in einer der Fugen

4. Das erste Brett wird im Sägeschnitt mit einem alten Stemmeisen angehoben und gelockert, indem man es mit der Hand auf- und abbewegt (Forts. S. 12)

Dächer

(Fortsetzung von S. 11)

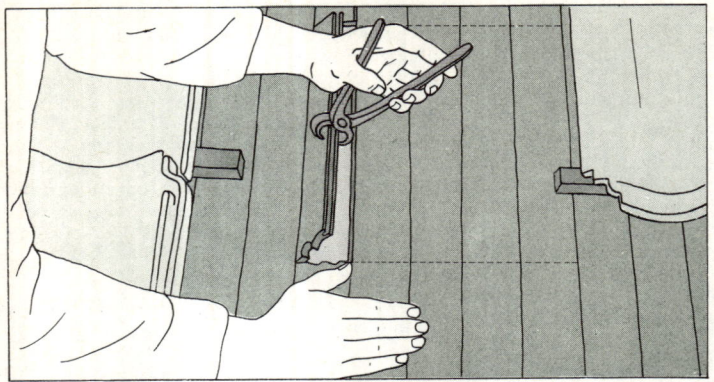

5. Nun wird das ausgesägte Brett mit einer Beißzange vorsichtig aus der Nut herausgezogen

6. Die übrigen Bretter werden entfernt, indem man sie von der Feder des jeweils nächstliegenden Bretts zieht. Danach entfernt man die Nägel aus den Balken

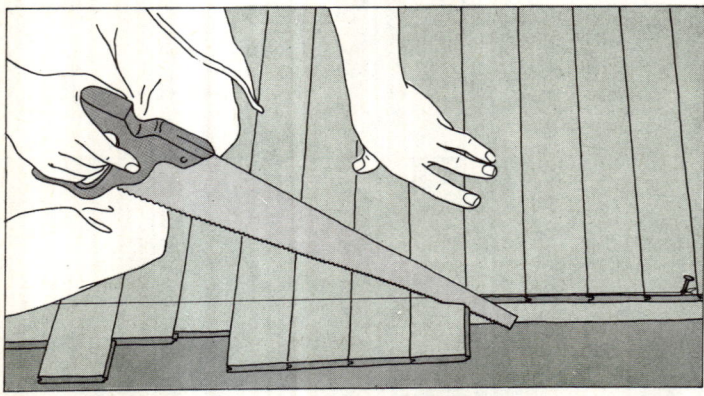

7. Reparaturarbeiten am Dach sind eine gefährliche Sache. Deshalb sollte man nach Möglichkeit ein Gerüst dazu benutzen, und zwar ein solides und kein selbstgemachtes. Deswegen braucht man nicht gleich eines zu kaufen, denn Gerüste kann man mieten, und der Vermieter stellt es außerdem den Sicherheitsvorschriften entsprechend auf. Ein Gerüst hat zudem den Vorteil, daß man die Schalbretter darauf lagern, in einem Zug verarbeiten und, an einer Schnur entlang, auf einmal ablängen kann. Man muß also nicht die Leiter rauf und runter

8. Das erste neue Brett wird gegen die vorhandene Verschalung gelegt. Falls Nut und Feder der neuen und alten Bretter nicht ineinander passen, legt man das neue Brett stumpf gegen das alte und deckt die Fuge oben und unten mit einer Deckleiste ab. In gleicher Weise wird auch die in der Mitte des Dachbalkens liegende Fuge von Sparren zu Sparren abgedeckt. Dachbretter werden genau wie Fußbodendielen mit Hilfe von Holzkeilen fest ineinander getrieben. Wie man das macht, wird bei Fußbodendielen auf Seite 78 beschrieben

9. Auf dem letzten Brett wird der Abstand zum Windbord angezeichnet und das Brett ein paar Millimeter hinter dieser Linie durchgesägt. Dann dreht man das Brett um und schiebt Nut und Feder ineinander und klopft das Brett vorsichtig auf die Balken. Man kann das letzte Brett auch stumpf einfügen und die Fugen mit Deckleisten abdecken. Zum Schluß werden neue Sparren- und Dachlattenstücke genau zwischen die vorhandenen alten eingepaßt und angenagelt

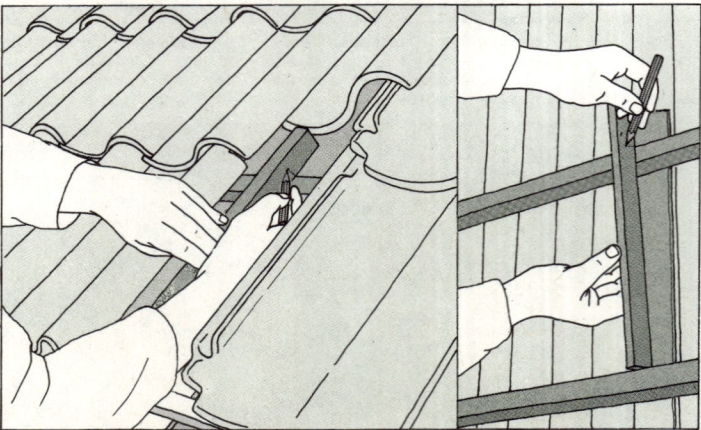

10. Beim Annageln der Dachlatten benutzt man einen Dachziegel als Abstandsmaß. Die Latte wird an einem Ende in Verlängerung der vorhandenen alten angenagelt, dann mißt man den Abstand zum Windbord und nagelt sie auch dort fest. Die Dachlatte wird auf die Sparren genagelt, nachdem man ihren gleichmäßigen Abstand nochmals kontrolliert hat. In gleicher Weise werden die anderen Latten angebracht. Nun legt man die Dachziegel auf

Dachunterkanten abdichten

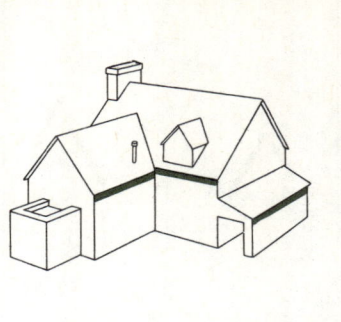

Der untere, horizontale Rand eines Daches ist meistens mit einem Traufgesims abgeschlossen, das als Windschutz dient und verhindert, daß der Wind die Dachziegel von unten her abhebt. Das Traufgesims besteht aus dem senkrecht stehenden Traufbrett und dem waagrecht liegenden Windschutzbrett. Diese Bretter können im Laufe von Jahren verrotten und müssen dann erneuert werden.

Das Erneuern des Traufgesimses ist eine Arbeit, die am besten von zwei Personen ausgeführt wird. Man braucht dazu ein sicheres Gerüst.

Man kauft Bretter von den Abmessungen der alten, wobei man nicht übersehen darf, daß die Traufbretter an den Enden gegehrt verbunden werden und daß die Windschutzbretter zusätzlich zur eigentlichen Breite mit einer Feder versehen werden und wahrscheinlich auch an Unregelmäßigkeiten der Hauswand angepaßt werden müssen, wobei Abfall entsteht. Als erstes müssen die Dachrinnen abgenommen werden.

Material:	Holz, reichlich abgemessen, für Traufbrett und Bodenbrett Eine Rolle Schnur Verzinkte Nägel Knetholz Holzschutzmittel
Werkzeug:	Flachmeißel Hammer Fuchsschwanz Stecheisen Holzhammer Winkelhaken Wasserwaage

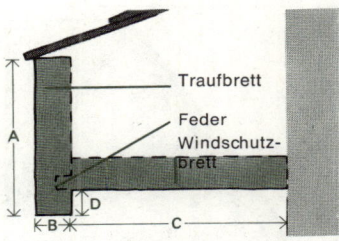

A Höhe des Traufbretts
B Dicke des Traufbretts
C Breite des Windschutzbretts; für die Feder 15 mm hinzufügen
D Abstand zwischen Unterkante Traufbrett und Unterseite Windbrett

1. Nach dem Abreißen der beschädigten alten Bretter spannt man eine Schnur entlang der Unterseite der Balken von einem Dachende zum anderen

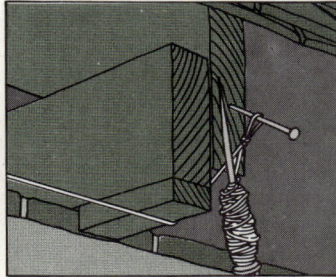

2. Man kontrolliert mit der Wasserwaage die waagrechte Lage der Schnur und berichtigt ihren Verlauf, falls nötig, mit Holzklötzchen

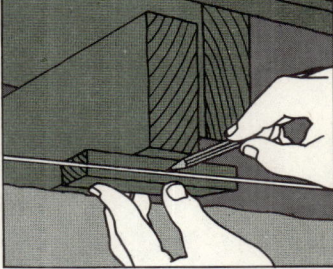

3. Man hält ein Holzklötzchen unter jeden Balken, der über die Schnur liegt, und zeichnet den Abstand entlang der Schnur an

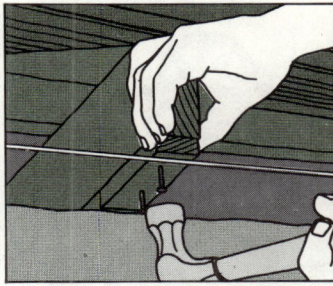

4. Jetzt wird das Klötzchen auf richtige Dicke und Länge geschnitten, grundiert und der Länge nach unter den Balken genagelt

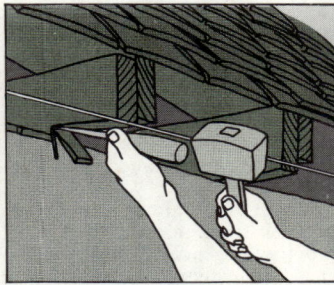

5. Wenn Balken unten über die Schnur vorstehen, sägt man sie dicht an der Wand ein und entfernt das überflüssige Holz bis auf Höhe der Schnur

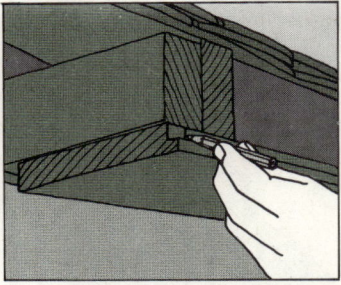

6. Man fixiert ein Windschutzbrett von einem Dachende aus und markiert darauf die Mitte des seinem anderen Ende am nächsten liegenden Balkens

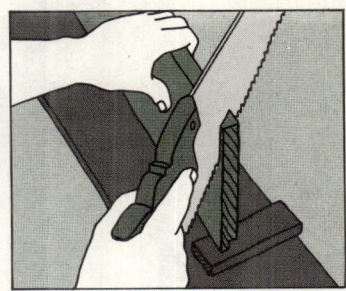

7. Das überstehende Brettende wird an der Linie unter einem Winkel von 45° abgesägt. Die Gehrung verläuft von der Brettunterseite nach außen

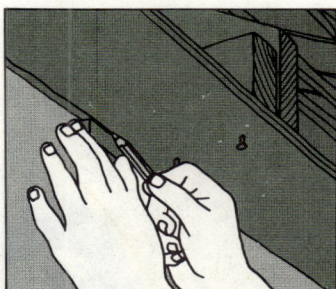

8. Jetzt nagelt man das Windschutzbrett provisorisch an die Balken und zeichnet darauf mit Hilfe eines Klötzchens die Wandunebenheiten an

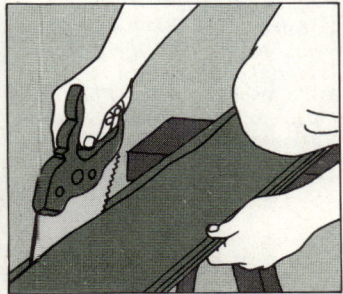

9. Das Windschutzbrett wird abgenommen und an der Markierungslinie entlang beschnitten. Je genauer man sägt, desto besser paßt es an die Wand

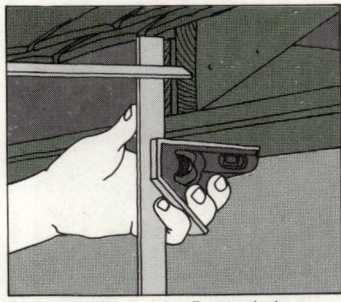

10. Man befestigt das Brett wieder provisorisch und markiert seine Vorderkante (abzüglich Feder) unten an allen Balken, die über sie hinausragen

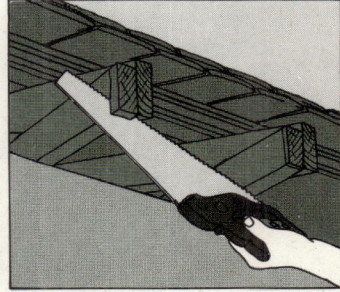

11. Das überstehende Holz der angezeichneten Balken wird vorsichtig mit dem Fuchsschwanz abgesägt. Verschalung nicht beschädigen (Forts. S. 14)

Dächer

(Fortsetzung von S. 13)

12. Auf Balkenenden, die nicht bis zur Vorderkante des Windschutzbretts reichen, nagelt man zum Ausgleich passende Holzklötze

13. Alle Löcher und Astknoten werden verkittet. Dann wird das Brett möglichst satt mit Holzschutzmittel gestrichen

14. Nun drückt man das Brett mit der abgesägten Kante fest an die Mauer und nagelt es von unten an die Dachbalken und Holzklötze

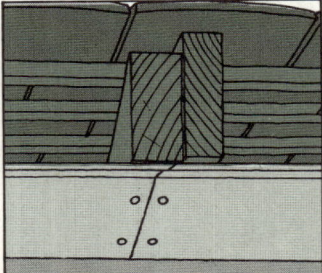

15. Die weiteren Windschutzbretter werden auf die gleiche Weise wie das erste zugerichtet und Gehrung an Gehrung befestigt

16. Falls die Bretter nicht dicht an den Balkenunterkanten anliegen, füllt man die Lücken mit Holzkeilen aus

Feder des Windschutzbretts

17. Man hält ein Traufbrett senkrecht gegen ein Windschutzbrett und markiert darauf über den Balken Nagelstellen

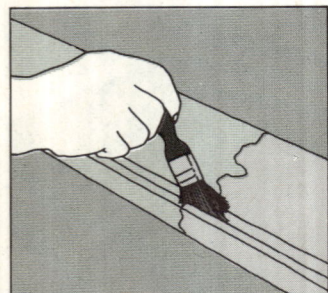

18. Das Traufbrett wird abgenommen und innen mit Holzschutzmittel behandelt. Während es trocknet, bereitet man das nächste Brett vor

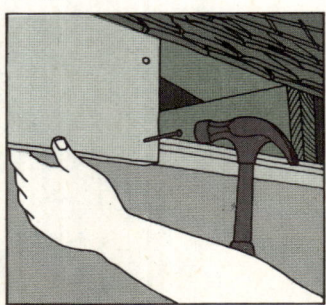

19. Man nagelt die Traufbretter an die Balken und Windschutzbretter. Dann verkittet man die Löcher und streicht die Bretter

Neue Windborde anbringen

Dachbalken, die über die Giebelwände hinausragen, werden oft durch sogenannte Windborde abgedeckt. Das sind Holzbretter, die auf den Enden der First-, Fuß- und Mittelpfetten befestigt sind. Lücken zwischen den Windborden und Dachziegeln können mit Mörtel verschlossen werden. Die Unterseiten der Pfetten und des Dachrandes bleiben in diesem Fall sichtbar. Bei einer anderen Konstruktion werden die Unterseiten mit Brettern abgedeckt, die an den Unterkanten der Windborde und an der Hauswand anliegen.

Wenn die Windborde große Risse haben oder von Holzfäule befallen sind, sollte man sie erneuern. Man mißt die schadhaften Bretter aus und kauft neue, die so dick wie die alten und möglichst schon imprägniert sein sollten. Am besten ist vakuum-imprägniertes Holz, weil bei diesem Verfahren das Imprägniermittel tief eindringt. Man kann Holz freilich auch selbst imprägnieren; das muß dann aber gründlich gemacht werden.

Wenn man eine Skizze der erforderlichen Holzverbindungen macht, kann der Holzhändler die Bretter in passender Breite zusägen und gegebenenfalls auch noch mit Nut und Feder versehen. Für Reparaturen am Giebel sollte man ein stabiles Gerüst verwenden. Wer mit einer Leiter arbeitet, muß ihr oberes Ende laut baupolizeilicher Vorschrift unbedingt an Mauerhaken befestigen.

Wenn die alten Windborde entfernt sind, empfiehlt es sich, die frei liegenden Teile des Daches mit einem Holzschutzmittel zu behandeln, um Holzfäule und Insektenfraß vorzubeugen.

Material: Die erforderlichen Holzbretter, möglichst schon mit Nut und Feder, Nägel, verzinkte Schrauben, Holzkitt Werkzeug: Hammer, Flachmeißel, Winkelschmiege, Fuchsschwanz, Hobel, Bohrmaschine, Holzbohrer

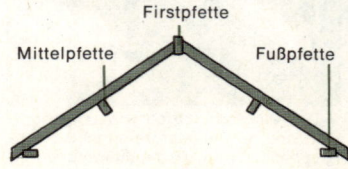

Firstpfette

Mittelpfette — Fußpfette

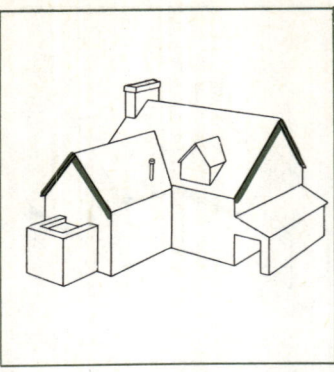

Windborde oder Giebelbretter dienen zur Abdeckung der aus dem Mauerwerk vorstehenden Fuß-, Mittel- und Firstpfetten

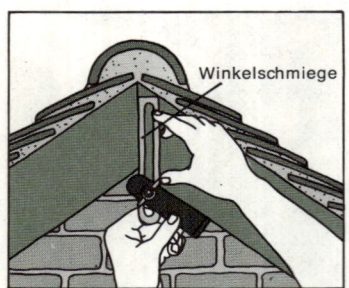

Winkelschmiege

1. Mit der Winkelschmiege wird festgestellt, unter welchem Winkel die Windborde aneinanderstoßen oder auf die Firstpfette treffen

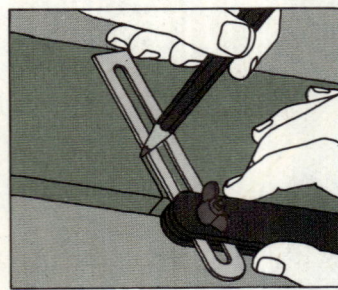

2. Man zeichnet den Winkel auf dem neuen Brett an, mißt die Länge des Windbords und sägt das neue Brett mit reichlicher Zugabe zurecht

3. Mit einem alten Stemmeisen werden die schadhaften Windborde und Windschutzbretter losgemacht. Man arbeitet dabei von unten nach oben

4. Lockere Dachziegel nimmt man vorsichtig ab und stapelt sie an einem sicheren Platz. Sie können später wieder verwendet werden

5. Man legt das neue Windbord zur Probe an und prüft sorgfältig, ob seine Gehrung genau an die des alten oder an die Firstpfette paßt

6. Das Brett wird an beiden Enden provisorisch angenagelt. Die Nägel werden nicht ganz eingeschlagen, damit man sie später leicht entfernen kann

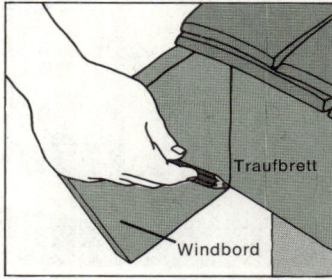

7. Auf der Innenseite des Windbords wird die Kante des Traufbretts angezeichnet. Außerdem müssen die Unterkanten beider Bretter fluchten

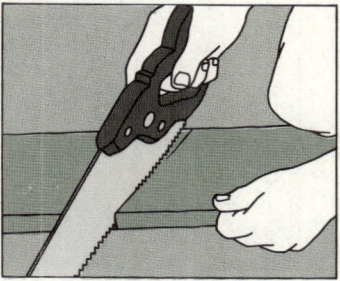

8. Man zieht die Nägel, nimmt das Windbord herunter, sägt das angezeichnete Ende ab und prüft, ob das Brett genau an seinen Platz paßt

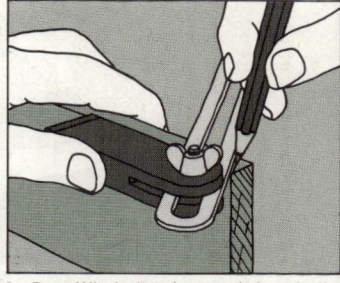

9. Das Windschutzbrett wird auf die richtige Länge zugeschnitten. Dann zeichnet man mit der Winkelschmiege an den Enden die Gehrungen an

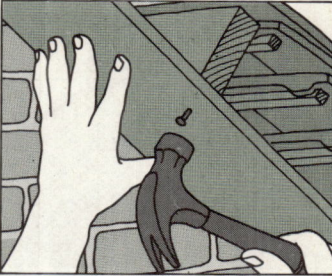

10. Jetzt werden an den Brettenden die Gehrungen gesägt. Danach heftet man das Windschutzbrett mit Nägeln provisorisch von unten an die Pfetten

11. Die Wandunebenheiten überträgt man auf das Brett, indem man ein Holzklötzchen als Zeichenunterlage an der Wand entlangführt

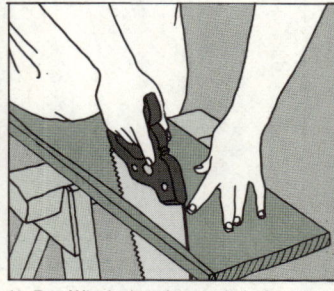

12. Das Windschutzbrett wird abgenommen und entlang der angezeichneten Linie auf die erforderliche Breite zugesägt

13. Man streicht die Innenseite des Bretts mit Holzschutzmittel, nagelt es provisorisch an, schraubt es fest und zieht die Nägel wieder heraus

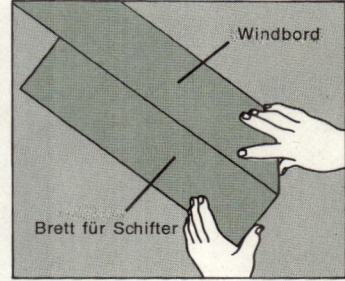

14. An das Ende des Windbords wird ein etwa 60 cm langes Brettstück von der Stärke des Windbords gelegt, das den sogenannten Schifter ergeben soll

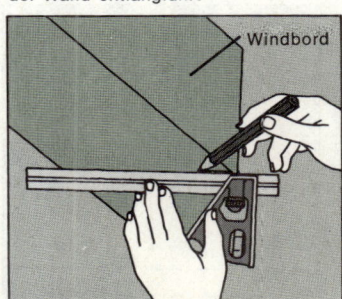

15. Das Brettstück wird nun mit einem Kombinationswinkel rechtwinklig zur Endkante des Windbords angerissen, also zur unteren Längskante hin

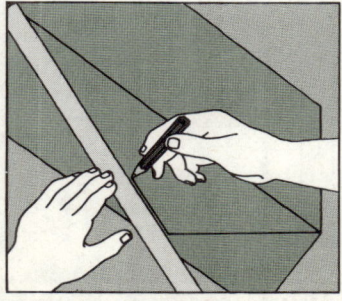

16. Auf der angerissenen Linie trägt man die Breite des Windbords ab und zeichnet von dort aus die Abschrägung des alten Schifters an

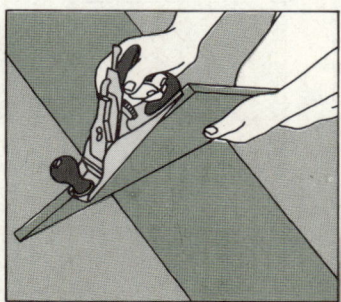

17. Der Schifter wird ausgesägt und an den Kanten glattgehobelt oder aber glattgefeilt, bis er einwandfrei auf das Windbord paßt

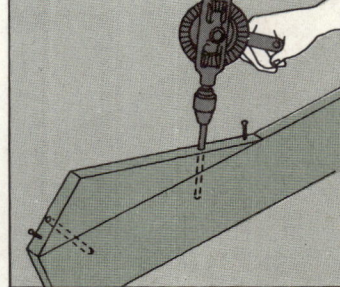

18. Nun nagelt man den Schifter provisorisch auf das Windbord und bohrt im rechten Winkel zu den Kanten zwei Löcher für Schrauben (Forts. S. 16)

Dächer

(Fortsetzung von S. 15)

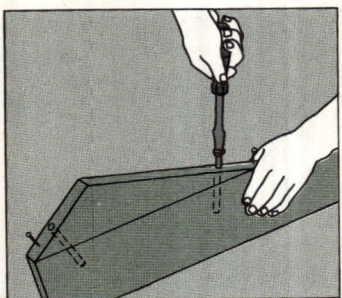

19. Der Schifter wird auf die Windbordkante geschraubt. Dann zieht man die Nägel heraus und verkittet die Schrauben- und Nagellöcher

20. Man streicht die Innenseite des Windbords mit Holzschutzmittel, drückt es mit der Nut über die Feder des Windschutzbretts und schraubt es mit verzinkten Schrauben fest

21. Dann werden abgenommene Dachziegel wieder angebracht und eingeputzt, die Schraubenlöcher verkittet und die Bretter gestrichen

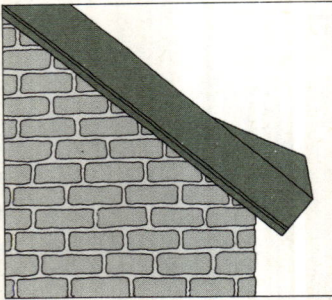

22. In manchen Fällen wird der Schifter auf der Oberkante des Windbords zur Abdeckung des Dachrinnenendes befestigt

Verbindung zwischen Mauer und Pultdach

Bei älteren Gebäuden besteht die Verbindung zwischen Mauer und Dach manchmal nur aus einem Mörtelrand. Man sollte diesen Mörtel entfernen, sobald er Risse zeigt. Das gleiche gilt auch für eine Blechverwahrung, die im Laufe der Zeit beschädigt wurde.

Material: Zinkblech, Bleiblech, Zementmörtel
Werkzeug: Spitzkelle, fester Pinsel, Hammer, Flachmeißel, Holz- oder Gummihammer

---

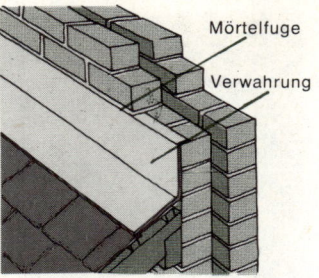

Mörtelfuge
Verwahrung

Verwahrung: Zink- oder Kupferblechstreifen, der in der Mauerfuge angebracht ist und den Dachrand überlappt

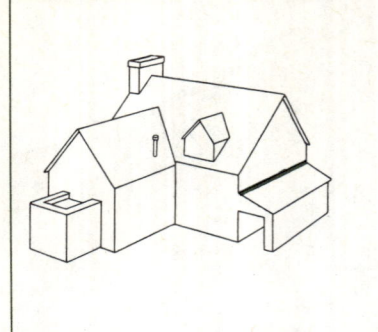

1. Der schadhafte Verwahrungsteil wird mit einem Flachmeißel von der Mauer entfernt. Dabei darf das Dach nicht beschädigt werden

2. Danach meißelt man den Mörtel etwa 2,5 cm tief aus der Fuge. Staub und Mörtelreste werden aus der Fuge gebürstet

3. Um die Breite der Verwahrung festzulegen, mißt man den Abstand von der Fuge bis zum Dachrand und gibt ca. 15 cm für die Überlappung zu

Alte Verwahrung
Neue Verwahrung

4. Der Blechstreifen wird zugeschnitten, auf ein Brett gelegt und an einer Längskante etwa 2 cm breit rechtwinklig umgeklopft

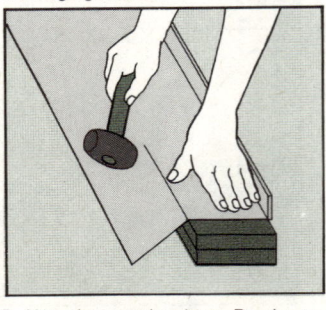

5. Von dem senkrechten Rand aus reißt man den Abstand von der Fuge zur Dachoberkante an und klopft das Blech im Winkel des Daches um

6. Die ausgemeißelte Fuge wird mit einem Pinsel gründlich naß gemacht, damit der Mörtel später gut darin hält

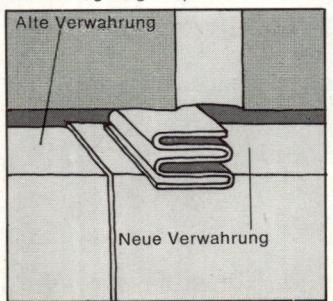

7. Neue Verwahrung so in die Fuge drücken, daß sie die alte um 15 cm überlappt, und mit einem gefalteten Blechstück festklemmen

8. Nun drückt man die neue Verwahrung fest auf das Dach, klopft sie, wenn nötig, an und streicht die Fuge mit Mörtel zu

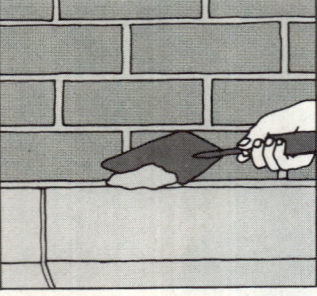

9. Zum Schluß wird der überschüssige Mörtel mit der Spitzkelle von der Fuge und vom Verwahrungsblech entfernt

Dach-Wand-Verwahrungen (Seitenkehlen)

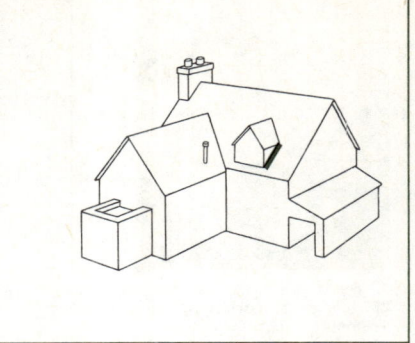

gemauerten Wand über dem zuerst angebrachten Bleiblechstreifen etwa 30 cm breite Zinkblechstreifen stufenförmig in die Mauer gefugt werden. Sie werden am unteren Ende der Dachneigung entsprechend schräg abgeschnitten. Die Zinkbleche überlappen sich etwa 4 cm. Die Bleiverwahrung muß auf der Dachfläche der Ziegelform angepaßt werden. Man sollte daher das beschädigte Teil vorsichtig abnehmen, um es als Schablone beim Zuschneiden des neuen Blechs verwenden zu können.

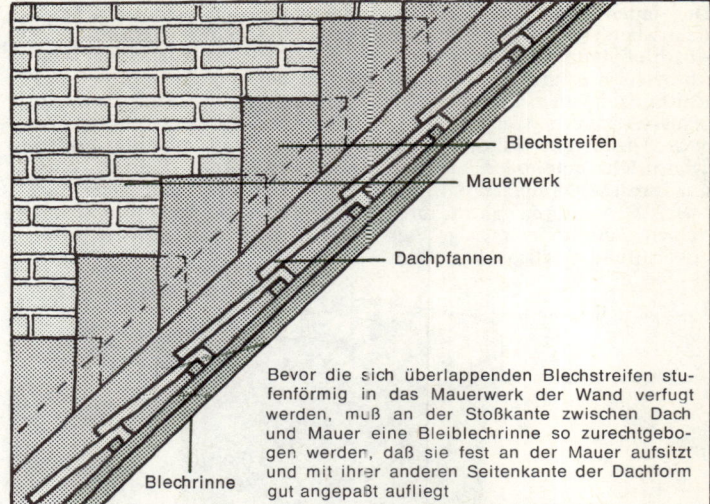

Blechstreifen
Mauerwerk
Dachpfannen
Blechrinne

Nur wenn der Dachrand horizontal, also parallel zu den Mauerfugen, angesetzt ist, kann man sich mit einfachen Bleiblechstreifen behelfen. Bei schrägen Dachrändern müssen an der

Material: Zinkblech, Bleiblech, Zementmörtel
Werkzeug: Kelle, Flachmeißel, Hammer, Bürste, Holzhammer, Blechschere

Bevor die sich überlappenden Blechstreifen stufenförmig in das Mauerwerk der Wand verfugt werden, muß an der Stoßkante zwischen Dach und Mauer eine Bleiblechrinne so zurechtgebogen werden, daß sie fest an der Mauer aufsitzt und mit ihrer anderen Seitenkante der Dachform gut angepaßt aufliegt

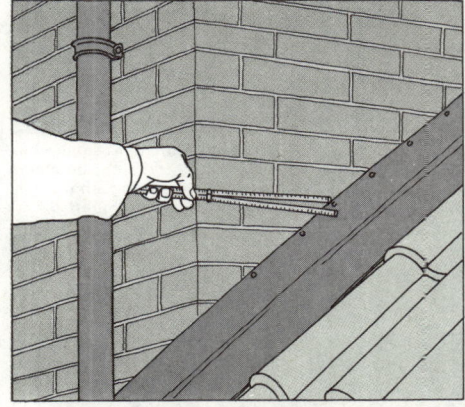

1. Dachziegel entlang der Mauer abnehmen und ihre Oberkante an der Mauer anzeichnen; das ist zugleich die Unterkante der Blechstreifen. Höhe (etwa 6 Ziegellagen) und senkrechte Einteilung der Bleche festlegen

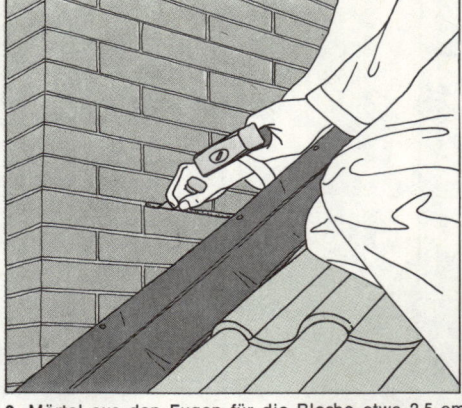

2. Mörtel aus den Fugen für die Bleche etwa 2,5 cm tief entfernen. Blechhöhe ist Fugenhöhe plus 2 cm. Maße auf dem Blech anreißen, zur vorgesehenen Streifenbreite 4 cm für senkrechte Überlappung zugeben

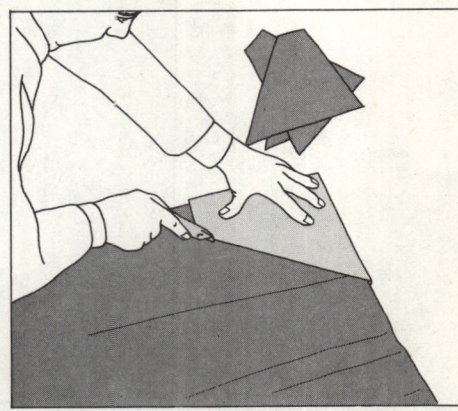

3. Beim Zuschneiden der Blechstreifen können die abgenommenen alten Bleche als Schablone dienen (falls es sich nur um eine Erneuerung handelt). Man nimmt sie deshalb vorsichtig von der Mauer ab

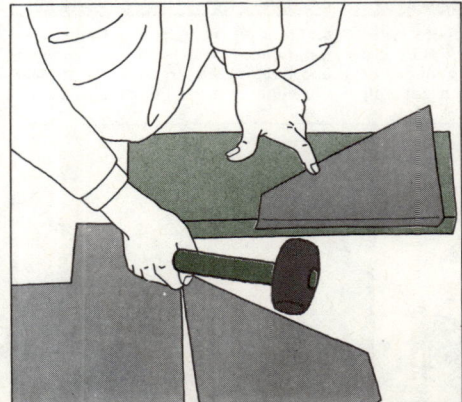

4. Die obere Kante jedes Streifens wird mit dem Holzhammer rechtwinklig 2 cm umgeschlagen. Streifen anhand der angezeichneten Linie in die Fugen einpassen, numerieren und wieder abnehmen

5. Die Blechrinne ist hinter den Streifen etwa 5 cm hoch und reicht etwa 15 cm weit auf das Dach. Sie wird an ihrem oberen Rand mit verzinkten Stahlnägeln in den Mauerfugen befestigt

6. Die Blechstreifen werden in die Fugen geschoben und diese mit Mörtel zugestrichen. Erst nach Erhärten des Mörtels wird die über die Dachfläche greifende Bleiblechrinne angeklopft

Dächer

So sieht ein Schornstein aus

Der unten abgebildete Schornstein ist mit einer vorgefertigten Abschlußplatte aus Beton abgeschlossen, die durch eine Mörtelschicht mit dem Schornsteinmauerwerk verbunden ist und je nach Anzahl der Rauchzüge im Schornstein eine oder mehrere quadratische Öffnungen hat.

Bei Reparaturen an Schornsteinen muß man mit größter Vorsicht und möglichst mit einem Helfer arbeiten, denn sonst kann leicht ein Unglück passieren.

Die Arbeiten dürfen nur von sicher befestigten Gerüsten aus durchgeführt werden. Gehwegabschnitte durch schräg gegen die Hauswand gestellte Latten absperren. Rote Lappen oder Hinweisschilder anbringen und im übrigen die bau- und feuerpolizeilichen Vorschriften strikt beachten!

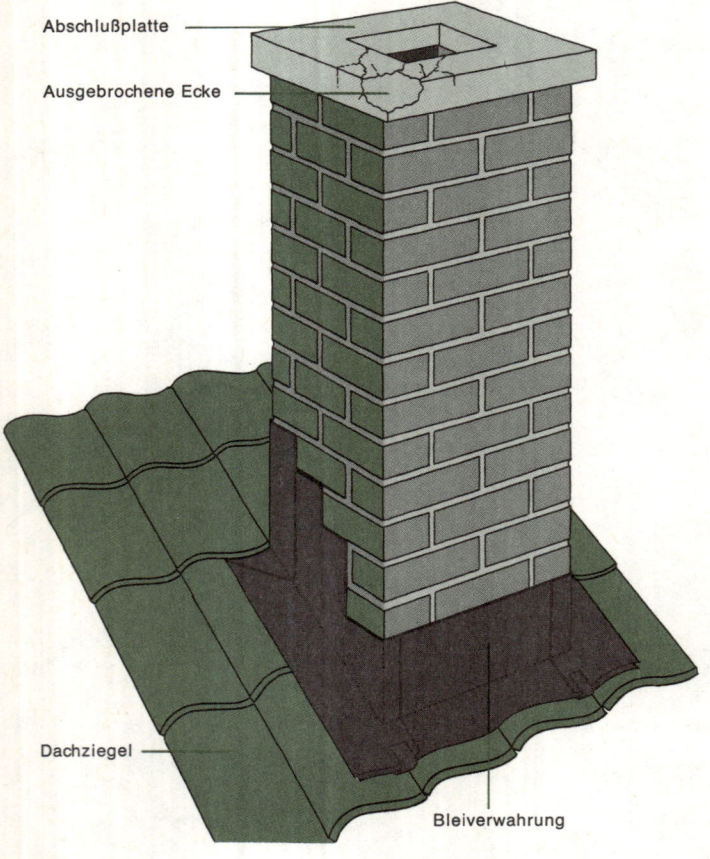

Abschlußplatte

Ausgebrochene Ecke

Dachziegel

Bleiverwahrung

Eine neue Abschlußplatte anbringen

Ein beschädigter Schornstein soll so schnell wie möglich repariert werden, weil eine lose oder zersprungene Abschlußplatte bei einem Sturm zu einem gefährlichen Geschoß werden kann.

Material: Abschlußplatte nach Maß der alten, Ziegel, Sand/Zement-Mörtel 4:1 Werkzeug: Maurerhammer, Kelle, Fugenkelle, Fäustel, Meißel, Pinsel, Gerüst, Leitern

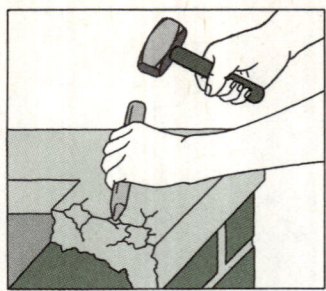

1. Beschädigte Abschlußplatte und Mörtelschicht vorsichtig abmeißeln. Trümmer nicht in den Schornstein und auf das Dach fallen lassen

2. Die Mörtelreste und Staub werden mit einem Handfeger gründlich weggefegt und am besten gleich in ein bereitgestelltes Gefäß geschüttet

3. Neue Abschlußplatte probeweise auflegen, dann die obere Ziegellage gründlich anfeuchten und eine 2 cm starke Mörtelschicht auftragen

4. Die neue Abschlußplatte wird gründlich angefeuchtet, auf die Mörtelschicht gelegt, angedrückt und in die richtige Position geklopft

5. Man nimmt mit der Kelle austretenden Mörtel von den inneren und äußeren Fugen weg und streicht die Fugen mit der Fugenkelle zu

---

EINEN SCHORNSTEIN VERSCHLIESSEN

Ein Schornstein, der nicht mehr als Rauchabzug benutzt wird, sollte verschlossen werden, damit keine Nässe eindringen kann.

Man verschließt ihn am besten mit einer Betonplatte. Für Ventilation sorgt man, indem man unten im Schornstein ein Lüftungsgitter einbaut (siehe S.147).

1. Abschlußplatte und Mörtelschicht entfernen, Ziegel säubern und gründlich anfeuchten

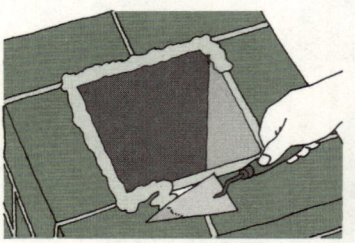

2. Um die Schornsteinöffnung einen dicken Mörtelrand in Größe der Verschlußplatte anbringen

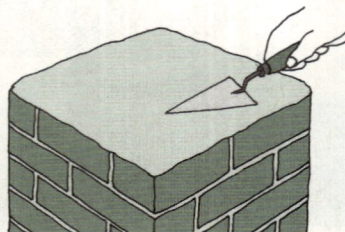

3. Verschlußplatte anfeuchten, auflegen und mit einer nach den Seiten abfallenden Mörtelschicht zustreichen

Schornsteinverwahrungen am Schrägdach erneuern

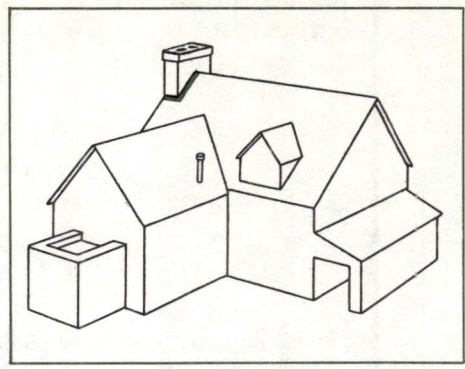

Die Verwahrungen von Schornsteinen und Entlüftungsrohren auf einem Ziegeldach sind für die Regenabführung kritische Stellen; besonders deshalb, weil hier Materialien mit ganz verschiedenen Eigenschaften aufeinander treffen: das Holz des Dachstuhls, Dachziegel und Schornsteinziegel, Bleiblech und Zinkblech. Es ist deshalb nicht erstaunlich, daß Dächer an diesen Stellen oft undicht werden.

Bei Schornsteinen, die durch ein Schrägdach führen, ist der wasserdichte Anschluß schwieriger, weil auf der Rückseite eine verdeckte Regenrinne erforderlich ist. Diese Rinne besteht aus Zinkblech, über dem eine Bleiverwahrung liegt, die in den Fugen der Schornsteinrückseite befestigt ist. Die Schornsteinseiten sind mit überlappenden Zinkblechstreifen (siehe S. 17) abgedeckt. Der Boden der Verwahrung ist im Dachholz befestigt.

Material:	Bleiblech
	Zinkblech
	Zementmörtel
Werkzeug:	Flachmeißel
	Hammer
	Kelle
	Holzhammer

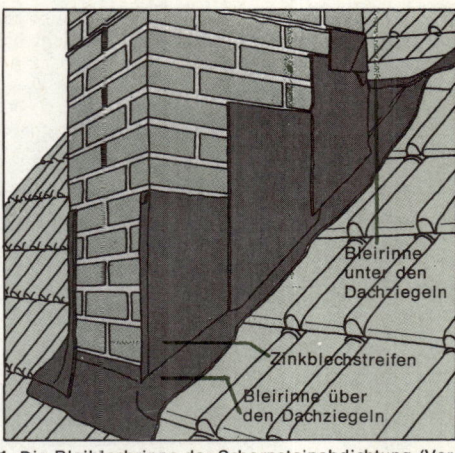

1. Die Bleiblechrinne der Schornsteinabdichtung (Verwahrung) wird oben unter die Dachziegel geschoben; unten und seitlich liegt sie darüber. Eingefügte Zinkblechstreifen überlappen sie

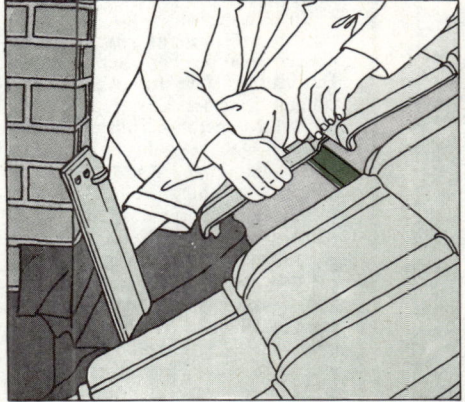

2. Eine schadhafte Verwahrung über dem Schornstein muß schnell erneuert werden, um einen Wassereinbruch zu verhindern. Zuerst entfernt man die auf der Blechrinne liegenden Dachziegel

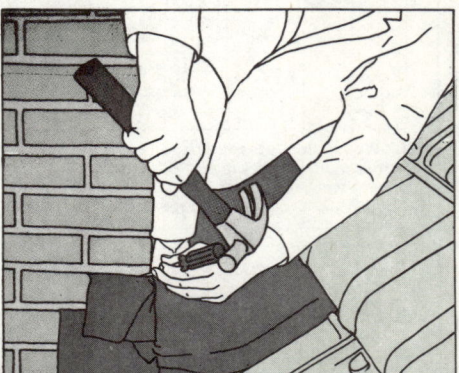

3. Die Dachziegel werden an einen sicheren Platz gelegt, dann beginnt man mit dem Abnehmen der alten Blechrinne. Dazu muß zuerst der Mörtel aus den Fugen geschlagen werden

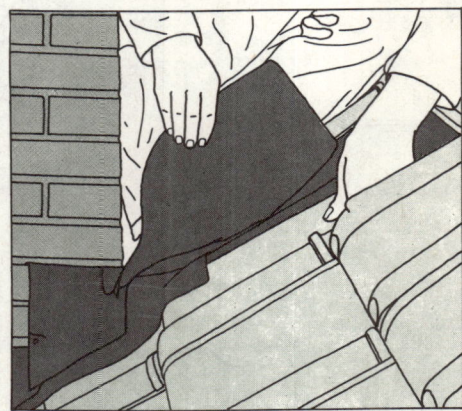

4. Für die Rinne wird neues Bleiblech zugeschnitten. Dabei benutzt man das abgenommene alte Blech als Schablone. Die neue Rinne wird in das Mauerwerk des Schornsteins eingefügt

5. Wenn diese nicht ganz einfache Arbeit ausgeführt ist, können die alten Dachziegel wieder aufgelegt werden. Beschädigte Dachplatten werden bei dieser Gelegenheit erneuert

6. Wenn die Dachziegel wieder aufgelegt sind, wird das senkrechte Blech der Rinne um die Schornsteinkanten geklopft und seine Enden mit verzinkten oder kupfernen Nägeln befestigt

7. Um die Erneuerungsarbeit sauber zu beenden und die Blechverwahrung sicher zu befestigen, werden die aufgehackten Fugen mit einer Fugenkelle wieder fest mit Mörtel verstrichen

Dächer

Schornsteinverwahrungen am Dachfirst erneuern

Die Blechverwahrung eines Schornsteins am Dachfirst ist ein schwacher Punkt, an dem häufig Undichtheiten auftreten.

Man sollte deshalb Firstschornsteine regelmäßig kontrollieren. Wenn sich Risse oder Löcher im Blech zeigen, muß es schnellstens erneuert werden.

Material:	Zinkblech, Bleiblech, Zement/Sand-Mörtel im Verhältnis 1 : 4
Werkzeug:	Brecheisen, Flachmeißel oder alter Schraubenzieher, Hammer, Fugenkelle, Kelle, sichere Leiter oder Gerüst

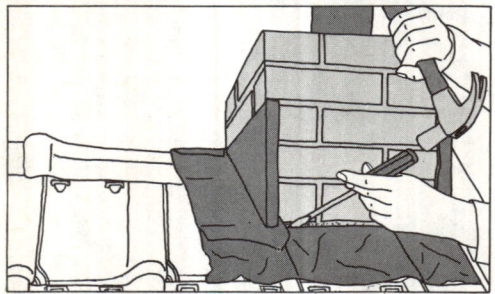

1. Zuerst wird mit einem Brecheisen, einem Meißel oder alten Schraubenzieher der Mörtel aus der Fuge herausgeschlagen, in der das zu erneuernde Blech sitzt. Vorsicht: Ziegelkanten nicht beschädigen

2. Das neue Bleiblechstück wird dann genau nach den Maßen des alten zugeschnitten, fest in die Fuge geschoben und – den Dachpfannen angepaßt – festgeklopft, bis es möglichst fugenlos aufliegt

3. Die aufgehackte Fuge, in der die neue Verwahrung sitzt, wird mit der Fugenkelle und Zement/Sand-Mörtel im Verhältnis 1 : 4 fest zugestrichen. Gut trocknen lassen

Wenn an den Schornstein grenzende First- oder Dachziegel zu erneuern sind, die von der Blechverwahrung überdeckt werden, muß man besonders sorgsam zu Werke gehen, um Dachziegel und Blech nicht zu beschädigen. Bei der Reparatur darf keine neue Schadensquelle entstehen.

Firstziegel werden in Mörtel verlegt. Zum Annageln dienen verzinkte Nägel, die sicher, aber nicht zu fest eingeschlagen werden. Heftige Hammerschläge können die Ziegel beschädigen.

Material:	Firstziegel oder Ort- oder Normalziegel Verzinkte Stahlnägel
Werkzeug:	Hammer Sichere Leiter oder Gerüst

1. Wenn der schadhafte alte Dachziegel unter die Schornsteinverwahrung greift, muß das Blech angehoben werden, bevor sich der Ziegel entfernen läßt. Vorsicht, daß das Blech dabei nicht einreißt

2. Der neue Dachziegel muß genau den Maßen des alten entsprechen. Nach dem Einsetzen wird das Blech auf die Dachziegel geklopft und der senkrechte Teil der Verwahrung wieder angebracht

3. Nach der Erneuerung eines Firstziegels wird das Blech der Verwahrung wieder angeklopft. Die überlappenden senkrechten Blechteile werden in die Mauerfugen gesetzt und mit Mörtel umgeben

Verwahrung eines Entlüftungsrohrs erneuern

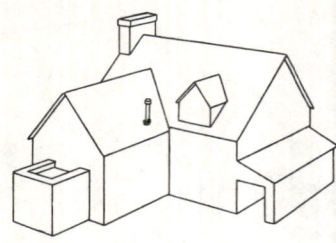

Entlüftungsrohre, auch Dunstrohre genannt, müssen wasserdicht durch die Dachhaut geführt werden. Sie werden benötigt für Abwasserleitungen (siehe Abwasserschema Seite 210), für die Entlüftung innenliegender Bäder und WCs, für Dunstabzugshauben von Küchen, Waschküchen und Trockenautomaten.

Entlüftungsrohre für Abluftleitungen müssen mit einer regensicheren Haube versehen werden, Entlüftungsrohre für Abwasserleitungen brauchen keine.

Entlüftungsrohre sind einbaufertig mit Dachverwahrung im Handel zu haben. Es lohnt sich nicht, diese selbst herzustellen oder zu reparieren, da sie absolut wasserdicht sein müssen.

Entlüftungsverwahrungen gibt es für die verschiedensten Dacharten, vom Flachdach bis zum Steildach, ebenso für alle Dachbeläge, beispielsweise für Ziegel verschiedenster Art, für Wellblech, Wellasbestzement und Bitumenpappe.

Je nach Dachbelag läßt es sich manchmal nicht vermeiden, daß beim Entfernen der alten Verwahrung auch ein Teil der Dachdeckung beschädigt wird. Bei Ziegeldächern kann es notwendig werden, Teile der Dachlatten und Verschalung zu erneuern.

Je nach Art der Entlüftungsverwahrung kann es erforderlich sein, das Entlüftungsrohr zu kürzen oder im oberen Teil zu erneuern. Es ist jedenfalls zweckmäßig, den Zustand des Rohres und der Dachdeckung zu prüfen, bevor man die Reparatur ausführt.

Material:	Entlüftungsverwahrung nach Rohrdurchmesser und Dachart, wenn nötig Ziegel, Dachlatten, Lüftungsrohr und Nägel
Werkzeug:	Hammer, Zange, Blechschere, Säge

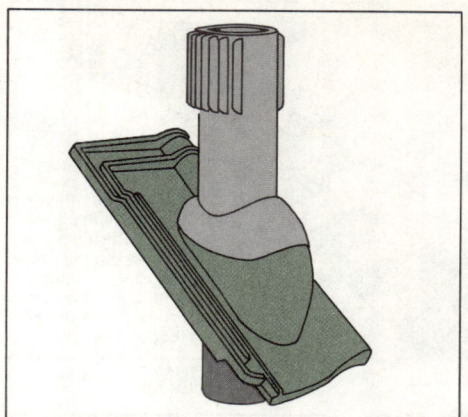

Entlüftungsverwahrung für Ziegeldächer ohne regensichere Haube für Abwasserbelüftungsrohre. Zum Kauf nimmt man einen Dachziegel zum Vergleich mit

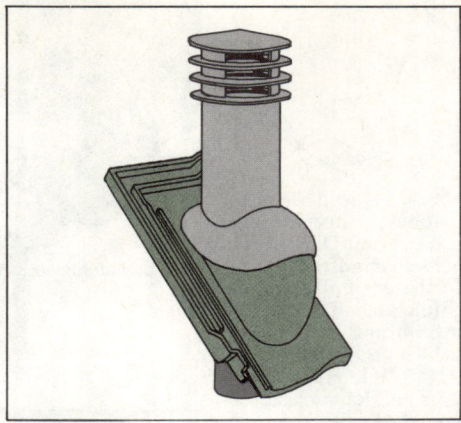

Entlüftungsverwahrung für Ziegeldächer mit regensicherer Haube für Abluftleitungen. Auch hier muß der Ziegel zur Dachdeckung passen

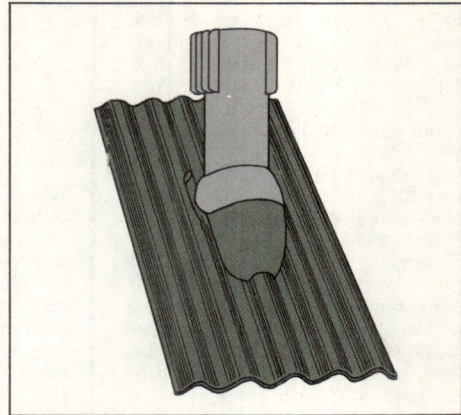

Entlüftungsverwahrung für Bitumenwellpappe, Wellblech oder Wellkunststoff. Die Verwahrung wird auf die Unterkonstruktion geschraubt

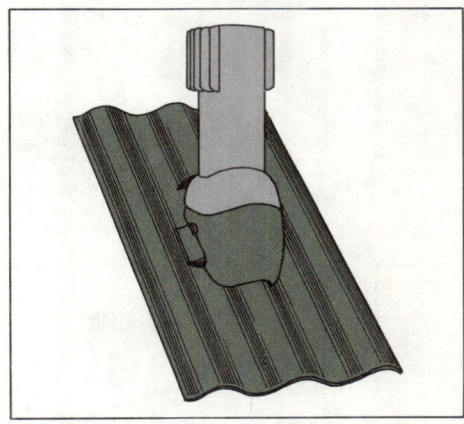

Entlüftungsverwahrung für Wellasbestzement; sie wird mit Schrauben befestigt

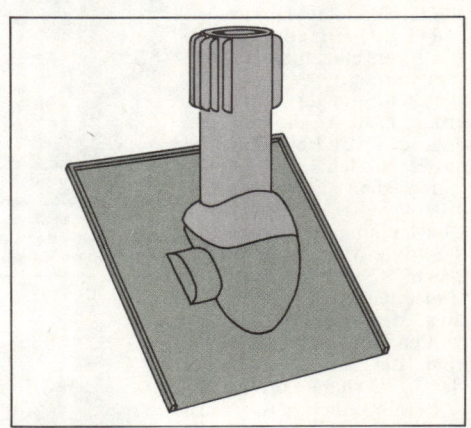

Entlüftungsverwahrung für Schiefer- oder Asbestzementplatten; sie wird geschraubt oder genagelt

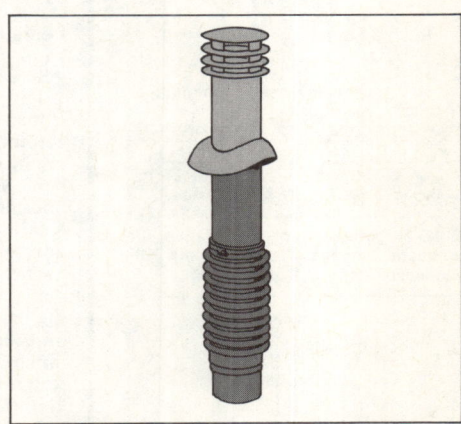

Entlüftungsrohr mit flexiblem Rohranschluß; kann bei allen Verwahrungen verwendet werden

Entlüftungsverwahrung an Ziegeldach erneuern

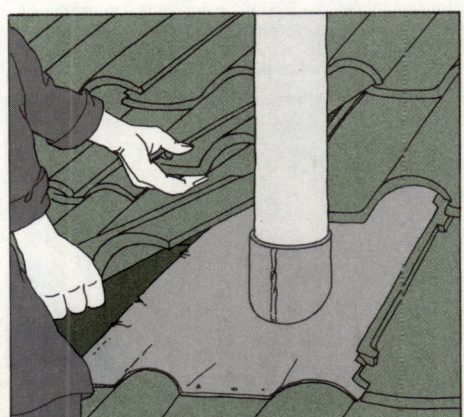

1. Zunächst Ziegel um die alte Verwahrung abdecken, dann Verwahrung und altes Rohr entfernen

2. Die Unterkonstruktion, wie Dachlatten z. B., prüfen und gegebenenfalls ausbessern

3. Die Entlüftungsverwahrung einsetzen, das Rohr anschließen und Ziegel einsetzen

(Forts. S.22)

Dächer

(Fortsetzung von S. 21)

Entlüftung am Flachdach

Es ist nicht einfach, ein Entlüftungsrohr mit Verwahrung an einem Flachdach zu erneuern; man sollte die Arbeit möglichst von einem Fachmann ausführen lassen. Denn einerseits gibt es viele Arten von Flachdachaufbauten mit den verschiedensten Materialien, andererseits benötigt man Spezialwerkzeug und Fachkenntnisse. In Notfällen, wenn kein Fachmann zur Verfügung steht, kann man sich mit dauerelastischem Kunststoff oder Kaltbitumen helfen: Die undichte Stelle wird mit Heißluft getrocknet, von losen Teilen gesäubert und danach mit dem Dichtungsmaterial abgedichtet.

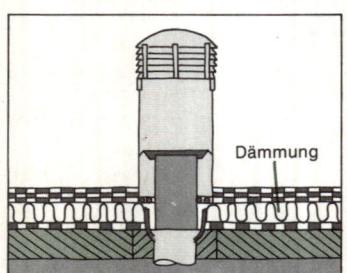

Entlüftungsverwahrung mit Haube für wärmegedämmtes Flachdach mit Bitumenisolierung

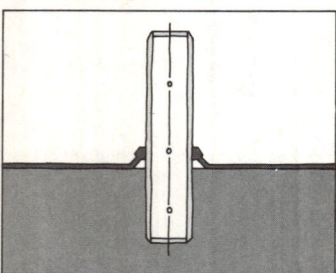

Entlüftungsverwahrung ohne Haube für einschaliges Kaltdach; kann in Kunststofffolie oder Bitumenschweißbahnen eingeklebt werden

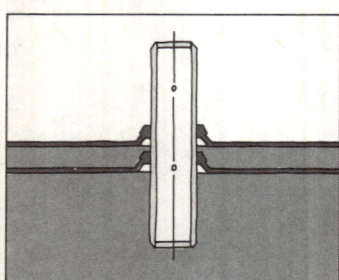

Entlüftungsverwahrung ohne Haube, zweiteilig, für Warmdach mit Wärmedämmung; zum Einkleben in Kunststofffolie oder Bitumenschweißbahnen

Abdichten einer Dachkehle

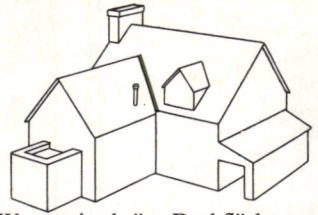

Wo zwei schräge Dachflächen aneinander stoßen, entsteht eine „Kehle", die sich mit Dachziegeln nicht immer einwandfrei abdichten läßt. In diesem Fall wird für den Anschluß der Dachflächen und zur Abführung von Regenwasser eine Rinne aus Zinkblech eingelegt. Da Zink einen ziemlich hohen Ausdehnungskoeffizienten hat, darf die Rinne in der Kehle nicht angenagelt werden. Sie wird stabilisiert, indem man die Ränder der Zinkrinne fest unter die Dachkanten klemmt. Lediglich bei Überlappungen kann das Blech mit einzelnen Nägeln befestigt werden.

Die Teile sehr langer Zinkrinnen werden nicht zusammengelötet, sondern durch Falznähte miteinander verbunden, eine Arbeit, die man dem Fachmann überlassen soll. Bei kürzeren Kehlen: Überlappung anbringen oder eine Naht verlöten.

Die meisten Kehlrinnen werden mit Futterleisten versehen, die zwischen den Kehlbrettern und Dachkanten liegen. Zwischen ihnen werden die aufgebogenen Ränder der Zinkrinne festgeklemmt; das ergibt einen wasserdichten Anschluß.

Auf beiden Seiten der Kehle können zurechtgeschnittene Dachziegel oder Schieferplatten liegen. Da sie vor der Erneuerung der Zinkrinne abgenommen werden müssen, ist es ratsam, sie zu numerieren. Wenn unregelmäßig zurechtgeschnittene Dachziegel schadhaft sind, werden sie als Schablone zum Anreißen der Ersatzziegel benutzt.

Blecharten für Dachdeckerarbeiten

Für Dachdeckerarbeiten wie Abdichtungen, Verwahrungen, Regenrinnen, Entlüftungsrohre u. a. dürfen nur nichtrostende Blecharten verwendet werden. Stahlbleche scheiden deshalb von vornherein aus, auch wenn sie verzinnt (Weißblech), verkupfert oder auf andere Weise gegen Rost geschützt sind. Der Dachdecker benutzt drei Blecharten: Bleiblech, Kupferblech und Zinkblech.

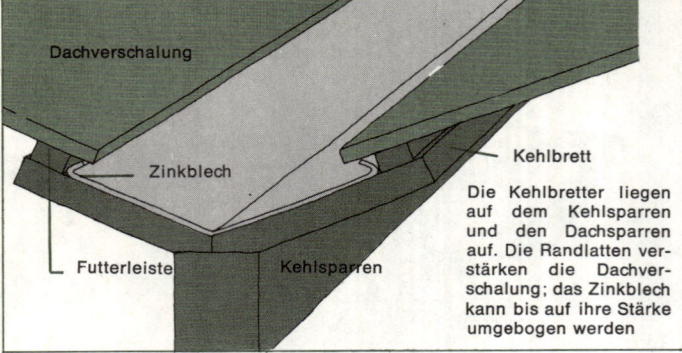

Die Kehlbretter liegen auf dem Kehlsparren und den Dachsparren auf. Die Randlatten verstärken die Dachverschalung; das Zinkblech kann bis auf ihre Stärke umgebogen werden

Dachverschalung · Zinkblech · Kehlbrett · Futterleiste · Kehlsparren

1. Eventuell vorhandenen Mörtelrand und Bleiblech entfernen, Verbindung mit der Dachrinne lösen. Schieferplatten oder Dachziegel von unten nach oben numerieren

2. Die numerierten Dachplatten oder -ziegel entfernen; um Arbeitsfläche zu gewinnen, bis auf etwa 60 cm Breite. Dachziegel oder -platten sicher stapeln

3. Alte Zinkrinne entfernen, Breite der Kehle messen, dabei Umschlag an den Seiten nicht vergessen. Ränder des neuen Blechs um die Dicke der Randlatten aufbiegen

Bleiblech: wird überall dort verwendet, wo es auf dichte Anpassung durch Anklopfen des Blechs an die Formen der Dachziegel ankommt.

Zink- oder Kupferblech: zur Abdeckung gerader Flächen. Zinkblech ist zwar spröder als Kupferblech, aber auch billiger.

4. Beide Längskanten über einer Holzbohle mit dem Holzhammer umklopfen; Blech in der Mittellinie so knicken, daß es unter die Dachränder paßt. Rinne in die Kehle legen

Material: Zinkblech, Dachziegel oder Schieferplatten, verzinkte Nägel, Lötzinn
Werkzeug: Hammer, Gummi- oder Holzhammer, Blechschere, Lötkolben

5. Dachplatten oder -ziegel von unten nach oben in richtiger Reihenfolge wieder anbringen. Dabei erst eine Seite fertigstellen, bevor man mit der zweiten beginnt

Reparaturen an Ziegeldächern

Die meisten Wohnhäuser sind mit Dachziegeln gedeckt, die aus Ton geformt und im Ziegelofen gebrannt werden. Je nach Formgenauigkeit, Ebenmäßigkeit, Klang, Farbe und Schwindungsmängeln unterscheidet man Dachziegel I., II. und III. Wahl.

Neben den Normalziegeln gibt es zahlreiche Sonderformen, die für eine vollkommene Dachabdichtung entscheidend sind.

Die wichtigsten Sonderformen sind:

Firstziegel zum Abdecken des Satteldachfirsts

Gratziegel zum Abdecken von Dachgraten

Traufziegel mit besonderer Fußausbildung für den unteren Dachrandabschluß

Firstanschlußziegel mit besonderer Kopfausbildung zum Anschluß der Firstziegel

Gaupenziegel zur Entlüftung des Raums unter der Dachdeckung

Durchführungsziegel zur Durchführung von Entlüftungsrohren

Ort- und Windbordziegel zum Anschluß an die Giebelmauern oder Windborde

Kehlziegel in Winkelform und

Rinnenkehlziegel zum Auslegen von Dachkehlen

Glasdachziegel in vielen Formen zur Dachraumbelichtung

Dachziegel können von einer Mindestdachneigung von ca. 30° an verlegt werden, Flachdachpfannen ab einer Neigung von ca. 20°. Beim Verlegen von Dachziegeln auf einer Verschalung ist es ratsam, die waagrechten Dachlatten nicht unmittelbar aufliegend, sondern auf mindestens 2,5 cm dicken senkrechten Futterlatten zu befestigen.

Bei der untersten Ziegelreihe wird die Dachlatte auf ihre Kante gelegt, um alle Ziegel in einer Fläche zu halten. Die unterste Ziegelreihe muß so verlegt werden, daß sie die Verschalung vor eindringendem Regen schützt. Dachziegel sollte man niemals annageln, weil sie springen und vom Dach fallen können.

Wenn Dachziegel verankert werden müssen, wie zum Beispiel bei Dachneigungen von mehr als 60°, geschieht das mit Dachziegelhaken, die in verschiedenen Ausführungen im Baustoffhandel zu haben sind.

Zerbrochene Dachziegel erneuern

Dachziegel, die oft fast unsichtbare Haarrisse haben, können bei Frost zerspringen. Auch Sturm kann leicht Schäden verursachen. Es ist deshalb wichtig, schadhafte Ziegel so schnell wie möglich zu ersetzen, damit das Dach nicht undicht wird und die Verschalung nicht zu verrotten beginnt. Darunter liegende Bauplatten können durch Feuchtigkeit ernsthaften Schaden nehmen, und sehr aufwendige Reparaturen wären die Folgen.

Die neuen Dachziegel müssen genau dieselben Maße und Anschlußkonturen haben wie die alten. Es ist deshalb unerläßlich, beim Kauf der Ersatzziegel einen alten als Muster mitzunehmen.

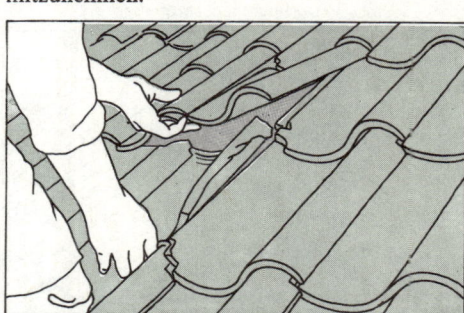

1. Um hoch auf dem Dach liegende Pfannen auszuwechseln, muß man eine ganze Dachziegelreihe abnehmen, um Platz zum Stehen zu gewinnen

2. Die Dachziegel werden gestapelt, nach Möglichkeit auf dem Dach, niemals in der Dachrinne. Ungleiche Ziegelgrößen werden gekennzeichnet

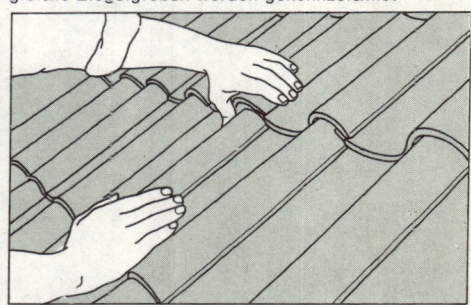

3. Schadhafte Dachziegel nimmt man unter Anheben der darüber und nebenan liegenden ab. Gleichzeitig prüft man, ob die Dachverschalung in Ordnung ist

4. Unter Anheben des darüber liegenden Dachziegels schiebt man den neuen an seinen Platz; seine Nase wird dabei über die Dachlatte gehängt

5. Die Seitenfalze müssen richtig in die der nebenan liegenden Dachziegel eingreifen. Die Ziegel werden wieder von oben nach unten verlegt

---

GEBRÄUCHLICHE DACHZIEGELFORMEN

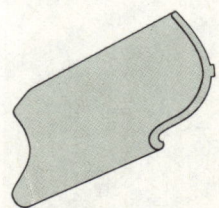

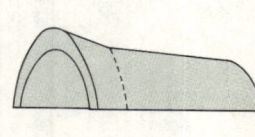

Muldenziegel mit zwei muldenförmigen Längsvertiefungen, einfachem Kopffalz und doppeltem Seitenfalz. Der Ziegel ist für alle Dachformen anwendbar

Krempziegel (verlegt), auch Blattziegel, Flachziegel oder Breitziegel genannt, mit konisch geformter Krempe; für normale Dachneigungen geeignet

Hohlpfanne, auch holländische Pfanne oder S-Pfanne genannt, mit S-förmig gekrümmter Oberfläche und rechts- oder linksseitigem Wulst; für normale Dachneigungen

First- und Gratziegel, auch Forstziegel, Walmziegel, Schrenkziegel genannt, zur Eindeckung der Firste und Grate, in verschiedenen Formen hergestellt, Normallängen 365 und 400 mm

Dächer

Reparatur einer Dachverschalung

Wenn eine Dachverschalung größere Schäden aufweist, sollte sie ganz erneuert werden (siehe Seite 11). Nur kleinere Stellen kann man mit Bitumenmaterial abdichten. Für größere Flächen ist das nicht anzuraten, weil das Holz darunter nicht atmen kann.

Material: Ruberoid, Bitumenkleber, Flachkopfnägel, Holzkonservierungsmittel
Werkzeug: Säge, scharfes Messer, Hammer, Beißzange, Bürste, Anstreichpinsel

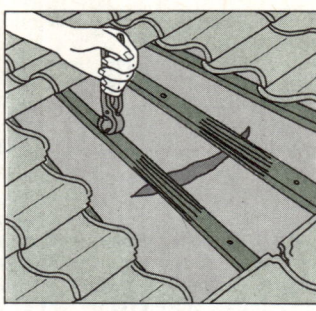

1. Abgenommene Dachziegel an sicherem Platz stapeln. Danach werden mit der Beißzange die Nägel aus den Dachlatten entfernt

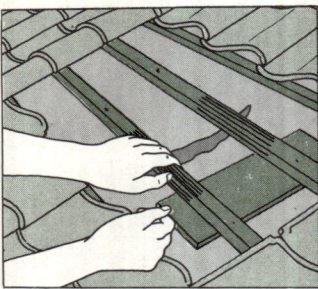

2. Um die Verschalung nicht noch weiter zu beschädigen, schiebt man vor dem Sägen ein Stück Hartfaserplatte unter die Latten

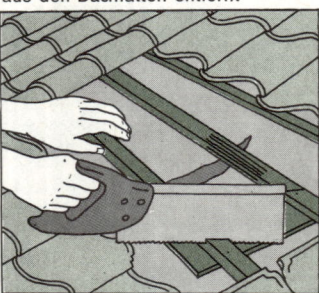

3. Dachlatten dicht neben der Schadenstelle schräg durchsägen. Größeren Riß in der Verschalung mit Asphaltbitumen ausgießen

4. Eine Abdichtplatte (Ruberoid) etwas größer als die Schadenstelle zuschneiden und mit Bitumenklebstoff auf die Reparaturstelle kleben

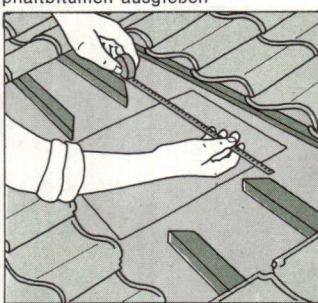

5. Die Ecken werden mit ein paar rostfreien Nägeln befestigt. Dann mißt man die fehlenden Dachlattenstücke genau aus

6. Neue Lattenstücke zuschneiden, mit Holzkonservierungsmittel allseitig behandeln und mit rostfreien Nägeln befestigen

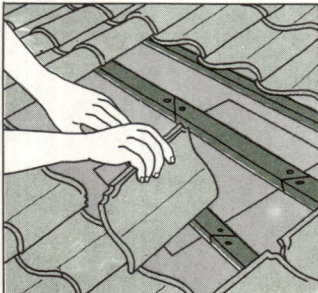

7. Die Reparaturstelle und vor allem die Dachrinne von allen Abfällen gründlich säubern. Dachziegel wieder auflegen

Firstziegel und Gratziegel

Die Dachoberkante ist gewöhnlich mit Firstziegeln gedeckt, Dachgrate mit First- oder besonderen Gratziegeln. Firstziegel dürfen niemals angenagelt werden. Man unterscheidet zwei verschiedene Verlegungsarten:

1. Unter Verwendung von sogenannten Firstanschlußziegeln, wobei die Firstziegel lose auf den besonders ausgebildeten Köpfen dieser Ziegel liegen.

2. Unter Verwendung eines sogenannten Gratbretts, das ist ein auf der Firstpfette sitzendes schmales Brett. In diesem Fall werden die Firstziegel mit dickflüssigem Mörtel aus 1 Teil Zement, 2 Teilen Kalk und 10 Teilen feinem Sand befestigt und alle Fugen mit diesem Mörtel zugestrichen.

Es gibt zahlreiche Sonderformen von Dachziegeln, unter anderem auch Firstabschlußziegel, Gratziegel und Kehlziegel.

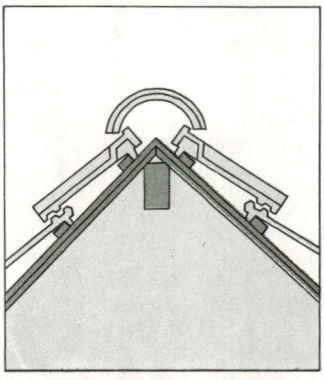

1. Firstkonstruktion mit Firstpfette. Hier ruhen die Firstziegel auf den Firstanschlußziegeln und sind nicht besonders befestigt

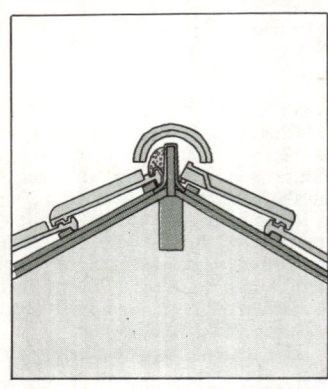

2. Firstkonstruktion mit Gratbrett. Die Firstziegel liegen in einem Kalkmörtelbett und sind so fest mit den Dachpfannen verbunden

3. Schuppenförmig übereinander gelegte Gratziegel dienen zur Abdeckung von Dachgraten. Am unteren Ende wird die Reihe mit einem Firstabschlußziegel abgeschlossen

Erneuern eines Firstziegels

Firstziegel decken die obere Dachkante, den First, ab. Sie liegen überlappend auf den beiden obersten Dachziegelreihen und schließen diese wasserdicht ab. Schadhafte Firstziegel sollte man so schnell wie möglich erneuern.

Auf Firstanschlußziegeln liegen die Firstziegel nur lose auf und sind einfach auszutauschen. Auch angeschraubte Firstziegel stellen keine Probleme.

Bei in Mörtel verlegten Firstziegeln muß der alte Mörtel unter dem beschädigten Ziegel vollständig entfernt werden.

Material: Firstziegel, Mörtel (Zement, Kalk, Sand 1 : 2 : 10)
Werkzeug: Flachmeißel, Hammer, Kelle

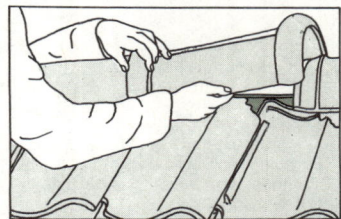

1. Mörtelreste vom Firstreiter und den Dachziegeln mit dem Flachmeißel entfernen. Neuen Firstziegel einpassen

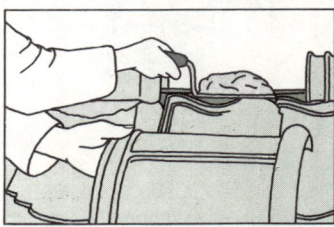

2. Mörtel zwischen Dachziegelrand und Firstreiter auftragen, jedoch nicht die ganze Höhe unter dem Firstziegel damit füllen

3. Firstziegel naß machen und in das Mörtelbett drücken. Den Ziegel unter den dahinter liegenden und über den davor liegenden drücken

Abschließen von Giebeln

Die Dachziegeldeckung kann an der Giebelwand entweder durch Ortziegel, Ziegel in halber Breite, mit einem Mörtelrand oder durch Windbordziegel mit besonderer Seitenausbildung, die auf die Windborde übergreift, ausgeführt sein.

Für den Abschluß mit einem Mörtelrand können normale Dachziegel oder halbbreite Ortziegel dienen. Bei der Erneuerung einzelner Ziegel muß man sich an das vorhandene Muster halten.

Bei beschädigten Giebelanschlußziegeln ist meistens auch der Mörtelrand unbrauchbar geworden. Die Mörtelreste müssen gründlich entfernt werden.

Material: Normalziegel, Ortziegel oder Windbordziegel, Mörtel
Werkzeug: Flachmeißel, Hammer, harte Bürste, Kelle

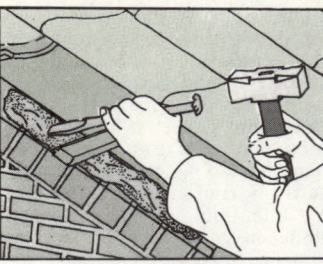

1. Vorsichtig den Mörtelrand unter dem neu anzubringenden Ziegel entfernen. Genügend Mörtel (Zement, Kalk, Sand 1 : 2 : 10) anrühren

2. Staub und Mörtelreste mit harter Bürste entfernen und das Stück der Giebelmauer mit verdünnter Salzsäure gründlich säubern

3. Mauerstück mit reichlich klarem Wasser abspülen und den neuen Ziegel, wie auf Seite 23 beschrieben, anbringen

4. Ein Holzbrett unter den Mauerrand halten und den Dachziegel mit Mörtel an die Mauer anschließen. Mörtelrand glattstreichen

---

GIEBELABSCHLUSS VON DACHZIEGELN

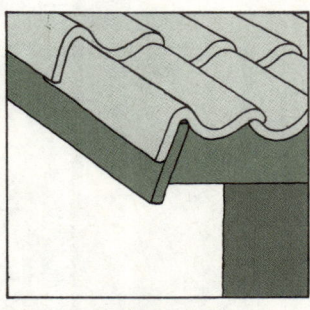

Ort- oder Giebelanschlußziegel

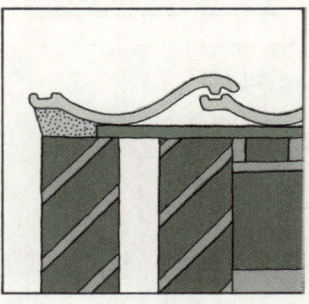

Einfache Hohlpfanne

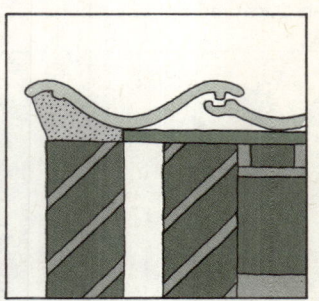

Hohlpfanne mit zwei Wülsten

Traufziegel

Bei normalen Dachziegeln entstehen am Traufende unter den Wölbungen Öffnungen, in denen Vögel nisten können. Das kann man durch die Verwendung von Traufziegeln mit umgebogener oder zurückliegender Lippe verhindern.

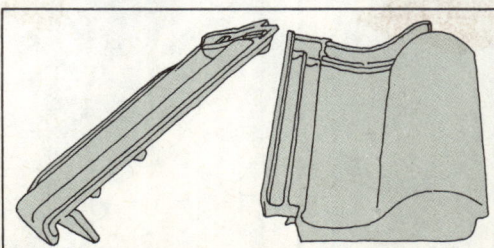

Links: Traufziegel mit umgebogener Lippe, vor allem für Dachränder ohne Dachrinne. Rechts: Traufziegel mit zurückliegender Lippe. Sie soll wegen der erwünschten Ventilation nicht dicht an der Dachlatte anliegen. Das

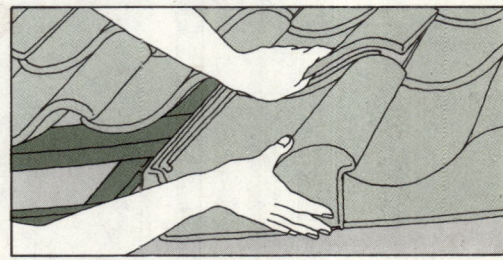

Verlegen der Traufziegel geschieht nach Entfernen der untersten Dachziegelreihe, indem man sie Stück für Stück unter die Pfannen der zweiten Reihe schiebt. Sie müssen dabei fest einrasten

Dächer

Provisorisches Abdichten eines Ziegeldachs

Wenn ein Ziegeldach, meist nach einem Unwetter, ernste Beschädigungen aufweist, die nicht sofort beseitigt werden können, sollte man die bloßliegende Dachverschalung wenigstens provisorisch mit Plastikfolien abdecken.

Man kann die Folie unter den Ziegeln bis in die Dachrinne durchlaufen lassen oder aber – bei kleineren Beschädigungen – nur die Schadenstelle selbst abdecken.

Im ersten Fall dreht man die Seitenkante der Folie um die ganze Länge einer Dachlatte, die man unter der ersten senkrechten Ziegelreihe auf die vorhandenen Dachlatten nagelt. Ist das Loch so breit, daß eine zweite Folie erforderlich ist, so legt man erst einen Streifen Hartfaserplatte über die Dachlatten und nagelt auf die überlappende Folienkante eine Leiste. In gleicher Weise wird das andere Folienende um eine Dachlatte gelegt, die man auf das Windbord nagelt oder auf die Giebelwand. Darauf legt man die Folie über die erste Dachziegelreihe oberhalb der Schadenstelle, faltet sie darunter, verlegt die zweite Reihe und befestigt die Folie am unteren Dachrand mit einer Latte.

Die zweite Methode ergibt sich aus den folgenden Zeichnungen. Man entfernt alle beschädigten Dachziegel und noch so viele benachbarte, daß man genügend Platz zum Arbeiten hat. Dann mißt man die Entfernung von dem letzten Ziegel über dem Loch bis zum ersten ganzen Ziegel unter ihm und gibt dem gefundenen Maß noch 20 cm zu. Nun sägt man eine Dachlatte von der Höhe des Lochs plus je eine Ziegellänge über und unter ihm zu. Das Folienende wird um die Dachlatte gelegt und angenagelt.

Die zweite Ziegelreihe über dem Loch wird ein Stück nach oben geschoben. Die umwickelte Latte wird auf der vorhandenen Dachlatte befestigt und die Folie um die Dachziegel über und unter dem Loch geschlagen. An der Unterkante der unteren Dachziegel wird der Folienrest nach innen umgeschlagen; am oberen Rand legt man die Folie unter die nicht beschädigten Ziegel.

Material:	Dachlatten, Baufolie, Flachkopfnägel, Stahlnägel
Werkzeug:	Hammer, Säge, scharfes Messer

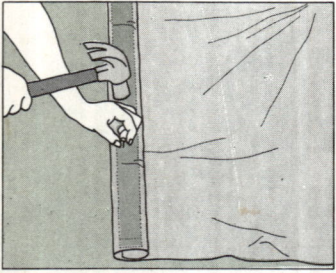

1. Die Folie wird um eine Dachlatte gewickelt und mit kleinen Flachkopfnägeln (Blaustiften) befestigt. Zahl der Nägel je nach Lattenlänge

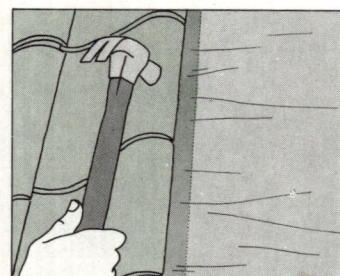

2. Die Latte mit der Folie wird dann mit Stahlnägeln fest auf die vorhandenen Dachlatten genagelt, die auf der Dachverschalung liegen

3. Nachdem die Folie links sicher angebracht wurde, verklemmt man sie auf der rechten Seite fest unter den Dachziegeln

4. Die Folie wird unter die erste Dachziegelreihe über dem Loch gelegt und dann über die Dachziegel der zweiten Reihe geschlagen

Entlüftung durch ein Ziegeldach

Zur Durchführung eines Entlüftungsrohrs durch ein Ziegeldach gibt es Spezialbauelemente aus Kunststoff. Sie bestehen aus einem Entlüftungsrohr mit Haube, einem beweglichen, einstellbaren Gelenkstück und dem Dachpfannenteil. Das Gelenk ermöglicht die Einstellung auf die Dachneigung, das Pfannenstück wird in der Form der gangbarsten Dachziegelarten hergestellt und gewährleistet einen wasserdichten Abschluß.

Bei Bestellung des Elements ist die Angabe der vorhandenen Ziegelart oder die Vorlage eines Musterziegels erforderlich.

Die Entlüftungsrohre sind in verschiedenen Durchmessern lieferbar. Es gibt sie auch als doppelwandige Rauchgasabführung.

Das Entlüftungsrohr kann an jedem Punkt des Ziegeldachs herausgeführt werden.

Material:	Entlüftungsrohr-Durchführung, Befestigungsbügel mit Holzschrauben
Werkzeug:	Handbohrwinde, Holzbohrer, Stichsäge, Meißel, Hammer

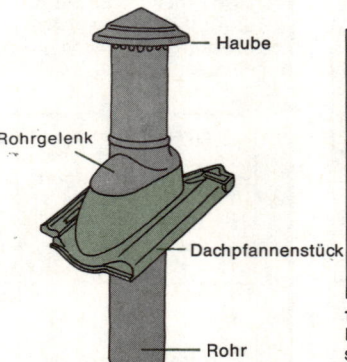

Haube
Rohrgelenk
Dachpfannenstück
Rohr

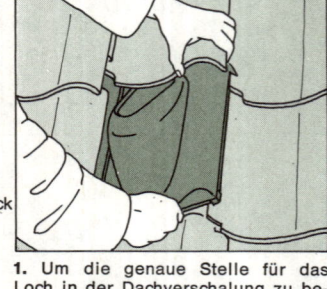

1. Um die genaue Stelle für das Loch in der Dachverschalung zu bestimmen, wird zuerst das Dachziegelteil eingesetzt

2. Dann zeichnet man den Kreis für das Loch an und bohrt möglichst dicht aneinander liegende Löcher innen am Kreis

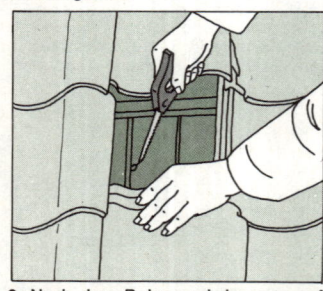

3. Nach dem Bohren wird genau auf der Kreislinie mit der Stichsäge ein rundes Loch aus der Dachverschalung ausgesägt

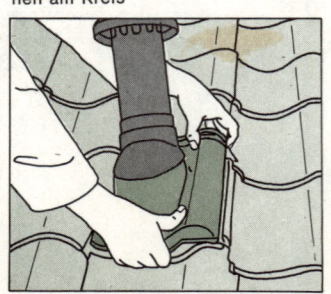

4. Das Entlüftungsrohr wird durch das Loch nach unten geschoben und das Dachpfannenstück sowie die übrigen Ziegel eingesetzt

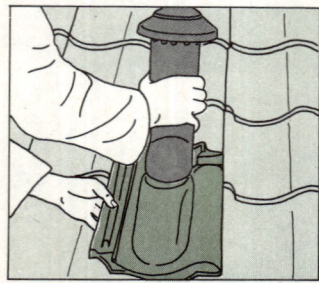

5. Endrohr mit Haube in die richtige Stellung drehen und das innere Entlüftungsrohr unter der Dachverschalung anschließen

Erneuern eines Wellplattendachs

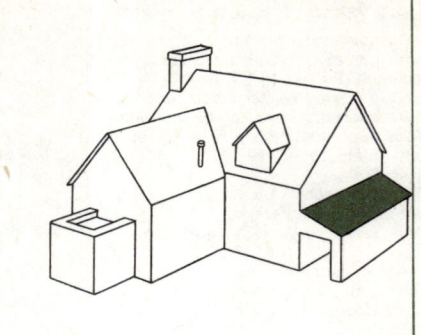

Für Anbauten und Schuppen werden häufig Wellplatten als Dachdeckung gewählt. Solche Dächer sind preiswert und brauchen keine hölzerne Dachverschalung.

Am häufigsten werden Wellplatten aus Asbestzement benutzt. Für lichtdurchlässige sowie für leichtere Abdeckungen nimmt man Kunststoffplatten aus Polyester.

Bei der Reparatur eines vorhandenen Dachs ist es wichtig, Platten des gleichen Profils und der gleichen Wellenhöhe zu ver-

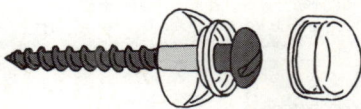

Verzinkte Glockenschraube mit Dichtungsscheibe und Dichtungshütchen

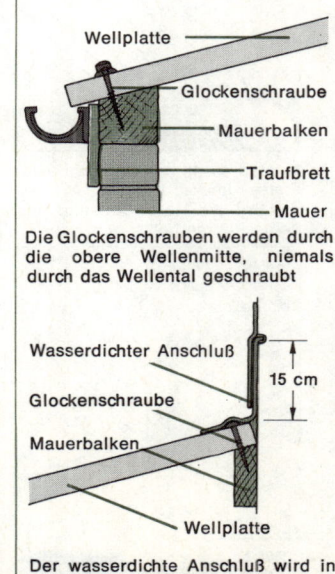

Die Glockenschrauben werden durch die obere Wellenmitte, niemals durch das Wellental geschraubt

Der wasserdichte Anschluß wird in Form der Wellen gebogen und über die Befestigungsschrauben gelegt

wenden, denn nur dann ist eine optimale Abdichtung möglich.

Vorsicht: Auf Wellplatten kann man nicht laufen! Man muß deshalb ein paar Bretter auf die durch die Unterkonstruktion unterstützten Dachstellen legen und von ihnen aus arbeiten.

Wellplatten werden mit verzinkten Glockennägeln mit Dichtungsscheiben und -hütchen befestigt, wobei die Nagelschrauben durch die Wellenberge und nicht durch die -täler gehen. Die Schraubenlöcher müssen in jedem Fall gebohrt werden; die Schrauben nicht zu fest anziehen.

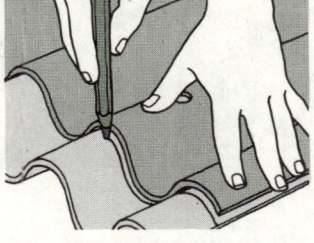

ANREISSEN UND SÄGEN

1. Zum Anreißen benutzt man einen Blei- oder Filzstift und ein neues Stück Wellplatte

2. Die Platte wird zum Sägen zwischen zwei Bretter gelegt, die an der Linie liegen

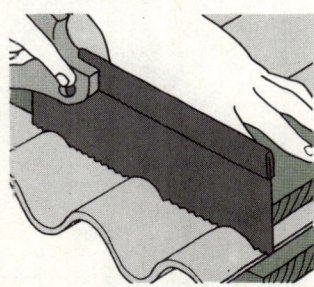

3. Entlang der Bretter durch die Wellen sägen, dann Platte umdrehen und ganz durchsägen

Anbringen einer Kunststoffwellplatte

Brennbare Kunststoffwellplatten nicht in der Nähe von offenem Feuer anbringen. An die Mauer werden sie mit einem selbstklebenden, wasserdichten Band angeschlossen.

Material: Kunststoffwellplatten, verzinkte Holzschrauben mit Dichtungsscheiben und -hütchen, Kitt, Abdichtband
Werkzeug: Feinsäge, Bohrmaschine, Holzbohrer, Stahldrahtbürste

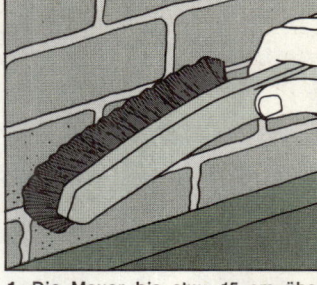

1. Die Mauer bis etwa 15 cm über dem Dach von Mörtel und anderen Unebenheiten säubern; am besten mit einer Stahldrahtbürste

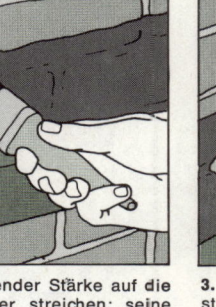

2. Kitt in genügender Stärke auf die gesäuberte Mauer streichen; seine Oberkante soll nämlich waagrecht verlaufen

3. Alle Löcher und Risse gut ausstreichen, danach eine zweite Kittlage auftragen und gründlich trocknen lassen

4. Länge der Wellplatte messen. Falls Dachrinne vorhanden, 5 cm, sonst 10 cm Überstand berücksichtigen

5. Die erste Wellplatte wird an ihren Platz gelegt, und durch jede dritte Welle wird ein Loch in das Holz des Querbalkens gebohrt

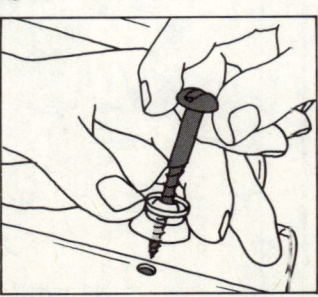

6. Dichtungsscheibe auf die Schraube schieben und diese ins Holz drehen. Die Schrauben dürfen nicht zu fest angezogen werden

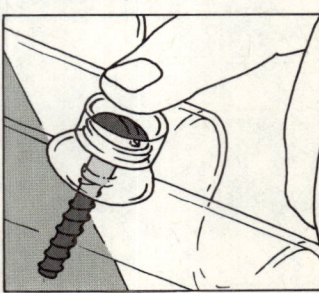

7. Ein Dichtungshütchen auf jede Schraube setzen und fest über den Rand der Scheibe drücken (siehe auch Kästchen links) *(Forts. S. 28)*

Dächer

(Fortsetzung von S. 27)

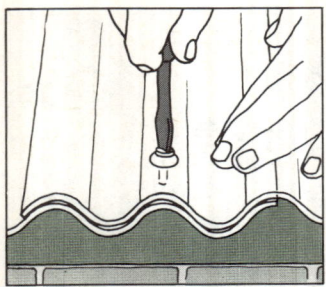

8. Jede nächste Platte liegt mit zwei oder drei Wellen auf der vorhergehenden. Dann wird durch beide Platten gebohrt und geschraubt

9. Schutzpapier von einem selbstklebenden Dichtungsstreifen abziehen und ihn etwa 10 cm über dem Dach an die Mauer kleben

10. Der Streifen wird fest an die Mauer und in das Profil der Wellplatte gedrückt, so daß ein wasserdichter Anschluß entsteht

11. An eventuell vorhandenen Ecken wird der Dichtungsstreifen abgeschnitten und ein neuer etwa 5 cm überlappend angeklebt

Asbestzementwellplatten erneuern

Bei Wellplatten, die mit Nägeln befestigt sind, ist das Auswechseln einer schadhaften Platte einfach.

Aber Vorsicht: Auf Wellplatten kann man nicht stehen! Deshalb muß man bei Reparaturarbeiten Gerüstbretter auf das Dach legen, die von der Holzkonstruktion ausreichend getragen werden und das Gewicht auf eine größere Fläche verteilen.

Material:	Wellplatten aus Asbestzement, Glockennägel, rostfrei, mit Kunststoffscheibe
Werkzeug:	Verstellbarer Schraubenschlüssel, Handbohrmaschine, Bohrer, Säge, Bretter

WELLPLATTEN AUS VERSCHIEDENEM MATERIAL

Wellplatten für Dachdeckungen können entweder aus Asbestzement oder aus verzinktem Stahl, Aluminium oder Kunststoff (Polyester) hergestellt sein. Es ist wichtig, die Eigenschaften der verschiedenen Materialien für Dachdeckungszwecke zu kennen, bevor man sich für ein bestimmtes Fabrikat entschließt. Natürlich spielt bei dieser Entscheidung auch der Preis eine Rolle.

Verzinktes Stahlblech: sehr tragfest, ziemlich schwer, nicht rostfrei, nicht isolierend.
Aluminium: rostfrei, leicht an Gewicht, nicht isolierend.
Asbestzement: rostfrei, unbrennbar, ziemlich gut isolierend, ziemlich schwer, kann brechen.
Kunststoff: lichtdurchlässig, leicht, ziemlich gut isolierend.

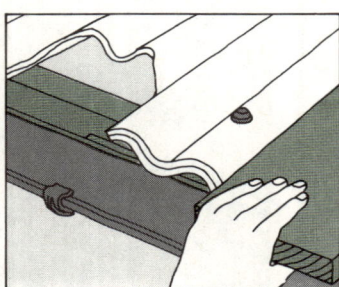

1. Man legt zunächst eine Diele neben die beschädigte Wellplatte auf das Dach. Sie muß auf zwei Querbalken aufliegen

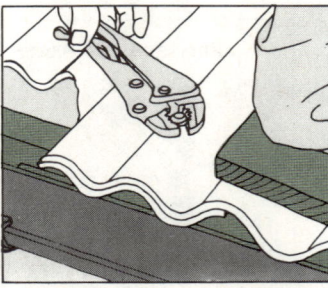

2. Mit den Knien auf der Diele wird die Wellplatte niedergedrückt. Nun kann man die Holzschraube aus dem Querbalken herausdrehen

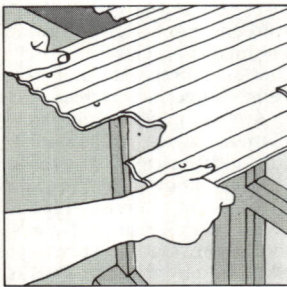

3. Nach dem Lösen aller Schrauben wird die schadhafte Wellplatte vorsichtig unter der nächstliegenden herausgezogen

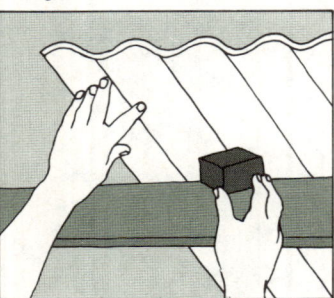

4. Die teilweise losgeschraubte Wellplatte wird durch auf die Balken geschobene Holzklötzchen auf der freien Seite angehoben

5. Die neue Wellplatte wird genau nach vorgegebenem Maß zugesägt und unter die auf der Seite angehobene Platte geschoben

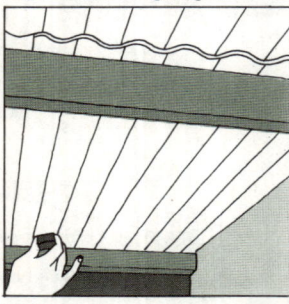

6. Man prüft nun, ob die neue Platte überall richtig aufliegt, entfernt die Holzklötze und paßt beide Platten gut aufeinander

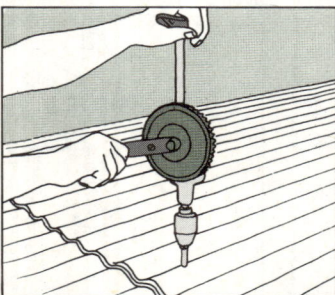

7. An den vorgesehenen Stellen werden Löcher in die neue Platte gebohrt. Die vorhandenen Löcher sind meistens nicht mehr brauchbar

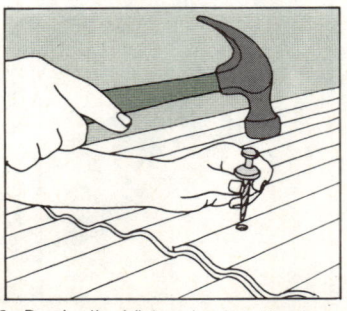

8. Durch die Löcher in den überlappenden Platten schlägt man Glockennägel mit Kunststoff-Unterlegscheiben in die Querbalken ein

9. Die Nägel werden dicht schließend, jedoch nicht zu fest eingedreht und mit einem Dichtungshütchen abgeschlossen

Dachdecken mit Bitumenpappe

Eine Dachdeckung mit Bitumenpappe (Dachpappe) besteht aus zwei oder drei Lagen eines bitumengetränkten Materials, Wollfilzpappe oder Glasfasergewebe. Bitumenpappe wird in 1 m breiten und 10 oder 20 m langen Rollen geliefert. Die Rolleninnenseite ist mit Talkum oder feinem Sand, die Außenseite mit Schiefer- oder Gesteinssplitt abgestreut. Bei einem Holzdach wird die erste Pappenlage genagelt, die zweite und dritte mit warmer Bitumenlösung aufgeklebt. Um der Holzunterlage die Möglichkeit zum Arbeiten zu lassen, wird die erste Lage mit der Splittschicht nach unten verlegt. Die zweite und dritte Lage werden einander überlappend angebracht. Die Bahnen laufen in Längsrichtung der Bretter. Die erste Bahn wird immer auf dasselbe Brett genagelt, und zwar ungefähr in der Bahnmitte bei etwa 50 cm der Breite.

Für die Dachränder wird ein Streifen Bitumenpappe um eine Holzlatte gelegt und mit verzinkten Schrauben an den Traufbrettern befestigt. Den freien Teil des Streifens klebt man auf die oberste Dachpappenlage. Eine andere Lösung für den Dachrandabschluß ist die Abdeckung mit Zinkblech oder mit einem Dachrandprofil aus Aluminium.

An aufsteigenden Mauern wird die Dachpappe angeklebt und mit einer Zinkblechverwahrung geschützt.

Das Arbeiten der unter der Dachpappe liegenden Holzverschalung kann die Ursache von Schäden am Pappebelag sein. Ein Aufschub der Reparatur oder Erneuerung kann zu ernsten Schäden für die Holzkonstruktion führen. Umfangreiche und schwierigere Reparaturen sollte man dem Fachmann überlassen.

Reparatur- und Erneuerungsarbeiten darf man nur bei trockenem Wetter ausführen. Vor dem Aufbringen der neuen Bahnen müssen die alten selbstverständlich entfernt werden. Die Blechverwahrung wird aufgebogen, die alten Pappebahnen werden abgenommen, alle Nägel aus dem Holz entfernt und Schäden im Holz ausgebessert.

Material:	Bitumendachpappe in Rollen, Heißbitumen, Schiefersplitt, Dachpappennägel
Werkzeug:	Alte Gießkanne Besen, Hammer, Hobel, scharfes Messer, Beißzange

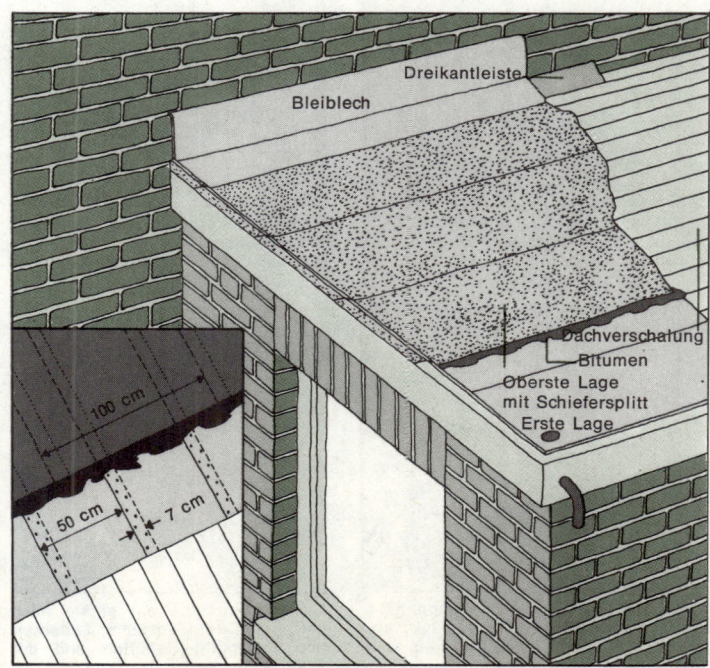

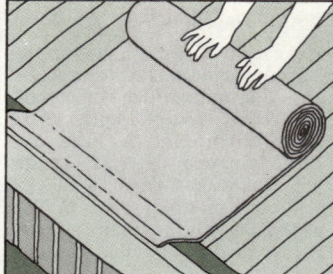

1. Dachpappe mit der Sandschicht nach unten auf die Verschalung legen. Pappe in Längsrichtung der Bretter abrollen. Die Arbeit darf nur bei trockenem Wetter vorgenommen werden

2. Bahn an beiden Enden bis über den Dachrand legen und auf die Verschalung nageln. Je eine doppelte Nagelreihe wird in der Bahnmitte und an der Kante am Dachrand angebracht

3. Die nächste Bahn wird etwa 7 cm überlappend an die erste gelegt. Dann befestigt man zuerst die Überlappung und dann die Mitte der neuen Bahn mit einer doppelten Nagelreihe

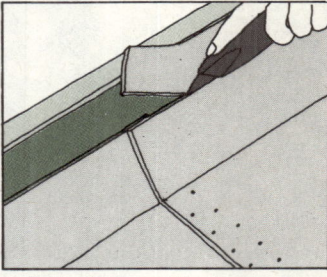

4. Beide Bahnen mit einem scharfen Messer in halber Höhe der Dreikantleiste in gerader Linie abschneiden und mit einer doppelten Nagelreihe auf der Dreikantleiste befestigen

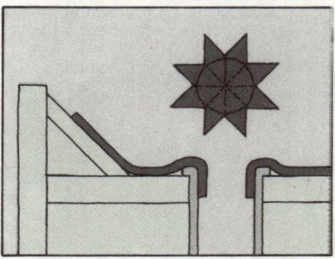

5. Für runde Dachdurchbrechungen z. B. für Entlüftungsrohre, werden die Bahnen sternförmig aufgeschnitten Bei Regenabführrinnen Zugabe berücksichtigen; Kanten in die Rinne kleben

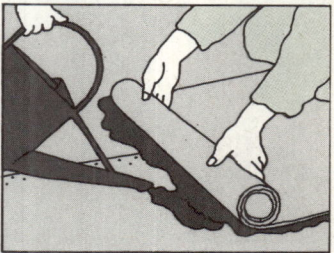

6. Die Bahnen der zweiten Lage werden mit reichlicher Zugabe an den Enden zugeschnitten und auf ein Rundholz gerollt. Ein Helfer gießt heißes Bitumen gleichmäßig auf die erste Lage

7. Mit dem Kleben an der Dreikantleiste beginnen, die Rolle fest in das Bitumen drücken, die verlegte Bahn fest mit den Füßen andrücken. Die nächste Bahn 7 cm überlappen lassen

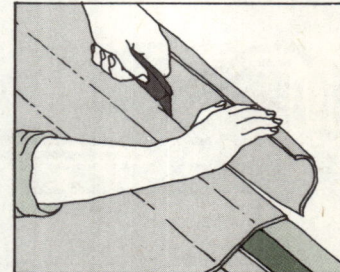

8. Nun werden die Bahnen bündig mit der hölzernen Dachkante abgeschnitten. Wo sie an eine Mauer treffen, werden die Bahnen 20 cm über die Dreikantleiste hochgeführt (Forts. S. 30)

Dächer

(Fortsetzung von S. 29)

9. Ist noch keine Blechverwahrung vorhanden, so wird der Fugenmörtel 3 cm tief herausgeschlagen, die Fuge ausgebürstet und gut angefeuchtet

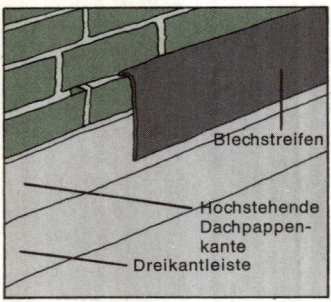

Blechstreifen

Hochstehende Dachpappenkante

Dreikantleiste

10. Nun schneidet man einen Blechstreifen zurecht, der bis auf die Dreikantleiste reichen muß. Blechkante in der Fuge gut vermörteln (siehe S. 16)

11. 30 cm breiten Dachpappestreifen zuschneiden, dazu gleichlange Latte. Dachpappe um die Latte schlagen und mit Nägeln befestigen

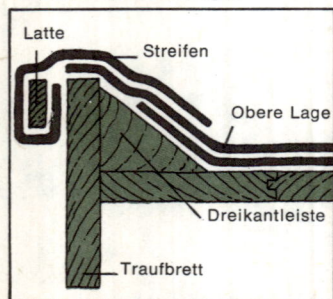

Latte
Streifen
Obere Lage
Dreikantleiste
Traufbrett

12. Latte mit verzinkten Schrauben am Dachrand anschrauben. Bitumen auf die Dreikantleiste streichen und Dachpappestreifen aufkleben

DACHRANDPROFIL

Eine feste Dachrandabdeckung kann mit einem Dachrandprofil aus Aluminium oder Kunststoff hergestellt werden. Solche Profile werden einfach über die Bitumenpappe des Dachrands gelegt und befestigt.

Wenn man die Schrauben abdecken will, benutzt man ein Profil, in das über den Schrauben ein Streifen Bleiblech eingeschoben werden kann. An den Ecken werden die Profile auf Gehrung gesägt und an die Traufbretter geschraubt.

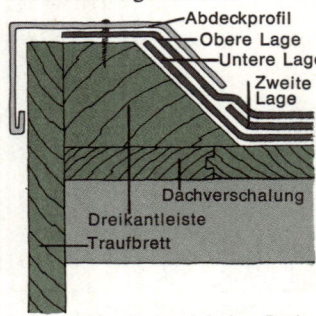

Abdeckprofil
Obere Lage
Untere Lage
Zweite Lage
Dachverschalung
Dreikantleiste
Traufbrett

1. Schnitt durch ein einfaches Dachrandprofil, das an der Dreikantleiste festgeschraubt ist

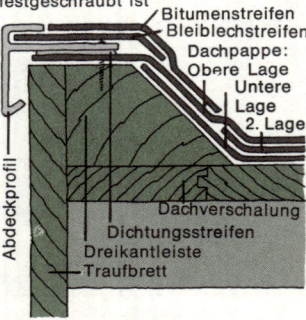

Bitumenstreifen
Bleiblechstreifen
Dachpappe:
Obere Lage
Untere Lage
2. Lage
Abdeckprofil
Dachverschalung
Dichtungsstreifen
Dreikantleiste
Traufbrett

2. Dieses Abdeckprofil erlaubt das Einlegen eines Bleiblechstreifens zum Abdecken der Schrauben

13. Zum Schluß wird die ganze Dachfläche von einem Helfer mit flüssigem Bitumen übergossen und mit Schiefersplitt oder Kies abgestreut

Reparatur eines Bitumenpappedachs

In Bitumenpappe entstehen manchmal Blasen, die aufreißen und verwittern können.

Solche Blasen lassen sich auf einfache Weise beseitigen, indem man sie mit einem scharfen Messer aufschneidet und neu anklebt. Vorsicht: Beim Aufschneiden nicht in die darunter liegende Dachpappenschicht schneiden!

Löcher und große Risse in einer Dachpappendeckung werden ausgeschnitten und neu überklebt. Bei mehrlagiger Dachpappe müssen oft auch die unteren Schichten erneuert werden. Solche Reparaturen sollte man möglichst an einem warmen Tag vornehmen.

Wegen der richtigen Materialien läßt man sich am besten in einem Baubedarfsgeschäft beraten.

> *Material: Dachpappestreifen, Dachkitt (Asphaltkitt), kupferne oder verzinkte Breitkopfnägel (Dachpappenägel)*
> *Werkzeug: Scharfes Messer, breiter Spachtel, Hammer*

1. Blase aufschneiden, Schnittkanten anheben und unter beide Schnittseiten mit einem Spachtel Dachkitt möglichst tief einstreichen

3. Die genagelte Stelle mit Dachkitt bestreichen und ein Stück Dachpappe darübernageln. Mit Kitt abdichten und bestreuen

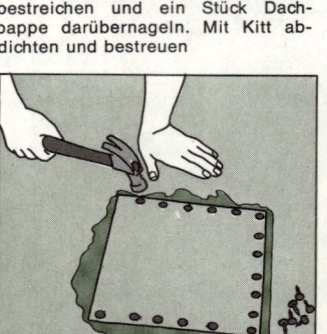

5. Auf allen Seiten überlappendes Dachpappestück auflegen, fest andrücken und die Ränder auf die Dachverschalung nageln bzw. kleben

2. Blase fest andrücken und beide Schnittkanten mit Dachpappenägeln annageln. In der Schweiz muß geklebt werden

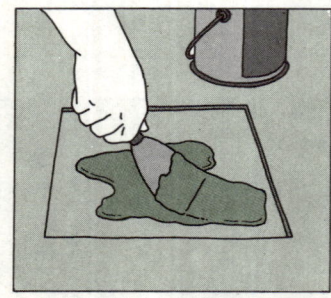

4. Größere Löcher rechtwinklig herausschneiden, passendes Dachpappestück einkitten und ganz mit Kitt überstreichen

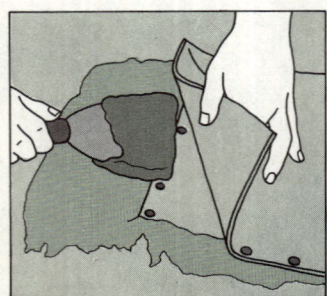

6. Reparaturstelle mit einem noch größeren Dachpappestück bedecken und annageln. Verkitten und mit Splitt abstreuen

Tapezieren: Werkzeug und Ausrüstung

Wenn man ein ganzes Zimmer herrichtet, tapeziert man zuerst die Decke und dann die Wände. Selbstverständlich muß man vorher den Untergrund sorgfältig vorbereitet haben (siehe S. 33).

Gute Ergebnisse erzielt man nur, wenn man das richtige Werkzeug, die richtige Ausrüstung hat. Sehr wichtig, neben dem Werkzeug selbstverständlich, sind ein genügend langer Tapeziertisch und zwei Stehleitern, die zusammen mit einer kräftigen Bohle ein gutes Gerüst für Arbeiten in hohen Räumen abgeben.

Man braucht nicht unbedingt die ganze Tapezierausrüstung anzuschaffen. Dort, wo man die Tapeten kauft, kann man die erforderlichen Geräte meistens auch ausleihen.

Makulaturpapier

Unebene Untergründe oder solche, bei denen man die Farbe nicht entfernt hat, sollte man unbedingt zuerst mit Makulatur – altem Zeitungspapier – bekleben.

Dies bringt den Vorteil, daß Unebenheiten verdeckt werden und daß die Wand gleichmäßig saugfähig wird, wodurch das Tapezieren hinterher viel leichter geht.

Spachteln oder Makulieren: Unebener Untergrund wird mit Wandspachtelmasse ein- bis zweimal gespachtelt. Makulaturpapier verwendet man mit Spezialausrüstung als Untertapete, um Unebenheiten auszugleichen. Die Spezialausrüstung bewirkt, daß man später alte Tapeten ohne anzufeuchten abziehen kann.

Dielen und Treppenhäuser

Will man das ganze Haus tapezieren, hebt man sich die Arbeiten in der Diele und im Treppenhaus bis zum Schluß auf. Denn sie können leicht beschmutzt oder beschädigt werden.

Beim Tapezieren des Treppenhauses ist es wichtig, daß man vorher ein wirklich sicheres Gerüst aus Bohlen und Leitern baut. Wenn die Treppe so beschaffen ist, daß man mit der Leiter allein arbeiten kann, sollte man sie auf alle Fälle gut absichern.

Die erste Tapetenbahn kommt oben an die Treppenwand, die zweite darunter usw.; man arbeitet also treppabwärts. Lange Bahnen werden ziehharmonikaartig zusammengefaltet.

Einstreichpinsel

Papierschere (25–30 cm)

Tapezierbürste

Nahtroller

Spachtel

Senklot

Schwamm

Universalmesser

Zusammenklappbarer Tapeziertisch

Kleistereimer

Metallmaßstab

Selbstgebauter Tritt

Stehleiter

Bohle

Dekorationsarbeiten

Tapeten und Tapetenkleister

Die meisten Tapetenarten werden in 10,05 m langen und 53 cm breiten Rollen verkauft. Ist eine Tapete mit Rändern, sogenannten Selfkanten, versehen, muß man diese abschneiden.

Berechnen der Rollenzahl

Man mißt die Raumhöhe vom Fußboden oder von der Fußleiste bis zur Decke. Dann teilt man die Rollenlänge durch die Zimmerhöhe. Beträgt diese zum Beispiel 2,40 m, so ergibt eine Rolle vier ganze Bahnen. Bei einer größeren Raumhöhe kann die 10-m-Rolle unvorteilhaft sein, denn sie ergibt nur drei ganze Bahnen. Den Rest kann man aber wahrscheinlich unter oder über Fenstern, über Türen oder hinter Heizkörpern und für spätere Reparaturen verwenden.

Als nächstes mißt man die Länge und Breite des Zimmers. Türen und Fenster werden nicht mitgemessen. Hat das Tapetenmuster einen Rapport, das heißt wiederkehrende Musterabschnitte, die aneinandergepaßt werden müssen, erhält man mehr Verschnitt und muß deshalb groß-

zügiger messen. Zurückspringende Mauerteile an Fenstern, Türen, Wandschränken darf man auch nicht vergessen.

Der Zimmerumfang wird durch die Rollenbreite geteilt. Beträgt er zum Beispiel 20 m, so ergibt das, geteilt durch 50 cm, 40. Eine Rolle reicht für vier Bahnen, so daß man 10 Rollen benötigt. Beim Tapezieren einer Treppenwand oder eines Zimmers mit verschiedener Deckenhöhe mißt man zuerst die Wandbreiten gleicher Höhe und bestimmt die dafür erforderliche Rollenzahl und tut dann dasselbe für die anderen Wandhöhen.

Bei Tapetenrollen können kleine Farbunterschiede vorkommen. Man benutzt dann die dunkleren Bahnen an den Fenstern. Am besten numeriert man die Bahnen an der Oberkante der Rückseite mit einem weichen Bleistift und ebenso die dazugehörenden Wandabschnitte. Dann legt man die Bahnen in dieser Reihenfolge mit der Unterseite nach oben aufeinander.

Der Tapetenkleister muß zur verwendeten Tapete passen, nur dann erhält man einwandfreie Ergebnisse.

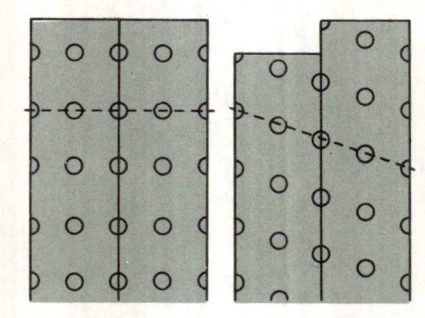

Wenn die Tapete ein bestimmtes, zum Beispiel diagonal verlaufendes Muster hat, muß man mit mehr Verschnitt rechnen. Reststücke kann man über Türen, Fenstern oder Wandschränken verwenden

Das Einkleistern

Man stellt den Tapeziertisch parallel zum Fenster und arbeitet mit dem Gesicht zum Licht. So sieht man nämlich am besten, ob man gleichmäßig eingestrichen hat.

Den Kleister rührt man am besten eine Stunde zuvor in einem sauberen Plastikeimer an. Dabei ist darauf zu achten, daß das Kleisterpulver gleichmäßig im Wasser verteilt wird, damit sich keine Klumpen bilden. Für leichte Tapeten wird der Kleister dünn angemacht, für schwere dick. Kleisterflecke auf der Tapetenvorderseite sofort mit feuchtem Lappen entfernen!

1. Quer über den Eimer wird ein Draht gespannt; er dient zum Abstreifen und Ablegen des breiten Einstreichpinsels bzw. der Einstreichbürste

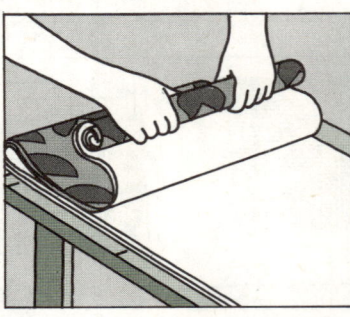

2. Die Enden der Tapetenbahnen krümmen sich normalerweise. Man macht sie flach, indem man sie entgegengesetzt zusammenrollt

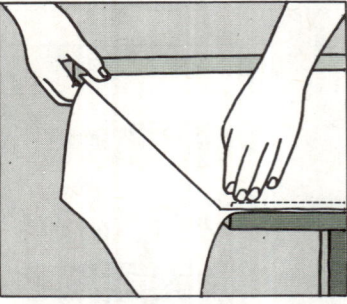

3. Jetzt die Tapetenstücke mit der Rückseite nach oben auf den Tisch legen. Sie können etwas überstehen, damit der Kleister nicht auf den Tisch tropft

4. Dann wird die Mitte der oberen ausgelegten Bahn in Längsrichtung gut bestrichen. Die bestrichene Fläche muß frei von Fremdkörpern und Falten sein

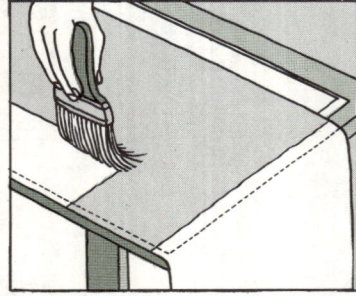

5. Nun mit Querstrichen bis in die Ränder der ausgelegten Bahn sorgfältig die ganze Fläche gleichmäßig bestreichen. Auch die Kanten gut bedecken

---

Tapeten zuschneiden

Zunächst werden alle für das Zimmer benötigten ganzen Bahnen zugerichtet und angeklebt. Teilstücke über Fenstern, Türen usw. kommen zum Schluß dran.

Das Zuschneiden der einzelnen Bahnen kann man sich erleichtern, indem man auf dem Tisch Markierungen im Abstand von 20 bis 30 cm sowie für häufige Sondermaße anbringt.

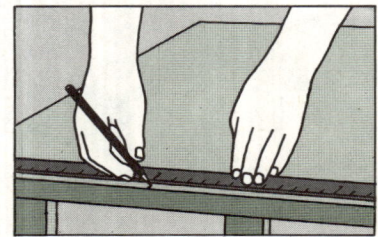

1. Wenn man an einer Tischkante die häufigsten Maße abträgt, lassen sich die Bahnen ohne Maßstab abmessen

2. Nun bringt man die erste Bahn auf Länge. Dabei gibt man 5 cm zu, um unterschiedliche Wandhöhen auszugleichen

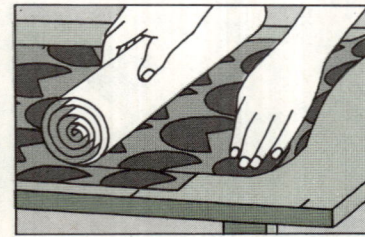

3. Bei gemusterten Bahnen müssen die Muster genau übereinstimmen. Abfallstücke bewahrt man für Reparaturen auf

Der Untergrund

Alte Tapeten müssen restlos von den Wänden und Decken entfernt werden. Da sie sich trocken nur schwer oder gar nicht ablösen lassen, weicht man sie mit Wasser auf, das man mit einem Schwamm oder einer Deckenbürste aufträgt. Um das Aufweichen zu beschleunigen, sollte man handelsüblichen Tapetenablöser ins Wasser geben. Waschbare und nicht saugfähige Tapeten werden am besten mit grobem Schleifpapier angeschliffen, damit der Tapetenlöser besser eindringen kann.

Alte Leimfarbenanstriche muß man mit der Deckenbürste und Wasser gründlich abwaschen. Abblätternde Anstriche dagegen werden vorsichtig mit dem Spachtel abgestoßen.

Glatte und festsitzende Öl- und Lackfarbenanstriche kann man ohne weiteres übertapezieren. Die Oberfläche muß allerdings vorher mit Anlauger und Wasser aufgerauht werden, damit der Kleister gut haftet.

Rauhe, unebene Flächen, Löcher, Risse werden mit Füllstoff geglättet beziehungsweise gefüllt.

Plattenstöße und Übergänge von Holz und Putz können dauerhaft überbrückt werden, indem man sie mit einem Nesselstreifen überklebt.

Weiche, absandende Putze, Span- und Tischlerplatten, Gipskartonplatten werden gefestigt, indem man einen Grundanstrich mit Tiefgrund aufbringt.

Um die Haftung der Tapeten auf schwach saugenden Untergründen zu erhöhen, streicht man mit verdünntem Kleister vor.

Viele helle Tapeten sind durchscheinend. In solchen Fällen müssen die Flächen vor dem Tapezieren mit Rollenmakulatur tapeziert werden. Rollenmakulatur wird mit Tapetenkleister unter Zugabe von 10 % Dispersionsbinder geklebt.

Der beste Untergrund, und das gilt für alle Tapezierarbeiten, ist fest, glatt, schwach saugend, fleckenfrei und trocken.

Material: Tapetenablöser, Anlauger, Füllstoff, Nesselstreifen, Tiefgrund, Rollenmakulatur, Kleister, Schleifpapier Körnung 80
Werkzeug: Deckenbürste, Pinsel, Eimer, Spachtel, Schwamm

Decken tapezieren

Man tapeziert die Decke in Richtung des einfallenden Lichts, damit eventuelle Überlappungen nicht zu sehr auffallen. Gelegentlich ist es jedoch besser, diese Grundregel nicht zu beachten. Tapeten werden im allgemeinen in Rollen von 10,05 m Länge gekauft. Wenn ein Zimmer nun gerade über 3,4 m lang ist, erhält man von jeder Rolle nur zwei Bahnen, und der Rest ist Abfall. Deshalb kann es wesentlich wirtschaftlicher sein, in einem solchen Fall die Lage des Fensters unberücksichtigt zu lassen und die Decke quer zu tapezieren.

Die erste Tapetenbahn wird mit Blickrichtung auf das Fenster von rechts nach links (bei Linkshändern von links nach rechts) angesetzt. Die übrigen Bahnen müssen dann möglichst exakt auf Stoß geklebt werden.

Um sich das Arbeiten in der erforderlichen Höhe zu erleichtern, legt man ein Brett über zwei Trittleitern (siehe S. 41).

Der Kleister muß dicker sein als beim Tapezieren der Wand, da sich die Tapete sonst durch ihr Eigengewicht beim Arbeiten wieder ablöst.

Material: Tapete, Spezialkleister oder, bei leichter Tapete, normaler Kleister
Werkzeug: Bleistift, Schnur, Kreide, Schere, Einstreichbürste, Tapetenbürste, Lineal, 60 cm lange Papp- oder Holzrolle, zwei Trittleitern, ein 4 × 22 cm großes Brett

TAPEZIEREN EINER DECKE

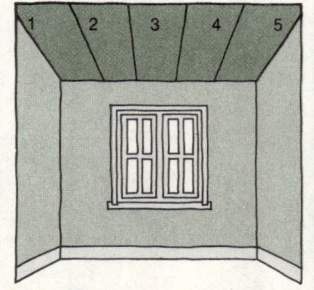

Die Decke von der Hauptlichtquelle ausgehend in Richtung des einfallenden Lichts tapezieren. Die Bahnen genau aneinanderstoßen

1. Breite der Tapetenbahn messen. 5 mm für die Überlappung im Winkel zwischen Decke und Wand von dem Breitenmaß abziehen

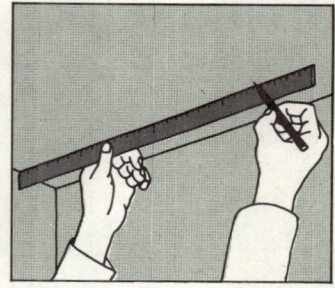

2. Die um 5 mm verringerte Bahnbreite der Tapete mit Maßstab und Bleistift an beiden Seitenkanten der Decke markieren

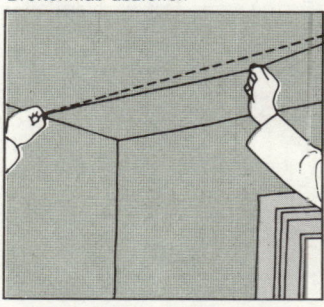

3. Eine Schnur mit Zeitungsasche einreiben und durch Spannen und Wiederloslassen eine gerade Linie zwischen den Marken herstellen

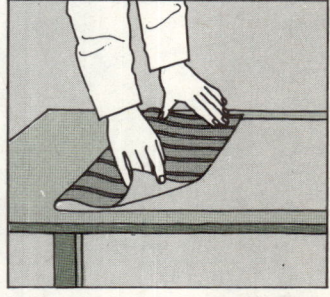

4. Die erforderliche Zahl von Bahnen zuschneiden. Die erste Bahn auf Tischlänge mit Kleister bestreichen und am Ende ca. 30 cm umschlagen

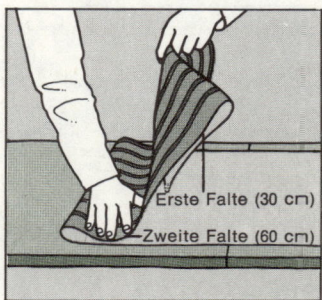

Erste Falte (30 cm)
Zweite Falte (60 cm)

5. Am selben Ende weitere 60 cm umschlagen. Dabei die erste Falte nach hinten legen, so daß die bedruckten Seiten aufeinander liegen

Erste Falte

6. Die Bahn so oft hin und her falten, bis das gesamte, noch nicht eingestrichene Bahnende auf den Tisch zu liegen kommt

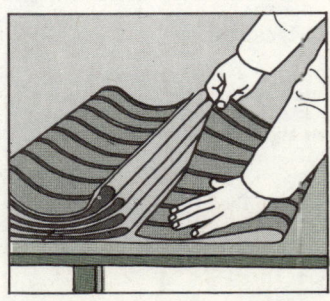

7. Die restliche Bahn mit Kleister bestreichen und in der gleichen Art einschlagen. Die letzten 30 cm nach hinten umlegen

8. Die Tapete über eine Papprolle legen. Die Falten mit dem Daumen festhalten und die Bahn in der rechten Ecke ansetzen (Forts. S. 34)

33

Dekorationsarbeiten

(Fortsetzung von S. 33)

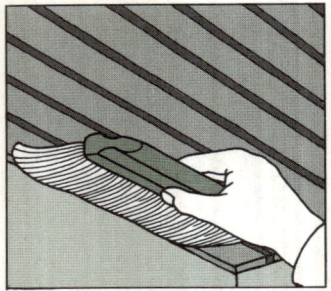

9. Nach und nach die Falten aufklappen und Tapete mit der Bürste festdrücken. Rolle mit Bahnenpaket stets dicht unter die Decke halten

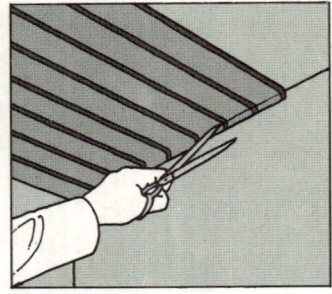

10. Tapete in die Ecke drücken und mit Schere die Kante markieren. Tapete etwas abziehen und mit einer Zugabe von ca. 5 mm abschneiden

11. Zweite Tapetenbahn falten und anlegen. Ab jetzt mit dem Rücken zum Fenster in entgegengesetzter Richtung arbeiten

12. Beim Deckenlichtanschluß (wenn er nicht abgenommen werden kann) mit der Schere ein Loch in die nahe herangeführte Tapete stechen

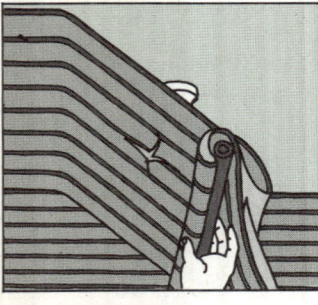

13. Vom Loch aus die Tapete zuerst in Laufrichtung und dann noch einmal über Kreuz einschneiden, dann über den Lichtanschluß stülpen

14. Tapete rund um die Lampenaufhängung beschneiden. Wenn nötig, weitere Schnitte legen. Die losen Papierenden fest andrücken

---

VINYLTAPETEN ENTFERNEN

Für das Kleben von Vinyltapeten wird ein besonderer Kleber benutzt, der schwer zu entfernen ist. Dazu besteht Vinyl meist aus einer Ober- und einer Unterschicht, die am Untergrund haften bleibt, wenn die Tapete entfernt wird; sie dient als Makulatur für die neue Tapete

1. Tapete, vom Rand her anfangend, mit einem Spachtel abstoßen

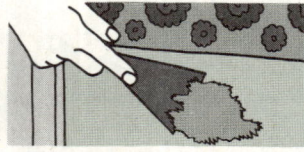

2. Reste der Oberschicht möglichst sorgfältig entfernen

Tapezieren von Wänden

Die Tapetenbahnen werden möglichst ohne Überlappung auf Stoß geklebt. Wo dies nicht zu erreichen ist, muß die Überlappung zum Fenster hin erfolgen, damit die Schnittkante keinen Schatten wirft. Werden die Bahnen horizontal geklebt, was bei Makulatur – die allerdings immer mehr aus der Mode kommt – ratsam ist, überlappt man die Bahnen nach oben, wenn die Naht über Augenhöhe liegt, und nach unten, wenn sie darunter zu liegen kommt.

Material: Tapeten und Kleister
Werkzeug: Senklot, Lineal, Bleistift, Schere, Einstreichbürste, Rolle, Tapezierbürste

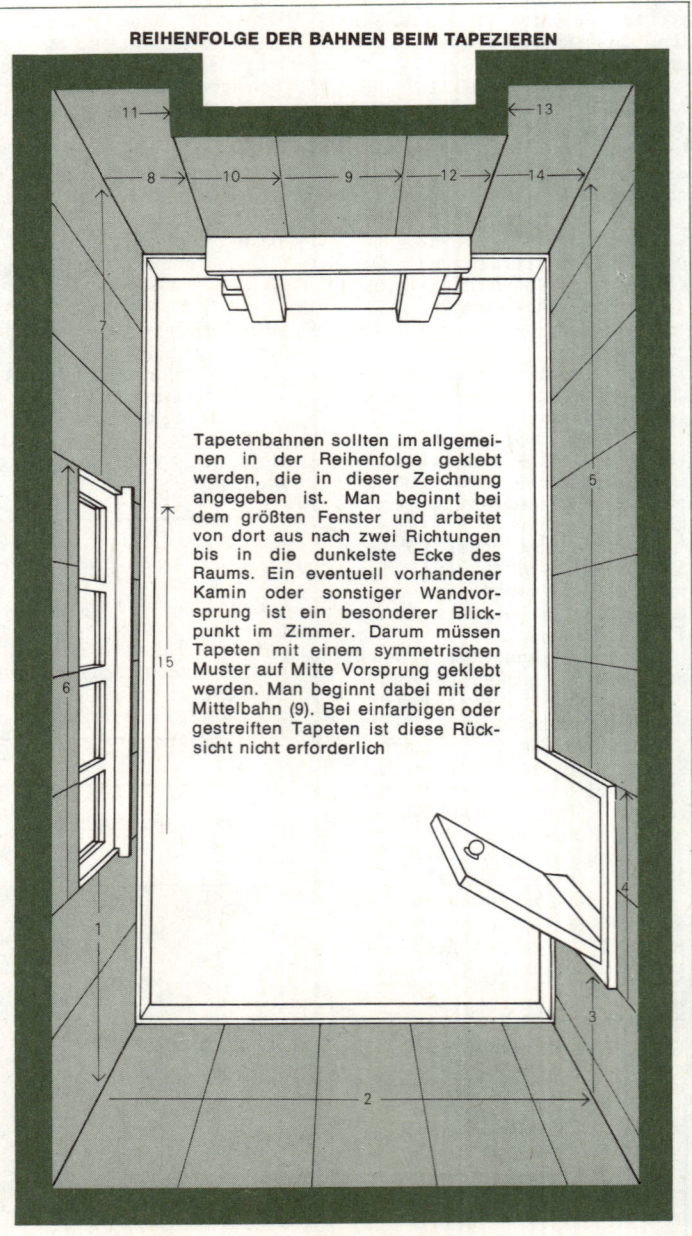

REIHENFOLGE DER BAHNEN BEIM TAPEZIEREN

Tapetenbahnen sollten im allgemeinen in der Reihenfolge geklebt werden, die in dieser Zeichnung angegeben ist. Man beginnt bei dem größten Fenster und arbeitet von dort aus nach zwei Richtungen bis in die dunkelste Ecke des Raums. Ein eventuell vorhandener Kamin oder sonstiger Wandvorsprung ist ein besonderer Blickpunkt im Zimmer. Darum müssen Tapeten mit einem symmetrischen Muster auf Mitte Vorsprung geklebt werden. Man beginnt dabei mit der Mittelbahn (9). Bei einfarbigen oder gestreiften Tapeten ist diese Rücksicht nicht erforderlich

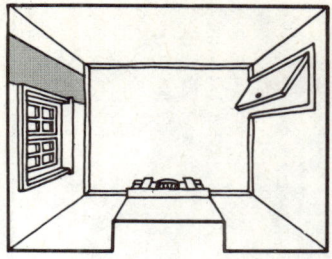

Man beginnt am größten Fenster, anschließend wird die längste glatte Wand tapeziert. Dann arbeitet man von der anderen Fensterseite aus weiter.

1. Mit einem Senklot prüfen, ob der Fensterrahmen senkrecht ist. Wenn nicht, wird mit der Kreideschnur eine senkrechte Linie markiert

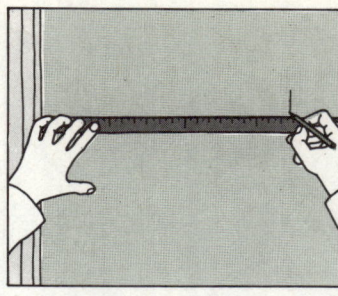

2. Tapetenbreite abmessen und 5 mm abziehen. Dieses Maß auf die Wand übertragen. Markierung etwa in halber Höhe des Fensterrahmens

3. Senklot genau auf das Markierungszeichen halten und an der Schnur entlang von der Decke bis zum Boden eine senkrechte Linie ziehen

4. Bahnen zuschneiden. Erste Bahn einkleistern (siehe S. 32), mit beiden Händen an den Ecken greifen und auf die Hälfte zusammenfalten

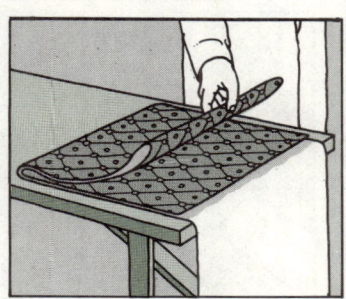

5. Prüfen, ob die Bahnkanten fluchten. Die Bahn nochmals falten, dabei darauf achten, daß die Oberseite nicht mit Kleister verschmutzt wird

6. Den Rest der Bahn auf den Tisch ziehen und einstreichen. Bahn an den Ecken greifen und bis auf 5 cm an die erste Falte heranklappen

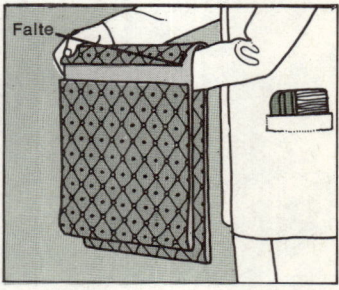

7. Die obere Kante der Bahn etwa 5 cm einschlagen, damit die Decke nicht durch den Kleister verunreinigt wird. Tapetenbahn über den Arm legen

8. Die erste Bahn so an die Deckenkante ansetzen, daß die rechte Längskante der Bahn mit der Markierungslinie auf der Wand übereinstimmt

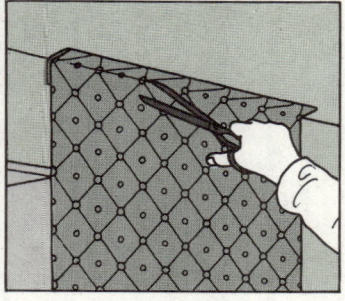

9. Tapete von der Mitte aus mit der Bürste glattstreichen und anschließend die von Wand und Decke gebildete Kante mit der Schere markieren

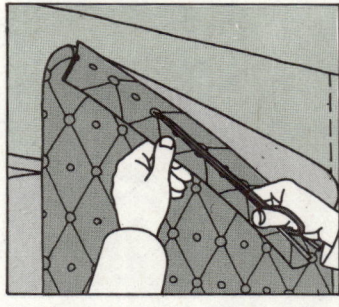

10. Tapete ein Stück von der Wand abziehen und längs der markierten Linie abschneiden. Tapete wieder ankleben und glattstreichen

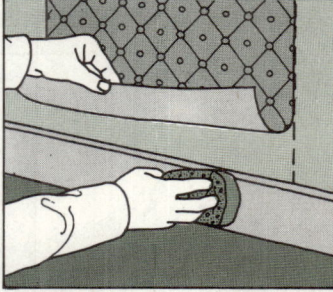

11. Bahn unten auf die gleiche Art markieren und auf Länge beschneiden. Kleister von der Fußleiste mit einem feuchten Schwamm entfernen

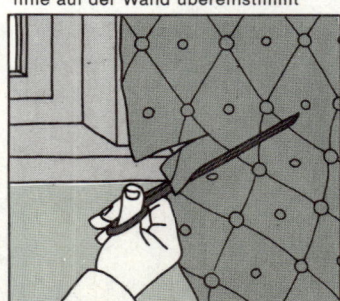

12. Steht das Fensterbrett seitlich über, Bahn an der oberen und unteren Kante einschneiden. Der Lappen muß ca. 5 mm schmaler sein als das Brett

13. Tapete mit der Tapezierbürste in die Ecke am Fensterrahmen drücken. Mit der Schere Vorderkante des Fensterrahmens auf der Bahn markieren

14. Tapete vorsichtig vom Rahmen abziehen und entlang der Markierungslinie von unten nach oben abschneiden. Tapete wieder andrücken

15. Tapete anschließend mit einer weichen Bürste glätten, vor allem in der Ecke zwischen der Wand und dem Fensterrahmen

Dekorationsarbeiten

Tapezieren einer Zimmerecke

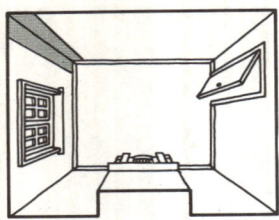 

Klebt man die Tapete um eine Ecke, die nicht im Lot ist, gibt es Falten. Schneiden Sie daher die Bahn so zu, daß sie nur mit ca. 1 cm um die Ecke herumreicht, und beginnen Sie dann neu.

1. Oben, in der Mitte und unten an der Wand von der letzten Bahn bis zur Ecke messen. Dem an der breitesten Stelle ermittelten Maß 1 cm zugeben

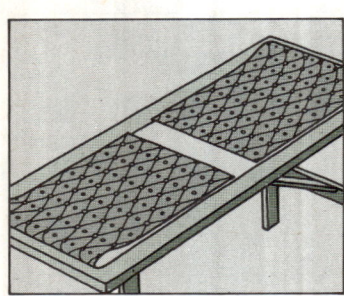 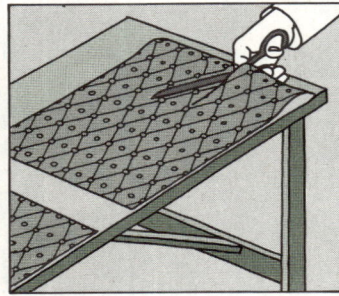

2. Eine ganze Tapetenbahn mit Kleister einstreichen (siehe S. 32). Die Bahn von beiden Enden nach der Mitte bis auf 10 cm einschlagen

3. Die Tapetenkante bündig mit der Tischkante legen. Die erforderliche Bahnbreite anzeichnen und die doppelt liegende Bahn durchtrennen

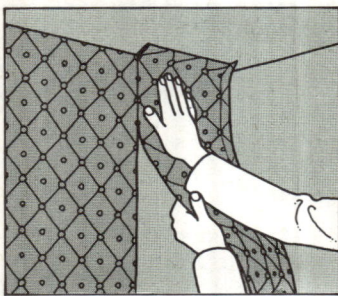 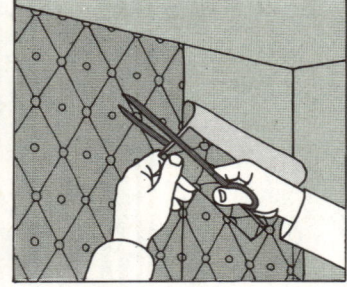

4. Die zugeschnittene Bahn an die Wand ansetzen und den Überstand von oben nach unten in die Ecke hineindrücken. Mit der Bürste glätten

5. Überstehende Bahnenden an Decke und Fußleiste markieren und abschneiden. Kleber von der Leiste mit einem Schwamm abwischen

 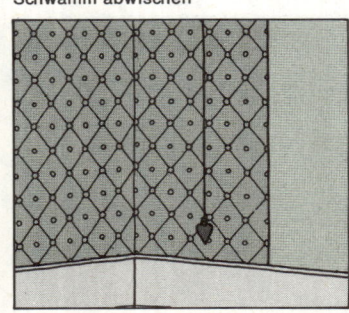

6. Den restlichen Streifen der Bahn auf der anschließenden Wand bündig ansetzen, so daß die Muster an beiden Wänden übereinstimmen

7. Mit einem Senklot prüfen, ob die Bahn im Lot ist. Wenn nicht, Bahn abnehmen und noch einmal ansetzen. Oberes und unteres Ende abschneiden

Tapezieren rund um eine Tür

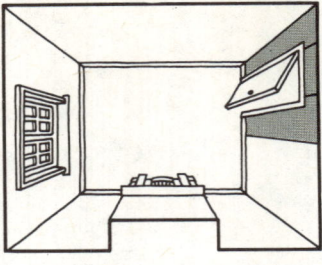 

Bei einer Tür klebt man eine Bahn in voller Breite und schneidet die Türform in zwei Arbeitsgängen aus.

1. Eine ganze Bahn einstreichen, einfalten und ansetzen. Tapete mit 2—3 cm Abstand von der Außenkante des Türrahmens ausschneiden

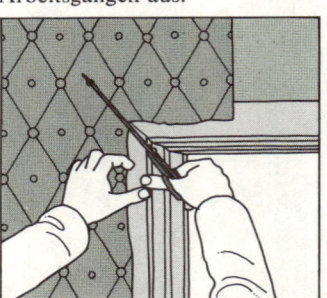 

2. Tapete an der oberen Ecke des Türrahmens diagonal einschneiden. Der Schnitt muß etwa 5 mm über die Rahmenecke hinausreichen

3. Tapete mit der Bürste gegen die Wand drücken und glattstreichen. Die überstehenden Ränder fest an die Türbekleidung pressen

4. Überstehende Tapete rund um Türrahmen mit der Schere markieren, Bahn zurückschlagen und sauber beschneiden. Tapete andrücken

Lichtschalter: Tapete in der Mitte des Schalters durchbohren und diagonal zu den Ecken einschneiden. Überstehende Lappen abschneiden

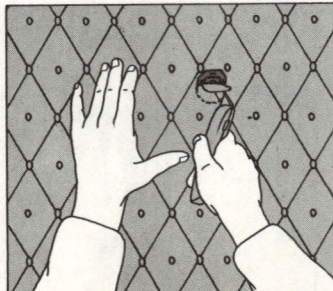 

Lichtschalter: Besser ist es, vor dem Tapezieren die Abdeckplatte zu entfernen. Ein Loch in Größe des Schaltergehäuses ausschneiden

Lichtschalter: Die Tapete rings um das Gehäuse mit der Bürste glattstreichen. Die Abdeckplatte wieder mit den Schrauben befestigen

Tapezieren eines Kaminvorsprungs

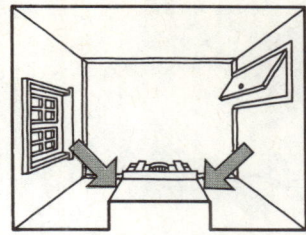

Die vorspringenden Ecken eines Kamins sind selten genau im Lot. Damit die Bahnen dennoch gerade an die Wand kommen, Seitenbahn in zwei Streifen aufteilen.

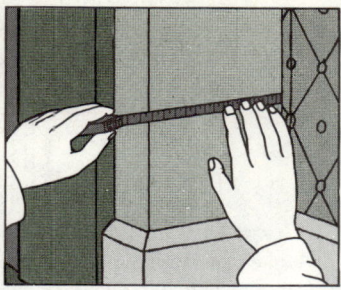

1. Oberen, mittleren und unteren Abstand zwischen dem Rand der zuletzt geklebten Tapetenbahn und der vorderen Mauerecke messen

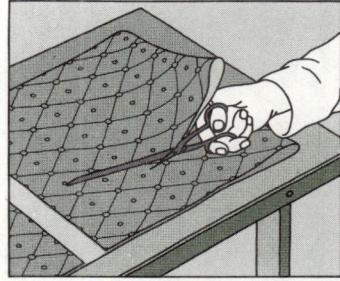

2. Bahn einstreichen und zusammenfalten (siehe S. 36). Das größte gemessene Maß abzüglich 1 cm auf die Bahn übertragen. Bahn zuschneiden

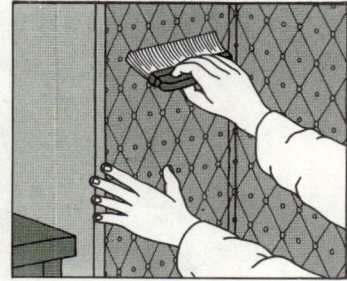

3. Den Streifen stumpf gegen die letzte Bahn kleben. An der Mauerecke muß ein 1 cm breiter Wandstreifen untapeziert bleiben

4. Die Breite des Reststreifens von der letzten Bahn an um die Ecke herum auf die Wand übertragen. Mit Lot und Bleistift eine Linie ziehen

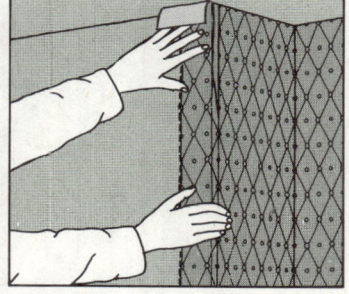

5. Den Streifen so ansetzen, daß die Kante mit der Linie übereinstimmt. Bahn um die Ecke so ankleben, daß sie den letzten Streifen überlappt

6. Mittelbahn anbringen. Dann die Breite bis zur Mauerecke messen und einen Streifen zuschneiden, der etwa 1 cm breiter ist. Bahn ansetzen

7. Nach dem Tapezieren der Seitenfläche die überstehende Kante der vorderen Bahn umlegen und sauber auf die Seitenbahn kleben

Schmale Reststreifen

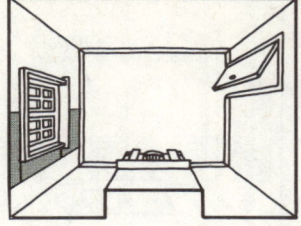

Neben einem nicht zu tapezierenden Wandteil ergibt sich häufig ein Wandstreifen, der wesentlich schmaler ist als die Tapetenbahn.

1. Die größte Länge und Breite der Wandfläche messen, die zwischen der zuletzt geklebten Bahn und dem Fenster übriggeblieben ist

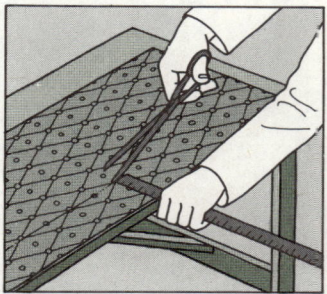

2. Eine Bahn genau an die Tischkante anlegen, Lineal mit angelegtem Daumen entlangführen und mit der Schere die Bahn einritzen

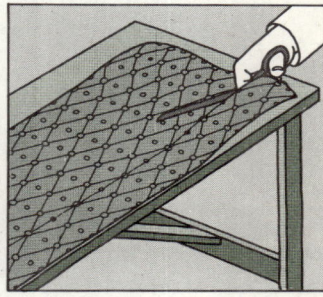

3. Den Streifen mindestens 10 cm länger als die abzudeckende Wandfläche zuschneiden, damit er mustergerecht eingepaßt werden kann

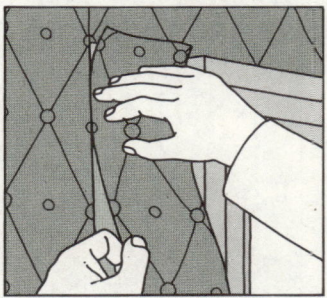

4. Streifen einstreichen und passend gegen die bereits geklebte Bahn ansetzen. Auf sauberen Anschluß achten

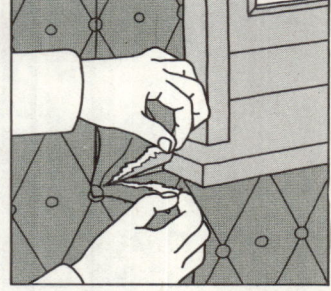

5. Überlappende Tapetenzwickel abschneiden (siehe S. 36). Stoßkanten abreißen, damit Verbindungsstellen weniger auffallen

6. Bei waagrechten Stößen die Bahnenenden überlappen lassen. Mit einem scharfen Messer geradlinig durch beide Bahnen schneiden

7. Die abgetrennten Endstreifen beider Bahnen vorsichtig entfernen und Tapete andrücken. Auf überquellenden Kleister achten!

Dekorationsarbeiten

Tapeten mit symmetrischem Muster an einem Wandvorsprung

Wenn eine Tapete ein auffälliges, symmetrisch angelegtes Muster hat, ist es ratsam, auch die Bahnen symmetrisch anzubringen, ausgerichtet auf einen Blickpunkt im Zimmer. Wie man die Tapete anbringt, hängt davon ab, ob Mitte Muster mit Mitte Bahn zusammenfällt oder ob das Muster mehr am Rand der Bahn ist.

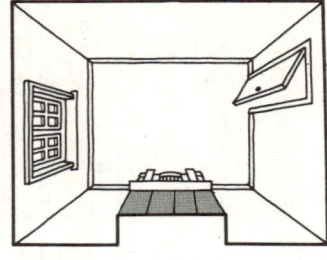

1. Breite der Wand messen, auf der das Muster zentriert werden soll. Wandmitte durch Auftragen des halben Breitenmaßes markieren

2. Mit Hilfe eines Senklots von der Decke herab eine Linie durch die Markierung ziehen. Erste Bahn vorbereiten (siehe S. 32)

3. Wenn die Mustermitte mit der Bahnmitte zusammenfällt, ist die erste Bahn so zu kleben, daß sich eine Kante mit der Mittellinie deckt

4. Überschüssige Tapete abschneiden und Kleisterreste vor dem Antrocknen abwischen. Die zweite Tapetenbahn neben die erste kleben

Leibungen tapezieren

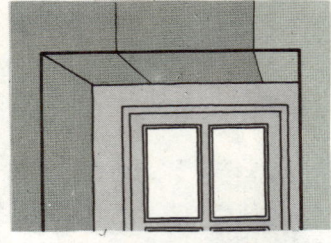

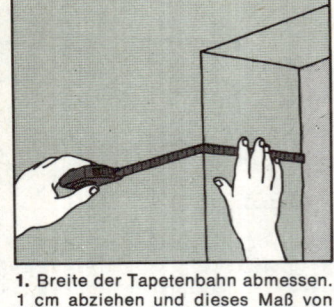

Um einen sauberen Eckanschluß zu bekommen, tapeziert man Fenster- und Türleibungen eines Zimmers zusammen mit den anschließenden Flächen.

1. Breite der Tapetenbahn abmessen. 1 cm abziehen und dieses Maß von der Innenkante der Leibung ab um die Ecke herum auftragen

2. Linie durch die Markierung ziehen und Tapete ansetzen. Die Bahn 5 mm über der oberen Leibungsecke bis zur Kante einschneiden

3. Erste Bahn um die Kante herum andrücken. Eine kurze Bahn für die Wand über dem Fenster zuschneiden, einstreichen und kleben

4. Ein Tapetenstück für die Restfläche zuschneiden, mit einer Zugabe von etwa 1 cm an der hinteren und 2 cm an der vorderen Kante

5. Überstehende Tapete hinten abschneiden, vorn vorsichtig abreißen, damit die ausgefranste Kante den Anschluß unauffällig abdeckt

---

DIE MUSTERMITTE IST NICHT BAHNSYMMETRISCH

Es sieht nicht besonders gut aus, wenn eine Tapete mit einem großformatigen Muster an einem ins Auge fallenden Platz nicht symmetrisch angebracht ist. Es ist jedoch ganz einfach, eine Tapete, deren Muster nicht mittig auf der Bahn angeordnet ist, trotzdem symmetrisch auf der vorgesehenen Wandfläche anzubringen. Man benutzt dazu eine zweite Hilfslinie.

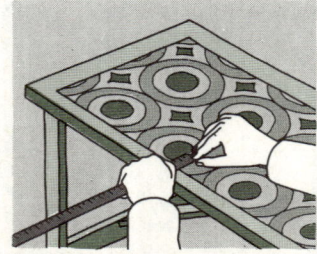

1. Tapete auf dem Tapeziertisch ausrollen und den Abstand der Mustermitte von der linken Kante der Bahn messen

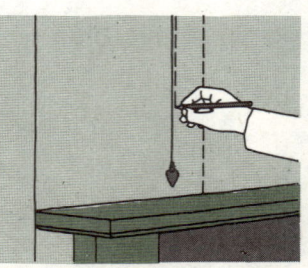

2. Dieses Maß auf dem Wandvorsprung von der Mittellinie nach links auftragen. Eine weitere Linie durch die Bleistiftmarkierung ziehen

3. Die erste Bahn rechts an der neuen Linie anlegen, die zweite mit sauberem Stoß links davon. Auf guten Musteranschluß achten

Friese und Unterzüge tapezieren

Wandfriese (z. B. über Bilderleisten in alten Wohnungen)
und Balken werden manchmal
so tapeziert wie die Decke. Bei
Bilderleisten muß die Tapete
bis hinter die Leiste reichen.

Für einen breiten Durchgang
zwischen zwei Zimmern wird
die Tapete so zugeschnitten,
daß sie bis an die Unterkante
des Unterzugs reicht. Die Unterseite und Seitenteile werden
entweder mit neutraler Tapete
beklebt, oder aber man tapeziert die gesamte Leibung mit
einer der beiden Tapeten.

1. Wenn die Decke quer tapeziert ist,
mißt man die Höhe des Frieses oder
Balkens und zählt die an der Decke
angebrachten Bahnen ab

2. Bei einem Balken werden 3 mm
von dem Maß abgezogen, bei einem
Fries mit Bilderleiste 5 cm zugegeben. Die Bahnen zuschneiden

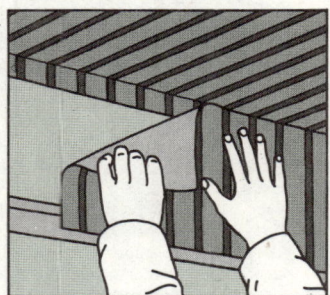

3. Tapete einstreichen und Muster
an das der Decke anpassen. Bahn
kleben, mit Bürste glattstreichen
und Kanten zupassen

WENN DAS MUSTER AN DER DECKE LÄNGS VERLÄUFT

1. Maß von Ecke zu Ecke nehmen.
10 cm zugeben und eine Bahn ablängen. Höhe des Balkens messen, Bahn auf Breite schneiden

2. Tapete an einer Ecke ansetzen
und 5 cm überstehen lassen. Bahn
ankleben und anderes Ende ebenfalls 5 cm um die Ecke führen

Wandbekleidung aus Vinyl

Das Ausgangsmaterial (PVC) ist
lichtecht und abwaschbar. Es
gibt drei Arten von Vinylfolie:
geschäumtes Vinyl (ohne Verstärkung), Vinyl auf Papier- und auf
Textilunterlage. Das Material ist
wasserdicht, aber dampfdurchläs-
sig, so daß keine Kondensbildung
auftritt. Der Qualitätsunterschied
zwischen Papier- und Textfolie
besteht in der geringeren oder
größeren Reißfestigkeit.

Der Untergrund muß absolut
trocken, glatt und fehlerfrei sein.
Poröse Wände müssen mit verdünntem Kleister vorbehandelt
werden. An einer Wand nur Bahnen mit derselben Fertigungs-
nummer verwenden, damit keine
Farbabweichungen auftreten. Ist
das nicht möglich, die dunkelsten
Bahnen an der Fensterwand anbringen. Wandbreite messen und
Anzahl der Bahnen bestimmen;
dabei das Beschneiden der Ränder berücksichtigen. Bei der
Länge etwas für das nachträgliche Anpassen zugeben, bei Mustern entsprechend mehr. Bahnen
numerieren, Nummer oben hinten auf der Bahn mit Bleistift
vermerken.

1. Folie auf Länge zuschneiden (mit
Zugabe oben und unten). Wenn nötig,
mit Lineal und scharfem Messer die
Ränder sauber beschneiden

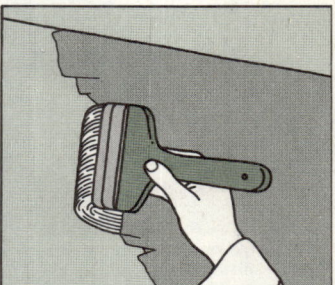

2. Wand eventuell mit verdünntem
Kleister vorstreichen. Nach dem Trock-
nen Wand oder Folie gleichmäßig mit
Kleister oder Spezialkleber einstreichen

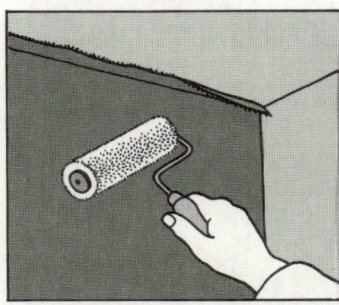

3. Bahn ankleben und, von der Mitte
nach außen arbeitend, mit einer Filz-
rolle die entstandenen Luftblasen unter der Folie wegdrücken

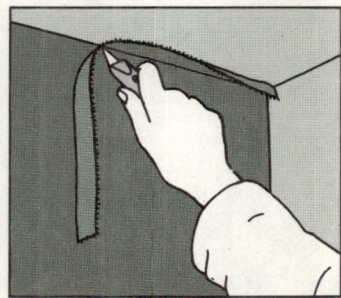

4. Wenn die ganze Wand beklebt ist,
Bahnen an Deckenkante und Fußleiste
mit einem scharfen Messer oder einer
Schere sauber beschneiden

VORGELEIMTE TAPETEN

Vorgeleimte Tapeten haben den
Vorteil, daß sie nicht mehr mit
Kleister eingestrichen werden
müssen. Sie haben auf der Rückseite bereits eine Leimschicht; es
genügt daher, die Bahnen, bevor
sie tapeziert werden, ins Wasser
zu tauchen.

Meistens wird vom Lieferan-
ten ein speziell hierfür hergestellter Behälter mitgeliefert, in
den die Bahnen, mit der Oberkante nach außen, eingelegt werden.

Der Kleber ist so beschaffen,
daß man die Bahn nach dem
Ansetzen noch etwas verschieben
kann. Die Bahnen werden auf
Stoß geklebt. Danach können
die Nähte mit einem Nahtroller
angepreßt werden. Sich bildende
Luftblasen werden mit einer
Nadel durchstochen und dann
angedrückt.

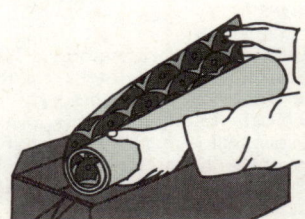

1. Tapete schneiden. Bahn mit
der zu befeuchtenden Seite nach
außen in den Behälter einlegen

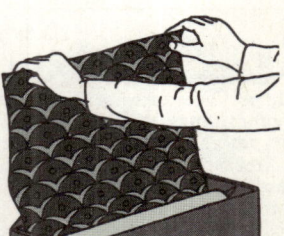

2. Befeuchtete Bahn an Oberkante
hochziehen. Wasser ablaufen lassen, Bahn an die Wand bringen

Dekorationsarbeiten

Blasen und lose Kanten reparieren

Dicke Tapeten dehnen sich durch die im Kleister enthaltene Feuchtigkeit stark aus. Werden sie zu früh aufgeklebt, dehnen sie sich an der Wand weiter, und es bilden sich Blasen. Ist der Kleister zu dünn angemacht oder bedeckt er nicht die ganze Fläche, kann sich die Tapete ablösen. Man kann entweder die Tapete einschneiden oder den Kleister mit der Spritze injizieren. Diese hinterläßt fast keine Spuren, ist daher an besonders ins Auge fallenden Stellen zu empfehlen.

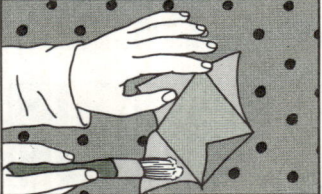

1. Blase mit einer Schere oder einem scharfen Messer über Kreuz auftrennen. Über den Umfang der Blase hinausschneiden

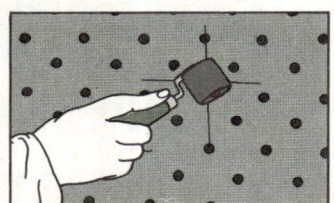

2. Die entstandenen Papierdreiecke zurückschlagen und mit einem Pinsel den Kleister auftragen. Etwa 5 Minuten einziehen lassen

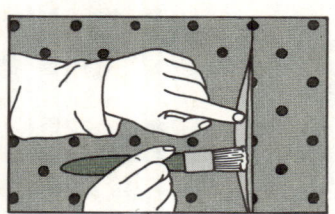

3. Die vier Tapetenzwickel wieder in die alte Lage zurückklappen. Die reparierte Stelle mit einem Nahtroller glattstreichen

KLEISTER INJIZIEREN

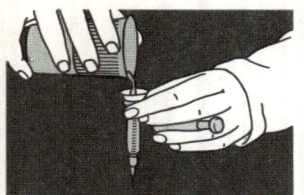

1. Spritze zur Hälfte mit geeignetem Kleister füllen. Außen abwischen und Nadel einstechen

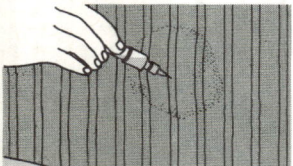

2. Kleister in die Mitte der Blase spritzen. Warten, bis er in das Papier eingezogen ist

3. Die Tapete mit den Fingern andrücken und vorsichtig von innen nach außen glattrollen

Offene Nahtstelle: Abgelöste Tapete zurückrollen und Kleister oder Leim auftragen. Mit dem Nahtroller andrücken

Schadhafte Stellen ausbessern

Von einer Reserverolle schneidet man ein Stück ab, das größer sein muß als die schadhafte Stelle. Dann reißt man die Kanten, damit sie faserig sind und weniger auffallen, und schabt an der Rückseite so viel Papier ab, daß die Kanten nur noch halb so dick sind. Einige Bespannungen, wie Vinyltapeten, Nessel oder Rupfen, kann man nicht reißen; hier muß man einen geschnittenen Flicken verwenden, der sich aber stärker abzeichnet.

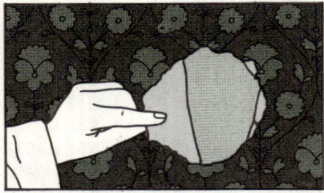

1. Die lose Tapete rund um die schadhafte Stelle von der Wand abreißen. Nur Tapete stehenlassen, die noch fest an der Wand klebt

2. Ein Stück Tapete der gleichen Sorte, größer als das Loch, so auflegen, daß es im Muster an die übrige Tapete anschließt

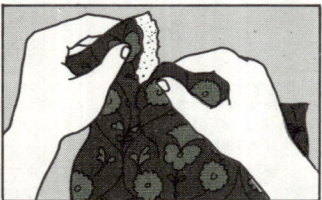

3. Die Kanten des neuen Tapetenstücks so abreißen, daß ein etwa 3 mm breiter Randstreifen nur noch die halbe Dicke aufweist

4. Den Flicken rundherum in das Muster einpassen. Kleister einige Minuten anziehen lassen, dann von innen nach außen hin glätten

VINYLTAPETEN AUSBESSERN

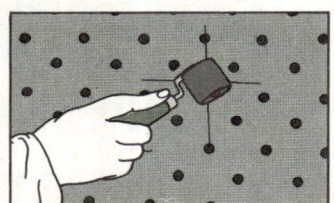

1. Ein passendes Stück Tapete, je nach Muster etwas größer als die schadhafte Stelle, zuschneiden

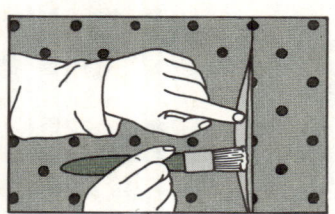

2. Flicken gegen die Wand drücken, durch beide Tapetenschichten ein Rechteck herausschneiden

3. Das alte Tapetenstück abziehen. Flicken einstreichen und mit dem Nahtroller leicht andrücken

FLECKEN ENTFERNEN

Wenn eine Tapete Flecken hat, muß man erst prüfen, ob sie farbecht ist. Hierzu trägt man an einer nicht sichtbaren Stelle ein Reinigungsmittel auf. Wenn sich die Tapete verfärbt, besorgt man sich ein anderes Mittel oder unterläßt die Reinigung.

Abwaschbare Tapeten können bedenkenlos mit Wasser gereinigt werden, dem ein Spülmittel oder etwas Kernseife beigefügt ist. Man arbeitet stets von unten nach oben, damit die Tapete unten nicht naßgespritzt wird, bevor man dorthin kommt.

Wenn Flecken nicht verschwinden oder nach dem Trocknen wiederkommen, muß man ein neues Stück Tapete aufkleben (siehe oben).

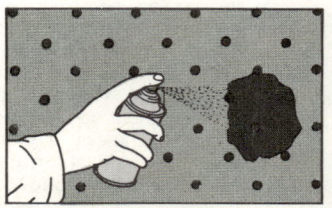

Reinigungsspray: Flächen einsprühen, trocknen lassen. Weiße Pulverrückstände vorsichtig abbürsten

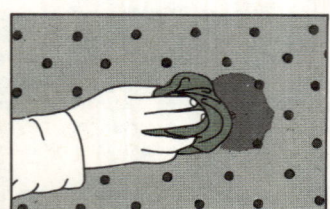

Spiritus: Mit angefeuchtetem Tuch langsam und leicht über den Fleck wischen, bis er verschwunden ist

Wände und Decken vorbereiten

Bevor man ein Zimmer streicht, wird der Fußboden mit Plastikfolie, Packpapier oder mehreren Lagen Zeitungspapier abgedeckt. Sollen nur die Wände gestrichen werden, so genügt es, entlang der Wände einen etwa 1 m breiten Bodenstreifen abzudecken, vorausgesetzt, daß man mit dem Farbroller oder dem Pinsel geschickt umzugehen weiß.

Soll ein ganzer Raum renoviert werden, fängt man mit der Decke an, streicht dann alle Holzteile mit Ausnahme der Fußleisten, danach die Wände und zum Schluß die Fußleisten. Mit einer weichen Bürste entfernt man vor dem Streichen den Staub von der Decke und den Wänden.

Will man besonders gründlich sein, wäscht man wasserfest gestrichene Decken und Wände nun mit Schwamm, warmem Wasser, Schmierseife oder Allzweckreiniger ab; danach werden alle Seifenspuren mit klarem Wasser sorgfältig abgespült. Alte Leimfarbe in mehreren Waschgängen bis auf den Grund entfernen.

Abblätternde Farbe wird mit dem Spachtel abgekratzt, Sprünge und Löcher im Putz werden zugegipst (siehe S. 109 und 113).

Alte Ölfarben- oder Lackanstriche müssen – wenn sie nicht ganz entfernt werden – mit Schleifpapier angerauht werden, damit der neue Anstrich einwandfrei haftet. Unmittelbar vor dem Anstreichen werden alle Flächen noch einmal mit einem sauberen feuchten Schwamm abgerieben.

Am besten arbeitet man von einer Plattform aus. Diese besteht aus Brettern, die zwischen zwei Leitern aufliegen. Die Arbeit mit nur einer Leiter ist mühsam.

Wenn man bei elektrischem Licht arbeitet, nimmt man die Lampenschirme ab, um die Decke möglichst hell auszuleuchten.

BINDERFARBE BLÄTTERT AB

1. Abblätternde Farbe wird mit dem Spachtel vorsichtig entfernt, bis feste Ränder erreicht sind

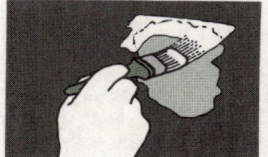

2. Schadenstelle mit Schleifpapier schleifen, neu streichen, trocknen lassen, nochmals schleifen

LEIMFARBE AUSBESSERN

1. Mit warmem Wasser und Deckenbürste die Farbschicht naß machen; vom Fenster zur Wand hin arbeiten

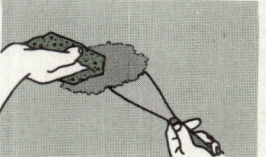

2. Alte Farbe mit Schwamm, Bürste und Spachtel abnehmen. Decke trocknen lassen und neu streichen

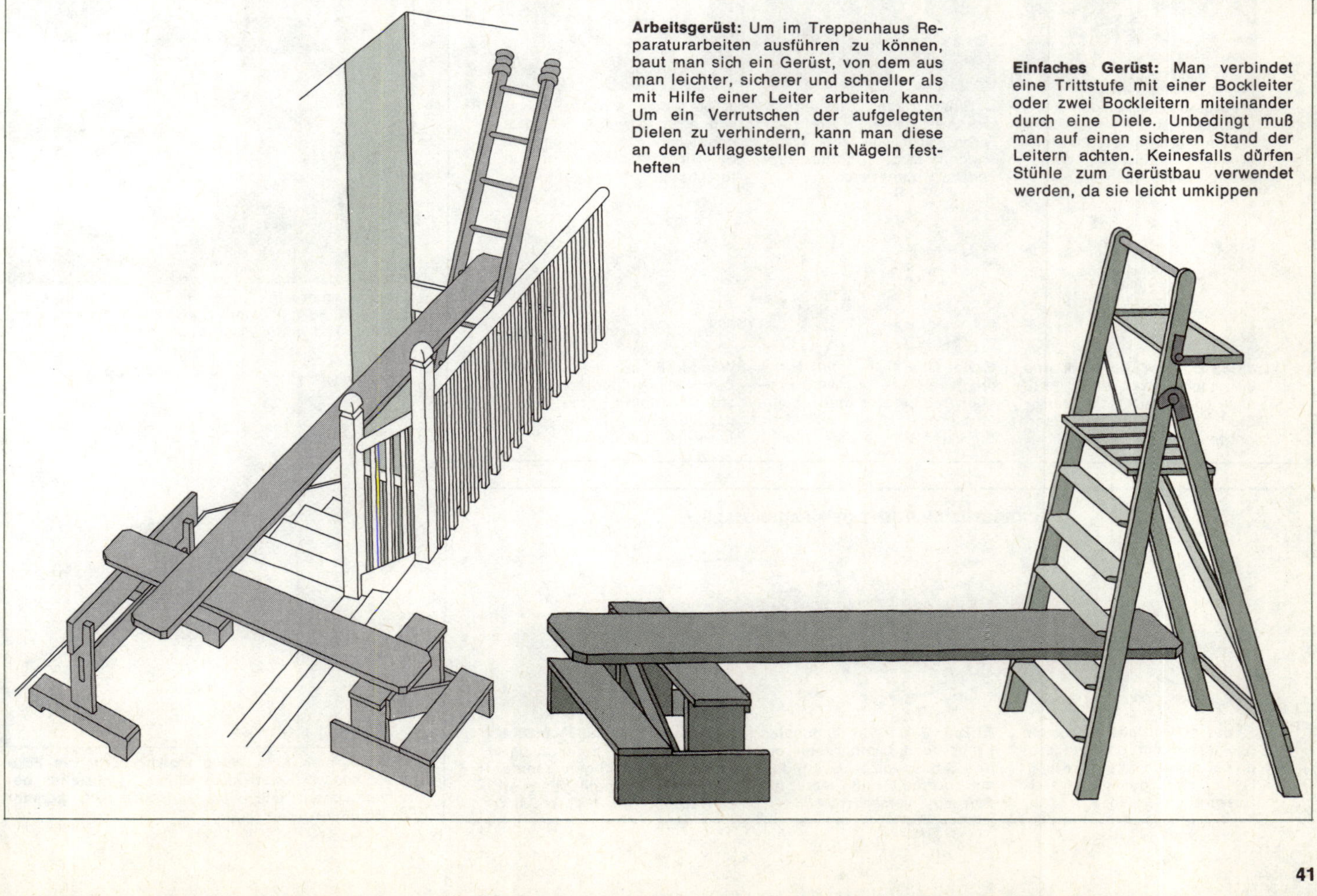

Arbeitsgerüst: Um im Treppenhaus Reparaturarbeiten ausführen zu können, baut man sich ein Gerüst, von dem aus man leichter, sicherer und schneller als mit Hilfe einer Leiter arbeiten kann. Um ein Verrutschen der aufgelegten Dielen zu verhindern, kann man diese an den Auflagestellen mit Nägeln festheften

Einfaches Gerüst: Man verbindet eine Trittstufe mit einer Bockleiter oder zwei Bockleitern miteinander durch eine Diele. Unbedingt muß man auf einen sicheren Stand der Leitern achten. Keinesfalls dürfen Stühle zum Gerüstbau verwendet werden, da sie leicht umkippen

Dekorationsarbeiten

Wände und Decken streichen

Eine Decke oder eine Wand soll man immer in einem ununterbrochenen Arbeitsgang streichen. Macht man nämlich Pausen, so entstehen auf der Wand oder der Decke unvermeidlich Ansatzlinien, die beim fertigen Anstrich sichtbar bleiben.

Den Winkel zwischen Decke und Wand streicht man mit der schmalen Seite der Deckenbürste oder des Flächenstreichers. Dabei muß darauf geachtet werden, daß keine Farbe auf die Wand bzw. die Decke kommt.

Decken streicht man in etwa 60 cm breiten Flächen, die vom Fenster aus zur gegenüber liegenden Wand laufen. Diese Flächen sollen sich nicht überlappen. Es empfiehlt sich, die Farbe alle Meter zu verschlichten, d. h., die reichlich aufgetragene Farbe wird mit langen Strichen und gleichmäßigem Druck erst in einer Richtung, dann quer dazu und schließlich wieder in der ersten Richtung durchgearbeitet, ohne daß zwischendurch neue Farbe aufgetragen wird.

Um die richtige Menge Farbe aufzunehmen, werden Deckenbürste oder Flächenstreicher bis zu einem Drittel der Borstenlänge in die Farbe getaucht und leicht gegen die Innenseite des Farbeimers gepreßt. Noch besser ist es, über die Mitte des Farbbehälters einen Draht zu spannen, an dem überflüssige Farbe abgestreift werden kann.

Benutzt man einen Roller, werden als erstes mit dem Pinsel die Ecken gestrichen, die man mit dem Roller nicht erreicht. Auch der Roller darf nicht zu voll sein. Um Spritzer zu vermeiden, taucht man den Roller ganz in die Farbe und streift ihn am Rollengitter ab. Tropft beim Streichen noch Farbe von der Rolle, so wurde nicht genügend am Gitter abgestreift. Der Roller sollte nicht ruckartig von der Farbfläche genommen werden, da er sonst Farbe mit sich zieht.

Will man eine Decke mit dem Roller streichen, kann man ihn an einem Besenstiel befestigen und vom Boden aus arbeiten.

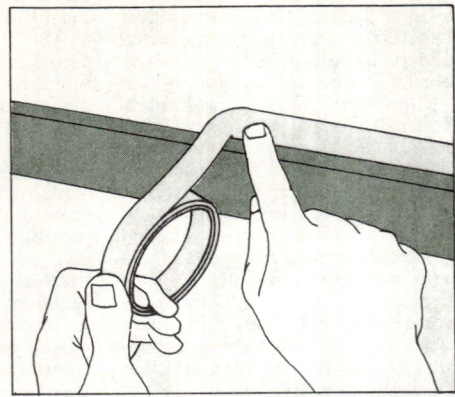

1. Einen Streifen Klebeband entlang der Wand über der Fußleiste anbringen, damit beim Streichen die Farbe nicht auf die Wand übergreift

---

STREICHEN MIT FLÄCHENSTREICHER ODER DECKENBÜRSTE

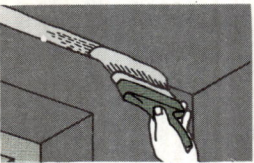

1. Parallel zum Fenster einen schmalen Streifen mit dem breiten Flachpinsel (Flächenstreicher) streichen; Wandoberteil nicht mitstreichen

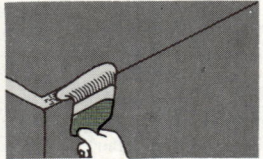

2. Einen kurzen Streifen im rechten Winkel streichen; Farbe nicht auf die Wand bringen; Decke parallel zum Fenster weiterstreichen

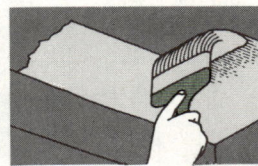

3. Die Decke wird in Flächen von etwa 60 cm im Quadrat gestrichen. Pinselspuren sind bei Binderfarbe nicht zu befürchten

4. Mit Binder- oder Lackfarbe bringt man dann einen Endanstrich auf; er darf an keiner Stelle auf die Wände übergreifen

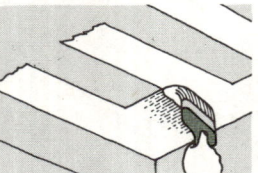

5. Bei Ölfarbe in einer Richtung zuerst drei getrennte Parallelstreifen streichen, dann Farbe quer dazu zum Licht hin verschlichten

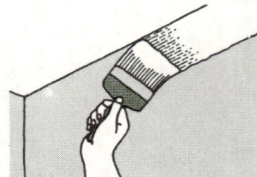

Wände: Farbe nicht auf die Decke übergreifen lassen. Erster Strich entlang der Decke, dazu eventuell einen schmalen Pinsel benutzen

---

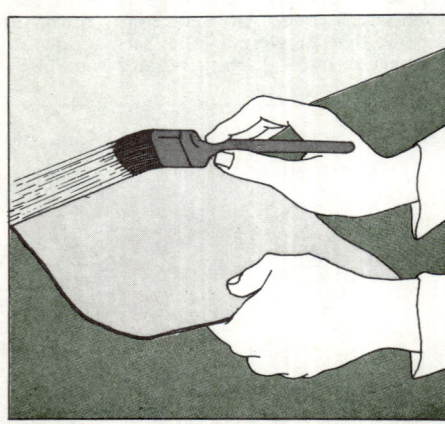

2. Wenn man eine Ecke streicht, kann man die andere Wand mit einem Stück Karton abschirmen, den man fest in die Ecke preßt

---

DECKENSTREICHEN MIT DEM FARBROLLER

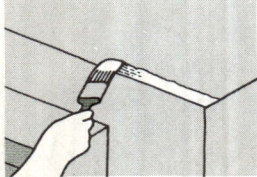

1. Zuerst werden die Kanten der Decke mit einem Flachpinsel gestrichen. Achtung: Farbe nicht auf die Wände übergreifen lassen

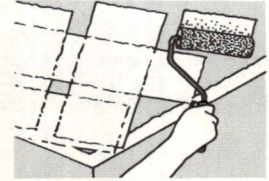

2. Die Decke in diagonalen Kreuz- und Querstreifen mit dem Roller walzen. Dabei darauf achten, daß man die Farbe gut verschlichtet

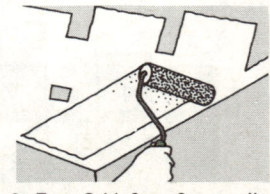

3. Zum Schluß muß man die Farbe mit dem Roller in geraden gleichmäßigen Linien in Richtung auf das Fenster zu walzen

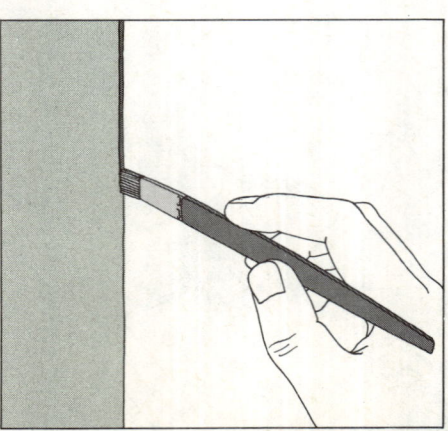

3. Wenn man eine Wand exakt bis in die Ecke streichen will, muß man einen Strichzieher benützen; damit läßt sich freihändig ein gerader Abschluß erreichen

Schmuckplatten auf der Wand anbringen

Plattenverkleidungen dienen nicht nur der Wärme-, Schall- oder Feuchtigkeitsdämmung, sondern sind oft ein rein dekoratives Raumelement. Solche Platten anzubringen setzt meist mehr fachmännisches Können voraus als normales Tapezieren. Statt der Tapezierschere braucht man manchmal eine Säge, und auch das Ankleben ist nicht immer so einfach wie der Umgang mit Tapetenkleister. Schließlich sind die Platten oder Bahnen bis 122 cm breit und dann ziemlich unhandlich. Bei der Wahl des Klebers sollte man immer dem Rat des Plattenlieferanten folgen; auch die Beschaffenheit des Untergrunds verlangt eine fachmännische Beurteilung.

Der Untergrund für die Platten darf keine Schäden aufweisen: Er muß trocken und ganz eben sein. Alte Farb- oder Tapetenreste sind zu entfernen. Wenn unmittelbar auf den Untergrund geklebt werden soll, ist es einfacher, schmalere Platten zu nehmen.

Verkleidungsplatten können aus den verschiedensten Materialien geschnitten oder gesägt werden: geschäumtes Styropor, Kork, Hartfaser (auch geprägt oder gelocht), Spanplatten, Weichfaserplatten mit Oberflächenstruktur, Schichtstoffplatten wie Resopal oder Formica und mit Kunststoff, Edelfurnier oder Gewebe beschichtete Platten.

Hat das verwendete Plattenmaterial eine Oberflächenstruktur, muß deren Verlauf beim Verlegen berücksichtigt werden.

Sollen die Platten so dicht wie möglich aneinanderstoßen, muß man darauf achten, daß ein heller Untergrund nicht später durch die Fugen schimmern kann. Die Wand bzw. ein Streifen auf Fugenabstand ist vor dem Verlegen im Ton der Platten zu streichen.

Dies gilt auch für Lochplatten und Platten mit dekorativen Öffnungen; hier kann man die Wand allerdings auch in einem kontrastierenden Farbton streichen.

Kork und aufgeschäumter Kunststoff lassen sich leicht mit einem scharfen Messer schneiden. Für härteres Material benutzt man eine Säge, für harte Schichtstoffplatten wie Resopal oder Formica eine Säge mit feinen, leicht geschränkten Zähnen. Bei diesem spröden Material muß bei Handzuschnitt etwa 2 mm zugegeben und die gesägte Kante mit Feile und Schleifpapier nachgearbeitet werden. Bei Kreissägeschnitten wird auf genaues Maß, ohne Zugabe, gesägt. Anschließend in jedem Fall Kante brechen.

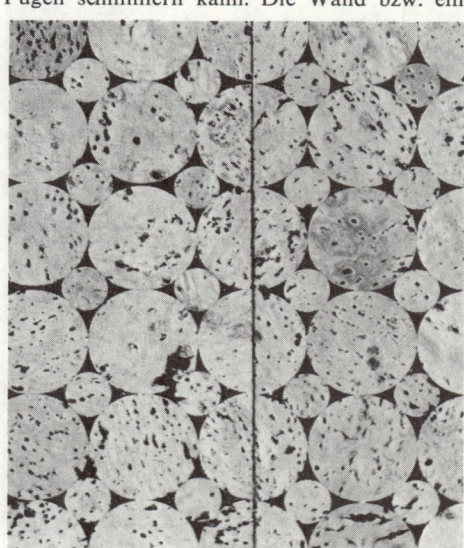

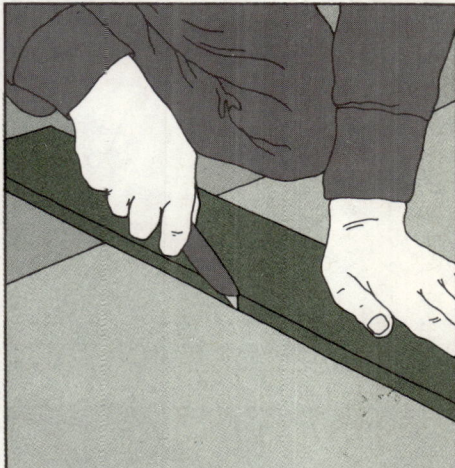

Um Korkplatten zu schneiden, benutzt man ein scharfes Messer und ein gerades Brett. So kann man auch Fliesen aus Korkplatten schneiden

Verschiedene Arten von Korkplatten

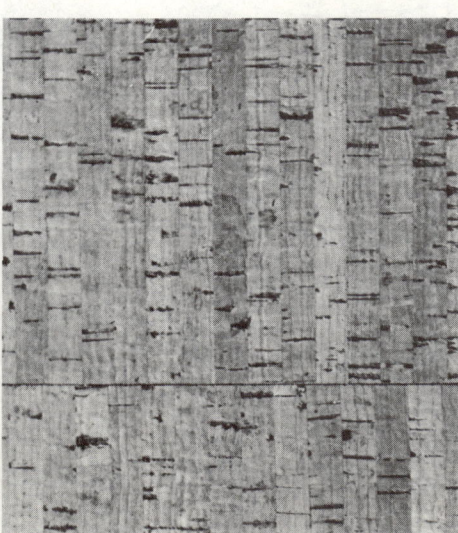

Handsägekanten werden mit Schleifpapier und Schleifklotz glattgeschliffen. Die Kanten von Fliesen kann man damit auch brechen oder abrunden

Dekorationsarbeiten

Paneele auf einem Lattenrost anbringen

Es empfiehlt sich, große Paneele auf senkrechten oder waagrechten Holzplatten oder auf einem Lattenrost (Unterkonstruktion) an der Wand zu befestigen (siehe S. 45). So muß die Wand unter den Latten nicht vollkommen eben sein, Farb- und Tapetenreste stören nicht, und ein nicht mehr ganz einwandfreier Gipsverputz braucht nicht unbedingt erneuert zu werden.

Die Platten können auf die Latten geschraubt, genagelt oder geklebt werden. Wichtig ist es, für ausreichende Ventilation hinter den Platten zu sorgen (siehe S. 45). Bei geschraubten oder genagelten Platten empfiehlt es sich, die Kanten an den Stoßfugen zu kleben, damit sie sich später nicht aufwölben können. Löcher kann man mit Plastikkitt in passender Farbe verschließen.

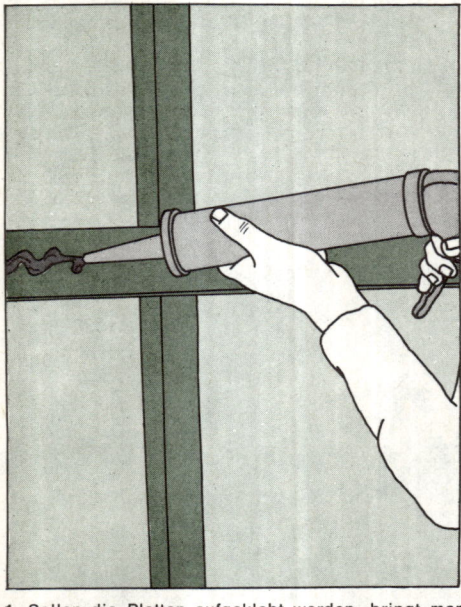

1. Sollen die Platten aufgeklebt werden, bringt man auf alle tragenden Latten und Auflageflächen eine Kleberschicht auf und streicht sie glatt

2. Die Platte wird durch unterlegte Holzstücke in die richtige Position zu den Latten gebracht und an der Oberkante mit Stauchkopfstiften in die Nut geheftet

3. Die Unterkante der Platte wird von der Wand abgezogen und von den Holzstücken gehalten, bis der vorher angebrachte Kleber ablüftet

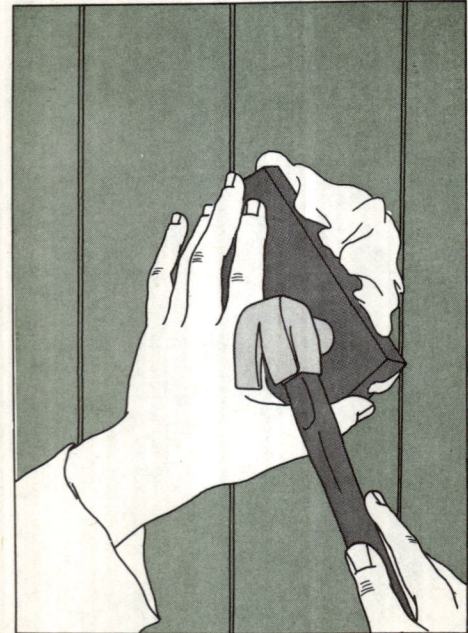

4. Nach 6–10 Minuten kann man die Hölzer entfernen und die Platte mit Hammer, Zulage und Lappen anklopfen

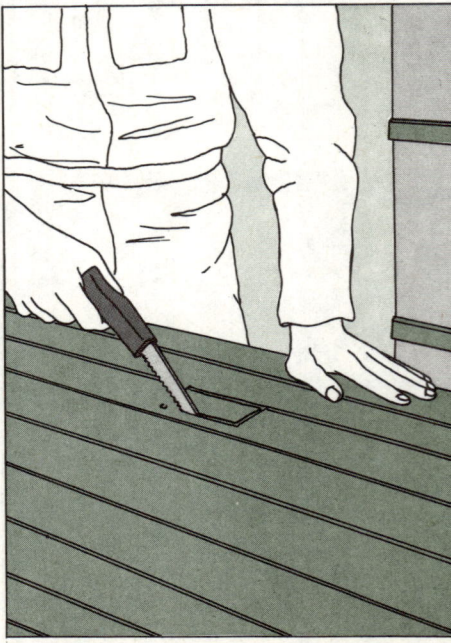

5. Ausschnitte für Steckdosen oder Schalter werden auf der Platte genau angezeichnet und mit einer Stichsäge sauber ausgesägt

6. Bevor man Latten und Paneele mit Kleber bestreicht, legt man die Platte an die Wand und prüft, ob der Ausschnitt auch genau paßt

Wandverkleidungen mit Nut- und Federbrettern

Verkleidungen aus Holz verschönern nicht nur jeden Raum, sondern haben gleichzeitig eine isolierende Wirkung. Es lassen sich damit auch Schäden auf der Putzoberfläche verdecken, die man nicht so einfach beheben kann. Die Fläche, die man mit Holz verkleiden will, braucht keine besondere Vorbehandlung; sie sollte nur trocken und gesund sein. Alte Tapeten und Anstriche läßt man getrost auf der Wand. Feuchte oder sogar befallene Stellen in der Wand dürfen jedoch auf keinen Fall einfach zugedeckt werden. Eine entsprechende Behandlung ist unumgänglich (siehe Seite 64–65). In Zweifelsfällen ist es gut, wenn man unter der Schalung eine Aluminiumfolie anbringt. Diese bietet einen mäßigen Schutz gegen Feuchtigkeit. Ferner muß man – wie die Abbildung unten zeigt – in der Lattenkonstruktion Lüftungsschlitze lassen, damit die Luft zirkulieren kann.

Obwohl man bei gutem Untergrund die Schalung direkt auf die Wand montieren kann, ist grundsätzlich zu empfehlen, eine Unterkonstruktion (Lattenrost) anzubringen. Der geringe Aufwand lohnt sich schon deshalb, weil der Raum zwischen Schalung und Wand einen zusätzlichen Isoliereffekt bietet; man kann in diesen Zwischenraum sogar noch Dämmstoffe einfügen. Krumme oder nicht lotrechte Wände kann man einwandfrei ausgleichen, und nicht zuletzt sind die Riemen auf Holz besser zu befestigen als auf Putz oder Stein.

Ehe man das Material einkauft, sollte man gründlich überlegen, ob die Schalungsbretter vertikal oder horizontal verlaufen sollen. Eine vertikale Schalung läßt einen Raum höher erscheinen, als er ist, eignet sich am besten also für relativ niedrige Zimmer. Horizontal angebrachte Riemen strecken einen Raum, lassen ihn also größer erscheinen. Zu hohe Räume sollten möglichst nur teilweise verschalt werden, z. B. nur bis Türhöhe.

Holz kann zwar eine sehr gemütliche Atmosphäre schaffen, es ist aber davon abzuraten, in kleinen Räumen die Decke und die Wände zu verkleiden. Für rustikal eingerichtete Räume – wie Bauernstuben u. ä. – sollte man mit weiß gekalktem Rauhputz für Kontrast sorgen.

Die Unterkonstruktion wird aus Nadelholzleisten 60 x 20 mm hergestellt. Es ist besser, wenn die Vorderseite der Leisten gehobelt ist. Die Leisten werden quer zum Riemenverlauf montiert. Der Abstand zwischen den einzelnen Leisten sollte nicht größer sein als 60 cm, es sei denn, man verwendet eine extrem dicke Schalung. Verwendet man Isoliermaterial, muß man die Bahnen- bzw. Plattenbreiten berücksichtigen.

Die praktischste Methode ist es, die beiden äußeren Leisten zuerst flüchtig bzw. lotrecht mit Richtscheit oder Schnur zu montieren. Als Befestigungsmittel nimmt man am besten Durchsteckdübel und Senkkopfholzschrauben 4,5 x 50 mm. Geschraubte Leisten können während der Montage leichter reguliert werden. Man dübelt zuerst an der höchsten Stelle und unterlegt nach Bedarf mit dünnen Holzschienen oder Furnierstücken an den anderen Befestigungsstellen nach Richtscheit und Wasserwaage.

Wenn die äußeren Leisten befestigt sind, werden die anderen Leisten vorderflächenbündig mit den äußeren Leisten montiert.

Wenn man will, kann man jetzt die Isolierung einbauen. Nun erfolgt die Montage der Nut- und Federriemen. Bei unsichtbarer Befestigung wird mit der „Federseite" begonnen; man muß also die Feder weghobeln. Mit 30 mm langen Flachkopfstiften – bei Außenschalung sollten sie verzinkt sein – nagelt man in die hintere Wange der Nut; das letzte Stück wird mit dem Versenkstift eingeschlagen.

Schneller arbeitet man mit Klammern und Preßluftnagler, den man mieten kann. Anfang und Schluß der Schalung kann man mit Stauchkopfstiften auch sichtbar nageln und anschließend auskitten. Die Nägel sind auch kaum zu sehen, wenn man einfach den Kopf abzwickt und eben einschlägt. Wenn man die Schalung aber aufleimt, sieht man überhaupt nichts.

Die Oberflächenbehandlung des Holzes führt man zweckmäßigerweise vor der Montage durch. Bei Wänden und Außenschalungen, die für Feuchtigkeit anfällig sind, muß man das Material zur Unterkonstruktion imprägnieren und die Rückseite der Schalung ebenfalls behandeln.

Die Wahl der Holzart hängt von verschiedenen Gesichtspunkten ab: Schlecht belichtete Zimmer verlangen eine andere farbliche Gestaltung als helle, sonnige Räume. In sehr großen Räumen wirken Platten und furnierte Paneele vorteilhafter. Man muß aber auch an den Preis denken. Mahagoniriemen kosten beispielsweise erheblich mehr als Fichte- oder Kiefernriemen.

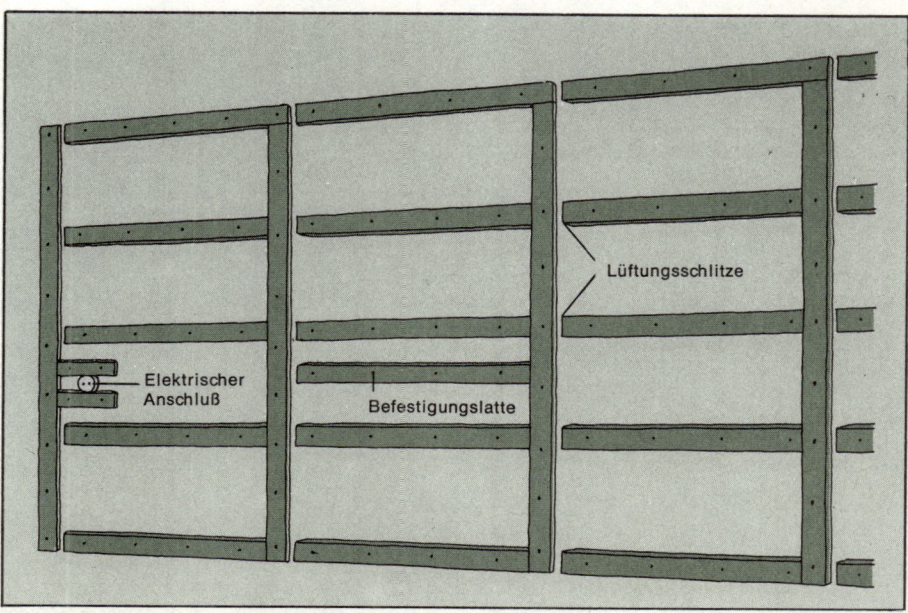

Unterkonstruktion: Wo später in die Deckplatten Aussparungen für elektrische Anschlüsse kommen sollen, müssen zusätzlich Latten angebracht werden. Wenn man vorhat, irgendwelche Gegenstände an der Wand zu befestigen, z. B. eine Garderobe, muß man an der betreffenden Stelle eine Befestigungslatte anbringen. Wichtig ist ferner, daß man in der Unterkonstruktion Lüftungsschlitze läßt, damit sich die Luft ständig erneuern kann.

EINIGE RIEMENPROFILE

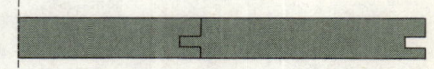

Diese Art von Riemenprofil ergibt eine ebene Fläche ohne Fugenbetonung. Für Fußböden gut geeignet

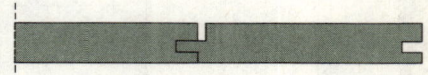

Hier wird die Schalung mit Sichtnuten durchgeführt. Für Innen- und Außenverkleidungen geeignet

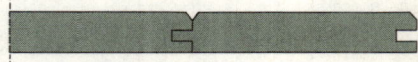

Bei diesem Riemenprofil wird eine V-Nut benützt. Die Fugen sind nur leicht betont

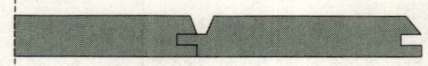

Für horizontale Außenschalung, die das Wasser ablaufen läßt Sichtnuten mit angefasten Kanten

Dekorationsarbeiten

Wandverkleidung mit Nut- und Federbrettern

Im folgenden sind einige Holzarten aufgeführt und deren Eigenschaften und Verwendungsbereiche kurz beschrieben:

Afzelia Vollkommen astrein, sehr hart, rötlichbraun, höchste Dauerhaftigkeit, geringer Schwund, für alle Zwecke geeignet.

Eiche Astarm, hellgelb bis beige, sehr schöne Maserung, sehr hart, für alle Zwecke geeignet.

Kambala Astrein, gelb bis hellbraun, stark nachdunkelnd, schwer, hart und dauerhaft, besonders für außen geeignet.

Lärche Astarm, hellbraun bis braun, hart, sehr witterungsbeständig, für innen und außen verwendbar.

Mahagoni Vollkommen astrein, rotbraun, geringer Schwund, sehr dauerhaft, hart, für innen und außen verwendbar.

Nordische Fichte Kleinästig mit festverwachsenen Ästen, Farbe weißlichgelb, für innen und außen verwendbar.

Nordische Kiefer Fast astrein, hellgelb, lebhafte Struktur, für alle Bereiche geeignet.

Ramin (Borneo Eiche) Vollkommen astrein, hellgelb, gleichmäßige Struktur, besonders für Innenausbau geeignet.

Zeder Astarm, rötlichbraun, mit Streifen, hart, für Innenausbau und Garagentore.

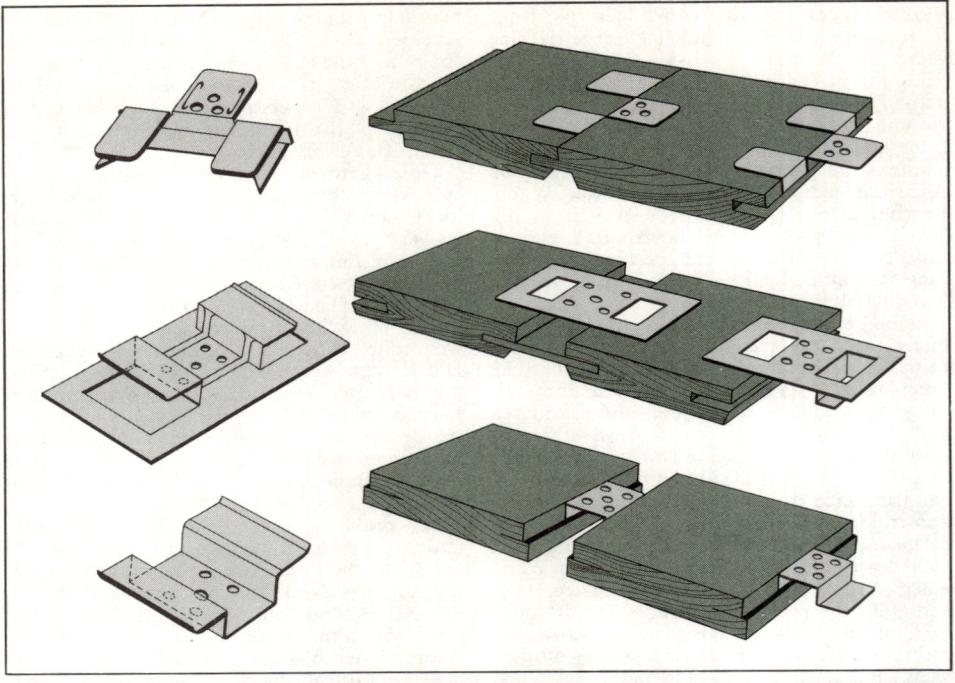

Befestigungen: Es gibt eine Reihe verschiedener Halterungen aus Metall zu kaufen. Am gebräuchlichsten sind die Profilholzkrallen, die für alle handelsüblichen Profilholzbretter benützt werden können (Abbildung oben). Sparkrallen nimmt man, um zusätzlich Fugenleisten aus Holz, Hartfaserplatten oder Kunststoff einsetzen zu können (Abbildung Mitte). Die Abstandskrallen werden für Entlüftungs- und Akustikdecken verwendet (Abbildung unten). Die Abstandskrallen werden auf die Unterholzkonstruktion montiert

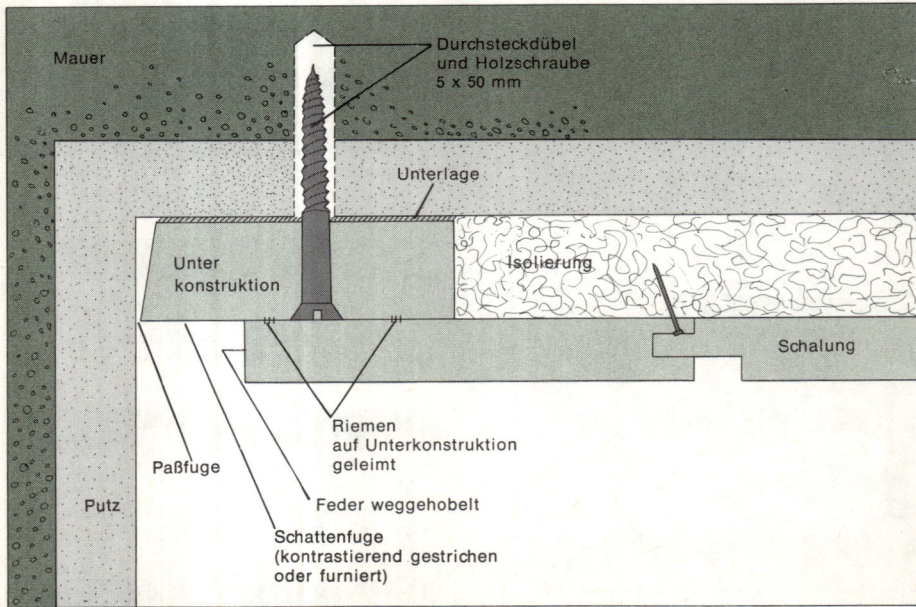

Schnitt durch einen Wand- und Deckenabschluß: Die Vorteile dieser Konstruktion liegen auf der Hand: Weil die Riemen nicht mit der Wand abschließen müssen, können sie auf ein einheitliches Maß zugesägt werden; Maßtoleranzen oder Unebenheiten der Wände werden durch die ringsum führende Schattenfuge ausgeglichen

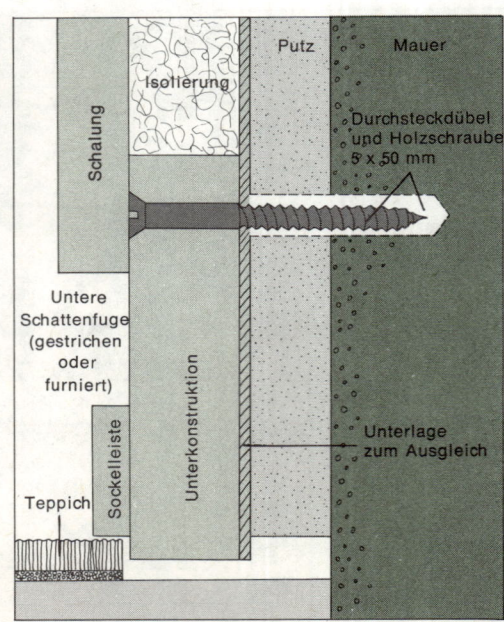

Schnitt durch den Bodenanschluß: Die Sockelleiste wird auf der Unterkonstruktion befestigt. Zwischen Latten und Raumwand kommt eventuell eine Unterlage, welche eine unebene Wand ausgleicht

Weitere Wand- und Deckenverkleidungen aus Holz

Wand- und Deckenverkleidungen verändern die Raumwirkung erheblich. Deshalb ist zu überlegen, wie ein Raum durch die Längsrichtung der Paneele oder Bretter „gestreckt" werden soll. Scheinbalken, die echte, tragende Balken vortäuschen, können durch falsche Abmessungen leicht unecht wirken. Bei raumhohen Wandverkleidungen ist es ratsam, zwischen Holz und Decke einen Streifen Wand sichtbar zu lassen. Man kann Holz auch gut mit Rauhputz oder Tapeten verschiedenster Art kombinieren.

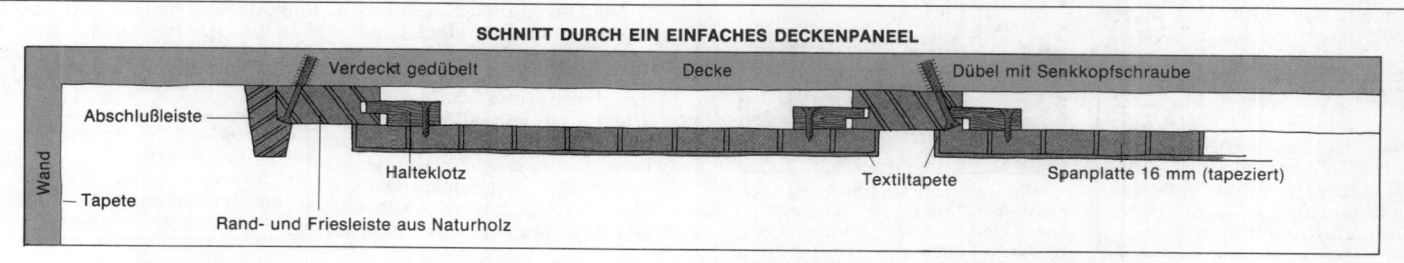

SCHNITT DURCH EIN EINFACHES DECKENPANEEL

Verdeckt gedübelt — Decke — Dübel mit Senkkopfschraube
Abschlußleiste
Wand
Tapete
Halteklotz
Rand- und Friesleiste aus Naturholz
Textiltapete
Spanplatte 16 mm (tapeziert)

Nach genauem Aufriß von Plattengrößen, Wandabständen und Friesbreiten schraubt man genutete Naturholzfriese auf die verputzte Decke. Mit Halteklötzen werden die Paneele in die Nuten eingehängt. Die Paneele können furniert, tapeziert oder gestrichen sein. Unten: An Eckleisten läßt sich die „überlukte" Holzverkleidung unsichtbar befestigen. Bei der Reihenverkleidung mit Riemen nagelt man Zwischenstäbe auf

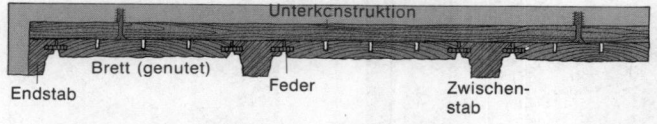

ÜBERLUKTE HOLZVERKLEIDUNG

Unterkonstruktion
Basisbrett
Deckbrett
Eckleiste

REIHENVERKLEIDUNG MIT ZWISCHENSTÄBEN

Unterkonstruktion
Brett (genutet)
Feder
Endstab
Zwischenstab

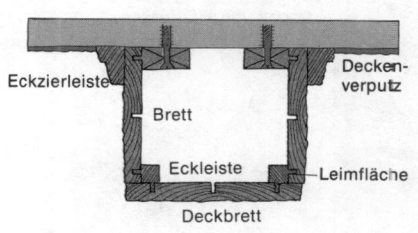

Eckzierleiste
Brett
Eckleiste
Deckbrett
Deckenverputz
Leimfläche

SCHEINBALKEN MONTIEREN

Für Balken ohne Zwischenpaneele schraubt man zwei Halteleisten im entsprechenden Abstand an die Decke und stülpt die Balkenschale darüber

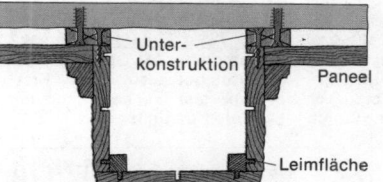

Unterkonstruktion
Paneel
Leimfläche

Halteleisten von oben an die Balkenschale schrauben, dann an der Decke befestigen. Paneele an denselben Leisten von unten befestigen

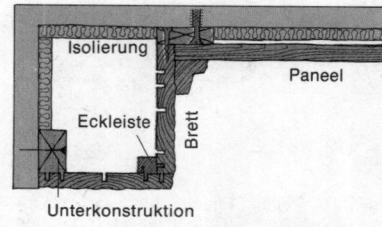

Isolierung
Eckleiste
Brett
Paneel
Unterkonstruktion

Beim Einmessen des Eckbalkens darauf achten, daß der Balken im rechten Winkel sitzt. Bei der Ausführung ohne Paneel wie bei Balken ohne Zwischenpaneele verfahren

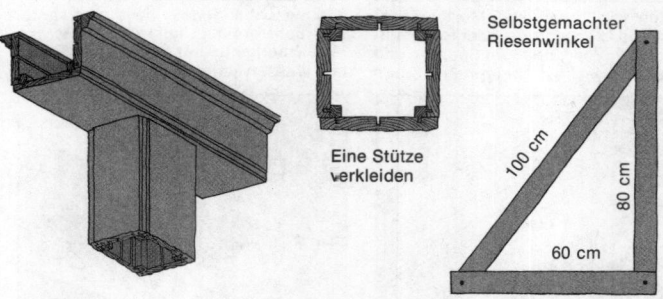

Eine Stütze verkleiden

Selbstgemachter Riesenwinkel
100 cm
80 cm
60 cm

Stützen verkleidet man wie Balken, an Ort und Stelle wird geleimt und mit Schraubzwingen gespannt. Beim Aufmessen Eckleisten berücksichtigen

Mit dem Riesenwinkel aus geraden Latten kontrolliert man die Rechtwinkligkeit des Raums. Je größer der Winkel, um so genauer das Maß

ABGEHÄNGTE PROFILBRETTERDECKE MIT UNTERKONSTRUKTION AUS LATTEN

Mit abgehängten Decken läßt sich viel Unschönes wie Rohrleitungen, Lüftungskanäle, Unterzüge u. a. der Sicht entziehen. Sehr hohe Räume werden durch abgehängte Decken wohnlicher. Fertige Beschläge zum Abhängen der Unterkonstruktion gibt es im Fachhandel

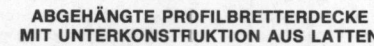
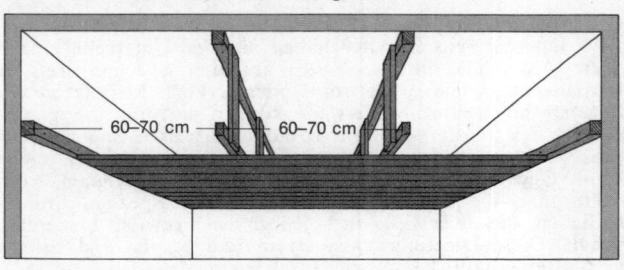

60–70 cm   60–70 cm

Fenster

Betonfensterbänke reparieren

Betonfensterbänke können mit der Zeit Risse bekommen und abblättern. Um sie auszubessern, schlägt man das lose Material mit Hammer und Meißel ab und verputzt die Fläche mit Mörtel aus Zement und Sand.

Material: Feiner Flußsand und Zement 3:1, PVA-Binder, Holzlatte, etwas länger als die Fensterbank
Werkzeug: Maurerhammer und -meißel, Kelle, Stahltraufel, Reibebrett, Eimer

1. Die beschädigte Oberfläche der Fensterbank etwa 4 cm tief abschlagen. Oberfläche reinigen und PVC-Binder aufbringen

2. Nun wird genügend Mörtel angerührt und in entsprechender Höhe aufgetragen. Vor allem in Spalten und Ecken muß er fest eingepreßt werden

3. Eine Latte gegen die Vorderkante der Fensterbank halten und bis an ihre Oberkante mit Mörtel auffüllen. Mit Wasserwaage Horizontale prüfen!

4. Latte entfernen, Fläche zum Rand hin mit Stahltraufel leicht abschrägen und Kante leicht abrunden. Vorsicht, daß sie dabei nicht „ausfranst"!

5. Fläche durch kreisförmige Bewegungen mit Reibebrett sauber einebnen. Nach zwei Stunden alles naß mit einer Stahltraufel glätten

Offene Fugen innen am Fenster

Wenn Fensterrahmen aus Holz beim Trocknen schwinden, können sich innen zwischen Rahmen und Fenstersims Fugen bilden. Das kommt häufig bei Neubauten und bei älteren Häusern nach Einbau einer Zentralheizung vor.

Vor jedem Neuverfugen werden die Fuge, ihre Kanten und der Untergrund sauber ausgekratzt und von allen Schmutz- und Mörtelresten befreit. Dazu kann man eine schmale Düse des Staubsaugers verwenden. Der Fugenkitt sollte immer „satt" eingedrückt werden. Er trocknet nach etwa 24 Stunden; danach wird er nachgeglättet. Große Risse verstopft man vor dem Verkitten mit Mineralwolle.

Glaserkitt ist zum Abdichten ungeeignet, weil er Risse bekommt. Man verwendet Spezialkitt, der nach dem Festwerden gestrichen oder lackiert werden kann.

Material: Dauerelastische Dichtungsmasse
Werkzeug: Kittmesser oder Spachtel, Staubpinsel, feuchter Lappen, Lackierpinsel

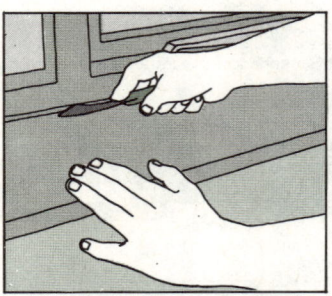

1. Die Fuge wird mit dem Spachtel von Farbresten und -kanten sowie von Schmutz gesäubert, ausgepinselt und sorgfältig entfettet

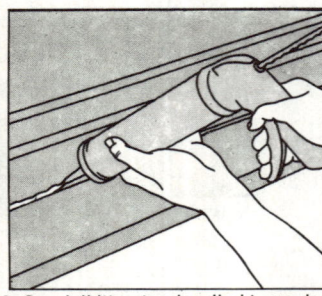

2. Spezialkitt entweder direkt aus der Tube oder mit den angefeuchteten Fingerspitzen überall gleich dick auftragen und eindrücken

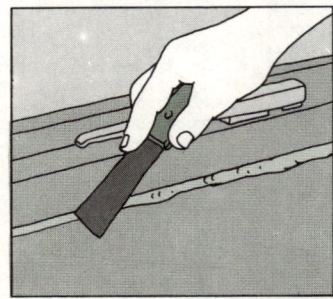

3. Mit Spachtel und Kittmesser wird die Masse nun fest in die Fugen gepreßt. Eventuell muß man dabei – vor allem in den Ecken – etwas nachfüllen

4. Man glättet die Oberfläche und läßt den Kitt gut austrocknen. Erst wenn er ganz fest ist, kann man mit dem Lackieren beginnen

---

HÖLZERNE FENSTERBRETTER

Alle äußeren Fensterbretter haben auf der Unterseite eine Tropf- oder Wassernase, die das Wasser ablaufen läßt und die gesäubert werden muß, wenn sie verstopft oder verklebt ist. Lücken zwischen Fensterrahmen und Mauerwerk können sich für die ganze Umgebung des Fensters als sehr schädlich erweisen und müssen möglichst bald verschlossen werden, damit kein Wasser eindringen kann. Gewöhnlicher Fensterkitt ist hierfür ungeeignet. Auch hier sollte man die Fugen vielmehr mit einer Spezialdichtungsmasse schließen, die zwar fest wird, jedoch eine gewisse Dauerelastizität behält. Diese Dichtungsmasse ist in Baubedarfs- und Eisenwarengeschäften erhältlich.

Tropf- oder Wassernase: Farbreste und Schmutz auskratzen

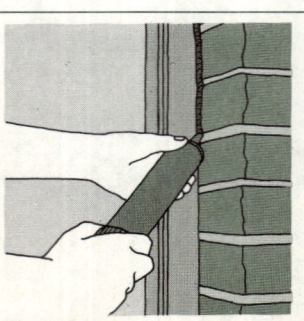

Offene Fugen: Mit dauerelastischer Dichtungsmasse schließen

Drehkippbeschlag montieren

Ohne große Schwierigkeiten läßt sich ein Drehfensterflügel (Abb. links) in ein Drehkippfenster verwandeln, das man seitlich öffnen oder kippen kann

Häufig findet man in älteren Badezimmern oder Toiletten nur einen Drehfensterflügel; eine gleichmäßige Lüftung ist dadurch kaum möglich. Der Einbau eines Drehkippbeschlages aber löst diese Probleme.

Zunächst muß man die alten Bänder vom Fenster entfernen. Sind die Fischbänder nicht verschraubt, sondern verstiftet, muß man die Stifte mit einem dünnen Durchschlag so weit versenken, bis man die Bänder herausziehen kann. Hat man mit dieser Methode keinen Erfolg, muß man mit dem Stecheisen um die Stifte herum so viel Holz herausnehmen, bis es möglich ist, die Stifte mit der Beißzange zu packen. Die Schlitze und Löcher der ehemaligen Bänderbefestigung werden mit Holzspänen ausgeleimt bzw. ausgekittet.

Will man den einfacheren – aufschraubbaren – Drehkippbeschlag anbringen, müssen die Kanten am Flügelrahmen gerade sein; zu starke Abrundungen müssen vor der Montage abgehobelt werden.

Zuerst bringt man die Beschlagteile am Fensterflügel an. Der Drehkippzapfen wird mit der Drehpunktauflage am Flügel unterkantenbündig mit den mitgelieferten Schrauben befestigt. Dann wird der obere Ausstellhalter 8–9 cm von der Flügeloberkante seitlich angeschraubt. Nun stellt man den Flügel in den Rahmen, vermittelt die Luft und zeichnet die Beschläge am festen Blendrahmen an. Damit die Luft in der Höhe richtig verteilt wird, wird der Flügel unten entsprechend unterlegt.

Jetzt werden die Bandteile am festen Blendrahmen montiert. Dann hängt man den Flügel ein und prüft die Funktion. Zum Schluß wird der untere Riegel – 5–6 cm seitlich eingerückt – mit Auflageblöckchen angeschraubt.

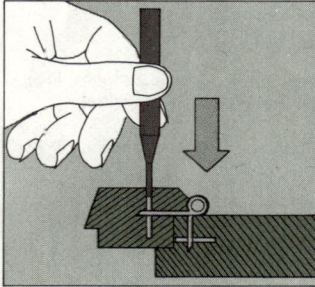 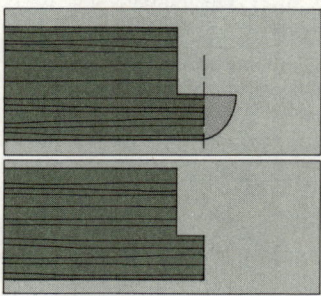

1. Sind die alten Bänder nicht verschraubt, muß man die Stifte versenken, bis sich die Bänder herausnehmen lassen

2. Benützt man aufschraubbare Beschläge, muß man starke Kanten am Flügelrahmen vor Montage der neuen Beschläge abhobeln

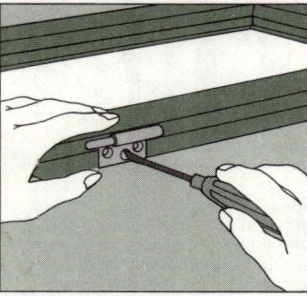 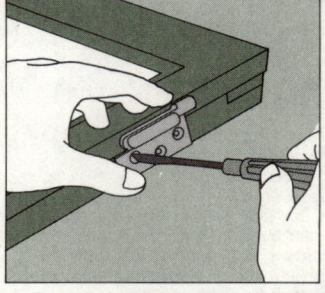

3. Zuerst montiert man die Beschlagteile, die an den Flügelrahmen gehören. Hier wird der Drehkippzapfen befestigt

4. Danach befestigt man den oberen Ausstellhalter an der Flügelseite. Der Abstand von der oberen Flügelkante beträgt 8–9 cm

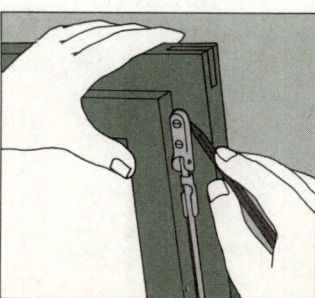 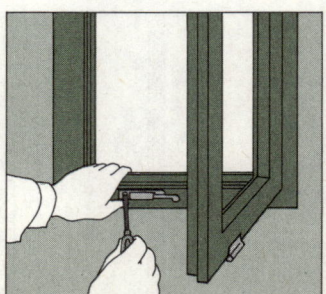

5. Der Fensterflügel wird nun in den Rahmen gestellt. Sorgfältig die Luft vermitteln und die Beschläge am Blendrahmen einzeichnen

6. Man montiert die Bandteile am Blendrahmen und hängt den Flügel ein. Dann wird noch der untere Riegel montiert

Nachhobeln

Wenn der untere Schenkel eines Fensterflügels im fest eingebauten Rahmen klemmt, läßt sich dies in den meisten Fällen sehr einfach dadurch beheben, daß man Unterlegscheiben in die Bandzapfen einlegt. Dies ist nicht nur bequemer, als wenn man den Flügel nachhobelt, sondern auch wirtschaftlicher, weil man sich das Nachstreichen der abgehobelten Flächen damit erspart. Fensterflügel haben oben meistens so viel Luft, daß die Bänder ohne weiteres etwas unterlegt werden können.

Nützt jedoch diese Maßnahme nichts, so muß man gewissenhaft prüfen, ob ein Nachhobeln überhaupt sinnvoll ist. Ein breiter Fensterflügel kann durch sein Eigengewicht so aus dem Winkel kommen, daß der Wetterschenkel am fest eingebauten Blendrahmen bzw. an der Regenschutzschiene klemmt. Einfache Abhilfe kann man dadurch schaffen, daß man eine Auflaufstütze an der Unterkante des Flügels anbringt.

Die Auflaufstütze besteht aus einem Metallblöckchen, das an den festen Rahmen geschraubt wird, und einer Rundkopfschraube im Überschlag des Fensterflügels. Die Montage führt man am geschlossenen Fenster durch. Die Luft läßt sich regulieren; indem man die Halbrundschraube mehr oder weniger tief eindreht.

Man kann anstelle dieser Beschläge auch ein Stück Winkeleisen mit zwei entsprechenden Bohrungen verwenden.

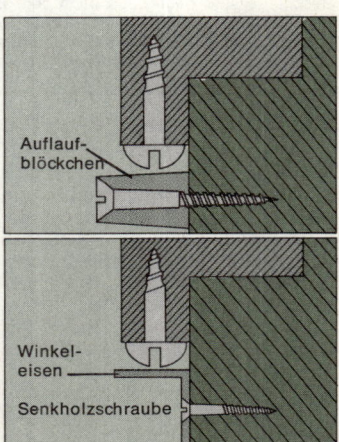

Statt eines Metallblöckchens läßt sich auch ein Winkeleisen als Auflaufstütze verwenden. Mit der Rundkopfschraube reguliert man die Luft

Fenster

Winterflügel

Das Einfachfenster genügt den heutigen wärmetechnischen Ansprüchen nicht mehr. Von der schlechten Isolierwirkung abgesehen, ist es auch nicht schön, wenn die Fensterscheiben beschlagen.

Abhilfe läßt sich durch das Aufsetzen einer zweiten Fensterscheibe schaffen.

Um ein Einfachfenster zum Doppelfenster zu erweitern, muß man zuerst einen zweiten Fensterflügelrahmen anfertigen. Dabei muß man darauf achten, daß das Lichtmaß des neuen Rahmens nicht kleiner ausfällt als das des bestehenden Flügels. Man muß auch auf bereits vorhandene Beschläge wie Riegel oder Olive achten, notfalls müssen diese eben entsprechend versetzt werden.

Der Rahmen erhält auf der In-nenseite einen Glasfalz, die Ecken werden mit Schlitz und Zapfen verbunden. Nach dem Verleimen wird verputzt und zur Probe montiert.

Da man den Flügel zum Reinigen der Scheibeninnenseiten lösen können muß, schraubt man ihn mit Linsensenkholzschrauben oder auch speziellen Verbundfensterschrauben an.

Selbstverständlich kann man den Flügel auch drehbar, also mit Bändern (beispielsweise Einbohrbändern) anschlagen.

Die Glasscheibe selbst braucht man nicht einzukitten; die Befestigung mit Glasleisten reicht aus.

Damit der alte und der neue Rahmen besser passen, kann man einen Dichtungsstreifen einlegen.

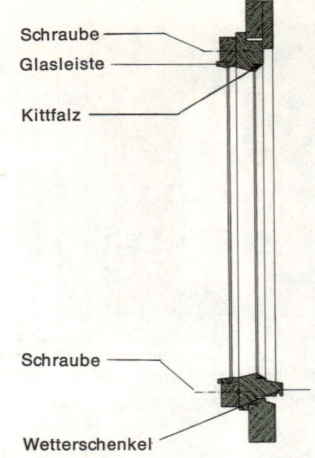

Höhenschnitt durch ein Einfachfenster mit aufgesetztem Winterflügel

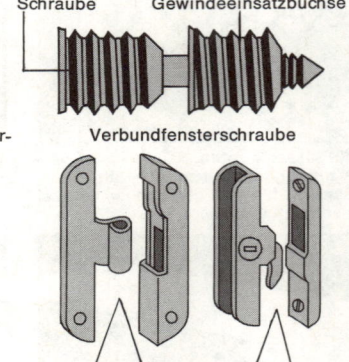

Schnitt durch ein Verbundfenster mit Kupplung

Schnitt durch die Verbundfenster mit Verbundfensterschrauben

Verbundfensterband
Verbundfensterkupplung

Bei Verbundfenstern (Doppelfenster) werden die zwei aufeinander liegenden Flügel mit Beschlägen zusammengehalten. An der Bandseite ist das Verbundfensterband, an der Schloßseite die Verbundfensterkupplung eingelassen. Diese Beschläge sind häufig aus nicht sehr beständigem Material hergestellt und damit reparaturanfällig. Ersatzweise können die Flügel aber auch mit Linsensenkholzschrauben zusammengeschraubt werden. Wer die Schraubverbindung ständig belassen will, kann Gewindeeinsatzbüchsen mit Maschinenschrauben – auch Verbundfensterschrauben genannt – verwenden; sie leiern auch nach öfterem Einschrauben nicht aus.

Schließbleche versetzen

Wenn der Fensterflügel – starkes Schwinden ist daran schuld – zu schmal geworden ist, greifen die Rollzapfen des Kantengetriebes nicht mehr in die Schließbleche. Das heißt, daß sich das Fenster nicht mehr schließen läßt.

Man kann nun die Falze mit Leisten aufdoppeln, also den zu großen Zwischenraum ausfüllen. Dies ist aber eine recht aufwendige Arbeit. Einfacher ist es, wenn man die Schließbleche herausnimmt und sie mit einem dünnen Sperrholz- oder Kunststoffplättchen unterlegt, bis die Rollzapfen wieder greifen.

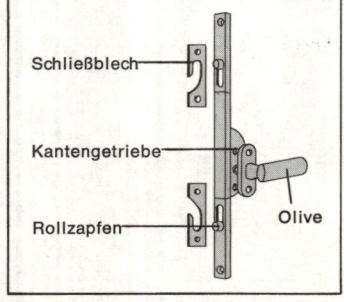

1. Ist der Fensterflügel zu schmal geworden, können die Rollzapfen nicht mehr in die Schließbleche greifen

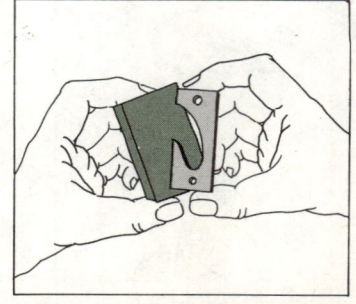

2. Man entfernt die Schließbleche und unterlegt sie dem Schwund entsprechend mit dünnen Plättchen

Maueranschlußfuge

Die Fuge zwischen zwei verschiedenartigen Materialien reißt im Lauf der Zeit auf. Solche Fugen sehen nicht nur häßlich aus, sie sind auch Ausgangspunkt für Folgeschäden. Holz beginnt bei ständigem Feuchtigkeitseinfluß zu verrotten.

Man kratzt die Fugen gründlich aus und entfernt alle losen Teile. Auf trockenem Untergrund wird mit einem Haftvermittler (Primer) vorgestrichen. Die Fuge wird mit dauerelastischer Dichtungsmasse ausgespritzt und geglättet.

1. Die losen Teile einer gerissenen Anschlußfuge werden mit einem kleinen Meißel oder Spachtel sorgfältig entfernt

2. Die Haftfläche muß leicht angeschliffen, sorgfältig entstaubt und schließlich mit Primer vorgestrichen werden

3. Ränder mit Kreppapier abdecken. Die aufgespritzte Dichtungsmasse mit dem in Seifenwasser getauchten Finger glätten

Einen beschädigten Rahmen auswechseln

Wenn ein Fensterrahmen verrottet oder durch äußere Einwirkung stark beschädigt ist, muß er durch einen neuen ersetzt werden. Es ist ratsam, die Maße durch die Firma, die den Rahmen herstellt, selbst nehmen zu lassen.

Die Eigenarbeit beginnt mit dem Herausbrechen des alten Rahmens. Je nach Fensterkonstruktion und Einbauart ist der Arbeitsvorgang verschieden. Hier wird der Fall beschrieben, wo der Fensterrahmen ohne Maueranschlag in eine Doppelwand mit Hohlraum eingesetzt ist. Bei der üblichen Bauart mit Maueranschlag ist das Aus- und Einbauen einfacher.

Gewöhnlich sind an den Außenkanten der senkrechten Rahmenhölzer Leisten angebracht, die in den Hohlraum zwischen der äußeren und der inneren (hier zur besseren Übersichtlichkeit nicht dargestellten) Wandschale eingreifen und dem Rahmen einen festen Halt geben. Zusätzlich ist der Rahmen noch durch Maueranker gesichert. Wegen der eingemauerten Leisten kann man den Rahmen erst entfernen, wenn man auf einer Fensterseite so viel von der Mauer weggestemmt hat, daß Leisten und Anker freiliegen. Nachdem man die Rollschicht (hochkant gestellte Ziegel) unter dem unteren Rahmenholz sowie die inneren Deckleisten ebenfalls entfernt hat, kann man den Rahmen etwas herausschwenken und dann an der Wand vorbei seitlich wegziehen. Vorher müssen noch die Maueranker auf der anderen Fensterseite mit Hammer und Meißel freigeschlagen werden.

Will man sich diese vielen Stemmarbeiten und das spätere Beimauern und Nachputzen ersparen, kann man den Rahmen auch in einzelne Teile zerlegen und stückweise ausbauen. In diesem Fall wird der neue Rahmen ohne Leisten eingesetzt, muß aber dann mit kräftigen Maueranker befestigt werden. Im übrigen ist beim Einbau vor allem auf genauen Sitz zu achten. Werden keine Leisten verwendet, dichtet man die Fugen zwischen Rahmen und Mauerwerk mit dauerplastischer Dichtungsmasse ab.

1. Fensterbank, Wetterschenkel und Deckleisten entfernen. Bei einer der Leibungen so viel wegschlagen, daß die Anschlagleiste frei wird

2. Bei der anderen Leibung nur dort Steine herausschlagen, wo Anker sind. Ziegelrollschichten entfernen, Rahmen schräg seitlich herausschieben

3. Das Holzwerk des neuen Rahmens, das an Mauerwerk stößt, grundieren. Rahmen senkrecht ausrichten und mit einer Leiste provisorisch sichern

4. Wenn nötig, Keile unter das untere Rahmenholz schieben, um den Rahmen auf der richtigen Höhe zu fixieren. Anker in den Rahmen schrauben

5. Die Maueranker so zurechtbiegen, daß ihr hakenförmiges Ende horizontal in die Mauer hineinragt. Die herausgeschlagenen Steine einsetzen

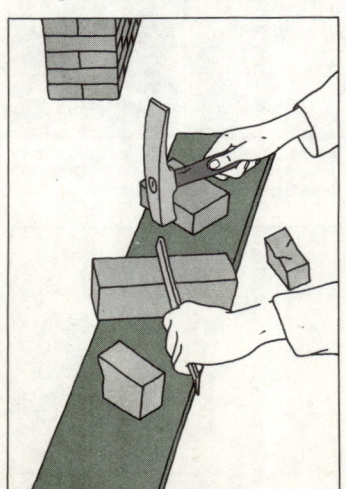

6. Die Steine für die Rollschicht unter dem Rahmen mit Hammer und Spalteisen halbieren, da beide Wandschalen nur einen halben Stein dick sind

7. Rollschichten auf Innen- und Außenseite sauber ansetzen. Genaue Höhe der Mörtelfuge bestimmen, um Unebenheiten zu vermeiden

8. Wenn die Mauerarbeiten in der Hauptsache beendet sind, werden die noch vorhandenen Lücken geschlossen. Wo erforderlich, verputzen

Fenster

Fenster provisorisch verschließen

Zerbrochene Fensterscheiben sind immer ein Problem. Wer hat schon gleich eine Ersatzscheibe zur Hand, die er zurechtschneiden und einsetzen kann? Wetter und Wind kann man aber nicht abstellen, bis der Glaser kommt; also muß man das Fenster meist so lange provisorisch schließen, bis neues Glas eingesetzt werden kann.

Am einfachsten ist es, falls kein Rolladen vorhanden ist, das Fenster mit Brettern oder Hartfaserplatten zuzunageln. Damit ist es zwar gegen Witterungseinflüsse notdürftig verschlossen, aber es läßt natürlich auch kein Licht durch. Sind andere Fenster im Raum, kann man für kurze Zeit ein verdunkeltes Fenster in Kauf nehmen. Anders ist es, wenn man die Lichtquelle des zersprungenen Fensters unbedingt erhalten muß. Da hilft nur eine Abdeckung mit Plastikfolie, die in verschiedener Stärke beim Fachhandel erhältlich ist.

Bei Fenstern, die an der Wetterseite liegen, aber auch bei besonders ungünstigen Witterungsverhältnissen, z. B. im Winter oder in Sturmzeiten, empfiehlt es sich, eine stärkere Folie (Baufolie) zu verwenden.

> *Material: Plastikfolie, die das Fenster ganz bedeckt und an den Rändern evtl. um die Weichholzleisten herumgeschlagen werden kann; Weichholzleisten in der Größe des Fensterrahmens, Drahtstifte, Reißzwecken*
> *Werkzeug: Hammer, evtl. Schraubenzieher*

1. Die zerbrochene Glasscheibe wird vorsichtig ganz entfernt, damit sie später die Folie nicht zerschneiden kann

2. Nun fixiert man die obere Kante der Folie mit Reißzwecken und nagelt sie mit einer Holzlatte an dem Rahmen fest

3. Die Folie wird straff über das Fenster gezogen. Dann nagelt man auf der einen Fensterseite eine Leiste darüber

4. Die Folie sollte diagonal über das Fenster gespannt werden, damit keine Falten entstehen. Dann wird die andere Seite angenagelt

5. Die Abdeckung wird nun nach unten straffgezogen und befestigt. Die Unterkante muß mit Hilfe einer Leiste fest verspannt werden

Wie man Glas schneidet

Für gelegentliche Glasreparaturen im Haus lohnt es sich, einen Glasschneider anzuschaffen.

Wer den Umgang mit einem Glasschneider nicht gewöhnt ist, sollte ihn zunächst an Abfallglas ausprobieren. Bei jeder Glasbearbeitung muß die Glastafel auf einer völlig ebenen Fläche glatt aufliegen, bevor man zu schneiden beginnt. Jede Unebenheit, z. B. schon größere Sandkörner oder dergleichen, kann bewirken, daß das Glas während des Schneidens an einer ganz anderen Stelle bricht als vorgesehen.

Beim Ritzen mit dem Glasschneider muß man einen kleinen Widerstand spüren und ein knarrendes Geräusch hören. Ehe man zu schneiden beginnt, Schnittfläche staub- und fettfrei machen, sonst greift der Glasschneider nicht an. Um eine saubere Bruchkante zu erhalten, muß jeder Schnitt bis an den Rand der Glasplatte durchgezogen werden. In einer bereits vorhandenen Schnittfuge darf niemals ein Schnitt wiederholt werden, sonst wird der Glasschneider verdorben.

Das eingeritzte Glas wird über der Kante einer ebenen Holzleiste gebrochen. Schmale Glasränder bricht man mit einer Zange oder den Schlitzen an der Seite des Glasschneiders vorsichtig und stückweise ab.

> *Material: Glas*
> *Werkzeug: Glasschneider, Zange, Holzleiste oder Lineal, Fettstift oder Filzschreiber*

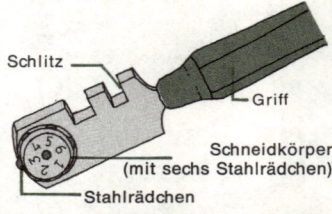

Schlitz — Griff — Schneidkörper (mit sechs Stahlrädchen) — Stahlrädchen

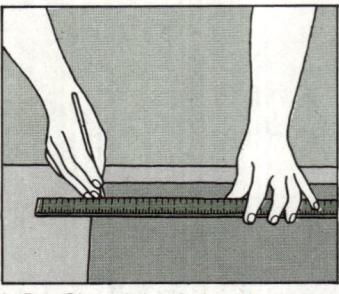

1. Das Glas wird auf eine ebene Fläche (am besten Karton) gelegt. Die gewünschte Größe wird angezeichnet

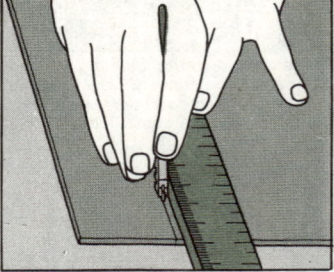

2. Das Lineal wird dicht an der Schnittlinie festgehalten und das Glas mit dem Glasschneider geritzt

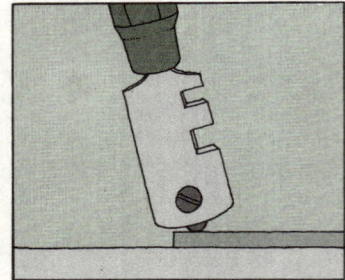

3. Man setzt den Schneider an der Glaskante an. Der Schneidkörper muß fest auf dem Achszapfen sitzen

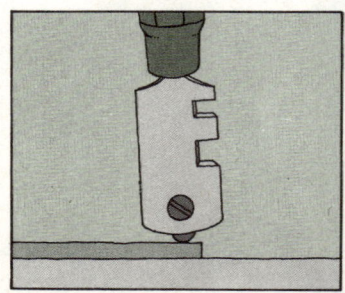

4. Man ritzt mit gleichmäßigem, aber nicht schwerem Druck, bis das Rädchen die Kante gegenüber erreicht

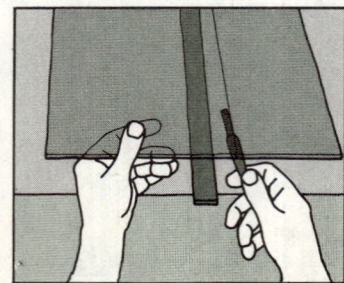

5. Scheibe auf einer Seite anheben, mit dem Schneider von unten sacht gegen die Ritzlinie klopfen

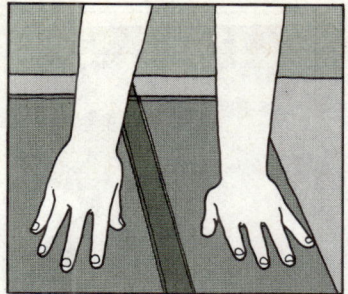

6. Große Scheiben legt man mit der Ritzlinie so auf das Lineal, daß der Riß entlang einer Linealkante verläuft

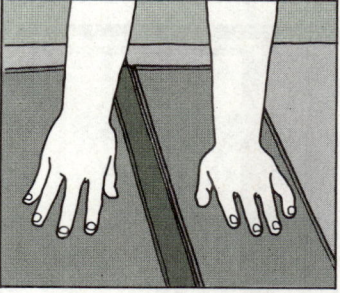

7. Eine Seite der Glasscheibe wird mit flacher Hand festgehalten, und die andere Seite versucht man mit sanftem Druck abzubrechen

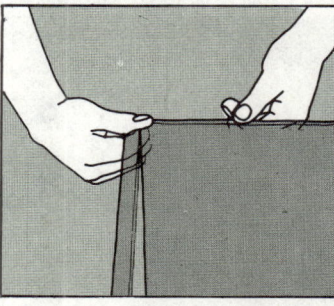

8. Soll nur ein schmaler Streifen abgeschnitten werden, bricht man ihn sehr vorsichtig mit Daumen und Zeigefinger ab

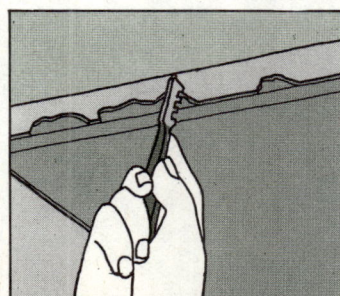

9. Schmale Reststreifen werden entlang der Ritzlinie mit der Flachzange oder den Schlitzen des Glasschneiders abgebrochen

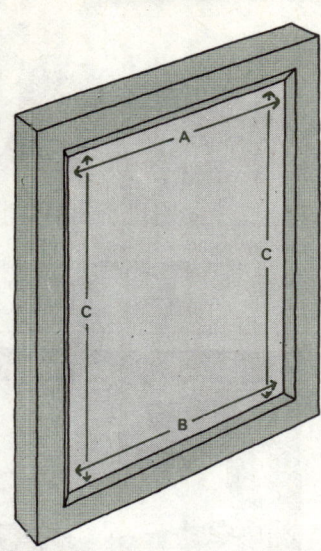

FENSTERSCHEIBEN AUSMESSEN

Fensterscheiben sind in den Falzen des Fensterflügels befestigt. Messen Sie am neu zu verglasenden Flügel die lichte Falzweite oben bei A und unten bei B. Wenn die Maße voneinander abweichen, verwendet man das kleinere Maß. Für die Höhe mißt man beide Seitenfalze bei C und notiert auch das kleinere Maß.

Vom Breiten- und Höhenmaß werden 5 mm abgezogen, damit die Scheibe im Rahmen keine Spannungen bekommt. Die neue Scheibe wird nach diesen Endmaßen geschnitten oder bestellt. Beim Bestellen wird die Breite immer vor der Höhe angegeben. Bei Strukturglas muß zusätzlich angegeben werden, in welcher Richtung das Muster verlaufen soll.

Fensterglas ist gezogenes Tafelglas und wird in drei Güteklassen und drei Dicken hergestellt: ED = einfache Dicke (etwa 2 mm); MD = mittlere Dicke (etwa 3 mm); DD = doppelte Dicke (etwa 4 mm). Für Wohnräume braucht man Güteklasse 1; für Waschküchen- und Kellerfenster genügt Güteklasse 2 (mit sichtbaren Blasen und Unebenheiten); Sorte 3 (auch Gärtnerglas genannt) wird für Frühbeete, Gewächshäuser und ähnliche Zwecke benutzt.

Einen Kreis in eine Glasscheibe schneiden

Um einen elektrischen Ventilator einbauen zu können, muß ein kreisrundes Loch in die Fensterscheibe geschnitten werden. Dazu verwendet man einen Kreisglasschneider, den man eventuell ausleihen kann.

Der Mittelpunkt des gewünschten Kreisausschnitts wird auf der Scheibe markiert. Man stellt den Kreisdurchmesser fest, fügt 2 mm hinzu und stellt den Kreisschneider auf die Hälfte dieses Maßes ein.

Man setzt den Sauger des Kreisschneiders auf den Mittelpunkt und ritzt mit dem Stahlrädchen den Kreis in die Glasscheibe ein. Man darf nicht versuchen, den Kreis auf einmal aus der Scheibe herauszubrechen. Mit dem einfachen Glasschneider werden mehrere Diagonalen in den Kreis geritzt und die Teilstücke herausgeklopft.

Werkzeug: Kreisglasschneider, gewöhnlicher Glasschneider, Hammer, Fettstift oder Filzschreiber, Beißzange

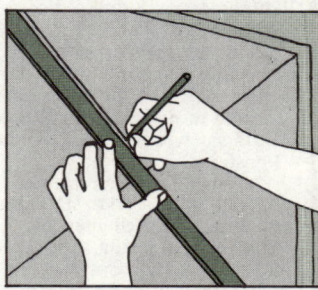

1. Falls man den elektrischen Lüfter in der Mitte der Scheibe einbauen will, muß man zuerst den Mittelpunkt des Kreisausschnitts mit Diagonalen markieren

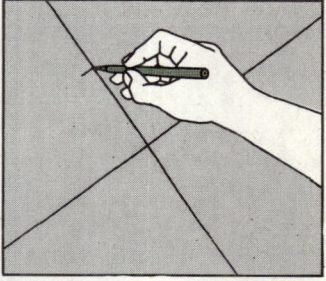

2. Vom Kreismittelpunkt (dem Schnittpunkt der Diagonalen) ausgehend, wird der Halbmesser des gewünschten Kreises mit einem Fettstift markiert

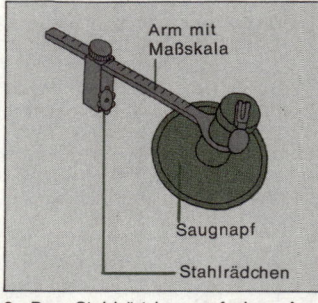

3. Das Stahlrädchen auf dem Arm des Kreisschneiders wird auf den Radius (Halbmesser) des erforderlichen Kreisausschnitts eingestellt

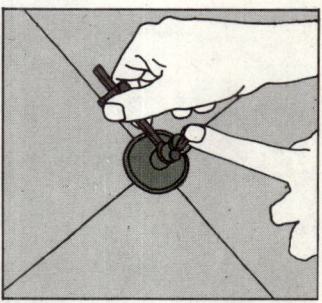

4. Man setzt den Sauger auf den Mittelpunkt des Kreises und prüft nach, ob das Rädchen genau auf der Radiusmarkierung steht

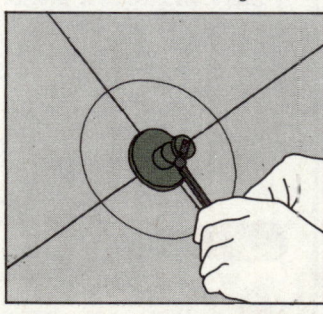

5. Den Kreis ritzt man, ohne abzusetzen, unter gleichmäßigem, aber nicht zu starkem Druck ein. Ritzung niemals nachziehen!

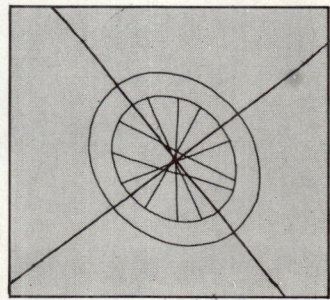

6. Das Stahlrädchen wird 2 cm nach innen verschoben und ein zweiter Kreis eingeritzt. Mehrere Diagonalschnitte nach innen ziehen (Forts. S. 54)

Fenster

(Fortsetzung von S. 53)

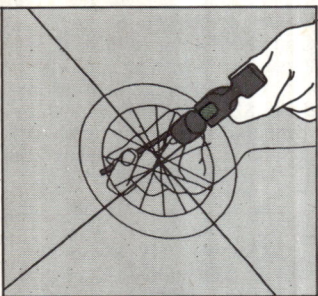

7. Man stützt den Kreis von unten mit dem Kopf eines Hammers und klopft kleine Stücke mit dem Glasschneider heraus

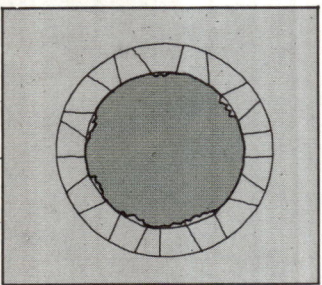

8. Ist alles Glas aus dem inneren Kreis entfernt, werden zwischen dem Außenkreis und dem Loch mehrere Linien radial eingeritzt

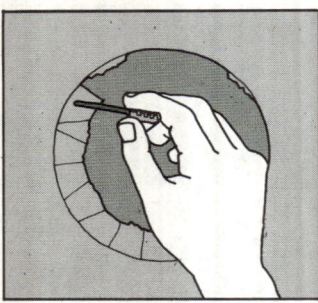

9. Die restlichen Glasstückchen werden mit dem Glasschneider vorsichtig herausgeklopft, und zwar immer von unten her

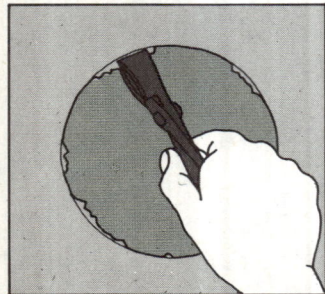

10. Die Glassplitter werden mit der Zange oder den Schlitzen des Glasschneiders Stück für Stück vom Rand des Lochs entfernt

Glasscheibe in einem Holzfenster ersetzen

Bei Fensterrahmen aus Holz sitzt die Glasscheibe in einem innen oder außen liegenden Falz des Fensterflügels; sie wird dort mit Glaserstiften und Kitt gehalten.

Beim Entfernen einer zerbrochenen Scheibe sollte man Handschuhe tragen und von oben nach unten arbeiten, damit man nicht durch herausfallende Glasstücke verletzt wird. Der Falz muß vollkommen sauber sein; alle alten Stifte sowie Glas- und Kittreste werden entfernt.

Der Flügel wird sorgfältig so ausgemessen, daß die neue Scheibe im Rahmen Luft hat. Besaß das zerbrochene Glas ein Muster, so muß man darauf achten, daß es bei der Ersatzscheibe in der gleichen Richtung verläuft wie bei den anderen Fenstern.

Verwenden Sie immer die richtige Glasstärke: Die Norm ist 3 mm für Scheiben bis 1 qm Fläche, 4 mm für größere und 6 mm für besonders große Scheiben. Wenn man beim Kauf der neuen Scheibe ein Glasstückchen von der alten als Muster mitnimmt, bekommt man gewiß die richtige Stärke.

Der Falz wird vor dem Einsetzen der neuen Scheibe grundiert oder gestrichen. Die obere Kante des Kitts soll eine Spur unter dem Falzrand liegen, so daß die das Glas berührende Anstrichfarbe später von der anderen Fensterseite aus nicht zu sehen ist. Kitt nach dem Trocknen überstreichen.

Material: Glas, Glaserkitt, Glaserstifte, Grundierung oder Vorlack
Werkzeug: Glasschneider, Hammer, Stemmeisen, Beißzange, Lineal, Kittmesser, Glaserspachtel, weicher Pinsel

DAS RICHTIGE WERKZEUG

Glaserspachtel

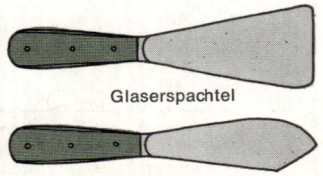

Kittmesser

1. Die zerbrochene Scheibe wird 2 bis 3 cm innerhalb des Rahmens mit dem Glasschneider angeritzt. Es empfiehlt sich, dabei Handschuhe zu tragen

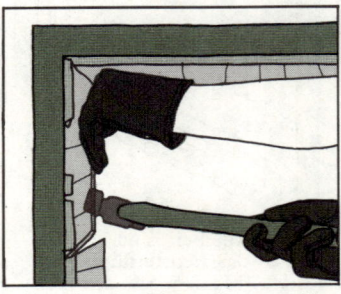

3. Man ritzt den Glasrand an verschiedenen Stellen ein und entfernt unter leichtem Rütteln die Stücke und den Kitt mit Hammer und Zange

5. Die Glaserstifte zieht man mit der Beißzange heraus. Der Falz wird anschließend sorgfältig gesäubert, bis er ganz glatt ist

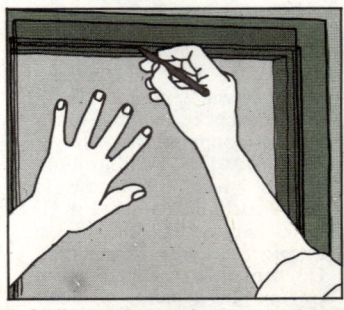

7. Stellt man fest, daß sie zu groß ist, markiert man die Ränder der Falzinnenkante und schneidet die Scheibe entsprechend ab

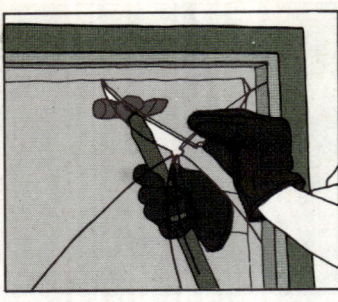

2. Bei geöffnetem Flügel klopft man, oben beginnend, die Glasstücke heraus. Größere Glasflächen werden mit der anderen Hand festgehalten

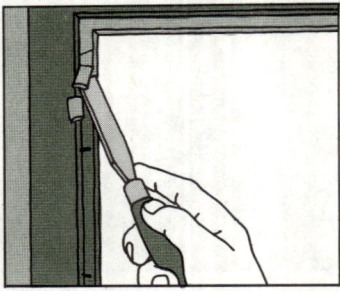

4. Bei geschlossenem Fensterflügel werden mit dem Stemmeisen alle Kittreste aus dem Falz entfernt. Der Rahmen darf dabei nicht beschädigt werden

6. Die neue Scheibe wird in den Falz gehalten. Sie darf nirgends klemmen und muß genügend Spielraum haben, ohne daß jedoch Lücken entstehen

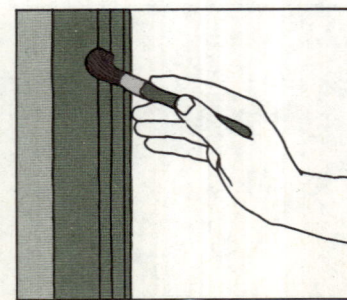

8. Der Falz wird zusätzlich mit Schleifpapier gesäubert und mit Grundierung oder Vorlack gestrichen; die Trockenzeit beträgt 4–5 Stunden

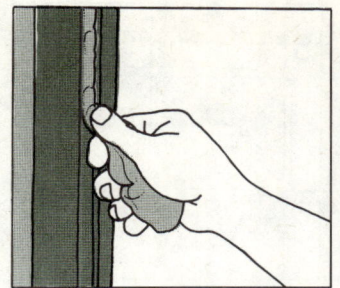

9. Ein Stück Glaserkitt wird durch die Handwärme erweicht und mit den Fingern fest in den Winkel des Falzes gedrückt

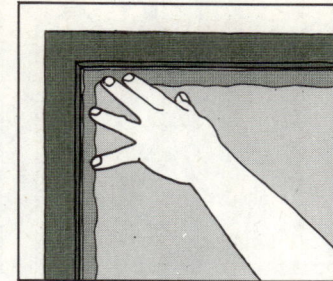

10. Dann stellt man die Scheibe in den Falz und drückt die Ränder in den Kitt; dabei niemals auf die Scheibenmitte drücken!

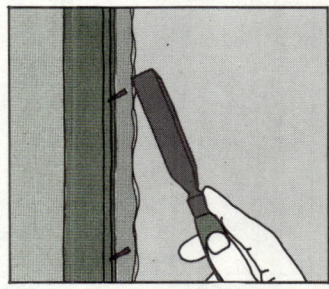

11. Die Glaserstifte legt man flach auf die Glasfläche und klopft sie mit dem Stemmeisen ein, indem man damit über das Glas rutscht

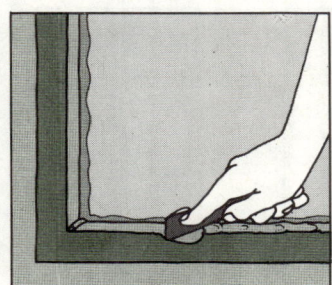

12. Eine neue Kittlage wird in den Falz gestrichen und mit dem Kittmesser abgeschrägt. Glaserstifte dürfen nicht vorstehen

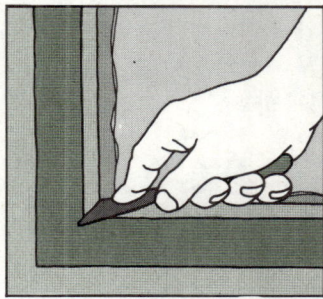

13. Die Gehrungen des Kittrandes an den vier Ecken formt man sorgfältig mit dem Glaserspachtel. Dabei nicht zuviel wegkratzen!

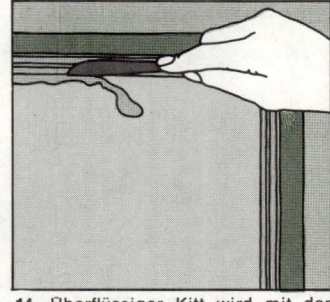

14. Überflüssiger Kitt wird mit der Kante des Kittmessers so von der Glasscheibe entfernt, daß ein sauberer gerader Rand entsteht

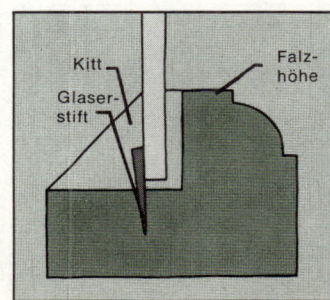

15. Man muß darauf achten, daß der Kitt nicht über die Falzhöhe reicht, damit man ihn von der anderen Seite nicht sieht

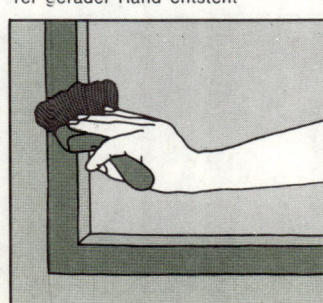

16. Die Kanten des Kitts werden gehärtet, indem man mit einem feuchten Pinsel darüberstreicht. Erst nach guter Trocknung lackieren!

Glas in einen Metallfensterrahmen einsetzen

In Metallfensterrahmen werden die Scheiben durch Drahtklammern und Kitt gehalten. Dabei ist es nicht nötig, in jedes Rahmenloch eine Klammer zu setzen; zwei oder drei auf jeder Seite genügen vollauf.

Man benutzt selbsthärtenden Metallrahmenkitt, da der gewöhnliche Glaserkitt auf Ölbasis nur infolge der Absorption des Öls durch das Holz erhärtet. Den alten Kitt entfernt man restlos aus dem Rahmen und streicht diesen sofort danach mit einer Aluminiumfarbe.

Scheiben in Schiebefenstern aus Metall sollte man vom Glaser einsetzen lassen.

Material:	Glas
	Kitt für Metallrahmen
	Aluminiumfarbe
	Drahtklammern
Werkzeug:	Kittmesser
	Glaserspachtel
	Glasschneider
	Schmaler Pinsel

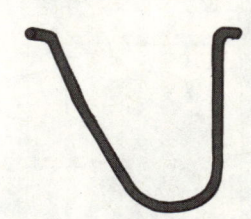

Drahtklammer für Metallfensterrahmen

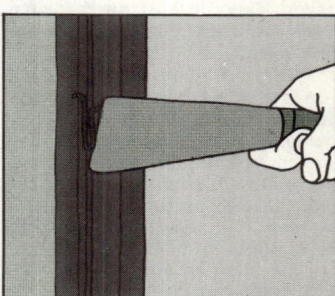

1. Den alten Kitt entfernt man mit dem Glaserspachtel ganz aus dem Falz des Rahmens und drückt die alten Klammern heraus. Rahmen anschließend mit Aluminiumfarbe streichen

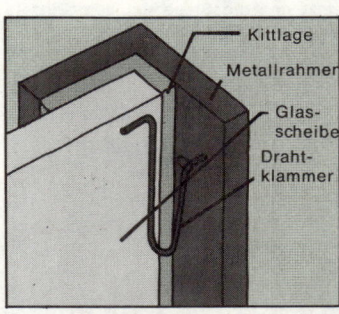

Kittlage
Metallrahmen
Glasscheibe
Drahtklammer

2. Mit dem Glaserspachtel bringt man eine Lage Kitt auf. Die neue Scheibe wird eingesetzt und in das Kittbett gedrückt; dann setzt man in jeder Ecke eine Klammer ein

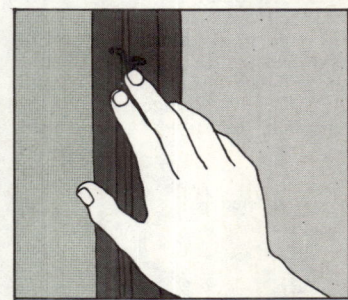

3. Jetzt werden die restlichen Klammern in die dafür vorgesehenen Löcher eingesetzt und ganz fest in den Rahmen gedrückt, notfalls mit Hilfe des Kittmessers

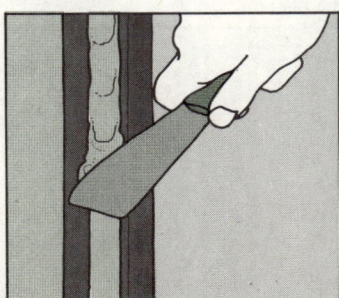

4. Man streicht eine Lage Kitt so über die Klammern in den Falz, daß sie ganz bedeckt sind, glättet ihn sorgfältig mit Glaserspachtel oder Kittmesser und formt dann die Gehrungen

5. Die Ränder der Kittstreifen werden mit dem Kittmesser sauber abgeschnitten und zum Schluß alle auf dem Glas oder dem Rahmen verbliebenen Kittreste entfernt

Fenster

Eine verbleite Glasscheibe ersetzen

Die einzelnen Scheiben in einem bleiverglasten Fenster werden mit oder ohne Metallfensterkitt (siehe S. 55) von doppelseitig genuteten Bleiprofilen, den sogenannten Stegen, gehalten.

Wenn die Scheiben undicht geworden sind, markiert man die durchlässigen Stellen bei Regenwetter – man kann sie auch mit einem Gartenschlauch von außen anspritzen – mit einem Fettstift. Nach dem Abtrocknen werden dann die undichten Stege aufgebogen, der alte Kitt durch neuen ersetzt und die Bleiränder wieder fest angedrückt.

Solche Reparaturen werden von der Außenseite des Fensters her ausgeführt, damit dabei entstehende Verformungen an den Stegen von innen nicht sichtbar sind. Das Bleifenster soll während der Reparatur möglichst im Rahmen bleiben, damit es nicht beschädigt wird. Nur stark verbogene Fenster nimmt man vorsichtig im ganzen heraus, legt sie auf eine ebene Unterlage und drückt die Stege wieder zurecht.

Wenn Butzenscheibenfenster sich stark nach einer Seite auszuwölben oder sich sogar S-förmig teilweise nach außen und teilweise nach innen zu drücken beginnen, sollte man sie so bald wie möglich geraderichten. Wenn durch die Wölbungen die Spannung nämlich so weit aufgehoben

ist, daß die Einzelteile keinen Halt mehr finden, kann das ganze Fenster unter Umständen auseinanderfallen.

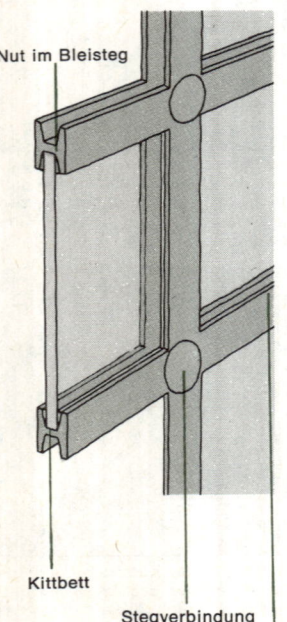

Nut im Bleisteg

Kittbett

Stegverbindung

Bleisteg

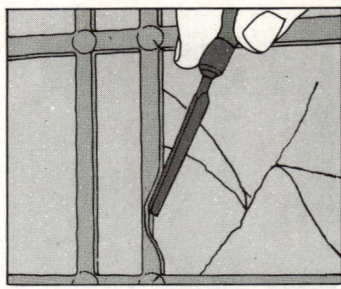

1. Mit dem Stemmeisen werden die Stege an beiden Seiten und an der unteren Kante der schadhaften Scheibe vorsichtig aufgebogen

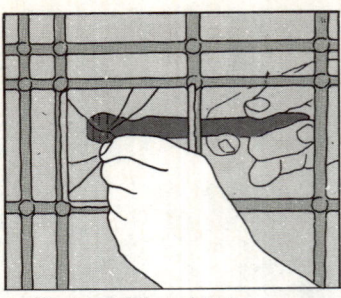

2. Die beschädigte Scheibe von der Innenseite des Fensters her vorsichtig herausklopfen. Die Scherben als Muster für die Ersatzscheibe verwenden

3. Die alten Kittreste werden mit der Kante des Stemmeisens herausgekratzt und die Stege mit dem Pinsel sauber ausgebürstet

4. Man mißt die Breite zwischen den aufgebogenen Seitenstegen und schneidet dann die neue Scheibe etwa 2 mm schmaler

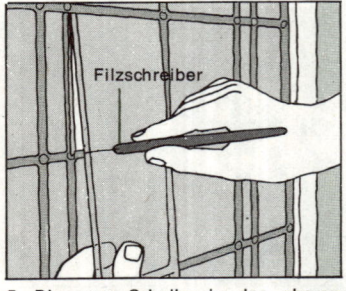

Filzschreiber

5. Die neue Scheibe in den oberen Steg schieben, mit dem Filzschreiber die Länge anzeichnen und das Glas entlang der Markierung schneiden

6. Alle vier Stege mit weichem Metallfensterkitt füllen; den Kitt besonders fest in den oberen, nicht aufgebogenen Steg drücken

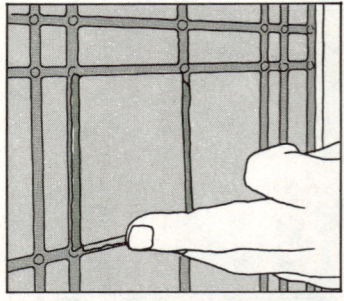

7. Die Glasscheibe wird nun in den geschlossenen oberen Steg geschoben und dann seitlich und unten vorsichtig in das Kittbett gedrückt

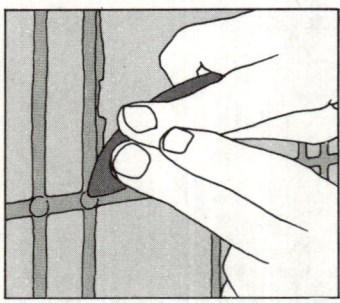

8. Die Kanten der drei aufgebogenen Stege werden mit dem Kittmesser niedergedrückt, bis sie dicht auf dem Glas liegen

9. Der überschüssige Kitt auf der Innen- und Außenseite der Fensterscheiben wird sorgfältig mit dem Kittmesser entfernt

10. Gebrochene Stegverbindungen werden ersetzt und die Enden der neuen mit einem nicht zu heißen Lötkolben rasch verlötet

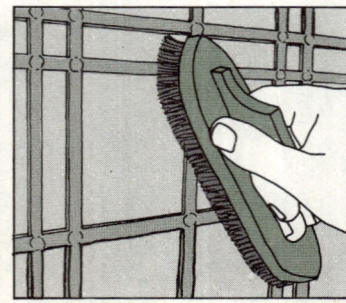

11. Ofenschwärze oder eine ähnliche Farbe (im Eisenwaren- oder Haushaltswarengeschäft erhältlich) wird in die Kittnähte gebürstet

Verglasen mit Glasleisten

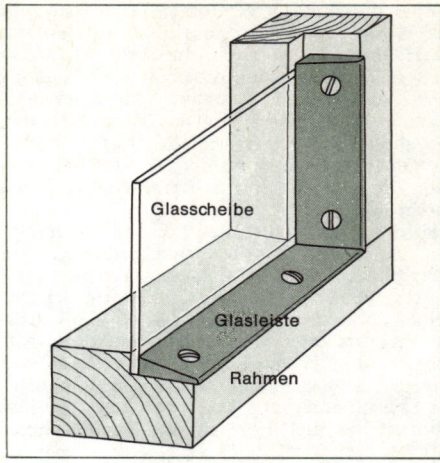

Glasscheibe

Glasleiste

Rahmen

Große Glasscheiben werden häufig nicht in den Rahmen gekittet, sondern mit Glasleisten befestigt. Natürlich kann man sie auch für kleinere Scheiben verwenden. Der Aufwand ist aber dafür nicht erforderlich.

Glasleisten gibt es in verschiedenen Profilen aus Holz, Aluminium und Kunststoff. Sie sind dauerhafter als Kitt, geben den Scheiben einen festen Halt und können wieder verwendet werden, wenn eine Scheibe ersetzt wird. Allerdings müssen die Falze tiefer sein als für eingekittete Scheiben. Und Glaserstifte braucht man auch, damit die Scheiben beim Abnehmen der Glasleisten nicht herausfallen.

Man befestigt die Leisten im Fensterrahmen mit Linsenkopf- oder Flachkopfholzschrauben. Dabei nimmt man für Naturholzfenster in der Regel lieber vergütete Linsenkopfschrauben, die sichtbar bleiben. Wenn man das Fenster dagegen deckend streichen will, sind Flachkopfschrauben oder Stauchkopfnägel vorzuziehen, die man zukittet.

Damit kein Wasser eindringen kann, ist zu empfehlen, die untere Glasleiste zu versiegeln. An allen vier Ecken werden die Leisten auf Gehrung zusammengefügt. Beim Einsetzen einer neuen Scheibe wird zuerst Kitt im Falz angebracht (siehe S. 54). Danach befestigt man die Scheibe mit Glaserstiften. Die Glasleisten werden auf der Unterseite dick mit Farbe bestrichen und dann in den Rahmen geschraubt, wobei der Kitt die Scheibe gegen die Leisten abdichtet.

Wenn die Glasleisten über den Falz hinausreichen, muß die vorstehende Kante gut abgerundet werden.

1. Man streicht Kitt in den unteren Falz, drückt die Glasleiste hinein und schraubt sie fest. Die Scheibe ist damit provisorisch befestigt

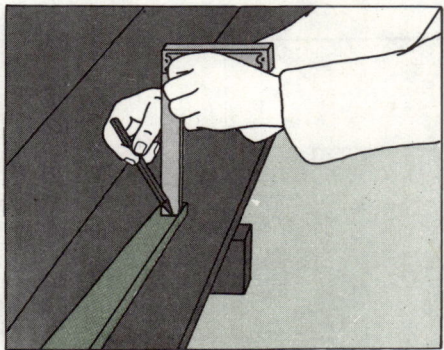

2. Damit die Glasleisten sauber an der unteren Leiste anschließen, werden sie nach Maß und auf Gehrung gesägt

3. Damit sie fest haften und wirklich gut dichten, bestreicht man die Glasleisten satt mit Kitt, bevor man sie einsetzt und anschraubt

4. Außerdem wird die Unterseite der Glasleisten dick mit Farbe bestrichen, bevor man sie in den Fensterrahmen klopft und anschraubt

Verglasen mit Hartschaumklötzchen

Hartschaumklötzchen werden als Unterlage für Glasscheiben von mehr als 1 qm Größe verwendet, damit sie den Winddruck elastisch ausgleichen. Soweit die Kunststoffklötzchen eine tragende Funktion erfüllen, müssen sie eine bestimmte Härte besitzen, damit die Glasscheibe sie nicht durchschneidet oder zu sehr eindrückt. Die Härte wird in Shore-Graden gemessen, deren Skala bis zu 100°, das ist Glashärte, reicht. Tragende Hartschaumklötzchen besitzen eine Härte von etwa 70°. In festen Fensterrahmen werden die unteren Klötzchen im Abstand von einer viertel Fensterbreite von den Ecken aus angebracht und an den Seiten der Scheibe im gleichen Abstand von den oberen Rahmenecken (siehe Abb. 1). Bei Drehflügeln wird ein senkrechtes Klötzchen in der Höhe von einer viertel Fensterbreite an der Scharnierseite befestigt und ein waagrechtes unter der Glasscheibe im gleichen Abstand von der Scharnierseite aus (siehe Abb. 2).

Die Klötzchen werden mit Polystyrolkleber fest in den Falz geklebt (siehe Abb. 3). Dann wird der ganze Falz so mit Kitt versehen, daß die Kanten der Scheibe auf der Mitte der Klötzchen ruhen. Glaserstifte dürfen nicht durch die Klötzchen geschlagen werden.

Damit die Fensterscheibe starken Winddruck federnd auffangen kann, werden zusätzlich Abstandsklötzchen flach, das heißt mit ihrer größten Fläche, an die Scheibe gelegt. Ihre Shore-Härte beträgt 50°. Die richtige Lage ist in Abbildung 4 und 5 wiedergegeben.

Bei der Verwendung von Glasleisten können die Abstandsklötzchen auf beide Scheibenseiten gelegt werden. Es gibt auch Hartschaumklötzchen mit U-Profil; sie dienen als Auflagen und als Abstandhalter zugleich.

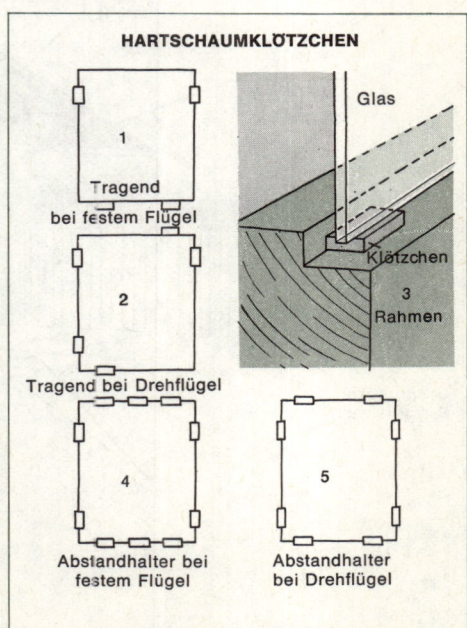

HARTSCHAUMKLÖTZCHEN

Glas

1 Tragend bei festem Flügel

Klötzchen

3 Rahmen

2 Tragend bei Drehflügel

4 Abstandhalter bei festem Flügel

5 Abstandhalter bei Drehflügel

Feuchtigkeit im Haus

Ursachen und Abhilfe

Dauernde Feuchtigkeit verursacht mit der Zeit schwerwiegende Schäden im Haus. Vorübergehende Nässe, beispielsweise ausgelaufenes Wasser, kann einem sonst trockenen Haus kaum etwas anhaben. Bedenklich wird es jedoch, wenn einem Gebäudeteil ständig oder in Abständen Feuchtigkeit zugeführt wird, sei es Regenwasser durch undichte Stellen oder Erdfeuchte bzw. Grundwasser durch schlecht abgedichtete Untergeschoßwände. Wird die Ursache nicht behoben, kann dies zu Schimmelbildung oder gar zu ernsthaftem Pilzbefall führen. Andauernde Feuchtigkeit läßt auch Holz faulen, Stahl rosten, Putz und Mörtel verlieren ihre Festigkeit und bröckeln ab. Selbst Naturstein- und Keramikplatten fallen ab.

Meist ist es gar nicht so einfach, den Ursprung von Feuchteschäden zu bestimmen, da das Wasser häufig an ganz anderer Stelle ins Haus eindringt. Wichtig ist in jedem Fall, dafür zu sorgen, daß das Wasser außerhalb des Hauses abgefangen wird. Bröckelt der Putz an Untergeschoßwänden oder am Haussockel ab, so ist die Sperrschicht entweder schadhaft oder nicht ausreichend. Ebenso können Erdanhäufungen und bis ans Haus reichende Bepflanzungen schuld sein. Zur Be-

hebung wird bis zum Hausgrund abgegraben und die Sperrschicht erneuert bzw. eingebaut. Dies kann durch Zementmörtelverputz und anschließenden Anstrich mit einer Dichtungsmasse auf Teer- oder Kunststoffbasis erfolgen; aber auch der Einbau einer gewellten Asbestzementplatte bringt eine spürbare Besserung.

Die Bepflanzung sollte nie bis an die Hauswand reichen, sondern durch einen Plattenbelag oder Grobkiesstreifen begrenzt werden. Bei durchgehenden Belägen wie Hofeinfahrten und Gehwegen muß man für richtiges Gefälle sorgen. In größeren Flächen werden Hofentwässerer eingesetzt.

Alle Bauteile aus Holz wie Fenster, Türen und Verschalungen müssen gegen eindringende Feuchte geschützt werden. Blasen am Farbanstrich sind die ersten Anzeichen für indirekte Feuchtezufuhr. Insbesondere ist auf Anschlüsse gegen Putz, Beton, Marmor und Kunststein, Glas u. a. zu achten. Kaum erkennbare Fugen können Nebel, Tau, Schnee- und Regenwasser durchlassen. Große Toleranzen werden mit Profilschienen aus Leichtmetall, Abdeckungen aus Kupfer-, Zink- oder Bleiblech abgedeckt; kleine Risse können mit dauerelastischem Kitt ausgespritzt werden.

Eine durch Laub verstopfte Dachrinne gibt das Wasser nicht an den Kanal, sondern an die Hauswand weiter; ein durchgerostetes Abwasserrohr befeuchtet die Wand und damit auch Außen- und Innenputz. In einer verbogenen Dachrinne bleibt das Wasser stehen, und die Rinne rostet schneller durch. Blechverwahrungen an Kaminen, Entlüftungsrohren, Dachgaupen sowie Kehlbleche können durchrosten.

Solche Teile, einschließlich der Innenseite von Dachrinnen, sollten in Abständen von sechs bis acht Jahren mit einem guten Schutzanstrich versehen werden. Gemauerte Schornsteine, deren Fugen ausgewaschen sind, müssen verputzt oder verkleidet werden. Versottete Kamine zeigen meist starke Risse und neigen sich auch häufig. Hier sollte umgehend der Fachmann zu Rate gezogen werden. Schornsteine aus Formsteinen sind weniger anfällig.

Fehlende, verrutschte oder gesprungene Dachziegel machen ein Dach undicht. Auch fehlender Mörtel an Firstziegeln führt zur Undichtheit.

Um all diesen Schäden vorzubeugen, macht der kluge Hausbesitzer gelegentlich Kontrollen an den gefährdeten Stellen.

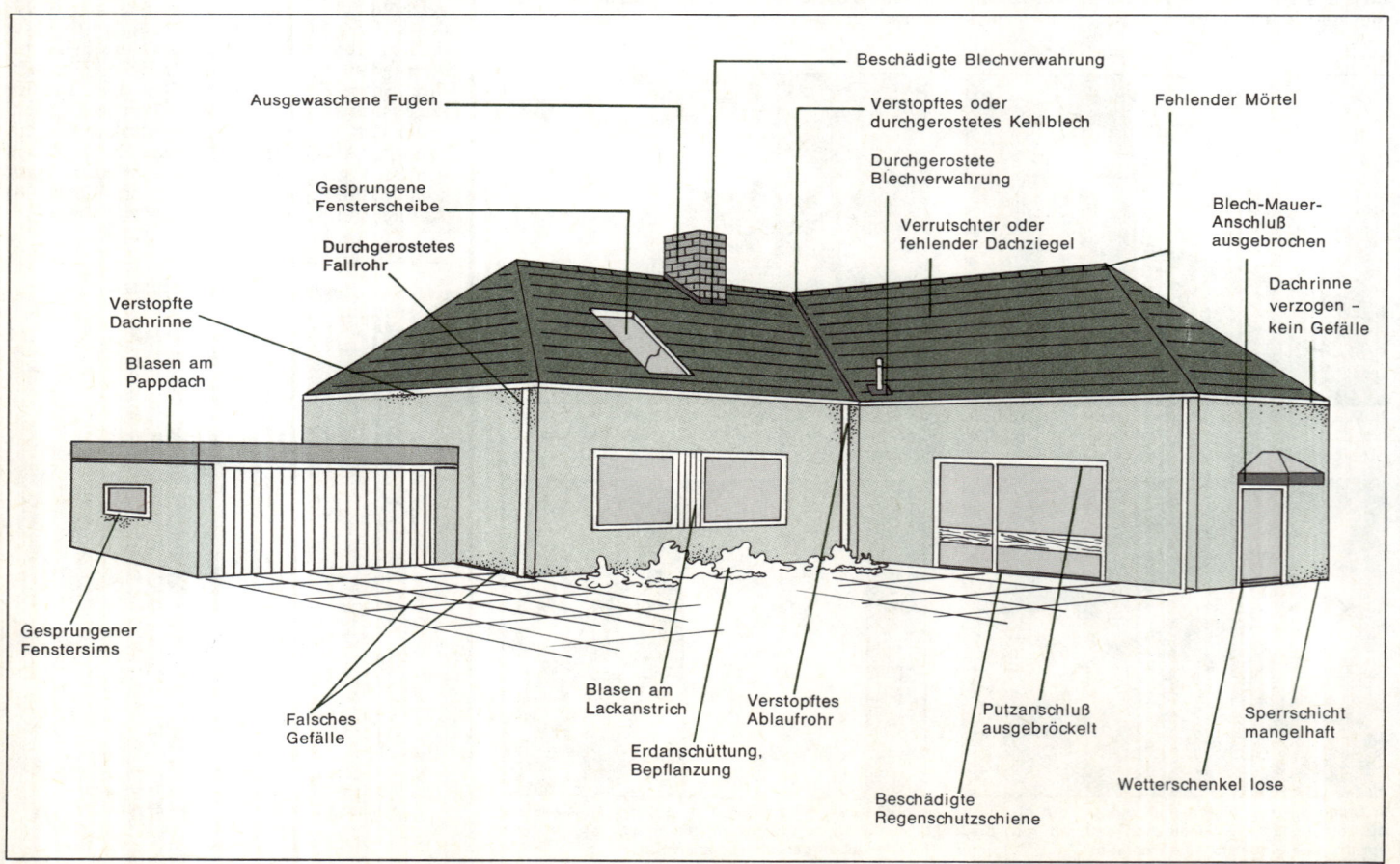

Ursachen und Abhilfe

Stelle	Merkmale	Ursache	Abhilfe
Dachfenster und Oberlichte	Außen: Gesprungene Scheiben, Fensterkitt oder Einfassungsstäbe schadhaft, undichte Stellen durch Schwinden des Holzes Innen: Wasserflecken	Alterung, Arbeiten des Holzes, schadhafte Verwahrungen	Neuen Rahmen einsetzen, Scheiben und Kitt erneuern (siehe S. 54), Verwahrungen erneuern lassen
Dachrinnen und Fallrohre	Feuchte Stellen und Flecken an der Mauer in der Nähe der Rinnen und Rohre	Verstopfte Dachrinnenabflüsse, defekte Rinnen oder Rohre	Dachrinnen säubern (siehe S. 217), Dachrinnen und Fallrohre erneuern
Dachverwahrungen	Wasserflecken an Decken, feuchtes Dachgebälk	Schadhafte, fehlende oder verrostete Verwahrungsbleche, schadhafter Mörtel	Blechverwahrungen erneuern (siehe S. 16–17)
Fenster und Türen	Verfärbungen an Fensterstöcken und Fensterbrettern. Verzogene Fensterrahmen, blasenwerfender und abblätternder Anstrich	Fehlende Abdichtung zwischen Mauerwerk und Tür- oder Fensterstock, schadhafter Fensterkitt an den Glasscheiben	Blechverwahrungen erneuern, Fensterstock abdichten, Wassernase säubern (siehe S. 48), Glasscheiben neu verkitten (siehe S. 54)
Flachdächer, Dachpappendeckung, Asphaltdächer	Blasen und Sprünge auf der Oberfläche	Verwitterung, schlechte Montage, extreme Temperaturen, Kondensation	Kleine Schäden selbst reparieren. Große Reparaturen vom Fachmann ausführen lassen
Zink-, Kupfer- und Bleidächer, verzinkte Blechdächer	Löcher und Risse, schadhafte Kanten und Abdeckungen	Alterung, Rost, Korrosion	Zink- und Kupferdächer selbst reparieren, andere Deckungen dem Fachmann überlassen
Fußböden	Fußbodenholz wirft sich. Bodenbeläge bilden Blasen oder Falten	Bei Zementböden: Ungenügende oder schadhafte Sperrschicht Bei Holzböden: Ungenügende Ventilation	Sperrschicht vom Fachmann anbringen lassen. Verstopfte Lüftungsöffnungen freimachen
Kondensation	Wände, Fußböden, Teppiche, Polstermöbel und Bettzeug fühlen sich selbst bei trockener Witterung feucht an	Warme feuchte Luft kommt in Berührung mit kalten, undurchlässigen Flächen, zu geringe Ventilation	Für Dauerheizung und Ventilation sorgen. Elektrischen Lüfter in der Küche einbauen (siehe S. 68). Wände mit Leim- oder Binderfarbe streichen statt mit Ölfarbe. Tapeten auf Polystyroluntertapeten kleben (siehe S. 69). Ventilationsöffnungen säubern. Dachraum isolieren
Mauerfugen	Außen: Fehlender oder zerbröckelter Mörtel Innen: Flecken an den Innenwänden	Mörtel ausgewaschen oder zersetzt	Fugen 15 mm tief auskratzen, neu verfugen mit Mörtel aus Kalk, Zement und Sand im Verhältnis 1 : 1 : 6
Putz	Risse und Sprünge; Putz löst sich von der Mauer	Temperaturwechsel; Brechen des Putzes beim Trocknen oder durch Bewegungen des Mauerwerks	Schadhafte Stellen säubern und mit Kalk/Zement/Sand-Mörtel 1 : 1 : 6 ausbessern (siehe S. 123). Große Putzschäden vom Fachmann reparieren lassen
Schornstein	Schornstein neigt sich, Sprünge und Flecken am Schornstein und in seiner Umgebung	Kondensation im Rauchzug, Dampf aus dem Boiler, schadhafter Mörtel, schadhafter innerer Schutzanstrich, undichte Blechverwahrungen	Sich neigende Schornsteine muß der Fachmann reparieren, undichte Verwahrungen der Flaschner; Innenanstrich oder Futter erneuern
Wände	Außen: An trockenen Tagen sichtbarer weißer kristalliner Belag Innen: Flecken und Ablösungen bei Anstrichen oder Tapeten, Schimmelflecken	Schadhafte oder fehlende Sperrschicht in der Wand. Erdanhäufung oder Pflanzen über Sperrschichthöhe, Mörtelbrücke zwischen Doppelwänden	Sperrschicht erneuern (siehe S. 61), auf jeden Fall einen Fachmann (Klempner, Spengler) hinzuziehen, Wände vor neuem Streichen oder Tapezieren austrocknen lassen
Wasserinstallation	Nasse Flecken an Wänden und Decken	Undichte Rohrverbindungen, eingefrorene und geborstene oder durchgerostete Wasserleitungen. Defekte Boiler oder Durchlauferhitzer	Rohrverbindungen abdichten, schadhafte und verrostete Rohre erneuern (siehe S. 255). Boiler oder Erhitzer erneuern
Ziegeldächer	Außen: Schadhafte, verrutschte oder fehlende Dachziegel Innen: Wasserflecken an Decken	Alterung, Verwitterung, schlechte Befestigung	Dachziegel ersetzen (siehe S. 23)

Feuchtigkeit im Haus

Feuchtigkeit in den Wänden – Ursachen und Abhilfe

Feuchte Wände sind Gift für jedes Haus. Auch wenn das Mauerwerk nach dem Bau gut ausgetrocknet ist, treten Risse auf. Dadurch kann im Laufe der Zeit Feuchtigkeit eindringen und zu schweren Schäden führen. Deshalb ist es ratsam, Putz- und Mauerschäden möglichst bald zu reparieren (siehe S. 146).

Größere Risse in den Mauern mit verzogenen Tür- oder Fensterrahmen entstehen in der Regel durch nachträgliches Setzen des Bodens unter den Fundamenten des Hauses. Um schwerere Schäden zu vermeiden, sollte man bei solchen Erscheinungen einen Bausachverständigen zu Rate ziehen.

Unter älteren Gebäuden hat sich der Boden meist schon endgültig gesetzt und ist zur Ruhe gekommen, so daß man die erforderlichen Mauerreparaturen unbedenklich durchführen

lassen kann. Offene Fugen um Türen und Fenster herum werden mit Baukitt verschlossen (siehe S. 48).

Wenn Feuchtigkeit an Wandteilen unter Fensterbänken auftritt, kontrolliert man, ob die Ablaufrinne unter der Fensterbank frei von Schmutz und Farbe ist. Die Rinne wird gegebenenfalls gesäubert oder freigemeißelt.

Häufig sind Dachrinnen und Fallrohre undicht. Sie müssen gesäubert werden, wenn sie verstopft sind, und schadhafte Teile sollte man ersetzen (siehe S. 216–225).

Nässe kann aber auch an den Verbindungsstellen zwischen Dach und Wänden, an den Schornsteindurchbrüchen im Dach, an den Einführungen von Fallrohren in die Kanalisation eindringen. Schäden an solchen Stellen sollte man umgehend reparieren.

Bei Häusern mit Hohlmauern kann ein besonderes Feuchtigkeitsproblem auftreten: Die beiden Mauerschalen stehen 6–7 cm auseinander und sind durch Drahtanker miteinander verbunden, die so geformt sind, daß sie Nässe nicht weiterleiten. Bleibt während des Mauerns aber Mörtel auf den Ankern hängen, dann stellt er eine feuchtigkeitsleitende Verbindung, eine sogenannte Brücke, zwischen den Mauern her. Bei solchen Schäden sollte man sich an den Fachmann wenden.

Um das Aufsteigen von Bodennässe zu verhindern, werden alle Außenmauern mit einer Isolier- oder Sperrschicht versehen, die mindestens 15 cm über dem Boden in der Mauer liegt. Erdanhäufungen oder Pflanzenwuchs dürfen niemals bis an diese Sperrschicht reichen.

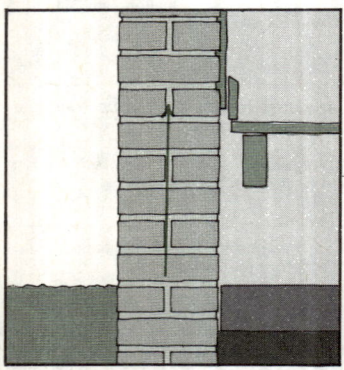

Fehler: Die Sperrschicht in der Mauer ist schadhaft oder fehlt ganz. Deshalb kann Bodenfeuchtigkeit in der Wand aufsteigen
Abhilfe: Eine Sperrschicht aus Bitumenpappe wäre gut. Welche technischen Mittel eingesetzt werden, muß der Fachmann entscheiden

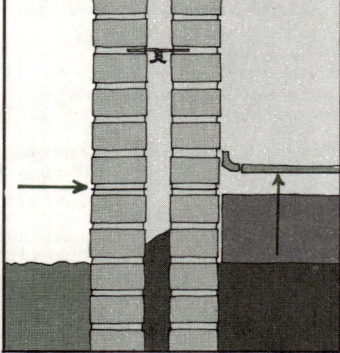

Fehler: Keine Sperrschicht im Betonboden. Feuchtigkeit kann daher über den Holzfußboden in die Mauer dringen und aufsteigen
Abhilfe: Den Betonfußboden von einem Fachmann isolieren lassen. Die Isolierschicht muß mit der Sperrschicht in den Mauern verbunden werden

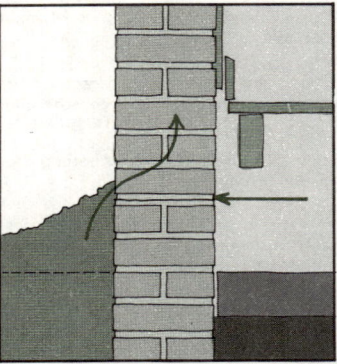

Fehler: Die über die Sperrschicht hinaufreichende Erde bildet eine Feuchtigkeitsbrücke. Das kann in Holzböden Hausschwamm verursachen (siehe S.74 und 125)
Abhilfe: Die Erdanhäufungen bis mindestens 15 cm unterhalb der Mauersperrschicht entfernen

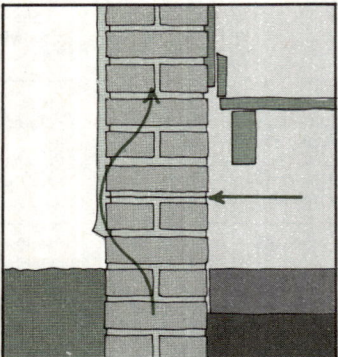

Fehler: Der Putz der Außenwand überbrückt die Sperrschicht, so daß Feuchtigkeit aufsteigen kann
Abhilfe: Wenn die Wand ganz verputzt ist, schlägt man den Putz unten bis knapp über der Sperrschicht ab. Ist nur der Wandsockel verputzt, wird der Putz bis unter die Sperrschicht entfernt

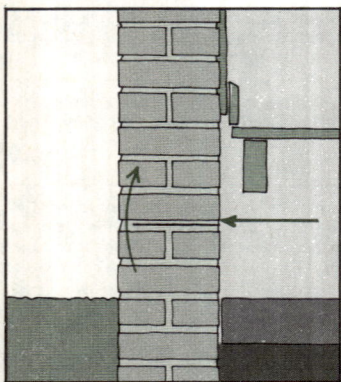

Fehler: Die Außenwand ist so verfugt, daß Mörtel die Sperrschicht in der Mauer überdeckt und eine Brücke für Feuchtigkeit bildet
Abhilfe: Den Mörtel sorgfältig aus der Fuge kratzen, bis die Kante der Sperrschicht freiliegt. Die Kante darf nicht beschädigt werden

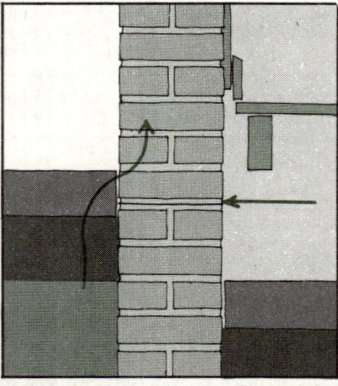

Fehler: Ein Weg oder eine Betonplatte an der Mauer, z. B. der Boden einer nachträglich angebauten Garage, reicht über die Mauerisolierung hinauf
Abhilfe: Eine wasserdichte Verbindung zwischen der Sperrschicht im Boden und der Mauerisolierung durch einen Fachmann herstellen lassen

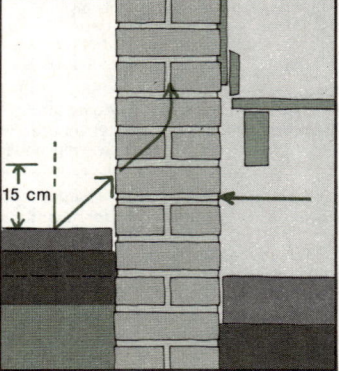

Fehler: Die Isolierschicht der Mauer liegt zu nahe am Boden. Dadurch kann vom Boden hochspritzendes Regenwasser die Wand über der Sperrschicht durchnässen
Abhilfe: Der Boden sollte bis mindestens 15 cm unter der Sperrschicht abgehoben werden

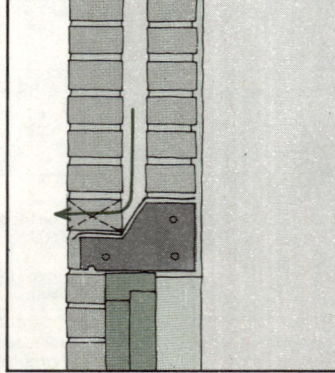

Fehler: Die senkrechten Fugen zwischen Ziegeln über einer Fensteröffnung sind mit Mörtel gefüllt, so daß Kondensationsfeuchtigkeit aus der Hohlmauer nicht abfließen kann und die Innenwand befeuchtet
Abhilfe: Mörtel aus zwei oder drei Fugen über dem Fenster entfernen

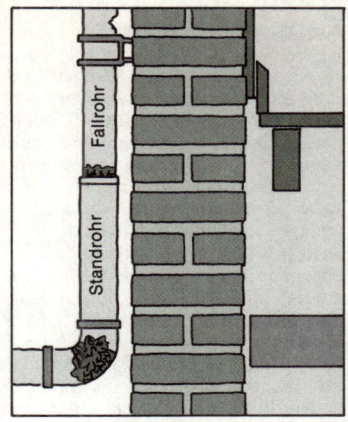
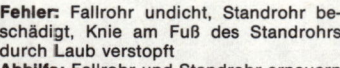

Fehler: Fallrohr undicht, Standrohr beschädigt, Knie am Fuß des Standrohrs durch Laub verstopft
Abhilfe: Fallrohr und Standrohr erneuern oder reparieren, Knie reinigen

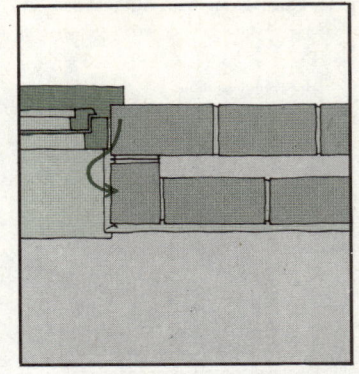

Fehler: Schnitt durch ein fehlerhaft eingesetztes Fenster, bei dem Putzmörtel eine Feuchtigkeitsbrücke über die senkrechte Sperrschicht zwischen den Mauern bildet; die Innenmauer wird deshalb feucht
Abhilfe: Das Fenster durch einen Fachmann ausbauen und fachgerecht wieder einsetzen lassen

Aufsteigende Bodenfeuchtigkeit – Ursachen und Abhilfe

Wenn die Innen- oder Außenwände eines Hauses nahe dem Erdboden feucht sind und mögliche Ursachen nach den auf den vorausgegangenen Seiten erläuterten Methoden ausgeschaltet sind, handelt es sich wahrscheinlich um aufsteigende Feuchtigkeit aus dem Baugrund, verursacht durch Kapillarwirkung in Fundamenten und Mauern. Feuchte Bauteile vermindern nicht nur den Wohnwert eines Gebäudes, sondern führen in vielen Fällen auch zu Bauschäden, die oft nur unter großem und teurem Aufwand beseitigt werden können. Wenn z. B. eingedrungenes Wasser gefriert, vergrößert sich sein Volumen um ca. 11%. Für den mit Wasser gesättigten Baustoff bedeutet diese Volumenvergrößerung letztlich eine Gefügezerstörung durch Sprengwirkung. In ähnlicher Form wirken Feuchtigkeit und Salze zusammen. Auch die Vermoosung eines Baustoffs kann zu schweren Bauschäden führen.

Wenn das Fundament eines Gebäudes nicht sorgfältig abgedichtet ist, nimmt es Wasser auf. Mit dem Wasser dringen gelöste Salze in den Baustoff ein. Das Wasser verdampft im Innern des Gebäudes, und die Salze werden abgelagert. Dieser Vorgang wiederholt sich ständig, und die Salzmenge wächst, bis die Konzentration so stark wird, daß es zu Salzausfall an der Oberfläche kommt.

Abhilfe durch mechanisches Verfahren

Bei dieser Methode wird die befallene Wand freigelegt und eine Folie in das Mauerwerk gelegt. Dabei muß man das Mauerwerk entweder aufsägen oder stückweise erneuern. Als Folienmaterial werden Kunststoff- oder Metallfolien verwendet. Das mechanische Verfahren ist wohl das sicherste, jedoch sollte man dazu einen Fachmann hinzuziehen.

Anschließend erhalten die Wände, die im Bereich des Erdreichs liegen, einen Außenputz aus Zementputz und einen Dichtanstrich. Dazu sollte eine handelsübliche Dichtungsschlämme verwendet werden. Wichtig ist, daß diese Abdichtung bis auf die Oberkante des Fundaments

geführt und unten eine Hohlkehle ausgearbeitet wird. Damit die Schlämme nicht beschädigt wird, stellt man Schutzplatten aus Asbestzement davor und füllt dann den Arbeitsraum auf. Falls nicht vorhanden oder schadhaft, sollte bei der Gelegenheit eine Dränage verlegt oder aber instand gesetzt werden.

Trotz des großen Aufwands sollte man auf diese Methode nur verzichten, wenn zwingende Gründe dagegen sprechen. Sollte dies der Fall sein, z. B. wenn das Gebäude unmittelbar an ein Nachbargebäude grenzt, dann hilft nur eines: die feuchten Kellerwände in Kauf nehmen und die Feuchtigkeitssperre auf die Innenseite verlegen.

Dazu wird auf die gereinigte Wand eine Dichtungsschlämme zweilagig mit einer Bürste oder Traufel aufgetragen. Um eine Beschädigung zu vermeiden, sollte die behandelte Wand mit Kalkzementmörtel verputzt werden. Wenn

später z. B. Installationen, Einrichtungsgegenstände oder Verkleidungen angedübelt werden, wird die Abdichtung allerdings zerstört. Wenn möglich, sollte man deshalb kleben statt dübeln.

Abhilfe durch chemische Verfahren

Dabei werden Bohrlöcher mit 18 mm Durchmesser doppelreihig im Abstand von höchstens 10–12 cm schräg nach unten im Mauerwerk angebracht. In diese Bohrlöcher werden Chemikalien gegeben, die sich im Mauerwerk verteilen und entweder die Kapillaren verstopfen oder wasserabweisend wirken. Man bekommt diese Chemikalien im Fachhandel. Wichtig ist, daß der Bohrlochabstand stimmt und das Mauerwerk genügend saugfähig ist. Abzuraten ist von den beliebten Belüftungssystemen mit eingebohrten Belüftungsrohren, denn dabei erhöht sich der Feuchtigkeitsanfall im Mauerwerk durch Wasserdampfkondensation.

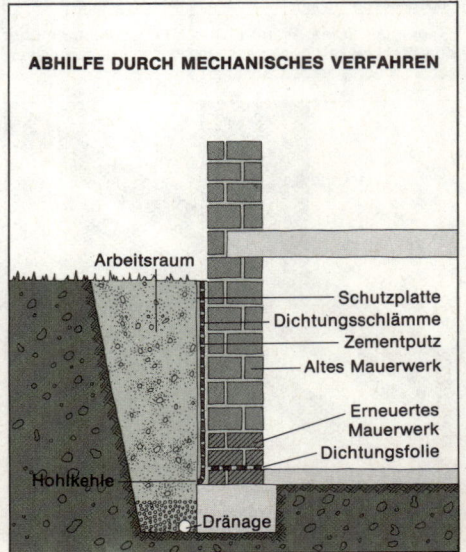

ABHILFE DURCH MECHANISCHES VERFAHREN

Arbeitsraum
Schutzplatte
Dichtungsschlämme
Zementputz
Altes Mauerwerk
Erneuertes Mauerwerk
Dichtungsfolie
Hohlkehle
Dränage

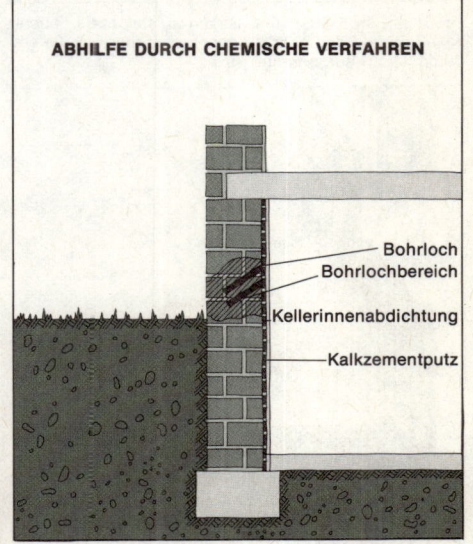

ABHILFE DURCH CHEMISCHE VERFAHREN

Bohrloch
Bohrlochbereich
Kellerinnenabdichtung
Kalkzementputz

Feuchtigkeit im Haus

Drückendes Grundwasser

Bei drückendem Grundwasser unterhalb der Kellersohle muß eine entsprechende Dichtung hergestellt werden.

Dabei wird eine Sperrschicht aus drei Lagen nackter Teerpappe auf den Boden und die Wände heiß verklebt und mit einem Dichtanstrich versehen. Dabei sollten die Überdeckungen der Pappen im Stoß mindestens 10 cm breit sein. Darauf werden Schutzschichten aus Stahlbeton waagrecht und senkrecht so in den Kellerraum betoniert, daß die Dichtungsbahnen an die Wände und den Boden gepreßt werden. Die seitliche Abdichtung und die Schutzschicht aus Stahlbeton müssen mindestens 30 cm über den höchsten Grundwasserstand hinausgeführt werden.

Um zu vermeiden, daß durch den Wasserdruck die Stahlbetonwanne hochgetrieben wird, muß die Oberkante der 30-cm-Marke im Mauerwerk verankert werden. Das kann man mit Stahlkonsolen machen oder dadurch, daß man die Betonwände in die Kellerwände einkragt.

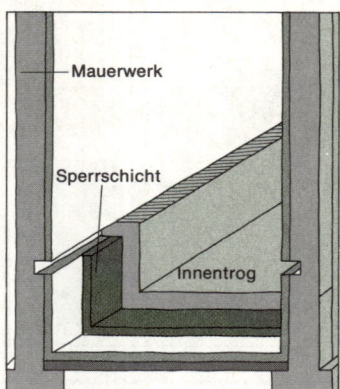

Keller im Grundwasser: Die Teerpappe wird durch den Betontrog (30 cm über höchstem Wasserstand) angepreßt

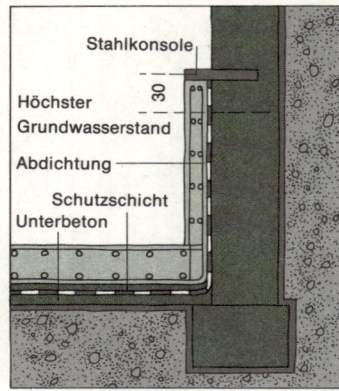

Der Innentrog ist hier durch eine Stahlkonsole gesichert, damit er nicht hochgetrieben werden kann

Verschiedene Maßnahmen gegen Feuchtigkeit

Nasse Wände, Verfärbungen an Putz und Anstrichen, abplatzender und reißender Putz sind Zeichen dafür, daß schnellstens etwas zur Sanierung der Mauern getan werden muß.

Leider werden von solchen Bauschäden auch oft Innenwände und Kellerfußböden in Mitleidenschaft gezogen. Stehen Wasserlachen im Keller, dann ist, wenn vorhanden, die Ringdränage verstopft. Dadurch kann sich im Fundamentbereich und zwischen Kellersohle und Baugrube Wasser ansammeln. Wenn die Verhältnisse es zulassen, sollte dann unbedingt die Dränage erneuert werden.

Die Vielfalt der Schäden und Schadensursachen läßt keine Patentlösung zu, und es muß von Fall zu Fall genau geprüft werden, welche Maßnahme sinnvoll ist.

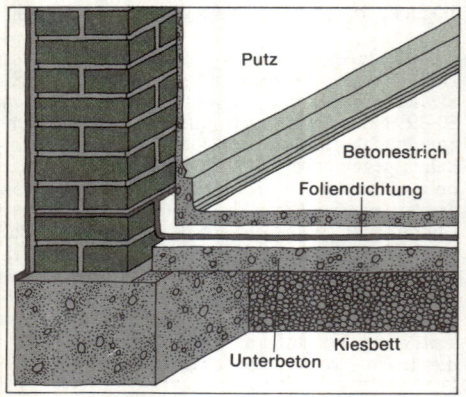

Fußboden im Kellerraum: Gegen aufsteigende Feuchtigkeit reicht Folie oder Bitumenpappe aus, auf die ein Betonestrich aufgebracht wird

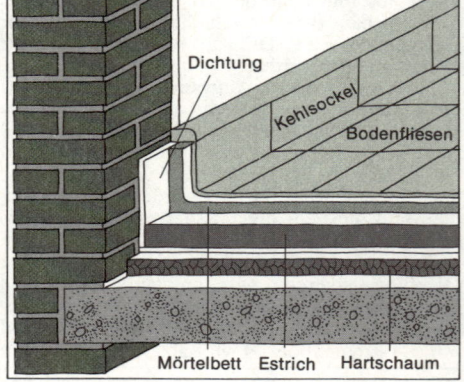

Etagennaßräume: Wenn man die Foliendichtung über den Kehlsockel hochzieht, richtet auch eine Überschwemmung keinen Schaden an

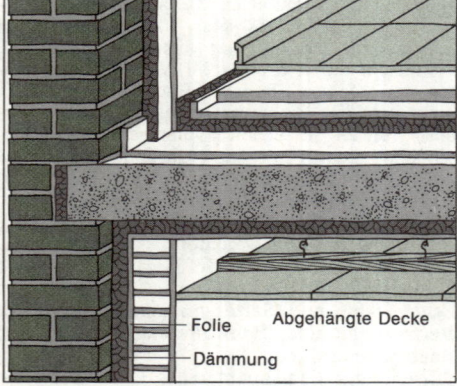

Naßräume im Untergeschoß: Wichtig ist, daß z. B. bei Schwimmbädern sämtliche Dämmstoffe mit Folie so geschützt werden, daß sie nicht durchfeuchtet werden

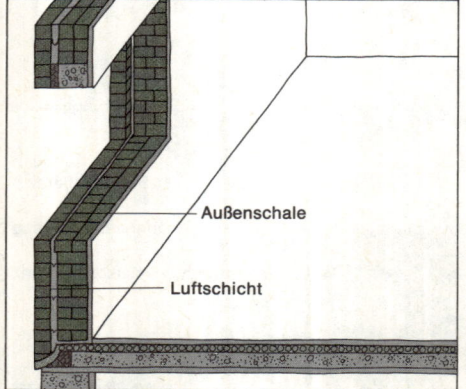

Vorgesetzte Fassade: Eine Luftschicht zwischen Mauerwerk und Außenschale garantiert trockene Wände. Nachträglicher Anbau siehe Seite 66

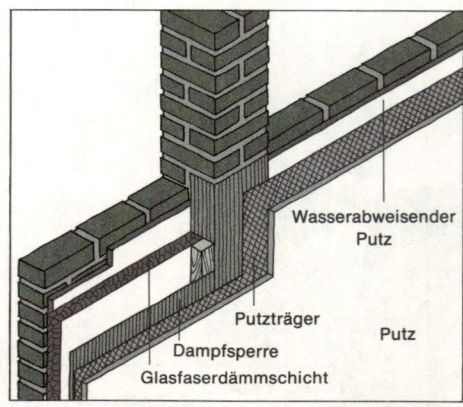

Fassade von innen dämmen: Eine Dampfsperre schützt das Mauerwerk vor starker Diffusionsfeuchtigkeit. Die Dämmschicht ist aus Glasfasermatten

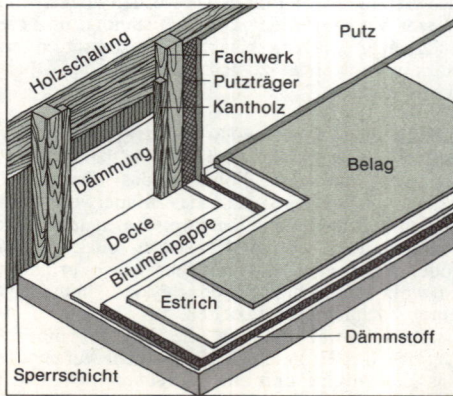

Verschalte Fachwerkfassade: Die Wetterseite ist mit einer Sperrschicht aus Bitumenpappe gegen Schlagregen geschützt

Richtige Belüftung

Wenn ein Keller naß ist, muß es nicht unbedingt an undichten Wänden und Böden liegen. Oft ist die Ursache in der falschen Belüftung zu suchen.

Je nach Temperatur kann die Luft eine bestimmte Menge Wasserdampf aufnehmen und transportieren – warme Luft mehr als kalte.

Ist die Luft mit Wasserdampf gesättigt, kann sie kein Wasser mehr aufnehmen, und sie kühlt sich nur geringfügig ab: So bildet sich Kondenswasser, das in Tropfen ausfällt.

Dieser Vorgang vollzieht sich, wenn an warmen oder schwülen Tagen bei hoher Luftfeuchtigkeit der Keller gelüftet wird, um ihn zu trocknen.

Die warme Luft trifft auf die kalten Wände und Böden – sie wird abgekühlt, und es bildet sich Kondenswasser. Der Keller wird also nicht getrocknet, sondern befeuchtet.

Wenn dann zur Nacht die Fenster noch geschlossen werden, kann das Wasser nicht entweichen; dadurch wird der Keller so naß, daß es zu ernsthaften Bauschäden führen kann und eigentlich unnötige Reparaturen vorgenommen werden müssen.

Deshalb soll ein Keller nur gelüftet werden, wenn die Außenluft kühler als die Kellertemperatur ist – also in der Nacht und im Winter. Besonders wichtig ist, daß die von der Wohnung in den Keller führenden Türen geschlossen gehalten werden.

Doch die regelmäßige Belüftung ist auch im Wohnbereich des Hauses von großer Bedeutung. Durch nicht ausreichende Belüftung können erhebliche Bauschäden verursacht werden.

Die Bewohner erzeugen in den Räumen Feuchtigkeit durch Atmen, Schwitzen, Kochen, Duschen usw. Diese Feuchtigkeit wird zum Teil von den Wänden aufgenommen. Wenn die Fenster geöffnet werden, entweicht ein Teil der Feuchtigkeit aus den Wänden und aus der Luft. Die Wände können also wieder Feuchtigkeit aufnehmen.

Wird aber nicht gelüftet, dann staut sich die Feuchtigkeit allmählich im Mauerwerk. Dadurch verliert die Wand einen Teil ihrer Wärmedämmeigenschaft, und an der kalten Innenseite der

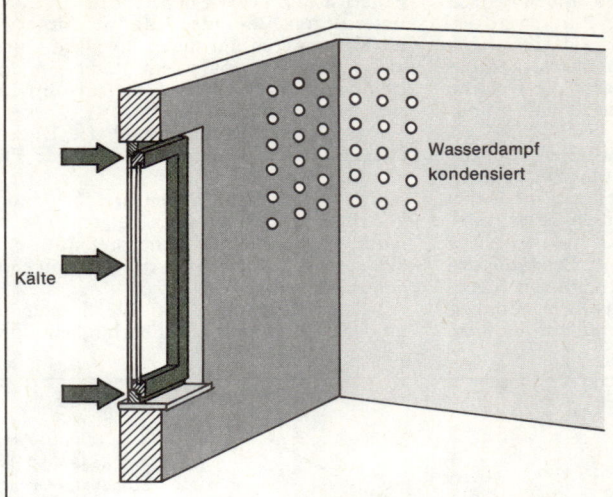

Kälte

Wasserdampf kondensiert

MODERNE FENSTER

Wenn bei dichten, wärmedämmenden, energiesparenden Fenstern nicht gelüftet wird, staut sich die Feuchtigkeit im Mauerwerk. Dieses kann die Feuchtigkeit nicht schnell genug nach außen abgeben. Es kommt zu starker Kondenswasserkonzentration auf der Innenseite der Wand, die Folge sind Feuchtigkeitsschäden. Außerdem entsteht ein starker Wärmeverlust, weil nur trockenes Material wärmedämmend wirkt.

Außenwand bildet sich Kondenswasser. Die Räume riechen muffig, und an den Außenwänden wächst Schimmel.

Auch beim Aufstellen der Möbel können Bauschäden verursacht werden. Wenn z. B. Schränke oder Betten zu dicht an die Außenwände gestellt werden, kann die aufgeheizte Luft die Außenwände nicht aufwärmen, es entsteht Kondenswasser mit dem vorher erwähnten Ergebnis.

Auch durch mangelhafte oder unsachgemäße Isolierung der Wasser- und Abwasserrohre entsteht Kondenswasser. Oft liegen Kalt- und Heißwasserleitungen unmittelbar aneinander. Wenn die Heißwasserleitung schlecht oder gar nicht gedämmt ist, kommt es mit Sicherheit zu Kondenswasserbildung.

Ein nicht geringer Teil der Feuchtigkeitsschäden an Häusern wird durch mangelhafte oder fehlende Wärmedämmung verursacht.

Es ist also sinnlos, bewohnte Räume zu sanieren und Feuchtigkeitsschäden zu beseitigen,

wenn der Aufbau der Wärmedämmung nicht stimmt oder keine vorhanden ist.

Keine oder zu geringe Wärmedämmung ist nicht nur eine Frage des Energiesparens, sondern auch eine Frage der Wohnqualität und der Gesundheit. Zuwenig Wärmedämmung ist schlecht, aber zuviel ist auch schädlich. Der Satz „Viel bringt viel" stimmt in diesem Fall nicht.

Durch übertriebene Wärmedämmung verlieren die Außenwände unter Umständen die Fähigkeit, feuchtigkeitsregulierend zu wirken, so daß Bauschäden entstehen können.

Bei Untergeschoßwohnungen und Wohnungen in Hanglage, bei denen Außenwände zum Teil im Erdreich liegen, muß ganz besonders auf gute Wärmedämmung auch im Fußbodenbereich geachtet werden. Sonst kühlt die beim Lüften hereingelassene Luft auf den kalten Flächen zu stark ab, und die Wohnung ist im Sommer, wenn nicht geheizt wird, feucht. Die Abbildungen unten zeigen drei Möglichkeiten der Wärmedämmung an Wänden.

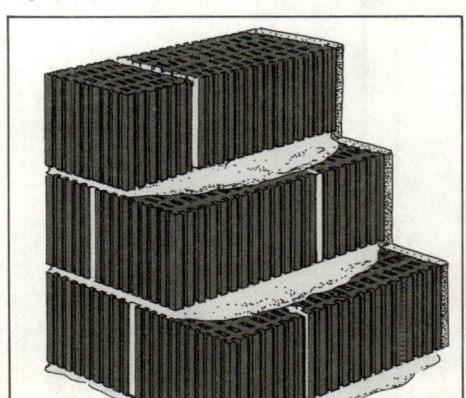

Blockmauerwerk: So bauten unsere Vorfahren ihre Häuser. 50 cm dicke Wände waren keine Seltenheit. Heute plädieren Baubiologen für solche Wände

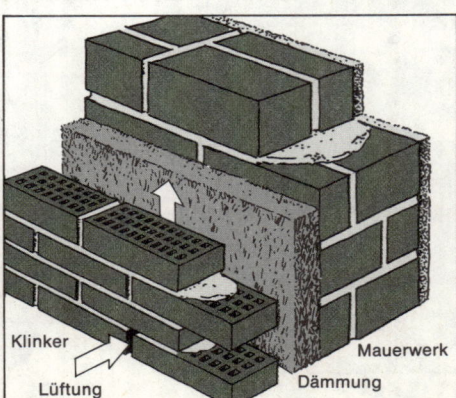

Klinker

Lüftung

Mauerwerk

Dämmung

Übliches Mauerwerk: Es wird von außen gedämmt und mit Verblendmauerwerk versehen, das eine ausreichende Belüftung gewährleistet

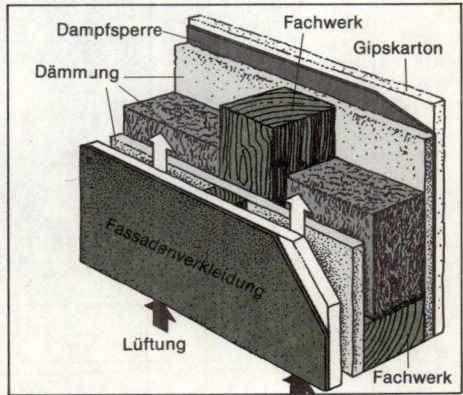

Dampfsperre

Fachwerk

Gipskarton

Dämmung

Fassadenverkleidung

Lüftung

Fachwerk

Leichtbau: Damit bezeichnet man moderne Holzskelettkonstruktionen, wie man sie bei Fertighäusern verwendet. Sie sind hervorragend wärmegedämmt

Feuchtigkeit im Haus

Innenwandfeuchtigkeit und ihre möglichen Ursachen

Wenn irgendwo im Haus an den Innenwänden Stockflecken oder größere feuchte Flächen zu erkennen sind, hat es wenig Zweck, sie einfach zu überstreichen oder mit Tapete zu überkleben. In jedem Fall sollte vor einer Reparatur die Ursache dieses Feuchtigkeitseinbruchs ermittelt und gründlich beseitigt werden.

Dabei muß man zunächst feststellen, ob die Feuchtigkeit von außen, also witterungsbedingt, eingedrungen ist oder ob die Ursache im Rohrleitungssystem, in undichten Anschlüssen oder ähnlichem, zu suchen ist.

Wenn an den Außenwänden keine Beschädigungen zu bemerken sind, wenn weiterhin die feuchten Stellen nicht unmittelbar an Rohrleitungen oder Hahnanschlüssen liegen, empfiehlt es sich,

zunächst den Dachboden und den Keller genau zu untersuchen. Besonders oft tritt Sickerwasser, das an Kamindurchführungen im Dach eindringt, erst viel tiefer in irgendeinem Raum an der Schornsteinwand aus. Feuchte Stellen im Dachgebälk deuten eindeutig darauf hin.

Das gleiche gilt für schadhafte Dachrinnenführungen oder nicht richtig schließende Fenster und Türen.

Erst wenn die Schadensursache eindeutig festgestellt und nachhaltig beseitigt wurde, sollte man darangehen, die Schönheitsreparaturen an den Wänden vorzunehmen. Auf den folgenden Seiten geben wir einige Tips dazu.

In der Zeichnung sind die Stellen aufgeführt, an denen am häufigsten Feuchtigkeit eindringt.

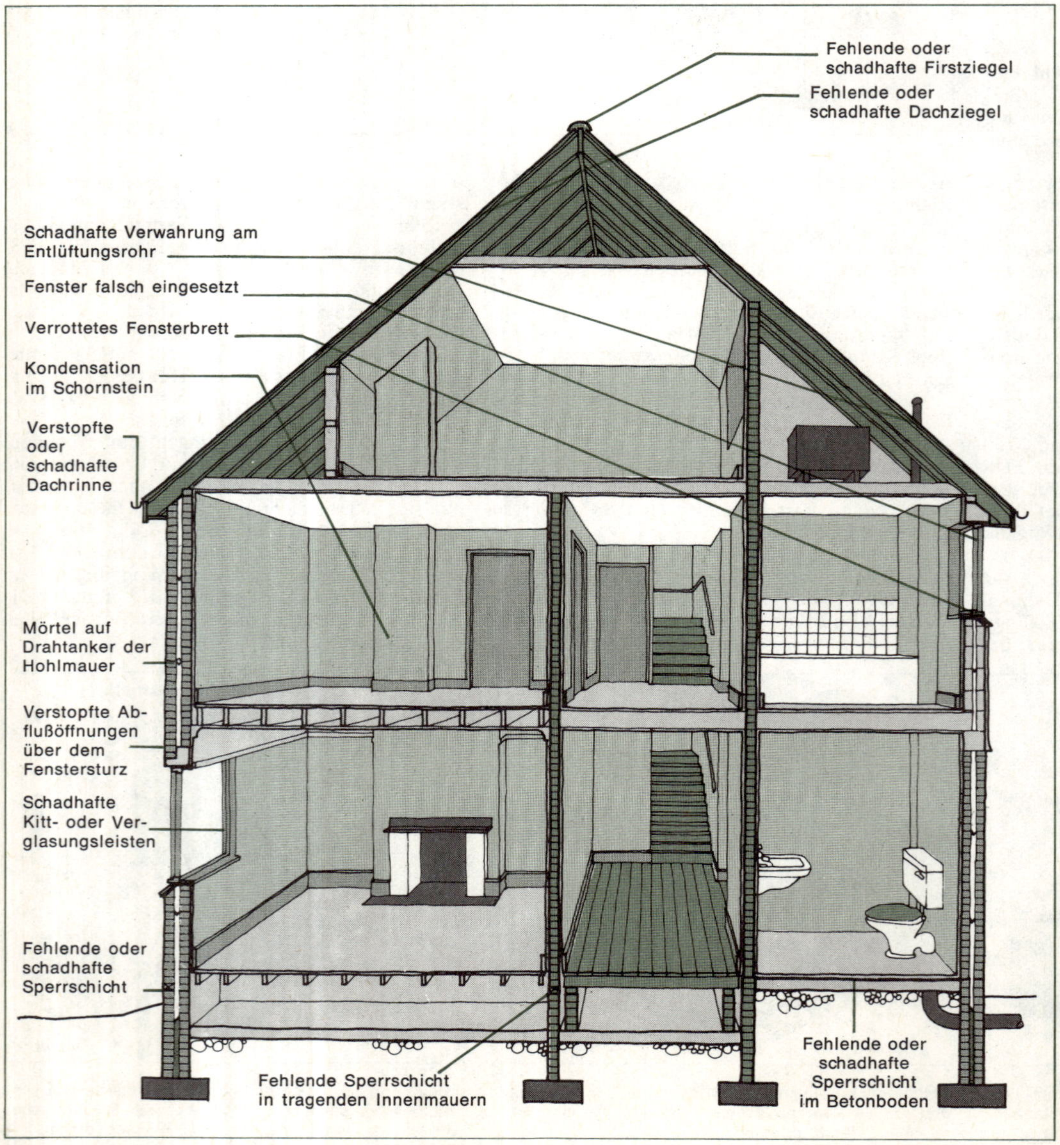

Kellerwand isolieren

Eine feuchte Kellerwand kann man mit Gipskartonplatten isolieren, und zwar mit imprägnierten Gipskartonplatten für Feuchträume. Um spätere Schäden auszuschließen, muß die Verkleidung hinterlüftet werden.

An die Wand wird eine Unterkonstruktion aus Dachlatten geschraubt. Die Unterkonstruktion sollte mit Bläuesperrgrund gegen Pilzbefall behandelt werden.

Unebenheiten an der Wand werden durch kleine Holzkeile, die zwischen Wand und Unterkonstruktion befestigt werden, ausgeglichen.

Soll der Kellerraum beheizt werden, und liegen die Außenwände zum Teil außerhalb des Erdreichs, dann ist es sinnvoll, eine Wärmedämmung anzubringen. Da die Dämmplatten in der Regel eine Breite von 50 cm haben, sollten die Latten waagrecht im Abstand von 49,5 cm an der Wand befestigt werden. Die Dämmplatten können dann dazwischengepreßt werden. Auf diese Unterkonstruktion werden nun Dachlatten senkrecht im Achsmaß von 62,5 cm geschraubt. Dadurch erhält man einen Abstand von Dachlattenstärke, welcher die Hinterlüftung gewährleistet. Die Gipskartonplatten werden nun auf die Dachlatten geschraubt oder genagelt.

Die Platten sind 125 cm breit. Der Abstand von 62,5 cm ermöglicht es, die Platten jeweils links und rechts bis zur Mitte der äußeren Dachlatten und an der mittleren Latte zu befestigen.

Wichtig ist, daß am Boden und an der Decke jeweils ein Spalt von 2 cm frei gelassen wird, damit die Luft zirkulieren kann.

Fehlende oder schadhafte Firstziegel

Fehlende oder schadhafte Dachziegel

Schadhafte Verwahrung am Entlüftungsrohr

Fenster falsch eingesetzt

Verrottetes Fensterbrett

Kondensation im Schornstein

Verstopfte oder schadhafte Dachrinne

Mörtel auf Drahtanker der Hohlmauer

Verstopfte Abflußöffnungen über dem Fenstersturz

Schadhafte Kitt- oder Verglasungsleisten

Fehlende oder schadhafte Sperrschicht

Fehlende Sperrschicht in tragenden Innenmauern

Fehlende oder schadhafte Sperrschicht im Betonboden

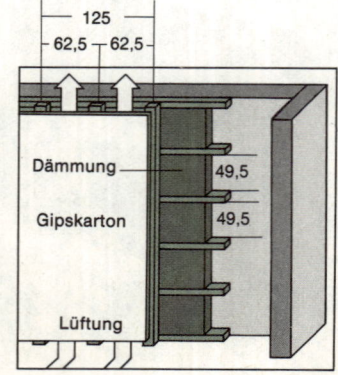

125

62,5 | 62,5

Dämmung — 49,5

Gipskarton — 49,5

Lüftung

Der Spalt am Boden und der an der Decke sorgen dafür, daß die Luft ungehindert zirkulieren kann

Dränage erneuern

Nimmt die Feuchtigkeit an den Wänden und im Fußbodenbereich unmittelbar nach einem starken Regen zu, dann kann eine fehlende oder verstopfte Dränage die Ursache sein.

Die Dränage wirkt so, daß sie durch einen entsprechenden Aufbau das Wasser im Wandbereich der Außenwände schnell versickern läßt und über eine Dränageleitung auf Höhe der Fundamentsohle in die Regenwasserleitung führt.

Eine richtig aufgebaute Dränage besteht aus einer Sickerschicht, durch die das Wasser schnell absickern kann, so daß kein Wasserdruck auf die Außenwand entsteht. Außerdem verhindert eine Filterschicht, daß die Sickerschicht und die Dränageleitung durch Feinteile zugeschlämmt werden. Durch die Dränageleitung wird dann das Wasser in die Regenwasserleitung geführt.

Die Dränageleitung wird möglichst in zwei gleich langen Teilen um das Haus geführt. Der Anschluß an die Regenwasserleitung ist die tiefste Stelle.

Zunächst werden rings um das Gebäude die Außenwände bis zur Unterkante des Fundaments freigeschaufelt. Dabei ist zu beachten, daß eine Grabenbreite von mindestens 80 cm einzuhalten ist, um ungehindert arbeiten zu können. Aus Sicherheitsgründen muß das Erdreich abgeböscht werden, damit der Graben nicht einstürzen kann. Wenn die Wand freigelegt ist, wird sie gereinigt. Dabei kratzt man Fugen und Risse sauber aus. Abgelöste Putzreste werden beseitigt und aus dem Arbeitsraum entfernt. Denn in ihnen haben sich wahrscheinlich schon bauschädliche Salze gebildet.

Nun läßt man die Außenwand gut abtrocknen, denn eine trockene Wand ist die Voraussetzung für die weiteren Arbeiten. Die trockene Wand wird gründlich abgebürstet und dann mit einer Sperrschicht versehen.

Die Sperrschicht ist ein Putz aus einem Zementmörtel im Mischungsverhältnis 1:4 (1 Teil Zement und 4 Teile Flußsand), der mit der Traufel geglättet wird. Am Fuß der Mauer wird mit einer Flasche eine Rundung (Hohlkehle) aus dem Zementmörtel auf das vorspringende Fundament geformt, um das Wasser von der Wand wegzuleiten.

Wenn die Sperrschicht trocken ist, versieht man sie mit einem Isolieranstrich.

Um einen sicheren Untergrund für die Dränageleitung zu erhalten, wird nun eine Sohle aus Magerbeton in den Graben eingebracht, und zwar mit einem Gefälle von 2–3 %. Die Sohle muß gerade abgezogen werden, damit sich in eventuellen Vertiefungen kein Wasser stauen kann. Darauf wird in einem 20 cm tiefen Sandbett die Dränageleitung aus perforiertem PVC-Rohr gelegt.

Das PVC-Rohr hat viele kleine Löcher, durch die das Wasser eindringen kann. Die Dränageleitung wird an die Regenleitung angeschlossen, auf keinen Fall an die Abwasserleitung, da bei einem eventuellen Rückstau Fäkalien in den Fundamentbereich geleitet werden könnten, was eine Geruchsbelästigung und Bauschäden zur Folge haben würde.

Damit man die Dränageleitung gelegentlich

SENKRECHTER RÄUMLICHER SCHNITT

Sperrschicht · Isolieranstrich · Rasenkantenstein · Deckprofil · Sickerschicht (Grobkies, 20 cm) · Filterschicht (Feinkies, 20 cm) · Erdreich · Mauerwerk · Fundament · Dränagerohr · Hohlkehle

durchspülen kann, sollte in einem Abstand von ca. 20 m und an den Ecken ein senkrechtes PVC-Rohr bis zur Geländeoberkante angeschlossen werden. Ein Deckel verhindert, daß Gegenstände hineinfallen und Geruchsbelästigung auftritt. Zum Durchspülen wird ein Wasserschlauch in das senkrechte Rohr gesteckt.

Zum Schutz des Isolieranstrichs werden Wellplatten aus Asbestzement oder Bitumen an die Wand gestellt. Bei Asbestzementplatten besteht

Feuchtigkeitssperre · Schaltafel · Feinkies · Grobkies · Dränagerohr

Im senkrechten Schnitt sieht man, wie die Schaltafel Grob- und Feinkies trennt

allerdings die Gefahr, daß sie beim Auffüllen des Grabens zerstört werden, weil sie sehr spröde sind.

Gegen diese Platten wird die Sickerschicht gefüllt. Sinnvoll ist es, gleichzeitig mit der Sickerschicht die Filterschicht einzubringen. Dabei wird ca. 40 cm von der Fundamentaußenkante eine Reihe Schaltafeln (mit alten Türen geht es auch) aufgestellt und zwischen Wand und Schaltafeln der Grobkies der Sickerschicht und zwischen Schaltafeln und Erdreich die Filterschicht aus Feinkies eingefüllt. Mit fortschreitender Arbeit werden die Tafeln immer weiter hochgezogen; dadurch vermeidet man, daß sich der Grobkies mit dem Feinkies vermischt.

In Höhe der Geländeoberkante wird das Ganze mit einer Kiesschüttung aus faustgroßen Steinen als Spritzschutz versehen.

Der Handel bietet verschiedene Produkte aus Leichtbeton, Ton oder Hartschaum als Sickerschicht an, die diese Arbeit unter Umständen wesentlich erleichtern.

Ein Deckprofil auf den Schutzplatten verhindert, daß Steine und Sand zwischen Schutzplatten und Isolieranstrich fallen.

Werkzeug: Schaufeln, Spaten, Pickel, Kelle, Wasserwaage, Traufel, Reibebrett, Richtscheit
Material: Magerbeton, Dränagerohre, PVC-Rohre, Schutzplatten, Deckprofil, Grobkies, Feinkies, Grobkies als Spritzschutz, Isolieranstrich

Feuchtigkeit im Haus

Fassadenschäden

Die Fassade ist schützende Außenhaut, die verhindern soll, daß Feuchtigkeit, Kälte und Wärme den Nutzungswert des Hauses negativ beeinflussen.

Eingedrungene Feuchtigkeit läßt z. B. nicht nur unschöne Flecken auf der Fassade erscheinen, sondern beeinträchtigt auch die Wärmedämmung und kann zu Frostschäden führen. Bei Holzbaustoffen sei nur an die Zerstörung durch Pilze erinnert.

Abblätternde Anstriche und Regenflecken

Wenn Anstriche abblättern, ist das meistens auf eine nicht ausreichende Haftung zwischen Untergrund und Anstrich zurückzuführen. Ein sicheres Zeichen, daß der Anstrich der Hausfassade erneuert werden muß, ist auch das Auftreten von Regenflecken nach Niederschlägen. Dann hat der Fassadenanstrich seine schützende Eigenschaft verloren, und Regenwasser dringt in den Putz ein. Dann hilft nichts anderes, als den alten Anstrich vollständig zu entfernen und die Ursache eindeutig zu bestimmen.

Bei aufsteigender Feuchtigkeit im Sockelbereich muß, wie auf Seite 65 beschrieben, Abhilfe geschaffen werden.

Wenn Moose, Flechten oder Pilze wachsen, wird die Wand gereinigt, getrocknet und mit einem Antipilzmittel behandelt. Bevor man den neuen Anstrich aufbringt, behandelt man die Fassade mit einer Grundierung. Dazu verwendet man einen handelsüblichen Putzverfestiger.

Schmutzablagerungen

Jeder kennt die unschönen grauen Flecken an Vorsprüngen, Fensterbänken, Balkonplatten usw. vieler Häuser. Sie treten auf, weil diese Bauteile keine Tropfnasen haben, an denen das Wasser an der Fassade herunterlaufen kann, ohne daß es vorher aufgehalten wird.

Man muß die Ursache beseitigen, d. h., die betroffenen Bauteile müssen auf jeden Fall eine Tropfnase erhalten.

Die Tropfnase kann z. B. aus einem rechtwinkligen Zink- oder Aluminiumblechstreifen bestehen, der an der Fensterbankunterseite befestigt wird. Man kann ihn schrauben, nageln oder kleben. Wichtig ist, daß alle Teile an der Fassade, also auch diese Tropfnase, aus rostfreiem Material bestehen. Denn die häßlichsten Verschmutzungen entstehen durch Rostbrühe.

Die vorgehängte Fassade

Wenn bei der Reparatur der Fassade gleichzeitig etwas für die Wärmedämmung getan werden soll, empfiehlt es sich, eine Fassadenverkleidung anzubringen. Sie sollte hinterlüftet sein und eine gute Wärmedämmung haben.

Leichte Materialien, wie z. B. Holz, eignen sich besonders gut, um eine wetterfeste Fassadenverkleidung herzustellen.

Das tragende Gerüst der Verkleidung ist die Unterkonstruktion. Sie läßt sich am einfachsten und billigsten aus imprägnierten Rahmenschenkeln und Dachlatten herstellen. Für eine senkrechte Verkleidung wird zuerst eine Grundlattung aus Rahmenschenkeln senkrecht an die Wand geschraubt. Und zwar in einem Abstand,

Der Anstrich blättert ab, weil zwischen ihm und dem Untergrund keine gute Haftung besteht

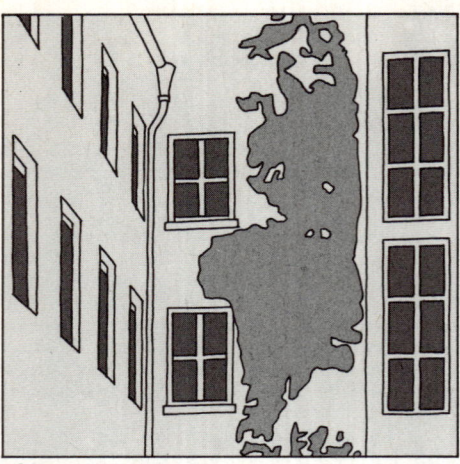
Wenn der Anstrich den Putz nicht mehr schützt, dringt Regenwasser ein und bildet Flecken

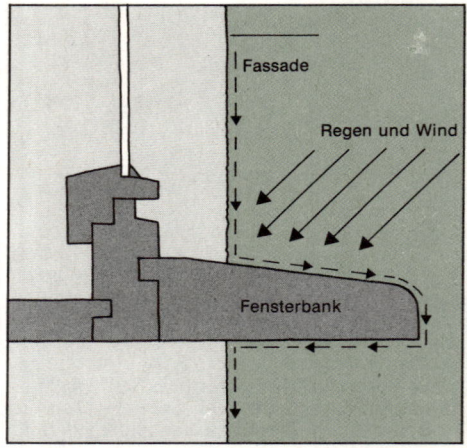
Das Regenwasser verschmutzt die Fassade

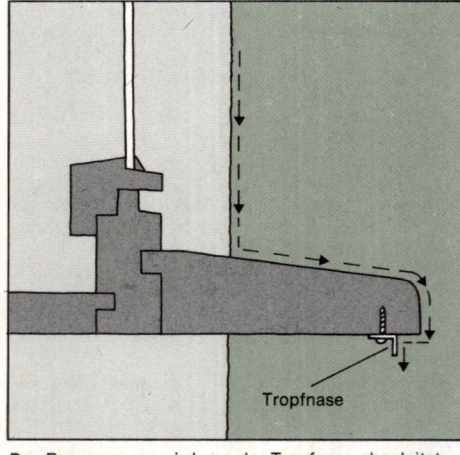
Das Regenwasser wird von der Tropfnase abgeleitet

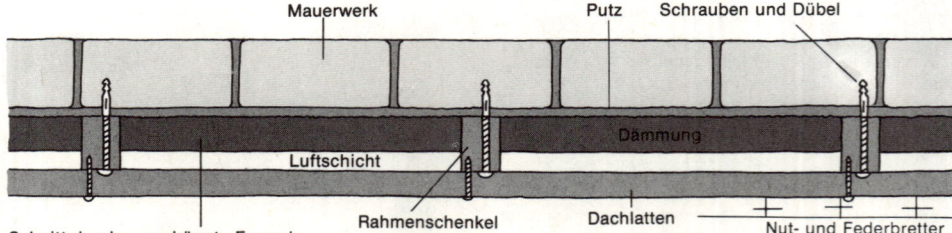
Schnitt durch vorgehängte Fassade

daß die Dämmplatten, z. B. Mineralfasermatten, genau in den Zwischenraum passen. Zum Befestigen müssen unbedingt geeignete Dübel und Edelstahlschrauben verwendet werden. Die Rahmenschenkel sollten so stark sein, daß sie mindestens 20 mm über die Dämmplatten hinausstehen. Diese 20 mm gewährleisten die vertikale Hinterlüftung der vorgehängten Fassade.

Nun werden die Dämmplatten mit einem handelsüblichen Kleber zwischen die Rahmen-schenkel auf die Wand geklebt. Dann schraubt man im Abstand von 50 cm imprägnierte Dachlatten als Konterlattung waagrecht auf die Grundlattung.

Im unteren Bereich des Hauses, in dem die Verkleidung durch Schlag und Stoß belastet werden könnte, z. B. durch Ballspiele, sollte man den Lattenabstand auf 30 cm verringern.

Auf die Konterlattung nagelt man senkrecht z. B. Nut- oder Federbretter.

Gipskartonplatten befestigen

Statt eine unansehnliche Wand neu mit Gipsmörtel zu verputzen, kann man sie auch, auf trockenem Wege, mit Gipskartonplatten verblenden. Diese Technik führt zu einer besseren Schall- und Wärmedämmung als der übliche naß aufgebrachte Gipsmörtelverputz.

Gipskartonplatten gibt es in Dicken von 9,5–18 mm bei einer Breite von 1,25 m und in Längen bis 4,5 m. Sie werden mit der Wand durch punktförmig aufgetragenen Ansetzmörtel verbunden. Sie sind mit verschiedener Kantenausbildung zu haben. Die Fugen werden mit Fugenfüller und Bewehrungsstreifen geschlossen.

Vor dem Anbringen der Gipskartonplatten müssen die Fußleisten von der Wand abgenommen werden. Lockere Mauerteilchen und alter Putz werden abgeschlagen. Der Ansetzmörtel bindet nach etwa einer Stunde ab. Der Fugenfüller ist nach ungefähr 45 Minuten hart. Die Abbindezeit der Verspachtelung, des Glättputzes, hängt von der verwendeten Wassermenge ab. Setzen Sie ihn eine halbe Stunde vor der Arbeit an, und halten Sie sich an die Gebrauchsanweisung.

Material:	Gipskartonplatten
	Ansetzmörtel
	Fugenfüller
	Bewehrungs-
	streifen
	Holzlattenstücke
	Schwamm
Werkzeug:	Klauenhammer
	Senklot
	Bleistift
	Richtscheit
	Wasserwaage
	Schmaler und
	breiter Spachtel

1. An der zu belegenden Wand werden drei waagrechte Linien angezeichnet, und zwar die erste 20 cm unter der Decke, die zweite in der Wandmitte und die dritte 15 cm über dem Fußboden

2. Nun werden, an einem Ende der Wand beginnend, auf der obersten Linie in Abständen von 45 cm senkrechte Striche angezeichnet, bis das andere Wandende erreicht ist

3. An den so markierten Punkten hängt man nacheinander das Senklot auf und zeichnet jedesmal eine senkrechte Linie bis zum Wandfuß, so daß man eine vertikale Teilung erhält

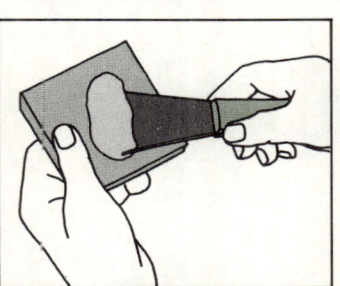

4. Für alle Schnittpunkte an der Wand werden aus einer Gipskartonplatte je 15 x 15 cm große Quadrate zurechtgesägt. Man bestreicht zunächst ein paar einseitig mit Ansetzmörtel

5. Die ersten drei Quadrate setzt man an die einen Enden der horizontalen Linien. Sie sollten auf Mitte über den Linien liegen und mit den Außenkanten an die Nachbarwand stoßen

6. Nun werden auf den restlichen Schnittpunkten Quadrate befestigt und mit Wasserwaage und Richtscheit ausgerichtet. Sie müssen 24 Stunden trocknen

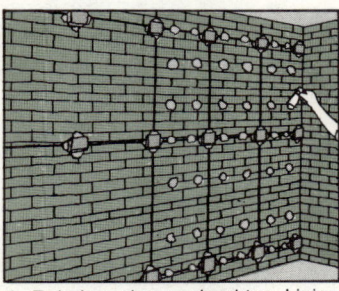

7. Zwischen den senkrechten Linien trägt man zwei Reihen Mörtelkleckse gleichmäßig verteilt auf. Sie sollten etwa 5 mm höher sein als die bereits befestigten Gipsquadrate

8. Aus zwei Lattenstücken wird ein Fußhebel gebildet. Auf diesen stellt man eine Gipsplatte und hebt sie bis an die Decke hoch. Der untere Plattenrand muß unter die Fußleiste reichen

9. Die Platte wird nun fest angedrückt und provisorisch auf die Gipskartonquadrate genagelt. Man verwendet dazu Doppelkopfnägel oder gewöhnliche Nägel, die man nicht ganz einschlägt

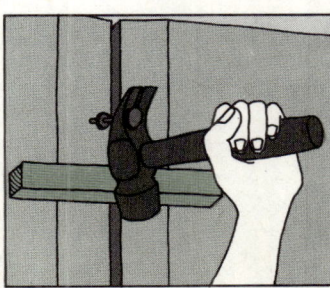

10. Der Mörtel sollte etwa eine Stunde ziehen. Dann werden die Nägel gezogen. Dabei muß man aufpassen, daß die Platte nicht beschädigt oder vom Mörtel gelöst wird

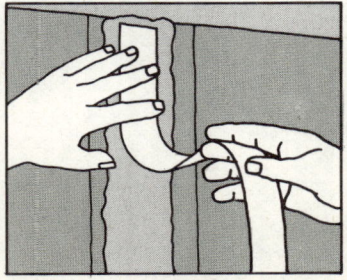

11. Man preßt Fugenfüller in die Fugen, überdeckt diese mit einer dünnen Schicht und legt darauf den Bewehrungsstreifen. Wenn er erhärtet ist, folgt eine zweite Schicht

12. Wenn der Fugenfüller abgebunden hat, werden die Plattenstöße etwa 20 cm breit ebenfalls mit Fugenfüller zugestrichen. Die Ränder der Streifer glättet man mit Schleifpapier

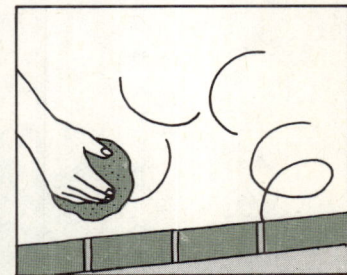

13. Zum Schluß werden die Platten mit einer Kunstharzemulsion für Anstriche oder Tapeten mit einem großen Pinsel oder mit einem Schwamm grundiert. Dann befestigt man die Fußleisten

Feuchtigkeit im Haus

Kondensation

Kondenswasser bildet sich, wenn Wasserdampf mit kälteren, nicht-porösen Flächen in Berührung kommt. Es entstehen Wassertröpfchen, die an den Wänden herablaufen und sich auf Fensterbrettern, Fußleisten, Tür- und Fensterrahmen ansammeln. Allmählich saugt sich der Gipsputz der Wände mit Wasser voll und scheidet einen Belag aus. Stockflecken erscheinen, und die Tapeten beginnen sich abzulösen.

In Küchen und Badezimmern gibt es immer Kondensationsfeuchtigkeit, weil hier nun mal heiße Wasserdämpfe erzeugt werden. Sie entwickelt sich aber auch in Räumen, die nach einer längeren Heizpause wieder beheizt werden.

Kondensationsfeuchtigkeit tritt nicht so stark auf, wenn die Wände gut isoliert und die Räume ausreichend beheizt und belüftet sind.

Ein elektrischer Lüfter mit Vorwärts- und Rückwärtslauf verbessert die Raumventilation. Massivwände kann man mit durchlässigem Anstrich versehen oder mit Polystyroluntertapete isolieren (siehe S. 69).

Wo neben Kondensation auch noch im Wänden aufsteigende Feuchtigkeit auftritt, kann eine Verkleidung der Wände mit Gipskartonplatten (siehe S. 67) Abhilfe schaffen.

Einen elektrischen Ventilator einbauen

Ein elektrischer Ventilator ist das sicherste Mittel, die Belüftung eines Raumes zu verbessern. Er schafft nicht nur zu feuchte, sondern auch durch Küchendünste oder Tabakrauch verdorbene Luft schnell nach draußen. Wenn er einen Motor mit Vorwärts- und Rückwärtslauf hat, kann man den Raum nicht nur entlüften, sondern auch durch Frischluft von außen belüften. Elektrolüfter kann man in Mauern und in Fenster einbauen.

Fensterlüfter werden mit dreiadrigem Kabel und Stecker mit Schutzkontakt mit einer möglichst nahe gelegenen Steckdose verbunden. Mauerlüfter können fest an eine Unterputzleitung mit Ausschalter angeschlossen werden, die man allerdings nicht selbst verlegen darf.

Material:	Mauerventilator
	Unterputzkabel
	Dübel
	Lüsterklemmen
Werkzeug:	Bohrmaschine
	Steinbohrer
	Fäustel
	Meißel
	Schraubenzieher

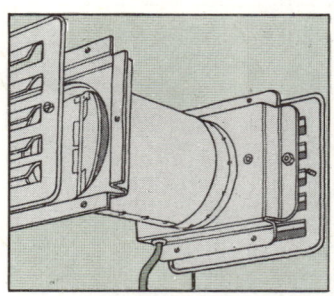

1. Zunächst wird das äußere und innere Abdeckgitter abgeschraubt. Dann trennt man die beiden Lüfterteile voneinander

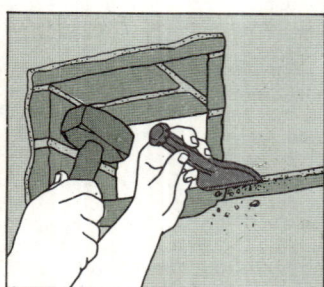

2. Nachdem man eine entsprechend große Öffnung in der Wand geschaffen hat, meißelt man einen Kanal für das Zuleitungskabel in die Wand

3. Wenn der Elektriker das Stromkabel verlegt hat, werden der Kanal und die Öffnungsränder zugeputzt (siehe S. 120)

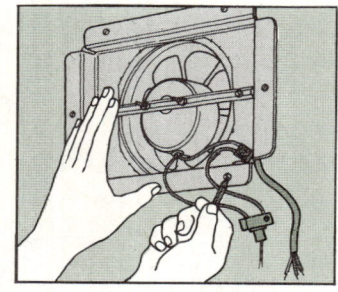

4. Nun wird der innere Lüfterteil genau in die Öffnung in der Wand gesetzt, damit man die Schraubenlöcher exakt anzeichnen kann

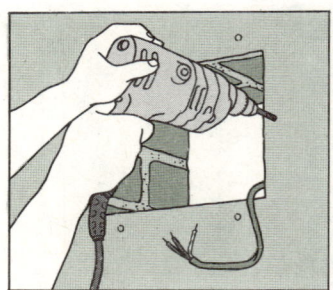

5. Man nimmt den Lüfterteil wieder heraus, bohrt mit dem Steinbohrer passende Löcher für die Dübel und setzt diese ein

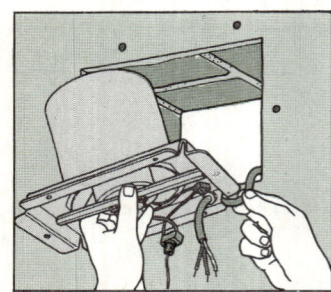

6. Das Ende des Stromkabels wird durch die Gummitülle des Lüfters geführt. Danach setzt man diesen wieder in die Öffnung ein

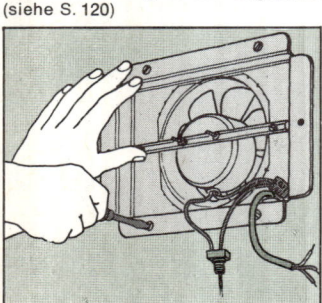

7. Der Lüfter wird fest an die Wand geschraubt. Die Enden des dreiadrigen Kabels müssen abisoliert, also freigelegt, werden

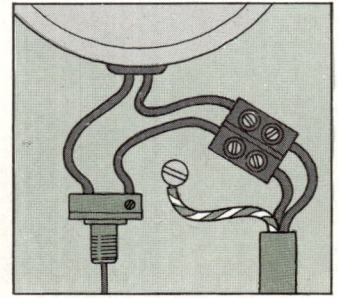

8. Beim Anschließen des Gerätes an den Stromkreis müssen die Sicherheitsbestimmungen beachtet werden. Der Fachmann weiß Bescheid

9. Der äußere Lüfterteil wird nun von außen in die Maueröffnung eingesetzt und ebenfalls mit Dübeln und Schrauben befestigt

10. Man schraubt die Abdeckgitter auf und prüft sie bei eingeschaltetem Strom mit dem Spannungsprüfer auf Spannungsfreiheit

Polystyrolbahnen verlegen

Kondensationserscheinungen an kalten Wänden kann man verhindern oder doch wenigstens stark verringern, wenn man die alten Tapeten entfernt und die Wände mit dämmenden Polystyroluntertapeten belegt. Diese sind auf einer Seite mit Pappe beschichtet, so daß sie auch Wandunebenheiten verdecken und einen glatten Tapezieruntergrund abgeben.

Fragen Sie im Fachgeschäft nach geeigneten Klebern, denn nicht alle sind für Polystyrol geeignet, und es kann sein, daß Sie für Untertapete und Obertapete verschiedene Kleber brauchen.

Um offene Fugen mit Sicherheit zu vermeiden, verklebt man die Untertapete überlappend und schneidet anschließend beide Lagen sauber durch. Auf diese Weise entsteht ein einwandfreier Stoß. Kleine Stücke, die von der Bahn abbrechen, lassen sich ohne Schwierigkeit an die Wand kleben.

Polystyroluntertapeten sollten nicht auf vorhandene Tapeten oder alte Anstriche geklebt werden, sondern nur auf den nackten, sauberen Putz. Diese müssen also gründlich entfernt werden. Unebenheiten des Putzes beseitigt man mit mittelfeinem Schleifpapier oder mit einem Bimssteinklotz. Sehr porösen Putz sollte man mit einem Putzfestiger behandeln.

Material:	Polystyroluntertapete
	Kleber
	Mittelfeines
	Schleifpapier
	Bimssteinklotz
Werkzeug:	Metermaß
	Senklot
	Scharfes Messer
	Farbroller
	Schraubenzieher
	Lineal

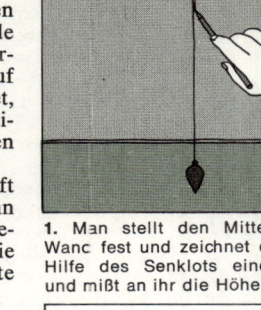

1. Man stellt den Mittelpunkt einer Wand fest und zeichnet durch ihn mit Hilfe des Senklots eine Senkrechte und mißt an ihr die Höhe der Wand

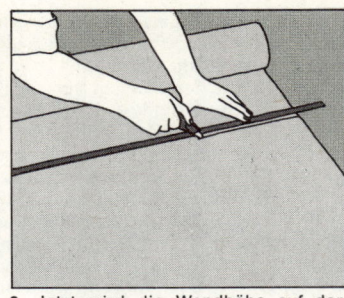

2. Jetzt wird die Wandhöhe auf der Untertapete abgemessen. Dann gibt man 5–10 cm zu und schneidet die erste Bahn rechtwinklig ab

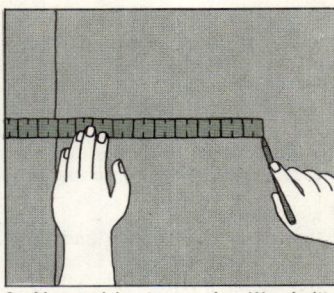

3. Man zeichnet von der Wandmitte aus die Bahnbreite an und trägt den Kleber nach der Vorschrift des Herstellers bahnbreit auf

4. Die erste Untertapetenbahn wird oben etwas überstehend angesetzt und mit der Hand nach unten glattgestrichen. Abgerissene Stücke klebt man an

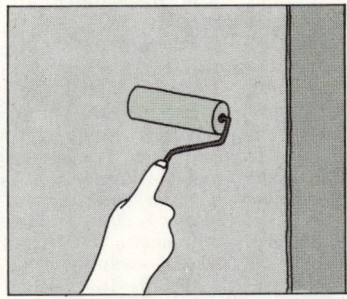

5. Jede einzelne Bahn wird mit dem Gummiroller gut angepreßt. Dabei müssen Luftblasen sorgfältig zu den Bahnkanten hin ausgewalzt werden

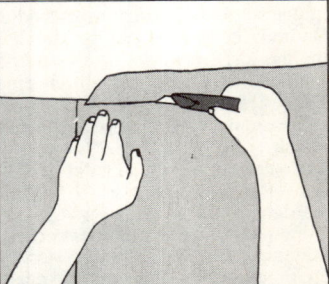

6. Oben an der Decke und unten an der Fußleiste beschneidet man die Bahn mit einem scharfen Messer. Die Schnittkanten sollten nicht ausfransen

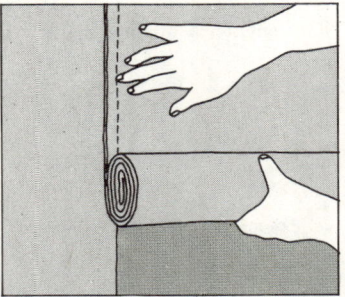

7. Man markiert die nächste Bahnbreite auf der Wand und bestreicht sie mit Kleber. Die folgende Bahn wird dann etwa 15 mm überlappend angeklebt

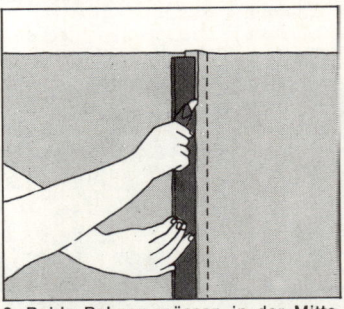

8. Beide Bahnen müssen in der Mitte der Überlappung auf einmal durchgeschnitten werden. Das gelingt sauber nur mit scharfem Messer und Lineal

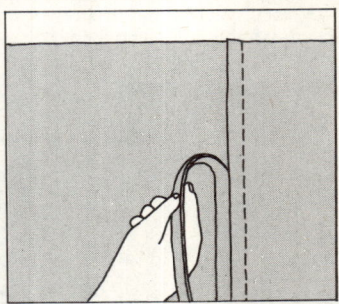

9. Jetzt wird der obere Streifen der Überlappung vorsichtig abgezogen. Dabei sollen die Schnittkanten nicht beschädigt werden

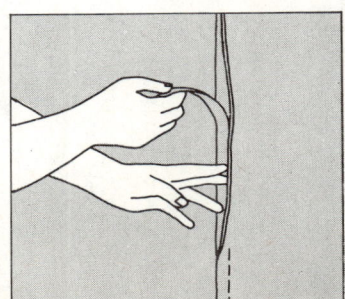

10. Man hebt die Schnittkante der zweiten Bahn etwas an und zieht den unteren Schnittstreifen ab. Die Kante klebt man wieder an

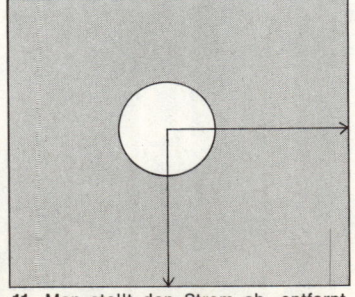

11. Man stellt den Strom ab, entfernt den Schalter- oder Steckdosendeckel und ermittelt den Mittelpunkt durch Messen nach unten und zur Seite

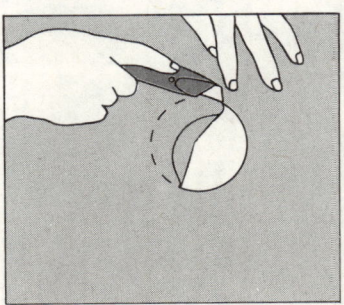

12. Jetzt wird die Untertapete angeklebt, der Mittelpunkt der Dose angezeichnet und darum herum die Tapete kreisförmig ausgeschnitten

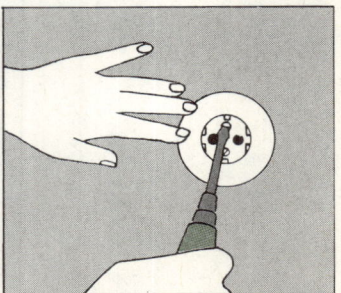

13. Zum Schluß setzt man den Schalter oder Dosendeckel ein und schraubt ihn fest. Wenn er nicht sauber sitzt, schneidet man nach

Flecken

Flecken von Hauswänden entfernen

Mit der immer größer werdenden Verschmutzung und Aggressivität der Luft nimmt auch die Verunstaltung von Gebäudefassaden zu. Der Niederschlag aus der Luft bildet einen gleichmäßigen Schleier, der meistens erst auffällt, wenn ein Stein oder mehrere in der Mauer ersetzt werden oder wenn ein Fassadenteil von Flecken gereinigt wird.

Fassadenreinigung

Wenn sich an Fassaden andere Flecken bilden, sollte als erstes mit der Suche nach der Ursache begonnen werden. Und dann muß diese beseitigt werden.

In den meisten Fällen verursacht eindringende oder aufsteigende Feuchtigkeit Flecken am Mauerwerk. Dabei handelt es sich um Ausblühungen, meist Kalziumverbindungen, die im Bauteil, in Wasser gelöst, durch die Kapillaren in das Mauerwerk transportiert werden. Sie können auf Dauer nur durch eine fachgerechte Feuchtigkeitssperre beseitigt werden. Und diese sollte man von einem Spezialisten anbringen lassen.

Erst wenn die Ursache abgestellt ist, kann mit der Beseitigung der Verfärbung begonnen werden.

Fassaden aus Sichtmauerwerk können auf verschiedene Weise gereinigt werden. Da gibt es Reinigungsmittel, die nach Angabe des Herstellers mit Wasser verdünnt werden. Mit ihnen schrubbt man die Fassade von oben nach unten mit einer harten Bürste gründlich ab. Danach wird mit reichlich Wasser nachgespült.

Viel einfacher hat man es, wenn man ein Dampfstrahlgerät verwendet. Solche Geräte kann man für eine geringe Gebühr bei einschlägigen Fachfirmen ausleihen.

Im Fachhandel gibt es für verschiedene Verschmutzungen verschiedene Reinigungsmittel.

Grundsätzlich müssen bei allen Arbeiten Schutzbrille, Gummischürze und Gummihandschuhe getragen werden.

Verschmutzte Klinkerwände reinigt man am leichtesten mit stark verdünnter Salzsäure. Die Salzsäure darf aber nicht zu lange einwirken und muß mit reichlich Wasser abgespült werden.

Die Konzentration und Einwirkungsdauer der Salzsäure sollte an einer verdeckten Stelle der Wand ausprobiert werden.

Auf keinen Fall darf man Klinkerwände mit Sandstrahlgeräten reinigen. Denn der Sandstrahl zerstört die Sinterschicht der Klinker, und dadurch verlieren sie ihre Witterungsbeständigkeit. Auf diese Weise wurden schon schwere Bauschäden angerichtet.

Es gibt aber auch biologische Verunreinigungen. So können sich an Stellen, die dauernder Feuchtigkeit ausgesetzt sind, Algen oder Pilze auf den Fassaden ansiedeln. Sie werden gründlich mit einer harten Bürste beseitigt. Die im Mauerwerk verbleibenden Pilzteile tötet man mit einem Antipilzmittel, da sie sonst weiterwachsen würden.

Wichtig ist, daß die Ursache der dauernden Feuchtigkeit beseitigt wird. Das können lecke Dachrinnen oder Fallrohre sein, bei alten Häusern auch noch außen verlegte Leitungen.

Metalle

Die meisten Flecken auf Stahl entstehen durch Rost. Man beseitigt die lose Rostschicht, behandelt die Stellen mit Rostumwandler und streicht sie mit Chlorkautschuklack.

Wenn Rostflecken lediglich in den Mauerfugen auftreten, sind Eisenteilchen im Mörtelsand die Ursache. Der Mörtel muß dann aus den Fugen entfernt und durch neuen Fugenmörtel ersetzt werden. Rost an Stahlteilen im Mauerwerk kann zu dessen Zerstörung führen. Man trägt das befallene Mauerwerk ab, entfernt den Rost, streicht die Stahlteile zweimal mit Mennige und erneuert das Mauerwerk.

Aluminium kann durch geeignete Anstriche überstrichen werden. Vor dem Anstrich wird das Metall mit Nitroverdünnung oder Trichloräthylen entfettet. Dadurch wird die Oberfläche leicht angerauht und zu einem guten Haftgrund für Anstriche. Der erste Anstrich soll aus einer Zinkchromatfarbe bestehen. Danach kann mit üblichem Kunstharzlack weitergearbeitet werden. Die normale Pflege von Aluminiumteilen beschränkt sich auf ein- bis zweimaliges Abwaschen im Jahr mit klarem Wasser, dem man eine neutrale synthetische Seife hinzufügt. Aluminium kann man mit Paraffin, Öl, Wachs oder säurefreier Vaseline konservieren.

Verglasungen

Liegende Verglasung auf Dächern, Treibhäusern und Frühbeeten ist der Verschmutzung besonders stark ausgesetzt. Es gibt besondere Glasreinigungsmittel, die auf die trockenen Glasscheiben aufgestrichen und nach einer bestimmten Einwirkungszeit mit Wasser abgespült werden.

Ausblühung an einer Außenmauer

Ausblühung auf neuem Gipsputz

Putzsanierung

Wenn der Mörtel falsch zusammengesetzt ist, kann es passieren, daß die Putzflächen absanden. Der Putz verliert dabei seine Haft- und Bindekraft. Bevor man diese Putzflächen saniert – zum Beispiel mit Farbe beschichtet –, muß man unbedingt alle vorhandenen Risse schließen.

Dazu muß man unter Umständen einige Risse erweitern oder lose Putzteile abschlagen. Kleinere Risse werden mit Spachtelmasse verschlossen und an der Oberfläche im letzten Drittel der Putzstärke mit einem Glasfaservlies armiert. Größere Putzflächen trägt man in zwei Lagen auf; dabei muß die erste Putzlage gut ausgehärtet sein, bevor man die zweite aufträgt. Damit der Putzmörtel gut haftet, sollte man ihn auf jeden Fall mit einem Spritzputz sichern.

Bei den verschiedenen Putzlagen muß man darauf achten, daß die erste Lage die größte Festigkeit hat.

Man bringt also zunächst einen Spritzputz aus reinem Zementmörtel auf, dann zwei Lagen Kalkzementputz. Dadurch erhält man eine Putzfläche, die fest genug ist, um mechanischen Belastungen standzuhalten, aber gleichzeitig so elastisch, daß sie auch kleinere Spannungen aushalten kann.

Anstrich

Nachdem der Putz saniert ist, muß man den Mörtel gründlich austrocknen lassen. Anschließend kann er angestrichen werden.

Der Anstrich soll nicht das Haus verschönern, sondern dient auch zum Schutz des Putzes. Man hat die Wahl zwischen Mineralfarbe oder Anstrichen auf Kautschuk-Latex-Basis (sie bilden einen Film, sind aber trotzdem atmungsaktiv).

Weiße Flecken auf der Fassade

Auf Gebäuden, die mit Zementspeis verputzt sind, entstehen oftmals unschöne weiße Bärte, die man manchmal vorschnell als Mauersalpeter einstuft. Glücklicherweise sind die weißen Flecken in den meisten Fällen Ausblühungen, die normalerweise ungefährlich sind. Man sollte jedoch darauf achten, daß für den Außenputz nur solche Materialien verwendet werden, die keine ausblühungsfähigen Salze enthalten. Ausblühungen kann man auch vermeiden, wenn man dafür sorgt, daß Niederschläge nicht in den Außenputz eindringen können. Wenn also der Anstrich in gutem Zustand ist, ist die Gefahr der Ausblühung sehr gering.

Um Mauersalpeter kann es sich bei den weißen Flecken nur dann handeln, wenn organische Säuren auf das Mauerwerk einwirken. Dies ist oft der Fall bei Stallgebäuden, die nicht oder nur mangelhaft isoliert sind. Mauersalpeter kann man nur beseitigen, indem man das befallene Wandstück auswechselt oder indem man durch eine sehr sorgfältige Isolierung jegliches Eindringen von Feuchtigkeit in den Gebäudeteil verhindert, so daß die Wand gründlich austrocknen kann.

Wenn der Mauersalpeter nicht eine bestimmte Menge Feuchtigkeit bekommt, kommt seine Entwicklung so lange zum Stillstand, bis erneut Feuchtigkeit auftritt.

Die Illustrationen unten zeigen einige Schadensbilder an Innen- und Außenwänden und zum Teil auch ihre Sanierung. (Forts. S. 72)

Salzschäden 1. Die Fassade dieses Gebäudes hat deutlich sichtbare Salzschäden

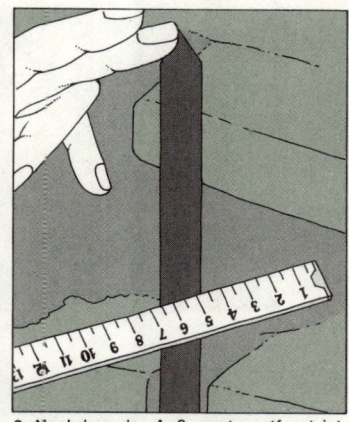

2. Nachdem der Außenputz entfernt ist, erkennt man die tiefgreifende Sprengwirkung der Salze

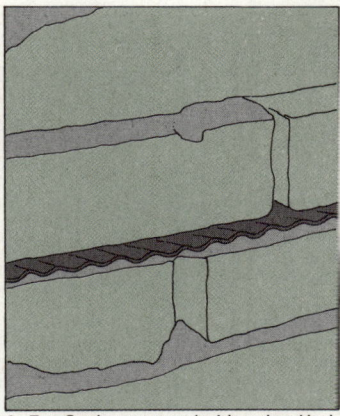

3. Zur Sanierung wurde hier eine Horizontalisolierung nach dem Chromstahlblechverfahren angebracht

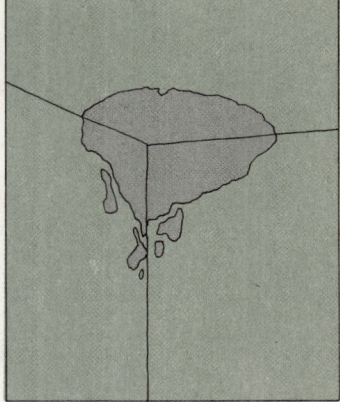

Kondenswasserschäden Diese Schäden im Eckbereich eines Wohngebäudes sind von Kondenswasser verursacht

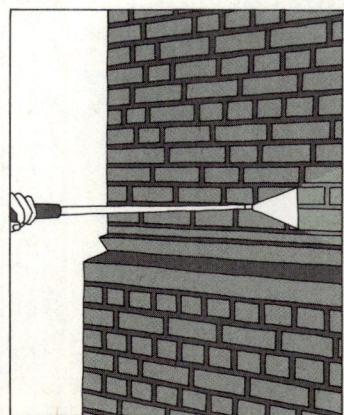

Ziegelfassade 1. Die Fassade wird vor der Fugensanierung und Imprägnierung im Dampfstrahlverfahren gereinigt

2. Auf der gereinigten Fläche der Ziegelfassade erkennt man deutlich die sanierungsbedürftigen Fugen

Feuchtigkeitsschäden 1. Diese Schäden im Sockelbereich sind typisch für ein Gebäude ohne Horizontalisolierung

2. Abhilfe bringt die Horizontalisolierung nach dem Bohrlochverfahren (versetzt angeordnete Bohrlöcher)

Flecken

(Fortsetzung von S. 71)

Holz

Eine Reihe von Flecken kann man aus Holz mit Schleifpapier oder ganz feiner Stahlwolle entfernen. Für tiefer eingedrungene Flecken muß man schon eine Ziehklinge benutzen. Flecken, die sich auf diese Weise nicht beseitigen lassen, versucht man am besten mit einem Holzbleichmittel zu entfernen. Lassen sich die Verfärbungen auch damit nicht beseitigen, können die Holzteile mit einem deckenden Anstrich im Holzton versehen werden.

Entfernen von Flecken im Hausinneren

Flecken im Haus haben im allgemeinen andere Ursachen als solche an den Außenwänden, und es ist meist schwieriger, sie vollständig zu beseitigen. Im Haus und in der Wohnung werden viel mehr verschiedene Materialien verwendet als außen, und meistens kennt der Bewohner die genaue Zusammensetzung von Farben, Lacken und Polituren nicht.

Wenn man spezielle Fleckenentfernungsmittel kauft, sollte man sich ihre Wirkungsweise erklären lassen und, wenn immer möglich, auch ein Musterstückchen der zu behandelnden „unbekannten" Oberfläche mitnehmen. Im Zweifelsfall kann man auch einen Versuch an einer nicht auffallenden Stelle machen, um die Wirkung zu überprüfen. Im allgemeinen sollte man sich bemühen, Vorbeugungsmittel zu gebrauchen, die das Eindringen von Flecken in das Material verhindern, die man eventuell mit Mühe wieder entfernen müßte. Solche Mittel sind zum Beispiel Polituren oder bestimmte Seifenarten, die einen Schutzfilm aus Fett hinterlassen.

Flecken aus anhaftendem Schmutz sind am leichtesten zu entfernen. Dabei wird Wasser die größte Rolle spielen, eventuell in Verbindung mit einem Haushaltsspül- oder -reinigungsmittel. Solche Mittel müssen alkalifrei, nicht ätzend und unschädlich für die Haut sein. Für hartnäckige Flecken braucht man stärkere Mittel: z. B. Terpentin, Waschbenzin, Trichloräthylen (tri) und Spiritus, die aber alle leicht brennbar sind, oder stark reinigende, flüssige Seifen.

Alkalische Reinigungsmittel wirken ätzend: Hierzu gehören Soda und Salmiak und viele unter Fabriknamen käufliche Mittel, die fett- und wachslösend wirken. Zum Entfernen eingedrungener Flecken kann man Scheuermittel benutzen, die aber nicht kratzend wirken sollen. Im allgemeinen gilt, daß man Außen-

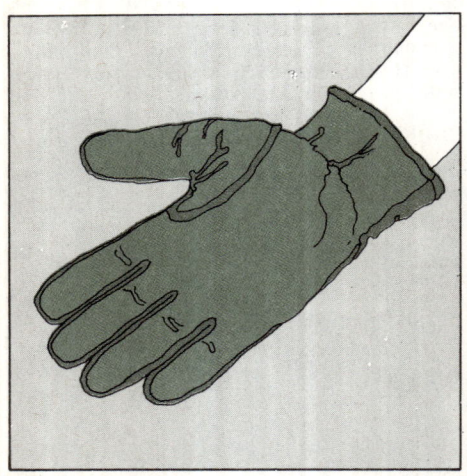

Wenn man mit ätzenden Mitteln gegen Flecken vorgeht, muß man sich entsprechend schützen: durch Gummihandschuhe, feste Schuhe, am besten Gummistiefel, Gummischürze und Schutzbrille

Beim Säubern von Ziegeln und Natursteinen muß das Reinigungsmittel möglichst tief eindringen. Man benutzt deshalb eine harte Bürste, mit der man kräftig scheuern und das Mittel gut einreiben kann

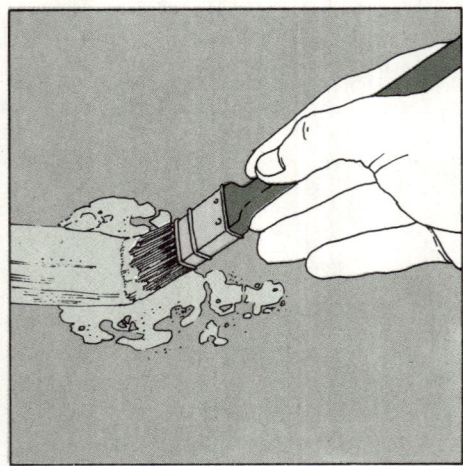

Durchschlagende Flecken von Rost, Moder, Fett, Öl, Bitumen und Wasserringe auf Mauern und Putz oder Ruß auf Kaminwänden werden mit dem Pinsel mit Isoliergrund behandelt

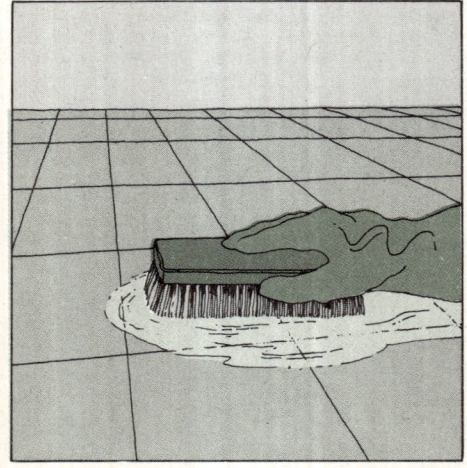

Ein sogenannter Zementschleier auf Fußbodenfliesen kann mit wasserlöslichen Spezialmitteln entfernt werden. Sie werden mit einer harten Bürste unter Druck in kreisförmigen Bewegungen aufgetragen

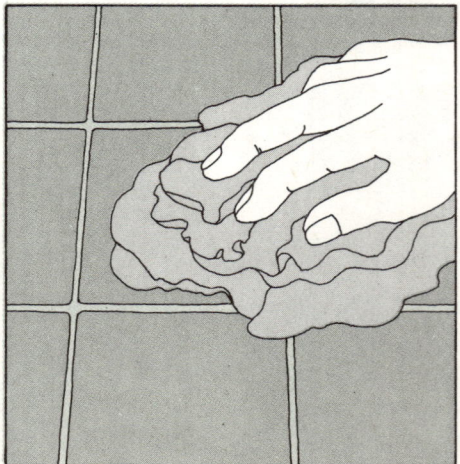

Schutzmittel, die dem Eindringen von Flecken entgegenwirken, werden mit einem weichen Tuch auf die Fußbodenfliesen gebracht und so eingerieben, daß ein ebenmäßiger Schutzfilm entsteht

Flecken, die auf nicht gestrichenem Gipsputz entstanden sind, lassen sich meistens mit einem Schleifklotz und Schleifpapier entfernen. Man muß aber behutsam vorgehen

reinigungsmittel für die gleichen Materialien auch im Haus verwenden kann, vor allem für Holzteile und schönes Mauerwerk. Schimmelbildung verhindernde Präparate kann man dem Tapetenkleister hinzufügen; allerdings müssen die alten Tapeten entfernt werden.

Durchgerostete Nagelköpfe in Holz, Gipskartonplatten und ähnlichen Baustoffen werden mit dünner Plastikfolie abgedeckt. Sie kann selbstklebend sein, oder man nimmt normale Folie und klebt sie mit Tapetenkleister an. Das gleiche macht man mit Teer- oder Fettflecken, die sich mit chemischen Mitteln nicht entfernen ließen. Der Kleister wird nicht auf die Folie, sondern auf den Untergrund gestrichen. Das Ganze kann dann übertapeziert werden.

Salzausblühungen an Wänden werden am wirkungsvollsten mit neutralisierenden Präparaten behandelt. Das Mittel wird mit einem Pinsel zwei- oder dreimal auf die Flecken gestrichen. Die Wand muß dann mindestens 24 Stunden lang trocknen, bevor sie neu gestrichen oder tapeziert werden kann. Es ist nicht ratsam, die Flecken mit Wasser abzuwaschen, weil es Chemikalien enthält, die die Wiederkehr der Flecken beschleunigen.

Ein beim Verfugen entstandener Zementschleier auf Fliesen wird mit Präparaten beseitigt, die es in Pulverform gibt und die in Wasser aufgelöst werden. Die nötige Konzentration hängt von der Dichte des Schleiers und seinem Alter ab. Ein Versuch an einer Probestelle ist zu empfehlen. Der Schleier wird so lange behandelt, bis er verschwunden ist. Die Fläche wird vor der Behandlung naß gemacht und hinterher gründlich abgespült.

Neben den Wachsarten, die zum Schutz von Parkett, Linoleum, Kunststoffböden und Fliesen benutzt werden, gibt es besonderes Steinwachs für Natur- und Kunststeinböden, Terrazzo, Marmor, Solnhofener Schiefer und Ke-

ramikfliesen. Das Wachs bildet wohl eine glatte Polierschicht auf dem Boden, macht ihn aber rutschfest. Der Boden wird gründlich mit Wasser gereinigt und getrocknet. Dann trägt man mit einem weichen Tuch eine dünne Wachsschicht auf. Wenn das Steinwachs getrocknet ist, muß der Boden poliert werden.

Wie man Flecken aus Bodenbelägen entfernt, ist auf Seite 97 beschrieben. Wandverkleidungen aus gleichen Materialien — Naturstein, keramische oder Kunststofffliesen — werden auf dieselbe Weise behandelt. Flecken in Gips oder Stuck sind meist schwierig zu entfernen, falls die Flächen nicht gestrichen sind. Oft hilft festes Bürsten oder Schleifen mit feinem Schleifpapier. Von abwaschbaren Tapeten kann man Flecken mit einem Tuch und neutraler Seifenlösung entfernen. Bei nicht abwaschbaren Tapeten kann man versuchen, die Flecken durch ganz leichtes Schleifen zu vertuschen. In manchen Fällen kann man Tapetenflecken auch mit farbigen Wachskreiden verschwinden lassen.

Hölzerne Wandverkleidungen entfleckt man mit Terpentin oder Möbelöl.

siehe Seite 97

Vor der Behandlung rostender Teile mit Rostumwandler und Rostschutzfarbe muß der ganze lockere Rost mit einem alten Spachtel oder mit einer Drahtbürste gründlich entfernt werden

Noch glühende Zigarren- und Zigarettenstummel können häßliche Brandflecken auf Tischen oder Fußböden verursachen. Man kann sie oft durch Abziehen und Neupolieren des Holzes entfernen (siehe Abb. unten rechts)

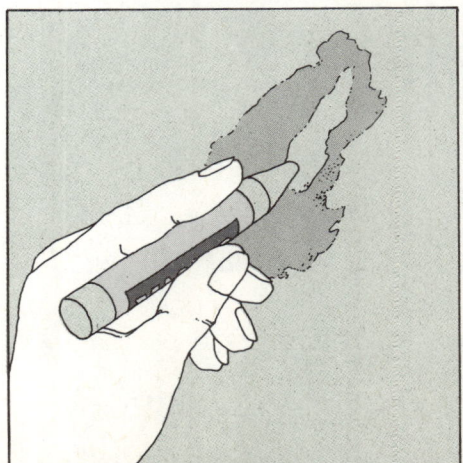

Manche Flecken in Tapeten kann man mit passenden farbigen Kreidestiften abdecken. Man streicht damit eine dünne Farbschicht über die schadhafte Stelle und wischt mit einem weichen Lappen darüber

Rostansatz auf Eisen oder Stahl, zum Beispiel auf einem Zentralheizungskörper, läßt sich verhältnismäßig leicht mit einem Winkelfeinschleifer entfernen. Er glättet auch die Oberfläche

Brandflecken im Furnier einer Tischplatte werden durch behutsames Abziehen entfernt. Danach behandelt man die Stelle mit Politur. Wenn das Holz gebeizt war, muß man vorher im gleichen Ton beizen

Fußböden

Konstruktion von Fußböden

Bei den meisten Häusern, die unterkellert sind, sind die Fußböden heute fest betoniert und mit einem Estrich überzogen. Wo noch Holzfußböden vorkommen, liegen die Fußbodendielen auf Holzbalken, die von luftdurchlässigen Ziegelmauern getragen werden. Da die Luft durch ihre Öffnungen ungehindert zirkuliert, kann sich keine Feuchtigkeit unter dem Holzboden ansammeln. Die in offenem Verband hergestellten Ziegelmauern ruhen auf einem Betonfundament.

Vielfach werden aber neuerdings, vor allem beim Fertighausbau, massive Fußböden gelegt, die unmittelbar auf dem Erdboden aufliegen. Hier liegt eine Betonschicht auf einer starken Unterlage Schotter. Eine feuchtigkeitsundurchlässige Isolierung wird durch eine Sperrschicht erzielt, auf der erst der eigentliche Fußboden aus Zement aufgetragen wird. Dieser kann dann mit Holzdielen, Steinplatten, Fliesen oder anders belegt werden.

Die Fußböden der oberen Stockwerke bestehen oft aus mit Holzdielen belegten Balken, die von den Hauswänden getragen werden. Es gibt verschiedene Arten der Verankerung dieser Tragbalken in den Wandelementen; dies ist von der Gesamtkonstruktion des Hauses abhängig.

In neuerer Zeit sind aber auch vielfach die Stockwerkböden der einzelnen Etagen betoniert oder aus Systemteilen gefertigt. Sie sind damit oft tragender Bestandteil der Gesamtkonstruktion, vor allem bei verschiedenen Kastenbauweisen. Die Belegung dieser Böden kann wiederum je nach Wunsch mit den verschiedensten Materialien, also z. B. Parkett, Teppichboden, Fliesen usw. erfolgen. Zur Geräuschdämmung werden dabei häufig Schallisolierungen der verschiedensten Systeme verwendet.

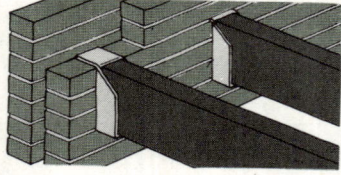

EINBAU VON BALKEN

1. Die Balken liegen auf der Innenschale der Doppelmauer

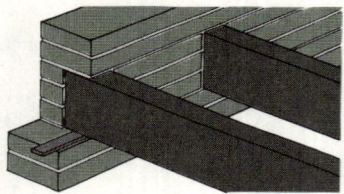

2. In die Mauer eingelassene Stahlblechbalkenschuhe tragen die Balken

3. Die Balken können direkt im Mauerwerk an der Wand befestigt sein

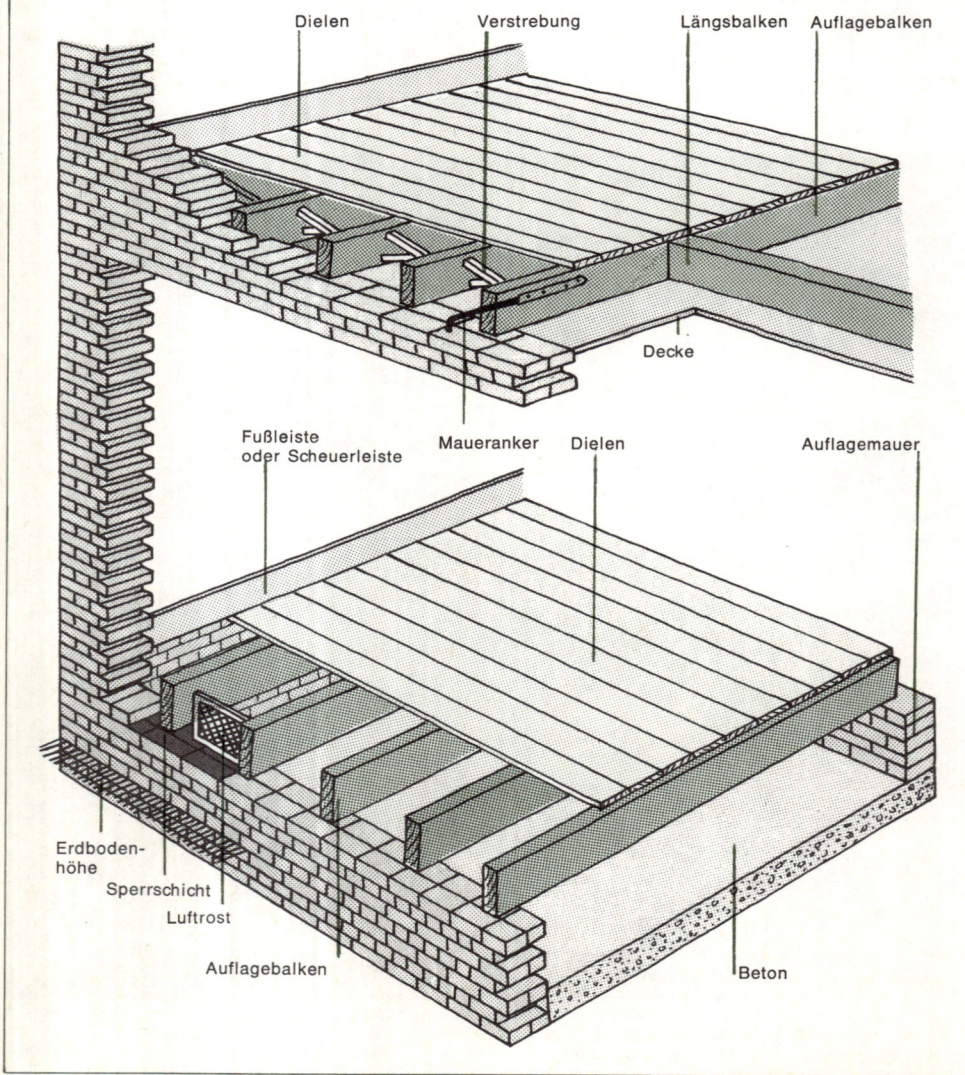

Dielen — Verstrebung — Längsbalken — Auflagebalken — Decke — Fußleiste oder Scheuerleiste — Maueranker — Dielen — Auflagemauer — Erdbodenhöhe — Sperrschicht — Luftrost — Auflagebalken — Beton

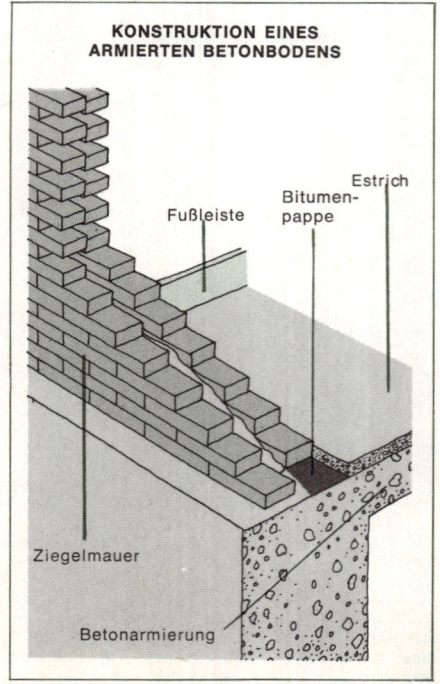

KONSTRUKTION EINES ARMIERTEN BETONBODENS

Estrich — Bitumenpappe — Fußleiste — Ziegelmauer — Betonarmierung

Konstruktion einer Dachbodenluke

Ein Deckenbalkenstück muß entfernt werden, wenn in der Dachbodendecke eine Luke oder Falltür angebracht werden soll, die größer als der Abstand zwischen zwei tragenden Balken ist. Aus dem dazwischen liegenden Balken wird ein Stück von der Größe der Lukenöffnung herausgesägt. Da dies eine Schwächung der Balkenkonstruktion bedeutet, muß der Eingriff von der Bauaufsichtsbehörde vorher genehmigt werden.

Als erstes werden die Dielen über der Öffnung entfernt. Da ihre Enden auf der halben Balkenbreite noch aufliegen müssen, ist es nötig, die Balkenmitte anhand der vorhandenen Dielennagelung festzustellen. Als nächstes muß der durchzusägende Balken auf beiden Seiten ein kleines Stück neben dem herauszusägenden Teil fest unterstützt werden.

Die kurzen Querbalken sollten möglichst aus stärkerem Holz als die vorhandenen Deckenbalken sein. Sie liegen in Einschnitten der Längsbalken auf, die etwa 1/3 der Balkenhöhe lang und 10–15 mm tief sind.

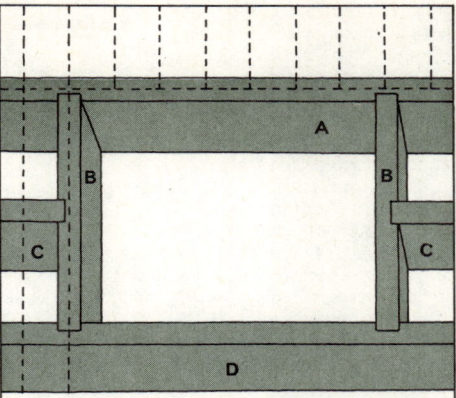

A, C und D sind die vorhandenen Deckenbalken. Die Balken C werden abgeschnitten, und danach setzt man die kurzen Querbalken B ein. Die Dielen werden bis an die Mittellinie von A und D herausgesägt

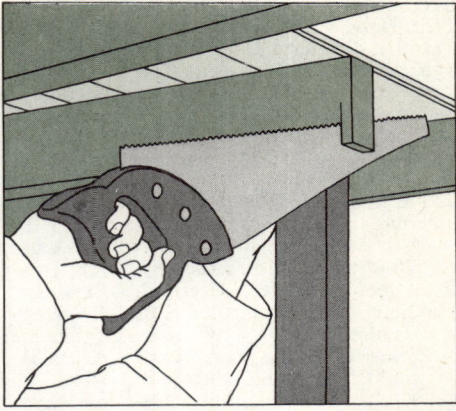

1. Die Dielen über der Luke werden so weit entfernt, daß sie noch auf der halben Balkenbreite aufliegen. Dann werden mit der Säge in die Balkenenden bis zur Mitte Einschnitte gemacht, in die später die Querbalken eingepaßt werden

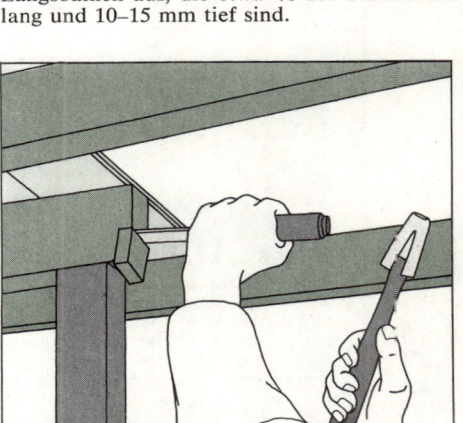

2. Die eingeschnittenen Holzenden werden mit Stemmeisen und Hammer genau waagerecht abgestochen und, wenn nötig, versäubert

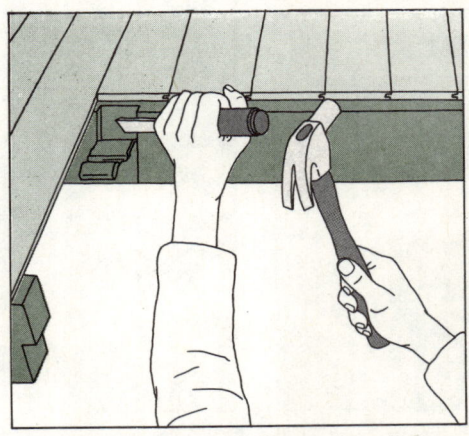

3. In die durchlaufenden Balken werden mit Stemmeisen und Hammer die vier Aussparungen angebracht, in denen später die Querbalken liegen sollen

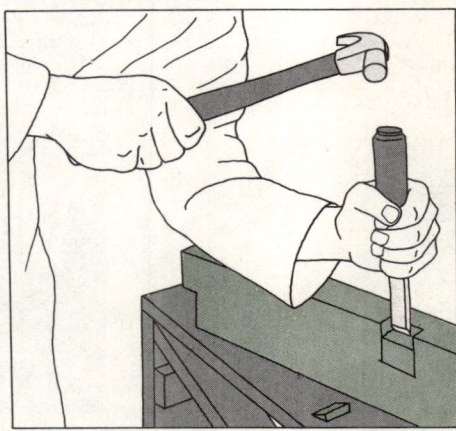

4. Vor dem Einsetzen der Querbalken stemmt man in ihrer Mitte noch die Aussparungen aus, in denen die Enden der abgesägten Längsbalken sitzen

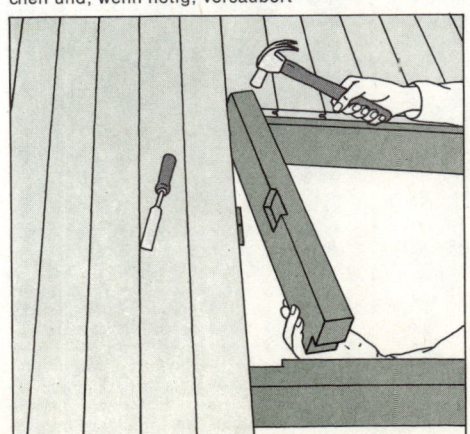

5. Wenn die Enden der Querbalken und die Aussparung in ihrer Mitte genau passend ausgearbeitet sind, kann man die Querbalken einsetzen

6. Die Querbalken befestigt man mit langen Nägeln, die zur erhöhten Sicherheit schräg (schwalbenschwanzartig) durch die Längsbalken eingeschlagen werden

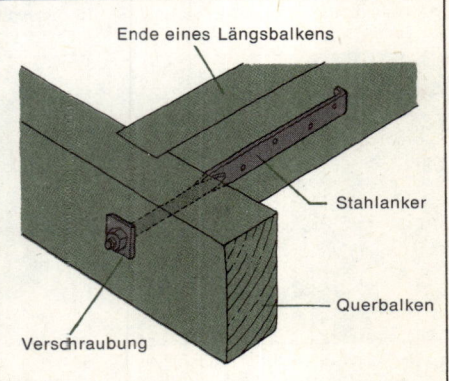

Ende eines Längsbalkens

Stahlanker

Querbalken

Verschraubung

7. Um die Balken besonders fest zu verbinden, kann man Stahlanker benutzen, durch die die Teile fest aneinander gepreßt werden können

Fußböden

Einbau eines neuen Balkens

Beschädigte Deckenbalken, z. B. durch Hausschwamm- oder Holzwurmbefall, müssen so bald wie irgend möglich entfernt und durch neue ersetzt werden. Die Benutzung schadhafter Böden kann lebensgefährlich sein.

Obwohl die meisten Deckenbalken während des Hausbaus in die Wände eingelassen werden und deswegen schlecht zu ersetzen sind, kann man Balken verhältnismäßig leicht erneuern, wenn man Stahlblechhalter, sogenannte Balkenschuhe, als Auflage benutzt.

Sie bestehen aus verzinktem Preßstahl, der manchmal noch durch eine Bitumenauflage geschützt wird, und sind in Baubedarfsgeschäften für alle gängigen Balkengrößen passend zu haben.

Decken

Fußbodenbalken eines höheren Stockwerks lassen sich meist nicht ersetzen, ohne daß die darunter liegende Zimmerdecke in Mitleidenschaft gezogen wird. In der Regel muß man nach dem Auswechseln der Balken die darunter liegende Decke neu mit Gipskartonplatten oder Gipsputz versehen (siehe S. 114).

Um den Schaden möglichst klein zu halten, stellt man zunächst fest, an welchen Stellen die Decke oder ihr Unterbau an die Balken genagelt ist. Dazu fährt man mit einem Messer zwischen Decke und von oben freigelegtem Balken entlang. Trifft man auf die Nägel, so drückt man die Decke an diesen Stellen behutsam etwas nach unten und läßt die Nägel von einem Helfer im Zimmer darunter herausziehen.

Bevor man eine in der Decke verlegte elektrische Leitung entfernt, muß man immer erst die Sicherung des betreffenden Stromkreises ausschalten.

Da die Arbeit Kenntnisse in mehreren Handwerksbereichen

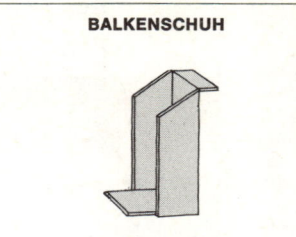

BALKENSCHUH

Verzinkte Balkenschuhe gibt es für alle gängigen Balkenquerschnitte passend zu kaufen

erfordert, sollte sich nur der erfahrene Heimwerker daranwagen.

Material: Balken von passender Größe, zwei Balkenschuhe je Balken, Sand und Zement, Ziegel, Kaltleim auf PVA-Basis
Werkzeug: Küchenmesser, Fuchsschwanz, Rückensäge, Bohrwinde mit Bohrer, Stemmeisen, Holzhammer

(siehe S. 80)

Ausrichten von Bodenbalken

Wenn sich die Dielen eines Raumes beim besten Willen nicht perfekt einebnen lassen (siehe S. 80), können verbogene Balken die Ursache sein.

Um Abhilfe zu schaffen, entfernt man die Dielen und richtet die Balken durch Verstrebungen aus, die zwischen sie genagelt werden. Die Streben werden in Höhe der halben Balkenlänge und alle in einer Linie angebracht. Bei stark verzogenen Balken ist es ratsam, mehrere Verstrebungen in Abständen von 1,5 bis 2,5 m einzuziehen.

Material: Holzleisten, Nägel
Werkzeug: Hammer, Säge

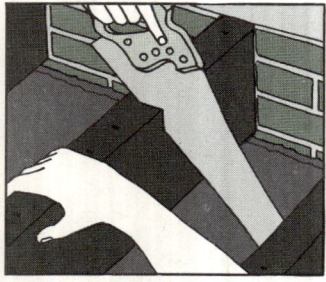

1. Während ein Helfer den Balken hält, sägen Sie ihn an beiden Enden in etwa 30 cm Abstand von der Mauer durch. Achten Sie dabei aber sorgfältig darauf, daß eine eventuell darunter liegende Zimmerdecke nicht beschädigt wird

2. Jetzt wird der Balken entfernt und die abgesägten Endstücke aus dem Mauerwerk gelöst. Dabei dürfen keine Ziegel ausbrechen. Wenn die Enden klemmen, müssen sie durch Hin- und Herbewegen gelockert werden, bis man sie herausnehmen kann

3. Die Mauerlöcher, die durch die Einrastöffnungen der Balkenenden entstanden sind, werden jetzt mit Mörtel und Ziegeln sorgfältig zugemauert. Dabei ist jedoch darauf zu achten, daß in die obere Mauerfuge über der reparierten Stelle kein Mörtel kommt

4. Als nächstes wird der Balkenschuh in die so frei gebliebene Fuge eingeschlagen. Erst jetzt wird auch diese Stelle mit Mörtel ausgefüllt. Die Balken-Unterkante muß mit der Unterkante der stehengebliebenen Balken auf einer Ebene sein

5. Bevor der neue Balken eingesetzt wird, muß an der Unterseite seiner beiden Enden je ein Ausschnitt ausgestemmt werden, damit der Balken fest in der Metallverankerung aufsitzt. Die Ausschnittlänge entspricht der Auflagefläche im Balkenschuh

6. Nun muß der Mörtel erst genügend ausgetrocknet sein, damit sich die Aufhängung nicht verschieben kann. Wenn man sauber gearbeitet hat, läßt sich der neue Balken leicht in seine Halterung einschieben. Notfalls treibt man ihn mit dem Hammer ein

1. Bei einer geraden Verstrebung werden die Streben aus einem 25 mm dicken und, wenn man hat, balkenbreiten Weichholzbrett zurechtgesägt. Sie müssen sorgfältig ausgemessen werden, damit sie sich fest zwischen die Balken einpassen lassen. Vor dem Einsetzen schlägt man in die vier Ecken jedes Bretts je 50 mm lange Nägel schräg seitlich ein, aber nur so weit, daß sie gerade herausschauen. Erst wenn die Verstrebung richtig sitzt, treibt man sie ganz ein

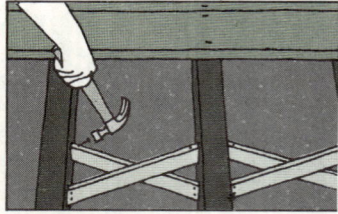

2. Bei einer Verstrebung über Kreuz werden die Streben aus 25 x 50 mm dicken Weichholzlatten zurechtgeschnitten. Sie müssen an ihren Enden genau im anfallenden Winkel schräg abgesägt werden, so daß sie später bündig an die Balken passen. Auch hier werden die Nägel vor dem Einsetzen in die jeweiligen Enden der Streben geschlagen, bis sie gerade ein wenig mit den Spitzen herausschauen. An den spitzwinkeligen Kanten sind die Nägel an der Schmalseite der Bretter anzusetzen; der zweite Nagel folgt dann seitlich

Dielen abnehmen

Bevor man Dielen herausnimmt, stellt man fest, ob sie glatte Kanten haben oder Nut und Feder. Man fährt mit einem Messer an mehreren Stellen zwischen die Dielen; läßt es sich hineinschieben, haben die Bretter glatte Ränder, geht es nicht hindurch, so besitzen sie Feder und Nut.

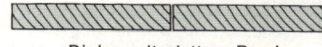

Dielen mit glattem Rand

Dielen mit glatten Kanten lassen sich entfernen, ohne daß man sägen muß, sofern beide Enden frei liegen. Man stemmt sie mit einem breiten Flachmeißel hoch.

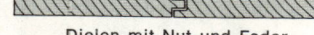

Dielen mit Nut und Feder

Bei Brettern mit Nut und Feder muß man die Feder einer Seite durchsägen.

Sägen Sie nicht in die Balken unter den Dielen!

> *Werkzeug: Stichsäge*
> *Hammer*
> *Meißel*

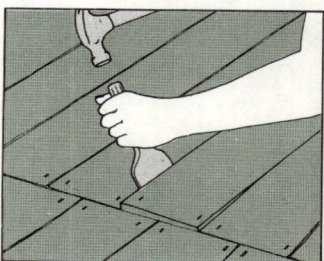

1. Bei Brettern mit glattem Rand klopft man an einem Brettende den Meißel vorsichtig in die Fuge, bis sich das Brett anheben läßt

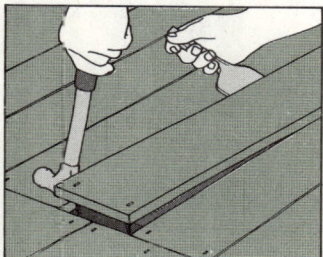

2. Jetzt kann man den Klauenhammer daneben einführen. Dann hebt der Hammer die Diele höher, und der Meißel wird weitergeschoben

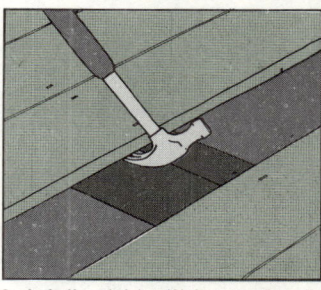

3. Auf die gleiche Weise werden die anderen Bretter mit dem Klauenhammer behutsam angehoben. Vorsicht, daß das Holz nicht splittert!

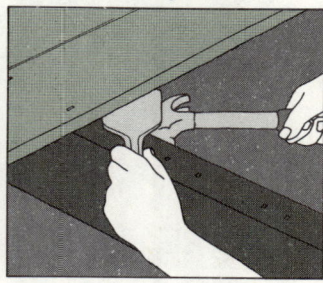

4. Läßt sich eine Diele mit dem Hammer allein schlecht lösen, schiebt man den Meißel darunter und schlägt von unten dagegen

DIELEN MIT NUT UND FEDER

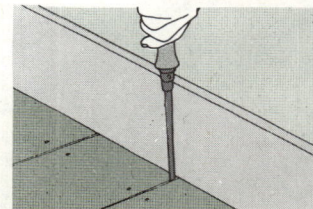

1. Man schiebt zunächst dicht an der Fußleiste die Stichsäge zwischen die Bretter und sägt ein kurzes Stück durch

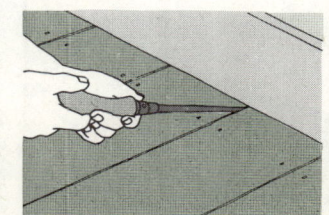

2. Dann hält man die Säge schräg und sägt ein Stück weiter. Ist der Schnitt genügend lang, wird mit dem Fuchsschwanz weitergesägt

Eine Diele quer durchsägen

Wenn nur ein Stück einer Diele gehoben werden soll – etwa um ein darunter liegendes Leitungsrohr zu reparieren –, so durchsägt man die Fuge bis dicht an einen Balken heran, nicht aber in diesen hinein.

Die Stichsäge muß vorsichtig eingesetzt werden, um die Sägeblattspitze nicht zu beschädigen. Damit sie unten nicht aufstößt, führt man die Säge etwas schräg. Müssen mehrere Dielenstücke herausgenommen werden, kann auch eine Handkreissäge eingesetzt werden. Um einen geraden Schnitt zu bekommen, heftet man eine Richtlatte als Anschlag auf den Boden.

> *Material: Weichholzlatte, 50 x 30 mm dick, Senkkopfholzschrauben 4 x 45*
> *Werkzeug: Fuchsschwanz oder Rückensäge, Lochsäge, Handbohrmaschine mit Bohrer, breiter Flachmeißel, Klauenhammer, Schraubenzieher, Messer*

Feinsäge: Sie ist eine Rückensäge, gerade oder gekröpft. Bei gekröpfter Ausführung sind Griff und Rücken einseitig mit dem Blatt eben. Es gibt Ausführungen, bei denen der Griff auch umgelegt werden kann. Die Zahnlänge beträgt nur 1,5 mm und ist für feinste gerade Schnitte geeignet

Stichsäge: Das rückenlose Sägeblatt kann aufgrund seiner Dicke nicht geschränkt werden. Damit es nicht klemmt, ist es oben dünner als an den Zahnspitzen. Man schneidet damit Rundungen innerhalb großer Flächen und erweitert kleine Öffnungen

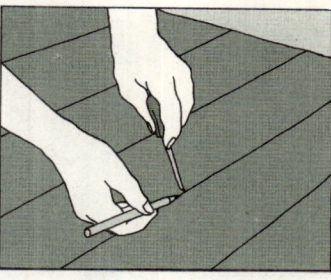

1. Mit Messer oder Stichsäge wird die Balkenkante gesucht und die Diele an dieser Stelle mit einem Querstrich markiert. Nur bis hierher darf man später sägen

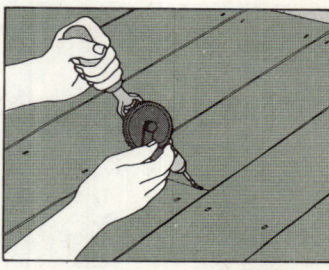

2. Zum Einführen der Stichsäge werden mit einem 5-mm-Bohrer dicht nebeneinander zwei oder drei Löcher schräg vom Balken weg durch die Diele gebohrt

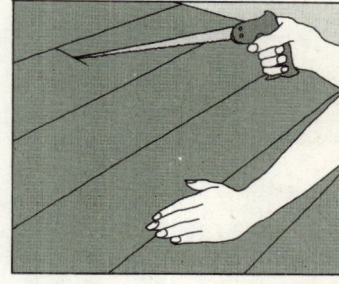

3. Nun wird die Spitze der Stichsäge eingeführt und die Diele flach und mit etwas schräg gehaltener Säge durchgeschnitten, bis die Schnittkante völlig frei ist

4. Das durchgesägte Dielenende wird mit dem Flachmeißel und, wenn nötig, mit dem Klauenhammer etwa 10 cm angehoben und festgehalten

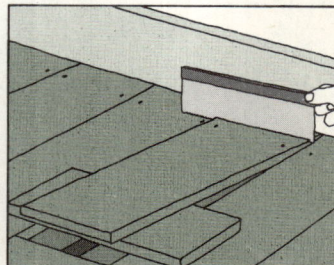

5. Unter das Dielenende schiebt man ein Abfallbrett. Man schneidet das andere Ende mit der Rückensäge an und mit der Stichsäge durch (Forts. S. 78)

Fußböden

(Fortsetzung von S. 77)

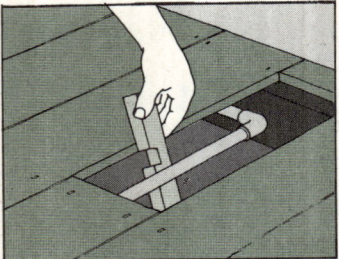

6. Um das Dielenstück wieder einzusetzen, sägt man ein Lattenstück (50 x 30 mm) passend in Dielenbreite zu und schneidet es für Leitungen entsprechend aus

7. Die Latte wird am inneren Ende des Lochs seitlich an den Fußbodenbalken genagelt. Ihre obere Kante muß dabei genau mit der Oberseite des Balkens bündig sein

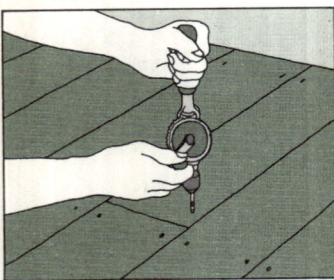

8. Das Dielenstück wird nun eingesetzt. In seine Enden auf dem Balken und der Mitte der Weichholzleiste werden Löcher für die Holzschrauben eingebohrt

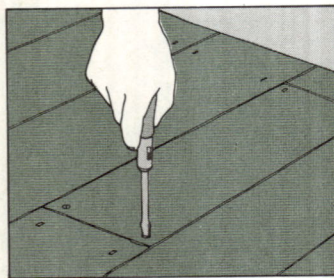

9. Zum Schluß werden die entsprechenden Holzschrauben eingedreht. Es sollten immer Flachkopfschrauben verwendet werden, damit sich die Köpfe gut versenken lassen

Dielen auf Stoß verlegen

Wenn das Holz schwindet, können sich Fugen zwischen den Dielen öffnen, die zu Schäden des Bodenbelags, von PVC oder Teppichen zum Beispiel, führen. Dann verlegt man die Dielen am besten dicht aneinander neu und verschließt die übrigbleibende Lücke durch ein zusätzliches Dielenstück.

Mit dem Lösen der Dielen beginnt man an der Fußleiste einer Zimmerseite, jedoch bleibt die erste unter die Leiste greifende Diele liegen. Haben die Bretter Nut und Feder, so wird die Feder der ersten herausgenommenen Diele abgehobelt.

Um die Bretter ganz dicht verlegen zu können, braucht man mindestens vier Weichholzkeile aus etwas dickerem Holz als die Dielen. Sie sollen etwa 50 cm lang und am dicken Ende 5 cm breit sein. Falls die Dielen länger als 2 m sind, braucht man mehr als vier Keile, nämlich so viele, daß man sie in Abständen von 1 m einsetzen kann.

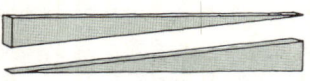

Holzkeile

5. Die Keile werden mit zwei Hämmern gegeneinander festgeklopft, und zwar abwechselnd alle Keilpaare, damit die Dielen gleichmäßig zusammengepreßt werden

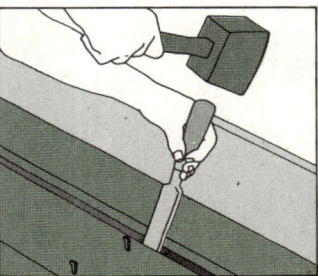

8. Im letzten Brett setzt man je zwei Nägel an. Dann schlägt man den Meißel als Hebel dicht an der Brettkante schräg in den darunter liegenden Balken

1. Alle Dielen abnehmen, Nägel herausziehen. Bretterkanten mit einem Spachtel von Staub und Schmutz säubern, bis sie wieder dicht aneinanderpassen

3. An einer festen Seitenkante legt man fünf Dielen dicht zusammen, bis sie fugenlos aneinanderstoßen. Dann schiebt man an die Kante im Abstand von 1 m je zwei Keile

6. Die Dielen werden jeweils mit zwei 25 mm von den Kanten entfernten Nägeln auf die Balken genagelt. Man beginnt immer bei der Diele neben den Keilen

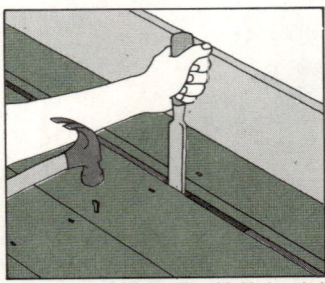

9. Durch Aufrichten des Meißels wird das lose Brett fest an das letzte angenagelte gedrückt. In dieser Lage nagelt man es endgültig auf dem Balken fest

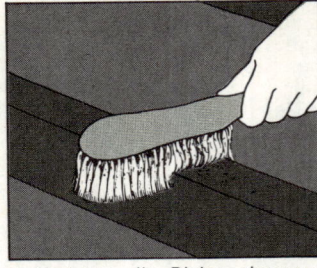

2. Nachdem die Dielen abgenommen sind, werden die Oberseiten der Balken abgebürstet, Nägel entfernt und mit dem Spachtel alle Unebenheiten geglättet

4. Dicht an den Keilen wird ein Abfallbrett mit gerader Kante auf die Balken genagelt. Die Nagelköpfe sollen jedoch ein wenig herausstehen

7. Nach dem Annageln wird das Hilfsbrett entfernt und die restlichen Dielen, jeweils in Gruppen von fünf, in der gleichen Weise verlegt, so daß sie fugenlos aneinanderstoßen

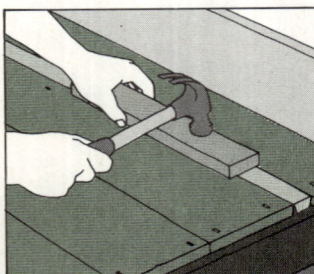

10. Für die verbliebene Lücke schneidet man eine Dielenleiste zurecht und schrägt ihre Kanten mit dem Hobel leicht nach unten ab. Einklopfen und annageln

Verfugen mit Holzstreifen

Offene Fugen, die breiter als 5 bis 6 mm sind, kann man mit Holzstreifen verschließen. Bei schmäleren Fugen wäre diese Art von Reparatur jedoch zu umständlich und mühsam.

Das zum Verfugen benutzte Holz muß genauso dick sein wie die vorhandenen Dielen. Wichtig ist außerdem, daß es keine Astknoten oder Astlöcher hat und trocken ist, damit es nicht stark schwindet.

Sind die Streifen kürzer als die Dielen, so werden sie auf den Balken aneinandergesetzt.

Die Streifen werden leicht konisch gehobelt. Passen sie nicht bündig in den Boden, schleift oder hobelt man sie ab.

Material:	15–25 mm breite Weichholzstreifen 40 mm lange dünne Stahlnägel
Werkzeug:	Hammer Streichmaß Fuchsschwanz Versenker Schlichthobel Bleistift

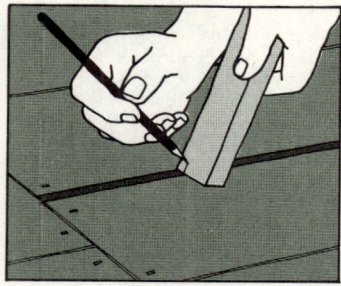

1. Halten Sie das Ende eines Holzstreifens an die Fuge, und markieren Sie die erforderliche Breite genau auf dem Holz

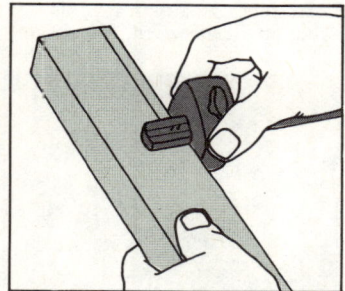

2. Stellen Sie das Streichmaß auf die gemessene Breite ein, und reißen Sie die neue Kante auf dem Holzstreifen deutlich an

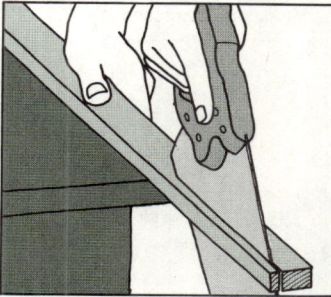

3. Sägen Sie den Streifen entlang der angerissenen Linie durch, hobeln Sie die Kanten keilförmig etwas schräg nach unten ab

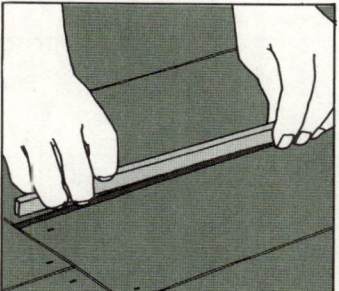

4. Klopfen Sie den Streifen mit dem Hammer in die Fuge. Er soll sehr stramm sitzen, damit keine Fugen entstehen

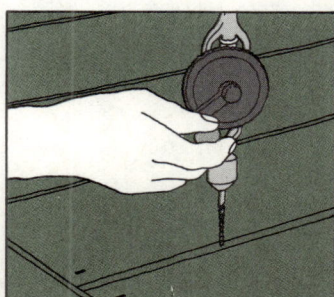

5. Stellen Sie fest, wo der eingefügte Holzstreifen auf dem darunter liegenden Balken aufliegt. Bohren Sie dort mit einem dünnen Bohrer Löcher vor

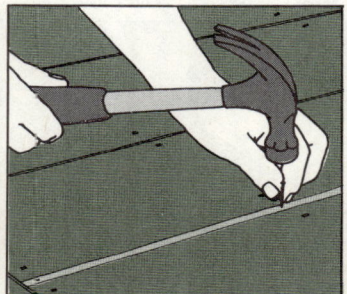

6. Nageln Sie den Streifen vorsichtig auf den Balken fest. Verwenden Sie dazu dünne 40 mm lange Stahlstifte, damit es nicht splittert

Verfugen mit Kitt oder Pappmaché

Weist ein Dielenboden viele offene Fugen auf, die schmäler als 5 bis 6 mm sind, so ist die Holzstreifenmethode zur Reparatur nicht geeignet. Das wirksamste, aber auch umständlichste Mittel wäre nun, alle Dielen abzunehmen und neu zu verlegen (siehe S. 78). Leichter und einfacher ist es, die Fugen mit dauerelastischem Kitt, Plastikstreifen oder Pappmaché auszufüllen.

Wenn der Fußboden ganz mit Teppich oder Linoleum ausgelegt ist, kann man Papier jeder Art zur Herstellung von Pappmaché benutzen. Anders, wenn Teile des Dielenbodens sichtbar sind: Pappmaché aus Zeitungspapier hat eine unansehnliche graue Farbe. In solchen Fällen verwendet man weiches, unbedrucktes, weißes Papier, das in kleine Stücke gerissen und mit Tapetenkleister und heißem Wasser zu einem dicken Brei angerührt wird. Damit Pappmaché nicht schrumpft, nimmt man eher zuviel als zuwenig Kleister. Der Brei kann auf Wunsch mit flüssiger Farbe gefärbt werden. Nach dem Trocknen läßt er sich lackieren oder auch versiegeln.

Wenn man die Fugen mit Plastikstreifen ausfüllt, verwendet man zum Eindrücken ein Fugeneisen oder einen großen Schraubenzieher.

Material:	Eimer Papierschnitzel Tapetenkleister Kochendes Wasser
Werkzeug:	Spachtel Schleifklotz und Schleifpapier Fugeneisen Holzstab zum Rühren

1. Zunächst müssen alle Fugen mit dem Kratzeisen oder dem Spachtel sorgfältig gereinigt und Lackreste entfernt werden

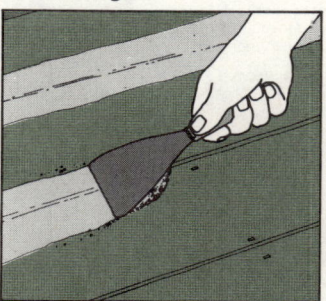

2. Wird mit Pappmaché verfugt, so muß der angefertigte, abgekühlte Brei mit dem Spachtel fest in alle Fugen gepreßt werden

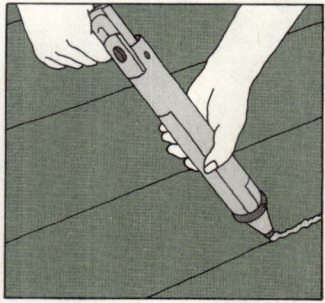

3. Beim Verfugen mit Kittspritzen oder Tuben sind die Anweisungen des Herstellers genau zu beachten. Überstehende Reste sofort abkratzen

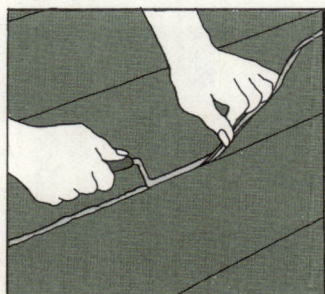

4. Werden die Fugen mit Plastikstreifen ausgefüllt, müssen diese beim Eindrücken immer gut gespannt sein, damit keine Knoten entstehen

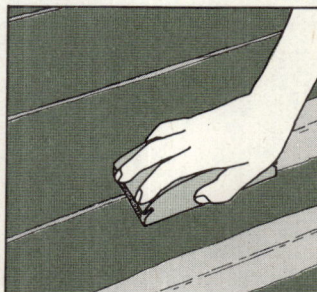

5. Beim Arbeiten mit Pappmaché muß der Brei in den Fugen zwei bis drei Tage trocknen. Dann wird mit dem Schleifklotz abgeschliffen

Fußböden

Lockere Dielen befestigen

Lockere Dielen sind nicht nur gefährlich, sie zeichnen sich auch meistens unschön auf dem darüber liegenden Bodenbelag ab.

Wenn sie sich durch kräftiges Einhämmern der alten Nägel nicht sicher befestigen lassen, schlägt man neue Nägel ein, die mindestens 2 cm länger als die Dielenstärke sind. Überzeugen Sie sich nach dem Einschlagen, daß die Köpfe der neuen wie auch der alten Nägel fachgerecht versenkt sind und nirgends überstehen.

Um ganz sicherzugehen, daß die neu eingeschlagenen Nägel die Bretter auch recht sicher festhalten, empfiehlt es sich, die Nägel nicht senkrecht, sondern in einem leichten schrägen Winkel zueinander einzuschlagen.

Material: Stauchkopfnägel oder gestanzte Hakennägel
Werkzeug: Hammer, Versenker

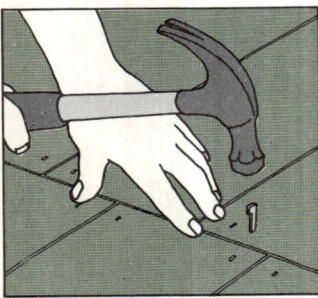

1. Schlagen Sie die neuen Nägel ungefähr 1–2 cm neben den alten genau senkrecht in den Balken ein. Überzeugen Sie sich jedesmal, ob die neuen Nägel auch wirklich fest in das Holz des Balkens eindringen

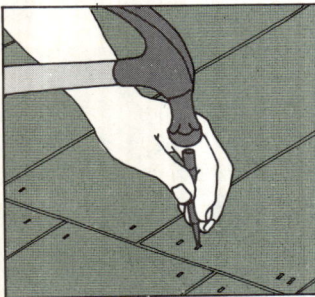

2. Die neuen Nägel werden gut festgeklopft und die Köpfe unter die Dielenoberfläche versenkt. Dabei sollte man auch die alten Nägel nachklopfen, da sie sich oft ein wenig gelöst haben können

---

KNARRENDE DIELEN BEFESTIGEN

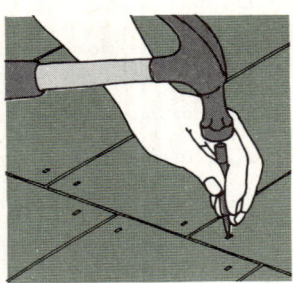

1. An den knarrenden Stellen werden zunächst alle Nägel mit einem Versenker gut eingeschlagen

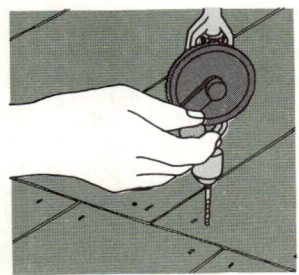

2. Neben jedem Nagel – genau auf dem Balken – werden jetzt 3-mm-Löcher für Senkholzschrauben 4 x 40 mm vorgebohrt

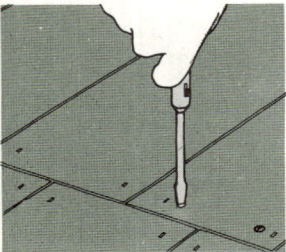

3. Die Schrauben werden durch die Diele fest in den Balken gedreht. Dabei Köpfe sorgfältig versenken

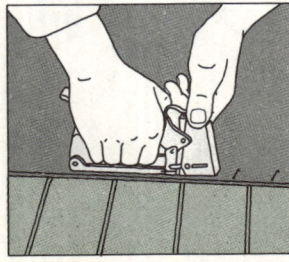

4. Knarrende Dielen kann man auch mit Hartfaserplatten aus der Welt schaffen. Mit einem Tacker werden sie angepreßt

---

Abgenutzte Dielen ersetzen

Bekanntlich nützen sich Dielenfußböden nicht immer gleichmäßig ab. Gerade an den Stellen, die häufig begangen werden, bilden sich Aushöhlungen oder auch Absplitterungen an den Stößen.

Hier hilft nur eine Radikalkur: Es müssen teilweise neue Dielen eingesetzt werden. Besonders bei älteren Dielenböden ist es aber oft schwierig, passendes Holz von der richtigen Dicke zu erhalten. In diesem Fall kann man sich behelfen, indem man ein etwas dickeres Brett zur Reparatur nimmt. Damit es aber auch in diesem Falle eine glatte Oberfläche gibt, muß man das dickere Brett an den Stellen, wo es auf dem Balken aufliegt, an der Unterseite mit entsprechenden Vertiefungen versehen. Hier empfiehlt es sich, sorgfältig auszumessen und anzuzeichnen, damit die Aussparungen auch wirklich genau auf den darunter liegenden Balken eingepaßt sitzen.

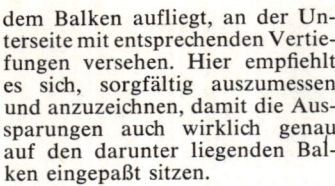

Material: Bretter, Stauchkopfnägel
Werkzeug: Breiter Flachmeißel, Klauenhammer, Anschlagwinkel, Streichmaß, Rückensäge und Stichsäge, Stemmeisen, Holzhammer, Schraubzwingen, Schraubstock

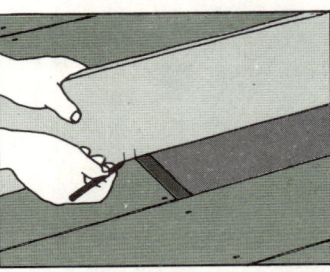

1. Halten Sie ein neues Brett an die Fußleiste, und markieren Sie auf der Unterseite die Länge; geben Sie 2 cm zu (kommen unter die Fußleiste)

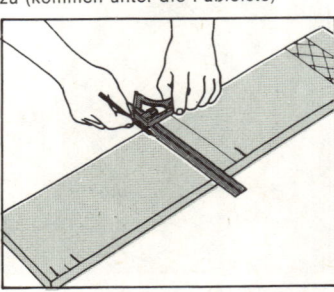

3. Zeichnen Sie die Lage der Balken an. Dazu „versetzen" Sie die Markierungen um 2 cm von der Fußleiste weg. Lage der Balkenauflage ankreuzen

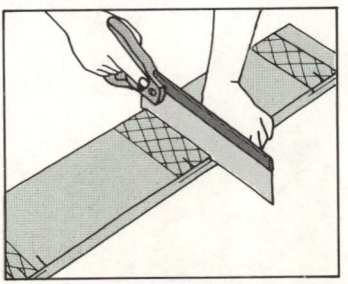

5. Die Ränder der vorzunehmenden Aushebungen werden mit der Rückensäge eingeschnitten. Achtung: Nicht zu tief in das neue Brett sägen!

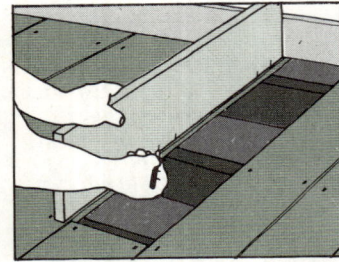

2. Sägen Sie das Brett zu, stellen Sie es gegen die Fußleiste, und markieren Sie jeweils 10 mm neben den Balken, damit das Holz arbeiten kann

4. Streichmaß auf Dicke der alten Dielen einstellen und auf den Kanten des neuen Bretts die Tiefe der Aushebungen mit dem Maß anreißen

6. Brett auf die Werkbank oder Hobelbank spannen und die angezeichneten Aussparungen für die Balken ausstechen. Nicht tiefer ausheben

Schadhafte Fußleisten ersetzen

Beim Ersetzen einer schadhaften Fußleiste durch ein neues Stück wird mit Hilfe einer Gehrungsschneidlade gesägt. Man muß darauf achten, daß der Schnitt von der Wand weg schräg nach außen geführt wird.

Fußleisten sind entweder mit Stahlnägeln oder mit Schrauben und Dübeln direkt auf der Wand befestigt oder auf eine in der Wand liegende Putzleiste genagelt. Am zweckmäßigsten ist die Befestigung mit Schrauben, weil sich die Fußleisten dann beim Neutapezieren oder Neubelegen des Fußbodens ohne besondere Mühe abnehmen lassen.

Material: Passende Fußleiste, Weichholz, Stahlnägel, 50 bis 60 mm lang, oder Senkholzschrauben, 6 x 50–60 mm, mit Kunststoffdübeln
Werkzeug: Hammer, Fuchsschwanz, Gehrungsschneidlade, Metermaß, Versenker, Brecheisen oder Meißel; bei Verwendung von Schrauben: elektrische Bohrmaschine mit Steinbohrer

1. Fußleiste mit dem Brecheisen vorsichtig von der Wand abdrücken und neben der Schadenstelle einen Holzklotz dahinterklemmen

2. Gehrungsschneidlade an die Fußleiste stellen und mit Holz unterlegen, damit Lade und Fußleiste gleich hoch werden

3. Links von der Schadenstelle Fußleiste schräg nach außen durchschneiden. Das Distanzholz ermöglicht das Sägen

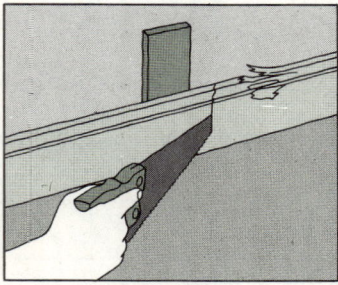

4. Schneidlade wegnehmen und den Sägeschnitt in gleicher Neigung vorsichtig bis auf den Fußboden weiterführen

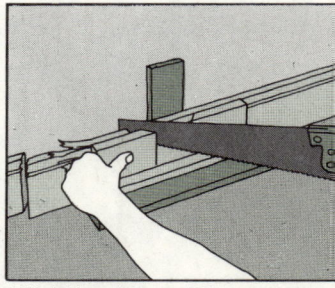

5. Holzklotz jetzt rechts von der Schadenstelle hinter die Fußleiste klemmen und die Leiste genau wie vorher durchsägen

6. Schadhafte Leiste entfernen. Falls keine Putzleiste in der Wand liegt, müssen zwei Holzklötze angefertigt werden

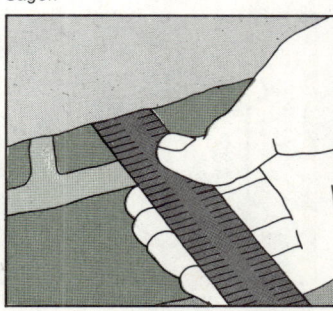

7. Nun muß man millimetergenau die Dicke des Putzes über dem Ziegelrand und die Höhe des Spalts über dem Boden ausmessen

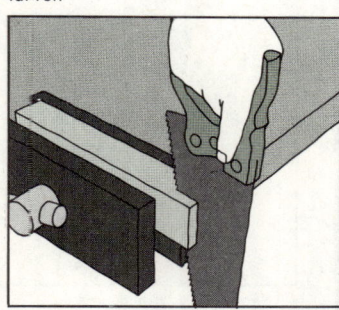

8. Nach diesem Maß wird ein Stück Leiste aus Weichholz so hoch wie der Ziegelrand und so dick wie der Putz zurechtgesägt

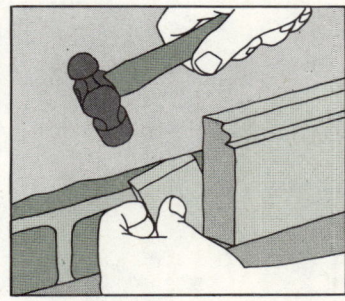

9. Danach zwei Leistenstücke hinter die Schnittstellen der Fußleiste schieben, so daß sie noch zur Hälfte vorstehen

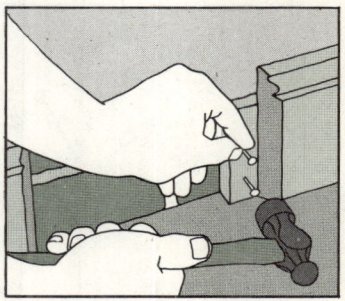

10. Die Leistenstücke mit je zwei Nägeln an die Wand nageln. Bei Mauerwerk Stahlnägel benützen, bei Holz Drahtstifte

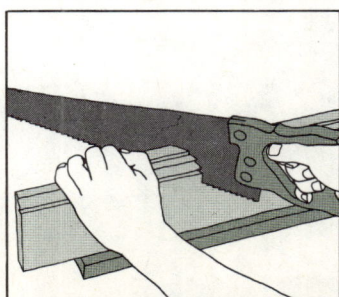

11. Ein Stück neue Fußleiste, das etwas länger als benötigt sein muß, wird jetzt mit der Gehrungslade im gleichen Winkel zurechtgesägt

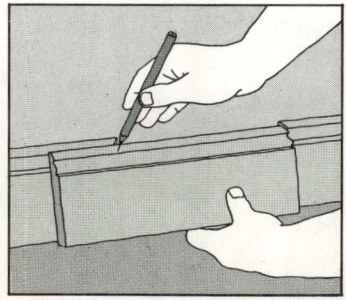

12. Das neue Stück an die vorhandene Fußleiste halten, die zweite Schnittstelle genau anzeichnen und dort absägen

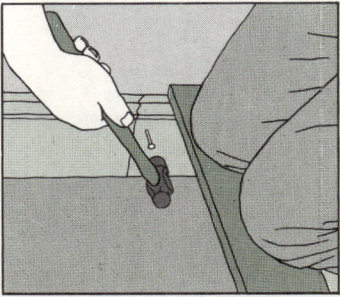

13. Das neue Fußleistenstück einsetzen, ein Brett auf seine Oberkante legen, auf das Brett knien und neue und alte Leisten annageln

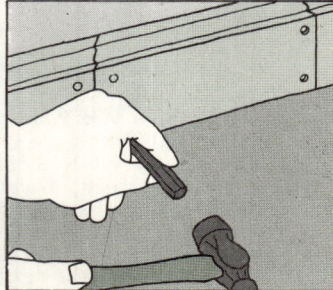

14. Die Nagelköpfe versenken, die Löcher zukitten und zum Schluß das neue Leistenstück, zur alten Fußleiste passend, anstreichen

Fußböden

Fußleisten an Ecken erneuern

Wenn die obere Kante der Fußleisten rechtwinklig ist, werden die Eckstücke mit der üblichen Gehrung versehen (siehe S. 81). Ist die Kante jedoch gewölbt, so muß die Oberkante der einen Leiste eine Lippe erhalten, die die andere Leiste überlappt. Nur so entsteht eine einwandfreie Eckverbindung.

Material: Fußleiste, Nägel oder Schrauben (siehe S. 81) Werkzeug: Fuchsschwanz, Laubsäge, Versenker, Hammer

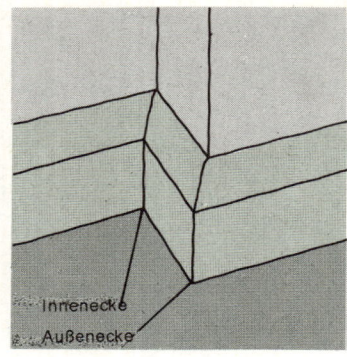

Innenecke
Außenecke

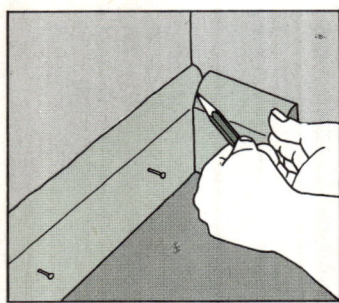

1. Nageln Sie provisorisch ein Stück Fußleiste in die Ecke, und zeichnen Sie darauf das Profil des zweiten Leistenstücks an

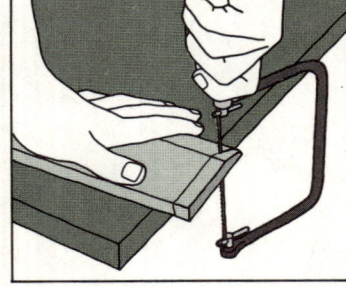

2. Nehmen Sie die Leiste wieder ab, und sägen Sie das angezeichnete Profil sorgfältig mit der Laubsäge aus (Gegenprofil)

3. Nach dem Sägen muß das Ende so geformt werden, daß es das Ende der zweiten Fußleiste möglichst nahtlos überlappt

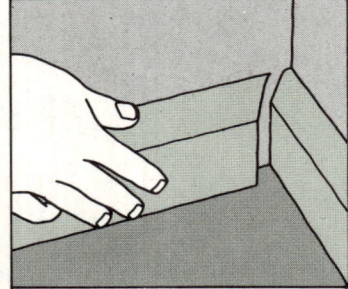

4. Fußleisten zusammensetzen und an die Wand nageln oder schrauben. Zum Schluß Nagel- oder Schraubenköpfe versenken

Fußleisten an unebene Böden anpassen

Das Brett für die neue Leiste muß mindestens 25 mm breiter sein als die vorhandene Leiste. Auf seiner Vorderseite zeichnet man am unteren Ende die Kontur des Fußbodens an und sägt sie entsprechend aus.

Material: Fußleiste, Nägel oder Schrauben (siehe S. 81) Werkzeug: Klauenhammer, Metermaß, Bleistift, Stichsäge oder Fuchsschwanz, Holzklotz, Wasserwaage, Hobel

1. Schneiden Sie die neue Fußleiste auf Länge (siehe S. 81), und nageln Sie sie genau waagrecht ausgerichtet provisorisch an ihren Platz an der Wand

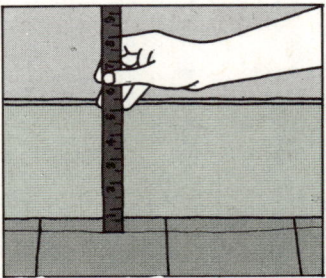

2. Messen Sie den weitesten Abstand zwischen der Unterkante und dem Fußboden, und sägen Sie einen Holzklotz zu – etwas dicker als das eben ermittelte Maß

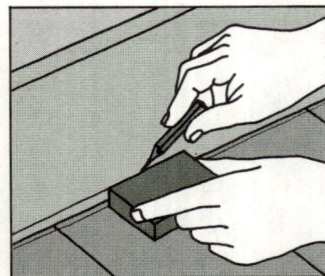

3. Halten Sie den Klotz zusammen mit einem Bleistift auf seiner oberen Kante an die neue Leiste, und schieben Sie ihn auf dem Boden an der Leiste entlang

4. Sägen Sie die Kante der Fußleiste entlang der Bleistiftlinie ab. Die Säge wird etwas schräg geführt, so daß die Leiste vorn etwas breiter wird als hinten

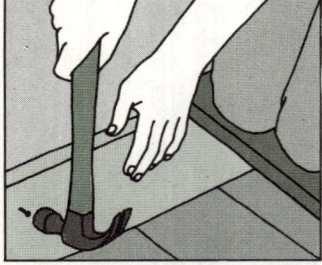

5. Halten Sie die Fußleiste an ihren Platz, legen Sie ein Brett auf ihre Oberkante, knien Sie darauf, und nageln oder schrauben Sie das neue Stück an

---

FUSSLEISTEN AN EINER AUSSENECKE ANBRINGEN

Das Anbringen von Fußleisten an einer Außenecke ist einfacher als an einer inneren. Vor dem geraden Wandteil wird die Leiste in der üblichen Weise an das benachbarte Stück angesetzt (siehe S. 81), dann mißt man die Strecke bis zur Ecke – d. h. bis zur Außenseite der vorhandenen Leiste – und sägt die neue mit der Gehrungsschneidlade ab.

Die neuen Fußleisten werden wie gewohnt mit Nägeln oder Schrauben an der Wand befestigt; zusätzlich sollte man aber noch die gegehrten Leistenenden mit Drahtstiften miteinander verbinden. Vorsicht: Das Holz darf nicht splittern!

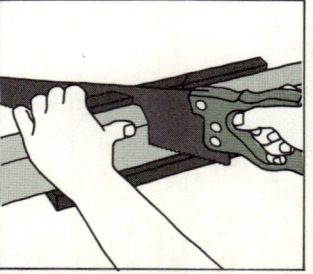

1. Alte Fußleisten abnehmen. Neue Leisten abmessen und mit 45° Gehrung zusägen

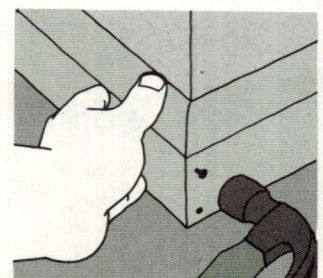

2. Neue Leisten an die Wand nageln oder schrauben; Ecken durch Drahtstifte verbinden

Fugen zwischen Fußleisten und Boden abdecken

Häßliche Fugen zwischen Fußboden und Leisten verdeckt man mit runden oder gekehlten Viertelstäben, die man auf den Boden, jedoch nicht an die Leisten nagelt.

Es gibt viele Arten von Profilleisten. Für unseren Zweck müssen sie zwei rechtwinklig zueinander stehende glatte Kanten haben, mit denen sie am Boden und den Fußleisten anschließen.

Material: Nägel, Bleistift, Profilleisten 20 x 20 mm
Werkzeug: Rückensäge, Gehrungsschneidlade, Hammer, Versenker, Laubsäge, Stemmeisen, feines Schleifpapier

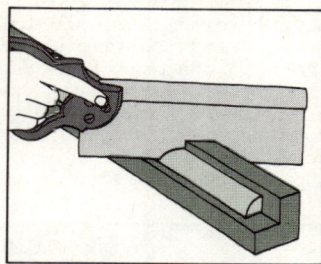

1. Leiste abmessen und Enden, die auf andere Leistenstücke treffen, mit der Gehrungsschneidlade absägen

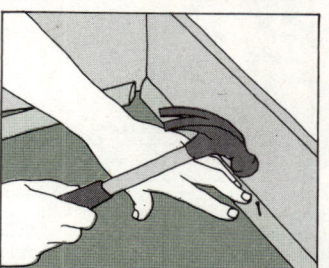

2. Gehrungen an Ecken aneinander passen. Leisten mit 15 cm Nagelabstand auf den Boden nageln

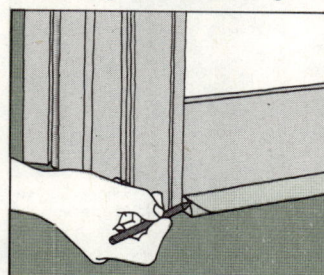

3. Steht die Leiste am Türrahmen vor, so wird mit dem Bleistift eine Abrundung angezeichnet

4. Leistenende auf ein Stück Abfallholz legen und mit dem Stemmeisen abrunden. Mit Schleifpapier glätten

5. Profilleisten auf den Boden nageln, Nagelköpfe versenken und Löcher mit Holzkitt verschließen

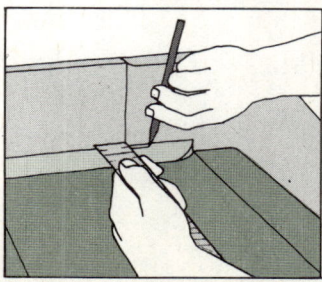

6. Wo der Viertelstab auf eine dickere Unterlage trifft, wird entsprechend Holz hinten abgenommen

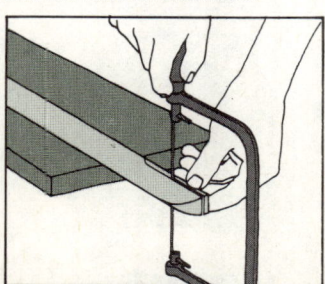

7. Der Ausschnitt wird mit der Laubsäge gemacht. Mit dem Stemmeisen abrunden und glattschleifen

Schleifmaschinen für Holzfußböden

Ein Holzfußboden, seien es Dielen oder Parkett, der uneben geworden ist und in dem sich Schmutz festgesetzt hat, kann durch Bearbeitung mit einer Schleifmaschine geglättet und gesäubert werden. Diese Maschinen haben ein fahrbares Gestell.

Fußbodenschleifen wird von Fußboden- und Parkettgeschäften besorgt, die es in allen größeren Orten gibt. Bei manchen dieser Geschäfte kann man leichtere Schleifmaschinen mieten, um die Arbeit selbst zu erledigen.

Zum Anschluß solcher Maschinen genügt in Deutschland ein mit 10 Ampere gesicherter Stromkreis nicht; es sind 16 oder 20 Ampere erforderlich. In der Schweiz beträgt der Anschlußwert 220 V/10 Ampere (Sicherung „träge"). Der Kabelquerschnitt ist 3 x 1,5 qmm.

Überzeugen Sie sich, daß die Voltangabe auf der Maschine mit der Spannung in Ihrem Haus übereinstimmt. Falls Sie ein Verlängerungskabel benutzen, soll es mindestens 2 x 2 qmm Litzendurchmesser haben.

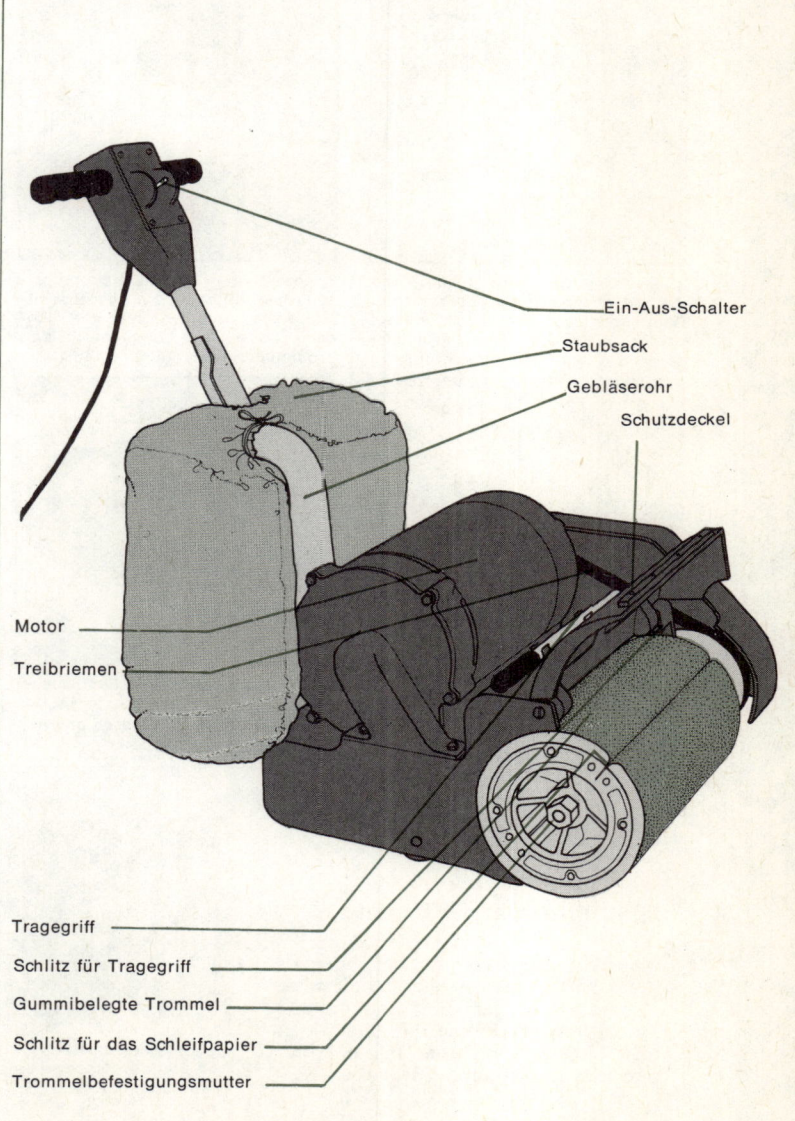

Ein-Aus-Schalter
Staubsack
Gebläserohr
Schutzdeckel
Motor
Treibriemen
Tragegriff
Schlitz für Tragegriff
Gummibelegte Trommel
Schlitz für das Schleifpapier
Trommelbefestigungsmutter

Fußböden

Umgang mit Schleifmaschinen

Fußböden werden in mehreren Arbeitsgängen geschliffen. Zuerst benutzt man grobes Schleifpapier, um den Boden zu ebnen und Schmutz zu entfernen. Danach werden die Bretter mit mittlerem und zum Schluß mit feinem Schleifpapier bearbeitet.

Man darf die Maschine niemals einschalten, wenn kein Schleifpapier auf der Trommel liegt, weil der Gummibelag durch Berührung mit dem Fußboden Schaden nehmen kann.

Bei Inbetriebnahme wird die Maschine nach hinten gekippt, so daß die Schleiftrommel den Boden nicht berührt. Dann schaltet man den Motor ein und senkt die Trommel langsam auf den Boden hinab.

Die Maschine schleift nach vorwärts und nach rückwärts. Solange der Motor läuft und die Trommel den Boden berührt, muß man sie langsam und gleichmäßig bewegen. Die Maschine neigt dazu, nach vorn wegzuziehen; das muß durch Steuern ausgeglichen werden.

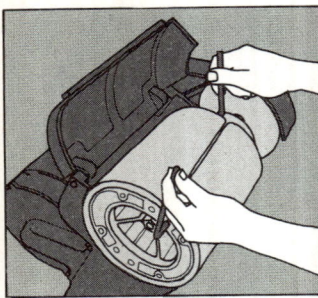

1. Die Maschine wird gekippt und der Trommelschutz aufgeklappt. Dann führt man die Steckschlüssel in die Löcher auf beiden Trommelseiten ein und öffnet den Schlitz

2. Um es der Trommelbiegung anzupassen, rollt man ein Blatt Schleifpapier so lange zwischen den Händen, bis es sich bequem in den Trommelschlitz einführen läßt

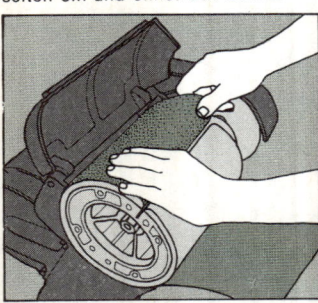

3. Man führt das Schleifpapier, mit der gekörnten Seite nach außen, hinten um die Trommel herum und schiebt eine Kante in den Schlitz

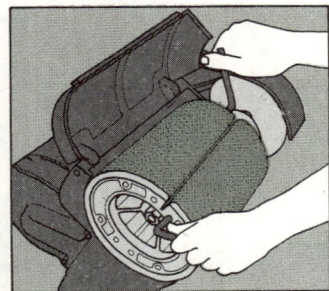

4. Das Papier straff um die Trommel spannen, das andere Ende in den Schlitz schieben und diesen mit dem Steckschlüssel schließen

Umgang mit Handschleifmaschinen

Zum Schleifen von schwer zugänglichen Ecken, Treppenstufen, Rahmenecken oder Möbelteilen gibt es handliche Kleinschleifmaschinen. Der Winkeltellerschleifer wird sowohl auf Flächen als auch an Kanten und Falzen eingesetzt. Durch seine rotierende Schleifbewegung erreicht man höchsten Abrieb. Der Schwingschleifer (Rutscher) bringt den Feinschliff für höchste Ansprüche. Das Schleifpapier ist wegen der Staubabsaugung gelocht; es wird nicht aufgeklebt, sondern in eine Klemmvorrichtung gespannt.

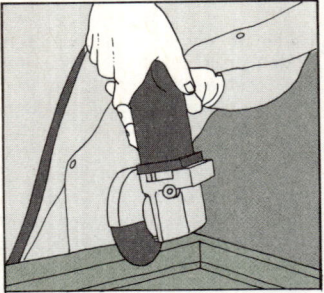

Winkelschleifer mit harter Scheibe und grobem Schleifpapier zum Entfernen alter Anstriche an Kanten

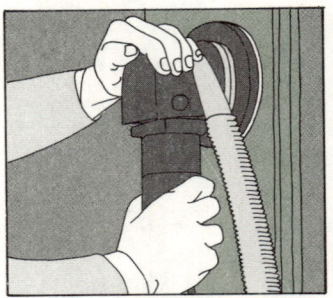

Winkelschleifer mit weichem Schleifteller zum Flächenschliff. Die Maschine hat einen Stutzen zum Anschluß an ein Absauggerät

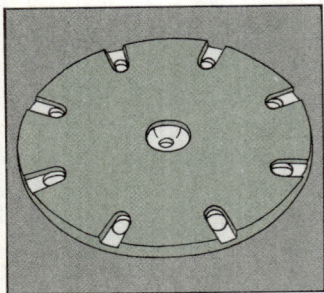

Der Schleifteller ist mit Staubabsaugkanälen versehen; das Schleifpapier ist selbstklebend und hat die gleiche Lochung

Rutscher mit großer Schleifplatte, Haltegriff schwenkbar. Hier erhält eine lackgrundierte Holzplatte ihren Zwischenschliff

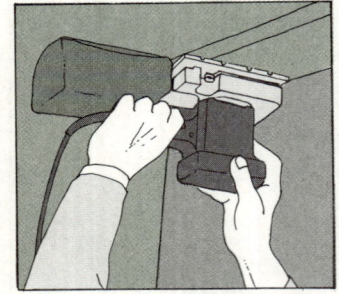

Einhandschleifer, sehr leicht, für Arbeiten über Kopf. Für ungelochtes Schleifpapier gibt es Schablonen (Lochfix)

TRANSPORT DER MASCHINE

Die Schleifmaschine darf niemals über harte Flächen oder Hindernisse geschoben werden. Sie kann deshalb in den meisten Fällen mit einem kleinen Tragegriff, den man in die Trommelseite einschraubt, angehoben werden.

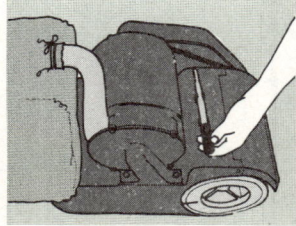

1. Zunächst den Motor ausschalten und den Tragegriff aus seiner Halterung oberhalb der Schleiftrommel ziehen

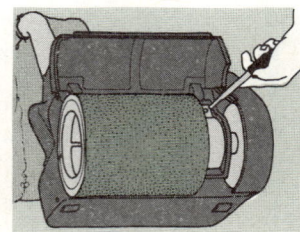

2. Die Maschine nach rückwärts kippen und den Stab des Tragegriffs in den dafür bestimmten Schlitz stecken

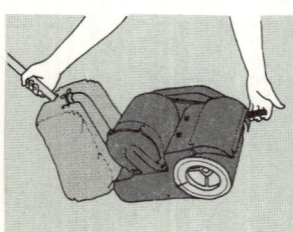

3. Griff fest einschrauben. Jetzt kann man die Maschine mit einer Hand am Handgriff und der anderen am Griffstab tragen

Die Arbeit mit Schleifmaschinen

Vergewissern Sie sich vor dem Abschleifen des Fußbodens, daß alle Dielen oder Parkettplatten festsitzen. Prüfen Sie besonders die Auflage der Dielen auf den Balken, und verlegen Sie sie – wenn nötig – neu (siehe S. 80). Sämtliche Nagelköpfe müssen versenkt sein, damit sie das Schleifpapier oder den Gummibelag der Schleiftrommel nicht beschädigen. Sand oder lose Schleifkörner ruinieren jeden Holzboden endgültig, wenn sie von einer starken Schleifmaschine in das Holz gekratzt werden.

Gesprungene oder lockere Parkettplatten müssen vor dem Abschleifen ersetzt oder neu angeklebt werden (siehe S. 96). Der Kleber muß gut trocknen.

Farbe oder Lack wird mit einem stabilen Kratzer entfernt; ein an einen Holzgriff geschraubtes altes Hobeleisen ist dafür gut geeignet. Der Boden wird vor dem Schleifen und während dieser Arbeit immer wieder gefegt.

> *Werkzeug: Trommelschleifmaschine, Tellerschleifmaschine oder Handbohrmaschine mit Schleifteller, Schleifpapier und Schleifklotz, scharfes Kratzeisen, Kehrbesen, Handfeger, Hammer, Beißzange, Versenker*

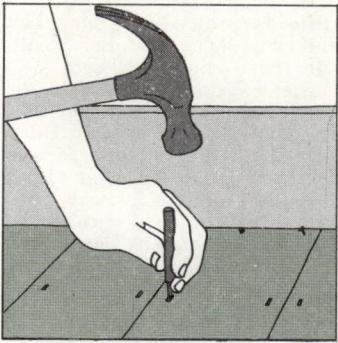

1. Zunächst muß man sich davon überzeugen, daß nirgendwo Nägel aus dem Boden herausschauen. Ihre Köpfe müssen sorgfältig versenkt werden

2. Wenn sich an der Bodenoberfläche krumm geschlagene Nägel befinden, diese mit dem Schraubenzieher aufbiegen und entfernen

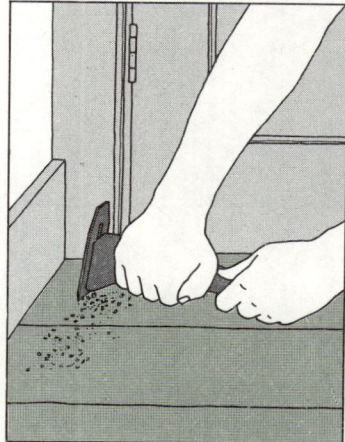

3. Farb- und Lackanstriche werden mit einem Kratzeisen entfernt, damit sie das Schleifpapier nicht verkleben. Der Boden wird saubergefegt

4. Staub, Sand und Schabspäne muß man immer wieder beseitigen. Sie dürfen nicht in das Holz getreten oder mitgeschliffen werden

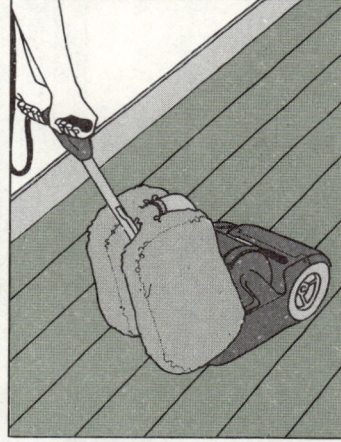

5. Das Kabel liegt auf der Schulter. Die Maschine wird rückwärts gekippt, der Motor eingeschaltet und die Schleiftrommel langsam gesenkt

6. Das Schleifen beginnt in einer Ecke und führt diagonal durch den Raum, hin und zurück auf demselben Streifen. Maschine dabei nicht kippen!

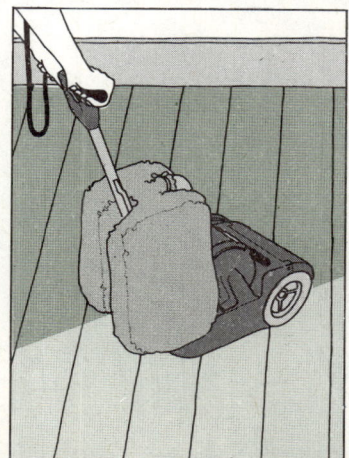

7. Die Schleifbahnen sollen sich auf dem Boden 5–10 cm breit überlappen. Falls erforderlich, wird der Boden noch gegenläufig diagonal geschliffen

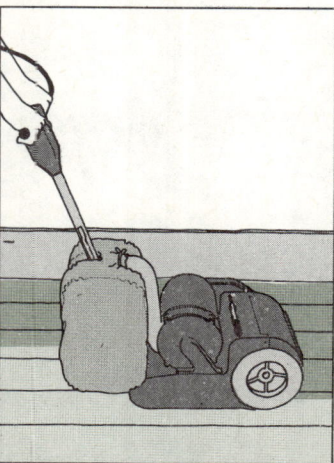

8. Nach grobem Schleifpapier mittelfeines oder feines nehmen und damit längs zur Holzfaser schleifen; vorwärts und rückwärts arbeiten

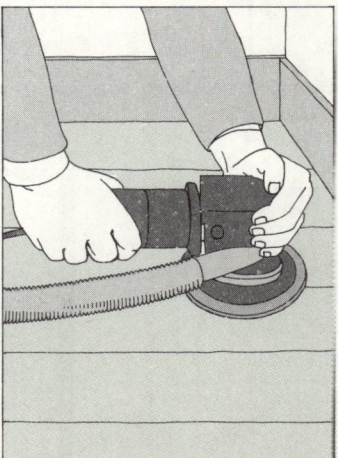

9. Schwer zugängliche Stellen erreicht die Trommelschleifmaschine nicht. Man verwendet dort den Winkeltellerschleifer mit Absauggerät

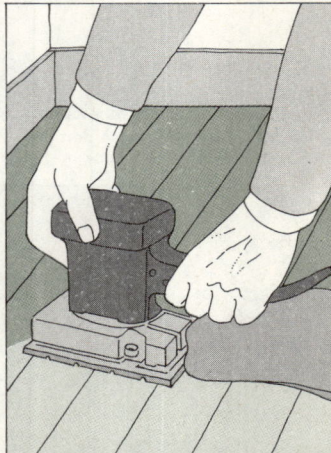

10. Der lackgrundierte Holzfußboden wird mit dem Rutscher zwischengeschliffen; mit ihm erreicht man auch fast jede rechtwinklige Ecke

Fußböden

Schallisolierende Unterböden verlegen

Starker Trittschall belästigt die Bewohner der darunter liegenden Wohnung, stört aber ebenso in der Wohnung selbst. An dieser unangenehmen Belästigung sind oft harte Fußböden schuld.

Dem läßt sich in den meisten Fällen ohne große Schwierigkeiten abhelfen, indem man den Fußboden mit Weichfaserplatten belegt und über diesen Hartfaserplatten anbringt.

Wenn man auf dieser Unter-

lage, die absolut eben ist, noch einen Teppichboden spannt oder aufklebt, läßt sich die Schalldämmung weiter verbessern.

Die Weichfaserplatten, die mindestens 12 mm dick sein müssen, legt man lose auf den Holzfußboden. Die Platten werden in der Standardgröße von 122 x 244 cm geliefert. Zwischen den Platten läßt man 5 mm breite Fugen offen; entlang der Wände sind diese Fugen 15 mm breit.

Die Wandfugen kann man mit Fußleisten abdecken. Auf die so verlegten Weichfaserplatten klebt man jetzt Hartfaserplatten von mindestens 3,2 mm Dicke; sie sollen nicht größer sein als 60 x 120 cm. Man verlegt sie um eine halbe Plattenlänge versetzt; ihre Fugen dürfen nämlich nicht mit denen der Weichfaserplatten zusammenfallen. Alle Stoßfugen müssen vollkommen glatt und eben geschliffen werden.

Die Hartfaserplatten sollte man an Temperatur und Luftfeuchtigkeit des Raums anpassen, bevor man sich ans Verlegen macht. Dazu stellt man sie vor der Verarbeitung ein paar Tage lang so im Raum auf, daß die Luft von allen Seiten Zutritt hat.

Bevor man die Weichfaserplatten verlegt, muß man möglicherweise lockere Dielenbretter festnageln und vorstehende Nägel eintreiben.

Material:	122 x 244 cm große Weichfaserplatten (12 mm Dicke), 60 x 120 cm große Hartfaserplatten (3,2 mm Dicke), Kleber, Fußleisten
Werkzeug:	Säge, Winkelhaken, Zahnspachtel, Schleifklotz, Schleifpapier, Gummiroller

Man stellt fest, wie viele Weichfaserplatten in ganzer Größe notwendig sind, und legt diese mit einem Fugenabstand von 5 mm auf dem Boden aus. Die Platten befestigt man provisorisch mit dünnen Nägeln. Dann paßt man die Hartfaserplatten ein, numeriert sie in richtiger Reihenfolge und nimmt sie wieder heraus. Die Weichfaserplatten werden in Abschnitten von etwa 4 qm mit Fußbodenkleber bestrichen, die Hartfaserplatten darauf gelegt und fest angedrückt. Die Fugen an den Wänden deckt man mit Fußleisten ab.

1. Die Weichfaserplatten werden lose mit 5 mm breiten Fugen auf den Holzfußboden gelegt

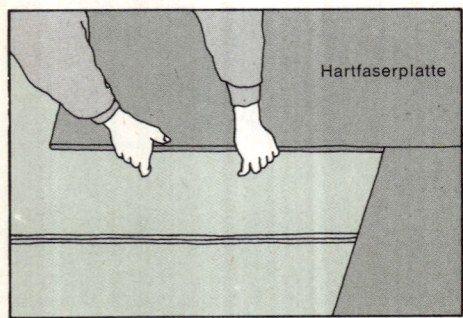

2. Die Hartfaserplatten kommen auf die Weichfaserplatten und werden anschließend festgeklebt

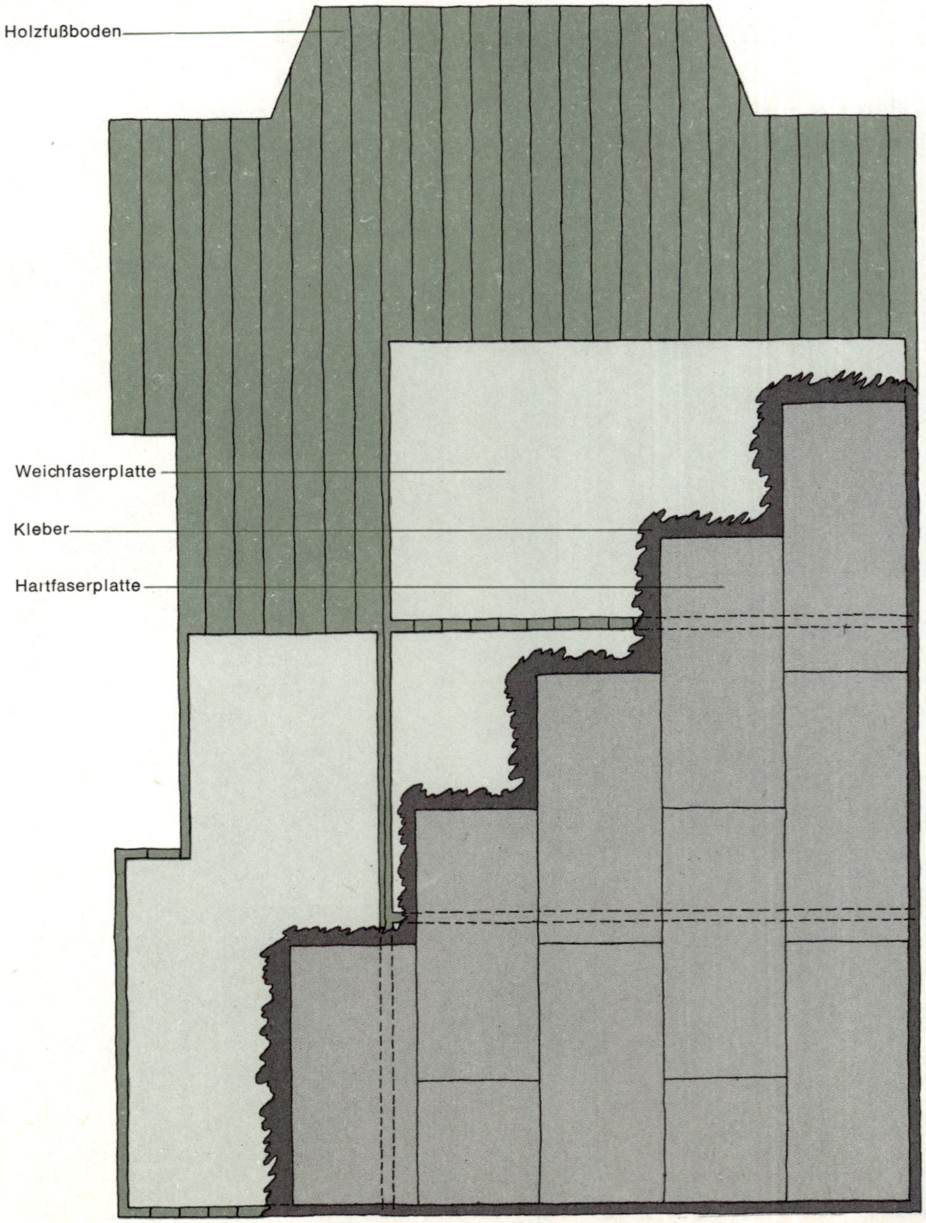

Holzfußboden

Weichfaserplatte

Kleber

Hartfaserplatte

Belegen mit Hartfaserplatten

Stark abgenutzte Dielen kann man mit Hartfaserplatten belegen. Sie dienen dann als eigenständiger Bodenbelag oder als glatte und ebene Unterlage für Teppich-, Linoleum-, Kunststoff- oder Parkettbelag.

Als Unterlage verlegt man Hartfaserplatten generell mit der rauhen Seite nach oben. Bleiben sie aber auch nur stellenweise sichtbar, so müssen sie mit der glatten Seite nach oben liegen. Vor dem Verlegen werden Löcher und Fugen im Boden ausgefüllt (siehe S. 79) und unebene Stellen abgeschliffen (siehe S. 85).

Kaufen Sie 4 oder 6 mm dicke und 2,00 x 2,60 m große Platten, und sägen Sie sie dann so zurecht, daß quadratische Platten von einem Meter Seitenlänge entstehen. Abfallstreifen können an vielen Stellen zum Ausfüllen noch gut verwendet werden. In ständig geheizten Räumen genügt es, die Platten 48 Stunden lang zum Trocknen aufrecht stehen zu lassen. In allen anderen Fällen müssen sie vor der Verarbeitung gut an die herrschenden Temperaturen angepaßt sein. Sonst gibt es später durch Verwerfungen und Verziehen viel Ärger.

Material: Hartfaserplatten 2,00 x 2,60 m, gerade Weichholzleiste 50 x 25 mm, Holzklotz, Stauchkopfnägel
Werkzeug: Hammer, Versenker, Kratzeisen, Beißzange, Handfeger, Eimer, Fuchsschwanz, Laubsäge, Kombinationswinkel, Stemmeisen, Bleistift

1. Ein Hartfaserquadrat genau in den ausgemessenen Mittelpunkt des Zimmers plazieren und 1 cm vom Rand in 10-cm-Abständen festnageln

---

ANORDNUNG DER QUADRATISCHEN HARTFASERPLATTEN

Hartfaserplatte
Mittellinie des Zimmers
Dielenboden

Vermessen Sie die Mittellinie des Zimmers, und legen Sie die erste Platte zentrisch genau darauf. Die weiteren Platten folgen im Uhrzeigersinn um sie herum. Die Fugen werden nur in einer Richtung versetzt

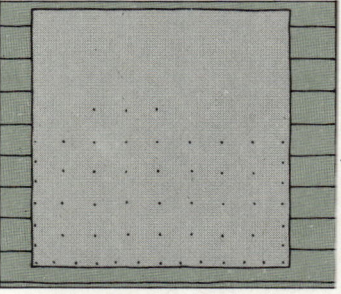

2. Die ganze Platte wird jetzt von der Mitte aus durch parallele Nagelreihen von 15 cm Abstand auf dem Boden befestigt

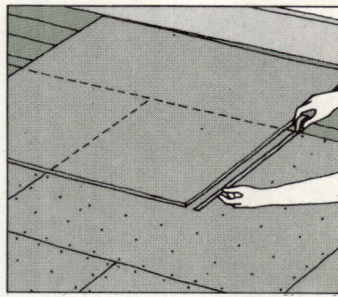

3. Um die Randstreifen sauber auszufüllen, wird ein Plattenquadrat rechtwinklig aufgelegt, bis es genau an der Fußleiste anstößt

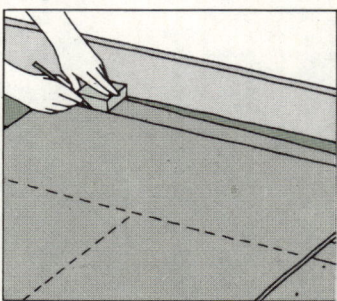

4. Ist der Wandverlauf nicht rechtwinklig, wird die Form angezeichnet, indem man mit Holzklotz und Bleistift an der Fußleiste entlanggleitet

5. Jetzt wird an der Bleistiftlinie abgesägt. Nachdem die Platte fest anliegt, wird auf ihr die Kante der bereits verlegten Platten angezeichnet

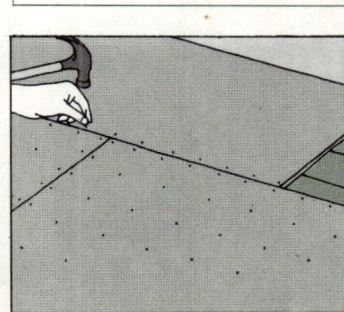

6. Platte durchsägen und annageln. In gleicher Weise die freien Flächen rings um den Raum ausfüllen. Abfall aufheben zur Weiterverwendung

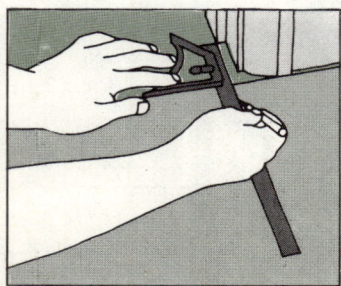

7. Bei Türöffnungen muß man erst den Abstand zwischen Türfalz und Fußleiste mit dem Kombinationswinkel auf die Platte übertragen

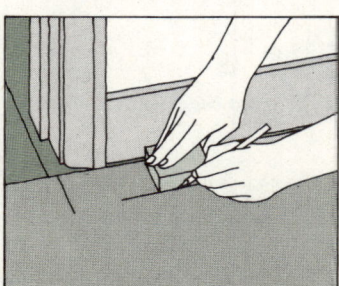

8. Nun schiebt man einen Holzklotz der so breit ist wie der angezeichnete Abstand, mit einem Markierungsbleistift an der Fußleiste entlang

9. Markieren Sie mit Holzklotz und Bleistift die wichtigsten Punkte vom Verlauf des Türrahmens auf der lose aufgelegten Platte *(Forts. S. 88)*

Fußböden

(Fortsetzung von S. 87)

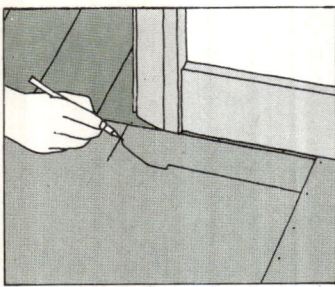

10. Wenn man die Punkte verbindet, erhält man auf der Platte die Profilform des Türrahmens. Gebogene Linien zeichnet man freihändig an

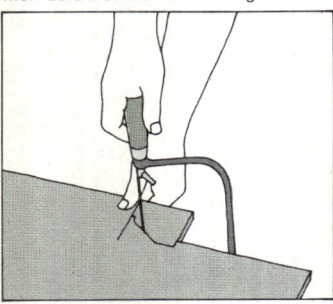

11. Die andere Türrahmenseite wird in derselben Weise auf die Platte übertragen. Dann sägt man den Ausschnitt aus

12. Nun wird die Platte an ihren Platz gelegt. Dann zeichnet man auf ihr die Kante der schon angenagelten Nachbarplatte an

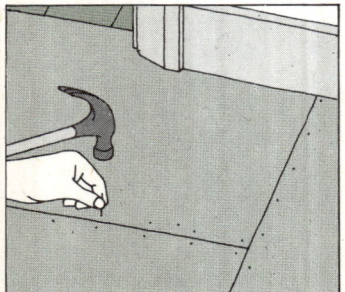

13. Wenn die Platte entlang der angezeichneten Linie sauber abgesägt wird, paßt sie auf Anhieb und kann gleich angenagelt werden

Einen Boden mit Spanplatten belegen

Spanplatten eignen sich hervorragend als Ersatz oder Belag für alte Holzfußböden.

Wenn die Dielen des Bodens noch gut und eben sind und nur nicht mehr schön aussehen, deckt man sie einfach mit Spanplatten ab. Am besten verwendet man dazu 10 oder 13 mm dicke, für Fußböden geeignete Spanplatten. Sie werden mit Stauchkopfnägeln auf die Dielen genagelt. Es gibt die Platten in Größen von 1,25 x 2,50 m bis 2,05 x 5,20 m. Die praktischste Größe ist 1,25 x 2,50 m.

Doch wenn die Platten auf dem Dielenboden verlegt werden können, spielt ihre Größe keine so entscheidende Rolle. Anders ist es, wenn die Dielen so schadhaft sind, daß man sie entfernen und die Platten direkt auf die Balken auflegen muß.

Dann nämlich muß man die Balkenabstände vorher genau abmessen und danach die Platten in der passenden Größe kaufen oder aber zurechtschneiden. Wichtig ist dann allerdings auch ihre Stärke. Die Platten sollten 19 oder 22 mm dick sein und möglichst Nut und Feder haben.

Wenn es die Ausmaße des Raumes gestatten, sollte man immer darauf bedacht sein, möglichst großflächige Platten zu verlegen. Die Nagelreihen der Dielen zeigen den Balkenverlauf darunter an. Wenn Nagelreihen z. B. 60 cm voneinander entfernt sind, empfiehlt es sich, Spanplatten zu verwenden, deren Breite immer möglichst genau ein Mehrfaches von 60 beträgt, also z. B. 1,25 m, 2,50 m usw. So erspart man sich nicht nur Arbeit, weil man sie dann nicht zusägen muß, sondern auch teuren Abfall. Denn eines ist unbedingt wichtig: Die Platten sollten möglichst dicht an den Balkenmittellinien zusammenstoßen.

An allen Stellen, wo die Plattenkanten quer zur Balkenrichtung aneinanderstoßen, setzt man kräftige Kanthölzer als Auflagen zwischen die Balken ein. Damit wird gewährleistet, daß auch die freiliegenden Plattenstöße sicher gelagert sind.

Wenn man die alten Dielen abgenommen hat (siehe S. 77), prüft man, ob die Balken noch in Ordnung sind (siehe S. 76). Dann zieht man mit dem Klauenhammer alle alten Nägel und Schrauben aus den Balken heraus, kratzt den angesammelten Schmutz ab und kehrt ihn sauber weg. Danach entfernt man die Fuß- oder Scheuerleisten (siehe S. 81), damit man die Platten dicht an die Zimmerwände legen kann. Für feuchte Räume sind phenolharzverleimte Spanplatten zu empfehlen.

Material: Spanplatten, Kanthölzer, etwa 50 x 70 mm, Stauchkopfnägel und Senkholzschrauben passender Länge, Senkkopfnägel für die Kanthölzer
Werkzeug: Metermaß, Klauenhammer, Maurerfäustel, Flachmeißel, Fuchsschwanz, Handbohrmaschine mit Bohrer und Aufreiber

---

DER FUSSBODENPLAN ZEIGT, WIE SPANPLATTEN VERLEGT WERDEN

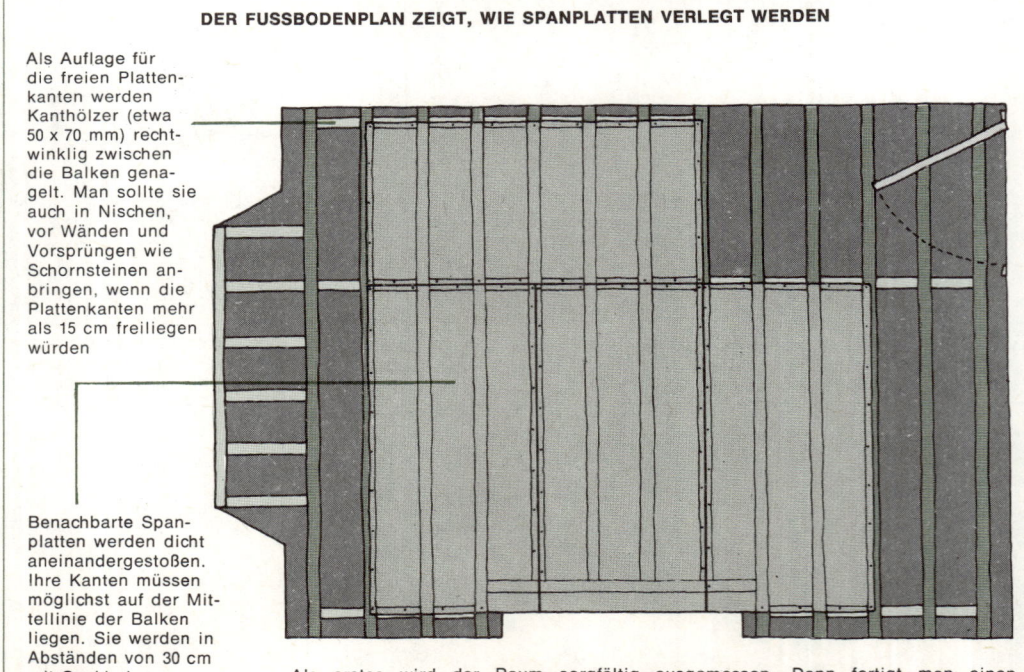

Als Auflage für die freien Plattenkanten werden Kanthölzer (etwa 50 x 70 mm) rechtwinklig zwischen die Balken genagelt. Man sollte sie auch in Nischen, vor Wänden und Vorsprüngen wie Schornsteinen anbringen, wenn die Plattenkanten mehr als 15 cm freiliegen würden

Benachbarte Spanplatten werden dicht aneinandergestoßen. Ihre Kanten müssen möglichst auf der Mittellinie der Balken liegen. Sie werden in Abständen von 30 cm mit Senkholzschrauben befestigt. Wenn die Platten nicht genau auf die Balken passen, werden sie zurechtgeschnitten

Als erstes wird der Raum sorgfältig ausgemessen. Dann fertigt man einen maßstabgerechten Plan des Bodens an und rechnet aus, wieviel ganze Platten zum Belegen des Hauptteils nötig sind. Dann wird festgestellt, ob die dann noch vorhandenen Lücken durch Zerteilen einer ganzen Platte ausgefüllt werden können oder ob es wirtschaftlicher ist, dafür kleinere Plattenabschnitte zu kaufen. Jede Platte muß gut verschraubt sein, bevor man die nächste verlegt

1. Mit Meißel und Fäustel wird der Verputz so weit abgeschlagen, daß man die Platten darunter bis ans Mauerwerk schieben kann

2. Als Auflage für die Plattenkanten werden die auf Preßsitz gesägten Kanthölzer oberkantenbündig zwischen die Balken gesetzt

3. Die Kanthölzer nagelt man an jeder Stirnseite durch die Balken fest. Die Länge der Nägel hängt von der Balkendicke ab

4. Liegt eine Auflage dicht an der Wand, so werden schräg angesetzte Nägel zunächst nur ein Stückchen eingeschlagen

5. Dann wird das Holz so an die Wand gelegt, daß es oberkantenbündig mit den Balken abschließt. Erst jetzt schlägt man die Nägel ein

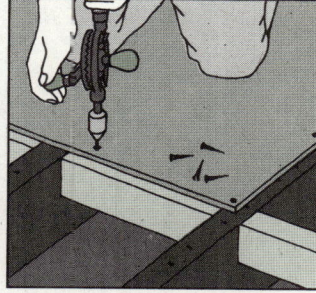

6. Nun legt man die erste Platte auf und bohrt etwa 20 mm von den Rändern entfernt im Abstand von 30 cm Löcher für die Schrauben

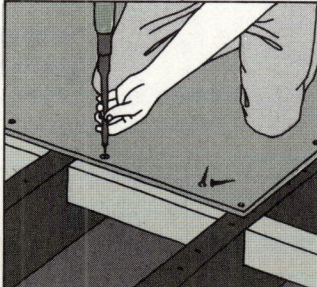

7. Danach werden die Bohrlöcher angesenkt, alle Schrauben leicht vorgeschlagen und dann mit dem Schraubenzieher festgezogen

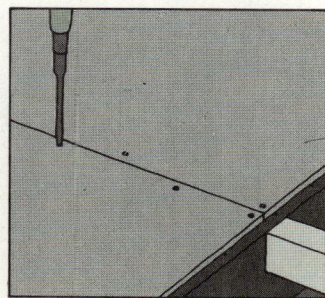

8. An den Fugen zweier Platten versetzt man die Schrauben gegeneinander. Die Schraubenköpfe werden versenkt

Bodenfliesen auf Spanplatten verlegen

Spanplatten eignen sich hervorragend als Untergrund für Bodenfliesen. Die Platten müssen nur staubfrei und eben sein. Unebenheiten, an Plattenstößen etwa, schleift man ab.

Bodenfliesen werden normalerweise im rechten Winkel zur Türe verlegt, so daß die Fliesenreihen senkrecht zur gegenüber liegenden Wand verlaufen.

Als Hilfsmittel — und bei nicht rechtwinkligen Räumen ist es besonders wichtig — zeichnet man von der Türmitte aus eine im rechten Winkel verlaufende Linie auf den Boden. Diese Linie wird in Abständen der Fliesenbreite plus 3 mm für die Fugen unterteilt.

An der Markierung für die letzte ganze Fliese wird eine Leiste im rechten Winkel zur Verlegelinie auf den Boden genagelt. Wenn nun ein Raum nicht rechtwinklig ist, nagelt man senkrecht zur ersten eine zweite Leiste (siehe Zeichnung unten). Dadurch bekommt man einen sauberen Randabschluß.

In dieser Ecke wird mit dem Verlegen begonnen. Da besonders Holzfußböden häufig Schwingungen unterliegen, sollte man Kleber auf Kunstharzbasis verwenden, da sie nach dem Abbinden elastischer sind als Kleber auf Zementbasis.

In der Eckfläche zwischen den Leisten wird etwa 1 qm mit Kle-

ber bestrichen, und zwar mit einem Zahnspachtel, dessen Zahngröße der Hersteller empfiehlt. Der richtige Spachtel liegt heute den meisten Klebern bei. Bei manchen Klebern darf man die Fliesen erst nach einer gewissen Ablüftzeit ins Kleberbett drücken.

Die Fliesen werden nach Augenmaß verlegt. Wer sich darauf nicht verlassen möchte, kann Abstandhalter — spezielle Plastikkeilchen oder dünne Holzstückchen etwa — zwischen die Fliesen stecken.

Wenn der erste Quadratmeter belegt ist, kratzt man angetrockneten überschüssigen Kleber vom Boden, streicht einen weiteren Quadratmeter ein und belegt ihn. So verfährt man Zug um Zug.

Beim Fortschreiten der Arbeit wird sich herausstellen, ob die beiden Leisten rechtwinklig angebracht sind. Sind sie es nicht, werden die Fugen entweder weiter oder schmäler. Dann kann man nur noch versuchen, die Fliesen so zu verschieben, daß ihre Kanten eine Gerade bilden.

Die Leisten entfernt man, wenn man sie nicht mehr als Anschlag braucht. Dann schneidet man die Randfliesen zurecht (siehe S. 94–95) und setzt sie mit den Bruchkanten zur Wand hin ein. Nach 24 Stunden wird der Boden verfugt (siehe S. 188).

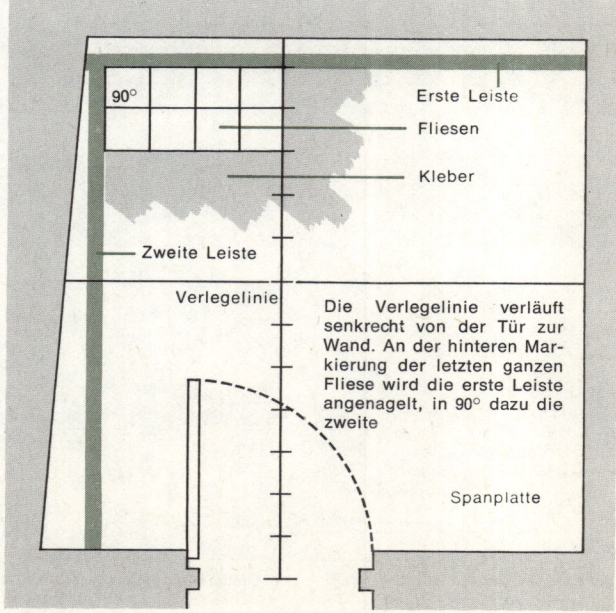

90°
Erste Leiste
Fliesen
Kleber
Zweite Leiste
Verlegelinie
Spanplatte

Die Verlegelinie verläuft senkrecht von der Tür zur Wand. An der hinteren Markierung der letzten ganzen Fliese wird die erste Leiste angenagelt, in 90° dazu die zweite

Fußböden

Holzböden

Riemenböden verlegen Fußbodenriemen sind in einigen Nadelholzsorten erhältlich. Tauscht man einen einzelnen Riemen aus, muß man ihn wie einen Schlußriemen einsetzen.

Schlußriemen einpassen

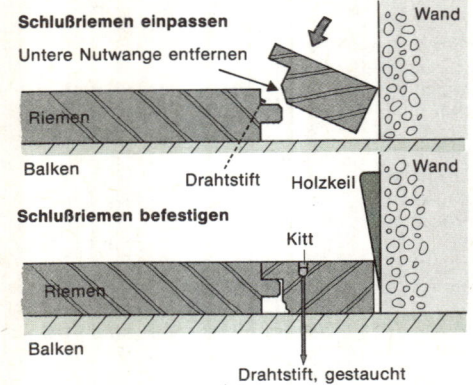

Untere Nutwange entfernen
Riemen
Balken
Drahtstift
Holzkeil
Wand
Wand

Schlußriemen befestigen

Kitt
Riemen
Balken
Drahtstift, gestaucht

Sockelleiste
Hartholzzulage mit angestoßener Nut
Riemen
Keile
Bauklammer
Dämmschicht
Balkenlager

Fertigparkett verlegen Für fast alle Unterböden eignet sich ein neuartiges, nur 10 mm dickes Fertigparkettsystem mit Massivholzcharakter. Es ist auf Spanplatten gepreßt und hat eine Nut- und Federverbindung.

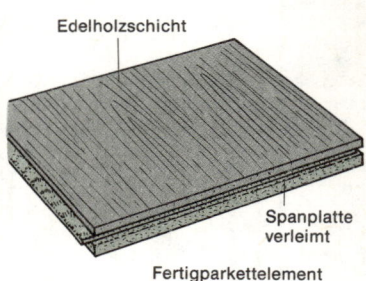

Edelholzschicht
Spanplatte verleimt
Fertigparkettelement

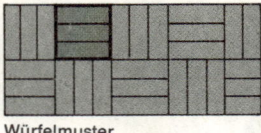
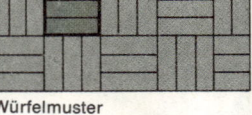
Würfelmuster

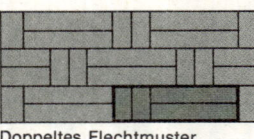
Doppeltes Flechtmuster

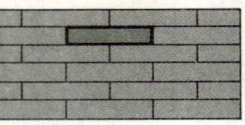

Langverband

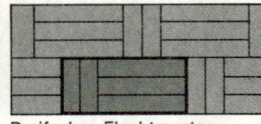
Dreifaches Flechtmuster

Fischgrätmuster

Diagonales Würfelmuster

Balkenlager ausrichten Vor dem Verlegen der Riemen gleicht man Unterschiede der Lager aus. Maßgebend ist die Lage des obersten Balkens; alle anderen richtet man nach ihm aus.

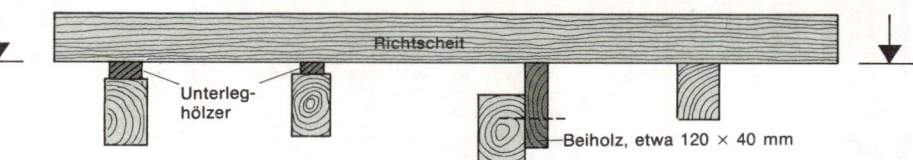

Richtscheit
Unterleghölzer
Beiholz, etwa 120 × 40 mm

Fertigparkettformate Mit den angebotenen Abmessungen kann man vielerlei Muster verlegen (siehe Beispiele oben rechts). Für Fischgrätmuster gibt es rechte und linke Stäbe. Durch die geringe Materialdicke hat man auch im Altbau kaum Probleme mit dem Anschluß an andere Bodenmaterialien.

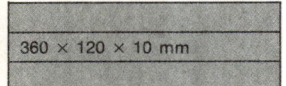
240 × 120 × 10 mm

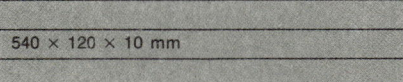
730 × 120 × 10 mm

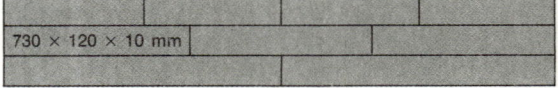
360 × 360 × 10 mm

360 × 120 × 10 mm

540 × 120 × 10 mm

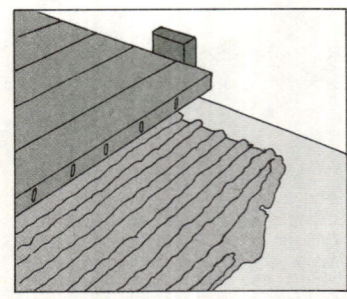

1. Diesen Boden kann man auch auf Fußbodenheizungen verlegen

2. Spezialklebemasse mit dem Zahnspachtel gleichmäßig auftragen

3. Das Element schräg in Nut und Feder einführen und von Hand beiziehen

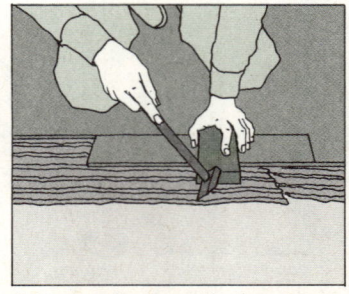

4. Fugen paßgenau anklopfen; nie ohne Hartholzzulage arbeiten!

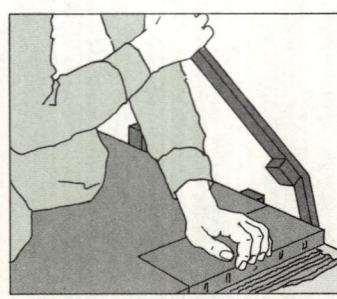

5. Endstücke mit Hebeleisen oder langem Meißel und Zulage andrücken

Kunststofffliesen verlegen

Beim Erneuern von Fliesen in der Bodenmitte ist Messen und Markieren nicht nötig, wenn man passende Ersatzfliese bekommt. Liegen die schadhaften Fliesen jedoch an den Rändern des Belags, so wird man sie nach Maß zuschneiden müssen.

In manchen Fällen kann es genügen, die neue Fliese gegen die Fußleiste zu halten und den Abstand bis zur nächsten unbeschädigten anzuzeichnen. Hat die entfernte Fliese eine unregelmäßige Form, braucht man eine zweite Fliese zum Anzeichnen der neuen.

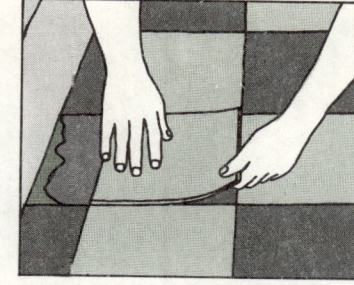

1. Man legt eine gleich große neue Fliese genau deckend auf die noch gute neben der beschädigten Randfliese

2. Auf die neue Fliese wird nun, an die Fußleiste stoßend, eine zweite gelegt und ihre Außenkante auf der ersten angezeichnet

3. Hat die zu erneuernde Fliese eine schräge Kante, so schiebt man die obere Fliese langsam an der Fußleiste entlang

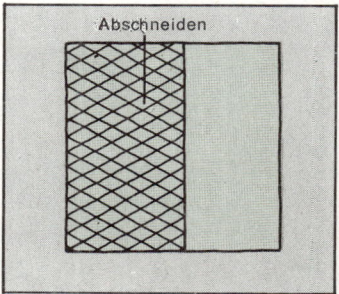

4. Obere Fliese wegnehmen. Das äußere Stück der angezeichneten Fliese hat nun genau die Form der leeren Stelle

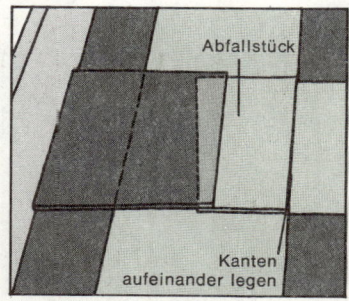

Abfallstücke: Man kann sie nur weiterverwenden, wenn sie so groß sind, daß die zum Anzeichnen benutzte Fliese ihren Rand überlappt

Ausschnitte für Rohrleitungen

Fliesen in regelmäßigen Reihen zu verlegen ist nicht besonders schwierig. Komplizierter wird es erst bei Ecken oder Kanten, vor allem aber, wenn es um Aussparungen von Rohrleitungen usw. geht. Hier sollte man nie einfach nach Augenmaß ausschneiden, denn sonst erlebt man beim endgültigen Verlegen unangenehme Überraschungen, wenn die Aussparungen nicht genau passen.

Eine Fliese, die Ausschnitte für Rohre oder andere Hindernisse an den Zimmerwänden bekommen muß, wird zunächst auf die Form der ganzen Randfliese zugeschnitten. Sind die Randfliesen in ihrer Länge verschieden, so muß die Ersatzfliese so lang sein, daß ihre Ränder sich mit den Fugen der zweiten Fliesenreihe decken.

Um genaues Anzeichnen zu erreichen, ist es nötig, daß die untere neue Fliese (A) deckungsgleich auf der noch guten alten liegt.

> *Material: Fliesen*
> *Werkzeug: Bleistift, Lineal, Zirkel, Holzleiste von der Länge einer ganzen Fliese, Messer*

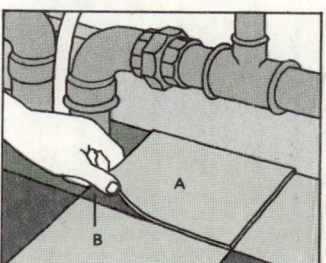

1. Man schneidet die Fliese A auf die Größe von B neben den Rohren zu und legt sie dann so auf B, daß sich die Kanten genau decken

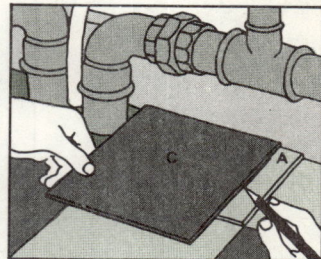

2. Auf A legt man nun eine ganze Fliese C; eine Kante berührt das hinderliche Rohr. Die andere Kante von C wird auf A angezeichnet

3. Fliese C wird nun so verschoben, daß ihre Kanten das Rohr von vorne und einen an das Rohr gelegten Holzstab seitlich berühren

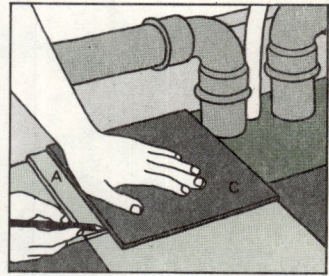

4. Fliese A auf der anderen Seite an das Rohr schieben. Die zweite Seite von A in der obenbeschriebenen Weise anzeichnen (Forts. S. 92)

ECKFLIESEN ANZEICHNEN

Beim Anzeichnen von Eckfliesen muß man immer von beiden Wänden ausgehen, weil die Möglichkeit besteht, daß die Wände nicht exakt rechtwinklig aneinanderstoßen oder eine Fliesenreihe nicht genau parallel zur Wand liegt. Auch hier wird wieder eine ganze Fliese als Schablone benutzt. Die Eckfliese muß genau zugeschnitten werden und darf vor allem in der Ecke nicht eingeschnitten werden.

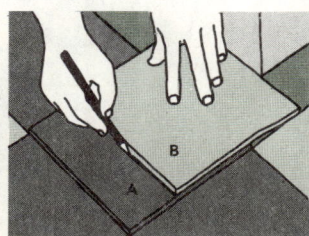

1. Eine neue Fliese (A) auf die erste ganze neben der Ecke legen, darüber eine weitere (B) gegen die Fußleiste stoßend. Kante anzeichnen

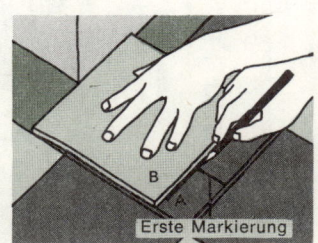

2. Fliese (A) auf die erste ganze Fliese auf der anderen Seite der Ecke schieben. Fliese (B) darauflegen und Kante auf A anzeichnen

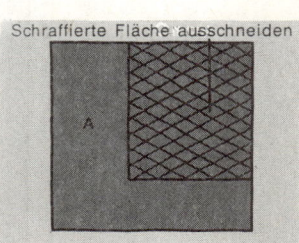

3. Fliesen wegnehmen, den markierten Teil von A ausschneiden. Das übrigbleibende L-förmige Stück paßt genau in die Lücke

Fußböden

(Fortsetzung von S. 91)

5. Die angezeichnete Fliese A auf die fest verlegte Fliese legen. Die ganze Fliese C gegen ein Rohr legen; Kante auf A anzeichnen

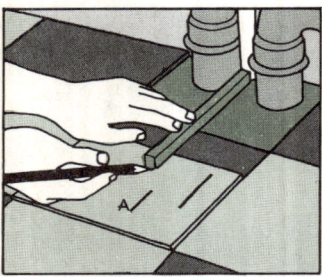

6. Ist zwischen den Rohren eine schmale Lücke, wird ein Holzstab von der Länge der Fliesen hineingeschoben und auf Fliese A markiert

7. Die auf Fliese A angezeichneten Linien werden mit Bleistift und Lineal verbunden, so daß sich für jedes Rohr ein Quadrat ergibt

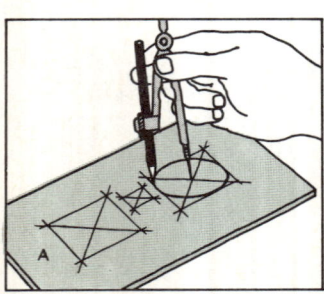

8. Die vier Ecken jedes Quadrats werden mit Diagonalen verbunden. Um ihre Schnittpunkte zeichnet man dann mit dem Zirkel in die Quadrate passende Kreise

Kunststofffliesen schneiden

Man schneidet die Fliesen immer an den Abfallseiten von Rißlinien, denn nur dann werden die Stücke nicht zu klein.

Es gibt Fliesen aus Weich-Polyvinylchlorid (PVC) und die härteren aus Vinyl-Asbest. Die weichen Fliesen werden geschnitten; die harten schneidet man an und bricht sie dann durch.

Material: Fliesen nach Wahl
Werkzeug: Scharfes Messer, Lötlampe, Stahllineal

1. Wenn nur ein Schnitt erforderlich ist, schneidet man an einem Lineal entlang außen an der angezeichneten Linie. Platte nach hinten durchbrechen

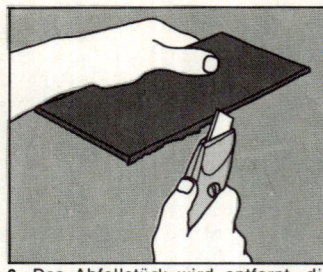

2. Das Abfallstück wird entfernt, die Bruchkante der Fliese mit dem Messer vorsichtig versäubert. Nicht in die Kante schneiden

3. Schwierige Formen kann man leichter schneiden, wenn man die Fliesen im Backofen oder von unten mit der Lötlampe mäßig erwärmt

4. Gerade Linien werden mit Hilfe eines Metallineals ausgeschnitten, runde und gebogene Linien dagegen nur mit dem Messer aus freier Hand

5. Geschnittene Teile herausdrücken und Kanten säubern. Fliese zum Einpassen um die Rohre aufschneiden. Korrekten Sitz prüfen

Einzelne Fliesen verlegen

Sind die vorhandenen Fliesen auf Filzpappe verlegt, wird die Pappe unter der Fliese erneuert und diese mit Drahtstiften befestigt. Liegen die Fliesen auf Hartfaser- oder Spanplatten, so wird die neue Platte mit Kleber eingesetzt.

Material: Passende Fliesen, Kleber, Pflegemittel
Werkzeug: Holzhammer, altes Stemmeisen, Zahnspachtel, Spachtel, alter Pinsel, Lötlampe

1. Die schadhafte Fliese wird von der Mitte auf die Ränder zu herausgestemmt. Nachbarfliesen nicht verletzen

2. Fliesen- und Kleberreste mit dem Spachtel entfernen, Untergrund dabei nicht beschädigen. Lücke sauberfegen

3. Kleber auf den Untergrund streichen, und zwar mit einem Zahnspachtel, damit ein guter Haftgrund entsteht

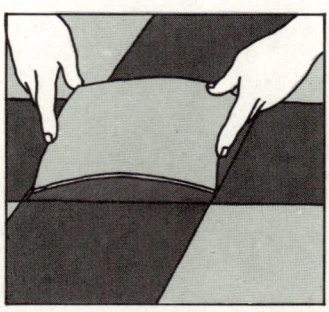

4. Neue Fliese möglichst anwärmen, in die Ecken der Lücke senken und besonders die Ränder fest andrücken

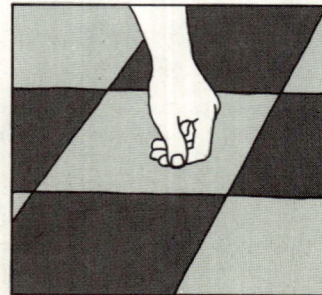

5. Um Luftblasen zu entfernen, Fliese von der Mitte aus fest anreiben. Mit Pflegemittel behandeln

Korkfliesen an der Wand einpassen

Mitunter ist es nicht ganz einfach, Form und Größe einer Ersatzplatte genau zu bestimmen, die an einer Kante oder Ecke des Zimmers liegt.

Hier ein Tip: Schadhafte Platte entfernen und die Ränder der benachbarten Platten einkreiden. Drückt man die Ersatzplatte dann mit der glatten Oberseite nach unten darauf, so zeichnen sich die eingekreideten Kanten auf ihr ab.

Material: Korkfliesen, Kreide
Werkzeug: Bleistift, Lineal

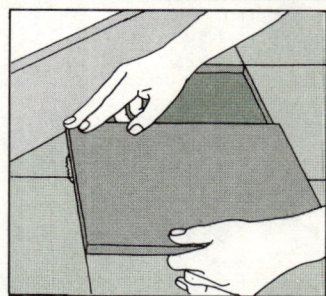

2. Die Oberseite der neuen Fliese wird, Kante auf Kante und Ecke an der Fußleiste, darauf gelegt und angedrückt

4. Platte mit der Oberseite nach unten auf die andere lange Seite der Lücke legen. Danach die Ecke einkreiden und andrücken

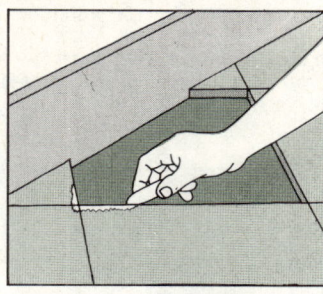

1. Die Ränder der benachbarten Platten werden bis ganz in die Ecken hinein recht dick mit weißer Tafelkreide bestrichen

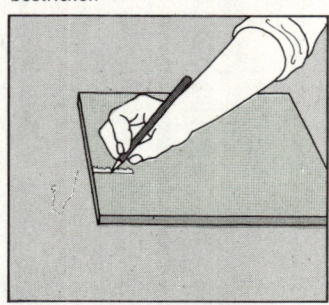

3. Die Platte wird umgedreht. Dann verstärkt man die Kreidelinie sorgfältig mit einem weichen Bleistift, bis man eine saubere Schnittlinie hat

5. Nun werden beide Markierungen mit einer Bleistiftlinie (Lineal) verbunden. Es ergeben sich die genauen Konturen der neuen Korkfliese

EINE FLIESE AN EINE ECKE ANPASSEN

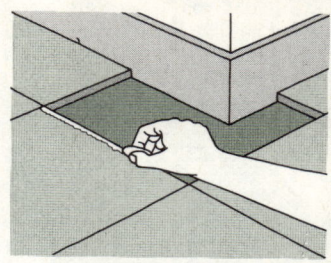

1. Die Ränder der beiden neben der Lücke liegenden ganzen Korkfliesen werden an ihren Oberkanten gut mit Kreide bestrichen

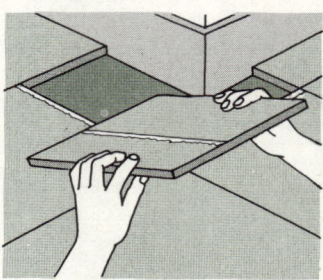

3. Nun muß man die Fliese wenden und um 180° drehen. Sie wird in dieser Lage auf die andere Seite der Ecke geschoben

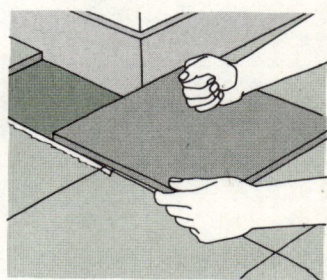

5. Fliese mit der Faust fest auf den eingekreideten Rand der darunter liegenden Platte drücken, damit sich die Ränder markieren

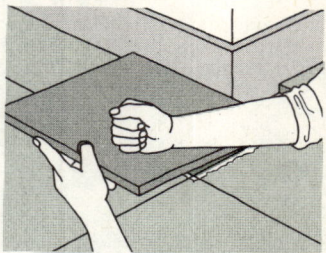

2. Die neue Fliese wird mit der glatten Seite nach unten so an die Wand gelegt, daß Fuge auf Fuge kommt. Dann wird fest angedrückt

4. Fliese erneut umwenden und an die Ecke der Wand und auf die Fugen der fest verlegten Korkplatte plazieren

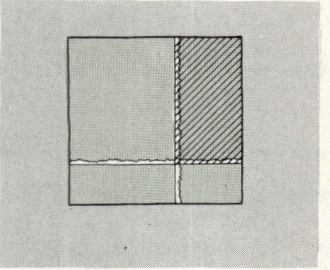

6. Kreidelinien sorgfältig mit einem weichen Bleistift verstärken. Jetzt wird das markierte Abfallstück kantensauber herausgeschnitten

Korkfliesen schneiden

Korkfliesen werden immer von der glatten Oberseite her geschnitten. Man braucht dazu ein Metallineal und ein sehr scharfes Messer, sonst zerreißt man die Korkschicht und bekommt keine glatten Kanten.

Waren die alten Platten mit Nut und Feder versehen, so schneidet man die Federn der um die Lücke liegenden Fliesen ab und verwendet Ersatzplatten mit stumpfen Kanten. Das Messer muß dabei genau senkrecht zur Plattenfläche gehalten werden, weil die Fliesen sonst nicht fugenlos aneinanderpassen.

Fliesen an Rohrleitungen oder ähnlichen Hindernissen schneidet man in einzelnen Stücken zu und setzt sie beim Verlegen in der Art eines Puzzles zusammen.

Werkzeug: Scharfes Messer, Metallineal

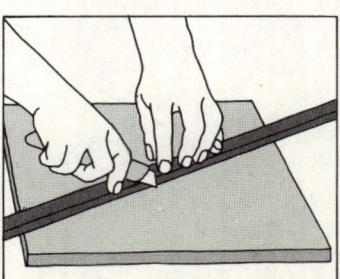

1. Gerade Kanten schneidet man mit sehr scharfem Messer und einem Metallineal

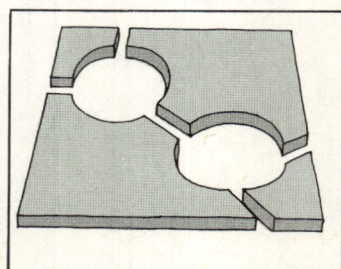

2. Um Hindernisse herum muß man die Fliesen wie Puzzleteile zuschneiden

Fußböden

Korkfliesen an der Wand ersetzen

Eine beschädigte Randfliese entfernt man stückchenweise von der Mitte aus nach den Rändern zu mit einem Stemmeisen. Achten Sie aber immer darauf, daß dabei die Kanten der noch guten Platten nicht beschädigt werden. Auch der Untergrund darf dabei nicht in Mitleidenschaft gezogen werden. Versuchen Sie nicht, Ersatzfliesen mit Nut und Feder einzusetzen, sondern verwenden Sie immer nur Platten mit stumpfen Kanten.

Auf Holzböden sind Korkfliesen oft auf einer Filzpappeunterlage verlegt, die mit der Ersatzfliese erneuert werden muß.

Material: Fliesen, Filzpappe, Kleber, Versiegelungslack
Werkzeug: Lineal, Messer, Spachtel, Hammer, Stemmeisen, Pinsel

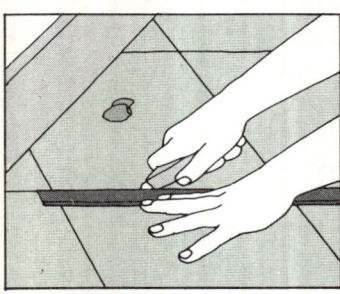

1. Die Kanten der schadhaften Korkfliese werden mit einem scharfen Messer und einem Metallineal eingeschnitten

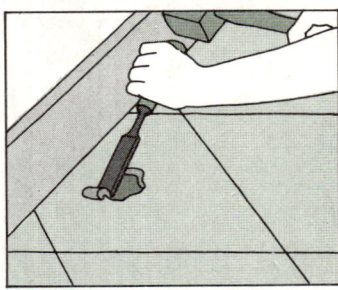

2. Die Fliese wird mit einem alten Stemmeisen herausgestemmt. Dabei arbeitet man von der Mitte aus zu den Rändern hin

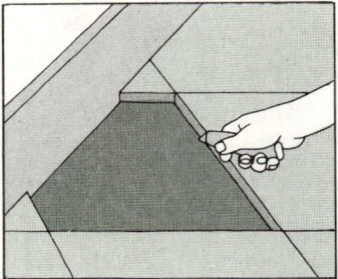

3. Bei Zementestrich alten Kleber abkratzen; bei Holzboden die Filzpappeunterlage ringsum bis zum Untergrund durchschneiden

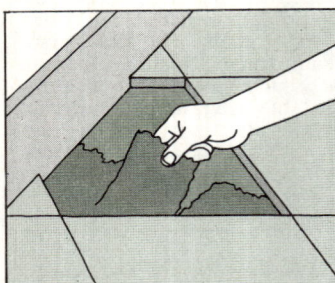

4. Die Filzpappe herausreißen, alte Nägel entfernen und die Lücke sauber ausfegen. Darauf achten, daß gesunde Kanten nicht beschädigt werden

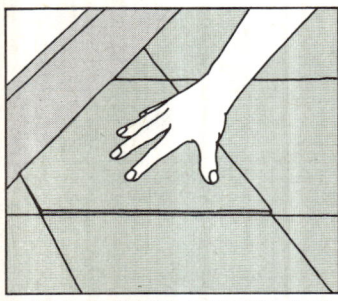

5. Neue Korkplatte entsprechend zuschneiden (siehe S. 93). Vor dem endgültigen Verkleben probeweise einpassen

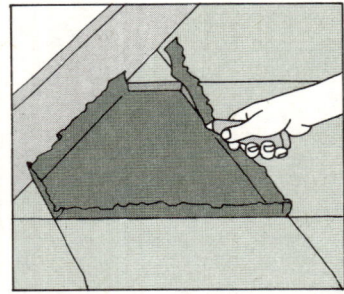

6. Bei Holzböden ein Stück Filzpappe in die Lücke drücken. Die Ränder müssen sauber abgeschnitten werden und dürfen nicht hochstehen

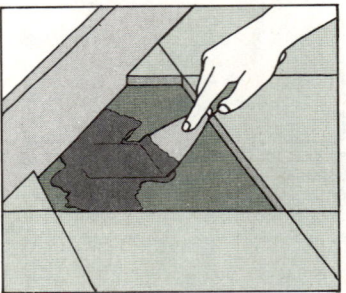

7. Kleber auf den Zementestrich oder die Filzpappe auftragen und mit dem Spachtel gleichmäßig verstreichen. Nie zu dick auftragen

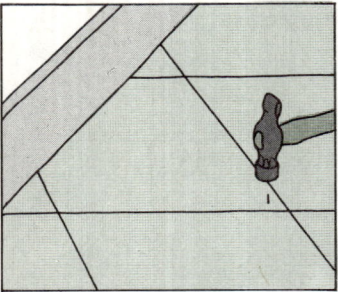

8. Korkfliese einsetzen, bei Holzboden die Ecken mit Stauchkopfnägeln befestigen, ihre Köpfe versenken und die Platte versiegeln

---

Keramikfliesen anreißen

Vor einer Reparatur an Keramik- oder Steinzeugfliesen muß man sich vergewissern, ob Ersatzfliesen in der richtigen Farbe, Größe und Dicke zu haben sind. Deshalb nehmen Sie am besten ein Stückchen der schadhaften Fliese zum Einkauf mit.

Da Keramik- und Steinzeugfliesen schwierig zu schneiden sind, setzt man komplizierte Formen mit Ausschnitten am besten aus kleineren quadratischen oder rechtwinkligen Stücken zusammen. Rechtwinklige oder gekehlte Verbindungsfliesen, die als Übergang zu gekachelten Wänden oder auch nur als Fußleiste dienen, gibt es kaum mehr. Man muß sie durch Normalfliesen ersetzen.

Material: Passende Fliesen
Werkzeug: Bleistift, Lineal

1. Wenn eine unregelmäßig geformte Fliese gebraucht wird, markiert man zunächst eine Kante der Unterseite mit einem Pfeil

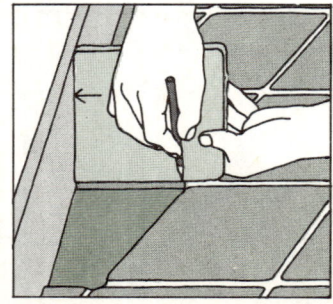

2. Dann wird die Fliese mit der Pfeilseite an die Fußleiste gehalten und die benötigte Breite mit dem Bleistift angezeichnet

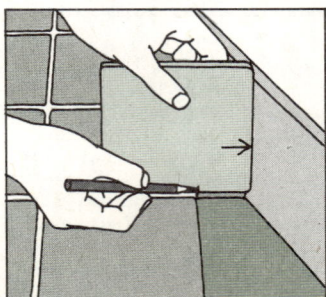

3. Die Fliese mit der Pfeilseite an die andere Kante der Lücke halten, um hier die nötige Breite markieren zu können

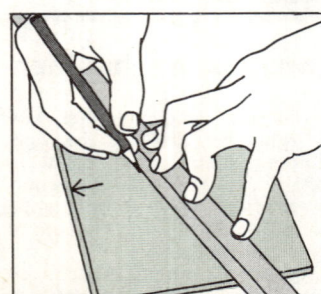

4. Beide Markierungen werden mit einer Bleistiftlinie verbunden. Dann zieht man eine zweite Linie im Fugenabstand parallel zur ersten

Keramik- und Steinzeugfliesen schneiden

Keramik- und Steinzeugfliesen sind für den Laien sehr schwer zu schneiden, weil sie leicht springen. Ein gutes Hilfsmittel ist ein Fliesenschneider. Wenn man aber unsicher ist, sollte man sich deshalb vor allem unregelmäßige Formen nach Möglichkeit vom Fachmann zurechtschneiden lassen.

Material: Fliesen
Werkzeug: Hammer, schmaler Meißel, Beißzange, Karborundschleifstein oder Schleifscheibe

1. Die angezeichnete Fliese wird auf Ziegelsteine gelegt und auf der Oberseite entlang der Markierungslinie eingekerbt

2. Man legt die Platte mit der Kerblinie nach oben auf die Kante einer harten Unterlage und bricht oder schlägt sie vorsichtig auseinander

3. Lassen sich schmale Stücke dieser Art nicht abbrechen, nimmt man eine Zange dazu. Schmale Streifen kann man auch Stück für Stück abbrechen

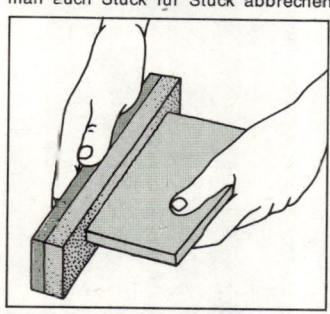

4. Gerundete Formen kann man nicht brechen, man muß sie nach dem Anreißen stückchenweise mit der Zange herausarbeiten

5. Die Bruchkanten werden mit der groben Seite des Karborundsteins oder mit einer Schleifscheibe sorgfältig geglättet

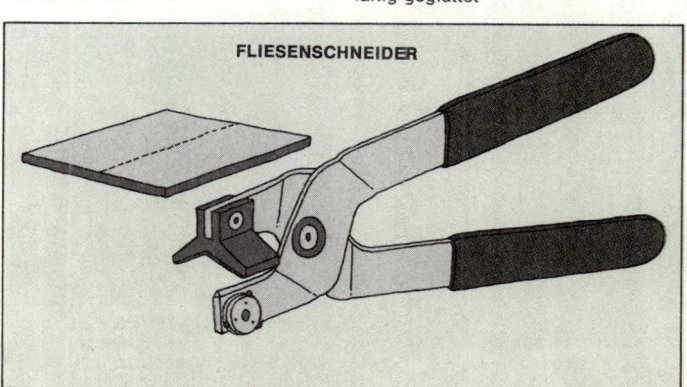

FLIESENSCHNEIDER

Steinzeug- und Natursteinfliesen ersetzen

Auch verhältnismäßig dicke Steinzeug- und Natursteinfliesen können beschädigt werden. Man zerschlägt sie dann vorsichtig in kleine Stücke. Hat man keinen Ersatz zu Hause, nimmt man ein Stück der alten Fliese als Muster mit zum Fachmann.

Material: Passende Fliesen, Fliesenkleber oder Zement und Sand
Werkzeug: Hammer, schmaler Meißel, Spitzkelle, Lappen oder Schwamm

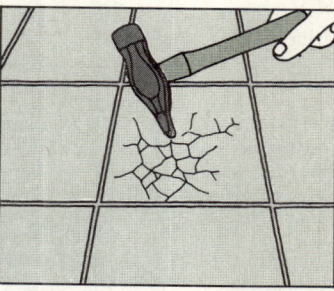

1. Mit vorsichtigen Hammerschlägen wird zunächst die ganze Oberfläche der schadhaften Platte in möglichst kleine Einzelstücke zerschlagen

2. Die Bruchstücke der Platte werden mit einem schmalen Meißel abgehoben. Dabei wird von der Mitte nach den Rändern zu gearbeitet

3. Das Mörtelbett wird mit dem Meißel geglättet. Man kratzt die Ecken aus und säubert die so freigelegte Fläche von allen Stein- und Mörtelresten

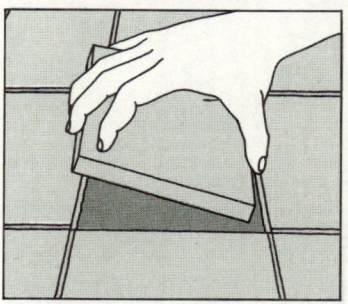

4. Die neue Platte probeweise einlegen. Ihre Oberfläche muß waagrecht und etwas tiefer als die der Nachbarplatten liegen

5. Platte herausnehmen und auf dem Grund eine dünne Kleberschicht oder Mörtel (Zement : Sand 1 : 3) auftragen und verstreichen

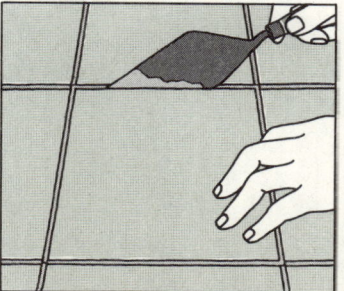

6. Die neue Platte in das Kleber- oder Mörtelbett drücken und ausrichten; überschüssiger Kleber muß sofort entfernt werden

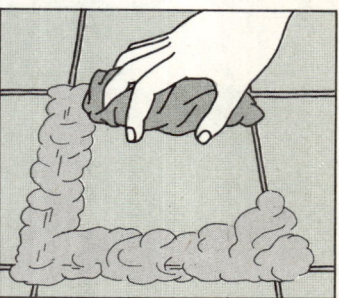

7. Nach 24 Stunden wird verfugt: Man reibt mit einem Lappen oder Gummischaber eine Zement-Sand-Mischung (1 : 4) fest in die Fugen (siehe S. 188)

Fußböden

Fußbodenfliesen im Mörtelbett verlegen

Will man einen Fliesenboden vergrößern oder müssen Teile davon ersetzt werden, sollten die neuen Fliesen in Farbe und Größe mit den vorhandenen alten möglichst gut übereinstimmen. Mit kleinen Unterschieden wird man sich allerdings manchmal abfinden müssen. Bei einfachgebrannten Fliesen ist die Farbe vom Tonmaterial abhängig, und auch die Brenntemperatur wirkt sich aus, so daß kleine Farbunterschiede so gut wie unvermeidlich sind.

Material: Fliesen, Zement, Sand, Sägemehl
Werkzeug: Wasserwaage, Richtlatte, Kelle, Traufel, Fluchtschnur

1. Nach sorgfältiger Säuberung des Untergrunds wird ein Mörtelbett aufgebracht und mit der Wasserwaage genau horizontal gestrichen

2. Dann überzieht man das Betonbett mit einer Richtlatte, die auf dem alten Fußbodenteil aufliegt. Regelmäßig mit der Wasserwaage kontrollieren

3. Feinere Unebenheiten werden mit der Traufel beseitigt und mit der Richtlatte kontrolliert. Der Untergrund sollte möglichst eben werden

4. Im Abstand von ein paar Fliesen wird parallel zum alten Fußboden eine Fluchtschnur gespannt, so daß kleine Abweichungen deutlich hervortreten

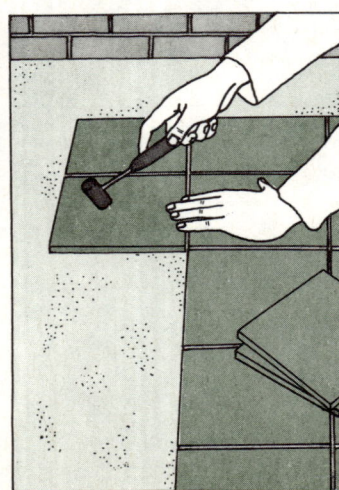

5. Auf das noch feuchte Mörtelbett wird Zement gestreut. Dann klopft man die Fliesen an ihren Platz und bestreut sie mit Sägemehl

Parkettböden ausbessern

Wenn ein Parkettboden beschädigt ist, braucht man nicht gleich den Fachmann zu holen. Es gibt heute Parkett der verschiedensten Ausführungen in Platten oder als Einzelhölzer zu kaufen.

Die Platten bestehen aus vielen, zu einem bestimmten Muster arrangierten Einzelhölzern, die von einem auf ihre Unterseite geklebten Fadengeflecht zusammengehalten werden.

Wenn man keine Einzelhölzer bekommt, aber weniger als eine Platte braucht, schneidet man die erforderliche Anzahl der Hölzer vom Geflecht und bewahrt die übrigen für etwaige spätere Reparaturen auf.

Material: Parkett, Kleber
Werkzeug: Scharfes Stemmeisen, altes Stemmeisen, Hobel, Holz- oder Gummihammer, Schleifpapier und -klotz, Zahnspachtel

PARKETTMUSTER

Würfelparkett, diagonal

Fischgrätmuster

Schiffsverband

1. Die schadhaften Parkettstäbe werden nacheinander mit scharfem Stemmeisen und Holzhammer entfernt; dabei arbeitet man immer von der Stabmitte nach den Enden zu

2. Die Kleberreste entfernt man mit einem alten Stemmeisen. Der Untergrund wird sorgfältig gesäubert. Erst dann trägt man mit dem Zahnspachtel eine dünne Kleberschicht auf

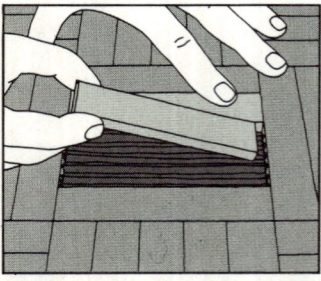

3. Wenn der Kleber etwas abgelüftet ist, werden die neuen Holzstreifen oder Plattenteile ins Kleberbett gedrückt. Austretender Kleber wird sofort abgewischt

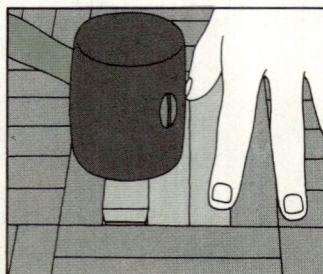

4. Ist der letzte Streifen zu breit, wird er an den Längsseiten schräg nach unten abgehobelt und eingeklopft. Die Stäbe schleift man glatt

Linoleum- und Kunststoffbahnen verlegen

Der Unterboden muß sauber, trocken und eben sein. Aus der Zimmerbreite errechnet man die Anzahl der Bahnen. In der Länge gibt man etwa 5 cm zu. Zunächst werden die Bahnen trocken und 2–3 cm überlappend ausgelegt. Dann schneidet man die Überlappungen in der Mitte auf einmal durch.

Material: Bodenbelag, Kleber
Werkzeug: Messer, Lineal, Zahnspachtel, Kombinationswinkel, Holzbrettchen

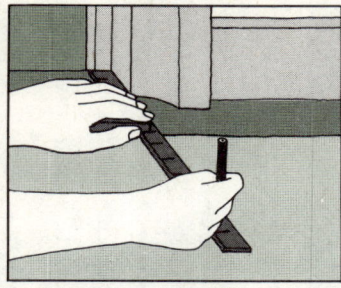

1. Notwendige Ausschnitte, z. B. bei Türöffnungen, werden mit dem Kombinationswinkel auf dem Belag konturgenau markiert

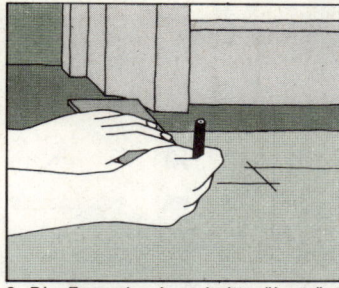

2. Die Form der Ausschnitte überträgt man dann mit dem Bleistift und einem Brettchen, das man am Profil entlangführt

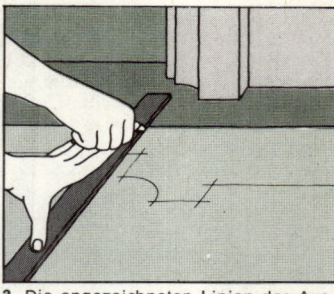

3. Die angezeichneten Linien des Ausschnitts werden auf der Oberseite des Belags mit einem scharfen Messer eingeritzt

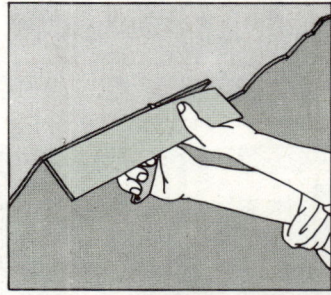

4. Der Belag wird an den eingeritzten Linien zurückgebogen und mit dem Messer von unten sauber durchgeschnitten

5. Die ausgeschnittene Bahn wird so an ihren Platz gelegt, daß die Kante der Nachbarbahn sie um 2–3 cm überlappt

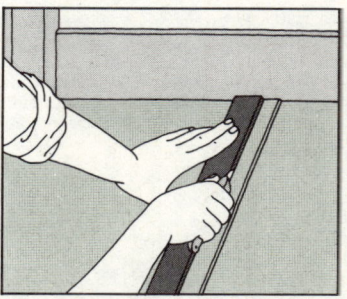

6. Das Metallineal auf die überlappenden Kanten legen und beide Schichten auf einmal durchschneiden. Abfallstreifen entfernen

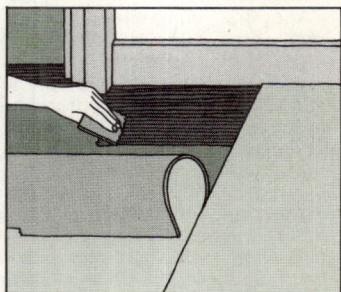

7. Jede Bahn halb zurückschlagen, Kleber auf den Boden streichen, Bahnhälften ankleben; dann folgen die anderen Hälften

Fußböden versiegeln

Bodenart	Vorbereitungsarbeiten		Versiegelungsmittel	Bodenpflege
	Alter Boden	Neuer Boden		
Holz (einschließlich Hartfaser- und Spanplatten)	Farbe abbeizen, Wachs und Fett mit Spiritus oder Wachsentferner beseitigen. Boden aufwischen und trocknen lassen. Hartnäckige Flecken mit Stahlwolle entfernen	Abschleifen, Staub entfernen, aufwischen und trocknen lassen	Versiegelungslack auf Kunstharz- oder Polyurethanbasis	Feucht aufwischen. Zwei- oder dreimal jährlich etwas Bodenpflegemittel auftragen und von Hand oder maschinell polieren, bevor es trocken ist
Kork	Politur mit Wachsentferner beseitigen. Hartnäckige Flecke mit Sandpapier oder Stahlwolle behandeln, jedoch alle Schleifmittel, besonders maschinelle, sehr vorsichtig verwenden	Falls Korkoberfläche nicht schon fertigbehandelt ist, maschinell abschleifen, fegen und aufwischen	Versiegelungslack auf Kunstharz- oder Polyurethanbasis	Feucht aufwischen. Zwei- oder dreimal jährlich etwas Bodenpflegemittel auftragen und von Hand oder maschinell polieren, bevor es trocken ist
Linoleum	Altes Wachs mit Wachsentferner beseitigen. Flecken mit Stahlwolle entfernen, mit Reinigungsmittel aufwischen, mit klarem Wasser nachspülen und trocknen lassen	Mit flüssigem Reinigungsmittel aufwischen, mit klarem Wasser nachwischen und trocknen lassen	Nur Versiegelungsmittel auf Acrylharzbasis oder vom Hersteller besonders empfohlene Mittel	Mop mit flüssigem Reinigungsmittel anfeuchten und damit wischen. Regelmäßig mit Acrylharzemulsion polieren, Gebrauchsanweisung des Herstellers beachten
Thermoplastische Kunststoff-, Asphalt- und Gummibeläge	Flüssigen Wachsentferner verwenden, kein Mittel, das Spiritus, Benzin oder Terpentin enthält	Mit Seifenwasser aufwischen, keine Spül- oder Reinigungsmittel verwenden. Mit Wasser nachspülen und trocknen lassen	Nur die vom Hersteller empfohlenen Versiegelungsmittel	Emulsionspolitur auftragen und von Hand oder maschinell polieren. Wachspolitur auf Paraffinbasis ist nicht geeignet

Fußböden

Zementestrich aufbringen und ausbessern

Auch ein Estrichboden sollte schall- und wärmedämmend sein. Deshalb legt man unter den Estrich eine Dämmschicht aus Weichfaserdämmplatten, Korkplatten oder Hartschaumplatten. Für einen solchen Aufbau muß eine Mindeststärke von 5–6 cm angenommen werden.

Zuerst wird der Untergrund sorgfältig gesäubert. Wenn er starke Unebenheiten aufweist, bringt man eine Ausgleichsschicht aus Flußsand und Zement im Verhältnis 1:1 auf.

Auf diesem Untergrund wird nun die Dämmschicht verlegt. Die Dämmplatten werden je nach Material lose verlegt oder geklebt. Danach sollte man sich gleich beim Kauf erkundigen. Wichtig ist noch, daß die Plattenstöße versetzt verlegt werden.

Auf die Dämmplatten wird der Estrich aufgebracht. Manche Platten müssen allerdings wegen der Feuchtigkeit mit Baufolie abgedeckt werden. Um die Oberfläche des Estrichs eben und waagrecht zu bekommen, legt man auf die Dämmplatten Abziehleisten, die möglichst gerade und so stark wie der Estrich (ca. 3–5 cm) sein sollten.

Der Estrich wird erdfeucht aus Flußsand und Zement im Verhältnis 1:3 gemischt und zwischen den Abziehleisten verteilt, mit einem Richtscheit grob abgezogen und sorgfältig mit einem Stampfer verdichtet. Dann zieht man den Estrich auf die richtige Höhe ab, indem man das Richtscheit mit Sägebewegungen über die Abzugsleisten führt. Man entfernt die Abzugsleisten, füllt die entstehenden Lücken mit Estrich, geht mit dem Reibebrett über die ganze Fläche und glättet sie mit der Traufel. Nach ca. 24 Stunden wird der Estrich mit einer Folie abgedeckt, damit er nicht zu schnell austrocknet. Nach etwa sechs Tagen ist er dann trittfest.

Einen schadhaften Zementestrich kann man leicht selbst ausbessern. Zuerst werden alle lockeren Teile weggemeißelt, die Ränder des unbeschädigten Estrichs mit dem Meißel aufgerauht und die Stelle sorgfältig gesäubert. Um eine gute Verbindung mit dem Unterbeton zu erreichen, wird eine Haftbrücke aus Zement und Flußsand im Verhältnis 1:1 auf Unterbeton und Ränder aufgebürstet.

Den Estrich bringt man je nach Estrichdicke in Schichten ein, die jeweils gut gestampft werden, zieht ihn bis auf die Höhe des bestehenden Teils mit einem Richtscheit ab und bearbeitet ihn mit dem Reibebrett und mit der Traufel.

Auch ausgebesserte Stellen sollten mit Folie abgedeckt und erst nach etwa sechs Tagen betreten werden.

Material:	Dämmplatten, Baufolie, Zement, Flußsand, Körnung 0–2, Wasser
Werkzeug:	Kelle, Schaufel, Reibebrett, Traufel, Betonstampfer, Richtscheit, Besen, Wasserwaage, Abzugsleisten

1. Man reinigt den Untergrund gründlich und ebnet eventuelle starke Unebenheiten mit einer Ausgleichsschicht aus Flußsand und Zement ein

2. Der Estrich wird aus Flußsand und Zement im Verhältnis 1:3 trocken durchgemischt und dann mit wenig Wasser gründlich durchgearbeitet

3. Die Abziehleisten werden auf die Dämmplatten gelegt. Die Leisten müssen die Dicke des Estrichs haben und genau waagrecht liegen

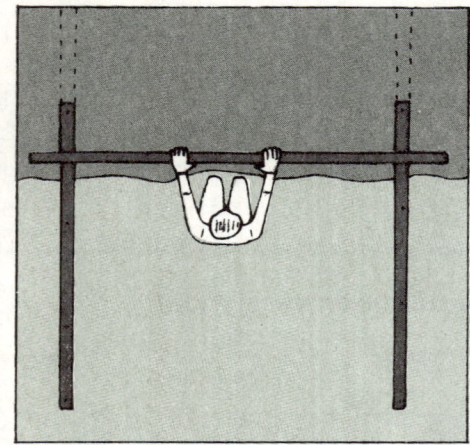

4. Der Estrich wird abgezogen, indem man das Richtscheit unter Druck mit Sägebewegungen über die Abziehleisten führt

5. Mit Fäustel und Meißel werden die lockeren Estrichteile losgeschlagen und die festen Ränder des umgebenden unbeschädigten Estrichs aufgerauht

6. Der Estrich wird in Schichten eingebracht, festgestampft und mit der Traufel geglättet. Größere Flächen zieht man mit dem Richtscheit ab

Einen Treppenläufer neu verlegen

Bevor man einen Treppenläufer aus Velours oder Plüsch verlegt, muß man den Strich, d. h. die Richtung des Flors, feststellen. Er muß treppabwärts laufen. Wenn man ihn treppaufwärts bürstet, muß sich der Flor aufstellen; treppabwärts gebürstet, wird er glatt und flach.

Am leichtesten läßt sich die Richtung des Strichs ermitteln, indem man mit der Hand über den Flor streicht.

Treppenläufer darf man niemals in der Laufrichtung umdrehen. Ein Läufer, der falsch liegt, nutzt sich schneller ab. Wenn sich bei einem Läufer Spuren beginnender Abnutzung zeigen, kann man ihn um etwa 8 cm nach oben schieben, vorausgesetzt, der Einschlag am unteren Ende ist genügend groß. Gleichzeitig befestigt man auf den Trittflächen Unterlagen aus Schaumstoff oder Filz, die man über die Trittkanten überhängen läßt.

Nachdem man den Läufer abgenommen hat, werden alle Unterlagen und Nägel von der Treppe entfernt und die Stufen gründlich gereinigt. Um verbrauchte Unterlagen zu ersetzen kauft man eine Rolle neues Material, das man zu etwa 25 cm breiten Streifen zurechtschneidet. Bei gewundenen Treppen wird der Läufer in den inneren Ecken jeder Stufe gefaltet. Die Falten werden nicht auf die Tritte, sondern gegen die Setzstufen gelegt.

Material: Blaustifte oder vermessingte Flachkopfstifte, Unterlagematerial nach Bedarf
Werkzeug: Beißzange, Klauenhammer

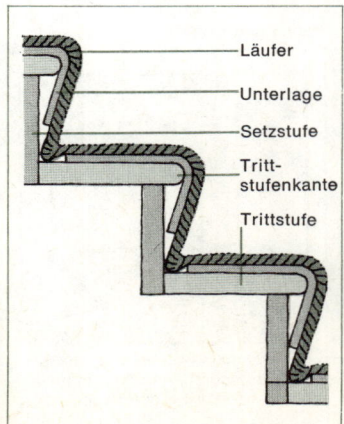

- Läufer
- Unterlage
- Setzstufe
- Tritt-stufenkante
- Trittstufe

EINE GEWENDELTE TREPPE

Will man eine gewendelte Treppe mit einem Läufer neu belegen, muß man zuerst die erforderliche Länge des Läufers bestimmen. Man nimmt entweder die Länge des alten Läufers oder mißt mit einer Schnur entlang der Linie an der Außenseite der Treppe, wo die Läuferkante liegen soll.

Man beginnt am unteren Treppenende, wobei der Strich des Teppichflors zu beachten ist. Der Läufer wird an seiner Außenkante die ganze Treppendrehung hinauf im Winkel zwischen Setz- und Trittstufe befestigt. Das überschüssige Material an der inneren Treppenseite wird gegen die Setzstufe eingeschlagen und mit drei über die Läuferbreite verteilten Nägeln befestigt. Die punktierten Linien in der Abbildung zeigen die Einschläge. Nach dem Festnageln wird der Läufer straff zur nächsten Stufe hochgezogen.

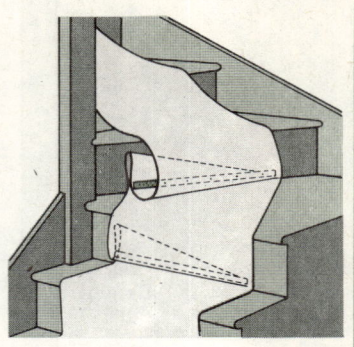

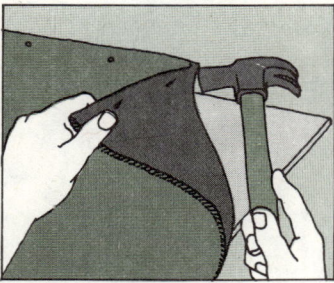

1. Man zieht zunächst einen Nagel an der oberen Läuferecke heraus und klopft die anderen Nägel von hinten mit dem Hammer heraus

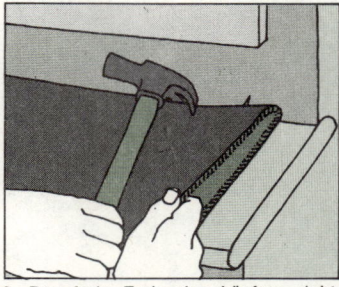

2. Das freie Ende des Läufers zieht man dann straff zurück und entfernt durch Hebeln mit dem Klauenhammer die Nägel in der Setzstufe

3. Das schon gelöste Läuferstück wird jeweils aufgerollt und auf die nächste Stufe nach unten gelegt, damit es bei der Arbeit nicht im Wege ist

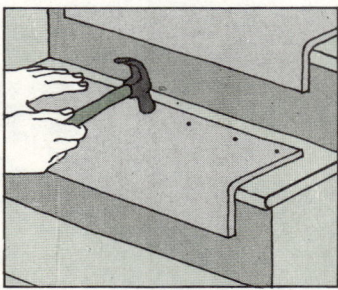

4. Wenn neue Unterlagen angebracht werden sollen, sind sie an ihrer oberen Kante 2 cm von der Setzstufe entfernt mit Blaustiften anzunageln

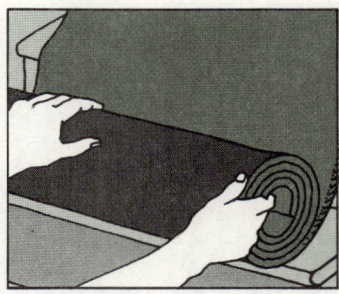

5. Damit der Flor richtig verläuft, legt man die Läuferrolle auf den Treppenaustritt, zieht ihn nach unten ab und rollt ihn oben wieder auf

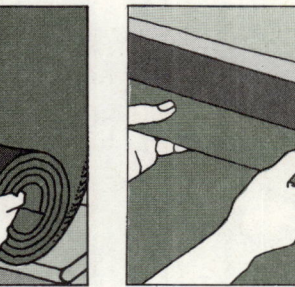

6. Das obere Läuferende wird um etwa 8 cm eingeschlagen. Ist schon ein Einschlag vorhanden, wird dieser um 8 cm vergrößert

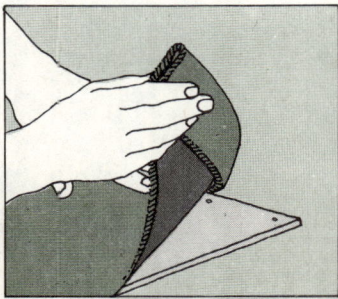

7. Nun muß man die Einschlagkante genau gegen die Unterlage des Austritts legen und den oberen Rand des Läufers in der Mitte festnageln

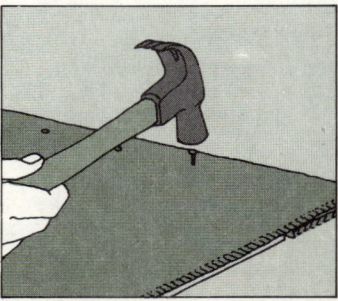

8. Die Kante des Läufers muß parallel zur Treppenkante liegen, dann wird der obere Rand von der Mitte aus in Abständen von etwa 8 cm festgenagelt

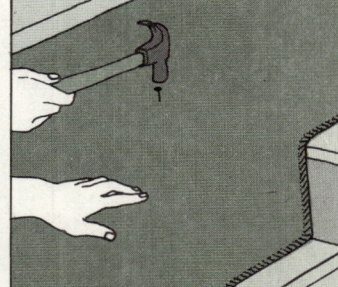

9. In die Kante der ersten Stufe wird provisorisch ein Nagel geschlagen und der Läufer fest in den Winkel darunter gedrückt *(Forts. S. 100)*

Fußböden

(Fortsetzung von S. 99)

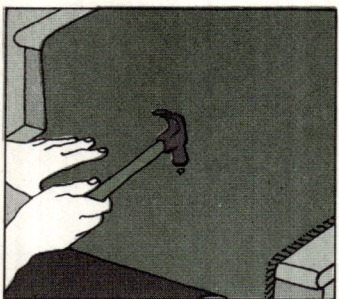

10. Nun wird der Läufer von der Mitte aus zur Kante hin dicht an der Setzstufe mit fünf Nägeln auf die Trittstufe genagelt

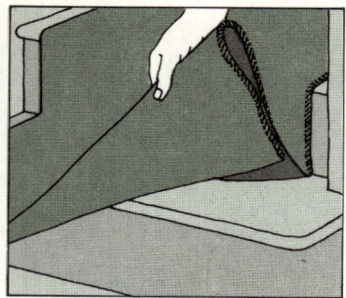

11. Der Läufer wird auf den anderen Stufen in der gleichen Weise befestigt. Er muß straff und gerade sitzen. Das untere Ende wird eingeschlagen

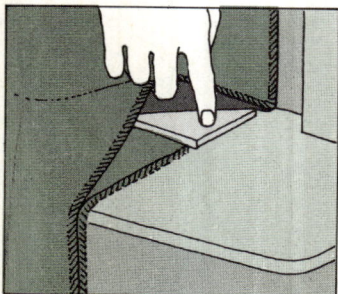

12. Der Einschlag wird geglättet und die Lücke zwischen seinem Ende und der Setzstufe mit einem passend geschnittenen Unterlagstück ausgefüllt

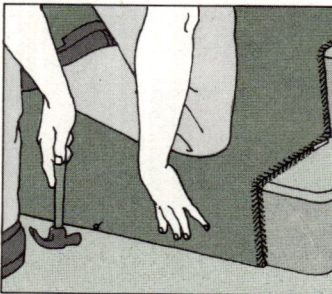

13. Der untere Läuferrand wird in der Mitte mit einem Nagel befestigt, dann in Abständen von 8 cm nach beiden Kanten hin angenagelt

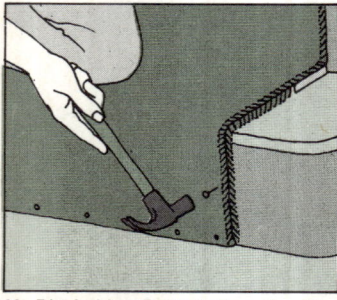

14. Die beiden Seitenkanten des Einschlags werden jetzt in halber Höhe der Setzstufe mit je einem Nagel befestigt

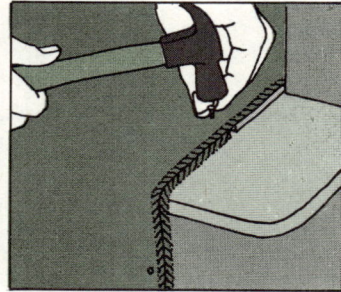

15. Zum Schluß muß man beide Seitenkanten dicht vor dem Ende des Einschlags mit je einem Nagel auf der Trittstufe befestigen

EINE TREPPE MIT TEPPICH BEKLEBEN

Neben der oben beschriebenen Methode ist es auch möglich, den Teppichbelag auf die Treppe zu kleben.

Wenn keine Trittkantenprofile verwendet werden (siehe S. 166), muß der Belag von Trittstufe und Setzstufe in einem Stück zugeschnitten werden. Bei gewendelten Treppen macht man sich am besten vor dem Zuschneiden eine Kartonschablone der Trittstufe.

Setz- und Trittstufe werden mit Teppichkleber bestrichen. Dann wird der Belag unten an der Setzstufe mit Teppichnägeln befestigt, mit einem Kniespanner (in Teppichgeschäften zu leihen) über die Stufe gezogen und im Winkel zwischen Tritt- und Setzstufe angenagelt.

Zum Schluß wird der Teppichbelag in allen Winkeln zwischen Tritt- und Setzstufe mit einer Hartholzleiste und einem Hammer fest angeklopft.

Läufer mit Hakenleisten verlegen

Auf geraden Treppen, vor allem wenn sie breit sind, werden Treppenläufer oft mit Hakenleisten verlegt, da diese einen besseren Halt bieten als etwa eine Stange mit Ösen. Diese rechtwinkligen Leisten werden in den Winkel zwischen der Trittstufe und der Setzstufe genagelt oder geschraubt. Die Innenflächen der Leisten sind mit kleinen Haken versehen, die in die Rückseite des Teppichs greifen und ihn auf diese Weise befestigen.

Mit Hakenleisten läßt sich sehr schnell und handlich arbeiten, allerdings muß man vorsichtig sein, wenn man den Läufer entfernen will, damit der Rücken nicht beschädigt wird.

Bevor man den Läufer neu verlegt, werden die Stufen gründlich gereinigt und beschädigte Hakenleisten sowie verschlissene Unterlagen ersetzt.

Material: Neue Unterlagen und Hakenleisten nach Bedarf
Werkzeug: Dünne Hartholzleiste oder Hartfaserstreifen

1. Die Nägel in der oberen Läuferkante werden entfernt, dann schlägt man den Läufer auf die Stufe darunter zurück

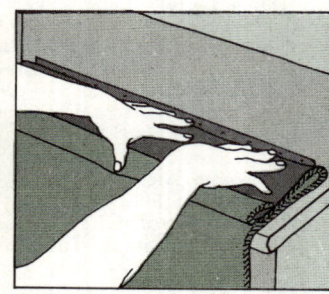

2. Der Läufer wird durch Drücken mit den Fingerspitzen auf der ganzen Breite von der oberen Hakenreihe gelöst

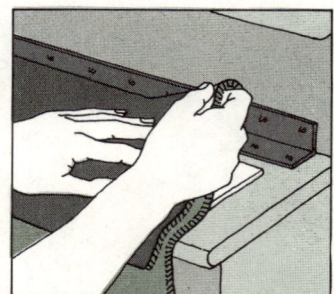

3. Der Läufer wird mit der einen Hand in den Winkel der Stufe gedrückt und mit der anderen von der unteren Hakenreihe gelöst

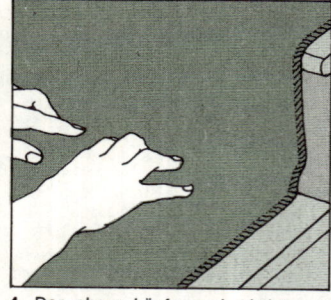

4. Der obere Läuferrand wird 8 cm eingeschlagen und der Läufer von der Mitte aus neu in die Winkel der Stufen gedrückt

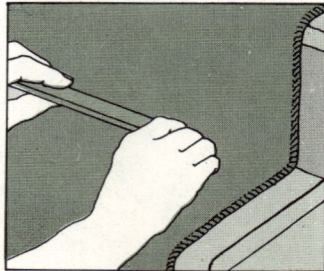

5. Der Läufer wird mit einem Stück Hartholzleiste fest in den Winkel der Stufe und der Hakenleiste eingepreßt, bis er festsitzt

Mit den Hakenleisten kann man eine durchgehende Unterlage sowie Einzelstücke befestigen

Teppichböden mit Klebestreifen verlegen

Grundsätzlich können Teppichböden auf jeden Unterboden, auf Estrich, Stein, Holz oder Spanplatte, sowie auf jeden Linoleum- oder Kunststoffbelag verlegt werden. Ob der Belag vollflächig oder nur an den Rändern und Anschlußstellen mit Klebeband befestigt wird, hängt von der Raumgröße ab. Als Richtwert kann ein Zuschnitt von etwa 25 m² angenommen werden. Ist der betreffende Raum größer, sollte der Belag vollflächig verklebt werden.

Unterboden
Unebene und rauhe sowie mit Rissen versehene Unterböden müssen mit Spezialspachtelmasse ausgefüllt werden, da sich die Teppichware an diesen Stellen vorzeitig abnützen oder einsacken kann. Auch an den Klebebandauflagen sollte unbedingt gespachtelt werden. Keine gipshaltigen Spachtelmassen oder gar Gips verwenden. Lose liegende und federnde Holzfußbodenriemen müssen auf den Lagern festgeschraubt werden. Gegebenenfalls verbindet man sie gegenseitig mit gestauchten Drahtstiften.

Zuschnitt
Lieber zweimal messen, als einmal falsch schneiden, diese alte Handwerkerregel gilt auch beim Teppichzuschnitt. Man mißt die Ware so aus, daß an den Rändern ein Überstand zum späteren Einschneiden bleibt.

Sockelleisten
Als Wandabschluß eignen sich Sockelleisten aus Naturholz, die man mit Messing-Linsenkopfschrauben an die Wand dübelt. Es gibt auch spezielle Teppichsockelleisten, auf die ein Streifen aus dem Fußbodenmaterial aufgeklebt wird. Optisch erscheint der Teppich an der Wand hochgezogen.

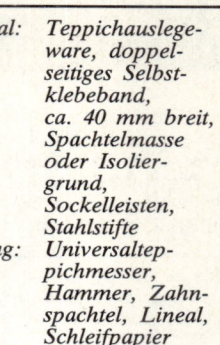

Material:	Teppichauslegeware, doppelseitiges Selbstklebeband, ca. 40 mm breit, Spachtelmasse oder Isoliergrund, Sockelleisten, Stahlstifte
Werkzeug:	Universalteppichmesser, Hammer, Zahnspachtel, Lineal, Schleifpapier K 80

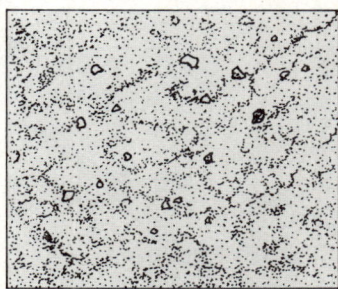

1. Rauhe Unterböden abspachteln, sonst leidet der Teppich, und der Klebestreifen hält nicht. Anschließend Spachtelmasse glatt abziehen

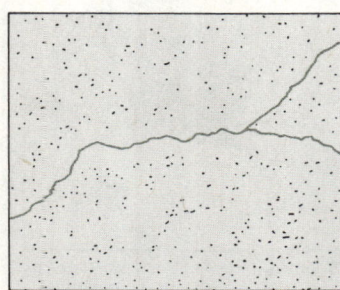

2. Risse im Unterboden lassen oft auf lose Stellen schließen, daher nicht einfach zuspachteln, sondern durch Abklopfen Unterboden vorher prüfen

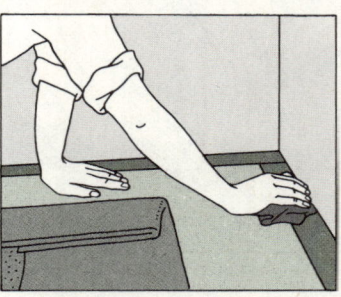

3. Doppelseitiges Selbstklebeband auf glatten, staub- und fettfreien Untergrund faltenfrei aufkleben, mit einem Lappen oder Roller fest andrücken

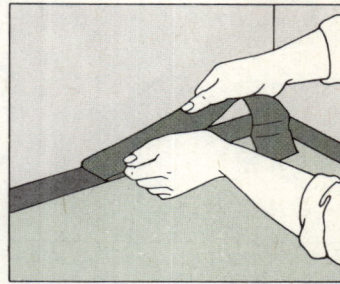

4. Papierschutzschicht vorsichtig abziehen. Teppichrand fest auf Klebeschicht auflegen, mit leichten Hammerschlägen anklopfen

5. Zur Bestimmung der Mittelfuge eine Bahn einlegen und Stoßkante auf Unterboden anzeichnen, dann Klebeband hälftig überlappend aufkleben

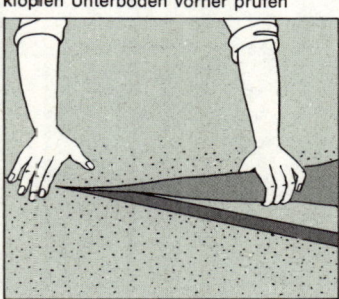

6. Papierstreifen abziehen und die erste Bahn mit der Kante auf Mitte auf Klebestreifen auflegen, dann die zweite Bahn einklappen

7. Mit dem Hammer Klebestelle gut anreiben, dabei auf die Stoßfuge achten. Klaffen und Überlappen durch Schieben oder Ziehen ausgleichen

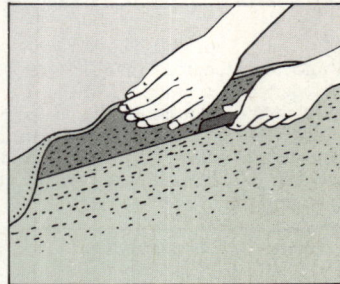

8. Überstände an Wandseiten, Türfutter oder Nischen erst mit dem Rücken des Universalmessers einstreichen und dann erst abschneiden

9. Bei großflächigen Böden können an der Stoßfuge Spannungen auftreten. Es ist deshalb gut, die Stoßfuge vollflächig zu verkleben

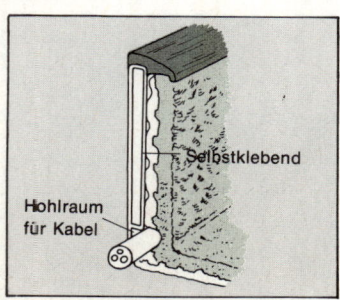

10. Die als Wandabschluß dienende Teppichsockelleiste ist so ausgebildet, daß sie ein Elektrokabel geschickt verbergen kann

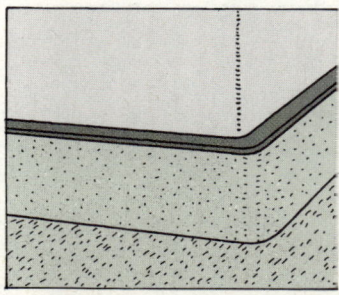

11. Die obere Abdeckung aus PVC schützt die Oberkante des Teppichstreifens. An den Außen- und Innenradien nur Sockelkern einschneiden

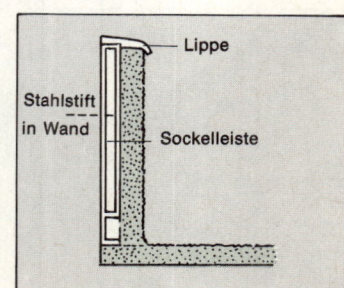

12. Teppichstreifen zwischen Teppichboden und PVC-Lippe einpassen. Schutzstreifen vom Klebeband abnehmen und Teppichstreifen andrücken

Fußböden

Einen Florteppichrand abbinden

Die Schnittkante eines geknüpften oder gewebten Teppichs muß man abbinden, damit sie nicht ausfranst. Man benutzt dazu Teppichband und Latexkleber oder selbstklebendes Teppichband.

Material: 25 mm breites Teppichband, Latexkleber
Werkzeug: Messer, Schere

1. Die Rückseite der Schnittkante wird mit einem Stoffläppchen 25 mm breit mit Latexkleber bestrichen

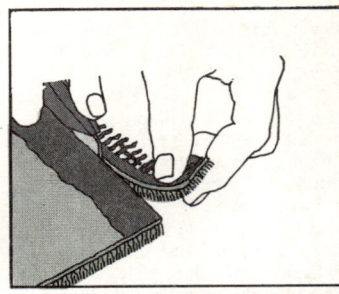

2. An der zweiten Knüpf- oder Kettreihe nach der Kante wird der Rand mit dem Messer abgeschnitten

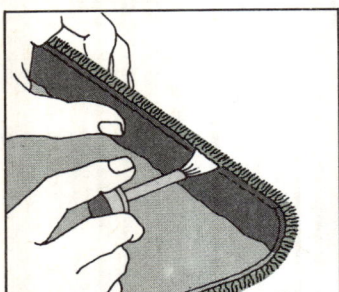

3. Die Kante des Teppichrückens (jedoch nicht den Flor) tränkt man mit Kleber und läßt sie trocknen

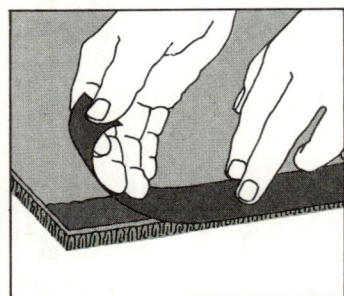

4. Man bestreicht das Band mit Kleber, läßt ihn antrocknen und klebt das Band 3 mm überstehend an die Kante

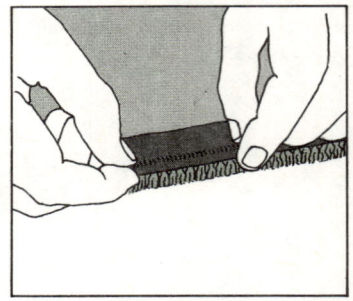

5. Dann wird das Band um die Teppichkante umgebogen und angedrückt. Überstehende Bandenden abschneiden

Teppichkanten verbinden

Manche Teppiche haben als Ränder sogenannte Webkanten, bei denen die Fäden nicht aufgehen. Die Kanten solcher Teppiche werden einfach mit einem gewachsten Teppichgarn ohne weitere Vorbehandlung zusammengenäht.

Material: Gewachstes Teppichgarn, Latexkleber
Werkzeug: Teppichnadel, Hammer, Schere

1. Die Teppiche Flor auf Flor und Kante auf Kante aufeinanderlegen und die Schlingen nach innen schieben

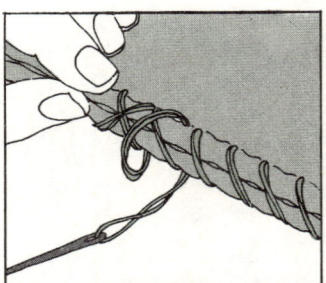

2. Die Kanten mit Überwendlingsstichen verbinden, dabei die Schlingen notfalls mit der Nadel hineindrücken

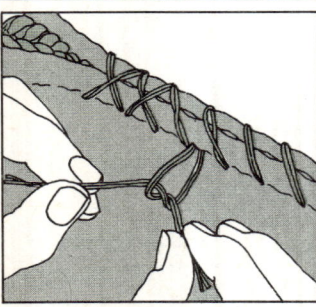

3. Geht ein Nähfaden zu Ende, muß man zwei Stiche zurücknähen und dann den neuen Faden anknoten

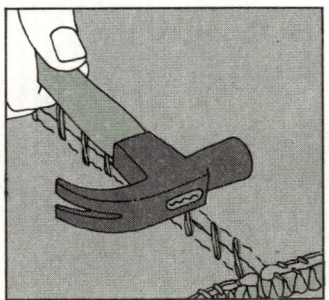

4. Die zusammengenähten Teppiche mit der Rückseite nach oben auseinanderlegen. Naht festklopfen

5. Latexkleber auf die Naht verteilen und mit den Fingern einreiben. Vor dem Auflegen gut trocknen lassen

Einen Juteteppich einfassen

Um die Kanten eines Juteteppichs einzufassen, braucht man eine Teppichnadel, gewachstes Teppichgarn und starkes Leinenband. Das Band wird um die Kanten gelegt und festgeklebt.

Material: Starkes Teppichband, Latexkleber, gewachstes Teppichgarn
Werkzeug: Schere, Teppichnadel, Stofflappen

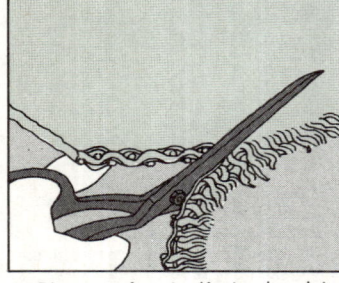

1. Die ausgefranste Kante des Juteteppichs mit einer scharfen, großen Schere gerade und sauber beschneiden

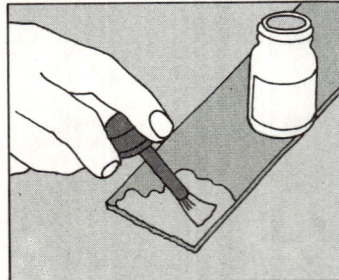

2. Streifen Teppichband 5 cm länger als die Teppichkante zuschneiden; Enden 5 cm breit mit Kleber bestreichen

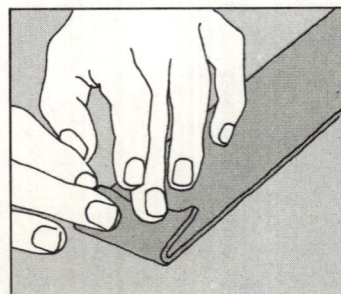

3. Kleber einreiben, antrocknen lassen; Streifenenden 25 mm weit umfalten, aufeinanderkleben

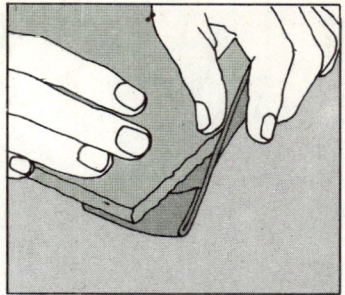

4. Streifen in halber Breite unter den Teppichrand legen und gleichmäßig um den Teppichrand falten

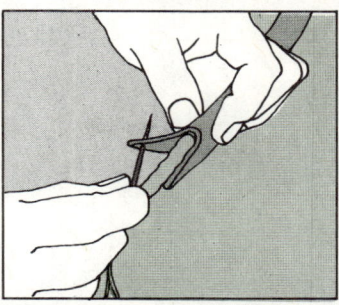

5. Das Band wird beim Nähen auf der Teppichkante festgehalten. Um den Knoten im Faden zu verdecken, sticht man zuerst von unten durch das Band

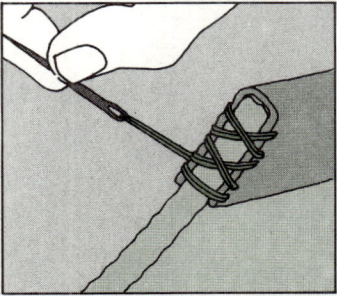

6. Als erstes werden die Enden des Bandes mit straffen Überwendlingsstichen gesichert, die sich hin und zurück überkreuzen

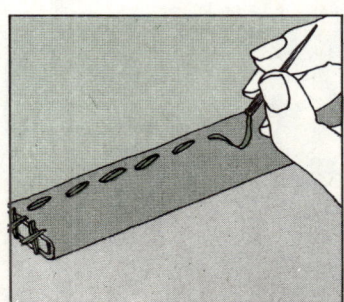

7. Die Längsseiten des Bandes werden durch Vorderstiche dicht an den Kanten entlang befestigt. Das Fadenende an der Unterseite verknoten

Teppiche mit Schaumrücken

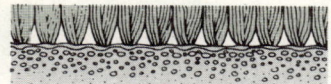

Teppiche mit Schaumrücken können mit selbstklebendem Teppichband aneinandergesetzt werden. Die Kanten müssen gerade sein, und der Flor muß in der gleichen Richtung laufen.

Die Teppichstücke werden auf dem Boden so ausgelegt, daß die Kanten fest aneinander stoßen. An einer Ecke heftet man sie mit Drahtnägeln am Untergrund fest. Dann schlägt man die freien Enden so weit zurück, daß das Klebeband in der Mitte unter der Nahtstelle liegt.

Darauf wird erst die eine und dann auch die zweite Endkante auf die Unterlage gedrückt. Nach dem Kleben klopft man entlang der Naht mit leichten Hammerschlägen auf die Oberseite des Teppichs. Hilfsnägel entfernen.

> *Material:* Selbstklebendes Teppichband
> *Werkzeug: Scharfes Messer oder große, scharfe Schere, Hammer*

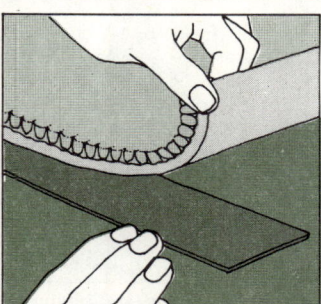

1. Band etwas länger als der Teppich abschneiden und den Schaumrücken in der Bandmitte auflegen

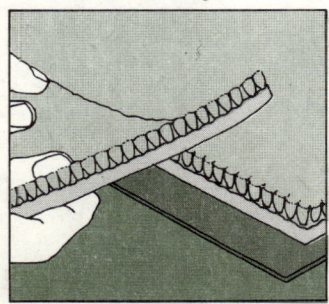

2. Das zweite Teppichstück genau an die Kante des ersten pressen. Bandenden beschneiden

Nichtrutschender Läufer

Es gibt fertige nichtrutschende Unterlagen für Teppichläufer zu kaufen. Im allgemeinen ist es aber billiger, eine dünne Kunststoffschaumplatte zu besorgen und sie mit Latexkleber unter den Läufer zu kleben. Der Schaumstoff soll ringsum 1 cm kleiner sein als der Läufer, auf dessen Rückseite er befestigt wird.

> *Material: 5 mm dicker Kunstschaumstoff, Latexkleber (Gummilösung), alter Lappen*
> *Werkzeug: Schere*

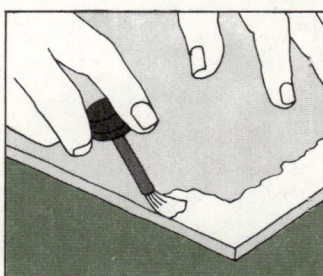

1. Unterlage zuschneiden. Auf die Kanten und auf Querstreifen in Abständen von 15 cm Latexkleber aufbringen

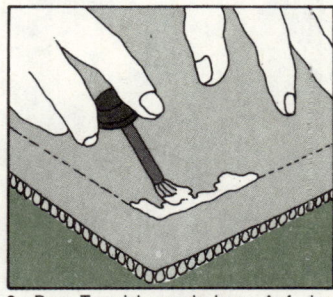

2. Den Teppich umdrehen. Auf der Rückseite ca. 10 cm vom Rand einen Streifen Kleber auftragen

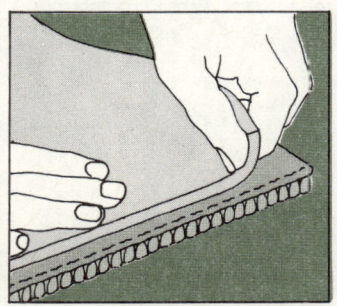

3. Kleber auf Teppich und Unterlage trocknen lassen, beide Teile aufeinanderlegen und zusammendrücken

Einen Florteppich reparieren

Wenn ein geknüpfter oder gewebter Teppich an einer Stelle stark abgenutzt ist, kann man ihn ausbessern.

Um einen Flicken sauber einzusetzen, muß man den Teppich so weit zurückschlagen, daß man an der Unterseite auf ebener Unterlage gut arbeiten kann. Um die Reparaturstelle herum wird mit einigen Teppichnägeln das ganze Stück rutschfest am Boden fixiert. Es sollte ohne Verspannung eben aufliegen, damit sich die Kanten nicht verziehen. Man legt eine harte Unterlage unter die Schnittkanten und schneidet mit einem scharfen Messer die schadhafte Stelle heraus.

> *Material: Latexkleber (Gummilösung), Leinenband, alter Lappen*
> *Werkzeug: Filzschreiber, scharfes Messer, kleines Brett*

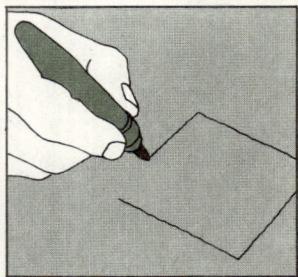

1. Den Teppich umdrehen und auf der Rückseite mit Filzschreiber ein Quadrat um die schadhafte Stelle zeichnen

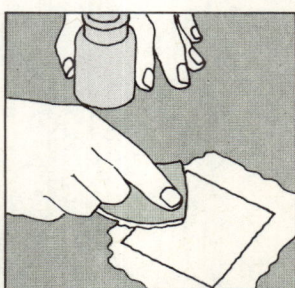

2. Das Quadrat und 3 cm darüber mit Latexkleber bestreichen und mit altem Lappen einreiben. Linien eventuell nachziehen (Forts. S. 104)

Fußböden

(Fortsetzung von S. 103)

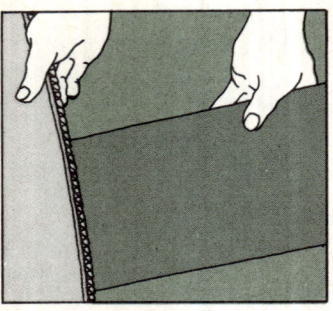

3. Unter die schadhafte Stelle wird ein Brett geschoben, um die Unterlage beim Ausschneiden vor ungewollten Schnitten zu schützen

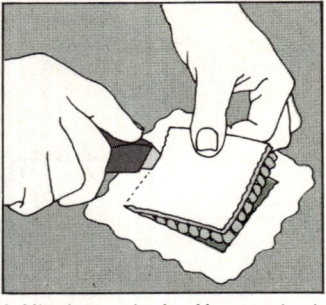

4. Mit einem scharfen Messer schneidet man nun entlang der angezeichneten Linien das schadhafte Stück vorsichtig heraus

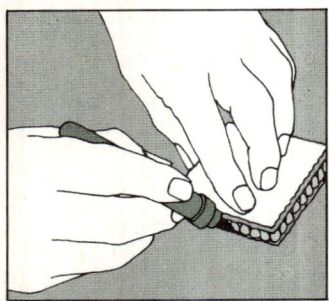

5. Das Quadrat auf den passenden Teppichrest legen, dabei das Muster nach Möglichkeit anpassen. Die Konturen anzeichnen und ausschneiden

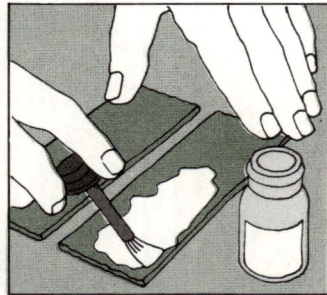

6. Die Streifen Teppichband so zurechtschneiden, daß das Quadrat über die Ränder hinaus bedeckt ist. Dann mit Kleber bestreichen

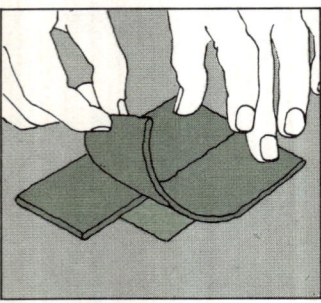

7. Die Teppichbandstreifen auf der Teppichrückseite so über das Loch kleben, daß sie ringsum 2,5 cm überstehen

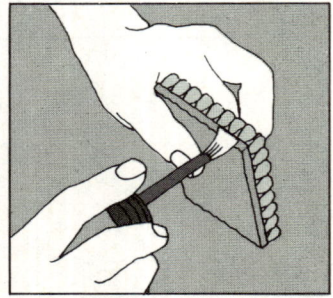

8. Den Rücken und die Kanten des Flickens mit Kleber bestreichen und einreiben. Der Kleber darf dabei nicht auf den Flor kommen

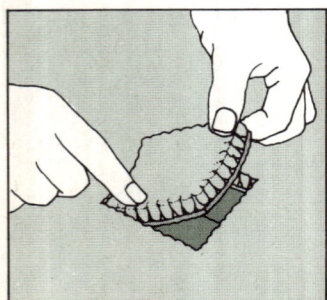

9. Der Flicken wird jetzt eingesetzt und angedrückt. Dabei muß man darauf achten, daß Muster und Strich richtig verlaufen

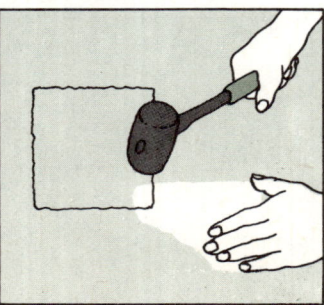

10. Abschließend wird das neue Stück vor allem an den Rändern mit einem Gummihammer gut angeklopft, bis es sich eben einpaßt

Teppiche mit Schaumrücken reparieren

Nach dem Verlegen sollten Teppichreste aufbewahrt werden. Hat man keine, schneidet man dort einen Flicken aus dem Teppich, wo er von Möbeln bedeckt ist.

> *Material:* Teppichflicken, Drahtstifte, Klebeband
> *Werkzeug:* Scharfes Messer oder Schere, Hammer

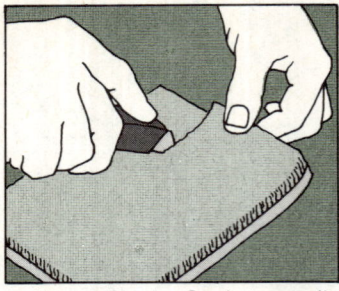

1. Man mißt ein Quadrat um die schadhafte Stelle herum aus und schneidet ein etwas größeres Ersatzstück aus einem Teppichrest zu

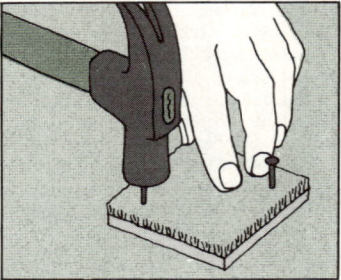

2. Nun wird das Stück mit gleichlaufendem Flor auf die schadhafte Stelle gelegt und mit zwei Nägeln provisorisch aufgeheftet

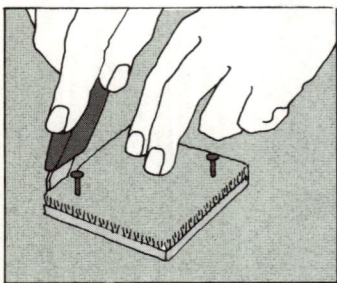

3. An den Kanten des Quadrats entlang kann man jetzt mit einem scharfen Messer den Teppich sauber und gerade durchschneiden

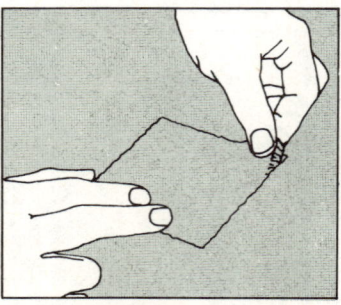

4. Das Ersatzstück wird probeweise eingepaßt. Vom Klebeband schneidet man Streifen ab, die 5 cm länger sind als das Loch

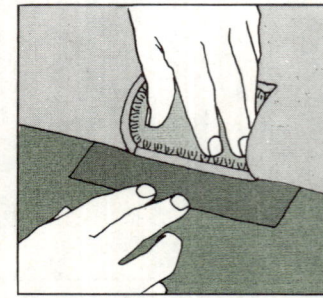

5. Den Teppich schlägt man zurück und befestigt die Klebestreifen in halber Breite unter einer Kante des ausgeschnittenen Lochs

6. Drei weitere Streifen Klebeband werden jetzt in der gleichen Weise unter die anderen Kanten des Lochs geklebt

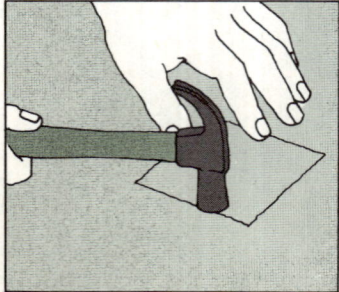

7. Den Teppich wieder flach legen und das Ersatzstück auf die Klebestreifen in das Loch einsetzen; Nahtlinien mit dem Hammer glätten

Einen Wollteppich reparieren

Kleine Löcher in Wollteppichen, z. B. Brandstellen von Zigaretten, lassen sich mit vierfädiger Wolle reparieren.

Diese Wolle muß natürlich farblich genau auf den Teppich abgestimmt sein.

Zunächst entfernt man die beschädigten Wollfäden mit einer scharfen Nagelschere, dann schneidet man so viel Wolle zurecht, daß das entstehende Büschel fest in das mit Klebstoff eingestrichene Florloch eingepreßt werden kann.

Material: Vierfädige Wolle, Latexkleber
Werkzeug: Schere, Nagelschere, Nadel, Zahnstocher

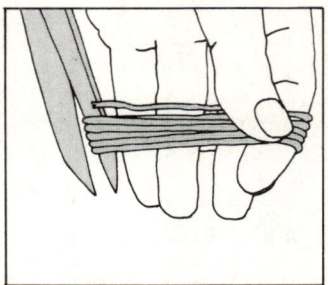

1. Man wickelt genügend Wolle für die Reparatur um die Finger einer Hand und schneidet den Wickel an beiden Enden durch

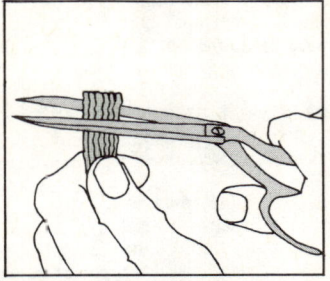

2. Die Wollfäden legt man aneinander und schneidet so viele 15 mm lange Stücke ab, daß der Pfropfen das Loch füllt

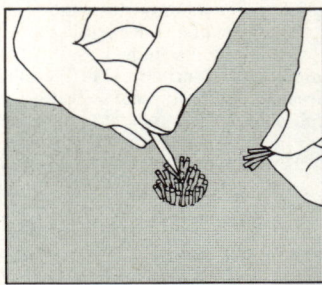

3. Mit dem Zahnstocher oder Streichholz tupft man Kleber in das Loch und drückt die Fäden nacheinander in den Kleber

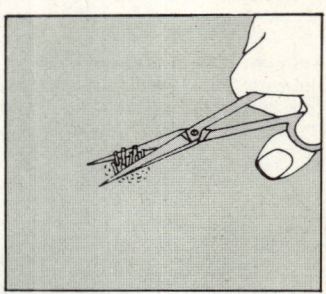

4. Kleber trocknen lassen, Fadenenden mit Nagelschere beschneiden und mit einer Nadel die Fäden mit der umgebenden Wolle verstreichen

Eine Metallschiene anbringen

Wenn sich die Kanten eines Läufers oder Teppichs aufbiegen, kann man sie mit einer metallenen Teppichschiene am Boden befestigen.

Auslegeteppiche befestigt man an den Wänden entlang mit Nagelleisten, die auf den Fußboden genagelt werden und in die man die Teppichränder eindrückt. Bei dieser Methode spricht man von Spannteppichen. Auslegeteppiche mit Schaum- oder Kompaktrücken lassen sich jedoch ganz einfach mit doppelseitig klebendem Teppichband befestigen.

Material: Teppichschienen, Blaustifte, Holzstück
Werkzeug: Hammer, Filzstift, Messer, Metallsäge

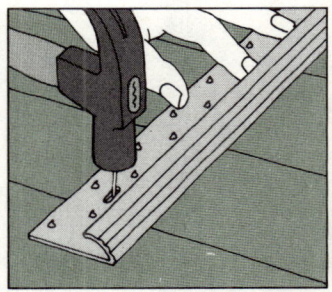

1. Die Schiene wird mit der Metallsäge zugeschnitten, auf den Boden gelegt und mit Flachkopfstiften angenagelt

2. Hat der Teppich einen Schaumrücken, wird er auf die Metallschiene gelegt, aber noch nicht in sie hineingeschoben

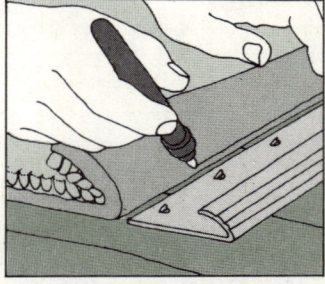

3. Den Teppichrand biegt man jetzt zurück und markiert die Schnittkante entlang der Schiene mit einem Filzschreiber

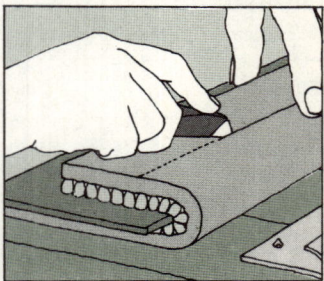

4. Ein Brett unter den Teppichrand schieben und den Schaumstoff entlang der Linie einschneiden; das Gewebe nicht beschädigen!

5. Der Schaumstoffstreifen wird zwischen Rand und eingeschnittener Linie von der Teppichrückseite abgezogen

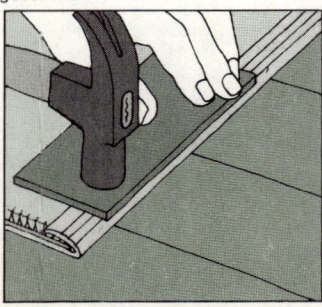

6. Der Teppichrand wird in die Schiene geschoben und die Lippe der Schiene mit Hammer und Holzunterlage auf den Teppich aufgeklopft

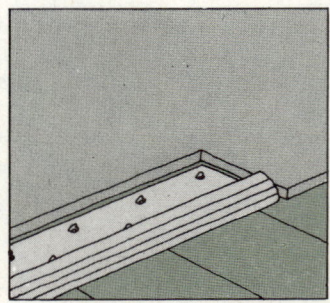

7. Bei einem Teppich mit einem Geweberücken wird der Ausschnitt für die Schiene in der Unterlage ausgespart

8. Den Teppichrand schiebt man in die Schiene und klopft die Metallippe mit Hammer und Holzunterlage auf den Teppich

Gipserarbeiten

Gipsputz ausbessern

Große Wandflächen zu verputzen, sollte man am besten einem Fachmann überlassen; kleinere Putzschäden dagegen kann jeder selber leicht beseitigen.

Putzschäden, die durch eingedrungene Feuchtigkeit entstanden sind, sollte man erst beseitigen, wenn die Schadensursache abgestellt ist.

Auf gute Haftung kommt es an
Um eine gute Verbindung zwischen Wand und Putz zu erreichen, muß die Wand entsprechend vorbereitet werden. Dabei wird sie von allen

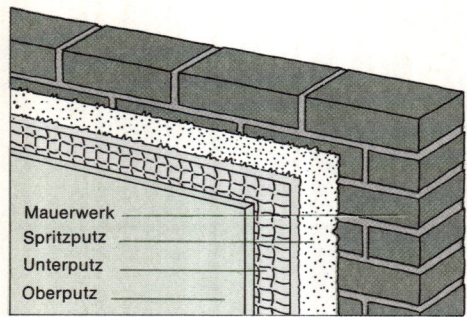

Man entfernt alte Anstriche und lose Putzteile von der Wand, bürstet Sand und Staub ab, feuchtet sie an und bringt den Spritzputz auf

losen Teilen und alten Putzresten sowie alten Anstrichen befreit. Dann wird ein sogenannter Spritzputz aufgebracht. Der Spritzputz soll der Wand eine rauhe Oberfläche und dem Putz einen gleichmäßigen Untergrund geben.

Der Spritzputz wird aus dünnflüssigem Zementmörtel angemischt und mit der Kelle dünn, aber deckend an die Wand geworfen. Das Mischungsverhältnis soll nach Raumteilen im Verhältnis 1:3 eingehalten werden: Zement 1 Teil, Sand 3 Teile.

Der Putz darf erst auf den Spritzbewurf aufgebracht werden, wenn dieser erhärtet ist: Das dauert bei normalen Verhältnissen durchschnittlich zwölf Stunden.

Auf den Spritzputz wird der Unterputz in einer Dicke von ca. 15 mm aufgebracht und mit der Richtlatte abgezogen. Darauf kommt zum Schluß, wenn der Unterputz erhärtet ist, der Oberputz.

Außenputze
Außenputze müssen witterungsbeständig sein, da sie sonst bei Feuchtigkeits- und Frosteinwirkung zerstört werden.

Die einzelnen Putzlagen sind in ihren Mischungsverhältnissen so anzuordnen, daß der Oberputz gegenüber dem Unterputz eine geringere Härte hat. D. h., der Oberputz sollte einen geringeren Bindemittelanteil haben als der Unterputz.

Putzgrund	Putzanwendung	Mischungsverhältnis		
		Bindemittel		
Rauhe, saug-fähige Steine		Kalk	Zement	Sand
	Spritzputz	–	1	3
	Unterputz	1	1	8
	Oberputz	1	1	10
Beton	Spritzputz	–	1	3
	Unterputz	–	1	4
	Oberputz	–	1	5

Innenputze

Putzgrund	Putzanwendung	Mischungsverhältnis			
Rauhe, saug-fähige Steine und Beton		Kalk	Ze-ment	Putz-gips	Sand
	Spritzbewurf	–	1	–	3
	Unterputz	1	–	1	3
	Oberputz	1	–	2	3

Anmischen des Gipsmörtels
Der Sand wird mit dem Kalk trocken gemischt. Auf dieses Gemisch gießt man Wasser, und in dieses Wasser wird der Gips gestreut. Wenn der Gips sich mit Wasser vollgesogen hat, mischt man alles gut durch und gibt bei Bedarf noch etwas Wasser zu (siehe Seite 108).

Gipssorten und ihre Verwendung

Gipssorten für Bauzwecke werden ihrer Verwendung entsprechend nach DIN 1168 eingeteilt

Gipssorte	Eigenschaften	Verwendung	Mischung	Besonderheiten
Formgips, Modellgips	Halbhydrat, d. h. nicht wasserfrei, schnell abbindend	Gipsformen, Gipsabgüsse		Bindet sehr schnell ab, ist deshalb schwierig zu verarbeiten
Stuckgips, (mit Boraxzusatz: Parianalabaster)	Halbhydrat, langsamer abbindend	Einzige Gipssorte zum Verputzen von Gipsbauplatten; als Unterputz (Grundputz) für Ziegel- und Steinwände geeignet	Für Unterputz: 1 Teil Gips auf 2½ oder 3 Teile Sand Für Oberputz: nur Gips und Wasser	Nicht für große Putzflächen verwenden, weil er dafür zu rasch abbindet
Putzgips	Wasserfrei, mäßig gebrannt, langsam abbindend	Unterputz und Oberputz, Vergips- und Eingipsarbeiten. Für Amateurhandwerker besonders geeignet, weil der Gips sich kurz vor dem Abbinden nochmals anfeuchten und mit der Kelle glätten läßt	Für Unterputz: 1 Teil Gips, 1 Teil Kalk auf 3 Teile Sand Für Oberputz: nur Gips und Wasser	Auch für größere Flächen geeignet, weil der Gips langsam abbindet und sich gut glätten läßt
Estrichgips, Mauergips	Wasserfrei, scharf gebrannt	Herstellung von Gipsestrichfußböden		Wird nach sechsstündiger Bindezeit sehr hart und fest; einzige witterungsbeständige, feuchtigkeitsunempfindliche Gipssorte
Marmorgips, Marmorzement, Hartalabaster, Alaungips	Zweimal gebrannt, mit Alaun getränkt oder mit Zusatz von Borax	Verfugen von Wandfliesen, besonders feine Putzarbeiten, Kunstmarmor, Glanzstuck		Ergibt besonders harte und glatte Fugen und Flächen

Versetzen von Putzleisten

Beim Verputzen von Wänden ist man in der Regel bestrebt, eine möglichst ebene Fläche zu erzielen. Besonders wichtig ist eine völlig ebene Oberfläche dann, wenn die Wand nach dem Verputzen mit Fliesen beklebt werden soll, z. B. im Bad oder in der Küche. Der Fachhandel hat sich auf diesen Bedarf eingestellt und bietet entsprechende Hilfsmittel an. Die gebräuchlichsten Putzhilfen sind verzinkte T-Profile. Es gibt sie mit unterschiedlichen Steghöhen, so daß man mit ihrer Hilfe nach Bedarf verschiedene Putzstärken auftragen kann.

Für Innenputze werden üblicherweise Putzleisten mit einer Steghöhe von 15 mm verwendet.

Zum Ansetzen der Putzleisten werden oben und unten zu beiden Seiten der Wand zunächst Nägel so weit eingeschlagen, daß sie noch etwa 3 cm weit aus der Wand vorstehen. Die übereinanderliegenden Nägel werden mit dem Lot oder mit Setzlatte und Wasserwaage eingelotet. Von Nagel zu Nagel wird waagrecht und diagonal eine Schnur gespannt. Hierbei zeigt sich, ob die vorgesehene Putzstärke überall gleichmäßig aufgebracht werden kann und wie weit die Nägel gegebenenfalls noch eingetrieben werden müssen. Im allgemeinen rechnet man für den Unterputz eine Stärke von etwa 15 mm und für einen eventuellen Feinputz etwa 2 mm. Weist die Wand eine starke Aus- oder Einbuchtung auf, so muß die Schnur so gesetzt werden, daß immer noch genügend Putzstärke erreicht wird; sie sollte etwa 8–10 mm betragen.

Mit einer Metallsäge kürzt man die Putzleisten auf die benötigte Länge und drückt sie dann auf angeworfene Mörtelklumpen an die Wand, und zwar so, daß die Stege der Leisten bündig mit den Köpfen der Drahtstifte abschließen.

Damit der Mörtel gut auf der Wand haftet, müssen die Stellen, an die der Mörtel geworfen wird, vorher gut angenäßt werden.

Wenn die Putzleisten den Nagelköpfen entsprechend genau sitzen, wird der überstehende Mörtel mit einem Spachtel abgekratzt, so daß die Oberkanten der Putzleisten sauber sind und man später beim Abziehen des Putzes nicht durch erhärteten Mörtel behindert wird.

Wenn die Putzleisten angebracht sind, vergewissert man sich mit Hilfe des Richtscheits (Setzlatte), daß sie in einer Ebene sitzen, wartet dann, bis die Mörtelklumpen erhärtet sind, und kann schließlich die Wand wie üblich verputzen.

Wenn man den Mörtel später mit der Kartätsche abzieht, gewährleisten die Putzleisten, daß eine völlig ebene Putzfläche entsteht, sofern der frische Mörtel mit dem Richtscheit bis auf die Oberkante der Putzleisten abgezogen wird.

Material: Putzmörtel, Stahlstifte, Putzleisten
Werkzeug: Hammer, Wasserwaage, Richtscheit, Kelle, Spachtel, Meterstab, Bleistift, Eimer, Mörtelkübel, Schnur

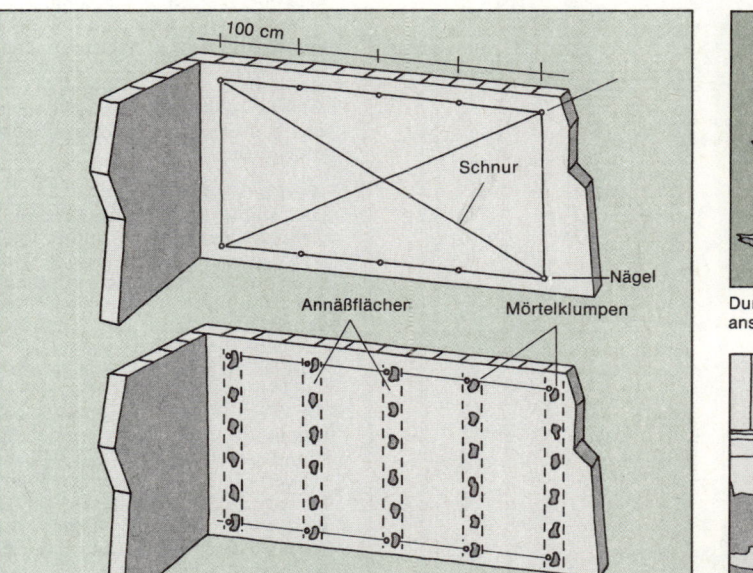

100 cm / Schnur / Nägel / Annäßflächen / Mörtelklumpen / Nagel / 1,5 cm / Mörtelklumpen / Putzleiste / Putzleisten / Fluchtkontrolle

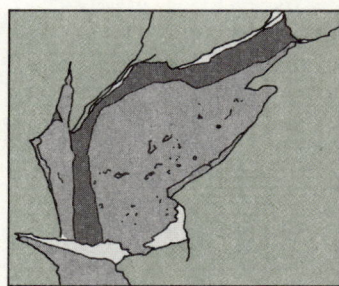

Durch Feuchtigkeit hinter einem Ölfarbanstrich aufgetriebener Putz

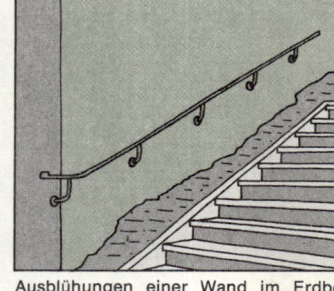

Ausblühungen einer Wand im Erdbereich bei fehlender Feuchtigkeitssperre

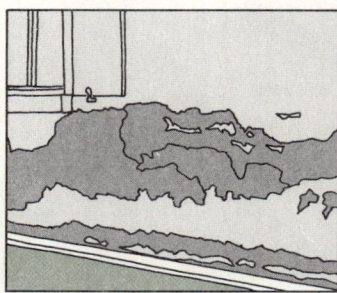

Zerstörung des Putzes durch die im Mauerwerk aufsteigende Feuchtigkeit

Durch Salzausblühungen zerstörter Putz

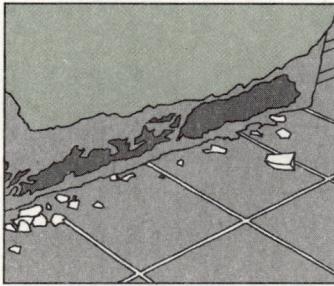

Durch fehlende horizontale Sperrschicht zerstörter Putz

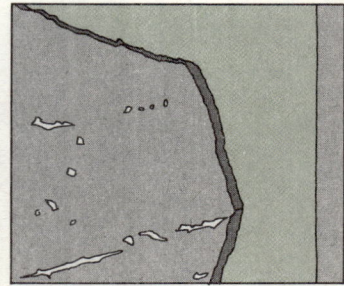

Ungenügende Haftung, Wassereinbruch und Frost sprengten den Putz ab

Gipserarbeiten

Werkzeuge für Gipsarbeiten

Zum Anrühren von Gips und für Wasser braucht man einen sauberen Eimer, eine Wanne oder Schüssel, am besten aus Kunststoff. Einige Werkzeuge wie Handbrett, Reibebrett und Kratzeisen kann man leicht selbst herstellen, sonst sollte man nur Qualitätserzeugnisse erwerben.

Ein großes Handbrett trägt den Gipsmörtel beim Verputzen. Es wird aus 6 mm dickem, wasserfestem Sperrholz hergestellt. Der Handgriff ist entweder angeschnitten oder besteht aus einem angenagelten, 40 mm starken Rundstab

aus Weichholz. Ein kleiner Spachtel hilft beim Anmischen kleinerer Mörtelmengen und bei kleineren Putzreparaturen. Eine kleine Spitzkelle kann zum Auskratzen und Reparieren kleinerer Risse verwendet werden.

Weiter braucht man eine Glätttraufel aus Stahl, um größere Flächen zu verputzen und die Oberfläche zu glätten, sowie ein hölzernes Reibebrett, um dem Rohbewurf eine rauhe Oberfläche zu geben. Beide Werkzeuge muß man sofort nach der Arbeit säubern.

Das Kratzeisen dient dazu, die untere Putzschicht vor dem Auftragen des Glättputzes anzurauhen.

Um die Wand vor dem Putzauftrag anzufeuchten, wird eine Deckenbürste oder ein breiter Flachpinsel verwendet. Beide wäscht man nach Gebrauch aus.

Will man Löcher oder kleine Putzschäden mit Zellulosefüller ausbessern, benutzt man einen schmalen Spachtel.

Zum Glätten der Bewurffläche nimmt man ein etwa 1,5 m langes Abziehbrett.

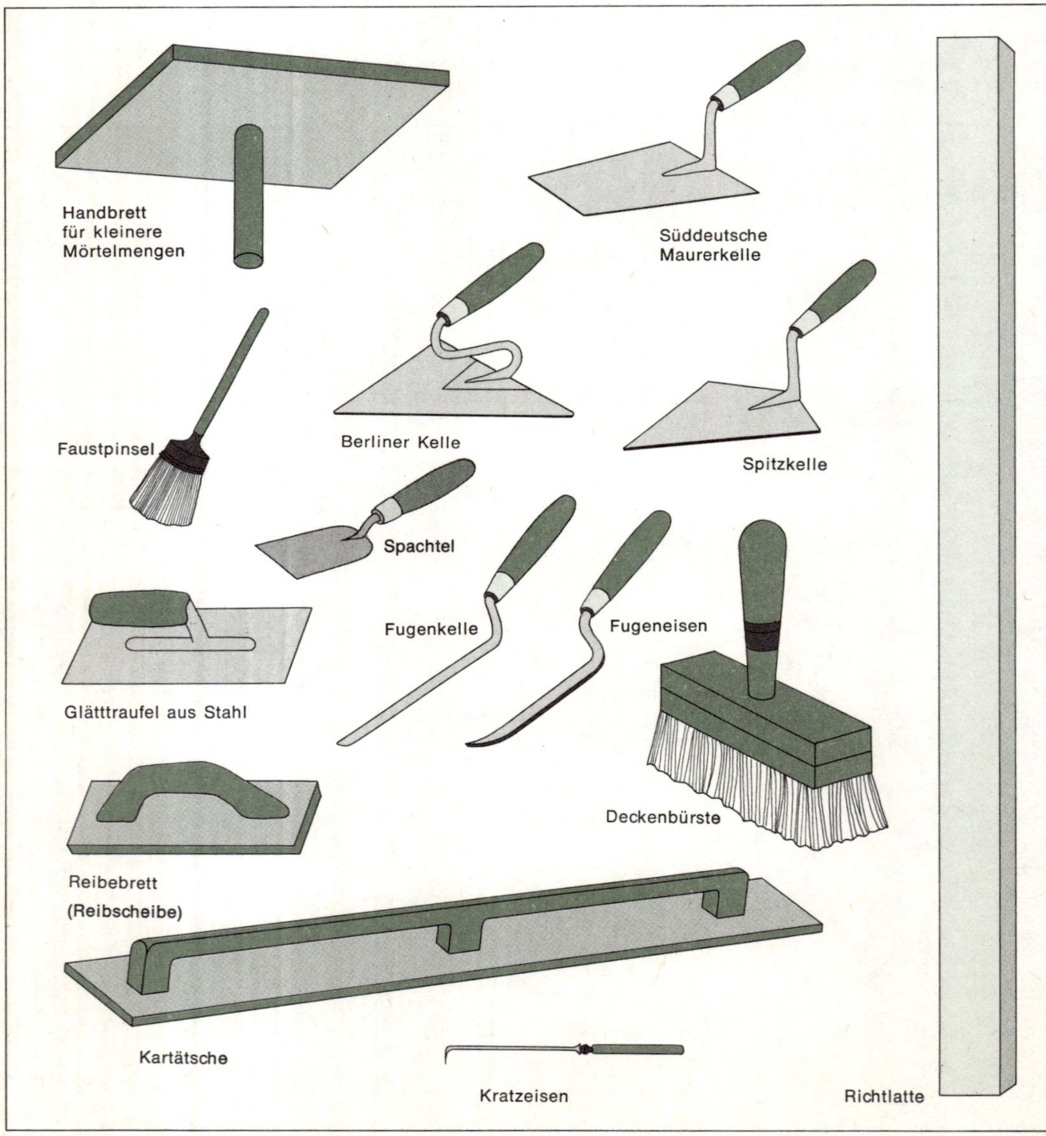

Arbeitstechnik

Zunächst muß der gesamte lockere Putz mit Hammer und Meißel abgeschlagen werden. Die Reparaturstelle wird dann mit einer Drahtbürste gründlich gereinigt. Es empfiehlt sich, die Putzfläche grundsätzlich vor dem Verputzen mit einem Spritzputz zu versehen. Unmittelbar vor dem Aufbringen der einzelnen Putzschichten sollte die Fläche gut angefeuchtet werden.

Mörtel anmischen
Um Klumpenbildung zu vermeiden, sollte der Gips grundsätzlich ins Wasser und niemals das Wasser in den Gips gemischt werden. Nach dem Einstreuen des Gipses in das Wasser soll der Gips erst etwas durchfeuchten, ehe er aufgerührt wird. Dadurch vermeidet man ebenfalls Klumpenbildung.

Nach dem Vermischen sollte der Gipsmörtel teigig sein. Er muß dann zügig verarbeitet werden. Da er innerhalb von 15 Minuten verbraucht sein sollte, mischt man immer nur eine entsprechend kleine Menge an.

Werkzeuggebrauch
Die stählerne Glätttraufel muß während der Arbeit immer naß sein. Man hält sie rechtwinklig zum Mörtel, bringt den Gips auf das Handbrett und schüttelt es dabei leicht, damit der Gips sich auf dem Brett setzt.

Beim Beginn der Arbeit wird der Mörtel mit der Unterseite der Traufel vom Handbrett genommen und kräftig auf die Wand gedrückt. Um den Mörtel zu verteilen, hält man die Traufel schräg unter einem Winkel von etwa 30° zur Wand. An einer zu flach gehaltenen Traufel bleibt der Gips hängen.

Gegen die Ränder der Verputzstelle vermindert man den Druck mit der Traufel, so daß der neue Putz glatt und gleichmäßig in die benachbarten Flächen übergeht.

Handbrett für kleinere Mörtelmengen

Süddeutsche Maurerkelle

Faustpinsel

Berliner Kelle

Spitzkelle

Spachtel

Fugenkelle

Fugeneisen

Glätttraufel aus Stahl

Deckenbürste

Reibebrett (Reibscheibe)

Kartätsche

Kratzeisen

Richtlatte

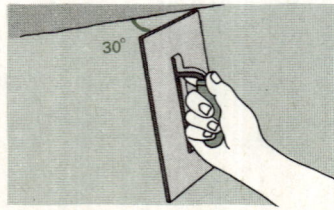

Die Glätttraufel: Sie wird unter einem Winkel von 30° auf die Wand gesetzt und dient dazu, den Putz gleichmäßig zu verteilen und zu glätten

Sprünge und Risse ausfüllen

Feine Sprünge und Haarrisse in Wänden und Decken kann man mit dünnem Gips verschließen. Für breitere Sprünge und an Stellen, die Erschütterungen oder starkem Temperaturwechsel ausgesetzt sind, verwendet man besser einen Plastikfüller. Man mischt davon so viel an, wie man in einer halben Stunde – der

> **Material:** *Zellulosefüller*
> **Werkzeug:** *Spachtel, alter Pinsel, kleines Handbrett, mittelfeines Schleifpapier, Schleifklotz*

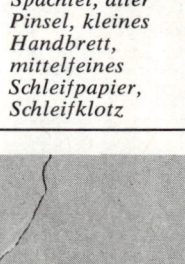

Haarriß im Putz einer Wand

üblichen Abbindezeit – verarbeiten kann.

Die Füllmasse kann durch die Beigabe passender Farbzusätze

abgetönt werden. Meist sind mehrere Versuche nötig, um den gleichen Farbton wie den der Umgebung zu treffen. Die Mühe

lohnt sich aber, weil das Ergebnis nicht immer befriedigend ist, wenn man die Reparaturstelle später überstreicht.

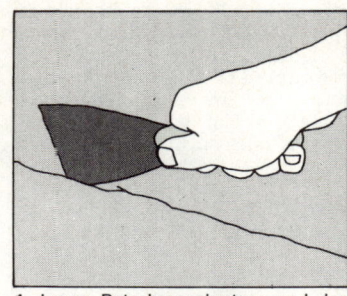

1. Losen Putz herauskratzen und den Riß etwas erweitern; dabei die Kanten leicht unterschneiden

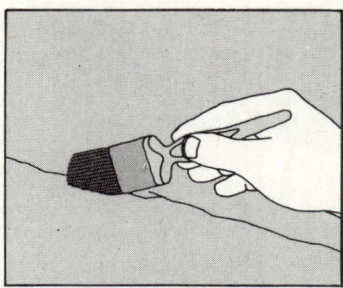

2. Staub und Putzteilchen herausbürsten. Für eine Füllung mit Gips den Riß gründlich anfeuchten

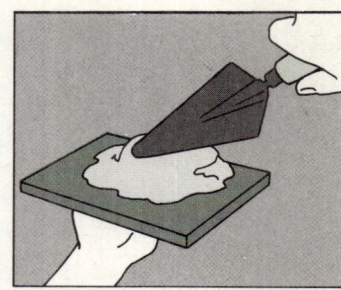

3. Füller auf dem Reibe- oder Handbrett mit Wasser anmischen und zu einem ziemlich steifen Brei anrühren

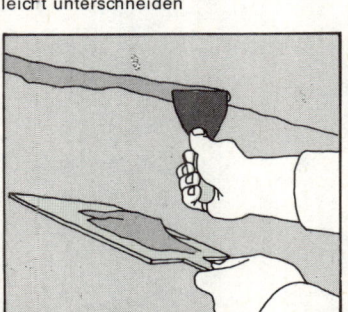

4. Die Füllmasse fest in den Riß drükken. Sie muß etwas über die Putzfläche hinausragen

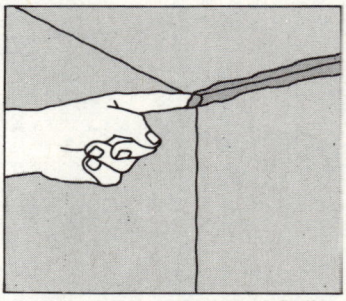

5. An schlecht zugänglichen Stellen und in Winkeln verstreicht man die Füllung mit dem Finger

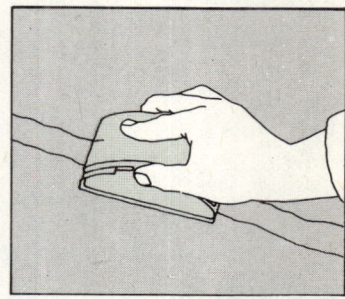

6. Die Füllung etwa eine Stunde trocknen lassen, dann abschleifen und anstreichen

---

Ausgebrochene Kanten reparieren

Schadhafte Stellen im Bewurf sind naturgemäß besonders häufig an scharfen Kanten oder Ekken zu finden. Solche ausgebrochene oder „ausgenagte" Kanten sind meist auf Beschädigungen von außen zurückzuführen. Vor allem an Toreinfahrten oder auch Hauseingängen besteht immer die Gefahr, daß durch anstoßende

Fahrzeuge oder Lasten die Kanten abgeschlagen werden.

Die Ursachen solcher Schönheitsfehler sind jedoch manchmal auch Verwitterungserscheinungen, schlechte Qualität des ersten Verputzes oder unsaubere Verarbeitung.

Handelt es sich nur um kleine Stellen bei sonst noch intaktem

Putz, kann man den Schaden leicht mit einem Zellulosefüller ausbessern, nachdem man zuvor alle lockeren Putzteile in der Umgebung entfernt hat. Wenn dabei die Hausmauer zutage tritt oder wenn die schadhafte Stelle sehr groß ist, wird man sich zu einer Reparatur mit Kalk/Zement-Mörtel entschließen müssen.

> **Material:** *Zellulosefüller*
> **Werkzeug:** *Spachtel, alter Pinsel, kleines Handbrett, mittelfeines Schleifpapier, Schleifklotz, Eimer, Gummihandschuhe*

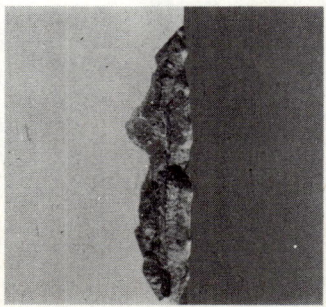

Putzschaden durch Abbröckeln, z. B. beim Möbelrücken

1. Losen Putz entfernen und so satt aufbringen, daß er etwas über die Fläche vorsteht

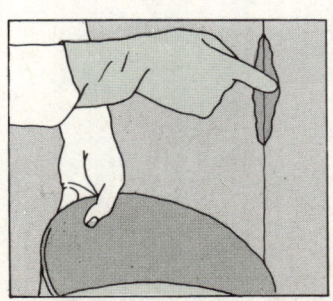

2. Füllmasse formen, ehe sie abbindet. Kante mit Finger in angefeuchtetem Gummihandschuh konturieren

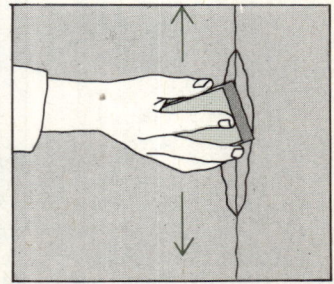

3. Reparaturstelle nach dem Abbinden schleifen, neues Kantenstück der alten Kante genau anpassen

Gipserarbeiten

Kantenschutz

Abgestoßener Putz an einer Mauerecke

VERZINKTER KANTENSCHUTZ

Runde Kante

Eckschiene

Gips-
putz

Mauerwerk

Hiermit kann man beschädigte Außenecken reparieren und verstärken

Größere Schäden an verputzten Mauerkanten und -ecken entstehen leicht, wenn sperrige Lasten oder Möbelstücke durch schmale Gänge oder über gewundene Treppen transportiert werden. Gegen die Wiederholung solcher Beschädigungen schützt man sich am besten, indem man die Ecken bei der Reparatur mit Metallverstärkungen (Schutzkanten) versieht.

Für rechtwinklige Ecken gibt es Schienen aus Aluminium oder Kunststoff. Da diese aber bündig mit dem Putz angebracht werden,

sehen sie nicht besonders gut aus, wenn sie nicht durch eine Tapete überdeckt werden.

Besser ist es, die Ecke mit einer putzdurchlässigen, perforierten Kantenschiene aus Streckmetall zu schützen, die es in verschiedenen Ausführungen zu kaufen gibt. Diese Schienen werden entweder eingeputzt oder von außen in den fertigen Putz gedrückt und nochmals leicht mit Gips überstrichen.

Bei den meisten Neubauten sind solche Kantenschutzleisten üblich. Wenn die Beschädigung

so groß ist, daß auch die Metallleiste verbogen oder weggedrückt ist, wird das zerstörte Stück mit einer Metallsäge ausgesägt und durch ein neues ersetzt.

Material:	*Kantenschiene aus Metall, Gipsmörtel für Rohbewurf, Gips*
Werkzeug:	*Mörtelhandbrett, breiter Flachmeißel, Maurerfäustel, Glätttraufel, Richtlatte*

1. Auf beiden Seiten der Ecke einen 10–12 cm breiten Putzstreifen in gerader Linie mit einem breiten Flachmeißel oder Gipserbeil wegschlagen

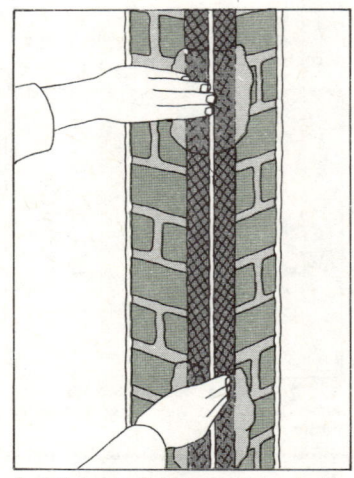

2. Auf beide Seiten der Ecke in Abständen von etwa 60 cm Gipskleckse auftragen und die Kantenschiene fest hineindrücken

3. Die Schiene mit Richtlatte und Wasserwaage ausrichten; dabei immer die Dicke des vorhandenen Putzes berücksichtigen

4. Kantenschenkel so weit in den Gips drücken, daß sie nicht aus dem neuen Putz herausragen. Untergrund und Anschlußkanten mit Bürste anfeuchten

5. Der Unterputz darf nur so dick sein, daß darüber noch eine 2 mm starke Glättputzschicht aufgebracht werden kann

6. Glättputz so auftragen, daß er die Kantenschiene gut bedeckt; mit der Traufel vor allem an den Anschlußkanten glätten

Schwer beschädigte Ecken reparieren

Wenn sich größere Putzflächen lösen, weil sie nicht fest genug am Untergrund haften, muß man zunächst die Ursache dafür herausfinden. Oft hilft es schon, die Wand mit Hammer und Meißel aufzurauhen, bevor man den neuen Verputz anbringt. Falls der Schaden – wie es zum Beispiel neben Türrahmen öfter vorkommt – durch Feuchtigkeit entstanden ist, muß man zuerst die Ursache der eindringenden Nässe beseitigen. Schuld daran kann mangelhafte Isolation oder Ventilation der Mauer sein.

Die in der Abbildung gezeigte Beschädigung ist an der Mauerecke neben einem Türrahmen entstanden. Es bereitet kaum Schwierigkeiten, den fehlenden Putz innerhalb einer glatten Fläche zu erneuern. Anders ist es bei Mauerecken: Hier grenzt der neue Putz nur auf einer Seite an den alten, nach dem die neue Fläche ausgerichtet werden muß. Als Richtkante für die Leibungsseite nimmt man eine Weichholzlatte, die Putzlatte, die etwas länger als die schadhafte Stelle sein muß. Man nagelt sie so an, daß ihre Vorderkante mit der Putzoberfläche auf der anderen Seite abschließt. Die Nägel schlägt man dabei in die Fugen zwischen den Ziegeln. Nach dem Verputzen der ersten Mauerseite wird die Latte entfernt. Man zieht die Nägel vorsichtig heraus, um den frischen Putz nicht zu beschädigen, und hält die Latte gegen die Kante der frisch verputzten Seite, wenn man die andere Seite verputzt. Die richtige Lage der Latte wird vorher mit Bleistift auf der Wand markiert. Statt die Latte freihändig zu halten,

kann man sie auch zwischen Decke und Fußboden mit einem passenden Klötzchen oder Holzkeil festklemmen. Nach dem Verputzen wird die Ecke mit einer Winkelkelle genau rechtwinklig glatt gestrichen.

Damit der Oberputz auf dem darunter liegenden Unterputz einwandfrei haftet, wird dieser mit einem Holzspan leicht eingekerbt. Man kann dazu auch ein Lattenstück benutzen, in das man eine Reihe Nägel geschlagen hat. Beim Aufrauhen muß man Vorsicht walten lassen, damit keine Mörtelstückchen aus der Putzfläche herausbrechen. Falls man auf eine besondere Oberputzschicht verzichtet, läßt man den Unterputz antrocknen, feuchtet seine Oberfläche mit einem Gummischwamm an und glättet sie mit Reibebrett und Traufel. Die Fuge zwischen Putz und Türrahmen kann mit einer Holzleiste abgedeckt werden.

Der frische Putz muß noch einige Tage lang geschützt werden. Am besten läßt man den Holzschutz bis zum völligen Austrocknen an der Wand. Kanten nicht berühren!

Material:	Genügend lange Weichholzlatte (Putzlatte), Klötzchen oder Holzkeile, Nägel, Gips und Wasser (anstatt Gips auch eine Mischung aus Sand und Zement 4 : 1)
Werkzeug:	Flachmeißel, Maurerfäustel, Hammer, breiter Pinsel, Eimer, Spitzkelle, Reibebrett, Traufel, Fuchsschwanz, Abziehbrett, Gummihandschuh, Winkelkelle, Gummischwamm

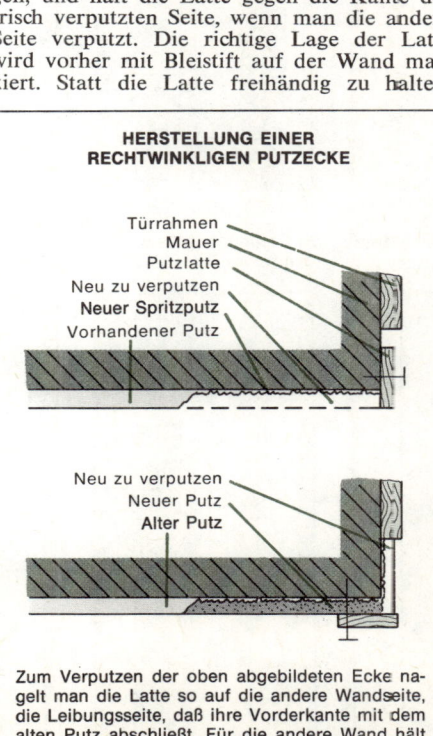

HERSTELLUNG EINER RECHTWINKLIGEN PUTZECKE

Türrahmen
Mauer
Putzlatte
Neu zu verputzen
Neuer Spritzputz
Vorhandener Putz

Neu zu verputzen
Neuer Putz
Alter Putz

Zum Verputzen der oben abgebildeten Ecke nagelt man die Latte so auf die andere Wandseite, die Leibungsseite, daß ihre Vorderkante mit dem alten Putz abschließt. Für die andere Wand hält man die Putzlatte auf die fertiggestellte, schon erhärtete neue Putzfläche und läßt die Kante der Latte um die Dicke des alten Putzes rechts der Leibungsseite vorstehen

Typischer Putzschaden an einer Ecke, z. B. nach Entfernen einer Zwischenwand

1. Man meißelt den alten Putz in einer geraden Linie so weit weg, bis eine saubere Kante entsteht. Dann schneidet man die Putzlatte zu, und zwar etwas länger als die Schadenstelle

2. Die Putzlatte nagelt man an die Leibungsseite, so daß die Vorderkante der Latte in einer Ebene mit der alten Putzoberfläche liegt (Forts. S. 112)

Gipserarbeiten

(Fortsetzung von S. 111)

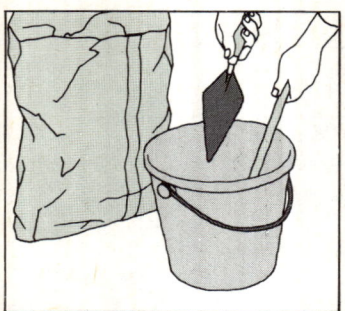

3. Einen halben Eimer Gips mit Wasser teigig anrühren (ersatzweise auch Mörtel aus Sand und Zement im Mischungsverhältnis 4:1)

4. Mauer und alte Putzkanten sorgfältig saubermachen und mit breitem Pinsel oder Deckenbürste und reichlich Wasser anfeuchten

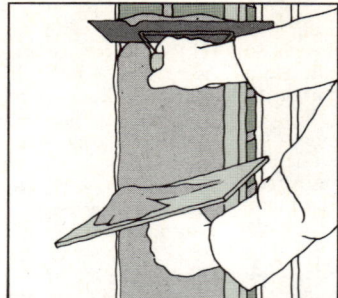

5. Mörtel in dünnen Schichten von unten nach oben auftragen. Man braucht dabei nicht zu warten, bis eine Schicht trocken ist

6. Überschüssigen Mörtel zwischen altem Putz und angenagelter Latte mit Abziehbrett aus Weichholz abstreifen

7. Um einen guten Untergrund für den Glättputz zu schaffen, rauht man die Fläche mit dem Reibebrett auf, in dessen Stirnkante Nägel geschlagen sind

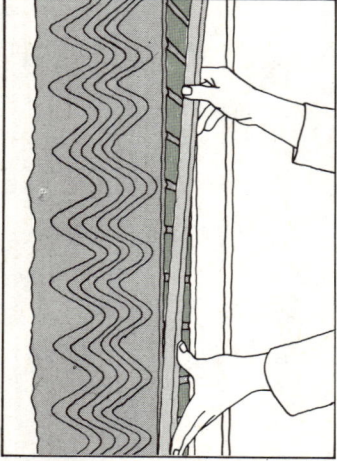

8. Putzlatte vorsichtig und gerade von der Wand abziehen, damit die Putzkante nicht ausbröckelt oder eingedrückt wird

9. Latte leicht auf die Kante des neuen Putzes auflegen und zweite Seite der Ecke mit Rohputz versehen. Nicht annageln

10. Latte wegnehmen und die zweite Putzseite leicht aufrauhen (siehe Abbildung 7). Putz mindestens 24 Stunden trocknen lassen

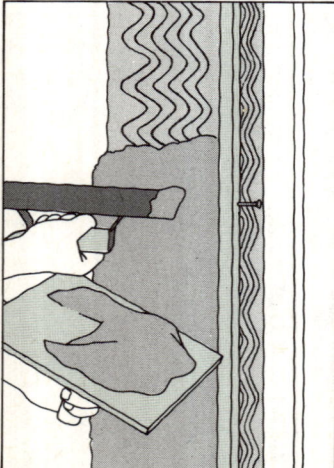

11. Gips anmischen, angerauhte Putzschicht gut anfeuchten und dünnen Glättputz aufbringen, Latte wie zuvor benutzen

12. Putzoberfläche mit nassem Pinsel und Traufel glätten; dabei darf die rechtwinklige Kante nicht beschädigt werden

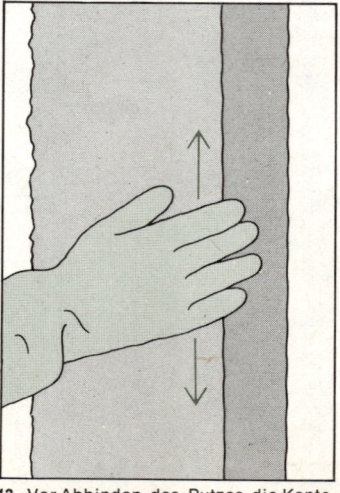

13. Vor Abbinden des Putzes die Kante mit übergezogenem Gummihandschuh und Wasser ganz leicht abrunden und glätten

14. Zum Glätten der Eckflächen verwendet man am besten eine Winkelkelle. Stoßkanten zum alten Putz gut ausgleichen

Nagellöcher zugipsen

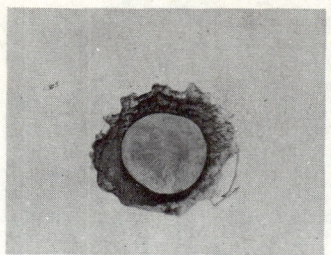

Ausgebrochenes Nagelloch in einer Gipsbauplatte

Oft ist es nicht zu vermeiden, daß neue Gipsbauplatten auch nach der Befestigung noch „weiterarbeiten", d. h., sie trocknen aus und ziehen sich dabei zusammen. Das hat oft zur Folge, daß sich die eingeschlagenen Nägel lockern und der dünne Putz von den Nagelköpfen bricht. Streicht man diese Stellen einfach wieder zu, so hat man damit nicht viel gewonnen; auch der neue Verputz bricht über dem gelockerten Nagel bald wieder aus. Deshalb ist es in einem solchen Fall ratsam, zunächst einmal vorsichtig mit einem Versenker den Nagelkopf in die Unterlage einzuschlagen, damit die Platte fest angepreßt wird. Hier muß man aber mit äußerster Vorsicht vorgehen. Allzuleicht können die Gipsplatten durch einen ungeschickten Schlag oder durch zu viel Kraftaufwand ausreißen oder gar springen.

Falls diese Nagelkopflöcher nicht größer sind als 10–12 mm im Durchmesser, werden sie am besten mit einem handelsüblichen Zellulosefüller verschlossen.

Material: Zellulosefüller
Werkzeug: Versenker, Hammer, Spachtel, mittelfeines Schleifpapier, Schleifklotz, alter Pinsel

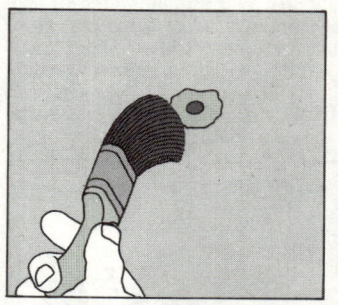

1. Alle losen Gipsteilchen um den Nagelkopf werden mit einem harten Pinsel ausgebürstet

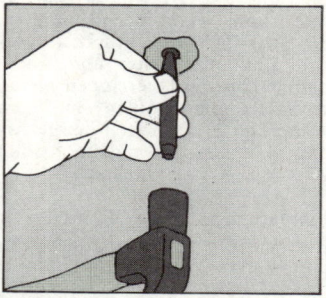

2. Der Nagel wird mit einem Versenker und einem Hammer vorsichtig festgeklopft

3. So viel Füllmasse in das Loch drücken, daß sie leicht über den Putz übersteht

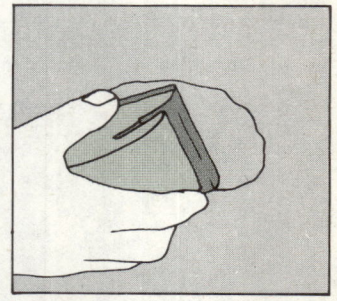

4. Nach dem Abbinden Füllung vorsichtig ebenschleifen, ohne den Putz zu beschädigen

Kleinere Löcher ausfüllen

Bei tieferen oder durchgehenden Löchern in Gipsbauplatten, wie sie zum Beispiel beim Entfernen eines Dübels oder einer Schraube entstehen, benutzt man Gips statt Zellulosefüller zur Reparatur.

Material: *Malerbinde, Gips*
Werkzeug: *Messer oder alter Meißel, Spachtel, kleines Handbrett, Stahltraufel, alter Pinsel, mittelfeines Schleifpapier, Schleifklotz*

Größeres Loch in der Gipsplatte, entstanden durch schadhafte Befestigung

Sind die Löcher größer als 15 mm, genügt auch Gips allein nicht, sondern man braucht dazu noch ein Stück Malerbinde.

Vor der Reparatur muß festgestellt werden, ob hinter dem Loch elektrische Kabel liegen. Wenn ja, schaltet man die für diesen Stromkreis zuständige Sicherung aus und schiebt die Kabel mit einem stumpfen Werkzeug zur Seite.

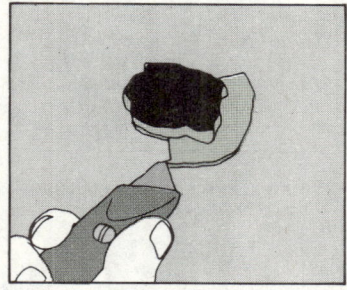

1. Vor der Reparatur den Gips 15 mm um das Loch herum etwa 5 mm tief mit spitzem Messer herausschneiden

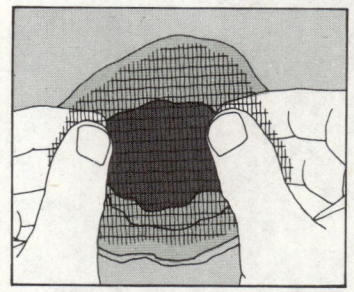

2. Ein Stück Malerbinde passend zuschneiden; wenn nötig, mehrere Lagen übereinander legen

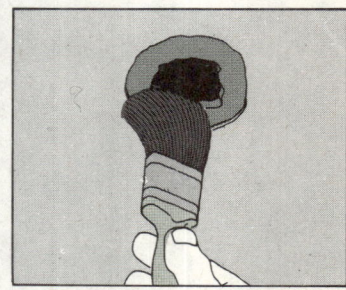

3. Loch und Umgebung mit einem Pinsel anfeuchten und Gipskleckse am Rand aufbringen. Nicht trocknen lassen

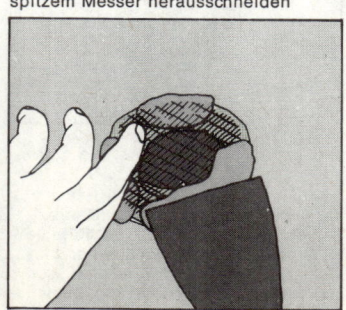

4. Malerbinde fest in den Gips pressen und unmittelbar danach eine neue dünne Gipsschicht auftragen

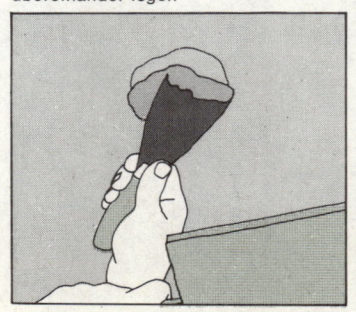

5. Halb fest werden lassen, dann weitere Gipsschichten bis zur Putzhöhe mit dem Spachtel aufbringen

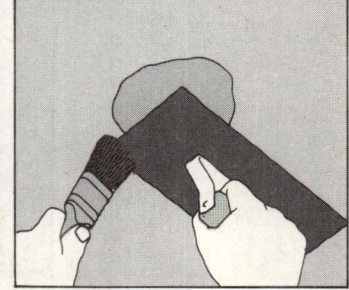

6. Letzte Schicht kurz vor dem Abbinden anfeuchten und mit Traufel polieren. Nach dem Trocknen anstreichen

Gipserarbeiten

Große Deckenreparatur

Bei Umbauten im Haus kann der Wunsch auftreten, aus zwei kleineren Räumen ein großes Zimmer zu schaffen, indem man eine nichttragende Zwischenwand herausnimmt. Dadurch entsteht in der Decke eine große Lücke, die geschlossen werden muß. Voraussetzung ist, daß die Plafondhöhe in beiden Zimmern gleich ist, wie es in der Regel bei Decken aus verputzten Gipskartonplatten, die an den Deckenbalken befestigt sind, der Fall ist.

Beim Entfernen der Zwischenwand ist darauf zu achten, daß die angrenzenden Plafondplatten

nicht beschädigt werden. Ist dies nicht zu vermeiden, so müssen die Platten eventuell durch neue ersetzt werden. Abgebröckelter Putz an den Rändern läßt sich dagegen später leicht ausbessern.

Größere Deckenreparaturen setzen handwerkliches Geschick, Ausdauer und Geduld voraus. Außerdem müssen das nötige Werkzeug und ein brauchbares Gerüst vorhanden sein. Fehlen diese Voraussetzungen, sollte man die Arbeit lieber einem Fachmann überlassen.

Vor Beginn der Arbeit muß

man sich vergewissern, ob die Lücke in der Decke in Richtung der Balken oder quer zu ihnen verläuft. Querlaufende Balken vereinfachen die Reparatur, denn man kann die neuen Gipskartonplatten ohne weiteres mit nichtrostenden Flachkopfnägeln an ihnen befestigen. Bei parallel zur Lücke liegenden Balken müssen diese durch Querstreben verbunden werden, an die man die vorher genau eingepaßten Platten nagelt. Bei dieser Art von Reparatur sollte man, wenn irgend möglich, die über der Deckenlücke liegenden Fußbodendielen abnehmen, damit man die Querrippen genau zwischen die Balken einfügen kann. Die Einzelheiten dieser Arbeit sind aus den nachfolgenden Abbildungen zu ersehen.

Nachdem die neuen Gipskartonplatten und die Ränder der

alten angenagelt sind, müssen die Fugen mit Malerbinde überklebt werden, um späteren Sprüngen im Gipsverputz vorzubeugen. Der neue Putz soll in der Mörtelart und Dicke genau dem vorhandenen alten entsprechen.

In einem Sonderfall läßt sich die hier beschriebene Reparatur nicht ausführen: wenn nämlich die Deckenbalken beider Zimmer quer zur Zwischenwand liegen, aber nicht durchlaufen, sondern auf der Wand aneinander stoßen. Sie müssen dann durch einen untergezogenen Längsbalken oder Stahlträger aufgefangen werden, bevor man die Lücke in der Decke schließen kann. Das sollte aber der Fachmann machen.

Dielen des darüber liegenden Zimmers

Gipsputzschicht

Gipskartonplatten

Loch in der Decke nach Entfernung einer Zwischenwand

Wird eine nichttragende Zwischenwand entfernt, entsteht in der Decke ein Spalt, der abgedeckt werden muß. Zunächst muß man feststellen, ob der Spalt quer zu den tragenden Deckenbalken oder in deren Längsrichtung verläuft

Material: Gipskartonplatten (Verputzen siehe S. 113), Malerbinde, 50, 80 oder 100 x 50 mm starke ungehobelte Weichholzlatten (ihre Länge richtet sich nach der Größe des Lochs), 50 oder 80 mm lange Drahtstifte, 40 mm lange nichtrostende Flachkopfnägel Werkzeug: Metermaß, Bleistift, scharfes Messer, Richtscheit, Hammer, Fuchsschwanz, Stahltraufel, alter Meißel, Handbrett, breiter Flachmeißel, breiter Pinsel oder Deckenbürste, große Maurerkelle oder kleine Kohlenschaufel

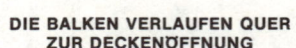

DIE BALKEN VERLAUFEN QUER ZUR DECKENÖFFNUNG

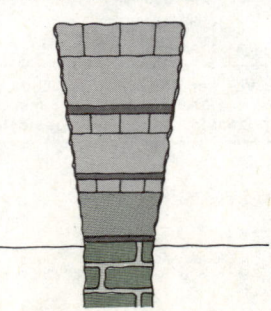

Wenn zwei oder mehr Querbalken freiliegen, kann man die neue Gipskartonplatte unmittelbar daran festnageln. Natürlich müssen zuerst die meist ausgebrochenen Ränder der angrenzenden Platten sauber abgeschnitten und begradigt werden

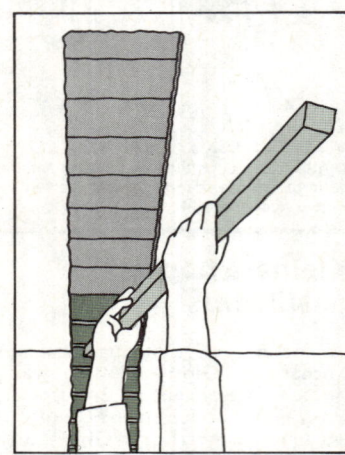

1. Zwei 5 x 7 cm starke Weichholzlatten etwa 10 cm länger als die Deckenöffnung zurechtschneiden. Sie sollten in der Mauer einrasten

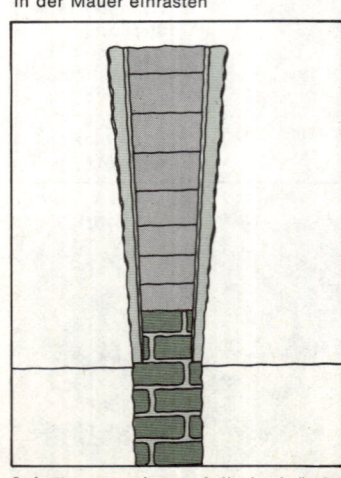

2. Latten von oben auf die Lochränder legen, so daß sie seitlich 15–20 mm herausragen. Diese Fläche dient zum Annageln der Platte

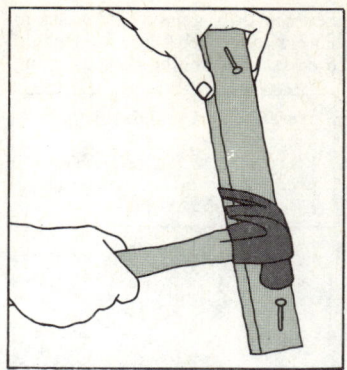

3. Zwei 5 x 5 cm starke Holzstücke so zuschneiden, daß sie genau zwischen die Balken passen. In jedes Ende einen Drahtstift schräg einschlagen

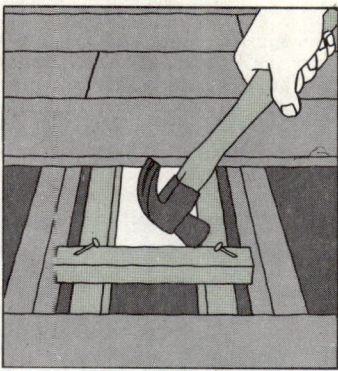

4. Die beiden Holzstücke möglichst von oben her quer über die langen Latten zwischen die Balken legen und an diesen festnageln

5. Die langen Latten von unten her an die kurzen Querlatten festnageln. Dabei aufpassen, daß die Decke nicht beschädigt wird

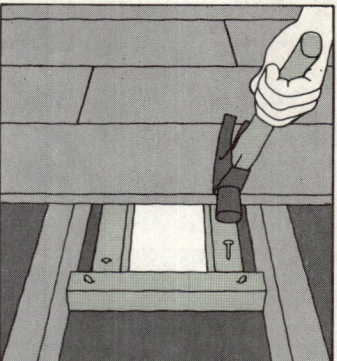

6. Wahlweise kann man die Enden der langen Latten zwischen die Querlatten nageln und diese dann zwischen den Balken befestigen

7. Mit einem alten Meißel rings um das Loch einen 2–3 cm breiten Streifen des Putzes von den Gipskartonplatten entfernen

8. Die alten Platten mit nichtrostenden Flachkopfnägeln an die langen Latten nageln; diese dabei gut festhalten. Dann das Loch ausmessen

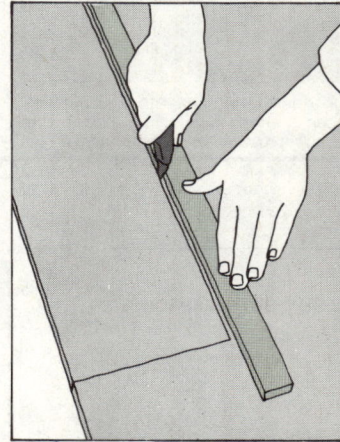

9. Die Maße auf der Kartonseite der neuen Platte tief einschneiden, Platte wenden und die Linien von der Rückseite her ganz durchschneiden

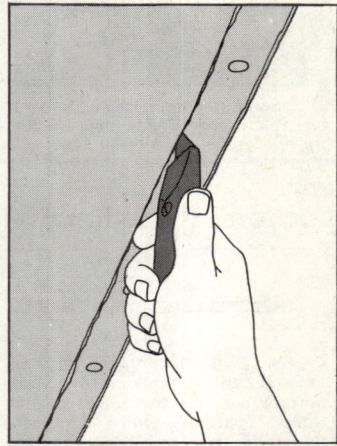

10. Die neue Platte zur Probe einpassen. Sitzt sie zu stramm, nimmt man mit einem scharfen Messer etwas von den Fugenrändern vorsichtig ab

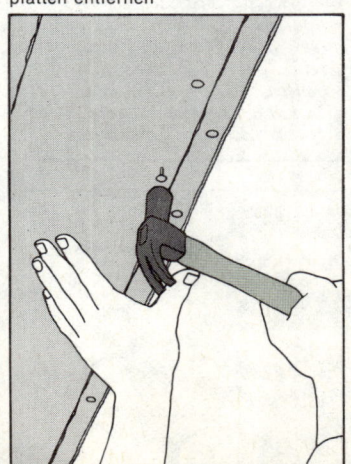

11. Die neue Platte mit nichtrostenden Flachkopfnägeln in Abständen von 15 cm an die Latten nageln. Für alle Fugen Malerbinde zuschneiden

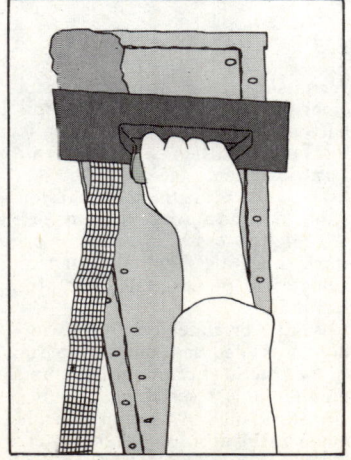

12. Das Ende der Malerbinde mit etwas Gips fixieren. Wenn er fest wird, alle Fugen mit der Binde und wenig Gips abdecken. Alles gut andrücken

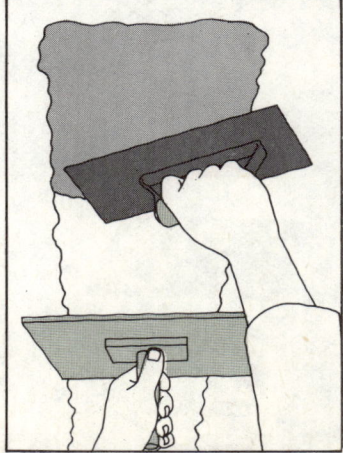

13. Den Gips fest durch die Binde und in die Fugen drücken. Nach dem Abbinden erhält die neue Platte einen gut verstrichenen Gipsglättputz

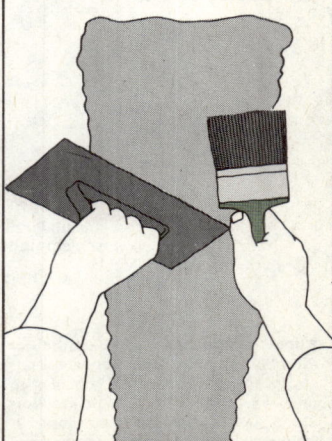

14. Kurz vor dem Festwerden den neuen Putz nochmals anfeuchten und mit der Stahltraufel bündig mit der Decke glätten

Gipserarbeiten

Kleiner Riß an der Decke

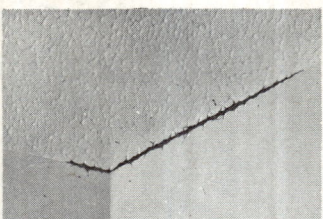

Auch bei solide gebauten Häusern arbeiten Holz und Mauerwerk weiter. So ist es oft unvermeidlich, daß kleine Risse im Verputz oder in der Gipsplattenverkleidung entstehen. Besonders an den Kanten zwischen Wand und Decke treten Risse auf.

Ist die Decke mit einem Kunstharzbelag oder einer Kunstharz-farbe gestrichen, so sollte man die Rißstelle sorgfältig abklopfen, bis der Belag nicht mehr abblättert. Jede Reparatur ist fragwürdig, wenn der Untergrund nicht fest aufsitzt.

Um die Risse zu verschließen, verwendet man Spezialkitt, der in Farbgeschäften in verschiedenen Varianten erhältlich ist. Sagen Sie dort genau, für welchen Zweck und welchen Untergrund Sie das Füllmaterial benötigen.

Material: Spezialkunstharz-kitt
Werkzeug: Spachtel, 25 mm breiter Flachpinsel, Schwamm, Eimer, kleine Schüssel

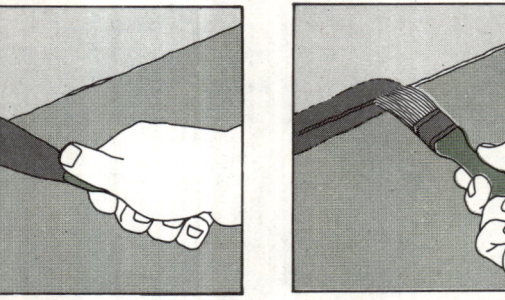

1. Lockere Gipsteilchen entfernen; den Riß in der Breite und in der Tiefe vergrößern und auskratzen

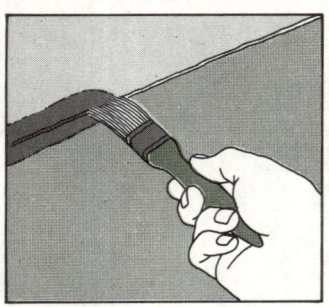

2. Alle Flächen im Riß und auf beiden Seiten davon mit Pinsel und klarem Wasser leicht anfeuchten

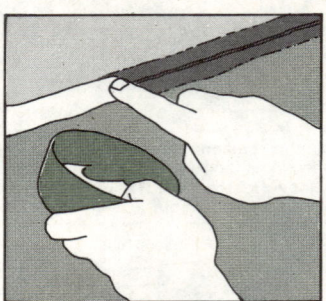

3. Ein wenig Kitt zu einem dünnen Teig anmischen und mit dem Finger fest in den Riß drücken

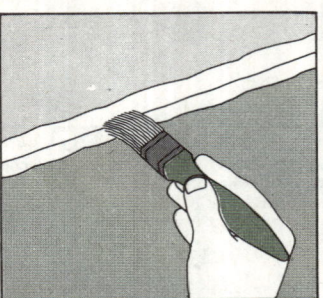

4. Die Kittfüllung fest werden lassen; überschüssige Reste mit Wasser und Pinsel entfernen

Lockerer Kunstharzbelag

HERSTELLUNG EINES TUPFERS UND KUNSTSTOFFSPACHTELS

Tupfer: Er dient dazu, die Reparaturstelle an die Struktur der Decke anzupassen. Ein 10 x 15 cm großes Stück Sperrholz wird auf einen Handgriff mit zwei Kerben genagelt. Auf das Holzstück wird ein passender Schwamm und darüber ein Stück Kunststoffolie gelegt und mit einem Gummiband um den Griff herum befestigt

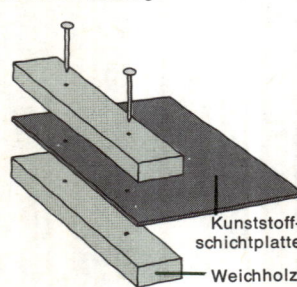

Kunststoffolie
Schwamm
Sperrholz
Weichholz
Gummiband

Kunststoff-schichtplatte
Weichholz

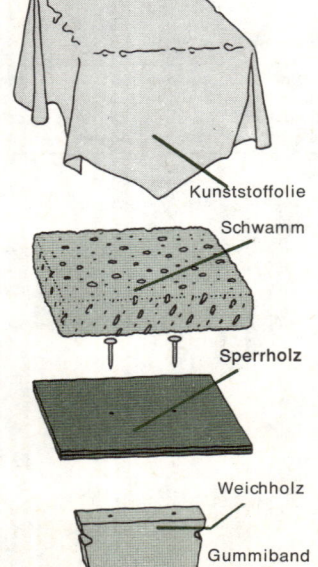

Kunststoffspachtel: Man schneidet eine 20 x 12 cm große dünne Kunststoffplatte und zwei 20 cm lange und 4 x 1 cm starke Weichholzleisten zu. In die drei aufeinander gelegten Teile bohrt man zwei kleine Löcher und nagelt oder schraubt die Teile zusammen

Wenn sich der Kunstharzbelag an einer kleinen Stelle von der Gipskartonplatte löst, müssen alle lockeren Teilchen sorgfältig entfernt werden, bevor man das Loch mit Kunstharzkitt füllen kann. Ist auch der Karton der Gipsplatte beschädigt, so verstärkt man die Kittstelle mit eingelegten Papierstreifen oder Malerbinde.

Beim Ausschneiden der beschädigten Teile um die aufgebrochene Stelle herum sollte man nie kleinlich verfahren. Lieber ein Stück mehr wegschneiden als einen nicht absolut festen Untergrund stehenlassen! Man verwendet dazu ein scharfes Messer und schrägt die Ränder zur schadhaften Stelle hin etwas ab.

Wird für den Untergrund Malerbinde verwendet, so muß diese immer so zurechtgeschnitten werden, daß sie nirgendwo über den Rand der ausgeschnittenen Fläche heraussteht (siehe S. 113). Einzelne Stücke sollten sich auch möglichst nicht überlappen.

Material: Spezialkunstharzkitt, Malerbinde
Werkzeug: Scharfes Messer, Spachtel, Kunststoffspachtel (selbst hergestellt), Pinsel verschiedener Breite, Tupfer (selbst hergestellt), sauberer Eimer, Plastikschüssel (oder zweiter Eimer), Schwamm

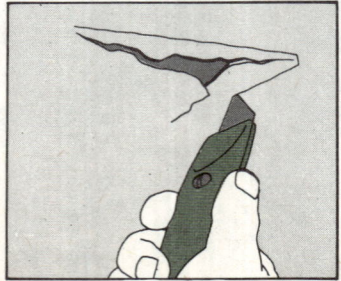

1. Mit einem scharfen Messer alle lockeren Teile des Kunstharzbelags und des Kartons von der Gipsplatte wegschneiden

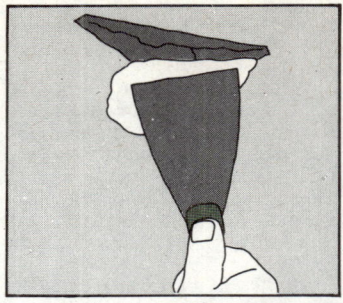

2. Den freiliegenden Gips mit Wasser anfeuchten. Mit dem Spachtel eine dünne Kittschicht auf die Unterlage auftragen

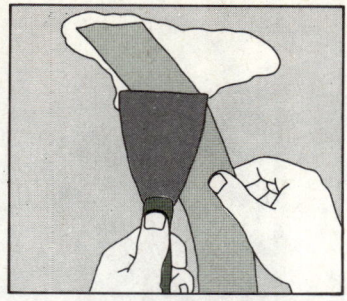

3. Das ganze Loch mit angefeuchteter Malerbinde bedecken und diese mit dem Spachtel fest in die Kittschicht drücken

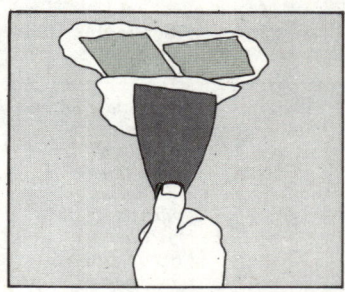

4. Die erste Kittschicht und die Malerbinde 12–24 Stunden trocknen lassen, dann erst wird die zweite Kittschicht aufgetragen

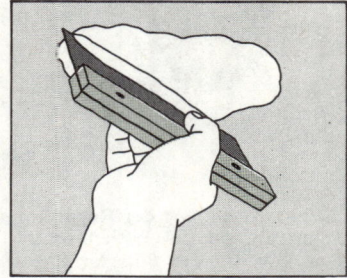

5. Den Kitt mit dem Kunststoffspachtel vor allem auch an den Rändern möglichst gleichmäßig und glatt verstreichen

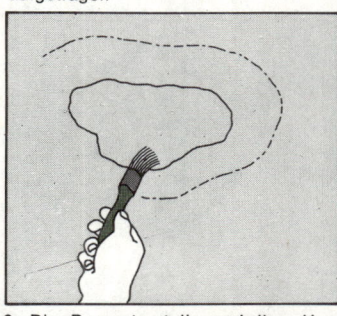

6. Die Reparaturstelle und ihre Umgebung wird mit Pinsel oder Schwamm angefeuchtet, damit die nächste Lage gut bindet

7. Eine kleine Kittmenge wird neu angemischt und sofort mit dem Pinsel gleichmäßig über die Reparaturstelle verteilt

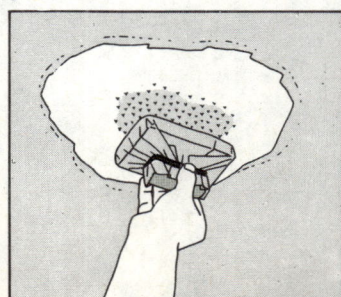

8. Mit dem feuchten Tupfer wird die Struktur der Reparaturstelle der umgebenden Deckenoberfläche möglichst genau angepaßt

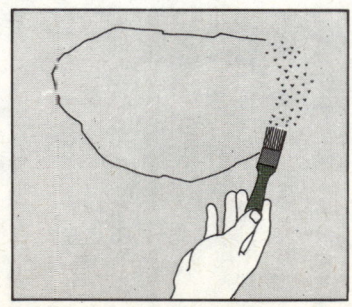

9. Alle überschüssigen Kittreste werden nach der Strukturierung mit einem angefeuchteten Pinsel sorgfältig entfernt

Großes Loch in einer Decke

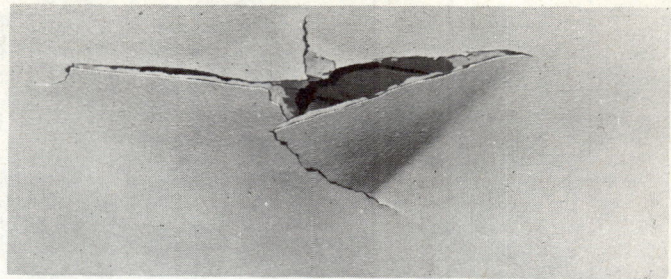

Schwieriger ist eine Deckenreparatur, wenn die Gipskartondecke durchstoßen oder durchgebrochen ist.

In einem solchen Fall kann man mit behelfsmäßigen Reparaturen nicht mehr viel ausrichten; Abhilfe schafft da nur eine „Radikalkur".

Um eine saubere, fest aufliegende Fläche zu erhalten, muß man meist einen festsitzenden Auflagerahmen aus Weichholz über der schadhaften Stelle anbringen. Dies geht natürlich am besten, wenn die beschädigte Fläche von oben herzugänglich ist, d. h., wenn man im darüber liegenden Raum den Fußboden entfernen kann. Dieser Holzrahmen soll unbedingt so weit gespannt sein, daß in der verbleibenden Fläche keine Sprünge oder Risse mehr zu sehen sind.

Material: Weichholzlatten, Gipskartonplatte, 4 cm lange Gipskartonnägel, 5 cm lange Drahtstifte, Malerbinde, Spezialkunstharzkitt
Werkzeug: Hammer, Fuchsschwanz, Spachtel, scharfes Universalmesser, Flachpinsel, Schwamm, Tupfer (selbst hergestellt), zwei Eimer, Plastikschüssel

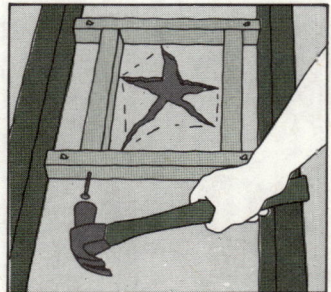

1. Ein Rahmen aus Weichholzlatten wird von oben auf die Gipskartonplatte gelegt und zwischen den Balken festgenagelt

2. Die Gipskartonplatte schneidet man von unten um das Loch herum so weit zurück, daß 2–3 cm des Rahmens freiliegen

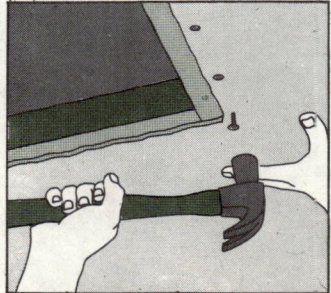

3. Die Ränder der schadhaften Platte werden ringsum mit 4 cm langen Gipskartonnägeln an den Lattenrahmen genagelt

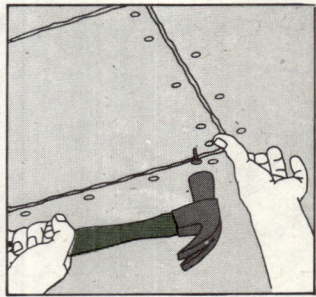

4. Die neue Gipskartonplatte für das Loch mit 3 mm Spiel ringsum zuschneiden und mit der glatten Seite nach unten annageln *(Forts. S. 118)*

Gipserarbeiten

(Fortsetzung von S. 117)

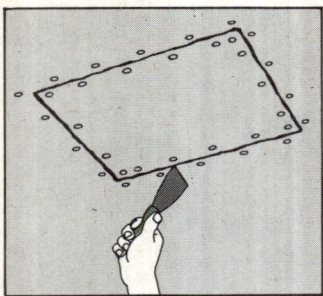

5. Der Oberflächenbelag der Decke wird 8–10 cm breit um das Loch herum zur Aufnahme der Malerbinde entfernt

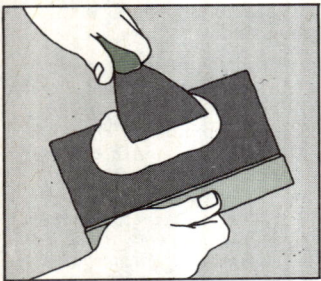

7. Den Kunstharzkitt ziemlich dick anmischen und eine Portion auf die Kante des Kunststoffspachtels bringen

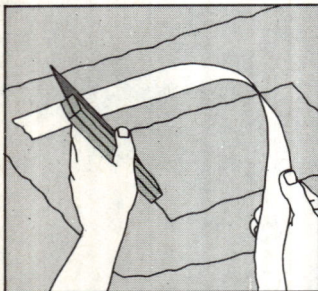

9. Die feuchte Malerbinde legt man auf die vier Fugen und drückt sie mit dem Kunststoffspachtel gleichmäßig gut an

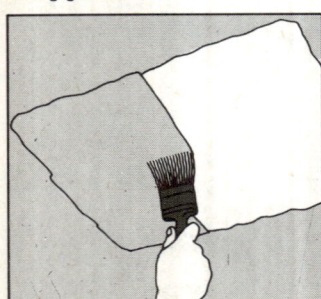

11. Die Decke etwa 10 cm um die Reparaturstelle herum anfeuchten und mit dem Pinsel eine weitere Kunstharzkittschicht auftragen

6. Die Malerbinde für die Kanten der Reparaturstelle zuschneiden, anfeuchten und in eine trockene Schüssel legen

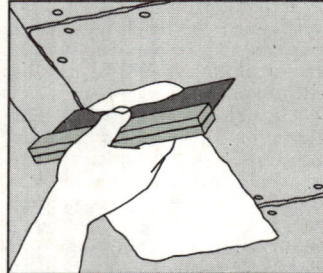

8. Der Kitt wird in 15 cm breiten Streifen sorgfältig auf alle Fugen und eventuelle Risse oder Sprünge gestrichen

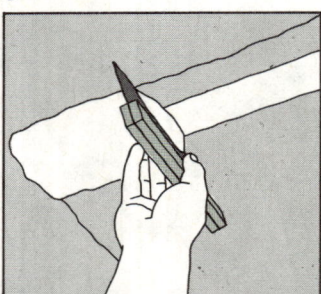

10. Kitt und Malerbinde 12–24 Stunden trocknen lassen, dann eine zweite Kittschicht bündig mit der Deckenfläche aufspachteln

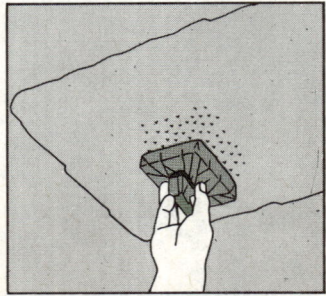

12. Den neuen Auftrag mit dem Tupfer strukturieren, fest werden lassen und überschüssigen Kitt gründlich entfernen

Gipsreparatur auf Lattenrost

Hier hängt die Art der Reparatur davon ab, ob die Latten hinter dem Loch in der Gipsfläche gebrochen sind oder nicht. Sind sie noch intakt, so geben sie dem neuen Gipsputz hinreichend Halt;

sind sie jedoch zerstört, so muß der neue Gipsbelag eine feste Unterlage erhalten.

Wenn das Loch nicht größer als 7–8 cm ist, wird es mit einem Knäuel Packpapier ausgestopft, das man erst in Wasser einweicht und dann mit einem dünnen Gipsbrei tränkt. Größere Löcher werden vor dem Verputzen mit Streckmetall verschlossen (siehe S. 119).

Man kann die Löcher entweder mit Gips oder einer Füllmasse zuputzen oder, wenn man sparen will, mit einer Unterschicht von Sand/Zement-Mörtel im Verhältnis 4 : 1 versehen und darüber, bündig mit der Wand, eine Oberschicht von Gipsglättputz legen.

Material:	*Sand und Zement, Gips oder Zellulosefüller, Packpapier*
Werkzeug:	*Spitzkelle, Spachtel, Handbrett, breiter Pinsel, Eimer, mittelfeines Schleifpapier, Schleifklotz*

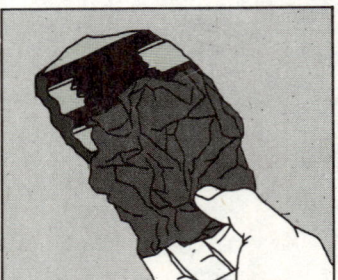

1. Zunächst Tapete oder Belag ablösen. Dann wird ein Papierpfropfen von passender Größe zusammengeknüllt und in einen Gipsbrei getaucht

3. Das Loch nun mit der Kelle bis etwa 2 mm unter der umgebenden Putzfläche mit Gips zustreichen und gründlich trocknen lassen

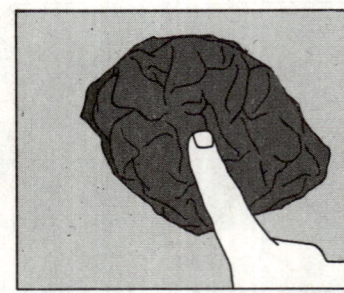

2. Der Papierpfropfen wird so in das Loch gedrückt, daß er etwa 5 mm tiefer als die umgebende Putzfläche liegt und das Loch ausfüllt

4. Die Reparaturstelle und alle umgebenden Ränder mit Wasser und Pinsel glätten. Dabei keine Borstenspuren hinterlassen

Große Löcher mit Streckmetall reparieren

Bei einem Loch in einer Gipswand auf Lattenrost, das größer als etwa 8 cm ist, benutzt man Streckmetall als Unterlage für den Gips.

Streckmetall dient als Putzträger und wird aus Aluminium- oder Stahlblech hergestellt, das zunächst gestanzt und dann gestreckt wird. Stählernes Streckmetall muß verzinkt oder bitumenisiert sein, um spätere Rostflecke im Gips zu vermeiden. Der Baustoffhandel führt es in großen Tafeln und mit verschiedenen Maschengrößen. Meist dürfte es

jedoch möglich sein, kleinere Stücke zu bekommen.

Ersatzweise läßt sich auch feiner verzinkter Maschendraht verwenden. Für Gipsverputz ist eine Maschengröße von 6–10 mm am besten geeignet. Das Streckmetallgitter wird alle 10 cm an die Wandbalken genagelt. Sind keine Balken zu erreichen, so befestigt man es direkt auf dem Untergrund.

Der Gips wird in kleinen Mengen aufgetragen und schichtweise zu der erforderlichen Dicke aufgebaut; dabei läßt man die einzelnen Schichten jeweils antrocknen. Trägt man zuviel Gips auf einmal auf, fällt er durch die Maschen, bevor er Zeit hat, fest zu werden.

Material: Streckmetall, Sand, Zement und Gips oder fertige Gipsputzmischung (siehe S. 106), Wasser, verzinkte, 25 bis 40 mm lange Breitkopfnägel Werkzeug: Kreide, Blechschere, Hammer, Pinsel, Handbrett, Spitzkelle, Stahltraufel

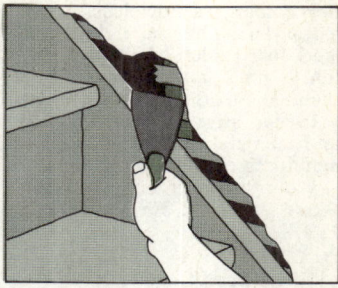

1. Zunächst entfernt man allen losen und bröckelnden Putz aus dem Loch, dann werden die Putzkanten überall leicht unterschnitten

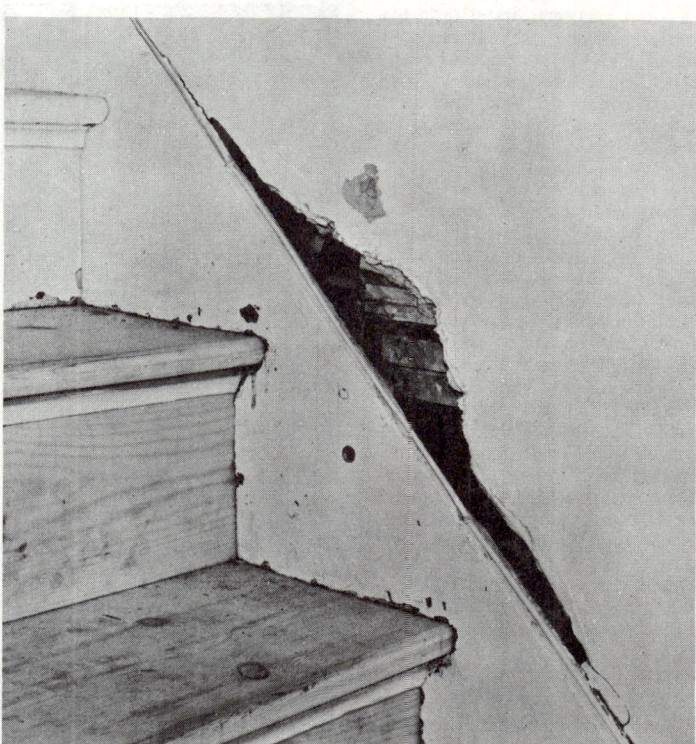

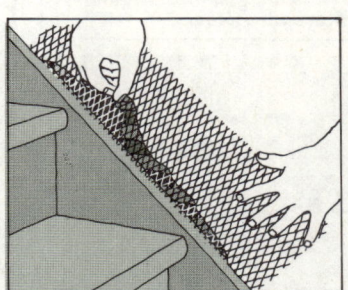

2. Ein Stück Streckmetall wird über das Loch gehalten und die erforderliche Größe mit Kreide genau angezeichnet

4. Das Streckmetallstück wird mit den Rändern zwischen Gipsputz und Latten in das Loch geschoben und sauber ausgerichtet

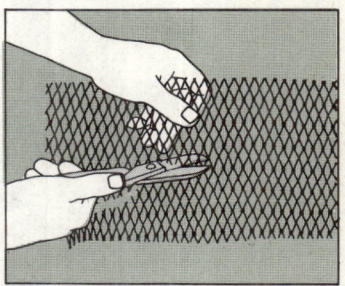

3. Das für die Reparatur nötige Streckmetallstück wird mit der Blechschere etwas größer als angezeichnet ausgeschnitten

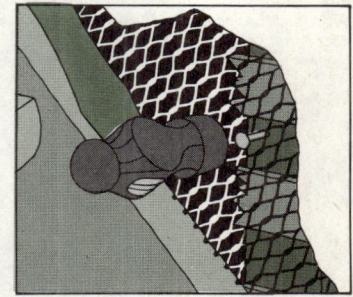

5. Sind hinter dem Loch senkrechte Balken oder Latten vorhanden, so wird das Metallgitter mit Nägeln daran befestigt

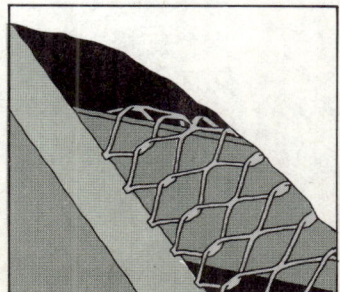

6. Sind Ständer nicht zu erreichen, wird das Streckmetallstück um die äußersten Latten gebogen und die Lücke mit Papier ausgefüllt

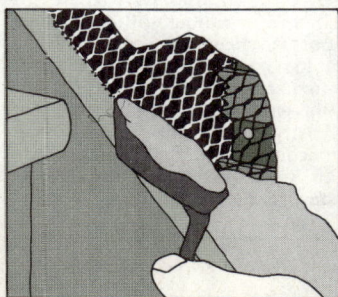

7. Mit der Spitzkelle etwas dickeren Gips auf dem Gitter verteilen; Gipsfüllung dann in dünnen Schichten aufbauen

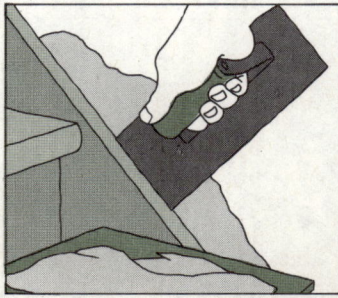

8. Die Gipsschichten etwa 24 Stunden trocknen lassen und anschließend mit der Stahltraufel die Glättschicht aufbringen

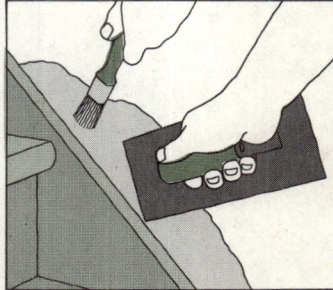

9. Zum Schluß wird die letzte Putzschicht mit nassem Pinsel und Stahltraufel geglättet und farblich der Umgebung angepaßt

Gipserarbeiten

Steckdosen und Kabel eingipsen

Bevor man irgendwelche Arbeiten in der Nähe von elektrischen Steckdosen oder Schaltern durchführt, muß man den entsprechenden Stromkreis ausschalten.

In der Schweiz sind Arbeiten an festen elektrischen Installationen durch den Laien verboten!

Wenn man in eine vergipste Wand ein Loch für eine Steckdose und einen Schlitz für das Zuleitungskabel schlägt, dürfen sie nicht zu knapp sein.

Lose Putzteile werden gründlich ausgebürstet. Dann fixiert man die Dose mit etwas Gipsbrei und befestigt das Kabel mit Schellen (Gipspatschen) im Schlitz. Danach feuchtet man den Schlitz und das Dosenloch an und füllt beide Schicht um Schicht mit Gips und glättet das Ganze.

> *Material: Gips, Wasser*
> *Werkzeug: Hammer, Meißel, Pinsel, Eimer, Kelle, Spachtel, Reibebrett mit Filzscheibe, Schraubenzieher*

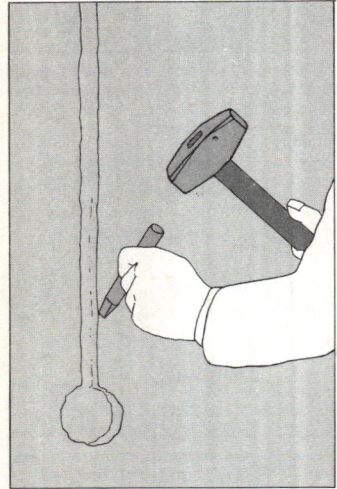

1. Der Kabelkanal und das Loch für die Steckdose müssen genügend breit und tief ausgemeißelt werden

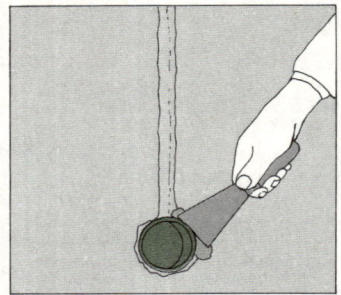

2. Man feuchtet das Loch an und gipst die Dose so ein, daß ihre Ränder bündig mit dem Putz abschließen

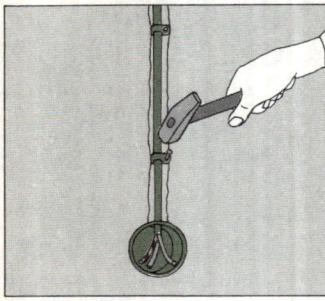

3. Das Kabel wird mit freigelegten Adern in die Steckdose eingeführt und mit Schellen im Schlitz befestigt

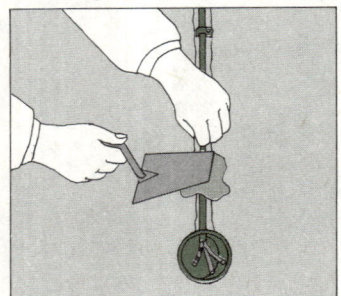

4. Man bürstet den Schlitz sauber, feuchtet ihn und das Loch an und verschließt beide mit Gips

5. Mit der nassen Filzscheibe wird die letzte Gipsschicht geglättet, solange sie noch weich ist

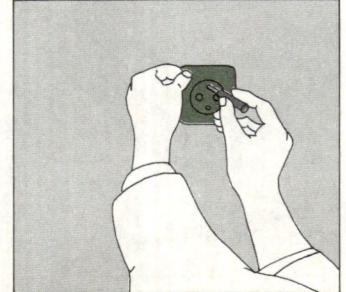

6. Die Steckdose wird angeschlossen und mit Schraubkrallen gesichert, ehe der Deckel festgeschraubt wird

Einen alten Stuckfries restaurieren

In alten Häusern findet man bisweilen schöne Stuckfriese zwischen Wand und Decke oder Stuckornamente an der Decke. Meist sind sie mit mehreren alten Farbschichten bedeckt, die den Ornamenten die plastische Wirkung nehmen.

Es ist der Mühe wert, solche Stuckprofile zu restaurieren, auch wenn es ziemlich viel Geduld erfordert. Für ein gutes Ergebnis ist es nötig, alle Flächen und Vertiefungen der Ornamente vorsichtig von den alten Farbschichten zu befreien. Man kann dazu je nach Farbart Wasser oder Farbabbeizmittel verwenden, das die Arbeit erheblich erleichtert. Welches Abbeizmittel in Frage kommt, läßt man sich im Fachgeschäft sagen. Und man sollte es auf jeden Fall an einer unauffälligen Stelle ausprobieren, um sicherzugehen, daß es den Stuck nicht angreift. Das Abbeizmittel wird wie Wasser mit einem nicht zu dicken Pinsel oder einem Zerstäuber aufgetragen. Die aufgeweichte Farbe entfernt man mit einer harten Bürste, die letzten Reste aus den Vertiefungen mit einem Schraubenzieher oder einem Taschenmesser. Beim Arbeiten mit einem Zerstäuber sollte man sich ein Taschentuch vor die Nase halten, um die Dämpfe nicht einzuatmen. Wenn man nur Wasser benutzt, muß man den Anstrich mehrmals stark naß machen. Kleinere fehlende Teile im Stuck formt man mit Alabasterbrei nach.

1. Man versucht an unauffälliger Stelle mit dem Zerstäuber, ob das Wasser oder Abbeizmittel den gewünschten Erfolg hat

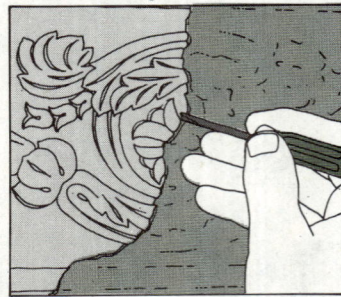

2. Wenn die Flüssigkeit die Farbschicht genügend aufgeweicht hat, bürstet man sie ab und kratzt sie mit dem Schraubenzieher aus Vertiefungen

> *Material: Abbeizmittel oder Wasser*
> *Werkzeug: Schraubenzieher oder Taschenmesser, Pinsel oder Zerstäuber, Bürste*

3. Danach wird das ganze Profil mit einer harten Bürste gründlich abgebürstet und dann in der gewünschten Farbe neu gestrichen

Kehlleisten anbringen

Wenn zwischen Wand und Decke immer wieder Risse auftreten, verdeckt man sie am besten durch Kehlleisten aus Gips, Holz, Plastik oder Polystyrol, die es in Baubedarfs- und Hobbygeschäften in verschiedenen Ausführungen fertig zu kaufen gibt. Gips ist schwerer und teurer als Polystyrol, hat aber eine glattere und festere Oberfläche.

Diese Profilleisten lassen sich leicht bearbeiten, sägen und anbringen. Die Teilstücke hält man so lange fest, bis der Kleber genügend angetrocknet ist. Bei längeren Stücken arbeitet man am besten zu zweit.

Es empfiehlt sich, die Kehlleisten möglichst aufzukleben, bevor man den betreffenden Raum neu tapeziert oder streicht. Nur so sind mit Sicherheit häßliche Kleberflecken an der Wand oder an der Decke zu vermeiden. Ist eine vollständige Renovierung des Zimmers nicht vorgesehen, sollte man in jedem Fall an den Klebeflächen der Kehlleisten die Tapete abschneiden und entfernen.

Je nach dem Material der Kehlleisten muß man auch den entsprechenden Kleber kaufen.

Man läßt sich am besten schon beim Leistenkauf im Fachgeschäft beraten, denn sonst kann es später Überraschungen geben, wenn ein nicht materialgerechter Kleber verwendet wurde.

Die Klebeflächen sollten gut und dick mit Kleber bestrichen werden, damit kleine Löcher oder Unregelmäßigkeiten in der Wandfläche ausgeglichen werden. Bei sehr unregelmäßigen Wänden nagelt man die Leisten zusätzlich in Abständen von 50–60 cm mit dünnen, 40 mm langen nichtrostenden Nägeln an die Wand. Die Löcher der versenkten Nagelköpfe verschließt man mit Gips oder Zellulosefüller.

> *Material:* Kehlleisten, Kleber, feines Schleifpapier, Stauchkopfnägel, Kunstharzfüller oder Gips
> *Werkzeug:* Fuchsschwanz mit feinen Zähnen, Hammer, Spachtel, scharfes Messer, Haushaltsmesser mit biegsamer Klinge, Pinsel, Eimer, Kelle, Lineal, alter Meißel, Versenker, Gehrungsschneidlade, Schnur, Kreide

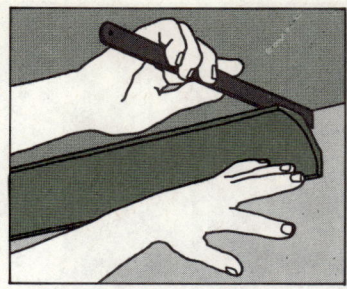

1. Man hält ein Stück Kehlleiste an die Wand und mißt mit einem Maßstab genau, wie weit ihre obere Kante vorsteht

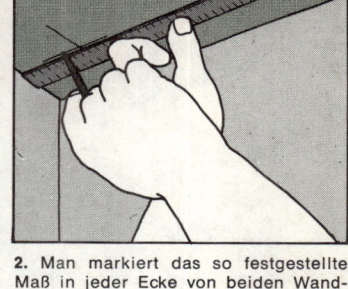

2. Man markiert das so festgestellte Maß in jeder Ecke von beiden Wandseiten her an der Decke mit einem Kreuz

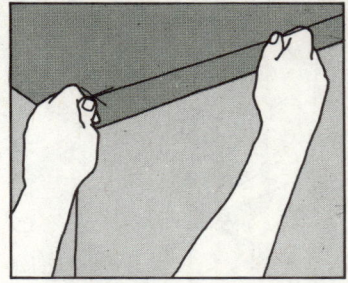

3. Nun wird eine Schnur fest eingekreidet und gespannt. Wenn man sie gegen die Decke schnappen läßt, entsteht ein Strich

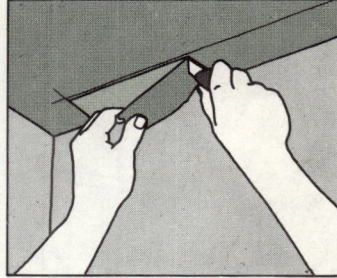

4. Die Decke ringsum so markieren, dann die Tapete 3 mm innerhalb der Markierung durchschneiden und die Streifen abziehen

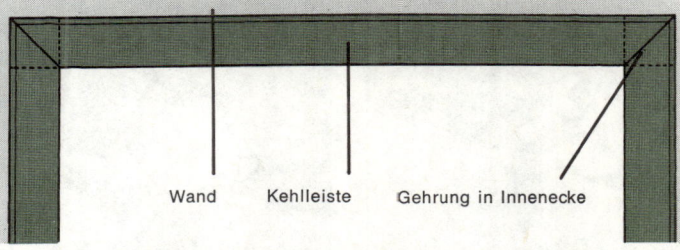

Wand   Kehlleiste   Gehrung in Innenecke

Innenecken: Die Wandlänge zwischen den Ecken messen und die Kehlleiste genau danach zuschneiden. Die Leistenenden gehren. Bei einem Eckwinkel von weniger als 90° den Gehrungswinkel etwas kleiner als 45°, bei einem Eckwinkel von mehr als 90° den Gehrungswinkel etwas größer als 45° machen. Eventuelle Lücken mit Knetholz zukitten

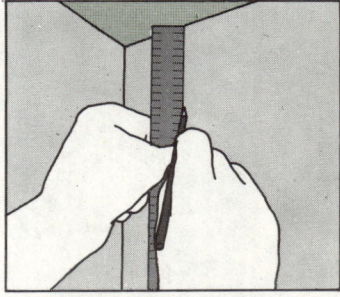

5. Die Höhe der Kehlleiste in den Wandecken anzeichnen und die Markierungspunkte ebenfalls durch Schnurschlag verbinden

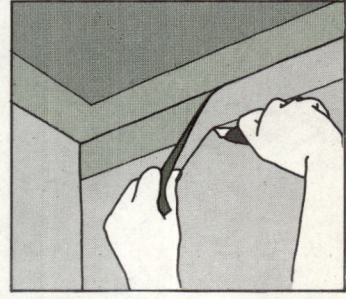

6. Die Tapete auch hier 3 mm innerhalb der Markierung durchschneiden und die Tapetenstreifen vorsichtig abziehen

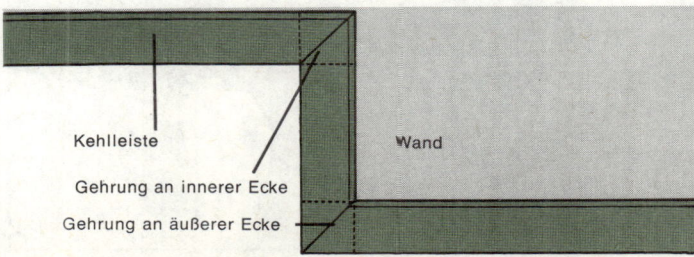

Kehlleiste   Wand

Gehrung an innerer Ecke

Gehrung an äußerer Ecke

Außenecken: Die Leisten auf die Länge beider Wände plus Breite der Leiste zuschneiden. Die Leistenenden an der Außenecke mit einer Gehrung nach außen versehen. Bei anderen Eckwinkeln als 90° muß man die Gehrung entsprechend anpassen. Eventuelle Lücken mit Knetholz zukitten

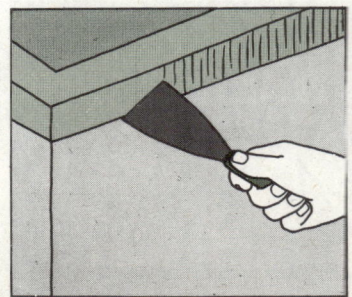

7. Die freigelegten Putzstreifen an Decke und Wänden sauber abkratzen und mit einem scharfen Messer oder alten Meißel aufrauhen

8. Länge aller Wände an der Decke messen. Maße auf die Leisten übertragen. Bei Außenecken Breite der Leiste hinzugeben
(Forts. S. 122)

Gipserarbeiten

(Fortsetzung von S. 121)

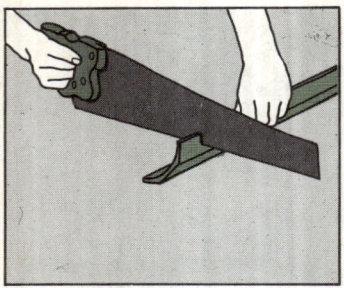

9. Die Kehlleisten mit einer feinen Säge ablängen. Um saubere Kanten zu erhalten, sägt man von der Vorderseite aus

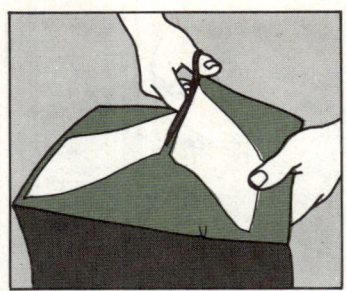

10. Wenn zu den Leisten Papierschablonen für die Gehrungen geliefert wurden, diese auf Karton legen und ausschneiden

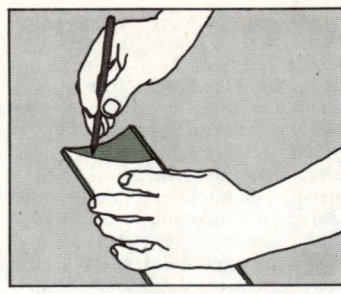

11. Festlegen, welche Enden nach innen und welche nach außen zu gehren sind, die Schablonen auflegen und anzeichnen

12. Alle Gehrungen mit einer feinen Säge schneiden, damit glatte Kanten entstehen; dabei von der Außenseite der Leisten her sägen

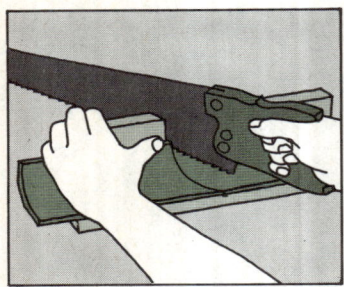

13. Für Eckwinkel von 90° kann man eine Gehrungsschneidlade benutzen, die das Sägeblatt im genauen Winkel von 45° führt

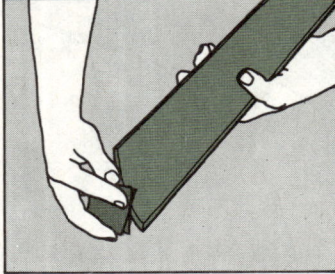

14. Alle gesägten Kanten mit feinem Schleifpapier glätten, dabei die Kantenwinkel nicht durch zu starkes Schleifen verändern

15. Die freigelegten Wand- und Deckenstreifen mit einem alten Pinsel und viel Wasser anfeuchten, wenn mit Gipsbrei geklebt wird

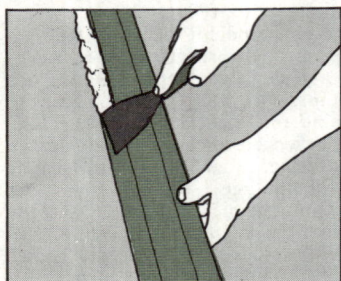

16. Den Gipsbrei oder den entsprechenden Kleber mit dem Spachtel dick auf die Rückseitenränder der Kehlleiste auftragen

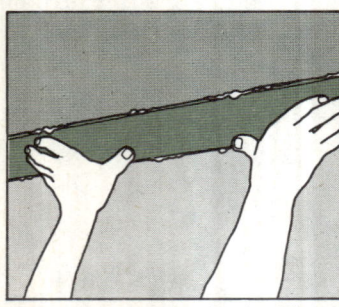

17. Die Kehlleiste fest in den Winkel zwischen Wand und Decke drücken und so lange anpressen, bis der Kleber sich nicht mehr löst

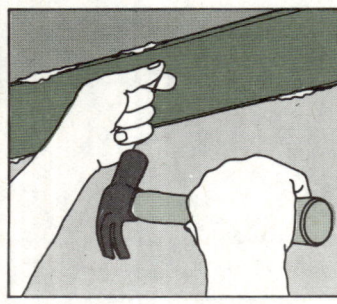

18. Falls die Leiste an einer unebenen Wand nicht hält, wird sie alle 60 cm mit Stauchkopfnägeln angenagelt. Nagelköpfe versenken

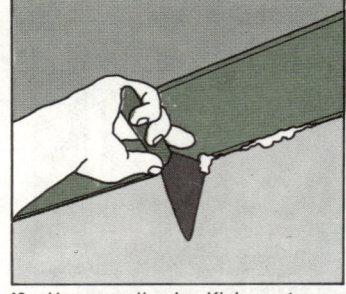

19. Hervorquellende Kleberreste an den Leistenkanten sofort mit dem Spachtel entfernen, ehe der Kleber fest wird

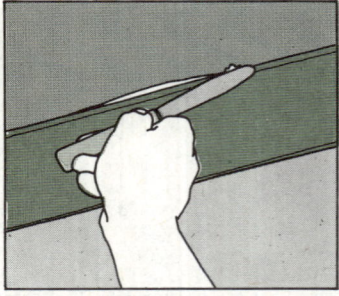

20. Falls die Leiste nicht sauber anliegt, werden die Lücken sowie eventuelle Nagellöcher mit Gips oder Kunstharzfüller zugespachtelt

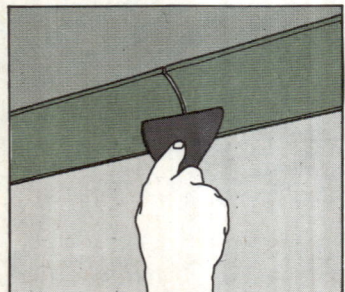

21. Wo Leistenteile aneinander stoßen, werden die Fugen mit Gips oder Kunstharzfüller zugestrichen und mit feinem Schleifpapier geglättet

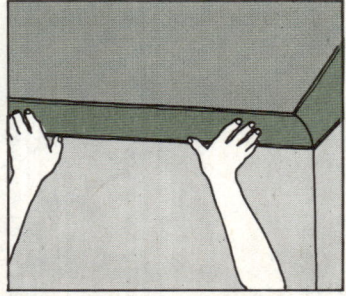

22. Bei Innen- und Außenecken müssen die gegehrten Leisten so dicht wie möglich aneinander stoßen. Hier reichlich Kleber aufbringen

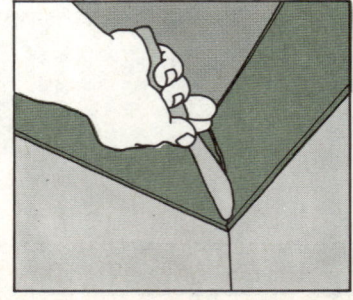

23. Mit einem Spachtel oder Haushaltsmesser die Eckfugen zuspachteln und ebenfalls mit feinem Schleifpapier glätten

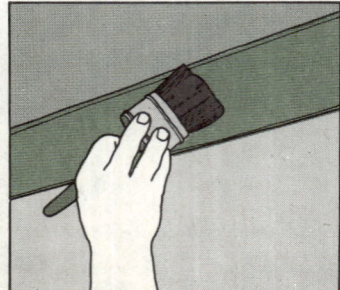

24. Mit Wasser und sauberem Pinsel alle Gipsreste von den Kehlleisten entfernen. Bei anderen Klebern Lösungsmittel verwenden

Schadhaften Verputz an Außenwänden ausbessern

Es ist ganz natürlich, daß verputzte Außenwände viel reparaturanfälliger sind als Innenwände. Die Putzflächen sind allen Witterungseinflüssen weit mehr ausgesetzt und haben deshalb eine geringere Lebensdauer als Innenputz. Besonders gefährdet sind die Außenwände durch eindringende Feuchtigkeit, die sich an den Putzhaftflächen ausbreitet und bewirkt, daß diese sich ablösen.

Wenn der Putz von der Mauer fällt, muß man ihn rasch ausbessern, damit das Gebäude seinen Wetterschutz nicht verliert.

Dem Mörtel setzt man Kalk zu, weil er sich dann besser verarbeiten läßt und beim Trocknen nicht so leicht Risse und Sprünge bekommt. Manchmal ist es nötig, nach dem Austrocknen der ersten Putzschicht eine zweite aufzubringen.

Material: Zement, feiner Sand und Kalk, falls erforderlich, Kunstharzbinder (PVA)
Werkzeug: Maurerhammer und Meißel, Handbrett, Stahltraufel, Reibebrett, Flächenstreicher, Abziehlatte

RISSE UND SPRÜNGE

Feine Risse und Sprünge im Putz sollten möglichst bald ausgebessert werden. Risse darf man nicht durch Zustreichen schließen, sondern muß sie so weit öffnen, daß der Mörtel gut eindringen kann.

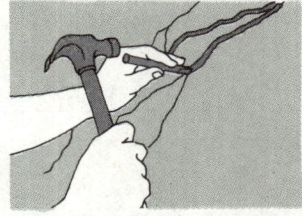

1. Risse aufmeißeln und Putzkanten nach innen abschrägen. Putzreste entfernen

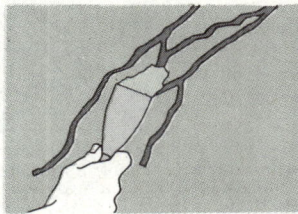

2. Unverdünnten Haftgrund in die Risse streichen und die Risse mit frischem Mörtel ausfüllen

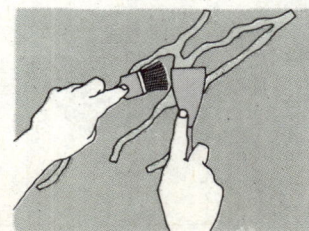

3. Überschüssigen Mörtel mit nassem Pinsel entfernen; Putz anfeuchten und mit Spachtel glätten

KIESBEWURF

Ein schadhaftes Putzstück mit Kiesbewurf schlägt man ab und kratzt dann die Fugen aus. Anschließend wird der neue Putz aufgetragen, geglättet und vor dem Abbinden mit Kies beworfen.

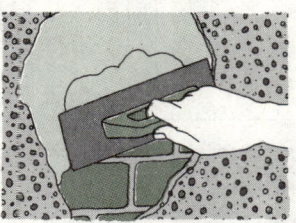

1. Auf vorbereiteten Grund Mörtelschicht schnell auftragen; notfalls zweite Schicht auftragen

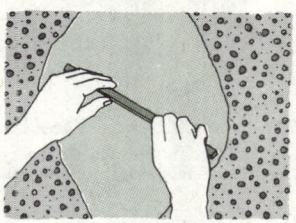

2. Überschuß mit Abziehlatte entfernen. Ränder mit nassem Pinsel eben mit altem Putz streichen

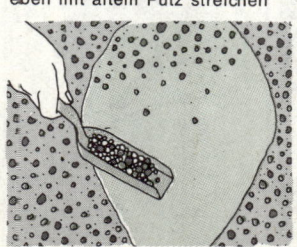

3. Putz mit Kies von passender Korngröße bewerfen und mit Reibebrett gleichmäßig eindrücken

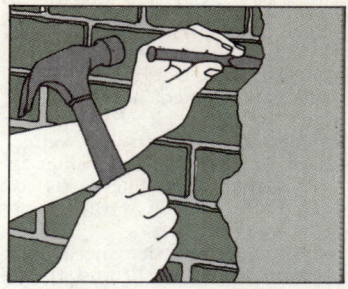

1. Den lockeren Putz abschlagen, bis nichts mehr abbröckelt. Auch die Fugen zwischen den Ziegeln auskratzen und die ganze Stelle abbürsten

2. Eine rauhe, griffige Ziegelwand feuchtet man mit Wasser an. Glatte, nicht poröse Ziegel müssen mit Haftgrundfarbe vorgestrichen werden

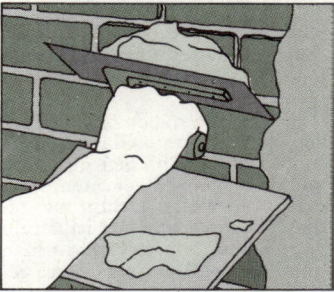

3. Ein Handbrett wird mit frischem Mörtel gefüllt und gegen die Wand gestützt. Den Mörtel trägt man in kleinen Portionen mit der Stahltraufel auf

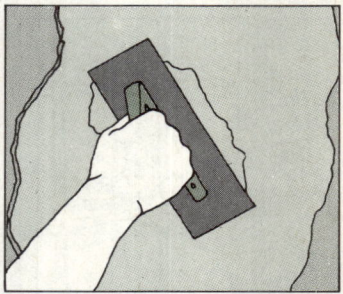

4. Die erste Putzschicht soll 10–15 mm dick sein, in jedem Fall aber eine Spur dicker als der umgebende alte Putz. An den Rändern fest andrücken

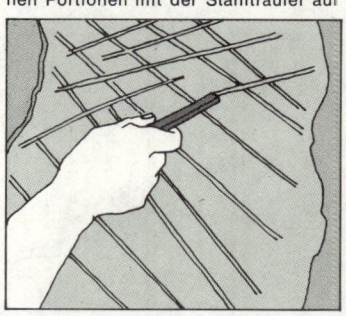

5. Ist der alte Putz stärker als 12 bis 15 mm, bringt man zwei Mörtellager auf. Den ersten Auftrag muß man tief kerben und trocknen lassen

6. Nach mindestens 24 Stunden wird dann die zweite Mörtelschicht so aufgetragen, daß die Oberfläche etwas höher ist als der umgebende alte Putz

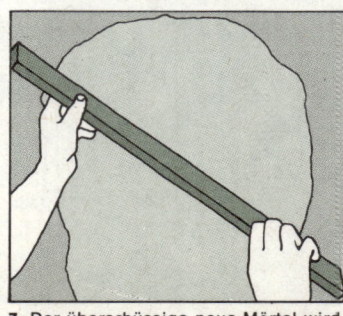

7. Der überschüssige neue Mörtel wird durch Hinundherbewegen der Abziehlatte weggenommen. Die Latte soll länger sein als die Schadenstelle

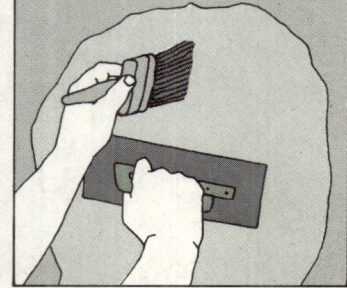

8. Nach einer Stunde wird die Fläche über ihre Ränder hinaus mit Flächenstreicher und Wasser gut angefeuchtet und mit der Stahltraufel glattgerieben

Glasbausteine

Einen Glasbaustein auswechseln

Glasbausteine, die in den Außenwänden eines Hauses verwendet werden, müssen ebenso wetterdicht sein wie das Ziegelmauerwerk. Obwohl Glasbausteine keine tragende Funktion haben, sollten schadhafte Stellen so bald wie möglich repariert werden, damit keine Feuchtigkeit in das Haus eindringen kann.

Wenn man den schadhaften Glasstein und den Mörtel herausmeißelt, arbeitet man am besten von den Rändern nach der Mitte zu, um benachbarte Steine nicht zu beschädigen.

Jede dritte oder vierte Glas-

steinlage ist auf einer Seite durch einen Stahlnetzstreifen verstärkt.

Neue Glasbausteine werden mit ziemlich trockenem Mörtel aus Kalk, Zement und Flußsand im Verhältnis 1:1:4 eingemauert. Das ergibt eine wetterfeste Verbindung, die in einer zu den vorhandenen Fugen passenden Farbe verfugt werden kann (siehe S. 144).

Glasziegel werden meist doppelwandig hergestellt und in den verschiedensten Farben und Varianten vom Handel angeboten. Sie haben die Aufgabe, im Inneren des Gebäudes nicht nur eine lichtdurchlässige Fläche zu schaffen, sondern sie dienen auch durch die Brechung des einfallenden Lichts als Raumschmuckelemente.

Man sollte daher beim Ersetzen beschädigter Glasziegel in größeren Wandflächen nicht nur auf die Oberfläche achten, sondern immer eine Lichtprobe mit durchscheinendem Lichtstrahl vornehmen. Nur so erreicht man nach dem Einsetzen den gewünschten Effekt.

Neue Glasziegel müssen in Größe und Dicke genau den alten entsprechen. Daran sollte

man beim Kauf denken und wenn möglich ein Muster mitnehmen, denn es ist für den Laien mit den ihm zur Verfügung stehenden Werkzeugen praktisch unmöglich, Glasbausteine in passende Größen zurechtzuschneiden oder sie sonst zu bearbeiten.

> **Material:** Passender Glasbaustein, Kalk, Zement und Flußsand, Fugenfarbe
> **Werkzeug:** Hammer, 10 oder 15 mm breiter Meißel, harte Bürste, Maurerkelle, Fugenkelle

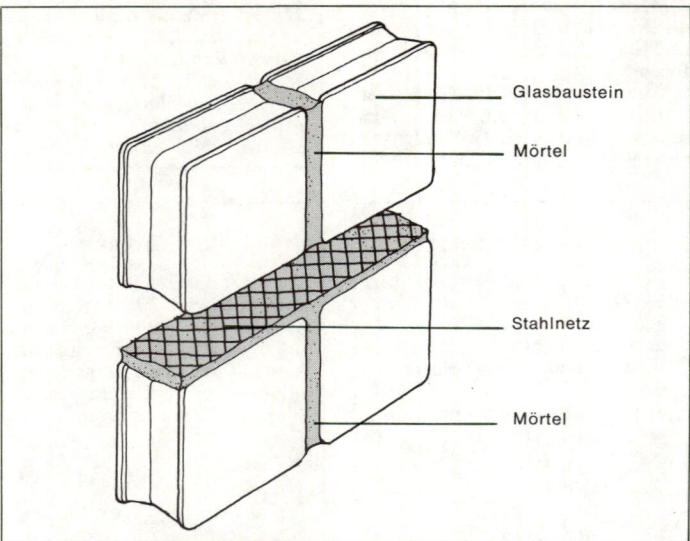

Glasbaustein

Mörtel

Stahlnetz

Mörtel

1. Alten Glasstein und Mörtel mit Hammer und Meißel vorsichtig herausschlagen. Dabei die angrenzenden Glassteine nicht beschädigen

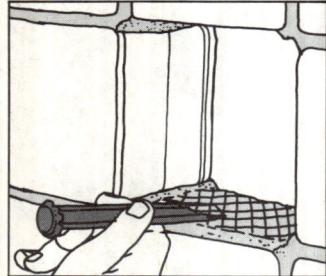

2. Wird ein Stück Stahlnetz freigelegt, läßt man es liegen, meißelt jedoch den Mörtel auf und unter ihm vorsichtig heraus

6. Der neue Glasbaustein wird von unten mit der Maurerkelle gestützt und sehr behutsam in die Maueröffnung gesetzt

3. Die Öffnung wird mit einer harten Bürste gut gesäubert; alle Staubteile sowie Glas- und Mörtelreste werden entfernt

7. Der Glasbaustein wird mit dem Griff der Kelle vorsichtig hineingeklopft, bis er genau eingepaßt ist und mit den anderen eben liegt

4. Auf die Seiten und den Boden der Öffnung wird mit der Maurerkelle eine Lage Mörtel in der Stärke der anderen Fugen aufgetragen

8. Die Fugen werden mit der Fugenkelle mit Mörtel gefüllt, dann wird der überschüssige Mörtel restlos weggestrichen

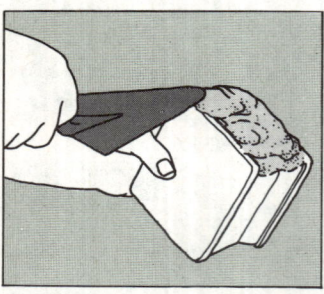

5. Die Oberseite des neu einzusetzenden Glasbausteins wird in derselben Dicke wie die Öffnung mit vorbereitetem Mörtel belegt

9. Falls gewünscht, wird die Reparaturstelle mit passendem farbigem Mörtel ausgefugt. Der Glasbaustein wird sauber abgewischt

Holzfäule und Holzwürmer

Wie erkennt man Naßfäule und Hausschwamm?

Naß- und Trockenfäule des Holzes, letztere unter dem Namen Hausschwamm allgemein bekannt, werden von zwei Pilzarten verursacht, die sich in feuchter und schlecht ventilierter Umgebung verbreiten. Naßfäule bleibt im allgemeinen auf einzelne Stellen beschränkt, während der Hausschwamm sich schnell durch ein ganzes Gebäude verbreiten kann und daher äußerst gefährlich wird.

Kontrollieren Sie Ihr Haus regelmäßig auf Feuchtigkeit (siehe S. 58). Besonders anfällig sind das Dachgebälk, die Unterseiten von Treppen, Keller, Rohrverkleidungen und hohle Holzfußböden (siehe S. 74). Vergewissern Sie sich, daß Luftziegel und Lüftungsgitter nicht verstopft sind und daß die Sperrschichten in den Mauern in Ordnung sind (siehe S. 64). Rufen Sie sofort einen Fachmann, wenn Sie Verdacht auf Hausschwamm haben oder befallene Stellen entdecken. Versuchen Sie nicht, ohne fachmännischen Rat tragende Holzteile selbst zu ersetzen.

So erkennt man Hausschwamm
Der Hausschwamm verursacht schwerste Bauholzzerstörungen. Er verbreitet sich durch Sporen, die man unwissend mit den Schuhen und Kleidern weitertragen kann; sie können aber auch von der Luft transportiert werden.

Aus anfänglich dünnen weißen Fäden wird bald ein dicker baumwollähnlicher Belag, der immer neue Vermehrungsfäden aussendet, die selbst Mauerwerk durchdringen und Eisenträger überwachsen können. Der Hausschwamm ist außerdem in der Lage, selbst Feuchtigkeit zu erzeugen, die er zum weiteren Wachstum braucht. Es kann zur Bildung von polsterförmigen Überzügen oder grauen lappigen Flächen mit gelblichen und weinroten Flecken kommen, und es entstehen grauweiße scheibenförmige Fruchtkörper, aus denen sich Millionen neuer Sporen überallhin verbreiten.

Hausschwamm kann man riechen
Hausschwamm erzeugt einen moderigen, pilzartigen Geruch. Gestrichenes oder lackiertes Holz bekommt an der Oberfläche Risse, Sprünge und Wellen. Der Hausschwamm kann überall auftreten: an Fachwerk-, Dachstuhl- und Bodenkonstruktionen, ebenso an Tür- und Fensterrahmen, Fußleisten, Wand- und Deckenvertäfelungen.

Wenn man mit einem spitzen Werkzeug leicht in das Holz eindringen kann und dieses zerbröckelt, liegt wahrscheinlich Hausschwammbefall vor. In fortgeschrittenem Stadium trocknet das Holz aus und zersplittert in Faserrichtung. Man findet Beläge aus weißen Myzelsträngen, dem wachsenden Körper des Pilzes, und an abgeschlossenen Stellen Ansammlungen von Sporen, die wie Kaffeepulver aussehen.

Gegenmaßnahmen
Infizierte Stellen müssen so schnell wie möglich erkannt und behandelt werden. Um den Befall zu lokalisieren, sticht man mit einem Messer ins Holz, stellt dann so die Größe der weichen Holzstellen fest und schneidet sie bis weit ins gesunde Holz hinein heraus. Die befallenen Holzteile werden sofort verbrannt.

Wo befallenes Holz an oder in Mauern liegt, wird der Putz abgeschlagen, bis man den ganzen Umfang der kranken Holzstellen erkennen kann. Das offenliegende Ziegelwerk wird mit einer Drahtbürste gesäubert. Holzstaub und Abfall verbrennt man sofort.

Die freigelegte Wand und alles Holz im Umkreis von 1,5 Metern wird mit einem pilztötenden Mittel (Fungizid) gestrichen oder gespritzt. Dann bohrt man rings um den infizierten Bereich schräg abwärts führende, 12 mm große Löcher und füllt sie gut mit Fungizidlösung.

Wird neues Holz zur Reparatur verwendet, so muß es mit einem Holzschutzmittel vorbehandelt sein. Außerdem empfiehlt es sich, die freigelegte Wandfläche durch einen Gipsputz oder einen Anstrich mit Zinkoxydchloridfarbe zu verschließen, damit sich Sporen, die eventuell im Mauerwerk überlebt haben, nicht ausbreiten können.

Kennzeichen der Naßfäule
Naßfäule befällt durchfeuchtetes und insbesondere der frischen Luft abgeschlossenes Holz, z. B. Holz in feuchten Kellern oder die Enden von Pfosten und Masten in der Erde.

Befallenes Holz sieht wie verkohlt aus, hat Risse in Faserrichtung und ist oft mit venenartigen dunkelbraunen Strängen bedeckt. Im nassen Zustand fühlt es sich schwammig an. Bei gestrichenem Holz bekommt die Farbe im Frühstadium des Befalls Sprünge und blättert ab.

NASSFÄULE

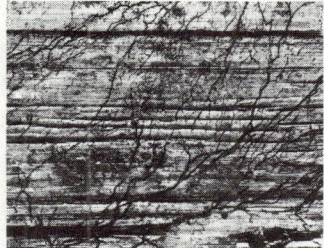

1. Das Holz reißt in Faserrichtung und ist von dunkelbraunen venenartigen Fäden bedeckt. Die Oberfläche bricht und blättert ab

2. Im fortgeschrittenen Stadium reißt das Holz auch quer zur Faser und bildet klaffende Sprünge. Dies tritt auch beim Hausschwamm auf

HAUSSCHWAMM (TROCKENFÄULE)

1. Die Holzoberfläche verzieht sich. Tragende Teile können dabei so nachhaltig zerstört werden, daß sie kaum mehr zu reparieren sind

3. Im fortgeschrittenen Stadium entstehen scheibenförmige Fruchtkörper. In ihnen sind die Sporen, durch die sich der Schwamm ausbreitet

2. Im fortgeschrittenen Stadium sind die Balken und Bretter unter dem Fußboden von dichten grauweißen Myzelschichten des Pilzes überzogen

4. Das Holz zerfällt schließlich in kubische Stücke, die mit der Zeit ausbrechen. Zusätzlich wird es oft noch von Bohrkäfern befallen

Holzfäule und Holzwürmer

So greifen Holzwürmer das Holz an

Ein vom Hausbock zerstörter Dielenfußboden

Gegenmaßnahmen

Die Ursache der Nässe oder Feuchtigkeit muß beseitigt werden. Kleinere Infektionen lassen sich durch gründliches Austrocknen der befallenen Stelle beseitigen. Kranke Holzteile werden herausgeschnitten und durch neues, mit Holzschutzmittel vorbehandeltes Holz ersetzt.

Holzwürmer

Es gibt Tausende Käferarten, deren holzbohrende Larven – volkstümlich Würmer genannt –

sich in das Holz einbohren und

im Holz leben. Unter ihnen richten drei Käfer bei uns den größten Schaden an: die Totenuhr oder der Möbelklopfkäfer (Anobium punctatum), der Bunte Klopfkäfer (Xestobium rufovillosum), im Volksmund ebenfalls Totenuhr genannt, und der Hausbock (Hylotrupes bajulus).

Ein ausgewachsener Käfer legt bis zu 60 Eier auf rauhe Holzflächen, in Ritzen und Vertiefungen oder in Hirnholzenden. Aus den Eiern entstehen Larven, die sich in das Holz einbohren und

weitverzweigte Gänge hineinfressen. Je nach Käferart können die Larven bis zu 10 Jahre im und vom Holz leben, bis aus ihnen Käfer schlüpfen, die das Holz dann durch die Bohrlöcher verlassen. Solche Löcher sind Anzeichen des Holzwurmbefalls.

Holzwurmlöcher findet man in vielen Häusern und auch an Möbeln; sie allein bedeuten aber noch nicht, daß das Holz von lebenden Insekten befallen ist. Erst wenn bei den Bohrlöchern frisches Holzmehl liegt, muß man mit akutem Holzwurmfraß rechnen.

Dann ist es aber auch höchste Zeit für energische Gegenmaßnahmen: Alle neu im Haus verarbeiteten Holzteile müssen mit einem Holzschutzmittel behandelt sein oder behandelt werden. Streichen oder sprühen Sie sie mit einem Insektizid oder Fungizid oder mit einem Kombinationsmittel aus beiden ein. Besonders sorgfältig sind die Holzenden zu behandeln.

Alle Holzteile eines Hauses sollten einmal im Jahr inspiziert werden.

Stellen Sie in einem Reihen- oder Terrassenhaus Holzwurmbefall fest, müssen Sie die Nachbarn verständigen, weil die Schädlinge leicht von einem Hausteil zum andern übergreifen können.

Prüfen Sie Möbel aus zweiter Hand, bevor Sie sie mit nach Hause nehmen. Wenn Sie Bohrkäferbefall feststellen, sollten Sie die Stücke bald behandeln.

Finden Sie erst später Spuren des Wurmfraßes daran, reicht es nicht aus, an der betreffenden Stelle einzugreifen. Sie müssen dann das ganze Haus untersuchen und auch alle anderen befallenen Stellen behandeln.

Bei umfangreichen Holzwurmschäden sollte man unbedingt einen Schädlingsbekämpfer zu Rate ziehen. Möbel und kleinere Stellen am Holz eines Hauses kann man ohne Hilfe des Fachmanns selbst behandeln. Dazu benutzt man eines der käuflichen Holzwurmmittel, das man aufstreicht oder aufsprüht.

Arbeitsweise

Von Polstermöbeln entfernt man zunächst alle abnehmbaren Bezüge und Polster. Dann säubert man sie mit einer steifen Bürste von Staub und Schmutz und trägt die Flüssigkeit reichlich auf.

Man kann dazu einen weichen Pinsel benutzen. Den besten Erfolg erzielt man jedoch mit einem Spritzfläschchen mit spitzer Tülle, mit dem man die Flüssigkeit in jedes sichtbare Bohrloch drückt. Man läßt das Mittel 24 Stunden lang einziehen und wischt dann Reste von der Oberfläche mit einem weichen Lappen ab.

Füße von Möbeln, die auf Teppichen stehen, muß man noch einen Monat lang mit Lappen unterlegen, weil Holzwurmmittel auf Textilfasern zerstörend wirken können. Wertvolle alte Möbel läßt man am besten von einem Fachmann behandeln.

Insekt	Bevorzugtes Holz	Erscheinen des Käfers	Bohrlöcher und Bohrmehl	Aussehen	Besonderheiten
Totenuhr (Möbelklopfkäfer) *Anobium punctatum*	Abgelagerte Weich- und Harthölzer, im allgemeinen aber nur das Splintholz; Sperrholz	Mai–August	Runde, etwa 2 mm große Löcher. Das Bohrmehl fühlt sich sandig an	Schwarzbraun. Länge: 2,5–5 mm. Kopf und Körpervorderteil sind von einer harten Schale bedeckt. Weiße, gebogene, engerlingartige Larven	An sonnigen Tagen kann man den Käfer an Wänden laufen sehen
Bunter Klopfkäfer (oft auch Totenuhr genannt) *Xestobium rufovillosum*	Alte, durch Nässe erweichte Harthölzer, besonders Eichenholz	Im Frühling des auf den Larvenbefall folgenden Jahres	Runde, etwa 3 mm große Löcher. Im Bohrmehl kleine knotenförmige Kügelchen	Braun gesprenkelter Panzer mit abgeflachtem Vorderteil. Länge: 8 mm. Gebogene weiße engerlingartige Larven	Man kann die Larven auf dem Holz finden, bevor sie sich einbohren
Hausbock *Hylotrupes bajulus*	Gut abgelagerte Weichhölzer, in der Regel aber nur das Splintholz	Juli–September	Ovale, 6 x 3 mm große Löcher. Das Bohrmehl besteht aus Holzsplitterchen und kleinen zylindrischen Partikeln	Braunschwarz, mit zwei hellen Punkten auf dem Kopf und weißer Haarquerbinde auf den Flügeldecken. 10–20 mm langer flachgedrückter Körper. Grauweiße Larven	Gefährlichster Schädling für verbautes Weichholz, aber auch für Möbel. Ältere Bauten sind oft bis zu 50 % befallen

Malerwerkzeuge

Man sollte immer gutes Werkzeug kaufen, weil es länger hält und die Arbeit erleichtert. Für Pinsel sind weiße und schwarze Schweinsborsten gut geeignet. Sie sind gespalten und halten deswegen die Farbe gut. Schwarze Schweinsborsten sind im allgemeinen weicher als weiße.

Um die Lebensdauer eines Pinsels zu verlängern, darf man beim Streichen nicht zu stark aufdrücken, vor allem nicht, solange er noch lange Borsten hat, weil diese sonst krumm werden können. Auch sollte man runde Pinsel während des Streichens ab und zu drehen, damit sie sich gleichmäßig abnutzen und ihre Form behalten.

Einen neuen Pinsel dreht man am Stiel schnell durch die Handflächen, um lose Borsten zu entfernen, und rollt ihn dann durch die Hand.

Nylonpinsel bester Qualität eignen sich zum Verarbeiten von wasserverdünnbaren Acrylatlacken. Für Deckenbürsten werden vielfach Kunststoffborsten verwendet, da diese widerstandsfähig gegen Chemikalien sind.

Es gibt runde und flache Pinsel in verschiedenen Größen und Ausführungen. Große Flächen lackiert man mit flachen Pinseln, für Tür- und Fensterrahmen sind Ringpinsel gut geeignet. Für Zimmerdecken und große Wandflächen benutzt man Deckenbürsten oder flache Flächenstreicher; für Rippenheizkörper gibt es besondere Heizkörperpinsel; Strichzieher dienen zum Ziehen von Linien.

Die sogenannten Deckenbürsten haben mit Bürsten im üblichen Sinn nichts zu tun. Sie sind die größte Pinselart, die man vor allem zum Streichen von Decken und Wänden benutzt, und sie haben besonders lange elastische Borsten und einen breiten, rechteckigen Querschnitt.

Farbroller werden für Decken und Wände benutzt. Sie sind mit Schaffell oder Kunstfaserpelz bezogen und gestatten ein sauberes und leichtes Arbeiten an großen Flächen. Zu jedem Farbroller gehört eine Farbmulde mit Rippen oder ein Abstreifgitter, damit überschüssige Farbe nach dem Eintauchen vom Roller abgestreift werden kann.

Ebenso wichtig wie gutes Werkzeug und Material sind auch die Hilfsgeräte. Für Arbeiten über Augenhöhe braucht man eine solide Leiter, einen Stufenbock oder Tritt, dessen Standfestigkeit man vor Beginn der Arbeit kontrollieren muß. Das gleiche gilt für die Trittleiter, die man für Arbeiten an der Decke und oben an der Wand braucht. Beim Aufstellen muß man sich davon überzeugen, daß alle vier Füße fest auf dem Boden stehen und daß die Verbindungskette in Ordnung ist.

Man sollte nicht unnötig viele Werkzeuge auf die Leiterplatte legen, sondern nur das, was man im Augenblick braucht.

Zu den Werkzeugen gehören auch Spachtel, Japanspachtel, Kittmesser, Kratzeisen oder Fugenkratzer, Stahlbürste zum Entfernen von

(Forts. S. 128)

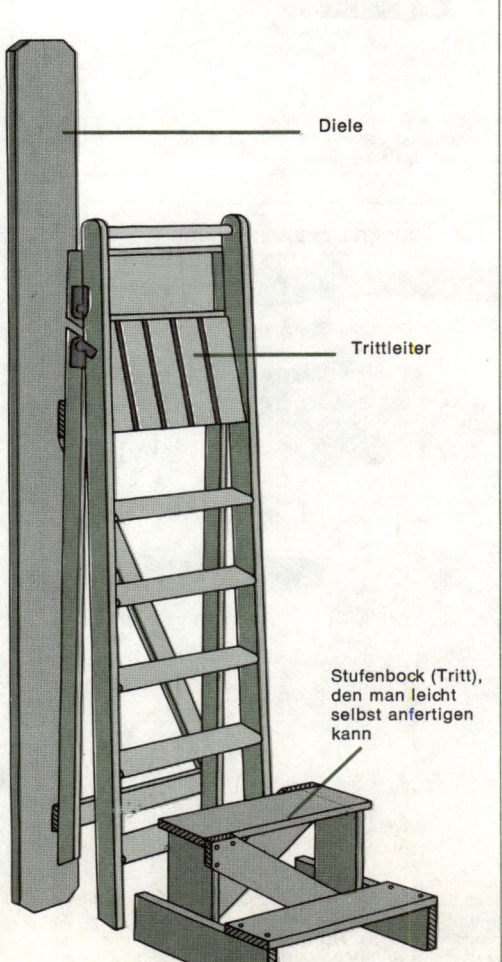

Diele

Trittleiter

Stufenbock (Tritt), den man leicht selbst anfertigen kann

PINSEL UND FARBROLLER

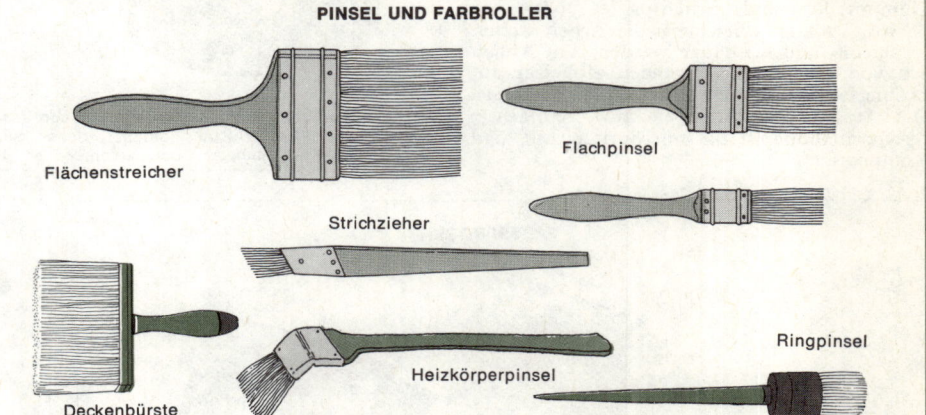

Flächenstreicher

Flachpinsel

Strichzieher

Deckenbürste

Heizkörperpinsel

Ringpinsel

Wenn man die Arbeit für mehrere Stunden unterbricht, stellt man die Pinsel so lange in ein Gefäß mit Wasser. Hat man verschiedene Pinsel mit verschiedenen Farben, so kann man die Pinsel mit gleicher Farbe in ein Plastiksäckchen stecken und damit ins Wasser stellen; die hellen und dunklen Farben verschmutzen sich dann nicht gegenseitig. Nach der Arbeit mit wasserlöslichen Farben werden Pinsel gut unter fließendem Wasser ausgespült. Man hält den Pinselstiel und die

mem Wasser und Schmierseife oder einem synthetischen Waschmittel nach. Damit die Hülsen nicht rosten, müssen Pinsel trocken aufbewahrt werden.

Farbroller werden nach Gebrauch gründlich gereinigt. Die Reinigungsmittel sind die gleichen wie bei Pinseln. Wegen ihres Materials kostet es mehr Mühe, sie so gründlich zu säubern, wie es erforderlich ist. Nach Ausspülen in lauwarmem, nicht heißem Wasser rollt man sie ein paarmal

Farbroller

Farbmulde

Borsten mit beiden Händen und bewegt diese im Wasserstrahl kräftig hin und her.

Lack- und Ölfarbenpinsel werden auf Zeitungspapier ausgestrichen und dann mit Terpentinersatz (Testbenzin) oder Nitroverdünnung ausgespült. Anschließend wäscht man sie mit war-

auf Zeitungspapier aus. Für Farbroller, deren Belag abgenutzt oder hart geworden ist, kann man Ersatzroller ohne Bügel kaufen. Auch die Farbmulde oder das Abstreifgitter sollte man nach beendeter Arbeit und vor jedem Farbwechsel ebenso sorgfältig säubern wie den Roller

Malen und Lackieren

(Fortsetzung von S. 127)

Rost, grobes und feines Schleifpapier zum Trocken- und Naßschleifen, Schleifklotz, Stahlwolle.

Schleifpapier besteht aus einer Unterlage von Papier oder Leinwand und der Schleifschicht aus Glas-, Korund-, Silizium- oder Flintkörnern. Siliziumkarbidschleifpapier kann zum Trocken- und Naßschleifen benutzt werden. Feucht, nicht tropfnaß, dient es vor allem zum Anschleifen alter Farbe. Die Unterlage ist imprägniert und deshalb auch beim Naßschleifen sehr lange haltbar.

Der Feinheitsgrad von Schleifpapieren wird durch Nummern angegeben: 40 ist sehr grob, 600 außerordentlich fein. Die Numerierung bedeutet die Anzahl von Maschen eines Siebes pro Quadratzoll. Die meistgebrauchten Körnungen sind 80, 150 und 280.

Zum Entrosten von stählernen Rahmen, Geländern, Rohren usw. nimmt man eine Stahldrahtbürste. Am schnellsten geht es allerdings mit einer elektrischen Bohrmaschine, in die man eine topfförmige Drahtbürste spannt; Gummiteller und Schleifpapier oder ein Schwingschleifer erleichtern die Arbeit weiter.

Natron- und Kalilauge werden zum Abbeizen von Ölanstrich verwendet. Abbeizer auf Lösungsmittelbasis entfernen alle Anstriche. Die kraftsparendste, aber nicht einfachste Lackiermethode ist die mit Spritzpistole und Kompressor.

WERKZEUGE ZUM ENTFERNEN VON FARBE

Farbabbrenner: Vor dem Abbrennen von Farbe muß man feststellen, ob das Holz darunter noch gut ist

Kratzeisen (Fugenkratzer), dreieckig oder gebogen, dienen zum Entfernen von Farbe von Profilleisten und Fugen

Spachtel

Ein Farbabbrenner wird zum Entfernen von dicken Farb- und Lackschichten benutzt, denen durch Abbeizen nur mühsam beizukommen ist. Der Brenner wird zusammen mit Kratzeisen und Spachtel verwendet. Man muß darauf achten, daß man das Holz nicht entzündet

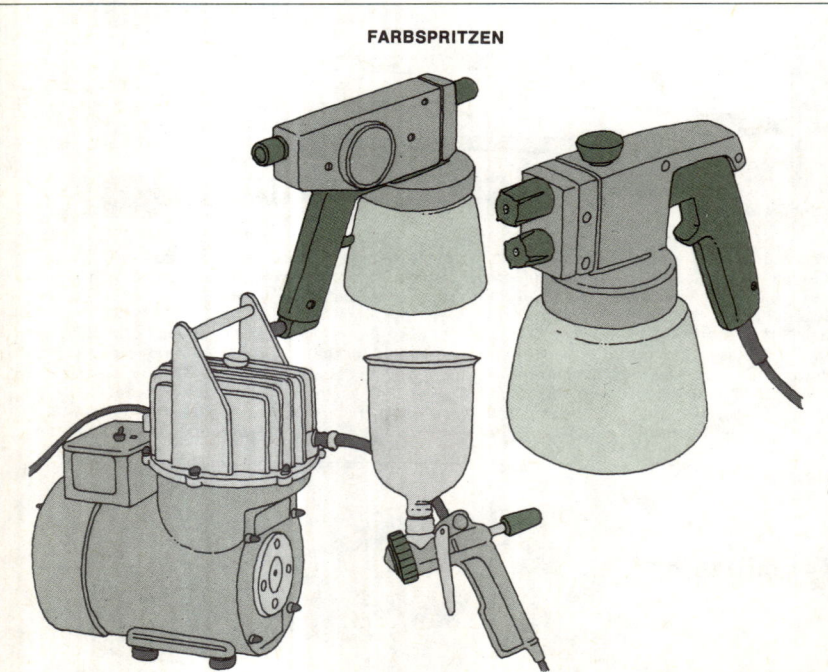

FARBSPRITZEN

Farbspritzgerät mit Kompressor (links). Der Kompressor kann auch für andere Zwecke benutzt werden, z. B. zum Aufblasen von Luftmatratzen oder Schlauchbooten. Der abgebildete Kompressor arbeitet mit Netzspannung und hat eine Leistung von 60 l Luft pro Minute bei einem Druck von 3 bar. Die Spritzpistole hat eine verstellbare Düse und faßt 0,3 l Farbe.

Die elektrischen Spritzpistolen (rechts oben) aus Kunststoff fassen 500 bzw. 700 ccm und arbeiten ebenfalls mit Netzstrom

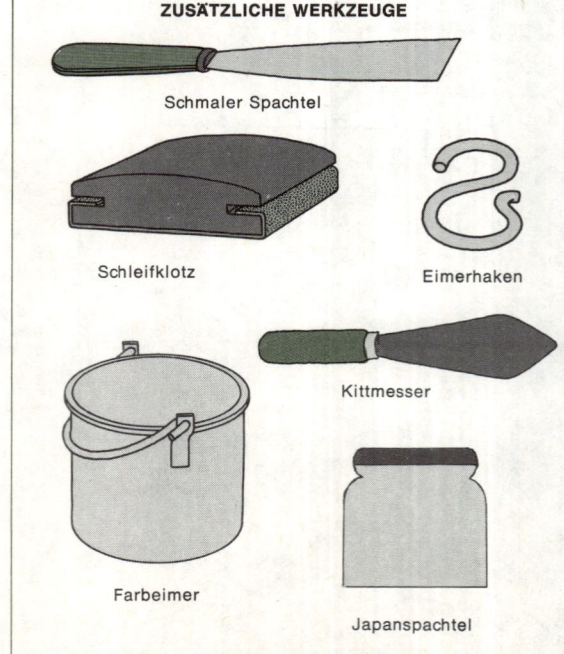

ZUSÄTZLICHE WERKZEUGE

Schmaler Spachtel

Schleifklotz

Eimerhaken

Kittmesser

Farbeimer

Japanspachtel

Mit dem Spachtel werden kleinere Sprünge und Ritzen, Nagel- und Schraubenlöcher geschlossen. Mit dem Japanspachtel, den es auch in vielen Größen gibt, verspachtelt man größere Flächen. Der Schleifklotz dient zum Vorbereiten des Untergrunds und zum Schleifen von Verspachtelungen und Grundanstrichen

Die Wahl der richtigen Anstrichmittel

Früher war es üblich, möglichst vieldeckend mit Farbe zu streichen, so daß die Holzstruktur unter den Farbschichten völlig verlorenging. Heute dagegen will man die Struktur mancher Bauteile erhalten. Deshalb streicht man sie mit farblosem Lack, der die Eigenfarbe des Materials hervortreten läßt. Eine Holzfläche in herkömmlicher Art ganz zu streichen erfordert beträchtliche Sorgfalt. Dabei wird nämlich die Oberfläche des Holzes fast ganz abgeschlossen, was – besonders bei feuchtem Holz – von Nachteil ist. Durch die Einwirkung der Raumheizung oder der Sonnenstrahlung wird die Feuchtigkeit auf die Holzoberfläche getrieben, stößt auf den Widerstand der abschließenden Lackschicht, und diese bildet Blasen, die später platzen und Holzschäden hervorrufen.

Um das zu vermeiden, hat man Arbeitstechniken entwickelt, nach denen das Holz mit einer noch atmenden, offenporigen Holzlasur versehen wird.

Bei älteren Wohnungen ist die Gefahr geringer, daß Feuchtigkeit aus dem Holz austritt, vorausgesetzt, daß die Anstriche immer instand gehalten wurden. Einerseits wurde bei älteren Wohnungen meistens abgelagertes, trockenes Holz verwendet, und andererseits hat sich auch die Restfeuchtigkeit im Laufe der Jahre verflüchtigt. Wichtig ist, daß vom Innern des Hauses keine Kondensationsfeuchtigkeit durch einen schlechten Anstrich in das Holz dringen kann.

Farben- und Hobbygeschäfte bieten heute eine reiche Auswahl von Farben und Lacken an und können natürlich auch Auskunft über deren richtige Verwendung geben.

Bei Innenanstrichen ist es nicht so entscheidend, welches Anstrichmittel man wählt. Nur in feuchten Räumen wie Küchen oder Badezimmern muß man beim Anstreichen große Sorgfalt walten lassen, weil Wände und Decken hier Feuchtigkeit absorbieren und sie später wieder an die Luft abgeben.

Anstrichmittel bestehen aus trockenen Farbpigmenten, Binde- und Verdünnungsmittel und Trockenstoffen. Die Farbpigmente können organischen oder anorganischen (mineralischen) Ursprungs sein. In beiden Gruppen unterscheidet man zwischen Farbpigmenten, die in der Natur vorkommen, und solchen, die chemisch erzeugt werden.

Die unterschiedliche Herkunft der Farbpigmente bedingt auch verschiedene Eigenschaften. Dies ist mit ein Grund, daß man nicht alle Farbpigmente beliebig miteinander mischen kann.

Für Ölfarben benützt man als Bindemittel Leinöl oder Leinölfirnis, während man zur Verdünnung meist Terpentinöl oder Terpentinersatz (Testbenzin) nimmt.

Damit Ölfarben schneller trocknen, werden ihnen Trockenstoffe (sogenannte Blei-, Mangan- und Kobaltsikkative) hinzugefügt. Ein Zusatz von 10 % Standöl für den letzten Anstrich erhöht den Glanz der Ölfarben.

Synthetische und halbsynthetische Anstrichmittel werden auf der Basis von Kunstharzen (Alkyd-, Polyvinylchlorid- und anderen Harzen) in Verbindung mit Weichmachern hergestellt. Für Außenanstriche zieht man Alkydharze vor.

Für den transparenten Außenanstrich gibt es eine Reihe qualitativ guter Anstrichmittel. Sie enthalten nur geringe Pigmentmengen, sind dafür aber mit Holzschutzmitteln (Fungiziden) versetzt.

Manche dieser Holzschutzlasuren lassen einfaches Kiefern- oder Fichtenholz wie exotische Edelhölzer erscheinen. Der Vorteil von konservierenden Lasuren ist, daß sie sich auf neuem oder von alten Farbschichten befreitem Holz problemlos auftragen lassen; ebenso unproblematisch ist die weitere Behandlung derartig gestrichenen Holzes, weil diese Farbe keinen Film über der Holzoberfläche bildet, der Luft vom Holz abschließt.

Anstrichmittel und ihre Eigenschaften

Dispersionsfarben für innen

Es empfiehlt sich, nur solche Produkte zu verarbeiten, die der DIN 53778 entsprechen. Die unterste Qualitätsstufe ist die waschbeständige Type (W). Man kann diese Farben bei späteren Renovierungen überstreichen, ohne daß sie abblättern. Für stärker strapazierte Flächen sollte man die Qualitätsstufe „scheuerbeständig" (S) einsetzen.

Das Aussehen einer Farbe wird auch durch ihren Glanzgrad bestimmt. Die DIN 53778 sieht folgende Glanzstufen vor: HG = hochglänzend, G = glänzend, SG = seidenglänzend, SM = seidenmatt, M = matt.

Latexfarben sind in der Regel hochwertige Produkte, die ebenfalls der DIN-Qualitätsnorm unterliegen.

Dispersionsfarben für außen

Die Qualität von Fassadenfarben hängt in starkem Maße von der Art ihres Bindemittels ab. Mit Produkten auf der Basis von Reinacrylaten erzielt man die besten Ergebnisse. Sie besitzen eine hohe Wasserdampfdurchlässigkeit und decken selbst rauhe Untergründe gleichmäßig ab. Bestechend sind die leichte Verarbeitung und der geringe Materialverbrauch.

Gefüllte Dispersionsfarben

Im Vergleich zu den üblichen Dispersionsfarben sind „gefüllte" mit einem Zusatz von Quarzmehl versehen. Dadurch lassen sich Putzstrukturen ausgleichen sowie feine Haarrisse überbrücken.

Leimfarbe (nur für innen)

Leimfarbe ist ein Anstrichmittel, das nach dem Trocknen löslich bleibt. Der Anstrich bleibt dadurch empfindlich gegen Feuchtigkeit. In feuchten Räumen (Küche, Bad usw.) sollte man Leimfarbe deshalb nicht verarbeiten. Bei einer Renovierung muß man alte Leimfarbenanstriche abwaschen.

Dispersionssilikatfarben

Dispersionssilikatfarben sind einkomponentige Produkte. Man verarbeitet sie ähnlich wie Dispersionsfarben. Silikatfarben zeichnen sich durch besonders große Wasserdampfdurchlässigkeit aus. Anstriche aus Silikatfarben sind beständig gegen Industrieatmosphäre und verhindern Moos- und Algenbildung.

Dispersionslacke

Wie der Name aussagt, lassen sich diese Produkte mit Wasser verdünnen, besitzen aber die Eigenschaften von Lacken. Neben ihrer Umweltfreundlichkeit bestechen die leichte Verarbeitung sowie die lange Haltbarkeit. Anstriche mit Dispersionslacken vergilben, reißen und blättern nicht ab.

Alkydharzlacke

Durch ihre ausgezeichnete Wetter- und Chemikalienbeständigkeit haben diese Lacke die Öllacke fast völlig verdrängt. Die Lackfilme sind sehr dicht, so daß man darauf achten muß, daß der Untergrund nicht feucht ist.

Holzschutzlasuren

Lasuren sind schwach pigmentierte Anstrichmittel für Holz. Das Bindemittel dringt 2–3 mm tief in das Holz ein. Je dünner die Lasur, desto tiefer. Da der UV-Wetterschutz durch die Farbpigmente erreicht wird, sollte man für den Außenanstrich keine zu hellen Farbtöne verwenden. Im Handel wird nach Dünnschicht- und Dickschichtlasuren unterschieden.

Dünnschichtlasuren Wie der Name schon sagt, ergeben diese Lasuren dünne Schichten. Dadurch ist ihre Wasserdampfdurchlässigkeit sehr groß, und es kommt zu keinen Abblätterungserscheinungen. Es wird jedoch jeweils nach 1–2 Jahren eine Renovierung erforderlich. Dünnschichtlasuren eignen sich besonders für nicht maßhaltige Bauteile wie Verbretterungen, Gartenhäuser, Gartenzäune usw.

Dickschichtlasuren Diese Lasuren dichten das Holz stärker ab, wobei aber eine ausreichende Wasserdampfdurchlässigkeit verbleibt. Renovierungen sind nach 2–5 Jahren erforderlich. Dickschichtlasuren eignen sich besonders für maßhaltige Bauteile wie z. B. Fenster, Türen, Garagentore usw.

Nadelhölzer sollten vor dem Neuanstrich imprägniert werden. Da Dünnschichtlasuren tiefer eindringen, empfiehlt es sich, den Erstanstrich immer damit auszuführen. Zwischen- und Schlußanstrich sollten aber mit Dickschichtlasur erfolgen.

Malen und Lackieren

Innenanstriche

Auf neuem Holz

Neues Holz befreit man mit einem Kratzer von Kalk- und Mörtelresten. Harzstellen sticht man mit einem scharfen Messer oder Stecheisen aus. Harz läßt sich auch mit einem glühend gemachten Messer oder mit einem Eisendrahtstück entfernen. Wenn man das Harz im Holz läßt, läuft es nach dem Anstreichen durch die Einwirkung von Wärme mit Sicherheit aus.

Knoten und Äste sticht man mit einem scharfen Stecheisen bis unter die Holzoberfläche weg. Harzige Knoten isoliert man nach dem Abstechen mit Schellack; lockere Äste entfernt man entweder oder leimt sie ein. In Astlöcher fügt man mit Leim ein passendes Stück Rundholz ein; dabei muß aber seine Faserrichtung mit der des Holzes übereinstimmen.

Dann schleift man das Holz mit grobem Schleifpapier glatt und entstaubt es gründlich. Mit Grundierfarbe oder -lack wird das Holz anschließend grundiert. Dabei muß man auch Nagel- und Schraubenlöcher, Risse und Fugen gründlich überstreichen.

Wenn die Grundierung völlig trocken ist, schleift man die Holzflächen mit mittelfeinem Schleifpapier ab; der Schleifstaub wird gründlich entfernt. Dann verkittet man alle Löcher, Risse und Fugen mit Ölkitt. Verwendet man Knetholz dazu, muß man die Löcher vor dem Grundieren verkitten.

Nun kommt das Spachteln an die Reihe. Die Dicke der Spachtelschicht hängt von der Glätte der Holzoberfläche ab; hervortretende Holzfasern erfordern eine dickere Schicht.

Die Arbeitsweise muß sich nach der Art der verwendeten Spachtelmasse richten. Manche Spachtelsorten können ziemlich dick aufgetragen werden, andere dagegen müssen in dünnen Schichten verarbeitet werden.

Kleine Grate und Ansatzstellen, die sich beim Spachteln bilden, kann man nach dem Trocknen wegschleifen. Nur Rillen und andere Vertiefungen in der Oberfläche muß man vermeiden, indem man den Spachtel so flach wie möglich über das Holz führt.

Die Spachtelmasse erhärtet nach zwölf bis vierundzwanzig Stunden. Die Fläche wird dann mit Schleifpapier trocken oder naß geschliffen. Dabei dürfen keine Kratzer entstehen, und das Holz darf nirgends zum Vorschein kommen. Nach dem Schleifen säubert man die Fläche mit Schwamm und Fensterleder.

Wenn das Holz vollständig getrocknet ist, erfolgt der nächste Anstrich mit Vorlack, nach dem Trocknen wird wiederum leicht naß oder trocken geschliffen.

Die Schlußlackierung erfordert größte Sorgfalt. Die Umgebung und die Kleidung des Lackierers müssen staub- und fusselfrei sein, die Pinsel vollkommen sauber. Große Flächen wie Türen oder Vertäfelungen werden in ganzer Länge und Breite eingestrichen, der Lack wird dann gleichmäßig vertrieben und zum Schluß von unten nach oben verschlichtet. Die Lackschicht soll nicht zu dick aufgetragen werden, damit der Lack nicht zu laufen beginnt.

Auf bereits gestrichenem Holz

Damit die neuen Farbschichten gut haften, muß man die lockere alte Farbe entfernen und noch einwandfreie Farbe entfetten. Risse und Fugen grundiert man vor und kittet sie zu. Festsitzende alte Farbe wird mit Schleifpapier trocken oder naß angeschliffen, bis sie matt ist. Mit Schwamm und Fensterleder wäscht man die Fläche ab. Sehr schlechte alte Farbe wird ganz entfernt. Dafür gibt es mehrere Möglichkeiten.

Abschaben: Dazu benutzt man einen Skarstenschaber mit auswechselbaren Klingen, deren eine Seite gezahnt ist. Damit wird die Farbe aufgerissen, wobei man aber das Holz nicht verletzen darf. Der Rest der Farbe wird anschließend mit der glatten Messerseite entfernt. Verletzungen im Holz muß man auskitten.

Abbrennen: Am schnellsten entfernt man alte Farbe, indem man sie mit einer Benzin- oder Gaslötlampe oder einem Farbabbrenngerät abbrennt. Man bewegt die Flamme auf der Farbfläche hin und her, bis die Farbe schmilzt, sich kräuselt und sich dann mit einem Spachtel abnehmen läßt. Das Holz darf dabei nicht verkohlen. Trotzdem angekohlte Stellen muß man später abschleifen. Mit dem Abbrenngerät zu arbeiten ist nicht ungefährlich; man muß daran denken, daß viele Stoffe leicht brennen können.

Abbeizen: Bei käuflichen Abbeizmitteln muß man sich im Farbengeschäft beraten lassen und sich genau an die Gebrauchsanweisung halten. Haut und Kleidung, Kinder und Haustiere sowie Pflanzen sind sorgsam vor Abbeizmitteln zu schützen, weil sie stark ätzend wirken.

Von alter Farbe befreites Holz wird in derselben Weise vorbehandelt und gestrichen wie neues. Nicht entfernte alte Farbschichten werden meistens noch ausgleichend gespachtelt, vorlackiert und lackiert.

Anstreichen von Wänden

Wenn man Anstreicharbeiten unterbricht, entstehen meistens sichtbare Ansatzstellen. Deshalb teilt man sich die Arbeit so ein, daß eine ganze Wand auf einmal gestrichen wird.

Lackfarbe, glänzend oder halbmatt: Man beginnt rechts oben an der Wand und streicht in Stücken von höchstens 50 x 50 cm Größe. Bei größeren Flächen besteht die Gefahr, daß die Farbe während des Verstreichens schon anzutrocknen beginnt. Man trägt die Farbe in senkrechten Strichen auf, vertreibt sie gleichmäßig in waagerechten Strichen und streicht noch einmal ohne neue Farbe senkrecht von unten nach oben. Daran schließt sich das nächste Quadrat an. Das bereits fertige Quadrat darf an den Rändern höchstens zwei bis fünf Zentimeter gestrichen werden, damit keine Streifen entstehen.

Latex- oder Dispersionsfarbe: Man beginnt an einer Wandseite und streicht in Bahnen von etwa 50 cm Breite von oben nach unten. Auch hier verteilt man die Farbe mit Querstrichen und verschlichtet zum Schluß von unten nach oben.

Die Farbe wird mit dem Skarstenschaber entfernt. Zuerst reißt man die Fläche mit der gezahnten Klinge des Schabers auf

Mit der glatten Klinge des Schabers wird die Farbe bis auf das nackte Holz entfernt. Man darf das Holz dabei nicht beschädigen

Mit einem Farbabbrenner läßt sich die Farbe am schnellsten entfernen; nach dem Weichwerden wird sie mit dem Spachtel abgehoben

Vorsicht: Das Holz darf beim Abbrennen der Farbe nicht verkohlen! Mit dem dreieckigen Kratzer entfernt man Farbe von den Profilleisten

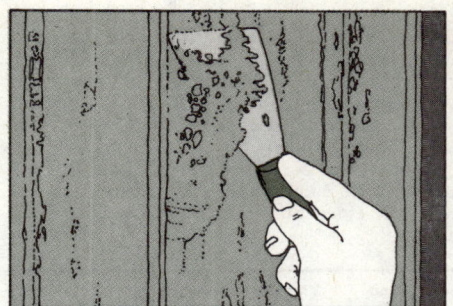

Der weichgewordene Anstrich wird von ebenen Flächen mit einem Spachtel entfernt. Man führt den Spachtel dabei von unten nach oben

Nach Auftragen eines Abbeizmittels wird der aufgeweichte, sich kräuselnde Anstrich abgeschabt. Zum Schutz der Hände trägt man Gummihandschuhe

Eine Wand streichen

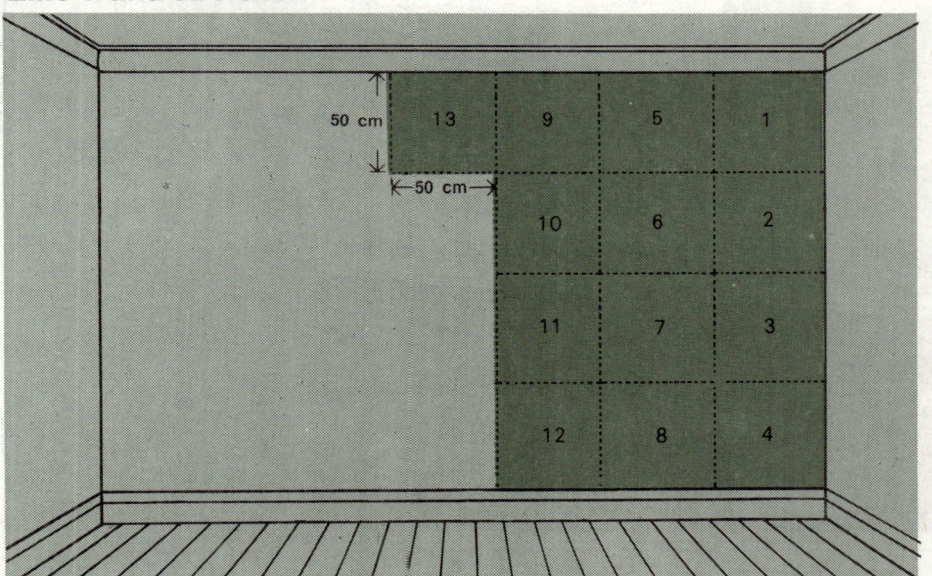

50 cm

50 cm

13	9	5	1
10	6	2
11	7	3
12	8	4

1. Mit Lackfarbe streicht man die Wand nacheinander in 50 x 50 cm großen Flächen. Rechts oben beginnen

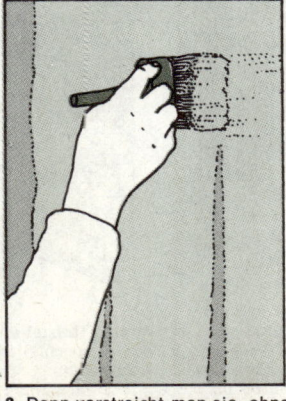

2. Die Lackfarbe wird zuerst mit senkrechten Pinselstrichen aufgetragen

3. Dann verstreicht man sie, ohne neue Farbe aufzunehmen, mit waagrechten Pinselstrichen

4. Zum Schluß die Farbe nochmals von unten nach oben verschlichten. Eine Fläche ist fertig

Außenanstriche

Damit keine losen Teilchen auf die nasse Farbe fallen, sollte man vorher mit allen Abbrenn- und Schleifarbeiten fertig sein.

Zuerst werden alle Flächen gestrichen, für die man einen breiten Pinsel braucht. Kanten und aus der Flächen ragende Teile werden mit einem kleinen Pinsel schon beim Aufbringen von Grundierfarbe oder Vorlack gestrichen. Die Reihenfolge, in der die Außenseite eines Hauses mit einem Obergeschoß renoviert wird, ist folgende:

(Forts. S. 132)

ARBEITSPLAN (PERIODENSCHEMA)

Um Außenanstriche stets in gutem Zustand zu halten und die Unterhaltskosten zu verteilen, haben Fachleute Arbeitspläne entwickelt. Obwohl diese je nach Farbenhersteller verschieden sein können, gilt im allgemeinen die untenstehende Einteilung.

Um eine gute Grundlage zu erhalten, muß meistens der alte Anstrich entfernt werden.

Bei der Durchführung der Arbeiten sind die Wetterverhältnisse mit in Betracht zu ziehen, weil manche Außenarbeiten Innenanstriche mit umfassen, so bei Türen und Fenstern.

1. Jahr: Alte Farbschichten und schadhaften Fensterkitt entfernen. Alles mit grobem Schleifpapier sorgfältig abschleifen und mit farbloser Holzimprägnierung streichen. Nach dem Trocknen mit Grundierfarbe deckend streichen; Türen, wo nötig, dünn spachteln. Glasscheiben einkitten; Fugen, Löcher, Risse zukitten. Danach alles mit Vorstreichfarbe streichen. Abschließend lackieren

2. Jahr: Keine Arbeiten

3. Jahr: Alle Anstriche mit Salmiakwasser abwaschen und anschleifen. Wo nötig, mit Kratzeisen nacharbeiten, nachgrundieren, nachkitten und nachspachteln. Alles vorstreichen, Türen mit leicht verdünnter Lackfarbe streichen

4. Jahr: Keine Arbeiten

5. Jahr: Behandlung wie im 3. Jahr, jedoch Grundierung nur ausbessern und alles lackieren

6. Jahr: Keine Arbeiten

7. Jahr: Schadhafte Stellen des Anstrichs abkratzen. Grundierung, Verkittung und Lackanstrich ausbessern

8. Jahr: Keine Arbeiten

9. Jahr: Alle Anstriche mit Salmiakwasser abwaschen und schleifen. Wo nötig, mit Kratzeisen nacharbeiten, nachgrundieren, nachkitten und nachspachteln. Nochmals vorstreichen, alles mit Lackfarbe streichen

10. Jahr: Keine Arbeiten

Für Metallteile und Mauerwerk kann man einen ähnlichen Arbeitsplan aufstellen. Bei Metallen müssen vor allem Rost- und Korrosionsstellen vollständig entfernt werden.

Malen und Lackieren

(Fortsetzung von S. 131)

1. Dachrinnen säubern; lose Nahtstellen reparieren; Zinkblech innen zweimal mit Bitumenfarbe streichen; außen mit Stahlbürste säubern.
2. Das Traufbrett mit harter Bürste und mittelfeinem Schleifpapier säubern.
3. Gut haftende Altanstriche auf dem Holzwerk anrauhen, damit der neue Anstrich haftet. Lockere oder abblätternde Farbe abkratzen, abbeizen oder abbrennen; alle farblosen Stellen grundieren.

4. Metallene Bauteile mit Stahlbürste behandeln; Roststellen mit Rostschutzmittel streichen; Stellen ohne Farbe grundieren.
5. Kalk- und Kalk-Zement-Putze mit Drahtbürste säubern, schadhafte Stellen ergänzen, weiche Putze mit Tiefgrund festigen. Zweimal mit Dispersions- oder Mineralfarbe streichen.
6. Türen und hölzerne Fensterrahmen sparsam spachteln und dann vorstreichen.
7. Unterseite des Traufgesimses einmal mit Vorlack und zweimal mit Lack überziehen.

8. Alle Arbeiten von oben nach unten ausführen; zuerst alles grundieren und vorstreichen, danach lackieren, wenn nötig, auch noch ein zweites Mal. Achtung: Bei schon öfters gestrichenen Türen und Fenstern aufpassen, daß sie durch den neuen Anstrich nicht verkleben oder klemmen.
9. Farbflecken auf Glas mit einem Lappen oder Messer, auf Ziegeln mit Terpentin und auf Stein mit einer Stahlbürste vorsichtig entfernen.

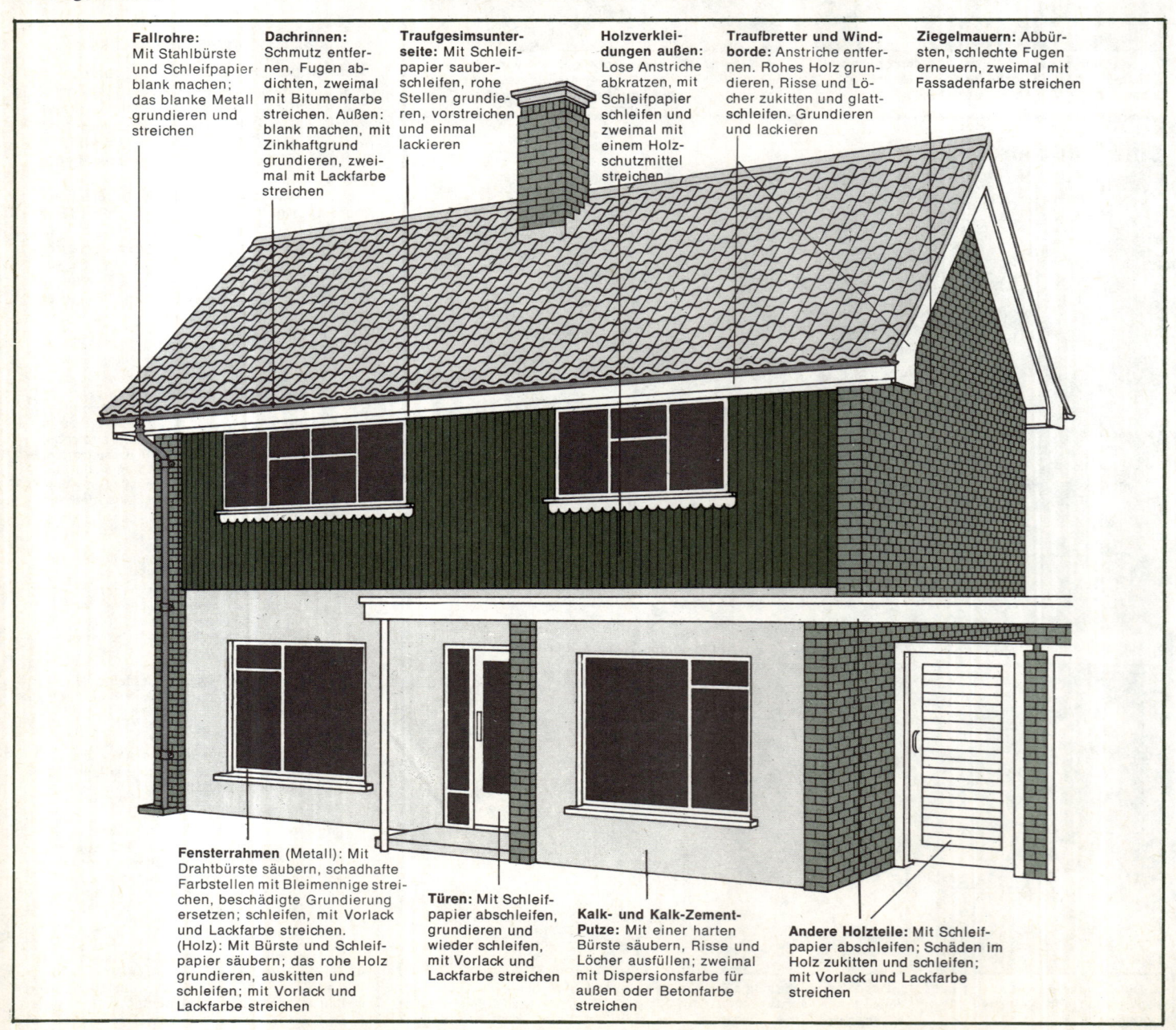

Fallrohre: Mit Stahlbürste und Schleifpapier blank machen; das blanke Metall grundieren und streichen

Dachrinnen: Schmutz entfernen, Fugen abdichten, zweimal mit Bitumenfarbe streichen. Außen: blank machen, mit Zinkhaftgrund grundieren, zweimal mit Lackfarbe streichen

Traufgesimsunterseite: Mit Schleifpapier sauberschleifen, rohe Stellen grundieren, vorstreichen und einmal lackieren

Holzverkleidungen außen: Lose Anstriche abkratzen, mit Schleifpapier schleifen und zweimal mit einem Holzschutzmittel streichen

Traufbretter und Windborde: Anstriche entfernen. Rohes Holz grundieren, Risse und Löcher zukitten und glattschleifen. Grundieren und lackieren

Ziegelmauern: Abbürsten, schlechte Fugen erneuern, zweimal mit Fassadenfarbe streichen

Fensterrahmen (Metall): Mit Drahtbürste säubern, schadhafte Farbstellen mit Bleimennige streichen, beschädigte Grundierung ersetzen; schleifen, mit Vorlack und Lackfarbe streichen. (Holz): Mit Bürste und Schleifpapier säubern; das rohe Holz grundieren, auskitten und schleifen; mit Vorlack und Lackfarbe streichen.

Türen: Mit Schleifpapier abschleifen, grundieren und wieder schleifen, mit Vorlack und Lackfarbe streichen

Kalk- und Kalk-Zement-Putze: Mit einer harten Bürste säubern, Risse und Löcher ausfüllen; zweimal mit Dispersionsfarbe für außen oder Betonfarbe streichen

Andere Holzteile: Mit Schleifpapier abschleifen; Schäden im Holz zukitten und schleifen; mit Vorlack und Lackfarbe streichen

Außenanstriche auf Holz

Man kann nach dem Arbeitsplan auf S. 131 vorgehen, aber selbstverständlich kann man alle Außenanstriche auch auf einmal erneuern. Um ein gutes Ergebnis zu erzielen, müssen alle schlecht haftenden Anstrichschichten entfernt werden. Bei Türen und Fenstern sollte man den Innenanstrich gleichzeitig mit dem Außenanstrich erneuern, mindestens jedoch die Falze von Fenstern und Türen, die unteren Tür- und Fensterkanten und die Seitenkanten von Türen und Fensterflügeln, denn das sind die Stellen, in die Kondenswasser eindringen kann.

Holzteile, von denen der Anstrich abgekratzt oder abgeschliffen wurde, müssen, um einen dauerhaften Holzschutz zu erreichen, vor dem Neuanstrich imprägniert werden.

Nach der Imprägnierung müssen die Teile ausreichend lange trocknen, etwa 24 Stunden. Die Imprägnierung darf nicht auf noch vorhandene Farbschichten gestrichen werden, da nachfolgende Anstriche sonst schlecht haften.

Der Grundanstrich darf nicht zuviel Testbenzin enthalten, und er sollte nicht im prallen Sonnenlicht aufgebracht werden. Nachdem der Grundanstrich gründlich getrocknet ist, wird er abgeschliffen und dann vorlackiert. Ist auch diese Schicht trocken, wird die ganze Fläche mit Schleifpapier trocken geschliffen.

Die Endlackierung nimmt man an einem trockenen und möglichst windstillen Tag vor, damit sich kein Staub oder Schmutz auf dem frischen Lack festsetzt.

Material:	Glaserkitt, Imprägniermittel, Grundierfarbe, Vorlack, Verdünnungsmittel, Lackfarbe, Acryldichtungsmasse
Werkzeug:	Spachtel oder Japanspachtel, Kittmesser, Kratzeisen, Schleifpapier, Schleifklotz, Pinsel

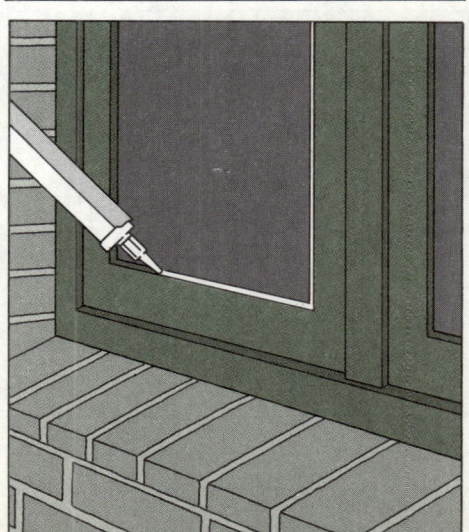

3. Acryldichtungsmasse zwischen Rahmen und Glas einspritzen und mit feuchtem Finger glätten. Auf Schrägfase achten, damit Wasser ablaufen kann

1. Abblätternde, lose Anstrichteile mit Kratzer entfernen, Übergänge schleifen, rohe Holzteile imprägnieren. Noch vorhandene Farbreste nicht überstreichen

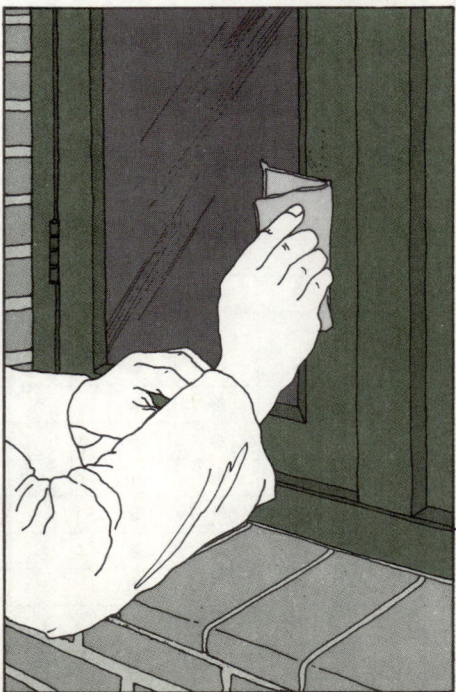

4. Nach dem Trocknen alle Rauhigkeiten mit Schleifpapier wegschleifen, so daß ein glatter, ebener Untergrund entsteht

2. Alle Holzteile eben schleifen (Schleifpapier Körnung 180). Löcher und Risse zukitten. Imprägnierte und zugekittete Teile mit Grundierfarbe streichen

5. Ganze Fläche mit Vorlack streichen und gut trocknen lassen. Anschließend nochmals schleifen und dann mit der gewünschten Lackfarbe lackieren

Malen und Lackieren

Welches Anstrichmittel auf welchen Untergrund?

UNTERGRUND / ANSTRICHMITTEL	Innenwandfarbe – Leimfarbe wischbeständig	Innendispersionsfarbe (waschbeständig nach DIN 53 778)	Innendispersionsfarbe (scheuerbeständig nach DIN 53 778)	Reinacrylatfarbe für außen und innen	Dispersionslack für außen und innen	Alkydharzlack für außen und innen	Holzschutzlasuren Dünnschicht-Dickschichtlasuren	Dispersions-silikatfarben wetterbeständig	Gefüllte Dispersionsfarbe wetterbeständig	Kunststoffstrukturputz für außen (Reibeputz, Buntsteinputz)	Wasserfreie Polymerisatharz-Fassadenfarbe	Rißüberbrückendes Fassaden-Anstrich-System
Innenputz	●	●	●	●	●	○	—	●	●	○	●	—
Gips- und Fertigputze	●	○	○	○	●	○	—	○	○	○	●	—
Gipskarton	○	○	○	○	○	●	—	—	○	○	●	—
Betoninnenflächen	●	●	●	●	●	○	—	●	●	○	●	—
Betonaußenflächen	—	—	—	●	●	○	—	●	○	○	●	○
Hartschaum	●	●	●	●	●	—	—	—	●	○	—	—
Rauhfaser	—	●	●	●	●	●	—	—	●	—	●	—
Prägetapeten	—	●	●	●	●	●	—	—	●	—	●	—
Schmucktapeten	—	◐	◐	◐	◐	◐	—	—	◐	—	◐	—
Textiltapeten	—	—	—	—	●	—	—	—	—	—	●	—
Kunststoffputze	—	●	●	●	●	●	—	—	—	○	●	—
Holz innen	—	◐	◐	○	●	●	●	—	○	—	●	—
Holz außen	—	—	—	◐	●	●	●	—	—	—	—	—
Türen innen	—	—	—	◐	◐	●	●	—	—	—	—	—
Türen außen	—	—	—	—	◐	●	●	—	—	—	—	—
Fenster innen	—	—	—	—	—	●	●	—	—	—	—	—
Fenster außen	—	—	—	—	—	●	●	—	—	—	—	—
Hart-PVC innen	—	●	●	●	●	◐	—	—	●	○	●	—
Hart-PVC außen	—	—	—	●	●	◐	—	—	—	—	●	—
Zinkblech	—	—	—	●	●	●	—	—	—	—	●	—
Rostgeschütztes Eisen innen	—	●	●	●	●	●	—	—	●	○	●	—
Rostgeschütztes Eisen außen	—	—	—	●	●	●	—	—	—	—	●	—
Außenputz glatt	—	—	—	●	●	○	—	●	●	○	●	○
Strukturputz außen	—	—	—	●	●	○	—	●	●	○	●	○
Asbestzement innen	●	●	●	●	●	○	—	●	●	○	●	—
Asbestzement außen	—	—	—	●	●	—	—	●	○	○	●	○
Fachwerk	—	—	—	—	●	●	●	—	—	—	—	—
Ziegelmauerwerk innen	●	●	●	●	●	○	—	●	●	○	●	—
Ziegelmauerwerk außen	—	—	—	○	●	○	—	●	○	○	●	○
Kalksandstein innen	●	●	●	●	●	○	—	●	●	○	●	—
Kalksandstein außen	—	—	—	●	●	—	—	●	○	○	●	○
Heizkörper	—	—	—	—	—	●	—	—	—	—	—	—

● = Geeignet ○ = Bedingt geeignet — = Nicht geeignet bzw. unwirtschaftlich ◐ = Spezieller Grundieranstrich, Vorbehandlung oder Neutralisierung erforderlich

Außenwände

Vergewissern Sie sich bei Ziegelmauerwerk vor dem Anstreichen, daß die Verfugung noch intakt ist. Sollte dies nicht der Fall sein, müssen Sie zunächst die Fugen ausbessern oder erneuern (siehe S. 144–145).

Ebenso muß schadhafter Putz, ob glatt, rauh oder mit Kiesbewurf, vor dem Anstreichen repariert werden (siehe S. 123).

Es ist sinnlos, Mauern mit „Ausblühungen" (siehe S. 70) oder Wände mit aufsteigender Feuchtigkeit (siehe S. 64) zu streichen, solange die schadhaften Stellen nicht von Grund auf sorgfältig ausgebessert wurden und der Feuchtigkeitsherd nicht beseitigt ist.

FLIESENBELEGTE FENSTERBANK STREICHEN

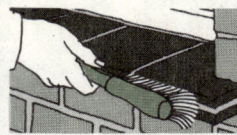 

1. Schmutz und Mörtelreste mit harter Bürste entfernen. Fugen notfalls ausbessern

2. Zum Schutz vor Nässe auch die Unterseite der Fensterbank streichen

ZIEGELMAUERWERK STREICHEN

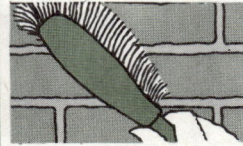 

1. Ziegel und Fugen mit harter Bürste säubern. Schadhafte Ziegel ersetzen

2. Beim Streichen von oben nach unten arbeiten. Poröse Ziegel zweimal streichen

ZEMENTPUTZ STREICHEN

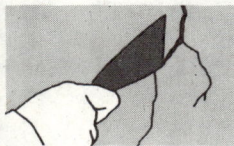 

1. Lockere Farbe mit Drahtbürste entfernen. Risse mit Spachtel auskratzen

2. Risse und Löcher mit Zementmörtel ausfüllen. Fest und bündig eindrücken

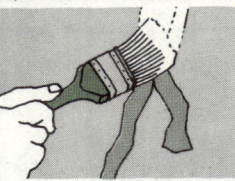 

3. Reparaturstellen werden mit verdünnter Fassadenfarbe vorgestrichen

4. Austrocknen lassen und von oben nach unten streichen. Rechts oben beginnen

Strukturanstriche ausbessern

Löcher und Sprünge sind vor dem Neustreichen zu beseitigen (siehe S. 123). Putzreparaturen läßt man vor der Weiterarbeit mindestens 24 Stunden, besser mehrere Tage, trocknen. Für feinere Putzausgleichungen werden Streichputze auf Dispersionsbasis verwendet, die man in nassem Zustand strukturiert.

1. Abblätternde Farbschicht mit dem Spachtel entfernen und die Lücken mit einer Drahtbürste gut säubern

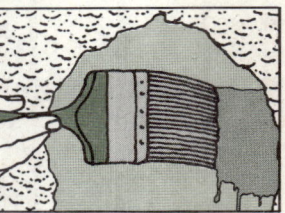

2. Die freigelegten Stellen werden mit Tiefgrund gestrichen; bei porösen Untergründen streicht man zweimal naß in naß

3. Den Streichputz auftragen und strukturieren. Dabei werden immer nur kleinere Flächen in einem Stück behandelt

STRUKTURIERTECHNIKEN

Pinsel: Bei strukturierten Flächen wird der Farbpinsel fest in die Vertiefungen gedrückt und gedreht

Gummireiber: Bevor die Farbe ganz trocken ist, wird sie mit den Gumminoppen des Reibers strukturiert

Schwamm: Ein fast trockener Schwamm wird unter Drehen leicht in die trocknende Farbe gedrückt

Hölzerner Reiber: Die noch feuchte Farbe wird durch kreisförmige Bewegungen strukturiert

Malen und Lackieren

Vorarbeiten an Türen und Fenstern

Farbe an Türen und Fenstern, die sehr schlecht geworden ist oder teilweise abblättert, muß man ganz entfernen, um einen guten Haftgrund für den neuen Anstrich zu erhalten.

Diese Arbeit läßt sich mit einer Lötlampe oder einem lösungsmittelhaltigen Abbeizmittel ausführen. Beim Abbrennen hält man die Mündung der Lötlampe unter ständigem Hin- und Herbewegen je nach Länge der Flamme 5–10 cm von der abzulösenden Farbe entfernt – nicht näher, damit das Holz darunter nicht anbrennt!

Holz in der Nähe von Glasscheiben darf man nicht mit der Lötlampe behandeln, weil das Glas dabei springen kann; hier ist ein Abbeizmittel vorzuziehen.

Wenn die Farbe einer Tür oder eines Fensters nicht ganz entfernt zu werden braucht, muß man doch sorgfältig auf Löcher, Kerben, Blasen sowie Harz absondernde Äste achten und sie vor dem Neulackieren ausbessern.

Harzstellen werden mit Terpentinersatz ausgewaschen und mit Schellacklösung isoliert; Risse, Dellen und Löcher im Holz kittet man mit Ölkitt aus. Alle so bearbeiteten Stellen läßt man gut trocknen, ehe sie gestrichen werden.

SÄUBERN DES ANSTRICHS

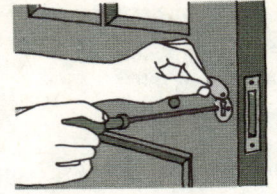

1. Außer den Scharnieren alle Beschläge abschrauben. Tür mit Anlauger oder warmem Wasser und Haushaltsreiniger abwaschen

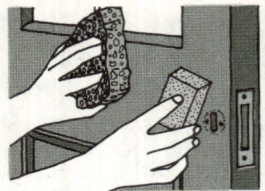

2. Die Fläche wird mit Naßschleifpapier von oben nach unten abgeschliffen; zum Anfeuchten benutzt man am besten einen Schwamm

HÖLZER AN GLASSCHEIBEN ABBEIZEN

1. Die Sprossen von oben nach unten mit Abbeizmittel bestreichen. Keine Lötlampe benutzen! Das Glas könnte springen

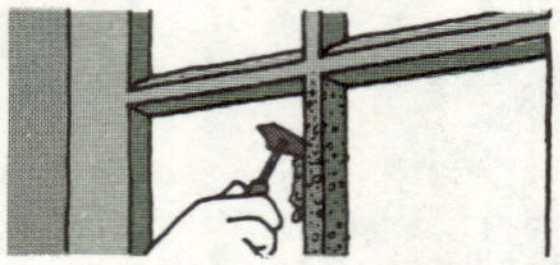

2. Abwarten, bis die Farbe sich kräuselt und Blasen wirft, dann mit einem Spachtel oder Kratzer vorsichtig entfernen

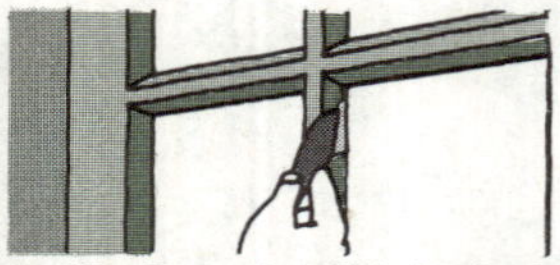

3. Alle Reste des Abbeizmittels mit warmem Wasser wegspülen. Wenn nötig, Fensterkitt ausbessern (siehe S. 54–55)

FARBE MIT LÖTLAMPE ENTFERNEN

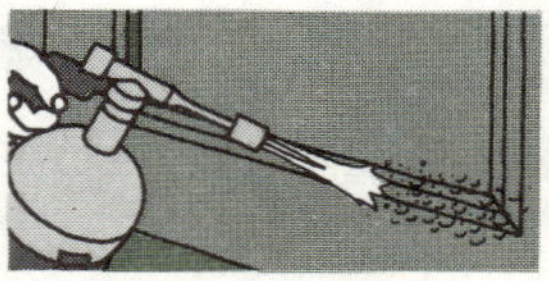

1. Schlechte alte Farbe mit Lötlampe entfernen. An den unteren Profilleisten beginnen

2. Ein etwa 20 cm langes Stück mit der Lötlampe aufweichen und mit dem Schaber entfernen

3. Alle Profilleisten bearbeiten, dann von unten nach oben arbeiten, bis Farbe entfernt ist

LÖCHER UND BLASEN AUSBESSERN

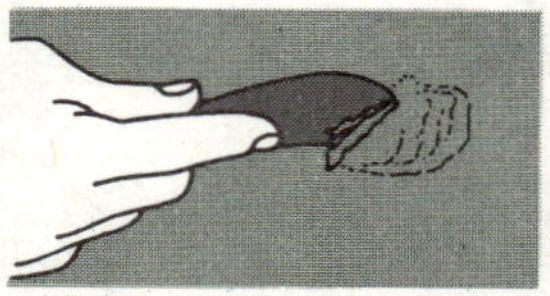

1. Blasen ziehende und abblätternde Farbe gründlich abkratzen; Holz nicht beschädigen

2. Mit mittelfeinem Schleifpapier schleifen und zuspachteln. Nach Erhärten wieder schleifen

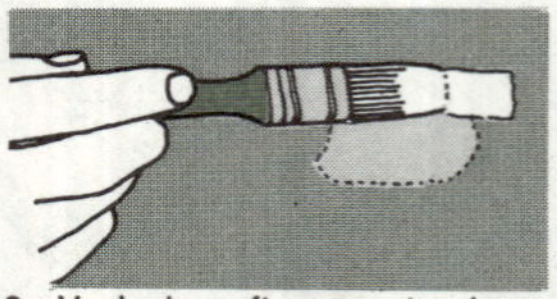

3. Vorlack auftragen, trocknen lassen und schleifen. Ganz leicht über die Ränder streichen

ASTKNOTEN ISOLIEREN

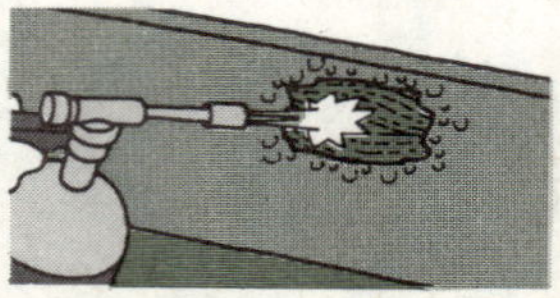

1. Alte Farbe mit der Lötlampe abbrennen. Dabei läuft das Harz aus dem Holz heraus

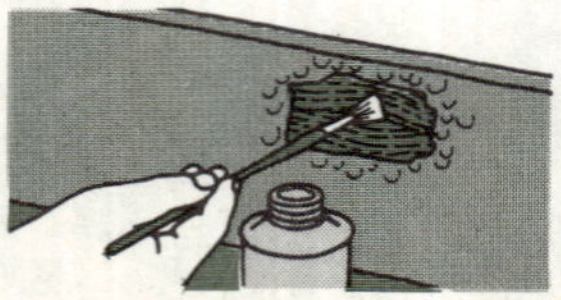

2. Harz abkratzen. Mit Terpentinersatz abwaschen, schleifen und mit Schellack versiegeln

Werkstoffe für die Untergrundvorbehandlung

Es gibt keine Farbe, mit der man einen mürben, sandenden, saugenden, unebenen, fleckigen oder mit lockeren alten Farbresten bedeckten Untergrund einwandfrei anstreichen kann. Deshalb muß man vor jedem Anstrich bestimmte Vorarbeiten leisten, die die Untergrundbeschaffenheit verbessern.

Farbabbeizmittel

Alte Anstriche mechanisch zu entfernen ist sehr mühsam, mit viel Schmutz und Staub verbunden und manchmal überhaupt nicht möglich. Oft können dann nur Abbeizmittel noch helfen. Es gibt zwei verschiedene Arten:

Alkalische Ablaugmittel: Mit den alkalischen Ablaugmitteln, die durch Verseifung wirken, kann man Ölfarben und ölhaltige Lacke entfernen.

Zum Auftragen darf man keine Borstenpinsel verwenden, weil sie sich schon nach kurzer Zeit auflösen. Nachdem man die Fläche abgelaugt hat, muß man sie gründlich mit Wasser nachwaschen, damit alle Farb- und Laugenreste auch aus den Poren verschwinden.

Meist werden heute mit gutem Erfolg Abbeizmittel auf Lösungsmittelbasis eingesetzt. Man kann damit Ölfarben, Lacke, Dispersionsfarben sowie auch Plastik- und Kunststoffputze entfernen. Diese Abbeizmittel darf man nicht mit Pinseln mit Kunststoffassung oder mit Kunststoffborsten auftragen, weil sie angelöst werden könnten. Gut geeignet sind Naturborstenpinsel mit Metallfassung.

Lösende Abbeizmittel (Abbeizfluide): Man trägt das Abbeizfluid mit dem Pinsel satt auf die Fläche auf. Dabei braucht man je nach Farbschichtdicke 500–1000 g/qm. Je nach Alter und Schichtdicke des Farbfilms muß man die Lösung fünf bis 20 Minuten lang einwirken lassen. Sobald die Anstrichschicht gelöst ist, kann man sie mit dem Spachtel abkratzen. Bei sehr dicken Schichten sollte man die Behandlung jedoch mehrmals wiederholen. Nachdem der ganze Anstrich entfernt ist, wäscht man mit Wasser und Wurzelbürste gründlich nach. Bei Putzuntergründen sollte dem Nachwaschwasser etwas Seife zugegeben werden. Holz jedoch wird mit Nitroverdünnung nachgewaschen.

Bevor man mit der Arbeit beginnt, deckt man Fußböden und andere empfindliche Flächen ab, und zwar mit Papier oder Pappe; Kunststoffolien sind nicht geeignet.

Grundiermittel

Grundiermittel haben vielseitige und wichtige Aufgaben zu erfüllen, die sich auf die Ausführung des Anstrichs und auf seine Haltbarkeit wesentlich auswirken. Die Grundiermittel lassen sich in vier verschiedene Typen einteilen:

Lösungsmittelhaltige Tiefgrundiermittel: Ihr Name sagt bereits, daß diese Werkstoffe tief in den Untergrund eindringen, um ihn zu festigen. Hervorragend bewährt hat sich die Werkstoffgruppe „Tiefgrund", die unter verschiedenen Firmenbezeichnungen auf dem Markt ist. Man setzt sie ein zum Grundieren und Festigen alter, leicht sandender Putze, kreidender Dispersionsanstriche, alter Kalk- und Mineralfarbenanstriche. Sie verbessern ferner die Untergrundbeschaffenheit von Beton, Gipsputz, Kalksandstein- und Ziegelmauerwerk.

Normalerweise trägt man sie unverdünnt mit Streichbürsten oder Pinseln auf. Zu stark saugende Untergründe oder Flächen mit relativ dichter Oberfläche muß man mit bis zu 20 % verdünnten Tiefgrundlösungen behandeln. Die Trocknung dauert bei Normaltemperatur etwa fünf bis sechs Stunden, bei kühlem und feuchtem Wetter länger. Vorsicht, wenn Styroporuntertapeten oder -platten auf die tiefgrundierte Fläche verlegt werden sollen – Lösungsmittelreste können den empfindlichen Schaumstoff beschädigen.

Lösungsmittelfreie Tiefgrundiermittel: Wegen der Nachteile, die Lösungsmittel mit sich bringen, wurden jetzt auch lösungsmittelfreie Tiefgrundiermittel entwickelt. Diese Mittel dringen ebenso gut ein und wirken ebenso verfestigend wie lösungsmittelhaltiger Tiefgrund.

Zur Verdünnung und zum Reinigen des Werkzeugs kann man Wasser verwenden. Brandgefahr und Geruchsbelästigung gibt es nicht, obwohl das Material nicht vollkommen geruchsfrei ist. Damit man erkennt, welche Flächen man schon bearbeitet hat, ist das Grundiermittel gefärbt.

Grundierdispersionen: Diese vielseitig verwendbaren Mittel bestehen aus sehr kleinen Kunststoffteilchen, die in Wasser dispergiert sind. Sie werden hauptsächlich zur Grundierung und Absperrung saugender Untergründe sowie zur Isolierung von Wasserrändern, Ölflecken und Bitumenanstrichen eingesetzt. Feindisperse Grundierdispersionen können auch zu lackähnlichen mattglänzenden, farblosen Überzügen von Plastiken, Malereien und Tapeten benutzt werden, worauf sie einen vergilbungsfreien, wasserbeständigen Film bilden. Für mürbe und stark poröse Untergründe ist das Material nicht geeignet. Bei der jeweiligen Verwendung muß man die Verdünnungsvorschriften des Herstellers beachten. Als Überzugsmittel wird es immer unverdünnt angewandt. Grundierungen muß man, entsprechend der Saugfähigkeit des Untergrundes, 1:1 bis 1:2 mit Wasser verdünnen. Zum Streichen eignen sich alle üblichen Werkzeuge. Die Trockenzeit liegt je nach Temperatur bei ein bis drei Stunden.

Lösungsmittelhaltige Grundierfarben: Zum Grundieren mineralischer Untergründe wie Putz, Beton, Asbestzementplatten innen und außen sowie zum Voranstrich von Hartfaserplatten, Preßspanplatten und Sperrholzplatten sind lösungsmittelhaltige Grundierfarben zu empfehlen. Die behandelten Untergründe werden durchdringend verfestigt und bekommen gute haftvermittelnde Eigenschaften. Grundierfarben dieser Art kann man auch bei Temperaturen unter 0 °C verarbeiten.

Spachtel- und Füllstoffe

Es gibt kaum eine Anstricharbeit, bei der man nicht zuerst Unebenheiten, Risse und Löcher beseitigen muß. Welches Spachtelmaterial man verwendet, ist abhängig vom Anstrichsystem.

Füll- und Glättspachtel für innen: Diese Spachtel verwendet man zum Glätten, Füllen und Spachteln von Mauerwerk, Beton, Gasbeton und Gipsbauplatten, zum Füllen von Rissen und Fugen sowie zum Ausfüllen großflächiger Vertiefungen an Decken und Wänden. – Verarbeitung: Man gibt Wasser in ein sauberes Gefäß, streut den Füllspachtel im Mischungsverhältnis 1 kg Füllstoff auf 400–500 ml Wasser unter Rühren ein und rührt ihn glatt. Nach drei bis fünf Minuten muß man noch einmal durchrühren. Die Verarbeitungszeit beträgt etwa eine Stunde.

Zementfüll- und Glättspachtel für innen und außen: Diese meist betongraue Glättmasse ist wetter-, wasser- und winterfest. Man verwendet sie zum Glätten, Füllen und Spachteln von Mauerwerk, Beton, Gasbeton sowie zum Füllen von Rissen, Löchern und Fugen. – Verarbeitung: Man gibt Wasser in ein sauberes Gefäß, streut die Glättmasse im Mischungsverhältnis 1 kg Glättmasse auf etwa 250 ml Wasser unter kräftigem Rühren ein und rührt sie glatt. Je größer das Loch ist, um so dicker muß man die Masse anrühren. Die Verarbeitungszeit beträgt etwa eine Stunde.

Da die Masse Zement enthält, muß man sie vor der Weiterbearbeitung ausreichend lange trocknen lassen.

Dispersionsspachtel für innen und außen: Mit dieser gebrauchsfertigen Spachtelmasse erhält man besonders strapazierfähige Untergründe.

Bevor man die Spachtelmasse aufträgt, müssen Neuputz sowie ungestrichener Altputz und Beton mit Tiefgrund grundiert werden. Bei der Grundierung von stark saugfähigem Gasbeton, Asbestzement und Kalksandsteinmauerwerk muß man den Tiefgrund mit 10–20 % verdünnen. Für große Vertiefungen und wenn die Spachtelschicht wasserfest sein soll, kann man der Spachtelmasse bis 30 % Zement zusetzen.

Kunstharzspachtel: Wenn man Kunstharzspachtel verwenden, muß man vorher alle saugenden Untergründe grundieren. In einem Arbeitsgang sollte man nicht zu dick spachteln. Besser ist es, an einem Tag zwei- bis dreimal dünn zu spachteln. Die Gesamtschicht sollte nicht dicker als 1 mm sein.

Kunstharzspachtel eignet sich zum Glätten von Untergründen wie Holz, Holzwerkstoffe, Metall und Putz, insbesondere für Möbel, Türen, Maschinen und Kraftfahrzeuge. Bevor man die Flächen schleift, sollte man sie mindestens sechs bis zwölf Stunden trocknen lassen.

Während man Putzspachtelungen usw. vor allem mit Metalltraufeln ausführt, sollte man für Arbeiten mit Kunstharzspachtel Japanspachtel verwenden. Kunstharzspachtel lassen sich trocken und naß schleifen.

Polyesterspachtel: Größere Vertiefungen in Metall, Holz oder Kunststoff beseitigt man am besten mit Polyesterspachtel. Hauptsächlich wird er zur Reparatur durchgerosteter Karosserieteile und zur Beseitigung von Unfallschäden eingesetzt. Die zu spachtelnden Flächen müssen trocken, sauber, fett- und rostfrei sein. Alte Lackierungen muß man grob anschleifen. Nachdem man den Härter zugegeben hat, bleibt das Material drei bis fünf Minuten lang verarbeitungsfähig. Bei Normaltemperatur läßt sich der Spachtel nach 20 Minuten naß und trocken schleifen.

Malen und Lackieren

Metallfensterrahmen

Rost an stählernen Fensterelementen kann deren Form so verändern, daß sie auseinanderfallen und das Glas bricht. Im Gegensatz zu Aluminiumrahmen, die nicht rosten, müssen Stahlrahmen deshalb regelmäßig überprüft und Roststellen sofort mit einer Stahlbürste bis auf das blanke Metall gesäubert und mit einem Rostschutzmittel behandelt werden.

Ist der alte Anstrich noch in gutem Zustand, wird er nicht entfernt, sondern nur mit scharfem Haushaltsreiniger oder Testbenzin und einem sauberen Lappen von Fett und Schmutz befreit. Auch Ölspuren an den Scharnieren sind abzuwaschen. Anschließend spült man gründlich mit klarem Wasser nach und rauht nach dem Trocknen den alten Anstrich mit feinem Schleifpapier auf. Dadurch werden Unsauberkeiten entfernt und ein guter Haftgrund für die neue Farbe geschaffen.

Schadhafter Kitt und Metallklammern werden ersetzt (siehe S. 55). Wenn die Fensterflügel wegen der alten Farbe klemmen oder sich schwer öffnen lassen, wird der Falz an diesen Stellen mit Schleifpapier frei gemacht, bis der Flügel wieder leicht beweglich ist.

SCHMIEDEEISEN STREICHEN

Eisenverzierungen bestehen in der Regel aus Schmiedeeisen, das schnell zu rosten beginnt, wenn es mangelhaft gestrichen ist. Bei starkem Rostbefall wird der alte Anstrich mit der Lötlampe, einem Schaber oder einem Abbeizmittel bis auf das nackte Metall entfernt. Kleinere Roststellen werden mit der Drahtbürste behandelt und mit Spiritus oder Testbenzin entfettet. Sobald das Eisen sauber und trocken ist, wird es zweimal mit Rostschutzfarbe, z. B. Bleimennige oder Antirostgrund, gestrichen. Wenn die Grundierung durchgetrocknet ist, folgt ein zweimaliger Anstrich mit Lackfarbe.

VORBEREITUNGEN FÜR DAS STREICHEN

1. Roststellen mit Drahtbürste bearbeiten, um Rostteilchen und lose Farbe zu entfernen

2. Gesprungener und zerbröckelter Kitt wird mit einem schmalen Stecheisen entfernt

3. Rostumwandler sorgfältig aufstreichen, einwirken und trocknen lassen

4. Freigelegte Metallstellen mit Rostschutzmittel streichen; Scharniere gut behandeln

5. Kittlose Stellen mit Vorlack streichen. Lack soll 5 mm auf das Glas übergreifen

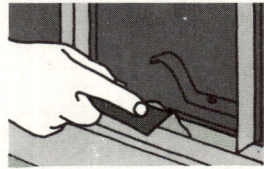

6. Fensterkitt mit den Fingern in die Falze drücken und mit Spachtel glattstreichen

Fensterelement

Bevor man mit den Reparaturarbeiten beginnt, sollte man feststellen, zu welcher Art von Anstrich die betreffende Arbeit zählt. Man unterscheidet grundsätzlich zwei Typen von Holzanstrichen: Erstens gibt es den herkömmlichen Lackfarbenanstrich mit Aufbau, das heißt mit Grundierung, zwei Zwischenanstrichen und abschließendem Lackanstrich. Diese Technik läßt fast alle Farbtönungen zu, sie erfordert jedoch bei Reparaturarbeiten unter Umständen aufwendige Vorarbeiten; zum Beispiel müssen die alten Anstriche stark angeschliffen oder sogar abgebrannt bzw. abgelaugt werden.

Zweitens gibt es die offenporige Imprägnierung mit mehr oder weniger starkem Lasureffekt (meist bräunlich), die fast Naturholzcharakter besitzt. Durch diese Technik ist es möglich, ohne aufwendige Vorarbeiten mühelos nachzustreichen, allerdings muß das Holz in zeitlich kürzeren Abständen nachbehandelt werden als bei Lackfarbenanstrichen.

Alle rohen Holzteile sollten vor dem eigentlichen Anstrich mit einer Holzimprägnierung vorbehandelt werden. Es empfiehlt sich, für den Fensteranstrich nur Außenlacke bzw. Imprägnierungen bester Qualität zu verwenden. Asbestzementteile müssen vor dem Überstreichen mit Fensterlack durch einen Chlorkautschuklack- oder Betonfarbenanstrich isoliert werden. Falls sich diese Teile jedoch in Farbton und Struktur von den Holzteilen absetzen sollen, kann man sie nach der Isolierung auch mit Kunstharzdispersionsfarbe streichen. In Zweifelsfällen sollte jedoch der Fachmann gefragt werden.

Vor dem ersten Anstrich muß der Untergrund absolut trocken sein. Es ist wichtig, sich für den Fensteranstrich schönes Wetter auszusuchen, denn gestrichene Fensterflügel können frühestens nach acht Stunden vorsichtig geschlossen werden.

Zum Trocknen stellt man die Außenflügel von Doppelfenstern am besten auf zwei Holzlatten in einem staubfreien Raum ab. Dieser sollte eine Temperatur von mindestens 18° C und keine Zugluft haben.

Für Ecken und schwer zugängliche Stellen ist es angebracht, neben dem Fensterpinsel einen Plattpinsel zu verwenden. Nachdem man die trockenen Flügel wieder eingehängt hat, werden die zu Beginn der Arbeit entfernten Oliven (Beschläge) wieder angeschraubt. Nach durchgeführtem Neuanstrich sollte gleichzeitig geprüft werden, ob die untere Fuge zwischen Brüstungsplatte und Rahmenholz noch dicht ist. Notfalls wird mit dauerplastischem Kitt nachgespritzt.

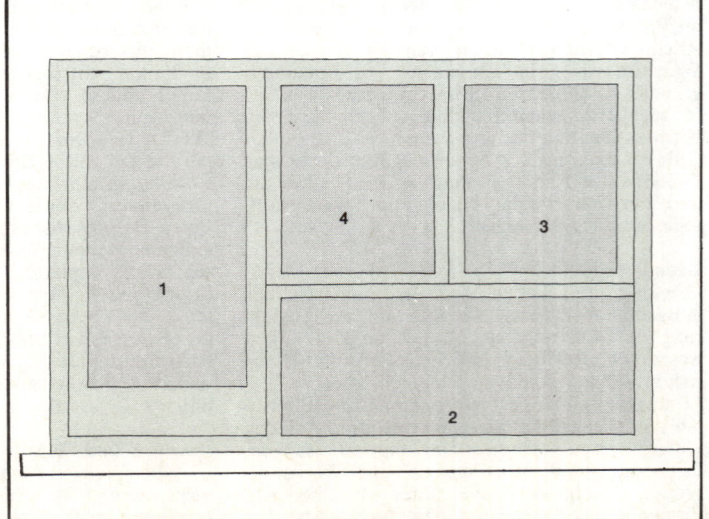

Dieses Fensterelement besteht aus einer Hebetür (1), einer mit Asbestzementplatte versehenen Brüstung (2) und zwei Fensterflügeln (3 und 4) mit Drehkippbeschlag

Flügelfenster

Bei Flügelfenstern läßt sich oft nur ein Flügel öffnen, während der andere fest eingebaut ist. Hier streicht man zuerst den festen Teil und den Rahmen außen, dann den beweglichen Flügel beidseitig und schließlich den festen Teil innen. Man beginnt mit dem Kittfalz oder den Einfassungsleisten und streicht dann von oben nach unten fertig. Um frühe Anstrichschäden zu vermeiden, sollten Fenster beidseitig gleich gut gestrichen werden. Es empfiehlt sich, auch die Innenteile mit Außenlack zu behandeln. Flecken auf Glas oder Scharnieren werden sofort mit Testbenzin entfernt.

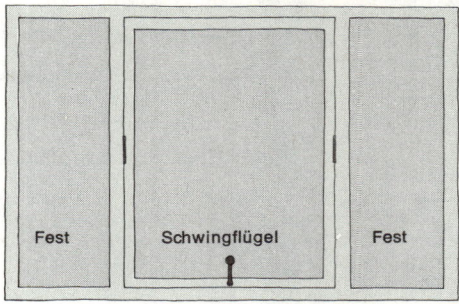

REIHENFOLGE BEIM LACKIEREN

Die Fensterflügel aushängen und das gesamte Fenster je nach Zustand vorbehandeln. Alles sauber entstauben. Den Fensterrahmen erst außen, dann innen streichen. Jeweils am oberen Teil des Rahmens beginnen und nach unten weiterarbeiten. Danach den Fensterflügel auf ein Paar Böcke oder zwei Stühle legen, mit dem Pinsel allseitig am Glas entlang beschneiden, den Falz, an dem die Scharniere angebracht sind, streichen und den Fensterflügel wieder einhängen. Anschließend die noch nicht gestrichenen Teile behandeln. Bei Doppelfenstern bleibt der Außenflügel so lange ausgehängt, bis der letzte Anstrich durchgetrocknet ist (3–5 Tage)

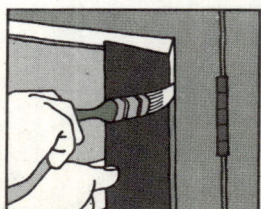

Glas: Beim Lackieren deckt man die Glasscheibe mit einem Blechstreifen (Japanspachtel oder Sägeblatt) ab

Tapete und andere Füllungen deckt man mit Selbstklebestreifen ab, die nach dem Trocknen abgezogen werden

Türen

Türen sollte man nach den Fenstern, Holzverkleidungen und Geländern, aber vor den Fußleisten lackieren.

Ist der alte Anstrich einer Tür noch in Ordnung und will man nicht eine hellere Farbe als die bisherige verwenden, so erübrigt sich ein Anstrich mit Vorlack.

Eine solche Grundierung ist aber immer dann nötig, wenn die neue Farbe heller ist als die alte, da diese natürlich nicht durchscheinen darf. Unter Umständen können auch zwei Voranstriche notwendig sein. Sie müssen nach dem Trocknen und vor dem nächsten Anstrich jeweils mit mittelfeinem Schleifpapier abgeschliffen werden.

Um eine einwandfreie Lackierung zu erzielen, streicht man größere Flächen in Abschnitten von etwa 40 x 40 cm. Verglaste Türen werden in derselben Reihenfolge wie Flügelfenster lackiert.

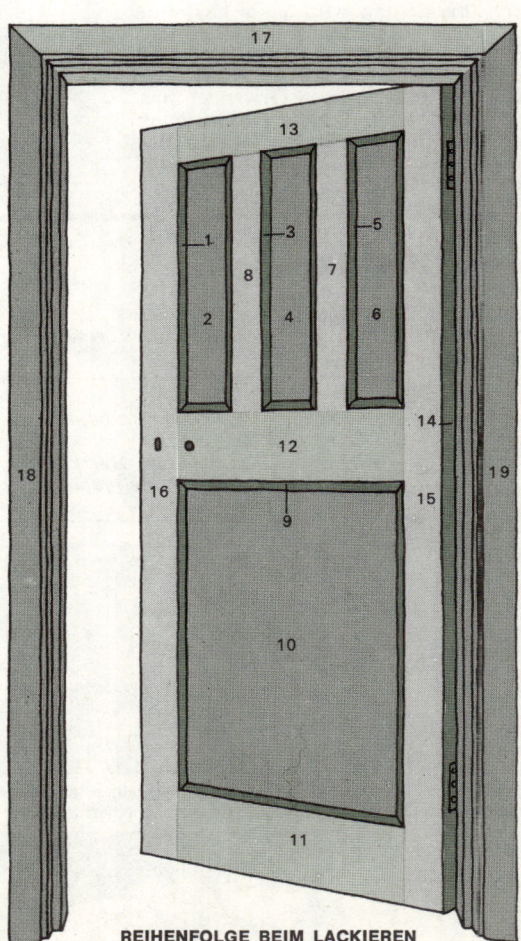

REIHENFOLGE BEIM LACKIEREN

1–6 Profilleisten und Füllungen oben (jede Füllung sofort nach den zugehörigen Leisten); 7, 8 senkrechte Rahmenteile zwischen den Füllungen; 9, 10 Profilleisten und Füllung unten; 11–13 unteres, mittleres und oberes Rahmenteil des Türflügels; 14 Türkante an den Scharnieren; 15, 16 Türflügelseitenteile; 17–19 Ober- und Seitenteile des Türrahmens

GROSSE GLATTE FLÄCHEN LACKIEREN

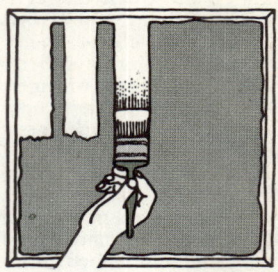

1. In einem der oberen Viertel der Fläche werden mit breitem Flachpinsel (3 Zoll) senkrechte Lackstreifen aufgetragen

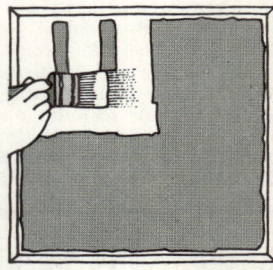

2. Ohne den Pinsel neu zu füllen, wird der Lack von unten nach oben waagrecht verstrichen, bis er gleichmäßig deckt

3. Ohne neuen Lack wird die Fläche durch Auf- und Abstreichen geglättet. Zum Schluß leichte Pinselstriche nach unten

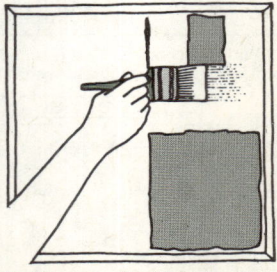

4. Ebenso Quadrat darunter, dann zweites oberes und zweites unteres streichen. Rasch malen, um Ansätze zu vermeiden

139

Malen und Lackieren

Treppen vorbereiten und streichen

Soll eine ganze Treppe neu lackiert oder gestrichen werden, muß man zunächst den Läufer entfernen und alle eventuell vorhandenen Beschläge abschrauben.

Treppen können gebeizt und poliert oder aber, wie meist der Fall, farblos lackiert oder mit deckendem Hartlack gestrichen sein. Ist die vorhandene Oberfläche noch in gutem Zustand, so entfernt man zunächst vorhandenes Bohnerwachs mit Lappen und Haushaltsbenzin und schleift anschließend mit feinem Schleifpapier (Körnung 240) ab und erneuert die Politur oder Lackierung. Bevor man einen farblosen Lack auf die Treppe aufträgt, sollte man Verunreinigungen auf der Oberfläche mit warmem Seifenwasser oder Haushaltsbenzin entfernen. Löcher und Vertiefungen füllt man mit Holzkitt aus, läßt sie trocknen und schleift sie ebenfalls mit feinem Schleifpapier glatt. Vor einer farblosen Lackierung werden Schadenstellen nach-

gebeizt; vor farbiger oder weißer Lackierung ist ein Anstrich mit entsprechendem Vorlack zu empfehlen.

Bei Treppen in sehr schlechtem Zustand muß man die alte Farbe mit der Lötlampe oder besser mit einem Abbeizmittel entfernen (siehe S. 136). Man beginnt damit an Handlauf und Geländer, dann folgen die Treppenwangen und schließlich die Tritt- und Stoßbretter. Nach sorgfältiger Entfernung von Staub und Schmutz wird das Holz neu gebeizt und grundiert.

Manchmal sind die Geländerstäbe wie der Antrittspfosten gedrechselt. Die alte Politur oder Lackierung wird auch hier entfernt (siehe S. 73), Löcher und Dellen werden ausgekittet und abgeschliffen.

Zum Lackieren verwendet man bei normaler Beanspruchung Hartlacke oder bei starker Beanspruchung Zweikomponenten-DD-Lacke.

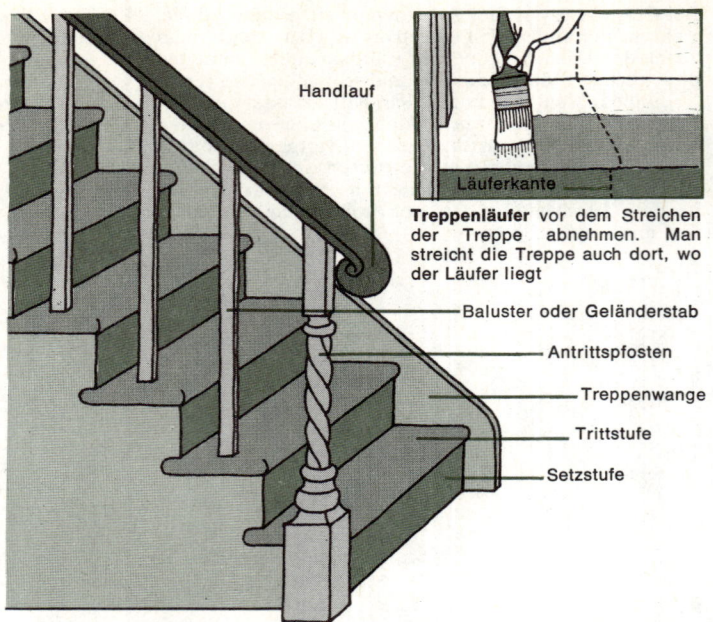

Handlauf

Läuferkante

Treppenläufer vor dem Streichen der Treppe abnehmen. Man streicht die Treppe auch dort, wo der Läufer liegt

Baluster oder Geländerstab

Antrittspfosten

Treppenwange

Trittstufe

Setzstufe

Heizkörper vorbereiten und streichen

Heizkörper streicht man gleichzeitig mit den Wänden am besten außerhalb der Heizperiode. Andernfalls muß man die Zentralheizung abstellen und die Heizkörper abkühlen lassen.

Vor dem Streichen deckt man den Fußboden mit Plastikfolie, Packpapier oder mehreren Lagen Zeitungspapier ab. Ist der alte Anstrich noch gut, wäscht man ihn mit Waschlauge ab und lackiert zwei-

mal mit dem gleichen Lack. Bei Farbwechsel ist ein Anstrich mit Vorlack nötig.

Material:	*Heizkörperfarbe, Waschlauge*
Werkzeug:	*Stahlbürste, Heizkörperpinsel, Schleifpapier*

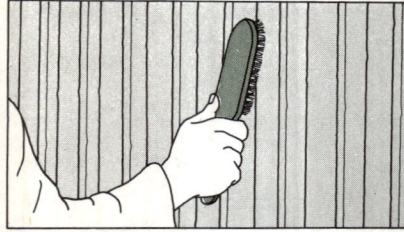

1. Stark beschädigte Farbe und Roststellen am Radiator mit Drahtbürste sorgfältig abbürsten

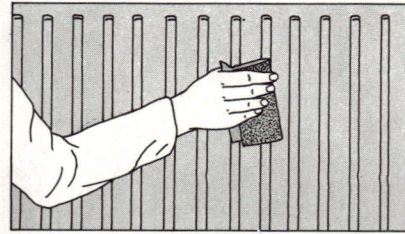

2. Alle rauhen Stellen mit Schleifpapier glätten. Achtung: Grundierung nicht durchschleifen!

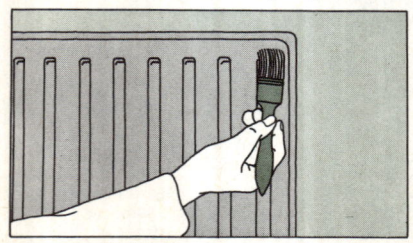

3. Staub abbürsten, Grundanstrich auftragen, trocknen lassen. Dann Deckanstrich auftragen

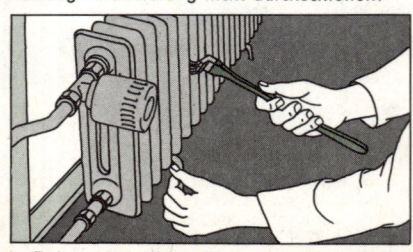

4. Bei starken Winkelkanten verwendet man einen Heizkörperpinsel mit gebogenem Kopf

Stuckleisten

Zweifarbige Stuckleisten werden zuerst ganz in der Farbe der erhabenen Teile gestrichen. Für diese Arbeit verwendet man am besten einen Flachpinsel, der etwa 25 mm breit sein soll. Nach dem Trocknen streicht man die vertieften Teile in der zweiten Farbe. Bei schwierigen Stellen unterstützt man die Hand, die den Pinsel führt, mit einem 60 bis 90 cm langen Malstock, der gegen die Wand abgestützt wird. Zu Details verwendet man einen Künstlerpinsel.

Malstock

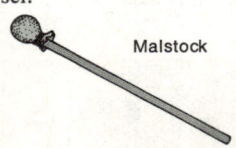

Werkzeug: 25 mm breiter Flachpinsel, Künstlerpinsel (spitze Form) Nr. 8 oder 10, 60–90 cm langer Malstock

1. Stuck notfalls sorgfältig ausbessern. Die ganze Stuckleiste wird mit verdünnter Farbe grundiert

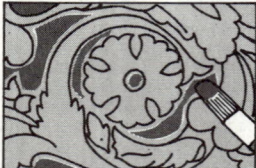

2. Die ganze Leiste mit der Farbe der erhabenen Teile streichen; trocknen lassen, zweite Farbe streichen

3. Feine Einzelheiten werden mit dem Künstlerpinsel ausgemalt; dabei die Hand auf einen Malstock stützen

Welches Anstrichmittel für welchen Zweck?

DECKENDE BESCHICHTUNGEN

Anstrichmittel	Verwendung/Untergründe
Kalkfarbenanstrich: Weiß und hellgetönt, wetterbeständig, sehr gut wasserdampfdurchlässig, nicht schlagregendicht	**Für innen und außen** Ziegelmauerwerk, noch nicht gestrichener Kalkmörtel-, Kalk-Zement-Mörtel- und Zementmörtelputz, alter, gut haftender Kalkfarbenanstrich nach entsprechender Vorbereitung
Leimfarbenanstrich: Weiß bis mittelgetönt, wischbeständig	**Für innen** Nicht für Feuchträume geeignet, Gipsputz, Gipsbauplatten, Kalk-, Zementputz
Dispersions-Silikatfarbenanstrich: (Einkomponentenmaterial) Weiß, hell- bis mittelgetönt, wetterbeständig, fungizid (pilzwidrig), sehr gut wasserdampfdurchlässig	**Für innen und außen** Ziegelmauerwerk, Kalksandstein-Mauerwerk, Kalkmörtel-, Kalk-Zement-Mörtel- und Zementmörtelputz, Beton, Gasbeton, Asbestzement
Dispersionsfarbenanstrich: Weiß bis Volltonfarbe, waschbeständig nach DIN 53778 oder scheuerbeständig nach DIN 53778, matte bis hochglänzende Anstriche, auch pastös, zur plastischen Modellierung, auch mit Rauhfasereffekt oder als Armierungsfarben mit Faserstoffen zur Rißüberbrückung	**Für innen** Ziegelmauerwerk, Kalksandstein-Mauerwerk, Putze aller Art, Gipsbauplatten, Gipskartonplatten, Beton, Gasbeton, Asbestzementplatten, Holzbauplatten
Dispersionsfarbenanstrich: Weiß bis Volltonfarbe, wetterbeständig, wasserdampfdurchlässig, auch mit Faserstoffen als Armierungsfarben zur Rißüberbrückung	**Für außen** Ziegelmauerwerk, Kalk-Zement-Mörtel- und Zementmörtelputz, Beton, Asbestzement, Dachrinnen aus Zinkblech nur mit Spezialdispersionsfarben
Gefüllter Dispersionsfarbenanstrich: Weiß bis mittelgetönt, Dispersionsfarben mit Quarzteilen, rauhe Oberfläche, geeignet als wetterbeständiger Anstrich, strukturausgleichend	**Für innen und außen** Kalk-Zement-Mörtel- und Zementmörtelputz, Beton, Gasbeton, Asbestzement
Kunstharzgebundener Putz: Weiß bis sattgetönt (Waschputz, Reibeputz, Buntsteinputz usw.), putzartige Anstrichoberfläche	**Für innen und außen** Ziegelmauerwerk, Kalk-Zement-Mörtel- und Zementmörtelputz, Beton, Gasbeton, kleinformatige Asbestzementplatten
Dispersions-Lackfarbenanstrich: Weiß bis Volltöne, Acrylatfarbenanstriche mit lackartigem Aussehen, wasserverdünnbar, wetterbeständig, widerstandsfähig gegen mechanische Beeinflussung	**Für innen und außen** Holz, Holzwerkstoffe, Ziegelmauerwerk, Kalk-Zement-Mörtel- und Zementmörtelputz, Gipsputz, Gipsbauplatten, Gipskartonplatten, Beton, Asbestzement
Ölfarbenanstrich: Weiß bis Volltöne, quellfähig, für anspruchslose Sockelanstriche. Durch Zusatz von Lack und/oder Harttrockenölen wird die Quellbarkeit herabgesetzt	**Für innen** Mit inaktiven Pigmenten auf allen gut trockenen Putzen (mit Ausnahme von Zementmörtelputz), auf Holz, Holzwerkstoffen, Eisen und Stahl auf entsprechenden Korrosionsschutz-Grundanstrich **Für außen** Mit aktiven Pigmenten und Standölzusatz auf Kalkfarbenanstrichen und stark alkalischen Untergründen nicht geeignet
Alkydharz-Lackfarbenanstrich: Weiß bis Volltöne, matt, seidenmatt, seidenglänzend, glänzend, hochglänzend	**Für innen und außen** Getrocknete Kalk-Zement-Mörtel-Putzflächen, Holz, Holzwerkstoffe, Metall, Türen, Fenster, Holzverschalungen
Polymerisatharz-Lackfarbenanstrich: Weiß bis Volltöne, matt, seidenmatt, glänzend, alkali- und säurebeständig, jedoch nicht lösungsmittelbeständig	**Für innen und außen** Ziegelmauerwerk, Kalksandstein-Mauerwerk, trockene Kalk-Zement-Mörtel-, Zementmörtel- und Gipsmörtelputz, Beton, Gasbeton, Asbestzementplatten, Gipskartonplatten
Polyurethan-Lackfarbenanstrich: (PUR-Lackfarben, Mehrkomponentenlackfarben) Weiß bis sattgetönt, besonders strapazierfähig, säure- und kondenswasserbeständig, lösungsmittel- und fettbeständig	**Für innen und außen** Bei stark beanspruchten Flächen auf Putz, Beton, Holz und Holzwerkstoffen
Epoxydharzlackfarbe: (EP-Lackfarbe, Mehrkomponentenlackfarbe) Weiß bis sattgetönt, alkalibeständig, lösungsmittelbeständig, wasserbeständig, kratz- und schlagfest	**Für innen und außen** Für Beschichtungen auf stark beanspruchten Bauteilen, Fußböden
Chlorkautschuklackfarben: Weiß bis sattgetönt, säure-, alkali-, wasserbeständig, jedoch nicht lösungsmittelbeständig	**Für innen und außen** Putz und Beton, Holz, Holzwerkstoffe und Stahl, z. B. als Schwimmbeckenanstrich
Heizkörperlackfarbe: Weiß, hellgetönt oder schwarz. Temperaturbelastung beachten! Vergilbungsbeständig nach Angaben des Herstellers	**Für innen** Für Anstriche von Heizkörpern und Heizungsrohren
Bitumenlackfarben, Teerpechlackfarben: Sehr strapazierfähig	**Für innen und außen** Für Gußrohre und Beschichtungen im Erdbereich. Auf Putz, Holz, Holzwerkstoffen und korrosionsgeschütztem Stahl

FARBLOSE UND LASIERENDE BESCHICHTUNGEN

Anstrichmittel	Verwendung/Untergründe
Alkydharzlack: Farblos oder lasierend	**Für innen und außen** Für farblose Überzüge, farblose oder lasierende Lackierungen von Holz. Außen nur für indirekte Bewitterung geeignet
Polymerisatharzlack: (Acrylharzlack)	**Für innen und außen** Überzugslack für Stein, Beton, Metall u. a.
Polyurethanlack: (PUR-Lack, Mehrkomponentenreaktionslack) Farblos, säure- und kondenswasserbeständig, lösungsmittel- und fettbeständig	**Für innen** Zur Versiegelung von Fußböden
Epoxydharzlack: (EP-Lack, Mehrkomponentenreaktionslack) Farblos, alkalibeständig, lösungsmittelbeständig, wasserbeständig, kratz- und schlagfest	**Für innen und außen** Für Beschichtungen stark beanspruchter Bauteile
Lasuranstrichstoff: Je nach Kennzeichnung für nicht maßhaltige oder maßhaltige Holzbauteile	**Für innen und außen** Für Holzlasuren aller Art, Fassadenverkleidungen, Schindeln, Tore, Türen. Bei Fenstern nur speziell dafür geeignete Lasuranstrichstoffe verwenden
Säurehärtende Lacke: (SH-Lacke) Strapazierfähig	**Für innen** Zur Oberflächenbehandlung von Holz und Holzwerkstoffen. Besonders geeignet für Möbel

Mauerwerk

Mauerwerkstechnik

Ein Mauerwerk hat normalerweise verschiedenen Belastungen standzuhalten, wie z. B. der Druckbelastung einer Stahlbetondecke oder auch des Eigengewichts. Dieser Druck soll von dem Material des Mauerwerks auf das Fundament übertragen werden. Voraussetzung hierfür ist die Eigendruckfestigkeit des Mauerwerks, die durch die Anordnung der Steine wesentlich beeinflußt wird, d. h., es muß im Verband gemauert werden.

Wenn man eine Wand mauern will, sollte man bei der Planung die Länge der Steine berücksichtigen. Sind die Steine z. B. 24 cm lang wie normale Ziegelsteine, dann rechnet man zu jedem Stein eine Fuge von 1 cm hinzu und erhält so das Rastermaß von 25 cm. Vier Steine und vier Fugen ergeben also 1 m. Steht die Wand jedoch frei, dann hat sie nur drei Fugen und ist somit nur 99 cm lang.

Wichtig für ein standfestes Mauerwerk ist ein standfestes Fundament, das frostfrei, d. h. bis auf eine Tiefe von 90 cm unterhalb der Oberkante des Erdreichs, gegründet sein muß. Das ist nicht nur für die Wände eines Gebäudes, sondern auch für eine Gartenmauer erforderlich.

Begonnen wird beim Mauern immer an den Außenseiten, z. B. an den Ecken. Die Ecken werden nach der Wasserwaage lotrecht hochgemauert, und dann spannt man zwischen ihnen eine Schnur. Diese Schnur gibt die Höhe und die Richtung für jede Schicht an.

Wichtig ist, daß nach der ersten Schicht eine Sperrschicht aus besandeter Teerpappe eingelegt wird, um das Aufsteigen von Feuchtigkeit zu verhindern.

Bei Kellerwänden wird noch jeweils eine Sperrschicht unter die Kellerdecke und 25 cm über der Oberkante des Erdreichs eingelegt. Um Bauschäden zu vermeiden, sollte dieses unbedingt beachtet werden.

Mauerregeln:

● Man sollte in einer Wand möglichst keine Steine aus verschiedenen Materialien, wie z. B. Beton und Ziegel, verwenden.

● Der Mauermörtel muß plastisch sein. Zu trockener Mörtel verbindet sich nicht mit den Steinen.

● Die Fugen sollten ganz mit Mörtel gefüllt werden. Dabei werden Unebenheiten der Steine ausgeglichen.

● Frisches Mauerwerk ist vor Frost zu schützen.

● Mauersteine sollten stets nur lotrecht und waagrecht vermauert werden.

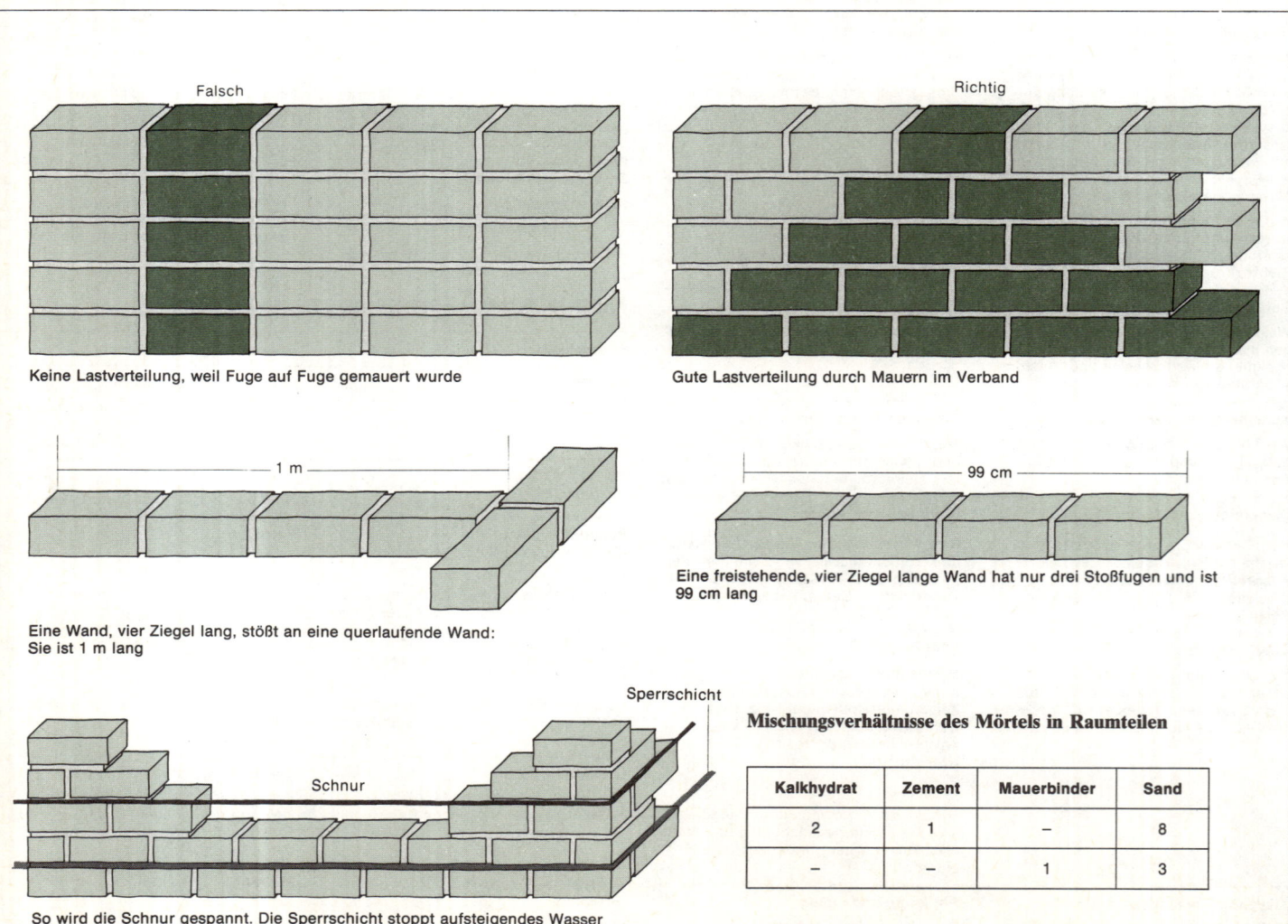

Falsch — Keine Lastverteilung, weil Fuge auf Fuge gemauert wurde

Richtig — Gute Lastverteilung durch Mauern im Verband

1 m — Eine Wand, vier Ziegel lang, stößt an eine querlaufende Wand: Sie ist 1 m lang

99 cm — Eine freistehende, vier Ziegel lange Wand hat nur drei Stoßfugen und ist 99 cm lang

So wird die Schnur gespannt. Die Sperrschicht stoppt aufsteigendes Wasser

Mischungsverhältnisse des Mörtels in Raumteilen

Kalkhydrat	Zement	Mauerbinder	Sand
2	1	–	8
–	–	1	3

Mauerverbände

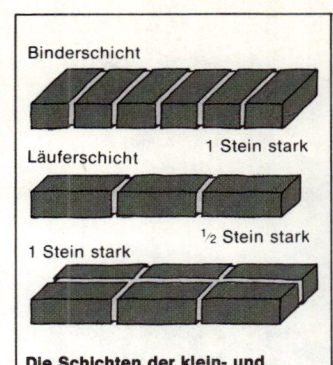

Binderschicht

Läuferschicht

1 Stein stark

1 Stein stark

½ Stein stark

Die Schichten der klein- und mittelformatigen Steine
Mit Binderschicht bezeichnet man die Schichten, bei denen die Steine quer zur Wandrichtung liegen. In den Läuferschichten werden die Steine so verlegt, daß sie in Wandrichtung liegen – entweder einfach als ½ Stein starke Wand oder doppelt als 1 Stein starke Wand.

Fugen
Beim Mauerwerk nennt man die horizontalen Mörtelfugen Lagerfugen und die senkrechten Stoßfugen.

Steine
Unter den vielen angebotenen Steinarten für Mauerwerk ist die richtige Auswahl nicht leicht. Für leichte Innenwände ohne Ansprüche an Schall- und Wärmedämmung und ohne Installation wählt man am besten großformatige Platten von geringem Gewicht.

Haus- und Wohnungstrennwände, Wände zu Treppenhäusern, WCs und Bädern sollten schwer sein. Die Wandstärke sollte mindestens 24 cm betragen. Die Decke oder das Fundament muß natürlich entsprechend tragfähig sein. Für Außenwände sollte man eine Mindestdicke von 30 cm oder besser 36,5 cm vorsehen.

Um eine gute Wärmedämmung zu erhalten, sollte man dazu Steine mit einem geringen Gewicht verwenden. Bei großen Steinformaten hat man auch noch einen geringeren Fugenanteil, wodurch sich noch die Wärmedämmung erhöht.

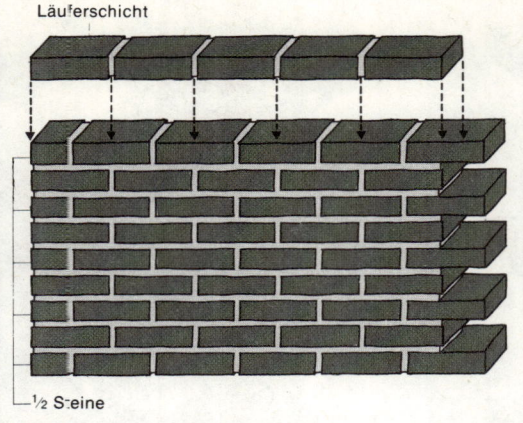

Läuferschicht

½ Steine

Ein gerades Wandstück im Läuferverband

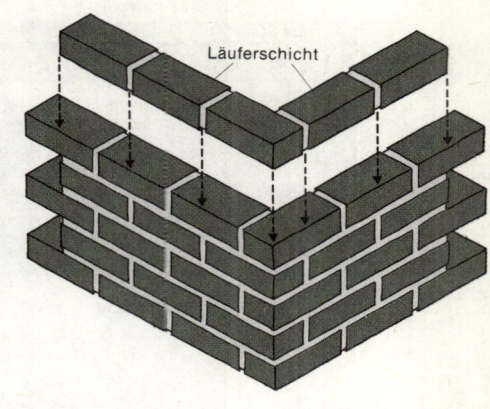

Läuferschicht

Eine Ecke im Läuferverband

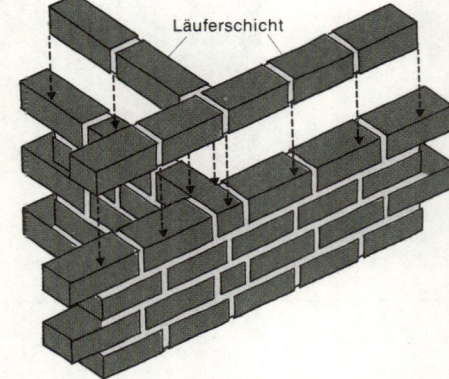

Läuferschicht

Ein Wandanschluß im Läuferverband

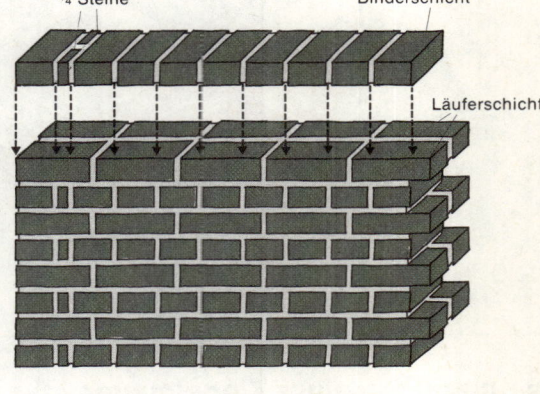

¼ Steine

Binderschicht

Läuferschicht

Ein gerades Wandstück im Blockverband

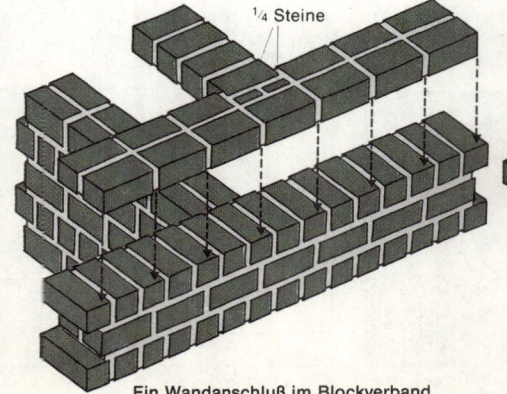

¼ Steine

Ein Wandanschluß im Blockverband

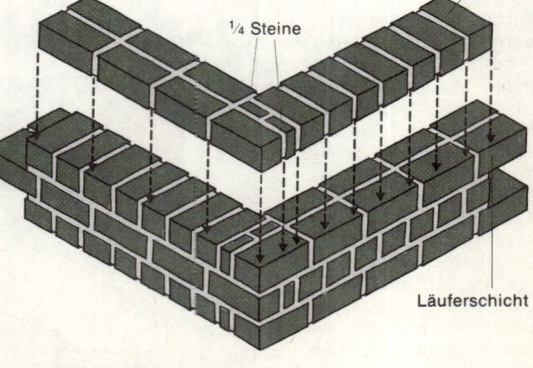

¼ Steine

Binderschicht

Läuferschicht

Eine Ecke im Blockverband

(Forts. S. 144)

Mauerwerk

(Fortsetzung von S. 143)

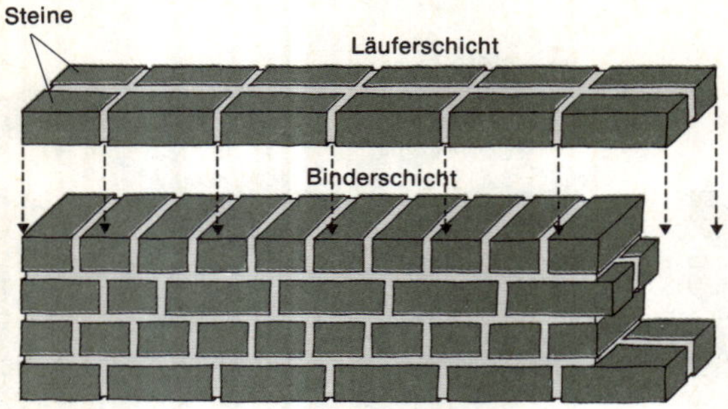

¾ Steine

Läuferschicht

Binderschicht

Ein gerades Wandstück im Kreuzverband

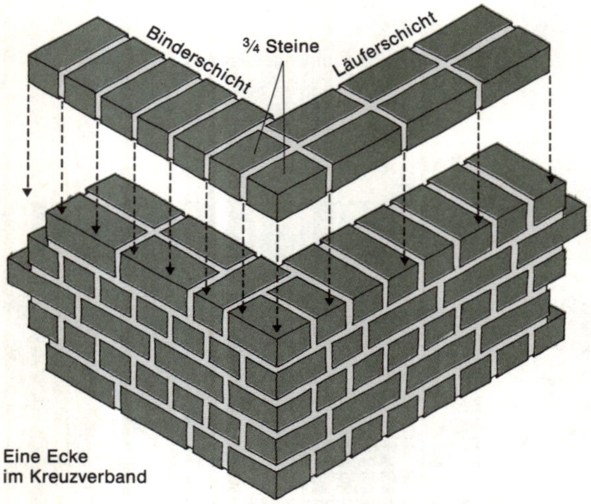

Binderschicht ¾ Steine Läuferschicht

Eine Ecke
im Kreuzverband

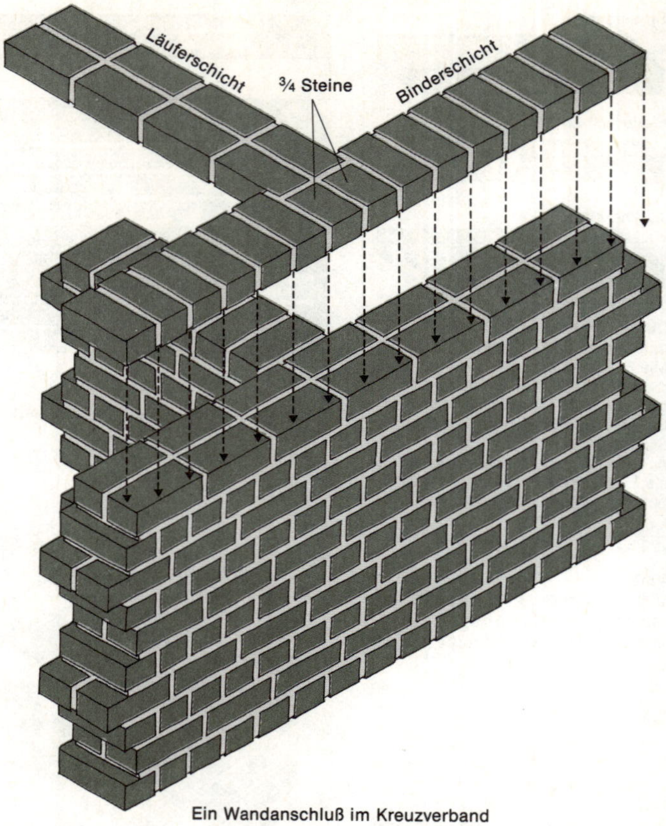

Läuferschicht ¾ Steine Binderschicht

Ein Wandanschluß im Kreuzverband

Neuverfugen einer Ziegelmauer

Beim Mauern mit Ziegeln kann man die Fugen auf zwei verschiedene Arten behandeln: entweder verstreicht man sie sofort mit dem zum Mauern benutzten Mörtel, oder man kratzt sie 15 bis 20 mm tief aus, solange der Mörtel noch feucht ist, und verfugt die fertige Mauer in einem zweiten Arbeitsgang. Man kann dabei dem Mörtel auch Zementfarben hinzufügen oder eine fertige farbige Mörtelmischung kaufen.

Wenn die Fugenfüllung einer Mauer Risse bekommen hat oder ausgebröckelt ist, schlägt man die schadhafte Füllung mit Fäustel und Meißel heraus, bürstet die Fugen aus, feuchtet sie an und verfugt zuerst alle senkrechten, danach alle waagrechten Fugen.

Beim Verfugen arbeitet man immer von oben nach unten.

Mörtelspritzer auf Ziegelmauern sofort mit trockenem oder leicht angefeuchtetem Lappen abreiben, da sonst Flecken bleiben.

Um überschüssigen Mörtel zu entfernen, hält man ein Richtscheit dicht unter die waagrechten Fugen und nimmt ihn mit der Kante der Kelle sauber weg.

Beim Verfugen muß man sich immer nach der vorhandenen Fugenart richten. Der Mörtel kann entweder flach mit der Mauer liegen oder leicht ausgehöhlt sein.

Material: Feiner Sand, Kalk und Zement, Zementfarbe Werkzeug: Fäustel, 10–15 cm breiter Maurermeißel, Mörtelbrett, Fugenkelle, Staubbürste, Richtscheit

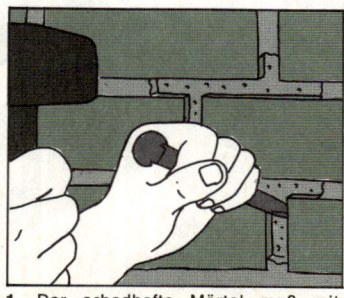

1. Der schadhafte Mörtel muß mit Fäustel und Meißel aus den Fugen herausgeschlagen werden

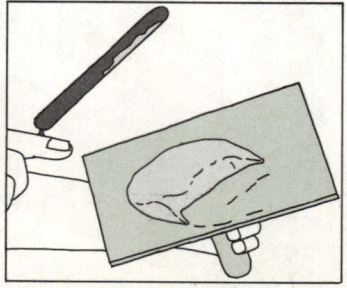

2. Die Fugen werden ausgebürstet und angefeuchtet, dann wird frischer Mörtel angemischt

3. Der Mörtel wird mit der Spitzkelle oder der Fugenkelle fest in die Fugen gedrückt, bis er leicht übersteht

Zurückliegende, abgeschrägte Fugen

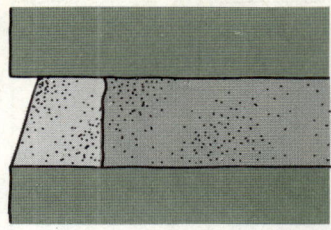

Damit sich Regenwasser nicht in den Mauerfugen ansammelt, kann man die Fugenfläche leicht nach unten abschrägen. Mörtel so abschrägen, daß Oberkante etwa 3 mm zurückliegt.

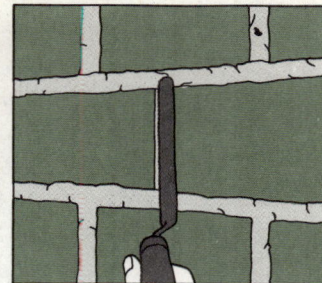

1. Man beginnt mit den senkrechten Fugen: Die Kelle wird an der rechten Ziegelkante angelegt und die linke Seite in die Fuge gedrückt

2. Die Kelle wird entlang der rechten Ziegelkante in gerader Richtung abwärts gezogen und der überschüssige Mörtel sauber weggeschnitten

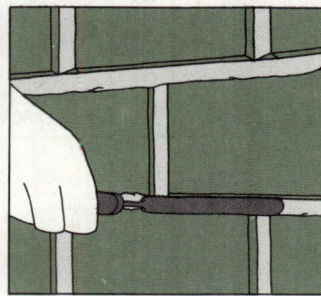

3. Die waagrechten Fugen werden mit Mörtel aufgefüllt: die obere Kante wird 3 mm eingedrückt, Mörtelfüllung nach unten abschrägen

4. Das Richtscheit wird unter die Fugen gehalten und der überschüssige Mörtel mit der Fugenkelle sauber weggeschnitten

5. Wenn der Mörtel in den Fugen fast trocken ist, wird er mit einer Staubbürste überrieben. Dabei nicht zu fest drücken

Schadhafte Mauerziegel ersetzen

Müssen in einer Mauer Ziegel ersetzt werden, verwendet man möglichst keine neuen Ziegel, sondern gebrauchte der gleichen Art. Bei einer zwei Stein dicken Ziegelmauer (24 cm) entfernt man nur die äußeren Ziegel; bei Hohlwänden dürfen keine Ziegelreste oder Mörtel in den Zwischenraum fallen.

Material: Gebrauchte Ziegel, Sand, Zement und Kalk
Werkzeug: Maurerfäustel, Meißel, Kelle, steife Bürste, Fugenkelle

1. Ein Ziegel wird mit Meißel und Hammer stückweise herausgeschlagen. Erst wenn er ganz entfernt ist, fängt man mit den anderen an

2. Die anderen beschädigten Ziegel werden entfernt, indem man den Meißel an den Fugen ansetzt und die Ziegel mit dem Fäustel herausschlägt

3. Bei zwei Stein dicken Ziegelmauern werden nur die Ziegel der äußeren Schicht mit Meißel und Fäustel herausgeschlagen

4. Mörtel mischen und die neuen Ziegel einsetzen. Wo notwendig, werden halbe Ziegel oder Ziegelstücke zugeschlagen

5. Die neuen Fugen müssen den alten angepaßt werden. Den Mörtel läßt man fast trocken werden und bürstet dann die Fläche ab

Glatte Fugen

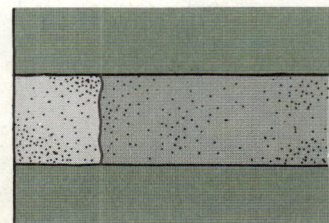

Glattes Verfugen gibt eine völlig glatte Fläche. Es empfiehlt sich bei Wänden mit ausgebröckelten Ziegelrändern, bevor die Wand neu gestrichen wird

1. Der Mörtel wird mit der Kelle so in die Fugen gedrückt, daß er leicht übersteht. Vor dem Trocknen wird er mit einem Lappen sauber überrieben

2. Wenn der Mörtel ganz trocken ist, schleift man die Fugen mit einem Plastikschaber ab. Vor dem Streichen wird der Staub sorgfältig abgebürstet

Mauerwerk

Durchgehende Risse

Die meisten Risse in Mauern sind oberflächliche Haarrisse, die durch das Trocknen der verwendeten Materialien entstanden sind.

Bedenklicher sind durchgehende und auf beiden Seiten sichtbare Mauerrisse. Bevor man einen solchen Riß ausbessert, muß die Entstehungsursache festgestellt und beseitigt werden, damit er nach der Reparatur nicht wieder erscheint.

Ein durchgehender Riß kann durch dynamische Vorgänge, wie Bodenschwingungen oder nachgebendes Erdreich, entstehen oder statische Ursachen, wie zu starke Belastungen, haben. Einen durch dynamische Einflüsse entstandenen Riß kann man mit Mörtel abdichten. Bei unverputzten Mauern wird der Riß dadurch aber noch stärker betont. Man benutzt diese Methode deshalb nur bei verputzten Wänden. Der Riß wird bis auf die Ziegel aufgehackt und mit Mauermörtel gefüllt und zugeputzt.

Die beste Methode, einen durchgehenden Riß in unverputztem Mauerwerk zu reparieren, besteht darin, die zerbrochenen Ziegel herauszuschlagen und durch gleiche neue zu ersetzen.

Reparatur beweglicher Risse

Bei beweglichen Rissen ist es wichtig, als erstes die Ursache der Bewegung im Mauerwerk festzustellen. Wenn die Bewegung im Mauerwerk zu keinen größeren statischen Schäden führt, wie z. B. bei einer Gartenmauer, kann man die Risse in unverputztem Mauerwerk mit einem dauerelastischen Kitt verschließen, um zu verhindern, daß Feuchtigkeit eindringt und z. B. durch Frost der Schaden noch größer wird. Dabei wird der Riß auf Fingerbreite erweitert. Dann preßt man den Kitt mit der Pistole hinein. Größere Hohlräume werden vorher mit Mineralwolle ausgefüllt. Der Kitt kann farblich den Fugen angepaßt werden.

Nicht stark bewegliche kleine Risse in verputzten Flächen kann man neu überputzen. Auf beiden Seiten des Risses schlägt man den Putz ca. 20 cm weit ab und deckt diesen Streifen mit Bitumenpapier ab. Darauf wird ein Putzträger, z. B. Streckmetall, genagelt und neu verputzt.

Auf einfache Weise kann man solche Risse mit einer Polystyrolplatte abdecken. Man schlägt ein entsprechend großes Stück Putz ab und paßt eine Platte ein.

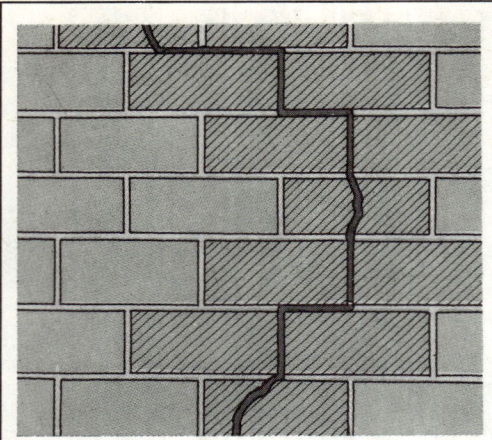

Die schraffierten Ziegel werden herausgehackt und entfernt. Um das Einmauern neuer Steine zu erleichtern, werden mitunter mehrere Ziegel entfernt

Dauerelastische Dichtungsmasse für unverputztes Mauerwerk

1. Der Riß wird, wo nötig, auf normale Fugenbreite erweitert und von Staub gereinigt

2. Der den Fugen farblich angepaßte dauerelastische Kitt wird mit der Pistole in den Riß gepreßt

3. Der Kitt wird gleich nach dem Aufbringen mit einem Pinsel und Seifenlösung glattgestrichen

Polystyrol bei Gipsputz

1. Aus dem Putz wird beiderseits des Risses ein rechteckiger Streifen bis auf das Mauerwerk herausgeschlagen

2. Der Einschnitt wird gründlich ausgebürstet und für das elastische Ersatzmaterial genau ausgemessen

3. Eine Polystyrolplatte wird zugeschnitten, in den Ausschnitt geklemmt und übertapeziert

1. Wegzuschlagendes Stück anzeichnen und Putz mit nach innen abgeschrägten Kanten wegmeißeln

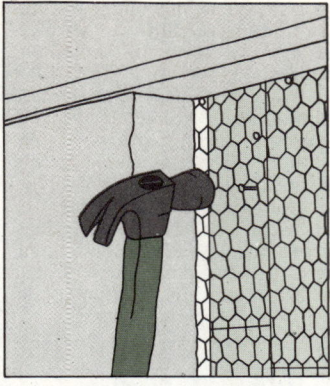

2. Bitumenpapier auf den Mauerausschnitt legen und darüber mit Stahlnägeln Streckmetall anbringen

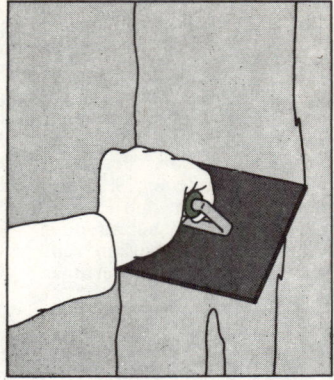

3. Loch mit Gipsmörtel passend zum Putz zugipsen und nach Abbinden in der gewünschten Farbe streichen

Auswechseln eines Lochziegels

Ist ein zur Ventilation dienender Lochziegel in einer Außenmauer beschädigt, wechselt man ihn sofort aus, damit weder Vögel noch Nagetiere eindringen können. Die Ventilationsöffnung darf nie, auch nicht einmal vorübergehend, ganz verschlossen werden.

Bei Hohlmauern reicht der Lüftungsziegel durch die ganze Dicke einer Mauerhälfte. Bei massiven Mauern sitzt er außen; die Innenfläche ist mit einem Lüftungsblech abgedeckt. Sehen Sie sich den Lochziegel genau an, bevor Sie einen Ersatz kaufen.

Lochziegel sind in den Standardmaßen in jedem Baugeschäft erhältlich. Man sollte aber immer vor dem Kauf ein genaues Maß der Mauerlücke anfertigen. Denn der Lochziegel kann nämlich nicht wie andere Ziegel abgehackt oder angestückelt wer-

den. Wenn man es trotzdem versucht, bricht er meist gerade an den Stellen, wo man es am allerwenigsten wünscht.

Ist für das gewünschte Maß beim besten Willen kein passender Lochziegel aufzutreiben, so sollte man lieber einen etwas kleineren nehmen, die so entstehenden Lücken im Mauerloch

durch behauene Ziegellagen ausfüllen und entsprechend verputzen.

Material:	*Lochziegel, Sand und Zement*
Werkzeug:	*Maurerfäustel, Meißel, Kelle, steife Bürste*

1. Alten Lüftungsziegel mit Meißel und Fäustel herausschlagen; Öffnung mit der Bürste säubern

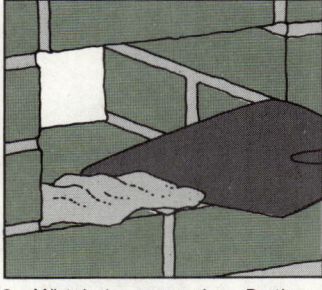

2. Mörtel in passenden Portionen mischen und ca. 1 cm dick auf den Boden der Maueröffnung auftragen

3. Mörtel auf die Oberseite und die Seiten des neuen Ziegels auftragen; Ziegel sorgsam einsetzen

4. Überschüssigen Mörtel mit der Kelle entfernen, Fugen wie in der übrigen Wand verstreichen

5. Den Mörtel der Fugen trocknen lassen, dann die Wand um den neuen Ziegel mit steifer Bürste säubern

Ein Lüftungsgitter anbringen

Das Lüftungsloch in der Wand wird innen mit einem Jalousiegitter abgedeckt. Solche Gitter gibt es aus Aluminium, Kunststoff oder Gußeisen zu kaufen; sie werden entweder an die Mauer angeschraubt oder in die Maueröffnung eingesetzt. Diese Gitter lassen sich auch an der Außenseite der Mauer verwenden. Schließlich gibt es sie auch noch als Doppelgitter, wobei das innere und äußere Gitter durch einen Tubus aus dem gleichen Material von der Länge der Mauerdicke verbunden ist.

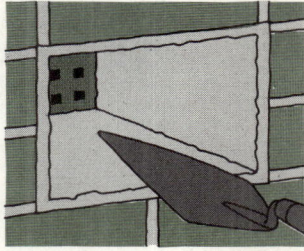

1. Das Lüftungsloch in der Mauer wird von Staub und Schmutz gereinigt, dann werden seine Innenseiten mit Mörtel verputzt

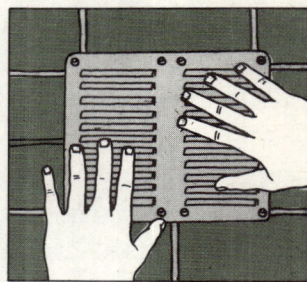

2. Das Lüftungsgitter wird auf die Öffnung gehalten, und die Löcher für die Befestigungsschrauben werden auf der Mauer angezeichnet

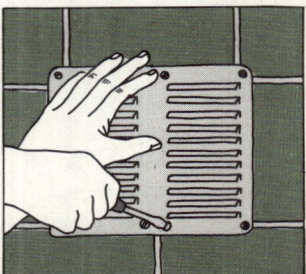

3. Die angezeichneten Löcher werden mit einem Steinbohrer in die Mauer gebohrt; das Gitter wird mit Dübeln und Schrauben befestigt

Mauerwerk

Lockere Ziegel neu einmauern

Lockere Ziegelsteine bilden eine unübersehbare Gefahrenquelle und müssen deshalb so schnell wie möglich wieder eingemauert werden. Da Mauerwerk immer in einem Verband gemauert wird, ist der Endstein bei Wänden von halber Ziegelstärke meistens kein ganzer Ziegel. Ferner spielen besonders bei Klinkern auch Farbverschiedenheiten eine Rolle, wenn der lose Stein nicht mehr zu verwenden ist. Deshalb ist es immer ratsam, beim Kauf von besonderen Ziegeln ein paar mehr zu nehmen, als im Augenblick notwendig sind. Diese Reserveziegel kann man bei später einmal eventuell nötig werdenden Reparaturarbeiten gut gebrauchen.

Oft ist es auch schwierig, den neuen Fugenmörtel dem alten anzupassen. Das gilt besonders, wenn der alte Mörtel mit Farbstoffen versetzt war. Bei einer Mauer aus Ziersteinen kann es sogar ratsam sein, den Mörtel aus allen Fugen des betreffenden Mauerteils herauszuhacken und die Mauer ganz neu zu verfugen (siehe S. 144–145).

Ziegel kann man mit der Kellenkante nach Maß zuschlagen. Das setzt allerdings einige Erfahrung und Geschicklichkeit voraus. Für den Anfänger ist der Maurerhammer geeigneter. Zum Schlagen von Teilsteinen benutzt man gesunde, hell klingende Ziegel. Steine mit Sprüngen oder Rissen zerfallen oft schon beim ersten Schlag in unbrauchbare Stücke. Man faßt den Ziegel so, daß die gewünschte Bruchstelle auf dem Oberschenkel oder Handballen liegt. Mit ein paar leichten Schlägen wird nun die Teilungsstelle markiert und dann der Ziegel mit ein oder zwei genau gezielten kräftigen Schlägen auf die Lagerfläche und die Schmalseite zerlegt.

Material: *Ziegel, Mauer- und Fugenmörtel*
Werkzeug: *Kelle, Maurerhammer, Flachmeißel, Wasserwaage, Bürste, Fugeneisen, Schwamm, ein paar Holzleisten von der Dicke der Fugenbreite*

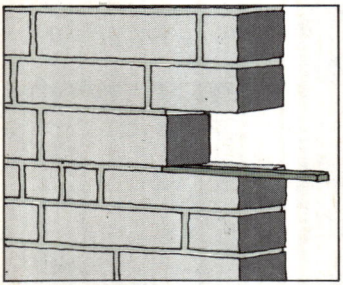

1. Die Maueröffnung wird ringsum befeuchtet. Zwei Holzleisten, die genau die Dicke der Fuge haben, werden bereitgelegt

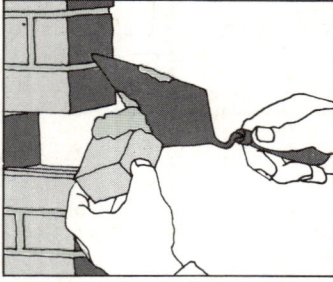

2. Der neue Ziegel wird gründlich angefeuchtet und an der Rückseite sowie oben und unten mit einem Häufchen Mörtel versehen

3. Der Ziegel wird schnell in die richtige Lage in der Öffnung gedrückt. Dann schiebt man an seiner Ober- und Unterseite Leisten ein

4. Eine Richtlatte oder Wasserwaage wird an die Holzleisten gehalten, um sicherzustellen, daß der neue Ziegel mit den alten genau fluchtet

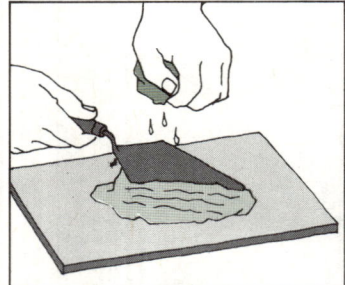

5. Der Fugenmörtel wird trocken angemischt. Damit er nicht zu naß wird, gibt man das nötige Wasser mit einem Schwamm hinzu

6. Nach dem Abbinden des Mauermörtels können die Leisten entfernt werden. Der Fugenmörtel wird in die Fugen gestrichen (siehe S. 144–145)

7. Nach Steifwerden des Fugenmörtels werden die Fugen mit dem Fugeneisen an die vorhandenen alten Fugen angeglichen

8. Nach dem Erhärten der Fugen wird die Umgebung des neuen Ziegels mit einer Bürste oder einem Handfeger gründlich gesäubert

9. Zum Schluß wird die ganze Fläche mit einem nassen Schwamm gesäubert. Festsitzende Mörtelreste werden vorher mit einer Kelle entfernt

TEILSTEINE SCHLAGEN

Beim Mauern im Verband werden an den Ecken, Kreuzungen und Mauerenden Teilsteine benötigt. Damit der Teilstein nach dem Zuschlagen auch die richtige Länge hat, sollte man am Hammerstiel Meßkerben anbringen. Dazu werden auf einem Stein die Längen der Teilsteine angezeichnet und der Hammer wie auf Bild 1 angehalten. An den Punkten, an denen der Hammerstiel an den Steinkanten anliegt, werden Kerben eingeschnitzt. Wenn man vor dem Zuschlagen den Hammer an die jeweilige Kante anlegt und den Stein ritzt, erhält man immer die gewünschte Länge der Teilsteine.

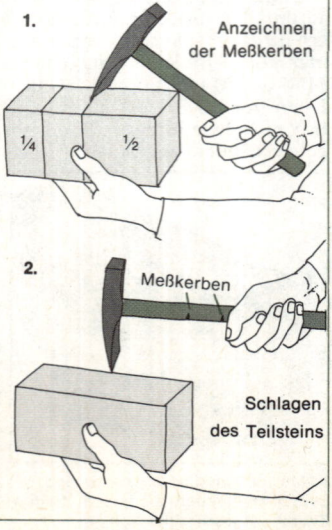

1. Anzeichnen der Meßkerben

¼   ½

2. Meßkerben

Schlagen des Teilsteins

Dämmplatten für Decken und Wände

Eine vollkommene Geräuschisolation kann man nicht erreichen. Aber Dämmplatten drükken den Geräuschpegel in einem Raum beträchtlich, und außerdem sehen sie meistens auch dekorativ aus.

Die am häufigsten zur Schallisolierung benutzten Materialien sind Mineral- und Glasfasern, Polystyrol, Kork, Holzwolleplatten, Leichtbauplatten und auch härtere Materialien wie Gipskarton und Holzfaserplatten. Das Geräuschabsorptionsvermögen der Dämmstoffe ist verschieden groß; man sollte sich also vor dem Kauf erkundigen.

Viele Deckenplatten sind auch für Wände geeignet; sie haben Nut und Feder und lassen sich deshalb leicht anbringen. Die Platten werden durch die Federn angenagelt oder mit Klammern befestigt, ohne daß die Nägel oder Klammern zu sehen sind. Wenn die Platten unmittelbar auf der Wand oder Decke angebracht werden, muß der Untergrund möglichst eben und trocken sein.

Es ist nicht ratsam, die Decke und alle Wände eines Raums mit Isolierplatten zu verkleiden, denn sie nehmen oft nur unzureichend Feuchtigkeit auf, und diese kann sich dann auf ihrer Oberfläche niederschlagen. Bestimmte Oberflächenstrukturen binden auch in besonderem Maße Staub, was dann mehr Aufwand bei der Raumpflege mit sich bringt.

Um eine gute Verteilung der Platten und eine ebene Fläche an einer Balkendecke zu erreichen, bringt man Latten rechtwinklig zu den Balken an. Die Isolierplatten werden dann auf der Lattenunterlage befestigt.

Für die Lärmdämmung einer Wand oder Decke gilt allgemein, daß sie durch das Nebeneinander von schallharten Stoffen (z. B. Beton) und schallweichen Materialien (z. B. Polystyrol oder Kork) verstärkt wird. Die Schalldämmleistung eines Materials ist um so größer, je mehr sein Schallwellenwiderstand (das Produkt aus Dichte und Schallgeschwindigkeit) von dem des angrenzenden Materials abweicht.

Material:	*Schalldämmplatten aus Mineral- oder Glasfasern, Polystyrol oder Kork, Holzwolleplatten, Leichtbauplatten, Gipskarton, Holzfaserplatten, Kleber, Heftklammern, Schrauben, Nägel, Holzlatten, Draht*
Werkzeug:	*Hammer, Wasserwaage, scharfes Messer, Heftmaschine (Tacker)*

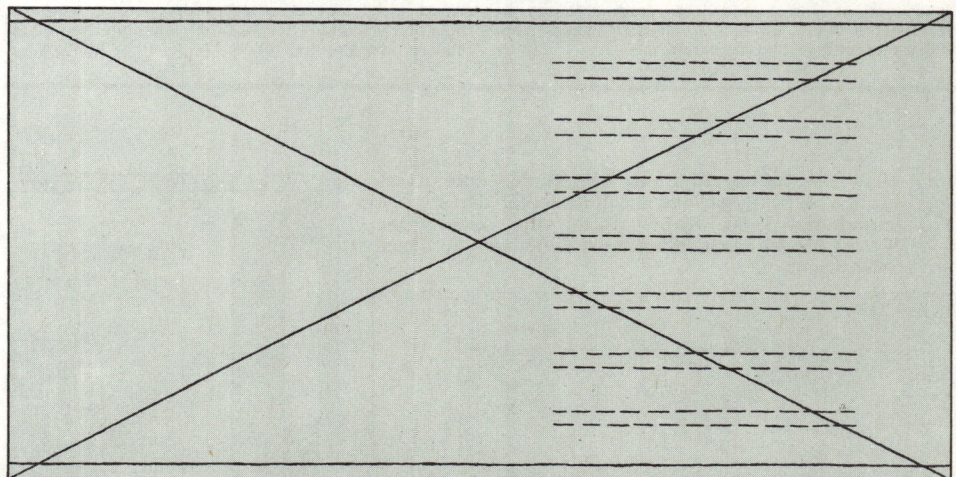

1. Zuerst wird an jeder Längsseite der Balkendecke eine Richtlatte (eventuell aus zwei oder mehreren Teilen) angebracht. Dann spannt man zwischen den Ecken diagonal möglichst straff zwei Schnüre. Der Kreuzungspunkt der Schnüre markiert die Mitte der Decke, in diesem Fall auch des Zimmers

2. Wenn die beiden Richtlatten waagrecht liegen und die Schnüre straff gespannt sind, berühren alle anderen (gleichstarken) Latten mit ihren Unterseiten die Schnüre, liegen also ebenfalls waagrecht. Das ist fast nie der Fall. Meistens muß man zwischen Balken und Latten Holzzwischenlagen anbringen, damit die Latten fluchten

3. Vom Mittelpunkt aus werden die Latten so verteilt, daß später die Fugen der aneinanderstoßender Platten auf ihrer Mittellinie liegen. Die Latten werden mit Hilfe von Abstandsleisten angenagelt

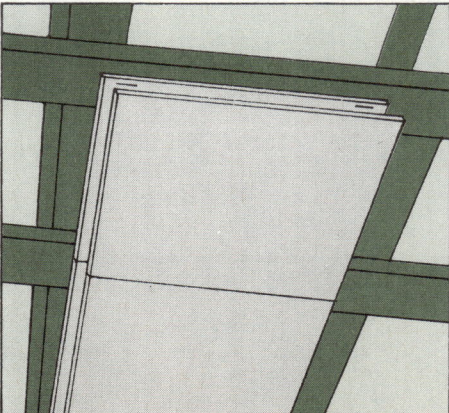

4. An einer Längswand beginnt man mit dem Verlegen der ersten Plattenreihe. Die wandseitige Feder der ersten Platte wird entfernt, die Platte an dieser Kante festgeklebt

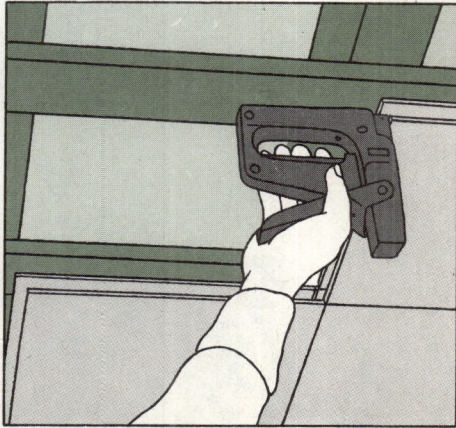

5. Die hintere Wange der Dämmplatten wird mit jeweils drei Heftklammern an den Latten befestigt. Heftmaschinen gibt es in verschiedenen Größen. Man kann sie kaufen oder leihen (Forts. S. 150)

Schallisolation

(Fortsetzung von S. 149)

6. Nachdem die Platte mit Heftklammern durch die hintere befestigt wurde, wird die nächste Platte mit ihrer Feder in die Nut geschoben und in ihrer Nut auf der anderen Seite angeheftet

7. Wenn alle ganzen Platten auf die beschriebene Weise verlegt sind, werden die Abschlußplatten an der zweiten Wand mit einem scharfen Messer nach Maß zugeschnitten und angeklebt

8. Da der Randabschluß wegen Unebenheiten der Wand nicht immer nach Wunsch gelingt, verdeckt man ihn an allen vier Wänden mit einfachen Holzstäben oder Profilleisten

Befestigung an der Wand

Wenn eine Wand eben und trocken ist, kann man Dämmplatten unmittelbar auf der Wand anbringen, vorausgesetzt, sie sind weder zu schwer noch zu groß (siehe S. 43). Die senkrechten und waagrechten Latten haben so viel Abstand zueinander, daß die Platten auf ihren Mittellinien zusammenstoßen. Wichtig ist, daß die Luft hinter den Platten zirkulieren kann. Daher dürfen die waagrechten Latten die senkrechten auf einer Seite nicht berühren (siehe S. 45).

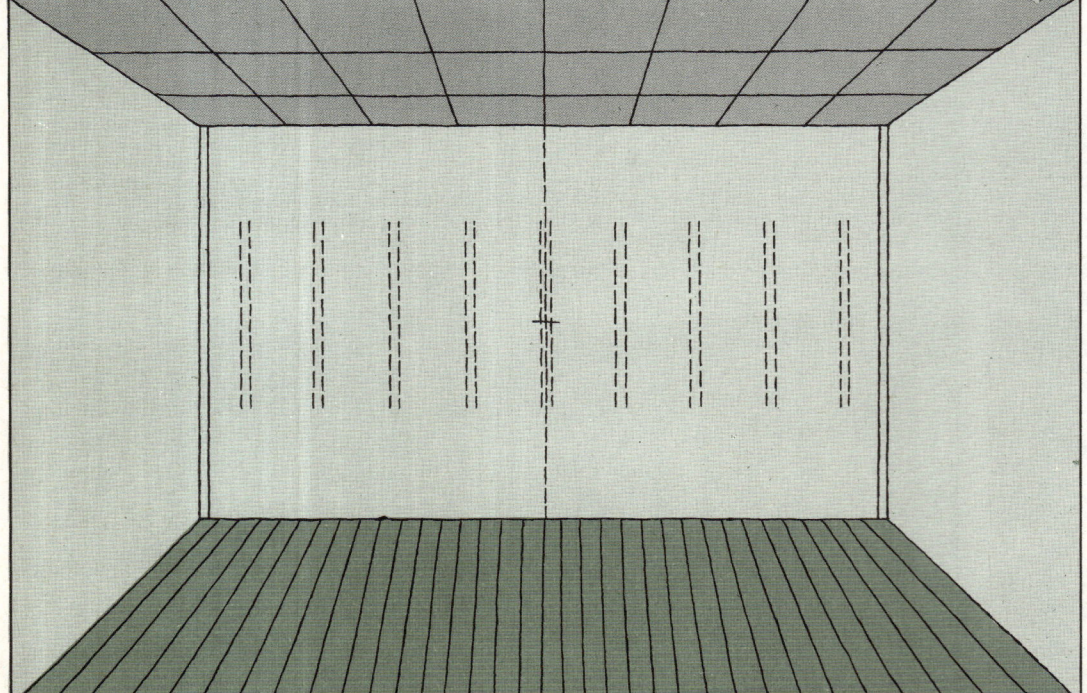

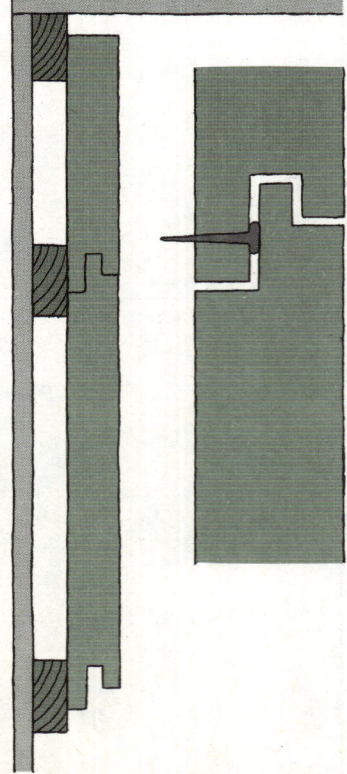

1. Wenn man eine Wand mit Dämmplatten belegt, stellt man wie bei der Decke zunächst den Mittelpunkt der Wandfläche fest und placiert darauf die erste Latte. Ist jedoch eine Wandseite verdeckt, zum Beispiel durch einen Schrank, so kann man ohne weiteres mit der Verteilung der Latten am freien Ende der Wand beginnen

2. An der Wand werden die Dämmplatten in derselben Weise befestigt wie an der Decke. Man fängt mit dem Verlegen in einer Zimmerecke an, wobei die Federn der Platten von der Ecke wegzeigen

Abgehängte Decken

Frei hängende Zwischendecken sind gut geeignet, Geräusche von einem Stockwerk zum andern einzudämmen. Es läßt sich damit zwar keine vollkommene Schallisolation erreichen, aber die Geräuschbelästigung wird doch spürbar vermindert. Man muß nur die Träger der Zwischendecke richtig anbringen und schallisolierende Platten verwenden. Sehr wichtig dabei ist, daß die Zwischendecke sowenig wie möglich Berührung mit der Decke hat, also wirklich frei hängt.

Beim Einbau einer Zwischendecke muß die vorhandene Zimmerhöhe beachtet werden, weil die behördlichen Bauvorschriften Mindestraumhöhen verlangen, die im allgemeinen bei 2,35 m liegen. Die örtlichen Baubehörden geben darüber Auskunft.

Es gibt verschiedene Methoden, eine Zwischendecke einzuziehen. So kann man beispielsweise die Deckenträger in die Wände einlassen. Dabei wird jeder Kontakt mit der alten Decke vermieden. Bei dieser Konstruktion muß jedoch vorher untersucht werden, ob die Wände stabil genug sind und welche Stärke die Holzträger haben müssen, damit sie sich später nicht durchbiegen. An den Trägern werden dann Dämmplatten befestigt (siehe S. 149–150). Zur besseren Isolation können auch auf den Trägern noch Schalldämmplatten verlegt werden, wobei man darauf achten sollte, daß sie dicht an die Wände anschließen.

Dann gibt es auch Gipsdecken mit eingelegtem Drahtnetz, die von Holzbalken abgehängt werden. Eine solche Decke darf nicht unmittelbar an den Balken befestigt werden, weil sie starr ist und beim Arbeiten des Holzes reißen würde. Die Decke wird mit Haken in Krampen gehängt, die in die Balken geschlagen sind. Die Haken haben auf diese Weise Bewegungsspielraum in den Krampen, und die Bewegung des Holzes kann der Decke nichts anhaben.

Eine weitere Art frei hängender Decken besteht aus einem System vorfabrizierter Träger, meist aus Metall, die aus Haupt-, Zwi-schen- und Randprofilen bestehen. Es gibt sie in verschiedenen Ausführungen und mit dazu passenden Dämmplatten sowie mit einlegbaren Lichtplatten, hinter denen sich Leuchtkörper anbringen lassen. Die Systemträger werden mit verzinktem Draht oder Stahlband an den Deckenbalken aufgehängt.

Bei der Verwendung von Systemträgern bestimmt man zunächst die Deckenhöhe und markiert sie an den Wänden. Dabei ist die vorgeschriebene Raummindesthöhe und die Höhe der Träger zu berücksichtigen. Dann werden an den Längswänden in der vorgesehenen Deckenhöhe waagrechte Kreidelinien gezogen und die Randprofile entlang dieser Linien mit Stahlnägeln oder mit Schrauben und Dübeln befestigt. Danach nagelt man die Randprofile auf die kurzen Wände.

Nun spannt man für die Haupt- und Zwi-schenprofile Schnüre straff unter die Decke. Ihre Abstände hängen von der Größe der Dämmplatten ab. Die Kreuzungspunkte der Schnüre müssen unter den Balken liegen.

Über den Kreuzungspunkten werden Ringschrauben in die Balken gedreht, an denen man dann die Aufhängedrähte oder -bänder befestigt. Die Hauptprofile werden nun auf dem Fußboden in Richtung der Schnüre auf Maß zusammengesetzt und danach auf die Randprofile an den Wänden montiert. Wenn die Spannweite groß ist, werden sie abgestützt, bis die Aufhängedrähte befestigt sind. Anschließend schneidet man die Zwischenprofile auf Länge und schiebt sie in die Hauptprofile. Ihr Abstand wird jeweils mit einer Dämmplatte kontrolliert, damit die Platten nach Fertigstellung des Trägergerüsts leicht eingelegt werden können.

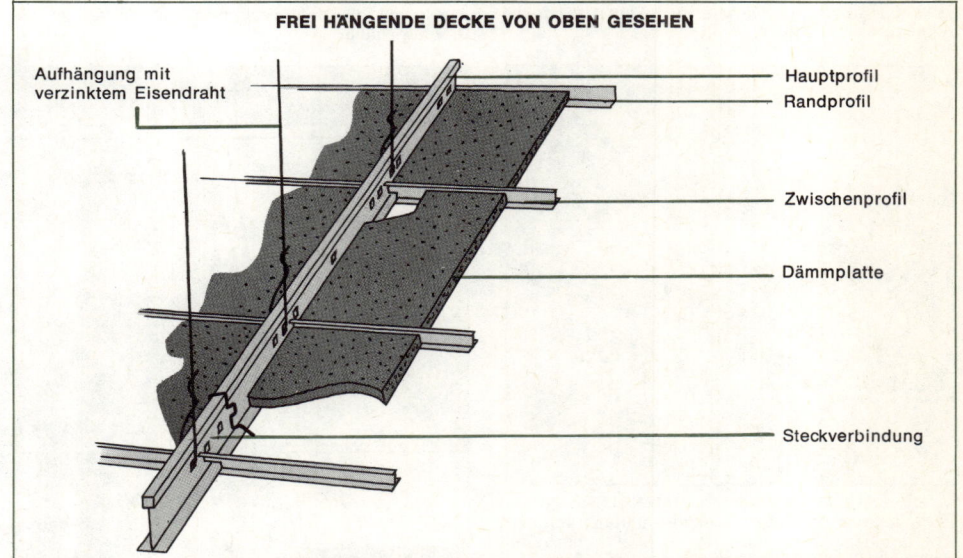

FREI HÄNGENDE DECKE VON OBEN GESEHEN

Aufhängung mit verzinktem Eisendraht

Hauptprofil
Randprofil

Zwischenprofil

Dämmplatte

Steckverbindung

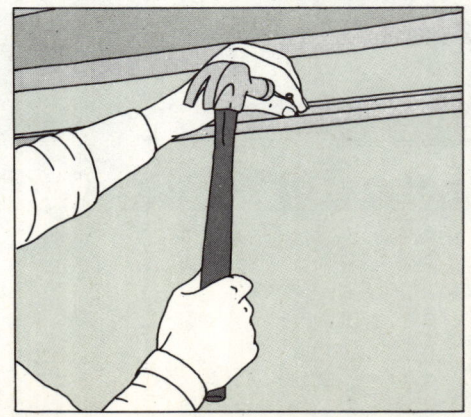

1. An den Längswänden wird in der vorgesehenen Deckenhöhe parallel zu den Balken eine eingekreidete Schnur gespannt. Man zupft sie an und markiert so auf jeder Wand eine Linie

2. Genau entlang dieser Linien werden die Randprofile mit Stahlnägeln an den Wänden befestigt. In derselben Weise nagelt man danach Randprofile an die beiden anderen Wände

3. Nun spannt man Schnüre straff unter die Decke, die den Verlauf der Haupt- und Zwischenprofile angeben. Der Abstand der Profile richtet sich nach der Plattengröße

(Forts. S. 152)

Schallisolation

(Fortsetzung von S. 151)

4. Genau über den Kreuzungspunkten der Schnüre werden kräftige Ringschrauben in die Balken gedreht. Dann befestigt man die verzinkten Eisendrähte an ihnen

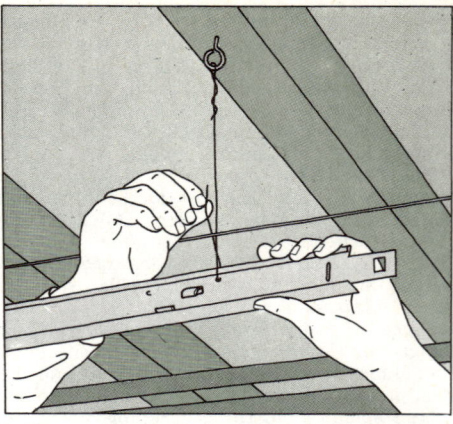

5. Nun werden die Hauptprofile zur richtigen Länge zusammengesetzt, mit den Randprofilen verbunden und durch die dafür vorgesehenen Löcher an die Drähte gehängt

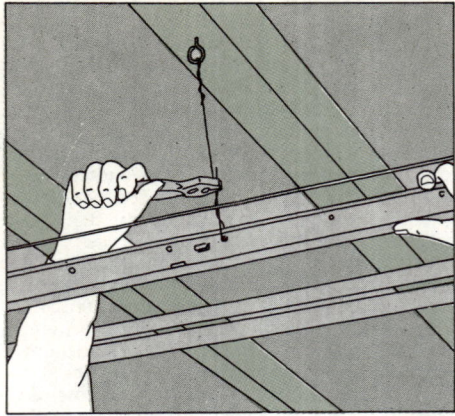

6. Unter Umständen muß man die Profile abstützen, bis die Drähte angebracht sind. Sie werden mit einer Kombizange gespannt und verdrillt, bis alle Hauptprofile waagrecht in einer Ebene liegen

7. Nun sägt man die Zwischenprofile auf Länge und verbindet sie nach der Montageanleitung mit den Hauptprofilen, wobei sich die Abstände nach den Maßen der Dämmplatten richten

8. Die Dämmplatten werden nun in die entstandenen Fächer der Profile gelegt. Zur weiteren Schallisolation kann man auf die Profile noch gut schließende Mineralwollematten legen

Systemträgerdecke mit eingebauter Beleuchtung

Korkbeläge für Wände, Decken und Fußböden

Kork ist ein gutes Isoliermaterial. Korkplatten werden aus der Rinde der Korkeiche hergestellt. Die Rinde wird in kleine Stücke gebrochen, in einem Ofen erhitzt, wobei sich das Volumen der Stücke nahezu verdoppelt, dann in große Blöcke gepreßt und schließlich zu Platten zerschnitten.

Neben der Schallisolierung verfügt Kork noch über weitere gute Eigenschaften: er wirkt temperaturdämmend und außerdem dekorativ.

Korkplatten werden in verschiedenen Strukturen hergestellt. Sie sind leicht, gut zu schneiden und lassen sich bequem auf den Untergrund kleben, schrauben oder nageln.

Gipskartonplatten als Unterlage für Korkplatten

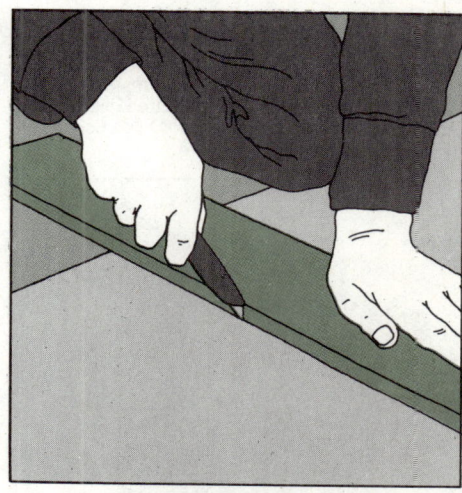

1. Zunächst wird die erforderliche Plattengröße angezeichnet und dann der Karton mit Hilfe einer geraden Latte bis auf den Gipskern eingeschnitten

2. Man legt die Platte mit dem Einschnitt nach oben auf eine Tisch- oder Brettkante, bricht die Gipsschicht durch, dreht die Platte um und schneidet den Karton auf der Rückseite ein

Um Isolationslücken (Schallbrücken) zu vermeiden, bringt man die Korkplatten auf Holzlatten an

3. Beide Kanten des abgebrochenen Randes werden mit Schleifpapier und Schleifklotz sauber glattgeschliffen. Dann legt man Hölzer bereit, mit denen man die Platte bei der Arbeit an der Decke abstützen kann

4. Nun wird die Platte mit einem Helfer an den richtigen Platz an der Decke gebracht, an beiden Enden abgestützt und mit speziellen Plattennägeln angenagelt

(Forts. S. 154)

Schallisolation

(Fortsetzung von S. 153)

Wände

Wie man dünne Korkplatten oder Korkfliesen allein zur Dekoration anbringt, ist auf Seite 43 beschrieben. Zur Schalldämmung werden jedoch dickere, mindestens 2–3 cm starke Korkplatten benutzt.

Obwohl Korkplatten und Korkfliesen rechtwinklig beschnitten sind, können doch winzige Fugen zwischen ihnen entstehen, die Lücken in der Schallisolierung bilden und als Schallbrücken wirken. Deshalb empfiehlt es sich, Korkplatten auf ein Riegelwerk aus Holzlatten (siehe S. 149) zu leimen.

Decken

Korkplatten oder Korkfliesen können auf verschiedene Weise an der Decke befestigt werden. Man kann sie unmittelbar auf den Untergrund kleben oder auf Latten verlegen.

Bei einer anderen Methode werden zunächst Gipskartonplatten auf die Latten genagelt und die Korkplatten dann darauf geklebt. Dieses Verfahren ergibt eine vorzügliche Geräuschisolation.

Auch für frei hängende Decken können Korkplatten verwendet werden. Man legt sie einfach in die Trägerprofile ein. Für eine noch bessere Schalldämmung belegt man die Zwischendecke zusätzlich mit Glaswollematten oder -platten (siehe S. 151–152).

Fußböden

Kork eignet sich auch vorzüglich als Fußbodenbelag. Korkfliesen sind im allgemeinen 5 mm dick und an der Oberseite mit verschleißfestem Lack oder Korkversiegelung behandelt, die allerdings bei stark begangenen Böden einmal jährlich erneuert werden muß. Korkfliesen gibt es außer in Natur auch in verschiedenen Farben, jedoch ist dann die Korkstruktur kaum mehr zu erkennen.

Korkfußböden haben neben ihrer starken Schalldämmung auch eine bedeutende kälteisolierende Wirkung. Sie werden mit Spezialkleber auf dem Boden verlegt, der trocken, sauber und eben sein muß. Im allgemeinen liefert der Fliesenhersteller auch den Kleber.

Dielenböden müssen zunächst mit Hartfaser- oder Spanplatten belegt werden; wie man das macht, ist auf Seite 89 beschrieben.

Neben Korkplatten oder Korkfliesen wird als Bodenbelag auch Korklinoleum verwendet, das aus Leinöl, Harzen, gemahlenem Kork und Farbstoffen mit einer Unterlage von Jutegewebe hergestellt wird. Korklinoleum wird in Dicken von 3,2, 4,5 und 6 mm geliefert.

Korklinoleum wird mit Spezialkleber direkt auf den trockenen und ebenen Boden geklebt. Korklinoleum kann wie PVC geschnitten werden (siehe S. 92). Einfacher geht es jedoch mit einem Schneidblock mit verstellbarem Messer (siehe Abb. unten).

Als elastische geräusch- und kältedämmende Zwischenlage zwischen Boden und PVC- oder Teppichbelag wird Korkment verwendet, das aus einer Schicht grob gemahlenem Kork und Leinöl auf Jutegewebe besteht. Korkment wird mit der Juteseite nach oben auf den Boden geklebt und dann mit einem PVC-Belag oder mit Teppichware belegt.

Um den Trittschall auf Treppen zu vermindern, kann man die Stufen mit 5 mm dicken Korkplatten bekleben. Die Kanten werden dann mit einem gleich starken Kantenprofil versehen (siehe S. 166).

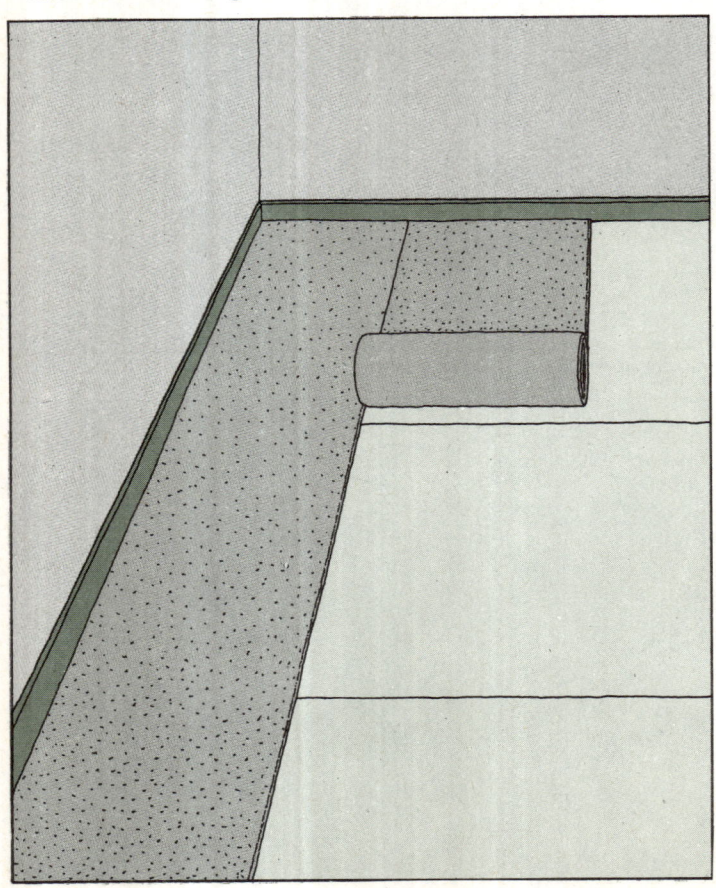

1. Korkment muß mit der Juteschicht nach oben auf den Unterboden geklebt werden. Man verwendet dazu am besten den vom Hersteller vorgeschriebenen Kleber. Außerdem ist zu empfehlen, die Korkmentbahnen im rechten Winkel zu den Bahnen des alten Bodenbelags zu verlegen

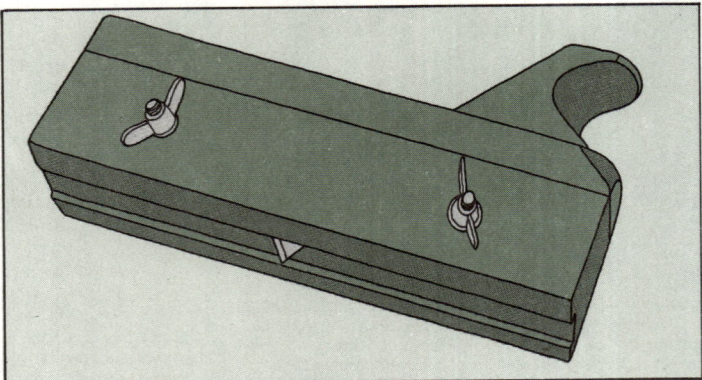

2. Korklinoleum läßt sich am besten mit einem Schneidblock mit verstellbarem Messer schneiden. Das Messer stellt man auf die anderthalbfache Linoleumdicke ein. Korklinoleum wird mit einem Spezialkleber verlegt. Es ist wichtig, daß der Boden trocken, sauber und vollkommen eben ist

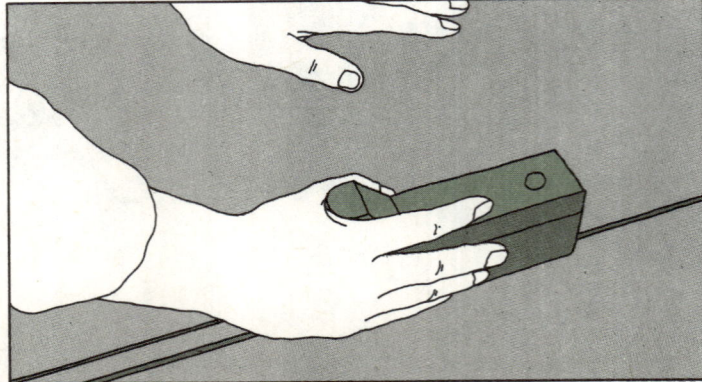

3. Die Bahnen werden so nebeneinander gelegt, daß ihre Ränder sich leicht überlappen. Dann schneidet man die Ränder in der Mitte zusammen durch. Dadurch passen die Bahnen sauber aneinander. Korklinoleum gibt es in verschieden breiten Bahnen und in verschiedenen Farben und Mustern

Eine Dämmwand einziehen

Wenn die Wände einer Wohnung „Ohren haben", also stark schalldurchlässig sind, kann man das Übel meist nur mit verhältnismäßig großem Materialaufwand abstellen. Sehr gute Ergebnisse erzielt man mit mehrschichtigen Dämmwänden, sogenannten biegeweichen Vorsatzschalen. Das sind nichttragende Konstruktionen, die in jeden Raum eingebaut werden können.

Was jedoch für alle anderen Methoden der Schallisolation gilt, trifft auch für die Dämmwände zu: Ihre Isolierwirkung hängt stark von der Konstruktion des Gebäudes und von den verwendeten Baumaterialien ab. Eine besondere Bedeutung haben dabei die Geschoßdecken, da sie den Schall horizontal weiterleiten können, wenn die Verbindungen nicht gut isoliert sind.

Bei Betondecken kann man Dämmwände ohne besondere Vorarbeiten einziehen. Anders ist es bei alten Holzkonstruktionen. Holz arbeitet, schwindet. Das bedeutet bei einer Decke, daß Balken und Dielen nie unverrückbar fest mit den Wänden verbunden bleiben; es entstehen schalldurchlässige Risse. Und außerdem ist die Schalldurchlässigkeit noch dadurch begünstigt, daß der Streifen Wand zwischen Fußboden und Decke (Deckenober- und -unterseite) meistens nicht verputzt ist. Darum sollte man, wenn irgend möglich, die Fußbodendielen entlang der Wände abheben, die Risse mit dauerelastischem Kitt abdichten und den unvergipsten Wandstreifen mit Glas-

fasermatten bedecken. Diese Arbeiten können nur ausgeführt werden, wenn die Dielen stumpf (ohne Nut und Feder) auf den Deckenbalken befestigt sind.

Eine Dämmwand kann auf zweierlei Weise ausgeführt werden. Erstens: Sie wird direkt an der Zimmerwand befestigt. Zweitens: Sie wird in einigem Abstand von der Zimmerwand eingezogen. Die erste Konstruktion ist nur 4 bis 5 cm stark, die zweite 11–12 cm; diese isoliert dafür aber auch entsprechend besser.

Bei beiden Methoden werden die Dämmwände mit Gipskartonplatten abgedeckt, die gleich gestrichen oder tapeziert werden können. Es empfiehlt sich jedoch, sie vorher mit einem Grundiermittel zu behandeln. Wer dennoch auf einen Verputz, z. B. einen wohnlichen Zierputz, nicht verzichten möchte, braucht die Platten nur mit einem Glasfasergewebe zu bekleben. Damit ist dann ein guter Putzuntergrund geschaffen.

1. Man sägt die Ständer, Decken- und Bodenbalken auf Länge, paßt sie ein und numeriert sie. Dann wird die erste Isoliermatte so an die Wand genagelt, daß sie nicht zu straff gespannt ist *(Forts. S. 156)*

Material: Kanthölzer, 5 x 7 cm, für Ständer sowie Decken- und Bodenbalken, Glas- oder Steinwollematten, 5 cm dick, Glasfaserbewehrungsstreifen, verzinkte Stahlnägel, Gips oder Fugenfüller
Werkzeug: Handsäge, Hammer, Wasserwaage, Messer, Bohrmaschine, Bohrer, Spachtel

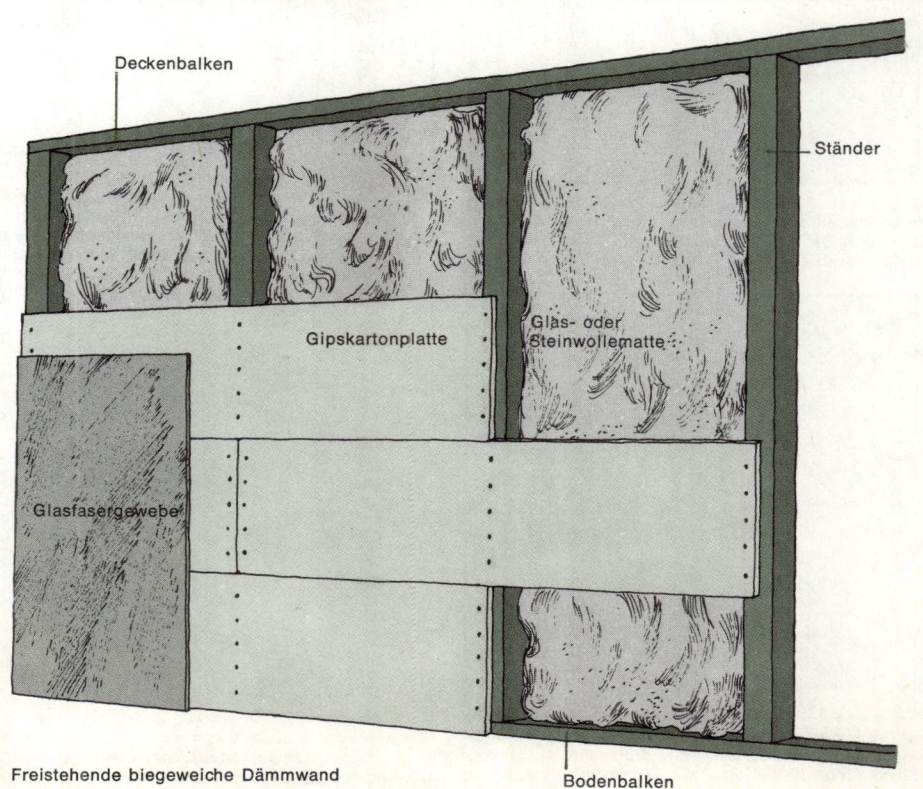

Freistehende biegeweiche Dämmwand

Deckenbalken — Ständer — Gipskartonplatte — Glas- oder Steinwollematte — Glasfasergewebe — Bodenbalken

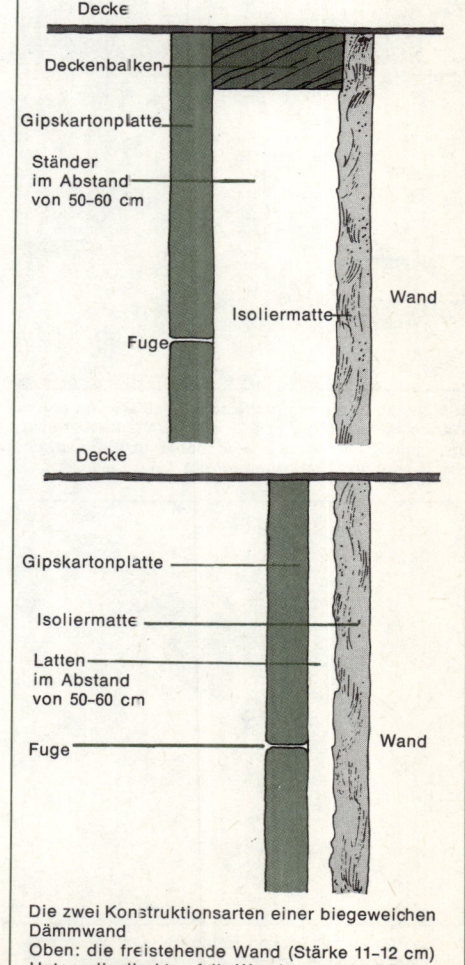

Decke — Deckenbalken — Gipskartonplatte — Ständer im Abstand von 50–60 cm — Isoliermatte — Fuge — Wand — Decke

Gipskartonplatte — Isoliermatte — Latten im Abstand von 50–60 cm — Fuge — Wand

Die zwei Konstruktionsarten einer biegeweichen Dämmwand
Oben: die freistehende Wand (Stärke 11–12 cm)
Unten: die direkt auf die Wand genagelte Dämmwand (Stärke 4–5 cm)

Schallisolation

(Fortsetzung von S. 155)

2. Die zweite Matte wird so eng neben der ersten befestigt, daß keine Fuge offenbleibt. Auf diese Weise deckt man die ganze Wand mit Matten ab. Die Matten werden bodenlang geschnitten

3. Mit Unterstützung eines Helfers nagelt oder schraubt man den Deckenbalken so an die Decke, daß er fest gegen die Matten drückt. Der Bodenbalken wird danach auf gleiche Weise befestigt

4. Nun werden die Ständer an die Decken- und Bodenbalken genagelt. Man verteilt sie so von den Wandenden aus, daß sie 50–60 cm auseinanderliegen. Sie müssen lotrecht stehen

5. Man sägt die erste Platte so zu, daß sie von einem Wandende zur Mitte des 3. oder 4. Ständers reicht, und nagelt sie an. Sie wird dabei fest angepreßt, damit es keine Stauchungen gibt

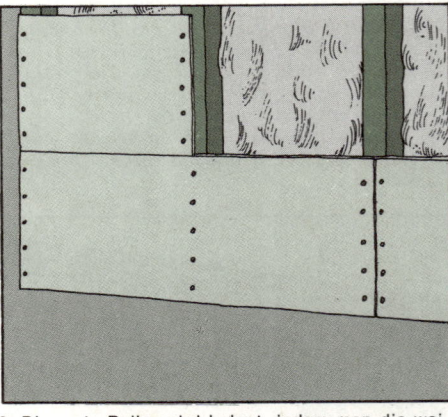
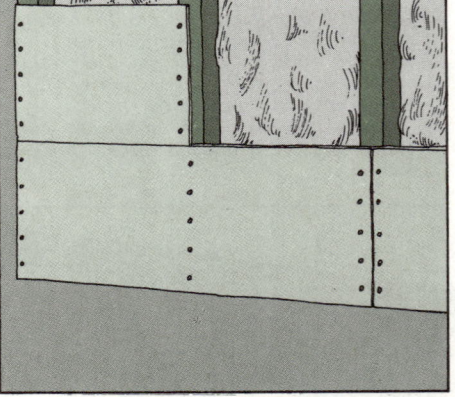

6. Die erste Reihe wird belegt, indem man die weiteren Platten oder Plattenstücke dicht nebeneinander befestigt. Die Platten der nächsten Reihen werden so angebracht, daß die Fugen versetzt sind

DIE ANDERE METHODE

1. Man schneidet 5 x 2,5 cm starke Latten auf Zimmerhöhe und befestigt sie mit der flachen Seite im Abstand von 50–60 cm an der Wand. Sie müssen lotrecht stehen

7. Die Platten der letzten Reihe bis zur Decke müssen genau eingepaßt und ebenfalls versetzt angenagelt werden. Jetzt versenkt man bei allen Platten die Nägel leicht unter die Kartonoberfläche

8. Die Fugen und Nagellöcher werden mit Gips oder Fugenfüller verspachtelt. Dann drückt man Glasfaserbewehrungsstreifen über die Fugen und überspachtelt sie dünn

2. Zwischen die Latten werden 2,5 cm dicke Isoliermatten auf die Wand genagelt. Sie müssen ringsum dicht anliegen. Zum Schluß befestigt man Gipskartonplatten auf den Latten

Einfache Tips zur Verbesserung der Schallisolation

Obwohl Doppelscheibenfenster in erster Linie der Verbesserung der Wärmeisolation dienen, können sie auch die Schallisolation deutlich verbessern.

Um eine spürbare Schalldämmung zu erreichen, muß der Abstand zwischen den Scheiben mindestens 6 cm betragen. Außerdem müssen die Scheiben mit ausreichend Glaserkitt oder einem anderen elastischen Material eingesetzt werden, damit sie dicht sind und nicht klirren können. Der Rahmen zwischen den Scheiben kann mit einem schallabsorbierenden Material belegt werden.

Beim Bestimmen der Scheibenabmessungen und der Länge der Glasleisten müssen die von den Leisten bedeckten Glasränder hinzugerechnet werden. Das sind auf allen Glasseiten 1,5 cm. Ebenfalls 1,5 cm hoch und tief ist der Falz in den Glasleisten.

Wichtig ist, daß der Rahmen keine undichten Stellen hat. Man muß deshalb Risse und Löcher sorgfältig zuspachteln.

Durch ein in den Fensterrahmen gebohrtes Ventilationsloch wird verhindert, daß sich feuchte Luft zwischen den Scheiben niederschlägt. Für jeden halben Quadratmeter Fensterfläche ist ein Loch erforderlich.

Damit kein Schmutz oder Insekten eindringen kann, wird jedes Loch mit einem herausnehmbaren Filter, z. B. aus Glaswolle, versehen.

Der Rand der Fensterscheibe wird vor dem Einsetzen auf beiden Seiten mit Schaumstoffstreifen beklebt, die bis an die Kanten der Glasleisten reichen. Diese Streifen sollten jeweils aus einem Stück sein.

Um einen gleichmäßigen Druck zu erreichen, sollte der Abstand zwischen den Schraubenlöchern in den Leisten etwa 30 cm betragen. Die Leisten werden lackiert, bevor man sie anschraubt. Die untere Leiste wird zuerst angeschraubt, damit die Scheibe eine Auflage hat, während man die anderen Leisten befestigt.

Fugen abdichten
Die Fugen zwischen hölzernen Fensterrahmen und Mauern werden mit dauerelastischem Kitt abgedichtet.

In manchen Räumen sind überflüssig viele Dreh- oder Kippfenster angebracht. In einem solchen Fall wäre zu überlegen, ob man nicht eines oder mehrere der Fenster fest verschließt und die Fugen mit Kitt abdichtet.

Doppelmauern
Durch den Hohlraum zwischen Doppelmauern können unter Umständen Geräusche aus einer Wohnung in die andere dringen. Eine Verbesserung der Schallisolation läßt sich erreichen, wenn man den Zwischenraum mit Sand auffüllt. Das sollte aber nicht ohne vorhergehende sachkundige Untersuchung geschehen.

Trennwände
Einfache Holztrennwände zwischen Dachkammern sind oft nicht dicht. Sichtbare Fugen kann man zum Beispiel mit Glas- oder Mineralwolle zustopfen.

Solche Wände reichen häufig auch nicht ganz bis an die Decke und sind an der oberen Kante nur mit dünnen Platten gegen die Decke abgedichtet.

Die Wände lassen schon bedeutend weniger Geräusche durch, wenn man eine Seite mit Isoliermaterial belegt und darüber eine neue Plattenlage befestigt. Die Geräuschdämmung dünner Wände läßt sich auch durch Belegen mit Korkfliesen erheblich verbessern (siehe S. 153–154).

Trennwände in der Wohnung
Trennwände in der Wohnung kann man auf verschiedene Weise schallisolieren. So zum Beispiel, wie oben erwähnt, mit Korkfliesen. Man kann aber ein auf der vorhandenen Wand angebrachtes Riegelwerk oder einen Lattenrost auch mit Glas- oder Mineralwollematten ausfüllen und dann mit Spanplatten oder Gipskartonplatten verkleiden (siehe S. 155–156).

Gelegentlich können Unterputzsteckdosen in Zimmerwänden die Schalldämmung zwischen zwei Räumen beeinträchtigen. In solchen Fällen baut man die Unterputzdose aus, füllt die Öffnung in der Wand mit Mörtel und bringt eine Aufputzdose an, die es heute in flacherer Ausführung als früher gibt und die daher weniger stört.

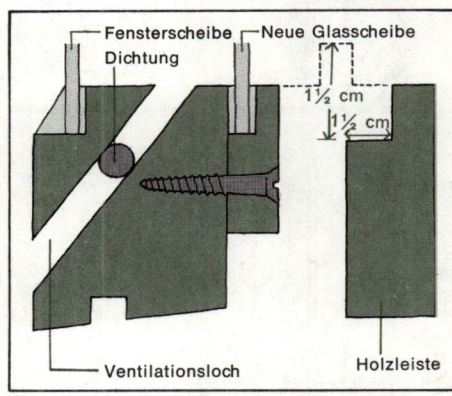

Fensterscheibe — Neue Glasscheibe — Dichtung — 1½ cm — 1½ cm — Ventilationsloch — Holzleiste

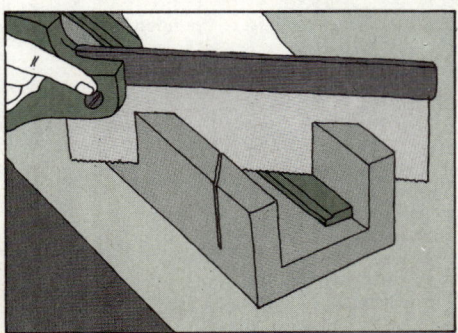

1. Zunächst mißt man die lichten Maße des Fensterflügelrahmens, um die Größe der neuen Scheibe und die Länge der Glasleisten zu bestimmen

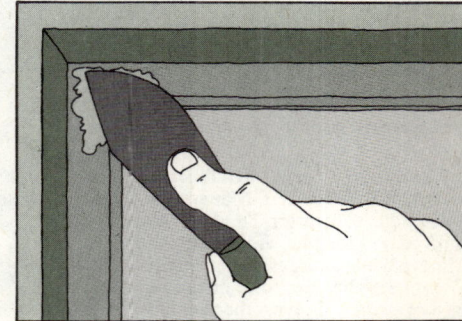

2. Sprünge und Löcher im Rahmen verkittet man. Alter Anstrich wird erneuert, die Auflagefläche für die neue Scheibe glattgeschliffen

3. Damit sich zwischen den Scheiben nicht so leicht Kondenswasser bildet, wird in den Rahmen unten schräg ein Loch mit 5 mm Durchmesser gebohrt

4. Die Glasleisten werden auf Gehrung so zugeschnitten, daß sie, besonders in den Ecken, ganz genau und dicht um die neue Glasscheibe passen

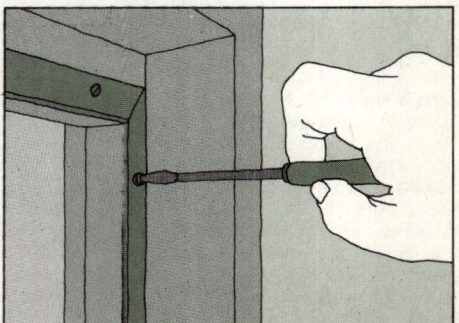

5. Man befestigt die Leisten so mit Messingholzschrauben, daß die Scheibe zwischen den Schaumstoffstreifen eingepreßt wird. Die Ecken verkittet man

Schallisolation

Schallhemmende Türen und Türfutter

Außer Fußböden, Decken und Wänden müssen auch die Türen samt Futter oder Zarge schalldämmend ausgeführt werden, denn die ganze Kette der Dämmaßnahmen wird sinnlos, wenn auch nur ein schwaches Glied darin steckt.

Besondere Ausbildung der Türfalze

Für befriedigende Dämmwerte muß die Tür seitlich und oben mit einem Doppelfalz versehen sein, der den Einbau von zwei hintereinander liegenden Dichtungen aus weichem Kunststoff oder Moosgummi ermöglicht.

Besondere Ausbildung der Türunterkante

Türen mit Schwellen ermöglichen einen höheren Schalldämmwert als Türen ohne Schwellen. Voraussetzung für eine hohe Schalldämmung ist allerdings, daß eine Randdichtung eingebaut wird. Für Türen ohne Schwelle gibt es Schleifdichtungen, die beim Schließen der

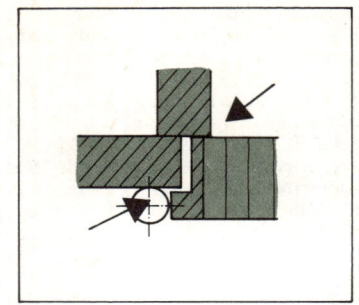

Schalldurchgang: die Folge einer undichten Konstruktion

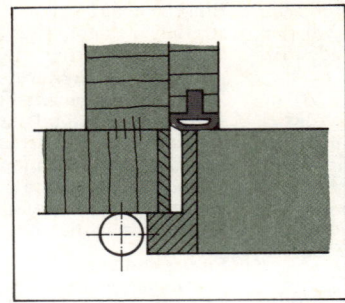

Schon besser, aber nur eine mäßig dichte Konstruktion

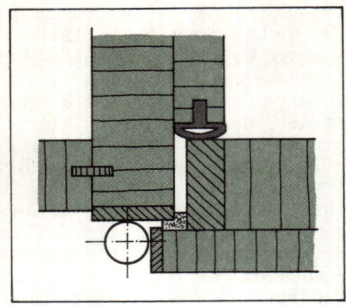

Die doppelte Falzdichtung sorgt für eine dichte Konstruktion

Tür auf einer am Boden befestigten Leiste, einer sogenannten Höckerschwelle, auflaufen. Noch bessere Schalldämmungswerte ergeben Patentdichtungen. Beim Schließen der Tür werden diese Dichtungen durch einen am Türfutter anstehenden Stift mechanisch nach unten gedrückt und gewährleisten so einen optimalen Schallschutz.

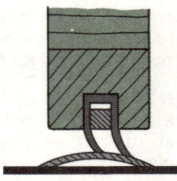 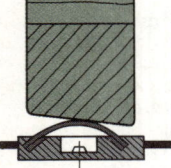 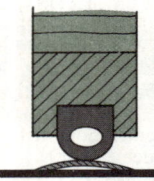

Konstruktionsbeispiele mit Schleifdichtungen

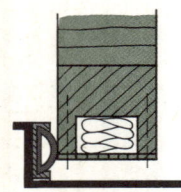 

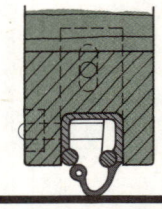 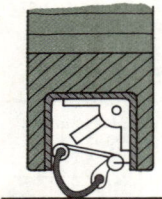 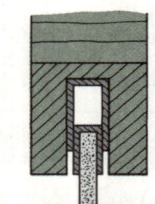

Konstruktionsbeispiele mit Schwelle

Konstruktionsbeispiele mit Patentdichtungen

Ausschaltung der Schallbrücke zwischen Leibung und Mauerwerk

Zwischen Türfutter und Wand muß der gesamte Hohlraum mit Mineralwolle ausgestopft werden. Dichtungsschäume, die nicht aushärten, z. B. Polyurethanschaum, sind am besten geeignet.

Da manche Schallfrequenzen durch den dichten Kontakt zwischen Bekleidung und Mauer auf die Wand übertragen werden, müssen Filzstreifen oder dauerelastisches Material eingebracht werden.

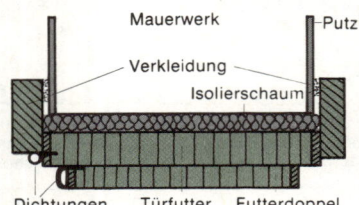

Ausschaltung des Schalldurchgangs durch das Türschloß

Ein Spezialschloß, es wird Strahlenschutzschloß genannt, verhindert den Schalldurchgang an Schlüsselloch und Drückerstift. Das Türblatt wird innen beziehungsweise außen um 40 mm versetzt, nur bis zum Schloßkasten für Drücker und Halbzylinder gebohrt. Es gibt also keine durchgehenden Beschlagteile.

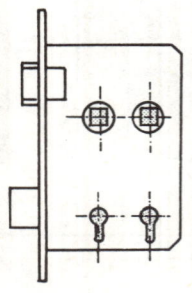

Schloß mit versetztem Zylinderloch und Drückernuß

Schalldämmende Fenster

Bei der Sanierung alter Gebäude, besonders an verkehrsreichen Straßen, wird heute besonders auf den Schallschutz Wert gelegt. Aufenthaltsräume wie Wohn-, Schlaf- und Arbeitszimmer müssen ausreichend vor Störungen durch Außenlärm geschützt sein. Vor allem der richtige Schallschutz durch Fenster und Rolläden vermindert die Schallübertragung, denn Fenster haben eine geringere Schalldämmung als die Wände ihrer Umgebung.

Durch das Vorsetzen eines Rolladens mit stabilem Profil oder mit Polyurethan ausgeschäumten Stäben kann der Dämmwert zusätzlich erhöht werden. Allerdings muß der Abstand zwischen Rolladen und Fensterscheibe mindestens 80 mm, besser noch 120 mm betragen. Auch massive Holzklappläden sind ein guter Schallschutz. Geöffnete Lüftungsschlitze im Rolladen beeinflussen die Wärmedämmung kaum, die Schalldämmung heben sie dagegen fast auf.

Rolladenkasten

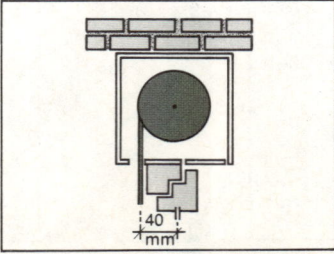

Falsch: Durchgehender Metallkasten und klaffender Rolladendeckel dämmen Wärme, aber nicht Schall

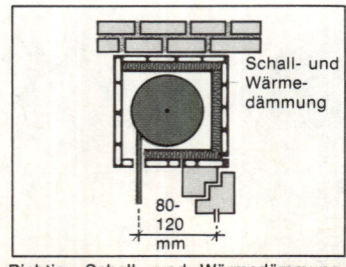

Richtig: Schall- und Wärmedämmung (mindestens 2 cm) an drei Seiten und ein dichter Rolladendeckel

So ist eine herkömmliche Treppe konstruiert

Es hängt ganz von der Bauart einer Treppe ab, ob sie leicht oder schwierig zu reparieren ist. Die einfachste Treppe besteht aus zwei starken Hölzern (Wangen), an denen Stufen befestigt sind. Und davon lassen sich wiederum zwei Grundtypen ableiten, bei denen

Gestemmte Treppe   Rechts Aufsattelung

Wangen und Stufen auf verschiedene Weise miteinander verbunden sind.

Beim einen Typus sind die Oberkanten der Wangen sägezahnförmig für die waagrecht liegenden Tritte oder Trittstufen und die senkrecht stehenden Setzstufen ausgeschnitten. Man nennt dies eine aufgesattelte Treppe.

Beim anderen Typus dagegen haben die Wangen Nuten in den Innenseiten, die Tritte und Setzstufen aufnehmen. Hierbei handelt es sich um eine gestemmte Treppe.

Viele Treppen sind jedoch nach beiden Methoden gebaut. Das heißt, die Stufen sind z. B. in die an der Treppenhauswand gelege-

nen Wange, die Wandwange, eingenutet und auf der anderen, der Freiwange, aufgesattelt.

Wenn die Tritte auf einer Seite aufgesattelt sind, kann man sie leicht von der Treppenoberseite aus reparieren. Sind sie aber rechts und links eingestemmt, kann man nur von unten arbeiten. Das bedeutet, daß man Verputz und Schalung entfernen muß.

Manche Treppen haben außerdem zusätzliche Träger, die unter den Stufen verlaufen. Diese erschweren die Reparatur wohl bei aufgesattelten Treppen nicht, machen sie aber bei eingestemmten Konstruktionen zu einem recht schwierigen Unternehmen.

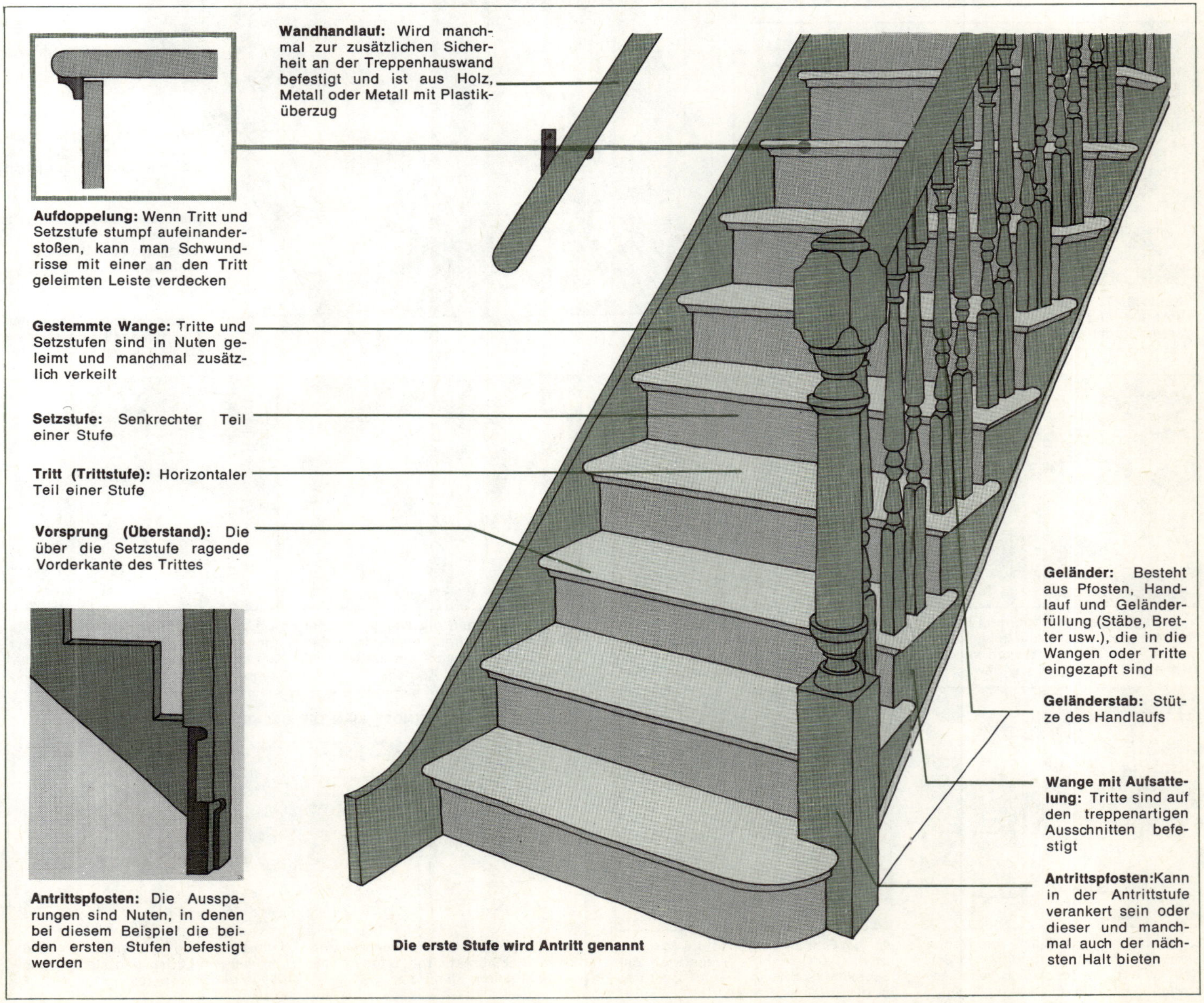

Wandhandlauf: Wird manchmal zur zusätzlichen Sicherheit an der Treppenhauswand befestigt und ist aus Holz, Metall oder Metall mit Plastiküberzug

Aufdoppelung: Wenn Tritt und Setzstufe stumpf aufeinanderstoßen, kann man Schwundrisse mit einer an den Tritt geleimten Leiste verdecken

Gestemmte Wange: Tritte und Setzstufen sind in Nuten geleimt und manchmal zusätzlich verkeilt

Setzstufe: Senkrechter Teil einer Stufe

Tritt (Trittstufe): Horizontaler Teil einer Stufe

Vorsprung (Überstand): Die über die Setzstufe ragende Vorderkante des Trittes

Antrittspfosten: Die Aussparungen sind Nuten, in denen bei diesem Beispiel die beiden ersten Stufen befestigt werden

Geländer: Besteht aus Pfosten, Handlauf und Geländerfüllung (Stäbe, Bretter usw.), die in die Wangen oder Tritte eingezapft sind

Geländerstab: Stütze des Handlaufs

Wange mit Aufsattelung: Tritte sind auf den treppenartigen Ausschnitten befestigt

Antrittspfosten: Kann in der Antrittstufe verankert sein oder dieser und manchmal auch der nächsten Halt bieten

Die erste Stufe wird Antritt genannt

Treppen

Lose Tritte und Setzstufen festmachen

Ein Haus ist kein starres Gebilde. So kann es vorkommen, daß sich eine Wand senkt und dabei eine Treppenwange von den Stufen löst. Abhilfe schaffen dann Keile, die man zwischen Wand und Wange treibt. Dies geht aber nur, wenn der Spalt nicht breiter als 2 cm und die Wand stabil ist. Andernfalls sollte man die Stufen erneuern (siehe S. 161–163). Bei Vollwänden (z. B. Backstein) können normalerweise an jeder beliebigen Stelle des Spaltes Keile eingesetzt werden. Bei verputzten Fachwerkwänden treibt man sie bei den Ständern ein.

> *Materialien: Weichholz, Schrauben, Nägel*
> *Werkzeuge: Hammer, Meißel, Rückensäge,*
> *Bohrmaschine, Schraubenzieher*

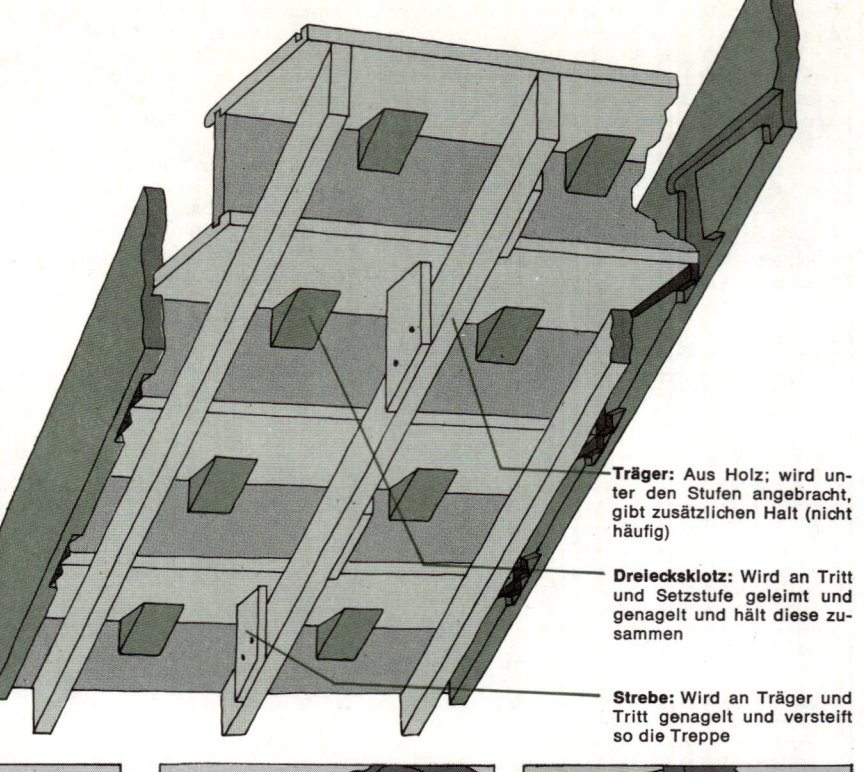

Träger: Aus Holz; wird unter den Stufen angebracht, gibt zusätzlichen Halt (nicht häufig)

Dreiecksklotz: Wird an Tritt und Setzstufe geleimt und genagelt und hält diese zusammen

Strebe: Wird an Träger und Tritt genagelt und versteift so die Treppe

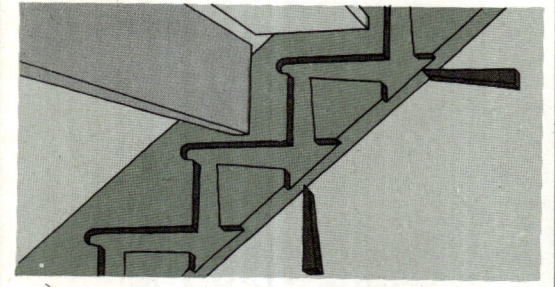

Keile für Tritte und Setzstufen: Sie werden auf Paßform geschnitten und erst eingeleimt, wenn man die Tritte und Setzstufen in die Nuten der Wangen eingepaßt hat

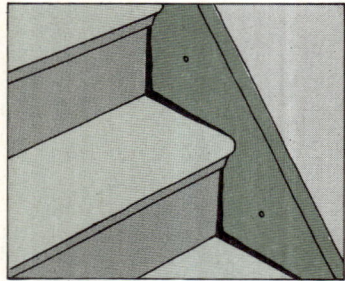

1. Zuerst werden die Nägel und Schrauben entfernt, die dadurch gelockert wurden, daß sich die Wange von den Tritten und Setzstufen wegbewegt hat

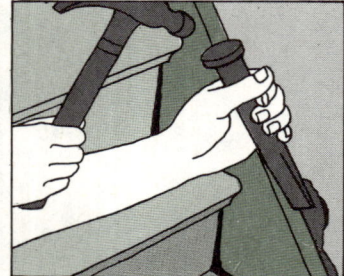

2. Über dem Spalt zwischen Wange und Stufen meißelt man nun den Putz ab. Bei Fachwerkwänden sucht man danach die Ständer (siehe unten rechts)

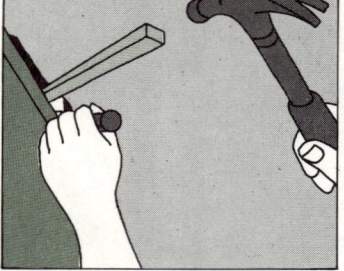

3. Man drückt nun die Wange von der Wand weg und treibt vorsichtig einen 30 cm langen, oben 4 cm breiten und unten 2,5 cm dicken Keil ein

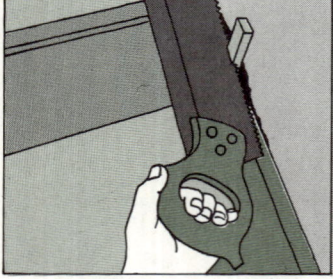

4. Es werden so viele Keile eingeschlagen, bis die Wange fest gegen die Stufen gepreßt ist. Die Keile sägt man dann an der Wangenoberkante ab

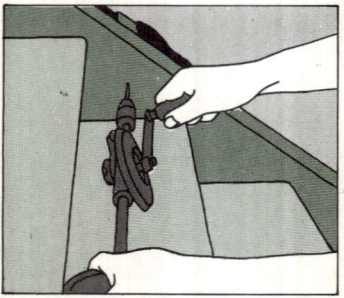

5. Jetzt bohrt man durch die Wange und weiter bis etwa zur Hälfte in den Keil hinein. Das Bohrloch wird anschließend kräftig angesenkt

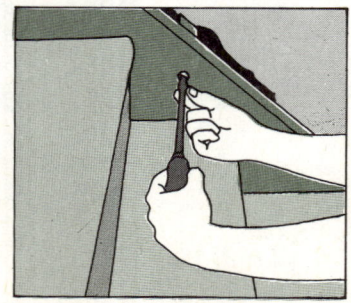

6. Zum Schluß dreht man die Schraube in den Keil hinein, verspachtelt den Schraubenkopf und bessert den Verputz aus (siehe S. 119)

SO FINDET MAN DIE BALKEN IN DER WAND

Mit dem Hammer die Wand abklopfen: Der höchste Ton zeigt in etwa die Mitte der Ständer an

Nun bohrt man im Abstand von rund 7 cm 6-mm-Löcher und stellt so die Lage der Ständer fest

So setzt man neue Stufen von oben ein

Wenn zwischen Wange und Stufen ein Spalt klafft, der breiter ist als 2 cm, dann besteht die Gefahr, daß die Wange nicht weit genug nachgibt, wenn man sie mit Keilen an die Stufen preßt. Deswegen ist es in solchen Fällen besser, gleich neue, längere Stufen anzubringen. Bei beidseitig eingestemmten Treppen (siehe S. 159) ist das recht schwierig, weil man die Stufen nur von der Treppenunterseite aus ersetzen kann. Handelt es sich aber um eine aufgesattelte Treppe, kann man bequem von oben arbeiten.

Bevor man ans Werk geht, stellt man fest, wie Tritte und Setzstufen miteinander verbunden sind. Dazu fährt man mit einem Metallsägeblatt ihrem unteren Stoß entlang.

Material: Holz für die Stufen, Leim, Stauchkopfnägel
Werkzeug: Hammer, Fuchsschwanz, Stichsäge, Metallsägeblatt, Holzhammer, Hobel, Versenker, Streichmaß, Kombinationswinkel, verschieden große Stecheisen, Kreissäge oder Nuthobel

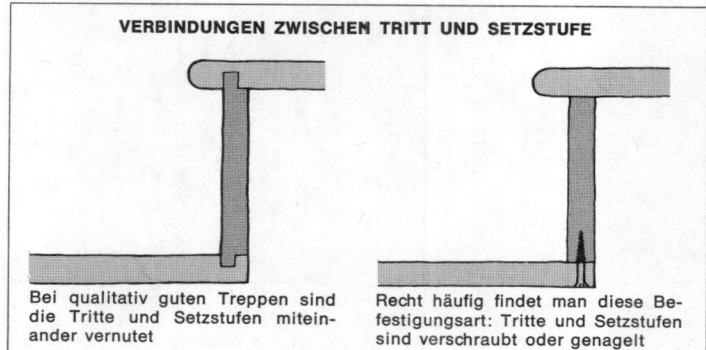

VERBINDUNGEN ZWISCHEN TRITT UND SETZSTUFE

Bei qualitativ guten Treppen sind die Tritte und Setzstufen miteinander vernutet

Recht häufig findet man diese Befestigungsart: Tritte und Setzstufen sind verschraubt oder genagelt

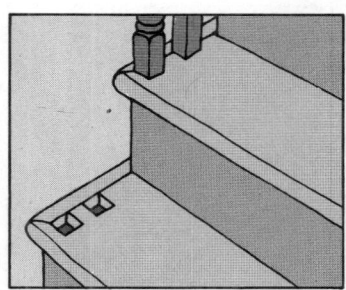

1. Man nimmt die Geländerstäbe aus den losen Tritten (siehe S. 167). Wenn unten an den Trittvorsprüngen Profilleisten sind, entfernt man sie

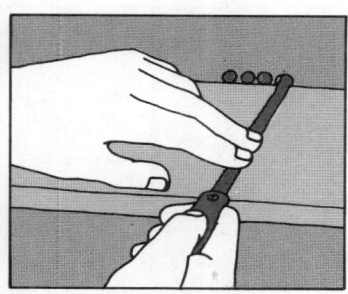

2. Bei vernuteten Tritten und Setzstufen bohrt man einige Löcher in die Setzstufen und sägt dann am Stoß entlang die Feder durch

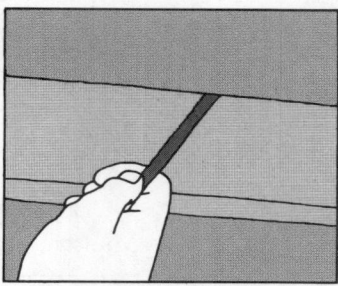

3. Sind die Tritte und Setzstufen mit Nägeln oder Schrauben verbunden, sägt man diese mit einem Metallsägeblatt parallel zur Setzstufe durch

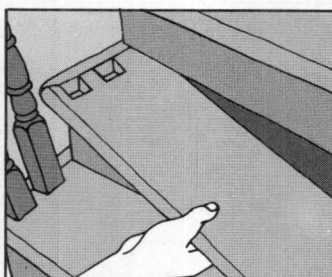

4. Danach werden die betreffenden Tritte und Setzstufen entfernt. Wenn sie in den Nuten der Wange klemmen, hämmert man sie los

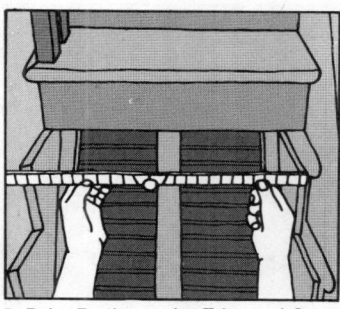

5. Beim Festlegen der Tritt- und Setzstufenlänge muß man die Nuttiefe hinzurechnen und für die Tritte eventuell auch einen Seitenüberstand

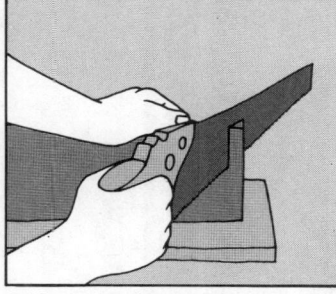

6. Wenn man eine Setzstufe auf Länge geschnitten hat, gehrt man sie, sofern erforderlich, auf der Seite, die für die Freiwange bestimmt ist

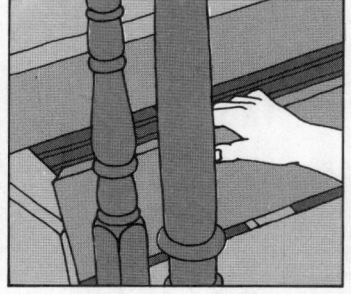

7. Jetzt wird die Setzstufe in Position gebracht. Wenn nötig, schneidet man einen Keil zurecht, mit dem man sie genau ausrichten kann

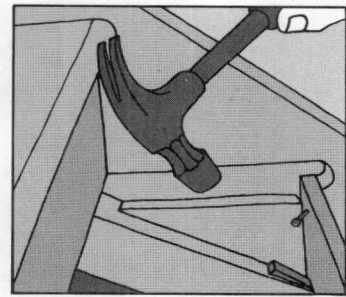

8. Zuerst leimt man den Keil fest, dann die Setzstufe. Anschließend werden Nägel schräg durch die Setzstufe in die senkrechte Wangennut getrieben

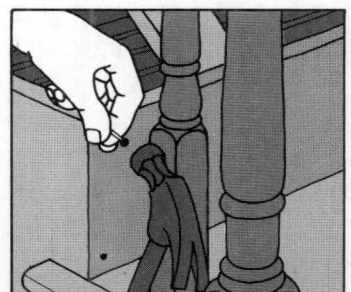

9. Auch das andere Ende der Setzstufe wird zunächst geleimt und dann genagelt. Die Nägel schlägt man mit dem Versenker unter die Holzoberfläche

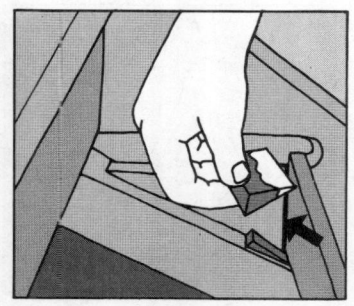

10. Sollte die Festigkeit nicht genügen, hilft man mit einem beleimten Keil ab, den man parallel zur Setzstufe in die senkrechte Wangennut drückt

11. Wenn auf die alten Tritte Seitenprofile aufgeleimt sind, entfernt man sie vorsichtig und säubert sie, damit man sie wieder verwenden kann

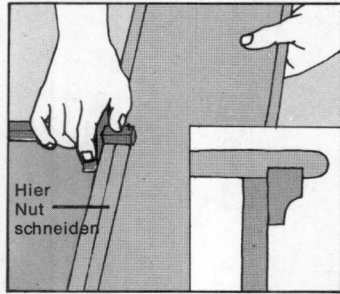

12. Der neue Tritt wird auf Länge geschnitten. Wenn der alte unten eine eingelassene Profilleiste hatte, reißt man die Nut an (Forts. S. 162)

Hier
Nut
schneiden

Treppen

(Fortsetzung von S. 161)

13. Man mißt die Nuttiefe im alten Tritt, überträgt die Maße und sägt oder hobelt entsprechend tief zwischen den angerissenen Markierungen

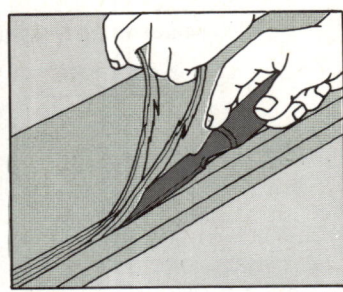

14. Wenn man keinen Nuthobel hat, stemmt man die Nut mit dem Stecheisen aus. Wichtig ist, daß man Breite und Tiefe ganz genau einhält

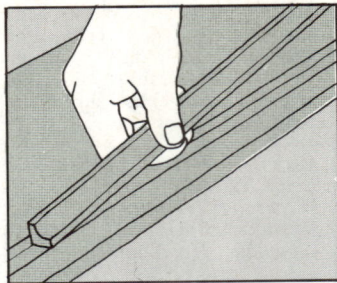

15. Man entfernt Splitter und Späne aus der Nut und prüft, ob die Profilleiste in die Nut paßt. Nach eventuellen Korrekturen leimt man sie ein

16. Danach legt man den Tritt mit der Nut nach unten und zeichnet eine Gehrung (45°) an die Ecke, an die später das Seitenprofil stoßen wird

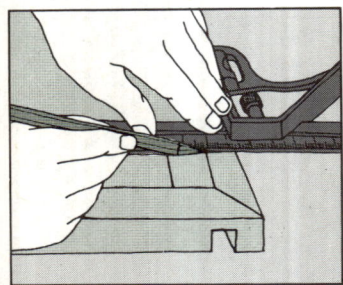

17. Vom alten Tritt nimmt man die Positionen und die Maße der Aussparungen für die Geländerstäbe ab und überträgt sie genau auf den neuen Tritt

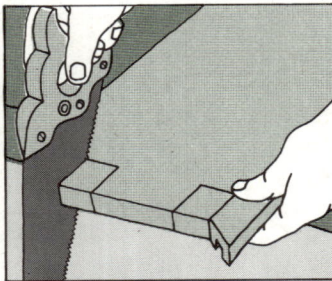

18. Beim Aussägen der Gehrung für die Seitenprofilleiste und der Aussparungen für die Geländerstäbe ist wichtig, daß die Schnitte senkrecht sind

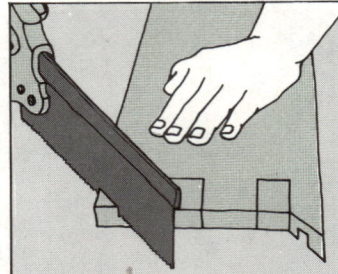

19. Damit der neue Tritt sauber an der Wange anliegt, kann es nötig sein, seine der Gehrung gegenüber liegende Ecke entsprechend schräg abzusägen

20. Die Aussparungen für die Geländerstäbe sticht man mit dem Stecheisen aus. Wenn man sauber gesägt hat, braucht man kaum nachzuarbeiten

21. Man dreht den Tritt um und hobelt seine Vorderkante so zurecht, daß sie die gleiche Form hat wie der Vorsprung des alten Tritts

22. Der Tritt wird trocken an seinen Platz gelegt; dabei prüft man, ob er richtig sitzt. Wenn Ungenauigkeiten vorhanden sind, arbeitet man nach

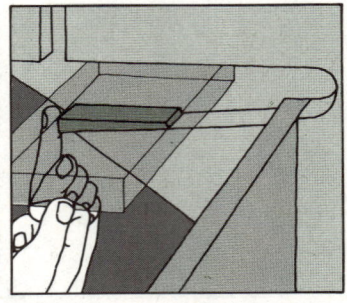

23. Man hält ein Abfallstück des Tritts zusammen mit einer keilförmigen Beilage so in die Nut, daß beide stramm sitzen, und nimmt die Trittprobe weg

24. Man markiert die Position der Keilbeilage und leimt sie fest. Danach dreht man den Tritt um und leimt die Profilleiste in ihre Nut

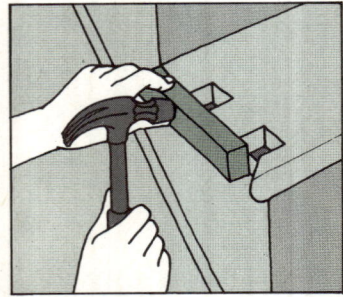

25. Der Tritt wird in die mit Leim bestrichene Wangennut getrieben. Ein Stück Holz als Vorlage verhindert dabei, daß man das Werkstück beschädigt

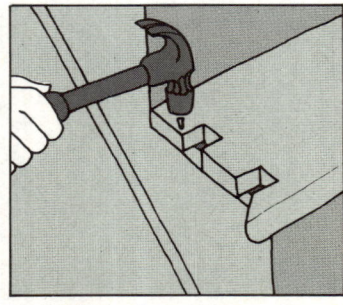

26. Auf der anderen Seite nagelt man nur den Tritt auf die Wange. Die Nägel treibt man nicht zu nah an den Kanten ein, damit diese nicht splittern

27. Zum Schluß nagelt man die alte Seitenprofilleiste auf. Die Nägel werden versenkt und die Löcher mit Kitt oder mit Knetholz gefüllt

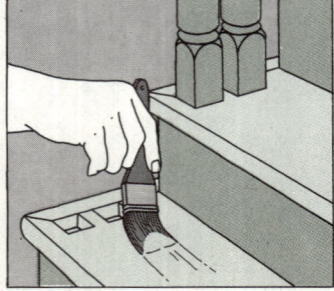

28. Wenn die Treppe keinen Belag kriegen soll, streicht man die neuen Teile mit einem farblosen Grundlack und tönt sie dann wie die übrigen

So setzt man neue Stufen von unten ein

Wenn die Setzstufen und Tritte auf beiden Seiten in die Treppenwangen eingestemmt sind (siehe S. 159), kann man irgendwelche Schäden nur von der Treppenunterseite her beheben. Dies ist aber erheblich schwieriger als bei aufgesattelten Treppen, die man bequem von der Treppenoberseite aus reparieren kann. Und besonders schwierig wird die Arbeit an beidseitig eingestemmten Treppen, wenn die Stufen von zusätzlichen Hilfsträgern (siehe S. 160) unterstützt sind. Man muß daher unbedingt feststellen, wie die Treppe unten konstruiert ist. Wenn solche Träger vorhanden sind und man sich nicht ganz sicher fühlt, sollte man den Fachmann holen.

Material: Weichholz für Tritte und Setzstufen, Holzvorlage zum Hämmern, Weichholz für Keile, PVA-Leim, Holzschrauben, Farbe, Nägel
Werkzeug: Stecheisen, Holzhammer, Fuchsschwanz, Stichsäge, Elektrosäge oder -nuthobel, Bohrwinde und Bohrer, Schraubenzieher, Hammer

TREPPEN MIT UNTERSEITENVERKLEIDUNG

Wenn Treppen unten verputzt sind, müssen Putz und Putzuntergrund entfernt werden, damit man von unten an die Stufen herankommt. Deshalb sollte man ganz sicher sein, daß man die Verkleidung auch wieder erneuern kann. Wie schon gesagt, können zusätzliche Träger die Reparatur behindern. Um festzustellen, ob solche Träger da sind, schlägt man den Putz etwa 10 cm breit auf ganzer Treppenbreite ab. Eine solche Fläche kann auch der Ungeübte vergipsen.

1. Wenn die Tritte und Setzstufen in den Wangen verkeilt sind, schlägt man die Keile vorsichtig mit dem Stecheisen aus den Wangennuten heraus

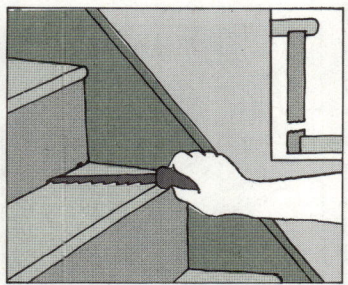

2. Sind die Tritte und Setzstufen ineinander genutet (siehe S. 161), bohrt man unten in die Setzstufe hinein und sägt dann parallel zum Tritt

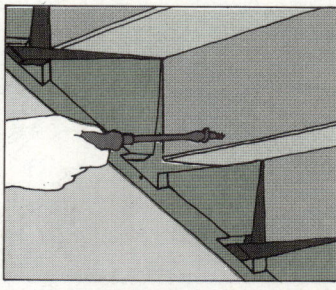

3. Wenn die Stufenteile mit Schrauben oder Nägeln verbunden sind, entfernt man diese. Lassen sie sich schlecht fassen, stemmt man ihre Köpfe frei

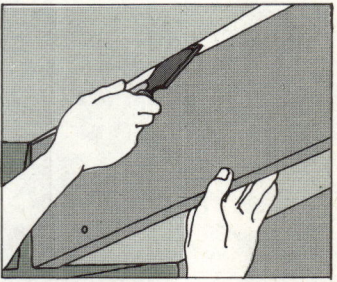

4. Die Setzstufe wird mit einem alten Stecheisen nach unten vom Tritt weggedrückt. Man arbeitet dabei abwechselnd von einer Seite zur andern

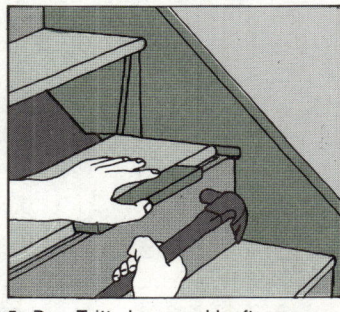

5. Den Tritt dagegen klopft man von oben mit Hammer und Vorlage nach hinten aus den Nuten und zieht ihn dann von unten vollends heraus

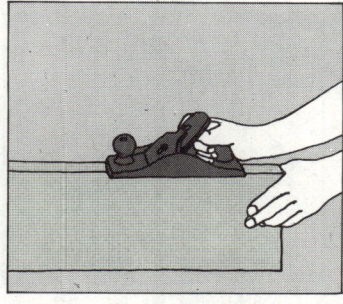

6. Die neuen Tritte und Setzstufen werden in die Wangennuten eingepaßt. Die Vorderkanten der Tritte formt man wie die der alten Tritte

7. Man sägt zwei Keile für die Nuten hinter den Setzstufen zu; sie sollen ein wenig breiter als die Nuten sein. Dann bestreicht man sie mit Leim

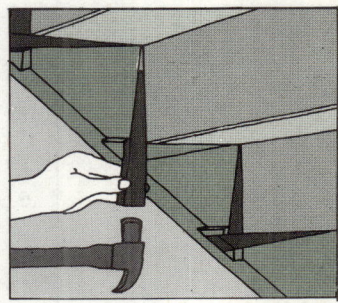

8. Man setzt den Tritt und die Setzstufe ein, nagelt die Setzstufe unten vorläufig fest und treibt die senkrechten Keile in ihre Nuten

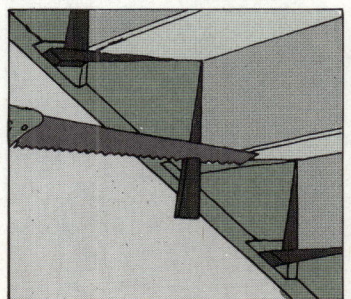

9. Die Nägel zieht man jetzt wieder heraus. Sodann sägt man den überstehenden Teil des Keils unten an der Setzstufe ab

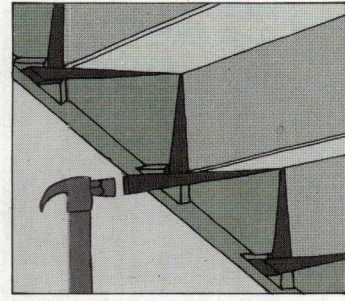

10. Die Keile für die horizontalen Nuten werden mit Leim bestrichen und dann unter die Tritte eingetrieben, bis sie stramm sitzen

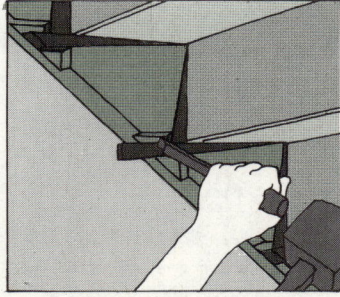

11. Die überstehenden Teile der Keile werden an der Unterseite der Wange abgesägt oder mit dem Stecheisen abgestochen

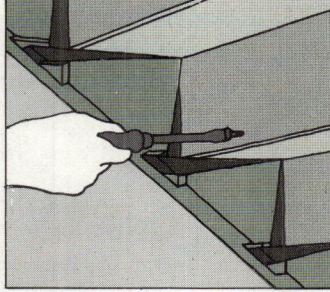

12. Rund 15 cm von beiden Wangen entfernt werden pro Stufe zwei Schrauben durch die Setzstufe auf Mitte in den Tritt getrieben

Treppen

Klötze gegen Treppenknarren

Bei unten offenen Treppen befestigt man dreieckige Holzklötze an den Tritten und Setzstufen.

Wenn eine Treppe unten verkleidet ist, versucht man sich zu helfen, indem man PVA-Leim in die Stufenfugen preßt und den Tritt festnagelt.

Material: Weichholz, 50 x 50 mm, für je zwei 8 cm lange Klötze pro Stufe, Stauchkopfnägel, PVA-Leim
Werkzeug: Hammer, Fuchsschwanz, Stecheisen, Versenker, Schraubstock

1. Man spannt das Vierkantholz senkrecht in den Schraubstock und sägt es diagonal der Länge nach durch, indem man es schrittweise tiefer einspannt

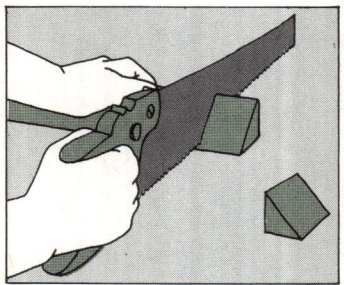

2. Für jeden Innenwinkel, den die Tritte und Setzstufen an der Treppenunterseite bilden, werden zwei 8 cm lange Klötze zugeschnitten

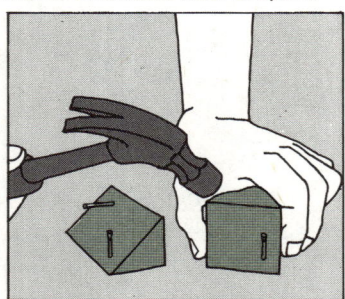

3. Wenn man sich vergewissert hat, daß alle Klötze in ihren Winkel passen, schlägt man in jeden Klotz zwei Nägel einige Millimeter ein

4. Die Blöcke werden dünn mit PVA-Leim bestrichen und unter Druck hin und her gerieben, um überschüssigen Leim herauszupressen

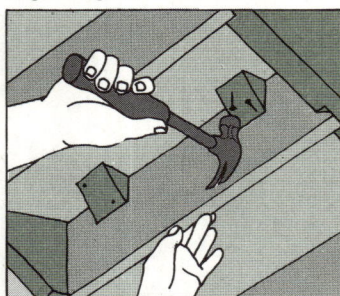

5. Jetzt treibt man die Nägel ein. Dabei ist wichtig, daß der eine in die Setzstufe und der andere in den Tritt dringt

VON OBEN LEIMEN UND NAGELN

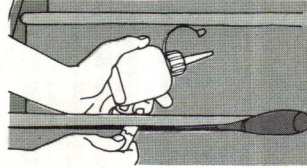

1. Man drückt Tritt und Setzstufe auseinander, streicht mit einem Holzspan PVA-Leim in den Spalt und nimmt das Stecheisen heraus

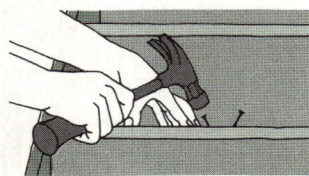

2. Nun werden zwei Nägel schräg zueinander durch den Tritt in die Setzstufe getrieben und versenkt. Die Löcher verkittet man

Treppenschrauben gegen Treppenknarren

Bei freiliegenden Treppen stellt man das Knarren mit Treppenschrauben ab. Sie werden unter jedem vierten oder fünften Tritt durch die Wangen gesteckt und mit Muttern fest mit ihnen verschraubt. Man mißt den Abstand zwischen den Wangenaußenseiten und kauft die Schrauben dann um die Dicke der Unterlegscheiben und Muttern länger. Treppenschrauben, Unterlegscheiben und Muttern werden am besten mit Polyurethanlack gegen Rost geschützt.

Material: Treppenschrauben, 12–15 mm stark, Unterlegscheiben, Muttern, Polyurethanlack
Werkzeug: Bohrwinde, Bohrer, Schraubenschlüssel, Pinsel

Treppenschraube mit Unterlegscheiben und Muttern

1. Die Länge der Schraube entspricht dem Abstand zwischen den Wangenaußenkanten plus der Stärke der Muttern und Unterlegscheiben

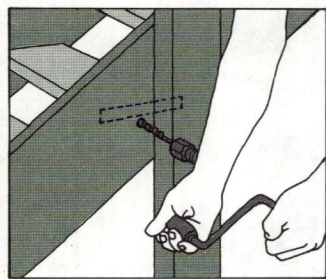

2. Unter dem Mittelpunkt jedes vierten oder fünften Trittes bohrt man je ein Loch in Schraubenstärke plus 1 mm Toleranz durch beide Wangen

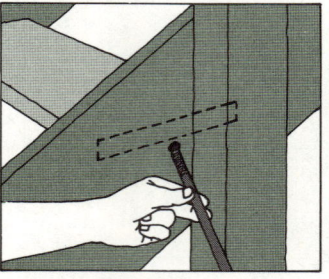

3. Die Schrauben werden durch die Bohrlöcher gesteckt; dabei ist darauf zu achten, daß auf beiden Seiten gleich viel Gewinde herausschaut

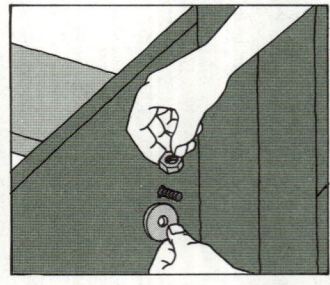

4. Nun schiebt man auf jedes Schraubenende eine Unterlegscheibe und schraubt mit der Hand eine Mutter auf, bis sie die Wange berührt

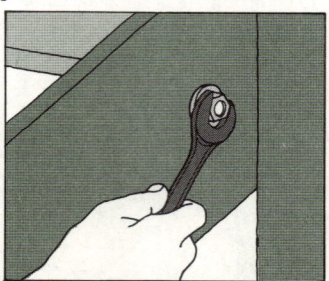

5. Zum Schluß werden die Muttern mit dem Schraubenschlüssel abwechselnd so fest angezogen, bis die Unterlegscheiben leicht ins Holz eindringen

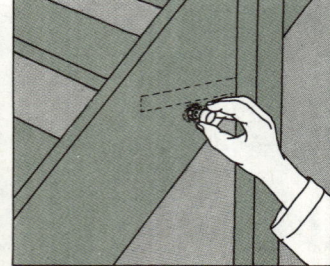

6. Wenn man die Muttern nicht freiliegen lassen möchte, deckt man sie mit Schutzkappen ab. Es gibt sie aus Plastik und Metall. Man kann sie auch aus Holz selber drechseln

Abgetretene Trittvorsprünge erneuern

Eine Haustreppe muß laut Vorschrift der Bauaufsichtsbehörde gefahrlos zu begehen sein. Dies ist beispielsweise dann nicht mehr der Fall, wenn die Vorsprünge der Tritte stark abgenutzt sind.

Die beste Lösung wäre dann zwar, den ganzen Tritt zu erneuern (siehe S. 163), die billigere und einfachere Methode ist jedoch, nur den beschädigten Vorsprung auszubessern.

Sehr wichtig dabei ist nur, daß der vordere Teil des Tritts, an den eine neue Kante befestigt werden soll, wirklich gut ist. Wenn sich der Schaden, starke Risse oder Wurmfraß beispielsweise, an dem Vorsprung über die Mittellinie der Setzstufe (siehe S. 159) hinaus erstreckt, sollte man einen neuen Tritt einsetzen.

Material: Hartholz in erforderlicher Stärke und Breite, die Länge: Trittbreite plus Seitenprofilstärke, PVA-Leim, Senkholzschrauben, Stauchkopfnägel
Werkzeug: Stecheisen, Bohrmaschine, Bohrer, Kombinationswinkel, Hammer, Versenker, Hobel, Schleifpapier

EINEN VORSPRUNG AN EINEM TRITT ERNEUERN

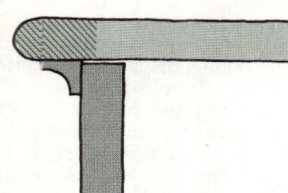

Wenn der Tritt stumpf auf der Setzstufe aufliegt, kann man den Vorsprung bis zur Mitte der Setzstufe abstemmen

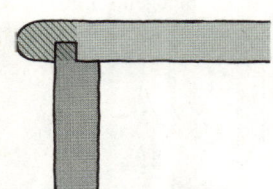

Sind Tritt und Setzstufe miteinander vernutet, werden der Vorsprung und die in den Tritt ragende Feder der Setzstufe weggestemmt

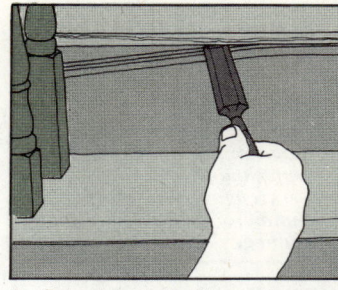

1. Bei starker Abnützung kann es vorkommen, daß die Trittvorderkante splittert. Darunter liegende Profilstäbe werden entfernt

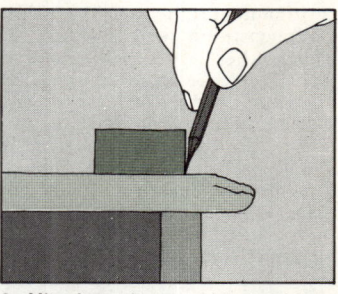

2. Mit einem langen Lineal zeichnet man die Linie an, bis zu der das Holz abgestemmt werden soll. Sie darf nicht hinter der Setzstufenmitte liegen

3. Der beschädigte Vorsprung wird entweder von oben oder von der Seite, also horizontal, abgestochen. Die neue Kante wird anschließend versäubert

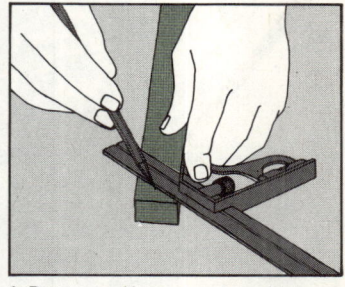

4. Den neuen Vorsprung schneidet man genau auf Länge. Wenn der Tritt eine seitliche Profilleiste hat, wird der Vorsprung an einem Ende gegehrt

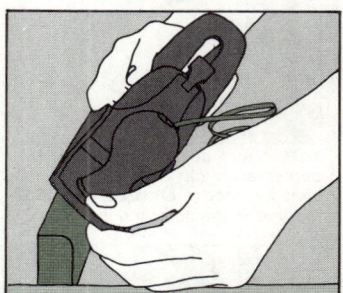

5. Das neue Werkstück wird vorne so gehobelt oder gefeilt und geschliffen, bis es die gleiche Form hat wie die anderen Vorsprünge der Treppe

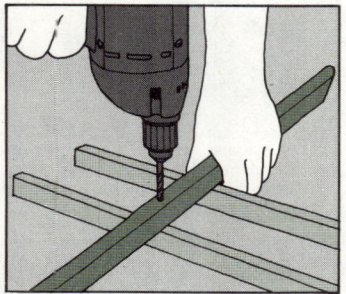

6. Der neue Vorsprung bekommt durch die Vorderkante eine Bohrung auf Mitte und je eine etwa 8 cm von den Enden entfernt. Die Löcher senkt man an

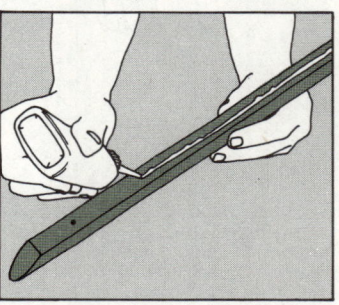

7. Man bringt PVA-Leim auf die Rückseite des neuen Vorsprungs auf, verteilt ihn gleichmäßig und steckt danach die Schrauben in die Löcher

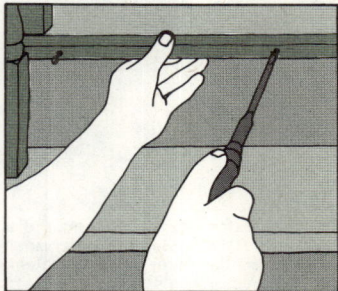

8. Der Vorsprung wird jetzt an den Tritt gehalten und festgeschraubt. Dabei zieht man die Schrauben abwechselnd und nicht auf einmal an

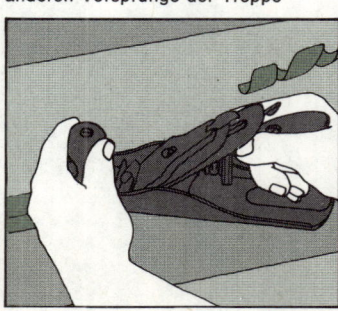

9. Austretenden Leim sollte man sofort abwischen. Falls nötig, hobelt man den Vorsprung oben so weit ab, bis er mit der Trittoberseite bündig ist

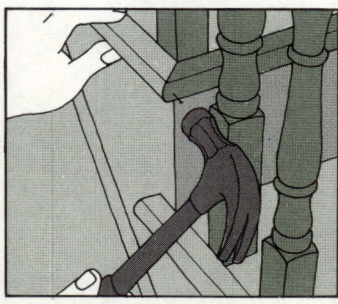

10. Das gegehrte Ende des neuen Vorsprungs nagelt man an die alte seitliche Profilleiste. Damit das Holz nicht splittert, staucht man die Nagelspitzen

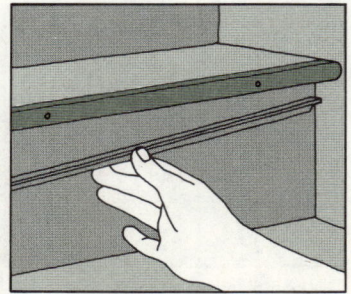

11. Wenn vom alten Tritt eine Profilleiste entfernt wurde, säubert man sie und leimt sie wieder an; ist sie beschädigt, richtet man eine neue zu

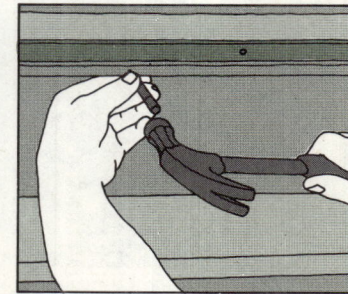

12. Die Profilleiste heftet man mit Stauchkopfnägeln, die man versenkt. Der dabei austretende überschüssige Leim wird gleich abgewischt

Treppen

Trittkantenprofile anbringen

Trittkantenprofile schützen die Treppenstufen und machen sie rutschsicher. Außerdem sind sie bei Teppichbelägen erforderlich, die man nicht fortlaufend von Stufe zu Stufe verlegen kann.

Die Kantenprofile bestehen in der Regel aus Kunststoff, Gummi oder Metall und werden in verschiedenen Formen und Farben hergestellt. Es gibt sie auch in verschiedenen Stärken für unter-schiedlich dicke Bodenbeläge.

Damit fasernde Teppiche nicht ausfransen, gibt es Profile, in deren Kante der Teppichbelag eingeschoben wird.

> Material: Trittkantenprofile, Teppichnägel, Kleber
> Werkzeug: Hobel, Holzraspel, Hammer, Messer, Winkelschmiege

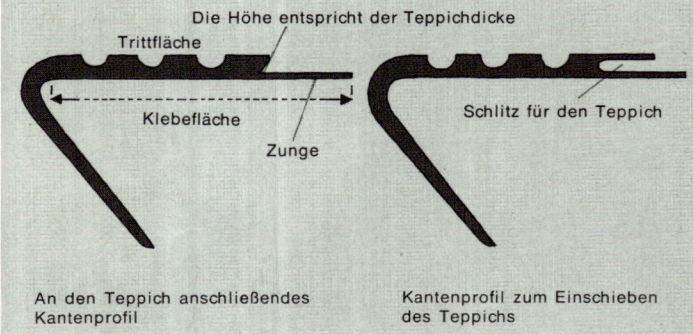

An den Teppich anschließendes Kantenprofil

Kantenprofil zum Einschieben des Teppichs

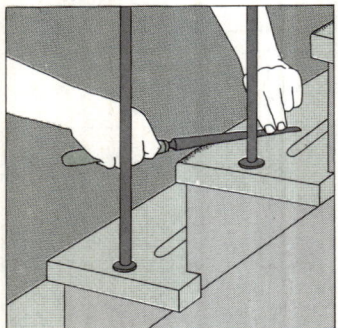

1. Falls erforderlich, muß man die Kanten der Trittstufen mit Holzraspel oder Hobel der Form des Trittkantenprofils anpassen. Als Schablone dient ein Profilstück

2. Nun schneidet man die Kantenprofile auf die erforderliche Länge. Dabei muß für jede einzelne Stufe ein Stück abgemessen und dann gekennzeichnet werden

3. Nun wird der Rand der Stufe und die Innenseite der Profilauflauffläche mit Kleber bestrichen. Dann klebt man das Profil so an, daß seine Vorderkante gut abschließt, aber nicht klebt

4. Dann befestigt man die Zunge des Profils mit ein paar Teppichnägeln und wischt dabei heraustretenden Kleber ab. Danach kann man den Teppichbelag auf der Stufe anbringen

Einen Teppichbelag anbringen

Obwohl sich die meisten Teppicharten zum Belegen von Treppen eignen, sollte man sich doch vor dem Kauf beraten lassen. Der Teppichbelag wird in jedem Fall aufgeklebt. Bei Teppichen mit ausfransenden Schnittkanten verwendet man Trittkantenprofile mit Schlitzen für den Teppichrand.

Harte Bodenbeläge, aus PVC etwa, kann man mit ausgefalzten Profilen kombinieren. Nur muß dann die Falztiefe mindestens der Belagdicke entsprechen. Der Belag wird meistens nur auf den Trittstufen angebracht. Will man eine Treppe ganz mit einer Bahn in einem Stück belegen, muß man wis-sen, ob sich das Material dazu eignet. Wenn nicht, kann man die Tritte und Setzstufen (siehe S. 159) mit Einzelstücken verkleiden. Die Stöße sollten dann aber möglichst dicht schließen, damit sich Staub und Schmutz dort nicht festsetzen können.

Bevor man den Belag aufbringt, verspachtelt man Löcher und Risse und gleicht Unebenheiten mit einem Zellulosefüller aus.

> Material: Bodenbelag
> Kleber
> Werkzeug: Messer
> Stahllineal
> Holzklotz

1. Als erstes werden die Stufen einzeln gemessen und dann die Belagstücke mit etwas Zugabe zugeschnitten und gekennzeichnet

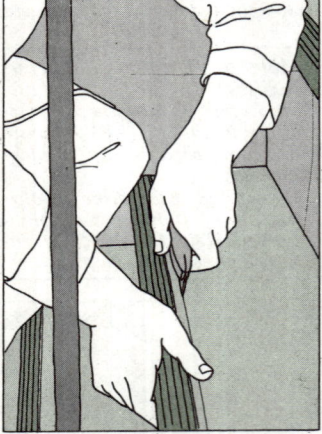

2. Man legt den Belag mit der Vorderkante an das Kantenprofil, markiert den noch überstehenden Streifen und schneidet ihn genau ab

3. Jetzt wird die Trittstufe gleichmäßig mit Kleber bestrichen, das Belagstück fest angedrückt und, wenn nötig, nachgeschnitten

4. Zum Schluß reibt man den Belag mit einem Holzklotz kräftig an, um Luftblasen herauszudrücken, und entfernt überschüssigen Kleber

Lose Geländerstäbe befestigen

Wenn eine Treppe sich verzieht oder durchbiegt, kann es vorkommen, daß die Geländerstäbe aus ihren Zapfenlöchern gezogen werden. Man kann dann neue Stäbe einsetzen; billiger ist es aber, eine Holzleiste unter dem Handlauf oder der Treppenwange anzubringen. Die Leiste muß in der Stärke etwas mehr messen als der beim Nachgeben der Treppe entstandene Zwischenraum.

Die Geländerstäbe sind unten in Zapfenlöcher geleimt, am Handlauf können sie dagegen mit Nägeln befestigt oder ebenfalls in Löcher eingelassen sein.

Material:	Holzleiste
	Nägel mit
	Stauchköpfen
Werkzeug:	Hammer
	Holzhammer
	Wasserwaage
	Hobel
	Stecheisen
	Flachmeißel
	Hartholzblock
	Fuchsschwanz
	oder Rückensäge
	Bleistift
	Versenker
	Meterstab

MEHRGESCHOSSIGE TREPPEN

Treppenabsätze senken sich oft einseitig, so daß ungleiche Spalten unter den Geländerstäben entstehen. Die Leiste, mit der die Geländerstäbe befestigt werden, sollte dann etwas dicker als der weiteste Spalt sein

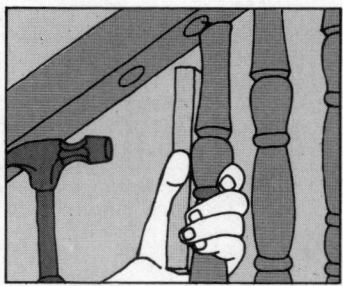

1. Mit einem Hammer und einer Holzleiste werden die Geländerstäbe oben vom Handlauf oder von der Wange gelöst und herausgenommen

3. Sind alle losen Geländerstäbe entfernt, wird die Auflagefläche mit einem Meißel oder einem Stecheisen gesäubert

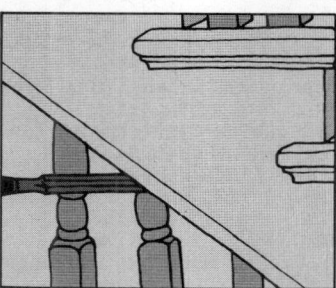

2. Wenn ein Geländerstab in der Lackschicht festsitzt, kratzt man sie mit einem alten Stecheisen darum herum weg

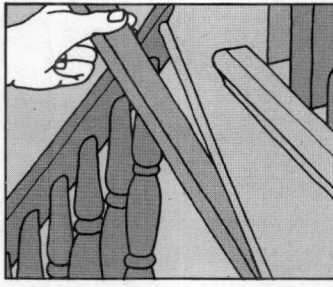

4. Jetzt schneidet man eine genügend lange Leiste zu, die etwas stärker sein sollte als der weiteste Spalt unter den Geländerstäben

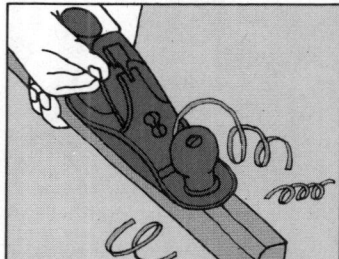

5. Die Leistenkanten, die später nach unten zeigen, wenn die Leiste an der Wange oder am Handlauf befestigt wird, bricht man

6. Die Leiste wird nun von unten an den Handlauf oder an die Wange genagelt. Die Nägel versenkt man unter die Holzoberfläche

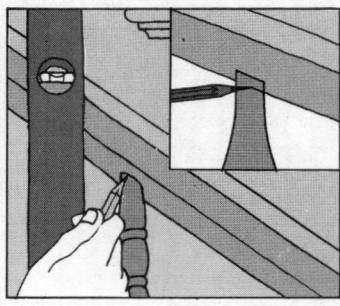

7. Man setzt den Geländerstab senkrecht in sein Zapfenloch und zeichnet den Umriß seines oberen Endes seitlich auf die Leiste

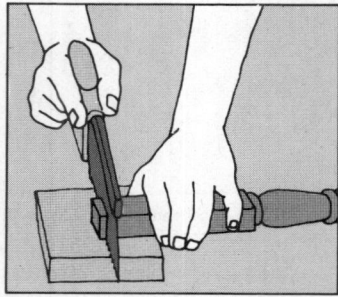

8. Die Tiefe der Markierung auf der Leiste wird gemessen und unten auf den Geländerstab übertragen. Dann sägt man ihn um dieses Stück kürzer

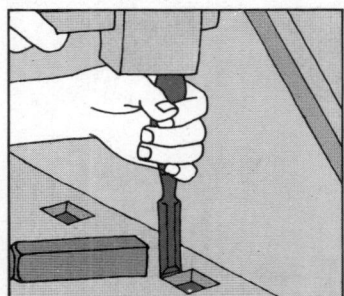

9. Die Zapfenlöcher für die unteren Enden der Geländerstäbe werden mit Stecheisen und Hammer gesäubert und geglättet

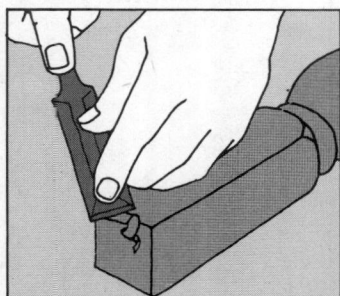

10. Die Kanten der unteren Stabenden schrägt man mit dem Stecheisen an, so daß sie sich leicht in die Löcher setzen lassen

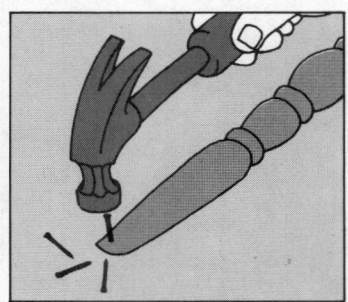

11. In das obere Stabende wird ein Nagel schräg eingeschlagen, und zwar so, daß man den Stab damit an der Leiste befestigen kann

12. Während man nagelt, sollte der Geländerstab genau senkrecht gehalten werden. Die Nägel werden vorsichtig versenkt

Treppen

Einen Handlauf an der Wand anbringen

Ein loser Handlauf ist gefährlich und sollte so rasch wie möglich repariert werden. Wenn er auf einem Brett an der Wand befestigt ist, genügt es, die alten Schraubenlöcher zuzukitten und die Handlaufhalter daneben neu anzuschrauben. Man kann die alten Löcher auch mit Holzpflöcken verschließen und die Schrauben in diese Pflöcke drehen.

Ist der Handlauf unmittelbar an die Wand geschraubt, so sollte man ihn bei einer Reparatur auf einem auf die Wand gedübelten

Brett befestigen. Dazu markiert man durch die Mitte der Halter auf der Wand eine Linie, schraubt die Halter ab und dübelt ein passend zugesägtes Brett in gleichmäßigen Abständen an die Wand.

Material: Ein Brett, mindestens 2 cm dick, Linsensenkholzschrauben, vernickelt, Dübel, Knetholz
Werkzeug: Schraubenzieher, Bohrmaschine, Holzbohrer, Steinbohrer, Bleistift

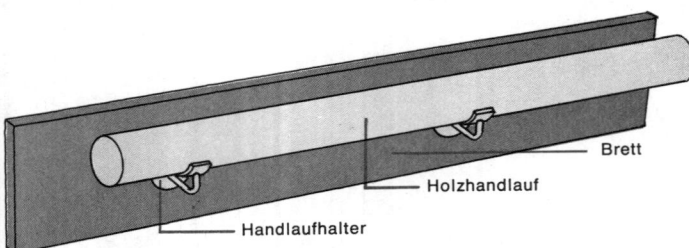

Brett
Holzhandlauf
Handlaufhalter

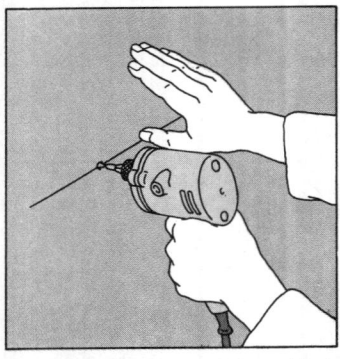

1. Man hält das Brett an die markierte Linie und zeichnet Bohrlöcher auf der Wand an. Dann bohrt man die Löcher, setzt die Dübel ein und befestigt das Brett mit Holzschrauben

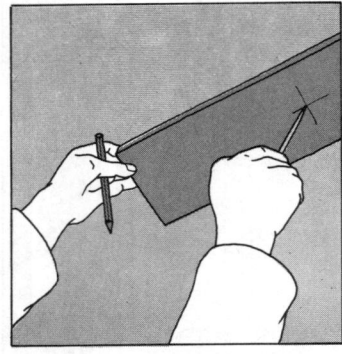

2. Jetzt wird die Mittellinie des Bretts angezeichnet und darauf in gleichmäßigen Abständen die Schraubenlöcher für die Handlaufhalter markiert

3. Nun können die Handlaufhalter an den bereits angerissenen Stellen angebracht werden. Man verwendet dazu am besten vernickelte Linsensenkholzschrauben

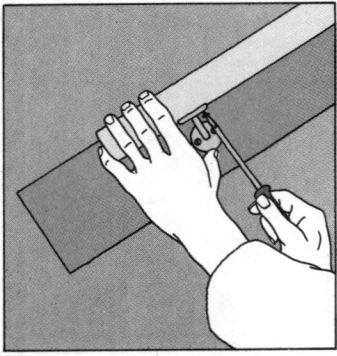

4. Man legt den Handlauf auf die Halter, zeichnet die Bohrlöcher von unten mit einem weichen Bleistift an, bohrt die Löcher und schraubt zum Schluß den Handlauf fest

Einen Metallhandlauf anbringen

Anstelle eines hölzernen Handlaufes kann man auch einen kunststoffbelegten Handlauf aus Stahl anbringen.

Er besteht aus den Handlaufhaltern, der Stahlschiene des Handlaufs und dem darüber geschobenen Kunststoffprofil. Die Stahlschiene wird auf die Halter geschraubt, und diese

werden an die Wand geschraubt.

Das Handlaufprofil besteht aus thermoplastischem Kunststoff, der bei Erwärmung so elastisch wird, daß er sich leicht auf die Stahlschiene drücken läßt. Für sehr enge Biegungen kann man vorgebogene Profilstücke kaufen.

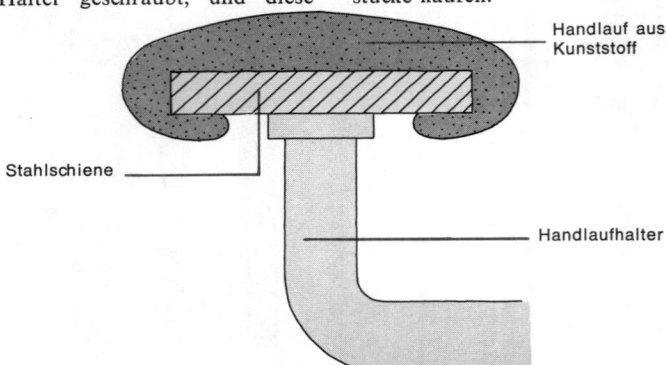

Handlauf aus Kunststoff
Stahlschiene
Handlaufhalter

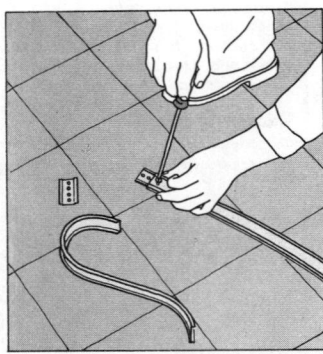

1. Man verbindet das gebogene Endstück mit Verbindungsplatte, Schrauben, Federringen und Muttern mit der Stahlschiene und schraubt die Schiene auf die Handlaufhalter

2. Das Kunststoffprofil wird vor dem Aufziehen in heißem Wasser weich gemacht oder während des Aufziehens mit einem Fön auf ca. 80° C erwärmt

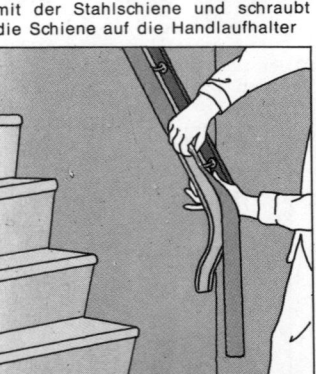

3. Das Kunststoffprofil wird nicht auf die Stahlschiene geschoben, sondern daraufgedrückt. Dazu muß seine äußere Kante etwas aufgebogen werden

4. Wenn das Kunststoffprofil auf ganzer Länge über die Stahlschiene gestülpt ist, sägt man das überstehende Ende mit einer Metallsäge genau ab

Montage einer Wendeltreppe

Zunächst einmal mißt man die für die Treppe vorhandene Grundfläche, die Geschoßhöhe sowie die Austrittsöffnung in der Decke. Dann sucht man sich das Modell aus, das zu den Gegebenheiten am besten paßt. Es gibt Treppen in jeder gewünschten Höhe und in verschiedenen Breiten. Es kann jedoch vorkommen, daß man die Austrittsöffnung der Treppe anpassen muß. Um sicherzugehen, sollte man jedoch den Hersteller um Rat fragen und nicht einfach drauflos arbeiten.

Die Stufenzahl einer Treppe wird vom Höhenunterschied von Fußboden zu Fußboden bestimmt. Die Stufenhöhe sollte höchstens 20 cm betragen. Man dividiert die Treppenhöhe durch 20 und erhält die Zahl der Stufen. Beispiel: 280 cm : 20 cm = 14. Wenn jedoch die oberste Stufe als Austrittspodest, das oberflächenbündig an den oberen Fußboden stößt, gestaltet wird, braucht man eine Stufe weniger. In unserem Beispiel also nur 13.

Material: Montagefertige Treppe mit allen Einzelteilen Werkzeug: Wasserwaage, Sechskant-Stiftschlüssel, Winkel, Zahnradknarre oder Gabelschlüssel, Bohrmaschine, Holz- und Metallbohrer, Gummihammer und Fäustel, Schraubenzieher

Der Abstand der Säule von der Wand hängt von der gewünschten oder möglichen Treppenbreite ab. Die lichte Höhe über dem Austrittspodest sollte mindestens 2 m betragen.

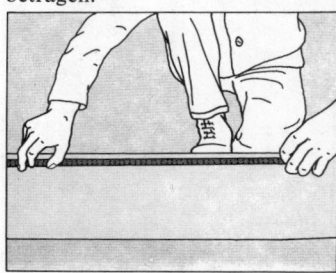

1. Da Lage und Maße des Podestes feststehen, stellt man vom Deckenbalken aus mit Lot und Maßstab den Säulenmittelpunkt auf dem Boden fest

2. Man stellt die Säule an ihren Platz und prüft, ob sie im Lot ist. Ihre Oberkante sollte außerdem ca. 1 m über den Deckenbalken hinausragen

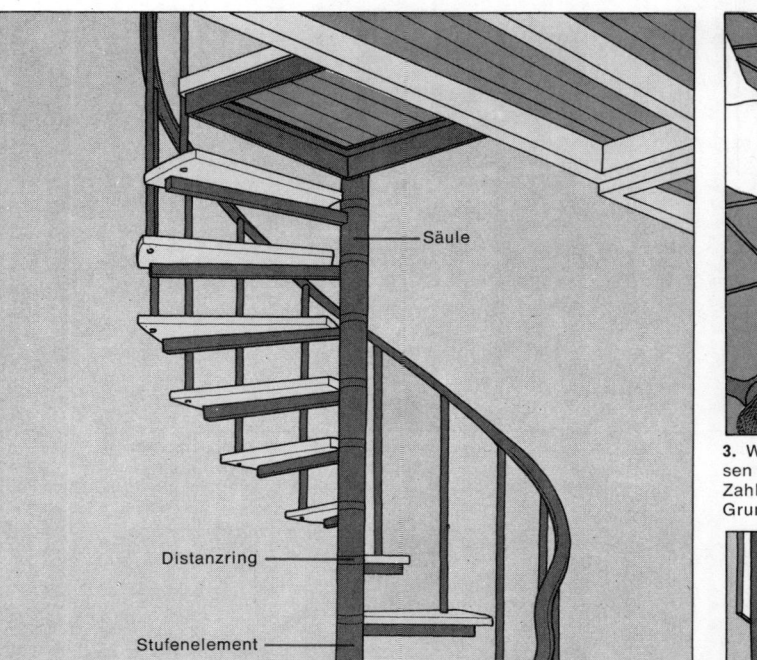

Säule

Distanzring

Stufenelement

3. Wenn der Fußboden z. B. mit Fliesen belegt ist, meißelt man die nötige Zahl Fliesen weg, bevor man die Grundplatte der Säule befestigt

4. Damit die Grundplatte ganz abgedeckt werden kann, müssen auch die Schraubenoberkanten unter der Unterseite des Bodenbelags liegen

5. Die Säule wird mit aufgestecktem Podestrahmen in Position gebracht. Dann markiert man die Löcher des Podestes auf dem Balken

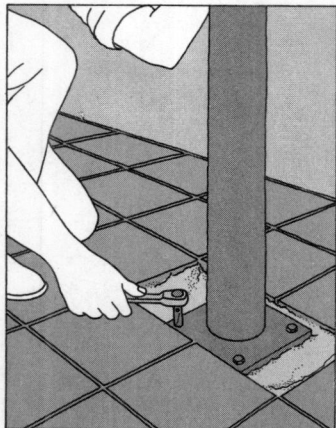

6. Jetzt die Schrauben der Grundplatte eindrehen. Man zieht sie aber erst fest, wenn die Stufenelemente aufgesteckt sind (Forts. S. 170)

Treppen

(Fortsetzung von S. 169)

7. Bei versenkter Grundplatte wird als erstes ein Stahlring auf die Säule gesteckt, dessen Oberkante mit der Fußbodenoberfläche bündig abschließt

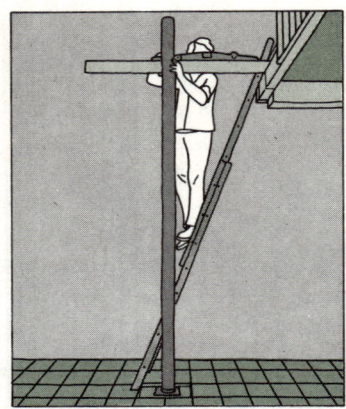

8. Die Treppenhöhe, also der Abstand zwischen den Oberflächen des unteren und des oberen Fußbodens, wird mit Hilfe einer Latte nachgemessen

9. Der erste Distanzring wird auf die Säule gesteckt und ganz nach unten geschoben. Auf diesen Ring kommt dann das erste Stufenelement

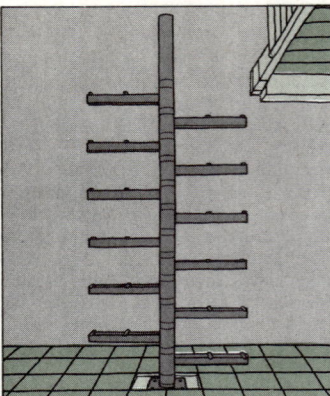

10. Danach werden die restlichen Distanzringe und Stufenelemente abwechselnd aufgesteckt. Die Stufenelemente ordnet man wie im Bild an

11. Den Podestrahmen schraubt man genau horizontal an den markierten Stellen an den Balken. Eine Zahnradknarre erleichtert die Arbeit

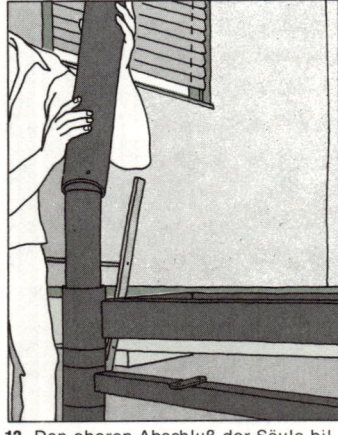

12. Den oberen Abschluß der Säule bildet ein Endstück. Es wird aufgesteckt und wie die Stufenelemente mit Inbusschrauben an der Säule befestigt

13. Bei manchen Treppen sind die Tritte bereits mit den Trägern der Stufenelemente verbunden. Wenn nicht, schraubt man sie zusammen

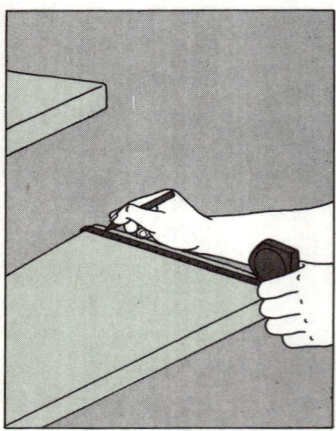

14. Die Stufen müssen um den gleichen Winkel untereinander versetzt sein. Sie sollten sich auch gleichmäßig überlappen. Dieses Maß markieren

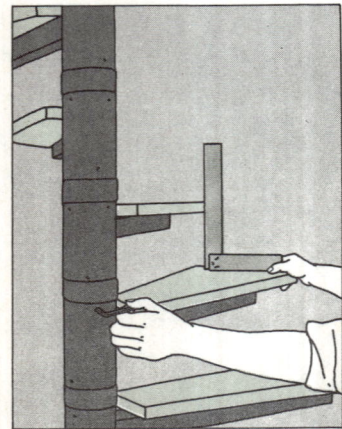

15. Man legt den Winkel an diese Markierungen, richtet danach die Stufen aus und zieht die Schrauben in der Säule fest. Angefangen wird oben

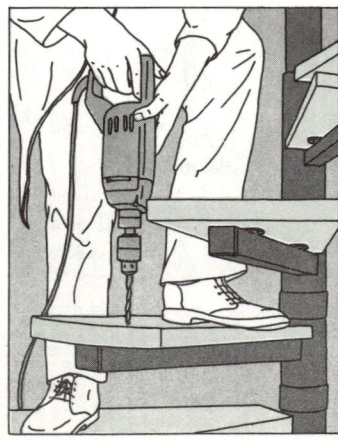

16. Für die Geländerstäbe werden Löcher in die Tritte gebohrt: 4 cm von den Außenkanten und immer gleich weit von den Vorderkanten entfernt

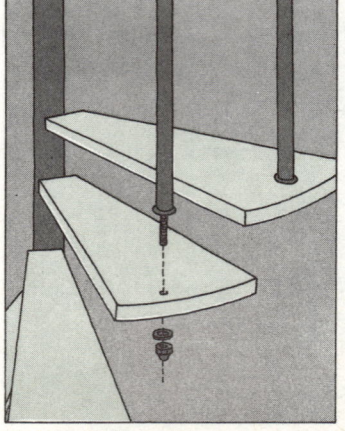

17. Die Geländerstäbe haben unten Gewindebolzen. Diese werden durch die Löcher in den Tritten gesteckt und von unten festgeschraubt

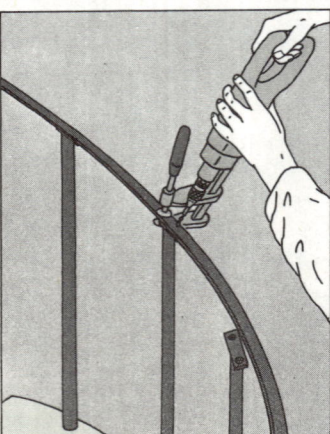

18. Die Geländerstäbe haben oben vorgebohrte Verbindungsstege. An ihnen wird der Handlauf von oben nach unten befestigt

Türen

Eine neue Tür kaufen

Bevor man eine neue Tür kauft, muß man vor allem beachten, daß Fertigtüren in Standardmaßen hergestellt werden, die sich nach den Normmaßen der Rohbauöffnungen richten. Die untenstehende Tabelle gibt eine Auswahl der häufigsten Rohbau- und Türblattmaße. Im Einzelfall hängen die Blattmaße auch noch von der Ausbildung der Türrahmen ab. Bei Zimmer- und Wohnungstüren werden heute fast ausschließlich Futtertüren (mit Futter und Bekleidung) ausgeführt, immer mehr allerdings auch Holztüren in Stahlzargen und Holzblockfutter.

Das handwerklich hergestellte Türblatt ist in der Regel auf Rahmen und Füllung gearbeitet. Bei stark verglasten Innen- und Außentüren wird diese Konstruktion auch heute noch angewandt. Das meistverwendete Türblatt mit

ebenen Außenflächen ist dagegen ein rein industrielles Erzeugnis, dessen verschiedene Ausführungsarten auf der folgenden Seite dargestellt sind. Je nach den besonderen Anforderungen können diese Türen wetterfest, schall- und wärmedämmend oder auch feuerhemmend hergestellt werden. Sie bestehen aus einem Holzrahmen mit Verstärkung für das Einsteckschloß, einem sehr unterschiedlich ausgebildeten Kern und der beiderseitigen Deckschicht aus Sperrholz, beschichteten Hartfaserplatten oder ähnlichen Materialien. Für Türen, die naturbelassen oder gebeizt und lasiert werden sollen, gibt es mit Edelholzfurnieren bekleidete Türblätter, bei denen auch die Außenkanten der Rahmenhölzer mit einem Umleimer aus der gleichen Holzart abgedeckt sind.

Rohbaumaße		Türblattmaße	
Höhe	Breite	Höhe	Breite
1875	875	1860	860
2000	1000	1985	985
2125	1125	2110	1110

(Maße in Millimeter)

Türformen

Die Modelle 1 und 2 sind fabrikmäßig hergestellte Türblätter mit einem Kern aus imprägnierten sogenannten Honigwabenplatten und einer Deckschicht aus Hartfaserplatten. Sie werden mit einer Grundierung für späteren Lackanstrich oder mit einem Edelholzfurnier geliefert. Die Konstruktionsart erlaubt nur kleine Aussparungen.

Solche Türen gibt es auch fertig lackiert oder roh zum Beziehen mit einer Folie oder zum Bekleiden mit einer Kunststoffplatte. Ein Kern aus Holzspanplatten mit vertikalen, röhrenförmigen Hohlräumen macht die Türen schall- und wärmedämmend, auch beschränkt feuerhemmend, so daß sie in dieser Ausführung als Wohnungseingangstüren gut geeignet sind.

Modell 3 ist eine Rahmentür mit drei Querfriesen und vier Füllungen, die aus Holz

oder Glas bestehen können. Um zu verhindern, daß sich die Rahmenhölzer verziehen, werden sie bei guter Ausführung in Längsrichtung aufgeschnitten und mit gestürzten Jahresringen wieder verleimt.

Die Modelle 4 und 5 können als Balkon- und Terrassentüren verwendet werden; für diesen Zweck führt man die Türen besonders witterungsbeständig aus.

Modell 6 ist eine verglaste Wohnhaustür aus Weichholz für Lackanstrich. Sie ist einbruchsicher, weil die Füllungen schmal sind.

Modell 7 aus Eichen- oder anderem Hartholz hat große Glasflächen, dafür aber ein schmiedeeisernes Gitter.

Modell 8 ist eine in ländlichen Gegenden auch heute noch gebräuchliche, in der Höhe geteilte Doppeltür, bei der beide Flügel einzeln geöffnet werden können.

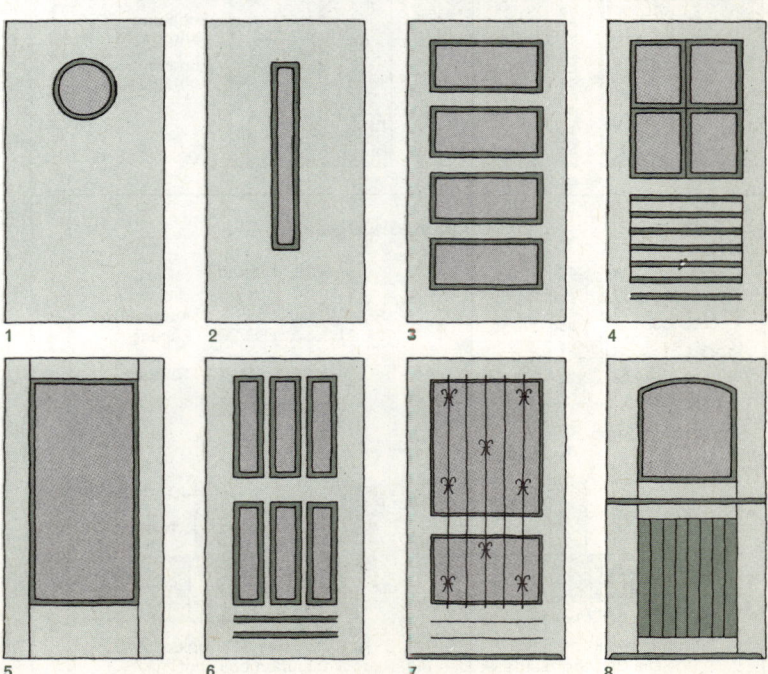

171

Türen

Alte Türen verkleiden

Außer glatten Türen kann man auch Rahmentüren mit vertieften Füllungen verkleiden. Diese Aufdoppelung kann eigens für die betreffende Tür hergestellt werden; es gibt aber auch ringsum genutete Fertigteile zu kaufen. Anders als bei den unten gezeigten Beispielen kann man auch diagonal oder rautenförmig verschalen. Allerdings muß dabei mit mehr Abfall gerechnet werden. Die Aufdoppelung kann man in den Nuten versteckt nageln und auf der Rückseite punktleimen oder aber mit Kleber befestigen. Kleber haben gegenüber Weißleim den Vorteil, daß sie das Trägermaterial kaum verziehen. Für Schmelzkleber braucht man ein spezielles Heizgerät, für Kartuschenkleber (kalt) genügt eine Zahnstangenpistole. Mit ihr drückt man etwa haselnußgroße Tropfen auf die Tür oder das Doppel und preßt die Flächen an. Durch kreisende Bewegungen verteilt man den Kleber. Da es eine Weile dauert, bis der Kleber trocknet, arbeitet man am besten zu zweit.

Die erste und die letzte Bahn nagelt man fest oder spannt sie mit Schraubzwingen etwa acht Stunden lang ein.

Auch Türfutter und Bekleidungen können so verkleidet werden. Zum Spannen der geklebten Teile verwendet man entsprechend zugeschnittene Latten, die man von Laibung zu Laibung spreizt.

Bekleidungszierstäbe

Wenn die Bekleidung auf der verputzten Wand nicht sauber aufliegt, entsteht dort eine häßliche Fuge. Auch wenn man darüber tapeziert, kann sie erneut aufreißen.

Wirksame Abhilfe schafft ein aufgesetzter Zierstab, der exakt zwischen Wand und Bekleidung eingepaßt wird. Eine interessante Kombination erreicht man mit Naturholzstäben zu deckend lackierten Futter- und Türflächen. Auf unansehnlich gewordene Türen kann man eine furnierte oder lackierte Platte aufsetzen und mit einer Naturholzleiste einfassen. Hartfaser- oder Furnierplatten nur an einzelnen Punkten leimen und beide Türseiten belegen.

EINE ALTE RAHMENTÜR VERKLEIDEN

- Bekleidung
- Türfries (aufgesetzt)
- Schalung (aufgesetzt)
- Fuge mit Schrägfase

ZIERSTÄBE AUS NATURHOLZ

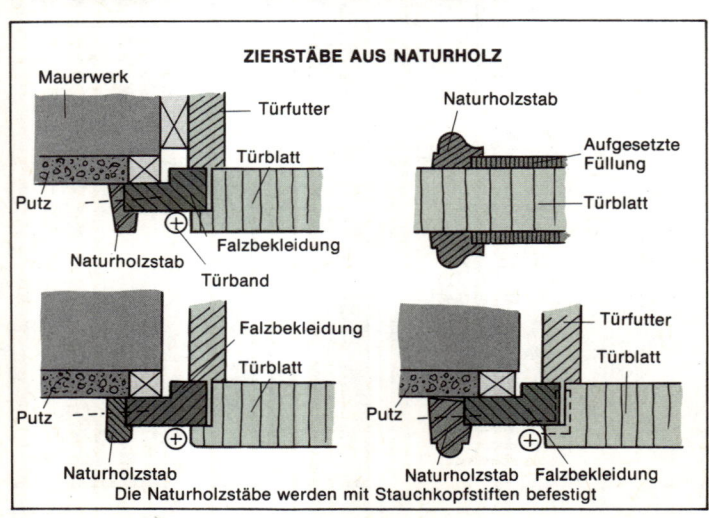

Mauerwerk — Türfutter — Türblatt — Putz — Naturholzstab — Türband — Falzbekleidung

Naturholzstab — Aufgesetzte Füllung — Türblatt

Falzbekleidung — Türblatt — Putz — Naturholzstab

Türfutter — Türblatt — Putz — Naturholzstab — Falzbekleidung

Die Naturholzstäbe werden mit Stauchkopfstiften befestigt

WAS MAN ALLES DAMIT MACHEN KANN

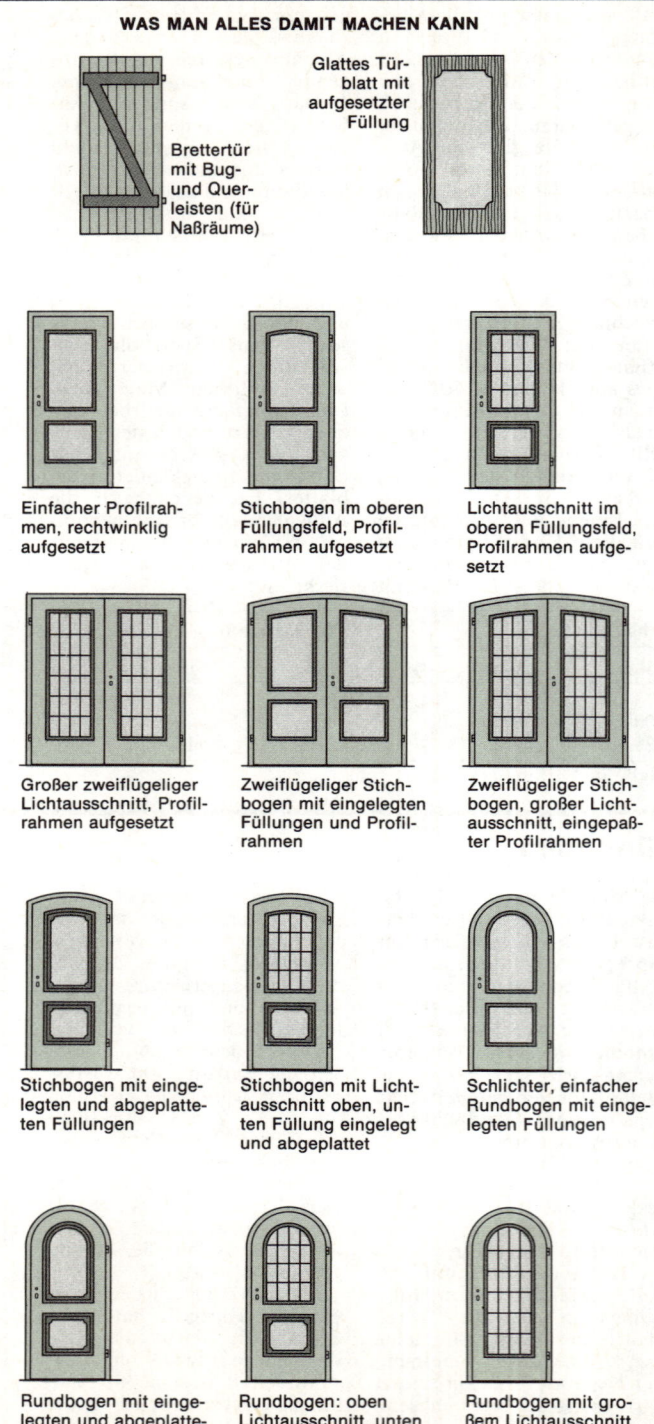

Brettertür mit Bug- und Querleisten (für Naßräume)

Glattes Türblatt mit aufgesetzter Füllung

Einfacher Profilrahmen, rechtwinklig aufgesetzt

Stichbogen im oberen Füllungsfeld, Profilrahmen aufgesetzt

Lichtausschnitt im oberen Füllungsfeld, Profilrahmen aufgesetzt

Großer zweiflügeliger Lichtausschnitt, Profilrahmen aufgesetzt

Zweiflügeliger Stichbogen mit eingelegten Füllungen und Profilrahmen

Zweiflügeliger Stichbogen, großer Lichtausschnitt, eingepaßter Profilrahmen

Stichbogen mit eingelegten und abgeplatteten Füllungen

Stichbogen mit Lichtausschnitt oben, unten Füllung eingelegt und abgeplattet

Schlichter, einfacher Rundbogen mit eingelegten Füllungen

Rundbogen mit eingelegten und abgeplatteten Füllungen

Rundbogen: oben Lichtausschnitt, unten eingelegte und abgeplattete Füllung

Rundbogen mit großem Lichtausschnitt, Profilrahmen eingepaßt

Aufbau von Türblättern

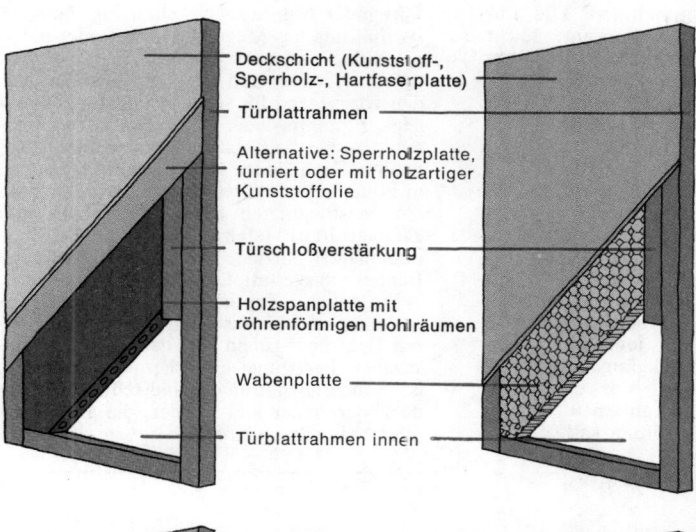

- Deckschicht (Kunststoff-, Sperrholz-, Hartfaserplatte)
- Türblattrahmen
- Alternative: Sperrholzplatte, furniert oder mit holzartiger Kunststoffolie
- Türschloßverstärkung
- Holzspanplatte mit röhrenförmigen Hohlräumen
- Wabenplatte
- Türblattrahmen innen

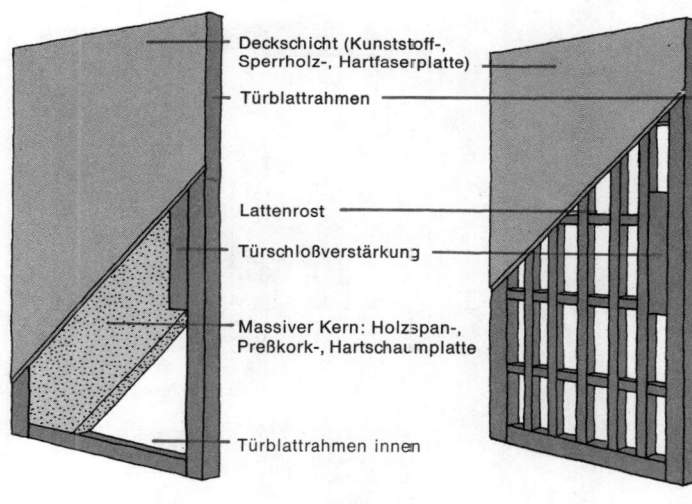

- Deckschicht (Kunststoff-, Sperrholz-, Hartfaserplatte)
- Türblattrahmen
- Lattenrost
- Türschloßverstärkung
- Massiver Kern: Holzspan-, Preßkork-, Hartschaumplatte
- Türblattrahmen innen

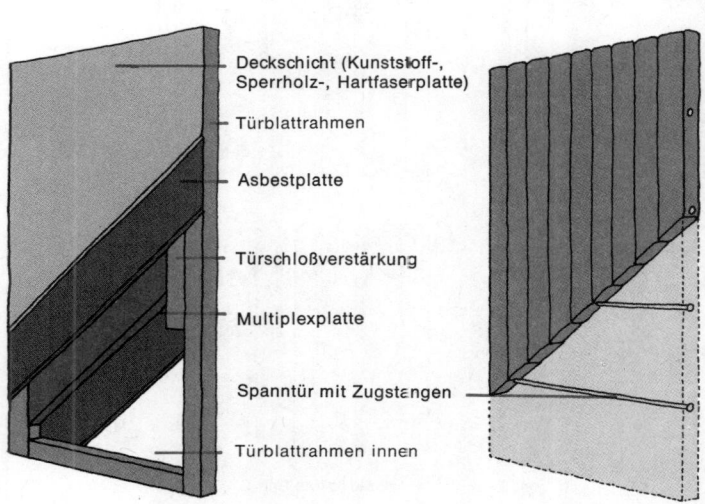

- Deckschicht (Kunststoff-, Sperrholz-, Hartfaserplatte)
- Türblattrahmen
- Asbestplatte
- Türschloßverstärkung
- Multiplexplatte
- Spanntür mit Zugstangen
- Türblattrahmen innen

Nachträgliche Schalldämmung einer Tür

Die im Wohnungsbau verwendeten Türen haben keine starke schalldämmende Wirkung. Wenn man dies in besonderen Fällen wünscht, kann man eine Tür nachträglich mit einer Dämmschicht ausrüsten.

Die Tür wird ausgehängt und, mit der zu beschichtenden Seite nach oben, aufgebockt. Rosette (siehe S. 177) und Klinken werden abmontiert, dann prüft man, ob der Vierkantdorn der größeren Blattdicke entsprechend verlängert werden kann. Dann schneidet man Umleimerleisten so zu, daß ihre Außenkanten gegen die Türblattkanten um ca. 8 mm zurückstehen. Die Leisten werden mit Kaltleim eingestrichen und im Abstand von 30 cm festgeschraubt. Die Leisten müssen genauso dick sein wie die Isolierplatten, die Breite soll mindestens 25 mm betragen. An der Stelle, wo die Rosette sitzt, muß der Umleimer so verbreitert werden, daß die Rosette nachher wieder angeschraubt werden kann. Vorher bohrt man die Löcher für Vierkantdorn und Schlüssel.

Jetzt kann mit dem Aufleimen der zugeschnittenen Hartschaumplatten begonnen werden. Ihre Dicke sollte nicht weniger als 30 mm betragen. Sie müssen genau zwischen die Leisten eingepaßt und mit einem Spezialkleber aufgeklebt werden. Je nach Wunsch kann die Tür nun mit einer dünnen Sperrholzplatte abgedeckt oder mit einer Plastikfolie bespannt werden.

Strukturierte (genoppte oder genarbte) Folien sind weniger empfindlich und schalldämmender als glatte. An einer Längsseite beginnend, wird die Folie mit Ziernägeln im Abstand von etwa 3 cm an den Seitenkanten der Leisten angenagelt.

Material:	Hartschaumplatten, Leisten in Plattendicke, Plastikfolie oder Sperrholz, Ziernägel, Kaltleim, Spezialkleber, Fugendichtungsprofil
Werkzeug:	Hammer, Fuchsschwanz, Gehrungsschneidlade, Bohrmaschine, Ahle, Schraubenzieher, Zahnspachtel

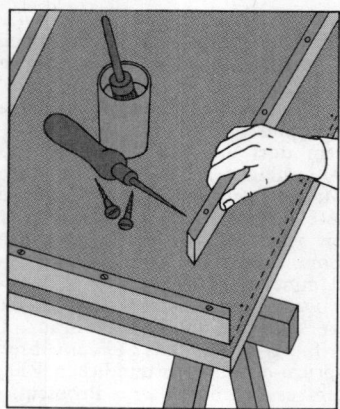

1. Die auf Gehrung zugeschnittenen Leisten mit Kaltleim und Holzschrauben auf dem Türblatt befestigen. Farbanstrich vorher abschleifen

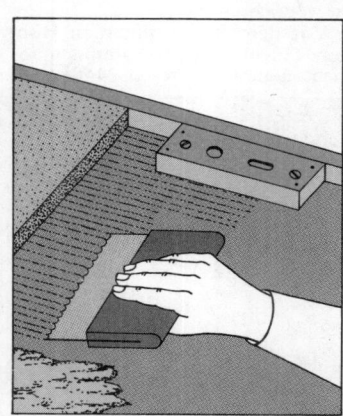

2. Doppel für das Befestigen der Rosette festschrauben. Türblatt mit Kleber einspachteln und Hartschaumplatten fugenlos aufleimen

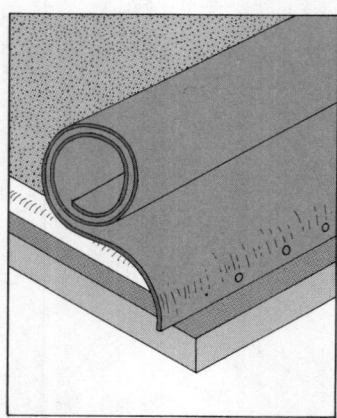

3. Bei Bespannung Leistenkanten abrunden. Plastikfolie mit etwas Zugabe zuschneiden. An einer Längsseite mit dem Annageln beginnen

Türen

Selbstmontage einer einbaufertigen Falttür

Der Fachhandel bietet Falttüren als komplettes Einbaupaket mit allem Zubehör an. Das Programm reicht von der normalen Türgröße (80 x 200 cm) bis zu raumhohen Faltwänden mit unterschiedlichen Mechanismen, Materialien und Farben. Die Falttür ist unter anderem dort am Platz, wo der Raum für das Aufschlagen einer Flügeltür nicht ausreicht. Mit Doppeltüren können Öffnungen zwischen zwei Räumen (z. B. Wohnzimmer und Eßnische) bis maximal 4 m Breite geschlossen werden. Eine Falttür ist weder schall- noch wärmedämmend.

Der Einbau setzt keine besonderen handwerklichen Fähigkeiten voraus. Ist die Türleibung mindestens 19 cm breit (das entspricht einer halbsteindicken Ziegelwand), so gibt es überhaupt kein Problem, weil Lamellen und obere Sichtblenden zu diesem Maß passen. Andernfalls stehen die Lamellen etwas über die Leibung hinaus, und die den Laufmechanismus verdeckenden Blenden müssen seitlich gekröpft werden, wenn man nicht auf sie verzichten will.

Vor dem Kauf mißt man Höhe und Breite der Türöffnung. Bekommt man die Falttür nicht genau in diesen Maßen, muß man die nächstgrößere Ausführung nehmen. Die Lamellen lassen sich an der Unterkante leicht verkürzen, bei einigen Modellen allerdings nur um ein bestimmtes Maß.

Bei der Breite soll man nicht geizen; wenn die Tür zu sehr ausgespannt wird, läßt sie sich nur unter Kraftanwendung schließen und verliert auch an Steifheit.

Bei der Montage beginnt man mit dem Ablängen und Anbringen der Laufschiene. Hat die Türöffnung eine Holzbekleidung, wird die Schiene einfach mit Holzschrauben befestigt. Andernfalls müssen vorher mit einer Schlagbohrmaschine Löcher in Mauerwerk oder Beton gebohrt und Dübel gesetzt werden. Alle weiteren, von der jeweiligen Konstruktion abhängigen Arbeitsgänge entnimmt man der Montageanleitung. Vor dem Aufhängen der Falttür muß man entscheiden, nach welcher Seite sich die Tür öffnen soll.

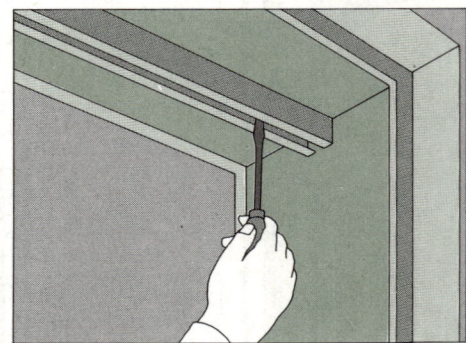

2. Laufschiene auf das genaue Lichtmaß der Türbreite ablängen und zunächst provisorisch mit zwei Holzschrauben befestigen

3. Schloßseitige U-Schiene, Futterbretter und Sichtblenden anbringen. Lamellen an der Laufschiene aufhängen, Schiene endgültig befestigen

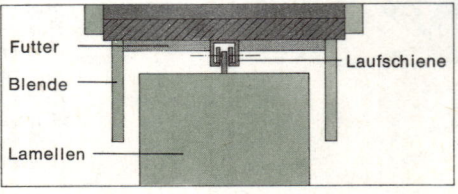

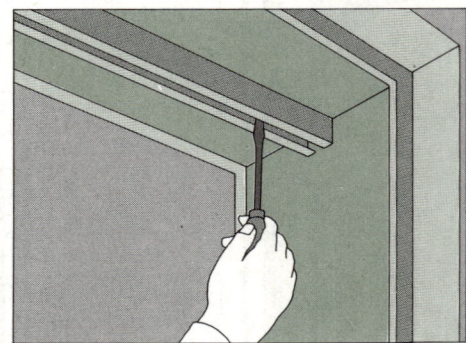

1. Abschließbare Falttür für eine normale Türöffnung von ca. 80 x 200 cm mit Holzbekleidung. Die Laufschiene wird durch Sichtblenden verdeckt

Türbänder

Türbänder werden aus Stahl, in besserer Ausführung aus Messing, Bronze oder nichtrostendem Stahl hergestellt.

Winkelbänder und Klobenlangbänder werden vorwiegend für schwere Holztore (Garagen-, Einfahrts- oder Schuppentore) verwendet. Gerade Aufsatzbänder oder auch sogenannte Fischbänder, bei denen die Lappen in gestemmte Schlitze gesteckt werden, sind die meistbenutzten Bänder bei Haus- und Zimmertüren. Gefalzte Türen, die ganz herumschlagen müssen, werden mit gekröpften Bändern ausgestattet.

Ein neuerer Typ ist das Einbohrband, das – ebenso wie das Fischband – keine sichtbaren Befestigungsteile hat, das aber bei industrieller Fertigung einfacher zu montieren ist. Sonderausführungen sind selbstschließende Federbänder und Bänder, die auf Kugel- oder Nylonlagern laufen.

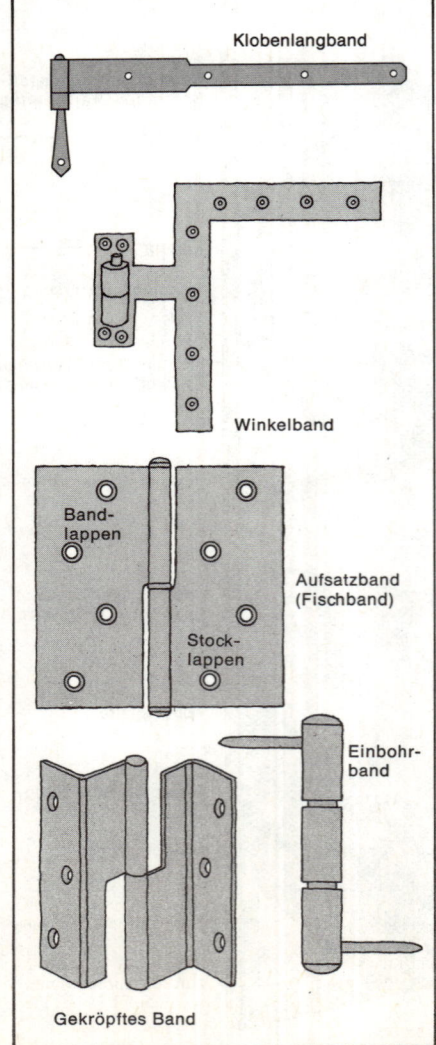

Eine neue Tür anschlagen

Anschlagen, so nennt der Fachmann das Anbringen der Beschläge, insbesondere der Türbänder. Es ist eine Arbeit, die mit größter Sorgfalt ausgeführt werden muß, damit die Tür sauber in den Rahmen paßt. Als erstes prüft man, ob die neue Tür ringsum genügend Spielraum hat, indem man sie in den Türrahmen stellt. Ist die Türschwelle nicht eben, muß die Türunterkante entsprechend nachgearbeitet oder die Schwelle — wenn das möglich ist — ausgewechselt werden. Ist keine Türschwelle vorhanden, muß ein eventuell noch zu verlegender Bodenbelag berücksichtigt werden.

Die Aussparungen für die Bänder müssen an Tür und Futter exakt angerissen und in der richtigen Tiefe ausgestemmt werden.

Material: Neues Türblatt, drei verchromte Türbänder mit Schrauben, Grundierung, Lackfarbe
Werkzeug: Säge, Hobel, Holzhammer, Stech- oder Stemmeisen, Schraubenzieher, Holzbohrer, Streichmaß, Lackpinsel, Bleistift

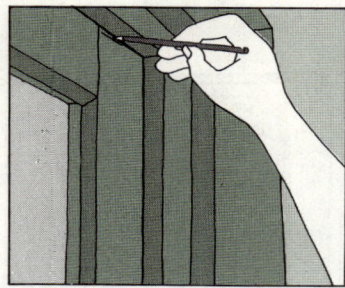

1. Tür gegen den Türrahmen drücken, an dem sie angeschlagen wird. 4 mm unter dem oberen Rahmenholz am Türblatt eine Markierung anbringen

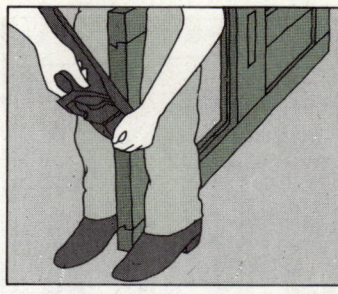

2. Oberkante der Tür entlang der Markierung absägen. Anschließend den Sägeschnitt mit einem Hobel glatt und vor allem im rechten Winkel abhobeln

3. Tür noch einmal fest gegen den bandseitigen Rahmen. drücken und entlang dem Rahmenholz eine Markierungslinie ziehen

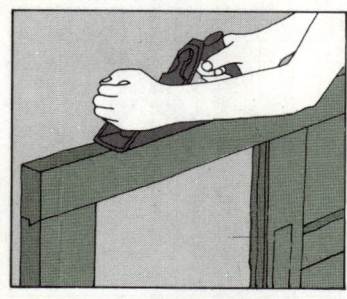

4. Das über den Riß stehende Holz abhobeln. Tür in den Falz einpassen und einen 4 mm dicken Hartfaserstreifen auf Schwelle oder Fußboden legen

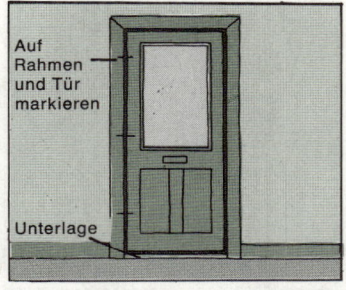

Auf Rahmen und Tür markieren

Unterlage

5. Oberstes und unterstes Türband im Abstand von 10-15 cm von der Ober- und Unterkante markieren. Das dritte Band kommt genau in die Mitte

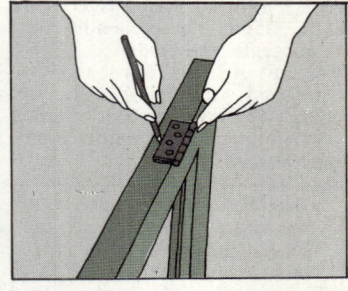

6. Die Türbänder an die Markierungen anlegen und diese auf die Seitenkanten der Tür übertragen. Gleichzeitig die Breite des Türbandes markieren

7. Sind alle drei Bänder am Türblatt angezeichnet, reißt man die Türbandbreite an der Bandseite des Türrahmens mit dem Streichmaß an

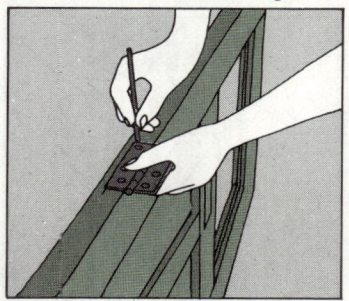

8. Ein Türband nach dem andern an die Reißlinien auf Tür und Rahmen anlegen und mit dem Stift die Unterkante der Bänder anzeichnen

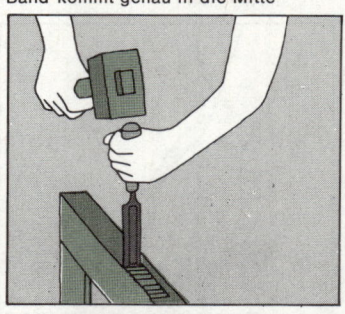

9. Mit Stecheisen und Holzhammer die Aussparungen für die Bandlappen innerhalb der markierten Umrisse in der nötigen Tiefe ausstemmen

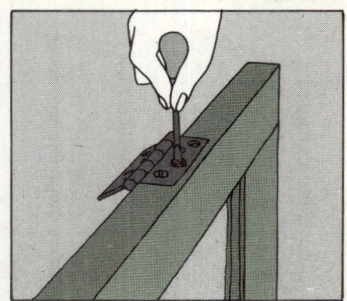

10. Die drei Türbänder am Türblatt zunächst nur probeweise mit je einer Flachkopfholzschraube befestigen. Verchromte Schrauben benutzen

11. Das Türblatt in geöffneter Stellung an den Rahmen stellen und mit Holzkeilen auf die richtige Höhe bringen. Schraubenlöcher markieren

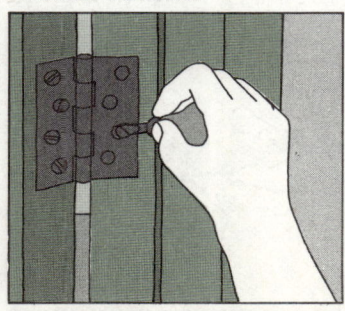

12. Schraubenlöcher vorbohren und Bandlappen wiederum nur mit je einer Schraube befestigen. Prüfen, ob die Tür gut öffnet und schließt

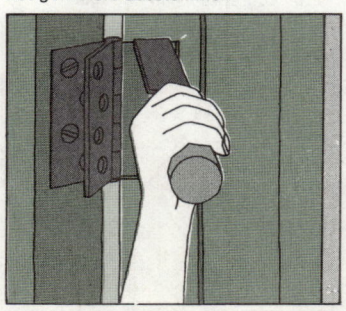

13. Wenn sich die Tür schwer drehen läßt oder nicht genau im Lot ist, muß man die Schrauben entfernen und die Aussparungen nacharbeiten

14. Erst wenn sich die Tür korrekt öffnen und schließen läßt und gleichmäßig in den Falz schlägt, die restlichen Schrauben einsetzen

Türen

Ein Türhebeband anschlagen

Wenn eine Tür ohne besonderen Mechanismus von selbst schließen soll, muß man das normale Band gegen ein Hebescharnier auswechseln, das bewirkt, daß sich die Tür beim Öffnen anhebt und sich durch ihr Eigengewicht wieder schließt, wenn sie losgelassen wird. Dies ist möglich, weil die Laufflächen der Scharnier- oder Bandhälften schraubenförmig ausgebildet sind.

Türhebebänder werden ebenfalls verwendet, wenn der Raum, in dem die Tür anschlägt, mit Teppichware ausgelegt werden soll und keine Türschwelle vorhanden ist. Bei nicht zu hochfloriger Ware kann dann die Höhendifferenz so ausgeglichen werden.

Damit sich die Tür beim Öffnen (und Ansteigen) nicht am oberen Futter- oder Blockrahmen verklemmt, muß sie an der Bandseite abgeschrägt werden.

Material: Zwei Hebebänder, verchromte Senkholzschrauben, Holzdübel
Werkzeug: Hammer, Holzhammer, Hobel, Stech- oder Stemmeisen, Schraubenzieher, Winkel, Streichmaß, Holzbohrer oder Nagelbohrer

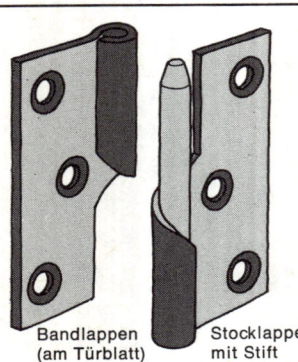

Bandlappen
(am Türblatt)

Stocklappen
mit Stift
(am Türstock)

1. Unterkante des oberen Türrahmens mit einem Bleistift auf dem Türblatt markieren. Die Tür muß dabei ganz geschlossen sein

2. Tür öffnen. Eine schräge Linie von der bandseitigen Türkante zur Mitte der oberen Kante ziehen. Dabei die Markierung als Ausgangspunkt nehmen

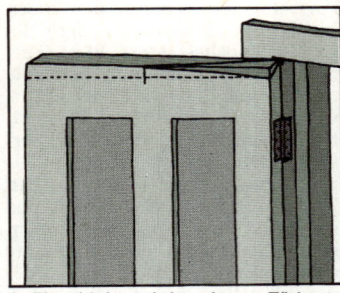

3. Eine Linie auf der oberen Türkante von der Mitte bis zur hinteren Ecke ziehen und von dieser Ecke schräg nach vorn unten

4. Tür aushängen und auf die schloßseitige Längskante legen. Den markierten Zwickel von der Oberkante des Türblatts abhobeln

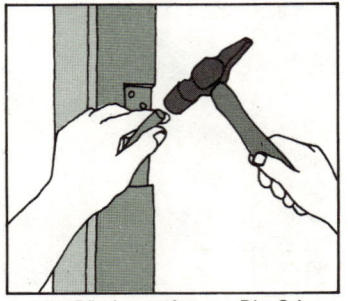

5. Alte Bänder entfernen. Die Schraubenlöcher im Türblatt und im Türrahmen mit unten angespitzten Holzdübeln ausfüllen

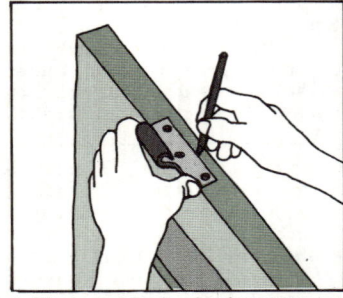

6. Länge und Breite der Aussparungen für die neuen Bandlappen dort markieren, wo auch die alten Türbänder befestigt waren

7. Mit dem Streichmaß in Längsrichtung eine kräftige Kerbe entlang dem Bleistiftstrich ziehen. Die Tiefe der Kerbe soll etwa 2 mm betragen

8. Die kurzen Seiten der Aussparung kerbt man mit dem Stecheisen ein. Dann stemmt man das überflüssige Holz in der erforderlichen Tiefe heraus

9. Mit einem Nagel- oder Holzbohrer die Schraubenlöcher vorbohren und den Bandlappen mit Schrauben am Türblatt befestigen

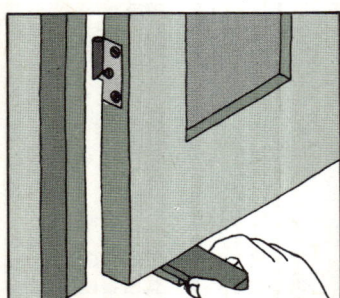

10. Die Tür in geöffneter Stellung an den Türrahmen halten und so unterlegen, daß die abgeschrägte Kante parallel zum Rahmen liegt

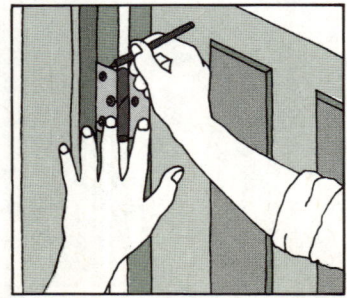

11. Die beiden Bandlappen ineinanderstecken, während ein Helfer die Tür festhält. Mit einem Bleistift den Stocklappen am Rahmen markieren

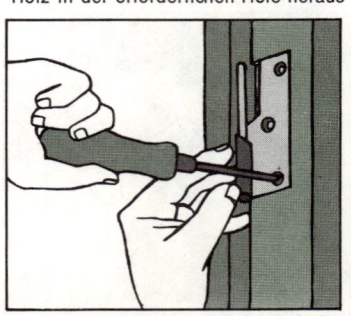

12. Die Aussparungen genau wie beim Türblatt mit dem Stecheisen in der richtigen Tiefe ausstechen und den Stocklappen festschrauben

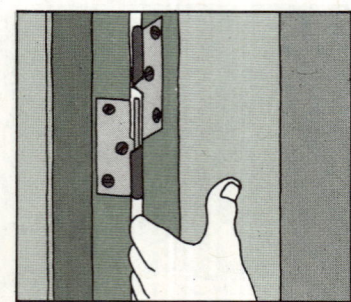

13. Tür einhängen und prüfen, ob sie selbsttätig zugeht und an keiner Stelle im Türrahmen klemmt. Eventuell Aussparungen nacharbeiten

Türklinken anbringen

Türklinken oder Drehgriffe sitzen zu beiden Seiten der Tür auf einem Vierkantdorn, in dessen Bohrungen Splinte einrasten. Bei älteren Modellen ist der Dorn mit einer der Klinken fest verbunden, während sein anderes Ende mit einem Schlitz oder mehreren Bohrungen versehen ist. Die zweite Klinke wird darüber geschoben und mit einem Splint befestigt.

Moderne Türgriffbeschläge haben einen losen Vierkantdorn. Die Klinken sind an den Griffplatten oder Rosetten befestigt, und diese werden durch zwei durch das Türblatt gehende Schrauben miteinander verbunden. Oft gehen die Befestigungsschrauben auch durch den Schloßkasten hindurch.

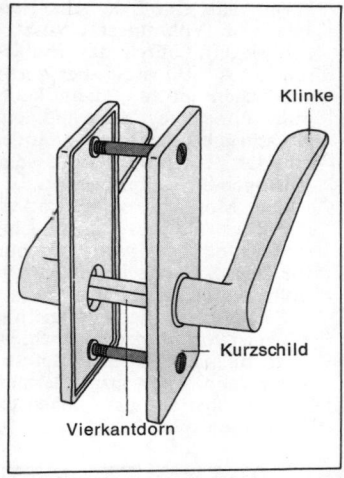

Klinke

Kurzschild

Vierkantdorn

1. Der Kurzschild wird auf die Tür gesetzt. Dann markiert man die Schraubenlöcher mit einem Körner oder Nagel

2. Man schraubt das Schloß los, nimmt es heraus und bohrt die Löcher horizontal durch die Tür

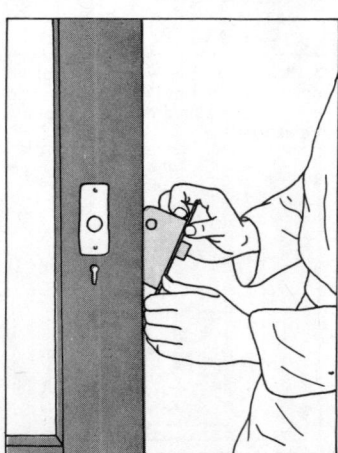

3. Wenn man die Löcher gebohrt hat, setzt man das Schloß wieder ein und schraubt es an

4. Der Vierkantdorn wird durch das Schloß geschoben, und die Kurzschilder werden festgeschraubt

Ein Türschloß anbringen

Wenn ein schadhaft gewordenes Türschloß ersetzt werden muß, sollte man immer versuchen, ein genau passendes neues Schloß zu bekommen. Es ist daher zu empfehlen, das defekte Schloß zum Fachhändler mitzunehmen.

Wenn ein passendes Ersatzschloß nicht zu bekommen ist, muß man die Aussparung in der Tür mit eingeleimten Holzstückchen ausfüllen und einen neuen Schlitz in das Türblatt stemmen.

Bei einer neuen Tür muß der Platz für den Schloßkasten und den Schloßstulp ausgestemmt werden. Die Löcher für die Drücker und den Schlüssel werden dagegen gebohrt. Beim Kauf eines neuen Schlosses ist die Türdicke zu beachten.

Material:	Türschloß mit Schlüssel, Drücker, Langschilder und Befestigungsschrauben
Werkzeug:	Schraubenzieher, Holzhammer, Ahle, Stecheisen, Bohrwinde, Holzbohrer, Raspel

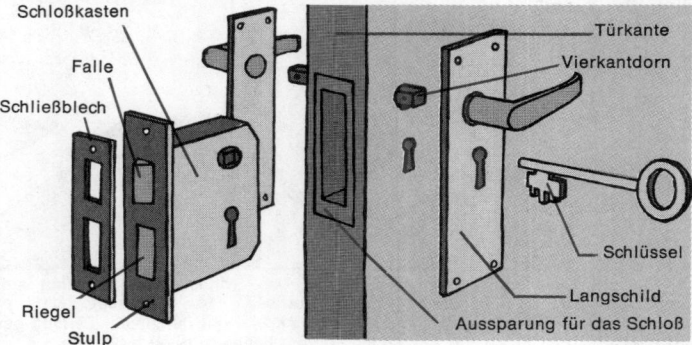

Schloßkasten

Falle

Schließblech

Riegel

Stulp

Türkante

Vierkantdorn

Schlüssel

Langschild

Aussparung für das Schloß

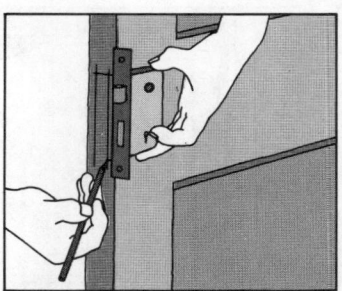

1. Das Einsteckschloß an die Tür halten und den Umriß des Schloßkastens auf Mitte an der Türkante möglichst genau anzeichnen

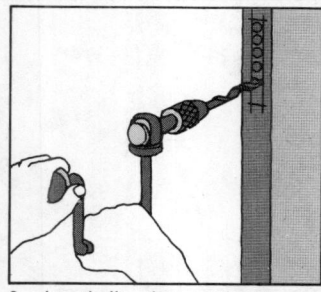

2. Innerhalb der angezeichneten Linien dicht nebeneinander Löcher bohren, die etwas tiefer als der Schloßkasten sein sollten

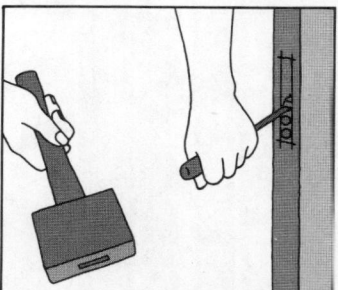

3. Die Aussparung muß mit dem Stecheisen herausgearbeitet werden, bis seine Tiefe für das Schloß plus Stulpplattendicke ausreicht

4. Das Schloß wird in den Schlitz in der Tür geschoben. Danach zeichnet man den Umriß der Stulpplatte auf der Türkante genau an *(Forts. S. 178)*

177

Türen

(Fortsetzung von S. 177)

5. Die Aussparung für die Stulpplatte des Schlosses wird mit dem Stecheisen und Holzhammer vorsichtig für die Dicke der Platte herausgearbeitet

6. Mit einer Ahle werden die Löcher für den Vierkantdorn, den Schlüssel und die Befestigungsschrauben markiert. Schloß genau an die Tür halten

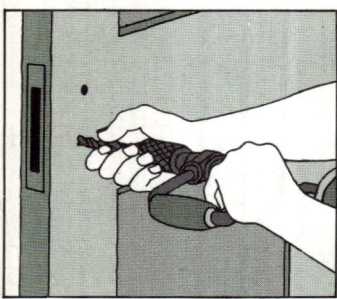

7. Nun bohrt man die Löcher an den angezeichneten Stellen. Hierbei muß darauf geachtet werden, daß sie genau rechtwinklig durch die Tür gehen

8. Das Schlüsselloch wird mit einer Stichsäge so ausgesägt, daß der Schlüssel gut durchpaßt. Es muß ganz vom Langschild verdeckt sein

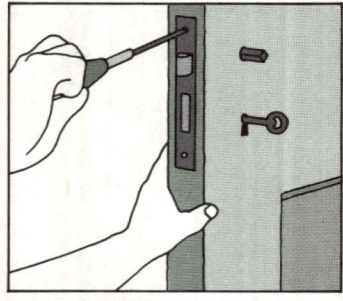

9. Zuerst schiebt man das Schloß in die Tür, steckt den Schlüssel und den Vierkantdorn ein, prüft, ob alles paßt, und schraubt das Schloß fest

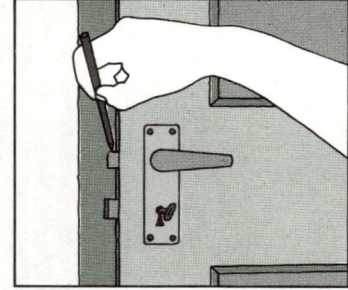

10. Nun werden die Langschilder angeschraubt und die Drücker befestigt. Lage und Umriß von Falle und Riegel zeichnet man im Türrahmen an

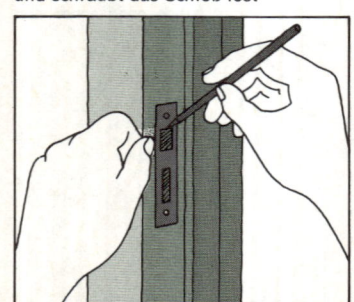

11. Das Schließblech über die Anzeichnung von Falle und Riegel im Türrahmen legen und seinen Umriß und die Schraubenlöcher anreißen

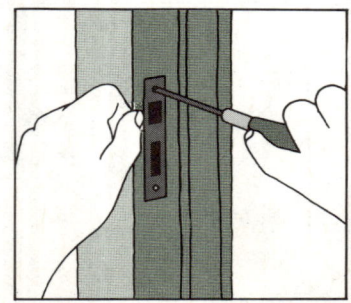

12. Die Löcher für Falle und Riegel und die Aushebung für das Schließblech im Türrahmen ausstechen. Danach das Schließblech anschrauben

Einen Nachtriegel anbringen

Wenn man eine Tür, zum Beispiel eine Wohnungstür, zusätzlich sichern, durch das Einlassen eines Schlosses aber nicht schwächen möchte, dann kann man ohne viel Aufwand ein Aufschraubschloß, einen sogenannten Nachtriegel, an der Türinnenseite anbringen.

Die Montage ist wesentlich einfacher als bei einem Einsteckschloß, weil die Tür nur für den Schließzylinder durchbohrt werden muß.

Es gibt verschiedene Ausführungen von Aufschraubschlössern mit verschiedenen Befestigungsarten. Im Prinzip gleichen sie aber fast alle dem nebenstehenden Beispiel.

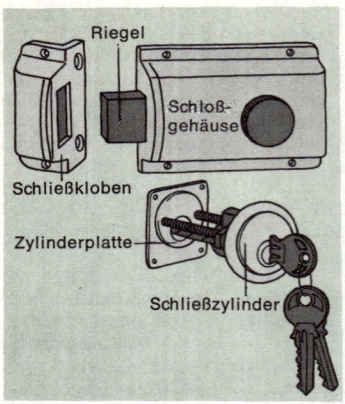

Material:	Schloßkasten mit Zylinder Schließkloben und Holzschrauben
Werkzeug:	Bohrwinde Holzbohrer Stecheisen Holzhammer Schraubenzieher Bleistift Lineal

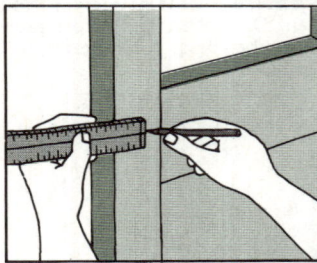

1. Abstand von der Mitte des Schließzylinders zur Vorderkante des Schloßgehäuses messen und auf die Türseite übertragen

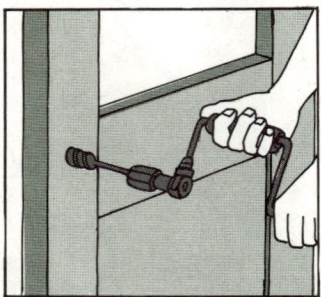

2. Tür schließen und ein Loch vom Durchmesser des Zylinders an der angezeichneten Stelle genau rechtwinklig durch die Türe bohren

3. Schließzylinder von außen durch das Loch in der Tür stecken und durch Anschrauben der Zylinderplatte befestigen

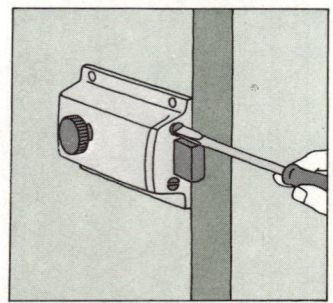

4. Das Schloßgehäuse gegenüber der Zylinderplatte auf die Innenseite der Tür schrauben. Schrauben möglichst fest anziehen

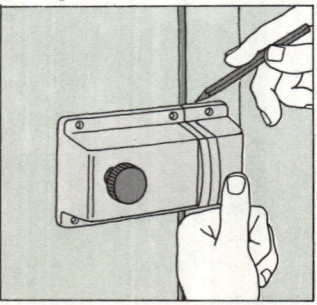

5. Tür schließen, Riegel des Schlosses herausdrehen. Schließkloben über den Riegel auf den Türrahmen setzen und anschrauben

Anschlagen mit Einbohrbändern

Das Angebot an Einbohrbändern ist so groß, daß man fast für jeden Bedarf und jeden Geschmack das passende Band findet. Das Materialangebot der Bänder reicht von der massiven Stahlausführung mit verzinkter, vernickelter oder vermessingter Oberfläche bis zur massiven Messingausführung. Sogar Bänder mit vergoldeter Oberfläche werden angeboten.

Die mitgelieferten Bohrlehren machen die Technik des Anschlagens sehr einfach.

Da man sowohl überfälzte als auch stumpf einschlagende Drehtüren anschlagen kann, braucht man an einer kantenbeschädigten Tür nur die schadhaften Kanten wegzusägen oder zu verputzen, und schon kann man mit einem passenden Einbohrband anschlagen. Je nach den Erfordernissen (Möbel, Fenster, Zimmer- oder Haustüren) stehen leichte, mittelschwere oder schwere Bandausführungen zur Verfügung.

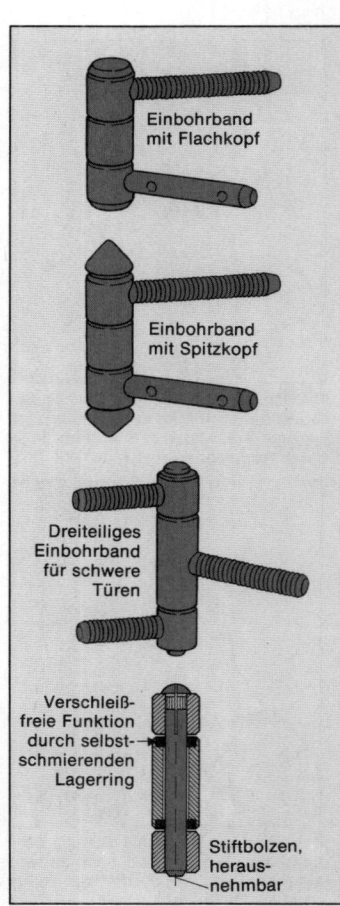

Einbohrband mit Flachkopf

Einbohrband mit Spitzkopf

Dreiteiliges Einbohrband für schwere Türen

Verschleißfreie Funktion durch selbstschmierenden Lagerring

Stiftbolzen, herausnehmbar

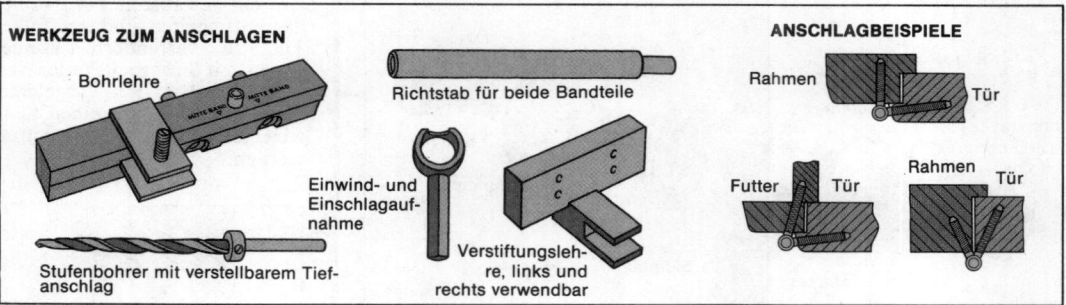

WERKZEUG ZUM ANSCHLAGEN

Bohrlehre

Stufenbohrer mit verstellbarem Tiefanschlag

Richtstab für beide Bandteile

Einwind- und Einschlagaufnahme

Verstiftungslehre, links und rechts verwendbar

ANSCHLAGBEISPIELE

Rahmen — Tür

Futter — Tür

Rahmen — Tür

Montagefolge für Einbohrbänder

Tür oder Flügel in Rahmen legen (1), die nötigen 1,5–2 mm Luft im Falz ergeben sich bei richtiger Handhabung der Bohrlehren. Bandmitte oben und unten an der Tür anzeichnen, die Druckvorrichtungen der Bohrlehren auf die Überschlagsdicke einstellen, Anrisse übereinanderbringen. Die Bohrlehren oben und unten mit Druckvorrichtung und Zwingen an den angezeichneten Stellen aufspannen. Löcher bohren, Spezialbohrer bei stillstehender Maschine in Bohrbuchse einführen (2). Obere Bandteile bis zur Bohrstufe in Tür einschlagen. (3) Einwindaufnahme in Bohrwinde spannen und Bandteile eindrehen, bis die Aufnahme am Überschlag aufsitzt. Mit Richtstock Bandteile geraderichten. Untere Bandteile gleicherart einsetzen. Tür einhängen und Sitz prüfen. (4) Durch eine Türdrehung Bänder genau einrichten. Türe aushängen. Verstiftungslehre über den Bandzapfen bis zum Anschlag schieben und am Falz anlegen. (5) Stift einschlagen

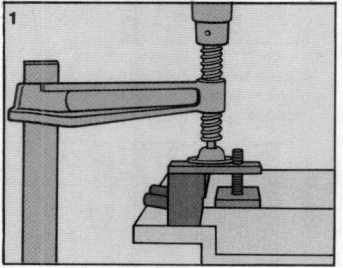

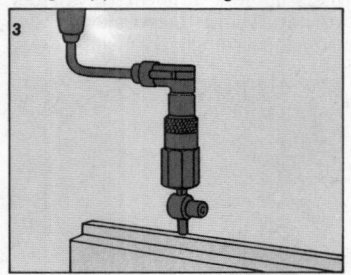

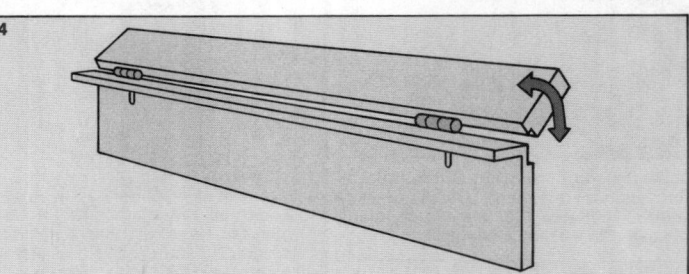

Steighülsen zum Heben von Türen

Die Hülsen können nachträglich auf die montierten Einbohrbänder aufgesteckt werden. Die Montage auffälliger Türheber entfällt. Sie heben die Türen um 6,5 mm. Die Hülsen sind aus Spezialstahl und verzinkt, vernickelt, vermessingt oder auch brüniert erhältlich.

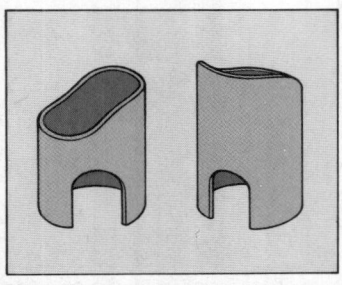

Diese Steighülsen sind mit entsprechenden Einschnitten gegen Verdrehen gesichert

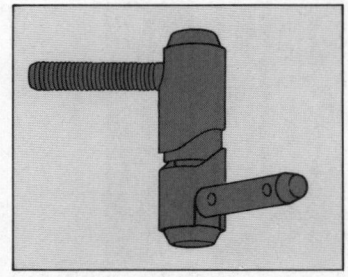

Die geöffnete Tür bleibt bei einem Winkel von ca. 90° stehen, sie fällt nicht selbsttätig zu

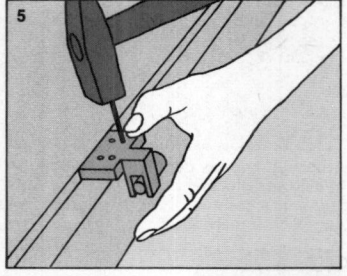

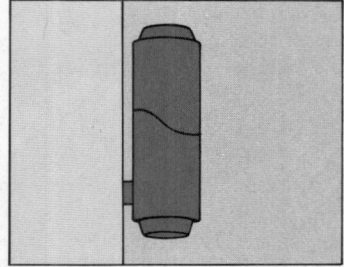

Man braucht kein besonderes Werkzeug; die Steighülsen werden einfach aufgesteckt

Türen

Ein Zylinderschloß einbauen

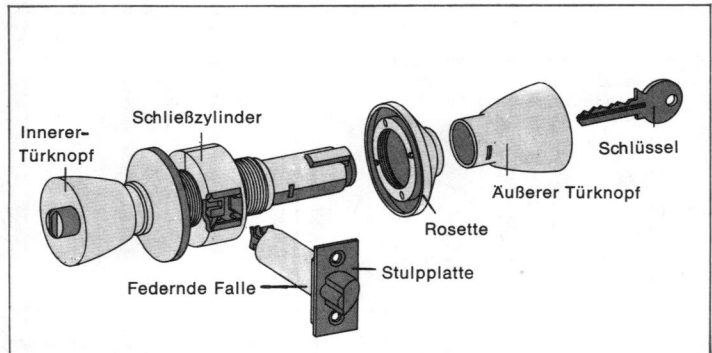

Innerer-Türknopf
Schließzylinder
Schlüssel
Äußerer Türknopf
Rosette
Stulpplatte
Federnde Falle

Es gibt Türschlösser, bei denen das Schloß in einem knaufförmigen Türgriff, dem Knopf, untergebracht ist. Der Einbau wird meist durch eine mitgelieferte Papierschablone erleichtert, auf der der Abstand und Durchmesser der Bohrlöcher angegeben sind.

Material:	Zylinderschloß
Werkzeug:	Ahle, Bohrwinde, Holzbohrer, Stecheisen, Holzhammer, Schraubenzieher

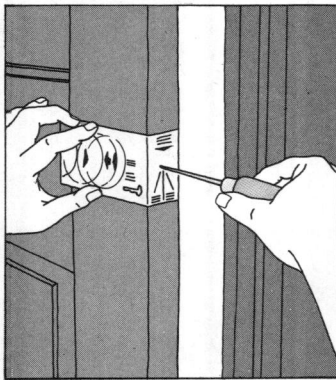

1. Schablone in der vorgeschriebenen Weise an die Tür halten und die Mittelpunkte der zu bohrenden Löcher mit einer Ahle markieren

2. Die beiden Löcher mit Holzbohrern von entsprechendem Durchmesser bohren; Vertiefung für die Stulpplatte mit dem Stecheisen ausheben

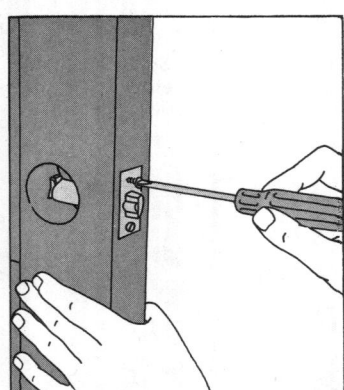

3. Die Falle mit der Stulpplatte so an die Türkante schrauben, daß die Falle genau in der Mitte der Bohrung für den Schließzylinder liegt

4. Beide Türknöpfe nacheinander nach der Anleitung befestigen. Funktionieren des Schlosses prüfen. Schließblech anbringen (siehe S. 178)

Sicherheitsketten

Um ein gewaltsames Aufstoßen der entriegelten und geöffneten Tür zu verhindern, können Türen mit Sicherheitsketten versehen werden. Bei vorgelegter Kette kann die Tür einen Spalt weit, jedoch nicht ganz geöffnet werden.

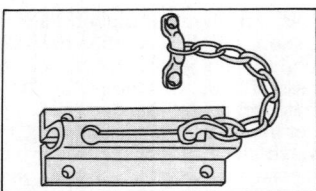

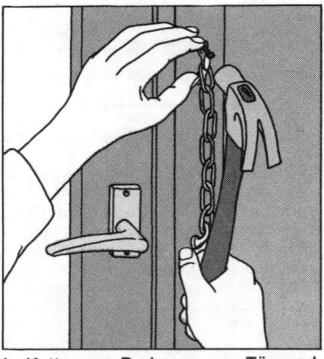

1. Kette zur Probe so an Tür und Türrahmen halten, daß sie von innen, nicht aber von außen aus dem Schlitz gezogen werden kann

2. Nach Bestimmung der richtigen Stelle wird die Halterung der Kette mit starken Schrauben am Türrahmen befestigt

3. Schloß mit eingelegter Kette in gleicher Höhe wie die Befestigung an die Tür halten. Sie darf sich nur einen Spalt weit öffnen lassen

4. Jetzt können die Bohrlöcher für das Kettenschloß an der Tür markiert werden. Am besten nimmt man dazu einen Nagel oder eine Ahle

5. Das Schloß wird mit den meist mitgelieferten Schrauben an der Türe befestigt. Die Schrauben müssen fest angezogen werden

6. Prüfen, ob Kette und Schloß richtig sitzen: Die Tür darf nicht zu weit aufgehen und die Kette von außen nicht zu öffnen sein

Riegel

Riegel oder Verschlußschieber gibt es in den verschiedensten Ausführungen und Stärken. Je nach Bedarf werden sie an Tormauern, Zaunpfosten, an Türen und Fenstern oder Fensterläden angebracht. Art und Stärke des anzubringenden Riegels hängen in erster Linie davon ab, was damit verschlossen werden soll: eine Tür, ein Fenster oder ein Gartentor. Es ist deshalb wichtig, sich vor dem Kauf gut zu überlegen, welche Art von Riegel man wofür benötigt. Außerdem muß man berücksichtigen, ob das Tor, die Tür oder das Fenster nach innen oder nach außen aufgeht. Davon hängt nämlich ab, ob der Riegel in eine ange-

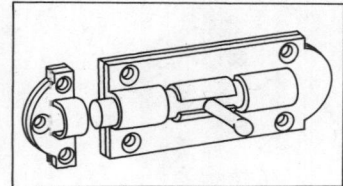

schraubte Lasche, einen Schließkloben oder in eine Vertiefung einrastet.

> *Material: Riegel, Nagel, Schrauben*
> *Werkzeug: Hammer, Schraubenzieher, Bleistift*

1. Zuerst bestimmt man den Platz für den Riegel. Dann befestigt man ihn provisorisch mit einem Nagel und markiert die Schraubenlöcher

2. Nun werden an den angezeichneten Stellen möglichst horizontal die Schraubenlöcher gebohrt. Dann dreht man die Schrauben fest ein

3. Jetzt schiebt man den Riegel heraus und hält den Schließkloben am Türrahmen darüber und zeichnet die Schraubenlöcher für den Kloben an

4. Danach wird der Schließkloben mit einer Schraube angeheftet. Nun prüft man, ob der Riegel gut läuft und einrastet, und dreht die Schrauben ein

Eine Tür klappert

Wenn eine Tür klappert, ist das meist auf das Verziehen des Rahmenholzes zurückzuführen; die Folge ist, daß die Schloßfalle nicht mehr richtig im Schließblech sitzt. Abhilfe: Das Schließblech versetzen.

> *Material: Holzpflöcke, Senkholzschrauben, Knetholz, Lackfarbe*
> *Werkzeug: Schraubenzieher, Holzhammer, Stecheisen, Hammer, Bohrwinde, Holzbohrer, Farbpinsel*

1. Tür schließen und fest in den Falz drücken. Nun den Abstand zwischen der Türoberseite und der Vorderkante des Türrahmens messen

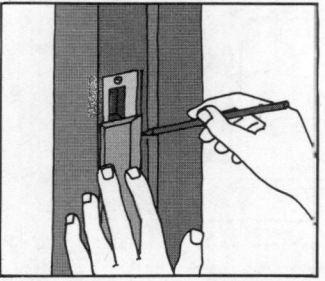

2. Nun wird die Tür geöffnet und das gefundene Maß parallel zur Hinterkante des Schließblechs auf dem Türrahmen angezeichnet

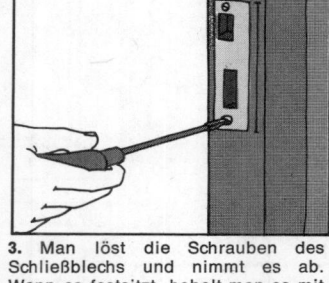

3. Man löst die Schrauben des Schließblechs und nimmt es ab. Wenn es festsitzt, hebelt man es mit einem Schraubenzieher heraus

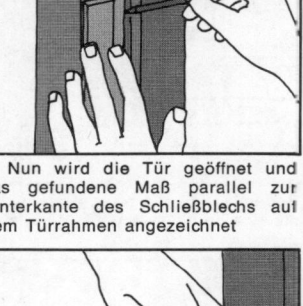

4. Der Ausschnitt für das Schließblech wird mit dem Stecheisen genau in der vorhandenen Tiefe bis an die neue Linie erweitert

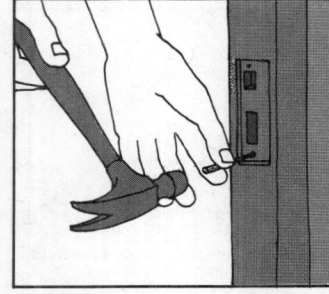

5. Die vorhandenen Schraubenlöcher werden mit Holzpflöcken verschlossen, überstehendes Holz entfernt man mit dem Stecheisen

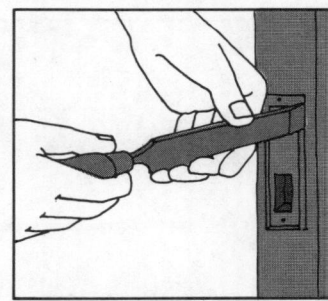

6. Man hält das Schließblech in den neuen Ausschnitt, zeichnet die neuen Löcher für Schloßfalle und Riegel an und sticht sie aus

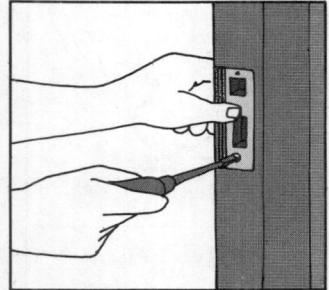

7. Zum Schluß prüft man, ob das Schließblech paßt, arbeitet, wenn nötig, nach und schraubt es mit neuen Senkholzschrauben fest

Türen

Einen Briefeinwurf anbringen

Briefkästen sind gut erreichbar am oder im Haus angebracht oder in Haus- oder Gartenmauern versenkt. Wer einen Briefeinwurfschlitz mit Klappe einrichten möchte, sollte sich an die Maße halten, die sich aus der Praxis ergeben haben. Der Schlitz sollte etwa 27 cm lang, 3,5 cm hoch und etwa 85 cm über dem Bo-

den liegen. Diese Maße können variiert werden, wenn die Struktur der Tür dies verlangt.

> *Material: Briefeinwurfklappe, Holzschrauben*
> *Werkzeug: Wasserwaage, Bohrwinde, Holzbohrer, Stichsäge, Feile, Schleifpapier*

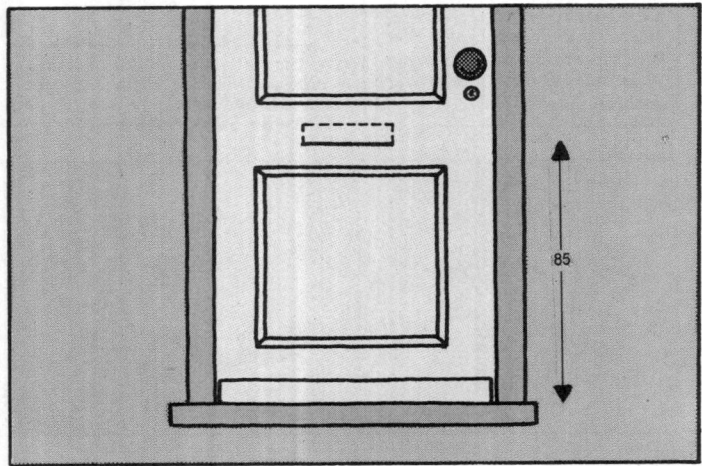

1. In der Mitte der Tür mißt man vom Boden aus 85 cm ab und zieht dann durch diesen Punkt für die Schlitzunterkante eine horizontale Linie

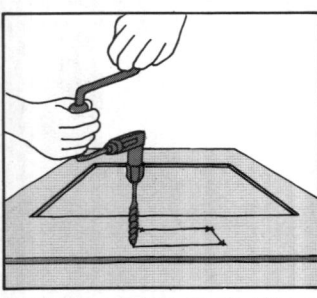

2. Briefeinwurfplatte an die Linie auf der Tür legen und den Einwurfschlitz anzeichnen. In die vier Ecken Löcher für die Stichsäge bohren

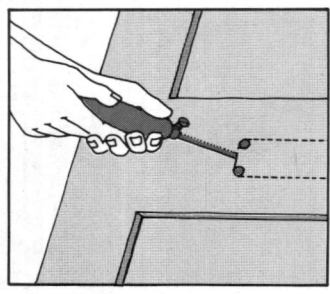

3. Den Schlitz mit der Stichsäge aussägen, Kanten mit Feile und Schleifpapier glätten; untere Schlitzkante nach innen abschrägen

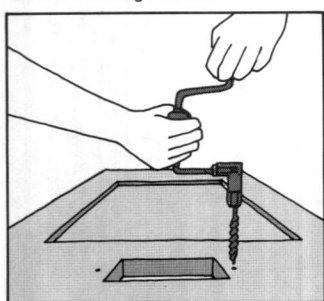

4. Die Schraubenlöcher für die Plattenbefestigungsschrauben anzeichnen und bohren. Danach die Schlitzkanten wie die Tür lackieren

5. Briefeinwurfplatte über den Schlitz setzen und festschrauben. Prüfen, ob sich die Klappe bewegen läßt; dann die Tür wieder einhängen

Türschließer

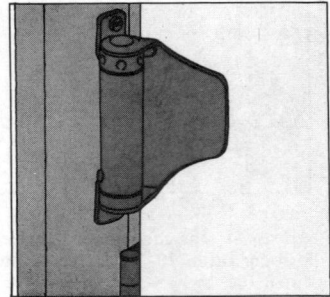

Dieser einfache Türschließer ist leicht zu montieren; er paßt auf schmale Blockrahmen von nur 25 mm Breite

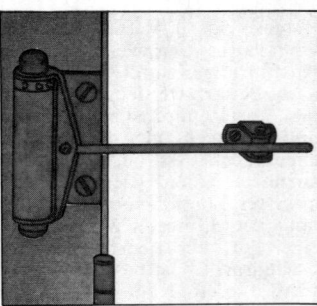

Der Türschließer drückt mit einem Schwenkstab gegen eine auf der Tür befestigte Gleitplatte oder Rolle

Der Fangtürschließer fängt die Tür auf, schließt sie geräuschlos und hält sie im Rahmen fest

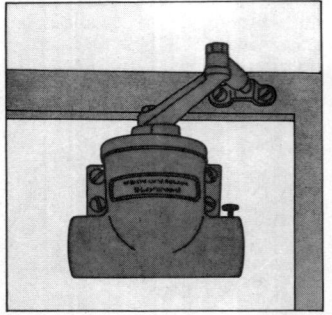

Der hydraulische Türschließer fängt die Tür auf und hält sie noch kurz offen, bevor sie schließt

Der Doppelgelenk-Türschließer läßt die Tür um 180° öffnen und hält sie in dieser Stellung offen

Dieser Schließer hält die Tür bei 90° offen und läßt sie bei weiterem Öffnen selbsttätig schließen

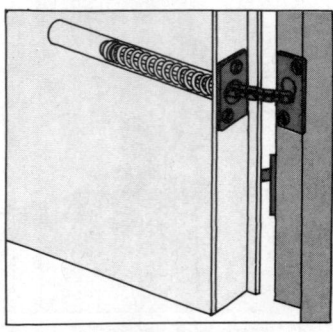

In der Tür eingelassener Türschließer, der bei geschlossener Tür völlig unsichtbar ist

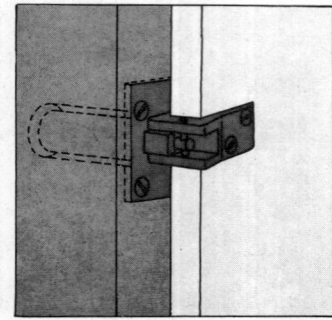

Türen mit Türschließerscharnieren bleiben nur kurz offenstehen und werden dann geschlossen gehalten

Einen Türschließer montieren

In öffentlichen Gebäuden sind Türschließer wegen der vielen Besucher notwendig. Aber auch in Privathäusern sind sie von Vorteil, zum Beispiel an Hintertüren.

Bei Garagen, Lagerräumen beispielsweise kann die Brandschutzbehörde u. U. den Einbau von feuersicheren, selbstschließenden Türen verlangen.

Türschließer arbeiten mit Federn, die mit einem luft- oder ölgefüllten Bremszylinder verbunden sind. Beim Öffnen der Tür wird die Feder gespannt;

wenn sie sich wieder entspannt, schließt sie die Tür. Der Bremszylinder sorgt für eine ruckfreie, gleichmäßige Bewegung.

Es gibt verschiedene Arten und Größen automatischer Türschließer. Beim Kauf kommt es in erster Linie auf die Schwere der betreffenden Tür an. Eine Zimmertür kann zwischen 10

und 30 kg wiegen, eine Haustür bedeutend mehr. Die meisten Schließer lassen sich an rechts oder links angeschlagenen Türen verwenden. Normalerweise wird der Bremszylinder auf der Tür und der Federarm am Türrahmen befestigt. Es gibt aber auch entgegengesetzt wirkende Ausführungen.

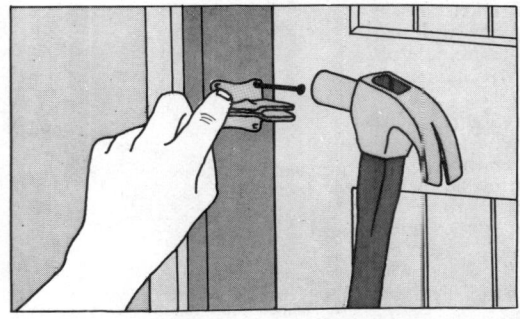

1. Vor dem Anschrauben des Bügels muß bei diesem Türschließer die Schraube, die Bügel und Feder verbindet, gelöst werden. Die Bohrlöcher markiert man mit Nägeln

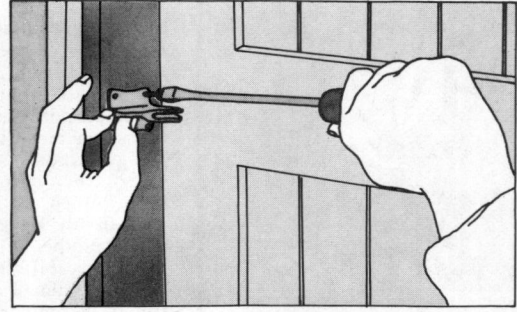

2. Nun wird der Bügel auf den Türrahmen geschraubt. Damit der Bügel, der starke Kräfte aufnehmen muß, auch festsitzt, muß man ausreichend lange Schrauben verwenden

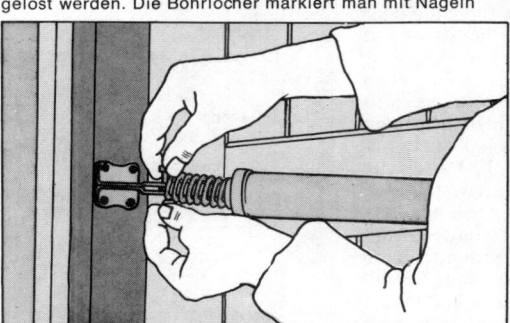

3. Nach dem Anschrauben des Bügels wird die Feder wieder mit ihm verbunden. Das ist nötig, damit man den richtigen Befestigungspunkt an der Tür bestimmen kann

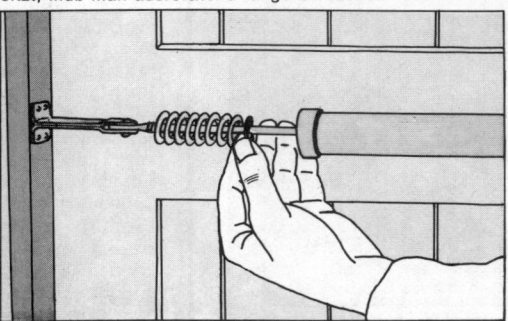

4. Bei dem hier gezeigten Türschließersystem kann die richtige Länge mit einem verschiebbaren Ring eingestellt werden, der die Bewegung des Kolbens begrenzt

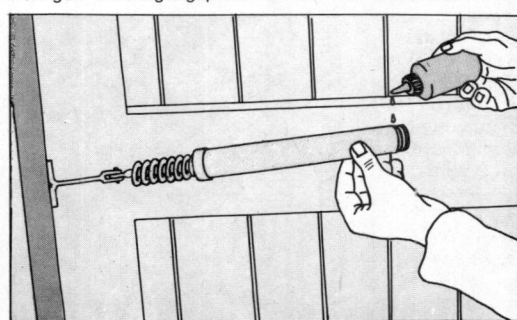

5. Vor dem Aufsetzen des Verschlusses tropft man etwas Öl ein, damit der Schließer einwandfrei arbeitet. Dann kann man ihn endgültig an der Tür befestigen

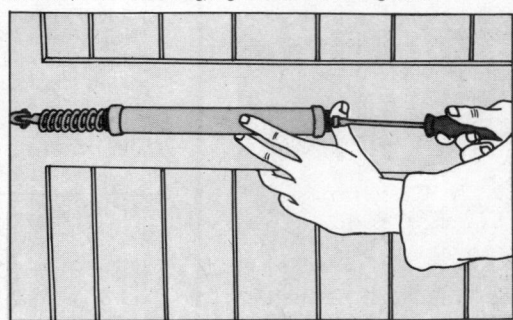

6. Wenn die zweite Befestigungsstelle ebenfalls als Bügel ausgebildet ist, kann man die Schließgeschwindigkeit meistens mit einer Einstellschraube regulieren

Wetterschenkel

Außentüren werden oft mit einem Wetterschenkel versehen, der das Eindringen von Wasser verhindern soll. Die Regenleiste kann aus Holz, Metall oder Kunststoff bestehen.

Material: Wetterschenkel, Holzschrauben, Lackfarbe
Werkzeug: Holzhammer, Stecheisen, Schraubenzieher, Pinsel

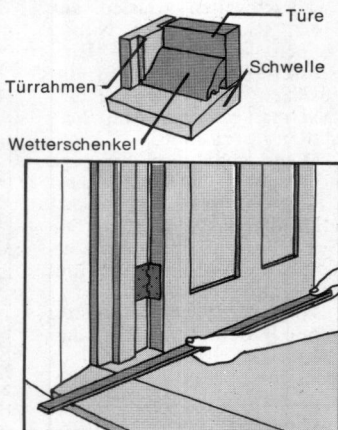

1. Länge des Wetterschenkels an der Tür messen, nach Maß zusägen und die Enden etwas abschrägen

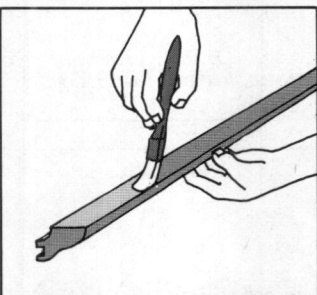

2. Nun Schraubenlöcher bohren und Unterkante der Tür und die Regenleiste mit Schutzmittel behandeln

3. Zum Schluß Wetterschenkel anschrauben und dann mit der Türfarbe zweimal satt lackieren

Türen

Eine Holzschwelle erneuern

Aufsteigende Feuchtigkeit aus dem Fundament oder Mauerwerk ist meist die Ursache für das Verrotten hölzerner Schwellen an Außentüren. Und natürlich werden sie im Lauf der Zeit durch häufiges Begehen abgenutzt und beschädigt. Man sollte die Reparatur nicht zu lange aufschieben, damit nicht auch der Türrahmen in Mitleidenschaft gezogen wird.

Türschwellen werden aus Holz, Ziegeln oder Natursteinen hergestellt. Eine Schwelle aus Naturstein einzusetzen ist zeitraubender, weil man sie nach Maß herstellen lassen muß.

Wenn man sich für eine hölzerne Türschwelle entscheidet, sollte man möglichst Hartholz dafür wählen. Die Schwelle muß vor dem Verlegen mit Holzschutzmittel imprägniert werden.

Als Schutz gegen aufsteigende Bodenfeuchtigkeit kann man einen Streifen Bleiblech oder Dachpappe unterlegen.

Material: Hartholz für neue Türschwelle, Bleiblech oder Dachpappe, Holzschutzmittel, wetterfester Lack
Werkzeug: Stemmeisen, Säge, Hobel, Hammer, Nuthobel oder Kreissäge, Pinsel

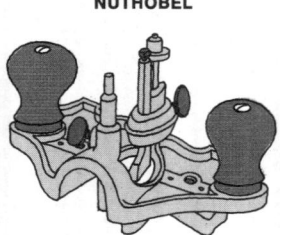

NUTHOBEL

Der Nuthobel dient zur Herstellung von Nuten oder Rinnen von gleichmäßiger Tiefe in einer Holzfläche. Die Tiefe des Hobelmessers läßt sich verstellen. Mit dem Hobel führt man kurze Stöße nach vorn, die in einem langen Zug enden.

1. Man bestimmt die Abmessungen der Schwelle, gibt in der Länge einige Zentimeter zu und hobelt in die Unterseite vorne eine Abtropfrinne

2. Schwelle umdrehen, parallel zur Hinterkante eine Linie in etwas größerem Abstand als die Türdicke anzeichnen und ab hier Schräge anhobeln

3. Alte Schwelle herausstemmen, an der neuen an beiden Enden die Konturen des eingreifenden Türrahmens anzeichnen und aussägen

4. Isolierstreifen einlegen, Schwelle mit Hammer und Hartholzklotz fest in den Türrahmen klopfen. Abschließend mit wetterfestem Lack behandeln

Gemauerte Türschwelle

Eine gemauerte Außenschwelle kann man ohne Schwierigkeit selber machen. Man nimmt Klinker dazu, da normale Ziegel weicher sind und mehr Feuchtigkeit aufnehmen.

Mit dem Mörtelbett erreicht die Lage aus hochkant gestellten Klinkern eine Tritthöhe von ca. 12 cm. Es kann daher notwendig werden, darunter eine oder mehrere Ziegellagen des Mauerwerks abzutragen. Dann muß die Schwellenunterlage, die Mauer, durch Ziegel oder Mörtel auf die nötige Höhe gebracht werden.

Für das Mörtelbett und die Verbindung der Klinker mischt man einen steifen Mörtel aus einem Teil Zement und einem bis zwei Teilen Sand. Man kann auch etwas Kalk hinzufügen.

Da sich in einer Steinschwelle keine wasserabführende Nut anbringen läßt, ist es nötig, die Oberfläche der Schwelle leicht nach außen abfallend zu verlegen, damit Regen- oder Schneewasser abfließen kann. Nach dem Verlegen soll die Schwelle mindestens einen Tag lang nicht betreten werden, damit die Steine sich nicht wieder lockern.

Beim Herstellen einer Klinkerschwelle sollte man folgende Tips beachten: Man legt die Steine auf ihrer Schmalkante vor den Türrahmen, den ersten Stein etwa 1 cm vom Mauerwerk entfernt neben den Türpfosten. Dann füllt man die Breite so mit Klinkern, daß sie durch 10 mm breite Fugen voneinander getrennt sind, und markiert die Abstände mit Filzstift auf einer Latte. Man schlägt auf beiden Seiten je einen kleinen Pfosten in den Grund und markiert auf ihnen mit einem Nagel die Höhe der vorderen oberen Schwellenkante; dabei darf man die Neigung der Schwellenoberfläche für den Wasserablauf nicht vergessen. Eine zwischen den Nägeln straff gespannte Schnur begrenzt die Vorderkante der Schwelle. Die Rückseite der Klinker wird mit dem Maurerhammer abgeschrägt. Dann macht man den Mörtel an und mauert die Klinker ein.

Material: Klinker, Mörtel
Werkzeug: Wasserwaage, Kelle, Fugenkelle, Schnur, Mörtelwanne, zwei Pflöcke, Richtlatte, Maurerhammer

1. Zwei Holzpflöcke an den Kanten der Türöffnung einschlagen und auf einem Pflock die Höhe der Schwellenvorderkante anzeichnen

2. Schwellenhöhe mit Wasserwaage und Richtlatte auf zweiten Pflock übertragen; Nägel einschlagen und mit straff gespannter Schnur verbinden

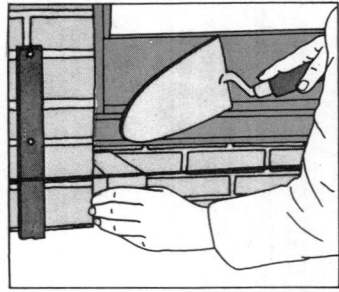

3. Das Mauerwerk unter der Schwelle mit Mörtel in benötigter Höhe belegen und den ersten Klinker mit 1 cm Fuge gegen die Türleibung legen

4. Die übrigen Klinker mit der Abstandsleiste einmauern. Sie müssen mit der Schnur fluchten. Zum Schluß schließt man die Fugen mit Mörtel

Reparatur einer verzogenen Tür

Besonders bei Neubauten kann es vorkommen, daß das Mauerwerk sich noch mehr oder weniger setzt. Dies hat meist zur Folge, daß auch Türrahmen sich verziehen und Türen somit nicht richtig schließen.

Wenn das Absinken der Mauer so erheblich ist, daß große Spalten oder starke Verklemmungen auftreten, muß man einen Sachverständigen zu Rate ziehen. In den meisten Fällen wird dann der Türrahmen neu gesetzt werden müssen.

Wenn die Mauersenkung allerdings nur geringfügig und offen-

sichtlich zum Stillstand gekommen ist, kann man eine schief hängende Tür dadurch wieder gängig machen, daß man die klemmende Kante der Tür absägt oder abhobelt und sie so dem Türrahmen wieder angleicht.

An der anderen Kante, an der ein Spalt entstanden ist, setzt man eine Fülleiste an. Sie muß so breit sein, wie die Tür dick, und mindestens so stark, wie der Spalt zwischen Tür und Schwelle an seiner größten Stelle breit ist.

Auch diese Fülleiste wird an ihrer freien Fläche so zurechtgehobelt, daß sie genau parallel zur Rahmen- oder Schwellenkante verläuft. Nun kann man die Scharniere lösen und im Türrahmen entsprechend versetzen, bis die Tür wieder leichtgängig und fest schließt.

Material: Holzleiste, Holzschrauben, Holzdübel, Leim, Spachtel, Lackfarbe
Werkzeug: Säge, Hammer, Holzhammer, Schraubenzieher, Stecheisen, Bohrwinde, Holzbohrer, Hobel, Farbpinsel

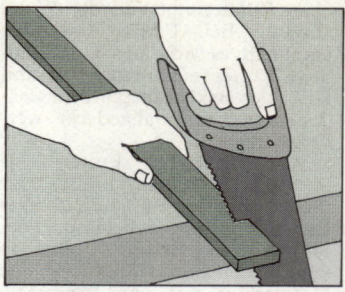

1. Zunächst wird die Fülleiste von entsprechender Dicke genau auf die Länge der Türbreite gesägt. Danach werden alle Seiten glattgehobelt

2. Die Leiste genau an die Kante des klaffenden Türrahmenteils halten (hier ist es die Oberkante) und Linie für den Sägeschnitt anreißen

3. Jetzt alle Scharnierschrauben aus dem Türrahmen herausdrehen und Türe abnehmen, damit die Scharniere nach Bedarf versetzt werden können

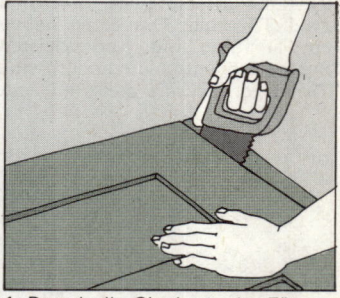

4. Danach die Oberkante der Tür entlang der angerissenen Linie absägen und die Sägekante glatthobeln. Türe provisorisch in den Rahmen stellen

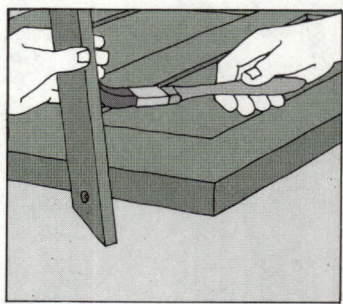

5. Fülleiste unter die Tür schieben und prüfen, ob sie paßt. Schraubenlöcher in die Leiste bohren; Leiste und Türunterkante mit Leim bestreichen

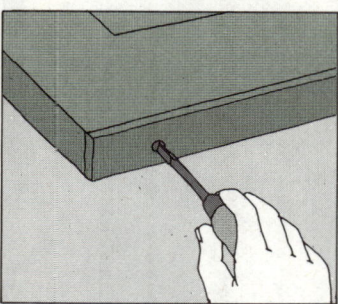

6. Die Leiste nun fest an die Unterkante der Tür pressen und mit Senkkopfholzschrauben durch die vorgebohrten Löcher befestigen

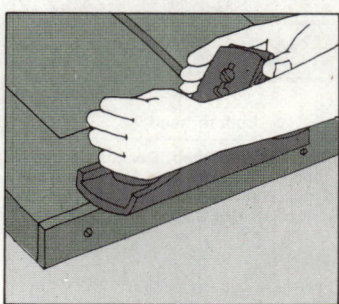

7. Vorder- und Hinterkante der Leiste mit den Türflächen bündig hobeln, verspachteln und zweimal in der passenden Türfarbe lackieren

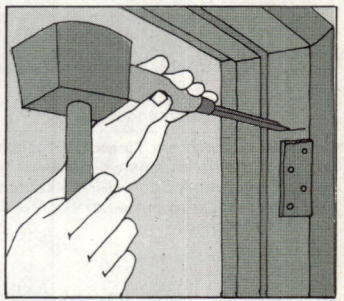

8. Die neue Lage der Scharniere im Türrahmen anzeichnen und die Aussparungen dafür mit dem Stecheisen und Holzhammer herausarbeiten

9. Die alten Bohrlöcher werden mit Holzdübeln und Weißleim fest verschlossen. Überstehendes Holz wird mit dem Stecheisen entfernt

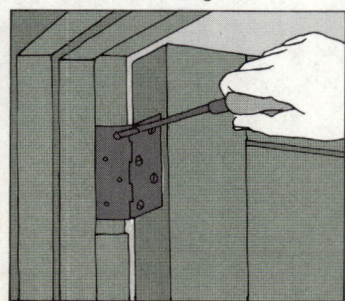

10. Tür einstellen, wie auf Seite 162 beschrieben, Scharniere festschrauben und prüfen, ob sich die Tür einwandfrei öffnen und schließen läßt

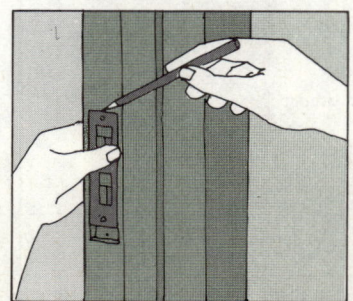

11. Die Schrauben des Schließbleches lösen, das Blech vom Türrahmen nehmen und seine neue Lage auf dem Rahmen genau anzeichnen

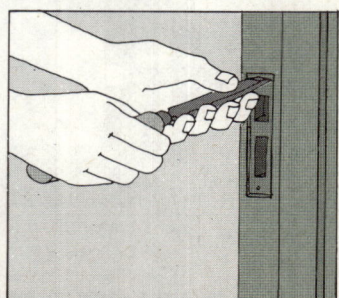

12. Aussparung für Schließblech mit Stecheisen der neuen Lage anpassen. Schlitze unter Scharnieren und Schließblech mit Knetholz zukitten

Türen

Eine Fertigtür einbauen

Es gibt heutzutage eine Vielzahl einbaufertiger Türen mit dem dazugehörenden Futter zu kaufen. Das Angebot reicht vom herkömmlichen Türfutter mit Falz- und Zierbekleidung bis zur modernen Türzarge, die sowohl geschoß- als auch sturzhoch erhältlich ist.

Die Oberfläche kann mit Folie beschichtet sein oder aber aus Naturholzfurnier bestehen. Holzarten wie Mahagoni-Macoré, Limba oder Bete sind meist am Lager. Bei Eiche, Nußbaum, Palisander etwa muß man unter Umständen mit längeren Lieferzeiten rechnen.

Man unterscheidet zwischen zwei Türarten. Die einen haben ein Türfutter mit Abdeckleisten auf beiden Seiten, die andern eine Türzarge, die sich meist nur mit einer Schattennut von der Wand absetzt. Bei Fachwerkswänden empfiehlt es sich, das herkömmliche Futter einzubauen, da mit Hilfe der Bekleidungen Putzschäden weitgehend abgedeckt werden können.

War im alten Futter eine Schwelle eingebaut, sollte man diesen Spalt im Fußboden schließen und den Bodenbelag darüber hinwegleiten. Ist der Fußboden verschieden hoch, fängt man den Unterschied mit einer Anschlagschiene auf.

Türzargen mit Schattennuten haben oft einen verzinkten Stahlrahmen als Unterkonstruktion. Der Stahlrahmen muß bereits eingesetzt sein, bevor man mit dem Verputzen beginnt. Alle Einbauelemente werden vom Hersteller einzeln angeliefert; es bereitet aber meistens keine Schwierigkeiten, sie zusammenzubauen. Dies geschieht am besten auf dem Fußboden. Als Schutz legt man zwei Leisten unter die Zarge.

Bei geschoßhohen Türzargen entfällt diese Arbeit, denn sie haben keine Querstücke.

Nach dem Zusammenbau wird der Rahmen in die Maueröffnung gestellt, lot- und winkelrecht ausgerichtet und zunächst einmal an der Bandseite befestigt. Jetzt kann man die Tür vorsichtig einhängen und ihre Funktion überprüfen. Unbedingt ist darauf zu achten, daß das Querstück in der Waagrechten ist! Jetzt wird die Zarge an der Schloßseite befestigt, wobei man sich an die Reihenfolge oben – unten – Mitte hält.

Wenn die Montage sorgfältig ausgeführt worden ist, wird keine Nacharbeit notwendig sein. Bei Einbohrbändern kann es möglich sein, daß man geringfügig nachjustieren muß. Am Schluß der Arbeit schraubt man die mitgelieferten Drücker und Langschilder an. Riegel und Falle werden leicht geschmiert.

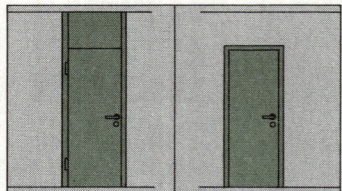

Eine geschoßhohe (links) und eine sturzhohe Türzarge (rechts)

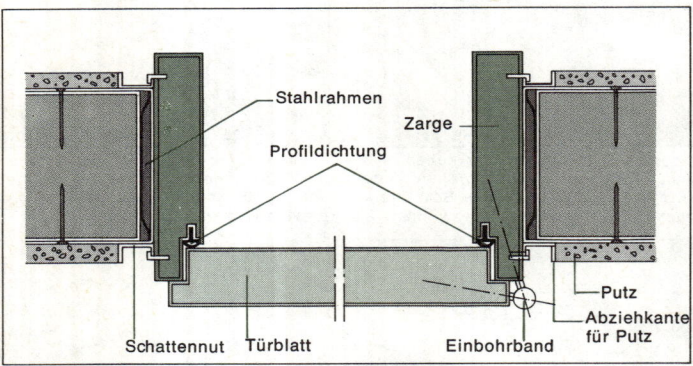

Querschnitt durch ein Türelement mit verzinktem Stahlrahmen: Der Stahlrahmen, der auch als Putzrahmen bezeichnet wird, muß bereits vor dem Verputzen eingesetzt werden. An den U-Profilkanten wird der Wandputz abgezogen. Von der Wand ist die Zarge mit einer Schattennut abgesetzt. Die Schattennut wird meist dunkel gestrichen

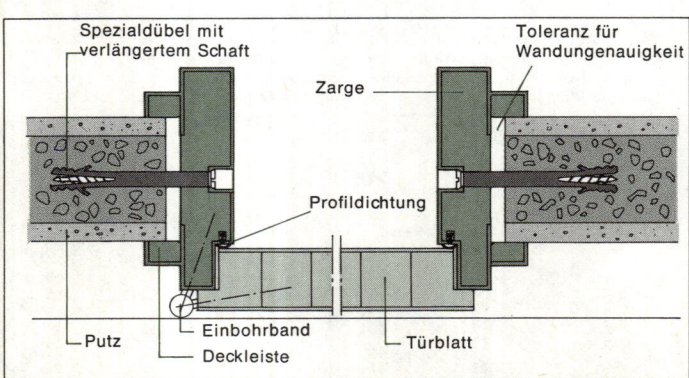

Querschnitt durch eine Zarge mit glattem Türblatt: Dieses Türelement läßt sich relativ einfach montieren. Die Ungenauigkeiten zwischen Wand und Zarge werden mit Deckleisten abgedeckt. Man nagelt diese einfach mit 40 mm langen Stauchkopfstiften an der Zarge fest. Vorsichtig klopfen und das Zargeninnere gegenhalten!

Die Abbildung rechts oben zeigt ein herkömmliches Türfutter mit Falz- und Zierbekleidung. Die Falzbekleidung ist bereits aufgeleimt, die Zierbekleidung läßt sich um bis zu 10 mm verschieben. Ist die Bekleidung genau angepaßt, leimt man sie in die Nut. Die große Abbildung zeigt, wie ein Türfutter eingefahren wird. Oben braucht man mindestens 1 cm Luft

Holztürpfosten reparieren

Wenn die unteren Enden von Türpfosten Verrottungserscheinungen zeigen oder angeschlagen und gesplittert sind, braucht nicht immer der ganze Türrahmen erneuert zu werden. Oft genügt es, die beschädigten Teile zu ersetzen. Man braucht dazu nur zwei Holzstücke in passender Art und Stärke.

Die verrotteten Pfostenteile werden entfernt, indem man die Pfosten etwas oberhalb des schlechten Holzes durchsägt. Dabei muß man achtgeben, daß die Zähne der Säge nicht am Mauerwerk oder der Pfostenverankerung beschädigt werden. Gegebenenfalls entfernt man das Reststück mit dem Stecheisen oder mit der Raspel.

Die Verankerung des Türpfostens liegt meist etwa 30 cm über dem Boden und sollte möglichst intakt bleiben. Liegt der Anker jedoch im schlechten Holz, so muß er ebenfalls entfernt und neu eingesetzt werden.

Manchmal ist der Türpfosten mit der hölzernen Schwelle verbunden. Wenn sich diese Verbindung nicht lösen läßt, muß man den Pfosten etwa 5 cm über der Schwelle nochmals durchsägen, das Pfostenzwischenstück herausnehmen und das restliche Holz je nach dem Befund entfernen.

Das Ersatzstück bekommt dasselbe Profil wie der vorhandene Türpfosten. Seine zur Mauer liegende Seite wird mit Holzschutzmittel behandelt, die anderen, auch die Unterseite, werden zum Türrahmen passend gestrichen.

Wenn eine hölzerne Schwelle zwischen den Türpfosten sitzt, empfiehlt es sich, sie vor der Reparatur zu entfernen. Dies erleichtert die Reparatur.

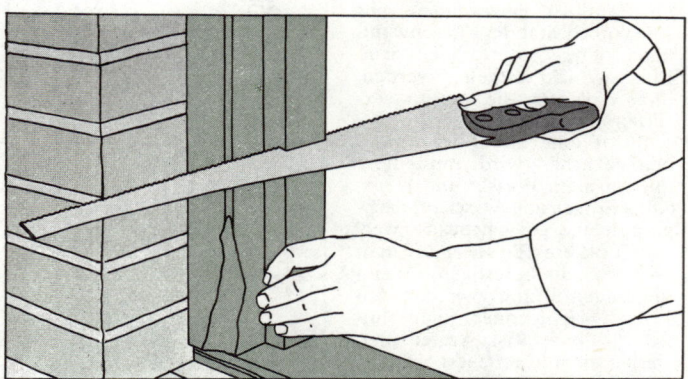

1. Das schadhafte Stück wird abgesägt. Wenn der Anker des Türrahmens im schadhaften Pfostenstück liegt oder wenn er nicht mehr festsitzt, muß er aus dem Mauerwerk herausgestemmt werden. Am Ersatzstück wird dann ein neuer Anker befestigt und in die Mauer einzementiert

2. Das neue Pfostenstück wird genau auf richtige Länge gesägt und mit Hammer und Hartholzklotz an seinen Platz geklopft

3. Das neue Pfostenstück wird durch schräg gebohrte Schraubenlöcher ans Mauerwerk oder auch an die Holzschwelle geschraubt

Garagenkipptüren warten

Kipptüren werden vor allem in Garagen eingebaut. In geöffnetem Zustand schieben sie sich waagrecht unter die Decke und geben somit die gesamte Einfahrtbreite und -höhe ungehindert frei.

Kipptüren bestehen aus Kunststoff, Metall oder Holz. Sie werden über Federn oder Gegengewichte an Flaschenzügen bewegt und sind daher trotz ihres hohen Gewichts leicht zu öffnen und zu schließen.

Damit eine Kipptür immer einwandfrei und leicht läuft, müssen alle beweglichen Teile und Drehpunkte regelmäßig mit säurefreiem Öl oder Maschinenfett geschmiert werden. Rollen oder Bolzen aus Kunststoff werden nicht geölt, sondern mit Graphit versehen.

Die Gleitschienen säubert man mit einer harten Bürste. Ferner empfiehlt es sich, die Bolzen und andere Aufhängepunkte, an denen das Tor im Stahlrahmen befestigt ist, von Zeit zu Zeit zu kontrollieren und, falls erforderlich, wieder fest anzuziehen.

Aluminium- und Kunststofftore brauchen keinen Anstrich; man säubert sie mit einem feuchten Tuch. Roststellen an gestrichenen Stahltoren sollte man möglichst bald bis zum blanken Metall abschleifen und vor dem Neuanstrich mit Rostumwandler einstreichen.

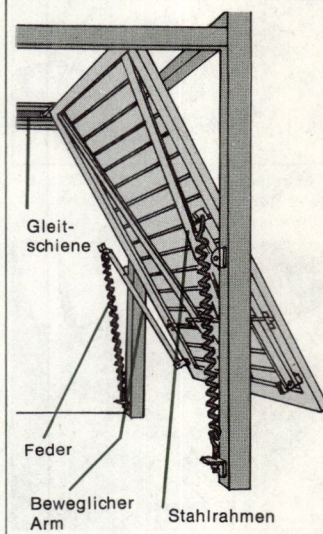

Gleitschiene

Feder

Beweglicher Arm

Stahlrahmen

Pflege: Alle beweglichen Teile werden gründlich gesäubert und – mit Ausnahme der Federn – mit gutem Maschinenöl oder Fett geschmiert

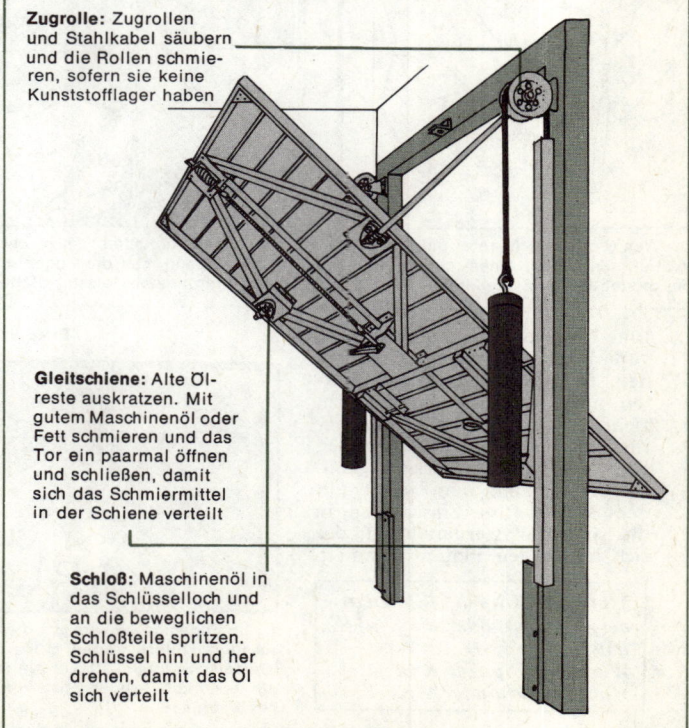

Zugrolle: Zugrollen und Stahlkabel säubern und die Rollen schmieren, sofern sie keine Kunststofflager haben

Gleitschiene: Alte Ölreste auskratzen. Mit gutem Maschinenöl oder Fett schmieren und das Tor ein paarmal öffnen und schließen, damit sich das Schmiermittel in der Schiene verteilt

Schloß: Maschinenöl in das Schlüsselloch und an die beweglichen Schloßteile spritzen. Schlüssel hin und her drehen, damit das Öl sich verteilt

Wandfliesen

Fliesen schneiden

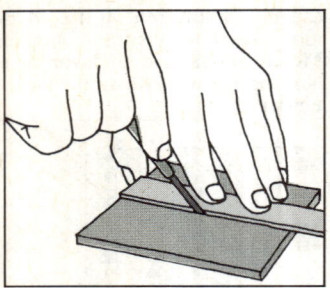

1. Man legt ein Lineal an die Schnittstelle und ritzt die Oberfläche mit dem Fliesenschneider an

2. Dann schiebt man dünne Hölzchen unter die Linie und bricht die Fliese mit leichtem Druck durch

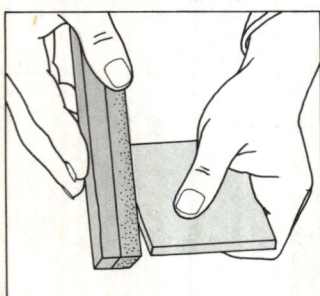

3. Wenn die Bruchkante rauh ist, glättet man sie mit einem gut angefeuchteten feinen Schleifstein

Fugen füllen

1. Dünner Zementbrei oder käufliche Fugenfüllmasse wird mit einem Gummischaber in die Fugen gepreßt

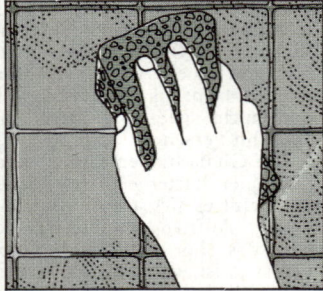

2. Füllmasse gut eindrücken, danach die Fliesen mit einem Kunststoffschwamm wieder sauberwischen

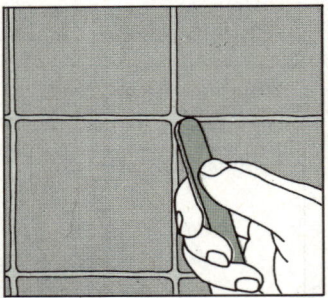

3. Vor dem Abbinden, nach etwa 5 Minuten, kann man die Fugen mit einem abgerundeten Holzstab glätten

Eine Fliesenwand erneuern

Wenn eine Wandfliese sich gelockert hat, wird sie vorsichtig herausgenommen und, nachdem man die Unterlage gründlich gesäubert hat, mit einem geeigneten Kleber wieder eingefügt.

Eine zerbrochene oder gesprungene Fliese wird mit Hammer und Meißel herausgebrochen und durch eine neue ersetzt. Bei der Erneuerung mehrerer Fliesen legt man Pappstreifen, Streichhölzer oder aber spezielle Plastikkeile als Abstandhalter dazwischen. Sie werden wieder entfernt, sobald der Kleber oder Mörtel abgebunden hat – im allgemeinen nach etwa sechs Stunden. Die Fugen werden anschließend mit Fugenzement verstrichen.

Nehmen Sie immer ein Stück der zerbrochenen Fliese als Muster mit, wenn Sie im Fachgeschäft Ersatzfliesen kaufen.

Auf eine stark zerkratzte und unansehnlich gewordene, aber sonst noch stabile Fliesenwand kann ohne weiteres eine neue Fliesenschicht aufgelegt werden, ohne daß man die alte zu entfernen braucht.

Bevor die alte Fliesenwand neu gekachelt wird, muß diese mit warmem Wasser und Haushaltsreiniger abgewaschen, nachgespült und gut getrocknet werden. Lockere Fliesen muß man vorher neu befestigen. Wenn die Fugenfüllung zwischen den Fliesen rissig oder unansehnlich geworden ist, kratzt man sie heraus und erneuert sie.

Um Wandfliesen zu reinigen, benutzt man warmes Wasser und einen Haushaltsreiniger; für die Fugen tut eine Nagelbürste und ein feines Scheuermittel gute Dienste.

Material: Wandfliesen
        Fugenzement
        Fliesenkleber
Werkzeug: Lineal
        Hammer
        Beißzange
        Fliesenschneider
        Schwamm
        Zahnspachtel
        Fugenholz
        Kleine Kelle

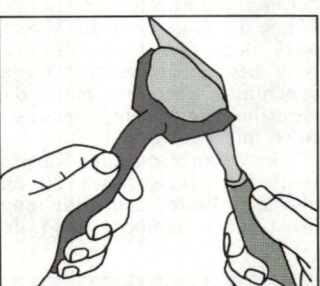

1. Zunächst muß die Wand sorgfältig gesäubert und geglättet werden. Dann streift man mit einer kleinen Kelle etwas Fliesenkleber auf den Zahnspachtel

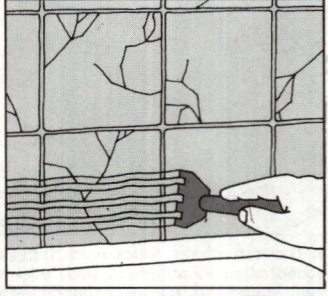

2. Der Kleber wird gleichmäßig aufgetragen. Es empfiehlt sich, nicht mehr als einen Quadratmeter Wand auf einmal zu bestreichen, da der Kleber schnell fest wird

3. Nun drückt man die Fliesen vorsichtig in den Kleber. Dabei wird von Zeit zu Zeit mit dem Stahllineal genau überprüft, ob die Fliesen eben und geradesitzen

---

Eine beschädigte Fliese muß man vorsichtig und behutsam entfernen, um die benachbarten Platten nicht in Mitleidenschaft zu ziehen. Vor allem an den Fugenrändern zu den unbeschädigten Fliesen ist größte Vorsicht geboten. Hier kann man leicht mit dem Meißel Risse einschlagen, in die später Wasser eindringt, das sich hinter den Platten sammelt.

Material: Fliesen, Fliesenkleber, Zement oder Fugenfüllmasse
Werkzeug: Spitzes Kratzeisen, Hammer, schmaler Meißel

EINE FLIESE ENTFERNEN

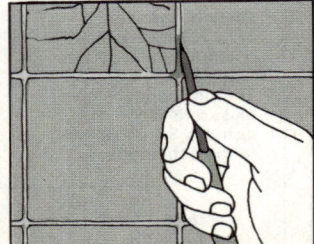

1. Die Fugenmasse wird um die beschädigte Fliese herum mit einem Kratzeisen entfernt. Dabei die Ränder der angrenzenden Fliesen nicht beschädigen!

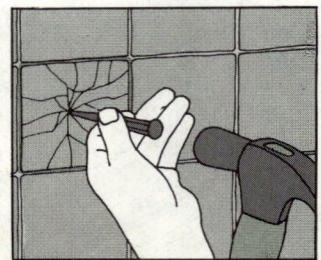

2. Mit Hammer und Meißel wird die schadhafte Fliese stückchenweise herausgeschlagen; dabei soll man immer von der Mitte nach außen arbeiten

Keramische Wandfliesen verlegen

Keramische Wandfliesen können auch vom Nichtfachmann verlegt werden. Man braucht dazu Mörtel oder Kleber, Fugenfüller und eventuell Farbe zum Abtönen des Füllers.

Keramische Fliesen werden aus Ton geformt und anschließend gebrannt. Sie werden in drei Qualitäten gehandelt, nämlich 1., 2. und 3. Wahl. Das Kennzeichen dafür befindet sich auf der Rückseite: zwei gekreuzte Pfeile für die 1. Wahl, ein Quadrat für die 2. und ein Dreieck für die 3. Qualität.

Vor dem Kauf der Fliesen ist es ratsam, die Wand maßstabsgerecht auf ein Blatt Millimeterpapier zu zeichnen und auch Türen und Fenster einzutragen. Dann läßt sich der Bedarf leicht ausrechnen. Dazu wird zunächst das gewünschte Fliesenformat bestimmt. 15 x 15 und 10 x 20 sind die gebräuchlichsten Größen. Auf dem Millimeterpapier ist eine Fliese von 10 x 20 cm bei einem Maßstab von 1 : 20 5 x 10 mm groß. In diesem Maßstab werden alle Fliesen eingezeichnet, wobei man Paßfliesen (keine ganzen Fliesen) nach Möglichkeit an weniger auffallende Stellen legt. Eventuell muß man auch feststellen, wie viele Fliesen mit abgerundeten Kanten oder Ecken man braucht. Im allgemeinen werden jedoch nur noch Fliesen mit geraden Kanten verarbeitet.

Für Wandfliesen ist ein einwandfreier Untergrund wichtig: Er muß fett- und staubfrei, eben, starr und ohne lockere Stellen sein. Fliesen können auf hartem Untergrund wie Betonwänden verlegt werden, wenn sie eben sind. Die tiefste Unebenheit darf nicht mehr als 2–3 mm betragen. Eine Ziegelwand sollte vor dem Verlegen der Fliesen einen Gipsputz erhalten (siehe S. 108). Pulverig weiche und feuchte Wände kann man nicht mit Fliesen belegen. Hier muß der alte Putz entfernt und erneuert oder eine Wand vorgesetzt werden.

Eine neu eingezogene Wand, zum Beispiel in einer Küche, die aus Holzriegelwerk und Gipskartonplatten besteht, kann ohne weiteres mit Fliesen belegt werden. Das gilt dagegen nicht für Holzwände und ähnliche Konstruktionen, die nicht aufhören zu arbeiten. Hier würden Fliesen bald Sprünge bekommen oder abfallen. Will man eine solche Wand kacheln, muß man vorher Streckmetall (siehe S. 119), das die Bewegungen des Holzes auffängt, anbringen und dieses mit Gipsmörtel verputzen. Auf dem Putz kann man dann Fliesen verlegen. Zuvor soll man aber die Ebenheit des Putzes mit einer Richtlatte kontrollieren; er darf keine größeren Vertiefungen als 2–3 mm enthalten. Solche Stellen lassen sich noch durch stärkeren Kleberauftrag ausgleichen.

Material:	Wandfliesen, Mörtel oder Kleber, Fugenmörtel
Werkzeug:	Spachtel, Zahnspachtel, Glas- oder Fliesenschneider, Hammer, Beißzange, Fliesenbrechzange, Senklot, Wasserwaage, Richtlatte

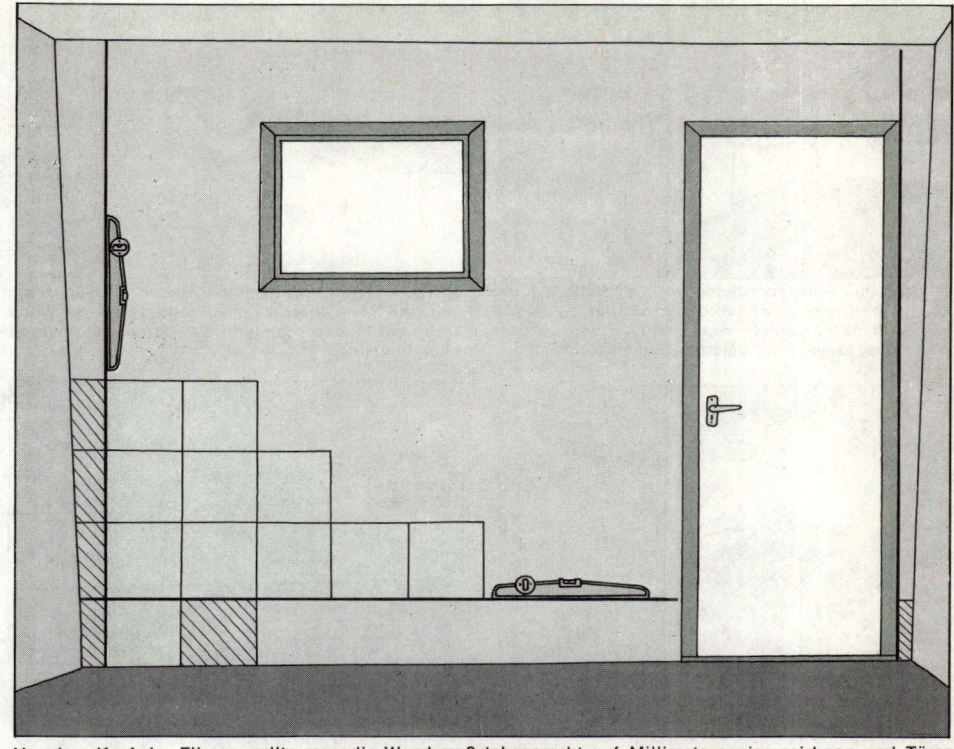

Vor dem Kauf der Fliesen sollte man die Wand maßstabsgerecht auf Millimeterpapier zeichnen und Türen und Fenster eintragen. Danach kann man leicht bestimmen, wie viele Fliesen erforderlich sind

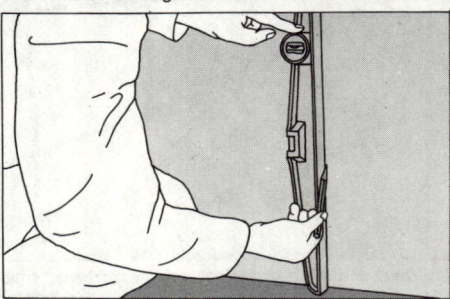

1. Mit Hilfe eines Senklots oder einer Wasserwaage zeichnet man eine senkrechte Linie. Man kann dazu Punkte markieren und diese mit einer geraden Latte verbinden

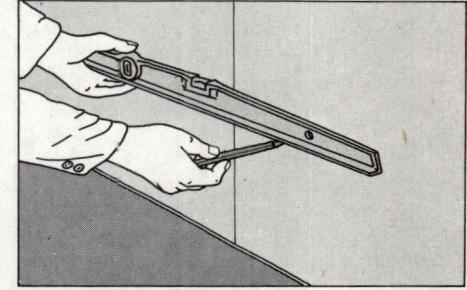

2. Dann hält man die Wasserwaage rechtwinklig über die senkrechte Linie und zeichnet eine waagrechte Linie auf die Wand. Dasselbe kann man auch mit einem Anschlagwinkel machen

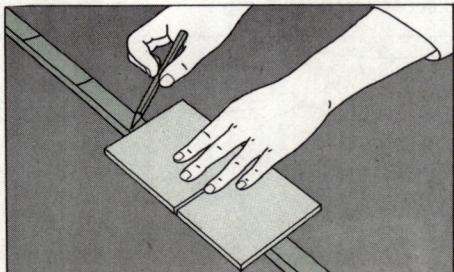

3. Auf einer langen Holzlatte wird die Fliesenbreite mit den Zwischenräumen, die für die Fugen erforderlich sind, angezeichnet. Als Fugenbreite rechnet man 1,5–3 mm

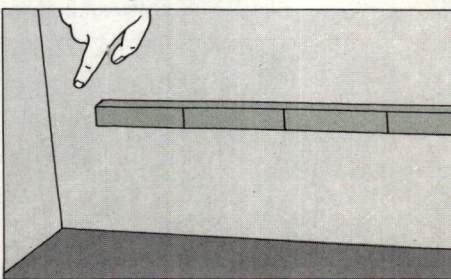

4. Man hält nun die Holzlatte mit den markierten Fliesenmaßen an die Wand, die belegt werden soll. Die Abstände von den Enden der Wand sollten auf beiden Seiten gleich groß sein (Forts. S. 190)

Wandfliesen

(Fortsetzung von S. 189)

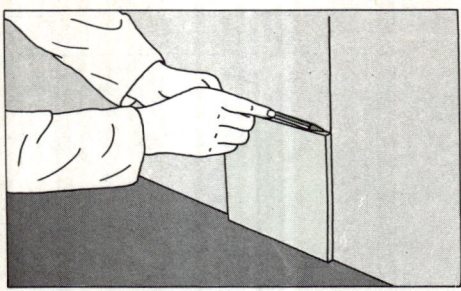

5. Wenn die Fliesenabstände von der Latte auf die Wand übertragen sind, wird der Umriß der ersten Fliese in der untersten waagrechten Reihe auf die Wand gezeichnet, am besten mit einem Bleistift

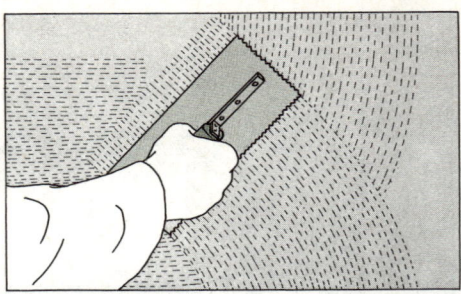

6. Heute werden die meisten Kleber gebrauchsfertig geliefert. Man streicht immer etwa 1 qm der Wandfläche mit einer Zahntraufel ein, deren Zahntiefe der Kleberhersteller vorschreibt

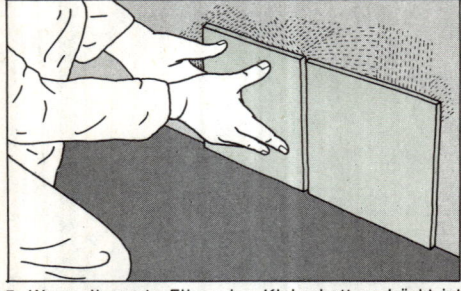

7. Wenn die erste Fliese ins Kleberbett gedrückt ist, setzt man die zweite im angezeichneten Abstand daneben, und zwar mit dem Augenmaß oder mit Hilfe von Plastikkeilchen oder Holzstäbchen

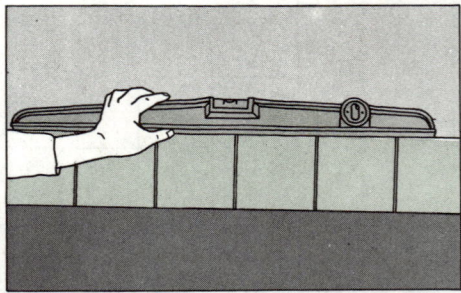

8. Nachdem die erste waagrechte Fliesenreihe in dieser Weise angebracht ist, kontrolliert man mit der Wasserwaage, ob die Reihe genau fluchtet und waagrecht liegt, und korrigiert, wenn nötig

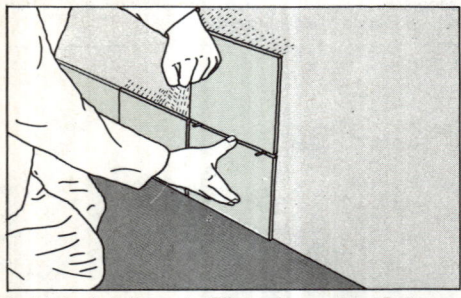

9. Jetzt wird die erste Fliese der zweiten Reihe angebracht. Die Fugenbreite kann man wieder mit Plastikkeilen bestimmen. Die Fliesen der zweiten Reihe müssen genau über denen der ersten liegen

10. Wenn alle Fliesen verlegt sind, wischt man überschüssigen Kleber mit einem Lappen ab und entfernt die Keile. Etwa 48 Stunden später werden die Fugen mit Fugenfüller verfugt (siehe S. 188)

EINEN ZAHNSPACHTEL SELBER MACHEN

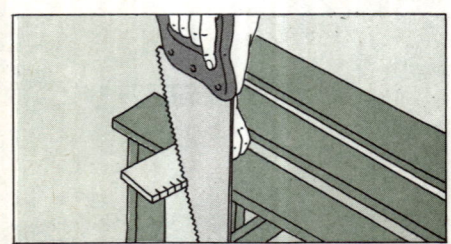

1. Man sägt in eine 15 × 7 cm große Kunststoffschichtplatte nach Angaben des Kleberherstellers Schlitze ein und feilt die Zähne

2. So wird der Kleber mit dem selbst hergestellten Zahnspachtel auf die Wand gestrichen und verteilt

FLIESEN UM EIN ROHR HERUM VERLEGEN

Wenn alle ganzen Fliesen verlegt sind, kommen die besonders zugeschnittenen Paßfliesen an die Reihe. Sie werden auf der Glasurseite mit einem Filzschreiber angezeichnet und dann mit einem in Petroleum getauchten Glasschneider angeritzt. Der am Rand entstehende Grat wird mit einem Schleifstein entfernt.

Fliesen um Rohre oder Steckdosen oder andere runde Vorsprünge herum erfordern besondere Sorgfalt: Am einfachsten teilt man die Fliese, zeichnet die runden Ausschnitte auf beiden Teilen an und bricht die Halbkreise vorsichtig heraus.

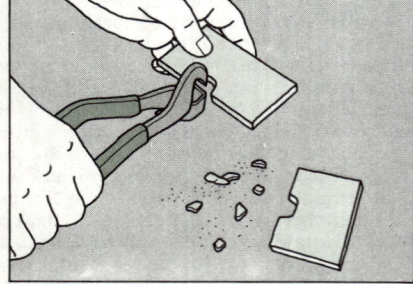

1. Zunächst wird die Fliese geteilt (siehe S. 95). Dann zeichnet man auf beiden Fliesenhälften die auszubrechenden Ausschnitte für das Rohr mit einem Filzschreiber an

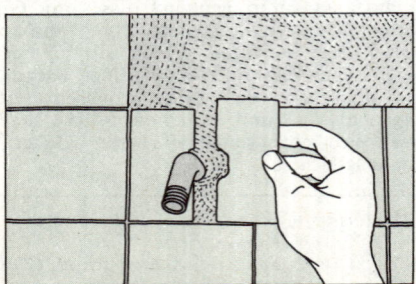

2. Die mit dem Filzstift angezeichneten Öffnungen werden aus beiden Fliesenteilen sehr vorsichtig und genau mit einer Fliesenbrechzange oder Beißzange herausgebrochen

3. Wenn der Kleber auf der Wand schon zu hart ist, trägt man Kleber auf die Rückseite der Fliesenhälften dünn auf und drückt diese dann an die Wand

Anschlußfugen abdichten

Die Fugen zwischen gekachelten Wänden und sanitären Einrichtungen wie Waschbecken, Badewannen und ähnlichem müssen staub- und wasserdicht verschlossen werden, damit sich dahinter weder Nässe noch Schmutz ansammeln kann. Man sollte sie nicht mit starr werdenden Füllmassen wie Gips oder ähnlichem verschließen, weil diese nur kurze Zeit halten und dann Sprünge bekommen. Es gibt dafür dauerelastischen Kitt in Tuben oder in Dosen mit Treibgas. Die Fugen müssen sauber und fettfrei sein. Der Kitt wird mit der Tülle der Tube oder Dose in die Fuge gedrückt. Die Fugenränder kann man vorher mit Klebeband abdecken.

Material: Dauerelastischer Kitt, Entfettungsmittel (Benzin, Brennspiritus oder Azeton)
Werkzeug: Steifer Pinsel, Japanspachtel, Klebeband

1. Man säubert die Fuge und ihre Ränder, entfettet sie und läßt sie trocknen

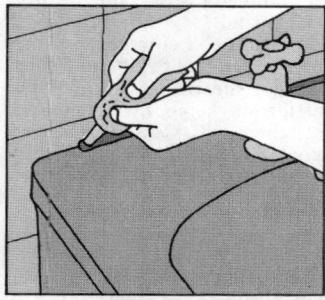

2. Die Tülle der Tube wird auf Fugenbreite abgeschnitten. Den Kitt drückt man gleichmäßig heraus

3. Der Kitt wird mit dem angefeuchteten Finger möglichst tief in die Fuge gedrückt und geglättet

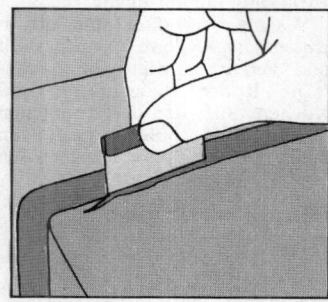

4. Man schneidet den überschüssigen Kitt mit dem Japanspachtel gerade ab und läßt ihn 24 Stunden trocknen

Schadhafte Bodenfliesen erneuern

Außer für Wände werden glasierte Fliesen auch für Fensterbänke in Naßräumen benutzt; sie bilden dann die Verbindung zwischen der Wand und den Fensterrahmen. Ferner werden damit erhöhte Bodenteile, Rohrverkleidungen oder Wandvorsprünge belegt, die dann als Sitzgelegenheit oder als Ablage dienen. An solchen Stellen ist der Sockel im allgemeinen aus Beton oder Backsteinen, und die Fliesen sind in Zementmörtel verlegt. Beim Ersatz einer Fliese ist so wenig Mörtel nötig, daß man ganz darauf verzichten und lieber einen geeigneten Kleber benutzen sollte. Um den Untergrund beurteilen zu können, wird die schadhafte Fliese zunächst herausgeschlagen. Bei glattem Untergrund genügt eine dünnere Kleberschicht als bei sehr unregelmäßiger rauher Unterlage. Wegen der Art des Klebers läßt man sich beraten. Die Fugen füllt man mit Fugenmörtel, den man passend zu den übrigen Fugen einfärbt, und profiliert sie, falls das nötig ist.

Wenn man neue Fliesen kauft, sollte man immer ein paar mehr als benötigt nehmen, da man nicht sicher sein kann, ob die Fliesen weiter produziert werden.

Material: Fliesen
Fugenmörtel
Kleber
Werkzeug: Spitzmeißel
Hammer
Alter Flachpinsel

1. Die schadhafte Fliese wird von der Mitte aus mit einem kleinen Spitzmeißel und Hammer entfernt

2. Man säubert den Untergrund, füllt eventuelle Löcher mit Zementmörtel und prüft, ob die neue Fliese paßt

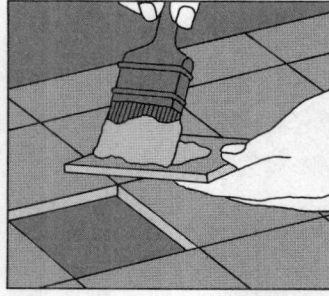

3. Auf die Rückseite der Fliese wird mit einem sauberen alten Pinsel eine dünne Kleberschicht aufgetragen

4. Auch der Untergrund wird mit einer gleichmäßigen Kleberschicht versehen

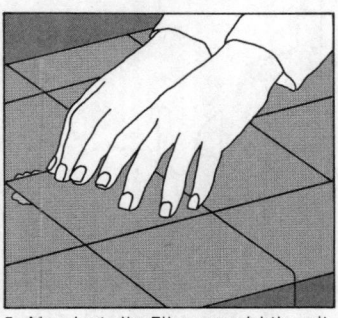

5. Man legt die Fliese vorsichtig mit gleicher Fugenbreite ringsum in die Öffnung und drückt sie an

6. Überschüssiger Kleber muß sofort mit einem feuchten Lappen entfernt werden, damit er nicht antrocknet

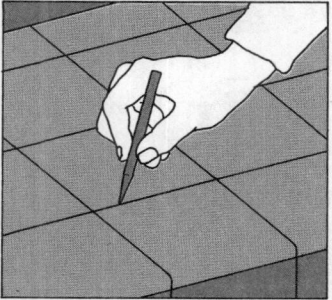

7. Die Fugen werden mit Fugenmörtel gefüllt und, falls erforderlich, mit einem Holzstäbchen profiliert

Wärmedämmung

Rohrisolierung

Warmwasserleitungen sind in sehr vielen Häusern entweder gar nicht oder nur mangelhaft isoliert. Die ständig steigenden Heizkosten machen es jedoch aus wirtschaftlichen Gründen ratsam, an solchen Leitungen eine gute Isolierung anzubringen.

Warmwasserboiler sind oft in entlegenen Räumen aufgestellt und versorgen meist über kupferne Rohre Badezimmer und Küchen auf den verschiedenen Stockwerken. Solche Leitungen bedingen durch ihre Länge einen hohen Wärmeverlust. Oft werden sie auch an oder in kalten Außenwänden verlegt oder überqueren Einfahrten, Hallen oder Nebenräume, die nicht oder schlecht beheizt sind.

Die Zuleitungen für freistehende Garagen oder Lager werden oft im Boden verlegt. Die Oberflächen solcher Rohre brauchen eine Spezialbehandlung; sie sollten deshalb von einem Fachmann verlegt und isoliert werden.

Es ist auch zu empfehlen, Abflußrohre und Leitungen, die kaltes Wasser führen, mit einer Isolierung zu versehen, da diese im Winter oft leicht einfrieren können. Völlige Sicherheit bietet die Isolierung bei sehr strengem und lang anhaltendem Frost jedoch nicht. Bei Leitungen, die innerhalb des Hauses verlaufen, sollte man während Kälteperioden zusätzlich dafür sorgen, daß die Temperatur in den betreffenden Räumen immer über dem Gefrierpunkt bleibt, am besten durch einen kleinen Heizkörper. Wasserleitungen, die im Freien oder etwa in einer Garage liegen, sperrt man vor dem Winter ab und entleert sie.

Als Isoliermaterial dient Filz, Schaumgummi, Hartschaum, Mineral- oder Glaswolle. Im Handel sind Rohrschalen aus Kork, Schaumgummi oder geschäumtem Kunststoff erhältlich, außerdem noch flexible Ummantelungen und Schläuche aus isolierendem Material. Letztere nimmt man oft für dünne Rohre, die sichtbar verlegt sind.

Verdeckte Leitungen können mit Streifen aus flexiblem Isoliermaterial umwickelt werden. Dabei dürfen keine Zwischenräume entstehen. Besonders Verbindungsstücke, Hähne und Ventile müssen gut abgedeckt werden.

Die Isolierung muß unbedingt von Zeit zu Zeit kontrolliert werden, denn es besteht durchaus die Möglichkeit, daß sich die Befestigung (Faden oder Klebeband) löst und sich das Isoliermaterial abrollt.

Flexible Leitungen oder Schläuche sind in verschiedenen Durchmessern lieferbar.

Im Fachhandel werden heute Schläuche angeboten, die in der Längsrichtung aufgeschlitzt sind, damit sie über die Leitungen geschoben werden können. Auch hier muß besonders darauf geachtet werden, daß die Isolierung an Ventilen und Hähnen sowie an den Verbindungsstellen dicht ist. Die Längsnaht eines Isolierschlauches braucht im allgemeinen nicht zugeklebt zu werden, weil sie sich von selbst schließt. Nur an den Enden und an den Nahtstellen muß mit Klebeband abgedichtet werden.

> *Material: Filz- oder Schaumgummistreifen, flexibler Schlauch, Bindfaden oder Bindedraht, Klebeband*
> *Werkzeug: Scharfes Messer, Schere*

Isolation mit Filzband

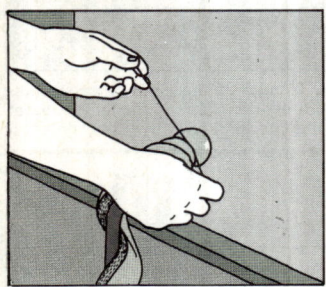

1. Am Austritt der Leitung aus der Wand beginnend, das Isoliermaterial dreimal um das Rohr wickeln und mit einem Bindfaden befestigen

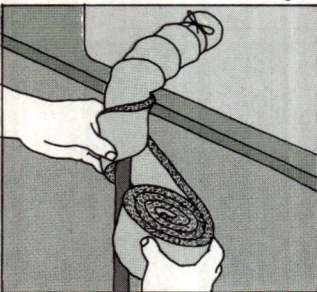

2. Den Streifen diagonal um die Leitung wickeln, ihn dabei immer fest anziehen. Jede Wicklung muß die vorhergehende überlappen

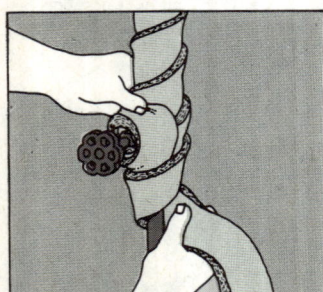

4. Bei Verbindungen und Ventilen besonders darauf achten, daß keine Zwischenräume bei der Isolierung entstehen

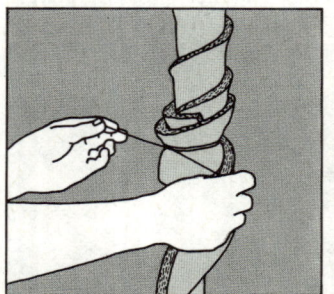

3. Das Ende des Streifens mit Bindfaden um das Rohr befestigen. Den Anfang des nächsten Streifens darüber legen und ebenfalls festbinden

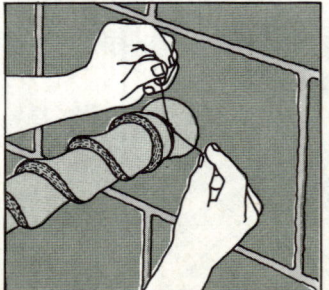

5. Die ganze Leitung so umwickeln. Isolierstreifen am Ende der Leitung dicht an der Wand mit Bindfaden oder Klebeband befestigen

Isolation mit Schaumgummi

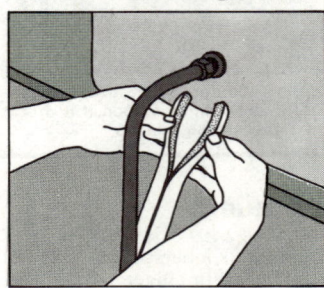

1. Die Längsnaht des Schlauches öffnen und ihn so um das Rohr legen, daß das Ende dicht an der Mauer abschließt

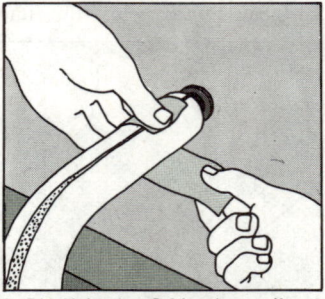

2. Die Naht des Schlauches soll gut schließen und dicht um die Leitung liegen. Ein Stück Klebeband um das Ende wickeln

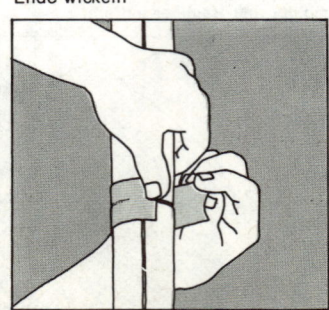

4. Anschlußschlauchstück mit Klebeband verbinden. Beide Schlauchenden rechtwinklig abschneiden, damit sie satt aufeinander liegen

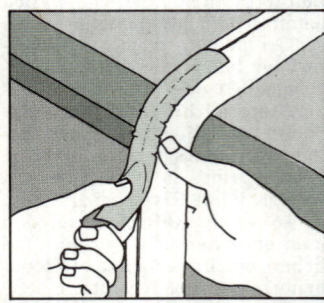

3. Wo die Leitung gebogen ist oder sich teilt, wird die Naht im Isolierschlauch in Längsrichtung mit Klebeband geschlossen

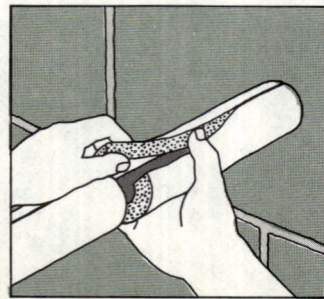

5. Den letzten Abschnitt mit abgemessenem Schlauchstück umschließen. Anschlußstelle und Schlauchende mit Klebeband umwickeln

Schlecht oder gar nicht isolierte Rohrleitungen sind eine teure Angelegenheit, ganz gleich, ob es sich dabei um Warmwasserleitungen oder Abflußrohre handelt. Eine gute Isolierung ist nicht nur wichtig für die Lebensdauer der Leitungen selbst, sondern spart auch Energie und damit bares Geld.

Warmwasserleitungen bestehen oft aus Kupferrohren, die manchmal viele Meter weit durch kalte Außenwände oder schlecht geheizte Nebenräume führen. Besonders bei Zentralheizungen müssen daher die Leitungen isoliert sein.

Aber auch Abflußrohre und Leitungen, die nur kaltes Wasser führen, sollte man isolieren, weil sie sonst im Winter leicht einfrieren. Dann ist nicht nur die Leitung unterbrochen; in vielen Fällen platzen die Rohre – und die Reparatur kann sehr teuer werden. Ein Rohrbruch macht es oft nötig, ganze Wände aufzustemmen. Solche Leitungen muß man unter Umständen bei Kälte entleeren und abstellen, wenn sie außerhalb heizbarer Räume liegen.

Das Ausschäumen von Rohrleitungen wird immer beliebter. Vor allem bei Außenwänden, Hohlräumen oder schwer zugänglichen Ecken dringt der Schaumstoff aus der Sprühdose noch in den kleinsten Winkel. Er härtet schnell und ist sehr witterungsbeständig

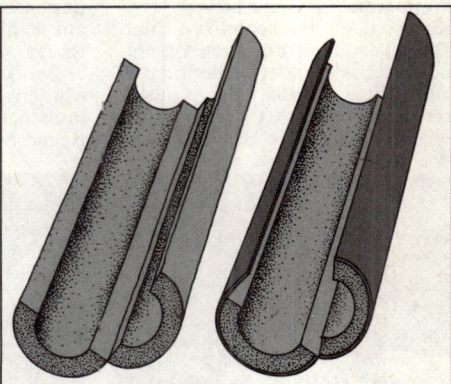

Links: So sehen Isolierhalbschalen aus (etwa PU-Schaum, Steinwolle oder Styropor). Darüber kann man beliebige Schutzmäntel bzw. Schutzanstriche anbringen. Rechts die gleichen Isolierschalen mit einem fertigen Außenmantel aus PVC

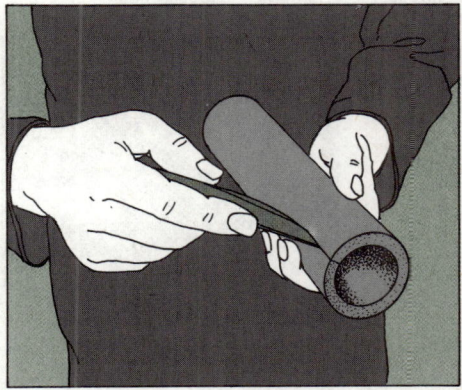

1. Im Fachhandel gibt es Isolierschläuche aus Schaumkunststoffen in verschiedenen Stärken für die verschiedenen Rohrgrößen. Sie werden aufgeschlitzt, damit man sie genau den Windungen bestehender Installationen anpassen kann

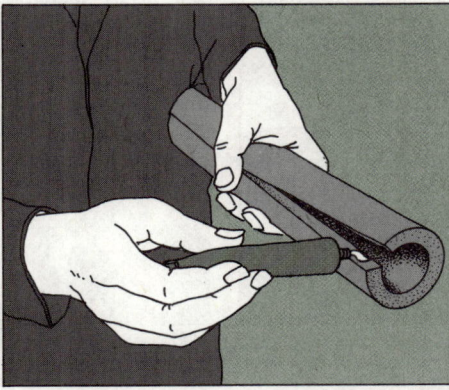

2. Nachdem man das passende Stück sorgfältig ausgemessen und abgeschnitten sowie geschlitzt hat, werden die Schnittränder mit einem Spezialkleber bestrichen. (Für Neuinstallationen gibt es natürlich fertig bezogene Rohre.)

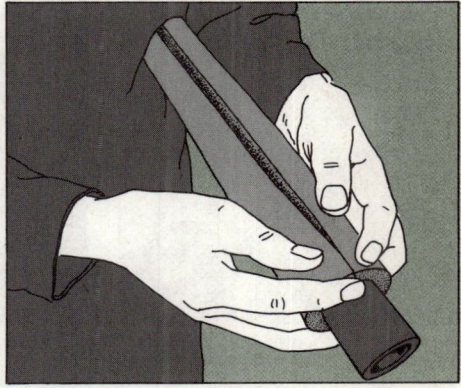

3. Wenn schließlich der Spezialkleber angetrocknet ist, legt man dem Rohr seinen maßgeschneiderten Schutzmantel um und drückt die Schnittflächen zusammen. Die Oberfläche freiliegender Leitungen kann dann noch gestrichen werden

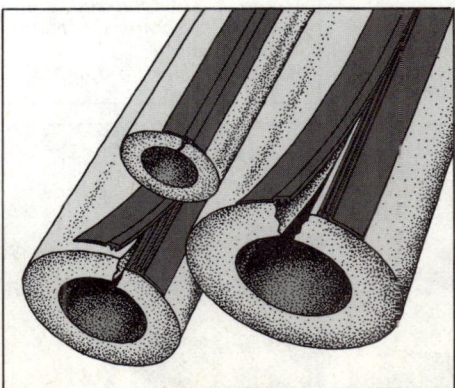

Diese fertigen Schaumstoff-Isolierschalen haben einen weichen Kern und eine harte Schale. Es gibt sie meterweise in den verschiedensten Größen und Stärken. Die Verbindung wird durch einen eingeschäumten Reißverschluß hergestellt

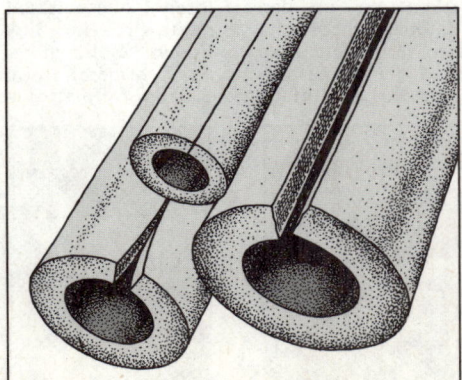

Bei diesen Isolierschalen ist die Verbindung nicht mit einem Reißverschluß, sondern mit einem Klettverschluß versehen. Für Bogen und Formstücke gibt es fertige Schalen. Außerdem können T-Stücke und Abzweigungen ausgeschnitten werden

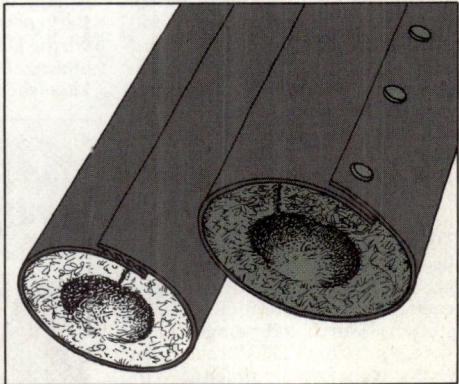

Die herkömmliche Rohrisolierung aus Glas-, Stein- oder Mineralwolle wird mit Draht um das Rohr gebunden. Dann zieht man einen PVC-Mantel darüber und befestigt die Überlappungen mit einem Falz (links) oder mit Kunststoffnieten (rechts)

Wärmedämmung

Isoliermatten im Dachboden verlegen

Wenn das Isoliermaterial zwischen den Deckenbalken und Dachsparren anzubringen ist, eignen sich besonders Dämmatten aus Mineralwolle oder Glasfasern. Diese Matten bestehen aus einem Vlies feiner Mineralfasern,

das in Dicken von ca. 2,5–10 cm auf Papier oder Folie aufgeklebt ist. Je stärker die Matte, um so besser ist ihre Wärmedämmung. Matten gibt es in 80 und 120 cm breiten und 10 m langen Rollen. Beim Schneiden und Verlegen

von Mineralfasermatten muß man unbedingt Arbeitshandschuhe tragen, weil der Faserstaub Juckreiz erzeugt.

Das Verlegen am Boden ist einfach, man muß nur darauf achten, daß die Bahnen dicht an-

einander liegen oder sich überlappen. Im schrägen Dachraum müssen die Matten mit Mattennägeln, Heftklammern und Takker, Klebestreifen oder aufgenagelten Dachlatten an den Sparren befestigt werden.

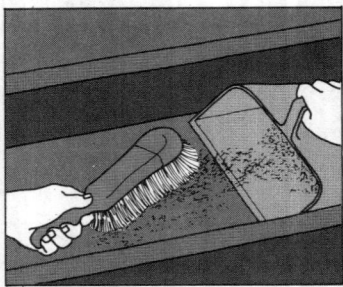

1. Als erstes kehrt man den Boden zwischen den Balken gründlich sauber. Dabei untersucht man die Balken auf Schädlingsbefall (siehe S. 125)

2. Im Dachwinkel wird mit der Arbeit begonnen. Die Matte muß den Raum zwischen den Balken ganz ausfüllen. Eine zu breite Matte schlägt man um

3. Man rollt die Matte zur Bodenmitte hin ab und drückt ihr Ende mit einer Latte in den Dachwinkel, wenn man ihn mit der Hand nicht gut erreicht

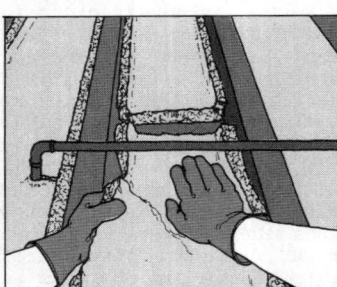

4. Unter Rohrleitungen, Kabeln usw. wird die Matte hindurchgeführt, wenn erforderlich, abgeschnitten und neu angesetzt

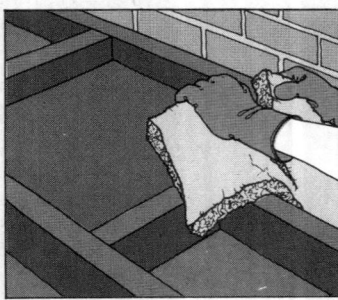

5. Wenn Balken, wie bei der Bodenluke etwa, in die Quere kommen, schneidet man die Matte ab und setzt sie dahinter dicht anliegend an

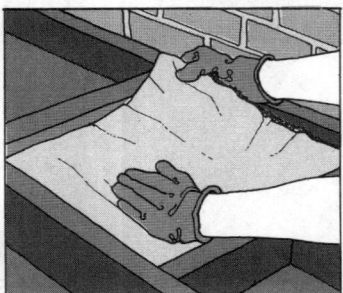

6. Für den Lukendeckel wird ein Mattenstück passend zugeschnitten und an den Rändern mit Klebestreifen so befestigt, daß er sich leicht öffnen läßt

7. Schmälere Zwischenräume zwischen Balken und Giebelwand werden mit reichlich zugeschnittenen Streifen belegt, die man fest eindrückt

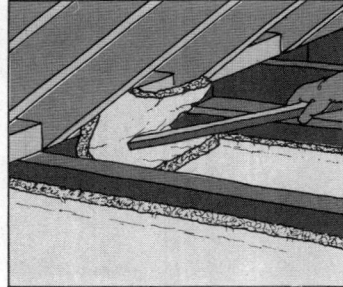

8. Wenn der Boden ganz ausgelegt ist, stopft man zusätzlich kleinere Mattenstücke in die Dachwinkel, um hier mögliche Lücken abzudichten

Verwendung von losem Isoliermaterial

Wenn die Deckenbalken unterschiedliche Zwischenräume haben oder stark verzogen sind und der Dachraum viele Ecken hat oder schwer zugänglich ist, bereitet das Verlegen von Dämmatten Schwierigkeiten, und es fällt viel Verschnitt an. In solchen Fällen ist es einfacher, den Dachboden mit loser Steinwolle zu belegen oder eine etwa 5 cm hohe Schicht von körnigem Dämmaterial aufzuschütten. Als loses Dämmaterial eignen sich grobes Korkmehl oder Kügelchen aus geschäumten Kunststoffen. Durch die eingeschlossene Luft hat die Streuschicht eine stark wärmedämmende Wirkung, die mit der Schichthöhe zunimmt; sie muß aber vor Feuchtigkeit geschützt werden. Daher empfiehlt es sich, das lose Material nach dem Einschütten

und Verteilen mit einer Plastikfolie abzudecken, die an den Balken mit Reißnägeln befestigt wird. Dadurch verhindert man gleichzeitig, daß die Kunststoffkügelchen durch starken Luftzug

aufgewirbelt werden. Mit dem losen Isoliermaterial kann man natürlich keine Lukentüren im Boden isolieren. Dazu muß man Mineralfasermatten oder Schaumstoffplatten verwenden.

Material: Dämmaterial, Plastikfolie, Schaumstoffplatte oder Dämmatte
Werkzeug: Hartfaserplatte

1. Ein Stück Hartfaserplatte so in T-Form zuschneiden, daß beim Abziehen eine 5 cm hohe Schicht des Füllmaterials liegenbleibt

2. Das lose Dämmaterial wird mit der Hand eingefüllt und gut verteilt, dann wird es mit der Hartfaserplatte sauber abgezogen

3. Bei Rohrleitungen zwischen Balken das Schüttgut in höherer Schicht einbringen, um auch die Leitungen gegen Frost zu schützen

Ein Dach mit Mineralwolle isolieren

Der Mensch fühlt sich bei möglichst gleichmäßiger Raumtemperatur am behaglichsten. Deshalb ist man bestrebt, durch entsprechende Maßnahmen die angenehmste Temperatur mit möglichst geringem Aufwand herzustellen. Ein unzureichend oder nicht isolierter Raum, der bei niedriger Außentemperatur beheizt wird, kühlt schnell wieder ab, weil er seine Wärme nach außen abgibt. Umgekehrt wird derselbe Raum zur warmen Jahreszeit durch eindringende Wärme zu stark aufgeheizt. Abgesehen von entsprechenden Wandisolationen (siehe S. 69 und 155, 156), muß eine wirksame Isolierung am Dach beginnen.

Selbst wenn ein Dachgeschoß (Dachboden) nicht zu Wohnzwecken benützt wird, sollte ein einfaches Ziegeldach isoliert werden. Die dadurch erreichten Verbesserungen werden im ganzen Haus spürbar. Gleichzeitig kann der Dachboden gegen eindringenden Staub, Ruß, Schnee usw. abgedichtet werden. Die Wärme- bzw. Kälteübertragung innerhalb des Hauses kann über das Treppenhaus sowie durch schlecht isolierte Geschoßdecken geschehen. Auch hier können, wie auf Seite 194 beschrieben, entscheidende Verbesserungen vorgenommen werden.

Um ein Dach zu isolieren, kann man Mineralwolle verwenden. Sie ist in Rollen mit aufgeklebtem oder -gestepptem Kraftpapier und in verschiedenen Breiten und Dicken erhältlich. Eine der einfachsten Methoden besteht darin, die Bahnen quer unter die Sparren zu ziehen. Auf den Sparren selbst wird die Matte mit Lattenabfällen befestigt. Diese sollten wegen der nachfolgenden Arbeit alle gleich dick sein. Die Mineralwollebahnen werden an den Stößen sauber zusammengefügt, wenn möglich, sollten sie sich sogar überlappen. Der freigebliebene Raum zwischen Ziegeln (Dachhaut) und Isoliermatte dient der Hinterlüftung und stellt eine weitere Isolierschicht dar. Die Bildung von Kondenswasser wird dadurch reduziert.

Als Abdeckung verwendet man je nach Verwendungszweck des Raums: Spanplatten, Dekorplatten, Gipskartonplatten, Riemen (Nut und Feder) oder Paneele. Beim Aufnageln der Unterkonstruktion muß man den Fugenverlauf bzw. die Plattengröße der Abdeckung berücksichtigen. Soll beispielsweise eine horizontale Riemenschalung montiert werden, kann auf die waagrechte Konterlattung verzichtet werden. Dann nagelt man einfach auf die Lattenstücke der Sparren eine durchgehende gehobelte Leiste und richtet alle Sparren gegenseitig mit Schnur oder Richtscheit aus. Nun kann die Abdeckung direkt aufgenagelt werden.

Eine raumsparende Möglichkeit bieten die sogenannten Flügelmatten, die zwischen den Sparren befestigt werden. Die in Kraftpapier eingeschlossenen Mineralwollebahnen haben beidseitige „Flügel", die an die Innenseite (lichte Weite) der Sparren genagelt oder geklammert werden. Zum besseren Halt nagelt man eine Latte über die Flügel. Die Bahnen sind in verschiedenen Breiten und Dicken erhältlich.

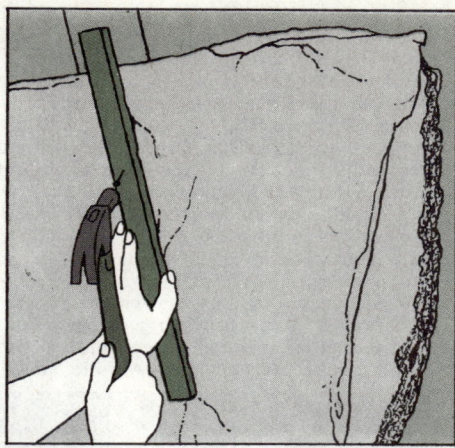

1. Die Mineralwollebahnen werden quer über die Sparren gezogen und mit Latten auf den Sparren befestigt. Auf Hinterlüftung achten!

2. Mit Distanzklötzchen genauen Abstand zwischen der gespannten Schnur und der zu befestigenden Leiste prüfen. Gegebenenfalls wird unterlegt

3. Entsprechend den Plattenmaßen wird die Unterkonstruktion aufgeteilt. Extreme Unebenheiten mit Schnur oder Richtscheit feststellen

4. Winkeldreieck und Richtschnur sind gute Helfer beim Anlegen der ersten Plattenreihe. Sie muß genau an der gespannten Schnur angelegt werden

5. In der Mitte des Raums beginnend, eine Reihe legen. Nach unten und oben weiterarbeiten. Stoßkanten müssen auf halber Leistenbreite aufliegen

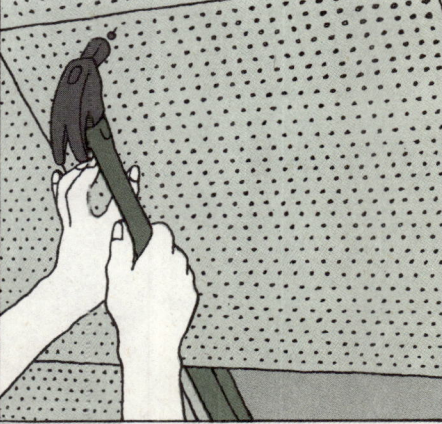

6. Am besten befestigt man in den Löchern mit Flachkopfstiften. Beim Einschlagen Versenker benützen. Randplatten am Schluß einpassen

Wärmedämmung

Ein Dach mit Polystyrol isolieren

Die hier verwendeten Platten bestehen aus aufgeschäumtem Polystyrol, dessen hervorragende isolierende Wirkung durch vielfache Lufteinschlüsse innerhalb des Materials entsteht. Bei gewissenhaftem Ausbau mit Polystyrolhartschaumplatten können bis zu 25 % der Energiekosten gegenüber herkömmlicher Bauweise eingespart werden. Trotz des hohen Dämmwertes ist das Material sehr leicht und handlich. Es kann mühelos gesägt werden.

Die Hartschaumplatten sind mit den Maßen 100 x 50 cm und von 1–5 cm Dicke erhältlich. Zur nichtverdeckten Isolierung gibt es sie als Dekorplatten in verschiedenen Abmessungen.

Bei der Verlegung sollten die Platten, zur Vermeidung von Wärmebrücken, dicht aneinander gestoßen werden. Hierzu bieten sich

verschiedene Möglichkeiten: a) verklebte Stoßfuge, b) Doppellage mit versetztem Stoß, c) Hartschaumplatten mit Nut und Feder.

In unserem Beispiel liegen die Isolierplatten sowie die Riemenschalung zwischen den Sparren. Diese rustikale Ausführung läßt also den Sparren sichtbar; die Oberfläche wird entsprechend behandelt. Hierbei haben wir eine optimale Raumausnützung. In die Ecke zwischen Schalung und Sparren kann eine Eck- oder Profilleiste gesetzt werden.

Die Hartschaumplatten werden bei Renovierung am bestehenden Untergrund befestigt, sonst mit entsprechenden Leisten am Sparren. Damit keine Wärmebrücken entstehen, müssen die Platten passend eingeschnitten werden. Die dabei entstehenden Abfälle können

zum Ausfüllen an anderer Stelle verwendet werden. Der hohe Verschnitt kann gemindert werden, wenn die Platten auf einem Lattenrost unter den Sparren durchgehend verlegt werden. Bei dieser Verlegeart bietet sich an, die Flächen zu tapezieren. Polystyrolplatten lassen sich auch ohne besondere Vorbehandlung mit Anstrichen und Putzbelägen verschiedenster Art versehen. Eine stabilere Oberfläche bekommt man, wenn man Polystyrolhartschaumplatten mit einer einseitigen Kaschierung aus Gipskarton oder Holzspanplatten verwendet.

Bei allen Maßnahmen zur Isolation darf nicht vergessen werden, zwischen den einzelnen Schichten genügend Platz für die Ventilation (Hinterlüftung) zu lassen.

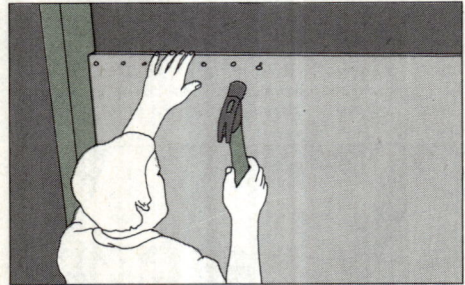

1. Die Hartschaumplatten werden zwischen die Sparren eingepaßt und mit Flachkopfstiften auf die Dachverschalung geheftet. Vorsicht beim Bearbeiten, daß die Kanten nicht verletzt werden

2. Auf die Sparren werden als Anschlag für die Vertäfelung Leisten genagelt. Mit einer ausgeklinkten Leiste als Lehre bestimmt man den gleichmäßigen Abstand zur Sparrenvorderkante

3. Alle Anschlagleisten sind angebracht. Bevor man die Querleisten einnagelt, überträgt man mit einem Abfallstück die genaue Dicke der noch anzubringenden Mittelleiste

4. Nun nagelt man die Querleisten von beiden Seiten schräg ein. Sie stehen um die Dicke der Mittelleiste zurück. Sind die Anschlagleisten am Sparren nicht breit genug, wird ein Stück unterlegt

5. Hier wird die Mittelleiste eingesetzt. Bei schmalem Sparrenabstand kann auf die Querleisten verzichtet werden. Dann liegen die Querleisten bündig mit den Anschlagleisten

MAUER- UND BODENISOLATION

Auch Mauern werden mit Hartschaumplatten isoliert. Mit verzinkten Spezialstiften wird in die Mauerfugen genagelt. Plattenfugen dicht stoßen oder nachher gut ausfüllen

6. Verwendet man Riemen als Vertäfelung, beginnt man mit der Brettkante, die eine Feder hat. Die Riemen gleichmäßig, nicht zu fest mit passender Zulage zusammenklopfen

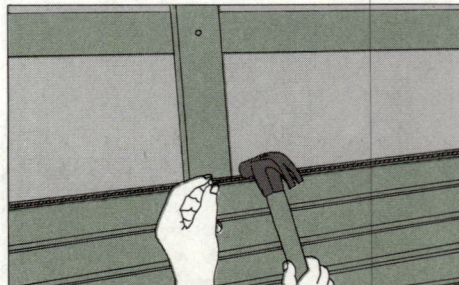

7. Die Befestigung der Riemen ist nicht sichtbar. Man nagelt mit 30-mm-Flachkopfstiften in der Nut der Riemen. Notfalls Versenkstift benutzen. Das Schlußbrett wird geleimt und festgespannt

Ein Boden wird fußwarm, wenn man ihn mit Polystyrolhartschaum isoliert. Als Abdeckung verwendet man Beton oder gut tragende Platten

Wärmedämmung rund um das Haus

Den ständig steigenden Heizkosten kann man nur durch eine Verringerung des Wärmebedarfs, also durch eine Verbesserung der Wärmedämmung, begegnen. Die Heizung eines Wohnhauses ist der größte Energieverbraucher. Über 80 % des Energiebedarfs in einem privaten Haushalt werden für die Raumheizung benötigt. Durch sinnvolle Dämmaßnahmen rund ums Haus kann man verhindern, daß teure Wärme nutzlos nach draußen entweicht.

Die Behaglichkeit, die die Wohnräume ausstrahlen, hat entscheidenden Einfluß auf die Gesundheit der Bewohner. Maßgeblicher Faktor ist dabei die Temperaturabstrahlung der raumumschließenden Außenwände. Nach Mindestwärmeschutz geplante und ungenügend ge-

dämmte Außenwände sind an der Innenseite im Winter zu kalt. Sie vermitteln den Eindruck, daß es zieht; Gesundheitsschäden sind nicht selten die Folge.

Das Wärmedämmsystem schützt den Wandbaustoff wie ein Mantel; ein stets gleichbleibend angenehmes Raumklima wird erreicht.

Wärmedämmaßnahmen sollten aus bauphysikalischen Gründen außen an der Hauswand vorgenommen werden, wo sich die Witterungs- und Temperatureinflüsse besonders stark auf das Gebäude auswirken.

Wärmegedämmte Wände
- verbleiben in voller Dicke im Bereich von Plustemperaturen,

- können vollständig als Wärmespeicher genutzt werden,
- werden thermisch nur minimal belastet,
- haben an der Innenseite eine wesentlich höhere Oberflächentemperatur,
- stellen bauphysikalisch einen optimalen Wandaufbau dar.

Aber nicht nur die Außenwand eines Hauses gibt Wärme an die Umgebung ab, auch durch Dach und Keller kann es zu Wärmeverlusten kommen. Durch Wärmedämmaßnahmen am Haus lassen sich bis zu 60 % der Heizkosten sparen. Polystyrolhartschaumplatten besitzen einen sehr hohen Wärmedämmwert, deshalb werden hier mit Polystyrolhartschaumplatten ausgeführte Dämmaßnahmen vorgestellt.

WO SIND DÄMMASSNAHMEN DURCHZUFÜHREN?

1. Wärmedämmsystem
Das Wärmedämmsystem eignet sich für Alt- und Neubauten. Beim Altbau ist neben der Heizkostenreduzierung zugleich eine Sanierung schadhafter Fassaden möglich. Beim Neubau können die Gesetzesforderungen der Wärmeschutzverordnung bequem erfüllt und die Wände in statisch notwendiger Dicke gehalten werden

2. Dachdämmplatten
Dachdämmplatten lassen sich völlig unabhängig vom gegebenen Sparrenabstand einfach unter den Sparren befestigen. Es gibt sie in Dicken von 5–8 cm. Der Wärmeverlust wird auf ein Minimum reduziert – der Dachboden wird zum behaglichen Nutzraum.

Elastisch federnde Dämmplatten werden einfach zwischen die Sparren geklemmt. Durch ein Endlosstecksystem und Federrillen ist die Montage problemlos, leicht und sauber möglich. Die Dämmplatten gibt es passend für jeden Sparrenabstand in den Dicken 8, 10 und 12 cm

3. Kellerdämmplatten
Die Dämmung der Kellerdecke mit 4 cm dicken Platten verhindert fußkalte Erdgeschoßräume und die Erwärmung des Kellers. Die Platten werden unter die Kellerdecke geklebt

4. Aluminiumfensterbank
Wenn die vorhandene Fensterbank in der Tiefe nicht mehr ausreicht, werden die Aluminiumprofile einfach darauf geschraubt. Der Überstand soll 3 cm nicht unterschreiten

Dämmsystem an der Fassade

Damit das physikalische Verhalten der Wand nach Anbringen der Dämmschicht nicht gestört wird, muß man vorher das Diffusionsverhalten berechnen.

In der Wand findet ein Dampfdruckausgleich statt, das bedeutet, gasförmiger Wasserdampf diffundiert unter Winterbedingungen mit dem

Temperaturgefälle nach außen. Deshalb müssen die Wandschichten nach außen hin durchlässiger werden.

Die Werkstoffe der Außenwände können von Haus zu Haus verschieden sein. Dazu kommt noch, daß alle Wände aus einem Verbund verschiedener Materialien bestehen. Die Schich-

tenfolge im Aufbau der Wand muß beachtet werden.

Im Handel sind Polystyrolhartschaumplatten in Dicken von 2–6 cm erhältlich. Welche Dicke im Einzelfall aufgebracht werden kann, ohne daß das Diffusionsverhalten der Wand gestört wird, sollte der Fachmann bestimmen. *(Forts. S. 198)*

Wärmedämmung

(Fortsetzung von S. 197)

WERKZEUG, MATERIAL UND ARBEITSSCHRITTE

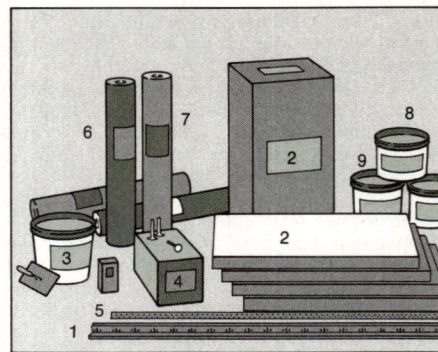

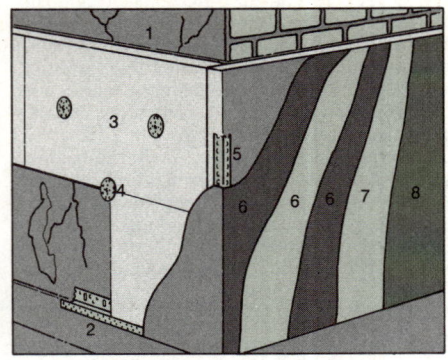

Werkzeug: 1 Richtscheit (2 m), 2 Wasserwaage, 3 Metallwinkel, 4 Rührwerk für Kunstharzputz und 5 für Kleber und Spachtelmasse, 6 Metallsäge, 7 Fuchsschwanz, fein gezahnt, 8 Farbroller, 9 Handfeger, 10 Kelle, 11 Stukkateurspachtel groß und 12 klein, 13 Kunststoffhammer, 14 Meterstab, 15 Schraubendreher, 16 Hartmetallbohrer, 17 Hammer, 18 Cuttermesser, 19 Schere, 20 Blechschere, 21 Glättekelle, 22 Glättekelle angeschrägt, 23 und 24 Reibebretter

Material: 1 Alu-Sockelschiene, 2 Fassadendämmplatten (Größe 100 × 50 cm, Dicke 2–6 cm), 3 Kleber (Verbrauch zum Verkleben ca. 3 kg/qm, Verbrauch zum Armieren nochmals ca. 3 kg/qm), 4 Spreizdübel, 5 Alu-Eckschiene, 6 Gewebe, 7 Panzergewebe, 8 Putzgrund (Verbrauch ca. 200 g/qm), 9 Kunstharzputz (Verbrauch je nach Körnung des Putzes zwischen 2,4 und 4,0 kg/qm); das alles sollte man natürlich in ausreichender Menge bestellen

Die Verarbeitungsschritte: 1. Den Untergrund vorbereiten. 2. Die Sockelschienen anbringen. 3. Die Dämmplatten kleben. 4. Die Dämmplatten zusätzlich verdübeln (nur bei mangelhafter Tragfähigkeit der Wandoberfläche). 5. Die Eckschienen setzen. 6. Die Armierungsschicht aufbringen (bei mechanisch extrem belasteten Fassadenteilen folgt jetzt eine zusätzliche Armierung mit dem Panzergewebe). 7. Den Zwischenanstrich auftragen. 8. Putz aufziehen und strukturieren

Die Dämmplatten anbringen

Vorbereitung und Nebenarbeiten

Bevor man mit der eigentlichen Arbeit beginnt, sind einige wichtige Vorbereitungen zu treffen, vor allem, wenn es sich um eine Altbaurenovierung handelt.

Regenfallrohre müssen auf Abstand gesetzt, das Öltank-Entlüftungsrohr bzw. der Tankstutzen nach außen verlängert werden.

Außenlichtschalter, Außensteckdosen oder Lampen nimmt man ab und bringt gegebenenfalls neue Leerdosen mit Abstand an. Klingelanlage, Sprechanlage und Briefkastenblenden werden nach außen versetzt.

Lüftungsgitter oder -steine müssen mit Abstand montiert werden, und möglicherweise sind Außenwasserhähne zu versetzen, Klappladenkloben zu entfernen, Blitzableiter zu verlegen und Hausnummern abzumontieren. Ebenso müssen Schilder der Stadtwerke, der Post, Straßenschilder, Vermessungsmarken usw. nach Absprache mit den Behörden entfernt werden.

Markisen, Geländerstäbe und Handläufe können auch zu eng an der Wand anliegen. Man prüft, ob der Dachvorsprung am Giebel oder der Flachdach-Überstand ausreicht. Sind alle diese kritischen Punkte in Ordnung, sollte man

auf alle Fälle noch folgende Fragen klären:

Reichen die Fensterbank-Überstände aus? Für einen Tropfkanten-Überstand von ca. 3 cm vor der fertigen Fassade muß man notfalls neue Aluminiumfensterbänke montieren.

Sind Wege, angrenzende Gebäudeteile oder Blumenbeete geschützt bzw. abgedeckt?

Ist das nötige Werkzeug komplett, und sind alle Materialien in ausreichender Menge bestellt? Steht dafür ein trockener Lagerraum oder Lagerplatz zur Verfügung?

Ist das Gerüst mit entsprechend langen Mauerhaken fachgerecht aufgestellt?

Der Untergrund

Stark saugfähige Untergründe muß man vor allem in der warmen Jahreszeit mit Tiefgrund grundieren, um zu verhindern, daß der Kleber aufbrennt.

Wichtig ist auch, daß man Verschmutzungen entfernt sowie schadhafte Putzstellen ausbessert.

Achtung: Vorsicht beim Einsatz von lösungsmittelhaltigen Grundierungen!

Erst nach einer ausreichenden Lüftungszeit darf man mit dem Verkleben beginnen; andernfalls könnte das Lösungsmittel die Polystyrolplatten angreifen. Die Lüftungszeit ist witterungsabhängig und daher unterschiedlich lang

1. Bei neuem Mauerwerk bzw. einem Rohbauuntergrund sind kaum Probleme zu erwarten. Selbstverständlich muß man Verschmutzungen, Mörtelreste oder sonstige vorspringende Teile sorgfältig entfernen

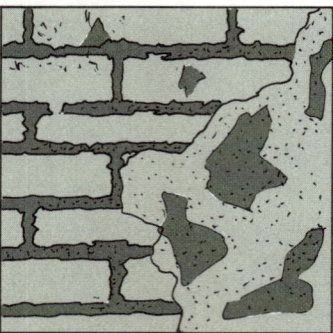

2. Vorhandenen Putz überprüft man genau auf Hohlstellen oder andere Schäden. Gegebenenfalls müssen diese Stellen abgeschlagen und mit normalem Mörtel beigearbeitet werden, um den Untergrund zu glätten

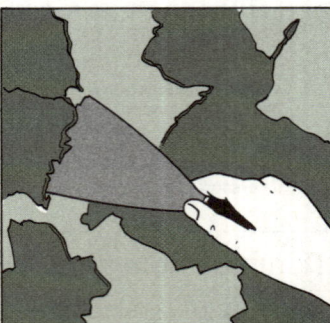

3. Schadhafte und blätternde Anstriche lassen sich normalerweise leicht mit dem Spachtel entfernen, ohne daß man dazu besondere Lösungsmittel braucht. Was dem Spachtel widersteht, schadet nicht

Anbringen von Sockelschienen

Sollte der Untergrund sehr uneben sein, empfiehlt es sich, die Sockelschiene zunächst mit Schnellzement anzusetzen, ehe man sie verdübelt. Man wirft dazu zunächst einige Zementklumpen an, setzt die Schiene paßgenau auf und bohrt die Dübellöcher erst, wenn die Schiene gut festsitzt. So verhindert man, daß sich die Schiene bei der Verdübelung verzieht.

Am Schienenstoß sollte man etwa 2 mm Zwischenraum lassen. Die Ecken der Schienen müssen auf Gehrung geschnitten werden.

Können im Sockelbereich keine Aluschienen angebracht werden, befestigt man mit Putzhaken oder Nägeln Holzleisten. Diese werden nach dem Verkleben der Platten wieder entfernt.

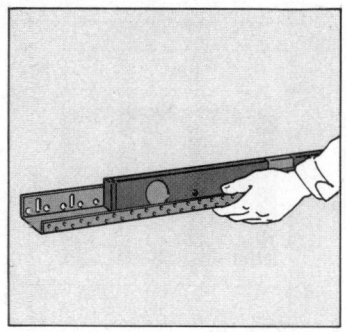

Die eigentliche Verarbeitung beginnt mit dem Anbringen der Aluminiumsockelschienen. Der Sockelabschluß sollte stets so gewählt werden, daß die Kellerdecke immer mit in die Wärmedämmung einbezogen wird. Dadurch wird verhindert, daß sich Kältebrücken bilden

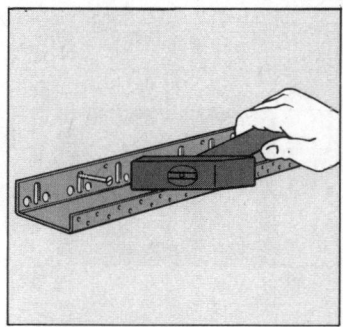

Die Befestigung erfolgt mit Schlagschrauben, die lediglich in das Dübelloch eingeführt und dann mit dem Hammer eingeschlagen werden. Die Langlöcher am Anschlußschenkel der Sockelschiene machen das exakte Ausrichten einfach

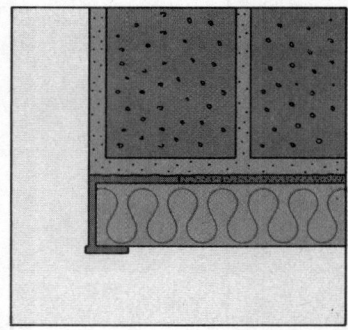

Die Aluminiumsockelschiene läßt sich auch hervorragend als Abschlußprofil am Übergang zu anderen Bauteilen einsetzen. Auch wenn beispielsweise nur ein Giebel eines Hauses gedämmt werden soll, ist sie ausgezeichnet dafür geeignet

Ankleben der Dämmplatten

Die günstigste Methode, um den Kleber aufzutragen, ist die Wulst-Punkt-Methode. Dadurch lassen sich etwaige Unebenheiten des Untergrunds problemlos ausgleichen. Der zwischen dem Untergrund und den Dämmplatten verbleibende Hohlraum erhöht die Dämmwirkung.

Auf glatten Untergründen kann man den Kleber auch mit einer Zahntraufel auftragen. Die Kleberschicht sollte etwa 2 cm dick sein und ringsum mindestens 2 cm vor der Plattenkante enden, damit der Kleber nicht in die Plattenstöße gedrückt wird. Im übrigen hält man sich an die Herstelleranleitung.

Vereinzelt sind auch Platten mit Stufenfalz erhältlich; die Klebetechnik ändert sich dadurch nicht.

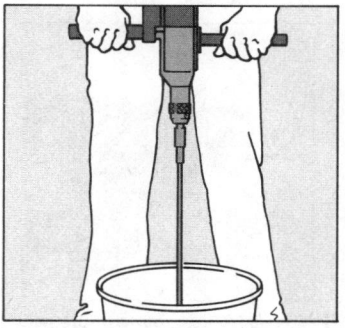

1. Den Kleber mit der erforderlichen Menge von 30 Gewichtsprozent Portlandzement mischen und mit elektrischem Rührgerät die Masse knotenfrei durchrühren. Es muß eine schlanke, pastöse Masse entstehen

2. Der Kleber wird auf die Polystyrolplatten in der Wulst-Punkt-Methode aufgetragen. Ringsum wird ein etwa 5 cm breiter Streifen gezogen, dann werden in die Plattenmitte drei handtellergroße Batzen gesetzt

3. Die Platten leicht schiebend ansetzen. Eventuell muß man sie mit einem Holzbrett andrücken. Die Platten dicht stoßen, auf keinen Fall sollte man Kleber in die Plattenfugen bringen, denn sonst entstehen Kältebrücken

4. Die Plattenreihen werden von unten nach oben auf die Wand aufgeklebt. Dabei geht man so vor, daß die senkrechten Fugen gegeneinander versetzt sind; die Fugen sollten niemals in einer ununterbrochenen Vertikalen übereinander zu liegen kommen

Die einzelnen Platten werden am einfachsten mit der elektrischen Thermosäge oder mit einem feingezahnten Fuchsschwanz ausgeschnitten. Auf jeden Fall sollte man bei dieser Arbeit eine Anschlagschiene verwenden, um exakte Schnitte zu erzielen

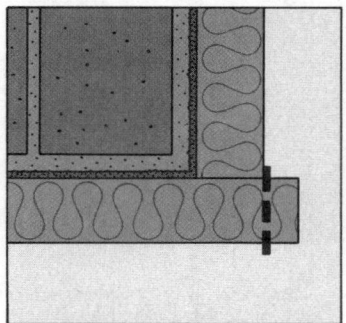

Um exakte Ecken zu erzielen, läßt man die eine Polystyrolplatte zunächst geringfügig über die Ecke hinausstehen und klebt dann die andere Platte dagegen. Der überstehende Streifen wird erst am nächsten Tag sauber abgeschnitten

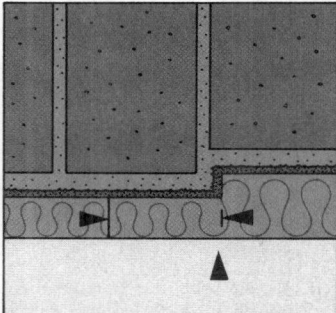

Es kommt vor, daß vorspringende Teile – sei es im Deckenbereich oder am Rolladenkasten – in der Wand vorhanden sind. In diesem Übergangsbereich keinesfalls einen Plattenstoß anordnen, sondern stets die Plattenrückseite ausschneiden

(Forts. S. 200)

Wärmedämmung

(Fortsetzung von S. 199)

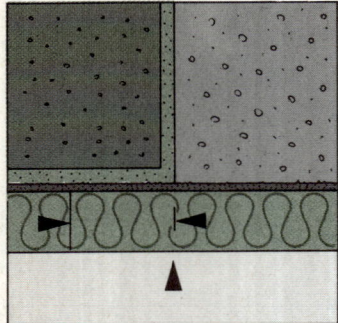

Stoßen in der Außenwand eines Gebäudes zwei verschiedene Materialien aufeinander, z. B. Betonstütze und Ausmauerung, oder ist ein Übergang zwischen altem Mauerwerk und einem Anbau gegeben, so sollten die Polystyrolplatten in diesen Fällen immer so geklebt werden, daß sie sich überlappen

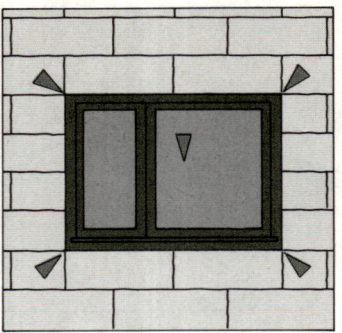

So ist es falsch! Wenn man sich entschließt, das Haus mit Polystyrolplatten zu isolieren, ist es ganz besonders wichtig, daß man beim Anschluß z. B. an Fensterbrüstungen darauf achtet, daß die Plattenstöße nicht in den Ecken, d. h. den Schwachstellen des Untergrundes, angeordnet werden

So ist es richtig! Die Ecken sind mit ganzen Platten übergreifend belegt. Das angerührte Klebematerial sollte je nach Witterung innerhalb von 2 bis 4 Stunden verarbeitet werden. Und wenn die Platten verklebt sind, muß man je nach Witterung 1–3 Tage warten, bis der Kleber ausgehärtet ist

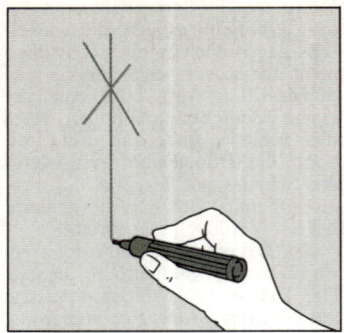

Bei älteren Gebäuden sind häufig Elektroleitungen oder Antennenkabel auf der Außenwand verlegt. Diese Kabel können ohne weiteres mit dem Dämmsystem abgedeckt werden. Aber: Man muß die Kabelführung anzeichnen, damit man die Kabel beim Bohren nicht beschädigt, wenn man dübelt

DAS ZUSÄTZLICHE VERDÜBELN DER DÄMMPLATTEN

Bitte beachten: Verdübeln frühestens einen Tag nach dem Verkleben. Ist der Kleber nicht ausgehärtet, können die Platten verrutschen oder sich verziehen

Dübeln ist nicht notwendig bei tragfähigen Untergründen: auf rohem Mauerwerk, auf festen Flächen (Beton, Gasbeton), auf fest haftenden mineralischen Außenputzen

Dübeln ist notwendig bei nicht ausreichend tragfähigen Oberflächen: auf Anstrichen oder Kunststoffputzen, auf mürben oder sandenden Putzen

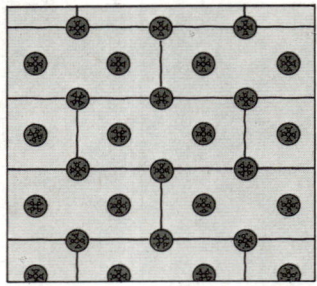

1. Wichtig ist die Anordnung der Spreizdübel: Man setzt sie jeweils an den Plattenecken und in der Plattenmitte, und zwar 8 Stück je qm. Ist die Verdübelung lediglich als reine Vorsichtsmaßnahme geplant, so kann man ohne Bedenken auf die beiden Dübel in der Plattenmitte verzichten

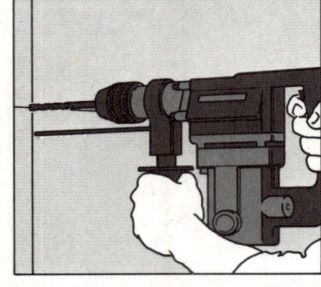

2. Die Dübellöcher dürfen frühestens einen Tag, nachdem man die Platten verklebt hat, angebracht werden. Vorher ist das Kleberbett nicht ausgehärtet. Für das Bohren der Löcher verwendet man einen 10-mm-Bohrer. Wichtig ist, daß die Spreizdübel ca. 3 cm im massiven Wandkern sitzen

3. Wenn man die Löcher gebohrt hat, kann man darangehen, die Spreizdübel einzuschlagen. Als Werkzeug eignet sich am besten ein Kunststoffhammer. Man muß darauf achten, daß sie so tief in die Wand getrieben werden, daß die Dübelkappen oberflächenbündig mit den Platten sind

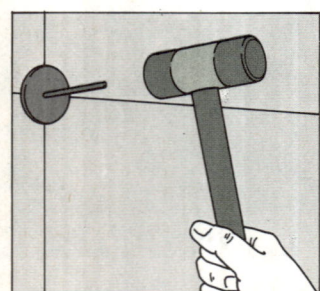

4. Nun wird der Spreizstift eingeschlagen, der dem Dübel eine feste Verankerung gibt. Bei weichen Wandbaustoffen läßt sich der Dübel nur dann ausreichend und sicher verankern, wenn man den Spreizstift in seiner ganzen Länge einschlägt. Nur so erreicht man eine starke Spreizung

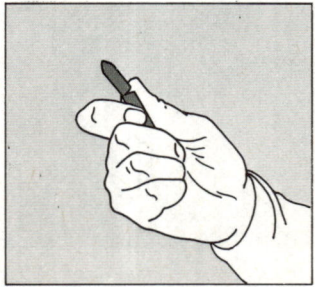

5. Bei harten Wandbaustoffen braucht sich der Dübel nicht so stark zu spreizen, deshalb muß man die Spreizwirkung reduzieren. Das erreicht man, indem man, wie auf der Abbildung deutlich zu erkennen ist, die Spitze des Spreizstiftes abbricht, bevor man ihn einschlägt

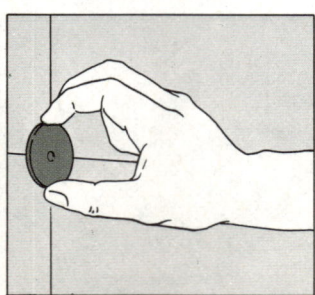

6. Man muß ständig kontrollieren, ob die Dübel auch fest sitzen. Es könnte ja sein, daß an manchen Stellen eine Hohlkammer im Stein ist und der Dübel keinen Halt findet. In solchen Fällen muß zur besseren Verankerung in unmittelbarer Nähe ein weiterer Dübel angebracht werden

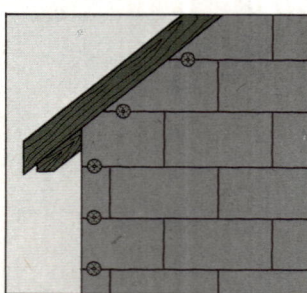

7. Wenn man nicht die gesamten Wandoberflächen, sondern z. B. nur einen Hausgiebel eindämmen will, muß hier in jedem Fall – auch wenn der Untergrund tragfähig und fest ist – eine Dübelreihe angebracht werden, und zwar im seitlichen Anschluß, damit die Ecke gesichert ist

Den Putz anbringen

Das Setzen der Eckschienen

Die Verstärkung von Außenecken mit Aluminiumeckschienen stellt nicht nur einen ausgezeichneten Rammschutz dar, es wird auch eine ideale Putzlehre für saubere, exakte Kanten gegeben. Die Schiene immer genau ausrichten.

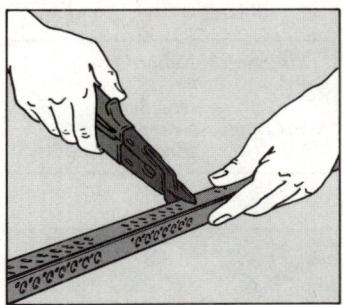

1. Zunächst werden die speziellen Aluminiumprofile ausgemessen, dann werden sie zugeschnitten. Dies geschieht am zweckmäßigsten mit Hilfe einer Blechschere.

Die Ecken der Schienen müssen auf Gehrung zugeschnitten werden

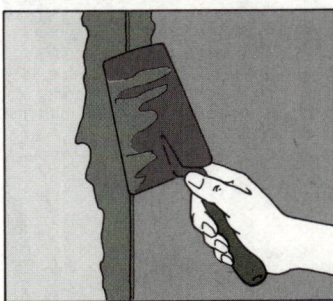

2. An allen Außenecken und Kanten wird etwas Kleber aufgetragen. Man gibt ihn entweder direkt an die Schiene oder an die Gebäudeecke. Dann wird die Schiene fest angedrückt. Durch die Lochung austretender Kleber wird vollflächig beigestrichen

3. Die Schiene immer vollflächig einbetten, so daß sich darunter keine Hohlstellen bilden können. Dabei darauf achten, daß die Schienenstöße nicht unmittelbar aneinandergesetzt werden; immer 2–3 mm Abstand einhalten

Armierungsschicht aufbringen

Für die Herstellung der Armierungsschicht muß der Kleber mit 30 Gewichtsprozent Zement verrührt werden. Wird später ein weißer Putz aufgetragen, nimmt man weißen Portlandzement PZ 45 F, bei farbigen Putzen normalen.

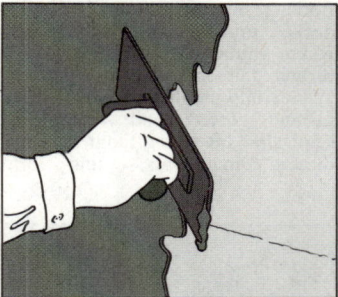

1. Die angerührte Spachtelmasse wird nun mit einer nichtrostenden Glättkelle aufgespachtelt. Die aufgebrachte Schichtdicke muß gleichmäßig sein, sie sollte 2 mm betragen.

Diese Schicht dient als Bett für die Armierungsschicht

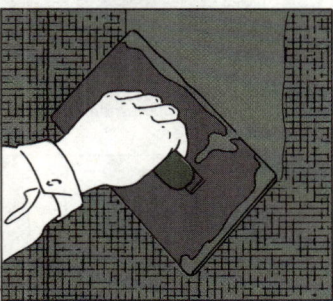

2. Das Gewebe wird bahnenweise in die nasse Spachtelmasse eingebügelt. Dabei muß auf eine faltenfreie Verlegung geachtet werden. Die Bahnen sind 10 cm überlappend zu verlegen und an Ecken und Kanten jeweils 10 cm weit herumzulegen

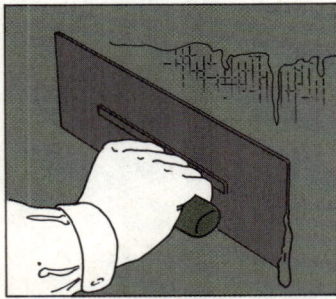

3. Gleich anschließend wird das Gewebe naß in naß vollflächig überspachtelt. Es muß dabei vollständig abgedeckt werden, d. h., seine Struktur darf nicht mehr sichtbar sein. Je qm Wandfläche braucht man mindestens 3 kg Kleber

Armierung mit Panzergewebe

Fassadenbereiche, die extrem belastet werden, können mit Panzergewebe zusätzlich armiert werden.

Die Armierungsschicht muß allerdings komplett durchtrocknen, und das dauert, je nach Witterung, 1–3 Tage.

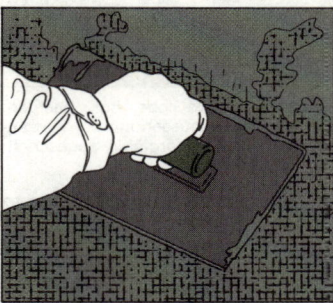

Das Panzergewebe ohne Überlappung in die Grundspachtelung einbetten und naß in naß überspachteln. Dann das Gewebe mit überlappenden Stößen einbügeln und schließlich naß in naß vollabdeckend überspachteln. Gut durchtrocknen lassen

Das Auftragen des Zwischenanstrichs

Der Arbeitsgang eines Zwischenanstrichs muß nur im Bedarfsfall ausgeführt werden.

Unbedingt nötig ist ein Zwischenanstrich, wenn

- nachfolgend ein eingefärbter Putz verwendet wird oder der Putz farbig überstrichen werden soll,
- die Armierungsschicht über längere Zeit ungeschützt der Witterung ausgesetzt war,
- die Schlußbeschichtung in Spritzputzstruktur ausgeführt werden soll.

Zu empfehlen ist der Zwischenanstrich, wenn

- im Sommer bei warmer Witterung gearbeitet werden muß. Denn dann wird mit dem Putzgrund eine Reduzierung der Saugfähigkeit der Spachtelschicht herbeigeführt und dadurch ein Aufbrennen des Putzes verhindert.

Der Putzgrund wird im Farbton „Weiß" geliefert. Als Zwischenanstrich vor dem Einsatz farbiger Putze muß der Putzgrund mit Vollton- und Abtönfarbe in Annäherung an den Putzfarbton eingefärbt werden. Die Zugabe sollte aber nicht mehr als 15 % betragen.

Der Putzgrund ist überall gleichmäßig als geschlossener Film aufzurollen.

Aufziehen und Strukturieren des Putzes

Man kann unter verschiedenen Kunstharzputzen und einer Vielfalt von Strukturen wählen.

Zunächst wird der Putz gründlich mit einem Elektrorührer aufgerührt. Bei warmer Witterung kann eine Verdünnung mit maximal ½ Liter Wasser je 25-kg-Eimer erfolgen, das entspricht einer Verdünnung von 2 %.

Selbstverständlich muß beim Putzen ansatzfrei gearbeitet werden, denn es ist ärgerlich, wenn in der fertigen Fassade Ansätze jeder Gerüstlage zu sehen sind. Lage für Lage muß naß aufgezogen und strukturiert werden. Während der Verarbeitung und der Trocknungsphase muß die Temperatur über +5 °C (Umluft- und Wandtemperatur) betragen.

Dann muß der Putz trocknen. Je feuchter die Luft, um so länger dauert dieser Prozeß. Bei Regenwetter sollte man das Gerüst zur Vorsicht mit Planen abhängen.

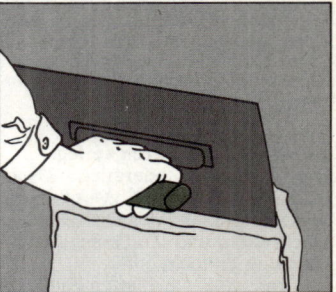

Kunstharzputze mit einer nichtrostenden Glättscheibe aufziehen. Material nur in Korndicke auflegen, also mit steilgestellter Kelle arbeiten. Reibeputze können sofort mit der Kunststoffscheibe senkrecht, waagerecht oder rund strukturiert werden

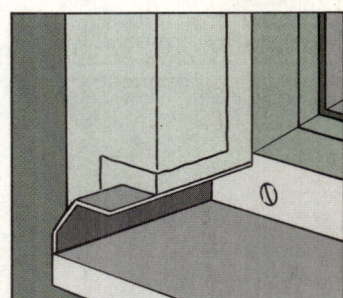

Fenstereinfassungen (Faschen) können auch glatt ausgebildet werden. Dazu wird die entsprechende Fläche vor dem Verputzen mit Klebeband abgedeckt und danach zweimal mit Dispersionsfarbe gestrichen

Dachdämmplatten

Unter den Sparren verlegt
Dachdämmplatten lassen sich unabhängig von den Abständen zwischen den Dachsparren verlegen. Man braucht sie daher nur an den Anschlußstellen zuzuschneiden, die am Giebel oder an Dachfenstern entstehen. Die Platten haben ein spezielles Nut- und Federprofil, so daß man sie problemlos ineinanderschieben kann. Die gefaste Plattenseite wird dabei jeweils zum Raum hin angesetzt. So entsteht eine fugenlose Fläche mit gleichmäßiger Rasterung, die sämtliche Wärmebrücken ausschließt.

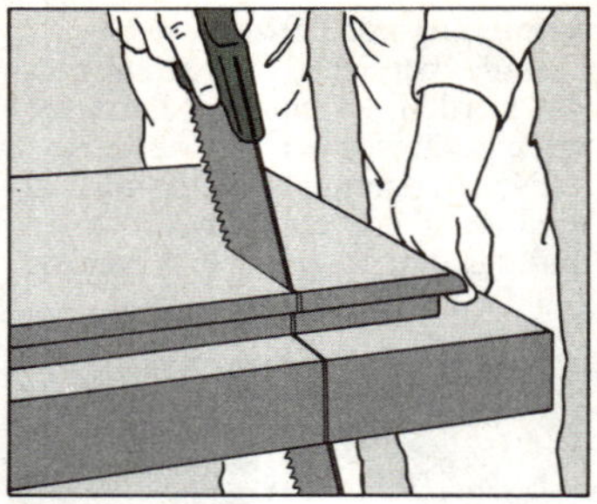

1. Die Platten für Giebel- oder Dachfensteranschlüsse müssen mit der feinzahnigen Handsäge sorgfältig zugeschnitten werden

2. Mit speziellen Nägeln für Leichtbauplatten befestigt man die Platten an den Sparren. Beim Hämmern Holzlatte unterlegen

3. Die Platten haben an den Rändern eine Falzkonstruktion, die eine problemlose und stabile Verzahnung erlaubt

Zwischen den Sparren verlegt
Die elastisch federnden Dachdämmplatten werden zwischen die Sparren geklemmt. Das Endlos-Stecksystem und die Federrille machen dies einfach.

Wenn man die Platten mit dem Hammer in die Feder der jeweils unteren Platte klopft, legt man eine Holzlatte unter.

Material:	*Dämmplatten*
Werkzeug:	*Hammer, fein gezahnte Säge, Spachtel, Meterstab, Feile, Holzlatte*

1. Die Platten werden 1 cm breiter als der Sparrenabstand zugeschnitten. Bei größeren Abständen einfach zwei Plattenbreiten zusammenstecken

2. Jetzt die Platten leicht zusammendrücken und zwischen die Sparren einsetzen. Das elastisch federnde Material sorgt für festen Sitz

3. Zum Schluß kann man das Ganze noch zum Raum hin verkleiden, z.B. mit Profilbrettern, wenn man das Dachgeschoß wohnlich ausbauen will

Kellerdämmplatten

Man kann Decken und Wände im Keller mit verschiedenen Materialien verkleiden. Für die Decken gibt es spezielle Platten.

Diese Kellerdämmplatten bestehen aus Polystyrolhartschaum und werden an die Kellerdecke geklebt. Sie vermindern nicht nur den Wärmeverlust in der Heizperiode, sondern machen die Kellerdecke und damit den ganzen Raum sauber und dekorativ. Natürlich müssen dann auch Boden, Wände und möglicherweise Fenster instand gesetzt und verschönert sein; aber oft genug fängt man mit diesen Dingen an – und übrig bleibt eine problematische Decke.

Vorrats- und Lagerräume lassen sich mit diesen Platten ebenso verschönern wie eine Kellerbar oder eine Hobby- und Bastelwerkstatt. Der umlaufende Stufenfalz macht eine akkurate Arbeit leicht, und die Porenstruktur der Oberfläche ist so fein, daß man die Fläche noch problemlos streichen kann.

Material:	*Kellerdämmplatten, Kleber, Besen, Schnur*
Werkzeug:	*6-mm-Zahnspachtel, Kelle*

1. Zuerst befreit man die Deckenflächen von Staub, Schmutz und lose anhaftenden Teilen. Auch blätternde Anstriche entfernt man

2. Die Deckenfläche so einteilen, daß sich eine gleichmäßige Rasterung ergibt. Die erste Reihe richtet man mit einer Schnur aus

3. Wenn der Untergrund absolut plan und sauber ist, wird der Kleber mit einer 6-mm-Zahnkelle auf die Platten gestrichen

4. Wenn Unebenheiten im Untergrund ausgeglichen werden müssen, trägt man den Kleber punktförmig, aber etwas dicker auf

5. Dann verlegt man die Platten und schiebt sie, nachdem die erste Reihe angebracht ist, mit leichtem Druck Falz in Falz

6. Das Ergebnis ist eine saubere Fläche mit ansprechender Rasterung. Wenn man sie streichen will, nimmt man am besten Dispersionsfarbe

Einfache Mittel gegen Zugluft

Wenn man gegen Zugluft vorgeht, darf man nicht immer nur Spalten und Ritzen abdichten, sondern man muß auch zu starke Abkühlung durch Fenster, Türen und Fußböden mit geeigneten Maßnahmen verhindern.

Fenster und Türen

Um Zugluft abzuhalten, sollte man die Gardinen bei Einbruch der Dunkelheit zuziehen und, wenn man neue anschafft, gleich schwere oder gefütterte Gardinen kaufen, weil sie die kalten Fensterflächen besser isolieren.

Jalousien oder Rolläden läßt man abends herunter und schließt ihre Lamellen. Sie schützen dann gegen Abkühlung durch die Nachtluft.

Schwere Vorhänge eignen sich auch vorzüglich, um Gartentüren im Winter zugfrei abzuschließen. Vor allem die oft sehr zugige Türschwelle läßt sich damit vollkommen abdichten.

Falls Vorhänge nicht erwünscht sind, kann man aus Holz und Isoliermaterial (Glasfasermatten, Polystyrol) eine aufsetzbare Schale für den unteren Teil der Tür herstellen, die oben von einem Fensterbrett abgedeckt ist und mit langen Schrauben oder Haken an der Tür befestigt wird.

Eine altmodische Rolle vor der zugigen Türschwelle oder dem unteren Fensterrand hält ebenfalls viel Kälte ab. Solche Rollen gibt es zu kaufen, man kann sie aber auch aus Stoffresten leicht selbst herstellen und mit Lappen, alten Strümpfen oder Schaumstoff füllen. Wenn vom Fenster Kondenswasser abläuft, stellt man die Rolle aus wasserdichtem Material, Kunstleder etwa, her.

Durch eine geöffnete Haustür strömt viel kalte Luft in die Diele. Das kann man durch einen provisorischen Windfang verhindern. Man braucht dazu einen deckenhohen schweren Vorhang, den man so weit vor der Tür aufhängt, daß sie sich noch bequem öffnen läßt.

Hohe, schmale Fensterflügel haben oft nur einen Verschluß in der Rahmenmitte. Sie verziehen sich deshalb leicht, schließen nicht mehr dicht, und die Folge ist Zugluft. Zur Abhilfe kauft man einen zweiten, zum alten passenden Verschluß, versetzt den alten nach oben und bringt den neuen unten am Rahmen an. Der Abstand von oben und unten beträgt jeweils ein Viertel der Fensterhöhe.

Vorhänge isolieren nur gegen die Fensterkälte, wenn sie zugezogen sind. Und das ist nun mal nur bei Dunkelheit der Fall. Einen gewissen Schutz für die Tagesstunden bieten durchsichtige Kunststoffolien (PVC), mit denen man die Fensterflügel innen bespannt. Die Folien werden mit Reißzwecken befestigt und an den Kanten mit Selbstklebeband verschlossen. Man kann sie aber auch auf einen dafür hergestellten Rahmen aus Holzleisten heften.

In neuen Häusern reicht das Fensterglas manchmal bis auf den Boden, der am Fenster dann sehr stark abgekühlt wird. Zur zeitweisen Abdichtung der Unterteile solcher Fenster kann man die Scheibe mit einer Polystyrolplatte abdecken, deren Ränder man mit breitem Selbstklebeband am Rahmen befestigt. Im Frühjahr wird die Isolierplatte wieder entfernt. Bei Drahtglas muß man sie abnehmen, damit das Glas in der Sommerhitze nicht zerspringt.

Bei Dauerabdichtung werden die Platten so eingebaut, daß eine etwa 4 cm dicke Luftschicht entsteht. Für die Abdichtung wird rings auf dem Rahmen eine Holzleiste angebracht und eine Hartfaserplatte daraufgeschraubt. Die rauhe Plattenseite zeigt zum Glas hin. Man streicht die Platte nach Wunsch, bevor man sie anbringt. Auf der Hartfaserplatte wird das Polystyrol befestigt und dann mit dekorativem Plattenmaterial abgedeckt. Vorher wird jedoch von innen ein 20 mm großes Loch bis in die Fensterrahmenmitte gebohrt und dann rechtwinklig dazu ein 6 mm großes Loch von außen. Diese Bohrlöcher treffen sich im Rahmen (siehe S. 204). Bohrspäne werden mit einer Rundfeile entfernt. Dann werden die Löcher mit einer Fahrradpumpe durchgeblasen. Mit einem in Lackfarbe oder Imprägniermittel getauchten Pfeifenreiniger wird das Lochinnere gestrichen. Die Durchgängigkeit der Bohrungen muß von Zeit zu Zeit kontrolliert werden.

Zum Abschluß der Arbeit wird nun das Abdeckmaterial auf dem Polystyrol befestigt. *(Forts. S. 204)*

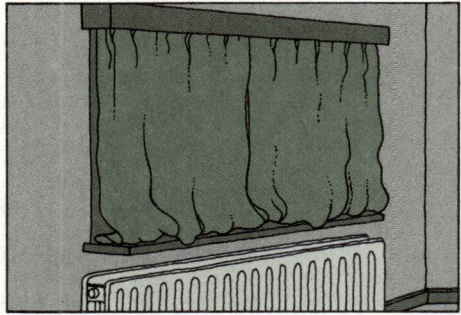

Gardinen sollen nicht über den Heizkörper hängen, weil sonst Heizungswärme durch das Fenster verlorengeht. Man legt sie auf das Fensterbrett

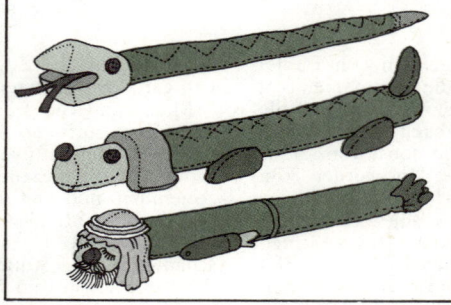

Eine Dichtungsrolle in lustiger Form für Fenster und Türen kann man leicht selbst herstellen. Die Füllung besteht aus Schaumstoff, Lappen usw.

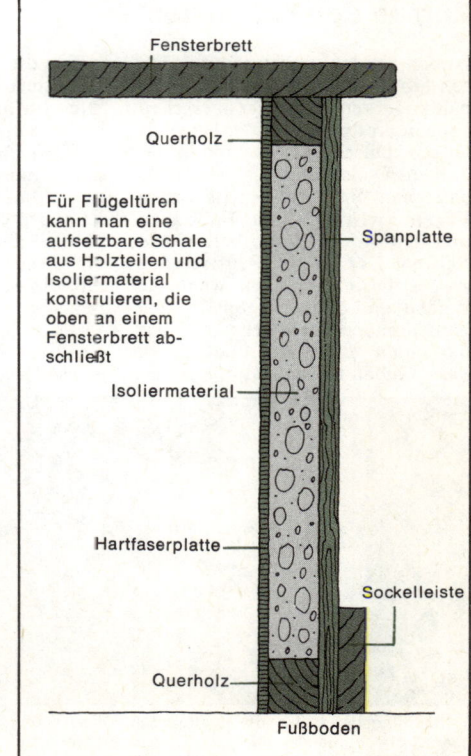

Für Flügeltüren kann man eine aufsetzbare Schale aus Holzteilen und Isoliermaterial konstruieren, die oben an einem Fensterbrett abschließt

Fensterbrett
Querholz
Spanplatte
Isoliermaterial
Hartfaserplatte
Sockelleiste
Querholz
Fußboden

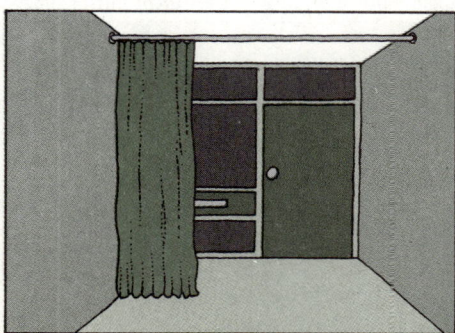

Den kalten Luftstrom beim Öffnen der Haustür kann man durch einen hohen schweren Vorhang fernhalten, der vor der Tür angebracht wird

Mit einer zusammengelegten Wolldecke, einem dicken Vorhang oder ähnlichem Material kann man den unteren Teil von Flügeltüren zugfrei machen

Zugschutz

(Fortsetzung von S. 203)

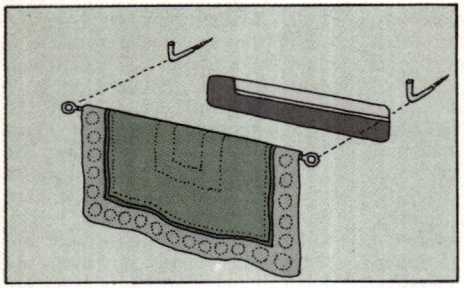

Ein Deckchen vor dem Briefschlitz an der Tür ist ein einfaches, aber wirksames Mittel gegen Zug

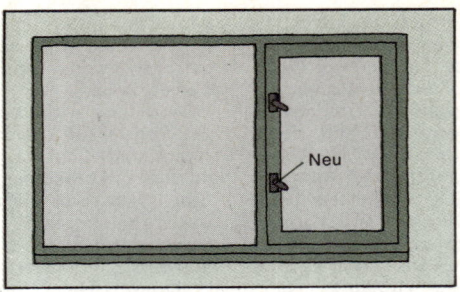

Ein verzogener Fensterflügel schließt besser, wenn man statt eines Riegels zwei anbringt

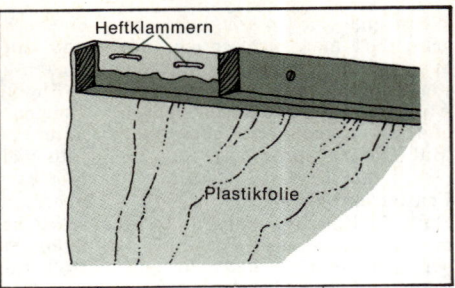

Vor einem undichten Fenster kann man eine Plastikfolie mit Klammern zwischen Leisten befestigen

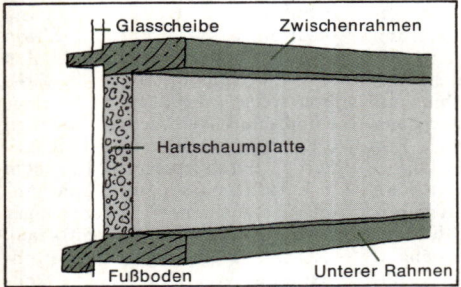

Wenn die Verglasung bis zum Boden reicht, verkleidet man den Teil zwischen unterem Rahmen und dem Zwischenrahmen mit einer 3 cm dicken Hartschaumplatte und dichtet die Fugen mit Klebeband ab

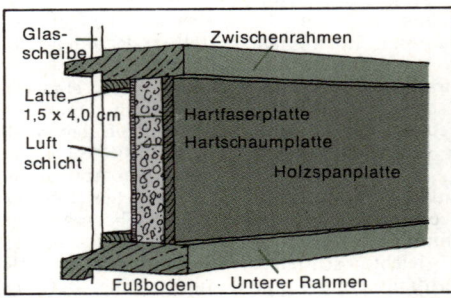

Eine noch bessere Wirkung erzielt man durch eine Luftschicht zwischen Glasscheibe und Hartschaumplatte, die außen mit einer Hartfaserplatte und innen mit einer Holzspanplatte verkleidet wird

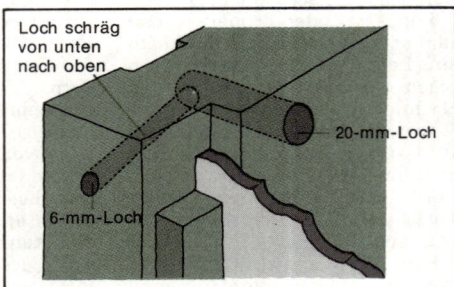

Bei fester Verglasung bohrt man rechtwinklig zueinander zwei Ventilationslöcher: ein Loch von 20 mm Durchmesser von der Innenseite und ein zweites von 6 mm von der Außenseite des Rahmens

Zug an den Fußleisten

Außer an den Fenstern und Türen gibt es in Häusern mit Holzbalkendecken auch Zugerscheinungen an den Fuß- oder Scheuerleisten. Durch das Schwinden der Balken, Dielen und Scheuerleisten entstehen bisweilen recht breite Fugen zwischen dem Fußboden und den an der Wand befestigten Leisten. Der dadurch auftretende Zug ist besonders stark, wenn die Balkenlage durch Gitter in den Außenmauern belüftet wird. Das hat einen Luftstrom quer durch das Gebäude zur Folge, der

durch die Fugen an den Fußleisten auch in die Zimmer eintritt. Die Lüftungsgitter dürfen niemals ganz abgedichtet werden, weil die Balken sonst vom Hausschwamm befallen werden können. Man darf höchstens in den Wintermonaten die Gitter zur Hälfte abdecken. Das geschieht am besten durch Hartfaserplatten, die mit Draht an den Gittern befestigt werden. Man muß nur nicht vergessen, die Platten im Frühjahr wieder zu entfernen. Diese Maßnahme reicht jedoch

nicht aus, um die Zugerscheinungen ganz zu beseitigen.

Man kann die Fugen an den Fußleisten auf verschiedene Art abdichten. Die aufwendigste Methode ist, die Scheuerleisten abzunehmen und tiefer zu setzen. Dabei ist es oft nicht zu vermeiden, daß ein Teil der Leisten beschädigt wird. Außerdem wird über der Leiste ein Streifen untapezierter Wand sichtbar. Dann muß man eben neue und höhere Leisten anbringen.

Einfacher ist es, die Fugen mit

Deckleisten abzudichten (siehe S. 83). Dies empfiehlt sich, wenn das Zimmer gleichzeitig mit Teppichware ausgelegt werden soll. Man kann die Ritzen auch mit Dekorationskordel abdecken.

Man kann die Fugen auch mit Abdichtungsband aus Schaumstoff zustopfen. Man mißt den Spalt, wo er am breitesten ist, und nimmt das Band noch etwas dicker. Das auf einer Seite des Bandes befindliche Schutz- oder Abdeckpapier für die Klebschicht in diesem Fall nicht entfernen.

1. Dichtungsband mit der glatten Seite nach oben gegen die Fußleiste bringen. Glattes Papier zum leichteren Einschieben in die Fuge unterlegen

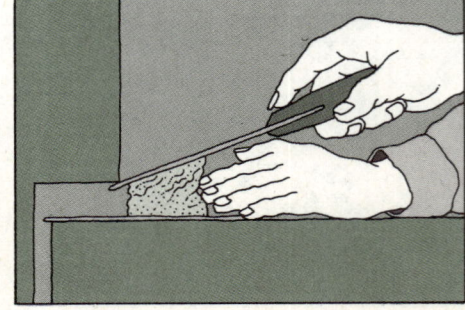

2. Einen breiten Spachtel schräg unter die Fußleiste halten und mit der anderen Hand das Band in die Fuge schieben

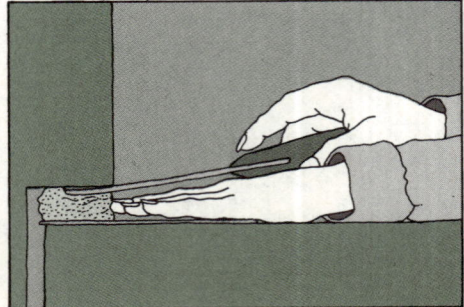

3. Das Dichtungsband festhalten und den Spachtel herausziehen. So die ganze Fuge abdichten. Überstehendes Material mit Messer abschneiden

Eine Tür mit Metallprofil abdichten

Zum Abdichten von Türen gegen Zug gibt es eine Reihe von Spezialprofilen, die man je nach den besonderen Gegebenheiten verwenden kann. Eins dieser Profile hat einen V-förmigen Querschnitt und wird aus Aluminium oder Kupfer hergestellt. Beide Metalle haben die Eigenschaft, ihre Federkraft auf die Dauer zu behalten, so daß eine nachhaltige Abdichtung gewährleistet ist. Das Profil wird an drei Seiten der Tür angebracht, während für die Schwelle andere Profile (siehe S. 207) verwendet werden.

Das V-Profil ist bei geschlossener Tür nirgends sichtbar und hat eine lange Lebensdauer. Es muß allerdings sehr genau angepaßt werden, wenn es den vollen Erfolg bringen soll. Das Profil wird oben und auf der Schloßseite am Türrahmen befestigt, auf der Bandseite wird es am Türblatt angebracht.

Material: V-Profil, Messingschrauben oder -nägel
Werkzeug: Blechschere oder Eisensäge, Schraubenzieher, Durchschlag, Ahle, Hammer

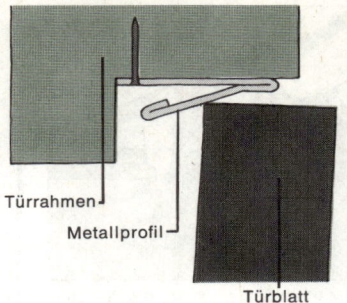

So wird das Abdichtungsprofil in dem Falz des Türrahmens angebracht

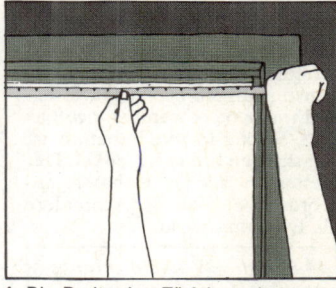

1. Die Breite des Türfalzes abmessen. Mit Eisensäge oder Blechschere ein Profilstück dieser Länge mit kleiner Zugabe abschneiden

2. Den Streifen gegen die Scharnierseite des Rahmens halten und am anderen Ende mit der Schere die Länge durch einen Einschnitt markieren

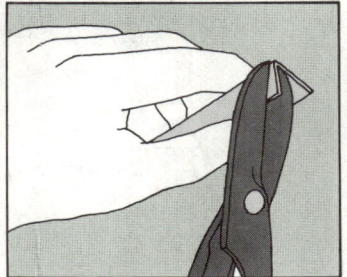

3. Nachdem das Profil auf Länge gebracht ist, beide Enden des Federschenkels unter 45° abschrägen. Die entstandenen Grate abfeilen

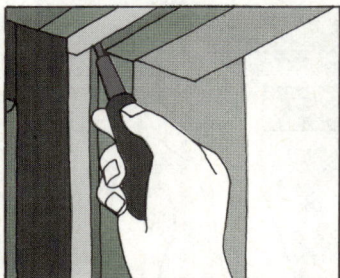

4. Das zugeschnittene Profil in die richtige Lage bringen – den breiteren Schenkel an das Holz –, dann beide Enden fest in die Ecken drücken

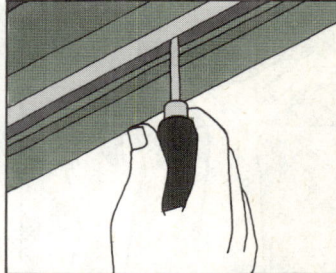

5. Prüfen, ob das Profil über die ganze Länge fest anliegt. Mit der Ahle die Löcher für die Befestigungsschrauben vorstechen

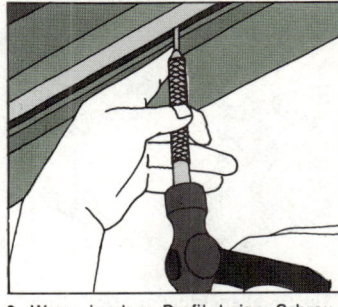

6. Wenn in dem Profil keine Schraubenlöcher vorgesehen sind, müssen sie mit dem Durchschlag in Abständen von etwa 25 cm gestanzt werden

7. Länge des Falzes an der Schloßseite messen. Das Profil mit gegehrtem (45°) Federschenkel an den oberen Profilstreifen anpassen

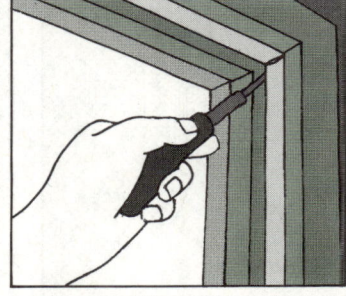

8. Die senkrechten Profilstreifen befestigen – auf der Scharnierseite am Türblatt, auf der Schloßseite zunächst nur mit einer Schraube in der Ecke

9. Knapp über dem Schließblech wird der Profilstreifen abgeschnitten, um die Falle nicht zu blockieren. Darunter setzt man ihn wieder an

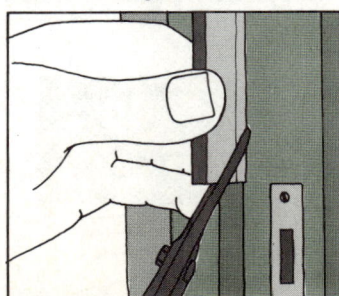

10. Das Ende des Streifens mit der Blechschere V-förmig abschrägen. Ebenso mit dem unterhalb des Schlosses beginnenden Streifen verfahren

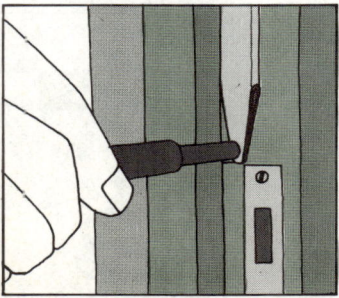

11. Am äußersten Ende der zugespitzten Profilstreifen mit dem Durchschlag Löcher für die Befestigungsschrauben schlagen

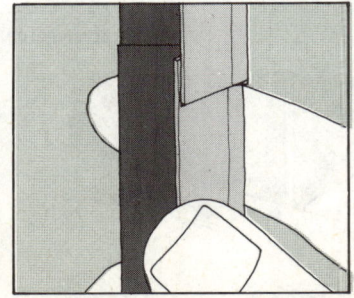

12. Reicht ein Profilstreifen nicht über die ganze Länge, kann man ein Stück ansetzen. Die Überlappung soll etwa 5 mm betragen

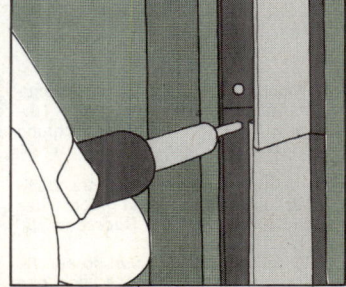

13. Die Stelle wird mit zwei Schrauben gesichert. Eine davon sitzt genau auf Mitte der Überlappung, die andere dicht darüber oder darunter

Zugschutz

Winkelprofile anbringen

Neben den auf Seite 203 beschriebenen „unsichtbaren" Abdichtungen gibt es Dichtungsprofile, die im Tür- oder Fensterrahmen befestigt werden und mehr oder weniger sichtbar sind. Solche Profile haben meist verschieden breite Schenkel. Der breitere wird im Rahmen angebracht, so daß der schmalere als Dichtung wirkt.

> Material: Winkeldichtungsprofile, Holzschrauben
> Werkzeug: Schraubenzieher, Metallsäge, Vorstecher

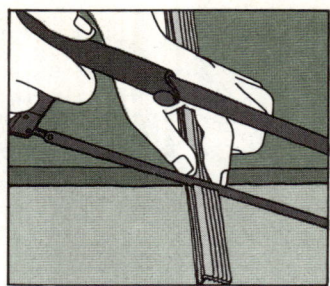

1. Man mißt die Länge, die für eine dreiseitige Abdichtung nötig ist, und sägt die drei Streifen genau, eventuell mit Gehrung, zu

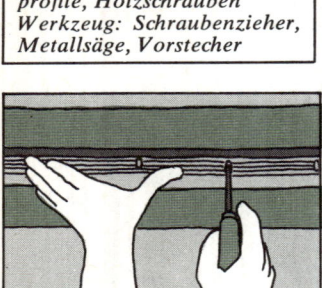

2. Der erste Dichtungsstreifen wird im oberen Türfalz befestigt. Dazu sticht man im Abstand von 25 cm Löcher für die Schrauben vor

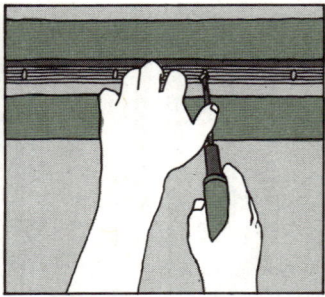

3. Nun werden nacheinander Holzschrauben in die vorgestochenen Löcher gedreht. Dabei hält man das Profil in der richtigen Lage fest

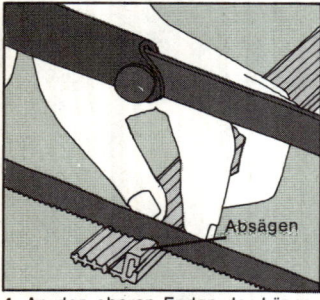

Absägen

4. An den oberen Enden der Längsstreifen wird von den schmalen Seiten eine Ecke abgesägt, so daß sie in die Falzecken ineinanderpassen

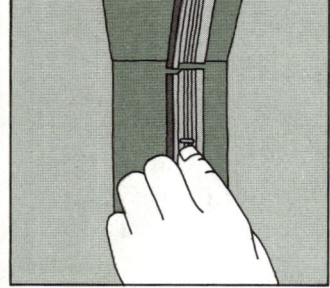

5. Die Längsprofile werden, dicht an das obere Profil anschließend, in die Rahmenfalze geschraubt. Zum Schluß prüft man, ob die Tür gut schließt

Selbstklebende Dichtungsstreifen anbringen

Die Dichtungsstreifen gibt es in verschiedenen Breiten. Sie bestehen aus Schaumstoff. Ihre selbstklebende Seite ist mit einer Schutzfolie abgedeckt, die andere Seite ist mitunter glatt, so daß sie nicht hängen bleibt.

Die Dichtungsstreifen werden flach in Tür- oder Fensterrahmenfalze geklebt, so daß Türblätter oder Fensterflügel beim Schließen gegen sie drücken.

> Material: Schaumstoffdichtungsstreifen, Haushaltsreinigungsmittel
> Werkzeug: Schere

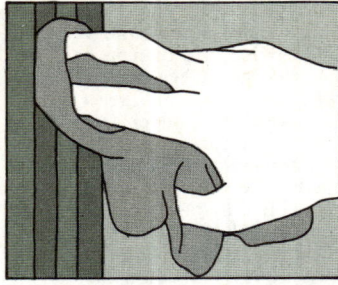

1. Der Tür- oder Fensterrahmenfalz wird mit einem Haushaltsreinigungsmittel gründlich gesäubert, nachgespült und gut abgetrocknet

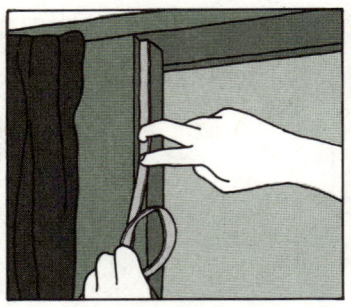

2. Das Schutzpapier wird nicht zu weit – etwa 30 cm genügen – abgezogen. Dann klebt man den Dichtungsstreifen fest in den Falz

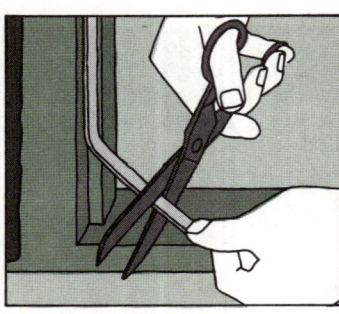

3. Danach entfernt man das Schutzpapier stückweise, klebt die Dichtung an, schneidet sie am Falzende ab und dichtet den nächsten Falz ab

SELBSTKLEBENDE DICHTUNGSSTREIFEN

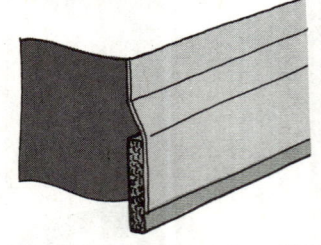

Dichtungen für Falze: Man zieht das Schutzpapier ab und klebt den Streifen mit der Klebeseite in den Falz

Türschwellendichtung: Der Dichtungsstreifen wird nach Abziehen des Schutzpapiers an die untere Türkante geklebt

EINE TÜRSCHWELLENDICHTUNG ANBRINGEN

1. Zuerst wird die Türkante gründlich gesäubert und dann die Türbreite mit Filzstift auf der Dichtung angezeichnet

2. Dann schneidet man die Dichtung auf Länge und zieht das Schutzpapier auf der Rückseite ab

3. Die Dichtung wird nun so auf die Türkante geklebt, daß sie leicht den Fußboden berührt

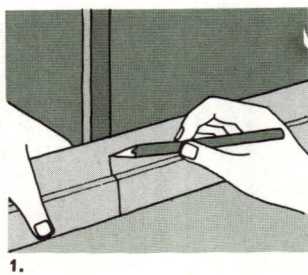

1.

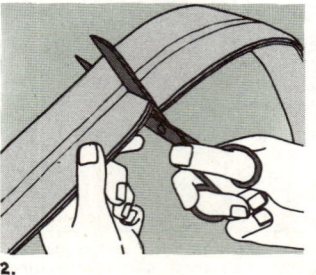

2.

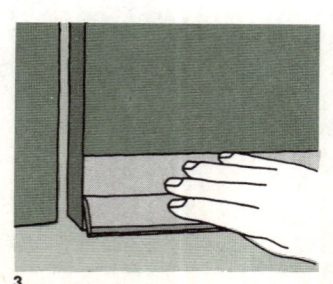

3.

Dichtungsprofile anbringen

Baumwoll-Gummi-Profil

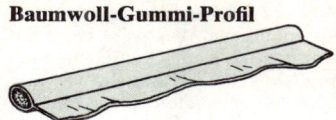

Es gibt zahlreiche Arten von Abdichtprofilen. Form und Material, aus dem sie hergestellt sind, richten sich nach ihrem Verwendungszweck. Auf dieser Seite werden vier Profilarten gezeigt. Neben ihnen gibt es aber noch eine Reihe anderer, die man ebenso leicht verarbeiten kann.

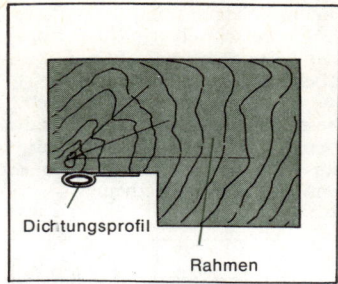

Das Baumwoll-Gummi-Profil wird auf der Falzinnenseite befestigt. Das Gummi schließt die Öffnung dicht ab

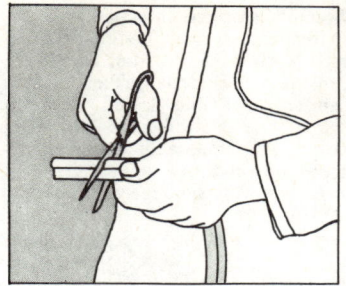

1. Das Dichtungsprofil ist einfach auf die richtige Länge zu bringen: Man schneidet es mit einer Schere ab

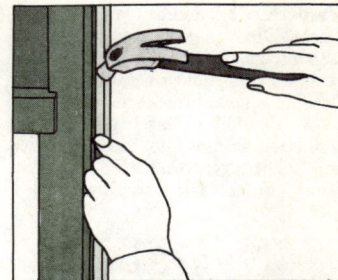

2. Die Dichtung wird mit nicht zu langen Nägeln mit flachen Köpfen oder mit einer Heftmaschine befestigt

Aluminiumprofil

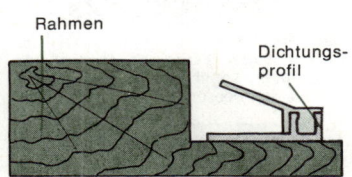

Dauerhafter ist das Aluminiumprofil. Es besteht aus einer Aluschiene, in der eine Gummilippe befestigt ist

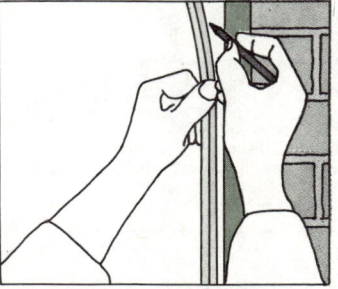

1. Die Falzlänge auf dem Profil anzeichnen. Ist es zu kurz, bleibt es undicht ist es zu lang, wölbt es sich

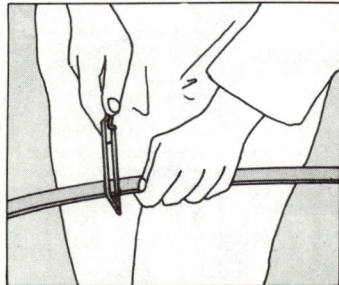

2. Das Profil läßt sich mit einer Metallsäge leicht abschneiden. Der Grat wird mit einer Feile entfernt

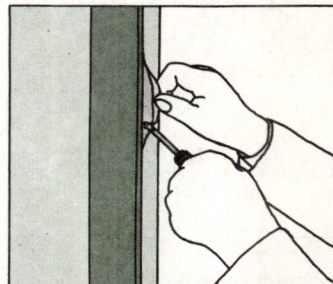

3. Die Schiene hat vorgebohrte Löcher, durch die man sie mit Senkkopfholzschrauben in den Falz schraubt

PVC-Profil

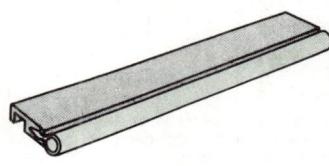

Zwei weitere Dichtungsarten sind das hier gezeigte PVC-Rahmenprofil und die PVC-Türschwellenabdichtung (unten). Letztere soll Zugluft unter der Tür verhindern.

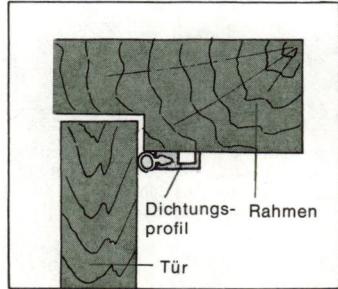

Das PVC-Profil wird auf dem Rahmen, nicht im Falz, so befestigt, daß die Gummirundung fest an der Tür liegt

1. Auch für das PVC-Profil wird zuerst ganz genau Maß genommen; es darf sich dabei nicht durchbiegen

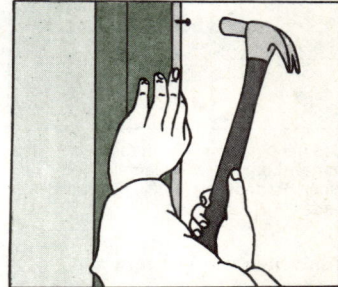

2. Die Dichtung läßt sich leicht anbringen; sie ist vorgebohrt und wird mit kleinen Nägeln befestigt

PVC-Türschwellenabdichtung

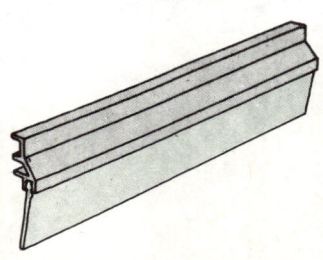

Der untere Streifen besteht aus Gummi und sitzt schräg in der Kunststoffleiste. Farben: weiß, grau oder braun

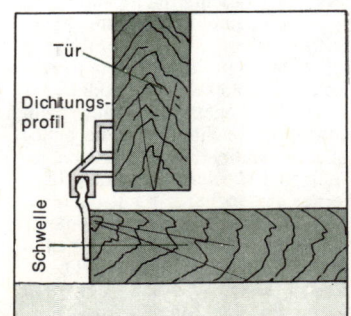

Das Profil wird so auf der Tür befestigt, daß sich die Gummidichtung dicht an die Schwelle legt

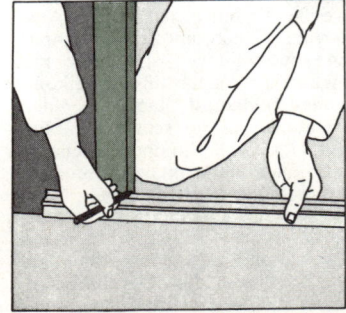

1. Wie bei anderen biegsamen Profilen ist es wichtig, genau Maß zu nehmen, bevor man das Profil absägt

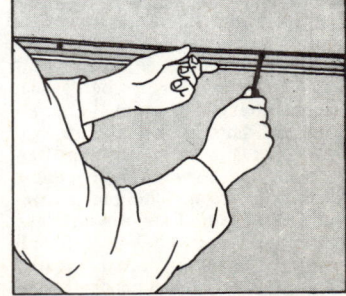

2. Das Profil auf Maß sägen und probeweise anbringen; Tür öffnen und schließen. Profil anschrauben

Zugschutz

Weitere Dichtungsmöglichkeiten

Verdeckte Türdichtungen

Diese Dichtungsprofile sind durch Leisten geschützt, sie bleiben also lange Zeit funktionstüchtig. Außerdem gewährleisten sie, daß man die Tür fast geräuschlos schließen kann. Die Montage dieser Dichtungsprofile muß man bei geschlossener Tür vornehmen.

Bodendichtungen einbauen

Durchgehende Fußböden haben ihre Vorteile, leider sind aber Türen ohne Bodenanschlag meist sehr undicht und lassen Zugluft durch. Die nachträgliche Montage von Zugschutzmaßnahmen ist meist aufwendig.

Es gibt verschiedene Systeme zu kaufen. Während der eine Teil, die Höckerschwelle, auf den Roh- oder Fertigboden geklebt oder gedübelt wird, muß in der Tür meist eine Nut ausgenommen werden. Diese fräst man mit der Handoberfräse aus. Bei Türen mit unterem Falz kann man diesen mit dem Simshobel nacharbeiten.

Fensteranschlüsse abdichten

Anschlußfugen aus verschiedenen Werkstoffen sind selten dicht. Man muß sie zum Wärme-, Schall- und Zugschutz ausfüllen. Hierzu nimmt man am besten Dichtschaum, den man gebrauchsfertig in Kartuschen erhält. Sehr große Zwischenräume muß man vorher ausstopfen.

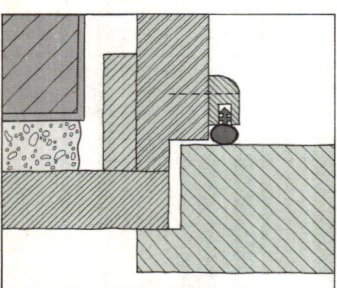

Das Kunststoff-Dichtungsprofil ist in eine Hartholzleiste eingenutet. Die Leiste wird mit Stauchkopfstiften am Türfutter befestigt

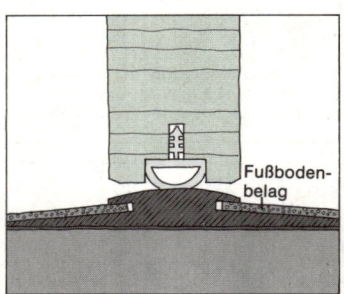

In Tür ohne unteren Anschlag eingelassenes Kunststoff-Hohlprofil. Höckerschwelle auf Unterboden montiert, Fußbodenbelag läuft in die Nut

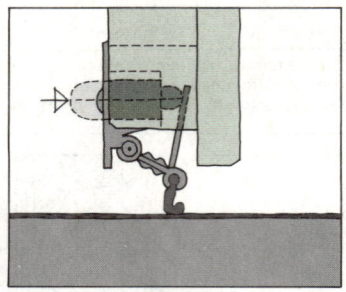

Türausführung mit unterem Falz. Ein Gummiprofil drückt sich automatisch auf den Boden und überbrückt Differenzen von 5–12 mm

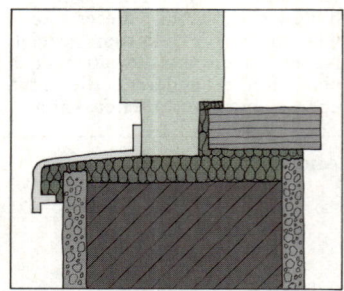

Alle Anschlußfugen gewissenhaft abdichten. Man kann mit Mineralwolle ausstopfen, aber Polyurethanschaum verteilt sich besser

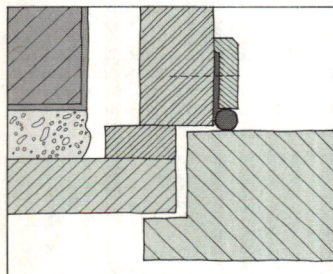

Das Moosgummi-Dichtungsprofil mit harter Lippe wird ebenfalls mit Hilfe einer Hartholzleiste ans Türfutter genagelt

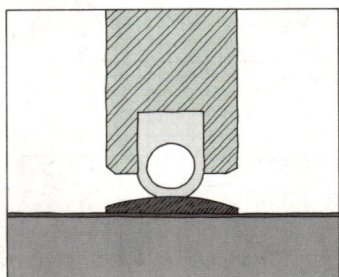

Das Moosgummiprofil läuft beim Schließen der Tür auf eine auf den Fertigboden montierte Höckerschwelle. Positionen genau abstimmen

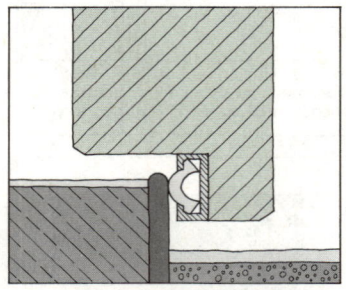

Türausführung mit unterem Falz und Bodenanschlag. Die Schwellendichtung drückt gegen die Anschlagschiene. Kein Verschleiß durch Begehen

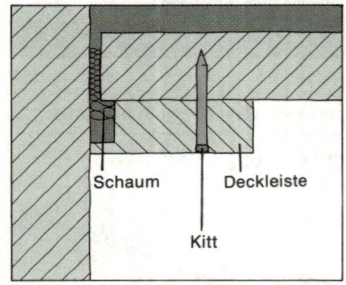

Ausgeschäumte sichtbare Fugen muß man abdecken. Entweder setzt man eine Deckleiste, oder man spritzt mit Fugendichtungsmasse ab

Abdichten von Fenstern und Außentüren

Unter dem Einfluß von Winddruck, Temperaturschwankungen und Feuchtigkeit arbeitet fast jedes Material. Die Fuge zwischen Blendrahmen und Mauerwerk ist der Spielraum für diese Bewegungen. Werden die Fugen nicht abgedichtet, kommt es zu Zugluft und Wärmeverlust, aber auch Feuchtigkeit kann in die Blendrahmen, in Mauerwerk und Putz eindringen. Dann kann sich zum Beispiel im Fensterbereich die Tapete lösen oder sogar Schimmel auftreten. Risse im Putz findet man häufig dort, wo die Fensterblendrahmen eingeputzt sind. Außer den bereits beschriebenen Dichtstoffen gibt es Dichtschäume sowie dauerelastische Dichtmassen.

Dichtschäume sind ausgezeichnete Isolierstoffe gegen Kälte und Wärme, jedoch schützen sie nicht vor Feuchtigkeit. Im Außenbereich muß also eine ausgeschäumte Fuge mit wetterfestem Dichtstoff abgedeckt werden.

Schäume mit physikalischer Aushärtung (Einkomponentenschaum) sind zwar billiger als solche mit chemischer Aushärtung (Zweikomponentenschaum), haben aber den Nachteil, daß sie schwinden können. Der Zweikomponentenschaum kann auch als Montageschaum zur unsichtbaren Befestigung von Holzteilen auf Mauerwerk verwendet werden. Er ist in fertigen Zweikammerkartuschen erhältlich und wird nach dem Durchmischen sofort mit der Zahnstangenpistole in die vorgesehenen Hohlräume gespritzt. Unbedingt die Gebrauchsanweisung beachten; zuviel Schaum kann Bauteile auseinandertreiben!

Wenn die Schaum-Harz-Mischung nicht mehr klebrig ist, kann man Überstände abschneiden. Im Innenbereich kann die Fuge mit einer Holzleiste abgedeckt werden.

Dichtmassen dienen zum Abdecken kleiner Fugen oder geschäumter Fugen. Man muß beim Kauf darauf achten, daß die benötigte Fugendichtungsmasse den jeweiligen Erfordernissen entspricht. Ferner ist vorher zu entscheiden, ob die Fuge sofort oder erst später nachbehandelt, d. h. überstrichen werden soll, denn nicht alle Dichtmassen lassen das zu. Vor dem Auftragen der Masse, was meist mit der Zahnstangenpistole geschieht, muß der Untergrund absolut frei von losen Teilen, von Fett, Öl usw. sein. Gegebenenfalls muß mit einer Spezialgrundierung (Primer) vorgestrichen werden.

Bevor man eine Fuge mit der Zahnstangenpistole schließt, muß der Untergrund gesäubert werden

TEIL 2

Wasser und Heizung

Abwasser

Abwasseranlagen im Haus

Da Wissenschaftler und verantwortliche Politiker in den letzten Jahren erkannt haben, wie bedeutsam das Problem der Umweltverschmutzung für uns alle ist, wurde gesetzlich festgelegt, wie alle Abwässer, die in Privathaushalten und Industriebetrieben anfallen, beseitigt werden müssen.

Die Abwässer aus den Haushalten können heute in den meisten Fällen in die öffentlichen Abwassersysteme eingeleitet werden. Der Hauseigentümer muß eigentlich nur noch dafür sorgen, daß die Abwässer seines Hauses richtig gesammelt und über den Hausanschluß in den Hauptkanal unter der Straße geleitet werden.

Wo aber kein öffentliches Abwassersystem vorhanden ist, muß der Hauseigentümer darauf achten, daß nur solche Abwässer abgeleitet werden, die zuvor einwandfrei gereinigt worden sind.

Dazu baut man Kleinkläranlagen, in denen die Abwässer auf mechanischem Weg von allen größeren Verschmutzungen befreit werden. Anschließend wird das Abwasser noch biologisch gereinigt.

Es ist nicht weiter kompliziert, in einem Haus ein Abwassersystem zu installieren.

Die Abwässer, die in den sanitären Anlagen wie Waschbecken, Bädern oder Spülbecken anfallen, werden zunächst durch Anschlußleitungen gesammelt. Diese münden dann in sogenannte Falleitungen, die das Abwasser in die Grundleitung befördern, die meist unter dem Kellerboden verlegt ist. Von hier aus gelangt das Abwasser über den Hausanschlußkanal in das öffentliche Abwassersystem oder in die Kleinkläranlage.

Regenwasser muß man ebenso zum Abwasser zählen. Dieses wird in Dach-, Hof- und Balkonentwässerungen gesammelt und meist ebenfalls in das öffentliche Abwassersystem geleitet. Es gibt allerdings auch Abwassersysteme, bei denen das Regenwasser in getrennten Kanälen abgeleitet wird. Man nennt dies ein Trennsystem im Gegensatz zum Mischsystem, das beide Abwässer gemeinsam fortleitet.

Beim Bau einer Abwasserleitung ist zu beachten, daß alle Bade- und Duschwannen, Wasch- und Spülbecken über Siphons an die Abwasserleitung angeschlossen werden. Ein Siphon unterdrückt Geruchsbelästigungen durch auftretende Gase (Klärgase).

Weiter müssen alle Fallstränge zur Be- und Entlüftung über das Dach geführt werden. Damit soll jede mögliche Geruchsbelästigung vermieden werden.

An geeigneten Stellen müssen Reinigungsöffnungen in ausreichender Anzahl eingebaut werden, um mögliche Verstopfungen in den Abwasserleitungen rasch beheben zu können.

Abwasserrohre werden aus den verschiedensten Materialien hergestellt. Bisher waren für Anschluß- und Falleitungen Rohre aus Blei, verzinktem Stahl und asphaltiertem Grauguß üblich. Bei Grundleitungen, Hausanschlußkanälen und Straßenkanälen herrschen Steinzeug- und Betonrohre vor. Rohre aus diesem Material zu verarbeiten, ist recht schwierig

und zeitraubend. Diese Rohre müssen nämlich verlötet, gestemmt, geschweißt und mit den unterschiedlichsten Massen vergossen werden. Für den Heimwerker sind damit fast unüberwindbare Schwierigkeiten verbunden.

Kunststoffrohre allerdings vereinfachen die Arbeit ganz wesentlich. Es gibt sie heute in allen Durchmessern, sowohl für Anschlußleitungen als auch für Falleitungen und Abwasserkanäle. Das Kunststoffrohr bietet viele Vorteile. Es hat eine saubere, glatte Oberfläche und braucht deshalb keinen Schutz- oder Verschönerungsanstrich. Innen sind diese Rohre ebenso glatt, wodurch manche Verstopfung verhindert wird. Ein großer Vorteil ist ihre Korrosionsbeständigkeit. Man muß aber beachten, daß Kunststoffrohre nicht so wärmebeständig sind wie Rohre aus herkömmlichem Material. Nicht alle Kunststoffrohre sind aber für heiße Abwässer geeignet.

Um Kunststoffrohre miteinander zu verbinden, gibt es viele Möglichkeiten durch Klebe-, Schweiß-, Schraub- und Steckverbindungen. Dazu ist – mit Ausnahme der Schweißverbindung – nicht einmal ein Spezialwerkzeug notwendig. Außerdem haben Kunststoffrohre ein geringes Gewicht und bieten sich so für die Selbstverlegung geradezu an. Aber auch für Rohre aus herkömmlichen Werkstoffen wie Gußeisen und Stahl gibt es inzwischen Verbindungsmöglichkeiten, die nicht mehr so viel Schwierigkeiten bereiten wie früher. Ähnlich wie Kunststoffrohre lassen sich auch Rohre aus anderen Materialien durch einfache Steckverbindungen mit Gummi- oder Kunststoffdichtungen oder durch Manschettenverbindungen zusammenfügen.

Nicht vergessen sollte man, daß natürlich auch Abflußrohre frostfrei zu verlegen sind.

Es ist sehr wichtig, daß Abflußrohre für die verschiedenen Zwecke den jeweils richtigen Durchmesser haben. Das Abwasser muß nämlich ohne Schwierigkeiten durch das Rohrsystem abfließen können.

Dies bedeutet freilich nicht, daß ein Abwasserrohr grundsätzlich immer den größtmöglichen Durchmesser haben soll und sich damit auch schon am besten für den jeweiligen Zweck eignet.

Für größere Anlagen empfiehlt es sich, den Fachmann um Rat zu fragen und diesem unter Umständen die Ausführung der Anlage zu überlassen.

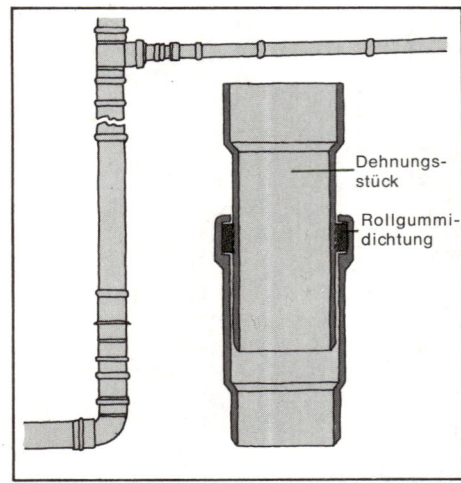

Diese Abbildung zeigt ein Dehnungsstück bei Kunststoffrohren

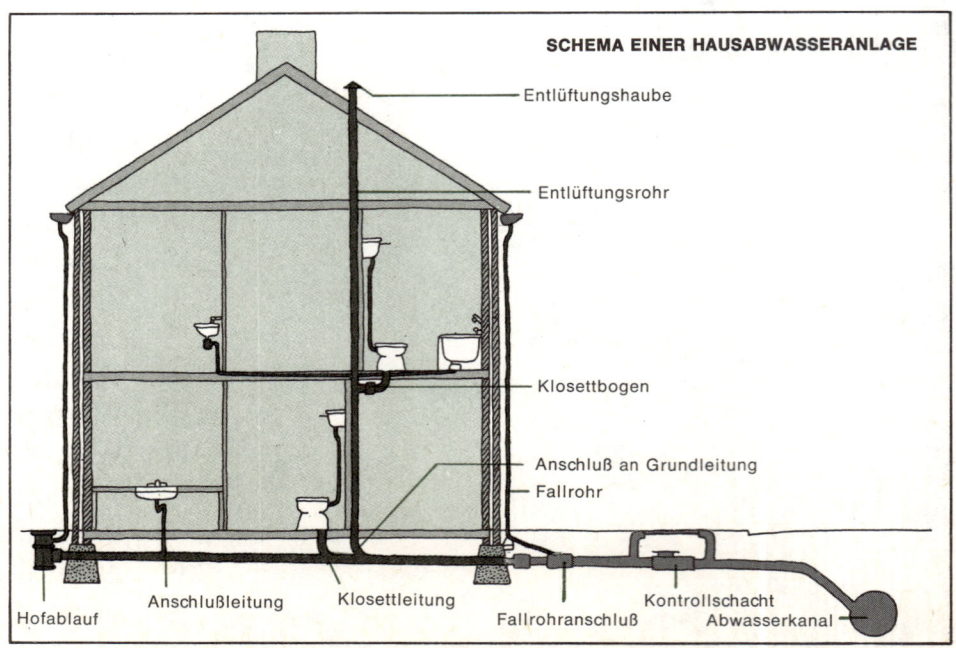

Kontroll- und Reinigungsschächte

Abwasserleitungen im Erdreich müssen in bestimmten Abständen kontrolliert werden können. Dies wird durch gemauerte, betonierte oder auch aus Fertigteilen hergestellte Schächte ermöglicht. Je nach Vorschrift kann das Abwasser offen oder in Rohren mit Reinigungsdeckel durch den Schacht fließen. Innerhalb von Gebäuden muß das Abwasser auf jeden Fall geschlossen durch Kontrollschächte geleitet werden. Formstücke mit Reinigungsdeckel gibt es als Durchgangsrohre und auch als Abzweigrohre. Wenn eine Grundleitung verstopft ist, öffnet man den Reinigungsschacht und führt die Reinigungsspirale bis zur Verstopfung in das Rohr ein. Liegt ein Reinigungsschacht in einem Hof, muß der Deckel für eine stärkere Druckbelastung ausgelegt sein als für einen Schacht unter einem Gehweg.

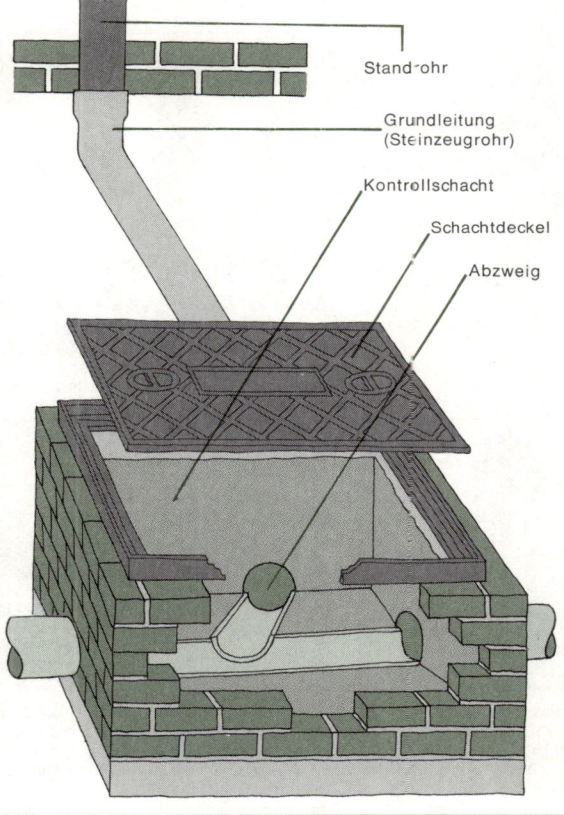

- Standrohr
- Grundleitung (Steinzeugrohr)
- Kontrollschacht
- Schachtdeckel
- Abzweig

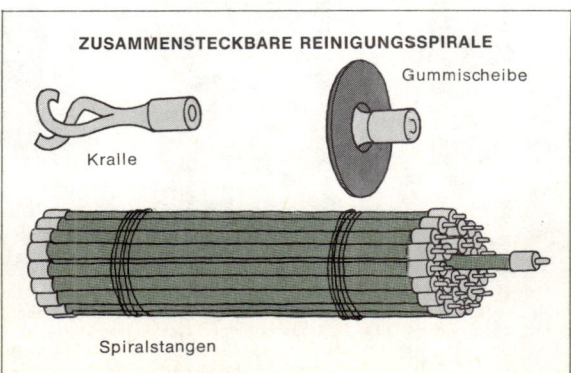

ZUSAMMENSTECKBARE REINIGUNGSSPIRALE

Kralle

Gummischeibe

Spiralstangen

Verstopfungen in einer Grundleitung beseitigen

Gelangt über die Dachrinne und das Fallrohr Schmutz in die Grundleitung, dann kann es dort zu Verstopfungen kommen. Diese müssen sofort beseitigt werden, bevor sich das Verstopfungsmaterial verhärten kann.

Ist die Verstopfung nur gering, das Material noch lose, so kann sie unter Umständen mit einem Gummisauger (Pumpfix) oder mit einem kräftigen Wasserstrahl aus einem Schlauch beseitigt werden. In hartnäckigen Fällen hilft jedoch nur eine Reinigungsspirale.

Es gibt zusammensteckbare Spiralen aus Bambusstäben. Sie eignen sich besonders für gerade Rohrstrecken und größere Rohrdurchmesser. Mit ihnen wird hauptsächlich gestoßen, weniger gedreht. Für kleinere Rohrdurchmesser und scharfe Richtungsänderungen verwendet man zusammengerollte Stahlspiralen. Solche Spiralen gibt es in verschiedenen Stärken und Längen. Sie haben am einen Ende eine Kurbel, mit der sie unter Druck durch die Reinigungsöffnung zur Verstopfung im Rohr vorgebracht werden. Stahlspiralen gibt es heute auch mit Motorantrieb.

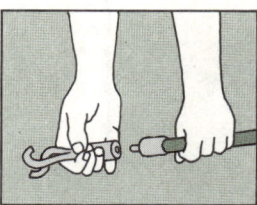

1. Die Kralle wird auf die Spirale geschraubt. Das Gewinde fettet man vorher ein

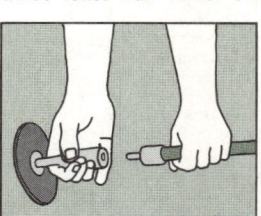

3. Man nimmt die Kralle von der Spirale und schraubt die Gummischeibe auf

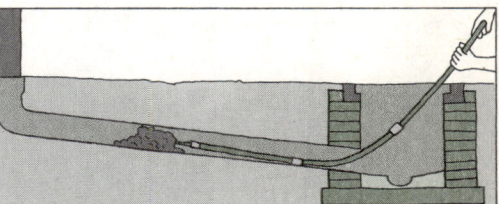

2. Die Spirale wird durch Drücken und Rechtsdrehungen durch die Reinigungsöffnung in das Rohr gebracht und weitergedreht, bis die Kralle die Verstopfung gelöst hat

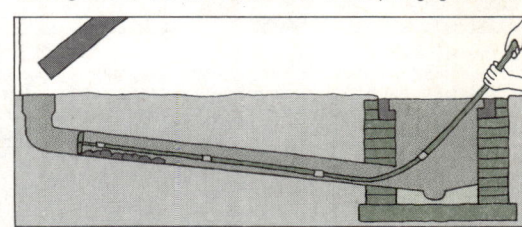

4. Die Spirale wird erneut in das Rohr eingeführt. Dann zieht man sie vorsichtig heraus, um den von der Kralle gelösten Schmutz in den Schacht zu streifen

5. Man entfernt den Schmutz. Er darf nicht etwa weggespült werden, weil sich sonst erneut eine Verstopfung bilden kann

7. Man nimmt das Standrohr ab, spült kräftig nach, bringt das Standrohr wieder an und dichtet seine Muffe ab

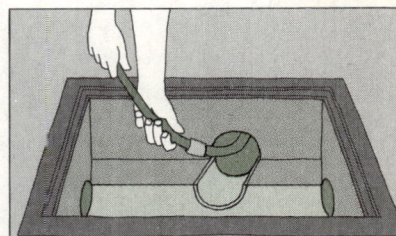

6. Die Spirale wird mehrmals in das Rohr geschoben und wieder herausgenommen, bis kein Schmutz mehr herauskommt

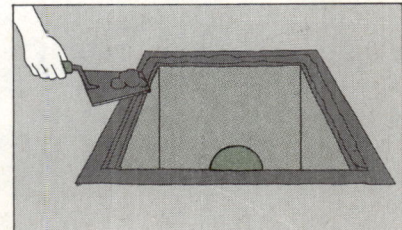

8. Am Kontrollschacht wird der Rahmen des Schachtdeckels gereinigt. Anschließend wird der Kontrollschacht geschlossen

Abwasser

Rahmen und Deckel für Kontrollschacht

Wenn am Kontrollschacht der Deckel und Rahmen stark beschädigt oder verrostet sind, müssen sie erneuert werden, weil sonst ihre Tragfähigkeit beeinträchtigt ist.

Material:	*Plastikfolie, Sand und Zement, Asphalt, Deckel, Rahmen*
Werkzeug:	*Hammer, Flachmeißel, Wasserwaage, Kelle*

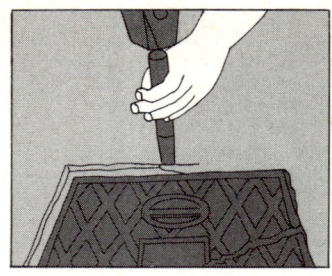

1. Zuerst muß man den Asphalt rings um den Rahmen des Kontrollschachts in einer Breite von etwa 5–10 cm entfernen, so daß der Rahmen vollständig frei liegt

2. Der Rahmen wird dann ebenfalls mit Hammer und Meißel vom Schacht gelöst und nach oben herausgenommen. Den Schacht legt man dicht mit Plastikfolie aus

3. Man muß sämtliche Mörtelreste sorgfältig entfernen, damit der neue Mörtelbelag haftet. Den Rand des Kontrollschachts füllt man mit Zementmörtel 1 : 4 satt aus

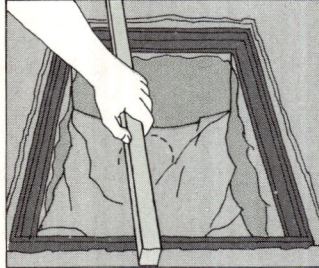

4. Nun drückt man den neuen Rahmen vorsichtig in den Mörtel und richtet ihn mit Hilfe einer Wasserwaage oder einer Richtlatte genau nach dem Boden ab

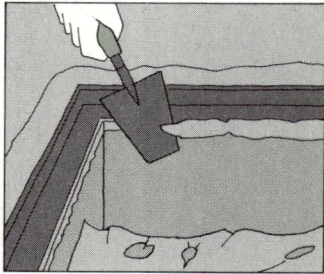

5. An der Seite des Rahmens kann Mörtelmasse herausgedrückt werden. Man entfernt diese und glättet den Rand mit der Kelle. Von oben Rahmen satt mit Mörtel füllen

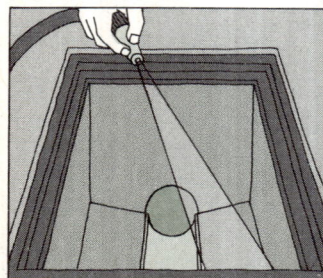

6. Man kann nunmehr die Plastikfolie mit sämtlichem Schmutz aus dem Schacht entfernen und den Schacht selbst mit Wasser ausspritzen. Deckel wieder einlegen

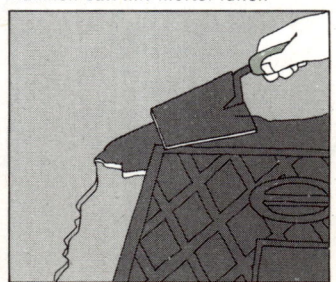

7. Wenn der Mörtel abgebunden hat und hart ist, wird der Boden mit Asphalt (Makadam) ausgefüllt. Mit der Kelle muß man gut verdichten und glätten

Ein Abwasserrohr erneuern

Mündet das Regenablaufrohr in einen Hofablauf, so braucht man einen Auffangschacht, der in der Lage sein muß, auch größere Wassermengen aufzufangen und sicher abzuleiten.

Zu diesem Zweck legt man in der Mitte eine Halbschale aus einem ca. 60 cm langen Steinzeugrohr ein. Den Schacht selbst mauert man mit Ziegelsteinen.

Material:	*Karton, Sand und Zement, Steinzeugrohr, Ziegelsteine*
Werkzeug:	*Hammer, Flachmeißel, Kelle, Lineal, Wasserwaage, Maurerhammer*

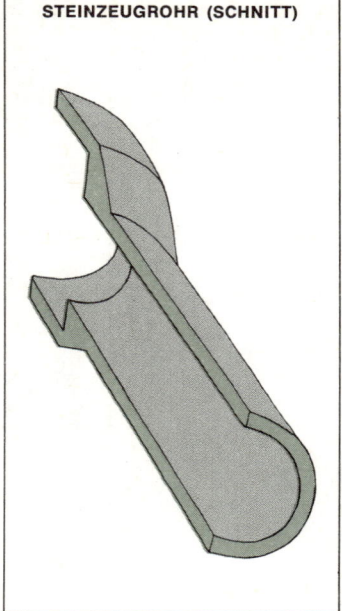

STEINZEUGROHR (SCHNITT)

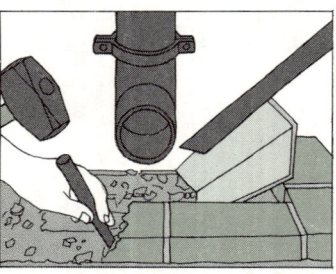

1. Bevor man sich an die eigentliche Arbeit macht, wird der Hofablauf sorgfältig mit Karton zugedeckt. Mörtel, alte Steine und Rohre entfernt man mit Hilfe von Hammer und Meißel

2. Das Steinzeugrohr wird satt in Sand eingebettet. Durch leichtes Klopfen mit Hammer und Meißel wird die Muffe vom Rohr abgetrennt. Das Rohr halbiert man auf die gleiche Weise

3. Aus Sand und Zement bereitet man Zementmörtel (4 : 1). Mit diesem belegt man den Boden ca. 5–7 cm stark. In den Mörtel legt man die Steinzeughalbschale mit Gefälle ein

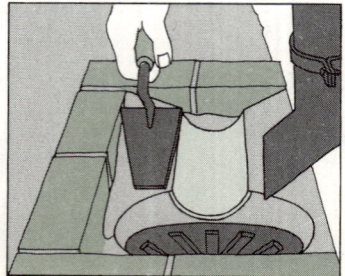

4. Den so geschaffenen Auffangschacht ummauert man mit Ziegelsteinen. Die Mörtelfugen werden dicht verfugt. Mit der Wasserwaage prüft man, ob die Steine horizontal liegen

5. Sodann wird der Mörtel mit der Kelle in Richtung Steinzeughalbschale glattgestrichen. Der Schutzkarton und sämtliche Mörtelreste werden nach Beendigung der Arbeit entfernt

Montage einer neuen Badewanne

Wenn Ihre Badewanne beschädigt, unansehnlich ist oder, wie es früher üblich war, noch frei im Raum steht, können Sie ohne große Schwierigkeiten selbst eine neue Badewanne montieren. Früher gab es fast nur Badewannen aus Gußeisen. Sie wurden eingemauert und verfliest oder frei vor der Wand aufgestellt. Heute werden neben Gußwannen hauptsächlich Stahl- und auch Kunststoffwannen angeboten. Gußwannen sind zwar stabiler und geräuschärmer, doch des geringen Gewichtes wegen verwendet man lieber Stahlwannen und immer mehr auch Kunststoffwannen. Die Normgröße einer Wanne ist 170 x 75 cm. Für wassersparendes Baden haben sich die sogenannten Körperformwannen bewährt.

Zur einfachen Montage von Stahl- und Kunststoffwannen gibt es für jeden Wannentyp Hartschaumunterbauten. Sie dienen als Wannenträger und Verkleidung, sind schall- und wärmedämmend und sehr leicht. Ein späteres Auswechseln der Badewanne ist ohne Veränderung des Unterbaues möglich. Auf den Hartschaumunterbau können Keramik- und Kunststofffliesen aufgeklebt werden.

Beim Erneuern einer alten Badewanne sollte auch die Ab- und Überlaufgarnitur erneuert werden, da die alte meist nicht paßt und sehr schwer abzudichten ist. Die neuen Garnituren sind aus Kunststoff und einfach zu montieren. Guß- und Stahlbadewannen muß der Fachmann mit einem starken Kupferdraht an der Wasserleitung erden (Potentialausgleich).

Material: Badewanne und Reinigungstür, Ab- und Überlaufgarnitur, Hartschaumunterbau, Sand/Zement-Mörtel 4:1, Fliesen, Kleber und Fugenfüller, dauerelastischer Fugenkitt
Werkzeug: Hammer, Meißel, Kelle, Wasserwaage, Rohrzange, Schraubenzieher, Fuchsschwanz, Zahnspachtel, Ausfugscheibe (Gummischaber)

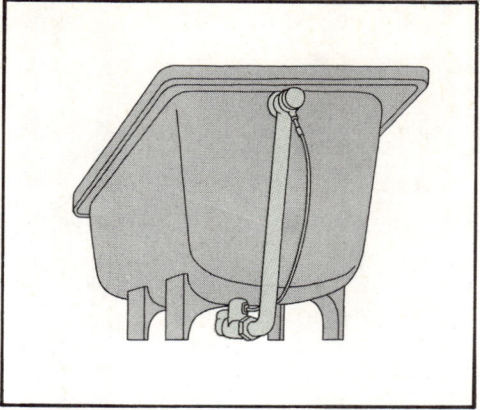

Badewannen gibt es aus Gußeisen, Stahl und Kunststoff. Die Normgröße ist 170 x 75 cm. Ein Hartschaumunterbau erleichtert die Montage

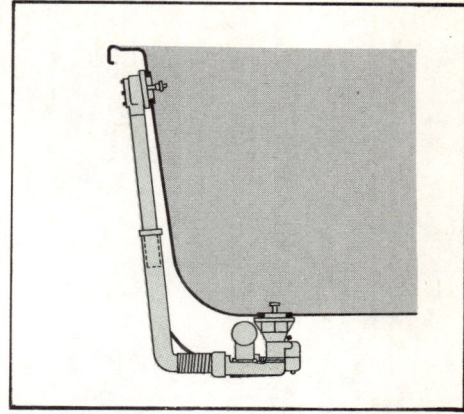

Eine komplette Ab- und Überlaufgarnitur aus Kunststoff mit Siphon ist auch für den Nichtfachmann ganz einfach zu montieren

1. Zuerst wird der Wasserzulauf zur Badewanne abgesperrt und die Kalt- und Warmwassermischbatterie abmontiert. Dann, an der Ecke beginnend, die alte Wannenverkleidung abmeißeln

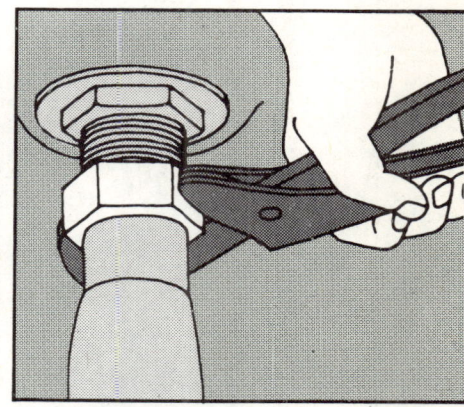

2. Wenn die Badewanne ganz freigelegt ist, wird der alte Siphon vorsichtig von der Wanne losgeschraubt. Man verwendet dazu eine Rohrzange oder einen passenden Schraubenschlüssel

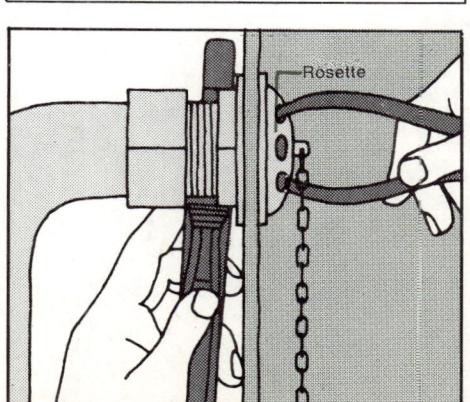

3. Ist der Überlauf mit dem Siphon verbunden, schraubt man ihn ab, indem man das Überlaufrohr mit der Zange festhält und die Rosette mit den Griffen einer Flachzange löst. Man bringt die Wanne weg, alten Siphon von der Abflußleitung trennen

Rosette

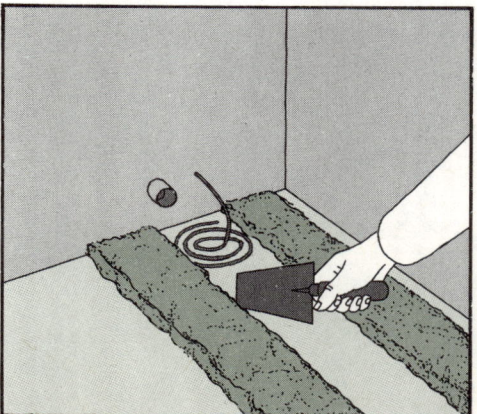

4. Der Standplatz der Wanne wird gründlich gesäubert und leicht angefeuchtet. Dann trägt man den Mörtel (Sand/Zement im Verhältnis 4:1) in zwei dicken Streifen auf. Den Erdungsdraht muß unbedingt der Fachmann anschließen

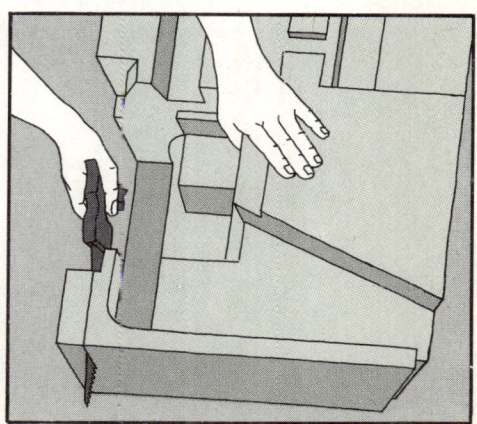

5. Am Hartschaumunterbau wird der Verlauf der Abwasserleitung genau angezeichnet. Den erforderlichen Ausschnitt sägt man mit dem Fuchsschwanz aus. Starke Unebenheiten des Bodens werden durch Korrekturen am Unterbau ausgeglichen *(Forts. S. 214)*

Badewanne

(Fortsetzung von S. 213)

6. Den Unterbau setzt man dann auf die Mörtelstreifen und drückt ihn kräftig an. Die obere Kante wird mit der Wasserwaage geprüft und gegebenenfalls ausgerichtet. Das macht man mit der Hand oder mit einem Hammer und einer schützenden Holzunterlage

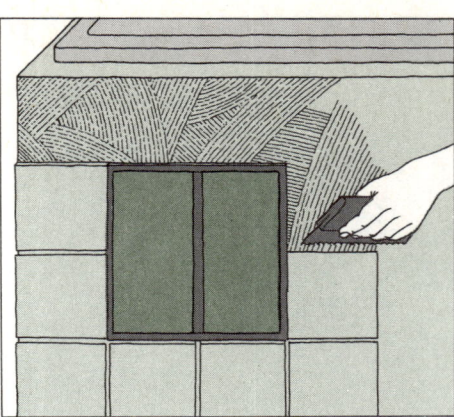

7. Die Reinigungstür steckt man mit den Haltekrallen in die Öffnung. Dann zieht man mit dem Zahnspachtel den Fliesenkleber dünn auf und drückt die Fliesen fest an. Für den genauen Fugenabstand (3 mm) kann man kleine Keile verwenden

8. Wenn alle Fliesen verlegt sind, wird mit der Ausfugscheibe (Gummischaber) der Fugenfüller in die Fugen gedrückt. Der Rest wird mit einem harten und feuchten Schwamm abgewischt. Danach reibt man die Flächen mit einem Wollappen trocken und sauber

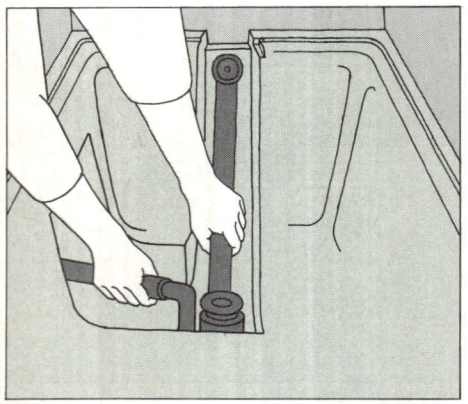

9. Die Ab- und Überlaufgarnitur wird nun so auf Länge und Form gebracht, daß sie genau an die Öffnungen der Badewanne paßt. Danach legt man sie in den Unterbau und schließt sie an das Abflußrohr an

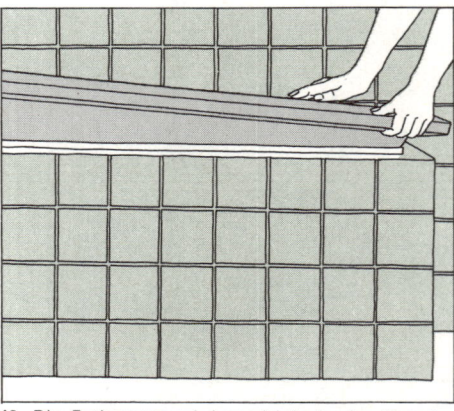

10. Die Badewanne wird vorsichtig in den Unterbau eingelegt. Diese Arbeit kann nur mit einem Helfer ausgeführt werden, und man muß achtgeben, daß man die Ecken des Unterbaus nicht abstößt

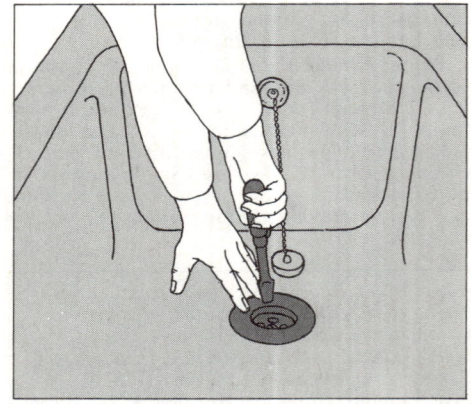

11. Das Ablaufventil wird mit Kitt versehen und mit einer Schraube am Unterteil der Ablaufgarnitur festgeschraubt. Die Überlaufrosette wird ebenfalls mit einer Schraube befestigt

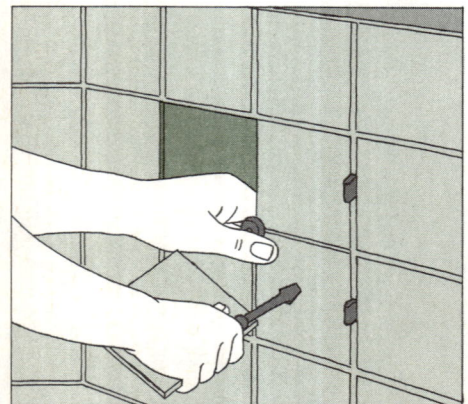

12. Wenn die Ab- und Überlaufgarnitur installiert ist, wird die Reinigungstür belegt. Man braucht dazu vier Fliesen, die in der Türmitte durch eine Schraube mit Rosette festgehalten werden. Die Fugen werden mit Fugenfüller zugestrichen

13. Die Wandanschlußfuge wird mit dauerelastischem weißem Kitt geschlossen. Dazu werden die Ränder der Fuge mit Klebestreifen abgedeckt. Mit nassem Finger glättet man den Kitt. Dann zieht man die Klebestreifen ab

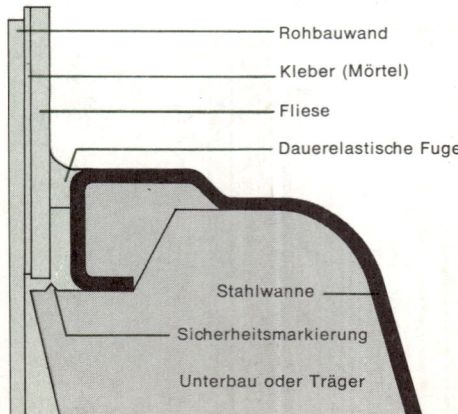

14. Die Zeichnung zeigt den Wandanschluß im Schnitt. Die Sicherheitsmarkierung gibt den Abstand des Unterbaus zu den Wandfliesen an. Zum Auswechseln der Wanne entfernt man die dauerelastische Fuge und die Ablaufgarnitur und nimmt die Wanne heraus

Eine Badewanne neu lackieren

Moderne Badewannen sind mit eingebrannter Glasemaille überzogen. Bei ihnen kann man nur kleine Schäden mit einer Spezialpaste selbst ausbessern. Größere Schäden muß der Fachmann reparieren.

Ältere Badewannen aus Gußeisen sind manchmal nur mit normalem Emaillack gestrichen. Sie lassen sich nicht nur ausbessern, sondern sogar ganz neu streichen. Wenn man eine Wanne danach wieder das erstemal benutzt, muß man erst kaltes und dann heißes Wasser einlaufen lassen, damit keine Sprünge im Lack entstehen.

Material: Emaillack für Badewannen, Terpentinersatz, Spülmittel
Werkzeug: Naßschleifpapier der Körnung 120, 5 cm breiter Flachpinsel, Schwamm, weicher Lappen, zwei leere Konservendosen

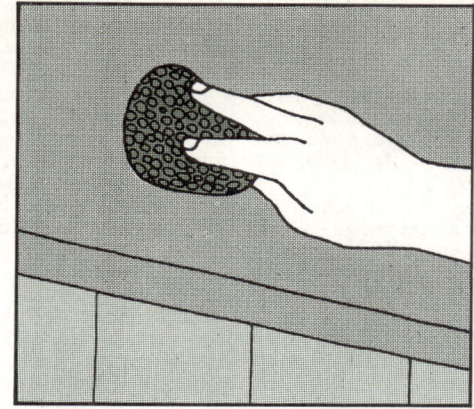

1. Zunächst muß die Befestigungskette mit dem Abflußstopfen entfernt werden. Dazu löst man das oberste Kettenglied aus seiner Halterung. Dann wäscht man die Innenseite der Wanne mit einem Schwamm, heißem Wasser und Reinigungsmittel gründlich aus

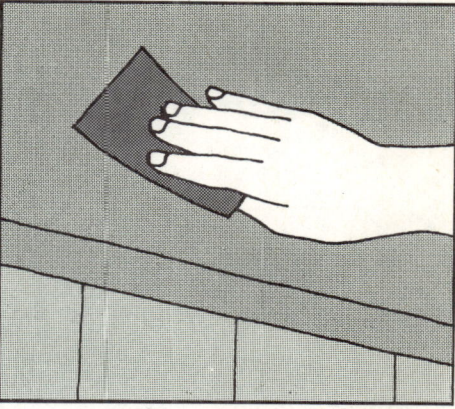

2. Dann nimmt man das Naßschleifpapier, taucht es in sauberes Wasser und schleift die ganze Oberfläche, bis sie gleichmäßig matt ist. Eventuelle Glanzstellen könnten sonst dazu führen, daß dort der Lack nicht hält

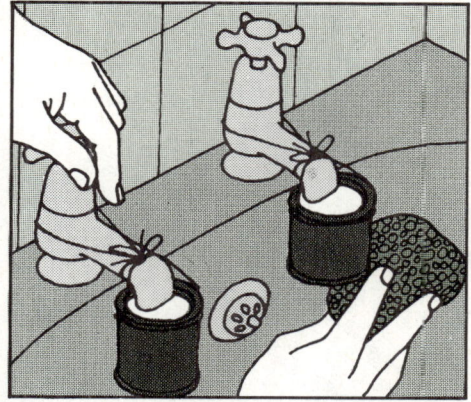

3. Dann wird die Wanne mit viel klarem Wasser ausgespült und anschließend trockengerieben. Damit kein Wasser in die Wanne tropfen kann, hängt man Blechdosen unter die Wasserhähne

4. Um auch die letzten Reinigungsmittelreste zu entfernen, wischt man die Oberfläche mit einem weichen Tuch und Terpentinersatz aus. Die Wanne muß hinterher ganz trocken sein

5. Jetzt bringt man mit einem breiten Flachpinsel eine Lage Emaillack auf. Ein 5 cm breiter Pinsel ist gerade richtig. Der Lack muß dünn und so gleichmäßig wie möglich verteilt werden

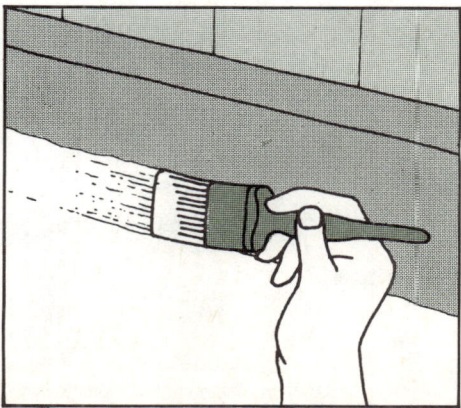

6. Zuerst lackiert man den Boden der Wanne und dann die Seiten. Man arbeitet mit langen Vorwärtsstrichen. Streicht man nämlich in kurzen Strichen oder bringt man den Lack in verschiedenen Richtungen auf, kann es Tränen oder Streifen geben

7. Ganz zuletzt wird der Rand gestrichen. Wenn die Wanne ganz lackiert ist, läßt man den Anstrich bei offener Tür und geschlossenem Fenster über Nacht trocknen. Danach wird die Wanne auf gleiche Weise ein zweites Mal lackiert

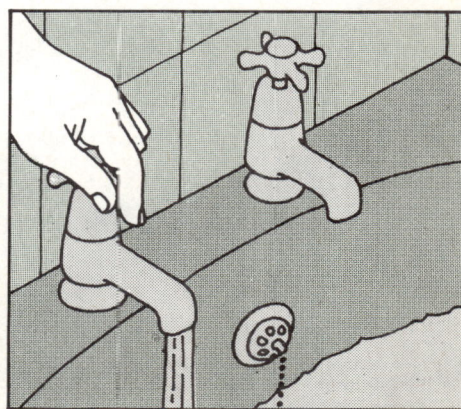

8. Der zweite Anstrich muß mindestens 48 Stunden trocknen. Dann bringt man die Befestigungskette mit dem Stopfen an, läßt die Wanne mit kaltem Wasser vollaufen und läßt es einige Stunden stehen. Erst einen Tag später kann man warmes Wasser einfüllen

Dachentwässerung

Dachrinnen und Fallrohre

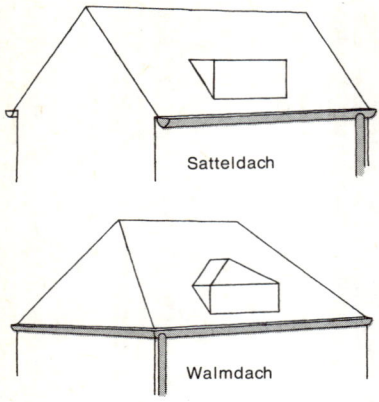

Satteldach

Walmdach

Die am häufigsten in der Praxis vorkommenden Dacharten sind Satteldächer.

Das Satteldach weist zwei gegenüber liegende Giebel auf. Aus diesem Grund werden Dachrinnen und je ein Fallrohr nur an den zwei Traufen der Dachflächen benötigt.

Beim früher sehr oft gebauten Walmdach braucht man eine ringsum laufende Dachrinne mit mindestens zwei Fallrohren. Natürlich ergeben sich durch winklige Bauweisen oder durch Anbauten verschiedenster Art auch unterschiedliche Rinnen- und Fallrohrführungen.

Rinnenkonstruktionen:
Das üblichste Rinnenprofil ist die halbrunde Dachrinne. Sie wird meist sichtbar mit Rinnenträgern vor die Traufe gehängt, die an die Dachsparren genagelt werden. Material und Montage sind auf den Seiten 218–221 beschrieben. In der Abbildung sind sämtliche Einzelteile einer halbrunden Dachrinne mit Halterungen dargestellt.

Die Kastenrinne kann sowohl sichtbar vorgehängt als auch verdeckt in einem Holzkasten verlegt werden. Kehl- und Simarinnen nimmt man für besondere Bauten und Dachkonstruktionen.

Die in der Abbildung gezeigten Fallrohre werden ausgiebig auf den Seiten 222–225 behandelt.

Fallrohre werden aus den gleichen Materialien wie Dachrinnen hergestellt. Die Rohre sind meistens rund, es gibt aber auch quadratische und rechteckige. Fallrohre werden normalerweise über Standrohre (Guß-, Stahl- oder Kunststoffrohre) direkt an die Kanalisation angeschlossen.

Die Standrohre dienen hauptsächlich dazu, die schwachen Fallrohre vor mechanischer Beschädigung zu schützen und einen stabilen, dauerhaften Übergang zur Grundleitung zu schaffen.

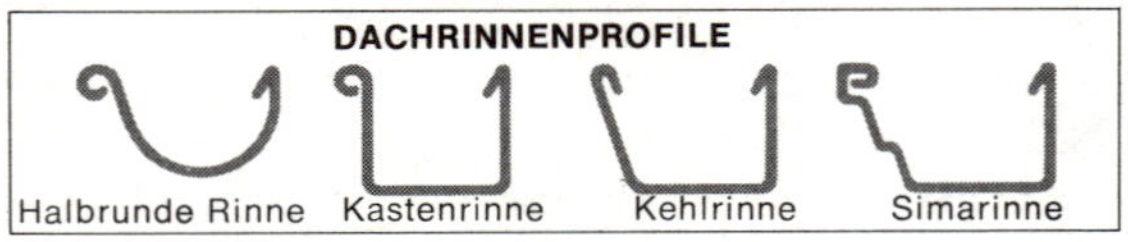

DACHRINNENPROFILE

Halbrunde Rinne   Kastenrinne   Kehlrinne   Simarinne

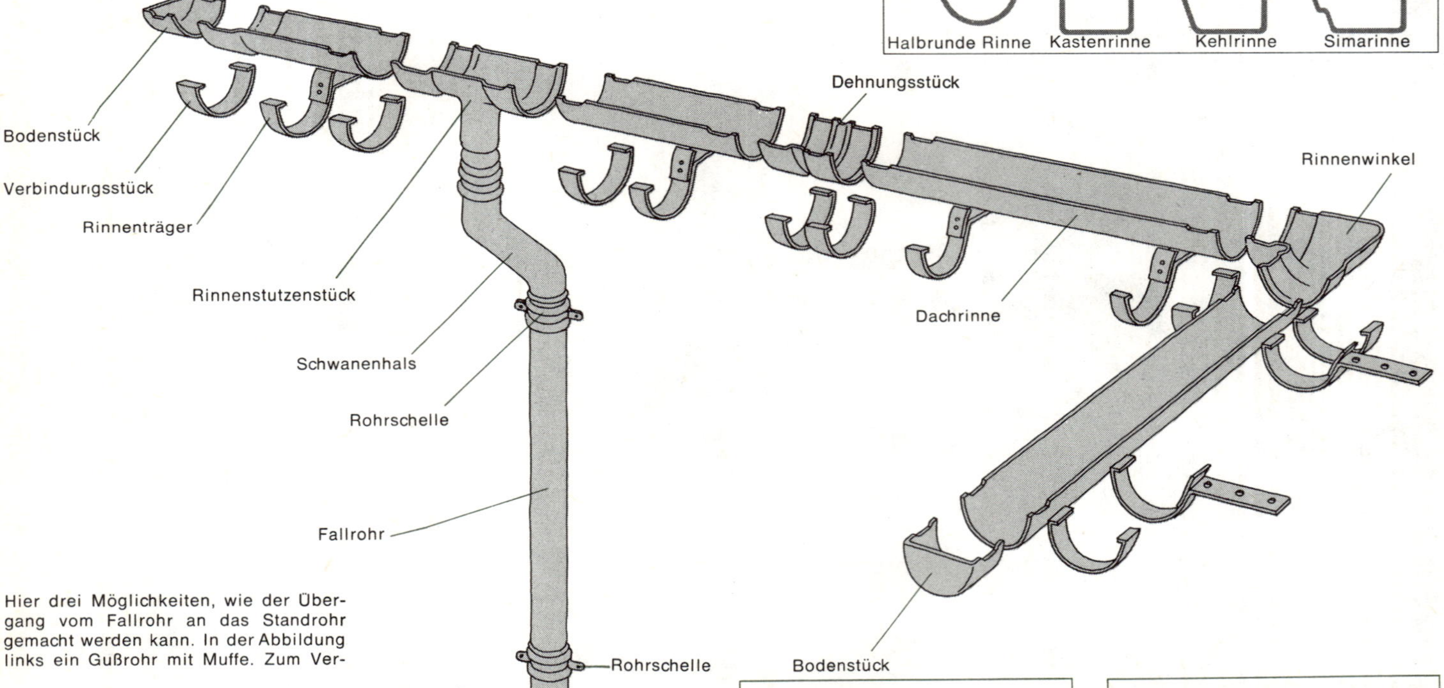

Bodenstück

Verbindungsstück

Rinnenträger

Rinnenstutzenstück

Schwanenhals

Rohrschelle

Fallrohr

Dehnungsstück

Rinnenwinkel

Dachrinne

Bodenstück

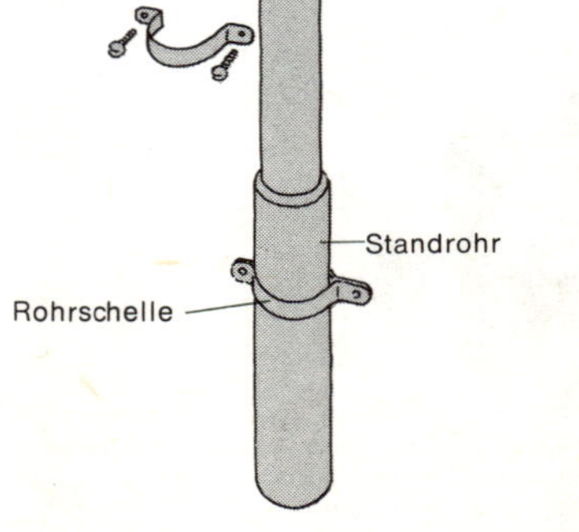

Hier drei Möglichkeiten, wie der Übergang vom Fallrohr an das Standrohr gemacht werden kann. In der Abbildung links ein Gußrohr mit Muffe. Zum Ver-

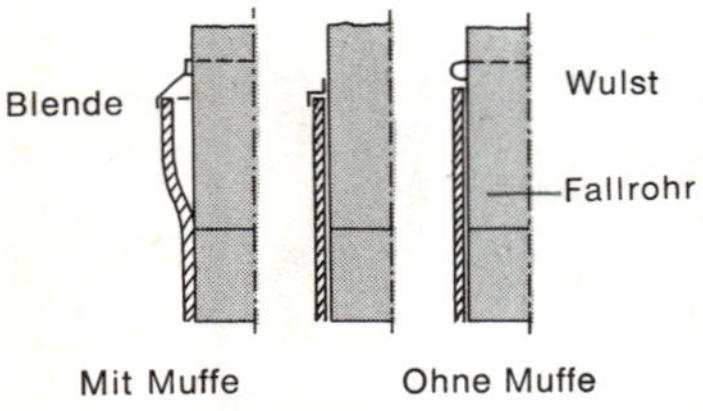

Blende

Wulst

Fallrohr

Mit Muffe   Ohne Muffe

schließen der Muffe wird eine Blende aus Blech angefertigt. In der Bildmitte und rechts handelt es sich um ein Standrohr ohne Muffe, wobei in der Mitte eine kleine Blende und rechts ein Wulst angebracht wird. Die Blende wird lose aufgezogen, der Wulst hingegen muß angelötet werden

Rohrschelle

Standrohr

Rohrschelle

Dachrinnen müssen von Zeit zu Zeit gesäubert werden, um Verstopfungen zu verhindern. Man verwendet zu diesem Zweck am besten eine größere Bürste

Rinnen aus verzinktem Stahlblech reinigt man mit einer Stahlbürste von Rost und streicht sie dann mit Rostschutzmittel. Wenn man eine Leiter dazu braucht, muß sie gut gesichert werden

Verstopfungen beseitigen

Dachrinnen und Fallrohre verstopfen normalerweise relativ selten. Stehen jedoch Laubbäume dicht an einem Haus oder ist Industrie mit hohem Staubanfall in der Nähe, so kann es schon einmal vorkommen. Manchmal wächst auf den Dachziegeln auch Moos, das von starkem Regen losgelöst und in die Rinnen geschwemmt werden kann. Es ist daher ratsam, die Rinnen von Zeit zu Zeit zu kontrollieren und, wenn nötig, zu reinigen. Da Dachrinnen meistens nur mit einer Leiter zu erreichen sind, ist unbedingt auf Sicherheit zu achten. D. h., die Leiter muß stabil sein und oben, z. B. an einem eingeschlagenen Konsolhaken, festgebunden werden. Außerdem sollte man sich bei der Arbeit mit einem starken Gurt oder Seil an der Leiter sichern. Bei großen Höhen Spezialdrehleiter oder Gerüst verwenden.

Werkzeug: Holzstab, an einem Ende mit Lappen umwickelt, ein Stück Hartfaserplatte, 2 m langer, steifer Draht oder Drahtspirale, Wasserschlauch, Eimer, Bürste

1. Man sägt aus der Hartfaserplatte einen in die Rundung der Rinne passenden Schieber und streift damit den Schmutz in Häufchen zusammen

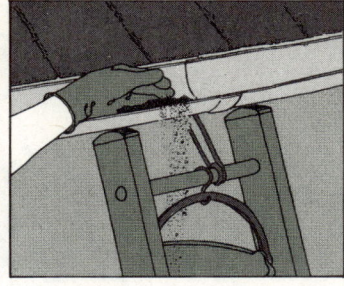

2. Am einfachsten ist es, einen Eimer in die letzte Sprosse zu hängen und den Schmutz von Hand hineinzubefördern. Man trägt dabei Handschuhe

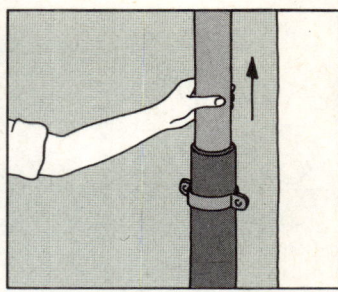

3. Man schiebt das Fallrohr nach oben aus dem Standrohr und dichtet das Standrohr ab, damit kein Schmutz in die Kanalisation gelangt

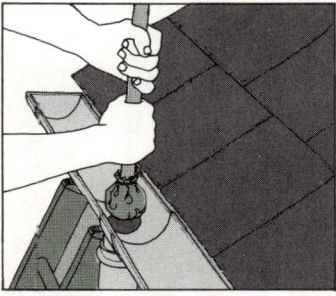

4. Zunächst wird versucht, mit einem lappenumwickelten Stab von der Dachrinne aus die Verstopfung im Fallrohr zu lösen

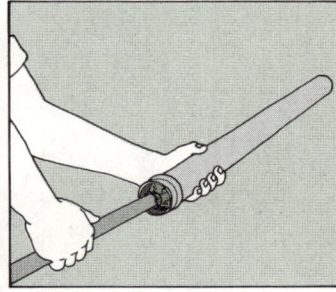

5. Läßt sich die Verstopfung so nicht beseitigen, muß man das Fallrohr abmontieren und die Teile durchstoßen, bis die Schmutzansammlung gelöst ist

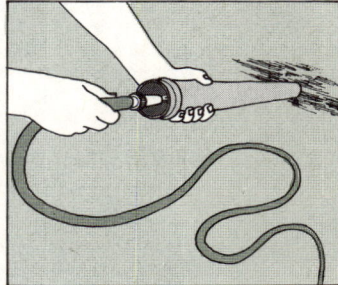

6. Dann spritzt man das Rohr mit kräftigem Wasserstrahl aus, bis es innen völlig sauber ist, und bringt das Fallrohr wieder an

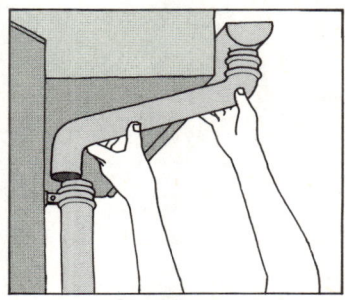

7. Einen Schwanenhals entfernt man, indem man ihn zuerst unten aus dem Fallrohr nimmt, wegdreht und dann aus dem Ablaufstutzen der Rinne zieht

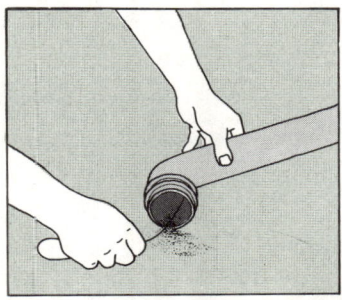

8. Man schiebt den Draht oder die Drahtspirale durch den Schwanenhals, befestigt einen Lappen daran und zieht ihn langsam heraus

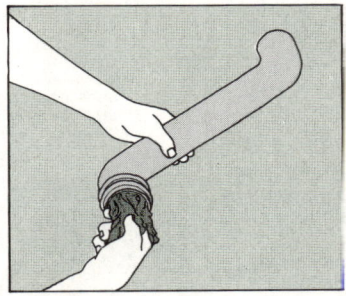

9. Man reinigt die Enden des Schwanenhalses innen und außen gründlich von Schmutz und spült dann das Rohr mit dem Wasserschlauch aus

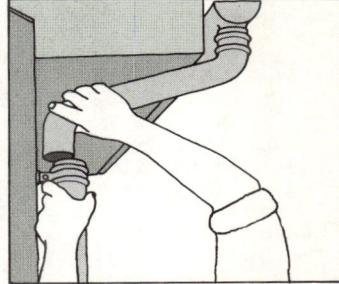

10. Der Schwanenhals wird angebracht. Dann prüft man alle Verbindungen auf festen Sitz und Dichtheit, indem man Wasser in die Dachrinne leert

EINEN LAUBKORB AUF EINEM ENTLÜFTUNGSROHR ANBRINGEN

Wenn sich auf dem Dach ein Entlüftungsrohr, sei es vom Abwasserstrang oder von der Raumentlüftung, befindet, ist es ratsam, einen sogenannten Laubkorb daraufzusetzen. Er verhindert, daß Laub und sonstige größere Schmutzteile ins Rohr gelangen.

Einen solchen Korb kann man übrigens auch in das Ablaufblech einer Dachrinne stecken. Hier verhindert er, daß Laub usw. ins Fallrohr geschwemmt wird und dieses ver-

stopft. Wenn der Korb so zugesetzt ist, daß das Wasser nicht mehr abfließt, muß er gereinigt werden.

Laubkörbe gibt es in verschiedenen Größen aus verzinktem Drahtgeflecht, aus Aluoder Zinkguß und auch aus Kunststoff. Sie sind sehr einfach anzubringen: Ihre Haltebügel werden auf den Innendurchmesser des Rohres zurechtgebogen und ins Rohr eingeschoben. Durch Federwirkung sitzt der Korb fest.

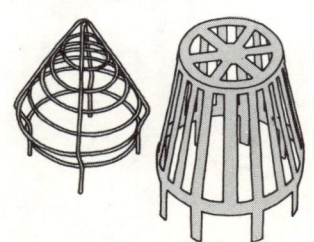

Hier zwei Korbarten und Korbformen: links ein Drahtkorb, rechts ein Korb aus Kunststoff

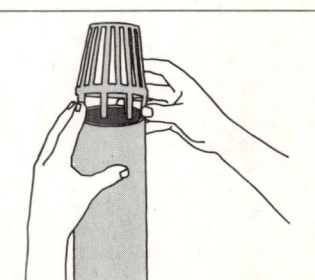

Man setzt den Korb auf das Rohr, biegt die Haltebügel nach innen und drückt den Korb ins Rohr

Dachentwässerung

Kunststoffdachrinnen anbringen

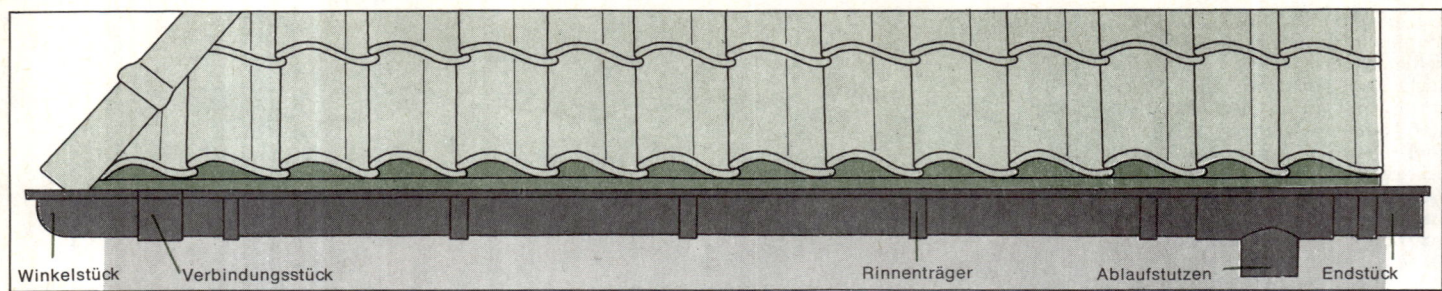

Winkelstück Verbindungsstück Rinnenträger Ablaufstutzen Endstück

Kunststoffdachrinnen werden in zwei verschiedenen Systemen angeboten. Da gibt es das Klemmsystem, das auf Seite 221 behandelt wird, und dann das nachfolgend gezeigte Klebesystem.

Beide Systeme haben Vor- und Nachteile. Deshalb ist es wichtig, beide Systeme zu kennen, da die Händler meist nur das eine oder das andere System vertreiben. Die Hersteller von Rinnensystemen stellen exakte Montageanweisungen zur Verfügung. Man sollte also beim Kauf darauf achten, daß sie auch mitgeliefert werden.

Kunststoffrinnen sind leicht und korrosionsfrei und bedürfen keinerlei Wartung oder Farbanstriche. Der Kunststoff, aus dem die Rinnen hergestellt werden, hat aber einen doppelt so großen Ausdehnungskoeffizient wie etwa Zink. Man muß deshalb besonders darauf achten, daß die Rinnen genügend Dehnungsmöglichkeiten haben. Sie dürfen keinesfalls fest eingespannt werden. Wenn eine 1 m lange Kunststoffrinne um 1° C erwärmt wird, dehnt sie sich um ca. 0,07 mm aus. Hat nun eine Rinne eine Länge von 12 m und rechnet man mit einem Temperaturunterschied von 50° C, so dehnt sie sich immerhin um ca. 4 cm aus. Bei geklebten Rinnen müssen daher bei entsprechenden Längen Dehnungsstücke eingebaut werden. Beim Klemmsystem sind Dehnungsmöglichkeiten an den Klemmstücken gegeben.

Kunststoffrinnen gibt es in verschiedenen Normgrößen und Längen von 4–5 m. Für normale Wohnhausdächer wird meistens die Normgröße 33, für kleinere Dächer 25 oder 28 verwendet.

Zur Bestimmung der Normgröße bekommt man vom Hersteller entsprechende Tabellen, die nach der Quadratmeterzahl der Dachfläche aufgegliedert sind.

Einzelteile der Rinnen sind Dehnungsstücke, Rinnenwinkel mit Innenfalz und Außenwulst, Rinnenstücke mit Ablaufstutzen, Bodenendstücke und Rinnenträger oder Rinnenhalter. Außerdem gehört Hilfsmaterial wie Nägel und Kunststoffkleber dazu.

Zum Befestigen von Kunststoffrinnen braucht man einen Hammer, möglichst einen Biegeapparat für die Rinnenträger (Abb. 1), einen Fuchsschwanz, einen Dreikantschaber oder ein Messer, eine lange Schnur, eine Wasserwaage und eine selbstgemachte Schneidlade aus Brettern, mit der man die Rinnen exakt im rechten Winkel absägen kann (Abb. 3).

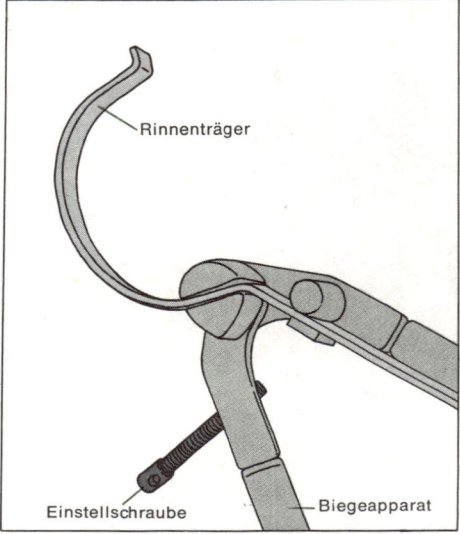

Rinnenträger

Einstellschraube Biegeapparat

1. Wenn die Lage des Trägers am Dach angezeichnet ist, wird er mit dem Biegeapparat abgebogen. Der Biegewinkel wird mit der Schraube fest eingestellt

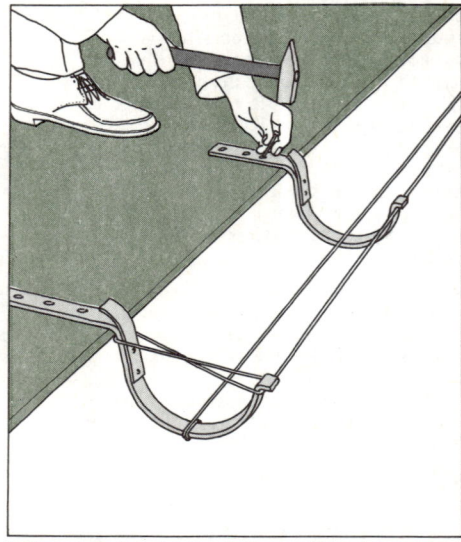

2. Zwischen den beiden äußeren Rinnenträgern wird eine Schnur straff gespannt. Danach richtet man dann die restlichen Träger aus und nagelt sie fest

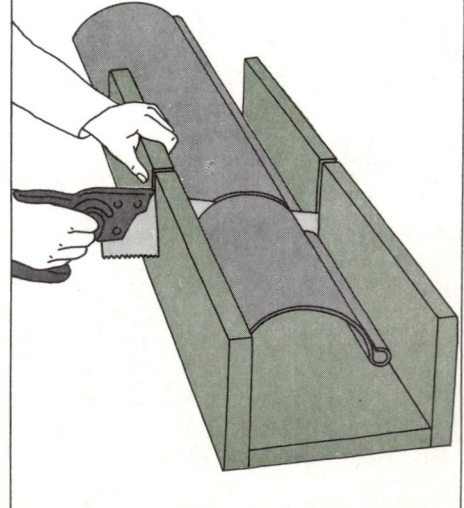

3. Man mißt die Rinnenstücke, gibt 5 cm für die Überlappung zu und sägt sie ab. Das geht ganz einfach mit einer selbstgebauten Schneidlade

4. Die Schnittkanten der Rinnenstücke werden mit einem Dreikantschaber oder mit einem Messer von Graten gesäubert und leicht gebrochen

Dachrinnen werden in der Regel mit 2–5 mm Gefälle je Meter Rinnenlänge zum Ablaufstutzen hin verlegt. Das errechnete Gefälle, d. h. der Unterschied zwischen dem tiefsten und höchsten Punkt, wird gleichmäßig auf die benötigte Anzahl der Rinnenträger verteilt. Die Rinnenträger werden im Abstand von maximal 65 cm an den Dachsparren oder an der Traufe befestigt. In Gebieten mit starken Schneefällen sollte der Abstand eher kleiner gewählt werden. Bei extremen Verhältnissen montiert man Schneefanggitter auf dem Dach.

Die Rinnenträger sind aus verzinktem Bandstahl. Bei Kupferrinnen müssen sie auch aus Kupfer sein. Die Rinnenträger werden meistens mit drei Nägeln befestigt.

Bevor man die Rinnenträger anbringt, richtet man sie am Schraubstock genau nach dem Umfang der Dachrinne aus, da sie beim Lagern und Transport oft verformt werden.

Dann legt man die Rinne in zwei Träger für die höchste und tiefste Stelle, zeichnet die Lage der Rinne darauf an, markiert dann den erforderlichen Gefällunterschied darauf und biegt beide Rinnenträger mit dem Biegeapparat entsprechend weit ab. Die Träger an den vorgesehenen Stellen am Dach befestigen. Damit die Rinne ein gleichmäßiges Gefälle bekommt, spannt man zwischen den beiden Trägern eine Schnur. Man markiert die Befestigungsstellen der anderen Rinnenträger, biegt sie so zurecht, daß sie von unten gerade die Schnur berühren, und nagelt sie fest. Die Rinnenstücke werden dann in der erforderlichen Länge zugeschnitten, in die Rinnenträger eingelegt und mit der Feder am Träger festgeklemmt. Verbindungsstücke einkleben!

Liegt die Dachtraufe höher als 3 m, sollte man nicht mehr von Leitern aus arbeiten, sondern ein Gerüst verwenden. Dachrinnen anbringen ist keine Einmannarbeit; man sollte mindestens zu zweit sein.

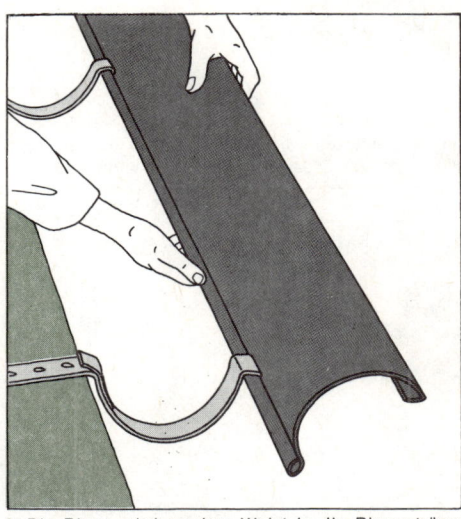

5. Die Rinne wird an dem Wulst in die Rinnenträger eingehängt und nach hinten eingelegt. Sie muß sich leicht in den Trägern verschieben lassen

6. Zuerst hängt man die langen Rinnenstücke ein. Dann klebt man das Rinnenstück mit dem Ablaufstutzen von außen an die beiden Rinnenenden

7. Die Klebestellen werden mit dem mitgelieferten Spezialreiniger gesäubert. Man gibt ihn am besten auf einen feinen, sauberen Stofflappen

Dehnungsstücke

Lange Dachrinnen brauchen wegen der Ausdehnung von Kunststoff einen Dehnungsraum. Da bei diesen Rinnen ohnehin zwei Ablaufrohre nötig sind, wird das Gefälle vom Dehnungsraum nach links und rechts abgehend eingeordnet. Dehnungsstücke werden hergestellt, indem auf die beiden Rinnenenden Böden aufgeklebt werden. Darüber wird das Dehnungsstück geschoben.

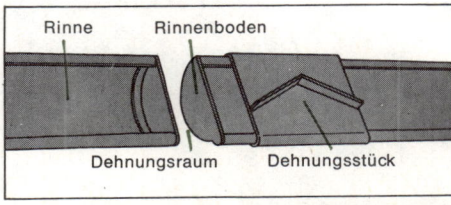

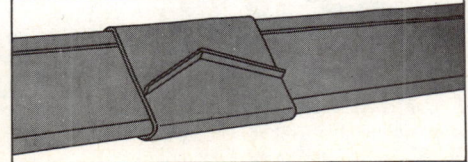

8. Der Kunststoffkleber wird gleichmäßig auf die Ränder der gereinigten Verbindungsflächen der beiden Rinnenteile aufgebracht

9. Die Teile werden verbunden, indem man den Falz des Winkelstücks über den der Rinne hängt und seinen Wulst über den Rinnenwulst spannt *(Forts. S. 220)*

Dachentwässerung

(Fortsetzung von S. 219)

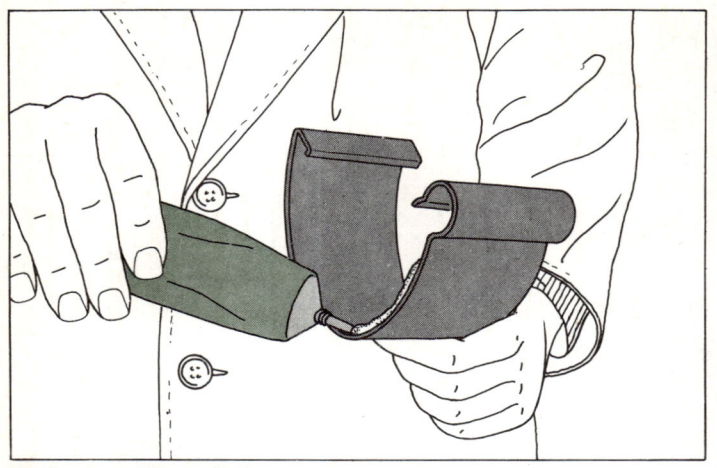

10. Wenn man Rinnenstücke zusammensetzt, trägt man den Kleber auf das Verbindungsstück auf und schiebt es über die Rinnenenden. Es überlappt 3–4 cm

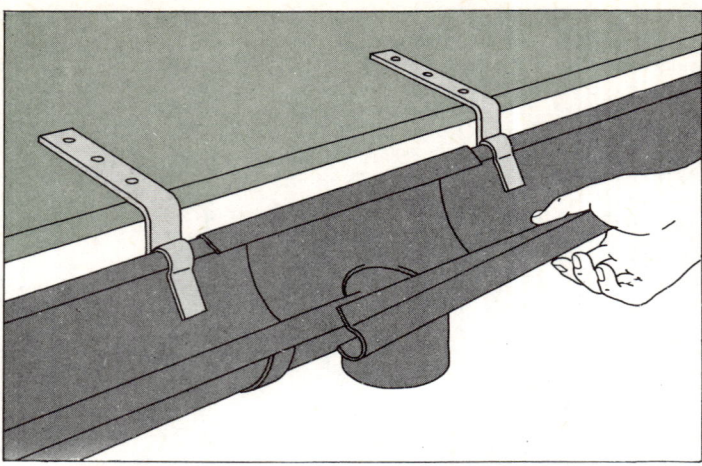

11. Das Rinnenstück mit dem Ablaufstutzen wird zwischen zwei Rinnenträger plaziert. Die Verbindungsstellen werden gesäubert und mit Kleber versehen

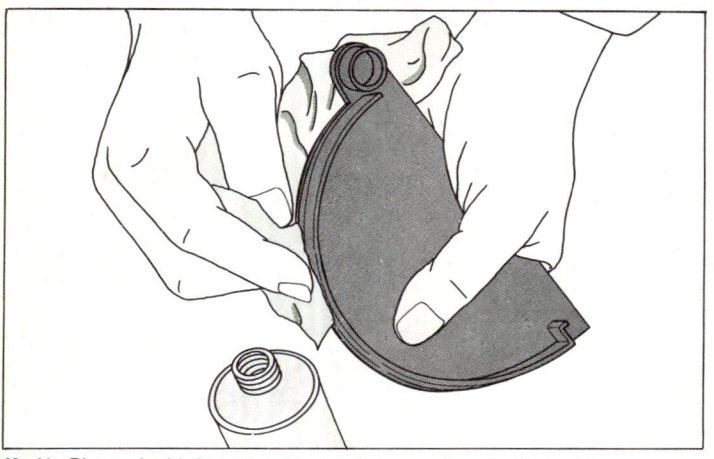

12. Als Rinnenabschluß werden Rinnenböden angebracht. Die Verbindungsstelle wird mit einem sauberen Lappen und Spezialreiniger gesäubert

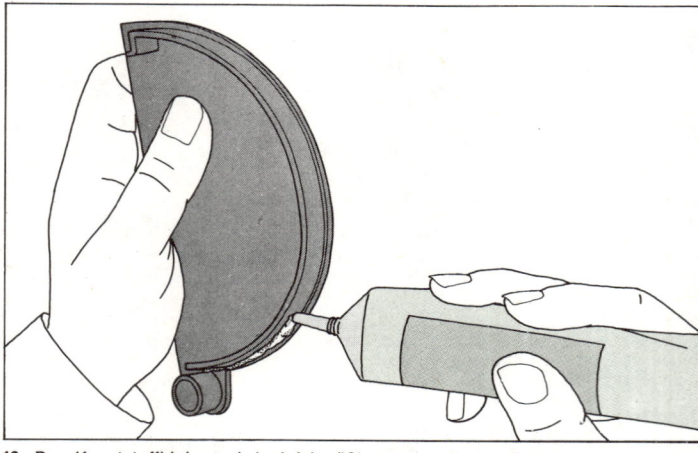

13. Der Kunststoffkleber wird gleichmäßig stark mit der Tüllenspitze der Tube auf den Einsteckfalz des Rinnenbodens aufgetragen

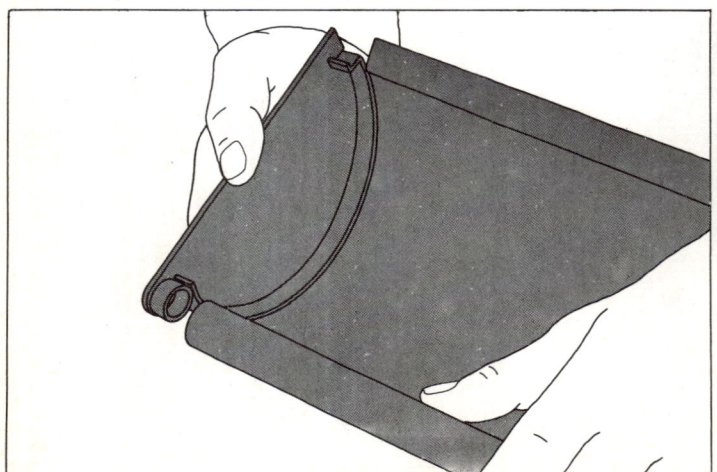

14. Der Rinnenboden wird dann auf das Rinnenende geschoben und festgeklemmt. Böden gibt es für linke und für rechte Rinnenenden

15. Zuletzt kontrolliert man die Federn aller Träger und biegt sie nach unten an die Rinne. Sie wird damit sicher in den Trägern gehalten

Eine Kunststoffdachrinne mit Verbindungsklemmstücken montieren

Neben dem auf Seite 218–220 beschriebenen System, bei dem die Rinnenteile miteinander verklebt werden, gibt es das sogenannte Klemmsystem.

Dabei werden die einzelnen Rinnenteile durch Klemmstücke, in die Dichtungen eingelegt sind, miteinander verbunden.

Die Ausdehnung des Kunststoffs ist bei diesem System nicht so problematisch wie beim Klebesystem, da die Klemmstücke genügend Ausdehnung aufnehmen können.

Die Klemmverbindungsstücke haben innen eine Neoprendichtung, die alterungsbeständig ist und wasserdicht abschließt. Sämtliche Rinnenstücke, Bodenendstücke, Rinnenwinkel werden mit diesen Klemmstücken verbunden.

Das Klemmsystem eignet sich besonders auch zum Ausbessern beschädigter Rinnenteile, da beim Einlegen eines Rinnenstücks keine Verbindungsüberlappungen wie beim Klebesystem hindern, sondern die Enden stumpf aneinander stoßen.

Material:	Rinnenstücke
	Ablaufstutzenstücke
	Boden- und Winkelstücke
	Verbindungsklemmstücke
Werkzeug:	Hammer
	Beißzange
	Leiter oder Gerüst
	Säge
	Dreikantschaber oder Messer

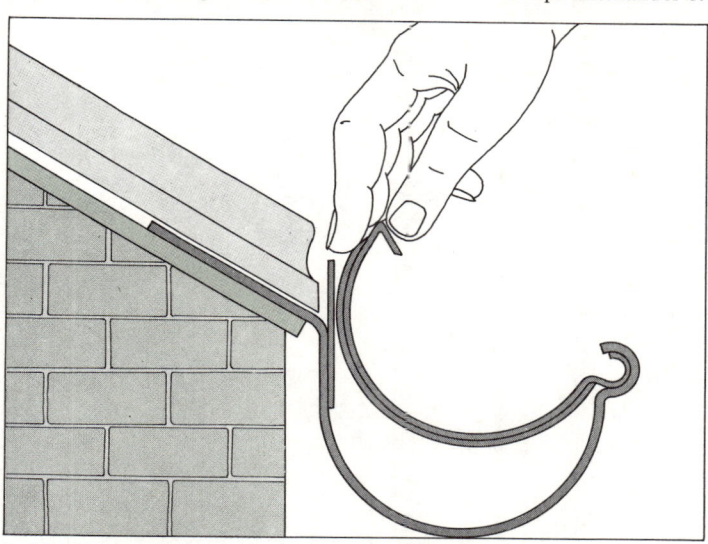

1. Die Rinnenträger werden an den Dachsparren oder an der Traufe angezeichnet und befestigt (siehe S. 218). Die Verbindungsklemmstücke werden immer bei den Rinnenträgern angebracht. Der vordere Wulst des Verbindungsklemmstücks wird in den Wulst vorne am Rinnenträger eingeklemmt. Dann drückt man das Klemmstück in den Träger hinein und biegt seine Feder um

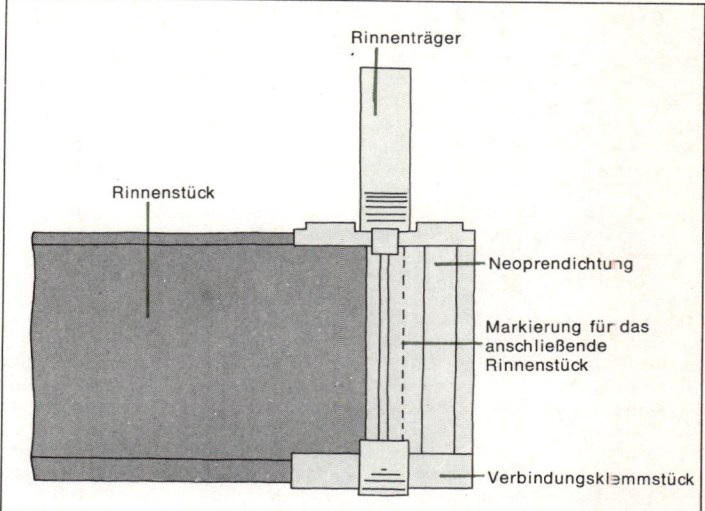

2. Zunächst werden die Rinnenstücke auf die maximal erforderliche Länge gebracht und provisorisch in die Rinnenträger gelegt. Dann mißt man den Abstand für zunächst ein Stück zwischen zwei Verbindungsklemmstücken. In den Klemmstücken sind Markierungen angebracht, die anzeigen, wie weit die Rinnenstücke eingeschoben werden dürfen. Der Dehnungsraum ist rund 2 cm groß

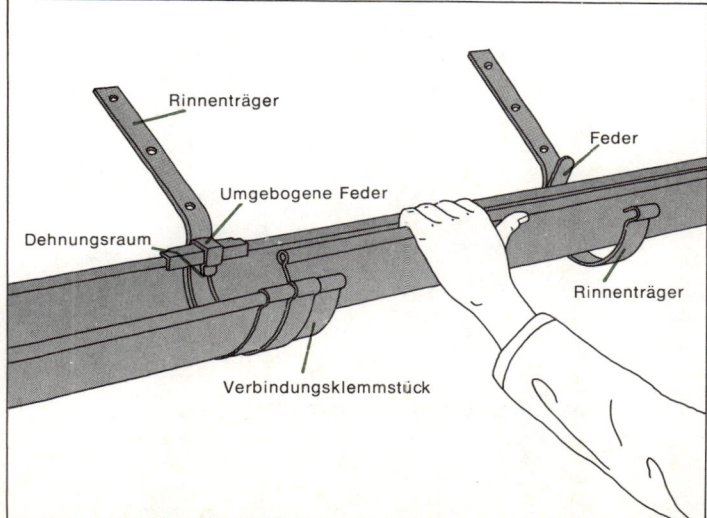

3. Man sägt das vermessene Rinnenstück rechtwinklig ab und versäubert und bricht die Kanten mit dem Schaber (siehe S. 218). Dann wird das Rinnenstück unter Berücksichtigung des Dehnungsraumes in das Verbindungsklemmstück eingelegt und befestigt. Wenn die Rinne fest im Verbindungsklemmstück und im Rinnenträger sitzt, wird die Haltefeder des Trägers nach unten abgebogen

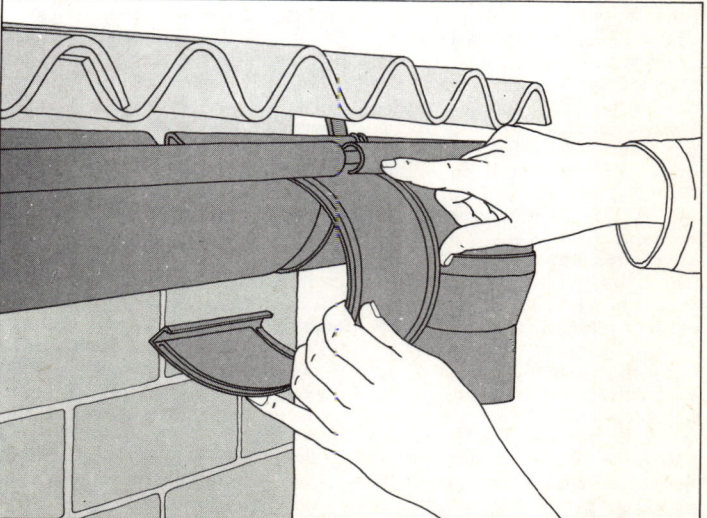

4. Bei einem anderen Klemmsystem ist die Montagefolge gerade umgekehrt. Zuerst werden die Rinnenstücke in die Rinnenträger eingelegt und mit den Federn befestigt. Dann klemmt man die Verbindungsklemmstücke von außen in die Wülste der nebeneinander liegenden Rinnenstücke und spannt sie mit den Falzen hinten über die Rinnen. Der Dehnungsraum ist rund 2 cm groß

Dachentwässerung

Fallrohre anbringen

Fallrohre haben die Aufgabe, das von den Dachrinnen gesammelte Regenwasser in die Kanalisation oder in einen Hofgully abzuleiten.

Fallrohre müssen möglichst senkrecht ohne scharfe Bögen und Richtungsänderungen verlegt werden. Sie dürfen nicht zu eng sein, weil das Wasser in ihnen sonst einfrieren und sie zum Platzen bringen kann. Bei starken Regengüssen kann außerdem die Luft nicht rasch genug entweichen, so daß die Dachrinnen überlaufen. Der Querschnitt der Rohre ist meistens rund, seltener quadratisch oder rechteckig. Normalerweise beträgt der Rohrdurchmesser 60, 70, 80, 90 oder 100 mm. Bei größeren Dächern auch 125 oder 150 mm. Kunststoffallrohre sind meistens 70 und 100 mm stark. Fallrohre werden aus Kunststoff, Zink-, Kupfer-, Aluminium- und verzinktem Stahlblech gefertigt. Sie sollten möglichst aus dem gleichen Material wie die Dachrinne sein.

Fallrohre aus Kupfer-, Zink- und verzinktem Stahlblech

Blechrohre aus diesen Werkstoffen gibt es in Handelslängen von 1, 2, 3, 4 oder 5 m. Sie sind konisch geschnitten und werden ohne Muffe ineinander gesteckt. Bogen und Schwanenhälse können in der Werkstatt von Hand hergestellt oder fertig bezogen werden. Lange Rohre kann man nicht kürzen, da sie sich sonst nicht ineinander stecken lassen.

Jedes Rohrstück muß für sich befestigt werden, da es sonst aus der Verbindung rutschen kann. Als Wandbefestigung verwendet man meist Stiftrohrschellen. Bei größeren Wandabständen werden die Stifte mit Rohren verlängert und in die Wand einzementiert. Sie können an die Wand auch durch angeschweißte Scheiben mit Schrauben und Dübeln angeschraubt werden. Befestigungen werden lotgerecht untereinander ca. alle 2–3 m angebracht.

Fallrohre sind empfindlich gegen mechanische Beschädigungen. Deshalb verwendet man im unteren Teil ab ungefähr 1 m über dem Boden bis zum Anschluß an die Grundleitung im Erdreich 3 bis 4 mm starke Stahl- oder Gußrohre (Standrohre).

Beim Anbringen des Fallrohres wird zunächst der Schwanenhals in den Ablaufstutzen der Dachrinne gesteckt. Der Ablaufstutzen sollte im Durchmesser ungefähr 5–10 mm kleiner sein als der Schwanenhals. Am unteren Ende zum Standrohr wird ein Schiebestück eingebaut, damit das Rohr jederzeit demontiert werden kann.

Wo das Blechrohr in das Standrohr übergeht, sitzt eine Rohrschelle; diese Stelle wird mit einer angelöteten Blechwulst abgedichtet und sorgt dafür, daß das Blechrohr nicht abrutscht. Die einzelnen Rohre und der Schwanenhals werden durch eine Lötnaht miteinander verbunden.

Fallrohre aus Kunststoff

Fallrohre werden immer häufiger aus Kunststoff (PVC oder Polyäthylen) hergestellt. Solche Rohre sind leicht, beständig gegen Umwelteinflüsse (Korrosion) und scharfe Kanalgase. Auch gegen mechanische Beschädigungen sind sie standhafter als Blechrohre. Allerdings sind PVC-Rohre schlagempfindlich, während Polyäthylenrohre auch starker mechanischer Beanspruchung standhalten. PVC-Rohre haben eine Wandstärke von ca. 2–3 mm, PE-Rohre von ca. 4–5 mm.

Kunststoffrohre mit Muffen gibt es in Längen zwischen 0,25 m und 5 m. Man steckt sie einfach zusammen. In den Muffen befinden sich als Dichtung Gummirollringe. Bogenstücke gibt es in verschiedenen Gradausführungen. An glatten PVC-Rohren können durch Erwärmen Muffen angeformt werden. In diese Muffen werden Rohrstücke gesteckt und mit PVC-Spezialkleber geklebt. PE-Rohre werden durch Stumpfschweißung und Steckmuffen miteinander verbunden. Geklebte oder verschweißte Rohre können sich drehen.

Fallrohre aus Kunststoff sollte man wie Blechrohre ebenfalls in Abständen von 2–3 m befestigen, mindestens jedoch unterhalb jeder Muffe. Die Befestigung an der Wand erfolgt ebenfalls durch Stiftrohrschellen aus Stahlblech.

Die Rohrschellen müssen etwas größer sein als der Außendurchmesser des Kunststoffrohres, damit man zwischen Rohr und Schelle ein Kunststoffband einlegen kann. Dieses Einlegeband ist notwendig, damit das Rohr in der Schelle nicht festgeklemmt wird und sich dehnen kann.

Rohrschellen aus Kunststoff werden genauso angebracht wie jene aus Blech.

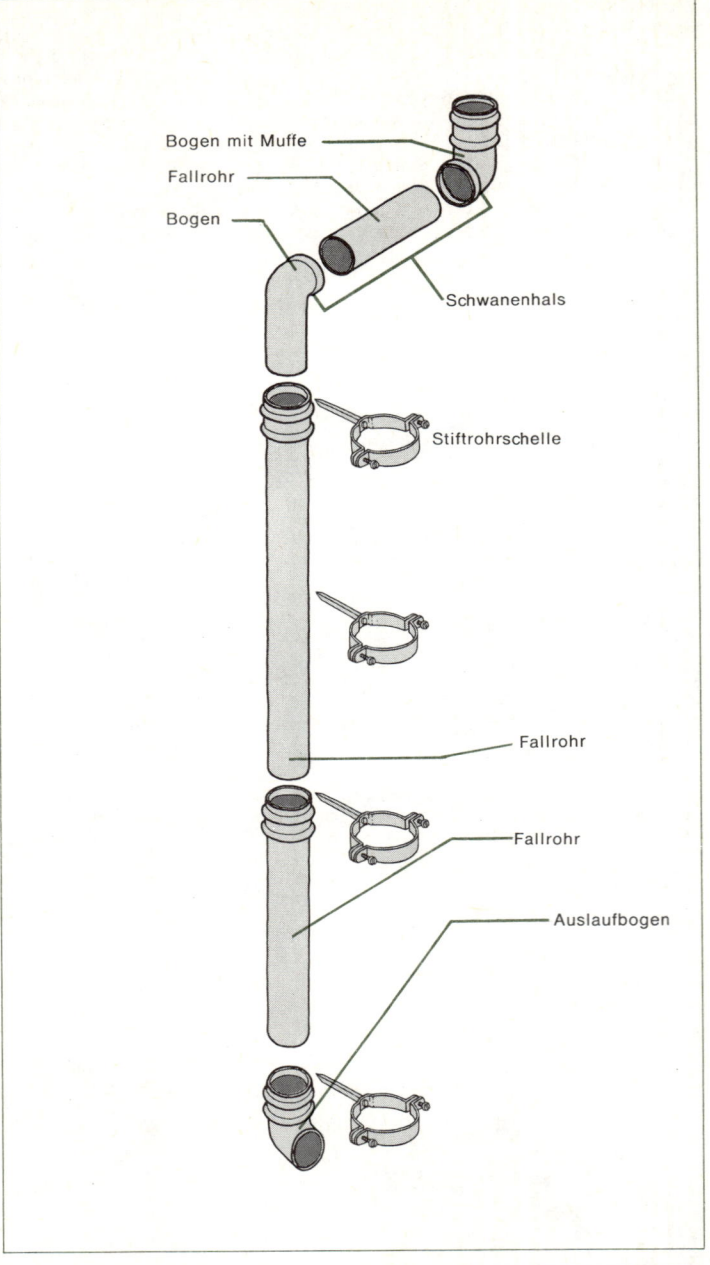

Bogen mit Muffe
Fallrohr
Bogen
Schwanenhals
Stiftrohrschelle
Fallrohr
Fallrohr
Auslaufbogen

VERBINDUNGSSTÜCK UND STIFTROHRSCHELLE

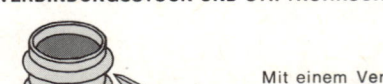
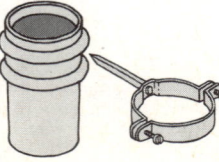

Mit einem Verbindungsstück wird das Rohr an das Standrohr angeschlossen. Durch eine Stiftrohrschelle wird es gehalten, so daß es nicht aus dem oberen Rohr rutschen kann

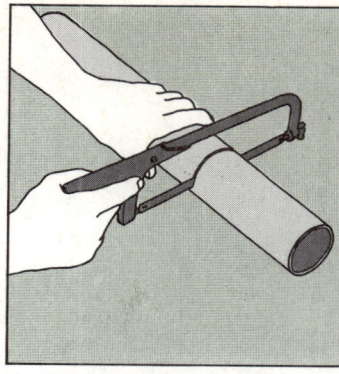

1. Um das Rohr vom Ablaufstutzen an der Hauswand herabzuführen, wird die benötigte Rohrlänge abgemessen und mit einer Eisensäge abgetrennt

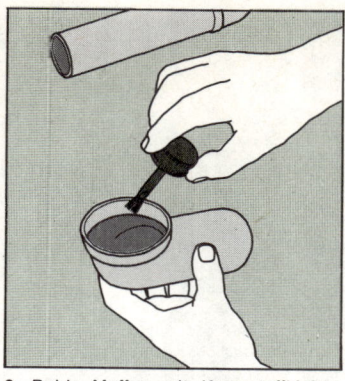

2. Beide Muffen mit Kunststoffkleber bestreichen, dann wird der Schwanenhals zusammengesteckt. Beide Bogen müssen die gleiche Dichtung haben

3. Der Schwanenhals wird über den Ablaufstutzen in der Dachrinne gesteckt. Die Mitte des nach unten laufenden Rohres an die Wand zeichnen

4. An dieser Stelle wird die erste Rohrschelle angebracht. Dazu schlägt man mit einem Schlagbohrer ein Loch in die Wand

5. Ist ein Stromanschluß vorhanden, kann man das Loch leichter und schneller mit einer Schlagbohrmaschine bohren

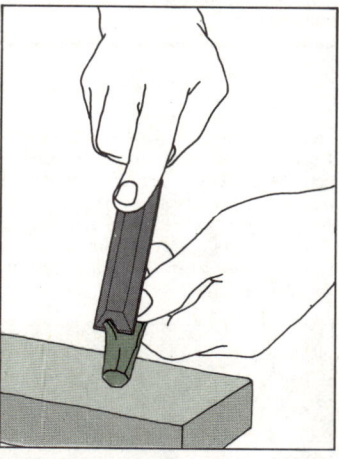

6. Mit einem Stecheisen oder Messer wird ein Holzdübel zugespitzt. Man verwendet dazu trockenes und weiches Holz

7. Der ungefähr 5 cm lange Holzdübel wird stramm in das Loch eingeschlagen. Falls der Dübel zu lang ist, trennt man den überstehenden Teil ab

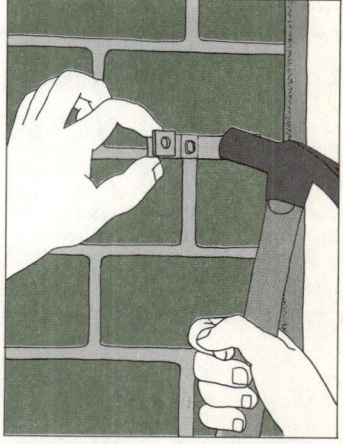

8. Die Rohrschelle wird am Stift mit einem Hammer in den Dübel eingeschlagen. Der Abstand von der Wand sollte ca. 3–4 cm betragen

9. Das Muffenstück des Fallrohrs wird in die Rohrschelle eingesetzt; darauf kommt der Abschlußbügel der Rohrschelle

10. Zuerst dreht man auf beiden Seiten die Schrauben mit der Hand ein und zieht sie erst dann mit einem Schraubenzieher fest

11. Jetzt kann man den Schwanenhals in den Ablaufstutzen der Dachrinne und in die obere Muffe des Fallrohrs stecken

12. Die nächste Rohrschelle liegt 2 bis 3 m tiefer. Bevor man ihren Abschlußbügel festschraubt, prüft man, ob das Rohr lotrecht verläuft *(Forts. S. 224)*

Dachentwässerung

(Fortsetzung von S. 223)

13. Das nächste Rohr wird mit der Muffe nach unten neben das Ende des oberen Rohres gehalten; mit Bleistift die benötigte Länge anzeichnen

14. Das Rohr wird rechtwinklig abgesägt. Mit dem Dreikantschaber wird der Grat entfernt und die Rohrkante außen angeschrägt

15. Nachdem man das neue Rohr auf das bereits festmontierte Rohr geschoben hat, befestigt man es mit der Rohrschelle

16. Fließt das Regenwasser in einen Hofgully, steckt man einen Auslaufbogen mit Muffe über das Rohrende und befestigt ihn mit einer Schelle

Lose Fallrohre befestigen

Es ist durchaus möglich, daß sich die Stiftrohrschellen, die das Regenfallrohr an der Außenwand eines Hauses befestigen, im Lauf der Zeit aus ihrer Verankerung im Mauerwerk lösen können.

Ist das Mauerwerk sehr brüchig, so kann es zweckmäßig sein, einen größeren Holzdübel in das Loch einzumauern oder an die Rohrschelle ein Rohrstück zu schweißen, dieses an der hinteren Seite kreuzweise 2 cm einzusägen, zu spreizen und einzumauern.

Haben sich mehrere Rohrschellen gelöst, so empfiehlt es sich, das ganze Rohr abzumontieren. Sind nur einzelne Rohrschellen locker, braucht man das obere Rohr nicht abzunehmen. Man muß es jedoch ein wenig nach rechts oder links drehen, damit man zum Arbeiten genügend Platz hat.

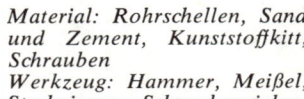

Material: Rohrschellen, Sand und Zement, Kunststoffkitt, Schrauben
Werkzeug: Hammer, Meißel, Stecheisen, Schraubenzieher, Schlagbohrer

1. Man schraubt die Rohrschelle auf. Sind die Schrauben eingerostet, versucht man sie mit Rostlöser aufzubekommen, oder man sägt sie einfach ab

2. Das Rohr wird aus der Rohrschelle herausgenommen und nach unten aus dem oberen Rohr gezogen. Das obere Rohr drückt man etwas zur Seite

3. Mit Hammer und Schlagbohrer wird das alte Loch nachgeschlagen. Dabei entfernt man Reste des alten Holzdübels aus dem Loch

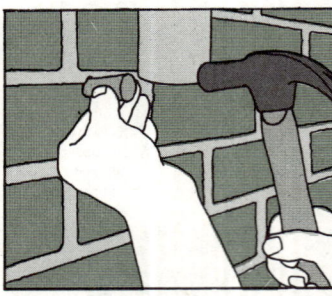

4. Mit dem Stecheisen richtet man einen Holzdübel passend zu. Dieser wird mit dem Hammer in das vorbereitete Loch getrieben

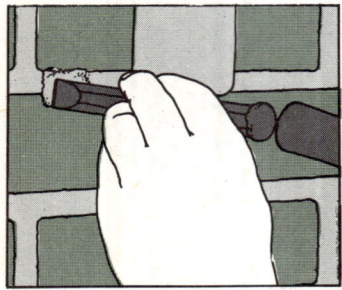

5. Schaut der Holzdübel etwas aus dem Mauerwerk vor, wird er mit Meißel oder Stecheisen und Hammer bündig am Mauerwerk abgetrennt

6. Die Stiftrohrschelle wird in der Mitte des Holzdübels angesetzt und mit dem Hammer eingeschlagen. Auf Abstand zur Wand achten

7. Das Rohr wird wieder zusammengesteckt und in die Rohrschelle eingelegt. Danach kann man die Schrauben eindrehen und festziehen

8. Sollte sich herausstellen, daß die Muffen undicht sind, muß man mit einem Pinsel Kunststoffkitt auf die Naht auftragen

Fallrohre ohne Muffen anbringen

Auf den Seiten 223 und 224 wurde gezeigt, wie man Kunststoffallrohre mit Muffenverbindung verlegt. Es gibt aber auch Rohre aus PVC, die ohne Muffen verlegt werden.

PVC-Rohre sind in Stangen von 5 m Länge erhältlich. Man sägt sie sich in den erforderlichen Längen zu. Das Rohrende wird mit einem Propangasbrenner bei weicher Flamme auf eine Länge von 5 cm so lange gleichmäßig angewärmt, bis es ringsum weich ist. Dann zieht man es auf ein anderes Rohrstück auf, das kalt und somit hart ist. Wenn das aufgezogene Rohr erkaltet ist, bleibt die so entstandene Muffe erhalten.

Dieses Rohrsystem erfordert weniger Abfall; die Rohre und Formstücke selbst kosten weniger Geld. Allerdings braucht man einiges Geschick, um die Flamme beim Formen der Muffen richtig zu handhaben. Ist die Flamme nämlich zu hart eingestellt, verbrennt das PVC und wird brüchig. Die Bogen für den Schwanenhals sind vom Hersteller bereits mit einer Steckmuffe versehen.

Die Rohre verklebt man mit Kunststoffkleber in den Muffen. Die abgesägten Rohrenden müssen mit einem Dreikantschaber, Messer oder einer feinen Holzraspel entgratet und angeschrägt werden.

Für die Befestigung der Rohre werden Stiftrohrschellen mit Kunststoffeinlagen verwendet. Je nach Fabrikat gibt es auch Spezialrohrschellen.

> *Material: Fallrohre, Kunststoffbogen mit Muffe, PVC-Kleber, Rohrschellen, Holzdübel*
> *Werkzeug: Propangasbrenner, Leimpinsel, Hammer, Schlagbohrer, Eisensäge, Schraubenzieher, Dreikantschaber, Stecheisen oder Messer, Holzraspel*

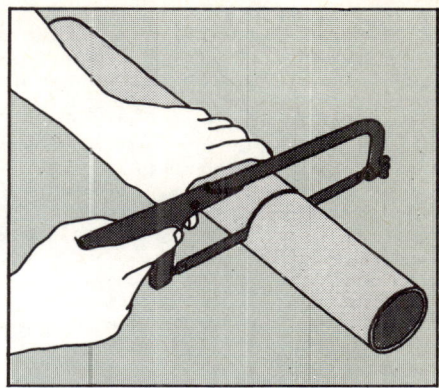

1. Man mißt die Länge, in der man das Fallrohr zuschneiden muß. Mit einer Eisensäge wird es rechtwinklig abgesägt. Mit einem Dreikantschaber entfernt man sorgfältig den Grat

2. Am Gasbrenner stellt man eine weiche Flamme ein und wärmt das Fallrohr in einer Breite von ungefähr 5 cm durch ständiges Drehen an, bis das Material weich und formbar ist

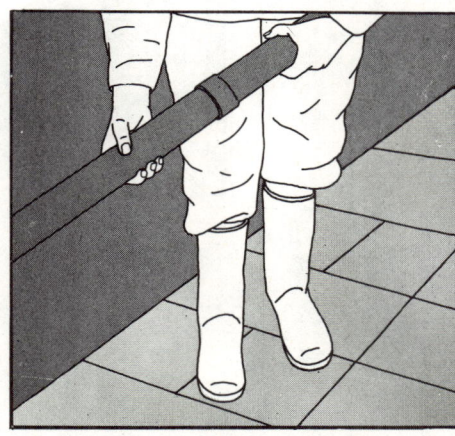

3. Das warme und weiche Rohrteil wird auf das kalte Rohr gedrückt. Beim Aufziehen das Rohr schräg ansetzen und drehen. Rasch arbeiten, da der Kunststoff schnell erstarrt

4. Die Muffen werden innen und das Fallrohr außen mit Kunststoffkleber eingestrichen. Dann wird die Muffe mit dem Rohr zusammengesteckt. Der Kleber ist in kurzer Zeit trocken

5. Nachdem die Rohrschelle in der Hausmauer angebracht ist, wird das Fallrohr darin lose befestigt und der Schwanenhalsbogen anschließend mit PVC-Kleber eingestrichen

6. Der Schwanenhalsbogen und das Fallrohr werden zusammengefügt. Man braucht nur einige Minuten warten, bis der Kleber getrocknet und fest ist. Damit ist auch die Muffe dicht

7. Das Fallrohr und der Schwanenhals werden ausgerichtet. Man legt nun noch das Kunststoffband zwischen Rohrschelle und Rohr und zieht die Rohrschelle mit einem Schraubenzieher an

Durchlauferhitzer

Verschiedene Arten

Im Gegensatz zu Boilern und Speichern wird bei Durchlauferhitzern das Wasser nicht im voraus erwärmt und bis zum Gebrauch gespeichert, sondern beim Durchströmen erhitzt. Durchlauferhitzer können entweder elektrisch oder mit Gas beheizt werden.

Da das Warmwasser nicht gespeichert wird, kann der Elektrodurchlauferhitzer nicht mit dem wesentlich preisgünstigeren Nachtstrom betrieben werden, was sich auf die Kosten negativ auswirkt. Es ist jedoch der Vorteil aller Durchlauferhitzer, ob elektrisch- oder gasbeheizt, daß jederzeit Warmwasser zur Verfügung steht. Die Menge des Warmwassers richtet sich nach der Leistung des Geräts und kann zeitlich praktisch unbegrenzt entnommen werden.

Elektrische Durchlauferhitzer kann man nur dort aufstellen, wo ausreichende elektrische Leitungen (Leitungsquerschnitte) vorhanden sind. Da diese Elektrodurchlauferhitzer einen großen Anschlußwert haben, sollte man sich vorher vom Fachmann und vom Elektrizitätsversorgungsunternehmen (EVU) beraten lassen.

Die meisten Durchlauferhitzer sind jedoch gasbefeuert. Sie bestehen aus einem Gasbrenner und einem Heiz- oder Innenkörper, um den spiralförmig ein Rohr gelegt ist, das im Betrieb von Wasser durchströmt wird. Die Geräte haben eine Zündflamme, die ständig brennt. Wenn man nun den Warmwasserhahn aufdreht, wird der Hauptbrenner automatisch entflammt. Während das Wasser das Gerät durchströmt, wird es von der Gasflamme erwärmt. Je langsamer das Wasser durchfließt, desto höher wird seine Temperatur.

Die Zündflamme sollte ständig brennen, denn sie hat außer dem Entzünden des Hauptbrenners noch die Aufgabe, das Gerät gegen das Ausströmen von unverbranntem Gas zu sichern. Sollte die Zündflamme einmal er-löschen, so schaltet eine Zündsicherung automatisch die Gaszufuhr zum Brenner ab. Der Gasverbrauch der Zündflamme ist auch bei ständigem Betrieb gering, zwischen 140 und 200 cbm pro Jahr.

Der Anwendungsbereich des Geräts ist abhängig von der Leistung des Brenners. Es gibt Kleinwasserheizer mit einer Leistung von 125 Kilokalorien pro Minute und Großwasserheizer mit Leistungen von 250, 325 und 400. Eine Kilokalorie (1 kcal) ist die Wärmemenge, die erforderlich ist, um 1 Liter Wasser um 1° C zu erwärmen.

Der Kleinwassererhitzer wird hauptsächlich in der Küche verwendet. Er liefert z. B. bei einer Leistung von 125 kcal/min ca. zwei Liter Warmwasser pro Minute mit einer Temperatur von 70° C oder fünf Liter mit einer Temperatur von ca. 35° C. Für Badezwecke sind Geräte mit 250 bzw. 325 kcal/min geeignet. Ersteres verwendet man für die Dusche. Zum Baden braucht man das größere Gerät. Dieses liefert rund zehn Liter Warmwasser pro Minute mit der üblichen Badewassertemperatur.

Die Abgase von Gasdurchlauferhitzern müssen über eine Abgasanlage ins Freie geleitet werden. Hierüber läßt man sich von einem Installateur oder vom Gasversorgungsunternehmen beraten. Wenn man sich dann für ein Gerät entschieden hat, läßt man es vom Fachmann anschließen.

Gasdurchlauferhitzer für das Bad

Gasdurchlauferhitzer für die Küche

Gasdurchlauferhitzer zur zentralen Versorgung von Küche, Bad und anderen Zapfstellen im Haus

Dieser Kleinwasserheizer ist für kleinere Entnahmemengen geeignet, z. B. in der Küche

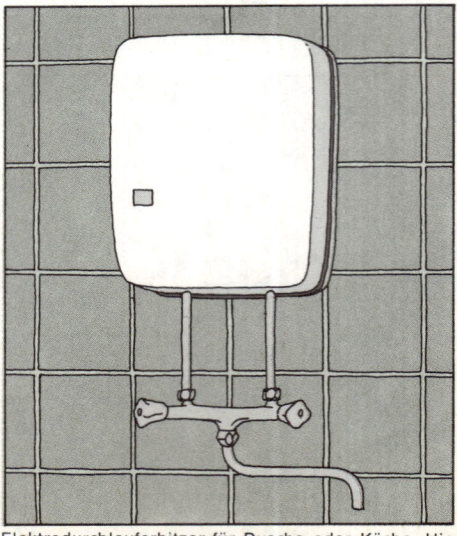

Elektrodurchlauferhitzer für Dusche oder Küche. Hier braucht man keine Abgasanlage

Anzünden und Einstellen

INSTALLATIONSMÖGLICHKEITEN Es kann sein, daß ein Gerät nur für eine Zapfstelle vorgesehen ist. Meistens sollte aber ein Durchlauferhitzer mehrere Zapfstellen versorgen

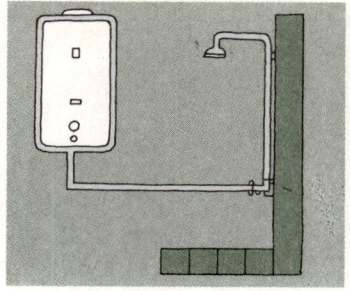

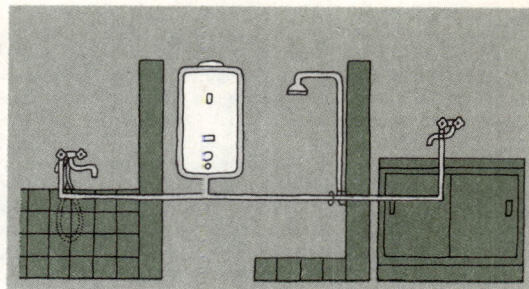

Einzelversorgung: Der Durchlauferhitzer versorgt nur eine Zapfstelle

Gruppenversorgung: Ein Durchlauferhitzer versorgt einige Zapfstellen, die nah beieinander liegen

Zentrale Versorgung: Ein Durchlauferhitzer versorgt alle Zapfstellen im ganzer Haus von einem zentralen Platz aus

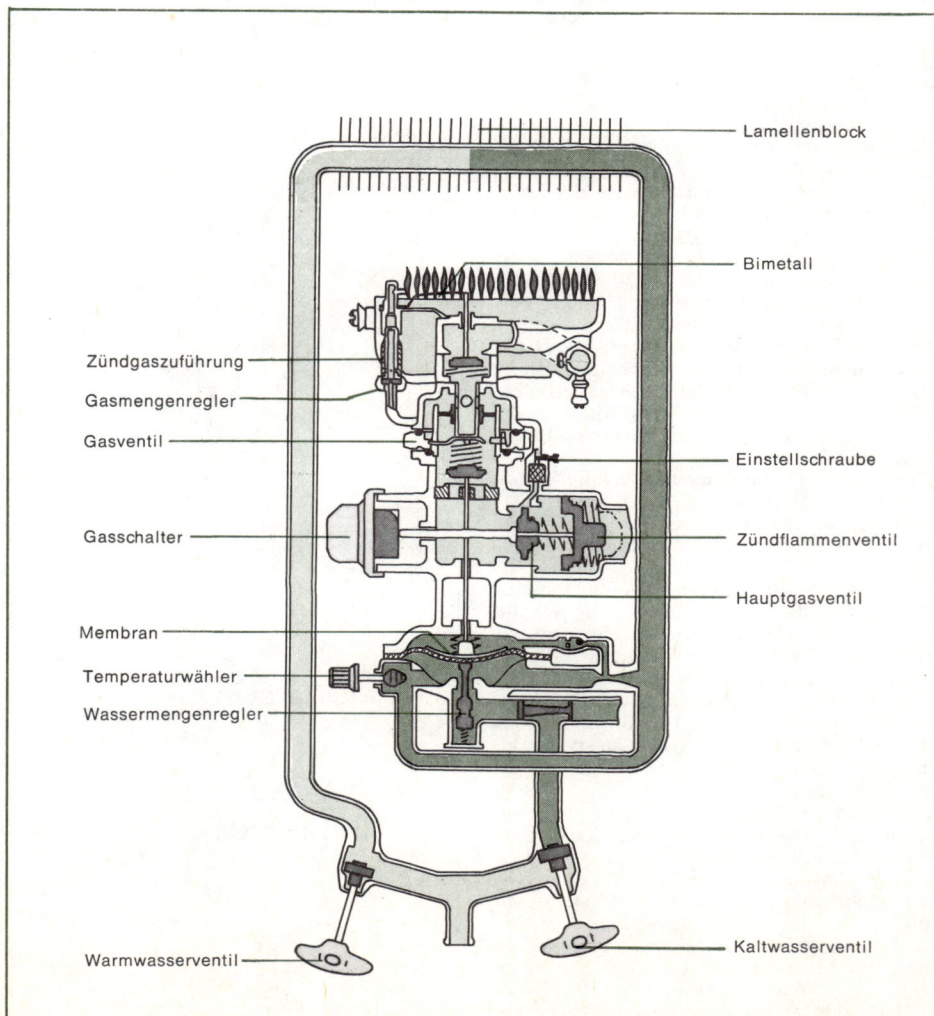

- Lamellenblock
- Bimetall
- Zündgaszuführung
- Gasmengenregler
- Gasventil
- Einstellschraube
- Zündflammenventil
- Gasschalter
- Hauptgasventil
- Membran
- Temperaturwähler
- Wassermengenregler
- Warmwasserventil
- Kaltwasserventil

Schematische Darstellung eines Gasdurchlauferhitzers

Die erste Inbetriebnahme und das Einstellen eines Geräts muß durch den Installateur erfolgen. Der Zündbrenner wird bei der Gasschalterstellung I auf eine Flammenlänge von ca. 25 mm eingestellt. Zur Einstellung des Hauptbrenners wird der Gasschalter auf Stellung II gedreht. Die Einstellung erfolgt dann entsprechend der auf dem Gerät angegebenen Leistung. Mit dem Temperaturwähler wird die gewünschte Warmwassertemperatur eingestellt.

Wartung
Der emaillierte oder kunststoffbeschichtete Außenmantel des Geräts wird mit einem feuchten Lappen gereinigt. Um den Mantel abzunehmen, werden zuerst die Bedienungsknöpfe, der Temperaturwähler und der Hahngriff entfernt. Die Befestigungsmutter wird losgedreht, der Mantel an der Unterkante nach vorne gezogen und oben aus seiner Halterung gelöst. Jetzt kann man die Innenteile mit einem weichen Pinsel abstauben.

Es empfiehlt sich, Gasdurchlauferhitzer nach etwa 1–3 Jahren durch einen Fachmann warten zu lassen. Hierbei wird der Hauptbrenner gründlich gereinigt. Der Zündbrenner wird ebenfalls entstaubt und entrußt. Der Lamellenblock wird mit einer Bürste ausgebürstet oder mit Wasser durchgespült. Aus den wasserführenden Teilen werden Rost, angeschwemmter Sand o. ä. entfernt. Anschließend wird das Gerät wieder auf seine Leistung eingestellt. Eine gründliche Wartung durch den Fachmann garantiert eine wesentlich längere Lebensdauer des Geräts und verhindert u. U. teure Reparaturen. In Gebieten mit hartem Wasser Gerät gründlich entkalken.

Wenn im Winter Frostgefahr für das Gerät besteht, muß es rechtzeitig entleert werden. Gas- und Wasserzufuhr zum Gerät werden abgestellt. Dazu dreht man den Gasschalter auf die Stellung 0. Dann wird der Gashaupthahn geschlossen. Anschließend wird das Wasserzuführungsventil zugedreht. Den Temperaturwählknopf dreht man ganz nach links und öffnet die Warm- und Kaltwasserzapfventile. Entleerschraube ganz öffnen.

Dusche

Eine neue Dusche montieren

In Neubauwohnungen wird oft zusätzlich zur Badewanne eine Dusche installiert. Auch in Altbauwohnungen findet eine Dusche meist noch im kleinsten Winkel Platz, wo der Einbau einer Badewanne technisch unmöglich wäre. Hier wirkt sich auch das geringe Gewicht einer Duschwanne sehr vorteilhaft aus. Weitere Vorteile sind der geringere Wasser- und damit zusammenhängend der geringere Energieverbrauch.

In der Regel werden Duschen fest eingebaut; sie bestehen aus Duschwanne, Wannenfuß, Ablaufventil und Geruchverschluß. Die Wanne wird auf dem Boden ins Lot gesetzt, auf den freistehenden Seiten eingemauert und eingefliest. Um die Wannenmontage zu vereinfachen, gibt es auch für Stahlduschwannen Hartschaumunterbauten, auf deren Oberfläche direkt gefliest werden kann. Besonders bei emaillierten Stahlwannen ist zur besseren Schalldämmung ein Hartschaumunterbau

empfehlenswert. Emaillierte Gußwannen werden meist auf Duschwannenträger gesetzt, die je aus zwei miteinander verbundenen und verstellbaren Füßen bestehen. Auch werden Duschwannen oft auf Steine und Mörtel gesetzt. Um die Schallübertragung zu verhindern, wird zwischen Mörtel und Wanne eine Hartgummi- oder Korkplatte gelegt. Bei eingebauten Duschen ist die Duschbatterie unabhängig von der Wanne an der gefliesten Wand montiert.

Zur mobilen Aufstellung von Duschen gibt es komplette Duschkabinen. Die Wanne aus Stahlblech ist innen weiß emailliert, wie auch die Ablaufgarnitur, säurebeständig. Die Seitenwände sind aus verzinktem und einbrennlackiertem Stahlblech bzw. transparentem Kunststoff. Am Eingang ist ein Plastikvorhang angebracht. In der Kabine montiert ist eine Duschbatterie für Kalt- und Warmwasseranschluß. Sollte am Aufstellungsort kein Abwasseranschluß vorhanden sein, so kann unter der Wanne eine Motorpumpe montiert werden, die das Duschwasser zur nächsten Ablaufstelle befördert. Solche Duschen können ohne Schwierigkeit beim Umzug mitgenommen werden.

Duschwannen gibt es in mehreren genormten Abmessungen und Ausführungen. Gebräuchlichste Größen sind 90 x 90 cm, 80 x 80 cm. Sondergrößen sind 90 x 75 cm, 80 x 75 cm. Weniger verwendet wird die Größe 100 x 100 cm. In der Höhe unterscheidet man flache (ca. 15 cm) und tiefe (ca. 30 cm) Duschwannen. Flache Wannen genügen meist den normalen Ansprüchen und werden in Verbindung mit einer Badewanne eingebaut. Tiefe Duschwannen haben einen eingebauten Überlaufanschluß; sie eignen sich auch als Kinderbadewanne. Zum bodengleichen Einbau gibt es auch ganz flache (ca. 6 cm) emaillierte gußeiserne Wannen.

Duschwannen werden aus emailliertem Gußeisen und Stahl, aus Keramik und Kunststoff hergestellt. Emaillierte und Kunststoffwannen sind in verschiedenen Farbtönen erhältlich.

Duschwannen setzt man in den meisten Fällen in eine Ecke oder Nische. Die Wände werden dann gefliest. Als Abtrennung und Spritzschutz am Einstieg dient als billigste Lösung ein Plastikvorhang. Wird ein absoluter Spritzschutz benötigt, so ist ein Schiebe- oder Flügeltürelement aus Alurahmenkonstruktion mit Plexiglas oder Kunststoff zu empfehlen. Eine Duschkabine sollte mindestens 2 m hoch sein. Innerhalb der Duschkabine muß ein Haltegriff montiert werden. Duschwannen aus Gußeisen oder Stahl müssen aus Sicherheitsgründen geerdet werden.

Die Warmwasserversorgung eines Duschbades kann zentral oder über Einzelgeräte erfolgen. Ein 30-Liter-Elektrospeicher ist für eine Dusche ausreichend. Durchlauferhitzer eignen sich besonders für Duschen. Sämtliche Geräte zur Warmwasserbereitung müssen außerhalb der Duschkabine installiert werden. Elektroanschlüsse dürfen nicht in greifbarer Nähe der Duschkabine angebracht sein.

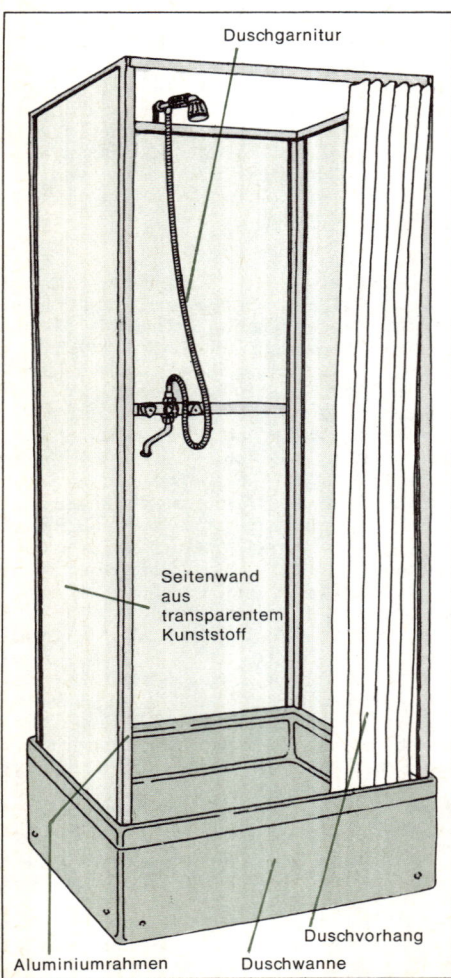

Duschkabine: Diese fertige Duschkabine kann man überall aufstellen. Die Kalt-, Warm- und Abwasserleitungen müssen nur noch angeschlossen werden

(Beschriftungen: Duschgarnitur / Seitenwand aus transparentem Kunststoff / Aluminiumrahmen / Duschwanne / Duschvorhang)

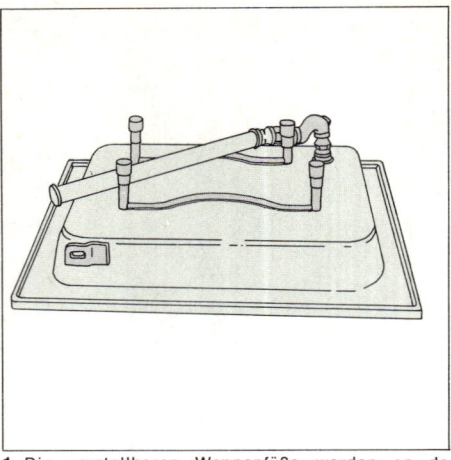

1. Die verstellbaren Wannenfüße werden an der Wannenunterseite befestigt

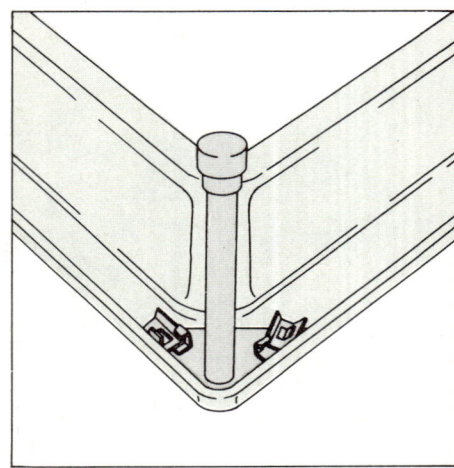

2. Das Bild zeigt einen anderen Wannenträger, der am Rand befestigt wird

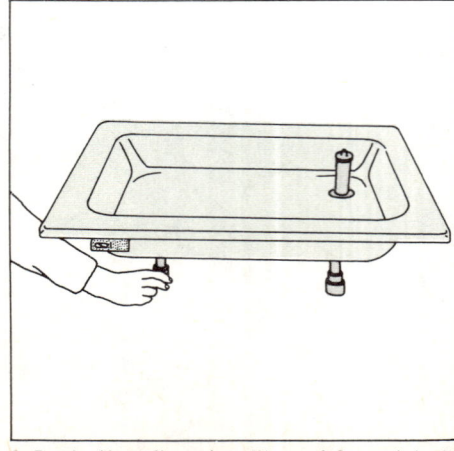

3. Durch Verstellen des Wannenfußes wird die Wanne ins Lot gebracht

Duscharmaturen erneuern

Eine neue Mischbatterie mit Brause und Wannenauslauf ist leicht zu installieren, wenn die Kalt- und Warmwasseranschlüsse im richtigen Abstand vorhanden sind.

Man entfernt die alte Batterie und reinigt die Anschlüsse und ihre Gewinde von Schmutz und Rost. Wenn die Anschlüsse zu weit zurück liegen, müssen zuerst Verlängerungen eingedreht werden.

Material: Komplette Duscharmaturen, Hanf und Dichtungskitt
Werkzeug: Schraubenschlüssel, Schrauben und Dübel, Wasserwaage, Schraubenzieher, Bohrmaschine und Bohrer

---

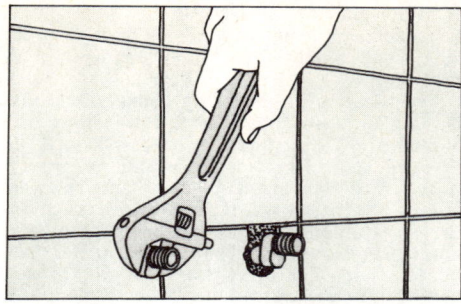

1. Man umwickelt die S-Anschlußbogen mit Hanf, streicht sie mit Dichtungskitt ein, schraubt sie ein und richtet ihren Abstand nach der Armatur aus

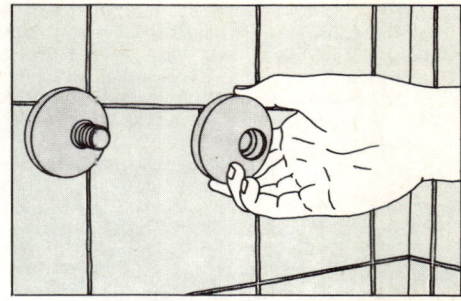

2. Die Rosetten werden von Hand auf die Gewinde geschraubt. Man dreht die Batterie zur Probe darüber und verkürzt, wenn nötig, die Gewinde

3. Wenn alles sauber paßt, legt man die Dichtungen in die Ventile der Batterie und schraubt sie leicht von Hand auf die S-Anschlußbogen

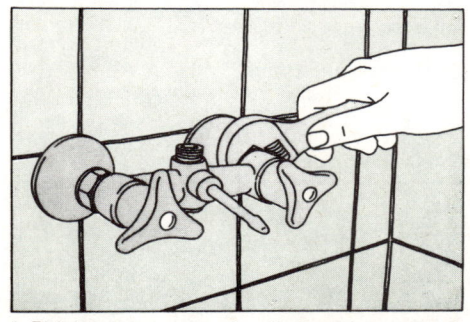

4. Richtig angezogen werden die Batteriemuttern mit dem Schlüssel, und zwar abwechslungsweise und jeweils nur um etwa eine Umdrehung

5. Bewegliche Wannenausläufe werden eingesteckt und mit der Überwurfmutter befestigt. Die meisten Batterien haben einen angegossenen Auslauf

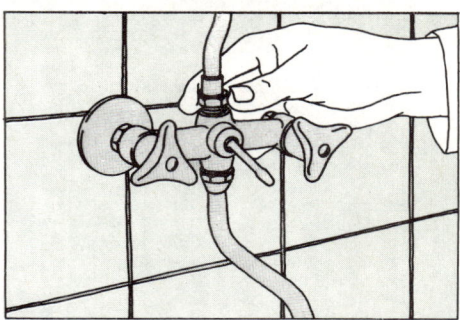

6. Oben an der Batterie wird der Brauseschlauch angeschlossen. Man muß darauf achten, daß auch hier die Dichtung nicht fehlt

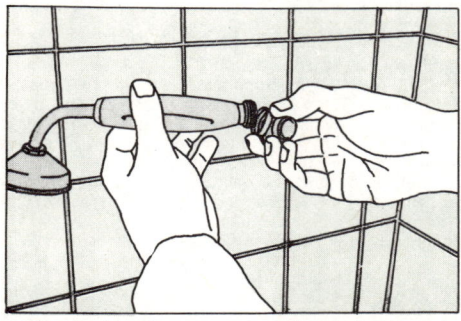

7. An die Handbrause wird zunächst das Gelenkstück mit Aufsteckteil angeschraubt. Die Dichtung muß aus dickem Weichgummi sein

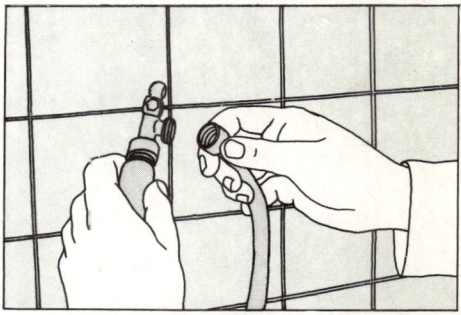

8. An das Gelenkstück wird dann der Brauseschlauch angeschlossen. Man muß darauf achten, daß der Schlauch dabei nicht verdreht wird

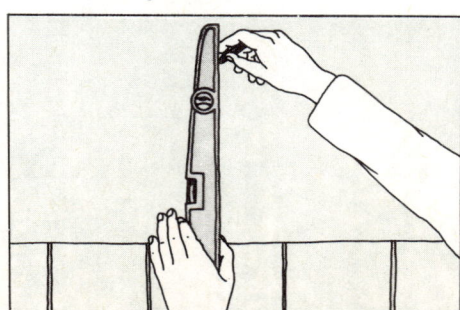

9. Mit der Wasserwaage zeichnet man die Mitte des Handbrausehalters an. Der Halter wird normalerweise 2 m über dem Wannenboden angebracht

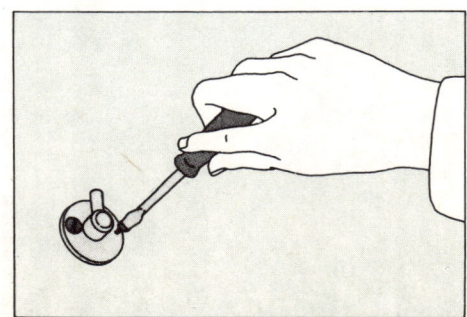

10. Man zeichnet die Löcher an, bohrt sie passend für die Dübel, steckt diese ein und schraubt den Halter mit zwei verchromten Schrauben fest

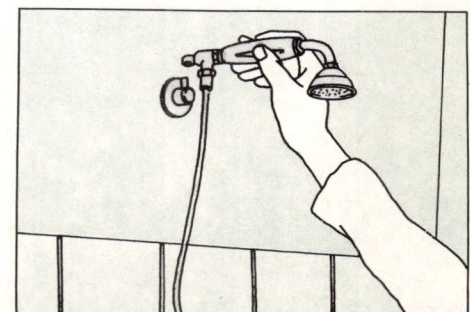

11. Die Handbrause wird auf den Halter aufgesteckt. Dann dreht man den Hahn auf und prüft, ob die Verschraubungen und Anschlüsse dicht sind

Flaschengas

Umgang mit Flaschengas

Unter Flaschengas versteht man die in Flaschen abgefüllten Flüssiggase Propan und Butan. Flüssiggas eignet sich zum Kochen, Heizen und Beleuchten. Es wird hauptsächlich in Wochenendhäusern, Wohnwagen und beim Camping verwendet. Die abgebildeten Flaschen sind nicht überall erhältlich.

Das Aufstellen von Flüssiggasbehältern und der Betrieb von Gasanlagen unterliegt strengen Vorschriften. So ist es z. B. verboten, Gasflaschen in Räumen (Kellern) aufzustellen, deren Fußboden tiefer liegt als das umgebende Erdreich, weil das Gas auch durch die Türen nicht abfließen kann, da es schwerer ist als Luft und sich am Boden sammelt. Auch Treppenhäuser, Durchgänge und Durchfahrten fallen unter dieses Verbot.

Flaschen bis zu maximal 14 kg Füllgewicht dürfen innerhalb von Gebäuden auch in bewohnten Räumen aufgestellt werden, allerdings nur so, daß der betreffende Raum im Falle eines Brandes gefahrlos verlassen werden kann.

In Räumen, die gleichzeitig als Wohn- und Schlafzimmer benutzt werden, darf man sie aufstellen, wenn wirklich kein anderer Platz dafür da ist.

Die Flaschen müssen von Heizgeräten, von Herden für feste und flüssige Brennstoffe und ähnlichen Wärmequellen mindestens 1,5 m entfernt sein. Ist dieser Abstand aus räumlichen Gründen nicht einzuhalten, kann er auf 1 m reduziert werden, wenn ein fest montierter Strahlenschutz aus Asbestplatten oder ähnlichem Material angebracht wird. Bei Gasherden und Zentralheizungskörpern beträgt der Mindestabstand 0,3 m. Unter Gaskochern und Gaswasserheizern dürfen Gasflaschen nur aufgestellt werden, wenn sie nicht der unmittelbaren Wärmestrahlung der Brennerflammen ausgesetzt sind. Gasflaschen müssen senkrecht angeschlossen werden.

Der Flaschenanschluß

Auf jeder Flasche ist ein Absperrventil angebracht. Auf das Absperrventil muß ein Gasdruckregler gesetzt werden, der einen gleichmäßigen Druck im Leitungssystem gewährleistet. Der Druck beträgt 500 mm Wassersäule. Als Anschlußleitungen bei beweglicher Verbindung der Gasflasche mit dem Regler bzw. des Reglers mit der Leitung darf man nur normgerechte Flüssiggasschläuche verwenden.

Die Gasleitungen müssen in jedem Fall aus Präzisionsstahlrohr sein, bis 10 mm Nennweite eine Wandstärke von 1 mm haben und freiliegend auf Wandabstandsschellen verlegt werden. Rohre mit mehr als 10 mm Nennweite müssen mindestens 1,5 mm Wandstärke haben; Verbindungsstücke sollen immer aus Stahl, Temperguß oder aber aus Messing bestehen.

Die Leitungen muß man in jedem Falle mit einem Korrosionsschutz versehen. Werden die Leitungen durch Decken und Wände geführt, müssen sie an den Durchbrüchen mit Schutzrohren ummantelt werden.

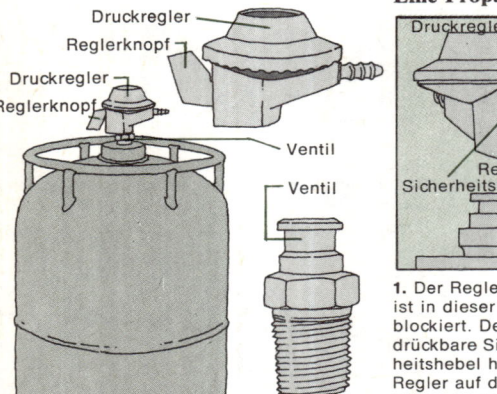

Propangasflasche mit Ventil und Druckregler

Eine Propangasflasche anschließen

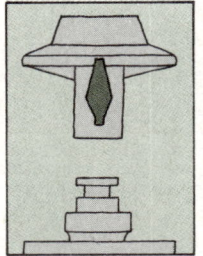 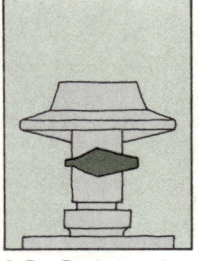 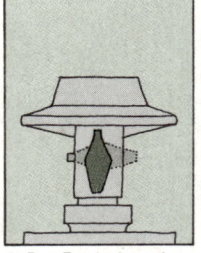 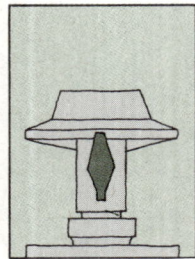

1. Der Reglerknopf ist in dieser Stellung blockiert. Der eindrückbare Sicherheitshebel hält den Regler auf dem Ventil. Die nachfolgenden Bilder zeigen, wie der Druckregler mit dem Ventil gekoppelt wird

2. Man entfernt die Schutzkappe vom Flaschenventil. Der Sicherheitshebel wird eingedrückt und der Reglerknopf nach oben gedreht. Dabei ist das Ventil geschlossen und der Knopf gesperrt. Dann setzt man den Druckregler auf das Flaschenventil

3. Der Reglerknopf wird nach rechts gedreht, bis er waagrecht steht. Der Sicherheitshebel ist eingerastet, der Druckregler an die Flasche gekoppelt. Der Gasdurchfluß ist jedoch noch geschlossen

4. Der Reglerknopf wird mit eingedrücktem Sicherheitshebel noch eine viertel Umdrehung nach rechts gedreht – die Gaszufuhr ist geöffnet. Wenn man die Gaszufuhr unterbrechen will, dreht man den Reglerknopf wieder eine viertel Umdrehung nach links. Das Flaschenventil ist dann wieder geschlossen

5. Zum Abkoppeln der Flasche sperrt man die Gaszufuhr ab (Abb. 3). Mit eingedrücktem Sicherheitshebel stellt man den Reglerknopf wieder senkrecht. Danach wird der Druckregler nach oben abgezogen

Einen Campingkocher anschließen

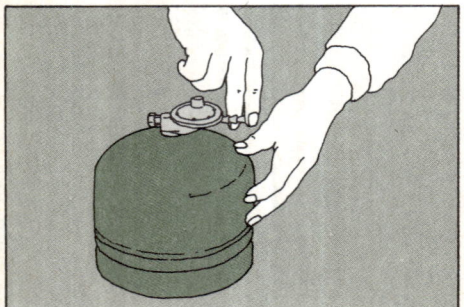 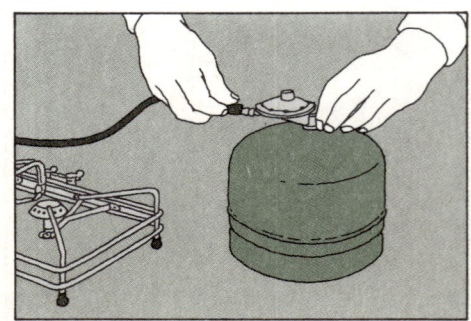 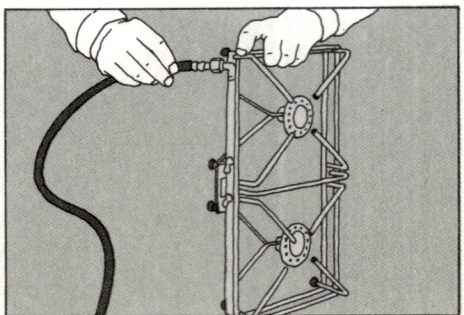

1. Bei Kleinflaschen wird der Druckregler mit Absperrventil in das Gewinde der Flasche gedreht. Ein eingebautes Ventil verhindert, daß Gas ausströmt

2. Der Gassicherheitsschlauch wird auf die Schlauchtülle am Druckregler aufgeschoben und möglichst mit einer Schlauchklemme gesichert

3. Der Gassicherheitsschlauch wird auch am Gaskocher auf die Schlauchtülle geschoben und ebenfalls mit einer Schlauchklemme festgeklemmt

Sicherheit

Alle modernen Gasherde sind dagegen gesichert, daß aus Versehen unverbranntes Gas ausströmen kann. Man verwendet heute nur noch Gasarten, die odoriert und ungiftig sind, es kann aber trotzdem noch immer zu gefährlichen Explosionen kommen. Deshalb brauchen Gasherde wirkungsvolle Sicherheitsvorrichtungen.

Alte Gasherde haben solche Sicherheitseinrichtungen meistens nicht. Weil man diese Geräte in der Regel nicht umbauen kann, sollte man sie unbedingt gegen neue Herde austauschen. Herde älterer Bauart können fast ausschließlich nur mit einer einzigen Gasart betrieben werden; im Zug der Umstellung auf andere Gasarten in vielen Städten und Gemeinden mußten ohnehin die meisten älteren Herde durch neue Modelle ersetzt werden. Moderne Gasherde können auf fast alle Gasarten umgestellt werden. Am häufigsten werden Stadtgas, Erdgas, Flüssiggas und Spaltgas verwendet.

Gasherde gibt es – vom ein- und zweiflammigen Kocher bis zum drei- und vierflammigen Herd mit Backofen – in vielen Varianten.

Die Brenner eines Gasherds werden angezündet, indem man ihren Regelknopf öffnet und eindrückt. So entströmt dem Brenner Gas, das mit einem Streichholz oder einem Gasanzünder entzündet wird. Bei einigen Herdtypen erfolgt die Zündung automatisch durch Knopfdruck über eine beim Brenner angeordnete elektrische Zündkerze. Brennt die Gasflamme, so muß man den Regelknopf ungefähr bis zu einer Minute lang niedergedrückt festhalten, damit das Gas so lange ausströmt, bis das ebenfalls neben dem Brenner angeordnete Thermoelement erwärmt ist. Erst wenn dieses Element erhitzt ist, bleibt das Gasventil geöffnet. Wenn die Gasflamme erlischt – etwa durch eine überlaufende Flüssigkeit –, kühlt das Thermoelement sofort ab und schließt damit das Gasventil automatisch. Beim Gasbackofen funktionieren Zündung und Sicherung auf dieselbe Weise.

Früher wurden Gasherde meistens mit Rohren und Verschraubungen fest an die Gasleitung in der Küche angeschlossen. Einen solchen Anschluß konnte man natürlich nur mit Hilfe von Werkzeug wieder lösen. Die Hausfrauen konnten den Raum hinter und unter dem Herd, aber auch seitlich davon, nur mit größter Mühe sauberhalten, weil sich der Herd nicht von der Wand rücken ließ. Heute verwendet man dagegen fast ausschließlich lösbare Anschlüsse, sogenannte Gassteckdosen. Damit kann man jeden Gasherd problemlos von seinem Standort entfernen. Wenn man den Gasschlauch aus der Gassteckdose löst, wird der Gashahn automatisch geschlossen.

Die Gasbrenner und Brennerdeckel können abgenommen werden und sind so leicht sauberzuhalten. Ob man die Brenner täglich reinigt, hängt von der Häufigkeit der Benutzung ab. Alle übrigen Teile und Flächen des Herdes und den Backofen sollte man nach jeder Benutzung reinigen.

Reparaturen am Gasherd darf nur der Fachmann durchführen, der für diese Arbeiten die notwendige Konzession besitzt. Ebenso ist es seine Aufgabe, einen Herd aufzustellen und anzuschließen. Daß man den Fachmann die Brennerflammen und den Thermostat des Backofens einstellen läßt, liegt auch im Interesse des Benutzers: Von einer exakten Einstellung hängt die größtmögliche Energieausnutzung und Sicherheit des Herdes ab.

Oft ist mit dem Backofen ein Grill kombiniert und fest eingebaut. Teure Modelle besitzen auch eine Zeitschaltuhr, die zu einem eingestellten Zeitpunkt einen bestimmten Brenner oder den Backofen ein- und ausschaltet. Es gibt auch Geräte, bei denen ein Gasherd mit einem elektrisch beheizten Backofen kombiniert ist. Bei Einbauküchen, die eine durchgehende Chromnickelstahl- oder Kunststoffplatte haben, können auch Gaseinbaumulden verwendet werden. Der Backofen ist dann von der Herdplatte getrennt und kann sowohl darunter als auch erhöht eingebaut werden. Gaskocher und Gasherde müssen immer so aufgestellt oder eingebaut werden, daß ihre Umgebung durch die auftretende Erwärmung nicht gefährdet wird und daß die Abgase ungehindert austreten können.

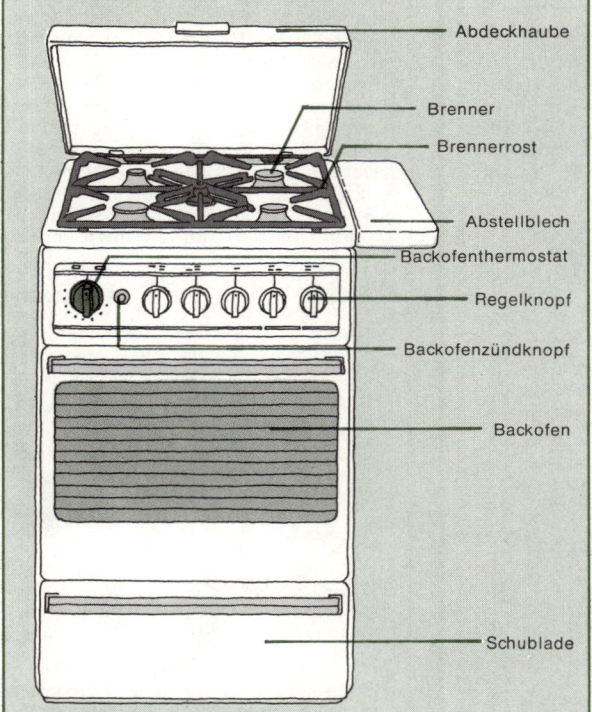

- Abdeckhaube
- Brenner
- Brennerrost
- Abstellblech
- Backofenthermostat
- Regelknopf
- Backofenzündknopf
- Backofen
- Schublade

Gasherd mit elektrischem Anzünder

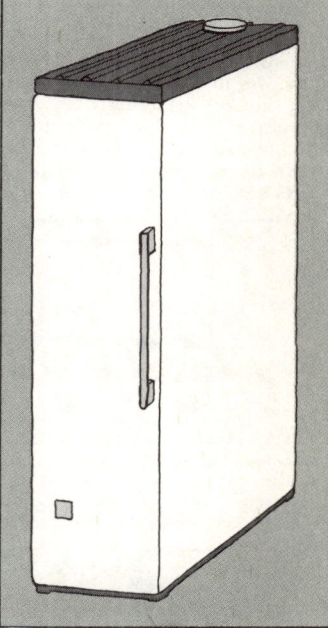

Dieser Heizherd hat die gleiche Höhe und Tiefe wie der Gasherd, er ist jedoch nur ca. 25 cm breit. Der Abgasanschluß kann oben, hinten, auf der linken oder rechten Seite angebracht werden

Das Bild zeigt einen Gasbrenner mit einem seitlich angebrachten elektrischen Funkenentzünder. Wenn man den Regelknopf eindrückt, springt ein Funke über und entzündet das ausströmende Gas

Wenn der Pfeil auf dem Regelknopf nach oben zeigt, ist das Ventil geschlossen. Die Flamme läßt sich durch Drehen des Knopfes verstellen. Um den Brenner anzuzünden, muß man den Knopf eindrücken

Gasherde

Küchenaufbaugerät

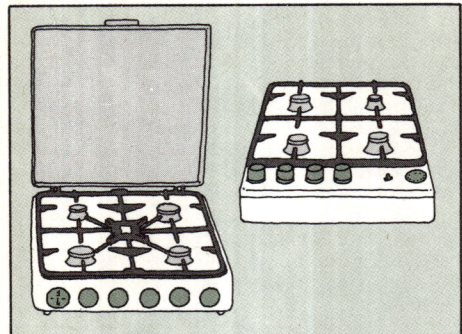

Küchenaufbaugeräte sind Aufsatzgeräte, die man auf den Tisch stellt. Man verwendet sie dort, wo man keinen Platz für die Aufstellung eines Gasherdes hat oder wenn man auf einen Backofen verzichten will. Die Abbildung zeigt links ein solches Gerät mit vier Brennstellen unterschiedlicher Größe, rechts ein Gerät für Einbauküchen.

Dieser zweiflammige Gaskocher läßt sich zusätzlich im Haus verwenden oder als Kochstelle im Wohnwagen. Der Herd eignet sich für alle heute üblichen Gase wie Erd-, Propan- oder Butangas

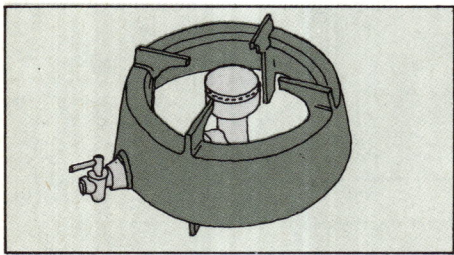

Ein solcher einflammiger Gaskocher für Haushalt und Wohnwagen kann mit Absperrhahn geliefert werden. Sicherheitseinrichtungen sind auch hier wichtig

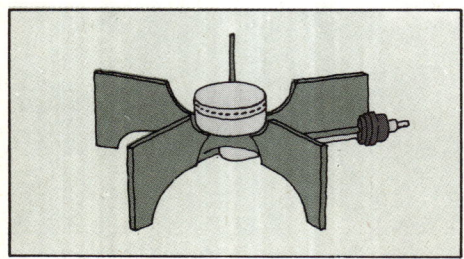

Industriekocher werden hauptsächlich in Gewerbebetrieben verwendet. Sie haben einen großen Brenner mit entsprechend hoher Leistung

Wartung der Geräte

Daß ein Gasherd immer funktioniert und sicher ist, hängt weitgehend von richtiger Pflege und Wartung ab.

Den Gasbrenner sollte man beinahe täglich reinigen. Dazu klappt man Deckel und Brennerrost auf oder nimmt sie ganz ab. Brennerdeckel und Brennerringe werden ebenfalls abgenommen. Bei leichten Verschmutzungen, wie sie täglich vorkommen, genügt es, diese Teile mit einem feuchten Lappen abzuwischen oder zu spülen. Bei stärkeren Verschmutzungen – beispielsweise durch übergekochte und angebrannte Speisen – reicht dies jedoch nicht aus. In diesem Fall reinigt man Brennerdeckel und Brennerringe, wie zuvor geschildert. Die Bohrungen im Brennerdeckel säubert man mit einer Bürste. Sollten die Brennerbohrungen trotzdem noch durch Fettreste verstopft sein, versucht man die Bohrungslöcher mit einem spitzen Gegenstand zu säubern. Sind diese Teile immer noch durch eingebrannte Fettreste verunreinigt, kann man sie auch mit ganz feinem Schleifpapier oder feiner Stahlwolle reinigen. Im Anschluß daran säubert man noch mit Spülmittel oder Haushaltsreiniger die Herdmulde, den Brennerrost und den Deckel. Für Herdmulden aus Chromnickelstahl gibt es besondere Reinigungsmittel.

Kontrolle des Backofenthermostats

Man sollte ab und zu prüfen, ob der Backofenthermostat noch richtig arbeitet. Dazu entzündet man den Backofenbrenner und bringt den Thermostat auf die höchste Einstellung. Die Temperaturskala reicht meistens von 1–6 oder von 1–12. Man läßt den Backofenbrenner auf der höchsten Temperaturstufe ungefähr 10–15 Minuten brennen. Die Flamme muß dabei ebenfalls ihre größte Einstellung haben. Dann wird der Thermostat auf die kleinste Stufe zurückgestellt. Die Flamme des Backofenbrenners muß jetzt sofort klein werden. Wird sie es bei dieser Einstellung nicht, so ist der Backofenthermostat defekt. Das gilt auch, wenn die Flamme auf der größten Thermostatstufe nicht groß brennt.

Die Reparatur sowie das Auswechseln des Thermostates oder einer Dichtung muß man dem Fachmann überlassen.

EINSETZEN EINER NEUEN DICHTUNG

1. Zuerst den Gasabsperrhahn schließen und an den Brennern probieren, ob er dicht hält. Überwurfmutter mit Schraubenschlüssel lösen

2. Überwurfmutter von Hand abdrehen. Sitzt sie fest, bringt man einen Lappen zwischen Mutter und Schraubenschlüssel

3. Die Überwurfmutter läßt man am Rohr hinabgleiten, löst die alte Dichtung mit Hilfe eines Schraubenziehers und nimmt sie ab

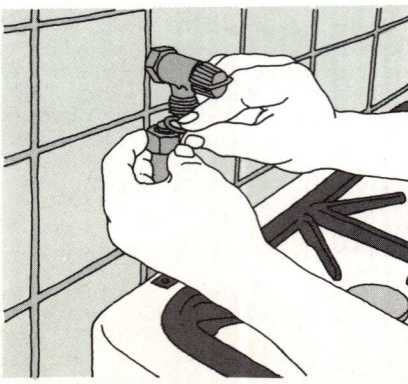

4. Neue Dichtung anbringen, Überwurfmutter aufschrauben und festziehen. Den Gashahn öffnen und die Verbindung auf Dichtheit prüfen

Klosetts und Spülkästen

In älteren Häusern sind die Klosettbecken und Spülanlagen oft nicht in bestem Zustand und funktionieren schlecht. Früher wurden hauptsächlich Drückspüler und hochhängende Spülkästen verwendet. Beide verursachen beim Spülvorgang häufig starke Geräusche. Bei Reparaturen ist es daher zweckmäßig, gleich einen neuen, tiefhängenden Spülkasten anzubringen. Ein solcher Kasten ist geräuscharm, funktionssicher und einfach zu montieren. Wenn man in Miete wohnt, ist es allerdings ratsam, sich vorher mit dem Hauseigentümer abzusprechen, da solche Installationen in die feste Wohnungseinrichtung übergehen.

Größere Installationsarbeiten, die neue Wasseranschlüsse oder -leitungen bedingen, sind kompliziert und sollten lieber dem Fachmann überlassen werden.

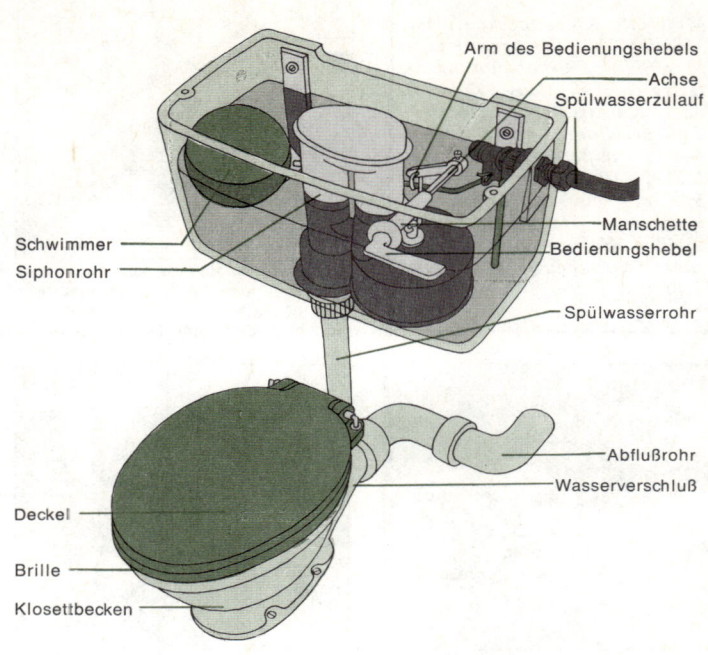

Arm des Bedienungshebels
Achse
Spülwasserzulauf
Schwimmer
Siphonrohr
Manschette
Bedienungshebel
Spülwasserrohr
Abflußrohr
Wasserverschluß
Deckel
Brille
Klosettbecken

Ein Klosettbecken ausrichten

Wenn in einer Toilette mit Holzfußboden das Klosettbecken sich nach einer Seite senkt, lockert man die Befestigungsschrauben am Fußboden, bringt das Bekken in die richtige Lage und drückt Mörtel unter den Rand. Der Mörtel sollte eine trockene Zement/Sand-Mischung im Verhältnis 1 : 3 sein. Werden neue Schrauben benötigt, verwendet man verchromte Messingschrauben mit Kunststoffunterlegscheiben. Bei Beton- oder Fliesenfußböden werden die Schrauben in Dübel eingedreht.

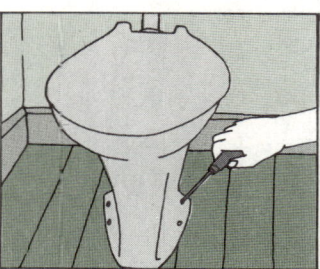

1. Bodenbelag um das Becken entfernen. Schrauben auf der abgesenkten Seite herausdrehen, die gegenüber liegenden nur lockern

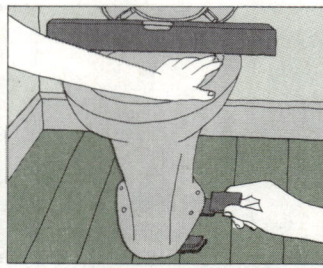

2. Auf das Becken eine Wasserwaage legen. Sperrholzstücke unter den Rand des Beckens schieben, bis dieses waagrecht steht

3. Mörtel mit der Spitzkelle unter den Beckenrand drücken, bis der Spalt gefüllt ist. Holzstücke entfernen und Lücken ausfüllen

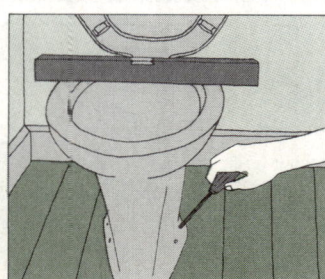

4. Die Schrauben durch Unterlegscheiben stecken, dann in die entsprechenden Löcher, aber noch nicht fest anziehen

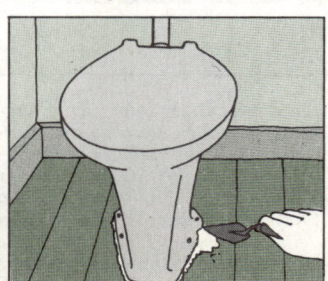

5. Überschüssigen Mörtel mit der Kelle abstreifen. Mörtel gut trocknen lassen, dann die Schrauben vorsichtig anziehen

EINEN VERSTOPFTEN KLOSETTABLAUF FREI MACHEN

Wenn der Ablauf eines Wasserklosetts verstopft ist, kann man versuchen, ihn mit einem Pumpfix, der direkt über der Gummiglocke mit einer Metallplatte versehen ist, frei zu machen. Die Platte hindert die Gummiglocke daran, sich umzudrehen, wenn diese im Becken auf und ab bewegt wird.

Da wegen der unregelmäßigen Beckenform mit dem Pumpfix keine Saugwirkung zu erzielen ist, kann man nur versuchen, durch kurze, kräftige Stöße Wasserdruckwellen im Ablauf zu erzeugen, die das Hindernis beseitigen. Dabei muß man darauf achten, daß das Becken nicht beschädigt wird.

Sicheren Erfolg verspricht dagegen die im Handel erhältliche drehbare Drahtspirale, deren Vorderende mit Krallen versehen ist. Man schiebt sie unter gleichzeitigem Drehen durch den Ablauf und den Geruchverschluß des Klosettbeckens, bis die Verstopfung beseitigt ist.

Hat man das Hindernis entfernt, wird die Wasserspülung sofort betätigt, damit der Geruchverschluß wieder mit Wasser gefüllt wird.

Ein tiefer im Ablaufrohr sitzendes Hindernis kann nur der Klempner entfernen.

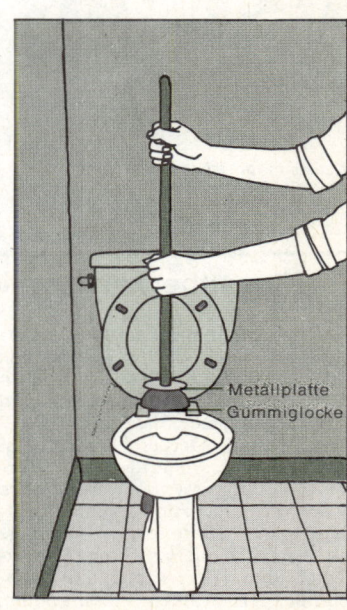

Metallplatte
Gummiglocke

Toilette

Ein zersprungenes Klosettbecken entfernen

Wenn ein schadhaftes Klosettbecken ersetzt werden muß, soll man nach Möglichkeit ein Becken gleicher Größe und Form kaufen, damit es an die vorhandenen Rohranschlüsse paßt.

Vor dem Abbau des Beckens wird der Spülwasserzulauf abgestellt und der Spülkasten entleert, bis kein Wasser mehr nachfließt.

Das Becken ist über einen S- oder P-förmigen Wasserverschluß mit dem zur Kanalisation führenden Abflußrohr verbunden. Der Wasserverschluß mündet in ein Fallrohr aus Gußeisen.

Material: Klosettbecken, vier Messing- oder verchromte Linsensenkholzschrauben mit Unterlegscheiben aus Gummi oder Kunststoff bei Holzböden, bei Fliesen- oder Betonböden außerdem passende Dübel für die Schrauben, Spülrohr aus Kunststoff
Werkzeug: Hammer, Flachmeißel, Wasserwaage, Metallsäge, Schraubenzieher, Scheuerlappen

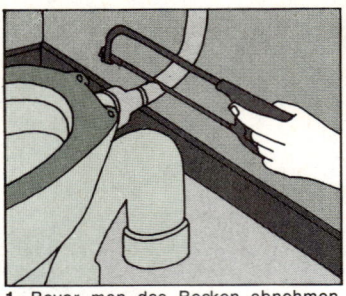

1. Bevor man das Becken abnehmen kann, muß man die Anschlüsse abtrennen. Zunächst das Spülwasserrohr möglichst dicht am Becken absägen

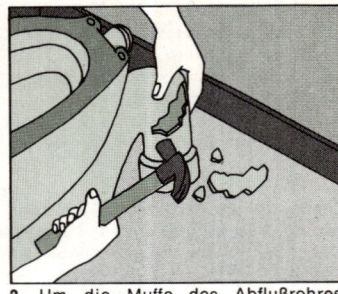

2. Um die Muffe des Abflußrohres nicht zu beschädigen, wird das Rohransatzstück des Klosettbeckens stückchenweise herausgeschlagen

3. Die Öffnung des Abflußrohres wird gründlich verstopft, damit beim weiteren Arbeiten keine Bruchstücke hineinfallen können

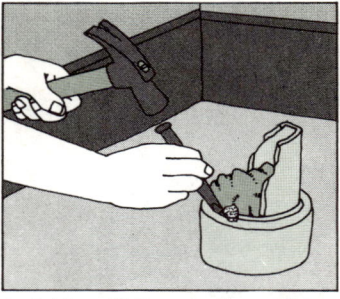

4. Jetzt meißelt man die restlichen Bruchstücke vom Muffenrand, bis er so glatt und sauber ist, daß er das neue Ansatzstück aufnehmen kann

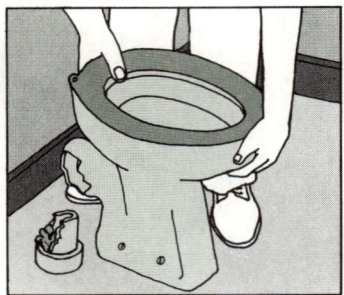

5. Wenn das Becken festzementiert ist, muß man es nach Lösen der Schrauben losrütteln oder freimeißeln. Untergrund dabei nicht beschädigen

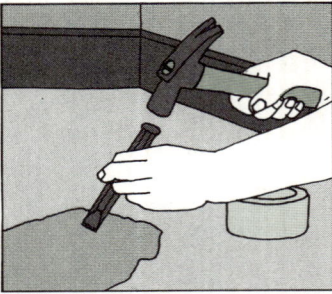

6. Wenn das Becken zu fest sitzt, muß man es ganz zerschlagen. In jedem Fall aber muß man die Mörtelreste sorgfältig vom Untergrund abmeißeln

VERSCHIEDENE ROHRVERBINDUNGEN

Kunststoffrohr: Gummiverbinder vom Rohranschluß zurückstreifen und das Ende des Spülrohrs herausziehen

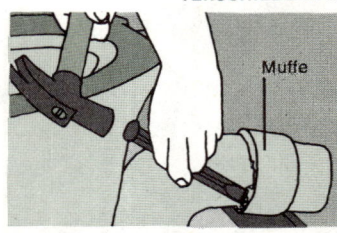

Gußeisen- oder Kunststoffrohr: Kitt oder Zementmörtel aus der Abflußrohrmuffe entfernen

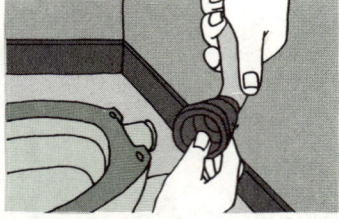

Gummiverbinder: Gummimanschette zurückschieben und dann vorsichtig vom Rohrstutzen abziehen

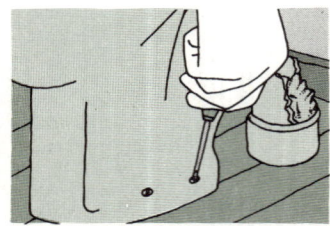

Bodenbefestigung: Die Schrauben, mit denen das Becken festgeschraubt ist, immer als erstes entfernen

Ein Klosettbecken montieren

Um die Arbeit nicht unnötig zu erschweren, soll das neue Becken nicht nur nach Größe, sondern auch in den Anschlüssen dem alten entsprechen (siehe S. 235).

Brille und Deckel werden erst aufgeschraubt, wenn das ganze Becken endgültig fest montiert ist. Die Beckenöffnung zum Abfluß verstopft man während der Montage mit einem papiergefüllten Plastikbeutel, damit Werkzeug, das während der Arbeit hineinfallen könnte, nicht für immer verschwindet.

Material: Gips oder Kitt, vier Messing- oder verchromte Linsensenkholzschrauben mit Unterlegscheiben aus Gummi oder Kunststoff bei Holzböden, bei Fliesen- oder Betonböden außerdem passende Dübel für die Schrauben, Gummimanschette oder Dichtungsring für das Spülrohr
Werkzeug: Schraubenzieher, Wasserwaage, Kelle, Spachtel

1. Gips- oder Kittschicht auftragen und das Becken so darauf stellen, daß es genau an das Abflußrohr paßt

2. Das Becken fest in das Gips- oder Kittbett drücken und dann mit der Wasserwaage waagrecht ausrichten

Verschiedene Klosettanschlüsse

Der ständig mit Wasser gefüllte Geruchverschluß (Wasserverschluß, Siphon) in den Becken hat den Zweck, das Eindringen von Gerüchen und Gasen aus der Kanalisation ins Haus zu verhindern (siehe S. 210).

Anders als beim Wasch- oder Spülbecken ist der Siphonverschluß hier nicht gesondert abnehmbar, sondern er ist Bestandteil des Klosettbeckens. Für Bodenanschlüsse ist er S-förmig, für Wandanschlüsse P-förmig ausgebildet.

Die P-förmige Ausführung kann über ein gekrümmtes Zwischenstück auch mit einem Abflußrohr im Fußboden verbunden werden. Die S-Form muß genau an den Abfluß passen.

Material: Gebogenes Kunststoffrohr, Gummiverbinder, Zement und Sand
Werkzeug: Metallsäge, Kelle

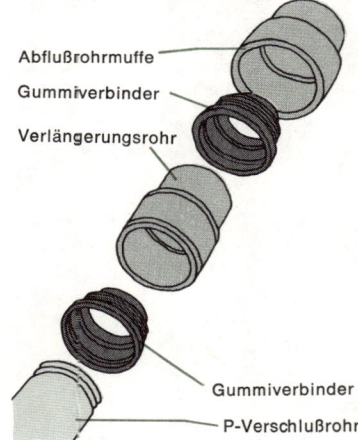

Abflußrohrmuffe
Gummiverbinder
Verlängerungsrohr
Gummiverbinder
P-Verschlußrohr

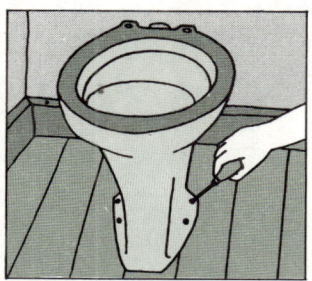

3. Mit der Kelle wird Mörtel (Zement : Sand 1 : 3) in die Fuge zwischen Beckenrohr und Abflußrohrmuffe gegeben und gründlich verdichtet

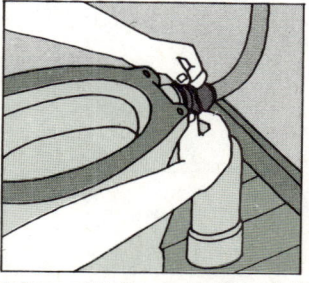

4. Bei Holzböden schraubt man das Klosettbecken einfach auf die Dielen. Bei Fliesen- oder Betonböden muß man passende Dübel einsetzen

5. Dann schließt man das Kunststoffspülrohr mit einer Gummimanschette oder Gummidichtung an, montiert die Brille und füllt den Spülkasten mit Wasser

1. Das neue Becken wird so in das feuchte Mörtelbett (Zement : Sand 1 : 3) gestellt, daß das Beckenrohr genau in der Richtung des Abflußrohrs liegt

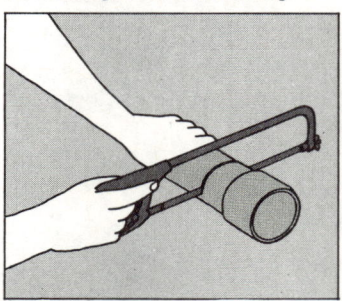

3. Das Verlängerungsrohr wird mit der Metallsäge abgeschnitten. Damit man einen geraden Schnitt bekommt, dreht man das Rohr dabei langsam

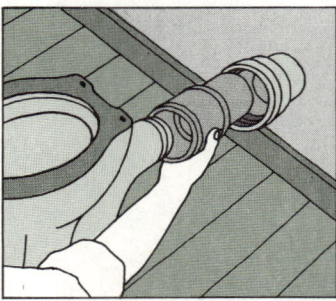

5. Das Verlängerungsrohr wird unter langsamen Drehungen in die Gummidichtung gedrückt, bis es darin absolut dicht sitzt

2. Man hält das Verlängerungsrohr neben das Beckenrohr und bringt eine Markierung an, die etwa 5 cm hinter dem Rand der Abflußrohrmuffe liegt

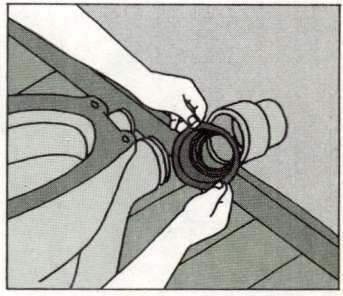

4. Nun schiebt man den Gummiverbinder so weit wie möglich in die Abflußrohrmuffe hinein. Wichtig ist dabei, daß er ringsum richtig sitzt

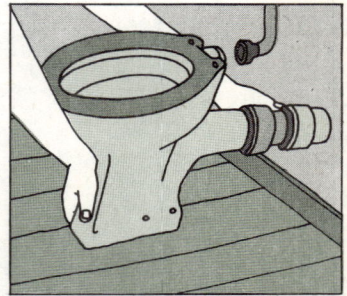

6. Nun legt man einen Gummiverbinder in die Verlängerungsrohrmuffe und schiebt das Becken daran heran, bis die Muffe das Beckenrohr umschließt

---

VERLÄNGERUNGSROHRE

Ein Becken mit P-Verschluß kann über ein gebogenes Verlängerungsrohr und zwei Gummiverbinder mit einem Abflußrohr im Fußboden verbunden werden. Manchmal kann man mit einem gebogenen Verlängerungsrohr auch einen P-Verschluß seitlich an der Wand anschließen

WASSERVERSCHLÜSSE

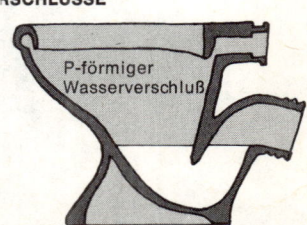

S-förmiger Wasserverschluß   P-förmiger Wasserverschluß

Wenn man ein Klosettbecken erneuern will, muß man darauf achten, daß man den gleichen Typ kauft. Ist das Abflußrohr im Boden, nimmt man einen S-Siphon, dessen Abfluß nach unten zeigt. Bei den P-Siphons (¾-S-Siphons) zeigt das Abflußrohr schräg nach hinten

Toilette

Spülkasten auswechseln

Wenn ein hochhängender Spülkasten defekt ist und die Reparatur sich nicht mehr lohnt, wechselt man ihn gegen einen tiefhängenden Spülkasten aus. Tiefhängende Spülkästen sind meist schöner und verursachen auch weniger Spülgeräusche. Der Klosettkörper selbst kann hierzu wieder verwendet werden. Die Montage eines tiefhängenden Spülkastens ist recht einfach. Alle Teile gibt es als Bausätze.

Wenn Sie den hochhängenden Spülkasten abmontiert haben, probieren Sie, ob der Klosettkörper genügend Abstand von der Wand hat. Klosettkörper mit schrägem oder waagrechtem Abgang können, wenn nötig, versetzt werden, da man entsprechend gebogene Zwischenstücke einsetzen kann. Bei Klosetts mit senkrechtem Abgang geht das nicht.

Der neue Spülkasten wird durch die mitgelieferten Konsolen an der Wand befestigt. Seine Oberkante sollte ca. 80 cm über dem Boden liegen. An der Wasserzuleitung des alten Spülkastens wird die neue Zuleitung zum neuen Kasten angeschlossen und dann mit diesem verbunden. Den Abflußanschluß schließt man durch einen Abflußbogen (Spülrohr) am Klosettkörper an. Dann wird das Zulaufventil geöffnet und der Spülkasten auf Funktion und Dichtheit überprüft.

> *Material: Neuer Spülkasten mit Konsolen, Dübeln, Schrauben, Abflußrohr mit Dichtungen usw., Gips und Sand Werkzeug: Schraubenzieher, Metallsäge, Feile, Hammer, zwei Schraubenschlüssel, Bohrmaschine, Hartmetallbohrer, Meißel, Wasserwaage, Kelle, Spachtel*

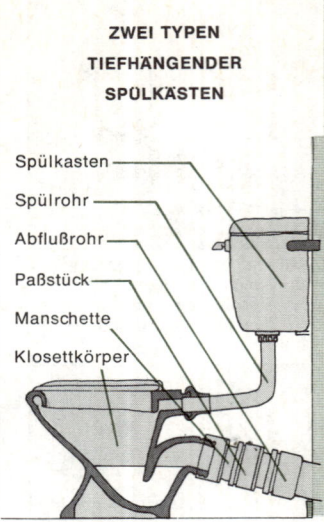

Spülkasten
Spülrohr
Abflußrohr
Paßstück
Manschette
Klosettkörper

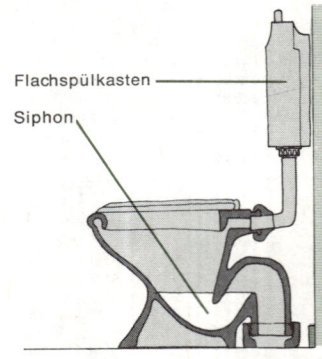

Flachspülkasten
Siphon

Die Zeichnung oben zeigt einen breiten Spülkasten in Verbindung mit einem Tiefspülklosett, das einen schrägen Abfluß hat. Das Gerät darunter ist ein Flachspülkasten, der an ein Tiefspülklosett mit senkrechtem Abfluß angeschlossen ist

1. Man stellt die Wasserzuführung ab, läßt den Spülkasten leerlaufen, macht die Kette los und schraubt die Zuleitung und das Spülrohr ab

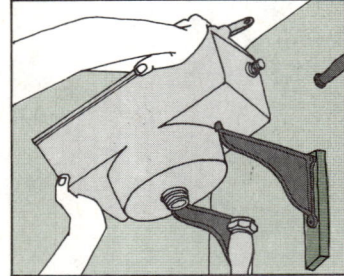

2. Der Spülkasten wird vorsichtig aus den Konsolen gehoben. Stehen Sie dabei aber nicht auf dem Klosettkörper, benützen Sie besser eine Leiter

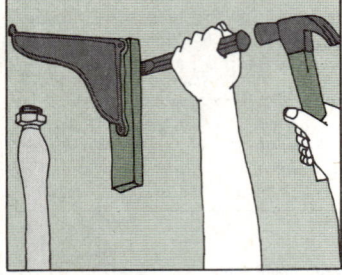

3. Schrauben Sie die Konsolen von der Wand los, oder schlagen Sie sie einfach weg. Beschädigten Putz ausbessern (siehe S. 106)

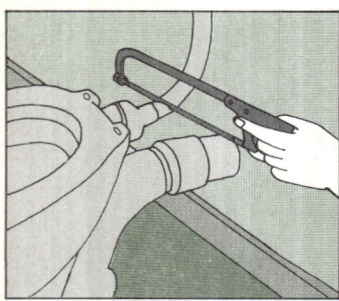

4. Das Spülrohr des alten Spülkastens absägen. Man kann es nicht mehr verwenden, da das Spülrohr eines tiefhängenden Kastens stärker ist

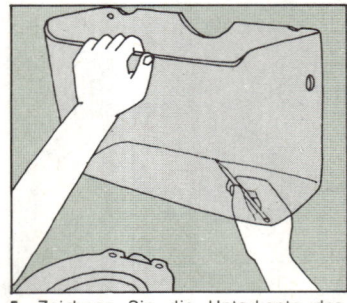

5. Zeichnen Sie die Unterkante des tiefhängenden Spülkastens in der vom Hersteller angegebenen Höhe an. Sie muß genau horizontal sein

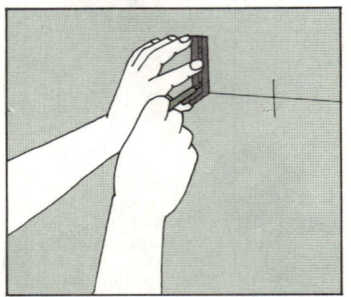

6. Auf der Linie wird die Mitte des Kastens markiert. In gleichen Abständen davon hält man die Konsolen an die Wand und reißt ihre Bohrlöcher an

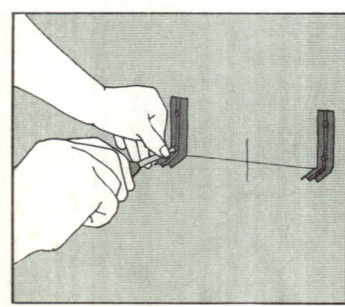

7. Man bohrt die Löcher, setzt die Dübel ein und schraubt die Konsolen fest. Prüfen Sie mit der Wasserwaage, daß sie genau waagrecht sitzen

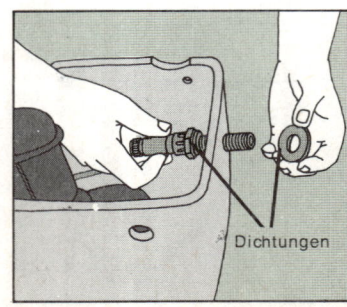

8. Wenn der Wasseranschluß auf der falschen Seite sitzt, baut man ihn aus und auf der anderen Seite wieder ein. Dichtungen nicht vergessen

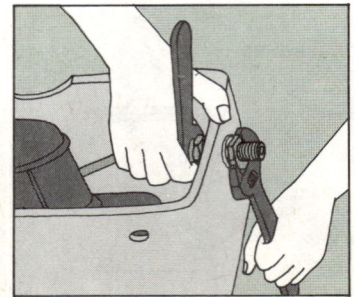

9. Mit zwei Schraubenschlüsseln werden die Schrauben des Wasseranschlusses an der Innen- und Außenseite des Spülkastens festgezogen

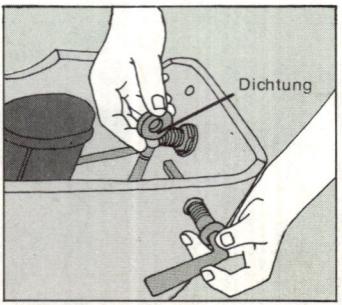

10. Bedienungshebel von außen durch Wandung des Spülkastens stecken, mit Dichtung versehen und innen festschrauben

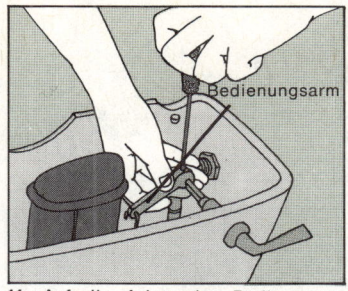

11. Auf die Achse des Bedienungshebels wird der Bedienungsarm aufgesteckt. Man schraubt ihn mit einer Madenschraube fest

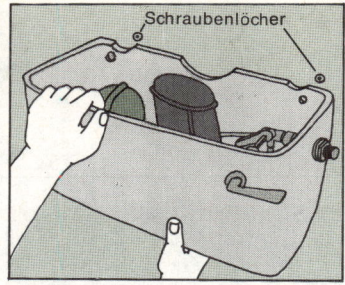

12. Man hält den Kasten an seinen Platz, markiert und bohrt die Schraubenlöcher in die Wand, setzt Dübel ein und schraubt den Kasten fest

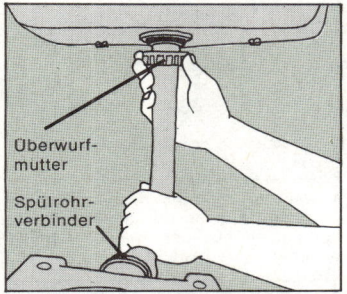

13. Das Spülrohr wird zunächst mit dem Klosettstutzen verbunden. Danach zieht man die Überwurfmutter am Spülkasten fest

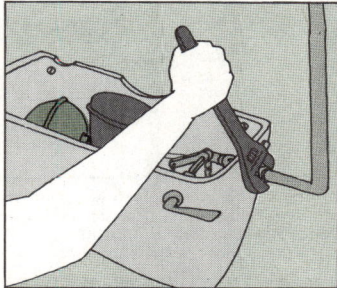

14. Die Wasserzuleitung wird mit dem Spülkasten verbunden. Dann öffnet man den Absperrhahn und prüft den Spülkasten auf Funktion und Dichtheit

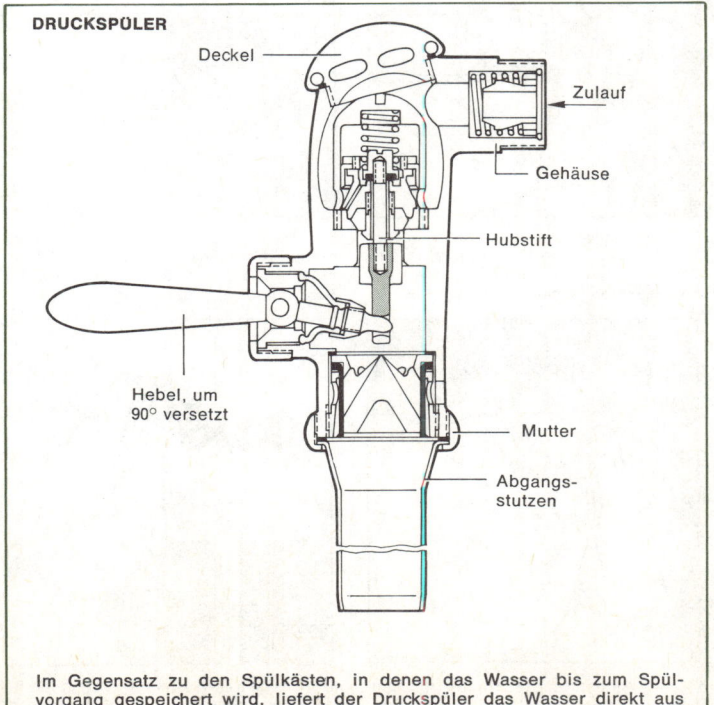

DRUCKSPÜLER

Im Gegensatz zu den Spülkästen, in denen das Wasser bis zum Spülvorgang gespeichert wird, liefert der Druckspüler das Wasser direkt aus der Leitung

Einen neuen hochhängenden Spülkasten anbringen

Hochhängende Spülkästen werden vor allem dort verwendet, wo die Montage von Tiefspülkästen wegen Raummangels nicht gut möglich ist. Es gibt die Spülkästen aus Gußeisen, Porzellan und Kunststoff; letztere werden ohne Konsolen befestigt.

Bei gekachelten Wänden sollte man die Befestigungsschrauben, wenn möglich, in den Fugen zwischen zwei Fliesen anbringen. Die Höhe des Spülkastens hängt von der Länge des Spülrohrs ab, wenn es aus einem Stück besteht. Ist es aus Teilen zusammengesetzt, kann man die Höhe nach Bedarf festlegen. Die Oberkante des Kastens sollte schon 2 m über dem Boden liegen.

Die Spülrohre und Befestigungsschellen können aus Stahl oder Kunststoff bestehen. Die unterste Schelle hat einen Gummipuffer und muß so angebracht werden, daß die hochgeklappte Klosettbrille dagegen anschlägt. Das Spülrohr läuft senkrecht genau über der Mitte der Klosettschüssel zum Spülkasten; die Linie wird vor der Montage an der Wand genau markiert. Der Spülkasten wird über ein Zugseil oder ein Saugspülrohr entleert.

Wenn man am Zugseil zieht, wird über den Schwimmerarm die Schwimmerglocke angehoben. Das bedeutet, daß sich das Ventil öffnet und das Wasser durch das Spülrohr in die Klosettschüssel läuft. Der Spülkasten füllt sich selbsttätig über ein Schwimmerventil.

1. Die Klosettschüssel rechtwinklig zur Wand stellen und ihre Mitte an der Wand genau markieren

2. Durch den markierten Punkt eine Senkrechte bis zum Spülkasten ziehen und von der Linie aus seine Befestigungspunkte anzeichnen

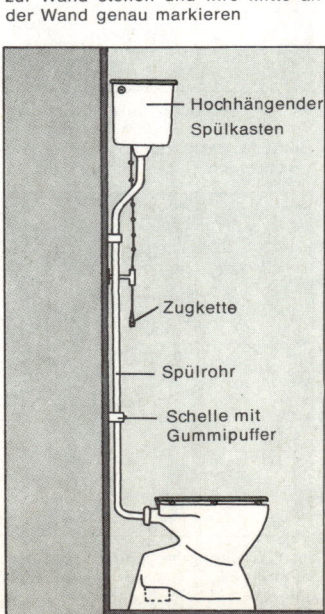

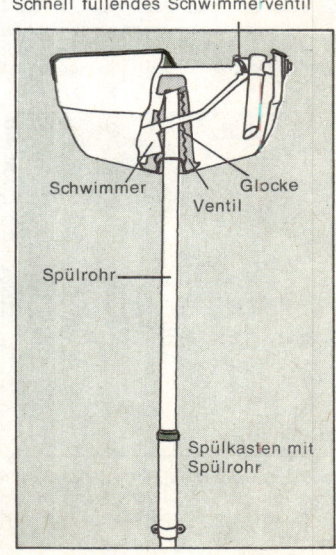

Toilette

Einen neuen Schwimmer im Spülkasten anbringen

Wenn ein Spülkasten nicht mehr richtig funktioniert, kann das an einem Defekt am Schwimmer liegen. In diesem Fall ist es am einfachsten, den Schwimmer gegen einen neuen auszutauschen. Reicht dies nicht aus, so muß das Schwimmerventil oder auch die gesamte Armatur ausgetauscht werden. Diese ist im Fachhandel als kompletter Bausatz erhältlich. Bei einem Defekt an der Spülkastenarmatur kann viel Wasser verlorengehen. Dies wird mitunter recht teuer; eine rechtzeitige Reparatur ist zu empfehlen.

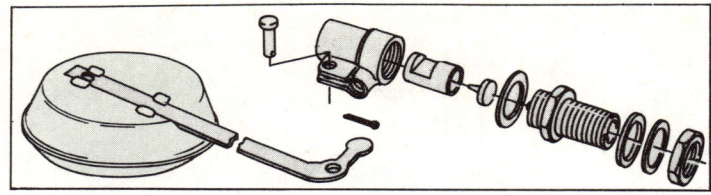

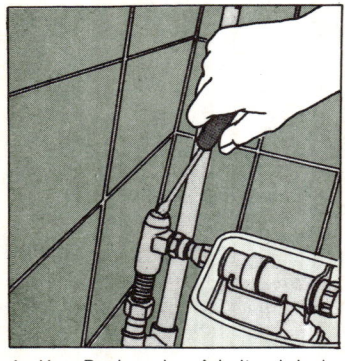

1. Vor Beginn der Arbeit wird das Wasser abgestellt, indem man eine **Schraube oder ein Handrädchen im Zulaufventil zudreht**

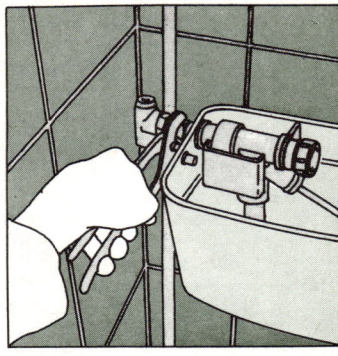

2. Um den Spülkasten von der Wasserzuleitung zu trennen, Überwurfmutter mit Wasserpumpenzange oder Schraubenschlüssel lösen

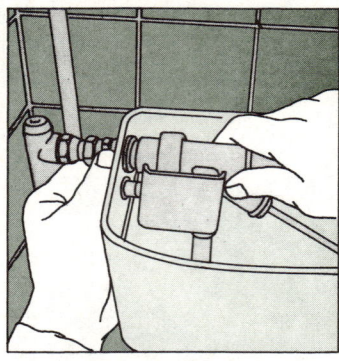

3. Jetzt wird die Befestigungsmutter an der Außenseite des Spülkastens abgeschraubt. Dabei aufpassen, daß der Kasten nicht beschädigt wird

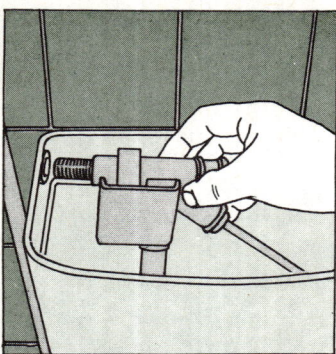

4. Wenn die Befestigungsmutter abgenommen ist, kann die gesamte Armatur seitlich aus dem Kasten herausgenommen werden

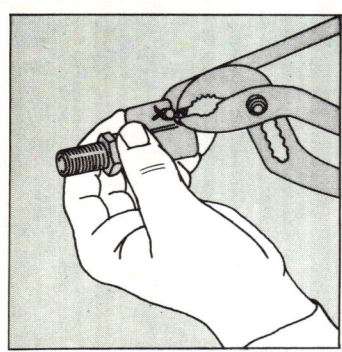

5. Defekten Schwimmer gegen einen neuen austauschen. Kontrollieren, ob die übrige Armatur noch verwendet werden kann

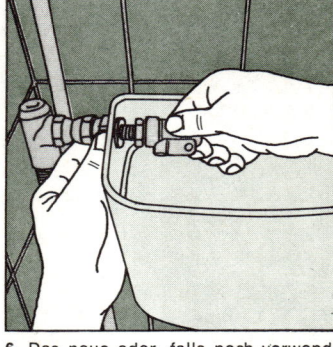

6. Das neue oder, falls noch verwendbar, das alte Ventil wird jetzt in die Bohrung gesteckt und mit der Mutter festgezogen

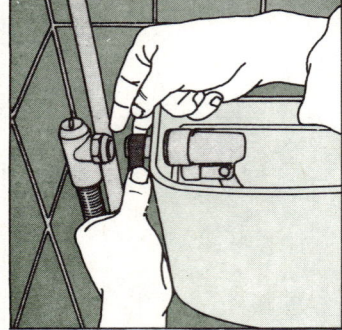

7. Die Verbindung mit der Wasserleitung wird wieder hergestellt. Um Undichtheiten zu verhindern, werden neue Dichtungsscheiben verwendet

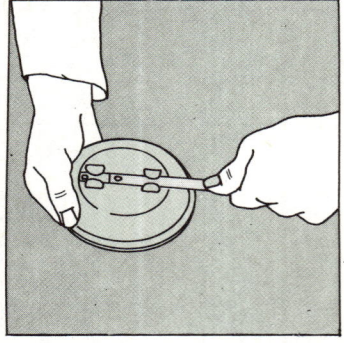

8. Der neue Schwimmer wird nun an einem Messing- oder Kunststoffarm befestigt. Denken Sie daran, daß der Schwimmer nach unten hängen muß

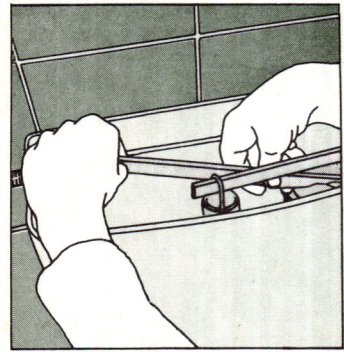

9. Jetzt werden beide Teile wieder in den Spülkasten gebracht. Hände dabei nicht auf die Kante des Spülkastens stützen

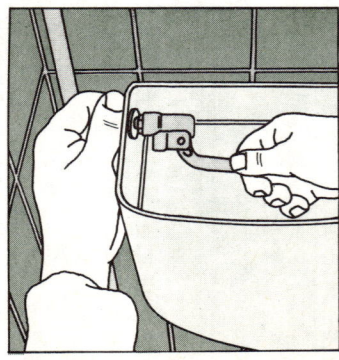

10. Das gebogene Ende des Schwimmerarms wird in das Anschlußstück eingeführt. Es muß genau in die entsprechende Aussparung passen

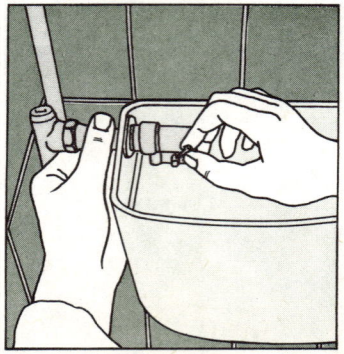

11. Die Befestigungsschraube für den Arm andrehen. Als Befestigungs- und Reguliereinrichtung kann auch eine Rändelmutter dienen

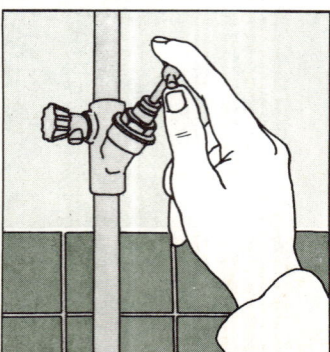

12. Das Wasser kann am Abstellhahn oder am Spülkasten wieder aufgedreht werden. Wasserzulauf und Wasserniveau im Spülkasten regeln

Verschiedene Möglichkeiten

Wenn man sich ein Warmwasserbereitungsgerät anschaffen will, sollte man sich vorher genau überlegen, wieviel heißes Wasser man benötigt. Hat man sich für ein Gerät entschieden, das später den Warmwasserbedarf nicht befriedigen kann, so ist das ebenso unglücklich, als wenn man ein Gerät installiert hat, dessen Kapazität man nicht ausnutzen kann. Die Wahl des Geräts hängt ab von der Anzahl der Personen im Haushalt und den individuellen Verbrauchergewohnheiten. Weiter muß man berücksichtigen, welche Energieart zur Verfügung steht. Wenn man zum Beispiel bereits mit Gas kocht oder die Wohnung heizt, ist es unwirtschaftlich, das Warmwasserbereitungsgerät mit Elektrizität zu betreiben. Es ist in jedem Fall zweckmäßig, sich auf eine Energieart zu konzentrieren, weil man so einen möglichst günstigen Tarif oder Einkaufspreis erhält.

Grundsätzlich gibt es zwei verschiedene Möglichkeiten der Warmwasserbereitung:

Durchlauferhitzer: Wenn das Wasser durch das Gerät läuft, wird es erwärmt. Diese Geräte eignen sich besonders zur Einzelversorgung von Küche und Bad. Sie verkalken aber schnell bei sehr hartem Wasser. Da sie eine hohe Leistungsaufnahme haben, kann man diese Geräte nicht an alle vorhandenen Leitungsnetze anschließen. Durchlauferhitzer werden mit Strom oder mit Gas betrieben.

Vorratswasserheizer (Speicher-Boiler): In diesen Geräten wird eine bestimmte Wassermenge auf Temperatur gehalten, die im Bedarfsfall dem Speicher entnommen wird. Das nachströmende Kaltwasser wird danach auf die gewünschte Temperatur gebracht.

Speichergeräte gibt es, direkt beheizt, in allen Bedarfsgrößen für Öl, Gas, Elektrizität und feste Brennstoffe; indirekt beheizte Speichergeräte lassen sich mit Fernwärme betreiben oder an die Zentralheizung anschließen. Elektrospeicher eignen sich besonders für Einzel- und Gruppenversorgung; es gibt sie in Größen von 5, 10, 15, 30, 60, 80 und 120 Liter Inhalt. Großspeicher zur zentralen Versorgung ab 200 Liter Inhalt eignen sich für den Nachtstrombetrieb. Will man den Nachtstromtarif in Anspruch nehmen, sollte man einen größeren Speicher wählen, da die Nachtstromzeiten erfahrungsgemäß kürzer werden. Viele Energieversorgungsunternehmen bieten auch eine Nachladezeit am Tag von ca. zwei Stunden an. Es gibt Unternehmen, die ihren Strom während der Nachladezeit zum Nachtstromtarif anbieten, und andere, die ihn zum normalen Tagstromtarif abgeben. Im zweiten Fall ist es besser, die Speichermenge größer auszulegen und auf die Tagnachladung zu verzichten. Es ist aber immer ratsam, vorher mit dem Energieversorgungsunternehmen zu reden und sich genau zu informieren.

Zur Versorgung der Küche eignen sich besonders Kochendwassergeräte mit fünf Liter Inhalt.

Diese Geräte werden elektrisch beheizt. Sie sind über dem Spülbecken angeordnet, und ihr Speicherraum ist aus durchsichtigem Spezialglas und hat eine Litermarkierung, mit deren Hilfe man die benötigte Wassermenge genau einlaufen lassen kann. Dann stellt man noch die gewünschte Temperatur ein. Ist diese erreicht, schaltet ein Thermostat das Gerät automatisch ab. Die Aufheizzeit für einen Liter Wasser bis zum Siedepunkt beträgt ca. vier Minuten. Um den gesamten Inhalt von

fünf Litern aufzuheizen, braucht man ca. 17 Minuten.

Den Stromverbrauch von Warmwasserbereitern berechnet man nach folgender Faustregel:

Eine Kilowattstunde erhitzt

10 Liter Wasser auf 85° C
20 Liter Wasser auf 55° C
30 Liter Wasser auf 37° C

Bei sehr kalkhaltigem und aggressivem Wasser sollte die Temperatur im Speicher nicht über 60° C ansteigen, da über dieser Temperaturgrenze verstärkt Kalk ausfällt und es im Rohrsystem zu Korrosion kommen kann. Es ist ratsam, Speichergeräte zu wählen, deren Innenmantel aus Kupfer oder Edelstahl besteht oder aber mit Emaille oder Kunststoff beschichtet ist.

Speichergeräte sind als Druckspeicher oder sogenannte drucklose Boiler (Badeöfen) erhältlich. Drucklose Geräte können nur eine Entnahmestelle versorgen und müssen in ihrer unmittelbaren Nähe aufgestellt sein. Der Einsatz kleinerer Geräte bei einzelnen Waschbecken oder Spülen ist zweckmäßig und empfehlenswert. Größere Geräte sollte man in druckfester Ausführung verwenden.

Alle gas- oder elektrisch beheizten Geräte sind thermostatisch gesteuert, mit einem Temperaturwähler ausgerüstet und gegen Übertemperatur geschützt. Gasgeräte benötigen einen Abgasanschluß (Schornstein), der in der Regel über das Dach geführt werden muß. Gasbetriebene Durchlauferhitzer gibt es auch als Außenwandgeräte, die über einen Mauerkasten die frische Außenluft ansaugen und die Abgase über diesen ins Freie leiten.

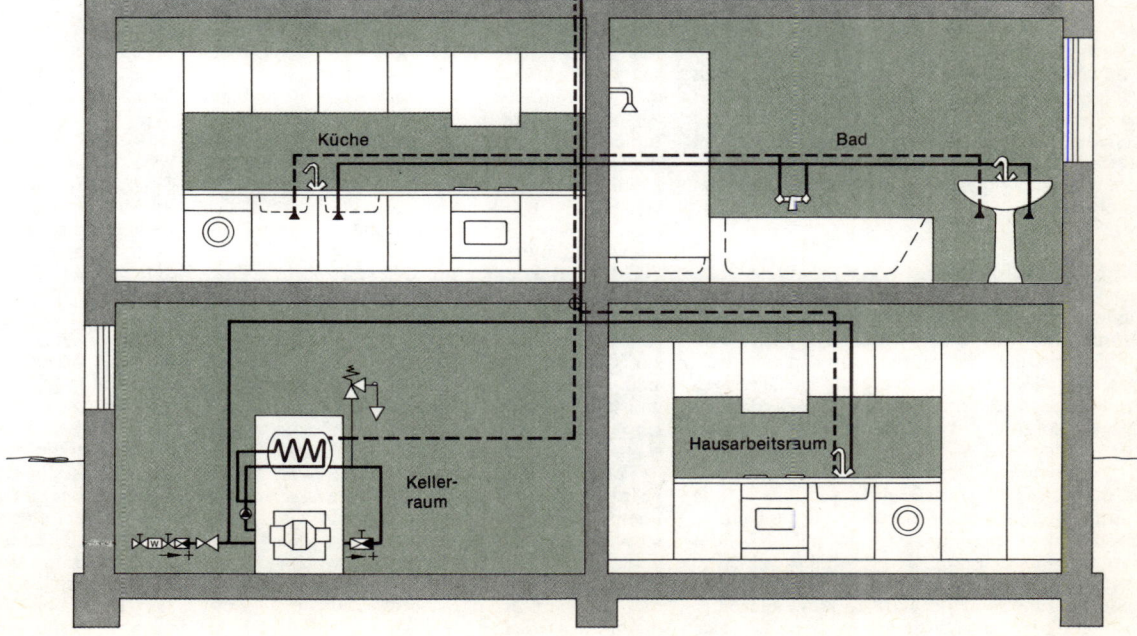

Die zentrale Warmwasserbereitungsanlage über die Ölheizungsanlage befindet sich im Kellerraum. Die Zu- und Ableitungen gehen von hier aus in alle Räume des Hauses, in denen warmes Wasser benötigt wird

Warmwasser

Energiesparende Warmwasserbereitung

Im Zuge der Brennstoffverknappung und Brennstoffverteuerung kommt energiesparenden Systemen gerade in der Warmwasseraufbereitung immer mehr Bedeutung zu. Die bisher am häufigsten praktizierte zentrale Warmwasserbereitung über die Ölheizung arbeitet mit einem Jahresnutzungsgrad von weniger als 50 % und ist deshalb kaum zu verantworten. Bei einem Neubau empfiehlt es sich daher, die Warmwasserbereitung von vornherein von der Heizung zu trennen. Lange Leitungswege sind zu vermeiden, d. h., der Warmwasserboiler sollte so nah wie möglich bei den Versorgungsstellen liegen.

Soll dennoch eine zentrale Versorgung eingebaut werden, z. B. zur Nutzung von Sonnenenergie, Abwärme und Wärmeentzug aus Luft, Wasser oder Erdreich mittels einer Wärmepumpe, so sollte man auf eine Zirkulationsleitung verzichten und an deren Stelle ein mit der Warmwasserleitung verlegtes Widerstandsheizband vorsehen. Das Heizband sollte mit einer entsprechend starken Rohrisolierung versehen werden. Es nimmt nur Strom auf, wenn im Rohr kein Warmwasser fließt und sich dieses durch den geringen Wärmeverlust durch die Isolierung abkühlt. Das Warmwasser wird dadurch im Rohr auf einer konstanten Temperatur von 45°C oder, wenn gewünscht, auf 55°C gehalten. Die Leistung beträgt ca. 8 Watt pro laufenden Meter Rohr. Das Heizband kann bei Nacht über eine Zeitschaltuhr, wie etwa eine Zirkulationspumpe, abgeschaltet werden; dadurch wird Energie eingespart.

Für bereits bestehende zentralbeheizte Warmwasserbereitungsanlagen empfiehlt sich eine Umstellung. Wenn der Brauchwasserspeicher nicht unabhängig von der Kesseltemperatur gesteuert werden kann, sollte ein neuer Speicher mit einer Ladepumpe (Heizwasserumwälzpumpe) eingebaut werden. Für den Sommerbetrieb, also in der Zeit, in welcher die Heizungsanlage abgeschaltet werden kann, ist es sinnvoll, das Warmwasser unabhängig von der Heizung zu erzeugen. Dies läßt sich unter anderem durch den Einbau eines Elektroheizstabs in den vorhandenen Warmwasserspeicher im Heizkessel erreichen oder durch den Einbau eines Elektrowarmwasserbereiters, der unabhängig vom Heizkessel arbeitet.

Warmwasserbereitung mit Wärmepumpe

Es ist allgemein bekannt, daß sogenannte verbundene oder kombinierte Anlagen zur Raumheizung und Warmwasserversorgung in der Praxis nicht so gute Betriebs- und Wirtschaftlichkeitsergebnisse erreichen, wie sie mit Geräten erzielt werden, die ausschließlich für die Warmwasserversorgung entwickelt, gebaut und eingesetzt werden. Das gilt auch für Wärmepumpen im Wohnbereich. Deshalb war es naheliegend, für die Trinkwassererwärmung spezielle kleine Wärmepumpen zu entwickeln. Entsprechend den charakteristischen Anforderungen bei der Warmwasserversorgung im Wohnbereich sind diese Wärmepumpen immer mit ausreichend großen Warmwasserspeichern zu kombinieren.

Bei dem Warmwasserspeicher handelt es sich

WÄRMEPUMPE UND SPEICHER ZUSAMMEN

1 Gebläse   4 Expansionsorgan   7 Entlüftung
2 Verdichter   5 Verflüssiger   8 Warmwasser
3 Verdampfer   6 Speicher   9 Kaltwasser

um einen druckfesten Behälter mit 200 bis 400 l Inhalt, der senkrecht montiert werden muß. Ein so großer Speicherinhalt ist erforderlich, weil die im Wohnbereich vorkommenden Entnahmeleistungen, etwa wenn nacheinander mehrere Badewannen gefüllt werden müssen, extrem groß sein können. Andererseits sind die bei kleinen Wärmepumpen üblichen Heizleistungen von 500 bis 3000 Watt relativ gering, so daß sich nach größerer Wärmeentnahme lange Wiederaufheizzeiten ergeben.

Die Wärmepumpe zur Wassererwärmung besitzt als Hauptbauteil einen gekapselten Verdichter, einen Kompressor. Verdichter gleicher Art werden auch in Kühl- und Gefriergeräten zur Kälteerzeugung eingesetzt. Die Verdichter sind in unterschiedlichen Leistungsgrößen zu günstigen Großserienpreisen erhältlich. Für den Einsatz in Warmwasserwärmepumpen werden sie geringfügig abgeändert.

Der wärmeaufnehmende Teil der Wärmepumpe ist der Verdampfer. Bei Warmwasserwärmepumpen wird als Verdampfer meist ein Lamellenwärmetauscher eingesetzt, durch den mit einem Gebläse Luft umgewälzt wird. Da die Temperatur des Verdampfers niedriger ist als die Temperatur der durchströmenden Luft, nimmt der Verdampfer Wärme auf und kühlt

dabei die Luft ab. Über einen zweiten Wärmetauscher, den Verflüssiger, wird die von der Wärmepumpe erzeugte Wärme an das aufzuheizende Wasser abgegeben. Das erfolgt bei Temperaturen von 55 bis 60°C. Als Wärmeübertragungsmittel befindet sich in der Wärmepumpe eine bestimmte Flüssigkeit, das sogenannte Kältemittel.

Warmwasserwärmepumpen gibt es in zweierlei Ausführungen. Als Kompakteinheit, wie hier dargestellt, ist diese Anlage als Ganzes im Heizraum oder in Vorratsräumen, die gekühlt werden sollen, aufzustellen.

Beim zweiten Typ handelt es sich um Warmwasserwärmepumpen in getrennter Ausführung. Man spricht dann von Splitgeräten, da Wärmepumpe und Speicher in getrennten Räumen aufgestellt werden, wenn die Räumlichkeiten dies erfordern. Die Abbildung auf Seite 241 zeigt eine solche Anlage.

Warmwasserspeicher müssen eine besonders gute Wärmedämmung haben. Die bei herkömmlichen Warmwasserspeichern vorhandene Wärmedämmung sollte bei Wärmepumpenspeichern übertroffen werden. Das ist schon deshalb zweckmäßig, weil diese Speicherbehälter sich üblicherweise in nicht beheizten Räumen befinden, in denen Luft- und Raumumschließungsflächen während des Betriebs durch die Wärmepumpe zusätzlich abgekühlt werden. Darüber hinaus sind Maßnahmen zur Wärmedämmung bei Wärmepumpenspeichern besonders wichtig, weil sich diese Geräte praktisch das ganze Jahr über in voller Betriebsbereitschaft befinden. So sollten möglichst alle Bauteile der Geräte, die zu einer Verlustwärmeabgabe beitragen können, sorgfältig wärmegedämmt werden. Das gilt auch für vorhandene Pumpen, Ventile und Rohrleitungen.

Maß für die Wirtschaftlichkeit einer Wärmepumpe ist die Leistungszahl. Sie gibt das Verhältnis der vom Verflüssiger der Wärmepumpe abgegebenen Heizleistung zu der vom elektrischen Antriebsmotor aufgenommenen Leistung wieder. Die abgegebene Wärmeleistung der Wärmepumpe ist also um den Faktor der Leistungszahl größer als die aufgenommene elektrische Leistung. Im praktischen Betrieb ist die Leistungszahl keine konstante Größe, vielmehr schwankt sie mit den sich ändernden Betriebsbedingungen.

Erst durch einen Warmwasserspeicher entsprechender Größe wird die kleine Wärmepumpe für die Warmwasserversorgung im Wohnbereich nutzbringend verwendbar. Ein solcher Warmwasserspeicher verbessert den Komfort bei der Warmwasserbereitstellung ganz erheblich. Er bringt allerdings auch Nachteile mit sich, wie z. B. Anschaffungskosten, Platzbedarf und ständige Wärmeverluste während des Betriebs. Gerade dieser letzte Punkt sollte bei der hier beschriebenen Anlage unbedingt beachtet werden. Die Leistungszahlen von Wärmepumpen sind um so größer, je wärmer die angesaugte Raumluft und je niedriger die Warmwasserendtemperatur ist. Sie liegen bei den zur Zeit betriebenen Geräten für die Wärmepumpe allein bei 2 bis 3,5 und für das Gesamtgerät einschließlich Warmwasserspeicher zwischen 1 und 2. Bei diesen Angaben wurden Lufteintrittstemperaturen (Kellertemperaturen) zwischen 10 und 20°C und Warmwasserendtemperaturen im Speicher von 45 bis 55°C zugrunde gelegt.

Wärmepumpen zur Wassererwärmung sind nur für die Aufstellung innerhalb von Räumen, also nicht für die Aufstellung im Freien geeignet. Bei einem täglichen Energiebedarf von 10 kWh für die Warmwasserversorgung eines Vierpersonenhaushalts (das entspricht rund 2 kWh pro Person und Tag bei einem Verteilungswirkungsgrad von 0,8) wird dem Aufstellungsraum im Laufe von 24 Stunden eine Energiemenge von insgesamt 5 kWh entzogen. Hierdurch ergibt sich ein gleichbleibender Wärmeentzug aus der Kellerluft von etwa 200 Watt. Energiemengen dieser Größenordnung stehen in Kellern von Ein- oder Zweifamilienhäusern fast immer zur Verfügung, insbesondere wenn sich andere Abwärmequellen wie Heizkessel oder -speicher, Gefrier- und Kühlschränke in der Nähe befinden. Die benötigte Wärme kann zum Teil auch aus dem angrenzenden Erdreich oder – vor allem im Sommer – aus dem natürlichen Luftwechsel der Außenluft stammen.

Damit die Warmwasserwärmepumpe wirtschaftlich arbeitet, sollte die Lufttemperatur im Aufstellungsraum bestimmte Mindestwerte, z. B. 8° C, nicht unterschreiten. Niedrigere Lufttemperaturen sind allerdings erfahrungsgemäß auch nur unter extrem ungünstigen Bedingungen zu erwarten. Kann wegen zu niedriger Lufttemperaturen im Aufstellungsraum die Wärmepumpe einmal vorübergehend nicht zufriedenstellend arbeiten, so schaltet sich bei den meisten Warmwasserwärmepumpen automatisch die zusätzlich vorhandene Widerstandsheizung ein. Diese Elektrowiderstandsheizung kann auch dazu benutzt werden, vorübergehend extremen Warmwasserbedarf abzudecken. Im Normalfall sollte jedoch allein die Wärmepumpe in Betrieb sein.

Die bisherigen Erfahrungen zeigen, daß der Zusatzeffekt einer leichten Abkühlung der Kellerluft von den meisten Verbrauchern positiv beurteilt wird, weil die Vorratshaltung in kühleren Räumen günstig ist. Es muß in diesem Zusammenhang aber stets darauf hingewiesen werden, daß eine bestimmte Kühlung zur Vorratshaltung oder Getränkelagerung durch eine Warmwasserwärmepumpe allein nicht gewährleistet werden kann. Praktische Messungen in verschiedenen Anlagen haben gezeigt, daß die Temperatur im Aufstellungsraum während des Wärmepumpenbetriebs kaum mehr als um 1 bis 2 K (Kelvin) absinkt.

Der durch die Wärmepumpe verursachte Wärmeentzug ist in erster Linie davon abhängig, wieviel Energie für die Warmwasserversorgung benötigt wird. Bei längeren Bedarfspausen – z. B. während der Urlaubszeit – fällt die Kühlung des Aufstellungsraumes durch die Wärmepumpe praktisch ganz aus.

Bisher werden Warmwasserwärmepumpen fast ausschließlich in Ein- oder Zweifamilienhäusern eingesetzt, weil die hier meistens vorhandenen Keller- und Nebenräume gute Möglichkeiten zur Aufstellung der Anlagen bieten.

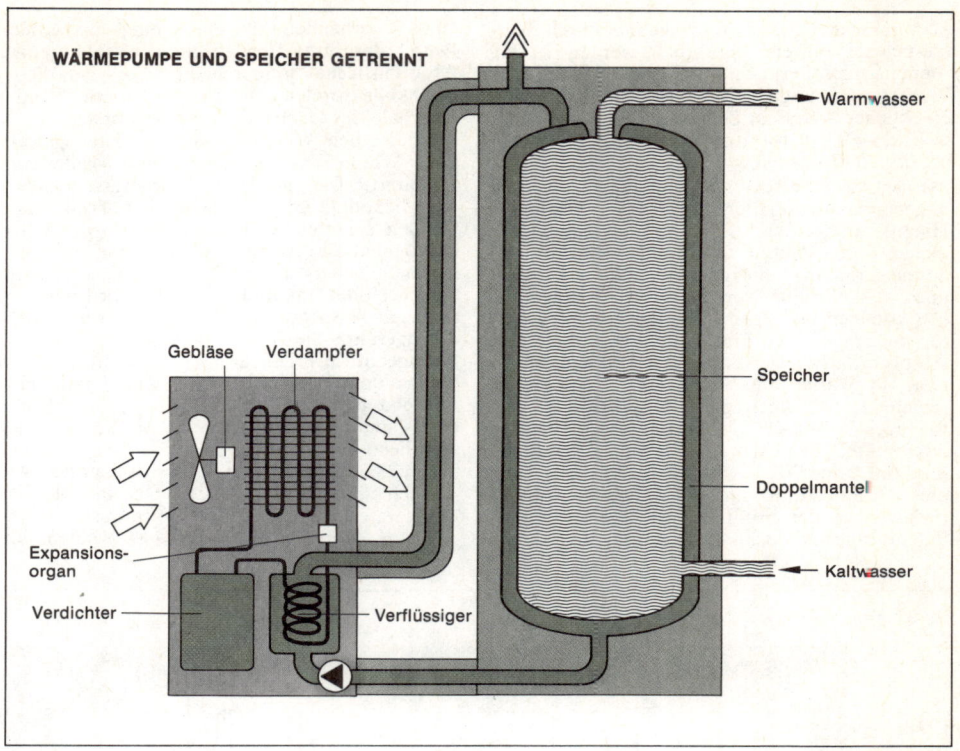

WÄRMEPUMPE UND SPEICHER GETRENNT

Gebläse · Verdampfer · Warmwasser · Speicher · Doppelmantel · Kaltwasser · Expansionsorgan · Verdichter · Verflüssiger

Der Aufstellungsort sollte in unmittelbarer Nähe der zu versorgenden Entnahmestellen gewählt werden, damit sich möglichst kurze Warmwasserleitungen ergeben. Hierdurch werden die Wärmeverluste der Warmwasserverteilung gering, und eine Warmwasserzirkulation erübrigt sich.

In Verbindung mit einer Warmwasserwärmepumpe kann eine Zirkulation nämlich zu erheblichen Problemen führen. Die Warmwasserzirkulation eines Einfamilienhauses verursacht ständige Wärmeverluste in der Größenordnung zwischen 200 und 2000 Watt. Das ist eventuell mehr, als eine Warmwasserwärmepumpe an Wärmeleistung bereitstellen kann. Die Warmwassertemperatur im Speicher erreicht dann unter Umständen nicht ihren Sollwert, obwohl die Wärmepumpe ständig in Betrieb ist. Damit wird die Warmwasserbereitstellung erheblich eingeschränkt. Unter günstigen Voraussetzungen können diese Nachteile verringert werden, wenn die Warmwasserzirkulation nur auf kurze Zeitabschnitte, beispielsweise morgens und abends, begrenzt wird. Grundsätzlich sollte in Einfamilienhäusern möglichst ganz auf eine Zirkulation verzichtet werden, weil der dadurch verursachte Energiemehrverbrauch in keinem vernünftigen Verhältnis zu den erzielbaren Komfortverbesserungen steht.

Für den elektrischen Anschluß einer Warmwasserwärmepumpe reicht eine normale Wechselstromsteckdose. Kalt- und Warmwasseranschluß werden über Rohrleitungen ausgeführt. Darüber hinaus muß am Aufstellungsort ein Abfluß vorhanden sein, damit das Ausdehnungswasser des Sicherheitsventils und das an der Wärmepumpe aus der Luftfeuchtigkeit anfallende Kondensat abfließen können.

Warmwasserversorgung mit Sonnenkollektoren
Im Zusammenhang mit energiesparenden Techniken im Wohnbereich ist auch die Nutzung der Solarenergie zur Zeit besonders aktuell. Unter den Klimaverhältnissen Deutschlands ist besonders die Warmwasserversorgung ein interessantes Anwendungsgebiet für die Nutzung der Sonnenstrahlungsenergie mit Kollektoren. Gründe hierfür sind vor allem der ganzjährige Energiebedarf, der auch das Sommerhalbjahr hindurch besteht, das relativ niedrige Temperaturniveau, welches bereits Energiegewinne ermöglicht, sobald das Wärmeangebot die übliche Kaltwassertemperatur von etwa 10 °C übersteigt, und der relativ schlechte Nutzungsgrad der weitverbreiteten, mit Brennstoffheizkesseln verbundenen Wassererwärmung, vor allem in den Sommermonaten.

Das Angebot an nutzbarer Sonnenstrahlungsenergie ist je nach Tageszeit und Jahreszeit, aber auch nach den Witterungsbedingungen außerordentlich großen Schwankungen unterworfen. An einem klaren Sommertag kann die eingestrahlte Energie bis zu achtzigmal größer sein als an einem trüben Wintertag. Drei Viertel des jährlichen Strahlungsenergieangebots entfallen auf das Sommerhalbjahr. Für die Wärmeversorgung im Wohnbereich können kurzfristige

(Forts. S. 242)

Warmwasser

(Fortsetzung von S. 241)

Schwankungen des Wärmeangebots durch Wärmespeicher teilweise überbrückt werden. In den sonnenarmen Perioden muß zur Deckung des Warmwasserenergiebedarfs jedoch immer ein erheblicher Anteil an Zusatzenergie durch andere Energieträger wie Kohle, Öl, Gas oder Strom bereitgestellt werden.

Eine Warmwasserversorgungsanlage mit Sonnenenergienutzung enthält stets bestimmte Hauptkomponenten. Die Sonnenkollektoren dienen dazu, Energie der direkten und diffusen Sonnenstrahlung einzufangen und in Wärme umzuwandeln. Für Warmwasserversorgungsanlagen kommen im allgemeinen nur Flachkollektoren in Frage. Der Flachkollektor enthält eine Absorberfläche, die die Sonnenstrahlung absorbiert, in Wärme umwandelt und an ein durchströmendes Wärmeträgermittel abgibt. Hierzu ist jeder Absorber mit Wärmetauscherkanälen ausgestattet. Der Absorber ist auf seiner Rückseite mit einer Wärmedämmung versehen, damit die Wärmeverluste an die Umgebung gering bleiben. An der Frontseite ist eine strahlungsdurchlässige Abdeckung – meist aus klarem

Glas – vorhanden, die einen möglichst großen Anteil der auftreffenden Sonnenstrahlung zur Absorberfläche hindurchläßt. Die benötigten Flachkollektorelemente werden oberhalb oder innerhalb der Dachabdeckung angebracht.

Über einen Wärmetauscher wird die gewonnene Wärme dem aufzuheizenden Trinkwasser zugeführt. Ein größerer Warmwasserspeicher wird benötigt, um das aufgeheizte Trinkwasser für den späteren Verbrauch auf Vorrat halten zu können. Der Wärmetauscher kann innerhalb dieses Speichers angeordnet werden. Direkt im Speicher oder unmittelbar danach wird meistens auch die Nacherwärmung des Trinkwassers durchgeführt. Sie ist erforderlich, weil das Wärmeangebot aus der Solarenergiegewinnung in Menge und Temperaturhöhe nicht immer ausreichend ist. Hier wirken sich die erheblichen tages- und jahreszeitlichen Schwankungen entsprechend aus.

Um die Solarenergie so wirtschaftlich wie möglich auszunutzen, ist es auch sinnvoll, das Temperaturniveau bei der Warmwasserversorgung so niedrig wie möglich zu wählen. Im

Wohnbereich ist im allgemeinen eine Warmwassertemperatur von 45 bis 50 °C ausreichend.

Zum Wärmetransport von den Sonnenkollektoren zum Warmwasserspeicher ist ein System von Rohrleitungen, Umwälzpumpe, Ausdehnungsgefäß, Steuer- und Regelungselementen erforderlich. Als Wärmeübertragungsmittel werden meistens speziell hierfür ausgewählte Flüssigkeitsmischungen verwendet, die im Hinblick auf Überhitzung, Einfriergefahr und Korrosionsschutz bestimmte Eigenschaften haben müssen.

Die besondere Aufgabe der Regelung von Solaranlagen besteht darin, den Wärmeträgerkreislauf immer dann in Betrieb zu setzen, wenn die Temperatur am Kollektor höher ist als im Warmwasserspeicher. In diesen Zeiten kann Wärmeenergie gewonnen werden. Andererseits muß der Wärmetransport sofort unterbrochen werden, wenn die Temperatur an den Kollektoren niedriger ist als im Speicher, weil sonst Wärmeenergie in umgekehrter Richtung aus dem Speicher in die Kollektoren gelangt und von diesen, z. B. nachts oder bei niedriger Umgebungstemperatur, wieder in die Umge-

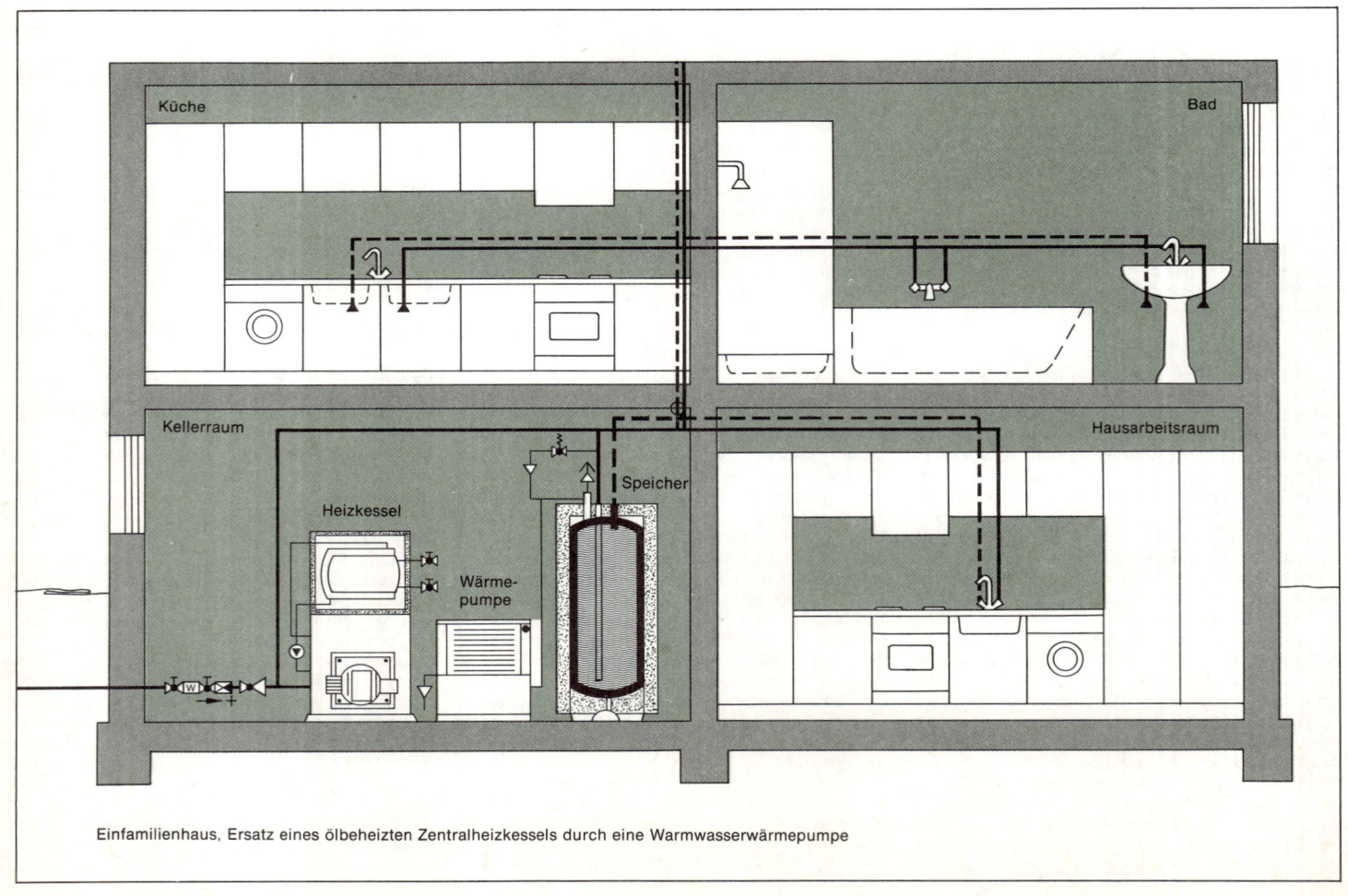

Einfamilienhaus, Ersatz eines ölbeheizten Zentralheizkessels durch eine Warmwasserwärmepumpe

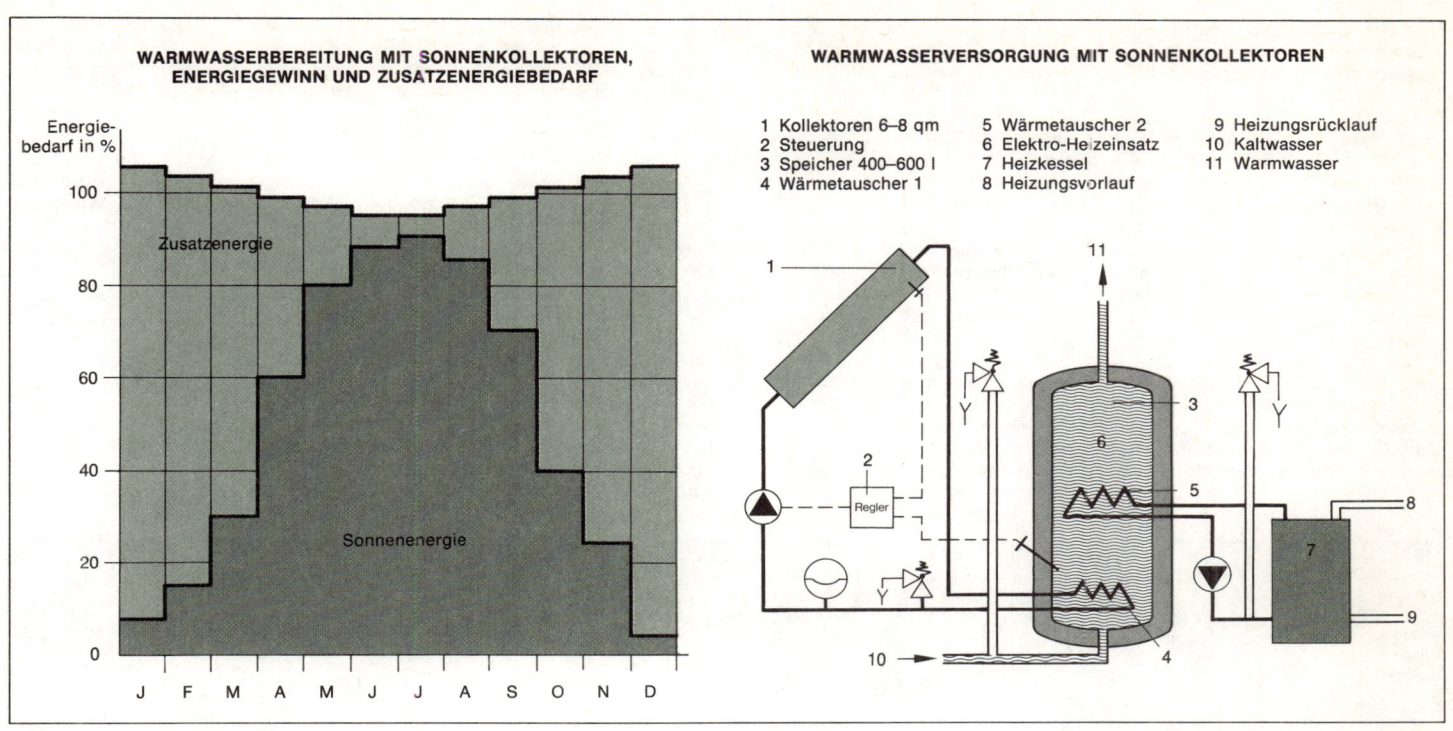

**WARMWASSERBEREITUNG MIT SONNENKOLLEKTOREN,
ENERGIEGEWINN UND ZUSATZENERGIEBEDARF**

Energie-
bedarf in %

Zusatzenergie

Sonnenenergie

J F M A M J J A S O N D

WARMWASSERVERSORGUNG MIT SONNENKOLLEKTOREN

1 Kollektoren 6–8 qm	5 Wärmetauscher 2	9 Heizungsrücklauf
2 Steuerung	6 Elektro-Heizeinsatz	10 Kaltwasser
3 Speicher 400–600 l	7 Heizkessel	11 Warmwasser
4 Wärmetauscher 1	8 Heizungsvorlauf	

bung abgestrahlt wird. Diese Aufgaben werden durch speziell hierfür entwickelte Differenztemperaturregler einwandfrei erfüllt.

Am Systemschema einer Sonnenkollektoranlage zur Warmwasserversorgung sollen ihre einzelnen Komponenten und deren Funktion kurz erläutert werden. Die Fläche der Kollektoren und die Größe des Warmwasserspeichers werden im allgemeinen nicht danach ausgerichtet, eine vollständige Deckung des Wärmebedarfs durch Sonnenenergie zu erreichen, sondern danach, wie eine möglichst gute Wirtschaftlichkeit zu erzielen ist. Bei normalem Warmwasserbedarf im Wohnbereich können mit einer Kollektorfläche von 1 bis 2 qm je Person und einem Speichervolumen von 100 bis 150 l je Person gute Betriebsergebnisse erwartet werden. Für einen Vierpersonenhaushalt wird die Solaranlage mit 6–8 qm Kollektoren und einem 400–600 l fassenden Warmwasserspeicher ausgestattet.

Im dargestellten Beispiel enthält der Speicher im mittleren Drittel einen Wärmetauscher, der während der sonnenarmen Winterzeit seine Wärme von dem ohnehin in Betrieb befindlichen Heizkessel bezieht. Ein Elektroheizeinsatz im oberen Drittel des Speichers kann die gelegentlich im Sommer erforderliche Nacherwärmung bei stillgelegtem Heizkessel gewährleisten.

Werden Solaranlagen zur Warmwasserversorgung nach vorstehenden Gesichtspunkten ausgelegt und normal benutzt, dann ist bei unseren Klimaverhältnissen erfahrungsgemäß davon auszugehen, daß der Solaranteil an der Wärmebedarfsdeckung in den Sommermonaten rund 80 %, im Dezember und Januar dagegen nur

etwa 10 %, im Jahresmittel also rund 50 % beträgt. Der Restbedarf muß durch Wärmeer-

zeugung aus herkömmlichen Energieträgern wie Kohle, Öl, Gas oder Strom gedeckt werden.

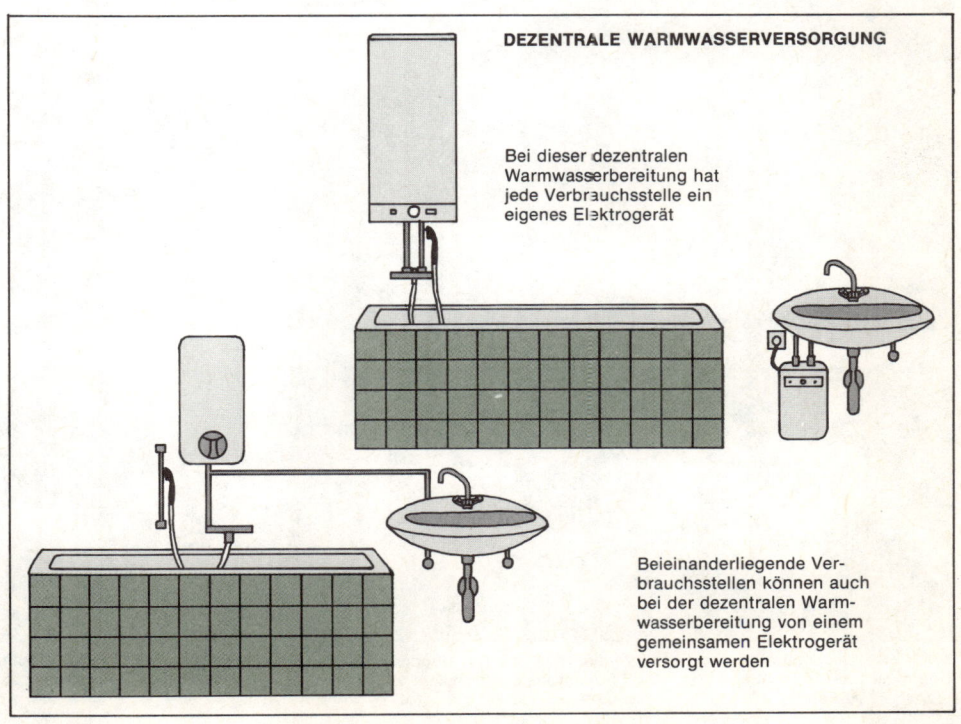

DEZENTRALE WARMWASSERVERSORGUNG

Bei dieser dezentralen Warmwasserbereitung hat jede Verbrauchsstelle ein eigenes Elektrogerät

Beieinanderliegende Verbrauchsstellen können auch bei der dezentralen Warmwasserbereitung von einem gemeinsamen Elektrogerät versorgt werden

Waschbecken

Ein neues Waschbecken montieren

Bevor man das alte Waschbecken abmontiert, muß man zunächst die Wasserzufuhr absperren. Dafür sind in der Regel unter dem Waschbecken Eckventile angebracht. Sollten diese Ventile nicht absolut dicht sein, so ist das Haupt- oder Stockwerksabsperrventil zuzudrehen.

Nun werden die Quetschverschraubungen an den Eckventilen gelöst, so daß die verchromten Anschlußrohre zur Waschbeckenarmatur herausgezogen werden können. Danach wird der Ablaufsiphon abgeschraubt und entleert. Jetzt kann das Waschbecken aus seiner Halterung gelöst und abgenommen werden. Alte Waschbecken können unterschiedliche Befestigungen wie Laschen oder Konsolen haben.

Sofern die Waschtischbatterie noch in Ordnung ist und wieder verwendet werden soll, wird sie vom alten Waschbecken abgeschraubt und in das neue Becken eingesetzt. Zur Abdichtung wird entweder dauerelastischer Kitt oder auch Glaserkitt verwendet. Neue Armaturen haben eine Gummidichtung. Das Ablaufventil wird ebenfalls herausgeschraubt und mit Kitt in das neue Becken eingesetzt. Beim Einbau einer neuen Mischbatterie mit Ablaufexzentergarnitur ist ein Ablaufventil dabei.

Neue Waschbecken haben grundsätzlich zwei Löcher in der Rückwand. Durch sie kann man das Waschbecken an der Wand mit Gewindeschrauben und Kunststoffdübeln befestigen. Die Wand muß fest und stabil sein.

Zunächst werden die Mischbatterie und die Ablaufgarnitur in das neue Becken eingesetzt. Danach werden die Löcher für die Befestigungsdübel an der Wand angezeichnet und mit Schlagbohrmaschine und Widiabohrer in die Wand gebohrt. Man muß darauf achten, daß die richtige Waschbeckenhöhe eingehalten wird, in der Regel 80–85 cm vom Fußboden bis Oberkante Waschbeckenrand.

Die Dübel werden eingesetzt, die Gewindeschrauben eingedreht und das Waschbecken mit Kunststoffmuttern befestigt. Man muß darauf achten, daß die Wand absolut eben ist, damit beim Anziehen der Schrauben das Waschbecken keine Spannung erhält. Dann verbindet man die Anschlußrohre für Kalt- und Warmwasser mit den Eckventilen. Grundsätzlich ist Kaltwasser rechts und Warmwasser links. Bei alten Installationen kann dies allerdings auch am Anschluß umgekehrt sein. Danach wird der Siphon angebracht, das Wasser aufgedreht und das ganze System auf Dichtheit geprüft. Die Anschlußfuge zwischen Wand und Waschbecken wird mit dauerelastischem Kunststoff ausgespritzt und geglättet.

> *Material: Dauerelastischer Kitt, Befestigungsgarnitur*
> *Werkzeug: Schlagbohrmaschine, 14-mm-Widiabohrer, 14-mm-Dübel, verschiedene Schraubenschlüssel, Steckschlüssel, Engländer, Schraubenzieher*

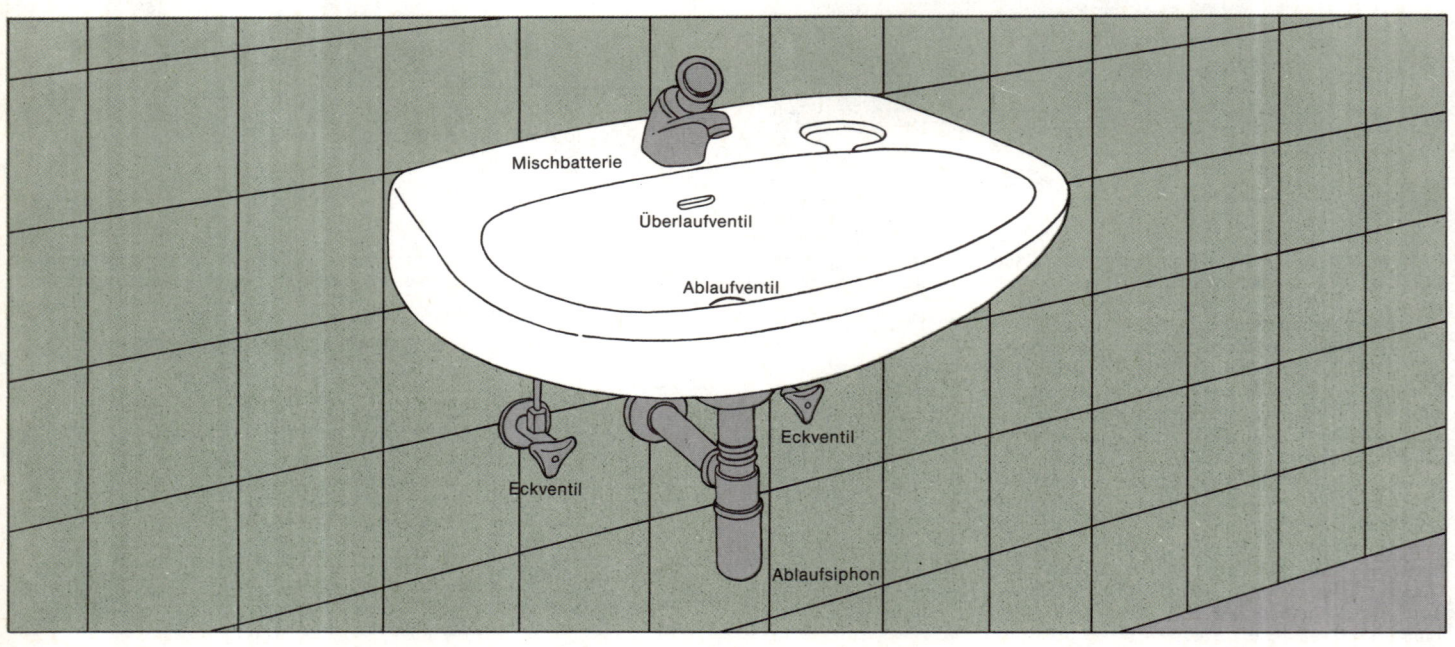

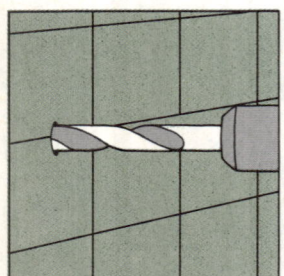

1. Löcher vorzeichnen und mit Bohrmaschine und 14-mm-Widiabohrer bohren

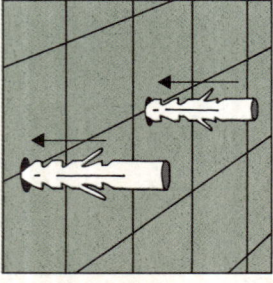

2. In die vorgebohrten Löcher die 14-mm-Kunststoffdübel ganz einsetzen

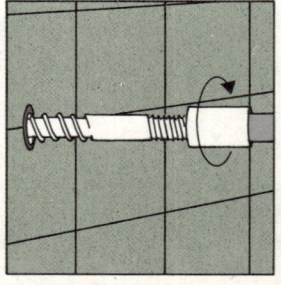

3. Die Gewindeschrauben im Uhrzeigersinn in die Dübel eindrehen

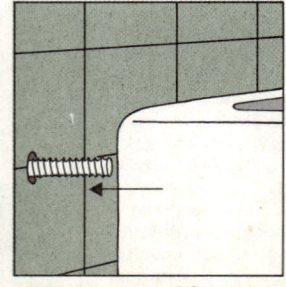

4. Waschbecken auf Schrauben aufsetzen und mit Kunststoffmuttern befestigen

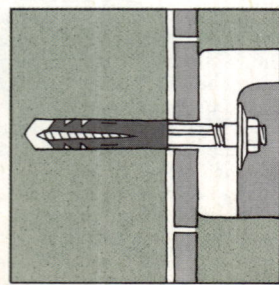

5. Im Schnitt wird die Anordnung der Befestigung noch einmal deutlich

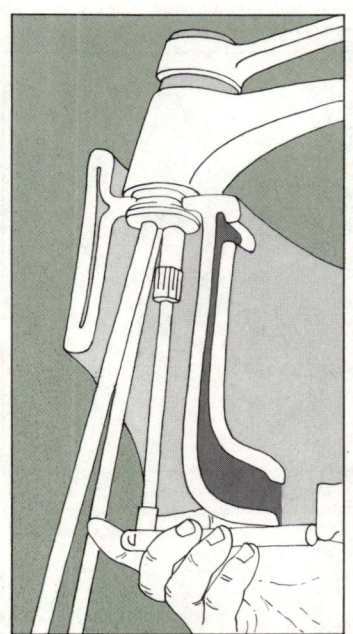

Befestigungslöcher

Anschluß Abwasserablaufsiphon

80–85 cm

Anschluß Kaltwassereckventil

Anschluß Warmwassereckventil

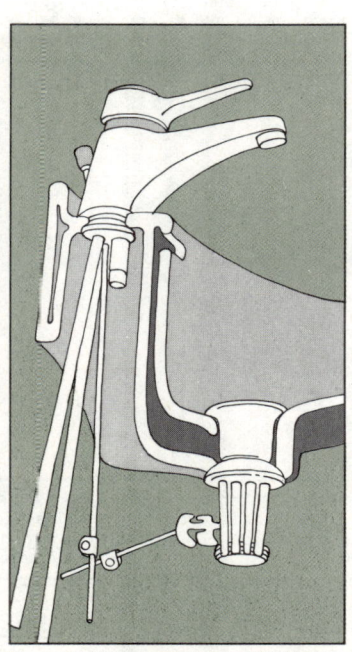

Die Mischbatterie einsetzen und mit einem Steckschlüssel festziehen

Diese Abbildung zeigt eine Mischbatterie mit Exzenterablaufgarnitur

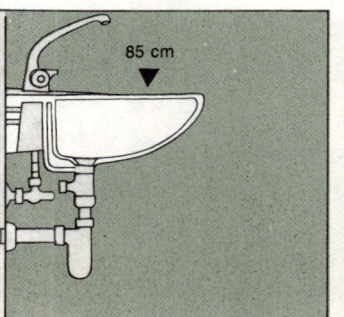

Für Großgewachsene ist eine Höhe von 85 cm zu empfehlen

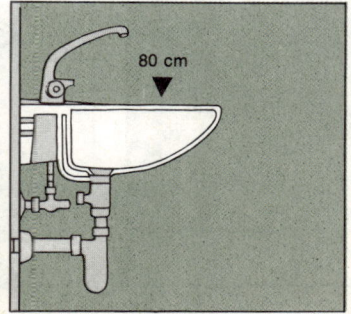

Kleinere Leute sollten das Becken 80 cm hoch anbringen lassen

Eine neue Siphondichtung anbringen

Alle sanitären Anlagen sind über einen Siphon mit der Abflußleitung verbunden. Der Siphon besteht aus einer Wasserumlenkung und soll das Austreten von Gasen verhindern. Ein Siphon ist aber besonders anfällig für Verstopfungen.

Um eine Verstopfung zu beheben, muß man den Siphon abmontieren. Wenn man ihn wieder anbringt, sollte man unbedingt neue Dichtungen einlegen. Vorher stellt man einen Eimer unter den Siphon. Mit einem Schraubenschlüssel wird die Überwurfmutter gelöst. Dann ersetzt man den Dichtungsring. Dichtflächen am Siphon und am Dichtungsring sollten absolut sauber und trocken sein. Die Überwurfmutter wieder anziehen und Siphon auf Dichtheit prüfen.

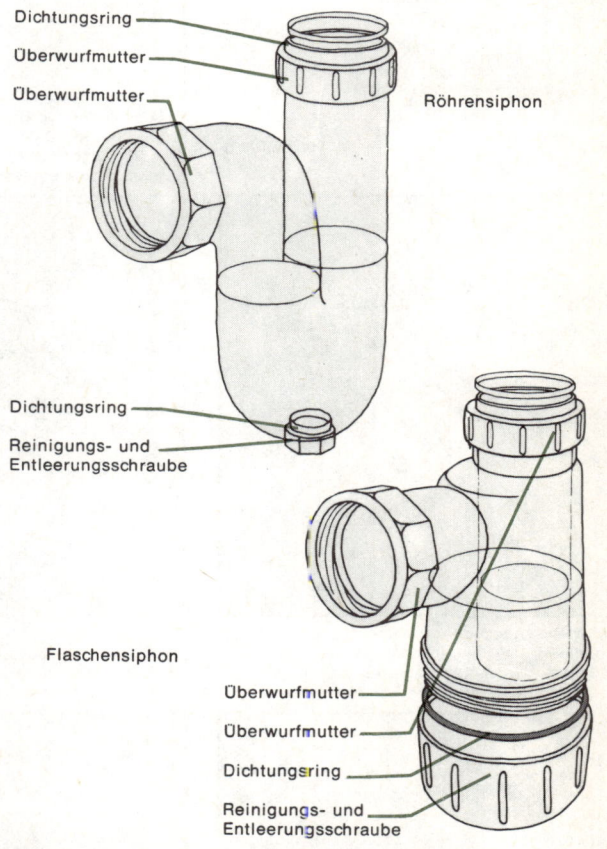

Dichtungsring

Überwurfmutter

Überwurfmutter

Röhrensiphon

Dichtungsring

Reinigungs- und Entleerungsschraube

Flaschensiphon

Überwurfmutter

Überwurfmutter

Dichtungsring

Reinigungs- und Entleerungsschraube

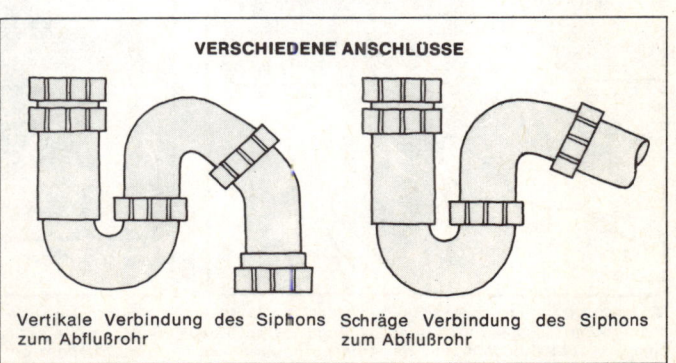

VERSCHIEDENE ANSCHLÜSSE

Vertikale Verbindung des Siphons zum Abflußrohr

Schräge Verbindung des Siphons zum Abflußrohr

Waschbecken

Einen Beckenabfluß abdichten

Alle fest installierten Waschbecken, Spülbecken oder Badewannen haben ein Abflußloch, an das ein Abflußrohr angeschlossen ist, und zwar meistens mit einem kurzen Rohrstück, das oben mit einem gekitteten Dichtungsring im Beckenloch fest aufsitzt. Das Rohrstück hat am unteren Ende ein Gewinde, über das mit einer Gegenmutter ein Dichtungsring fest gegen den Beckenboden verschraubt ist. Am gleichen Gewinde greift die Anschlußmutter vom Abflußrohr.

Wenn an diesen Zwischenstücken Wasser austritt, müssen die Dichtungsringe und die Kittauflagen erneuert werden.

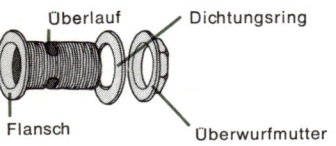

Überlauf — Dichtungsring
Flansch — Überwurfmutter

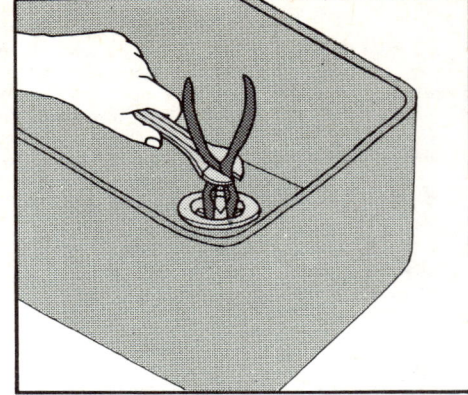

1. Als erstes wird der Siphon unter dem Becken abgeschraubt. Dazu steckt man eine Rundzange in die Öffnungen der Abflußplatte im Abflußloch und hält sie mit einem Schraubenschlüssel fest

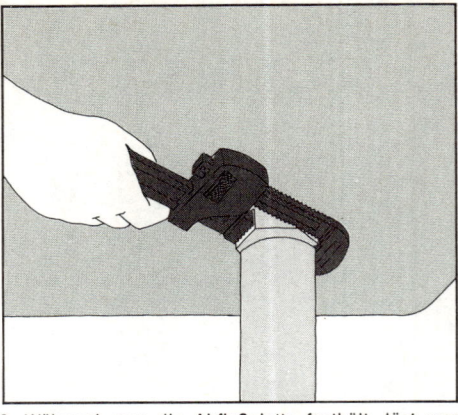

2. Während man die Abflußplatte festhält, löst man die Überwurfmutter unter dem Becken mit einer Rohrzange. Wenn sie sehr stramm sitzt, lockert man sie mit leichten Hammerschlägen

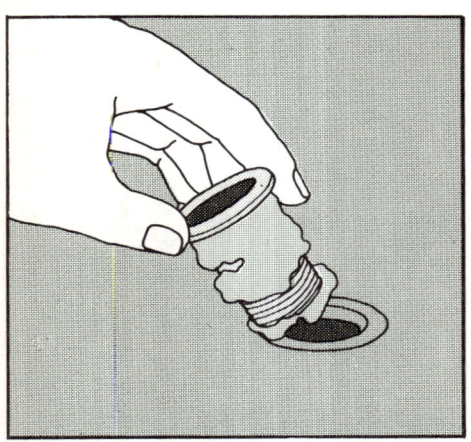

3. Nun wird das Anschlußrohrstück aus dem Abflußloch genommen. Am besten geht es, wenn man mit dem Handballen von unten dagegen klopft. Die Kittreste werden gründlich von den Rändern entfernt

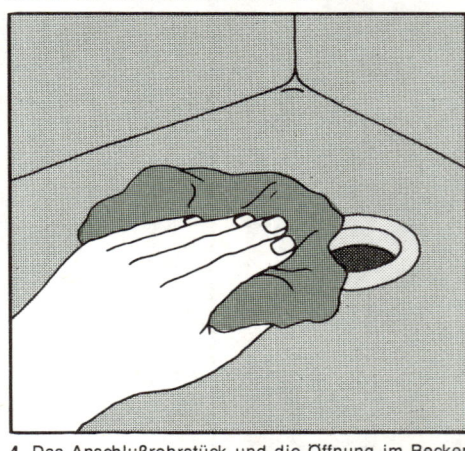

4. Das Anschlußrohrstück und die Öffnung im Becken muß man, am besten mit einem Lappen, gründlich säubern und trockenreiben, damit der neue Kitt nachher gut binden kann

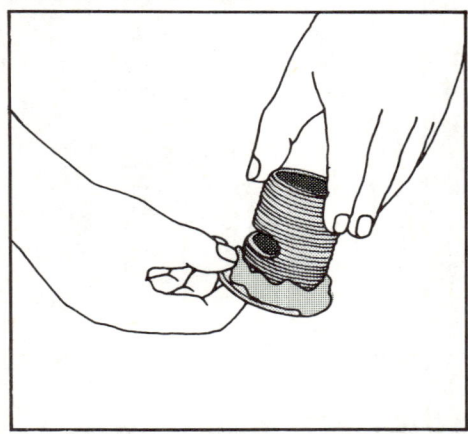

5. Falls das Gewinde schadhaft ist, sollte man unbedingt ein neues Anschlußrohrstück einsetzen. Der Kitt wird zu einem Strang gerollt und dann satt unter den Flansch gedrückt

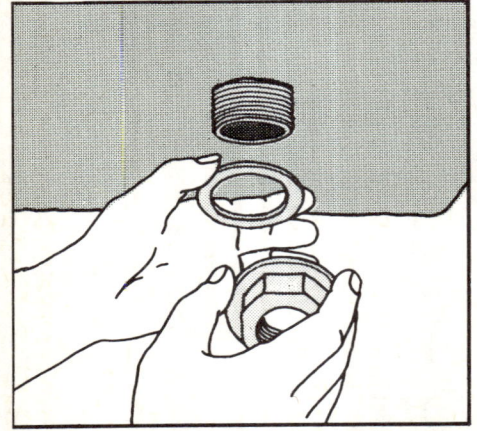

6. Jetzt setzt man das Anschlußrohrstück in die Beckenöffnung ein, bestreicht den Dichtungsring mit Kitt und schraubt ihn dann mit der Überwurfmutter fest auf das Abflußrohr

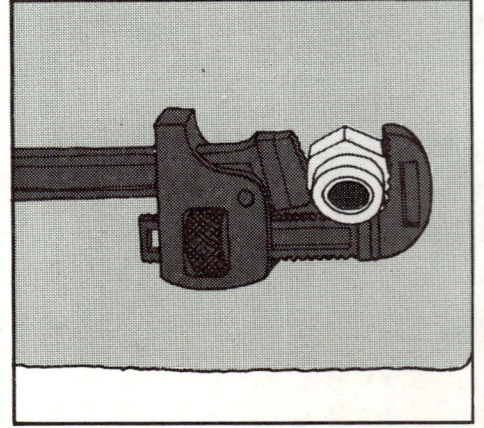

7. Danach wird die Abflußplatte im Becken von oben wieder mit einer Rundzange festgehalten und die Überwurfmutter mit einem passenden Schlüssel oder einer Rohrzange angezogen

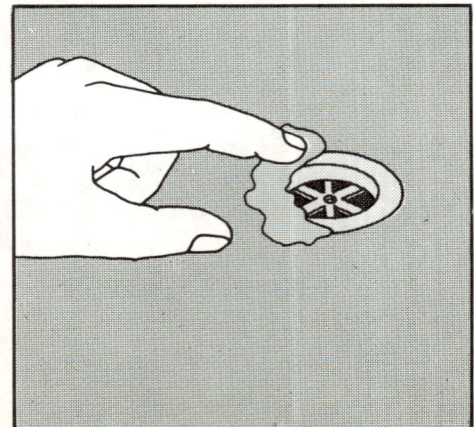

8. Der beim Anziehen der Überwurfmutter oben und unten herausgedrückte Kitt wird sorgfältig entfernt. Dann läßt man Wasser ein, um zu sehen, ob der Abfluß dicht ist

So montiert man eine neue Küchenspüle

Küchenspülen aus nichtrostendem Stahl gibt es in Fachgeschäften und in vielen Kaufhäusern. Soll eine alte Einbauspüle durch eine neue ersetzt werden, ist es gleichgültig, ob sich die Abtropffläche links oder rechts befindet oder ob die Spüle ein Doppelbecken hat. Wichtig ist, daß in der Küche ausreichend Platz für den Einbau vorhanden ist. Befinden sich in der neuen Spüle die Öffnungen für Armaturen und Ablauf an der gleichen Stelle wie bei der alten, kann man die Rohrleitungen wiederverwenden. Ansonsten müssen entsprechende Winkelstücke und Verlängerungen eingebaut werden.

> *Material: Neue Einbauspüle komplett mit Ablaufgarnitur, Stopfen und Kette, Dichtungskit*
> *Werkzeug: Hammer und kleiner Flachmeißel, Schraubenschlüssel oder Rohrzange, Metallsäge*

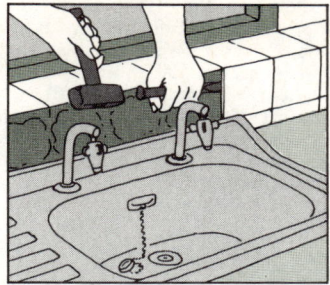

1. Falls erforderlich, Fliesen hinter der Spüle vorsichtig mit Hammer und Meißel entfernen, um sie wiederverwenden zu können

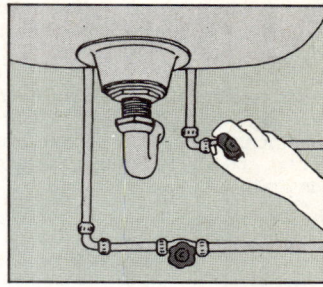

2. Die Warmwasser- und die Kaltwasserleitung werden am nächsten Absperrventil (meist direkt unter dem Becken) abgesperrt

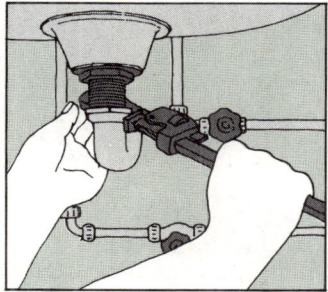

3. Die Überwurfmutter zwischen dem Beckenablaufrohr und dem Siphon mit der Rohrzange lösen und abschrauben

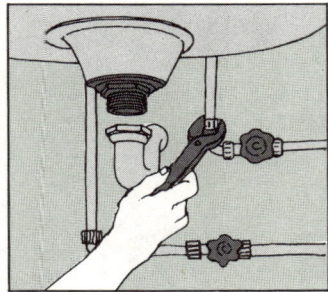

4. Zuleitungen für Warm- und Kaltwasser löst man an der letzten Verschraubung vor der Spüle und schraubt sie ab

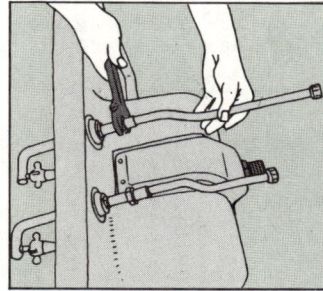

5. Einbauspüle aus der Arbeitsplatte herausheben, seitlich kippen und die Verschraubungen der Armaturrohre lösen

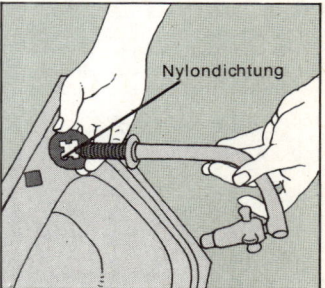

6. Haltemuttern entfernen, Armaturen herausziehen, Nylondichtungen aufsetzen und Armaturen in die neue Spüle einschieben

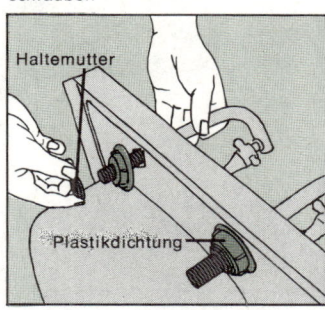

7. Von unten werden Plastikdichtungen auf die Armaturrohre gesetzt, dann werden die Haltemuttern wieder aufgeschraubt

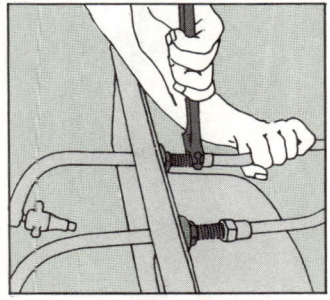

8. Gewinde der Armaturen mit Dichtungskitt bestreichen und Verbindungsleitungen aufschrauben, jedoch noch nicht festziehen

9. Spüle einsetzen, Versorgungsleitungen durch Winkel oder Verlängerungen anschließen, Armaturen ausrichten und festziehen

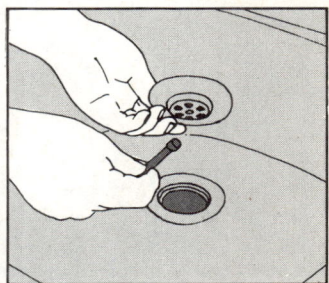

10. Eine Gummidichtung auf das Abflußloch legen und das Sieb oder Auffanggitter durch das Schraubenloch in der Mitte festschrauben

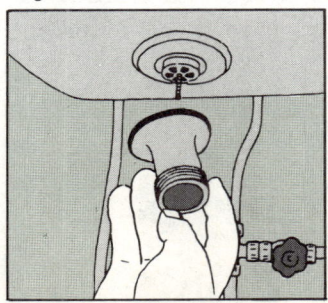

11. Dichtungsring oben auf das Ablaufrohr legen und das Rohr mit Mutter von unten auf die Siebschraube schrauben

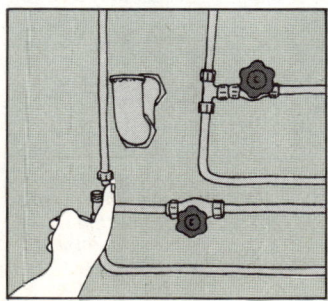

12. Die Schraubgewinde vor den Absperrventilen werden sorgfältig mit Dichtungskitt bestrichen und dann festgeschraubt

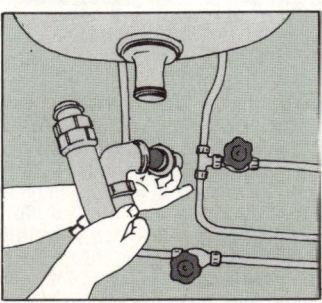

13. Der Siphon mit Winkeln oder Verlängerungen wird an das Beckenabflußrohr an der Wand angepaßt und dann angeschraubt

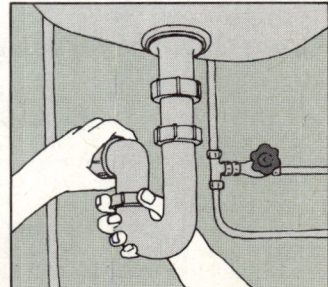

14. Muttern nachziehen, Stopfen und Kette an der Spüle befestigen, Wasserzufuhr öffnen und Fliesen wieder ankleben

Waschbecken

Verstopfungen verhüten

Im Abfluß von Badewannen, Wasch- und Spülbecken befindet sich ein Auffanggitter oder Sieb, das Feststoffe zurückhält, die zu Verstopfungen im Geruchsverschluß oder im Rohr führen könnten. Kleinere Teilchen passieren jedoch das Sieb und werden nicht immer weggespült.

Schütten Sie daher auch Teeblätter oder Kaffeesatz nicht in den Ausguß. Wenn heißes Fett hineingeraten ist, spülen Sie mit heißem Wasser nach, damit sich das erkaltende Fett nicht an den Rohrwandungen absetzt. Werfen Sie auch keine Hygienebinden in die Toilette.

EINEN ABFLUSSREINIGER SELBER MACHEN

Gekaufte Saugpumpen bestehen aus einem Holzstab und einer Gummiglocke. Wenn man die Gummiglocke auf das Abflußloch setzt und den Stock von oben nach unten bewegt, wird eine Druck- und Saugkraft erzeugt, welche die meisten Verstopfungen löst. Man kann einen ähnlich wirkenden Abflußreiniger aus Schaumstoff selber machen.

Material:	*Rund 50 cm langer Holzstab, Schaumstoff, 20 x 10 x 3 cm, Tuch, Bindfaden*
Werkzeug:	*Messer oder Schere*

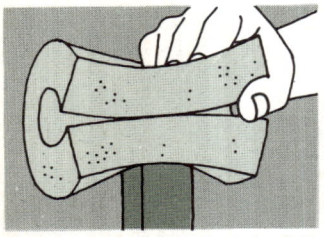

1. Das Schaumstoffstück wird auf die Hälfte zusammengelegt und dann auf das eine Ende des Holzstocks gehalten

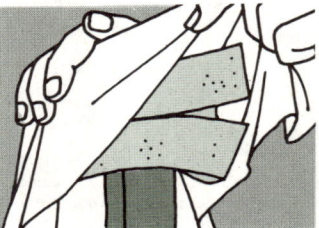

2. Nun legt man ein Tuch um den Schaumstoff und wickelt es straff so darum herum, daß es noch ein gutes Stück über den Stock reicht

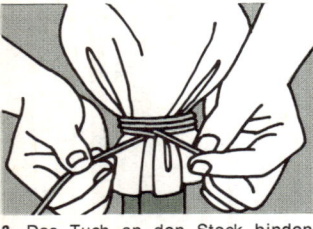

3. Das Tuch an den Stock binden. Die Schnur hält den Schaumstoff am besten, wenn man vorher eine Kerbe in den Stock schneidet

4. Man prüft, ob der Schaumstoff fest an dem Stock sitzt, spannt die Schnur eventuell nach und schneidet dann die Schnurenden ab

---

Waschbecken mit der Saugpumpe freimachen

Bei verstopften Waschbecken oder Badewannen muß manchmal der Geruchsverschluß abmontiert werden. Zuerst aber mit Saugpumpe versuchen.

Werkzeug:	*Lappen Saugpumpe Tasse oder Becher*

Saugpumpe

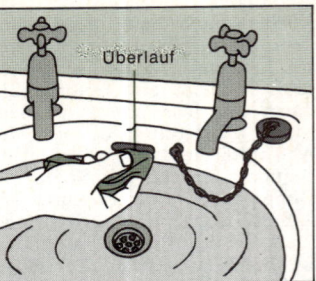

1. Die Überlauföffnung wird mit einem Lappen verstopft, damit bei Benutzung der Pumpe weder Luft noch Wasser entweichen können

2. Man schöpft das Wasser bis auf einen Rest aus dem Becken. Der Pumpenrand muß noch von Wasser umgeben sein

3. Jetzt wird die Saugpumpe mit der Gummiglocke nach unten fest auf die Abflußöffnung gesetzt und der Griff kräftig auf und ab bewegt

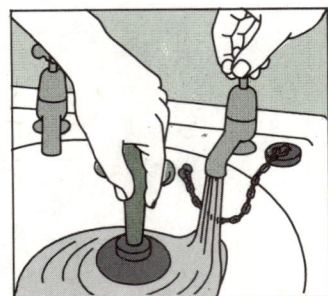

4. Wenn sich die Verstopfung gelöst hat, fließt das Wasser ab. Nun dreht man den Hahn auf und bewegt die Saugpumpe noch ein paarmal

5. Man nimmt den Lappen aus der Überlauföffnung und läßt 1–2 Minuten lang kaltes Wasser laufen, um den Geruchsverschluß zu füllen

---

Einen Geruchsverschluß reinigen

Wenn der Abfluß eines Beckens oder einer Wanne mit der Saugpumpe nicht freizubekommen ist, muß man die Verstopfung im Geruchsverschluß oder im Abflußrohr anders beseitigen.

Das Prinzip von Geruchsverschlüssen bleibt immer das gleiche: Unmittelbar unter der Abflußöffnung ist das Abflußrohr so geformt, daß eine Restmenge Wasser zurückbleibt, die das Rohr luftdicht verschließt und dadurch

verhindert, daß übelriechende Gase aus dem Abfluß austreten können. Beim Klosettbecken wird dies durch die besondere Form des Beckenunterteils erreicht (siehe S. 235). Bei Ausguß- und Spülbecken wird meist der S-förmige Rohrbogen (Knie) mit Reinigungsschraube verwendet, bei Handwaschbecken hat sich die elegantere Ausführung als Siphon (Traps) mit abschraubbarem Topf durchgesetzt. Der Topf kann mit

der Hand abgeschraubt und gereinigt werden.

Material:	*Dichtungsring für Schraubverschluß*
Werkzeug:	*Verstellbarer Schraubenschlüssel, dünner Metall- oder Holzstab, Draht oder Drahtspirale, Eimer, Schüssel*

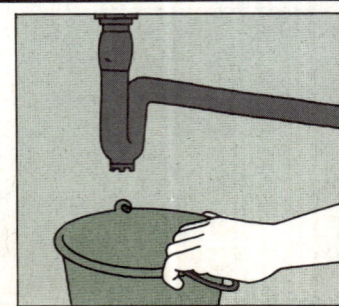

1. Vor Beginn der Arbeit stellt man einen Eimer zum Auffangen von Wasser unter das Knie

Mehrteilige Geruchsverschlüsse reinigen

Manche Rohrbogen haben statt der Reinigungsschraube Gewinderinge, mit denen das Knie am Abflußstutzen des Beckens und am Abflußrohr befestigt ist. Diese Ringe lassen sich zur Reinigung lösen. Bei Flaschensiphons läßt sich der untere Teil abschrauben.

> *Werkzeug: Eimer*
> *Drahtspirale*
> *Verstellbarer*
> *Schraubenschlüssel*
> *oder Rohrzange*

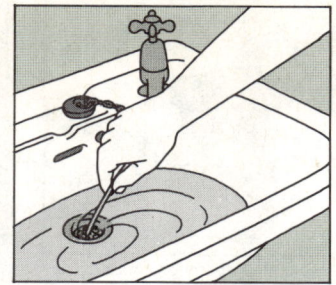

2. Schraubverschluß mit verstellbarem Schlüssel öffnen, dabei mit Holzstück im Knie gegenhalten, damit man es nicht verbiegt

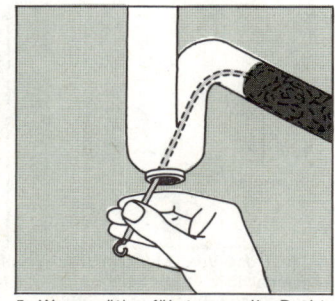

3. Vom Becken aus wird das Ablaufrohr mit einem Draht oder einer Drahtspirale von festgesetzten Schmutzresten gesäubert

1. Abflußrohr mit einer Hand festhalten und Unterteil des Flaschensiphons abschrauben

4. Man stößt den Draht von unten durch die Ablaßöffnung, dreht ihn hin und her, löst die Verstopfung und holt den Schmutz nach unten heraus

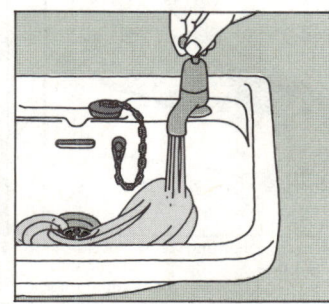

5. Wenn nötig, führt man die Drahtspirale auch in die andere Seite des Abflußrohrs und beseitigt auf gleiche Weise die Verstopfung

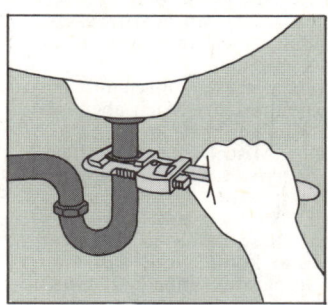

1. Eimer oder Schüssel unter den Siphon stellen, um Wasser und Schmutz aufzufangen. Beide Ringmuttern des Rohrbogens lösen

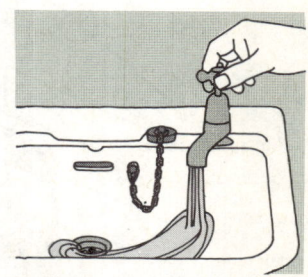

2. Siphon und Abflußrohr mit Drahtspirale reinigen. In hartnäckigen Fällen den ganzen Siphon abschrauben und säubern

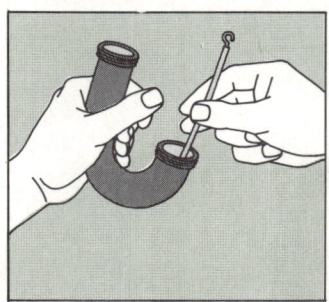

6. Wenn die Verstopfung beseitigt ist, wird die Reinigungsschraube mit neuem Dichtring von Hand wieder eingeschraubt

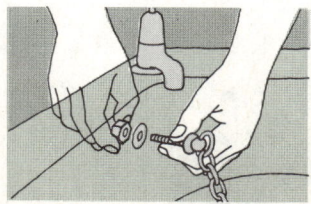

7. Nun spült man mit viel Wasser kräftig nach, um die letzten Schmutzreste zu entfernen, dann zieht man die Reinigungsschraube an

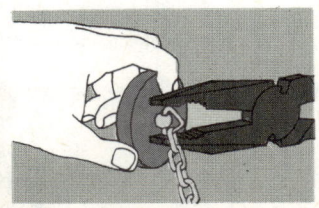

2. Rohrbogen und Abflußrohr mit Draht oder Spirale säubern. Rohrbogen wieder anschrauben und mit Schraubenschlüssel festziehen

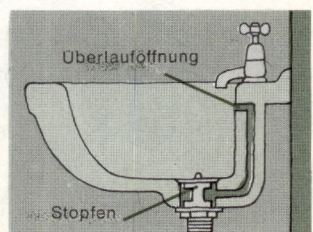

3. Siphon montieren und mit reichlich Wasser durchspülen, damit er sich füllt

KETTE UND ABFLUSSSTOPFEN ERNEUERN

Die Kette mit dem Abflußstopfen ist durch einen Ring mit der Rosette der Überlauföffnung verbunden oder, getrennt davon, mit Lochbolzen, Dichtring und Mutter am Wasch- oder Spülbecken befestigt. Die Kette soll so stabil sein, daß sie beim Herausziehen des festsitzenden Gummistopfens nicht reißt. Alle Metallteile müssen aus nichtrostendem Material bestehen.

1. Zur Befestigung der Kette wird ein Lochbolzen durch ein hierfür vorgesehenes Loch im oberen Beckenrand gesteckt und mit einer Mutter gesichert

2. Zum Auswechseln eines Gummistopfens öffnet man den Endring der Kette, tauscht den alten Stopfen gegen den neuen aus und biegt den Ring wieder zusammen

ÜBERLAUFSYSTEM

Überlauföffnung

Stopfen

Der Überlauf verhindert, daß das Wasser überläuft, wenn der Stopfen im Becken sitzt

Wasserhähne

Auslaufhähne

Was man im täglichen Sprachgebrauch als Wasserhähne bezeichnet, sind gar keine „Hähne", sondern Ventile.

Sie arbeiten alle nach dem gleichen Prinzip: Über einen Griff wird eine Gewindespindel auf und ab bewegt. Am unteren Ende der Gewindespindel sitzt die sogenannte Ventilplatte, an der mit einer Mutter eine Dichtung befestigt ist: Diese Dichtung kann man durch Drehen der Spindel fest über ein Wasseraustrittsloch im Hahn drücken oder stufenlos davon abheben, so daß der Wasserfluß nach Bedarf reguliert werden kann.

Die Dichtungen verschleißen und sollten ausgewechselt werden, wenn der Hahn nicht mehr richtig schließt, wenn er tropft. Dazu dreht man die Gewindespindel aus dem Hahn heraus. Vorher muß aber immer der Absperrhahn für den betreffenden Leitungsstrang oder, wenn ein solcher Einzelhahn nicht vorhanden ist, der Hauptwasserhahn zugedreht werden.

Bevor man eine Dichtung ersetzt, wird geprüft, ob sie den Durchmesser und auch die Dicke der alten Dichtung hat. Früher waren die Dichtungen aus Leder oder Kork, heute werden sie hauptsächlich aus Gummi oder Kunststoff hergestellt.

Bevor man eine neue Dichtung einsetzt, sollte man auch von der Auflagefläche der Dichtung, dem sogenannten Ventilsitz, alle Reste der alten Dichtung sowie Korrosions- oder Kalkablagerungen entfernen.

Bei Badewannen, Duschen, Waschbecken und Spültischen werden heute in den meisten Fällen Kalt- und Warmwasserkombinationen mit zwei Hähnen verwendet.

Neben diesen mechanischen Mischbatterien werden aber immer häufiger thermostatisch geregelte Mischhähne installiert, bei denen die gewünschte Auslauftemperatur des Wassers an einer Skala eingestellt werden kann. Diese Batterien sind aber meist so kompliziert, daß man zur Reparatur unbedingt einen Fachmann zu Rate ziehen sollte.

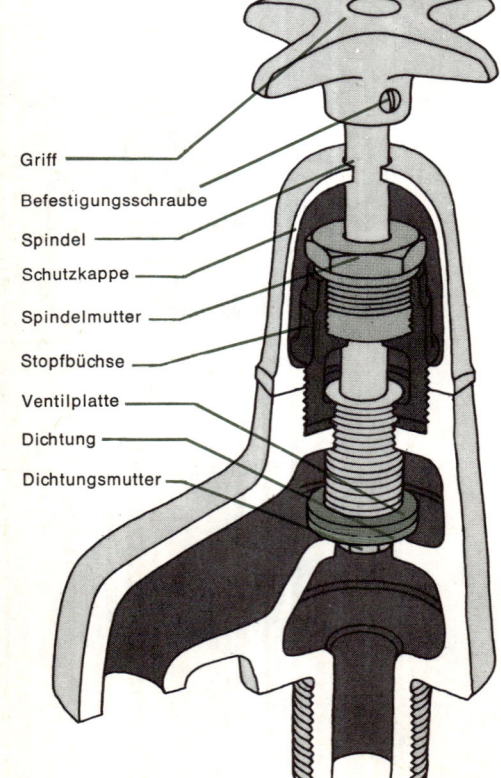

- Griff
- Befestigungsschraube
- Spindel
- Schutzkappe
- Spindelmutter
- Stopfbüchse
- Ventilplatte
- Dichtung
- Dichtungsmutter

Eine Dichtung auswechseln

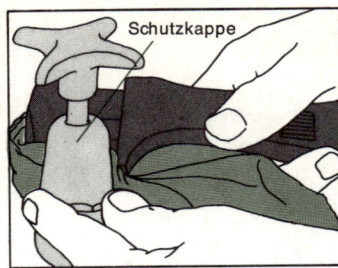

Schutzkappe

1. Wasserzufluß abstellen und Wasserhahn ganz öffnen. Beckenabfluß schließen. Schutzkappe mit Lappen gegen Verkratzen schützen und abschrauben

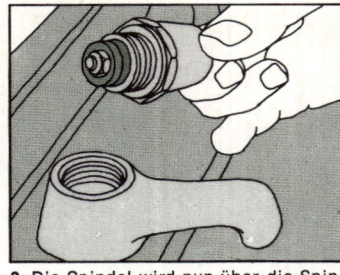

2. Die Spindel wird nun über die Spindelmutter mit einem Schlüssel vorsichtig gelöst, von Hand losgeschraubt und aus dem Hahn herausgenommen

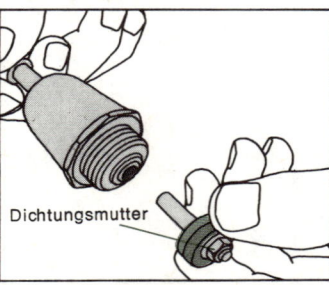

Dichtungsmutter

3. Meist sitzt das Ventil fest im Oberteil, manchmal läßt es sich herausziehen oder abschrauben. Die Dichtung wird durch eine Mutter gehalten

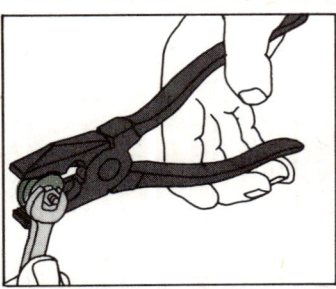

4. Zum Auswechseln der Dichtung hält man die Ventilplatte mit einer Kombizange fest und löst dann die Dichtungsmutter mit dem Schraubenschlüssel

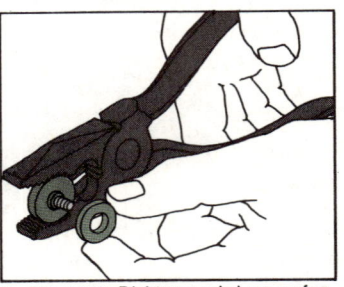

5. Die neue Dichtung wird so aufgesetzt, daß ihre Schriftseite auf der Ventilplatte liegt. Dann zieht man die Dichtungsmutter an

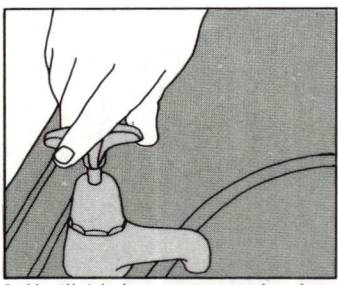

6. Ventil wieder zusammenschrauben. Wasserzufluß am Absperrventil oder Haupthahn öffnen. Durch Auf- und Zudrehen prüfen, ob Ventil gut schließt

ABSPERRVENTILE

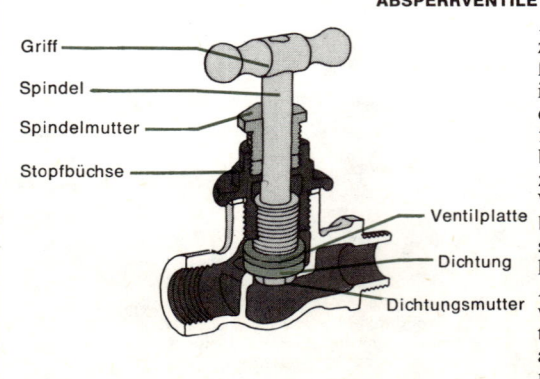

- Griff
- Spindel
- Spindelmutter
- Stopfbüchse
- Ventilplatte
- Dichtung
- Dichtungsmutter

Absperrventile dienen dazu, einzelne Leitungsabschnitte abschließen zu können. Dies ist vor allem im Winter wichtig bei Leitungen, die in unbeheizten Räumen verlaufen, oder bei Reparaturen. Man braucht dann nicht den Haupthahn zu schließen und damit die ganze Wasserzufuhr abzusperren. Damit bei zugedrehtem Ventil kein Wasser in den Leitungen bleibt, sollte hinter jedem Absperrventil ein Auslaufhahn installiert sein. Er wird nach dem Absperren der Leitung geöffnet, so daß das Wasser aus dem betreffenden Leitungsbereich abfließen kann.

Spindelmutter anziehen

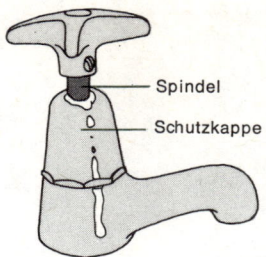

Spindel
Schutzkappe

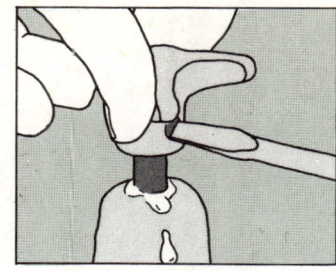

Wenn zwischen Spindel und Schutzkappe Wasser austritt, zieht man die Spindelmutter fest.

1. Man öffnet den Hahn, ohne den Wasserzulauf abzusperren, und dreht die Schraube heraus, die den Griff auf der Spindel hält

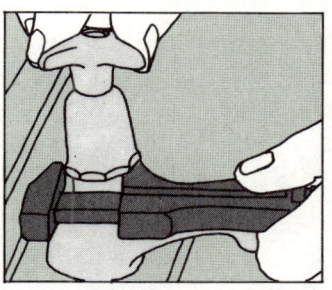

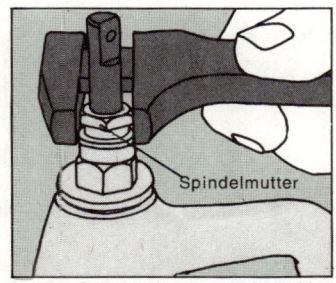

Spindelmutter

2. Die Schutzkappe wird losgeschraubt und mit einem darunter gesteckten Schlüssel zusammen mit dem Griff abgehoben

3. Die Spindel liegt nun frei. Man zieht die Sechskantspindelmutter um eine halbe Umdrehung an, ohne Gewalt dabei anzuwenden

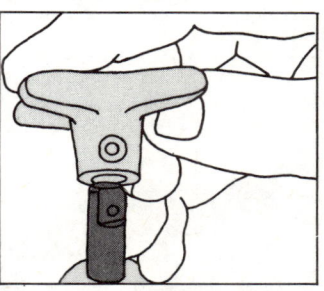

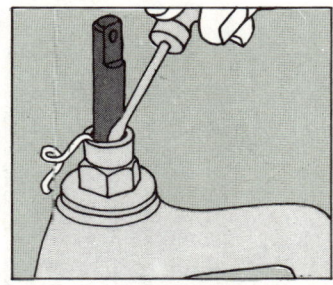

4. Mit provisorisch aufgesetztem Griff prüft man, ob sich die Spindel leicht drehen läßt; wenn nicht, wird die Mutter etwas gelockert

5. Leckt der Hahn immer noch, stellt man das Wasser ab, entfernt die Spindelmutter und drückt eine neue Dichtungsschnur in die Stopfbüchse

Dichtung eines Absperrventils erneuern

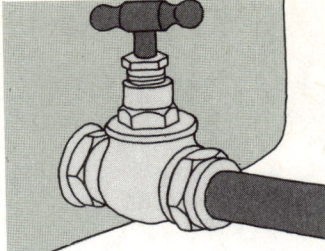

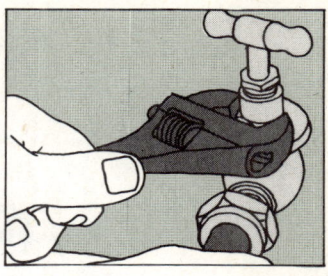

Bei geschlossenem Ventil sitzt die Dichtung auf dem Ventilsitz und sperrt den Wasserfluß ab.

1. Wasserzulauf absperren. Vom Absperrventil versorgte Rohre über Auslaufventile entleeren. Ventiloberteil abschrauben

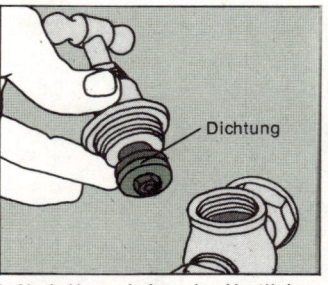

Dichtung

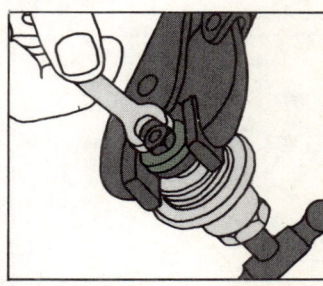

2. Nach Herausheben des Ventiloberteils ist die Dichtung zugänglich; sie wird von einer kleinen Mutter auf der Ventilplatte gehalten

3. Man hält die Ventilplatte mit einer Zange fest, löst die Mutter mit einem Gabelschlüssel und nimmt die Dichtung ab

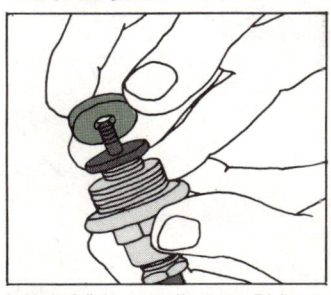

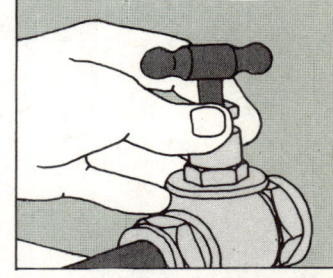

4. Nun drückt man die neue Dichtung auf die Ventilplatte und schraubt die Mutter auf, zieht sie aber nicht mit Gewalt fest; evtl. Spindel einfetten

5. Das Ventiloberteil wird von Hand eingeschraubt und mit einem Schlüssel angezogen, aber nicht zu stark, damit es nicht beschädigt wird

---

Abziehbarer Griff

Viele Hähne haben abziehbare Drehgriffe. Sie können die ver-

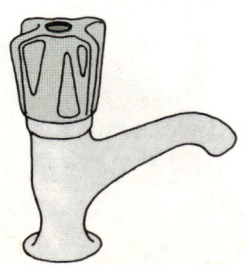

schiedensten Formen haben und werden häufig mit Klemmfedern einfach auf einen Vierkantstift aufgeschoben, auf dem sie einrasten. Sie können daher bei Reparaturen ohne Schwierigkeit abgezogen werden.

Verschiedentlich aber haben die Drehgriffe statt dessen auf der Oberseite eine Befestigungsschraube, die meistens durch eine dünne Plastikplatte verdeckt ist. Dieses Plättchen ist nur eingeklemmt und kann mit einem dünnen Schraubenzieher oder einer Messerspitze herausgehoben werden.

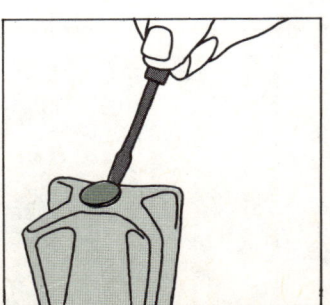

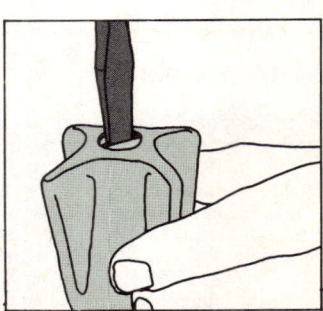

1. Schmalen Schraubenzieher oder Messerspitze unter die Abdeckplatte schieben und diese aus dem Griff herausheben

2. Befestigungsschraube im Kopf des Drehgriffs mit passendem Schraubenzieher lösen und dann den Griff abziehen

Wasserhähne

Eine Flügelhahndichtung erneuern

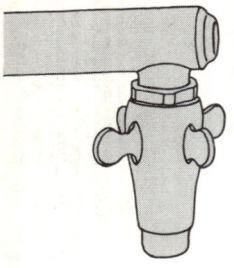

Um die Dichtung eines Flügel-hahns zu erneuern, braucht man das Wasser nicht abzustel-len. Im Hahn ist ein Ventil.

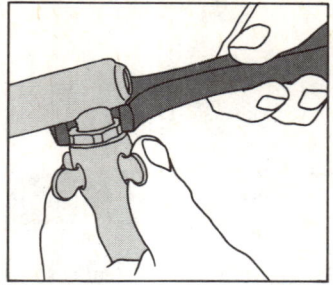

1. Man hält das Flügelrohr mit einer Hand fest und lockert die Sechskant-mutter am oberen Hahnende mit einem Schraubenschlüssel

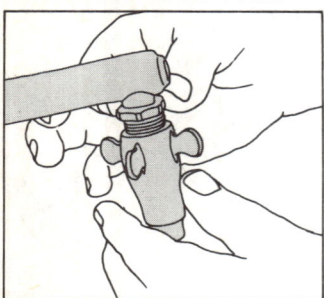

2. Jetzt hält man die Sechskantmut-ter mit der Hand fest und schraubt das Flügelrohr entgegen dem Uhr-zeigersinn los

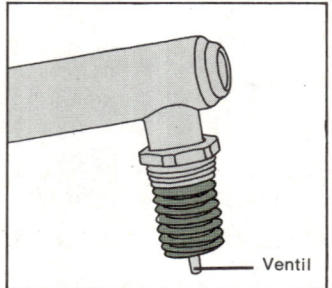

3. Das Flügelrohr wird abgenom-men. Dann vergewissert man sich, daß das automatische Absperrventil auch gut schließt

Ventil

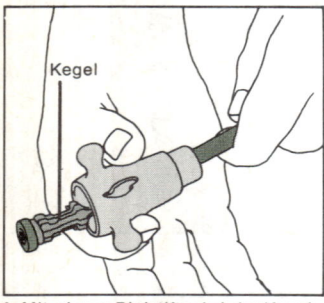

Kegel

4. Mit einem Bleistift wird der Kegel, der das Ventil enthält und der den Wasserstrahl regelt, herausgescho-ben

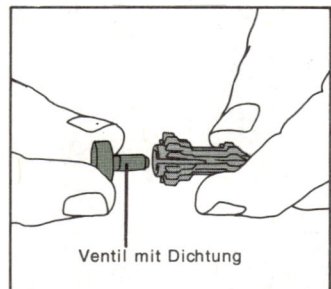

Ventil mit Dichtung

5. Man säubert den Kegel mit einer Nagelbürste, zieht das Ventil mit der Dichtung heraus und ersetzt es durch ein neues

Ein Umstellgriff leckt

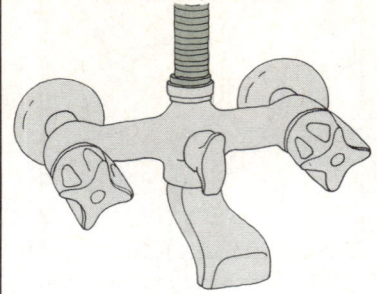

Wenn am Umstellgriff Wasser austritt, muß die Ringdichtung erneuert werden.

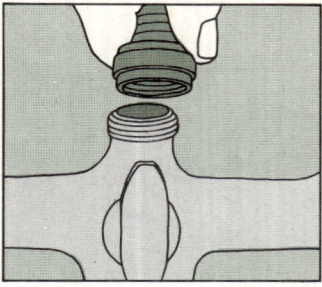

1. Das Wasser braucht für die Arbeit nicht abgestellt zu werden. Man schraubt einfach den Brauseschlauch von der Batterie ab

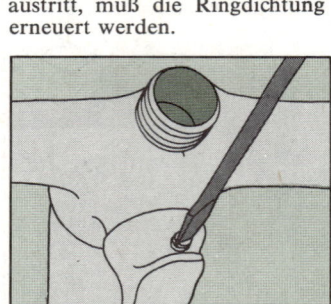

2. Nun löst man die Feststellschraube des Umstellgriffs und zieht den Griff vom geschlitzten Gewindever-bindungsstück ab

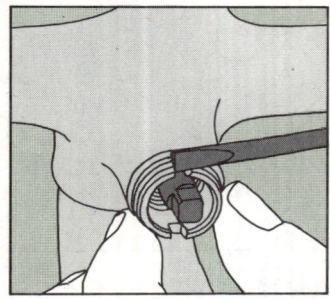

3. In einen der Schlitze steckt man von der Seite einen Schraubenzieher und löst damit das Verbindungs-stück und dreht es heraus

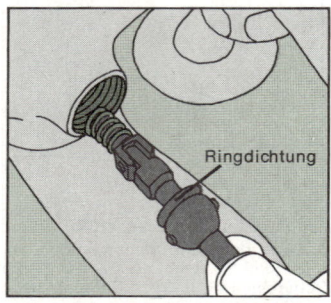

Ringdichtung

4. Dann wird der Ventilmechanismus vorsichtig aus dem Gehäuse heraus-gezogen und die Ringdichtung da-von abgenommen

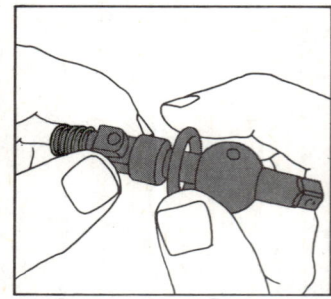

5. Zum Schluß schiebt man die neue Ringdichtung über das Federende auf ihren Sitz und setzt alle Teile wieder zusammen

Schwenkhähne

Nach häufigem Gebrauch tritt an der Drehbefestigung von Schwenkhähnen häufig Wasser aus. Dann muß die Dichtung erneuert werden.

Dazu schraubt man die Kappe un-ten am Rohr los. Wenn sie festsitzt, legt man einen Lappen darum und löst sie mit einer Zange. Dann wird der Hahn abgenommen und die Dich-tung erneuert.

Material: Ringdichtung
Werkzeug: Spitzzange

Kappe

1. Wenn ein Schwenkhahn tropft, wird die Kappe an seinem Ende ab-gezogen oder abgeschraubt

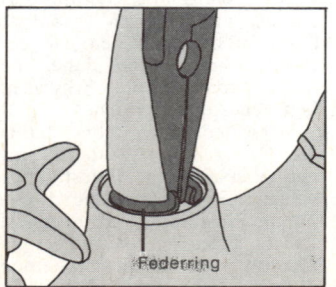

Federring

2. Der Federring wird hochgedrückt und so aufgeweitet, daß er sich auf das Schwenkrohr schieben läßt

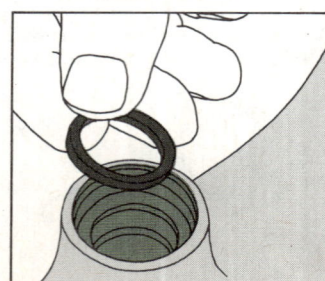

3. Dann nimmt man das Schwenk-rohr aus seinem Sitz und erneuert die darin liegende Dichtung

Verschiedene Armaturenarten

Die Abbildungen auf dieser Seite zeigen verschiedene Arten von Armaturen, die man an Waschbecken, Spülen, Bidets und Badewannen anbringen kann.

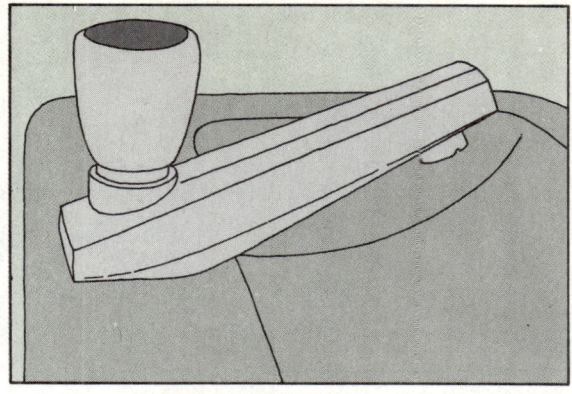

Ein modernes Auslaufventil für Kaltwasser am Handwaschbecken mit langem Auslauf und Luftsprudler

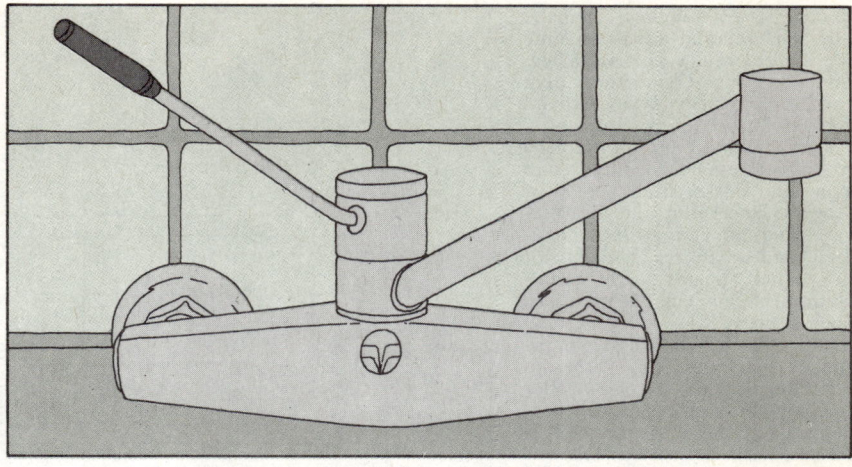

Einhandmischbatterie für Wandmontage mit Schwenkauslauf. Durch Drehen des Hebels ändert sich die Temperatur. Nach oben ist das Ventil geöffnet, nach unten geschlossen

Einlochmischbatterie für Waschbecken mit Griffen für Warm- und Kaltwasser. Der Auslauf sitzt fest

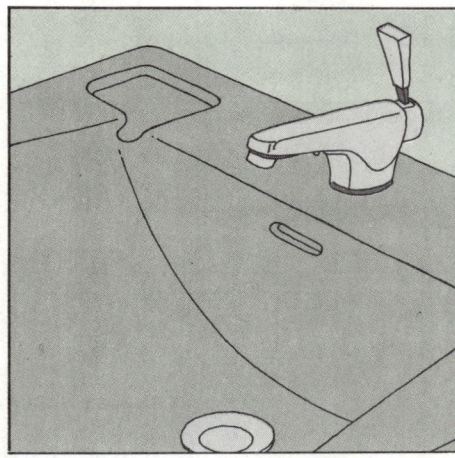

Einhand-Einlochmischbatterie für Warm- und Kaltwasser zum Einbau in Waschbecken

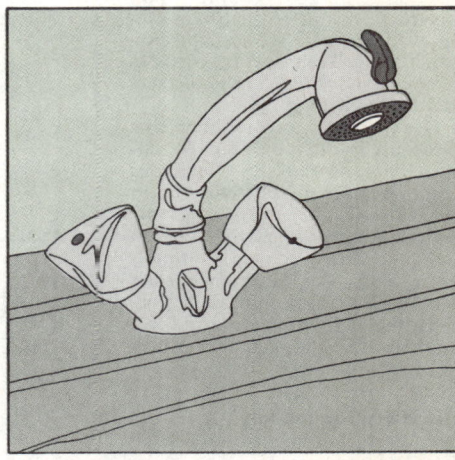

Einlochmischbatterie mit ausziehbarer Schlauchbrause für Waschbecken und Spülen

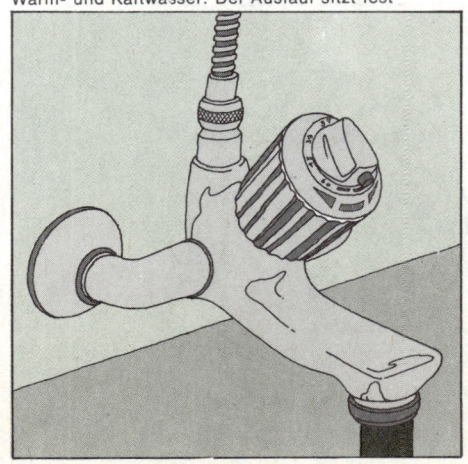

Wannenfüll- und Brausebatterie mit Einknopfbedienung und thermostatischem Temperaturregler

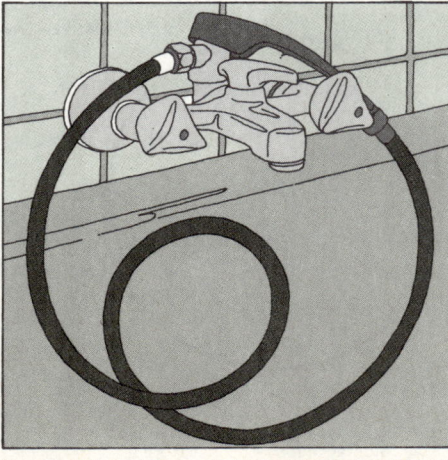

Wannenfüll- und Brausebatterie mit zwei Griffen für Warm- und Kaltwasser mit Schlauchbrause

Bidetarmatur mit Unterdusche und Randspülung. In der Mitte das Umstellventil

Wasserleitungen

Wasserversorgung

Heute ist es möglich, beinahe jedes Gebäude an die sogenannte Wasserversorgung anzuschließen, die von der Gemeinde, dem Land oder einem Zweckverband gebaut und betrieben wird.

Der Anschluß an eine solche Wasserversorgung bedingt, daß man alle Vorschriften des Wasserwerks anerkennt und die Wasserleitungsanlagen auch dementsprechend ausführt. Es empfiehlt sich daher, grundlegende Installationsarbeiten dem Fachmann zu überlassen.

Die öffentlichen Wasserversorgungen gewinnen ihr Wasser in der Regel aus Grund- oder Quellwasser sowie aus Oberflächenwasser, das z. B. durch Talsperren aufgestaut wird. Es wird gefiltert, aufbereitet und zu großen Vorratsbehältern auf Türmen oder Bergen gepumpt. Von hier fließt es mit natürlichem Gefälle zu unseren Wohn- und Arbeitsstätten. Transportiert wird das Wasser in Rohren aus Gußeisen, Stahl oder Kunststoff.

Die Gebäude werden über eine Hausanschlußleitung, die in unmittelbarer Nähe des Gebäudes absperrbar sein soll, an die in der Straße liegenden Versorgungsleitungen angeschlossen. Im Gebäude selbst soll in unmittelbarer Nähe der Hauseinführung der Wasserzähler mit allen vorgeschriebenen Absperr- und Sicherheitseinrichtungen installiert werden.

Die Hausinstallation

Die Wasserleitungen, die sich an die Wasserzählanlage anschließen, werden Hausinstallation genannt. Bei umfangreicheren Installationen wird zunächst ein Wasserverteiler erstellt. In diesem werden alle im Haus zu versorgenden Anlagen in Gruppen zusammengefaßt. In Mehrfamilienhäusern ist es z. B. oft ratsam, jede Wohnung mit einer eigenen Steigleitung zu versorgen. Weiterhin sollten Wasserzapfstellen, die im Winter wegen Frostgefahr abgestellt werden müssen (z. B. Gartensprengstellen), zu gesonderten Gruppen zusammengefaßt werden.

Jede Steigleitung erhält am Verteiler ein Absperr- und Entleerungsventil.

Die Hauswasserleitungen bestehen aus verzinkten Stahlrohren oder Kupferrohren. Vielfach werden heute auch Kunststoffrohre verlegt.

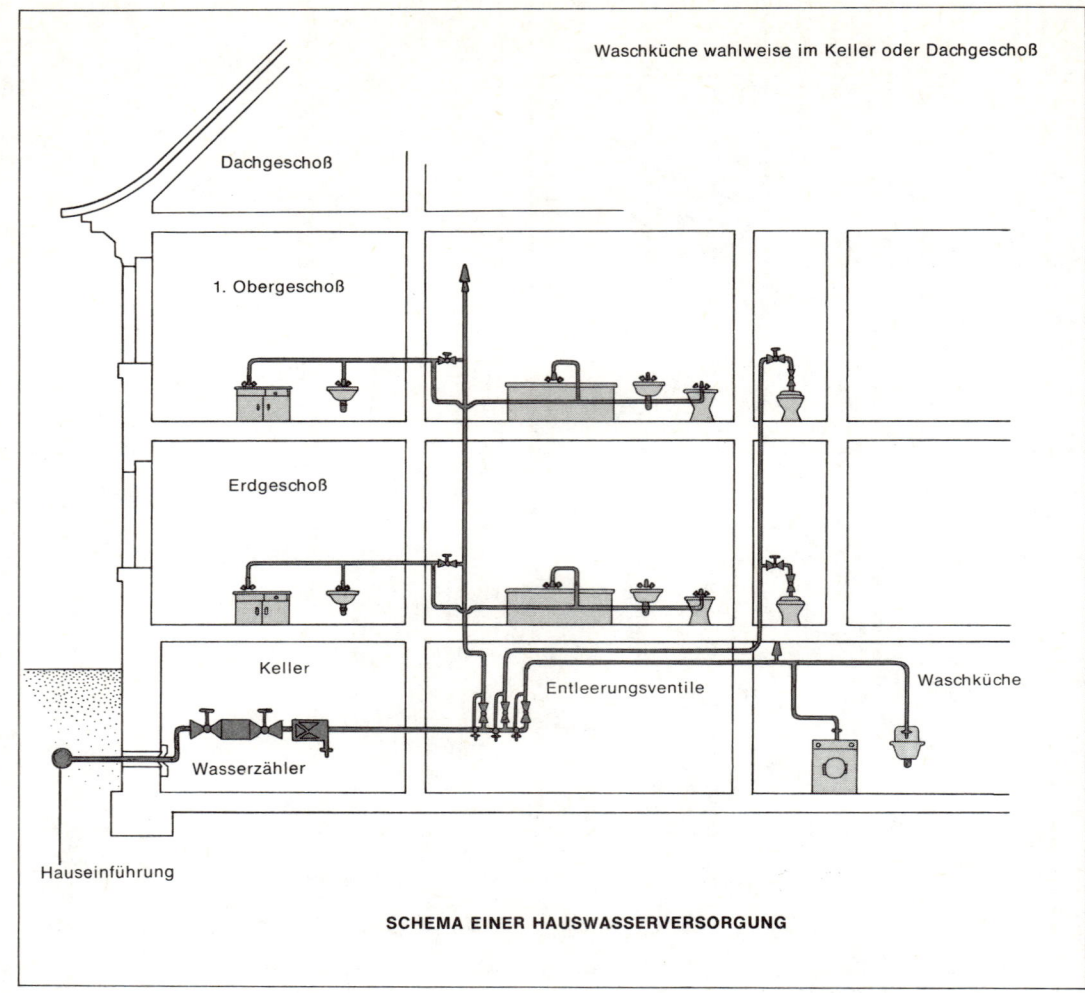

Waschküche wahlweise im Keller oder Dachgeschoß

Dachgeschoß

1. Obergeschoß

Erdgeschoß

Keller

Entleerungsventile

Waschküche

Wasserzähler

Hauseinführung

SCHEMA EINER HAUSWASSERVERSORGUNG

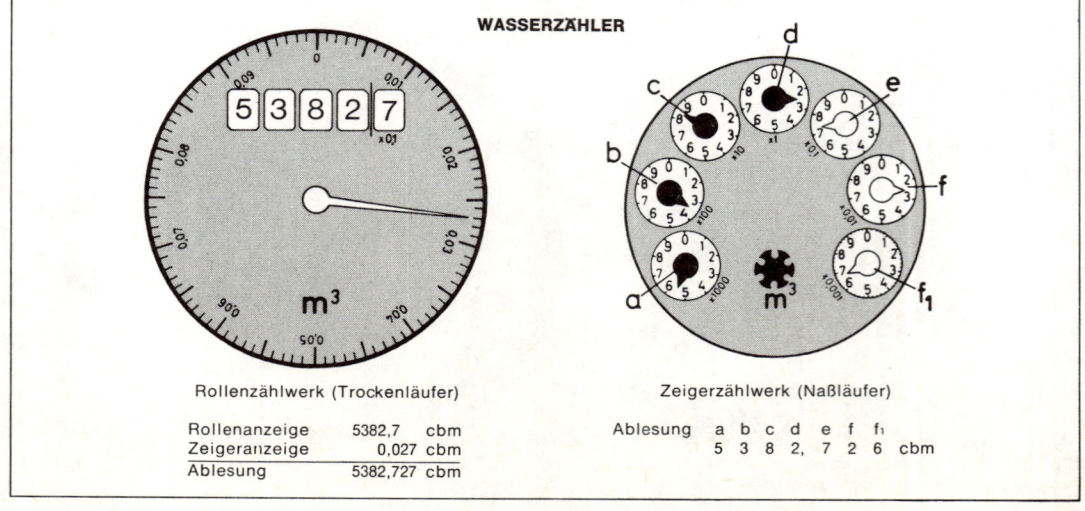

WASSERZÄHLER

m^3

Rollenzählwerk (Trockenläufer)

Zeigerzählwerk (Naßläufer)

Rollenanzeige	5382,7	cbm
Zeigeranzeige	0,027	cbm
Ablesung	5382,727	cbm

Ablesung a b c d e f f₁
5 3 8 2, 7 2 6 cbm

Material und Verbindungen

Wasserleitungen in Wohngebäuden können aus verschiedenen handelsüblichen Materialien hergestellt sein. Sie müssen jedoch den DIN-Vorschriften und denen des DVGW-Prüfausschusses entsprechen. Es dürfen nur korrosionsgeschützte Rohre wie verzinkte Stahlrohre, Kupfer- und Kunststoffrohre verwendet werden. Die früher üblichen Bleirohre sind nicht mehr zugelassen.

Rohrverbindungen müssen ebenfalls durch den Normenausschuß zugelassen sein. Bei verzinkten Stahlrohren werden Gewindefittings aus verzinktem Temperguß verwendet. Das neue Kaltschweißverfahren hat sich vor allem bei großen Dimensionen bewährt. Kupferrohre werden durch Lötfittings miteinander verbunden, die weich- oder auch hartgelötet werden. Bei normaler Beanspruchung in Wohngebäuden genügt das Weichlöten. Größere Kupferrohre werden sehr oft auch geschweißt. Kunststoffrohre aus PVC für Hauswasserleitungen werden durch Klebefittings verbunden. Kunststoffrohre aus Polyäthylen können geschweißt oder durch Klemmrohrverschraubungen verbunden werden. Sie haben sich der zu geringen Festigkeit und der großen Ausdehnung wegen noch nicht sehr verbreitet.

In einem Hauswasserleitungssystem darf nur eine Materialart verwendet werden. Ist z. B. das Leitungssystem aus Kupfer, so darf bei einer Reparatur kein verzinktes Stahlrohr dazwischen gesetzt werden. Bei Stahl- oder Kupferrohr in Verbindung mit Kunststoff würde sich die unterschiedliche Ausdehnung der Materialien negativ auswirken.

Lötverbindungen

Die Lötflächen werden mit Stahlwolle blankgerieben und mit einem Flußmittel dünn bestrichen. Die Rohre steckt man in die Muffen und erwärmt sie mit einer Lötlampe oder einem Propangasbrenner, bis das an die Naht gehaltene Weichlot schmilzt und durch Kapillaren in die Muffe zieht.

Material: Kupferrohr, Kupferfitting, Flußmittel, Lötzinn
Werkzeug: Stahlwolle, Rohrabschneider, Lötlampe oder Propangasbrenner, Schraubenzieher

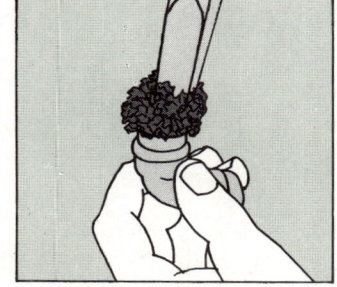

1. Die Stahlwolle wird mit dem Schraubenzieher in der Fittingsmuffe so lange gedreht, bis die Innenfläche blank ist

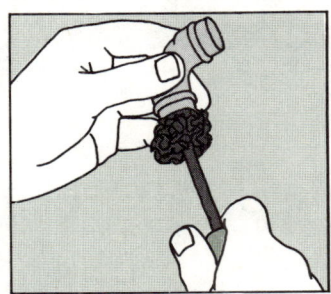

2. Wichtig ist, daß man das Fitting auf beiden Seiten saubermacht. Am besten ist es, frische Stahlwolle zu verwenden

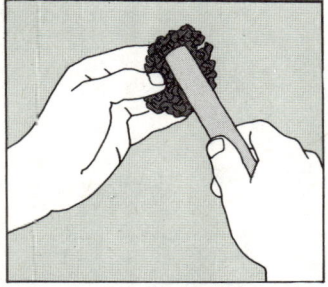

3. Die ebenfalls blankgeriebenen Lötstellen an den Rohrenden werden mit Flußmittel bestrichen, das wie das Lot hygienisch unbedenklich sein muß

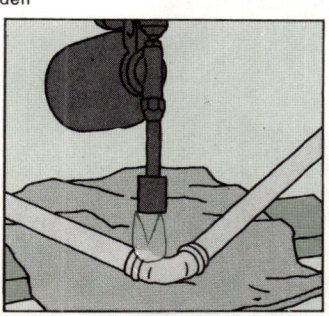

4. Die beiden Muffen werden mit der Lötlampe erwärmt, dann wird der Lötdraht an die Naht gehalten, bis er schmilzt

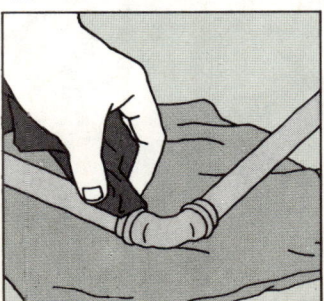

5. Die Muffen werden nach dem Erstarren des Lotes mit einem Lappen vom überschüssigen Flußmittel gereinigt

---

ROHRVERBINDUNGEN

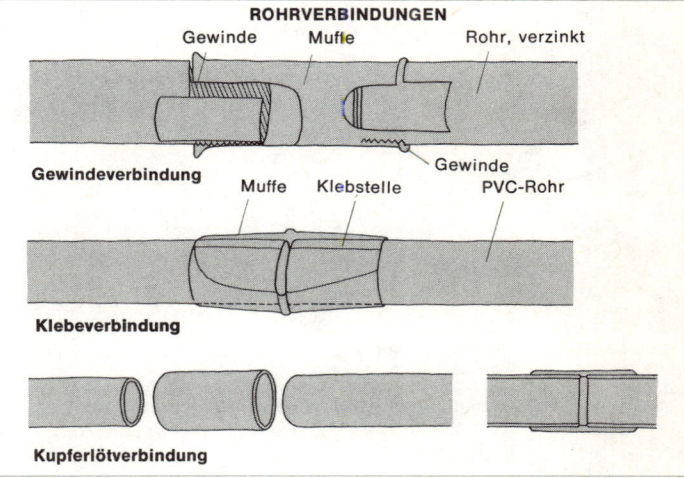

Gewinde · Muffe · Rohr, verzinkt

Gewindeverbindung

Muffe · Klebstelle · Gewinde · PVC-Rohr

Klebeverbindung

Kupferlötverbindung

LEITUNGSQUERSCHNITTE

Die nachstehende Aufstellung zeigt die erforderlichen Leitungsquerschnitte für Anschlußleitungen zu den einzelnen Einrichtungsgegenständen. Sie richten sich bei Abwasserleitungen nach DIN 1986 und bei Wasserleitungen nach DIN 1988. Die angegebenen Querschnitte dürfen nicht unterschritten werden. Sollten mehrere Einrichtungsgegenstände angeschlossen werden, muß der Leitungsquerschnitt dem jeweiligen Verwendungszweck entsprechend errechnet werden.

Abwasserleitungen:

Badewanne	50 mm
Dusche	40 mm
Waschbecken	40 mm
Bidet	40 mm
Spültisch	50 mm
Klosett	100 mm
Hofablauf	100 mm
Waschmaschine	50 mm

Wasserleitungen:

Auslaufventile	15 mm
Waschtisch	15 mm
Badewanne	20 mm
Dusche	15 mm
Spüle	15 mm
Waschmaschine	15 mm
Spülkasten	15 mm
Druckspüler	20 mm

Wasserleitungen

Eine undichte Lötverbindung reparieren

Wenn eine Rohrverbindung mit Lötfittings undicht ist, versucht man die Leckstelle zuzulöten. Andernfalls muß das Rohrstück herausgeschnitten und durch ein neues ersetzt werden. Verläuft das Rohr dicht an der Wand, wird sie mit hitzebeständigem Material geschützt.

Material:	*Lötzinn, Fluß-mittel*
Werkzeug:	*Lötlampe, Asbest- oder Glasfaser-matte, Stahlwolle*

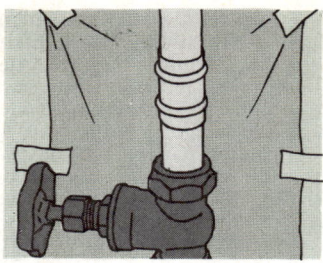
1. Wasser absperren und Rohrstrang entleeren. Den Hintergrund der Lötstelle durch eine Asbest- oder Glasfasermatte schützen

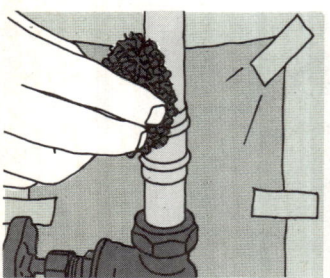
2. Das Rohr etwa 1,5 cm beiderseits des Lötfittings mit Stahlwolle reinigen. Im Bereich der Arbeitsstelle muß das Rohr trocken sein

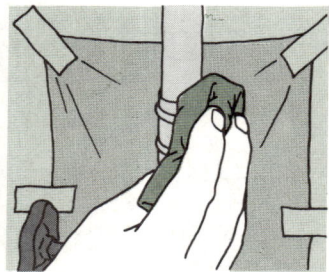
3. Auf die gereinigten Rohrenden wird dann Flußmittel aufgetragen. Vorsicht vor Handverletzungen: Das Flußmittel wirkt stark ätzend

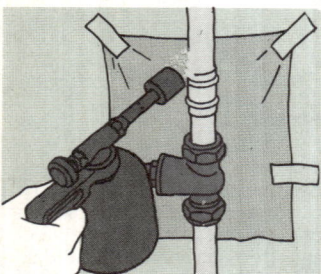
4. Das Lötfitting wird mit der Lötlampe so lange erhitzt, bis das alte Lot schmilzt und unten herausläuft

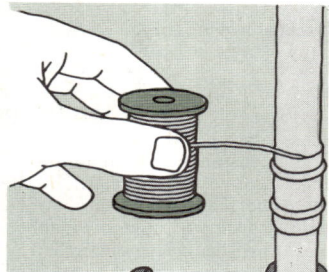
5. Man nimmt die Lötlampe weg, läßt den Lötdraht rund um das warme Fitting abschmelzen und dann die Lötstelle erkalten

Klemmverbindungen

Eine Klemmverbindung ist die einfachste Art, zwei Metall- oder Kunststoffrohre miteinander zu verbinden. Passend zum Rohrdurchmesser braucht man eine Schneidringverschraubung, bestehend aus Nippel, zwei Überwurfmuttern und zwei Metallringen. Solche Klemmverbindungen sollten jedoch möglichst nur für provisorische Installationen verwendet werden.

Material:	*Schneidringver-schraubung*
Werkzeug:	*Rohrzange*

1. Zuerst werden die Überwurfmuttern über die beiden gesäuberten Rohrenden geschoben, dann setzt man die Schneidringe auf

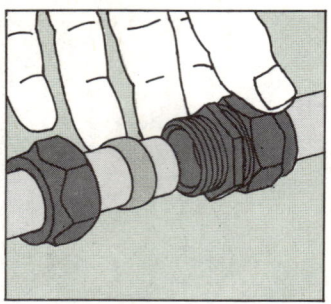
2. Anschließend wird ein Rohrende in den Nippel (Mittelstück) eingeführt und mit der Überwurfmutter von Hand verschraubt

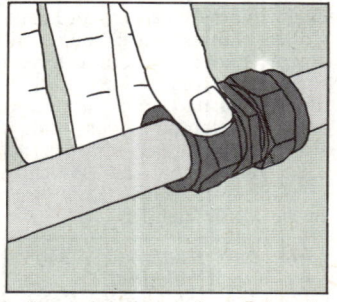
3. Nun wird das andere Rohrende dagegengeschraubt. Zuletzt werden die Überwurfmuttern mit Schraubenschlüssel oder Rohrzange angezogen

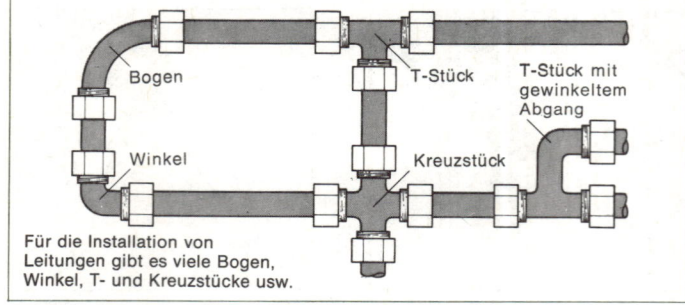
Bogen — T-Stück — T-Stück mit gewinkeltem Abgang — Winkel — Kreuzstück

Für die Installation von Leitungen gibt es viele Bogen, Winkel, T- und Kreuzstücke usw.

ROHRBEFESTIGUNGEN FÜR LEITUNGEN ÜBER PUTZ

In Wohn-, Arbeits- und Repräsentationsräumen werden Rohrleitungen aus optischen Gründen gewöhnlich unter Putz verlegt. In Räumen, bei denen das Aussehen eine geringere Rolle spielt, verlegt man die Rohre besser über Putz, weil kostspielige Mauer- und Putzarbeiten entfallen und die Leitungen leichter kontrolliert und repariert werden können.

Zum Verankern gibt es Rohrbänder und Schellen, mit denen die Rohre entweder direkt auf der Wand oder in einem gewissen Abstand von der Wand befestigt werden. Rohrbänder und Schellen werden so angebracht, daß die Rohre noch einen geringen Spielraum haben, da sich das Metall bei Temperaturschwankungen dehnt oder zusammenzieht. Verlegt man Wasserleitungen, die ins Freie führen, muß man durch Einbau von Auslaufventilen und ein ausreichendes Gefälle dafür sorgen, daß die Leitungen in Frostperioden entleert werden können.

Rohrbänder und Rohrschellen für die verschiedensten Verwendungszwecke und Rohrdurchmesser

Eine Zweigleitung anschließen

Wenn eine neue Zapfstelle gebraucht wird, kann man an die Wasserleitung mit Hilfe eines T-Stücks eine Zweigleitung anschließen.

Das einzubauende T-Stück hat den gleichen Innendurchmesser wie die angezapfte Leitung, die neue Leitung jedoch einen geringeren Durchmesser. Man braucht daher ein T-Stück mit reduziertem Abgang.

Als erstes wird die Wasserzufuhr abgesperrt und die Leitung entleert. Dann wird die Stelle angezeichnet, die zum Einsetzen des T-Stücks herausgeschnitten werden soll.

Material: T-Stück mit Schneidringverschraubung, Dichtungsband, Isoliermaterial
Werkzeug: Metallsäge, zwei Schraubenschlüssel oder Rohrzangen, Feile

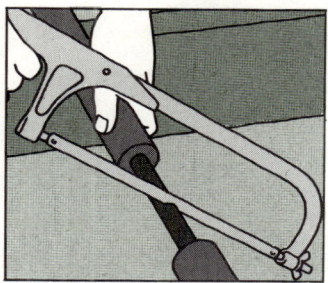 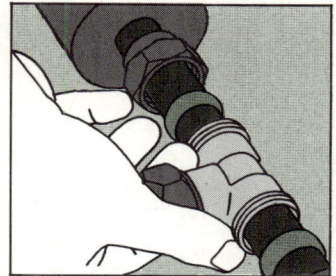 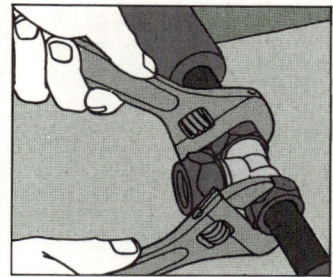 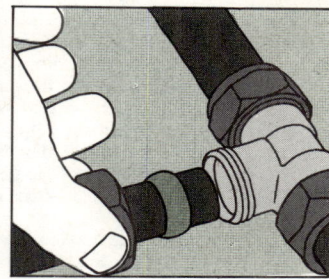

1. Rohr festhalten und Metallsäge genau an der markierten Stelle ansetzen. Nach dem Absägen den Grat mit einer Feile entfernen

2. Überwurfmuttern und Schneidringe auf die beiden Rohrenden schieben und das T-Stück einpassen. Gewinde mit Dichtungsband umwickeln

3. Überwurfmuttern erst mit der Hand aufschrauben und dann mit zwei Schraubenschlüsseln von beiden Seiten gleichzeitig festziehen

4. Das neue Rohr mit Überwurfmutter und Schneidring einpassen, Gewinde umwickeln und Mutter aufschrauben. Rohrisolierung ergänzen

Ein Bleirohr durch ein Kupferrohr ersetzen

Wenn ein Bleirohr beschädigt ist, sollte man nicht versuchen, es selbst zu reparieren. Es besteht aber die Möglichkeit, ein schadhaftes Bleirohr durch ein Kupferrohr zu ersetzen.

Man besorgt sich ein entsprechend langes Kupferrohr, das genau in das alte Bleirohr hineinpaßt, d. h. dessen Außendurchmesser dem Innendurchmesser des Bleirohrs entspricht. Das Kupferrohr muß aber innen noch weit genug sein, um den Wasserstrom nicht zu beeinträchtigen. Im Zweifelsfall holt man den Rat eines Fachmannes ein.

Material: Kupferrohr, Lötzinn und Flußmittel
Werkzeug: Asbest- oder Glasfasermatte, Schleifpapier, Stahlwolle, Metallsäge, Lötlampe, Holzklotz, Taschenmesser

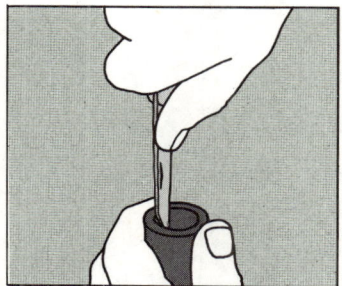 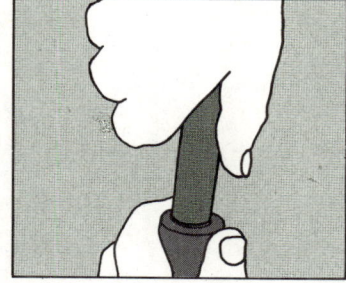 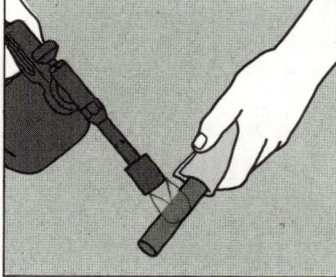 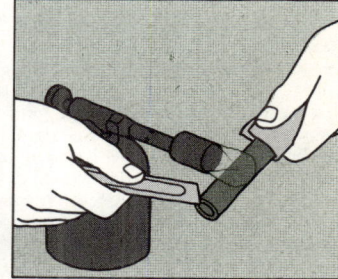

1. Das schadhafte Stück des Bleirohrs mit der Metallsäge abschneiden. Vom Rohrende innen mit dem Taschenmesser etwas Blei abschaben

2. Kupferrohr in das Bleirohr einpassen. Es muß sich etwa 2,5 cm weit einschieben lassen. Wenn nötig, mit dem Messer mehr Blei abschaben

3. Das Ende des Kupferrohrs mit Stahlwolle abreiben, mit einem Lappen anfassen, mit Flußmittel bestreichen und mit der Lötlampe erhitzen

4. Während das Kupferrohr in die Lötflamme gehalten wird, Lötzinn auftragen. Flußmittel auf den Rand und die Innenwand des Bleirohrs streichen

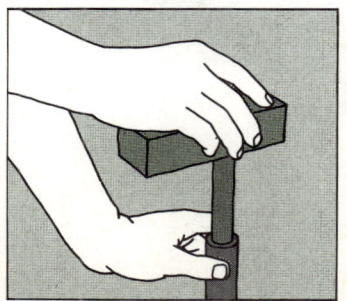 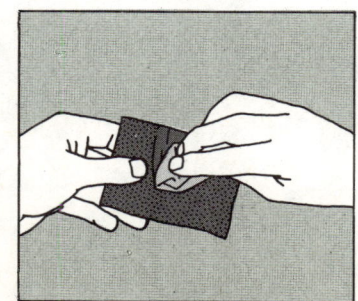 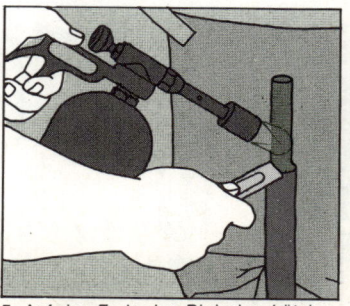 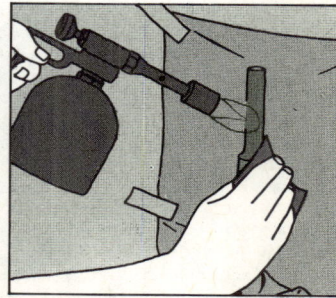

5. Das Kupferrohr anschließend nochmals erhitzen und warm in das Bleirohr einführen Mit dem Holzklotz hineinklopfen, soweit es geht

6. Ein Stück Schleifpapier mit Flußmittel bestreichen. Wände und Boden hinter dem Rohr mit Asbest- oder Glasfasermatte schützen

7. Auf das Ende des Bleirohrs Lötzinn auftragen. Flamme nur auf das Kupferrohr halten, damit das Bleirohr nicht schmilzt

8. Die Lötstelle mit einer dicken Schicht Lötzinn bedecken und anschließend mit dem flußmittelgetränkten Schleifpapier abglätten

Wasserleitungen

Härtegrad unseres Leitungswassers

Die Zusammensetzung des Leitungswassers unterscheidet sich von Ort zu Ort. Je nachdem sind darin mehr oder weniger große Anteile an Kalzium, Magnesium, Natrium, Eisen, Mangan, freier und gebundener Kohlensäure, Phosphaten, Nitraten, Sulfaten und Silikaten enthalten. Die Härte des Wassers ist durch seine Kalk- und Magnesiumverbindungen bedingt. Sind beide an Kohlensäure gebunden, so verursachen sie die Karbonathärte, die herausgefiltert werden kann. Sulfate, Phosphate, Nitrate und Silikate bilden die Nichtkarbonathärte, die nicht herauszufiltern ist. Beide Härtearten zusammen bezeichnet man als Gesamthärte. Die Härte des Wassers wird in Grad deutscher Härte (° dH) gemessen:

0– 4° dH = sehr weiches Wasser
4– 8° dH = weiches Wasser
8–12° dH = mittelhartes Wasser
12–18° dH = ziemlich hartes Wasser
18–30° dH = hartes Wasser
>30° dH = sehr hartes Wasser

Die Karbonathärte (Kalk und Magnesium) fällt bei starker Erwärmung als Kesselstein aus dem Wasser aus. Kesselstein setzt sich in Wasserleitungen, Warmwasserbereitern, Waschmaschinen und Kochtöpfen ab. Da bei Wassertemperaturen von mehr als 60° C verstärkt Kalk ausfällt, ist es ratsam, die Warmwassertemperaturen unter 60° C zu halten. Da sich bei heißem Wasser auch das Kalk-Kohlensäure-Gleichgewicht verändert, kann es zu Korrosion in den Wasserleitungen kommen, besonders bei neuen verzinkten Stahlrohren, in denen sich noch keine Schutzschicht gebildet hat.

Eine andere wirksame, jedoch kostspielige Maßnahme ist, mit einer Enthärtungsanlage den Kalk aus dem Wasser zu entfernen. Diese Anlage arbeitet nach dem Ionenaustauschverfahren, wobei Kalziumionen gegen Natriumionen ausgetauscht werden. In einem Behälter befinden sich Kunstharzkugeln, die mit Natriumionen aufgeladen werden. Öffnet man den Hahn, so fließt hartes Wasser durch die Kugeln, wodurch die Kalziumionen durch Natriumionen ersetzt werden. Ist die Kapazität der Kunstharzkugeln erschöpft, muß die Anlage erneuert werden. Dazu wird eine gewisse Menge Salz und Wasser verbraucht.

Nach der Enthärtung ist kein Kalk mehr im Wasser; die Kohlensäure überwiegt. Solches Wasser würde die Rohrleitungen sehr stark angreifen. Deshalb wird nach der Enthärtung wieder hartes Wasser beigemischt, so daß das Wasser 6–8° dH mißt.

Als weitere Schutzmaßnahme wird dem Wasser Flüssigkeitsphosphat zugesetzt. Flüssigkeitsphosphat bildet in den Rohrleitungen eine dünne Schutzschicht, die verhindert, daß freie Kohlensäure die Rohre angreift.

Sehr wichtig ist, daß nach dem Hauptwasserzähler am Hausanschluß ein Feinstoffilter eingebaut wird, welcher verhindert, daß aus dem Straßennetz Schmutzteilchen in das Hauswassersystem gelangen. Dies wäre ohne weiteres möglich, da durch alte Leitungen oder Rohrnetzarbeiten oft Schmutz durch die Straßenleitungen geschwemmt wird.

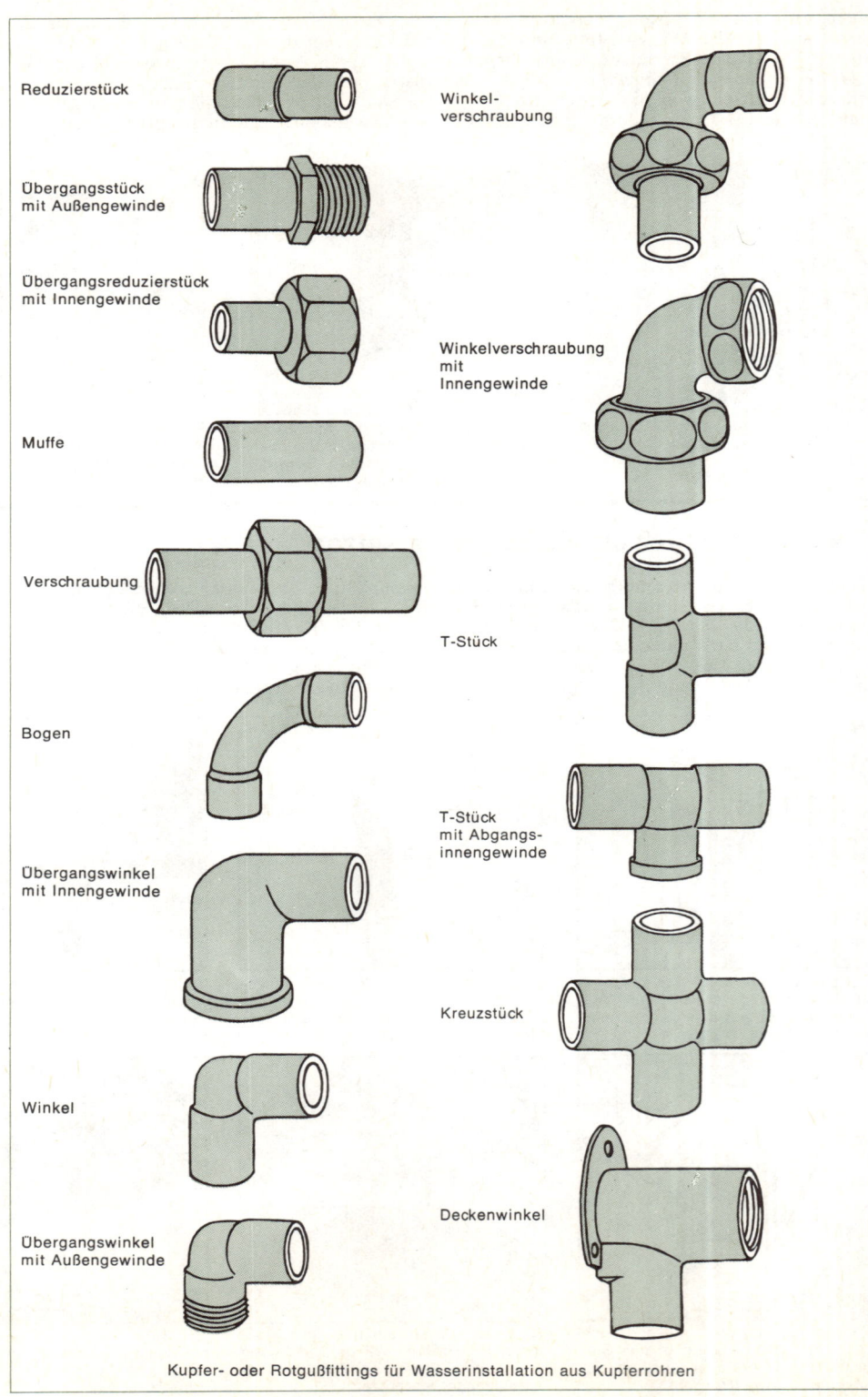

Reduzierstück

Übergangsstück mit Außengewinde

Übergangsreduzierstück mit Innengewinde

Muffe

Verschraubung

Bogen

Übergangswinkel mit Innengewinde

Winkel

Übergangswinkel mit Außengewinde

Winkelverschraubung

Winkelverschraubung mit Innengewinde

T-Stück

T-Stück mit Abgangsinnengewinde

Kreuzstück

Deckenwinkel

Kupfer- oder Rotgußfittings für Wasserinstallation aus Kupferrohren

So arbeitet eine zentrale Warmwasserheizung

Eine wichtige Voraussetzung für Behaglichkeit und wirtschaftliches Heizen ist die Wärmeisolation der Fenster und Außenwände. Ferner sollten die Heizkörper dort angebracht werden, wo der Kälteanfall am stärksten ist, an der Außenwand unter den Fenstern.

Nach Möglichkeit sollte man Heizkörper mit einem hohen Strahlungsanteil, z. B. Radiatoren, wählen. Strahlungswärme ist angenehmer, die Luftbewegung im Raum ist geringer, also gibt es weniger Staub. Auch läßt sich die Temperatur, vor allem in der Übergangszeit, leichter regeln als bei Konvektoren.

Eine Warmwasserzentralheizung setzt sich zusammen aus: Wärmeerzeuger (Heizkessel), Umwälzpumpe, Temperaturregelung, Rohrleitungssystem (Einrohr- oder Zweirohrsystem), Sicherheitseinrichtungen (Ausdehnungsgefäß, Sicherheitsventil, Begrenzungsthermostat) und Heizkörpern (Radiatoren).

Nebenstehende Zeichnung zeigt das Schema einer gasbefeuerten Einrohrheizung. Hier ist der Wärmeerzeuger auf dem Dachboden aufgestellt. Bei Gasheizkesseln ist dies möglich, da sie auch bei hoher Leistung einen geringen Wasserinhalt haben und damit auch leichter sind als etwa Ölheizkessel mit Gebläsebrenner. Zudem ist auch die Abgasführung weniger problematisch.

Das Prinzip einer Warmwasserzentralheizung ist bei jeder Kessel- und Energieart gleich. Im Wärmeerzeuger wird das Umlaufwasser erhitzt und mit einer Umwälzpumpe durch die Rohrleitungen in die Heizkörper gedrückt. In den Heizkörpern kühlt das Wasser ab, strömt über die Rücklaufleitung zum Wärmeerzeuger zurück und wird wiederum erhitzt. Heute werden Schwerkraftheizungen kaum noch gebaut, denn bei der Pumpenheizung können kleinere Rohrdimensionen gewählt werden, sie ermöglicht eine schnellere Aufheizung und ist regelfähiger.

Bei kleineren Anlagen werden heute fast nur noch regelbare Pumpen eingebaut, die einen größeren Leistungsbereich erfassen können. Die Temperaturregelung ist je nach Anlage verschieden. Die wirtschaftlichste Art ist die Vorlauftemperaturregelung, das heißt, die Vorlauftemperatur wird entsprechend der geforderten Wärme angehoben oder abgesenkt. Diese Steuerung kann entweder über Raumfühler (Raumtemperatursteuerung) oder Außenfühler (witterungsabhängige Steuerung) erfolgen. Bei einer wie im Bild dargestellten Gasheizung (mit atmosphärischem Brenner) kann die Vorlauftemperatur über den Heizkessel gesteuert werden (Kesseltemperatur = Vorlauftemperatur). Heizkesselanlagen mit Gebläsebrenner und festen Brennstoffen müssen dagegen eine konstant eingestellte Temperatur von mindestens 70° C und höchstens 90° C haben. Bei niedrigen Temperaturen kommt es in der Brennkammer zu Schwitzwasserbildung und Korrosion. Daher muß bei diesen Anlagen ein Mischventil eingebaut werden, welches entsprechend der geforderten Vorlauftemperatur mehr oder weniger kaltes Rücklaufwasser dem heißen Kesselwasser beimischt.

Diese Beimischung kann von Hand oder vollautomatisch mit einem Motor geregelt werden. Die vollautomatische Regelung in Abhängigkeit von der Außentemperatur ist zu bevorzugen. Über diese Automatik kann mit einer Schaltuhr die Raumtemperatur nachts abgesenkt werden, wobei eine Absenkung von 5° C zu empfehlen ist.

Zusätzlich muß man jeden Heizkörper mit einem Thermostatventil ausstatten. Dieses Thermostatventil dient dazu, den Anfall von Fremdwärme abzugleichen (beispielsweise Sonneneinstrahlung, Abwärme von Herd oder Fernsehgerät, Personenabwärme).

Pumpenwarmwasserheizungsanlagen werden heute meist als geschlossene Anlagen gebaut. Diese haben nicht mehr offene Ausdehnungsgefäße auf dem Dachboden, sondern beim Heizkessel montierte Membrandruckausdehnungsgefäße und ein Überdrucksicherheitsventil. Ein Manometer zeigt den Druck an,

(Forts. S. 260)

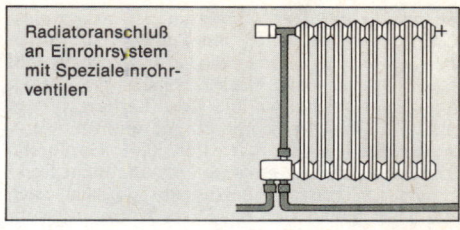

Radiatoranschluß an Einrohrsystem mit Spezialeinrohrventilen

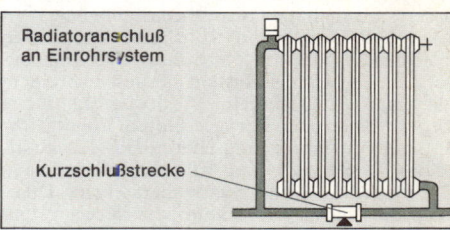

Radiatoranschluß an Einrohrsystem

Kurzschlußstrecke

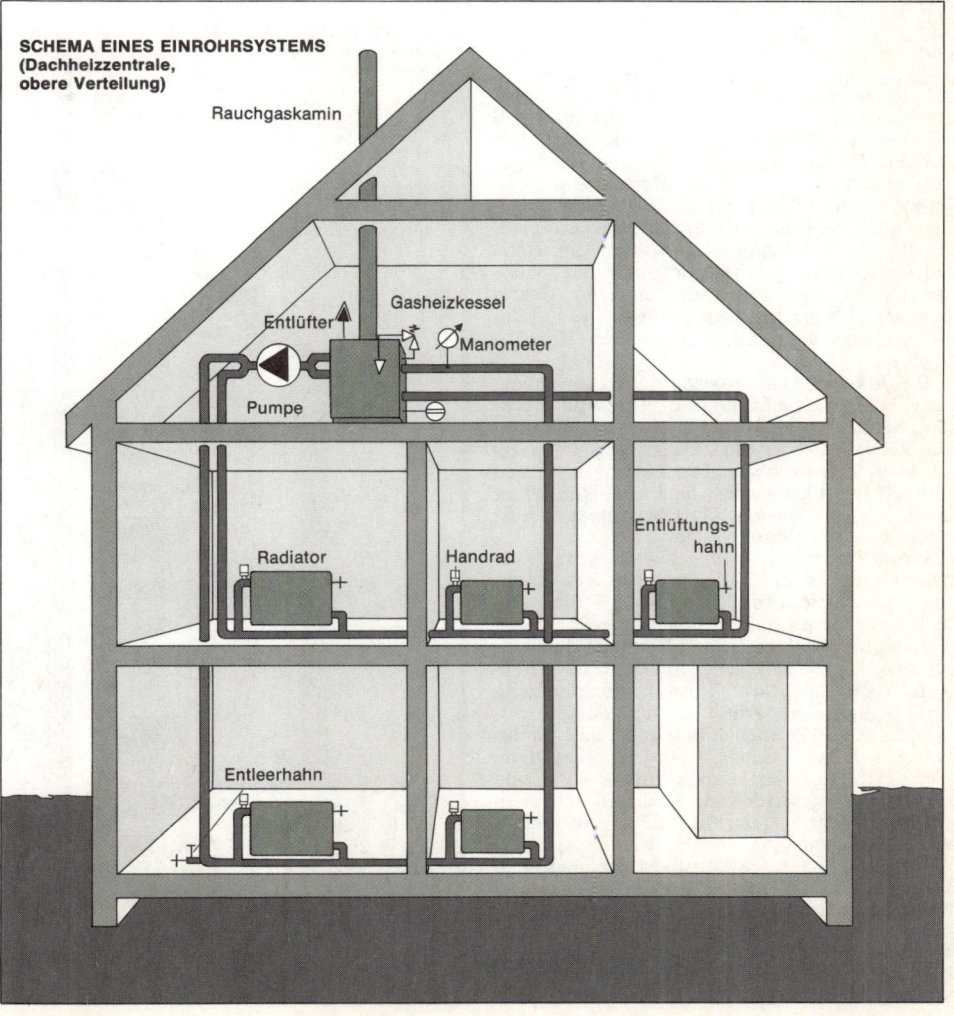

SCHEMA EINES EINROHRSYSTEMS
(Dachheizzentrale, obere Verteilung)

Rauchgaskamin

Entlüfter

Gasheizkessel

Manometer

Pumpe

Radiator

Handrad

Entlüftungshahn

Entleerhahn

Zentralheizung

(Fortsetzung von S. 259)

der sich in der Regel im grünen Markierungsbereich bewegen sollte, auf keinen Fall jedoch über 2,5 bar, da sich sonst das Überdruckventil öffnet. Bei zuwenig Wasser werden die oberen Heizkörper nicht warm. Das Leitungssystem muß am Heizkörper immer gut entlüftet sein, da die Luft sonst Korrosion und Geräusche verursacht oder die gesamte Heizung nicht funktioniert. Warmwasserheizungen müssen nach DIN 4751 gebaut werden. Diese Norm unterteilt in offene und geschlossene Heizungsanlagen und fordert einzuhaltende Sicherheitsmaßnahmen.

Die Heizkörper und Rohrleitungen können im Einrohr- oder im Zweirohrsystem angelegt werden. Das Einrohrsystem besteht aus einem oder mehreren Ringen, an denen die Heizkörper, hintereinander geschaltet, angeschlossen sind. Vorlaufleitung ist zugleich Rücklaufleitung. Die Ringleitung sollte im allgemeinen 22 mm lichte Weite nicht übersteigen. Dementsprechend ist die Länge des Kreises und die Anzahl der Heizkörper zu wählen. Die Schwierigkeit liegt an der Dimensionierung der Kurzschlußstrecke und des Heizkörperanschlusses. Der Druckverlust der Kurzschlußstrecke muß größer sein als der vom Abgang zum Heizkörper bis zum Eintritt in die Ringleitung. Kann das durch die Rohrdimension allein nicht erreicht werden, muß man ein sogenanntes Drossel-T einbauen. Für moderne Einrohrheizungen verwendet man Spezialeinrohrventile, die den Volumenstrom selbständig verteilen und bei geschlossenem Regulierventil eine interne Kurzschlußstrecke öffnen. Durch die Abkühlung des Wassers im Heizkörper bekommt jeder nachfolgende eine niedrigere Vorlauftemperatur und muß für gleiche Leistung entsprechend größer sein. Eine Einrohrheizung funktioniert nicht ohne Umwälzpumpe.

Das Zweirohrsystem besteht aus zwei nebeneinanderliegenden Leitungen: Vor- und Rücklauf. Sämtliche Heizkörper sind ventilseitig oben am Vorlauf und verschraubungsseitig unten am Rücklauf angeschlossen. Die Leitungen werden oft auch vertikal verlegt und die Heizkörper einseitig angeschlossen. Das Zweirohrsystem ist sicherer als das Einrohrsystem.

Feste Brennstoffe (Holz, Kohle, Koks) werden heute bei Zentralheizungsanlagen kaum noch verwendet. In den meisten Fällen stehen keine genügend großen Lagerräume zur Verfügung, das Heizen und Reinigen der Kesselanlage erfordern sehr viel Zeit und Aufwand, und auch die Umweltverschmutzung spielt heute eine große Rolle. Als Zentralheizungskessel stehen Gußeisen- und Stahlkessel mit und ohne Warmwasserbereitung zur Verfügung. Sie können auch mit Öl und Gas betrieben werden und müssen in einem entsprechenden Heizungsraum aufgestellt werden. Sogenannte Heizungsherde, die allerdings nur für feste Brennstoffe geeignet sind, kann man in der Küche als Etagenheizkessel aufstellen.

In größeren Städten und Ballungszentren ist meist eine Gasversorgung (Stadtgas, Erdgas, Flüssiggas) mit großem Verteilungsnetz vorhanden. Gas ist ein sauberer, bequemer und heute auch sicherer und problemloser Brennstoff. Da er jedoch relativ teuer ist, sollten aus Wirtschaftlichkeitsgründen Spezialheizkessel verwendet werden. Dies sind Gasheizkessel aus Gußeisen, Stahl oder Edelstahl mit atmosphärischem Brenner und Umlaufwasserheizer (Heizthermen).

Zur Verfeuerung von Heizöl gibt es Gußeisen- und Stahlheizkessel mit oder ohne Warmwasserbereitung. Diese Heizkessel funktionieren nur mit Zerstäuberbrenner, auch Gebläsebrenner genannt, und müssen in einem Heizraum untergebracht werden. Für eine Etagenheizung gibt es auch Heizherde in Küchenausführung mit Verdampfungsbrenner ähnlich wie Öleinzelöfen. Die Heizöllagerung ist nicht immer einfach. Wenn kein geeigneter Raum vorhanden ist, muß ein Erdlagertank im Garten eingebaut werden. (Solche Tanks sind in der Schweiz nicht überall zugelassen. Informationen erteilt das jeweils zuständige Amt für Gewässerschutz.)

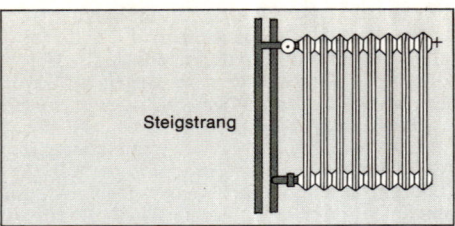

Radiatoranschluß an Zweirohrsystem (an Steigstrang)

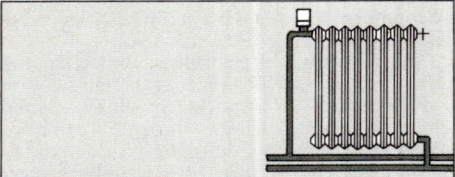

Radiatoranschluß an Zweirohrsystem (reitender Anschluß genannt)

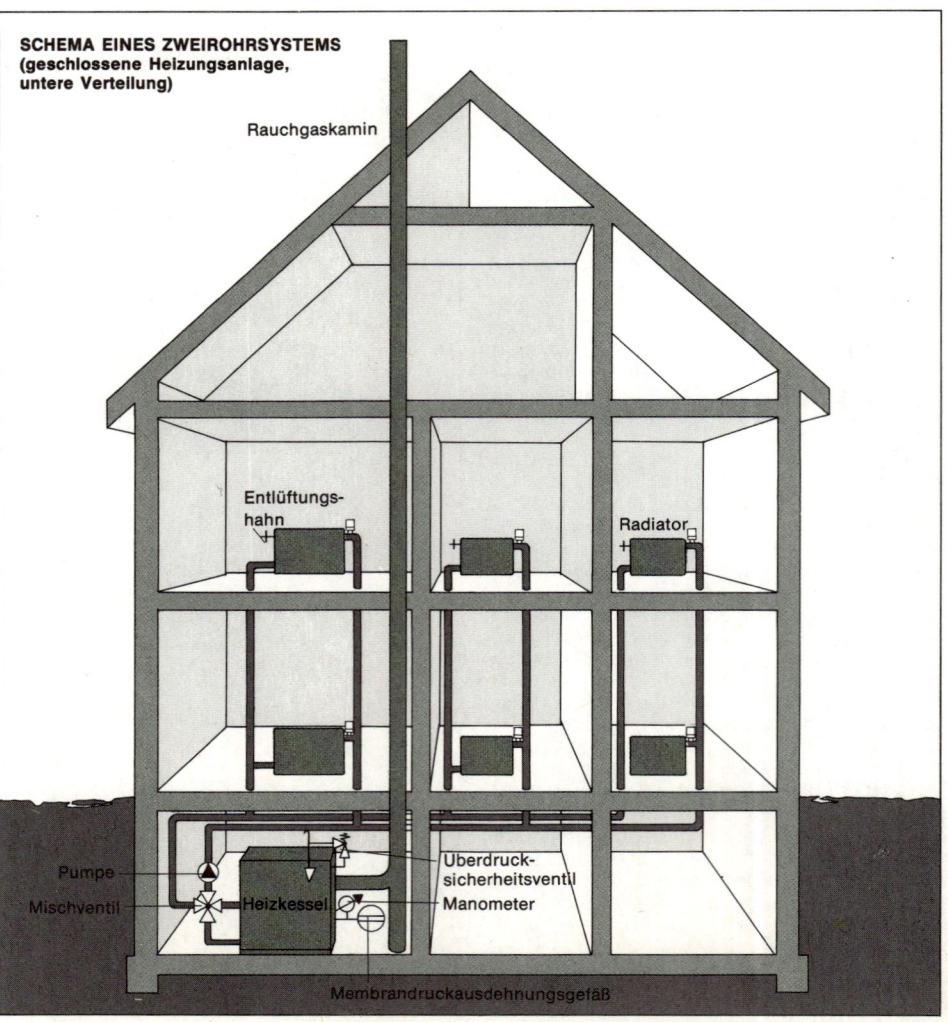

SCHEMA EINES ZWEIROHRSYSTEMS
(geschlossene Heizungsanlage, untere Verteilung)

Rauchgaskamin

Entlüftungshahn

Radiator

Pumpe

Mischventil

Heizkessel

Überdrucksicherheitsventil

Manometer

Membrandruckausdehnungsgefäß

Warmluftzentralheizung

Eine Warmluftzentralheizung besteht aus Luftheizgerät, Ventilator, Luftfilter, Zuluftkanälen, Zuluftgitter, Abluftgitter, Rückluftkanal, Regelanlage und eventuell einem Frischluftkanal. Die Luftkanäle sind meist aus verzinktem Stahlblech, aber auch aus Aluminium, Kunststoff und Asbestzement hergestellt.

Das Prinzip einer Warmluftzentralheizung besteht darin, daß jeder zu beheizende Raum eines Gebäudes an ein Zuluft- und Rückluftkanalsystem angeschlossen wird. Die im Raum abgekühlte Luft wird mit einem Ventilator über einen Reinigungsfilter abgesaugt, über einen Lufterhitzer erwärmt und über Zuluftkanäle wieder den zu beheizenden Räumen zugeführt. Über einen am Rückluftkanal angeschlossenen Frischluftkanal kann eine fest eingestellte Menge frischer Außenluft zugeführt werden, so daß die Raumluft ständig erneuert wird und in den Räumen ein leichter Überdruck herrscht. Dadurch werden Zugerscheinungen durch geöffnete oder undichte Fenster und Türen vermieden. Die Raumluft wird vier- bis sechsmal in der Stunde umgewälzt, damit sie ausreichend gefiltert und gleichmäßig erwärmt werden kann. Der Filter besteht aus einer herausziehbaren Filtermatte aus Stoff oder Kunstfaser. Er muß von Zeit zu Zeit gereinigt oder erneuert werden. Der Ventilator kann vom Hersteller sowohl getrennt als auch im Luftheizautomat eingebaut geliefert werden.

Luftheizautomaten gibt es direkt beheizt mit Gas, Öl, festen Brennstoffen und Nachtstrom sowie auch indirekt über eine Warmwasserheizungsanlage. Bei kleineren Anlagen für Einfamilienhäuser und Bungalows sind direkt beheizte Geräte zweckmäßiger und billiger. Die Geräte sollten nach Möglichkeit im Untergeschoß oder in einem speziell dafür vorgesehenen Raum aufgestellt werden, da Ventilator und Brenner Geräusche verursachen. Zu- und Rückluftkanal müssen jeweils einen Schalldämpfer erhalten oder schalldämmend ausgekleidet werden, damit sich die Geräusche nicht durch die Luftkanäle in die Räume übertragen. In den einzelnen Räumen können Zu- und Rückluftgitter individuell eingestellt und reguliert werden. Die Luftaustrittsgeschwindigkeit am Zuluftgitter darf nicht zu hoch sein, da es sonst zu Zugerscheinungen, erhöhter Geräuschentwicklung und schlechter Wärmeverteilung im Raum kommt.

Der Vorteil einer Luftheizung gegenüber einer Warmwasserheizung liegt in der kurzen Aufheizzeit, der guten und schnellen Anpassung an Temperatur und Witterungsverhältnisse und der geringen Wartung. Bei Ausfall der Anlage besteht keine Einfrierungsgefahr. Im Raum sind keine möglicherweise störenden Heizkörper vorhanden, und mit entsprechendem Kostenaufwand besteht auch die Möglichkeit, eine Warmluftheizung auf eine Klimaanlage zu erweitern, d. h. mit einer Kühl- und Befeuchtungseinrichtung auszustatten.

Nachteile einer Warmluftheizung sind die starke Luftbewegung, die bauliche Unterbringung der relativ großen Luftkanäle, die Schall- und Hörübertragung zwischen den Räumen. In der Anschaffung ist sie wesentlich teurer als eine Warmwasserzentralheizung, und auch der Stromverbrauch des Luftventilators ist erheblich größer als z. B. der einer Umwälzpumpe.

Der Einbau einer Warmluftheizung in ein bestehendes Wohnhaus ist nur mit großem Aufwand und baulichen Veränderungen möglich. Auch für größere Wohngebäude sowie einzelne Wohnungen (Etagen) eignen sich Warmluftheizungen nicht.

In Einfamilienhäusern, Bungalows, vor allem aber in gewerblichen Gebäuden finden Warmluftheizungen Verwendung.

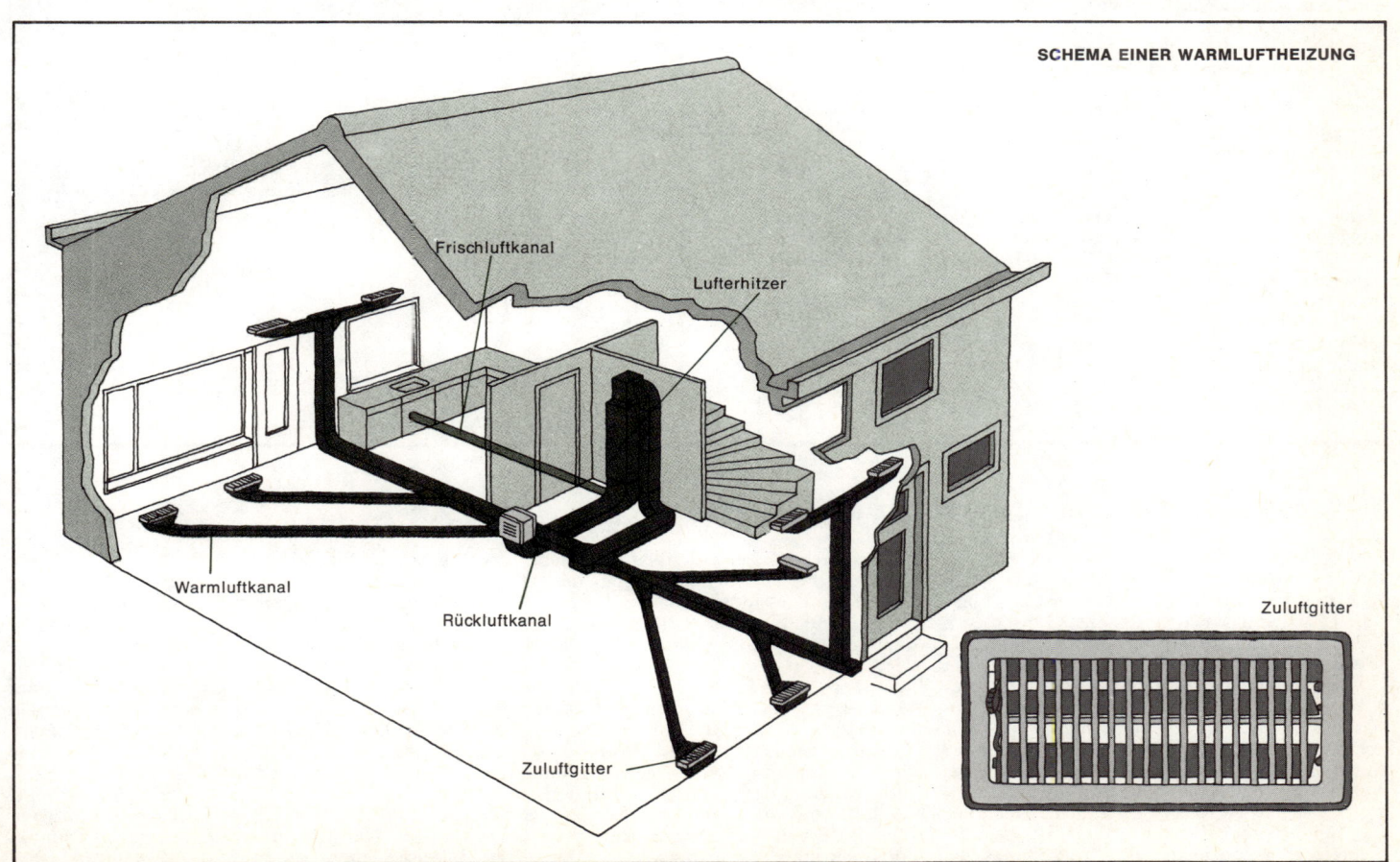

SCHEMA EINER WARMLUFTHEIZUNG

Frischluftkanal

Lufterhitzer

Warmluftkanal

Rückluftkanal

Zuluftgitter

Zuluftgitter

Zentralheizung

Fußbodenheizung

Die Fußbodenheizung mit Warmwasser als Ganzraumheizung gewinnt immer mehr an Bedeutung. Früher wurde sie in Verbindung mit anderen Heizsystemen vor allem zur Temperierung von Steinfußböden verwendet. In Schwimmbädern und Kirchen ist eine Fußbodenheizung fast unerläßlich.

Die Fußbodenheizung besteht aus Rohrschlangen, die auf dem Fußboden verlegt und im Estrich eingeschlossen werden. Deshalb dürfen sie nur im Niedertemperaturbereich (45 °C) betrieben werden. Man verwendet dazu Kunststoffrohre (VPE-Rohre).

Die einzelnen Räume und Rohrkreise werden von einem zentralen Vor- und Rücklaufverteiler mit Absperrventil „angefahren". Ein Rohrkreis sollte nach Möglichkeit 100 m Rohrlänge nicht übersteigen. Der Abstand der Rohre beträgt je nach erforderlicher Heizleistung zwischen 7,5 und 30 cm. Die Höhe des Fußbodenaufbaus beträgt je nach Fußbodenart ab Rohbetondecke zwischen 10 und 14 cm.

Zunächst wird auf der Betondecke eine mindestens 3 cm starke Wärmedämmschicht aus Schaumstoffplatten ausgelegt, darüber kommt eine Kunststoffoder Alufolie als Dampfsperre. Dann werden die Kunststoffheizrohre auf Befestigungselemente verlegt, befestigt und an den Vor- und Rücklaufverteiler angeschlossen. Nach Abdrücken und Probeheizen wird ein mindestens 6 cm starker Zementestrich oder Heizbeton eingebracht.

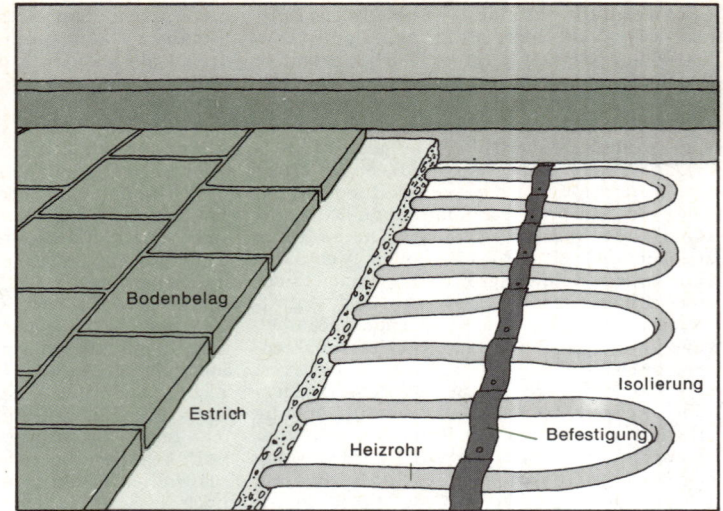

Deckenstrahlungsheizung

Deckenheizsysteme werden in Wohngebäuden seltener eingebaut; sie eignen sich mehr für gewerbliche Gebäude wie Büroräume, Museen, Ausstellungs- und Verkaufsräume und aus hygienischen Gründen auch für Krankenhäuser und Sanatorien und ähnliche Einrichtungen.

Deckenstrahlungsheizungen sind vor allem dort interessant, wo kein ausreichender Platz für übliche Heizkörper zur Verfügung steht oder durch Heizkörper allein eine gleichmäßige Erwärmung des betreffenden Raumes, beispielsweise einer hohen Halle, nicht gewährleistet ist. Sie kann aber auch lediglich als Zusatzheizfläche dienen.

Bei der Deckenstrahlungsheizung ist die eigentliche Heizfläche unter der Decke montiert.

Als Heizrohre für Deckenstrahlungsheizung werden Stahl-, Kupfer-, Alu-, Edelstahl- und auch Kunststoffrohre verwendet. Die Raumhöhe wird wegen der Decken- und Abhängekonstruktion auf jeden Fall geringer, so daß bei niederen Räumen der Einbau einer Deckenheizung nicht möglich ist.

Zur Vereinfachung der Montage gibt es auch bis zu 2 x 2,5 m große und 2,5 cm dicke Elemente, in deren Alublechoberfläche Heizrohre eingelassen sind. Hinter dem Alublech liegt die Isolierung aus Hartschaum. Die Elemente werden an die Decke geschraubt und die Rohre miteinander verbunden. Darunter kann jede Art von Deckenverkleidung angebracht werden.

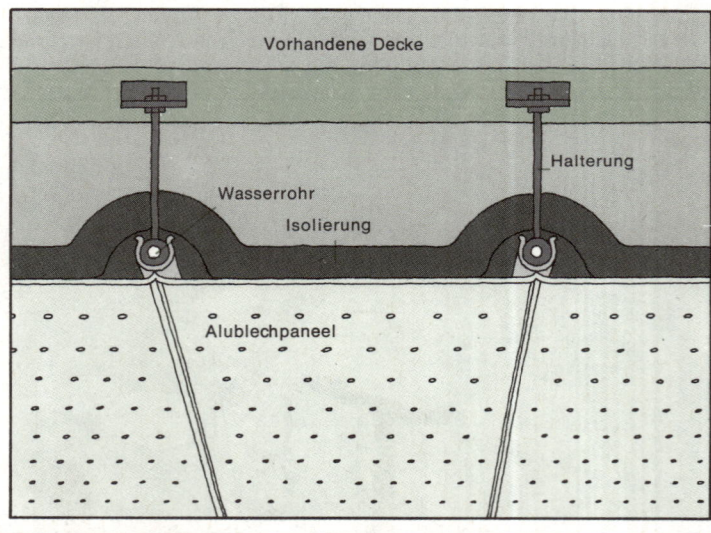

Wirtschaftlich heizen mit Zentralheizungsanlagen

Das wirtschaftliche Heizen mit einer Zentralheizung beginnt mit der Wahl und der Montage der Heizungsanlage. Dabei ist zu überlegen, ob und nach wie vielen Jahren sich höhere Investitionskosten durch billigeres Heizen amortisieren.

Diese höhere Investition betrifft auch bauliche Maßnahmen wie Vollwärmeschutz, Isolierglasfenster usw. Es ist beispielsweise sehr wichtig, daß alte und undichte Einfachfenster durch Isolierglasfenster ersetzt werden, wobei Verbundfenster einen wertvolleren Wärmedämmwert bringen als das sogenannte Isolierglas, da der Scheibenabstand größer ist. Isolierglasfenster haben jedoch den Vorzug, daß die Luft zwischen den Scheiben entstaubt, entfeuchtet und hermetisch gegen die Umgebungsluft abgeschlossen ist.

Ob und in welcher Stärke eine Wärmedämmung der Außenwände notwendig oder, wirtschaftlich betrachtet, sinnvoll ist, hängt von der Art und Stärke des vorhandenen Mauerwerks ab. Eine richtige Entscheidung kann man erst nach der Errechnung der Wärmedurchgangszahl in Verbindung mit einer Wirtschaftlichkeitsberechnung unter Berücksichtigung der Amortisation treffen.

Die Brennstofflagerung spielt ebenfalls eine große Rolle, da sich beim Einkauf von Heizöl durch größere Abnahmemengen der Preis erheblich verringert. Es sollte in etwa ein Jahresbedarf gelagert werden können. Bei der Wahl der Heizung muß auch überlegt werden, ob der Platz für Brennstofflagerung, Heizkesselanlage, Heizkörper oder Luftkanäle durch Einbau eines anderen Systems nicht für andere Zwecke freigemacht werden kann oder ob er überhaupt erst teuer erstellt werden muß. Weiterhin ist wichtig, daß die Heizungsanlagen wenig Wartung benötigen und eine lange Lebensdauer haben.

Wenn man vom Technischen wenig versteht, ist es ratsam, zur Überwachung der Anlage einen Wartungsvertrag mit einer Fachfirma abzuschließen, die je nach Anfälligkeit und

Beanspruchung viertel-, halb- oder jährlich die Anlage überprüft und dafür auch die Garantie übernimmt. Ein schriftlicher Vertrag ist notwendig.

Bei der Auslegung der Heizkesselanlage sollten keine großen Sicherheitszuschläge gemacht werden, d. h., die Leistung des Heizkessels sollte dem Bedarf angepaßt und, vor allem bei Spezialheizkesseln, nicht überdimensioniert sein. Bei sogenannten Wechselbrandkesseln, die zeitweise neben Öl bzw. Gas auch mit Koks befeuert werden, ist die Leistung für Koksheizung auszulegen. Dadurch ist der Heizkessel bei Öl- oder Gasfeuerung etwas überdimensioniert. Sollte die wechselnde Betriebsweise bei der Planung einer Heizungsanlage bereits bekannt sein, so ist es besser und wirtschaftlicher, einen Heizkessel mit zwei Brennkammern einzubauen. Diese Heizkessel haben in beiden Brennkammern die gleiche Leistung.

Der Verschmutzungsgrad im Brennraum des Heizkessels spielt bei der Wirtschaftlichkeit eine große Rolle. Jeder Millimeter Rußansatz vermindert die Leistung und dadurch den Wirkungsgrad. Deshalb ist es wichtig, den Brennraum von Zeit zu Zeit zu reinigen und den Brenner richtig einzustellen. Die richtig eingestellte Temperaturregelanlage spart Energiekosten. Eine dem Bedarf angepaßte Temperatur verringert die Wärmeverluste.

Automatische Regelanlagen haben sich sehr gut bewährt. Ihre Funktion ist sicher und die Lebensdauer fast unbegrenzt. Die relativ niedrigen Anschaffungskosten amortisieren sich nach wenigen Jahren. Vom Gesetzgeber ist vorgeschrieben, daß jede Heizungsanlage mit einer elektrischen Regelanlage (außentemperaturabhängige Vorlauftemperaturregelung mit Mischventil) ausgestattet sein muß, wobei in Einfamilienhäusern schon ein Handmischventil genügen kann. Zusätzlich müssen alle Heizkörper Thermostatventile zur Nachregelung erhalten. Diese Ventile drosseln die Warmwasserzufuhr zum Heizkörper, sobald die Raumtemperatur über den eingestellten Wert ansteigt, was z. B. schon durch Sonneneinstrahlung sehr leicht geschehen kann.

Im allgemeinen reichen folgende Raumtemperaturen:

Wohnzimmer	20–22° C
Schlafzimmer	18–20° C
Kinder- und Arbeitszimmer	20–22° C
Küche	18–20° C
Bad	22–24° C
Eingang, Diele, WC	15–20° C

Ein Senken der Raumtemperaturen bei Nacht bringt große Kostenersparnis. Allerdings hat sich gezeigt, daß eine Reduzierung um mehr als 5° C unwirtschaftlich ist.

Sogenannte Optimierungsregelungen mit zeitgesteuerter Absenk- und Aufheizlogik regeln die Heizungsanlage vollkommen selbsttätig. Sie erfassen neben der Außentemperatur auch die Windeinflüsse und ermöglichen durch Raumfühler den „Einzelraum-Regelungseffekt" und somit eine ständige Selbstkontrolle. Auch Mikroprozessoren (computerähnliche Regelgeräte) werden heute aus Gründen der Energieeinsparung zunehmend verwendet.

Regelanlagen sollten immer vom Heizungsfachmann eingestellt werden.

Sollen Garagen beheizt werden, so ist unbedingt auf eine gute Be- und Entlüftung zu achten, da sonst die feuchte und aggressive Luft den Lack des Wagens angreift und die Karosserie schneller rostet.

Heizkörper sollten unbedingt an der Außenwand und möglichst unter dem Fenster angebracht werden.

Das Verkleiden von Radiatoren vermindert deren Wärmeleistung bis zu 30 %. Es ist zweckmäßiger, einen formschönen und eventuell etwas teureren Heizkörper zu wählen, als ihn nachher zu verkleiden. Gardinen und Vorhänge sollten nie die Wärmeabgabe des Heizkörpers beeinträchtigen. Die Montage von Heizkörpern vor Fensterflächen bis zum Fußboden ist nur dann gestattet, wenn hinter dem Heizkörper ein Wärmestrahlungsschutz angebracht wird.

Störungen an Zentralheizungen

Ölheizung

Kleinere Störungen an der Ölzentralheizungsanlage können oft ohne Fachmann beseitigt werden. Wichtig ist dabei, daß das System und die einzelnen Teile der Anlage bekannt sind.

Störung:
Der Ölbrenner funktioniert, die Heizkesseltemperatur ist normal, die Heizkörper werden jedoch nicht warm.

Was tun?
Zunächst kontrollieren, ob die Umwälzpumpe eingeschaltet ist. Die Pumpe kann festsitzen; meist ist ein Schauglas über einem Prüfrad vorhanden. Schauglas abnehmen und durch Drehen des Prüfrads Pumpe in Gang setzen. Ist kein Strom vorhanden, Sicherung notfalls erneuern. Prüfen, ob sämtliche Absperrventile offen sind. Werden nur einzelne Heizkörper nicht warm, dann prüfen, ob die Heizkörperventile offen sind oder festsitzen und mehrmals hin und her drehen. Ist Luft im Heizkörper, am Luftventil entlüften. Die automatische Regelanlage kann ausgefallen sein. Sicherung prüfen; die Reservesicherung ist meist im Regelgerät. Vielleicht ist die Temperatureinstellung verändert oder die Schaltuhr für Nachtabsenkung falsch eingestellt worden. Wird es trotz dieser Überprüfungen nicht warm, dann den Kundendienst rufen.

Störung:
Der Ölbrenner springt nicht an.

Was tun?
Zunächst prüfen, ob der Kesselthermostat richtig eingestellt ist. Ist kein Strom vorhanden, Sicherung prüfen. Wenn Strom vorhanden ist, leuchtet die Störmeldeleuchte auf. Durch Drücken des am Kessel oder Brenner angebrachten Störmeldeknopfs, auch Entsperrung genannt, den Brenner wieder in Gang setzen. Geht der Brenner wieder auf Störung und leuchtet die Störmeldeleuchte wieder auf, zunächst überprüfen, ob genügend Heizöl im Tank ist und die Ventile an der Ölzuleitung offen sind. Eventuell ist der Ölfilter verstopft. Diesen öffnen und reinigen.

An vielen Heizkesseln ist der Brenner abschwenkbar; beim Ausschwenken löst sich ein Sicherheitsschalter. Prüfen, ob der Brenner richtig fest sitzt.

Anschlußkabel vom Heizkessel zum Brenner kann lose oder defekt sein.

Funktioniert der Brenner immer noch nicht, Brennerhaube abnehmen, prüfen, ob die Ansaugöffnung vom Gebläse verschmutzt oder verstopft ist, und mit Pinsel reinigen. Vor dem Abnehmen der Haube unbedingt Strom abschalten.

Strom einschalten und Brenner in Betrieb setzen. Springt der Brenner immer noch nicht an, unbedingt den Kundendienst rufen.

Gas

Entstehen an der Gaszentralheizungsanlage kleinere Störungen, so können diese oft unter Anwendung folgender Maßnahmen sehr rasch und ohne fremde Hilfe beseitigt werden.

Störung:
Der Gasbrenner funktioniert, und die Kesseltemperatur ist normal, aber die Heizkörper werden nicht warm.

Was tun?
Die Probleme und deren mögliche Behebung sind dieselben wie bei einer ölbefeuerten Heizungsanlage. Deshalb alle aufgeführten Möglichkeiten prüfen.

Störung:
Der Gasbrenner springt nicht an.

Was tun?
Zunächst wie bei der zweiten Störung der Ölheizung die Stellung der Thermostate überprüfen und auf Normalstellung bringen. Prüfen, ob Strom vorhanden ist. Sicherung überprüfen. Entsperrung am Kessel oder Brenner eindrücken. Gaszuleitung überprüfen; die Gashähne am Gaszähler und vor dem Gasbrenner müssen offen sein. Gaskessel mit atmosphärischem Brenner haben oft auch eine Zündflamme, die immer brennen muß. Ist sie aus, versuchen zu zünden. Ist die Düse verstopft, mit einer Nadel reinigen.

Bei elektrischer Zündung überprüfen, ob beim Einschalten im Brennraum an der Zündflamme Funken überspringen. Wenn nicht, ist die elektrische Stromzufuhr unterbrochen. Liegt der Defekt nicht an der Sicherung, sondern innerhalb der elektrischen Anlage des Heizkessels, dann den Kundendienst verständigen.

An der Gasversorgungsanlage darf man unter keinen Umständen experimentieren. Bei Gasgeruch sofort Gashahn zudrehen und Kundendienst verständigen.

Zentralheizung

Verschiedene Kesselarten

Zentralheizungskessel unterscheidet man nach Aufstellungsort, Brennstoffart (Koks-, Öl-, Gas-, Spänekessel usw.) sowie danach, ob mit oder ohne Warmwasserbereitung. Je nach Brennstoffart wählt man einen Spezialheizkessel (Öl oder Gas) oder einen Kessel mit zwei getrennten Brennkammern. Dieser kann beliebig mit festen oder flüssigen Brennstoffen betrieben werden. Der eingebaute Warmwasserbereiter mit einem Speicherinhalt von 100 bis 200 Litern je nach Kesselgröße liefert das ganze Jahr über ausreichend warmes Wasser. Beide Kessel werden über Gebläsebrenner beheizt. Vollautomatische Brenner sind gegenüber einer reinen Koksfeuerung günstiger in der Lagerhaltung, sparsamer im Verbrauch und bequemer zu bedienen.

Im Zuge der Altbaurenovierung gewinnt auch der Etagenheizkessel sowie die Gasheiztherme eine größere Bedeutung. Gas läßt sich leicht in jedes Stockwerk transportieren und ist bei atmosphärischen Brennern geräuscharm zu verfeuern. Diese Wärmeerzeuger werden komplett mit allen Zusatzgeräten wie Pumpe, Ausdehnungsgefäß und Regelung geliefert, die unter der Verkleidung angebracht sind. Etagenheizkessel sind inzwischen auch mit aufgesetztem Warmwasserbereiter oder Beistellboiler auf dem Markt. Die Warmwasserbereitung bei den Gasthermen erfolgt über Durchlauferhitzer. Etagenheizkessel werden meist über einen Raumthermostaten gesteuert. Heizthermen sind von einem Kamin unabhängig. Sie können an einer Außenwand angebracht werden, wobei das Abgas über einen Mauerkasten ins Freie geleitet wird.

Im Aussehen und Aufbau entsprechen die ölbefeuerten Etagenheizkessel den Gaskesseln. Anstelle der Gasdüsen ist jedoch ein Schalenverdampfungsbrenner eingebaut, der wie bei einem Ölofen funktioniert. Der Ölkessel bedingt jedoch im Keller eine Ölvorratshaltung. Das Öl wird mittels einer Förderpumpe über Leitungen zum Kessel gepumpt. Die Warmwasserbereitung wird nicht vom Heizkessel übernommen. Geräuschvoller und weniger schön im Aussehen sind Etagenkessel mit Zerstäuberbrenner. Die Pumpe sowie die Armaturen sind hierbei nicht in einer Einheit zusammengefaßt.

Kokskessel werden aus den bereits erwähnten Gründen immer seltener verwendet. Der Oberbrandkessel wird hauptsächlich bei kleineren Anlagen eingesetzt. Dabei gelangt die gesamte eingefüllte Koksmenge in Glut und gibt die Wärme über die Kesselwandungen und über die restlichen Heizflächen in Form von Heizgasen ab. Beim Unterbrandkessel kommt nur der untere Teil der Brennstoffmenge in Glut, wodurch ein gleichmäßigerer Abstand gewährleistet wird. Diese Konstruktion eignet sich nur für Großkessel.

Kokskessel, die auf Öl oder Gas umgestellt werden, müssen mit Schamottesteinen ausgemauert werden, um eine gleichmäßige Heizgasverteilung zu erreichen.

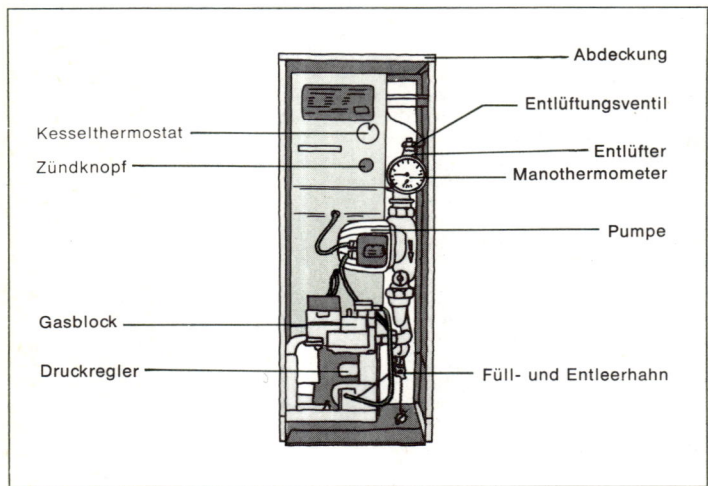

Gasheizkessel in Küchenausführung von innen

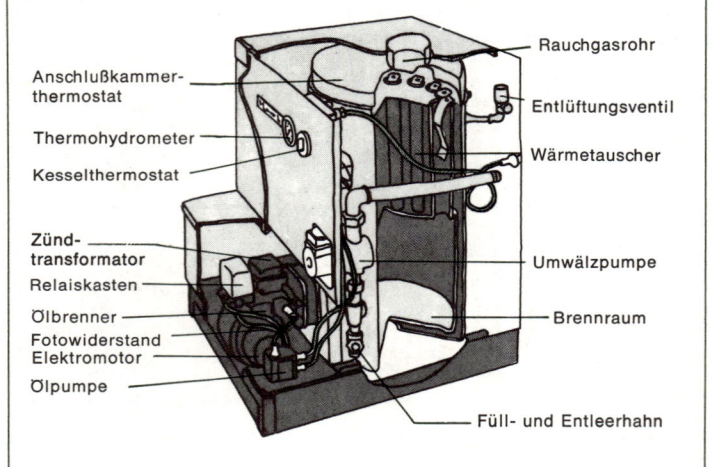

So sieht ein ölbefeuerter Heizkessel von innen aus

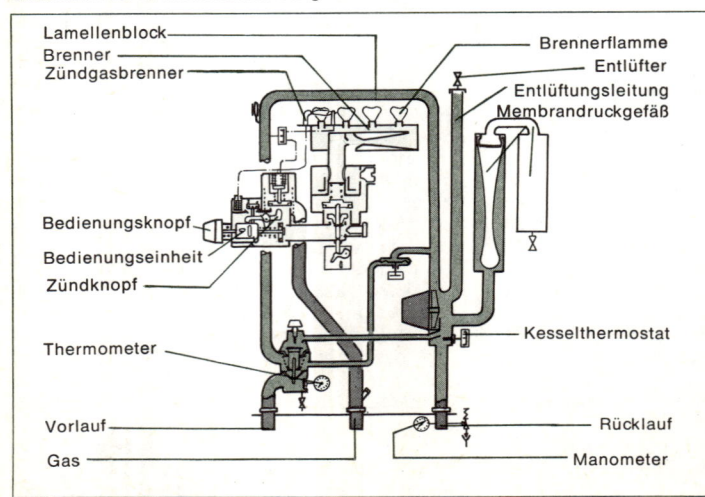

Schema einer Gasheiztherme

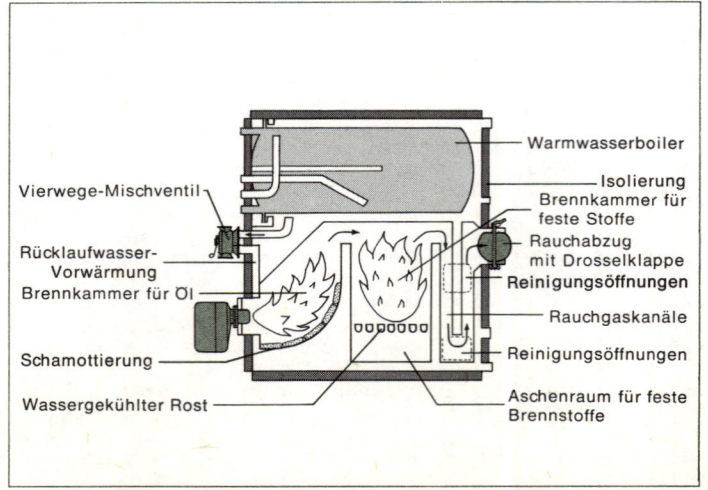

Kombinierter Heizkessel für Öl und feste Brennstoffe mit Warmwasserspeicher

Wartung von Zentralheizungskesseln

Etagenheizkessel müssen kaum gewartet werden. Meistens kann man es bei einer gründlichen jährlichen Inspektion belassen, für die man am besten einen Kundendienstvertrag abschließt.

Im übrigen wird der emaillierte oder kunststoffbeschichtete Außenmantel des Kessels mit einem nichtscheuernden Reinigungsmittel feucht abgewischt. Dazu sollte der Kessel außer Betrieb genommen werden.

Besondere Beachtung verdienen die Abgaszüge. Sie sollten mindestens einmal jährlich gesäubert werden, da verrußte Züge den Wirkungsgrad des Kessels erheblich senken. In den meisten Fällen gibt es vom Kesselhersteller eine Gebrauchsanweisung, die man zunächst einmal gründlich durchlesen sollte, bevor man am Kessel herummontiert und womöglich Schaden anrichtet.

Der Kessel muß zur Reinigung abgestellt und abgekühlt sein. Dann wird der Gashahn zugedreht und die Stromzufuhr unterbrochen. Jetzt kann nach den Angaben des Herstellers mit der Reinigung begonnen werden.

Der Innenkessel wird von oben nach unten mit einer Bürste gereinigt. Vorher muß in jedem Fall der Brenner ausgebaut werden. Anschließend werden der Feuerraum und die Bodenplatte von Verbrennungsrückständen und ähnlichem gereinigt.

Die Wartung der Sicherheitsfunktionen, die Überprüfung der Dichtheit der Ventile und Membranen sowie eine neue Abgasanalyse sollte man in jedem Fall von einem Fachmann durchführen lassen.

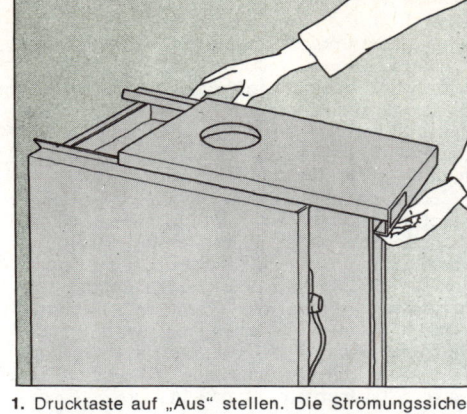

1. Drucktaste auf „Aus" stellen. Die Strömungssicherung abziehen, dann den Deckel, die Seitenteile und gegebenenfalls auch die Hinterwand abschrauben. Deckel anheben und nach vorn abziehen

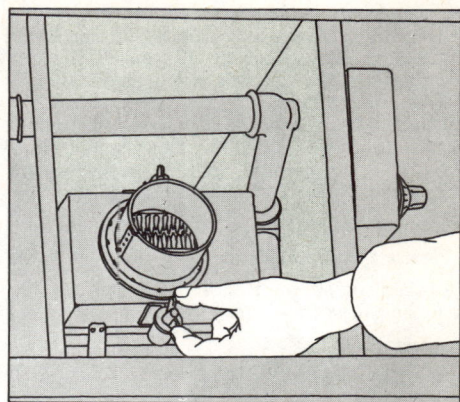

2. Es gibt viele Typen von Gasheizkesseln. Die hier gegebene Beschreibung ist allgemein gehalten und trifft für viele Gaskessel zu. Jetzt die Flügelmuttern des Rauchrohranschlusses lösen

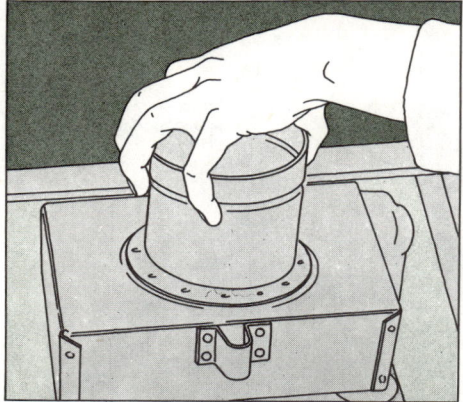

3. Nun kann der Rauchrohranschluß abgenommen werden. Kontrollieren Sie die Asbestschnureinlage. Sollte sie beschädigt oder gebrochen sein, so wird sie erneuert

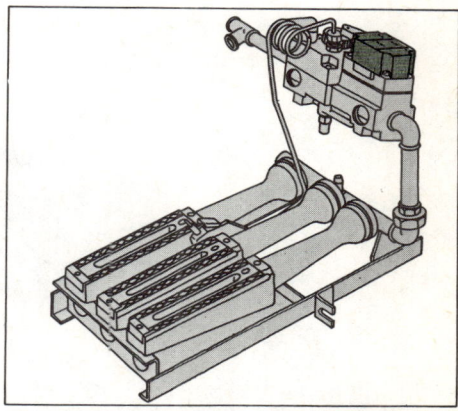

4. Brennereinschub herausnehmen. Zuerst von der Gaszuleitung abtrennen, dann seitlich des Schlittens die Schrauben lösen und nach vorn herausziehen. Notfalls in der Kesselbeschreibung nachsehen

ÖLFILTER

Schwimmer

1. Schrauben am Filterdeckel lösen. Prüfen, ob sich der Schwimmer frei bewegen kann

Filter

2. Tuch unter die Filterkammer legen. Filtereinsatz ausbauen und im Ölbad auswaschen

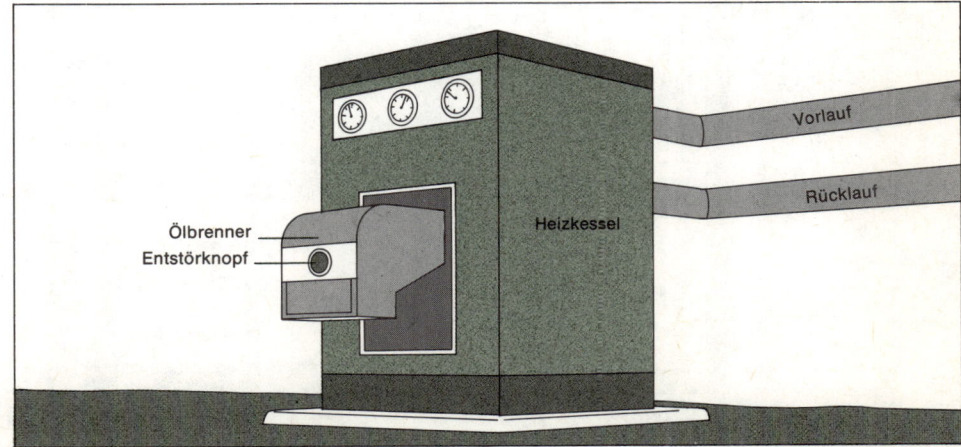

Vorlauf

Rücklauf

Heizkessel

Ölbrenner

Entstörknopf

Wenn der Ölbrenner ausfällt, kann man selbst die Anlage meist wieder in Betrieb setzen, indem man auf den Entstörknopf drückt. Der Entstörknopf ist in der Regel gut sichtbar und rot markiert. Sollte sich die Störung so nicht beheben lassen, muß man einen Ölfeuerungsfachmann zu Hilfe rufen

Zentralheizung

Solar- und Wärmepumpentechnik

Die weltweite Verknappung von Rohstoffen und Primärenergien wie Erdöl und Gas hat unter anderem zur Folge, daß die Kosten für Heizung und Warmwasserbereitung einen starken Preisanstieg erlebt haben.

Um den Energieverbrauch in der Haustechnik zu reduzieren und somit die angestiegenen Kosten zu kompensieren, gibt es bauliche und technische Möglichkeiten. Diese sind:

- Erhöhter Wärmeschutz durch Dämmung
- Passive Solarenergienutzung
- Einsatz von alternativen Technologien zur Raumheizung und Warmwasserbereitung
- Solartechnik
- Wärmepumpen

Erhöhter Wärmeschutz durch Dämmung
Eine Heizungsanlage ist dazu da, in Wohngebäuden möglichst konstante Temperaturen im Bereich von 20°C zu halten, während die Außentemperaturen ständigen Schwankungen unterworfen sind.

In Mitteleuropa wird dabei von −15°C als niedrigster Außentemperatur im Winter ausgegangen. Da der eine Wert der Behaglichkeit dient und der andere naturgegeben ist, kann man beide als Konstante betrachten.

Jede Heizungsanlage ist auf dieser Grundlage berechnet. Da im Energieverlust eines Gebäudes alle Bauteile (Wände, Fenster, Dach), die an Außenluft oder unbeheizte Räume angrenzen, erfaßt sind und über ein bestimmtes rechnerisches Verfahren der Wärmebedarf ermittelt wird, kann man feststellen, daß der Wärmebedarf um etwa 40 % reduziert werden kann, wenn man die Außenwände z.B. mit 5 cm dicken Styroporplatten versieht. Dieser Einsparungseffekt spiegelt sich natürlich auch im Energieverbrauch (Öl, Gas, Strom) wider.

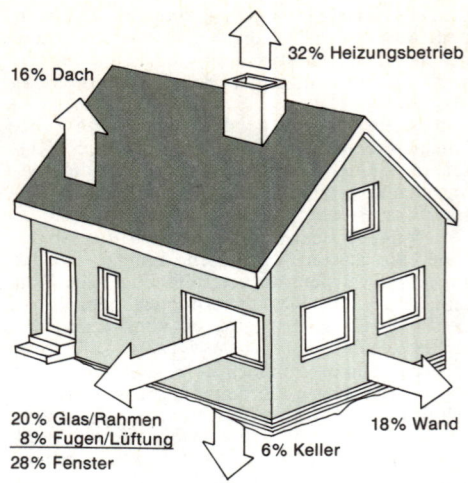

16% Dach
32% Heizungsbetrieb
20% Glas/Rahmen
8% Fugen/Lüftung
28% Fenster
6% Keller
18% Wand

Prozentuale Angaben über Wärmeverlustquellen an einem Einfamilienhaus

Es gibt verschiedene Möglichkeiten, Außenwände wärmezudämmen, z.B. Dämmputze oder vorgehängte Fassaden mit dahinter befindlicher Steinwolledämmschicht. Auch bei Dächern kann das Anbringen von Dämmatten erhebliche Einsparungen bringen. Ähnliche Resultate erzielt man, wenn man alte Fenster durch neue mit zwei- oder dreifacher Isolierverglasung ersetzt. Insgesamt stellen Dämmaßnahmen an Gebäuden einen sicheren Weg zur Energieeinsparung dar – und sie machen sich in verhältnismäßig kurzer Zeit bezahlt.

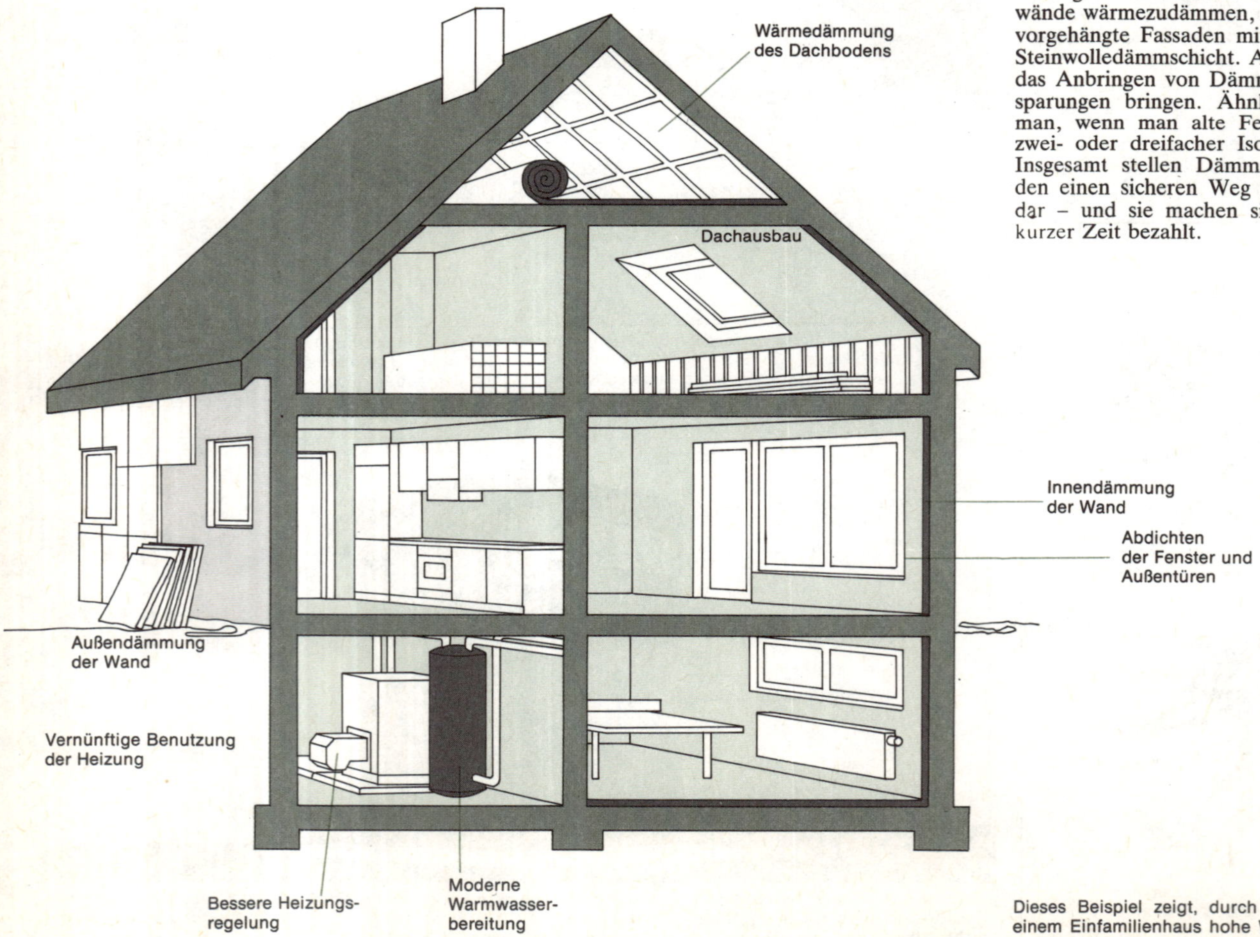

Wärmedämmung des Dachbodens

Dachausbau

Innendämmung der Wand

Abdichten der Fenster und Außentüren

Außendämmung der Wand

Vernünftige Benutzung der Heizung

Bessere Heizungsregelung

Moderne Warmwasserbereitung

Dieses Beispiel zeigt, durch welche Maßnahmen bei einem Einfamilienhaus hohe Wärmeverluste vermieden werden können

Passive Solarenergienutzung

Unter passiver Solar- oder Sonnenenergienutzung versteht man eine Methode, die sich vornehmlich auf die architektonische Gestaltung eines Gebäudes und auf seine Lage bezieht.

Die Grundüberlegung ist die, daß von einem günstig plazierten Gebäude die Sonneneinstrahlung zu Heizzwecken aufgefangen werden kann. Die Hauptwohnräume eines solchen Hauses werden nach Süden, zur Richtung der stärksten Sonneneinstrahlung, ausgerichtet. Anpassung des Baukörpers an die landschaftlichen Verhältnisse, also windgeschütztes Bauen und Verlagerung von Nebenräumen ans Erdreich, sind weitere Schritte der sogenannten Solararchitektur. Vorgebaute Glasfassaden und Wintergärten erhöhen die Wärmeaufnahmefähigkeit des Sonnenhauses im Sommer und in der Übergangszeit. In der kalten Periode bilden sie dagegen Pufferzonen mit unbewegten Luftschichten. Im Gebäudeinnern kann durch Aufstellung von Trombewänden ein zusätzlicher Wärmespeichereffekt erreicht werden. In den Wintermonaten freilich kommen auch Solarhäuser nicht ohne zusätzliche Raumheizung aus.

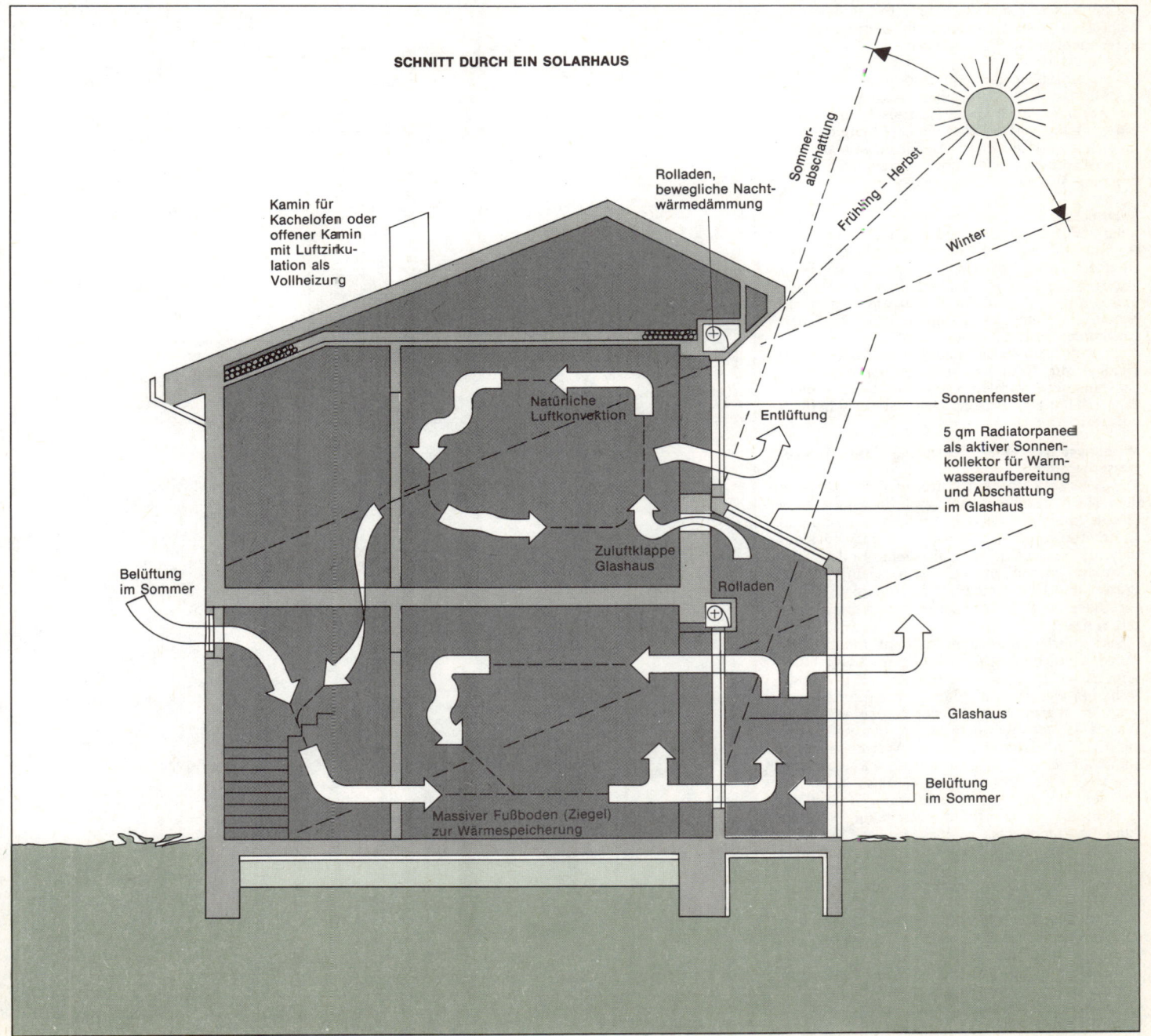

SCHNITT DURCH EIN SOLARHAUS

Kamin für Kachelofen oder offener Kamin mit Luftzirkulation als Vollheizung

Rolladen, bewegliche Nachtwärmedämmung

Sommerabschattung

Frühling – Herbst

Winter

Natürliche Luftkonvektion

Entlüftung

Sonnenfenster

5 qm Radiatorpanel als aktiver Sonnenkollektor für Warmwasseraufbereitung und Abschattung im Glashaus

Zuluftklappe Glashaus

Rolladen

Belüftung im Sommer

Glashaus

Belüftung im Sommer

Massiver Fußboden (Ziegel) zur Wärmespeicherung

Zentralheizung

Der Solarkollektor

Solarkollektoren werden in verschiedenen Ausführungen angeboten. Die herkömmliche Art zeigt nebenstehendes Bild.

Seit einiger Zeit gibt es Kollektoren auf sehr hohem technischem Niveau, z. B. solche mit Luftvakuum oder Wärmerohren. Diese technischen Verbesserungen steigern den Wirkungsgrad der Kollektoren erheblich. Doch solche Kollektoren sind dafür auch viel teurer als herkömmliche Konstruktionen. Es ist daher zu empfehlen, vom Fachmann eine Amortisationsberechnung aufstellen zu lassen.

Eine Abart des Kollektors ist der Absorber; er nimmt außer Sonneneinstrahlung auch Latentwärme, z. B. Tauwasser, Regen, Umweltwärme, auf. Absorber werden als Energiezaun, Flächenkunststoffabsorber oder Energiebündel in vielen verschiedenen Ausführungen angeboten. Absorber werden überwiegend in Verbindung mit Wärmepumpen verwendet.

Solartechnik

Solar- oder Sonnenenergie ist in unseren Breiten nur während der Sommermonate in ausreichendem Maß vorhanden. Dieser Umstand grenzt die solare Heiztechnik bereits stark ein und verlagert ihre optimale Nutzung hauptsächlich in die Sommerzeit und z. T. in die Übergangszeiten Frühjahr und Herbst.

Es hat sich gezeigt, daß Solarenergie hauptsächlich zur Brauchwasserbereitung wirtschaftlich eingesetzt werden kann; für die Raumheizung scheint sie nur sehr begrenzt wirtschaftlich nutzbar.

Wirkungsweise einer Solaranlage zur Brauchwasserbereitung

Die Solarkollektoren werden in der Regel auf dem Dach installiert, und zwar in Südrichtung und in einem Neigungswinkel von 45 Grad. Ein Rohrleitungssystem, das aus Vor- und Rücklauf besteht, verbindet sie mit dem Boiler. Als Wärmeträgermedium wird ein Gemisch aus Wasser und Frostschutzmittel verwendet. Dieses verhindert, daß die Anlage in der kalten Jahreszeit einfriert.

Das Rohrleitungssystem muß mit den entsprechenden Sicherheitseinrichtungen ausgestattet sein; dazu gehören ein Ausdehnungsgefäß und ein Sicherheitsventil. Eine Pumpe transportiert das von der Wärmestrahlung der Sonne erwärmte Wasser in den Wärmetauscher, der im Boiler montiert ist. Dort findet der Wärmeübergang vom warmen Kollektorwasser zum kälteren Boilerwasser statt. Der Vorgang läuft so lange ab, bis der Boiler Betriebstemperatur (50–60°C) erreicht hat. Eine Thermostatregelung schaltet dann die Pumpe aus.

Wenn die Sonne nicht scheint, muß das Brauchwasser durch eine Nachheizung erwärmt werden; das kann ein Heizkessel oder ein Elektroheizzusatz sein.

Solaranlagen werden oft auch zur Erwärmung von Schwimmbadwasser oder in Verbindung mit Wärmepumpen verwendet.

Wenn man die Sonnenenergie nutzt, um Warmwasser zu bereiten, spart man beträchtlich Öl, Gas oder Strom, und außerdem sind die Unterhaltskosten gering.

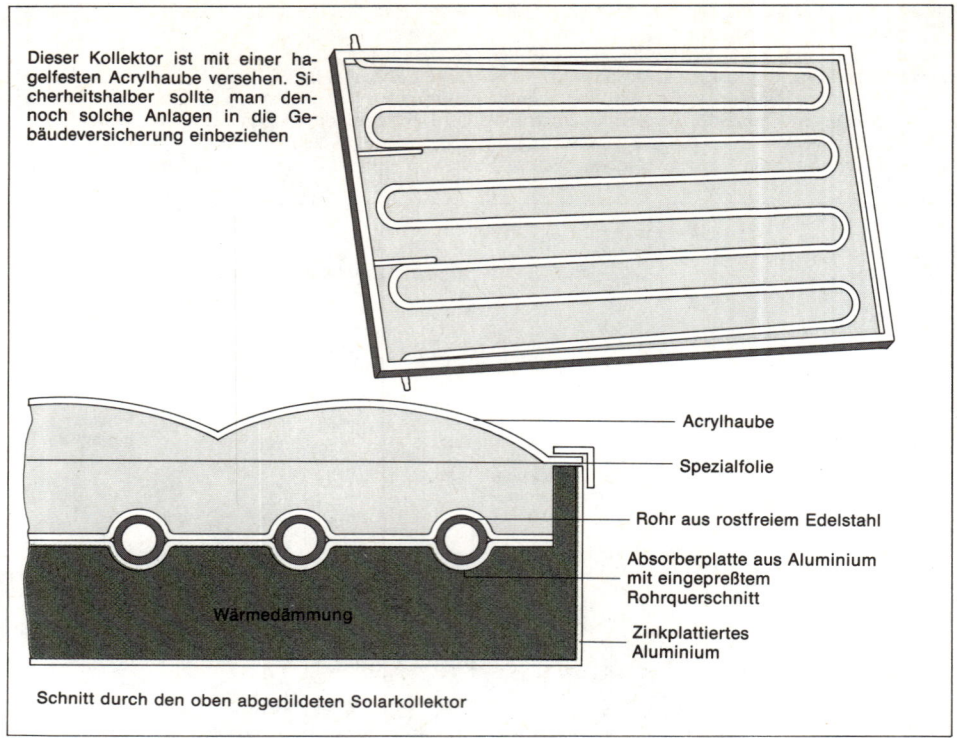

Dieser Kollektor ist mit einer hagelfesten Acrylhaube versehen. Sicherheitshalber sollte man dennoch solche Anlagen in die Gebäudeversicherung einbeziehen

Acrylhaube
Spezialfolie
Rohr aus rostfreiem Edelstahl
Absorberplatte aus Aluminium mit eingepreßtem Rohrquerschnitt
Zinkplattiertes Aluminium

Wärmedämmung

Schnitt durch den oben abgebildeten Solarkollektor

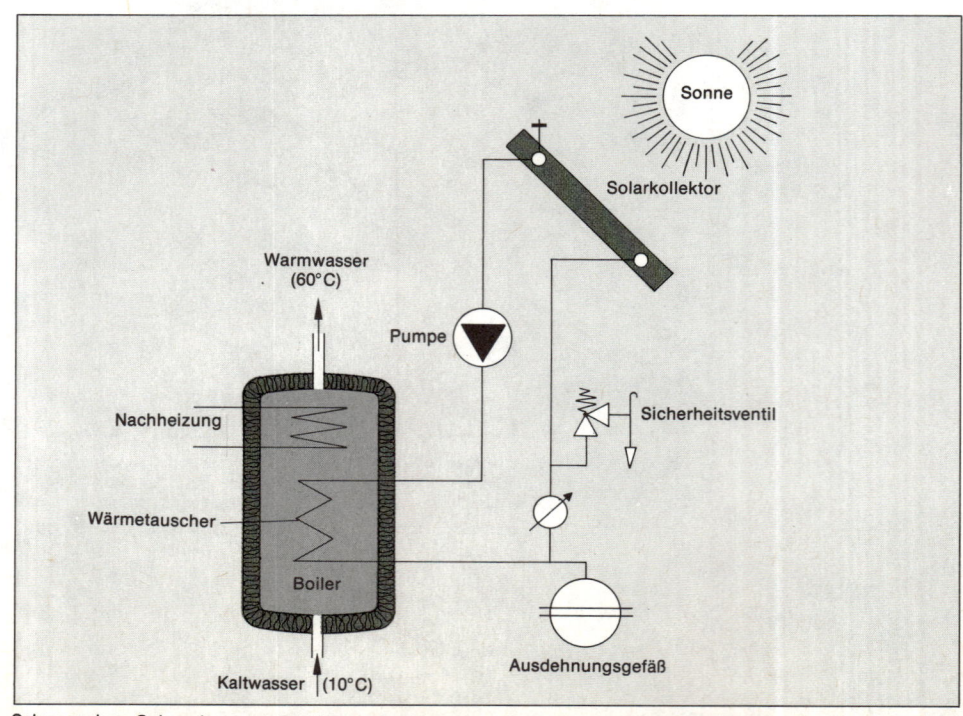

Warmwasser (60°C)
Pumpe
Sonne
Solarkollektor
Sicherheitsventil
Nachheizung
Wärmetauscher
Boiler
Kaltwasser (10°C)
Ausdehnungsgefäß

Schema einer Solaranlage zur Bereitung von Brauchwasser. Wichtig für die Betriebssicherheit sind das Sicherheitsventil und das Ausdehnungsgefäß, die zwischen Kollektor und Wärmetauscher liegen

Wärmepumpen

Wärmepumpen kann man mit verschiedenen Antriebsenergien versorgen, mit Strom, Gas oder auch Dieselöl. Die Hauptbestandteile der Wärmepumpe sind Verdampfer, Kompressor, Wärmetauscher und Expansionsventil.

Die Technik der Wärmepumpe beruht auf einem thermodynamischen Prozeß, der Möglichkeit nämlich, daß ein sogenanntes Kältemittel in einen bestimmten Druckzustand gebracht werden kann und daß es bei entsprechend niederer Temperatur dann verdampfen und Wärme aufnehmen kann. Die dadurch von der Wärme-

quelle, etwa der Außenluft oder dem Grund- oder Flußwasser, aufgenommene Verdampfungswärme ist der eigentliche kostenlose Energiegewinn. Das verdampfte Arbeits- oder Kältemittel kommt dann in den Verdichter, wo es auf einen höheren Druck komprimiert wird. Dadurch nimmt die Temperatur des Arbeitsmittels ebenfalls zu. Anschließend wird im Wärmetauscher, der mit der Heizungsanlage oder dem Warmwasserboiler verbunden ist, die Energie abgegeben. Es erklärt sich jetzt fast von selbst, weshalb Wärmepumpenanlagen hauptsächlich

im Niedertemperaturbereich bis etwa 50°C Verwendung finden.

Da man den kostenlosen Energiegewinn aus der Umwelt bei der Steigerung der Leistungsziffer der Wärmepumpe möglichst hoch halten, also das Verhältnis von abgegebener zu zugeführter Energie soweit wie möglich steigern will, ist es wichtig, daß man eine niedrige Anlagentemperatur wählt. Denn das Temperaturniveau kann nur durch den Kompressor gehoben werden, der ja mit Strom, Gas oder Öl betrieben werden muß.

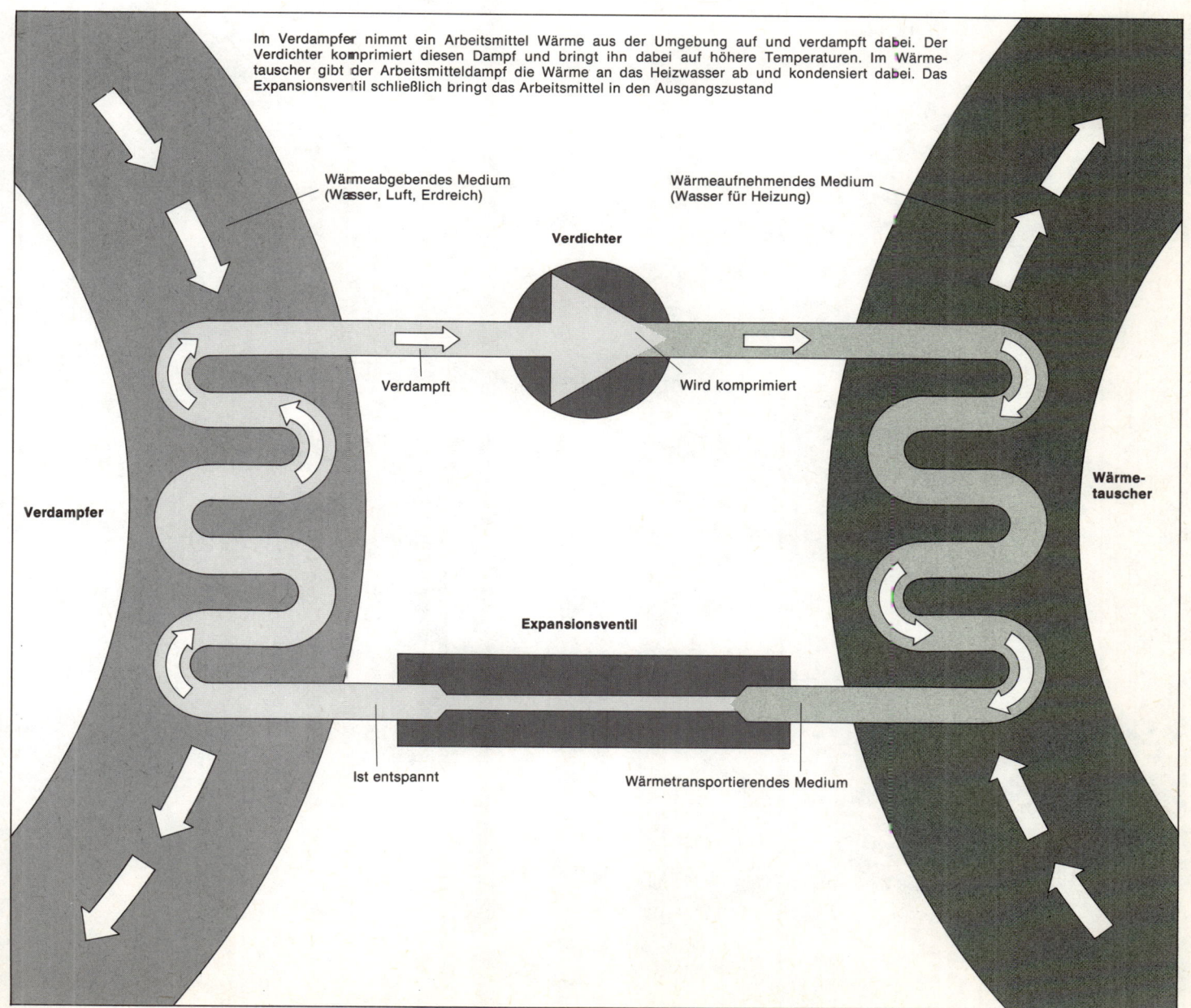

Im Verdampfer nimmt ein Arbeitsmittel Wärme aus der Umgebung auf und verdampft dabei. Der Verdichter komprimiert diesen Dampf und bringt ihn dabei auf höhere Temperaturen. Im Wärmetauscher gibt der Arbeitsmitteldampf die Wärme an das Heizwasser ab und kondensiert dabei. Das Expansionsventil schließlich bringt das Arbeitsmittel in den Ausgangszustand

Wärmeabgebendes Medium
(Wasser, Luft, Erdreich)

Wärmeaufnehmendes Medium
(Wasser für Heizung)

Verdichter

Verdampft

Wird komprimiert

Verdampfer

Wärmetauscher

Expansionsventil

Ist entspannt

Wärmetransportierendes Medium

Zentralheizung

Verschiedene Energiequellen für Wärmepumpen

Im Prinzip ist es unwichtig, wo die Heizwärme herkommt. Es muß nur eine Möglichkeit geben, der Umgebung außerhalb des Gebäudes Wärme zu entziehen, anstatt sie durch das Verbrennen eines Brennstoffs zu erzeugen. Ein Wärmeüber- schuß von 10 °C erlaubt schon einen ordentli- chen Energiegewinn. Für den Geräteaufbau gibt es zwei grundlegende Systeme. Bei den Luft- Wasser-Wärmepumpen dient Luft als Wärme- quelle und gibt ihre Energie an einen Wasser- kreislauf ab. Im Gegensatz dazu stehen die Wasser-Wasser-Wärmepumpen: Hier wird die Wärme einem Solekreislauf entnommen, aus dem sie einem Wärmekreislauf (Heizung, Brauchwasser) zugeführt wird.

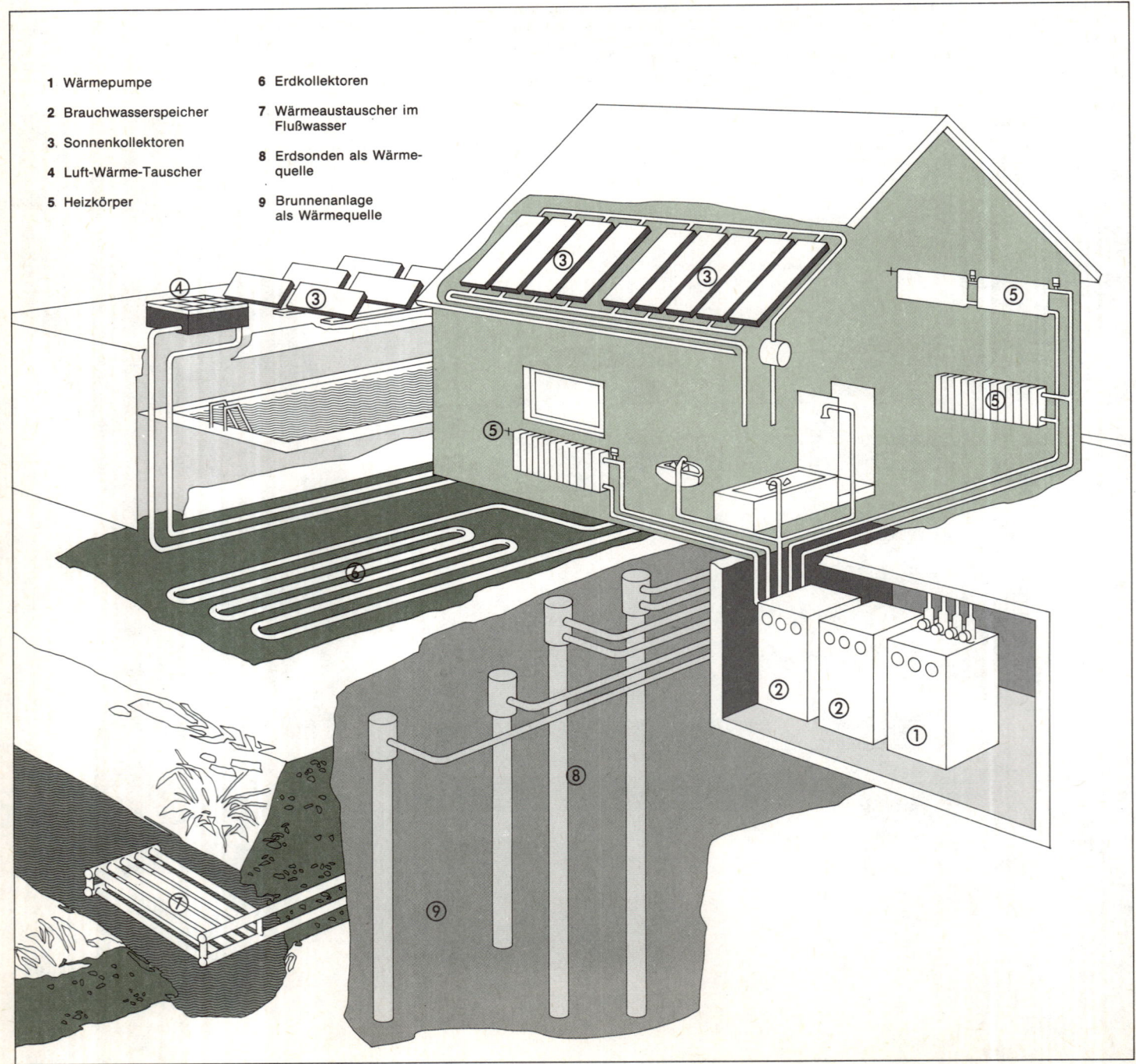

1 Wärmepumpe
2 Brauchwasserspeicher
3 Sonnenkollektoren
4 Luft-Wärme-Tauscher
5 Heizkörper

6 Erdkollektoren
7 Wärmeaustauscher im Flußwasser
8 Erdsonden als Wärme- quelle
9 Brunnenanlage als Wärmequelle

Schaltungsarten von Wärmepumpenanlagen

Die ideale Voraussetzung für den Betrieb einer Wärmepumpenanlage ist dann gegeben, wenn es möglich ist, während der ganzen Heizperiode den Energiebedarf durch den alleinigen Betrieb der Wärmepumpe zu decken. In diesem Fall spricht man von einer monovalent betriebenen Wärmepumpenanlage. Eine solche Anlage bringt in Verbindung mit einer Niedertemperaturheizung rund 50 bis 70 % Energieeinsparung pro Jahr gegenüber einem vergleichbaren Gebäude mit einer herkömmlichen Heizungsanlage.

Der monovalente Anlagentyp läßt sich z. B. bei der Nutzung von Grundwasser als Wärmeentzugsmedium realisieren. Nutzt man dagegen die Luft als Wärmeentzugsmedium, ist eine so

hohe Ausbeute kaum möglich, da durch die Vereisung des Wärmepumpenverdampfers hohe Abtauleistungen notwendig werden, wodurch sich die Leistungszahl des Geräts stark vermindert.

Die gebräuchlichste Betriebsart hingegen stellt die sogenannte bivalent betriebene Heizungsanlage dar. Bei dieser Anlage übernimmt die Wärmepumpe z. B. bei Luft-Wasser-Betrieb bis zu einer Außentemperatur von 3°C die volle Deckung des Gebäudewärmebedarfs und der Warmwasserversorgung. Bei Temperaturen unter 3°C wird dann die Wärmepumpe außer Betrieb gesetzt, und ein Öl- oder Gaskessel übernimmt deren Aufgabe.

Es gibt aber auch die Möglichkeit, den reinen

Alternativbetrieb, also entweder Wärmepumpe oder Heizkessel, durch den sogenannten Additivbetrieb zu ersetzen. Bei dieser Anlage schaltet sich die Wärmepumpe nicht bei 3°C Außentemperatur ab, sondern sie bleibt bis in die Minusgrade hinein in Betrieb, wobei der fehlende Energiebedarf von einem Heizkessel zusätzlich, also additiv, aufgebracht werden muß.

In fast allen Fällen ist es ratsam, um Problemen in der Anlage der hydraulischen Schaltung vorzubeugen, einen Heizwasserpufferspeicher mit in das Heizsystem einzubinden. Oftmals sind solche zwingend vorgeschrieben, damit der weitere Betrieb der Heizungsanlage gewährleistet ist, wenn die Wärmepumpe aus irgendwelchen Gründen einmal ausfallen sollte.

BIVALENTES ANLAGENSCHEMA MIT WÄRMEPUMPE UND HEIZKESSEL

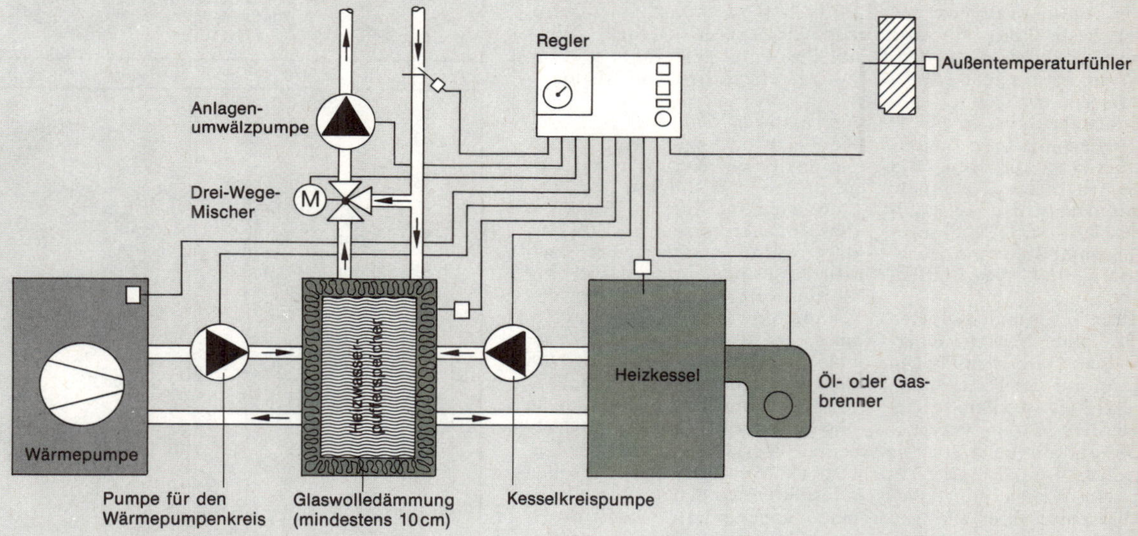

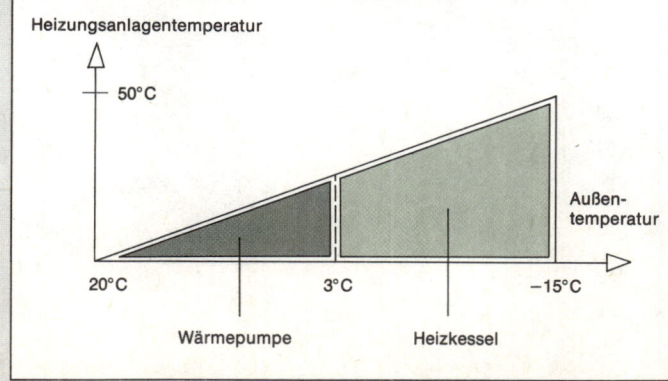

Schaubild der Anlagenvorlauftemperatur in Abhängigkeit von der Außentemperatur für obigen Anlagentyp und Alternativschaltung

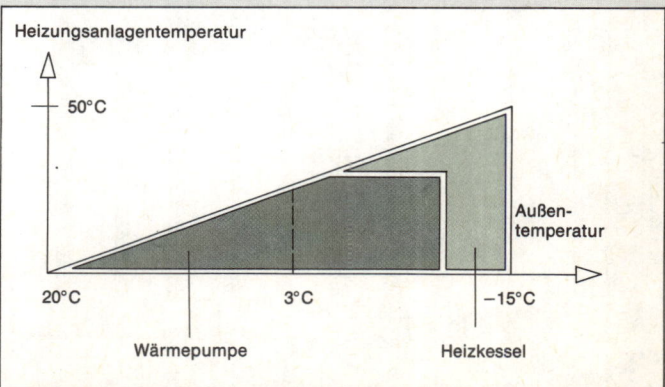

Schaubild der Anlagenvorlauftemperatur in Abhängigkeit von der Außentemperatur für obigen Anlagentyp mit Additivschaltung

Zentralheizung

Heizkörper

Heizkörper für Zentralheizungsanlagen werden in vier Gruppen eingeteilt: Rippen- bzw. Gliederradiatoren, Heizplatten, Konvektionsplattenheizkörper und Konvektoren.

Heizkörper werden aus Stahlblech, Gußeisen, Aluminium oder Kunststoff hergestellt. Der Gliederheizkörper mit seinem idealen Wärmeabgabeverhältnis ist der am meisten verwendete Radiator. Der Heizkörper besteht aus wasserführenden Kanälen, versehen mit Gliedern, die mit Schraubnippeln zu Blöcken zusammengefaßt sind. Es sind die unterschiedlichsten Bauhöhen und Bautiefen im Handel, so daß für jeden Aufstellungsort der geeignete Heizkörper ausgewählt werden kann. Der beste Platz für alle Heizkörper ist unter dem Fenster, damit die eindringende Kaltluft sofort erwärmt wird und kein Zug entsteht.

Bei Gliederradiatoren unterscheidet man Gußradiatoren, DIN 4720, aus Stahlblech gepreßte und zusammengeschweißte Stahlradiatoren, DIN 4722, die sogenannten „Schmalsäuler", die Röhrenradiatoren und die Plattenradiatoren.

Bei Platten kann man zwischen profilierter und glatter Oberfläche wählen. Bei einlagigen Platten kann auf die Heizkörpernische verzichtet werden. Heizplatten werden in den verschiedensten Baulängen geliefert. Sie sollten jedoch 5 m Länge nicht überschreiten. Wegen ihrer glatten Oberfläche und ihrer geringen Bautiefe sind sie wenig staubanfällig und lassen sich gut reinigen. Meist werden sie mit an der Rückseite angeschweißten Haltebügeln an der Wand befestigt. Da die Wärmeabgabe einer Heizplatte wegen der relativ geringen Oberfläche begrenzt ist, schweißt man auf der Rückseite zusätzliche Konvektorschächte aus Blech auf und erhält somit den Konvektionsplattenheizkörper.

In zunehmendem Maße werden fertig lackierte Plattenheizkörper angeboten; dabei wird die Montage vereinfacht, da die Demontage der Heizkörper für die Lackierung entfällt. Die Platten werden einschließlich der Schutzverpackung montiert, und erst kurz vor dem Einzug wird die Folie bzw. der Karton entfernt. Fertigheizkörper werden direkt auf die Wand geschraubt und benötigen ebenfalls keine Nische.

Konvektoren

Konvektoren sind Heizkörper, die aus einem Kernrohr mit aufgeschweißten Lamellen bestehen. Voraussetzung für die Funktion der Konvektoren ist die Verkleidung. Man unterscheidet zwischen solchen mit natürlicher Luftumwälzung und solchen mit Zwangsumwälzung über ein Gebläse. Bei Konvektoren ohne Gebläse ist die Wärmeleistung von der wirksamen Schachthöhe abhängig. Konvektoren werden in Nischen, Sockelleisten mit werkseitiger Verkleidung oder als Unterflurkonvektoren vor großen Glasflächen eingebaut. Wichtig ist eine ungehinderte Luftzirkulation, da sonst mit verminderter Leistung gerechnet werden muß.

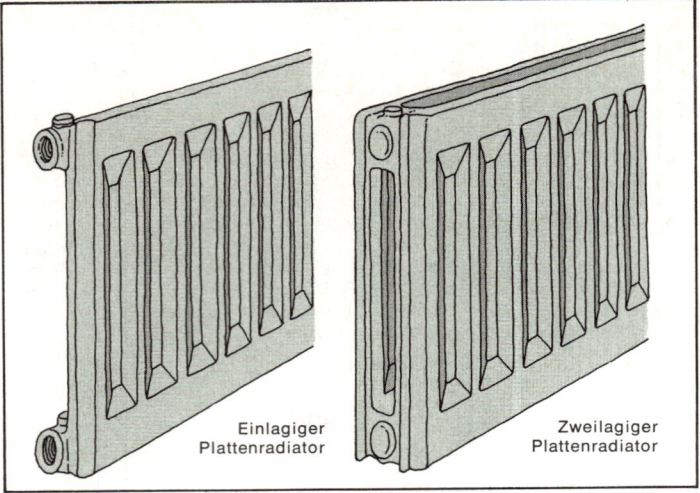

Einlagiger Plattenradiator

Zweilagiger Plattenradiator

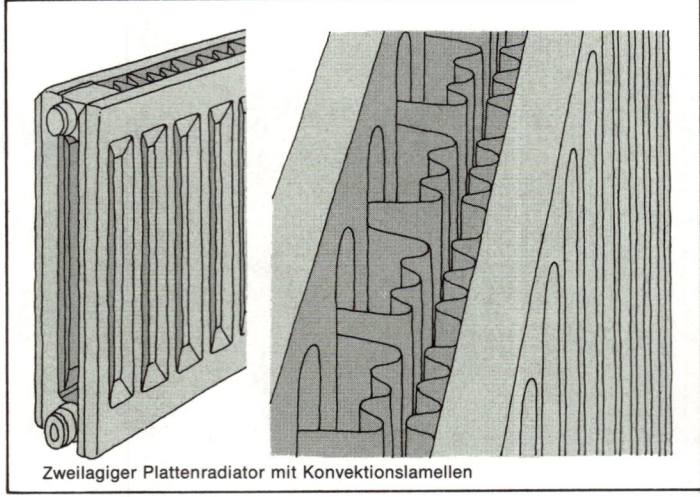

Zweilagiger Plattenradiator mit Konvektionslamellen

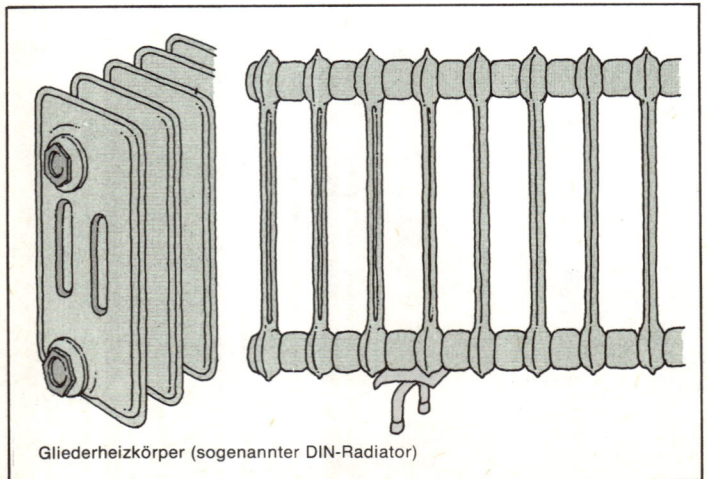

Gliederheizkörper (sogenannter DIN-Radiator)

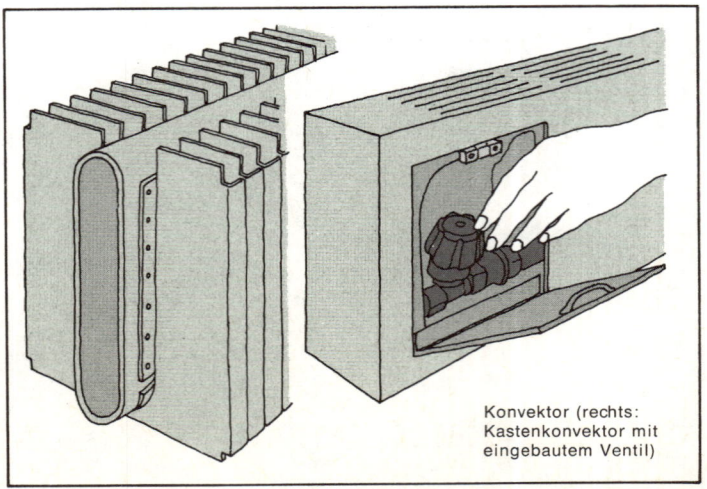

Konvektor (rechts: Kastenkonvektor mit eingebautem Ventil)

Pflege der Heizkörper

Die Pflege der Gliederradiatoren ist recht einfach. Es genügt, die Heizkörper mit einem feuchten Lappen abzuwischen. Für die Zwischenräume der einzelnen Glieder gibt es im Handel Spezialbürsten. Notfalls genügt auch ein Mop. Der Staub hat kaum Auswirkungen auf die Heizleistung.

Anders verhält es sich bei Konvektionsplatten und Konvektoren. Sobald sich hier Staub ansammelt, besonders bei Konvektoren, sinkt die Heizleistung schnell ab, da die Luft nicht mehr zwischen den eng beieinander liegenden Lamellen zirkulieren kann. Zur Reinigung der Unterflurkonvektoren rollt man den Gitterrost auf und saugt mit dem Staubsauger den Schmutz aus den Lamellen.

Dabei ist auch darauf zu achten, daß der Schacht ebenfalls gründlich von Papierfetzen oder ähnlichen Abfällen gesäubert wird, die sich im Lauf der Zeit ansammeln können. Die Reinigung des Konvektors und des Konvektorschachtes wird besonders einfach, wenn im Unterflurkanal ein Wasseranschluß zum

Absprühen des Konvektors und ein Wasserabfluß vorgesehen sind.

Bei Fertigheizkörpern muß zur Reinigung das Abdeckgitter abgenommen werden; dann werden sie mit dem Staubsauger gereinigt.

Bei verblendeten Konvektoren in Nischen muß man die Verblendung eventuell abschrauben, da man mit dem Staubsauger durch den oberen Luftaustritt nicht durchkommt. Wenn kein Staubsauger vorhanden ist, genügt es auch, mit einer starken Bürste die Lamellen abzufegen. Bei Sockelleistenkonvektoren muß die Blechverkleidung demontiert werden.

Sollte im Lauf der Zeit der Heizkörperanstrich einmal so unansehnlich geworden sein, daß man ihn erneuern muß, so ist darauf zu achten, daß keine metallischen Farboder Lackanstriche verwendet werden (z. B. Metallbronze, Aluminiumbronze), da sonst die Wärmeleistung um ca. 15 % sinkt. Konvektoren dürfen nicht lackiert werden. Sie sind vom Hersteller feuerverzinkt und somit ausreichend geschützt.

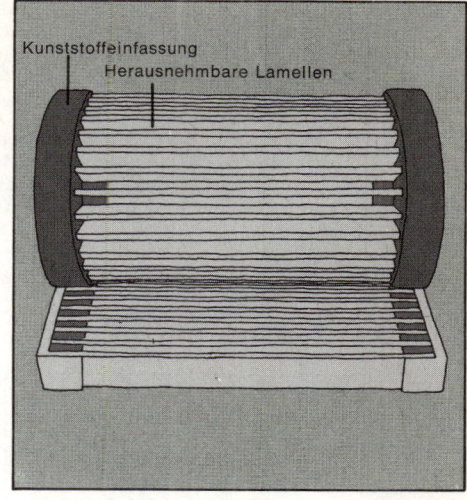

Rollrost für Unterflurkonvektoren

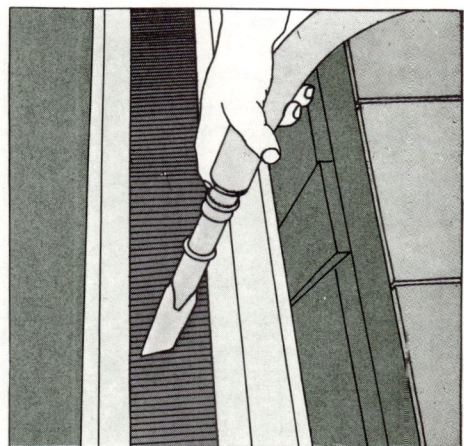

Konvektorlamellen regelmäßig von Staub säubern, besonders wenn sie hinter der Gardine liegen

Gliederheizkörper mit feuchtem Lappen und Spezialbürste, eventuell mit einem Mop reinigen

Auch die Lamellen von Plattenkonvektoren müssen von Zeit zu Zeit gründlich gesaugt werden

1. Bei einem Fußleistenkonvektor müssen zur Reinigung die Bleche abmontiert werden

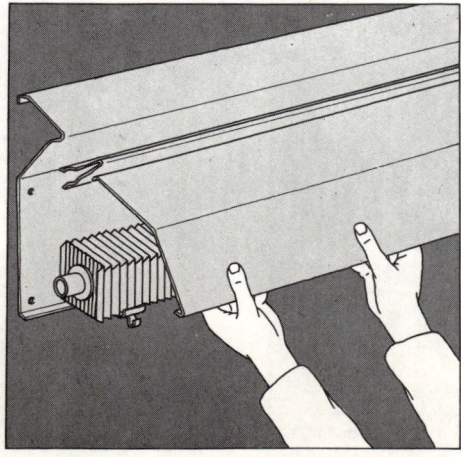

2. Die Verblendung wird mit einem Schraubenzieher abgeschraubt und abgezogen

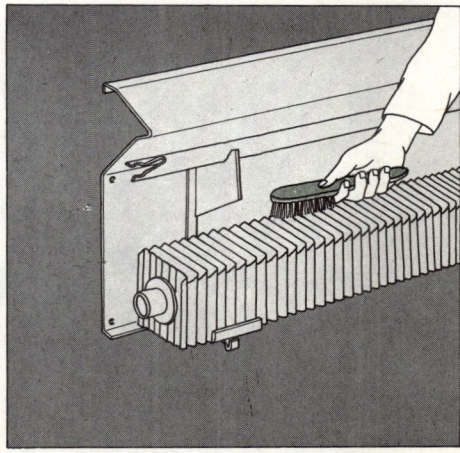

3. Die Lamellen werden mit dem Staubsauger oder einer Bürste gereinigt

Zentralheizung

Einen Plattenheizkörper anbringen

Nachdem der Platz, an dem die Heizplatte angebracht werden soll, festgelegt ist, werden die Löcher für die Bohrkonsolen gemessen und angezeichnet. Die Platte muß genau waagrecht montiert werden.

Der Abstand der Platte vom Fertigfußboden sollte mindestens 12 cm betragen. Das Heizkörperventil sowie gegebenenfalls das Entlüftungsventil müssen gut zugänglich sein. Bei Heizkörpernischen muß ein genügender Abstand für den Luftaustritt zwischen Platte und Fensterbank gewährleistet sein. Der Abstand von der Wand ist so zu bemessen, daß nach Beendigung der Gipserarbeiten noch ausreichend Platz (ca. 4 cm) zwischen Platte und Putz vorhanden ist.

Material:	Heizplatte, Konsolen, Schrauben, Dübel
Werkzeug:	Wasserwaage, Meterstab, elektrischer Bohrer, Schraubenschlüssel

1. Am Aufstellungsort der Heizplatte reißt man mit einem Bleistift eine waagrechte Linie an der Wand an. Dazu benutzt man eine Wasserwaage

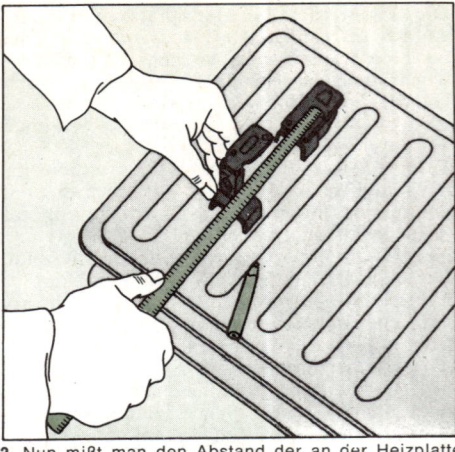

2. Nun mißt man den Abstand der an der Heizplatte aufgeschweißten Laschen, in die die Platte eingehängt wird, und markiert die Punkte an der Wand

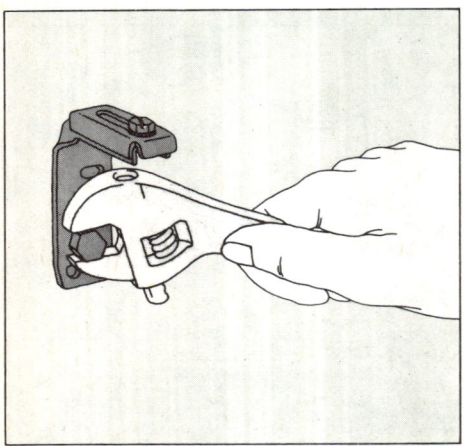

3. Man beginnt mit dem Abstandshalter der Platte und bohrt Löcher für die Dübel. Mit einem Schraubenschlüssel zieht man die Schraube fest

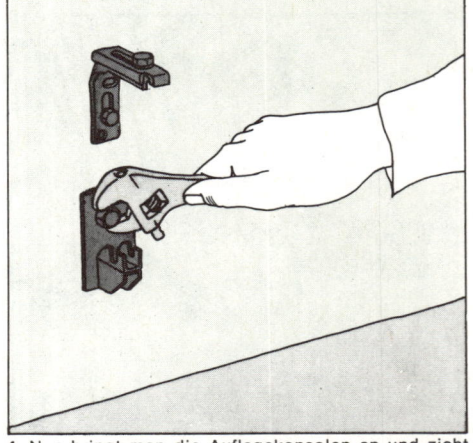

4. Nun bringt man die Auflagekonsolen an und zieht diese ebenfalls fest. Zur Kontrolle mißt man nochmals die Abstände aller angebrachten Konsolen

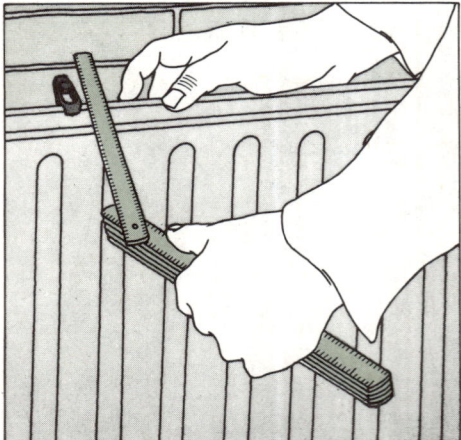

5. Man hängt die Platte in die Konsolen ein, kontrolliert den Abstand, damit sie genau parallel zur Wand verläuft, und zieht die letzte Schraube an

STANDKONSOLEN

Standkonsolen werden für freistehende Heizkörper vor Glasflächen benötigt oder dort, wo keine Bohrkonsolen verwendet werden können

FÜLLEN UND ENTLEEREN

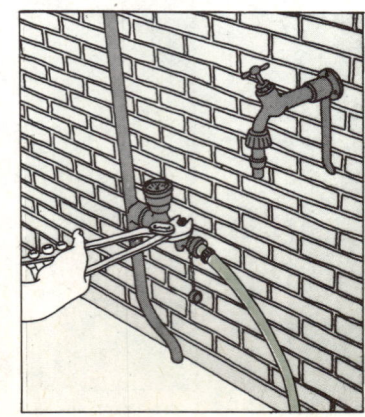

Um die Anlage zu füllen, schraubt man einen Füllschlauch an den Füllhahn und an das Auflaufventil und öffnet zuerst den Hahn, dann das Zapfventil. Dabei müssen die Entlüftungsventile an den Heizflächen geöffnet sein. Sobald hier Wasser austritt, werden sie geschlossen. Hat der Zeiger des Manometers die statische Höhe erreicht, d. h., steht der Zeiger auf der Zahl, die der Höhe zwischen oberstem Heizkörper und Manometer entspricht, schließt man Füllhahn und Zapfventil.

Beim Entleeren der Anlage schließt man den Schlauch an den Füllhahn an und öffnet diesen. Die Entlüftungsventile müssen ebenfalls geöffnet werden.

Entlüften und Entlüfter anbringen

Wenn ein Heizkörper einmal nicht mehr richtig warm wird, ist möglicherweise Luft in ihm. Diese muß dann herausgelassen werden.

Es gibt drei verschiedene Entlüftungshähnchen oder Entlüftungsventile im Handel, und zwar vollautomatische Entlüftungsventile, die selbsttätig die Luft entweichen lassen, jedoch zur Schnellentlüftung auch von Hand geöffnet werden können, dann die einfachen Entlüftungshähnchen sowie Entlüftungsstopfen, die mit einem Steckschlüssel bedient werden.

Wenn man häufig entlüften muß, lohnt es sich, einen vollautomatischen Entlüfter einzubauen. Beim Entlüften von Hand ist wichtig, daß die Heizungsumwälzpumpe ausgeschaltet ist.

Material:	Entlüfter Hanf oder Plastikband
Werkzeug:	Schraubenschlüssel Entlüftungsschlüssel Gefäß zum Wasserauffangen

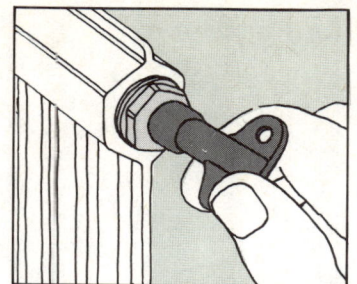

1. Man läßt das Heizungswasser in der Anlage so weit ab, daß es nicht mehr auslaufen kann, und schraubt das Entlüftungsventil mit heraus

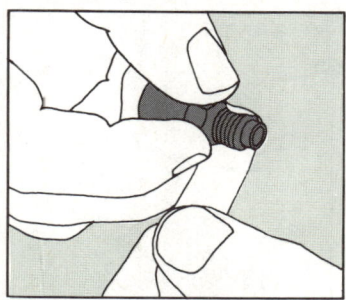

2. Das Gewinde des neuen Entlüfters mit Hanf oder Plastikband umwickeln, jedoch nicht zu dick, das Gewinde muß noch erkennbar sein

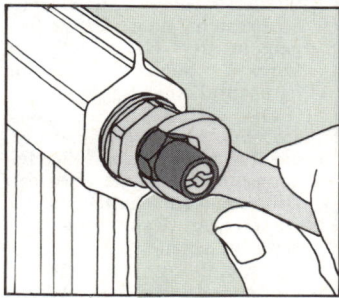

3. Mit einem passenden Gabelschraubenschlüssel wird das neue Entlüftungsventil in den Heizkörperstopfen eingedreht und angezogen

4. Manche Entlüfter werden auch mit einem Schraubenzieher ausgewechselt. Zur Vorsicht halte man ein Gefäß unter das Ventil

ENTLÜFTEN

1. Entlüftungsschlüssel ins Ventil stecken und nach links drehen. Das ausfließende Wasser auffangen

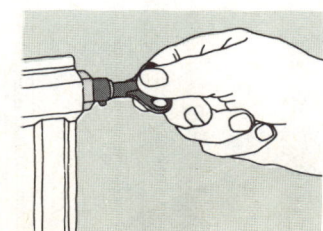

2. Ventil geöffnet lassen, bis die Luft entwichen ist und Wasser ausfließt. Eventuell wiederholen

Unterflurkonvektor

In Arbeits- und Wohnräumen, bei denen sich die Fenster bis zum Fußboden hinabziehen, verwendet man am besten Konvektoren.

Diese Konvektoren werden normalerweise in Unterflurschächten eingebaut und nehmen dann die ganze Fensterbreite ein.

Ein Konvektor wird üblicherweise in die Mitte des Schachtes auf Hängekonsolen gelegt und an den Seiten mit Zementasbestplatten oder ähnlichen Materialien verkleidet. Der Sinn dieser Maßnahme liegt darin begründet, daß man auf diese Weise eine einwandfreie Luftzirkulation erreichen kann. Bei sehr langen Konvektoren sollten allerdings sogar Querschotte eingebaut werden. Ohne diese Verkleidung funktioniert ein Unterflurkonvektor nämlich nicht richtig.

Der Schacht kann mit einem Gitter abgedeckt werden.

Wesentlich günstiger und vorteilhafter als eine Gitterabdeckung sind jedoch sogenannte Rollroste, die einfach auf einem Winkeleisenrahmen abgerollt und zum Reinigen des Schachts leichter entfernt werden können.

Die obengenannten Konvektoren müssen mit hohen Heizwassertemperaturen betrieben werden. Arbeiten sie nämlich nicht mit solchen Temperaturen, fällt die Konvektion und damit die Wärmeabgabe zu gering aus.

Neuzeitliche Konvektorenkonstruktionen, wie sie den Kunden heutzutage auf dem Markt angeboten werden, sind kompakt in einer Blechwanne montiert. Diese Konvektoren eignen sich zur Verwendung besonders in Verbindung mit Fußbodenheizungen und an großen Fensterflächen.

Unterflurkonvektoren können mit und ohne integriertem Zusatzgebläse geliefert werden. Der Vorteil von Gebläsekonvektoren ist der, daß sie eine höhere Leistungsabgabe aufweisen und auch im Niedertemperaturbereich betrieben werden können.

Es existiert noch eine weitere Art von Konvektoren, die sogenannten Elektrofußbodenkonvektoren, welche von gleicher Bauart wie die eben beschriebenen Konvektoren sind, jedoch anstelle der heizungswasserführenden Lamellen eine elektrische Widerstandsheizung eingebaut haben und somit nicht rohrseitig mit dem Heizungssystem verbunden zu werden brauchen. Sie sind mit und ohne Zusatzgebläse erhältlich.

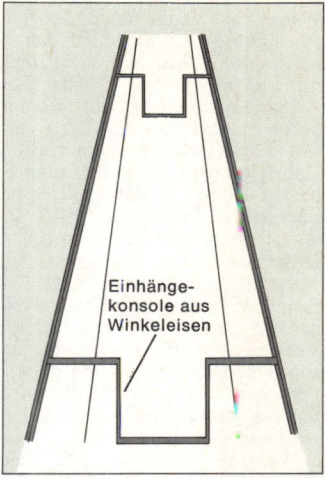

1. Im gemauerten oder betonierten Unterflurschacht werden die Konvektorhängekonsolen aus Winkeleisen angebracht und einzementiert

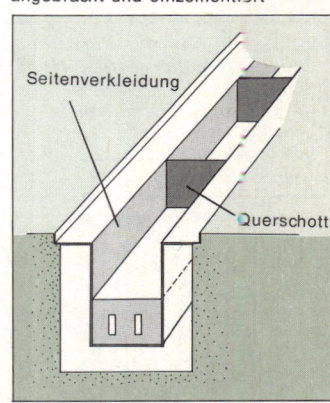

2. Man hängt den Konvektor ein und schraubt die Seitenverkleidung aus Asbestzement an. Bei langen Konvektoren Querschotte anbringen

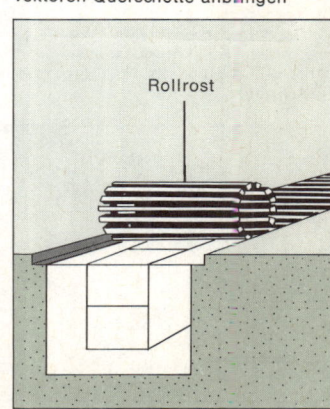

3. Jetzt kann der Rollrost aufgelegt und abgerollt werden. Er sitzt ohne zusätzliche Befestigung fest im Winkeleisenrahmen

Zentralheizung

Verbindung der Heizkörper mit dem Rohrleitungssystem

Wenn das Ventil oder die Verschraubung so stark leckt, daß sie auch durch Anziehen nicht mehr dicht gebracht wird, müssen diese Armaturen ausgetauscht werden. Dazu entleert man die Anlage und löst die Verschraubungen von den Rohrleitungen. Dabei legt man am besten einen saugfähigen Lappen oder stellt ein kleines Gefäß darunter, denn trotz Entleerung befindet sich immer noch etwas Heizwasser im Heizkörper. Wichtig ist, dasselbe Radiatorventil wieder einzubauen, da die Abmessungen der Ventile geringfügig variieren und sonst die Anschlußleitung abgeändert werden müßte. Beim Entlüften des Heizkörpers wird die Umwälzpumpe ausgeschaltet.

Wenn die Anlage von normalen Radiatorenventilen auf Thermostatventile umgerüstet wird, müssen im Prinzip dieselben Arbeiten durchgeführt werden.

Material: Nippel, Verschraubung, Regulierventil, Hanf, Kitt
Werkzeug: Schraubenzieher, Rollgabelschlüssel, Heizkörperschlüssel, Steckschlüssel, Schüssel

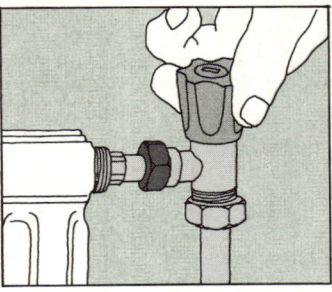

1. Das Ventil und die Entlüftung öffnen, damit durch die nachströmende Luft über die Entlüftung der Heizkörper ganz leer laufen kann

3. Die alten Nippel werden entfernt, dann streicht man auf die neue Verschraubung sicherheitshalber etwas Dichtungsmasse

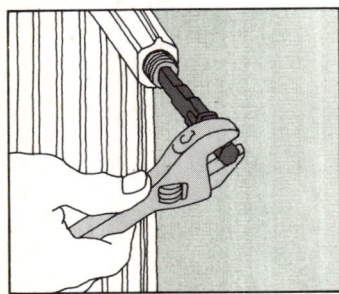

5. Die Verschraubung des Ventils wird mit einem Heizkörperschlüssel in den Anschlußstopfen des Heizkörpers eingeschwenkt

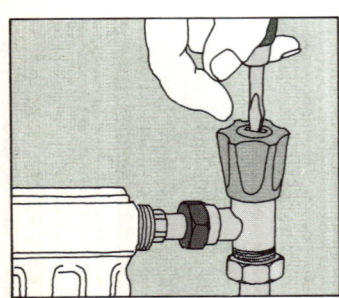

8. Nach beendeter Montage wird das Handrad auf die Spindel gesteckt und die Schraube mit einem Schraubenzieher vorsichtig festgedreht

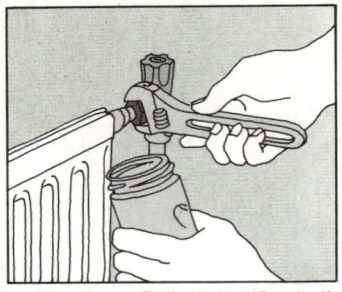

2. Mit einem Rollgabelschlüssel die Überwurfmutter des Ventils vorsichtig lösen. Dabei Tropfwasser auffangen. Verschraubung unten lösen

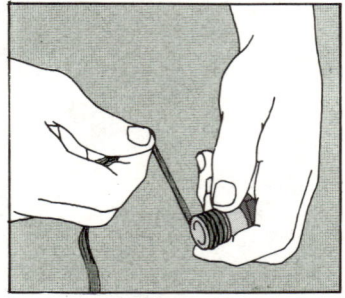

4. Das Gewinde der Verschraubung wird jetzt mit Hanf straff umwickelt. Die Gewindegänge müssen noch zu erkennen sein

6. Heizkörper drehen und Arbeitsgänge 3 und 4 beim Gegenstück der Verschraubung wiederholen. Verschraubung festziehen

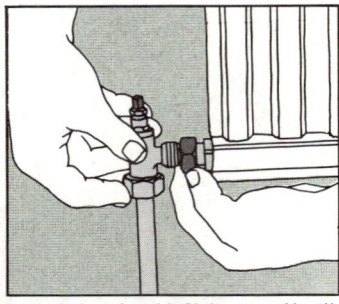

7. Auf den Anschlußleitungen Ventilgehäuse und Gegenstück der Verschraubung anbringen; Überwurfmutter mit Dichtung festziehen

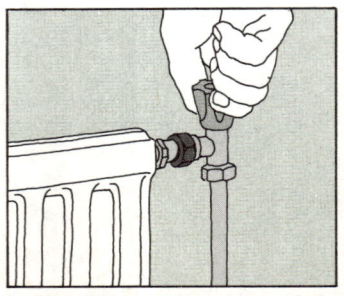

9. Die Heizungsanlage kann wieder mit Wasser gefüllt werden. Das Ventil wird ganz geöffnet. Man prüft jetzt, ob alle Verbindungen dicht sind

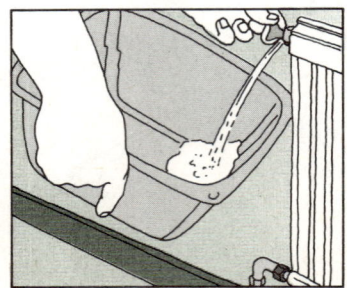

10. Mit einem Steckschlüssel öffnet man das Lufthähnchen, bis alle Luft entwichen ist. Eventuell auslaufendes Wasser mit einer Schüssel auffangen

Thermostate

Der Raumthermostat

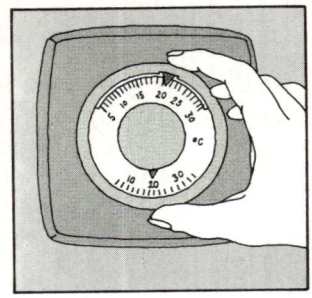

Um die Raumtemperatur zu regeln, wird ein Raumthermostat benötigt. Dieser besitzt einen Einstellknopf, mit dem man die gewünschte Raumtemperatur einstellen kann. In seinem Inneren befindet sich ein Bimetallstreifen, der sich bei Temperaturänderungen verformt.

Der Thermostat sollte an einer ebenen Innenwand etwa 1,5 m über dem Fußboden installiert werden. Eine natürliche Zirkulation der Raumluft muß gewährleistet sein, auch sollten sich keine Störquellen wie Heizkörper, Schornstein oder Heizleitungen in der Nähe befinden. Direkte Sonneneinstrahlung ist ebenfalls nicht gut.

Die einfachste, aber auch schlechteste Möglichkeit ist, den Thermostaten auf die Heizungsumwälzpumpe oder den Ölbrenner zu schalten. Ist die eingestellte Raumtemperatur erreicht, schaltet der Thermostat die Pumpe aus und verhindert somit eine weitere Wärmezufuhr. Durch die zeitliche Verzögerung treten jedoch starke Schwankungen der Raumtemperatur auf. Am besten ist es, wenn der Thermostat über ein Regelgerät auf ein Mischventil wirkt.

Der Thermostat sollte unbedingt mit einer thermischen Rückführung ausgestattet sein, d. h., ein elektrischer Heizwiderstand beeinflußt das Meßwerk und täuscht ihm eine höhere Raumtemperatur vor. Somit schaltet der Regler früher ab und verhindert eine Überheizung des Raumes. Die Verzugszeit, bis die Heizflächen sich auf die einzuhaltende Raumtemperatur einstellen, wird verkürzt.

Zur Absenkung der Raumtemperatur während der Nacht benötigt man eine Zeitschaltuhr. Diese ist entweder im Regelgerät oder im Raumthermostat eingebaut. Raumthermostate eignen sich jedoch nur für Wohnungen oder kleinere Häuser mit einem Hauptraum. Sonst empfiehlt sich eine Regelanlage, bei der die Außentemperatur von einem Fühler gemessen und die Heizungsvorlauftemperatur über ein Mischventil gesteuert wird.

Der Wasserthermostat

Der Wasserthermostat mißt die Temperatur des Heizungswassers und gibt seine Impulse entweder auf ein Regelgerät, eine Pumpe oder den Ölbrenner. Er wird zur Steuerung des Heizkessels oder zur Messung der Vorlauftemperaturen verwendet. Er arbeitet mit Bimetall oder mit Flüssigkeiten, die sich beim Erwärmen ausdehnen und die Dehnung auf einen Federbalg übertragen, der seinerseits einen elektrischen Kontakt auslöst.

Heizkörperthermostatventile

Bei Thermostatventilen kann jeder Heizkörper individuell geregelt werden. Die Heizkörper in dem Raum, in dem ein Raumtemperaturfühler angebracht ist, dürfen keine Thermostatventile erhalten. Beide Regeleinrichtungen stören sich sonst und verursachen Temperaturschwankungen in der ganzen Anlage. Dies gilt jedoch nicht bei Außentemperatursteuerungen. Werden nur Thermostatventile verwendet, so müssen alle Heizkörper damit ausgerüstet sein, um eine Überheizung der nicht geregelten Räume zu verhindern. In jedem Fall sollte ein Handmischer eingebaut werden, damit nicht die ganze Regellast beim Thermostatventil liegt. Thermostatventile mit eingebautem Fühlerkopf sind bei Heizkörpern hinter dicken Vorhängen oder Verkleidungen und bei Konvektoren nicht zu verwenden. Hier wird ein Fühlelement, das mit dem Ventil verbunden ist, eingebaut.

Ein Thermostatventil besteht aus einem Ventilgehäuse und einem Fühlelement, das mit Gas oder Flüssigkeit gefüllt ist. Diese reagieren auf Temperaturschwankungen mit Volumenänderungen, d. h., jeder Temperatur ist ein entsprechender Ventilhub zugeordnet, der die durchströmende Heizwassermenge regelt.

RADIATORTHERMOSTAT
Temperaturfühler
Kapillarrohr   Regler

Die Umwälzpumpe einstellen

Viele Heizungspumpen sind regelbar, d.h., die Betriebsdrücke können in Abhängigkeit von der Durchflußmenge eingestellt werden. Dazu muß man den Druckverlust der Anlage in Meter Wassersäule (m Ws bzw. Pascal) errechnen und den Förderstrom in Kubikmeter pro Stunde (cbm/h). Mit diesen Daten erhält man in dem Kennfeld im Schnittpunkt von Förderhöhe senkrecht und Förderstrom waagerecht die benötigte Kennlinie. Diese wird nun am Regulierknopf der Pumpe eingestellt.

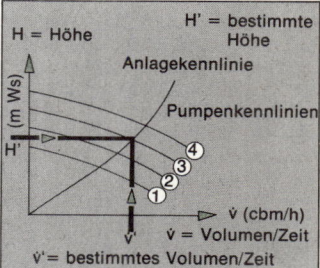

Regulierknopf
Motor
Kondensator

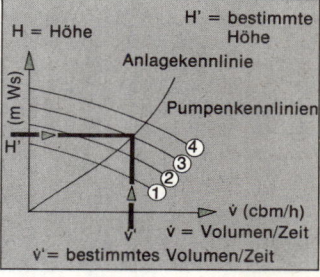

H = Höhe
H' = bestimmte Höhe
Anlagenkennlinie
(m Ws)
Pumpenkennlinien
H'
④ ③ ② ①
$\dot{v}$ (cbm/h)
$\dot{v}$ = Volumen/Zeit
$\dot{v}'$ = bestimmtes Volumen/Zeit

Pumpenauswahldiagramm mit schematisch angenommenen Werten

ENTLÜFTEN UND PUMPENLAUF PRÜFEN

Knopf

Pumpe: Durch Eindrücken des Knopfes am Gehäuse kann man Funktion und Laufrichtung prüfen

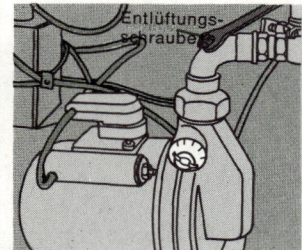

Entlüftungsschraube

Rohrsystem: Entlüftungsschraube aufdrehen; wieder schließen, sobald Wasser austritt

Den Regulierknopf je nach Pumpentyp von Hand oder mit einem Schlüssel einstellen

Ausdehnungsgefäß

Ein Membran-Druckausdehnungsgefäß nimmt die Ausdehnung des Wassers, die beim Aufheizen der Anlage entsteht, über ein Stickstoffpolster auf. Das Wasser ist vom Stickstoff durch eine Gummimembrane getrennt. Der Druck in der Heizungsanlage darf bei maximalen Vorlauftemperaturen 2,5 atü nicht überschreiten. Deshalb wird ein Sicherheitsventil eingebaut. Vorteile des Druckausdehnungsgefäßes: schnelle Montage, keine Einfriergefahr, geringer Platzbedarf, keine innere Korrosion.

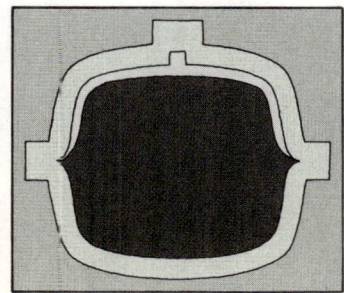

1. Geschlossenes, mit Stickstoff gefülltes Ausdehnungsgefäß im Anlieferungszustand

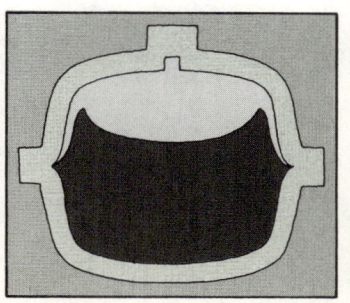

2. Stand der Gummimembrane während des Heizens bei normalen Temperaturen

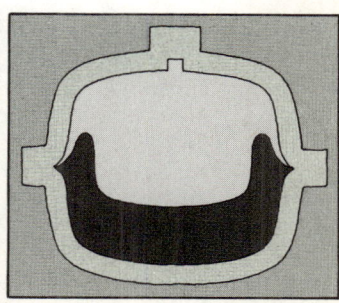

3. Membrane unter Maximaldruck von 2,5 atü bei der höchsten Vorlauftemperatur

Zentralheizung

Energieberatung und Energieeinsparungsgesetz

Nach jüngsten Statistiken über die Heizungsarten bewohnter Wohnungen in der Bundesrepublik teilt sich der Einsatz von verwendeten Energieträgern so auf, wie es die nebenstehende Grafik zeigt.

Diese Aufteilung sagt freilich nichts über die kostengünstige Seite der Brennstoffe aus. Bevor man deshalb als Hausbesitzer seine Heizung auf einen anderen Brennstoff umstellt oder sich für eine neue Heizungsanlage bzw. Warmwasserbereitung entscheidet, sollte man sich über die zu erwartenden Energiekosten und Gesamtkosten informieren. Energieberatungsbüros, Heizungsfirmen, Brennstofflieferanten sowie Energieversorgungsunternehmen geben hierüber bereitwillig Auskunft.

Zu den Heizkosten gehören neben den Brennstoffkosten auch Instandhaltungs- und Wartungskosten. Bei leitungsgebundenen Energieträgern (Erdgas, Strom, Fernwärme) kommen außerdem Grund-, Bereitstellungs-, Schalt- und Meßgebühren hinzu, außerdem die Kapitalkosten für die Anlage sowie der Kapitaldienst für eventuell gezahlte Anschlußkostenbeiträge. Die Grafik unten zeigt die gesamten jährlichen Heizkosten für ein frei stehendes Einfamilienhaus von 100 qm Wohnfläche bei verschiedenen Energieträgern.

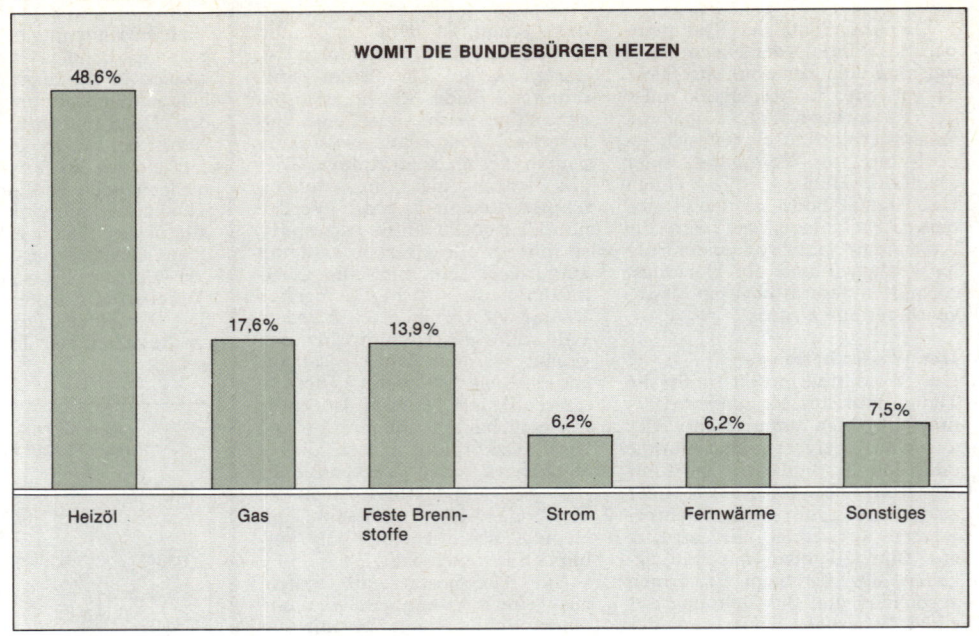

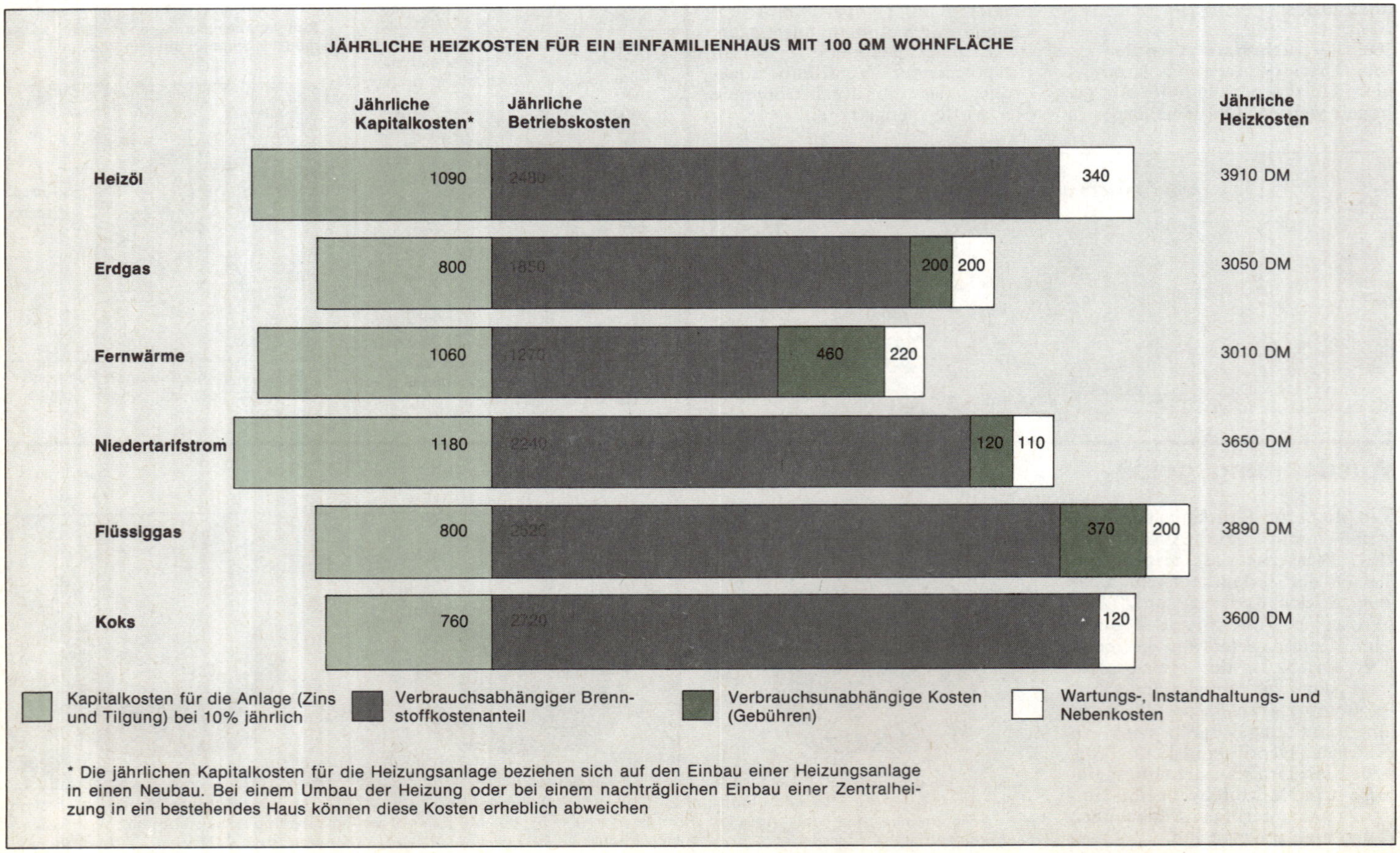

WOMIT DIE BUNDESBÜRGER HEIZEN

Heizöl	48,6%
Gas	17,6%
Feste Brennstoffe	13,9%
Strom	6,2%
Fernwärme	6,2%
Sonstiges	7,5%

JÄHRLICHE HEIZKOSTEN FÜR EIN EINFAMILIENHAUS MIT 100 QM WOHNFLÄCHE

	Jährliche Kapitalkosten*	Jährliche Betriebskosten			Jährliche Heizkosten
Heizöl	1090	2480		340	3910 DM
Erdgas	800	1850	200	200	3050 DM
Fernwärme	1060	1270	460	220	3010 DM
Niedertarifstrom	1180	2240	120	110	3650 DM
Flüssiggas	800	2520	370	200	3890 DM
Koks	760	2720		120	3600 DM

- Kapitalkosten für die Anlage (Zins und Tilgung) bei 10% jährlich
- Verbrauchsabhängiger Brennstoffkostenanteil
- Verbrauchsunabhängige Kosten (Gebühren)
- Wartungs-, Instandhaltungs- und Nebenkosten

* Die jährlichen Kapitalkosten für die Heizungsanlage beziehen sich auf den Einbau einer Heizungsanlage in einen Neubau. Bei einem Umbau der Heizung oder bei einem nachträglichen Einbau einer Zentralheizung in ein bestehendes Haus können diese Kosten erheblich abweichen

Heizkostenvergleich verschiedener Heizsysteme

Die untenstehende Grafik zeigt noch einmal einen Vergleich der Gesamtkosten verschiedener Heizungssysteme. Dabei werden auch modernste Anlagentypen, wie bivalente und monovalente Wärmepumpenanlagen, berücksichtigt.

Als repräsentatives Gebäude wurde ein frei stehendes Einfamilienhaus mit 120 qm Wohnfläche und einem Gesamtwärmebedarf von 12 kW gewählt. Die Grafik vermittelt einen möglichst marktnahen Überblick und hilft so bei der Wahl des Heizungssystems und der Brennstoffart.

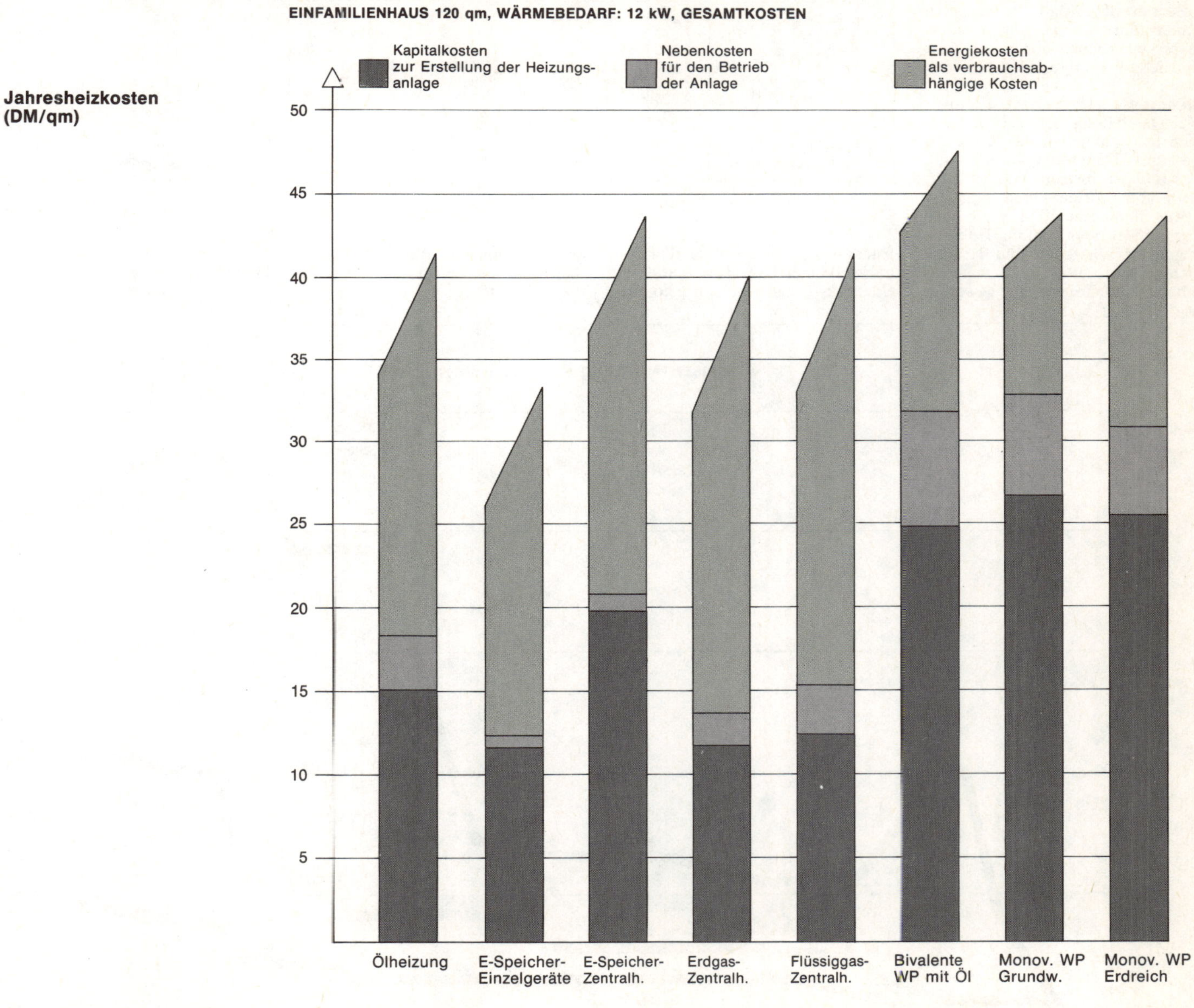

EINFAMILIENHAUS 120 qm, WÄRMEBEDARF: 12 kW, GESAMTKOSTEN
Jahresheizkosten (DM/qm)
Kapitalkosten zur Erstellung der Heizungsanlage
Nebenkosten für den Betrieb der Anlage
Energiekosten als verbrauchsabhängige Kosten
50
45
40
35
30
25
20
15
10
5
Ölheizung
E-Speicher-Einzelgeräte
E-Speicher-Zentralh.
Erdgas-Zentralh.
Flüssiggas-Zentralh.
Bivalente WP mit Öl
Monov. WP Grundw.
Monov. WP Erdreich

Steigerungsrate für die Energiepreise einheitlich 50%

Preise	Öl	E-Heizung	Stromwärmepumpe HT	Stromwärmepumpe NT	Erdgas	Flüssiggas
Min.	60 Pf/l	7 Pf/kWh	12 Pf/kWh	7,5 Pf/kWh	7 Pf/kWh	90 Pf/kg
Max.	90 Pf/l	10,5 Pf/kWh	18 Pf/kWh	11,25 Pf/kWh	10,5 Pf/kWh	135 Pf/kg

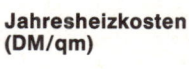

Zentralheizung

Brennstoffpreise

Ein Preisvergleich verschiedener Brennstoffe kann es dem Endverbraucher ermöglichen, den für seinen Bedarf günstigsten Energieträger zu wählen.

Es muß allerdings darauf hingewiesen werden, daß Preisangaben immer Marktschwankungen unterliegen; sie können nur eine augenblickliche Preissituation darstellen.

Brennstoffe und Preisentwicklung

Die Darstellung soll zeigen, welchen Schwankungen die Preise für die drei Hauptenergieträger Öl, Gas und Nachtstrom von 1972 bis heute unterworfen waren.

Aus dem Schaubild wird auch klar, in welchem Umfang Energiefragen für Wirtschaft und Technik wichtig sind. 1972 z.B. wäre es nahezu uninteressant gewesen, Energie zu sparen oder darüber nachzudenken, welche anderen Energien man nutzen könnte. Wenn man sich aber vor Augen hält, daß das Öl seitdem um mehr als 400 % teurer geworden ist, erklärt sich vieles, was auf dem Heiz- und Energiemarkt der letzten Jahre geschehen ist.

Brennstoff	Heizwert	Bezugs-einheit	kWh pro Einheit	Nutzungsgrad bei der Ver-brennung	kWh pro Einheit	DM pro Einheit	Pfennig pro kWh
Heizöl EL	10 250 kcal/kg	l	10	0,85	8,5	0,75	8,8
Erdgas	7 570 kcal/m³	m³	8,8	0,85	7,5	0,65	8,7
Flüssiggas	22 380 kcal/m³	kg	13,0	0,85	11,0	1,15	10,5
Koks	7 060 kcal/kg	Ztr.	410	0,75	310	32,0	10,3
Anthrazit	7 950 kcal/kg	Ztr.	460	0,75	350	32,0	9,2
Briketts	4 700 kcal/kg	Ztr.	270	0,70	190	16,0	8,4
Holz	3 700 kcal/kg	Ster	1800	0,70	1260	80,0	6,4
Tagstrom		kWh	1	1,00	1	0,18	18,0
Nachtstrom		kWh	1	1,00	1	0,10	10,0
Stromwärmepumpe		kWh	1	2,40	2,4	0,12	5,0

BRENNSTOFFE IM PREISVERGLEICH

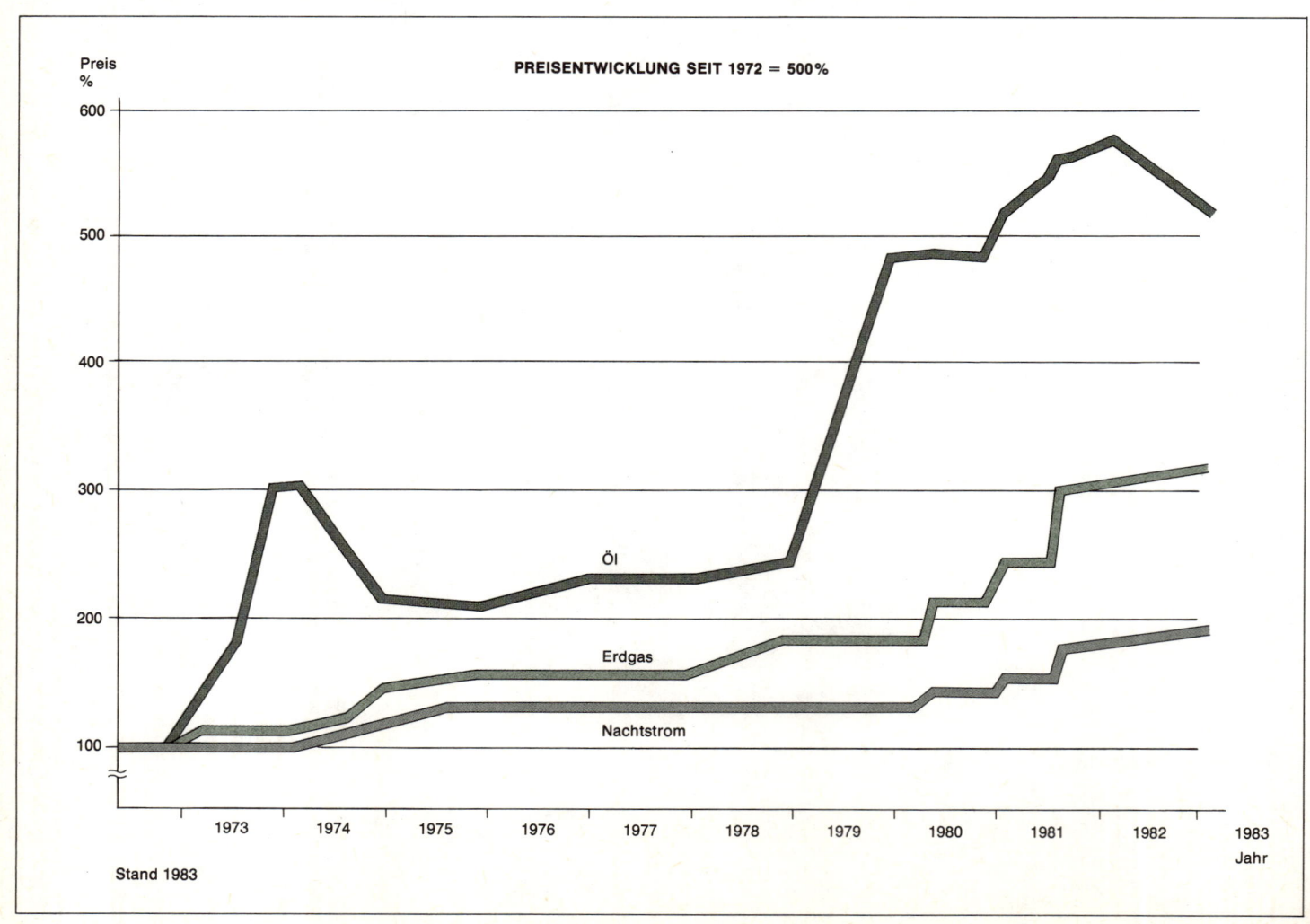

PREISENTWICKLUNG SEIT 1972 = 500 %

Öl

Erdgas

Nachtstrom

Stand 1983

Energieeinsparungsgesetz (EnEG)

Die weltweite Energieverknappung macht sich auch bei uns bemerkbar. Wir sind gezwungen, mit den uns zur Verfügung stehenden Energien haushaltend umzugehen und gleichzeitig neue Energiequellen zu erschließen. Aus diesem Grund erließ der Staat Gesetze, die mit dazu beitragen sollen, den Energieverbrauch in Haushalt und Wohnungsbau zu senken. Damit soll gewährleistet werden, daß unsere Lebens- und Wirtschaftsform gesichert wird.

Im allgemeinen Wohnungsbau der Bundesrepublik Deutschland verteilt sich der Energieverbrauch der Haushalte ungefähr in folgenden Proportionen: Für die Raumheizung werden 84% aufgewendet, auf die Brauchwasserbereitung entfällt ein Anteil von 10%, und für Licht-, Kraft- und Kochstrom werden die restlichen 6% aufgewendet. Es zeigt sich, daß der prozentuale Verbrauchsanteil für die Raumheizung am höchsten ist, folglich läßt sich hier auch am leichtesten und am meisten einsparen.

Das Energieeinsparungsgesetz der Bundesrepublik sieht aus diesem Grunde eine Reihe von Maßnahmen zur Minimierung des Energieverbrauchs gerade im Bereich der Heizkostenaufwendung vor.

Wärmeschutz von außen

Maßnahmen zum energiesparenden Wärmeschutz von außen sehen vor, daß Mindest-K-Zahlen für diejenigen Bauteile gefordert werden, die an die Außenluft angrenzen. Alle neuerstellten Gebäude sowie Bauteile, die nachträglich angebracht oder ausgewechselt werden, müssen bestimmten Mindestanforderungen entsprechen. Die Mindest-K-Zahlen sind für:

Außenwände	0,6 W/qm K
Fenster	2,45 W/qm K
Decken und Dächer	0,3 W/qm K

Beim Neubau eines Gebäudes müssen heute also Baustoffe verwendet werden, die diese Mindestwerte gewährleisten. Durch den Wärmeschutznachweis muß der Hausbesitzer beweisen, daß das Gesetz erfüllt wurde. Die Wärmeschutzberechnung muß den zuständigen Behörden zur Genehmigung vorgelegt werden.

Wärmeschutz von innen

Auch an den Betrieb von Wärmeerzeugungsanlagen stellt der Gesetzgeber bestimmte Anforderungen. So muß unter anderem eine Wirkungsgradsteigerung der Heizkesselanlagen erfolgen, was z. B. durch eine Leistungsverteilung auf mehrere Kessel geschehen kann. Auch das Rohrleitungsnetz für die Warmwasserversorgung ist nach Möglichkeit auf dem Fußboden und nicht in Außenwandschlitzen zu verlegen.

Um die Brauchwassertemperatur konstant und nicht zu hoch zu halten, werden elektronische Regelungs- und Steuerungsanlagen eingebaut, desgleichen werden die Heizkosten unter Kontrolle gehalten.

Schließlich wurden auch die Regelungen über Wartung und Instandhaltung der Heizungsanlagen erneuert. Alljährlich müssen jetzt die Abgastemperaturen, das Schmutzbild sowie der Schwefel- und Kohlendioxidgehalt der Rauchgase gemessen werden. Anlagen, die die geforderten Mindestwerte überschreiten, müssen in jedem Fall entsprechend verändert oder erneuert werden.

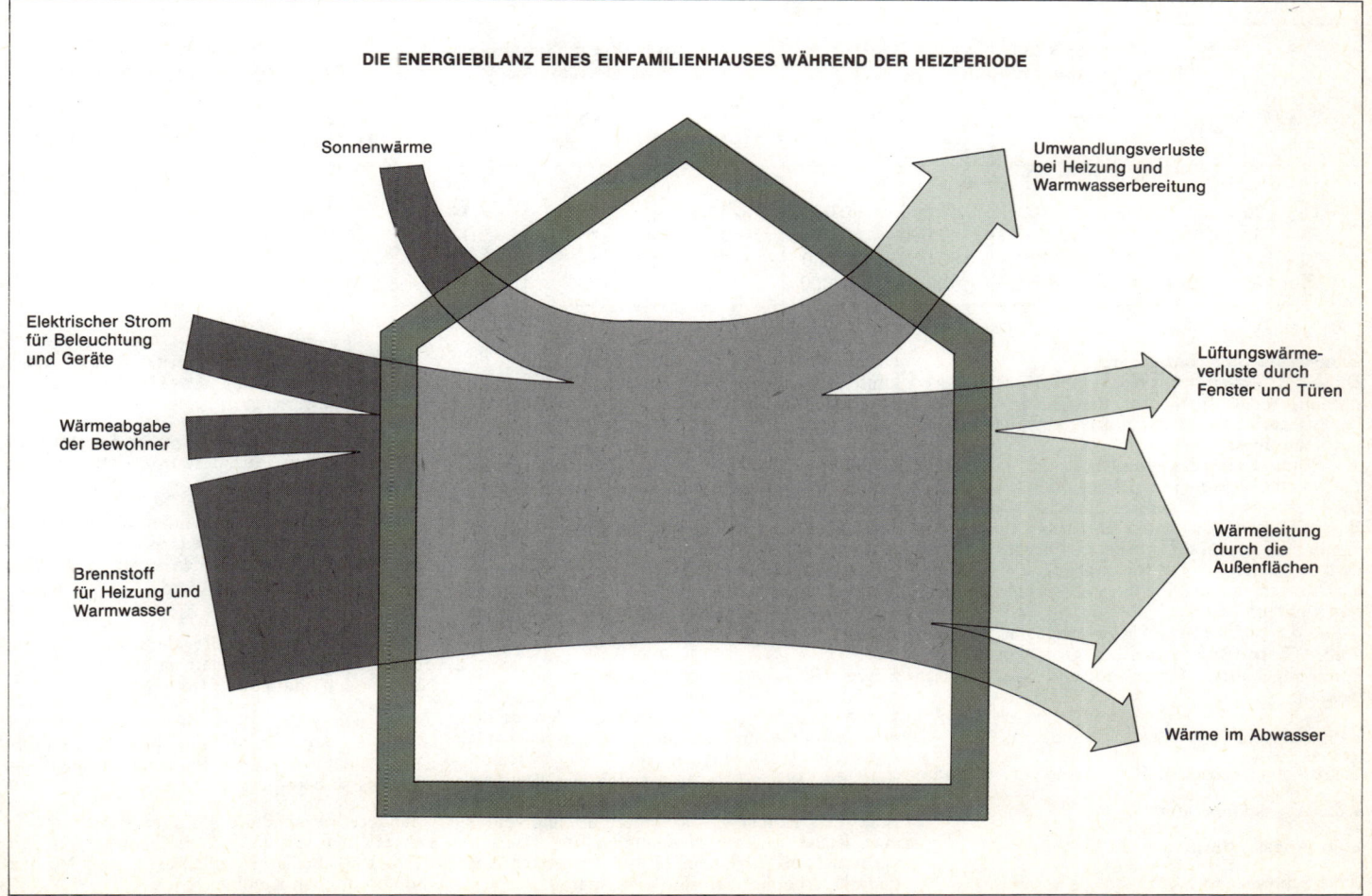

DIE ENERGIEBILANZ EINES EINFAMILIENHAUSES WÄHREND DER HEIZPERIODE

Sonnenwärme

Elektrischer Strom für Beleuchtung und Geräte

Wärmeabgabe der Bewohner

Brennstoff für Heizung und Warmwasser

Umwandlungsverluste bei Heizung und Warmwasserbereitung

Lüftungswärmeverluste durch Fenster und Türen

Wärmeleitung durch die Außenflächen

Wärme im Abwasser

Zentralheizung

Verordnungen zum Energieeinsparungsgesetz

Am 23. Juli 1976 trat das Gesetz zum Einsparen von Energie in Gebäuden in Kraft und wurde in den folgenden Jahren durch zusätzliche Verordnungen erweitert. Das Gesetz umfaßt folgende Verordnungen:

Wärmeschutzverordnung
In dieser Verordnung werden Maßnahmen zum energiesparenden Wärmeschutz von Gebäuden festgelegt. Wie bereits weiter oben ausgeführt, stellt diese Verordnung vom August 1977 eine Reihe technischer Anforderungen an die Reduzierung des Wärmedurchgangs der Gebäudehülle und an die Begrenzung der Wärmeverluste durch undichte Fenster und Türen. Zusätzlich finden sich in diesem Gesetz Regeln, nach denen die Nachweise über die Erfüllung dieser Anforderungen zu führen sind, der sogenannte Wärmeschutznachweis. Diese Verordnung bezieht sich auf Neubauten, An- und Umbauten, auf bereits bestehende Gebäude nicht.

Heizungsanlagenverordnung
Diese Verordnung bezieht sich auf energiesparende Maßnahmen an heizungstechnischen Anlagen und Brauchwasseranlagen. Diese Gesetzesregelung beinhaltet detaillierte Anforderungen zur Begrenzung von Abgasverlusten sowie bezüglich der Anlage und Größe von Wärmeerzeugern, die sich nach der Außenhülle des Gebäudes richten. In der Verordnung ist in genauen Zahlen festgehalten, welche Betriebsbereitschaftsverluste bei Wärmeverteilungsanlagen zulässig und welche Einrichtungen zur Steuerung und Regelung der Wärmeanlagen erlaubt sind, also welche zeit- und witterungsabhängigen Zentralregelgeräte, Thermostatventile oder Strangabgleiche verwendet werden dürfen. Darüber hinaus legt die Verordnung auch die Anforderungen für die Brauchwasserbereitung und -verteilung fest. So wird zum Beispiel die Temperatur des Brauchwassers auf maximal 60°C beschränkt.

Die Einhaltung der in dieser Verordnung festgelegten Daten muß besonders bei Neubauten berücksichtigt werden, doch ist es ratsam, auch bestehende Anlagen in älteren Gebäuden an diese Richtlinien anzupassen. Es wird dadurch nicht nur ein optimaler Betrieb der Heizungsanlage gewährleistet, auch die Verbrauchs- und Unterhaltskosten der Anlage können dadurch deutlich gesenkt werden.

Heizungsbetriebsverordnung
Diese Verordnung regelt die energiesparenden Anforderungen an den Betrieb von heizungstechnischen Anlagen und Brauchwasseranlagen. Die Verordnung wurde im September 1978 erlassen, und sie hat auch für bereits bestehende Anlagen Gültigkeit. Bestimmungen über die Wartung und den Betrieb der Anlagen, das heißt über die Höhe der Abgasverluste, über die Voreinstellung an den Heizkörperventilen bei Pumpen-Warmwasser-Heizungsanlagen und anderes mehr, werden in dieser Verordnung bindend geregelt.

Weiterhin ist in dem Gesetz festgelegt, daß eine jährlich vorgenommene Überprüfung der Heizungsanlagen durch einen Schornsteinfegermeister zu erfolgen hat, und zwar bei Öl- ebenso wie bei Gaszentralheizungen.

Die in der Seitenmitte eingefügte Tabelle zeigt die zulässigen Grenzwerte der Abgasverluste bei Wärmeerzeugern über 11 kW Nennheizleistung nach der Heizungsbetriebsverordnung.

Bereiche der Nennwärmeleistungen			Zulässige maximale Abgasverluste (%)			Zulässige minimale Feuerungswirkungsgrade (%)		
kW	kcal/h	kJ/h	vor 31. 12. 78	ab 1. 1. 79	ab 1. 11. 83	vor 31. 12. 78	ab 1. 1. 79	ab 1. 11. 83
11 – 25	9 460 – 21 500	40 000 – 90 000	18	16	14	82	84	86
25 – 50	21 500 – 43 000	90 000 – 180 000	17	15	13	83	85	87
50 – 120	43 000 – 103 200	130 000 – 432 000	16	14	12	84	86	88
über 120	größer als 103 200	größer als 432 000	15	13	11	85	87	89

Bundesemissionsschutzgesetz
Diese im September 1978 verabschiedete Verordnung regelt die höchstzulässigen in die Außenluft entweichenden Verbrennungsrückstände der Feuerungsanlage.

Öl- und Gasfeuerungsanlagen, die nach dem 1. Januar 1978 neu errichtet oder wesentlich umgebaut wurden, müssen innerhalb von vier Wochen nach der ersten Inbetriebnahme von einem Schornsteinfegermeister überprüft werden. Bei Anlagen von mehr als 11 kW müssen die Messungen und Prüfungen jährlich wiederholt werden.

Die Ergebnisse der Untersuchungen werden vom Schornsteinfegermeister in einem Protokoll festgehalten. Gemessen und ausgewertet werden:

- die Rußzahl
- der Kohlendioxidgehalt
- die Abgastemperatur
- die Abgasverluste
- die Schornsteinverhältnisse

Das Protokoll des Schornsteinfegers gibt Auskunft darüber, ob die durch die Messungen ermittelten Zahlen den zulässigen Höchstwerten entsprechen oder nicht. Werden die zulässigen Werte überschritten, hat der Betreiber der Feuerungsanlage hier, wie in allen anderen zuvor aufgeführten Fällen, baldmöglichst Abhilfe zu schaffen.

Darüber hinaus aber gibt das Protokoll, auch wenn es zufriedenstellend ausfällt, dem Anlagenbesitzer Auskunft über die Verbrauchsverhältnisse seiner Heizanlage. Unter Umständen wird er den Verbrauch als zu hoch empfinden und ihn zu senken suchen.

Energieeinsparungsmöglichkeiten
Im folgenden sollen noch einmal die Möglichkeiten zusammengefaßt werden, mit deren Hilfe man im Privathaushalt Energie einsparen kann. Immerhin ist es möglich, durch die Verbesserung des Wärmeschutzes, durch die Optimierung der Heizungsanlage, durch die Reduzierung der Brauchwassertemperatur und durch eine Reihe anderer Maßnahmen den Energieverbrauch bis zu einem Drittel zu senken und dadurch erhebliche Kosten einzusparen.

Verbesserung der Wärmedämmung, indem man die Wärmeleitung des Hauses durch die Außenwände verringert.

Abdichtung sämtlicher Fugen an Fenstern und Außentüren, um Lüftungswärmeverluste einzuschränken.

Absenkung der Raumtemperatur bei Nacht und in unbenutzten Räumen, wodurch die Temperaturunterschiede zwischen innen und außen verringert und damit zugleich die Wärmeverluste reduziert werden.

Bessere Einstellung, Regelung und Wartung der Heizungsanlage, d.h. möglichst ergiebige Nutzung der Energie im Brennstoff.

Begrenzung der Warmwassertemperatur und sparsame Verwendung von warmem Wasser, denn beides verringert den Energiebedarf zur Warmwasserbereitung.

Andere vermeidbare Wärmeverluste ergeben sich aus der vernünftigen Bedienung von Fenstern, Rolläden und Außentüren, von Vorhängen und offenen Kaminen.

TEIL 3

Reparaturen von A–Z

Aquarium

Eine zerbrochene Scheibe ersetzen

Betten Sie die neue Scheibe in giftfreie Spezialdichtungsmasse, die gegen Wasserdruck beständiger ist als Glaserkitt.

Zuerst muß die Scheibe mit Alkohol fettfrei gemacht werden. Dann trägt man die Dichtungsmasse so gleichmäßig auf, daß keine Luftblasen entstehen, und drückt die Scheibe mit beiden Händen satt ein. Man sollte dabei die Verarbeitungshinweise des Herstellers beachten. Wenn die Scheibe eingesetzt ist, kann zusätzlich ein wasserdichter Kleber aufgebracht werden.

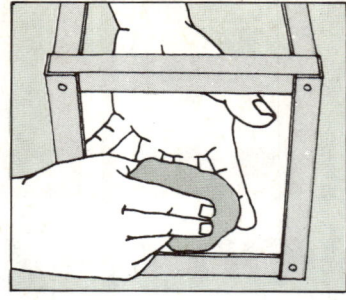

4. Man hält die Scheibe von innen fest, reinigt sie und glättet dabei auch den zugeschnittenen Dichtungsrand

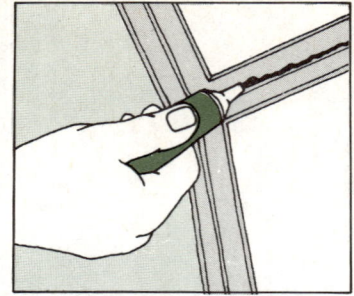

5. Auf die inneren Glaskanten wird Kleber aufgetragen. Man läßt ihn die vorgeschriebene Zeit trocknen

Pflege und Wartung

Ein richtig und regelmäßig gepflegtes Heimaquarium braucht nicht häufiger als alle zwei Jahre gründlich gereinigt zu werden. Man sollte jedoch jede Woche abgefallene Teile der Wasserpflanzen entfernen, die Scheiben von innen reinigen und verdunstetes Wasser ersetzen. Vor Beginn aller Arbeiten müssen sämtliche elektrischen Stecker herausgezogen werden, da es sonst leicht zu einem Stromschlag kommen könnte. Die Pumpe muß über dem Wasserspiegel sitzen.

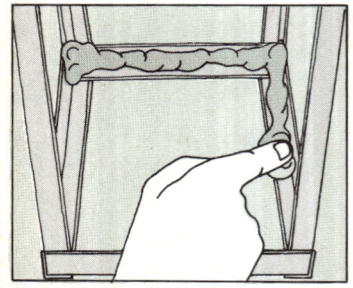

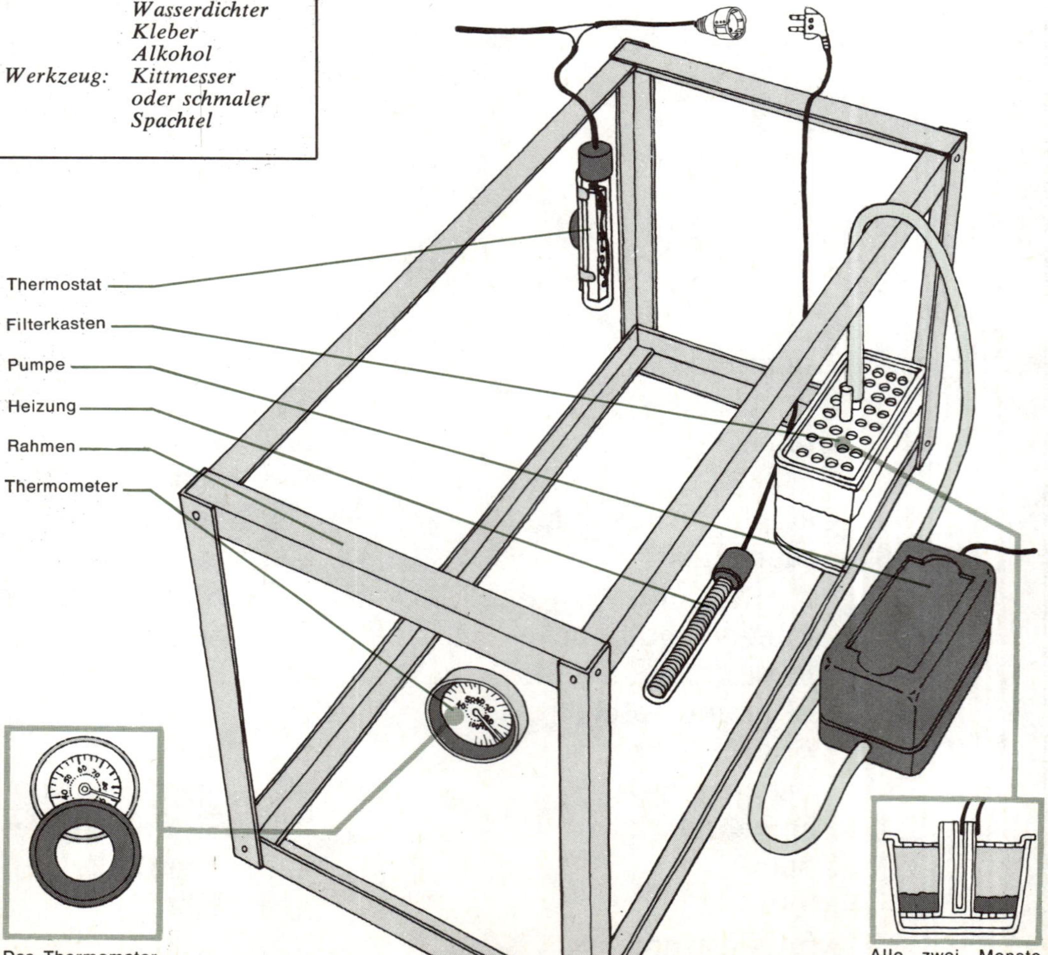

1. Man entfernt das alte Glas und säubert den Rahmen. Dann wird Dichtungsmasse in die Falze gedrückt

Material:	Spezialdichtungs- masse
	Wasserdichter
	Kleber
	Alkohol
Werkzeug:	Kittmesser
	oder schmaler
	Spachtel

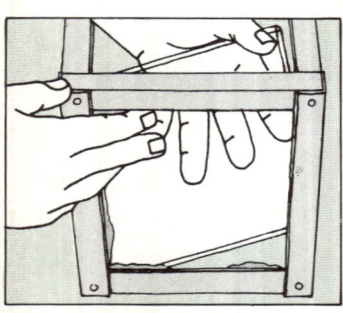

2. Die neue Glasscheibe wird so in den Rahmen gesetzt, daß sie gleichmäßig satt in der Dichtungsmasse ruht

Thermostat —
Filterkasten —
Pumpe —
Heizung —
Rahmen —
Thermometer —

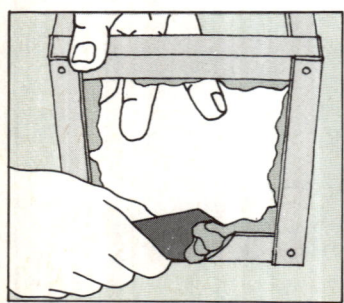

3. Die überschüssige Dichtungsmasse wird an beiden Seiten der Scheibe so entfernt, daß sie fest eingebettet bleibt

Das Thermometer kann sich lösen, wenn der Gummiring brüchig wird. Man ersetzt ihn durch einen neuen

Alle zwei Monate gehört neue Kohle unten in den Behälter; die Vorfilterwatte wird monatlich erneuert

Elektrische Durchlüftungsapparate

Die Geräte sind in verschiedenen Systemen im Handel. Für kleine Aquarien genügen solche, die nach dem Prinzip des Summers mit einer Membranpumpe arbeiten. Ihre Luftförderung ist bei gleichzeitigem Gebrauch eines Filters allerdings etwas schwach. Größere Durchlüfter arbeiten mit einer Doppelmembranpumpe oder mit Kolbenzylinder (Kleinkompressor). Bei einigen Bauarten wird die angesaugte Luft durch einen Filter gereinigt, der gelegentlich erneuert werden muß. Man nimmt hierzu etwas Verbandwatte, zupft diese ganz locker und drückt den Bausch in

die betreffende Öffnung. Mineralwolle eignet sich dazu nicht.

Beim Aufstellen des Geräts muß darauf geachtet werden, daß es auf festem Boden steht, da sonst die Vibration Geräusche verursachen kann. Ferner soll es höher stehen als das Aquarium. Setzt der Luftdruck etwa bei Stromausfall aus, steigt aus den Ausströmern ein Gemisch aus Wasser und Luft in die Zuleitung. Dies ist leichter als die umgebende Wassersäule und geht im Schlauch über den Beckenrand. Dabei kann Wasser in die Pumpe gelangen und sie beschädigen.

Einzelne Modelle haben an der Seite des Gehäuses einen Knopf, mit dem der Luftbedarf geregelt werden kann. Bei nicht voller Ausnützung kann das Geräusch gemindert und die Membran entlastet werden.

Wenn die Luftleistung der Pumpe zu gering erscheint oder nachgelassen hat, so kann sich auch der Luftaustritt verändert haben. Jeder Magnetmotor liefert bei erhöhtem Gegendruck eine geringere Luftmenge. Deshalb hat man mehr Luft zur Verfügung, wenn diese frei ausströmen kann.

Läßt nun die Leistung tatsäch-

lich nach oder arbeitet das Gerät auffallend laut, so ist meist die Membran schadhaft. Diese variiert zwar von Modell zu Modell, die Grundfunktionen sind jedoch immer dieselben.

Die Membran wird von einem Federring gehalten. Beim Einsetzen muß man darauf achten, daß das gummiartige Material nicht geknickt oder beschädigt wird. Die Spannmutter löst man mit einer Zange und zieht sie hinterher wieder mäßig an. Wichtig ist, sich vorher zu merken, wie alles angeordnet ist, um es wieder richtig zusammenbauen zu können.

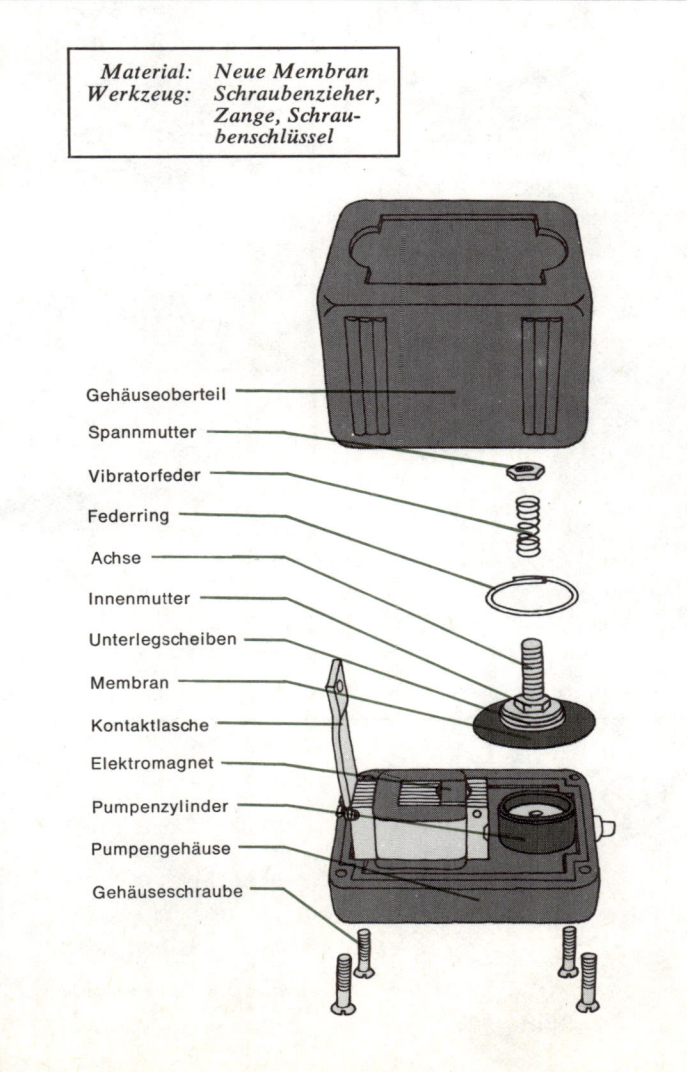

Material: Neue Membran
Werkzeug: Schraubenzieher, Zange, Schraubenschlüssel

Gehäuseoberteil
Spannmutter
Vibratorfeder
Federring
Achse
Innenmutter
Unterlegscheiben
Membran
Kontaktlasche
Elektromagnet
Pumpenzylinder
Pumpengehäuse
Gehäuseschraube

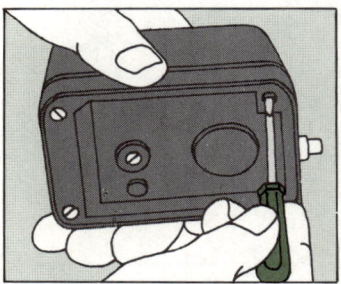

1. Man löst die Gehäuseschrauben auf der Unterseite der Membranpumpe und nimmt das Gehäuse ab

2. Nun wird die Spannmutter abgeschraubt, der Kontaktstreifen angehoben und die Vibratorfeder entfernt

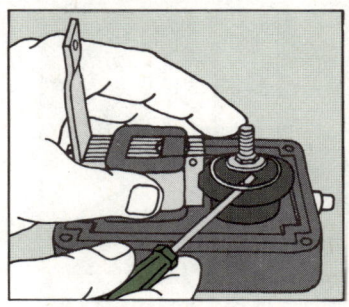

3. Man stellt die Kontaktlasche hoch und hebt vorsichtig den Federring ab, der die Membran hält

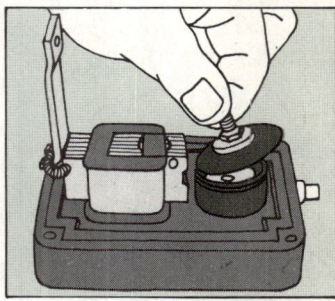

4. Die alte Membran wird mitsamt der Achse, den Unterlegscheiben und der Innenmutter abgenommen

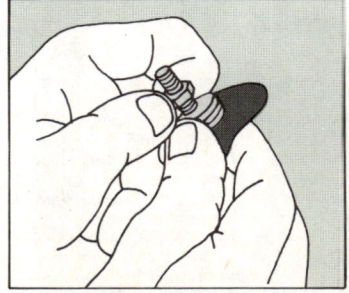

5. Man schraubt die Innenmutter von der Achse und entfernt die oberen Unterlegscheiben sowie die Membran

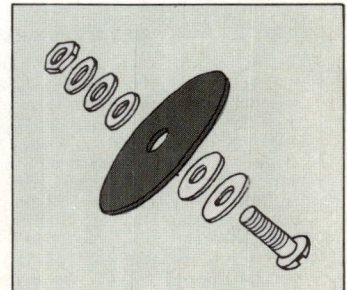

6. Zum Schluß kommen nacheinander die neue Membran, Unterlegscheiben und die Innenmutter auf die Achse

Besteck

Kerben entfernen

Bei Messerklingen aus nicht galvanisiertem oder rostfreiem Stahl kann man mit einem feinen Schleifstein kleine Kerben abschleifen. Größere Kerben beseitigt man mit einer feinen Feile.

Werkzeug: Schraubstock, Schleifstein, feine Feile, Schleifpapier

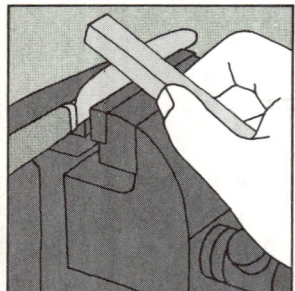

1. Klinge einspannen, Kerben mit Schleifstein oder Feile von unten nach oben anschleifen

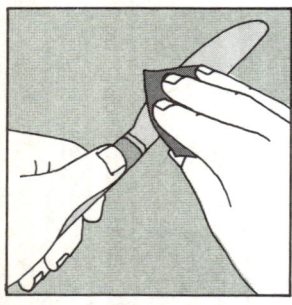

2. Ganze Messerschneide auf die Tiefe der tiefsten Kerbe zurückfeilen. Mit Schleifpapier glätten

Lose Messergriffe

Viele Messerklingen sind mit einem Stift oder einem Schaft in den Griff geklebt. Wenn der Griff sich gelöst hat, kann man die Teile wieder zusammenkleben, wenn der Klingenschaft nicht gebrochen ist.

Material: Epoxydharzkleber, Klebeband
Werkzeug: Schraubenzieher

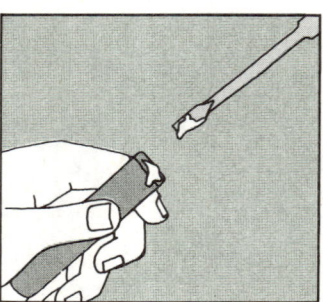

1. Man schabt alten Kleber aus dem Griff und gibt mit dem Schraubenzieher reichlich Kleber hinein

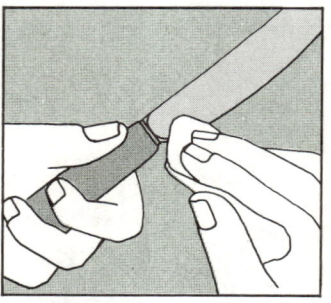

2. Klinge in den Griff stecken, austretenden Kleber entfernen, Griff und Klinge umwickeln. Härten lassen

Gabeln geradebiegen

Wenn bei einer Gabel die Zinken oder der Stiel verbogen ist, läßt sich dies leicht reparieren. Man sollte beim Zurückbiegen aber nur stufenweise zu Werke gehen, damit das verformte Teil nicht abbricht.

Werkzeug: Tuch
Schraubstock
Lineal

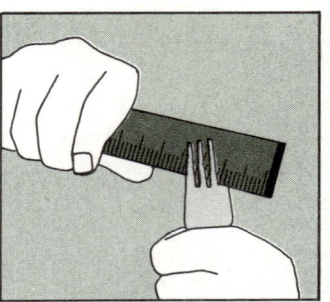

1. Wenn die Gabelzinken zusammengebogen sind, kann man sie mit einem Holzlineal auseinanderbiegen

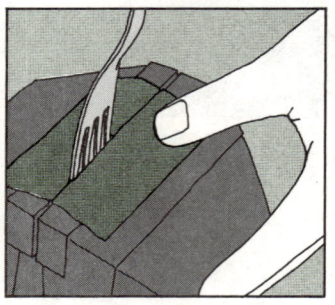

2. Nicht mehr fluchtende Zinken spannt man zwischen Tüchern in den Schraubstock und zieht diesen fest

Löffel ausbeulen

Wertvolle Silberlöffel sollte man vom Fachmann reparieren lassen. Verbeulte Haushaltslöffel kann man jedoch selbst herrichten.

Material: Gips, Holzstück für Gipsform
Werkzeug: Brett, Karosseriehammer

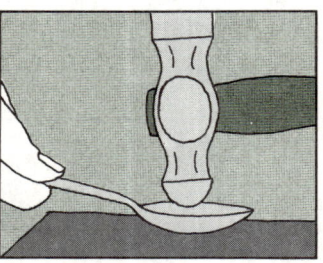

1. Wenn der Löffel nach innen verbeult ist, legt man ihn auf ein Brett und hämmert die Beule nach außen

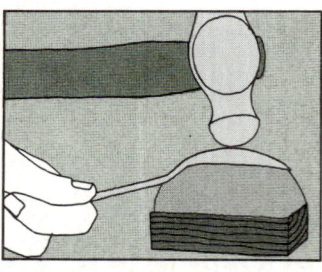

2. Wenn der Löffel nach außen verbeult ist, klopft man die Beule über dem abgerundeten Ende eines Holzstabes nach innen. Man kann aber auch eine Gipsform des Löffels anfertigen, den Höcker der Beule abschleifen, die Form auf Holz kleben und dann darauf hämmern

---

BENUTZUNG DES SCHLEIFSTEINS

Küchenmesser sollten einmal wöchentlich geschärft werden, wenn man sie regelmäßig gebraucht.

Die Klingenschneiden werden in der Fabrik meistens in einem Winkel von 25° geschliffen. Daher sollten Sie eine Klinge beim Schärfen ebenfalls in diesem Winkel halten.

Eine Klinge muß möglichst gleichmäßig geschärft werden; deshalb bearbeitet man zuerst die eine Seite auf dem Schleifstein,

dann die andere und danach wieder die erste.

Wenn man einen Abziehstahl verwendet, hält man das Messer in einer Hand und zieht den Stahl vom Messergriff weg nach unten über die Klinge, die dabei vom Körper weg zeigen soll.

Messer mit Sägen- oder Wellenschliff sollte man möglichst vom Fachmann herrichten lassen. Billige Haushaltsschärfgeräte können die Klingen verderben.

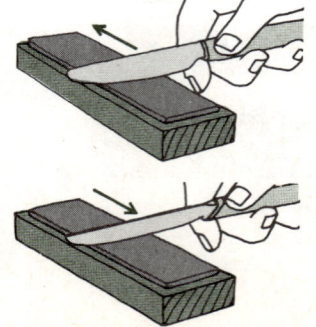

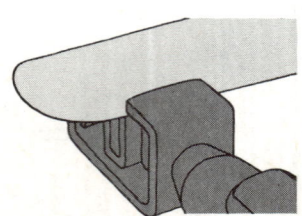

Schärfen mit dem Handschleifer: Die Klinge mehrmals fest in gleicher Richtung durchziehen. Klinge nicht verkanten

Die richtige Pflege

Reinigen Sie Ihre Brillengläser stets mit einem sehr weichen Tuch. Wenn das Gestell schmutzig ist, kann man es mit einer weichen Bürste und Seife unter fließendem warmem Wasser säubern.

Wenn sich die Scharnierschrauben gelockert haben, zieht man sie an, jedoch nicht zu fest, da sonst die Gewinde beschädigt werden könnten.

Ein zerbrochenes Brillengestell kann man auch provisorisch mit Klebeband reparieren. Man sollte die Brille aber so schnell wie möglich vom Optiker richten lassen, da die Gläser nicht mehr richtig justiert sein könnten, und das schadet den Augen.

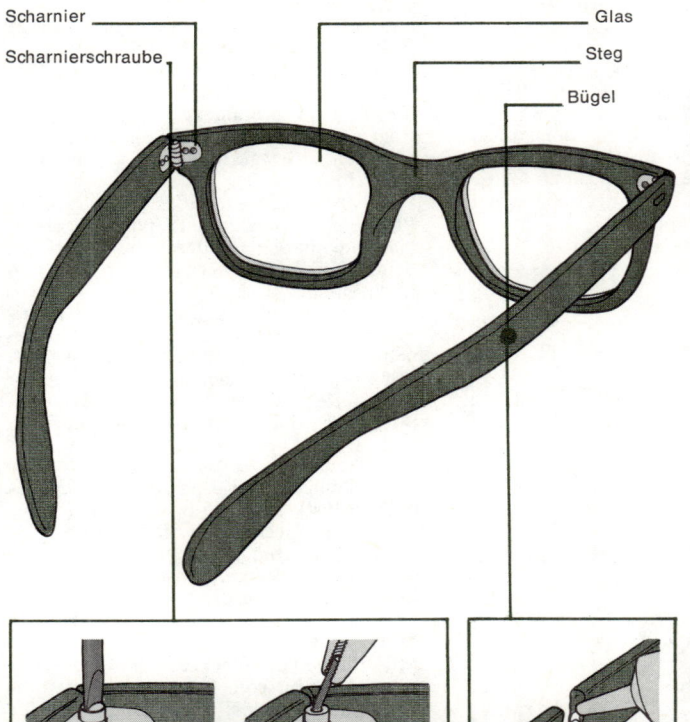

Scharnier — Glas

Scharnierschraube — Steg

Bügel

Scharnierschrauben zieht man vorsichtig an

Zur Not kann man eine Schraube auch durch Draht ersetzen

Drahtverstärkte Bügel kann man kleben

Ein Glas einsetzen

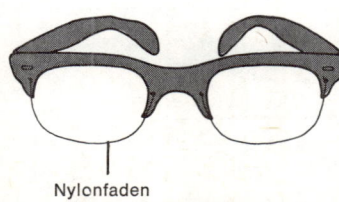

Nylonfaden

Eine Fassung kann sich lockern und das Glas herausfallen. Man setzt das Glas wieder ein und schraubt die Fassung mit einem Uhrmacherschraubenzieher wieder zusammen. Bei randlosen Brillengläsern ist eine Reparatur noch einfacher. Bei solchen Brillen werden die Gläser gewöhnlich durch einen straff gespannten Nylonfaden gehalten.

Material: Stoffklebeband

Reparatur mit Klebeband

Am leichtesten bricht eine Brille am Steg. Diese empfindliche Stelle kann man jedoch mit durchsichtigem Klebeband provisorisch wieder zusammenfügen.

Die gleiche Technik kann man auch anwenden, wenn ein Brillenbügel ohne Drahteinlage gebrochen ist.

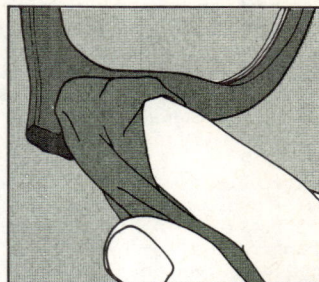

1. An der Bruchstelle wischt man Fett und Schmutz sorgfältig mit einem trockenen Tuch ab

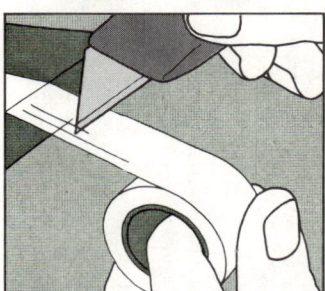

2. Jetzt werden vier 5 mm breite und etwa 25 mm lange Klebebandstreifen zugeschnitten

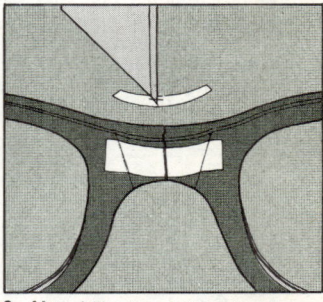

3. Man hält die Brillenhälften zusammen und verbindet sie hinten, vorne, oben und unten mit Streifen

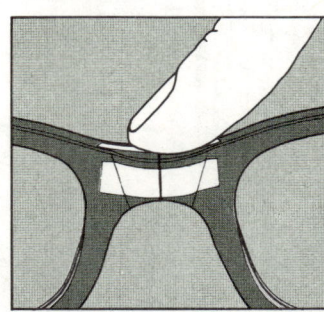

4. Dann reibt man die Streifen vorsichtig an, um eingeschlossene Luftblasen herauszudrücken

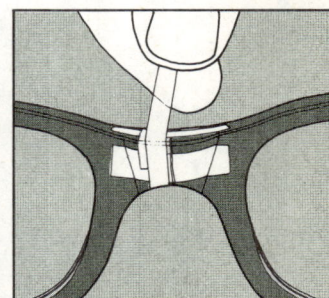

5. Zum Schluß wird der Steg mit einem 5 mm breiten Klebebandstreifen überlappend umwickelt

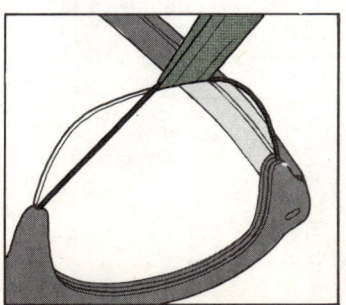

1. Das Brillenglas wird in die Gestellnut gedrückt und das Band unter dem Nylonfaden hindurchgeschoben

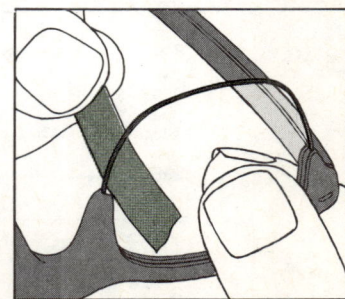

2. Man zieht das Band so über den Glasrand, daß sich der Faden in die Glasnut legt, und entfernt das Band

Bücher

Reparaturen und Pflege

Der Laie kann so manche einfache Reparatur an seinen Büchern selbst ausführen, wenn sie noch einigermaßen gut erhalten sind. Wenn jedoch die Heftfäden, welche die Falzlagen zusammenhalten, gerissen sind und ein Buch so wertvoll ist, daß sich die Ausgabe lohnt, sollte man es besser von einem Buchbinder fachmännisch reparieren lassen.

Bücherpflege
Bevor man ein Buch öffnet, das lange Zeit gestanden hat, bläst man den abgelagerten Staub vom oberen Schnitt weg. Wenn nötig, wischt man lockeren Staub von den Einbandkanten mit einem Staubtuch ab.

Oberflächliche Verschmutzungen der einzelnen Buchseiten kann man mit einem weichen Radiergummi beseitigen. Man muß dabei nur aufpassen, daß das Papier nicht einreißt.

Auch mit frischem Brot läßt sich Schmutz von Papier gut entfernen. Man formt das Brot zu einer Kugel, mit der man dann vorsichtig über das Papier reibt und damit den Schmutz aufnimmt. Nach dieser Reinigung muß man aber alle Brotkrumen mit einem weichen Lappen oder mit einer Bürste sorgfältig von den Seiten entfernen, weil sich sonst Schimmel bilden kann. In das Papier eingedrungene Verschmutzungen lassen sich kaum mehr entfernen.

Schimmel
Schimmel kann man durch Abreiben mit einem weichen Tuch entfernen. Die Verfärbung des Papiers läßt sich allerdings nicht beseitigen.

Schwere Beschädigungen
Schwerere Beschädigungen der Seiten – Kritzeleien von Kindern oder Wasserflecken etwa – lassen sich zu Hause nicht behandeln. Wenn ein Buch einen so großen Wert hat, daß eine fachmännische Behandlung sich lohnt, bringen Sie es am besten einem Buchbinder.

Behandlung des Buches
Öffnen Sie ein wertvolles Buch niemals schnell und sehr weit, und drücken Sie es niemals mit Gewalt flach, denn dadurch kann leicht die Rückeneinlage brechen. Beim Umblättern streicht man die Seiten vorsichtig mit der Hand von innen nach außen glatt.

Reparaturmaterial
Buchreparaturen muß man mit Klebern ausführen, die auch nach dem Trocknen elastisch bleiben. Es gibt eine ganze Reihe von geeigneten Produkten.

Für Reparaturen an Büchern benötigt man Makulatur (Abfallpapier; alte Zeitungen sind besonders geeignet), einige Bögen Wachspapier – wie man es z. B. in gewissen Verpackungen als Feuchtigkeitsschutz findet –, starkes braunes Packpapier, festes weißes oder farbiges Papier als Vorsatzpapier (gutes Schreibmaschinenpapier ist ideal) und schließlich Seidenpapier für Reparaturen an den Buchseiten.

Für den Einband braucht man richtiges Buchbinderleinen, das in verschiedenen Farben und Strukturen erhältlich ist. Für Reparaturen der Rückeneinlage ist ein steifes, locker gewebtes Material (Heftgaze oder Schirting) erforderlich.

Klebeband
Verwenden Sie für Buchreparaturen niemals selbstklebendes Band. Der Kleber verursacht Flecken auf dem Papier und macht es brüchig. Wenn ein solcher Schaden einmal entstanden ist, kann er nicht mehr behoben werden.

Werkzeuge
Mit folgenden Werkzeugen kann man eine Vielzahl von Reparaturen ausführen: ein Stahllineal; ein scharfes Messer mit auswechselbaren Klingen (ein Modelliermesser oder ein Schuhmachermesser); zwei Klebstoffpinsel: ein 25 mm breiter Farbpinsel und ein kleiner Wasserfarbenpinsel; eine quadratische Kunststoffunterlage; eine scharfe Schere; ein Falzbein, das man entweder kaufen oder für die Arbeit selbst aus einem beinernen Brieföffner zuschneiden kann.

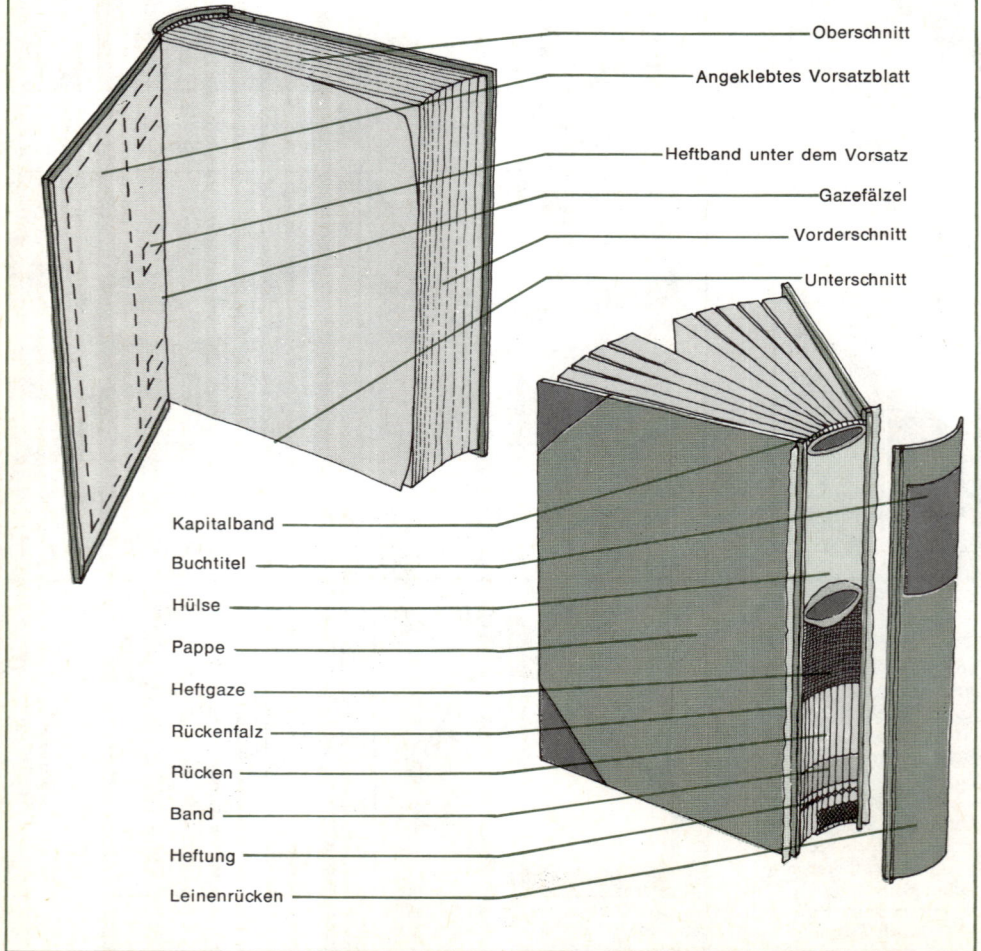

Oberschnitt
Angeklebtes Vorsatzblatt
Heftband unter dem Vorsatz
Gazefälzel
Vorderschnitt
Unterschnitt

Kapitalband
Buchtitel
Hülse
Pappe
Heftgaze
Rückenfalz
Rücken
Band
Heftung
Leinenrücken

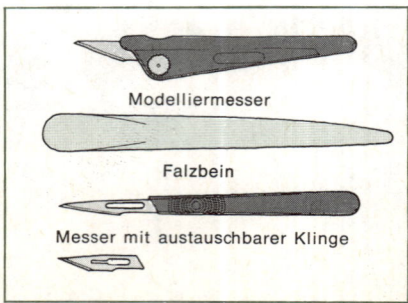

Modelliermesser

Falzbein

Messer mit austauschbarer Klinge

Beschädigte Ecken ausbessern

Ob sich beschädigte Ecken an einem Buch reparieren lassen, hängt von der Beschaffenheit des Einbandes ab; zum Beispiel kann man die Ecken eines Paperback- oder Pappeinbandes nicht instand setzen. Wenn es sich jedoch um einen Leineneinband handelt, können die Ecken ausgebessert werden.

Manchmal genügt es, den lockeren Einbandstoff wieder festzukleben. Wenn jedoch ein Teil davon weggerissen ist, muß eine größere Reparatur ausgeführt werden, d. h., man ersetzt die Eckeneinfassung. Am besten erneuert man alle vier Ecken, auch wenn nur eine beschädigt ist. Das Buch sieht dann nach der Reparatur viel besser aus. Man verwendet möglichst ein Material, das dem alten Umschlag in der Struktur ähnelt, farblich dazu aber einen Kontrast bildet.

Falls eine Einbanddecke nicht durch Kleben repariert werden kann, erneuert man den ganzen Einband (siehe S. 290).

BESCHÄDIGTE BUCHECKEN REPARIEREN

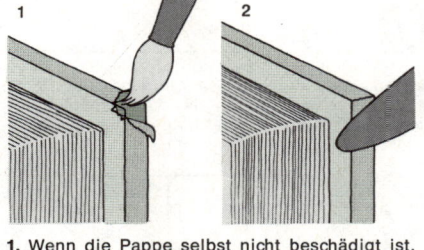

1. Wenn die Pappe selbst nicht beschädigt ist, bestreicht man die abgestoßene Ecke und das lose Leinen mit etwas Kleber

2. Das lose Leinen wird über die Ecke gestrichen und mit dem Falzbein festgedrückt, bis der Kleber trocken ist

GESPALTENE DECKELPAPPE REPARIEREN

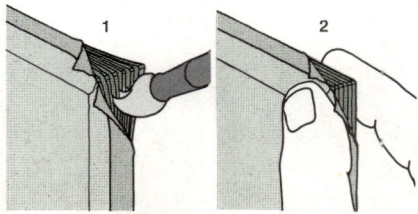

1. Die gespaltene Deckelpappe wird mit Kleber eingeweicht. Man knetet den Kleber vorsichtig in die losen Schichten

2. Man drückt die Buchecke fest zusammen, streicht das Leinen mit dem Falzbein über die Ecke und hält das Ganze fest, bis die Verbindung hält

1. Mit dem Stahllineal schneidet man das Leinen behutsam in Form eines gleichschenkligen Dreiecks ein. Dabei darf die Pappe nicht beschädigt werden

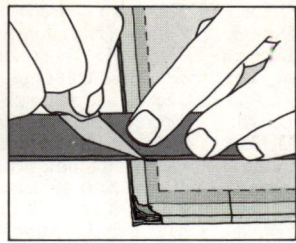

2. Die Schnitte werden, bei geöffnetem Buchdeckel, über die Einbandkante verlängert; das Leinen schneidet man bis zu seiner Endkante unter dem Vorsatz ein

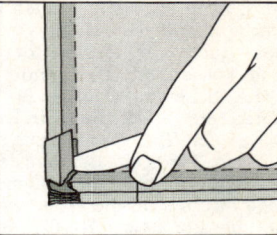

3. Schneiden Sie die Kanten des Leinens innen ein, und heben Sie dann das ausgeschnittene Stück mit dem Falzbein vom Pappdeckel ab

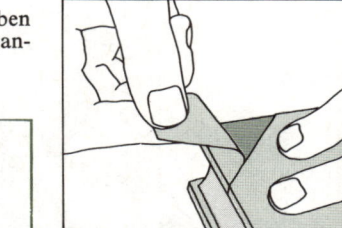

4. Das Leinenstück wird außen abgezogen und als Muster aufbewahrt. Innen kratzt man das Vorsatzpapier vom eingefalzten Leinen ab

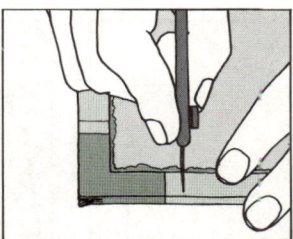

5. Schneiden Sie nun auf der Innenseite das Leinen etwa 1 cm neben der freigelegten Ecke von der Kante der Pappe bis zum Ende ein

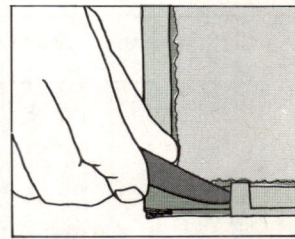

6. Man schneidet die Leinenkante auf, hebt die zwei 1 cm breiten Laschen mit dem Falzbein an, entfernt sie aber nicht und schließt das Buch

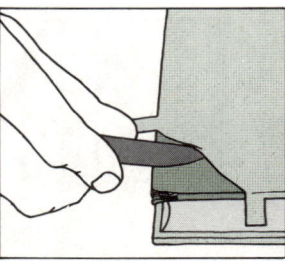

7. Das Falzbein wird unter der Leinenkante außen durchgezogen. Man hebt einen etwa 1 cm breiten Streifen an und kratzt ihn mit dem Messer sauber

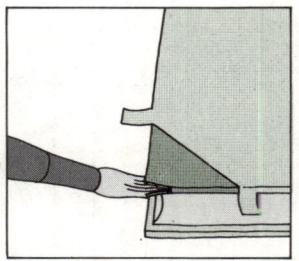

8. Wenn die Pappe an den Ecken gespalten ist, drückt man Kleber hinein und hält die Ecken fest, bis die Schichten fest verklebt sind

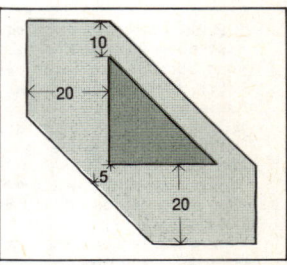

9. Man macht, von dem aufbewahrten Leinendreieck ausgehend, eine Papierschablone und schneidet danach ein neues Leinenstück für die Ecke. Angaben in mm

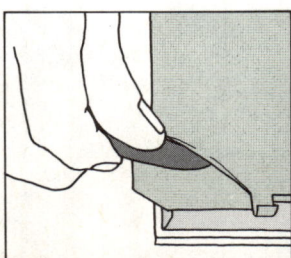

10. Nun wird Kleber auf die Pappe, unter das lose Leinen und hinten auf das neue Leinenstück gestrichen und dieses unter die lockere Kante geschoben

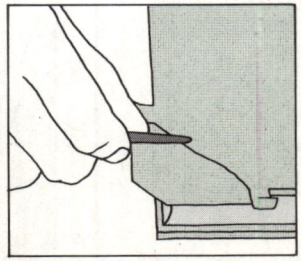

11. Drücken Sie die Kante des alten Leinens nach unten, prüfen Sie, ob das neue Eckstück gut sitzt, und reiben Sie es sorgfältig unter Druck fest

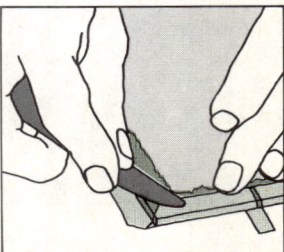

12. Man zieht die Ränder des Eckstücks und die mit Kleber bestrichenen Laschen um die Deckelkanten und klebt ein neues Vorsatzpapier ein   (siehe S. 292)

Bücher

Herstellung eines neuen Einbandes

Man kann auch selbst einen ganz neuen Bucheinband herstellen. Vermessen Sie das Buch vor Beginn der Arbeiten, und kaufen Sie Buchbinderleinen, ein Stück Schirting (Heftgaze) und, wenn nötig, ein Stück Buchbinderpappe für die neuen Einbanddeckel. Die Deckel müssen 2 mm an der Vorderkante des Buchblocks überstehen. Die Rückeneinlage hat die gleiche Höhe wie der Deckel und die gleiche Breite wie der Buchrücken. Zur Rückeneinlage verwendet man Karteikarton. Auf der linken Seite des Überzugmaterials zeichnet man die Lage der Deckel und Rückeneinlage ein. Zwischen Deckel und Rückeneinlage läßt man jeweils einen Abstand von 5 mm. Nun kommt auf den Überzug Klebstoff, Rückeneinlage und Deckel werden darauf gelegt und angedrückt. Deckel werden nun umgedreht und der Überzug gut an Deckel und Einlage angerieben. Dann dreht man die Deckel wieder um und schneidet die Ecken im Winkel von 45° so ab, daß der Überzug 3 mm über die Ecken der Pappe steht. Jetzt schlägt man den Überzug oben und unten ein, drückt die Ecken mit dem Fingernagel an die Deckelkanten scharf an, dann schlägt man die Vorderkanten ein. Das Ganze wird zum Trocknen aufgestellt.

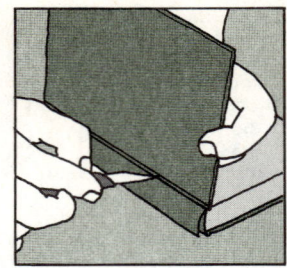

1. Jeden Einbanddeckel senkrecht stellen und die Rückenfalze durchschneiden, damit man den Rücken abnehmen kann

2. Papier- oder die Gazereste werden entfernt, ohne die Heftfäden zu beschädigen. Dann trägt man Kleber auf

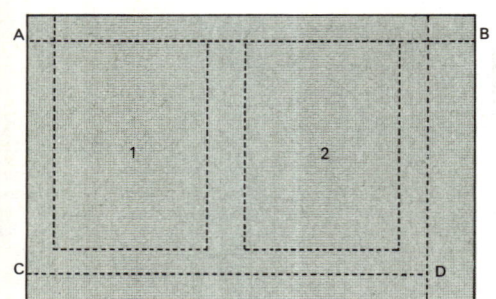

EINBANDLEINEN ZUSCHNEIDEN

1. Breiten Sie das neue Leinen mit der linken Seite nach oben flach aus. Ziehen Sie in 15 mm Entfernung von der Oberkante eine Linie von A nach B. Legen Sie einen Einbanddeckel (1) mit einer kurzen Kante so auf die Linie AB, daß seine linke Kante 15 mm von der linken Leinenkante entfernt ist. Dann markieren Sie den Umriß des Einbanddeckels auf dem Leinen. Für den Rücken läßt man einen Streifen von der Dicke des Buches plus 10 mm frei und legt dann den zweiten Einbanddeckel (2) an die Linie AB und zeichnet wie bei (1) seinen Umriß auf. 15 mm von seiner rechten Kante entfernt zieht man eine Linie von oben nach unten, und 15 mm unter den Einbandkanten zeichnet man die Linie CD

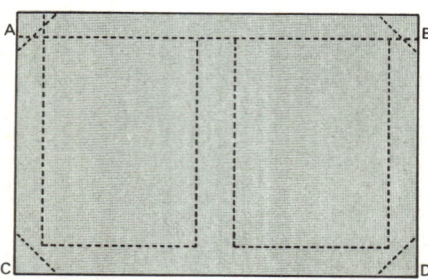

2. Man schneidet entlang der Linie CD und von D auf der Linie senkrecht zur Leinenoberkante hin. Etwa 5 mm vor den Deckelecken werden die Ecken abgeschnitten

3. Die freien hinteren und vorderen Vorsätze werden herausgetrennt. Ist die Hülse beschädigt, läßt man sie reparieren

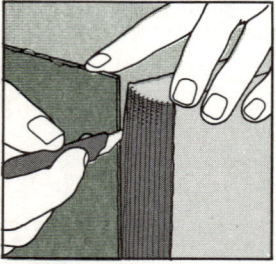

4. Man entfernt die Deckel und reißt das Leinen ab. Falls sie beschädigt sind, schneidet man neue aus Pappe zu

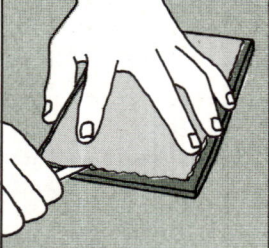

5. Wenn die alten Einbanddeckel in Ordnung sind, entfernt man das Vorsatzpapier an der Innenseite, ebenso die Heftgaze

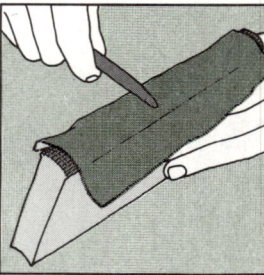

6. Gaze zuschneiden und auf den Buchblock kleben. Sie sollte 65 mm breiter und 15 mm kürzer als der Block sein

7. Man schneidet Packpapier auf die Länge und vierfache Breite des Buchblocks, faltet beide Kanten zur Mitte hin, klappt eine Seite auf, klebt den Streifen 1 auf 2, 3 auf die Außenseite und die so entstandene Hülse auf den Buchblock und läßt den Kleber anziehen

8. Man richtet das neue Leinen zu, bestreicht seine linke Seite mit Kleber und legt die Deckel auf die Markierungslinien

9. Die Leinenkanten (1 und 2) werden an die Pappkanten geklebt. Die Ecken drückt man mit dem Fingernagel flach

10. Jetzt klebt man die Kanten auf die Deckelinnenseite, dreht den Deckel um und reibt die Außenfläche glatt

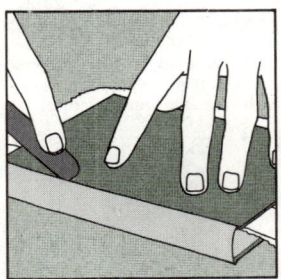

11. Man legt Makulatur und Wachspapier zwischen den Buchblock und die Gaze und bestreicht diese außen mit Kleber

12. Man bringt Kleber auf den Rücken, legt das Buch zwischen die neuen Deckel, schließt das Buch und reibt die Flächen fest

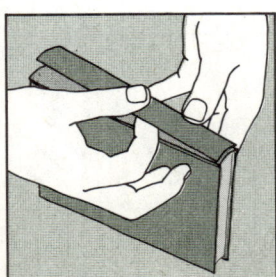

13. Nun wird der Deckel senkrecht gehalten, die Makulatur entfernt und die Gaze angerieben. Wachspapier im Buch lassen

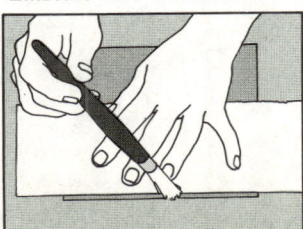

14. Man setzt zwei neue Vorsatzblätter ein (siehe S. 292), reinigt den alten Buchrücken und klebt ihn fest

Eingerissene Seiten ausbessern

Bei billigem Papier oder bebildertem Kunstdruckpapier klebt man die Teile mit einem Streifen Seidenpapier zusammen. Bei einem Riß in gutem, dickem Papier entsteht oft eine kleine schräge Überlappungsstelle. Teile aneinanderkleben und den gerissenen Rand mit Seidenpapier verstärken.

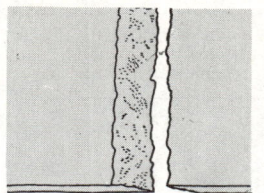

Einen schräg überlappenden Riß klebt man zusammen

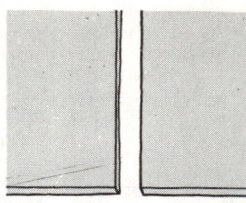

Einen glatten Schnitt flickt man mit Seidenpapier

EINE EINGESCHNITTENE SEITE AUSBESSERN

1. Die beschädigte Seite unterlegt man mit Wachspapier. Dann reißt man von einem Bogen Seidenpapier Streifen von etwa 10 mm Breite und 25 mm Länge ab

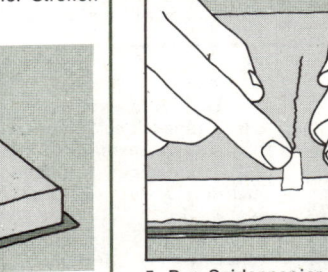

2. Die Schnittkanten werden zusammengefügt und mit Seidenpapierstreifen überklebt. Man legt Wachspapier und ein Gewicht auf die Seite und läßt den Kleber trocknen

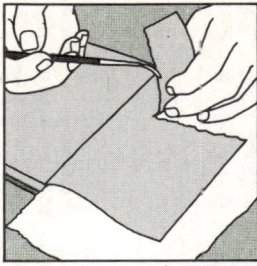

1. Ein Bogen Wachspapier wird unter die gerissene Seite gelegt. Man streicht beide Rißkanten dünn mit Kleber ein

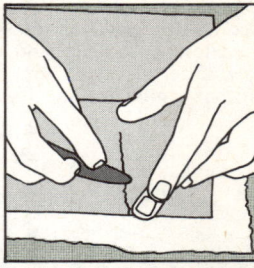

2. Man legt die eingerissene Seite auf das Wachspapier, paßt die Kanten zusammen und drückt sie aneinander

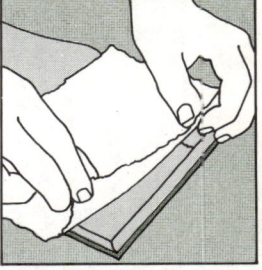

3. Nun wird Wachspapier auf die reparierte Seite gelegt, das Buch geschlossen und mit einem Gewicht beschwert

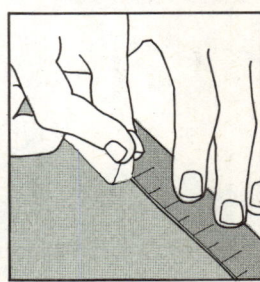

4. Oberes Wachspapier abnehmen und einen 10 mm breiten, den Rand überragenden Seidenpapierstreifen machen

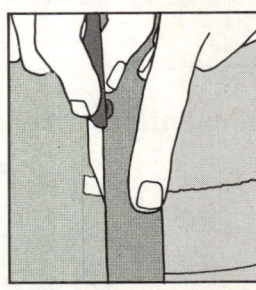

5. Das Seidenpapier wird auf der geradzahligen Seite so über den Riß geklebt, daß es über den Rand hinaussteht

6. Man legt Wachspapier über die Seite, beschwert sie, bis der Kleber trocken ist. Dann Seidenpapier abschneiden

Lose Seiten befestigen

Einzelne lose Buchseiten kann man wieder festkleben. Innenkanten lassen, wie sie sind, die drei anderen Kanten rechtwinklig zuschneiden, wenn sie ausgefranst sind, bevor man die Seiten einklebt.

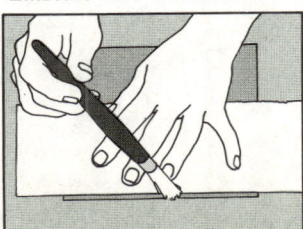

1. Bestreichen Sie die Innenkante der Seite dünn und nicht breiter als 3 mm mit Kleber

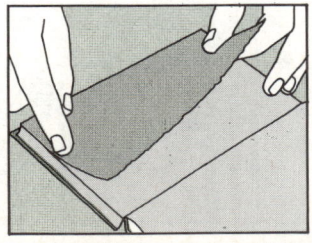

2. Man richtet die Seitenränder nach dem Buch aus und drückt dann die Klebkante auf die Innenseite

3. Die Klebkante wird festgerieben. Der Kleber muß bei geschlossenem Buch gut trocknen

Bücher

Gerissene Gazefälzel reparieren

Die Gazefälzel, um welche die Einbanddeckel wie um Scharniere geöffnet und geschlossen werden, sind unter den Vorsatzblättern festgeklebt. Bei sehr alten Büchern gibt es an dieser Stelle auch noch die Heftbänder. Wenn diese oder die Gazefälzel gerissen oder locker sind, müssen die Vorsätze entfernt und aus Schreibmaschinen- oder Vorsatzpapier neu zugeschnitten werden. Halten Sie Wachspapier und Makulatur (Abfallpapier) bereit, um die Seiten beim Kleben zu schützen.

Einbanddeckel
Gazefälzel
Heftung
Rückenfalz

1. Die freien Vorsatzpapiere herausreißen, die festgeklebten von den Deckelinnenseiten lösen

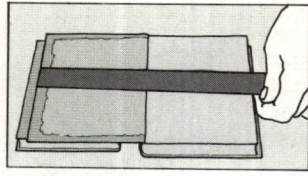

2. Die Breite der Buchseiten messen und 6 mm zugeben. Zwei neue Vorsatzblätter zuschneiden

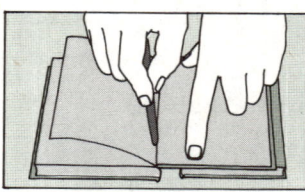

3. Das Vorsatzpapier auf den Einbanddeckel legen, am Gazefälzel falten, Falz andrücken

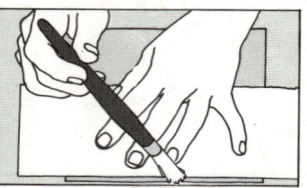

4. Ein gerades Stück Makulatur 3 mm hinter dem Falz auf den freien Vorsatz legen, Kleber aufstreichen

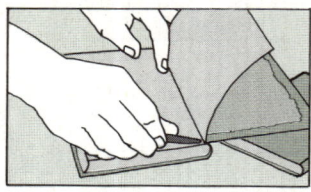

5. Vorsatzblatt nach den Seitenrändern ausrichten, Falz andrücken, zweites loses Blatt anbringen

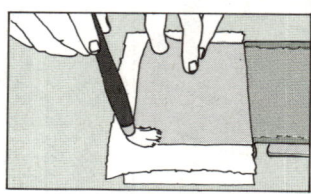

6. Wachspapier und Makulatur auf losen Vorsatz legen, festen Vorsatz mit Kleber bestreichen

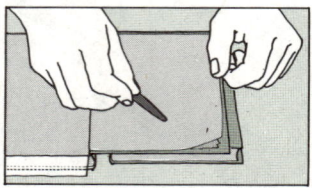

7. Vorsatzpapier auf den Deckel kleben, Makulatur entfernen, aber nicht das Wachspapier

8. Auf gleiche Weise Vorsatz der anderen Buchseite ankleben, Buch 24 Stunden beschweren

Rückenfalze erneuern

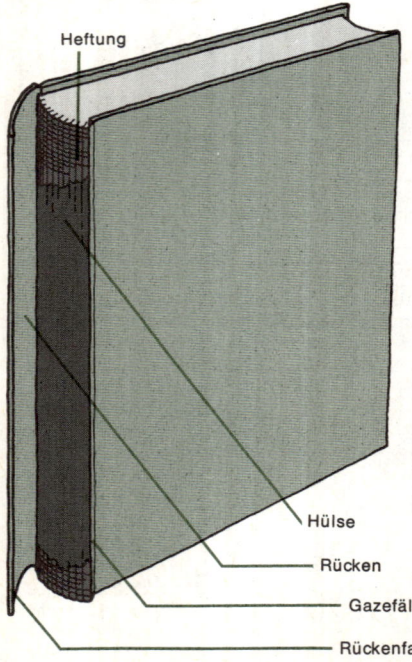

Heftung

Hülse
Rücken
Gazefälzel
Rückenfalz

Die Tuchfalze, welche die beiden Einbanddeckel mit dem Buchrücken verbinden, können leicht einreißen, wenn das Tuch im Laufe der Zeit brüchig wird.

Wenn an dieser Stelle eine Reparatur erforderlich ist, entfernt man den Buchrücken, auf den der Buchtitel aufgedruckt ist, und bringt neue Rückenfalze an.

Den Buchrücken setzt man wieder auf, wenn die Reparatur durchgeführt ist.

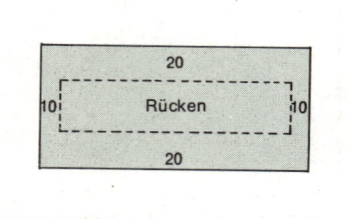

20
10   Rücken   10
20

Neuer Buchrücken: Das neue Leinen für den Rücken sollte zum Einband passen oder kontrastieren. Schneiden Sie das Stück 40 mm breiter und 20 mm länger als den Buchrücken zu.

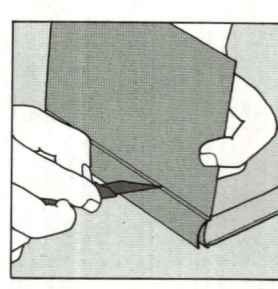

1. Das Buch an den Rändern des Rückens einschneiden, Rücken entfernen und aufbewahren

2. 2 mm hinter Schnittkanten der Einbanddeckel Lineal anlegen, Leinen glatt abschneiden

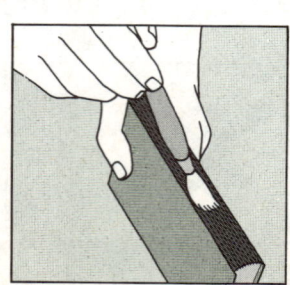

3. Rissige Hülse entfernen, Buchblock zweimal mit Kleber bestreichen, trocknen lassen

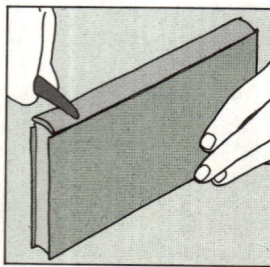

4. Aus Packpapier eine Hülse anfertigen (siehe S. 290) und auf den Buchblock kleben

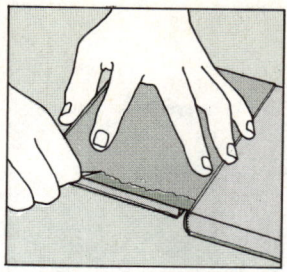 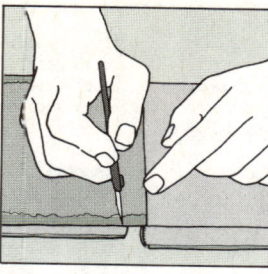  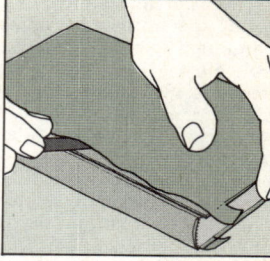

5. Die festgeklebten Vorsatzblätter von den Innenseiten der Buchdeckel entfernen, die Leinendecken nicht beschädigen

6. Das Leinen am oberen und unteren Rand etwa 20 mm neben dem Gazefälzel senkrecht für Laschen einschneiden

7. Die 20 mm breiten Laschen mit dem Falzbein anheben und sorgfältig mit einem Messer sauberschaben

8. Bei geschlossenem Buch wird das Leinen am Rücken etwa 20 mm breit gelöst, nach oben geklappt und gut gesäubert

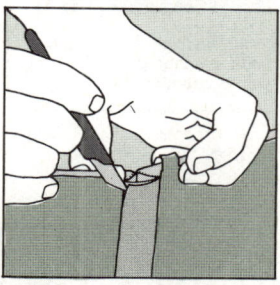 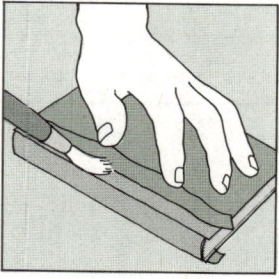 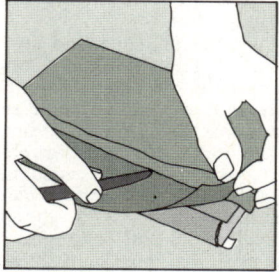 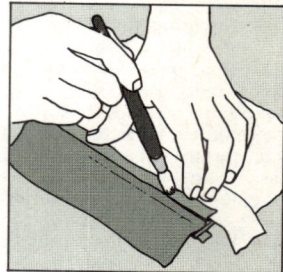

9. Das Buch ganz öffnen und dann die neue Hülse etwa 10 mm vom oberen und unteren Rand entfernt einschneiden

10. Mit einem Pinsel streicht man anschließend Kleber unter das gelöste Leinen auf den Buchdeckel und auf die Hülse

11. Ein neues Leinenstück mit Kleber bestreichen und mit dem Falzbein unter die gelöste Leinwand schieben und anreiben

12. Einband abdecken, den gelösten Leinenstreifen zurückfalten, mit Kleber bestreichen und auf neue Leinwand kleben

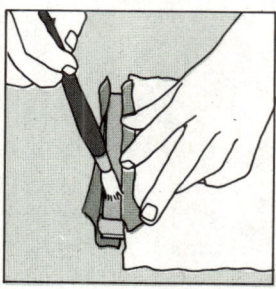 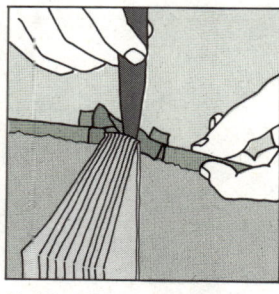 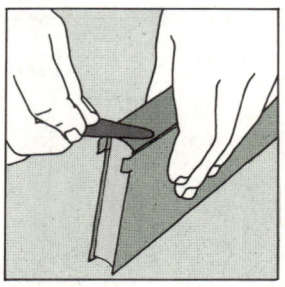 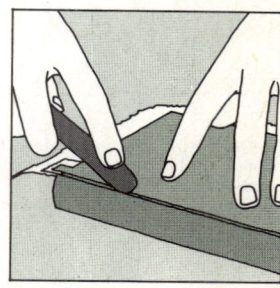

13. Das Leinen über die Hülse kleben, das Buch umdrehen, mit Wachspapier schützen und die andere Seite festkleben

14. Die Einbanddeckel aufklappen und das Leinen oben und unten über die Hülse und über die Einbanddeckel falten

15. Das Leinen wird mit dem Falzbein so lange angerieben, bis es ganz glatt auf dem Rücken aufliegt

16. Die Rückenfalze mit dem Falzbein vorsichtig eindrücken. Dabei darf das neue Leinen nicht durchstochen werden

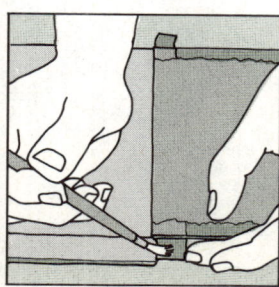  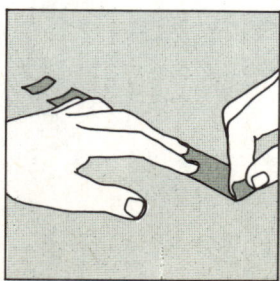 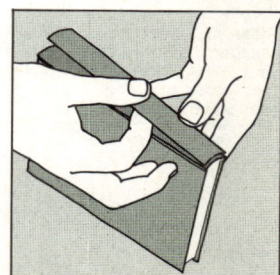

17. Die Deckel aufklappen und die Laschen an ihre Innenkanten kleben. Neue Vorsatzpapiere einsetzen (siehe S. 292)

18. Alten Rücken mit der linken Seite nach oben auf feste Unterlage legen und an beiden Seiten etwa 1 mm beschneiden

19. Leinen an beiden Enden des Rückens ablösen, an den Falzen abschneiden, Papierreste vom Buchrücken entfernen

20. Neues Rückenleinen und alten Rücken mit Kleber bestreichen, Rücken genau aufsetzen und sorgfältig festreiben

Campingausrüstung

Pflege des Zeltes

Es ist durchaus nicht so, daß Zelte – genauso wie Vorzelte bei Campingwagen – durch häufiges Aufstellen und Abreißen der größten Verschleißgefahr unterworfen sind. Erfahrene Camper wissen längst, daß vor allem unsachgemäße Aufbewahrung in den Winterzeiten die häufigste Ursache späterer Schäden ist. Und hier werden in der Praxis auch die meisten Fehler gemacht. Wer sein Zelt nach Beendigung des Ferienvergnügens achtlos irgendwo in die Kellerecke wirft und dort liegenläßt, darf sich nicht wundern, wenn er vor Antritt des nächsten Urlaubs böse Überraschungen erlebt.

Es lohnt sich also in jedem Fall, ein paar Grundregeln für das Überwintern von Zelten zu beachten: Zunächst sollte man Zeltbahnen, gleichgültig, ob sie aus Baumwollstoff oder Kunstfaser bestehen, grundsätzlich nie in einem Packen mit Metall- und Holzteilen zusammen aufbewahren. Die Zeltbahnen müssen vor der Überwinterung immer noch einmal ausgelegt und sorgfältig gereinigt und getrocknet werden.

Sind Gummikanten vorhanden, empfiehlt es sich, diese vor allem in den Knicken mit etwas Talkum zu bestreichen. Nach dem sorgfältigen Zusammenfalten darf das Zeltbahnenbündel zur Überwinterung nicht fest zusammengeschnürt werden, sondern sollte möglichst lose liegen.

Alle Metallteile werden leicht eingeölt oder mit einem Antirostspray behandelt. Feuchte Keller und ähnliche Räume sind nicht geeignet. Wenn eine Unterbringung aus Platzgründen in Garagen oder Kellern nicht zu umgehen ist, sollte man unbedingt zumindest einen Lattenrost unterlegen.

Die meisten Teile und das Zubehör – zum Beispiel Stangen, Spannseile, Heringe, Spannringe und anderes – kann man selbst erneuern. Es empfiehlt sich in jedem Falle, dies noch im Herbst zu tun, denn verschiedentlich sind die für jeden Zelttyp passenden Teile nicht immer schnell im Einzelhandel zu bekommen. In vielen Fällen wird man sie direkt beim Hersteller nachbestellen müssen.

RISSE FLICKEN

Es ist ratsam, stets etwas Kontaktkleber und Zeltstoff oder selbstklebendes Flickzeug mitzuführen, um kleinere Risse sofort zu schließen.

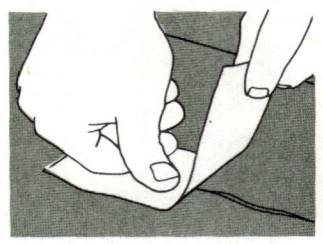
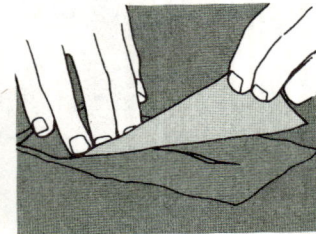

1. Schutzschicht von dem Zeltreparaturband entfernen und den Streifen von innen auf den Riß kleben

2. Behelfsflicken kann man auch aus Zeltstoff zuschneiden und mit Kontaktkleber aufkleben

---

SCHNAPPVERSCHLÜSSE

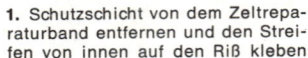

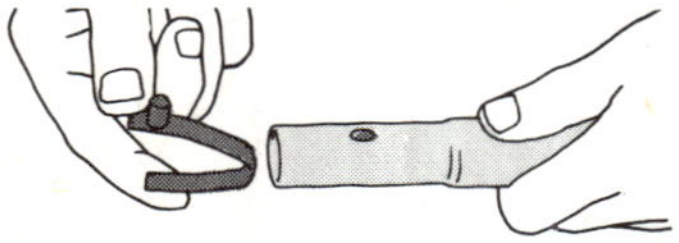

1. Die Röhrenabschnitte eines Metallgerüsts werden meist ineinandergesteckt und durch Federdrehzapfen arretiert. Wenn diese brechen oder klemmen, zieht man sie mit einer schmalen Zange heraus und ersetzt sie durch neue Federn

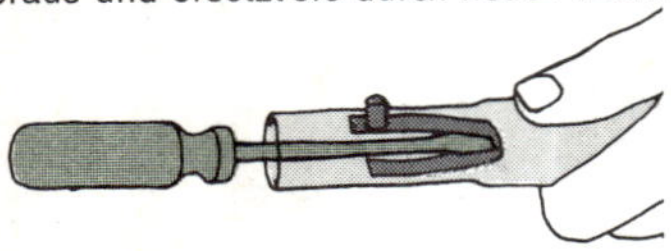

2. Dabei ist darauf zu achten, daß der Drehzapfen der neuen Feder schon vor dem Einschieben auf die Rohröffnung ausgerichtet wird. Erst dann drückt man mit einem Schraubenzieher die Lasche vorsichtig so weit ins Rohr, bis der Druckknopf leicht einrastet

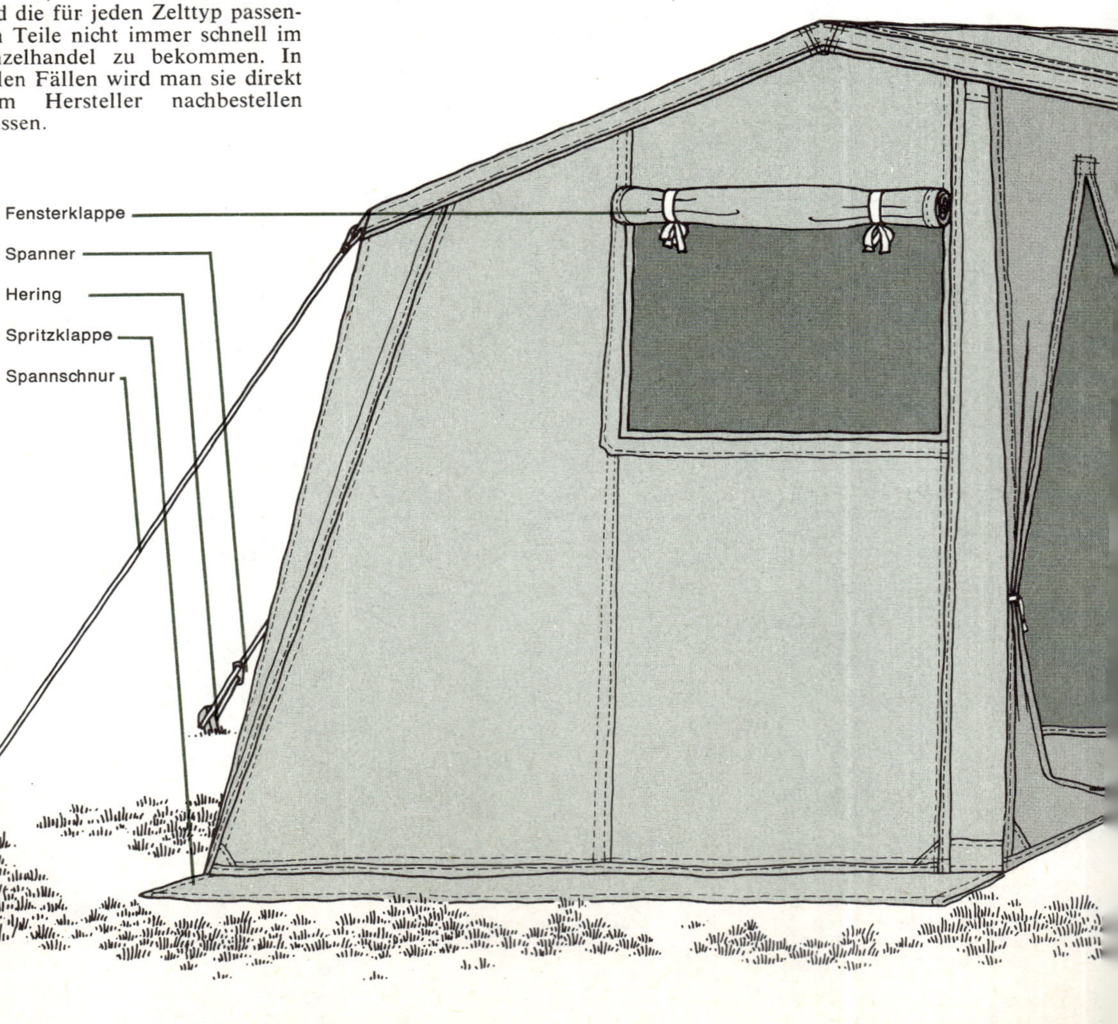

Fensterklappe

Spanner

Hering

Spritzklappe

Spannschnur

Ein Zelt imprägnieren

Die Zeltwände – vor allem, wenn es sich noch um reine Baumwollzelte handelt – sollten etwa alle drei Jahre neu imprägniert, also abgedichtet werden. Es gibt dafür Spezialflüssigkeiten, die entweder mit dem Pinsel aufgetragen oder einfach aufgesprüht werden. Bei den meisten modernen Zelten, die fast ausschließlich aus Kunststoff oder Kunststoffasergemisch hergestellt sind, sollte man sich jedoch immer beim Hersteller erkundigen, welche Behandlung bei längerem Gebrauch empfehlenswert ist. Moderne Kunststoffgewebe bedürfen dieser Behandlung nicht mehr.

Wenn sich, zum Beispiel durch Scheuerstellen, kleinere Undichtigkeiten ergeben, so können sie mit einem Aerosol-Abdichtmittel eingesprüht werden.

Die Zeltnähte muß man beim Abdichten mit einem geeigneten Wachsabdeckmittel behandeln.

1. Das Zelt wird ausgebreitet. Dann taucht man den Pinsel in Wasser und Abdichtungsmittel und trägt es auf

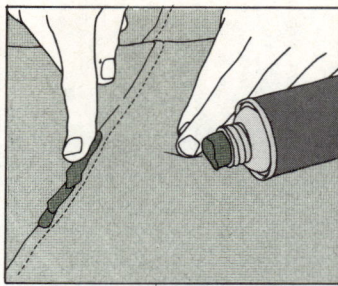

2. Wenn die Abdichtlösung eingetrocknet ist, reibt man alle Nähte gründlich mit Nahtdichtungsmittel ein

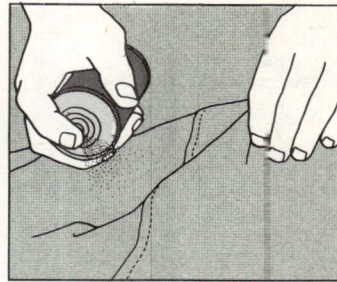

3. Wenn kleine Leinwandstellen später undicht werden, besprüht man sie von außen mit Abdichtmittel

---

SCHIMMELBESEITIGUNG

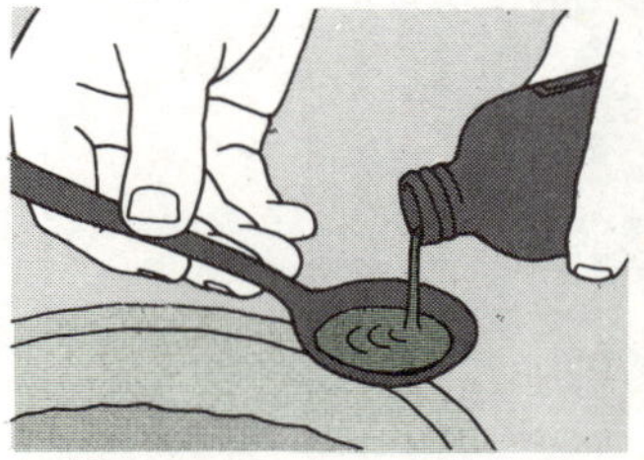

1. Man mischt einen Teil Natriumhypochlorit, das es in Apotheken gibt, mit 20 Teilen warmem Wasser

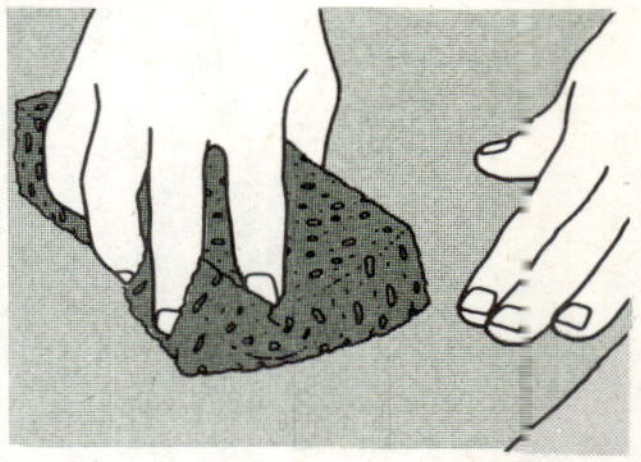

2. Die befallenen Stellen werden außen mit der Lösung eingerieben. Trocknen lassen und nachspülen

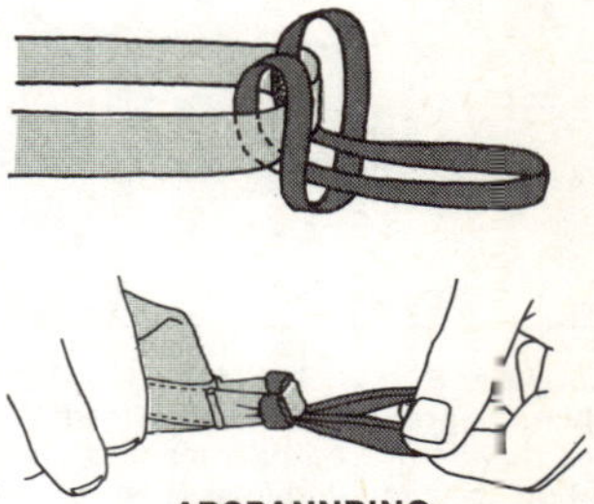

ABSPANNRING UND STURMLEISTEN

Bei einigen Gerüstzelten wird die elastische Spannung durch Gummiabspannringe in umlaufenden Sturmleisten hergestellt. Die Sturmleisten müssen regelmäßig geprüft werden; neue Abspannringe werden mit einer Schlinge an der Sturmleiste befestigt

Campingausrüstung

Reparatur von Löchern und Rissen

Bei größeren Rissen und Löchern, die durch Kleben nicht genügend zusammengespannt werden können, näht man einen Flicken auf.

Das Ersatzstück wird so groß geschnitten, daß es weit über die Rißstelle greift. Mit einem starken Nähgarn wird der Flikken festgenäht (siehe S. 413).

Flicken werden stets von innen angebracht, außer bei Rissen in der Nähe einer Naht. Alle Nähte werden mit Wachsabdichtmittel eingerieben.

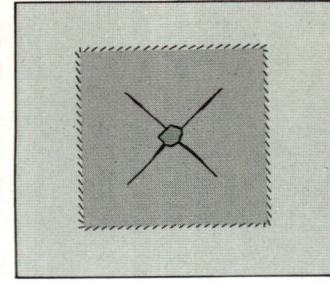

1. Der Flicken wird von innen über das Loch genäht. Außen schneidet man vier diagonale Schnitte ein

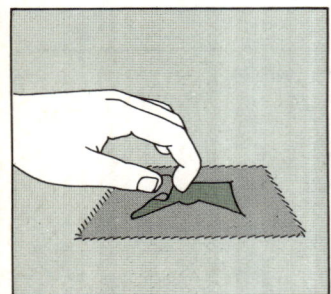

2. Die eingeschnittenen Tuchdreiecke werden so gefaltet, daß ein 15 mm breiter Saum entsteht

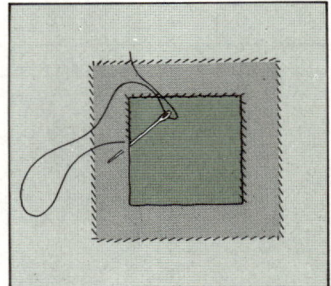

3. Die eingeschlagenen Kanten werden von außen auf den Flicken genäht. Nähte mit Wachs abdichten

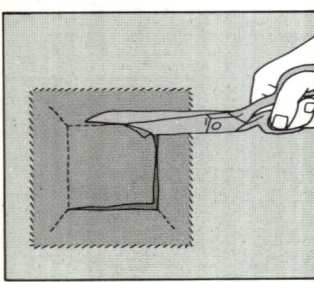

L-förmiger Riß: Flicken über den Riß nähen. L-förmigen Riß zum Quadrat ausschneiden. Schnittkanten nach innen einschlagen und festnähen

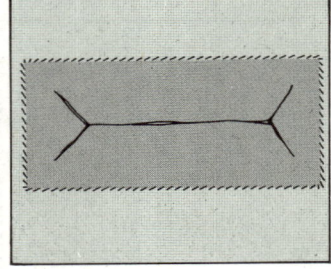

Längsriß: Flicken von innen aufnähen, Diagonalschnitte anbringen. Leinwandenden nach innen einschlagen und auf den Flicken nähen

Eine neue Gerüstfeder einsetzen

Die Metallabschnitte des Zeltgerüsts werden vielfach paarweise von einer Feder zusammengehalten. Bei ständigem Gebrauch kann diese Feder brechen oder an Spannung verlieren. Ersatzfedern und das erforderliche Werkzeug erhält man im Fachhandel.

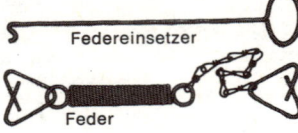

Federeinsetzer

Feder

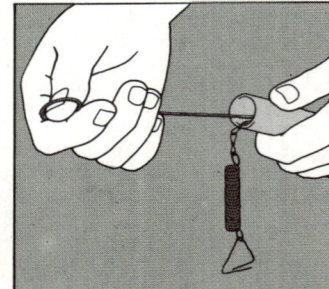

1. Beschädigte Feder aus beiden Gerüstrohren herausziehen. Passende Ersatzfeder beschaffen

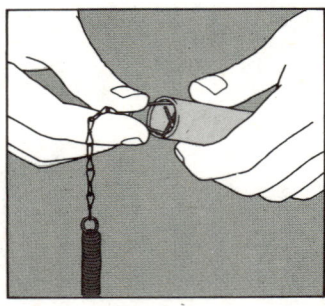

2. Federbügel am Ende der Kette zusammendrücken und in das engere Rohr schieben

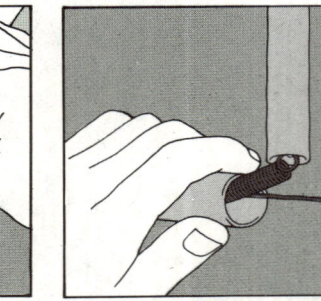

3. Federbügel mit dem Werkzeug so weit in das Rohr schieben, daß die Feder den Rohransatz berührt

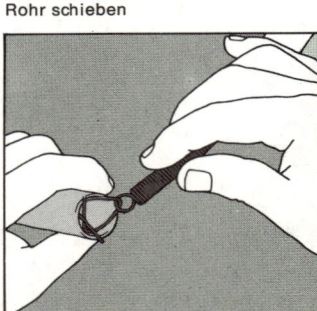

4. Anderen Federbügel leicht zusammendrücken und in das andere, größere Rohr schieben

5. Mit Hilfe des Werkzeugs so weit nach innen schieben, bis die Feder nicht mehr zu sehen ist

Risse an einer Naht

Risse und Löcher in der glatten Zeltbahn auszubessern ist relativ problemlos. Schwieriger wird es, wenn Beschädigungen auf die Nähte übergreifen.

Hier ist es besonders wichtig, daß die Säume gut eingeschlagen sind und sorgfältig vernäht werden, damit sie später auf gar keinen Fall ausreißen können. Handelt es sich dabei um Nähte, die für die Zeltspannung wichtig sind, so empfiehlt es sich, sie nachzunähen.

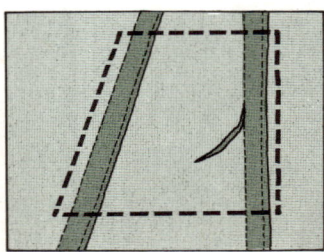

1. Wenn der Riß eine Naht berührt, sollte der neue Flicken den Riß und die daneben liegende Naht oder die Nähte überdecken. Überall gibt man etwa 5 mm für den Saum zu

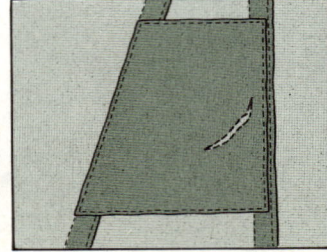

2. Der Saum wird an allen vier Seiten des Flickens nach innen umgeschlagen und außen am Zelt angeheftet. Dann näht man den Flicken auf der Leinwand und den Nähten fest

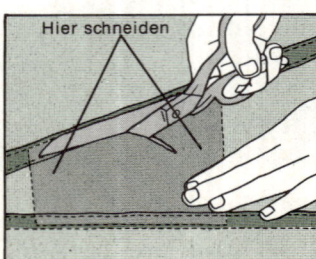

Hier schneiden

3. Eingerissenes Stück von innen entlang der Längsnähte bis 25 mm an die Quernähte einschneiden, 40 mm dahinter Querschnitte legen, Leinwand 15 mm umschlagen und annähen

Luftmatratze flicken

Die undichte Stelle in der Luftmatratze findet man am besten,
wenn man die Matratze auf-
pumpt und sie dann ins Wasser
taucht. An undichten Stellen
steigen Luftblasen auf.

Zum Flicken gibt es Repara-
tursets. Man sollte sich aber
immer vergewissern, aus welchem Material die zu reparie-
rende Luftmatratze besteht. Für
reine Gummiwaren gibt es andere Kleber als für die üblichen
Kunststoffmatratzen mit ge-
webeähnlicher Oberfläche.

Vor der Reparatur muß die
Oberfläche der Luftmatratze
sauber und trocken sein. Wichtig ist, daß man den Flüssig-
kleber auf der schadhaften Stelle gut antrocknen läßt, bevor
man den Flicken aufpreßt. In
vielen Fällen empfiehlt es sich
auch, die Klebestelle vorher
vorsichtig aufzurauhen, damit
eine bessere und dauerhaftere
Bindung entsteht. Die reparierte
Stelle taucht man ins Wasser
und prüft, ob sie dicht ist.

*Material: Reparaturset, Feu-
erzeugbenzin oder Wasch-
benzin oder Wasser*

Zeltzubehör reparieren

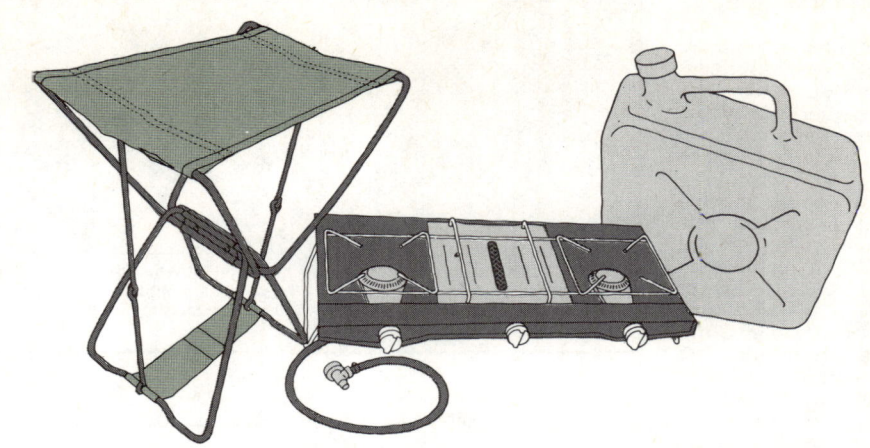

CAMPINGSTUHL REPARIEREN

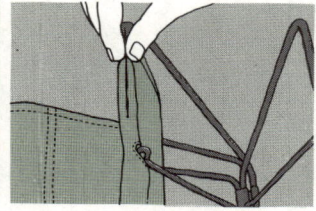

1. Der Bezug reißt meist am Saum
oder Umschlag ein. Stuhl zusammenklappen und 5-mm-Falte bilden

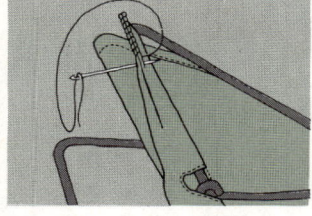

2. Falte mit Überwendlingsstichen
zusammennähen

GASSCHLAUCH ERSETZEN

Wenn der Gasschlauch eines Ko-
chers brüchig wird, muß er ersetzt
werden. Man darf ihn nicht reparieren. Beim Kauf sollte auf die Verschraubungen am Schlauch geachtet werden. Es gibt Schläuche mit
Überwurfmuttern auf beiden Seiten
und Schläuche, die auf der einen
Seite eine Überwurfmutter und auf
der anderen einen Kugelnippel-
anschluß haben; alle sind mit Linksgewinde versehen

Schlauch mit zwei Überwurfmuttern

Schlauch mit Kugelnippel und
Überwurfmuttern

BEHÄLTER ABDICHTEN

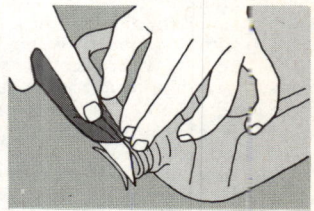

1. Wenn ein Behälter aus Polyäthylen an der Naht undicht ist, ein
Stück von der Tülle abschneiden

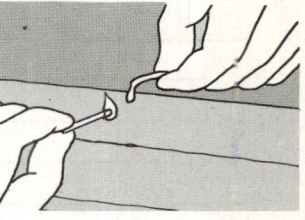

2. Kunststoff zum Schmelzen bringen und auf Riß tropfen lassen

1. Fläche um den Riß gut reinigen.
Bei Kunststoff-Luftmatratzen kein
Benzin, nur Wasser verwenden

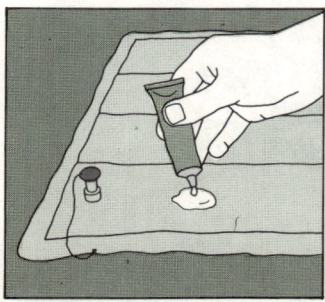

3. Kleberlösung auf die Schadenstelle geben, trocknen lassen und
eventuell zweite Schicht auftragen

2. Schadenstelle mit Schleifpapier
aufrauhen. Vorsicht: Untergrund darf
dabei nicht aufgerissen werden

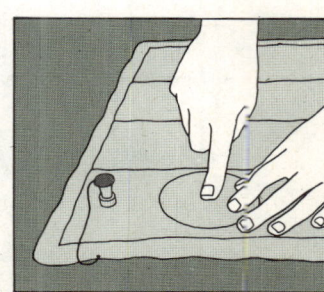

4. Wenn die Lösung angetrocknet ist,
drückt man den Flicken fest darauf
und prüft die Stelle im Wasser

Feuerzeuge

Pflege von Benzin- und Gasfeuerzeugen

Über Jahrzehnte hinweg dominierte das Benzinfeuerzeug, das mit einem Docht den Brennstoff aus einem wattegefüllten Benzinbehälter zur Flamme führt. Das Benzinfeuerzeug ist heute weitgehend durch das Gasfeuerzeug verdrängt.

Gezündet aber werden die meisten Gasfeuerzeuge auch heute noch wie das Benzinfeuerzeug mit Reibrad und Zündstein. Die Reibradflächen muß man von Zeit zu Zeit reinigen, damit das Feuerzeug funktionsfähig bleibt. Dies geschieht am besten mit einer kleinen Bürste oder mit einer Nadel, die verschmierte Reibradrillen wieder griffig macht. Bei starkem Abrieb empfiehlt es sich, das ganze Reibrad durch ein neues zu ersetzen. Dies ist in den meisten Fällen verhältnismäßig einfach. Bei Gasfeuerzeugen sollte man allerdings daran denken, während der Reparatur das Ventil zuzuhalten, damit nicht zu viel Gas entweicht. Niemals dürfen Gaseinfüll- oder -austrittsventile selbst repariert werden. Sie stehen unter Druck und könnten beim Herausschleudern Schaden anrichten.

Bei Benzinfeuerzeugen sollte man von Zeit zu Zeit den Docht erneuern, ebenso die Baumwollfüllung, wenn sie zu sehr verfilzt ist und nicht mehr genügend Benzin speichert.

Docht einsetzen

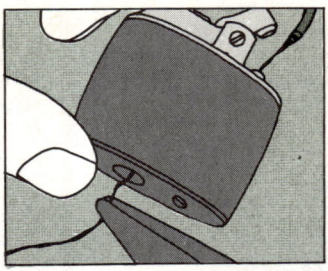

1. Docht und Watte entnehmen. Neuen Dochtdraht durch Dochthalter schieben, am Einfülloch herausziehen.

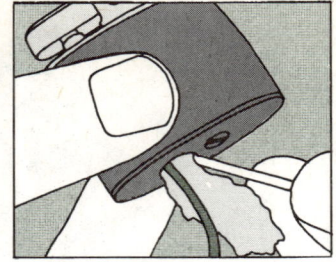

2. Draht abschneiden, neue Kunstfaserwatte einfüllen. Docht mit Watte ins Feuerzeug zurückstopfen

3. Docht mit Nadel in Dochthalter drücken, bis noch 2 mm herausragen. Wieder mit Benzin füllen

---

Die Zähne des Drückers müssen in die des Zahnrads eingreifen. Eventuell Drücker oder Zahnrad ersetzen

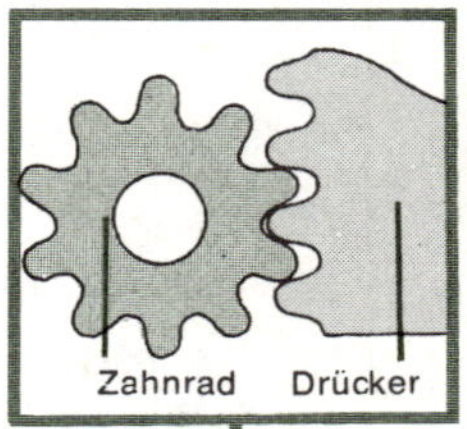

Zahnrad   Drücker

Reibrad
Klinkenfeder
Zahnrad
Löschkappe
Drücker
Radbolzenschraube
Drückerfeder
Radbolzen
Dochthalter

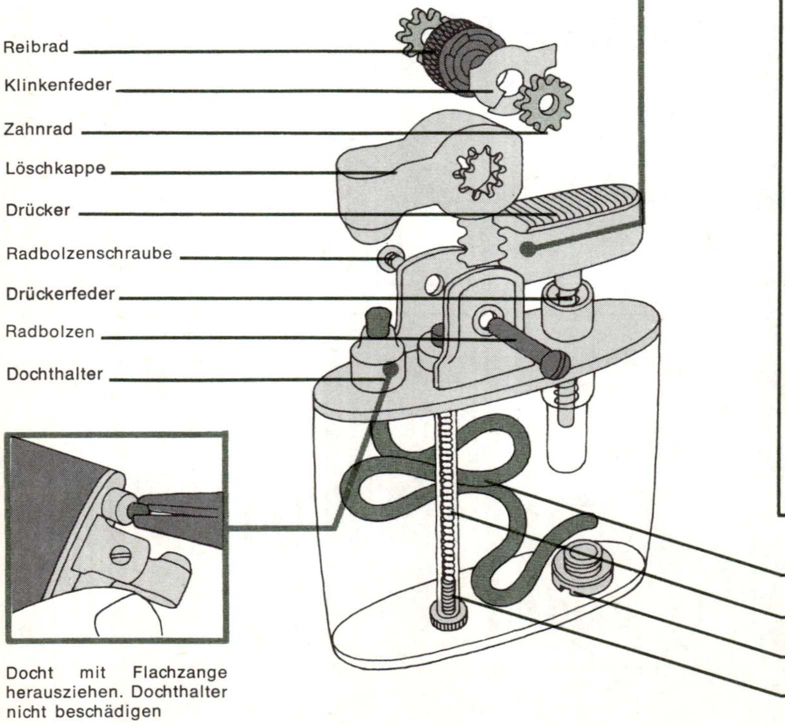

Docht mit Flachzange herausziehen. Dochthalter nicht beschädigen

Docht
Feuersteinfeder
Einfüllschraube
Feuerstein-Federschraube

REINIGUNG

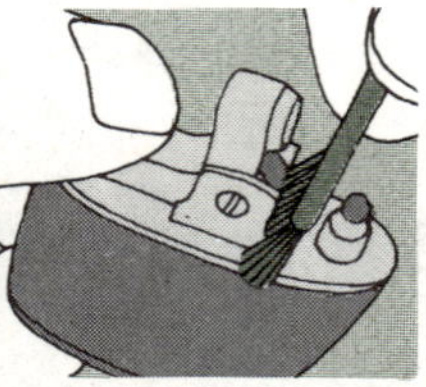

Reibrad: Drücker wiederholt betätigen, Reibrad mit fester Bürste reinigen

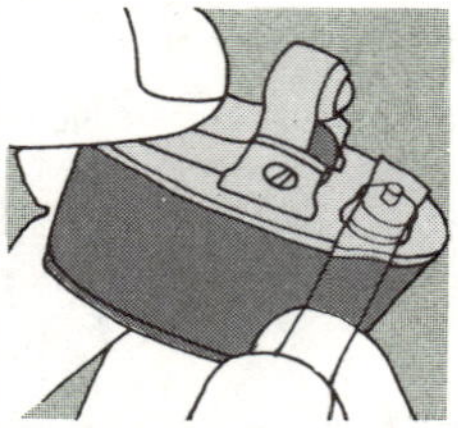

Gasaustritt: Beim Reinigen das Gasventil mit Klebeband verschließen

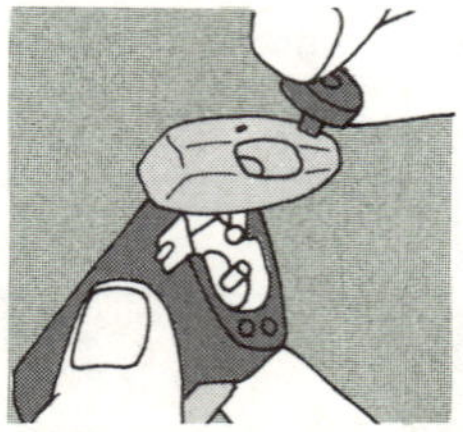

Bei seitlicher Betätigung: Oberteil um 90° drehen, Reibrad herausnehmen

Zünden ohne Feuerstein und Reibrad

Wenn man einen Kristall, z. B. Quarz, deformiert, so treten an seiner Oberfläche elektrische Ladungen auf. Mit einem leitenden Material, etwa einem Aluminiumstreifen, kann man diese Ladung von der Kristalloberfläche abnehmen und damit das Gas eines Feuerzeugs entzünden. Ein solches Feuerzeug hat keine mechanischen Teile mehr und ist somit auch keinem Verschleiß ausgesetzt.

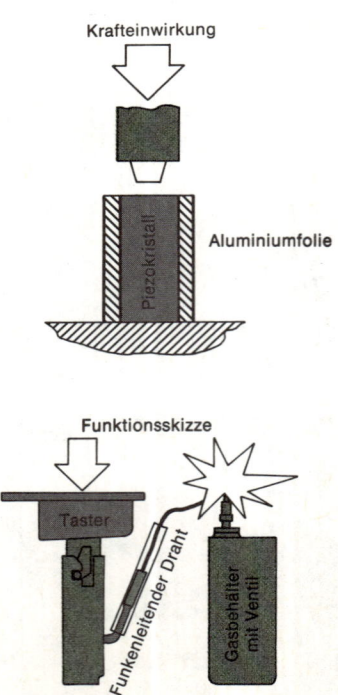

Krafteinwirkung

Piezokristall   Aluminiumfolie

Funktionsskizze

Taster

Funkenleitender Draht   Gasbehälter mit Ventil

Durch Krafteinwirkung, also z. B. einen Schlag, auf die Kristalloberfläche entstehen durch den piezoelektrischen Effekt elektrische Ladungen

Wartung eines Dia-Projektors

Wenn das Kühlgebläse bei eingeschaltetem Gerät zu laufen aufhört, schaltet man den Projektor sofort ab, um eine Überhitzung zu vermeiden, die insbesondere die Lebensdauer der Projektionslampe sehr verkürzen kann. Wenn keine gelockerte Kabelverbindung zu finden ist, kann der Gebläsemotor beschädigt oder die Antriebsspule für das Gebläse ausgeleiert sein. Überlassen Sie solche Reparaturen einem Fachmann.

Wenn sich der Projektor bei laufendem Gebläse überhitzt, stellen Sie fest, ob er genug Kühlluft von unten erhält. Prüfen Sie auch, ob die Gebläse-

schaufeln nicht verbogen und dadurch weniger leistungsfähig sind. Die Ursache kann auch darin liegen, daß der Wärmefilter verschoben ist.

Beleuchtung und Elektrik

Wenn die Projektionslampe nicht brennt, prüfen Sie, ob die Lampe fest im Sockel sitzt und ob die Kontakte nicht oxydiert sind.

Kontrollieren Sie auch die Sicherung.

Optik

Läßt sich trotz Drehen am Objektiv kein wirklich scharfes Projektionsbild erzielen, ist sehr wahrscheinlich das Objektiv ver-

schmutzt. Man reinigt die Frontlinse des Objektivs mit einem Lederläppchen oder fusselfreien Tuch.

Das Objektiv sollte man ohnehin regelmäßig reinigen, denn auch wenig Staub mindert die Schärfenleistung. Nach der Projektion sollte man immer den Schutzdeckel aufs Objektiv setzen. Außer dem Objektiv bedürfen auch die Kondensorlinse, der Wärmefilter und der Spiegel einer gelegentlichen Reinigung.

Bei Eingriffen im Projektor sollte grundsätzlich das Netzkabel aus der Steckdose gezogen werden.

Der Projektor hakt

Ein Projektor kann sich verklem-

men, wenn ein Dia verbogen oder zu dick ist. Lösen Sie das Dia von Hand oder mit einer Pinzette. Wenn der automatische Diatransport gestört ist, sollte man selbst keine Reparaturversuche unternehmen, sondern den Fachmann zu Rate ziehen. Die Transportmechanik automatischer Diaprojektoren und deren elektronische Steuerung sind in der Regel sehr komplizierte Vorrichtungen, die nur der Fachmann reparieren kann.

Fernsteuerung

Versuchen Sie nicht, die Fernsteuerung einzustellen oder zu reparieren. Hier muß man den Fachmann zu Rate ziehen.

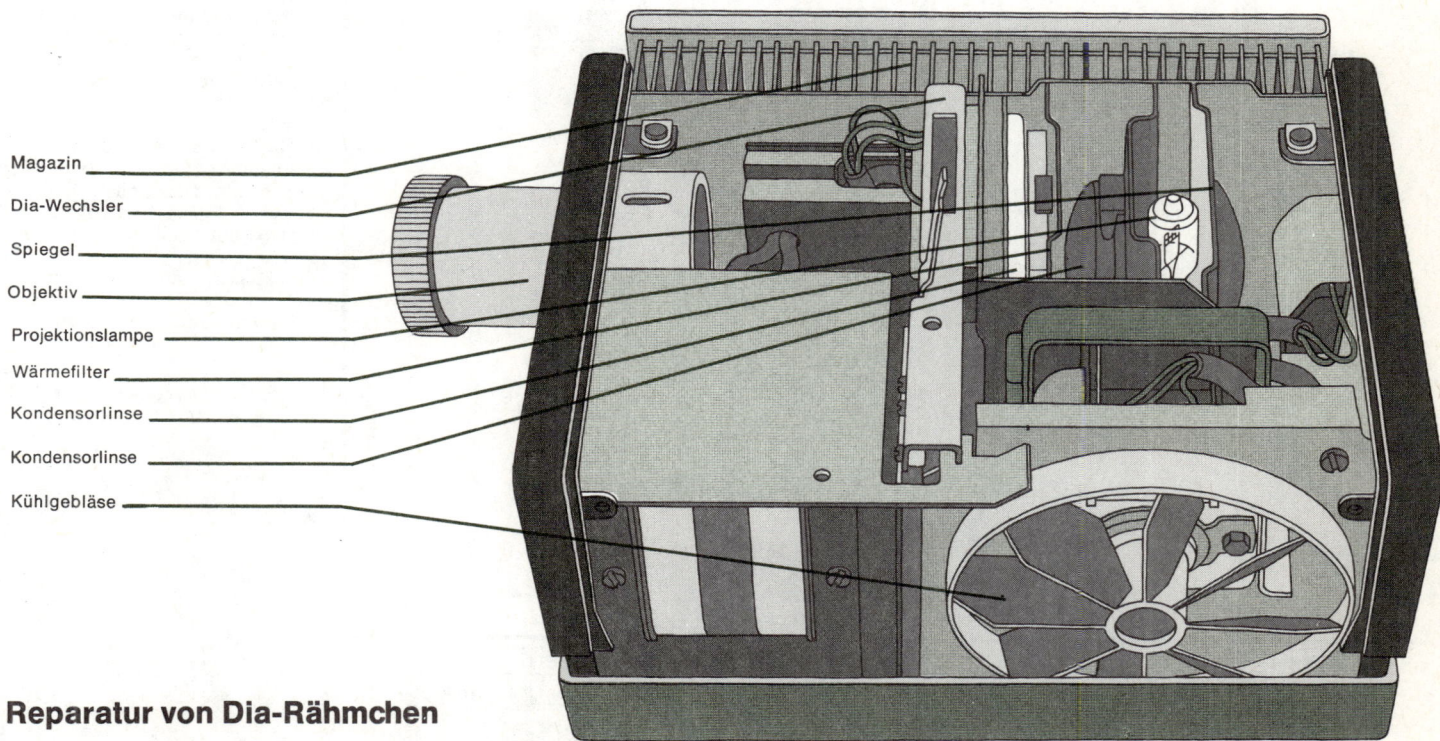

Magazin
Dia-Wechsler
Spiegel
Objektiv
Projektionslampe
Wärmefilter
Kondensorlinse
Kondensorlinse
Kühlgebläse

Reparatur von Dia-Rähmchen

In einem überhitzten Projektor verformen sich bisweilen die Rähmchen. Das Dia muß neu gerahmt werden.

Wenn Dias zu heiß werden, „springen" sie nach vorn oder hinten; dadurch wird das Bild unscharf. Um das Springen zu vermeiden, verwendet man Rähmchen, bei denen das Dia zwischen zwei Glasscheiben liegt. Autofocusprojektoren stellen die Schärfe automatisch nach.

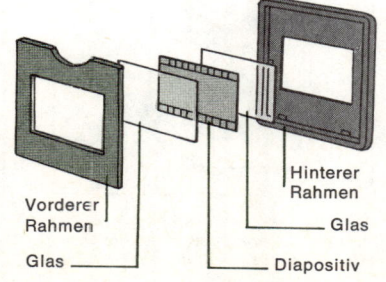

Vorderer Rahmen
Hinterer Rahmen
Glas
Glas
Diapositiv

1. Man reinigt die Glasscheiben, setzt eine in den hinteren Rahmen und legt das Diapositiv genau auf das Glas

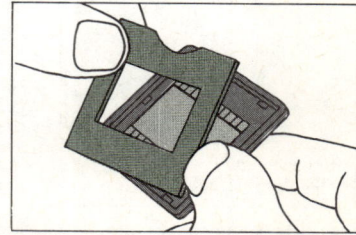

2. Dia mit der zweiten Glasscheibe abdecken, den vorderen Rahmen auflegen und in den hinteren drücken

Foto und Film

Reinigung und Pflege der Filmkamera

Eine Filmkamera hat im Prinzip zwei Spulen. Wenn die Kamera läuft, wird der Filmstreifen gleichmäßig von der oberen Spule abgezogen, durch den Filmkanal zum Bildfenster transportiert und auf der unteren Spule aufgewickelt. Moderne Super-8-Kameras haben jedoch keine Spulen mehr, sondern nur ein Magazin. Die beiden Spulen befinden sich auf einer Achse nebeneinander in diesem Magazin, und der Film läuft von einer Spule innerhalb des Magazins auf die andere. Man hat nichts weiter zu tun, als das Filmmagazin in die Kamera einzulegen und es herauszunehmen, wenn der Film ganz belichtet ist.

Während ältere Kameras auch noch von einem Federwerk angetrieben werden können, sind moderne Super-8-Kameras fast ausschließlich mit einem Elektromotor ausgerüstet. Die Kameras mit Federwerk muß man nach einigen belichteten Filmmetern wieder aufziehen; dies entfällt bei Kameras mit Elektromotor. Ein Batteriesatz verkraftet schon eine ganze Reihe von Filmmagazinen. Allerdings sollte man den Ladezustand der Batterien regelmäßig überprüfen, damit die Kamera nicht plötzlich wegen Strommangels ausfällt.

Einen nur teilweise belichteten Film sollte man niemals länger in der Kamera lassen, weil er sich durch Temperatureinwirkungen verziehen und so vom Transportgreifer im Filmkanal wegbiegen kann. Wenn man dann die Kamera in Gang setzt, wird der Film nicht weitergeschoben und verklemmt sich.

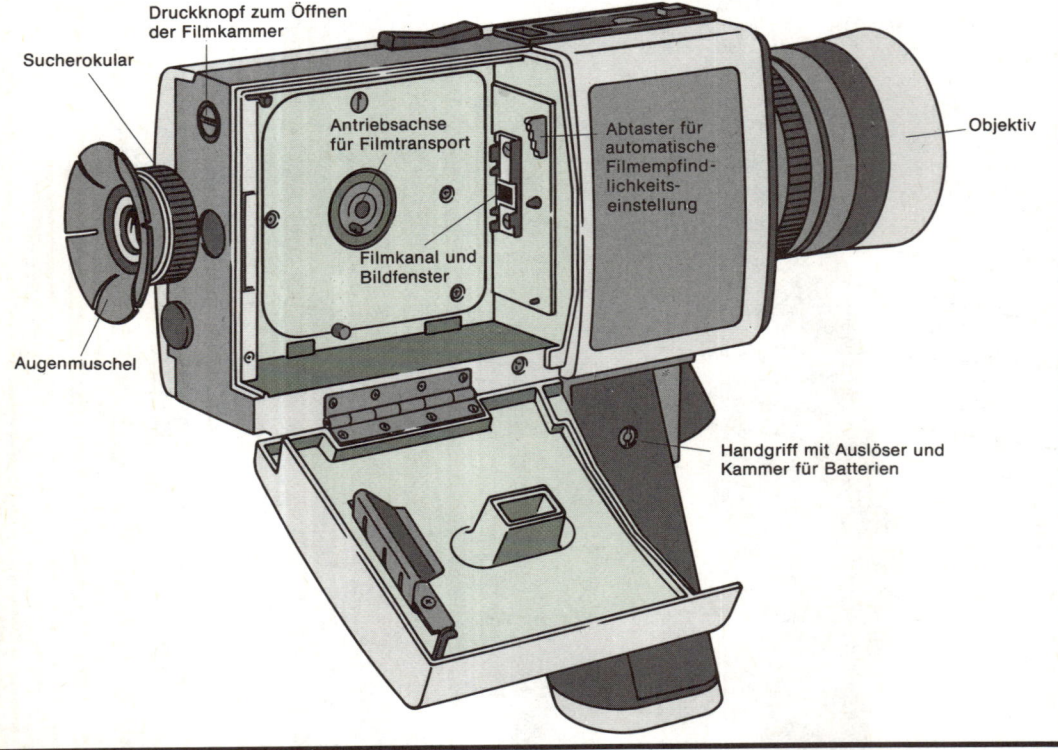

Druckknopf zum Öffnen der Filmkammer

Sucherokular

Antriebsachse für Filmtransport

Abtaster für automatische Filmempfindlichkeitseinstellung

Objektiv

Filmkanal und Bildfenster

Augenmuschel

Handgriff mit Auslöser und Kammer für Batterien

Filmkanal reinigen

Im Bildfenster lagern sich gerne Schmutzteilchen ab, die vom Filmstreifen dorthin befördert werden. Diese Fremdkörper können den Film vom Bildfenster geringfügig wegdrücken, was aber schon zu unscharfen Aufnahmen führt. Fusseln und Filmemulsionsteilchen am Rand des Bildfensters werden außerdem mit auf dem Bild abgelichtet und stören später empfindlich bei der Projektion des Films. Es ist auch möglich, daß größere Fusseln während der Aufnahme mitten im Bildfenster hängenbleiben; in diesem Fall werden die Konturen des Schmutzteilchens mit auf dem Film abgebildet. Bei der Projektion wird dann das Schmutzteilchen vergrößert auf die Leinwand projiziert. Meistens tritt es als Faden, der sich leicht bewegt, am Bildrand auf, oder es liegt mitten im Bild. Eine solche Filmszene ist nicht zu retten.

Nach etwa zehn Filmen sollte man Filmkanal und Bildfenster mit einem fusselfreien Lappen, härteren Pinsel und etwas Methylalkohol reinigen. Super-8-Kameras haben selbst keine Andruckplatte mehr; diese befindet sich in der Kassette. Trotzdem sollte man auch hier das Bildfenster regelmäßig reinigen.

EINE NICHT ABNEHMBARE ANDRUCKPLATTE REINIGEN

Wenn die Andruckplatte nicht ausgebaut werden kann, reinigt man das Fenster sorgfältig mit einem härteren Pinsel. Vorsicht: Spitze Gegenstände können das Fenster beschädigen!

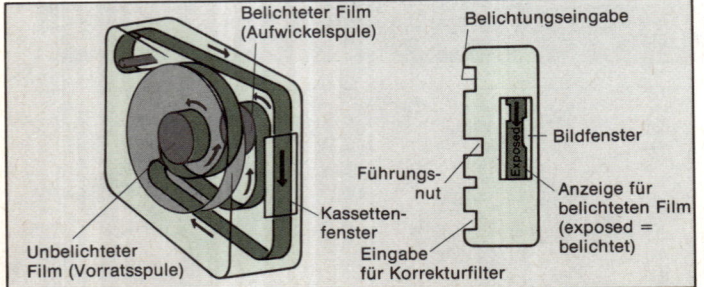

SUPER-8-KASSETTE

Belichteter Film (Aufwickelspule)

Belichtungseingabe

Bildfenster

Anzeige für belichteten Film (exposed = belichtet)

Führungsnut

Kassettenfenster

Unbelichteter Film (Vorratsspule)

Eingabe für Korrekturfilter

Die Super-8-Kassette ist sehr klein. Vorrats- und Aufwickelspule liegen in der Kassette nebeneinander; der Film wird durch ein Rollensystem geführt. Die Abb. links zeigt einen Blick in die Kassette, die Abb. rechts erläutert die Funktion der einzelnen Aussparungen in der Stirnseite der Super-8-Kassette

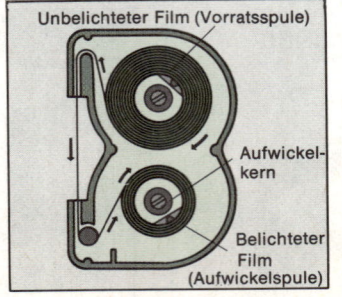

SINGLE-8-KASSETTE

Unbelichteter Film (Vorratsspule)

Aufwickelkern

Belichteter Film (Aufwickelspule)

Das Single-8-System arbeitet ebenso mit dem Super-8-Filmformat, die Kassette ist jedoch anders gebaut. Die Spulen sitzen übereinander

Filmsalat in der Kamera

Wenn eine Filmkamera plötzlich nicht mehr weiterläuft, muß man zuerst feststellen, ob der Transportantrieb in Ordnung ist. Beim mechanischen Antrieb könnte die Feder abgelaufen oder gebrochen sein, beim elektrischen kann die Schuld an einer leeren Batterie liegen.

Der Antrieb ist wahrscheinlich in Ordnung, wenn das Federwerk aufgezogen oder die Batterie geladen ist. Wenn die Kamera dann immer noch nicht läuft, kann der Fehler auch daran liegen, daß sich der Film verklemmt hat. In den meisten Fällen führt dies dazu, daß sich der Filmstreifen im Inneren der Kamera zusammenschiebt und den berüchtigten Filmsalat anrichtet.

Ein Teil des Films ist dann meist unbrauchbar geworden, weil er gerissen, geknickt oder verkratzt ist. Nur im Dunkeln kann man den Film noch retten. Beschädigte Filmstücke abschneiden, den Rest neu aufspulen.

Das alles gilt nur für alte Normal-8-Kameras, die modernen Super-8-Kameras kennen das Problem des Filmsalats nicht, weil der Film ja in der Kassette läuft. Denkbar ist natürlich, daß sich der Film in der Kassette verheddert. Meistens liegt dies dann aber an einem Fabrikationsfehler oder daran, daß man die Kassette falsch behandelt hat. In einem solchen Fall kann man selbst nicht viel reparieren.

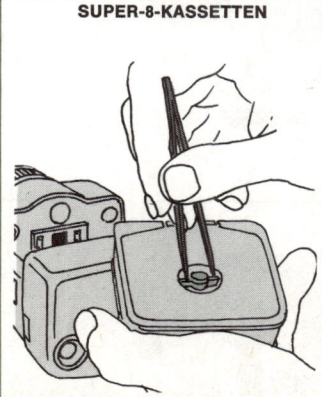

SUPER-8-KASSETTEN

Wenn der Film in der Kassette klemmt, muß man die Kassette aus der Kamera nehmen. Mit einer Pinzette versucht man, die Mittelschraube im Uhrzeigersinn zu drehen. Löst sich der Film nicht, Kassette an Hersteller einsenden

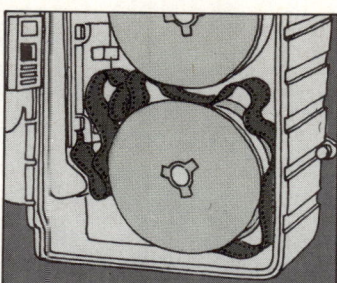

1. Hat sich der Film in einer Normal-8-Kamera verklemmt, öffnet man diese im Dunkeln. Filmschlingen herausziehen

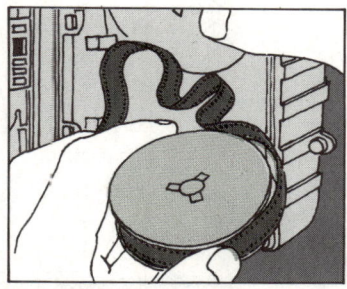

2. Antriebsspule herausnehmen, Film fest andrücken, um weiteres Abwickeln zu verhüten

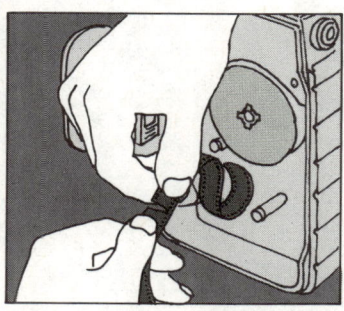

3. Stark geknickte oder gerissene Stellen sauber abschneiden. Belichteten Film auf der Spule lassen

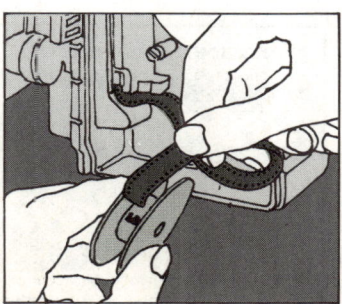

4. Das in der Kamera verbliebene Filmende in leere Spule einlegen und in die Kamera setzen

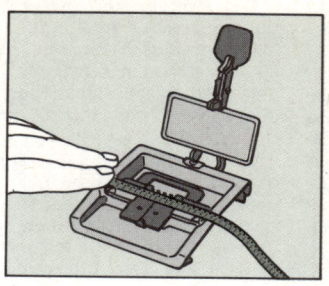

WENN DER FILM REISST

Um einen Film zu gestalten, muß man ihn aus vielen kurzen Einzelszenen zusammenkleben. Selbst wer sich aber diese Mühe nicht machen will und seine Filme einfach so vorführt, wie sie aus der Entwicklungsanstalt kommen, muß ab und zu einen Filmstreifen kleben können: dann nämlich, wenn der Film reißt. Dazu braucht man eine Klebepresse. Freihand läßt sich dies nicht bewerkstelligen. Es gibt Naßklebemethoden, bei denen man die Filmenden freischabt und sie mit flüssigem Klebstoff zusammenfügt. Rascher geht es mit Klebeband.

Reinigung und Lagerung

Ausgerissene Perforation oder schlechte Klebestellen können dazu führen, daß der Film im Projektor klemmt und reißt.

Filmschäden entstehen oft beim Rückspulen. Mit einem speziellen Rückspulgerät, das von Hand angetrieben wird, läßt sich der Film schonender zurückspulen als mit dem Projektor; außerdem hat man so die Möglichkeit, das Filmmaterial sofort zu überprüfen und mit einem fusselfreien Tuch zu reinigen. Man hält das mit einem Filmreinigungsmittel getränkte Tuch in einer Hand und läßt den Film durch das Tuch laufen. Ein Filmreinigungsmittel dient nicht nur dazu, den Streifen von Staub und anderen Ablagerungen zu befreien, sondern auch dazu, ihn zu konservieren. Bei Härte- und Schutzmitteln muß man vorsichtig sein, denn leicht entstehen auf dem Film dadurch Schlieren oder Streifen.

Um die Filmperforation rasch zu prüfen, hält man die Seiten des Films vorsichtig zwischen Daumen und Zeigefinger. Schäden werden sofort repariert: Eine provisorische Ausbesserung läßt sich stets mit einem V-Schnitt ausführen.

Es empfiehlt sich, einen frisch entwickelten Film nicht sofort durch den Projektor laufen zu lassen; der Streifen sollte noch einen Tag nachtrocknen; dann ist er nämlich auch viel weniger empfindlich gegen Kratzer und Schrammen.

Älteres, entflammbares Filmmaterial wird in Metallbehältern aufbewahrt. Für moderne Filme kann man Kunststoffkassetten verwenden. Wichtig ist trockene, sonnengeschützte Lagerung.

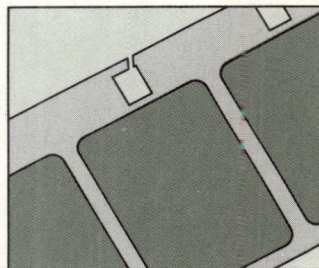

1. Film langsam zurückspulen und mit den Fingerspitzen die Kanten auf Risse prüfen

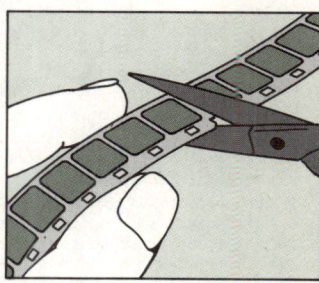

2. Film an der eingerissenen Perforationsstelle mit einer kleinen Schere einschneiden

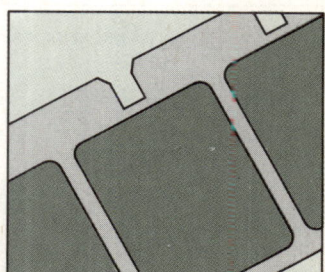

3. Loch auf beiden Seiten anschrägen. Film weiter aufspulen und auf Schäden prüfen

Foto und Film

Einen Projektor reinigen und ölen

Fast alle Projektionsapparate werden mit Netzstrom betrieben. Bervor man mit der Reinigung oder Instandsetzung beginnt, wird der Netzstecker aus der Steckdose herausgezogen.

Objektiv, Kondensor und Spiegel sollte man regelmäßig reinigen (siehe S. 303). Sind die Spulenwellen aus Metall, sollte man sie jeweils nach 24-stündiger Betriebsdauer mit etwas säurefreiem Öl ölen. Laufen die Wellen in Nylonlagern, brauchen sie nicht geölt zu werden.

Das Bildfenster des Projektionsapparates wird mit einem härteren Pinsel, der in Methylalkohol getaucht sein kann, gereinigt. Dabei sollte man auch darauf achten, daß alle Zahnräder sauber sind.

In moderne Projektionsapparate braucht man den Film nicht mehr umständlich einzulegen; man steckt ihn einfach in einen Schlitz, und der Projektor fädelt ihn automatisch ein. Den Filmkanal sollte man freilich auch von Zeit zu Zeit reinigen.

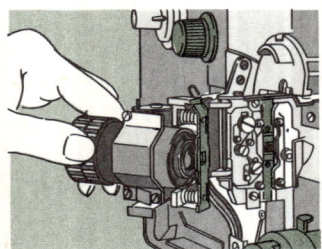

1. Um das Bildfenster reinigen zu können, montiert man zuerst die Abdeckhaube des Projektors ab. Dann klappt man das Objektiv heraus, damit das Bildfenster und der Transportmechanismus zugänglich sind

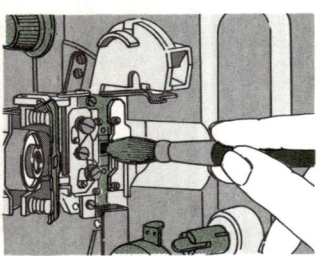

2. Mit einem Pinsel befreit man jetzt das Bildfenster von Fusseln, die bei der Projektion erheblich stören können. Ebenso muß man mit dem Pinsel den Transportmechanismus vorsichtig reinigen

PROJEKTOR LÄUFT ZU LANGSAM ODER STOPPT

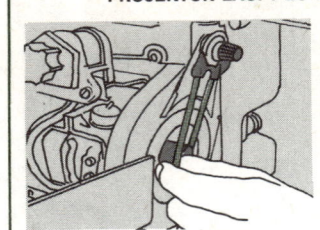

Wenn der Apparat nicht normal läuft, prüft man, ob die Federspirale schleift, sich verzogen hat oder gerissen ist. Bevor man die Spirale wechselt, werden Schmutzteilchen von der Antriebsscheibe entfernt.

Wenn der Apparat auch dann noch zu langsam läuft, empfiehlt es sich, den Motor durch einen Fachmann untersuchen zu lassen

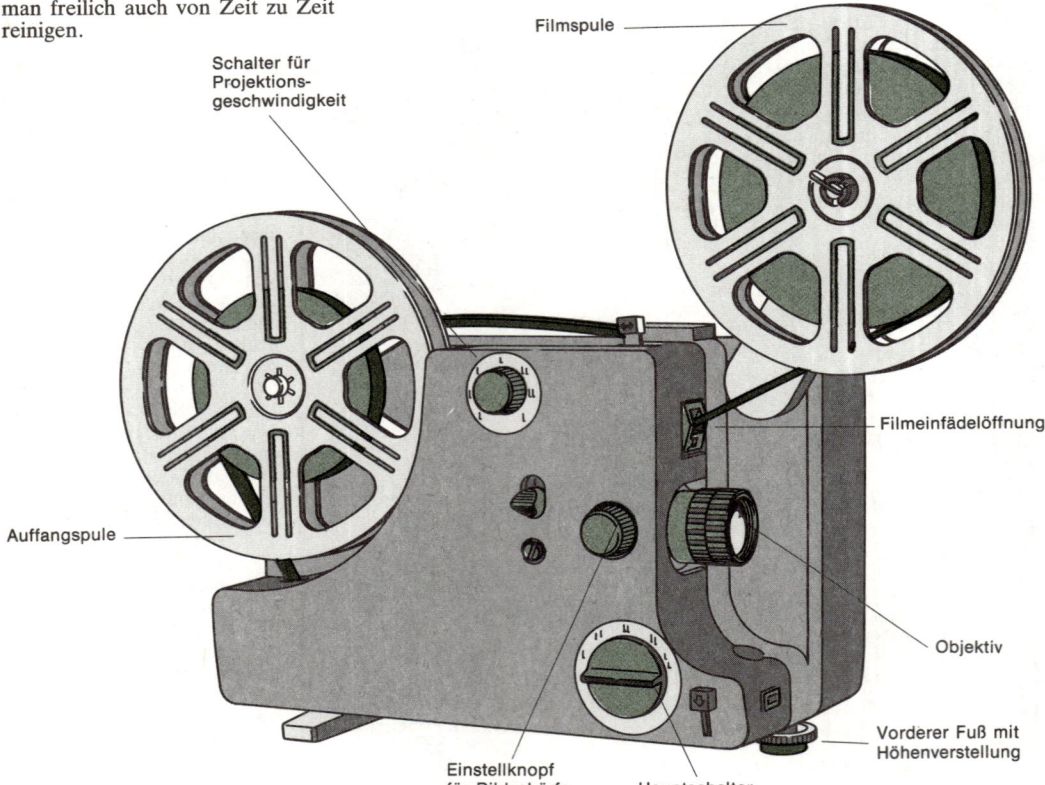

Filmspule

Schalter für Projektionsgeschwindigkeit

Filmeinfädelöffnung

Auffangspule

Objektiv

Einstellknopf für Bildschärfe

Hauptschalter

Vorderer Fuß mit Höhenverstellung

PROJEKTIONSLAMPEN PRÜFEN UND REINIGEN

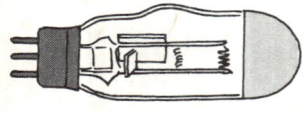

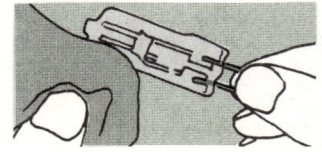

1. Wenn sich der Glaskolben einer Projektionslampe, wie sie in älteren Geräten verwendet wird, durch Überhitzung wölbt, muß diese Lampe sofort ausgetauscht werden. Wenn die Auswölbung einen Kondensor berührt, kann sie explodieren

2. Eine Jod-Quarz-Lampe darf man niemals mit bloßen Fingern anfassen. Man reinigt das Glas mit einem in Alkohol getauchten feinen Tuch

PROJEKTIONSLAMPE EINSETZEN

Um eine neue Projektionslampe einzusetzen, nimmt man zuerst die Abdeckung ab und entriegelt dann die Lampenhalterung. Lampenkörper nicht anfassen!

FILMSALAT

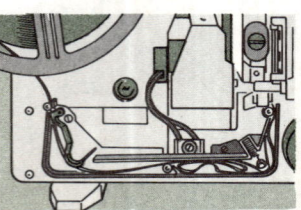

Bei Projektoren mit automatischer Einfädelung kann sich der Film im Filmkanal verheddern. Abdeckung öffnen und Film herausziehen

Wartung und Pflege eines Fotoapparates

Fotoapparate und -zubehör sollten stets saubergehalten und gut geschützt und trocken aufbewahrt werden. Batterien erneuert man wegen der Korrosionsgefahr mindestens einmal jährlich, auch wenn sie noch nicht leer sind.

Wenn eine Kamera ausfällt, während ein noch unbelichteter Film eingelegt ist, öffnet man den Apparat – und zwar möglichst in einer Tasche. Andernfalls kann die Kamera auch unter einer Decke geöffnet werden, aber immer so, daß mit Sicherheit kein Licht eindringen kann. Bei Dunkelheit kann man die Kamera im Zimmer oder in einem großen Schrank öffnen.

Muß ein beschädigter Fotoapparat zerlegt werden, überläßt man die Reparatur dem Fachmann.

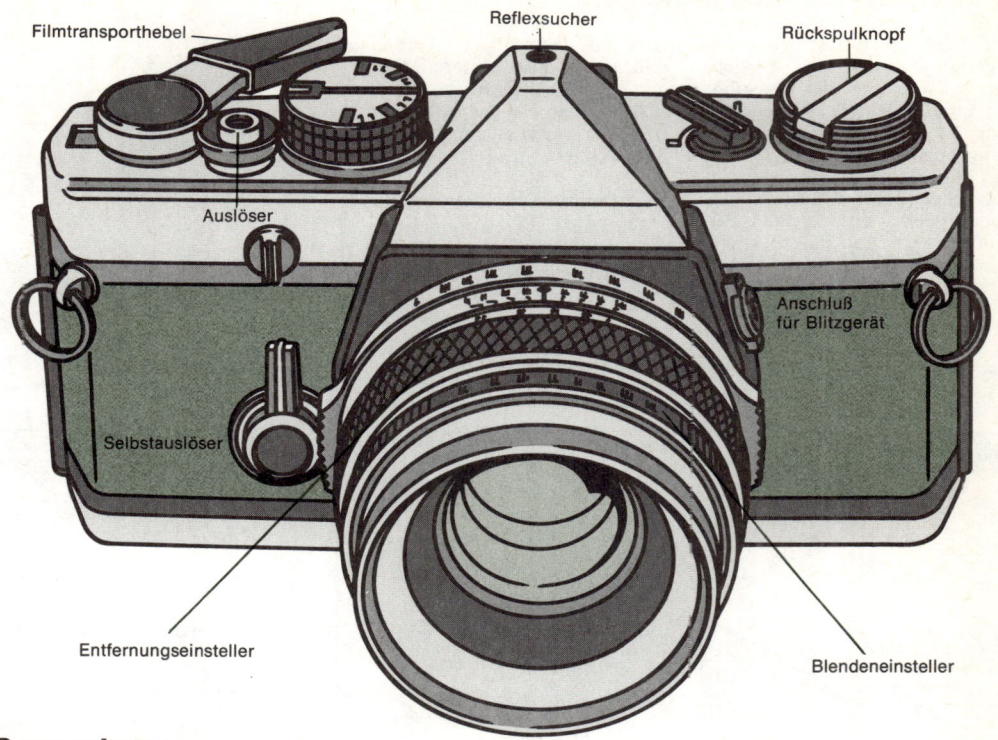

Filmtransporthebel — Reflexsucher — Rückspulknopf

Auslöser

Selbstauslöser

Entfernungseinsteller

Anschluß für Blitzgerät

Blendeneinsteller

BATTERIEN WECHSELN

Fast alle modernen Fotoapparate arbeiten elektronisch, das heißt, sie brauchen eine Batterie. Die kleinen Silberoxydbatterien liefern den Strom für die Belichtungsmessung und den elektronischen Verschluß. Es passiert heute kaum noch, daß diese Batterien auslaufen, trotzdem muß man sie natürlich regelmäßig – zumindest einmal pro Jahr – erneuern, um nicht plötzlich mit einer stromlosen Kamera dazustehen.

Mit einer Münze schraubt man den Deckel der Batteriekammer ab. Die Kontaktfläche der Batterie bzw. Batterien reibt man mit einem sauberen, trockenen Tuch ab, faßt sie vorsichtig an den Rändern an und legt sie in das Batteriefach. Man muß dabei darauf achten, daß die Batterien richtig gepolt eingesetzt werden. Dann schraubt man wieder den Batteriekammerdeckel darauf.

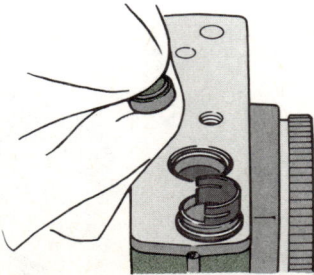

Bevor man die Batterien in die Batteriekammer einlegt, reibt man die Kontaktflächen mit einem sauberen Tuch ab

Reparaturen

Wenn plötzlich alle Bilder überbelichtet sind, liegt es gewöhnlich daran, daß sich der Kameraverschluß zu langsam schließt – und zwar oft nur deswegen, weil die sehr empfindliche Mechanik verschmutzt ist und gereinigt werden muß. Der Fehler kann auch darin zu suchen sein, daß der Belichtungsmesser falsche Werte anzeigt, weil z. B. die Batterie leer ist. Durch Vergleich mit einem anderen Gerät ist das leicht festzustellen.

Beschädigungen der Kamera durch äußere Einwirkungen können weitgehend verhindert werden, wenn man den Apparat ständig in einer Bereitschaftstasche trägt. Erhält er trotzdem einen stärkeren Stoß, sollte man ihn in einer Werkstatt prüfen lassen, da nicht alle Mängel äußerlich erkennbar sind.

Ein Fotoapparat ist ein sehr empfindliches Gerät. Mit Werkzeugen sollte ihm deshalb der Laie niemals zu Leibe rücken!

DIE OPTIK REINIGEN

Gute Bilder bekommt man nur, wenn man alle Teile des optischen Systems sauberhält. Man entfernt den Staub mit einem Blasebalg oder einem Pinsel mit Blasebalg. Die Linsen werden mit einem fusselfreien Spezialtuch abgewischt, das mit einer Reinigungsflüssigkeit angefeuchtet wird. Kunststoffteile der Optik werden wie Glas gereinigt. Man muß jedoch vorsichtig zu Werke gehen, da sie leicht verkratzt werden können.

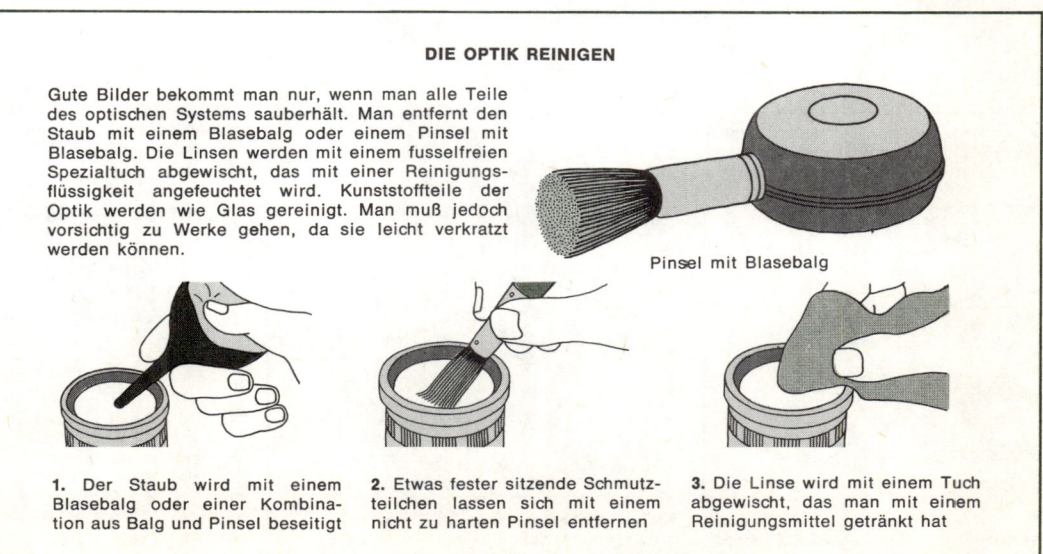

Pinsel mit Blasebalg

1. Der Staub wird mit einem Blasebalg oder einer Kombination aus Balg und Pinsel beseitigt

2. Etwas fester sitzende Schmutzteilchen lassen sich mit einem nicht zu harten Pinsel entfernen

3. Die Linse wird mit einem Tuch abgewischt, das man mit einem Reinigungsmittel getränkt hat

Foto und Film

Ein Loch im Balgen ausbessern

Heute findet man fast nur noch ältere Fotoapparate mit Balgen. Wenn das Objektiv gut ist, lohnt sich eine kleinere Reparatur durchaus. Außerdem sind diese Geräte begehrte Sammelobjekte. Wenn eine Balgenkamera stets an der gleichen Stelle verschwommene oder fleckig erscheinende Bilder liefert, hat der Balgen wahrscheinlich ein kleines Loch. Um es zu finden, hält man bei Dunkelheit eine Taschenlampe in den Balgen und sucht auf seiner Außenseite nach einem Lichtschein.

Um den Schaden zu beheben, besorgt man schwarzes Flickmaterial mit einseitiger Gummibeschichtung. Das Material muß so dünn und elastisch sein, daß es sich mit dem Balgen zusammenfaltet. Man befestigt den Flicken mit Kontaktkleber.

Material:	Flickmaterial
	Kleber
Werkzeug:	Bleistift oder
	Kreide
	Schere
	Stablampe
	Pinzette
	Streichholz

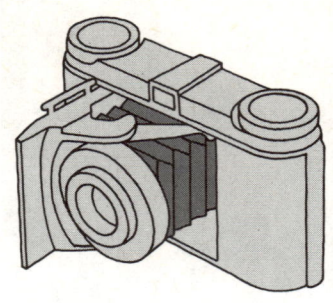

Fleckenartige helle Stellen im Bild (oben) können auf ein Loch im Balgen zurückzuführen sein, durch das Licht in die Kamera eindringt

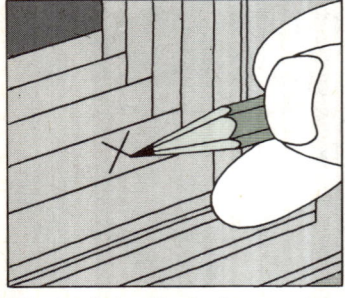

1. Loch mit einer Taschenlampe suchen und mit Kreide oder Bleistift vorsichtig markieren

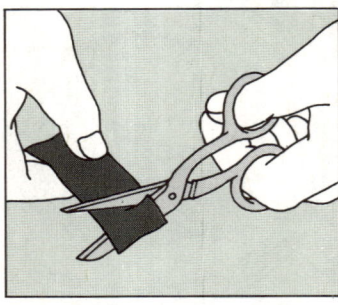

2. Ein Stück schwarzes Flickmaterial etwas größer als das Loch im Balgen mit der Schere zuschneiden

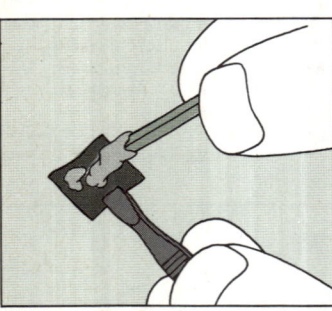

3. Flicken mit der Gummiseite nach oben halten und mit Streichholz etwas Kleber auf die Gummiseite auftragen

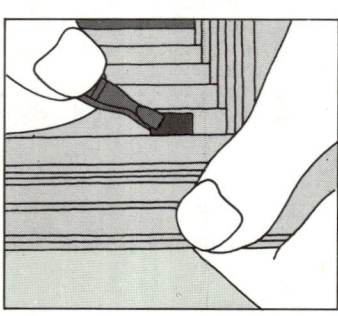

4. Den Balgen von außen festhalten. Den Flicken von innen mit der Pinzette auf das Loch setzen

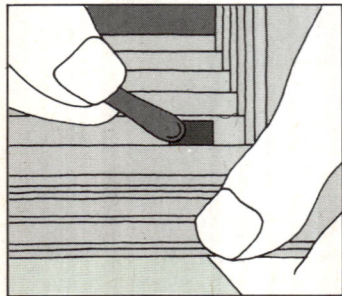

5. Von außen gegen die Flickstelle drücken und den Flicken mit einem Teelöffelstiel anpressen

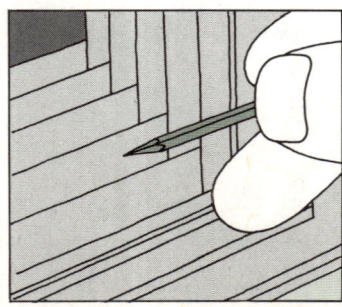

Kleine Löcher werden von innen mit schwarzem Bostik ausgefüllt; mit angespitztem Streichholz auftragen

---

ENTFERNUNGSMESSER JUSTIEREN

Wenn die Fotos regelmäßig unscharf sind, kann möglicherweise der Entfernungsmesser schuld daran sein. Bei älteren Kameras, die heute bei Sammlern wieder hoch im Kurs sind, ist der Entfernungsmesser oft fest eingebaut.

Um den Entfernungsmesser zu überprüfen, stellt man ihn auf Unendlich (∞) ein und schaut durch den Sucher der Kamera bzw. des separaten Entfernungsmessers. Jetzt richtet man die Kamera auf ein weit entferntes Objekt mit möglichst eindeutigen Konturen, beispielsweise ein Haus. Wenn der Entfernungsmesser nicht korrekt justiert ist, sieht man im Sucher das Haus zweimal, wobei beide Bilder horizontal oder vertikal auseinanderstehen.

Die vertikale und die horizontale Einstellung des Entfernungsmessers läßt sich mittels getrennter Schrauben oder Knöpfe durchführen. Bei Schrauben nur Schraubenzieher mit schmaler Klinge verwenden.

HORIZONTALE TRENNUNG

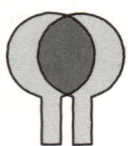

Wenn im Sucher bei der Einstellung auf Unendlich zwei Bilder nebeneinander zu sehen sind, muß man die Schraube oder den Knopf für die horizontale Trennung justieren

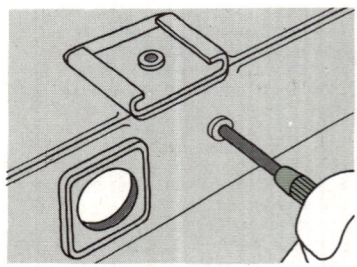

Wenn die Bilder horizontal und vertikal verschoben sind, muß man beide Schrauben der Reihe nach justieren

VERTIKALE TRENNUNG

Wenn die beiden Bilder im Sucher des Entfernungsmessers, ebenfalls bei der Einstellung auf ∞, übereinander stehen, muß man die vertikale Einstellschraube justieren

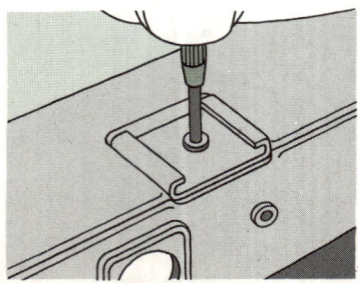

Die Schraube oder der Einstellknopf muß mit äußerster Behutsamkeit gedreht werden. Nie Gewalt anwenden

Neu aufziehen und einrahmen

An die Oberflächenbehandlung von Bildern sollte sich ein Laie nur dann heranwagen, nachdem er mit einem Fachmann gesprochen hat. Besonders bei alten, wertvollen Gemälden ist schon die einfache Säuberung eine Aufgabe für den Spezialisten.

Will man es aber doch selbst versuchen, so sollte man zunächst einmal ein entsprechendes Experiment machen, und zwar irgendwo am Rande des Bildes, wo dieses durch den Rahmen oder das Passepartout verdeckt ist. Heimwerkerarbeiten sollten sich jedoch besser auf das Rahmen, eventuell das Montieren und Verglasen eines Wandbildes beschränken.

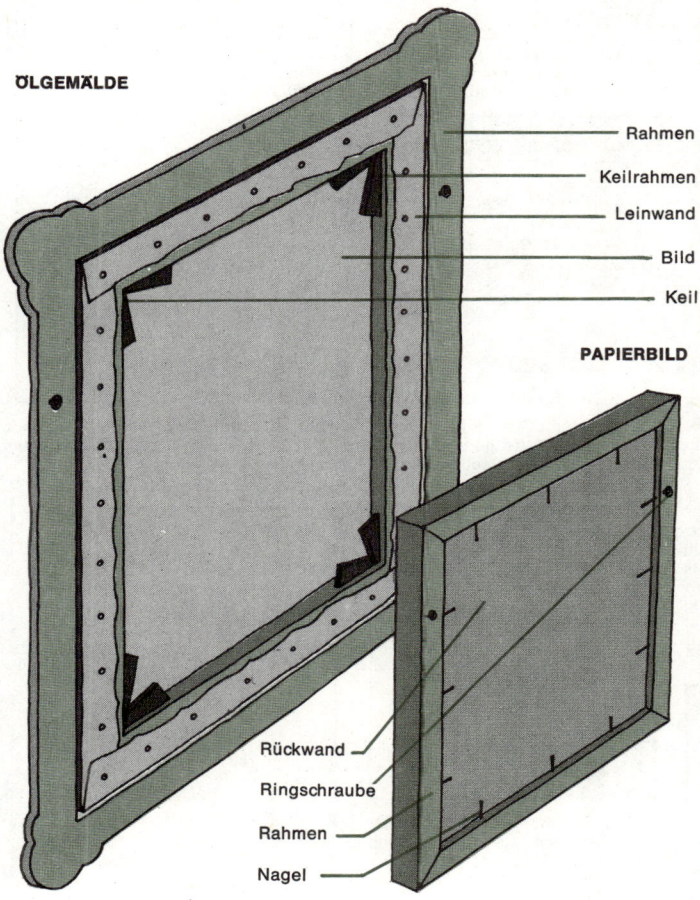

ÖLGEMÄLDE

- Rahmen
- Keilrahmen
- Leinwand
- Bild
- Keil

PAPIERBILD

- Rückwand
- Ringschraube
- Rahmen
- Nagel

Einen Druck aus dem Rahmen nehmen

Papierbilder sind oft auf einen Karton aufgezogen und mit einem Passepartout teilweise abgedeckt. Wenn ein solches Bild neu gerahmt werden soll oder das Passepartout unansehnlich geworden ist, muß man das Bild neu montieren.

Drucke sind meist auf den Unterlagekarton geklebt und können evtl. vorsichtig mit Wasser abgelöst werden (siehe S. 306). Manchmal wird ein Blatt aber auch von Papierscharnieren gehalten, die entfernt werden müssen.

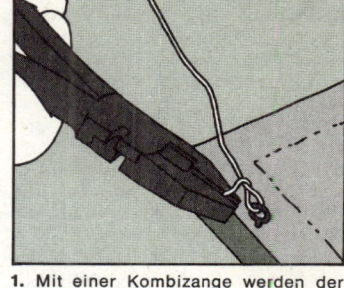

1. Mit einer Kombizange werden der Aufhängedraht und die Ringschrauben vorsichtig von der Rahmenrückseite entfernt

2. Der Papierrücken wird dicht am Rahmen entlang mit einem scharfen Messer durchgeschnitten und abgenommen

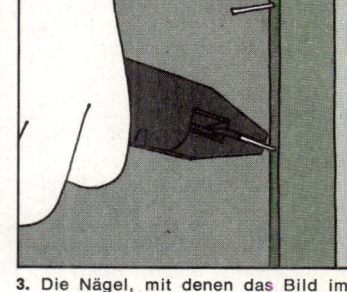

3. Die Nägel, mit denen das Bild im Rahmen festgehalten wird, zieht man nun am besten mit Hilfe einer Kombizange heraus

4. Die Papprückwand wird entfernt. Falls sie schadhaft ist, sollte gleich eine neue in passender Größe zugeschnitten werden

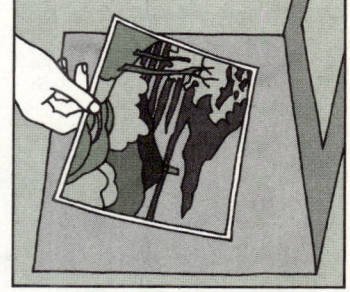

5. Nun kann das Bild aus dem Rahmen herausgenommen und das Blatt vorsichtig aus dem Passepartout gelöst werden

---

ÖLGEMÄLDE AUS DEM RAHMEN NEHMEN

Leinwandbilder werden nie direkt im äußeren Rahmen (Schmuckrahmen) befestigt, sondern sind auf einen inneren Holzrahmen (Keilrahmen) aufgezogen und nach hinten umgeschlagen. Dieser Keilrahmen darf nie mit Gewalt in den äußeren Schmuckrahmen hineingepreßt werden, da sonst die Leinwand beschädigt wird. Er muß locker einrasten und sollte auch nicht festgenagelt, sondern mit Klammern oder Keilen an der Rückseite des äußeren Rahmens befestigt werden.

1. Um einen festgenagelten Keilrahmen zu entfernen, faßt man den Schmuckrahmen mit beiden Händen am oberen Ende und drückt mit den Daumen gegen das Holz des Keilrahmens, bis dieser sich lockert. Dann drückt man in der Mitte und schließlich ganz unten gegen den Keilrahmen, bis dieser frei ist

2. Der Keilrahmen sollte niemals in den Schmuckrahmen genagelt werden. Am besten befestigt man ihn auf beiden Seiten mit aufgeschraubten Federklammern oder Metall-Laschen

a) Keilrahmen, b) Federklammer, c) Schmuckrahmen, d) Keilrahmen, e) Metall-Lasche, f) Schmuckrahmen

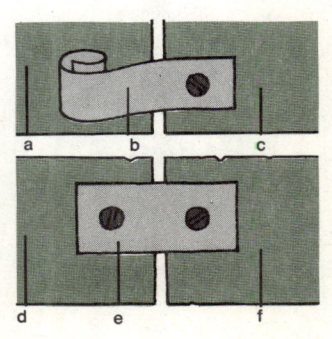

a b c
d e f

Gemälde und Drucke

Flecke von einem Druck entfernen

Rostähnlich aussehende Stockflecke sind auf älteren Drucken häufig zu finden. Sie lassen sich manchmal durch Ausbleichen entfernen. Fragen Sie in einer Drogerie oder einem Künstlerbedarfsgeschäft nach einer geeigneten Bleichlösung. Man kann das ganze Blatt behandeln oder auch nur einzelne Flecke. Bei Detailbehandlung muß man die Stellen später nachtönen.

Vor jedem Bleichversuch ist durch eine Probe an unauffälliger Stelle festzustellen, ob das Bild farbecht ist. Viele Importdrucke sind es nicht. Beim geringsten Zweifel tut man gut daran, einen Fachmann um Rat zu fragen, ehe man mit der Arbeit beginnt.

Material:	*Bleichmittel*
Werkzeug:	*Flache Schale, Glasplatte, Palettenmesser, vier Schraubzwingen, zwei 22 mm dicke Spanplatten, Löschpapier*

1. Den Druck legt man in eine Schale mit Wasser, bis sich die Ecken oder Kanten zu lösen beginnen

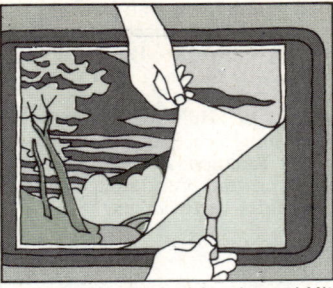

2. Viel Zeit zum Aufweichen lassen! Mit Hilfe eines Palettenmessers den Druck vom Untergrund vorsichtig ablösen

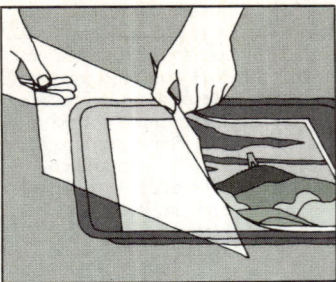

3. Eine Glasplatte unter den Druck schieben und diesen auf der Platte vorsichtig aus dem Wasser heben

4. Den Druck von der Glasplatte in die Bleichlösung gleiten lassen und einige Stunden bleichen

5. Nach Verschwinden der Flecke den Druck mit der Glasplatte herausheben und mit Wasser ausgiebig spülen

6. Das gereinigte Bild zwischen Löschpapier und zwei Spanplatten einspannen und so trocknen lassen

EINFACHE REINIGUNG

Verschmutzte Aquarelle und Pastelle darf man nur vom Fachmann reinigen lassen. Drucke kann man dagegen in den meisten Fällen selbst säubern.

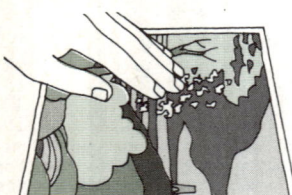

1. Mit einem Stückchen frischen Brot vorsichtig über das Bild reiben. Angeschmutzte Krumen sofort entfernen

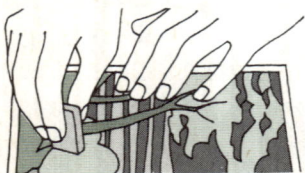

2. Hartnäckiger Schmutz läßt sich mit einem ganz weichen Radiergummi (Knetgummi) vorsichtig entfernen

EINEN RISS AUSBESSERN

Ein kleiner Riß oder ein kleines Loch in einem Papierbild wird auf der Rückseite mit einem Stück Künstlerpapier überklebt: Seine Vorderseite kann man dann, nach vorhergegangener Probe auf dem Reparaturpapier, dem Bild entsprechend tönen bzw. nachmalen.

Material:	*Gutes Künstlerpapier, Stärke-, Mehl- oder Zellulosekleister (Tapetenkleister), passende Farben*

1. Ein Papierstück etwas größer als das Loch zuschneiden und auf die Rückseite kleben

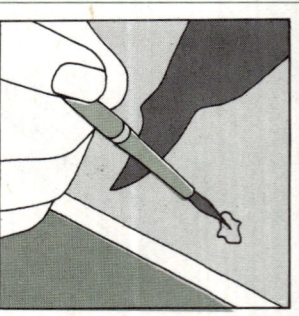

2. Das weiße Reparaturpapier wird auf der Bildseite zum Bild passend getönt oder bemalt

FETTFLECKE ENTFERNEN

Fettflecke lassen sich vom Papierbild oder Passepartout mit einem Lösungsmittel auf Azetonbasis oder Kreidepulver entfernen. Sparsam auftupfen und nach kurzer Einwirkung mit Löschpapier und warmem Bügeleisen abnehmen.

Material:	*Azeton*
Werkzeug:	*Watte, Löschpapier, Bügeleisen*

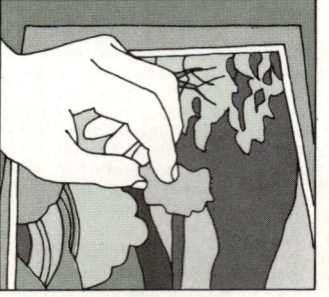

1. Das Bild wird auf Löschpapier gelegt und der Fleck mit einem Wattebausch mit Azeton betupft

2. Der Fettfleck wird nun mit sauberem Löschpapier und einem warmen Bügeleisen entfernt

Einen Druck neu rahmen

Das gesäuberte Papierbild kann man auf Karton montieren. Will man es nicht ganz aufziehen, so befestigt man es nur mit Papier-„scharnieren". Aus einem zweiten Karton kann man einen Rahmen (Passepartout) für die Vorderseite des Bildes schneiden. Beim Neurahmen von Aquarellen oder Drucken kann es nötig sein, diese mehrfach mit Karton oder Pappe zu hinterlegen, um die Bildfläche dadurch zu versteifen.

Material: Papierscharniere, feiner Karton, Papierklebeband, kleine Glaserstifte
Werkzeug: Messer, Lineal, Schere, Hammer

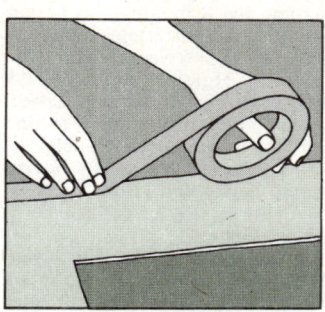

1. Man schneidet eine neue Kartonunterlage und ein neues Passepartout. Die Oberkanten werden mit Klebestreifen als Scharnier verbunden

2. Das Passepartout klappt man zusammen, dann wird das Bild genau eingelegt. Die Oberkante auf den Unterlagekarton mit Bleistift markieren

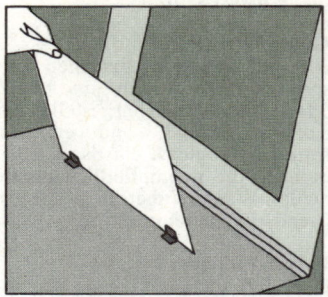

3. Das Bild wird am oberen Rand mit zwei oder drei Papierscharnieren so auf dem Karton befestigt, daß es innerhalb der Markierung liegt

4. Bild und Papprückwand legt man in den Rahmen und befestigt sie, wenn sie genau passend sitzen, mit kleinen Drahtstiften dicht am Rand

Ein Ölgemälde reinigen und neu firnissen

Bevor man ein Ölgemälde reinigt, nimmt man es mit dem Keilrahmen aus dem Rahmen heraus. Sitzt die Leinwand locker auf dem Keilrahmen, schiebt man zwischen Leinwand und Rahmenhölzer kleine Wattepolster.

Zur Reinigung verwendet man Wattebäusche und Terpentinöl oder Spiritus, dabei werden nur kleine Stücke der Bildfläche auf einmal gesäubert und die Watte oft erneuert. Das Reinigen und Restaurieren von Gemälden ist eine hochspezialisierte Arbeit; beim geringsten Zweifel soll man sich an einen Fachmann wenden.

Die Firnisschicht wird oft dunkel oder trüb und beeinträchtigt die Wirkung des Bildes.

Firnis läßt sich mit Azeton entfernen. Aber Vorsicht: Azeton ist ein sehr scharfes Lösungsmittel! Seine auflösende Wirkung kann man mit Terpentin oder Spiritus unterbrechen.

Man gießt etwas Azeton in eine Untertasse und etwas Terpentin in eine andere und beginnt an einer Bildkante, die normalerweise durch den Rahmen verdeckt wird. Man löst den Firnis mit einem Azetonwattebausch und nimmt ihn mit einem Terpentinwattebausch vom Bild ab, wobei die Azetonwirkung gleichzeitig gestoppt wird. Sobald sich gelöste Farbspuren auf dem Wattebausch zeigen, ist die Azetoneinwirkung durch Terpentin zu unterbrechen.

Falls sich auf der Rückseite des Bildes feuchte Stellen zeigen, muß die Leinwand gründlich, aber ohne jede Wärmeeinwirkung, getrocknet werden.

Das trockene Bild legt man mit der Rückseite auf eine ebene Unterlage und überzieht es mit Ölgemäldefirnis. Man benutzt dazu einen 4–5 cm breiten Flachpinsel bester Qualität, mit dem man den Firnis dünn und gleichmäßig erst senkrecht, dann waagerecht streichend aufträgt.

Um ein Loch oder einen Riß in der Leinwand zu reparieren, kauft man ungrundierte Malleinwand und schneidet ein Stück – etwas größer als die schadhafte Stelle – zu. Das Gemälde wird mit der Bildseite nach unten auf mehrere Lagen Pergamentpapier gelegt. Dann schmilzt man Bienenwachs im Wasserbad, taucht den Leinwandflecken hinein, legt ihn auf die schadhafte Stelle und reibt ihn mit einem Palettenmesser gut an.

Material: Azeton, Terpentinöl, Ölgemäldefirnis, Watte, Bienenwachs, Pergamentpapier, Malleinwand
Werkzeug: Palettenmesser, Flachpinsel, zwei Untertassen

1. Sitzt das Bild locker auf dem Keilrahmen, werden kleine Wattepolster zwischen die Leinwand und die Holzleisten des Rahmens geschoben

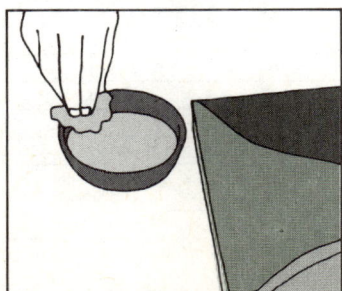

2. Am Bildrand beginnend, wird der Firnis mit einem in Azeton getränkten Wattebausch, den man kreisförmig über die Oberfläche bewegt, gelöst

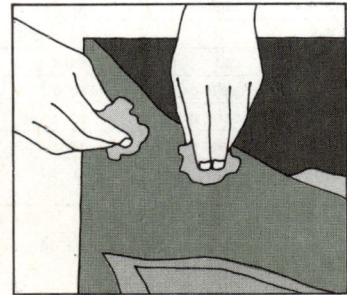

3. Mit einem Terpentinwattebausch, den man in der anderen Hand hält, wird der Firnis aufgenommen und die Azetonwirkung gestoppt

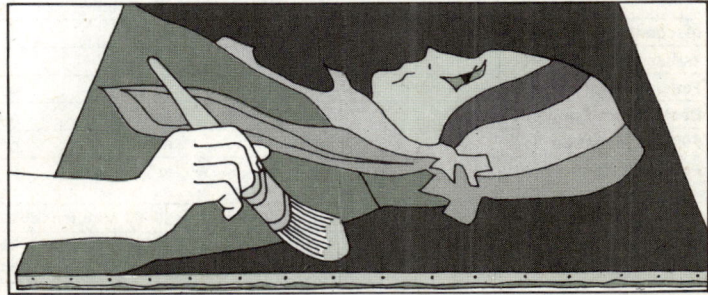

4. Das Bild läßt man trocknen, dann streicht man den Ölgemäldefirnis auf und läßt das Bild bis zum Antrocknen (etwa 15 Minuten) ruhig liegen. Nun wird es mit der Bildseite schräg gegen eine Wand gestellt, damit sich kein Staub auf den Firnis setzen kann. Gut durchtrocknen lassen, wieder in den Rahmen einsetzen

Klebstoffe und Leime

Klebemittel und ihre Verwendung

Zellulosekleber
Kleber dieser Art eignen sich zum Reparieren von Glas, Porzellan, Steingut. Sie finden ferner im Modellbau Verwendung. Zelluloseklebers trocknen schnell, sind durchsichtig, klar und ziemlich unempfindlich gegen Wasser und Wärme.

Kontaktkleber
Kunstharzkleber auf der Basis von Neopren. Zwei damit bestrichene Flächen haften bei Berührung sofort und unverrückbar fest. Man bestreicht beide Seiten dünn mit dem Kleber, am besten mit einem Zahnspachtel kreuzweise, wartet ab, bis die Flächen handtrocken geworden sind, und drückt die Teile so fest wie möglich und sofort in der richtigen Lage aufeinander. Einspannen ist nicht erforderlich, für die Haltbarkeit der Klebung muß aber der Anfangsdruck so hoch wie möglich sein.

Epoxydharzkleber
Mit Epoxydklebern läßt sich so gut wie jedes Material außerordentlich haltbar kleben. Sie bestehen aus zwei Komponenten, dem eigentlichen Kleber und dem Härter, die unmittelbar vor Gebrauch zusammengemischt werden. Die Epoxydkleber brauchen längere Zeit zum Aushärten (zwischen 4 und 48 Stunden). Die geklebten Teile müssen solange fixiert sein.

Gummiklebstoffe
Sie sind immer pflanzlichen Ursprungs und werden aus Latex oder Guttapercha hergestellt. Sie trocknen schnell und ergeben feste und zugleich elastische Klebungen, die unempfindlich gegen heißes Wasser, aber nicht gegen chemische Reinigung sind.

Polystyrolkleber
Diese Kunstharzkleber dienen zum Verbinden von Kunststoffteilen aus Polystyrol und ähnlichem. Sie finden besonders beim Bau von Plastikmodellen sowie bei der Reparatur von Kunststoffgegenständen im Haushalt Anwendung. Die Kleber binden rasch ab.

PVA-Leime
Kunstharzleime auf der Basis von Polyvinylazetat finden heute als Kaltleime oder Weißleime anstelle der früher üblichen Heiß- oder Knochenleime beim Möbelbau und in der Tischlerei weitgehend Anwendung. Sie binden in etwa 20 Minuten ab und sind nach 24 Stunden vollkommen trocken. Geleimte Teile müssen ca. eine Stunde lang eingespannt werden. PVA-Leime ergeben feste Verbindungen, die aber gegen Feuchtigkeit und zu hohe mechanische Belastung nicht unempfindlich sind.

PVC-Klebstoffe
Polyvinylchlorid-Klebstoffe dienen zum Kleben von weichen, biegsamen PVC-Folien, wie sie zur Herstellung von Regenmänteln, Schirmen, Plastikvorhängen, Handtaschen und Koffern verwendet werden.

Kunstkautschukklebstoffe
Kunstkautschuk- und Kunstlatexklebstoffe dienen zum Belegen von Fußböden oder Wänden mit Linoleum oder mit Kunststoff-, Filz-, Asbest- und anderen Belägen. Im Gegensatz zu Kunstkautschukklebern, die Speziallösungsmittel brauchen, sind Kunstlatexkleber wasserlöslich. Sie haften auf Beton, Bauplatten aller Art, Holz, Asphalt und können auch zum Kleben von Leder, Stoffen, Kunststoffschichtplatten und Keramikfliesen benutzt werden.

Glutinleime
Diese althergebrachten Leime werden aus Rohhaut- und Lederabfällen und entfetteten Knochen hergestellt. Sie werden für dicht passende Holzverbindungen benutzt und müssen bis zum Trocknen eingespannt werden. Sie sind haltbar und dauerhaft, bleiben jedoch empfindlich gegen Feuchtigkeit, Nässe und Hitze.

Schmelzkleber
Montage-Schmelzklebstoffe sind meist Kunstharze, die bei etwa 200°C flüssig werden und mit einer beheizbaren Schmelzkleberpistole verarbeitet werden. Die Verbindungen brauchen nur Kontaktdruck bis zur Erkaltung des Klebers.

Harnstoffharzleime
Sie werden aus Harnstoffharzen, auch mit Zusatz von Melaminharzen und Härter, hergestellt. Da sie gute Füllwirkung besitzen, eignen sie sich auch für nicht dicht schließende Leimverbindungen im Möbelbau.

Welchen Leim oder Kleber benutzt man?

Die folgenden drei Tabellen zeigen, welche Klebstoffe für bestimmte Materialien gut geeignet sind.

Um feste und fehlerfreie Verbindungen zu erhalten, kommt es neben der Wahl des richtigen Klebemittels noch auf einige weitere Punkte an:

1. Man soll frischen Leim oder Kleber benutzen.

2. Beim Anrühren, Mischen und Verarbeiten ist die Gebrauchsanweisung des Herstellers genau zu beachten.

3. Holz, das im Freien gelegen hat, muß mehrere Tage vor dem Leimen zum Trocknen und Warmwerden in den Innenraum gebracht werden.

4. Die Verbindungsstellen müssen sauber und fettfrei sein.

5. Der Klebstoff wird gleichmäßig auf alle Berührungsflächen aufgetragen, wenn immer möglich auf beide Materialseiten.

6. Holzverbindungen sollen so genau wie möglich passen. Glatte Hartholzflächen rauht man vor dem Leimen mit Schleifpapier an.

7. Während der Leim abbindet, werden die Werkstücke eingespannt, doch nicht zu fest, damit der Leim nicht aus den Fugen tritt.

Verleimen von Holz mit Holz

Den richtigen Leim für eine bestimmte Arbeit findet man, indem man in der linken Spalte die gewünschte Eigenschaft sucht und sie mit den im Kopf der Liste genannten Leimarten vergleicht. Man wählt dann den Leim, der den gestellten Ansprüchen am besten entspricht.

	Harnstoffharzleime	PVA-Leime (Kaltleime)	Glutinleime (Warmleime)	Schmelzkleber	Epoxydharzkleber	Zellulosekleber	Kontaktkleber
Mechanische Belastbarkeit	sehr gut	gut	sehr gut	gut	sehr gut	mittel	gut
Wasserbeständigkeit	sehr gut	gering	gering	gut	sehr gut	gut	gering
Feuchtigkeitsbeständigkeit	sehr gut	mittel	gering	sehr gut	sehr gut	gut	gering
Beständigkeit gegen Pilzfäule	sehr gut	sehr gut	mittel	sehr gut	sehr gut	sehr gut	gut
Fülleigenschaften	sehr gut	mittel	gering	sehr gut	sehr gut	mittel	gering
Pressen erforderlich	ja	ja	ja	nein	ja	ganz leicht	nur starkes Andrücken
Abbindezeit bei 18°C	4–6 Stunden	20–60 Minuten	1–2 Stunden	2–3 Minuten	8–24 Stunden	10–15 Minuten	10–40 Minuten
Leimzubereitung	2 Komponenten oder Wasserzusatz	gebrauchsfertig	im Wasserbad schmelzen, gebrauchsfertig	durch Erhitzen gebrauchsfertig	2 Komponenten	gebrauchsfertig	gebrauchsfertig
Farbe nach dem Abbinden	undurchsichtig weiß	durchsichtig	undurchsichtig braun	undurchsichtig weiß oder gelb	durchsichtig weiß oder gelb	durchsichtig	gelblich oder bräunlich
Neigung zur Fleckenbildung	manche Marken	nein	nein	nein	nein	nein	nein

Verbinden von Kunststoffen mit Kunststoffen, Holz, Metall, Gummi und Glas

Man sucht in der obersten und der linken Spalte die beiden Stoffe auf, die man miteinander verbinden will, und findet dann im Treffpunkt der beiden Spalten geeignete Kleber; sie sind in der Reihenfolge ihrer Brauchbarkeit aufgeführt.

	Mit demselben Material	Mit Holz	Mit Metall	Mit Gummi	Mit Glas
Acrylglas Plexiglas)	Es kommen nur Kleber auf Polymethacrylatbasis in Frage, z. B. Plexigumkleber und Acrylkleber				
Schaumstoff (z. B. für Polster und Matratzen)	Kontaktkleber Naturlatexkleber Kunstkautschukklebstoffe	Kontaktkleber Naturlatexkleber Kunstkautschukklebstoffe	Kontaktkleber Naturlatexkleber Kunstkautschukklebstoffe	Kontaktkleber Naturlatexkleber Kunstkautschukklebstoffe	Kontaktkleber Naturlatexkleber Kunstkautschukklebstoffe
Schaumgummi (z. B. für Polster und Matratzen)	Naturlatexkleber Kontaktkleber	Naturlatexkleber Kontaktkleber	Naturlatexkleber Kontaktkleber	Naturlatexkleber Kontaktkleber	Naturlatexkleber Kontaktkleber
Fiberglas	Epoxydharzkleber Kontaktkleber Kunstkautschukklebstoffe	Kontaktkleber Kunstkautschukklebstoffe	Epoxydharzkleber Kontaktkleber	Kontaktkleber Naturlatexkleber Kunstkautschukklebstoffe	Epoxydharzkleber Kontaktkleber
Kunststoffschichtplatten (Resopal)	Kontaktkleber PVA-Leime	Kontaktkleber PVA-Leime	Kontaktkleber Epoxydharzkleber	Kontaktkleber	Kontaktkleber Epoxydharzkleber
Polystyrol-Hartschaum (z. B. Deckenplatten und Isolierteile)	Kunstkautschukklebstoffe Naturlatexkleber PVA-Leime	Kunstkautschukklebstoffe Naturlatexkleber PVA-Leime	Kunstkautschukklebstoffe Naturlatexkleber	Kunstkautschukklebstoffe Naturlatexkleber	Kunstkautschukklebstoffe Naturlatexkleber
Polystyrol (z. B. Plastikmodelle, Kunststoffgegenstände in Küche und Haushalt)	Kontaktkleber Polystyrolkleber	Kontaktkleber PVA-Leime	Kontaktkleber	Kontaktkleber Naturlatexkleber	Kontaktkleber Naturlatexkleber
Polyvinylchlorid (PVC) (z. B. Bodenbeläge)	PVC-Klebstoffe Kontaktkleber	Kontaktkleber	Kontaktkleber	Kontaktkleber	Kontaktkleber
Polyvinylchlorid (PVC) (z. B. Kunststoffrohre, Türprofilleisten)	PVC-Klebstoffe Kontaktkleber Kunstkautschukklebstoffe	PVA-Leime Kontaktkleber Kunstkautschukklebstoffe	Kontaktkleber Kunstkautschukklebstoffe	Kontaktkleber Kunstkautschukklebstoffe	Kontaktkleber Kunstkautschukklebstoffe

Kleben von Metall, Glas, Gummi, Leder und Stoffen

Man liest die Materialien, die man verbinden will, aus der linken und der obersten Spalte ab und findet im Treffpunkt der Spalten die für den Zweck am besten geeigneten Kleber. Sie sind in der Reihenfolge ihrer Haltbarkeit aufgeführt.

	Metall	Glas	Gummi	Leder	Stoffe	Holz
Metall (Aluminium, Stahl)	Epoxydharzkleber Kontaktkleber	Epoxydharzkleber Kontaktkleber	Kontaktkleber Naturlatexkleber Kunstkautschukklebstoffe Schmelzkleber	Epoxydharzkleber Kontaktkleber Naturlatexkleber Schmelzkleber Kunstkautschukklebstoffe	Kontaktkleber Naturlatexkleber PVA-Leime Kunstkautschukklebstoffe Schmelzkleber	Epoxydharzkleber Kontaktkleber Schmelzkleber
Glas	Epoxydharzkleber Kontaktkleber	Epoxydharzkleber Kontaktkleber	Kontaktkleber Naturlatexkleber Kunstkautschukklebstoffe	Epoxydharzkleber Zellulosekleber Kontaktkleber Naturlatexkleber Kunstkautschukklebstoffe	Zellulosekleber Kontaktkleber Kunstkautschukklebstoffe PVA-Leime	siehe Anmerkung 1 Für Plattenwerkstoffe: Kontaktkleber
Gummi	Kontaktkleber Naturlatexkleber Kunstkautschukklebstoffe	Kontaktkleber Naturlatexkleber Kunstkautschukklebstoffe	Kontaktkleber Naturlatexkleber Kunstkautschukklebstoffe	Kontaktkleber Naturlatexkleber Kunstkautschukklebstoffe	Kontaktkleber Naturlatexkleber Kunstkautschukklebstoffe	Kontaktkleber Naturlatexkleber Kunstkautschukklebstoffe
Leder	Epoxydharzkleber Kontaktkleber Naturlatexkleber Kunstkautschukklebstoffe Schmelzkleber	Epoxydharzkleber Zellulosekleber Kontaktkleber Kunstkautschukklebstoffe	Kontaktkleber Naturlatexkleber Kunstkautschukklebstoffe Schmelzkleber	Glutinleim Schmelzkleber Harnstoffharzleim Zellulosekleber Kontaktkleber Epoxydharzkleber PVA-Leime Kunstkautschukklebstoffe	Glutinleim (2) Schmelzkleber Zellulosekleber (2) Kontaktkleber Naturlatexkleber (2) Kunstkautschukklebstoffe Harnstoffharzleim	Glutinleim Schmelzkleber Zellulosekleber Kontaktkleber Naturlatexkleber Kunstkautschukklebstoffe Harnstoffharzleim
Stoffe (Textilien)	Kontaktkleber Naturlatexkleber Kunstkautschukklebstoffe	Zellulosekleber Kontaktkleber Kunstkautschukklebstoffe	Kontaktkleber Naturlatexkleber Kunstkautschukklebstoffe Schmelzkleber	Glutinleim (2) Schmelzkleber Zellulosekleber (2) Kontaktkleber Naturlatexkleber (2) Harnstoffharzleim Kunstkautschukklebstoffe	Naturlatexkleber Kontaktkleber Zellulosekleber Kunstkautschukklebstoffe Harnstoffharzleim Glutinleim Schmelzkleber	Glutinleim Schmelzkleber Harnstoffharzleim Zellulosekleber Kontaktkleber Naturlatexkleber Kunstkautschukklebstoffe

Anmerkungen: 1. Glas darf man nicht mit Holz verkleben, weil das Glas beim Schwinden des Holzes fast immer bricht. **2.** Diese Klebstoffe sind für Textilien aus Naturfasern am besten geeignet. Für Stoffe aus Kunstfasern benutzt man Kontaktkleber oder Kunstkautschukklebstoffe.

Koffer und Taschen

Pflegen und reparieren

Um Lederkoffer und -taschen geschmeidig zu halten, reibt man sie ab und zu mit einem Pflegemittel ein. Das Mittel läßt man 24 Stunden einwirken und poliert dann das Leder mit einer weichen Bürste und einem Tuch.

Die meisten Schäden entstehen an Schlössern oder Reißverschlüssen, an Griffen und Riemen sowie an den Kofferkanten. Viele dieser Schäden kann man selbst beseitigen. Ersatzteile sind meist über den Fachhandel zu besorgen.

Für Reparaturarbeiten an Lederwaren gibt es zwei Arten von Nieten. Sind beide Seiten des Niets sichtbar, verwendet man einen Vollniet. Ist die Nietunterseite in der Tasche oder im Koffer verborgen, kann man auch den sogenannten Splintniet ohne Schließkopf verwenden.

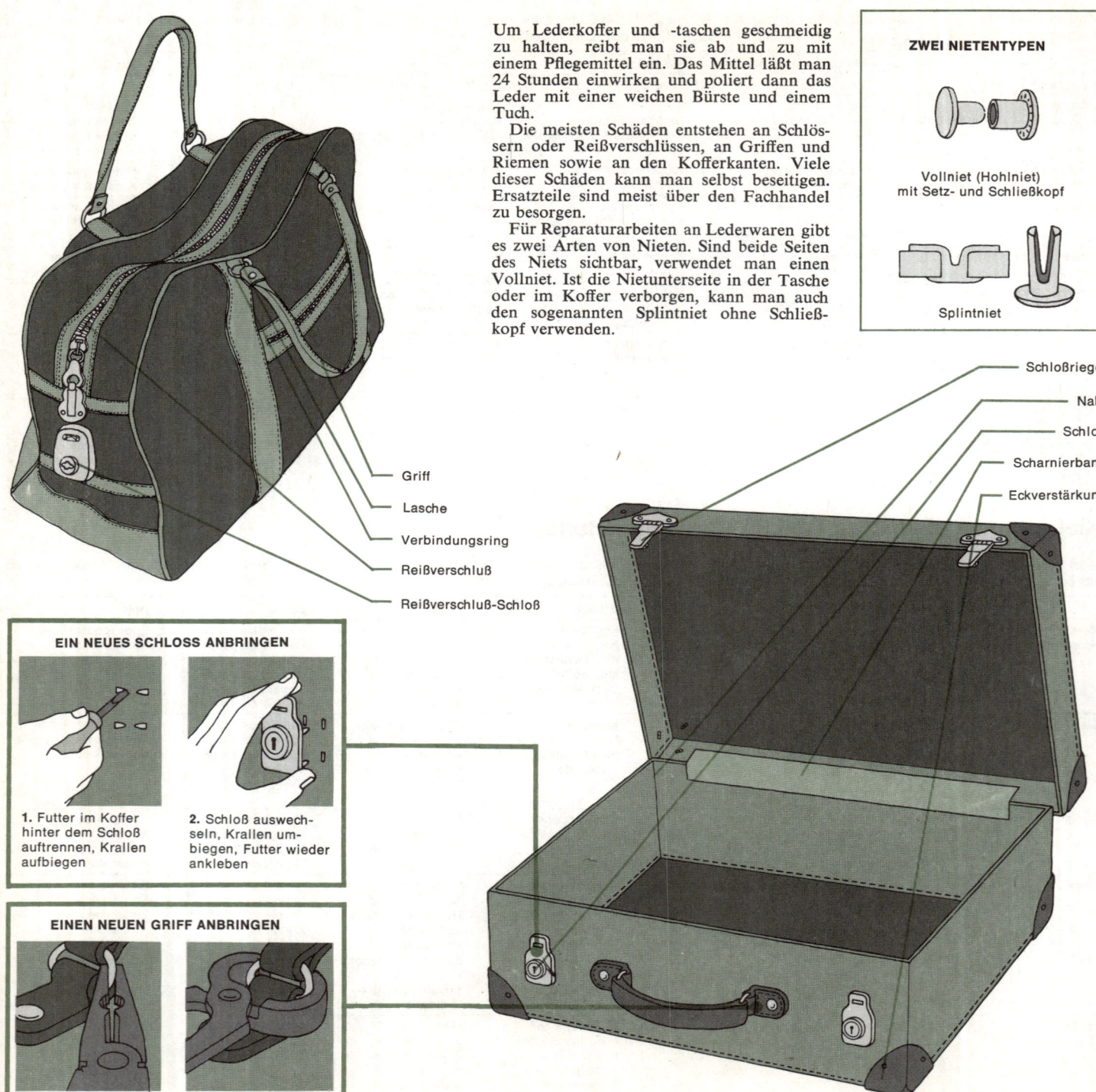

ZWEI NIETENTYPEN

Vollniet (Hohlniet) mit Setz- und Schließkopf

Splintniet

Griff

Lasche

Verbindungsring

Reißverschluß

Reißverschluß-Schloß

Schloßriegel

Naht

Schloß

Scharnierband

Eckverstärkung

EIN NEUES SCHLOSS ANBRINGEN

1. Futter im Koffer hinter dem Schloß auftrennen, Krallen aufbiegen

2. Schloß auswechseln, Krallen umbiegen, Futter wieder ankleben

EINEN NEUEN GRIFF ANBRINGEN

1. D-förmige Ringe mit der Zange aufbiegen. Schadhaften Griff entfernen

2. D-Ringe durch Griffenden und Laschen führen, mit der Zange schließen

Zwienähte bei Koffern und Taschen

Wenn bei Koffern, Taschen oder Futteralen aus Leder oder Kunstleder zwei Flächen im rechten Winkel aneinander stoßen und die dadurch entstehende Kante übereck genäht werden soll, verwendet man im allgemeinen die Zwienaht, die mit zwei Nadeln und zwei Fäden genäht wird. Durch gleichzeitiges Ziehen an beiden Zwirnsenden kann man sie besser festmachen, was bei starkem Leder besonders wichtig ist; die Naht sieht aber auch gefälliger aus, weil sie auf beiden Seiten gleich ist, was bei Übereknähten mit zwei Sichtflächen natürlich erwünscht ist.

Um Leder durchzustechen, benutzt man eine Nähahle oder einen scharfen Vorstecher. Um den Zwirn gegen Abnutzung zu schützen, zieht man ihn vor dem Nähen durch Schusterpech.

Material: Starker Zwirn, Schusterpech
Werkzeug: Scharfes Messer, zwei Sattlernadeln, Nähahle oder Vorstecher

Abgewetzte Ecken verstärken

Beschädigte Koffferecken kann man durch Vulkanfiberecken verstärken. Diese Ecken sind jedoch nicht für stark abgerundete Kofferecken geeignet.

Da die Niete nur von außen zu sehen sind, genügen Splintniete (siehe S. 310). Ihre Zungen schlägt man um.

Material: Kofferecken, Niete
Werkzeug: Hammer, Körner oder Schusterahle, Messer, Metallstück

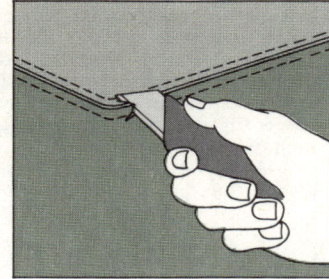

1. Kofferecke mit einem scharfen Messer so abrunden, daß sie in die abgerundete Fertigecke paßt

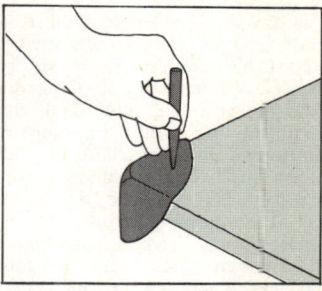

2. Ecke auf eine stabile Kante legen. 13 mm vom Rand in die Mitte jeder Fläche ein Loch bohren

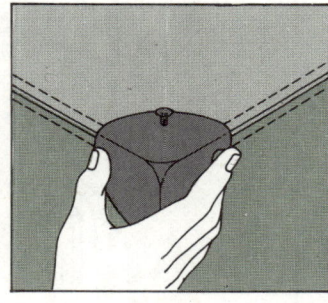

3. Ecke auf Kofferecke legen und einen Niet durchstecken. Eventuell mit der Schusterahle vorstechen

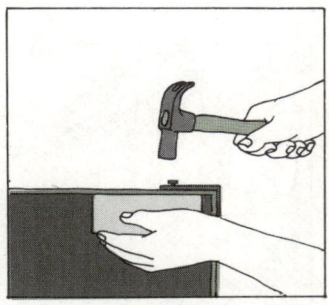

4. Niet von innen her spreizen. Mit Metallstück gegenhalten und den Niet von außen festschlagen

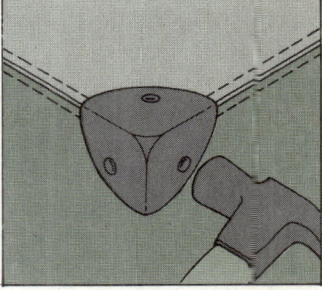

5. Ebenso die beiden anderen Niete setzen. Kontrollieren, ob alle Niete innen flach anliegen

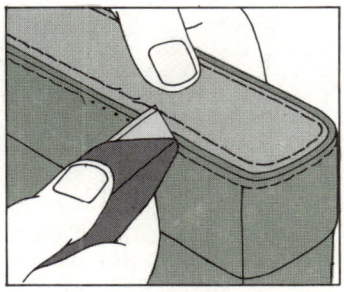

1. Alle gerissenen oder ausgefransten Stiche der alten Naht werden mit dem Messer entfernt

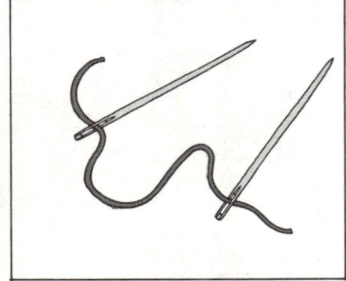

2. Die Enden des gewachsten Zwirns zuspitzen und durch die Öhre von zwei stumpfen Sattlernadeln fädeln

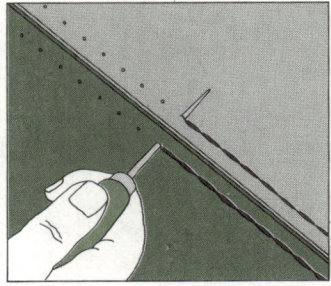

3. Nähahle oder Vorstecher von unten durch die Löcher des letzten unbeschädigten Stichs stecken

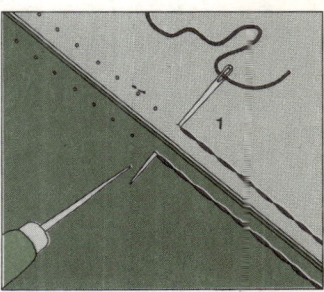

4. Ahle wieder herausziehen dann von oben die erste Nadel einstechen und durchziehen

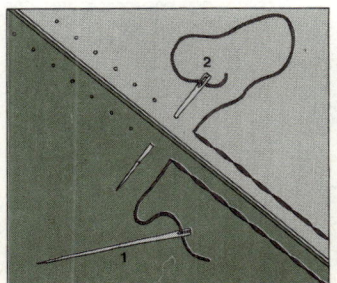

5. Ahle von unten durch die nächsten Löcher stechen, herausziehen, zweite Nadel von oben durchstechen

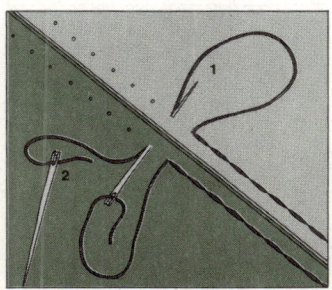

6. Erste Nadel von unten durch dieselben Löcher stechen. Faden von beiden Seiten festziehen

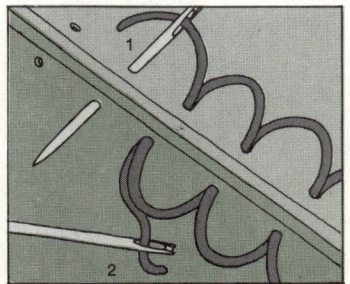

7. Nadel 1 von oben, Nadel 2 von unten durch nächste Löcher stechen usw. Jeden Doppelstich festziehen

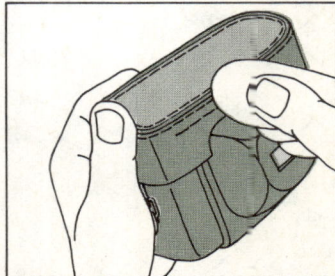

8. Wenn die Naht fertig ist, Fäden abschneiden und mit einem Holzgriff entlang der neuen Naht festreiben

Koffer und Taschen

Einen Taschengriff reparieren

Die Griffe von Reise- und Einkaufstaschen reißen bei starker Belastung meist dort, wo sie an der Tasche befestigt sind. Ist der Niet ausgerissen, mit dem der Griff an dem flachen Verbindungsring festsitzt, läßt er sich meist durch einen größeren Niet ersetzen. Hat sich der Ring unter der Last geöffnet, muß er mit einer Zange zusammengebogen oder gegen einen stärkeren ausgewechselt werden. Ist die Lederlasche beschädigt, die in die Verstärkung an der Tasche eingeschlitzt und mit einem Niet befestigt ist, besorgt man sich ein Stück haltbares Leder gleicher Dicke und Farbe. Notfalls färbt man es mit Lederfarbe oder passender Schuhcreme ein. Als Schablone für den Zuschnitt benutzt man die alte Lasche.

Material:	Ca. 2 mm dickes Leder, Schuhcreme oder Lederfarbe, Vollniet (Hohlniet)
Werkzeug:	Messer, Versenker, Hammer, Seitenschneider

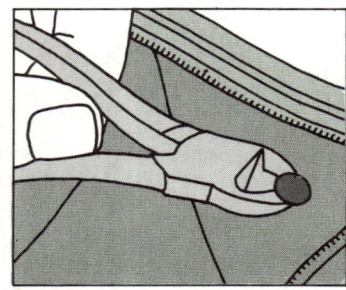

1. Schließkopf des Niets entfernen, der die Lasche mit der Tasche verbindet. Niet mit der Zange ziehen

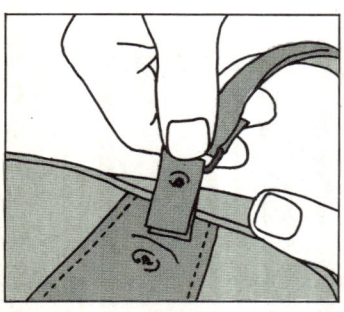

2. Lasche herausziehen, auf das neue Leder legen und mit einem Messer den Umriß nachschneiden

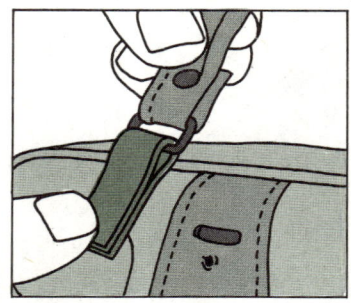

3. Kanten der neuen Lasche passend einfärben und den Streifen durch den Verbindungsring ziehen

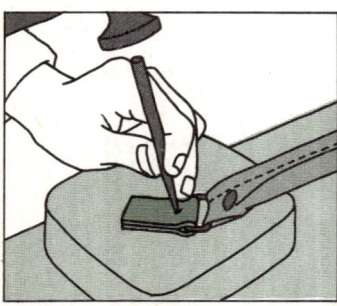

4. In die Mitte des Lederstreifens direkt unter dem Verbindungsring mit dem Versenker ein Loch stanzen

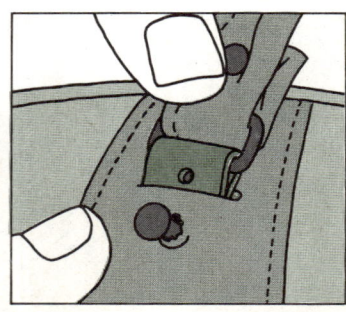

5. Neue Lasche in den Schlitz führen und den Setzkopf des Vollniets durch Lasche und Tasche stecken

Nähte ausbessern

Wenn nur eine Seite der Naht sichtbar ist, kann man mit einer Nadel arbeiten (einfache Steppnaht), wobei die Doppelstiche auf der Unterseite liegen müssen. Man verwendet starken Zwirn, den man durch Schusterpech zieht, um ihn wasserfest zu machen.

Material:	Zwirn, Schusterpech
Werkzeug:	Flachzange, Sattlernadel, Messer, Nähahle

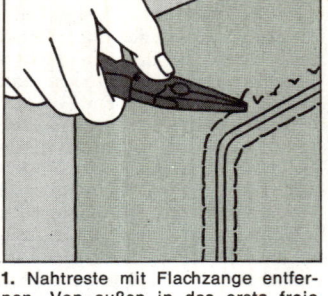

1. Nahtreste mit Flachzange entfernen. Von außen in das erste freie Loch eine Ahle stecken

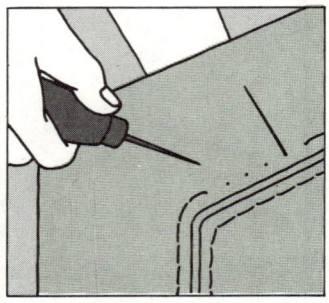

2. Ahle entfernen, gleichzeitig Nadel und Faden von innen nach außen durch das Loch führen

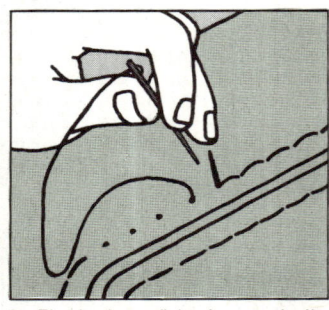

3. Ein Loch zurückgehen und die Ahle von innen, die Nadel von außen durchstechen

4. Zwei Löcher vorgehen. Ahle von oben, Nadel von unten durchstechen. Über Nahtlänge wiederholen

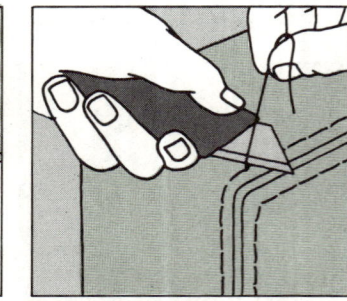

5. Einige Stiche in die alte Naht hinein weiternähen. Faden dicht am Koffer abschneiden

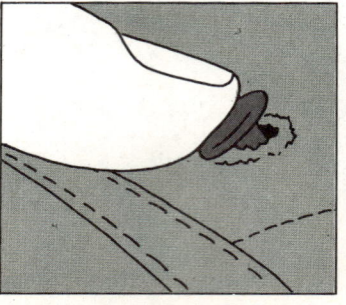

6. Auf der Innenseite der Tasche den Schließkopf des Niets mit der Hand auf den Setzkopf drücken

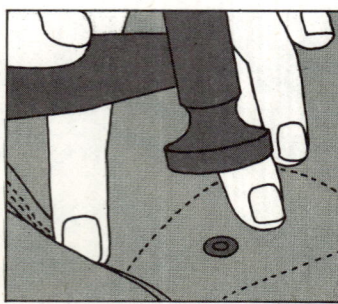

7. Prüfen, ob die Lasche korrekt im Schlitz sitzt. Schließkopf von innen festschlagen

Den Tragriemen einer Sporttasche reparieren

Bei Sport- oder Luftreisetaschen ist der Tragriemen meist mit einem flachen Ring an einem Riemen befestigt, der an den Schmalseiten und der Unterseite umläuft. Wenn der Riemen an der Verbindungsstelle reißt, kann man außen an der Tasche eine Lasche anbringen, ohne den alten Riemen ganz entfernen zu müssen.

Ein Stück Abfalleder von ungefähr 2 mm Dicke kann man in einer Schuhmacherwerkstatt oder in einem Fachgeschäft für Sattlerbedarf billig erwerben.

Die Lasche wird mit der Tasche am besten durch einen Vollniet, auch Hohlniet genannt, verbunden. Von der Verwendung eines Splintniets (mit zwei Krallen anstelle des Schließkopfs) ist besonders dann abzuraten, wenn die Tasche aus Plastik besteht, da dieses Material dann leichter reißt.

> *Material: Lederflicken, Kontaktkleber, Vollniet*
> *Werkzeug: Stahllineal, Messer, Versenker, Hammer*

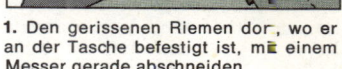

1. Den gerissenen Riemen dort, wo er an der Tasche befestigt ist, mit einem Messer gerade abschneiden

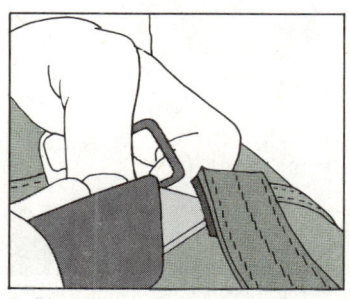

2. Die Nähte, mit denen der Riemen befestigt ist, etwa 4 cm auftrennen. Tasche dabei nicht beschädigen!

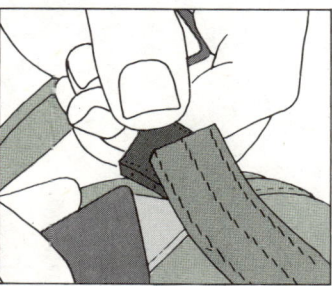

3. Riemen aus Plastik sind an der Schlaufe häufig verstärkt. Diese Einlage muß entfernt werden

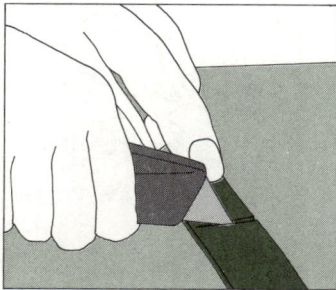

4. Ein Stück fellseitiges Kernleder (kein Spaltleder!) auf eine Länge von ca. 8 cm zuschneiden

5. Das auf Länge geschnittene Lederstück mit Stahllineal und Messer auf Riemenbreite schneiden

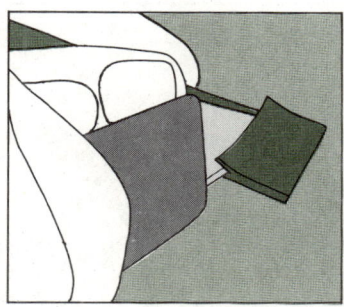

6. Den Streifen, die aufgerauhte Seite nach oben, an einem Ende verdünnen und die Ecken abschrägen

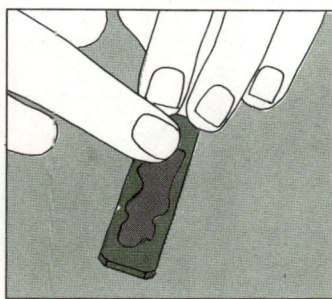

7. Mit Finger oder Spachtel etwas Kleber aufbringen. Das Leder muß vollständig bedeckt sein

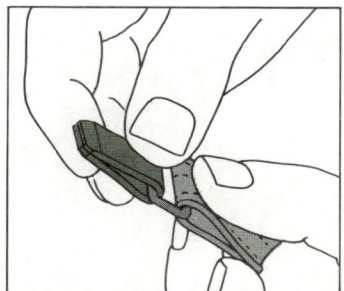

8. Wenn der Kleber abgelüftet ist, Lasche durch den Ring stecken und die Enden fest zusammendrücken

9. Die doppelte Lasche auf eine Holzunterlage legen und unmittelbar unter dem Ring ein Loch stanzen

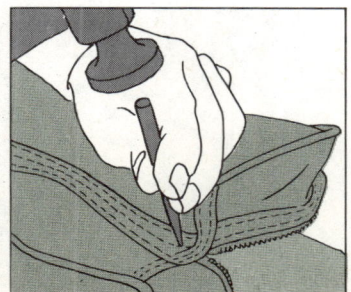

10. Tasche öffnen und auf die Unterlage legen. Mit dem Versenker ein Loch in Riemen und Tasche stanzen

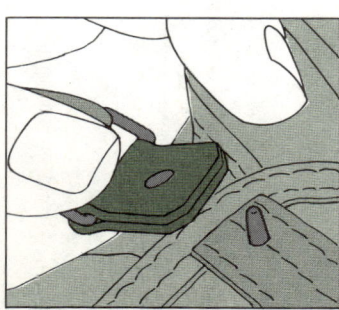

11. Einen Niet von innen durch das Loch stecken. Lasche mit dem Loch über den Nietschaft stülpen

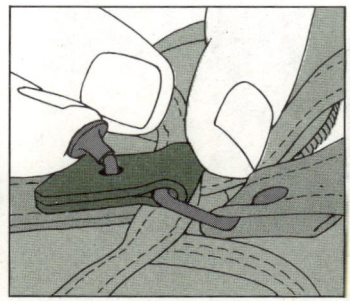

12. Den Niet von innen halten und die Tasche auf eine harte Unterlage legen. Schließkopf aufdrücken

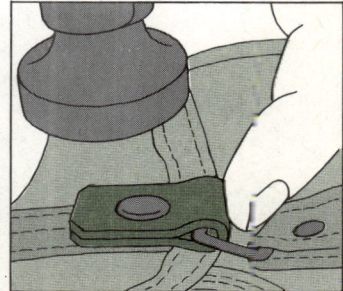

13. Schließkopf mit dem Hammer festschlagen. Dabei das neue Lederstück nicht beschädigen!

Koffer und Taschen

Einen Handtaschengriff machen

Wenn der Griff einer Damenhandtasche gerissen ist, soll man prüfen, ob der noch brauchbare Griff einer nicht mehr benutzten Handtasche paßt. Wenn nicht, kauft man einen Ersatzgriff.

Eine weitere Möglichkeit besteht darin, ein Stück Kalbsleder in der passenden Farbe zu kaufen, das doppelt so breit und 8 cm länger sein muß als der alte Griff, sowie einen gleich langen Streifen aus dünnerem Leder als Abdeckung. Ist kein Leder in der passenden Farbe zu bekommen, muß man es selbst einfärben. Das zugeschnittene Stück schlägt man der Länge nach von beiden Seiten gleichmäßig ein, so daß sich die Kanten in der Mitte berühren. Mit einem Kontaktkleber befestigt man die umgeschlagenen Ränder und klebt den Abdeckstreifen darauf.

Material: Neuer Griff oder Kalbsleder, passend zur Handtasche, zwei Vollniete, Lederfarbe, Kontaktkleber
Werkzeug: Messer, Stahllineal, Versenker, Hammer, Zange, Stofflappen

Einen Aktentaschengriff ersetzen

Ist die Griffschlaufe gerissen, besorgt man sich im Fachhandel einen passenden Ersatz. Statt der Metallstifte, mit denen der Griff an den Halterungen befestigt ist, kann man notfalls auch Nägel mit gleichem Durchmesser verwenden. Sind sie etwas zu dick, erweitert man die Halterungen mit der Rundfeile.

Material: Griff, Metallstifte
Werkzeug: Hammer, Seitenschneider, Flachfeile, Rundfeile

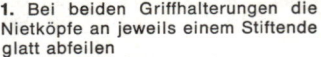

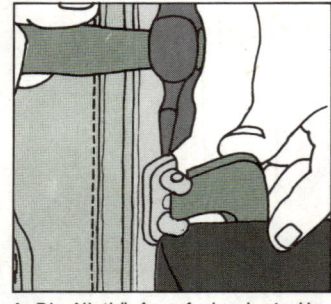

1. Bei beiden Griffhalterungen die Nietköpfe an jeweils einem Stiftende glatt abfeilen

2. Beide Stifte mit dem Seitenschneider hinter dem anderen Nietkopf fassen und herausziehen

3. Den neuen Griff zwischen die Halterungen führen. Zwei neue Stifte oder Nägel durchstecken

4. Die Nietköpfe auf eine harte Unterlage legen und das andere Stiftende mit dem Hammer vernieten

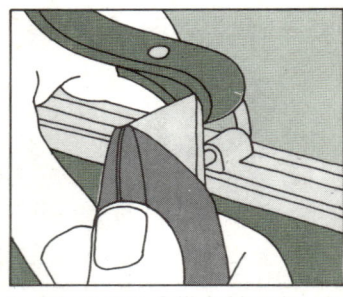

1. Schadhaften Griff beiderseits abschneiden. Evtl. Verbindungsringe mit der Zange zusammendrücken

2. Die Ecken des neuen, fertigen oder selbst hergestellten Griffs mit einem scharfen Messer abschrägen

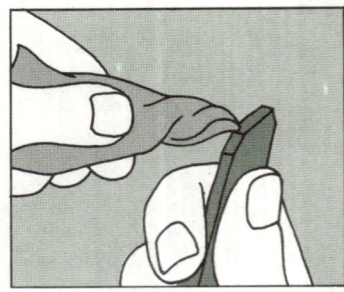

3. Ränder des (einfachen oder doppelten) Lederriemens mit einem in Lederfarbe getauchten Lappen einfärben

4. Enden des Griffs etwa 3 cm umschlagen. 1 cm vom Rand entfernt mit Versenker ein Loch für den Niet stanzen

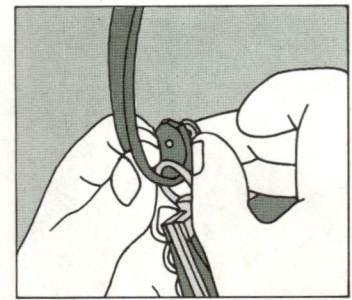

5. Ein Ende des Riemens durch einen der Ringe führen, so daß das kurze Ende nach innen kommt

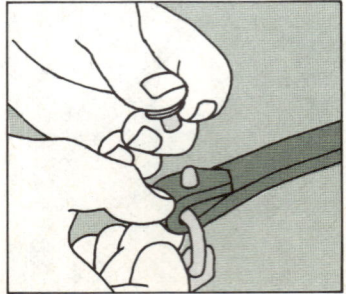

6. Den Niet von außen durch den Griff durchstecken und den Schließkopf innen aufsetzen

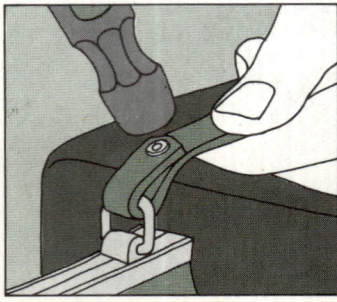

7. Den Griff mit dem Niet auf eine harte Unterlage legen und den Schließkopf mit dem Hammer festschlagen

Einen Reißverschluß erneuern

Bei Koffern, Reise- und Einkaufstaschen hat der Reißverschluß immer mehr die herkömmlichen Verschlußarten verdrängt. Bei allen Vorteilen hat dieser Verschluß jedoch den Nachteil, daß er in den meisten Fällen schwer zu reparieren ist. Alle Fachgeschäfte übernehmen diese Arbeit. Wer etwas geschickt ist, kann sie jedoch auch selbst ausführen.

Wichtig ist, daß man als Ersatz genau den gleichen Reißverschluß besorgt. Daher empfiehlt es sich, beim Kauf den alten als Muster für Typ, Länge und Farbe mitzunehmen. In den meisten Fällen genügt für Tragtaschen eine mittlere Stärke. Wenn ein Reißverschluß nach langer Benutzung schwergängig wird oder klemmt, bestreicht man ihn mit einer Kerze und zieht ihn mehrmals auf und zu, bis er wieder läuft.

> *Material: Gummilösung,*
> *Reißverschluß, Nähgarn*
> *Werkzeug: Scharfes Messer,*
> *Stopfnadel*

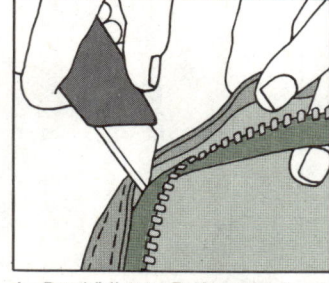

1. Beschädigten Reißverschluß mit dem Messer heraustrennen, dabei nicht in die Tasche schneiden

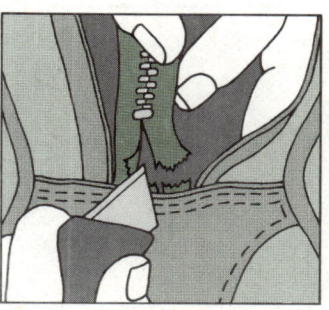

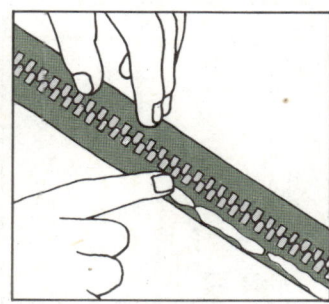

2. Reißverschlußband an beiden Enden sauber abschneiden, dabei die Taschennaht unversehrt lassen

3. Eine Kante des neuen Reißverschlusses und eine Innenkante der Tasche mit Gummilösung bestreichen

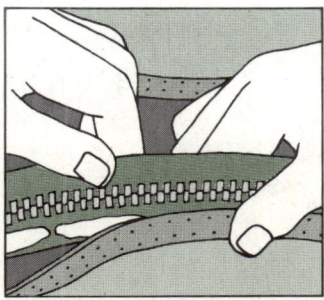

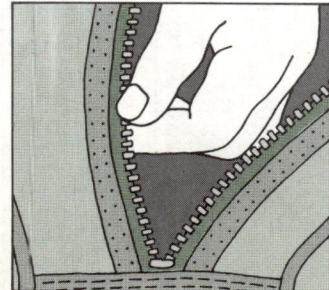

4. Zehn Minuten trocknen lassen. Reißverschlußkante auf die Taschenkante legen und zusammendrücken

5. Reißverschluß öffnen. Zweite Kante und Taschenkante mit Kleber bestreichen und zusammendrücken

Einen neuen Niet setzen

Manche Griffe sind einfach auf die Tasche genietet. Wenn ein Niet aufgeht, kann man ihn ersetzen. Muß das Futter aufgeschnitten werden, um den Niet zu setzen, klebt man es später wieder fest.

> *Material: Vollniet, Kontakt-*
> *kleber nach Bedarf*
> *Werkzeug: Messer, Seiten-*
> *schneider, Hammer,*
> *Schraubenzieher*

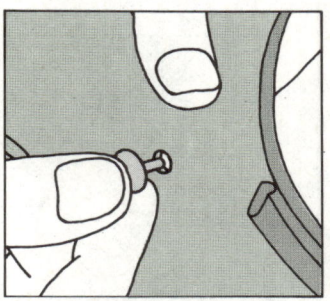

1. Alten Niet mit einem Seitenschneider aus dem Griff ziehen. Neuen Niet von innen durchstecken

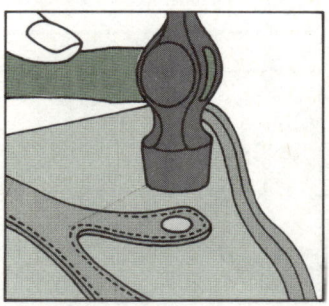

2. Griffloch über Niet bringen, Schließknopf aufsetzen und auf einer harten Unterlage festklopfen

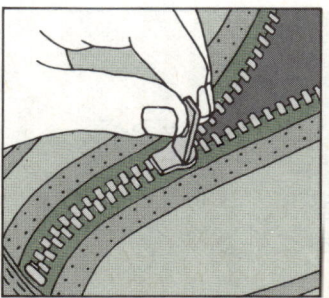

6. Ehe der Kleber trocknet, Reißverschluß mehrmals öffnen und schließen, um den Sitz zu prüfen

Reißverschlußschloß ersetzen

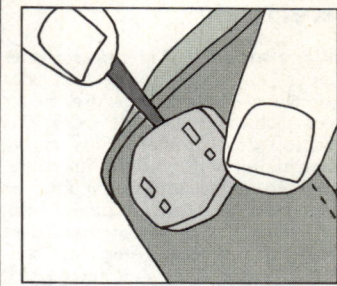

1. Blechkrallen des alten Schlosses aufbiegen, Schloß aufdrücken

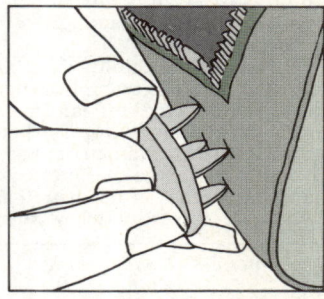

2. Schloß abnehmen und beim Neukauf als Muster verwenden

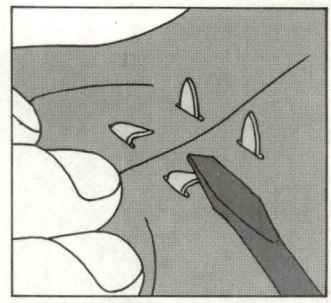

3. Krallen des neuen Schlosses durchstecken und umbiegen

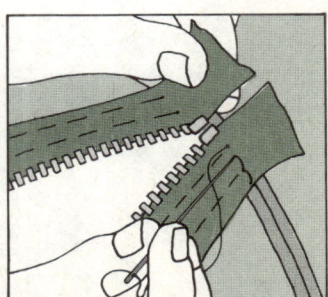

7. Reißverschluß durch die vorhandenen Löcher festnähen, an den Enden mit Steppstich

Koffer und Taschen

Das Schloß an einer Aktentasche auswechseln

Wenn an einer Aktentasche oder einer anderen Tasche mit der gleichen Verschlußart die Feder des Schlosses versagt oder das Schloß durch äußere Einwirkung beschädigt wird, bleibt im allgemeinen keine andere Wahl, als das ganze Schloß auszuwechseln.

Viele Aktentaschenschlösser haben nur eine Verschlußstellung. Seit einiger Zeit setzen sich jedoch Konstruktionen mit mehreren Stellungen durch, die es ermöglichen, auch eine prall gefüllte Tasche zu schließen und, wenn erforderlich, auch zu verschließen.

Ist das neue Schloß größer als das alte, hat es gewöhnlich auch mehr Befestigungskrallen, für die neue Einschnitte in das Taschenleder gemacht werden müssen. Wenn die Tasche gefüttert ist, muß das Futter an der betreffenden Stelle aufgeschnitten werden.

Material:	Neues Schloß
	Kleber
Werkzeug:	Messer
	Schraubenzieher
	Alter Pinsel

Den Reißverschlußschieber erneuern

Wenn sich ein Reißverschluß selbständig öffnet, ohne daß seine Zähne beschädigt sind, kann es am Schieber liegen. Entweder sind die Seiten des Schiebers abgenutzt und greifen nicht mehr richtig, oder die Ober- und Unterseite des Schiebers haben sich etwas getrennt. Am besten kauft man einen passenden Schieber und Stopp.

Material:	Reißverschluß-
	schieber, Stopp
Werkzeug:	Schraubenzieher

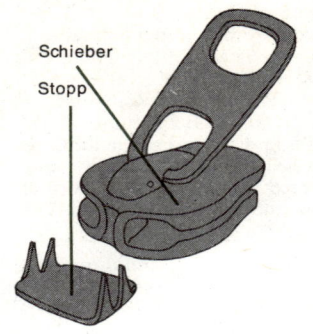
Schieber
Stopp

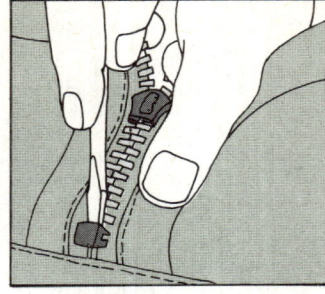

1. Reißverschluß fast ganz öffnen und den Stopp mit einem kleinen Schraubenzieher entfernen

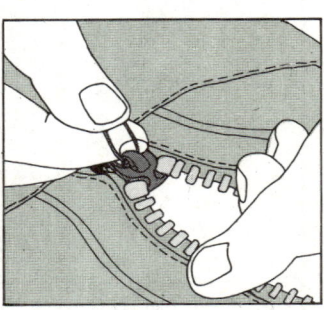

2. Schieber nach unten aus dem Reißverschluß ziehen, neuen Schieber am unteren Ende einführen

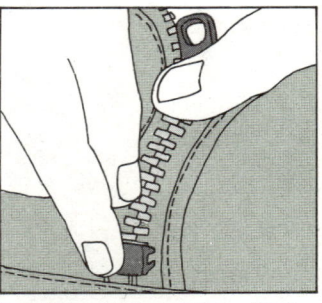

3. Reißverschluß ein Stück schließen und Krallen des neuen Stopps in die alten Löcher stecken

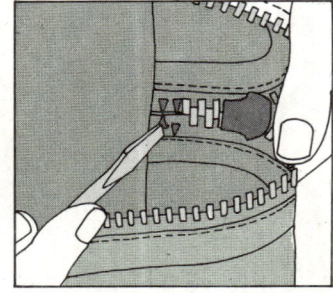

4. Die Krallen des Stopps von innen mit einem Schraubenzieher zusammenbiegen und festdrücken

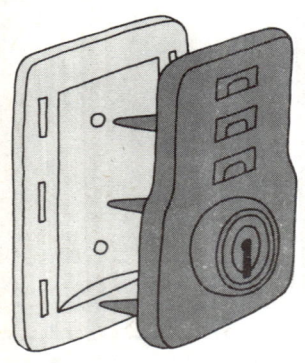

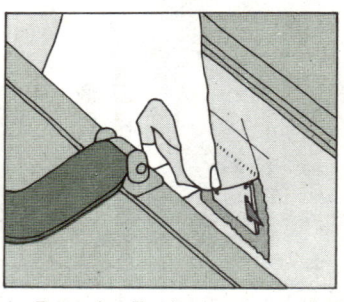

1. Futter im Tascheninnern an drei Seiten aufschneiden und über die vierte Seite nach hinten klappen

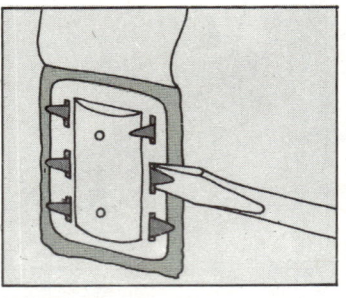

2. Krallen des alten Schlosses mit kleinem Schraubenzieher nach oben biegen. Leder nicht durchstoßen!

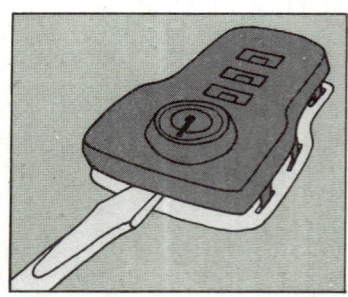

3. Mit dem Schraubenzieher das Schloß auf der Außenseite abheben und aus den Löchern ziehen

4. Neues Schloß auf die Tasche setzen und gegebenenfalls neue Schlitze für die Befestigungskrallen markieren

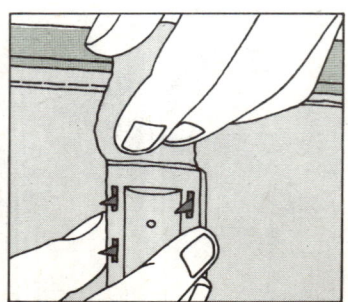

5. Befestigungsplatte von innen auf die Krallen setzen. Von außen prüfen, ob die Spange in das Schloß greift

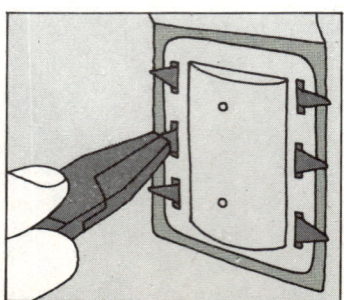

6. Wenn nicht, werden die Schlitze im Leder geändert. Krallen mit Flachzange umbiegen und fest andrücken

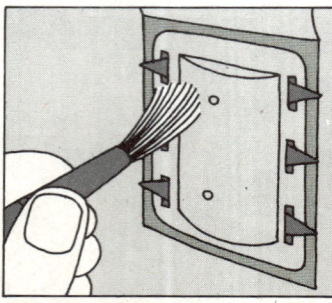

7. Befestigungsplatte auf der Tascheninnenseite mit Alleskleber einstreichen und Futter andrücken

Material und Werkzeuge

Flechtkörbe sollten von Zeit zu Zeit mit warmem Wasser gebürstet werden. Feuchtes Geflecht – z. B. aus Peddigrohr, Bambus oder Weide – ist haltbarer und geschmeidiger als ausgetrocknetes. Wenn dennoch einmal ein Strang des Geflechts bricht, kann man den Korb meistens mit einem passenden Ersatzstück reparieren.

Ein praktisches Werkzeug dafür ist eine Ahle. Man kann damit das Geflecht auseinanderdrücken oder Löcher stechen, wenn man neue Rohrstränge einziehen muß. Rohr für Flechtarbeiten gibt es in vielen Stärken. Wenn Sie nicht genau wissen, was Sie brauchen, fragen Sie am besten in einem Geschäft für Bastelbedarf oder in einer Korbflechterei um Rat.

Vor Beginn der Reparaturarbeit müssen Sie das Rohr 10–15 Minuten in lauwarmem Wasser einweichen, damit es geschmeidig wird. Dicke und bereits lackierte Rohre brauchen dagegen mindestens eine Stunde.

Manche Körbe sind aus kunststoffbeschichtetem Rohr. Auch dieses Material kann man kaufen.

| Material: | Rohr, passend zum Korb |
| Werkzeug: | Scharfes Messer, Ahle, kleine Flachzange |

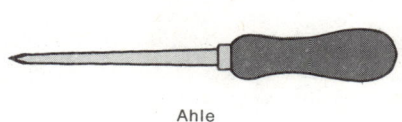

Ahle

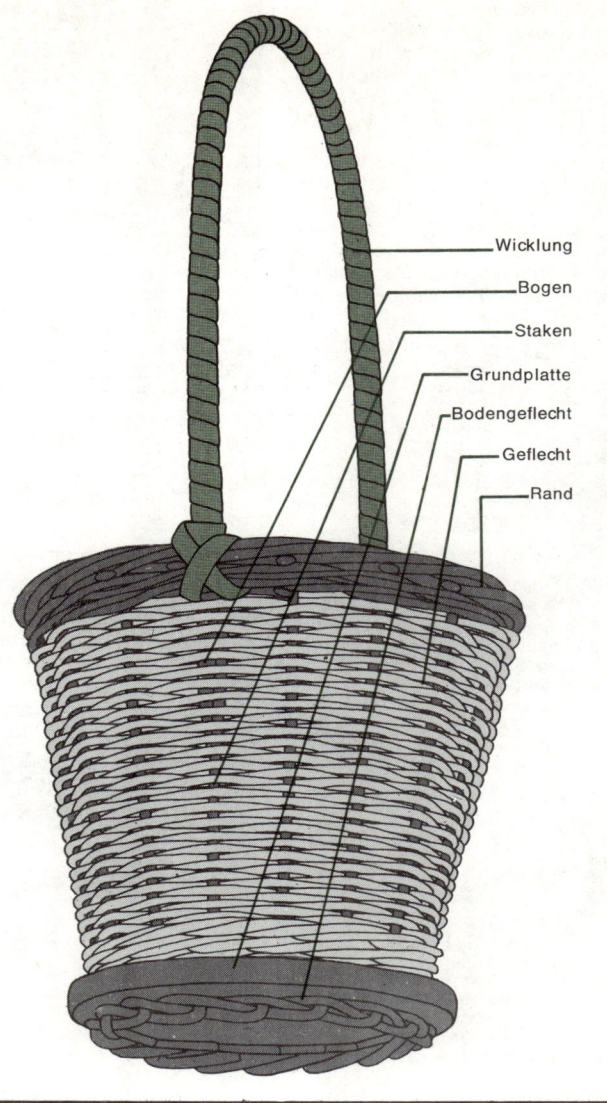

Wicklung
Bogen
Staken
Grundplatte
Bodengeflecht
Geflecht
Rand

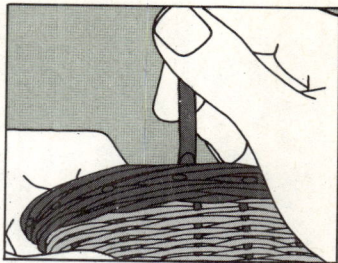

3. Ein Ende des neuen Bogens wird zugespitzt und auf eine Länge von etwa 5 cm neben den Staken in den Rand geschoben

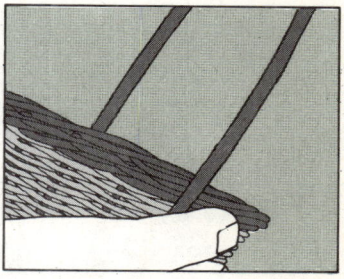

4. Man biegt den Bogen, bis er die richtige Höhe und Form hat. Wenn der Bogen bricht, muß man ein neues Bogenstück eventuell länger einweichen

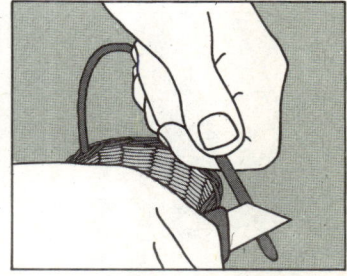

5. Beim Zuschneiden der Bogenlänge werden 5 cm zugegeben. Man spitzt das freie Ende zu, wobei die Schnittfläche nach außen weist

Griff und Wicklung erneuern

Der Griff eines Korbes besteht aus zwei Rohren unterschiedlicher Stärke. Ein kräftiges, als Bogen bezeichnetes Grundrohr bestimmt seine Form und verleiht ihm Stabilität. Dieses Rohr ist mit einem dünneren Rohrstreifen umwickelt und am Korb befestigt. Dieses Wickelmaterial gibt es in mehreren Stärken. Es wird hergestellt, indem ein normales Rohr in der Mitte gespalten und flachgepreßt wird.

Manchmal kann man Kunststoff anstelle einer ursprünglichen Rohrumwicklung verwenden.

1. Die alte Wicklung wird entfernt, indem man die beiden Enden aus dem Geflecht zieht. Das neue Material kauft man etwas länger als das alte

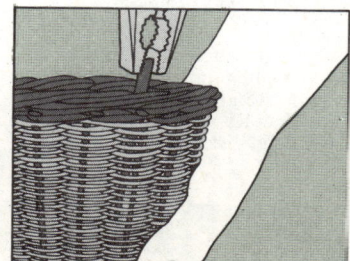

2. Ein gebrochener Bogen muß erneuert werden. Entfernen Sie die Rohrenden mit der Zange, und weichen Sie den neuen Bogen eine Stunde ein

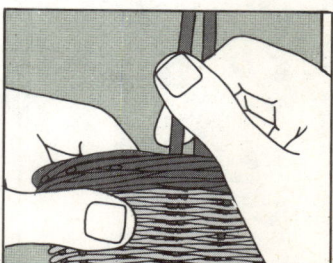

6. Das zweite Ende wird direkt gegenüber dem ersten etwa 5 cm tief neben einem Staken in das Geflecht des Randes gesteckt *(Forts. S. 318)*

Körbe

(Fortsetzung von S. 317)

7. Man schiebt ein Ende der Wicklung links vom Bogen in den Rand und steckt das andere rechts unter der dritten Rohrreihe in den Korb

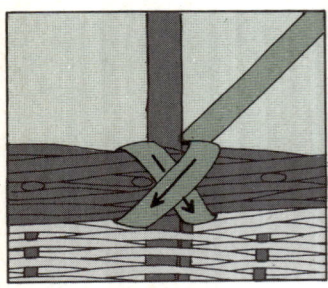

8. Rohr innen straff hochziehen, über den Rand nach außen zur linken Seite des Bogens führen und unter der dritten Rohrreihe einstecken

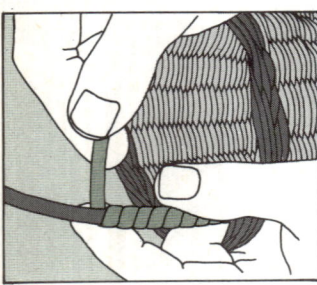

9. Nun wird der Bogen dicht umwickelt. Man beginnt am Rand und legt das Rohr so, daß seine Kanten sich berühren, aber nicht überlappen

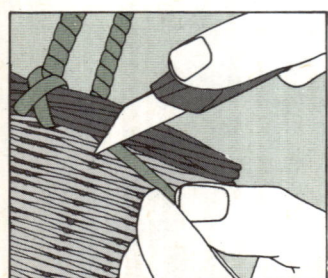

10. Am anderen Bogenende schlingt man die Wicklung wie anfangs um den Rand, führt sie aber am ersten Staken nach außen und schneidet sie ab

Reparatur eines Loches im Geflecht

Wenn ein Korb an der Seite beschädigt ist, werden zunächst alle gebrochenen Rohrstücke herausgeschnitten, damit man sieht, wieviel Rohr man braucht. Beim Einkauf sollte man dann darauf achten, daß es in Farbe und Stärke zum Korb paßt.

Da Rohr bei der Bearbeitung leicht bricht, ist es wichtig, daß es stets feucht und straff gespannt ist. Knicken Sie es nicht, aber drücken Sie die Rohrreihen so fest zusammen, daß die Reparaturstelle hinterher schön eben und gleichmäßig ist.

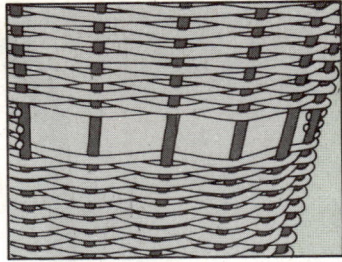

1. Man entfernt die beschädigten Rohrstücke und schneidet sie mitten über dem nächstliegenden Staken ab. Die Enden müssen auf den Staken ruhen

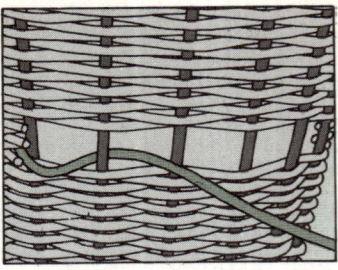

2. Ein Ende des Rohres wird 5 cm tief zwischen den abgeschnittenen Strang und den Staken gesteckt. Dann flicht man um die Staken herum

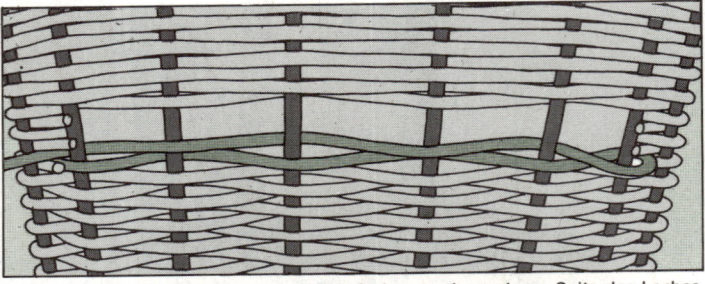

3. Man biegt das Rohr vorsichtig um den Staken an der anderen Seite des Loches und flicht über der vorhergehenden Reihe zurück. Einmal verläuft das Rohr dabei über dem Staken, das nächste Mal darunter. Man sollte das Rohr häufig zusammendrücken und so dicht wie möglich flechten

4. Am Ende jeder Reihe wird das Rohr vorsichtig festgezogen, damit ein dichtes Geflecht entsteht. Die Staken sollten dabei nicht verbogen werden

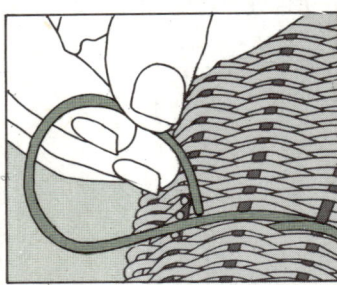

5. Ist das Rohr zu kurz, führt man es über einen Endstaken, schneidet es ab und beginnt auf der anderen Seite des Stakens mit einer neuen Reihe

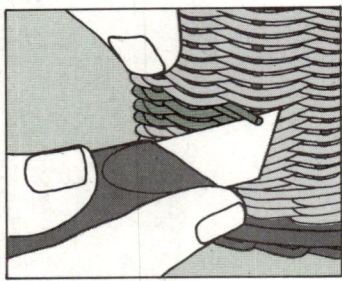

6. Nun wird weitergeflochten, bis das Loch geschlossen ist. Am Ende der letzten Reihe schneidet man das Rohr schräg über dem letzten Staken ab

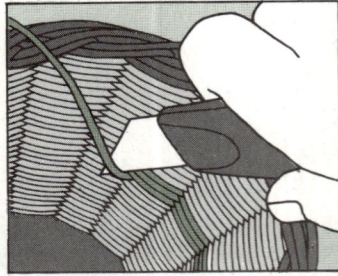

7. Überstehende Enden werden dort, wo ein neues Rohr angesetzt wurde, sauber abgeschnitten. Die Schnitte führt man parallel zum Geflecht

Rand reparieren

Bei den meisten Körben sind die Staken oben umgebogen und zu einem Rand geflochten. Wenn also der Rand oder ein Staken beschädigt ist, muß man beide reparieren.

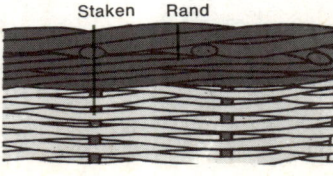

Staken   Rand

1. Zunächst wird im Rand das Ende des gebrochenen Stakens gesucht und dann herausgezogen

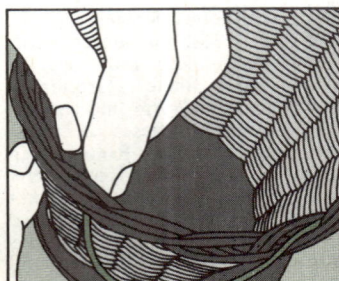

2. Der gebrochene Teil wird entfernt. Den Staken schneidet man dann mindestens 5 cm unter dem Rand ab

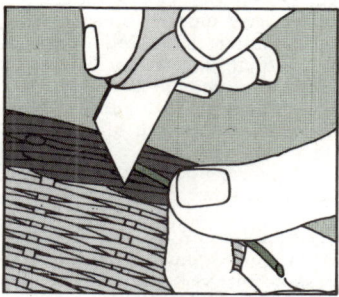

3. Zugespitzten neuen Staken so weit durchs Geflecht schieben, bis er auf dem verbleibenden Stakenende ruht

5. Wichtig ist, daß das eingesetzte Rohrstück über einen Staken reicht. Der Überstand wird abgeschnitten

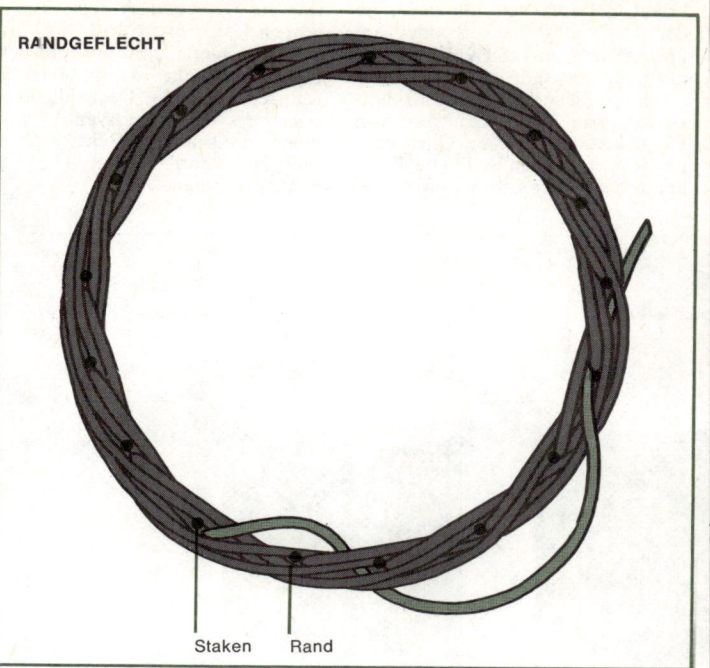

RANDGEFLECHT

Staken   Rand

4. Man biegt das Rohr am Rand um und markiert die Staken, die umflochten oder ausgelassen werden müssen. Dann wird das neue Rohrstück so um die markierten Staken eingezogen und angedrückt, daß das Muster erhalten bleibt

Das Bodengeflecht

Die unteren Stakenenden sind unter der Bodenplatte miteinander verflochten. Man arbeitet dann nach demselben Prinzip wie beim Rand (siehe S. 318): Wenn ein Rohr des Bodengeflechts gebrochen ist, muß auch ein Teil des dazugehörigen Stakens erneuert werden.

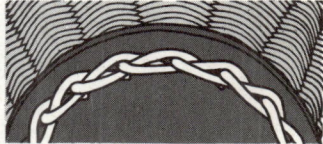

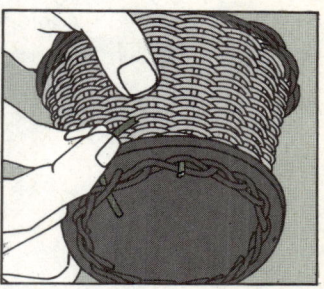

1. Wenn ein Rohr im Bodengeflecht und in der Korbwand gebrochen ist, wird das ganze lose Stück entfernt

2. Wenn der Staken in der Korbwand in Ordnung ist, schneidet man ihn etwa 5 cm über dem Korbboden ab

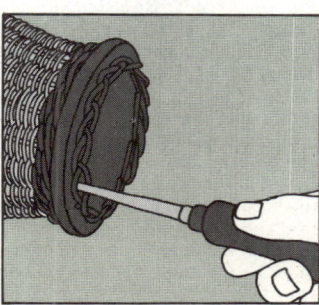

4. Mit der Ahle biegt man nun das Bodengeflecht weit genug für das neue Rohrstück auf

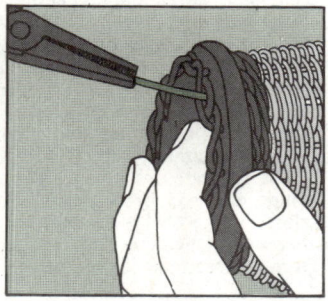

3. Das abgeschnittene Stakenende wird mit einer kleinen Zange aus dem Korbboden herausgezogen

5. Man spitzt das neue Rohr zu und steckt es durch den Boden bis zum verbleibenden Stakenende

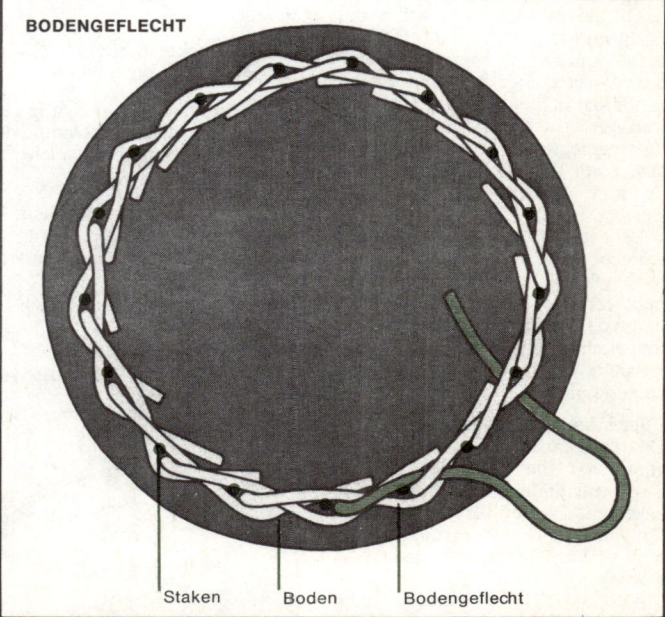

BODENGEFLECHT

Staken   Boden   Bodengeflecht

6. Das Rohrende muß möglichst nahe am Korbboden umgebogen werden. Beim Flechten des neuen Rohrstücks achtet man auf die Anzahl der Staken, damit das Muster erhalten bleibt. Wenn genügend Rohr eingeflochten ist, zieht man es vorsichtig fest, ohne die Form zu verändern, und schneidet es am letzten umflochtenen Staken ab

Küchengeräte

Dampfdrucktopf (Schnellkochtopf)

Der Dampfdrucktopf unterscheidet sich von herkömmlichen Töpfen nur durch seinen Deckel und den Topfrand. Deckel und Topfrand sind so gearbeitet, daß sie wie ein Bajonettverschluß funktionieren. Damit der Topf ganz dicht schließt, ist ein Gummiring in den Deckelrand eingelegt. Je nach Fabrikat befindet sich entweder in der Mitte des Deckels oder am Griffansatz ein Sicherheitsventil mit Druckanzeiger.

Dieses Sicherheitsventil ist notwendig, da beim Erhitzen von Flüssigkeit ein leichter Überdruck im Topf entstehen soll. Die Temperatur erhöht sich dadurch auf ca. 116°C, wodurch die Garzeit erheblich verringert wird.

Funktioniert ein Dampfdrucktopf nicht mehr richtig, dann ist wahrscheinlich die Deckeldichtung oder das Sicherheitsventil nicht mehr in Ordnung. Beides, Dichtung und Ventil, müssen sorgfältig gepflegt werden.

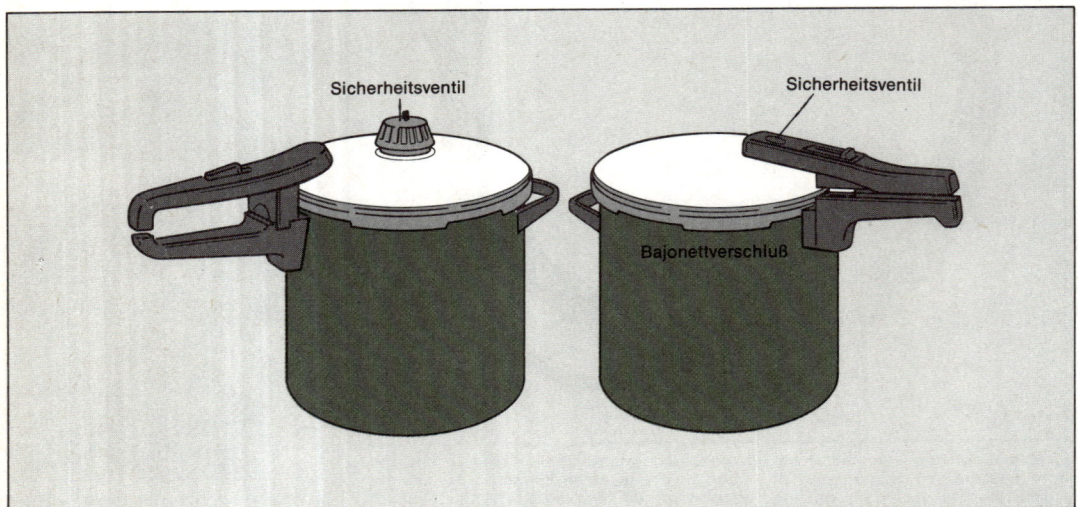

Sicherheitsventil   Sicherheitsventil

Bajonettverschluß

Pflege der Dichtung
Nach jedem Gebrauch sollte der Dichtungsring aus dem Deckel herausgenommen, unter fließendem Wasser abgespült und wieder sorgfältig in den Deckel eingelegt werden. Tritt trotz sauberem, richtig eingelegtem Gummiring Dampf aus, kann der Dichtungsring spröde sein; dann muß er erneuert werden.

Läßt sich der Topf einmal schlecht schließen, kann der Gummiring leicht mit Salatöl eingerieben werden. Wird der Topf nicht benutzt, sollte der Deckel immer umgekehrt auf den Topf gelegt werden; die Gummidichtung wird so geschont.

Pflege des Sicherheitsventils
Der Druckanzeiger im Sicherheitsventil hat die Aufgabe, den im Topf entstandenen Überdruck anzuzeigen. Ist der für das Kochgut notwendige Druck erreicht, muß die Wärmezufuhr gedrosselt werden.

Steigt der Druckanzeiger beim Erhitzen des Kochgutes nicht, können folgende Ursachen vorliegen, die man selbst beheben kann:

● Es ist zuwenig Flüssigkeit im Topf; mindestens 1½ Tassen einfüllen.

● Der Deckel schließt nicht richtig; Dichtung kontrollieren.

● Das Ventil ist nicht richtig eingeschraubt, so daß der Dampf durch die Verschraubung entweicht; richtig einschrauben.

● Das Ventil ist verklebt; der Überdruck entsteht, wird aber nicht angezeigt und entweicht schließlich durch den Sicherheitsschlitz im Deckel.

Das Sicherheitsventil muß deshalb nach jedem Gebrauch auf seine Gängigkeit geprüft werden. Ist es verklebt, muß es auseinandergeschraubt, gespült und sofort wieder zusammengesetzt werden.

Alle Ersatzteile können leicht an Hand der Gebrauchsanweisung selbst erneuert werden. Man muß aber darauf achten, daß man nur Originalersatzteile verwendet.

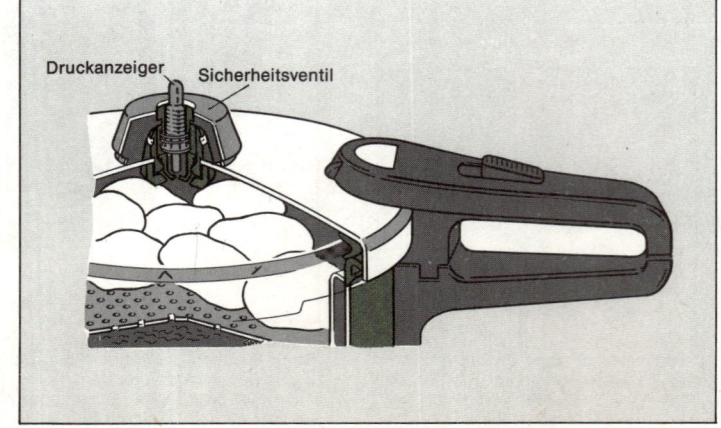

Druckanzeiger   Sicherheitsventil

Bratpfannen

Bratpfannen aus rostfreiem Stahl dürfen weder mit einem Waschmittel noch mit einem Spülmittel gewaschen werden, da diese normalerweise ein fettlösendes Mittel enthalten. Das Metall entwickelt durch dauernden Gebrauch Eigenschaften, die das Anhaften von Speisen verhindern. Man sollte daher nur mit klarem, heißem Wasser spülen und die Pfanne vor dem Aufbewahren leicht einfetten.

Aluminium
Aluminiumpfannen werden am besten mit verseifter Stahlwolle gewaschen und gründlich getrocknet. Verfärbte Aluminiumpfannen kann man durch eine starke Lösung aus Weinstein und Wasser oder Essig und Wasser reinigen. Die Lösung wird in die Pfanne gegossen und sollte 20 Minuten sieden.

Antihaftbeschichtungen
Antihaftbeschichtungen dürfen niemals mit Stahlwolle gereinigt werden, sondern man reinigt sie mit heißem Wasser und Spül- oder Waschmittel, damit nach jedem Gebrauch das Fett entfernt wird. Läßt man das Fett in der Pfanne, bildet sich allmählich ein Belag, der die Antihaftbeschichtung unwirksam macht.

Um verfärbte Pfannen zu reinigen, löst man zwei Teelöffel Soda und ½ Tasse Bleichmittel in einer Tasse Wasser auf. Mit dieser Lösung wird die Pfanne rund zehn Minuten lang ausgekocht.

Falls eine Antihaftbeschichtung einmal beschädigt wurde – z. B., wenn ein Bratenwender aus Metall anstelle eines Holz- oder Kunststoffwenders benutzt wurde –, kann man den Schaden mit einem besonderen Spray beheben. Die Reparatur ist jedoch nicht dauerhaft. Man wird nicht umhin können, die Pfanne nach einer gewissen Zeit durch eine neue zu ersetzen.

Eine Lampenschirmbespannung waschen und erneuern

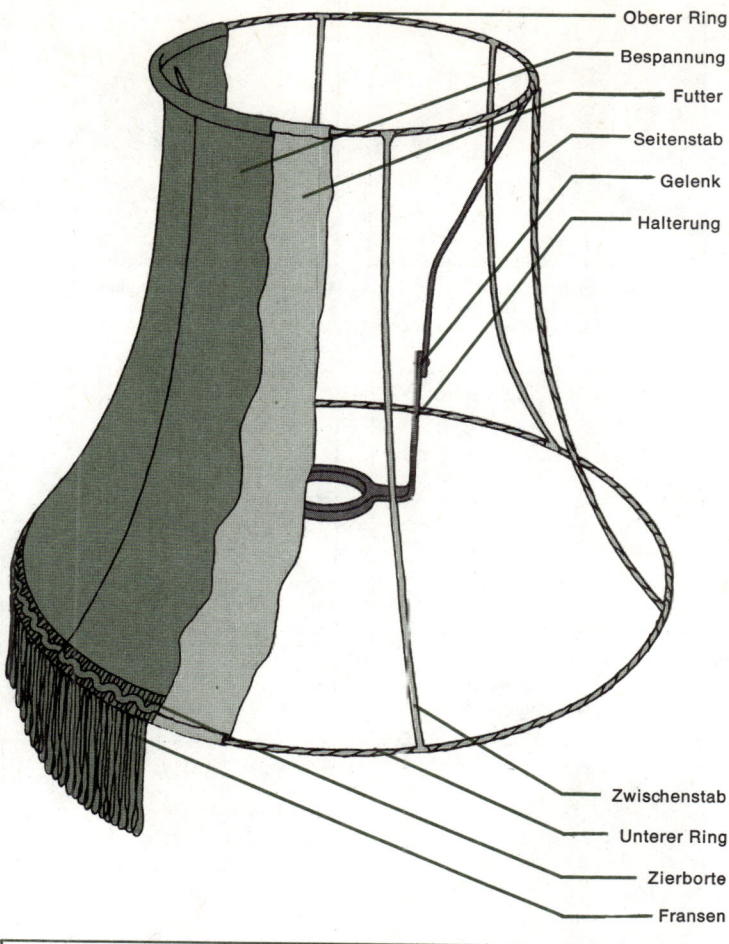

- Oberer Ring
- Bespannung
- Futter
- Seitenstab
- Gelenk
- Halterung
- Zwischenstab
- Unterer Ring
- Zierborte
- Fransen

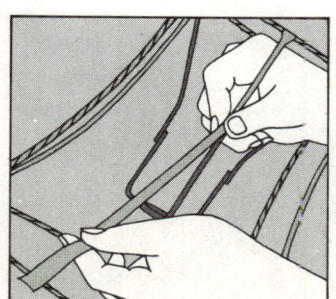

LOCKERE GELENKE UND LOSE STÄBE REPARIEREN

Ein locker gewordenes Gelenk an der Schirmhalterung legt man auf eine ebene Metallunterlage und staucht den Niet, indem man mit einem kleinen Hammer auf den Nietkopf schlägt

Hat sich die Verbindung zwischen einem der senkrechten Stäbe des Schirmgestells und dem oberen oder unteren Drahtring gelöst, so entfernt man an der betreffenden Stelle Bespannung, Futter und Umwicklung und lötet die Verbindungsstelle (siehe S. 323)

Waschbare Lampenschirme, z. B. aus Leinen, Krepp, Chiffon oder Synthetics, können mit lauwarmem Wasser und einem milden Waschmittel gereinigt werden. Der Schirm wird mit einem weichen Tuch abgerieben und mit kaltem Wasser gut nachgespült. Anschließend trocknet man den Schirm durch Tupfen mit einem Handtuch vor und läßt ihn dann am offenen Fenster gründlich austrocknen. Nach dem Waschen glättet man die Bespannung, indem man den Schirm bei leichter Wärme dreht. Eine Syntheticbespannung wegen der Schmelzgefahr nicht in die Nähe einer offenen Flamme bringen!

Ist die Schirmbespannung beschädigt oder so verschlissen, daß sich das Waschen nicht mehr lohnt, und will man den Schirm nicht ganz erneuern, muß man die alte Bespannung samt Futter, Zierborte und Gestellumwicklung entfernen. Anschließend wird das Gestell mit feiner Stahlwolle gereinigt und auf Beschädigungen untersucht. Verbogene Stäbe werden geradegebogen, gelöste Verbindungen am Schirmgestell neu gelötet. Gelenke an der Schirmhalterung, die es erlauben, den Schirm schräg zu stellen, können sich im Lauf der Zeit lockern. Durch leichte Schläge mit dem Hammer auf den Nietkopf können sie wieder gerichtet werden.

Material: Stoff, Futter, Zierborte, Fransenband, Garn, Nahtband, kunststoffbeschichtetes Klebeband, Papier, Lötzinn
Werkzeug: Hammer, Lötkolben, Schere, Nadel, Bleistift, Stahlwolle

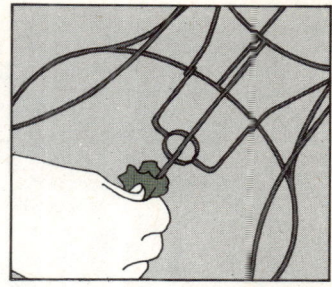

1. Der alte Bezug und das Futter werden entfernt und die rostigen oder verfärbten Stäbe mit Stahlwolle abgeschliffen

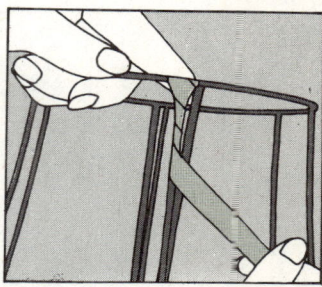

2. Die zwei gegenüber liegenden Seitenstäbe, an denen die Halterung befestigt ist, von oben nach unten mit Nahtband schräg umwickeln

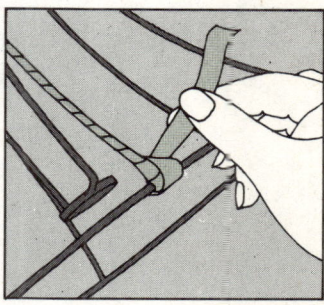

3. Das Ende des Bandes mit einer Schlaufe festziehen und abschneiden. Die Ringe oben und unten auf die gleiche Art umwickeln

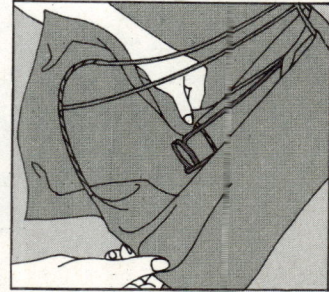

4. Alle anderen Stäbe mit schmalem, kunststoffbeschichtetem Klebeband der Länge nach umkleben

5. Ein Stück Papier halb um das Gestell legen, an den Ringen und Seitenstäben umschlagen (Forts. S. 322)

Lampenschirme

(Fortsetzung von S. 321)

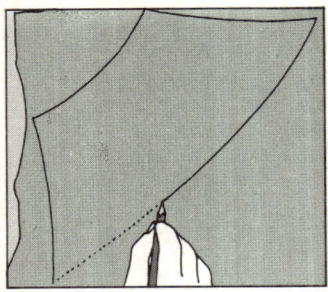

6. Das Papier flach ausbreiten und die Knicklinien mit dem Bleistift nachzeichnen. Schablone ausschneiden

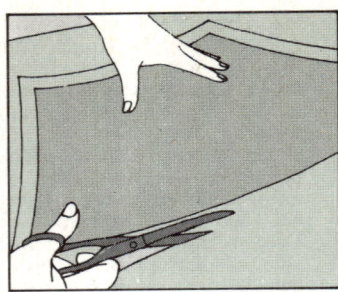

7. Die Schablone auf den Futterstoff legen und mit gut 2 cm Nahtzugabe zwei Futterteile zuschneiden

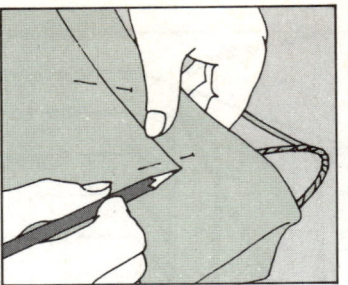

8. Ein Teil um das Gestell legen und an den Seitenstäben feststecken. Verlauf der Stäbe mit Bleistift markieren

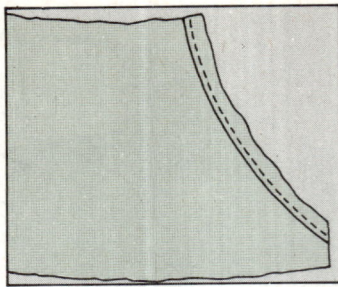

9. Stoff wieder abnehmen, beide Teile aufeinanderlegen, etwa 6 mm außerhalb der Markierung zusammennähen

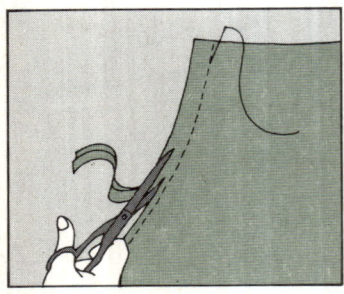

10. Den Bespannungsstoff ebenso zuschneiden und markieren, die Teile zusammennähen, Ränder beschneiden

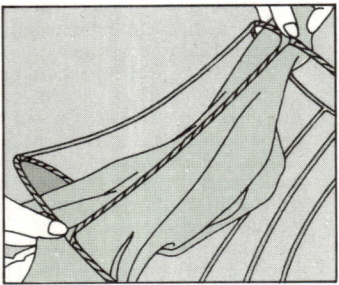

11. Zusammengenähtes Futter so in das Gestell einlegen, daß die Nähte unter den beiden Seitenstäben liegen

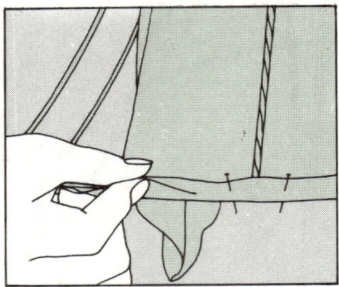

12. Futter über den unteren Ring umschlagen und feststecken. Zum oberen Ring hin sorgfältig glattstreichen

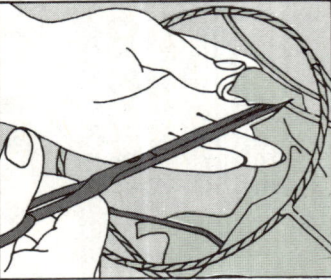

13. Am oberen Ring beide Nähte auftrennen. Die Stoffkanten über das Ende der Halterungsstäbe falten

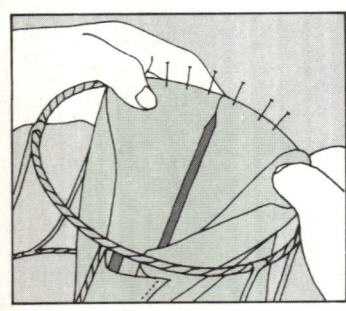

14. Das Futter am oberen Ring feststecken. An den Seitenstäben und um die beiden Ringe herum festnähen

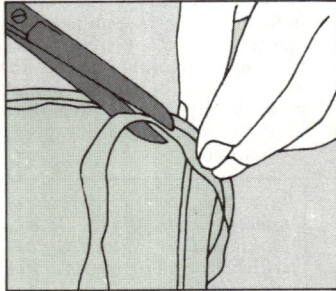

15. Den überstehenden Futterstoff so nahe wie möglich an den Ringen und Seitenstäben abschneiden

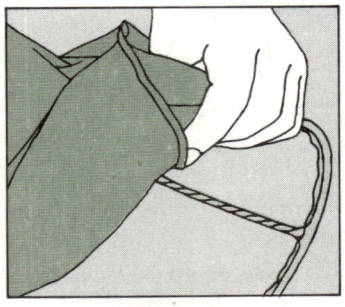

16. Bespannung von außen so über das Gestell ziehen, daß die Nähte genau auf den beiden Seitenstäben liegen

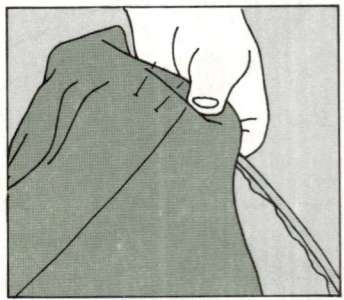

17. Die Bespannung am oberen und unteren Ring sowie an den beiden Seitenstäben feststecken

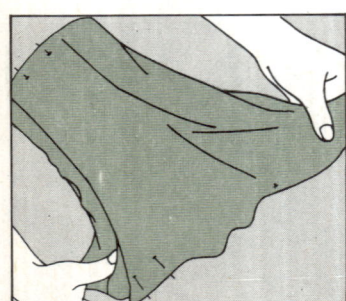

18. Den Stoff so ziehen, daß er faltenfrei gespannt ist. Am Gestell festnähen und die Ränder beschneiden

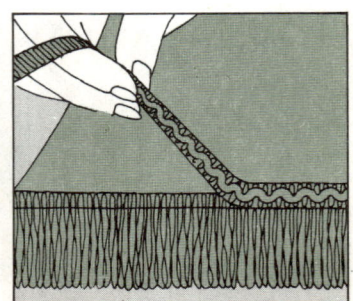

19. Fransenband am unteren Ring festnähen. Abschließend auf beide Ringe eine Zierborte aufnähen

ANDERE EINFASSUNG FÜR DIE GESTELLRINGE

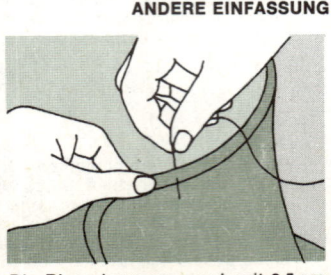

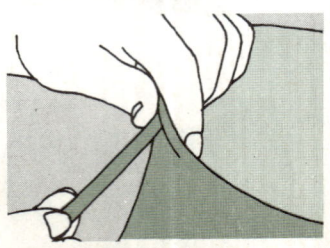

Die Ringe kann man auch mit 2,5 cm breitem Schrägband einfassen. Die Kanten des Bandes werden nach innen gefaltet und gebügelt, dann wird das Band angenäht (links) oder mit Latexkleber aufgeklebt (rechts)

Kleines Abc des Lötens

Das Löten ist ein hervorragendes Verfahren, um gleiche und verschiedenartige metallene Werkstoffe miteinander zu verbinden. Man braucht dazu einen schmelzenden Zusatzwerkstoff, das Lot.

Die Schmelztemperatur des Lots muß immer unter der Schmelztemperatur der zu verbindenden Werkstoffe liegen. Diese werden vom Lot benetzt, ohne daß sie selbst dabei geschmolzen werden.

Man unterscheidet zwischen Weich- und Hartlöten.

Lote, deren Schmelzpunkt unter 450 °C liegt, werden als Weichlote bezeichnet. Lote mit einem höheren Schmelzpunkt nennt man Hartlote.

Voraussetzung für eine gute Lötverbindung ist, daß der Grundwerkstoff vom Lot gut benetzt wird. Das Lot dringt in seine Oberfläche ein und bildet dadurch an der Lötstelle eine Oberflächenlegierung. Das ist nur möglich, wenn Folgendes beachtet wird.

Zunächst muß man die Lötstelle metallen rein machen. Man kann dazu eine Feile, Schleifleinwand oder einen Dreikantschieber verwenden. Werkstoffe und Lot müssen gleichmäßig erwärmt werden.

Auch der Abstand der zu verbindenden Flächen, der Lötspalt, wirkt sich auf die Qualität der Lötverbindung aus. Die ideale Spaltbreite beträgt 0,05–0,2 mm; bei dieser Breite ist der kapillare Fülldruck so hoch, daß sich der Lötspalt von selbst mit Lot füllt.

Des weiteren ist auch die Lötspalttiefe wichtig. Lötspalttiefen über 15 mm sollten möglichst vermieden werden, da sie meist ungenügend gefüllt werden.

Lote

Lote sind Legierungen und nur ganz selten reine Metalle. Die handelsüblichen Bezeichnungen richten sich nach der chemischen Zusammensetzung der Lote. Sie werden mit Buchstaben für die Metalle und mit Zahlen für deren prozentualen Anteil gekennzeichnet.

Lote gibt es als Folien, Bänder, Stangen, Drähte, Fäden, Lotformteile sowie als Pasten und Pulver. Viele Lote sind bereits mit einer Flußmitteleinlage versehen.

Flußmittel

Flußmittel sind nichtmetallene Stoffe. Sie werden vor dem Zusammensetzen der Teile auf den Lötbereich aufgetragen. Flußmittel können flüssig, pastenförmig oder pulverförmig sein.

Wird das Metall an der Lötstelle erwärmt, verbindet sich der Luftsauerstoff sehr rasch mit dem Metall und bildet eine Oxydschicht, die eine Benetzung der Lötstelle mit dem Lot verhindert. Das Flußmittel löst diese Oxydschicht auf.

Bei der Wahl des Flußmittels muß man sich nach der Schmelztemperatur des Lots richten. Der Wirktemperaturbereich des Flußmittels muß unterhalb des Schmelzpunkts des Lots einsetzen und über die Temperatur, bei der das Lot schmilzt, hinausreichen.

Verschiedene Weichlote

Das Lot (L) mit der Bezeichnung L-Pb Sn 20 Sb hat folgende Zusammensetzung: 20% Sn, 1,2% Sb, der Rest ist Pb. Die Buchstaben sind die chemischen Kurzzeichen der Grundstoffe oder Elemente. Pb steht für Blei, Sn für Zinn, Sb für Antimon. Dieses Lot ist besonders für den Kühler- und Karosseriebau geeignet, denn seine Schmelztemperatur liegt zwischen 186 und 270 °C. *(Forts. S. 324)*

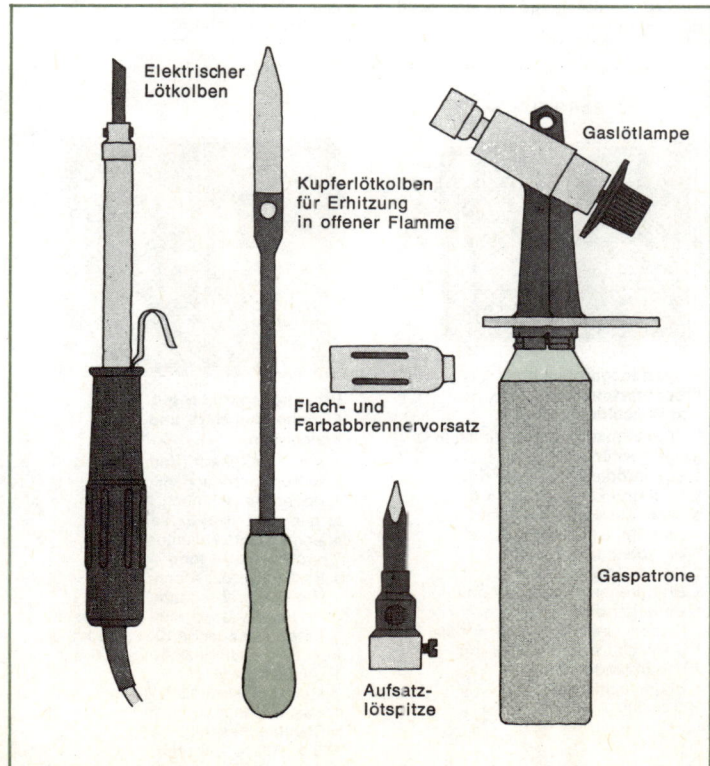

Elektrischer Lötkolben

Kupferlötkolben für Erhitzung in offener Flamme

Gaslötlampe

Flach- und Farbabbrennervorsatz

Aufsatzlötspitze

Gaspatrone

WEICHLÖTEN

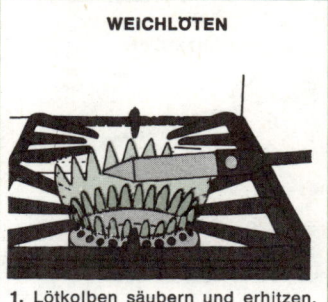

1. Lötkolben säubern und erhitzen. Spitze auf Salmiakstein von der Oxydhaut befreien. Flußmittel auf Kolbenspitze und Lötstelle geben

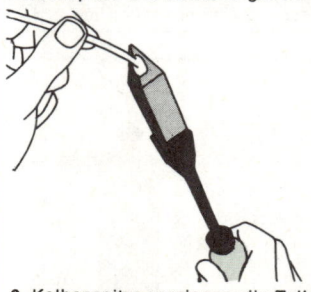

2. Kolbenspitze verzinnen, die Teile zusammenpressen und Kolben an der Naht entlangführen, dann abkühlen lassen

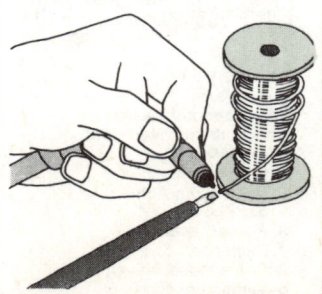

Schwierige Lötstellen: Hierfür sind elektrische Lötkolben und Lötdraht mit Flußmitteleinlage besonders geeignet

---

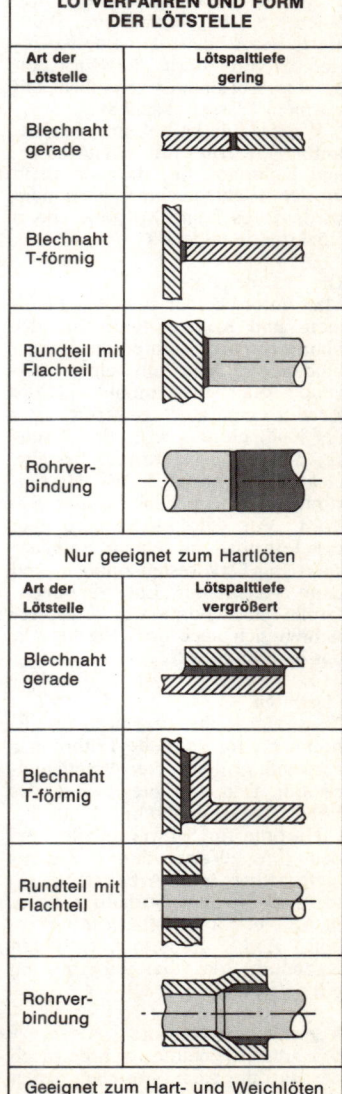

LÖTVERFAHREN UND FORM DER LÖTSTELLE	
Art der Lötstelle	**Lötspalttiefe gering**
Blechnaht gerade	
Blechnaht T-förmig	
Rundteil mit Flachteil	
Rohrverbindung	
Nur geeignet zum Hartlöten	
Art der Lötstelle	**Lötspalttiefe vergrößert**
Blechnaht gerade	
Blechnaht T-förmig	
Rundteil mit Flachteil	
Rohrverbindung	
Geeignet zum Hart- und Weichlöten	

Löten

(Fortsetzung von S. 323)

L-Sn 63 Pb ist ein Lot mit 63% Zinn und 37% Bleianteil. Es wird aufgrund seiner guten Fließeigenschaften als Sickerlot bezeichnet. Mit einem Schmelzpunkt von nur 183 °C ist es für Lötarbeiten in der Elektrotechnik geeignet.

L-Sn Ag 5 ist ein Lot mit 3–5% Silberanteil (Ag); es wird vor allem bei Kupferrohrinstallationen verwendet. Sein Schmelzpunkt liegt bei 221 bis 240 °C.

Flußmittel zum Weichlöten

Das bekannteste Flußmittel ist wohl das Lötwasser. Da es eine säurehaltige Lösung aus Zink und Ammoniumchlorid ist, sollte man es nur bei stark oxidierenden Metallen, z. B. verzinktem Stahlblech, verwenden. Um eine Korrosion zu verhindern, die Rückstände des Lötwassers gründlich mit warmem Wasser abspülen.

Weitere Flußmittel sind Lötfett, Lötöl, Stearin für Bleilötungen und Kolophonium, das vor allem in der Elektrotechnik verwendet wird, da es keine korrodierenden Rückstände bildet.

Die Wärmequellen

Man unterscheidet zwischen Flammen- und Kolbenlötung. Bei der Flammenlötung werden die zu verbindenden Teile mit einer Lötlampe oder Gasflamme auf die Arbeitstemperatur erwärmt. Bei der Kolbenlötung wird die Lötspitze, die meist aus Kupfer besteht, elektrisch beheizt. Die Heizleistung liegt zwischen 10 und 500 Watt. Vor dem Löten muß man die Lötspitze an einem Salmiakstein von Oxydresten reinigen und dann gleich mit Lot verzinnen. Größe und Form der Lötspitze richten sich nach dem Werkstück, das man löten will.

Hartlöten

Zum Hartlöten werden Schweißbrenner oder spezielle Lötbrenner verwendet, denn die Arbeitstemperatur liegt bei dieser Art des Lötens zwischen 450 und 1100 °C.

Hartlote für Schwermetalle werden ihrer Verwendung, Zusammensetzung und Arbeitstemperatur nach in phosphorhaltige Lote, in Kupfer- und Silberlote unterteilt. Einige Silberlote enthalten Kadmium, das bei Überhitzung giftige Dämpfe erzeugt.

Verschiedene Hartlote

Wie die Weichlote werden auch die Hartlote nach ihrer chemischen Zusammensetzung bezeichnet.

L-Cu Zn 40 besteht zu 60% aus Kupfer (Cu) und zu 40% aus Zink (Zn). Dieses Lot hat eine Schmelztemperatur von 900°C und eignet sich zum Löten von Stahl, Kupfer- und Nickellegierungen.

L-Ag 12 hat neben einem Silberanteil von 12% einen 48prozentigen Kupfer- und einen 40prozentigen Zinkanteil. Auch dieses Lot wird mit seiner Schmelztemperatur von 830°C zum Löten von Stahl, Kupfer- und Nickellegierungen verwendet.

L-Ag 40 Cd besteht zu 40% aus Silber und zu 20% aus Cadmium (Cd), hinzu kommen 19% Kupfer und 1% Zink. Es findet in den gleichen Bereichen Anwendung wie die anderen genannten Hartlote. Seine Schmelztemperatur liegt bei 1100°C.

6% Phosphor enthält das Lot L-Ag 2 P. Außer einem Silberanteil von 2% besteht es noch zu 92% aus Kupfer. Es wird im Rohrleitungsbau verwendet und zum Verlöten nickelfreier Kupferlegierungen. Sein Schmelzpunkt liegt bei 710°C.

Flußmittel zum Hartlöten

Wie die Lote selbst werden auch die Flußmittel durch Buchstabenkürzel bezeichnet. F steht hierbei für Flußmittel, S für Schwer-, L für Leichtmetalle und H für Hartlote. F-SH ist also ein Flußmittel zum Hartlöten von Schwermetallen.

Borax kann nur bei Löttemperaturen über 800°C als Flußmittel eingesetzt werden, da es einen sehr hohen Wirktemperaturbereich hat; er liegt zwischen 750 und 1100°C.

HARTLÖTEN

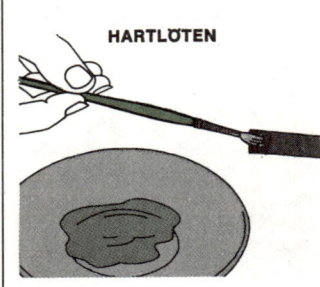

1. Lötstelle mit Feile oder Schleifpapier ganz blankschleifen, anschließend mit Borax in Pulver- oder Pastenform bestreichen

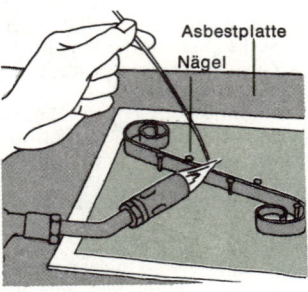

2. Die Teile zusammenpressen und mit der Lötlampe auf Rotglut erhitzen. Hartlotstange an der Naht entlangführen

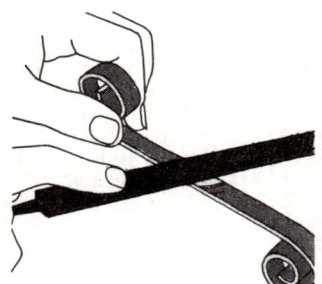

3. Lötstelle abkühlen lassen, Flußmittel mit warmem Wasser gründlich abwaschen und Lötstelle mit Schlichtfeile glätten

---

LÖTGARNITUREN

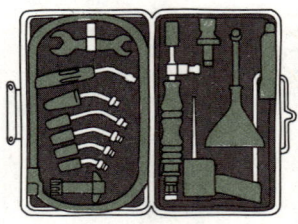

Lötkolben mit Gasflaschenanschluß zum Hart- und Weichlöten
1 Propangasflasche
2 Haken zum Aufhängen der Flasche
3 Absperrventil
4 Regler
5 Propangasschlauch
6 Ventil zum Einstellen der Flamme
7 Griffrohr
8 Kupferhammerlötkolben
9 Windschutz

Propangasgarnitur ohne Propanflasche zum Hart- und Weichlöten
1 Propanlötkolben mit Windschutz (Kupferhammerform)
1 Kupferlötkolben in Spitzform
1 Hochdruckschlauch, 1,5 m, armiert, Durchmesser 4 mm
1 Hartlöteinsatz, 4 mm
1 Hartlöteinsatz, 6 mm
1 Hartlöteinsatz, 8 mm
1 Breitbrennereinsatz, 40 mm
1 Umfüllstutzen
1 Regler, eingestellt auf 1,5 bar
1 Maulschlüssel, 12 × 19 mm
1 Gasanzünder
1 Stahlblechkasten, 320 × 200 × 65 mm

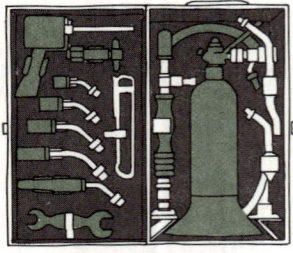

Propangasgarnitur mit Flasche zum Hart- und Weichlöten
1 Kupferlötkolben (Hammer) mit lösbarem Schlauchanschluß
1 Hochdruckschlauch, 1,5 m, armiert, mit zwei Schlauchklemmen und Anschlüssen (Durchmesser 4 mm)
1 Hartlöteinsatz, 4 mm
1 Hartlöteinsatz, 6 mm
1 Hartlöteinsatz, 8 mm
1 Propangasflasche für 0,425 kg mit Fuß, Regler eingestellt auf 1,5 bar
1 Umfüllstutzen
1 Maulschlüssel, 12 × 19 mm
1 Gasanzünder
1 Stahlblechkasten, 370 × 200 × 150 mm

Benzinlötlampen

In einer Benzinlötlampe wird Benzin durch eine Luftpumpe unter Druck gesetzt und durch ein Rohr zur Düse gepreßt. Das obere Rohrende mit der Düse wird durch brennenden Spiritus oder Haushaltsbenzin in einem unterhalb der Düse angeordneten Schälchen erhitzt, wodurch sich dann das durch die Düse gepreßte Benzin entzündet. Wenn man zuwenig Spiritus verwendet, verdampft das Benzin nicht richtig und verbrennt nur mit langer gelber Flamme, statt mit kurzer blauer. Bei schwacher Flamme Pumpe und Dichtung der Einfüllöffnung prüfen.

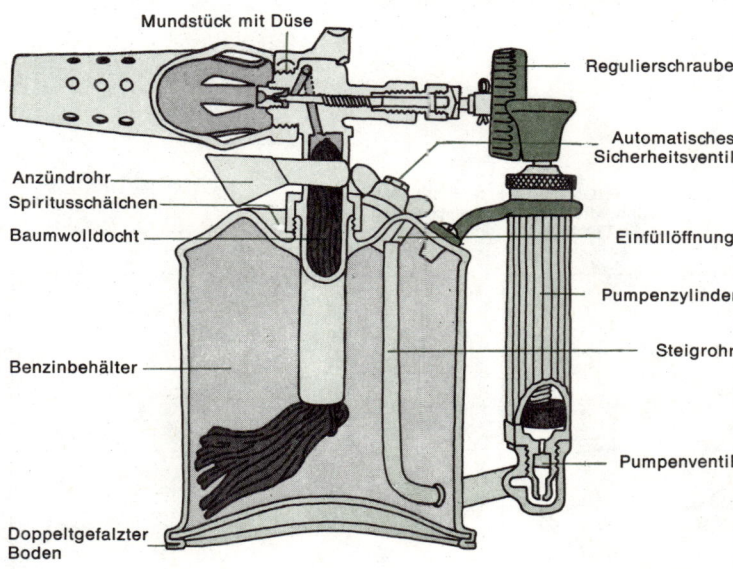

Mundstück mit Düse
Regulierschraube
Anzündrohr
Automatisches Sicherheitsventil
Spiritusschälchen
Baumwolldocht
Einfüllöffnung
Pumpenzylinder
Benzinbehälter
Steigrohr
Pumpenventil
Doppeltgefalzter Boden

Die Brennerdüse wird beim Zudrehen der Regulierschraube automatisch gereinigt, Schmutzteilchen werden hinausgedrückt. Sobald der Brenner vom Spiritus genügend erhitzt ist, kann man die Lötlampe durch Aufdrehen der Regulierschraube zünden. Der Baumwolldocht führt das Benzin zum Brenner. Die Lötlampe kann deshalb in jeder Lage, selbst auf dem Kopf stehend, benutzt werden. Der Boden des Benzinbehälters ist doppelt eingefalzt und hart verlötet. Die Regulierschraube besitzt einen wärmeisolierten Griff und ein stark steigendes Gewinde, so daß sich die Flamme rasch verstellen läßt. Ein Anschlag verhindert, daß sie ganz herausgedreht wird. Ein automatisches Sicherheitsventil sorgt dafür, daß der Druck im Benzinbehälter, etwa bei Überhitzung, nicht zu hoch wird. Die Konstruktion der Einfüllöffnung

verhindert, daß man zuviel Benzin in die Lötlampe einfüllt. Die im Tank verbleibende Luftmenge beugt zu hohem Druckanstieg vor. Das Steigrohr verhindert, daß Benzin in das Pumpenventil und in den Pumpenzylinder eindringt, wenn das Pumpenventil undicht werden sollte.

Eine Kolbendichtung auswechseln

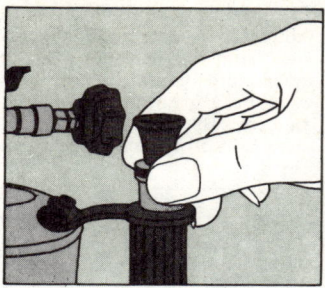

1. Man schraubt die Rändelmutter oben am Pumpenzylinder ab. Wenn sie klemmt, löst man sie mit Hilfe einer Wasserpumpenzange

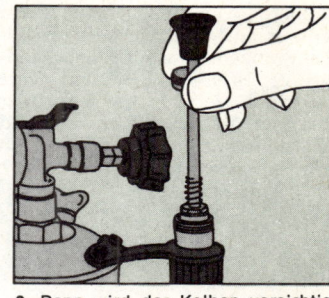

2. Dann wird der Kolben vorsichtig ganz aus dem Pumpenzylinder gehoben. Die Kolbenstange darf dabei nicht verbogen werden

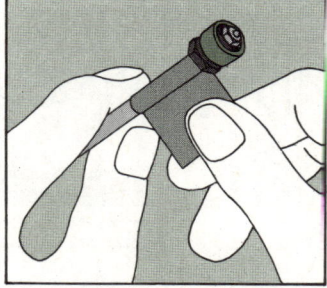

3. Die Kolbenstange wird dick mit Kunststoffisolierband umwickelt, damit man sie beim Festhalten mit der Kombizange nicht zerkratzt

Dichtungsschraube
Lederdichtung
Kolbenstange

4. Man faßt das umwickelte Stangenteil mit der Kombizange und löst die Mutter, die das Unterteil mit der Dichtung hält

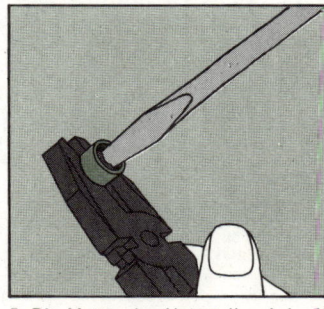

5. Die Mutter des Unterteils wird mit der Kombizange festgehalten und die Dichtungsschraube mit einem Schraubenzieher gelöst

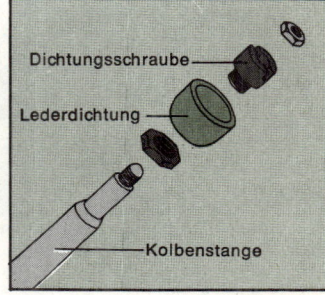

6. Nun wird die neue Lederdichtung in Öl eingeweicht, das ganze Dichtungsteil wieder zusammengeschraubt und das Isolierband entfernt

---

DAS PUMPENVENTIL PRÜFEN

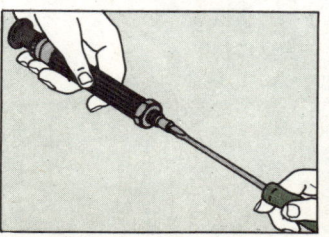

1. Zuerst wird die Pumpe mit Hilfe eines passenden Gabelschlüssels vom Benzinbehälter abgeschraubt

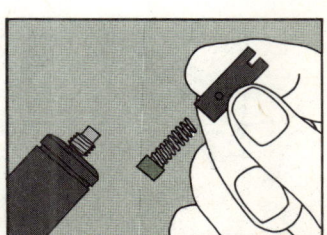

2. Dann schraubt man das Ventilgehäuse mit einem Schraubenzieher ab. Achtung: Es hat Linksgewinde

3. Man zieht Feder und Ventil heraus, erneuert sie, wenn nötig, und schraubt Ventil und Pumpe wieder an

Löten

Farbabbrenn- und Lötgerät für Flaschengas

Außer kompletten Apparaten gibt es auch ein reichhaltiges Zubehörangebot, wie Brennerhandgriffe, Brennerrohre und eine Auswahl verschieden geformter Brenner, die je nach Zweck und Umständen der Arbeit mit dem Grundgerät kombiniert werden können, sei es zum Farbabbrennen, zum Weich- oder Hartlöten oder zum Gebrauch im Freien auch bei stürmischem Wetter. An manche Brenner kann man an den Lötkolben eine Schale zum Lotschmelzen ansetzen (siehe Abbildung unten).

Flaschengas ist ein hochwertiger Brennstoff, von dem hauptsächlich zwei Arten benutzt werden: Propangas (C_3H_8) und Butangas (C_4H_{10}), daneben auch ein Gemisch von beiden. In Werkstätten und für Arbeiten im Freien wird hauptsächlich Propangas gebraucht. Da Butangas eine höhere Außentemperatur verlangt, verwendet man es hauptsächlich im Haus.

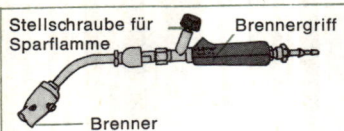

Farbabbrenner zum Entfernen alter Farb- oder Lackanstriche. Das abgeflachte Mundstück läßt die Flamme eine große Fläche bestreichen, so daß die Gefahr von Brandlöchern gering ist.

Durch die starke Erhitzung wird die alte Farbe weich und läßt sich mit dem Spachtel oder Kratzeisen entfernen. Es erfordert allerdings eine gewisse Übung, das Holz beim Abbrennen nicht zu beschädigen. Man arbeitet immer von oben nach unten und deckt im Hausinnern den Boden mit Pappe oder Blech ab.

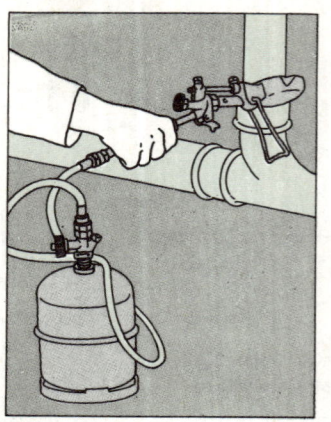

Für Lötarbeiten kann am Halter des Gasbrenners ein Lotschälchen zum Schmelzen von Lötzinn befestigt werden, das auf einem Stützbügel ruht

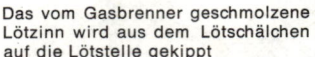

Das vom Gasbrenner geschmolzene Lötzinn wird aus dem Lötschälchen auf die Lötstelle gekippt

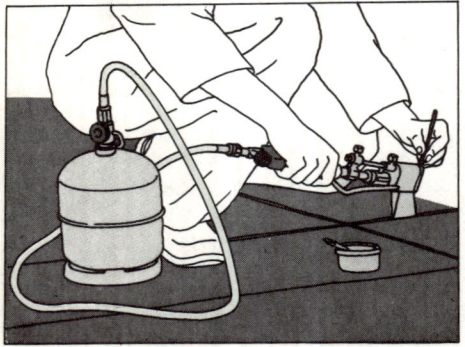

Für Lötarbeiten im Freien gibt es Lötkolbenvorsätze, die am Gasbrennergriff befestigt werden. Dabei haben die Brenner und der Lötkolben eine Windabschirmung, die einwandfreie Ergebnisse ermöglicht

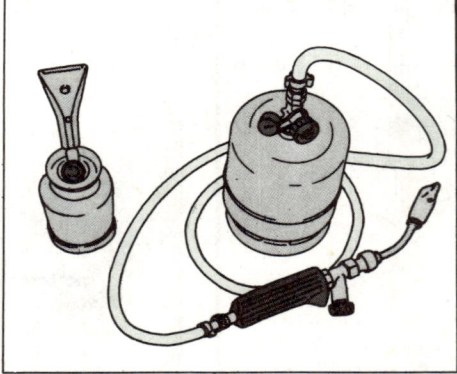

Butangasbehälter mit Brenner (links) und Brenner mit Schlauch an einer Propangasflasche (rechts)

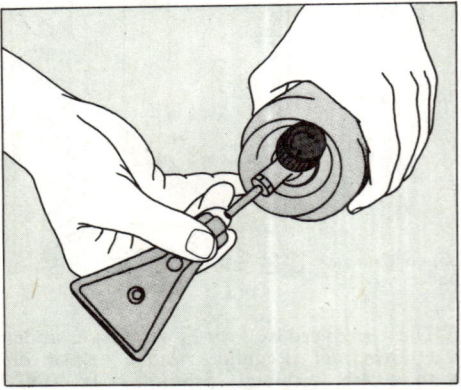

So schließt man einen Brenner an einen Butangasbehälter, eine sogenannte Kartusche, an

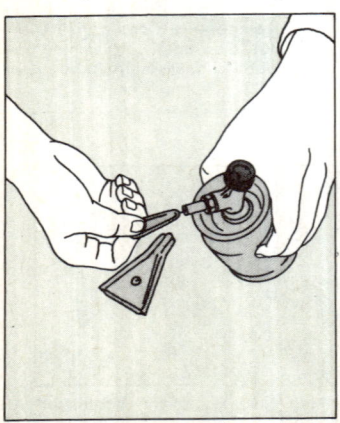

Eine Butangasbrennerdüse säubert man mit der Reinigungsnadel

Der Brennerschlauch wird auf die Propangasflasche geschraubt

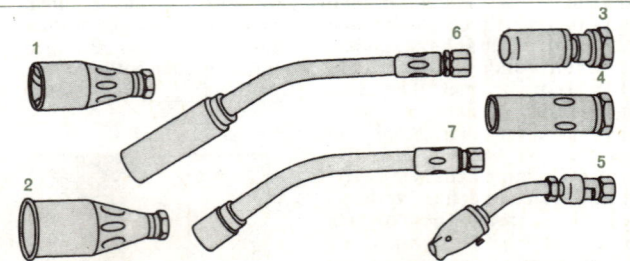

Es gibt verschiedene Brennerarten, auch solche mit Verlängerungsrohr. Brenner 1 hat einen großen Flammendurchmesser; 2 und 4 haben eine starke, volle und windbeständige Flamme und sind für Außenarbeiten geeignet; Brenner 3 ist windfest; Brenner 5 ist vorne abgeflacht und erzeugt eine breite Flamme zum Farbabbrennen; Brenner 6 eignet sich zum Hart- und Weichlöten; der Rohrbrenner 7 erzeugt eine geräuschlose Vielzweckflamme; neben den hier genannten gibt es noch eine große Auswahl weiterer Brenner

Werkzeuge

Viele Möbelreparaturen kann ein geschickter Amateurschreiner durchaus selbst ausführen. Doch sollte man besonders bei wertvollen Möbeln die geplante Reparatur erst beginnen, wenn man sie vorher an Holzabfällen, die dem Möbelholz möglichst ähnlich sind, ausprobiert hat.

Verwendung von Leim

Für Holzverbindungen sollte man niemals Kontaktkleber benutzen, sondern man verwendet für die Reparatur einen modernen PVA-Leim (auch als Kaltleim oder Weißleim bezeichnet). Für die meisten alten Möbel wurde früher einmal echter Tierleim verwendet, der nach dem Trocknen braun und kristallinisch erscheint. Diese alten Leimreste müssen jedoch gründlich entfernt werden, da manche modernen Kunstharzleime sich mit Tierleim nicht richtig verbinden.

Geleimte Teile müssen während des Abbindens unter Druck eingespannt werden. Dazu dienen in erster Linie Schraubzwingen und Schraubknechte (siehe S. 328), die es in verschiedenen Stärken und Größen in Werkzeuggeschäften zu kaufen gibt. Daneben kann man für bestimmte Zwecke Spannvorrichtungen aus Holzabfällen auch selbst herstellen. Schließlich leistet in vielen Fällen die altbewährte Schnurumwicklung beim Einspannen gute Dienste.

Beim Kauf von neuem Holz für Reparaturarbeiten muß man darauf achten, daß es nach Art, Farbe und Maserung dem Originalholz möglichst entspricht und daß es fehlerfrei ist. Das Holz sollte immer mehrere Tage oder Wochen vor der Reparatur gekauft und an einem trockenen, warmen Platz gelagert werden.

Verglasung: Alter Kitt wird nie mit dem Stemmeisen entfernt, sondern mit heißem Löteisen aufgeweicht

Profilleisten: Müssen Profilkanten erneuert werden, arbeitet man das Ersatzstück mit einer Ziehklinge nach (siehe S. 332)

Stuhllehnen: Lockere Stuhllehnen werden neu eingedübelt (siehe S. 334)

Scharniere: Wenn eine Tür nicht richtig öffnet oder schließt, muß man die Scharniere überprüfen (siehe S. 333)

Furnierung: Neue Furnierstücke werden sorgfältig ausgesucht und nach dem Aufleimen oberflächenbehandelt

Schreib- oder Tischplatten: Rissige und wellige Furnierstücke werden herausgeschnitten und durch passendes neues Holz ersetzt (siehe S. 335)

Schubladenfronten: Gesprungene Vorderstücke sollten ganz erneuert werden (siehe S. 338)

Schubladenseiten: An klemmende Seitenteile werden neue Holzleisten angeleimt und passend gehobelt (siehe S. 338)

Sitzpolster: Schadhafte Polster werden mitsamt Nesselbezug und Gurten entfernt (siehe S. 339)

Stuhlbeine: Lockere Stuhlbeine soll man rechtzeitig reparieren, bevor sie ganz ausbrechen (siehe S. 339)

SPANNVORRICHTUNGEN

Spannvorrichtungen für fast alle Holzreparaturen kann man aus Hartholzstücken anfertigen. Das Grundbrett sollte dabei nie zu dünn sein. Es gibt folgende Faustregel: Spannlänge bis zu 50 cm – Brettdicke 25 mm; Spannlänge bis 1 m – Brettdicke 30 mm; Spannlänge über 1 m – Brettdicke 40 mm. Auch sollte das Grundbrett nicht zu schmal sein. 50–60 mm sind das praktischste Maß.

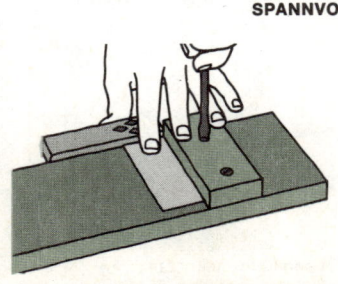

1. Als Anschlagklotz dient ein Holzstück, das rechtwinklig auf das Grundbrett geleimt und geschraubt wird

2. Zwei Holzkeile mit einer Schrägung von 1 : 8 und 1½mal so lang wie der Anschlagklotz werden ausgesägt

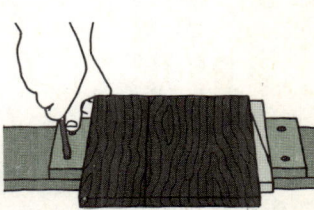

3. Keile gegenläufig an Anschlagklotz legen. Hinter dem Reparaturgegenstand den zweiten Anschlag befestigen

Möbel

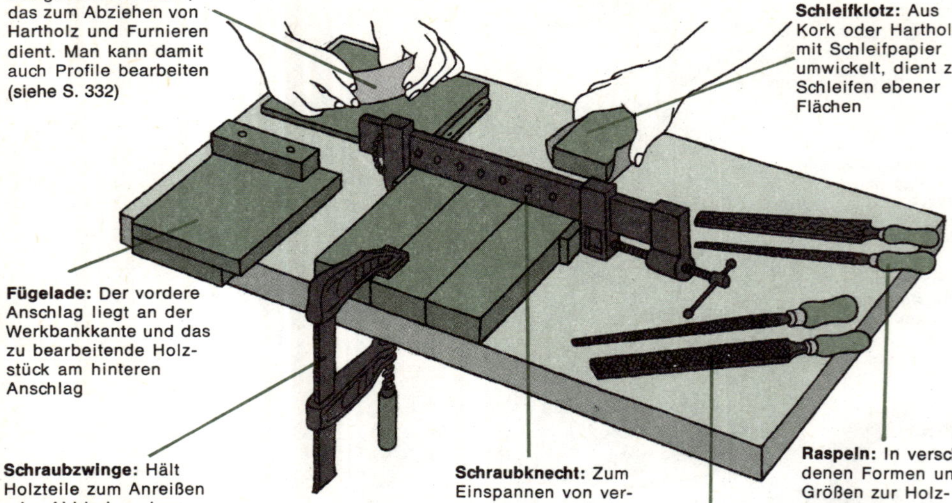

Ziehklinge: Ein Blatt aus gehärtetem Stahl, das zum Abziehen von Hartholz und Furnieren dient. Man kann damit auch Profile bearbeiten (siehe S. 332)

Schleifklotz: Aus Kork oder Hartholz, mit Schleifpapier umwickelt, dient zum Schleifen ebener Flächen

Fügelade: Der vordere Anschlag liegt an der Werkbankkante und das zu bearbeitende Holzstück am hinteren Anschlag

Schraubzwinge: Hält Holzteile zum Anreißen oder Abbinden einer Verleimung zusammen (Spannweite 5–40 cm)

Schraubknecht: Zum Einspannen von verleimten Holzteilen (Spannweite 50–200 cm). Neuere Ausführungen gleichen in der Form den Schraubzwingen

Raspeln: In verschiedenen Formen und Größen zur Holzbearbeitung erhältlich. Nach dem Raspeln muß mit Schleifpapier geglättet werden

Feilen: In vielen Größen für Holz- und Metallbearbeitung erhältlich. Kleine Feilen heißen Schlüsselfeilen, die kleinsten Nadelfeilen

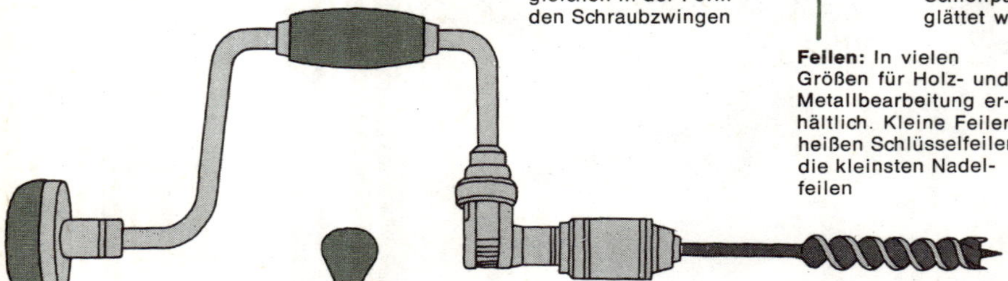

Bohrwinde: Mit doppelt abgewinkeltem Schaft zum Einsatz größerer Bohrer (über 8 mm). Die Abbildung zeigt einen Schlangenbohrer

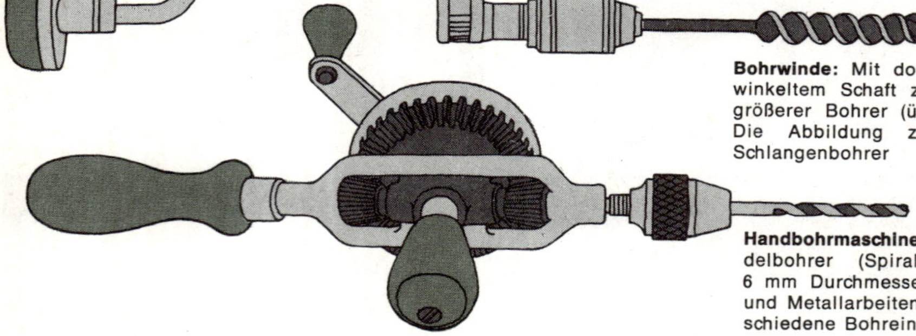

Handbohrmaschine: Für Wendelbohrer (Spiralbohrer) bis 6 mm Durchmesser. Für Holz- und Metallarbeiten gibt es verschiedene Bohreinsätze

MESSWERKZEUGE

Zirkel: Preiswerter Schulzirkel aus Messing mit Stahlspitze und einklemmbarem Bleistift

Streichmaß: Zum Anreißen quer zu den Holzfasern. Die Schneide ist mit einem Metallkeil befestigt

Doppelstreichmaß: Zum Anreißen von Schlitzen. Die Spitzen können auf die Schlitzweite eingestellt werden

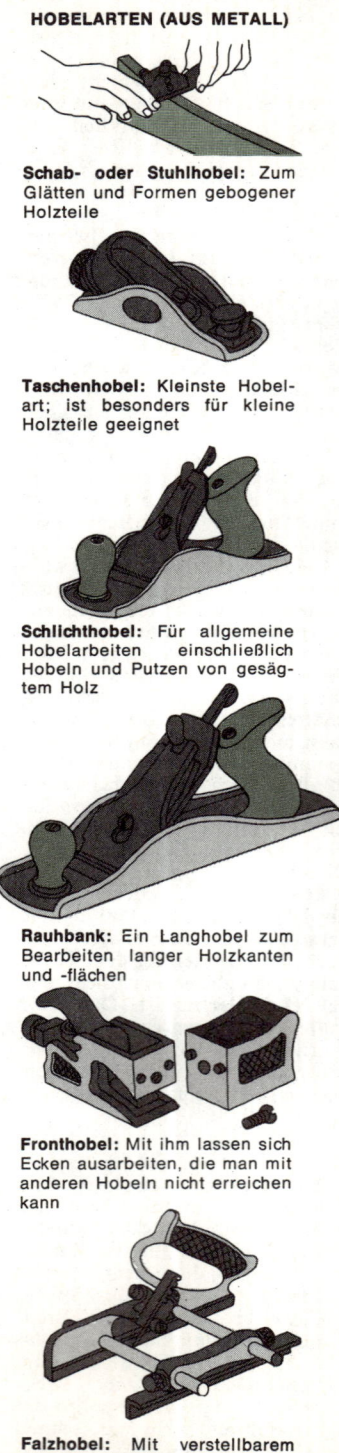

HOBELARTEN (AUS METALL)

Schab- oder Stuhlhobel: Zum Glätten und Formen gebogener Holzteile

Taschenhobel: Kleinste Hobelart; ist besonders für kleine Holzteile geeignet

Schlichthobel: Für allgemeine Hobelarbeiten einschließlich Hobeln und Putzen von gesägtem Holz

Rauhbank: Ein Langhobel zum Bearbeiten langer Holzkanten und -flächen

Fronthobel: Mit ihm lassen sich Ecken ausarbeiten, die man mit anderen Hobeln nicht erreichen kann

Falzhobel: Mit verstellbarem Tiefen- und Seitenanschlag zum Hobeln von Falzen und Nuten

Weitere Hobelarten und Hilfswerkzeuge

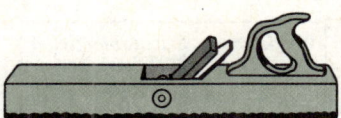

Mit der 60 cm langen Rauhbank lassen sich am besten ebene Holzflächen, Fugen und gerade Kanten herstellen. Ihre Sohle muß eben sein

Man verwendet den Putzhobel zum Putzen von Vollholz und furnierten Kanten und Flächen sowie für feine Einpaßarbeiten. Das steil gestellte Eisen (Schnittwinkel 48°–50°) muß sorgfältig geschliffen, die Klappe exakt eingestellt sein, damit das Holz nicht einreißt

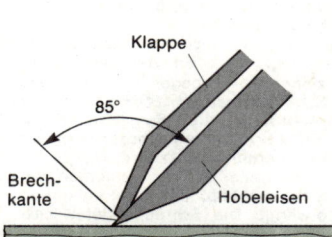

Für alle Hobel mit doppeltem Eisen ist wichtig, daß die Klappe dicht an der Brechkante anliegt und eine leichte Fase von etwa 85° hat

Der einfache Simshobel (Eisen ohne Klappe) wird zum groben Aushobeln und Nachhobeln von Falzen, Profilekken und Profilkanten verwendet

Mit dem Absatzsimshobel erreicht man einen Falz auch in der hintersten Ecke. Mit etwas Geschick lassen sich auch Flächen nachstoßen

Die Eisenformen sollten beim Nachschleifen erhalten bleiben. Das Schropphobeleisen dient zur rustikalen Oberflächenbehandlung

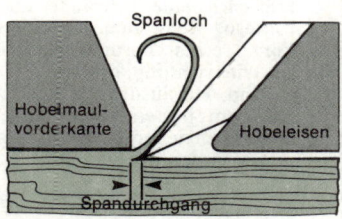

Spanbildung beim Einfachhobel. Die Hobelmaulvorderkante darf nicht beschädigt sein, sonst muß die Hobelsohle nachgearbeitet werden

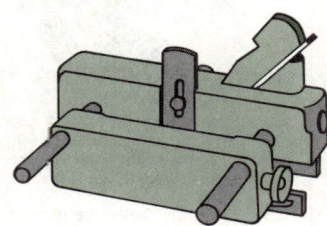

Mit dem verstellbaren Nuthobel kann man Nuten mit verschiedenen Maßen anstoßen. Die Nutbreite hängt von der jeweiligen Eisenbreite ab

Der Wangenhobel gleicht dem Simshobel; er hat eine nach beiden Seiten vorstehende Hobelsohle. Mit ihm kann man Nuten erweitern

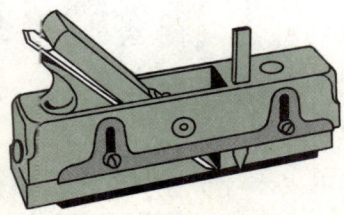

Der Grathobel hobelt Gratfedern an. Die Sohle steht im Winkel von 78° zur Seitenfläche. Ein Vorschneider verhindert das Aussplittern

Mit dem Grundhobel nimmt man Vertiefungen, die seitlich eingesägt sind, aus, z.B. bei Beschlägen

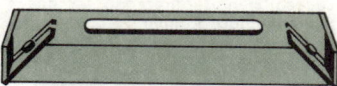

Der Türfalzhobel ist eine vereinfachte Ausführung des Absatzsimshobels. Man braucht ihn, um Falze nachzuarbeiten

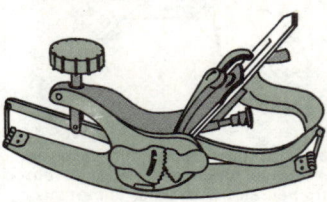

Der eiserne Schiffhobel hat eine Stahlsohle, die an jede hohle oder gewölbte Form angepaßt werden kann. Funktion wie beim Putzhobel

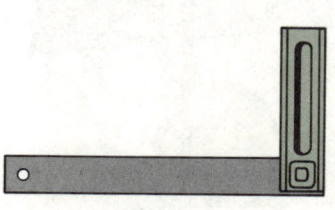

Ein Präzisionsanschlagwinkel mit Stahlschiene auf 90°. Zur Kontrolle beim Formatschnitt, Bestoßen und Zusammenbau unentbehrlich

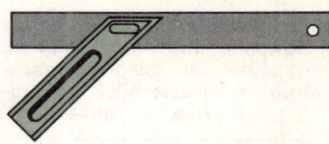

Beim Gehrungsmaß bildet die Anschlagkante mit der Zungenkante einen Winkel von 45° (Gehrung)

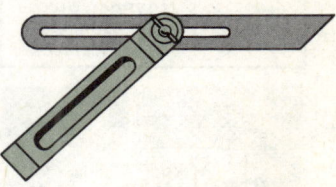

Die Schmiege hat eine bewegliche Winkelzunge und dient zum Übertragen beliebiger Winkel

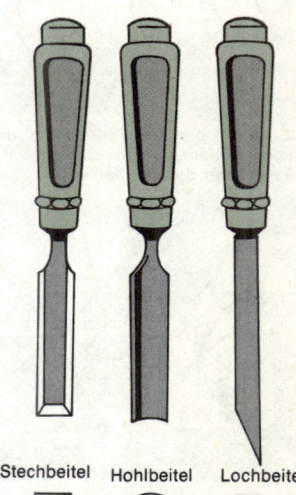

Die drei Hauptformen von Stechbeiteln. Mit dem Lochbeitel stemmt man z.B. Zapfenlöcher aus

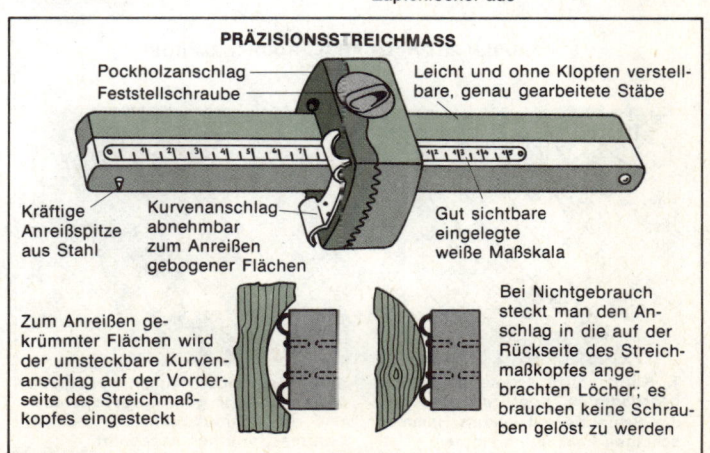

PRÄZISIONSSTREICHMASS

Leicht und ohne Klopfen verstellbare, genau gearbeitete Stäbe

Gut sichtbare eingelegte weiße Maßskala

Bei Nichtgebrauch steckt man den Anschlag in die auf der Rückseite des Streichmaßkopfes angebrachten Löcher; es brauchen keine Schrauben gelöst zu werden

Zum Anreißen gekrümmter Flächen wird der umsteckbare Kurvenanschlag auf der Vorderseite des Streichmaßkopfes eingesteckt

Pockholzanschlag
Feststellschraube
Kräftige Anreißspitze aus Stahl
Kurvenanschlag abnehmbar zum Anreißen gebogener Flächen

Möbel

Eine lockere Holzschraube befestigen

Läßt sich eine unbeschädigte Schraube nicht festziehen, so ist entweder das Schraubenloch ausgeleiert oder das umliegende Holz verschlissen.

Material:	*Kunststoffdübel, Leim*
Werkzeug:	*Schraubenzieher, Hammer, Stecheisen, Bohrmaschine, Versenker*

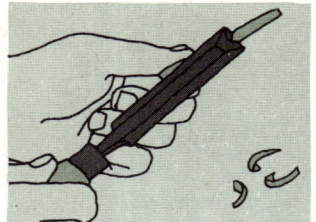

1. Mit dem Stecheisen einen stumpf zugespitzten Hartholzspan für das Schraubenloch formen

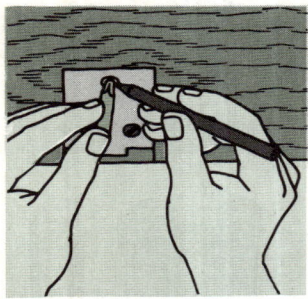

2. Den kleinen Holzdübel in das Loch schieben. Man schneidet ihn 3 mm über der Holzfläche ab

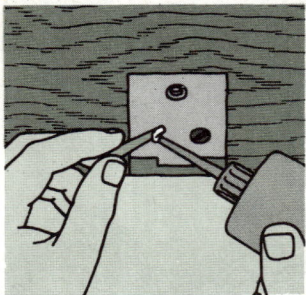

3. Loch und Dübel mit Leim bestreichen, dann das Hölzchen eintreiben und Überstand entfernen

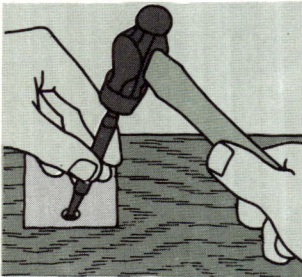

4. Ist eine Platte vorhanden, treibt man den Dübel mit dem Versenker bis unter deren Niveau ins Holz

5. Nach dem Trocknen des Leims bohrt man ein dünnes Führungsloch vor und dreht die Schraube neu ein

SCHRAUBEN MIT HALB ABGEBROCHENEM KOPF

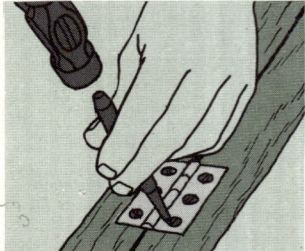

1. Körnerspitze schräg gegen den beschädigten Kopf stemmen und die Schraube mit kurzen Hammerschlägen linksherum klopfen

2. Läßt sie sich so nicht bewegen, wird der Kopf ganz abgeschlagen und die Schraube mit der Handbohrmaschine herausgebohrt

Eine festsitzende Holzschraube entfernen

Will man eine festsitzende Schraube entfernen, muß das Möbelstück fest auf einer Holzunterlage liegen. Der Schraubenkopf wird mit der Drahtbürste gesäubert und der Schlitz mit schräg gehaltenem Schraubenzieher und Holzhammer von Farbe und Schmutz befreit. Manchmal läßt sich eine Schraube auch lockern, wenn man sie zuerst kurz rechts herum, also in Festziehrichtung, dreht.

Zum Herausdrehen benutzt man am besten einen langen Schraubenzieher, dessen Klinge genau in den Schlitz paßt.

Werkzeug:	*Schraubenzieher Holzhammer Hammer Körner Handbohrmaschine mit Bohrer Lötkolben*

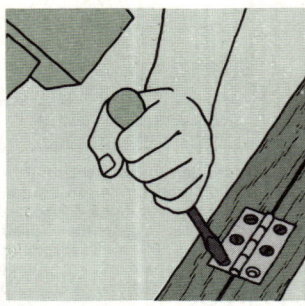

1. Der Schraubenzieher muß genau und fest in den Schraubenschlitz passen. Dann dreht man ihn unter möglichst starkem Druck links herum

2. Läßt sich die Schraube nicht drehen, so setzt man den Schraubenzieher in den Schlitz und hämmert ein paarmal auf seinen Griff

Schraubenzieher jetzt ruckweise um eine viertel Drehung nach rechts herum bewegen.

Falls sie sich immer noch nicht bewegt, so wird der Schraubenzieher schräg gegen die Kante des Schlitzes gestemmt. Dann kann man versuchen, die Schraube durch kurze Schläge mit dem Holzhammer linksherum herauszudrehen.

Manchmal hilft es, wenn man den Schraubenkopf mit dem Lötkolben erwärmt. Die Schraube dehnt sich und preßt das umgebende Holz zusammen. Nach dem Abkühlen sollte sie sich herausdrehen lassen

Dellen entfernen

Dellen im Holz sollte man möglichst bald behandeln. Sie lassen sich leichter entfernen, solange sie noch frisch sind.

Dämpfen oder Quellenlassen ist die beste Methode. Holzarten mit starkem Ölgehalt oder deutlicher Maserung müssen fachmännisch nachbehandelt werden.

Material:	*Wasser*
Werkzeug:	*Bügeleisen oder Lötkolben Sauberer Lappen oder Watte*

1. Feuchten Lappen auf die Delle legen, mit dem Bügeleisen oder einem Lötkolben erhitzen bzw. verdampfen

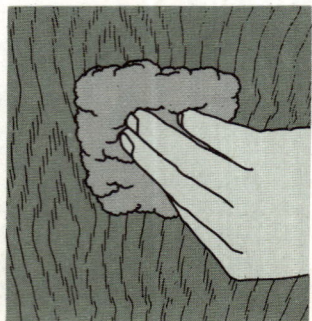

2. Oft hilft schon ein feuchter Lappen, der für ein paar Stunden auf die Delle gelegt wird

Tiefe Dellen und Astlöcher entfernen

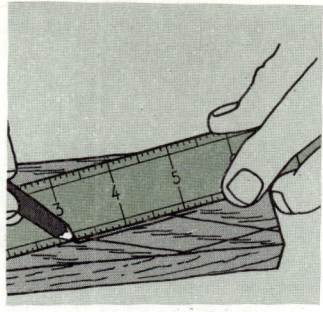

1. Auf passendem Holz wird in Faserrichtung ein rautenförmiges Stück gezeichnet. Es soll etwas größer sein als die beschädigte Stelle

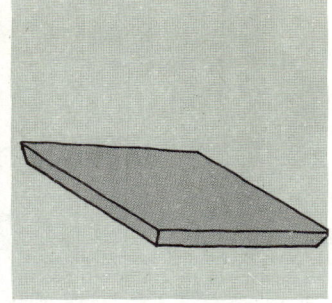

2. Dann schneidet man die Raute mit der Laubsäge aus und schrägt ihre Kanten leicht mit dem Hobel nach unten ab

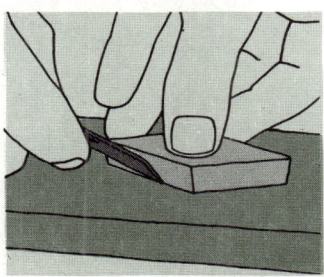

3. Das Holzstück wird auf die schadhafte Stelle gelegt und sein Umriß mit scharfem Messer oder Reißnadel in das Möbelholz eingeritzt

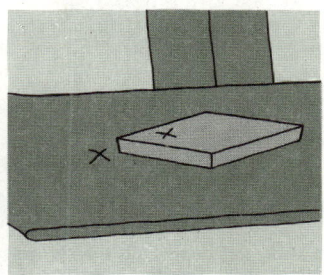

4. Die genaue Lage einer Ecke der Raute muß nun auf dem Möbelholz markiert werden, damit alles später gut ineinander paßt

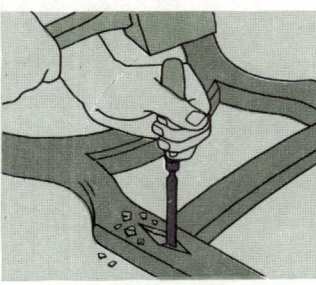

5. Mit Stecheisen und Holzhammer schneidet und stemmt man das angerissene Rautenstück vorsichtig aus dem Möbel heraus

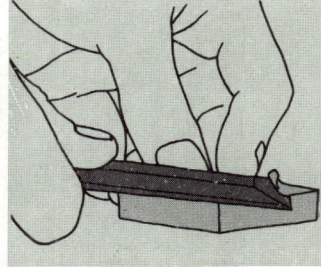

6. Das Ersatzstück wird probeweise eingepaßt. Dann wird von der Auflagefläche so viel Holz abgenommen, bis das neue Teil genau paßt

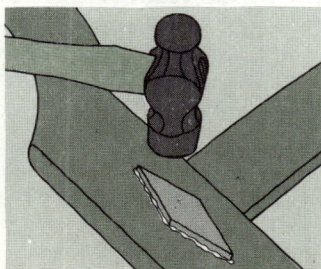

7. Das Ersatzstück drückt man in das Loch, das mit Weißleim gut bestrichen wurde, und klopft es vorsichtig mit dem Hammer fest

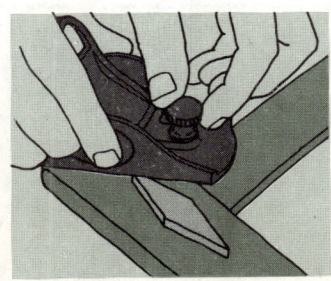

8. Überschüssigen Leim abwischen und trocknen lassen, dann glatthobeln, schleifen, eventuell passend einfärben, oberflächenbehandeln

Eine schadhafte Ecke ausbessern

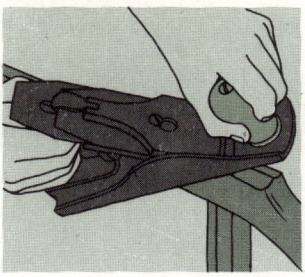

1. Das Holz der schadhaften Stelle wird so weit weggehobelt, bis die Kanten gerade sind und die Oberfläche glatt ist

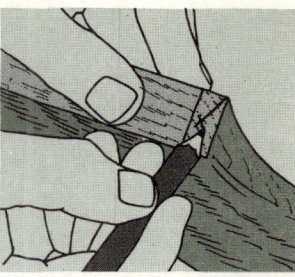

2. Passendes Ersatzholz wird auf die behobelte Fläche gelegt und die richtige Form auf seinem Ende mit dem Bleistift markiert

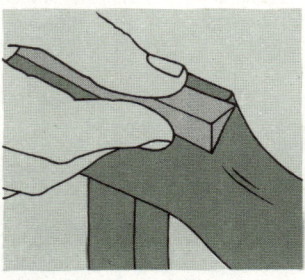

3. Der Markierung folgend, wird das Holzstück mit der Feinsäge zurechtgeschnitten und der schadhaften Stelle genau angepaßt

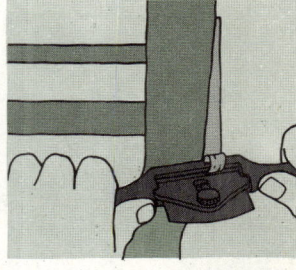

4. Beide Seiten anwärmen und mit heißem Tischlerleim bestreichen, Ersatzstück anreiben, trocknen lassen und mit Schabhobel glätten

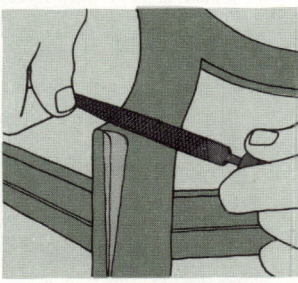

5. Wenn das Ersatzstück die richtige Größe hat, wird seine Form mit Stecheisen und feiner Feile sorgfältig nachgearbeitet

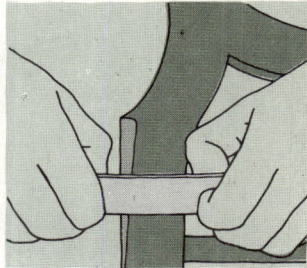

6. Mit Ziehklinge und Schleifklotz mit feinem Schleifpapier glätten. Schließlich zum Möbelstück passend behandeln

---

HOLZ LEIMEN

Der richtige Leim ist für jede Arbeit wichtig. Für jeden Zweck gibt es die richtige Leimsorte zu kaufen. Auch hängt die Haltbarkeit einer geleimten Verbindung von der Sauberkeit der verleimten Flächen ab.

Um Holzflächen zu entfetten, ist Trichloräthylen oder Azeton gut geeignet. Für Holzverbindungen werden heute fast ausschließlich Kunstharzleime gebraucht.

Leimreste müssen einzeln aufbewahrt werden; vermischt ergeben sie keine haltbare Verbindung. Aus diesem Grund müssen auch vor Neuverleimungen alte Leimreste sorgfältig entfernt werden.

Das zu verleimende Holz muß trocken sein, und seine Flächen müssen genau aufeinander passen. Auch die Temperatur der Umgebung spielt eine Rolle: Je höher sie ist, desto schneller bindet der Leim ab.

Möbel

Eine Kante ausbessern

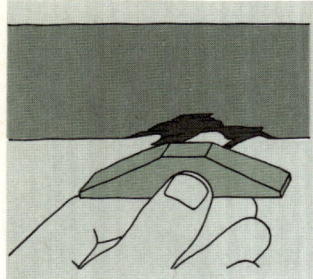

1. Ein Stück Ersatzholz wird in passender Faserrichtung etwas länger und höher als die schadhafte Stelle zugeschnitten und zur Mitte hin abgeschrägt

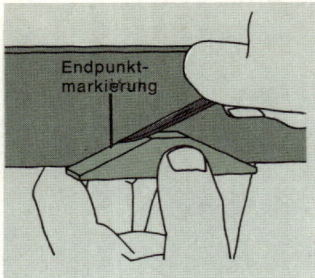

2. Das Ersatzstück auf die Schadenstelle halten, bis diese vollständig abgedeckt ist. Den Kantenumriß einritzen und die Endpunkte der Reparaturstelle mit Bleistift markieren

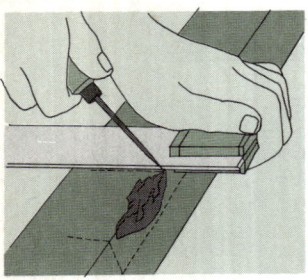

3. Man legt nun einen Anschlagwinkel auf die Endpunktmarkierungen und überträgt diese auf die andere Seitenfläche, um die Tiefe der Schadenstelle zu markieren

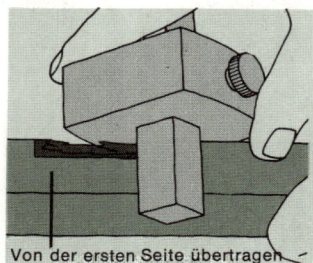

4. Die zweite Seite des zu reparierenden Teils wird etwas unterhalb der schadhaften Stelle und zwischen den Endpunktmarkierungen mit dem Streichmaß angerissen

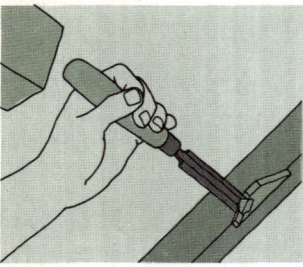

5. Das schadhafte Kantenholz wird jetzt innerhalb der markierten Linien Stück für Stück mit Hammer und Stecheisen sorgfältig ausgestochen. Auf saubere Kanten achten!

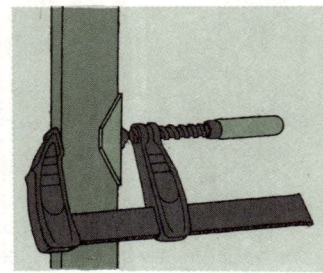

6. Das Ersatzstück wird reichlich mit Weißleim bestrichen und eingespannt. Nach dem Abbinden glatthobeln, eventuell passend einfärben bzw. beizen

Eine Profilkante ausbessern

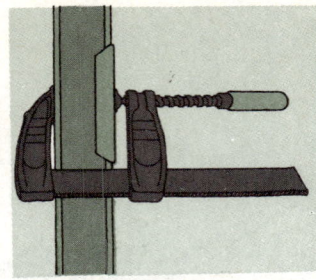

1. Man sticht die Schadstelle aus, schneidet ein Holzstück zu, das in der Länge paßt, aber breiter und höher als der Ausschnitt ist, leimt es ein und spannt es fest

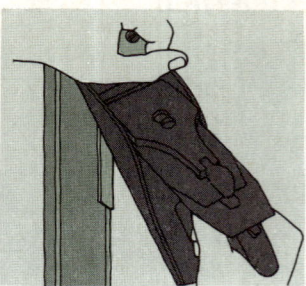

2. Wenn der Leim abgebunden hat, wird die Schraubzwinge abgenommen und das eingesetzte Holzstück zurechtgehobelt, bis es mit den geraden Flächen bündig ist

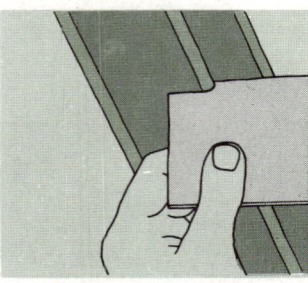

3. Nun feilt man eine Ecke einer Metallziehklinge mit einer Nadelfeile so aus, daß die Rundung genau der vorhandenen Möbelkantenrundung entspricht

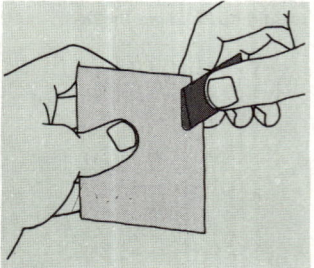

4. Die beim Feilen entstandenen unregelmäßigen Grate schleift man auf einem Abziehstein weg und zieht mit einem Ziehklingenstahl gleichmäßige Schneidgrate an die Kanten

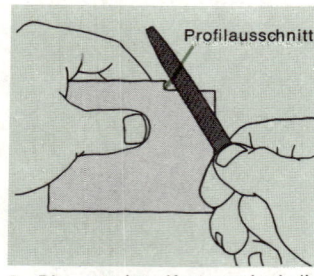

5. Die geraden Kanten oberhalb vom Profilausschnitt der Ziehklinge werden mit der Feile abgerundet, damit sie auf dem Holz keine Kratzspuren hinterlassen können

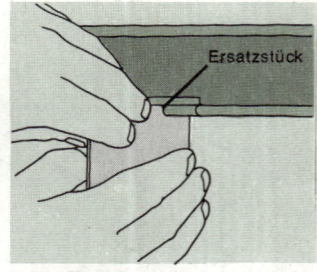

6. Die Ziehklinge setzt man an der Möbelkante an und schabt die Oberfläche des eingesetzten Holzstücks rund. Dabei muß man immer dem natürlichen Faserverlauf folgen

Schaden an einem Scharnier

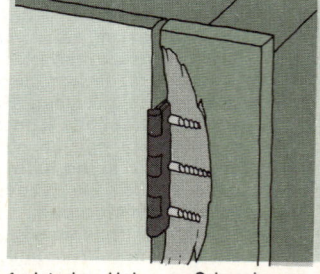

1. Ist das Holz am Scharnier gesplittert, schraubt man dieses ab und entfernt Tür oder Klappe

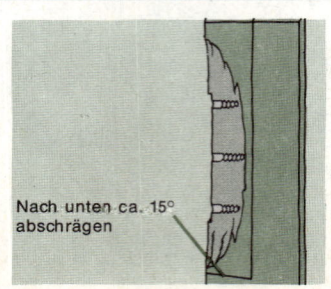

2. Das Holz um die Schadenstelle herum anreißen; die untere Kante leicht nach unten abschrägen

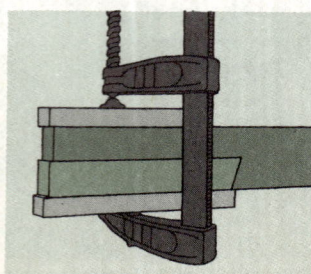

3. Schadhaftes Holz ausstechen, Ersatzstück einleimen und einspannen, bündig absägen und hobeln

Einen Riß an einem Scharnier reparieren

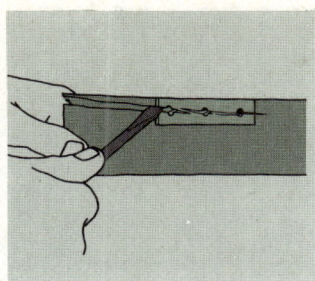

1. Man schraubt zunächst das Scharnier ab, hebt das gesplitterte Stück vorsichtig mit einem Schraubenzieher an und bläst die losen Holzsplitter heraus

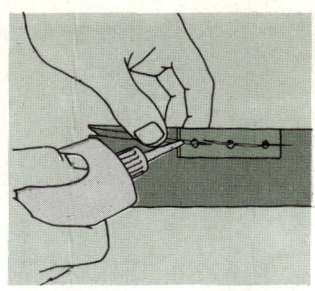

2. Nun wird Weißleim auf der ganzen Länge in den Riß gedrückt. Den Splitter setzt man genau ein und wischt den überschüssigen Leim sorgfältig weg

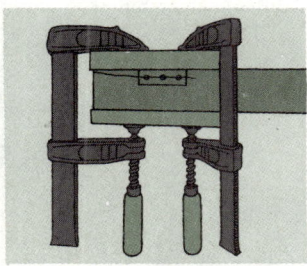

3. Dann legt man Holzstücke auf beide Seiten des gesprungenen Möbelteils und spannt es ein. Noch austretender Leim sollte sogleich entfernt werden

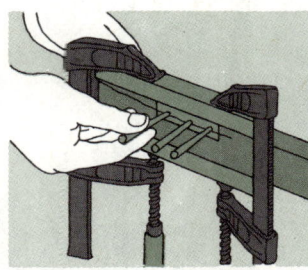

4. Nun schneidet man kleine, in die Schraubenlöcher passende konische Holzdübel zurecht und steckt sie in die Löcher, solange der Leim noch feucht ist

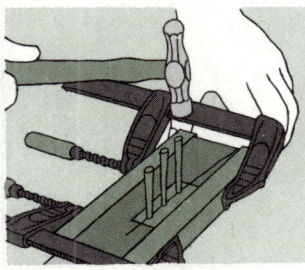

5. Nachdem man sich überzeugt hat, daß die Schraubzwingen festsitzen, treibt man die Dübel ganz in die Löcher. Leim abbinden lassen

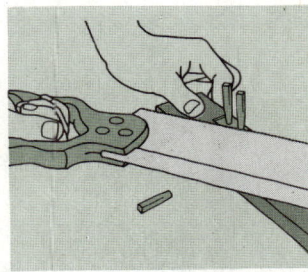

6. Schraubzwingen entfernen. Man sägt die vorstehenden Dübelenden bündig ab, bohrt neue Löcher vor und schraubt das Scharnier wieder an

Ungleich lange Stuhl- und Tischbeine

Tische und Stühle können wackeln, weil ihre Beine ungleich lang sind oder der Boden uneben ist. Um den Fehler zu finden, stellt man den Stuhl oder Tisch umgekehrt hin und legt Holzstäbe parallel über jeweils zwei Beine. Wenn man über die Stäbe visiert und sie liegen in einer Linie, ist der Boden uneben.

Liegen die Stäbe nicht parallel, nimmt man vom längsten Bein entsprechend viel ab, bis es korrekt steht. Oder man leimt unter das kürzeste Bein eine passende Holzscheibe.

1. Man stellt den Stuhl oder Tisch auf eine ebene Unterlage und schiebt so lange Holzbrettchen unter das zu kurze Bein, bis er gleichmäßig steht und nicht wackelt

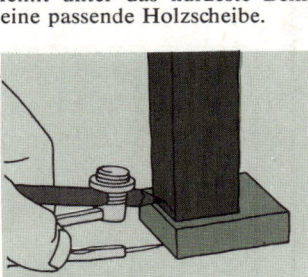

2. Ein Zirkel wird nun so eingestellt, daß er die Entfernung vom Boden bis knapp über dem kürzesten Beinende anzeichnet. Diese Zirkelstellung wird fixiert

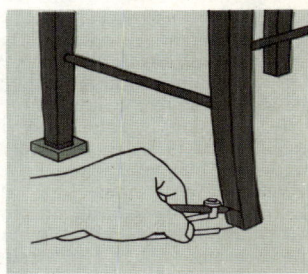

3. Jetzt werden die anderen drei Beine mit der eingestellten Zirkelöffnung markiert, und zwar von allen Seiten, damit später gerade Schnittflächen entstehen

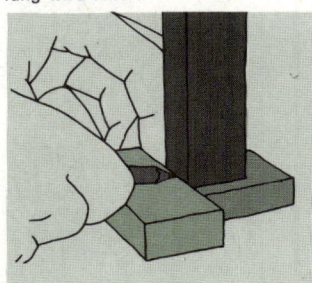

4. Statt eines Zirkels kann man auch ein Holzstück von entsprechender Stärke zum Anzeichner benutzen

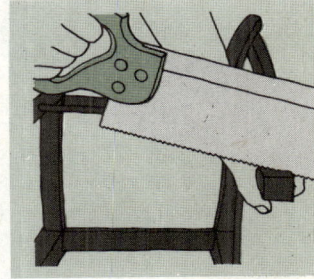

5. Alle Beine werden an den angerissenen Linien abgesägt. Die Sägefläche muß rechtwinklig sein! Schnittkanten mit Schleifpapier glätten

Scharniersitz berichtigen

Läßt sich eine Schranktür nicht richtig öffnen oder schließen, sitzt wahrscheinlich eine Scharnierseite in der Tür oder im Schrank zu tief. Die einfachste Reparaturmöglichkeit besteht darin, eines oder beide Scharniere abzuschrauben und mit Pappe zu unterlegen.

Bei einer aufspringenden Tür unterlegt man die Scharniere auf der Schrankseite; falls die Tür hängt, wird nur das untere Scharnier unterlegt. Wenn das obere Scharnier zu tief im Holz sitzt und die Türoberkante deshalb streift, unterlegt man die Schrankseite des Scharniers.

An nicht einwandfrei schließenden Scharnieren können überstehende Schraubenköpfe schuld sein. Abhilfe bringen oft kleinere Flachkopfschrauben.

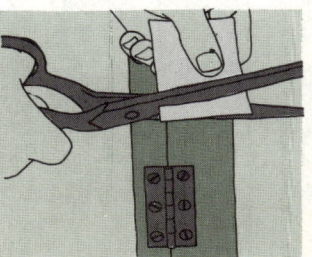

1. Aus einer Zigarettenpackung schneidet man ein Pappstück zurecht, das etwas schmäler und kürzer ist als das Scharnier selbst

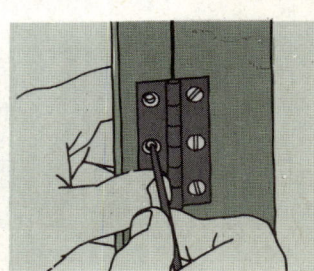

2. Das Scharnier wird auf der Schrankseite gelöst, das Pappstück daruntergeschoben und das Scharnier wieder angeschraubt

Möbel

Gesprungene Tischplatten

Die meisten größeren Tischplatten, wenn sie nicht aus furnierter Span- oder Tischlerplatte sind, bestehen aus zusammengeleimten Massivholzbahnen. Bei solchen Tischplatten entstehen oft Risse an den Verbindungskanten.

Hier hilft nur eine Radikalkur. Die einzelnen Bretterbahnen werden auseinandergenommen und die Kanten sauber behobelt.

Je nachdem, wieviel man abhobeln muß, werden die Platten natürlich entsprechend etwas schmäler. Will man die alte Breite erhalten, so muß an einer Verbindungskante ein entsprechend breiter neuer Holzstreifen eingesetzt werden. Dieser Streifen muß selbstverständlich genau die gleiche Stärke haben wie die übrige Tischplatte.

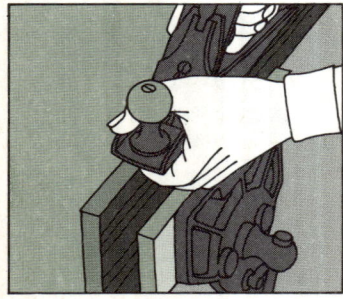

1. Der Riß wird am besten mit der Säge ganz geöffnet und die Längskante des einen Bretts geradegehobelt. Nicht zuviel abnehmen!

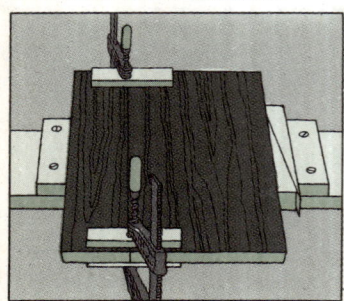

2. Die Kante des zweiten Bretts wird, wenn nötig, passend gehobelt. Wenn gewünscht, wird ein Zwischenstück eingefügt, verleimt und eingespannt

Ein gedübeltes Tischgestell reparieren

Viele Tischgestelle werden von Holzdübeln zusammengehalten. Wenn diese locker werden oder abbrechen, kann das Gestell auseinandergehen. Zur Reparatur müssen die alten Dübel herausgebohrt und neue eingesetzt werden. Gebrochene Schlitz- und Zapfenverbindungen läßt man besser vom Fachmann erneuern.

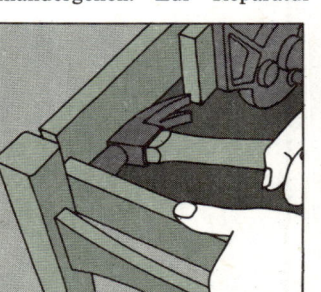

2. Ist die Tischplatte entfernt, wird eine Seite des Rahmens festgehalten und der Rahmen durch leichte Hammerschläge auseinandergeklopft

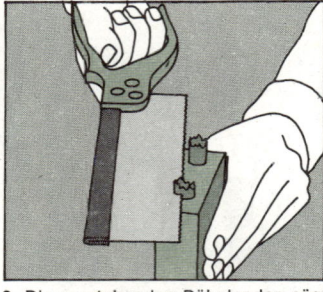

3. Die vorstehenden Dübelenden sägt man unmittelbar an ihrem Grund ab. Die im Rahmen verbliebenen Dübelreste werden sauber herausgebohrt

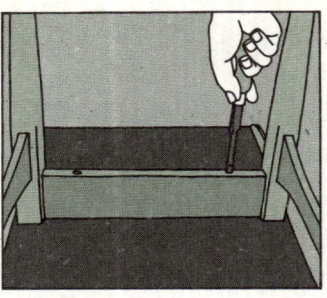

1. Den Tisch mit der Platte nach unten auf den Boden legen. Verbindungsschrauben zwischen Rahmen und Tischplatte herausschrauben

4. Man spannt das Tischbein fest ein und entfernt mit dem Bohrer die darin verbliebenen Dübelreste. Der Fuß darf nicht ganz durchbohrt werden

5. Mit einer Ziehklinge oder einem kleinen Hobel entfernt man die Leimreste von Tischbein und Zarge. Ausgefranste Bohrlöcher versäubern

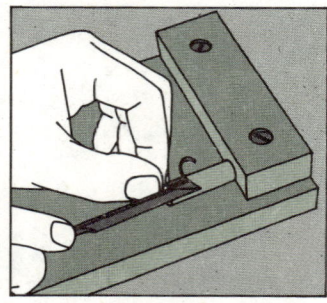

6. Die neuen Dübel werden etwa 3 mm kürzer geschnitten als die Lochtiefe beider Seiten zusammen. Auch kann man dünne Leimrinnen einschneiden

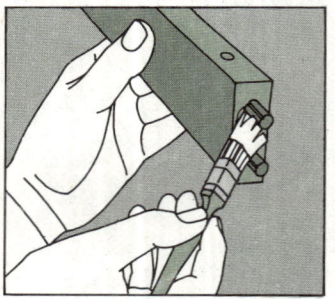

7. Dübelenden mit der Feile abschrägen und in die Löcher der Zarge leimen. Dabei Zarge und Dübel gleichmäßig mit Leim bestreichen

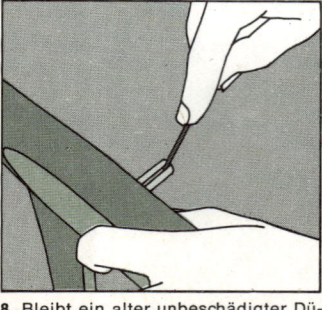

8. Bleibt ein alter unbeschädigter Dübel im Bein, werden auch davon alle alten Leimreste entfernt und die Leimrinnen sorgfältig nachgestochen

9. Die Zarge mit den Dübeln wird in das Bein gedrückt und eingeklopft, bis die Berührungsflächen ganz dicht und rechtwinklig aufeinandersitzen

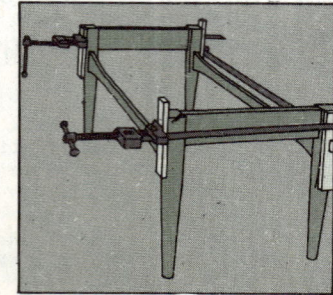

10. Das Tischgestell wird mit Schnur oder Schraubknechten eingespannt, bis der Leim trocken ist. Dann wird die Platte wieder aufgeschraubt

Bein eines Servierwagens reparieren

 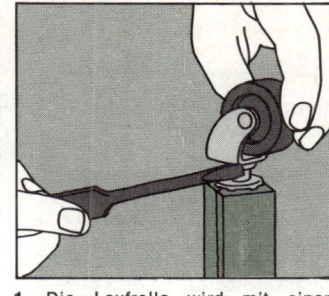

Nach einem harten Schlag kann das Holz direkt über der Laufrolle eines Servierwagens reißen.

1. Die Laufrolle wird mit einem Schraubenzieher vorsichtig aus ihrer Metall- oder Kunststoffhülse herausgehoben

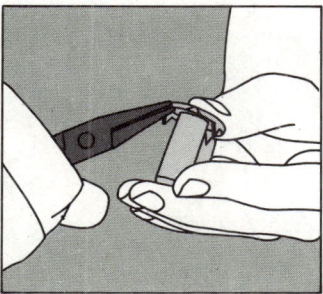 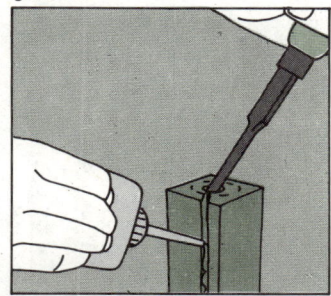

2. Dann wird der Schraubenzieher unter den Hülsenrand geschoben und die Hülse herausgedrückt. Verbogene Zacken werden zurechtgedrückt

3. Den Schraubenzieher steckt man ins Hülsenloch und öffnet damit vorsichtig den Riß. Dann wird Leim oder Spezialkleber hineingedrückt

 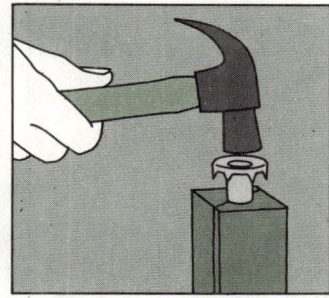

4. In zwei Weichholzklötze werden V-förmige rechtwinklige Rinnen gesägt. Zwischen diesen Klötzen wird nun das Bein fest eingespannt

5. Nach dem Abbinden des Leims säubert man das Hülsenloch und versenkt Hülse und Laufrolle wieder vorsichtig in das alte Loch

Eine verzogene Tischplatte reparieren

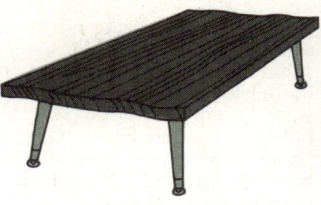 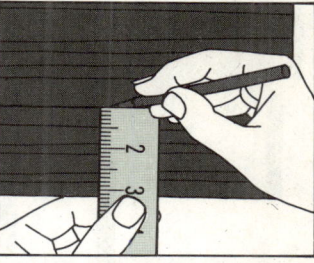

Eine Tischplatte kann sich werfen, wenn sie nicht von unten durch Gratleisten gehalten wird. Man muß den verworfenen Teil heraussägen. Eventuell passende Leisten einfügen, damit der Tisch nicht schmaler wird.

1. Man legt einen Meterstab so auf die Tischkante, daß sein Anfang auf die Mitte des verworfenen Teils trifft, und markiert hier eine Linie parallel zum Tischrand. Mit allen anderen Verwerfungen gleich verfahren

 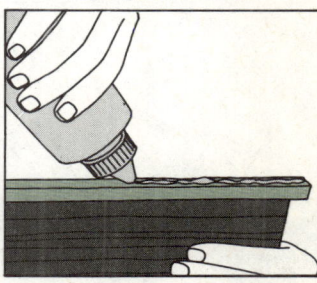

2. Teile numerieren, Platte an den Linien durchsägen. Die Kanten werden rechtwinklig behobelt und aneinandergehalten, um nachzuprüfen, daß kein Licht durch die Fugen scheint

3. Man schneidet passende Leisten von der Breite des abgehobelten Holzes und numeriert sie entsprechend. Dann werden die Kanten der einzelnen Holzteile mit Kleber bestrichen

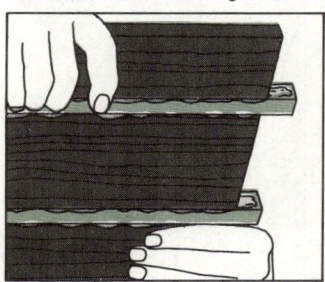 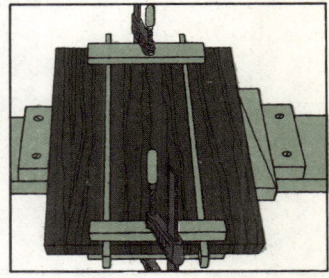

4. Auf einer ebenen Fläche werden Plattenteile und Leisten aneinandergepaßt. Besonders die Oberseite muß vollkommen plan sein

5. Die Platte spannt man quer ein und sichert die Enden. Nach Abbinden des Klebers wird die Platte gesäubert und poliert

---

Tischbeine reparieren

Tischbeine sind häufig in Metallplatten eingeschraubt, die unter der Tischplatte befestigt sind. Wenn diese Platten sich lockern, schraubt man sie mit etwas längeren Schrauben neu an. Falls die Schrauben im weichen Holz der Platte nicht mehr richtig greifen, leimt man Hartholzklötze darunter und schraubt die Platten darauf an.

Tischbeine können an der Dübelschraube entlang reißen. Der Riß wird ganz mit Leim ausgefüllt und zusammengepreßt, am besten umwickelt, bis der Leim trocken ist.

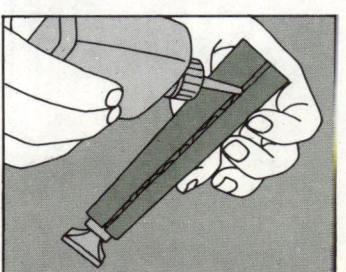 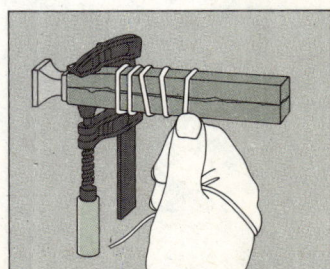

1. Man entfernt die Dübelschraube und alle eventuell vorhandenen losen Holzsplitter. Dann wird Leim in den Riß gedrückt

2. Das obere Beinende wird in den Schraubstock, das untere in die Schraubzwinge eingespannt. Zwischenstück mit Schnur umwickeln

Möbel

Eine neue Holzstütze anfertigen

Tischplatten mit abklappbaren Seitenteilen sind heute nicht mehr so gebräuchlich wie vor einigen Jahrzehnten. Auch werden die Plattenteile nicht mehr von Holzstützen, sondern meist von Metallstützen gehalten. Dagegen findet man immer mehr abklappbare Platten an Wandbrettern oder Bücherborden.

Wenn die beweglichen hölzernen Klappenstützen abgenutzt oder gebrochen sind, kann man sie durch neue Holz- oder Metallstützen ersetzen. Falls keine passenden Stützen erhältlich sein

sollten, kann man sie selbst aus Hartholz herstellen.

Material: 6-mm-Rundstahl, 25 mm starkes Hartholz, Weißleim
Werkzeug: Stemmeisen, Schraubstock, Bleistift, Streichmaß, Zirkel, Rückensäge, Laubsäge, Stecheisen, Raspel, Schraubenzieher, Holzhammer, Bohrmaschine mit 6-mm-Holzbohrer, Schraubzwinge

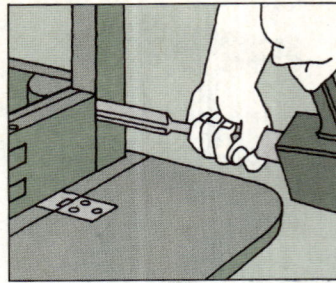

1. Alle eventuell vorhandenen Schrauben aus Zarge und Stütze entfernen und Zapfen zwischen Bein und Stütze mit dem Stemmeisen durchstemmen

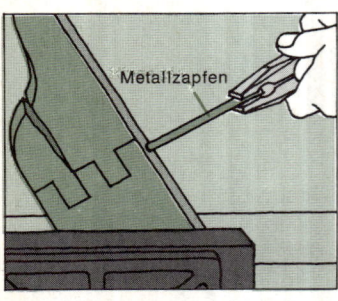

2. Die Stütze in einen Schraubstock spannen und den Metallzapfen des Scharniers durch Rütteln lockern, herausklopfen und entfernen

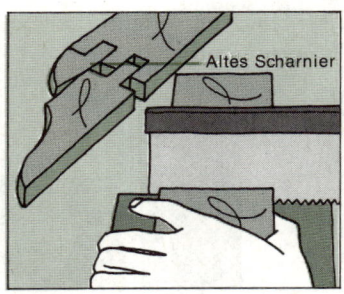

3. Die Vorderseiten und oberen Kanten des Scharniers markieren. Neue Teile aus Hartholz sägen, dabei Zapfen für das Tischbein zugeben

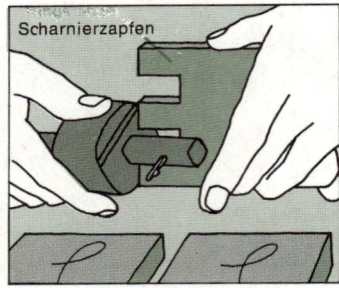

4. Ein Streichmaß wird auf die Länge der alten Scharnierzapfen eingestellt. Die Vorderkante und -seiten der neuen Teile anreißen

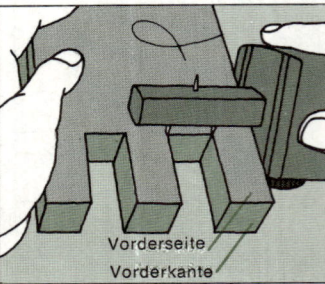

5. Nach den alten Maßen werden Schlitz- und Zapfenbreite auf der Vorderseite und Vorderkante der neuen Teile markiert

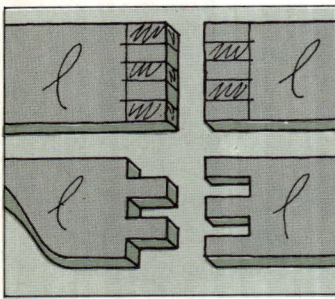

6. Mit dem Bleistift zeichnet man auf beiden Scharnierteilen die auszusägenden Schlitze nach den alten Teilen genau an

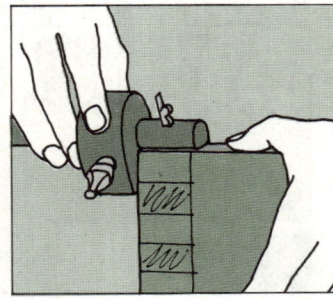

7. Jetzt wird mit dem Streichmaß der Abstand des Scharnierlochs von der Vorderkante auf die neuen Teile übertragen

8. Mit dem Metermaß wird auf der eben angerissenen Linie die genaue Mitte zwischen den Seitenkanten festgestellt und markiert

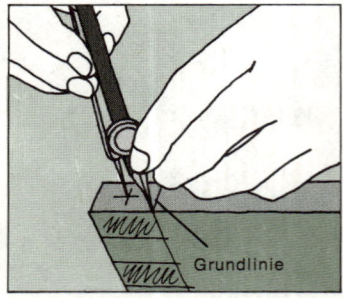

9. Einen Zirkel auf die Entfernung zwischen Mittelpunkt des Scharnierlochs und Anfang der Grundlinie einstellen und Kreissegment markieren

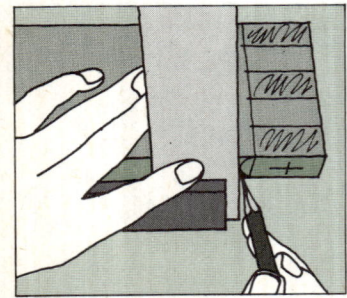

10. Vom Scheitelpunkt des Kreissegments eine Linie über die Kante und die Rückseite ziehen. Dies ergibt die Aushöhlung für das Scharnier

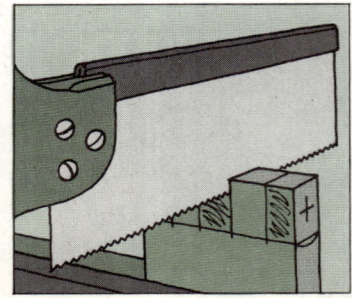

11. Mit einer Rückensäge werden die Zapfen bei beiden Stützenteilen entlang der Markierung bis zur Grundlinie eingeschnitten

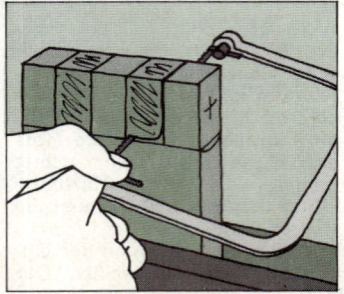

12. Die Holzkerne der Schlitze werden dicht über der Grundlinie mit einer Laubsäge entfernt. Nicht in die Zargen schneiden!

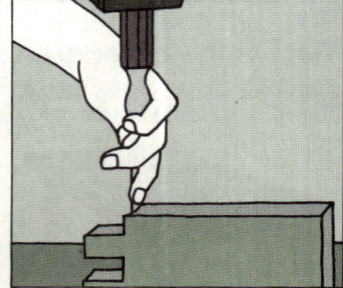

13. Nun sticht man die Holzreste aus den Schlitzen. Die Hohlkreisbogen an den Grundflächen der Schlitze werden ausgestemmt

Klappenstütze geraderichten

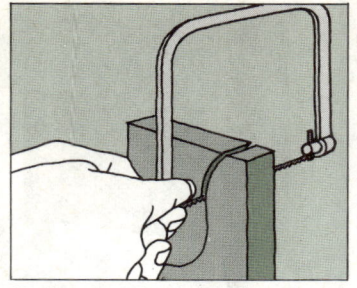

14. Den alten beweglichen Stützarm legt man auf den neuen Holzteil und zeichnet die Konturen mit dem Bleistift genau an

15. Der neue Arm wird dicht an der angezeichneten Linie mit einer Laub- oder Stichsäge ausgesägt und anschließend glattgeschliffen

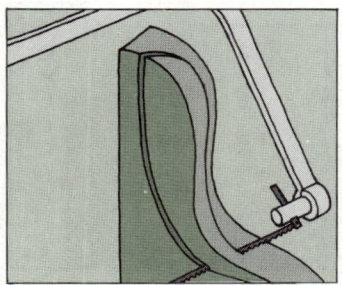

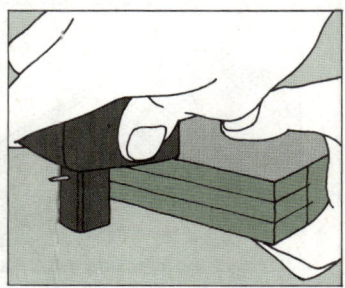

16. Den Griffausschnitt des alten Arms zeichnet man auf dem neuen genau an und entfernt das Holzstück mit Säge und Raspel

17. Die Breite und Tiefe des Schlitzes im Tischbein werden auf dem Ende des neuen festen Stützenteils mit dem Streichmaß angerissen

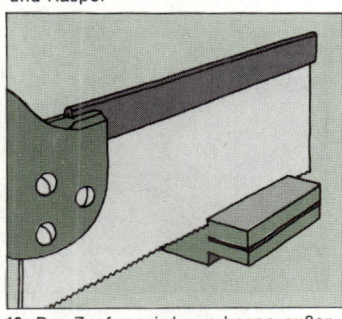

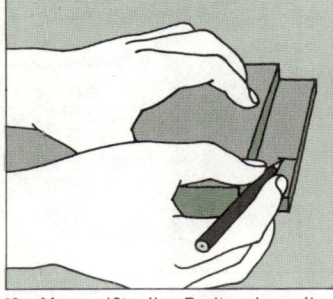

18. Der Zapfen wird nun knapp außerhalb der Markierungen angesägt. Dabei zunächst mit dem Faserverlauf und dann quer dazu sägen

19. Man mißt die Breite des alten Zapfens, zeichnet sie auf dem neuen an und sägt dann diesen millimetergenau auf das richtige Maß

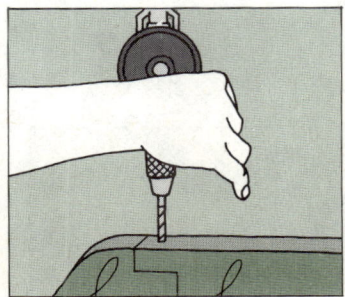

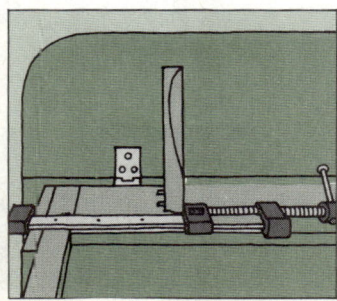

20. Die ineinander geschobenen Scharnierteile einspannen, von beiden Kanten her durchbohren und den Rundstahl in die Bohrung klopfen

21. Der Zapfen der Stütze wird in den Schlitz im Tischbein geleimt und eingespannt. Die Stütze schraubt man von hinten durch die Tischzarge an

Abklappbare Tischplattenteile werden früher oder später aus der Waagrechten nach unten durchgedrückt. Bei schweren Belastungen können sich sowohl die Scharniere der Platte selbst als auch die Befestigung der Stützen – vor allem bei Metallstützen – lockern.

Um den Fehler zu beseitigen, zieht man zunächst alle Schrauben an. Besteht weiterhin Spielraum zwischen der aufgeklappten Platte und den Stützen, so stellt man den Tisch auf den Kopf und prüft, ob der Hauptteil der Tischplatte auch fest mit dem Gestell verbunden ist.

Aufgeklappte bewegliche Tischplattenteile müssen fest auf der ganzen Länge der Stützen liegen und eben mit der festen Tischplatte sein. Andernfalls muß man bei hölzernen Stützen die Klappen unterlegen, während man bei Metallstützen das untere Ende der Scharniere unterlegt.

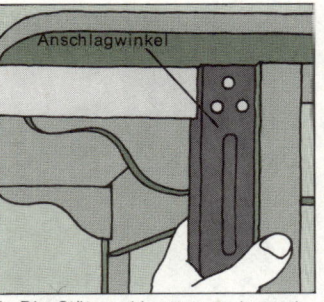

Anschlagwinkel

1. Die Stützen klappt man im rechten Winkel auf und prüft nach, ob ihre Enden die Tischklappe gleichmäßig berühren

> **Material:** *Hartholzstreifen, Senkholzschrauben*
> **Werkzeug:** *Hobel, Anschlagwinkel, Schraubenzieher*

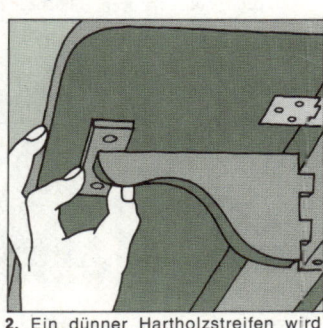

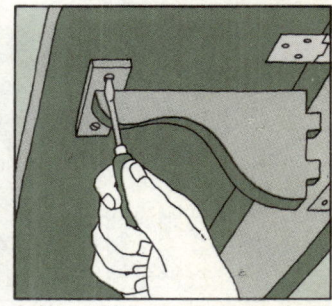

2. Ein dünner Hartholzstreifen wird so zurechtgehobelt und der Tischklappe unterlegt, daß diese genau waagrecht liegt

3. Man prüft nochmals nach, ob die Tischklappe genau eben ist, dann wird der Unterlegstreifen mit versenkten Schrauben befestigt

---

METALLSTÜTZEN

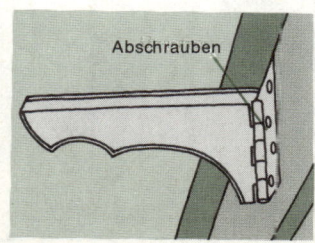

Abschrauben

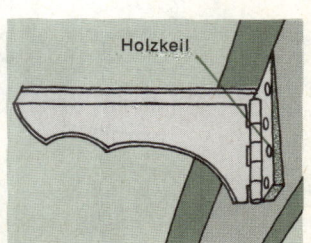

Holzkeil

1. Wenn das Ende der Metallstütze die Klappe nicht berührt, schraubt man die Stütze ab

2. Ein passender dünner Holzkeil wird unter das Scharnier geschoben und mit verschraubt

337

Möbel

Ein Schubladenvorderstück reparieren

Wenn ein Riß regelmäßig verläuft, kann er meist ohne Schwierigkeiten verleimt werden.

Falls er aber ausgesplittert ist, muß das Vorderstück abgenommen werden. Man hobelt beide Kanten des Risses glatt und leimt einen passenden neuen Holzstreifen dazu, damit das Brett seine ursprüngliche Größe behält.

Material:	Weißleim
	Holzstreifen
Werkzeug:	Hobel, Anschlagwinkel Stecheisen

1. Man entfernt den Schubladenboden und klopft mit Hammer und Zulage die Verbindungen zwischen Vorder- und Seitenteilen auseinander

2. Das Vorderstück sägt man am Riß auseinander und hobelt die Kanten rechtwinkelig; mit dem Anschlagwinkel prüft man die Kantenflächen nach

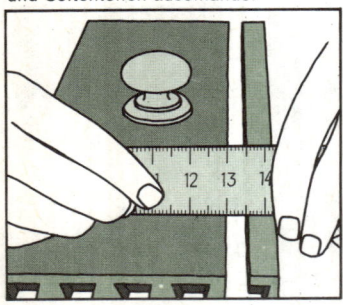

3. Die Teile des Vorderstücks legt man flach hin und bestimmt nach der Höhe der anderen Schubladen die Breite des Ersatzstücks

4. Ein passender Holzstreifen wird zurechtgehobelt und von beiden Seiten in den Schlitz geleimt. Das Vorderstück wird fest eingespannt

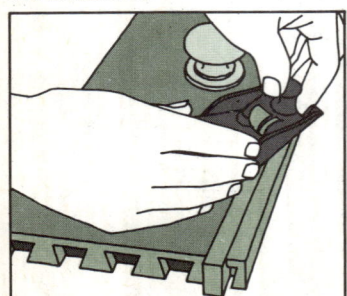

5. Wenn der Leim abgebunden hat, wird der Füllstreifen auf der Vorder- und Rückseite eben und glatt gehobelt und geschliffen

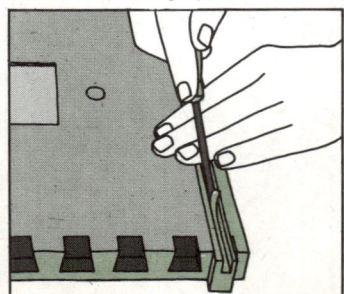

6. Falls erforderlich, wird eine Nut für den Boden ausgestochen. Die Streifenenden werden abgesägt und Schwalbenschwanzschlitze ausgestochen

Klemmende Schubladen

doch wieder, wenn die Räume gut ausgetrocknet sind.

Beschädigte Laufleisten ersetzt man durch Hartholzleisten. Klemmt eine Schublade, weil die Unterkanten ungleichmäßig abgenutzt sind, leimt man dünne Hartholzleisten darunter und hobelt sie glatt.

Die Gleitschienen mit Kerzenwachs einzureiben empfiehlt sich nicht, da sich daran Schmutz sammelt. Besser ist, Bohnerwachs dünn aufzutragen und mit einem Hartholzstückchen zu glätten.

Vor allem in Neubauten können Schubladen leicht klemmen. Meist schwindet das Holz je-

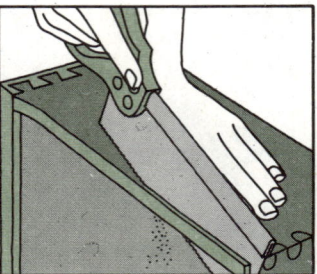

1. Eine gerade Linie wird möglichst dicht an der Unterkante der Schubladenseite markiert und der dünne Streifen abgesägt; dabei darf das Vorderstück nicht beschädigt werden

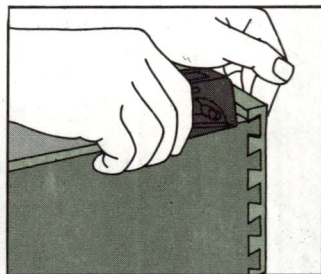

2. Die Kante wird rechtwinkelig und eben gehobelt. Dann wird eine Hartholzleiste von der erforderlichen Höhe und 2 mm stärker als das Seitenteil zugeschnitten

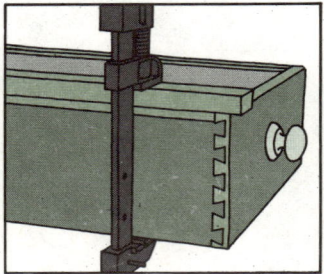

3. Die Leiste wird angeleimt und mit Holzzulagen eingespannt, damit die Schublade nicht beschädigt wird. Den überschüssigen Leim wischt man sorgfältig weg

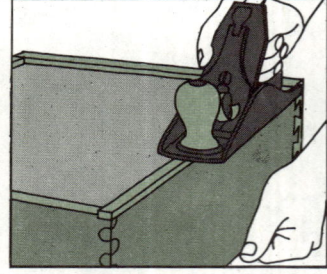

4. Wenn der Leim gut getrocknet ist, wird die neue Laufleiste seitlich und unten nachgehobelt und geglättet. Man bricht die Kanten und reibt die Laufflächen mit Bohnerwachs ein

5. Manchmal ist es nötig, die Oberkante eines neuen Schubladenvorderstücks nachzuhobeln, damit es nicht klemmen kann

Lockere Stuhllehnen und -beine reparieren

Bei Stühlen ohne Verstrebungen (Stege) kann sich die Verbindung zwischen Sitzrahmen und Stuhlbeinen lockern. Bei Polsterstühlen muß man vor der Reparatur das Polster teilweise entfernen. Wenn bei alten Möbeln Tierleim benutzt wurde, nimmt man ihn auch für die Reparatur. Sonst nimmt man Weißleim (PVA-Leim).

Material: Dübelholz (10 mm), Weißleim
Werkzeug: Schraubenzieher, Holzhammer, Bohrmaschine mit 10-mm-Bohrer, Bleistift, Rückensäge oder Feinsäge, Schraubknechte

1. Das Besatzband (siehe S. 361) und der Polsterbezug werden von der hinteren Zarge und 15 cm weit von den Seitenzargen entfernt

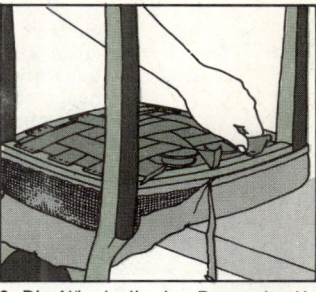

2. Die Nägel, die den Bezug der Unterseite und die Gurte festhalten, werden entfernt. Wenn sie schadhaft sind, wirft man Bezug und Gurte weg

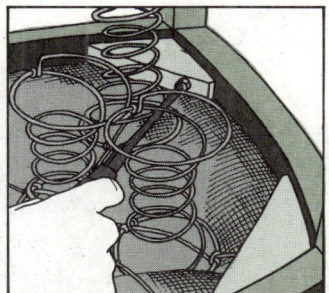

3. Die Schrauben der Eckklötze werden gelöst und die Klötze durch kurze Schläge mit dem Hammer aus der Verleimung herausgeklopft

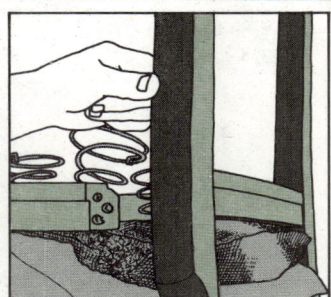

4. Die Nägel, die die Polsterleinwand und die Federverschnürung an der hinteren Zarge befestigen, werden vorsichtig herausgezogen

5. Dem Winkel der Seitenzargen folgend, werden die Dübel aus den Zargen und Hinterbeinen herausgebohrt und die Löcher gesäubert

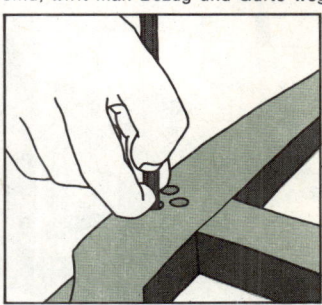

6. Mit einem Bleistift wird die Tiefe der Dübellöcher in beiden Zargen und in den zugehörigen Beinen möglichst genau gemessen

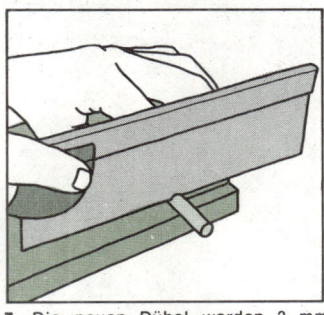

7. Die neuen Dübel werden 3 mm kürzer als die jeweilige Dübellochtiefe zugeschnitten und ebenso wie die Löcher numeriert

8. Die Dübel werden in die Hinterbeine geleimt und mit dem Hammer festgeklopft; dann werden die Zargen auf die Dübel geleimt

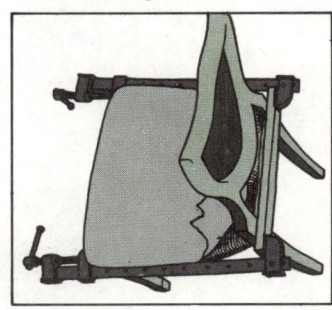

9. Den Stuhl spannt man mit zwei Schraubknechten ein (siehe S. 328). Zum Schutz der Oberfläche werden Weichholzleisten zwischengelegt

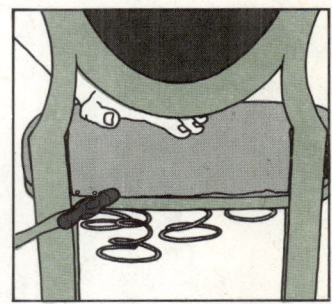

10. Die Gurte und die Polsterung werden neu befestigt, ebenso die Eckklötze. Beschädigte Teile werden durch neue ersetzt(siehe S. 340 u. 357)

Reparatur einer Stuhlzarge

Wenn ein Stuhl mehrfach neu gepolstert wurde, können die Zargen dort zu splittern anfangen, wo die vielen Nägel entfernt und neu eingeschlagen wurden.

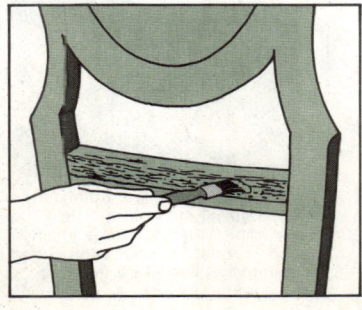

1. Vorder-, Ober- und Rückseite der Zarge bestreicht man mit Leim und schneidet einen darüber passenden Leinenstreifen zurecht

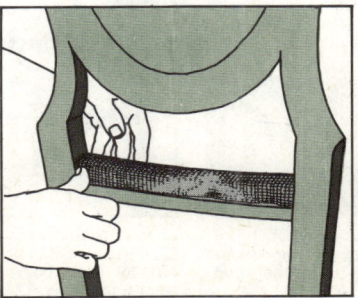

2. Den Streifen legt man über die Zarge und bestreicht sie nochmals mit Leim. Trocknen lassen und neu polstern (siehe S. 356)

Möbel

Einen gebrochenen Steg reparieren

Ist ein Steg eines Stuhles gebrochen, nimmt man ein zum Stuhlgestell passendes Holzstück, das etwas stärker ist als der alte Stab. War dieser quadratisch oder rechteckig, hobelt man den neuen entsprechend zurecht. Ein runder Stab wird mit Schabhobel und Raspel hergestellt.

Material: Passendes Holz, 3 mm breiter und dicker als der alte Stab, Länge wie dieser plus Breite der Stuhlbeine, Tierleim
Werkzeug: Rückensäge, Schabhobel, Schlichthobel, Zirkel, Bleistift, Maßstab, Raspel, Bohrwinde mit Bohrer, Stecheisen, Schleifpapier

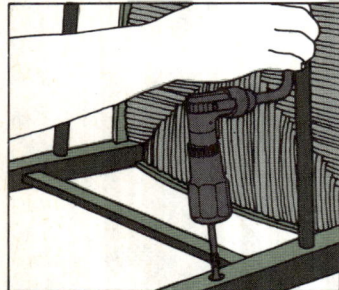

1. Man mißt die Beinstärke, zieht 10 mm ab und markiert diese Länge am Bohrer mit Klebestreifen. So werden die Löcher tief ausgebohrt

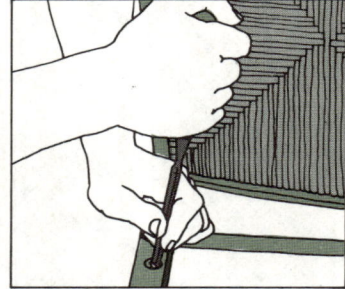

2. Die Holzreste werden mit einer dünnen Feile entfernt. Zum Abstand der Beine addiert man die Bohrlochtiefe und zieht 6 mm ab

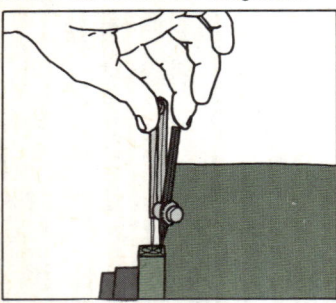

3. Den neuen Holzstab sägt man auf diese Länge und zeichnet dann mit dem Zirkel auf beide Enden Kreise vom Durchmesser des alten Stabs

4. Der Stab wird eingespannt und mit dem Schabhobel von der Mitte aus nach den Kreisen auf den Enden zu rund gearbeitet (falls erforderlich)

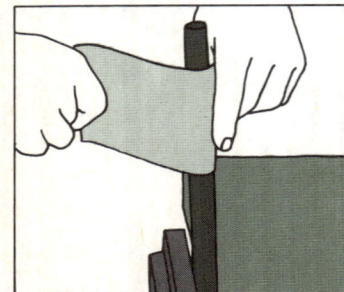

5. Mit der Feile wird dem Stab die endgültige Form gegeben, dann werden alle Flächen mit mittlerem und feinem Schleifpapier geglättet

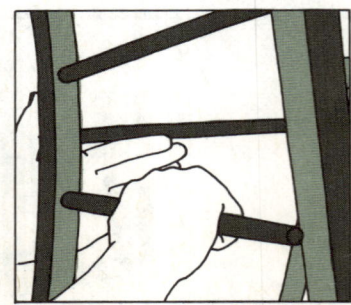

6. Jetzt probiert man aus, ob der neue Stab paßt; falls nicht, wird er weiter mit der Feile bearbeitet. Den fertigen Stab leimt man ein

Einen neuen Eckklotz einsetzen

Wenn ein Eckklotz der Gestellverstärkung sich gelockert hat, wird ein neuer von gleicher Größe und Dicke eingeleimt.

Material: 25 mm dickes Hartholz, Holzschrauben 5 x 40, Tierleim
Werkzeug: Schraubenzieher, Bohrwinde mit 15-mm-Bohrer, Handbohrmaschine mit 5-mm-Bohrer, Rückensäge, Hobel

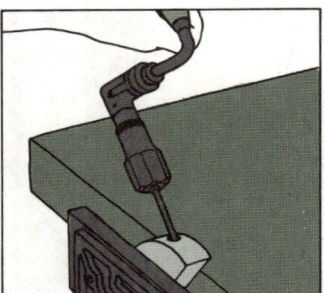

1. Holzdreieck oder Kreissegment sägen. Man bohrt in dessen längste Seite zwei 15-mm-Löcher bis auf 20 mm an die geraden Seiten heran

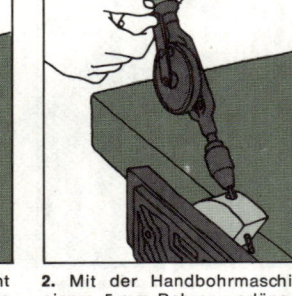

2. Mit der Handbohrmaschine und einem 5-mm-Bohrer verlängert man nun die Löcher durch die restlichen 20 mm Holz

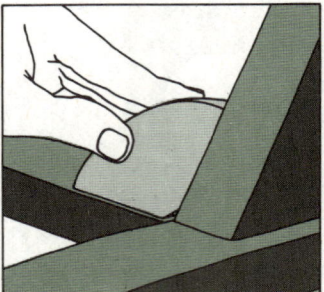

3. Die Eckklötze werden mit dem Hobel so lange bearbeitet, bis sie genau in den Winkel des Stuhlgestells hineinpassen

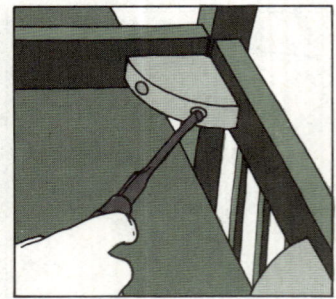

4. Die Klötze werden eingeleimt und mit zwei Holzschrauben 5 x 40 an die Stuhlzargen geschraubt. Die 15-mm-Löcher bleiben offen

EINE LOCKERE ECKE BEFESTIGEN

1. Will man lockere Stuhlzargen neu befestigen, müssen die Teile zunächst auseinandergenommen und sorgfältig von allen alten Leimresten befreit werden

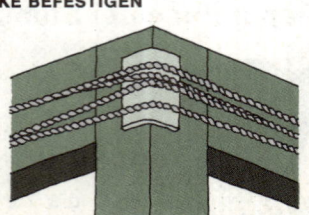

2. Nach dem Leimen und Einrichten wird die Ecke eingespannt, bis der Leim abbindet. Dazu eine angefeuchtete Schnur mehrmals fest um den Stuhl wickeln

Ausbessern einer Schadstelle in der Möbelfläche

Eine ausgesplitterte Kante läßt sich leichter reparieren als ein Loch in einer fertig lackierten Fläche. Wenn die Holzfaser nicht gebrochen ist, sondern nur eine Druckstelle hat, kann man die Vertiefung ausdämpfen. Man benutzt dazu ein heißes Bügeleisen oder einen Lötkolben und dämpft die vertiefte Stelle mit einem nassen Tuch aus. Bei Furnier darauf achten, daß es sich nicht löst.

Scharfkantige Vertiefungen, bei denen die Holzfaser gebrochen oder ausgesplittert ist, muß man ausfüllen. Man gleicht die Schadstelle dem umliegenden Bereich an, indem man die Holzmaserung mit einem spitzen Werkzeug nacharbeitet. Die vorbereitete Stelle füllt man mit Wachs (siehe S. 344) aus, glättet und ritzt die Porung ein. Um die Grundierung abzudecken und zu retuschieren, zeichnet man die Maserung nach. Mit der Spraydose lackieren.

Material: Wachskitt, Lackspraydose, Color-Tinktur, Filzstifte
Werkzeug: Stecheisen, Messer, kleiner Pinsel, Schleifpapier, Körnung 180

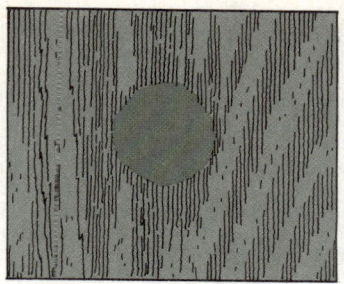

1. Beschädigte oder durchgeschliffene Holzflächen befreit man von losen Splittern und schleift die Stelle mit Körnung 180 an

2. Damit die Schadstelle so unauffällig wie möglich aussieht, muß man die Holzmaserung mit dem Stecheisen nachschneiden

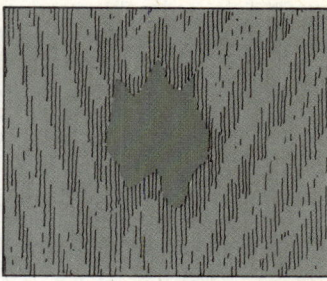

3. So sieht die vorbereitete Stelle aus. Am besten schneidet man entlang der harten Jahresringe das Weichholz heraus

4. Man wählt das Reparaturwachs nach dem hellsten Farbton des Holzes aus und drückt es mit einem Holzspatel oder erwärmten Stecheisen ein

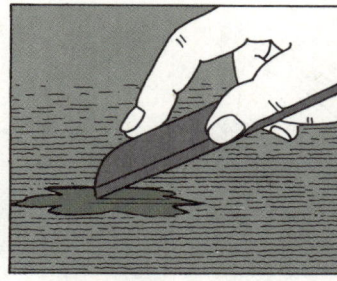

5. Mit einem Messer oder Spitzbohrer ritzt man die Poren ein. Bei einer durchgeputzten Stelle wird nur retuschiert (gefärbt)

6. Auf der lackgrundierten Stelle zieht man mit einem feinen Pinsel oder mit Filzstiften die Holzmaserung möglichst naturgetreu nach

Einen Kratzer aus einer Hochglanzfläche entfernen

Kratzer in hochglänzenden Flächen (Polyester-, Plexiglas- oder Schichtstoffplatten) kann man entfernen. Voraussetzung ist, daß die Lack- bzw. Harzschicht noch dick genug ist. Wenn die Beschädigung bis auf das Holz bzw. auf die Dekorschicht reicht, muß man die Stelle zuerst mit entsprechendem Lackmaterial ausfüllen.

Man schleift den Kratzer mit den angegebenen Körnungen in immer größeren Runden aus, anschließend arbeitet man mit der Schwabbelscheibe unter Verwendung von mittelfeinem und feinstem Schwabbelwachs nach. Zum Schluß entfernt man mit Polish die letzten Wachsspuren und bringt die gesamte Fläche mit der Lammfellscheibe auf Hochglanz.

Material: Schleifpapiere, Schwabbelwachse, mittelfein und feinst, Polish
Werkzeug: Winkelschleifer, Schwabbelscheibe (Molton), Lammfellscheibe

Lackoberfläche

1. Schnitt durch das Schleifbild. Man legt das Schleifpapier mit der angegebenen Körnung (180 bis 500) jeweils über einen filzbelegten Schleifklotz und schleift zunächst die Beschädigung aus

Faserverlauf

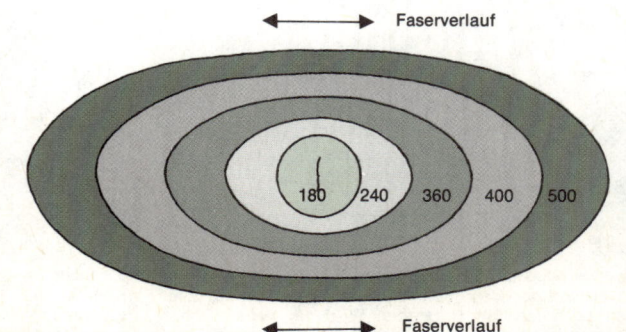

180 240 360 400 500

Faserverlauf

2. Draufsicht auf die Schadstelle. Man schleift in großen Runden oder Ovalen in Holzfaserrichtung. Die jeweils feinere Körnung schleift die Spuren der vorherigen Körnung aus. Nach dem Schleifen schwabbelt man

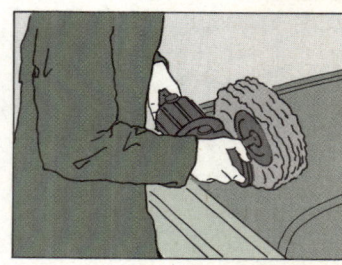

3. Man trägt Schwabbelwachs auf die Moltonschwabbelscheibe auf und arbeitet dann längs und quer

4. Fläche mit Polish einlassen; dann mit der Lammfellscheibe polieren

Möbel

Das Rohrgeflecht eines Stuhls erneuern

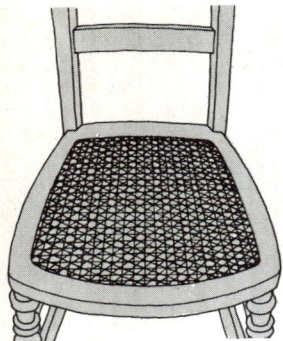

Die Erneuerung der Sitzfläche eines Stuhls mit Rohrgeflecht erfolgt in sieben Arbeitsgängen:
1. Rohr von vorn nach hinten führen
2. Rohr quer über den Stuhl führen
3. Zweite Schicht von vorn nach hinten anbringen
4. Zweite Querschicht anbringen
5. Diagonalschicht anbringen
6. Diagonalschicht in der entgegengesetzten Richtung anbringen
7. Abschlußrand mit Hilfe eines umlaufenden Rohrstückes herstellen.

Für die Arbeitsgänge 1 bis 4 verwendet man gespaltenes Rohr Nr. 2, für die Arbeitsgänge 5 und 6 Nr. 3 und für den 7. Arbeitsgang Nr. 6 und Nr. 2. Um die Löcher zu schließen, benutzt man dickeres Korbrohr.

Das Rohr wird vor Gebrauch fünf Minuten eingeweicht und während der Arbeit in einer Plastiktüte aufbewahrt, damit es feucht bleibt. Um das Rohr während der Arbeit festzuhalten, besorgt man sich am besten im Sportgeschäft etwa 20 der beim Golfspiel benutzten „Tees" (siehe Abbildung unten).

Ehe man das neue Rohr einzieht, werden die Löcher mit einer stumpfen Ahle frei gemacht. Während der späteren Arbeitsgänge, wenn die Löcher durch bereits durchgezogenes Rohr verengt sind, verwendet man eine Schnürnadel. Bei runden Stuhlsitzen wird das Einfaßrohr an jedem Loch befestigt, bei geraden Kanten an jedem zweiten.

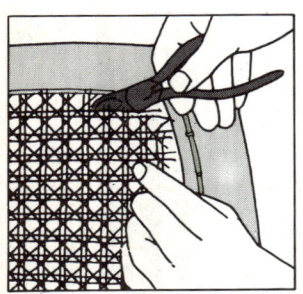

1. Das alte Rohrgeflecht wird entfernt, indem man es mit dem Seitenschneider aus dem Stuhlrahmen herausschneidet

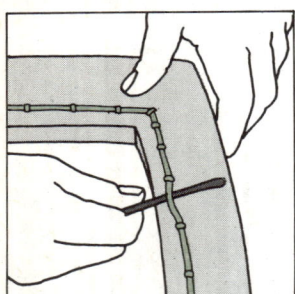

2. Das Einfaßrohr wird mit einem Schraubenzieher angehoben und herausgezogen. Dabei den Rahmen nicht beschädigen!

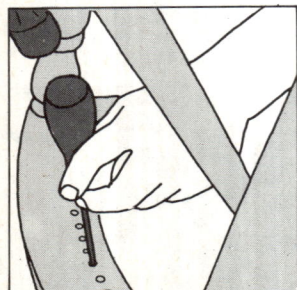

3. Um die Löcher frei zu machen, wird eine Ahle erst von unten und dann von oben durch jedes Loch im Rahmen geschlagen

---

ARBEITSGANG 1

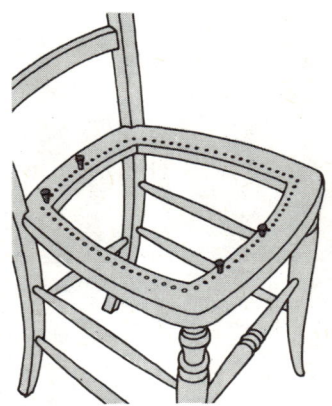

1. Je ein Tee ins mittlere Loch vorn und hinten stecken. Ein weiteres ins äußerste linke Loch hinten stecken. Löcher zwischen den hinteren Tees zählen. Gleiche Anzahl Löcher vorn von der Mitte aus abzählen und mit einem Tee markieren

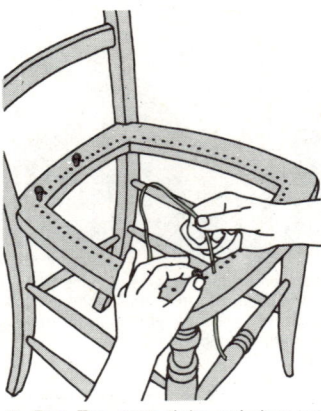

2. Das Tee vorn links anheben und ein Stück Peddigrohr durch das Loch führen, so daß etwa 75 mm unter dem Stuhl hängen. Mit dem Tee befestigen, zum hinteren Randloch führen, von oben durchziehen, spannen und ebenfalls befestigen

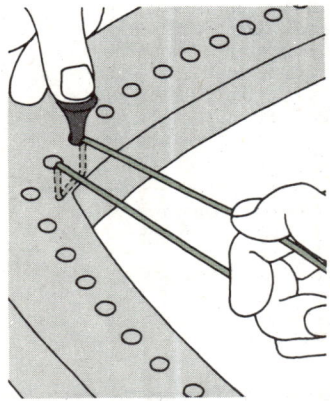

3. Das Peddigrohr durch das Loch rechts daneben wieder nach oben führen, spannen und das Tee zur Befestigung umstecken. Das Rohr zum gegenüber liegenden Loch auf der Vorderseite führen, spannen und mit einem neuen Tee befestigen

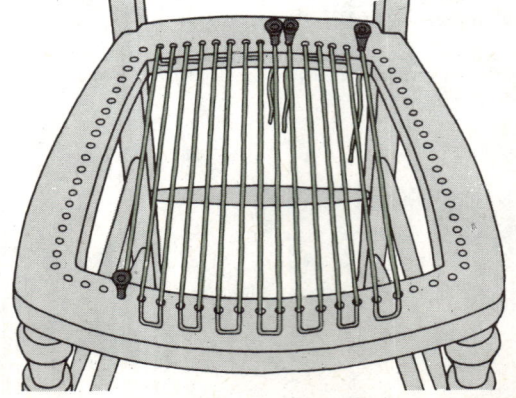

4. Rohr durchs nächste Loch nach oben führen und mit dem Tee von der Mitte befestigen. Wiederholen bis zum letzten Loch auf der Rückseite. Wird ein neues Rohrstück benötigt, befestigt man das Ende des alten Stücks sowie den Anfang des neuen jeweils mit einem Tee, und zwar so, daß die losen Enden nach unten hängen

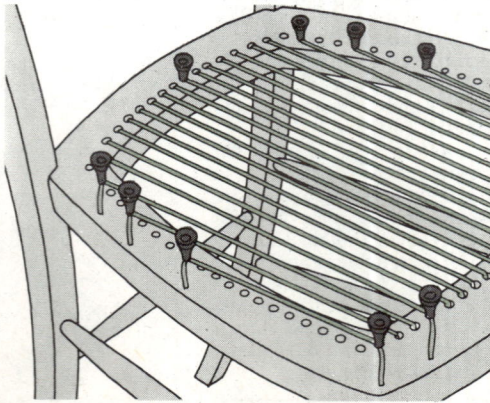

5. Jetzt werden die Seitenteile ausgefüllt, wobei das Rohr an den Seiten des Stuhlsitzes parallel zum Mittelteil geführt werden muß. Man benutzt die Seitenlöcher nach Bedarf, nicht jedoch die vier Endlöcher. Müssen neue Rohrstücke verwendet werden, befestigt man die losen Enden mit zusätzlichen Tees

ARBEITSGANG 2

In genau der gleichen Weise führt man das Rohr quer über die Sitzfläche. Es wird dabei auf die erste Schicht gelegt und nicht damit verflochten

ARBEITSGANG 3

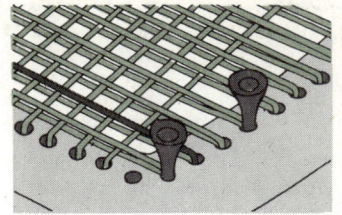

Eine zweite Rohrschicht legt man von vorn nach hinten, auch ohne sie mit der ersten Schicht zu verweben. Lose Enden werden wie bisher befestigt

ARBEITSGANG 4

Eine zweite Querschicht wird gelegt, wobei das Rohr unter die erste von vorn nach hinten verlaufende Schicht und über die zweite geführt wird

ARBEITSGANG 5

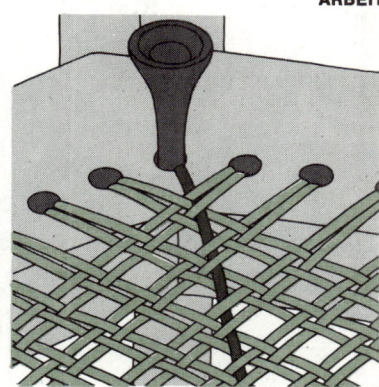
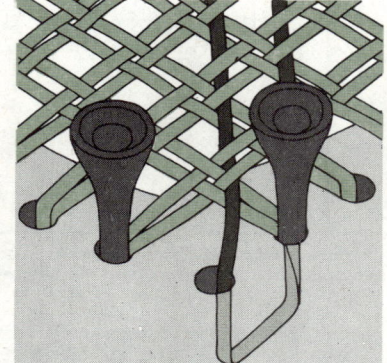

1. Erste Diagonallinie von der Ecke hinten rechts nach vorn links führen. Rohr unter die Querrohre und über die von vorn nach hinten verlaufende legen. Etwa 5 cm flechten, dann spannen. Der Rohrfaden muß flach liegen

2. Rohr durchs linke Eckloch nach unten und durchs letzte Loch der Vorderseite nach oben führen. Anziehen und befestigen. Wiederholen, bis rechtes Dreieck ausgefüllt ist. Vom gleichen Eckloch ausgehend, anderes Dreieck ausfüllen

ARBEITSGANG 6

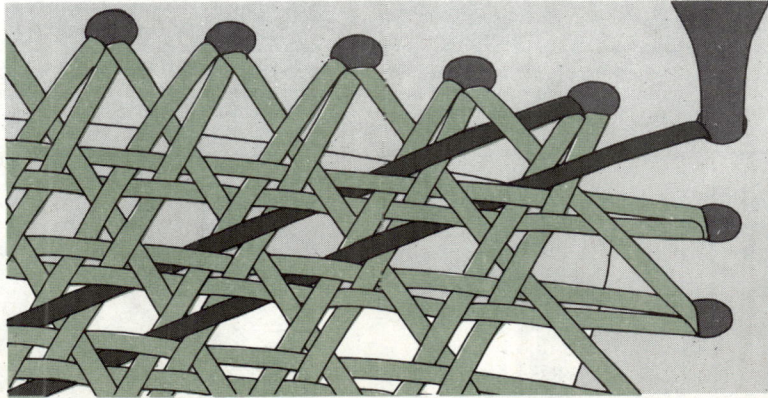

Die zweite Diagonalschicht von hinten links nach vorn rechts ausführen. Beim Flechten umgekehrt vorgehen, so daß das Rohr über die quer verlaufenden Fäden und unter die von hinten nach vorn ver- laufenden Reihen geführt wird. Das Rohr muß man, wie es weiter oben beschrieben worden ist, in kurzen Abständen straff- ziehen und jeweils mit einem Tee be- festigen

ARBEITSGANG 7

1. Kleine Stopfen aus Korb- rohr zuschneiden, mit Löchern neben Ecklöchern beginnen, jedes zweite Loch schließen, wenn unter dem Stuhl ein Rohrende herabhängt

2. Die Rohrstopfen mit einem Hammer und einem kleinen Holzpflock bis knapp unter die Oberfläche des Stuhlrah- mens einschlagen. Rohrenden unter dem Stuhl abschneiden

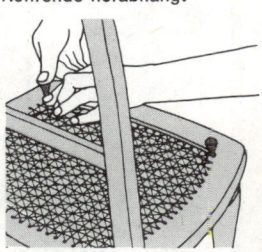
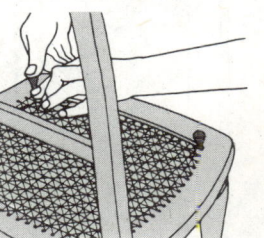

3. Ein Stück Rohr Nr. 6 etwa 25 mm länger als die Vorder- kante des Stuhls abschneiden und einweichen. Die Enden in beide Ecklöcher stecken und mit Tees befestigen

4. Ein Stück Rohr Nr. 2 durch das erste freie Loch von un- ten nach oben führen, über das Abschlußrohr legen und durch das gleiche Loch wie- der nach unten führen

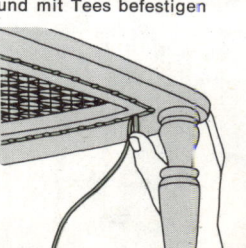
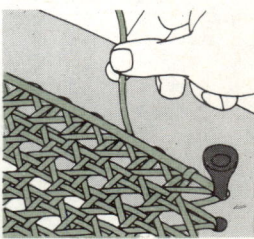

5. Das Rohr straff anziehen und mit einem Korbrohrstop- fen von unten befestigen. Das kurze Ende abschneiden und mit dem langen Ende weiter- arbeiten

6. An jedem zweiten Loch der Vorderseite Vorgang wieder- holen. An den anderen Seiten entsprechend verfahren. Die Tees entfernen und die Eck- löcher schließen

Möbel

Holzschäden mit Wachs ausbessern

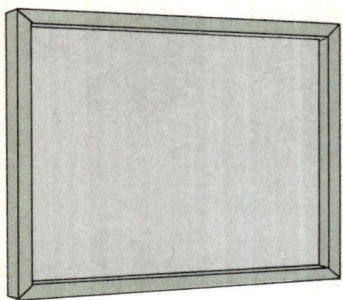

Kleinere Beschädigungen an Möbeln, wie sie besonders bei Umzügen entstehen, können mit eingefärbten Wachskittstangen ausgebessert werden.

Da die Reparaturstelle natürlich möglichst wenig auffallen soll, muß der Farbton des Wachses auf den des Holzes abgestimmt werden.

Findet man im Geschäft keine Wachskittstange passender Farbe, kann man sich helfen, indem man zwei oder drei unterschiedlich getönte Stangen oder Teile davon miteinander mischt, d. h. verschmilzt. Die reparierte Stelle

sollte ein klein wenig heller erscheinen als die übrige Fläche.

Die verschiedenen Stücke werden in einer Dose oder in einem andern geeigneten Blechbehälter auf dem Herd oder mit einer Lötlampe geschmolzen. Dabei darf die Flamme nicht auf die Gase überschlagen, die sich über dem heißen Wachs bilden, denn sie sind leicht entflammbar.

Mit Wachskittstangen lassen sich außer Absplitterungen auch kleine Löcher (z. B. von Holzwürmern) verschließen. Die ausgebesserte Stelle wird hinterher passend zur Holzoberfläche be-

handelt, z. B. mattiert. Polituren haften auf Wachs nicht.

Wenn man wegen des Farbtons eine Wachsmischung herstellen muß, sollte man nicht zuviel einschmelzen, denn oftmals genügt schon eine kleine Menge zum Ausbessern.

Material: Wachskittstangen im gewünschten Farbton, Mattierung
Werkzeug: Feinstes Schleifpapier, Dose, alter Löffel, Klebeband, Stemm- oder Stecheisen, Kittmesser, Kochherd oder Lötlampe

1. Benötigte Menge Wachs in eine Dose füllen und auf dem Herd oder mit dem Lötbrenner schmelzen

2. Wachsmischung gut durchrühren. Tönung immer wieder durch Vergleich mit der Holzfarbe prüfen

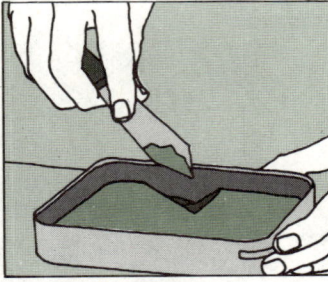

3. Wachs abkühlen lassen. Wenn es erhärtet ist, nimmt man es stückweise mit dem Kittmesser aus der Dose

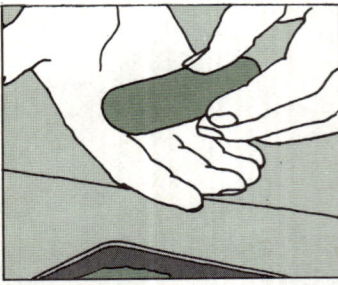

4. Wachs zwischen den Händen zu einer Wurst rollen. Nochmals die Farbschattierungen prüfen

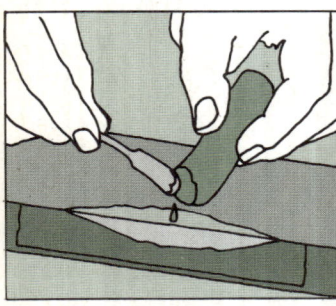

5. Klebeband auf die Seitenfläche der schadhaften Kante kleben. Löffelstiel erwärmen, gegen das Wachs drücken

6. Die Schadstelle reichlich mit Wachs ausfüllen, da dieses beim Abkühlen noch schrumpft

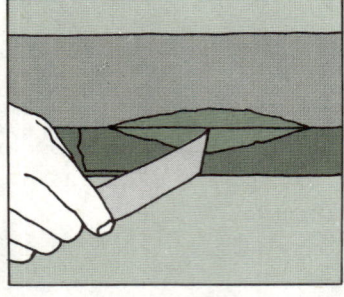

7. Klebeband vom erhärteten Wachs abziehen. Darauf achten, daß es dabei nicht mit herausgezogen wird

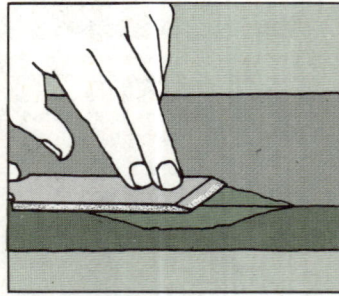

8. Ein Stemmeisen flach über die Holzoberfläche führen und überstehendes Wachs abstechen. Fläche glätten

9. Ränder der Wachsfüllung leicht mit feinstem Schleifpapier bearbeiten, bis sie sich dem Holz anpassen

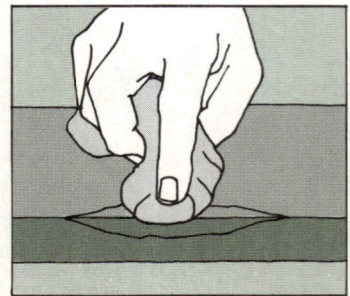

10. Reparaturstelle zum Holz passend mattieren oder polieren, wodurch das Wachs gleichzeitig versiegelt wird

LÖCHER AUSFÜLLEN

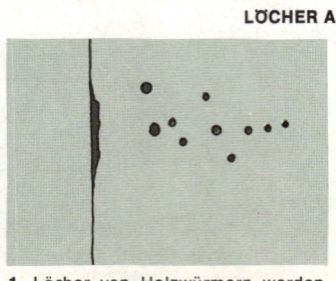

1. Löcher von Holzwürmern werden mit einem Spezialmittel zur Schädlingsbekämpfung vorbehandelt

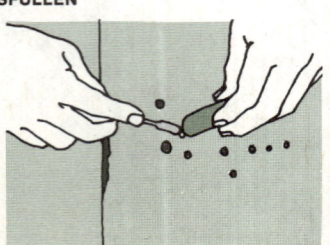

2. In die Löcher mit einem heißen Löffelstiel Wachs träufeln. Anschließend glätten und mattieren

Musikinstrumente

Blockflöten reinigen und pflegen

Eine Blockflöte muß nach jedem Spiel gereinigt werden. Wenn man keine Flötenbürste hat, zieht man mit einer Nadel einen Faden durch ein Seidentuch, läßt die Nadel durch die Flöte fallen und zieht damit das Tuch hindurch. Alle zwei Wochen muß die Flöte geölt werden. Hierfür gibt man ein wenig Mandelöl auf die Bürste oder auf das Seidentuch. Das Mundstück reinigt man von innen mit Holzstäbchen und Tuch.

TENORFLÖTE
Mundstück
Aufschnitt
Kopfstück

Mundstück
Aufschnitt
Kopfstück
Körper

SOPRANFLÖTE

Die Grifflöcher werden mit einer kleinen harten Bürste sorgfältig gereinigt

Griffloch
Körper
Griffloch
Doppelgrifflöcher
Doppelgrifflöcher
Klappe
Schallstück

Eine Flöte abdichten

Die Teile einer Blockflöte sollten so satt miteinander verbunden sein, daß die Verbindungen absolut luftdicht sind. Denn sonst hält das Instrument die Töne nicht oder erzeugt von vornherein falsche Töne. Bei einer neuen Flöte sind die Verbindungsstücke mit einem Spezialfaden umwickelt, und manche Instrumente sind gelegentlich mit Kork abgedichtet.

Wenn der Faden oder die Korkdichtung abgenutzt ist, genügt es bei einer einfachen Blockflöte, wenn man das Verbindungsstück mit gewöhnlichem Faden umwickelt. Bei teureren Instrumenten ist es jedoch ratsam, nur die Spezialumwicklung zu verwenden, die man in Musikalienhandlungen kaufen kann.

Material:	Dichtungsfaden
	Talg
Werkzeug:	Rasierklinge

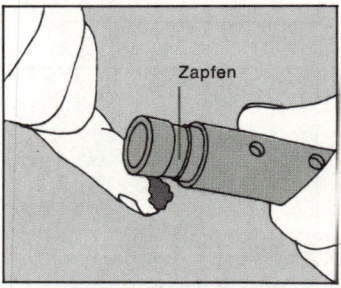
Zapfen

1. Zerfranstes oder lockeres Wickelmaterial entfernen, Zapfen reinigen und Talg dünn auftragen

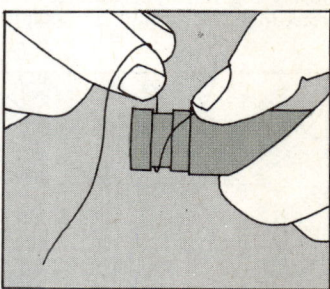

2. Ein Ende des Fadens festhalten und den Zapfen mit der anderen Hand gleichmäßig umwickeln

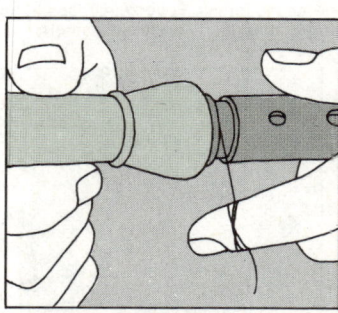

3. Wenn der Zapfen umwickelt ist, das Fadenende mit einem Finger halten und das Kopfstück aufsetzen

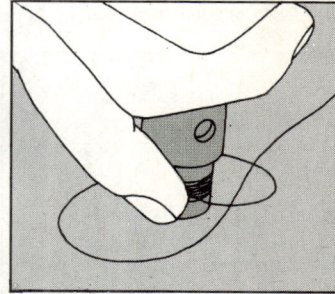

4. Sitzt das Kopfstück nicht fest, mehr Faden um den Zapfen wickeln und einfach verknoten

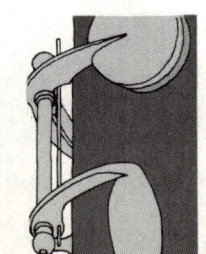

Unbeweglich und undicht gewordene Klappen von Tenorflöten kann man selbst reparieren (siehe S. 346)

MUNDSTÜCK ZUM REINIGEN ABNEHMEN

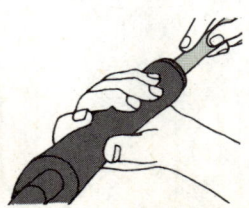

1. Man schiebt ein passendes Rundholzstück in das Kopfstück und drückt damit den Block aus dem Mundstück

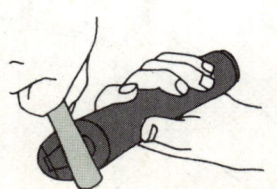

2. Wenn das Kopfstück und der Block gereinigt sind, klopft man den Block mit einem Hammerstiel ins Mundstück

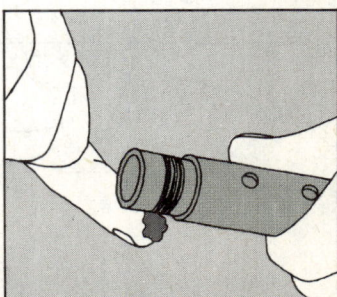

5. Die Fadenenden werden kurz abgeschnitten. Dann streicht man die Wicklung recht satt mit Talg ein, damit die Verbindungsstelle gut geschmiert ist

Musikinstrumente

Die Klappe einer Tenorblockflöte reparieren

Die Klappe am Schallstück der Tenorflöte macht dieses Instrument anfälliger für Störungen als eine Sopranflöte. Wenn der Federdraht bricht oder nicht mehr die erforderliche Spannkraft besitzt, hebt sich die Klappe nicht mehr vom Loch ab; der Federdraht muß ersetzt werden. Wenn die Korkdichtung auf der Unterseite der Klappe abgenutzt ist, schließt die Klappe nicht mehr luftdicht. Wenn das Korkpolster am hinteren Ende des Klappenhebels abgefallen, beschädigt oder verschoben ist, erhält die Klappe Falschluft und erzeugt Nebengeräusche. In beiden Fällen müssen die Korkauflagen erneuert werden.

Material: Federdraht, Kork (2 mm dick), Korkdichtung, Schellack, Kontaktkleber
Werkzeug: Draht zum Hinausschieben der Achse, Hammer, Zange, Messer oder kleiner Schraubenzieher, feines Schleifpapier

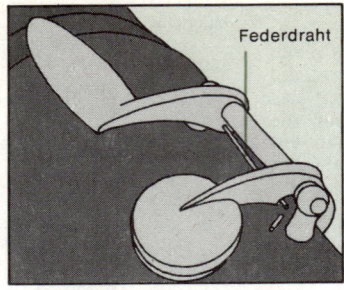

1. Wenn die Klappe sich nicht mehr vom Loch abhebt, ist der Federdraht entweder gebrochen oder zu schwach

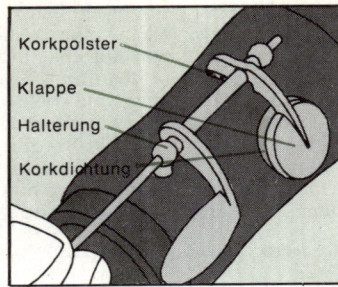

2. Klappenachse mit einem steifen Draht aus den Halterungen schieben. Klappe abnehmen, Feder entfernen

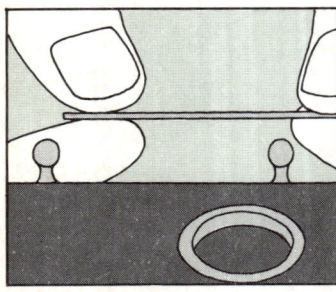

3. Neuen Federdraht an die Halterungen halten und genaue Länge markieren. Draht abschneiden

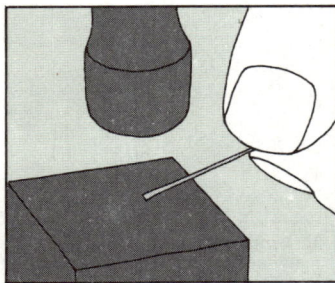

4. Ein Ende des Federdrahts über der Flamme eines Feuerzeugs ausglühen und zu einem Keil flachhämmern

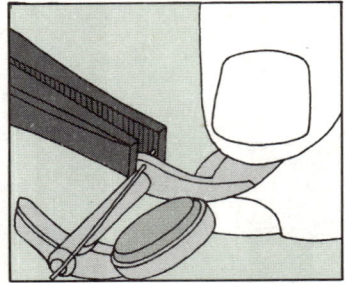

5. Federdraht mit der Zange einsetzen und darauf achten, daß das keilförmige Ende fest im Loch sitzt

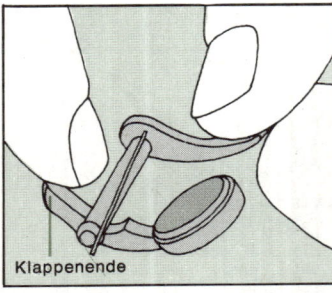

6. Korkpolster am Klappenende überprüfen. Abgenutzten oder ganz fehlenden Korkbelag ersetzen

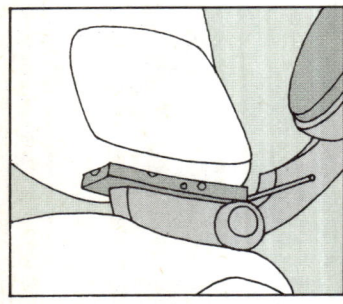

7. Korkstück etwas größer als das Ende des Klappenhebels zuschneiden und mit Kleber befestigen

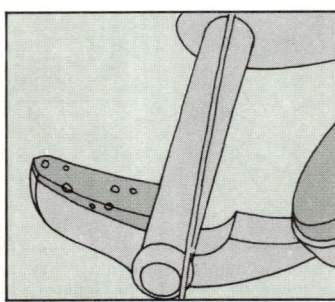

8. Wenn der Kleber trocken ist, überstehende Ränder abschneiden und die Kanten mit Schleifpapier glätten

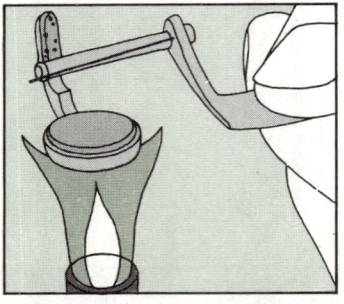

9. Die alte Dichtung wird entfernt, indem man den Schellack erwärmt, mit dem sie aufgeklebt ist

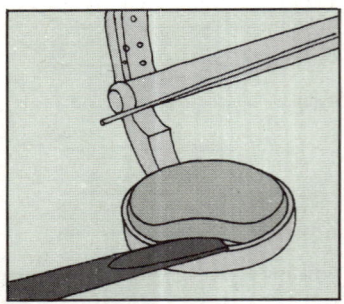

10. Man hebt den Kork aus der Klappenmulde, reinigt sie und füllt sie mit neuem Schellack

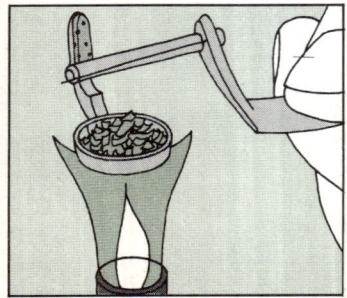

11. Klappe über kleiner Gasflamme so lange erwärmen, bis der Schellack schmilzt und in der Mulde kocht

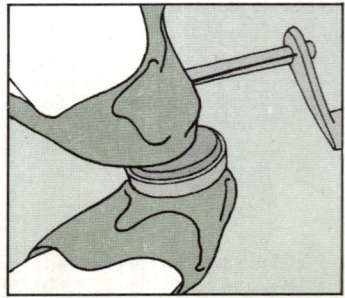

12. Finger mit Lappen schützen und die neue Korkdichtung eindrücken, ohne daß Schellack überläuft

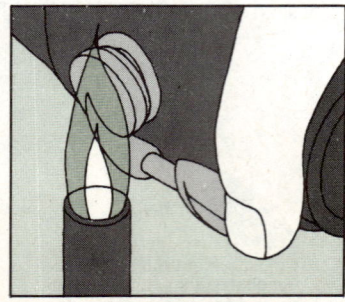

13. Die Klappe wird auf die Flöte montiert und kurzfristig erhitzt, um den Schellack weich zu machen

14. Damit die Dichtung richtig sitzt, drückt man die Klappe auf das Loch, solange der Schellack weich ist

Pflege einer Gitarre

Zur Pflege einer Gitarre reicht es aus, wenn sie einmal im Monat mit einem weichen, mit pflanzlichem Öl getränkten Lappen abgewischt wird. Das Griffbrett sollte nach dem Spielen mit einem trockenen, sauberen Tuch gereinigt werden.

Um den guten Klang der Gitarre zu erhalten, ist es auch empfehlenswert, die Saiten nach dem Spielen abzuwischen.

Etwa alle drei Monate sollten die Einzelteile der Wirbelgewinde mit etwas Graphit oder Kerzenwachs geschmiert werden. Davon darf jedoch nichts auf den Gitarrenkörper gelangen. Wenn ein Wirbel klemmt, behandelt man ihn mit einem speziellen Schmiermittel auf Graphitbasis.

Beim Reinigen oder Reparieren sollte man die Gitarre auf eine weiche Unterlage, eine alte Decke etwa, legen, um Kratzer auf dem Lack zu vermeiden. Wenn eine Schraubzwinge benutzt wird, muß man sehr vorsichtig arbeiten. Soll beispielsweise ein Riß im Korpus repariert werden, ist die Gitarrenoberfläche immer mit Lappen zu schützen. Wenn man einen selbstgemachten Spannrahmen mit Keilen verwendet, müssen diese mit Stoff umwickelt werden und dürfen nur ganz leicht eingetrieben werden. Denn die Verstärkungsrippen der Zargen im Inneren der Gitarre brechen leicht bei zu starker Beanspruchung.

Hier nun einige Vorschläge für Transport und Aufbewahrung der Gitarre: Gitarren dürfen wie auch viele andere Musikinstrumente niemals bei zu hohen oder zu niedrigen Temperaturen aufbewahrt werden, weil die Holzteile sich dadurch verziehen. Vor allem sollten sie keinem abrupten Temperaturwechsel ausgesetzt werden, es sei denn, man hat eine dicke Hülle oder, besser noch, einen Gitarrenkoffer, der mit Filz oder Samt ausgelegt ist. Eine derartige Ausrüstung ist jedoch nur für den Transport der Gitarre gedacht und nicht zur Lagerung bestimmt, weil Gitarrenhüllen und -koffer eine gleichmäßige Temperatur nur kurze Zeit erhalten können.

Man soll die Gitarre nie im Auto liegenlassen. Die starke Wärmeentwicklung im Sommer und die schnelle Abkühlung im Winter kann dazu führen, daß das Instrument unbrauchbar wird.

Zu Hause bewahrt man seine Gitarre am besten in einem Raum mit möglichst gleichbleibender Temperatur von etwa 10 bis 20° C auf und achtet darauf, daß die Luftfeuchtigkeit nicht zu gering wird. Man sollte sie nicht in die Nähe der Heizkörper bringen und auch nicht direkter Sonneneinstrahlung aussetzen.

Soll das Instrument längere Zeit nicht benutzt werden, lockert man die Saiten oder nimmt sie eventuell ganz ab. Dadurch wird verhindert, daß sich der Gitarrenhals verzieht. Man reibt den Korpus mit einem speziellen Schutzwachs für den Lack ein und deckt das Schalloch ab, damit kein Staub eindringen kann.

Griffbrett
Zarge
Bund
Korpus
Saite
Querriegel
Steg

Wirbelkasten
Walze
Wirbelgewinde

E A D G B E

Die Saiten der Gitarre

Auf dem Bild links sehen Sie die richtige Anordnung der Saiten einer spanischen Gitarre für den rechtshändigen Spieler in der international gebräuchlichen Schreibweise E A D G B E. Für Linkshänder gilt die umgekehrte Anordnung.

Die in Deutschland übliche Schreibweise für die gebräuchlichsten Gitarren lautet E A d g h e[1] (das internationale B entspricht dem deutschen H; das deutsche B wird international B[b] geschrieben). Dies ist nach den Stammtönen musikalisch richtig; die Töne der Gitarre werden jedoch eine Oktave höher, im Violinschlüssel, notiert.

Die Gitarre wird am besten nach einem Tasteninstrument, zum Beispiel Klavier oder Orgel, gestimmt. Sonst stimmt man die Gitarre nach einer Stimmgabel, die in a[1] (440 Hz) gestimmt ist.

Musikinstrumente

Einen Riß im Gitarrenkorpus leimen

Risse im Korpus einer Gitarre lassen sich nur durch Leimen reparieren. Die fachmännische Ausführung setzt umfangreiche Vorbereitungen voraus, wenn der Riß nach dem Leimen absolut dicht sein soll.

Aus kräftigen Holzleisten wird ein Spannrahmen hergestellt, der den Gitarrenkorpus rings umschließt. Er muß 25 mm länger als die Breite des zu reparierenden Teils und 15 mm höher sein. Dann werden drei Keile von etwa 8 cm Länge zugeschnitten, die am oberen Ende 25 mm dick sind und nach unten spitz zulaufen. Alle Holzteile, die mit dem Korpus in Berührung kommen, müssen mit Lappen umwickelt werden.

Zum Leimen kann man Heißleim oder Kaltleim verwenden. Das Arbeiten mit Kaltleim ist einfacher, weil Heißleim nur dann einwandfrei hält, wenn er beim Leimen noch ganz heiß ist. Trockenzeit: zwölf Stunden.

| Material: | Holz, Leim, Nägel |
| Werkzeug: | Lappen, Hammer, Pinsel |

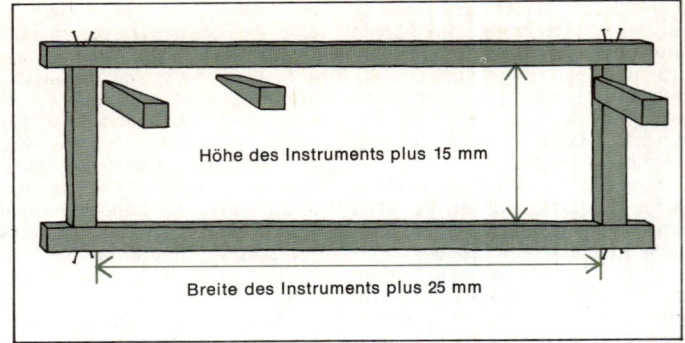

Höhe des Instruments plus 15 mm

Breite des Instruments plus 25 mm

1. Keile mit Lappen umwickeln und den Spannrahmen vor dem Leimen probeweise damit verkeilen

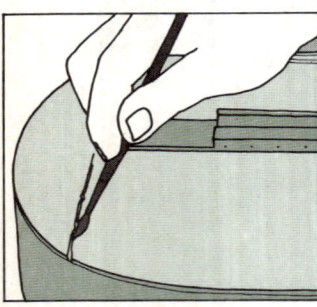

2. Rahmen wieder abnehmen. Riß vorsichtig säubern, Kalt- oder Heißleim mit dünnem Pinsel auftragen

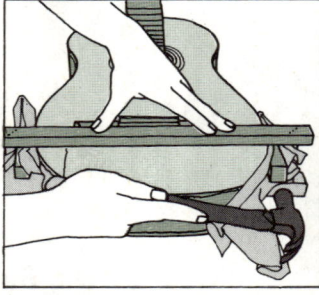

3. Spannrahmen wieder umlegen, Seitenkeile wechselseitig eintreiben, bis Leim aus dem Riß tritt

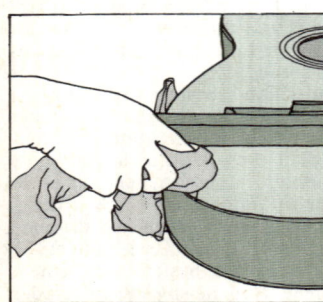

4. Ausgetretenen Leim sofort mit feuchtem Lappen entfernen. Der Riß muß dicht geschlossen sein

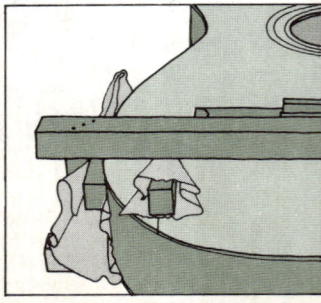

5. Dritten Keil direkt über dem Riß einschlagen, damit eine völlig glatte Deckenoberfläche entsteht

Eine neue Saite aufspannen

Wenn Sie neue Saiten für eine Gitarre kaufen, geben Sie die Art des Instruments an. Für Elektrogitarren zum Beispiel braucht man Stahlsaiten mit Metallstiften an einem Ende, für spanische Gitarren Saiten aus Nylon oder Darm; sie werden einfach am Querriegel verknotet oder mit Schleifen befestigt. Achten Sie beim Kauf auch auf die richtige Saitenstärke. Ersatzsaiten werden am besten beschriftet oder in der Originalverpackung aufbewahrt.

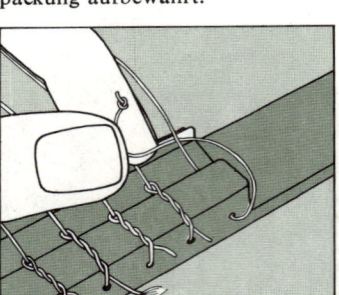

1. Saite durch das zugehörige Loch im Steg fädeln. Bei der dünnsten Saite (e¹) Ende verknoten

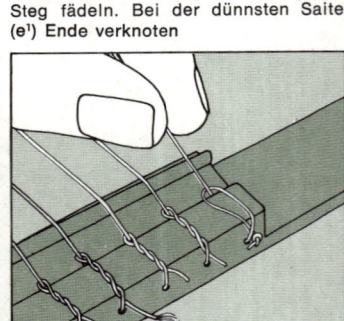

2. Kurzes, eventuell verknotetes Ende der Saite über den Querriegel und unter die Saite führen

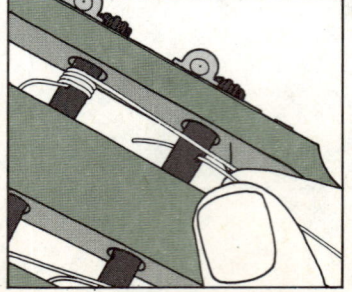

3. Das Ende durch die Schlinge stecken, und zwar mehrmals, wenn es nicht verknotet ist. Saite festziehen

4. Anderes Saitenende durch das Loch der zugehörigen Stimmwalze stecken. Walze im Uhrzeigersinn drehen

5. Die Saite um die Walze wickeln, bis sie stimmt. Darauf achten, daß die Saiten sich nicht überschneiden

Bund einsetzen

Die Querdrähte auf dem Griffbrett der Gitarre, auf die die Saiten mit den Fingern gedrückt werden, heißen Bünde. Die Abstände zwischen den Bünden nehmen vom Wirbelkasten zum Korpus hin immer mehr ab.

Die Bünde sind in Nuten eingeklemmt, ragen aber etwas über die Oberfläche des Griffbretts hinaus. Wenn sich einzelne Bünde lockern oder in der Mitte herauswölben, können beim Spielen schnarrende Geräusche entstehen. Beide Mängel können jedoch unschwer behoben werden. Lose Bünde werden durch neue ersetzt, überhöhte vorsichtig abgefeilt.

Den für die Reparatur benötigten Bunddraht erhält man in Musikalienhandlungen.

Material: Bunddraht
Werkzeug: Leichter Hammer, Kombizange, Feile, Lineal, feines Schleifpapier

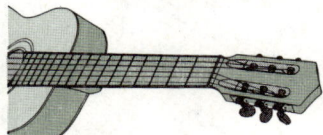

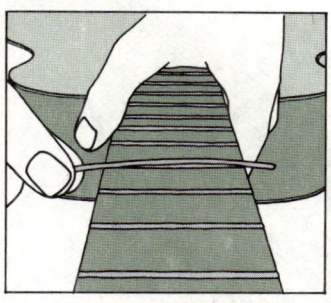

1. Saiten abnehmen und den alten Bund entfernen. Für den neuen Bund Maß nehmen, dabei 10 mm zugeben

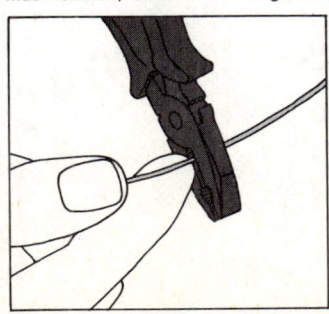

2. Den Bunddraht glatt abzwicken. Die vorhandene Biegung des Drahts darf hierbei nicht beseitigt werden

ÜBERHÖHTE BÜNDE

1. Ein überhöhter Bund kann unschöne Geräusche erzeugen. Saiten entfernen, Lineal auflegen

2. Die Oberfläche des überhöhten Bundes mit einer feinen Feile gleichmäßig flachfeilen

3. Die entstandenen Feilspuren durch Schleifen mit feinstem Schleifpapier beseitigen

3. Griffbrett abstützen, den Bunddraht auflegen und von der Mitte nach außen in die Nut treiben

Einen Wirbelkasten reparieren

Der Wirbelkastenmechanismus kann komplett oder in Teilen ersetzt werden.

Material: Wirbelkastenmechanismus oder Austauschteile
Werkzeug: Schraubenzieher, Metallsäge

1. Ist ein Schneckengetriebe am Wirbelkasten ausgeleiert oder gebrochen, baut man den Mechanismus aus

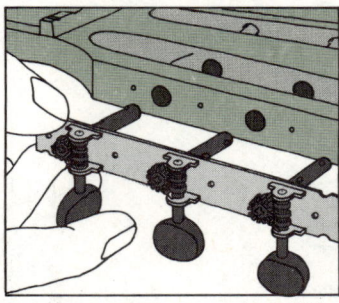

2. Neuen Mechanismus gleichen Typs einbauen. Gleichmäßig verschrauben und Saiten wieder aufziehen

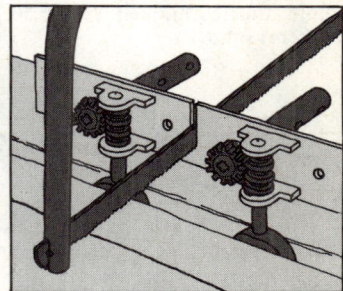

3. Stehen brauchbare Austauschteile zur Verfügung, fehlerhaftes Teil des Mechanismus heraussägen

4. Vom alten Mechanismus ein Getriebe absägen und in den beschädigten Wirbelkasten einbauen

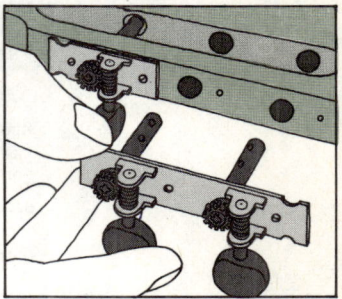

5. Die noch brauchbaren Teile des zu reparierenden Mechanismus wieder montieren und Saiten aufziehen

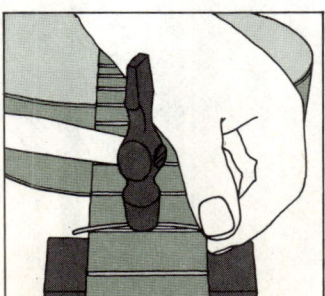

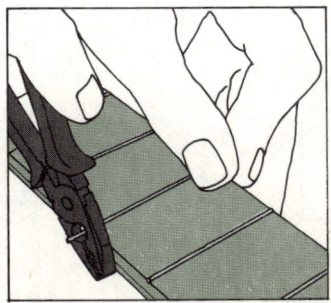

4. Den Bunddraht mit dem Seitenschneider auf beiden Seiten bündig mit den Griffbrettkanten abschneiden

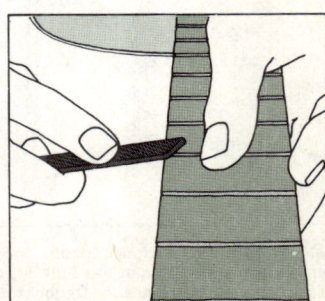

5. Die Bundenden mit einer feinen Feile vorsichtig glätten und entgraten. Dabei Griffbrett nicht beschädigen

Musikinstrumente

Die richtige Pflege des Klaviers

Größere Klavierreparaturen sollte man dem Fachmann überlassen; Wartungsarbeiten können jedoch notfalls auch vom Laien ausgeführt werden. Der größte Feind des Klaviers – wie aller Saiteninstrumente – ist ein ungünstiges Raumklima. Zu hohe und zu geringe Luftfeuchtigkeit sind gleichermaßen schädlich. Das Klavier sollte am besten in etwa 5–10 cm Abstand von einer Innenwand eines geheizten Raums stehen, in dem ein Luftbefeuchter für konstante Luftfeuchtigkeit (etwa 50 Prozent) sorgt.

Lose Elfenbeinplatten anleimen

Bei den meisten älteren Klavieren sind die Tasten noch mit Elfenbein belegt, das mit tierischem Leim auf den hölzernen Kern geklebt ist. Die Elfenbeinplatten lösen sich eher als die neuen Kunststoffbekleidungen.

Ein Elfenbeinbelag besteht aus zwei Teilen; beim Wiederaufleimen ist darauf zu achten, daß sie fugenlos aneinander gedrückt werden. Eventuell austretenden Leim wischt man sofort ab.

Vor Beginn der Reparatur zieht man die Taste vorsichtig unter dem Hammer hervor.

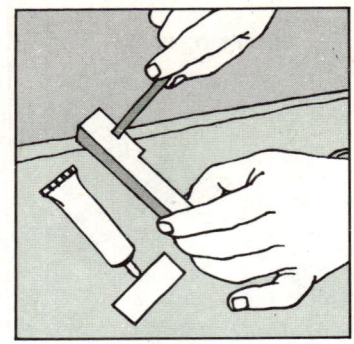

1. Holzfläche der Tasten reinigen und mit langsam trocknendem tierischem Leim einstreichen

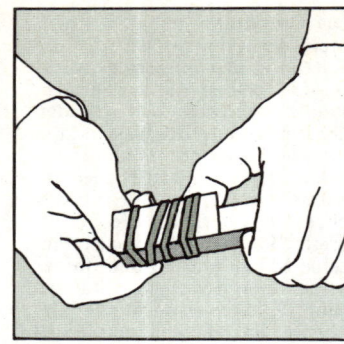

2. Elfenbeinbelag wieder auflegen und bis zum Trocknen mit einem Gummiband an die Holztaste pressen

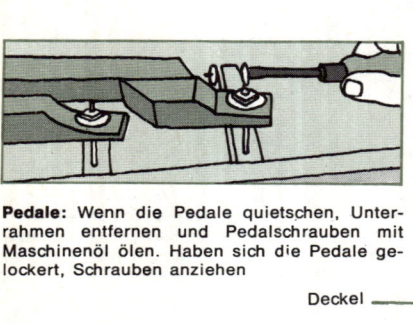

Pedale: Wenn die Pedale quietschen, Unterrahmen entfernen und Pedalschrauben mit Maschinenöl ölen. Haben sich die Pedale gelockert, Schrauben anziehen

Deckel

Oberrahmen

Klappe

Klaviatur

Forte-Pedal

Piano-Pedal

Unterrahmen

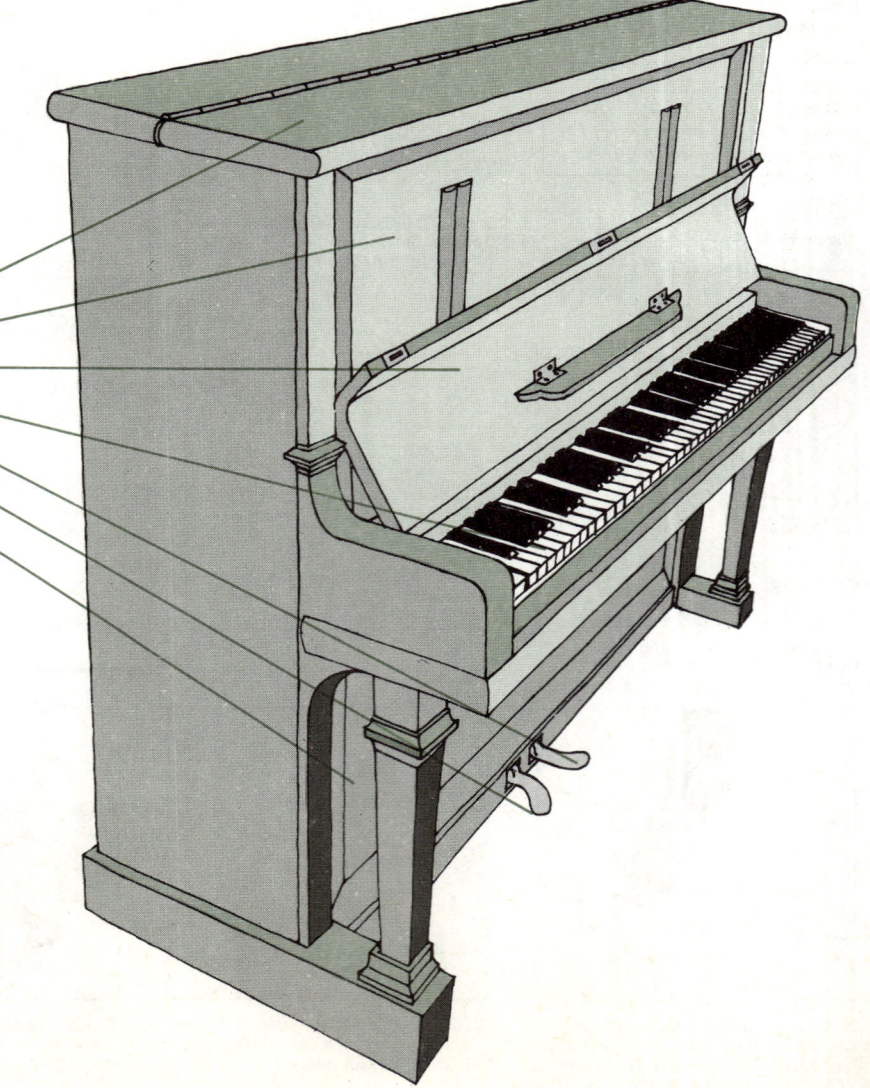

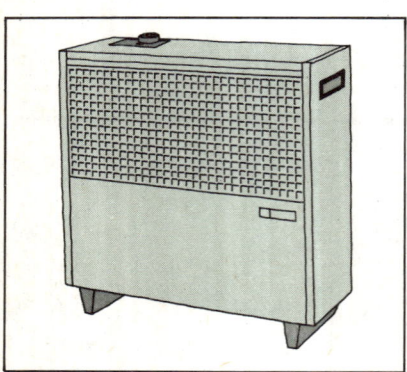

Bei zu geringer Luftfeuchtigkeit, was oft in zentralgeheizten Räumen der Fall ist, trocknet das Holz des Klaviers aus. Dagegen hilft am besten ein Luftbefeuchter. Das Klavier sollte auch nie in einem ungeheizten, feuchten Raum stehen, denn da quillt das Holz, so daß auch hier keine konstante Stimmung möglich ist

Verklemmte Tasten

Es kommt gelegentlich vor, daß niedergedrückte Klaviertasten nicht wieder in die Ruhestellung zurückgehen. Das ist darauf zurückzuführen, daß sich die Waagebalkenstifte oder die Tastenführungsstifte verkeilt haben. Die Führungsstifte befinden sich vorn unter der Taste, die Waagebalkenstifte in der Mitte. Diese Stifte sitzen in kleinen, mit Filz ausgekleideten Löchern. In einem feuchten Raum kommt es vor, daß das Holz oder der Filz der Zapfenlöcher quillt und die Stifte hängenbleiben.

Durch eine kleine Reparatur kann man Abhilfe schaffen; wenn sich die Tasten jedoch wiederholt verklemmen, muß man versuchen, die Ursache dieses Fehlers zu beseitigen. Das geschieht am besten dadurch, daß die Luftfeuchtigkeit im ganzen Raum herabgesetzt wird, zum Beispiel durch stärkeres Heizen.

Tastenauflage

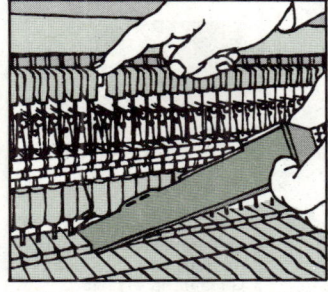

1. Taste anheben. Hammer lüften, um den Druck von der Taste zu nehmen. Taste aus der Klaviatur ziehen

2. Der Führungsstift ragt in ein Loch vorn unter der Taste. Prüfen, ob der Filz gequollen ist

Einen angebrochenen Hammerstiel reparieren

Durch Alterung oder durch zu harten Anschlag kann ein Hammerstiel brechen.

Wenn ein Hammerstiel einmal völlig durchgebrochen ist, sollte man die Reparatur dem Fachmann überlassen. Ist der Stiel jedoch nur angebrochen, kann man ihn selbst mit Kleber und Schnur reparieren.

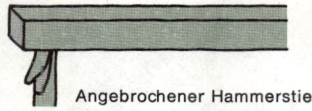

Angebrochener Hammerstiel

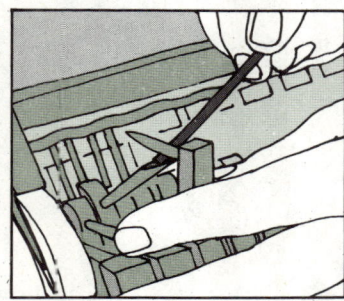

3. Den Leim mit dem Stab gleichmäßig auf beide Innenseiten der Bruchstelle auftragen

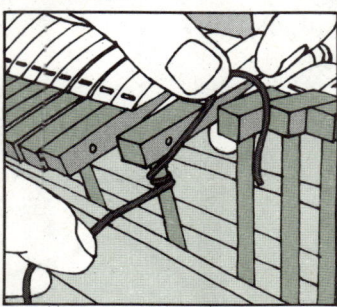

6. Die Schlaufe über der Bruchstelle fest anziehen und die Schnur ein paarmal um den Hammerstiel wickeln

3. Der Waagebalkenstift ragt in ein Loch in Tastenmitte. Auch hier prüfen, ob der Filz gequollen ist

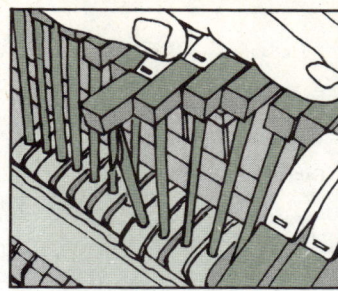

1. Hämmer nach vorn drücken; feststellen, welcher Stiel beschädigt und ob er nicht ganz gebrochen ist

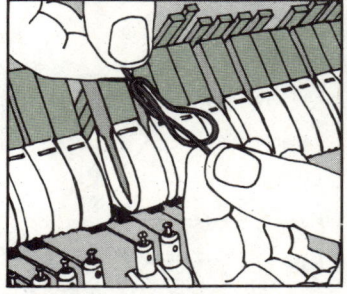

4. 15–20 cm Zwirn oder dünne Schnur abschneiden. An einem Ende eine lockere Schlaufe binden

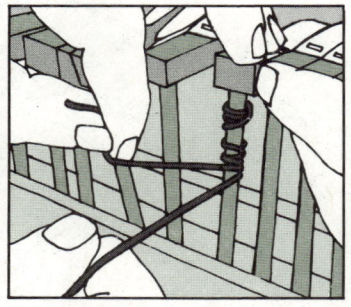

7. Die gesamte Bruchstelle eng und fest mit Schnur umwickeln. Schnur am Ende der Wicklung verknoten

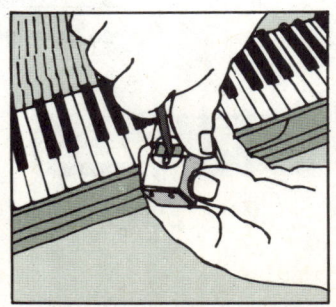

4. Filzauskleidung in den Löchern für die beiden Stifte mit einem Schraubenzieher festdrücken

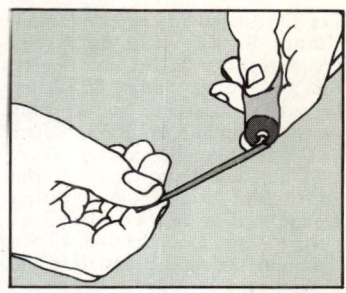

2. Etwas langsam trocknenden tierischen Leim auf einen langen, flachen Holzstab streichen

5. Die locker gebundene Schlaufe vorsichtig über den Hammerkopf mit dem angebrochenen Stiel schieben

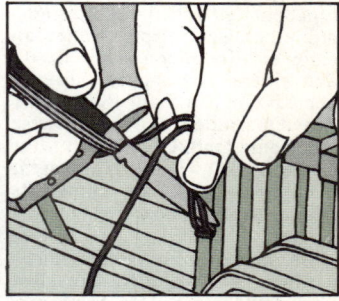

8. Kleber 24 Stunden trocknen lassen. Enden der Schnur abschneiden. Umwicklung am Stiel belassen

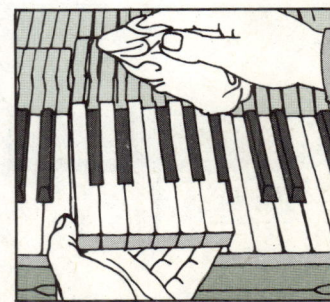

Reinigung: Sechs Tasten anheben. Nur mit Wasser säubern, alles andere greift die Politur an!

Nähmaschinen mit Schiffchen

Pflege und Wartung

Bei Störungen an einer Nähmaschine, die sich nicht durch einfache Handgriffe an der Nadelführung oder am Schiffchen beseitigen lassen, sollte man einen Fachmann zu Rate ziehen.

Verwenden Sie immer Garn von einwandfreier Qualität, das zum Stoff paßt, denn billige Garne reißen leicht und bilden gern Knoten und Schlingen. Nadeln müssen richtig und fest eingesetzt sein.

Bei regelmäßigem Gebrauch sollte Ihre Maschine einmal wöchentlich geölt werden; ferner auch vor der Arbeit nach längerer Nähpause.

Nähmaschinenarten

Die alte, heute nicht mehr hergestellte Art arbeitet mit Schwingschiffchen, auch Längsschiffchen genannt. Bei ihr befindet sich der auf eine Spule gewickelte Unterfaden in einem Schiffchen, das unter der Nadelplatte hin und her schwingt. Der Mechanismus ist unkompliziert, und das Schiffchen läßt sich leicht auswechseln, wenn seine Feder gebrochen oder zu schwach geworden ist.

Beim zweiten Nähmaschinentyp befindet sich der Unterfaden auf einer Zentralspule innerhalb eines oszillierenden Greifers, der auf einem Kreisbogen hin und her schwingt und auf diese Weise den Oberfaden um die Kapsel mit Spule und Unterfaden führt (siehe S. 354). Diese Nähmaschinenart ist heute als Haushaltsnähmaschine am weitesten verbreitet.

Bei beiden Nähmaschinenarten wird der Stoff beim Nähen selbsttätig fortbewegt. Der Stoff wird von Hand unter die Nadel geführt; dabei soll er weder geschoben noch zurückgehalten werden.

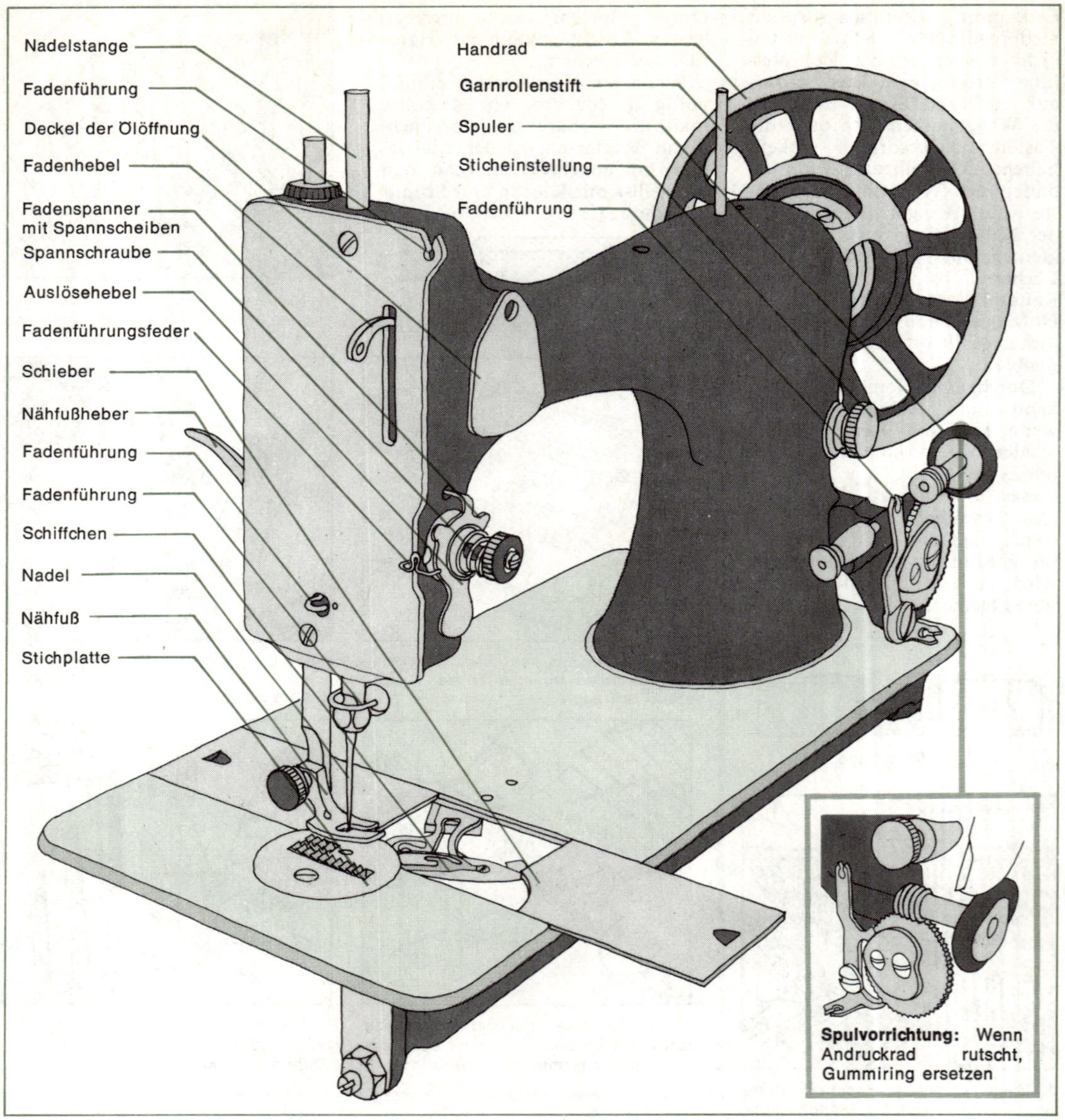

Nadelstange

Fadenführung

Deckel der Ölöffnung

Fadenhebel

Fadenspanner mit Spannscheiben

Spannschraube

Auslösehebel

Fadenführungsfeder

Schieber

Nähfußheber

Fadenführung

Fadenführung

Schiffchen

Nadel

Nähfuß

Stichplatte

Handrad

Garnrollenstift

Spuler

Sticheinstellung

Fadenführung

Spulvorrichtung: Wenn Andruckrad rutscht, Gummiring ersetzen

SO NÄHT DIE MASCHINE

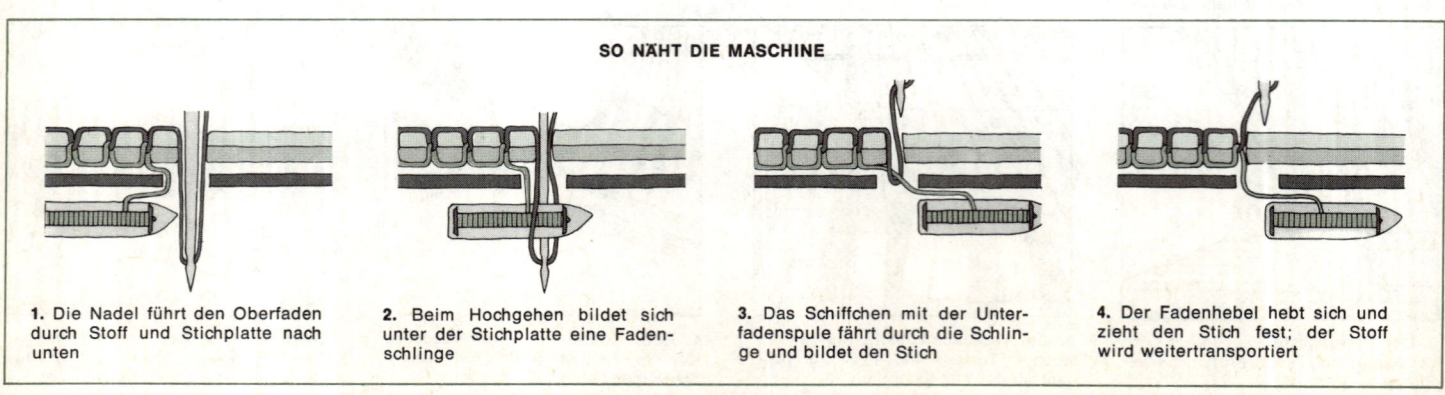

1. Die Nadel führt den Oberfaden durch Stoff und Stichplatte nach unten

2. Beim Hochgehen bildet sich unter der Stichplatte eine Fadenschlinge

3. Das Schiffchen mit der Unterfadenspule fährt durch die Schlinge und bildet den Stich

4. Der Fadenhebel hebt sich und zieht den Stich fest; der Stoff wird weitertransportiert

Stich- und Nähfehler

Die Fäden reißen

Falls der Oberfaden reißt, prüfen Sie, ob die Nadel richtig eingesetzt und der Faden nicht verheddert ist. Ist kein solcher Fehler zu erkennen, lockern Sie die Fadenspannung, indem Sie die Spannschraube etwas nach links drehen.

Reißt der Faden noch immer, so kann es daran liegen, daß die Nadel am Rand des Nadellochs in der Stichplatte schleift.

Wenn der Unterfaden reißt, müssen Sie prüfen, ob das Garn gleichmäßig aufgespult und die Fadenspannung am Schiffchen richtig eingestellt wurde. Falls sie zu straff ist, lockern Sie die Spannschraube des Schiffchens um eine halbe Umdrehung.

Der Stoff kräuselt sich beim Nähen

Häufigste Ursache dieses Fehlers ist eine zu starke Oberfadenspannung. Lockern Sie die Spannschraube.

Stiche setzen aus

Wenn Stiche aussetzen, darf der Stoff nicht festgehalten oder zurückgezogen werden. Überzeugen Sie sich, daß die Nadel weder verbogen noch stumpf geworden ist, daß sie die richtige Größe und Form für Ihre Nähmaschine hat, daß sie richtig eingesetzt und das Garn korrekt eingefädelt ist. Ist mit der Nadel alles in Ordnung, so bliebe noch zu prüfen, ob der Nähfuß fest genug auf dem Stoff liegt.

Der Unterfaden bildet Schlingen

Bildet der Unterfaden große Schlingen, werden die Stiche zu locker. Sorgen Sie dafür, daß beide Fäden gleiche Spannung haben und daß der Oberfaden nicht zwischen den Spannscheiben hängt oder klemmt.

Der Oberfaden bildet Schlingen

Hier müssen Sie prüfen, ob die Spannfeder am Schiffchen nicht zu stramm eingestellt oder ob die Oberfadenspannung nicht zu locker ist.

Stichplatte

Säubern Sie die Stichplatte regelmäßig von angesammelten Fusseln und Fadenresten.

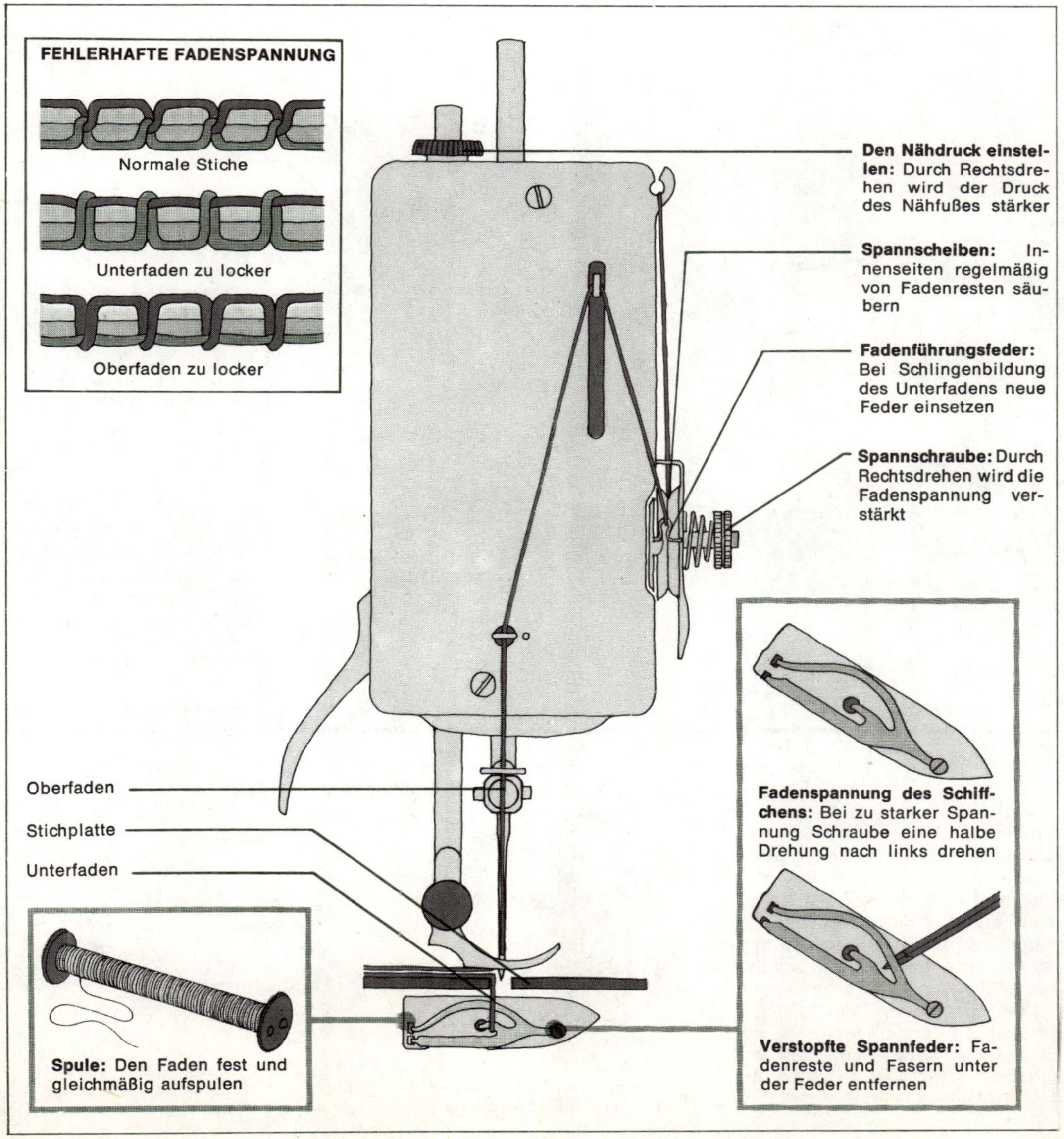

FEHLERHAFTE FADENSPANNUNG

Normale Stiche

Unterfaden zu locker

Oberfaden zu locker

Den Nähdruck einstellen: Durch Rechtsdrehen wird der Druck des Nähfußes stärker

Spannscheiben: Innenseiten regelmäßig von Fadenresten säubern

Fadenführungsfeder: Bei Schlingenbildung des Unterfadens neue Feder einsetzen

Spannschraube: Durch Rechtsdrehen wird die Fadenspannung verstärkt

Oberfaden

Stichplatte

Unterfaden

Spule: Den Faden fest und gleichmäßig aufspulen

Fadenspannung des Schiffchens: Bei zu starker Spannung Schraube eine halbe Drehung nach links drehen

Verstopfte Spannfeder: Fadenreste und Fasern unter der Feder entfernen

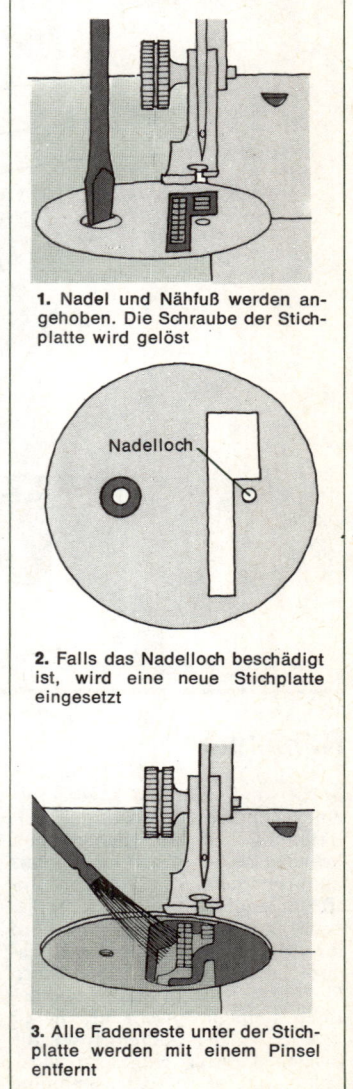

DIE STICHPLATTE

1. Nadel und Nähfuß werden angehoben. Die Schraube der Stichplatte wird gelöst

Nadelloch

2. Falls das Nadelloch beschädigt ist, wird eine neue Stichplatte eingesetzt

3. Alle Fadenreste unter der Stichplatte werden mit einem Pinsel entfernt

Nähmaschinen mit Zentralspule

Pflege und Wartung

Vor jeder Pflege- und Wartungsarbeit muß der Stecker aus der Steckdose gezogen werden.

Wird Ihre Nähmaschine ständig benutzt, sollten Sie sie einmal wöchentlich ölen. Die Ölstellen finden Sie anhand der Bedienungsanleitung. Verwenden Sie nur gutes Nähmaschinenöl. Nehmen Sie nie den Elektromotor auseinander, und überlassen Sie andere größere Reparaturen lieber dem Fachmann. Arbeitet zum Beispiel die Sticheinstellung nicht mehr richtig, gehört die Maschine ins Fachgeschäft.

Ersatz für Treibriemen, Spulen und Garnrollenstifte gibt es in Fachgeschäften; alle Ersatzteile müssen natürlich zu Ihrer Maschine passen.

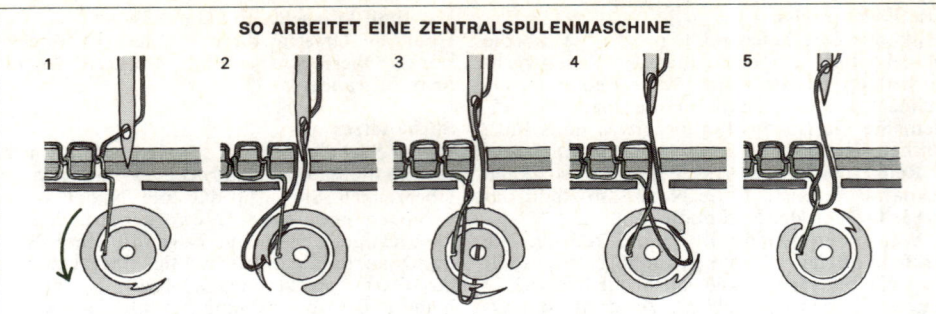

SO ARBEITET EINE ZENTRALSPULENMASCHINE

Die Nadel stößt den Oberfaden nach unten (1), bildet beim Hochgehen eine Schlinge mit ihm, die der Greifer erfaßt (2), über die Spule zieht (3) und mit dem Unterfaden verschlingt. Der Oberfaden gleitet vom Greifer, der Fadenhebel zieht Unterfaden nach (4), der Stich wird festgezogen (5)

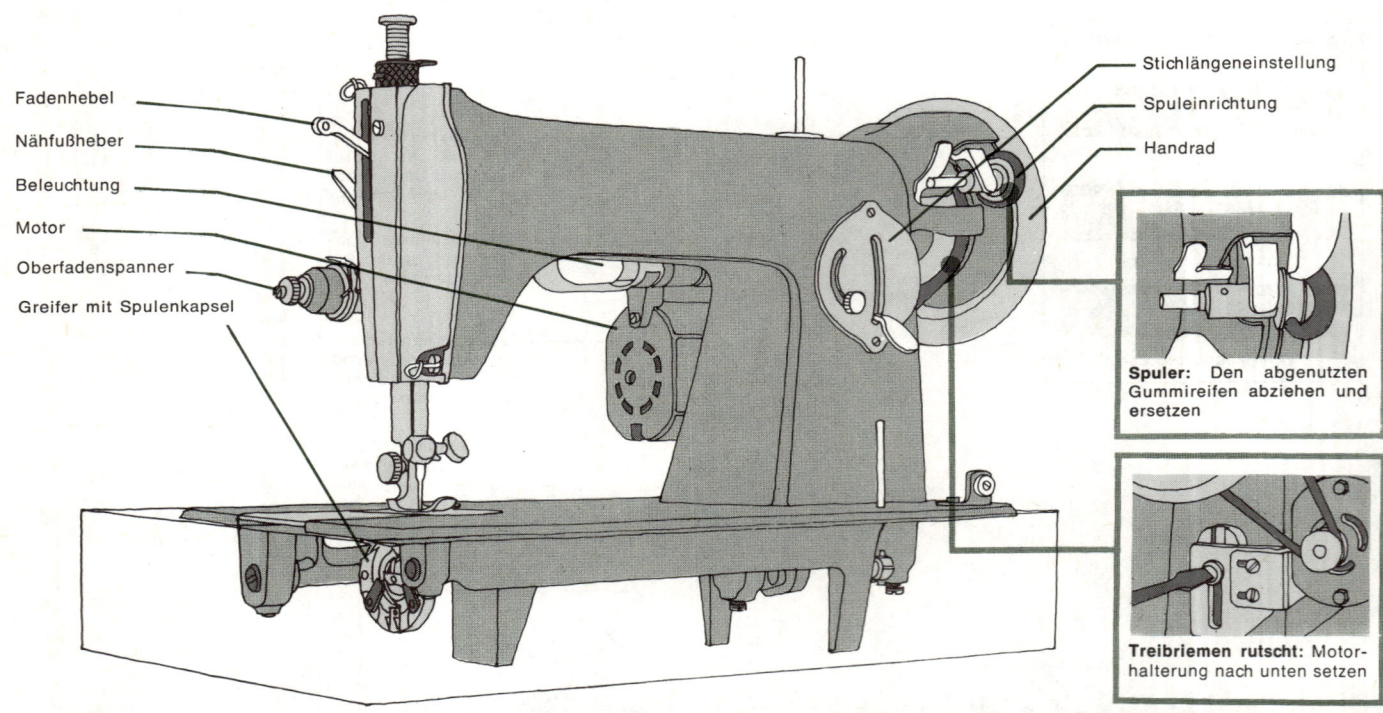

Fadenhebel
Nähfußheber
Beleuchtung
Motor
Oberfadenspanner
Greifer mit Spulenkapsel

Stichlängeneinstellung
Spuleinrichtung
Handrad

Spuler: Den abgenutzten Gummireifen abziehen und ersetzen

Treibriemen rutscht: Motorhalterung nach unten setzen

Nähfehler

Stich- und Nähfehler, die bei einer Zentralspulenmaschine auftreten können, sind denen einer Schwingschiffchenmaschine ganz ähnlich (siehe S. 353). Da Zentralspulengreifer (Schiffchen) jedoch komplizierter sind, wird ihre Funktion leichter durch Faden- und Faserreste behindert. Sie müssen sie deshalb regelmäßig mit einem Pinsel säubern.

Auch an der Spulenkapsel, die in den Greifer eingesetzt wird, läßt sich die Fadenspannung durch Drehen einer Spannschraube regulieren. Weitergehende Reparaturen sollte man aber nicht selbst versuchen; ein schadhafter Zentralspulengreifer gehört zur Reparatur ins Fachgeschäft, eine beschädigte Spulenkapsel muß ersetzt werden.

Die Einstellung der Oberfadenspannung geschieht meist mit einem Rändelrädchen, das mit Ziffern markiert ist. Näheres findet sich in der Gebrauchsanleitung.

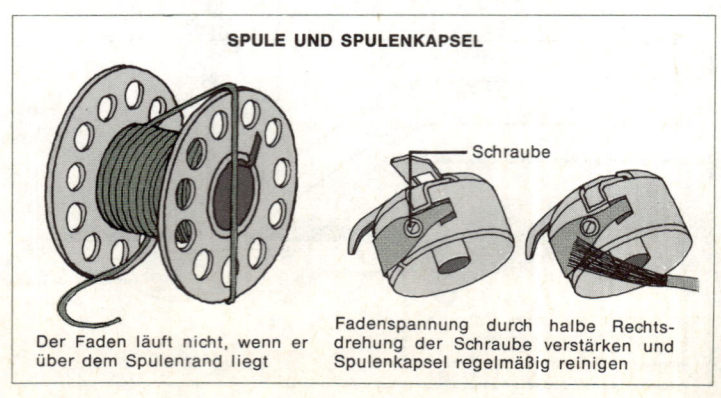

SPULE UND SPULENKAPSEL

Schraube

Der Faden läuft nicht, wenn er über dem Spulenrand liegt

Fadenspannung durch halbe Rechtsdrehung der Schraube verstärken und Spulenkapsel regelmäßig reinigen

Nähfehler

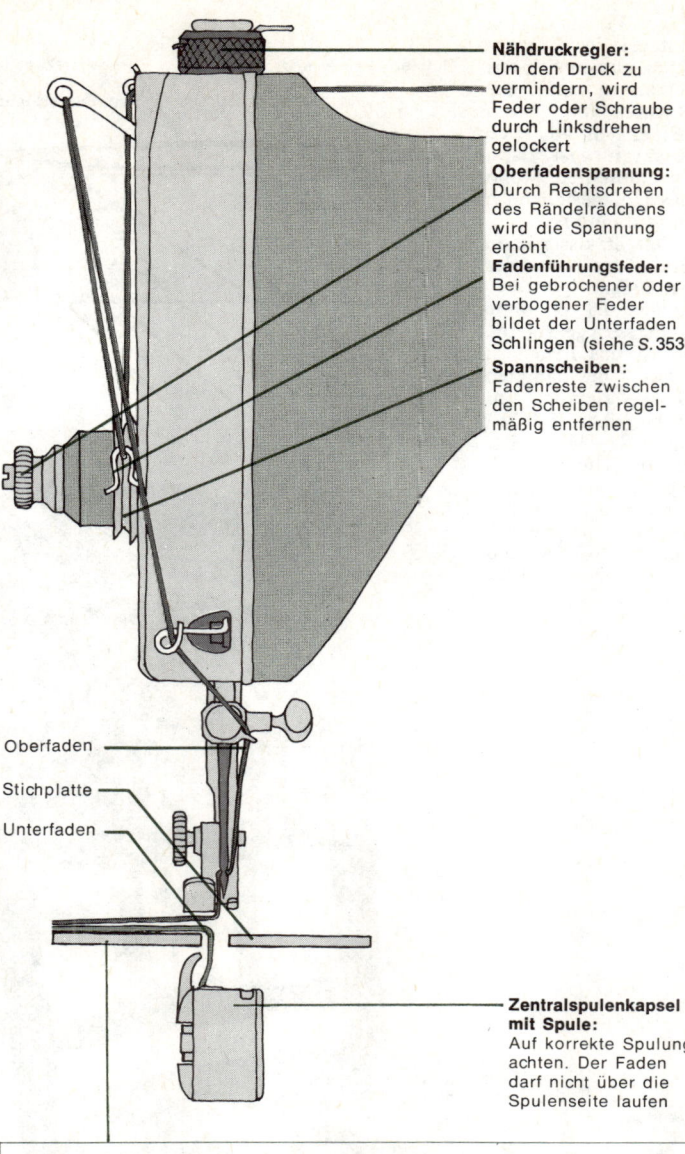

Nähdruckregler:
Um den Druck zu vermindern, wird Feder oder Schraube durch Linksdrehen gelockert

Oberfadenspannung:
Durch Rechtsdrehen des Rändelrädchens wird die Spannung erhöht

Fadenführungsfeder:
Bei gebrochener oder verbogener Feder bildet der Unterfaden Schlingen (siehe S. 353)

Spannscheiben:
Fadenreste zwischen den Scheiben regelmäßig entfernen

Oberfaden

Stichplatte

Unterfaden

Zentralspulenkapsel mit Spule:
Auf korrekte Spulung achten. Der Faden darf nicht über die Spulenseite laufen

---

DIE STICHPLATTE

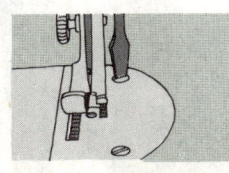

1. Nadel und Nähfuß anheben, dann die Stichplatterschrauben lösen

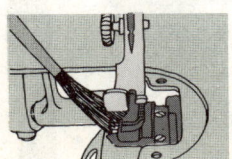

2. Nadelloch kontrollieren, Staub und Fadenreste entfernen

Einen Greifer herausnehmen und säubern

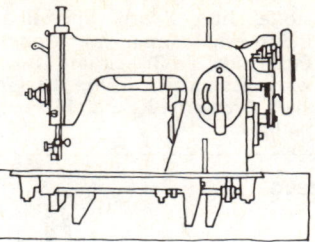

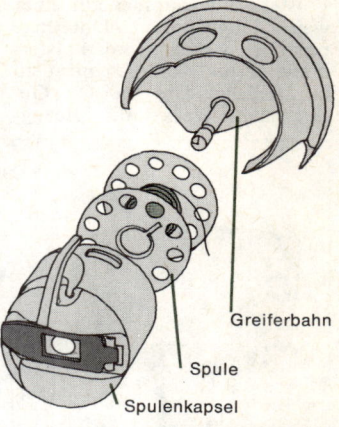

Greiferbahn

Spule

Spulenkapsel

Bei einer Zentralspulenmaschine wird der Unterfaden auch auf eine Spule gewickelt, aber hier führt ein rotierender Greifer den Stich aus. Wenn sich das Garn in der Greiferbahn verklemmt, nimmt man den Greifer heraus und säubert ihn.

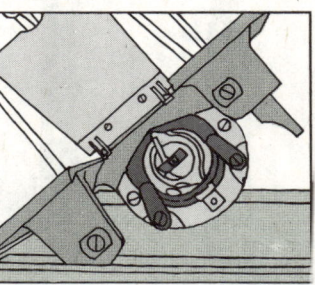

1. Kippen Sie die Maschine in ihren Scharnieren, so daß der Zentralspulenmechanismus zugänglich ist

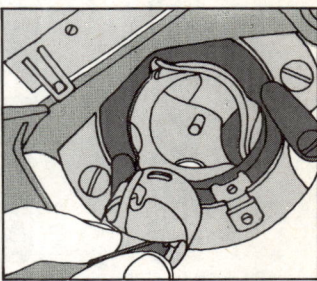

2. Fassen Sie den beweglichen Hebel der Spulenkapsel, und ziehen Sie diese mit der Spule heraus

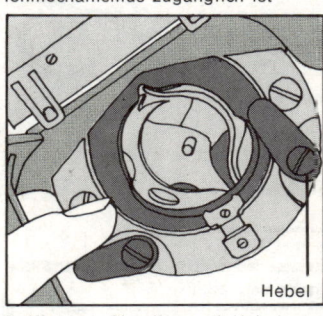

Hebel

3. Klappen Sie die zwei Hebel zurück, die den Klemmring auf der Greiferbahn halten

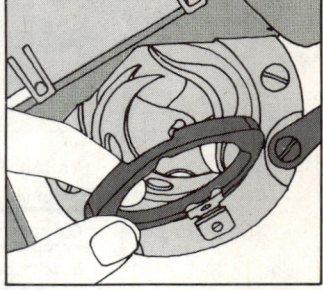

4. Der Ring ist mit einem Scharnier befestigt. Säubern Sie den Ring unten mit einem nicht zu harten Pinsel

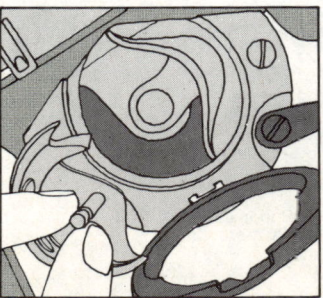

5. Fassen Sie die Greiferachse mit zwei Fingern, und heben Sie den ganzen Greifer behutsam heraus

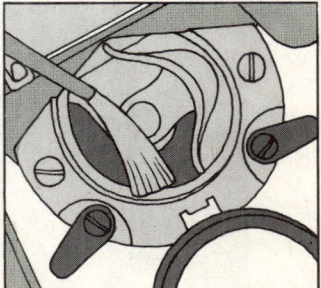

6. Säubern Sie die Greiferbahn mit Pinsel und einem Zahnstocher von Staub und Fadenresten

Polstern

Werkzeug

Polster sollten immer auf einer weich abgedeckten Unterlage repariert werden, um Polstermaterial und Rahmen nicht zu beschädigen. Die meisten Geräte und Werkstoffe (Bezug-stoffe, Jute, Zwirn, Spezialnadeln) erhält man im Möbelfachhandel, in Bastel- und Kurzwarengeschäften. Jute ist in zwei Breiten, 120 und 180 cm, zu haben.

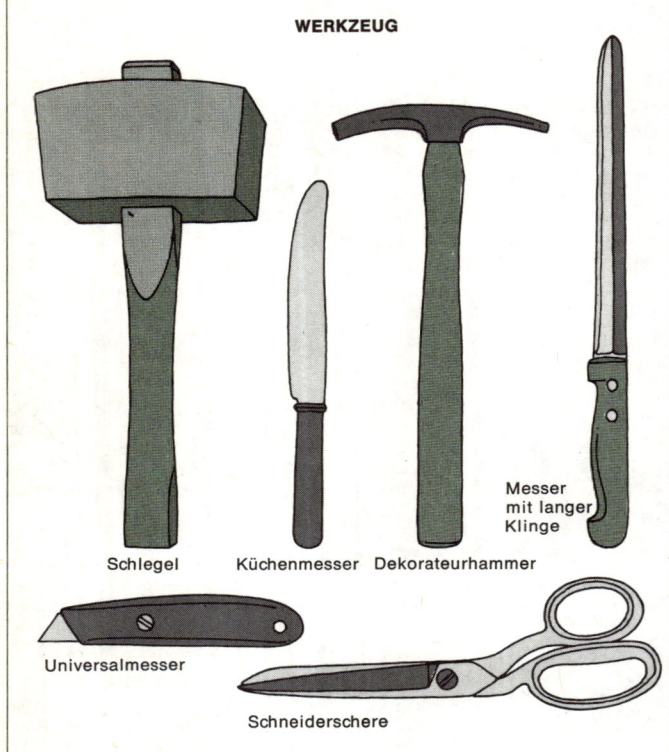

WERKZEUG

Schlegel

Küchenmesser

Dekorateurhammer

Messer mit langer Klinge

Universalmesser

Schneiderschere

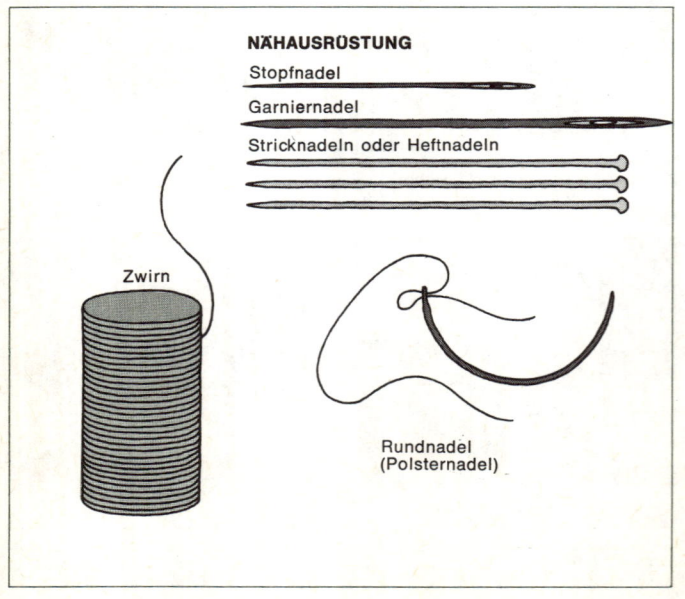

NÄHAUSRÜSTUNG

Stopfnadel

Garniernadel

Stricknadeln oder Heftnadeln

Zwirn

Rundnadel (Polsternadel)

Einen Eßzimmerstuhl neu polstern

Bei Polsterstühlen mit gerader Rückenlehne nutzen sich das Sitzkissen und die Rückenlehne am schnellsten ab. Eine Reparatur ist dann zu empfehlen, wenn das Holzgestell noch in Ordnung ist.

Das Sitzkissen kann Federkern- oder Schaumstoffpolster haben. Ist es ohne Federkern gearbeitet, so ist das Erneuern eines beschädigten Bezugs ziemlich einfach (siehe S. 362 und S. 363). Bei einem Federkernpolster ist die Reparatur etwas schwieriger, da die Federn zum Schluß fest und richtig sitzen müssen.

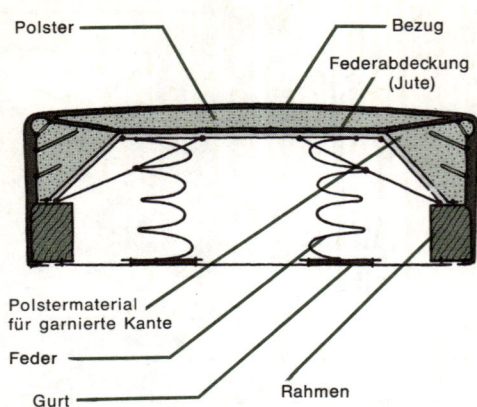

Polster

Bezug

Federabdeckung (Jute)

Polstermaterial für garnierte Kante

Feder

Gurt

Rahmen

Gurtbänder eines Federkernpolsters erneuern

Bei der Reparatur eines Federkernpolsters ist darauf zu achten, daß die Federn senkrecht auf die Gurtbänder aufgenäht werden. Ebenso wichtig ist die sichere Befestigung der Federn, die stark beansprucht werden.

Material: 2,5 m Gurtband, 16 oder 20 mm lange Gurtstifte, dünne Paketschnur
Werkzeug: Messer, Rundnadel, Dekorateurhammer, Schlegel, altes Stemmeisen

Spannen der Gurte: Die Gurte können mittels einer selbstgemachten, 50 x 25 mm dicken Holzleiste gespannt werden, an deren einem Ende eine V-Kerbe angebracht ist

1. Den Stuhl umdrehen und die Polsternägel mit einem alten Stemmeisen und einem Schlegel entfernen. Immer in Richtung der Holzmaserung schlagen

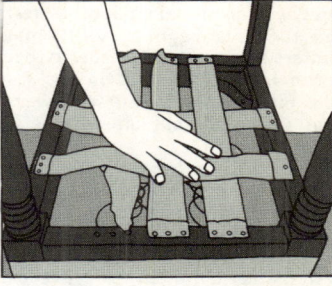

2. Nachdem man die Jutebespannung abgenommen hat, drückt man fest auf die Gurtbänder, um ihren Zustand und ihre Festigkeit zu prüfen

3. Wenn die Gurtbänder stark beschädigt sind, werden mit Holzhammer und Stemmeisen die Stifte herausgeschlagen, die den Gurt halten

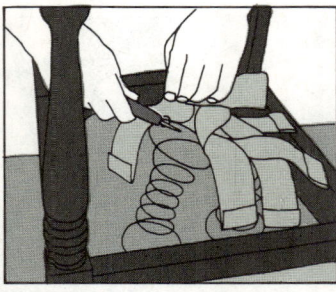

4. Nun trennt man mit einem scharfen Messer die Schnur auf, mit der die Federn am Gurt befestigt sind. Den alten Gurt wirft man weg

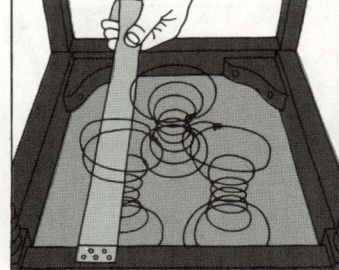

5. Ein Ende des neuen Gurtbandes 2 cm umschlagen. Mit zwei Reihen Gurtstiften an der Vorderseite befestigen und über den Sitz spannen

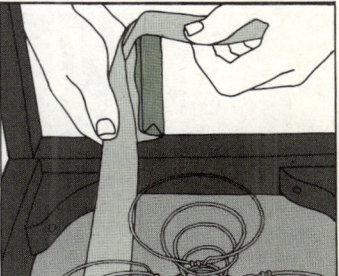

6. Den Spannkeil gegen die Hinterkante drücken. Gurt an der Oberseite befestigen und restliches Band um das Holzstück wickeln

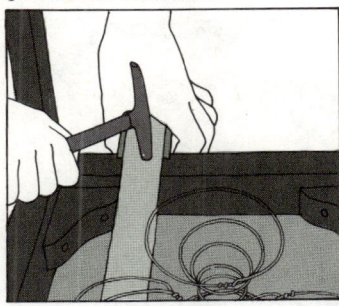

7. Das eingekerbte Ende gegen die Stuhlkante halten und herabdrücken, um das Gurtband damit zu spannen. Gurtband mit drei Stiften befestigen

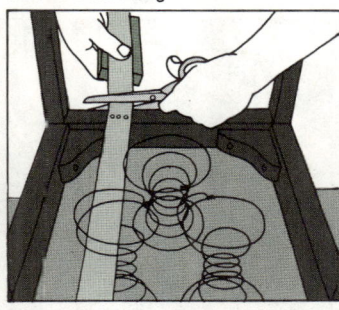

8. Den Spannkeil abnehmen und das Gurtband 2 cm hinter dem Rahmen abschneiden. Umschlagen und mit zwei weiteren Stiften befestigen

9. Zwei weitere Gurtbänder in Längsrichtung an der gleichen Stelle wie die alten befestigen. Die Spannung muß bei allen drei Gurten gleich sein

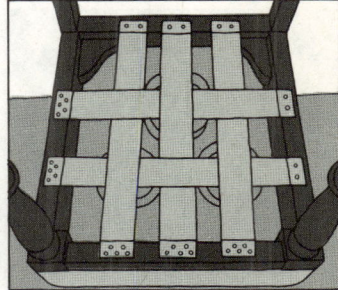

10. Zwei weitere Gurtbänder mit den drei Längsbändern verflechten und in Querrichtung befestigen. Die Federn unter die Gurtkreuze setzen

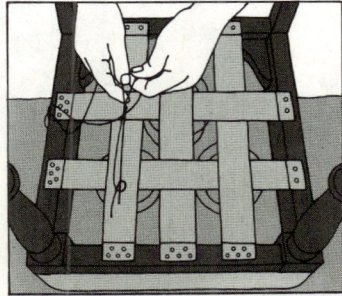

11. Die oberste Spiralwindung einer vorn gelegenen Feder mit Nadel und dünner Schnur an den Gurten befestigen. Schnur verknoten

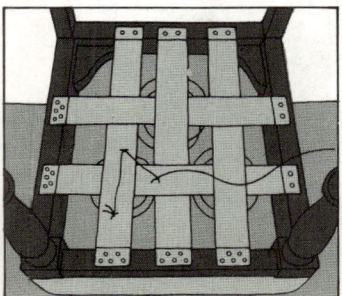

12. Gegenüber liegende Seite der Spiralfeder annähen und Schnur einfach verknoten. Dasselbe an der Innenseite der Spirale wiederholen

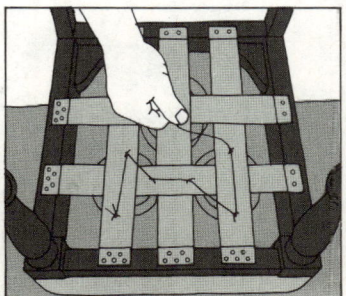

13. Schnur zum nächsten Punkt der daneben liegenden Feder führen. Obersten Spiralring, wie in Bild 11 und 12 gezeigt, im Dreieck festnähen

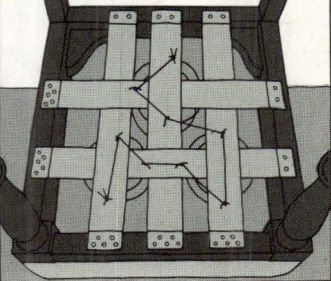

14. Auch die letzte der drei Federn in der gleichen Weise an drei Punkten befestigen, Schnur doppelt verknoten und abschneiden

Polstern

Die Jutebespannung erneuern

Bevor man mit dem Aufpolstern alter Stühle beginnt, sollte man untersuchen, ob sich die Arbeit noch lohnt. Das wird in der Regel nur dann der Fall sein, wenn das Gestell intakt oder leicht zu reparieren ist.

Bei den meisten Stühlen mit gepolstertem Sitz liegt zwischen Federn und Polsterauflage eine Jutebespannung.

Für Reparaturarbeiten sind zwei Jutequalitäten erforderlich: Federleinen (280–360 g) für den Mittelteil über den Federn und 195-g-Jute für die Kantenpolsterung.

Material: *Jute in zwei Qualitäten, dünne Schnur, Zwirn, 14 mm lange Polsternägel*
Werkzeug: *Schlegel, altes Stemmeisen, scharfes Messer, Schneiderschere, Polsterhammer, Stahlstricknadeln, Polsternadel (ca. 13 cm), Garniernadel (ca. 25 cm)*

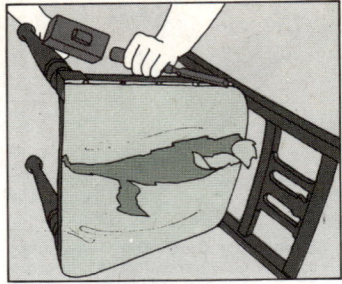

1. Die Ziernägel, die die Borte halten, mit Schlegel und Stemmeisen lösen. In Richtung der Maserung schlagen, damit sich das Holz nicht abspaltet

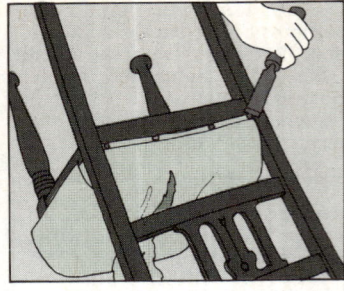

2. Auf die gleiche Art die Stifte entfernen, welche die Bespannung halten. Darauf achten, daß das Holz an den Ecken nicht splittert

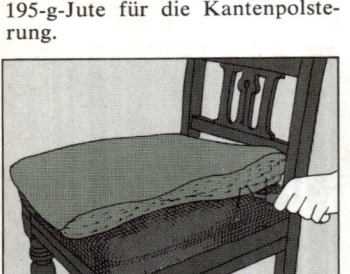

3. Die Zwirnsfäden aufschneiden, mit denen die Polsterung auf der alten Jutebespannung befestigt ist. Polsterauflage beiseite legen

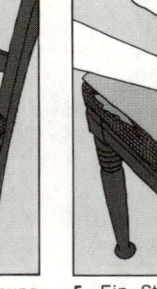

4. Mitte und Rand der Jutebespannung prüfen. Ist sie durchgescheuert, muß man die schadhaften Stellen mit neuer Jute abdecken

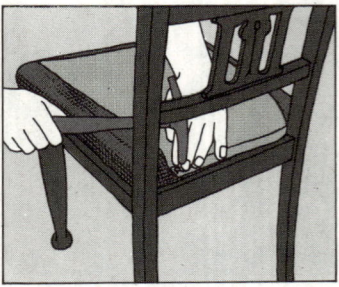

5. Ein Stück Federleinen, das 5 cm breiter und länger als das Mittelteil der alten Jutebespannung ist, passend zuschneiden

6. Das zugeschnittene Jutestück an der Rückseite auf 2,5 cm Breite umschlagen und mit 14-mm-Stiften in Abständen von 4 cm befestigen

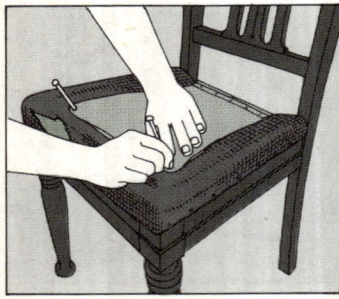

7. An den drei anderen Kanten ebenfalls 2,5 cm einschlagen. Die zwei vorderen Ecken der Bespannung mit Stahlstricknadeln festhalten

8. Eine Rundnadel (Polsternadel) mit einfachem Faden an einer Ecke durch beide Jutebespannungen führen und Faden verknoten

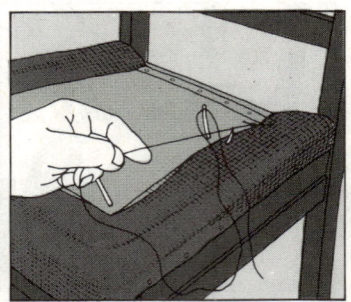

9. Die Jute entlang der Kante festnähen. Die Nadel in Abständen von 4 cm einstechen, dabei den Faden über der Nadelrundung spannen

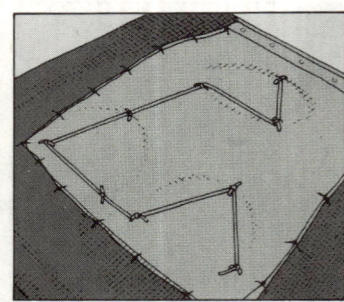

10. Bei jedem Stich die Nadel durch die Schleife ziehen und einen Knoten bilden. Federn an der Bespannung festnähen (siehe S. 357)

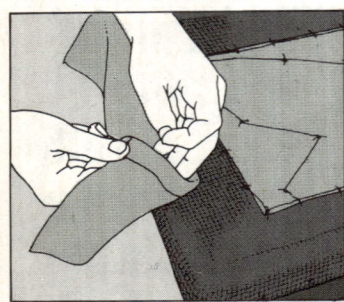

11. Jute für die Randeinfassung 7,5 cm länger und breiter als das beschädigte Stück zuschneiden. An der Oberseite 1,5 cm einschlagen

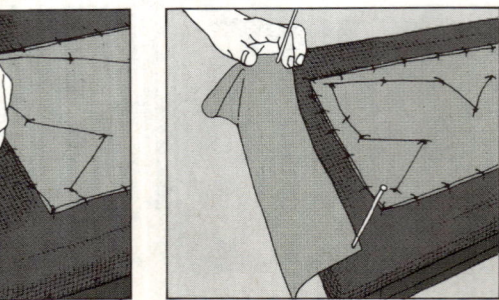

12. Das neue Jutestück auf das Stuhlpolster legen und die beiden oberen Ecken des Stoffes mit zwei Stahlstricknadeln befestigen

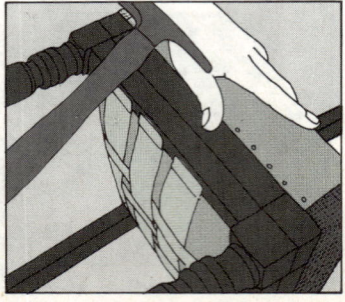

13. Die untere Kante des Streifens bündig mit der alten Bespannung einschlagen und mit Nägeln in Abständen von 4 cm befestigen

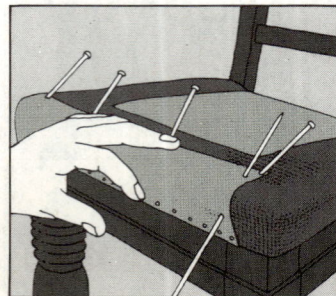

14. Die obere Kante mit zwei weiteren Nadeln befestigen. Garniernadel und Faden von vorn und schräg nach oben führen

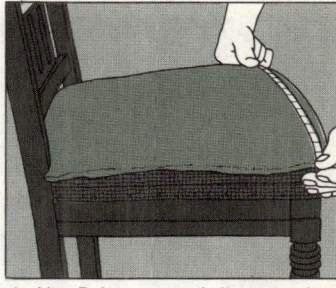

Einen Stuhlsitz polstern und beziehen

Wird der Bezug eines Stuhlsitzes mit Federkern erneuert, sollte man auch die Polsterung ersetzen. Die meisten Bezugstoffe sind etwa 120 cm breit. Spezialkantenband und Ziernägel gibt es passend zum Bezugstoff.

Material: 15 mm dicke Schaumstoffplatte, Bezugstoff, 14 mm lange Polsternägel, Kantenband, Ziernägel, Latexkleber Werkzeug: Bandmaß, Schere, Filzschreiber, Hammer, scharfes Messer

1. Alte Polsterung auf die neue Jutebespannung legen; nicht feststecken, sondern nur Breite und Länge der Schaumstoffplatte messen

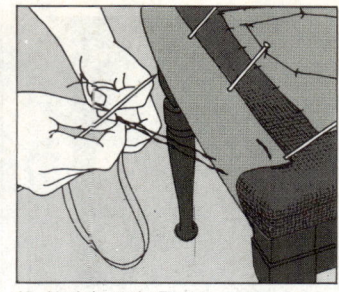

15. Ein etwa 30 cm langes Fadenende stehenlassen. In Abständen von etwa 2,5 cm einen Stich in entgegengesetzte Richtung ausführen

16. Nadel und Faden ganz durchziehen und die zwei herabhängenden Zwirnenden an der Vorderkante des Flickens doppelt verknoten

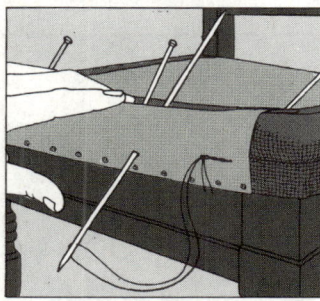

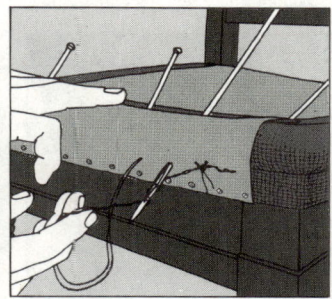

17. Im Abstand von etwa 5 cm einen Stich von unten nach oben führen und eine große Zwirnschlinge an der Vorderkante hängenlassen

18. Nadel 2,5 cm dahinter wieder nach unten stechen. Die Zwirnschlinge zweimal um das untere Ende der Matratzennadel wickeln

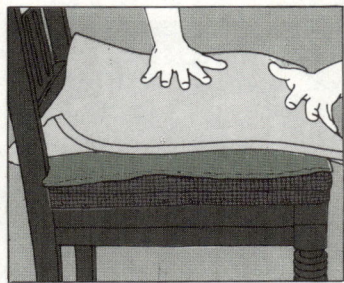

2. Ein Stück Schaumstoff von 15 mm Dicke 5 cm breiter und länger als die alte Platte zuschneiden und glatt auf das Polster legen

3. Die Schaumstoffplatte an den hinteren Ecken schräg einschneiden und dann viereckig für die Pfosten der Rückenlehne ausschneiden

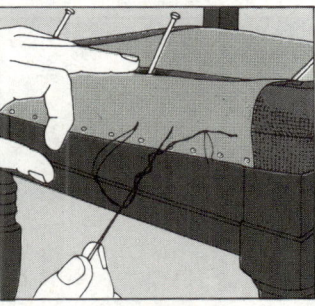

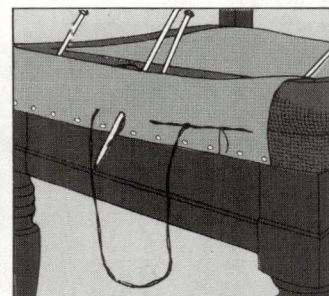

19. Die Nadel durch die Zwirnschlaufen hindurchführen und festziehen. Darauf achten, daß ein fester Knoten entsteht

20. Den ganzen Juteflicken in dieser Weise festnähen. Stricknadeln herausziehen und Zwirnsfaden mit einem Doppelknoten vernähen

4. An beiden Seiten der Platte die Stuhlform nachzeichnen. Am Rand etwas Material für die Polsterkante zugeben. Platte zuschneiden

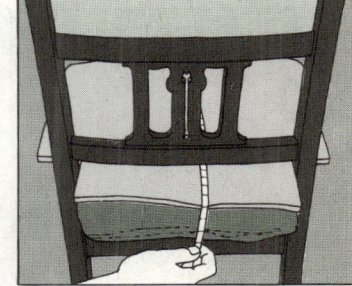

5. Für den Bezugstoff bis 25 mm unter die Nagellöcher an der Stuhlrückseite und 25 mm unter die Nagellöcher an der Vorderseite messen

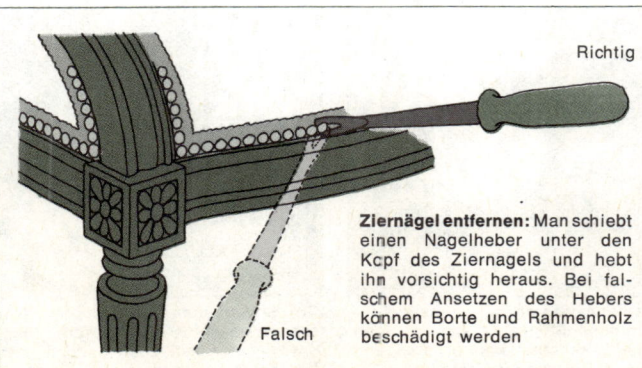

Richtig

Falsch

Ziernägel entfernen: Man schiebt einen Nagelheber unter den Kopf des Ziernagels und hebt ihn vorsichtig heraus. Bei falschem Ansetzen des Hebers können Borte und Rahmenholz beschädigt werden

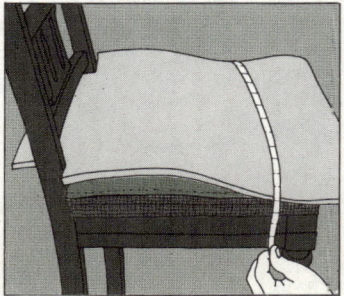

6. Auch bei der Breitenmessung je 25 mm über die Nagellöcher hinaus messen. Daraus ergeben sich die Zuschnittmaße für den Bezugstoff

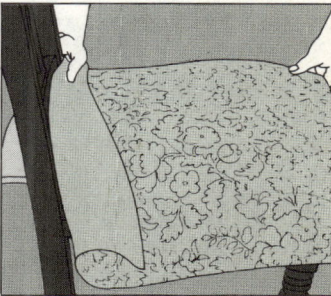

7. Stoff vor dem Zuschneiden auf den Sitz legen und darauf achten, daß das Muster auf die Mitte der Sitzfläche ausgerichtet ist

(Forts. S. 360)

Polstern

(Fortsetzung von S. 359)

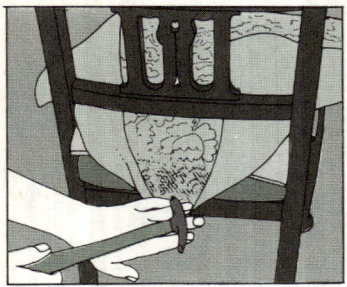

8. Bezugstoff provisorisch in der richtigen Lage festhalten, indem man an der Stuhlrückseite einen Nagel leicht einschlägt

9. Den Bezugstoff nach vorn glattziehen und einen zweiten provisorischen Stift in der Mitte der Vorderseite einschlagen

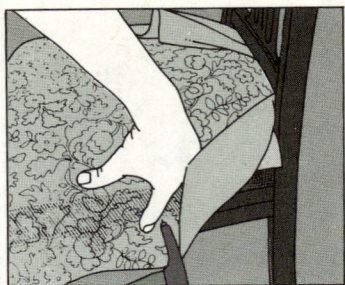

10. Den Bezug an den vorderen Ecken glattziehen und mit einem Stift anheften. Dann den Stoff nach den Seiten spannen und ebenfalls annageln

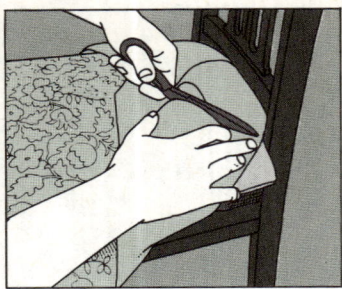

11. Die hinteren Ecken umschlagen, so daß der Stoff mit den Stuhlbeinen abschließt. Die Ecken diagonal bis auf 6 mm Abstand vom Bein einschneiden

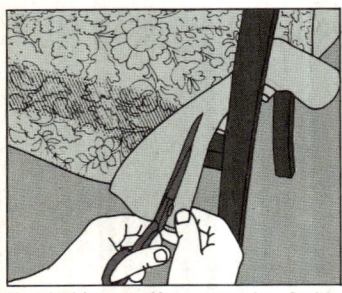

12. Die hinteren Kanten an den Stuhlbeinen so abschneiden, daß sie um 1,5 cm überstehen. Nur bis zur Oberkante des Stuhlrahmens schneiden

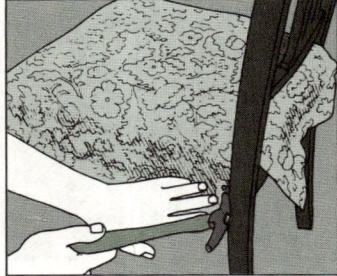

13. Den überstehenden Stoff an den Stuhlbeinen mit der Schere eindrücken. Die Bespannung hinten seitlich mit Nägeln befestigen

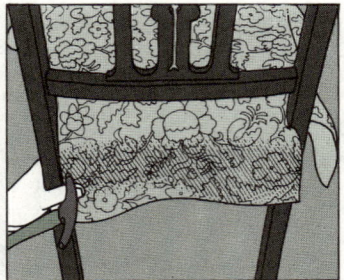

14. Die Stoffkanten am Stuhlrücken einschlagen und den Stoff entlang der Linie annageln, auf der die alten Nägel eingeschlagen waren

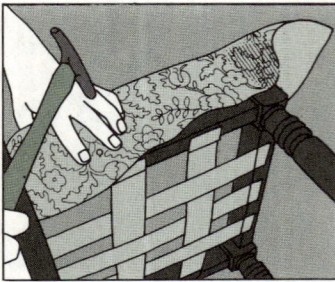

15. Den Stoff an den vier Seiten mit Nägeln im Abstand von 25 mm auf der alten Nagellinie befestigen. Die provisorischen Stifte ganz einschlagen

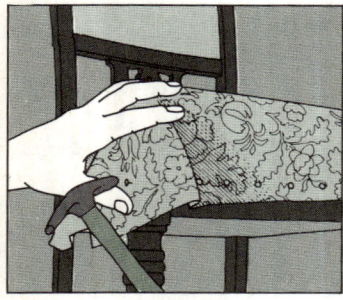

16. An den vorderen Stuhlecken den Bezugstoff spannen und genau in der Ecke auf der alten Nagellinie einen Nagel einschlagen

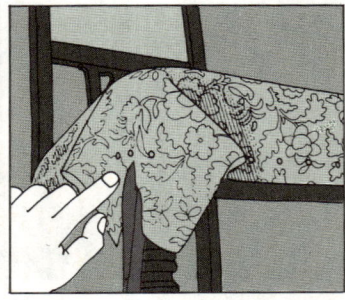

17. 4 cm vom Ecknagel entfernt an beiden Seiten einen Nagel einschlagen. Die Bespannung bis dicht an den Mittelnagel heran aufschneiden

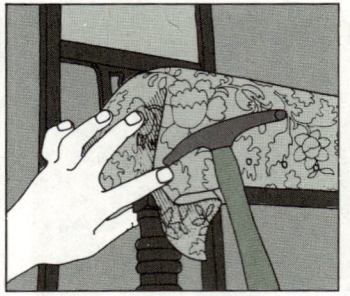

18. Das überschüssige Material auf beiden Seiten zu je einer Falte legen, zum Stuhlbein hin umschlagen und mit drei Nägeln befestigen

19. Rund um den Stuhl den Bezugstoff unmittelbar unter der Nagellinie mit einem scharfen Messer sauber abschneiden

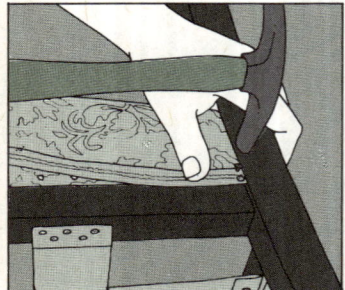

20. Das Kantenband an einem Ende 1,5 cm breit umschlagen und mit zwei Ziernägeln direkt neben einem Hinterbein befestigen

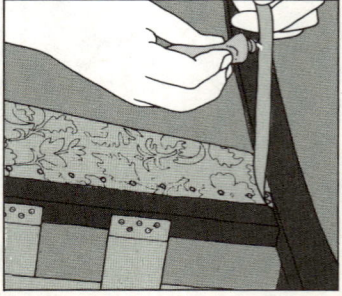

21. Das Kantenband mit Latexkleber bestreichen. Dabei immer nur so viel auftragen, daß eine Stuhlseite geklebt werden kann

22. Kantenband ringsherum auf die abgeschnittene Stoffkante kleben. Band um die Ecken fest herumziehen und mit einem Ziernagel befestigen

23. Das Kantenband am anderen Hinterbein ebenfalls auf 1,5 cm Länge einschlagen, festkleben und mit zwei Ziernägeln annageln

Ein Rückenpolster erneuern

Für die Neubespannung der Rückenlehne eines Polsterstuhls wählt man einen zum Sitz passenden Bezugstoff sowie ein entsprechendes Kantenband. Die Rückseite des Polsters wird jedoch selten eingefaßt.

> *Material: 10 mm lange Polsterstifte, Polstermaterial, Kantenband, Ziernägel, Bezugstoff, Kleber*
> *Werkzeug: Schlegel, Schraubenzieher, Maßband, Hammer, Messer, Schere*

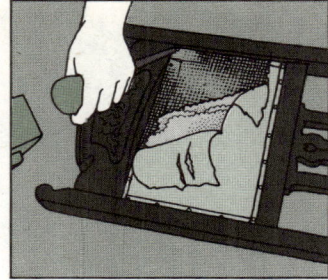

1. Alle alten Stifte mit einem Schraubenzieher oder alten Stemmeisen und Schlegel in Richtung der Holzmaserung herausschlagen

2. Bespannung abnehmen. Je zwei aneinander stoßende Jutekanten ablösen, straffziehen und in Abständen von 25 mm neu annageln

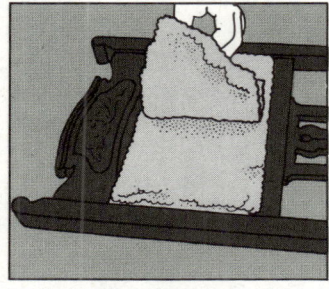

3. Die Kissengröße auf dem Polstermaterial markieren und zwei Stücke zuschneiden, von denen das eine 25 mm kürzer und schmaler ist

4. Das Muster genau auf Kissenmitte ausrichten und den Bezugstoff 25 mm breiter und 15 mm höher als das Rückenkissen zuschneiden

5. Den Bezugstoff gegen das untere Riegelholz legen. In der Mitte mit einem Stift fixieren und alle 25 mm nach beiden Seiten hin annageln

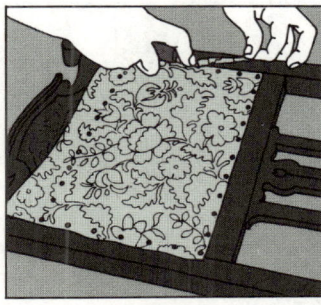

6. Bezug nach den Seiten und nach oben glattziehen. Stifte im Abstand von 25 mm einschlagen. Bezugstoff am Holzrand sauber abschneiden

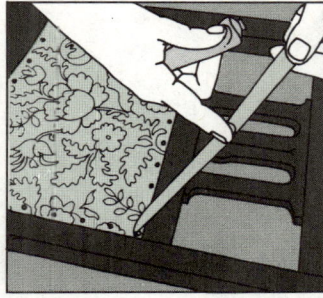

7. Das eine Ende des Kantenbandes mit zwei Stiften befestigen. Band nicht einschlagen! Unterseite mit Kleber bestreichen

8. Kantenband festdrücken. An den Ecken einfalten und annageln. Das Ende auf 13 mm Länge umschlagen und mit einem Nagel befestigen

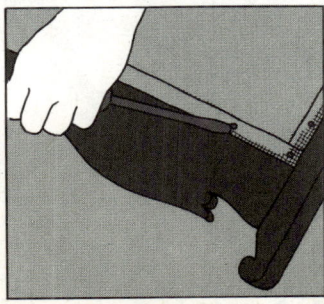

9. Den alten Bezug an der Rückseite der Stuhllehne entfernen. Neuen Bezugstoff 25 mm breiter und länger zuschneiden

10. Bezugstoff so auf die Rückenlehne legen, daß das Muster auf die Polstermitte ausgerichtet ist. Rundum gleichmäßig einschlagen

11. Die Rückseitenbespannung auf den alten Nagellinien in Abständen von 25 mm mit passenden Ziernägeln befestigen

Die Jutebespannung unter einem Stuhl erneuern

Muß das Sitzpolster eines Stuhls erneuert werden, wird die Stuhlunterseite gewöhnlich erst zum Schluß neu bespannt. Es kommt aber auch vor, daß nur die Jutebespannung beschädigt ist und ersetzt werden muß. In beiden Fällen ist die Arbeit gleich.

Um den Bezug des Sitzpolsters zu schützen, legt man einen sauberen Lappen oder einen Papierbogen auf die Werkbank, bevor man den Stuhl mit dem Sitz nach unten darauf absetzt.

Wird nur die Jutebespannung erneuert, so muß zunächst der alte Bezug entfernt werden. Die neue Bespannung wird um jeweils 5 cm größer als die Stuhltiefe und die größte Stuhlbreite zugeschnitten. Dann werden die Stoffkanten auf genaue Länge und Breite eingeschlagen, leicht angespannt und festgenagelt.

> *Material:* 195-g-Jute, 14 mm lange Polsternägel
> *Werkzeug:* Schlegel, Dekorateurhammer, Schraubenzieher, Bandmaß, Schere, Messer

1. Stoffkanten der Jutebespannung ringsum 25 mm breit einschlagen und eine Kante alle 5 cm bis auf 5 cm Abstand von den Ecken mit Polsternägeln befestigen

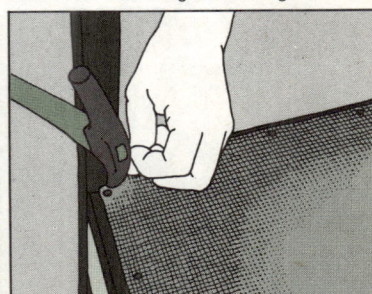

2. Jute spannen und die anderen Kanten annageln. An den hinteren Ecken den Stoff entsprechend der Stuhlbeinform einschlagen und nahe der Beinkante festnageln

Polstern

Einen herausnehmbaren Stuhlsitz neu beziehen

Wenn ein herausnehmbarer Stuhlsitz neu bezogen werden muß, ist es wie beim Beziehen der Rückenlehne ratsam, die Polsterung aufzufüllen oder zu erneuern, um dem Sitz die erforderliche Wölbung zu geben. Man verwendet dazu lose Polsterwatte oder zwei Schaumstoffplatten, von denen die obere etwas kleiner als die untere sein muß. Die Polsterung darf nicht an der Rahmenkante überstehen, denn sonst paßt der Sitz nicht mehr in den Stuhlrahmen. Wenn der Sitz klemmt, klopft man die Kanten vorsichtig mit dem Hammer flach, um eventuelle Unebenheiten des Polsters zu beseitigen.

1. Sitz mit der Unterseite nach oben auf eine ebene, saubere Unterlage legen. Nägel mit Schraubenzieher und Schlegel entfernen

2. Bezug abnehmen, neue Polstereinlage anpassen. Bei Schaumstoffplatten liegt das kleinere Stück oben, damit man eine Wölbung bekommt

3. Stuhlsitz an der längsten und breitesten Stelle messen. Bei den Maßen je 5 cm zugeben und neuen Bezug zuschneiden

Material:	*Polsterwatte oder Schaumstoffplatten, 10 mm lange Polsterstifte, Bezugstoff*
Werkzeug:	*Schlegel, Schraubenzieher, Hammer, Messer, Schere, Bandmaß*

4. Das Polstermaterial auflegen und den Bezug anpassen. Den Stuhlsitz auf eine Kante stellen, damit der Bezug gespannt bleibt

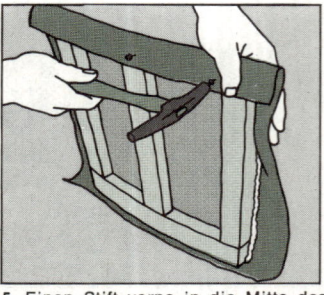

5. Einen Stift vorne in die Mitte des Rahmens halb einschlagen. Bezug glattziehen und an den Ecken mit einem Nagel anheften

Sitzbespannung: Der lose eingelegte Sitz eines Eßzimmerstuhls ohne Federkernpolster ist häufig mit Kunststoff oder Kunstleder bezogen. Man kann jedoch auch ein anderes Material passend zu den übrigen Möbeln verwenden

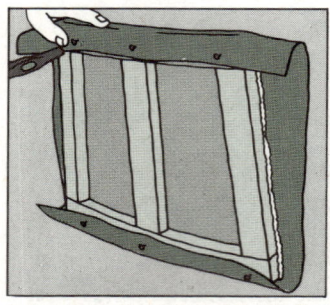

6. Stuhlsitz umdrehen, Bezug über den hinteren Rahmen spannen und wie an der Vorderkante mit Haltestiften provisorisch befestigen

7. Stuhlsitz mit der Oberseite nach oben legen. Eventuell vorhandene Beulen im Polster mit der Seitenfläche des Hammers flachklopfen

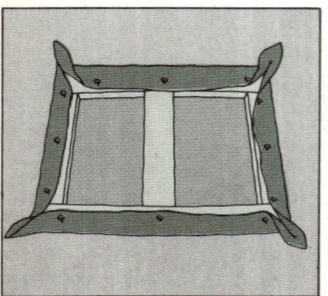

8. Sitz umdrehen und den Bezugstoff an den beiden seitlichen Rahmenhölzern ebenfalls mit drei Stiften provisorisch spannen und anheften

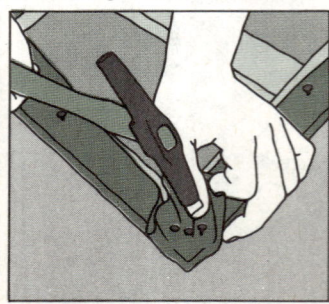

9. Die vier Stoffzipfel straff über die Rahmenecken der Sitzplatte ziehen und mit drei ganz eingeschlagenen Stiften befestigen

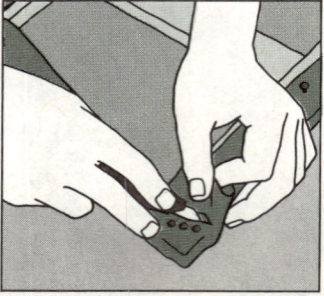

10. Bezug an den Ecken mit einem scharfen Messer hinter den Nägeln einschneiden, und zwar über die ganze Länge der Nagellinie

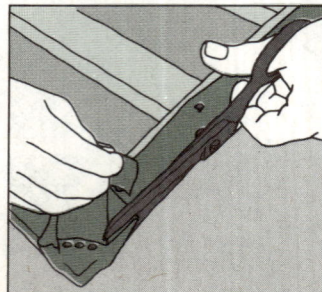

11. Den gefalteten Stoffzipfel rechts und links der Nagellinie dicht am Faltenbruch bis zum nächsten Nagel einschneiden

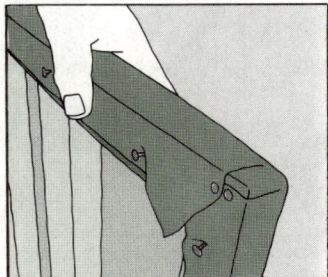

12. Eine Falte über die Kante des Rahmens ziehen, mit einem Nagel befestigen und die Falte mit dem Hammer vorsichtig glattklopfen

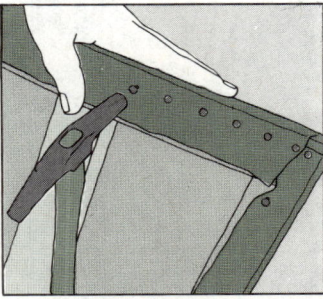

13. Die andere Falte derselben Ecke ebenso umlegen und festnageln. Dasselbe an den übrigen drei Ecken des Sitzpolsters wiederholen

14. Den Bezugstoff an allen vier Seiten in Abständen von 25 mm annageln und die provisorischen Stifte dann entfernen

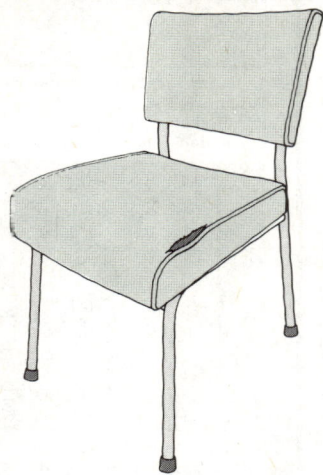

15. Die überstehende Bespannung an allen vier Kanten des Sitzkissens dicht hinter der Nagellinie mit einem scharfen Messer abschneiden

Polsterstühle mit Wulstnähten

Viele Stuhlpolster haben Wulstnähte. Zwar kann man auch solche Stühle neu beziehen (siehe S. 359), aber bei kleinen Rissen ist es einfacher, sie mit farblich passendem Zwirn zu nähen. Die Methode gilt für jedes Material und jede Polsterform. Mit dem auf dieser Seite beschriebenen Stich können auch lose Wülste wieder befestigt werden.

Material:	Feiner Zwirn
Werkzeug:	Stopfnadeln
	40-mm-Rundnadel
	(Polsternadel)

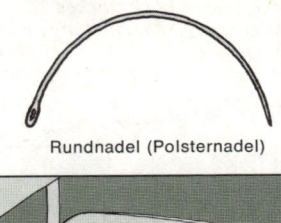

Rundnadel (Polsternadel)

Schäden in Polstern mit Wulstnaht: Meistens reißt der Bezug neben dem Wulst ein, weil das Material durch die Stiche perforiert ist

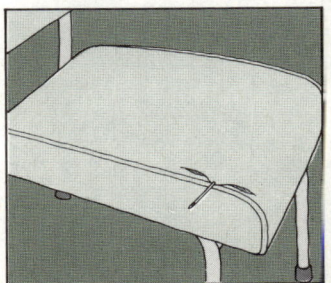

2. Eine Stopfnadel durch die eingeschlagene Stoffkante waagrecht in die Füllung stecken. Darauf achten, daß der Riß geschlossen ist

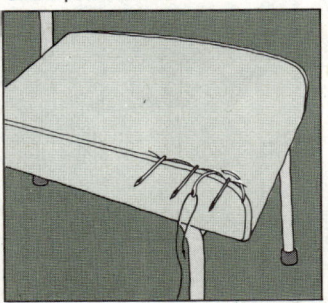

4. Den Zwirn in eine Polsternadel einfädeln und das Ende verknoten; die Nadel nach oben und wieder zurück durch den Bezugstoff führen

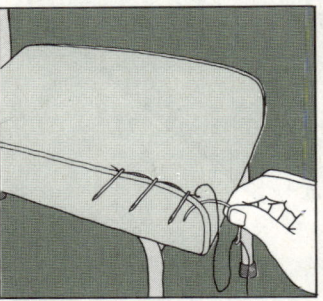

5. Den Faden straffziehen. Die Nadel 5 mm nach hinten einstechen, unter dem Wulst nach außen führen und durchziehen

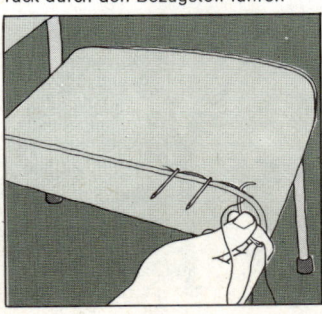

7. Nadel von unten hinter dem Wulst durchstechen, ohne den Bezug der Sitzfläche mit zu fassen. Faden fest anziehen

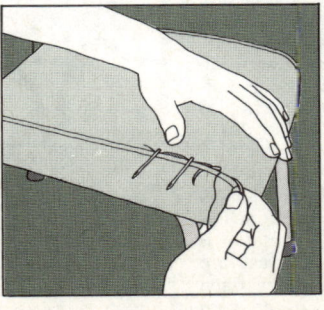

8. Die Rundnadel durch den Bezugstoff führen, den Faden anziehen und für den nächsten Stich unter dem Wulst durchführen. Stichlänge 5–10 mm

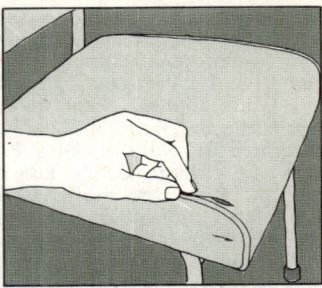

1. Die vom Wulst abgewandte Kante des Risses nach hinten zurücknehmen, 5 mm einschlagen und wieder zum Wulst hinziehen

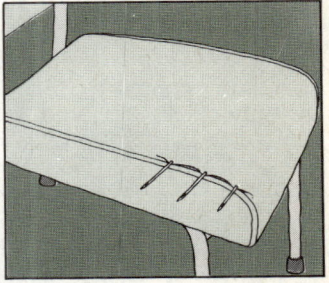

3. Bei längeren Rissen auf die gleiche Art so viele Nadeln einstecken, daß die schadhafte Stelle auf der ganzen Länge geschlossen wird

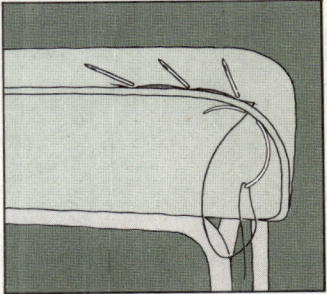

6. Nadel möglichst dicht unterhalb des Wulstes durch die Seitenfläche der Polsterung stechen. Faden anziehen, um den Riß zu schließen

9. Beschriebenen Arbeitsgang so lange wiederholen, bis der ganze Riß zugenäht ist. Zur Sicherheit etwa 25 mm über den Riß hinaus nähen

Polstern

Instandhaltung eines Sessels

Die Schäden, die bei Polstersesseln am häufigsten auftreten, sind gebrochene Sprungfedern und Risse im Bezugstoff. Federn und Gurte können erneuert werden (siehe S. 357), wobei darauf zu achten ist, daß die neuen Federn die richtige Größe haben. Manche Risse im Stoff lassen sich fast unsichtbar zunähen (siehe S. 363), andere können mit Hilfe von Kontaktkleber repariert werden (siehe S. 365). Wenn das Gestell des Sessels intakt, der Bezugstoff aber stark abgenutzt ist, kann man einen Bezug für das Sitzkissen kaufen oder anfertigen lassen oder aber den ganzen Sessel neu beziehen lassen.

> *Material: Zierknöpfe oder mit dem Bezugstoff überzogene Polsterknöpfe, starker Zwirn Werkzeug: 25 cm lange Garniernadel*

Befestigen von Zierknöpfen

1. Zwirn in Garniernadel so einfädeln, daß ein Ende 75 mm länger ist. Keinen Knoten machen. Nadel durch den Stoff nach innen stechen

2. Nadelspitze an der Rückseite greifen und Nadel nur so weit durchziehen, daß das Öhr hinter dem vorderen Bezugstoff verschwindet

3. Nadel wieder zurückschieben, so daß das Öhr nahe der Einstichstelle wieder herauskommt. Zwirnsfaden aus der Nadel ziehen

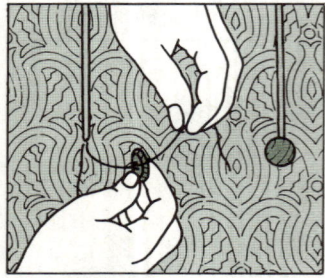

4. Die Fadenenden auf gleiche Länge bringen und festziehen. Fäden auf 15 cm einkürzen. Knopf auf eines der Fadenenden fädeln

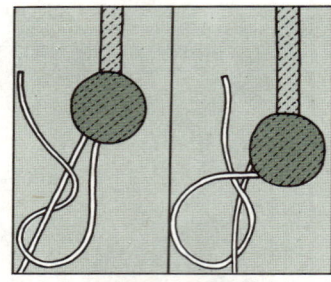

5. Fadenenden verknoten (links) und anziehen. Knoten in die Polstervertiefung drücken. Zweiten Knoten legen (rechts), anziehen

6. Beide Fadenenden auf etwa 25 mm Länge abschneiden. Enden um den Knopf wickeln und mit der Nadel in den Bezugstoff hineindrücken

---

Hierfür braucht man eine Garniernadel und Zwirn. Zuerst markiert man die Stellen auf dem Kissen, wo die Knöpfe sitzen sollen. Dann schneidet man ca. 50 cm Zwirn ab und zieht einen Knopf auf den Faden auf. Beide Fadenenden führt man durch das Nadelöhr; dann sticht man die Nadel durch das Kissen (1). Die Nadel wird abgezogen und ein zweiter Knopf auf eins der beiden Zwirnenden aufgefädelt (2). Mit Faden A einen halben Knoten um Faden B schlagen (3). Faden A festhalten und an Faden B ziehen, bis auch der obere Knopf fest am Kissen liegt und der Knoten abgezogen ist (4). Einen weiteren Knoten unter dem Knopf machen und die Fadenenden in das Kissen hineinziehen.

ZIERKNÖPFE AN POLSTERKISSEN ANBRINGEN

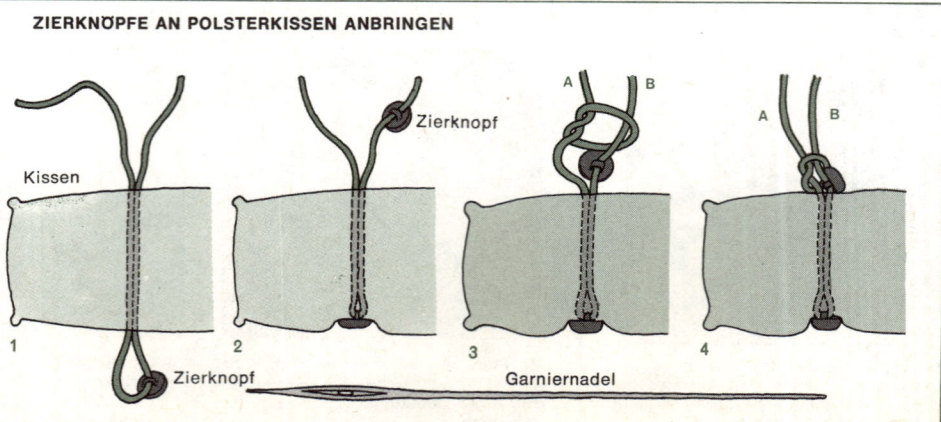

Einen Armlehnenbezug reparieren

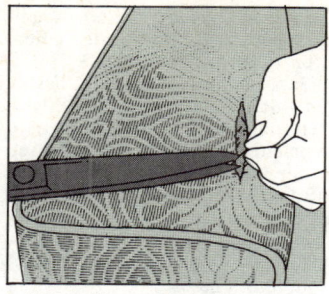

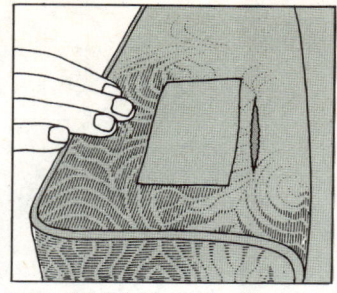

1. Man prüft sorgfältig den Umfang des Schadens. Lose und aufgeräufelte Fäden schneidet man ab, ohne den Stoff zu beschädigen

2. Ein Stück Stoff zuschneiden, das länger und breiter ist als das Loch. Der Flicken braucht nicht vom Bezugstoff zu sein

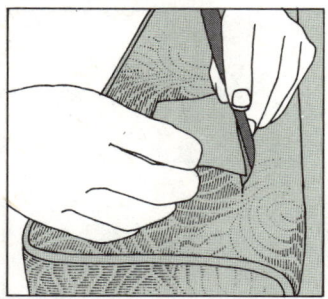

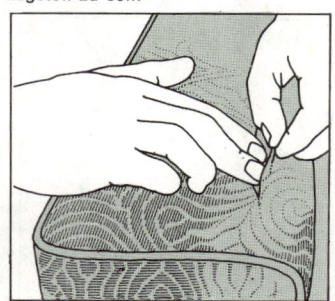

3. Den Flicken mit einem Messer vorsichtig in den Riß hineinschieben, bis er genau unter der Reparaturstelle liegt

4. Abtasten, ob der Flicken unter dem Riß vollkommen glatt liegt. Eventuell vorhandene Unebenheiten mit der Messerspitze glätten

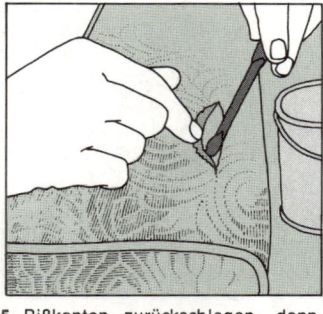

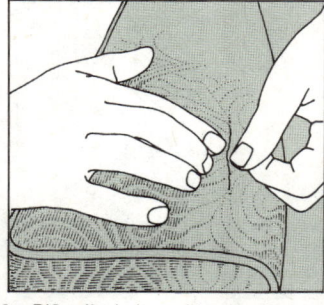

5. Rißkanten zurückschlagen, dann mit einem alten Messer Kontaktkleber auf den Flicken und die Unterseite des Bezugstoffs dünn auftragen

6. Riß offenhalten, bis der Kleber abgelüftet ist. Eine Seite nach der anderen so andrücken, daß der Riß sich vollständig schließt

---

EIN SCHAUMSTOFFKISSEN SELBER MACHEN

Schaumstoffkissen bestehen aus zwei Außenlagen und einer dünneren Zwischenlage. Für ein gewölbtes, am Rand 10 cm und in der Mitte 12 cm dickes Kissen nimmt man zwei Lochplatten aus 5 cm dickem Schaumstoff und eine 2,5 cm dicke, glatte Vollplatte als Einlage. Die Decklagen werden auf Kissenmaß gebracht, die Einlage etwa 8 cm kleiner zugeschnitten. Dann werden die Lagen auf- einander geklebt und mit einem 10 cm breiten, 12 mm dicken Streifen aus glattem Schaumstoff eingefaßt.

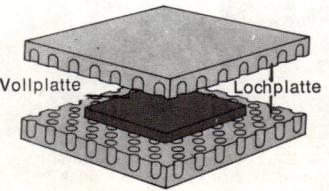

Vollplatte · Lochplatte

Ein Schaumstoffkissen ausbessern

Schaumstoffkissen nutzen sich meist zuerst an der Vorderkante ab. Manchmal genügt es, das Kissen einfach umzudrehen, besser ist es jedoch, die Kante zu erneuern. Den Schaumstoff kann man am saubersten mit einem scharfen, in Wasser getauchten Tranchiermesser schneiden.

Material: Schaumstoffplatte, Kontaktkleber, Zwirn
Werkzeug: Scharfes Messer, Polsternadel, Holzspatel

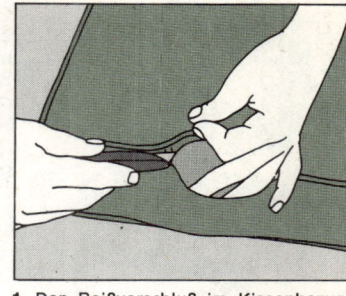

1. Den Reißverschluß im Kissenbezug öffnen oder die handgenähte Naht (diejenige mit den längeren Stichen) auftrennen. Das Kissen herausnehmen

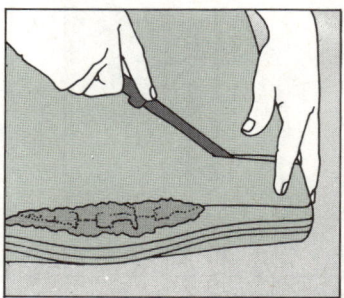

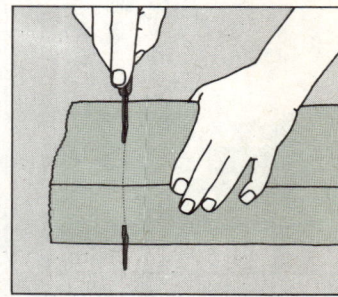

2. Die Schaumstoffplatte etwa 5 cm hinter der schadhaften Stelle mit einem scharfen Messer (Tranchiermesser) gerade abschneiden

3. Das schadhafte Stück abmessen und die Maße notieren. Ein Ersatzstück in der gleichen Dicke und Länge, aber 1,5 cm breiter zuschneiden

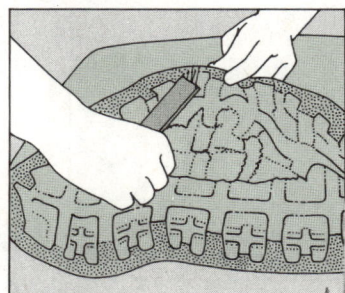

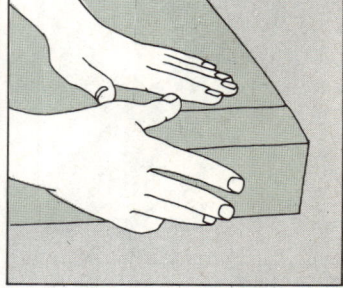

4. Die Stoßflächen beider Kissenteile mit Kontaktkleber bestreichen. Kleber auch nach innen gut ausstreichen und gründlich ablüften lassen

5. Auf einer ebenen Unterlage das neue Kissenstück fest gegen das alte drücken, um eine dauerhafte, vollflächige Verbindung zu erhalten

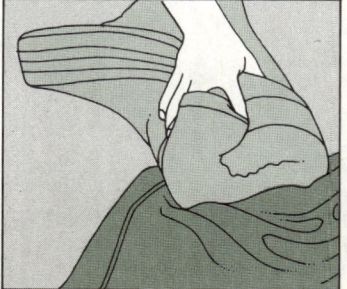

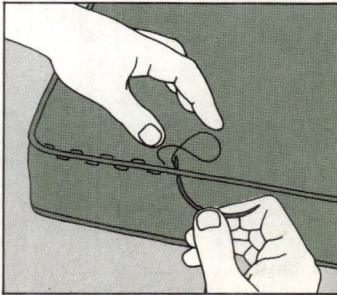

6. Wenn der Kleber getrocknet ist, wird das Kissen im rechten Winkel zur Klebekante geknickt und wieder in den Bezug geschoben

7. Darauf achten, daß der Bezug faltenlos sitzt. Mit einer 40 mm langen gekrümmten Polsternadel und feinem Zwirn die Öffnung wieder zunähen

Polstern

Gummigurte erneuern

Gummigurtband gibt es in 25 und 50 mm Breite. Für Sessel und Sofas nimmt man 50-mm-Band, für Stuhllehnen genügt meist das schmalere. Für einen Sessel braucht man fünf Gurte, für ein Sofa entsprechend mehr. Man arbeitet von der Mitte aus nach beiden Seiten.

Material: 25 oder 50 mm breites Gummigurtband, 10 mm lange Polsternägel
Werkzeug: Kleiner Hammer, Schraubenzieher, scharfes Messer

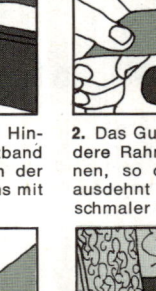

1. Den Bezug an Vorder- und Hinterrahmen lösen und das Gurtband entfernen. Neues Gurtband an der Rückseite des hinteren Rahmens mit sieben Nägeln befestigen

2. Das Gurtband straff über das vordere Rahmenholz des Stuhls spannen, so daß sich das Gummiband ausdehnt und dadurch merklich schmaler wird

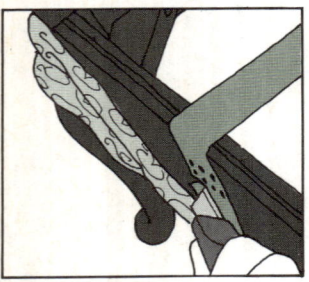

3. Gurtband etwa 5 cm unter der Vorderkante des Rahmens mit sieben Nägeln befestigen und in geringem Abstand unterhalb der Nagellinie abschneiden

4. Die anderen Gurtbänder auf die gleiche Art spannen und befestigen. Gummiband vorn und hinten mit altem Band unterlegen, dieses in den Zwischenräumen annageln

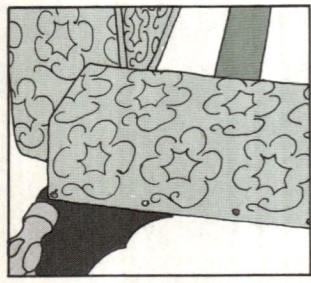
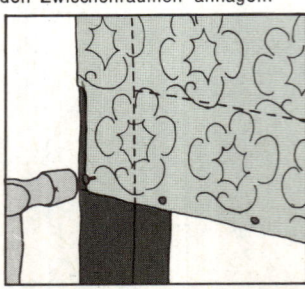

5. Den vor Beginn der Reparatur gelösten Bezugstoff vorn und hinten wieder festziehen und in Abständen von 5 cm mit Nägeln an den Rahmenhölzern befestigen

6. Den Bezug ringsum auf festen Sitz prüfen. Wenn erforderlich, lose Stoffkanten, insbesondere an den Stuhlbeinen, mit zusätzlichen Nägeln sichern

Ein Bügelbrett neu überziehen

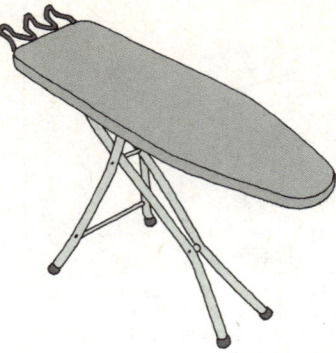

Ein neuer Überzug für ein Bügelbrett läßt sich leicht aus einem alten Bettuch herstellen.

Dazu benutzt man am besten den alten Überzug des Bügelbretts als Schnittmuster und näht am neuen ringsum einen Saum. In der Naht läßt man eine kleine Öffnung, um ein Gummiband durchziehen zu können.

Material: Altes Bettuch, Gummiband, Faden
Werkzeug: Nähmaschine oder Nadel, Stecknadeln, Sicherheitsnadel, Schere

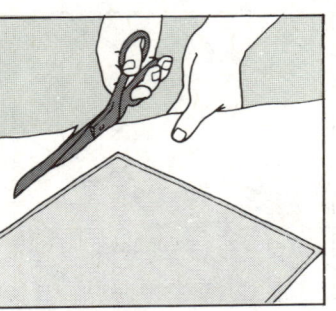

1. Der alte Bezug wird auf ein doppelt gelegtes Bettuch ausgebreitet und der neue mit ringsum 3 cm Saumzugabe ausgeschnitten

2. Der neue Bezug wird ringsum 1 cm und dann noch 2 cm nach innen umgeschlagen und festgesteckt. Beide Stofflagen müssen glatt liegen

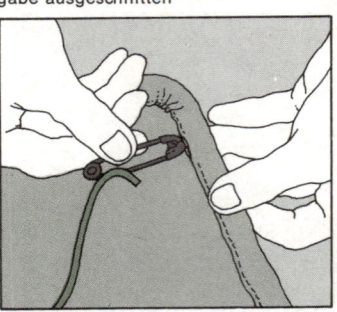
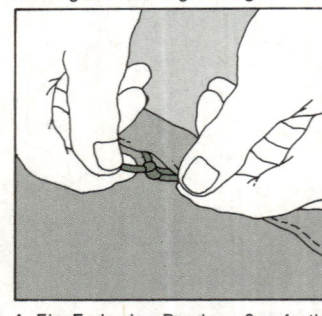

3. Saum heften und mit der Maschine feststeppen; an einer Stelle 2 cm breite Öffnung lassen. Gummiband mit einer Sicherheitsnadel einziehen

4. Ein Ende des Bands außen festhalten, Sicherheitsnadel vom andern Ende entfernen. Enden zusammenknoten, Knoten in den Saum stecken

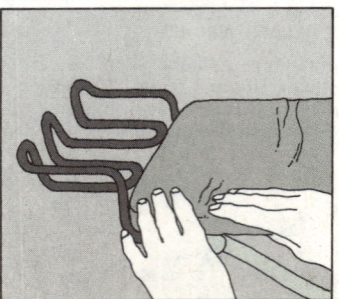

5. Überzug, an der Spitze beginnend, auf das Bügelbrett spannen; die Kanten glattziehen, das Gummiband, wo nötig, noch nachschieben

BÜGELBRETTBEZUG AUS TEFLON

Es gibt fertige Bügelbrettüberzüge aus Teflon zu kaufen, die besonders hitzebeständig sind und auch dann nicht versengen, wenn man das Bügeleisen direkt daraufstellt. Sie strahlen die Wärme in sehr hohem Maße zurück, so daß man die Temperatur des Bügeleisens niedriger als gewohnt einstellen kann, was Stromersparnis bedeutet. Auch genügt es vollständig, die Stoffe einseitig zu bügeln. Solche Teflonbezüge passen auf alle handelsüblichen Bügelbretter.

Rolläden pflegen und reparieren

Im modernen Wohnungsbau haben Rolläden fast überall die früher üblichen Fensterklappläden verdrängt.

Rolläden bestehen aus flexibel geführten Querlamellen, die sich oberhalb des Fensters auf eine Holzrolle aufwickeln. Die Lamellen können aus verschiedenen Materialien bestehen. Holz verwendet man heute nur noch selten, in den meisten Fällen wird Leichtmetall oder Kunststoff genommen.

Nach langjährigem Gebrauch kann es vorkommen, daß die Rolläden schief ablaufen, sich dabei verklemmen und dadurch nicht mehr richtig schließen. Je breiter die vom Rolladen bedeckte Fensterfläche ist, desto größer ist diese Gefahr.

Wenn der Rolladen klemmt, kontrolliert man zuerst die seitlichen Metall- oder Kunststoff-Führungsschienen. In ihnen setzt sich gern Schmutz oder – bei Metallschienen – auch Rost an. Sie müssen mit einem breiten Schraubenzieher oder einer schmalen Drahtbürste gut ausgekratzt werden. Bei stark verrosteten Metallschienen empfiehlt sich das Aufsprühen eines Rostschutzmittels, bevor man sie neu lackiert. Wenn die Schienen durch äußere Einflüsse, beispielsweise Schläge oder starke Stöße, eingebeult sind, werden sie mit der Flachzange geradegerichtet und so weit aufgebogen, daß die Lamellen glatt durchlaufen können. Die Druckfläche der Zange läßt sich durch eine Eisenunterlage vergrößern.

Sind an irgendeiner Stelle die Führungsgurte der Lamellen abgerissen oder ausgefranst, sollte man diese Reparatur einem Fachmann überlassen. Man muß dazu nämlich meist das ganze System ausbauen.

Erneuern des Zuggurts

Der verschleißanfälligste Teil bei Rolläden ist der Zuggurt. Er wird im Innern des Rolladenkastens an der Gurtausführung über Rollen nach innen geführt.

Wenn der Gurt nicht genau in der Mitte des Ausführungsspalts läuft, kann er an den Seiten abgescheuert und ausgefranst werden. Das gleiche gilt für die Einführungsrolle in den Federrollenkasten am unteren Gurtende.

Man vermeidet solche Beschädigungen am besten, indem man den Zuggurt beim Aufziehen oder Lockern immer genau senkrecht führt und nicht zur Seite zieht.

In vielen Fällen kann man abgerissene oder an einzelnen Stellen ausgefranste Gurte dadurch reparieren, daß man das beschädigte Stück herausschneidet und die heilen Enden flach aufeinanderlegt und fest vernäht. Dies geht aber nur, wenn die Einlaßschlitze groß genug sind, um den Gurt an der Reparaturstelle, wo er nachher ja etwa doppelt so dick ist, glatt durchlaufen zu lassen.

In den meisten Fällen muß man einen neuen Zuggurt einführen. Er ist im Handel erhältlich und sollte genau die gleiche Breite und Dicke haben wie der alte. Nach Entfernung der Blende am Rolladenkasten wird er bei hochgezogenem Rolladen an der Gurtrolle befestigt.

Nun nimmt man die Federrolle heraus, die den Gurt am unteren Ende in Spannung hält. Dazu muß man meist nur zwei Schrauben lösen. Die Federrolle wird jetzt gegen den Federdruck so weit wie möglich aufgezogen. Erst dann – bei voll herabgelassenem Rolladen – befestigt man das andere Ende des Zuggurts an der Rollenwicklung. Durch vorsichtiges Aufziehen des Rolladens wickelt sich nun der Gurt auf die Federrolle auf. Wenn er gut gespannt ist, wird das Rollenelement wieder eingebaut und der Laden probeweise herabgelassen.

Der neue Gurt sollte genauso lang sein wie der alte; ein Gurt ist im allgemeinen etwa dreimal so lang wie der Rolladen hoch ist. Wenn bei aufgezogenem Rolladen die Spannung im Gurt nicht groß genug ist, muß man den Gurt etwas kürzen.

Befestigen loser Anschlagwinkel

Jeder Rolladen besitzt an der untersten Lamelle Anschlagwinkel, die verhindern, daß er zu weit nach oben gezogen werden kann. Diese Anschlagwinkel können sich bei häufigem Gebrauch lockern. Man sollte sie deshalb von Zeit zu Zeit kontrollieren und die Schrauben nachziehen.

Sind die Schraubenlöcher jedoch ausgerissen, so bohrt man knapp daneben neue Löcher und befestigt den Winkel dort. In den meisten Fällen kann man sich damit behelfen, daß man etwas dickere Schrauben einzieht, deren Windungen man mit Weißleim oder Knetholz einstreicht.

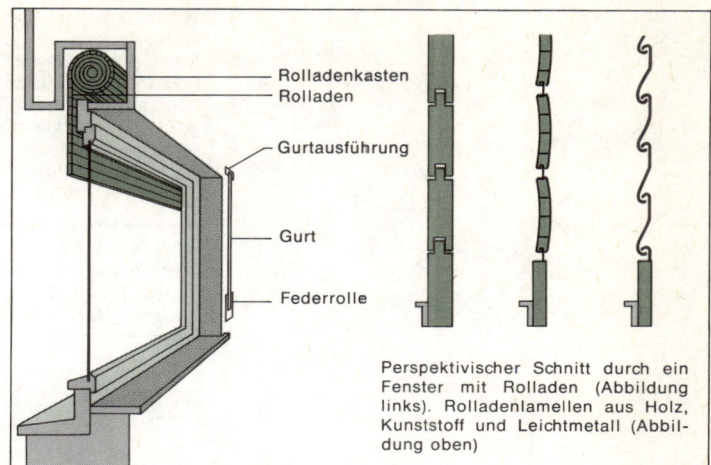

Perspektivischer Schnitt durch ein Fenster mit Rolladen (Abbildung links). Rolladenlamellen aus Holz, Kunststoff und Leichtmetall (Abbildung oben)

VERRIEGELN VON ROLLÄDEN

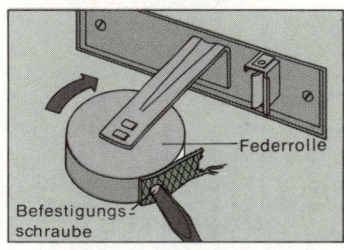

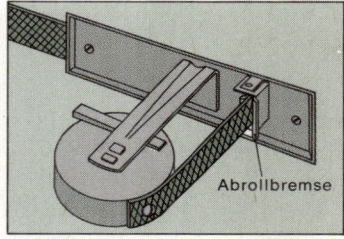

1. Abgerissenes Gurtende durch Lösen der Schraube entfernen. Federrolle durch Drehen gegen den Federdruck so stark wie möglich spannen

2. Federrolle durch Keil arretieren. Neuen Zuggurt durch die Abrollbremse am Rollendeckel führen und mit der Schraube an der Rolle befestigen

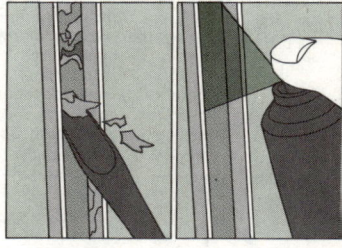

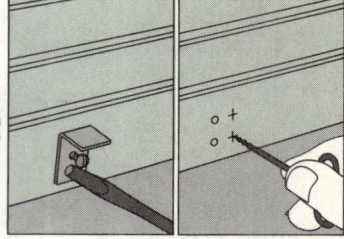

3. Führungsschiene vom Rost säubern (links) und vor dem neuen Anstrich von allen Seiten mit einem Rostschutzmittel besprühen (rechts)

4. Lose Anschlagwinkel abschrauben (links). Neue Löcher dicht neben den alten anreißen und mit einem Nagelbohrer bohren (rechts)

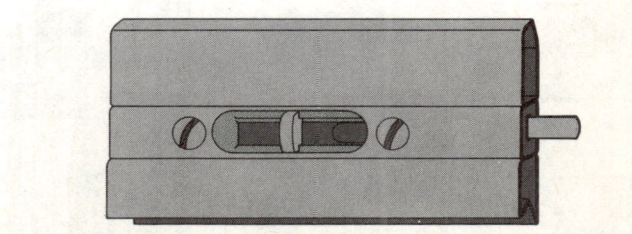

Um zu verhindern, daß jemand die Rolläden von außen hochschiebt, können sie an den Unterkanten mit einer Sperrvorrichtung versehen werden, die die Rolläden in den Führungsschienen verriegelt. Diese Sperre kann man nur lösen, wenn man den Rolladengurt zieht

Scheren

Schleifen und reparieren

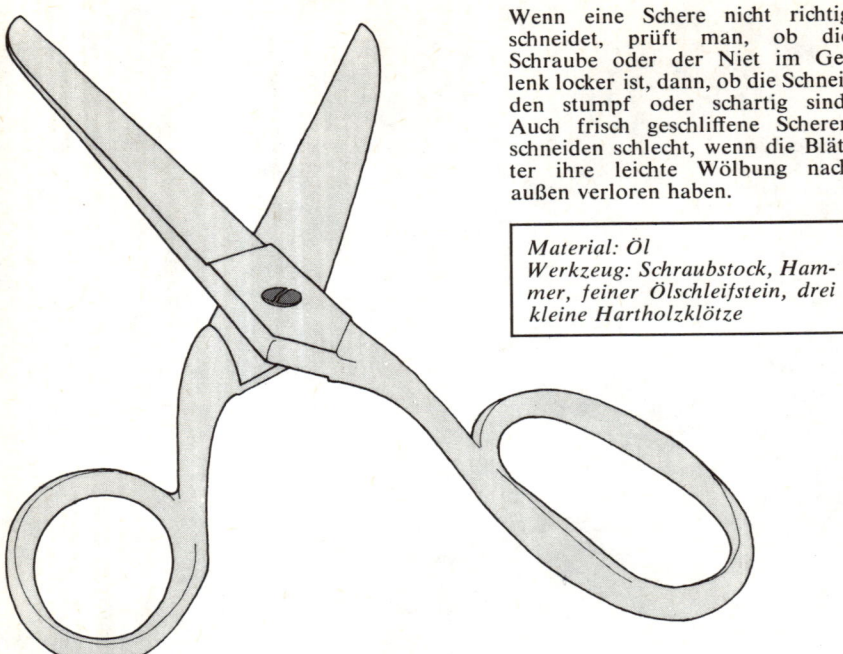

Wenn eine Schere nicht richtig schneidet, prüft man, ob die Schraube oder der Niet im Gelenk locker ist, dann, ob die Schneiden stumpf oder schartig sind. Auch frisch geschliffene Scheren schneiden schlecht, wenn die Blätter ihre leichte Wölbung nach außen verloren haben.

> *Material: Öl*
> *Werkzeug: Schraubstock, Hammer, feiner Ölschleifstein, drei kleine Hartholzklötze*

STUMPFE SCHNEIDEN
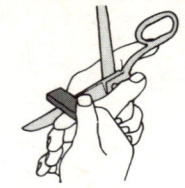
Zum Schleifen wird ein feiner Schleifstein mit 3–5° Neigung entlang der Schnittkante geführt

SCHARTIGE SCHNEIDEN
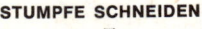
Feinen Schleifstein mit Öl benetzen und über die Innenseite der Klingen schleifen

KLINGENSPANNUNG ERNEUERN
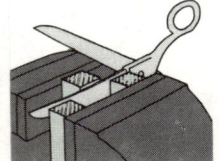
Klinge zwischen drei Holzklötze in Schraubstock spannen und diesen leicht anziehen

LOCKERES GELENK
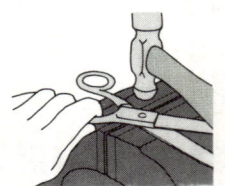
Schraubenkopf auf Metallunterlage legen und das andere Ende mit Hammer festklopfen

BLECHSCHEREN

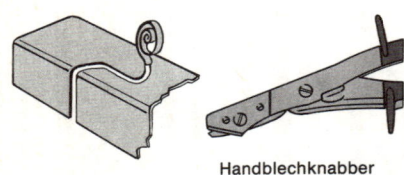
Handblechknabber

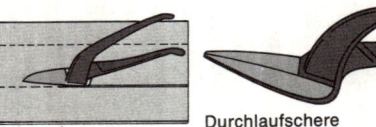
Durchlaufschere

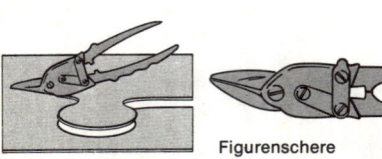
Figurenschere

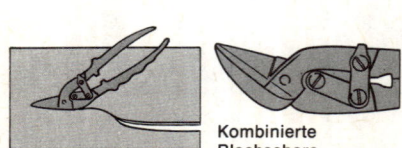
Kombinierte Blechschere

1. Mit dem Blechknabber kann man schneiden, ohne das Blech zu verbiegen. Auch für Kunststoffrohre geeignet.
2. Die Durchlaufschere (Pelikanschere) ist eine Schere ohne Übersetzung. Man verwendet sie für gerade Schnitte bei Blechdicken bis 1 mm.
3. Die Figurenschere kann für Tafelschnitte, Loch- und Figurenschnitte verwendet werden.
4. Die kombinierte Blechschere (Idealschere) ist universell einsetzbar. Bei übersetzten Scheren lassen sich Bleche bis 2 mm Dicke gut schneiden.

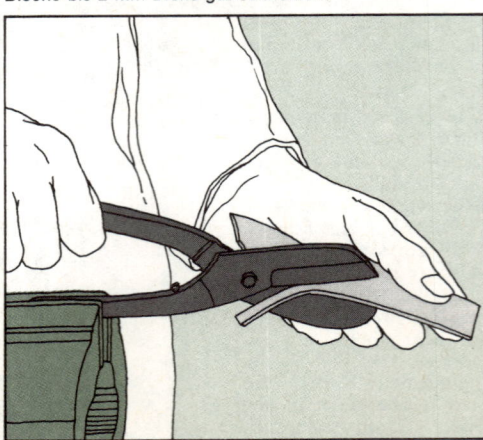
Wenn man beim freihändigen Blechschneiden nicht genug Kraft ausüben kann, spannt man eine Scherenhälfte in einen Schraubstock ein

ELEKTROSCHLEIFGERÄT

Mit einem elektrischen Messer- und Scherenschleifer lassen sich stumpfe Messer und Scheren rasch und mit geringer Mühe schärfen.
Das eine Scherenblatt wird in den Führungsschlitz gesetzt und leicht an die rechte Anlegefläche gedrückt. Dann zieht man es unter leichtem Druck schnell und regelmäßig ein paarmal durch den Schlitz auf sich zu. Das gleiche macht man mit dem zweiten Scherenblatt. Die Schere darf auf keinen Fall hin und her geschoben werden.
Während des Schleifens soll man das Schleifgerät nicht in der Hand halten, sondern fest auf einen Tisch aufsetzen. Der rote Schalterknopf auf der Rückseite wird beim Schleifen eingedrückt gehalten.
Das Schleifgerät soll regelmäßig gesäubert werden. Dazu schraubt man das Führungsstück ab und reinigt es mit einem Läppchen oder Pinsel.

Schirme

Reparaturhinweise

Viele Regenschirme können repariert werden, nur für ausländische oder zusammenschiebbare Modelle (Taschenschirme) bekommt man in der Regel keine Ersatzteile. Manchmal lassen sich die beschädigten Teile nicht entfernen. Ist zum Beispiel die Spitze eines Stockschirms aus Metall, bildet sie einen Teil des Stocks und kann nicht ausgewechselt werden. Hölzerne Spitzen dagegen lassen sich gewöhnlich abziehen und ersetzen.

Das Neubeziehen von Schirmen ist kompliziert und erfordert viel Erfahrung und Übung. Die Schwierigkeiten beginnen beim Zuschneiden des Bezugstoffes in der richtigen Laufrichtung. Schon die kleinste Abweichung in den Maßen kann dazu führen, daß die Bespannung beutelt oder Spannfalten wirft. Auch das saubere Steppen der in der Spitze zusammenlaufenden Nähte macht dem Ungeübten große Mühe. Es kann daher nur dringend davon abgeraten werden, diese Reparatur selbst auszuführen.

Wenn Sie Zweifel im Hinblick auf andere Reparaturen haben, fragen Sie einen Fachhändler um Rat.

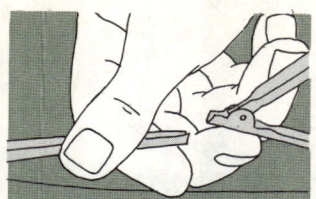

SCHARNIERE PRÜFEN

Schirmschienen brechen meist an den Schienenscharnieren. Bevor man eine Schiene ersetzt, prüft man alle anderen, indem man sie leicht in den Scharnieren nach hinten biegt. Alle Schienen, die bei diesem Versuch brechen, werden mit erneuert

Gebrochene Schienen erneuern

Messen Sie die Länge der Schiene, damit Sie die richtige Ersatzschiene bekommen. Die Größen schwanken zwischen 45 und 51 cm.

Schienen und Streben sind mit Spezialdraht verbunden; aber Blumendraht tut es auch. Bei billigen Schirmen kann der Schieber aus Kunststoff sein. Hier lassen sich neue Schienen nur schwer einsetzen. Die Schlitze im Schieber kann man mit einer Metallsäge erweitern.

Bei einigen älteren Modellen lassen sich die Abschlußkappen nicht von den Schienen abnehmen. Dann schneidet man den Faden durch, mit dem die Bespannung festgenäht ist, und entfernt die Schiene.

Ersatzteile für Schirme werden normalerweise nur an Reparaturwerkstätten verkauft, aber einige Fachhändler verkaufen sie auch einzeln. Können Sie ein Ersatzteil nicht beschaffen, versuchen Sie, einen alten Schirm zum „Ausschlachten" zu bekommen.

Wenn die Bespannung nach der Reparatur auf der Schiene genäht werden muß, nur durch die Naht, nicht durch den Stoff selbst stechen. Nahe am Benäherbügel arbeiten. *(Forts. S. 370)*

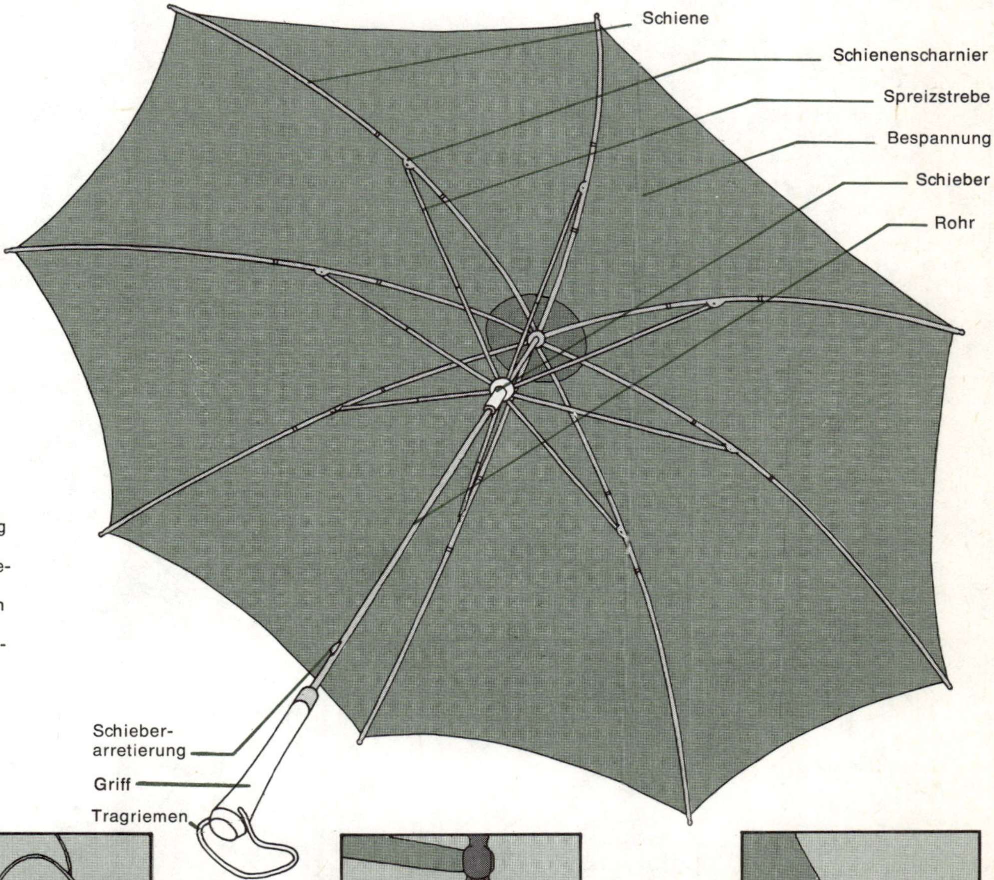

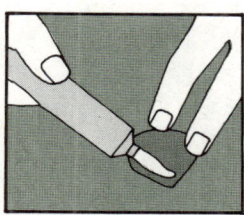

Flicken: Ein Loch in der Bespannung wird mit einem Nylonflicken ausgebessert, den man mit durchsichtigem Kleber von innen gegen die Bespannung klebt

Schiene
Schienenscharnier
Spreizstrebe
Bespannung
Schieber
Rohr

Schieberarretierung
Griff
Tragriemen

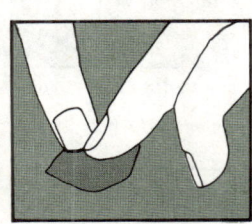

Holzspitze erneuern: Alte Spitze abziehen, neue Spitze aufleimen

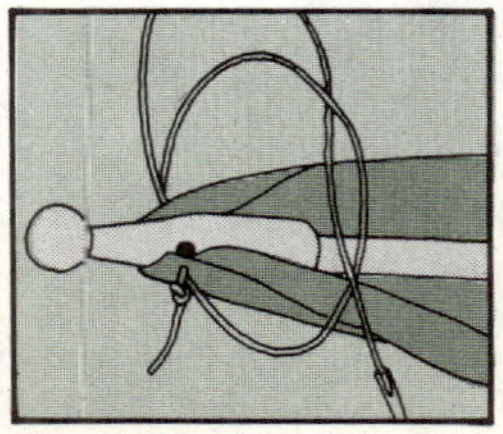

Nähen: Beim Festnähen der Bespannung nur durch den Saum stechen

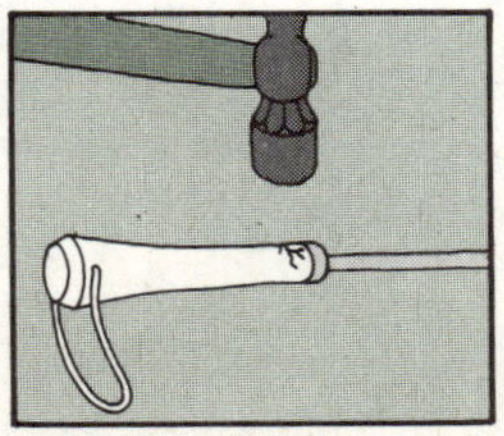

Kunststoffgriffe: Alten Griff zerschlagen, neuen Griff mit Kleber befestigen

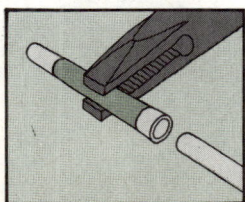

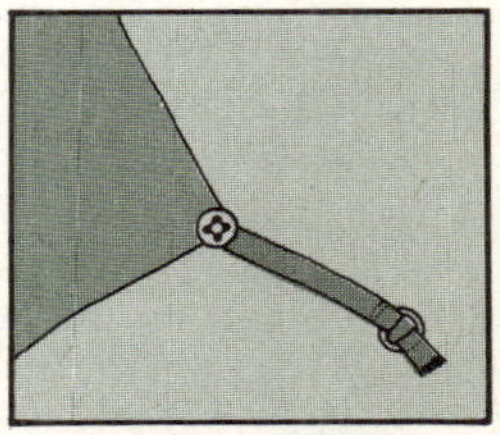

Gummiband: Neues Band bei einer Außenfalte der Bespannung festnähen

Schirme

(Fortsetzung von S. 369)

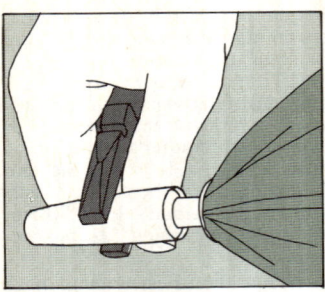

1. Schließt der Schirm an der Krone mit einer Kunststoffkappe ab, zieht man die Kappe mit einer Zange ab

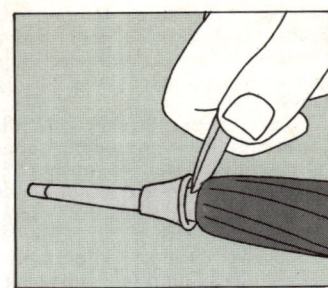

2. Bei einem Stockschirm den Metallring herunterschieben, ohne die Bespannung zu beschädigen

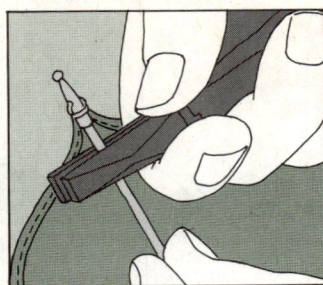

3. Mindestens sechs Schienenspitzen mit der locker über die Schiene geführten Zange losschieben

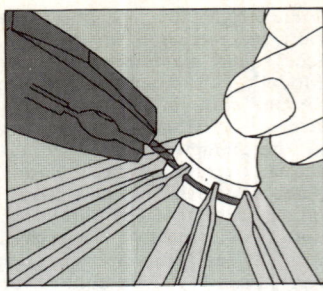

4. Den Spanndraht am Schieber mit einem Messer herausdrücken und die verdrehten Enden lösen

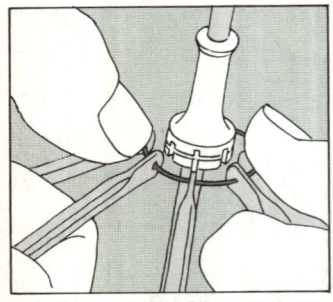

5. Draht vorsichtig öffnen und aus dem Schieber nehmen, ohne ihn aus den Streben zu ziehen

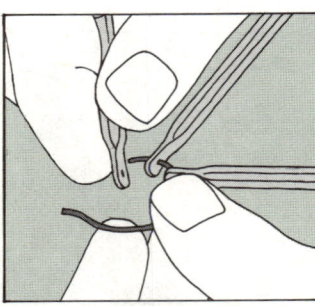

6. Alle Streben aus dem Draht nehmen. Darauf achten, daß sie nicht die Schirmbespannung durchstoßen

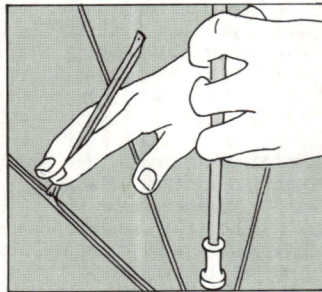

7. Die Streben gegen die Schienen umlegen und gebrochene Teile aus den Nähschlaufen herausschieben

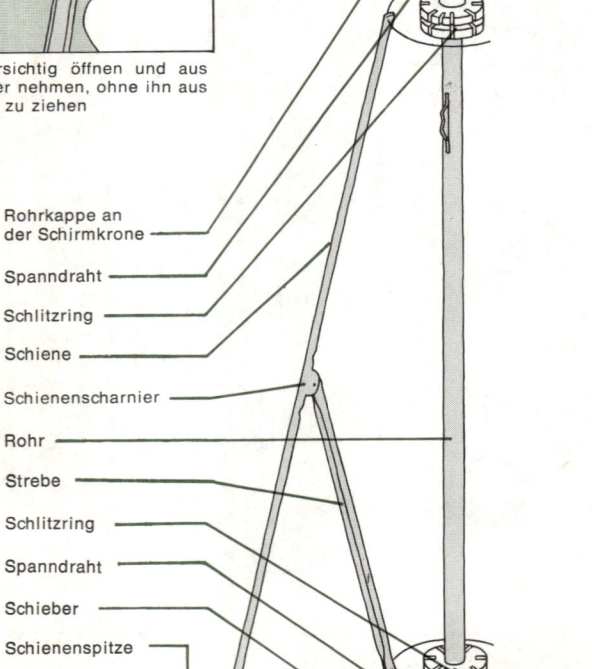

Rohrkappe an
der Schirmkrone

Spanndraht

Schlitzring

Schiene

Schienenscharnier

Rohr

Strebe

Schlitzring

Spanndraht

Schieber

Schienenspitze

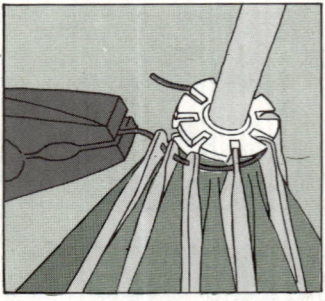

8. Schirm umschlagen, so daß die restlichen Schienen und Streben an dem Schlitzring nach unten hängen

9. Spanndraht an der Spitze aufdrehen. Enden nach hinten biegen, damit die Schienen nicht herausfallen

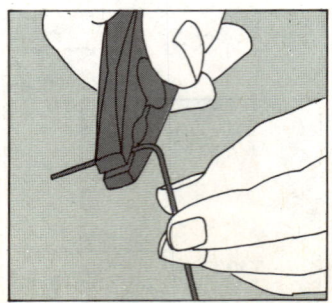

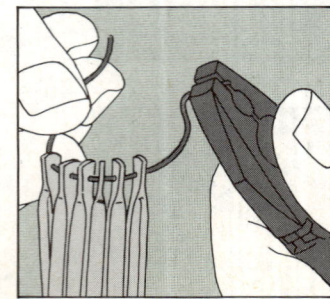

10. Bei zwei Drähten von etwa 10 cm Länge jeweils ein Ende 25 mm lang im rechten Winkel umbiegen

11. Die Schienen vom alten Draht abziehen und auf den neuen Draht schieben

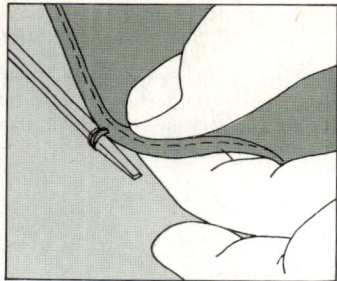

12. Gebrochene Schienen von der Bespannung lösen und Ersatzschienen vorsichtig in die Nähschlaufen schieben

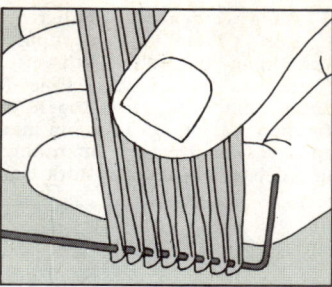

13. Die Schienen auf dem neuen Draht festhalten und prüfen, ob die richtige Reihenfolge eingehalten wurde

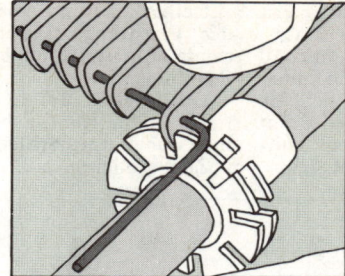

14. Umgebogenes Drahtende in die Kerbe im Schlitzring hineindrücken und die Schienen in die Schlitze einlegen

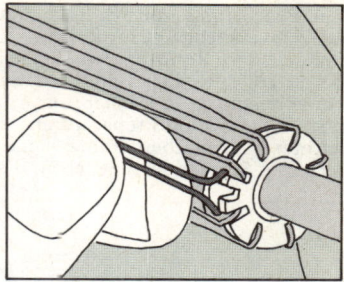

15. Wenn die Schienen im Schlitz sind, beide Drahtenden so umbiegen, daß sie parallel zum Rohr stehen

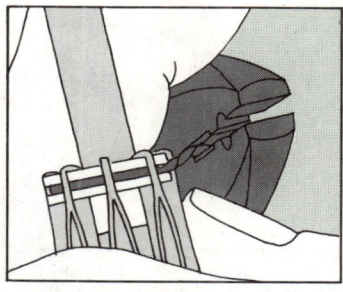

16. Die Drahtenden mit der Zange so vorsichtig verdrehen, daß der Draht dabei nicht reißt

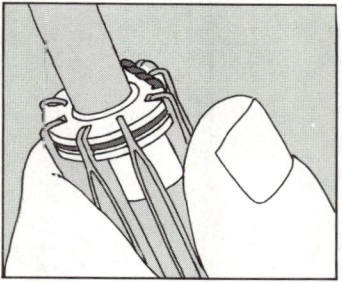

17. Die verdrehten Drahtenden auf etwa 5 mm zurückschneiden und in Griffrichtung gegen das Rohr drücken

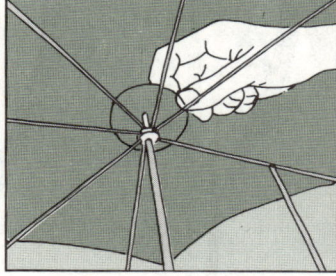

18. Bespannung und Schienen in Normallage bringen und eventuell vorhandene Schutzrosette wieder aufsetzen

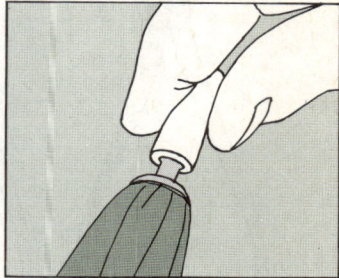

19. Schirm schließen und Bespannung glätten. Kunststoffkappe oder Metallring wieder aufsetzen

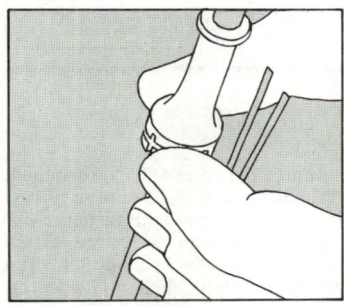

20. Vor Einsetzen der Schienen in den Schieber prüfen, ob dieser durch die Arretierung in Griffnähe gehalten wird

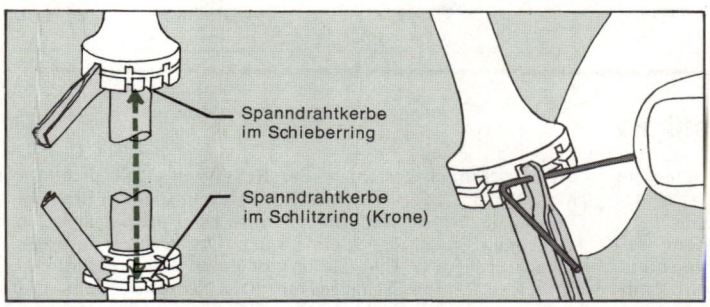

Spanndrahtkerbe im Schieberring

Spanndrahtkerbe im Schlitzring (Krone)

21. Die Kerben in Schlitzring und Schieber müssen fluchten (links). Die Strebe in den Schlitz rechts der Kerbe des Schiebers einlegen und das zweite Drahtstück durch die Strebe führen. Drahtende in die Kerbe drücken (rechts)

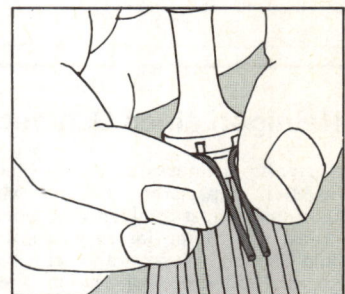

22. Jede Strebe der Reihe nach auf den Draht schieben und sofort in den ihr zugeordneten Schlitz einlegen

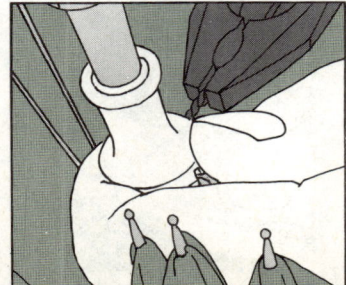

23. Wenn alle Streben eingelegt sind, die Drahtenden darüber zusammenbiegen und mit der Zange verdrehen

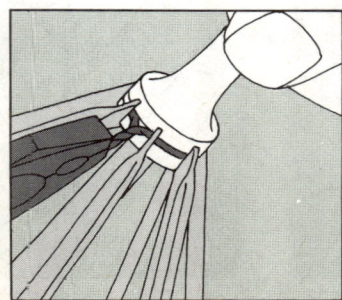

24. Draht etwa 5 mm stehenlassen und nach innen zwischen die Streben in Richtung Schirmrohr umbiegen

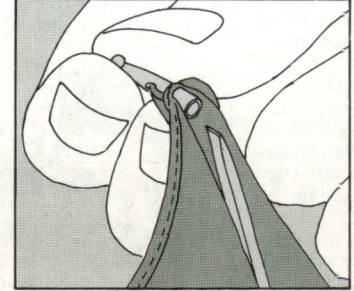

25. Bespannung so strecken, daß die losen Spitzen auf die dazugehörigen Schienen gesteckt werden können

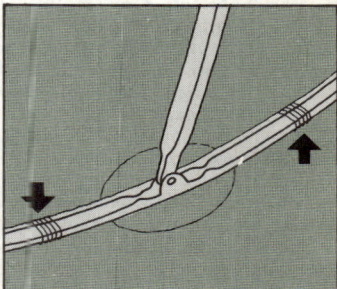

26. Prüfen, ob alle Fäden, mit denen die Bespannung an den Schienen befestigt ist, gut sind; sonst neu nähen

371

Schmuck

Reparaturwerkzeug

Zur Bearbeitung von Schmuckstücken ist meist Spezialwerkzeug erforderlich. Die Flach-, Spitz- oder Rundzangen sind z. B. nur 10 bis 12 cm lang. Dazu gibt es die sogenannten Nadelfeilen verschiedener Form, die sich für fast alle Schmuckreparaturen eignen. Ein leichter Uhrmacherhammer und eine mittelstarke Stopfnadel sind ebenfalls nützlich.

Dellen im Rand einer Fassung werden mit der Flachzange beseitigt. Für Ketten und runde Einzelglieder braucht man passende Rundzangen.

Um Metallteile zu glätten, die von der Feile rauhe Kanten bekommen haben, darf man nur feinstes Schleifpapier verwenden.

Zum Polieren, auch von Edelsteinen, dient

Polierrot oder Pariser Rot, ein feines Eisenoxydpulver, das mit Alkohol oder Öl gründlich vermengt wird.

Eine Metallplatte bildet für die meisten Reparaturen die beste Unterlage. Notfalls kann man ein altes Bügeleisen verwenden, das man umgedreht mit dem Griff in den Schraubstock einspannt.

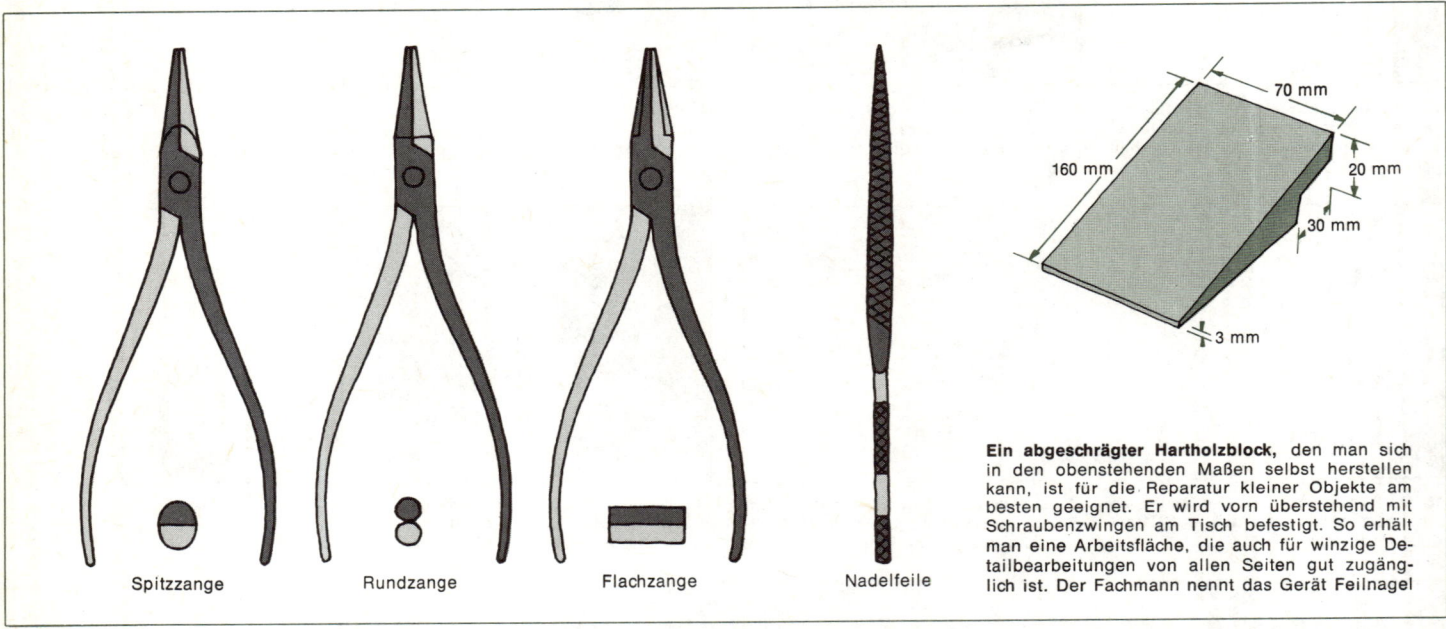

Spitzzange   Rundzange   Flachzange   Nadelfeile

Ein abgeschrägter Hartholzblock, den man sich in den obenstehenden Maßen selbst herstellen kann, ist für die Reparatur kleiner Objekte am besten geeignet. Er wird vorn überstehend mit Schraubenzwingen am Tisch befestigt. So erhält man eine Arbeitsfläche, die auch für winzige Detailbearbeitungen von allen Seiten gut zugänglich ist. Der Fachmann nennt das Gerät Feilnagel

Reinigen eines Schmuckstücks

Wertvolle Schmuckstücke sollte man nur vom Juwelier reparieren lassen. Modeschmuck kann man selbst reinigen und reparieren.

Fast alle Steine lassen sich mit einem weichen Pinsel, Wasser und einem Haushaltsreiniger säubern. Bei Opalen, die sehr empfindlich sind, verwendet man jedoch nur einen trockenen Pinsel.

Massives Silber wird mit einem Eßlöffel Haushaltsoda auf einen halben Liter heißen Wassers gereinigt. Die Lösung wird in einem Aluminiumtopf erhitzt, der jedoch dabei leicht fleckig wird und ausgescheuert werden muß, bevor man ihn wieder zum Kochen benützt. Man kann aber auch eine Keramik- oder Kunststoffschüssel oder einen emaillierten Topf verwenden. Man legt ein Stück Alufolie auf den Topfboden und gießt heiße Kochsalzlösung darüber. Dann legt man die silbernen Gegenstände hinein. Nach dem Abkühlen der Lösung sind sie wieder blank.

Für Schmuckstücke mit Steinen dürfen diese Methoden nicht angewandt werden, sondern man reinigt sie mit Pinsel und Spülmittellösung oder mit einer Reinigungslösung, wie sie Goldschmiede verwenden. Diese ist meist nur in Fachgeschäften erhältlich.

Modeschmuck besteht in der Regel aus weichem Weißmetall, das plattiert wird, um der Oberfläche Glanz und die gewünschte Farbe zu geben. Passendes Metall oder Draht für Reparaturen oder Ersatzteile gibt es im Fachhandel zu kaufen. Schadhaften alten Schmuck kann man jedoch auch als Ersatzmaterial auf-

heben und dann bei Bedarf verarbeiten. Beschädigte Metallflächen kann man überarbeiten und Ersatzteile passend färben. Metallische Farben ergeben meist matte Oberflächen. Sollen sie glänzen, verwendet man am besten einen handelsüblichen Lack mit Verdünner.

REINIGEN UND POLIEREN

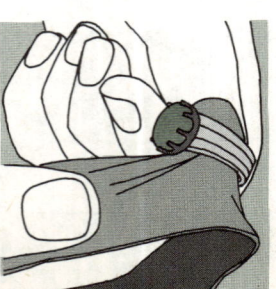

1. Fett und Schmutz lassen sich von Schmuckgegenständen mit einem Ölfarbenpinsel und warmer Spülmittellösung entfernen

2. Mit kaltem Wasser spülen. Ehe man das Wasser weggießt, sollte man prüfen, ob keine Steine ausgebrochen sind

3. Zum Schluß wird das Schmuckstück mit einem weichen Tuch trockengerieben und mit Polierrot und Wildleder poliert

Eine Perlenkette neu fassen

Man sollte Halsketten regelmäßig auf mögliche Schäden überprüfen und die Schnur rechtzeitig erneuern. Es gibt Spezialschnur für Perlenketten, aber ein passender Nylon- oder Perlonfaden leistet den gleichen Dienst. Die Schnurenden werden mit Zellulosehartkleber versiegelt.

Wichtig ist auch die richtige Reihenfolge der Perlen bei unterschiedlichen Perlengrößen.

> *Material: Neue Schnur oder Faden, Zellulosehartkleber*
> *Werkzeug: Stopfnadel, Spitzzange mit Seitenschneider, Schere*

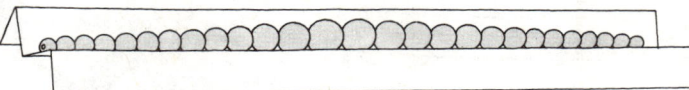

Perlen geordnet in M-förmig geknickte Papierrinne legen, notfalls die Enden sichern

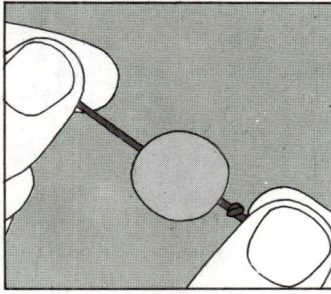

1. Man schneidet ein entsprechend langes Stück Schnur ab und macht 4 cm vom Ende entfernt einen Doppelknoten. Erste Perle auffädeln

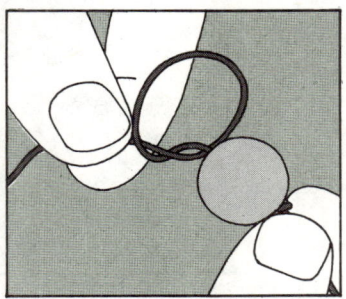

2. Die Perle wird unmittelbar an den Knoten herangeschoben. Hinter ihr macht man eine lockere Schlinge in die Schnur

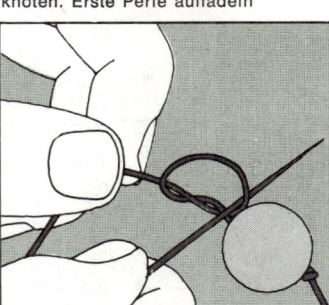

3. Dicht an der Perle wird nun eine Nadel durch die Schlinge gesteckt und die Perle an den ersten Knoten gepreßt

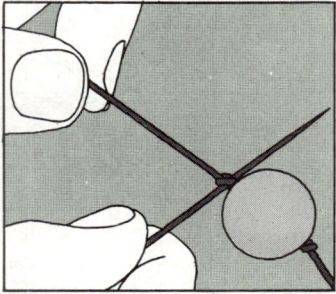

4. Die Schlinge wird langsam zu einem Knoten zugezogen, bis dieser dicht an der Perle anliegt und sie dort gut festhält

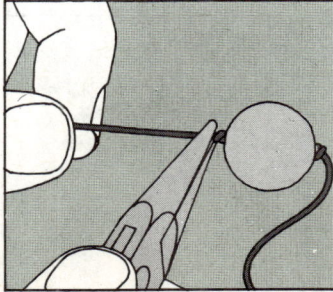

5. Mit einer Zange wird der Knoten nochmals fest an die Perle gedrückt. Die weiteren Perlen werden ebenso aufgefädelt

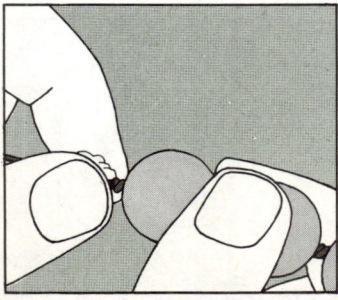

6. Nach der vorletzten Perle bestreicht man das Fadenende mit Kleber, fädelt dann die letzte Perle auf und verknotet sie

Eine gerissene Schnur reparieren

Eine geknotete Perlenschnur bricht meistens an einem der Knoten, und mindestens eine Perle fällt dann heraus. Man beginnt möglichst bald mit der Reparatur, bevor sich noch weitere Knoten lösen. Ist die ganze Schnur schon schadhaft, sollte man die Kette vollkommen neu fassen.

Wenn sie aber nur an einer Stelle gerissen und sonst noch gut ist, kann die Bruchstelle repariert werden, ohne sämtliche Perlen abzunehmen und die ganze Schnur zu erneuern.

> *Material: Faden, Zellulosehartkleber*
> *Werkzeug: Stopfnadel, Schere*

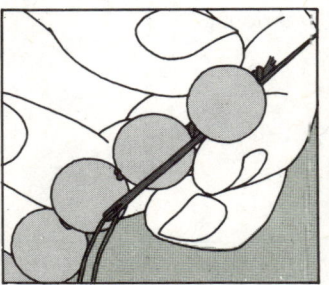

1. Man nimmt einen Teil der gerissenen Kette und zieht mit der Nadel durch die letzte Perle einen Doppelfaden

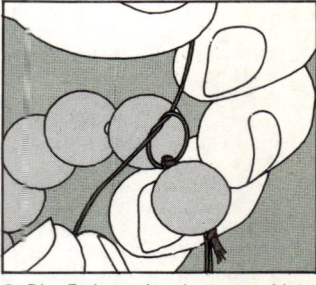

2. Die Fadenenden legt man hinter dem zweiten Knoten um die Schnur und verbindet sie mit einem Kreuzknoten (Doppelknoten)

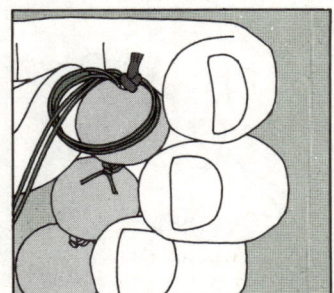

3. Der Doppelfaden wird dann fest angezogen und zwischen der Perle und dem ersten Knoten der Schnur gut verknotet

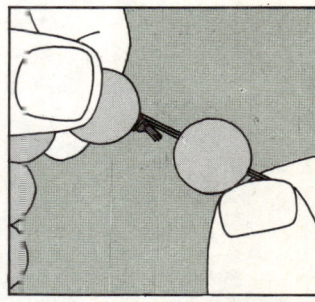

4. Die lose Perle fädelt man auf den Doppelfaden auf und schiebt sie über das abgerissene Schnurende dicht auf

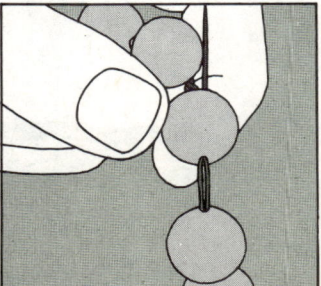

5. Man nimmt nun den zweiten Teil der Halskette und führt den Doppelfaden mit der Nadel durch die erste festsitzende Perle

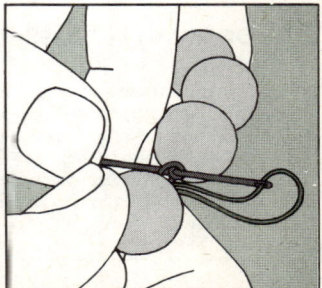

6. Jetzt kann man die Kettenteile zusammenziehen und die Nadel in den Knoten hinter der ersten Perle der zweiten Hälfte stechen *(Forts. S. 374)*

Schmuck

(Fortsetzung von S. 373)

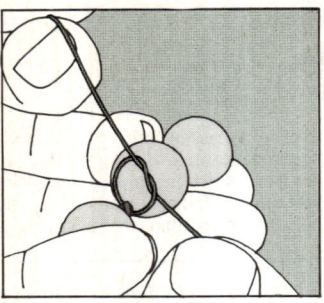 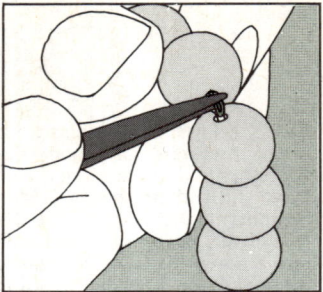

7. Der Faden wird durch den Knoten gezogen und die Nadel entfernt. Die Enden des Fadens sichert man mit einem Kreuzknoten

8. Zum Schluß werden die Fadenenden auf 5 mm Länge abgeschnitten, mit Kleber bestrichen und in die nächste Perle eingeschoben

---

VERSCHLUSSBEFESTIGUNG

Die meisten Halskettenverschlüsse haben kleine Metallösen, in denen die Schnur befestigt ist. Damit die Verbindungsstelle sauber aussieht, muß man die Ösen so dicht wie möglich an die letzten Perlen heranschieben. Die überstehenden Schnurenden werden in die Bohrlöcher der Endperlen so zurückgeschoben und verklebt, daß sie unsichtbar bleiben.

Material: Faden, Kleber
Werkzeug: Stopfnadel, Schere

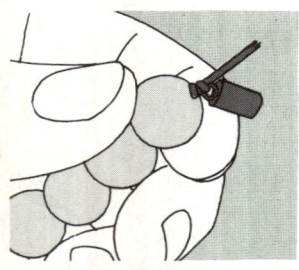 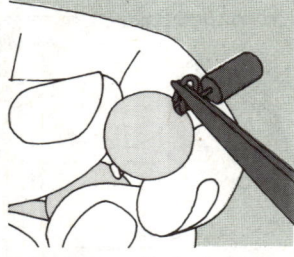

1. Jedes Schloßteil wird dicht an die letzten Perlen angeknotet, überstehende Fadenenden auf Perlengröße abschneiden

2. Die Fadenenden bestreicht man mit Kleber, läßt sie trocknen und steckt sie in die Perlen zurück, so daß nur der Knoten sichtbar bleibt

---

Armbandverschlüsse

Viele Armbandverschlüsse, die durch eine Schnappfeder funktionieren, kann man leicht selbst reparieren, wenn sie locker geworden sind. Man muß vorsichtig sein, damit die kleinen Federchen nicht brechen.

Werkzeug: Spitzzange mit glatten, flachen Backen

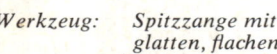
Verbogene Schließplatte

Richtige Form

Einen Ohrklips reparieren

Manche Ohrklipse haben eine Feder. Wenn der Klips nicht mehr festsitzt, ist die Feder zu hoch gebogen.

Werkzeug: Spitzzange

Klips
Platte und Arm
Feder
Scharnierzapfen
Scharnierflansche

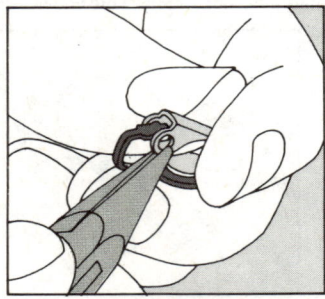 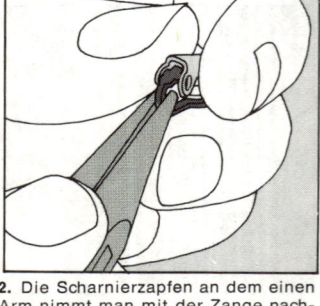

1. Die Scharnierflansche biegt man mit der Zange auf beiden Seiten bis zu einem Winkel von ca. 30° vorsichtig auseinander

2. Die Scharnierzapfen an dem einen Arm nimmt man mit der Zange nacheinander aus den zurückgebogenen Scharnierflanschen heraus

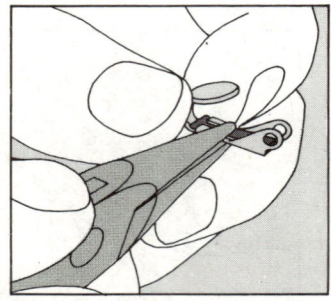 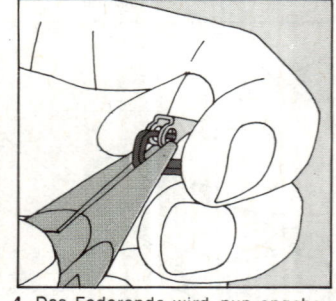

3. Die Feder wird auf der ganzen Länge mit der Zange flachgedrückt, bis sie dicht auf dem Schenkel des Ohrklips liegt

4. Das Federende wird nun angehoben und das Scharnier wieder zusammengesetzt. Die Flansche drückt man vorsichtig zusammen

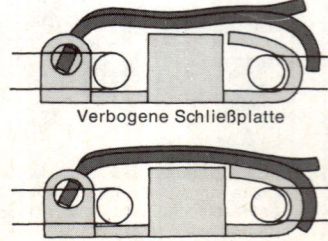 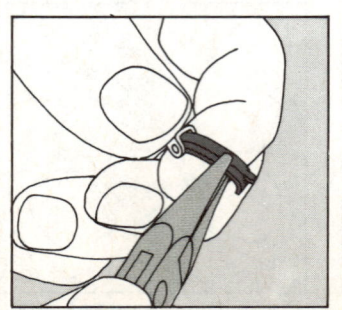 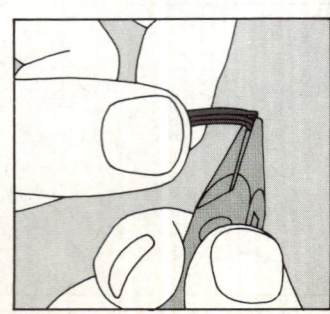

1. Der Verschluß wird geöffnet und die Schließfeder vorsichtig wieder in die richtige Form gebogen

2. Der Schließhaken wird so zurechtgebogen, daß er um die runde Verschlußkante richtig einschnappt

Reparatur von Einzelgliedern

Viele Schmuckketten bestehen aus Einzelgliedern, die durch kleine Ringe miteinander verbunden sind. Bei zu starker Belastung können sie brechen.

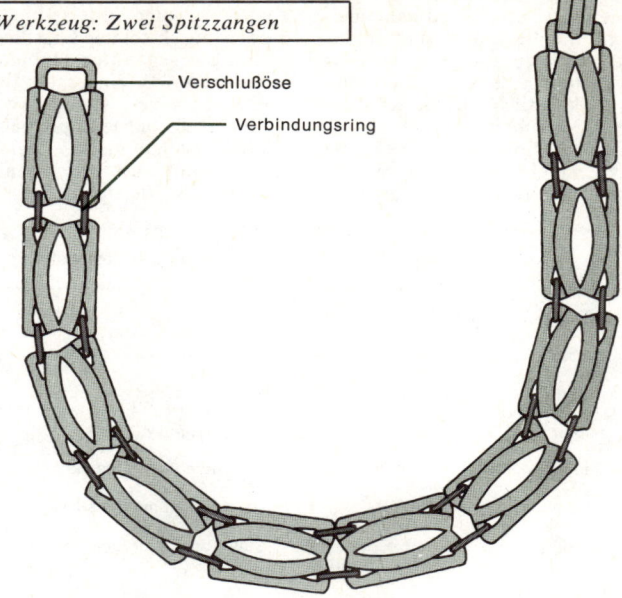

Verschluß

Verschlußöse

Verbindungsring

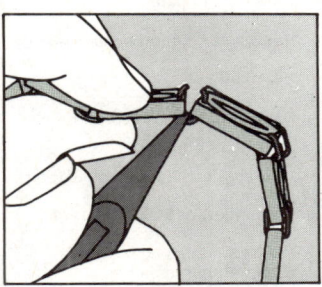

1. Der offene Ring wird mit der Zange durch die entsprechenden Löcher in den beiden Schmuckgliedern geschoben; dabei hält man ihn von unten mit dem Daumen fest, so daß die Ringöffnung nach oben steht

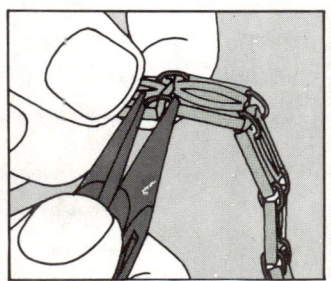

2. Nun drückt man die offenen Enden des Ringes vorsichtig mit der Flachzange zusammen, bis sie ganz dicht schließen. Dann wird der Ring noch von oben und unten zusammengedrückt, bis er flach liegt

Manschettenknöpfe

Reparaturen an Manschettenknöpfen lohnen sich meist nur bei wertvollen Stücken.

Wenn der gelötete oder genietete Steg abgebrochen ist, kauft man beim Goldschmied einen Ersatzsteg und klebt ihn mit Spezialkleber ein. Solche Stege gibt es aus verschiedenen Metallen, massiv oder plattiert; man sollte immer die passende Farbe aussuchen.

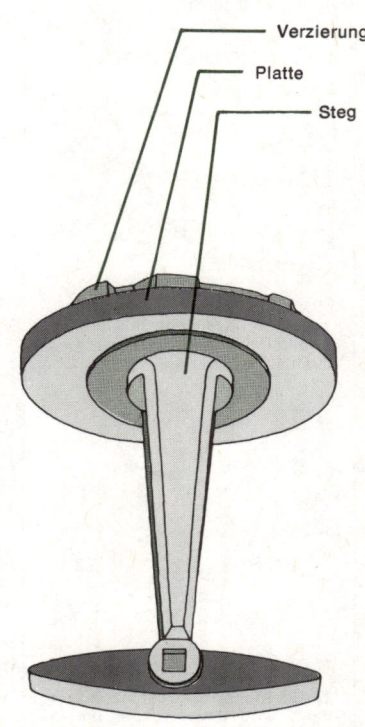

Verzierung

Platte

Steg

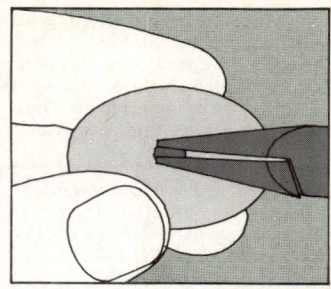

1. Wenn nötig, werden mit der Flachzange Stegreste auf der Unterseite der Manschettenknopfplatte sorgfältig entfernt

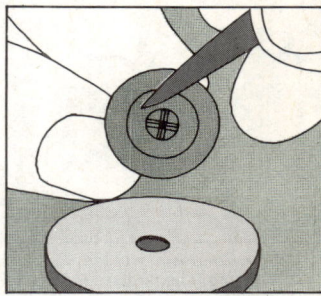

2. Die Reste des alten Klebers kratzt man mit der Nadelfeile ab. Die Platte und das Stegende müssen gut aufgerauht werden

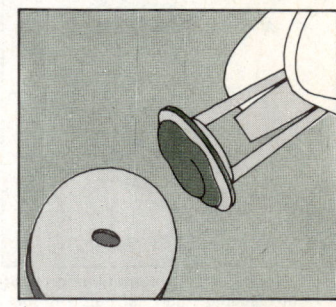

3. Dann wird der Steg mit Zweikomponentenkleber auf die Platte geklebt und fest angepreßt. 24 Stunden trocknen lassen!

Sicherheitskettchen

Besonders bei wertvollen Armbändern und Halsketten findet man neben dem Verschluß oft auch sogenannte Sicherheitskettchen. Sie sollen verhindern, daß beim Aufgehen eines Verschlusses das Schmuckstück abfallen kann.

Das schwächste Glied dieses Sicherheitskettchens sind die Verbindungsringe zwischen Kettchen und Schmuckstück; bei starkem Zug können sie sich öffnen.

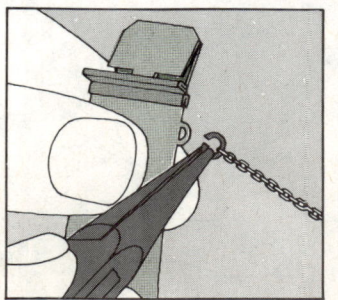

1. Zunächst faßt man den Verbindungsring mit der Zange und führt ihn in die Öse des Armbands ein

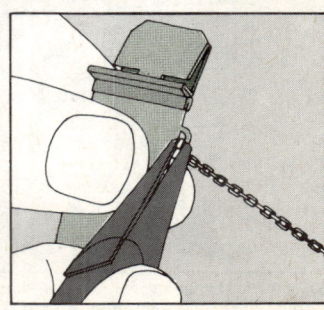

2. Dann wird der Ring fest zusammengedrückt. Bei weichem Metall empfiehlt es sich, ihn zu verlöten

Schmuck

Einen losen Stein mit Kleber befestigen

Um einen lockeren oder herausgefallenen Stein wieder zu befestigen, verwendet man besonders fest haftenden Zweikomponentenkleber. Vorher werden die Unterseite des Steins und der Metallgrund mit feinem, um eine Nadelfeile gewickeltem Schmirgelleinen aufgerauht. Enge Stellen behandelt man nur mit der Feilenspitze. Dann werden die Klebeflächen mit Benzin oder Azeton entfettet.

> Material: Zweikomponentenkleber, Benzin oder Azeton
> Werkzeug: Schaber oder Federmesser, Nadelfeile, feines Schmirgelleinen

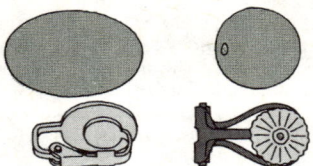

Ohrklips: Will man einen alten Stein neu verwenden, kauft man eine leere Ohrklipsfassung (links) oder, falls der Stein eine Bohrung hat, eine Zierfassung mit Stift (rechts)

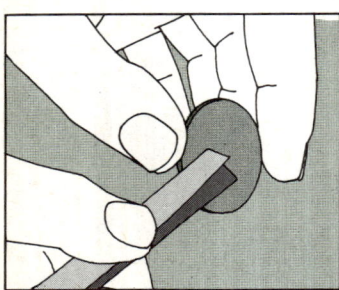

1. Alte Kleberreste werden von Stein und Fassung abgekratzt. Beide Flächen werden dann mit Schmirgelleinen und Feile aufgerauht und mit Benzin oder Azeton entfettet

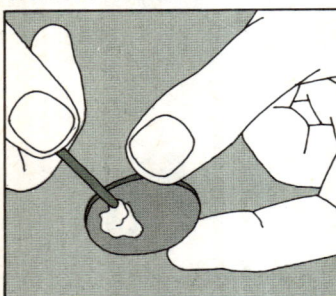

2. Etwas Zweikomponentenkleber wird angemischt und dünn auf beide Klebeflächen aufgetragen. Den Kleber darf man vor dem nächsten Arbeitsgang nicht antrocknen lassen

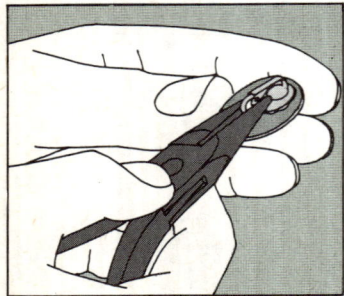

3. Den Stein klemmt man auf der Montierung fest und läßt den Kleber 24 Stunden lang trocknen. Bei zwei Ohrklipsen müssen die Steine seitengleich gerichtet werden

ZIERFASSUNGEN

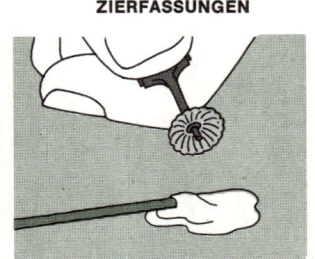

1. Für Zierfassungen mit Stift wird Zweikomponentenkleber mit einem Drahtstückchen angemischt

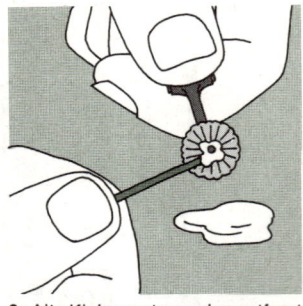

2. Alte Kleberreste werden entfernt; dann wird neuer Kleber um den Stift herum aufgetragen

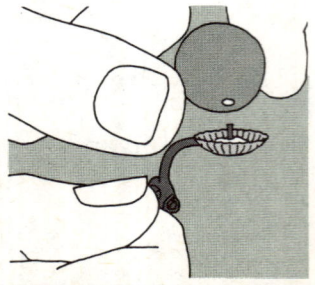

3. Man setzt den Stein vorsichtig ein, spannt ihn fest und läßt den Kleber 24 Stunden lang trocknen

Edelsteine und Halbedelsteine

Edelsteine sind Mineralien, die sich durch Schönheit der Färbung, Glanz oder Durchsichtigkeit sowie durch Härte und Seltenheit auszeichnen. Für den Laien ist es im allgemeinen nicht möglich, den Wert eines Steines zu bestimmen, weil es zu viele synthetische Edelsteine und künstlich herbeigeführte Farbänderungen gibt.

Künstliche Edelsteine, die aus chemischen Grundstoffen unter hohem Druck und Hitze hergestellt werden, und in der Farbe veränderte echte Mineralien kann nur der Fachmann von natürlich gewachsenen Steinen und Farben unterscheiden. Dazu kommen Edelsteinimitationen aus farbigen Glasflüssen und die sogenannten Dubletten, bei denen z. B. ein echter Edelstein auf einen weniger wertvollen Halbedelstein gekittet ist. Halbedelsteine sind weniger selten und deshalb weniger kostbar als Edelsteine.

Name	Farbe	Chemische Zusammensetzung
Edelsteine		
Diamant	farblos	Kohlenstoff
Rubin	karminrot	Aluminiumoxyd
Saphir	blau	Aluminiumoxyd
Smaragd	dunkelgrün	Berylliumaluminiumsilikat
Aquamarin	blaugrün	Berylliumaluminiumsilikat
Beryll	gelb bis rosa, hellgrün, auch farblos	Berylliumaluminiumsilikat
Chrysoberyll	gelbgrün	Berylliumaluminat
Topas	hell- bis dunkelgelb	Basisches Aluminiumeisensilikat
Hyazinth	gelbrot	Zirkonsilikat
Turmalin	grün bis blaugrün, rosa	Basisches Aluminiumborsilikat
Granat	rot oder rotbraun	Kalziumeisenaluminiumsilikat
Opal	milchweiß	Wasserhaltiges Siliziumoxyd
Türkis	himmelblau	Wasserhaltiges, basisches Kupferaluminiumsulfat
Chrysolith	grün	Magnesiumeisenorthosilikat
Halbedelsteine		
Amethyst	violett	Siliziumoxyd
Jaspis	grün, rot, braun, meist geädert	Siliziumoxyd
Chalzedon	weiß bis blaugrau	Siliziumoxyd
Chrysopras	grün	Siliziumoxyd
Karneol	rotbraun bis blutrot	Siliziumoxyd
Achat	grau, gelb, braunrot, oft mit weißen Streifen	Siliziumoxyd
Onyx	schwarz und weiß geschichtet	Siliziumoxyd
Mondstein	milchweiß	Kaliumaluminiumpolysilikat
Hämatit	anthrazitfarben	Eisenoxyd

Auseinandernehmen einer Schreibmaschine

Alle Schreibmaschinen sind im Prinzip ähnlich, und trotz kleiner Konstruktionsunterschiede unterscheiden sich Pflege-, Säuberungs- und Reparaturarbeiten bei den verschiedenen Marken und Modellen nicht sehr. Schrauben und andere Kleinteile bewahrt man beim Auseinandernehmen in einer Dose auf.
Wenn viele Einzelteile entfernt werden müssen, ist es ratsam, mehrere kleine Behälter bereitzuhalten und zusammengehörige Teile jeweils für sich aufzubewahren. Reparaturen an elektrischen Maschinen überläßt man dem Fachmann.

Material:	Mineralisches oder Silikonöl
	Kunstharzkleber
	Brennspiritus
	Testbenzin
Werkzeug:	Schraubenzieher
	Kleines Messer
	Spitze Flachzange
	Weicher Pinsel
	Steife Zahnbürste
	Pinzette
	Satz Gabelschlüssel
	Lappen

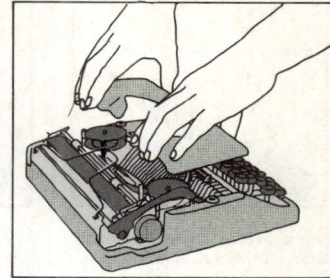

1. Die Abdeckhaube abnehmen; falls sie mit Scharnieren befestigt ist, diese abschrauben

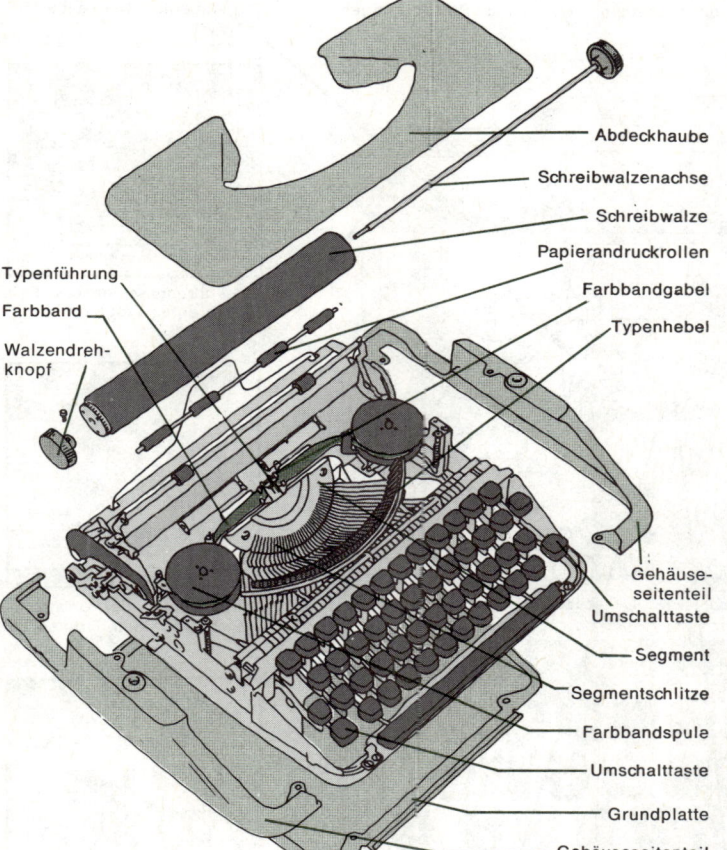

- Abdeckhaube
- Schreibwalzenachse
- Schreibwalze
- Papierandruckrollen
- Farbbandgabel
- Typenhebel

- Typenführung
- Farbband
- Walzendrehknopf

- Gehäuseseitenteil
- Umschalttaste
- Segment
- Segmentschlitze
- Farbbandspule
- Umschalttaste
- Grundplatte
- Gehäuseseitenteil

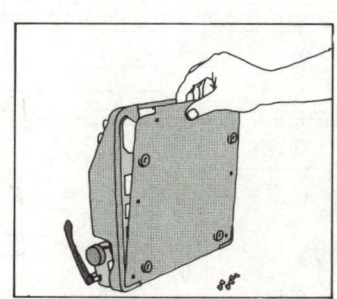

2. Die Schreibmaschine hochstellen. Jetzt kann man bequem die Grundplatte abschrauben

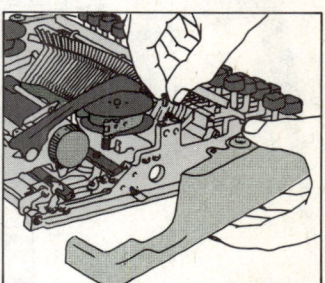

3. Die Seitenteile des Gehäuses ebenfalls abschrauben, falls sie nicht mit der Grundplatte verbunden sind

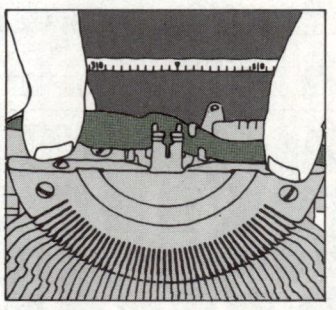

4. Farbband aus Führungsgabel nehmen; wenn nötig, Halter zur Seite schieben

5. Mit einer Hand den Schleifhebel aus der Farbbandspule ziehen, mit der anderen die Spule abheben

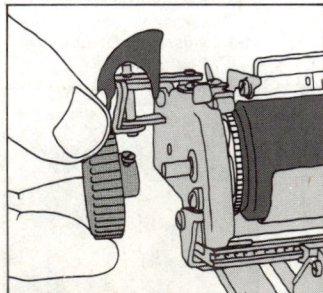

6. Schraube im linken Walzendrehknopf lockern, aber nicht herausdrehen; Knopf abziehen

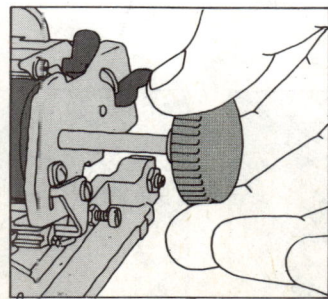

7. Die beiden inneren Schrauben am anderen Ende der Walze lockern; Knopf mit Achse herausziehen

8. Wagen ganz nach rechts schieben, Walze herausheben; eventuell Plastikpapierführung abschrauben

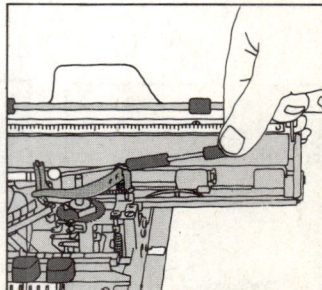

9. Rechtes Ende der jetzt freiliegenden Papierandruckrolle lösen und vorsichtig herausnehmen

Schreibmaschinen

Reinigen und Ölen

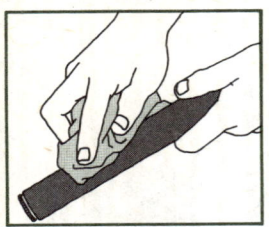

Schreibwalze mit Lappen und Brennspiritus reinigen

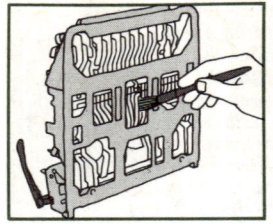

Alle von unten zugänglichen Teile mit Pinsel entstauben

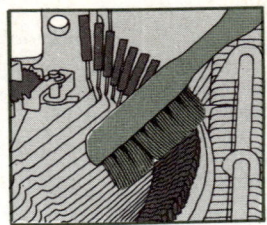

Typen mit steifer Zahnbürste, Benzin und Lappen säubern

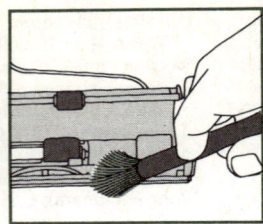

Wagen mit einem weichen, trockenen Pinsel reinigen

Wagen hin und her schieben und Wagenführung säubern

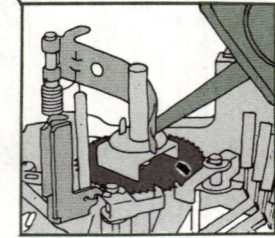

Auf Führungsschienen außen jeweils einen Tropfen Öl

Auf Achslager der Umschalteinrichtung einen Tropfen Öl

Spulenachsen leicht ölen, überschüssiges Öl abwischen

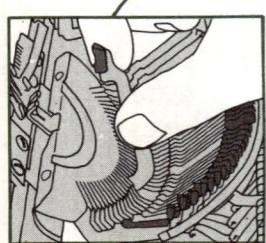

Verbogene Typenhebel in Typenführung einpassen

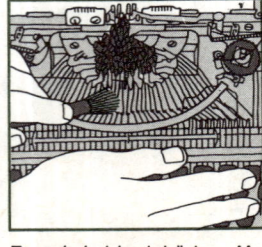

Typenhebel hochdrücken, Mechanismus darunter säubern

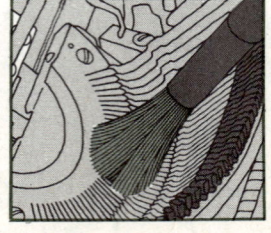

Schmutzreste aus Schlitzen herauspinseln

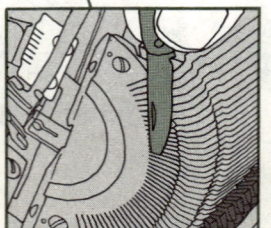

Schmutz aus Segmentschlitzen mit Messer entfernen

Lose Tasten mit Kunstharzkleber neu befestigen

Wenn der Wagen nicht mehr läuft

Die Wagenbewegung, der Wagenschritt, wird durch zwei Schaltzähne ausgelöst, die das Schaltrad immer nur eine Buchstabenbreite weitergehen lassen. Bei Maschinen mit Pica-Schrift beträgt der Abstand von Buchstabenmitte bis Buchstabenmitte 2,6 mm, bei der Perlschrift 2,3 mm. Der Wagenschritt wird durch eine Feder im Federgehäuse bewirkt.

Das Band ist mit einem Ende am Wagen befestigt, das andere Ende wickelt sich auf die Federrolle auf. Wenn die Leer- oder eine Buchstabentaste gedrückt wird, zieht das Band den Wagen um einen Schritt weiter. Tut er das nicht, so hat entweder die Feder ihre Spannung verloren oder das Band hat sich vom Wagen gelöst.

Außerdem kann die Feder im Federgehäuse gebrochen oder auch nur ausgehängt sein. Um das festzustellen, dreht man das Federgehäuse sechsmal rückwärts. Wenn dabei die Spannung wieder auftritt, hat sich die Feder beim Aufziehen selber wieder eingehängt. Zeigt die Feder jedoch nach mehrmaligem Rückwärtsdrehen keine Spannung, dann ist sie wahrscheinlich gebrochen und muß ersetzt werden.

Werkzeug:	Schraubenzieher Stahlstricknadel mit einem umgebogenen Ende

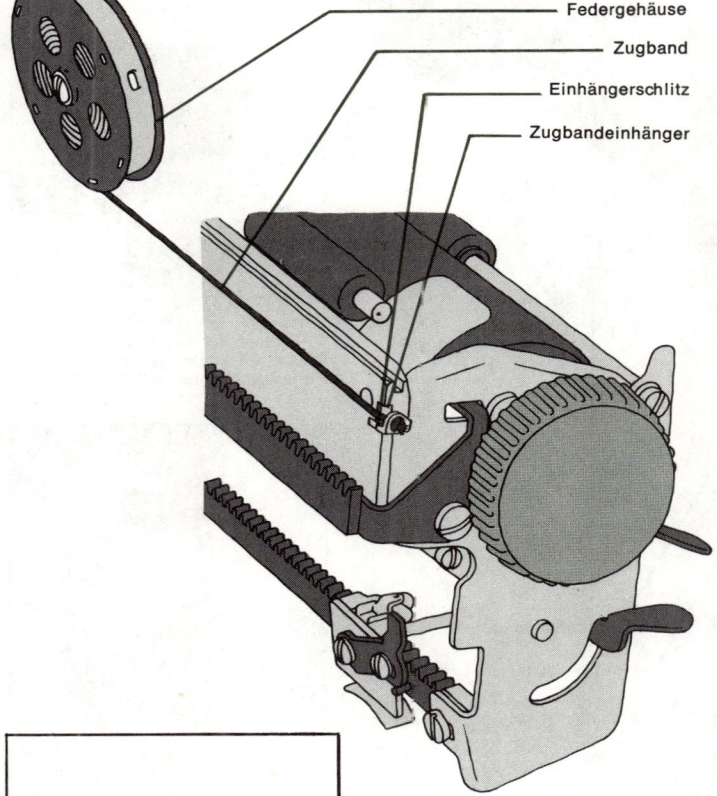

- Federgehäuse
- Zugband
- Einhängerschlitz
- Zugbandeinhänger

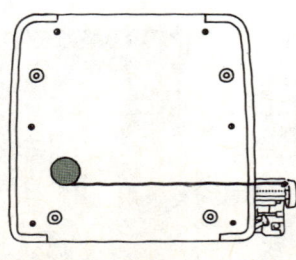

Das Zugband ist am Wagenende befestigt und wickelt sich auf die Federrolle auf

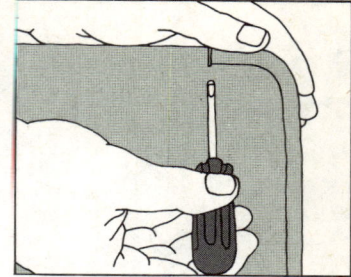

1. Um die Federspannung zu prüfen oder ein loses Zugband zu befestigen, Grundplatte abschrauben

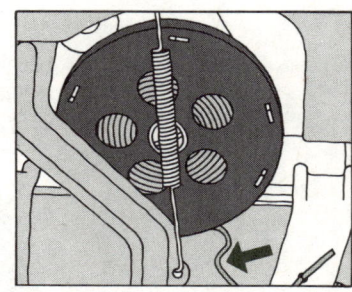

2. Wenn das Zugband (Pfeil) lose hängt, muß sein Ende an der anderen Wagenseite wieder eingehängt werden

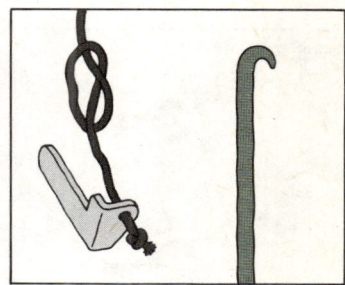

3. Dazu macht man in das Bandende einen losen Knoten und biegt das Ende einer Stahlstricknadel um

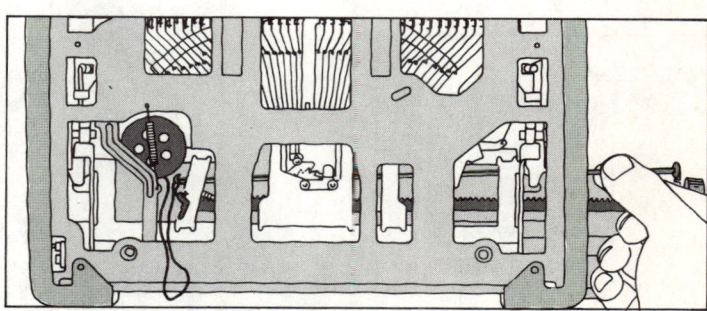

4. Der Wagen wird nach rechts geschoben und das Band ganz von der Feder abgezogen. Dann schiebt man die Nadel am Wagen entlang bis an das Federgehäuse und hakt sie in den Knoten des Zugbands ein

5. Das Zugband bleibt auf dem Haken, und die Feder wird durch sechs volle Rückwärtsdrehungen gespannt

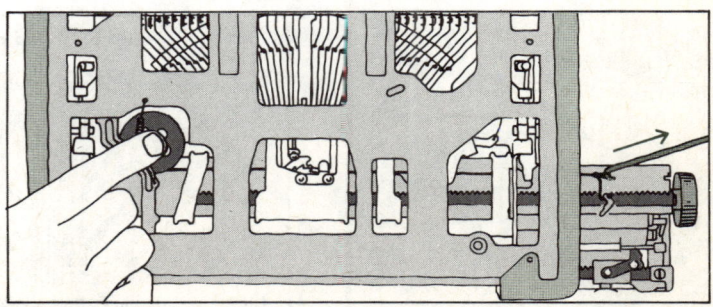

6. Während eine Hand das Federgehäuse festhält, zieht die andere die Nadel mit dem Zugband zum Wagenende. Rutscht das Band dabei ab, muß die Feder neu durch sechs Umdrehungen gespannt werden

(Forts. S. 380)

Schreibmaschinen

(Fortsetzung von S. 379)

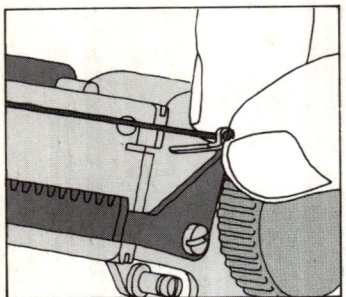

7. Band festhalten und Knoten darin wieder lösen, danach Band am Wagen einhängen

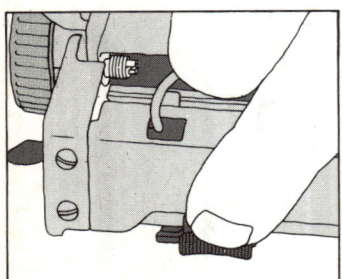

8. Zur Prüfung der richtigen Federspannung wird der rechte Randsteller ganz ans rechte Wagenende geschoben

9. Wagen fast ganz nach links schieben: Typenanschlag muß beim Erreichen des Randstellers blockiert werden

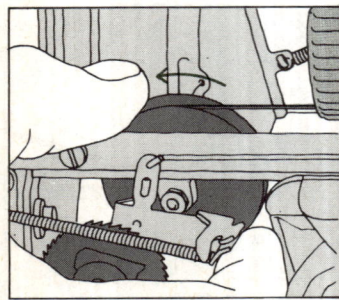

10. Sonst Band am Wagen aushaken, Federgehäuse einmal mehr umdrehen, festhalten und Band wieder einhaken

Wenn das Farbband nicht umschaltet

Wenn der Mechanismus, der die Laufrichtung des Farbbands umschaltet, nicht funktioniert, prüft man zuerst, ob beide Spulen richtig auf ihren Achsen sitzen. Ferner muß das Farbband die vorgeschriebene Breite und Länge aufweisen. Falls es sich gar nicht mehr bewegt, muß man die Bandumlenkung und den Antrieb der Farbbandspulen prüfen.

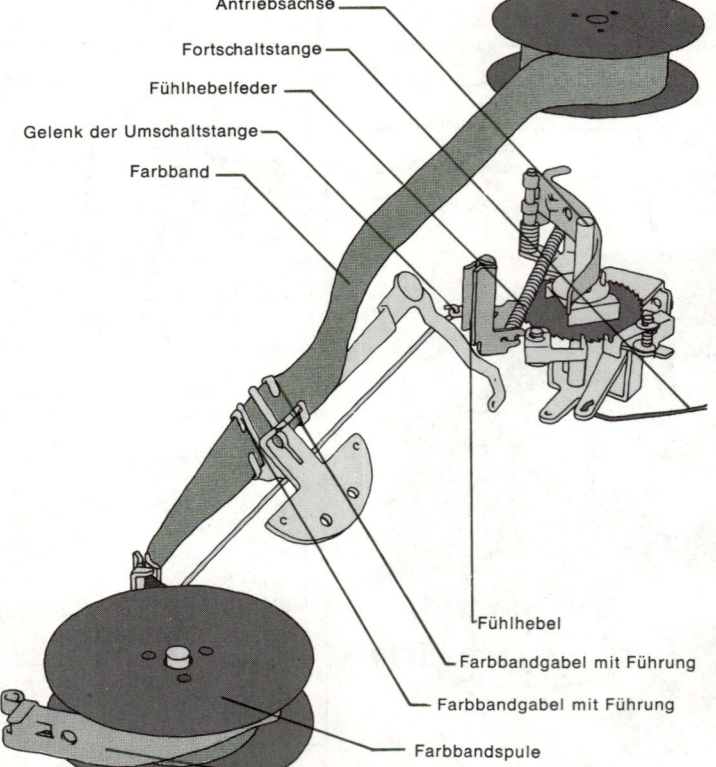

- Antriebsachse
- Fortschaltstange
- Fühlhebelfeder
- Gelenk der Umschaltstange
- Farbband
- Fühlhebel
- Farbbandgabel mit Führung
- Farbbandgabel mit Führung
- Farbbandspule
- Schleifhebel

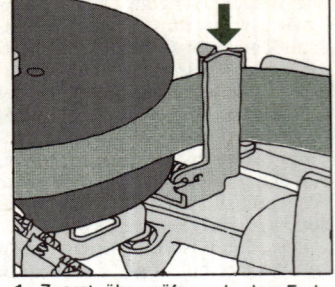

1. Zuerst überprüfen, ob das Farbband an beiden Spulen in den Schlitzen der Fühlhebel liegt

2. Besteht die Störung weiter, beide Spulen abnehmen (siehe S. 377) und Farbband aus der Gabel nehmen

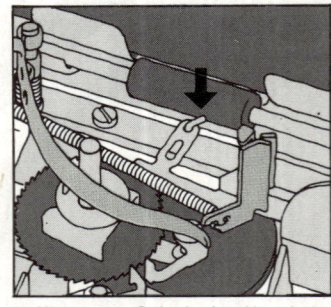

3. Wenn ein Gelenk der Umschaltstange an der Papierandruckrolle schleift, mit Zange zurückbiegen

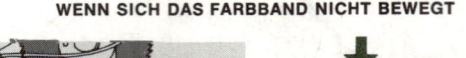

WENN SICH DAS FARBBAND NICHT BEWEGT

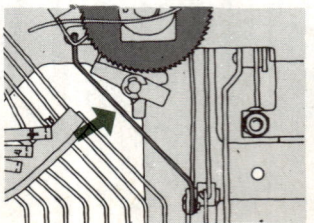

1. Eine verbogene Fortschaltstange biegt man vorsichtig ohne Gewaltanwendung mit der Hand gerade

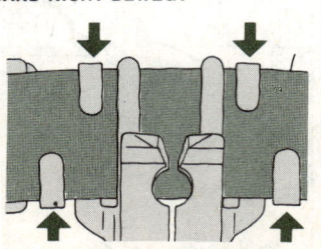

2. Verbogene Laschen der Farbbandgabel werden vorsichtig mit den Fingern zurechtgebogen

4. Prüfen, ob die Fühlhebelfeder richtig eingehängt ist; gebrochene Feder ersetzen

Wenn die Glocke nicht funktioniert

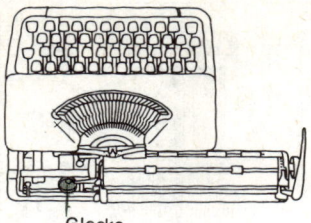

Bei vielen Maschinen schlägt eine Glocke an, wenn die Zeile zu Ende ist. Wenn die Glocke am Zeilenende nicht mehr ertönt, kann entweder die Antriebsfeder gebrochen oder der Anschlaghammer verbogen sein. Ist die Feder gebrochen, biegt man mit einer Spitzzange eine neue Öse in die Feder. Einen verbogenen Anschlaghammer biegt man einfach wieder zurecht.

Glocke

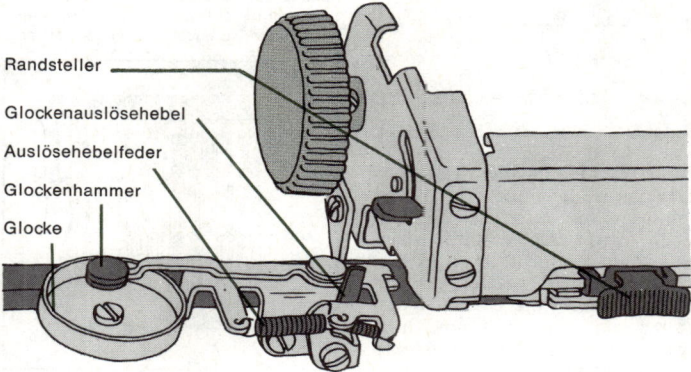

Randsteller

Glockenauslösehebel

Auslösehebelfeder

Glockenhammer

Glocke

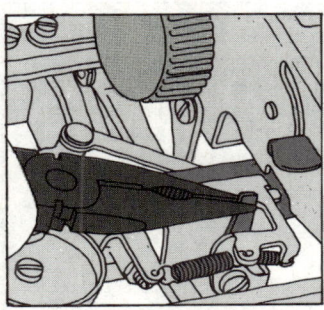

Glockenauslösung: Auslösehebel berührt den Randsteller nicht mehr. Mit schmaler Flachzange geradebiegen

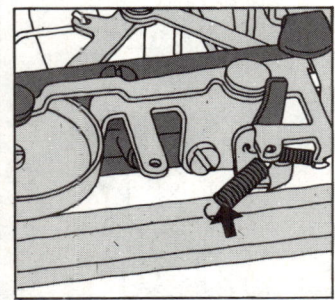

Feder des Auslösehebels: In das Ende einer gebrochenen Feder mit Zange neue Öse biegen, einhaken

---

GROSSBUCHSTABEN HALTEN NICHT LINIE

Wenn Großbuchstaben ab und zu nicht genau auf der Linie stehen, kann der Schreiber daran schuld sein. Wenn er die Umschalttaste für Großbuchstaben losläßt, bevor der Buchstabe das Papier getroffen hat, steht dieser nicht richtig auf der Zeile. Abhilfe: Feder der Wagenumschaltung verstärken, d. h. verkürzen.

Werkzeug: Kleiner Schraubenschlüssel, Kombizange

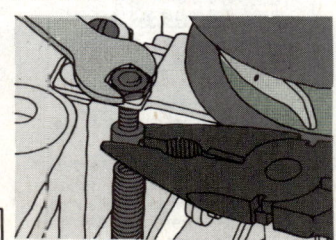

Feststellmutter bei beiden Umschalthebeln festhalten, Justierschraube zweimal im Uhrzeigersinn drehen

---

Wenn Buchstaben nicht Linie halten

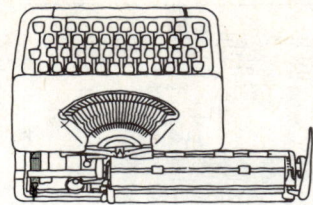

oberen Schrauben die Kleinbuchstaben und Zahlen, die unteren Schrauben die Großbuchstaben.

Um festzustellen, welches Schraubenpaar verstellt werden muß, schreibt man am vorderen Rand einige Male das große und das kleine M abwechselnd hintereinander, ebenso in der Mitte des Wagens und am Schluß. Beide Buchstaben müssen unten in einer Linie stehen.

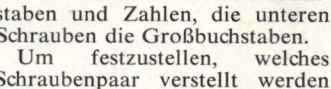

Hier ein Beispiel für nicht Linie haltende Buchstaben

Die Höhe, in der die Typen auf das Papier treffen, wird von je zwei Schrauben an beiden Wagenenden bestimmt; jedes Schraubenpaar wirkt auf eine Zeilenhälfte ein.

Bei Wagenumschaltung, das heißt, wenn der Wagen bei Großbuchstaben nach oben gedrückt wird, regulieren die oberen Schrauben Großbuchstaben und Zeichen, die unteren Schrauben den unteren Teil der Typen, Zahlen und Kleinbuchstaben. Bei Segmentschaltung, das heißt, wenn der Typenkorb nach unten gedrückt wird, regulieren die

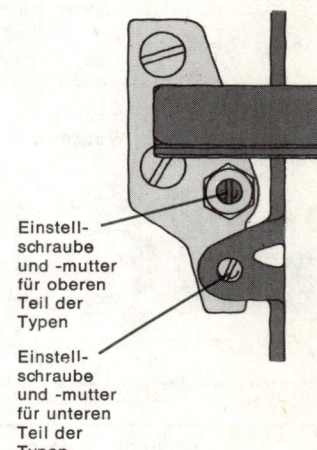

Einstellschraube und -mutter für oberen Teil der Typen

Einstellschraube und -mutter für unteren Teil der Typen

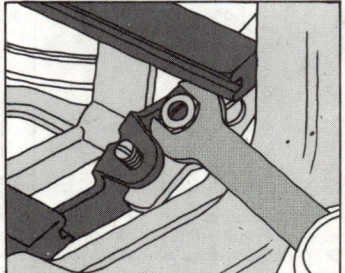

1. Wenn Großbuchstaben das Papier ungleichmäßig treffen, obere Feststellmutter der betroffenen Seite lockern

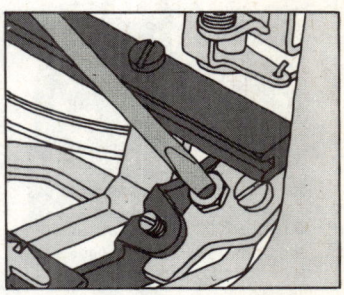

2. Regulierschraube drehen, dabei Typen anschlagen, bis sie geradestehen. Schraube halten, Mutter anziehen

3. Um die Kleinbuchstaben zu justieren, untere Feststellmutter mit schmaler Flachzange lockern

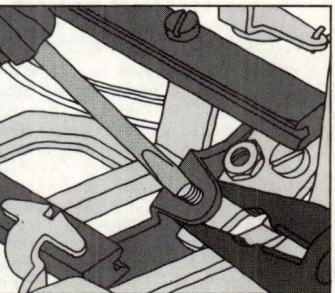

4. Regulierschraube richtig einstellen, mit Schraubenzieher festhalten und Mutter wieder anziehen

Schreibmaschinen

Der Zeilenrand ist ungleichmäßig

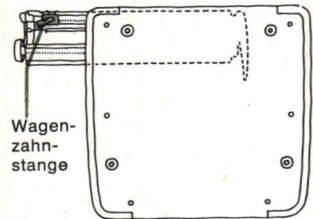

Wagen-
zahn-
stange

Wenn der linke Zeilenrand ungleichmäßig wird, Wagenzahnstange justieren.

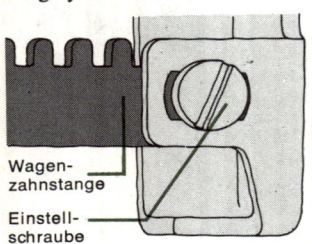

Wagen-
zahnstange

Einstell-
schraube

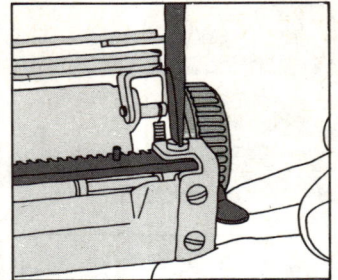

1. Die Wagenzahnstange liegt hinter
oder unter dem Wagen. Einstellschrauben an beiden Enden lockern

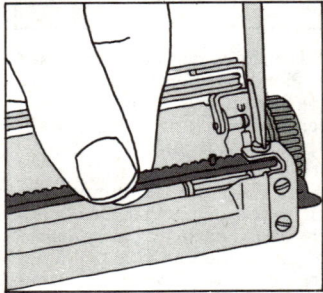

2. Zahnstange ein bißchen nach
rechts schieben und beide Schrauben wieder fest anziehen

WENN DIE RANDLÖSERTASTE NICHT ARBEITET

Die Randlösertaste ist mit einer
Rückholfeder verbunden

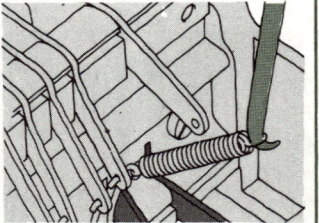

Falls die Feder sich gelöst hat,
wird sie mit einer gebogenen
Stricknadel wieder eingehakt

Die Leertaste arbeitet nicht richtig

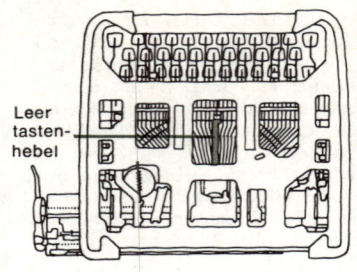

Leer
tasten-
hebel

Wenn die Hebel der Leertaste
verbogen sind, können sie an den
Gehäuseseiten oder den Typen-
hebeln unter der Tastatur streifen. Man versucht, die Typenhebel behutsam wieder geradezubiegen. Wenn die Leertaste den
Wagen um zwei statt um einen
Schritt vorrücken läßt, muß man
die Schraube des Schritthalte-
hebels neu justieren.

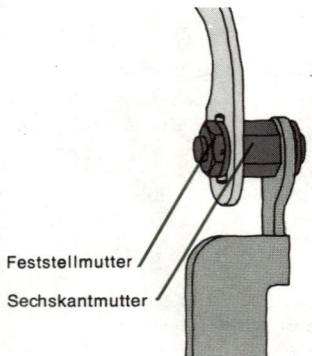

Feststellmutter

Sechskantmutter

1. Maschine aufrecht stellen, Feststellmutter des Leertastenhebels lockern

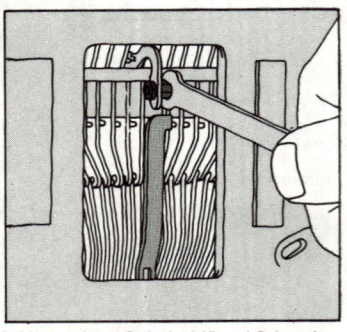

2. Mit zweitem Gabelschlüssel Schraube
im Hebelschlitz verschieben

3. Richtige Stellung durch Proben mit
Leertaste finden. Mutter anziehen

DIE LEERTASTE WACKELT

Wenn die Leertaste beim Niederdrük-
ken wackelt oder ein lautes Geräusch
verursacht, hat sich wahrscheinlich
einer der Gummipuffer gelöst, die sich
normalerweise rechts und links unter
der Leertaste befinden. Gummipuffer
kann man ersetzen, indem man die
Winkel so stark mit Isolierband umwickelt, daß beim Schreiben kein Geräusch mehr zu hören ist. Man kann
aber auch Schläuchchen von Fahrrad-
ventilen über die Winkel schieben.
Man muß sie vorher nur anfeuchten
und auf Länge schneiden.

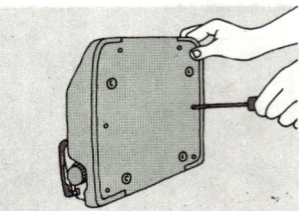

1. Wenn man an den abgesprunge-
nen Gummipuffer herankommen
will, muß man die Schreibmaschine
senkrecht auf den Tisch stellen. In
dieser Stellung werden alle Schrauben ausgedreht, die die Grundplatte festhalten

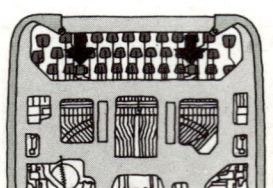

2. Man sucht die Stellen, an denen
die Gummipuffer sitzen müssen.
Man findet sie normalerweise seitlich unter der Leertaste. Mit dem
Finger kann man leicht feststellen,
ob sich die Puffer noch an der
Stelle befinden

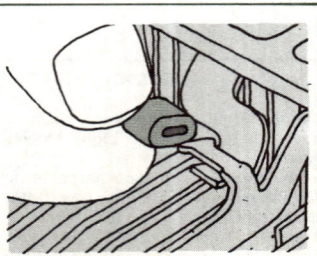

3. Der Gummipuffer wird wieder
aufgesteckt. Falls das Gummi
schlaff oder rissig ist, müssen Sie
im Fachgeschäft entsprechenden
Ersatz besorgen

Mögliche Reparaturen

Wegen der Art, in der heute die meisten Schuhe hergestellt werden, kann der Laie nur bestimmte Reparaturen durchführen. Er kann beispielsweise Sohlen und Absätze aus Leder oder Gummi erneuern und abgestoßene Kappen ausbessern. Sohlen und Absätze aus Kunststoff kann man nicht selber reparieren.

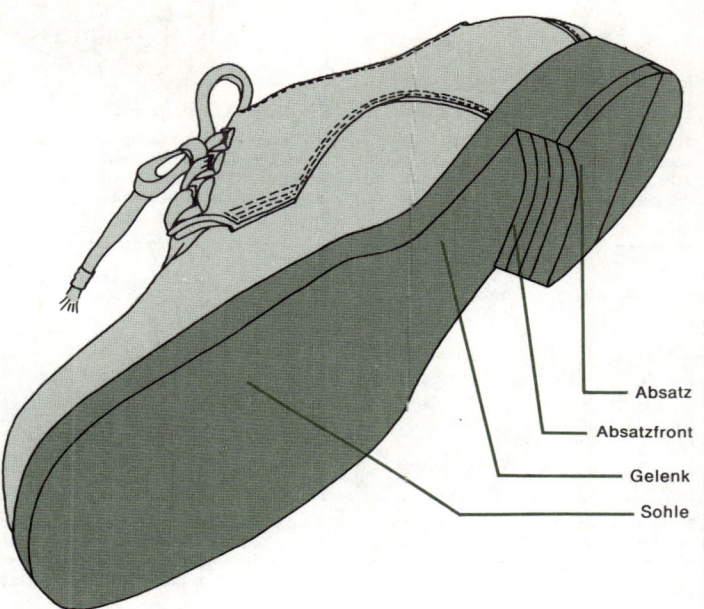

- Absatz
- Absatzfront
- Gelenk
- Sohle

EINE ABGESTOSSENE KAPPE AUSBESSERN

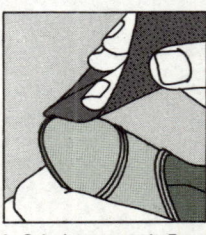 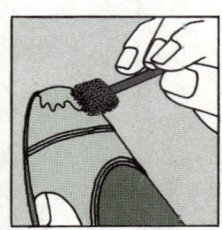 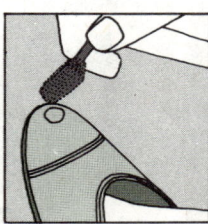

1. Schuhcreme mit Benzin entfernen und die abgeschabte Stelle mit Schleifpapier glätten

2. Staub abbürsten und die Stelle mit einer passenden Schuhfarbe behandeln

3. Schuhfarbe wiederholt auftragen, bis die ganze Kappe genau wie der Schuh eingefärbt ist

EINE SOHLE ZUSCHNEIDEN

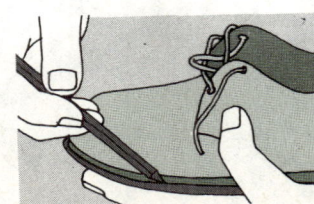 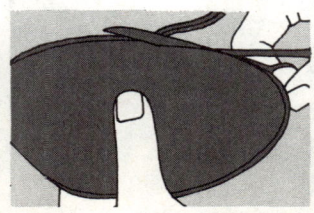

1. Um eine zu große Sohle zu beschneiden, zeichnet man den Umriß des Schuhs auf ihr an

2. Dann wird der Sohlenrand entlang der angezeichneten Linie beschnitten

Eine neue Sohle aufkleben

Sohlen aus Leder und Gummi werden auf die gleiche Weise aufgeklebt, jedoch sind die Vorbereitungsarbeiten bei den beiden Materialien verschieden. Um eine möglichst gute Haftung zu erzielen, werden Lederuntersohlen mit der Raspel von altem Kleber und Schmutz gesäubert. Eine Gummisohle wird dagegen mit einem Lösungsmittel, Feuerzeugbenzin etwa, abgerieben und dann mit grobem Schleifpapier aufgerauht. Dann bürstet man den Staub ab. Poröse Ledersohlen, die den Kleber aufsaugen, erhalten einen zweiten Kleberauftrag, wenn der erste angetrocknet ist.

Zum Gegenhalten beim Anhämmern der geklebten Sohle ist ein Schuhmacherdreifuß ideal; es genügt aber auch, wenn man mit der Hand innen im Schuh gegenhält.

> *Material: Ein Paar Sohlen zum Aufkleben, Kontaktkleber, gegebenenfalls Feuerzeugbenzin*
> *Werkzeug: Hammer, Reibeblech, Schleifpapier, Raspel, Bleistift, Pinsel*

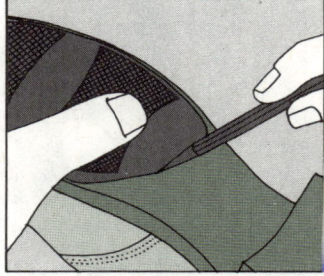 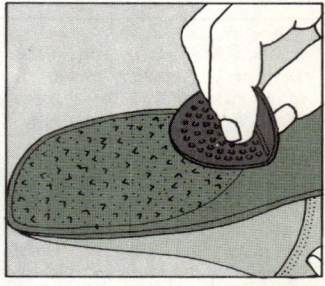

1. Die neue Sohle auf den Schuh legen und ihren Rand mit dem Bleistift auf dem Schuh markieren

2. Die Ledersohle wird mit der Raspel oder dem Reibeblech, das dem Kleber beiliegt, aufgerauht

 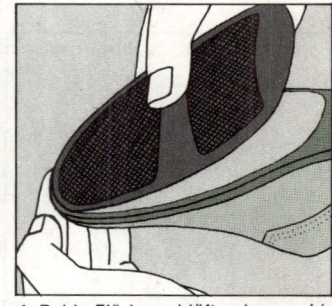

3. Den Kleber gut in die Sohle einarbeiten und auch die neue Sohle mit Kleber bestreichen

4. Beide Flächen ablüften lassen, bis der Kleber fingertrocken ist, dann Sohle genau auflegen

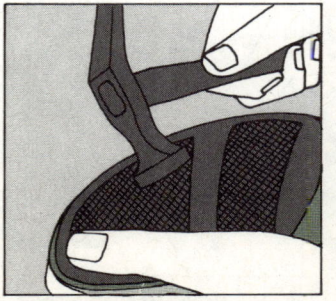 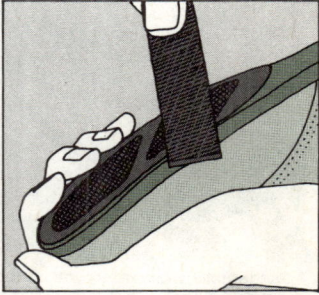

5. Kanten der Sohle fest andrücken und Sohle von der Mitte aus zu den Rändern hin anhämmern

6. Zum Schluß werden die Kanten der Sohle mit der Raspel und Schleifpapier leicht abgeschrägt

Schuhe

Gummiabsätze anbringen

Wenn ein Lederabsatz durch einen Gummiabsatz ersetzt werden soll, müssen zuvor wegen der Dicke des Gummis vom alten Absatz mindestens zwei Lederschichten entfernt werden. Gummiabsätze gibt es fertig mit vorgestanzten Nagellöchern und passenden Nägeln, und manchmal sind sogar metallene Unterlegscheiben zum Schutz in die Nagellöcher eingelassen. Beim Annageln legt man den Schuh auf einen in den Schraubstock gespannten Holzklotz. Am besten ist natürlich ein Schuhmacherdreifuß. Dieses Werkzeug gibt es auch mit verschieden großen Einsätzen zum Einstecken.

Material: Zwei Gummiabsätze, ein Stück Leder, Flachkopfnägel passender Länge, Kontaktkleber, passende Lederfarbe
Werkzeug: Schraubenzieher, Beißzange, Stecheisen, Hammer, scharfes Messer, feines und grobes Schleifpapier, Durchschlag, Raspel, Feile, Schraubstock und Holzklotz, Leisten oder Schuhmacherdreifuß

LEDERABSÄTZE ANBRINGEN

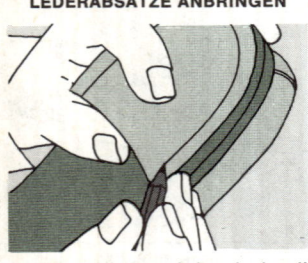

1. Man zeichnet auf dem Leder die Form des Absatzes an und schneidet sie sauber aus

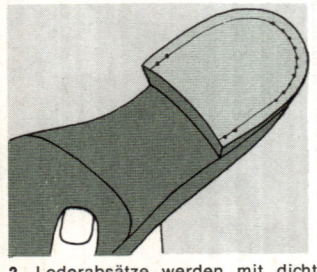

2. Lederabsätze werden mit dicht gesetzten Nägeln am Rand entlang befestigt. Die Vor- und Nacharbeit ist gleich wie bei Gummiabsätzen

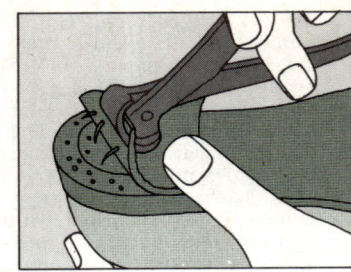

1. Man hebt die erste Lederschicht des abgenutzten Absatzes mit dem Schraubenzieher an, zieht sie ab und entfernt ebenso die zweite Schicht

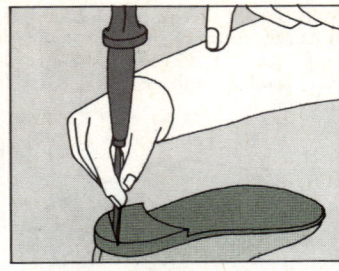

2. Wenn auch die dritte Schicht abgenutzt ist, markiert man das Stück und sticht es ab, ohne die darunter liegende Schicht zu verletzen

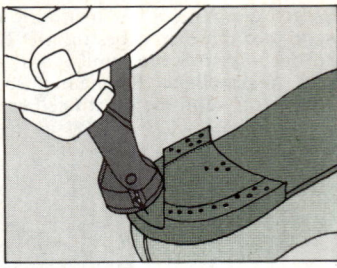

3. Dann wird das ausgestochene, abgenutzte Lederstück mit der Zange entfernt. Die Nägel zwickt man ab, aber zieht sie nicht heraus

4. Nun schneidet man ein Lederstück etwas größer zu und befestigt es mit drei schräg gesetzten Nägeln, so daß es gegen die Kante gedrückt wird

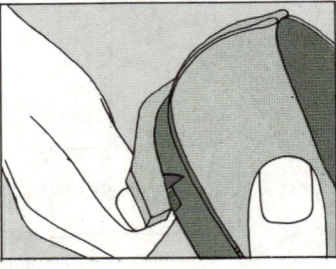

5. Man beschneidet das eingesetzte Lederstück in der Form des Absatzes und schlägt zwei weitere Nägel senkrecht zwischen die drei anderen

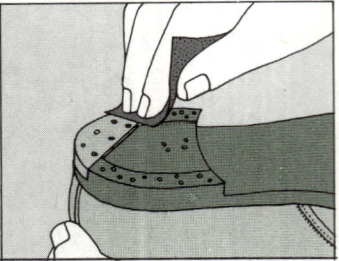

6. Die Absatzfläche wird mit feinem Schleifpapier gesäubert. Dann rauht man die Klebeseite des neuen Gummiabsatzes mit grobem Schleifpapier auf

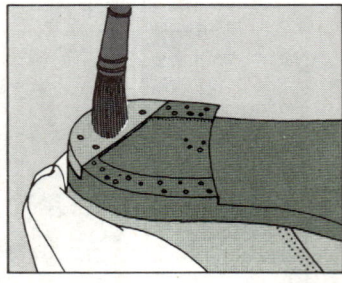

7. Jetzt streicht man den Absatz und den neuen Gummiabsatz gründlich mit Kontaktkleber ein und läßt den Kleber fingertrocken werden

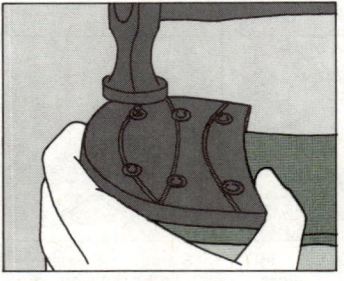

8. Der Gummiabsatz wird genau aufgesetzt und angedrückt. Dann schlägt man die Nägel so weit ein, daß sie mit der Absatzfläche bündig sind

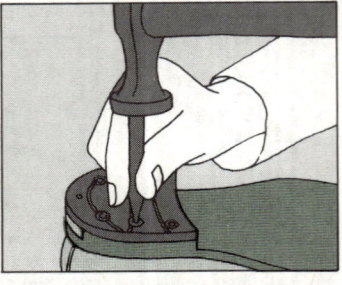

9. Danach werden die Nägel mit Durchschlag und Hammer so tief eingetrieben, daß ihre Köpfe auf die Unterlegscheiben im Absatz drücken

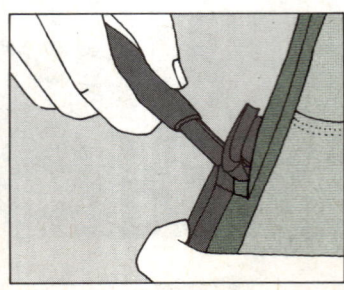

10. Mit einem scharfen Messer wird die Rundung und Vorderkante des Gummis so beschnitten, daß es in der Form genau zum Lederabsatz paßt

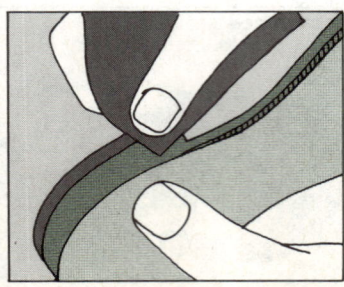

11. Die Kanten des Absatzes werden zunächst mit der Raspel und der Feile und schließlich mit grobem und feinem Schleifpapier geglättet

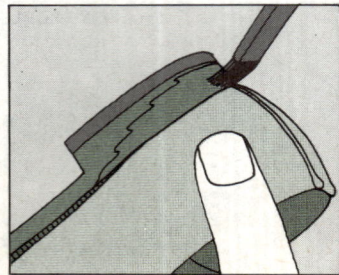

12. Zum Schluß wird der Absatz mit Holzbeize passend zum Schuh eingefärbt, mehrmals mit Schuhcreme eingerieben und auf Hochglanz poliert

Markisen

Wenn eine Markise über einem Bürgersteig angebracht wird, muß sie so hoch liegen, daß die Fußgänger nicht behindert werden. Auf eigenem Grund kann man ihre Höhe natürlich nach Belieben wählen.

Von besonderer Bedeutung ist die Ausladung der herabgelassenen Markise, das heißt der Abstand von der senkrechten Befestigungsfläche bis zur unteren Rolle. Eine Faustregel für die Ausladung ist die halbe Rahmenhöhe plus 20 cm; bei einem 2 m hohen Rahmen würde das 120 cm Mindestausladung bedeuten.

Es gibt verschiedene Markisensysteme: die einfachste Ausführung mit festem Auslegerarm, die mit windsicherem Bügelausleger und die mit Gleitausleger. Bei den beiden letzten Ausführungen kann man die Markise auch bei ziemlich starkem Wind noch geöffnet lassen. Neben den genannten wurden auch noch andere empfehlenswerte Konstruktionen entwickelt.

Für die Metallteile wird Aluminium sowie verzinkter oder kunststoffbeschichteter Stahl benutzt. Da die Lebensdauer einer Markise auch von der Qualität der Metallteile abhängt, soll man nur gutes Material kaufen.

Die mögliche Größe von Markisen hängt von der Festigkeit des Metallgestells ab. Je breiter der Tür- und Fensterrahmen ist, desto stabiler und schwerer muß das Gestell ausgeführt werden.

Zur Bespannung benutzt man heute wetterfesten und farbechten Markisendrell aus synthetischen Garnen, den es in vielen Farben und Mustern gibt.

Markisen kann man an metallenen oder hölzernen Fenster- oder Türrahmen anbringen. Dann richtet sich ihre Breite nach den Rahmen. Wenn man sie an der Hauswand befestigt, ergibt sich mehr Spielraum für ihre Größe.

Beim Bestellen einer Markise muß man ihre Breite angeben sowie das Material, auf dem sie befestigt wird: Holz, Metall oder Mauerwerk. Beim Bestimmen der Breite rechnet man auf beiden Rahmenseiten 15–20 cm hinzu. Außerdem muß man die Mindestausladung der Markise angeben.

Der Vorteil der Montage an der Mauer ist, daß man die Markise an den Seiten weiter über die Glasfläche hinausgehen lassen kann, wodurch sie auch vor schräg einfallenden Sonnenstrahlen schützt.

Für Markisen gibt es eine Anzahl verschiedener Bedienungsmechanismen: selbsttätige Gurtaufroller mit Federrolle, zum Teil auch mit Bremse; Handkurbelbedienung mit automatischer Bremse; Bedienung mit Elektromotor.

Material: Komplette Markise mit allem Montagezubehör (Schrauben und Dübel) Werkzeug: Bohrmaschine, Steinbohrer, Wasserwaage, Hammer, Schraubenzieher, verstellbarer Schraubenschlüssel

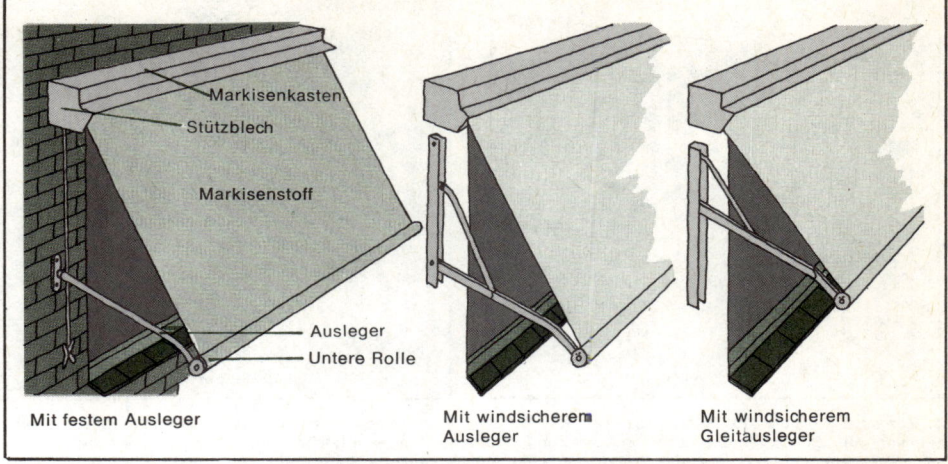

Mit festem Ausleger — Mit windsicherem Ausleger — Mit windsicherem Gleitausleger

Markisenkasten
Stützblech
Markisenstoff
Ausleger
Untere Rolle

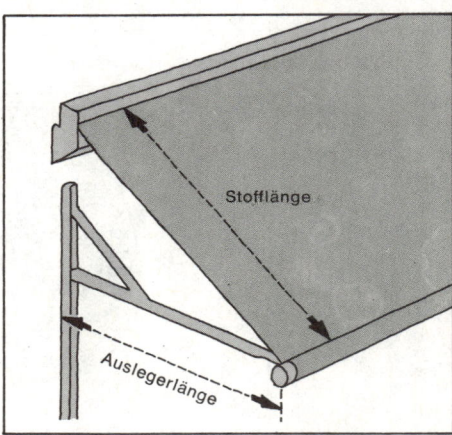

Stofflänge
Auslegerlänge

1. Das Messen der Auslegerweite ist nötig, um die Länge des Markisenstoffs zu bestimmen. Die Auslegerweite ist der Abstand zwischen der Mauer und der herabgelassenen unteren Markisenrolle

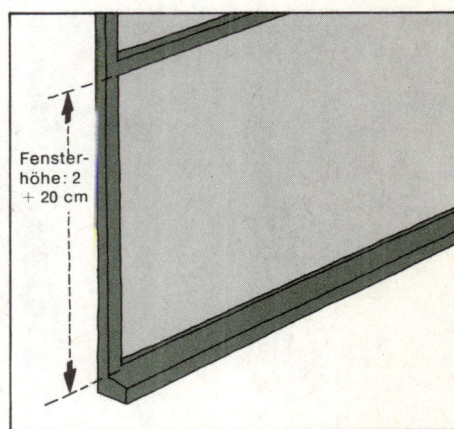

Fensterhöhe: 2 + 20 cm

2. Die nötige Auslegerweite bestimmt man, indem man die Fensterhöhe durch zwei teilt, 20 cm hinzurechnet und das gefundene Maß auf die nächste Zehnerzahl aufrundet

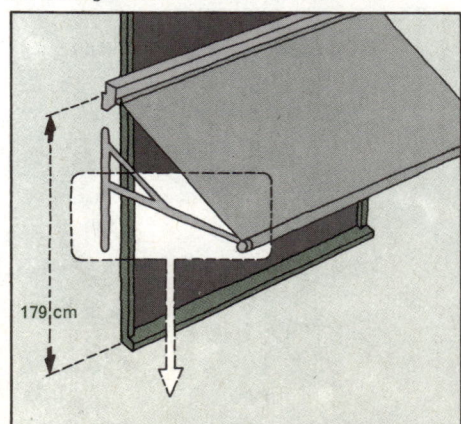

179 cm

3. Für einen Fensterrahmen von z. B. 179 cm Höhe muß der Markisenausleger 179 : 2 + 20 = 109,5 cm, aufgerundet 110 cm, sein. Für eine Markise, unter der durchgegangen wird, mißt man wie in Abbildung 4

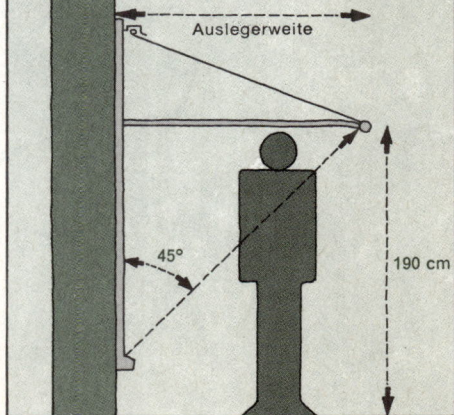

Auslegerweite
45°
190 cm

4. Von der Fensterbank aus unter 45° eine Linie nach oben ziehen, dann vor der Mauer 190 cm nach oben abmessen. Wo sich die Linien treffen, muß das Auslegerende der Markise sein (Forts. S. 386)

Sonnenschutz

(Fortsetzung von S. 385)

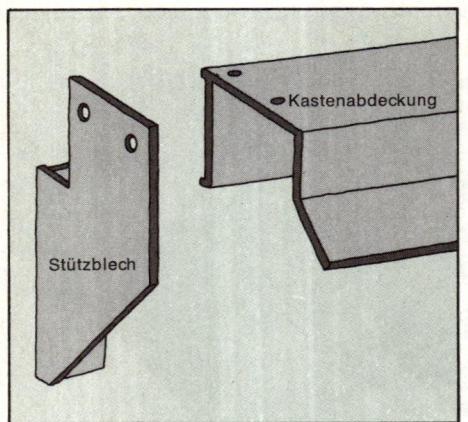

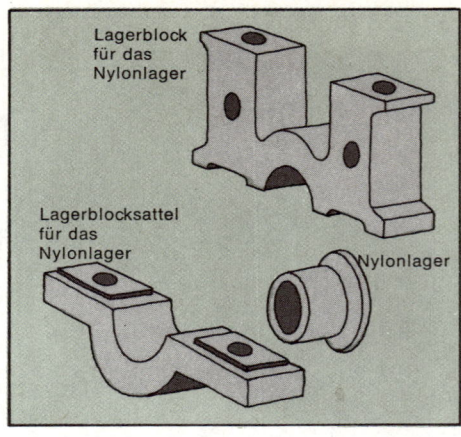

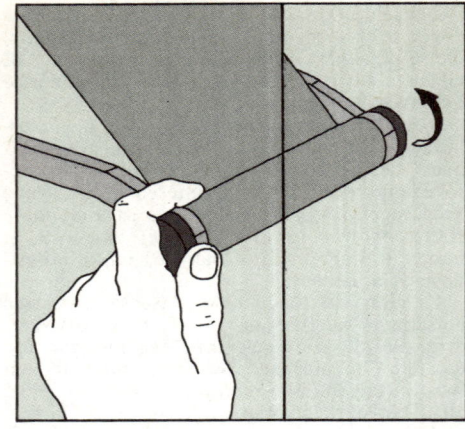

5. Zunächst werden die Stützbleche mit den Lagerblöcken an die Kastenabdeckung geschraubt (siehe Abb. 6). Dann markiert man die Stützblechlöcher an der Wand, bohrt sie und schraubt den Kasten fest

6. Im Ende des Abdeckkastens sitzt ein Lagerblock mit Lagersattel, in dem das Nylonlager mit der Markisenrolle läuft. Der Lagerblock verbindet außerdem den Abdeckkasten mit dem Stützblech

7. So werden die Ausleger an der unteren Rolle befestigt: Wenn die linke Abdeckkappe fest angeschraubt ist, muß man sie festhalten und dann die Kappe auf der rechten Seite anschrauben

EINEN GURTAUFWICKLER MONTIEREN

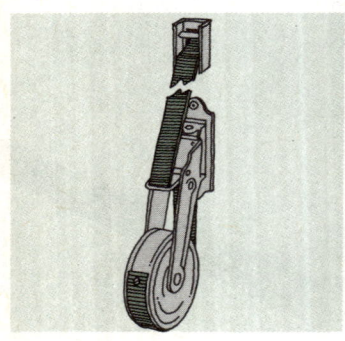

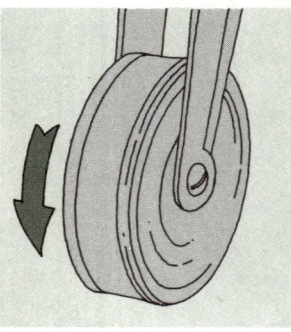

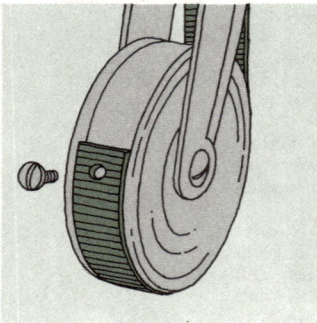

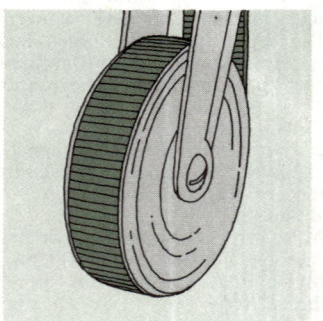

1. Wenn der Gurtaufwickler im Haus angebracht wird, muß der Gurt durch eine Wandöffnung mit eingebauter Gurtführung nach außen laufen

2. Nun wird der Gurtaufwickler an der Wand montiert und die Federrolle möglichst stark durch Drehen in Pfeilrichtung gespannt

3. Während man die Federrolle festhält, wird der Gurt von oben in den Aufwickler geführt und mit der Schraube auf der Rolle befestigt

4. Wenn die Markise vollständig heruntergelassen ist, muß noch mindestens eine Gurtlage um den Gurtaufwickler gewickelt sein

VERSCHIEDENE GURTAUFWICKLER

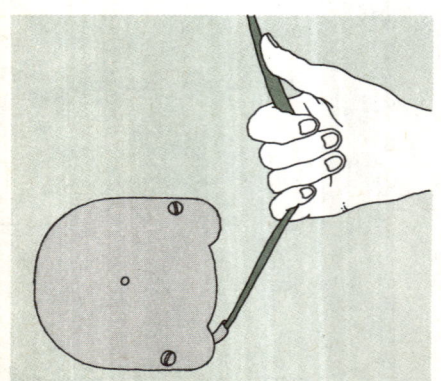

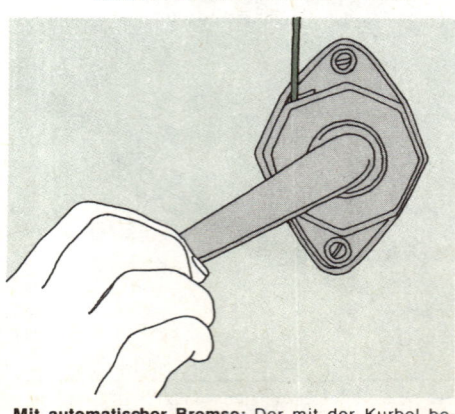

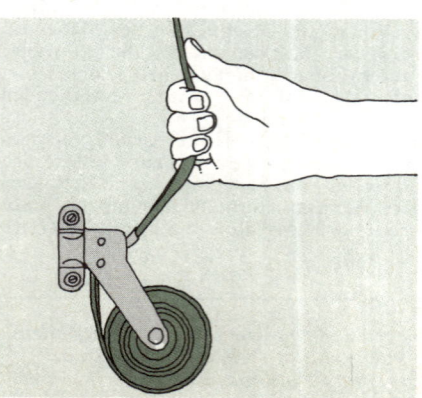

Automatische Gurtaufwicklung: Durch Einführen in das Gehäuse wickelt sich der Gurt auf

Mit automatischer Bremse: Der mit der Kurbel bediente Gurt bleibt in jeder Lage stehen

Automatische Federaufwicklung: Gurt wickelt sich automatisch auf, stoppt in jeder Lage

Außenjalousien

Außenjalousien müssen wetterbeständig sein und werden deshalb aus korrosionsfestem Material hergestellt, meist aus Aluminiumspeziallegierungen. Die Zug- und Leiterschnüre bestehen aus Polyester, gelegentlich auch aus die seitlichen Führungsschnüre. Für die Seitenführungen sind nichtrostende Metallschienen oder Metallstäbe vorzuziehen.

Die Seitenführungen sollen das Klappern der Jalousie im Wind verhindern und dafür sorgen, daß Sturm die Lamellen nicht anheben kann. Die Führung besteht aus gestanzten Schlitzen in den Lamellenenden, durch die stählerne Spanndrähte geführt sind, oder aus Gleitschienen, in denen Metallfedern der Lamellen laufen. Drehende Teile sind in Kunststoff gelagert.

Jalousien werden nach Maßangaben hergestellt. Sie können entweder auf dem Rahmen innerhalb der Fensterleibung oder an der Wand montiert werden. Bei der Befestigung auf dem Rahmen sind die lichten Maße des Mauerwerks der Leibung maßgebend. Den Raum für das Spiel, das die Jalousie in der Fensteröffnung haben muß, zieht der Hersteller von den Maßangaben ab. Es empfiehlt sich, die Breite und Höhe der Fensteröffnung an zwei verschiedenen Stellen zu messen und nach den kleineren Maßen zu bestellen. In das Höhenmaß ist der obere Jalousiekasten einbezogen.

Die aufgezogene Jalousie muß das Fenster vollständig frei lassen. Das muß man beim Anbringen des Kastens beachten, vor allem bei Fensterflügeln, die nach außen aufgehen. Außer der Kastenhöhe ist also auch die Höhe der Lamellen in aufgezogenem Zustand zu beachten. Diese sogenannte Bündelhöhe hängt von der Gesamtlänge der Jalousie ab, ferner von der Lamellenstärke und von der Dicke der Leitergurte oder Leiterschnüre. Angaben über die Bündelhöhe erhält man beim Hersteller.

In manchen Fällen muß auch die Bündelbreite in Betracht gezogen werden, die größer als die Lamellenbreite ist. Sie ergibt sich daraus, daß sich bei aufgezogener Jalousie die Leitergurte oder Leiterschnüre nach außen falten und dadurch über die Lamellen hinausstehen. Die Bündelbreite kann die Lamellenbreite um 3–10 cm übertreffen. Das muß man bei der Montage des Jalousiekastens berücksichtigen.

Bei Jalousien, die vor der Fensterleibung an der Mauer befestigt werden, sind die lichten Maße der Leibung ohne Bedeutung. Solche Jalousien reichen im allgemeinen auf beiden Seiten 3–6 cm über die Maueröffnung hinaus.

Außenjalousien werden im allgemeinen vom Hersteller angebracht. Man kann sie aber auch selber montieren. Dann sollte man jedoch die Montageanleitung genau befolgen.

Außenjalousie mit Führungsdrähten: Bei der Montage in der Fensterleibung werden die Spannschrauben der Führungsdrähte auf der Fensterbrüstung befestigt. Mit ihnen läßt sich die Spannung der Drähte regulieren

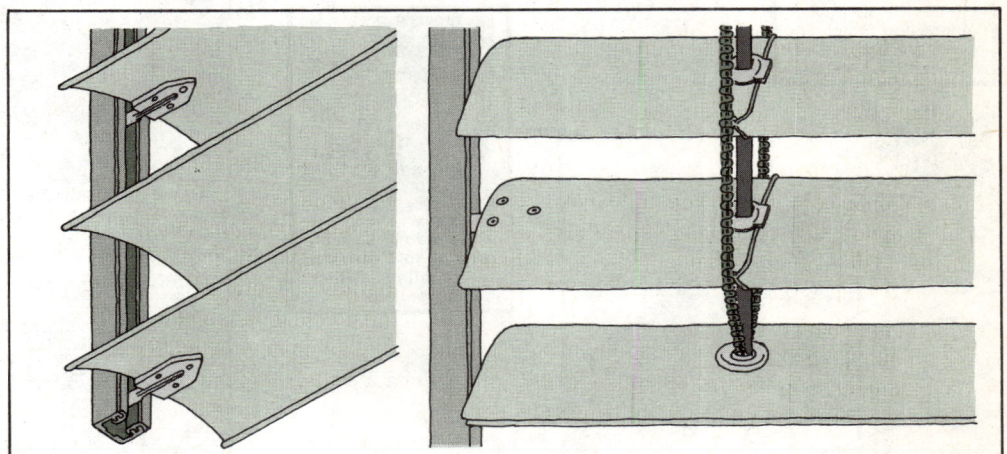

Außenjalousie mit Führungsschienen: Die U-Profilschienen werden in oder vor die Seiten der Fensterleibung geschraubt. Zuvor muß man die Führungsstifte der Lamellen in die Schienen schieben

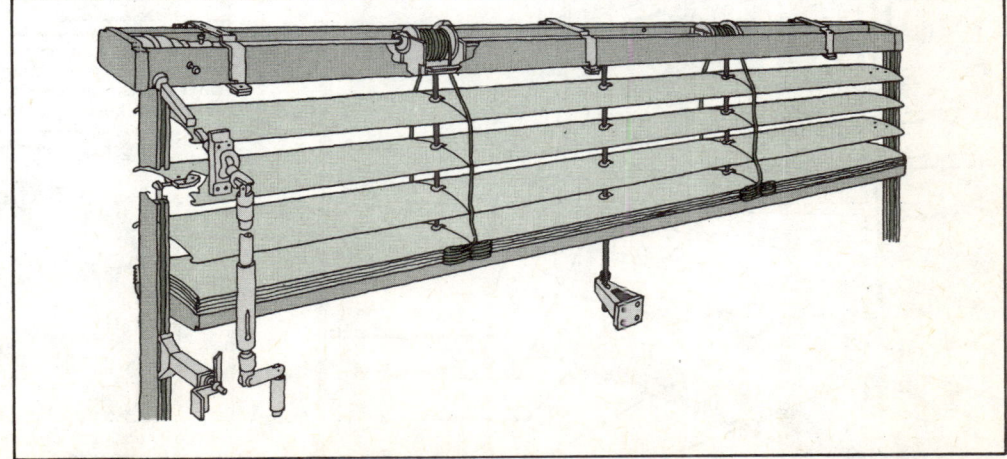

Bedienungsmechanismus: Das abgebildete System besitzt eine Handkurbel, mit der man die Jalousie herunterläßt und hochzieht und außerdem die Lamellen verstellt, die windsicher in jeder Lage stehenbleiben

Sonnenschutz

Pflege und Einstellung von Jalousetten

Jalousette hat sich als Bezeichnung für eine leichte Jalousie eingebürgert, die auf der Innenseite des Fensters oder zwischen den Scheiben von Doppelfenstern angebracht und mit Leichtmetall- oder Kunststofflamellen versehen ist. Jalousetten brauchen keine Schmierung; ihr Mechanismus muß nur saubergehalten werden. Aufgescheuerte Schnüre sollten immer rechtzeitig ersetzt werden, da die Reparatur einer gerissenen Schnur ungleich schwieriger ist.

Die Lamellen werden mit warmem Wasser und Haushaltsreiniger abgewaschen. Schadhafte Lamellen werden ersetzt.

Material: Lamellen, Wasser, Haushaltsreiniger
Werkzeug: Schraubenzieher, Schwamm, Lappen

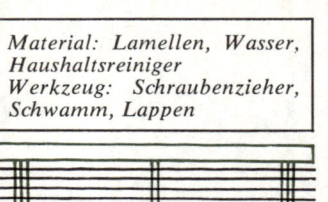

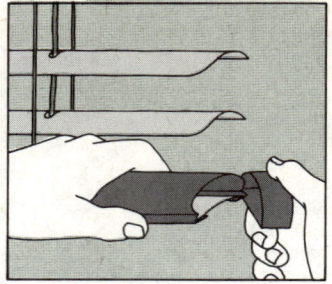

1. Die Kappe von einem Ende der unteren Schienenabdeckung abnehmen; notfalls mit einem Schraubenzieher nachhelfen

2. Die unterste Lamelle der Jalousette sitzt in den Falzen der Schiene. Sie kann vorsichtig seitlich herausgezogen werden

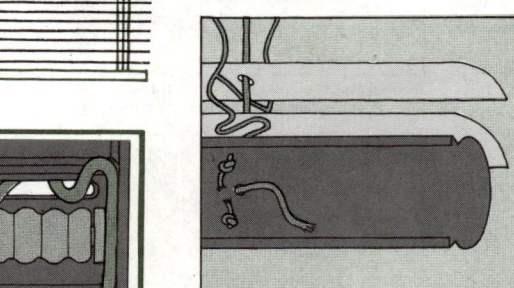

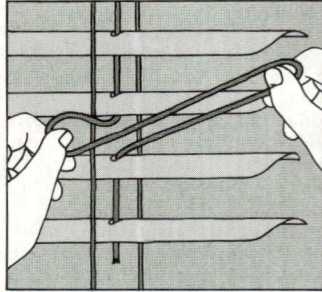

3. An der Unterseite der Schiene an beiden Enden die Knoten der Aufzugschnüre lösen. Die Leiterschnüre bleiben fest verankert

4. Jetzt kann man beide Aufzugschnüre aus den Lamellen nach oben herausziehen. Die Schnüre läßt man danach lose herabhängen

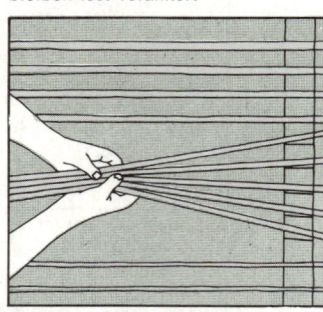

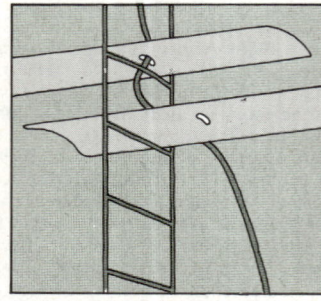

5. Mit beiden Händen werden mehrere Lamellen in der Mitte zu einem Bündel zusammengefaßt und aus den Leitern herausgezogen

6. Die Lamellen säubern und einzeln wieder in die Leitersprossen einsetzen. Die Aufzugschnüre wieder von oben einfädeln

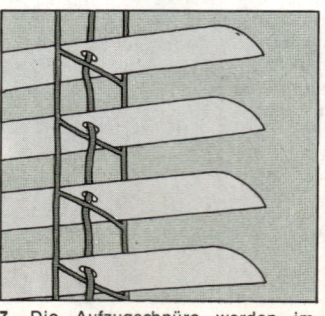

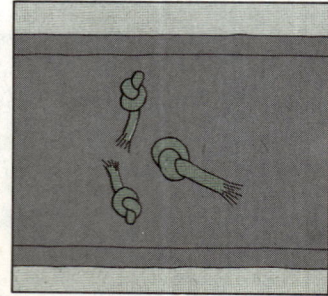

7. Die Aufzugschnüre werden im Wechsel links und rechts von den Leitersprossen durchgezogen, damit die Leitern nicht verrutschen

8. An beiden Enden der Schiene werden nun die Aufzugschnüre verknotet. Jalousette herablassen und genau waagrecht justieren

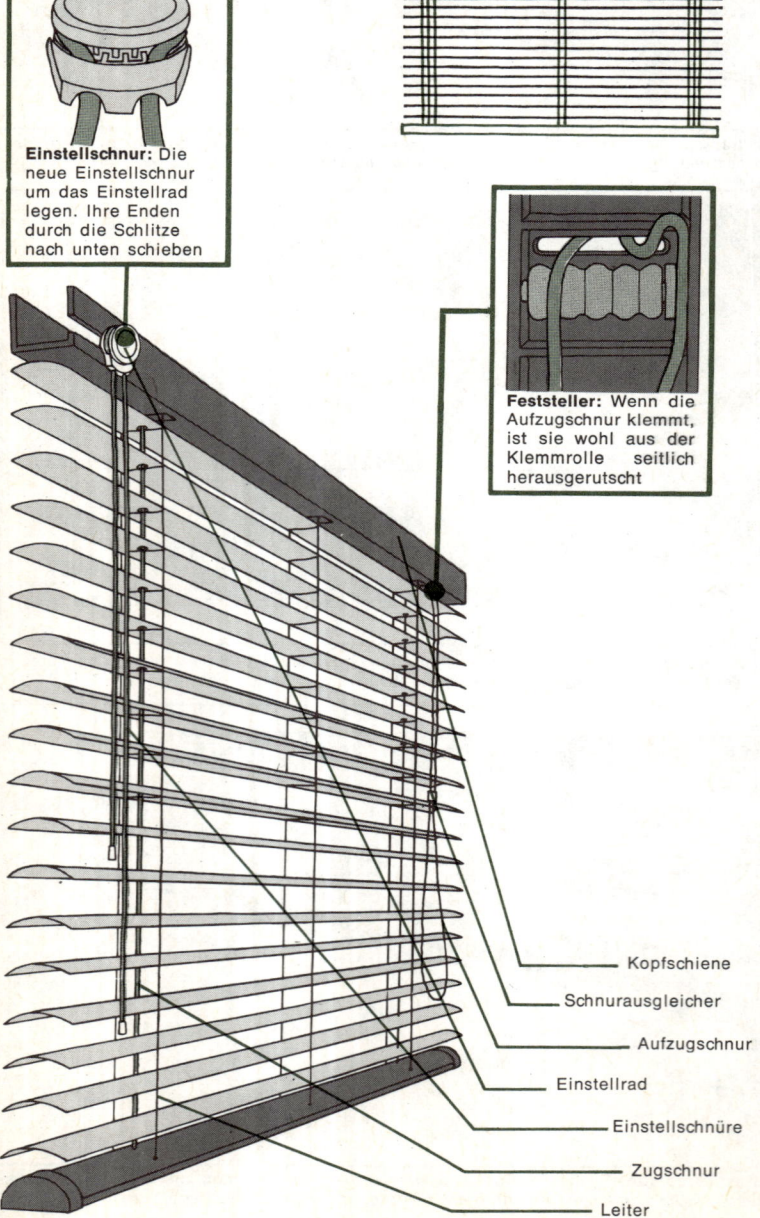

Einstellschnur: Die neue Einstellschnur um das Einstellrad legen. Ihre Enden durch die Schlitze nach unten schieben

Feststeller: Wenn die Aufzugschnur klemmt, ist sie wohl aus der Klemmrolle seitlich herausgerutscht

Kopfschiene

Schnurausgleicher

Aufzugschnur

Einstellrad

Einstellschnüre

Zugschnur

Leiter

Eine schadhafte Jalousetten-Zugschnur erneuern

Eine aufgeriebene Zugschnur kann man ersetzen, ohne die Jalousette vom Fenster abzunehmen. Die meisten besitzen zwei, große Jalousetten manchmal auch drei Zugschnüre.

Nach jeder Reparatur muß man die Länge der Zugschnüre

millimetergenau justieren. Eine schief laufende Jalousette ist nicht nur ein wenig schöner Anblick, sie klemmt auch viel leichter. Deshalb wird die Schnur an der Unterkante zunächst nur lose befestigt und dann so lange nach oben oder unten verschoben, bis die Jalousette genau waagrecht läuft.

Material:	*Passende Kunst-faserschnur*
	Klebestreifen
Werkzeug:	*Schere*

GERISSENE AUFZUGSCHNUR ERSETZEN

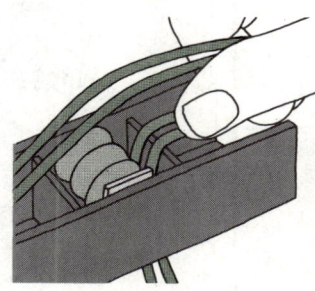

1. Wenn eine Aufzugschnur reißt, muß man die unteren Enden aufknoten und die Schnur aus der Kopfschiene herausziehen

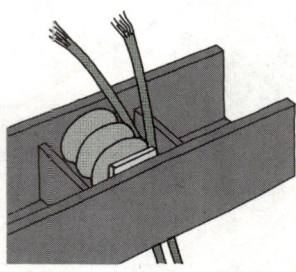

2. Dann werden die Enden der neuen Schnur durch den Schlitz in die Kopfschiene gesteckt und über das Schloß geschoben

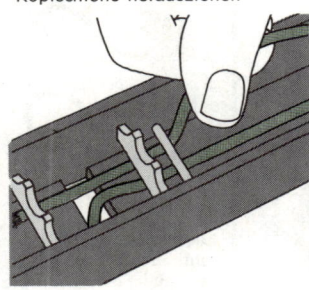

3. Die Aufzugschnüre in der Kopfschiene entlangschieben, ein Schnurende durch den ersten Schlitz nach unten ziehen

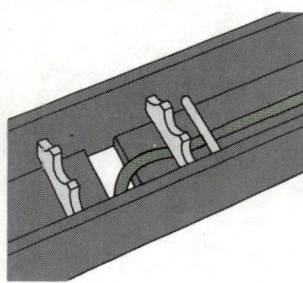

4. Das zweite Schnurende wird weiter durch die Schiene geführt, bis es durch den zweiten Schlitz nach unten gezogen werden kann

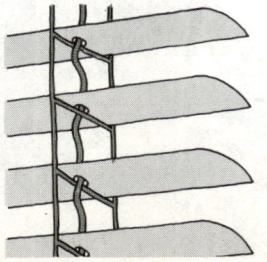

5. Die Jalousette auf „offen" stellen und die Schnüre abwechselnd rechts und links der Leitersprossen durch die Lamellen führen

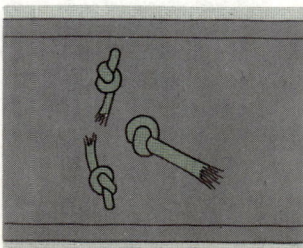

6. Falls eine dritte Schnur vorhanden ist, wird diese durch den mittleren Schlitz gezogen. Schnurenden in der Schiene verknoten

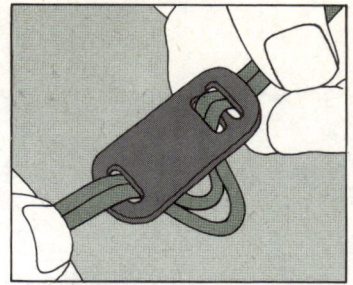

1. Zunächst wird das Ende der Aufzugschnüre aus dem Feststeller geschoben, der sie an der Seite der Jalousette zusammenhält

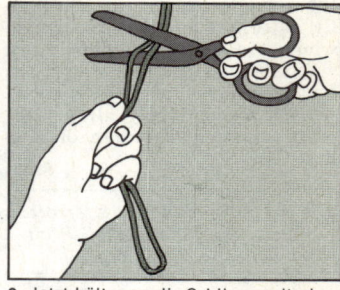

2. Jetzt hält man die Schlinge mit einer Hand fest und schneidet mit der Schere beide Schnüre etwa 15 cm vom Ende entfernt ab

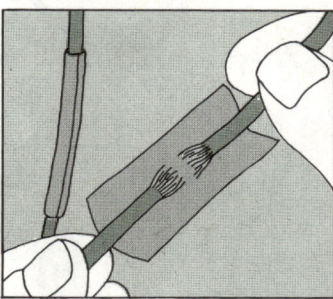

3. Die Enden der neuen und der alten Schnur werden aneinandergelegt, etwas ausgefranst und mit Klebestreifen fest verbunden

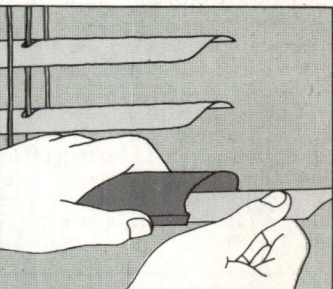

4. Die untere Schiene wird auf einer Seite geöffnet und die letzte Lamelle vorsichtig seitlich herausgezogen (siehe S. 388)

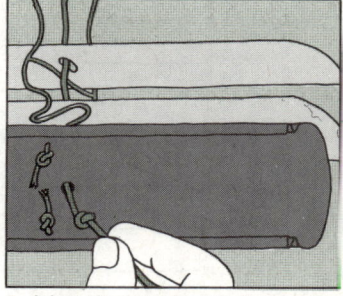

5. Jalousette ganz herunterlassen und rechts die alte Zugschnur mit der daran befestigten neuen vorsichtig nach unten durchziehen

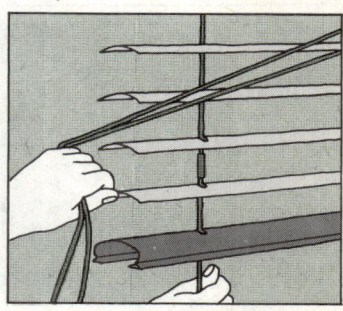

6. Auf der anderen Seite hält man die Schlinge der Zugschnur fest und zieht ebenfalls die Verbindungsstelle der Schnüre durch die Schiene

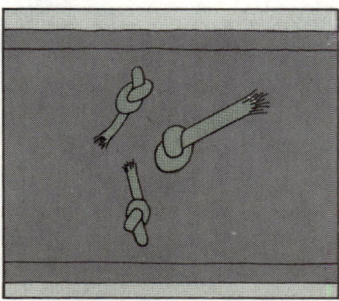

7. Neue und alte Schnurenden voneinander trennen. Die neuen Enden werden so weit durchgezogen, bis man sie unter der Schiene verknoten kann

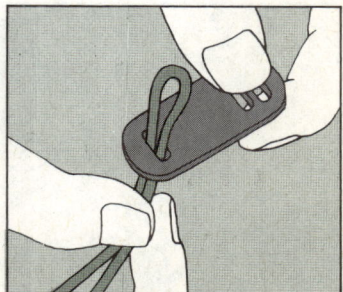

8. Jalousette waagrecht stellen, Zugschnüre gleichmäßig spannen, Schlinge durch Feststeller schieben und genau waagrecht justieren

Sonnenschutz

Pflege, Einstellung und Erneuern eines Rouleaus (Rollo)

Wenn ein Rouleau sich nicht richtig aufrollt oder nicht in der gewünschten Lage stehenbleibt, ist wahrscheinlich der Sperriegel am Federmechanismus falsch eingestellt. Wenn keine Reparatur möglich ist, ersetzt man die Federrolle.

Material: Neue Federrolle Werkzeug: Hammer, Schraubenzieher, Kombizange

Den Rouleaustoff erneuern

Rouleaustoffe gibt es in Gardinenspezialgeschäften und manchmal auch in großen Kaufhäusern. Die Stoffbahn soll etwa 2–3 cm weniger breit sein als die Federrolle und etwas länger, als es die Fensterhöhe erfordert.

Der Stoff wird in der Regel mit Klammern oder Flachkopfstiften an der Rolle befestigt. Um den Federmechanismus in der Holzrolle nicht zu beschädigen, sollten diese nicht länger als 3 bis 4 mm sein.

Material: Rouleaustoff, Flachkopfstifte oder Heftklammern Werkzeug: Hammer, Schraubenzieher, Kombizange

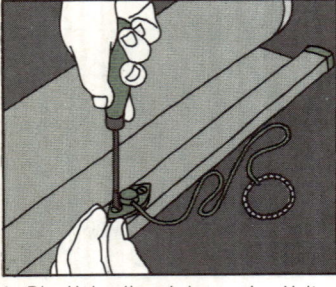

1. Die Holzrolle wird aus der Halterung gehoben und die Befestigungslasche der Zugschnur von der Holzleiste abgeschraubt

Halter mit Schlitz

Leistenkappe

Achse des Federmechanismus

Rollenkappe

Holzrolle

Rouleaustoff

Holzleiste

Zugschnur

Halter mit Achsloch

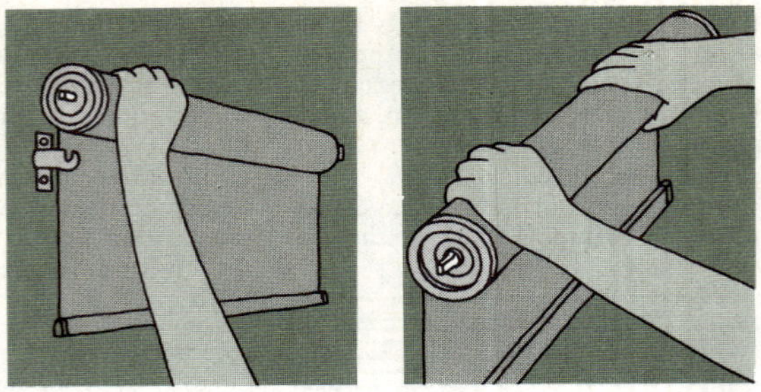

Federspannung: Um die Federspannung nachzustellen, wird das Rouleau halb heruntergezogen und dann aus den Haltern gehoben. Dann rollt man es auf, setzt es wieder in die Halter ein und zieht es herab. Diesen Vorgang wiederholt man so lange, bis das Rouleau sich voll aufwickelt

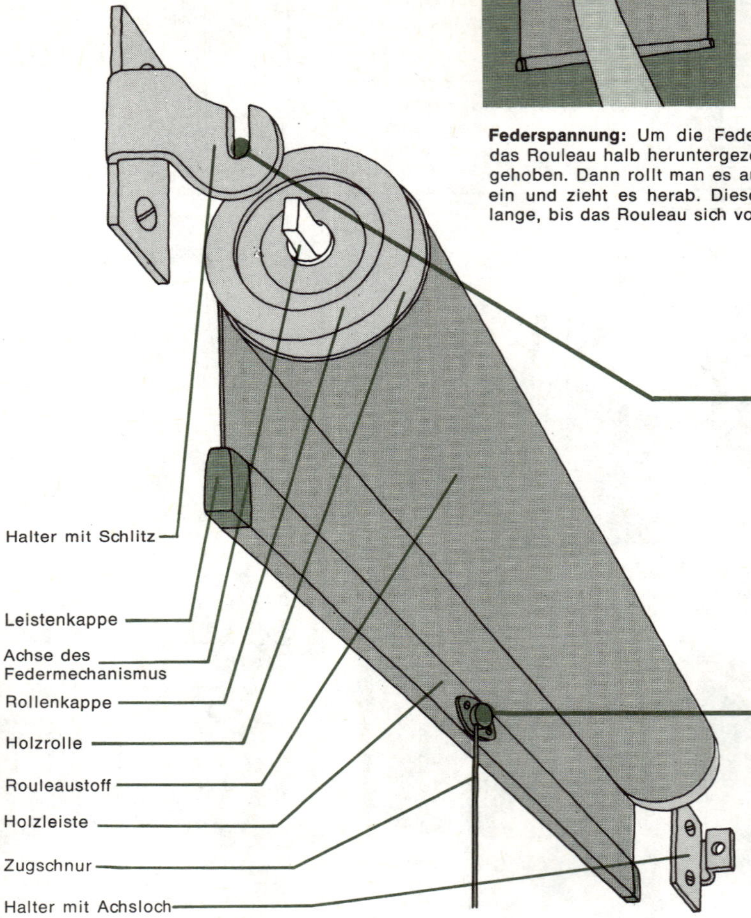

Halter: Diese müssen so angeschraubt werden, daß die Holzrolle genau waagrecht liegt

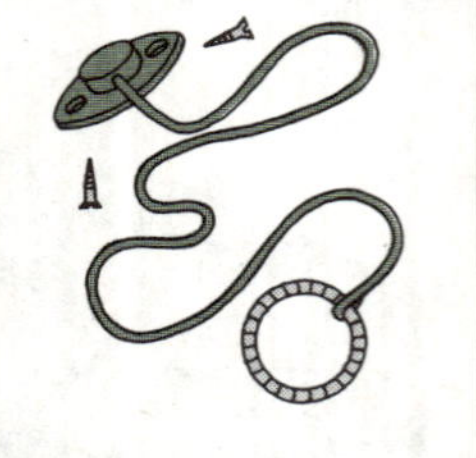

Zugschnur: Wenn sie reißt, ersetzt man sie durch eine neue mit Ring und Anschraubplatte

2. Die Endkappen werden von der Leiste abgezogen. Sind die Kappen beschädigt, müssen sie durch passende neue ersetzt werden

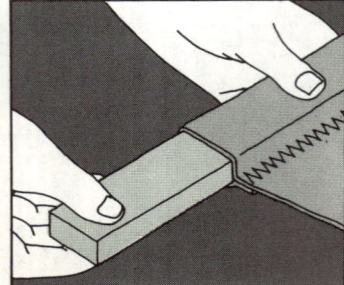

3. Die Leiste zieht man aus der Hohlnaht heraus, schiebt sie in den neuen Stoff ein und klemmt die Kappen auf die Enden

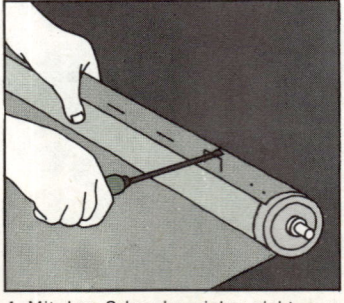

4. Mit dem Schraubenzieher zieht man die Heftklammern oder Nägel vorsichtig aus der Holzrolle und entfernt dann den alten Rouleaustoff

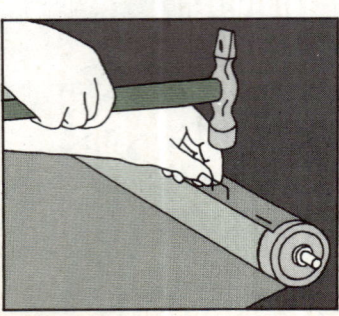

5. Der neue Stoff wird 10 mm über die Heftklammerlinie gelegt und befestigt. Dann wird der Federmechanismus genügend gespannt

Neues Glas einsetzen

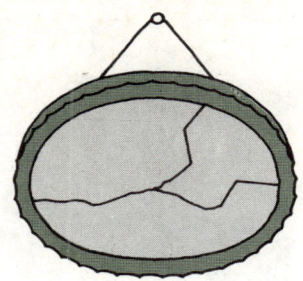

Es kann oft billiger sein, einen zerbrochenen Spiegel durch einen neuen zu ersetzen, als nur das Spiegelglas zu erneuern. Wenn man den Rahmen aber behalten will, kauft man eine neue Spiegelscheibe in der Glashandlung oder beim Glaser selbst. Vorher muß man die genauen Maße des alten Spiegels feststellen oder, bei runden und ovalen Spiegeln, eine genaue Papierschablone anfertigen, damit man sich gleich die gewünschte Form vom Händler zurechtschneiden lassen kann.

Es gibt Kristallspiegelglas und das billigere Maschinenspiegel-

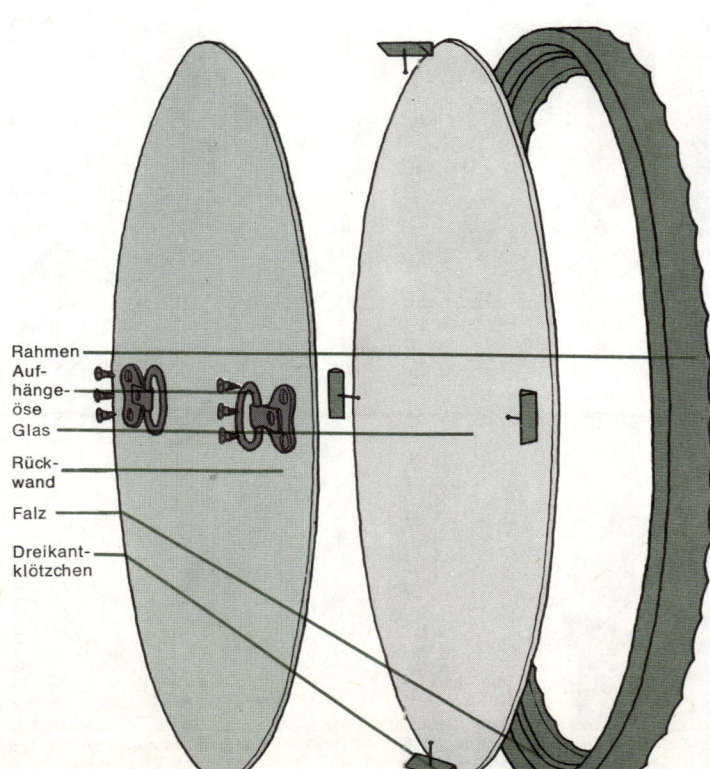

Rahmen
Aufhänge-
öse
Glas
Rück-
wand
Falz
Dreikant-
klötzchen

1. Den Spiegel legt man auf eine mit Stoff bedeckte Unterlage. Dann entfernt man die Aufhängeschnur und schraubt die Aufhängeösen ab

glas; der optische Unterschied ist für die meisten Zwecke unerheblich.

Material:	Starkes Papier oder Pappe, Spiegelglas, Glaserstifte
Werkzeug:	Bleistift, Stecheisen, Hammer, Kombizange, Schraubenzieher

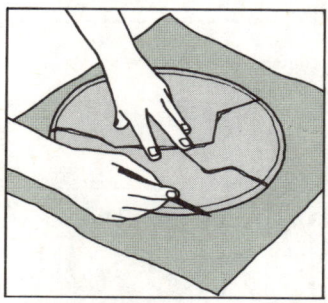

4. Das zerbrochene Glas nimmt man heraus und setzt es auf einem Bogen Papier oder Pappe zusammen. Umriß auf Unterlage übertragen

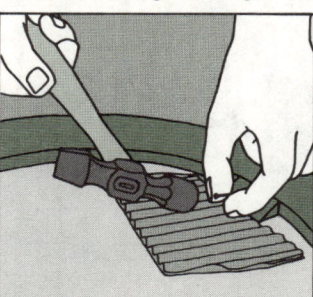

6. Die Glasscheibe wird befestigt, indem man die Dreikantklötzchen am Rahmen festnagelt. Dabei wird das Glas mit Pappe geschützt

8. Die Rückwand befestigt man mit 13 mm langen Drahtstiften am Rahmen. Die Drahtstifte werden schräg vom Glas weg eingeschlagen

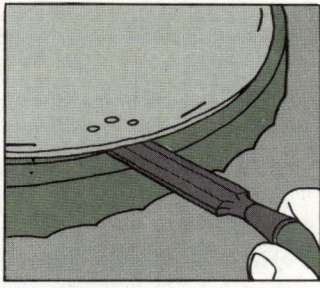

2. Die Rückwand, die normalerweise mit Klammern oder Stiften am Rahmen befestigt ist, wird vorsichtig mit einem Stecheisen abgehoben

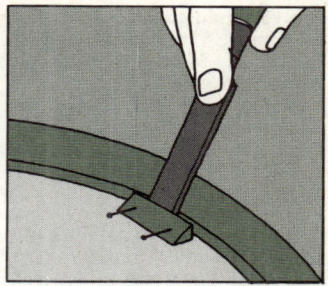

3. Die an der Innenseite des Rahmens befestigten Dreikantklötzchen werden vorsichtig abgedrückt und für den Zusammenbau aufbewahrt

5. Entsprechendes Spiegelglas läßt man nach dem Papiermuster passend zurechtschneiden und setzt es in den Falz ein

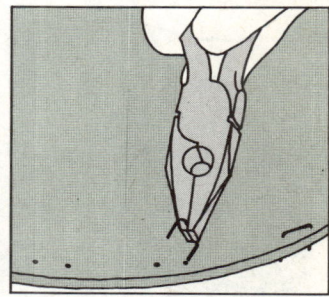

7. Die Klammern oder Stifte werden mit der Zange aus der Rückwand gezogen. Wenn nötig, wird eine neue Rückwand zugeschnitten

9. Die Aufhängeösen werden an der ursprünglichen Stelle wieder festgeschraubt. Dann wird die Aufhängeschnur oder -kette wieder angebracht

Spielzeug

Pedale anbringen

Ein beschädigtes Pedal kann man auf verschiedene Weise entfernen. Man schneidet die Kappe mit einem Messer ab, so daß man mit der Zange die Kappe und den Sprengring entfernen kann. Läßt sich das Material des Pedals nicht schneiden, so sägt man die Kappe mit einer Eisensäge frei.

Man kann das Pedal auch mit einem Hammer zertrümmern, damit der Federring in der Halterung bricht. Dabei muß das Pedal auf einer festen Unterlage aufliegen, damit beim Schlagen nicht der Kurbelantrieb beschädigt wird.

Material: Neue Pedale, Befestigungskappen
Werkzeug: Hammer, Zange, Eisensäge, Holz- oder Stahlplatte

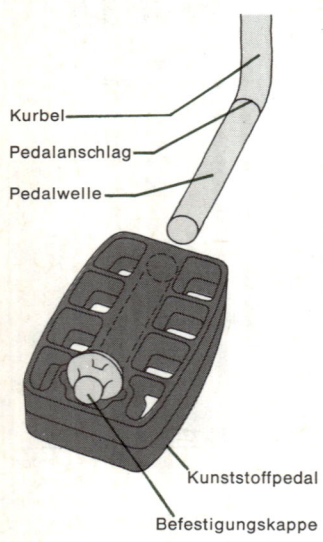

Kurbel
Pedalanschlag
Pedalwelle

Kunststoffpedal
Befestigungskappe

Tretantrieb eines Kinderautos reparieren

Die meisten Tretautos sind mit Antriebsmechanismen ausgerüstet, die auch heftigen Stößen standhalten. Am empfindlichsten sind die Antriebsstangen und deren Kunststoffhalterungen am hinteren Ende der Stangen. Verbogene Stangen baut man aus und biegt sie gerade. Andernfalls setzt man neue Stangen ein.

Material: Kunststoffhalterungen, wenn nötig Antriebsstangen
Werkzeug: Bohrer, Hammer, Locheisen, Schraubenschlüssel

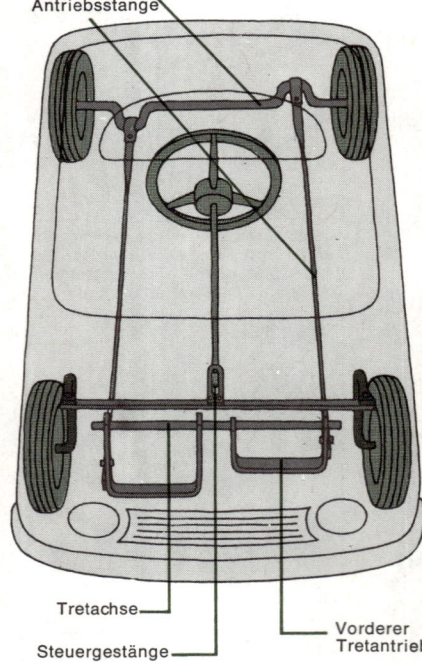

Hintere Antriebsachse
Antriebsstange

Tretachse
Steuergestänge
Vorderer Tretantrieb

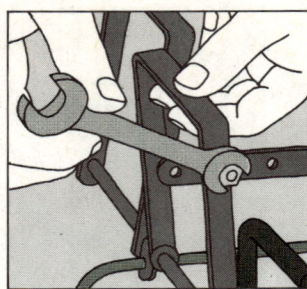

1. Mutter und Schraube lösen, mit denen die beschädigte Antriebsstange am Tretantrieb befestigt ist

2. Niet ausbohren, der die Antriebsstange an der Kunststoffhalterung der Hinterachse festhält

Achsverkröpfung

3. Ersatzhalterung in der Mitte der Achsverkröpfung über die hintere Antriebswelle schieben

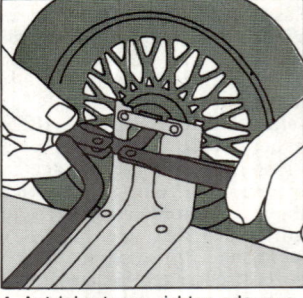

4. Antriebsstange richten oder auswechseln. So in die Halterung führen, daß die Löcher fluchten

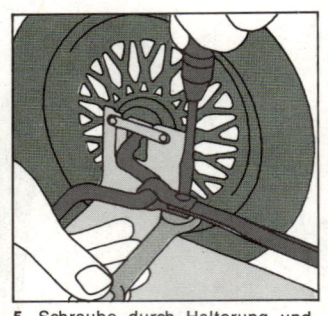

5. Schraube durch Halterung und Stange führen. So anziehen, daß die Welle sich drehen kann

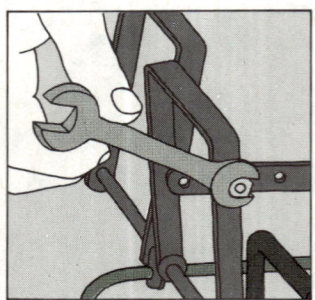

6. Antriebsstange mit Tretantrieb im gleichen Loch wie vorher durch Schraube und Mutter verbinden

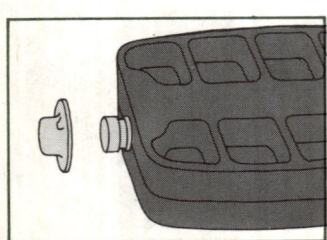

Befestigungskappe: Der Federring der Kappe greift über die Pedalachse und rastet dort ein

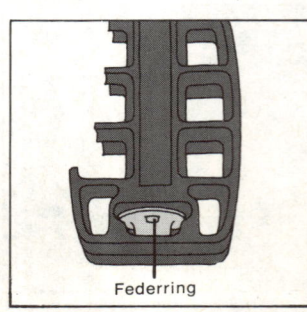

Federring

1. Pedal auf der Welle drehen, bis der Federring in der Halterung zu sehen ist

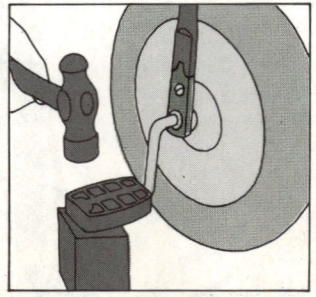

2. Pedal auf einer Unterlage abstützen und daraufschlagen, bis der Federring bricht. Pedal entfernen

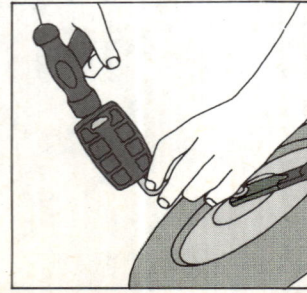

3. Befestigungskappe in Vertiefung des neuen Pedals stecken. Pedal auf die Welle schieben, festschlagen

Eisenbahn (HO) mit Gleichstrombetrieb

Bei Eisenbahnen, die mit Gleichstrom betrieben werden, spricht man vom sogenannten Zweileiter-Gleichstromsystem. Das Prinzip sieht folgendermaßen aus: in die rechte Schiene (in Fahrtrichtung gesehen) wird der Strom eingespeist. Ein Schleifer nimmt von den rechten Rädern den Strom ab und leitet ihn zum Motor. Von diesem fließt der Strom über das Fahrgestell, die Achsen und die nicht isolierten linken Räder in die linke Schiene. Die rechte Schiene ist also der Pluspol, die linke der Minuspol.

Dieses Prinzip der Stromführung macht es erforderlich, daß die Schienen, Achsen und Räder gegeneinander isoliert sind. Denn sonst könnten Kurzschlüsse entstehen.

Die Fahrtrichtung einer Lok wird dadurch geändert, daß man die Polarität der beiden Fahrschienen vertauscht, d. h. die Plusschiene zur Minusschiene macht

und umgekehrt natürlich. Dies geschieht über sogenannte Polwender, die in die Transformatoren und Loks eingebaut sind. Wenn man einen Transformator so anschließt, daß die Stellung des Polwenders mit der Fahrtrichtung der Lok übereinstimmt, dann zeigt der Polwender an, in welche Richtung die Lok fährt: Zeigt er nach links, dann fährt sie nach links, zeigt er nach rechts, dann fährt sie nach rechts.

Beim Oberleitungsbetrieb bildet der Fahrdraht den Pluspol, d. h., von ihm fließt der Gleichstrom in den Lokmotor und dann über die Achsen und linken Räder in die Schiene.

Sollten irgendwelche Störungen am Motor oder am Räderwerk auftreten, ist es das beste, die Lokomotive einem Fachmann zur Reparatur zu geben. Denn wenn man nicht genau Bescheid weiß, besteht die Gefahr, daß man noch größeren Schaden anrichtet.

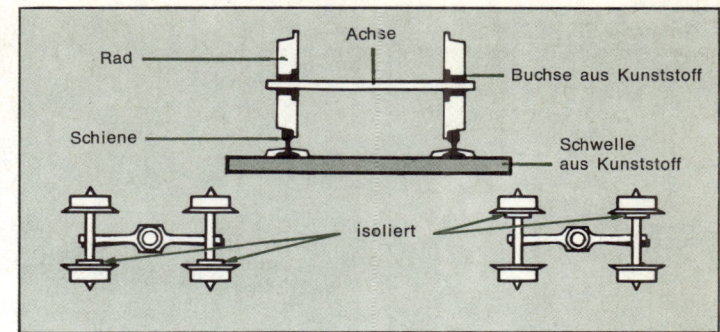

Material:	Öl, Benzin
Werkzeug:	Pinzette, Flach- oder Flachspitzzange, Schraubenzieher

Achtung: Zum Ölen nur das vom Hersteller empfohlene Öl oder Winterautoöl verwenden

EINE DREIACHSIGE TENDERLOK

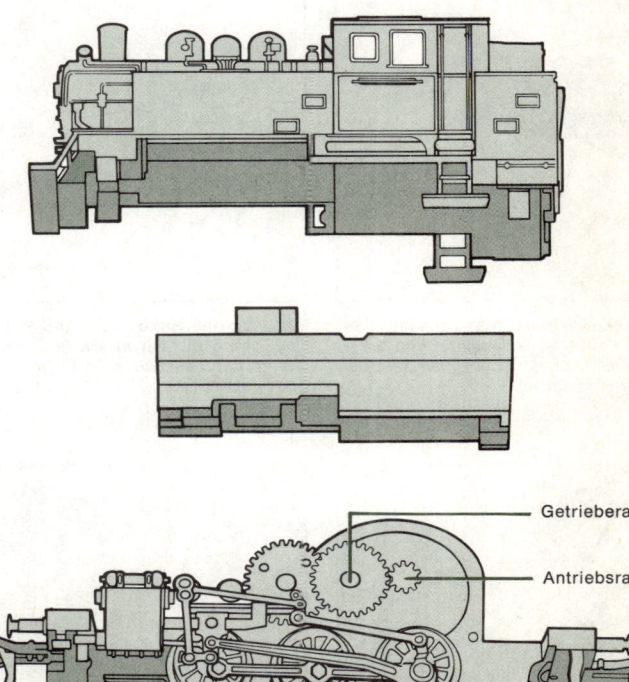

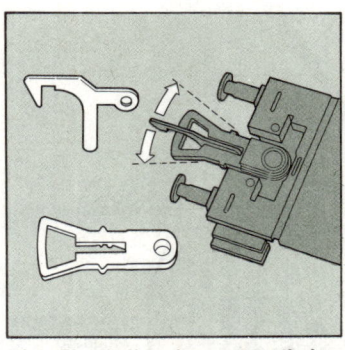

Die Einzelteile der automatischen Kupplung sind: Kupplungshaken und Kupplungsträger. Der Träger ist federnd gelagert und läßt sich seitwärts schwenken

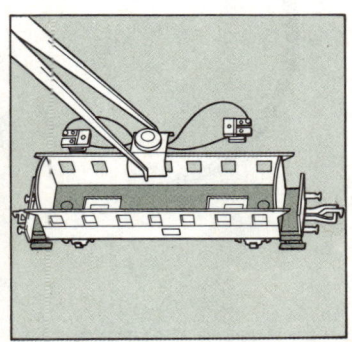

Beleuchtung einbauen: Die beiden Kontaktträger werden in die Löcher am Boden eingesetzt und festgeschraubt. Dann klemmt man die Feder mit der Glühlampe ein

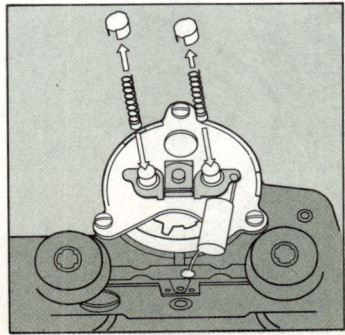

Kohlen auswechseln: Man nimmt die Bürstenrohrklappen ab, entfernt die defekten Kohlen und setzt neue in die Bürstenrohre ein

Funkentstörung: Kondensator und Drossel sorgen dafür, daß beim Betrieb keine Funk- und Fernsehstörungen auftreten

(Forts. S. 394)

Spielzeug

(Fortsetzung von S. 393)

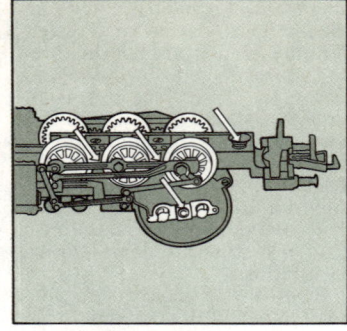

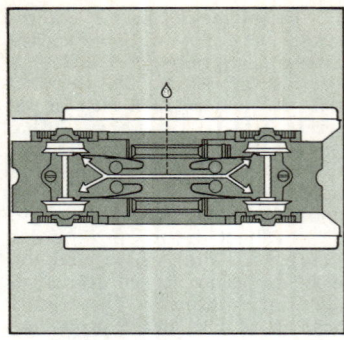

Stromzuführung: Mit der Anschlußklemme kann der Strom an jeder beliebigen Stelle in das Schienennetz eingespeist werden

Schienenreinigung: Damit die Stromabnahme immer gewährleistet ist, reinigt man die Schienen und Räder mit Benzin

Ölen: Auf die Lagerstellen aller beweglichen Teile gibt man einen Tropfen Öl. Dabei sollte man nicht die Ankerlager des Motors vergessen

Wagen ölen: Bei Wagen mit Innenbeleuchtung ist es wichtig, daß man die Lauffläche zwischen den Rädern und den Kontaktfedern ölt

Kehrschleifenschaltung: Der in die Weiche eingebaute Umschalter und sogenannte Isolierschienenverbinder ermöglichen die Schaltung der Kehrschleife. Dabei wird der Strom direkt in die Kehrschleife eingespeist. So kann der Zug bei beliebiger Weichenstellung in die Kehrschleife einfahren und sie auch verlassen, da der Strom in der äußeren Schiene umgepolt wird ▶

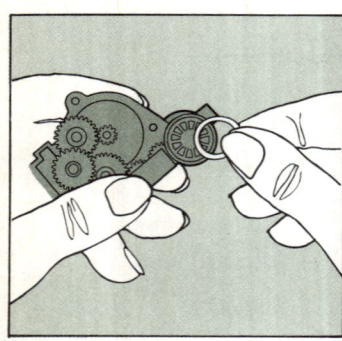

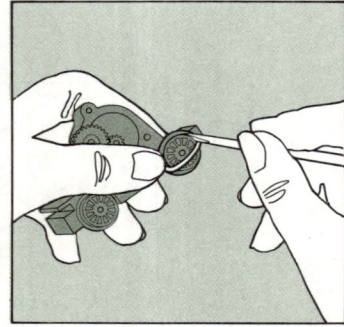

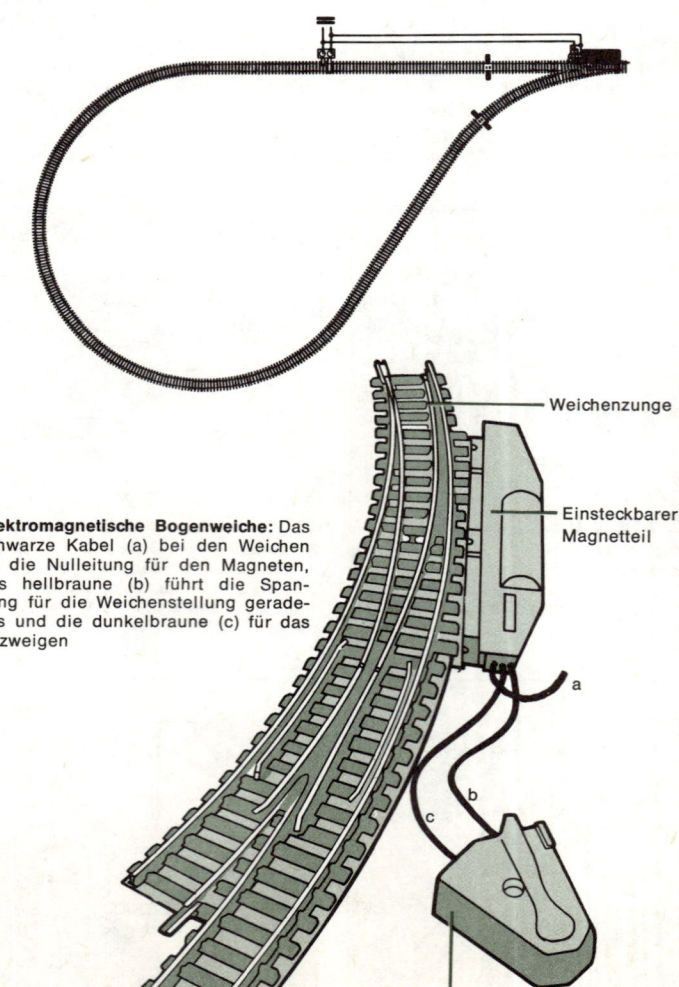

Haftreifenwechsel: Man nimmt den alten Haftbelag vom Rad, und zwar mit dem Daumen und Zeigefinger oder mit einer Pinzette

Man legt den Haftbelag in die Nut im Rad, streift ihn mit einem Schraubenzieher darüber und drückt ihn dann gleichmäßig fest

Elektromagnetische Bogenweiche: Das schwarze Kabel (a) bei den Weichen ist die Nulleitung für den Magneten, das hellbraune (b) führt die Spannung für die Weichenstellung geradeaus und die dunkelbraune (c) für das Abzweigen

Weichenzunge

Einsteckbarer Magnetteil

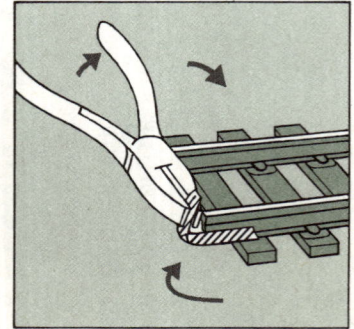

Weichenschalter

Schienenverbinder: Wenn Schienenverbinder entfernt werden müssen, verwendet man am besten eine Flach oder Kombizange. Man faßt den Verbinder kurz vor den Schienen von der Seite und dreht dann die Zange vorsichtig nach oben. So werden die Schwellen nicht beschädigt

Eisenbahn (Baugröße Z) mit Gleichstrombetrieb

Die kleinste Eisenbahn der Welt mit einer Spurweite von nur 6,5 mm und einer modellgetreuen Nachbildung im Maßstab 1:220 ist ein kleines technisches Wunderwerk.

Den Lokomotiven wird über die Schienen Gleichstrom von 0 bis 8 V zugeführt. Mit dem elektronischen Fahrgerät können durch Drehen des Reglerknopfes aus der Mittelstellung nach links oder rechts die Fahrtrichtung und die Geschwindigkeit stufenlos gesteuert werden.

Der Einstieg in das System der Baugröße Z ist besonders einfach, wenn man mit einem Aufbauprogramm beginnt und die Anlage schrittweise erweitert. Natürlich kann man die kleine Eisenbahn auch nach eigenen Vorstellungen ausbauen und durch interessantes Zubehör ergänzen. So gibt es sogar eine voll funktionsfähige Oberleitung, die den Betrieb einer echten E-Lok ermöglicht.

Der Aufbau und die Pflege einer Eisenbahn dieser Baugröße verlangen verständlicherweise eine gewisse Sorgfalt. Für die noch etwas tolpatschigen Hände von Kindern ist die kleinste Eisenbahn der Welt deshalb nicht unbedingt geeignet. Eisenbahnbegeisterten, die nicht viel Platz zur Verfügung haben, bietet diese reizvolle Bahn jedoch viele Möglichkeiten der Freizeitbeschäftigung. Sie hat sogar im Reisegepäck Platz.

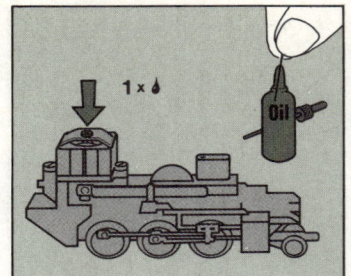

Motor ölen: Das Ankerlager des Motors ist regelmäßig nach etwa 20 Betriebsstunden mit einem Tropfen Spezialöl zu schmieren

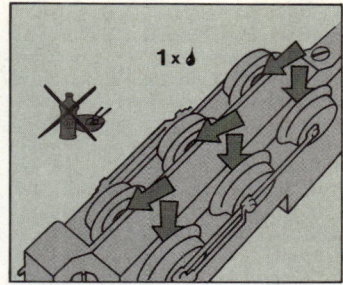

Fahrgestell ölen: Lager und Zahnräder der Antriebsachsen regelmäßig nach etwa 20 Betriebsstunden mit einem Tropfen Öl schmieren

Antriebsräder reinigen: Fahrstromkabel an zwei gegenüberliegende Antriebsräder halten, Motor laufen lassen. Die Räder mit einem Wattestäbchen säubern

Bürsten auswechseln: Bürsten des Motors auf Verschleiß prüfen. Zum Austauschen die Feder mit der Bürste mit einer Pinzette aus der Halterung ziehen

SCHIENENUNTERBAU AUS POLYSTYROL

1	2	3	4	5	6
Styropor zugeschnitten	mit Leim bestrichen	Gleis aufgenagelt	Schotter aufgestreut	Schotter gefärbt	Gleise rostbraun gefärbt

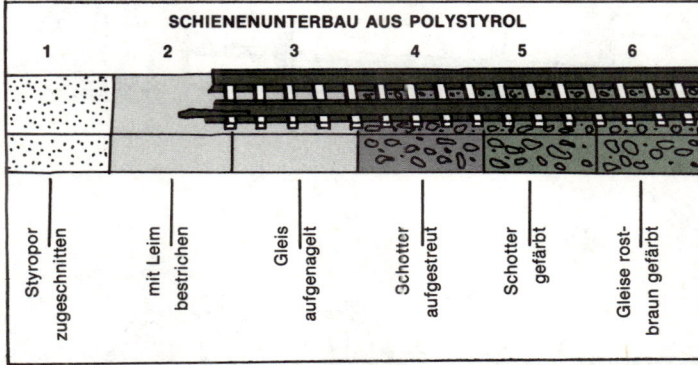

Glühlampe auswechseln: die Miniaturglühlampe mit einer Pinzette an ihrem Sockel aus der Fassung ziehen und die neue genauso in die Fassung einsetzer

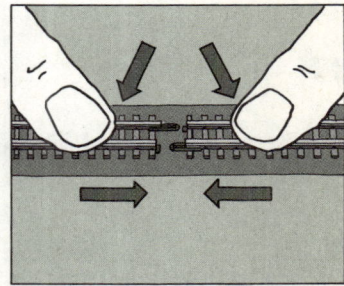

Gleise zusammenbauen: beide Gleisstücke auf die Unterlage halten, die Schienen in die Laschen einführen und bis zum Einrasten zusammenschieben

Gehäuse abnehmen: Bei einem Teil der Lokomotiven wird das Gehäuse durch eine Schraube gehalten, die zur Demontage ganz herauszudrehen ist

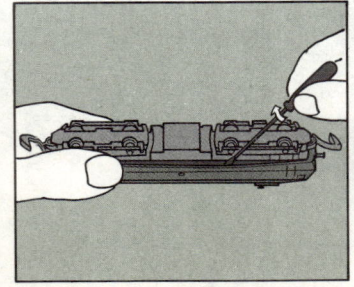

Bei den übrigen Lokomotiven ist das Gehäuse im Fahrgestell eingerastet. Es wird durch leichtes Spreizen abgenommen

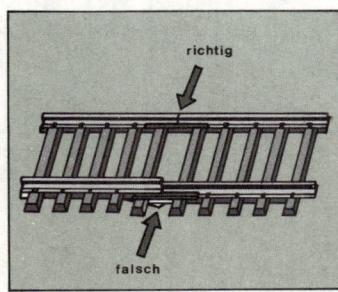

richtig

falsch

Sind die Schienen nicht richtig in die Verbindungslaschen eingeführt, entstehen „Holperstellen", an denen die Züge leicht entgleisen

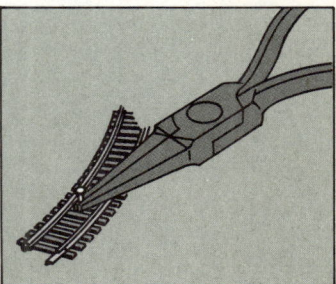

Mit einem Durchschlag lassen sich die Gleisnägel genauer und ohne Berührung mit den Schienen einschlagen. Vorsicht, Schwellen nicht beschädigen

Spielzeug

Eisenbahn (HO) mit Wechselstrombetrieb

Das Wechselstromsystem hat zwei besondere Merkmale: einen Mittelleiter zwischen den Schienensträngen und in den Loks einen Fahrtrichtungsschalter. Über diesen Mittelleiter wird der Wechselstrom zugeführt; er ist also der Pluspol. Der Mittelleiter ist ein durchgehendes Metallband mit senkrecht nach oben gerichteten Zähnen, sogenannten Punktkontakten.

Von diesen Kontakten nimmt eine Lok über einen federnd an ihrer Unterseite befestigten Schleifer den Strom ab. Ein solcher Schleifer ist so lang, daß er immer mehrere Punktkontakte gleichzeitig berührt. Die Weiterleitung des Wechselstromes von einem Gleisstück zum anderen besorgen Kontaktzungen, die ineinandergreifen, wenn die Gleisstücke zusammengesteckt werden.

Der Strom fließt nun durch den Schleifer in den Motor, treibt ihn an und fließt dann über alle Räder, die keine Haftreifen haben. in die Schienen. Beide Schienen bilden also den Minuspol.

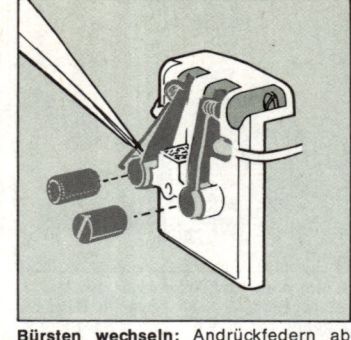

Bürsten wechseln: Andrückfedern abheben, abgenützte Bürsten entfernen, Bürstenführungen reinigen, neue Bürsten einsetzen

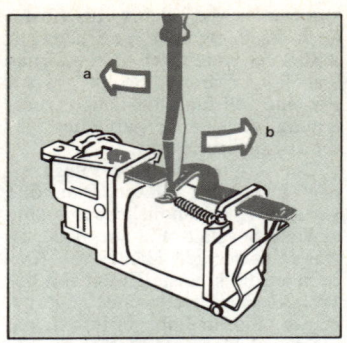

Fahrtrichtungsschalter: Ändert die Lok die Fahrtrichtung von selbst, den Haken nach „a", bei Schaltverzögerungen nach „b" biegen

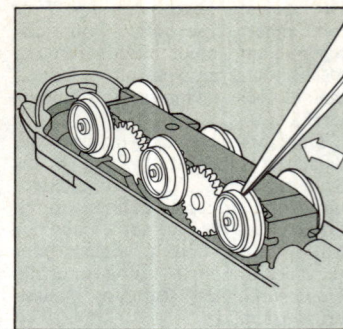

Haftreifen wechseln: Kupplung losschrauben, den Unterbau abheben und dann die Haftreifen mit einer Pinzette auswechseln

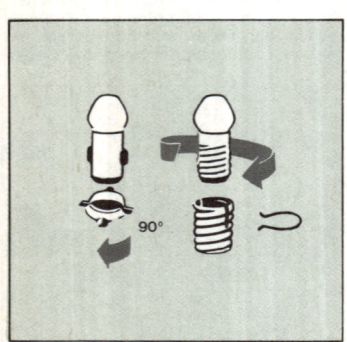

Glühlampen wechseln: Sie werden in Pfeilrichtung entweder eingesteckt oder eingeschraubt

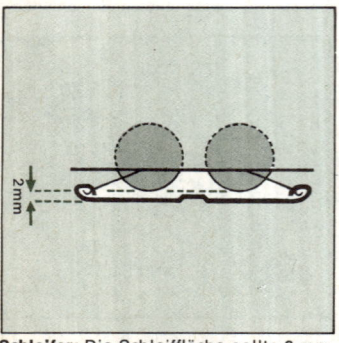

Schleifer: Die Schleiffläche sollte 2 mm über die Räder hinausstehen. Die Feder kann man mit einer Pinzette nachspannen

EINE SECHSACHSIGE E-LOK

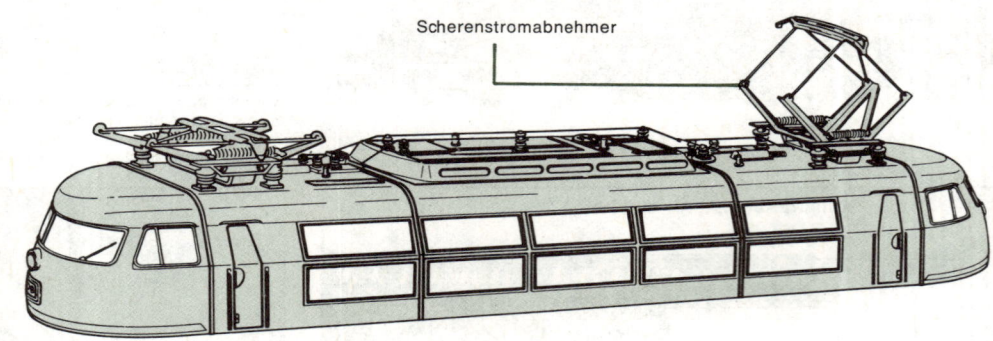

Scherenstromabnehmer

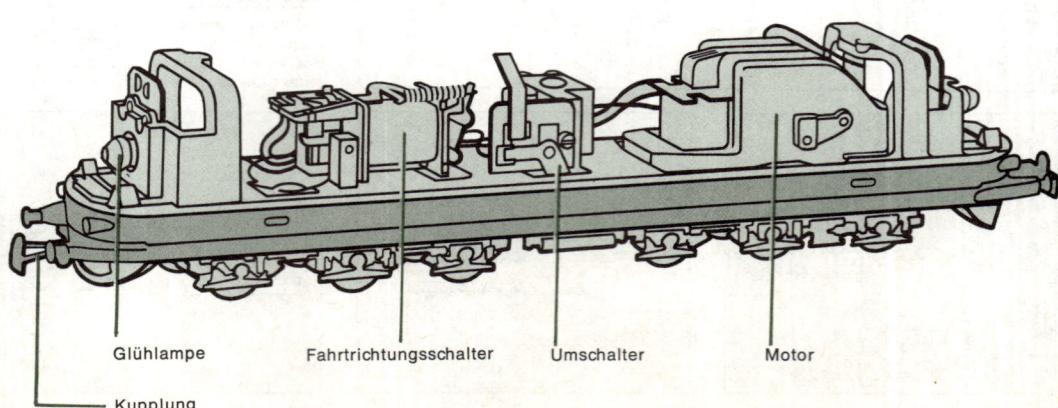

Glühlampe

Kupplung

Fahrtrichtungsschalter

Umschalter

Motor

Der Fahrtrichtungsschalter ist eine Einrichtung, über die man eine Lok durch eine kurze Drehbewegung am Regler des Transformators nach Belieben vorwärts oder rückwärts fahren lassen kann. Dies geschieht durch einen Überstromimpuls. Über den Fahrtrichtungsschalter ist es auch möglich, Spezialkupplungen an den Loks zu betätigen, d. h. eine Lok jederzeit vom Zug zu lösen.

Beim Oberleitungsbetrieb entspricht der Fahrdraht dem Mittelleiter: Er bildet den Pluspol. Über ihn wird der Wechselstrom in die Lok eingespeist, und von hier fließt er, wie bei der Unterleitung bereits erwähnt, in die Schienen.

Material: Öl
Werkzeug: Pinzette
Flach- oder
Flachspitzzange
kleiner
Schraubenzieher
Pipette oder
Nadel

Achtung: Zum Ölen nur das vom Hersteller empfohlene Öl oder Winterautoöl verwenden

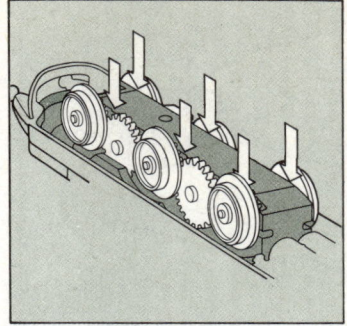

Achslager ölen: Nach ca. 40 Betriebsstunden auf jede Lagerstelle (Pfeile) einen Tropfen Öl geben. Mit einer Nadel geht es am besten

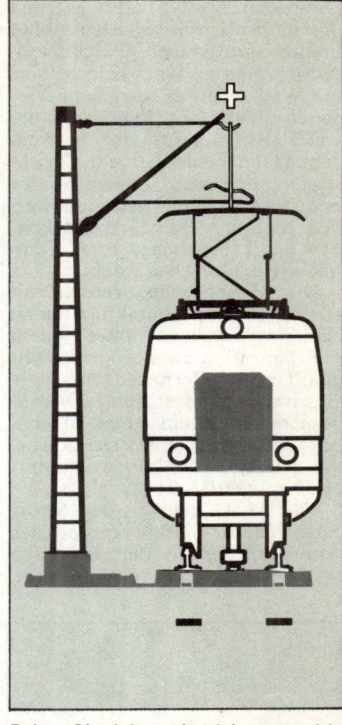

Beim Oberleitungsbetrieb entspricht der Fahrdraht dem Mittelleiter. Er ist also der Pluspol, über den der Strom in den Lokmotor fließt. Wenn die Lok mit Oberleitung läuft, ist der Mittelleiter frei, und man kann das Gleis gleichzeitig für den Unterleitungsbetrieb nutzen

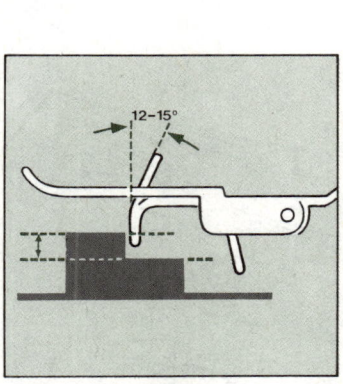

Kupplung: Verbogene Kupplungen biegt man mit einer Flach- oder Flachspitzzange zurecht, bis sie wieder leicht einrasten

Ankerlager ölen: Das in Fahrtrichtung links gelegene Ankerlager des Motors bekommt nach ungefähr 40 Betriebsstunden 1-2 Tropfen Öl

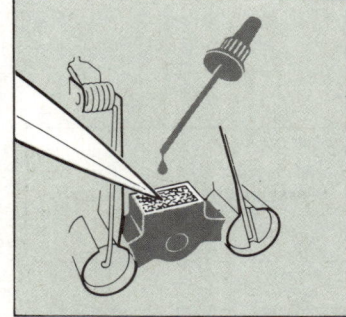

Ankerlager ölen: Bei dem in Fahrtrichtung rechten Ankerlager wird vor dem Ölen die runde Kappe etwas angehoben

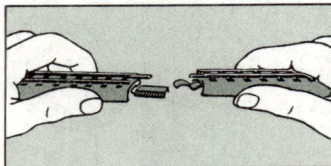

Mittelleiterisolierung: Stromkreise werden getrennt, indem man ein Isolierstück oder dünne Pappe zwischen die Kontaktzungen legt

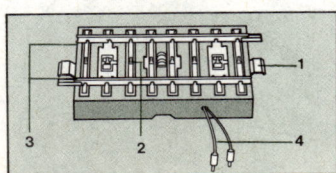

Aufbau der Gleise: 1 Kontaktzunge 2 Mittelleiter (Pluspol) 3 Schienen (Minuspol) 4 Stromanschluß. Die Spurweite, das Maß zwischen den Schieneninnenkanten, beträgt bei HO 16,5 mm

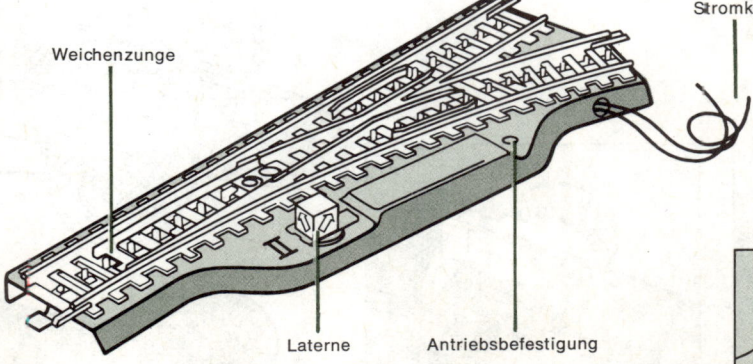

Weichenzunge

Stromkabel

Laterne

Antriebsbefestigung

Elektromagnetische Rechtsweiche: Die Weiche kann jederzeit über das Schaltpult in jede gewünschte Richtung geschaltet werden. Metallweichen sollten nur lose auf der Unterlage festgeschraubt werden, damit sich die Weichenplatte nicht verspannt und so den Weichenantrieb hemmen kann

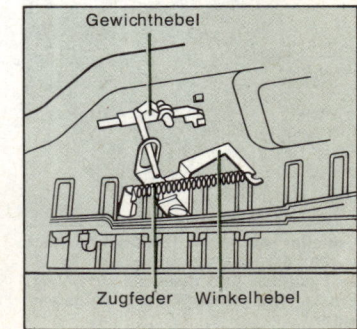

Gewichthebel

Zugfeder   Winkelhebel

Spielzeug

Rennautos

Die schnellen Flitzer werden mit Gleichstrom betrieben. Man braucht daher einen Gleichstromtransformator. Wer jedoch eine mit Wechselstrom betriebene Modelleisenbahn hat, kann auch davon den Transformator verwenden. Dann muß aber ein Gleichrichter zwischen Transformator und Temporegler geschaltet werden. An einen Transformator können die Temporegler für 2 Renner angeschlossen werden.

Die Temporegler werden mit Anschluß- oder Kontaktplatten an die Stromschienen unter einem Fahrbahnstück angeschlossen. Mit den Temporeglern kann man die Geschwindigkeit stufenlos verändern oder fest einstellen. Sie haben außerdem eine Drucktaste, mit der der Strom blitzartig unterbrochen werden kann.

Die Autos nehmen den Strom über federnde Schleifer von den Stromschienen in der Fahrbahn ab.

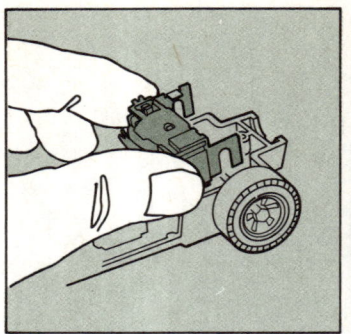

Motor wechseln: Kabel von Schleifern ablöten, Hinterräder fassen und Motor nach oben aus dem Chassis heben

Ölen: Auf die Achslager des Motors, der Getrieberäder und auf diese selbst gibt man einen Tropfen Öl

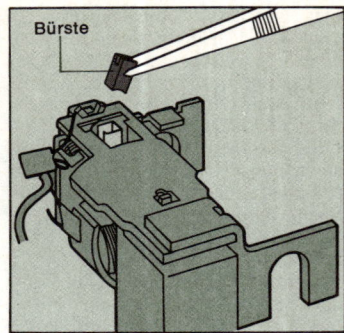

Bürsten wechseln: Motor ausbauen, Bürstenandrückfedern abheben, neue Bürsten einsetzen

Zusatzschleifer: Sie werden auf die Schleifer gesteckt und ermöglichen den Einsatz auf andersartigen Bahnen

Material: Öl
Werkzeug: Kleiner Schraubenzieher

Achtung: Zum Ölen nur das vom Hersteller empfohlene Öl oder Winterautoöl verwenden

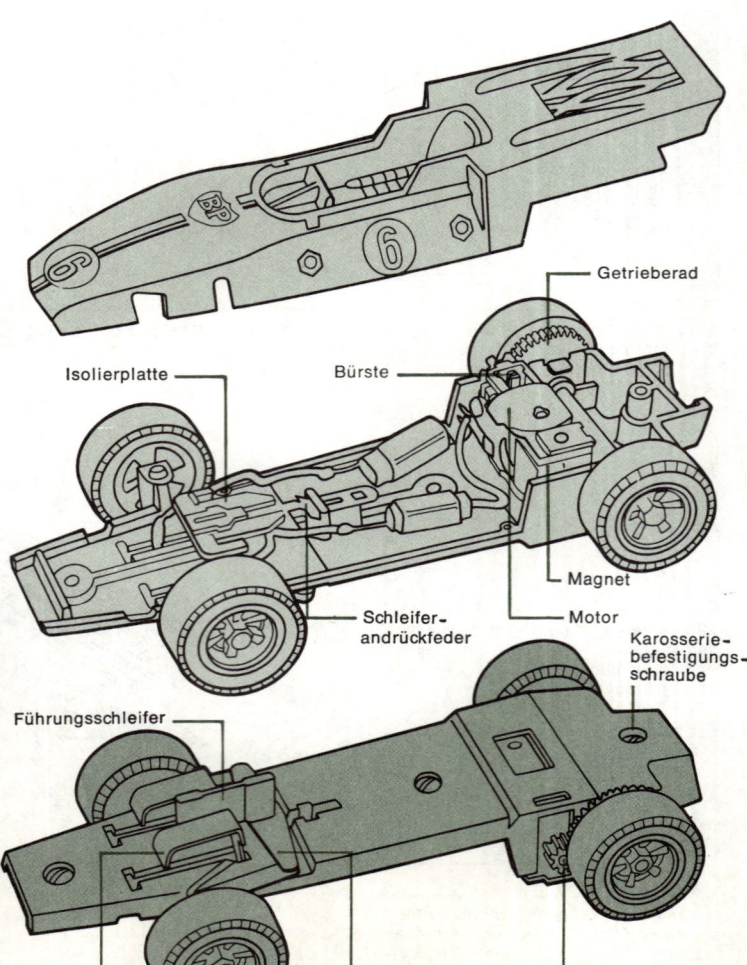

Getrieberad

Isolierplatte

Bürste

Magnet

Motor

Schleiferandrückfeder

Führungsschleifer

Karosseriebefestigungsschraube

Schleifer

Spurstange

Antriebsrad

Schleifer wechseln: Isolierplatte nach vorne herausziehen, Kabel von Schleifern ablöten und diese herausziehen. Ersatz in umgekehrter Reihenfolge einsetzen

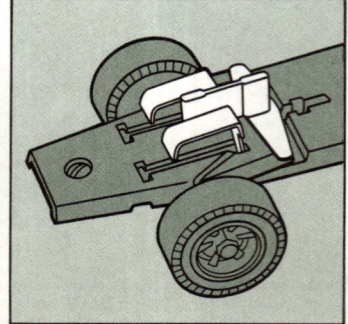

Führungsschleifer wechseln: Nach unten aus der Öffnung im Boden und in der Spurstange ziehen. Der neue Führungsschleifer wird einfach eingesteckt

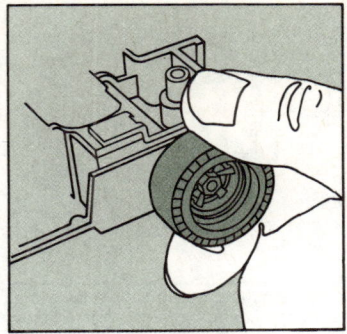

Reifenwechsel: Wie bei den großen gibt es verschiedene Reifen. Sie werden mit Daumen und Zeigefinger auf- und abgezogen

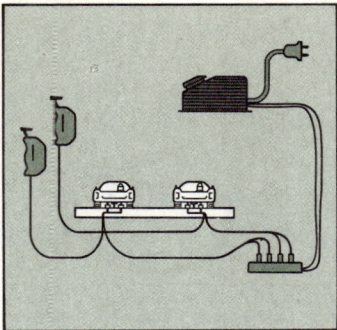

Gleichrichter: Beim Betrieb mit einem Wechselstromtrafo schaltet man einen Gleichrichter zwischen Trafo und Regler

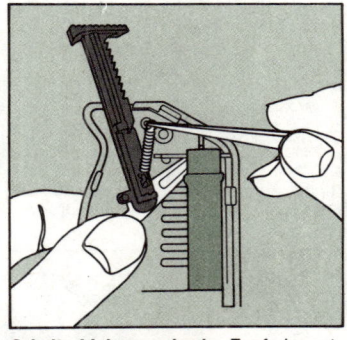

Schaltschieber wechseln: Zugfeder entfernen, Schaltschieber mit Gleitfeder ersetzen, Zugfeder wieder in ihre Halterung einhängen

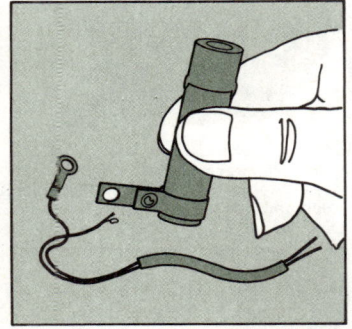

Drahtwiderstand ersetzen: Man nimmt den Widerstand aus seiner Lagerung und lötet den Kontakt ab. Neuen Widerstand anlöten

TEMPOREGLER

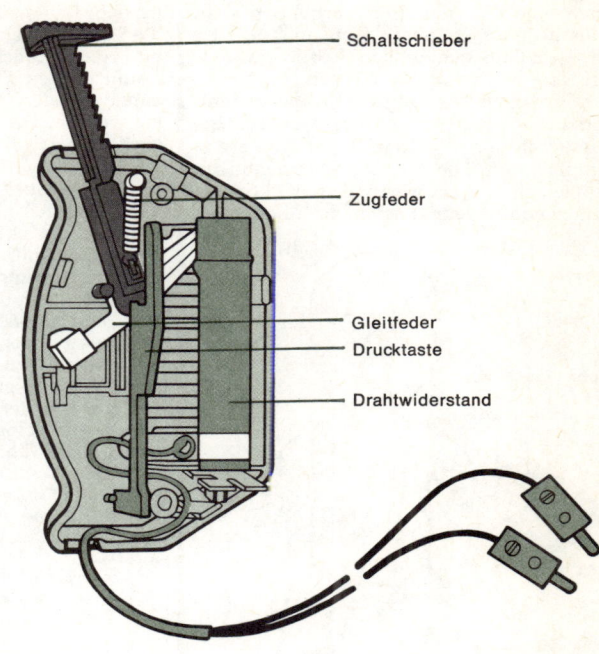

Schaltschieber
Zugfeder
Gleitfeder
Drucktaste
Drahtwiderstand

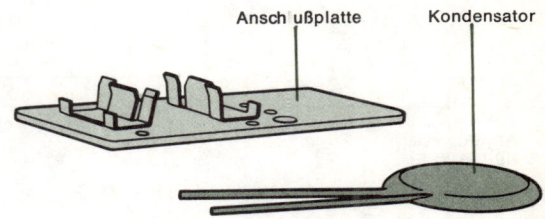

Anschlußplatte   Kondensator

Die einzelnen Fahrbahnteile sind zweispurig, lassen sich aber leicht zu vier- oder sechsbahnigen Rennstrecken zusammenbauen

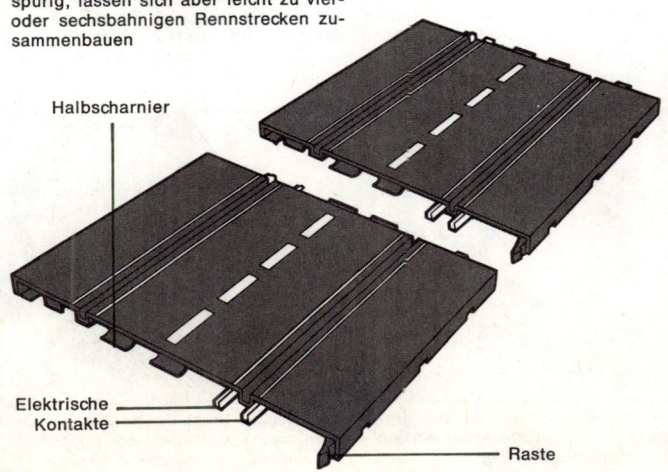

Halbscharnier

Elektrische Kontakte

Raste

Die Fahrbahnteile lassen sich am besten zusammenstecken, indem man ein Teil horizontal hält und dann das nächste schräg in die Verbindungselemente einhängt oder einsteckt

Spielzeug

So ist eine Puppe gebaut

Es gibt verschiedene Arten von Puppen – Stoffpuppen, Puppen mit Stoffkörper, Stoffgliedmaßen und Kunststoffköpfen, sechsteilige Kunststoffpuppen, deren Glieder durch eine Gummischnur verbunden sind, Kunststoffpuppen, deren Kopf und Glieder mit Steckflanschen in den Körper geschoben werden, und antike Puppen.

Stoffpuppen können im allgemeinen mit Nadel und Faden repariert werden. Bei Kunststoffpuppen ist das Reparieren etwas komplizierter. Die Reparatur von antiken Puppen, die sehr wertvoll sein können, sollte man einem Fachmann überlassen.

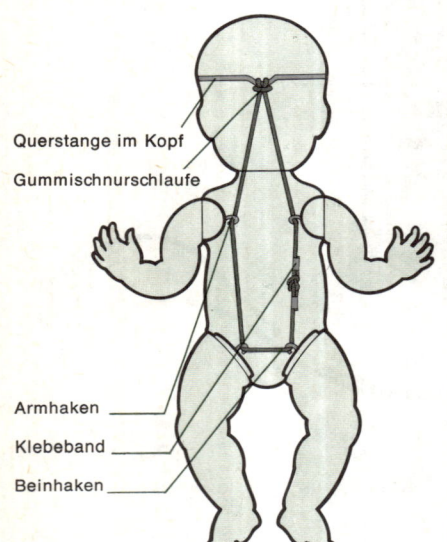

Querstange im Kopf

Gummischnurschlaufe

Armhaken

Klebeband

Beinhaken

STECKFLANSCHE REPARIEREN

Die Glieder vieler Kunststoffpuppen sind durch Steckflansche mit dem Körper verbunden. Reißen diese, fallen die Glieder heraus.

Material: Klebeband
Werkzeug: Altes Messer

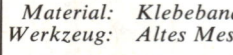

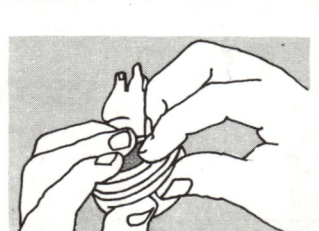

2. Die Bruchkanten zusammendrücken. Den Arbeitsgang Zentimeter für Zentimeter wiederholen

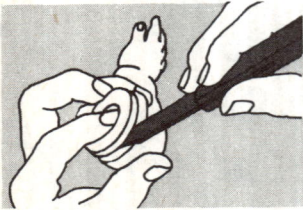

1. Altes Messer erhitzen und auf den eingerissenen Flansch halten, bis der Kunststoff schmilzt

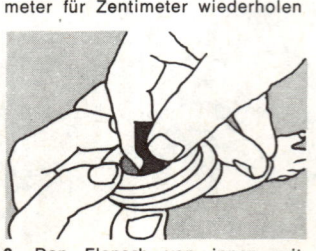

3. Den Flansch von innen mit einem Klebestreifen verstärken. Glied wieder einsetzen

Eine Kunststoffpuppe neu einbinden

Wenn bei einer Kunststoffpuppe die Verbindungsschnur reißt, lösen sich alle Glieder und der Kopf vom Körper. Die Teile können jedoch mit einem Stück etwa 2 mm dicker Gummischnur wieder verbunden werden. Die Schnur wird doppelt gelegt und über die Stange im Puppenkopf zu einer Schlaufe geschlungen, die man dann fest anzieht.

Anschließend führt man die Schnur durch die Haken an den Armen und Beinen. Bei manchen Puppen ist der Kopf über einen Drahthaken befestigt, der wiederum in die Stange im Kopf eingehängt wird. Hier führt man dann die Gummischnur durch die untere Öse des Hakens.

Material: 2 mm dicke Gummischnur Ein paar Stücke kräftigen Draht
Werkzeug: Schere

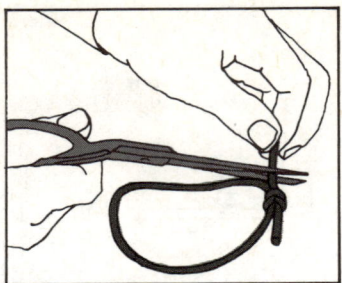

1. Ein Stück Gummischnur in doppelter Länge des Puppenkörpers zuschneiden und dann die Enden fest verknoten

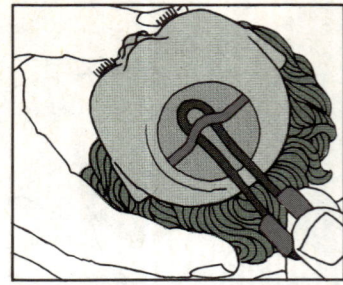

2. Die Schnurenden mit Klebeband befestigen (siehe großes Bild links). Gummischlaufe über die Stange im Puppenkopf führen

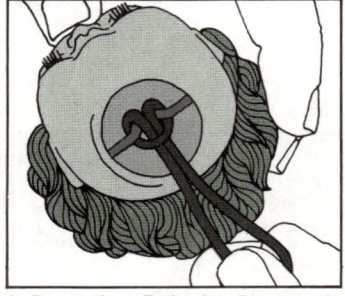

3. Das andere Ende des Ringes, wie im Bild dargestellt, durch die Schlaufe holen und fest anziehen

4. Das herabhängende Ende des Rings durch das Halsloch führen. Kopf und Körper aufeinanderdrücken

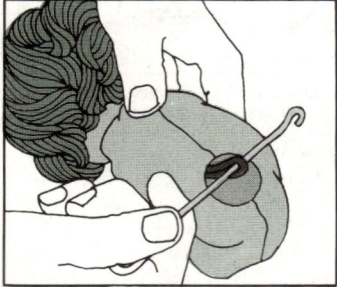

5. Gummischnur mit einem hakenförmig gebogenen Draht greifen und vorsichtig durch ein Beinloch herausziehen

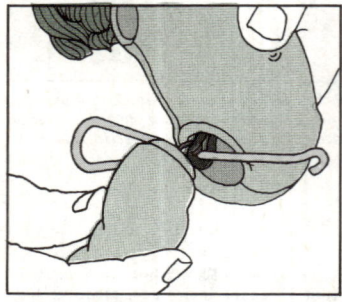

6. Bein in die Schlaufe einhängen und Draht aus der Schlaufe herausziehen. Auf dieselbe Art das andere Bein befestigen

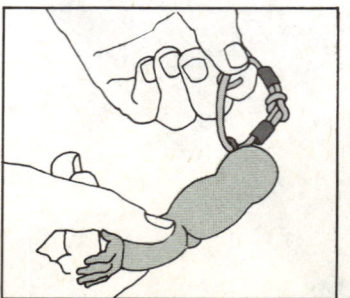

7. Arme ebenso einhängen. Bei großen Puppen werden die Arme einzeln mit Gummiringen befestigt

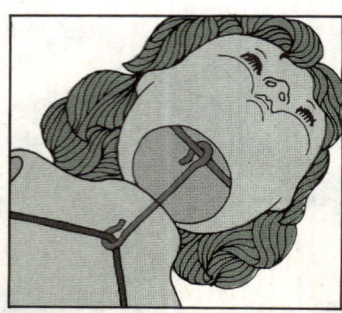

Metallhaken: Wenn der Kopf mit einem Metallhaken befestigt ist, führt man den Gummiring über diesen Haken

Rollschuhe

Der Rollschuh in seiner ursprünglichen Form und Bauweise wurde vor einigen Jahren vom Rollerskate abgelöst.

Er ist sicherer als ein herkömmlicher Rollschuh, da der Schuh durch Schrauben oder Nieten fest mit der Fußplatte verbunden ist. Die Laufrollen sind aus Kunststoff. Sie werden auf der Achse durch ein Nadel- oder Kugellager gelagert. Die Nadeln oder Kugeln können entweder lose im Lager liegen oder durch ein Gehäuse festgehalten werden. Wenn man das Rad von der Achse abnimmt, muß man darauf achten, daß die Nadeln oder Kugeln, die nicht in einem Gehäuse liegen, nicht verlorengehen.

Man sollte die Lager von Zeit zu Zeit einölen oder besser einfetten, denn Fett tropft nicht.

Wenn man die Laufrolle mit der Hand dreht und dabei ein mahlendes Geräusch hört, dann muß man damit rechnen, daß das Lager beschädigt ist. In diesem Fall muß man das Lager vollständig austauschen.

Wenn eine Rolle unrund läuft, abgenützt oder ausgebrochen ist, empfiehlt es sich, die Rollen paarweise zu ersetzen. Rollen, deren Form, Durchmesser und Härte gleich sind, nützen sich gleichmäßig ab. Dadurch kann man mit den Rollschuhen besser geradeaus fahren.

Das Gummilager am Achskörper sorgt dafür, daß man die Laufrichtung der Rollen steuern kann. Wenn man das Gewicht auf eine Seite verlagert, wird das Gummilager zusammengepreßt, und man kann die Rollen um die Kurve lenken. Je nachdem, wie stark oder schwach man das Gummilager zusammendrückt, kann man eine enge oder weite Kurve beschreiben. Der Dorn ist nur eine zusätzliche Führung für den Achskörper. Man sollte regelmäßig prüfen, ob alle Schrauben und Muttern festsitzen.

Als Werkzeug und Material braucht man: Maulschlüssel, Ringschlüssel gekröpft, Schraubendreher, Pinzette, Nadelspitzzange; Öl, Fett, Originalersatzteile.

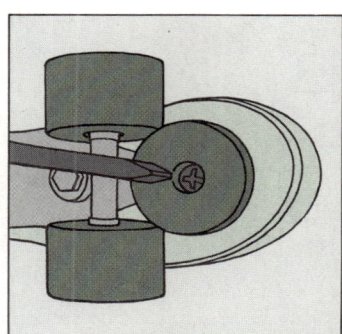

1. Stopper austauschen: Mit einem passenden Schraubendreher dreht man die Schraube entgegen dem Uhrzeigersinn aus dem Stopper heraus

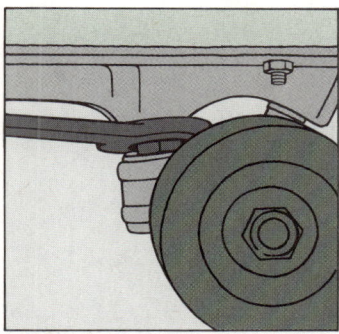

2. Gummilager austauschen: Die Kontermutter lockert man von der Fußplatte, indem man sie mit einem passenden Maulschlüssel im Uhrzeigersinn dreht

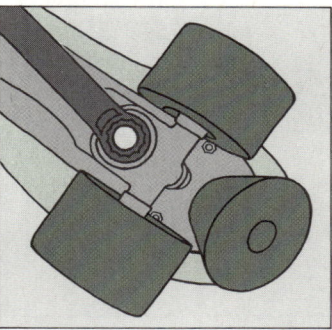

3. Durch Drehen entgegen dem Uhrzeigersinn mit einem gekröpften Ringschlüssel löst man den gesamten Achskörper von der Fußplatte ab

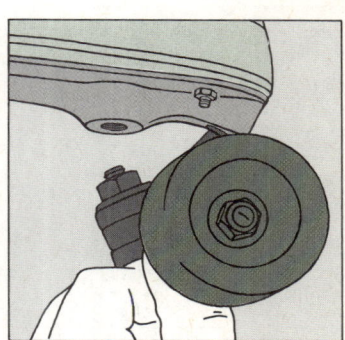

4. Wenn man die Schraube vollständig herausgedreht hat, kann man den gesamten Achskörper von der Fußplatte abnehmen

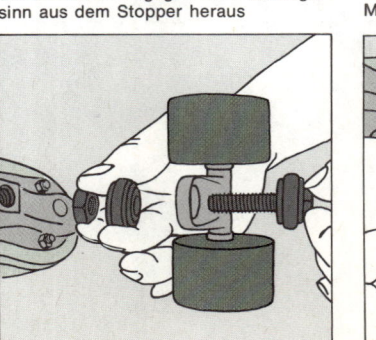

5. Um das Gummilager auszutauschen, dreht man die Schraube ganz aus dem Achskörper heraus und setzt ein neues Originalgummilager ein

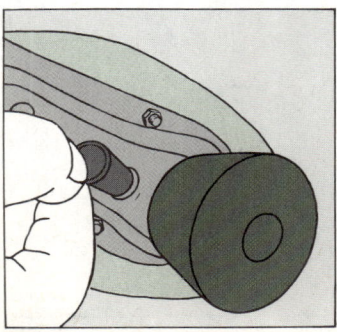

6. Soll das Gummilager für den Führungsdorn ausgetauscht werden, nimmt man das alte mit den Fingern, einer Pinzette oder Nadelspitzzange heraus

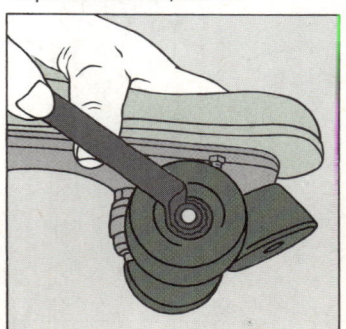

7. Rollen austauschen: Mit einem passenden gekröpften Ringschlüssel dreht man die selbstsichernde Mutter mit Kunststoffring aus der Achse heraus

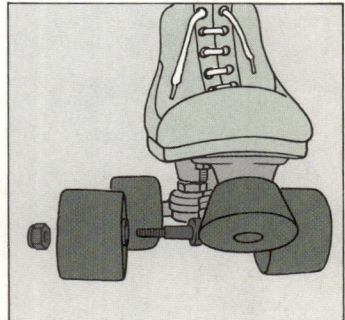

8. Wenn man die Rolle von der Achse abnimmt, muß man darauf achten, daß die Kugeln oder Nadeln, die lose im Lager liegen, nicht verlorengehen

Sportausrüstung

Das Skateboard

Man kann mit dem Skateboard oder Rollbrett geradeaus und bergab fahren. Die Geschwindigkeit bremst man wie beim Skilaufen durch Slalomfahren ab. Man lenkt das Brett, indem man das Gewicht auf eine Seite verlagert.

Einbau des Innen- und Außenlagers in die Laufrolle
Wenn die Kugeln des Innenlagers nicht in einem Gehäuse sitzen, steckt man die Laufrolle nur so

tief auf die Achse, daß die Kugeln, die man mit einer Pinzette einlegt, nicht durch die Bohrung der Laufrolle fallen können. Dann schiebt man die Laufrolle ganz auf die Achse (siehe Abb. 7), dreht das Brett um und baut die Kugeln des Außenlagers ein. (Siehe Abb. 8.)

Oder man fettet die Innen- und Außenlagerschale der Laufrolle ein und legt die Kugeln mit der

Pinzette in das Fett (siehe Abb. 9); zuerst innen, und wenn man die Achse von oben in die Laufrolle eingeführt hat, auch außen.

Einstellen des Lagers
Zuerst schraubt man die Lagerschale auf die Achse. Dabei muß man darauf achten, daß die Lagerschale und die Kugeln 0,05–0,1 mm Spiel haben. Anschließend steckt

man das Sicherungsblech darauf, zieht die selbstsichernde Mutter mit dem Ringschlüssel auf dem Lager fest und überprüft, ob das Lager genug Spiel hat und ob sich die Laufrolle leicht drehen läßt.

Alle weiteren Reparaturen und Einstellungen siehe S. 401; Werkzeug und Material siehe ebenfalls S. 401.

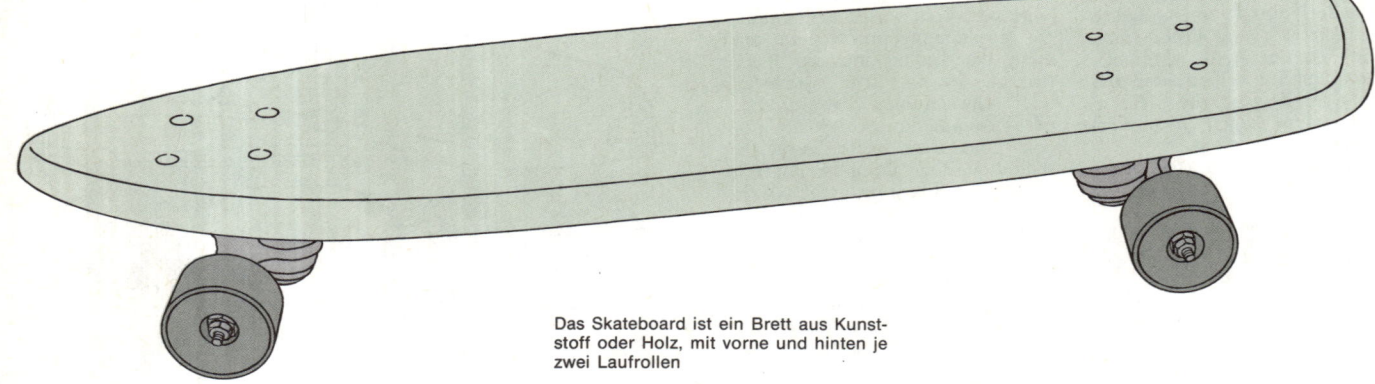

Das Skateboard ist ein Brett aus Kunststoff oder Holz, mit vorne und hinten je zwei Laufrollen

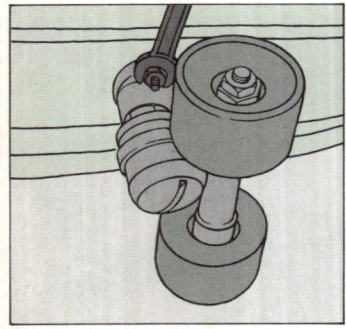

1. Befestigung des Achskörpers am Brett: Mit vier selbstsichernden Muttern mit Kunststoffring befestigt man den Achskörper direkt am Brett

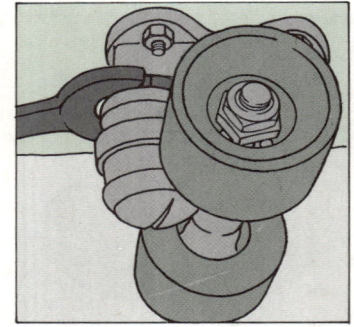

2. Austausch des Gummilagers: Mit einem passenden Maulschlüssel, den man im Uhrzeigersinn dreht, löst man die Kontermutter von der Fußplatte

3. Durch Drehen entgegen dem Uhrzeigersinn mit einer Münze (Schraubendreher) löst man den gesamten Achskörper (vorne und hinten) vom Brett

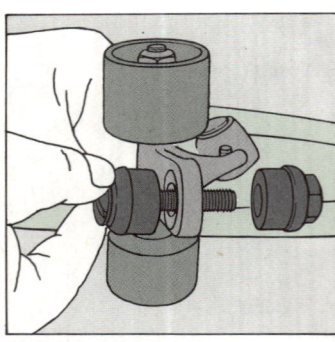

4. Man dreht die Schraube ganz aus dem Achskörper heraus und erneuert die Gummilager. Man sollte nur Originalersatzteile verwenden

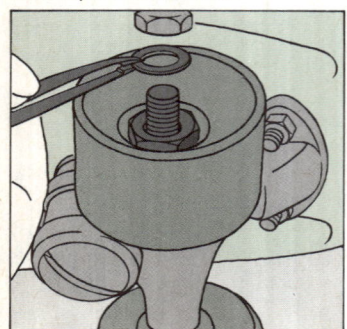

5. Rolle oder Lager auswechseln: Man dreht die Mutter mit dem Ringschlüssel heraus, entfernt das Sicherungsblech, schraubt die Lagerschale heraus

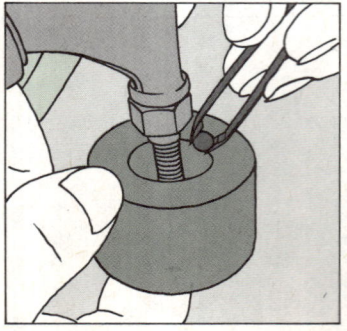

6. Man steckt das Rad auf die Achse, damit die Kugeln beim Einlegen mit der Pinzette nicht durch die Bohrung der Laufrolle fallen können

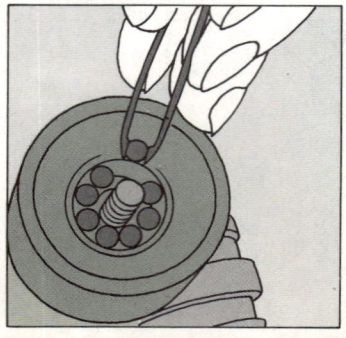

7. Nachdem man die Kugeln in das Innenlager eingebaut hat, dreht man das Brett und legt die Kugeln mit der Pinzette in das Außenlager ein

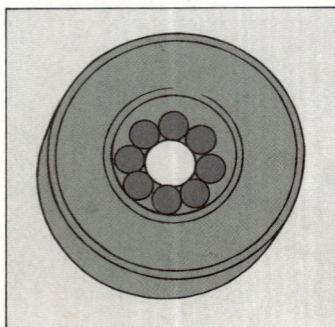

8. Kugeln in das Innen- und Außenlager einsetzen: Man fettet die Lagerringe ein und setzt die Kugeln in das Fett ein. Rolle auf Achse stecken

Schlitten

Wenn man heute von Wintersport spricht, denkt man in erster Linie an die Millionen Skiläufer oder an den Eislaufsport. Das Schlittenfahren oder Rodeln, wohl der älteste Wintersport überhaupt, ist heute fast ausschließlich als Kinderbelustigung erhalten geblieben. Ausnahmen sind nur das Rennrodeln und das Bobfahren, die jedoch beide auf ausgebaute Rennbahnen angewiesen sind und deshalb keine allzu große Breitenwirkung erzielen. Dies mindert jedoch nicht das Vergnügen der Kinder am Schlittenfahren.

Der normale Schlitten besteht auch heute noch fast durchweg aus verfugten Holzkonstruktionen, die an den Kufen zum schnelleren Gleiten Metallschienen tragen. Zur größeren Stabilität sind die senkrechten Stützen der Seitenteile mit der Sitzfläche durch verschiedene Metallprofile versteift, um ein seitliches Abknicken zu verhindern. Diese Metallprofile sind im Holz verschraubt. Bei starker Belastung können diese Holzschrauben ausreißen, in besonders ungünstigen Fällen können auch die Metallstreben abknicken.

Wenn man diese Metallstreben erneuert, muß man immer darauf achten, daß sie nicht in alten, ausgerissenen Schraubenlöchern verschraubt werden. Muß man aber aus technischen Gründen die alten Schraubenlöcher benützen, sollte man diese vorher mit Knetholz oder Dübelholz verschließen und Schrauben mit einem etwas größeren Durchmesser für die neue Befestigung verwenden.

Die Sitzfläche eines Schlittens wird meist von Längslatten in geringem Abstand gebildet. Bricht eine dieser Latten, so kann sie durch eine neue Latte gleicher Größe mühelos ersetzt werden. Auch hier muß man natürlich auf feste Verschraubung achten, weil diese Sitzlatten meist einen Teil der gesamten Schlittenstabilität übernehmen.

Oft besteht die Sitzfläche auch aus geflochtenen Gurten, die an ihren äußeren Enden um die Schlittenholme umgeschlagen und dort festgenagelt werden. Will man einen gerissenen oder verschlissenen Gurt ausbessern, so muß man genau darauf achten, daß er mit der gleichen Spannung aufliegt wie die übrige Sitzfläche. Bevor man die Gurtenden festnagelt, müssen sie möglichst mit einem doppelten Umschlag zusammengelegt und anschließend angenagelt werden. Nur so läßt sich verhindern, daß die Gurtenden an den Nagellöchern einreißen.

Locker gewordene Laufkufen aus Metall sollte man immer sofort gut befestigen. Verbogene, abgelöste oder gar gesprungene Kufen können bei Stürzen zu schweren Verletzungen führen.

Wenn sich eine Laufkufe nur gelöst hat, kann man sie wieder anschrauben. Zuerst versucht man mit einem Streichholz etwas Weißleim in das Schraubenloch zu bringen. Ist das Loch zu sehr ausgerissen, muß man es mit Knetholz füllen. Im äußersten Fall könnte man es auch mit Keilen versuchen, die man sich aus Dübelholz schneidet. Wenn das Loch gefüllt und getrocknet ist, drückt man die Eisenkufe auf die Holzkufe zurück und verschraubt sie an der entsprechenden Stelle wieder mit einer Senkholzschraube. Verbogene Kufen kann man vorsichtig wieder geradezubiegen versuchen. Wenn sie gebrochen sind, muß man sich Ersatz beschaffen.

Material:	Knetholz oder Dübelholz, Senkholzschrauben, eventuell neue Laufkufen
Werkzeug:	Zange, Hammer, Schraubenzieher, Holzbohrer

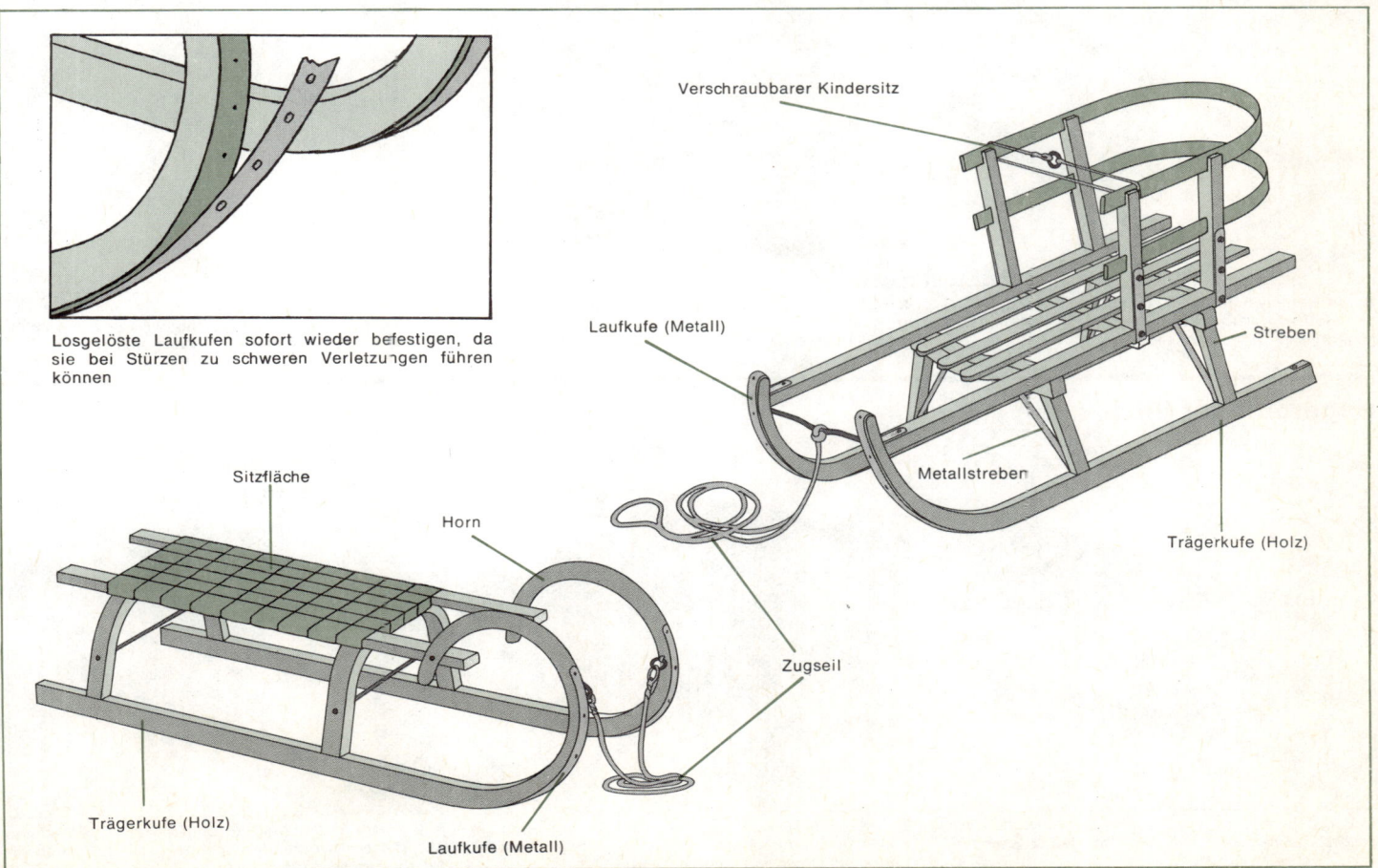

Losgelöste Laufkufen sofort wieder befestigen, da sie bei Stürzen zu schweren Verletzungen führen können

Verschraubbarer Kindersitz

Laufkufe (Metall)

Streben

Metallstreben

Trägerkufe (Holz)

Sitzfläche

Horn

Zugseil

Trägerkufe (Holz)

Laufkufe (Metall)

Sportausrüstung

Reparatur der Metallverstrebungen

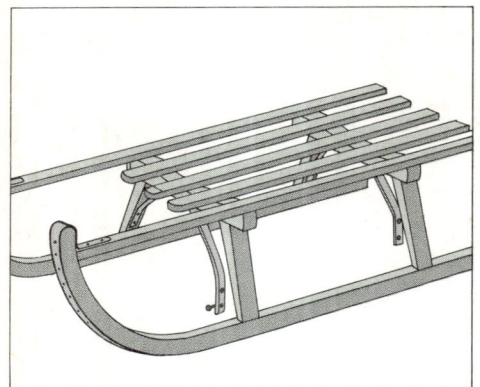  

1. Hat sich die Metallverstrebung eines Schlittens gelöst, sind die Schraubenlöcher ausgerissen. Diese muß man wieder ausfüllen

2. Ausgerissene Schraubenlöcher mit Knetholz ausfüllen, eventuell die Löcher mit kleinen Holzkeilen verschließen.

3. Nachdem die verstopften Löcher gut ausgetrocknet sind, zieht man neue, etwas dickere Schrauben in die alten Löcher ein

Gesplitterten Strebenzapfen erneuern

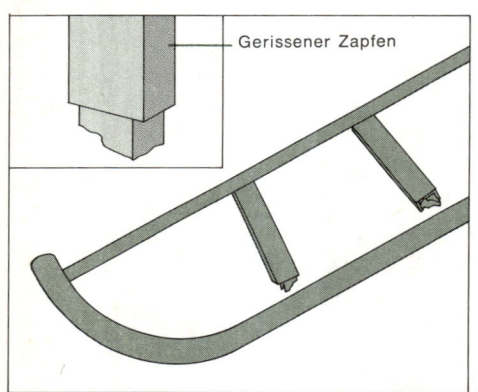 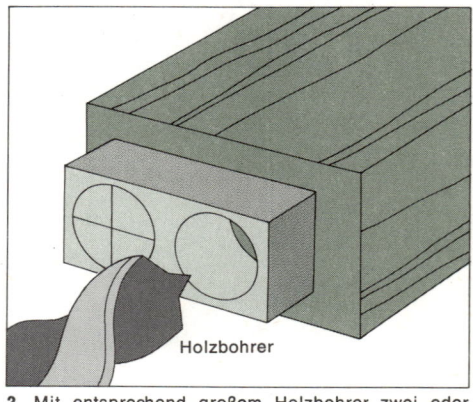 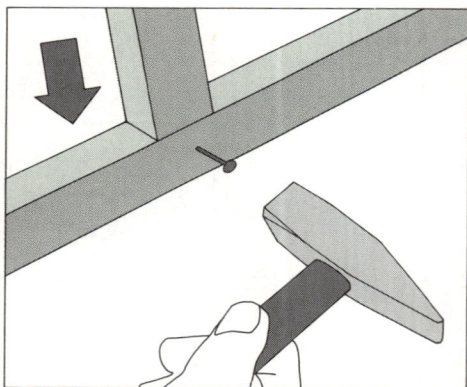

Gerissener Zapfen

Holzbohrer

1. Die Seitenverstrebung ist durch einen Zapfen mit der Holzkufe verbunden. Herausgesprungenen und gesplitterten Zapfen absägen

2. Mit entsprechend großem Holzbohrer zwei oder drei Löcher im Zapfen bohren. Dübelholz in die Löcher leimen, etwa 12 mm überstehen lassen

3. Herausstehendes Dübelholz zu Zapfenform abfeilen. Schlitz in der Kufe ausbohren, neuen Zapfen in Kufe leimen, eventuell mit Nagel sichern

Reparatur der Sitzfläche

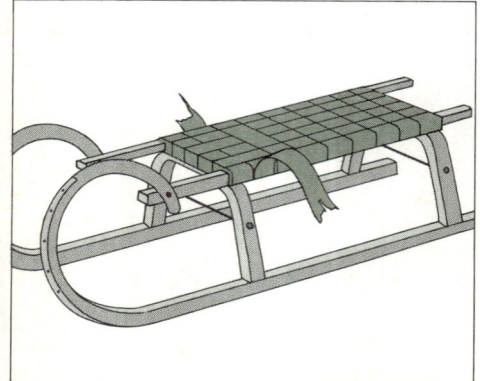 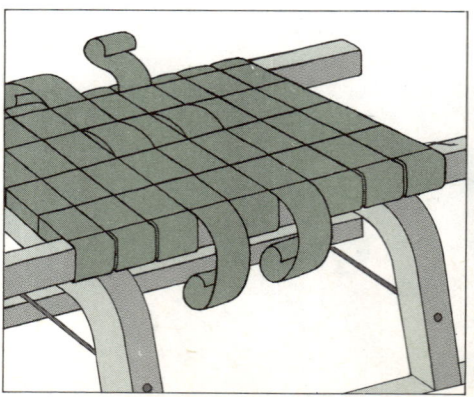 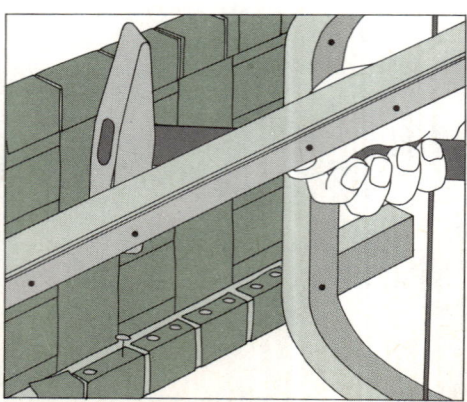

1. Verschlissene oder gerissene Gurte werden auseinandergeschnitten und mitsamt den Nägeln aus der Befestigung gelöst

2. Ein neuer Gurt wird entsprechend dem alten in die Sitzfläche eingefädelt; an beiden Enden 2 cm für doppelten Umschlag zugeben

3. Doppelten Umschlag an beiden Seiten festklopfen und mit entsprechender Spannung an die Innenseiten der Holme nageln

Die richtige Wahl beim Kauf eines Alpin- oder Langlaufskis

Heutzutage hat der Kunststoffski den Holzski beinahe völlig verdrängt.

Im Gegensatz zum Holzski besteht der Kunststoffski aus vielen verschiedenen Materialschichten; dies nennt man das Sandwichprinzip. Spurtreue, Kurvenführung, Laufruhe, Drehfreudigkeit, Schwungauslösung, Griffigkeit auf Eis, Bruchsicherheit und Verschleiß lassen sich dadurch sehr stark beeinflussen. Da es jedoch kaum möglich ist, so viele Eigenschaften in einem Ski zu vereinigen, sind die Skier in Gruppen eingeteilt; dadurch ist es jedem Läufer möglich, seinem Fahrkönnen und dem Zweck entsprechend den richtigen Ski auszuwählen.

Die meisten modernen Alpinskier sind in die Gruppen S, A, L und I eingeteilt, und daran kann man sich als Laie sehr gut orientieren.

Die Gruppe S ist für den anspruchsvollen Fahrer, der eine parallele Skiführung in jeder Lage und bei höheren Geschwindigkeiten beherrscht.

Die Gruppe A wird von Skifahrern bevorzugt, die bei guten Pistenverhältnissen eine parallele Skiführung und mittlere Geschwindigkeiten beherrschen.

Die Gruppe L ist für das Fahrkönnen auf leichten Pisten im unteren Geschwindigkeitsbereich und für Läufer, die sich nur mäßig geneigte Abfahrten zutrauen.

Die Gruppe I ist für Skifahrer, die sehr hohe Anforderungen an den Ski stellen, sowohl auf der Piste als auch im Tiefschnee.

Es gibt jedoch auch Skier, die die Eigenschaften verschiedener Gruppen in sich vereinigen, so zum Beispiel die Gruppen S-A oder A-L.

Langlaufskier sind ebenfalls in verschiedene Gruppen eingeteilt, nämlich in S, A, L, W und I.

Die Gruppe S ist für den leistungssportlich orientierten Langläufer, der alle Lauftechniken beherrscht, schnell und ausdauernd ist.

Die Gruppe A ist für den sportlich orientierten, ausdauernden und die wesentlichen Lauftechniken beherrschenden Läufer.

Die Gruppe L eignet sich für den Freizeitsportler, der sich bislang nur eine geringe Lauftechnik angeeignet hat.

Die Gruppe W ist für den Sportler, der Langlauf im Sinne von Skiwandern betreibt, abseits der präparierten Piste und Loipe.

Die Gruppe I ist für Läufer gedacht, die sich nicht in die bereits aufgeführten Gruppen einteilen lassen. Diese Skier können je nach Bedarf unterschiedliche Merkmale aufweisen.

Der wohl wichtigste Teil des Langlaufskis ist der Belag. Dieser ist im Bereich der Bindung profiliert, um eine bessere Abstoßwirkung zu erzielen. Die Form des Profils hängt sehr stark von dem jeweiligen Hersteller ab, die Länge des Profils jedoch ausschließlich von der Gruppe, für die der Ski bestimmt ist. Zum Vergleich: Die Profillänge eines Skis aus der Zielgruppe S beträgt ungefähr 65 cm, bei einem Ski aus der Gruppe L ungefähr 103 cm. Auch die Breiten der einzelnen Skier unterscheiden sich voneinander. Von 44 mm bei S bis zu 54 mm bei L. Bei der Auswahl eines Langlaufskis ist es vor allem wichtig, darauf zu achten, daß Länge und Härte des Skis immer auf Körpergröße und Körpergewicht des Läufers abgestimmt werden. Denn nur so ist eine wirklich gute und kräftesparende Technik zu erreichen.

GLEITZONE – ABSTOSSZONE – GLEITZONE

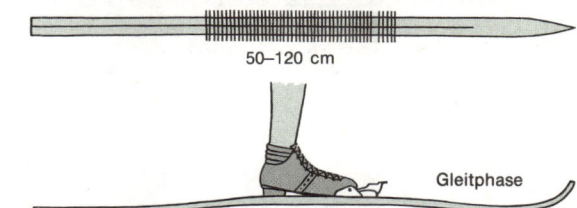

50–120 cm

Gleitphase

Die Spannung eines Kunststoffskis ist genau bemessen und soll dem Körpergewicht so angepaßt werden, daß der Ski in der Gleitphase nicht ganz flachgedrückt wird

Abstoßphase

Beim Abstoßen wird der Ski völlig flachgedrückt, und die Schneekristalle dringen in das Profil des Belags ein. Dadurch rutscht der Ski nicht zurück

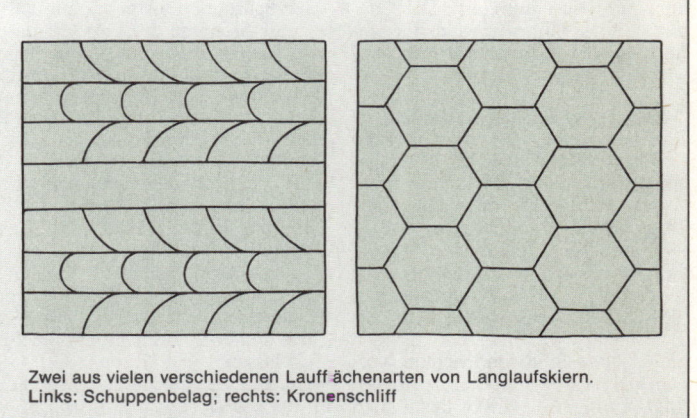

Zwei aus vielen verschiedenen Lauffächenarten von Langlaufskiern. Links: Schuppenbelag; rechts: Kronenschliff

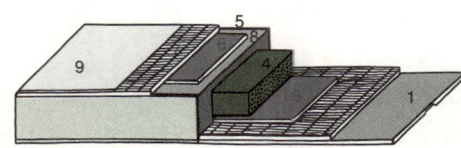

1 Abfahrtsbelag, 2 laminiert mit hoher Festigkeit in der Längsrichtung, 3 Carbonfaserlaminat, 4 Acrylschaum, 5 Polyurethanschaum-Seitenwange, 6 Carbonfaserlaminat, 7 Laminat mit hoher Festigkeit in der Längsrichtung, 8 Polyurethanschaum-Kern, 9 Lackschicht

LÄNGENEMPFEHLUNG BEIM ALPINSKI IN RELATION ZUR KÖRPERGRÖSSE

	Frauen	Männer
S	+ 15 cm bis + 25 cm	+ 20 cm bis + 30 cm
A	+ 5 cm bis + 15 cm	+ 5 cm bis + 15 cm
L	− 10 cm bis + 5 cm	− 10 cm bis + 5 cm

FÜR KINDER UND JUGENDLICHE GELTEN FOLGENDE RICHTLINIEN:

	bis 10 Jahre	10–14 Jahre	14–16 Jahre
Anfänger	Kinnhöhe	Augenhöhe	Körpergröße
Mittel	Nasenhöhe	Körpergröße	Körpergröße + 5 cm
Gut	Körpergröße	Körpergröße + 5 cm	Körpergröße + 10 cm
Sportlich	Körpergröße + 5 cm	Körpergröße + 10 cm	Körpergröße + 20 cm

Im Detail läßt man sich vom Sportfachverkäufer beraten

Sportausrüstung

Alpine Sicherheitsskibindung

Eine moderne Sicherheitsskibindung muß ganz bestimmte Bedingungen erfüllen. Sie muß eine Verbindung zwischen Schuh und Ski herstellen und darf nur bei Gefahr, also bei einem Sturz, auslösen. Die Fahreigenschaften des Skis dürfen nicht beeinträchtigt werden. Die Bindung sollte einfach zu handhaben sein. Außerdem muß man bequem einsteigen können.

Anstelle der früher üblichen Fangriemen, die an der Bindung angebracht waren, um den Ski daran zu hindern, sich bei einem Sturz selbständig zu machen, gibt es heute sogenannte Skibremsen oder Skistopper. Ihre Bremsarme, die vorne oder hinten an der Bindung angebracht sind, funktionieren sofort, wenn man stürzt, und sie verhindern auch, daß der Ski beim Einsteigen weggleitet.

Bei den alpinen Skibindungen unterscheidet man zwischen der normalen Sicherheitsskibindung und der Tourenbindung. Die Tourenbindung läßt sich – im Gegensatz zu der normalen Bindung – am Fersenteil nach oben bewegen.

Montage der Sicherheitsbindung
Normalerweise liegen den meisten Bindungen ausführliche Montageanleitungen der Hersteller bei. Wenn nicht, geht man folgendermaßen vor:

Zuerst sucht man auf dem Ski den Punkt, wo die Bindung richtig plaziert ist. Auf den nebenstehenden Schaubildern kann man gut erkennen, wie man es machen muß, wenn Skier und Schuhe vormarkiert sind, und wie man die Markierungen selbst bestimmen kann. Dann markiert man die Sohlenvorderkante auf dem Ski. Die Bohrlöcher für die Vorderbacken

und für die Fersenautomatik sind häufig auf Kartonbohrschablonen aufgezeichnet, so daß man sie ganz einfach auf dem Ski anzeichnen kann. Wenn dies nicht der Fall ist, setzt man die Vorderbacken der Bindung so auf den Ski auf, daß die Markierung des Skischuhs, wenn er von den Vorderbacken gehalten wird, mit der Markierung des Skis übereinstimmt. Jetzt werden die Bohrlöcher der Vorderbacken mit einem Stift angezeichnet. Bevor man die Schraubenlöcher bohrt, empfiehlt es sich, die Bohrlöcher mit einem Körner oder Nagel anzukörnen. Dadurch wird der Bohrer beim Anbohren zentriert, und er gleitet nicht ab.

Bei den meisten Bindungen ist die Größe des Bohrers angegeben. Diese Angabe sollte man unbedingt einhalten. Beim Bohren selbst ist größte Vorsicht geboten, denn der Ski darf nicht durchbohrt werden. Nun werden die Vorderbacken mit den dafür vorgesehenen Schrauben festgeschraubt.

Zur Montage der Fersenautomatik schiebt man den Schuh in die Vorderbacken und drückt den Fersenteil der Bindung an den Schuh. Dann markiert man die Schraubenlöcher, bohrt sie aus und schraubt den Fersenteil fest.

Viele Bindungen haben im Fersenteil eine Schraube, mit der die Bindung in der Länge oder Kürze verstellt werden kann.

Das abschließende Einstellen der Bindung auf die Beinkraft des Läufers sollte man nach Möglichkeit immer vom Fachmann ausführen lassen.

> *Material: Komplette Bindung*
> *Werkzeug: Stift, Bohrer, Hammer, Körner*

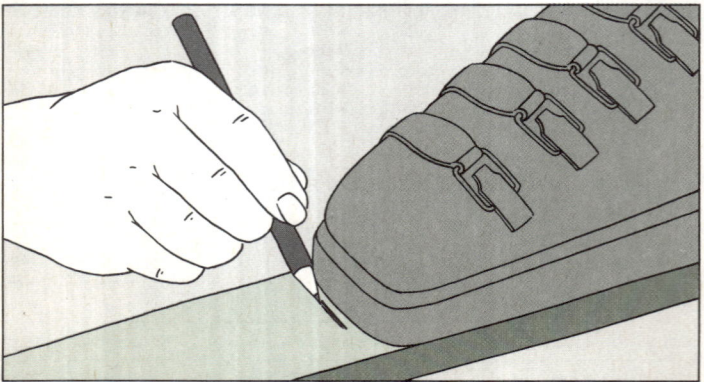

Der Skischuh wird so auf den Ski gesetzt, daß sich die beiden Montagemarkierungen überdecken, dann umfährt man mit einem Stift die Sohlenspitze

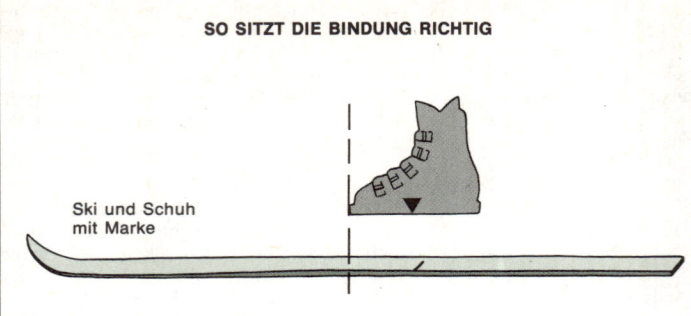

SO SITZT DIE BINDUNG RICHTIG

Ski und Schuh mit Marke

Die Markierungen von Skischuh und Ski zur Deckung bringen, dann die Sohlenspitze anzeichnen

Ski mit Marke
Schuh ohne Marke

Man halbiert die Sohlenlänge des Stiefels und markiert die Mitte. Dann bringt man die Marken zur Deckung und zeichnet die Sohlenspitze an

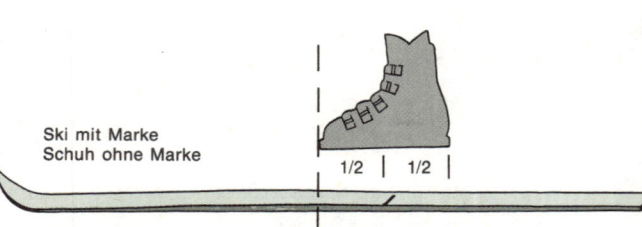

Ski ohne Marke
Schuh mit Marke

Von der Skimitte aus wird um das Maß x in Richtung Skiende gemessen. X beträgt bei einem Ski von 170 cm Länge und größer 150 mm, bei einem Ski von 140–170 cm 140 mm und bei einem Ski von 100–135 cm 110 mm. Dann wird die Montagemarke angezeichnet. Die Marken von Skischuh und Ski zur Deckung bringen und die Sohlenspitze anzeichnen

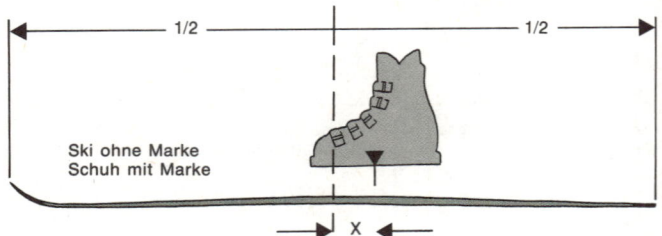

Ski und Schuh ohne Marke

Man zeichnet die Mitte des Skis an und setzt darauf die Skischuhspitze. Dann wird die Sohlenspitze angezeichnet

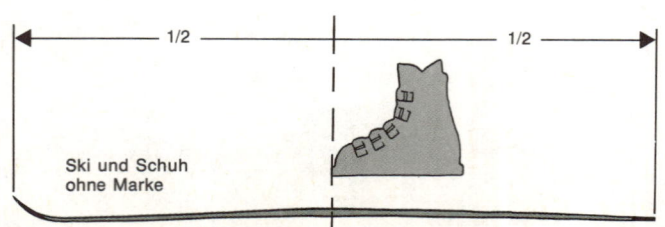

Ausbessern des Belags beim Alpinski

Für jeden Skifahrer sollte es selbstverständlich sein, daß er seine Skier nach jedem Ausflug oder zumindest am Ende der Skisaison kritisch unter die Lupe nimmt und Schäden an Belag, Kanten und Bindung ausbessert. Ein ungepflegter Ski bedeutet ein größeres Sicherheitsrisiko und erhöht die Unfallgefahr. Viele folgenschwere Stürze auf der Piste lassen sich auf reparatur- und pflegebedürftige Skier zurückführen.

Mit der Metallziehklinge wird zuerst das alte Wachs entfernt. Hartnäckige Schmutz- und Wachsreste lassen sich mit einem Wachsentfernerspray auflösen und abwischen. Mit dem Jet-Gas-Gerät bringt man dann die Reparaturstrips aus Kunststoff zum Schmelzen und läßt die Masse in die Risse und Kratzer des Belags tropfen. Wer kein derartiges Gerät besitzt, kann die Strips auch nur einfach anzünden. Dann wird das überstehende Belagmaterial mit

der Metallziehklinge abgezogen. Als nächstes schleift man die Kanten. Mit dem Kantenschärfer werden zuerst die Stahlkanten von den Seitenwangen her geschärft, mit der Skifeile die Kanten auf der Belagseite plangefeilt. Gut geschliffene Stahlkanten geben dem Ski auf eisiger und harter Piste eine bessere Griffigkeit. Damit die Kanten beim Schwingen nicht zu sehr schneiden, entschärft man sie je nach Pistenverhältnissen, Länge des Skis und Fahrkönnen ungefähr 5 cm an den Skispitzen und an den Skienden mit dem Schleifgummi. Abschließend wird der Ski noch gewachst.

> *Material: Wachsentfernerspray, Kunststoffreparaturstrips*
> *Werkzeug: Metallziehklinge, Jet-Gas-Kartusche, Kantenschärfer, Skifeile, Schleifgummi*

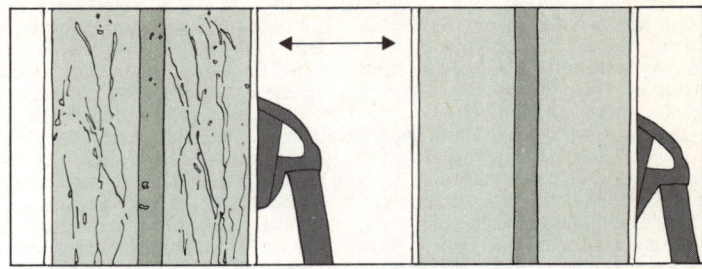

Ein Beispiel dafür, wie ein Skibelag nicht aussehen sollte (links). Der Belag, nachdem Risse und Kratzer ausgebessert wurden (rechts)

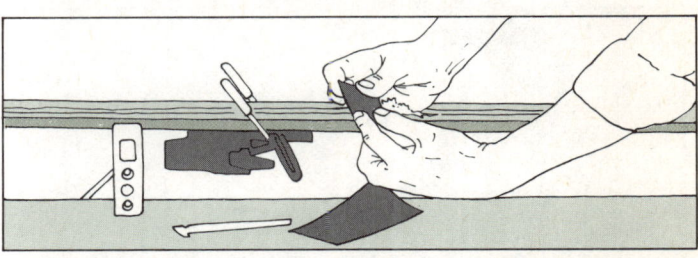

1. Zuerst muß man alte Wachsreste sorgfältig mit der Metallziehklinge oder auch einem Spachtel abziehen

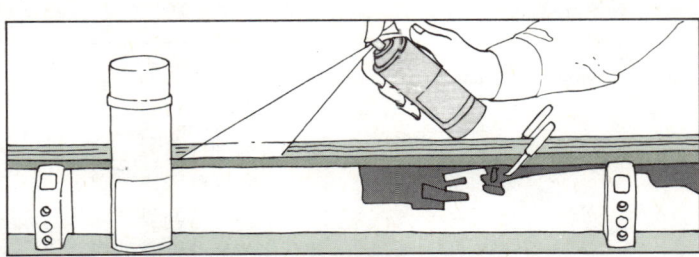

2. Besonders hartnäckige Schmutz- und Wachsreste mit einem Wachsentfernerspray einsprühen und anschließend mit einem Lappen abwischen

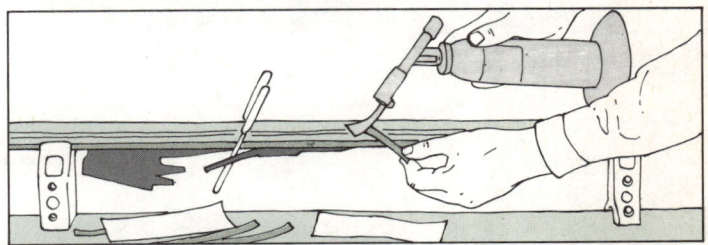

3. Dann mit dem Jet-Gas-Gerät Kunststoffreparaturstrips zum Schmelzen bringen und Risse und Kratzer im Belag damit ausfüllen

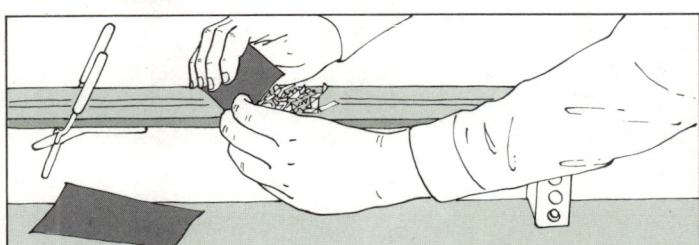

4. Das überstehende Belagmaterial wird anschließend mit der Metallziehklinge abgezogen

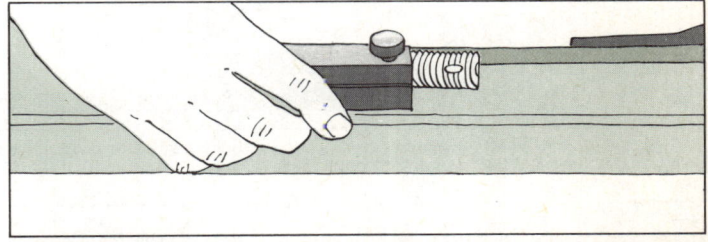

5. Die Stahlkanten werden von der Seitenwange her mit dem Kantenschärfer nachgeschliffen

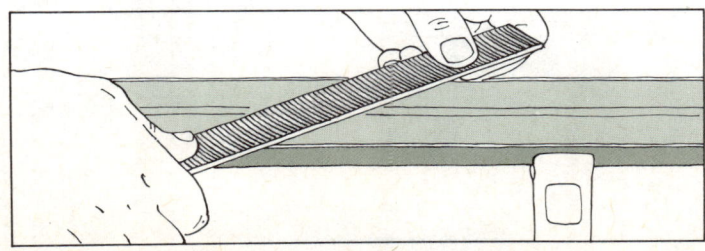

6. Mit der Skifeile muß man nun noch die Stahlkanten auf der Belagseite sorgfältig planfeilen

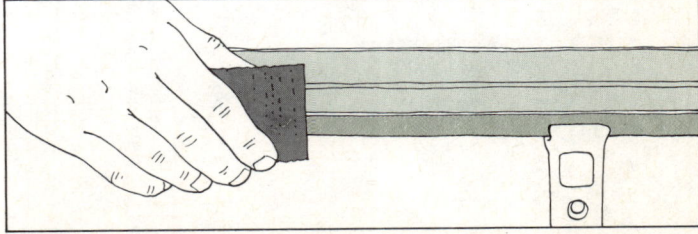

7. Zum Schluß werden die Kanten mit einem Schleifgummi entschärft, weil man sich an diesen sonst verletzen kann

Sportausrüstung

So wachst man Alpinskier

Skiwachse schützen und pflegen den Kunststoffbelag des Skis. Ein richtig und gut gewachster Ski kann wesentlich besser gelenkt werden: Das gilt vor allem für das Schwingen und Drehen. Mit schlecht gewachsten Skiern hat es der Skifahrer bedeutend schwerer, denn er braucht viel mehr Kraft.

Es gibt viele Wachsarten auf dem Markt, und man hat die Wahl zwischen Spraydosen, Tuben, Skiwachspasten oder Skiwachstafeln.

Auch heute noch ist in erster Linie das Heißwachsen zu empfehlen. Man bügelt das Wachs mit dem Bügeleisen oder mit einem eigens dafür entwickelten thermostatisch gesteuerten Bügler auf, es dringt dabei in die Poren des Belages ein. Dadurch erreicht der Ski seine optimalen Gleit- und Dreheigenschaften. Wenn die Skisaison vorüber ist, sollte man den Ski mit einem Mixwachs imprägnieren. Dieses Wachs schützt sowohl den Belag als auch die Stahlkanten vor Oxydation und Korrosion. Gleichzeitig bildet das Mixwachs auch einen guten Haftuntergrund für alle anderen Skiwachse.

Die Wachsmischung
Entscheidend für die Wachsmischung ist die jeweilige Lufttemperatur. Es gelten folgende Grundregeln: Je höher die Temperatur, desto weicher muß die Wachsmischung sein, und je niedriger, desto härter. Wenn man Wachs einkauft, sollte man unbedingt auf die in Tabellen angegebenen Mischungsverhältnisse achten.

Material: Wachse zum Mixen
Werkzeug: Bügeleisen, Jet-Gas-Kartusche mit Spachtel, thermostatisch gesteuerter Wachsbügler oder Bügeleisen, Plastikspachtel

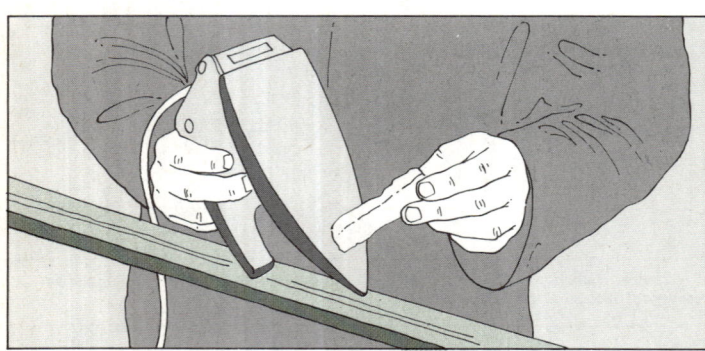

1. Wachsen mit dem Bügeleisen: Das Wachs heiß auftragen und verbügeln. Das Bügeleisen nicht zu lange stehenlassen, sonst verbrennt der Belag

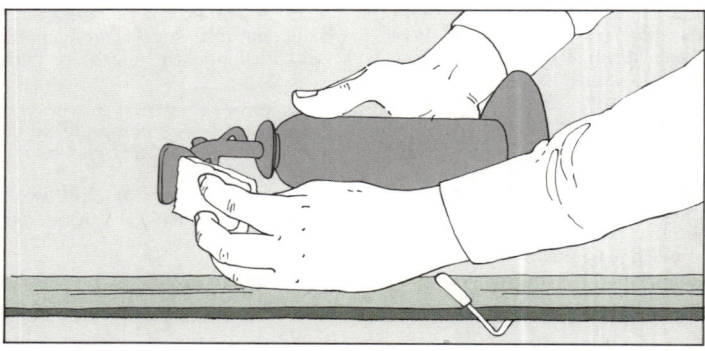

2. Wachsen mit dem Jet-Gas-Gerät: Wachstafeln mit dem Jet-Gas-Gerät zum Schmelzen bringen und sparsam auf die Lauffläche des Skis tropfen lassen

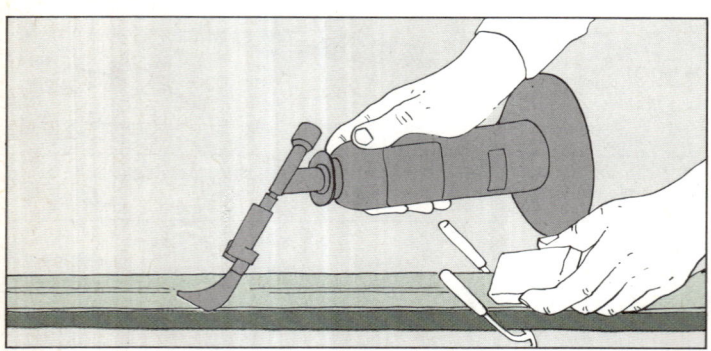

3. Mit einem am Gerät angebrachten Spachtel verteilt man dann das Wachs gleichmäßig über Lauffläche und Kanten des Skis

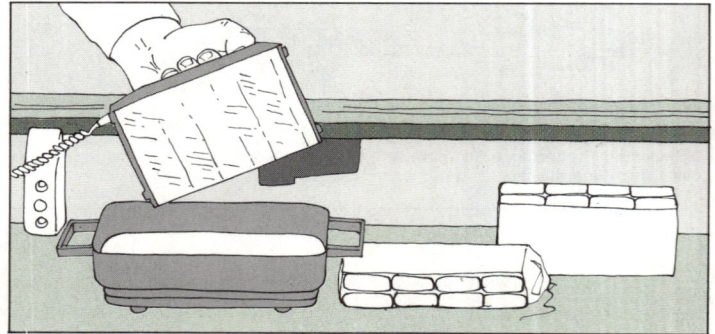

4. Anschließend bügelt man das Wachs mit dem thermostatisch gesteuerten Bügler, dessen Bügelfläche ein Metallvlies ist, in den Belag des Skis ein

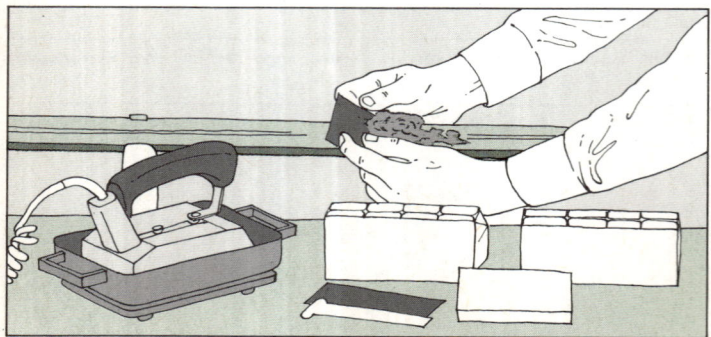

5. Nun zieht man das überschüssige Wachs von der Lauffläche des Skis mit einer Plastikklinge bis auf einen dünnen Film ab

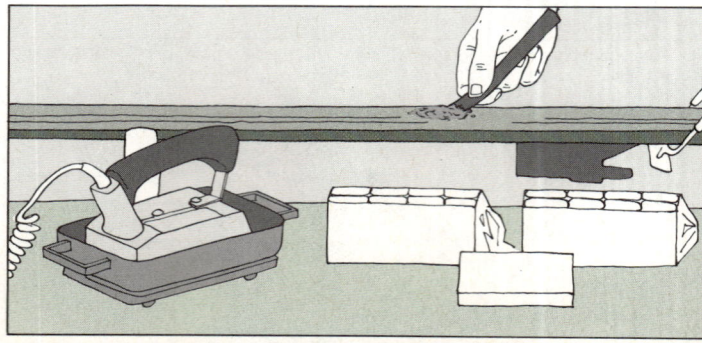

6. Abschließend auch die Stahlkanten und die Mittelrillen mit der Plastikklinge abziehen, dabei aber kein weiteres Wachs von der Lauffläche entfernen

Ausbessern und wachsen des Belags beim Langlaufski

Es kommt immer wieder vor, daß der Skiwanderer, Tourenläufer oder Rennläufer über einen Stein oder einen anderen harten Gegenstand fährt und dabei die Lauffläche seines Skis beschädigt. Solche Schäden am Belag können die Fahreigenschaften des Skis stark beeinträchtigen, und deshalb empfiehlt es sich, so schnell wie möglich ein Fachgeschäft aufzusuchen, um den Ski ausbessern zu lassen. Kleinere Kratzer können jedoch auch, wie nachfolgend beschrieben, selbst behandelt werden.

Bevor man mit dem eigentlichen Ausbessern des Belags beginnt, werden die alten Wachsschichten mit einem Spachtel abgetragen. Hartnäckige Reste erwärmt man mit einer Gasflamme und wischt sie mit einem Lappen ab. Zur gründlichen Reinigung empfiehlt es sich, auch den Belag mit einem Wachsentfernerspray einzusprühen, um das restliche Wachs abzubekommen.

Wird der Ski nach dieser Behandlung nur eingewachst, muß man mindestens eine Stunde warten, bevor man das Wachs neu aufträgt, damit das Lösungsmittel vollständig verdunsten kann. Danach legt man die Kunststoffreparaturstrips auf die beschädigten Stellen und bügelt sie mit dem Jet-Gas-Gerät auf. Dabei ist darauf zu achten, daß man mit den Polyäthylenbelägen vorsichtig umgeht; sie dürfen nicht zu stark erwärmt werden, da sonst die Gefahr besteht, daß sich der Belag von der Klebefuge löst.

Nachdem man den Belag ausgebessert hat, wird das Imprägnierwachs auf die ganze Lauffläche eingebügelt. Es schützt und verhindert die Oxydation des Belags. Diese Arbeit empfiehlt sich besonders im Frühjahr, bevor die Skier in einem feuchten Keller oder in einer Garage abgestellt werden.

Bevor man das Wachs im Bereich der Bindung, der sogenannten Abstoßzone, aufträgt, muß unbedingt mit einem Wachsentferner das Imprägnierwachs entfernt werden, da sonst das Abstoßzonenwachs nicht richtig haftet. Am besten ist es, den Teil der Lauffläche, wo das Wachs nicht entfernt werden muß, mit einem Tuch oder mit Papier abzudecken.

Für jeden Ski das richtige Wachs

Beim Wachsen eines Langlaufskis muß man drei Gruppen von Läufern unterscheiden: die Skiwanderer, die Tourenläufer und die Rennläufer.

Einen Wanderski zu wachsen erfordert keinen großen Aufwand. Mit einem Wachsskispray kann man den Ski gut gleitfähig machen und gleichzeitig die Vereisung der Lauffläche und die Stollenbildung verhindern.

Tourenläufer und Rennläufer jedoch legen größten Wert auf das Wachsen. Mit Gleit- und Abstoßzonenwachs allein kommen sie nicht mehr aus.

Der Handel bietet je nach Zweck und Wunsch und Können des Skiläufers ganze Wachssets an, die als Spray, in Tuben, Dosen und als Tafelwachse zu haben sind. Es empfiehlt sich in jedem Fall, das Wachs stets nach den Angaben des Wachsherstellers aufzutragen.

Es gibt eigentlich keine feste Regel für die richtige Wahl eines Wachses. Gutes Wachsen ist eine Kunst, die auf Erfahrung beruht. Im allgemeinen richtet sich die Auswahl nach dem jeweiligen Wetter und den entsprechenden Schneebedingungen. Hat man wenig oder gar keine Erfahrung im Wachsen, macht man die wenigsten Fehler, wenn man bei Temperaturen von −3°C bis −10°C oder kälter beginnt. Wichtig ist auch, daß man die Umstände mit berücksichtigt, die die Schneeoberfläche beeinflussen können – Temperatur, Luftfeuchtigkeit und Schneestruktur.

Die Temperatur ist der wichtigste Faktor bei der Wachswahl, wobei man sowohl die Luft-, als auch die Schneetemperatur beachten sollte. Thermometer im Freien muß man im Schatten anbringen; sie dürfen auch nicht irgendwelchen Wärmequellen aus Gebäuden oder Warmluftströmen ausgesetzt sein. Schneethermometer sind nützliche Hilfen, besonders bei Temperaturen, die gerade unter dem Gefrierpunkt liegen.

Die Feuchtigkeit spielt bei der Wachsauswahl ebenfalls eine Rolle. Als Faustregel gilt, je feuchter die Luft, um so weicher das Wachs. Luftfeuchtigkeitsmessungen sind schwieriger durchzuführen als Temperaturmessungen. Glücklicherweise braucht man, um Langlaufskier zu wachsen, keine genauen Luftfeuchtigkeitsmessungen. Nach dem Luftfeuchtigkeitsmesser (Hygrometer) gehend, gelten grundsätzlich drei Werte: geringer als normal, für den Winter normal, größer als normal.

Auch die Beurteilung der Schneestruktur ist eine Kunst, die in erster Linie nur auf Erfahrung beruht. Eigenschaften wie Form und Härte der Schneekristalle, Alter des Schnees und auch die in den Zwischenräumen der einzelnen Schneepartikel vorhandene Feuchtigkeit, kann man nicht nur durch einfache Messungen nachweisen. Am besten wachst man schrittweise und probiert nacheinander so lange weiche Wachse, bis der Ski gut greift.

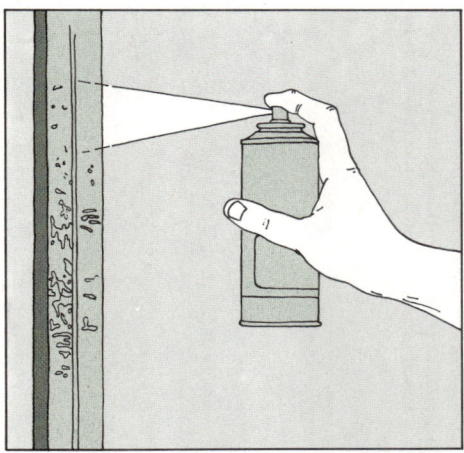

1. Ski mit Wachsentferner einsprühen und das gelöste Wachs mit einem Lappen abwischen

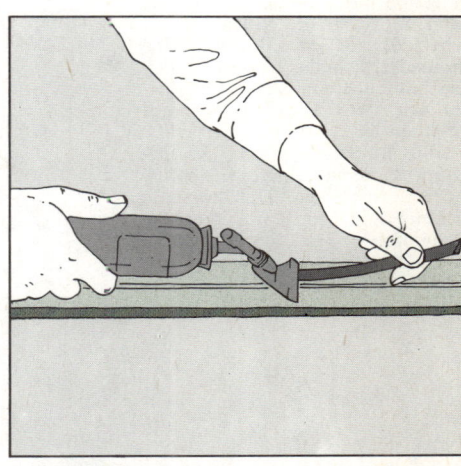

2. Die Reparaturstrips werden auf die beschädigte Stelle gelegt und aufgebügelt

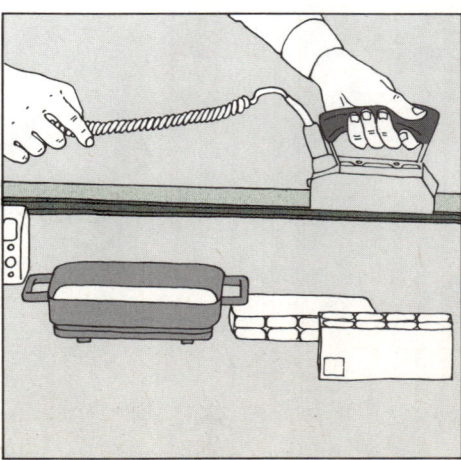

3. Das Wachseinbügelgerät bügelt das flüssige Wachs auf den Belag

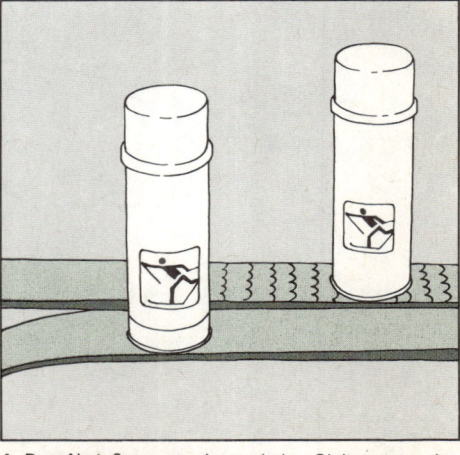

4. Das Abstoßzonenwachs und das Gleitzonenwachs auf die jeweiligen Stellen aufsprühen

Sportausrüstung

Schlittschuhe

Für den Eislaufsport findet man heute fast ausschließlich Schlittschuhe, die fest mit den Schuhsohlen bzw. dem Absatz der Eislaufschuhe verschraubt sind. Nur noch bei Anfängern oder Kindern sind Schlittschuhe im Gebrauch, die mit Zackenklemmen am Normalschuh angeschraubt werden.

Das Aufschrauben der Schlittschuhe an dem Eislaufschuh sollte man immer einem Fachgeschäft überlassen. Zu lange oder zu kurze Schrauben können das Schuhwerk beschädigen oder bei größeren Belastungen ausreißen. Locker gewordene Schraubensitze kann man oft durch Nachziehen der Schrauben mit dem Schraubenzieher beheben. Dies sollte aber immer bei absolut trockenem Schuh erfolgen. Faßt eine Schraube nicht mehr richtig, so kann man sich im Notfall damit behelfen, daß man die Schraube herausdreht, in das Schraubenloch Spezialkleber einträufelt und diesen vor dem Einschrauben gut trocknen läßt.

Die Lauffläche der Schlittschuhe kann verschiedene Schliffformen aufweisen. Der normale Eiskunstlauf-Schlittschuh hat einen sogenannten Hohlschliff. Dabei ist die Lauffläche nach innen ausgehöhlt, so daß scharfe Außenkanten entstehen. Das Nachschleifen des Hohlschliffs läßt man am besten im Fachgeschäft vornehmen. Beim Flachschliff, vorzugsweise bei Eishockey-Schlittschuhen, ist die ganze Lauffläche eben und kann mit einem Schleifstein oder einer feinen Feile selbst nachgeschliffen werden. Dabei müssen die Feil- oder Schleifstriche immer von vorn nach hinten geführt werden.

Material:	Spezialkleber
Werkzeug:	Schraubenzieher Schleifstein oder feine Feile

Eishockey-Schlittschuh

Eiskunstlauf-Schlittschuh

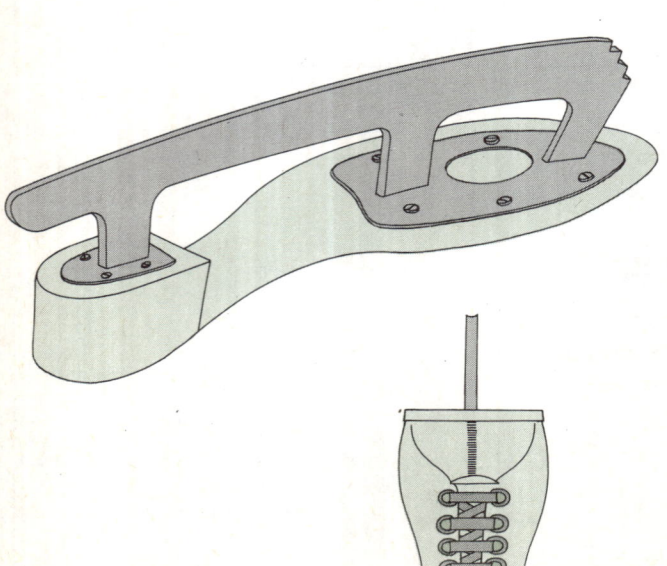

Hohlschliff: Die meisten fest montierten Schlittschuhe haben an der Lauffläche einen sogenannten Hohlschliff. Fachgeschäfte haben Spezialeinrichtungen zum Nachschleifen

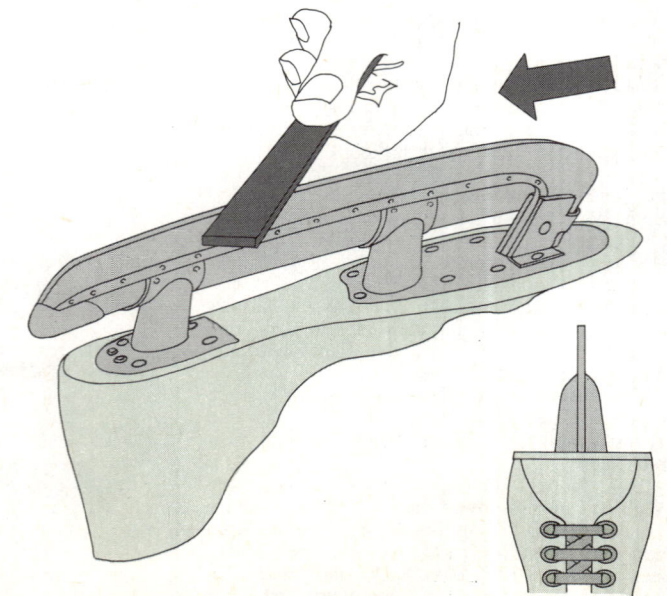

Flachschliff: Ist die Lauffläche eben, so kann man sie mit einer feinen Feile oder einem Schleifstein nachschleifen. Strichrichtung dabei immer von vorn nach hinten

Gerissene Saiten an Tennisschlägern ersetzen

Wenn mehr als sechs Saiten im Geflecht eines Tennisschlägers gerissen sind, sollte man die Reparatur dem Fachmann überlassen. Kleinere Ausbesserungen kann man jedoch ohne fremde Hilfe vornehmen. Darm- oder Kunststoffsaiten besorgt man sich am besten in einem Sportgeschäft. Wenn möglich, sollte man das gleiche Saitenmaterial verwenden, aus dem das übrige Geflecht des Schlägers besteht.

Sind mehrere nebeneinander liegende Saiten gerissen, werden die neuen in einem Stück eingezogen, um sie möglichst wenig verknoten zu müssen. Gespannt werden die Saiten dagegen jede für sich. Dazu macht man ein Spanngerät aus einem kurzen Rundholz, in das man gegeneinander versetzt zwei Schrauben eintreibt. Mit zwei Stricknadeln wird die Spannung gehalten, bis die nächste Saite eingezogen ist.

Material: Darm- oder Kunststoffsaiten
Werkzeug: Schraubstock, Rundholz mit zwei Schrauben, Stricknadeln, Messer

1. Umwickelten Schlägergriff einspannen und erste gerissene Saite 6 cm vom Rahmen entfernt abschneiden

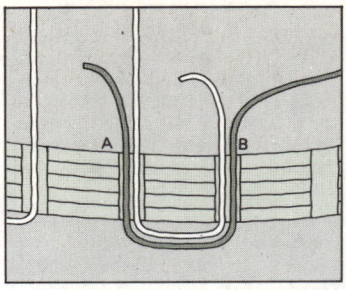

2. Ein Ende der neuen Saite (braun) wird von innen durch Loch A gesteckt und dann durch das Loch B gezogen

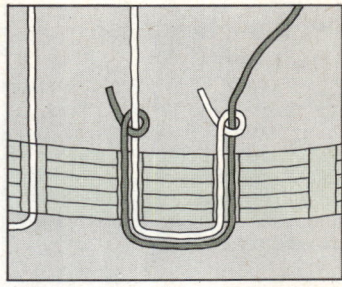

3. Man verknotet die neue Saite nahe am Rahmen mit der alten und diese mit der neuen

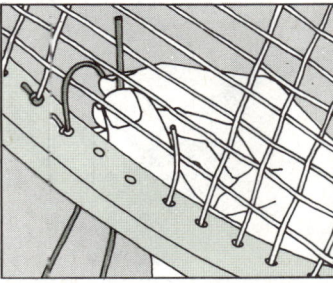

4. Man zieht die Knoten fest, drückt sie fest in die Löcher der alten Saiten und steckt dann die neue Saite durch das gegenüber liegende Loch

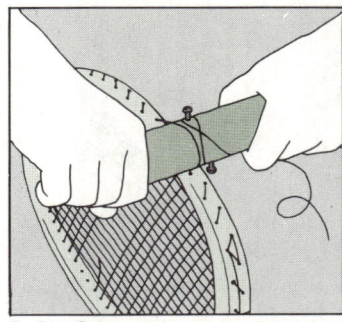

5. Die Saite wird um die Schrauben des Stabs gelegt und gespannt, indem man diesen horizontal dreht

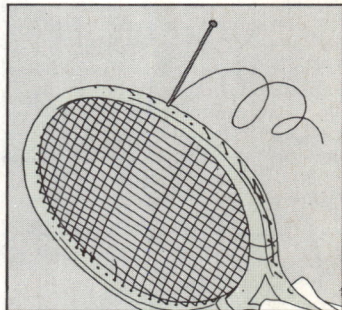

6. Damit die Saite gespannt bleibt, wird eine Stricknadel fest in das Loch gesteckt

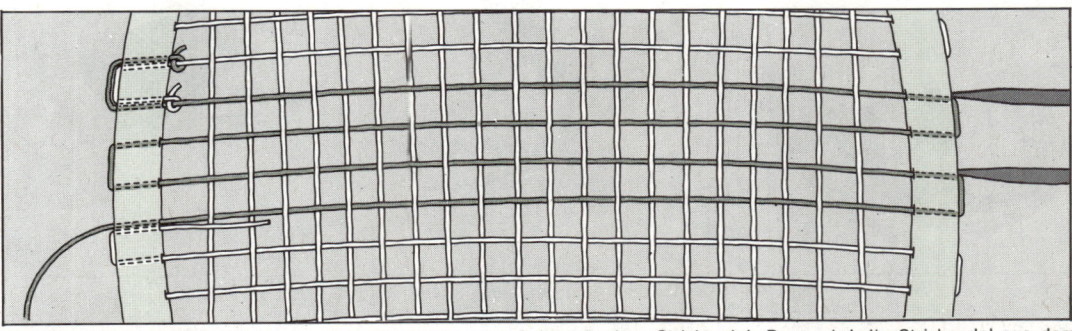

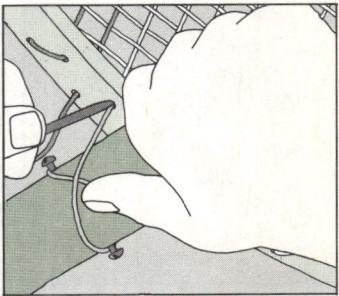

7. Nun flickt man weiter und spannt und sichert jede neue Saite mit einer Stricknadel. Dazu wird die Stricknadel aus dem jeweils vorletzten Rahmenloch verwendet. Die letzte Saite wird durch das Loch der gerissenen Saite gesteckt

8. Man zieht das kurze Ende der alten Saite aus dem Rahmen und spannt und verkeilt es mit einer Stricknadel

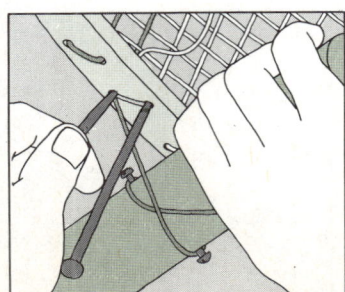

9. Das Ende der alten Saite durch das nächste Loch stecken und die letzte neue Saite spannen und sichern

10. Man verknotet die alte Saite mit der neuen, entfernt die Nadel und drückt den Knoten in das Loch

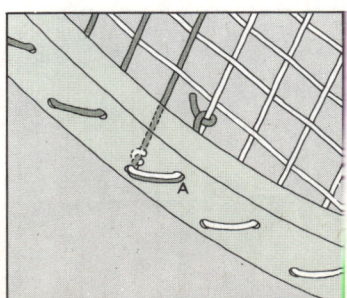

11. Nun wird das Ende der neuen Saite durch Loch A gesteckt, mit der alten Saite verknotet und die Nadel entfernt

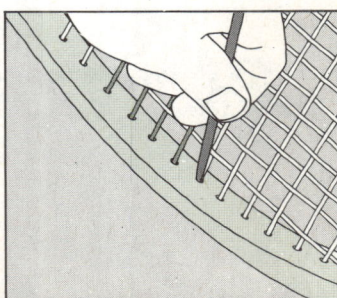

12. Man zieht den Knoten fest an, drückt ihn mit in das Loch und schneidet das überstehende Saitenende ab

Sportausrüstung

Die Griffumwicklung eines Tennisschlägers erneuern

Die Griffe von Tennis-, Tischtennis- oder Badmintonschlägern werden beim Spielen abgenutzt und müssen daher öfters repariert werden. Dafür erhält man in Sportgeschäften Spezialklebebänder.

Beim Umwickeln muß sich das Band leicht überlappen, damit der Griff gut in der Hand liegt. Bei einigen Modellen wird das Ende des Griffbandes durch ein schmales Klebeband gehalten, das horizontal um den Griff gewickelt ist. Ist das Griffband mit einem Nagel befestigt, darf man den Griff nicht beschädigen, wenn man den Nagel entfernt und durch die neue Griffumwicklung wieder einschlägt. Wenn der Nagel nicht mehr gut hält, klebt man ihn ein.

Material: Griffband, Klebeband, Alleskleber
Werkzeug: Messer, Zange, Hammer

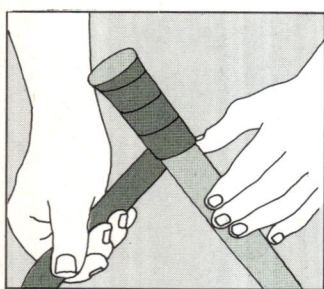

1. Man entfernt den Klebestreifen oder Nagel am Ende des Griffbandes und wickelt es ab

Einen Tischtennisschläger neu belegen

Neue Beläge gibt es im Fachhandel. Man entfernt den alten Belag, reinigt die Flächen mit Schleifpapier und klebt den neuen auf. Die Kante des Schlägers soll vom Belag gerade berührt werden. Die Randeinfassung darf nicht über das Blatt hinausragen.

Material: Kontaktkleber, zwei Beläge, Kantenband
Werkzeug: Messer oder Rasierklinge, Schere, mittelfeines Schleifpapier

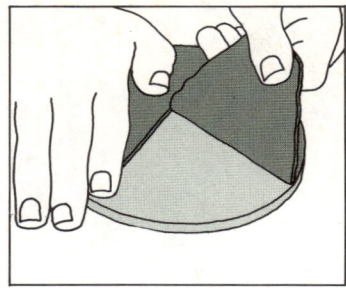

1. Der alte Belag wird abgezogen und am Griff mit einem Messer oder einer Rasierklinge abgeschnitten

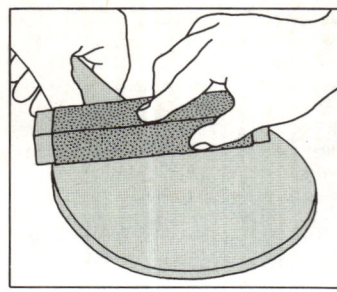

2. Um einen guten Haftgrund für den Kontaktkleber zu schaffen, schleift man die Blattfläche gründlich

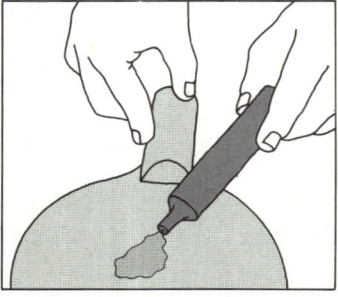

3. Auf dem Schläger und dem Belag verteilt man gleichmäßig den Kleber und läßt ihn ablüften

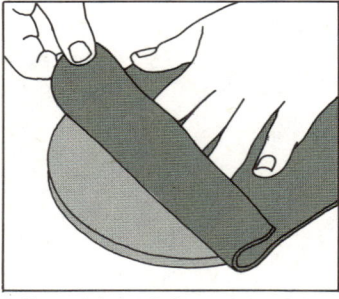

4. Nun wird der Belag auf den Schläger geklebt, indem man ihn fest von innen nach außen andrückt

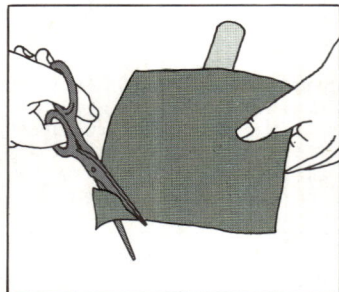

5. Jetzt beschneidet man den Belag grob, so daß er überall ein wenig über den Rand des Blattes hinausragt

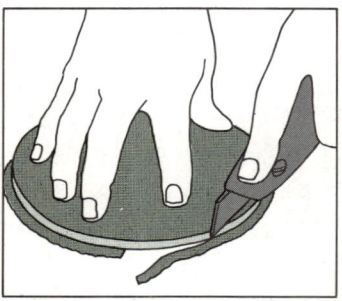

6. Man legt den Schläger mit dem Belag nach unten auf eine flache Unterlage und schneidet den Belag eben

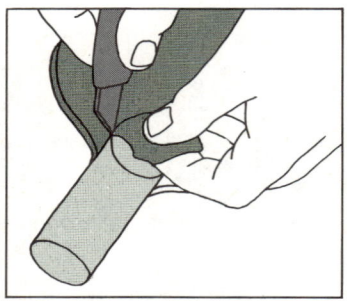

7. Am Griff wird der Belag mit einem scharfen Messer passend zum alten Belag zugeschnitten

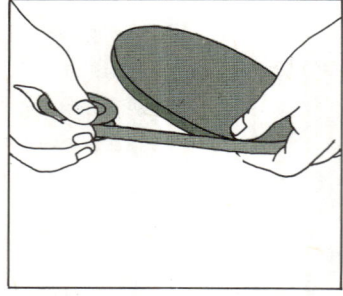

8. Die Belagkanten zusammenpressen und mit Kantenband umkleben, das nicht über das Blatt überstehen darf

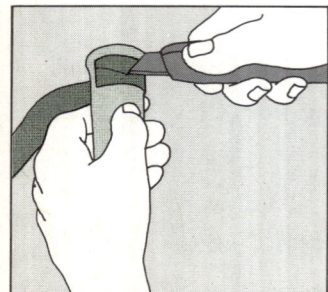

2. Das neue Griffband wird ans Griffende geklebt und schräg von oben nach unten durchgeschnitten

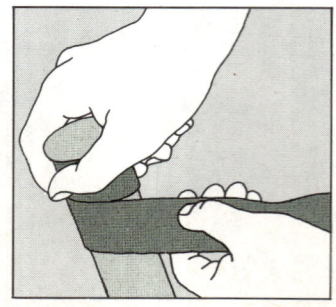

3. Abgeschnittene Ecke entfernen und Band überlappend der Schnittkante entlang um den Griff wickeln

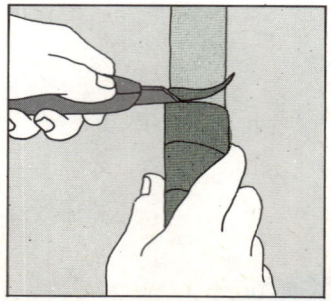

4. Ist die Griffläche vollkommen bedeckt, wird das Band waagrecht um den Griff herum abgeschnitten

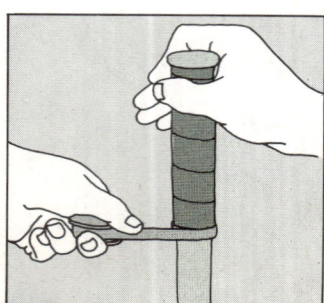

5. Bandende mit einem schmalen Klebestreifen oder, wenn vorhanden, mit dem Nagel sichern

Eine abgetragene Manschette wenden

Kragen- und Manschettenkanten sind bei Hemden besonders rasch durchgescheuert. Wenn das Hemd sonst in gutem Zustand ist, lohnt es sich manchmal – besonders bei teuren Hemden –, diese Stellen durch Wenden auszubessern.

Bei einer einfachen Manschette, die aus zwei fest verbundenen Stofflagen besteht, wird der ausgefranste Rand über die ganze Kante hinweg aufgeschnitten. Dann werden die Stoffränder nach innen eingeschlagen und neue Kanten gebügelt. Jetzt heftet man den neuen Rand und steppt ihn mit der Nähmaschine kantig zusammen. Zum Schluß werden die Heftfäden entfernt und alle Kanten gut glattgebügelt.

Ist eine umgeschlagene Doppelmanschette an den Stoßkanten ausgefranst oder abgewetzt, trennt man die ganze Manschette vom Hemdsärmel ab. Wenn man sie nun mit der Innenseite nach außen am Ärmelrand wieder annäht und nach außen umschlägt, erhält man eine neue saubere Stoßkante. Voraussetzung für die Reparatur ist natürlich, daß die innere Stofflage nicht schon in Mitleidenschaft gezogen ist.

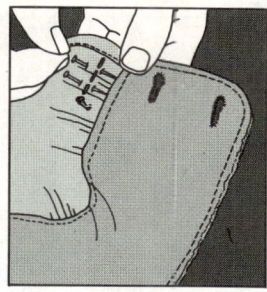

1. Bevor man die Doppelmanschette abtrennt, Ärmelfalten zusammenheften

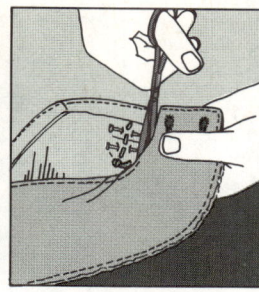

2. Dann wird die Naht zwischen Manschette und Ärmel mit der Schere aufgetrennt

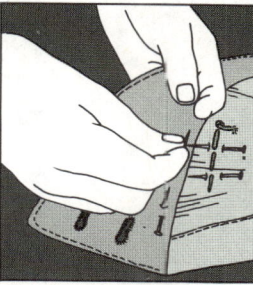

3. Jetzt wendet man die Manschette und steckt sie wieder am Ärmel fest

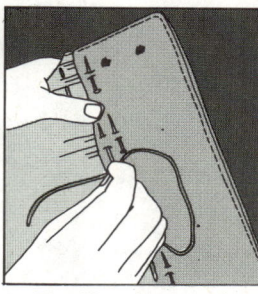

4. Die Manschette entlang der alten Naht anheften und Stecknadeln entfernen

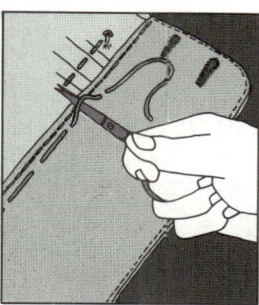

5. Kanten bügeln, Manschette mit der Maschine annähen und Heftfaden entfernen

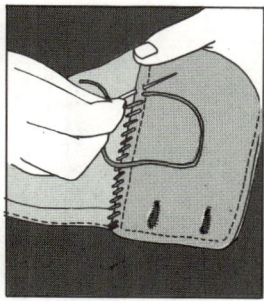

6. Zum Schluß dreht man den Ärmel um und versäubert die Manschette von links

Einen abgetragenen Kragen ausbessern

Eine abgewetzte Kragenkante läßt sich ausbessern, indem man unten am Hemdrücken ein Stoffstück herausschneidet, das etwas größer ist als der Riß selbst, und dieses über den Kragen näht. Bei kleinen Rissen kann man sich auch mit einem 25-mm-Nahtband behelfen. Der Flicken muß glatt aufliegen.

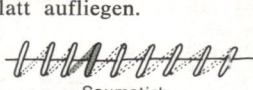

Saumstich

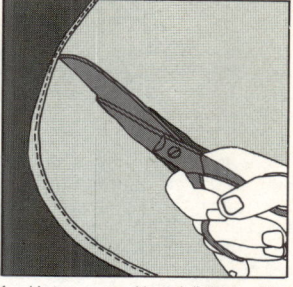

1. Unten am Hemdrücken ein Stück abschneiden und Kante mit Saumstich versäubern

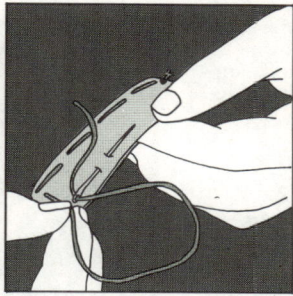

2. Passenden Flicken zurechtschneiden; Ränder nach innen einschlagen, heften und bügeln

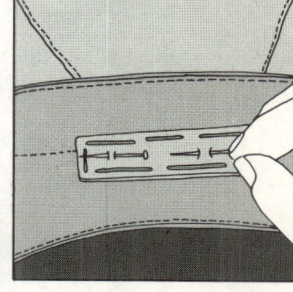

3. Ausgefranste Kanten am Kragen sauber schneiden. Flicken feststecken und heften

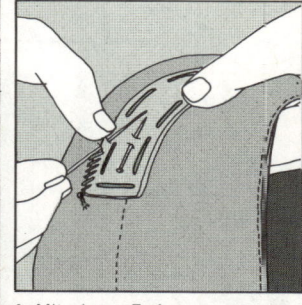

4. Mit einem Faden von passender Farbe den Flicken mit kleinen Saumstichen festnähen

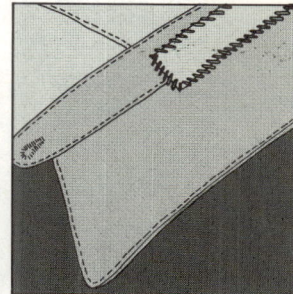

5. Heftfäden ziehen, Flicken mit Bügeleisen bei stoffgerechter Temperatur glattbügeln

---

Heftstich

Saumstich

Überwendlingsstich

EINE EINFACHE MANSCHETTE AUSBESSERN

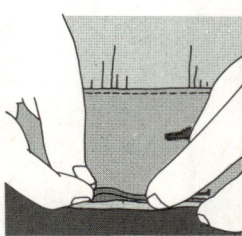

1. Manschette an der Stoßkante und etwa 25 mm weit an den Seiten aufschneiden

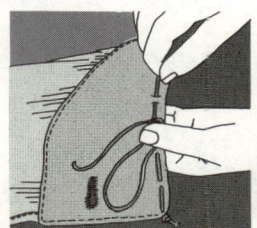

2. Ränder nach innen einschlagen, bis ausgefranste Stellen verschwinden

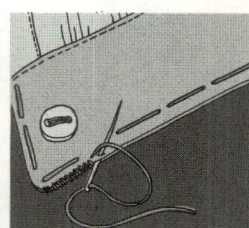

3. Neue Stoßkante feststecken und heften. Stecknadeln entfernen

4. Kante mit Überwendlingsstichen zunähen. Mit Maschine kantig nachnähen

Stoffe und Kleidung

Einen Reißverschluß erneuern

Ist der Schieber eines Reißverschlusses durch häufigen Gebrauch abgenutzt oder verbogen oder haben einzelne Zähne sich gelockert, greifen die Zähne beider Seiten nicht mehr richtig ineinander, wenn man den Reißverschluß schließt. Bei einem Kleidungsstück empfiehlt es sich meist, den ganzen Reißverschluß zu erneuern.

Beim Kauf eines neuen Reißverschlusses für eine Hose sollte man den alten vorher heraustrennen und als Muster mitnehmen, damit man einen genau passenden Ersatz bekommt. Reißverschlüsse für Herrenhosen sind in der Regel kräftiger als solche für Damenkleider oder -hosen. Für eine Herrenhose sowie für eine Damenhose aus festerem Stoff empfiehlt es sich, einen Metallreißverschluß zu kaufen.

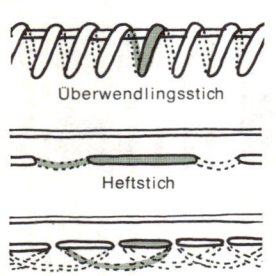

Überwendlingsstich

Heftstich

Rückstich

Eine gerissene Tasche reparieren

Wenn die Tasche ein großes Loch hat, muß der schadhafte Teil abgeschnitten und entweder durch einen Futterrest oder eine fertige Tasche, die es zu kaufen gibt, erneuert werden. Wenn es sich nur um ein kleines Loch nahe dem Taschenboden handelt, bringt man oberhalb des Risses eine neue Naht an.

Heftstich

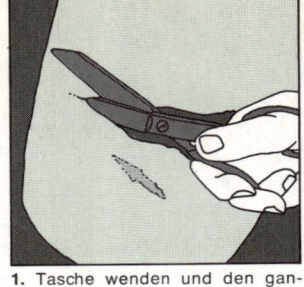

1. Tasche wenden und den ganzen unteren Teil über dem Loch oder Riß abschneiden

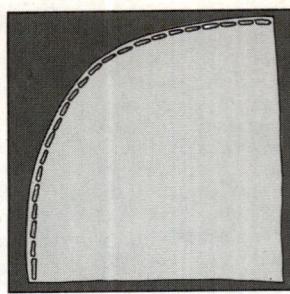

2. Neuen Taschenstoff zusammenfalten, zuschneiden und an der runden Kante zusammennähen

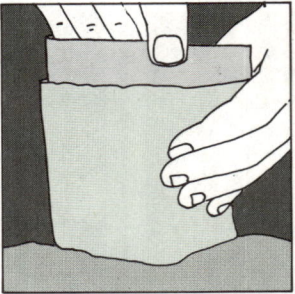

3. Neues Taschenstück in die gewendete Tasche stecken. Kanten zusammenheften

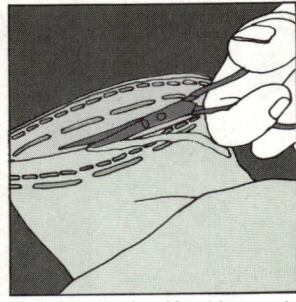

4. Naht mit der Maschine nachnähen, Kante zurückschneiden, wenden und bügeln

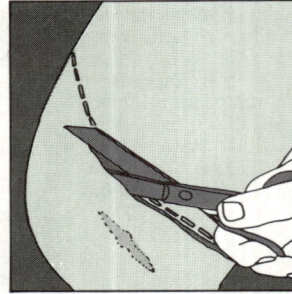

Loch in der Ecke: Oberhalb des Risses mit der Maschine durchsteppen. Kante abschneiden

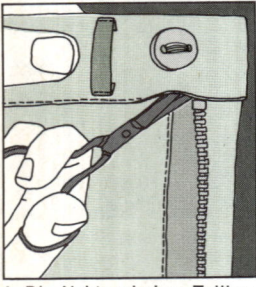

1. Die Naht zwischen Taillenbund und Hose oben am Reißverschluß auftrennen

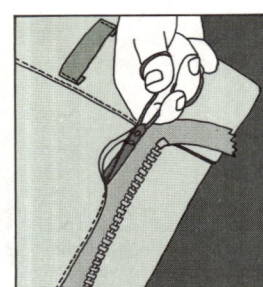

2. Die Längsnähte und die untere Naht des alten Reißverschlusses auftrennen

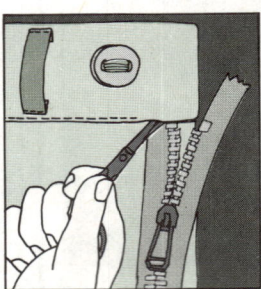

3. Neuen Reißverschluß etwas aufziehen und ein Ende unter den Taillenbund schieben

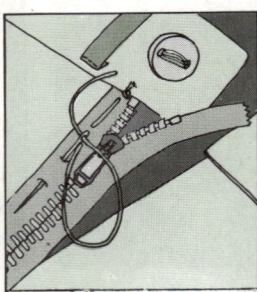

4. Ein Reißverschlußband unter der Schlitzkante des Hosenstoffs festheften

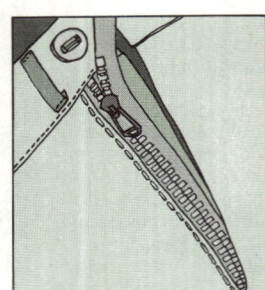

5. Die geheftete Reißverschlußseite mit der Maschine steppen. Heftfäden entfernen

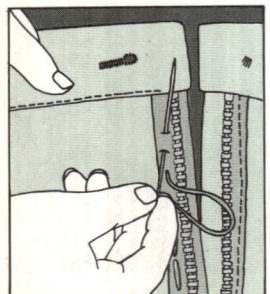

6. Hose wenden und andere Reißverschlußseite 13 mm hinter Schlitzkante einheften

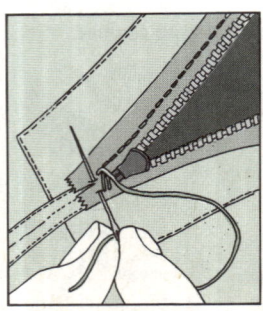

7. Untere Enden der Reißverschlußbänder zusammenstechen und annähen

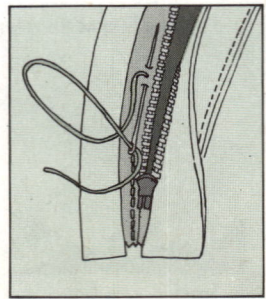

8. Reißverschluß dicht hinter den Zähnen mit Rückstichen annähen. Heftfäden entfernen

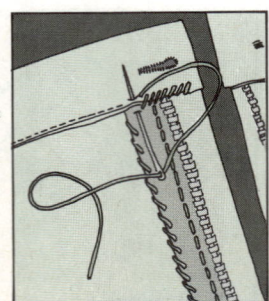

9. Taillenbund auf beiden Seiten und Reißverschlußband annähen

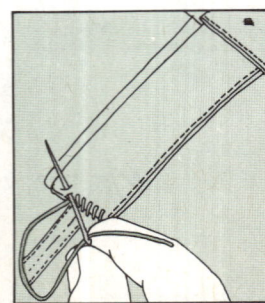

10. Untere Kante von Nahtzugabe und Untertritt zusammennähen

Einen neuen Reißverschluß einsetzen

Der Reißverschluß an einem Rock ist selten von einer Überleiste verdeckt. Man kann ihn jedoch so gut wie unsichtbar einnähen, wenn man die Stoffkanten genau aneinanderlegt. Damit sich die Kanten beim Nähen nicht verschieben, werden sie durch Heftstiche miteinander verbunden.

Überwendlingsstich

1. Rockbund an beiden Seiten des Reißverschlusses 2,5 cm weit auftrennen

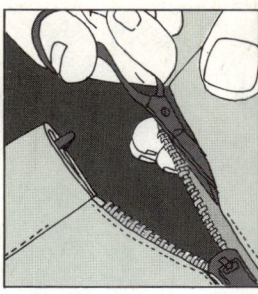

2. Nähte des alten Reißverschlusses auftrennen und Reißverschluß entfernen

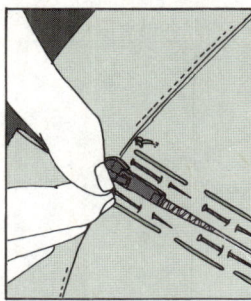

3. Neuen Reißverschluß an den Seiten sowie oben und unten feststecken und heften

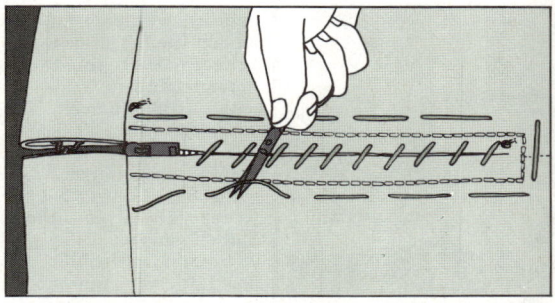

4. Stecknadeln entfernen. Stoffbruchkanten mit großen Überwendlingsstichen zusammenheften. Reißverschluß mit der Maschine einnähen und Heftfäden entfernen

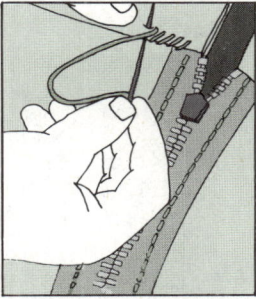

5. Rock wenden. Obere Reißverschlußlaschen unter dem Rockbund festnähen

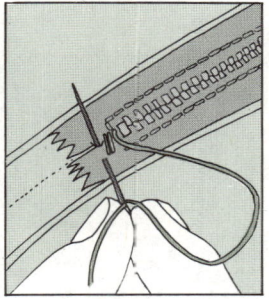

6. Die unteren Reißverschlußlaschen mit Überwendlingsstichen festnähen

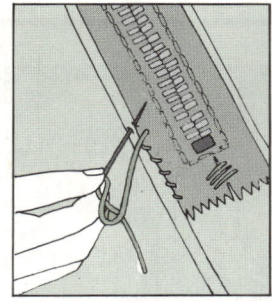

7. Reißverschlußband auf die Rocknaht nähen. Dann mit feuchtem Tuch dämpfen

Eine eingerissene Falte

Stoffalten werden an der Ansatzstelle stark beansprucht und können einreißen. Ein Riß wird ausgebessert, indem man außen auf die Naht einen dreieckigen Flicken setzt. Wenn kein passendes Material vorhanden ist, schneidet man den Flikken aus dem Saum des Kleidungsstückes aus

Saumstich

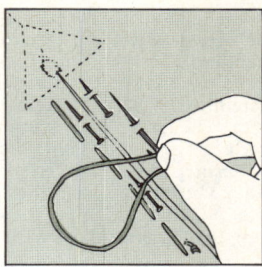

1. Faltenkanten so feststekken, daß sie sich berühren, aber nicht überlappen. Heften, dann Stecknadeln entfernen

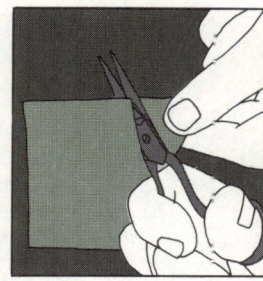

2. Aus dem gleichen Stoff Dreieck mit 5 cm Seitenlänge und aus Vlieseline kleineres Dreieck ausschneiden

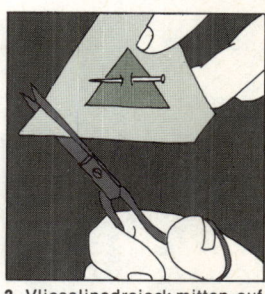

3. Vlieselinedreieck mitten auf das Stoffdreieck stecken. Vom größeren Dreieck die Spitzen abschneiden

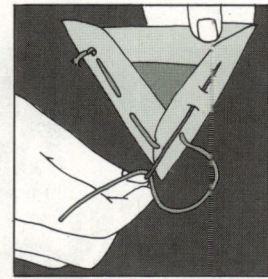

4. Kanten des Dreiecks über das Vlieselinedreieck legen und anheften. Dreieck mit feuchtem Tuch dämpfen

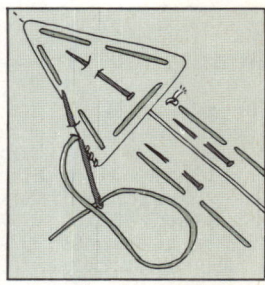

5. Dreieck mit der Spitze auf der Naht auf die Falte stekken. Mit Saumstichen annähen und bügeln

Eine Schlinge erneuern

Bei Damenkleidern und -blusen aus leichteren Stoffen werden oft Schlingen aus Knopflochseide verwendet. Wenn eine solche Schlinge reißt, entfernt man zunächst mit einer spitzen Schere die Fadenreste. Dann stellt man mit farblich passender Knopflochseide eine

neue Schlinge her, indem man mehrere Fadenschlaufen von gleicher Länge näht, bis sich ein Fadenbündel bildet. Dieses wird dann mit Knopflochstichen umnäht.

Knopflochstich

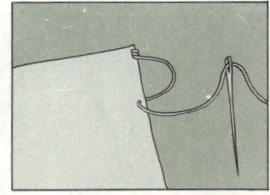

1. Zwei kleine Stiche übereinander nähen. Etwa 4 mm weiter noch einen Stich machen, so daß eine Schlaufe entsteht

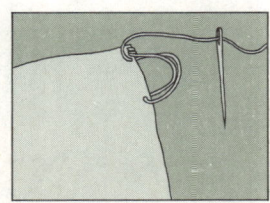

2. Etwa fünfmal hin und her nähen, so daß ein Fadenbündel entsteht. Darauf achten, daß die Schlaufen alle gleich lang sind

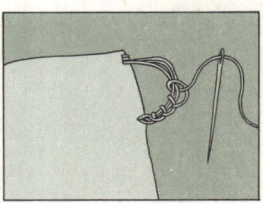

3. Fadenbündel ganz mit engen Knopflochstichen umnähen und Faden zum Schluß mit drei kleinen Stichen befestigen

Stoffe und Kleidung

Ein Bettlaken wenden

Bettlaken nutzen sich schneller in der Mitte als an den Rändern ab. Wenn das Gewebe in der Mitte fadenscheinig wird, schneidet man das Laken der Länge nach durch und näht die bisherigen Außenkanten zu einer Mittelnaht zusammen. Die neuen Kanten werden umgeschlagen und vernäht.

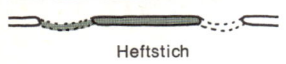

Heftstich

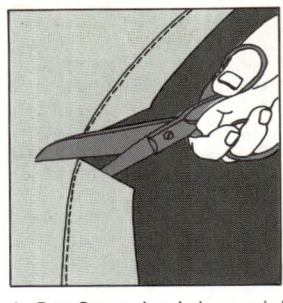

1. Der Saum des Lakens wird in der Mitte der einen Schmalseite durchgeschnitten

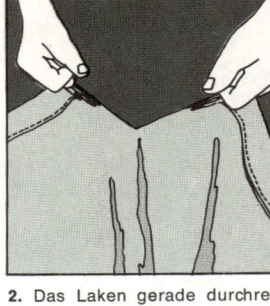

2. Das Laken gerade durchreißen und den Saum am anderen Ende durchschneiden

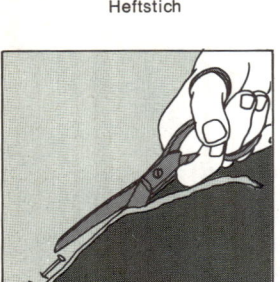

3. Die beiden Rißkanten aufeinander legen, zusammenstecken und gerade schneiden

4. Außenkanten des Lakens 1 cm übereinander legen und mit Maschine zusammennähen

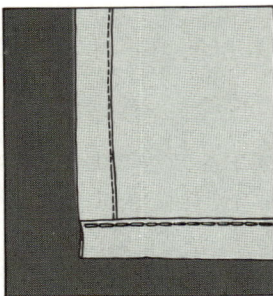

5. Neue Außenkanten einschlagen und heften. Saum mit der Maschine nähen

Quadratflicken

Ein größeres Loch oder einen langen Riß in einem Bettuch oder Kopfkissen kann man mit einem Flicken ausbessern. Bei stark abgenutzten Stücken muß der Flicken wesentlich größer sein als das Loch.

Saumstich

1. Flicken rundum 3 cm größer als Loch schneiden. Ränder 1 cm einschlagen, heften, bügeln

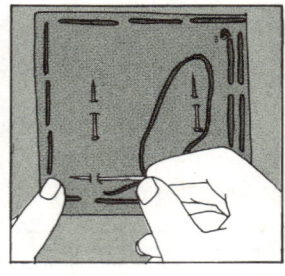

2. Heftfäden entfernen. Flicken auf das Loch stecken und anheften. Flachbügeln

3. Flicken mit Saumstich oder mit der Nähmaschine glatt und faltenfrei annähen

4. Laken umdrehen, Loch bis auf 5 mm breiten Rand ausschneiden. Ecken einschneiden

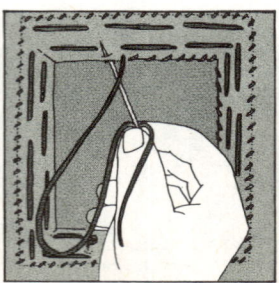

5. Kanten einschlagen, feststecken und heften. Mit Saumstichen auf den Flicken nähen

Stopfen

Wenn man ein Loch oder einen größeren Riß, vor allem in Woll- oder Baumwollgeweben und Strickwaren, stopft, kommt es darauf an, die Ränder vor dem Ausfransen oder vor Laufmaschen zu schützen. Dazu zieht man mit der Nadel und einem passenden Faden parallele Stichreihen in verschiedenen Richtungen über die schadhafte Stelle. Diese Stichreihen müssen möglichst eng beieinander liegen und immer so weit geführt werden, daß sie an den Rändern des Lochs sicheren Halt im festen Gewebe finden.

Bei größeren oder weit ausgefransten Löchern wie an Socken wird bei mäßig gespanntem Gewebe das Stopfgarn über Kreuz über die offene Stelle gezogen und gewebeartig verflochten, bis das Loch vollkommen zu ist. Ein unterlegtes Stopfei oder ein Stopfpilz ist dabei sehr nützlich und erleichtert die Arbeit wesentlich.

Dreiecksrisse werden zunächst mit Fischgrätenstichen geschlossen und dann wie bereits beschrieben gestopft. Locker gewebte Stoffe kann man oft fast unsichtbar stopfen, wenn man dazu Stofffäden benutzt, die man aus dem Saum des betreffenden Kleidungsstücks oder aus einem Stoffrest herausgezogen hat.

Fischgrätenstich

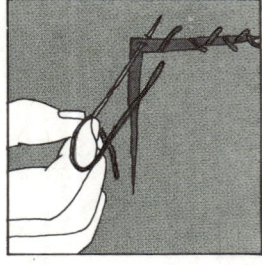

1. Kanten eines Dreiecksrisses möglichst auf Stoß mit Fischgrätenstichen zusammennähen

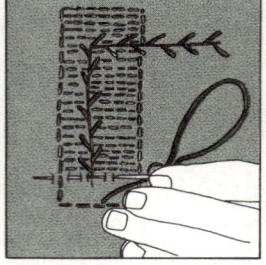

2. Eine Seite des Risses stopfen. Faden etwa 15 mm über Rißenden hinaus führen

3. Andere Kante des Risses im rechten Winkel dazu in gleicher Weise stopfen

SOCKEN STOPFEN

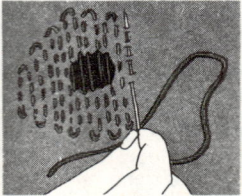

1. Die Stiche greifen rundum 2 cm über das Loch. Faden gerade über offene Stelle ziehen

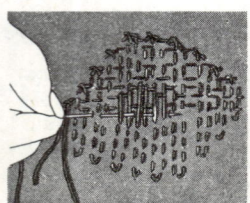

2. Stiche im rechten Winkel dazu führen und mit den Fäden über dem Loch verflechten

Wartung und Pflege

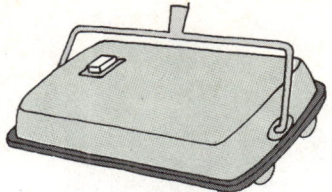

Teppichkehrer soll man nur auseinandernehmen, wenn man die Bürste säubern bzw. Räder oder Gummireifen ersetzen will. Die Bürste ist entweder im Rahmen, mit einem Bügel oder Federn befestigt. Wird sie entfernt, kann man die Räder herausnehmen.

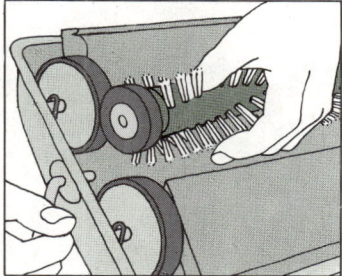

1. Bei manchen Modellen wird die Bürste durch den Bügel des Handgriffs gehalten; zur Demontage wird der Bügel seitlich herausgezogen

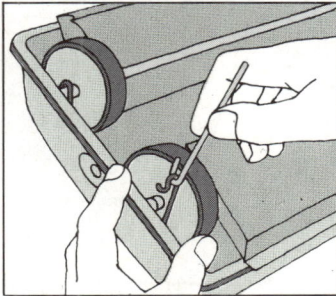

2. Falls die Räder durch eine Feder gehalten werden, hebt man diese mit einem Drahthaken an, bis die Achse frei ist

3. Die Räder werden nacheinander angehoben und von der Achse gezogen. Die Achsen läßt man am besten im Gehäuse, damit sie nicht verlorengehen

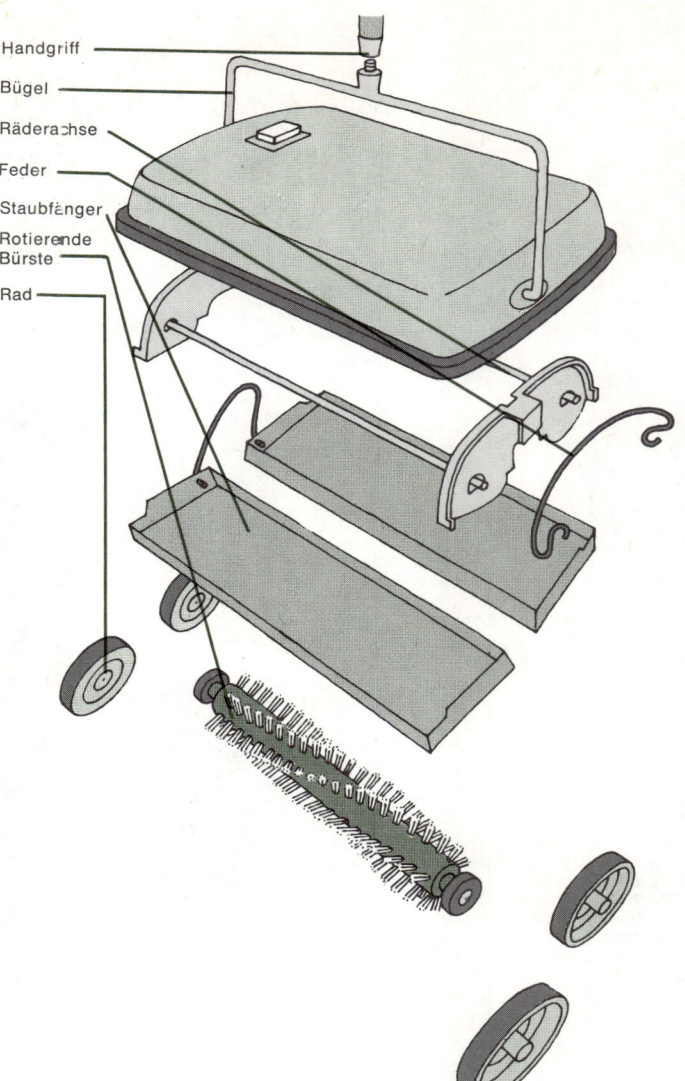

Handgriff
Bügel
Räderachse
Feder
Staubfänger
Rotierende Bürste
Rad

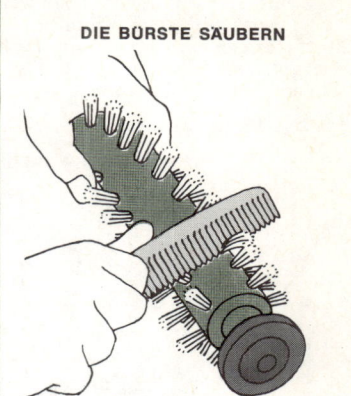

DIE BÜRSTE SÄUBERN

Manche Teppichkehrer besitzen Metallspitzen, die die Bürste automatisch sauberhalten. Andernfalls säubert man die herausgenommene Bürste mit einem alten Kamm

NEUE GUMMIREIFEN AUFLEGEN

Bei manchen Modellen sind die Reifen auf die Räder geklebt. Ein schadhafter Reifen läßt sich mit Hilfe eines Messers abziehen. Selbstklebende Ersatzreifen für diese Kehrmaschinen gibt es zu kaufen. Die meisten Reifen werden jedoch nur von der Gummispannung auf der Radfelge gehalten

Schmieren: Rollenlager am besten mit einem Pfeifenreiniger schmieren, der in dünnes Maschinenöl getaucht wurde. Zuviel Öl gibt Flecke!

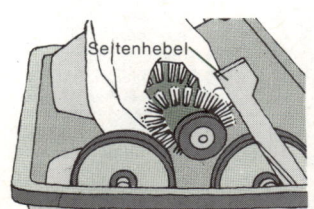

Seitenhebel

Hebelbefestigung: Seitenhebel leicht hineindrücken und anheben, Bürste herausnehmen. Die Seiten vom Gehäuse auseinanderziehen und Räder herausnehmen

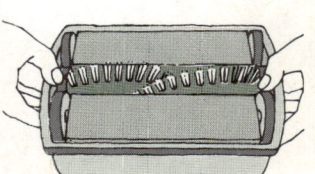

Gehäusebefestigung: Die Bürste kann auch im Gehäuse oder Rahmen befestigt sein. Seitenwände nach außen ziehen, Bürste loshaken und Räder herausnehmen

Uhren

Wartung und Pflege

Pflege und Reparatur von kostbaren Uhren soll man dem Uhrmacher überlassen. Einfache Wecker kann man aber selbst reinigen und ölen. Zum Säubern Reinigungsbenzin benutzen. Das Uhrmacheröl mit einer Nadel oder einem flachgehämmerten Drahtende aufbringen.

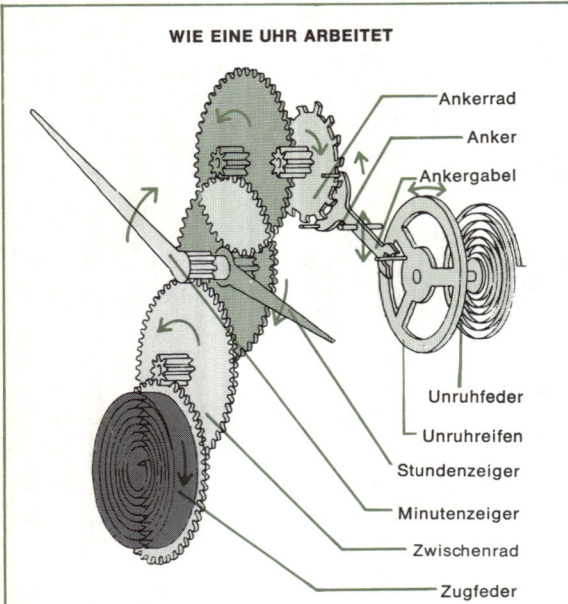

WIE EINE UHR ARBEITET

- Ankerrad
- Anker
- Ankergabel
- Unruhfeder
- Unruhreifen
- Stundenzeiger
- Minutenzeiger
- Zwischenrad
- Zugfeder

Die Ganggenauigkeit einer Uhr beruht auf einem Doppelmechanismus, von dem ein Teil die Uhr bewegt, während der andere die Schnelligkeit der Bewegung reguliert. Die Antriebsfeder bewegt über das Zwischenrad die Uhrzeiger. Der zweite Teil des Uhrwerks, die Unruh, regelt die Geschwindigkeit. Der ständig hin und her schwingende Unruhreifen wird durch die Unruhfeder gegen den Uhrzeigersinn bewegt. Dadurch hält der Anker das Ankerrad und die Zeiger einen Augenblick lang an. Im nächsten Moment stößt jedoch das von der Antriebsfeder im Uhrzeigersinn bewegte Ankerrad den Anker und den Unruhreifen zurück, rückt dabei um einen Zahn vor und bewegt zugleich die Zeiger.

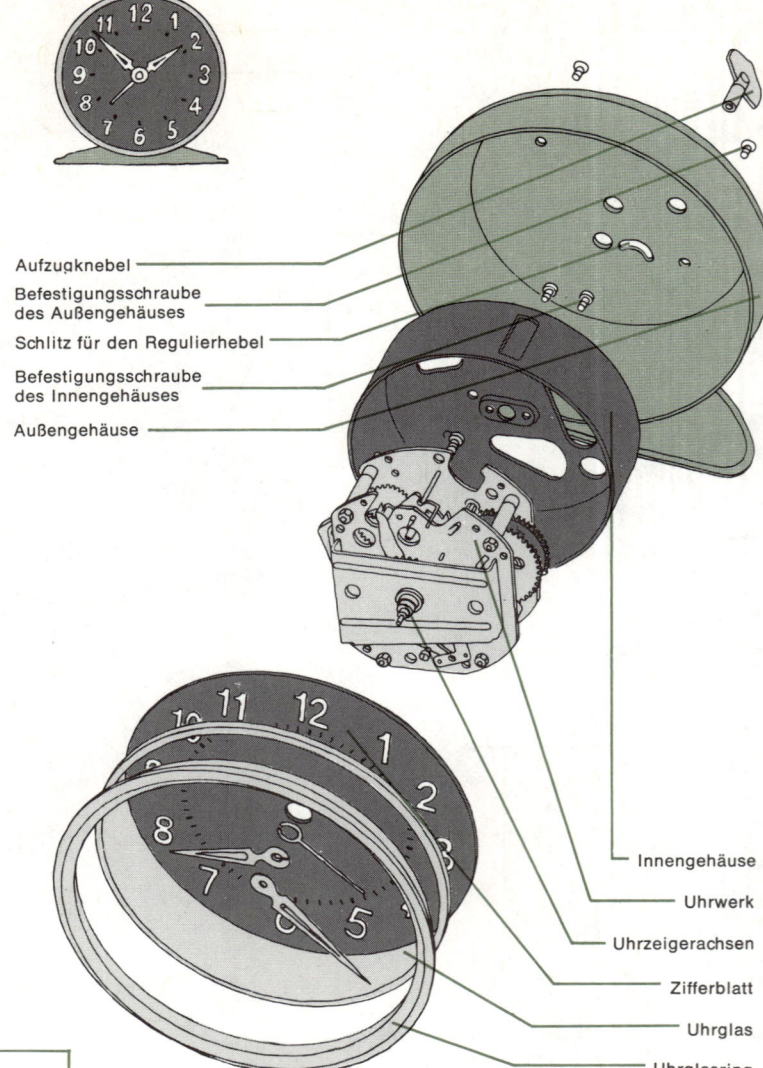

- Aufzugknebel
- Befestigungsschraube des Außengehäuses
- Schlitz für den Regulierhebel
- Befestigungsschraube des Innengehäuses
- Außengehäuse
- Innengehäuse
- Uhrwerk
- Uhrzeigerachsen
- Zifferblatt
- Uhrglas
- Uhrglasring

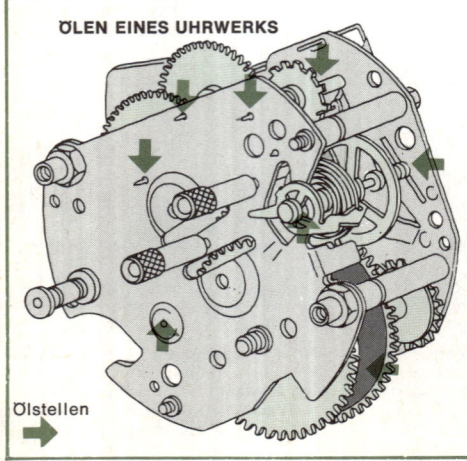

ÖLEN EINES UHRWERKS

Ölstellen

Nach dem Reinigen müssen alle sich bewegenden Teile des Uhrwerks geölt werden. Man darf dazu aber nur harzfreies Uhrmacheröl Nr. 4 verwenden, das für Großuhren geeignet und in Uhrmachergeschäften erhältlich ist. Auf jedes Achsenende gibt man in die Ölsenkung ein wenig Öl, außerdem wird jeder zweite Zahn des Ankerrads mit Öl versehen. Man darf aber nur ganz geringe Mengen Öl verwenden. Rad und Triebzähne dürfen nicht geölt werden!

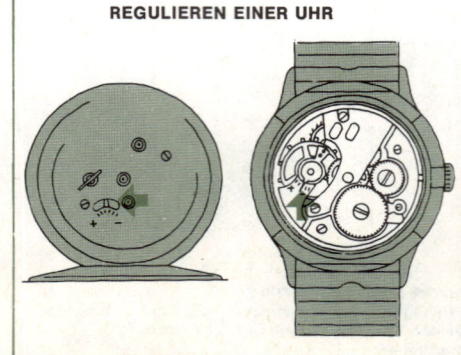

REGULIEREN EINER UHR

Die meisten Armbanduhren und Wecker besitzen einen Regulierhebel mit einer Skala; ein Ende ist mit A oder + (für schneller) und das andere Ende mit R oder – (für langsamer) gekennzeichnet. Durch entsprechendes Verschieben des Hebels läßt sich die Uhr genau regulieren. Nach 24 Stunden muß man dann die Ganggenauigkeit erneut kontrollieren.

Reinigen eines Uhrwerks

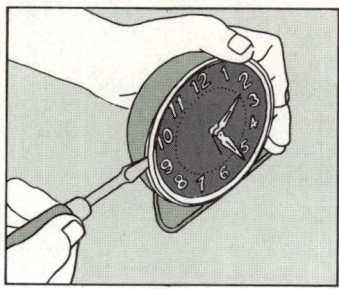

1. Mit einem Schraubenzieher den Ring des Uhrglases behutsam von der Vorderseite abheben. Den Ring dabei nicht beschädigen

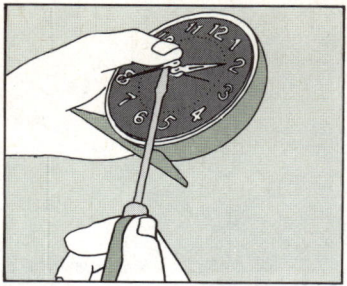

2. Nach Entfernen des Glases werden die Zeiger mit dem Schraubenzieher vorsichtig nach oben von den Achsen heruntergedrückt

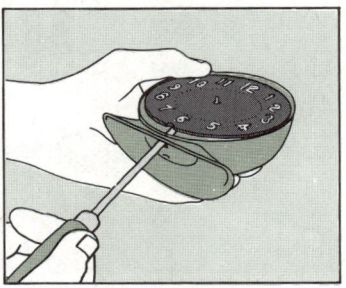

3. Nun läßt sich das Zifferblatt, im allgemeinen durch einen Schlitz unten im Gehäuse, herausdrücken

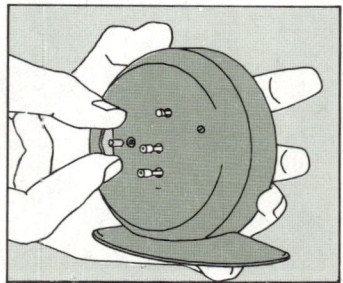

4. Auf der Rückseite Einstellschrauben und -knebel abnehmen, sofern sie größer als die zugehörigen Löcher sind

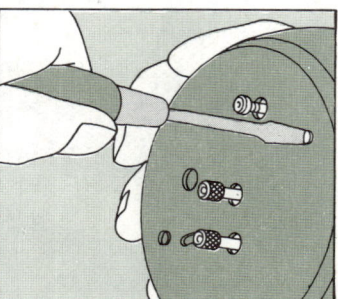

5. Das Außengehäuse durch Lösen der eingeschraubten Füße oder der Schrauben auf der Rückseite entfernen

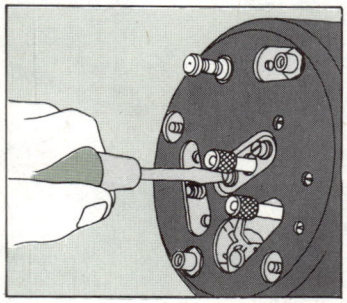

6. Uhrwerk aus Innengehäuse lösen und für 15 Minuten in Wasch- oder Motorenbenzin legen

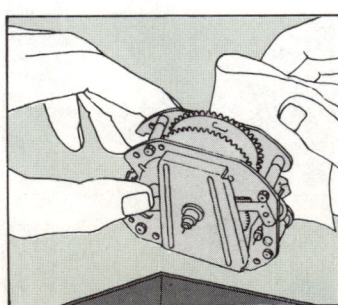

7. Das Uhrwerk herausnehmen, Benzin abschütteln, Außenflächen mit einem nichtfasernden Lappen sehr vorsichtig abreiben

8. Das Werk mit einem Fön trocknen, Rückstände von Autobenzin mit weichem Pinsel entfernen, Uhrwerk mit Uhrmacheröl ölen

Reinigen eines Armbanduhrgehäuses

Wenn sich das Uhrwerk aus dem Gehäuse nehmen läßt, kann man Gehäuse und Metallband in Benzin oder einer Spülmittellösung reinigen.

Wenn die Uhr ein Armband aus Leder besitzt, kann man sie nicht zusammen mit dem Armband in die Spülmittellösung oder das Benzin legen. Das Leder würde aufquellen und beim Trocknen rissig und spröde werden. Außerdem könnten sich die Nähte lösen. Das Armband muß vorher unbedingt entfernt werden (Abbildung unten).

Bei modernen, meist wasserdichten Armbanduhren läßt sich das Werk nicht ohne weiteres entfernen. Man sollte deshalb das Gehäuse nicht öffnen und es nur trocken mit einem Zahnstocher und einem Tuch reinigen.

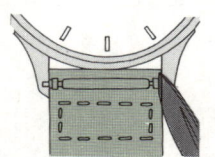

Bei Lederarmbändern seitliche Federn mit Messer eindrücken und Bolzen aus Bandhalterung nehmen

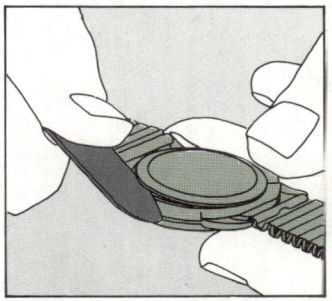

2. Zum Reinigen des Gehäuses Boden mit einem Federmesser entfernen und Werk herausnehmen

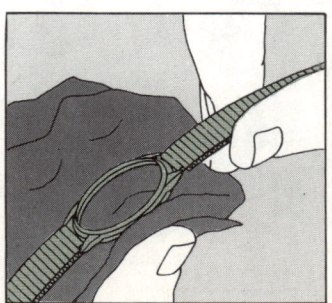

4. Benzin oder Spülmittel abschütteln, bei Spülmittel Gehäuse und Metallband unter Wasserhahn spülen, dann kurz abtrocknen

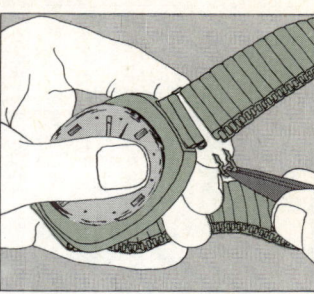

Bei manchen Metallarmbändern sind die Glieder durch abnehmbare Federklammern verbunden, die sich leicht herausnehmen lassen

1. Feine Kratzer auf dem Glas lassen sich mit Poliermittel und einem Wildlederlappen entfernen

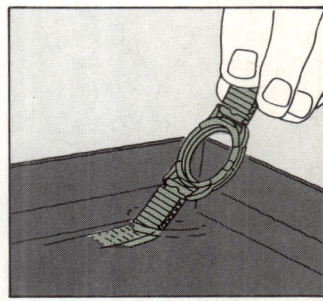

3. Gehäuse und Metallband zehn Minuten lang in Benzin oder Spülmittellösung legen

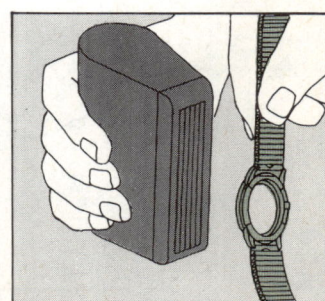

5. Mit Fön und nichtfaserndem Tuch gründlich trocknen, dann das Uhrwerk wieder behutsam in das Gehäuse einsetzen

Wäscheleine mit Aufrollautomatik

Die Nylonleine erneuern

Die vierteilige Automatikleine wird zwischen zwei gegenüber liegenden Wänden montiert. Wenn die Nylonleine ausfranst oder reißt, läßt sie sich leicht erneuern. Nylonleine ist in Bastel- und Haushaltgeschäften erhältlich.

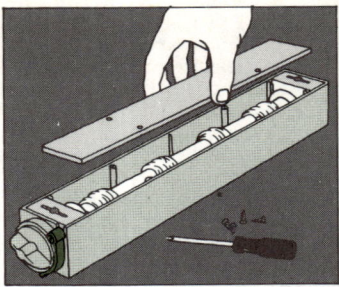

1. Das Gerät von der Wand nehmen, die vier Schrauben der hinteren Abdeckplatte entfernen und die Platte vom Gehäuse abnehmen

Material:	19 m Nylonwäscheleine
Werkzeug:	Kreuzschlitzschraubenzieher

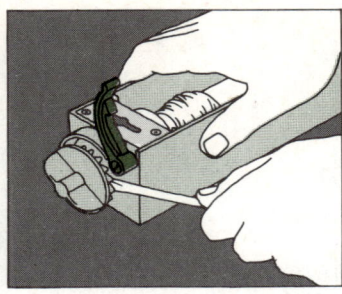

2. Den Spannknopf mit einem Schraubenzieher herausdrücken. Der Knopf ist nur fest aufgesteckt und nicht weiter gesichert

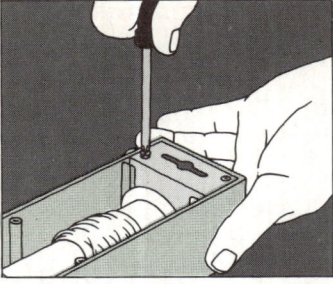

3. Die zwei Schrauben am anderen Gehäuseende, mit denen die eine der beiden Gehäusehalterungen befestigt ist, herausschrauben

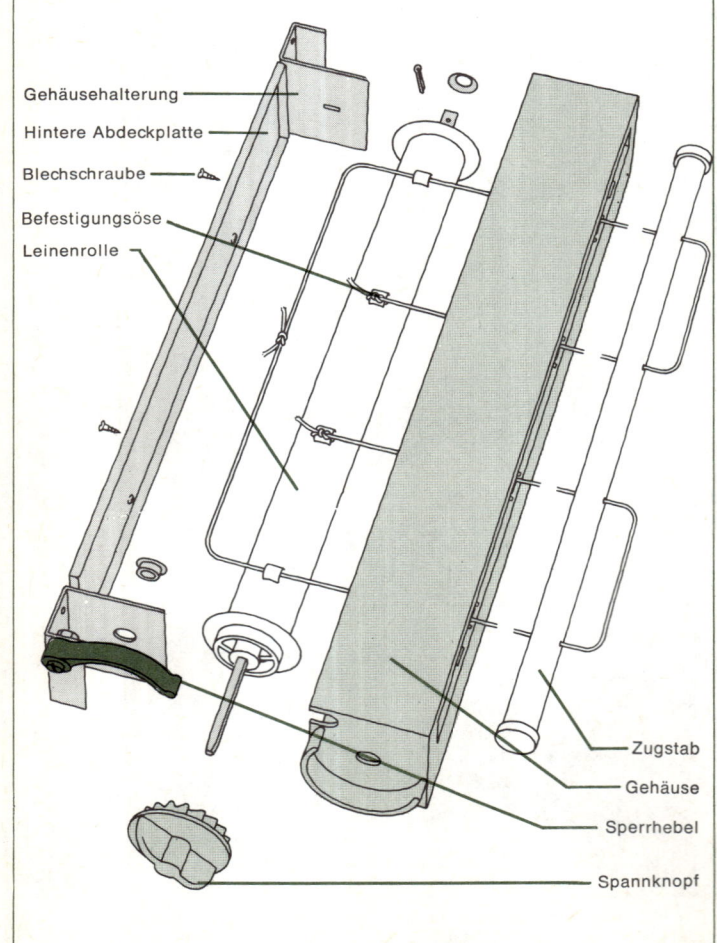

Gehäusehalterung
Hintere Abdeckplatte
Blechschraube
Befestigungsöse
Leinenrolle
Zugstab
Gehäuse
Sperrhebel
Spannknopf

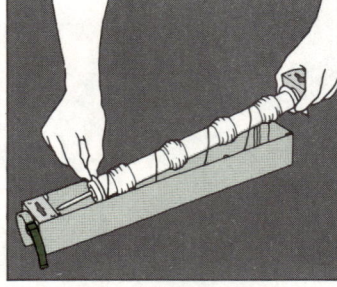

4. Die Gehäusehalterung anheben und mit der gesamten Leinenrolle aus dem Gehäuse herausnehmen. Die alte Nylonleine entfernen

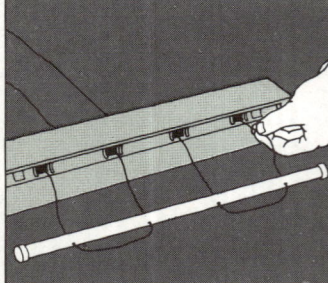

5. Zwei Leinenenden von je 9,5 m Länge durch die Öffnungen in dem Zugstab und danach durch die Schlitze im Gehäuse führen

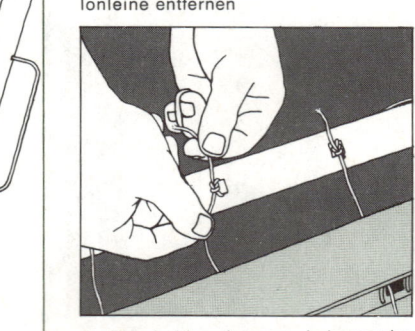

6. Die beiden inneren Leinenenden durch die Befestigungsösen in der Mitte der Leinenrolle hindurchstecken und festknoten

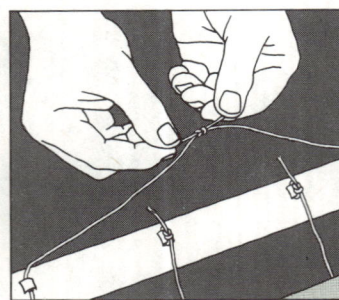

7. Die äußeren Enden der beiden Leinen durch die äußeren Ösen der Leinenrolle ziehen und in der Mitte der Rolle fest zusammenknoten

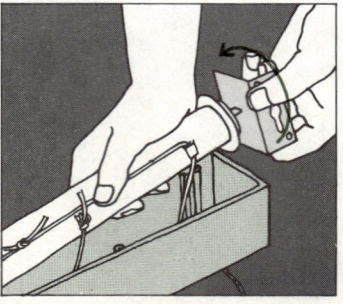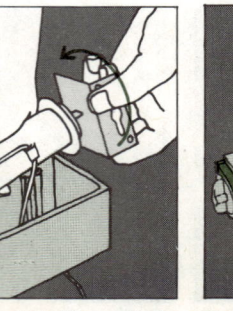

8. Die Leinenrolle festhalten und die Gehäusehalterung 52mal im Uhrzeigersinn drehen, wodurch die Spannfeder aufgezogen wird

9. Die Leine voll herausziehen, damit sich die Spannung gleichmäßig auf alle vier Leinenenden verteilt, und Leine wieder zurückrollen lassen

Schneidwerkzeuge schärfen

Auch neue Schneidwerkzeuge können nicht ohne vorheriges Abziehen verwendet werden. Man sollte prüfen, ob ihre Schneiden beim Transport nicht beschädigt wurden. Jedes Werkzeug wird stumpf und sollte dann geschärft werden. Denn nur mit einwandfreiem Werkzeug bringt man eine befriedigende Arbeit zustande.

Bei stark abgenutzten Hobel- und Stecheisen ist das Schärfen zeitraubend und erfordert viel Geduld und Genauigkeit. Wenn man sauber gearbeitet hat, glänzt die Klinge gleichmäßig metallisch hell.

Beim Schärfen muß man darauf achten, daß man nicht mehr Metall abnimmt, als unbedingt nötig ist, um den richtigen Keilwinkel zu erhalten. Die Schleifunterlage sollte eben und fest sein. Eine Werkbank oder ein stabiler Tisch ist dafür gut geeignet.

Wenn Werkzeuge nicht mehr gebraucht und aufbewahrt werden, sollte man sie vorher mit feinem Öl einreiben.

HOBEL- UND STECHEISEN

Geschärfte Hobel- und Stecheisen haben einen Keilwinkel von 25°. Die abgeschrägte Fläche nennt man Schneidfase, die gerade Spiegel.

Der Keilwinkel oder die Schneidfase eines Hobel- oder Stecheisens wird normalerweise auf der Schleifscheibe angeschliffen.

Hobeleisen bestehen aus zweierlei miteinander verbundenen Stahlsorten: einem Werkzeugstahlteil, aus dem das Schneidenteil besteht, und einem Teil aus weicherem Stahl, der den gesamten Oberteil des Eisens bildet.

Nach längerem Gebrauch kann es vorkommen, daß die Werkzeugstahlklinge so abgenutzt ist, daß man das Eisen ersetzen muß.

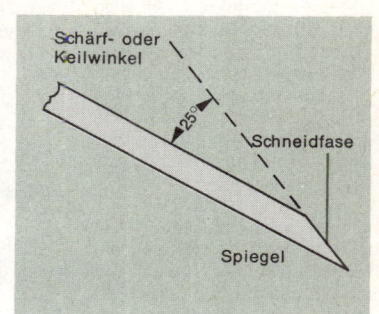

PFLEGE EINES ÖLSTEINS

Zum Schärfen von Hobel- und Stecheisen nimmt man einen Ölstein von mindestens 150 x 50 x 25 mm. Besser noch ist eine Länge von 200 mm. Bei kombinierten Ölsteinen ist eine Seite fein und die andere mittelgrob.

Material: Petroleum, Maschinenleichtöl, Karborundschleifpulver Werkzeug: Stahllineal, Lappen, Glas

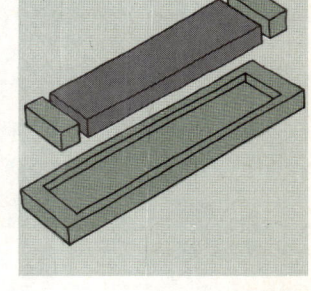

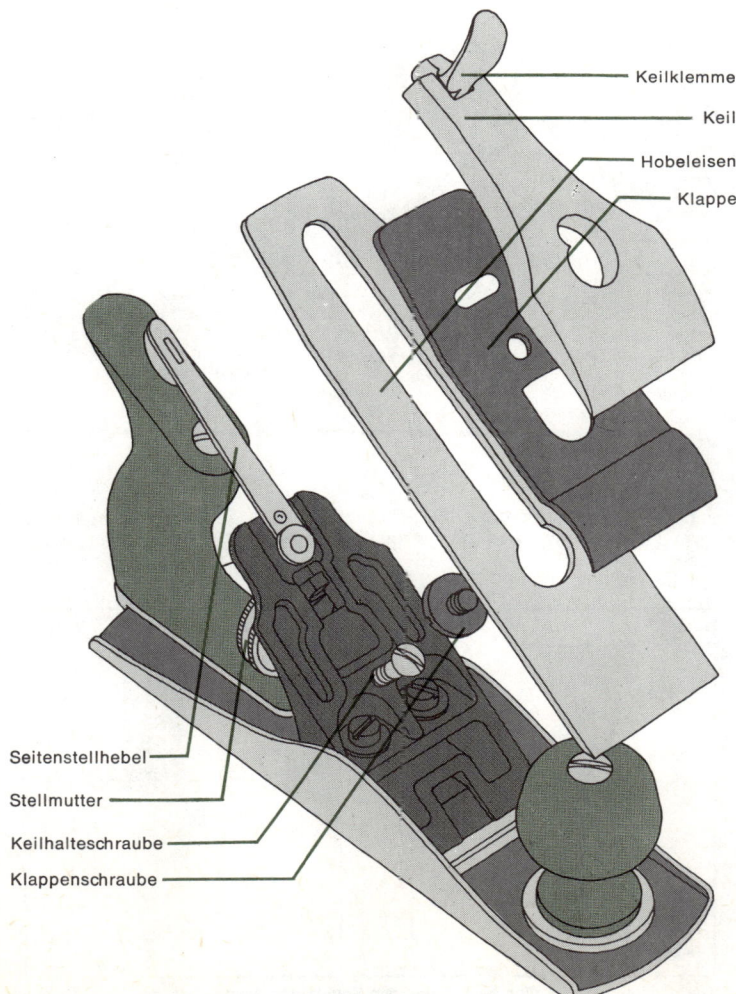

Keilklemme
Keil
Hobeleisen
Klappe
Seitenstellhebel
Stellmutter
Keilhalteschraube
Klappenschraube

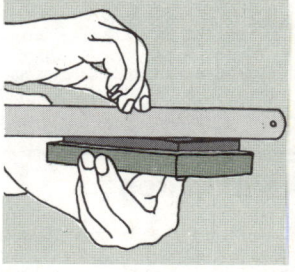

1. Man legt ein Stahllineal diagonal über den Ölstein. Scheint Licht zwischen Lineal und Stein durch, so schleift man ihn nach

2. Dazu gibt man Schleifpulver und Wasser auf eine Glasscheibe und führt den Stein in kreisförmigen Bewegungen darüber hin

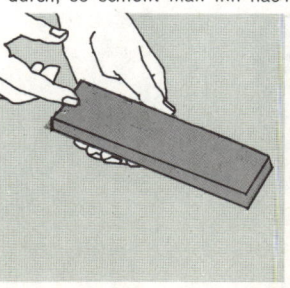

3. Der Stein wird immer wieder geprüft und so lange geschliffen, bis das Pulver gleichmäßig auf der ganzen Fläche haftet

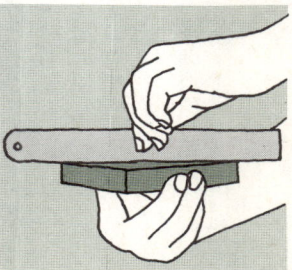

4. Wenn das Pulver eine gleichmäßige Schicht auf dem Stein bildet, prüft man nochmals mit dem Lineal, ob er eben ist

Werkzeuge

Schabwerkzeuge schärfen

In der Holzbearbeitung zählt man zu den Schabwerkzeugen die einfache Möbelziehklinge, die geschweifte Möbelziehklinge (Schwanenhalsform), die halbrunde Fußbodenziehklinge sowie den Schab- und Ziehklingenhobel. Alle diese Werkzeuge arbeiten spanabhebend. Die Späne werden jedoch nicht wie beim Hobel durch eine Schneide abgehoben, sondern durch einen feinen Grat.

Die einfache Ziehklinge ist ungefähr 7 cm breit, 15 cm lang und 1–2,5 mm dick. Sie besteht aus Werkzeugstahl und eignet sich gut zum Verputzen ebener und geschweifter Flächen und Möbelteile. Da die Ziehklinge schabt und nicht schneidet, rauht sie das Holz auch etwas auf. Es sollte deshalb vor der Oberflächenbehandlung gewässert und nachgeschliffen werden. Eine Ziehklinge ist stumpf,

wenn die Klingenkante so oft nachgezogen worden ist, daß sie rund ist.

Man richtet sich zwei Hartholzzulagen mit rechtwinkligen Kanten und spannt die Ziehklinge, etwa

1 mm überstehend, mit einer Schraubzwinge in den Zulagen fest. Dann feilt man die Klingenkante mit einer Schlichtfeile, bis sie mit dem Holz eben ist, und zieht Kante und Flächen mit dem

Abziehstein gut ab. Das Anziehen des neuen Grats muß sehr sorgfältig gemacht werden. Man kann es mit dem glatten Dreikantstahl oder mit einem speziellen Ziehklingengratzieher machen.

1. Die Längskante der in Zulage und Hobelbank gespannten Ziehklinge wird so lange gefeilt, bis sie ganz genau rechtwinklig ist

2. Mit dem feuchten Abziehstein bearbeitet man die Kante, bis keine Feilspuren mehr erkennbar sind; dann zieht man auch die Flächen ab

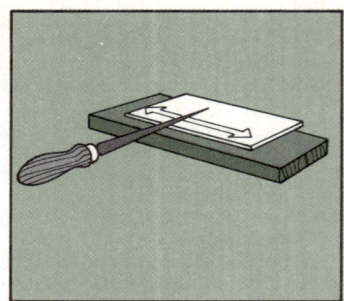

3. Mit dem Dreikantstahl, den man hin und her zieht, verdichtet man die Flächen, damit die Klingenkanten absolut plan und riefenfrei sind

4. Man legt den gefetteten Dreikantstahl im Winkel von ungefähr 85° an die Klingenkante und zieht mit zwei bis drei kräftigen Strichen den Grat an

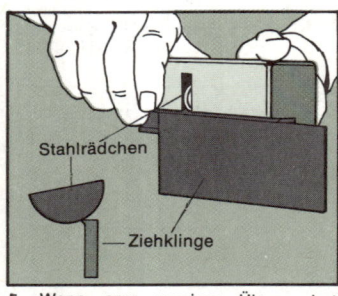

Stahlrädchen
Ziehklinge

5. Wenn man weniger Übung hat, nimmt man den Ziehklingengratzieher. Durch einige Vor- und Rückwärtsbewegungen entsteht der Grat

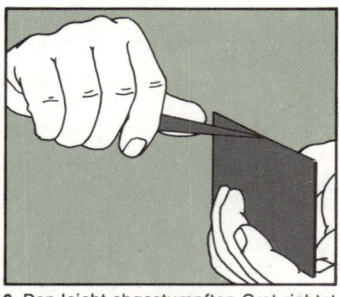

6. Den leicht abgestumpften Grat richtet man mit der Ziehklingenstahlspitze wieder auf. Vorsicht, daß die Spitze nicht abgleitet

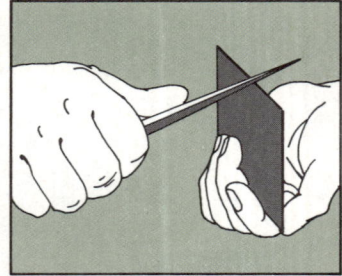

7. Durch leichte Striche mit dem gefetteten Dreikantstahl bringt man den aufgerichteten Grat wieder in den richtigen Schneidewinkel

Nachschleifen eines Schraubendrehers

Die Funktionsfähigkeit eines Schraubendrehers (Schraubenziehers) hängt weitgehend vom Zustand seiner Klinge ab. Sie muß in

Form und Größe zum jeweiligen Schraubenschlitz passen. Die Klingendicke sollte der Schraubenschlitzbreite entsprechen; dabei

darf die Klinge aber nicht meißelförmig zugespitzt werden. Man braucht etwas Geschick, um diese mit der Schleifscheibe parallel an-

zuschleifen; sonst nimmt man eine Flachfeile. Zur Kontrolle steckt man die Schraube auf die Klinge; sie muß steckenbleiben.

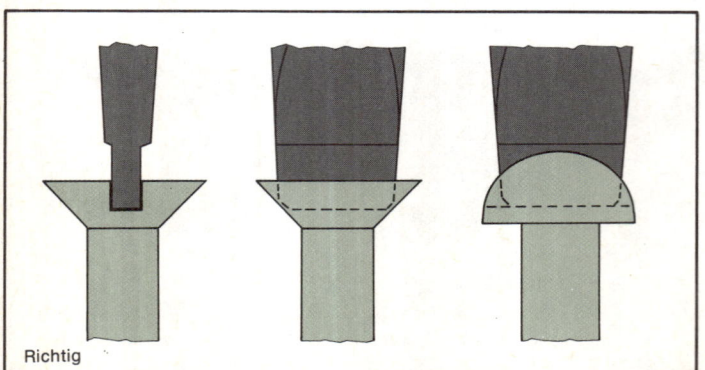

Die Klinge paßt bei allen Schraubenkopfarten genau in den Schlitz. Auch die Klingenbreite muß auf den Schraubenkopfdurchmesser abgestimmt sein

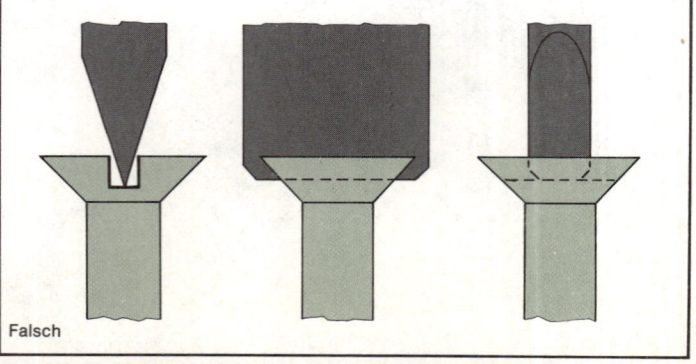

Die meißelförmige Klinge gleitet aus dem Schlitz und beschädigt ihn. Eine zu breite Klinge verletzt das Holz, mit der zu schmalen übt man wenig Kraft aus

Klingen auf Abnützung untersuchen

Alle Schneidwerkzeuge sollte man vor Gebrauch auf ihren Zustand prüfen.

Stellt man fest, daß sie stumpf sind oder Scharten haben, muß man sie auf einem Schleifstein abziehen oder bei starker Abnutzung vorher meist noch an der Schleifmaschine schleifen.

Bei dieser Arbeit muß man besonders sorgfältig darauf achten, nicht mehr Metall abzunehmen, als zum Herstellen einer scharfen Schneide im richtigen Winkel erforderlich ist.

Bei neuem Werkzeug genügt es meistens, die Schneidfase auf einem Stein abzuziehen. Wichtig ist, daß dabei auch die flache Seite, der Spiegel, sorgfältig abgezogen wird.

Material:	*Öl*
Werkzeug:	*Ölstein*
	Stahllineal
	Anschlagwinkel
	Abziehriemen
	Schraubenzieher

Bei stark abgenutzten oder falsch geschärften Eisen hilft nur die Schleifscheibe. Wichtig ist, daß man das Eisen nicht stark gegen die Scheibe drückt

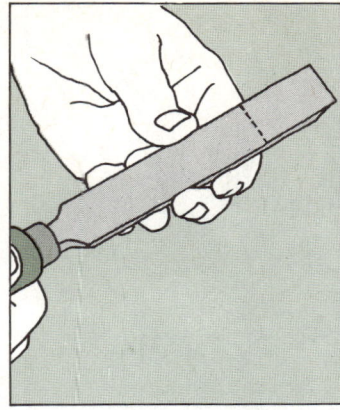

1. Beim Schärfen von Hobel- und Stecheisen wird auch der Spiegel geprüft: Mindestens die unteren 4 bis 5 cm müssen eben sein, an der Schneide darf kein Grat stehen

2. Man gibt ein wenig Öl auf den Stein: drei bis vier Tropfen von der Größe eines Groschens genügen. Das Öl verteilt sich bei den ersten Schleifbewegungen gleichmäßig auf dem Stein

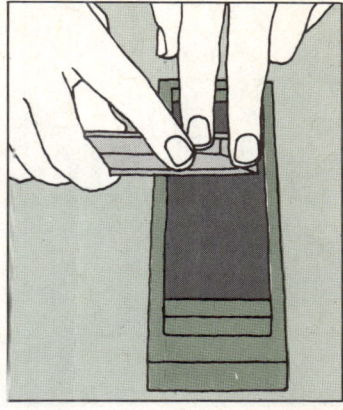

3. Sind die Unebenheiten auf dem Spiegel sehr stark, muß er zuerst auf einem groben Stein vorgeschliffen und dann auf einem feinen Stein abgezogen werden

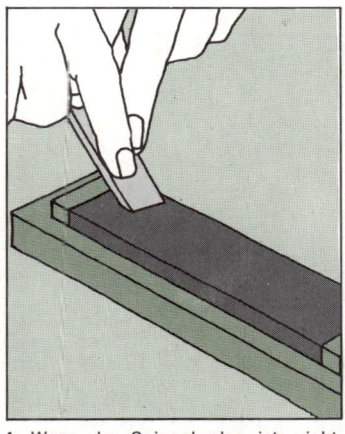

4. Wenn der Spiegel plan ist, zieht man die Schneidfase ab. Hierzu hält man das Werkzeug in der Verlängerung des Arms. Um den Stein gleichmäßig abzunutzen, arbeitet man diagonal in beiden Richtungen

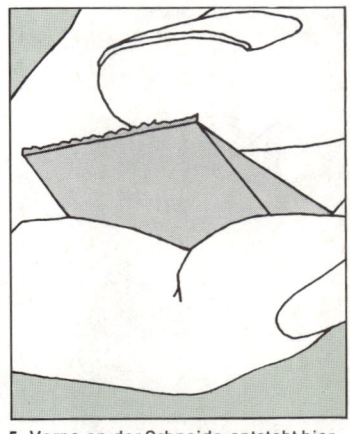

5. Vorne an der Schneide entsteht hierbei ein feiner Grat, der über die gesamte Länge der Schneidenkante verlaufen soll. Man fühlt ihn, wenn man vorsichtig am Spiegel des Stecheisens entlangstreicht

6. Eisen mit Spiegel auf den Stein legen und noch einmal abziehen. Nach wenigen Strichen ist der Grat dünn und biegt sich nach vorn. Spiegel und Fase abwechselnd abziehen, bis Grat weg ist

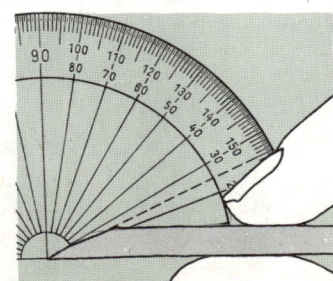

Prüfen des Keilwinkels: Man hält das Eisen so auf einen Winkelmesser, daß der Spiegel an der Grundlinie anliegt und die Spitze sich genau im Mittelpunkt befindet. Dann wird der Keilwinkel gemessen. Er muß 25° haben

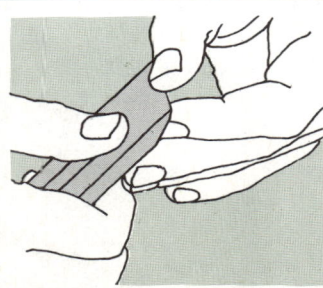

Schärfetest: Sehr zuverlässig läßt sich die Schärfe einer Hobel- oder Stecheisenschneide mit der Hand prüfen. Streichen Sie mit dem Daumen leicht über die Schneide. Wenn die Schneide scharf ist, rupft sie an der Haut

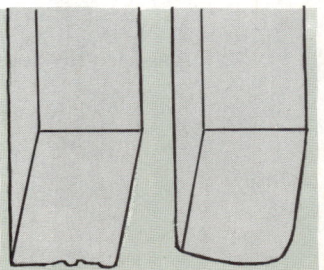

Schartige oder abgenutzte Eisen: Wenn eine Schneide schartig oder stark abgenutzt ist, muß sie auf der Schleifscheibe rechtwinklig und auf 25° nachgeschliffen werden. Danach zieht man das Eisen von Hand auf dem Ölstein ab

Schief geschliffenes Hobeleisen: Zum Prüfen der Schneidenkante legt man einen Anschlagwinkel an eine Längskante des Hobeleisens. Weicht die Schneide vom Winkel ab, muß das Hobeleisen neu geschliffen und abgezogen werden

Werkzeuge

Hobeleisen einsetzen und einstellen

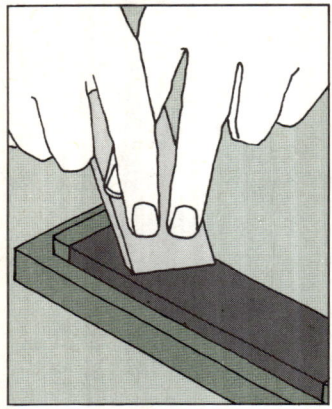

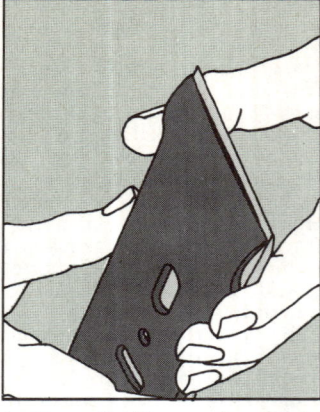

1. Hobeleisen werden ebenso geschärft wie Stecheisen (siehe S. 423), aber da sie häufig breiter sind als der Ölstein, müssen sie schräg gehalten werden, damit die ganze Schneide abgezogen wird

2. Wenn das Hobeleisen abgezogen ist, legt man es gegen die Oberseite der Klappe. Beide müssen genau aufeinander passen, damit die Klappe die Späne brechen kann. Vorderkante der Klappe nicht biegen

3. Wenn zwischen Klappe und Eisen ein Spalt ist, zieht man die Innenkante der Klappe in Längsrichtung über den Ölstein. Entfernen Sie nicht mehr Metall als nötig, damit die Klappe wieder glatt auf dem Hobeleisen anliegt

4. Wenn die Klappe angepaßt ist, wird sie auf die Rückseite des Hobeleisens gelegt und festgeschraubt. Nun schiebt man die Klappe so weit nach vorn, daß das Hobeleisen höchstens 2 mm darüber hinausragt

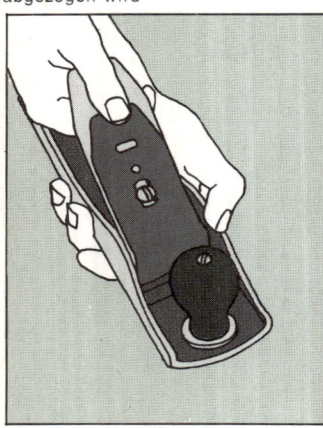

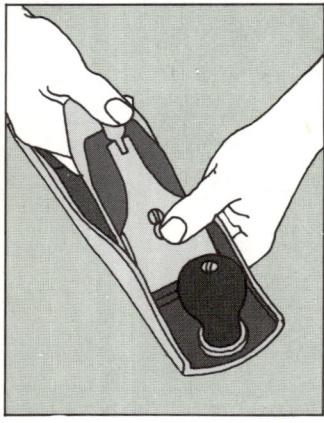

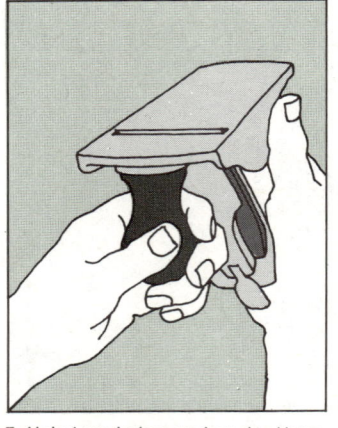

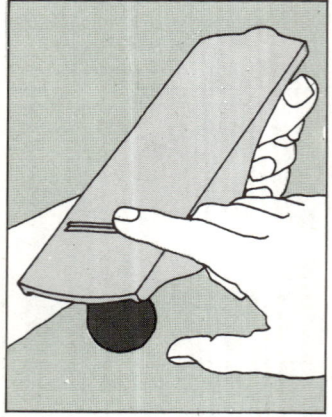

5. Stellschraube der Klappe so anziehen, daß das Hobeleisen weiterhin 2 mm übersteht. Beide Eisen mit der Klappe nach oben in den Hobelkasten legen, Klappe durch den Schlitz mit der Klingenstellschraube befestigen

6. Keil über Eisen und Klappe schieben, Klemmhebel nach unten drükken. Sind die Eisen noch locker, Keil entfernen und die Schraube der Klappe anziehen. Anschließend Keil wieder aufschieben und verriegeln

7. Hobel umdrehen und an der Unterseite entlangblicken. Eisen so einstellen, daß die Schneide des Hobeleisens parallel zur Sohle verläuft. Ist dies nicht möglich, die Klinge auf Rechtwinkligkeit prüfen (siehe S. 423)

8. Bei den meisten Arbeiten muß das Eisen nur wenig über die Sohle stehen. Wird ein tieferer oder flacherer Schnitt gewünscht, stellt man die Schnittiefe an dem Knopf an der Hinterseite des Hobels ein

---

HOHLEISEN MIT AUSSENSCHLIFF SCHÄRFEN

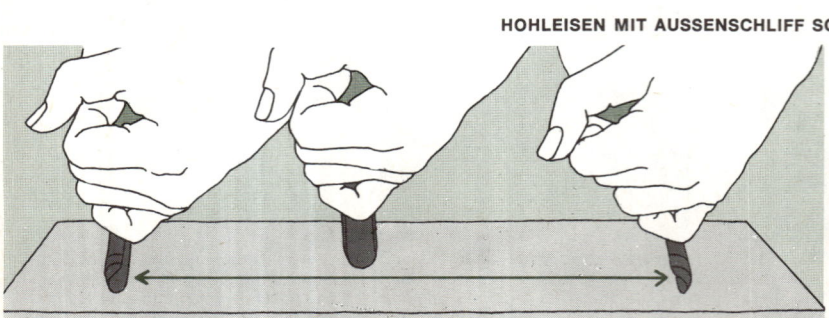

Das Eisen wird im Winkel von 25° zum Ölstein gehalten

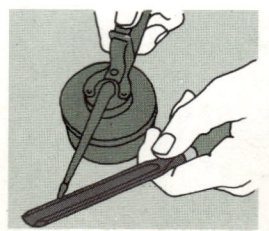

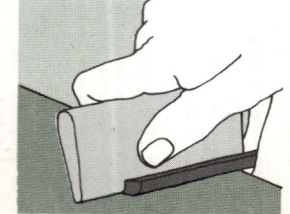

Die geschliffene Schneidenfase eines Hohleisens im Winkel von 25° auf dem Ölstein abziehen. Dabei drehen, um die gesamte Schneide zu schärfen. Bildet sich an der Innenseite des Hohleisens ein Grat, wird etwas Öl aufgetragen, das Eisen fest aufgelegt und der Formstein durch die Kehlung geführt. An beiden Seiten wiederholen, bis der Grat verschwunden ist

Handsägen schärfen

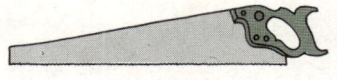

Fuchsschwanz

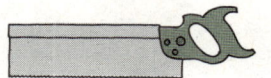

Rückensäge

Die im Haus am häufigsten verwendeten Handsägen sind der biegsame Fuchsschwanz und die kleinere Rückensäge.

Mit dem Fuchsschwanz führt man die gröberen Arbeiten aus, während man die Feinsäge für saubere Schnitte verwendet; man schneidet damit z. B. Leisten auf Länge oder Gehrung.

Der Fuchsschwanz ist die gebräuchlichste unter den ungespannten Sägen; er kann in vielen Fällen die Spannsäge (Tischlersäge) ersetzen. Der Fuchsschwanz ist etwa 50 cm lang und hat meist 10 Zähne pro Zoll. Die Sägen mit starrem Blatt, die Feinsägen, haben 14 oder mehr Zähne pro Zoll und eine Länge von etwa 20–25 cm. Handsägen sollten stets so scharf sein, daß sie beim Vorwärtsschub mit ihrem eigenen Gewicht schneiden. Wenn die Säge über das Holz gleitet, anstatt kräftig zu greifen, muß sie geschärft werden. Wenn die Säge nach einer Richtung ausläuft, ist sie sehr ungleich geschränkt, und die Zähne müssen neu gerichtet werden.

Die Sägezähne sind wechselweise von der Blattebene abgewinkelt, d. h. geschränkt. Dadurch erhält man einen Schnitt, der etwas breiter ist als das Sägeblatt, so daß sich die Säge ungehindert führen läßt. Außerdem sind dadurch Korrekturen möglich, wenn die Säge von der vorgesehenen Schnittrichtung abweicht. Klemmt die Säge, muß sie neu beziehungsweise mehr geschränkt werden.

Werkzeug: Schraubstock, 2 Hartholzleisten, Schränkzange, mittelgrobe Flachfeile und Sägefeile für große Sägen, feine Flachfeile und Dreikantfeile für Fuchsschwanz und Feinsäge

1. Die Säge wird zwischen zwei für den Griff ausgeschnittenen Holzleisten in den Schraubstock eingespannt. Sehr wichtig dabei ist, daß vom Sägeblatt nur die Zähne bis zum Grund über die Holzleisten hinausstehen, damit das Blatt beim Feilen nicht vibrieren kann

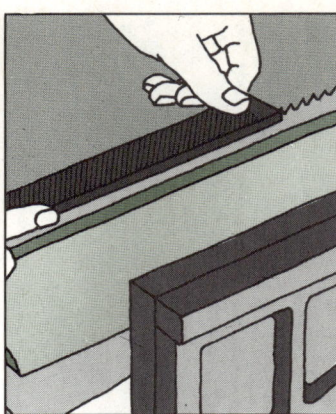

2. Bei ungleichmäßig abgenutzten Sägen fährt man zunächst mit einer feinen Flachfeile über das Sägeblatt, bis alle Zähne gleich hoch sind. Hierdurch erhält man eine glänzende Fläche auf der Zahnoberseite, die durch das Schärfen abgefeilt werden muß

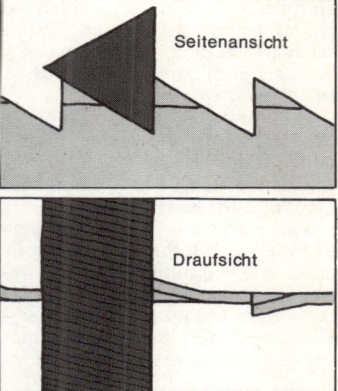

Seitenansicht

Draufsicht

3. Längsschnittsägen verwendet man zum Trennen längs der Faser. Zum Schärfen sollte man möglichst immer eine Feile verwenden, die der Form der Sägezahnlücken entspricht, damit Zahnbrust und Zahnrücken in einem Arbeitsgang gefeilt werden können

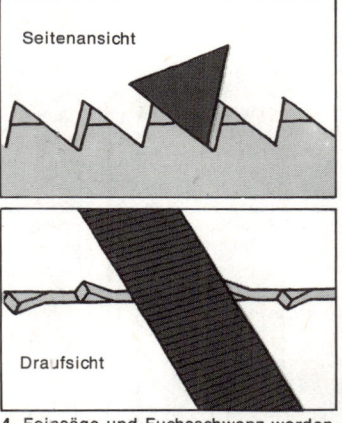

Seitenansicht

Draufsicht

4. Feinsäge und Fuchsschwanz werden ebenso geschärft wie die Längsschnittsäge, aber im Winkel von 60° zur Blattebene. Hier werden die nach hinten weisenden Zahnseiten zuerst gefeilt. Anschließend dreht man die Säge um und schärft die anderen Seiten

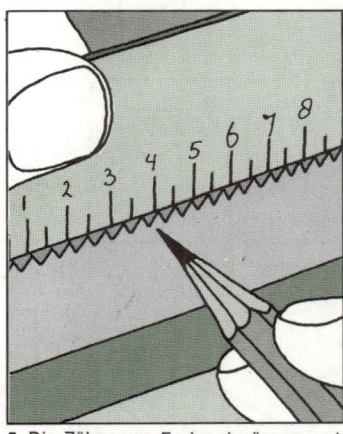

5. Die Zähne von Fuchsschwänzen und großen Handsägen werden vor dem Schärfen mit einer Schränkzange geschränkt. Man zählt die Zahl der Zähne pro Zoll – bei großen Sägen meist 10, bei Fuchsschwänzen 14–16. Kleine Rückensägen schränkt man nur wenig

6. An der Schränkzange stellt man die entsprechende Anzahl von Zähnen pro Zoll ein und schränkt dann vom Heft an alle nach hinten weisenden Zähne. Dann spannt man die Säge umgekehrt in den Schraubstock und schränkt die übrigen Zähne auf die gleiche Weise

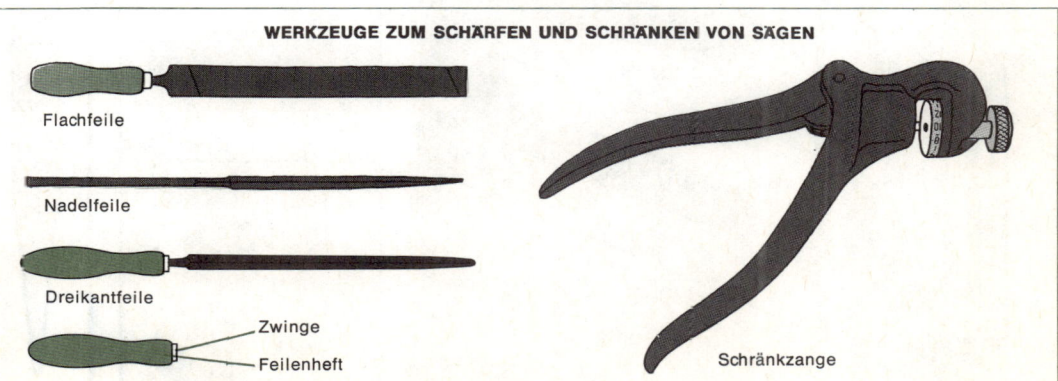

WERKZEUGE ZUM SCHÄRFEN UND SCHRÄNKEN VON SÄGEN

Flachfeile

Nadelfeile

Dreikantfeile

Zwinge

Feilenheft

Schränkzange

Werkzeuge

Einen Hammerstiel aus Holz einsetzen

Gesplitterte oder angebrochene Hammerstiele müssen umgehend erneuert werden, weil sonst das Werkzeug zu einem gefährlichen Instrument werden kann.

Hammerstiele sollten aus zähem Hartholz wie Esche, Weißbuche oder Hickory und etwa 25–30 cm lang sein, damit die Schläge auch Kraft haben.

Sehr wichtig ist, daß ein Hammerstiel im Hammeröhr verkeilt wird. Man nimmt dazu am besten Eisenkeile, doch Hartholzkeile tun es auch. Sie müssen allerdings mit Leim bestrichen werden, bevor man sie eintreibt.

Material:	Hammerstiel, Keil
Werkzeug:	Holzraspel, Rückensäge, Hammer

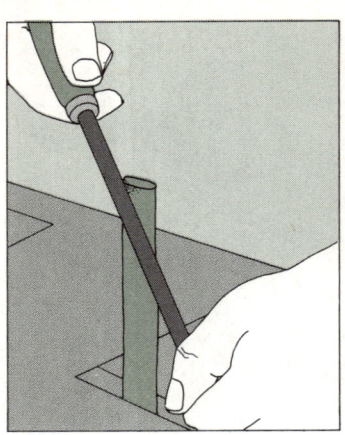

1. Ein zum Hammer passender Stiel wird, wenn erforderlich, mit der Holzraspel in das Hammeröhr eingepaßt und danach mit Schleifpapier geglättet

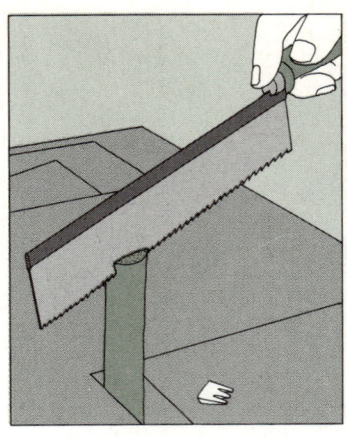

2. In das Kopfende des Hammerstiels sägt man mit der Rückensäge schräg einen Schlitz, der so tief sein sollte, wie der Keil lang ist

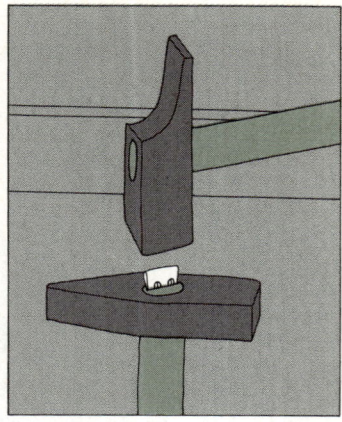

3. Man setzt den Hammerkopf auf den Stiel auf, staucht diesen auf einer festen Unterlage, bis der Kopf richtig sitzt, und treibt den Keil ein

Heftmaschine

Heftmaschinen (auch Tacker genannt) der hier abgebildeten Art gibt es in mehreren Größen. Sie machen Hammer und Nägel in vielen Fällen überflüssig und sind ganz einfach mit einer Hand zu bedienen.

Man faßt die Maschine am Griffschlitz und drückt mit dem Handballen kräftig auf den Griff. Mit jedem Druck wird vorne durch die Unterseite eine Heftklammer aus der Maschine in die zu verbindenden Teile gepreßt.

Die Heftklammern werden auf eine leicht zugängliche Transportschiene im Unterteil der Maschine geschoben.

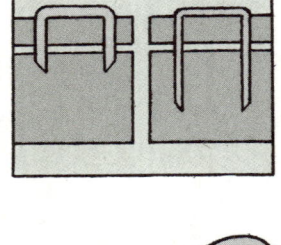

Je härter der Untergrund, desto kürzer und dicker muß die Heftklammer sein. Links im Bild eine Klammer für Hartholz, rechts für Weichholz oder Spanplatten. Für die verschiedenen Arbeiten gibt es Zusatzgeräte, z. B. für das Verlegen von Drähten oder Kabeln, für das Spannen von Stoffen, Gaze oder Bodenbelägen

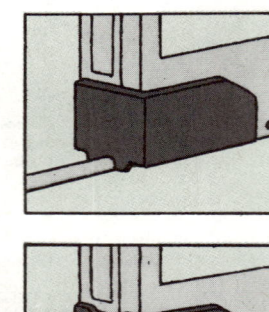

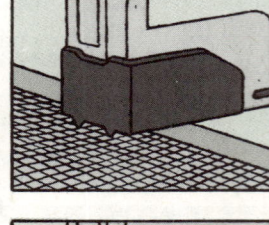

Versenker

Der Versenker (Senkstift) dient dazu, in Holz eingeschlagene Nägel unter die Oberfläche zu versenken. Dazu eignen sich am besten Stauchkopfnägel. Versenker gibt es mit rundem oder eckigem Querschnitt. Alle haben aber eine runde, konische Spitze, die am Ende abgeplattet ist. Diese Fläche sollte etwas kleiner als der Nagelkopf sein. Man kann mit Versenkern auch Löcher in Holz, Leder usw. stanzen.

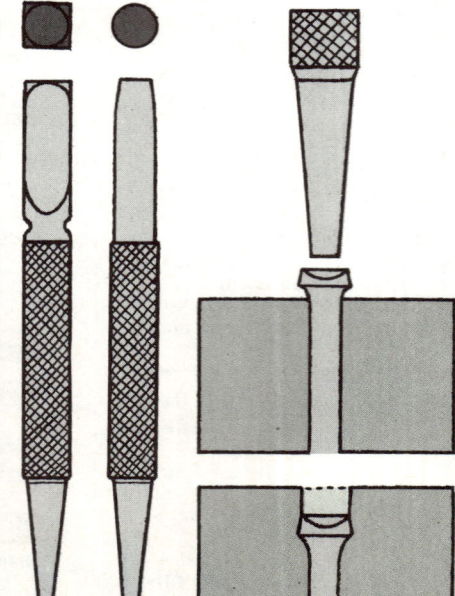

TEIL 4

Garten und Erholung

Gartenmauern

Eine Ziegelmauer erneuern

Eine Gartenmauer wird in den meisten Fällen am Eingang beschädigt, wo ein Tor angebracht ist oder ein Fahrweg hindurchführt. Wird die Gartenmauer umgefahren, muß das gesamte beschädigte Mauerwerk abgebrochen und neu ausgeführt werden. Dabei sollte man so viel alte Steine wie möglich wieder verwenden. Wenn sie nicht ausreichen, weil einige davon nicht mehr brauchbar sind, versucht man, alte Steine zu bekommen, die nach Farbe und Struktur zur Mauer passen. Von den alten Steinen schlägt man den Mörtel ab.

Ältere Feldstein-, Werkstein- oder Ziegelmauern sind häufig mit reinem Kalkmörtel gemauert. Für die Reparatur verwendet man besser eine haltbarere Mischung von 1:1:6 aus Kalk, Zement und Sand. Neuere Mauern sind meist mit Zementmörtel errichtet. Hierbei verwendet man die richtigen Mörtelmischungen für das Mauern und das Ausfugen (siehe S. 106).

Während des Arbeitens muß man mit der Wasserwaage re-

gelmäßig prüfen, ob das Mauerwerk lot- und waagrecht ist. Zum Einhalten der Schichthöhe benutzt man eine Schnur, die an beiden Enden durch aufgelegte Steine gehalten wird.

Material: Zement und Sand für den Mörtel, Wasser, Kalk und Steine nach Bedarf
Werkzeug: Kelle, Hammer, breiter Steinmeißel, Schaufel, Wasserwaage, Schnur

1. Der alte Mörtel wird mit Hammer und Meißel vom Mauerwerk und von den wieder verwendbaren Ziegelsteinen gründlich entfernt

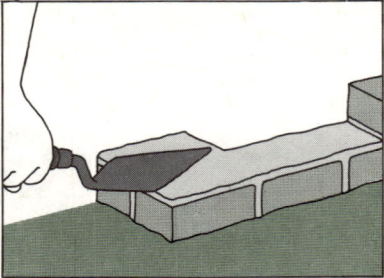

2. Mit der Kelle trägt man eine gleichmäßige, etwa 15 mm dicke Mörtelschicht auf die stehengebliebene Ziegellage am Ende des zerstörten Mauerteils auf

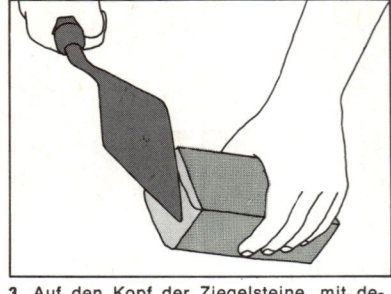

3. Auf den Kopf der Ziegelsteine, mit denen der Mauerpfeiler am Ende der Mauer hochgezogen werden soll, wird mit der Kelle Mörtel etwa 15 mm dick aufgebracht

4. Den Mauerpfeiler auf die gleiche Höhe bringen wie den stehengebliebenen Mittelteil der Mauer. Mit der Wasserwaage prüfen, ob der Pfeiler senkrecht steht

5. Eine Schnur zwischen dem Ende und dem Mittelteil der Mauer spannen. Eine Schicht Mörtel auf die Oberfläche der bereits ausgeführten Ziegellage auftragen

6. Die nächste Ziegelschicht so verlegen, daß die vordere Oberkante der Steine mit der Schnur fluchtet. Die weiteren Schichten in der gleichen Weise mauern

7. Wenn die Sockelmauer fertig ist, wird der Pfeiler auf die alte Höhe gebracht. Mit der Wasserwaage prüfen, ob Vertikale und Horizontale des Pfeilers stimmen

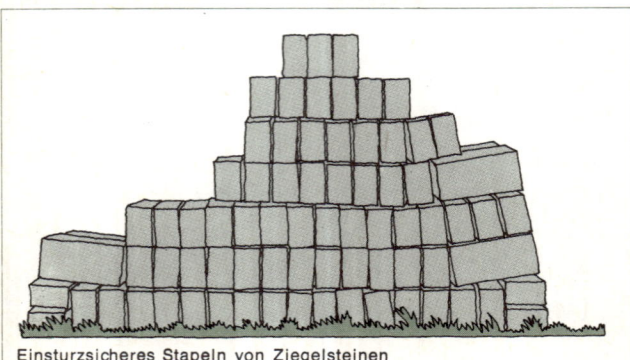

Einsturzsicheres Stapeln von Ziegelsteinen

8. Wer die Mauer richten will, wie sie war, legt vier gleich weit überstehende Ziegelplatten in ein Mörtelbett, darauf zwei Schlußziegel. Schräg mit Mörtel abschließen

9. Einfacher ist es, wenn man als Abschluß eine quadratische Betonplatte verlegt. Es gibt sie eben und mit leichten Schrägen zur besseren Wasserabführung

Pflegen und aufbewahren

Gartenmöbel mit Stoffbezügen sollten an der Luft trocknen, bevor man sie wegstellt. Im Sommer können sie in einem gut belüfteten Schuppen oder in der Garage aufbewahrt werden. Im Winter ist es wegen der erhöhten Feuchtigkeit ratsam, sie im Haus zu lagern.

Alle Zapfen und Scharniere werden von Zeit zu Zeit geölt. Außerdem sollte man alle Schrauben fest anziehen.

Wenn sich ein Niet gelockert hat, legt man die Verbindung auf eine harte Unterlage und schlägt den Kopf des Niets fest.

Die Holzteile sollten alle drei Jahre bei trockener Witterung gestrichen werden.

Liegestuhl: Die Standardstoffbreite beträgt 44,5 cm. Witterungsbeständige Kunststoffaserbespannungen sind in Do-it-yourself-Läden häufig bereits zugeschnitten erhältlich

Metallklappstuhl: Der Stuhl (ganz unten) ist mit Kunststoff oder Leinwand bezogen. Verwenden Sie bei Reparaturen Synthetikstoffe. Das Metall wird zur Pflege jeden Winter eingeölt. Öl vor Gebrauch abwischen

Klappstuhl (Regiestuhl): Die Sitzleinwand beim Lagern stets so anheben, daß sie nicht zwischen das Holz geklemmt wird. Darauf achten, daß alle Niete und Schwenkzapfen stets festsitzen

Metallstuhl mit festem Rahmen: Der Bezug besteht aus einer dehnbaren Kunststoffschnur, die in einem Stück um den Rahmen gespannt ist

Gartenliege: Der Bezug kann ebenso wie bei jedem anderen mit Stoff bezogenen Stuhl erneuert werden. Für die Bespannung an der Unterseite der Liege gibt es Reparatursätze (siehe S. 432)

Gartenmöbel

Einen Metallklappstuhl beziehen

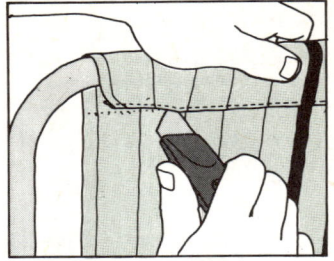

Material: Bezugstoff, passendes 60er Nähgarn
Werkzeug: Messer, Bandmaß, Nähnadel, Stecknadeln

1. Die alte Naht wird mit einem scharfen Messer aufgetrennt und der Bezug abgenommen. Den alten Bezug mißt man ab und kauft die gleiche Stofflänge für den neuen

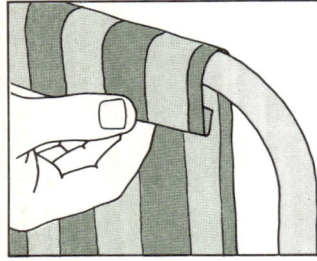

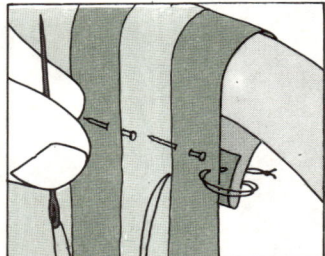

2. Bei aufgeklapptem Stuhl wird der neue Bezug über die obere Stange gelegt, wobei der Stoff gerade liegen muß. Etwa 15 mm nach innen umschlagen und feststecken

3. Doppelfaden verknoten. Die Nadel nach hinten durch den Umschlag und die Bezugsvorderseite stecken. Wieder nach hinten nehmen und etwa 1 cm weiter nochmals durchstechen

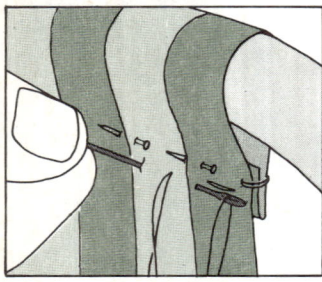

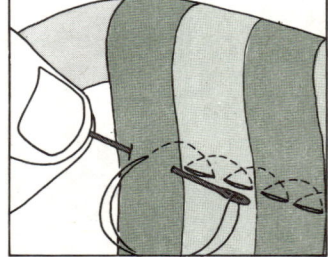

4. Etwa 5 mm zurückgehen und einen 1 cm langen Stich ausführen. Faden festziehen. Noch einmal zurückgehen und einen zweiten Stich ausführen

5. Dieser Steppstich wird über die ganze Länge der Naht wiederholt. Zur Nahtsicherung schließt man mit einem doppelten Stich an der Rückseite

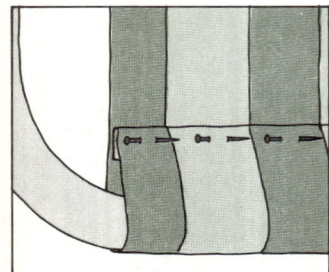

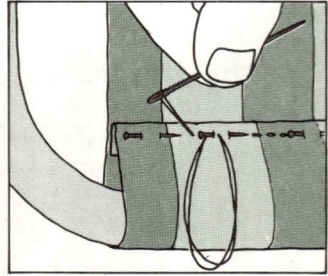

6. Bezug hinter der Schiene an der Stuhlrückseite durchziehen und an der Sitzvorderseite nach unten umschlagen. Mit Stecknadeln anschließend befestigen

7. Die vordere Naht ebenso wie die obere Naht mit Steppstich schließen. Naht mit einem Doppelstich ziehen. Dann werden die Stecknadeln entfernt

Gartenstuhl mit Kunststoffschnur

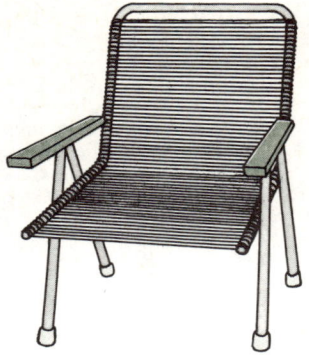

Metallene Gartenstühle, die mit Kunststoffschnüren bespannt sind, kann man leicht selbst reparieren. Man windet die neue Schnur fest um den Rahmen. Bei manchen Stuhlmodellen läuft die Schnur durch Ösen an der Rahmenunterseite. Die neue Plastikschnur sollte möglichst in einem Stück um den Stuhl gespannt werden. Bevor man die Schnur erneuert, muß man sich genau merken, in welcher Weise die alte Schnur gewickelt ist, damit man die neue Bespannung in der gleichen Art anbringen kann.

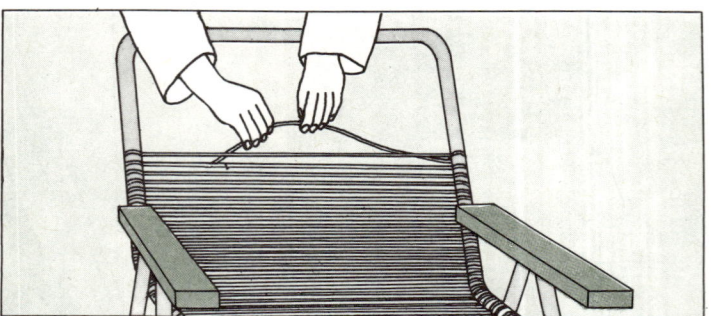

Ein metallener Gartenstuhl, der mit Kunststoffschnur bespannt ist, ergibt einen wetterbeständigen, festen und zugleich bequemen Sitz

Mit Segeltuch und Schnur bespannen

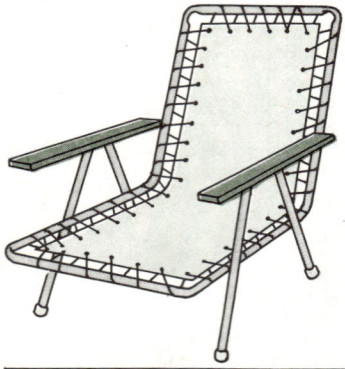

Einen metallenen Gartenstuhl kann man auch mit Segeltuch oder Markisendrell bespannen, der durch eine Verschnürung befestigt wird. Der Bezug muß etwas kleiner als die Rahmenöffnung sein. Seine Kanten werden umsäumt und in regelmäßigen Abständen mit eingeschlagenen Metallösen versehen. Den Bezug kann man ohne weiteres selbst anbringen, doch läßt man ihn besser von einem Schuhmacher, Sattler oder Segelmacher anfertigen.

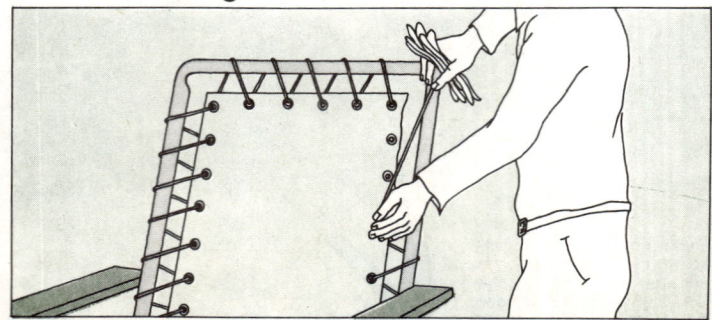

Um einen metallenen Gartenstuhl mit verschnürtem Segeltuch zu bespannen, wird die Plastikschnur fest durch die Ösen im Saum des Segeltuchs gezogen

Einen Regiestuhl neu beziehen

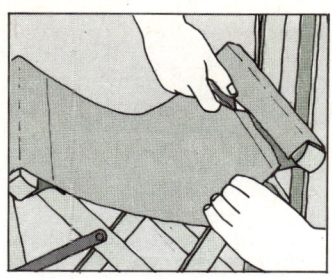

Material: 10 mm lange Breitkopfnägel, Bezugstoff
Werkzeug: Hammer, Meißel
oder Stemmeisen, Nähma-
schine, Messer, Bandmaß

1. Der alte Bezug wird an beiden
Sitzseiten mit einem scharfen Messer abgeschnitten. Darauf achten,
daß die Holzleisten nicht beschädigt
werden

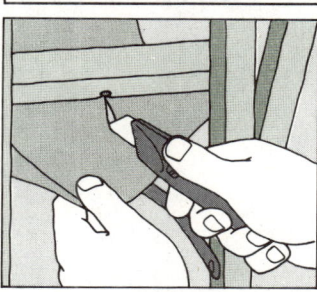

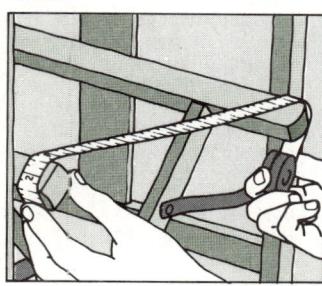

2. Ist der Bezug an den Leisten angenagelt, wird er abgeschnitten.
Vorstehende Nägel vorsichtig einschlagen. Darauf achten, daß das
Holz nicht splittert

3. Den Stuhl aufklappen. Für den
neuen Bezug von der Außenkante
der einen Leiste über den Sitz bis
zur Außenkante der anderen Leiste
messen. 5 cm zugeben

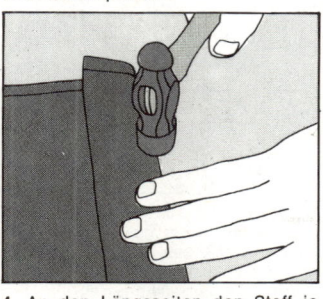

4. An den Längsseiten den Stoff je
1,5 cm umschlagen und mit der Maschine steppen. Die Seitenkanten je
2,5 cm umschlagen und die Falten
mit dem Hammer flachklopfen

5. Eine gefaltete Kante auf die Außenseite einer Leiste legen. Stuhl
zusammenklappen und Bezug mit
sechs Breitkopfnägeln befestigen.
An der anderen Seite wiederholen

DIE RÜCKENLEHNE ERNEUERN

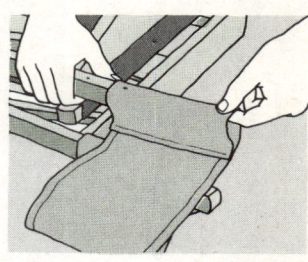

1. Mit einem Hammer und einem
alten Stemmeisen die Nägel herausheben, mit welchen der Bezug
an der Rückenlehne befestigt ist

2. Bezug abziehen. Für den neuen
Rückenbezug Liegestuhlstoff verwenden. Dieser hat fertige Webkanten, die nicht ausfransen

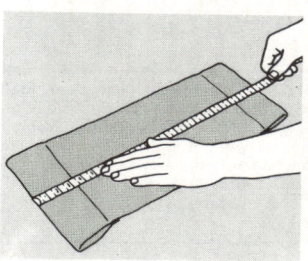

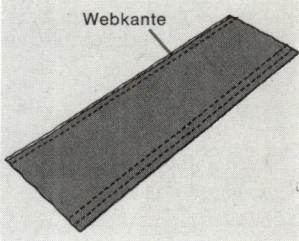

Webkante

3. Den alten Bezug einschließlich
der umgeschlagenen Teile messen
und 5 cm Länge und 4 cm Breite
zugeben

4. Für eine Längsseite Webkante
1 cm umschlagen. Die andere
Längsseite zweimal 1 cm umschlagen. Beide mit Maschine steppen

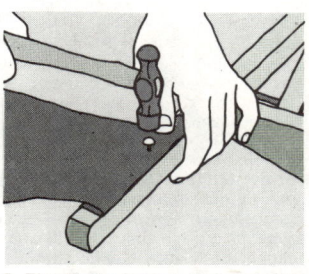

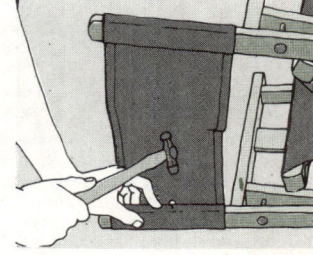

5. Eine Seitenkante 2,5 cm umschlagen und mit vier Breitkopfnägeln
an der Innenseite vom Holzstab der
Stuhllehne befestigen

6. Bezug um den Holzstab legen,
dann von vorn um den anderen.
Stoffkante 2,5 cm einschlagen und
innen am anderen Stab befestigen

Einen Stahlstuhl reparieren

Gartenmöbel aus kunststoffbeschichtetem Stahl haben nur
selten Reparaturen nötig. Die
Beschichtung kann jedoch durch
einen scharfen Gegenstand verletzt werden, so daß das Metall
offenliegt. Damit es nicht zu rosten beginnt, schleift man die
Stelle zuerst glatt und bestreicht
sie dann ein- oder zweimal
mit Kunstharzemaillelack (Bade-
wannenemaille). Der Lack
braucht mehrere Stunden, um
zu trocknen und auszuhärten.

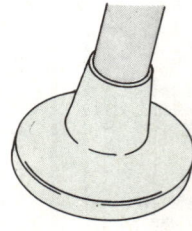

Um zu verhindern, daß
die Stuhlbeine in den
Boden sinken, versieht
man sie mit breiten
Kunststoffhülsen

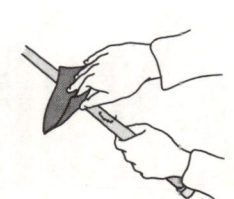

1. Zunächst wird die beschädigte Stelle glattge-
schliffen. Alle Rostspuren
müssen entfernt werden

2. Den Emaillelack mit einem Schwämmchen auftra-
gen. Gut trocknen und aushärten lassen

Gartenmöbel

Neuer Bezug für einen Liegestuhl

Sobald der Bezug eines Liegestuhls sich abzunutzen und zu fasern beginnt, sollte man ihn ersetzen, da der Stoff bei Belastung plötzlich reißen könnte.

Für den neuen Bezug verwendet man Markisendrell, den es in 45 cm Breite im Fachgeschäft zu kaufen gibt.

Kunstfasergewebe hat gegenüber Baumwolle den Vorteil, daß es schnell trocknet, nicht verrottet und daher eine lange Lebensdauer hat. Bei beiden Stoffarten ist die Arbeitsweise dieselbe.

Material: Markisendrell in der erforderlichen Länge, vorzugsweise aus Kunstfasern, 10 mm lange Flachkopfnägel
Werkzeug: Hammer oder Holzhammer, Schraubenzieher oder altes Stecheisen

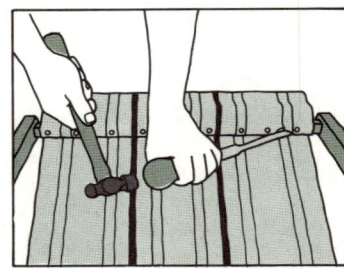

1. Den Schraubenzieher oder Meißel schiebt man unter die Köpfe der alten Nägel und hebt sie heraus. Wenn nötig, verwendet man auch einen Hammer dazu. Holzrahmen nicht beschädigen! Dann wird der alte Bezug vom Rahmen abgenommen

2. Man mißt die Länge und Breite des alten Bezugs und kauft einen neuen Bezugstoff in den entsprechenden Maßen. Ein Ende der Stoffbahn 2 cm einschlagen und über die obere Schiene des Liegestuhlrahmens legen. Der Stoff muß gerade verlaufen

3. In der Mitte der Stoffbahn wird ein Nagel in die Unterseite der Schiene eingeschlagen. Anschließend wird der Bezugstoff an den beiden Enden festgenagelt und mit je zwei weiteren Nägeln in den Zwischenräumen befestigt

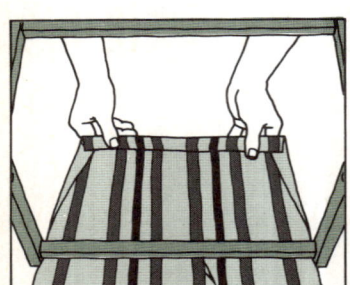

4. Das andere Ende der Stoffbahn wird um die untere Schiene gelegt. Da diese schmaler ist als die obere Schiene, wird der Stoff an beiden Längsseiten etwas eingeschlagen. Anschließend wird die Kante etwa 2 cm nach innen gefaltet

5. Die umgeschlagene Stoffkante muß bündig mit der inneren unteren Kante der Schiene verlaufen. Der Stoff wird in der Mitte der Schiene mit einem Nagel befestigt, dann an den Enden und schließlich in den Zwischenräumen

Einen gerissenen Haltegurt erneuern

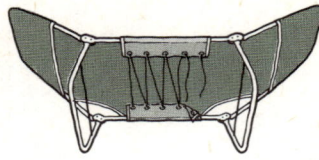

Die Haltegurte, die den Stoffbezug unterhalb des Metallrahmens einer Gartenliege befestigen, sind starken Belastungen ausgesetzt. Wenn der Gurt reißt, ist eine zufriedenstellende Reparatur mit einer anderen Gurtart im allgemeinen nicht möglich.

In Eisenwarengeschäften oder Kaufhäusern mit einer Gartenmöbelabteilung erhält man jedoch Spezial-Reparatursätze, die aus fünf starken ringförmigen Gummibändern und zehn Haken bestehen. Die Gummibänder werden mit Hilfe der Haken an den Ösen zu beiden Seiten des Bezugs befestigt und sorgen dafür, daß der Bezug fest gespannt ist.

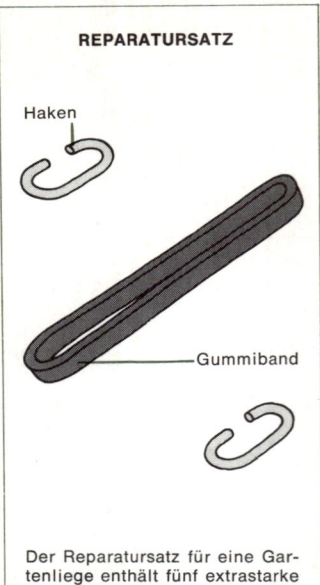

REPARATURSATZ

Haken

Gummiband

Der Reparatursatz für eine Gartenliege enthält fünf extrastarke Gummibänder und zehn Befestigungshaken

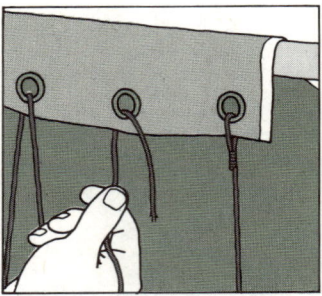

1. Gerissene oder abgenutzte Haltegurte aus den Ösen ziehen. Sorgfältig prüfen, ob der Bezug noch in Ordnung ist. Es ist zweckmäßig, eventuelle Schäden auszubessern, bevor die Gurte durch die neuen Gummibänder ersetzt werden

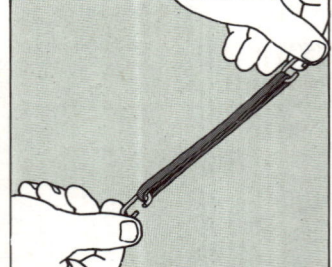

2. Je zwei der Metallhaken in eines der Gummibänder aus dem Reparatursatz einhängen. Die Haken dürfen nicht zu Ringen geschlossen werden. Darauf achten, daß sich die Öffnungen der Haken an derselben Seite des Gummibands befinden

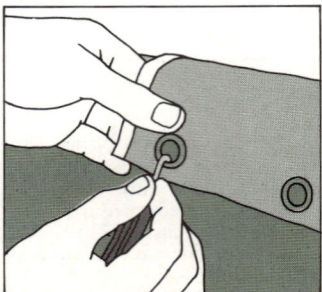

3. Je einen Haken von außen in jede Öse auf einer Seite des Bezugs einhängen. Darauf achten, daß alle Ösen noch fest im Material sitzen, daß der Bezug gespannt ist und nicht durch scharfe Kanten an den Haken beschädigt werden kann

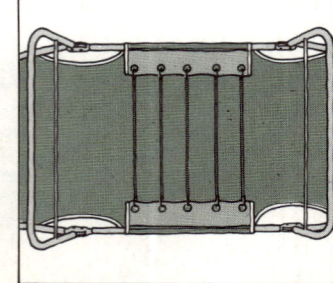

4. Mit dem mittleren beginnend, alle Gummibänder spannen, indem man den freien Haken jeweils in die gegenüber liegende Öse des Bezugs einhängt. Abwechselnd hängt man nun rechts und links die weiteren Haken ein

Einen Riß an der Seitennaht reparieren

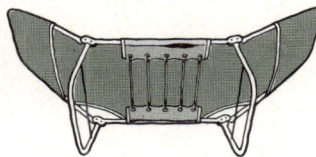

Reißt der Bezug an der Seitennaht, kann man ihn meist reparieren, ohne den ganzen Bezug zu erneuern. Dazu nimmt man am besten den Bezug ab.

Material: 60er Nähgarn
Werkzeug: Schere, Stopfnadel

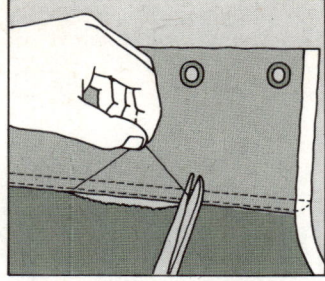

1. Lose Fäden am Riß müssen abgeschnitten und die Naht muß an beiden Seiten der beschädigten Stelle etwa 4 cm weit aufgetrennt werden

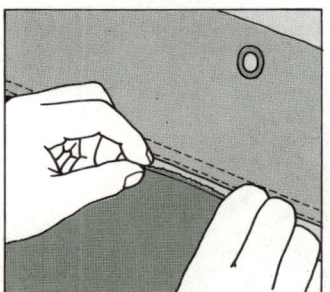

2. Den eingerissenen Stoff etwa 6 mm einschlagen. An den Enden verlaufen lassen. Falte gegen die Lasche drücken

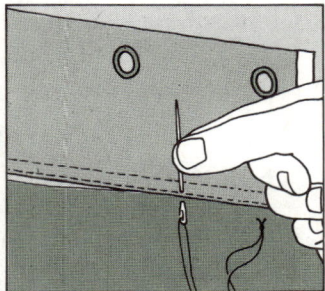

3. Die Nadel mit dem verknoteten Doppelfaden durchziehen. Etwa 1 cm hinter dem Rißende mit der Naht beginnen

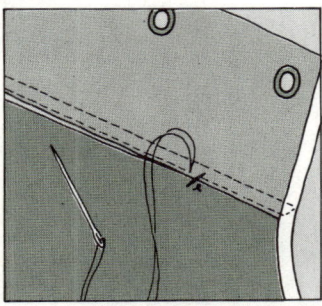

4. Faden festziehen und nach unten führen, dann durch den Bezug und durch die Lasche wieder nach oben ziehen

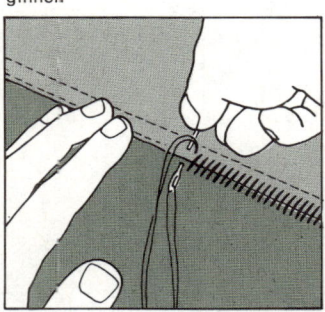

5. Bis auf etwa 1 cm hinter dem Riß mit Überwendlingsstichen festnähen. Der Faden wird sorgfältig verknotet und abgeschnitten

Einen Riß flicken

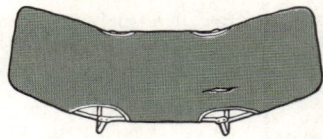

Reißt der Bezug einer Gartenliege in der Mitte, genügt es meist nicht, den Riß einfach zusammenzunähen. Besser ist es, die Stelle mit einem ähnlichen Stück Leinwand oder Synthetikstoff zu flicken. Ist eines der beiden nicht zu beschaffen, verwendet man eine Doppellage Stoff von einem alten Laken.

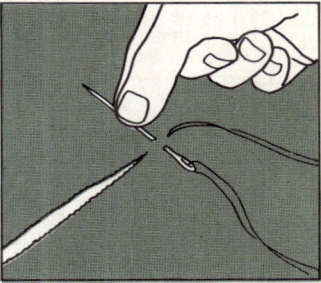

1. Bezug abnehmen. Etwa 1 cm vor Beginn des Risses mit der Naht anfangen. Zunächst die Nadel von unten nach oben führen

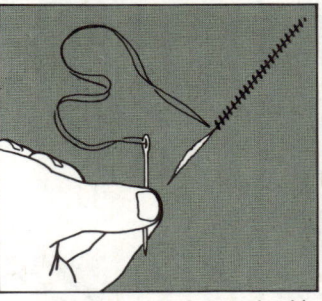

2. Die Kanten etwa 6 mm einschlagen und mit Überwendlingsstichen zusammennähen. Die Kanten dürfen sich nicht überlappen

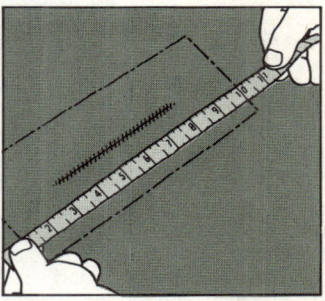

3. Bis etwa 1 cm hinter dem Riß nähen. Einen Flicken zuschneiden, der rundum 5 cm größer sein muß als der Riß

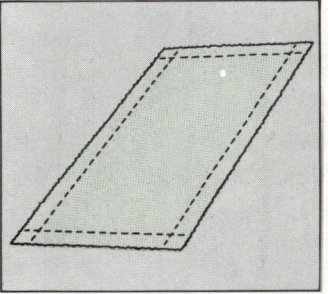

4. Den Flicken an allen Kanten etwa 1 cm weit einschlagen und heften. Dünneren Stoff sollte man allerdings doppelt nehmen

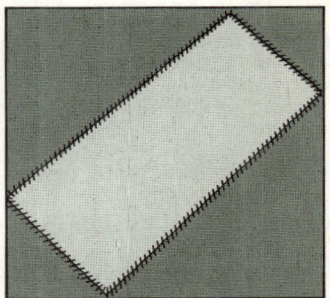

5. Den Flicken so auf die Unterseite des Bezugs legen, daß sich der Riß genau in der Mitte befindet. Mit dichten Überwendlingsstichen aufnähen

---

NEUE FERTIGBEZÜGE ANBRINGEN

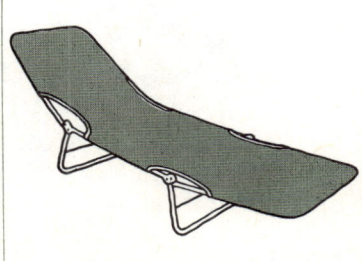

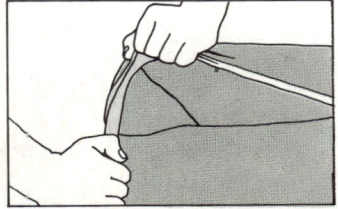

1. Muß der Bezug einer Gartenliege ersetzt werden, faltet man die Liege halb zusammen, löst die Haltegurte und nimmt den alten Bezug ab

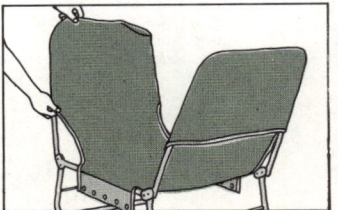

2. Einen neuen, passenden Bezug kaufen. Die fertig genähten Taschen über die hochgeklappten Endteile der Gartenliege ziehen

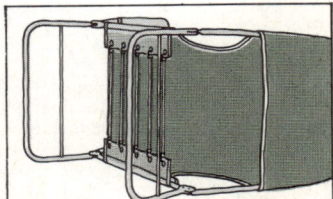

3. Die Gartenliege auf die Seite legen und die Haltegurte wieder durch die Schnürösen im Bezug ziehen (siehe S. 432)

Gewächshäuser

Wartung und Reparatur

Wie ein Gewächshaus gepflegt und repariert werden muß, hängt davon ab, aus welchem Material die Rahmen konstruiert sind.

Holzrahmen: Gewächshäuser mit Holzrahmen müssen regelmäßiger und gründlicher gepflegt werden als andere. Rahmen aus Weichholz (Fichte, Kiefer) müssen alle drei Jahre angeschliffen und neu gestrichen werden. Rahmen aus härteren Hölzern sollte man alle drei bis vier Jahre mit einem wasserabweisenden und imprägnierenden Mittel behandeln.

Stahlrahmen: Wenn ein Gewächshaus mit Rahmen aus verzinktem Eisen rostet, schleift man die Farbe an der betreffenden Stelle ab, behandelt sie mit Rostentferner und streicht zunächst eine Schicht Zinkgrundierung oder eine andere Rostschutzfarbe auf. Sobald diese Grundierschicht getrocknet ist, trägt man die erste Farbschicht und anschließend die Deckschicht auf.

Aluminiumrahmen: Gewächshäuser mit Aluminiumrahmen sind in der Pflege mit am anspruchslosesten. Ein Anstrich ist nicht erforderlich. Wenn sich auf dem Metall eine weiße Oxydschicht bildet, beläßt man diese am besten als Schutz. Wem der Anblick nicht gefällt, der kann die Rahmen mit warmem Seifenwasser abwaschen.

Kunststoffrahmen: Gewächshäuser mit Rahmen aus Kunststoffprofilen muß man genausowenig pflegen wie Aluminiumgewächshäuser. Kunststoffe sind weitgehend unempfindlich gegen Wettereinflüsse. Wenn die Profile stark verschmutzt sind, werden sie wie die Glasscheiben gereinigt.

Wahl des Glases: Versuchen Sie, für die Verglasung Ihres Gewächshauses sogenanntes Gärtnerglas zu bekommen, denn es ist billiger als normales Fensterglas. Schneiden Sie jede Scheibe (siehe S. 52–53) so zu, daß an jeder Seite des Rahmens nicht weniger als 2 mm freibleiben.

Die Glasscheiben eines Gewächshauses sollten regelmäßig mit Seifenwasser abgewaschen werden, und die Algen zwischen überlappenden Stellen müssen mit einer Spritze herausgewaschen werden.

Der richtige Kitt: Für Holzrahmen verwendet man Leinölkitt, für Metallrahmen Spezial-Metallfensterkitt.

Leinölkitt wird heute meistens in Schläuchen aus Plastikfolie geliefert. Man knetet ihn vor der Verarbeitung kräftig durch. Wenn nach der Arbeit Kitt übrigbleibt, füllt man ihn in eine Dose, drückt ihn fest und gießt etwas kaltes Wasser darüber, damit er weich und geschmeidig bleibt.

Verglasungsmethoden

Bei den meisten hölzernen Gewächshäusern sind die Scheiben eingekittet. Auf dem Dach überlappt die Unterkante der einen Scheibe die Oberkante der darunter liegenden. An den Wänden des Gewächshauses werden die Scheiben auf Stoß eingesetzt.

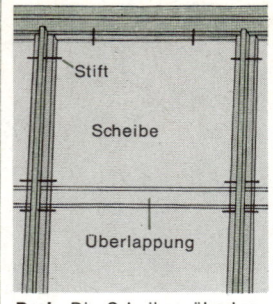

Dach: Die Scheiben überlappen sich ca. 15 mm. Stifte an den Unterseiten der Scheiben sichern sie gegen Abrutschen und halten die darunter liegenden Scheiben fest

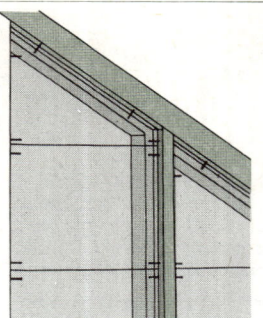

Wände: Die Scheiben sitzen aufeinander. Falls der Rahmen Nuten hat, verwendet man Stifte nur, wenn die Scheiben locker sitzen

HOLLÄNDISCHE BAUART

Falz
Scheibe
Holz- oder Plastikanschlag

Manche Holzgewächshäuser sind ohne Kitt verglast. Die Scheiben liegen in Nuten in den Rahmen und werden unten gehalten

ARBEIT AM DACH

Die meisten Seitenfenster eines Gewächshauses können vom Boden aus oder mit einer Trittleiter erreicht werden. Für die Reparatur höher gelegener Dachscheiben ist meistens eine Leiter erforderlich. Lehnen Sie diese nie direkt auf das Glas oder auf die Rahmen. Wenn eine geeignete Öffnung vorhanden ist, arbeiten Sie von innen mit einer Trittleiter.

1. Man befestigt Bohlen auf der Dachfläche, legt die Leiter darauf und sichert ihren Fuß

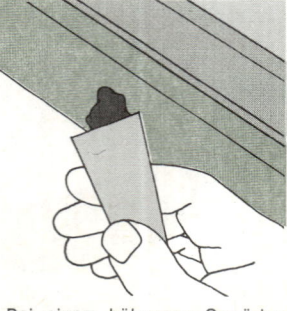

2. Bei einem hölzernen Gewächshaus kittet man die Schraubenlöcher nach der Reparatur zu

Sicherheit und Pflege

Eine Leiter – so unentbehrlich sie ist – kann auch ein höchst gefährlicher Gegenstand sein, wenn man sie unsachgemäß benutzt oder nicht regelmäßig überprüft und instand hält.

Vor allem Leitern aus Holz und ganz besonders Schiebeleitern muß man ständig kontrollieren und pflegen, da sie gegen Witterungseinflüsse sehr anfällig sind; wegen ihrer großen Abmessungen werden sie häufig im Freien aufbewahrt, und dabei nimmt das Holz viel Feuchtigkeit auf. Weil der Hobbyhandwerker diese Leitern nur selten benutzt, kann es sich verheerend auf ihren Zustand und damit auf ihre Sicherheit auswirken.

Aber auch Metalleitern aus Stahlrohr oder Leichtmetall sollten nicht im Freien oder in feuchten Räumen aufbewahrt werden.

Es ist ratsam, Leitern, die längere Zeit nicht benutzt wurden, vor Gebrauch gründlich auf ihren Zustand zu überprüfen und notfalls instand zu setzen. Dabei muß man vor allem auf folgende Punkte achten:

1. Risse in Sprossen und Holmen.
2. Eingetrocknete oder verfaulte Sprossenzapfen.
3. Lose Bügel und Haken bei Schiebeleitern.
4. Beschädigte Seile und Drahtseile.
5. Verrostete Scharniere und Sicherungshaken bei Stehleitern.

Holzleitern sollte man niemals mit Öl- oder Lackfarbe anstreichen. Um das Holz zu pflegen, benützt man Firnis, Öl oder Holzkonservierungsmittel.

Alle nicht rostfreien Metallteile müssen in regelmäßigen Abständen mit Spachtel und Stahlbürste von Farbresten und Rost befreit, mit Mennige grundiert und mit Außenlacken gestrichen werden.

Ein weiterer wichtiger Punkt für die Betriebssicherheit einer Leiter ist ihre Standfestigkeit. Besonders bei Anlegeleitern muß man darauf achten, daß beide Leiterenden gegen Verrutschen abgesichert werden. Bei gewachsenem Boden muß man dessen Tragfähigkeit prüfen und – falls diese nicht ausreicht – eine ebene Unterlage schaffen.

Gute Lösungen für die Absicherung gegen Rutschen zeigen die nebenstehenden Bilder.

Abstandhalter (unterstes Bild) erleichtern in vielen Fällen das Arbeiten, z. B. an der Dachrinne. Die dargestellten Zusatzteile (Gummifüße, Abstandhalter) sind für die meisten Leitertypen gesondert erhältlich.

Vielseitig in Haus und Garten verwendbar ist die ganz rechts gezeigte Vielzweckleiter. Sie kann als Bockleiter, als abgeknickte und gerade Anlegeleiter, als Treppenhaus- oder Hangleiter und in zweierlei Form als Arbeitsgerüst verwendet werden.

Leitern brauchen zur Standsicherheit eine ebene Fläche mit ausreichender Tragfähigkeit. Gewachsenen Boden muß man vielleicht abgleichen; zur Druckverteilung mit rauhen Betonplatten belegen. Bei Rutschgefahr das untere Ende der Leiter durch zwei Pflöcke und eine Latte absichern

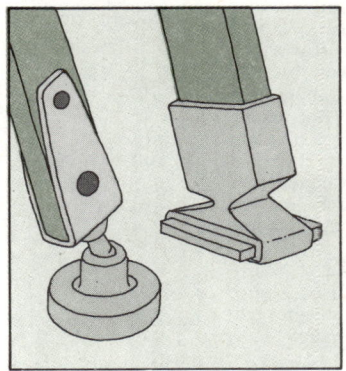

Als Zusatzteile gibt es verschiedene Arten von Leiterfüßen zu kaufen: links ein Gummiteller mit Kugelgelenk, rechts ein Vollgummifuß mit elastischem Gelenk und Aufsteckmanschette

Wenn der Bauteil, an den die Leiter angelehnt werden soll (z. B. Fenster oder Dachrinne), nicht stabil genug ist, oder wenn es das Arbeiten erleichtert, verwendet man einen Leiterabstandhalter

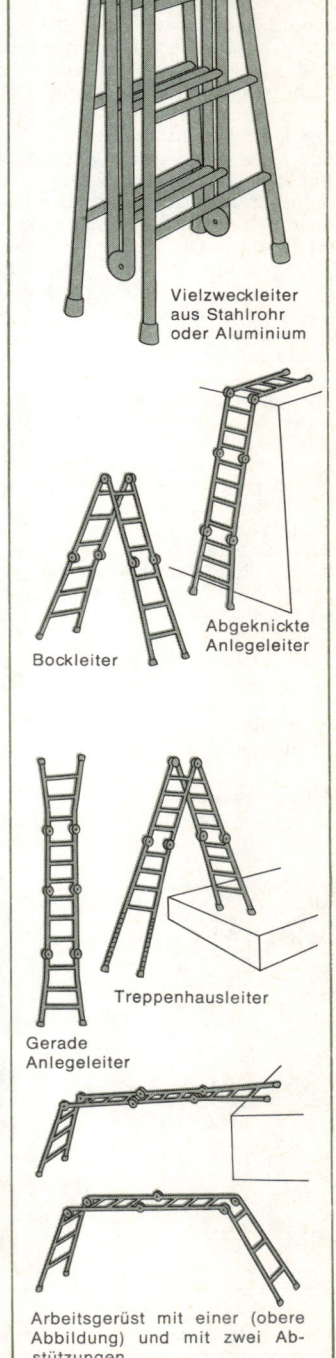

VIELZWECKLEITER

Vielzweckleiter aus Stahlrohr oder Aluminium

Bockleiter

Abgeknickte Anlegeleiter

Gerade Anlegeleiter

Treppenhausleiter

Arbeitsgerüst mit einer (obere Abbildung) und mit zwei Abstützungen

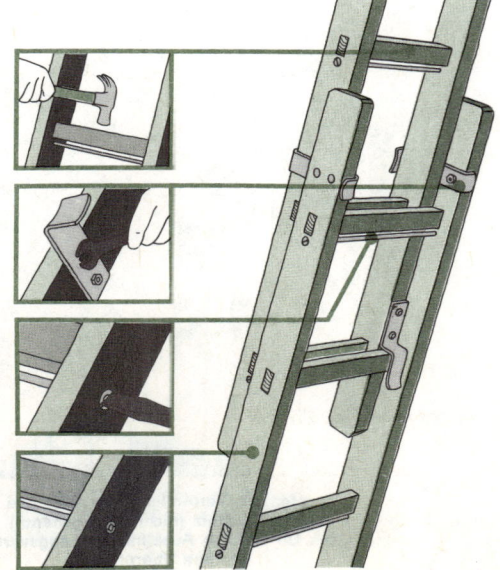

Sprossen: Klingt der Hammerschlag dumpf, so ist die Sprosse gesplittert oder meist da angefault, wo sie im Holm steckt

Gleithaken: Man prüft, ob die Haken – auch an der Unterseite – nicht verrostet und ob die Schrauben fest angezogen sind

Spannstäbe: Manche Leitern haben unter einigen Sprossen Stahlstäbe. Wenn nötig, nachspannen; öfters mit Mennige streichen

Holme: Selbst kleine Risse – vor allem in der Nähe der Sprossen – sind gefährlich. Fachmännische Reparatur oder neue Leiter

Pergolen

Eine Pergola pflegen und erneuern

Pergolen werden meistens ganz oder teilweise aus Holz hergestellt, weil sich dieses Material für eine Gerüstkonstruktion besonders eignet: Es ist relativ preiswert und fügt sich gut in den ländlich-rustikalen Charakter des Gartens ein. Leider neigt Holz zur Fäulnis (bakterieller Zerstörung), wenn es ständig der Witterung ausgesetzt ist. Das gilt besonders für die meistverwendeten Holzarten: Kiefer, Fichte und Lärche. Hartholz verwittert bei weitem nicht so schnell, ist aber sehr teuer.

Die Holzteile imprägnieren

Die wirksamste Vorbeugungsmaßnahme gegen Fäulnis ist das Imprägnieren mit handelsüblichen Holzschutzmitteln vor dem Zusammenbau des Holzgerüstes. Wasserlösliche Mittel (Metallsalze) sind vorzuziehen, da sie tiefer eindringen. Die fertige Pergola kann dann noch mit einem imprägnierenden Lasuranstrich versehen werden. In regelmäßigen Abständen sollte man den Schutzanstrich wiederholen.

Richtige Wahl der Holzkonstruktion

Besonders anfällig gegen Fäulnis sind die Köpfe von Balken und Bohlen sowie die Holzverbindungen (Zapfen, Schlitze, Nuten). Durch eine überlegte Konstruktion, die solche Schwachstellen nach Möglichkeit vermeidet, kann viel für eine längere Haltbarkeit der Pergola getan werden. Bei der in Bild 1–3 dargestellten Bauweise ist dies konsequent beachtet. Sie bedingt den Anschluß der Pergola an eine Wand oder eine andere Art der Windaussteifung.

Eine gute Lösung ist es auch, für die Stützen Stahlbeton zu verwenden. Stahl ist – auch für die Längsträger – weniger zu empfehlen: Statt der Fäulnis muß man hier den Rost durch Schutzanstriche bekämpfen.

Hölzer auswechseln

Sind nur einzelne Glieder der Konstruktion angefault, so können sie verhältnismäßig leicht ausgewechselt werden. Soll nur der geschwächte Teil eines Längsträgers (Pfette) ersetzt werden, erfolgt der Stoß durch gerade oder schräge Überplattung. Die Stöße legt man zweckmäßig zwischen zwei Pfosten.

Die Pergola ist ein beliebtes architektonisches Mittel, um Gartenteile zu verbinden oder zu trennen (z. B. den Wohn- vom Nutzgarten) oder um Sichtschutz gegen angrenzende Gärten zu geben. Zum Beranken einer Pergola eignen sich Kletterrosen, Glyzinien, Wilder Wein, Geißblatt usw.

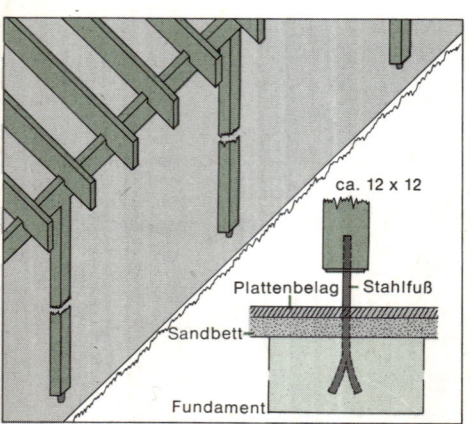

1. Pergola in Holzkonstruktion. Wegen der besonderen Verrottungsgefahr darf der Pfosten nicht ins Erdreich hineinreichen. Er ruht auf einem einbetonierten Stahlfuß mit Stützplatte

ca. 12 x 12
Plattenbelag – Stahlfuß
Sandbett
Fundament

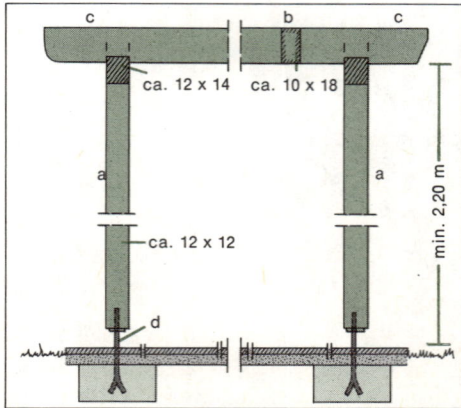

2. Querschnitt durch die Holzkonstruktion: a Pfosten (Stiel), b Längsträger (Pfette), c Querholz (Lamelle), d Stahlfuß in Betonfundament. Mindesthöhe bis Unterkante Querholz: 220 cm

ca. 12 x 14   ca. 10 x 18
a   a
ca. 12 x 12
min. 2,20 m
d

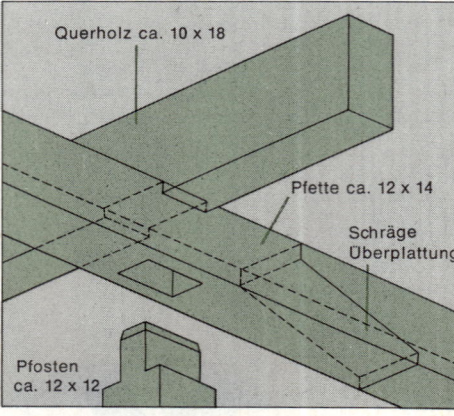

3. Verbindung von Stiel und Pfette durch Zapfen und Schlitz (nicht durchgehend!), von Querholz mit Pfette durch Ausklinkung; Längsverbindung der Pfette durch schräge Überplattung

Querholz ca. 10 x 18
Pfette ca. 12 x 14
Schräge Überplattung
Pfosten ca. 12 x 12

Handspritzen

Fast alle Handspritzen und Sprühgeräte sind heute so konstruiert, daß das Pumpenaggregat direkt im Flüssigkeitsbehälter steckt. Bei der Hochdruckspritze wird die Flüssigkeit durch einen Kunststoffschlauch vom Behälter zum Strahlrohr befördert, wo sie durch eine Düse zerstäubt wird. Bei diesen Pumpen muß man auf die maximale Füllhöhe achten; auch darf der angegebene Manometerdruck nicht überschritten werden. Für das Strahlrohr gibt es aufschraubbare Verlängerungsstücke.

Stabhandspritzen sind einfache, unempfindliche Kolbenpumpen für den kleineren Hausgarten. Die Düse kann man gegen die seitlich angebrachte Brause auswechseln. Die Flüssigkeit wird durch Ziehen am Griff angesaugt und durch Drücken wieder abgegeben. Die Ledermanschetten müssen gut geschmiert sein. Für alle Geräte gilt: Keine Säuren, Laugen oder ätzende Flüssigkeiten verwenden; sie können Dichtungs- und Schlauchmaterial beschädigen.

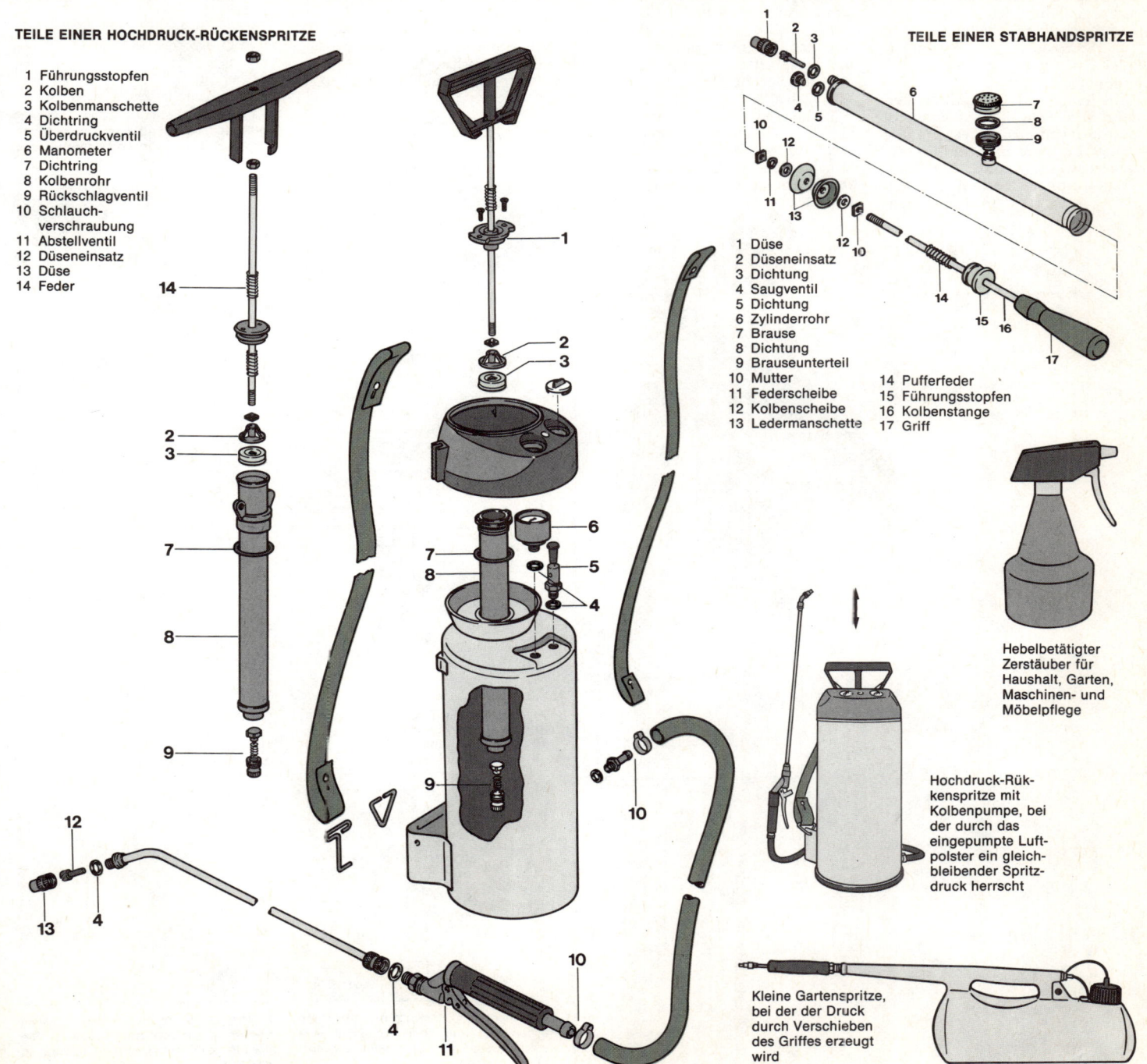

TEILE EINER HOCHDRUCK-RÜCKENSPRITZE

1 Führungsstopfen
2 Kolben
3 Kolbenmanschette
4 Dichtring
5 Überdruckventil
6 Manometer
7 Dichtring
8 Kolbenrohr
9 Rückschlagventil
10 Schlauch-verschraubung
11 Abstellventil
12 Düseneinsatz
13 Düse
14 Feder

TEILE EINER STABHANDSPRITZE

1 Düse
2 Düseneinsatz
3 Dichtung
4 Saugventil
5 Dichtung
6 Zylinderrohr
7 Brause
8 Dichtung
9 Brauseunterteil
10 Mutter
11 Federscheibe
12 Kolbenscheibe
13 Ledermanschette
14 Pufferfeder
15 Führungsstopfen
16 Kolbenstange
17 Griff

Hebelbetätigter Zerstäuber für Haushalt, Garten, Maschinen- und Möbelpflege

Hochdruck-Rückenspritze mit Kolbenpumpe, bei der durch das eingepumpte Luftpolster ein gleichbleibender Spritzdruck herrscht

Kleine Gartenspritze, bei der der Druck durch Verschieben des Griffes erzeugt wird

Pflanzensprüher

Druckluftspritzen warten und reparieren

Ein Druckluftsprühgerät arbeitet nach dem gleichen Prinzip wie ein Handsprühgerät. Zunächst wird durch Pumpen des Tauchkolbens Luft in den Behälter gepumpt. Wenn das Spritzventil durch einen Hebel oder Druckknopf geöffnet wird, treibt der Luftdruck die Flüssigkeit so lange zur Spritzdüse, bis Luftdruck oder Flüssigkeit im Behälter erschöpft ist.

Bei einigen Drucksprühgeräten trägt der Tauchkolben eine Ledertopfdichtung, die regelmäßig eingefettet und gelegentlich erneuert werden muß. Bei Neoprendichtungen entfällt dagegen das Fetten; aber auch sie müssen erneuert werden, wenn sie abgenutzt sind.

Wenn der Sprühstrahl an der Düse nicht zufriedenstellend austritt, kann die Pumpe undicht sein. In diesem Fall muß man prüfen, ob der Tauchkolben abgenutzt und somit undicht ist.

Man sollte auch darauf achten, daß der Düsenvorsatz exakt auf die Düse aufgeschraubt ist, damit der Sprühstrahl nicht abgelenkt wird.

Wenn man im Behälter ein Gluckern hört oder wenn am Griff Flüssigkeit austritt, prüft man das Rückschlagventil. Wahrscheinlich ist es verstopft oder kaputt.

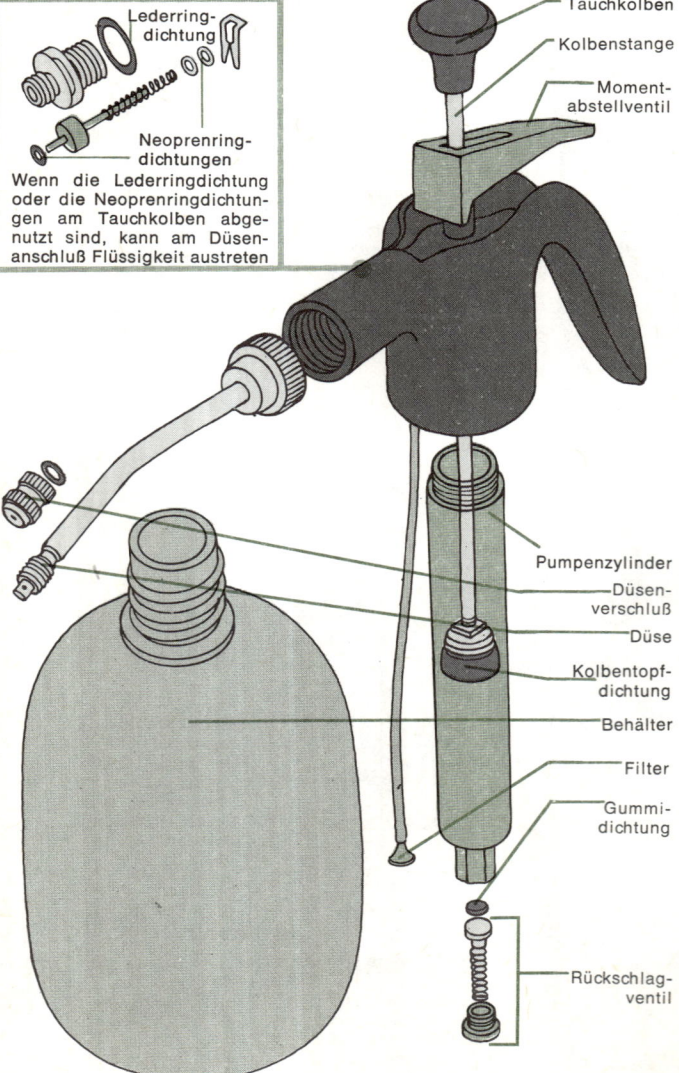

Wenn die Lederringdichtung oder die Neoprenringdichtungen am Tauchkolben abgenutzt sind, kann am Düsenanschluß Flüssigkeit austreten

Labels:
- Lederringdichtung
- Neoprenringdichtungen
- Tauchkolben
- Kolbenstange
- Momentabstellventil
- Pumpenzylinder
- Düsenverschluß
- Düse
- Kolbentopfdichtung
- Behälter
- Filter
- Gummidichtung
- Rückschlagventil

Dichtungen und Ventile erneuern

Scheiben- und Ringdichtungen halten mehrere Jahre, werden aber allmählich weich und luftdurchlässig.

Das Rückschlagventil hat meist eine kleine Feder und entweder eine Kugel oder eine Gummidichtung als Verschluß. Eine rostige oder abgenutzte Feder muß man erneuern. Auch rissige Gummidichtungen, die nicht mehr dicht sind, müssen ersetzt werden.

Material:	Ersatzteile
Werkzeug:	Gabelschlüssel

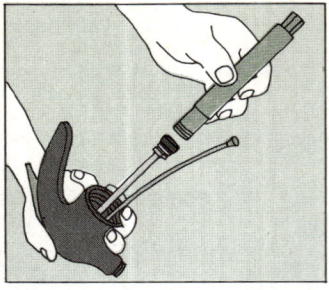

1. Zunächst muß man den Pumpenzylinder lösen und den Tauchkolben herausziehen. Tauchkolbenmutter und Kolbenring werden entfernt

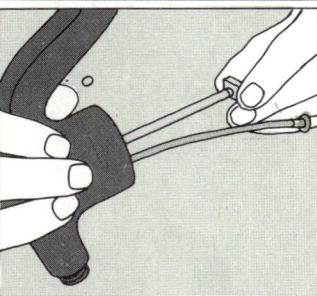

2. Es ist darauf zu achten, daß die obere Metallunterlegscheibe nicht an der Kolbenscheibe klebt und mit abgenommen wird

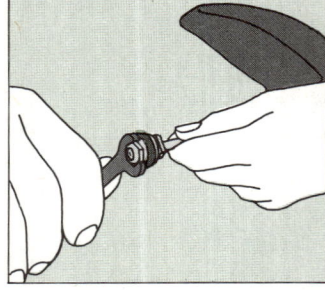

3. Neue Kolbenscheibe mit der Unterseite in Richtung auf die Kolbenstange aufsetzen. Untere Metallscheibe und Mutter wieder aufsetzen

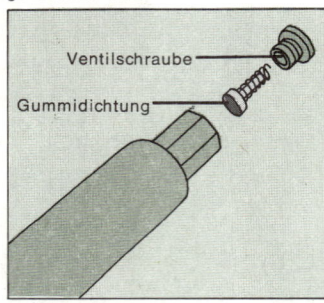

Labels: Ventilschraube, Gummidichtung

4. Will man die Gummidichtung eines Rückschlagventils erneuern, muß man die Ventilschraube am unteren Ende des Pumpenzylinders lösen

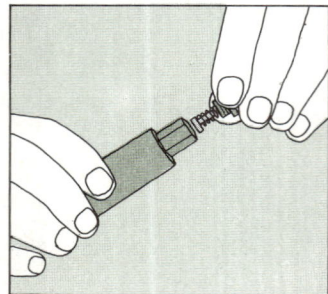

5. Beim Wiedereinbau des Ventils kommt die Feder auf den Haltering. Die Gummidichtung wird in Richtung zum Pumpenzylinder aufgesetzt

6. Will man die Neoprenringdichtung erneuern, muß man zunächst das ganze Ventil aus dem Gehäuse herausschrauben

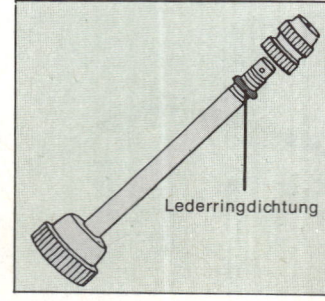

Label: Lederringdichtung

7. Die Düse ist mit einem kleinen Lederring abgedichtet. Achten Sie darauf, daß die Dichtung genau in der Nut sitzt

Handrasenmäher – Überholen des Freilaufs

In jedem Rad befindet sich ein Innenzahnkranz, in den ein Ritzel der Messerwelle greift. Wenn die Räder sich vorwärts bewegen, dreht sich auch das Ritzel. Auf der Messerwelle befindet sich eine Sperr- oder Mitnehmerklinke, die an einem flachen Anschlag im Ritzel zu liegen kommt und dieses mitnimmt. Wenn sich das Rad rückwärts dreht, gleitet die Sperrklinke über die abgerundeten Enden im Ritzel, und die Messerwalze dreht sich nicht. Wenn die Räder beim Vorwärtsrollen die Messerwalze nicht antreiben, ist der Freilauf nicht in Ordnung. Die Welle dreht sich dann nicht im Ritzel.

Wenn die Messerwalze in Ordnung ist und dennoch nicht einwandfrei schneidet, dann kann es am Schneidlineal liegen. Das Lineal wird mit Hilfe von zwei Sterngriffen, Schrauben und Federn an die Messerwalze gedrückt und soll einen exakten Schnitt garantieren. Bei zu geringem Anpreßdruck der Federn kann der Rasen zwischen Messer und Lineal hindurchgezogen werden und wird gerupft und nicht geschnitten.

Material:	*Ritzel oder Sperrklinke, Öl, Fett*
Werkzeug:	*Kombizange, Schraubenzieher, Lumpen*

Rad
Innenzahnkranz
Freilaufritzel
Sterngriff
Messerwalze
Druckfeder
Schneidlineal
Holzrolle
Sperrklinke
Messerwelle

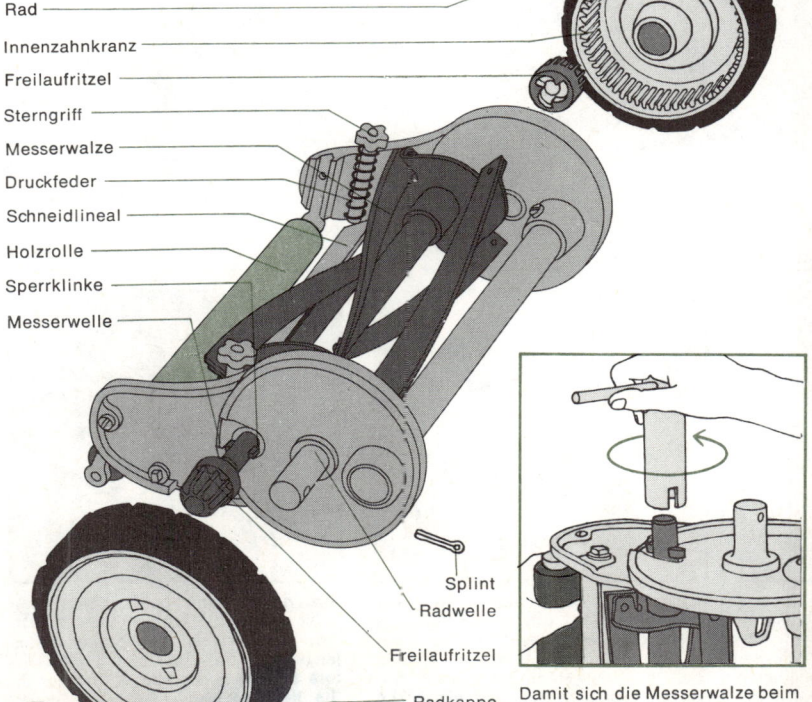

Splint
Radwelle
Freilaufritzel
Radkappe

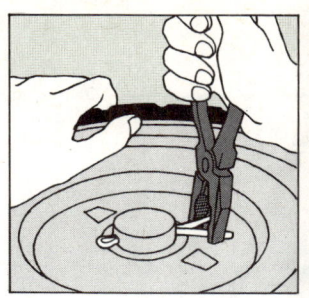

1. Man hebt die Radkappe ab, drückt den Splint zusammen und zieht ihn heraus

2. Das Rad wird von der Welle genommen und der Zahnkranz auf Beschädigungen untersucht

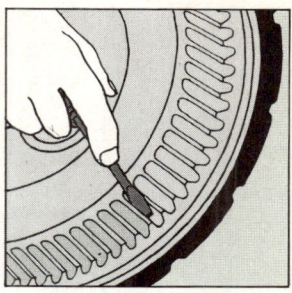

3. Mit einem Schraubenzieher schabt man Fett und Grasreste aus dem Zahnkranz

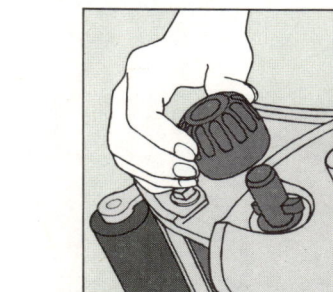

4. Man nimmt das Freilaufritzel von der Messerwelle, reinigt es und prüft, ob es noch gut ist

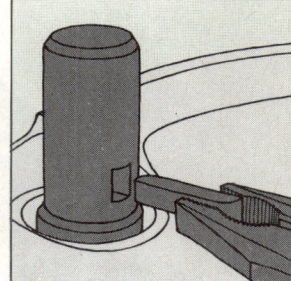

5. Mit einer Kombizange zieht man jetzt die Sperrklinke aus dem Schlitz in der Welle

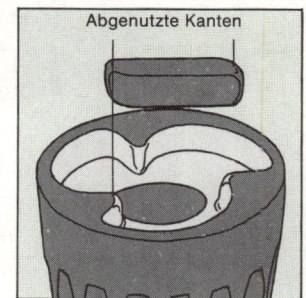

Abgenutzte Kanten

6. Wenn Kanten der Sperrklinke oder im Ritzel abgenutzt sind, wird die Klinke ersetzt

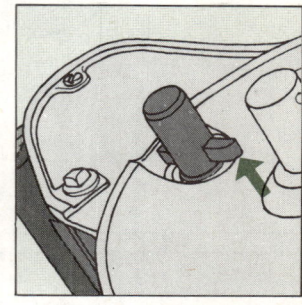

7. Man setzt die Sperrklinke so in die Welle ein, daß ein Ende nach vorne und nach unten zeigt

Damit sich die Messerwalze beim Schärfen drehen läßt, sägt man in einen alten Steckschlüssel zwei so breite und tiefe Schlitze, daß man das Werkzeug über die Sperrklinke stecken kann

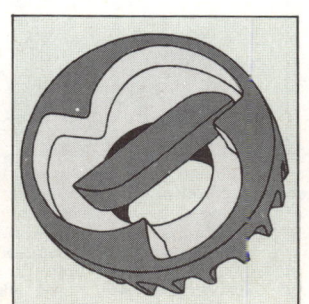

8. Wenn die Klinke richtig eingebaut ist, liegt seine gerade Seite an der geraden Ritzelnase

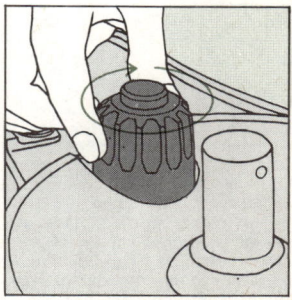

9. Man setzt das Ritzel ein, prüft von Hand, ob es die Messerwelle dreht, und montiert das Rad

Rasenmäher

Batteriemäher

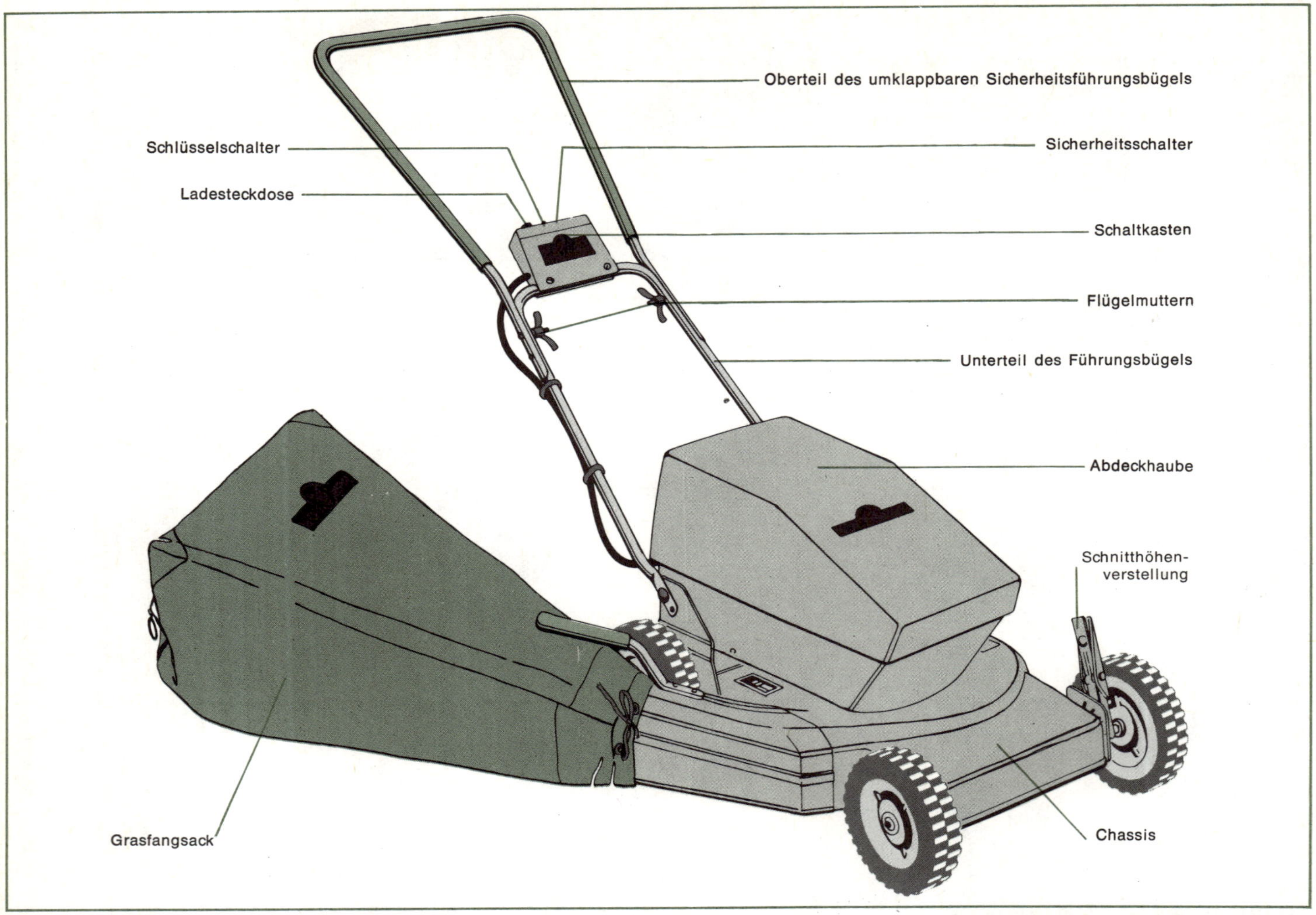

Oberteil des umklappbaren Sicherheitsführungsbügels

Schlüsselschalter

Ladesteckdose

Sicherheitsschalter

Schaltkasten

Flügelmuttern

Unterteil des Führungsbügels

Abdeckhaube

Schnitthöhen-verstellung

Grasfangsack

Chassis

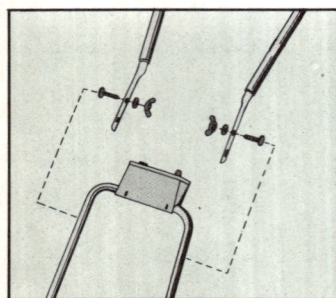

Startklar machen: Zuerst wird das Oberteil des Führungsbügels mit den zugehörigen Schrauben und Flügelmuttern am unteren Teil befestigt, dann der ganze Bügel am Chassis des Rasenmähers. Die Flügelmuttern werden fest angezogen. An den Vorder- und Hinterrädern befindet sich ein Handgriff, mit dem man die Lage der Räder in der Höhe und damit die Schnitthöhe beim Mähen einstellen kann

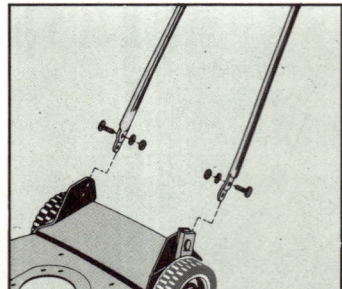

Montage des Führungsbügels: Die Art und Weise, wie der Führungsbügel am Mäher angebracht wird, kann je nach Fabrikat und Konstruktion des Mähers verschieden sein. Bei dem abgebildeten Prinzip wird das Unterteil des Führungsbügels am Chassis mit Schrauben, Unterlegscheiben oder Federringen sowie mit Sechskantmuttern befestigt. Flügelmuttern sind jedoch auch geeignet

Mähen: Der Batteriemäher wird auf ebenem Boden, aber keinesfalls im hohen Gras angelassen. Falls kein geeigneter Platz dafür vorhanden ist, kippt man den Mäher etwas nach hinten und schaltet ihn dann ein (siehe Abbildung).
Die Maschine wird beim Mähen immer auf dem schon gemähten Rasenstreifen gewendet; wie man es macht, ist auf Seite 445 gezeigt

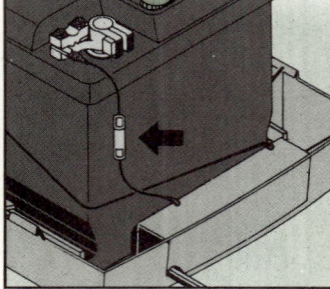

Sicherung: Wenn beim Mähen von hohem Gras die Motordrehzahl nachläßt, schiebt man den Mäher etwas langsamer. Bei Überlastung des Motors soll die Sicherung durchbrennen. Sie befindet sich unter der Abdeckhaube und muß durch eine Sicherung gleicher Stärke ersetzt werden (siehe Abbildung). Der Rasenmäher darf nicht dauernd überlastet werden, weil es Motor und Batterie schadet

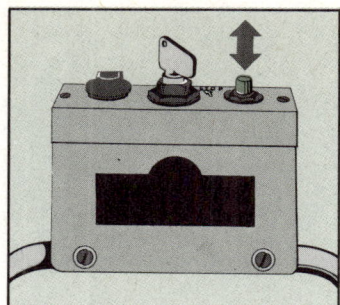

Sicherheitsschalter: Bei manchen Batterierasenmähern wird der Motor durch einen Sicherheitsschalter geschützt, der sich auf dem Schaltkasten befindet (siehe Abbildung). Wenn der Motor überlastet wird, springt der Knopf des Sicherheitsschalters heraus. Man schaltet den Motor dann sofort aus, wartet etwa zwei Minuten und drückt den Knopf hinein

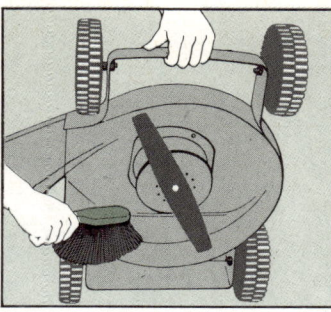

Nach dem Mähen: Wenn der Mäher nicht gebraucht wird, zieht man den Schalterschlüssel sicherheitshalber heraus. Dann wird der Mäher gründlich gesäubert. Um auch die Unterseite erreichen zu können, kippt man ihn so um, daß der Führungsbügel flach auf dem Boden liegt. Das geht nur bei einer Trockenbatterie. Batterien mit nassen Zellen darf man nicht kippen

Ein Messer auswechseln: Stumpfe Messer schneiden schlecht. Das gilt auch für Rasenmäher. Außerdem brauchen sie mehr Motorkraft, wodurch die Leistung des Rasenmähers sinkt.

Wenn ein Messer auf einen Stein oder einen anderen harten Gegenstand aufgeschlagen ist und beschädigt wurde, sollte man es sofort auswechseln

Ein Messer montieren: Man soll regelmäßig kontrollieren, ob das Messer noch scharf ist. Wenn es stumpf geworden ist oder beschädigt wurde, wird es durch ein Messer des gleichen Fabrikats ersetzt.

Bei der Montage ist darauf zu achten, daß das Kupplungsstück des Messers richtig und fest auf der beiderseits abgeflachten Motorachse sitzt

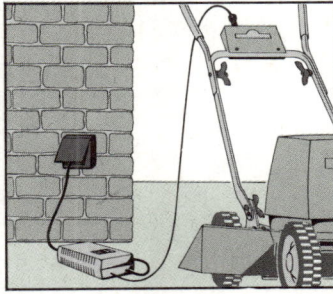

Eine Batterie laden: Das Ladegerät wird mit dem Netzstecker an eine 220-Volt-Steckdose angeschlossen und sein Ladestecker mit der Steckdose am Schaltkasten des Rasenmähers verbunden (siehe Abbildung).

Die Ladezeit beträgt mindestens 24 Stunden. Wenn der Mäher nicht gebraucht wird, kann das Ladegerät angeschlossen bleiben

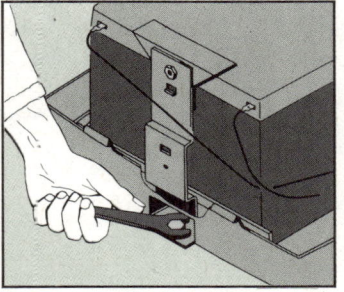

Eine Trockenbatterie einsetzen: Zuerst wird die mitgelieferte Gummiplatte auf den Boden des Batteriekastens gelegt und die Batterie dann so hineingestellt, daß ihre Anschlußklemmen, in Mährichtung gesehen, auf der rechten Seite liegen. Wenn die Gummiplatte flach unter der Batterie liegt, zieht man die Befestigungsschrauben fest

Eine Batterie mit nassen Zellen einsetzen: Die kombinierten Befestigungsbleche für eine Trockenbatterie oder eine Batterie mit nassen Zellen liegen dem Rasenmäher bei. Die Batterie wird bis an den Anschlag nach hinten geschoben und mit Hilfe des Befestigungsbleches und der Schrauben fest montiert. Schrauben mit Gabelschlüssel anziehen

Die Kabel anschließen: Zuerst wird das rote Pluskabel der Batterie mit der, in Mährichtung gesehen, vorderen Motorklemme (Pluspol) verbunden. Danach befestigt man das blaue Minuskabel an der hinteren Motorklemme (Minuspol).

Das lose rote Kabel, das unmittelbar vom Motor kommt, kommt ebenfalls noch an den Pluspol

Eine Batterie füllen: Zum Füllen der Batterie wird die Abdeckhaube abgenommen, umgekehrt auf den Boden gelegt und die Batterie hineingestellt. Dann schraubt man die Verschlüsse der Zellen ab. Beim Füllen mit Schwefelsäurelösung ist die mitgelieferte Gebrauchsanweisung genau zu beachten. Eine Trockenbatterie braucht nie gefüllt zu werden. Vorsicht beim Umgang mit der Säure

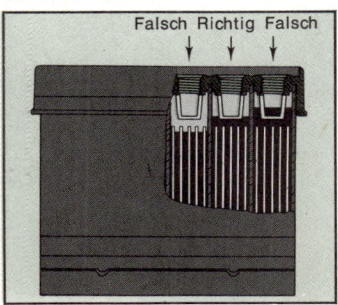

Falsch Richtig Falsch

Den Säurestand prüfen: Nach dem Füllen läßt man den Akku etwa 20 Minuten stehen. Durch leichtes Schütteln oder Schrägstellen sorgt man dafür, daß Luftblasen entweichen. Durch Nachfüllen oder Absaugen mit der leeren Säureflasche bringt man den Säurestand auf die vorgeschriebene Höhe. Bei allen weiteren Nachfüllungen darf man nur noch destilliertes Wasser verwenden. Die Batterie regelmäßig kontrollieren

ABHILFE BEI STÖRUNGEN

Störung	Ursache	Abhilfe
Unruhiger Lauf und/oder starkes Vibrieren der Maschine	Messer durch Aufschlagen auf harte Gegenstände beschädigt	Messer erneuern
	Messer nicht gut befestigt	Messer festschrauben
Räder wackeln	Radmuttern an der Achse locker	Muttern festschrauben
Motor läuft nicht	Batterie ist leer	Batterie laden, Säurestand überprüfen
	Knopf des Sicherheitsschalters herausgesprungen	Motor ausschalten, Knopf nach zwei Minuten wieder hineindrücken
Maschine mäht schlecht	Messer sind stumpf	Messer ersetzen
	Mähhöhe nicht gut eingestellt	Mähhöhe richtig einstellen
	Batterie ist leer	Batterie laden
Ladegerät lädt nicht	Netzsteckdose ohne Strom	Für Stromzuführung sorgen
	Sicherung des Ladegeräts durchgebrannt	Sicherung erneuern
Bei anderen Störungen wendet man sich an den Lieferanten oder die nächste Servicewerkstatt		

Rasenmäher

Elektromäher

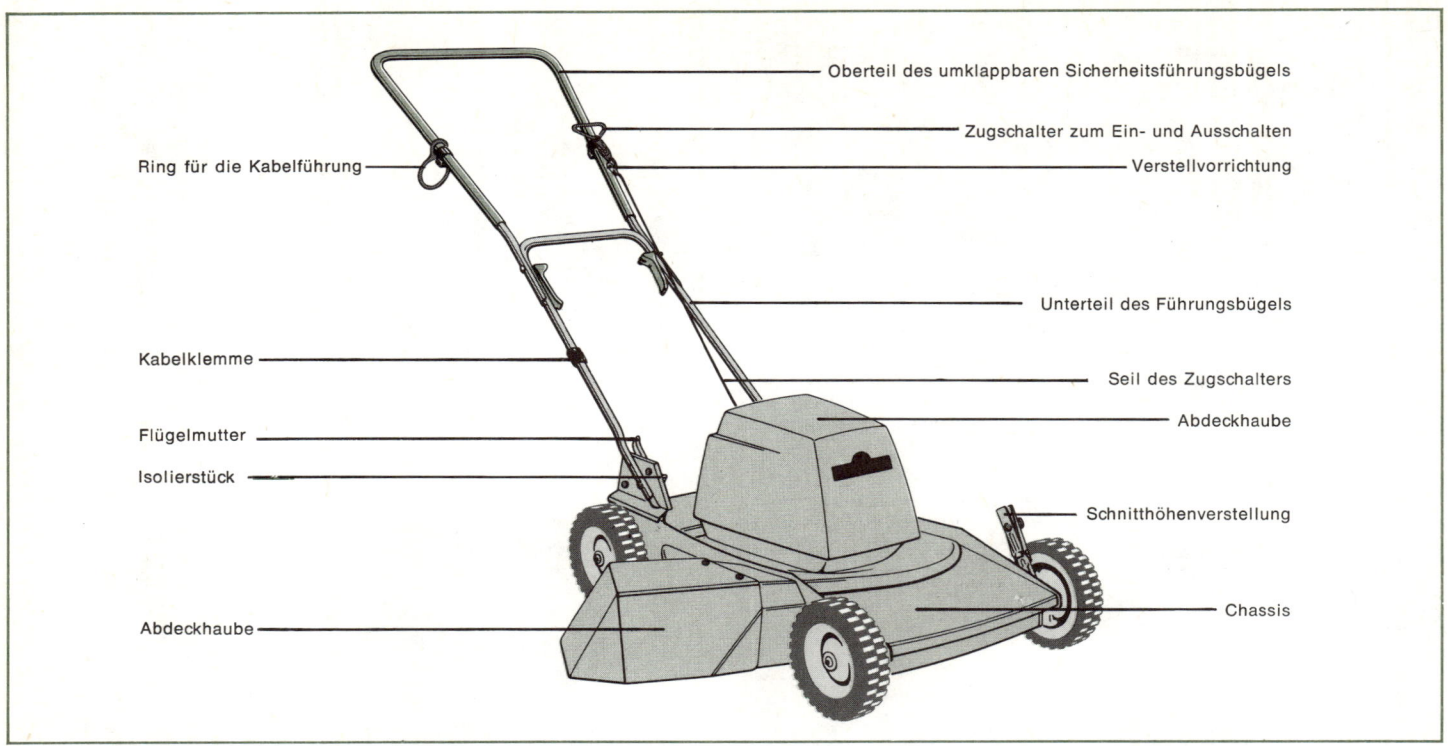

Oberteil des umklappbaren Sicherheitsführungsbügels

Zugschalter zum Ein- und Ausschalten

Verstellvorrichtung

Ring für die Kabelführung

Unterteil des Führungsbügels

Kabelklemme

Seil des Zugschalters

Flügelmutter

Abdeckhaube

Isolierstück

Schnitthöhenverstellung

Abdeckhaube

Chassis

Elektromäher mit 46 cm Schnittbreite

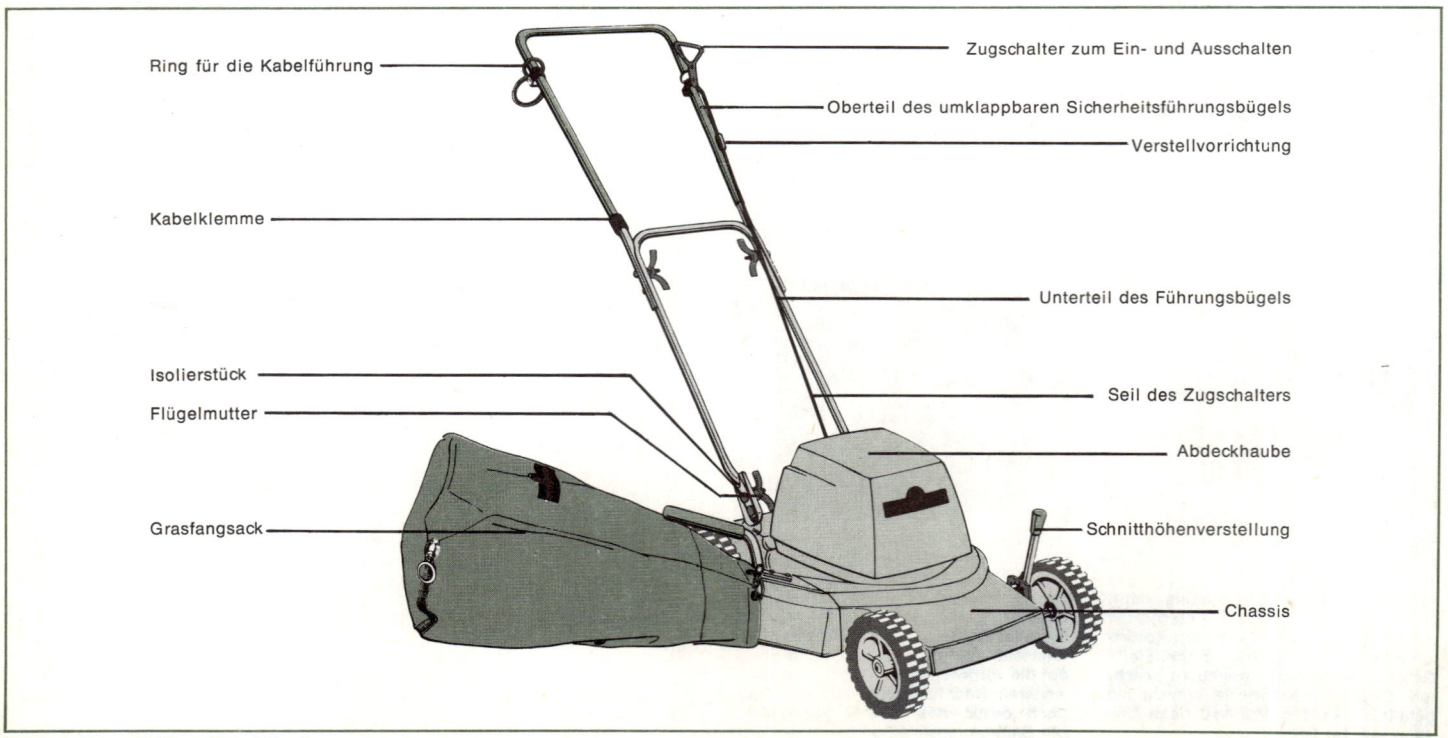

Zugschalter zum Ein- und Ausschalten

Ring für die Kabelführung

Oberteil des umklappbaren Sicherheitsführungsbügels

Verstellvorrichtung

Kabelklemme

Unterteil des Führungsbügels

Isolierstück

Seil des Zugschalters

Flügelmutter

Abdeckhaube

Grasfangsack

Schnitthöhenverstellung

Chassis

Elektromäher mit 32 cm Schnittbreite

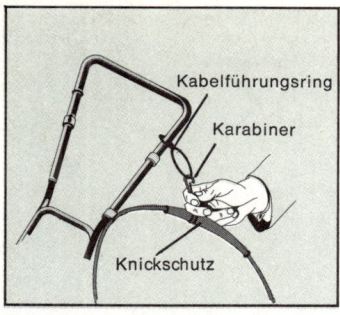

Befestigung des Kabels am Bügel: Stromkabel in die Gummikabelklemme am Führungsbügel drücken und mit dem Karabiner in den am Bügel befestigten Führungsring hängen.

Der Karabiner wiederum ist an einem Knickschutz befestigt, der das Kabel gegen Bruch schützt. Das Kabel sollte möglichst ausreichend Bewegungsfreiheit am Führungsbügel haben.

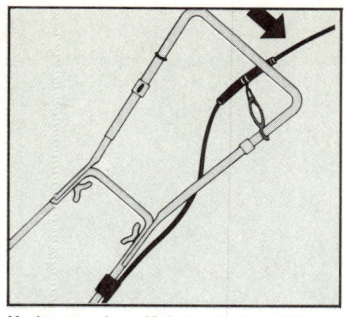

Umlegen des Kabels beim Mähen: Der Kabelführungsring, an dem das Kabel hängt, läßt sich von der rechten auf die linke Seite des Führungsbügels schieben und natürlich auch umgekehrt. Das Kabel kann infolgedessen immer auf den bereits gemähten Rasenstreifen gelegt werden und ist dadurch weitgehend vor Beschädigungen beim Mähen geschützt

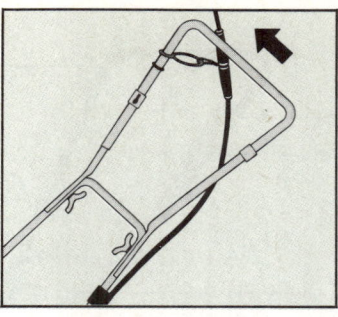

Sollte das Kabel doch einmal durchgeschnitten werden, so darf man es auf keinen Fall berühren, bevor man den Netzstecker herausgezogen hat. Die Sicherung brennt nämlich bei einem Kabelbruch nicht immer sofort durch. Das Kabel kann an jede Steckdose des Hausnetzes angeschlossen werden, die durch eine Sicherung von 16 A geschützt ist

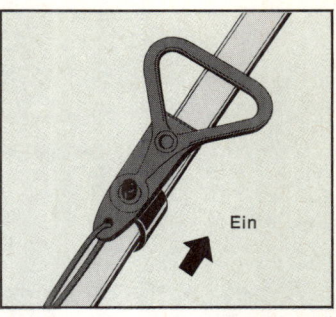

Starten: Vor dem Starten stellt man den Rasenmäher auf ebenen Boden oder hebt ihn, wenn kein geeigneter Platz vorhanden ist, vorn durch Niederdrücken des Führungsbügels etwas an. Die Maschine darf in keinem Fall im hohen Gras gestartet werden. Dann zieht man den Startergriff so weit hoch, daß der Kunststoffknopf in das untere Schalterloch einrastet

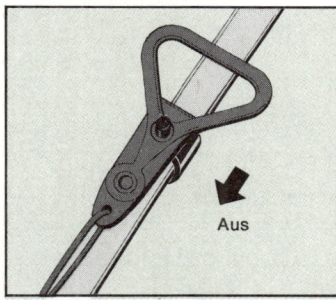

Ausschalten: Um den Rasenmäher wieder auszuschalten, läßt man den Zugschalter so weit zurückgehen, bis der Kunststoffknopf in das obere Loch einrastet. Mit dem Zugschaltergriff wird eine Zugfeder am Motor bedient. Ruckartiges oder zu festes Ziehen kann Schaden anrichten. Wenn leichtes Ziehen nicht genügt, ist der Schalter nicht richtig eingestellt

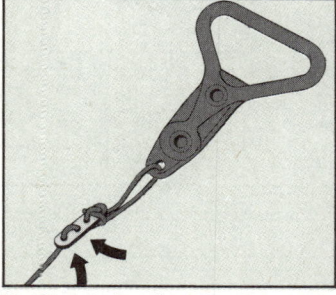

Den Zugschalter einstellen: Es ist sehr wichtig, daß das Seil des Zugschalters genau auf die richtige Länge eingestellt ist, da man den Motor sonst nicht einwandfrei ein- und ausschalten läßt.

Die Zugschnur läßt sich mit Hilfe einer einfachen Verstellvorrichtung, einer Lochplatte, durch die das Seil gefädelt ist (siehe Abbildung), länger oder kürzer einstellen

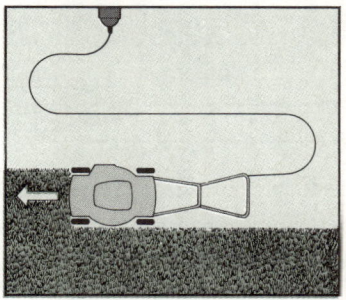

Mähen: Wie man die Schnitthöhe einstellt, ist auf S. 447 beschrieben. Die Abdeckhaube muß beim Mähen angebracht sein. Wie sie befestigt wird, ist ebenfalls auf S. 447 erklärt.

Man braucht den Rasenmäher für eine neue Mähbahn nicht zu wenden, man kann vorwärts und rückwärts mähen. Dann muß man natürlich das Kabel auch nicht umlegen

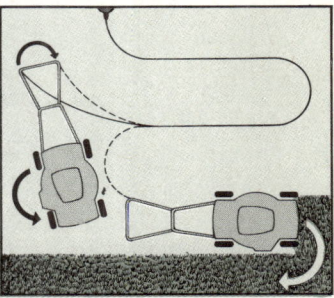

Das Wenden beim Mähen: Man wendet einen Rasenmäher immer auf der schon gemähten Rasenseite. Dabei wird das Kabel mit Hilfe des Kabelführungsringes zur gemähten Seite hin umgelegt (siehe Abbildung).

Wenn man sich an diese Faustregel hält, kann es nicht passieren, daß man das Kabel versehentlich überfährt und dabei beschädigt

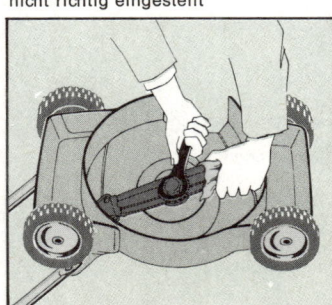

Den Messerbalken abschrauben: Zuerst wird der Stecker aus der Steckdose gezogen. Dann umwickelt man das Messer mit einem Lappen, damit man sich nicht verletzen kann. Danach wird die Schraube mit einem Gabelschlüssel gelöst und der Messerbalken herausgehoben.

Man muß darauf achten, daß das neue Messer vom gleichen Fabrikat und von gleicher Größe wie das alte ist

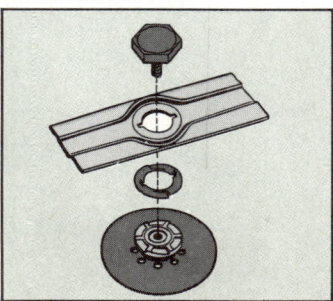

Einen Messerbalken montieren: Wenn man einen neuen Messerbalken montiert, werden die Einzelteile in umgekehrter Reihenfolge zum Abnehmen eingesetzt (siehe Abbildung). Dabei muß man vor allem darauf schauen, daß der Mitnehmer und die Mitnehmerfeder richtig in den Messerbalken einrasten. Die Befestigungsschraube des Messers muß mit einem Gabelschlüssel fest angezogen werden

Allgemeines: Vor dem Kauf eines Mähers sollte man sich im Fachgeschäft gründlich über die Leistungen und Eigenheiten der verschiedenen Modelle unterrichten lassen. Der Händler soll die verschiedenen Arten und Größen von Mähmaschinen vorführen und erklären und ein Gerät empfehlen, das Ihren Bedürfnissen entspricht

Störungen: Es sind eine Anzahl von Störungen denkbar, deren Ursachen man selbst erkennen und beheben kann, ohne die Hilfe des Herstellers oder einer Servicewerkstatt in Anspruch zu nehmen. Es ist aber wichtig, daß man nur kleinere Reparaturen, wie sie beim Batteriemäher auf S. 441 beschrieben sind, selber ausführt

Wartung: Nach jedem Mähen soll die Maschine mit einem Tuch oder Handfeger gesäubert werden; auf keinen Fall darf man Wasser benutzen. Der Rasenmäher wird in einem trockenen Raum aufbewahrt. Der Motor bedarf keiner besonderen Pflege. Lediglich die Radlager können ab und zu einen Tropfen säurefreies Öl vertragen

Sicherheitsschalter: Der automatische Sicherheitsschalter schaltet den Motor bei Überlastung ab. Man stellt den Zugschalter dann auf „Aus", wartet ein paar Minuten und schaltet ihn wieder ein. Bei längerer Überlastung kann der Motor unter Umständen beschädigt werden. Deshalb sollte man nicht mit Gewalt mähen

Rasenmäher

Viertaktmotormäher

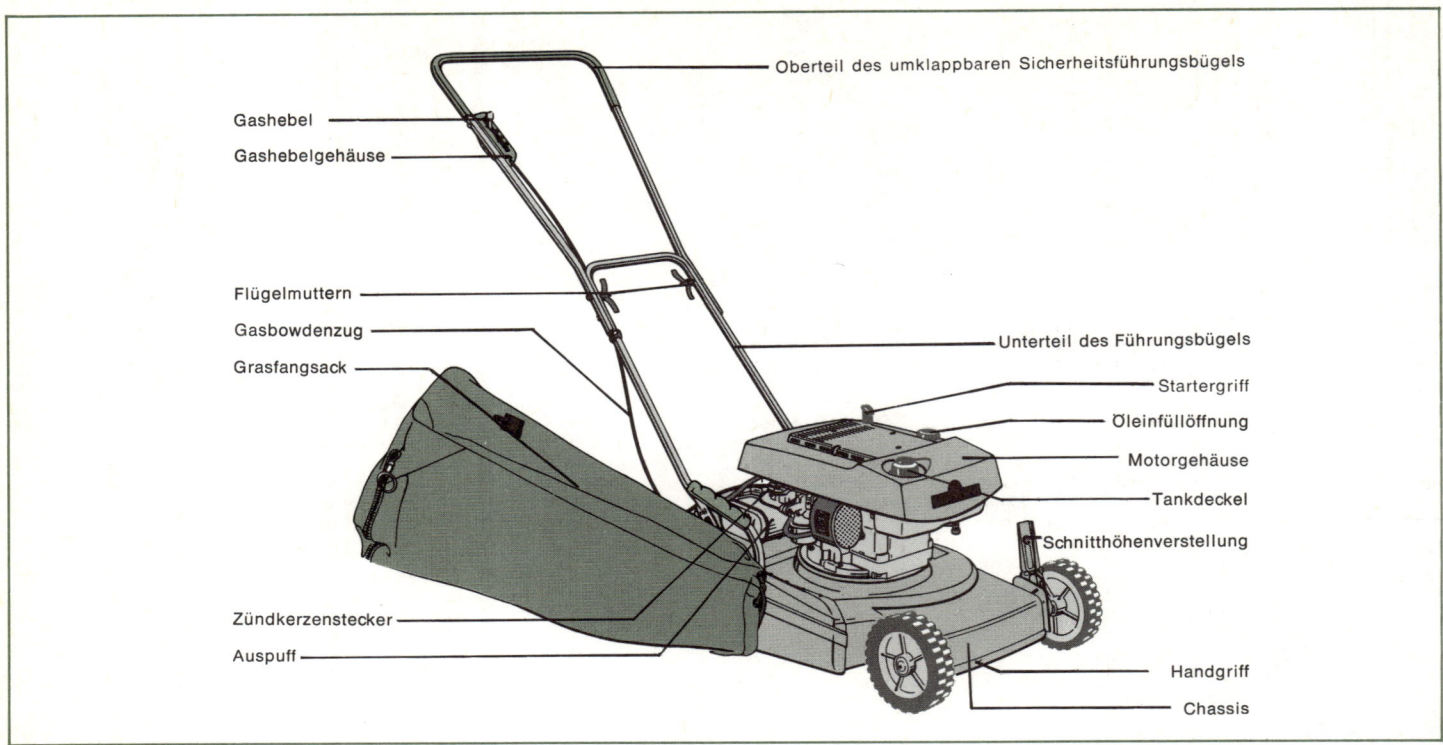

Gashebel

Gashebelgehäuse

Flügelmuttern

Gasbowdenzug

Grasfangsack

Zündkerzenstecker

Auspuff

Oberteil des umklappbaren Sicherheitsführungsbügels

Unterteil des Führungsbügels

Startergriff

Öleinfüllöffnung

Motorgehäuse

Tankdeckel

Schnitthöhenverstellung

Handgriff

Chassis

Viertaktmotormäher mit 38 cm Schnittbreite

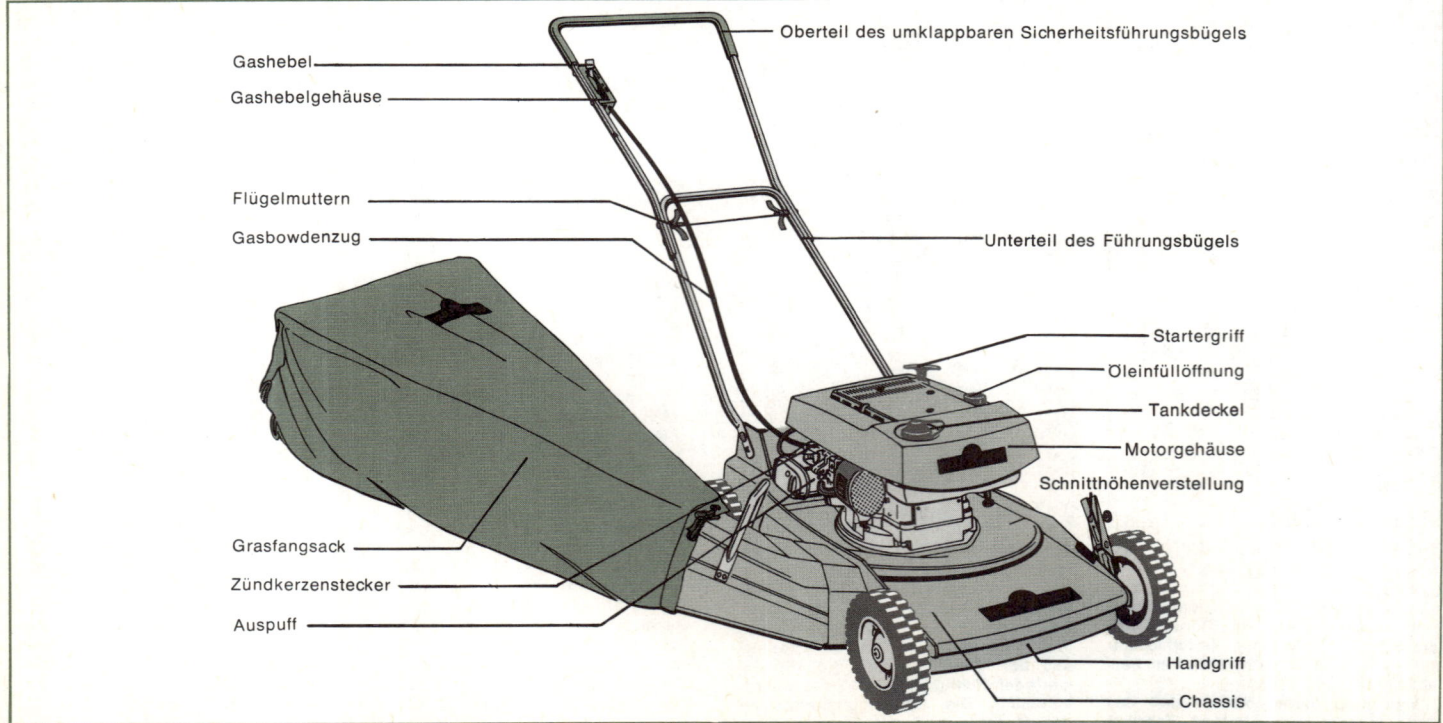

Gashebel

Gashebelgehäuse

Flügelmuttern

Gasbowdenzug

Grasfangsack

Zündkerzenstecker

Auspuff

Oberteil des umklappbaren Sicherheitsführungsbügels

Unterteil des Führungsbügels

Startergriff

Öleinfüllöffnung

Tankdeckel

Motorgehäuse

Schnitthöhenverstellung

Handgriff

Chassis

Viertaktmotormäher mit 46 cm Schnittbreite

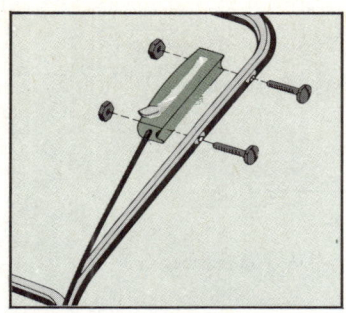

Führungsbügel und Gashebel anbringen: Der zweiteilige Führungsbügel wird befestigt, wie auf Seite 447 beschrieben. Der Gashebel wird mit seinem Gehäuse und den mitgelieferten Schrauben und Muttern am Führungsbügel festgeschraubt. Gleichzeitig montiert man die Abdeckhaube (siehe S. 447). Ohne sie darf nicht gemäht werden

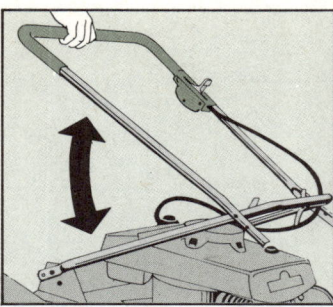

Den Führungsbügel zusammenklappen: Für den Transport und für die Aufbewahrung des Rasenmähers kann man den Führungsbügel zusammenklappen. Man muß darauf achten, daß zuerst das Oberteil und dann das Unterteil umgeklappt wird. Die Flügelmuttern werden dafür etwas gelockert. Der Gasbowdenzug darf beim Zusammenklappen auf keinen Fall geknickt werden

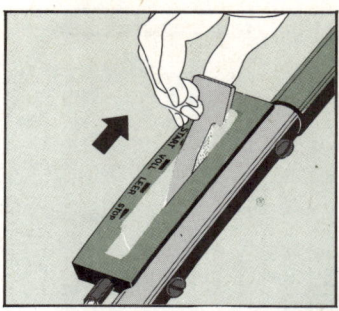

Vor dem Starten: Der Mäher kommt mit Normalbenzin aus. Wichtig ist: Nicht bei laufendem Motor tanken, und vor allem dabei nicht rauchen. Nun wird der Gashebel auf „Start" gestellt, bei warmem Motor jedoch auf „Voll". Dann öffnet man den Benzinhahn, indem man die Rändelschraube nach links dreht. Diese Einrichtung haben allerdings nicht alle Rasenmäher

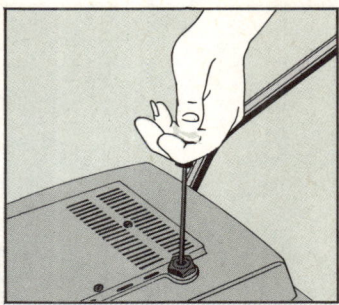

Starten und Abstellen: Der Motor wird gestartet, indem man den Startergriff zieht, langsam zurückdrückt und dann den Gashebel langsam auf „Voll" stellt. Will man den Motor abstellen, legt man den Gashebel auf „Stop". Wenn der Mäher längere Zeit nicht gebraucht wird, schließt man den Benzinhahn und läßt den Motor laufen, bis er stehenbleibt

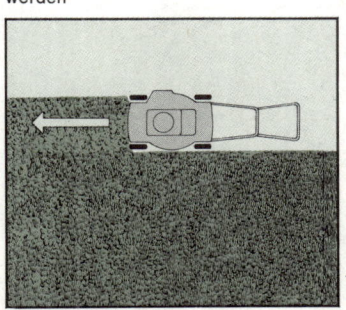

Mähen: Beim Mähen ist wichtig, daß der Gashebel immer auf „Voll" steht, denn der Motor läuft dann mit gleichbleibender Umdrehungszahl. Beim Mähen an Abhängen muß der Vergaser immer nach oben zeigen. Viertaktrasenmäher sind für Abhänge von mehr als 27° Neigung nicht geeignet. Die Schnitthöhe läßt sich, wie auf Seite 447 beschrieben, verstellen

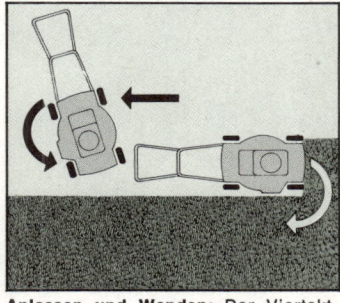

Anlassen und Wenden: Der Viertaktrasenmäher muß auf ebenem Boden angelassen werden, aber nicht im hohen Gras. Ist jedoch kein anderer Platz dafür vorhanden, so muß man die Maschine etwas nach hinten kippen und dann anlassen. Während des Mähens wendet man den Rasenmäher immer auf dem schon gemähten Rasenstreifen

Wartung und Pflege: Nach der Arbeit muß die Maschine sofort gründlich gesäubert werden. Wenn man den Mäher dazu umlegt, achtet man darauf, daß Vergaser und Benzindeckel nach oben liegen. Zum Sauermachen benutzt man einen Handfeger und einen Lappen. Wasser darf man nicht verwenden. Nach der Säuberung wird der Mäher in einem trockenen Raum aufbewahrt

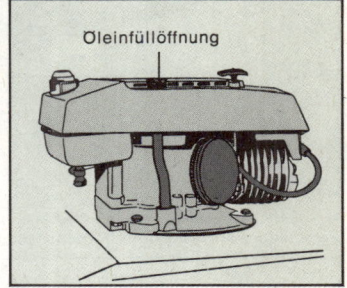

Öleinfüllöffnung

Motoröl einfüllen: Bevor man den Mäher in Betrieb nimmt, füllt man ein gutes Öl der Viskosität SAE 30 ins Motorgehäuse. Das Öl muß bis an die Markierung „Voll" des Ölmeßstabs oder bis an den Rand der Einfüllöffnung reichen. Beim Füllen wird der Mäher auf der Seite der Einfüllöffnung etwas angehoben. Ölstand vor jedem Mähen kontrollieren

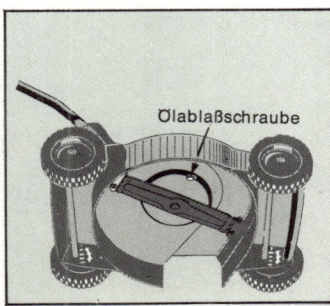

Ölablaßschraube

Motorölwechsel: Bei einem neuen Mäher ist der erste Ölwechsel nach zwei Betriebsstunden fällig, später dann alle 25, bei besonders schwerer oder staubiger Arbeit jedoch häufiger. Ölwechsel macht man bei warmem Motor, indem man die Ölablaßschraube öffnet und das Öl ausfließen läßt. Dabei wird das Schraubengewinde auf Schmutzrückstände geprüft und, wenn nötig, mit Petroleum gereinigt

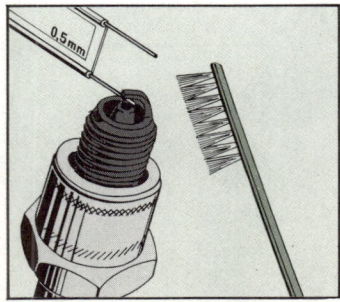

0,5 mm

Zündkerze reinigen: Eine verschmutzte Zündkerze setzt die Motorleistung erheblich herab. Man reinigt sie deshalb regelmäßig mit einer weichen Bürste und kontrolliert den Elektrodenabstand: Er muß 0,5 mm betragen. Rasche Verschmutzung deutet auf eine Zündkerze mit zu hohem Wärmewert hin. Sie wird durch eine Kerze mit niedrigerem Wärmewert ersetzt. Notfalls hilft der Fachmann weiter

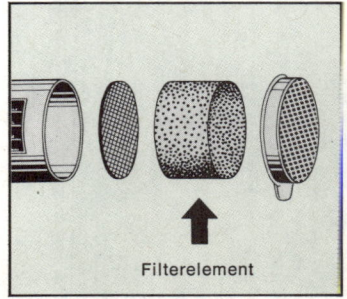

Filterelement

Luftfilter reinigen: Der Filtereinsatz wird gereinigt, sobald die Filteraußenseite verschmutzt ist. Man wäscht das Filterelement in Benzin aus, gibt einen Teelöffel Öl darauf, drückt das Element zusammen, um das Öl gleichmäßig darin zu verteilen, und säubert die Filtergehäuse innen. Die Filterwirkung ist ohne Öl unzureichend, deshalb ist regelmäßige Pflege unerläßlich

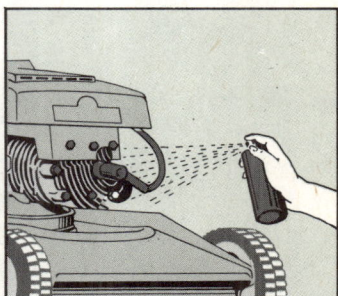

Aufbewahrung im Winter: Nach Ablauf der Mähsaison muß der Rasenmäher gründlich gesäubert werden. Durch Einsprühen aller lackierten und unlackierten Metallteile mit einem Autolackkonservierungsmittel wird die Maschine gegen Rost und Lackschäden geschützt. Die Radlager werden geölt und erforderlichenfalls nachgestellt. Der Rasenmäher wird in einem trockenen Raum aufbewahrt

Rasenmäher

Zweitaktmotormäher

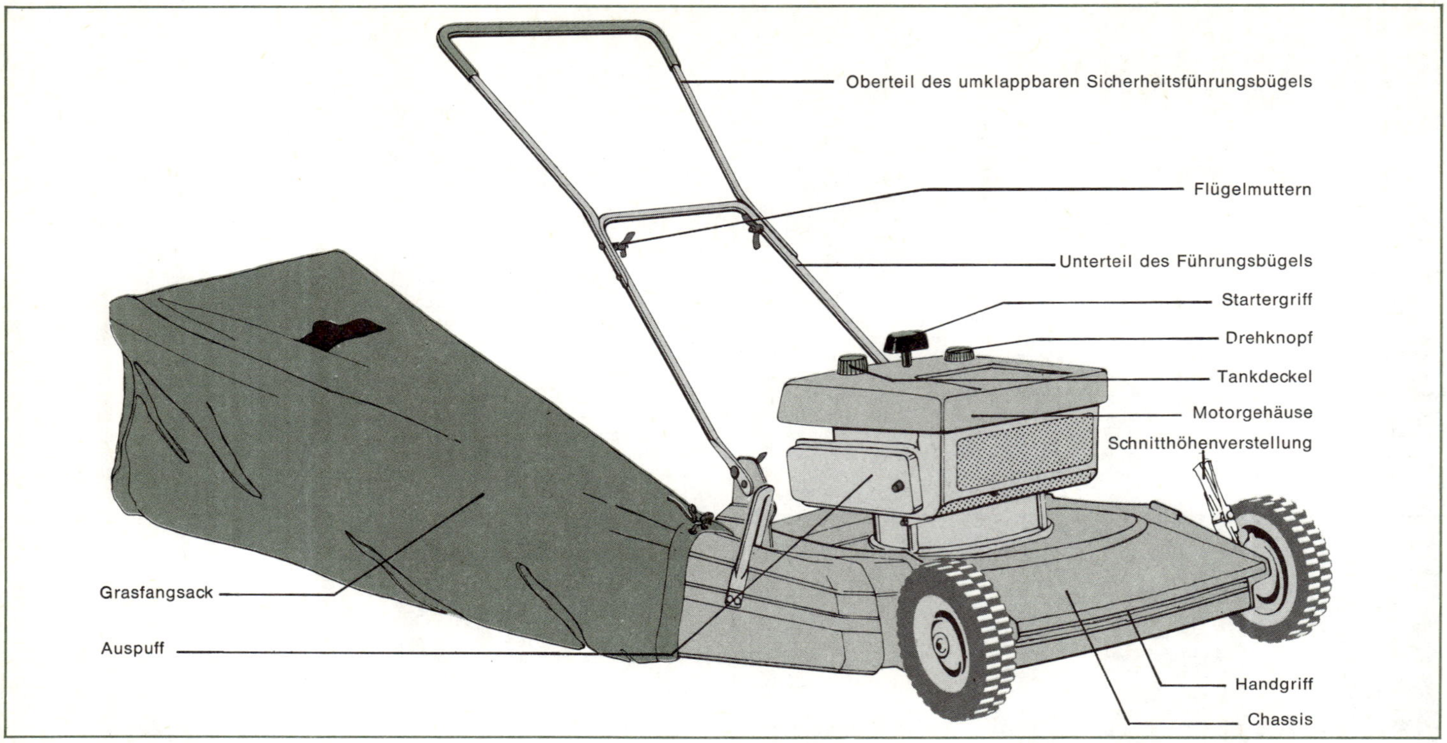

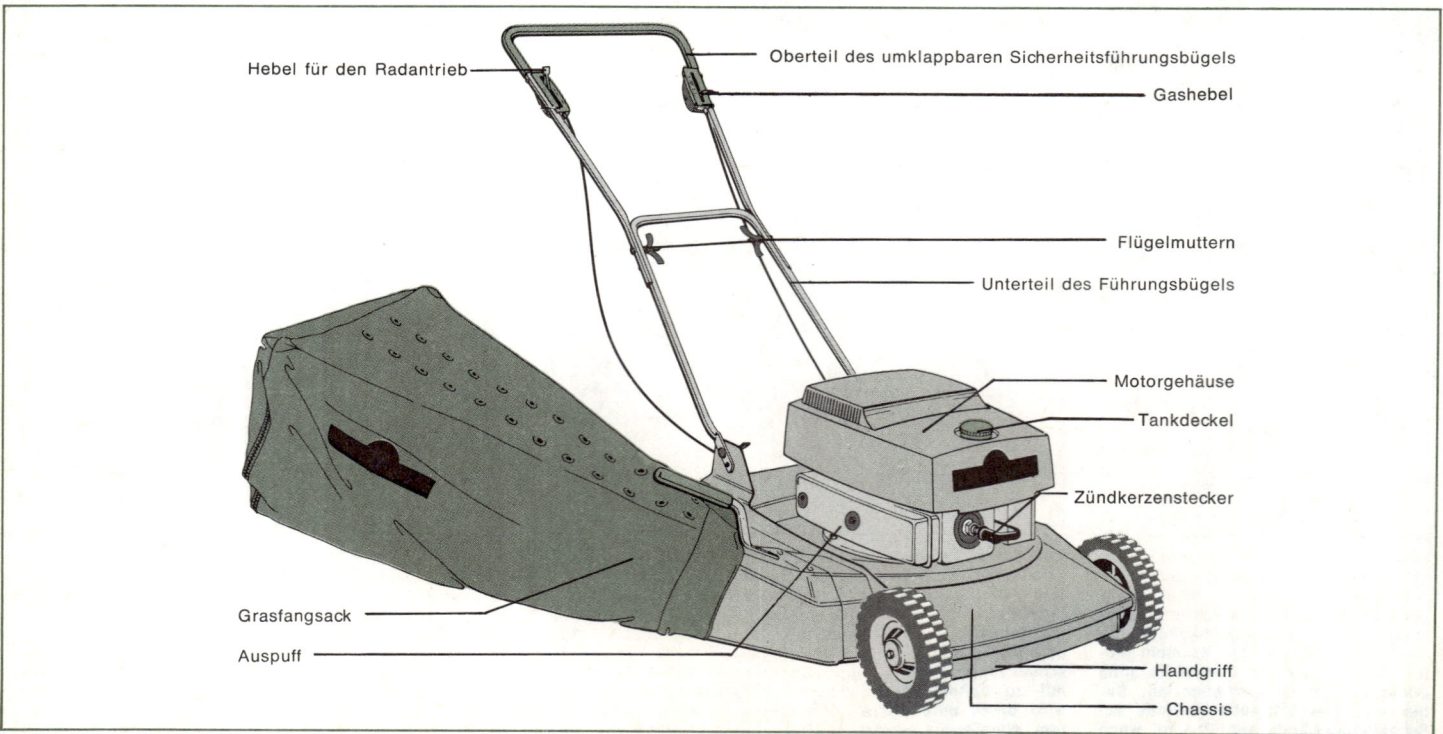

Oberteil des umklappbaren Sicherheitsführungsbügels

Flügelmuttern

Unterteil des Führungsbügels

Startergriff

Drehknopf

Tankdeckel

Motorgehäuse

Schnitthöhenverstellung

Grasfangsack

Auspuff

Handgriff

Chassis

Zweitaktmotormäher ohne Radantrieb

Hebel für den Radantrieb

Oberteil des umklappbaren Sicherheitsführungsbügels

Gashebel

Flügelmuttern

Unterteil des Führungsbügels

Motorgehäuse

Tankdeckel

Zündkerzenstecker

Grasfangsack

Auspuff

Handgriff

Chassis

Zweitaktmotormäher mit Radantrieb

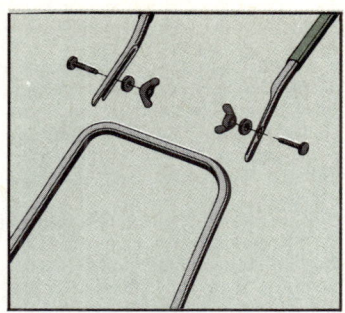

Den Führungsbügel befestigen: Der obere, umklappbare Teil des Führungsbügels wird mit den zugehörigen Schrauben und Flügelmuttern am unteren Teil des Führungsbügels befestigt. Dann schraubt man den unteren Bügelteil an das Chassis. Die Flügelmuttern werden so fest angezogen, daß der Bügel sich nicht mehr hin und her bewegen läßt

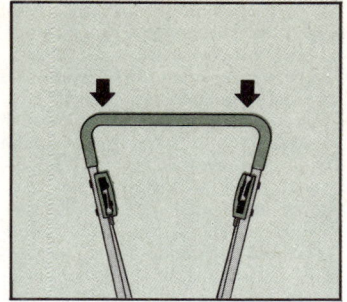

Gashebel: Das Gashebelgehäuse mit dem Gashebel wird, in Mährichtung gesehen, an die linke Seite des Führungsbügels geschraubt. Das Schaltgehäuse für den Radantrieb befestigt man dagegen an der rechten Seite des Führungsbügels (siehe Abbildung). Auf Seite 445 wird in der ersten Abbildung gezeigt, wie man ein Schaltgehäuse am Führungsbügel anbringt

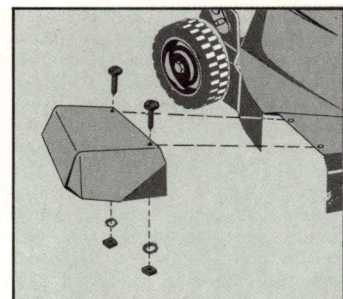

Abdeckhaube oder Grasleitkanal: Die Abdeckhaube dient gleichzeitig auch als Grasleitkanal. Sie muß bei Inbetriebnahme des Mähers unbedingt angebracht sein, denn es ist gefährlich, ohne die Abdeckhaube zu mähen. Falls kein Grasfangsack vorhanden ist, sorgt der Grasleitkanal dafür, daß das gemähte Gras in sauberen Reihen abgelegt wird

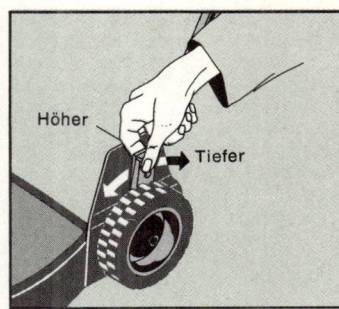

Die Schnitthöhe einstellen: Das geschieht mit je einem Handgriff an den Vorder- und Hinterrädern, der zum Verstellen zusammengedrückt wird. Nach vorn bewegt, wird die Schnitthöhe größer, nach hinten gezogen, wird sie kleiner. Zum Verstellen werden die Räder durch Kippen des Mähers angehoben. Die Räder müssen gleich hoch eingestellt sein

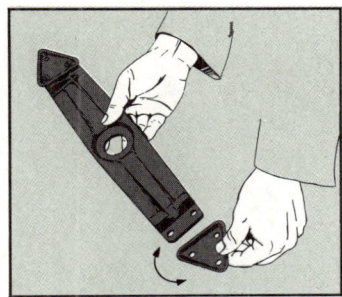

Das Messer auswechseln: Ein sauberes Mähen ist mit stumpfen oder beschädigten Messern nicht möglich. Sobald solche Schwierigkeiten auftreten, muß man das Messer auswechseln. Beschädigte Dreiecksmesser müssen immer paarweise erneuert werden.

Ein schadhafter oder verbogener Messerbalken führt zu schädlichen Vibrationen; er wird ausgewechselt

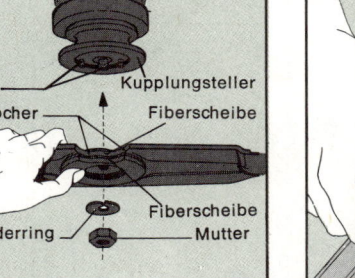
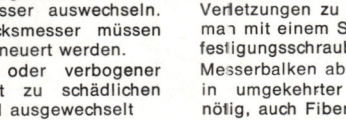

Den Messerbalken ausbauen: Zuerst zieht man den Zündkerzenstecker von der Zündkerze ab. Dann wird das Messer mit einem Lappen umwickelt, um Verletzungen zu vermeiden. Jetzt löst man mit einem Steckschlüssel die Befestigungsschraube und nimmt den Messerbalken ab. Die Montage erfolgt in umgekehrter Reihenfolge. Wenn nötig, auch Fiberscheiben erneuern

Radantrieb: Der Antrieb der Räder wird eingeschaltet, indem man den Schalthebel am rechten Führungsbügel im Gehäuse nach links aus der Raste drückt und in die Stellung „Ein" schiebt. Beim Einschalten wird der Mäher etwas nach hinten gekippt und das Gas etwas zurückgenommen. Beim Wenden und Rückwärtsziehen des Mähers schaltet man den Radantrieb aus

Motor starten und abstellen: Bei Mähern ohne Radantrieb (siehe S. 446) wird der Motor angelassen, indem man den Drehknopf auf „Start" stellt und den Starterhebel niederdrückt und danach wieder losläßt. Zum Abstellen des Motors wird der Gashebel (bei Mähern mit Radantrieb) oder der Drehknopf auf „Stop" gedreht. Mäher so aufräumen, daß kein Benzin ausfließt

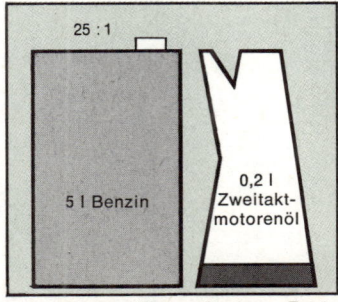

Einen Rasenmäher auftanken: Zweitaktmotoren von Rasenmähern werden mit einem Gemisch von Benzin und Motorenöl im Verhältnis 25 : 1 betrieben. Das heißt, es werden 5 l Normalbenzin (Superkraftstoff ist nicht erforderlich) mit 0,2 l Zweitaktmotorenöl gut vermischt. Man sollte immer Markenbenzin und gutes Markenöl verwenden, auf keinen Fall gewöhnliches Maschinen- oder anderes Öl

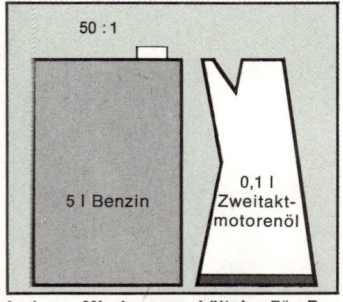

Anderes Mischungsverhältnis: Für Rasenmäher ohne Radantrieb genügt ein Mischungsverhältnis von 50 : 1. Dafür vermischt man 5 l Normalbenzin (kein Super) mit 0,1 l Zweitaktmotorenöl. Bei häufigem und langdauerndem Gebrauch der Maschine bleibt man aber doch besser bei einem Verhältnis von 25 : 1. Vorsicht beim Auftanken mit warmem Motor: möglichst keinen Treibstoff verschütten

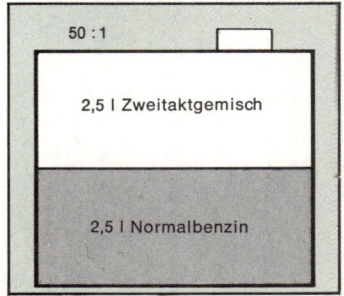

Zweitaktgemisch: Das Mengenverhältnis 50 : 1 kann man auch herstellen, indem man z. B. in einem Kanister 2½ l Zweitaktgemisch (Mischungsverhältnis 25 : 1) mit der gleichen Menge Normalbenzin vermischt. Man muß unbedingt darauf achten, daß keine Schmutzteile in den Tank geraten; sie würden zu Störungen führen. Nicht bei laufendem Motor tanken und selbstverständlich dabei nicht rauchen

Wartung und Pflege: Der Rasenmäher sollte nach Gebrauch möglichst sofort gründlich gesäubert werden. Dazu benutzt man am besten einen Lappen und einen Handfeger. Auf keinen Fall darf zur Reinigung Wasser verwendet werden. Der Gashebel oder der Drehknopf muß auf „Stop" stehen, wenn man den Mäher umlegt, um an seine Unterseite heranzukommen. Mäher in trockenem Raum aufbewahren

Sauna

Sauna – selbstgebaut

Saunabaden hat seinen Ursprung in Finnland; es ist jedoch heute in ganz Mitteleuropa beliebt. Es regt Stoffwechsel und Kreislauf an und härtet gegen Erkältungskrankheiten ab. In der Sauna herrscht trockene Hitze. Dampfstöße werden durch Wassergüsse auf die heißen Ofensteine erzeugt und mildern diese Trockenheit. Ebenso wichtig wie das Schwitzen ist das Abkühlen an der Luft oder in kaltem Wasser.

Bei der Planung einer Sauna geht man von einer Grundfläche von 0,8 qm pro Person aus. Das bedeutet, daß in einer Sauna von 2 × 2 m Größe bis zu fünf Personen Platz haben. Die lichte Höhe sollte mindestens 2 m betragen. Die Innenmaße der Wände wählt man nicht unter 1,8 m, damit man noch ausgestreckt liegen kann. Will man eine Eckbank aufstellen, sind wenigstens 2,2 m nötig. Holzfußböden sollten aus hygienischen Gründen gemieden werden; besser eignen sich Steinfliesen oder ein Betonglattstrich. Für den Elektroanschluß des Saunaofens braucht man eine Drehstromleitung; für Öfen mit einem Anschlußwert von nicht mehr als 6 kW genügt eine Wechselstromleitung von 220 V. Der Anschluß darf nur von einem Elektriker gelegt werden.

Für die Be- und Entlüftung der Sauna sind entsprechende Öffnungen nötig. Die Frischluft bezieht man am besten aus einem beheizten Vorraum; führt man diese noch durch den Saunaofen, entsteht keine unangenehme Zugluft. Die Abluftöffnung sollte dem Ofen gegenüber oder besser noch diagonal dazu liegen.

Wände und Decken werden aus 5 cm dicken gehobelten Kanthölzern in Rahmenkonstruktion gefertigt und beidseitig mit Nut- und Federriemen verkleidet. Als Dämmmaterial legt man Mineralfasermatten in die Hohlräume.

Nicht vergessen darf man den Einbau einer Dampfsperre. Dazu klebt man eine stabile Aluminiumfolie fugenfrei und vollflächig unter der Schalung auf. Die Rahmenverkleidung besteht aus massiven, handelsüblichen Riemen; besser sind jedoch spezielle „Saunariemen" mit beidseitiger doppeltiefer Nut und eingelegter Feder. Das Holz muß auf etwa 8% Holzfeuchte getrocknet sein, denn es darf nur dann nicht reißen, wenn es innerhalb einer Stunde auf knapp 100°C aufgeheizt wird. Von den handelsüblichen Holzarten eignen sich vor allem Hemlocktanne und Nordische

Fichte. Riemen mit stehenden Jahresringen (Riftsqualität) sind besser geeignet als solche mit liegenden Jahresringen; sie arbeiten weniger. Die Saunatür besteht aus einem 8 cm dicken Nadelholzrahmen, der ebenfalls beidseitig verkleidet und innen gedämmt wird. Die Tür selbst liegt in einem Blockrahmen mit Doppelfalz. Als Fenster dient eine fest eingesetzte Isolierglasscheibe oder ein Holzflügel, der sich öffnen läßt. Die Tür muß aus Sicherheitsgründen nach außen öffnen. Alle Beschläge müssen rostfrei sein; den Türgriff macht man am besten aus Holz. Im Innenbereich der Sauna darf man das Holz nicht lackieren oder imprägnieren, weil sonst beim Aufheizen unangenehm riechende oder gar giftige Gase entstehen könnten.

Die Inneneinteilung der Sauna ist im wesentlichen eine Platzfrage.

Die Liegeplätze werden, wenn möglich, stufenweise angeordnet, damit man verschiedene Temperaturbereiche aufsuchen kann. Die Stufenhöhe beträgt dann etwa 35 cm. Die Liegen kann man auch übereinander montieren; dann baut man zusätzlich eine Auftrittbank. Als Material eignet sich harzfreies Nadelholz oder leichtes Laubholz. Damit die Luft zirkulieren kann und keine Verletzungsgefahr besteht, stellt man die Liegeroste aus gehobelten und allseitig gerundeten Latten her. Die Lattenliegen werden auf Kanthölzern aufgelegt, die an den Seiten verschraubt sind. Die Rückenlehnen hängt man an U-förmigen Haltern aus Holz ein. Alle Teile sollte man zum Reinigen herausnehmen können. Beschläge und Schrauben (stets nichtrostend) werden so angebracht, daß man sie nicht berüh-

ren und sich daran verbrennen kann.

Damit man nicht an den heißen Saunaofen kommt, erhält er eine gitterartige Verkleidung aus Nadelholz. Eine Sicherheitskontaktschaltung setzt den Ofen außer Betrieb, wenn ein Gegenstand darauf liegt.

Zum Abkühlen braucht man eine Schwallbrause oder einen Holzbottich. Zum Ein- und Ausstieg zimmert man für dieses Minibecken eine trittsichere Holztreppe.

Fertigpakete zum Eigenbau einer Sauna sowie alles Zubehör wie Thermometer, Hygrometer, Aufgußkübel und Schöpfkelle gibt es im Fachhandel.

Die Sauna ist für Gesunde gesund; Anfänger sollten sich jedoch vom Arzt versichern lassen, daß keine Gefahr für Herz und Kreislauf besteht.

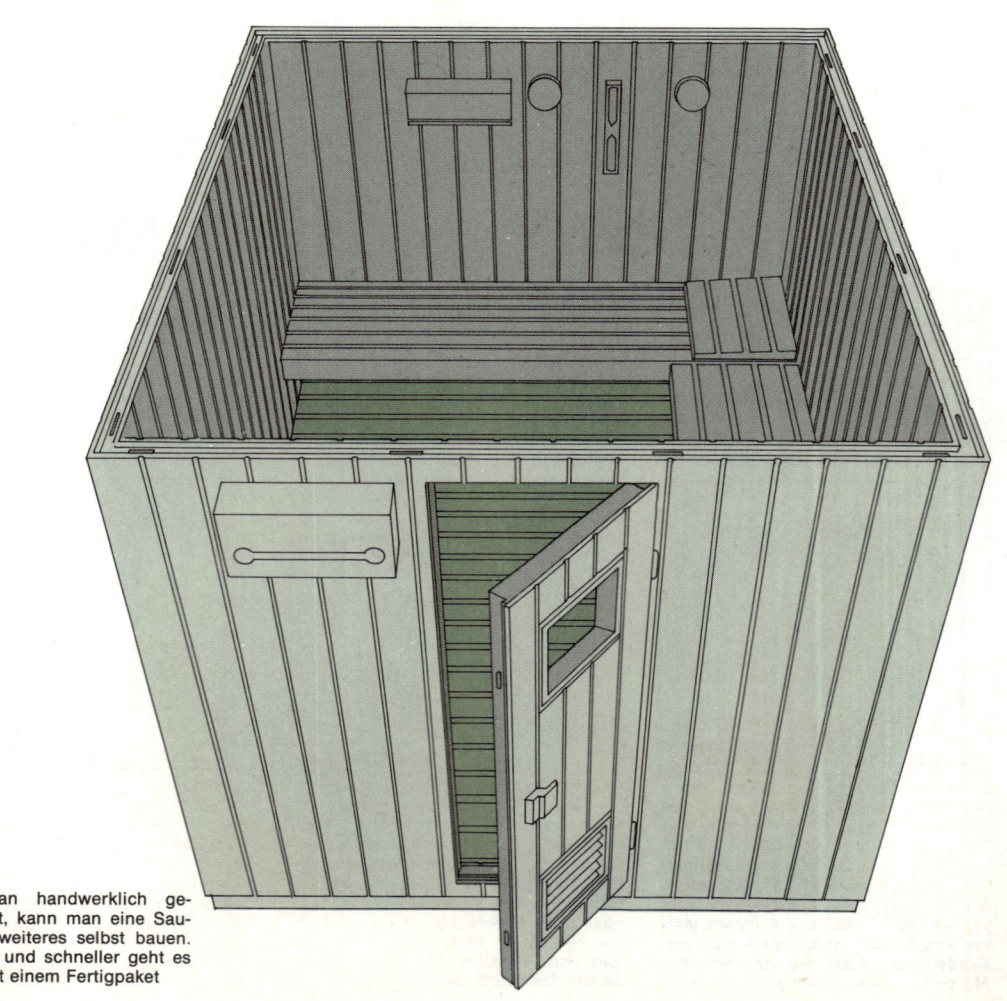

Wenn man handwerklich geschickt ist, kann man eine Sauna ohne weiteres selbst bauen. Einfacher und schneller geht es jedoch mit einem Fertigpaket

Wartung und Reparatur

Bei Swimming-pools muß man zwischen gemauerten oder betonierten Anlagen und vorfabrizierten Fertigbecken unterscheiden. Heute verwendet man in den meisten Fällen Fertigbecken, die ohne große Erdarbeiten unmittelbar auf dem Boden aufgestellt oder teilweise im Boden versenkt werden können. Meistens bestehen diese Becken aus einem tragenden Mantel aus Stahl, Kunststoff oder Leichtmetall, der die eigentliche wasserdichte Innenhaut aus Plastik trägt.

Wenn der Wasserstand in einem Schwimmbecken oder Teich abfällt, heißt dies nicht unbedingt, daß das Becken undicht ist. Allein durch Verdunstung kann je nach Witterung der Wasserspiegel bis zu 1,5 cm in der Woche absinken.

Betonbecken: Ein versenkt gearbeitetes Beton- oder Kachelbecken kann aus zwei Gründen undicht sein. Wenn der Beton nämlich schlecht gemischt wurde, können die Flächen porös werden. Andererseits kann der Beton durch Erdbewegungen reißen. Diese Gefahr wächst, wenn das Becken längere Zeit leer steht, besonders im Winter, wo Frostschäden drohen. Muß das Becken im Winter gefüllt bleiben, mindern eingelegte Polystyrolplatten oder Holzbalken die Sprengkraft des gefrierenden Wassers.

Dauerhafte Reparaturen größerer Schäden sollte man immer dem Fachmann überlassen. Wenn ein Laie jedoch einen Betonsprung oder eine poröse Fläche provisorisch abdichten möchte, sollte er niemals normalen Zementmörtel verwenden. Für kleinere Risse genügt wasserfester Spezialkleber. Noch besser ist es, die ganze Fläche von innen mit Flüssigkunststoff zu bestreichen. Bei Zierbecken muß der verwendete Belag für Fische und Pflanzen unschädlich sein.

Zunächst wird das Becken entleert und dann der Kunststoff nach Anweisung des Herstellers an den Seiten und auf dem Boden aufgetragen. Dann deckt man das Becken mit einer Kunststoffolie ab, damit die neue Schicht beim Aushärten nicht naß wird. Die Aushärtezeit hängt von der Außentemperatur ab.

Notquartier für Pflanzen und Fische: Wenn ein Zierbecken vollkommen entleert werden muß, braucht man für Pflanzen und Fische einen provisorischen Behälter. Metallbehälter sind dafür ungeeignet. Für wenige Pflanzen und Fische genügt ein Plastikgefäß. Die Gesamtoberfläche des Notbehälters darf nicht weniger als ein Viertel der ursprünglichen Teichfläche betragen. Das Wasser muß mindestens 30 cm tief sein. Müssen viele Pflanzen und Fische aufbewahrt werden, stellt man mit einer doppelten Schicht Kunststoffolie ein provisorisches Becken her.

Becken aus Plastik: Stabile hochwertige Glasfaserbecken werden nur selten durch scharfe Steine oder Erdbewegungen beschädigt. Die billigeren, labilen Modelle können jedoch undicht werden, wenn sie nicht genau in das Erdloch eingepaßt sind. Bei Beschädigungen läßt man das Wasser bis unterhalb der gerissenen Stelle ab und führt die Reparatur mit einem Reparatursatz für glasfaserverstärkte Kunststoffe nach Anweisung des Herstellers aus.

Elektropumpen: Für den unerfahrenen Laien ist jede Reparatur am elektrischen Teil einer Wasserpumpe oder Umwälzanlage gefährlich. Oft ist an einer Pumpenstörung aber nur ein verstopfter Filter schuld.

Filter: Filter sollte man im Sommer mindestens zwölf Stunden lang laufen lassen und im Herbst nach Bedarf, bis das Gerät im Winter ganz abgeschaltet wird. Den Filter muß man in regelmäßigen Zeitabständen prüfen und reinigen, wenn er verstopft ist.

Überlaufrohr: Wenn der Filter verstopft ist, fließt das Wasser durch das Überlaufrohr ab.

Rücklaufleitung: Gelegentlich muß geprüft werden, ob der Schlauch der Rücklaufleitung nicht verrottet oder undicht ist. Wenn das Wasser abgelassen werden muß, schließt man diesen Schlauch ab und läßt das Wasser in einen Kanalabfluß laufen.

Chlor: Das Wasser im Schwimmbecken erhält einen Chlorzusatz als Schutz gegen Bakterien. Dosierungsanweisungen auf der Packung genau befolgen.

Entfernen von Algen: Dem Wasser muß ein algentötendes Mittel zugesetzt werden, das an Rändern, Stufen und auf dem Boden des Beckens Algenbildung verhindert.

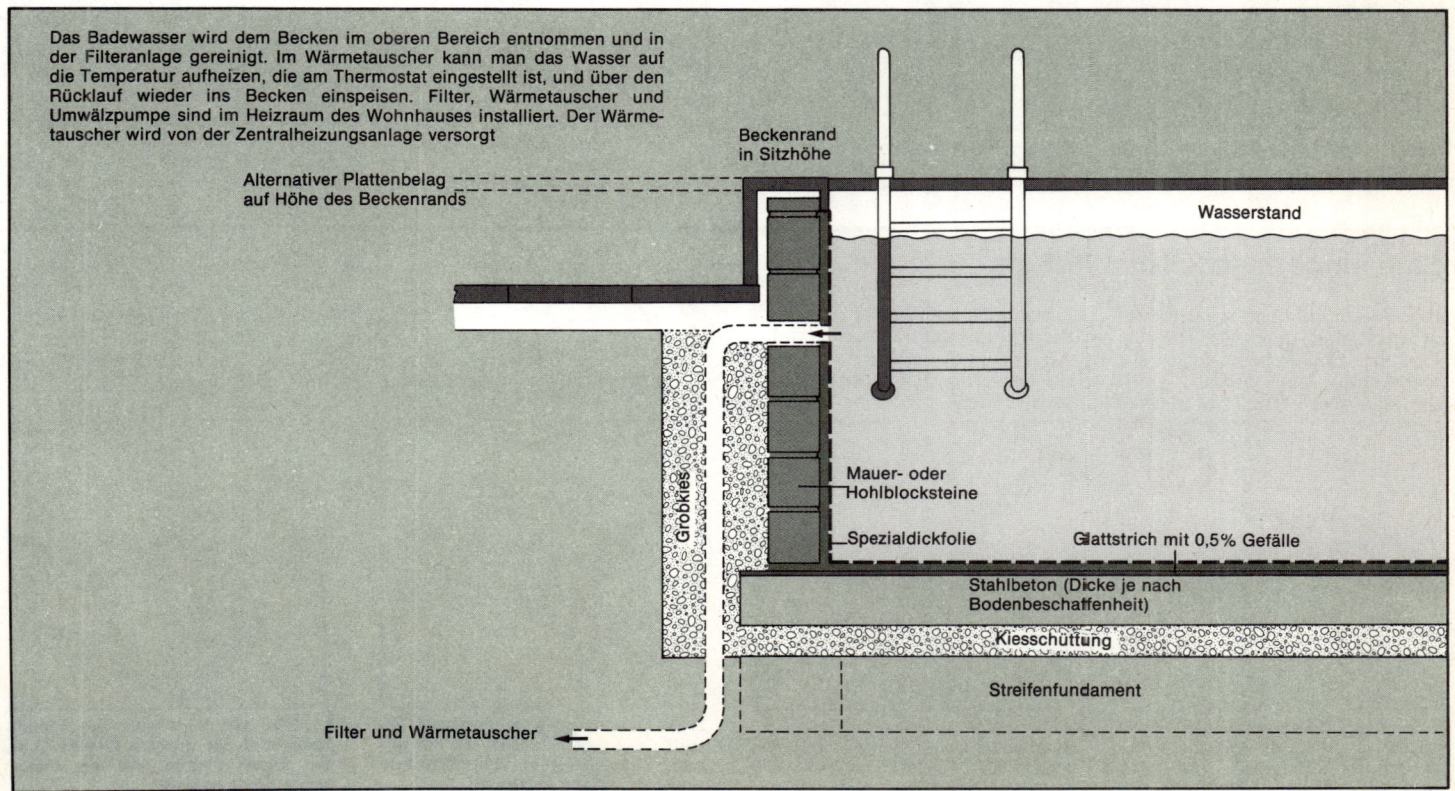

Das Badewasser wird dem Becken im oberen Bereich entnommen und in der Filteranlage gereinigt. Im Wärmetauscher kann man das Wasser auf die Temperatur aufheizen, die am Thermostat eingestellt ist, und über den Rücklauf wieder ins Becken einspeisen. Filter, Wärmetauscher und Umwälzpumpe sind im Heizraum des Wohnhauses installiert. Der Wärmetauscher wird von der Zentralheizungsanlage versorgt

Beckenrand in Sitzhöhe

Alternativer Plattenbelag auf Höhe des Beckenrands

Wasserstand

Grobkies

Mauer- oder Hohlblocksteine

Spezialdickfolie

Glattstrich mit 0,5% Gefälle

Stahlbeton (Dicke je nach Bodenbeschaffenheit)

Kiesschüttung

Streifenfundament

Filter und Wärmetauscher

Schwimmbäder und Teiche

Reparatur der Innenauskleidung

Es ist kein Zufall, daß in letzter Zeit Fertigbecken gegenüber gemauerten oder betonierten Anlagen an Beliebtheit gewonnen haben. Nicht nur vom Preis, sondern auch von den Wartungs- und Reparaturmöglichkeiten bieten diese Becken entscheidende Vorteile. Der flexiblen Innenauskleidung machen mögliche Erdbewegungen kaum etwas aus, außerdem ist die Auskleidung leichter zu reparieren und notfalls auch rasch auszuwechseln. Allerdings muß man darauf achten, daß die Auflagefläche auf dem Boden und die Randbefestigung frei von scharfen Reibungskanten bleiben.

Kleinere Risse oder poröse Stellen in der Innenfolie lassen sich im allgemeinen leicht und dauerhaft zukleben. Wichtig ist dabei

nur, daß man geeignetes Klebematerial verwendet. In der Regel bieten die Herstellerfirmen Reparatursätze für ihre Modelle an.

Bei größeren Beschädigungen ist es immer ratsam, nur gut getrocknete Flächen zu kleben. Es gibt jedoch auch Klebematerial, das man unter Wasser zur Reparatur kleiner Beschädigungen verwenden kann.

Wenn der Wasserspiegel stark absinkt, ohne daß man mit freiem Auge an der Innenauskleidung eine Beschädigung feststellen kann, gibt es einen einfachen Trick, um die schadhafte Stelle zu finden. Man läßt durch ein Rohr etwas Kaliumpermanganat oder blaue Tinte dicht über dem Beckenboden ausströmen. Das ausfließende Wasser zieht dann den Farbstoff zur schadhaften Stelle hin.

Bei längeren Rissen müssen beide Klebeflächen mit Klebstoff bestrichen werden; dazu muß man natürlich das Wasser ablassen. Rißstelle und Flicken werden mit vergälltem Alkohol oder Spiritus gereinigt, der schnell verdunstet. Wenn es die Bauart des Beckens zuläßt, sollte man die Auskleidung hochnehmen und den Riß von beiden Seiten flicken.

> *Material: Zum Auskleidungsmaterial passende Klebegarnitur, Brennspiritus oder Alkohol, Kaliumpermanganat oder blaue Tinte, trockener Sand*
> *Werkzeug: Schere, Besen, Lappen, ein Rohr, das bis zum Boden des Beckens reicht, Trichter*

Kleinere Beschädigungen beseitigen

Kleine mechanische Beschädigungen an der Innenauskleidung des Schwimmbeckens kann man rasch beheben, ohne daß man das Wasser erst aus dem Becken ablassen

muß. Es ist aber wichtig, daß man die Umgebung der beschädigten Stelle sehr sorgfältig von Schmutz befreit.

Man drückt nun einen mit

Klebstoff bestrichenen Flicken unter Wasser auf die schadhafte Stelle auf. Etwaige Luftblasen muß man sorgfältig herausstreichen.

> *Material: Passende Klebegarnitur, Klebstoff*
> *Werkzeug: Besen, Schere, Sandsack*

1. Wenn ein kleiner Riß unter Wasser geflickt werden soll, müssen die schadhafte Stelle und ihre Umgebung sorgfältig von Schmutz gereinigt werden

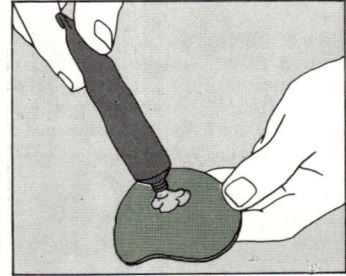

2. Man schneidet einen Flicken von doppelter Loch- oder Rißgröße aus der Klebegarnitur und bestreicht ihn bis an die Ränder mit Klebstoff

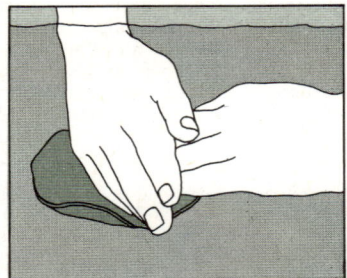

3. Wenn der bestrichene Reparaturflicken abgetrocknet ist, drückt man ihn so auf, daß die schadhafte Stelle an allen Rändern gut überdeckt ist

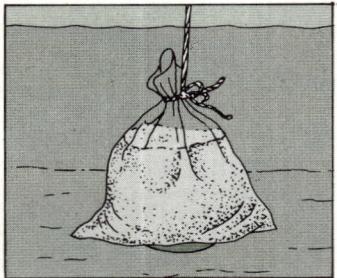

4. Die Flickstelle sollte während des Aushärtens gut angepreßt bleiben. Ein aufgelegter Sandsack tut dabei gute Dienste

Eine eingerissene Naht flicken

Bei Rissen an der Schweißnaht arbeitet man mit zwei Flicken. Der eine Flicken stößt gegen die Nahtkante, der zweite greift darüber. Der erste Flicken wird

4 cm breit und 20 cm länger als der Riß zugeschnitten, der zweite 7,5 cm breit und etwas kürzer als der erste. Die Ecken werden abgerundet.

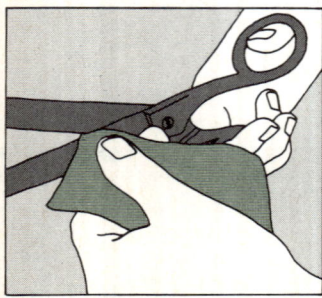

1. Zwei Flicken so zuschneiden, daß der schmälere mit der geraden Kante an die Nahtstelle paßt. Gegenüber liegende Ecken abrunden

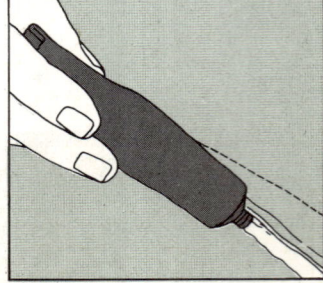

2. Flicken mit Klebstoff bestreichen. Gereinigten Untergrund ebenfalls bis unter die beschädigte Nahtstelle mit Klebstoff bestreichen

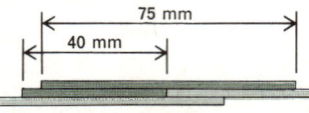

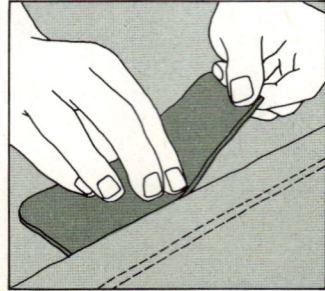

3. Nachdem beides angetrocknet ist, wird der schmale Flicken mit der geraden Kante fest an die Nahtkante gedrückt und gut angepreßt

> *Material: Klebegarnitur*
> *Werkzeug: Schere, Richtlatte, Messer*

4. Nach dem Aushärten der Klebestelle wird der größere Flicken über den neuen Flicken und die anstoßende Kante geklebt

So pflegen Sie Ihre Wäschespinne

Lassen Sie Ihre Wäschespinne nicht ständig im Freien stehen. Wenn sie naß geworden ist, muß sie so bald wie möglich trockengerieben werden. Die beweglichen Teile sollten Sie alle drei Monate mit leichtem Maschinenöl schmieren. Die meisten Typen werden heute aus nichtrostendem Material hergestellt. Falls eine Wäschespinne jedoch rostet, müssen die betroffenen Stellen bis auf das blanke Metall mit Sandpapier sauber abgeschmirgelt und mit einer Rostschutzfarbe gestrichen werden.

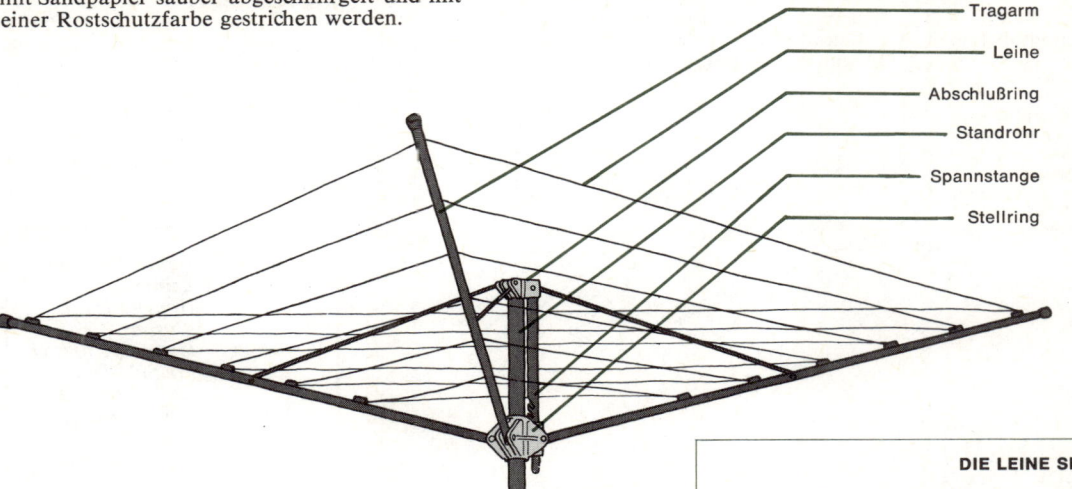

- Tragarm
- Leine
- Abschlußring
- Standrohr
- Spannstange
- Stellring

WÄSCHESTANGE EINSETZEN

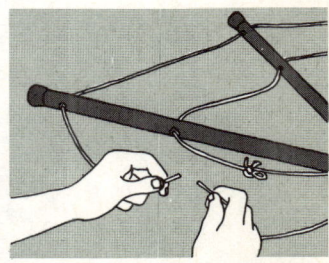

80 cm
30 cm
60 cm

Beton

Steinschüttung

Wäschestange in 30 x 30 cm großes und 60 cm tiefes Loch senkrecht einsetzen. Mit Schotter und Beton (Kies : Zement 4 : 1) auffüllen. Eine Woche härten lassen

Material:	*Schotter, Betonmischung*
Werkzeug:	*Spaten, Schaufel, Lot oder Wasserwaage, Schubkarre*

WENN EIN NIET IM STELLRING ERNEUERT WERDEN MUSS

Um die Tragarme der Wäschespinne heben und senken zu können, sind sie mit Vollnieten an einem Stellring befestigt. Wenn sich ein solcher Niet löst, bekommt man beim Hersteller oder in einem Fachgeschäft Ersatz. Befestigt wird der Niet, indem man ihn durch die Öffnung im Stellring schiebt und den sternförmigen Schließteil aufsetzt.

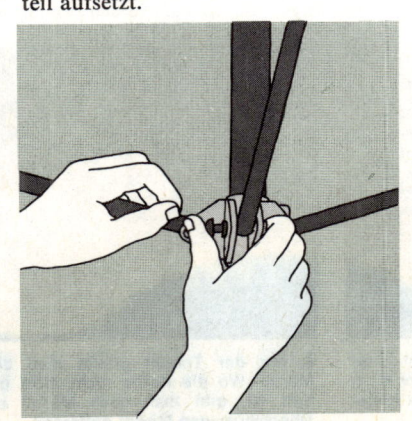

DIE LEINE SPANNEN

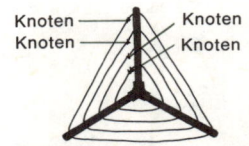

Knoten   Knoten
Knoten   Knoten

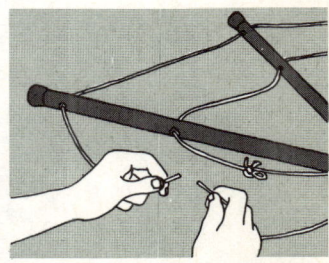

Spinnen mit einzelnen Leinen: Die Knoten der einzelnen Leinenstücke werden gelöst. Beide Leinenenden festziehen und jede Leine einzeln neu knoten

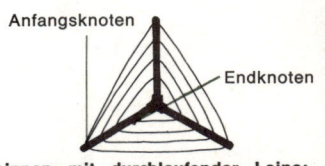

Anfangsknoten

Endknoten

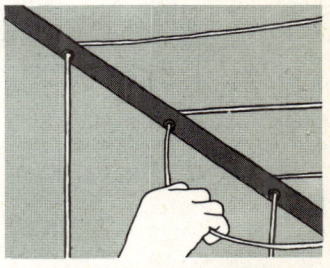

Spinnen mit durchlaufender Leine: Beginnen Sie am Anfangsknoten, und ziehen Sie die Leine von Arm zu Arm bis zum inneren Knoten fest. Knoten öffnen und neu binden

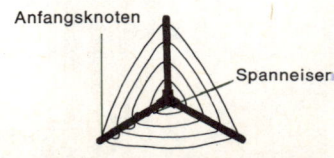

Anfangsknoten

Spanneisen

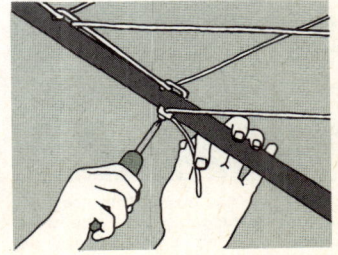

Spinnen mit Spanneisen: Leine vom Anfangsknoten her festziehen. Die Schraube des Spanneisens in der Mitte lösen. Leine spannen und Schraube wieder anziehen

Wege

Betonwege ausbessern

Risse oder Löcher in Betonwegen können verschiedene Ursachen haben. Bei aufgeschüttetem Boden ist es möglich, daß er nicht genügend verdichtet worden ist und sich nachträglich noch gesetzt hat. Es kann auch sein, daß der Unterbau, gewöhnlich eine Schicht aus Schotter, Ziegelsteinbruch oder ähnlichem, nicht dick genug ausgeführt oder zu lose geschüttet wurde, so daß es innerhalb dieser Schicht zu Setzungen gekommen ist. Schließlich kann die Betonschicht selbst zu dünn, zu mager bzw. zu fett (zuwenig oder zuviel Zement) oder mit ungeeigneten Zuschlagstoffen ausgeführt worden sein.

Bei starken Setzungen kommt man im allgemeinen nicht daran vorbei, den Weg ganz oder abschnittweise von Grund auf neu aufzubauen. Sind die Schäden an der Betondecke geringfügiger Art oder durch andere Einflüsse verursacht (z. B. Befahren eines Fußwegs mit schweren Fahrzeugen), so ist es in der Regel möglich, die Schadstellen dauerhaft auszubessern. Auch wenn die Grunderneuerung nicht oder nicht sofort möglich ist, kann man die schwersten Schäden reparieren, um den Weg wieder passierbar zu machen.

Beton besteht aus Wasser, Zement und einer Mischung aus grobem Kies und Sand. Diese Baustoffe sind meist nicht in kleinen Mengen erhältlich, es gibt sie aber in verschiedenen Mischungen für bestimmte Arbeiten in kleineren Gebinden. Bevor man neuen Beton aufbringt, trägt man auf den alten Beton Haftemulsion auf, damit die Verbindung gut wird.

Risse auffüllen
Auch feine, an sich unschädliche Risse sollten so bald wie möglich geschlossen werden, um Frostaufbrüche zu verhindern. Dazu müssen sie so weit verbreitert werden, daß man sie auch mit Haftemulsion bestreichen kann. Dann können die Risse mit Mörtel gefüllt werden.

Material:	Feiner Sand und Zement (4 : 1), Haftemulsion, Wasser
Werkzeug:	Hammer, breiter Meißel, Drahtbürste, breiter alter Pinsel, Kelle, Traufel, Brett oder Blechstück

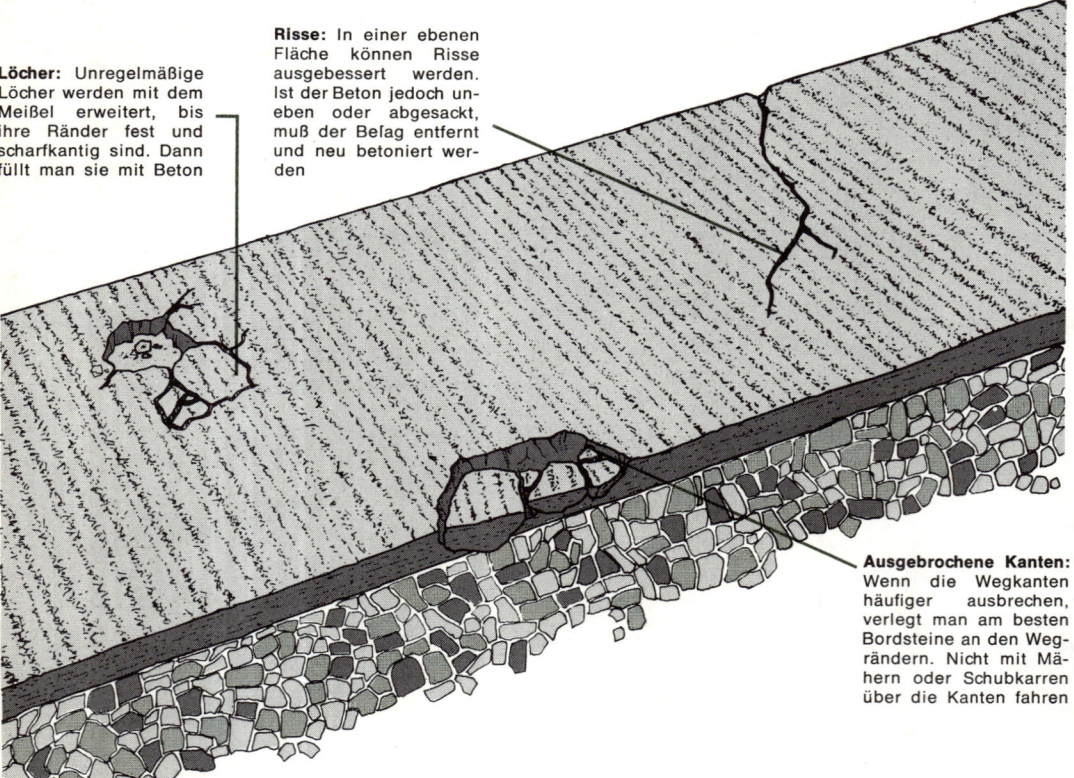

Löcher: Unregelmäßige Löcher werden mit dem Meißel erweitert, bis ihre Ränder fest und scharfkantig sind. Dann füllt man sie mit Beton

Risse: In einer ebenen Fläche können Risse ausgebessert werden. Ist der Beton jedoch uneben oder abgesackt, muß der Belag entfernt und neu betoniert werden

Ausgebrochene Kanten: Wenn die Wegkanten häufiger ausbrechen, verlegt man am besten Bordsteine an den Wegrändern. Nicht mit Mähern oder Schubkarren über die Kanten fahren

1. Risse im Beton werden von beiden Seiten her V-förmig erweitert, bis man eine etwa 3 cm breite Kerbe mit festen Rändern hat

2. Die durch das Ausmeißeln des Risses losgeschlagenen Betonteilchen bürstet man mit einer Drahtbürste gründlich aus der Betonkerbe heraus

3. Dann kehrt man die Kerbe mit einem Handfeger sorgfältig aus und streicht mit einem alten Pinsel Haftemulsion satt hinein

4. Jetzt wird auf einem Brett oder Blech der Mörtel (Sand : Zement 4 : 1) mit Zusatz von PVA-Bindemittel angemacht und in die Kerbe gefüllt

5. Mit der Traufel glättet man den Mörtel. Wo die Kerbe nicht dicht gefüllt ist, gibt man noch Mörtel zu. Überschüssigen Mörtel entfernen

Gehwegplatte auswechseln

Die Platte wird auf ein Bett aus einer Mischung von vier Teilen Feinkies und einem Teil Zement gelegt; die Lücken zwischen den Platten werden mit einer feuchten Mischung von sechs Teilen Sand und einem Teil Zement ausgefüllt. Die neue Platte muß mit den daneben liegenden Platten fluchten.

Material:	Sand, Zement, Wasser
Werkzeug:	Spaten, Kelle, Kantholz, Richtlatte

1. Eingesunkener Untergrund wird festgeklopft und mit etwas trockenem Mörtel (6:1) aufgefüllt. Mit der Kelle streicht man ihn glatt

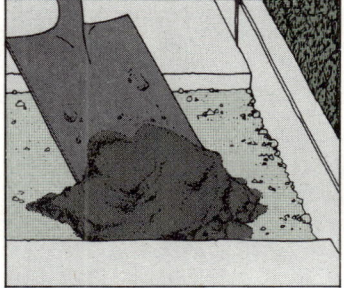

2. Wenn der Untergrund die gleiche Höhe hat wie unter den übrigen Platten, füllt man gleich das neue Mörtelbett ein (4:1)

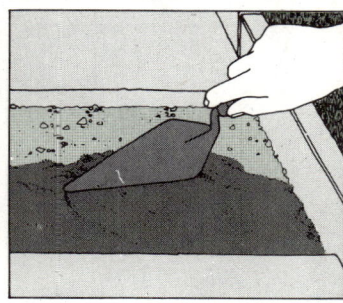

3. Der Mörtel wird mit der Kelle glattgestrichen. Man füllt nach, bis das Mörtelbett ebenso hoch ist wie unter den übrigen Platten

4. Dann wird die neue Platte mit zwei selbstgemachten Drahthaken langsam und gleichmäßig auf das Mörtelbett gesenkt

5. Die Platte wird mit einem Kantholz an jeder Ecke so vorsichtig festgestampft, daß sie keinen Sprung bekommt

6. Mit der Richtlatte wird geprüft, ob die Platte mit den anderen fluchtet. Wenn nötig, entfernt man sie, um das Mörtelbett auszugleichen

7. Zum Schluß rührt man etwas trockenen Mörtel (6:1) an. Die Mischung wird mit der Kellenkante in die Fugen gedrückt

Betonwege - Kanten ausbessern

Die Kanten von betonierten Gartenwegen oder Einfahrten können abbröckeln und brechen, wenn sie zu starken Belastungen ausgesetzt oder durch Frost brüchig geworden sind. Vermeiden Sie es, mit Rasenmähern, Schubkarren oder anderen Gartenfahrzeugen über ungeschützte Kanten zu fahren. Wenn es nicht anders geht, legen Sie vorher ein Brett über die Kante.

Reinigen Sie eine beschädigte Kante gründlich, und prüfen Sie, ob der Untergrund einwandfrei ist, bevor Sie neuen Beton auffüllen. Verwenden Sie sechs Teile Kies-Sand-Gemisch und einen Teil Zement.

Schaufel

Material:	Kies-Sand-Gemisch und Zement (6:1), Wasser, PVA-Bindemittel
Werkzeug:	Spaten, Schaufel, Holzkohle, Reibebrett oder Kelle, Hammer, Meißel, breiter Pinsel

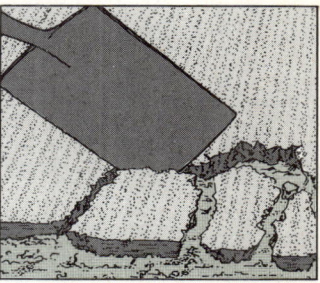

1. Lose Stücke werden entfernt, die Bruchränder, falls nötig, mit dem Meißel gesäubert. Der Untergrund wird festgestampft

2. Die Holzbohle wird an die Kante gelegt und mit Ziegelsteinen gesichert. Man bestreicht die Bruchränder mit dem Bindemittel

3. Der Beton wird so trocken wie möglich, also mit ganz wenig Wasser, und gut durchgemischt in das Loch geschaufelt

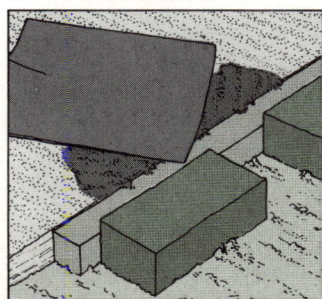

4. Man achte darauf, daß der Beton satt an den Kanten anliegt. Mit der Rückseite eines Spatens wird er dann festgeklopft

5. Mit einem Reibebrett oder der Kelle wird geglättet. Nach 48 Stunden entfernt man die Bohle. Reparaturstelle sieben Tage nicht betreten

Wege

Einen Bordstein ersetzen

Bordsteine gibt es in vielen genormten Größen. Es empfiehlt sich, den beschädigten Stein zum Händler mitzunehmen, um passenden Ersatz auszusuchen. Vor dem Versetzen des neuen Bordsteins muß man die Fundamentschüttung untersuchen und wieder auf die alte Höhe bringen, wenn sie abgesackt ist.

Material: Bordstein, Sand und Zement (3:1), Wasser
Werkzeug: Holzhammer oder Fäustel, Spaten, Kelle, Richtlatte

1. Der gebrochene Bordstein wird mit dem Fäustel vorsichtig losgeschlagen. Der Wegbelag sollte dabei nicht beschädigt werden

2. Die einzelnen Bruchstücke werden vorsichtig mit dem Spaten herausgehoben. Dann entfernt man etwa 5 cm der alten Fundamentschüttung

3. Fundamentschüttung lockern und ebnen. Dann macht man den Mörtel an und arbeitet ihn 5 cm tief in die Schüttung

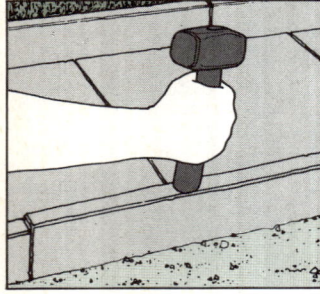

4. Der neue Bordstein wird in das vorbereitete Mörtelbett gesetzt und mit dem Hammerstiel festgeklopft, bis er gerade und sicher sitzt

5. Zum Schluß hält man die Richtlatte auf die Oberkante und die Seiten der Randsteine und prüft, ob der neue Stein sauber fluchtet

EINE BORDSTEINKANTE HERSTELLEN

Wenn man eine ganze Bordsteinkante herstellen möchte, sollte man zuerst seine Wahl zwischen den verschiedenen Arten von Bordsteinen treffen. Sie können aus Naturstein sein oder aus Beton – mit oder ohne Stahlbewehrung. Lassen Sie sich durch einen Fachmann beraten, bevor Sie die Steine kaufen. In jedem Fall sollten sie von gleicher Form und aus dem gleichen Material sein.

Um die Bordsteine beim Versetzen auf die gleiche Höhe zu bringen, braucht man: eine Schnur mit zwei Pflöcken, eine etwa 2 m lange Richtlatte (wenn sie an den Enden mit Eisen beschlagen ist, splittert sie nicht und kann für viele Arbeiten benutzt werden) und eine kleine Wasserwaage von ungefähr 50 cm Länge. Sie ist handlich und lang genug, um kurze Strecken genau zu prüfen, und eignet sich auch für viele andere Arbeiten im Haus.

Einen Bordstein gießen

Wenn man keinen passenden Ersatz für einen beschädigten Bordstein bekommt, gießt man das fehlende Stück selbst. Man fertigt dazu eine Gießform aus Schalbrettern, die einige Zentimeter länger sein müssen als die zu schließende Lücke. Die Betonmischung besteht aus vier Teilen Kies und einem Teil Zement.

Material: Kies, Zement, Wasser
Werkzeug: Holzhammer oder Fäustel, Schaufel, Kelle, Reibebrett, Schalbretter, Holzpflöcke, Steine

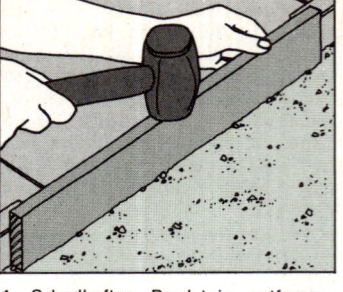

1. Schadhaften Bordstein entfernen. Ein Schalbrett auf der Außenseite in den Boden schlagen und, wenn nötig, mit Holzpflöcken abstützen

2. Ein Brett von innen gegen die Bordsteinkante stellen. Wenn die Fuge nicht ausreicht, entfernt man die eine oder andere Gehwegplatte

3. Beton mischen und zwischen die beiden Bretter füllen. Das innere Schalbrett mit Steinen gegen Verschieben sichern

4. Der Beton wird in mehreren Lagen eingefüllt, damit keine Hohlräume entstehen und er satt an den Schalbrettern anliegt. Mehrmals feststampfen

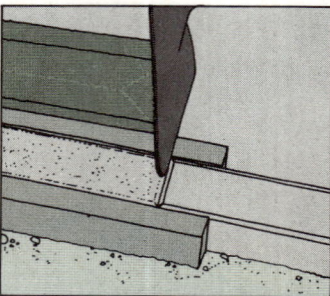

5. Mit einer Holzlatte, die länger ist als die Schalung, prüfen, ob der Beton an der Oberseite mit den anschließenden Steinen fluchtet

6. Betonoberseite mit der Kelle glätten. Sind die Kanten der anderen Steine abgeschrägt oder abgerundet, den Beton ebenso formen

7. Die Fuge zwischen dem neuen und den angrenzenden Bordsteinen markieren. Den Beton mindestens 48 Stunden aushärten lassen

Befestigte Gartenwege ausbessern

Gartenwege mit einem Belag aus Werksteinplatten, Klinkern oder Betonplatten, im Sandbett verlegt, müssen von Zeit zu Zeit hergerichtet werden. Besonders aufgeschütteter Boden, der beim Anlegen der Gartenwege nicht genügend verdichtet wurde, setzt sich ungleichmäßig, was zu Muldenbildung im Belag und Wegsacken der Einfassung führt. An den schadhaften Stellen wird der Belag abgenommen, das Sandbett aufgelockert und durch frischen Sand ergänzt, dann wird die Gehschicht neu verlegt. Dabei gibt es im Prinzip keinen Unterschied zwischen Ausbesserungsarbeiten und dem Neuverlegen ganzer Gartenwege, das natürlich mehr handwerkliches Geschick erfordert.

Der Unterbau

Bei gewachsenem Boden genügt in der Regel eine etwa 5–8 cm dicke Sandschicht, die auf den sauber eingeebneten Grund aufgebracht wird. Ist der Boden nicht fest genug oder soll der Weg mit Transportwagen und Schubkarren befahren werden, so empfiehlt es sich, zunächst eine Schotterschicht von ca. 15 cm aufzubringen, die festgestampft oder mit einem Rüttelgerät verdichtet werden muß. Statt des Schotters kann auch eine Schicht aus alten Mauersteinen oder Platten gelegt werden.

Der Gehbelag

Als Material werden am häufigsten Werk- oder Betonsteinplatten, Hartbrandsteine oder Klinker verwendet. Gewöhnliche Hintermauerungssteine verwittern zu schnell, auch bei Sand- oder Kalksteinplatten sollte man nur wetterbeständiges Material verarbeiten. Zuerst werden die Randsteine verlegt; das Ausrichten erfolgt mit Wasserwaage, Richtlatte und Schnur. Dann wird der Gehbelag mit nicht zu engen Fugen (mindestens 10 mm) hergestellt, in die zum Schluß mit Gießkanne und Besen Sand geschwemmt wird.

Schmale Wege können ohne Quergefälle angelegt werden, sofern der Boden sandig ist, das Regenwasser also rasch durch die Fugen versickern kann. Sonst ist ein Gefälle von etwa 1–1,5 % oder – bei breiteren Wegen – ein leicht gewölbter Querschnitt ratsam.

Zwischen der Randeinfassung werden die Ziegel im Sandbett verlegt. Man macht mit dem Hammer eine kleine Vertiefung und bringt den Stein mit ein paar Hammerschlägen in die richtige Lage

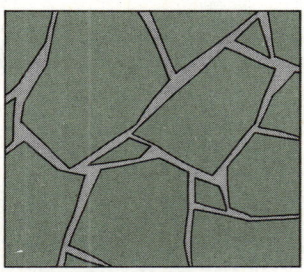

Polygonale Sand- und Kalksteinplatten, bruchrauh mit ungleich breiten Fugen

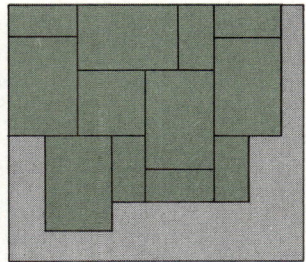

Wegplatten in drei aufeinander abgestimmten Formaten. Material: Werkstein oder Kunststein

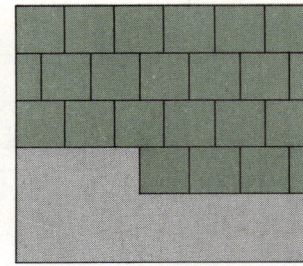

Belag aus quadratischen Waschbetonplatten, die versetzt oder fugenecht verlegt werden

Klinkerbelag im Fischgrätenmuster mit verschiedenen Randeinfassungen. Bei stärkerer Belastung empfiehlt sich eine Einfassung mit hochkant gestellten Steinen (siehe Bild unten links)

Gartenweg aus Ziegeln im Läuferverband: Unter dem Sandbett eine Lage festgestampfter Schotter. So kann der Weg auch mit Schubkarren befahren werden. Die verstärkte Einfassung bietet zusätzliche Festigkeit

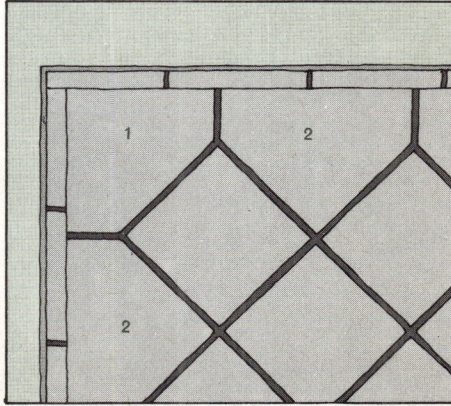

Quadratische Betonsteine mit Spezialformen für die Ränder und Ecken. Anstelle der Randsteine können auch Dreiecksplatten verwendet werden. Umrandung aus hochkant gestellten halben Platten

Zäune

Ein Grundstück einzäunen

Die Umzäunung oder Einfriedung eines Grundstücks muß gründlich geplant werden. Es gibt nämlich genaue Vorschriften über Art, Maße und Grenzabstände für Zäune, Hecken und andere Einfriedungen. Die Baurechtsbehörden unterscheiden Anlagen außerhalb und innerhalb des geschlossenen Wohnbezirks.

Außerhalb ist für Zäune bis zu 150 cm Höhe in der Regel ein Grenzabstand von 50 cm einzuhalten; wenn die Einfriedung höher ist als 150 cm, muß der Abstand um das Maß der Mehrhöhe vergrößert werden. Wie Gebäude dürfen auch Einfriedungen das Orts- und Landschaftsbild nicht verunstalten.

In vielen Landkreisen sind Einfriedungen oder Umzäunungen zwar nicht genehmigungspflichtig, müssen aber angezeigt werden. Auskünfte hierüber erteilen die Baurechts- oder aber die Landratsämter.

Innerhalb von Wohnbezirken bestehen meist verbindliche Bebauungspläne, die auch über die Errichtung von Einfriedungen exakte Angaben beinhalten. Gibt es solche nicht, gilt das Nachbarrecht nach dem Bürgerlichen Gesetzbuch. In der Regel dürfen „tote Einfriedungen" (Palisaden-, Lamellen-, Flechtzäune u. ä.), die nicht höher als 150 cm sind, auf die Grenze gesetzt werden.

Wenn die baurechtliche Seite geklärt ist, kann man messen, das Material auswählen und besorgen. Holzpfosten sind einfach zu bearbeiten und zu montieren. Sie halten, je nach Holzart, etwa 15 Jahre, wenn sie imprägniert sind. Metallpfosten überdauern eine Generation und länger, vorausgesetzt, sie sind oberflächengeschützt, z. B. feuerverzinkt, kunststoffummantelt oder gestrichen.

Pfosten setzen und Drahtgeflecht anbringen

Wenn ein Zaun erneuert werden muß, sind meistens auch Pfosten und Streben schadhaft. Man hebt sie, wie auf Seite 457 beschrieben, heraus und setzt neue in die bestehenden Löcher ein. Wenn ein Pfosten abgebrochen ist, wird ein neuer Pfosten daneben eingetrieben. Als Provisorium kann man einen Pfosten, der auf Bodenhöhe durchgefault ist, durch einen halblangen Hilfspfosten befestigen. Diesen setzt man hinter dem alten Pfosten tief ein und schraubt ihn mit Schlüsselschrauben an den Hauptpfosten.

Die Position der neuen Pfosten wird durch Pflöcke markiert oder gleich mit dem Pfahllocher vorgeschlagen. Die unten angespitzten und gut imprägnierten Pfosten treibt man mit einem schweren Vorschlaghammer ein; hierzu stülpt man eine Konservendose über den Pfostenkopf – so bleibt er unversehrt. Durch gezielte Schläge kann der Pfosten lotrecht gerichtet werden. Damit alle Pfosten in einer Fluchtlinie stehen, spannt man eine Setzschnur.

An den Pfosten werden unten, in der Mitte und oben Spanndrähte befestigt. An den Endpfosten wickelt man sie zwei-, dreimal herum und sichert sie mit einigen Krampen. Das Spannen erleichtern Drahtspanner, die in die einzelnen Drähte eingebunden werden. Das Drahtgeflecht wird mit feinem Bindedraht spiralförmig an die Spanndrähte gebunden. Am oberen und unteren Spanndraht kann man aber auch die Enden des Drahtgeflechts einhängen und festklemmen.

In den meisten Fällen lohnt es sich nicht, einen Pfahllocher oder einen Handbohrer zu kaufen; man leiht ihn aus.

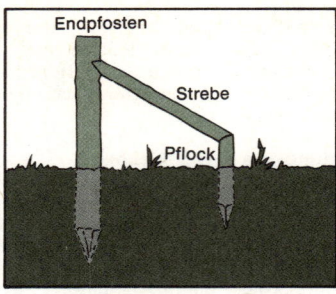

Endpfosten erhalten eine, Eckpfosten zwei Streben im rechten Winkel zueinander. Strebe wie im Bild einpassen und annageln

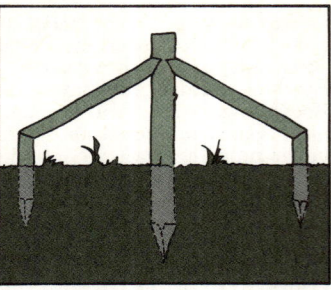

Üblicherweise beträgt der Pfostenabstand 2,5–3 m. Alle 10–12 m sollte man zur besseren Stabilität eine Doppelstrebe einsetzen

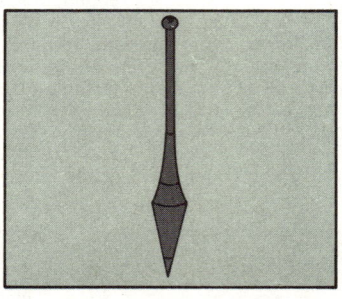

Mit dem praktischen Pfahllocher schlägt man die Löcher vor für Pfosten, Gemüsepfähle oder auch Sickerlöcher bei Oberflächenstaunässe

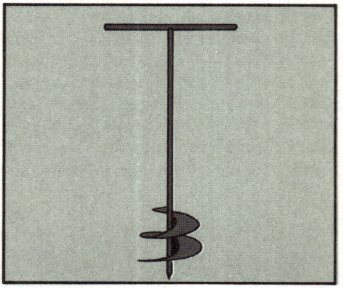

Handerdbohrer gibt es mit 125 und 150 mm Durchmesser. Er funktioniert wie ein Holzdübellochbohrer. Bei tieferem Einbohren öfter leeren

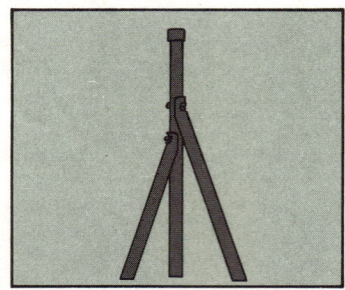

Kunststoffummantelter Eckpfosten mit Abdeckkappe und Streben. Er darf nicht eingeschlagen werden. Man setzt ihn in ein Betonpostament

Stahlpfosten mit Kunststoffmantel und Abdeckkappe. Die Spanndrähte laufen durch Kunststoffknöpfe. Das Geflecht ist an die Drähte geklemmt

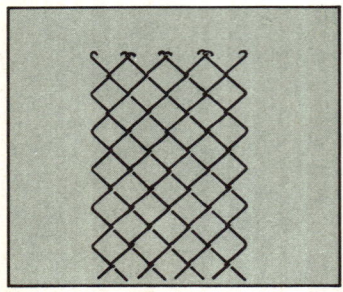

Viereck-Drahtgeflecht, 60–200 cm hoch; als Eisendraht verzinkt oder ummantelt erhältlich. Das am meisten verwendete Drahtgeflecht

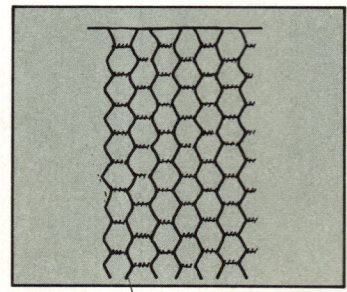

Sechseck-Drahtgeflecht, 50–200 cm hoch, meist leichtere Ausführung; für Zwischenteilungen geeignet. Spanndrähte unbedingt erforderlich

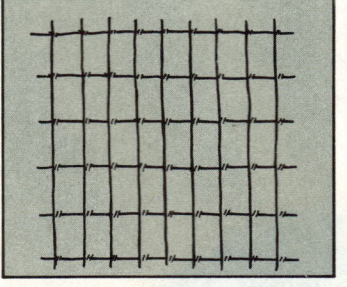

Rechteck-Knotengitter, auch Wildgatter genannt, 80–200 cm hoch. Sehr grobmaschiges Geflecht, auch ohne Spanndrähte anzubringen

Drahtspanner, erleichtert das Spannen der Drähte. Zentimeterweise regulierbar; mit etwas Geschick kann man damit die Pfosten ausrichten

So entfernt man einen Holzpfosten

Bei nassem oder lehmigem Boden kann es schwierig sein, einen alten Holzpfosten zu entfernen, selbst wenn der Boden rund um den Pfosten gelockert und teilweise ausgehoben wurde. Am leichtesten kann ein solcher Pfosten entfernt werden, wenn man ihn mit einem starken Seil umwickelt und einen Holz-balken als Hebel benutzt. An jeder Pfosten-seite muß mindestens ein Brett abgenommen werden, damit das Seil um den Pfosten gewickelt werden kann. Es ist zweckmäßig, den Zaun zu beiden Seiten des Pfostens abzustützen und die Dreikantriegel herauszunehmen, bevor man den Pfosten aus dem Boden hebt.

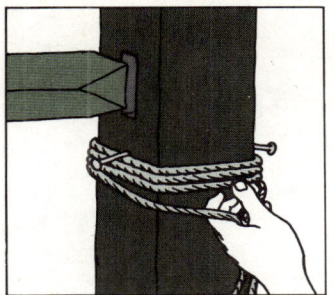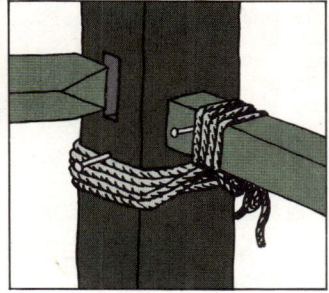

1. Erdreich um den Pfosten entfernen. An zwei Seiten etwa 30 cm über dem Boden Nägel einschlagen. Darunter Seil um den Pfosten wickeln

2. Zwei Nägel 3 cm hinter dem Ende des Hebels einschlagen. Die Seilenden nach oben um den Hebel wickeln und fest verknoten

3. Ziegelsteine oder Steinplatten so hoch neben dem Pfosten aufeinander schichten, bis der Stapel etwa 10 cm höher ist als die Nägel im Pfosten. Hebel herabdrücken und den Pfosten ruckweise aus dem Boden heben. Wenn nötig, Höhe und Lage der Backsteine verändern

Eine Zaunschalung ersetzen

Senkrecht stehendes Massivholz verrottet zuerst an der Unter- und an der Oberkante, weil dort die Feuchtigkeit am schnellsten in das Holz eindringen kann. Man sollte daher die Oberkante durch eine Abdeckleiste schützen, die an beiden Seiten eine Wassernase besitzt. Wenn das Material nicht regelmäßig imprägniert wird, können Verwerfungen und Risse auftreten.

Bei der überlukten Ausführung kann man die Deckbretter leicht auswechseln. Nimmt man zwei oder mehr Bretter ab, erreicht man auch die hinteren Bretter (Grundbretter) ohne große Mühe. Bei einer Reparatur brauchen dann nur Einzelteile ausgewechselt zu werden. Die neuen Bretter stimmt man auf die Länge, Breite und Dicke der übrigen genau ab. Ehe man die neuen Bretter anbringt, streicht man Pfosten und Traversen an den Stellen, die später überdeckt werden.

Der Zaun kann aber auch so gebaut werden, daß die Schalung über die Pfosten läuft, also eine geschlossene Fläche darstellt. Bei einer grundlegenden Reparatur oder Neuanlage kann man auch verschieden breite, jedoch parallel besäumte Bretter verwenden. Man hat hierbei weniger Verschnitt. Auch kann ein unregelmäßiger Brettabstand aufgelockert wirken:

Die Bretter brauchen nicht gehobelt zu werden, müssen aber, am besten vor der Montage, gut imprägniert werden. Die Tragkonstruktion besteht aus Holzpfosten und mindestens zwei Traversen oder aus einem Baustahlrahmen, der mit einer Bohrung für die Grundbretter versehen sein muß.

Beim Stahlrahmen muß man diese von hinten festschrauben.

Man befestigt das Grundbrett mit nichtrostenden Nägeln oder Schrauben an den Traversen. Sind die Bretter nicht gleich breit, dann mißt man die Breite des folgenden Deckbretts, zieht an diesem Maß 3 cm ab und befestigt das zweite Grundbrett in diesem Abstand. Nun kann man das erste Deckbrett so befestigen, daß es die beiden Grundbretter jeweils 1,5 cm breit überdeckt.

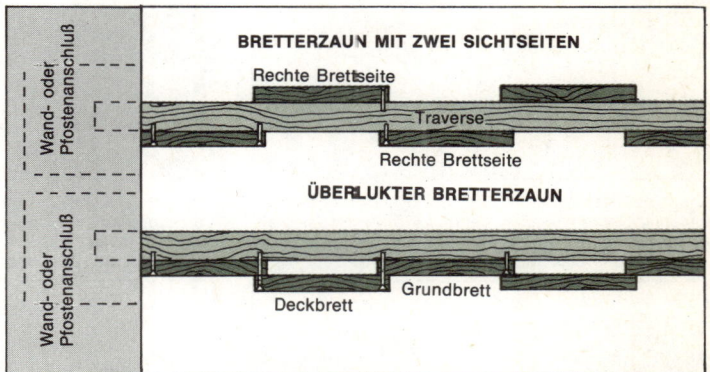

BRETTERZAUN MIT ZWEI SICHTSEITEN
Rechte Brettseite
Traverse
Rechte Brettseite

ÜBERLUKTER BRETTERZAUN
Deckbrett
Grundbrett

Wand- oder Pfostenanschluß

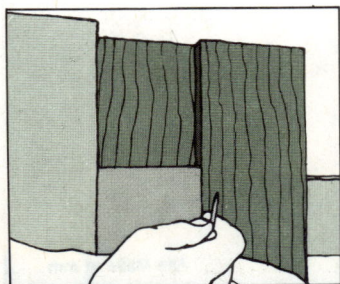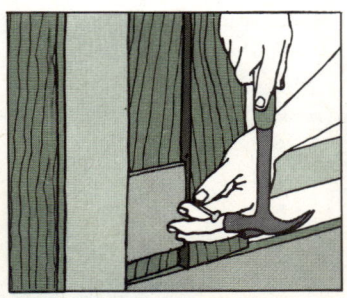

1. Um die genaue Höhe einzuhalten, unterlegt man das Brett, legt das Distanzholz ein und heftet das Brett mit verzinkten Nägeln an

2. Den Abstand unten muß man ebenfalls prüfen und auf genügende Überdeckung achten. Beim Nageln sollte jemand an den Traversen gegenhalten

3. Die schadhaften Bretter werden Stück für Stück ersetzt. Verwendet man Seitenbretter als Deckbretter, muß immer die rechte Seite nach außen zeigen

4. Außer mit dem Distanzholz kontrolliert man mit der Wasserwaage das Lot. Bei Unstimmigkeiten auf mehrere Bretter verteilen

Zäune

Holzzäune

Zäune aus Holz erfreuen sich immer größerer Beliebtheit – ob man mit ihnen nun lediglich ein Grundstück abgrenzt oder ob man mit einem Holzzaun gleichzeitig auch eine dekorative Wirkung hervorrufen will. Geschlossene Holzzäune eignen sich darüber hinaus als Sicht- und Windschutz, als Schattenspender oder auch als Gerüst für rankende Pflanzen.

Holzbauteile bleiben nur dann ansehnlich, wenn das Material auch entsprechend geschützt und gepflegt wird. Kauft man vorgefertigte Bauteile, sind sie meist schon durch industrielle Verfahren geschützt. Am wirkungsvollsten begegnet man dem Befall durch tierische und pflanzliche Schädlinge durch die sogenannte Kesseldruckimprägnierung. Allerdings ist auch dabei die Oberfläche des Holzes nicht vollkommen gegen Feuchtigkeit und Sonnenbestrahlung geschützt. Es empfiehlt sich also, das Holz mit einer offenporigen Imprägnierung zu behandeln.

Außer den genannten Mitteln sollte man den konstruktiven Holzschutz anwenden. Bekanntlich nimmt Hirnholz mehr Wasser auf als Langholz. Man muß es also an der Ober- bzw. an der Wetterseite abdecken. Bei Rahmenkonstruktionen läßt man den oberen Querfries mit verdeckten Zapfen oder einer Dübelung durchlaufen. Wo dies nicht möglich ist, müssen die Hirnholzflächen abgeschirmt werden. Man schrägt die Pfosten ab bzw. spitzt sie zu oder bedeckt den Zaun mit einem Brett oder Blech. Die Unterkante des Zauns muß vom Boden weit genug entfernt sein, damit sie nicht durch Feuchtigkeit oder Spritzwasser faulen kann.

Flecht- und Lamellenfüllungen werden durch eine Nut im äußeren Rahmen gehalten. Die Nut im unteren Rahmenteil bohrt man an einigen Stellen nach unten durch, damit das Wasser ablaufen kann.

Wenn man die Pfosten setzt, sollte man beachten, daß derartige geschlossene Zäune bei windigem Wetter einem starken Druck ausgesetzt sind. Die Pfosten müssen also mindestens 60 cm tief in den Boden eingelassen und gut verkeilt oder einbetoniert werden. Zusätzliche Querstreben verbessern den Halt.

Massivbohlen auf vorgesetzten stabilen quadratischen Pfosten, gut geeignet in einem Gelände mit großen Niveauunterschieden. Das Holz muß bei Erdaufschüttungen durch Bitumenpappe geschützt werden

Der Spanflechtzaun besteht aus Rahmenelementen, die man einzeln kaufen kann. Es gibt verschiedene Breiten und Höhen. Dieses leichte Flechtwerk wird gerne als Sichtblende auf Terrassen verwendet

Der stabilere Lamellenzaun, der nur wenig Licht und Luft durchläßt, ist der klassische Gartenzaun. Der Rahmen sollte nicht auf dem Boden und auch nicht auf Steinplatten aufsitzen

Luftdurchlässige, doppelseitige Horizontalverbretterung als Rahmenteil. Die Pfosten haben ein Höhenlichtmaß von 2 m und tragen die Einzelpergola. Eine aufgelockerte, nachbarfreundliche Trennung

Massivholzbretter mit einer Abschlußleiste oben auf fest verankerten Pfosten. Dies ist eine andere gute Lösung außer Palisadenrundhölzern oder Steinmauern

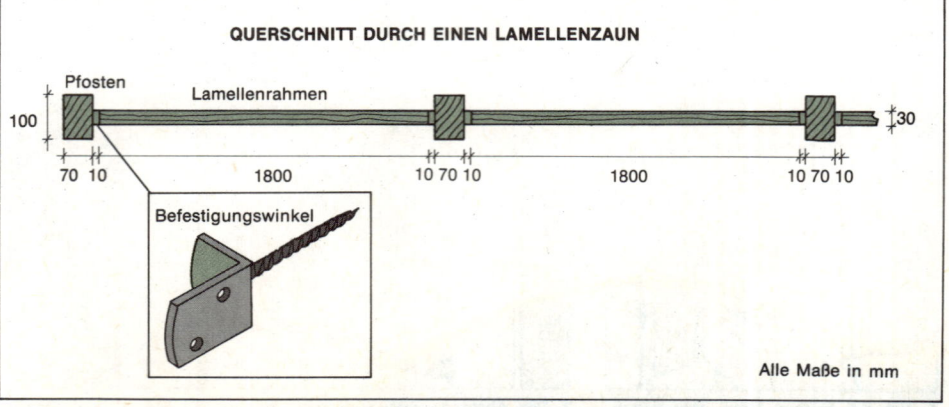

QUERSCHNITT DURCH EINEN LAMELLENZAUN

Pfosten — Lamellenrahmen — 100 — 70 10 — 1800 — 10 70 10 — 1800 — 10 70 10 — 30

Befestigungswinkel

Alle Maße in mm

Schon wenn man die Maße für den Pfosten festlegt, muß man wissen, wie er befestigt werden soll. Nimmt man einfache Kloben, ist die Rahmenbreite gleich dem Pfostenabstand. Verwendet man Schraubwinkel, muß man 8–10 mm pro Seite zugeben. Den Pfostenabstand prüft man am besten mit einer selbstgefertigten Distanzleiste

Balkongeländer

Zäune sind oft nur optische Grenzen. An Terrassen und Balkonen erfüllen sie gleichzeitig verschiedene Funktionen. Sie schützen vor Absturzgefahr, bieten Sichtschutz und sind zudem schmückendes Element. Für die Ausführung von Balkongeländern gibt es baupolizeiliche Vorschriften, die man unbedingt einhalten muß, da sonst die Bauabnahme verweigert werden kann. In der Regel gelten für die Höhe des Geländers 90 cm. Der Abstand zwischen den senkrechten Stäben darf nicht größer als 15 cm sein. Er muß auch beim Einbau von Blumenkästen eingehalten werden. Bei größeren Brettabständen könnten Kleinkinder durchsteigen und abstürzen. An waagrechten Verkleidungen darf ein Kind nie hochsteigen können. Will man einen Sichtschutz und eine Verschönerung der Hausfassade erreichen, sollte man Werkstoffe wie Holz, Drahtornamentglas oder Kunststoffplatten wählen. Gegen neugierige Blicke hilft auch ein aufgespanntes Sonnensegel aus Stoff.

Eine Holzverkleidung kann man selbst nach Bedarf zuschneiden. Im Handel gibt es jedoch auch Fertigprofile in Holz- oder kunstharzverpreßter Ausführung. Letztere ist zwar etwas teurer, dafür aber wartungsfrei.

Schlichte Waagrechtverschalung mit Handlauf

Lösung mit kurzen Brettern

Interessante Aufgliederung für große Flächen

Senkrechte Anordnung der Bretter

Montagehinweise

Die Trägerkonstruktion für Balkonverkleidungen muß stabil sein. Gut geeignet sind T- oder Winkelprofile aus Aluminium oder verzinktem Stahl. Das Geländer muß auch einen stoßartigen Druck aushalten können. Deshalb verbindet man die einzelnen Pfosten mit Traversen, die man gleichzeitig zur Befestigung der senkrechten Latten braucht. Es gibt fertige Montagesätze. Sollen die Stirnseiten der Balkonplatte mit verkleidet werden, eignen sich vorgesetzte Befestigungsplatten. Andernfalls montiert man auf dem Boden Aufsteckplatten.

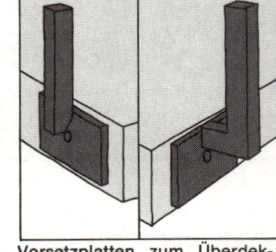

Vorsetzplatten zum Überdecken der Balkonplatte

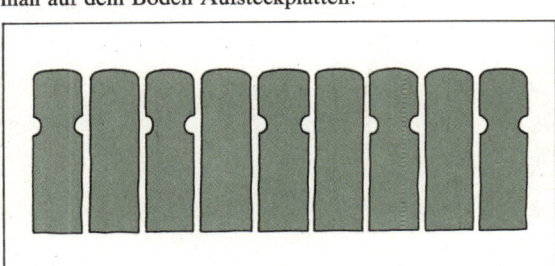

Beispiel eines Fertigprogramms, das in verschiedenen Abmessungen und Formen – auch im Rustikalstil – erhältlich ist

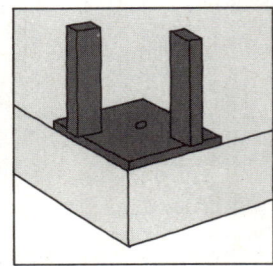

Auf die Balkonplatte gedübelte Aufsetz-Eckplatte

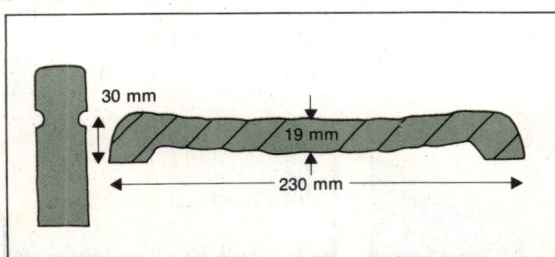

30 mm
19 mm
230 mm

Querschnitt durch ein kunstharzverpreßtes Fertigteil mit Holzdekor; es wird meist in Helleiche, Dunkeleiche oder Mahagoni geliefert

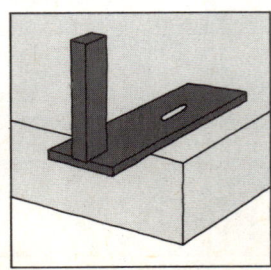

Verlängerte Aufsteckplatte, an der eine Regenrinne befestigt werden kann

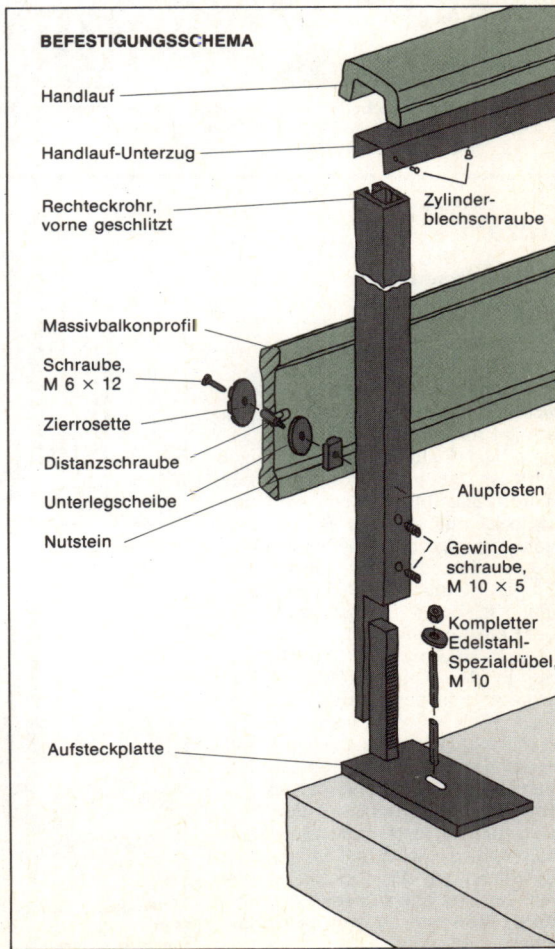

BEFESTIGUNGSSCHEMA

Handlauf

Handlauf-Unterzug

Rechteckrohr, vorne geschlitzt

Zylinderblechschraube

Massivbalkonprofil

Schraube, M 6 × 12

Zierrosette

Distanzschraube

Unterlegscheibe

Nutstein

Alupfosten

Gewindeschraube, M 10 × 5

Kompletter Edelstahl-Spezialdübel, M 10

Aufsteckplatte

Zäune

Einfache Umzäunungen

Welchen Zaun man wählen soll, wird sich vor allem nach seinem Zweck und den Kosten, aber auch nach Aussehen und Haltbarkeit richten. Eine einfache Abgrenzung läßt sich schon aus zwei Pflöcken und einem (vielleicht sogar unbesäumten) Brett herstellen. Palisadenzäune aus Rundhölzern oder alten Eisenbahnschwellen können gut kostspielige Stützmauern ersetzen. Durchaus dekorativ wirken Staketenzäune aus Brettern und Latten von verschiedener Form und Breite.

Bretterabschluß, ein- oder mehrteilig. Auch als Fertigpreßteil erhältlich

Palisadenzaun aus Rundhölzern oder Eisenbahnschwellen, auch zum Abstützen. Bei Erdanfüllung mit Bitumenpappe oder Dickfolie isolieren

Jägerzäune aus halbrunden Pfählen gibt es in verschiedenen Höhen zu kaufen. Tore mit Stichbogen erhält man fertig zum Selbsteinbau

Staketenzäune erlauben vielfältige Variationen aus Halbrundpfählen, rechtwinkligen oder konischen Latten oder verschieden breiten Brettern

Tore

Fertig gekaufte Tore sollten zum jeweiligen Zaun auch passen. Wie breit das Tor ist, hängt von seinem Zweck ab. Einflügelige Tore sollten nicht breiter als 1,5 m sein, für größere Breiten braucht man Doppelflügel. Schwere Türen und Tore schlägt man mit stabilen Langbändern aus Stahl an. Ein Torflügel wird an einem in der Mitte der Toröffnung eingesetzten Anschlag (Pflock) mit stabilem Riegel festgehalten. Der andere Flügel (Gehflügel) läuft in den Falz des ersten Flügels. Zum Verschließen dient ein schwerer Aufschraubriegel oder ein Kastenschloß.

Zum Einsetzen der Torpfosten, die in der Regel größere Querschnitte brauchen (etwa 15 × 15 cm oder 18 × 18 cm), hebt man ein entsprechend großes Loch aus und verspannt darin den Pfosten mit Steinen, zwischen die man Kies und Erde stampft. Man kann den Pfosten auch mit zwei unten angenagelten dicken Brettstücken fixieren und dann mit Magerbeton auffüllen. Im Erdreich stehende Pfostenteile brauchen einen Schutzanstrich.

Rustikaler Zaun mit zweiflügeligem Tor aus besäumten, ungehobelten Brettern. Satt eingesetzte Bugleisten halten die Tore im rechten Winkel

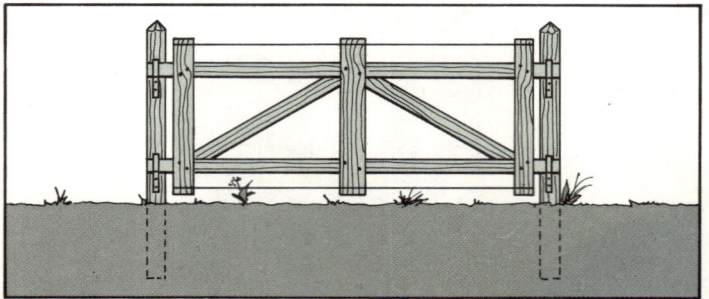

Einhängetor (Gatter), dessen überlappende Eckverbindungen verschraubt werden. Man hat die Wahl, das Einhängetor mit Maschendraht zu bespannen oder mit Staketen zu besetzen

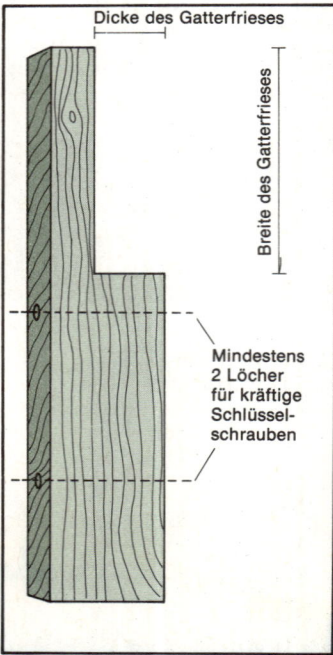

Der Einhängeklotz für das Gatter wird am Pfosten festgeschraubt. Laschen aus Bandeisen erfüllen denselben Zweck

TEIL 5

Auto und Freizeit

Auto

Sicherheit bei Autoreparaturen

Eigenleistungen an Auto und Zweirad sind nicht ungefährlich, wenn Sachwissen und geeignetes Werkzeug fehlen. Bevor man eine Arbeit in Angriff nimmt, sollte man ganz ehrlich prüfen, ob man wirklich dazu in der Lage ist und ob die eigene Werkstattausrüstung den Erfordernissen entspricht. Vielleicht begnügt man sich dann mit den üblichen Kontrollen sowie einfachen Prüfarbeiten. Immer dann, wenn man sich unsicher fühlt, sollte man Reparaturen der Fachwerkstatt überlassen.

Sicherheitsbestimmungen, die man beachten muß:

● Eingriffe an leistungsgesteigerten Zündanlagen werden nur dann vorgenommen, wenn das System durch Ausschalten der Zündung spannungslos ist.
● Spannungsführende blanke Teile solcher Zündungen können bei Berührung tödliche Stromschläge auslösen. Ungefährlich hingegen sind Arbeiten an normalen Zündanlagen, wenn das nötige Fachwissen und Werkzeug zur Verfügung stehen.
● Bei Arbeiten an der Elektroanlage, besonders bei Eingriffen unter dem Armaturenbrett, trägt man keine Armbanduhr, denn Metallarmbänder und Uhrgehäuse können einen Kurzschluß und Hautverbrennungen verursachen.
● Achtung bei Prüfläufen: Auspuffgase enthalten hochgiftiges Kohlenmonoxyd (CO)! Prüfläufe werden deshalb grundsätzlich nur im Freien ausgeführt.
● Bei Prüfläufen müssen häufiger Korrekturen im Motorraum vorgenommen werden. Man achtet dabei auf sich drehende Motorteile und vermeidet lose Kleidungsstücke. Lange Haare sollten unter einer Mütze zusammengehalten werden. Besondere Vorsicht ist geboten, wenn sich Kühlerlüfter automatisch einschalten.
● Werden Teile der Kraftstoffversorgung demontiert, besteht höchste Brand- und Explosionsgefahr. Selbst geringe Kraftstoffmengen können gefährliche Explosionen auslösen. Auch teilentleerte Kraftstoffkanister sind besonders gefährlich. Deshalb nicht rauchen.
● Normale Fahrzeugbatterien sowie das übliche Bordnetz sind auf 12 Volt Spannung ausgelegt. Auch diese geringe Spannung kann bei einem Kurzschluß einen Fahrzeugbrand oder einen ebenfalls teuren Schmorschaden verursachen. Deshalb wird bei Arbeiten an der Elektroanlage immer das Massekabel der Batterie abgenommen oder die Anlage ausgeschaltet.
● Wird die Füllung des Kühlersystems geprüft, besteht bei warmem Motor Verbrühungsgefahr. Der Kühlerverschluß wird deshalb möglichst nur bei kaltem Motor geöffnet oder geschlossen. Bei heißem Motor Kühlerverschluß mit einem großen Tuch abdecken und stufenweise öffnen.
● Arbeiten an Fahrzeugbremsen, an den Achskonstruktionen und an der Lenkung sind nur dem geübten Do-it-yourselfer vorbehalten. Nach Reparaturen sollte immer eine Probefahrt abseits des Verkehrsgeschehens bei mäßiger Geschwindigkeit durchgeführt werden, denn man darf nie vergessen, daß man sich selbst und andere Verkehrsteilnehmer gefährdet, wenn man unqualifizierte Arbeit geleistet hat.

Umweltschutz bei Fahrzeugreparaturen

Auch die Bestimmungen des Umweltschutzes gelten uneingeschränkt für den Do-it-yourselfer. Dies ist leichter gesagt als getan, denn wo soll man z. B. gebrauchtes Motoröl lassen oder eine alte Batterie abliefern. Weder der Mülleimer noch die Kiesgrube sind geeignete Möglichkeiten, um sich des Problems zu entledigen. Es ist zu bedenken, daß nur wenige Liter Motoröl ausreichen, um das Grundwasser eines ganzen Gebietes gründlich zu verseuchen. Nicht zuletzt deshalb hat der Gesetzgeber für Umweltverstöße scharfe Strafen angedroht.

Hierzu einige wichtige Hinweise:

● Bei Reparaturen sind häufig Prüfläufe notwendig, die Anwohner durch Lärm und Abgas belästigen. Ruhige Wohngebiete sind daher für diese Arbeiten nicht die richtige Umgebung. Es gibt immer wieder einen Platz, bei dem der im Leerlauf arbeitende Motor nicht stört – und Prüfläufe lassen sich auf das notwendige Maß begrenzen.
● Motoröl kann man zwar in jedem besseren Supermarkt erwerben, jedoch ist es nicht immer leicht, das gebrauchte Öl loszuwerden. Der Verkäufer sollte eine Altölsammelstelle haben. Notfalls weist die Kreisverwaltungsbehörde oder der ADAC eine geeignete Adresse nach. Tankstellen nehmen in aller Regel Altöl nur dann an, wenn das neue Öl auch dort erkauft wurde. Bewährt hat sich die Do-it-yourself-Absaugmethode, die sofort an der Tankstelle durchgeführt wird. Man kauft dabei das Öl preiswert im Großgebinde, und das Altöl bleibt im Absaugapparat.

● Unsere Kraftstoffe sind verbleit. Kraftstoffreste sollte man deshalb nicht achtlos wegschütten. Der Hautkontakt mit verbleitem Kraftstoff ist zu vermeiden. Passiert einmal ein Malheur, wäscht man sich sofort kräftig die Hände mit Seife oder Handwaschmittel.
● Batteriesäure ist scharf ätzend. Bei Hautkontakt sofort mit klarem Wasser nachspülen. Wenn Spritzer in die Augen gelangen, ebenfalls sofort mit Wasser spülen und einen Augenarzt aufsuchen. Auch Kleidung sowie lackiertes Stahlblech sind der Batteriesäure nicht gewachsen. Also: Säurespritzer möglichst vermeiden.
● Bremsflüssigkeit verursacht Lackablösungen. Beim Nachfüllen von Bremsflüssigkeiten ist deshalb größte Vorsicht angezeigt. Bremsflüssigkeit sollte man nur nach Herstellerangaben verwenden.
● Zum Reinigen eines Motors werden häufig Kaltlöser benutzt. Man sprüht den Motor ein, läßt das Lösungsmittel einige Zeit stehen und sprüht es dann mit einem kräftigen Wasserstrahl ab. Solche Rückstände dürfen nur über einen Ölabscheider ins Kanalnetz abgeleitet werden; den hat nur die Tankstelle oder die Werkstatt.
● Die Kühlerfüllung moderner Fahrzeuge bewahrt den Motor übers ganze Jahr vor Korrosions- und Verkalkungsschäden. Gleichzeitig verhindert sie während der kalten Jahreszeit das Einfrieren des Motors. Als Basismaterial für die Kühlflüssigkeit dient Glykol. Damit vermengtes Wasser ist für Mensch und Tier ungenießbar.
● Farbverdünner sind giftig, deshalb Hautkontakt vermeiden. Bei Berührung: Sofort Hände waschen.

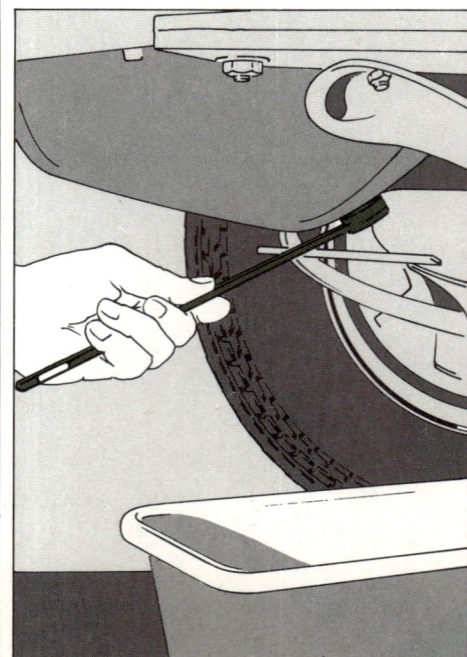

1. Man schraubt die Ablaßschraube heraus und fängt das Öl in einer Wanne auf. Dann wird es in einen öldichten Behälter eingefüllt

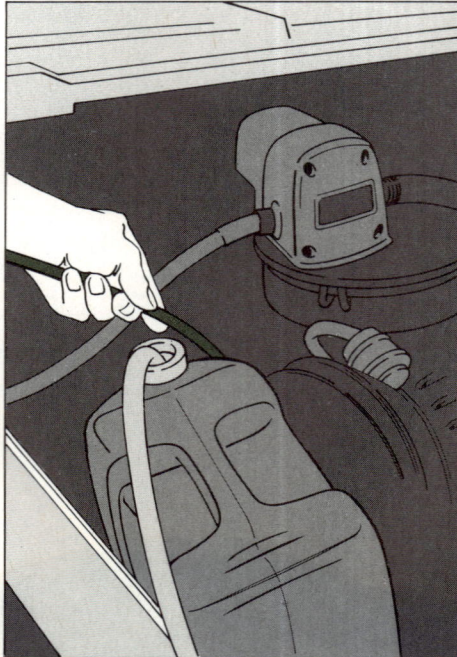

2. Besser: Eine von der Batterie gespeiste Pumpe saugt über eine in das Loch des Ölmeßstabs geführte Sonde das Öl ab

Arbeitstechnik bei der Fahrzeugreparatur

Jede Berufssparte verfügt über ihre eigene Arbeitstechnik. Beim Fahrzeugbau ist dies nicht anders als beim Bau eines Gartenzauns. Wegen der besonderen Beanspruchung gelten jedoch beim Automobil und Motorrad aus Sicherheitsgründen höchste Ansprüche. Eine gelöste Schraube mag an einem Gartenzaun ärgerlich sein – am Fahrzeug jedoch kann sie einen tödlichen Unfall auslösen.

Deshalb wird jede Schraube an Autos und Motorrädern mit einem bestimmten Drehmoment angezogen. Den entsprechenden Wert in mkg oder auch in Nm erfährt man in Reparaturanleitungen. Ungeübte Do-it-yourselfer sollten, wenn möglich, Drehmomentschlüssel verwenden. Sie sind mit einer besonderen Skala versehen und lösen ein deutliches Knacken als Signal aus, wenn das Drehmoment erreicht ist.

Schraubverbindungen im Fahrzeugbau werden immer besonders gesichert. Je nach Beanspruchung gibt es hierfür entweder Federringe, Wellscheiben, Zahnscheiben, Kleber, die auf das Gewinde aufgebracht werden, selbstsichernde Muttern, Sicherungsbleche oder Splinte. Man sollte bei Reparaturen immer das Sicherungs-

mittel einsetzen, das vom Konstrukteur vorgegeben wurde. Seltener geworden sind in der Fahrzeugtechnik Kontermuttern.

Im Eisenwarenfachgeschäft erhält man Schrauben jeder Qualität. Bei Fahrzeugreparaturen sollte man unbedingt darauf achten, daß nur vergütete Schrauben eingesetzt werden. Sie sind an besonderen Zeichen auf dem Schraubenkopf zu erkennen; so wird beispielsweise die Schraube 8G oder 8.8 häufig verwendet. Am besten kauft man Schrauben immer beim Kraftfahrzeug-Fachbetrieb. Besondere Vorsicht ist angezeigt, wenn Arbeiten an der Lenkung, an der Vorderachse und an den Bremsen vorgenommen werden. Hier dürfen grundsätzlich auch bei Schrauben nur Originalteile eingesetzt werden.

Auch Kabelverbindungen müssen im Fahrzeugbau besonders gesichert werden. Hier bedient man sich besonderer Quetschverbindungen, die mit einer Zange am Kabelende angequetscht werden. Zuvor wird das Kabel abisoliert. Für solche Reparaturen braucht man ein kleines Kabelschuhsortiment und eine geeignete Quetschzange.

Werden Arbeiten unter dem Fahrzeug durchgeführt, ist dies ohne Aufbocken unmöglich. Man sollte dazu keinesfalls den Bordwagenheber verwenden, denn er reicht nur für einen einfachen Radwechsel aus. Es gibt im Handel preiswerte, leistungsstarke Hydraulik-Rangierwagenheber. Das damit aufgebockte Fahrzeug ist grundsätzlich mit soliden Stützböcken abzusichern. Auf unsicherem Untergrund wird niemals aufgebockt, und das Fahrzeug muß gegen Wegrollen gesichert werden. Das beste ist es, die abgenommenen Räder übereinandergestapelt zusätzlich unter das Auto zu legen.

Autoreparaturen ohne Rostlöserspray sind heute undenkbar. Wunder darf man aber nicht davon erwarten, denn Rostlösersprays müssen über einen bestimmten Zeitraum einwirken, damit sich die Schraubverbindung lösen läßt.

Gute Rostlösersprays können gleichzeitig auch als Kontaktspray eingesetzt werden. Sie verhindern Kriechströme und vorzeitige Korrosion. Trotzdem sollten Teile der Zündanlage von Zeit zu Zeit mit einem trockenen Tuch abgerieben werden, denn auch bei Kontaktsprays ist allzuviel des Guten schädlich.

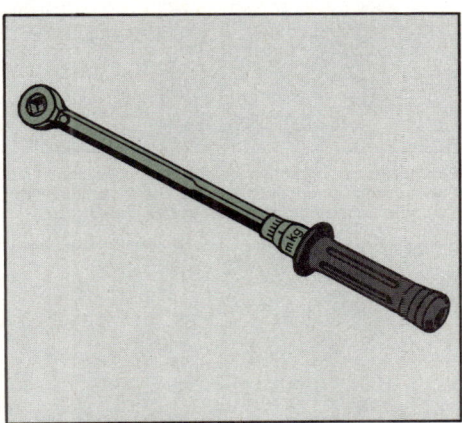

Drehmomentschlüssel: Mit einem solchen Schlüssel lassen sich Schrauben nach Angabe anziehen

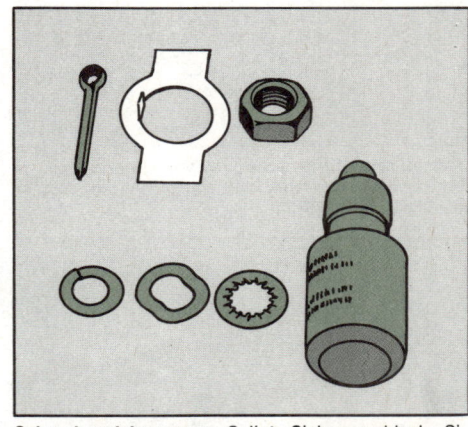

Schraubensicherungen: Splint, Sicherungsblech, Sicherheitsmutter, Sprengring, Well-, Zahnscheibe, Kleber

ERSATZTEILE

Wenn man Arbeiten am Fahrzeug selbst ausführt, will man natürlich auch Geld sparen, und deshalb sollte man Preise vergleichen. Ersatzteile aus dem Lager des Fahrzeugherstellers sind erfahrungsgemäß unwesentlich teurer, bieten dafür aber immer die gleiche hochwertige und geprüfte Qualität.

Doch wo man auch einkauft, man muß beachten, daß es für fast alle Teile eines Fahrzeugs eine Baumusterprüfung gibt. Nur geprüfte Teile dürfen eingesetzt werden. Übersieht man diese gesetzlichen Bestimmungen, erlischt die Betriebserlaubnis des Fahrzeugs, und man macht sich außerdem strafbar.

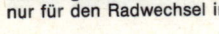

Bordwagenheber: Er ist meist aus Blech geprägt und nur für den Radwechsel im Notfall geeignet

Öldruckwagenheber: Wichtig bei diesen starken Hebern ist, daß sie einen großen Standfuß haben

Rangierwagenheber: Es lohnt sich, einen solchen Heber und Stahlstützböcke zu kaufen

Auto

Arbeitstechnik im Detail

Ein gutes Arbeitsergebnis hängt nicht nur vom Können des Do-it-yourselfers, sondern in hohem Maße auch vom richtigen Werkzeugeinsatz ab. Vorbedingung ist dabei natürlich, daß gutes Werkzeug vorhanden ist. Vielfach unterläuft dem Anfänger der Fehler, daß er zunächst versucht, für wenig Geld möglichst eine vollständige Werkstattausrüstung anzuschaffen. Erst später, wenn man einige Arbeiten hinter sich hat, bemerkt man, daß weniger Werkzeug in guter Qualität fürs gleiche Geld die richtige Wahl gewesen wäre. Qualitätswerkzeug hält meistens ein ganzes Leben lang, deshalb sollte man nicht am falschen Fleck sparen.

Die Werkstatt
Vielfach verfügen Autofahrer über keine Garagen, wo sie Reparaturen ausführen könnten. Die Werkstatt bleibt deshalb oft auf den Kofferraum beschränkt. In diesem Fall läßt sich in einem Werkzeugkasten aus Stahlblech das Werkzeug auf drei Ebenen übersichtlich unterbringen. Wenn man eine Garage oder einen Keller hat, sollte man eine Lochwand einbauen; daran läßt sich Werkzeug aller Art sauber und griffbereit aufhängen. Eine solche Lochwand kann man sich im Bastlergeschäft auf Maß zuschneiden lassen.

Nicht vergessen sollte man ein Kleinteilelager, damit man Schrauben in gängigen Größen, einige Blechschrauben sowie Kabelanschlüsse aufbewahren kann.

Beinahe unerläßlich ist ein geeigneter Schraubstock. Bewährt haben sich stahlgeschmiedete Qualitäten, die nahezu unverwüstlich sind.

Schrauben anziehen – schnell und richtig
Es gibt mehrere Werkzeugtypen, mit denen man Muttern und Schrauben anziehen und lösen kann. Universell geeignet sind kombinierte Ringgabelschlüssel. Der Gabelschlüssel sollte stets die richtige Schlüsselweite aufweisen. Zu weite Schlüssel beschädigen die Schraube. Für große Schrauben und große Anzugsdrehmomente ist der Gabelschlüssel ungeeignet, weil er leicht überspringt.

Wesentlich besser geeignet sind gekröpfte Ringschlüssel. Sie halten die Schraube rundherum sicher fest und ermöglichen große Drehmomente. Für besonders schnelle Arbeiten gibt es preiswerte, handliche Steckschlüsselsätze mit ½ und ¼ Zoll Antrieb.

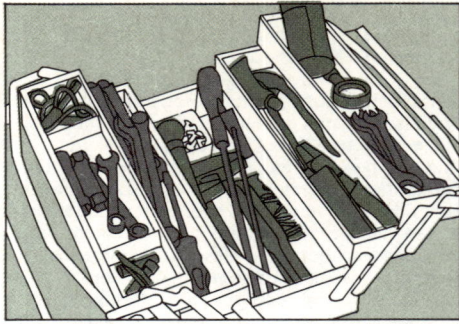
Werkzeugkasten: Wenn man keinen Platz hat, lohnt sich ein Werkzeugkasten aus Stahlblech, in dem man das Werkzeug auf drei Ebenen unterbringen kann

Lochwand: Wer einen Raum dafür hat, sollte die Ausgabe für eine Lochwand nicht scheuen; an ihr kann man das Werkzeug griffbereit aufhängen

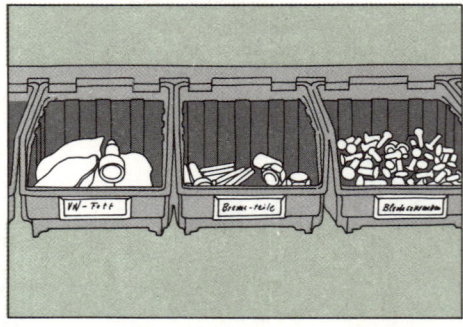
Kleinteilelager: Übersicht und Ordnung bringt man in seinen Kleinteilevorrat, wenn man ihn in solchen Behältern aufbewahrt

Schraubstock: Es gibt so viele Arbeiten, bei denen ein Schraubstock unerläßlich ist. Aus Stahl geschmiedete Schraubstöcke haben sich am besten bewährt

Ringgabelschlüssel: Diese kombinierten Werkzeuge sind universell verwendbar. Mit einem Satz gängiger Größen ist man gut gerüstet

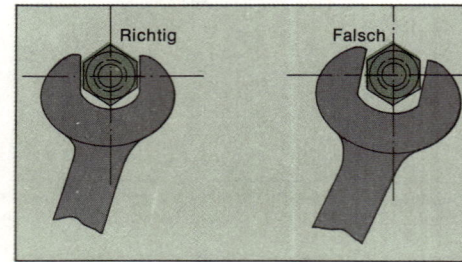
Gabelschlüssel: Die Weite des Schlüssels sollte exakt auf die Schraube oder Mutter passen. Ist der Schlüssel zu weit, wird Mutter oder Schlüssel beschädigt

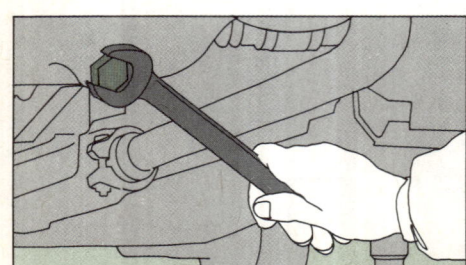
Gabelschlüssel: Für große Schrauben und Anzugsdrehmomente ist der Gabelschlüssel nicht geeignet, weil er leicht überspringt und die Schraube sich dann vielleicht nicht mehr lösen läßt

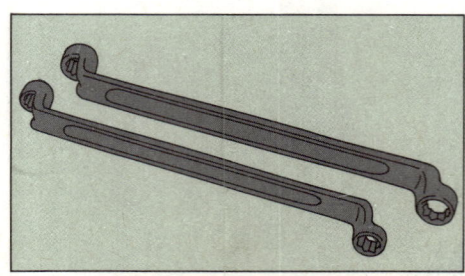
Gekröpfte Ringschlüssel: Sehr zu empfehlen sind diese Schlüssel, denn sie halten die Mutter rund herum sicher fest und ermöglichen große Drehmomente, ohne die Mutter zu beschädigen

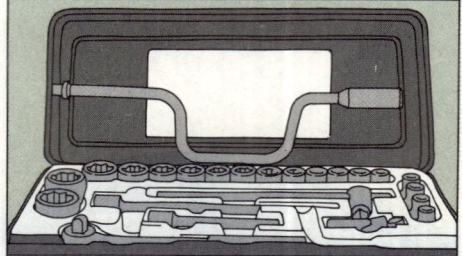
Steckschlüssel: Steckschlüsselsätze sind preiswert und vielseitig verwendbar. Man hat damit Werkzeug für rasche Arbeiten auf kleinstem Raum, das auch im Kofferraum Platz hat

Schlitz- und Kreuzschlitzschraubenzieher

Genauso häufig wie Schraubenschlüssel braucht man Schraubenzieher. Beim Kauf achtet man darauf, daß das Heft handgerecht (ergonomisch) geformt ist, damit man eine möglichst große Kraft ausüben kann. Bei Schlitzschraubenziehern ist auch wichtig, daß die Klinge richtig geschliffen ist. Die Flächen müssen parallel, dürfen sogar leicht konkav sein, und von Vorteil ist, wenn sie angerauht sind, denn dann rutschen sie nicht ab. Grundsätzlich arbeitet man nur mit einem Schraubenzieher, wenn er genau in den Schraubenkopf paßt. Gut sind Schraubenzieher, die oben einen Sechskant haben, auf den man einen Ringschlüssel als Hebel stecken kann. Bis auf die angerauhten Flächen sollten auch Kreuzschlitzschraubenzieher so beschaffen und aus Chromvanadium sein.

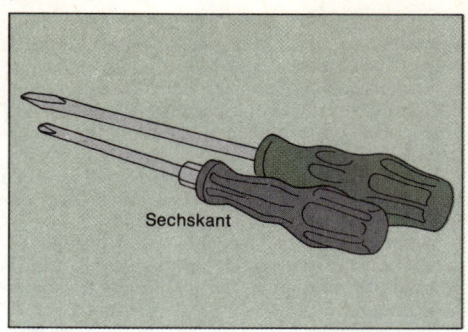

Schraubenzieher: Die Griffe sollten handgerecht geformt, die Schneiden parallel und möglichst aufgerauht sein, damit sie nicht rutschen

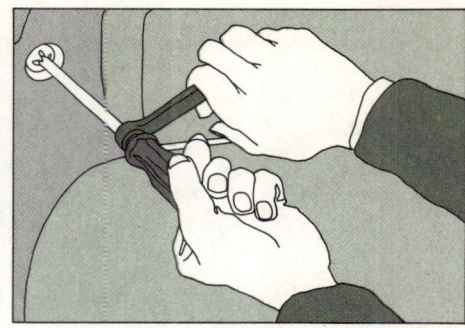

Schraubenzieher mit Sechskant: Wenn man auf den Sechskant einen Ringschlüssel steckt, kann man mit ihm als Hebel mehr Kraft ausüben

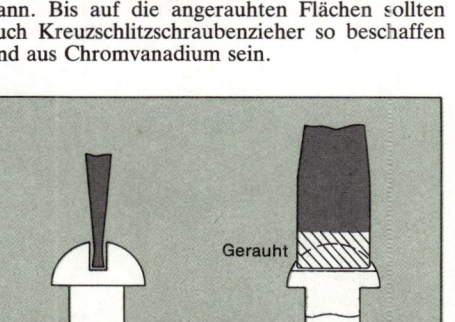

Richtige Schraubenziehergröße: Nur wenn die Klingenschneide genau in den Schlitz paßt, läßt sich die Schraube fest anziehen

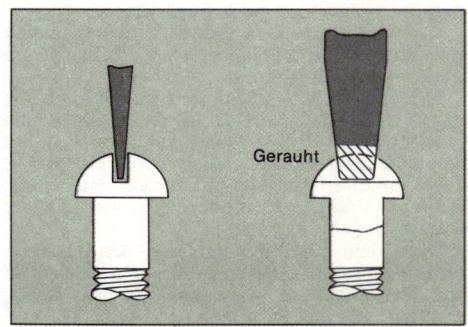

Falsche Schraubenziehergröße: Wenn die Klingenschneide schmaler als der Schraubenkopf ist, wird dieser beschädigt

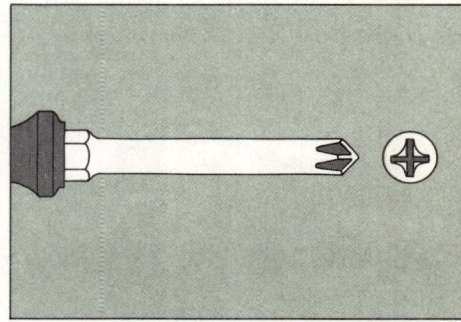

Kreuzschlitzschraubenzieher: Die Kreuzform muß den Schraubenkopf gut ausfüllen, sonst wird er beschädigt, und man muß die Schraube ausbohren

Hämmer und ihre Anwendung

In der Hobbywerkstatt sollte ein Sortiment Hämmer nicht fehlen, denn es gibt immer wieder Arbeiten zu erledigen, bei denen man ohne einen geeigneten Hammer nicht auskommt.

Als Grundausstattung sollte man drei verschiedene Hämmer haben: einen Schlosserhammer mit etwa 400 g, einen weiteren mit 800 g und einen Gummihammer. Da nur Qualität auf Dauer preiswert ist, sollte man geschmiedete Stahlhämmer kaufen.

Das gleiche gilt für die Hammerstiele; die besten sind aus zähem Hartholz, wie Esche, Weißbuche und Hickory, oder aber aus dämpfendem Kunststoff. Man sollte darauf achten, daß sie ergonomisch geformt sind, wie der Fachmann sagt; d. h., sie müssen gut in der Hand liegen, damit man nicht abrutscht. Handgerecht sind ovale Stiele, die zum Ende hin auch dicker werden können.

Der kleine Hammer ist für leichte Treibarbeiten. So werden damit beispielsweise Splinte umgeschlagen. Mit einem kleinen Hammer sollte man nie Arbeiten ausführen, die dem großen Hammer vorbehalten sind, denn kleine Hämmer treiben das Material auseinander und verursachen leicht Schäden. Wenn man also ein schweres Bauteil, z. B. eine Bremstrommel, lösen möchte, verwendet man den schweren Hammer.

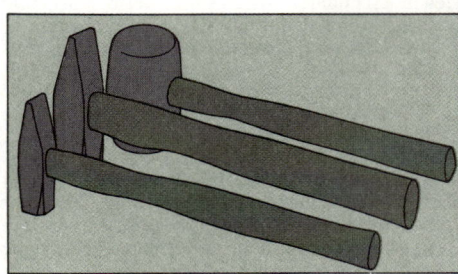

Hämmer: Zur Grundausstattung gehören (von unten nach oben) ein Schlosserhammer mit 400 g, einer mit 800 g sowie ein Gummihammer

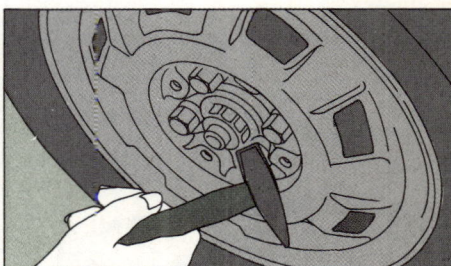

Leichter Hammer: Er eignet sich für leichte Treibarbeiten oder zum Einschlagen von Zierleistenhaltern; hier wird ein Splint umgebogen

Schwerer Hammer: Wenn man eine festgezogene Radmutter lösen oder, wie im Bild, ein Radlager eintreiben muß, braucht man einen schweren Hammer

Mit dem Gummihammer wird Blech ausgebeult oder man setzt damit empfindliche Teile, z. B. Dichtringe, ein

Festsitzende Schrauben entfernen und Gewinde schneiden

UMGANG MIT DER METALLSÄGE

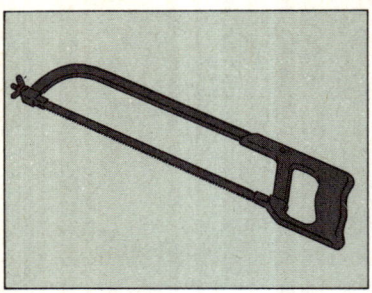

Metalle werden mit einer handlichen Metallbügelsäge gesägt. Es gibt sie mit Pistolengriff, wie abgebildet, und mit geradem Griff. Man verwendet Sägeblätter, die mit HSS gekennzeichnet sind. Sie werden so eingespannt, daß die Zähne in Schnittrichtung nach vorn zeigen. Sie dürfen nicht zu locker und nicht zu straff gespannt werden

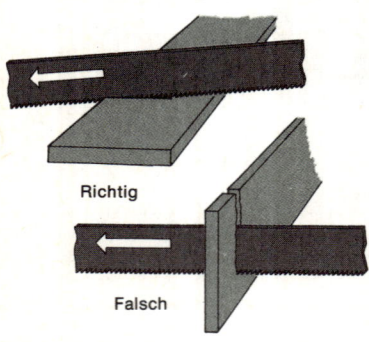

Richtig

Falsch

Werkstücke mit einer großen Fläche sägt man an einer Kante unter spitzem Winkel mit wenig Druck an, damit die Säge nicht rutscht, die Schnittkanten sauber werden und der Schnitt exakt auf der vorgezeichneten Stelle liegt. Nur in der Vorwärtsbewegung wird Druck ausgeübt

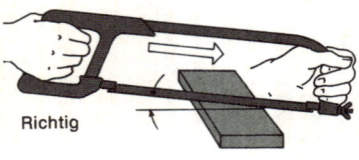

Richtig

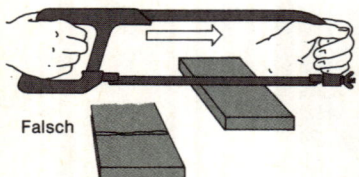

Falsch

Auch dünne Werkstücke werden horizontal unter spitzem Winkel gesägt. Wenn man sie senkrecht sägt, haken die Zähne ein und brechen aus

Ein besonderes Problem sind festsitzende Schrauben. Zunächst versucht man sie durch vorsichtiges Rechts- und Linksdrehen ruckweise zu lockern. Auch ein kräftiger Hammerschlag auf den Schraubenkopf kann helfen. Man darf aber dabei keine umliegenden Bauteile beschädigen!

Festgerostete Schrauben sollte man erst zu lösen versuchen, wenn man sie einen Tag vorher mit Rostlöserspray behandelt hat.

Wenn trotz aller Vorsicht eine Schraube abreißt, braucht man einen dreiteiligen Gewindeschneidsatz und das dazugehörige Einspannwerkzeug.

Ein Gewindeschneidsatz besteht aus drei Bohrern, die jeweils mit einem und zwei Ringen gekennzeichnet sind und in dieser Reihenfolge benutzt werden. Der Fertigschneider hat entweder drei Ringe oder gar keinen Ring.

Zunächst wird der abgerissene Schraubenrest gerade gefeilt. Dann körnt man die Fläche im Zentrum sorgfältig an.

Mit einem gut geschliffenen Bohrer bohrt man nun die Schraube an. Dabei benutzt man die Kurzformel 0,8 × Gewindedurchmesser der Schraube und errechnet so die Bohrerstärke. Eine 8-mm-Schraube muß danach mit einem 6,4 mm oder, aufgerundet, 6,5 mm starken Bohrer ausgebohrt werden.

Nach dem Bohren kann man versuchsweise einen Linksdrall einsetzen. Dieser frißt sich im Bohrloch fest; wenn man ihn nach links dreht, wird der Schraubenrest herausgedreht.

Geht das nicht, wird der Gewindebohrer mit dem ersten Ring als Vorschneider eingesetzt. Man muß ihn im richtigen Winkel vorsichtig ansetzen. Man verwendet ein einfaches Maschinenöl, damit das Gewinde sauber wird. Der Gewindeschneider wird stufenweise vor- und zurückgedreht, damit die Späne abbrechen.

Nun folgt der Gewindebohrer mit den zwei Ringen. Er läßt sich schon wesentlich schwerer einsetzen, deshalb wird reichlich Öl verwendet; auch er wird vor- und zurückgedreht.

Der Fertigschneider vollendet die Arbeit. Nun wird das Gewinde vollständig wieder hergestellt. Gerade dieser Gewindebohrer reißt aber relativ schnell ab, deshalb muß man sehr vorsichtig arbeiten. Abschließend werden die Gewindespäne sorgfältig entfernt und eine neue Schraube eingesetzt.

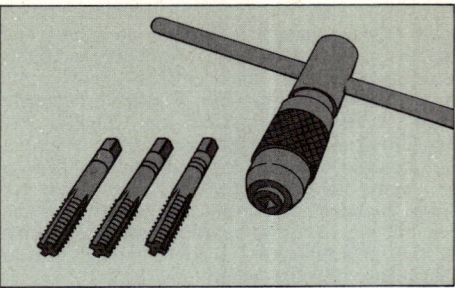

Gewindeschneidsatz: Wenn man eine Schraube abgebrochen hat, bohrt man sie auf und schneidet ein Gewinde hinein. Dazu braucht man drei Gewindebohrer, die nacheinander eingesetzt werden

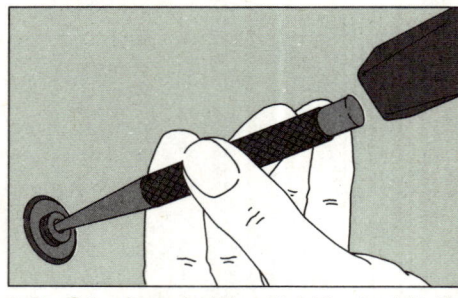

1. Der Schraubenrest wird rechtwinklig abgefeilt, bis er möglichst eben ist. Damit der Bohrer beim nachfolgenden Aufbohren nicht abrutscht, wird die Fläche genau im Zentrum angekörnt

2. Nun wird die Schraube aufgebohrt. Die Bohrerstärke berechnet man nach der Formel 0,8 × Gewindedurchmesser der Schraube. Für eine 10-mm-Schraube nimmt man einen 8-mm-Bohrer

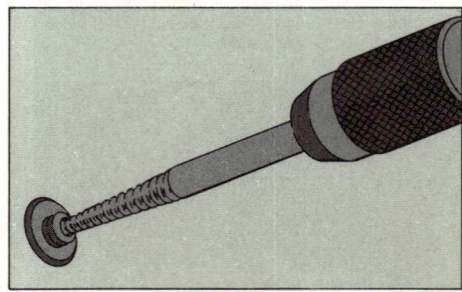

3. Nun kann man einen Linksdrall in das Bohrloch einsetzen und durch Linksdrehen versuchen, den Schraubenrest herauszubekommen. Dies gelingt bei sehr fest sitzenden Schrauben nicht immer

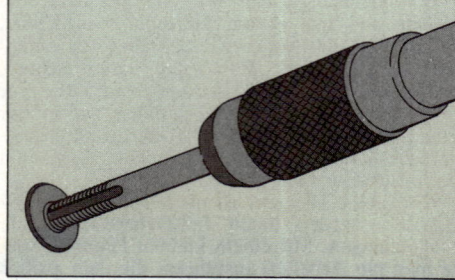

4. Wenn der Linksdrall nicht hilft, schneidet man ein Gewinde ein. Zuerst wird der Bohrer mit einem Ring stufenweise vor- und zurückgedreht, danach der mit zwei Ringen und dann der Fertigschneider

Motorstörungen – und was man dagegen tun kann

Störung	Ursache	Abhilfe
Motor startet nicht, Scheinwerfer brennen sehr schwach	Batterie leer oder defekt	Batterie laden; wenn defekt, neue Batterie einsetzen
	Schlechter Kontakt an Batterieklemmen	Klemmen und Polköpfe mit Stahlbürste blank machen, Masseband an beiden Enden abschrauben, blank machen und für guten Kontakt zur Karosserie sorgen
Anlasser läuft nicht an	Anlasserritzel klemmt	Gang einlegen, Handbremse lösen, Wagen ruckweise hin- und herbewegen, um das Anlasserritzel frei zu machen
Anlasser läuft, dreht aber den Motor nicht	Anlasserritzel spurt nicht in Schwungrad ein	Minusklemme an der Batterie lösen. Kabel am Anlasser abschrauben, Anlasser ausbauen. Anlasserritzel reinigen und mit Graphitfett einfetten. Von Hand prüfen, ob die Anlasserachse frei beweglich ist. Anlasserachse wieder montieren. Eventuell neues Anlasserritzel einsetzen
Anlasser verursacht ein Klickgeräusch	Magnetschalter defekt	Magnetschalter erneuern
Motor dreht langsam durch, springt aber nicht an	Ladezustand der Batterie schlecht	Batterie prüfen und aufladen. Ist die Batterie wieder sehr schnell leer, Batterie erneuern
	Schlechte Masseverbindung zwischen Motor und Fahrgestell	Masseverbindung lösen, reinigen und mit Kontaktfett einsetzen. Schraubverbindungen anziehen
Motor dreht normal durch, springt aber nicht an	Zündkerzen feucht oder defekt	Kerzen herausschrauben, Zündfunken prüfen: Ausgebaute Kerze im Zündkerzenstecker mit Gewinde gegen Masse halten. Anlasser betätigen. Zeigt sich an Elektroden ein Funke, ist die Kerze in Ordnung. Diese Prüfung nicht bei leistungsgesteigerten Zündanlagen durchführen!
	Stromzuführung der Zündkerzenstecker gestört	Zündkerzenstecker abziehen und der Reihe nach 5–6 mm dicht an den Motorblock halten. Vorsicht, am besten das Kabel mit einer Wäscheklammer führen. Anlasser kurz betätigen und sehen, ob Funken überspringen. Wenn Funken springen, ist die Stromzuführung in Ordnung, dann Zündkerzen erneuern. Achtung: Diese Prüfung nicht bei Motoren mit leistungsgesteigerten Zündanlagen durchführen!
	Zündspule liefert keine Spannung	Isolierten Schraubenzieher an Masse halten und seine Spitze dicht an den Kohlestift der Verteilerkappe bringen. Springt beim Anlassen kein Funken über, Zündspule erneuern. Achtung: Diese Prüfung nicht bei leistungsgesteigerten Zündanlagen durchführen!
	Verteilerkappe und Verteilerkabel beschädigt	Sind in der Verteilerkappe Haarrisse zu sehen, Kappe erneuern. Feuchtigkeit in der Kappe: gut austrocknen und wieder aufsetzen. Eventuell mit Kontaktspray einsprühen. Gebrochene und rissige bzw. durchgescheuerte Zündkabel durch neue ersetzen
	Zuwenig Benzin im Tank	Tankdeckel abnehmen, Auto schaukeln, in den Tank horchen. Nach Bedarf auftanken, auch wenn er nur teilweise leer ist
	Benzinpumpe arbeitet nicht	Mechanische Pumpe: Zuführungsschlauch zum Vergaser abziehen und in ein Gefäß halten. Motor starten. Fördert die Pumpe kein Benzin, ist sie defekt oder verschmutzt. Pumpe öffnen und Filter reinigen. Elektrische Pumpe: Strom einschalten und hören, ob die Pumpe rhythmisch arbeitet. Wenn nicht, mit Schraubenzieher leicht gegen die Pumpe klopfen. Arbeitet sie dann noch immer nicht, Verkabelung prüfen und reinigen. Eventuell Pumpe ersetzen
	Vergaser defekt	Vergaser prüfen und instand setzen
	Fehler an der Startvorrichtung (Choke oder Startautomatik)	Beim Kaltstart muß die Startvorrichtung geschlossen sein. Manuelle Bedienung beim Choke, automatische Funktion durch Gasgeben bei der Startautomatik. Zur Prüfung Luftfilter abnehmen
Kalter Motor bleibt im Leerlauf stehen	Vergasereinstellung nicht korrekt	Am Vergaser die Umluftgemischschraube richtig einstellen. Achtung: Drosselklappeneinstellschraube und CO-Wert-Schraube nicht verändern!
	Startvorrichtung (Choke) defekt	Kontrollieren, ob sich Luftklappe im Vergaseroberteil öffnet und schließt, wenn der Choke herausgezogen wird. Bewegliche Teile des Chokes ölen. Startautomatik muß sich beim Gasgeben automatisch schließen und bei erwärmendem Motor langsam öffnen. Zum Prüfen Luftfilter entfernen
Warmer Motor bleibt im Leerlauf stehen	Leerlaufdrehzahl zu gering	Umluftgemischschraube einstellen, weiter öffnen
	Leerlaufgemisch falsch eingestellt	Leerlaufgemischschraube (CO-Wert) in Werkstatt einstellen lassen
	Leerlaufdüse verstopft	Leerlaufdüse ausbauen bzw. den ganzen Vergaser reinigen
	Starterklappe (Choke) hängengeblieben	Luftfilter abnehmen und nachsehen, ob die Chokeklappe einwandfrei funktioniert, eventuell Achsen und Drehpunkte gangbar machen und ölen

(Forts. S. 468)

Auto

(Fortsetzung von S. 467)

Störung	Ursache	Abhilfe
	Unterbrecherkontakte verschmutzt oder falsch eingestellt	Unterbrecherkontakte erneuern, Zündzeitpunkt und Schließwinkel einstellen
	Vergaser läuft über	Schwimmernadelventil ersetzen
	Ansaugsystem undicht	Ansaugkrümmer, Vergaserflansch und alle Anschlüsse des Krümmersystems nachziehen. Auf Undichtigkeiten mit Seifenschaum prüfen
Motor läuft im Leerlauf unregelmäßig	Leerlaufumluftgemisch falsch eingestellt	Leerlaufdrehzahl nach Herstellerangabe durch Öffnen oder Schließen der Umluftgemischschraube korrigieren
	Unterbrecherkontakte falsch eingestellt oder verstopft	Kontakte erneuern, Zündzeitpunkt und Schließwinkel einstellen
	Zündkerzen verschmutzt oder defekt bzw. falscher Elektrodenabstand	Zündkerzen prüfen, eventuell erneuern. Kontaktabstand eventuell korrigieren
	Dichtung des Ansaugrohrs oder des Vergasers schadhaft	Alle Muttern des Ansaugsystems fest anziehen, wenn nötig, neue Dichtungen einsetzen
Motor stirbt beim Beschleunigen ab	Luftfilter	Filter reinigen, eventuell Filterpatrone erneuern
	Choke defekt	Wenn sich die Chokeklappe beim Bedienen des Chokes nicht öffnet oder schließt, Choke neu einstellen und Drehpunkte ölen
		Bei der Startautomatik automatische Funktion beim Bedienen des Gaspedals im kalten Motorzustand prüfen, Gestänge gangbar machen
	Benzintank leer	Tankdeckel abnehmen, Auto hin- und herbewegen, in den Tank horchen. Auch wenn der Tank nur halbleer ist, auftanken
	Momentaner Benzinmangel	Vergaser und hier besonders das Schwimmernadelventil reinigen
	Schwimmernadelventil im Vergaser bleibt hängen	Nadelventil erneuern, dazu Vergaser reinigen
	Beschleunigerpumpe im Vergaser defekt	Vergaser überholen, Membrane der Beschleunigerpumpe ersetzen
	Unterbrecherkontakte verbrannt	Kontakte erneuern, Zündzeitpunkt und Schließwinkel einstellen
	Kurzschluß im Verteiler	Drähte im Verteiler auf Kurzschluß und Schmorschäden prüfen
Motor beschleunigt mühsam	Beschleunigerpumpe im Vergaser defekt	Membrane der Beschleunigerpumpe oder Pumpenstößel erneuern. Dazu Vergaser überholen
	Gestänge oder Bowdenzug des Gaspedals verstellt	Luftfilter abnehmen. Prüfen, ob Drosselklappe im Vergaser bei Vollgasstellung einwandfrei geöffnet wird. Wenn nicht, Gestänge oder Bowdenzug des Gaspedals richtig einstellen
	Falsch eingestelltes Ventilspiel	Ventilspiel korrekt einstellen
Motor stottert beim Beschleunigen	Zündkerzen defekt	Zündkerzen erneuern
	Zündverteiler fehlerhaft	Verteilerkappe auf Haarrisse überprüfen. Kabel können Risse und Bruchstellen aufweisen. Unterbrecherkontakte prüfen und eventuell erneuern. Dazu Zündzeitpunkt und Schließwinkel einstellen
	Vergaserdüsen und -filter verschmutzt	Vergaser komplett ausbauen und mit Preßluft reinigen
	Benzinpumpe versagt	Filter der Pumpe reinigen. Förderleistung prüfen. Bei elektrischen Pumpen zusätzlich Verkabelung kontrollieren
	Benzinstand im Schwimmergehäuse unkorrekt	Schwimmernadelventil eventuell erneuern. Dazu Schwimmereinstellung prüfen und nötigenfalls korrigieren
Motorleistung zu gering oder nachlassend	Zündzeitpunkt und Schließwinkel falsch eingestellt	Zündzeitpunkt und Schließwinkel kontrollieren und einstellen
	Falsche Ventileinstellung	Ventile richtig einstellen
	Ansaugsystem undicht	Alle Teile des Ansaugkrümmers festziehen
	Kompressionsdruck zu gering	Kompression prüfen, Ventile eventuell neu einschleifen lassen
	Gestänge oder Bowdenzug zur Vergaserdrosselklappe verstellt	Prüfen, ob sich die Drosselklappe beim Treten des Gaspedals ganz öffnet. Wenn nicht, Gestänge oder Bowdenzug neu einstellen, und zwar bei stehendem Motor

Störung	Ursache	Abhilfe
Motor stirbt beim Anhalten ab	Leerlaufumluftgemisch nicht richtig eingestellt	Leerlaufumluftgemischschraube richtig einstellen. Wenn nötig, CO-Wert in Werkstatt prüfen und korrigieren lassen
	Leerlaufdüse verstopft	Vergaser ausbauen, reinigen und richtig einstellen lassen. Besonders wichtig ist die Reinigung des Leerlaufsystems
	Ansaugsystem undicht	Alle Schrauben des Ansaugsystems festziehen
Motor läuft bei abgestellter Zündung weiter	Motor wird zu heiß	Kühlsystem und Thermostat prüfen, Keilriemenspannung kontrollieren. Zündzeitpunkt und Vergasereinstellung prüfen und korrigieren
	Zündkerzen glühen nach	Kontrollieren, ob der Wärmewert der Kerzen mit den Angaben der Betriebsanleitung übereinstimmt
	Falsches oder mangelhaftes Benzin	Markenbenzin entsprechend Herstellerangabe tanken
	Kabel zur elektrischen Leerlaufabstellung am Vergaser abgefallen oder Magnetventil defekt	Verkabelung zum elektrischen Leerlaufabschaltventil prüfen, wenn nötig, Ventil ersetzen
Motor klingelt beim Beschleunigen	Falsche Benzinsorte	Tank entleeren, richtige Benzinsorte mit ausreichender Oktanzahl einfüllen
	Motor wird zu heiß	Kühlsystem und Thermostat kontrollieren, Zündung neu einstellen lassen
	Zündkerzen glühen nach	Zündkerzen mit falschem Wärmewert auswechseln
Fehlzündungen bei höherer Motordrehzahl	Zündkerzenkabel haben schlechten Kontakt mit der Verteilerkappe	Alle Verbindungsstellen lösen, reinigen und Kabel wieder fest einsetzen
	Unterbrecherkontakte verschmutzt, abgebrannt oder falsch eingestellt	Unterbrecherkontakte erneuern, Zündzeitpunkt und Schließwinkel einstellen
	Zündkerzen setzen aus	Zündkerzen herausschrauben, prüfen und, wenn nötig, erneuern
	Vergaser verschmutzt	Vergaser reinigen
Der warme Motor stottert und bleibt stehen, springt aber nach einiger Zeit wieder an	Gasblasen in der Benzinleitung, falsches Benzin	Motorhaube öffnen und Motor abkühlen lassen, wenn möglich nassen Lappen auf Benzinpumpe und Vergaserunterteil legen. Motor startet nach einiger Zeit wieder einwandfrei. Anschließend nachtanken

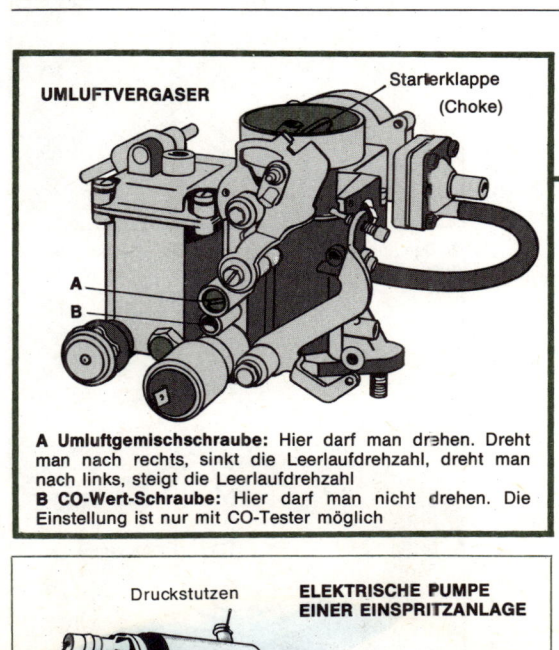

UMLUFTVERGASER
Starterklappe (Choke)

A

B

A Umluftgemischschraube: Hier darf man drehen. Dreht man nach rechts, sinkt die Leerlaufdrehzahl, dreht man nach links, steigt die Leerlaufdrehzahl
B CO-Wert-Schraube: Hier darf man nicht drehen. Die Einstellung ist nur mit CO-Tester möglich

Druckstutzen

ELEKTRISCHE PUMPE EINER EINSPRITZANLAGE

Saugstutzen

Elektrische Anschlüsse

Beim Ausfall der elektrischen Benzinpumpe prüft man die Zuleitungskabel mit einem Testlämpchen. Ist die Pumpe defekt, muß sie ausgetauscht werden

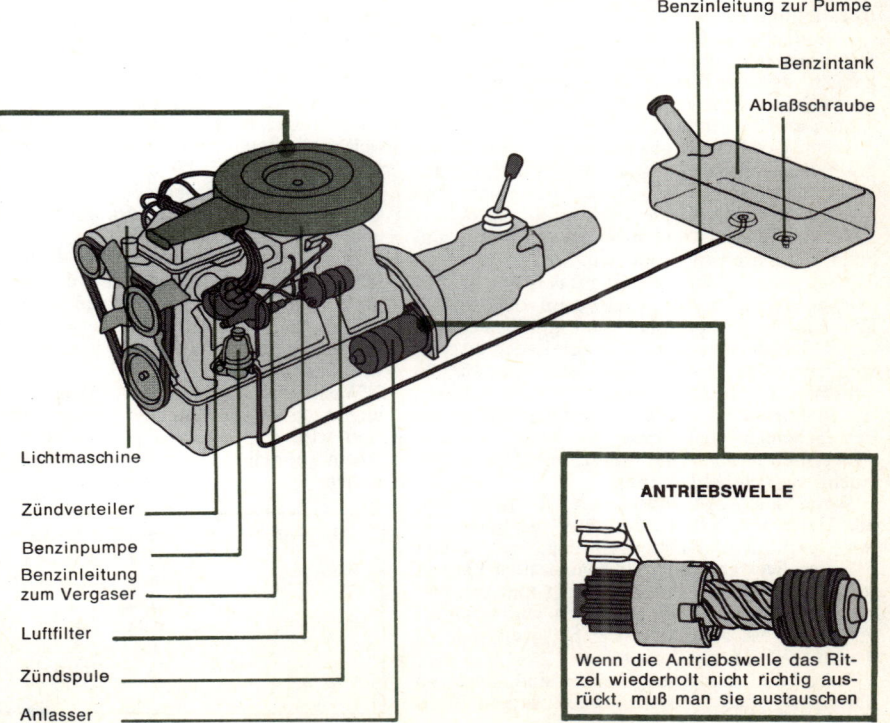

Benzinleitung zur Pumpe
Benzintank
Ablaßschraube

Lichtmaschine
Zündverteiler
Benzinpumpe
Benzinleitung zum Vergaser
Luftfilter
Zündspule
Anlasser

ANTRIEBSWELLE

Wenn die Antriebswelle das Ritzel wiederholt nicht richtig ausrückt, muß man sie austauschen

Lackpflege – Waschen und Polieren

Bei der Pflege des Fahrzeugs beginnt man mit der Reinigung des Innenraums. Zunächst werden, wenn nötig, alle Aschenbecher herausgenommen und entleert. Danach kommen die losen Fußmatten dran; man klopft sie kräftig aus, natürlich ohne Nachbarn oder Mitbewohner zu belästigen.

Den Innenraum selbst säubert man am besten mit dem Staubsauger. Wenn man keine nahe gelegene Steckdose hat, sollte man einen Autostaubsauger (12 V Spannung) anschaffen, der mit einem in den Zigarettenanzünder des Wagens passenden Stecker ausgerüstet ist, also von der Batterie gespeist wird.

Nun schließt man alle Fenster und, wenn vorhanden, das Schiebedach und sprüht den Wagen ausgiebig mit Wasser ein. Der Wasserstrahl sollte nicht zu hart sein, weil sonst Schmirgelspuren auftreten. Dabei darf man die Partien unter den Kotflügeln und den Bug- und Heckschürzen nicht vergessen. Denn dort sammeln sich meistens Schmutznester an, die die Bildung von Rost begünstigen. Wichtig ist, daß man den Schmutz so lange aufweichen läßt, bis man die groben Verunreinigungen mit dem Wasserstrahl wegspülen kann. Danach wird Shampoo aufgetragen – am besten nach der altbewährten Methode mit Wassereimer und Schwamm.

Man beginnt damit beim Dach. Schneller geht es allerdings mit dem Wasserschlauch und der Waschbürste. In die Waschbürste steckt man einen Shampoostift. Mit dem Wasserstrahl wird dann das Waschmittel gleichmäßig verteilt. Wenn möglich, sollte man das Shampoo nicht in der prallen Sonne auftragen, weil es sonst eintrocknet und Ringe bildet.

Um den Schmutz zu lösen, führt man den Schwamm oder die Bürste in kreisenden Bewegungen über die Fläche. Dabei sollte man nicht zu stark drücken, damit man keine Schmirgelspuren im Lack erzeugt.

Wenn der Wagen gewaschen ist, reinigt man die Windschutzscheibe und die Frontpartie mit Insektenentferner. Danach wird der ganze Wagen mit reichlich Wasser abgespült. Auch jetzt sollte der Wasserstrahl nicht zu stark sein, um Schmirgelspuren zu vermeiden.

Nach dem Spülen läßt man das überschüssige Wasser ablaufen und ledert dann den Wagen ab. Am besten geeignet sind große Fensterleder. Empfehlenswert ist, zwei Leder zu verwenden – eines für den Lack und eines für die Scheiben. Denn damit verhindert man, daß sich das in Lackpflegemitteln enthaltene Silikon auf den Scheiben niederschlägt; es läßt sich nur schwer entfernen und führt, besonders bei Nacht, zu Sichtbehinderung.

Wenn der Wagen abgeledert ist, öffnet man alle Hauben und Türen und reibt alle Innenkanten, auch den Fahrzeugeinstieg, mit einem feuchten Schwamm ab. Mit einem alten Lappen werden die Kanten dann gereinigt und getrocknet. Die Pflege der Innenkanten wird sehr oft vergessen, ist aber sehr wichtig, weil sich an diesen Stellen leicht Rost bildet.

Auch die modernen Lacke sind noch so durchlässig, daß Schmutzpartikel bis zum Blech durchdringen. Deshalb muß der Lack gelegentlich gewachst oder gar poliert werden. Nachwachsen kann man mit Waschwachs, das man dem letzten Spülwasser beigibt. Noch besser allerdings ist es, das Wachs mit Polierwatte oder einem Schwamm aufzutragen. Diese Methode hat den Vorteil, daß das Wachs gut eingearbeitet werden kann. Da das Wachs auch Lösungsmittel enthält, wird der Lack dabei auch noch gereinigt. So lassen sich beispielsweise Insektenrückstände beseitigen, die beim Waschen nicht entfernt wurden.

Nachwachsen kann man regelmäßig, denn es schadet dem Lack nicht. Dies gilt jedoch nicht für das Polieren. Man sollte einen Lack nur polieren, wenn er matt und stumpf geworden ist, denn mit jedem Poliergang wird eine dünne Lackschicht abgetragen. Das heißt also, neuer Glanz verringert die Lackdicke. Lackpolituren gibt es in verschiedenen Wirkungsgraden: für neuen, alten und verbrauchten sowie für verwitterten Lack. Außerdem gibt es kombinierte Polituren, die aus Wachs und Reinigungsmittel bestehen. Damit werden neuere Lacke gereinigt und konserviert. Die schärfste Politur ist eine Art Schleifpaste, mit der sogar kleine Kratzer entfernt werden können.

Viel Zeit spart man, wenn man mit einer Schaumstoffscheibe und einer Bohrmaschine mit Winkelantrieb oder mit einem Winkelschleifer poliert. Wenn die Schaumstoffscheibe zugesetzt ist, packt man sie in einen weichen Lappen. Außerdem gibt es spezielle Polierapparate. Beim Polieren mit Maschinen arbeitet man mit großen, kreisenden Bewegungen. Wichtig dabei ist, daß man den Lack nicht erwärmt, denn dadurch kann er sich verfärben oder gar verbrannt werden. Mit diesem Arbeitsgang hat man den Lack gründlich gesäubert und verwitterte Stellen abgetragen. Nun gilt es aber noch, eine perfekte Versiegelung herzustellen, denn Lacke besitzen zahlreiche feinste Poren, durch welche aggressive Bestandteile unserer häufig verunreinigten Luft bis durch das Blech eindringen können. Nach dem Polieren wird der Wagen gründlich mit einem Wattebausch gewachst und blank gerieben.

Nicht vergessen sollte man schließlich die Innenseiten der Scheiben und das Armaturenbrett. Man reibt sie mit einem feuchten Tuch ab. Dunkle Armaturenbretter kann man auch mit einem Cockpitspray farblich erstaunlich gut wieder auffrischen.

Wenn man ein Radio im Wagen hat, sollte man auch an die Antenne denken. Der Chromstab wird mit einem Tuch gesäubert und mit einem speziellen Antennenfett gründlich eingerieben.

Material:	Autoshampoo, Insektenentferner, Politur, Wachs, Polierwatte, Poliergerät, Cockpitspray
Werkzeug:	Besen, Kehrschaufel, Staubsauger, Eimer, Schwamm, Schlauch, Fensterleder, Putzlappen

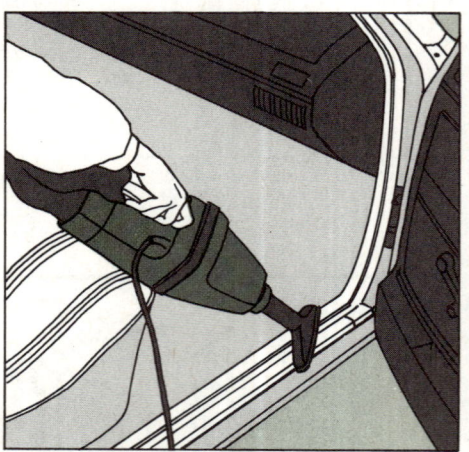

1. Als erstes werden die Aschenbecher entleert; dann klopft man die losen Fußmatten aus

2. Den Innenraum säubert man am besten und bequemsten mit dem Staubsauger

3. Sehr wichtig ist es, den Schmutz unter den Kotflügeln zu entfernen

4. Mit Wasserschlauch und Waschbürste geht das Shampoonieren leicht von der Hand

5. Die Frontpartie und die Windschutzscheibe werden mit Insektenentferner behandelt

6. Beim Abspülen könnte ein zu starker Wasserstrahl Schmirgelspuren erzeugen

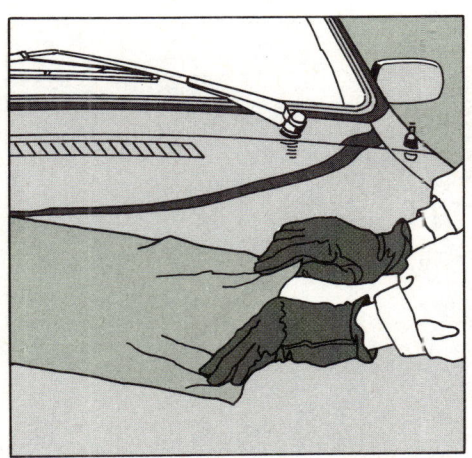

7. Zum Abledern verwendet man am besten ein großes Fensterleder

8. Die Innenkanten von Hauben und Türen werden ebenfalls sorgfältig gereinigt

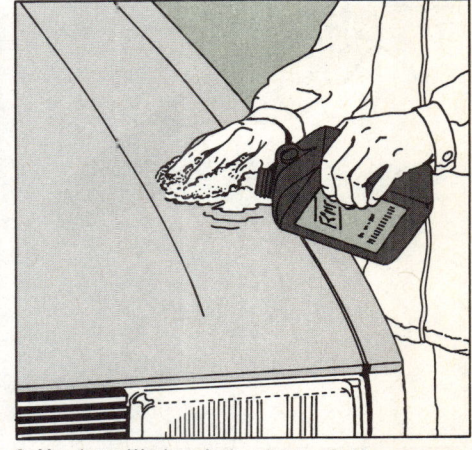

9. Man kann Wachs mit dem letzten Spülwasser oder mit Watte aufbringen

10. Beim Polieren mit Maschinen darf man den Lack nicht erwärmen, da er sich sonst verfärbt

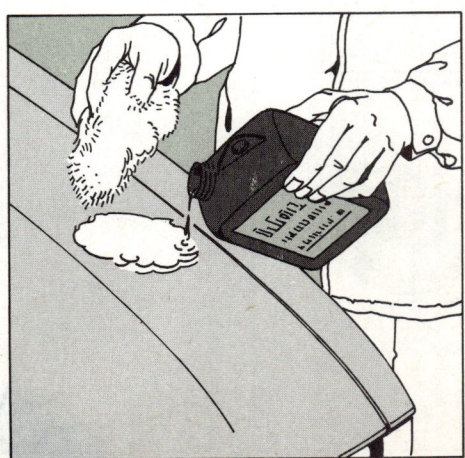

11. Wenn man keine Maschine hat, poliert man von Hand mit Polierwatte

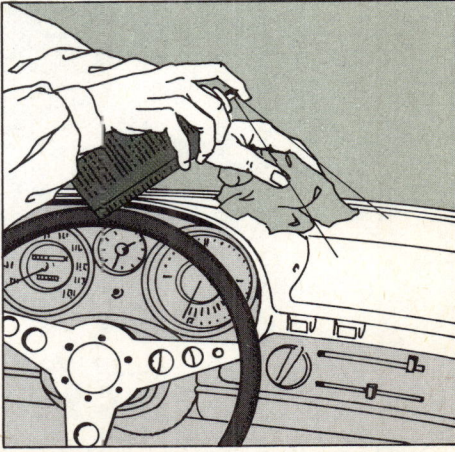

12. Dunkle Armaturenbretter lassen sich mit Cockpitspray farblich auffrischen

Auto

Lackpflege – kleine Steinschläge beseitigen

Moderne Lacke sind zwar hoch elastisch und vertragen durchaus manchen Stoß. Trotzdem treten immer wieder Lackschäden auf, und zwar hauptsächlich an Frontpartien, Kotflügelwülsten, Scheibenrahmenoberkanten sowie an Radlaufkanten. Die Ursache ist von der Straße hochgewirbelter Schmutz. Besonders schädlich ist der jetzt wieder verstärkt im Winter eingesetzte scharfkantige Splitt. Die beste Möglichkeit, solche Steinschläge im Lack aufzuspüren, ist es, den Wagen regelmäßig zu waschen. Wenn man mit kreisförmigen Bewegungen den Schmutz aufweicht, kann man leicht ablösbare Verschmutzungen von Steinschlägen unterscheiden.

Es lohnt sich, solche kleinen Steinschlagschäden sofort zu beseitigen, denn aus ihnen werden in kurzer Zeit größere Rostblasen. Feuchtigkeit und Rost unterwandern den Lack und sprengen ihn ab.

Man kann die schadhafte Stelle mit einem Glasfaserradierer oder mit einem spitzen Messer reinigen. Noch besser geht es aber mit einer schnellaufenden Kleinstbohrmaschine, die über den Zigarettenanzünder ans Bordnetz (12 V) angeschlossen wird.

Die gereinigte Stelle wird zunächst grundiert. Die Grundierung darf die Vertiefung nicht ganz ausfüllen, damit der farbige Decklack, der später aufgetragen wird, nicht übersteht. Man verwendet am besten eine zinkhaltige, schnelltrocknende Grundierung.

Wenn die Grundierung abgetrocknet ist, tupft man den Decklack auf. Man kauft ihn am besten in der Sprühdose. Die exakte Farbangabe steht in den Fahrzeugpapieren oder auf einem Aufkleber in der Reserveradmühle, im Türeinstieg oder im Motorraum.

Man sollte nie kaltes, feuchtes Blech lackieren; die Arbeit wäre umsonst, weil der Lack dann nicht gut haftet. Das Blech sollte etwa 20°C warm sein. Zunächst wird die Sprühdose gut geschüttelt; dann sprüht man in den Deckel der Dose, so daß man einen kleinen Farbvorrat hat. Mit einem kleinen Schulmalpinsel wird nun der Lack aufgetragen. Man kann ersatzweise auch ein angespitztes Streichholz verwenden. Doch viele Farbspraypackungen enthalten einen kleinen Pinsel. Der Decklack wird so aufgetragen, daß er die Mulde ganz ausfüllt.

Danach läßt man den Lack vier oder fünf Wochen trocknen. Dann kann die ausgebesserte Stelle mit Schaumpolierpaste so sauber der Umgebung angeglichen werden, daß die Korrektur kaum zu bemerken ist.

Material:	*Grundierfarbe, Schleifpaste, Tupflack-Spraydose*
Werkzeug:	*Glasfaserradierer oder Messer, kleiner Pinsel, Lappen*

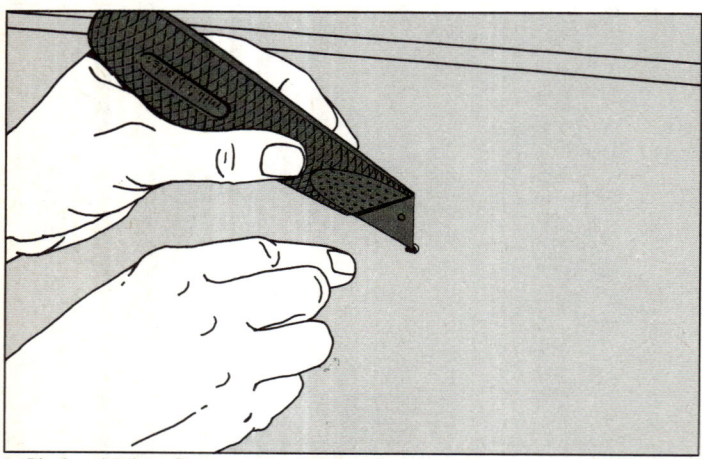

1. Die beschädigte Stelle sollte möglichst umgehend ausgebessert werden. Zum Reinigen eignet sich ein spitzes Messer oder ein Glasfaserradierer

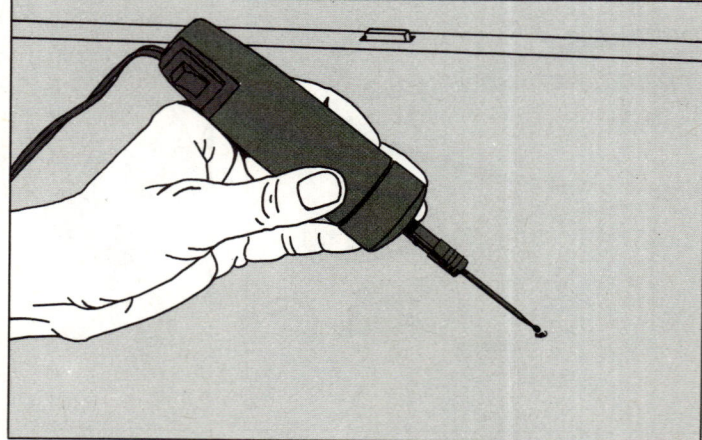

2. Sehr genau kann man mit einer Kleinstbohrmaschine und einem kleinen Fräser arbeiten. Solche Maschinen werden mit dem Bordnetz betrieben

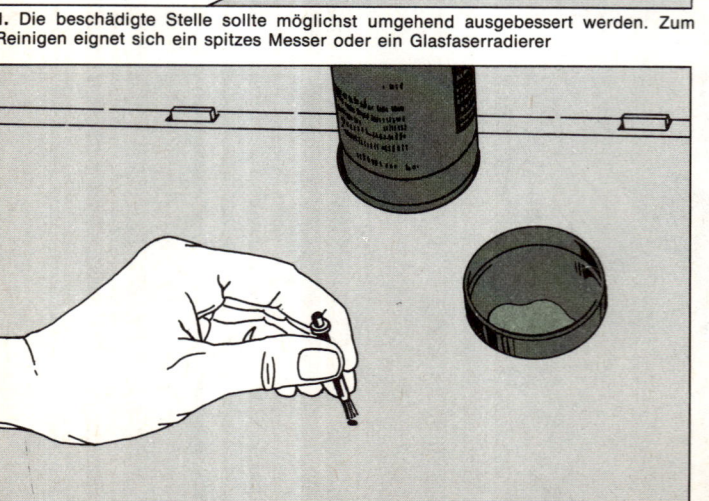

3. Die gereinigte Stelle wird zunächst grundiert; die Grundierung darf die Mulde nicht ganz ausfüllen. Dann trägt man mit dem Pinsel den Lack auf

4. Nach vier oder fünf Wochen, wenn der Lack gut getrocknet ist, wird die Stelle vorsichtig mit Paste poliert, bis sie nicht mehr auffällt

Lackpflege – eine Beule herausdrücken und spachteln

Beulen im Blech lassen sich sehr gut mit Zweikomponenten-Kunststoffspachtel reparieren. Zunächst sollte man aber immer versuchen, eine Beule möglichst großflächig herauszudrücken. Man erspart sich dadurch viele Spachtelgänge und natürlich auch Spachtelmaterial. Man verwendet am besten ein abgerundetes, großflächiges Holzstück, damit kein Blechteil zu weit herausgedrückt wird.

Die Blechaußenfläche wird mit grobem Schleifpapier angeschliffen, um losen Lack und Schmutz abzutragen. Am besten entfernt man den Decklack bis zur Grundierung.

Nun rührt man die Spachtelmasse nach Herstelleranweisung entsprechend der Beulengröße an, trägt sie mit dem Japanspachtel sofort auf und zieht sie, der Blechkontur folgend, mit einem Lineal oder Holzbrettchen ab. Häufigster Fehler beim Auftragen der Spachtelmasse: Man versucht noch in der Phase der beginnenden Aushärtung durch Nachspachteln eine glatte Fläche zu erhalten. Dadurch wird die Oberfläche rauh, deshalb frühzeitig aufhören. Der Kunststoffspachtel kann schon nach 15 Minuten geschliffen werden. Man verwendet Schleifpapier der Körnung 240 trocken oder naß.

Danach wird neue Spachtelmasse aufgetragen und so abgezogen, daß sie den umgebenden Lack etwas überragt. Man trägt also mehr Material auf, als benötigt wird.

Nachdem die Kontur halbwegs hergestellt ist, wird die Schadstelle mit Naßschleifpapier (Körnung 320–400) so weit entsprechend der gewünschten Form niedergeschliffen, daß keine Unebenheiten mehr vorhanden sind. Wie bei allen Schleifarbeiten kann man auch hierzu einen Schwingschleifer verwenden. Damit geht die Arbeit auch rascher voran als mit dem Schleifklotz.

Bei diesem Schleifgang bilden sich kleine Löcher oder Grübchen. Sie werden mit Zweikomponenten-Kunststoffspachtel oder mit Feinspachtel ausgebessert. Danach schleift man mit Naßschleifpapier der Körnung 360–400 nach. Mit einem Lineal wird geprüft, ob alle Unebenheiten entfernt sind. Selbst kleinste Stellen müssen noch einmal nachgespachtelt werden, denn weder die Grundierung noch der dünne Decklack können Schäden überdecken. Kleine Unebenheiten spürt man am besten mit den Fingerspitzen auf.

Wenn die Fläche ganz eben und abgetrocknet ist, sichert man sie mit einer zinkstaubhaltigen Grundierung gegen schnelles Nachrosten. Kunststoffspachtel eignet sich übrigens nicht für durchgerostete Stellen, da der Spachtel sehr schnell vom Rost abgelöst wird. Nur einwandfreies Blech sollte in der beschriebenen Weise bearbeitet werden.

Material:	*Zweikomponenten-Kunststoffspachtel, Feinspachtel, zinkstaubhaltige Grundierfarbe*
Werkzeug:	*Ein Satz Japanspachteln, Lineal oder Holzbrettchen, Schwingschleifer oder Schleifklotz und Schleifpapier*

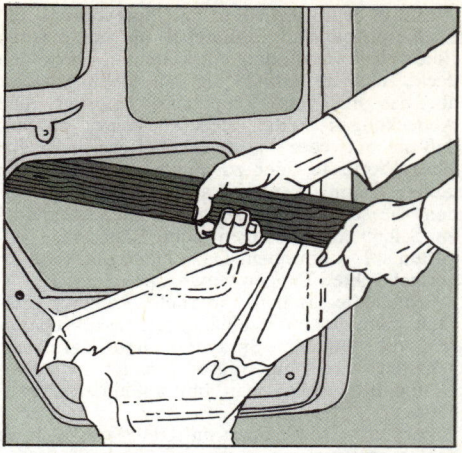

1. Mit einem abgerundeten Holzstück wird die Beule soweit wie möglich herausgedrückt

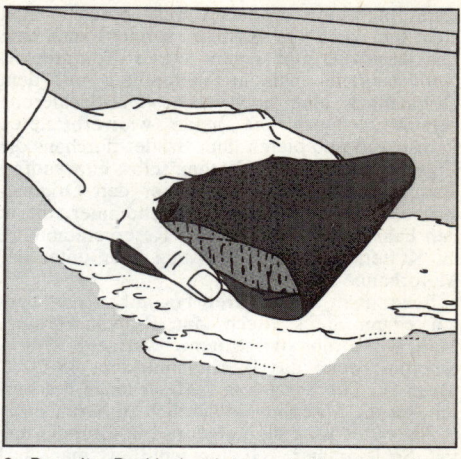

2. Der alte Decklack wird am besten bis auf die Grundierung abgeschliffen

3. Spachtel und Härter werden nach Herstellerhinweis gründlich gemischt

4. Die Spachtelmasse zieht man mit einem Lineal oder Holzbrettchen gleichmäßig ab

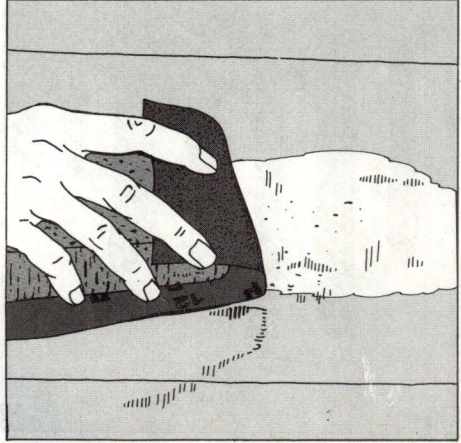

5. Mit dem Schleifklotz oder Schwingschleifer wird die Fläche sorgfältig bearbeitet

6. Nach dem letzten Schleifgang wird Grundierung als Rostschutz aufgebracht

Auto

Lackpflege – Umgang mit Spraydosen

Zum perfekten Autolackieren braucht man nicht nur das nötige Können, sondern auch eine Lackierpistole und einen teuren Kompressor. Nur so kann man in Verbindung mit dem Originallack eine hochwertige Decklackierung herstellen. Doch die heute weitverbreiteten Farbspraydosen bieten dem Bastler durchaus die Chance, kleinere Schadstellen selbst einwandfrei auszubessern. Man kauft immer den Originallack entsprechend der Farbcodenummer, die in den Fahrzeugpapieren, in der Reserveradmulde, im Kofferraum, im Türeinstieg oder unter der Motorhaube zu finden ist.

Bevor man zu lackieren beginnt, macht man auf einem Stück Blech eine Probelackierung. Man sollte nur bei gutem, warmem Wetter arbeiten, wenn das Blech mindestens 18–20°C warm ist. Die Spraydose wird so lange geschüttelt, bis die Mischkugeln deutlich zu hören sind.

Als erstes wird die aufgebrachte Grundierung mit Schleifpapier 400 angeschliffen; man darf dabei nicht bis aufs Blech kommen.

Lästig beim Arbeiten mit Spraydosen und Lackierpistole sind Sprühnebel, die angrenzende Blechteile verunreinigen können. Deswegen deckt man sie großflächig mit Zeitungspapier ab, das man mit Kreppband befestigt. Die Abdeckungen sollten stets so gelegt werden, daß sie entweder bis zu einer Karosserienaht, einer Zierleiste oder zu einem Abschlußbörtel laufen. Damit werden Lackübergänge vermieden, die sonst immer zu sehen sind. Lacknebel an Scheibeneinfassungen oder Blankteilen am besten sofort abreiben. Dazu einen mit Verdünner getränkten Lappen verwenden.

Schadhafte Stellen innerhalb größerer Flächen kann man mit einer Lochmaske reparieren, die zwischen Spraydose und Karosserie gehalten wird. Für diese Technik ist etwas Übung notwendig; man übt an einem Probeblech.

Lackiert wird zunächst im Kreuzgang, d. h. in Schlangenbewegungen, die sich überkreuzen.

Häufigste Fehler beim Lackieren sind Laufnasen durch zu reichlichen Lackauftrag. Auch wenn aus zu großer Nähe gesprüht wird, stellen sich solche Fehler ein. Deshalb sollte man immer vorsichtig auftragen, selbst wenn man bei der ersten Lage noch keine ausreichende Abdeckung erreicht. Lack läuft nach und bildet dann sowohl die gewünschte Abdeckung als auch den richtigen Glanz.

Der Fachmann arbeitet beim Lackieren immer in mehreren Lagen. Zunächst wird die Stelle grob vorgesprüht. Die Grundierung ist noch zu sehen. Diese grobe Vorlackierung läßt die erste und danach die zweite Kreuzlage aufgebracht.

Material: Alte Zeitungen, Kreppband, Schleifpapier der Körnung 400, Farbspraydose
Werkzeug: Schwingschleifer oder Schleifklotz, Lackierpistole mit Kompressor

---

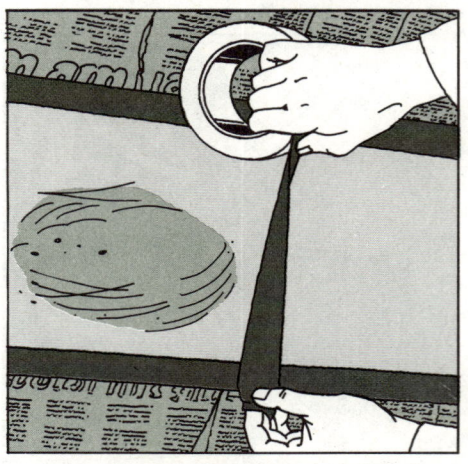

1. Zunächst wird die Grundierung mit Schleifpapier der Körnung 400 feingeschliffen

2. Die angrenzenden Blechteile werden großflächig mit Zeitungen und Kreppband abgedeckt

3. Einige Übung erfordert das Arbeiten mit einer Lochmaske zwischen Dose und Karosserie

4. Das beste Ergebnis erzielt man, wenn man in mehreren Lagen im Kreuzgang sprüht

5. Laufnasen entstehen, wenn zuviel Lack aufgetragen oder aus zu großer Nähe gesprüht wird

6. Bei unzureichender Papierabdeckung gelangt Lack auch dorthin, wo er nicht erwünscht ist

Unterbodenschutz und Hohlraumversiegelung

Hohen Beanspruchungen, besonders im Winter, unterliegt auch der Fahrzeugunterboden mit seinen vielen zerklüfteten Bauteilen. Hier kann sich Schmutz in Verbindung mit Feuchtigkeit und Auftausalz festsetzen. Die Folge auf lange Sicht sind Durchrostungen, die nur durch Einsatz teurer Reparaturbleche wieder beseitigt werden können. Deshalb kontrolliert man von Zeit zu Zeit den Zustand des Unterbodenschutzes. Dazu wird das Fahrzeug aufgebockt und die Wagenunterseite mit einer Taschenlampe abgeleuchtet.

Zur Reparatur bietet der Fachhandel Unterbodenschutz als pastöse Masse an, die mit dem Pinsel aufgetragen wird. Es gibt aber auch Spraydosen, die wesentlich besser geeignet sind. Zwar muß man für die Dose etwas mehr bezahlen, aber der Mehrpreis lohnt sich, weil die Arbeiten nicht so mühevoll sind und versteckte Bauteile gut zu erreichen sind.

Vor dem Auftragen des Unterbodenschutzes muß das Fahrzeug natürlich unten sorgfältig gereinigt werden. Verrostete Stellen werden mit der Stahlbürste bearbeitet und mit einer zinkstaubhaltigen Farbe grundiert. Nach dem Abtrocknen wird der Unterbodenschutz aufgetragen.

Mit den beschriebenen Reparaturtechniken kann man Durchrostungen von außen nach innen wirksam verhindern. Es gibt aber auch Schäden, die von den Hohlräumen ausgehend nach außen dringen. Hier hilft nur eine Hohlraumkonservierung.

Geeignete Mittel läßt man am besten in der Werkstatt auftragen.

Viele Autofahrer helfen sich aber auch hier selbst und sprühen die Hohlräume mit der Spraydose aus. Diese Dosen besitzen einen Sprühschlauch, mit dem auch kleinste Hohlräume erreicht werden können.

Man sollte so lange einsprühen, bis Material aus den Belüftungsbohrungen der Karosserie am Unterboden austritt. Wenn die Hohlraumversiegelung trocken ist, müssen die Ablaufbohrungen mit einem kleinen Schraubenzieher frei gemacht werden, damit eventuell eingetretenes Wasser ablaufen kann.

Wie sehr die Lebensdauer einer Fahrzeugkarosserie vom Zustand des Unterbodenschutzes und der Hohlraumversiegelung abhängt, zeigen Untersuchungen, bei denen festgestellt wurde, daß ein gut geschütztes Auto bis zu zwölf Jahre alt werden kann, während eine Karosserie ohne Schutz schon nach fünf Jahren so durchgerostet sein kann, daß sich keine Reparatur mehr lohnt. Da heute die meisten Autos geschützt ausgeliefert werden, kann man sich zunächst auf regelmäßige Kontrollen beschränken.

Material:	Unterbodenschutz aus der Dose oder als Spray
	Hohlraumspray
Werkzeug:	Wagenheber
	Stützböcke
	Lampe
	Pinsel
	Schraubenzieher

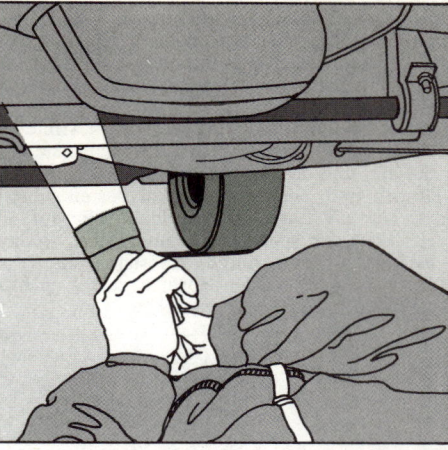

1. Der Zustand des Unterbodenschutzes wird mit der Taschenlampe kontrolliert

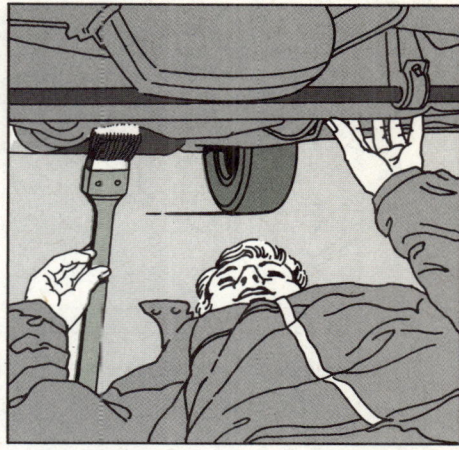

2. Unterbodenschutz gibt es als pastöse Masse, die mit dem Pinsel aufgetragen wird

3. Weniger mühevoll als mit dem Pinsel läßt sich der Unterbodenschutz mit der Sprühdose auftragen

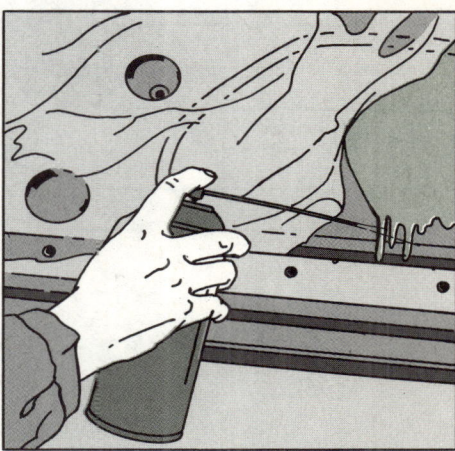

4. Für den Heimwerker gibt es Hohlraumversiegelungsmittel in der Sprühdose mit Schlauch

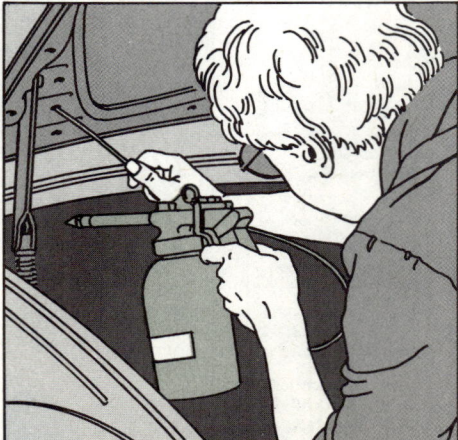

5. In der Werkstatt werden die Hohlräume mit der Pistole ausgesprüht

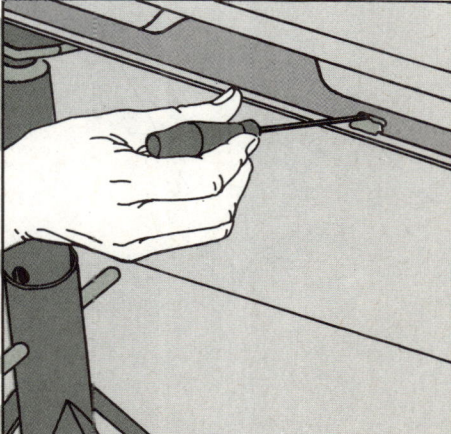

6. Mit einem Schraubenzieher werden nach der Versiegelung die Ablauflöcher frei gemacht

Auto

Türverriegelungen

Die Türverriegelungen werden mit Gestängen von den Türgriffen aus bedient. Es gibt sehr unterschiedliche Konstruktionen, die aber alle auf die gleiche Weise gewartet bzw. ausgebaut werden.

Man demontiert Türinnengriff, Armlehne, Fensterkurbel und die Türverkleidung (siehe S. 480–481) und das Verbindungsgestänge zwischen Türgriff und Verriegelung. Am besten schreibt man sich die Lage der einzelnen Teile auf; das erleichtert den späteren Zusammenbau. Bediengestänge werden durch Kunststoffhülsen geführt, die man wieder einsetzt, damit es nicht klappert.

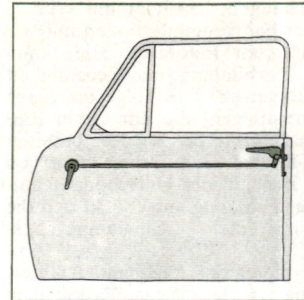

Schließmechanismus: Er ist innerhalb der Tür verdeckt eingebaut. Zu sehen ist nur die außenliegende Sperrklinke mit der Schließplatte

VERRIEGELUNG MIT SPERRKLINKE UND SCHLIESSPLATTE

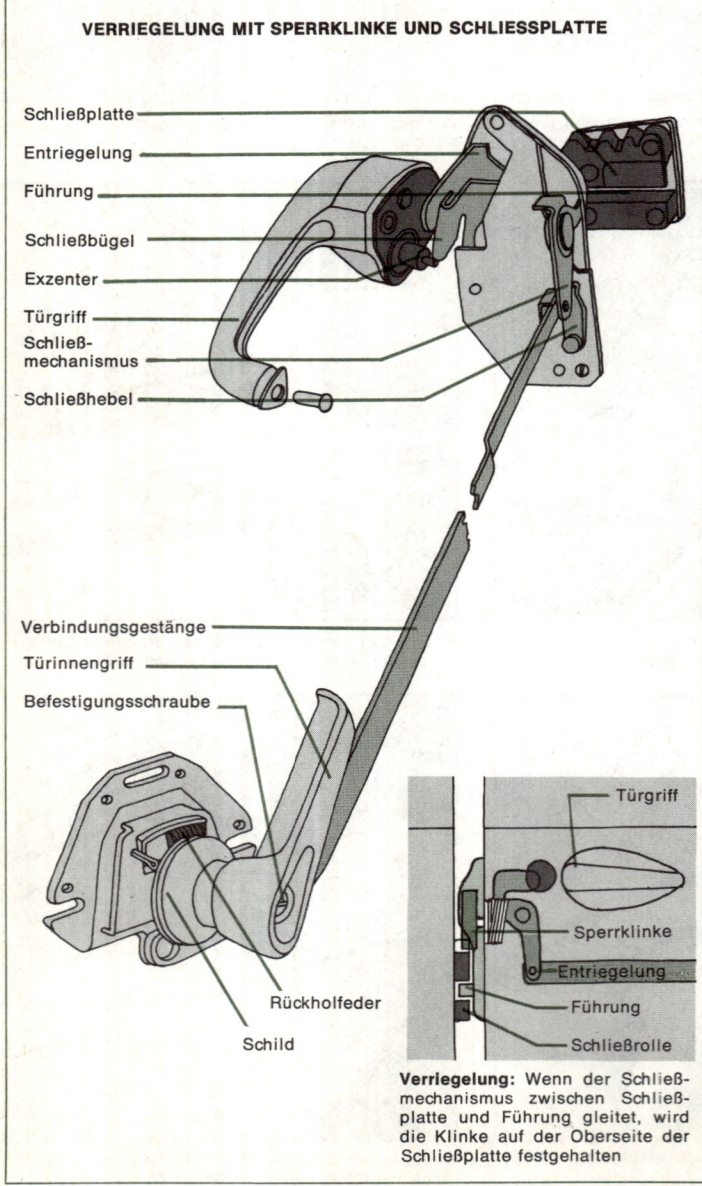

Schließplatte
Entriegelung
Führung
Schließbügel
Exzenter
Türgriff
Schließmechanismus
Schließhebel

Verbindungsgestänge
Türinnengriff
Befestigungsschraube

Rückholfeder
Schild

Türgriff
Sperrklinke
Entriegelung
Führung
Schließrolle

Verriegelung: Wenn der Schließmechanismus zwischen Schließplatte und Führung gleitet, wird die Klinke auf der Oberseite der Schließplatte festgehalten

SCHEIBENSCHLOSS UND BÜGEL

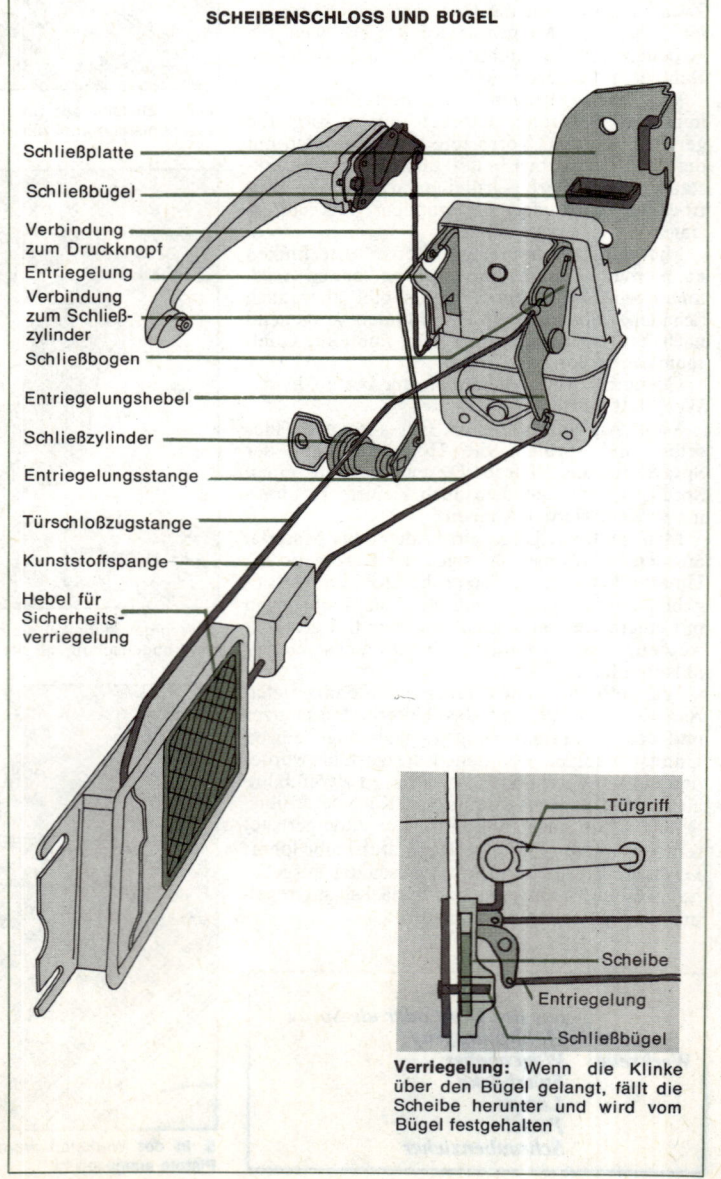

Schließplatte
Schließbügel
Verbindung zum Druckknopf
Entriegelung
Verbindung zum Schließzylinder
Schließbogen
Entriegelungshebel
Schließzylinder
Entriegelungsstange
Türschloßzugstange
Kunststoffspange
Hebel für Sicherheitsverriegelung

Türgriff
Scheibe
Entriegelung
Schließbügel

Verriegelung: Wenn die Klinke über den Bügel gelangt, fällt die Scheibe herunter und wird vom Bügel festgehalten

Ein Schloß pflegen und schmieren

Türschlösser sollten stets richtig eingestellt sein, damit sich die Tür leicht schließen läßt und trotzdem keine Klappergeräusche verursacht. Schließt ein Schloß schlecht, schmiert man es mit einem dünnflüssigen Öl. Der Schließzylinder selbst wird mit einem Korrosionsschutzspray behandelt, dann funktioniert er auch im strengsten Winter einwandfrei. Grundsätzlich gilt, daß man mit Öl und Fett am Schloß sparsam umgehen sollte.

SCHMIERUNG

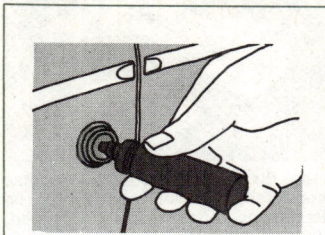

1. In alle Schließzylinder wird etwas Korrosionsschutzspray gespritzt

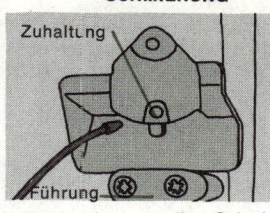

2. Verriegelung an allen Gelenkstellen mit einem dünnflüssigen Öl versorgen

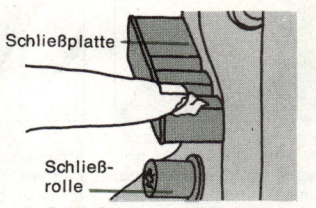

3. Schließplatte und die Schließrolle, wenn vorhanden, leicht einfetten

SCHMIERUNG

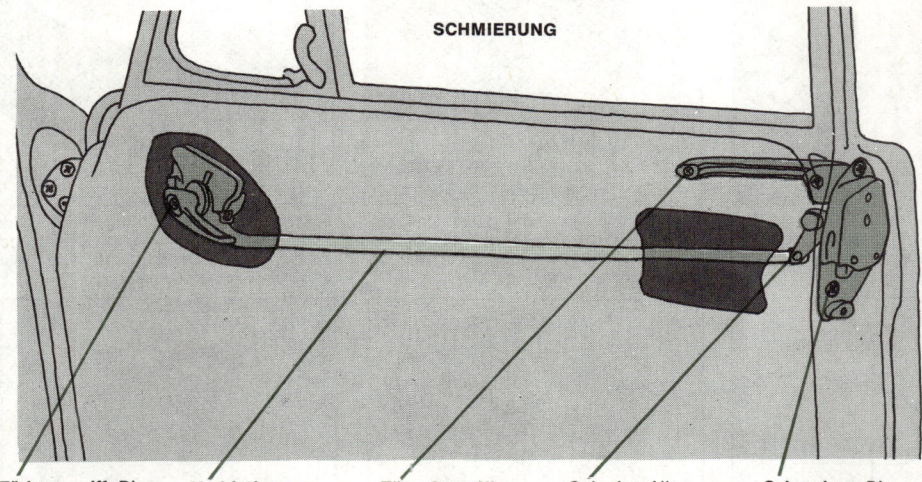

Türinnengriff: Die Verschraubung wird gelegentlich mit einem Schraubenzieher kontrolliert

Verbindungsstange: Wenn sich der Türgriff nach dem Schmieren noch immer nicht leicht betätigen läßt, Verkleidung entfernen und Verbindungsstange geradebiegen

Türaußengriff: Wenn der Griff locker ist, entfernt man die Verkleidung und zieht die Befestigungsschrauben an

Gelenke: Alle Drehgelenke der Schließanlage versorgt man am besten mit Fett. Verschlissene Kunststoffbüchsen werden erneuert

Schrauben: Die Befestigungsschrauben der Türverriegelung werden routinemäßig bei der Inspektion kontrolliert

---

SO FUNKTIONIERT EIN SICHERHEITSSCHLOSS

Türen mit Scheibenschlössern öffnen sich auch bei einem Unfall nicht. Beim Schließen der Tür fällt eine drehbar angebrachte Scheibe in einen U-förmigen Bügel auf der Schließplatte der Türsäule. Die Verriegelung wird durch eine Klinke gesichert.

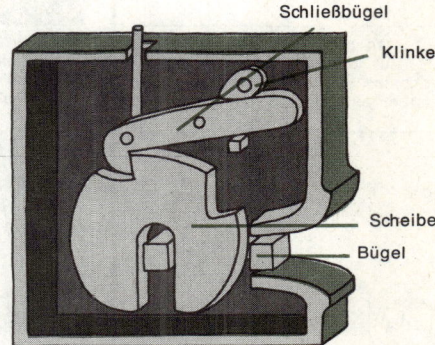

Tür verschlossen: Die Scheibe der Sicherheitsverriegelung wird in die Schließstellung gebracht, wenn sie vom Bügel berührt wird. In dieser Stellung wird sie durch die Klinke gehalten

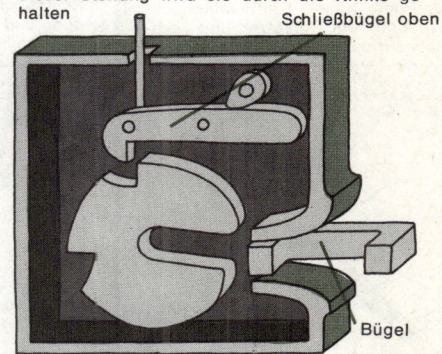

Tür geöffnet: Wenn der Türknopf oder Türgriff betätigt wird, dreht sich die Scheibe unter Federdruck. Dadurch wird die Scheibe aus dem Bügel gehoben, und die Tür läßt sich öffnen

---

Türriegel einstellen

Eine Wagentür läßt sich einstellen, indem die Schließplatte an der Türsäule gelöst und verschoben wird. Dazu zeichnet man mit einem Bleistift die ursprüngliche Lage der Schließplatte an und löst diese so, daß sie sich relativ schwer mit einem leichten Hammerschlag nach innen verschieben läßt. Man verschiebt stets nur um einige Millimeter nach innen.

Eine richtig eingestellte Tür schließt mit einem satten Geräusch ohne jede Gewaltanwendung. Sie darf auch auf unebener Fahrbahn nicht klappern. Wenn sich eine Tür beim Schließen anhebt, ist die Schließplatte zu hoch eingestellt; senkt sich die Tür hingegen, liegt die Schließplatte zu niedrig und muß entsprechend korrigiert werden. Bei den Einstellarbeiten ersetzt man eventuell verschlissene Teile. Kontrolliert werden sollten auch eventuell vorhandene Gummianschläge.

Material:	Schließplatte oder Gummianschlagpuffer, falls nötig
Werkzeug:	Bleistift, Schraubenzieher oder Schraubenschlüssel

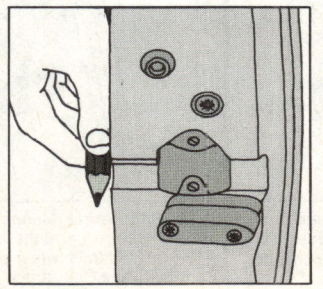

1. Tür und Fenster öffnen und von außen einen Bleistift innen auf Höhe der Schließplatte an die Tür halten *(Forts. S. 478)*

(Fortsetzung von S. 477)

Ein neues Türschloß einbauen

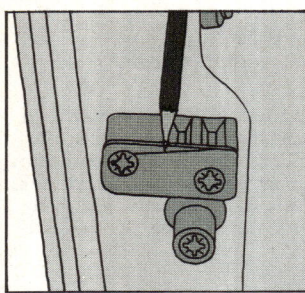

1. Die Verkleidung der Fensterheber-kurbel mit einem Schraubenzieher ab-hebeln, die Schraube herausdrehen und die Kurbel abnehmen

2. Die Verkleidung des Türinnengriffes abheben. Vorsicht, der Kunststoff-rahmen kann brechen. Griff nach innen drücken, die Verkleidung ist frei

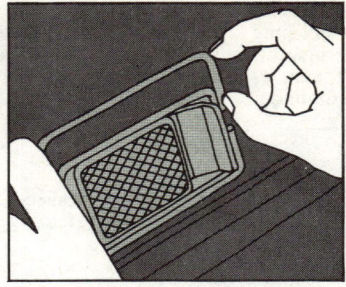

3. Die Blechschrauben der Armstütze herausdrehen, Armstütze abnehmen. Ist diese in der Türverkleidung integriert, mit dieser abhebeln

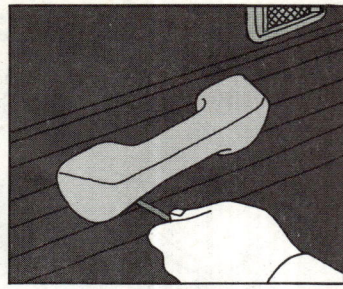

2. Tür so schließen, daß der Blei-stift auf der Schließplatte einen Strich hinterläßt, der mit der Plat-tenoberseite parallel sein sollte

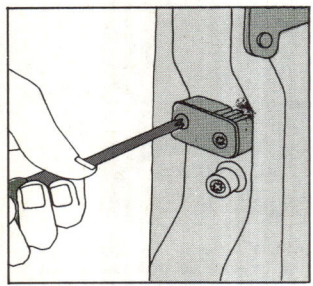

4. Jetzt schiebt man einen großen Schraubenzieher hinter die Türverklei-dung und hebelt sie damit von Klammer zu Klammer vorsichtig ab

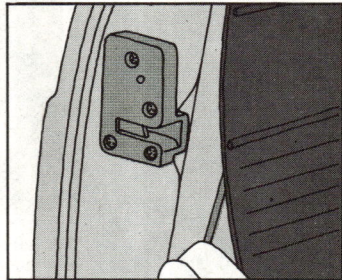

5. Wenn alle Klammern gelöst sind, die Türverkleidung abnehmen. Falls Zusatz-haken angebracht sind, die Verkleidung nach oben abziehen

6. Unter der Verkleidung liegt eine Kunststoffolie, die sorgfältig gelöst und später wieder angebracht wird. Sie dient als Feuchtigkeitssperre

3. Wenn der Strich einen Winkel zur Platte bildet, Schließplatte ab-schrauben und versetzen und noch-mals mit dem Bleistift prüfen

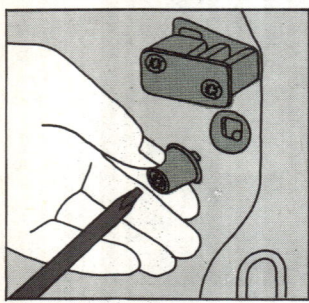

Abflußrohr

7. Störende Bauteile, wie etwa Fenster-führung oder Abflußröhrchen, werden so weit gelöst und zur Seite gelegt, daß sie nicht stören können

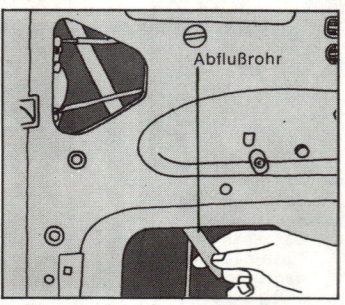

Verbindungsgestänge

8. Die Klammern, welche die Verbin-dungsgestänge halten, mit einer Spitz-zange abdrücken. Dabei merkt man sich die Einbaulage

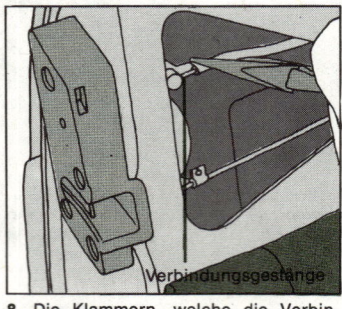

Halterung

Verriegelungsgestänge

9. Die Halterung der Verriegelungs-stange mit der Zange vorsichtig ab-drücken und zur Seite legen. Die Ge-stänge dabei nicht verbiegen

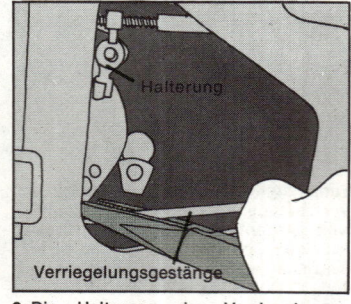

4. Sind Schließplatte und Schließ-rolle abgenutzt, Rolle entfernen, ihre Schraube wieder einsetzen, um die Rückplatte festzuhalten

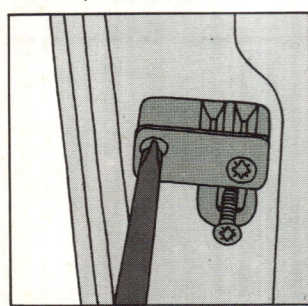

5. Die Schließplatte entfernen und neue Platte festschrauben. Danach die Schließrollenschraube lösen und neue Rolle einsetzen

10. Sind Verriegelungs- und Entriege-lungsstange getrennt montiert, werden diese ebenfalls wie beschrieben abge-drückt. Alle Schrauben lösen

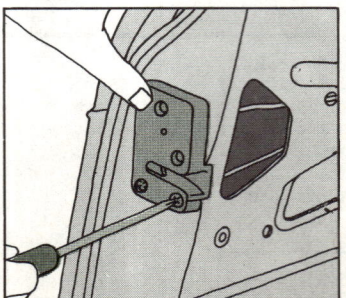

Hülse   Hülse

Halterung

11. Schrauben herausdrehen und Schloß durch Drehen von der Tür lösen. Gegebenenfalls Türaußengriff abschrau-ben und Schloß nach innen entfernen

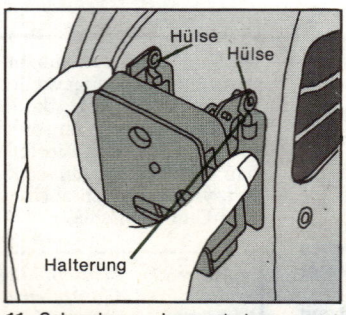

12. Zum Einbau Schrauben nur anset-zen. Verbindungsgestänge montieren, alle Schrauben des Schlosses festzie-hen. Funktion prüfen; Tür komplettieren

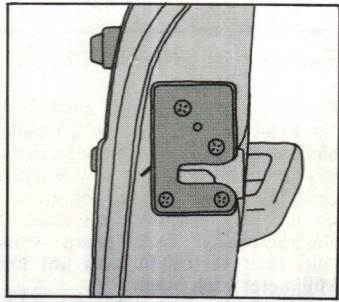

Motorhaubenverriegelungen

Wenn die Motorhaube schlecht schließt, Anschlagplatte und Gegenstück neu einstellen.

Werkzeug:	Schraubenschlüssel, Schraubenzieher, Kreuzschlitz- schraubenzieher

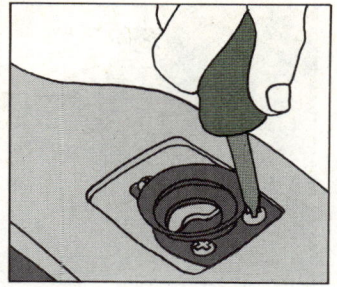

1. Schließplattenschrauben lösen und die Platte so drehen, bis sie genau auf die Motorhaubenverriegelung ausgerichtet ist

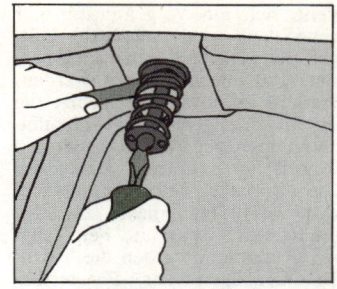

2. Die Mutter des Riegels mit dem Schraubenschlüssel festhalten und die Verstellschraube hineindrehen, um die Haube nachzustellen

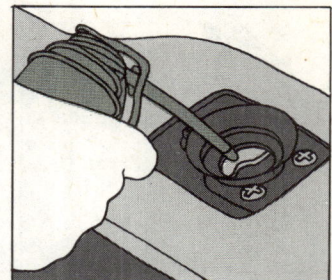

3. Schließplatte ölen, Schließanlage sorgfältig prüfen, denn eine während der Fahrt sich öffnende Motorhaube ist äußerst gefährlich

Tür abdichten

Material:	Kontaktkleber
Werkzeug:	Schraubenzieher

Wagentüren und -fenster sind normalerweise mit Profilgummidichtungen abgesichert. Diese können abgelöst und beschädigt werden, wenn eine festgefrorene Tür gewaltsam aufgerissen wird. Um solchen Schäden vorzubeugen, kann man die Gummidichtung mit Talkum, Glyzerin, Kühlerfrostschutz oder speziellen Enteisungsmitteln einreiben. Losgerissene, aber sonst unbeschädigte Türgummis können wieder festgeklebt werden. Rissig oder brüchig gewordene Gummidichtungen werden durch passende neue ersetzt.

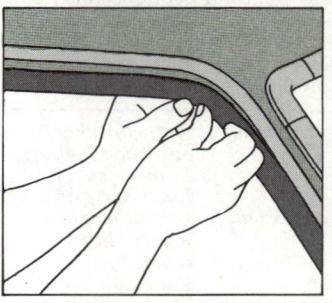

1. Mit einem dünnen Holzstück wird etwas Klebstoff auf das Rahmenprofil gestrichen. Dann drückt man die Dichtung auf das Profil

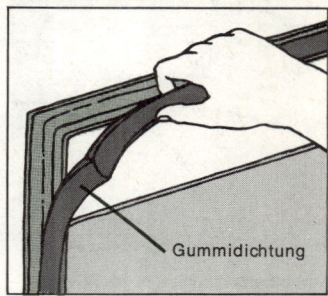

Gummidichtung

2. Manche Autos haben einen um die ganze Tür verlaufenden besonderen Falz, in den der Dichtungsstreifen eingelegt wird

Zierleisten anbringen

Zierleisten bestehen meistens aus eloxiertem Aluminium und werden mit Klammern an der Karosserie befestigt. Unter den Leisten können sich Roststellen und sogar tiefe Rostnarben bilden. Bei den ersten Anzeichen von Rost hebt man die Zierleisten ab, entfernt die Befestigungsklammern und beseitigt die Roststellen.

Abschließend wird das Blech grundiert und mit passendem Decklack gestrichen.

Material:	Schleifpapier Grundierung Decklack
Werkzeug:	Schraubenzieher Hammer

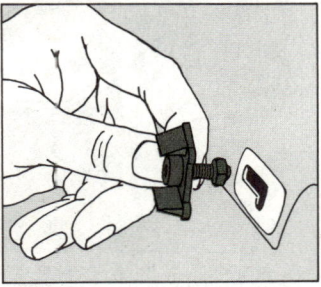

1. Große Zierteile sind oft von innen unter Verkleidungen verschraubt; diese entfernt man, um z. B. die Schrauben an den Türen zu erreichen

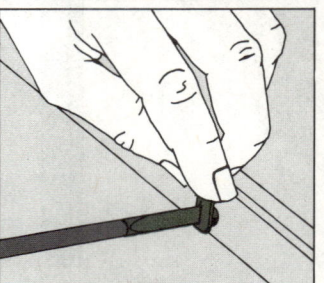

2. Schmale Zierleisten sind mit Kunststoffklammern befestigt, die man mit einer 90°-Drehung anbringt oder entfernt. Die Leisten drückt man darauf

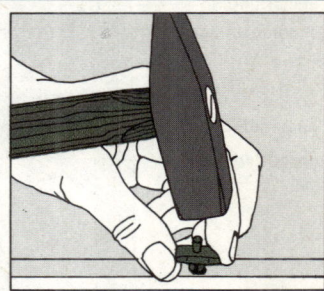

3. Am häufigsten sind Kunststoffdübel, die mit dem Hammer angebracht werden. Die Leiste wird mit dem Handballen kräftig darauf gedrückt

KUNSTSTOFFHALTER

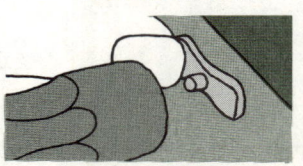

1. Die neuen Kunststoffhalter werden zunächst in die dafür vorgebohrten Löcher in der Karosserie gedrückt

2. Der Halter wird horizontal ausgerichtet, dann schlägt man den Stift in der Mitte mit einem leichten Hammer ein

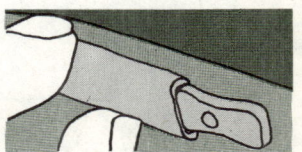

3. Die Zierleiste wird zunächst an der Oberseite des Kunststoffhalters aufgesetzt und dann kräftig angedrückt

Auto

Fensterheber

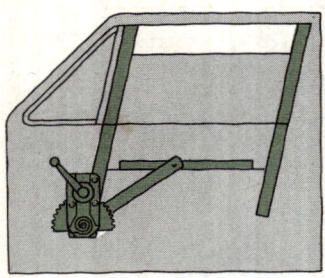

Kurbelfenster mit Getriebe und Hebearm

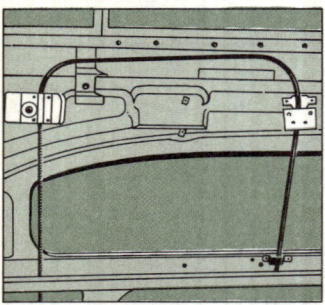

Kurbelfenster mit Seilzugkonstruktion

Wenn sich ein Wagenfenster nur schwer auf- und zukurbeln läßt, muß der Kurbelmechanismus geprüft und instand gesetzt werden. Dazu ist es notwendig, zuerst die Türverkleidung mit den Anbauteilen (Armstütze, Fensterkurbel und Türgriff) zu entfernen. Bevor der Kurbelapparat selbst untersucht wird, macht man diesen zunächst mit Rostlöserspray und Fett gangbar. Außerdem werden die Textil-Gummieinlagen der Fensterführungen geprüft, da diese ebenfalls die Schwergängigkeit der Fenster verursachen können. Kurbelfenster werden entweder mittels Getriebe und Hebearm oder aber über eine Seilzugkonstruktion bedient. Die Reparatur ist bei beiden Konstruktionen gleich. Man muß die entsprechenden Mechanismen kaufen.

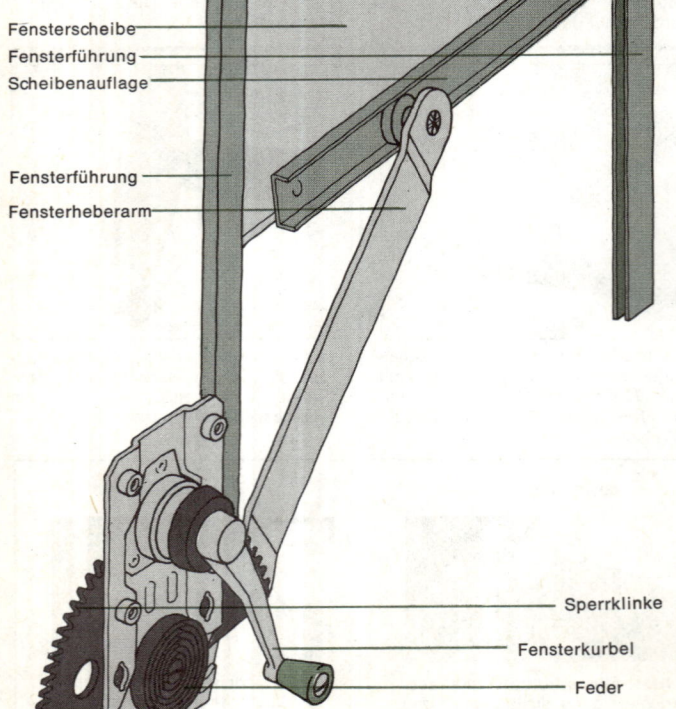

Fensterscheibe
Fensterführung
Scheibenauflage
Fensterführung
Fensterheberarm

Sperrklinke
Fensterkurbel
Feder

Fensterheber schmieren und einbauen

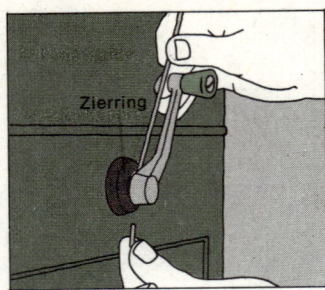

Zierring

1. Kurbelverkleidung abheben und Schraube herausdrehen. Bei älteren Modellen (siehe Abb.) den Stift an der Kurbel herausdrücken

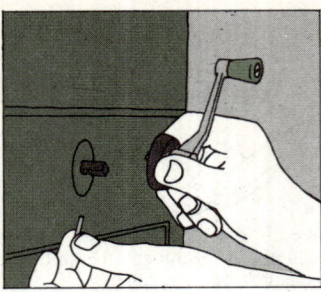

2. Fensterkurbel und Zierring vom Zapfen abziehen. Man merkt sich, in welcher Stellung die Kurbel aufgesteckt war

3. Die Schrauben, die die Armstütze halten, mit einem passenden Schraubenzieher herausdrehen und Armstütze abnehmen

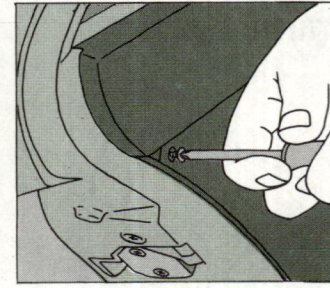

4. Falls die Türverkleidung (gewöhnlich an den oberen Ecken) noch befestigt ist, werden jetzt auch diese Schrauben entfernt

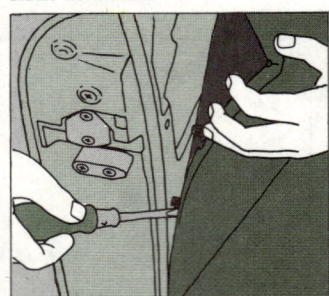

5. Mit dem Schraubenzieher zwischen Tür und Verkleidung entlangfahren und die Spreizklammern aus dem Rahmen lösen

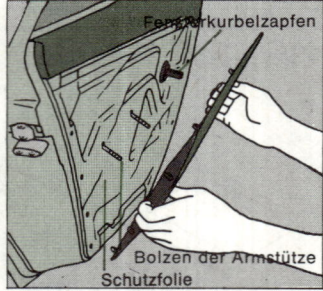

Fensterkurbelzapfen
Bolzen der Armstütze
Schutzfolie

6. Türverkleidung abnehmen, auf eventuell vorhandene Hakenbefestigung achten. Schutzfolie ablösen; sie wird später wieder benötigt

7. Bei einigen Wagen sitzt über der Türverkleidung noch eine Abdeckleiste. Diese gegebenenfalls abschrauben

8. Das Fenster hochkurbeln und mit Klebestreifen oben befestigen, damit die Scheibe nicht herunterfallen kann

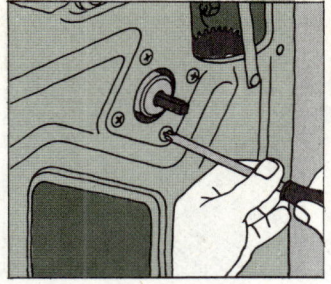

9. Zunächst mit Fett versuchen, den alten Hebermechanismus gangbar zu machen. Gelingt dies nicht, muß er ausgebaut werden

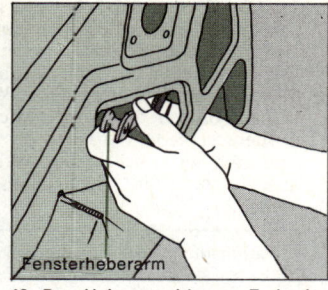

Fensterheberarm

10. Der Heberarm bis ans Ende der Heberschiene führen und die Gleitrolle des Arms aus der Schiene herausschieben

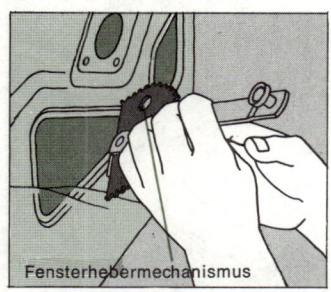

Fensterhebermechanismus

11. Den Fensterhebermechanismus mit einer Hand führen und dann mit der anderen durch den Türausschnitt herausziehen

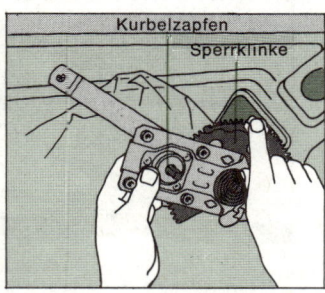

Kurbelzapfen
Sperrklinke

12. Zähne der Sperrklinke einfetten, Fensterkurbel auf den Zapfen aufsetzen und Heberarm mehrmals betätigen, um Fett zu verteilen

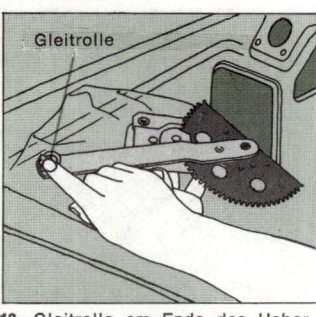

Gleitrolle

13. Gleitrolle am Ende des Heberarms reinigen und abschmieren, damit die Rolle in der Schiene gut gleiten kann

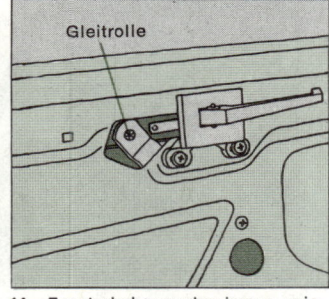

Gleitrolle

14. Fensterhebermechanismus wieder einsetzen und Gleitrolle in die Heberschiene einrasten. Mechanismus am Türkasten festschrauben

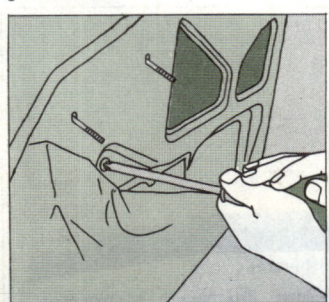

15. Klemmt die Scheibe in den Führungsrillen, die eingelegten Fensterführungen prüfen; diese durch Verstellen der Schrauben korrigieren

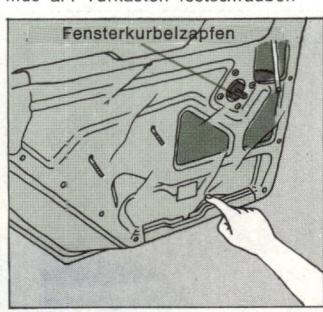

Fensterkurbelzapfen

16. Die Abdeckfolie vorsichtig wieder aufkleben, Türverkleidung befestigen und Fensterkurbel sowie Türgriff und Armstütze montieren

Reinigung der Windschutzscheibe

Die Fahrsicherheit hängt wesentlich von der guten Sicht des Fahrers ab. Damit bei Gegenlicht, Regen, Nebel und Dunkelheit die Sicht nicht über das unvermeidliche Maß hinaus beeinträchtigt wird, muß besonders darauf geachtet werden, daß die Windschutzscheibe stets sauber ist. Scheibenwischer und Waschanlage allein – auch wenn das Waschwasser entsprechende Zusätze enthält – können keine ausreichende Reinigung gewährleisten. Meist haften ölige Beläge und andere Verunreinigungen der Industrieluft sowie Reste von toten Insekten auf dem Glas, die das Reinigungswasser abstoßen.

Um die Windschutzscheibe außen gründlich zu reinigen, benutzt man am besten Wasser und Spiritus oder aber Spezialglasreiniger, die auch im Haushalt verwendet werden. Zunächst reinigt man mit Wasser und Seife und hinterher mit Spiritus oder mit dem Spezialreiniger. Das Fensterleder für die Karosserie wird nicht zum Trokkenreiben der Scheiben eingesetzt, da sonst unweigerlich Silikon auf das Glas gerät.

Wichtig ist auch die Innenreinigung. Hier bildet sich nach einer gewissen Zeit ein Belag aus Weichmacherdämpfen, die aus den Kunststoffteilen des Autos stammen, sowie aus fettigen Bestandteilen der Innenluft. Hier hilft ein trockenes Tuch, das mit Spiritus oder einem Haushaltsscheibenreiniger benetzt wird.

Material:	Spiritus oder flüssiger Haushaltsscheibenreiniger
Werkzeug:	Sauberes Fensterleder und Putztücher

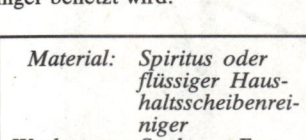

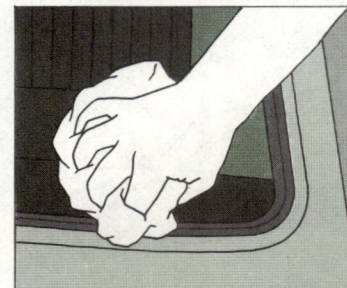

4. Für die Innenreinigung Lappen mit Reinigungsmittel tränken und den schmierigen Belag abreiben. Mit sauberem Tuch gründlich nachwischen

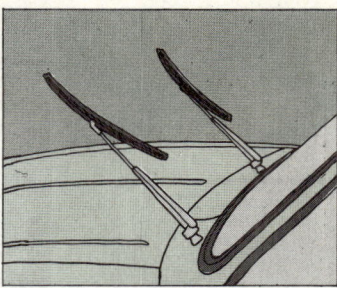

1. Die Wischerblätter von der Windschutzscheibe abklappen und mit Wasser und einem Putztuch den gröbsten Schmutz entfernen

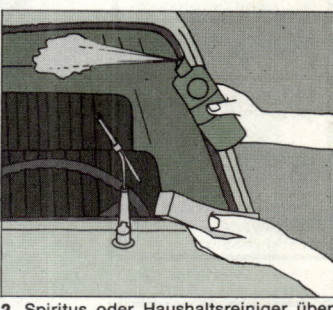

2. Spiritus oder Haushaltsreiniger über die Windschutzscheibe spritzen. Oben beginnen, damit das Mittel über die Scheibe herunterläuft

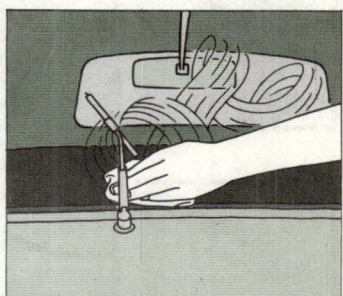

3. Reinigungsmittel mit einem Lappen über die Scheibe verteilen. Abgetrockneten Reiniger mit sauberem Lappen abreiben und nachpolieren

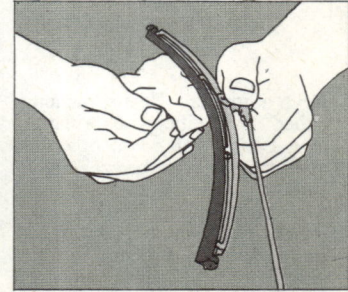

5. Wischerblätter nicht vergessen. Sie werden ebenfalls mit Reinigungsmittel oder Spiritus abgerieben. Dabei gleich die Wischkanten prüfen

Auto

Verschleißteile am Scheibenwischer

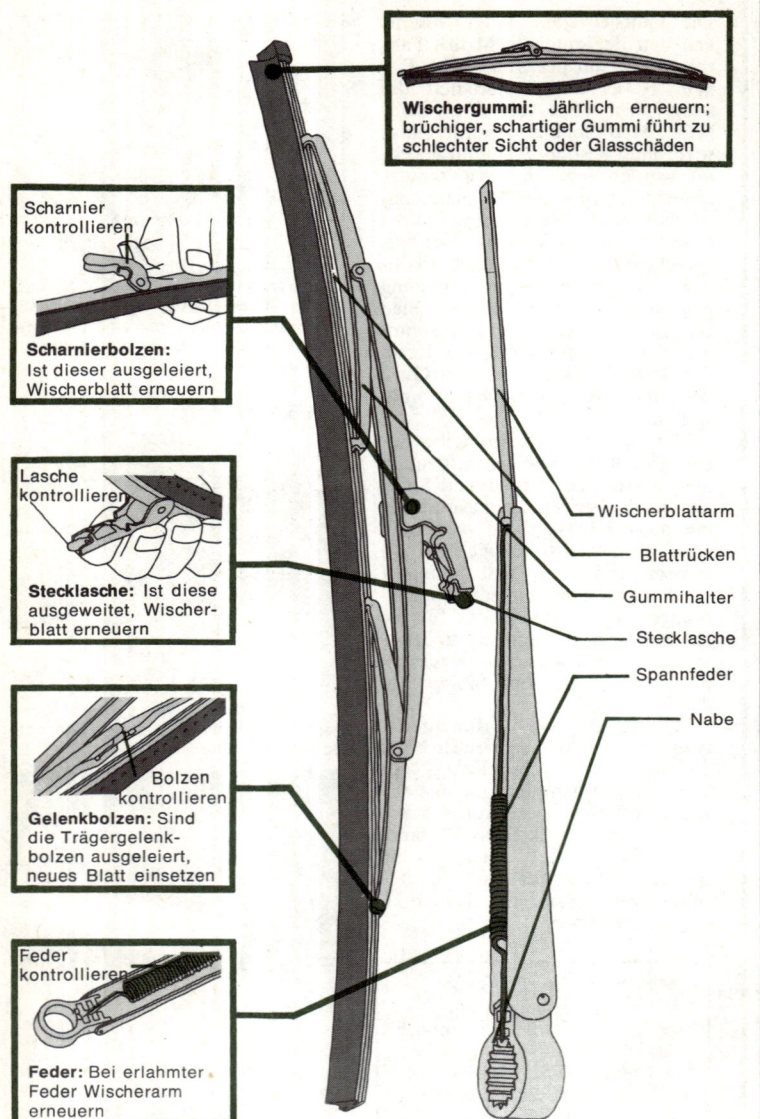

Wischergummi: Jährlich erneuern; brüchiger, schartiger Gummi führt zu schlechter Sicht oder Glasschäden

Scharnier kontrollieren

Scharnierbolzen: Ist dieser ausgeleiert, Wischerblatt erneuern

Lasche kontrollieren

Stecklasche: Ist diese ausgeweitet, Wischerblatt erneuern

Bolzen kontrollieren

Gelenkbolzen: Sind die Trägergelenkbolzen ausgeleiert, neues Blatt einsetzen

Feder kontrollieren

Feder: Bei erlahmter Feder Wischerarm erneuern

Wischerblattarm

Blattrücken

Gummihalter

Stecklasche

Spannfeder

Nabe

Wischerblattarm instand setzen

Um den Druck der Scheibenwischer auf die Scheibe zu verstärken, darf man nie den Wischerarm verbiegen. Man sprüht Rostschutzspray auf die Gelenkstellen, um so den Druck wiederherzustellen. Wird der Arm abgenommen, sollte der Wischer stets in Endstellung stehen.

Material:	*Neue Wischerblätter oder -arme*
Werkzeug:	*Schraubenzieher, Universalschlüssel*

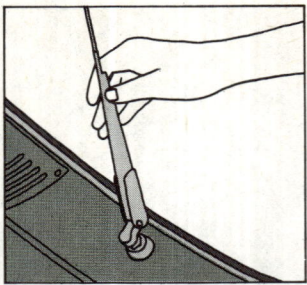

Klemmbefestigung: Wischerarm abkippen; wenn er an der Welle wackelt, Klemmschraube oder eventuell kompletten Arm erneuern

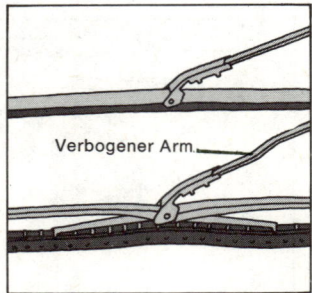

Verbogener Arm

Verbogener Arm: Wenn der Wischerarm verbogen ist (unten), sollte man ihn der Sicherheit wegen erneuern und nicht geradebiegen

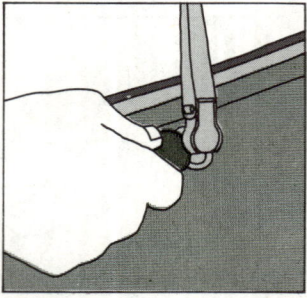

Abnahme des Arms: Um den Wischerarm abzunehmen, löst man die Nabe von der Wischerwelle mit Münze oder Schraubenzieher

Stellung der Wischer: Wischerarm bei Endstellung der Wischer montieren. Zwischen Wischerblatt und Fenstergummi 25 mm Abstand

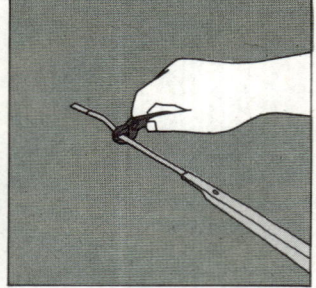

Ruckende Wischerblätter: Wischer hochklappen und Wischerblatt abnehmen. Wischerarm parallel zur Windschutzscheibe drehen

---

WISCHERBLÄTTER

Bei normaler Beanspruchung haben Scheibenwischerblätter eine Lebensdauer von etwa einem halben Jahr bis zu einem Jahr. In dieser Zeit sollte man sie routinemäßig prüfen und mindestens einmal ersetzen. Beim Kauf muß man auf die richtige Blattlänge achten. Es gibt Ersatzpackungen mit Stecksystemen, die für jeden Typ passen.

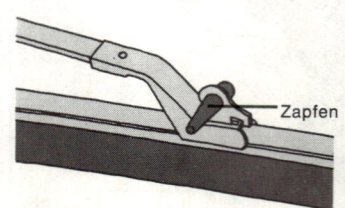

Zapfen

Schlitztyp: Meist bei Wagen mit ebener Windschutzscheibe. Zapfen aus der Öse ziehen, Wischerblatt aus Schlitz im Wischerarm herausdrehen

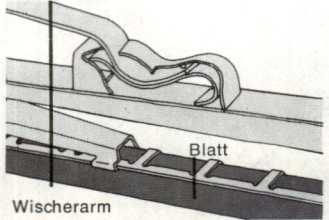

Blatt

Wischerarm

Hakentyp: Bei Wagen mit gewölbter Windschutzscheibe. Wischerarm aufklappen, Wischerblatt gegen Windschutzscheibe drehen, aushängen

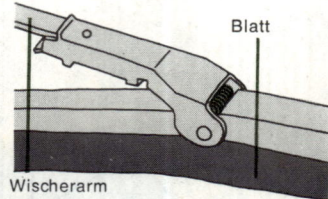

Blatt

Wischerarm

Stecktyp: Wischerarm hochklappen, die Blattfeder am Arm zusammendrücken und dann das Blatt vom Arm abziehen

Elektrische Scheibenwaschanlage einbauen

Alle modernen Automobile sind mit elektrischen Hochdruckpumpen für die Wischwasserversorgung ausgerüstet. Bei älteren Fahrzeugen findet man noch Pumpen, die von Hand bedient werden müssen. Bei ihnen steht das Wischwasser erst nach mehreren Pumpenstößen zur Verfügung. Mit ein bißchen Geschicklichkeit und dem richtigen Werkzeug kann man eine solche Anlage aber leicht im Eigenbau auf Elektrobetrieb umrüsten.

> *Material: Kompletter Umrüstsatz für die Scheibenwaschanlage (Elektro-Set)*
> *Werkzeug: Bohrmaschine, Bohrer, Körner, Hammer, Schraubenzieher, Stromprüfer, Gabelschlüssel, Kombizange, Quetschzange*

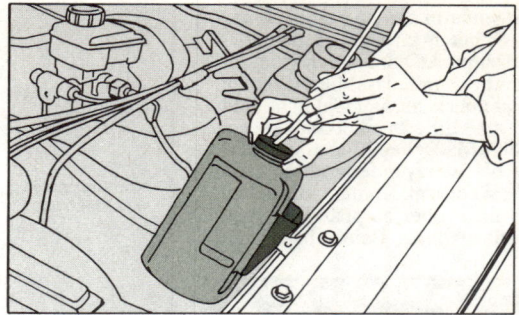

1. Alten Waschbehälter ausbauen und die Versorgungsleitung abschneiden

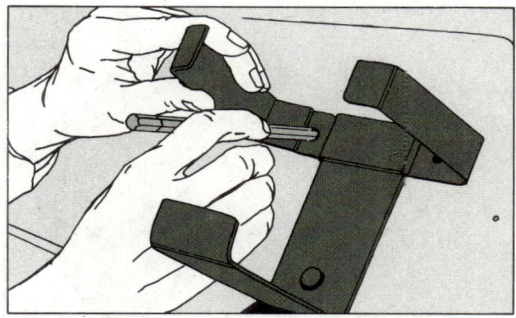

2. Neue Halterung anreißen, Löcher bohren und Haltering mit Blechschrauben befestigen

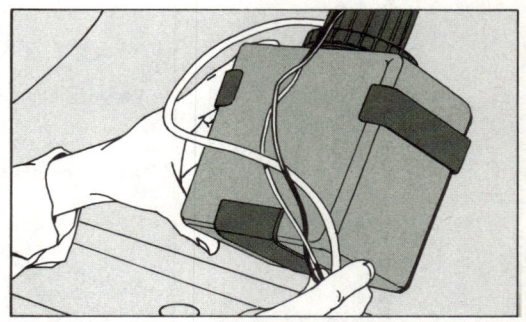

3. Neuen Behälter mit integrierter Behälterpumpe in die Halterung einsetzen. Der Behälter sollte kein Spiel haben

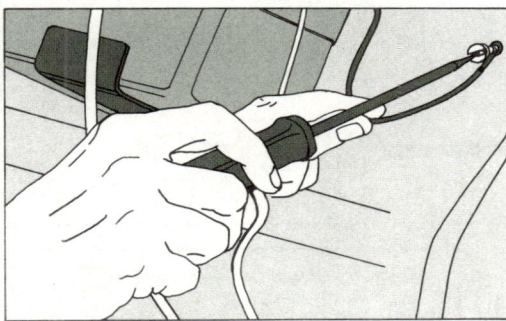

4. Massekabel verlegen und mit einer Blechschraube ebenfalls auf Masse befestigen

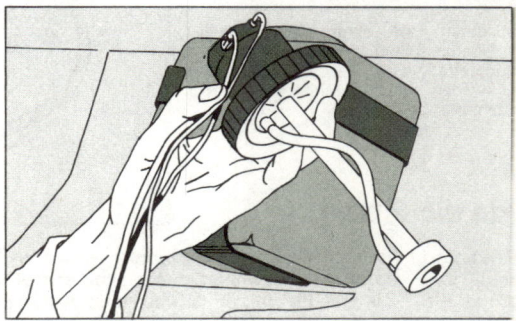

5. Das Pluskabel der Elektropumpe durch die Spritzwand zum Armaturenbrett führen

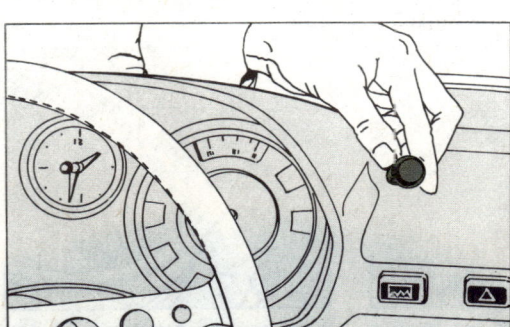

6. Im Armaturenbrett Bedienungsknopf an gut erreichbarer Stelle setzen, daran Pluskabel von Pumpe und Sicherungskasten anschließen

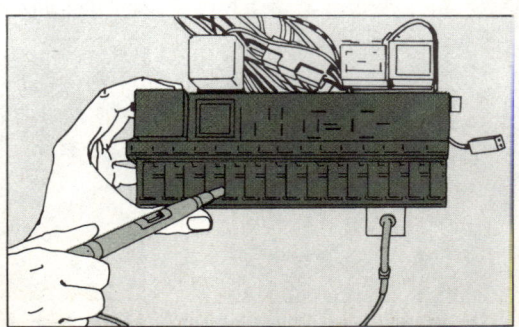

7. Mit der Prüflampe am Sicherungskasten eine Sicherung suchen, die bei eingeschalteter Zündung Strom führt. Wasser einfüllen und Pumpe mehrfach einschalten

Allgemeine Wartung

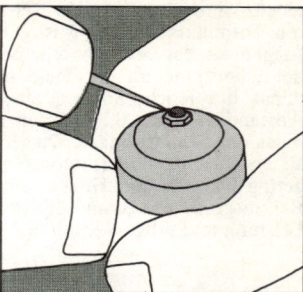

Kugeldüse: Mit einer Nadel Düsenöffnung reinigen und Richtung des Wasserstrahls einstellen. Dabei Anlage durch Helfer betätigen lassen

Schlauchleitungen: Plastikschläuche der Waschanlage überprüfen. Überdehnte, geknickte oder beschädigte Schläuche auswechseln

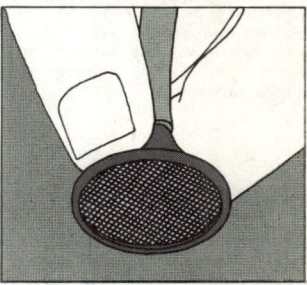

Filter: Waschanlagen mit Unterdruckpumpe haben einen Filter am Ende des Saugrohrs im Flüssigkeitsbehälter. Mit Luft reinigen

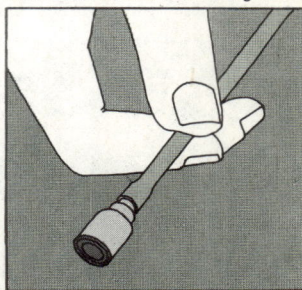

Kugelventil: Alle übrigen Waschanlagen haben am Ende des Ansaugrohrs ein Rückschlag-Kugelventil. Wenn es verstopft ist, auswechseln

Auto

Wie ein Zündverteiler funktioniert

Der Verteiler versorgt die Zündkerzen genau in dem Augenblick mit Hochspannung, wenn das Benzin-Luft-Gemisch im Bereich des oberen Totpunkts zündfähig ist. Der Zündzeitpunkt wird durch Markierungen an der Schwungscheibe bestimmt. Damit das Magnetfeld in der Zündspule im entscheidenden Augenblick zusammenbricht und damit die Hochspannung auslöst, ist am Unterbrecherkontakt ein Abstand zwischen 0,3–0,5 mm notwendig. Maßgebend dabei ist allerdings der Schließwinkel. Dieser beträgt bei Vierzylindermotoren etwa 50°, bei Sechszylindermotoren etwa 38°. Wenn der Kontaktabstand zu gering ist, wird die Hochspannung gar nicht oder zu spät ausgelöst. Bei zu großem Abstand gibt es eine Frühzündung. Beides beeinflußt Leistung und Abgasverhalten.

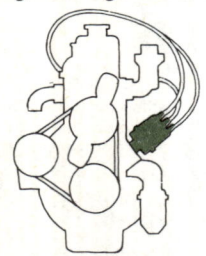

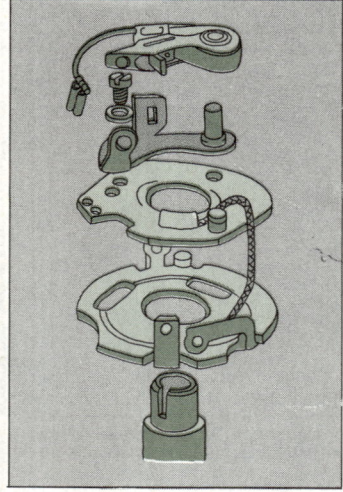

Verteilerkappe: Verteilerkappe trocken und sauber halten. Kontakte auf feine Risse überprüfen. Wenn man solche findet, neue Kappe verwenden

Von unten nach oben: Verteilerwelle mit Nocken, Gehäuseplatte, Verteilergrundplatte (verdrehbar) und Kontaktsatz werden auf der drehbaren Grundplatte befestigt

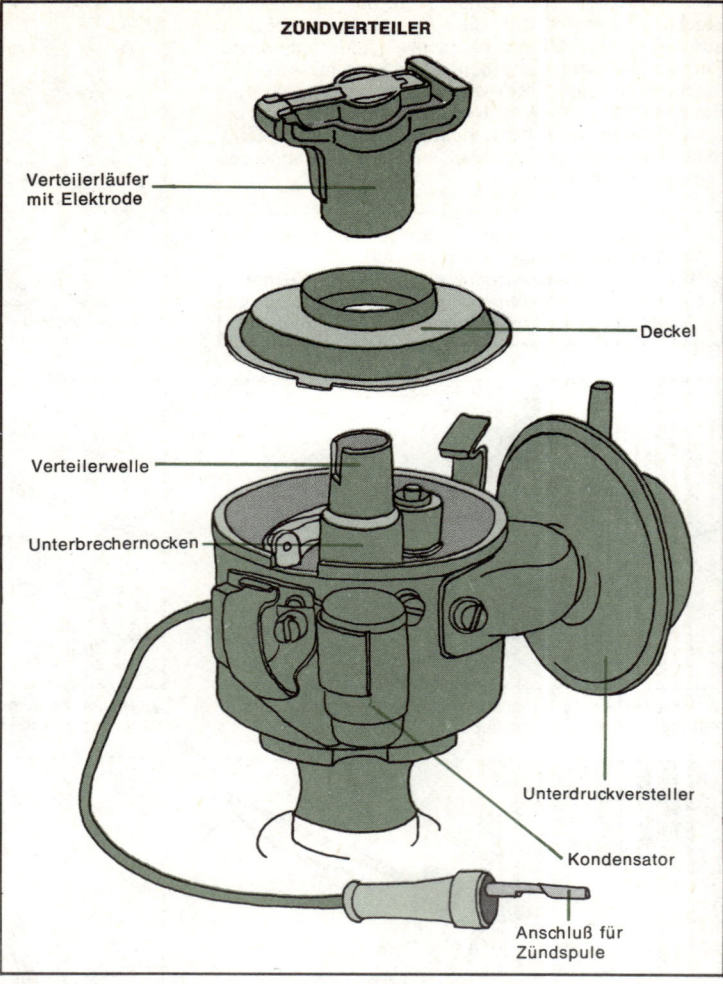

ZÜNDVERTEILER

Verteilerläufer mit Elektrode

Deckel

Verteilerwelle

Unterbrechernocken

Unterdruckversteller

Kondensator

Anschluß für Zündspule

Neue Unterbrecherkontakte einsetzen

Wenn die Unterbrecherkontakte verschmort sind – man erkennt dies an Graten und Höckern –, wird der Zündungsablauf beeinflußt. Dies führt zu Betriebsstörungen und Leistungsverlusten.

Früher reinigte man die Kontaktflächen mit einer kleinen Kontaktfeile. Dies ist aber nur eine Notlösung. Verschmorte Unterbrecherkontakte müssen immer durch neue ersetzt werden. Es gibt für die vielen einzelnen Autotypen sehr unterschiedliche Unterbrecherkonstruktionen, doch funktionieren alle nach demselben Prinzip. Kontakte sollten etwa alle 10000 km erneuert werden, danach wird die Zündung eingestellt.

Material:	*Unterbrecherkontakte*
Werkzeug:	*Schraubenzieher, Fühlerlehre, Zündzeitpunktlampe, Schließwinkelmeßgerät*

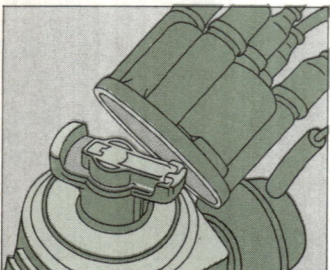

1. Die Verteilerkappe wird abgenommen, indem die zwei Federklammern mit dem Schraubenzieher weggedrückt werden

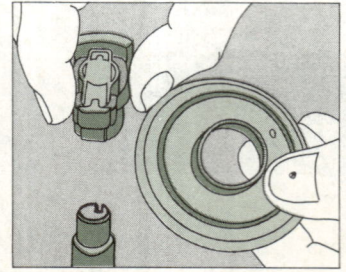

2. Der Verteilerfinger (Läufer) ist nur aufgesteckt; er kann leicht abgezogen und mit der Schutzkappe entfernt werden

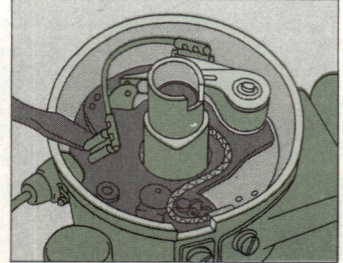

3. Der Klemmanschluß des Kontakts wird vom Stecker abgezogen. Ist ein Schraubanschluß vorhanden, wird er einfach abgeschraubt

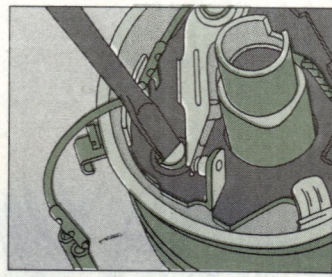

4. Nun kann die Befestigungsschraube des Kontaktsatzes gelockert und herausgeschraubt werden; der Kontaktsatz ist lose

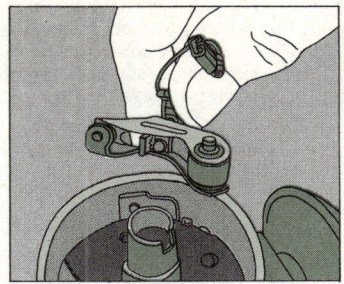

5. Den kompletten Kontaktsatz herausheben und die Verteilerwelle mit einem sauberen Tuch abwischen

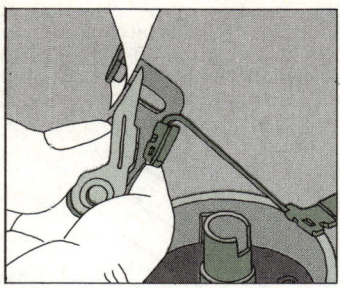

6. Auf das Gleitstück des neuen Kontaktsatzes Spezialfett als kleinen Keil auftragen; kein Normalfett verwenden

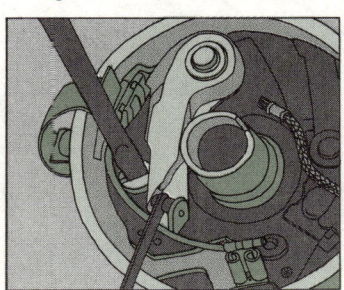

7. Kontaktflächen nicht berühren. Falls Fett zwischen sie gerät, sauberen Lappen zwischen ihnen durchziehen

8. Neuen Kontaktsatz an die Grundplatte schrauben. Mit der Fühlerlehre auf etwa 0,3–0,4 mm Abstand einstellen

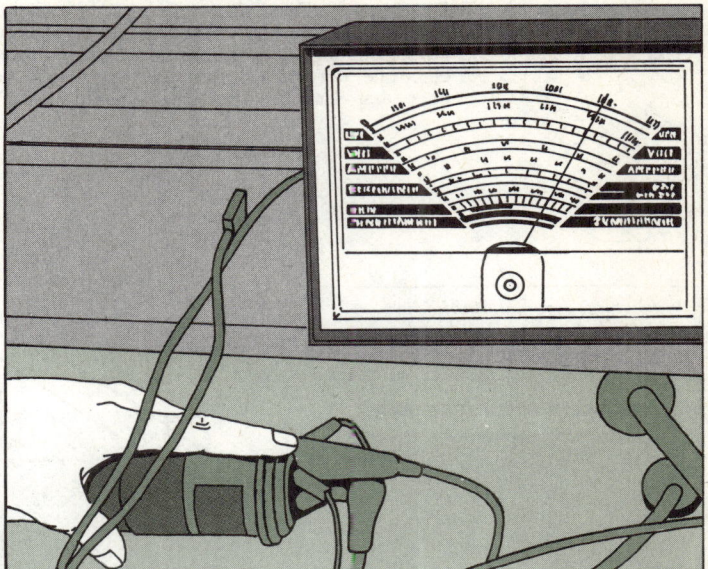

9. Nun wird das Schließwinkelmeßgerät an die Zündspule angeschlossen. Danach zieht man das mittlere Kabel von der Zündspule ab und legt es auf Masse. Die weitere Arbeit kann man nicht allein ausführen; man braucht einen Helfer dazu. Während dieser Helfer den Motor mit dem Anlasser durchdreht, wird an dem Schließwinkelmeßgerät der Wert abgelesen und am Kontakt entsprechend korrigiert. Dann setzt man die Verteilerkappe wieder auf

Einstellen des Zündzeitpunktes

Die Zündung muß bei einer ganz bestimmten Stellung der Kurbelwelle und Kolben erfolgen, damit der Motor die maximale Leistung abgibt. Sie ist deshalb durch den Zündzeitpunkt vor dem oberen Totpunkt des Kolbens konstruktiv festgelegt, wird aber ständig durch die Steuergröße Drehzahl verändert, und zwar durch den Unterdruck- oder den Fliehkraftversteller. Manche älteren Motoren haben nur den Fliehkraftversteller im Verteiler. Bei modernen Konstruktionen erfolgt sowohl die Früh- als auch die Spätverstellung mit jeweils einer Unterdruckdose.

Der Motorenhersteller gibt die richtige Zündeinstellung in Grad Kurbelwinkel vor dem oberen Totpunkt OT an. Auf der Riemenscheibe der Kurbelwelle oder auf der Schwungscheibe befinden sich Einstellmarkierungen.

Bevor der Zündzeitpunkt mit der Stroboskoplampe geprüft wird, ist immer der Unterbrecherabstand oder, besser gesagt, der Schließwinkel mit dem Meßgerät zu kontrollieren. Dann wird das Stroboskop an das Zündkabel des ersten Zylinders sowie an Plus und Minus der Batterie angeschlossen. Man prüft bei laufendem, betriebswarmem Motor in nicht geschlossenem Raum.

Bei einigen Fahrzeugen muß der Schlauch der Unterdruckdose am Verteiler abgezogen werden, damit der Zündzeitpunkt vom Unterdruck unbeeinflußt bleibt.

Nun Motor im Leerlauf laufen lassen und Stroboskop auf die Zündzeitpunktmarkierung richten. Ist diese schlecht zu erkennen, Motor stoppen, Markierung reinigen und mit Kreide sichtbar machen; der Stroboskopblitz läßt sie dann hell aufleuchten. Stimmt die Markierung nicht mit dem Zündzeitpunkt überein, Motor stoppen und Verteiler lösen, so daß er von Hand gedreht werden kann. Motor erneut starten und Verteiler von Hand wenige Millimeter vor- oder zurückdrehen, bis der Einstellpunkt erreicht ist. Verteiler wieder festziehen, Stroboskoplampe abnehmen und Unterdruckschlauch am Verteiler befestigen. Prüflauf durchführen. **Achtung:** Bei leistungsgesteigerten Zündanlagen keine spannungsführenden Teile während des Prüflaufs und der Einstellarbeiten berühren!

1. Die Zündzeitpunktmarkierung auf der Riemenscheibe reinigen und das Stroboskop anschließen

2. Die Verteilerkappe aufsetzen und, wenn nötig, dann den Unterdruckschlauch abziehen

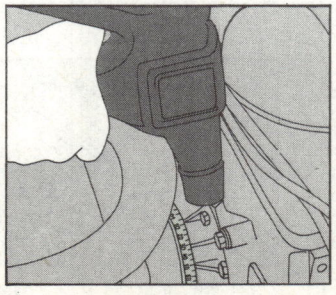

3. Der Stroboskopblitz macht die Zündmarkierung bei den verschiedenen Drehzahlen gut sichtbar

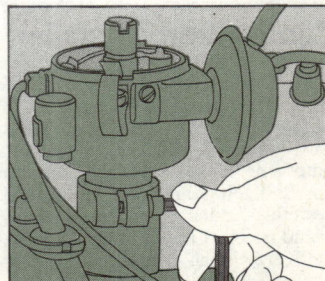

4. Stimmt die Markierung nicht überein, Klemmschraube öffnen, bis sich Verteiler von Hand drehen läßt

Auto

Funktionsweise von Zündkerzen

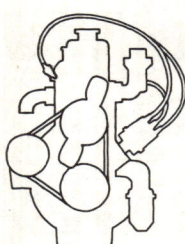

Die durch die Zündleitungen vom Verteiler (siehe S. 484–485) kommende Hochspannung fließt durch die Mittelelektrode der Zündkerze und springt über den kleinen Abstand, den die Elektroden zueinander haben, zur Masseelektrode. Dadurch entsteht ein Funke, der das Benzin-Luft-Gemisch im Verbrennungsraum des Motors zündet. Wenn eine Kerze verschmutzt ist, führt dies zu schlechter Leistung des Motors. Zündkerzen sollten möglichst alle 15000 km erneuert werden. Dabei richtet man sich am besten nach der Anweisung des Herstellerwerks.

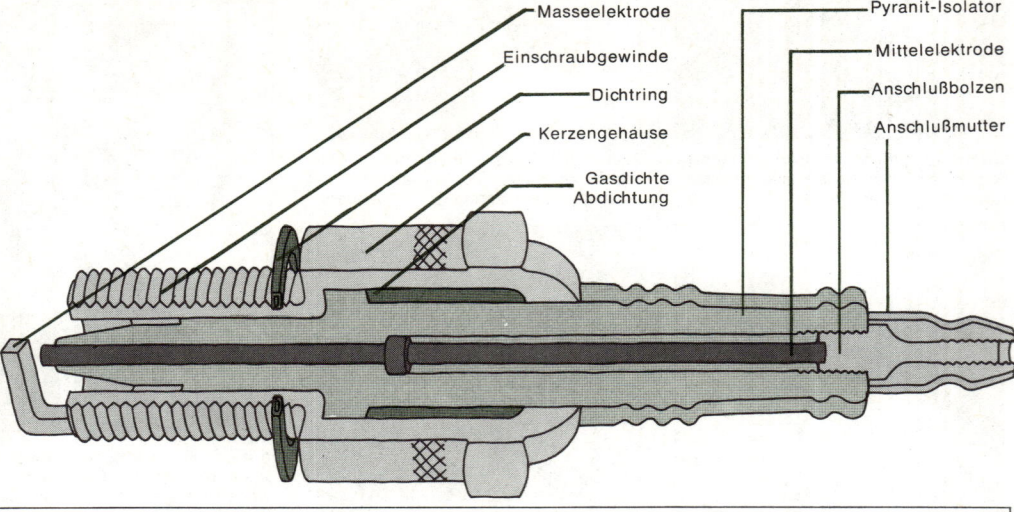

Masseelektrode
Einschraubgewinde
Dichtring
Kerzengehäuse
Gasdichte Abdichtung
Pyranit-Isolator
Mittelelektrode
Anschlußbolzen
Anschlußmutter

Werkzeug: Spezialzündkerzenschlüssel, Lappen, Fühlerlehre

WECHSELN EINER ZÜNDKERZE

1. Um die Zündkerze herum mit einem Lappen eventuell vorhandene Verunreinigungen abreiben oder mit Preßluft abblasen, damit sie nicht in den Motor gelangen können, wenn die Kerze ausgeschraubt ist

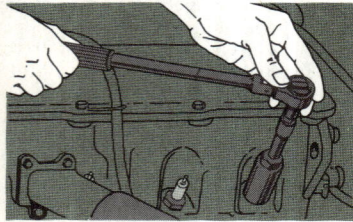

2. Der Kerzenschlüssel muß gerade über der Zündkerze sitzen. Sitzt er schief, kann die Kerze oder, besser, der Isolator abbrechen. Dann muß die Kerze erneuert werden

DAS ZÜNDKERZENBILD Der Zustand eines Motors kann oft nach den Zündkerzen beurteilt werden

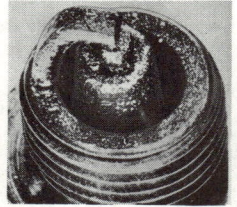

Öl: Ölablagerungen auf der Zündkerze weisen oft auf starke Motorabnutzung hin. Lassen Sie den Kompressionsdruck in einer Werkstatt überprüfen und feststellen, ob Öl am Kolben durchtritt. Ist die Verdichtung gut, Ventile und Ventilführung prüfen lassen

Ruß: Wenn sich auf einer Zündkerze Ruß abgelagert hat, kann das Benzin-Luft-Gemisch zu fett sein. Vergaser kontrollieren und einstellen lassen. Weiter prüfen, ob der Luftfilter verschmutzt ist. Unterbrecherkontakte und Kondensator prüfen und reinigen

Abbrand: Wenn eine Zündkerze einen starken Abbrand zeigt, kann Überhitzung daran schuld sein. Möglicherweise ist das Gemisch zu mager eingestellt. Dann müssen die Vergasereinstellung, der Abstand der Unterbrecherkontakte und das Kühlsystem geprüft werden

Ablagerungen: Verbrennungsrückstände, Folge bei Kurzstreckenbetrieb, stören Kerzen nicht, wenn sie hin und wieder auf langer Strecke Arbeitstemperatur erreichen. Die Rückstände verbrennen von selbst. Geschieht dies nicht, müssen die Kerzen erneuert werden

---

Zündkerzen einstellen

Zum Einstellen wird immer die Masseelektrode mit einem geeigneten Werkzeug verbogen. Die Mittelelektrode wird nicht verändert. Üblicherweise muß eine Kerze innerhalb der normalen Laufzeit von 15000 km kaum eingestellt werden. Bei zu großem Abbrand ist die Lebensdauer erreicht, und die Kerze ist zu erneuern.

Werkzeug: Fühlerlehre, Biegewerkzeug

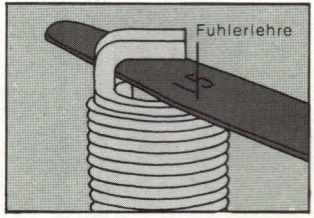

Fühlerlehre

1. Fühlerlehre in der vom Hersteller angegebenen Stärke (zwischen 0,7 und 0,9 mm) zwischen die Elektroden schieben und messen

Biegewerkzeug

2. Masseelektrode biegen, um den Elektrodenabstand so einzustellen, daß die Fühlerlehre gerade noch eingeschoben werden kann

Einkauftips

Markenzündkerzen sind am billigsten in Supermärkten oder Kaufhäusern. Man beachtet genau die Kerzenbezeichnung in der Betriebsanleitung. Nicht nur der Wärmewert ist wichtig, sondern auch die richtige Gewindelänge und -größe sowie die Eignung einer Kerze für einen bestimmten Motor müssen beachtet werden. Diese wird mit Kennbuchstaben angegeben. Wer häufig Kurzstrecken fährt, sollte breitbandige Kerzen für geringe Temperaturen kaufen.

Funktionsweise der Lichtmaschine

Aufgabe der Lichtmaschine ist es, das Bordnetz mit Strom zu versorgen und die Batterie nachzuladen. Die Gleichstromlichtmaschine erfüllt diese Aufgabe nur, wenn die Drehzahl des Motors höher als die Leerlaufdrehzahl ist. Die Lichtmaschine besteht aus einem zylindrischen Gehäuse, in dem sich zwei Elektromagnete mit den Erregerspulen befinden. Zwischen dieser Konstruktion läuft ein Anker, der sich aus einer Reihe von Kupferdrahtwicklungen zusammensetzt. Die Enden der Wicklungen führen zu Kupferlamellen, die als Kollektor bezeichnet werden.

Der Anker wird durch einen Keilriemen vom Motor angetrieben. Dabei wird in den Wicklungen des Ankers Strom erzeugt. Dieser Strom wird am Kollektor von zwei Kohlebürsten, die auf dem Kollektor schleifen, abgenommen und von dort zur Batterie geführt. Wenn die Kohlebürsten abgenutzt sind oder der Keilriemen lose oder gerissen ist, funktioniert die Lichtmaschine nicht, es wird also nicht genug Strom oder gar keiner mehr erzeugt. Die Batterie wird nicht nachgeladen, und die Bordnetzspannung sinkt.

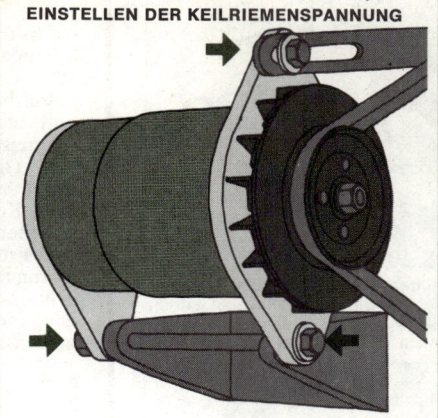

EINSTELLEN DER KEILRIEMENSPANNUNG

Ein richtig eingestellter Keilriemen läßt sich mit dem Daumen etwa 10–15 mm zwischen den beiden Riemenscheiben durchdrücken. Zur Einstellung löst man die drei Befestigungsschrauben und bewegt die Lichtmaschine vom Motor weg oder auf ihn zu, bis der Wert erreicht ist

Einsetzen neuer Bürsten

Wenn die Kontrollampe der Lichtmaschine beim Gasgeben nicht mehr erlischt, fehlt die Ladeleistung. Zunächst prüft man die Keilriemenspannung und kontrolliert, ob alle Kabelanschlüsse vorhanden und sauber sind. Lädt die Lichtmaschine trotzdem nicht, sind vermutlich die Kohlebürsten abgenutzt, und der Kollektor ist verschmutzt. Man baut die Lichtmaschine aus, zerlegt sie und reinigt den Kollektor mit Benzin und poliert ihn mit feinem Schleifpapier. Die Zwischenräume des Kollektors reinigt man mit einem alten Metallsägeblatt.

1. Lichtmaschine in Schraubstock spannen, Befestigungsschrauben im Kollektorlager lösen und entfernen

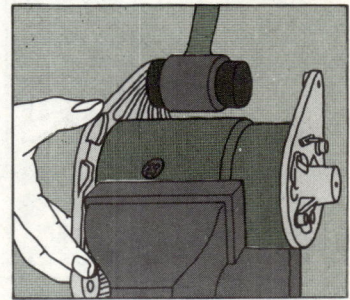

2. Mit Gummihammer leicht gegen Innenseite des Antriebslagers schlagen, um es aus dem Gehäuse zu entfernen

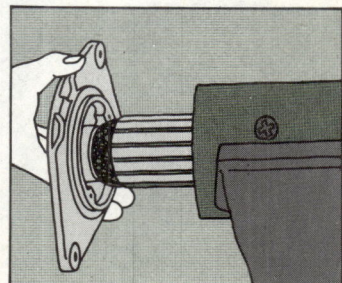

3. Antriebslager mit Anker herausziehen. Druckscheibe muß sich am Ende der Welle befinden (Forts. S. 488)

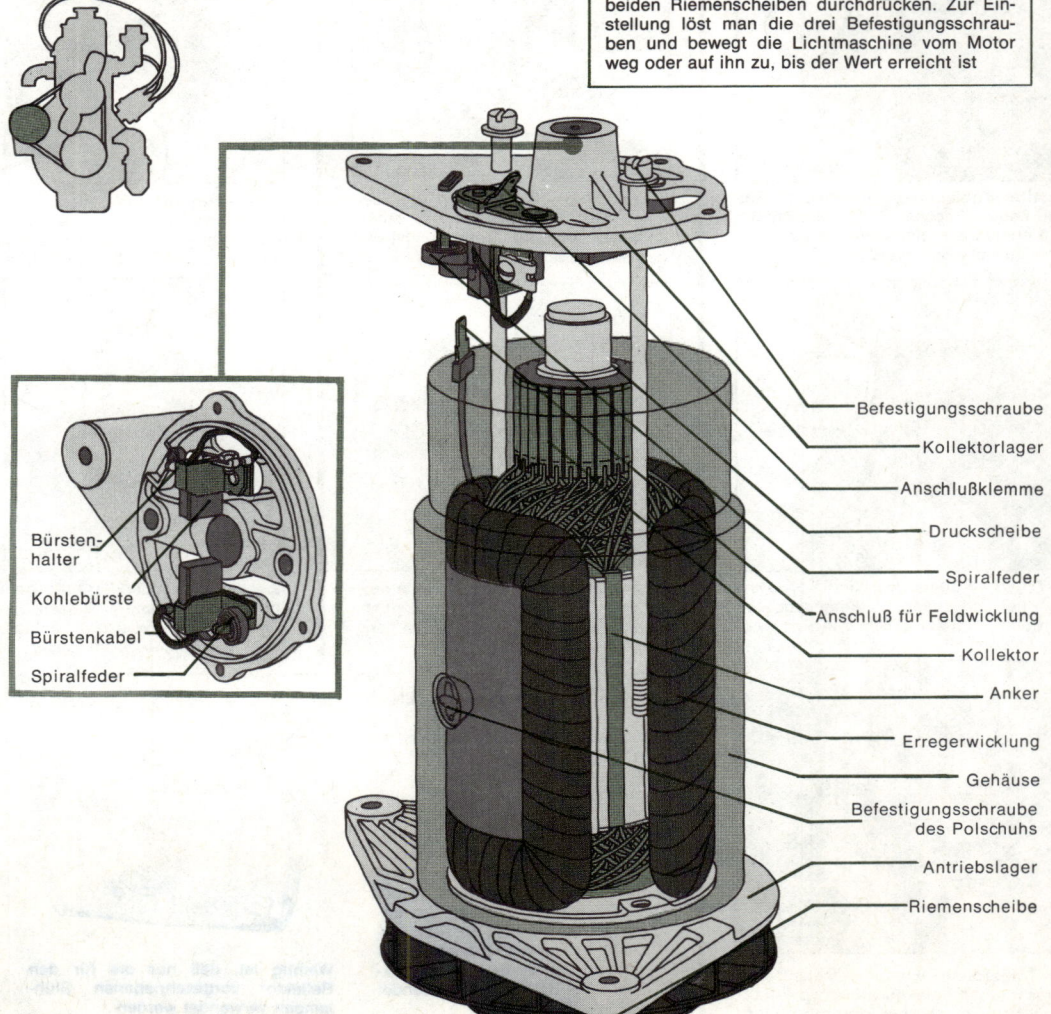

Bürstenhalter
Kohlebürste
Bürstenkabel
Spiralfeder

Befestigungsschraube
Kollektorlager
Anschlußklemme
Druckscheibe
Spiralfeder
Anschluß für Feldwicklung
Kollektor
Anker
Erregerwicklung
Gehäuse
Befestigungsschraube des Polschuhs
Antriebslager
Riemenscheibe

Auto

(Fortsetzung von S. 487)

4. Kollektorlager festhalten. Oben und unten mit dem Hammer vorsichtig gegen die Innenseite schlagen, um das Lager vom Gehäuse zu lösen

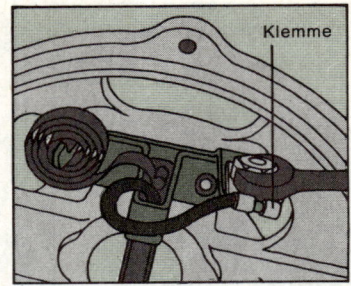

5. Muttern und Schrauben lösen, welche die Bürstenanschlüsse halten. Darauf achten, daß die Anschlußklemmen nicht verbogen werden

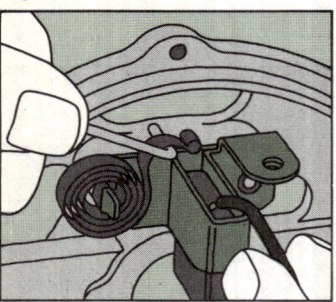

6. Aus festem Draht biegt man einen Haken, mit dem man die Spiralfeder in einem Zug nach oben und von der Kohlebürste weg aushängt

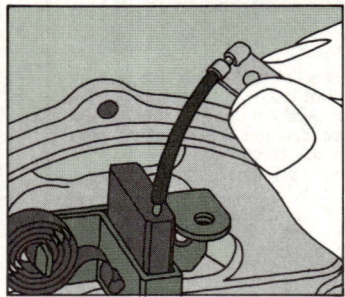

7. Alte Kohlebürste abnehmen und eine neue einsetzen. Die zweite Bürste muß ebenfalls entfernt und gegen eine neue ausgetauscht werden

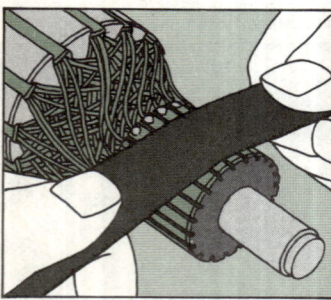

8. Oberflächen der Kollektorlamellen mit einem benzingetränkten Tuch reinigen. Eventuell mit Schleifpapier noch polieren

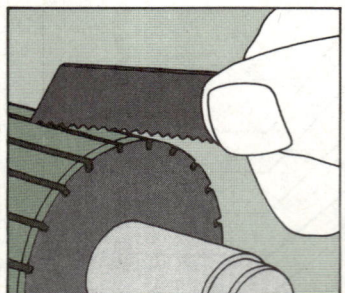

9. Zwischenräume zwischen Kollektorlamellen mit stumpfem Metallsägeblatt vertiefen. Kollektor reinigen und wieder einsetzen

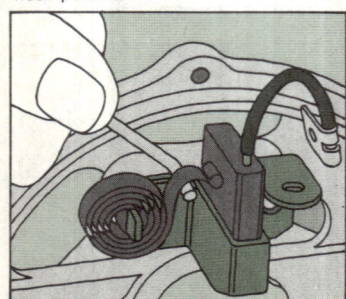

10. Federn wieder so an die Bürsten hängen, daß diese teilweise aus den Haltern ragen. Burstenkabel wieder anschließen

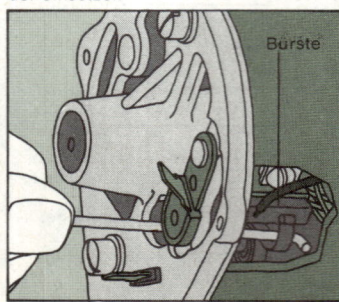

11. Trägerplatte wieder aufsetzen und verschrauben. Haken durch die Lüftungsöffnung schieben und die Federn über die Bürsten streifen

Drehstromlichtmaschinen

Drehstromlichtmaschinen liefern, anders als Gleichstromausführungen, schon bei Leerlaufdrehzahl ausreichend Spannung. Deshalb sind alle modernen Fahrzeuge mit dieser Generatorart ausgerüstet. Die Wartung und Pflege beschränkt sich auf die Kontrolle der Keilriemenspannung. Die Arbeiten ähneln denen bei der Gleichstromlichtmaschine. Bei Störungen prüft man die Verkabelung: Wird trotzdem keine Ladung erzeugt, sind die Schleifkohlen abgenützt.

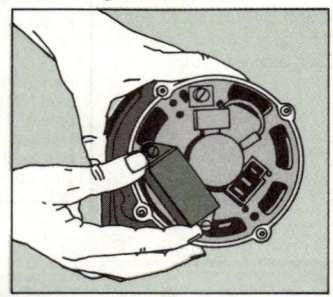

1. Der Schleifkohlenhalter ist meistens auf der Rückseite in einem Kästchen. Vor der Arbeit Minuskabel der Batterie abklemmen

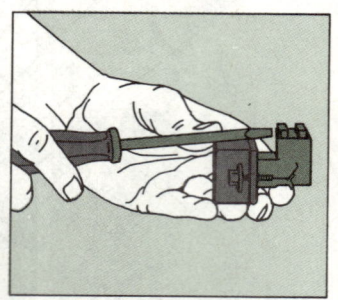

2. Die Schrauben des Halters herausdrehen und diesen herauskippen. Wenn die Kohlen etwa 5 mm lang sind, Halter ersetzen

EINE H4-LAMPE ERSETZEN

Ersetzt man Hauptscheinwerferlampen, ist die richtige Fixierung der Lampe ebenfalls wichtig. Bei der Bi-Lux-Lampe befindet sich im unteren Bereich die beschriebene Fixiernase. Bei der H4-Ausführung besteht die Fixierung aus drei Auflagearmen und einer Nase, die sich ebenfalls grundsätzlich unten befindet. Es dürfen jeweils nur die für den Reflektor vorgeschriebenen Glühlampen, entweder in Bi-Lux- oder H4-Bauform, verwendet werden

Eine neue Bi-Lux-Lampe einsetzen

Wenn eine Scheinwerferlampe durchgebrannt ist, nimmt man den Scheinwerferersatz heraus und zieht den Stecker ab. Grundsätzlich sollte man Lampen nicht mit den Fingern berühren. Hat man eine Lampe dennoch angefaßt, so muß man sie vor dem Einsetzen mit Spiritus reinigen. Bevor der Stecker aufgesetzt wird, prüft man ihn auf Korrosion.

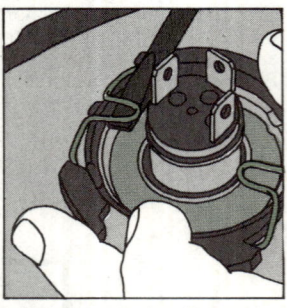

1. Reflektor aus dem Wagen ausbauen und die beiden Federbügel anheben, welche die Lampenfassung im Reflektor halten

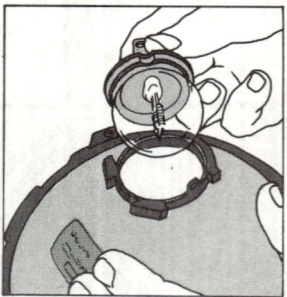

2. Lampe aus der Fassung nehmen, neue Lampe einsetzen, dabei auf die Fixiernase achten. Scheinwerfer wieder einsetzen

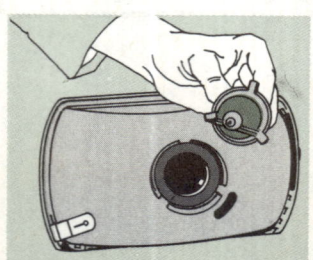

Wichtig ist, daß nur die für den Reflektor vorgeschriebenen Glühlampen verwendet werden

Transistorzündungen

Immer mehr neue Fahrzeuge erhalten wartungsfreie Transistorzündungen. Bei diesen Anlagen ist eine Einstellung, Prüfung oder Korrektur ohne Spezialwerkzeuge nicht möglich, so daß man Eingriffe dem Fachmann überlassen sollte. Bei leistungsgesteigerten Zündanlagen fließen Ströme, die unter Umständen tödliche Wirkungen haben könnten. Deshalb darf man bei solchen Zündsystemen Arbeiten nur dann vornehmen, wenn die Anlage spannungslos, d. h. die Zündung ausgeschaltet ist. Trotz der Einschränkung kann in Notsituationen der geübte Do-it-yourselfer einige Prüfungen selbst vornehmen; sie sind nachfolgend aufgeführt.

Transistorzündungen

Bei diesen Zündanlagen werden von der Serienzündung sowohl der Verteiler mit den Kontakten als auch die Zündspule übernommen.

Allerdings fließen über die Verteilerkontakte nur noch schwache Steuerströme. Die Hochspannung wird in einem Schaltgerät ausgelöst. Mögliche Störquellen sind verschmutzte oder verölte Kontakte: Die entsprechende Abbrandtemperatur fehlt. Im Störungsfall ein sauberes Tuch durch die Kontakte ziehen. Diese Bauart ist nicht ganz so modern wie die berührungslose Zündung. Sie hat aber den Vorteil, daß sie mit beinah jeder Verteilerbauform kombiniert werden kann.

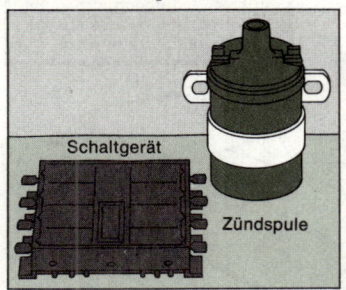

Schaltgerät: Die Hochspannung fließt nicht mehr über die Verteilerkontakte, sie wird hier ausgelöst

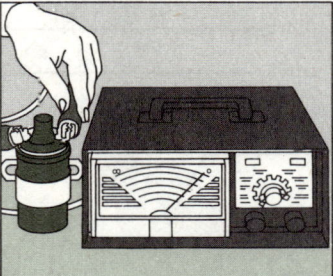

Zündspule prüfen, 1.: Zwischen den Kontakten 1 und 15 mißt das Ohmmeter bei guter Spule 1,7–2,1 Kiloohm

Zündspule prüfen, 2.: Auch zwischen Klemme 1 und 4 messen. Bei guter Spule liegt der Wert bei 7–12 Kiloohm

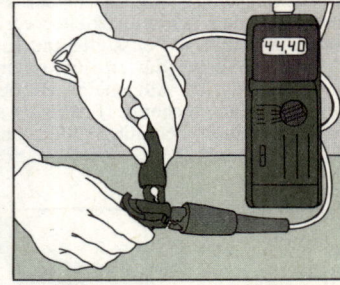

Verteilerfinger mit Ohmmeter prüfen: Bei gutem Finger liegt der Wert zwischen 4 und 6 Kiloohm

Kontaktlos gesteuerte Zündung mit Hallgeber

Anstelle des üblichen Unterbrecherkontakts wird ein Halleffektgeber verwendet. Hierbei wird durch ein Magnetfeld, und zwar abhängig von der Drehzahl, ein Spannungsimpuls erzeugt, der über ein spezielles Schaltgerät den Primärstrom in der Zündspule aus- und einschaltet. Die Hallgeber-Zündung ist für bestimmte Verteiler nachrüstbar. Man fragt am besten den Fachhändler.

> **Sicherheitshinweise:** Leitungen und Meßgeräteanschlüsse in spannungslosem Zustand ab- und anlegen, also: Zündung ausschalten. Wird der Motor betrieben, ohne daß er anspringen soll, z. B. bei einer Verteilerprüfung, Hochspannungskabel (mittleres Kabel) aus Verteiler ziehen und auf Masse legen.

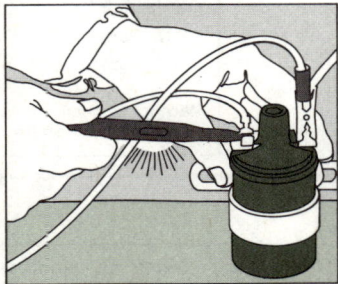

Der sonst übliche Unterbrecherkontakt ist hier durch einen Halleffektgeber ersetzt

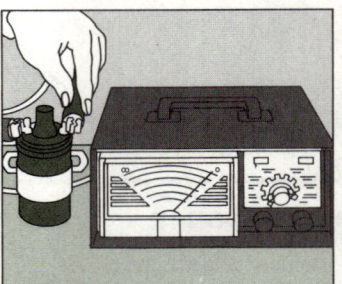

Hallgeber prüfen: Prüflampe an Klemme 1 und 15 der Spule legen, Anlasser betätigen; Lampe muß flackern

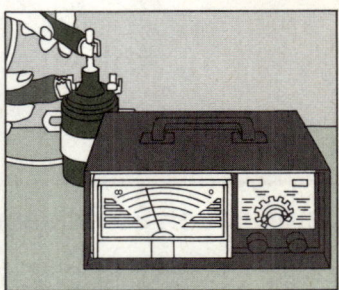

Zündspule prüfen, 1.: Bei guter Spule mißt das Ohmmeter zwischen den Klemmen 1 und 15 etwa 0,65 Kiloohm

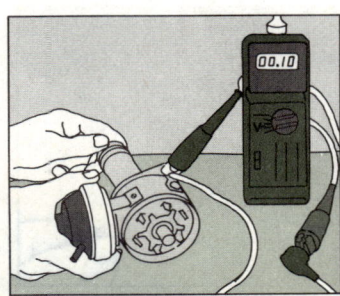

Zündspule prüfen, 2.: Zwischen Klemme 1 und 4 (mittleres Kabel) mißt man Werte um 2 Kiloohm

Kontaktlos gesteuerte Transistorzündungen mit Induktionsgeber

Bei diesen Anlagen läuft im Verteiler ein Impulsgeber. Dieser erzeugt einen Spannungs- oder Stromimpuls und löst so über ein Schaltgerät die Hochspannung in der Spule aus. Diese Zündung gibt es nur als Erstausrüstung. Eine Umrüstung ist wegen der Umbauten am Verteiler nicht möglich. Um festzustellen, welche Bauart man vor sich hat, nimmt man die Verteilerkappe ab. Dann sieht man einen Stern, dessen Strahlen der Anzahl der Zylinder entspricht.

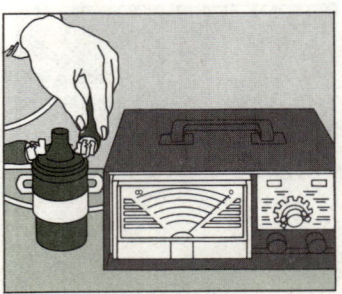

Impulsgeber prüfen: Diesen am Voltmeter anschließen. Anlasser betätigen. Voltmeter muß anzeigen

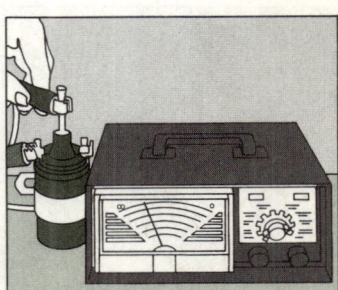

Zündspule prüfen, 1.: Ohmmeter zwischen Klemme 1 und 15 anschließen, Gerät mißt etwa 0,65 Kiloohm

Zündspule prüfen, 2.: Ohmmeter zwischen Klemme 1 und 4 anschließen. Gerät zeigt Werte um 3 Kiloohm an

Auto

Die Auspuffanlage prüfen und erneuern

Schäden an Auspuffanlagen kann man leicht feststellen, wenn man den Motor im Stand laufen läßt und das Auspuffendrohr von einem Helfer so weit wie möglich zuhalten läßt. Dann fährt man mit der Hand an Auspuffrohren und Schalldämpfern entlang und spürt so die gasundichten Stellen auf. Dabei muß man natürlich aufpassen, daß man sich nicht verbrennt. Diesen Prüflauf nur im Freien ausführen, denn in geschlossenen Räumen besteht Vergiftungsgefahr. Beim Aufbocken des Wagens sind Sicherheitshinweise zu beachten (siehe S. 463).

Wenn man Auspuffgummis einhängt, müssen häufig Hebelkräfte eingesetzt werden. Dabei kann man sich mit einem abrutschenden Schraubenzieher verletzen. Deshalb: Abstand halten zwischen Arbeitsstelle und Kopf.

Auspuffanlagen dürfen nur durch solche Systeme erneuert werden, die eine Allgemeine Betriebserlaubnis (ABE) besitzen. Die entsprechende Prüfziffer steht auf jedem Auspufftopf. Besonders bei Billigkäufen lohnt es sich, die Prüfziffern zu kontrollieren.

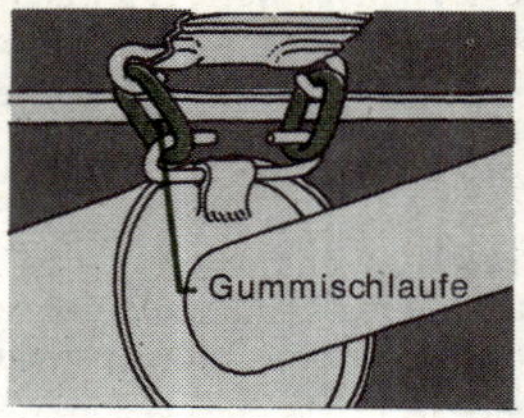

Gummischlaufe

Bei manchen Anlagen ist die mittlere Aufhängung mit Gummischlaufen versehen, um die Flexibilität zu erhöhen

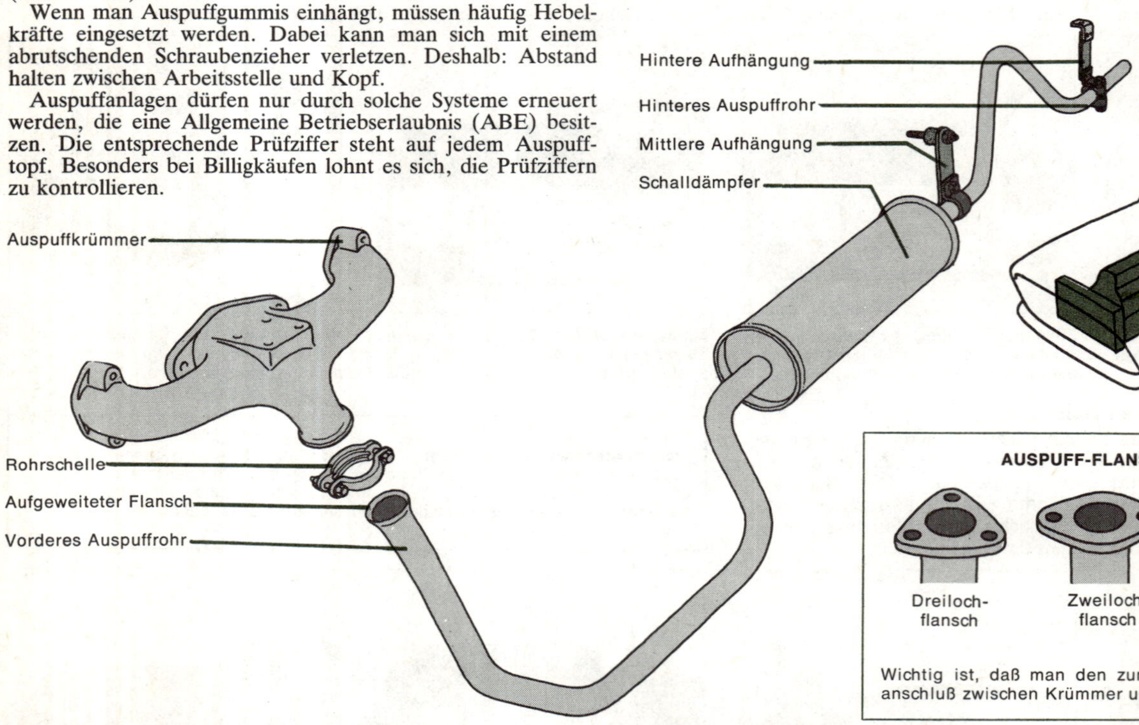

Hintere Aufhängung
Hinteres Auspuffrohr
Mittlere Aufhängung
Schalldämpfer

Auspuffkrümmer
Rohrschelle
Aufgeweiteter Flansch
Vorderes Auspuffrohr

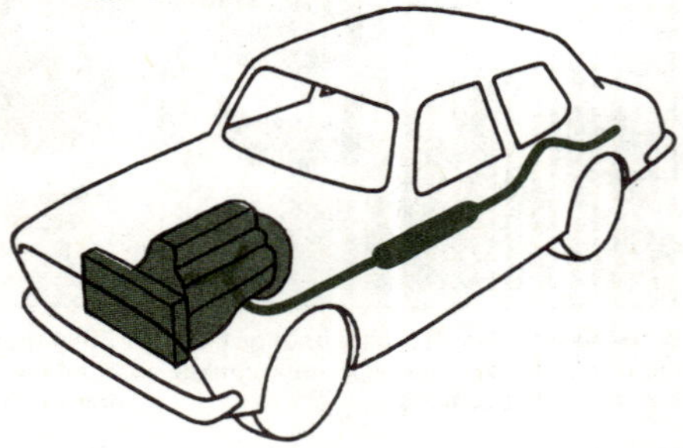

AUSPUFF-FLANSCHANSCHLÜSSE

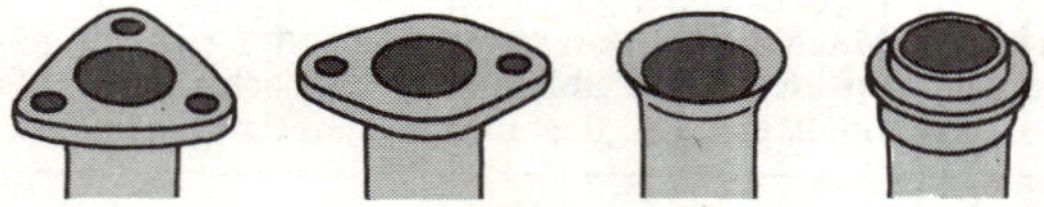

Dreiloch-flansch · Zweiloch-flansch · Konisch aufgeweiteter Flansch · Aufgeweiteter Flansch mit Paßrohr

Wichtig ist, daß man den zum Wagentyp passenden Flanschanschluß zwischen Krümmer und Auspuffrohr wählt

Einen neuen Schalldämpfer einbauen

Auspuffanlagen korrodieren meist so, daß mit dem Schalldämpfer auch das hintere Rohr ersetzt werden muß. Dazu wird die Anlage unmittelbar vor dem Schall-dämpfer aufgeschraubt. Das hintere Rohr sägt man ab. Das im Fahrzeug verbliebene Rohrende reinigen, damit man den Schalldämpfer dicht einpassen kann.

Material:	Neuer Schalldämpfer mit hinterem Endrohr passend zum Fahrzeugtyp mit ABE
Werkzeug:	Metallsäge, Schraubenzieher, Schraubenschlüssel, Feile, Hammer, Schmirgelleinen, Stahlbürste

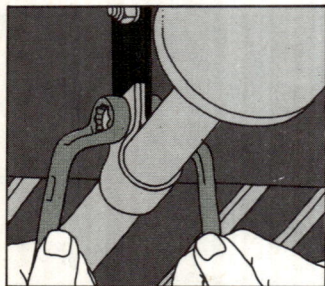

1. Die Rohrverbindung vor dem Schalldämpfer lösen. Ist die Schelle defekt, vollständig herausnehmen und ersetzen

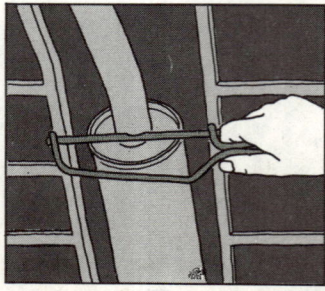

2. Das hintere Endrohr so weit wie nötig absägen, um die Demontage zu erleichtern. Das freie Ende gründlich säubern

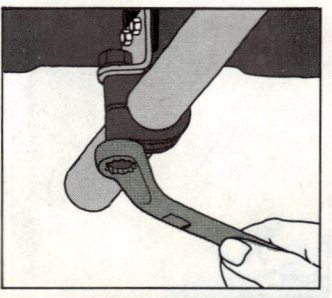

3. Die Rohrschelle der hinteren Aufhängung abschrauben, evtl. erneuern. Dann Endrohr und Schalldämpfer herausnehmen

4. Neuen Schalldämpfer weit genug über den abgesägten Rohrstutzen schieben und mit Schelle ebenso befestigen wie das Endrohr

Einbau einer kompletten Auspuffanlage

Bei einer stark verrosteten Anlage muß man das gesamte System erneuern, bis auf das vordere Rohr am Auspuffkrümmer. Um sich jedoch nachfolgenden Ärger zu ersparen, sollte man auch dieses Rohr erneuern. Eingerostete Schrauben sprüht man einen Tag vorher mit Rostlöser ein. Zur Reparatur braucht man die vollständige Auspuffanlage und natürlich alle Befestigungsteile und Aufhängegummis.

Neben herkömmlichen gibt es emaillierte Auspuffanlagen und Systeme aus Edelstahl, die zwar teurer sind, aber wesentlich länger halten. Auch bei diesen achtet man auf das Prüfzeichen, das die Allgemeine Betriebserlaubnis nachweist. Nur solche Anlagen dürfen eingebaut werden.

Vor dem Einsetzen steckt man Rohre und Auspufftöpfe neben dem Fahrzeug provisorisch zusammen, damit sie sich unter dem Wagen leichter einbauen lassen.

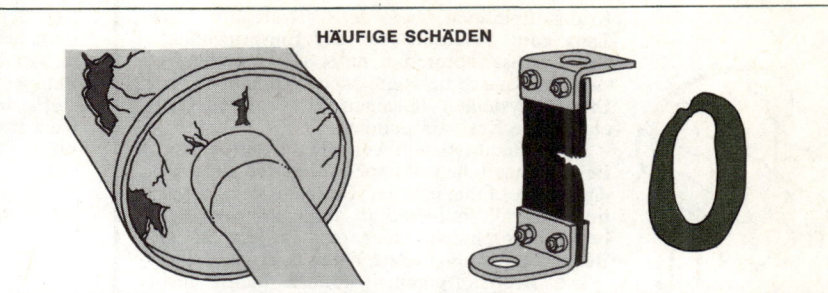

HÄUFIGE SCHÄDEN

Rostschäden bilden sich meist an den Rohranschlüssen des Schalldämpfers und auch am Mantel des Schalldämpfers selbst

Aufhängungen aus Gummiband reißen oft seitlich ein. Gummischlaufen brechen oder scheuern durch

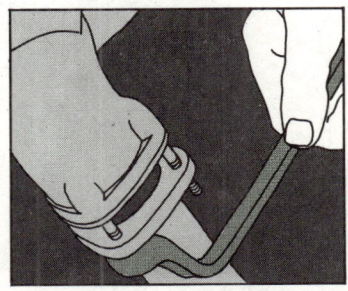

1. Zunächst löst man die Verschraubung zwischen Auspuffkrümmer und vorderem Auspuffrohr. Immer eine neue Dichtung einsetzen!

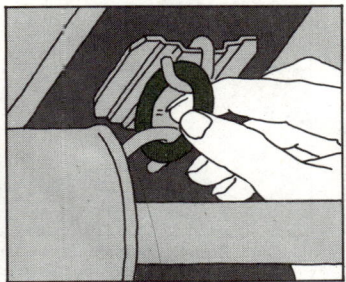

2. Dann löst man die mittlere Aufhängung; sie besteht entweder aus einer Gummischlaufe, einem Gewebestreifen oder aus einem Gummipuffer

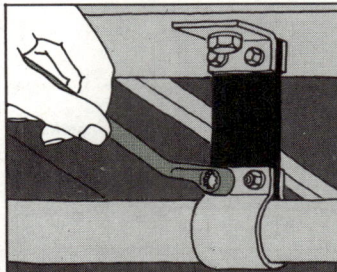

3. Anschließend die Aufhängung des hinteren Auspuffrohrs abschrauben. Man kontrolliert, ob man das Aufhängeband wieder verwenden kann

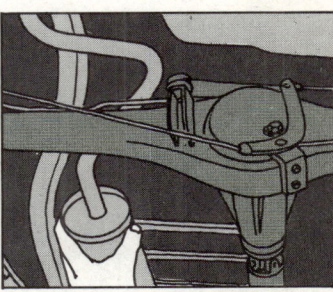

4. Die alte Auspuffanlage ist nun nicht mehr mit dem Wagenboden verbunden. Man löst das vordere Rohr und dreht den Auspuff zur Seite

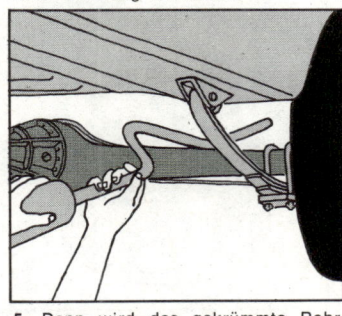

5. Dann wird das gekrümmte Rohrstück über die Hinterachse des Wagens gehoben und die alte Auspuffanlage nach vorn hervorgezogen

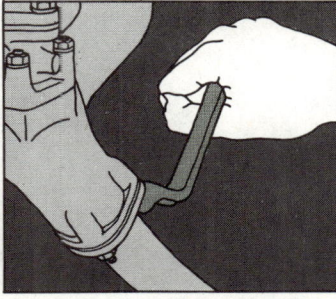

6. Nach dem Einsetzen der komplett zusammenmontierten neuen Auspuffanlage werden zuerst die Schrauben am Krümmerflansch locker eingedreht

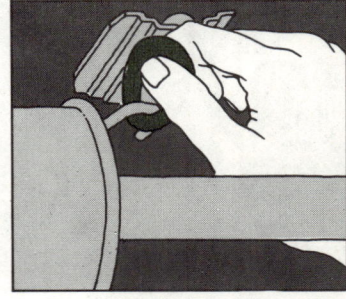

7. Dann befestigt man die mittlere Rohraufhängung in Höhe des Schalldämpfers. Schadhafte Aufhängungen müssen erneuert werden

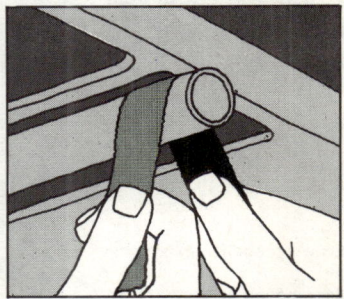

8. Ist das Schlußstück des Auspuffrohrs ein separates Teil, werden die Rohrenden geglättet, um sie besser einpassen zu können

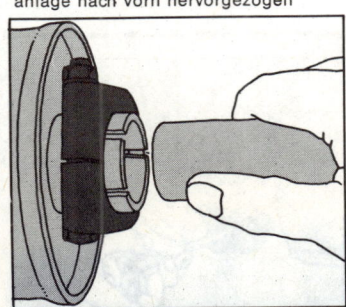

9. Das hintere Auspuffrohr wird weit genug in den Schalldämpfer hineingeschoben. Dann schraubt man die Bügelschelle am Topf leicht fest

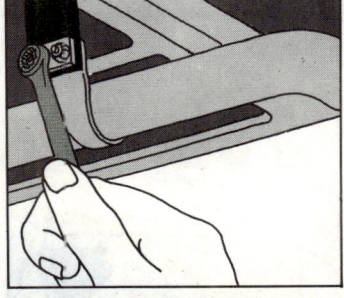

10. Auch die hintere Aufhängung wird nur locker angeschraubt. Die Schrauben werden erst festgezogen, wenn die ganze Anlage aufgehängt ist

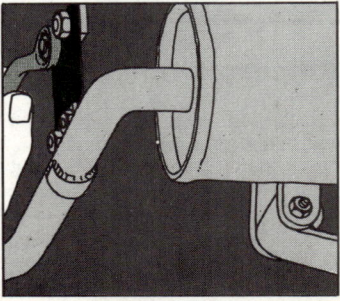

11. Die Endmontage beginnt mit dem Festziehen der Schrauben am Krümmer; dann mittlere Aufhängung und Schellen am Dämpfertopf festschrauben

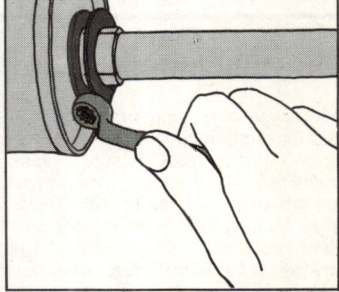

12. Zuletzt die hintere Aufhängung festziehen. Die Aufhängungen müssen flexibel sein und dürfen nicht unter Spannung stehen

Auto

Kraftstoffpumpen

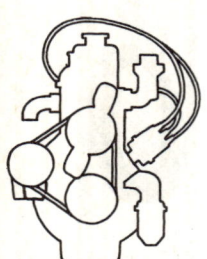

Kraftstoffpumpen befördern Kraftstoff vom Tank zum Vergaser oder zur Einspritzanlage. Bei Vergasermotoren benutzt man am häufigsten mechanisch betätigte Membranpumpen, bei Einspritzsystemen hingegen fast ausschließlich elektrische Kraftstoffpumpen.

Beide Bauarten sind weitgehend wartungsfrei. Bei mechanischen Pumpen muß lediglich das eingebaute Filtersieb im Rahmen der Inspektionsintervalle mit Preßluft ausgeblasen werden, bei Elektropumpen hingegen ist der in die Benzinleitung eingesetzte Filter zu erneuern.

Die Kraftstoffpumpen können häufig nicht mehr zerlegt werden, deshalb sollte man bei Störungen immer eine neue Pumpe oder aber eine Austauschpumpe montieren.

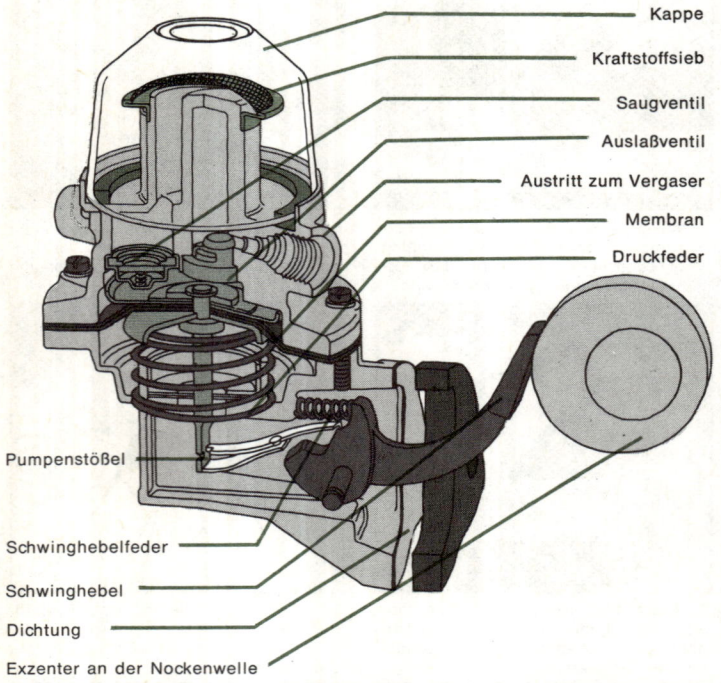

Kappe
Kraftstoffsieb
Saugventil
Auslaßventil
Austritt zum Vergaser
Membran
Druckfeder
Pumpenstößel
Schwinghebelfeder
Schwinghebel
Dichtung
Exzenter an der Nockenwelle

Eine Kraftstoffpumpe reinigen

Bei den üblichen Inspektionen nach jeweils etwa 10000 km sollte routinemäßig das in das Pumpenteil eingebaute Kraftstoffsieb gereinigt werden. Danach startet man den Motor und prüft, ob die Pumpe dicht ist.

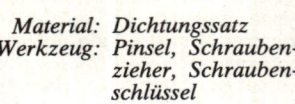

Material: Dichtungssatz
Werkzeug: Pinsel, Schrauben-zieher, Schrauben-schlüssel

1. Die Befestigungsschraube der Pumpenkappe herausschrauben und die Kappe abnehmen

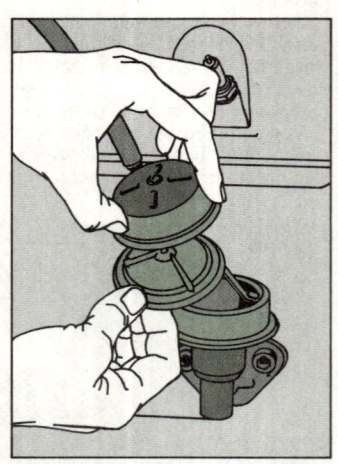

2. Das darunter liegende Sieb vorsichtig mit einem kleinen Schraubenzieher entnehmen

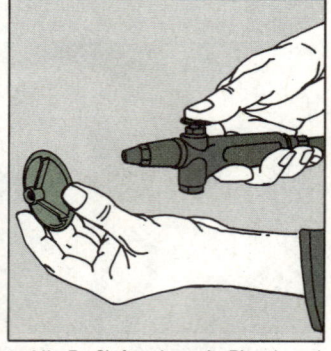

3. Mit Preßluft oder mit Pinsel und Waschbenzin Sieb und Pumpenkammer reinigen

4. Anschließend das Filtersieb wieder einlegen und eine neue Dichtung einsetzen

Eine mechanische Kraftstoffpumpe erneuern

Motoraussetzer sind oft Folge von Kraftstoffmangel, der auf zu geringem Pumpendruck beruht. Dann zieht man die Leitung vom Vergaser ab und hält sie in ein Gefäß. Ein Helfer läßt den Motor mit dem Anlasser durchdrehen: Ein kräftiger Kraftstoffstrahl muß aus der Leitung fließen. Wenn nicht, ist die Pumpe auszubauen und komplett zu erneuern.
Achtung: Kein offenes Feuer unterhalten und nicht rauchen! Wenn man mit dem Kraftstoff in Berührung kommt, sofort kräftig mit Wasser und Seife spülen.

Material: Kraftstoffpumpe mit Dichtungsmaterial
Werkzeug: Schraubenzieher, Innensechskantschlüsselverlängerung, Ratsche, Putzlappen und Plastikstopfen

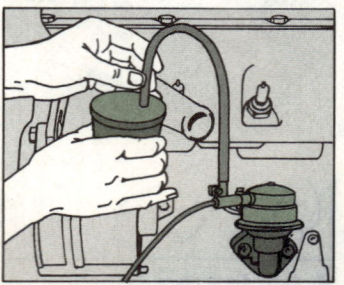

1. Wenn kein Kraftstoffstrahl beim Durchdrehen des Motors fließt, Pumpe erneuern

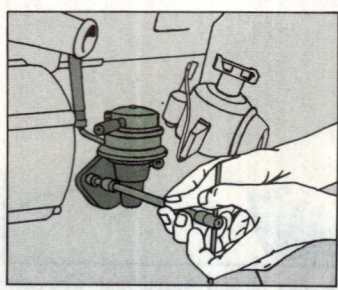

2. Pumpenleitungen abziehen. Pumpe losschrauben, Tankleitung zustopfen, Pumpe abnehmen

Radioeinbau und Radioempfang

Autoradios haben in den letzten Jahren eine erstaunliche Entwicklung mitgemacht. Der einfache Empfänger für geringe Ansprüche hat längst dem hochwertigen Gerät mit Kassettenteil und Stereoempfang Platz gemacht. Dabei sind die Geräte eher preiswerter geworden. Kein Wunder, daß es heute kaum noch ein Auto ohne Radio gibt.

Ein Autoradio dient sowohl der Unterhaltung auf langen Strecken als auch der Verkehrssicherheit.

Ein eingebauter Verkehrsfunkempfänger warnt rechtzeitig vor Verkehrsunfällen und weist auf Umleitungen hin.

Der Einbau eines Radios ist heute kein Problem mehr. Der nach DIN genormte Einbauplatz ist in allen Autos ab Werk vorgesehen. Selbst Anschlußkabel sind schon häufig vorhanden. Viele Spezialbetriebe erledigen den Einbau so schnell und kostengünstig, daß sich Eigenarbeit kaum lohnt.

Trotz aller Fortschritte ist aber der gute, ungestörte Radioempfang im Fahrzeug noch immer ein Problem, denn die UKW-Wellen sorgen aufgrund ihrer geringen Reichweite immer noch für manche Schwierigkeiten. Auch andere elektrische Verbraucher im Bordnetz können für Störungen sorgen. Deshalb ist besonders wichtig, daß die Antenne richtig eingebaut und für umfassende Entstörung gesorgt ist.

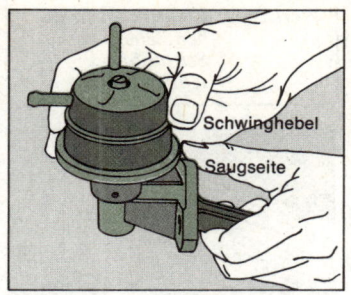

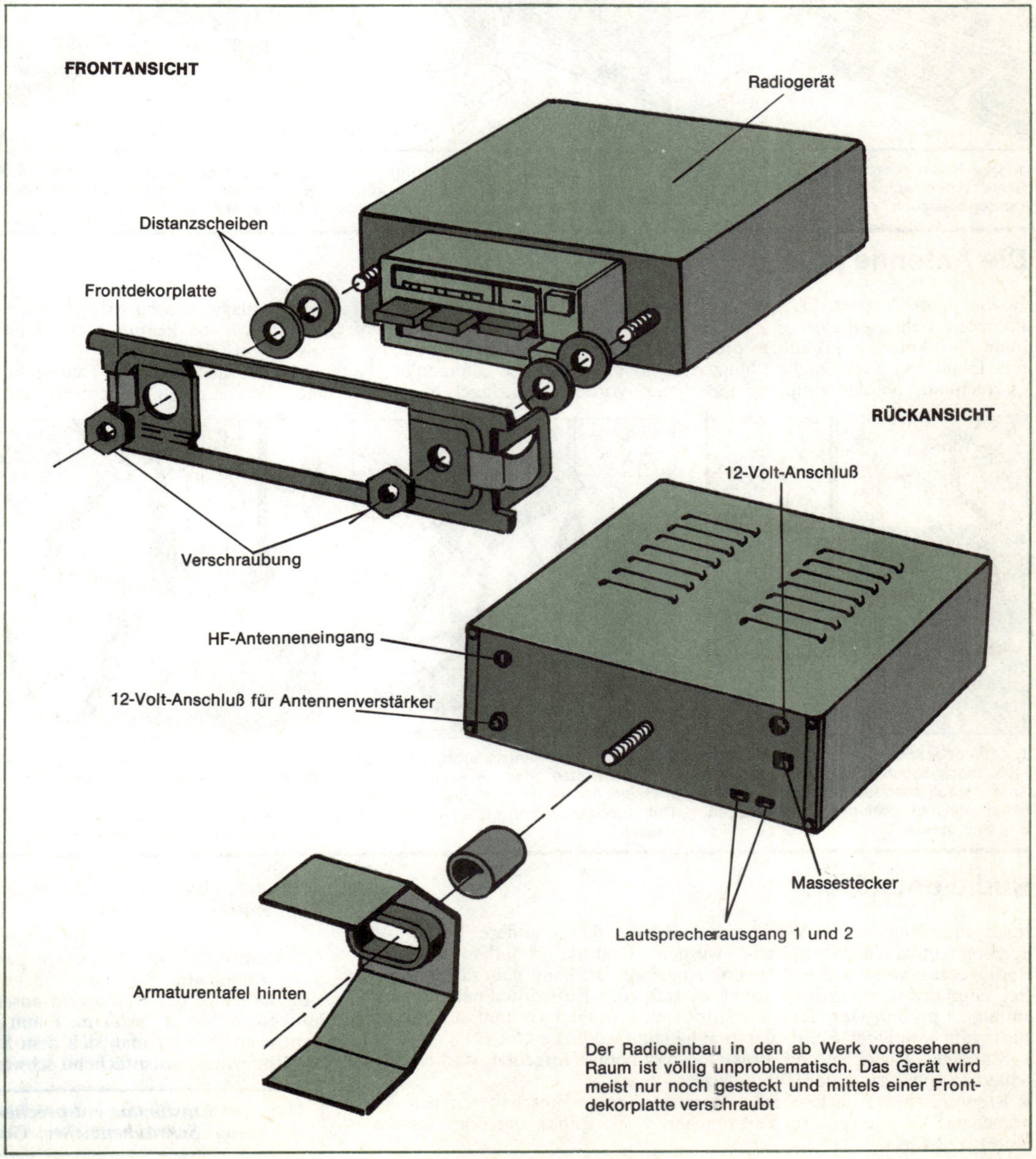

Alternative: Pumpe ausbauen, Schwinghebel drücken und Saugseite zuhalten: Man muß einen deutlichen Unterdruck spüren

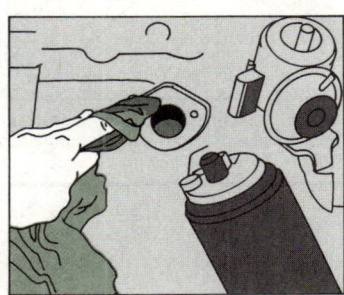

1. Sonst Flansch am Motor reinigen und zwischen zwei neue Dichtungen und Dichtungsmasse ein Isolierstück einspannen

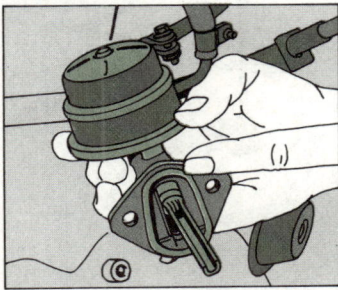

2. Ist die zweite Dichtung auf Pumpenseite eine O-Gummischnurdichtung, muß diese ebenfalls immer ersetzt werden

3. Schrauben festziehen, Benzinleitung aufstecken und mit Schellen sichern. Anschließend einen Dichtigkeitslauf durchführen

FRONTANSICHT

Radiogerät

Distanzscheiben

Frontdekorplatte

RÜCKANSICHT

Verschraubung

12-Volt-Anschluß

HF-Antenneneingang

12-Volt-Anschluß für Antennenverstärker

Massestecker

Lautsprecherausgang 1 und 2

Armaturentafel hinten

Der Radioeinbau in den ab Werk vorgesehenen Raum ist völlig unproblematisch. Das Gerät wird meist nur noch gesteckt und mittels einer Frontdekorplatte verschraubt

Auto

Die Radioantenne abstimmen

Eine Radioantenne muß bei manchen Autos auf das Gerät abgestimmt werden. Dazu findet man an der Frontplatte und auch im Schacht des Kassettenteils eine kleine Trimmschraube. Man sucht dazu einen schwachen Mittelwellensender im Bereich von etwa 1000 kHz und dreht den Antennentrimmer so lange, bis man den bestmöglichen Empfang hat. Dabei die Lautstärke voll aufdrehen. Bei einigen modernen Radios wird nicht die Antenne, sondern nur die Grundlautstärke abgestimmt.

  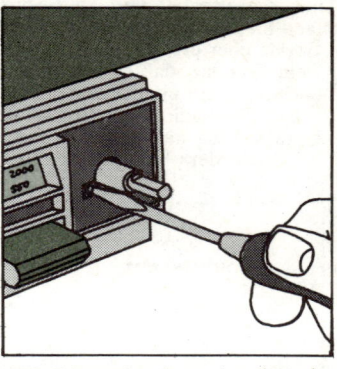 

1. Das Radio einschalten und auf der Skala einen schwachen Mittelwellensender einstellen

2. Den Senderknopf, soweit nötig, abnehmen und Lautstärkeregler auf größte Lautstärke einstellen

3. Die Trimmschraube nach rechts oder links so weit drehen, bis der beste Empfang erzielt ist

4. Den Senderknopf wieder aufsetzen und Empfang noch einmal sorgfältig prüfen

Die Antenne prüfen

Bevor man untersucht, ob ein Fahrzeug richtig entstört ist, sollte man die Antenne gründlich prüfen. Denn von ihrer Qualität hängt es auch ab, ob der Empfang gut oder schlecht ist. Am besten sind noch immer einfache Teleskopantennen ohne jeden Verstärker. Und ein günstiger Einbauplatz ist der vordere Kotflügel, der der Zündanlage gegenüberliegt. Unerläßlich für die Prüfung der Antenne ist ein Ohmmeter.

Wenn die unter 2.–4. angegebenen Werte nicht erreicht werden, muß man wohl oder übel die Antenne erneuern.

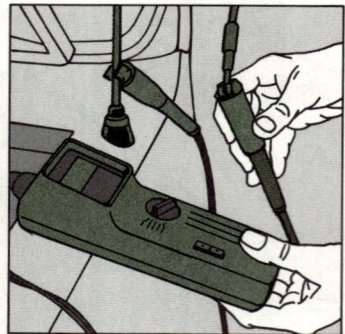 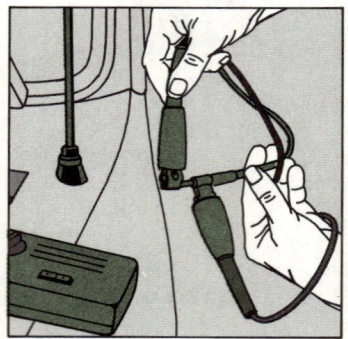 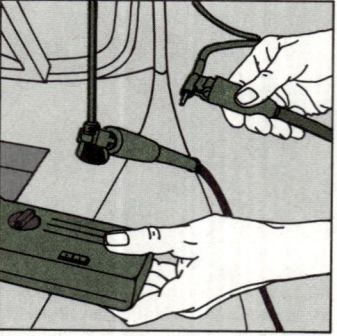

1. Ohmmeterkabel an Antennenfuß und Motorblock legen. Zeigt es nicht an, Antennenfuß ausbauen, Kotflügel unten blank machen. Antenne verschrauben und neu messen

2. Bei der Durchgangsprüfung zwischen Antennenspitze und -stecker (Mitte) messen. Auch hier muß das Ohmmeter Null anzeigen. Wenn nicht, Antenne erneuern

3. Bei der Isolationsprüfung zwischen Außen- und Mittelkontakt des Antennensteckers messen. Bei guter Antenne muß der Wert unendlich angezeigt werden; sonst Antenne erneuern

4. Die Schirmung zwischen Antennenfußpunkt und -steckeranschluß (außen) messen, das Ohmmeter muß Null anzeigen. Ist dies nicht der Fall, Antenne erneuern

Radio entstören

Jedes Fahrzeug ist ab Werk grundentstört, damit andere Radio- und Fernsehbenutzer nicht belästigt werden. Und da in jedem modernen Radiogerät eine Störunterdrückung eingebaut ist, kann man fast störungsfrei empfangen. Allerdings lohnt es sich, die Entstörmaßnahmen noch einmal zu prüfen. Der Grad der Störungen sowie der Gesamtaufwand sind stark vom jeweiligen Fahrzeugtyp abhängig. Mögliche Ursachen sind:
● Ständiges Knacken und Prasseln, das beim Gasgeben stärker wird: schlechte Entstörung der Zündanlage
● Rhythmisches Knacken oder Brummen beim Einschalten eines Verbrauchers: Den jeweiligen Verbraucher, z. B. Blinkgeber oder Wischermotor, entstören

● Hochtoniges Heulen, das beim Gasgeben anschwillt: Lichtmaschine nicht entstört

Hinweis: Man kann Störer sehr genau orten, wenn man sich eine zweite, nicht eingebaute Radioantenne besorgt und diese mit einem Verlängerungskabel an das Radiogerät anschließt. Bei eingeschaltetem Radio und laufendem Motor tastet man nun mit der Antenne die Fahrzeugaußenkontur ab. Nähert man sich dem Störer, wird das Geräusch stärker oder bei Entfernung entsprechend schwächer.

Entstörung der Zündanlage

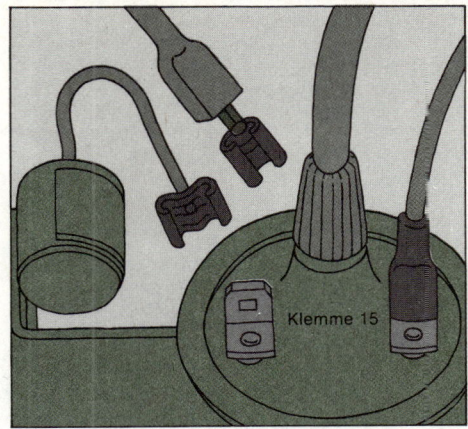

1. Die Zündspule versieht man mit einem Kondensator mit 2,2 μF (Mikrofarad). Dieser wird auf Klemme 15 angeschlossen

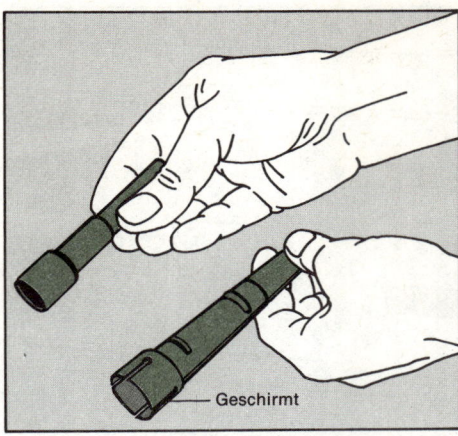

2. Normale Kerzenstecker ohne Widerstand werden gegen geschirmte und entstörte Ausführungen ausgewechselt

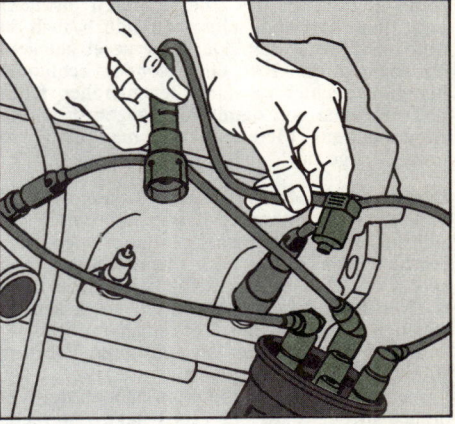

3. Vielfach erreicht man nur ein gutes Ergebnis, wenn man entstörte Stecker auch an der Verteilerkappe anbringt

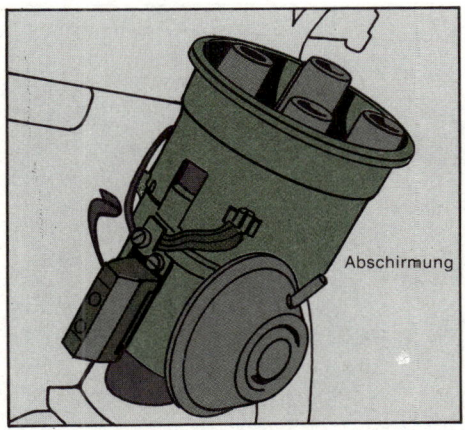

4. Auch die Verteilerkappe darf man bei der Entstörung nicht vergessen. Sie erhält eine Abschirmung mit Masseanschluß

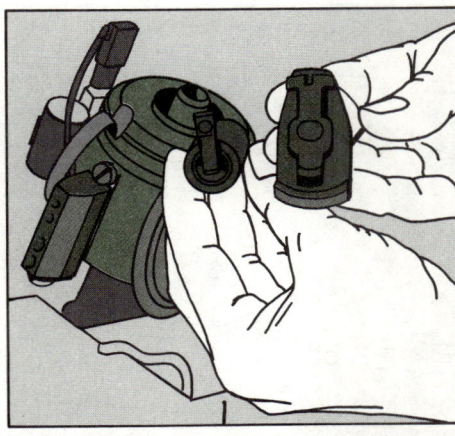

5. Der Verteilerfinger wird – soweit nicht schon ab Werk vorgesehen – gegen eine entstörte Ausführung ausgewechselt

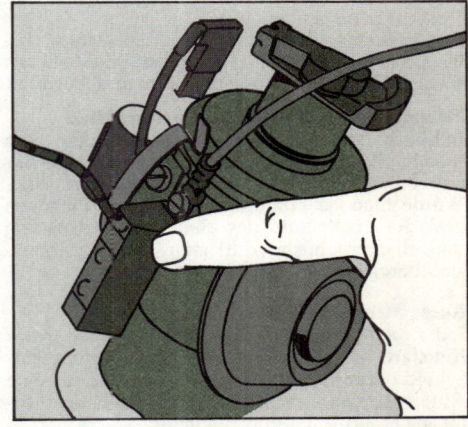

6. Es genügt nicht, einen entstörten Verteilerfinger einzubauen: Auch der Verteiler erhält einen Entstörkondensator

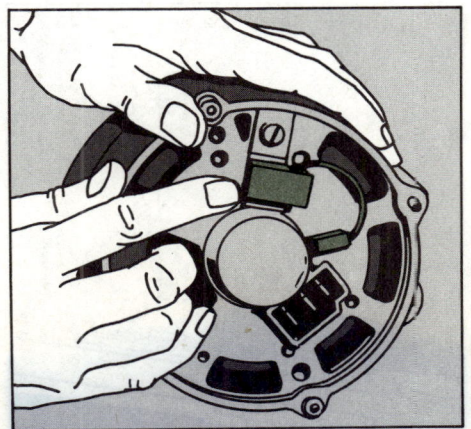

7. Drehstrom-Lichtmaschinen haben für den Anbau des Entstörkondensators besondere Einbaustellen. Dort Kondensator von etwa 2,2 μF einsetzen

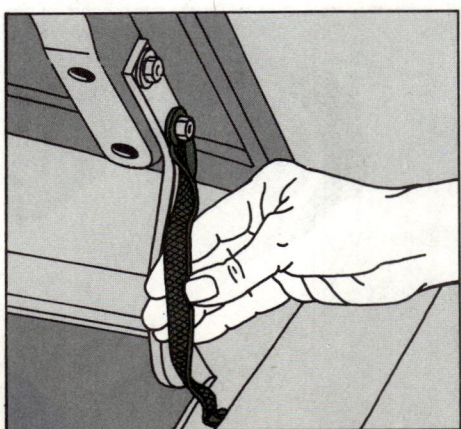

8. Haube und Fahrzeugmasse werden durch ein Masseband aus Kupfergeflecht verbunden. Man befestigt es am besten an geeigneten vorhandenen Schrauben

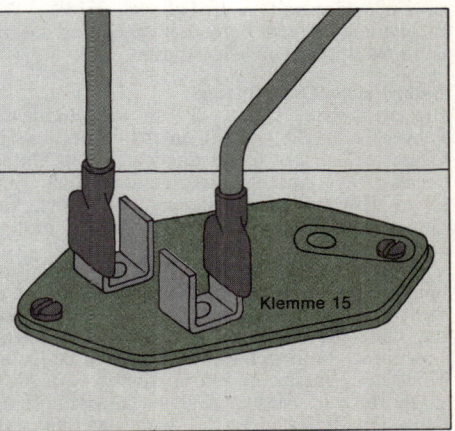

9. Nichtelektronische Spannungsregler werden mit einem Kondensator von 2,2 μF entstört. Moderne Regler müssen nicht entstört werden

Auto

Energie sparen

Wenn heute über das Energiesparen diskutiert wird, dann darf man selbstverständlich auch das Auto nicht vergessen. Der Pkw gerät gelegentlich sogar in den Ruf, ein besonders schlimmer Energievernichter zu sein. Gegen hohen Kraftstoffverbrauch und damit auch gegen diese voreingenommene Meinung kann man aber eine ganze Menge tun.

Energie sparen durch geeignete Routenwahl
Muß man ein Fahrzeug häufig abbremsen und aufgrund des Verkehrsflusses immer wieder neu beschleunigen, steigt der Kraftstoffverbrauch enorm an. Den Beweis dafür liefert jede Kraftstoffverbrauchstabelle nach DIN. In diesen Tabellen wird einmal der Verbrauch im Stadtverkehr und zum weiteren bei konstanter Fahrt mit 90 und 120 km/h angegeben.

Wenn bei einem bestimmten Modell der Verbrauch in der Stadt bei 12,4 l liegt, dann sinkt dieser bei der Konstantfahrt deutlich unter 10 l ab. Man sucht sich deshalb stets eine Fahrroute aus, die mit möglichst wenig Verkehrsampeln bestückt ist und bei der erfahrungsgemäß wenig Verkehrsstaus auftreten.

Im Verkehrsstau sollte man den Motor bei längerem Stop unbedingt abstellen. Man belästigt sonst die Umwelt unnötig mit Lärm und Abgasen.

Energie sparen durch Fahrgemeinschaften
Beobachtet man den Berufsverkehr, kann man sehr häufig feststellen, daß die meisten Pkw nur mit einer oder zwei Personen besetzt sind. Würde man sie grundsätzlich mit vier Personen auslasten, bedeutete das eine hohe Einsparung und eine erhebliche Entlastung unserer Innenstadtbereiche.

Kurze Strecken nicht mit dem Auto
Jeder Autofahrer weiß, daß ein Pkw beim Kaltstart besonders viel Kraftstoff verbraucht. Schuld daran ist die Startautomatik, die für eine Anfettung des Gemisches sorgt, damit der Motor leicht anspringt und rundläuft.

Beim Kaltstart brauchen manche Fahrzeuge in den ersten Fahrminuten 40 l hochgerechnet je Betriebsstunde. Deshalb legt man Kurzstrecken zu Fuß oder mit dem Fahrrad zurück. Die Einsparung ist recht bemerkenswert, und zusätzlich wird unsere Umwelt entlastet.

Einbau eines Ökonometers
Ein preiswertes Gerät, das zu wirtschaftlicher Fahrweise anhält, ist ein unterdruckgesteuertes Ökonometer. Das Gerät überwacht den Unterdruck in der Ansaugleitung eines Motors. Zwischen dem dort vorhandenen Unterdruck und dem momentanen Kraftstoffverbrauch besteht ein unmittelbares Verhältnis.

Ökonometer zeigen bei geringer Gaspedalstellung meist ein grünes Lichtsignal, oder aber es steht ein Zeiger im grünen Bereich; das bedeutet, daß man wirtschaftlich fährt. Bei Vollgas, was immer unwirtschaftlichen Betrieb bedeutet, erhält der Fahrer eine Information in Rot.

Geräte zum Aufbau sind leicht anzubringen, denn der Befestigungsfuß wird nur mit zwei Blechtreibschrauben angeschraubt oder angeklebt. Man sollte dafür auf dem Armaturenbrett einen Platz auswählen, der gut im Blickfeld liegt.

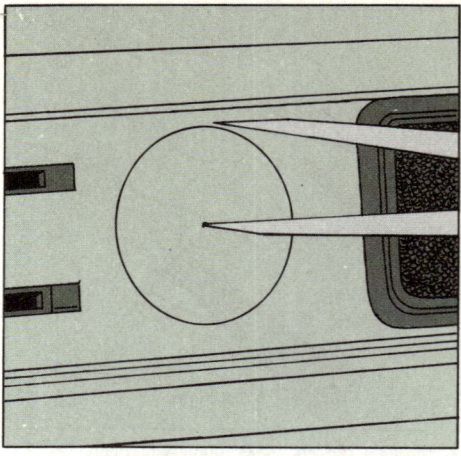

1. Zunächst reißt man auf der Armaturentafel den notwendigen Durchmesser an

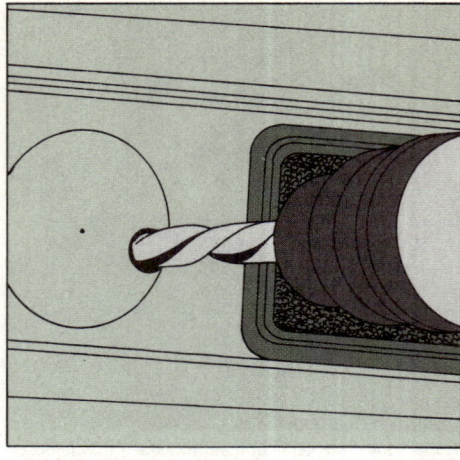

2. Mit einer Bohrmaschine bohrt man den Kreis Stück für Stück aus

3. Wenn alle Löcher gebohrt sind, sägt man die Stege mit einer Stichsäge durch

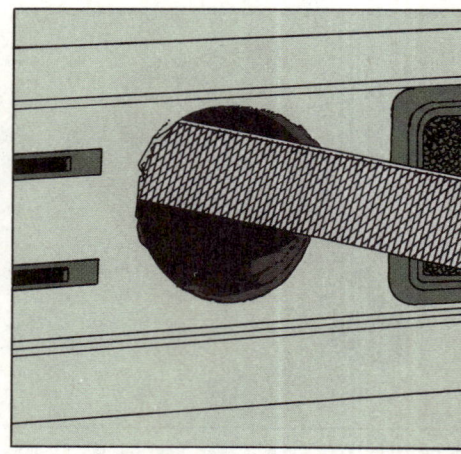

4. Die übriggebliebenen Stege werden mit der Feile entfernt. Die Kante muß glatt sein

5. Das Instrument wird in das ausgearbeitete Loch eingeführt und befestigt

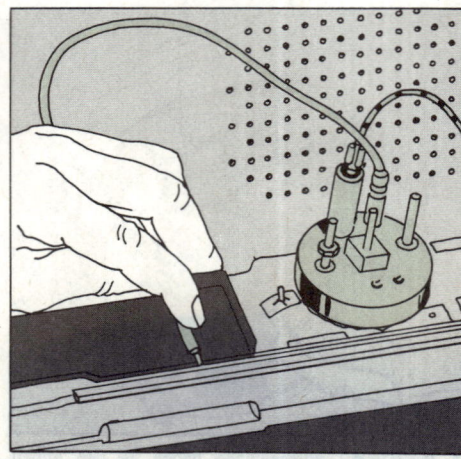

6. Die entsprechende Kontaktfahne des Ökonometers legt man an die Fahrzeugmasse

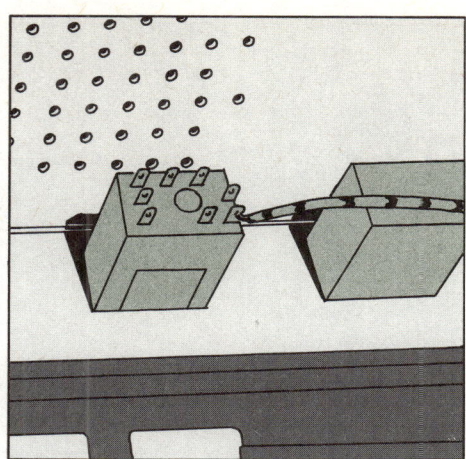

7. Das Ökonometer wird zur Skalenbeleuchtung an den Lichtschalter angeschlossen

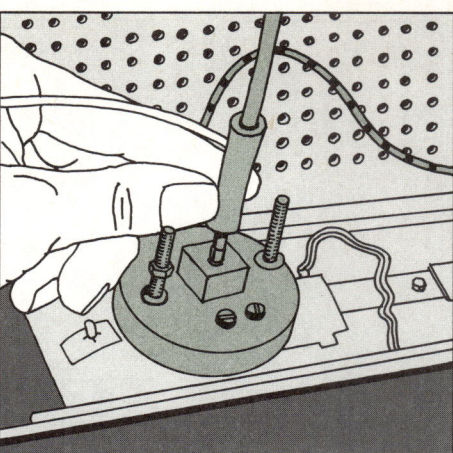

8. Die eigentliche Information erhält das Ökonometer über den Unterdruckanschluß

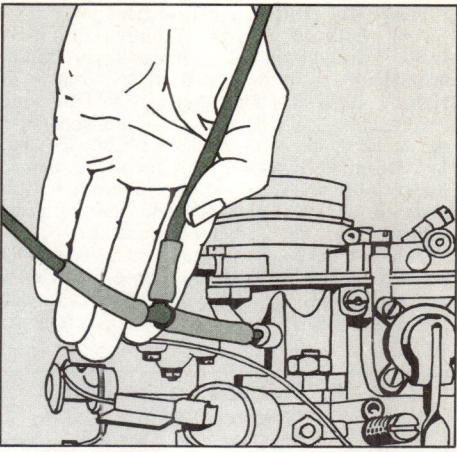

9. Die Unterdruckleitung wird durch die Spritzwand zum Vergaser geführt. Hier findet man am Unterteil eine Unterdruckleitung, die mittels T-Stück angezapft wird. Eine Leitung führt nach dem Anschluß zum Ökonometer, die zweite Leitung bleibt als Steuerleitung für den Verteiler eingebaut

Fahrhinweise

Das Ökonometer zeigt aufgrund seiner Arbeitsweise nur im direkten (meistens 4.) Gang korrekt an. Man wird feststellen, daß bei Vollgas der Zeiger sofort in den roten Warnbereich gerät. Nimmt man das Gaspedal geringfügig zurück, wandert der Zeiger in das grüne Feld. Tut man dies so geschickt, daß die Fahrgeschwindigkeit nur unwesentlich nachläßt, hat man die richtige Fahrweise gefunden. Beim Durchschalten der unteren Gänge zeigt das Ökonometer allerdings keine richtigen Werte an. Man beachtet also die Anzeige in dieser Phase nicht.

Material:	*Ökonometer*
Werkzeug:	*Zirkel, Bohrmaschine und Bohrer, Stichsäge, Feile, Schraubenzieher, Zange, Stromprüfer, Messer, Hammer*

Energie sparen mit dem Spoiler

Alle Fahrzeuge setzen der Luft einen bestimmten Widerstand entgegen. Dieser Widerstand hängt einmal von der Größe des Fahrzeugs ab, genauer gesagt, von der angeblasenen Fläche. Zum anderen ist auch die Karosserieform ein wichtiger Faktor. Die Techniker umschreiben die Bauform mit einem Kennwert, der kurz c_w-Wert genannt wird.

Während man an der Größe eines Fahrzeugs naturgemäß wenig ändern kann, kann man aber mit Hilfe von Bug- und Heckspoilern den c_w-Wert eines Fahrzeugs beeinflussen. Für den schnellen Fahrer bedeutet dies gute Richtungsstabilität und weniger Auftrieb an der Vorderachse durch den Bugspoiler.

Der Heckspoiler hingegen erhöht den Anpreßdruck an der Hinterachse und stabilisiert somit ebenfalls das Fahrzeug.

Für den Energiesparer sind diese Werte weniger von Bedeutung, denn er will ja Kraftstoff sparen. Man kann allgemein sagen, daß gutgebaute Spoiler den Kraftstoffverbrauch eines Pkw bis zu 3% reduzieren können. Man sollte aber nur solche Spoiler kaufen, deren Wirksamkeit mit Hilfe eines Prüfblatts (siehe Abb.) nachgewiesen wurde.

Der Einbau von Spoilern ist relativ einfach, da sie meistens nur mit Blechschrauben befestigt werden. Ein Helfer preßt den Spoiler gut an, dann bohrt man Löcher und dreht die Blechschrauben hinein.

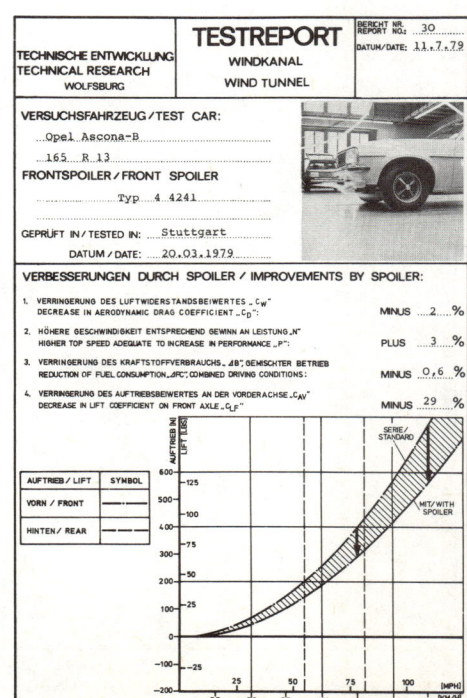

Das gleiche macht man mit dem Heckspoiler. Hierfür liefert der Hersteller außerdem Schablonen mit, die eine korrekte Befestigung erleichtern.

Nicht vergessen darf man: Spoiler sollen grundsätzlich mit einer ABE (Allgemeine Betriebserlaubnis) ausgerüstet sein, damit man nicht extra zum TÜV fahren muß, um den Spoiler eintragen zu lassen. Spoiler mit ABE erkennt man an den beigefügten Papieren, welche die Unbedenklichkeit bescheinigen. Auch das Bauteil selbst muß einen ABE-Stempel haben.

Man sollte nur Spoiler mit Allgemeiner Betriebserlaubnis (ABE) kaufen
So sieht ein Spoilerprüfblatt aus (links)

Auto

Energie sparen

Einbau einer elektrischen Vorheizung

Im Abschnitt über Kurzstreckenfahrten auf Seite 496 wurde schon darauf hingewiesen, daß ein normaler Pkw-Motor in den ersten Minuten des Kaltstarts bis 40 l hochgerechnet je Fahrstunde verbrauchen kann. Ein fast unglaublicher Wert, der noch einen weiteren erheblichen Nachteil hat. Der hohe Kraftstoffverbrauch sorgt nämlich für eine ziemlich hohe Umweltbelastung. Zum anderen verschleißen Motoren beim Kaltstart sehr viel schneller als beim Normalbetrieb.

Alle solche Nachteile kann man vermeiden, wenn man eine 220-Volt-Steckdose in der Garage oder außen am Haus hat. Man kann dann das Fahrzeug oder den Motor elektrisch vorheizen.

Material:	Vorheizer, Zeitschaltuhr
Werkzeug:	Bohrmaschine und Bohrer, Montiereisen, Schrauben- schlüssel, Schraubenzieher, Hammer

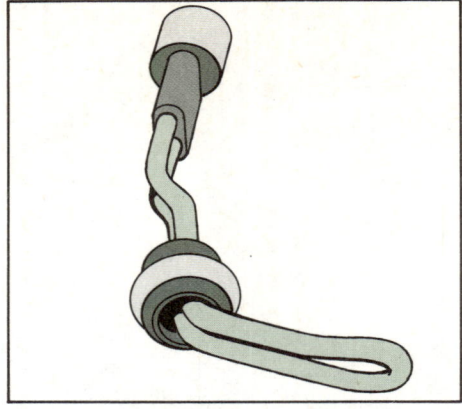

1. Man kauft einen für den Motor des Fahrzeugs geeigneten Einbausatz; das beste ist, sich vom Fachmann beraten zu lassen, um keinen Fehlkauf zu tun. Das Gerät ähnelt einem Tauchsieder

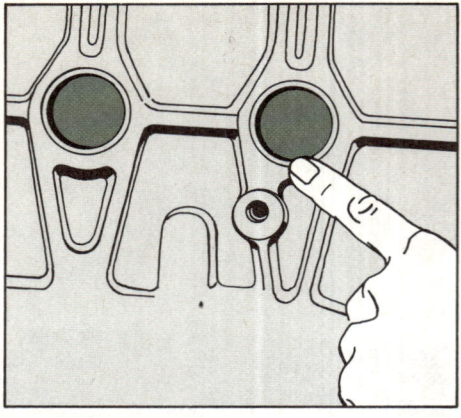

2. Die Einbaustellen sind die Froststopfen, die jeder Motorblock hat. Es ist möglich, daß man Teile des Ansaugrohrs oder des Auspuffsystems ausbauen muß, um den Froststopfen gut zu erreichen

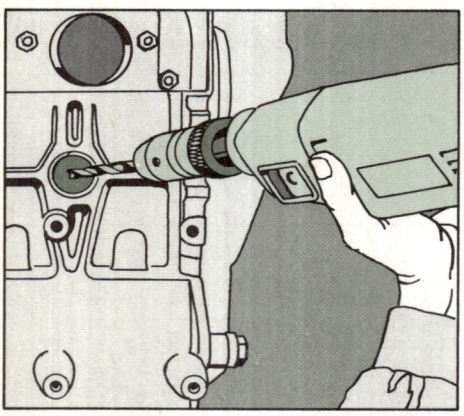

3. Zunächst wird das Kühlwasser abgelassen. Danach bohrt man mit einem 10–13 cm starken Bohrer in den Froststopfen. Dabei muß man vorsichtig sein, denn der Stopfen besteht nur aus verzinktem Stahlblech

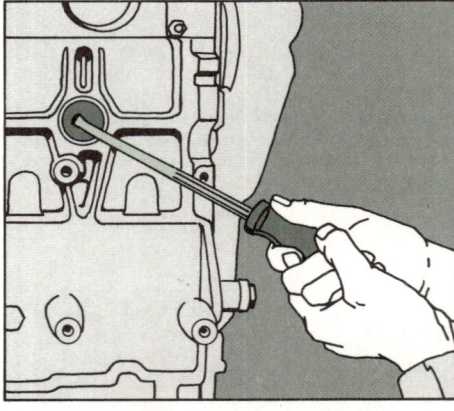

4. Jetzt muß man den Froststopfen aus dem Loch heben. Dazu verwendet man am besten einen kräftigen Schraubenzieher oder ein Montiereisen. Sie müssen in das gebohrte Loch passen

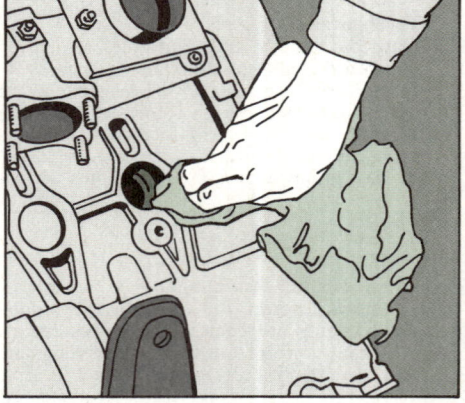

5. Damit keine Schmutzteile ins Innere des Motors gelangen können, reinigt man das Loch des Frost- stopfens und seine Umgebung gründlich. Man nimmt am besten einen weichen Lappen dazu

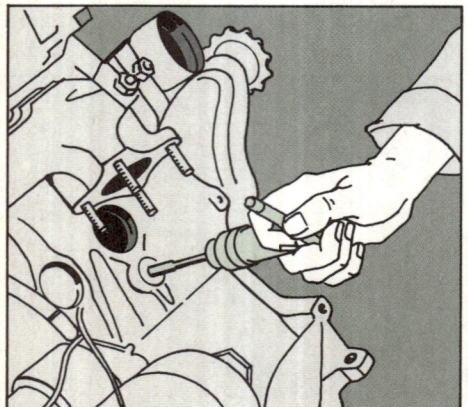

6. Es kann möglich sein, daß die Befestigungsbohrung nachgeschnitten werden muß. Dazu kann man einen Gewindeschneider oder eine Schraube verwenden, die allerdings gut eingeölt sein muß

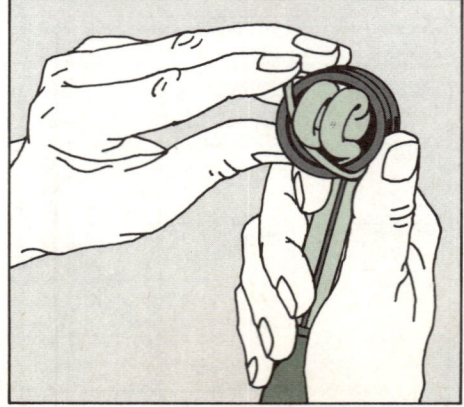

7. Der „Tauchsieder" des Vorwärmgeräts wird mit dem O-Ring versehen oder aber, bei etwas anderer Bauart, gut mit Dichtungsmittel eingestrichen und dann einge- setzt

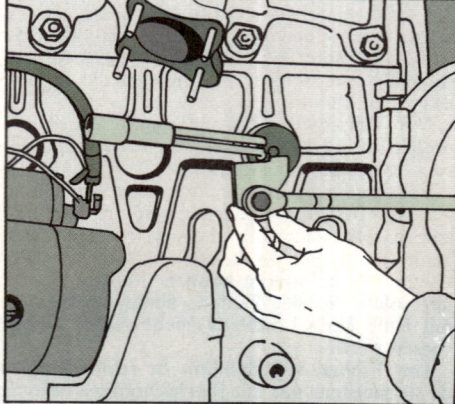

8. Man sichert den Tauchsieder mit Gegenblech, zieht die Schraube fest an und verlegt die Zuleitung. Gerä- te, die nur geklebt werden, treibt man mit Hammer und Durchschlag ein

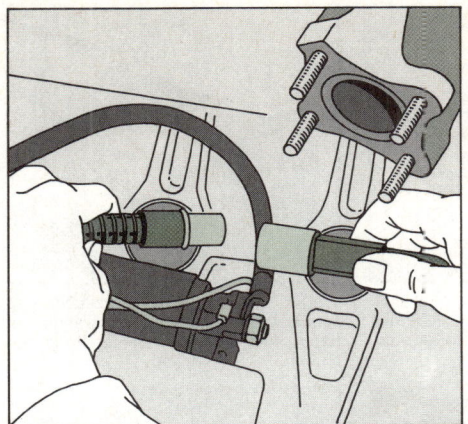

9. Man stellt die elektrischen Steckverbindungen her und führt sie zum Motorraum. Achtung, die Leitung so verlegen, daß sie nicht mit heißen Motorteilen in Berührung kommt!

10. Normalerweise wird die Steckdose im Motorraum installiert. Dann muß man aber immer die Motorhaube öffnen und schließen. Alternative: eine Caravansteckdose außen in den Kühlergrill setzen

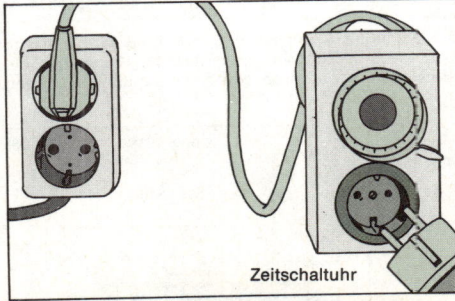

Zeitschaltuhr

11. Nun wird Kühlwasser eingefüllt und ein Dichtigkeitslauf durchgeführt. Die elektrische Vorheizung wird immer über eine Zeitschaltuhr gesteuert. Je nach Arbeitsrhythmus läßt man den Vorheizer zum Beispiel um 5 Uhr morgens heizen; bereits nach einer halben Stunde hat das Kühlwasser dann etwa 60°C. Die Vorheizzeit sollte möglichst kurz gewählt werden, denn der elektrische Vorheizer verbraucht nicht wenig Energie: Er nimmt etwa 500 Watt je Stunde auf

Energie sparen mit Reifen

Auch die Reifenhersteller haben sich schon längst des Energiesparens angenommen und bieten sogenannte Leichtlaufreifen an, die Energie sparen sollen. Um es gleich vorweg zu sagen, der richtige Erfolg hat sich hier noch nicht eingestellt, denn die guten Allroundfähigkeiten eines Reifens können dadurch leiden, daß er allzusehr auf Energiesparen getrimmt wird.

Wer an solchen Reifen interessiert ist, sollte sich deshalb immer vor dem Kauf vom ADAC Testberichte schicken lassen, in denen die Leichtlaufeigenschaften verschiedener Fabrikate zusammengefaßt sind.

Man kann aber jeden herkömmlichen Reifen selbst zum Sparreifen machen, wenn man entgegen der Betriebsanleitung des Fahrzeugherstellers den Reifendruck erhöht.

Dabei gibt es folgenden Zusammenhang:
- 10% weniger Rollwiderstand bewirken bis zu 2% weniger Kraftstoffverbrauch.
- Erhöht man nun den Luftdruck eines normalen Reifens um 0,2 bar, senkt man den Rollwiderstand um 5%. Dies bedeutet also immerhin eine Einsparung bis zu 1%. Positiv ist dieser Trick deshalb zu beurteilen, weil er nichts kostet und die Fahreigenschaften nicht verändert.

Energie sparen durch Gewicht

Auch dieser folgende Energiespartip verursacht keine Kosten. Hier geht es um das Gewicht des Fahrzeugs. Dies ist natürlich vom Hersteller vorgegeben und kann nicht beeinflußt werden. Aber man sollte doch einmal den Kofferraum kritisch daraufhin prüfen, ob man alles, was darin ist, tatsächlich benötigt.

Nach einer alten Faustformel bedeuten 100 kg Mehr- oder Mindergewicht 1 l Kraftstoff-Mehroder -Minderverbrauch. Wenn man die nicht täglich benötigten Schneeketten, unnötiges Werkzeug und so manche Kleinigkeit, die vollkommen überflüssig an Bord herumliegen, zu Hause läßt, kann man durchaus eine beachtliche Einsparung erreichen. Kenner unter den Energiesparern lassen auf Kurzstrecken sogar das Reserverad zu Hause.

Energie sparen durch richtige
Pflege und Wartung

Wer vom Energiesparen spricht, meint natürlich auch das Geldsparen. Deshalb übersehen manche Autofahrer mit Absicht den kommenden Inspektionstermin. Sicher spart man zunächst einmal Geld, wird aber während der nächsten Betriebskilometer die vermeintliche Einsparung teuer bezahlen müssen. Ein verschmutzter Luftfilter, die falsch eingestellte Zündung, fehlerhaftes Ventilspiel und vielleicht sogar schleifende Bremsen sorgen für einen kräftigen Mehrverbrauch. Man sollte deshalb die Inspektionsintervalle des Autoherstellers beachten. Im übrigen dient dies auch der Betriebssicherheit des Fahrzeugs. Ob man die Arbeiten der Werkstatt überläßt oder selbst Hand anlegt, bleibt dem eigenen Geschick und Können überlassen. Dazu benötigt man allerdings Werkzeuge und moderne Testgeräte, die sich erst allmählich amortisieren werden.

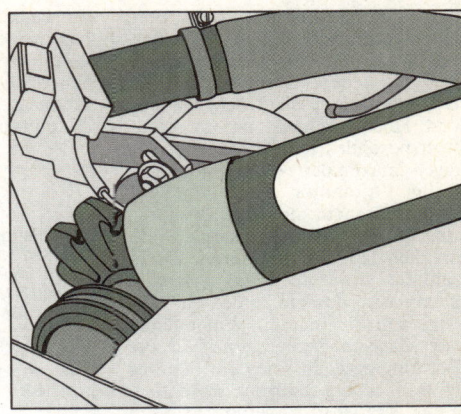

1. Alle Energiespartips sind sinnlos, wenn der Motor mit Zündung und Vergaser nicht optimal eingestellt ist. Preiswerte Einstellgeräte erlauben dem Do-it-yourselfer, den Zündzeitpunkt mit dem Stroboskop selbst zu prüfen

2. Mit dem Schließwinkeltester prüft man die Kontakteinstellung am Zündverteiler

3. Beim Vergaser ist besonders wichtig, daß der Luftfiltereinsatz zum richtigen Zeitpunkt bzw. bei den Inspektionen gereinigt oder aber ersetzt wird

Einbau eines Drehzahlmessers

Der Drehzahlmesser zeigt die Höchstdrehzahl an und weist darauf hin, wann die maximale Leistung in jedem Gang erreicht ist. Doch wichtiger als Höchstleistung und Höchstdrehzahl ist für kraftstoffsparendes Fahren der Bereich des maximalen Drehmoments. Beim Ottomotor steigt mit der Drehzahl nicht nur die Leistung, sondern auch das Drehmoment allmählich an. Im mittleren Drehzahlfeld sinkt aber das erreichte maximale Moment plötzlich wieder, weil die inneren Widerstände der Maschine zunehmen. Nur die Leistung erreicht noch ein höheres Niveau, wobei natürlich wesentlich mehr Kraftstoff zugeführt werden muß.

Es ist also ratsam, soweit es möglich ist, im Bereich des maximalen Drehmoments zu fahren. Und das kann man mit Hilfe des Drehzahlmessers. Wann ein Motor sein bestes Drehmoment hat, steht in der Bedienungsanleitung. Dieses ist dort einem Drehzahlwert zugeordnet. Wird der günstigste Wert angezeigt, schaltet man in den nächsten Gang. Einen Drehzahlmesser kann man leicht in ein Auto einbauen.

Material: Drehzahlmesser in Aufbauform
Werkzeug: Bohrmaschine, Schraubenzieher, Zange, Prüflampe, Gabelschlüssel

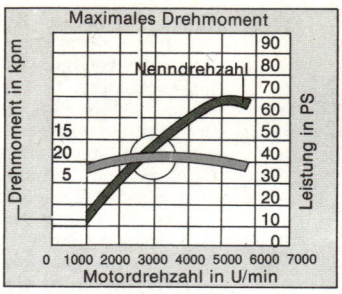

Beim Ottomotor steigt mit der Drehzahl auch das Drehmoment an. Im mittleren Drehzahlfeld sinkt das maximale Drehmoment plötzlich ab

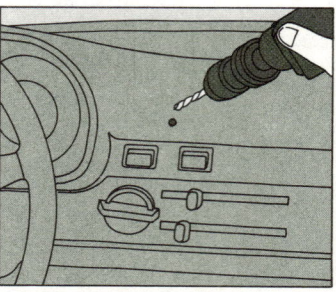

2. Für die Konsole des Drehzahlmessers werden zwei kleine Löcher für die Blechschrauben ins Armaturenbrett gebohrt

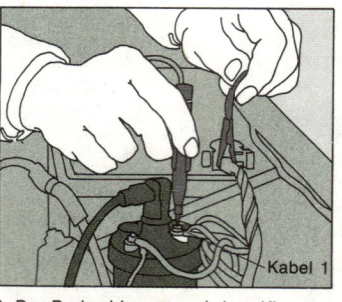

4. Das Loch mit einer Gummitülle auskleiden, damit später kein Kabel aufscheuert und kein Kurzschluß ausgelöst wird

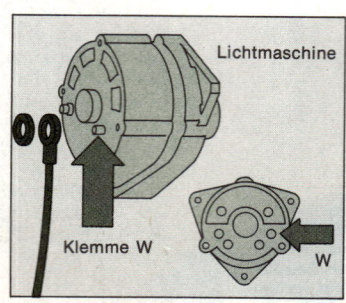

8. Für die Beleuchtung ein Kabel zum Lichtschalter oder zur Standlichtsicherung führen. Den letzten Anschluß auf Masse legen

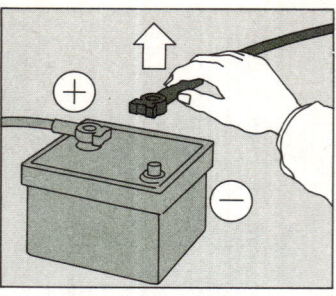

1. Das Bordnetz des Fahrzeugs wird spannungslos gemacht, indem man das Kabel vom Minuspol der Batterie abnimmt

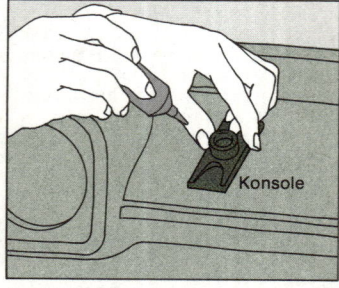

3. Statt schrauben kann man den Standfuß auch kleben. Daneben ein 10-mm-Loch für die Kabeldurchführung bohren

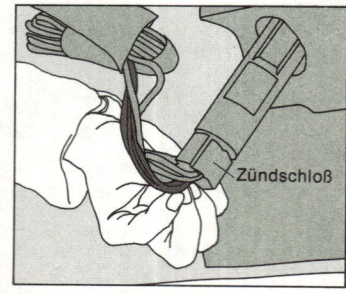

7. Ein weiterer Anschluß wird mit dem Zündschloß hergestellt. Wenn man die Zündung einschaltet, muß die Leitung Strom führen

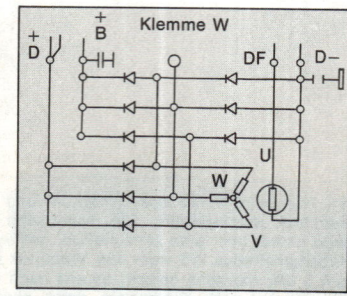

11. Bei älteren Lichtmaschinen die Klemme W nachträglich zusammenfassen und herausführen. Batterie anschließen und Probelauf durchführen

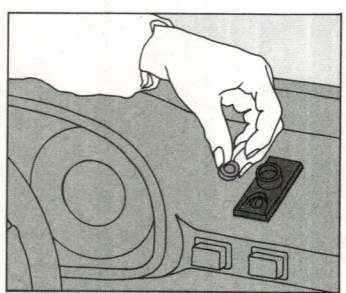

5. Das auf die Zylinderzahl des Motors eingestellte Gerät auf den Standfuß schrauben und das Kabel durch die Tülle führen

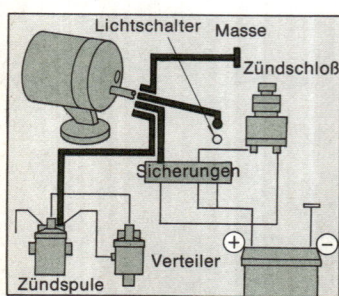

9. Bei Transistorzündungen nie ein Kabel an Schaltgerät oder Zündspule legen; sie haben für den Anschluß ein besonderes Kabel am Schaltgerät

6. Der Drehzahlmesser wird an Klemme 1 der Zündspule angeschlossen. Dieses Kabel 1 verbindet die Zündspule mit dem Verteiler

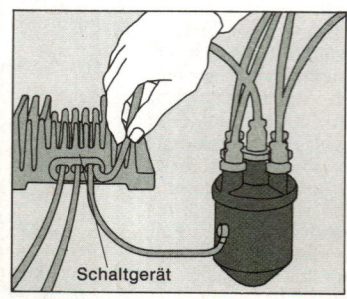

10. Moderne Dieselfahrzeuge haben auf der Rückseite der Lichtmaschine eine Klemme W, an die der Drehzahlmesser angeschlossen wird

Sparen mit dem Bordcomputer

Fragt man einen Autofahrer nach dem Kraftstoffverbrauch seines Fahrzeuges, bekommt man meist nur sehr ungenaue Auskünfte. Schließlich ist es nicht ganz einfach, den Verbrauch exakt festzustellen. Meist begnügt man sich mit der sogenannten Nachtankmethode.

Dabei wird der Tank bis zu einer im Tankstutzen gedachten Linie gefüllt. Nun wird der Tageskilometerzähler auf Null gestellt oder der Tachostand notiert.

Spätestens wenn der Tank halb entleert ist, tankt man an derselben Tanksäule bis zur gedachten Maßlinie nach.

Durch die einfache Rechnung „Verbrauch : km" erhält man den Durchschnittswert für 100 Fahrkilometer. Je öfter man diese Messung wiederholt, um so genauer wird das Ergebnis. Trotzdem sind Ungenauigkeiten in der Größenordnung zwischen 5 und 10% nicht auszuschließen. Dies gilt besonders dann, wenn sich das Wetter sehr schnell änderte oder das Fahrzeug gelegentlich mit hoher Zuladung benutzt wurde.

Wesentlich besser messen Bordcomputer den Kraftstoffverbrauch. Ein Induktionsgeber erfaßt den zurückgelegten Weg. In die Benzinleitung wird ein Durchflußgeber eingesetzt. Diese beiden elektrischen Signale verarbeitet ein Zentralrechner und gibt wahlweise den momentanen Verbrauch, den Verbrauch auf 100 km und den Gesamtverbrauch auf der letzten Fahrstrecke an.

Bordrechner zeigen dem Fahrer ständig, wieviel gerade verbraucht wird, wenn er die Taste für den momentanen Verbrauch drückt. Wenn z. B. beim Kaltstart Werte von 40 l pro Betriebsstunde angezeigt werden, dann wird das den Autofahrer veranlassen, den Gasfuß zurückzunehmen. Bordrechner üben somit indirekt einen Einfluß auf den Fahrer aus und dienen der Energieeinsparung.

Leider sind Bordcomputer relativ teuer. Man kann die Ausgabe aber reduzieren, wenn man das Gerät selbst einbaut.

Material: Einbausatz mit einem kompletten Bordcomputer, geeignet für das spezielle Fahrzeug, Klebeband, Alleskleber
Werkzeug: Bohrmaschine, Messer, Gabelschlüssel, Zange, Schraubenzieher

1. Fahrzeug durch Abnehmen des Minuskabels an der Batterie stromlos machen, aufbocken und mit Stützböcken sichern

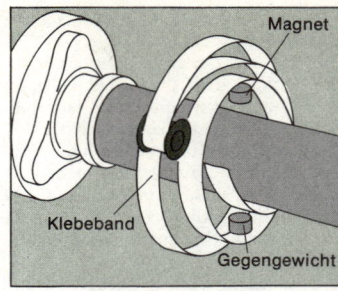

2. Zur Wegerfassung Magnet und Gegengewicht mit Klebeband an gesäuberter Kardan- oder Antriebswelle befestigen, Kleber dick auftragen

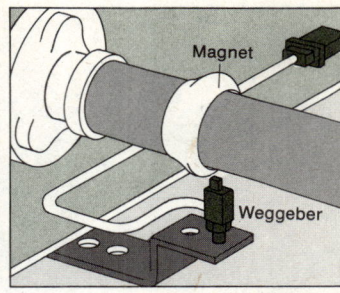

3. Weggeber mit Winkel am Wagenboden unter Magnet befestigen, damit er Streckensignal auslöst. Kabel in Motorraum führen

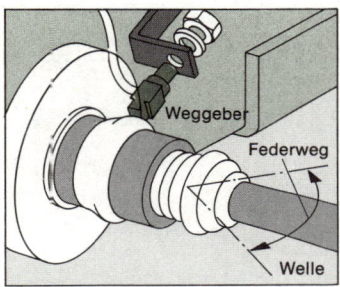

4. Der Weggeber muß etwa 1 cm vom Magret entfernt und so plaziert sein, daß die einfedernde Welle ihn nicht beschädigen kann

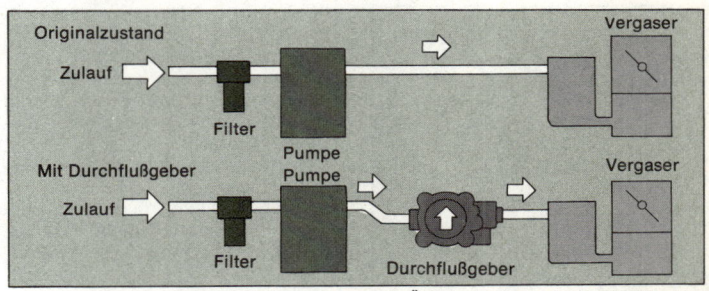

5. Nun wird der Durchflußgeber eingesetzt. Üblicherweise erfolgt die Montage zwischen Kraftstoffpumpe und Vergaser Hat das Kraftstoffsystem einen Rücklauf, wird in den Durchflußgeber ein Rücklaufstutzen geschraubt und dann der serienmäßige Rücklauf daran angeschlossen

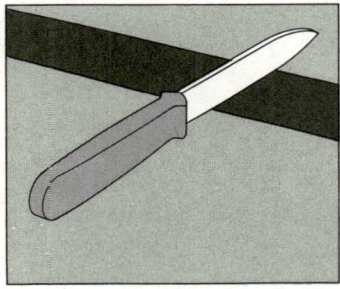

6. Kraftstoffleitungen aus Kunststoff oder Gummi mit dem Messer schneiden. Dabei kein offenes Feuer unterhalten und nicht rauchen

7. Metalleitungen mit dem Rohrschneider trennen. Späne und Grat entfernen. Durchflußgeber mit Gummischläuchen und Schellen verbinden

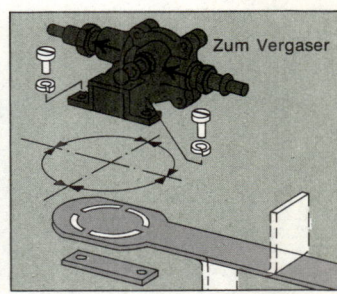

8. Durchflußgeber an einer kühlen Stelle im Motorraum beim Vergaser waagrecht montieren. Durchflußrichtung zum Vergaser beachten

---

MÖGLICHE EINBAUFEHLER

1. Geberleitung vom Durchflußgeber zu nahe an Zündkabeln verlegt. Dadurch erhält der Geber falsche Impulse.
Beseitigung: Leitung anders verlegen.

2. Beim Auflegen der Batterieklemme wurden Spannungsschwankungen (Kontaktprellen) ausgelöst, die die Anzeige stören.
Beseitigung: Batterie abklemmen und noch einmal vorsichtig anschließen; Kontaktprellen verhindern.

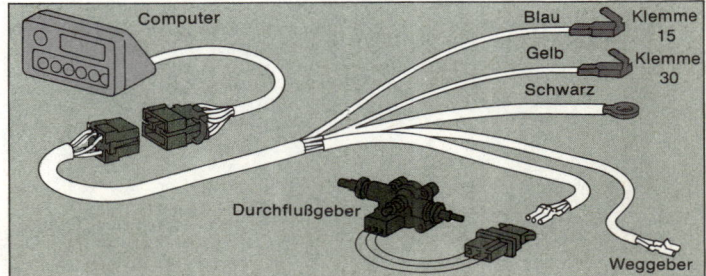

9. Die elektrischen Kabel des Weg- und Durchflußgebers durch die Motorspritzwand verlegen. Dazu ein 12-mm-Loch bohren und mit einer Tülle abdichten. Vom Wageninneren einen Draht durch das Loch stecken, den Kabelsatz mit Klebeband daran befestigen und nach innen ziehen

(Forts. S. 502)

(Fortsetzung von S. 501)

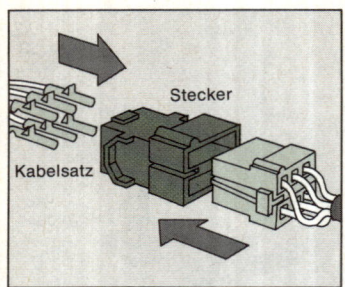

10. Kabelsatz zusammenstecken. Eine Klemme auf Masse legen. Klemme 30 führt Strom bei eingeschalteter Zündung. Klemme 15 geht zur Zündspule

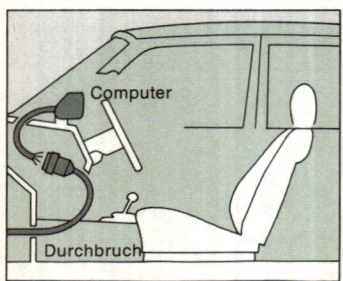

11. Haltewinkel des Geräts ankleben. Kabelsatz durch Luftschacht oder Bohrung zu den vorhandenen Kabeln führen und damit verbinden

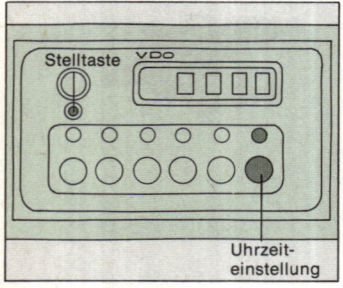

12. Der Einbau ist fertig; Batterie anschließen und beim ersten Lauf die Dichtigkeit der Kraftstoffleitungen prüfen

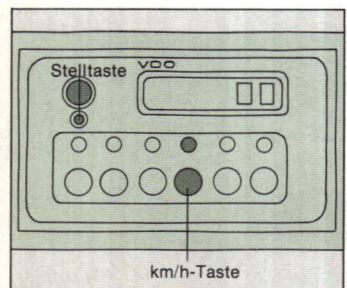

13. Computer bei 60 km/h mittels Stelltaste auf diese Geschwindigkeit einstellen. Fahrgeschwindigkeit und Anzeige müssen identisch sein

Energie sparen durch Schubabschaltung

Wenn man bei normalem Fahrbetrieb oder auch bei einer Talfahrt den Fuß vom Gaspedal nimmt, schiebt das Fahrzeuggewicht das Auto noch eine beachtliche Strecke weit, bis die gewünschte niedrigere Geschwindigkeit erreicht ist. Der beinahe ohne Last mitlaufende Motor verbrennt unnötig Kraftstoff.

Nun kann man in dieser Schubphase die Kraftstoffzufuhr unterbrechen. Am einfachsten ist dies bei Einspritzmotoren möglich. Man stellt mit Hilfe eines Relais die Einspritzanlage so lange ab, bis der Fahrer wieder Gas gibt. Da es in der Zwischenzeit auch Vergasermotoren mit Schubschaltung gibt, sollte man auf dieses Detail bei der Neuwagenbestellung besonders achten.

Doch auch Besitzer älterer Fahrzeuge brauchen nicht darauf zu verzichten. Denn man kann bei jedem Ottomotor, dessen Vergaser ein elektromagnetisches Leerlaufabschaltventil hat, eine Schubabschaltung nachrüsten. Sie ist zwar nicht so perfekt, spart aber immer noch 10 % Kraftstoff.

Für Fahrzeuge mit Einspritzanlagen gibt es keine nachrüstbare Schubabschaltung, bis auf eine Ausnahme. Wenn ein Fahrzeug eine K-Jetronic besitzt, kann man einen Originalumbausatz selbst einbauen. Neue Fahrzeuge mit K-Jetronic-Anlage sind ab Werk mit einer Schubabschaltung ausgerüstet.

Material: Einbausatz komplett für Schubabschaltung Werkzeug: Bohrmaschine, Messer, Schraubenzieher, Prüflampe, Gabelschlüssel

EINSTELLHINWEISE

Man schließt die Batterie wieder an und startet den Motor. Wenn man nun aus hoher Drehzahl heraus den Fuß plötzlich vom Gaspedal nimmt, muß die Leuchtdiode verlöschen. Das Abschaltventil ist geschlossen; es spart Kraftstoff. Bei einem bestimmten Drehzahlniveau öffnet das Abschaltventil, und die Diode brennt wieder.

Geht der Motor aus, wird die Drehzahl zu spät abgefangen, um einen sicheren Leerlauf zu ermöglichen. Dann dreht man den Spindeltrimmer an der Zentralelektronik etwas nach rechts. Nun wird der Strom bei einer höheren Drehzahl freigegeben, und der Motor läuft im Leerlauf sicher weiter.

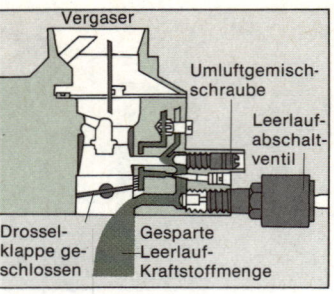

Dieses Schnittbild eines Vergasers zeigt die Lage des Leerlaufabschaltventils, das während der Schubphase geschlossen wird

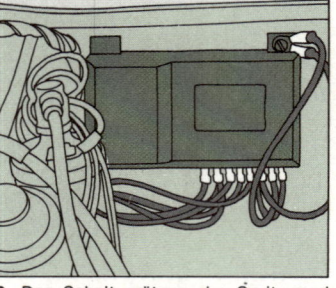

2. Das Schaltgerät an der Spritzwand an einem möglichst kühlen Platz anschrauben, da es relativ wärmeempfindlich ist

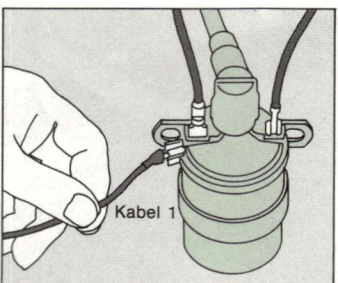

4. Kabel 1 der Zündspule wird mit dem Zentralschaltgerät verbunden. Diese Drehzahlinformation ist besonders wichtig

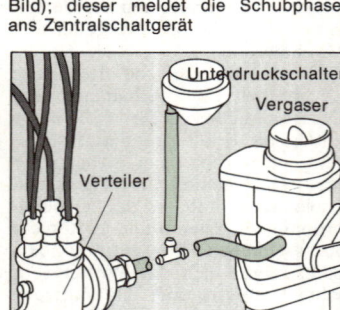

1. Die Schubabschaltung besteht aus einem Unterdruckschalter (links im Bild); dieser meldet die Schubphase ans Zentralschaltgerät

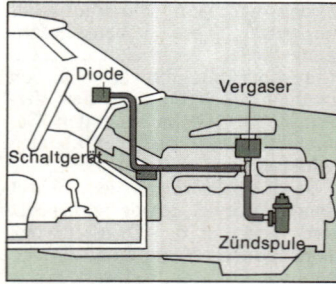

3. Den Unterdruckschalter setzt man mit einem U-Rohr in die Unterdruckleitung der Verteilersteuerung zur Frühdose

5. Damit man weiß, wann die Schubabschaltung arbeitet, eine Kontrolldiode an sie anschließen und auf dem Armaturenbrett befestigen

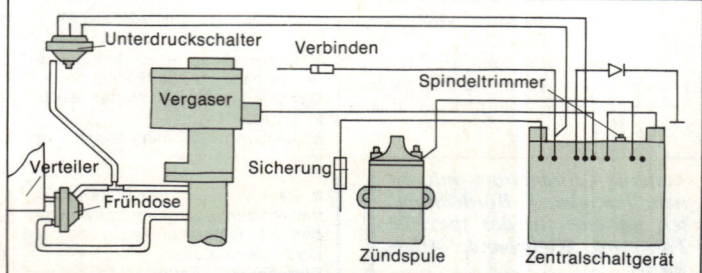

6. An das Zentralschaltgerät werden angeschlossen: das Leerlaufabschaltventil, der Unterdruckschalter, eine Masseverbindung sowie eine stromführende Zuleitung von der Batterie oder vom Zündschloß. In diese Leitung wird eine fliegende Sicherung eingesetzt

Löcher und Risse in Schlauchbooten

Löcher und kleinere Risse in der Schlauchwand können durch einfaches Aufkleben eines Flickens repariert werden. Ist ein Riß jedoch länger als ca. 5 cm, sollte er vor dem Flicken mit einer Bootsmannsnaht zugenäht werden. Die im Fischgrätenstich ausgeführte Bootsmannsnaht hat den Vorteil, daß man die eingerissenen Ränder miteinander verbinden kann, ohne daß das Material überlappt.

Bei ernsteren Schäden – beispielsweise bei Löchern oder Rissen im Scheuerband, in Nahtstreifen, an den Ösen der Griffleine oder am Spiegelschutz – sollte man auf Reparaturversuche durch Nähen oder Flicken verzichten, denn dafür bedarf es einer besonderen Technik. Ist kein Fachgeschäft in der Nähe, das die Reparatur übernimmt, am besten die Schadstelle markieren und das Boot zur Reparatur an den Hersteller senden.

1. Um ein Loch festzustellen, Seifenlösung über das vermutete Leck verteilen und auf Blasenbildung achten

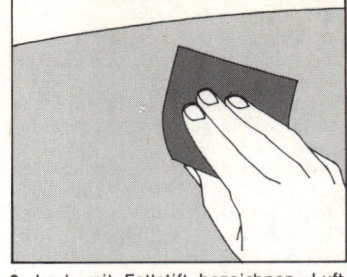

2. Loch mit Fettstift bezeichnen, Luft aus dem Boot ablassen. Vor dem Flicken die Stelle etwas aufrauhen

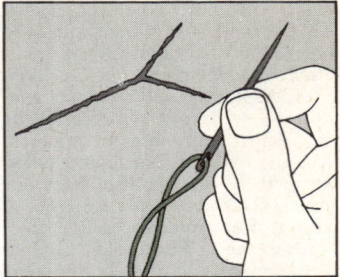

3. Ist ein Riß in der Bootshaut länger als ca. 5 cm, mit Segelnadel und Segelgarn zunähen

Material:	*Komplettes Flickzeug für Schlauchboote*
	Segelgarn
	Seifenlösung
Werkzeug:	*Segelnadel*

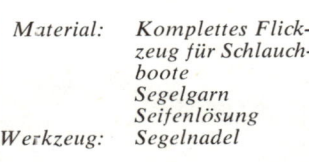

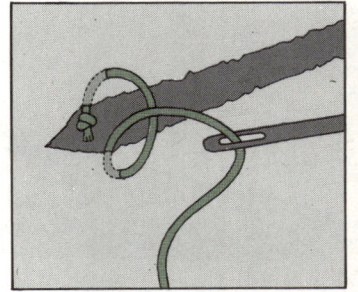

4. Nadel von unten nach oben durch hintere Rißkante und von oben nach unten durch vordere Kante stechen und durchziehen

5. Nadel über ersten Stich durch den Riß nach unten und durch Unterseite der hinteren Rißkante schräg nach hinten hochführen

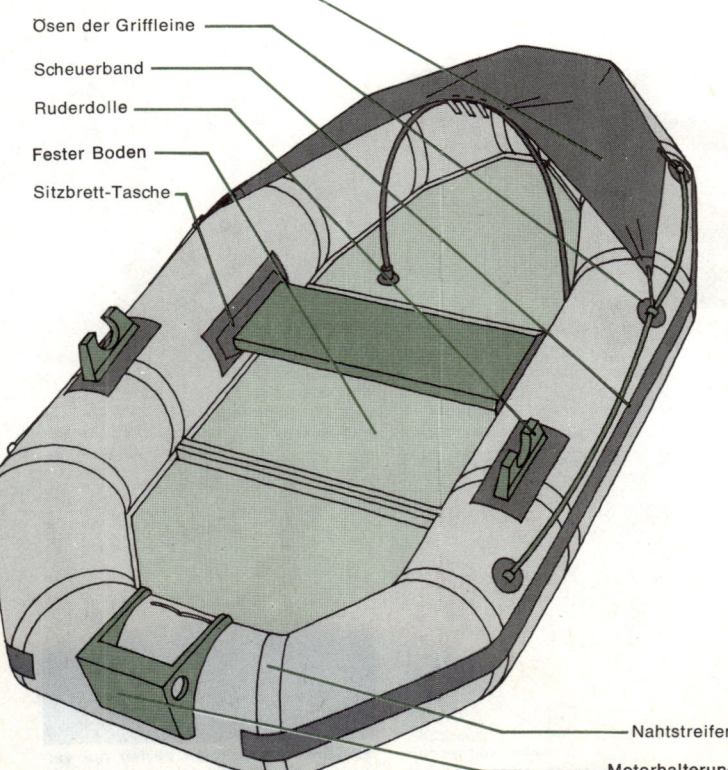

Spritzschutz
Ösen der Griffleine
Scheuerband
Ruderdolle
Fester Boden
Sitzbrett-Tasche
Nahtstreifen
Motorhalterung

6. Nach jedem Stich Faden fest anziehen, aber darauf achten, daß die Rißkanten sich nicht übereinander schieben

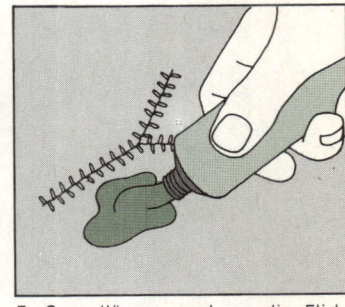

7. Gummilösung rund um die Flickstelle verteilen und trocknen lassen. Dann eine zweite, dünnere Schicht auftragen

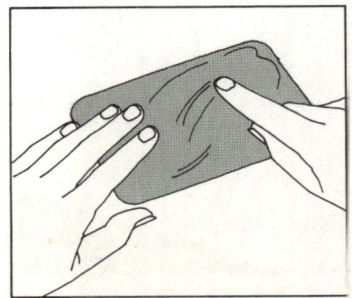

8. Flicken (etwa 4 cm länger und breiter als der Riß) ausschneiden und mit Gummilösung bestreichen

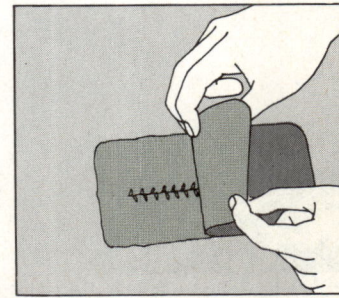

9. Wenn zweite Klebstoffschicht anzieht, Flicken andrücken. Vor dem Aufblasen 24 Stunden trocknen lassen

Boote

Faltboote

Das klassische Faltboot, das erste verpackbare Wasserfahrzeug überhaupt, ist heute weitgehend durch die verschiedenen aufblasbaren Schlauchbootversionen vom Markt verdrängt worden. Für das sportliche Wasserwandern, vor allem auf Flüssen und Seen, ist jedoch das stabile Faltboot mit Holzskelett und Außenhaut immer noch dominierend.

Moderne Faltboote haben nichts mehr mit den komplizierten und zeitraubenden Zusammensteckspielen von ehedem zu tun. In der Regel handelt es sich heute nur um zwei in Scharnieren sinnvoll zusammengeklappte Teile, die unter die Hautenden geschoben werden und mit Hilfe von wenigen Schnappverschlüssen ein starres und widerstandsfähiges Skelett ergeben.

Die Metallscharniere des gesamten Klappskeletts sollten regelmäßig gesäubert und auch geschmiert werden. Eventuell vorhandene Leder- oder Kunststoffscharniere muß man gut austrocknen lassen, bevor sie für längere Zeit in zusammengeklapptem Zustand aufbewahrt werden. Für gebrochene Holz-

teile gibt es meistens Ersatzteile, die man selbst einbauen kann. In Eigenarbeit hergestellte Ersatzstücke müssen in der Holzart unbedingt zum übrigen Skelett passen, da sonst die für die Stabilität wichtige Spannung leiden kann.

Risse in der Bootshaut – gleichgültig, ob sie mit den heute üblichen Seitenluftwülsten versehen ist oder nicht – können in den meisten Fällen leicht mit dem passenden Kleber repariert werden. Schwierig wird es lediglich bei den Bug- bzw. Heckpartien,

weil hier die Hauptkräfte der Längsspannung ansetzen. Reißen diese – meist ohnehin schon verstärkten – Teile in größerem Umfang ein, sollte man eine Fachwerkstatt mit der Reparatur beauftragen. Das gleiche gilt für ausgerissene Ösen (etwa bei der Besegelung).

Bevor die Bootshaut zur Verpackung zusammengerollt wird, sollte sie sowohl außen wie innen sorgfältig abgetrocknet sein. Vor längerer Liegezeit, zum Beispiel vor der Überwinterung, empfiehlt es sich, vor allem an den Falt-

und Knickstellen etwas Bleiweißpuder aufzubringen. Und noch eins ist wichtig für die Überwinterung: Die Bootspakete dürfen nicht festgezurrt und eng zusammengeschnürt in eine Ecke geworfen werden. Sie sollten möglichst locker liegen und trocken aufbewahrt werden.

All diese Probleme verschärfen sich, wenn man das Boot viel im Salzwasser benützt, denn Salzrückstände sind ein echter Feind aller Boote. Dagegen hilft am besten eine gründliche Wäsche mit warmem Wasser.

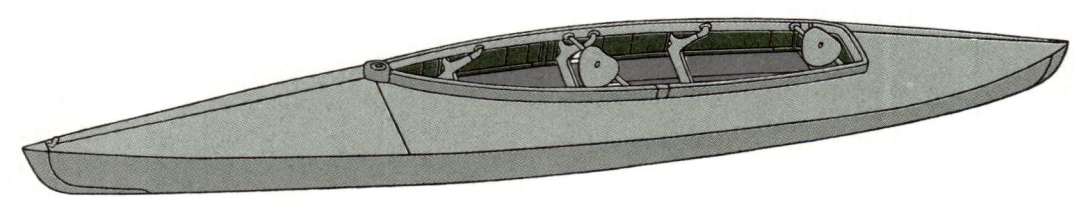

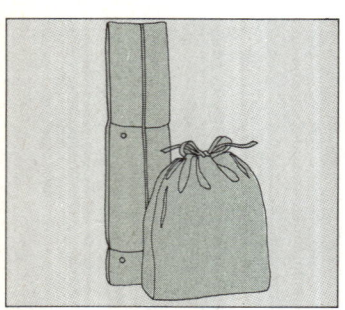

1. Für den Transport Packtaschen möglichst eng verschnüren. Bei längerer Aufbewahrung Verschlüsse lockern und Faltknicke lose legen

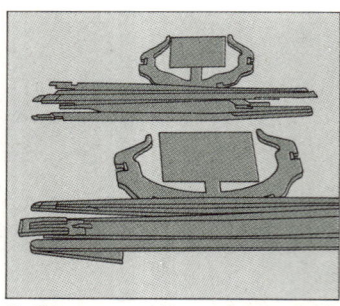

2. Schnappverschlüsse sind nur wirksam, wenn die Federrasten einwandfrei funktionieren. Gebrochene oder weich gewordene Federn ersetzen

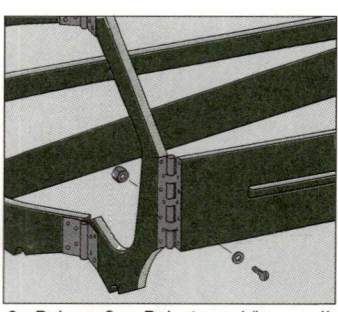

3. Bei großer Belastung können die Verschraubungen der Klappscharniere ausreißen. Eine größere Halbrundkopfschraube mit Gegenmutter anbringen

4. Die beiden Skeletteile darf man nie mit Gewalt in die Haut schieben. Wird die Endspannung zu groß, alles auseinandernehmen und neu beginnen

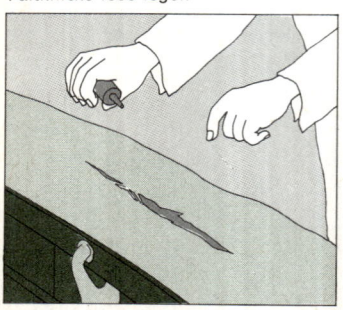

5. Kleinere Risse in der Bootshaut sind mit Spezialkleber leicht zu reparieren. Mit dem neuen Boot entsprechendes Notflickzeug besorgen

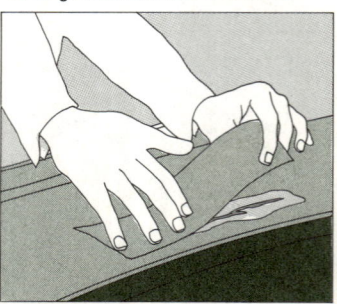

6. Rißreparaturen immer an der spannungslosen Haut durchführen. Die Reparaturstelle muß ausgetrocknet sein und genügend Zeit zum Binden haben

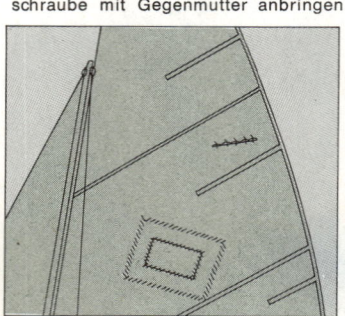

7. Kleinere Risse im Segel werden nur vernäht. Bei größeren setzt man am besten einen Flicken auf (siehe S. 511 und 514)

8. Gerissene Schoten dürfen nie verknotet oder wulstig verspleißt werden, da sie sonst nicht durch die Rollen oder Ösen laufen (siehe S. 514)

Ein beschädigtes Paddel reparieren

Um dem häufigsten Schaden an einem Riemen oder Paddel – nämlich dem Splittern des Blattes – vorzubeugen, kann man einen Schutzbeschlag aus Kupferblech am Rand des Blatts anbringen. Ist ein Riemenblatt jedoch bereits gesplittert, muß man das Holz an der betreffenden Stelle durch ein passendes Stück ersetzen und dann den Schutzbeschlag anbringen.

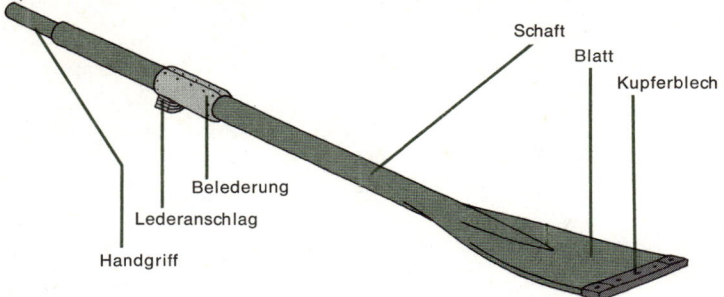

Schaft
Blatt
Kupferblech
Belederung
Lederanschlag
Handgriff

| Material: | Passendes Holz, Kunstharzleim, dünnes Kupferblech, Kupfernägel, 5 mm länger als Blattstärke, Breitkopfnägel aus Kupfer Leder Lederkleber | Werkzeug: | Hobel oder Surformwerkzeug, Säge, Blechschere, Bohrmaschine, Beißzange, Messer, Gummihammer, Hammer, Körner, Schnur |

Die Belederung erneuern

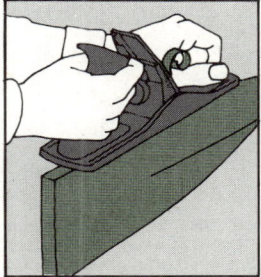

1. Den abgesplitterten oder angebrochenen Rand des Riemenblattes glatthobeln

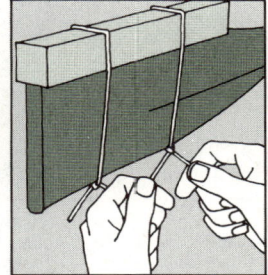

2. Ein etwas größeres Holzstück aufleimen und festbinden, bis der Leim trocken ist

3. Holz mit Hobel oder Surformwerkzeug der Kontur des Blattes angleichen

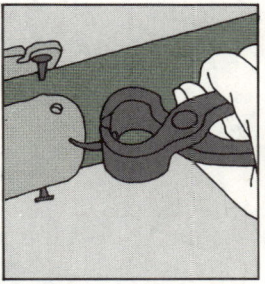

1. Nägel herausziehen, altes Leder entfernen, Schaft reinigen und lackieren

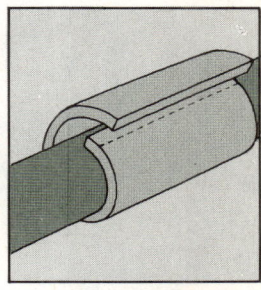

2. Lederstreifen so zuschneiden, daß er um den Schaft geht und 2 cm überlappt

4. Form des Beschlags mit Randzugabe auf Papier vorzeichnen und ausschneiden

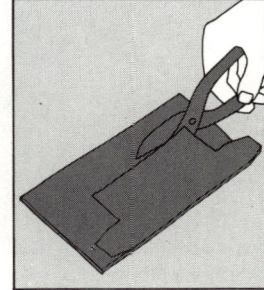

5. Schablone auf das Kupferblech legen und Form mit der Blechschere ausschneiden

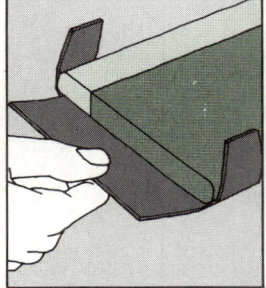

6. Kupferblech um die Spitze des Riemenblattes legen, kurze Kanten zuletzt umlegen

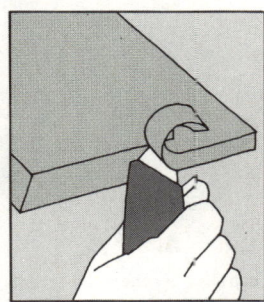

3. Leder an den überlappenden Rändern anschrägen, in Wasser geschmeidig machen

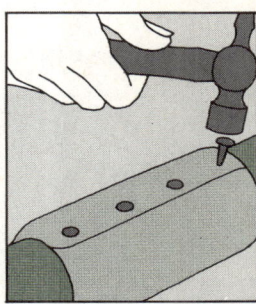

4. Leder über Schaft spannen; alle 2 cm mit Kupfernägeln befestigen

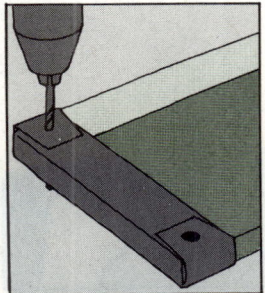

7. Mitte der überlappenden Streifen ankörnen und schwächer als Nägel durchbohren

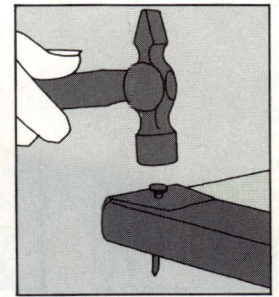

8. Nägel einschlagen, herausragende Spitzen auf 2 mm kürzen und breitklopfen

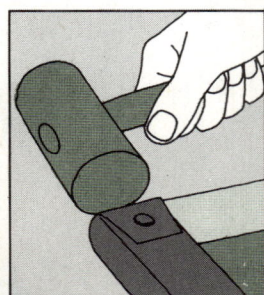

9. Scharfe Kanten im Kupferblech mit dem Holzhammer flachklopfen und abrunden

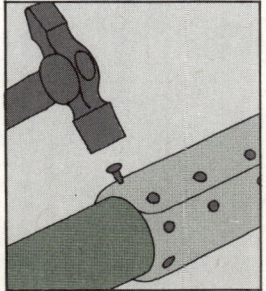

5. Untere Kante der Belederung flachklopfen und festnageln. Obere eckig lassen

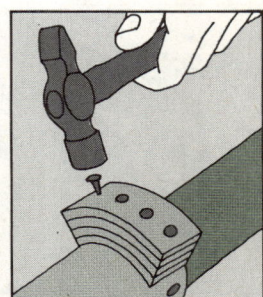

6. Anschlag, ca. 2 cm hoch, aus Lederstreifen über ein Drittel des Schafts nageln

Boote

Rumpf aus Glasfaserkunststoffen

Schiffsrümpfe aus Glasfaserkunststoffen (GFK) bestehen aus mehreren Schichten von Glasfasern, die durch Kunstharz verbunden sind. Vor jeder Reparatur muß der Rumpf vollkommen trocken sein. Arbeiten nicht bei direktem Sonnenlicht, sondern bei Raumtemperaturen von 16–24° C durchführen.

Material: GFK-Reparatursatz, Trennwachs, Pappe, Plastikfolie, Klebeband, evtl. ein Stück Alublech oder Hartfaserplatte, Schrauben Werkzeug: Mischbehälter, Schere, Pinsel, Schleifpapier, Feile, Metallsäge, Bohrer

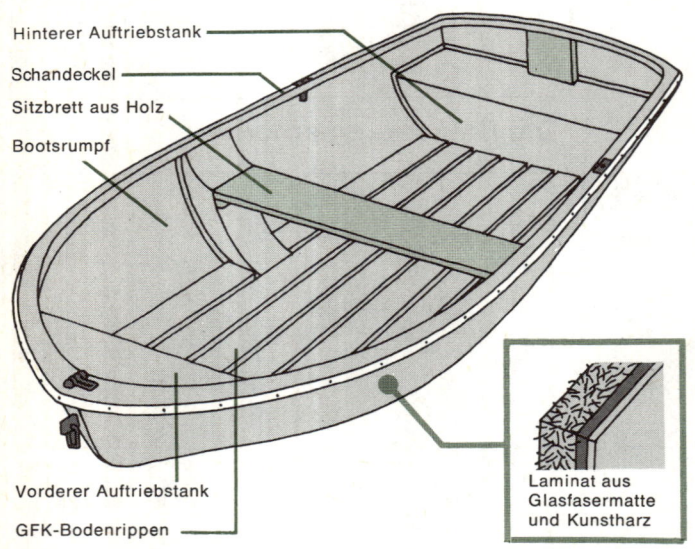

Hinterer Auftriebstank
Schandeckel
Sitzbrett aus Holz
Bootsrumpf

Vorderer Auftriebstank
GFK-Bodenrippen

Laminat aus Glasfasermatte und Kunstharz

KRATZER AUF DER OBERFLÄCHE

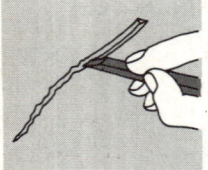 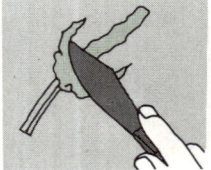 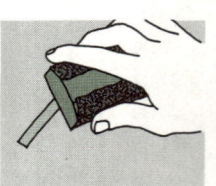

1. Mit spitzem Werkzeug den Riß V-förmig ausschaben

2. Gemisch aus Harz oder Gelcoat in die vergrößerte Rille einpressen

3. Am nächsten Tag mit feinem Schleifpapier abschleifen und polieren

 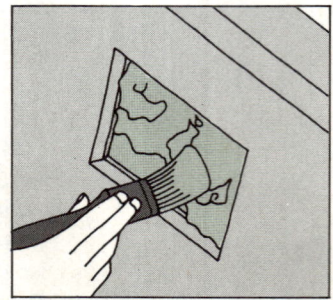

5. Bei größeren Schadstellen außen ein Stück Alublech oder Hartfaserplatte festschrauben und abdichten

6. Innen eine Schicht aus Gelcoat auf Plastikfolie, Alublech oder Hartfaserplatte auftragen

Ausbessern eines Anprallschadens

Eine Havarie, auch wenn sie nicht zu einem Leck im Rumpf geführt hat, schwächt in jedem Fall die Kunststoffschale. Es ist deshalb ratsam, die gesamte Schadstelle auszuschneiden und mit Glasfasermatten und Kunstharz wieder neu aufzubauen. Der Ausschnitt um die beschädigte Stelle sollte jedoch nur so groß wie unbedingt notwendig sein. Durch Zusatz von Pigment in das Harzgemisch läßt sich die Farbe des Rumpfes nur schwer anmischen. Einfacher ist es, die Reparaturstelle nachher mit Polyurethan(PUR)-Lack im passenden Farbton zu überstreichen. Da bei den meisten Kunstharzen etwa 30 Minuten nach dem Mischen der Härtevorgang beginnt, sollte man am besten nur kleinere Mengen ansetzen, die innerhalb dieser Zeit verarbeitet werden können. Wenn der Kunststoff geliert, kann er nicht mehr weiter verwendet werden.

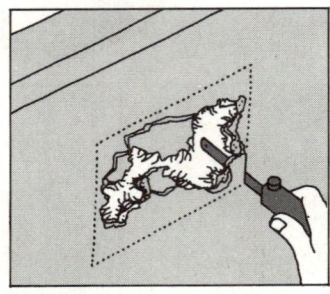 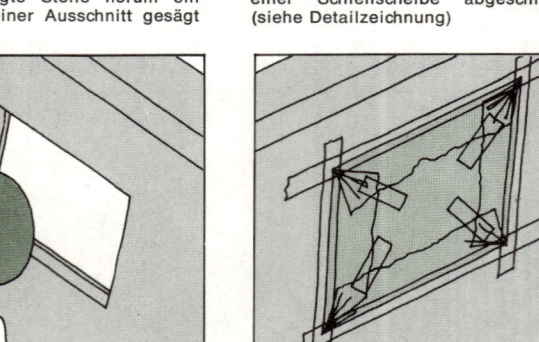

1. Mit einem in einen Griff eingespannten Metallsägeblatt wird um die beschädigte Stelle herum ein möglichst kleiner Ausschnitt gesägt

2. Die Schnittkanten werden innen und außen mit einer Feile oder einer Schleifscheibe abgeschrägt (siehe Detailzeichnung)

3. Im Rumpfinnern müssen die Ränder des Ausschnitts aufgerauht werden. Man nimmt am besten eine Schleifscheibe dazu

4. Von außen wird mit Klebestreifen eine Schalung aus Pappe befestigt, die man vorher mit Plastikfolie bespannt hat

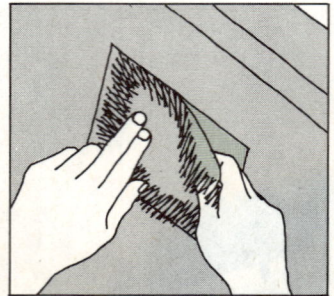 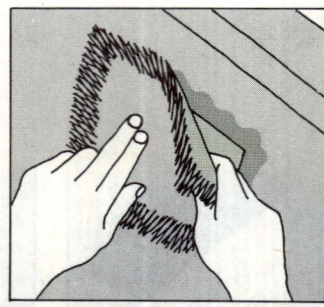

7. Wenn die Gelcoatschicht anzieht, mit Glasfaserflicken den Ausschnitt ausfüllen

8. Innen Flickenmatte anbringen. Nach 24 Stunden Schalung abnehmen. Schraubenlöcher ausspachteln

506

Ausbessern von Anstrichen

Will man einen Farbanstrich oder eine farblose Lackierung mit einwandfreier Oberfläche erzielen, muß der Untergrund sorgfältig vorbereitet werden. Den alten Farbanstrich oder Bootslack mit Waschmittel reinigen und mit reichlich klarem Wasser nachspülen. Oberfläche gut trocknen lassen. Den alten Anstrich genau überprüfen. Sind noch glänzende Stellen sichtbar, werden diese mit Schleifpapier mittlerer Körnung geschliffen und nochmals mit klarem Wasser abgewaschen. Befinden sich Teile des alten Anstrichs in schlechtem Zustand, müssen sie mit einem Abbeizmittel entfernt werden. Alle Spuren des Mittels sind mit Verdünnung oder klarem Wasser gründlich abzuwaschen.

Manche Anstriche lassen sich durch Abbrennen schneller entfernen. Diese Methode ist aber nur bei Holz- und Metallbooten angebracht, sie darf niemals bei Booten aus Glasharz, Polystyrol oder Segeltuch angewandt werden. Auch farblosen Bootslack darf man niemals abbrennen. Beim Farbhändler besorgt man sich eine Spachtelmasse, die für den betreffenden Anstrich empfohlen ist. Damit kann man oberflächliche Unebenheiten ausgleichen. Löcher und Risse im Bootsrumpf werden ausgefüllt. Die Oberfläche schleift man nach dem Trocknen der Spachtelmasse mit Schleifpapier glatt. Streicht man Bootslack auf blankes Holz, wird der erste Anstrich verdünnt, damit der Lack besser eindringen kann. Die weiteren Anstriche werden dann mit normaler Konsistenz aufgetragen.

Für GFK-Boote verwendet man ausschließlich Polyurethan-(PUR)-Anstriche. Bootsrümpfe aus Polystyrol benötigen einen Anstrich aus hochwertiger Emulsionsfarbe. Herkömmliche Farben auf synthetischer Ölbasis greifen das Polystyrol an und zerstören die Struktur des Materials.

> *Material: Wasserfeste Farbe oder Bootslack, Spachtelmasse und Verdünnung laut Empfehlung des Herstellers*
> *Werkzeug: Wasserfestes Schleifpapier verschiedener Körnung, Kittmesser, Schleifklotz, Farbpinsel, Flächenspachtel*

Blindlöcher

Tritt ein Schaden an einer Stelle des Boots auf, die nur von einer Seite zu erreichen ist – beispielsweise an einem Auftriebstank –, kann die Flickstelle mit einer Hartfaserplatte unterlegt werden. Den Glasfaserflicken setzt man erst von außen ein, wenn die Harzschicht auf der Hartfaserplatte voll ausgehärtet ist. Wird die Glasfaserplatte zu früh auf die Unterlage gesetzt, kann sie sich eventuell lösen. Dann Reparatur wiederholen.

1. Um Schadstelle herum ein Rechteck aussägen. Schnittkanten mit der Feile nach außen abschrägen

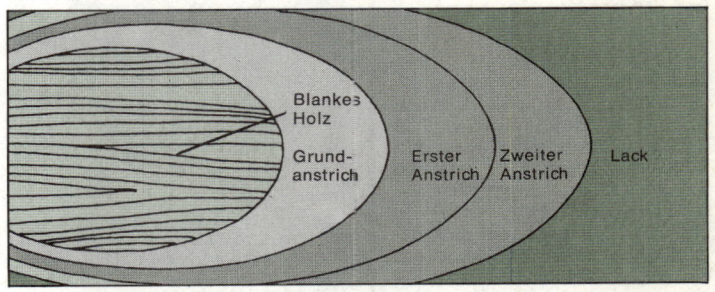

1. Der Grundanstrich ist das Bindemittel zwischen dem blanken Untergrund und dem ersten Farbanstrich. Zwei Zwischenanstriche bilden den matten Untergrund für den glänzenden Lack

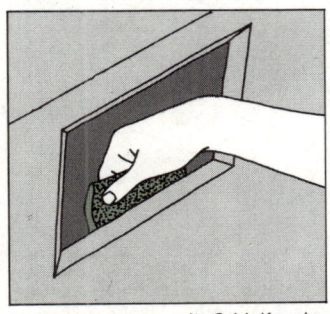

2. Ränder innen mit Schleifpapier aufrauhen. Hartfaserplatte zusägen, in der Mitte zwei Löcher bohren

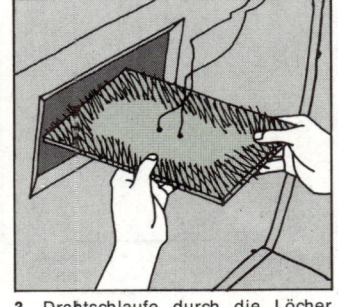

3. Drahtschlaufe durch die Löcher ziehen, drei Schichten Harz auftragen, Platte von innen einsetzen

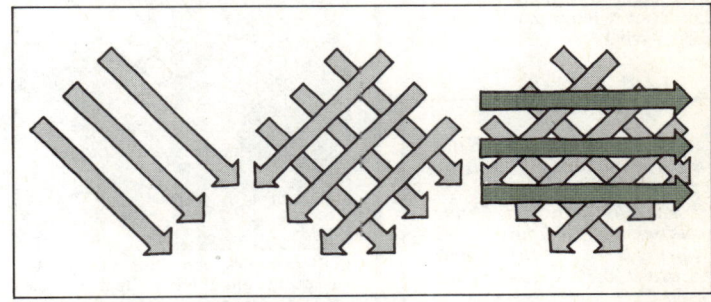

2. Die Zwischenanstriche mit dem Pinsel diagonal auftragen, wobei der erste Anstrich vom zweiten rechtwinklig überdeckt werden soll. Die Gefahr der Tränenbildung wird auf diese Weise verhindert

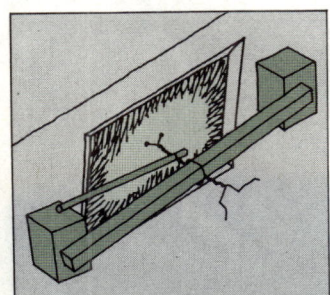

4. Drahtenden um einen Querbügel wickeln, der auf zwei Klötzen ruht. Draht mit Stäbchen festdrillen

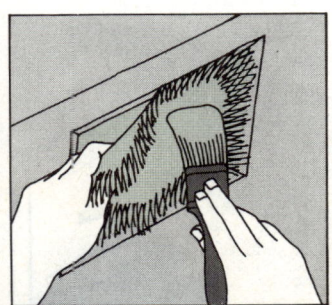

5. Wenn das Harz erhärtet ist, Draht abzwicken. Loch mit harzgetränktem Glasfasermaterial ausfüllen

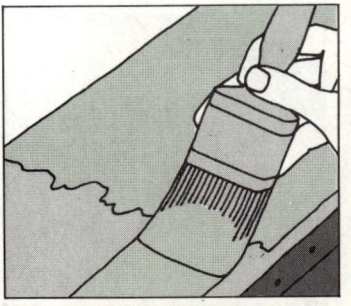

3. Verlaufend über die bereits lackierten Stellen streichen, dabei Pinseldruck allmählich verringern

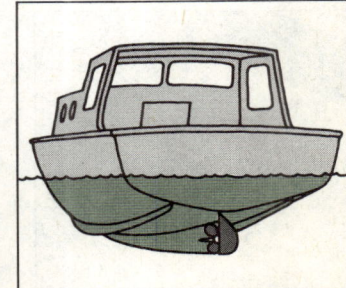

4. Liegt das Boot in der Saison ständig im Wasser, den Rumpf unterhalb der Wasserlinie mit Antifouling streichen

Boote

Ein Loch im Polystyrolrumpf abdichten

Einen lecken Polystyrolrumpf dichtet man durch eine Platte ab, die etwas dicker ist als der Bootsrumpf, und paßt sie mit einem Hobel dem ursprünglichen Umriß an. Zum Leimen darf man nur Hartschaumkleber verwenden, da Kontaktkleber das Polystyrol angreift. Kleine Risse werden mit Füllmasse ausgespachtelt, dann streicht man die Reparaturstelle mit passender Farbe.

Material:	*Polystyrolplatte*
	Hartschaum-kleber
	Klebeband
	Emulsionsfarbe
	Wasserfeste
	Füllmasse
Werkzeug:	*Fuchsschwanz*
	Pinsel
	Universalmesser
	Spachtel
	Hobel
	Schleifklotz
	Schleifpapier

Schrammen im Polystyrolrumpf

Bootsrümpfe aus Polystyrol sind sehr robust; trotzdem kann die Oberfläche beschädigt werden, wenn das Boot über groben Kiesstrand gezogen oder mit Tauwerk statt mit Gurtband am Trailer festgezurrt worden ist. In den meisten Fällen wird ein einfaches Ausspachteln der beschädigten Stelle genügen, um die glatte Oberfläche des Polystyrols wiederherzustellen. Um aber größere Schäden zu vermeiden, ist es ratsam, Schrammen stets auszubessern, bevor das Boot wieder zu Wasser gelassen wird.

Material: Wasserfeste Kunststoffüllmasse, Emulsionsfarbe
Werkzeug: Spachtel, Universalmesser, Farbpinsel, feinkörniges Schleifpapier, Schleifklotz, sauberer Lappen

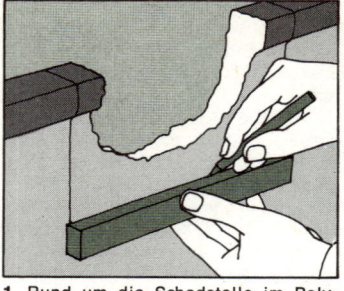

1. Rund um die Schadstelle im Polystyrolrumpf so knapp wie möglich eine rechteckige Fläche umreißen

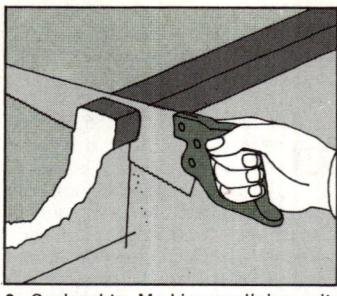

2. Senkrechte Markierungslinien mit dem Fuchsschwanz aussägen, waagrechte mit Universalmesser schneiden

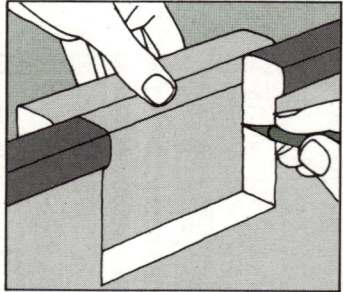

3. Schnittkanten rechtwinklig versäubern. Platte hinter Ausschnitt halten und dessen Umrisse markieren

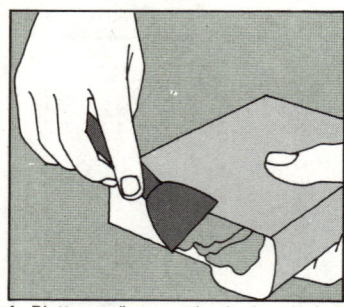

4. Platte zusägen und mit dem Hobel Oberfläche dem Rumpf angleichen. Kanten mit Klebstoff versehen

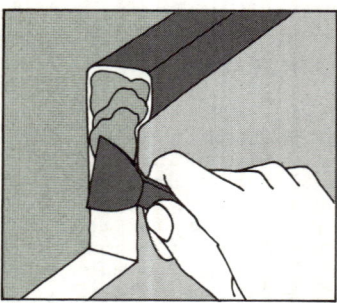

5. Auf die von Polystyrolstaub gesäuberten Kanten am Rumpf Hartschaumkleber verteilen

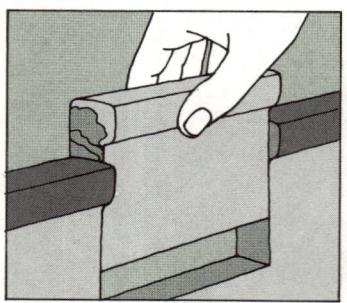

6. Einsatzstück von oben her in den Ausschnitt einschieben, fest andrücken. Überschüssigen Kleber entfernen

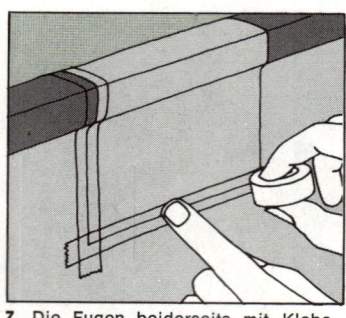

7. Die Fugen beiderseits mit Klebestreifen überkleben, bis der Kleber trocken ist. Dann Streifen entfernen

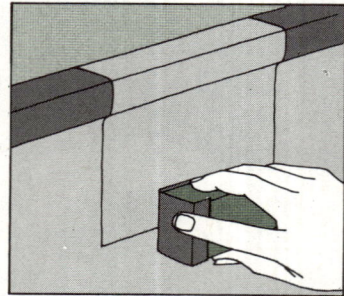

8. Oberfläche glätten, kleine Risse mit Füllmasse ausspachteln. Reparaturstelle mit Farbe überstreichen

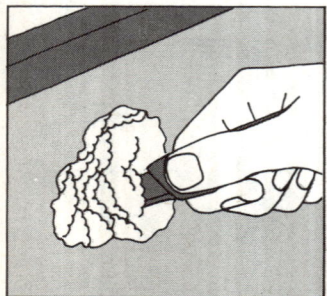

1. Mit Universalmesser an der Schadstelle etwas mehr Polystyrol herausschaben. Stelle sorgfältig säubern

2. Füllmasse nach Gebrauchsanweisung anrühren und mit Spachtel in das ausgeschabte Loch drücken

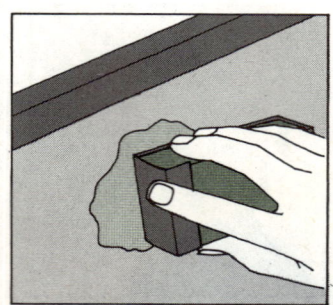

3. Füllmasse sechs Stunden lang aushärten lassen. Mit feinem Schleifpapier die Oberfläche glätten

4. Wenn die Oberfläche eben ist, die Stelle schließlich mit Emulsionsfarbe überstreichen

Löcher und Risse im Sperrholzrumpf

Ein Bootsrumpf aus Sperrholz muß regelmäßig auf Anzeichen von Blasenbildung untersucht werden. Wenn Wasser in die Holzfasern eindringen kann und im Winter gefriert, bekommt das Holz Risse und verzieht sich.

Für Reparaturen darf man nur Bootsbau-Sperrholz mit kunststoffverpreßten Schichten verwenden. Das Holzbrett wird entweder an einer Rippe im Bootsrumpf oder an einem Schutzbrett im Inneren des Boots befestigt. Die Kanten der neuen Bretter müssen mit einem Polyurethan(PUR)-Anstrich oder mit Bootslack versiegelt werden.

Risse im Sperrholz lassen sich auch mit Polyester ausbessern. Bei Rennbooten ist davon aber abzuraten, weil die Fahreigenschaften dadurch beeinträchtigt werden.

Material: Bootsbau-Sperrholz, 20 mm lange Messingnägel, Kunstharzleim
Werkzeug: Säge, Hobel, Hammer, Meißel, Beißzange, Feile, Bohrer

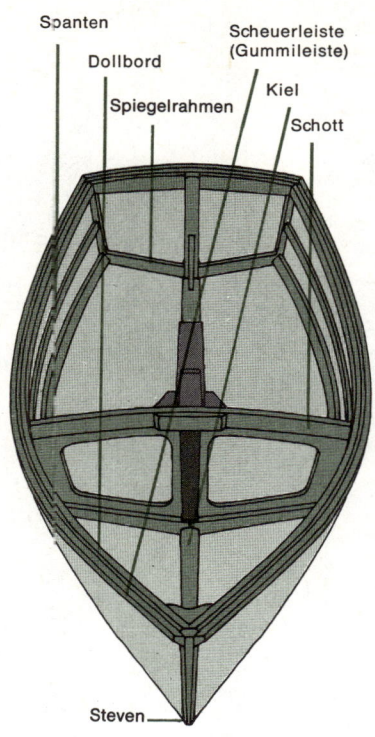

Spanten
Dollbord
Spiegelrahmen
Scheuerleiste (Gummileiste)
Kiel
Schott
Steven

1. An Markierungspunkten Löcher in den Bootsrumpf bohren und Schadstelle heraussägen

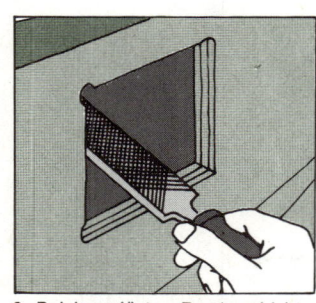

2. Bei losgelösten Furnierschichten Ausschnitt bis zum unversehrten Holz vergrößern. Kanten abschrägen

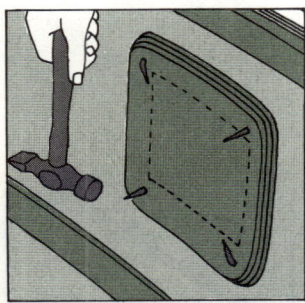

3. Schutzbrett von innen auf Öffnung leimen und festnageln. Herausragende Nagelenden umbiegen

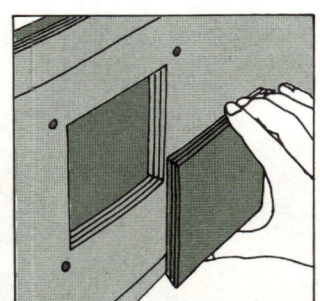

4. Sperrholzstück mit abgeschrägten Kanten in Ausschnitt einpassen, verleimen und festnageln

Erneuern eines Rumpfstücks

Bei größeren Schäden – auch bei kleineren Rissen in der Nähe einer Scheuerleiste – Schadstelle mit der Scheuerleiste herausschneiden und erneuern. Alte und neue Scheuerleiste in Gehrung schneiden.

Material: Bootsbau-Sperrholz, Messingnägel (20 mm), Kunstharzleim, Scheuerleiste
Werkzeug: Säge, Hobel oder Hobelfräser, Hammer, Beißzange, Feile

1. Scheuerleiste beiderseits der Schadstelle abschneiden; Innenrahmen nicht beschädigen

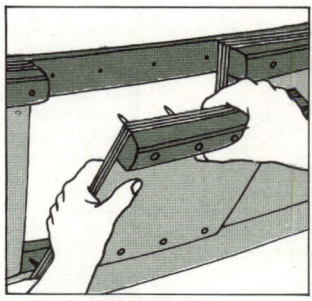

2. Schadstelle mit der Säge herausschneiden. Schnittkanten mit der Feile nach außen abschrägen

3. Ist das neue Holzstück nicht an einem Querbalken zu befestigen, innen Stützleisten anbringen

4. Holzstück schrägen, einpassen, leimen und nageln. Alte Scheuerleiste stark abschrägen

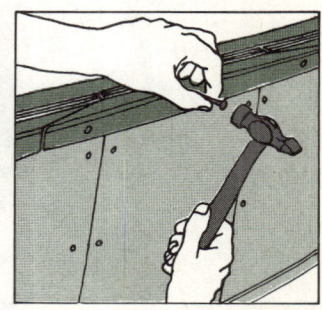

5. Neue Stützleiste zuschneiden und einsetzen, anleimen und an den inneren Rahmen nageln

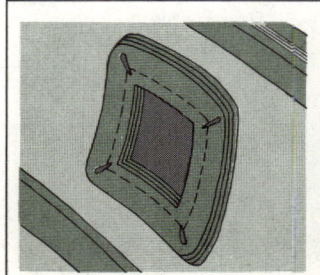

Gebogene Flächen: Rahmen mit rechteckiger Öffnung verwenden, der sich biegen läßt

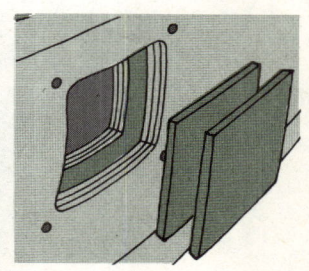

Sperrholzstück aus Furnierschichten zusammenleimen und von außen auf den Rahmen nageln

Boote

Instandhalten des Decks

Die Unterseite des Bootsdecks muß regelmäßig auf mögliche Leckstellen untersucht werden. Die Abdichtung (Kalfaterung) der Fugen zwischen den Decksplanken kann man ohne Schwierigkeiten selbst vornehmen. Dazu verwendet man Marineleim, der in einer Schmelzpfanne erhitzt und in die Fugen gegossen wird. Sind einzelne Planken verrottet, werden sie ausgeschnitten und erneuert.

Material:	Marineleim, Planken und Profilleisten je nach Bedarf, Farbe, Kupfernägel
Werkzeug:	Säge, Hobel, Meißel, Schmelzpfanne, Hammer, alte Feile, Schraubenzieher, Farbpinsel

Bei aufgeschraubten Beschlägen – z. B. Klampen – Planke auf der Unterseite durch einen Holzklotz verstärken

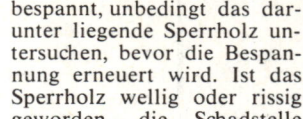

Kajüte

Decksplanken

Zierleiste

Kalfaterung

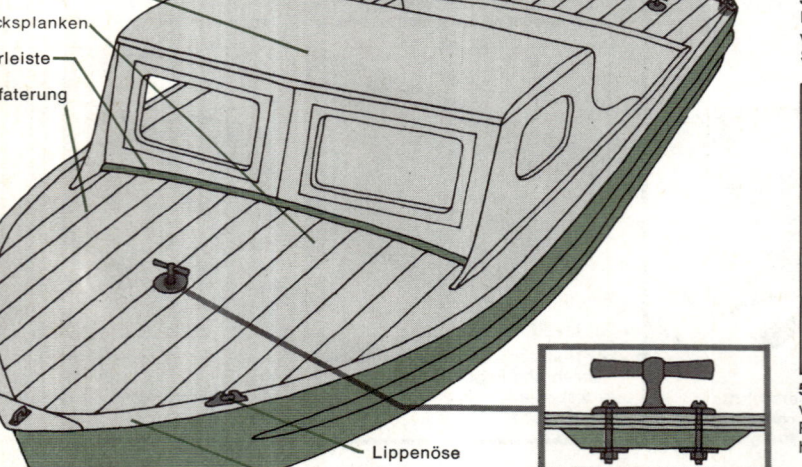

Lippenöse

Scheuerleiste am Schergang

Mit Bolzen befestigte Decksbeschläge durch Holzklötze mit großen Dichtungsscheiben verstärken

KALFATERN

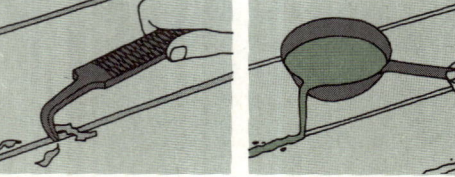

1. Kalfaterung aus den Fugen kratzen und Nähte mit Azeton entfetten

2. Geschmolzenen Marineleim in diese offenen Fugen gießen

3. Nach dem Trocknen überschüssige Dichtungsmasse vorsichtig abschaben

Erneuern der Persenning

Ist ein Bootsdeck mit Tuch bespannt, unbedingt das darunter liegende Sperrholz untersuchen, bevor die Bespannung erneuert wird. Ist das Sperrholz wellig oder rissig geworden, die Schadstelle herausschneiden und ein neues Sperrholzstück einsetzen (siehe S. 509). Verrottete Holzteile dürfen auf keinen Fall mit neuem Tuch bezogen werden.

Material:	Segeltuch, Farbe oder Dichtungsmasse, Kupfernägel, Sperrholz oder Profilleisten je nach Bedarf
Werkzeug:	Beißzange, Hammer, Schraubenzieher, Flachpinsel

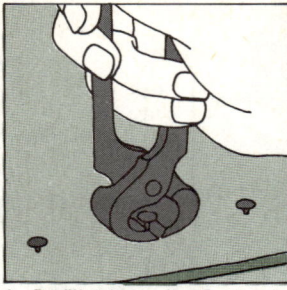

1. Profilleisten oder Decksgräting und Bespannung abnehmen. Nägel mit der Beißzange herausziehen

2. Schadhaftes Sperrholz erneuern (siehe S. 509). Stelle mit Farbe bestreichen. Ein Flachpinsel eignet sich gut dazu

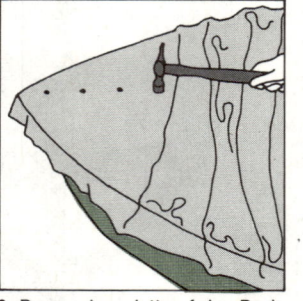

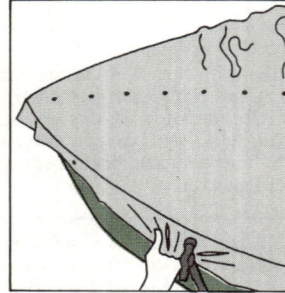

3. Persenning glatt auf das Deck legen. In der Mitte in Abständen von 8 cm festnageln. Das Tuch Schritt um Schritt ausstreifen

4. Das Tuch seitlich in größeren Abständen anheften, damit es faltenlos aufliegt. Wenn nötig nachspannen und Nägel versetzen

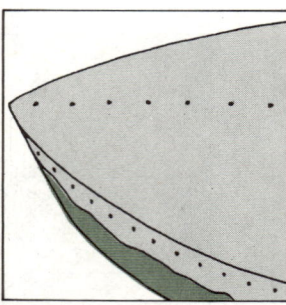

5. Rand des Tuchs in Abständen von 8 cm mit Kupfernägeln am Rumpf befestigen. Das Tuch muß hinterher straff gespannt sein

6. Rumpfleisten unterhalb des Decks an alten Befestigungspunkten festschrauben. Wenn nötig größere Schrauben verwenden

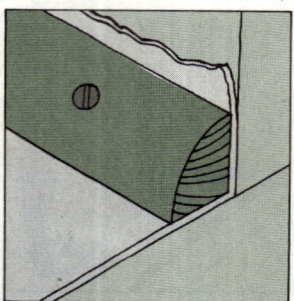

7. Bei Stoßstellen das Tuch nach oben und unten umschlagen, in Abständen festnageln

8. Beim Anschluß zur Kajüte das Tuch übereck legen und mit Profilleiste befestigen

Pflege des Tauwerks

Man muß das Tauwerk regelmäßig kontrollieren, besonders dann, wenn man das Boot aus dem Winterlager holt. Ausgefaserte Taue müssen ersetzt werden. Stehen am Drahttauwerk einzelne lockere Drahtenden ab, muß man das Ende zuerst einmal behelfsmäßig umwickeln, damit das Segel nicht beschädigt wird. So bald wie möglich aber sollte man das beschädigte Drahttauwerk durch ein neues Drahtseil ersetzen. Die Enden aller Taue müssen versiegelt werden. Man umwickelt dabei die Tauenden fest mit Takelgarn, das man gegebenenfalls noch vernäht. (In der Fachsprache spricht man von „Taklings", die man den Tampen, den Endstücken einer Leine, aufsetzt.) Bei Kunstfasertampen kann man das Ende auch über einer kleinen Flamme verschmelzen.

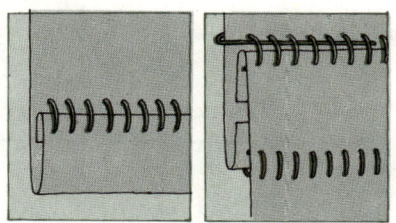

Umschlag: Zum Säumen des Segels erst schmalen, dann breiteren Streifen umschlagen und vernähen. Bei zwei Segelbahnen (rechts) beide Ränder einmal umschlagen und festnähen

Nähen eines Segelrisses

Kleine Risse kann man vernähen; bei größeren Rissen setzt man einen Flicken auf. Beim Nähen trägt man den Segelhandschuh.

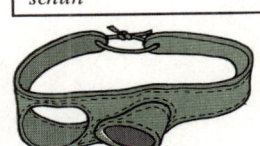

Segelhandschuh

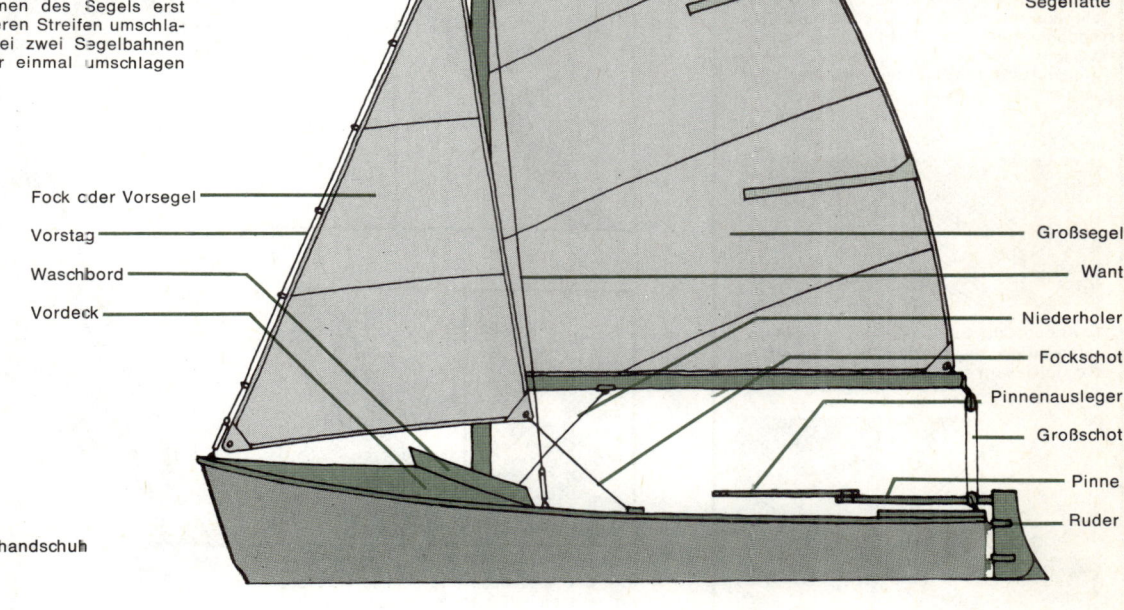

Stander

Liek: Die Kanten eines Segels werden am Tauwerk befestigt, indem man Segel und Tau zusammennäht

Topnaht
Mast
Fockfall
Segelkopf
Lattentasche mit Segellatte
Großsegel
Want
Niederholer
Fockschot
Pinnenausleger
Großschot
Pinne
Ruder

Fock oder Vorsegel
Vorstag
Waschbord
Vordeck

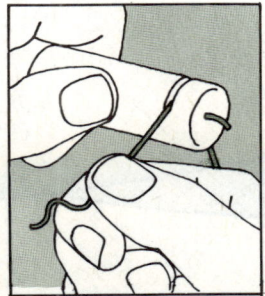

1. Segelgarn mit einer Kerze einwachsen. Doppelt starkes Garn verwenden

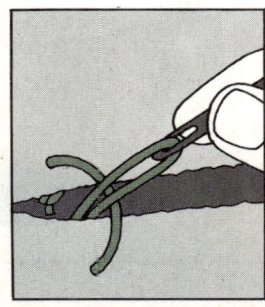

2. Von unten nach oben und von oben nach unten stechen, durch Riß hochführen

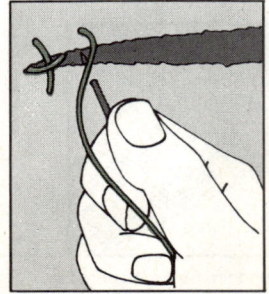

3. Garn über ersten Stich hinweg durch den Riß unter das Tuch ziehen usw.

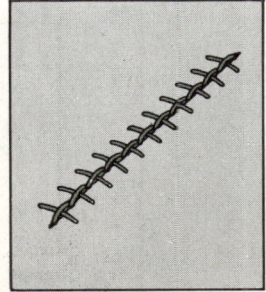

4. Die in diesem Grätenmuster fertiggestellte Naht sollte flach und fest sein

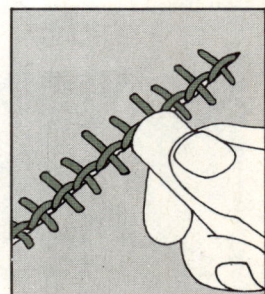

5. Als Wetterschutz Nahtstelle mit Bienenwachs oder Kerzenstumpf einreiben

Boote

Auflegen des Bootes für den Winter

Bevor ein Boot ins Winterlager kommt, muß es gründlich austrocknen. Nachprüfen, ob alle Lenzlöcher und Gatten in den Spanten frei sind. Festgesetzten Schmutz, der den Ablauf des Wassers im eingelagerten Boot versperren könnte, vorher entfernen. Die Vorbereitung fürs Winterlager hängt vom Bootstyp ab. Ein Bootsrumpf in Klinkerbauweise ist oft so ausgelegt, daß sich erst durch das leichte Quellen des Holzes im Wasser die Fugen zwischen den Planken schließen. Also keine Fugen ausfüllen, die erst sichtbar werden, wenn das Boot an Land ist. Bei anderen Booten, der Krawelbauart z. B.,

dagegen sind die Nähte zwischen den Plankengängen mit einem Dichtungsmittel kalfatert. Dieses Material sorgfältig überprüfen, rissige oder weiche Stellen herauskratzen und neue Dichtungsmasse einstreichen (siehe S. 510). Auch die Unterseite der Deckplanken genau kontrollieren, vor allem dann, wenn sie Hohlräume umschließen, in denen die Luft nicht zirkulieren kann. Holz verrottet leicht in feuchter, unbelüfteter Atmosphäre. Auf das Deck

legt man Holzlatten, damit die Abdeckung nicht aufliegt und sich kein Schwitzwasser bilden kann. Wenn möglich, eine fertige, für den Bootstyp passende Persenning oder eine schwarze Plastikplane verwenden. Sie soll dem Bootsrumpf genau angepaßt sein, aber nicht aufliegen, und am Boden des Bootes befestigt werden. Bevor das Boot im Frühjahr zu Wasser gelassen wird, muß die Takelung sorgfältig überprüft werden. Alle Beschläge auf

Deck und in der Takelung müssen festsitzen. Schrauben oder Bolzen, die sich leicht drehen lassen, erneuern.

Material:	*Bootslack*
Werkzeug:	*Pinsel, Naß-schleifpapier*

AUSBESSERN DER OBERFLÄCHE

Der Farbanstrich oder Lacküberzug eines Bootes leidet an gewissen Deckstellen (Dollbord) durch häufiges Ein- und Aussteigen sowie auf den Duchten und Fußbodenbrettern der Plicht. Diese Stellen können ausgebessert werden, ohne gleich das ganze Boot neu streichen oder lackieren zu müssen.

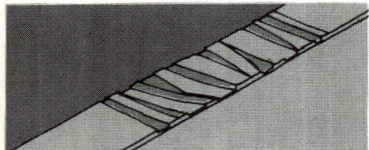

1. Abgenutzte Stellen sollten ausgebessert werden, damit keine Feuchtigkeit in die Holzfasern eindringen kann

2. Den alten Anstrich mit trockenem Schleifpapier entfernen. Die Ränder der Schadstelle werden flach abgeschliffen

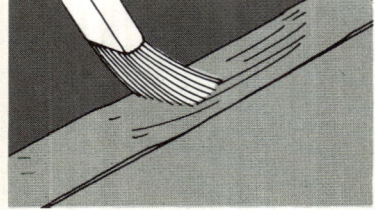

3. Farbe oder Bootslack in mehreren Schichten auftragen und dabei über die Ränder der Schadstelle hinaus streichen

Takelung: Schrauben und Augen – falls nicht aus Nirosta – regelmäßig fetten damit die Gewinde nicht rosten

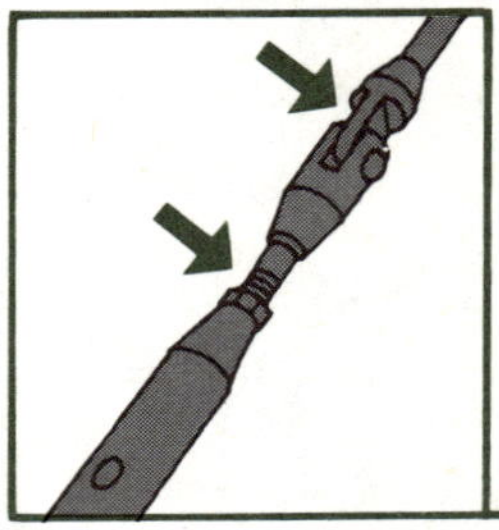

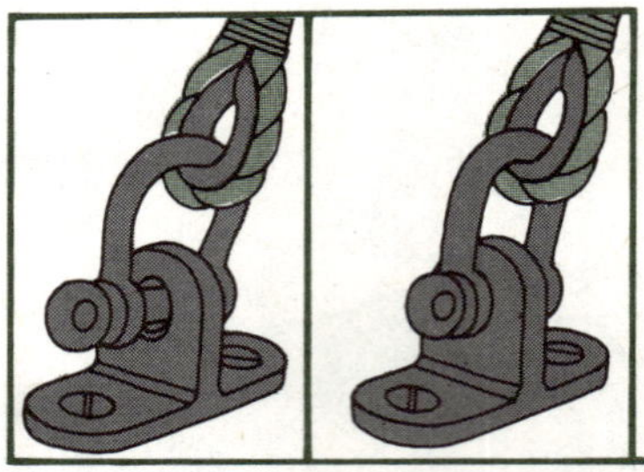

Schäkel: Ist ein Schäkel zu groß (links), wird der Augbolzen überbeansprucht und verbiegt sich. Einen passenden Schäkel in den Decksbeschlag (rechts) schrauben

Rumpf: Hebt beim Sperrholzrumpf das Furnier ab, besteht die Gefahr, daß die darunter liegenden Holzschichten verrotten. Schadstelle ausbessern (siehe S. 509)

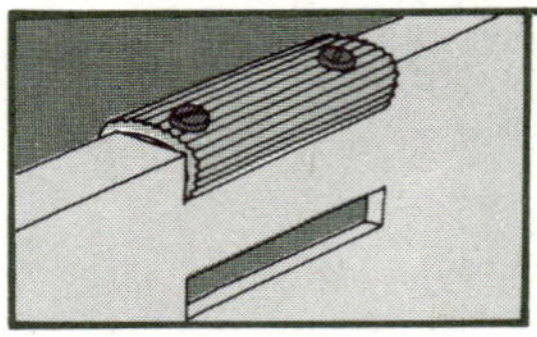

Schwertplatte: Auf die Oberkante der Platte einen aufgeschlitzten Gummischlauch schrauben, um die Planke zu schonen

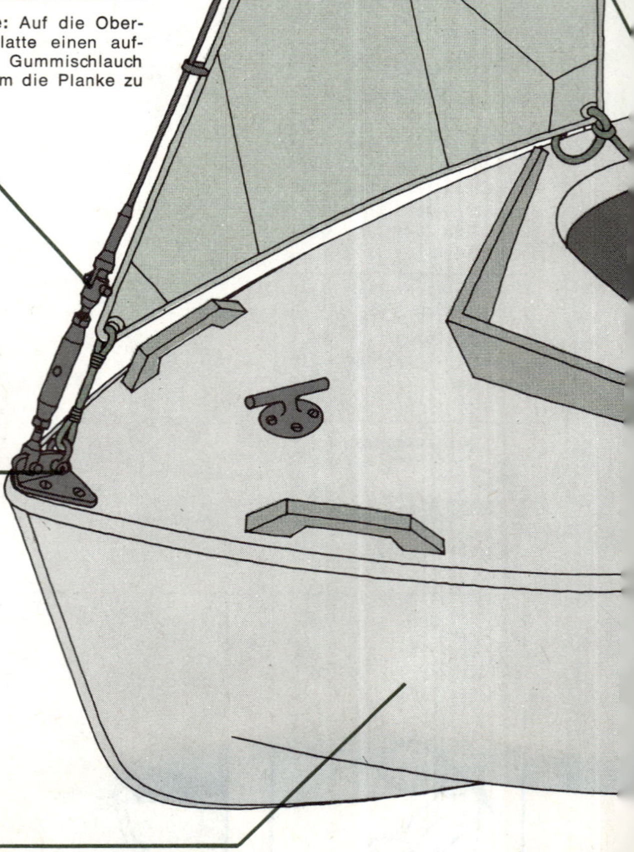

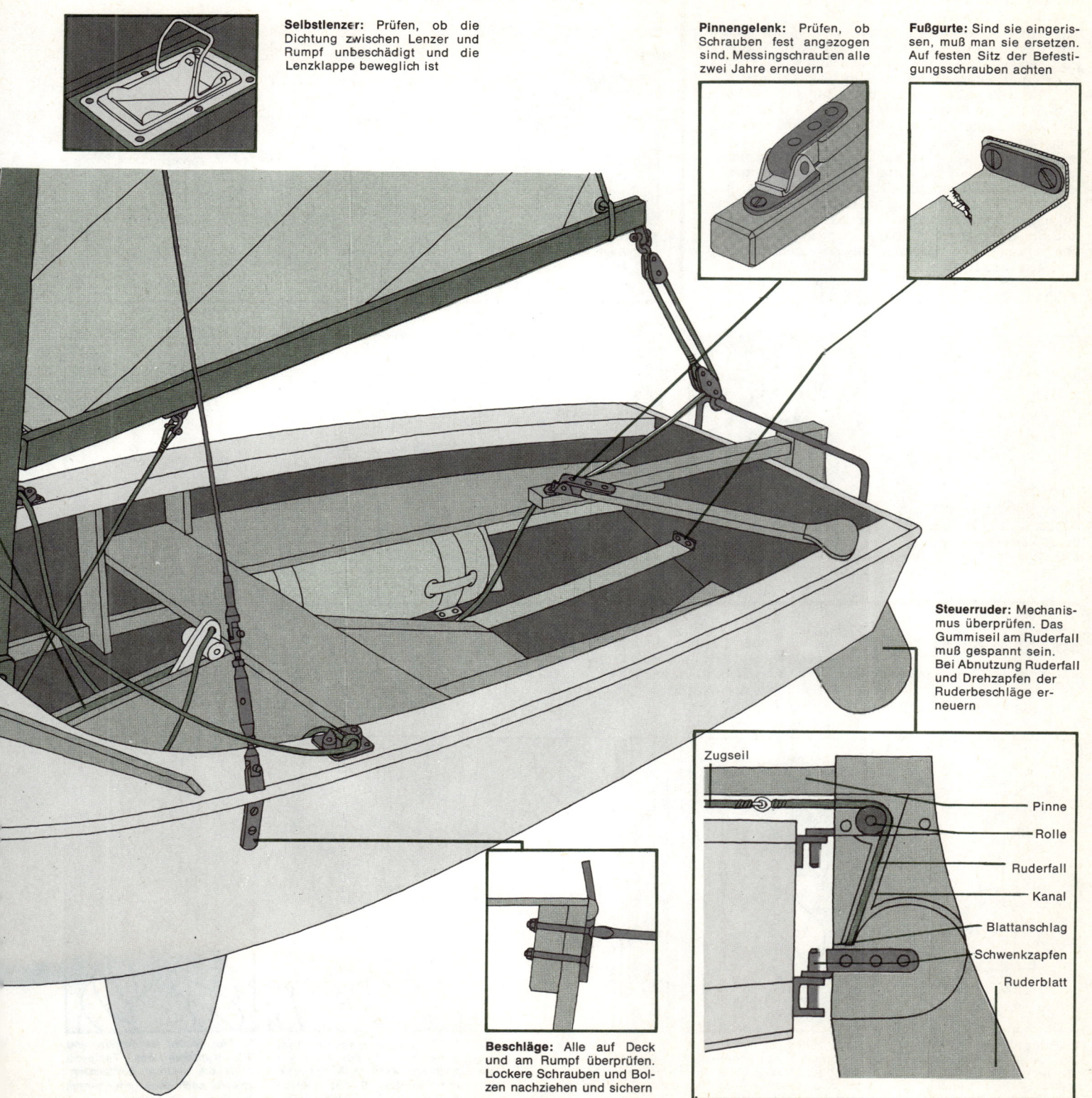

Selbstlenzer: Prüfen, ob die Dichtung zwischen Lenzer und Rumpf unbeschädigt und die Lenzklappe beweglich ist

Pinnengelenk: Prüfen, ob Schrauben fest angezogen sind. Messingschrauben alle zwei Jahre erneuern

Fußgurte: Sind sie eingerissen, muß man sie ersetzen. Auf festen Sitz der Befestigungsschrauben achten

Steuerruder: Mechanismus überprüfen. Das Gummiseil am Ruderfall muß gespannt sein. Bei Abnutzung Ruderfall und Drehzapfen der Ruderbeschläge erneuern

Zugseil

Pinne

Rolle

Ruderfall

Kanal

Blattanschlag

Schwenkzapfen

Ruderblatt

Beschläge: Alle auf Deck und am Rumpf überprüfen. Lockere Schrauben und Bolzen nachziehen und sichern

Boote

Tauenden sichern

Ungesicherte Tauenden (Tampen) drehen sich gern auf. Deshalb müssen sie mit Segel- oder Takelgarn betakelt, d. h. umwickelt und umnäht werden. Ein solcher Endenschutz wird als Takling bezeichnet. Tauwerk aus Kunstfasern schützt man vor dem Aufdrehen dadurch, daß man die Tampenenden über einer Flamme leicht anschmelzen läßt und zusammendrückt.

Es gibt noch ein paar Punkte, die man beachten sollte. Einmal darf die einfache Takling nicht breiter sein, als das Ende des Taus dick ist. Wenn die Tauenden besonders stark sind, setzt man zwei Taklings, zwischen denen ein Abstand bestehen soll, der der doppelten Breite einer einfachen Takling entspricht. Feuchtes Tauwerk muß zuerst trocknen; würde man es nämlich feucht umwickeln, zieht es sich beim Trocknen zusammen und die Takling würde sich lösen und abfallen.

Einen Riß im Segel flicken

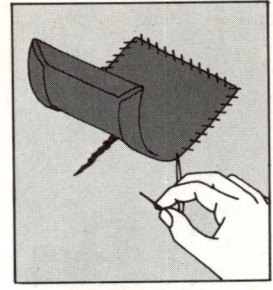 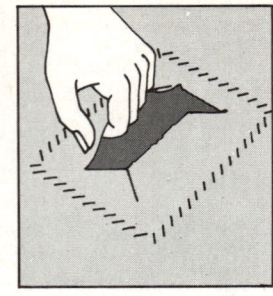 

1. Ecken des Flickens einschneiden, Kanten umschlagen und Flicken mit Saumstichen annähen

2. Segel wenden, Enden des Risses im Winkel einschneiden, Ränder nach innen umlegen

3. Die umgeschlagenen Kanten mit zwei Saumstichen pro Zentimeter an den Flicken nähen

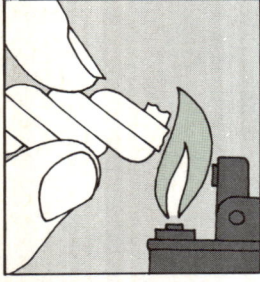 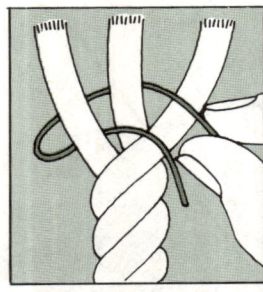 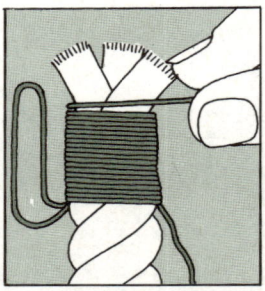 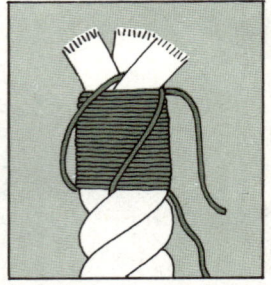 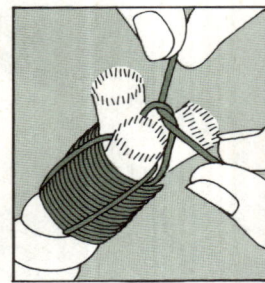

Kunstfasertampen: Enden anschmelzen, mit angefeuchteten Fingern zusammendrücken

1. Bei Naturfasern Tampen aufdrehen; Takelgarnschlinge um ein Kardeel legen

2. Schlinge und kurzes Ende des Garns beim Umwickeln herausragen lassen

3. Schlinge über ein Kardeel legen und durch Anziehen des kurzen Garnendes straffen

4. Das kurze und das lange Garnende zwischen den Kardeelen miteinander verknoten

Spleißen eines Taus

Sollen zwei Taue miteinander verbunden werden, Enden beider Taue aufdrehen und die Kardeele beider Tampen miteinander verflechten. Dieses „Spleißen" hat den Vorteil, daß sich die Verflechtung der Kardeele niemals lösen kann.

In gleicher Weise läßt sich ein Augspleiß am Tampen eines Taus anbringen. Umwicklung lösen und Kardeele an der Stelle aufdrehen, wo das Auge eingespleißt werden soll. Um bequem arbeiten zu können, die Kardeele in einer Länge aufdrehen, die etwa dem Zehnfachen der Stärke des Endes entspricht.

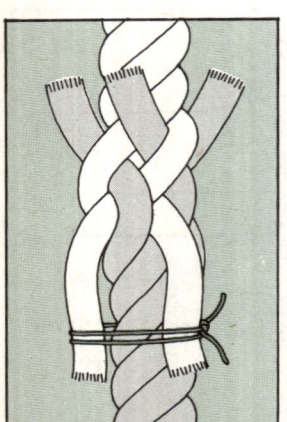 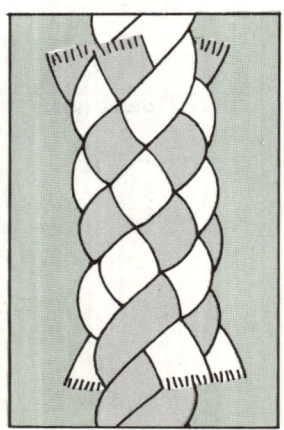 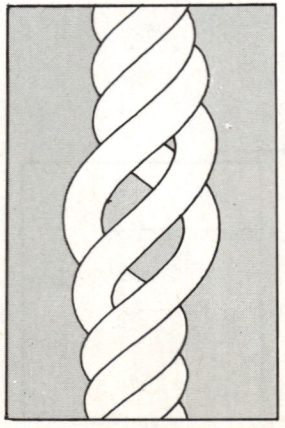 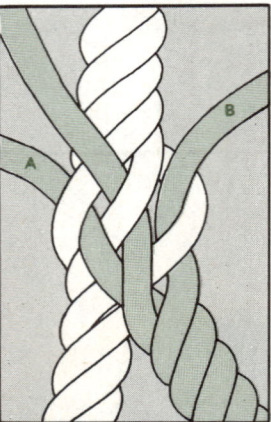 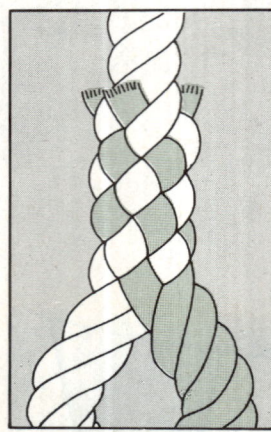

1. Beide Tampen aufdrehen und die offenen Kardeele beider Tampen miteinander verflechten. Die Kardeelenden eines Tampens festbinden

2. Die freien Kardeele drei- bis viermal in das andere Tau einflechten. Dessen Enden losbinden und verflechten. Was übersteht, abschneiden

1. Um einen Augspleiß anzubringen, Tampenumwicklung lösen und die drei Kardeele des Taus an der Stelle aufdrehen, wo einzuflechten ist

2. Mittleres Kardeel des Tampens mit dem des Taus verflechten, Kardeel A mit oberem, Kardeel B mit unterem Kardeel des Taus verflechten

3. Tau weiter aufdrehen und die Kardeele des Tampens drei- bis viermal einflechten, jeweils nach oben unter einem Kardeel durchstecken

Wartungsarbeiten an Außenbordmotoren

Am Ende der Saison sollte man noch am Urlaubsort den Motor gründlich mit Süßwasser (Wasserschlauch) durchspülen. Man öffnet die Abdeckhaube, prüft, ob Salzwasser und Sand eingedrungen sind und spült auch hier kräftig mit Süßwasser nach (nicht den vollen Wasserstrahl auf den Vergaser und die Zündanlage richten).

Am Heimatort nimmt man dann den Motor vom Schiff ab und setzt ihn auf einen Ständer. Das Unterwasserteil legt man in ein großes

Gefäß mit reichlich Wasser, damit der Motor auf diesem Prüfstand probelaufen kann.

Dem Kraftstoff gibt man sogenannten Fuel-Conditioner bei; dieses Mittel dient der Stabilisierung des Benzins. Nun läßt man den Motor einige Minuten laufen, damit der Kraftstoff in Vergaser und Kraftstoffilter eindringen kann.

Derart behandelten Kraftstoff kann man bis zu einem Jahr aufbewahren. Während der letzten Minuten des Probelaufs sprüht man Rostschutzöl in die Luftansaugöffnung des Motors, bis der Motor stehenbleibt. Dann nimmt man den Motor wieder aus dem Wasser und läßt ihn abtropfen.

Anschließend läßt man das Getriebeöl ab, füllt frisches ein, nimmt die Kerzen heraus und reinigt sie bzw. montiert neue.

Äußerlich prüft man den Motor auf Schäden, lose Schrauben und schadhaften Lack. Lackschäden bessert man mit Originallack aus.

Dann wird der gesamte Motor außen mit einer Schicht Autowachs dick eingerieben. Die Elektroanlage sowie alle Kabel reibt man mit einem Tuch trocken und behandelt elektrische Anschlüsse mit einem Rostschutzspray. Zum Schluß wird der Tank äußerlich gereinigt, auf Lackschäden untersucht und gegebenenfalls nachlackiert.

Werkzeug: Schraubenzieher, Schraubenschlüssel, Kerzenschlüssel, Feile, Zange, Wasserschlauch
Material: Fuel-Conditioner, Rostschutzöl, Autowachs, Rostschutzspray, Originallack, Getriebeöl, Ersatzkerzen, Mehrzweckspezialfett

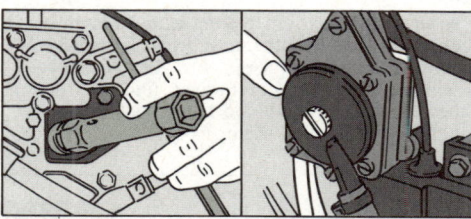

Zündkerzenabstand prüfen, einstellen oder Kerzen ersetzen

Benzinfilter reinigen und mit neuer Dichtung wieder einsetzen

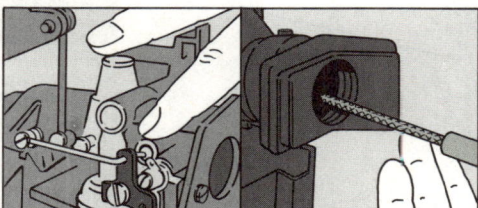

Vergasergestänge prüfen und mit Mehrzweckspezialfett einfetten

Starterseil ganz herausziehen und auf Verschleiß prüfen

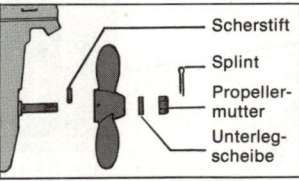

Scherstift
Splint
Propellermutter
Unterlegscheibe

Propeller abnehmen, Scherstift prüfen. Bei Rutschkupplung Propeller abnehmen und Antriebswelle prüfen. Nuten dick einfetten, Propeller mit neuem Splint einsetzen. Beschädigte Propeller glattfeilen

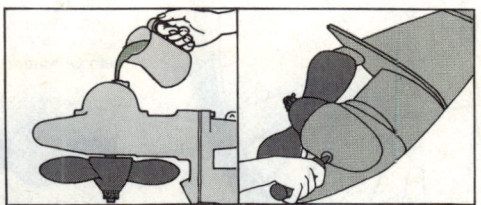

Getriebe: Bei Ölfüllung Motor waagrecht kippen und bis zum Überlaufen einfüllen. Bei Fettfüllung Fett in die Einfüllöffnung pressen, bis es seitlich austritt

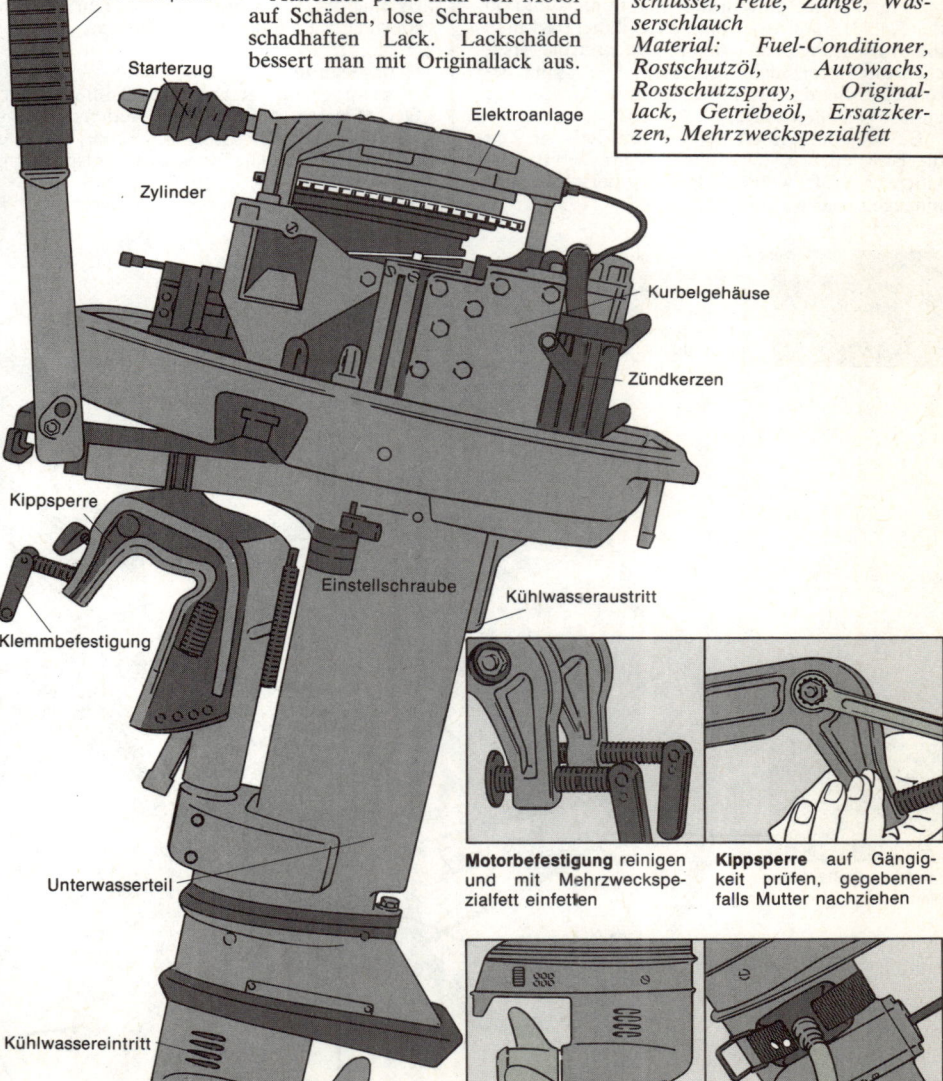

Drehgasgriff und Lenkpinne

Starterzug

Zylinder

Elektroanlage

Kurbelgehäuse

Zündkerzen

Kippsperre

Einstellschraube

Kühlwasseraustritt

Klemmbefestigung

Unterwasserteil

Kühlwassereintritt

Propeller

Motorbefestigung reinigen und mit Mehrzweckspezialfett einfetten

Kippsperre auf Gängigkeit prüfen, gegebenenfalls Mutter nachziehen

Unterwasserteil auf undichte Stellen prüfen; Getriebeöl ablassen

Motor durchspülen: Spezialflansch auf Kühlwassereintrittsöffnung setzen

Fahrräder

Fahrradinspektion

Ein Fahrrad funktioniert um so länger einwandfrei, je sorgfältiger man es wartet; dabei braucht es nicht einmal allzuviel Pflege. Meist genügt es, wenn die Kette geölt wird und die Lichtanlage und die Bremsen durch Sichtprüfung kontrolliert werden.

Die Kugellager moderner Fahrräder sind auf Lebenszeit dauerfettversorgt und brauchen nicht geölt zu werden. Ölnippel gibt es nur noch bei alten Fahrrädern. Stellen sich jedoch an einem Lager unübliche Geräusche ein oder bekommt es Spiel, muß das betreffende Teil zerlegt, geprüft und neu gefettet werden.

Bei einer Sichtprüfung der Lichtanlage stellt man fest, ob sie einwandfrei funktioniert und ob der Kabelverlauf in Ordnung ist; dabei darf man die Rückstrahler an den Pedalen und die Speichenreflektoren nicht vergessen. Diese sind besonders wichtig, wenn die aktive Lichtanlage einmal ausfallen sollte.

Bei Felgenbremsen sollten von Zeit zu Zeit die Bowdenzüge sowie der Zustand der Bremsklötze geprüft werden. Rücktrittnabenbremsen hingegen sind wartungsfrei.

FAHRRADBAUGRUPPEN UND IHRE MERKMALE

Tourenräder: Gebrauchsräder für den Alltag. Kennzeichen ist ein solider Rahmen mit schlichter Farbgebung. Es ist nur das Standardzubehör vorhanden.

Sporträder und Leichtlauf-Sporträder: Hier ist der Rahmen sportlich lackiert. Zur Ausstattung sollten ein flacher Lenker mit Felgenbremsen sowie blanke Schutzbleche (z.B. aus rostfreiem Stahl) gehören. Diese Fahrräder haben eine Schaltung, eine zierliche Beleuchtungseinrichtung und eignen sich für sportliches Fahren und für Touren.

Rennsporträder: Leichter Rahmen mit tiefgeschwungenem Renn- oder Tourenlenker. Der Antrieb erfolgt über Kettenschaltung mit bis zu zwölf Gängen. Rennsporträder haben sehr schmale Reifen mit entsprechenden Schutzblechen. Gepäckträger und Beleuchtungseinrichtung sind zierlich. Rennsporträder haben schon die Kennzeichen von hochwertigen Rennmaschinen.

Wettbewerbsfahrräder: Der Fachmann spricht hier nicht von Fahrrädern, sondern von Rennmaschinen. Der Rahmen ist aus hochwertigen Materialien gefertigt. Genauso sind Schaltungen, Bremsen, Naben, Tretlager und Sattel Spitzenprodukte. Die Reifen sind extrem schmal als Schlauchreifen ausgebildet und verfügen über sehr geringe Rollwiderstände. Es fehlen sämtliche Anbauteile eines normalen Fahrrades, wie Lichtanlage, Schutzbleche oder Gepäckträger. Rennmaschinen werden in der Freizeit und in Wettbewerben eingesetzt. Sie lassen sich nur auf befestigten Straßen sicher bewegen.

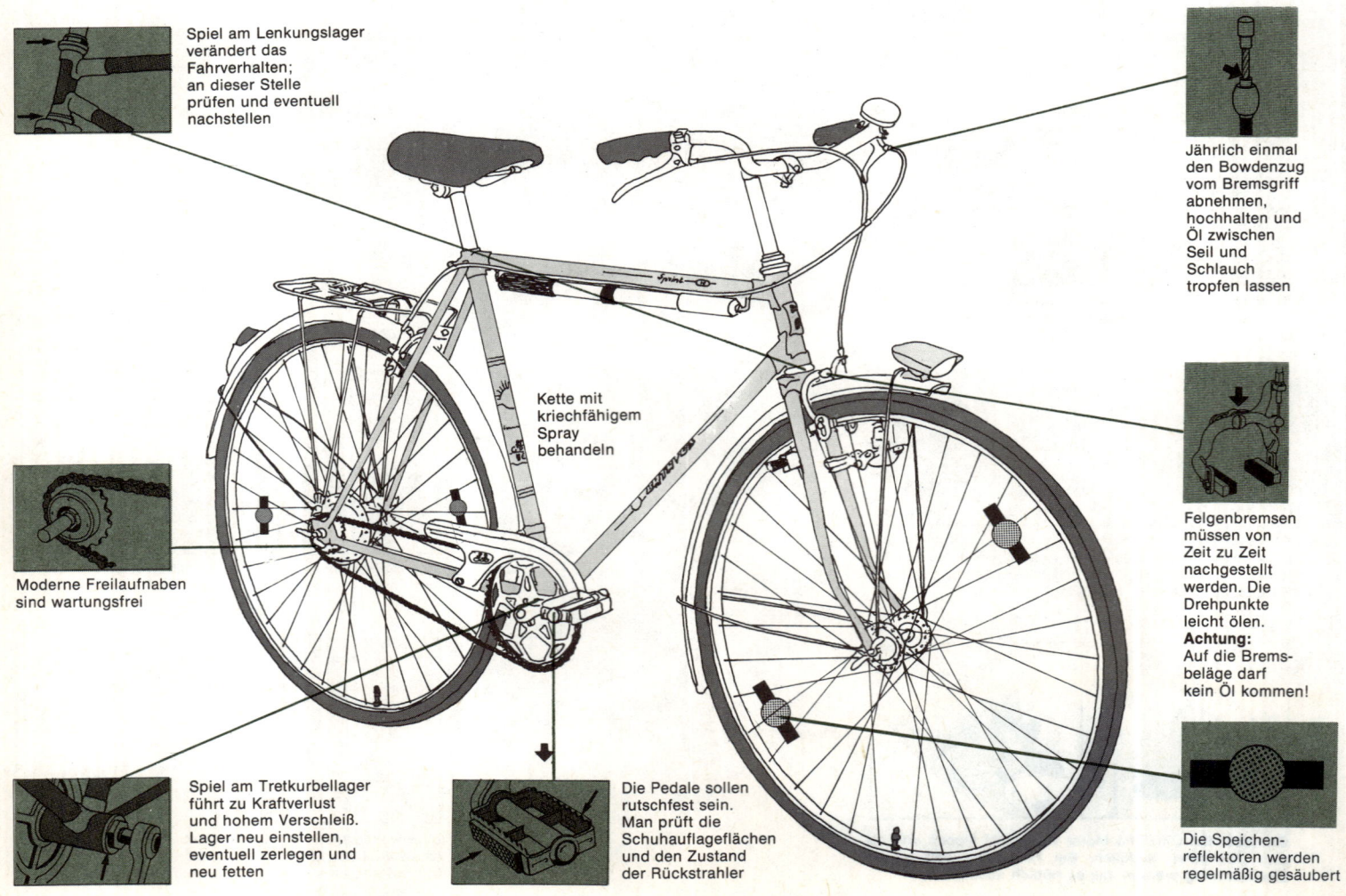

Spiel am Lenkungslager verändert das Fahrverhalten; an dieser Stelle prüfen und eventuell nachstellen

Jährlich einmal den Bowdenzug vom Bremsgriff abnehmen, hochhalten und Öl zwischen Seil und Schlauch tropfen lassen

Kette mit kriechfähigem Spray behandeln

Moderne Freilaufnaben sind wartungsfrei

Felgenbremsen müssen von Zeit zu Zeit nachgestellt werden. Die Drehpunkte leicht ölen. **Achtung:** Auf die Bremsbeläge darf kein Öl kommen!

Spiel am Tretkurbellager führt zu Kraftverlust und hohem Verschleiß. Lager neu einstellen, eventuell zerlegen und neu fetten

Die Pedale sollen rutschfest sein. Man prüft die Schuhauflageflächen und den Zustand der Rückstrahler

Die Speichenreflektoren werden regelmäßig gesäubert

Einen Schlauch flicken

Die Ursache eines platten Reifens kann ein beschädigter Schlauch oder ein defektes Ventil sein. Zuerst prüft man das Ventil. Wenn es in Ordnung ist, sucht man den Reifen nach Nägeln, Glassplittern oder scharfen Steinchen ab.

Wenn man eine Beschädigung gefunden hat, nimmt man das Rad aus dem Rahmen und zieht Reifen und Schlauch ab. Man überzeugt sich, daß das Felgenband in Ordnung ist und die Speichennippel so abdeckt, daß keiner ins Felgenbett vorsteht. Um unterwegs ein Loch zu entdecken, bewegt man den leicht aufgepumpten Schlauch langsam dicht am Ohr oder an den angefeuchteten Lippen vorbei. Sicherer aber ist es, den aufgepumpten Schlauch Stück für Stück durch ein Wasserbad zu ziehen und auf Luftbläschen zu achten. Wenn die schadhafte Stelle gefunden ist, wird sie sorgfältig mit Filzstift markiert.

Material: Reparaturset mit Filzstift, Schleifpapier oder Aufrauhblech, Gummilösung und Gummiflicken, Lappen Werkzeug: Gabelschlüssel und Kombizange

Um die Dichtheit eines Ventils zu prüfen, nimmt man etwas Speichel auf den Zeigefinger und hält ihn unter das Ventil. Wenn das Ventil defekt ist, bilden sich Luftblasen.

Bei einer Reparatur zu Hause kann man auch ein gefülltes Wasserglas unter das Ventil halten.

Ein defektes Rückschlagventil muß man durch ein neues ersetzen. Bei Ventilen mit Gummischlauch zieht man diesen ab, feuchtet das Ventil an und streift einen neuen Schlauch über.

Sicherheitskappen, die zusätzlich auf das Ventil geschraubt werden, sind kein Luxus. Sie verhindern, daß Schmutz eindringt.

Grundsätzlich sollte man ein Fahrrad mit den modernen Rückschlagventilen ausrüsten, denn sie erleichtern das Aufpumpen. Einen Satz Ventile sollte man immer in der Werkzeugbox haben.

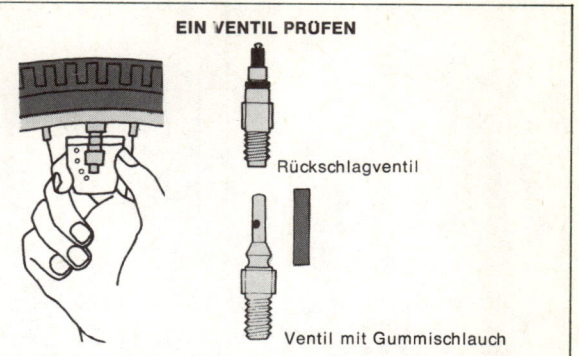

EIN VENTIL PRÜFEN

Rückschlagventil

Ventil mit Gummischlauch

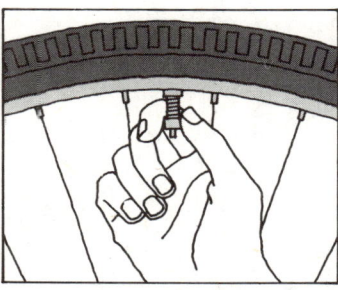

1. Zunächst die äußere Ventilmutter abschrauben, dabei mit der andern Hand am Ventilrohr gegendrücken; Ventil lockern und herausziehen

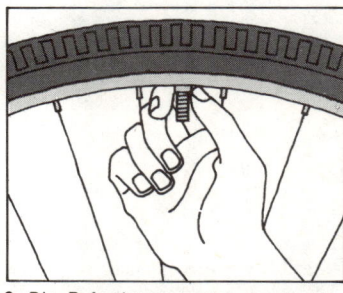

2. Die Befestigungsmutter des Ventilrohrs losschrauben und das Ventilrohr halb in den Reifen hineindrücken. Das Gewinde dabei nicht verkratzen

3. Mit dem Daumen den Reifen ins Tiefbett drücken und über den Felgenrand heben. Hilfsmittel könnten den Schlauch verletzen

4. Wenn ein Viertel der einen Reifenseite aus der Felge gehoben ist, wird der Rest mit der Hand Stück für Stück über den Felgenrand gezogen

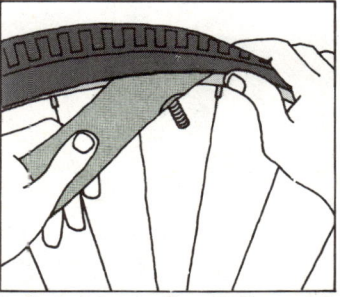

5. Nach Lösen eines Reifenrandes kann man den Schlauch vorsichtig zwischen Felge und Reifen herausziehen, bis er ganz frei ist

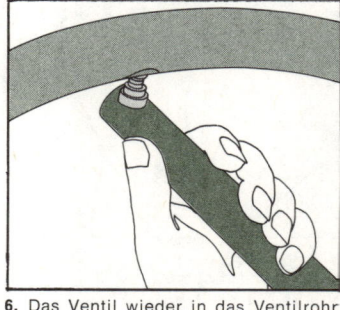

6. Das Ventil wieder in das Ventilrohr stecken, die Ventilmutter darüber schrauben und den Schlauch langsam bis zur Reifenstärke aufpumpen

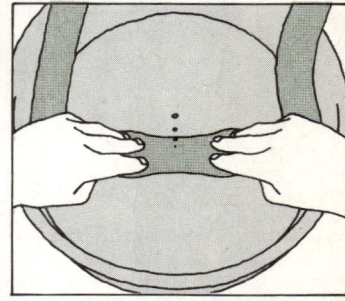

7. Den Schlauch abschnittweise ins Wasser tauchen und dabei leicht auseinanderziehen, um auch noch allerkleinste Löcher festzustellen

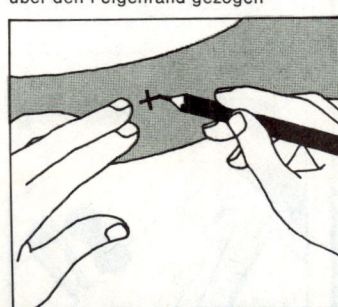

8. Wenn ein Loch gefunden wurde, die Stelle mit Filzstift markieren. Immer aber den ganzen Schlauch prüfen, da er mehrere Löcher haben kann

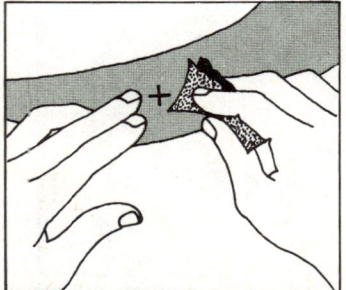

9. Luft aus dem Schlauch und diesen trocknen lassen. Reparaturstelle mit Schleifpapier oder Aufrauhblech aufrauhen und den Staub entfernen

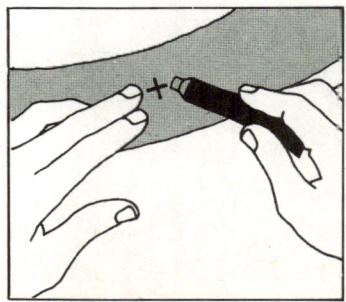

10. Gummilösung um das Loch herum auftragen und warten, bis die Klebeschicht so weit abgelüftet ist, daß sie nicht mehr feucht ist

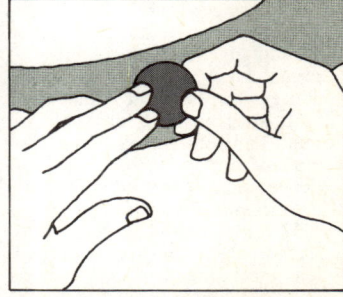

11. Schutzpapier vom Flicken abziehen und diesen mit der Klebeseite fest auf den Schlauch pressen und mit dem Handballen anklopfen

Fahrräder

Schlauch und Reifen aufziehen

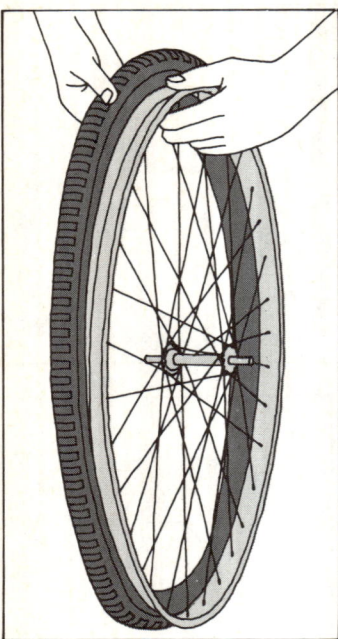

1. Eine Reifenseite Stück für Stück über die Felgenkante pressen. Das Felgenband darf nicht verrutschen, und das Ventilloch muß offenbleiben

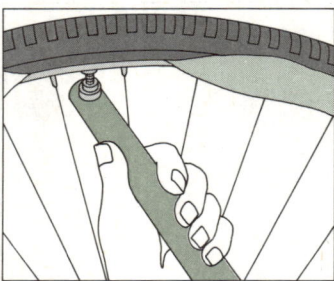

2. Reifenrand am Ventilloch der Felge zurückdrücken und Ventilrohr von innen durch die Öffnung schieben, bis es genau senkrecht steht

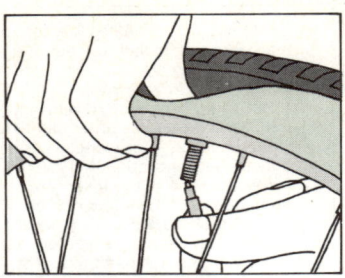

3. Befestigungsmutter am Felgenloch aufschrauben, Ventil einsetzen, so daß es gut einrastet, und mit Ventilmutter fest ins Ventilrohr schrauben

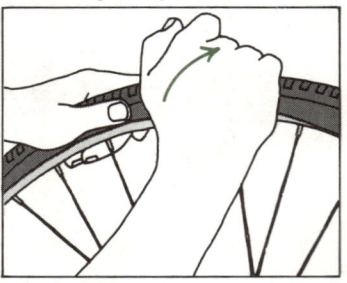

4. Schlauch etwas aufpumpen. Er muß noch so weich bleiben, daß man ihn später ohne Gewalt unter dem Reifen auf die Felge bringen kann

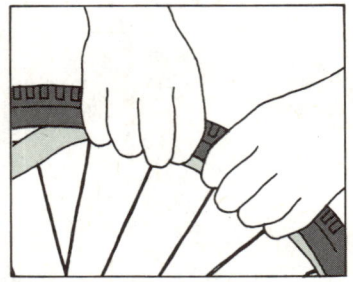

5. Schlauch unter dem Reifen auf die Felge drücken. Darauf achten, daß er unverdreht und ohne Falten in der Mitte des Felgenbetts zu liegen kommt

6. Die freie Reifenkante über den Felgenrand in die Felge drücken, das Reifenstück am Ventil zum Schluß. Schlauch nirgends einklemmen

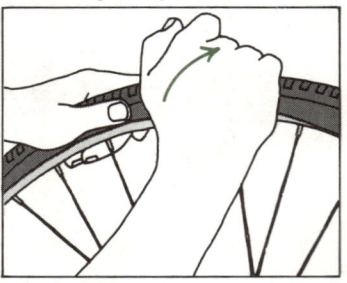

7. Reifen von beiden Seiten her durch Walken und Klopfen in die Felgenmitte drücken, bis das letzte Stück der Felgenränder ganz eingerastet ist

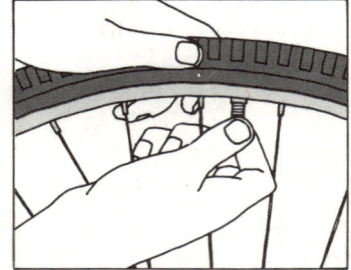

8. Ventilrohrmutter lockern, Ventil halb in den Reifen drücken, wieder herausziehen, Mutter fest anziehen. Erst dann den Reifen prall aufpumpen

Das Felgenband hat den Zweck, den Schlauch vor Beschädigung durch die Speichennippel zu schützen. Bei jedem Reifenwechsel sollte man deshalb auch zugleich das Felgenband kontrollieren. Schäden beginnen oft als Rostflecken, aus denen sich Risse oder Löcher entwickeln können.

Hervorstehende Speichen und Nippel werden mit einer schmalen Flachfeile vorsichtig abgefeilt. Wichtig ist, daß man den ganzen Umfang des Rads sorgfältig kontrolliert.

EIN NEUES FELGENBAND AUFZIEHEN

1. Das Felgenband mit der gewölbten Seite so auf die Felge legen, daß das Loch im Band genau über der Ventilöffnung der Felge liegt

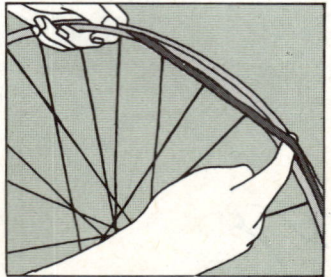

2. Sorgfältig darauf achten, daß das Band beim Aufziehen nicht verdreht wird und genau in der Mitte des Felgenbetts sicher aufliegt

Eine Kette prüfen und aufziehen

Eine Fahrradkette nützt sich durch die Beanspruchung beim Fahren ab. Außerdem setzen ihr Staub, Ölmangel, Rost und falsche Spannung zu.

Jedes Kettenglied besteht aus zwei auf einer Seite vernieteten Laschen mit einer Rolle oder Buchse dazwischen. Die Enden normaler Ketten sind durch ein Verbindungsglied (Kettenschloß) verbunden, das man öffnen kann. Ketten für Kettengangschaltungen haben keine Verbindungsglieder.

Neu gekaufte Ketten sind meist um ein oder zwei Reservegliedern zu lang und müssen vor dem Auflegen verkürzt werden. Am leichtesten geht das mit einem Nietenzieher; ein Hammer und ein Durchschlag genügen aber auch.

Material: Neue Kette, Kettenspray
Werkzeug: Nietenzieher oder dünner Durchschlag und Hammer, Kombi- oder Spitzzange, Gabelschlüssel, Drahtbürste

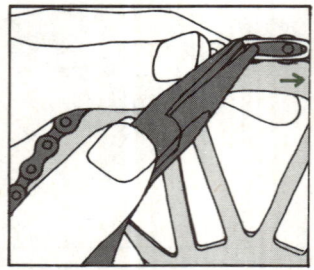

1. Die federnde Verbindungsklammer wird entfernt, indem man ihr offenes Ende auseinanderdrückt und sie von den Bolzen schiebt

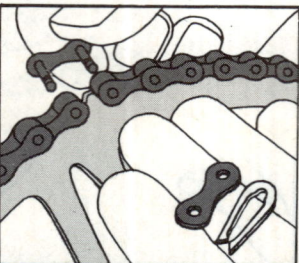

2. Nach Abnehmen der Klammer zieht man die Lasche ab und schiebt das Verbindungsglied heraus

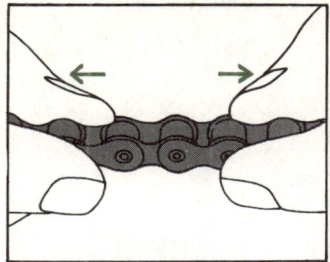

3. Zur Probe zieht man zwei benachbarte Kettenglieder auseinander. Wenn sie viel Spiel haben, sollte man eine neue Kette kaufen

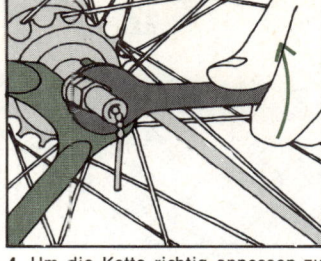

4. Um die Kette richtig anpassen zu können, lockert man die Achsmuttern des Hinterrads und schiebt es soweit wie möglich nach vorn

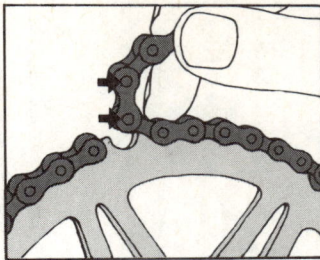

5. Die Kette fest über beide Zahnräder legen. Die Pfeile zeigen die beiden Nieten, die man entfernen muß, damit die Kette paßt

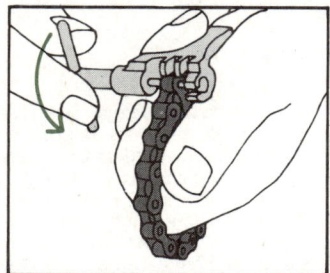

6. Jetzt steckt man ein Ende des Kettenglieds in den Nietenzieher und drückt damit den Niet heraus, ebenso dann den zweiten

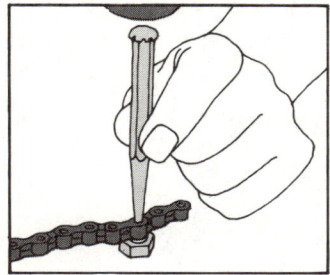

7. Wenn man keinen Nietenzieher hat, legt man das Kettenglied auf eine entsprechend dicke Mutter und schlägt den Niet heraus

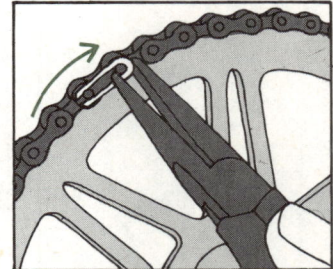

8. Kette auflegen und das Verbindungsglied in die Enden stecken. Dann die Klammer so aufsetzen, daß sie in den Nuten der Zapfen liegt

9. Hinterrad so weit zurückschieben, daß die Kette 10–15 mm Spiel hat. Hinterrad gerade ausrichten und Achsmuttern fest anziehen

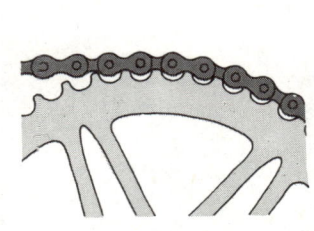

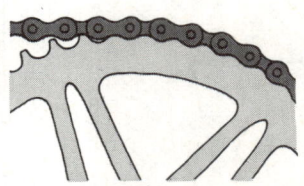

KETTENABNUTZUNG

Abgenutzt: Die Kette ist verzogen, die Glieder passen nicht über die Zähne des Tretrads

Nicht abgenutzt: Die Kette liegt bis zum Abheben voll zwischen den Zähnen des Tretrads auf

Eine Kette reinigen

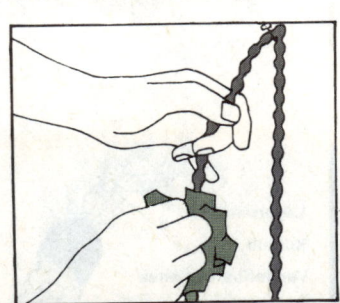

1. Die Kette mit Kaltreiniger oder in Petroleum reinigen und dann mit einer Drahtbürste säubern

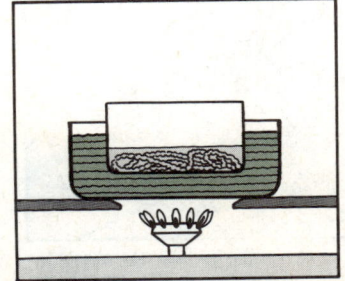

2. Kettenfett im Wasserbad erwärmen und die Kette darin ungefähr 15 Minuten liegenlassen

3. Man kann auch ein kriechfähiges Kettenspray verwenden. Normales Öl wird zu rasch ausgewaschen

Speichen erneuern und ein Rad geraderichten

Eine einzige schlechte Speiche kann den Lauf eines Rades beeinträchtigen, zu ungleichmäßiger Bremswirkung führen und das Rad schlingern lassen. Speichen sind leicht zu erneuern; vom Hinterrad muß man dazu allerdings das Kettenrad abnehmen oder aber die Speichenenden in besonderer Weise zurechtbiegen (siehe S. 520).

Speichen sind in der Radnabe jeweils paarweise über Kreuz befestigt. In der Abbildung unten ist die richtige Anbringung der Speichen für ein Vorder- und ein Hinterrad gezeigt. Falls mehrere Speichen fehlen, ist es wichtig, die Ersatzspeichen in der richtigen Weise „einzufädeln" und zu überkreuzen. (Forts. S. 520)

Material:	Ersatzspeichen der richtigen Länge Speichennippel
Werkzeug:	Speichenschlüssel Schraubenzieher feine Feile Lineal Kreide

GLEICHLAUFFEHLER EINES RADES

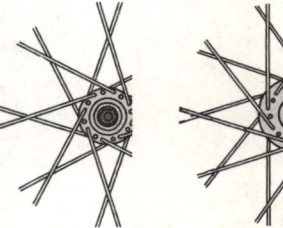

Vorderrad   Hinterrad

Durch falsch gespannte Speichen kann ein Rad entweder einen Höhenschlag bekommen oder einen Seitenschlag. Beim Höhenschlag „eiert" es, beim Seitenschlag „hat es eine Acht"

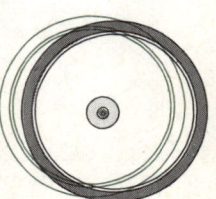

Höhenschlag   Seitenschlag

Fahrräder

(Fortsetzung von S. 519)

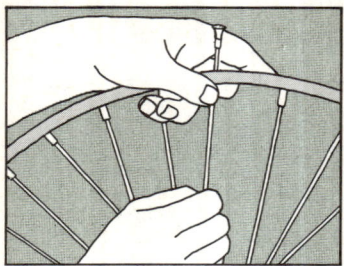

1. Bereifung und Felgenband abnehmen. Ist eine Speiche gebrochen, die Enden herausziehen. Bei verbogenen Speichen Nippel abschrauben und Speichen zuerst aus der Felge nehmen

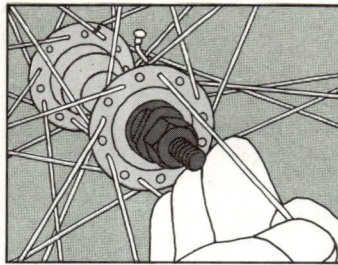

2. Neue Speiche durch das Nabenloch schieben. Ihr Köpfchen muß immer wechselweise auf der anderen Nabenseite liegen als die Köpfchen der beiden Nachbarspeichen

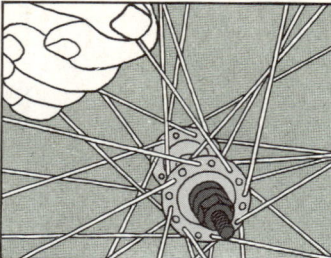

3. Speiche ganz durch das Loch ziehen und zur Felge führen. Dabei muß man darauf achten, daß sie die richtige Anzahl der vorhandenen Speichen in der richtigen Weise kreuzt

4. Speiche durch das Loch in der Felge führen und einen Nippel von Hand auf ihr Gewindeende schrauben. Den Nippel immer fester anziehen und somit die Speiche spannen

5. Läßt sich das hintere Kettenrad nur schwer abnehmen, kann man die Speiche mit einem Trick einziehen. Dazu wird ein 3-mm-Loch in einen Fahrradschlüssel gebohrt

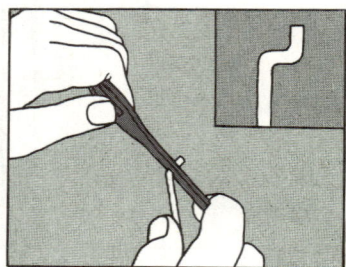

6. Von einer Speiche, die rund 25 mm länger sein sollte, als man sie braucht, schneidet man das Köpfchen ab und biegt ihr Ende mit dem Schlüssel in die rechts oben gezeigte Form

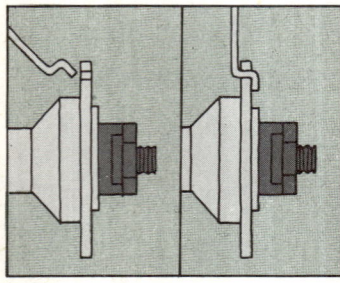

7. Speiche wie gezeigt in das Loch einführen und mit dem Nippel an der Felge befestigen. Besser ist es aber immer, das Kettenrad abzunehmen und eine Originalspeiche einzusetzen

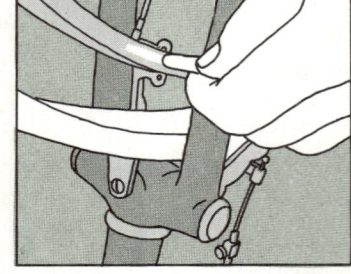

8. Um seitliche Radabweichungen feststellen zu können, hält man ein Stück Kreide quer an die Felge und dreht das Rad. Die Seitenschläge des Rads müssen dabei die Kreide berühren

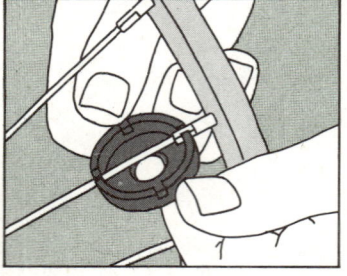

9. Nun zieht man an den kreidemarkierten Stellen die zur gegenüberliegenden Nabenseite führenden Speichen an und läßt die anderen, wenn nötig, nach, bis das Rad gerade läuft

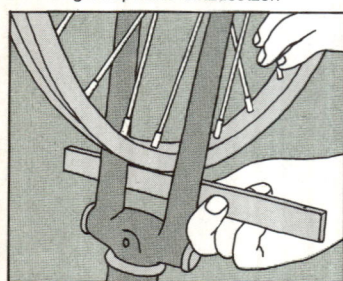

10. Zur Behebung eines Höhenschlags legt man ein Lineal genau rechtwinklig zu den Felgenrändern quer über die Radgabel und dreht dann das Rad langsam daran vorbei

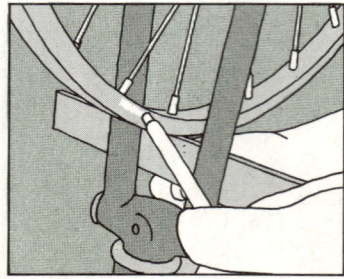

11. Nun hebt man das Lineal so weit an, bis die unrunden Stellen der Felge, die Höhenschläge, daran streifen. Diese Stellen markieren und die betreffenden Speichen anziehen

12. Zum Schluß prüfen, ob irgendwo Speichenenden über die Nippel im Felgenbett vorstehen. Solche Enden gegebenenfalls bis auf die Nippel abfeilen und Ränder glattschleifen

Radlager prüfen und erneuern

Lager werden durch den Betrieb abgenutzt. Es bekommt ihnen auch schlecht, wenn Staub und Schmutz eindringen, wenn sie nicht regelmäßig geölt werden oder wenn die Konusse zu fest angezogen sind. In erster Linie sind die Lagerkugeln und die Konusse vom Verschleiß betroffen, seltener die Lagerschalen.

Wenn die Lagerschalen beschädigt sind, muß man die ganze Nabe erneuern. Lagerschäden kann man als rauhes Kratzen fühlen.

Material: Neue Kugeln und Konusse, Lagerfett, Petroleum
Werkzeug: Verschiedene Schraubenschlüssel, Schraubstock

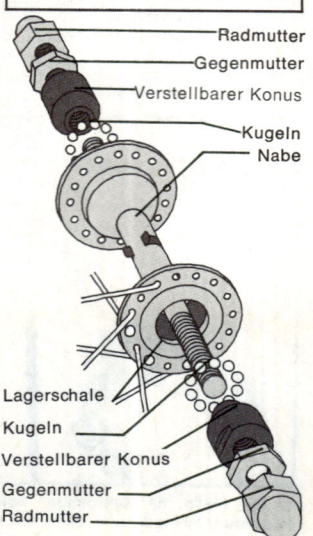

Radmutter
Gegenmutter
Verstellbarer Konus
Kugeln
Nabe

Lagerschale
Kugeln
Verstellbarer Konus
Gegenmutter
Radmutter

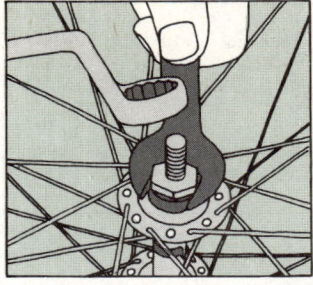

1. Radmuttern abschrauben und Rad aus der Gabel heben. Beim Hinterrad die Kette vom Zahnrad abnehmen. Sie bleibt am Rahmen

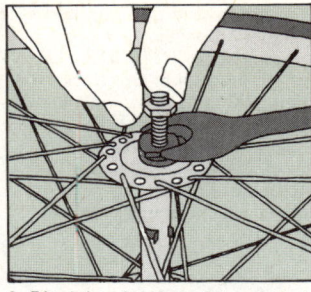

2. Die Achse in einen Schraubstock spannen und den beweglichen Konus mit einem Schlüssel festhalten. Dann die Achsmutter abschrauben

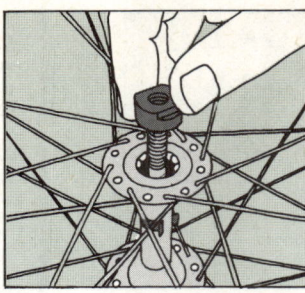

3. Den Konus sollte man eigentlich von Hand abschrauben können. Doch meistens braucht man einen Schlüssel, um ihn zu lösen

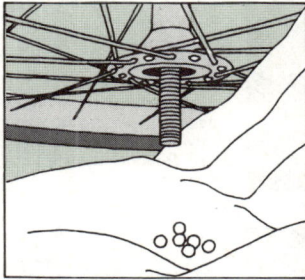

4. Achse aus dem Schraubstock nehmen, Rad umdrehen und Kugeln aus dem Lager nehmen. Die Kugeln sorgfältig aufbewahren

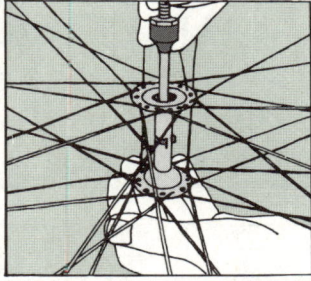

5. Achse aus der Nabe ziehen und die Kugeln der anderen Lagerseite entfernen. Auch hier die Kugeln auffangen und aufbewahren

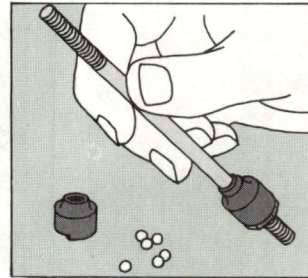

6. Die Kugeln und die Konusse werden mit Petroleum gereinigt. Alle schadhaften Teile sollte man erneuern

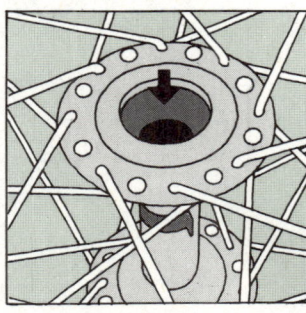

7. Das alte Fett wird aus den Lagerschalen entfernt. Die Schalen auf Abnutzungsspuren überprüfen und notfalls durch neue ersetzen

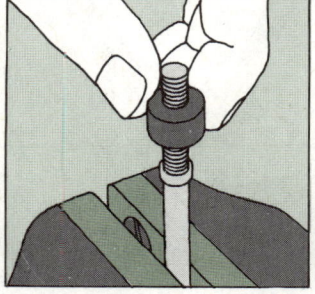

8. Nun spannt man die Achse in den Schraubstock und schraubt den noch festen Konus auf. Ist er beschädigt, muß er erneuert werden

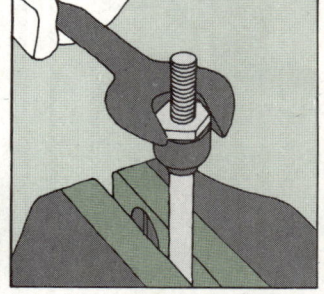

9. Der Konus wird bis zum Anschlag eingeschraubt. Dann zieht man die Gegenmutter mit dem Schraubenschlüssel recht fest an

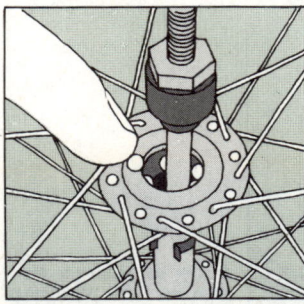

10. Zuerst fettet man die Lagerschalen gut ein und setzt die Kugeln ein. Dann kann man die Achse in die Nabe einführen

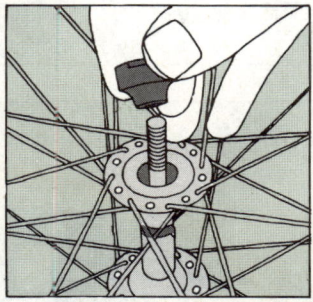

11. Rad umdrehen – dabei auf die Kugeln achten –, Achse im Schraubstock halten und Kugeln und Konus der anderen Seite einsetzen

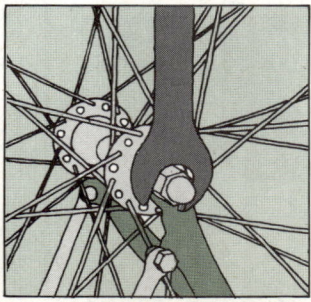

12. Konus von Hand so anziehen, daß sich das Rad in der Gabel unter dem Ventilgewicht von selbst dreht. Radmutter festschrauben

Felgenbremsen einstellen und Bremsklötze erneuern

Felgenbremsen verschiedener Systeme arbeiten nach dem gleichen Prinzip: Die Kraft wird mittels Bowdenzug übertragen. Beim Einstellen und Auflegen neuer Beläge muß man stets auf die richtige Größe der neuen Bremsklötze achten. Am besten sind Klötze, die auch bei Feuchtigkeit gut haften. Die offenen Bremsbacken sollen ca. 3 mm Spiel zum Felgenrand haben.

(Forts. S. 522)

Material: Bremsklötze
Werkzeug: Schraubenschlüssel für Bremsschuhmutter, Schraubenzieher, Hammer, spitze Flachzange, Schraubstock

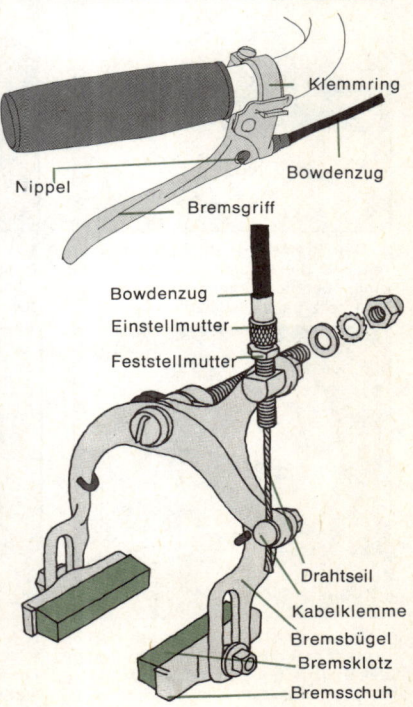

Fahrräder

(Fortsetzung von S. 521)

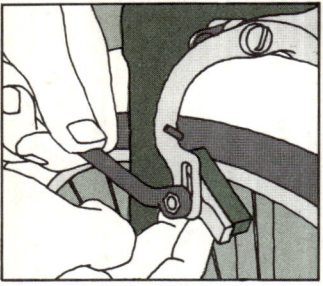

1. Die Bremsschuhmutter am Ende des Bremsbügels lösen und den Bremsschuh mit dem Klotz aus dem Führungsschlitz des Bügels nehmen

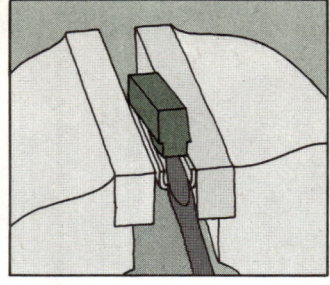

2. Den Bremsschuh fest in einen Schraubstock spannen und den Bremsklotz mit einem Schraubenzieher heraushebeln oder herausdrücken

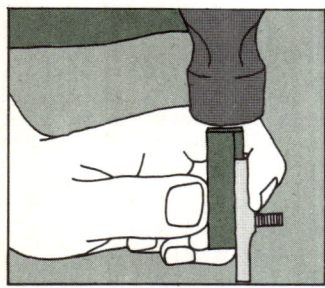

3. Bremsschuhbacken eventuell ein wenig erweitern, Bremsschuh aufrecht auf harte Unterlage stellen und Bremsklotz hineinklopfen

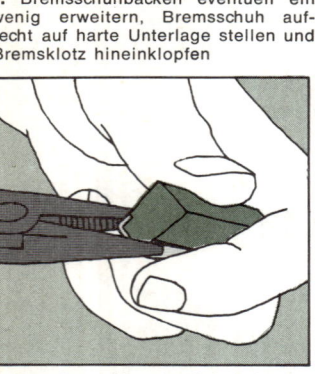

4. Den Bremsklotz im Schuh festhalten und die Backen des Schuhs mit einer Zange zusammendrücken, bis der Klotz ganz festsitzt

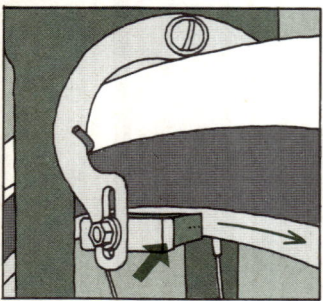

6. Dabei muß man unbedingt darauf achten, daß die geschlossenen Enden der Bremsschuhe in die Drehrichtung des Rades zeigen

5. Bremsklötze mit angezogener Bremse genau in Laufrichtung und Höhe des Felgenrands einstellen und Bremsschuhmuttern anziehen

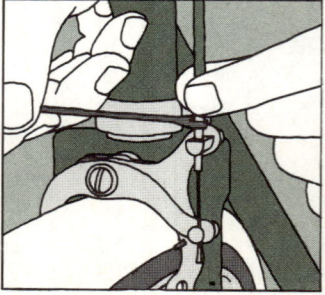

7. Mit der Einstellmutter die Bremsklötze in den günstigsten Abstand zur Felge bringen und dann die Feststellmutter gut anziehen

Einen Fahrradrahmen lackieren

Fahrradrahmen sind auf eine lange Lebensdauer ausgelegt, werden aber durch den täglichen Gebrauch oft unansehnlich. Lackiert man den Rahmen neu, hat man wieder ein attraktives Fahrrad, das mit einigen Anbauteilen modernisiert werden kann. Auf jeden Fall ist eine neue Lackierung wesentlich billiger als ein neues Fahrrad.

Material: Abbeizer, Grundierfarbe, Farblack, Schleifpapier (Körnung 360), Zierstreifen oder Glitterpaint
Werkzeug: Diverse Gabelschlüssel, Schraubenzieher, Verdünner, Klebstreifen

1. Alle Anbauteile des Fahrrades demontiert man soweit wie möglich. Schwer entfernbare Teile, z. B. Tretlager, werden abgedeckt

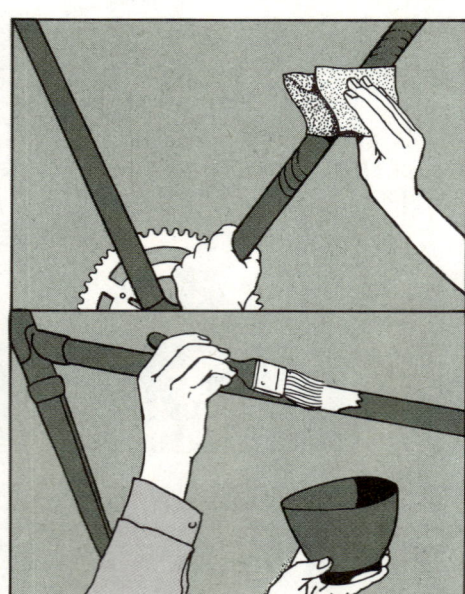

2. Wenn der alte Decklack noch gut haftet, braucht man ihn nur anzuschleifen; sonst sollte man ihn mit einem Abbeizmittel ganz abtragen

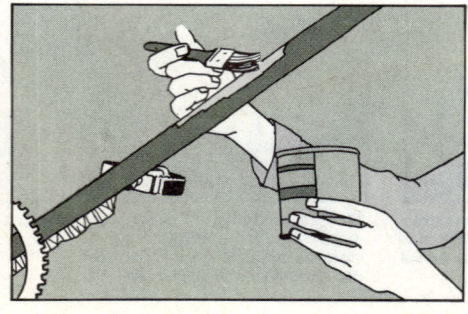

3. Der so gereinigte Rahmen wird mit Verdünner entfettet und dann grundiert. Die Grundierung kann mit dem Pinsel oder mit der Spraydose aufgetragen werden

Vorderradgabellager prüfen und erneuern

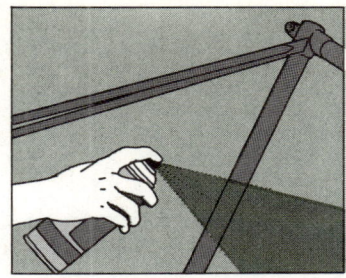

4. Die Grundierung wird mit feinem Schleifpapier geschliffen. Dann trägt man den farbigen Decklack mit der Spraydose auf. Der Lack muß deckend und gleichmäßig aufgesprüht werden

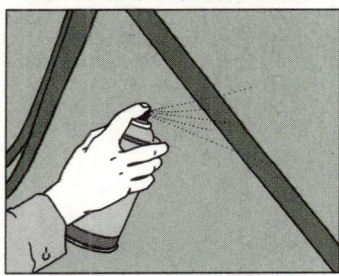

5. Der farbige Decklack wirkt besonders attraktiv, wenn er, noch bevor er abgetrocknet ist, mit einem Klarlack überzogen wird. Auch hierzu verwendet man Lack aus der Dose

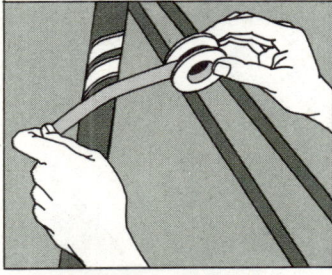

6. Wenn der Lack getrocknet ist, kann man seiner Phantasie freien Lauf lassen und Zierstreifen aller Art aufbringen; Zierstreifen gibt es in Fahrradgeschäften

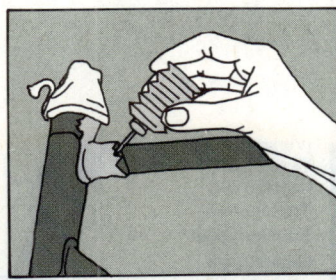

7. Neu im Handel sind Dekorfarben aus der Sprühflasche. Solches Glitzerpaintmaterial ergibt einen interessanten Glitzereffekt und erhöht die Attraktivität des Fahrrads

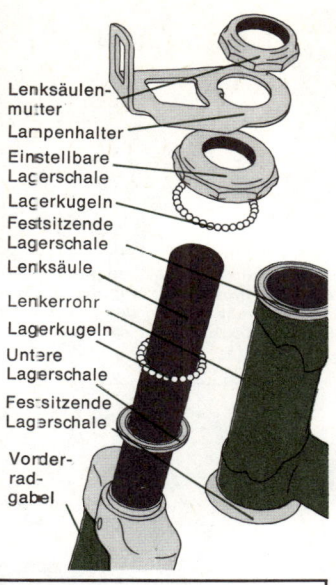

Lenksäulen-mutter
Lampenhalter
Einstellbare Lagerschale
Lagerkugeln
Festsitzende Lagerschale
Lenksäule
Lenkerrohr
Lagerkugeln
Untere Lagerschale
Fessitzende Lagerschale
Vorder-rad-gabel

Material: Kugellager und Lagerschalen, Lagerfett
Werkzeug: Verschiedene Gabelschlüssel, spitze Flachzange, Hammer, Holz- oder Kunststoffhammer, langer Durchschlag, ein Stahlrohr, länger als die Lenksäule

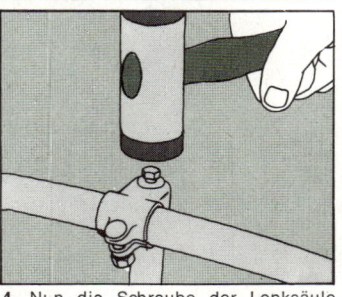

4. Nun die Schraube der Lenksäule mit einem Holz- oder Kunststoffhammer mit leichten Schlägen in die Lenksäule klopfen, bis sie aufsitzt

7. Nachdem man die Ringmutter und den Lampenhalter abgenommen hat, ist die aufgeschraubte obere Kugellagerschale des Lenkers zugänglich

Wenn beim Lenken knirschende oder klickende Geräusche entstehen, sind die Lager beschädigt und sollten erneuert werden.

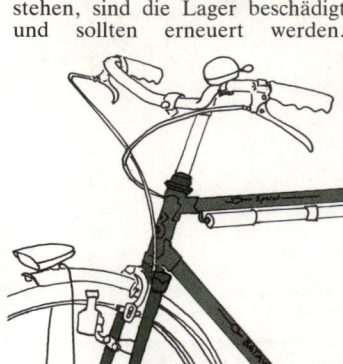

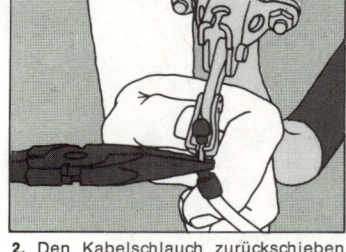

2. Den Kabelschlauch zurückschieben und den Drahtkabelnippel aushaken. Bei einer Stangenbremse die Klemmschrauben lösen, Gestänge abnehmen

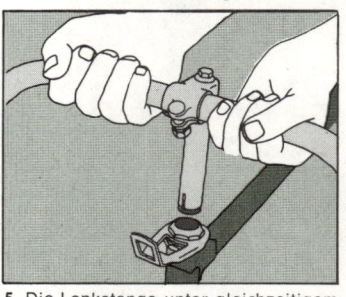

5. Die Lenkstange unter gleichzeitigem Zug nach oben hin und her drehen, bis der Lenkerfuß aus dem Lenksäulenrohr herausgezogen werden kann

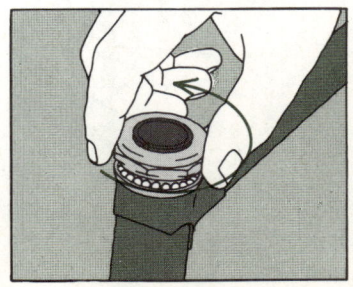

8. Bei aufrecht und ruhig gehaltenem Fahrrad Lagerschale entgegen dem Uhrzeigersinn vorsichtig abschrauben, bis die Kugeln freiliegen

Meist sind zwei Lagerschalen fest mit dem Lenkerrohr verbunden; manchmal sind alle vier Schalen beweglich.

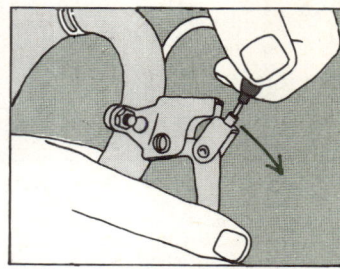

1. Den Bremsgriff anziehen. Beim Wiederloslassen das Ende des Bremskabelschlauchs aus seiner Halterung am Ende des Bremsgriffs herausziehen

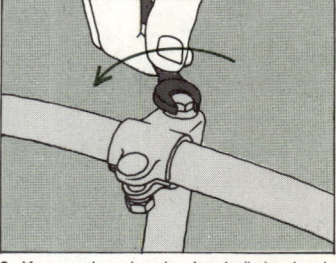

3. Konusschraube der Lenksäule durch Linksherumdrehen so weit lockern, bis sie 5 mm, aber nicht mehr, über den Lenker hinaussteht

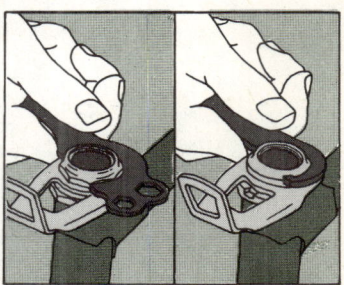

6. Nun läßt sich die Ringmutter über dem Lampenhalter je nach Art der Mutter mit einem passenden Gabel- oder Hakenschlüssel abschrauben

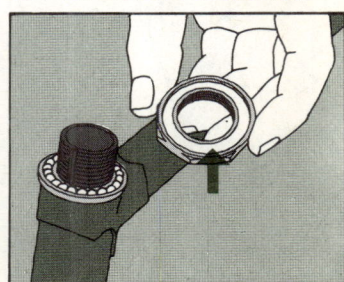

9. Die Kugeln aus dem Lager nehmen und beide Lagerschalen säubern. Falls das Lager stark verschlissen ist, neues Lager kaufen

(Forts. S. 524)

Fahrräder

(Fortsetzung von S. 523)

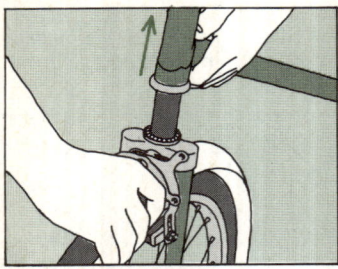

10. Ganzen Fahrradrahmen von der Vorderradgabel abheben; dabei sorgfältig darauf achten, daß vom unteren Lager keine Kugeln verlorengehen. Kugeln aus der unteren Schale nehmen

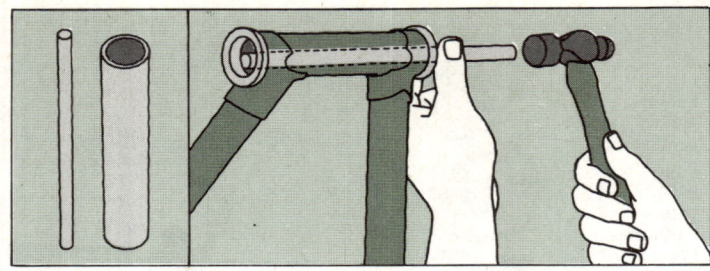

11. Zum Aus- und Einbau der Lagerschalen sind zwei Hilfswerkzeuge nötig: ein kräftiger Durchschlag oder runder Stahlstab, der etwas länger sein muß als das Lenkerrohr, und ein Rohr, das auf die Lenksäule paßt und ein wenig länger als diese sein sollte. Mit dem Durchschlag werden die beiden Lagerschalen aus dem Lenkerrohr geschlagen

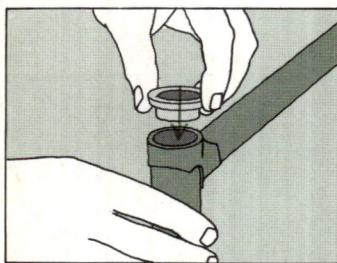

12. Die neuen Lagerschalen werden in das Lenkerrohr des Rahmens gesetzt und vorsichtig festgeklopft. Sie müssen ganz genau passen, damit der Rahmen nicht beschädigt wird

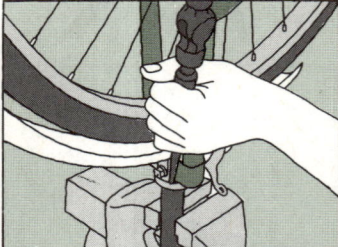

13. Die untere Lagerschale der Lenksäule sitzt dicht auf einem Anschlagring der Lenksäule. Sie wird mit Durchschlag und Hammer vorsichtig entfernt

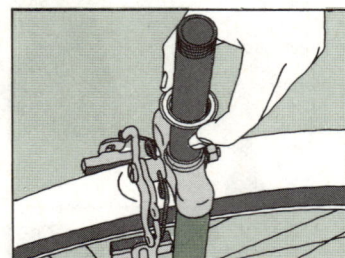

14. Die Lenksäule und besonders der Paßring, auf dem die Lagerschale sitzt, werden gründlich mit Petroleum gereinigt. Die neue Lagerschale wird über die Lenksäule geschoben

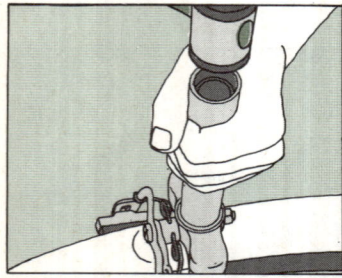

15. Die neue Lagerschale wird mit einem aufgesetzten Stahlrohr, das im Durchmesser etwas größer ist, mit leichten Schlägen festgeklopft, bis sie am Lagerbund aufsitzt

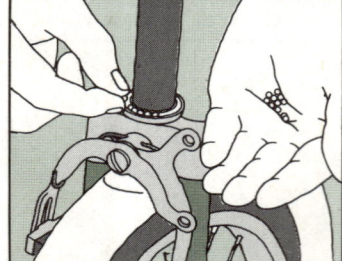

16. Die untere Lagerschale wird eingefettet, so daß bei der Montage die Kugeln im Fett halten. Falls die Kugeln erneuert werden, müssen sie nach Anzahl und Größe genau passen

17. Man setzt die obere Schale des unteren Lagers ins Rahmenrohr ein, fettet sie ein und schiebt sie mit dem Rahmen über die Lenksäule. Die Kugeln dürfen nicht aus der Reihe geraten

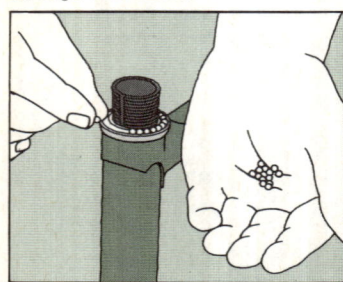

18. Die untere Schale des oberen Lagers wird eingefettet und dann ins Rahmenrohr eingesetzt. Dann legt man die Kugeln ein. Sie müssen nach Zahl und Größe genau passen

19. Die obere Lagerschale wird auf die Lenksäule geschraubt, bis sie kein Spiel mehr hat. Die Vorderradgabel muß sich aber noch leicht drehen lassen und darf nicht „kratzen"

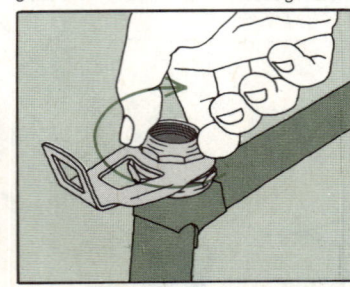

20. Dann schiebt man den Lampenhalter auf die Lenksäule und schraubt die Lenksäulenmutter darüber fest. Danach wird der Lenker eingesetzt und die Lenkerschraube herausgezogen

Ein Tretlager prüfen und erneuern

Ein abgenutztes Tretlager erzeugt knirschende Geräusche und hat zuviel Spiel. Man sollte dann die Kugellager bald erneuern, und zwar durch Lager mit Käfigen, die leicht einzusetzen sind.

Das Tretlager besteht aus zwei Lagerschalen, der Achse mit Lagerkonussen, den Lagerkugeln und einem Verschlußring. Die rechte Lagerschale sitzt fest im Rahmen; sie läßt sich durch Rechtsdrehen herausschrauben. Die andere ist einstellbar und wird durch Linksdrehen gelockert. Ein Verschlußring hält sie im Rahmen fest. Beim Kauf neuer Teile immer die alten als Muster mitnehmen.

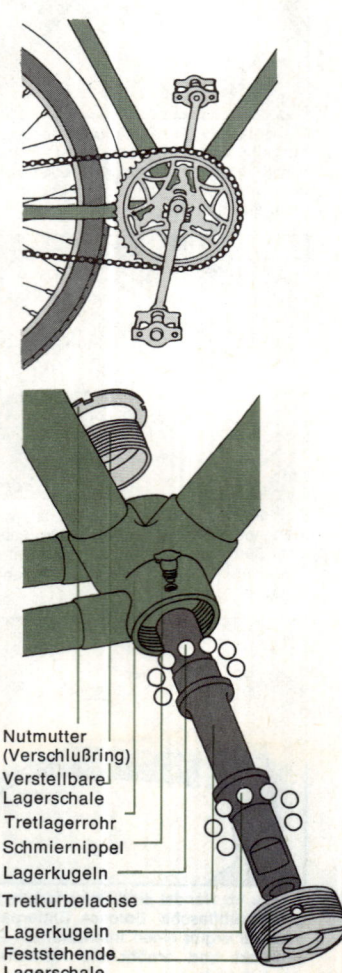

Nutmutter (Verschlußring)

Verstellbare Lagerschale

Tretlagerrohr

Schmiernippel

Lagerkugeln

Tretkurbelachse

Lagerkugeln

Feststehende Lagerschale

| Material: | Ersatzachse mit zugehörigen Lagerteilen, Lagerfett |
| Werkzeug: | Hammer, Durchschlag, Schlüssel für Keilmutter, Kunststoff- oder Holzhammer, Hakenschlüssel für Nutmutter, Gabelschlüssel für Achskonus |

1. Man nimmt die Kette vom Tretrad. Dazu muß man das Hinterrad losschrauben. Dann werden die Muttern der Tretkurbelkeile abgeschraubt und mit den Unterlegscheiben weggelegt

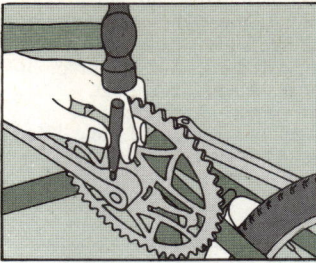

2. Die Gewindeenden der Keile werden mit dem Kunststoff- oder Holzhammer bis zur Tretkurbelfläche hineingeklopft und mit Hammer und Durchschlag hindurch gehämmert

3. Man nimmt das Kettenrad mit der Tretkurbel ab. Wenn es festsitzt, hält man die andere Kurbel fest und löst das Tretrad, indem man die Tretkurbel hin und her bewegt

4. Wenn der linke Tretarm festsitzt, klopft man ihn mit einem Kunststoff- oder Holzhammer von der Achse ab. Dabei sollte immer möglichst nahe am Tretlager gehämmert werden

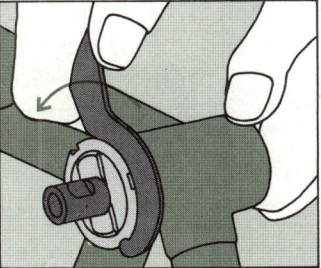

5. Nun schraubt man die Nutmutter mit einem Hakenschlüssel ab. Man steckt ihn mit dem Haken in eine Nut der Mutter und löst sie, indem man gegen den Uhrzeigersinn drückt

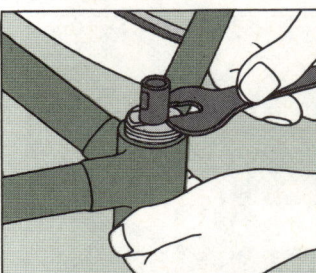

6. Man legt das Fahrrad auf die Seite und schraubt die verstellbare Lagerschale auf. Wenn man sie abnimmt, muß man die andere Achsenseite von unten festhalten

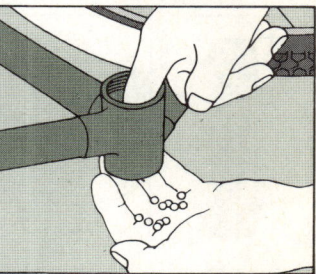

7. Die Achse wird herausgezogen; dabei fängt man die Kugeln mit der Hand oder einem Gefäß auf. In der Nabe hängengebliebene Kugeln werden mit dem Finger herausgeholt

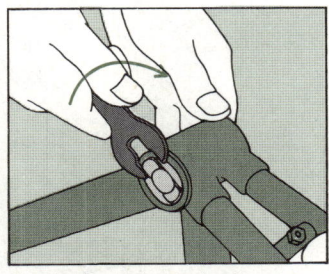

8. Die feststehende rechte Lagerschale wird durch Drehen im Uhrzeigersinn herausgeschraubt. Wenn ein Ölnippel vorhanden ist, muß auch dieser abgeschraubt werden

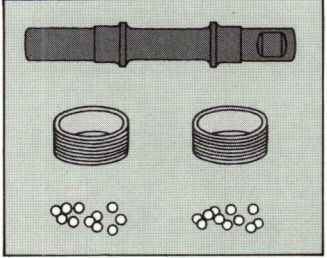

9. Die Konusse auf der Achse, die Lagerschalen und die Kugeln werden auf Abnutzungserscheinungen untersucht und schadhafte Teile notfalls durch neue ersetzt

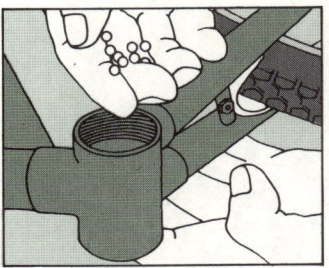

10. Die feststehende Lagerschale wird eingefettet und wieder eingeschraubt. Dann setzt man die richtige Anzahl von Kugeln gleichmäßig verteilt in die Lagerschale ein

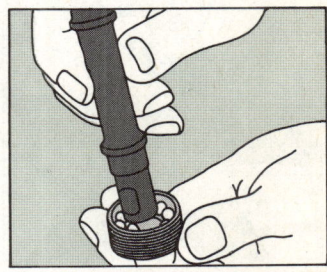

11. Man fettet die einstellbare linke Lagerschale ein und setzt die Kugellager ein. Nun wird das kürzere Achsenende mit dem Konus in die Lagerschale gesteckt

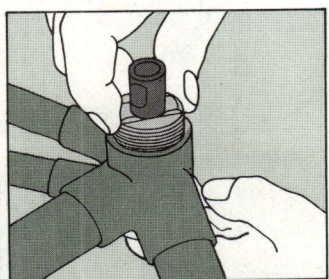

12. Man führt die Achse vorsichtig in das Achsrohr ein. Dabei dürfen die Kugeln im anderen Ende nicht verrutschen. Dann wird die Lagerschale ins Achsrohr geschraubt

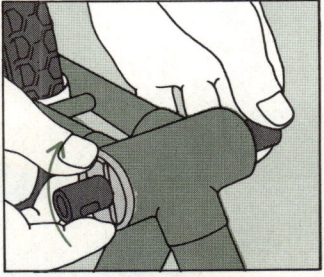

13. Die Lagerschale wird nun im Uhrzeigersinn so weit angezogen, bis die Achse kein seitliches Spiel mehr hat. Sie muß sich aber noch leicht drehen lassen

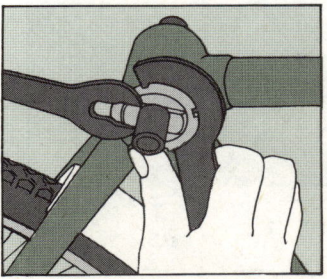

14. Wenn die Lagerschale richtig eingestellt ist, hält man sie mit dem Gabelschlüssel fest, schraubt die Nutmutter auf und zieht sie mit dem Hakenschlüssel fest an

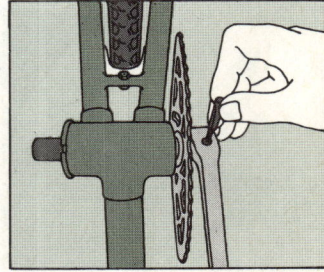

15. Nun werden die Tretkurbeln auf die Achse gesetzt, die Keile in ihre Bohrungen gedrückt und mit den Muttern festgezogen. Die Tretradkurbel gehört auf das längere Achsende

Fahrräder

Einen Tretkurbelkeil einstellen und erneuern

Tretkurbelkeil
Tretkurbel
Unterlegscheibe
Mutter

Der Keil ist zylindrisch, aber auf einer Seite abgeflacht. Er muß nachgestellt oder erneuert werden, wenn die Tretkurbel locker wird. Das zeigt sich dadurch, daß die Kurbel beim Fahren ruckartig nach vorne oder hinten springt.

Oft ist es jedoch besser, gleich ein modernes, komplettes Tretlager mit Kettenrad ohne Kurbelkeilbefestigung einzusetzen. Solche Lager werden immer häufiger bei hochwertigen Fahrrädern verwendet.

Material:	*Neuer Tretkurbelkeil*
Werkzeug:	*Gabelschlüssel für die Mutter, Schlichtfeile, Hammer, Hartholzklotz, Schraubstock*

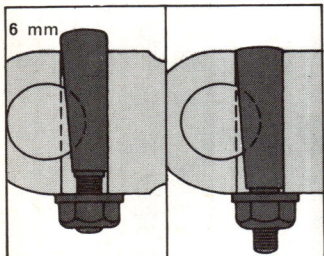

1. Die stumpfen Enden der Keile sollen 5–6 mm über die Tretkurbel vorstehen. Der Keil rechts kann nicht mehr nachgestellt werden und muß deshalb ersetzt werden

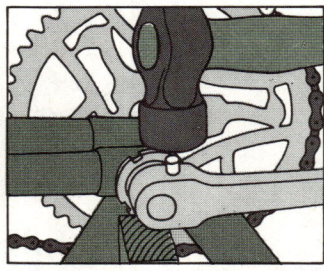

2. Die Kurbel wird mit einem Holzklotz abgestützt. Dann treibt man den Keil ein. Es muß genug Gewinde herausschauen, um Unterlegscheibe und Mutter aufzunehmen

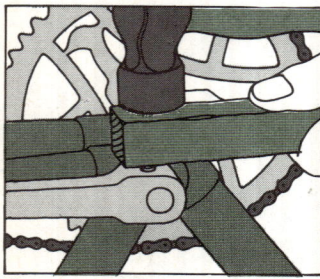

3. Wenn der Keil nicht richtig paßt, muß man ihn entsprechend nachfeilen. Beim Herausschlagen schützt man das Gewinde, indem man einen Holzstab darauflegt

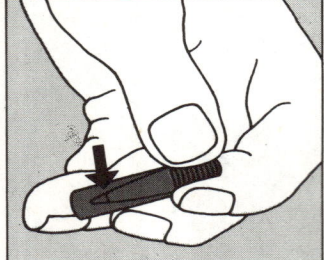

4. Ein durch Reibung in der Kurbel entstandenes Kerbzeichen auf der Schräge des Keiles zeigt die Stelle an, wo nachgefeilt werden muß, damit der Keil richtig sitzt

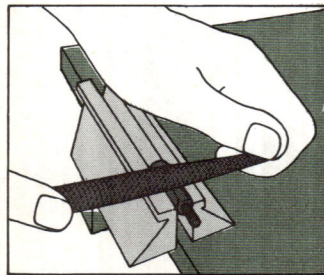

5. Der Keil wird mit der flachen Seite nach oben in den Schraubstock gespannt und an der Kerbstelle mit einer Schlichtfeile nachgefeilt. Dann setzt man ihn wieder ein

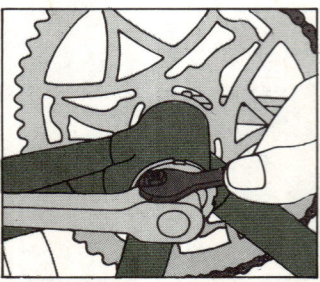

6. Man schraubt die Mutter mit der Unterlegscheibe auf den Keil und zieht sie fest. Man sollte darauf achten, daß das Gewinde der Keilmutter zum Gewinde des Keiles paßt

Schaltseil einer Nabenschaltung erneuern

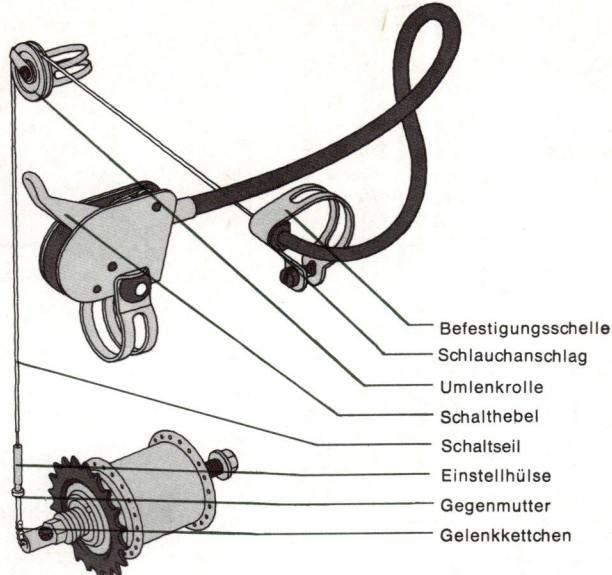

Befestigungsschelle
Schlauchanschlag
Umlenkrolle
Schalthebel
Schaltseil
Einstellhülse
Gegenmutter
Gelenkkettchen

Nabenschaltungen werden von einem Griff am Lenker über einen Bowdenzug geschaltet. Die Schaltungen sind wartungsfrei. Störungen können am Bowdenzug auftreten. Der Zug wird mit Hilfe einer Einstellhülse am Gelenkkettchen der Nabe korrigiert. Dazu stellt man den Schalthebel auf eine besondere Einstellmarkierung oder auf den 3. Gang und dreht die Einstellhülse so lange, bis der Zug mäßig Spannung hat. Schadhafte Züge ersetzt man durch ein Originalteil

Material:	*Neuer Bowdenzug, Fahrradöl*
Werkzeug:	*Schraubenzieher*

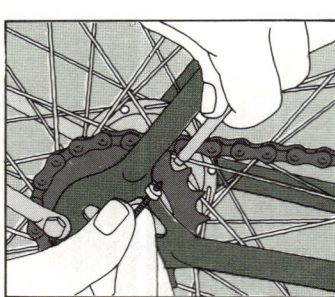

1. Die Einstellhülse wird mit der Hand von der Gewindestange abgeschraubt. Dabei hält man die Gewindestange fest

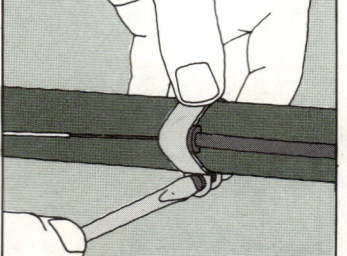

2. Die Befestigungsschelle am Schlauchende wird mit dem Schraubenzieher so weit gelockert, daß sie sich auf dem Gabelrohr drehen läßt

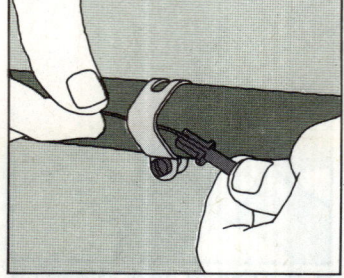

3. Danach zieht man das Schlauchende aus der Schelle und nimmt das Drahtkabel aus dem Schlitz des Schlauchanschlagstücks

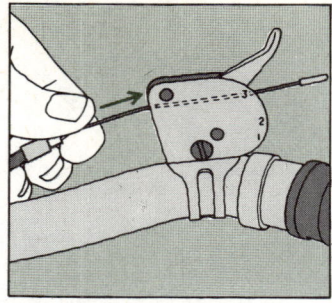

4. Man schiebt das Seil in den Schalthebel, bis der Nippel auf der anderen Seite erscheint, und nimmt das Seil aus dem Schalthebel

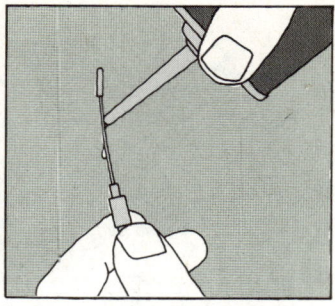

5. Bevor der Bowdenzug eingesetzt wird, sollten das Seilende mit dem Nippel und der Schalthebel gut geölt werden

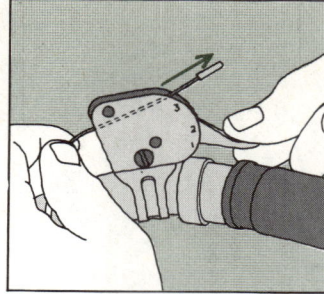

6. Der Schalthebel wird möglichst weit nach unten gedrückt, so daß sich das Seilende von der andern Seite her durch ihn hindurchschieben läßt

Nippel

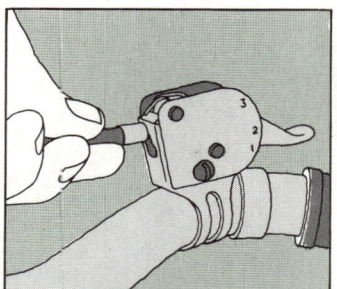

7. Nun wird das Seilende richtig in den Schlitz im Schalthebel gelegt und der Nippel sicher eingehängt

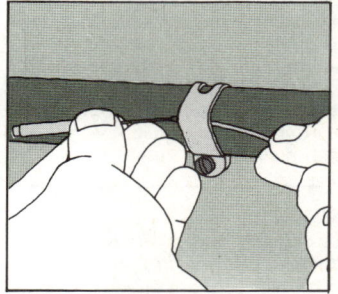

8. Man zieht das Schlauchende in den Schlitz des Gehäuses und spannt das Seil fest ein

9. Nun wird die Einstellhülse durch die Schelle an der Hinterradgabel geführt, danach das Schlauchende

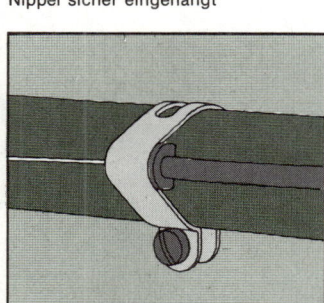

10. Das Seil wird durch den Schlitz im Seilanschlagstück gelegt. Dann schraubt man dieses mit der Schelle am Rahmen fest

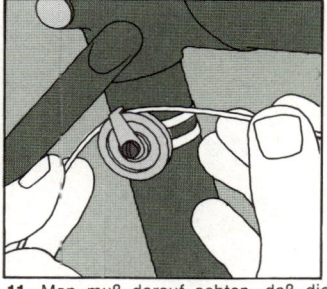

11. Man muß darauf achten, daß die Umlenkrolle leicht läuft. Man ölt sie gut und legt dann das Seil mit beiden Händen in ihre Nut

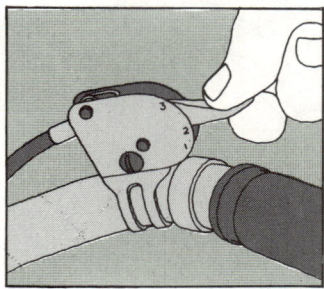

12. Bevor man das Seil mit dem Schaltkettchen verbindet, rückt man den Schalthebel in die Justierstellung oder in den 3. Gang

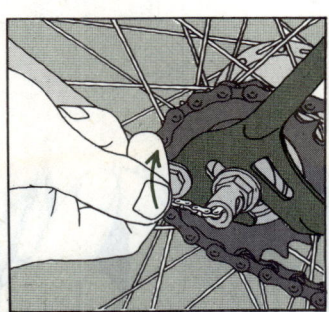

13. Gelenkkettchen wird gespannt, rechtwinklig zur Nabe abgebogen und in die Richtung gedreht, aus der das Seil kommt

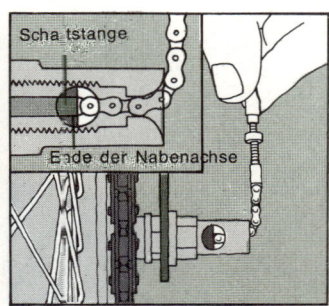

Schaltstange

Ende der Nabenachse

14. Nun wird die Einstellhülse am Seilende so lange gedreht, bis die Schaltstange am Kettchen mit dem Achsende abschließt

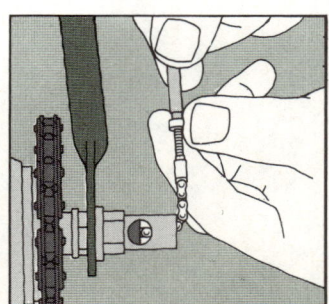

15. Wenn man die Spannung reguliert hat, wird der Schalthebel in Stellung drei gebracht und die Gegenmutter fest angezogen

Bowdenzug einer Drehgriffschaltung erneuern

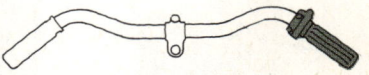

Es gibt importierte Fahrräder, bei denen die Nabenschaltung nicht mit einem Hebel, sondern mit einem Drehgriff am Lenker geschaltet wird.

Bevor man das Seil auswechseln kann, muß der Drehgriff vom Lenker abmontiert werden. Die weitere Arbeit gleicht der bei einer Hebelschaltung. Achten Sie gut auf die Zusammensetzung der Einzelteile; das ist für einwandfreies Arbeiten der Schaltung wichtig.

Material:	Bowdenzug
Werkzeug:	Schraubenzieher

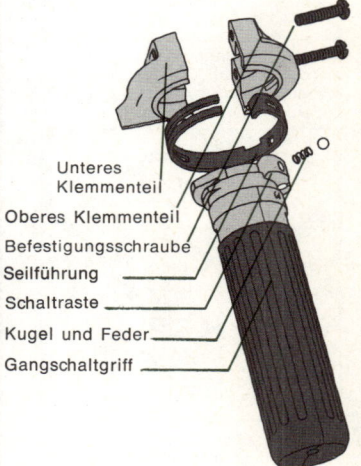

Unteres Klemmenteil

Oberes Klemmenteil

Befestigungsschraube

Seilführung

Schaltraste

Kugel und Feder

Gangschaltgriff

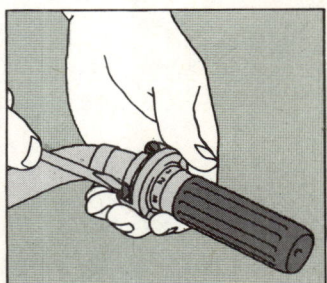

1. Die beiden Befestigungsschrauben des Schaltgriffs werden gelöst, der Griff vom Lenker abgenommen

(Forts. S. 528)

Fahrräder

(Fortsetzung von S. 527)

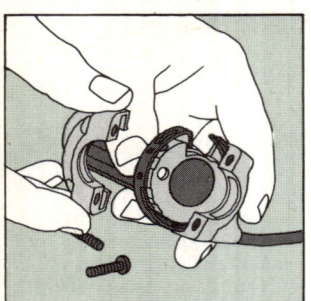

2. Zunächst schraubt man das Klemmenteil los und nimmt dann das obere Klemmenteil ab

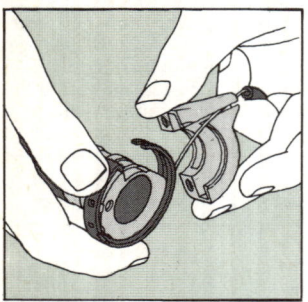

3. Wenn man nun das untere Klemmenteil abzieht, läßt sich das Seil mühelos aus der Führungsrille heben

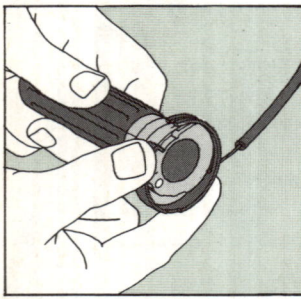

4. Die Kabelführung wird vom Handgriff abgenommen und das Drahtseil aus der Rille im Führungsring herausgezogen

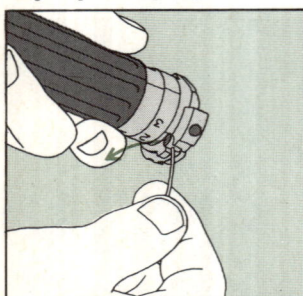

5. Nippel des Seils aus dem Nippelhalter heben, neues Seil einhaken und Schaltgriff in umgekehrter Reihenfolge wieder montieren

Seil einer Kettenschaltung auswechseln

Eine Kettenschaltung besteht aus verschieden großen Kettenrädern und einem Schaltmechanismus, der das Umlegen der Kette von einem Zahnrad auf das andere besorgt. Ein gerissenes Schaltseil und ein schlecht eingestellter Wechselmechanismus sind die häufigsten Störungsquellen.

> *Material: Bowdenzug mit Drahtseil und kunststoffummantelter Metallspirale*
> *Werkzeug: Kleiner Schraubenzieher, Kombizange, Schlüssel für die Schraubenklemme*

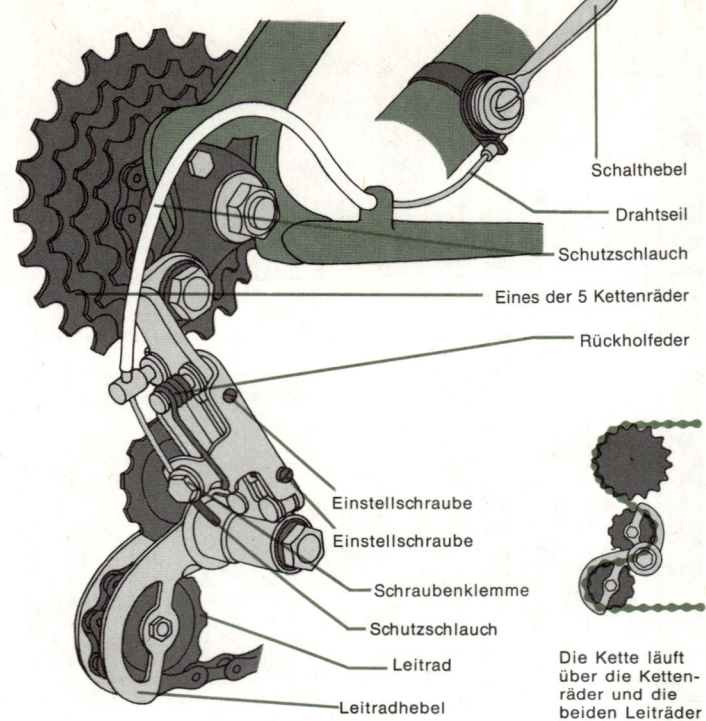

Schalthebel
Drahtseil
Schutzschlauch
Eines der 5 Kettenräder
Rückholfeder
Einstellschraube
Einstellschraube
Schraubenklemme
Schutzschlauch
Leitrad
Leitradhebel

Die Kette läuft über die Kettenräder und die beiden Leiträder

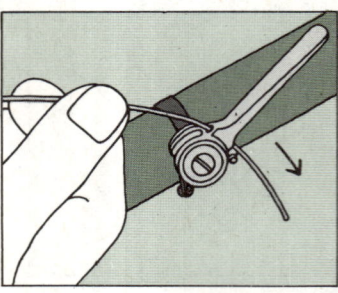

1. Zuerst wird der Schalthebel in Mittelstellung gebracht. Dann nimmt man das alte Drahtseil aus dem Hebel und führt das neue ein

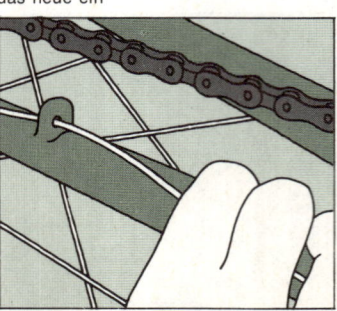

4. Man steckt das Seil durch die auf der waagrechten Hinterradgabel sitzende feste Führungsöse oder durch eine angeschraubte Führungsschelle

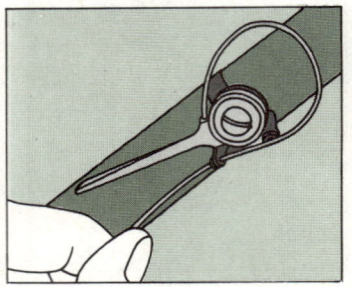

2. Man legt den Hebel ganz nach hinten, wobei das Seil nicht geknickt werden darf, und schiebt es dann durch die Führungsöse

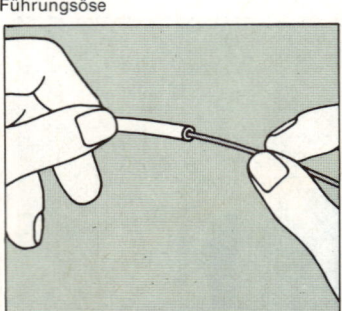

5. Jetzt wird der Schutzschlauch über das Seil geschoben. Sein hinteres Ende muß bis zum Schaltmechanismus reichen

3. Das Drahtseil wird in die Rille der gebogenen Seilführung auf dem Tretkurbellager gelegt. Es muß gut gleiten können

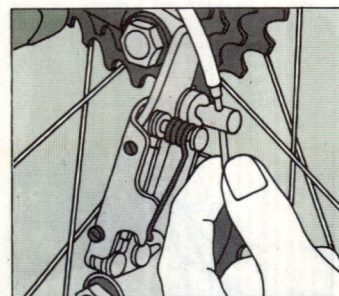

6. Das Seil nun durch über dem Schaltmechanismus stehenden Führungszapfen schieben, der als Anschlag für das Seil dient

Ein Fünfganggetriebe einstellen

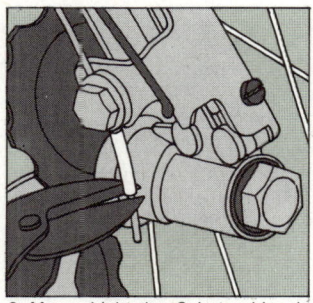

7. Der Schalthebel wird nach vorn gestellt, das Seil durch die Schraubenklemme geschoben und darin festgeschraubt

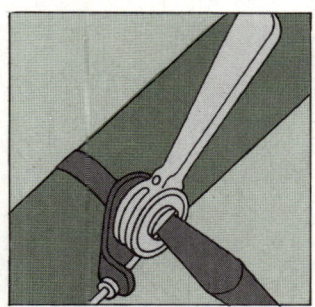

8. Man schiebt den Schutzschlauch bis zur Schraubenklemme auf das Seilende und schneidet das Seil am Schlauchende ab

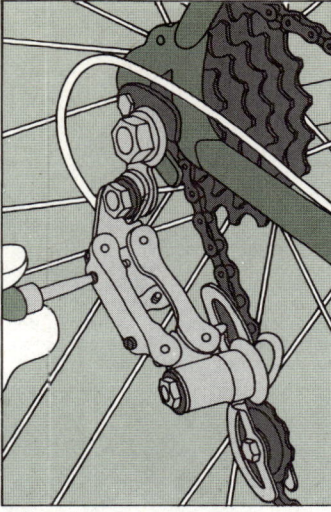

1. Getriebe auf 1. Gang stellen. Obere Einstellschraube hineindrehen, bis die Kette, ohne abzugleiten, auf dem größten Zahnrad läuft

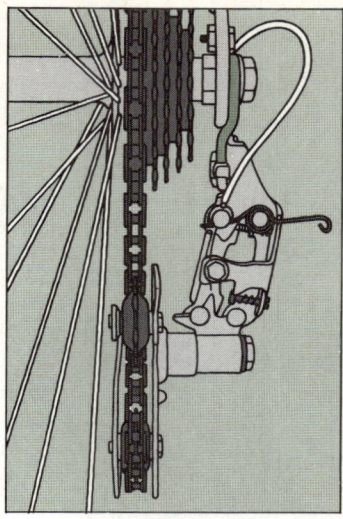

2. Bei gleicher Gangstellung prüfen, ob der Abstand zwischen Laufradhalter und Speichen groß genug ist. 3 mm reichen normalerweise aus

3. Mit eingelegtem 5. Gang wird die untere Einstellschraube so weit eingedreht, bis die Kette, ohne abzugleiten, auf dem kleinsten Zahnrad läuft

Ein Rad mit Kettengetriebe ausbauen

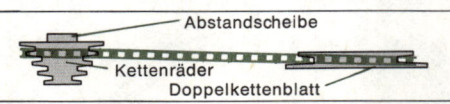

9. Die Schraube am Schalthebel zieht man so an, daß dieser in jeder Stellung stehenbleibt

1. Während man mit einer Hand das Rad festhält, löst man die Radmuttern mit einem Schlüssel

2. Bei festgehaltenem Rad zieht man den Gleitradmechanismus gegen die Federkraft zurück

3. Jetzt kann man das Rad nach vorne drücken und zwischen oberem und unterem Kettenteil herausheben

Eine Zehngangschaltung einstellen

Wenn man einem Fünfgangkettengetriebe des Hinterrades ein Tretlager mit Doppelkettenblattgetriebe hinzufügt, erhält man eine Zehngangschaltung. Sie wird am Hinterrad wie beim Fünfganggetriebe eingestellt. Die Schaltgabel an den zwei Treträdern muß genau justiert werden.

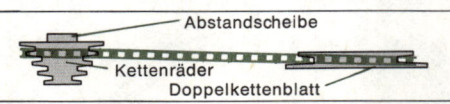

1. Kettenlinie mit Lineal prüfen: Das mittlere Getriebered muß in einer Ebene mit dem Zwischenraum zwischen dem Doppelkettenblatt liegen. Abweichungen werden durch Abstandscheiben ausgeglichen

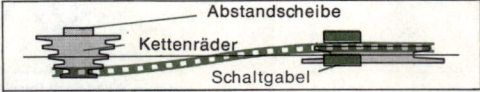

2. Auch wenn die Kette über das kleinste Getriebe- und das kleinere Tretrad läuft, darf die Schaltgabel die Kette nicht einklemmen

3. Die Kettenschaltgabel wird durch zwei Schrauben oben am Schaltmechanismus in die richtige Stellung gebracht und fixiert

4. Beide Schrauben stellt man so ein, daß die Kette frei durch die Schaltgabel läuft, aber von dem Zahnrad nicht abrutscht

Werkzeug: Kleiner Schraubenzieher Langes Stahllineal

Fahrräder

Lager einer Rücktrittbremse erneuern

Der Freilaufmechanismus in Rücktrittbremsnaben ist kaum reparaturanfällig. Müssen jedoch einmal die Lager erneuert werden, sollte man es nur dann selbermachen, wenn man ein versierter Bastler und seiner Sache sicher ist. Im Gegensatz zu gewöhnlichen Freilaufnaben, bei denen die Lagerkugeln frei beweglich in den Lagern liegen, werden sie bei Rücktrittbremsnaben durch besondere Käfige in Abstand voneinander gehalten.

Material: Kugellagerkäfige mit Kugeln, Konusse, erforderlichenfalls neuer Bremsmechanismus Werkzeug: Hammer, Durchschlag, Hakenschlüssel für Nutmutter, auf den Antriebskopf passendes Rohrstück, Schraubenzieher, Hartholzklotz

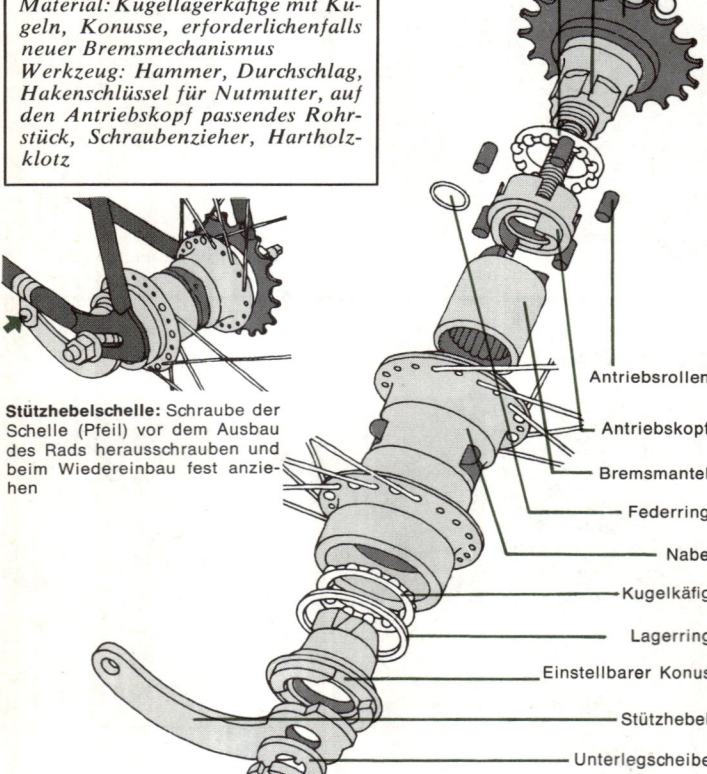

Achse
Konus
Kettenrad
Freilaufmechanismus
Kugelkäfig

Antriebsrollen
Antriebskopf
Bremsmantel
Federring
Nabe
Kugelkäfig
Lagerring
Einstellbarer Konus
Stützhebel
Unterlegscheibe
Nutmutter

Stützhebelschelle: Schraube der Schelle (Pfeil) vor dem Ausbau des Rads herausschrauben und beim Wiedereinbau fest anziehen

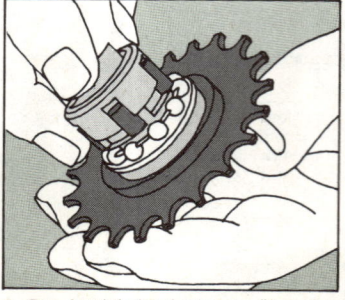

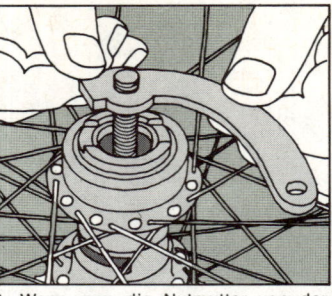

1. Wenn man die Nutmutter von der Achse genommen hat, kann man den Stützhebel aus den Schlitzen heben. Durch leichtes Klopfen wird er gelöst

2. Nun wird der Konus festgehalten, die Achse an der anderen Seite losgeschraubt und das Kettenrad mit dem Freilaufmechanismus abgenommen

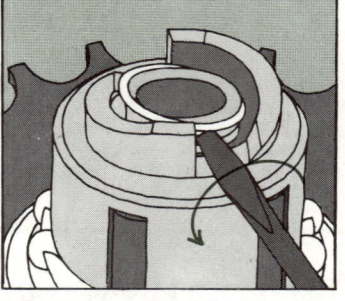

3. Der Bremsmantel wird auf der einen Seite, der einstellbare Konus an der anderen herausgenommen. Dann hebt man den Federring ab

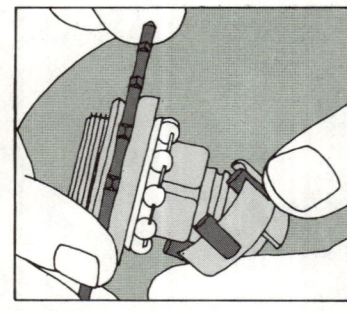

4. Jetzt wird der Antriebskopf von seinem Sitz abgehoben. Man muß dabei aufpassen, daß keine der Antriebsrollen verlorengeht

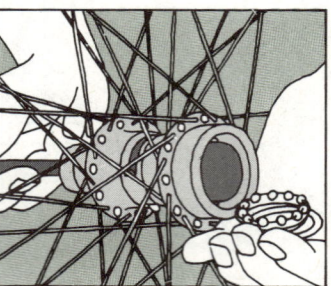

5. Man nimmt die Kugelkäfige mit den Lagerringen vom Konus, säubert die Lagerschalen und setzt die neuen Käfige mit den Kugeln nach innen ein

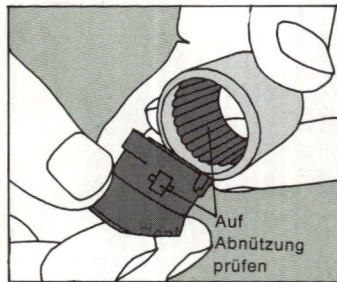

6. Wenn der Bremsmantel und der Antriebskopf starke Abnützungsspuren aufweisen, muß man den ganzen Bremsmechanismus erneuern

7. Der Konus für den Freilaufmechanismus und die Lagerstellen der Rollen werden eingefettet. Dann setzt man den Kugelkäfig und die Rollen ein

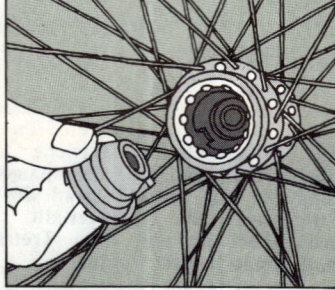

8. Der Antriebskopf wird so über den Freilaufmechanismus geschoben, daß die Rollen in den Schlitzen einrasten. Federring mit Rohr in seine Nut treiben

9. Man setzt die Antriebseinheit durch Hin- und Herdrehen so in die Nabe ein, daß ihre Nocken gut im Bremsmantel einrasten

10. Der einstellbare Konus wird mit der Nase in die Nut im Bremsmantel gesetzt. Dann schraubt man die Achse ein und stellt die Lager ein

Störungen in der Beleuchtungsanlage

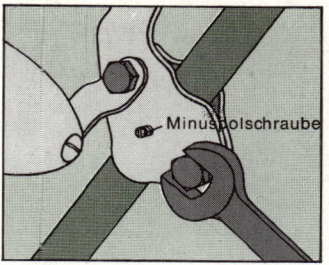

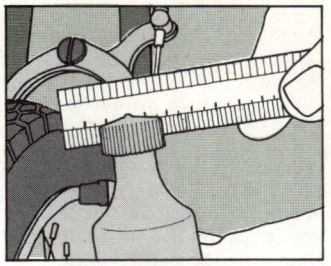

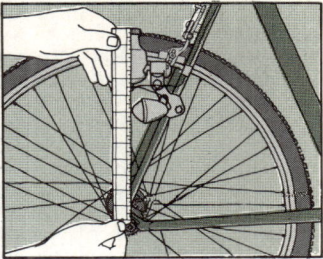

Der Dynamo muß so angebracht sein, daß er bei jeder Geschwindigkeit einwandfrei Strom abgibt. Wenn er nicht funktioniert, prüft man die Glühbirnen an einer Taschenlampenbatterie. Wenn die Glühlampen in Ordnung sind, untersucht man die Verkabelung und reinigt die Kontakte an Lampenhaltern und Dynamo.

Material:	Glühbirnen und Kabel
Werkzeug:	Schlüssel für die Schrauben der Dynamohalterung, kleiner Schraubenzieher, 6-Volt-Birne mit Fassung, Klingeldraht mit Krokodilklemmen, Lineal, feines Schleifpapier, Taschenlampenbatterie

1. Die beiden Klemmschrauben des Dynamohalters und die Minuspolschraube lösen, bis sich der Dynamo auf dem Gabelrohr verschieben läßt

2. Bei ausgeschaltetem Dynamo sollte der Abstand zwischen Reifen und Laufrädchen etwa 15 mm betragen. Dynamo notfalls nachstellen

3. Eine gedachte Mittellinie durch das Dynamogehäuse sollte durch die Nabenmitte verlaufen. Den Winkel kann man an der Einstellschraube ändern

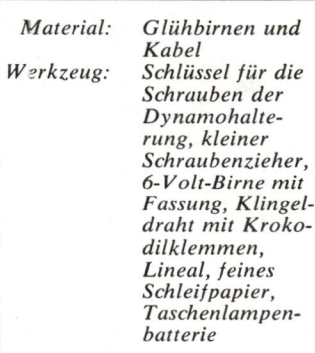

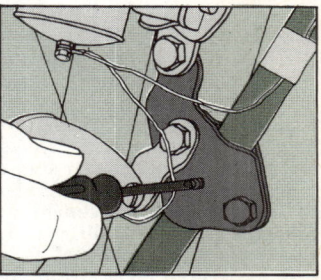

4. Der Dynamo wird so nach oben oder unten geschoben, daß die Laufradmitte den Reifen etwas oberhalb der Mitte der Reifenwand berührt

5. Zuerst Klemmschraube, dann Minuspolschraube festziehen. Wenn der Dynamo noch nicht funktioniert, die Kabelklemme am Dynamo lösen

6. Je ein Kabel an den Halter und an den Dynamo anschließen. Die Birne muß aufleuchten, wenn das Rad bei eingeschwenktem Dynamo gedreht wird

7. Man reinigt die Kabelklemmen am Scheinwerfer und am Rücklicht und schließt die Kabel wieder an der Klemme des Dynamos an

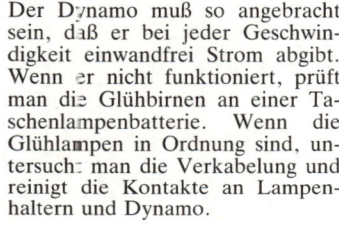

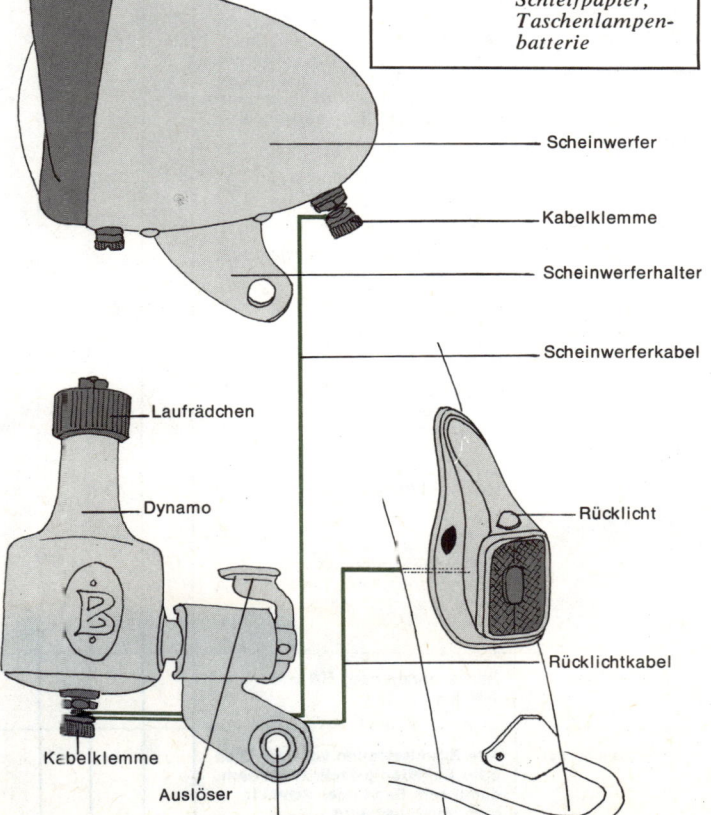

- Scheinwerfer
- Kabelklemme
- Scheinwerferhalter
- Scheinwerferkabel
- Laufrädchen
- Dynamo
- Rücklicht
- Rücklichtkabel
- Kabelklemme
- Auslöser
- Dynamohalter

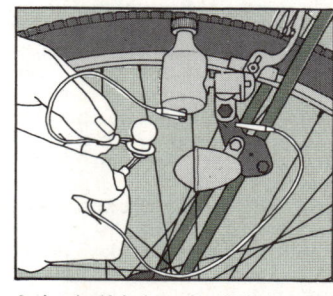

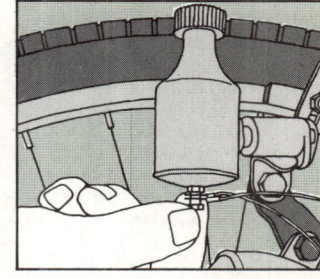

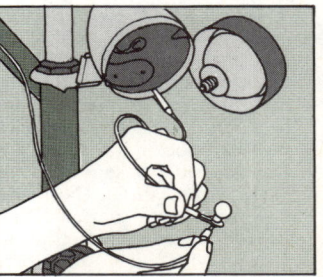

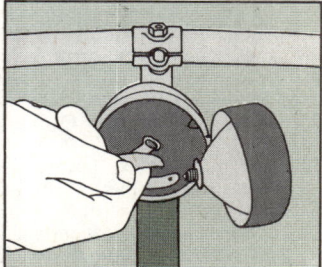

8. Ein Kabel vom Dynamo zur Prüflampe führen, das andere von der Lampe zum Scheinwerfer. Bei gedrehtem Rad muß die Lampe glühen

9. Die Glühbirnenkontakte werden in beiden Lampen geprüft. Sind sie nicht blank, werden die Kontakte mit feinem Schleifpapier blankgerieben

Mofa, Moped und Mokick

Fahren mit dem Moped

Lassen Sie den Motor Ihres Mopeds flott drehen, denn er soll nicht mit zu niedriger Drehzahl arbeiten, weil er sonst keine gute Leistung bringt, unregelmäßig läuft und starkem Verschleiß unterliegt. Der Motor sollte stets ein gleichmäßig schnurrendes Geräusch hören lassen. Die Geschwindigkeit darf nur mit dem Gasgriff geregelt werden, nicht durch eine halb angezogene, also schleifende Kupplung, weil sie dadurch frühzeitig verschleißt. Bei langer, schneller Fahrt empfiehlt es sich, nicht dauernd mit Vollgas zu fahren, sondern ab und zu das Gas etwas zurückzunehmen.

Bei kurzen Stopps kann man den Motor weiterlaufen lassen, indem man auskuppelt und den Freilauf einschaltet. Hält man länger an, schaltet man den Motor aus. Beim Bergabwärtsfahren darf man nicht in den Freilauf schalten; man legt vielmehr den größten Gang ein, drückt den Kurzschlußknopf und gibt halbes Gas. Auf diese Weise wird der Motor ausreichend geschmiert und gekühlt. Gebremst wird dabei abwechselnd mit der Vorder- und Hinterradbremse.

Bereifung

Öl greift Gummi an und beschleunigt die Abnutzung. Die Reifen sind deshalb vor Öl und Fett zu schützen, besonders wenn man das Moped schmiert.

Auch der richtige Luftdruck ist für die Reifen wichtig. Denn korrekter Luftdruck erhöht nicht nur die Lebensdauer der Reifen, sondern sorgt auch für eine gute Straßenlage und damit für sicheres Fahren.

Nach langem Gebrauch kann es vorkommen, daß sich Straßenschmutz zwischen Felge und Schlauch festsetzt. Das ist nicht gut für den Schlauch. Deshalb ist es wichtig, bei einem Reifenwechsel oder einer Reparatur auch das Felgenbett gründlich zu säubern. Dabei prüft man auch, ob das Felgenband noch in Ordnung ist.

Wenn man einen Reifen auswechseln oder einen Schlauch flicken muß, sollte man möglichst Montiereisen verwenden.

Beim Aufziehen von Reifen ist wichtig, daß sie sauber in der Felgenmulde liegen. Verzogen oder schief aufgezogene Reifen unterliegen erhöhtem Verschleiß und vergrößern die Rutschgefahr.

Dem richtigen Sitz des Ventils muß man besondere Aufmerksamkeit widmen, weil sonst der Schlauch am Ventil zu starkem Zug ausgesetzt wird und unter Umständen platzen kann.

Aufbewahrung des Mopeds im Winter

Wer sein Moped für längere Zeit stillegt, sollte die folgenden Wartungsarbeiten durchführen:
1. Eine Fahrt in schnellem Tempo machen, so daß der Motor durch und durch warm wird, und kurz vor dem Abstellen den Benzinhahn schließen, damit der Motor den im Vergaser vorhandenen Kraftstoff ganz aufbraucht.
2. Die Zündkerze aus dem Zylinderkopf schrauben.
3. Das Öl bis zum letzten Tropfen aus dem Motorgehäuse ablassen. Ölablaßschraube wieder einschrauben, Benzin ins Motorgehäuse geben und damit durchspülen, indem man den 1. Gang einlegt und den Motor mit den Pedalen ein paarmal durchdreht. Benzin wieder ablassen und warten, bis der letzte Benzinrest verdunstet und der Motor ganz abgekühlt ist.
4. Ölablaßschraube wieder einschrauben, Motorgehäuse in der vorgeschriebenen Weise mit Öl füllen und 2 oder 3 Eßlöffel voll des gleichen Öls in die Zündkerzenöffnung gießen. Den Motor wiederum ein paarmal durchdrehen.
5. Die Kühlrippen von Zylinder und Zylinderkopf mit Drahtbürste säubern und gegebenenfalls mit Zylinderlack streichen.
6. Den Benzintank bis an den Rand füllen oder das Benzin ganz ablassen und den Tank sofort mit sauberem Benzin ausspülen. Dann etwas Antikorrosionsöl in den Tank schütten und durch kräftiges Schütteln an den Wänden verteilen.
7. Das ganze Moped gründlich reinigen, Chromteile mit säurefreier Vaseline und Lackteile mit Autowachs konservieren.
8. Bereifung gut aufpumpen und, falls nötig, von Öl- oder Fettflecken befreien.
9. Das Moped trocken, kühl und dunkel aufbewahren. Nun den Motor nicht mehr starten. Wenn das Moped wieder in Betrieb genommen wird, das Antikorrosionsöl ablassen und Motorgehäuse und Tank mit Benzin gut durchspülen. Das vorgeschriebene Öl einfüllen und die Zündkerze einschrauben.

SCHMIER- UND WARTUNGSARBEITEN		1000 km	3000 km	6000 km	10 000 km
Wartungs- und Schmierstellen	Schmieren und Ölen, Wartungsarbeiten				
Vergaser	Reinigen und Einstellen				X
Luftfilter	Je nach Verschmutzung reinigen oder erneuern	X			
Motor und Auspuff	Entkohlen		X		
Zündkerze	Prüfen, säubern und nachstellen	X			
Kette	Schmieren und Spannung kontrollieren	X			
Bowdenzüge	Ölen			X	
Naben	Trommelbremshebel leicht ölen, Vorsicht vor zuviel Öl Kugellager frisch einfetten	X			X
Vorderradgabel	Normalerweise wartungsfrei. Nur wenn die Federung zu wünschen übrigläßt, muß die Gabel mit neuer Fett- und Ölfüllung versehen werden. Dabei ist die vorgeschriebene Fett- und Ölsorte zu verwenden				
Schwingenachslager	Einfetten, falls Schmiernippel vorhanden			X	
Steuerkopf	Steuerkopflager mit frischem Fett versehen				X
Fußbremse	Durch das Schmierloch schmieren	X			
Schrauben und Muttern	Regelmäßig kontrollieren, ob alle Schrauben und Muttern fest angezogen sind	X			
Tachometerantrieb	Durch Schmiernippel ölen			X	
Reifen	Reifendruck regelmäßig kontrollieren: vorn 1,5 atü, hinten 2 atü, bei schwerer Belastung hinten 2,5 atü				
Speichen	Nachspannen nach 500 und 1500 km				
Allgemeines	Alle Schmierstellen vor dem Ölen oder Einfetten gründlich säubern, damit kein Sand oder Schmutz hineingedrückt wird				

Störungen suchen und beseitigen

Der Motor wird mit den Tretpedalen oder dem Kickstarter angeworfen. Der Kickstarter wird bei stehendem Fahrzeug und ausgekuppeltem Radantrieb betätigt. Beim Anfahren mit Hilfe der Pedale greift die Fliehkraftkupplung bei einer bestimmten Geschwindigkeit ein, und der Motor wird vom Antriebsrad angeworfen. Damit der Motor im Stand weiterläuft, zieht man den Anfahrkupplungshebel. Wenn der Motor nicht anspringt, überzeugt man sich, ob der Kraftstoffhahn geöffnet oder auf Reserve gestellt und im Tank noch Kraftstoff ist. Mopeds haben meist einen Zweitaktmotor und werden mit einem Kraftstoffgemisch betrieben. Dieses enthält Benzin und Öl in einem bestimmten Verhältnis (siehe S. 447), das genau einzuhalten ist, weil die Motorschmierung davon abhängt.

Ansaugleitung
Kraftstoffzufuhr
Vergaser
Leerlauf-Einstellschraube
Gasschieber-
Anschlagschraube

Zündkerzenstecker
Zylinderkopf
Zylinder
Auspuff

KALTSTARTHILFE

Wird der Hebel nach unten gedrückt (links), ist der Kaltstartschieber (Choke) offen; steht der Hebel oben (rechts), ist der Choke geschlossen

Störung	Ursache	Abhilfe
Motor springt nicht an	Zündkerze oder Zündkabel defekt	Kerze ausschrauben, Stecker wieder aufsetzen und Kerze an Masse halten. Motor von Hand durchdrehen und beobachten, ob Funke überspringt. Springt Funke über, Kraftstoffzufuhr kontrollieren. Wenn nicht, Zündkabel abnehmen, an Masse halten, Motor durchdrehen und beobachten, ob Funke dann überspringt. Springt Funke am Zündkabel über, Zündkerze auswechseln. Wenn nicht, Zündkabel erneuern; Unterbrecherkontakte einstellen
	Kraftstoffzufuhr unterbrochen	Kraftstoffleitung vom Vergaser abnehmen und Kraftstoffhahn öffnen. Fließt kein Kraftstoff, den Kraftstoffhahn mit einem dünnen Draht reinigen. Fließt Kraftstoff, den Vergaser genau untersuchen
	Kein Kraftstoff im Vergaser	Schwimmer aus der Schwimmerkammer herausnehmen. Kraftstoffhahn öffnen und feststellen, ob Kraftstoff durch das Nadelventil fließt. Wenn nicht, Düsenöffnung reinigen

Gelangt Kraftstoff in den Vergaser, Haupt- und Leerlaufdüse kontrollieren |
	Motor abgesoffen	Kraftstoffhahn schließen, Gasdrehgriff auf Vollgas stellen und Motor durchdrehen. Springt der Motor an, Kraftstoffhahn öffnen, Zündkerze reinigen. Läuft der Vergaser ständig über, Nadelventil reinigen. Schwimmer schütteln; ist Kraftstoff im Innern, Schwimmer erneuern
Motor springt an, aber bleibt wieder stehen	Kraftstoffzufuhr vorübergehend unterbrochen	Kraftstoffleitung vom Vergaser abnehmen und Kraftstoffhahn öffnen. Fließt kein Kraftstoff, Kraftstoffhahn und Kraftstofffilter reinigen. Kommt Kraftstoff, Nadelventil kontrollieren und Vergaserdüsen reinigen
Motor springt an, aber mit Fehlzündung	Falsch eingestellter Zündzeitpunkt	Abstand der Unterbrecherkontakte richtig einstellen. Wenn der Abstand stimmt, Zünderdeckel abnehmen und kontrollieren, ob die Unterbrecherkontakte sich zu öffnen beginnen, wenn sich die Markierungen am Polrad und Motorgehäuse decken. Ist dies nicht der Fall, Zündzeitpunkt einstellen oder Werkstatt aufsuchen
Startschwierigkeiten bei kaltem Motor	Zündung nicht in Ordnung	Kontrollieren, ob die Zündkerze den vorgeschriebenen Wärmewert hat (Bedienungsanleitung). Wenn nicht, passende Zündkerze einsetzen. Wenn ja, Zündkerze reinigen und Elektrodenabstand einstellen
	Abstand der Unterbrecherkontakte stimmt nicht	Abstand kontrollieren und eventuell nachstellen
	Stand des Kaltstarthebels falsch	Startschieber schließen und langsam öffnen. Springt der Motor noch nicht an, Vergaserdüsen ausbauen und reinigen
Startschwierigkeiten bei warmem Motor	Zu fettes Kraftstoffgemisch	Kontrollieren, ob der Kaltstarthebel nicht auf „Kaltstart" steht
	Vergaser überflutet	Kontrollieren, ob das Nadelventil hängt. Wenn ja, Düse freimachen und reinigen oder neues Ventil einsetzen
Motor hat keinen Leerlauf oder bleibt beim Gasgeben stehen	Vergaser verschmutzt	Vergaser zerlegen und reinigen
Fehlzündungen beim Gasgeben	Zündung nicht in Ordnung	Zündkerze ausbauen, reinigen und Elektrodenabstand einstellen. Beschädigtes Zündkabel erneuern. Unterbrecherkontakte reinigen und einstellen. Sonst neue Unterbrecherkontakte einbauen

Mofa, Moped und Mokick

Inspektion

Obwohl bei Mofas, Mopeds und Mokicks alle Radlager auf Lebensdauer wartungsfrei sind, muß man von Zeit zu Zeit die richtige Einstellung prüfen und gegebenenfalls korrigieren. Bei Einstellarbeiten sollte man auch die Fettpackung überprüfen.

Motor und Getriebe
Bei Zweirädern mit Viertaktmotor muß man nach Anweisung des Herstellers das Motoröl wechseln. Der Zweitaktmotor hingegen wird bereits durch das Öl, das im Kraftstoff enthalten ist, geschmiert. Allerdings muß man auch hier das Getriebeöl prüfen und wechseln. Viele Fahrzeuge besitzen ein automatisches Getriebe, so daß auch hier ein Ölwechsel nötig ist.

Bowdenzüge
Brems-, Kupplungs- und Gaszüge übertragen hohe Kräfte. Um sie leichtgängig zu halten, sollte man sie öfter schmieren und ölen.

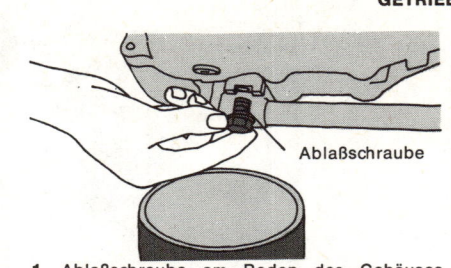
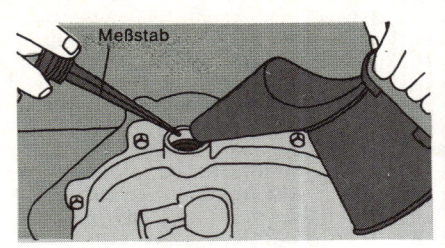

GETRIEBEÖLWECHSEL

Meßstab

Ablaßschraube

1. Ablaßschraube am Boden des Gehäuses herausdrehen und Öl in einem Behälter sammeln. Ablaßschraube wieder eindrehen

2. Einfüllkappe herausdrehen und die im Wartungsplan vorgeschriebene Ölsorte einfüllen. Ölstand mit Meßstab prüfen

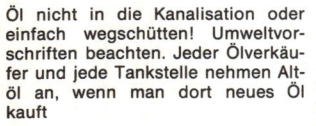

Öl nicht in die Kanalisation oder einfach wegschütten! Umweltvorschriften beachten. Jeder Ölverkäufer und jede Tankstelle nehmen Altöl an, wenn man dort neues Öl kauft

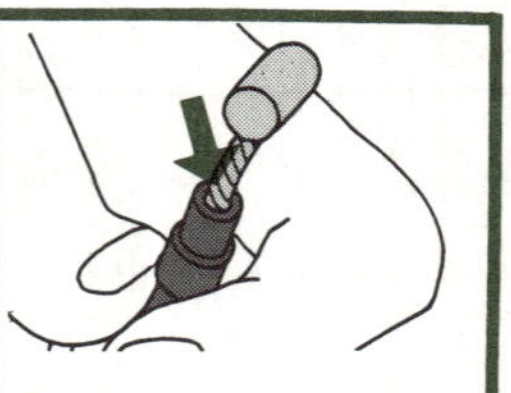

Bowdenzug: Nippel aus Bedienhebel herausnehmen. Korrosionsschutzspray zwischen Schlauch und Seilzug sprühen

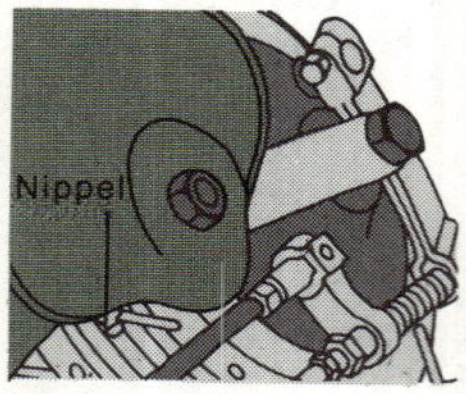

Nippel

Vorderradgabel: Wartungsfrei; gelegentlich Spiel prüfen

Kette: Kettenspannung prüfen; wenn nötig, regulieren und Kette regelmäßig mit Spezialfett schmieren

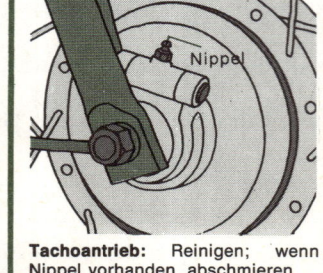

Lager

Nippel

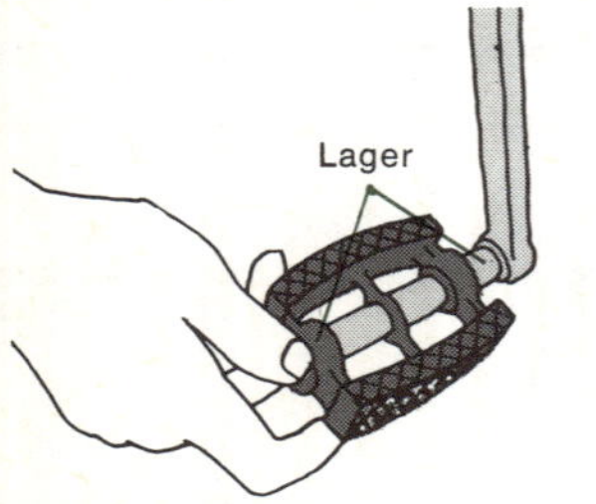

Pedallager: Sie sind auf Lebensdauer wartungsfrei

Tachoantrieb: Reinigen; wenn Nippel vorhanden, abschmieren

Vorderradlager: Sind auf Lebensdauer wartungsfrei

Wartung und Pflege des Vergasers

Ein guter Vergaser hält mindestens so lange wie ein Zweirad selbst. Allerdings sind ab und zu Reinigungs- und Einstellarbeiten nötig, damit der Motor sofort anspringt und Kraftstoff gespart wird.

Wenn ein Zweirad längere Zeit nicht benutzt wird, muß man den Kraftstoff aus dem Schwimmergehäuse ablassen und den Vergaser durchblasen. Anschließend wird er mit einem Korrosionsschutzspray behandelt. Dies gilt allerdings nur für Zweitakter. Übersieht

man dies, verdunstet der Kraftstoff und zurück bleibt Öl, das die Düsen verklebt. Der Vergaser verharzt, und der Motor springt nicht mehr sicher an.

Die Vergaserbauteile muß man mit großer Sorgfalt behandeln. Gewalt ist nicht angebracht: Düsen darf man nicht mit Draht oder Nägeln bearbeiten. Zur Reinigung benutzt man Kaltlöser oder Preßluft. Verharzte, verklebte oder beschädigte Düsen muß man erneuern.

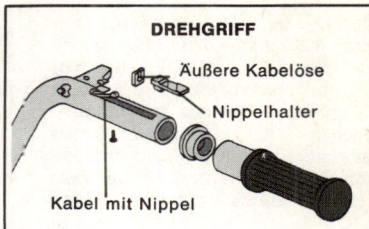

DREHGRIFF

Äußere Kabelöse

Nippelhalter

Kabel mit Nippel

Bei gerissenem Vergaserkabel Drehgriff ausbauen. Schraube des Drehgriffs lösen, Griff abziehen, Nippel aushängen und altes Kabel herausziehen. Neues Kabel einziehen und Drehgriff wieder zusammenbauen

VERGASER EINSTELLEN

Damit der Motor gleichmäßig (rund) läuft, muß das Kraftstoff-Luft-Gemisch stimmen. Es wird mit zwei Einstellschrauben am Vergaser reguliert.

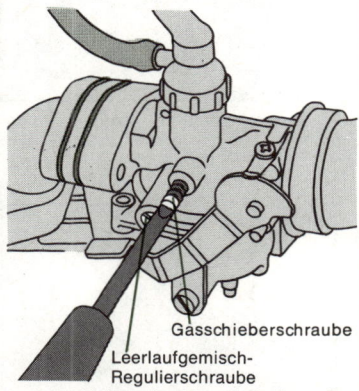

Gasschieberschraube

Leerlaufgemisch-Regulierschraube

1. Gasschieberschraube eindrehen. Dadurch wird der Gasschieber angehoben, mehr Luft gelangt in den Vergaser, die Leerlaufdrehzahl erhöht sich

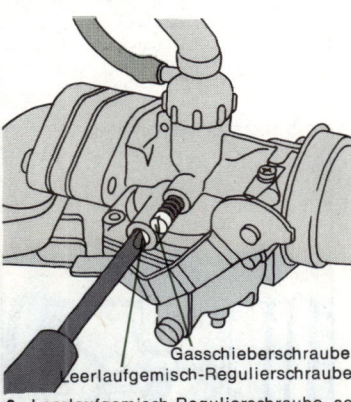

Gasschieberschraube
Leerlaufgemisch-Regulierschraube

2. Leerlaufgemisch-Regulierschraube so einstellen, daß der Motor bei erhöhter Leerlaufdrehzahl rund läuft, dann Gasschieberschraube zurückdrehen

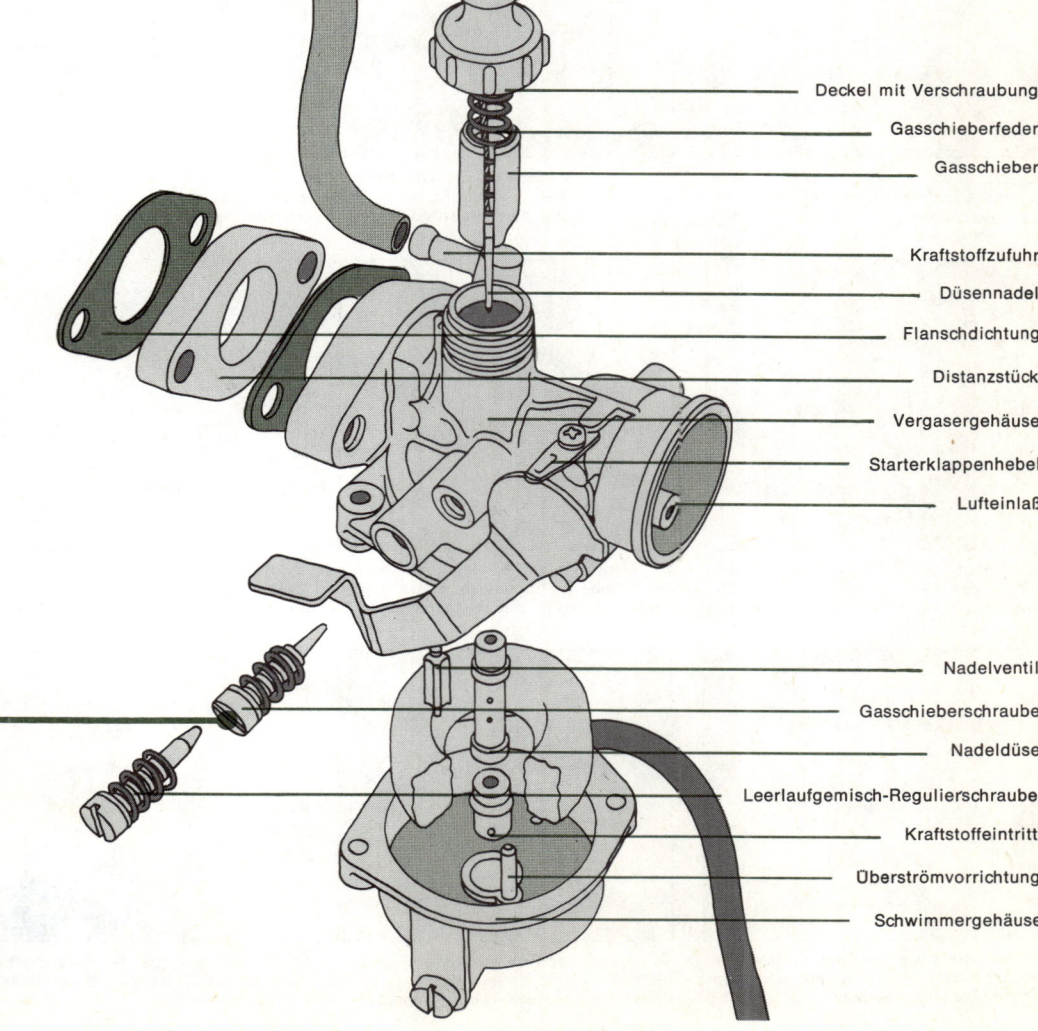

Deckel mit Verschraubung

Gasschieberfeder

Gasschieber

Kraftstoffzufuhr

Düsennadel

Flanschdichtung

Distanzstück

Vergasergehäuse

Starterklappenhebel

Lufteinlaß

Nadelventil

Gasschieberschraube

Nadeldüse

Leerlaufgemisch-Regulierschraube

Kraftstoffeintritt

Überströmvorrichtung

Schwimmergehäuse

Mofa, Moped und Mokick

Vergaser zerlegen und überholen

Eingriffe am Vergaser sind nur dem sachkundigen Do-it-Yourselfer vorbehalten. Prüfen Sie vor Beginn der Arbeiten Ihre eigenen Fähigkeiten. Bei der Arbeit nicht rauchen und kein offenes Feuer verwenden! Zum Reinigen braucht man Preßluft. Keinesfalls darf man Vergaserbauteile mit dem Mund durchblasen. Kraftstoff enthält Blei und kann beim Einatmen bzw. bei Hautkontakt schwere Vergiftungen hervorrufen.

Niemals mit Gewalt oder mit ungeeignetem Werkzeug am Vergaser arbeiten.

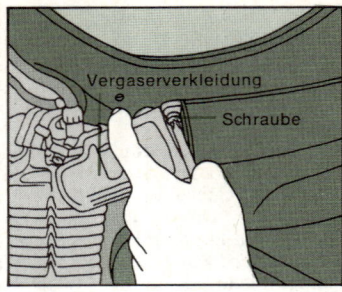

1. Zunächst alle Schrauben, mit denen die Vergaserverkleidung am Moped befestigt ist, entfernen

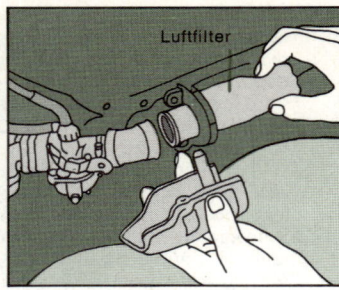

2. Die Verkleidung abnehmen, um den Vergaser freizulegen, und, wenn nötig, auch den Luftfilter abmontieren

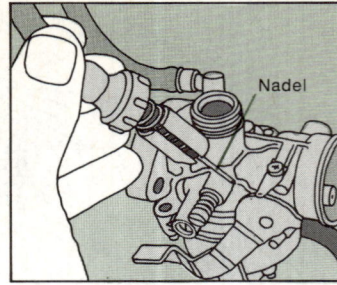

3. Das Vergaseroberteil abschrauben und danach den Drosselschieber mit der Düsennadel ausbauen

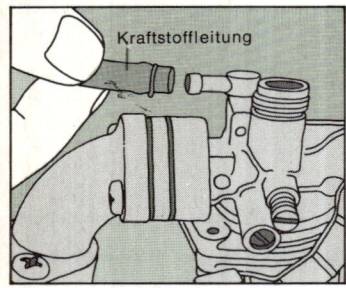

4. Bei geschlossener Kraftstoffzufuhr Schelle der Kraftstoffleitung lösen und Benzinschlauch vom Vergaser abziehen

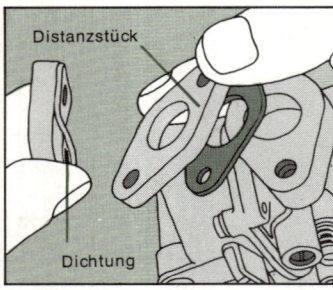

5. Befestigungsschrauben am Krümmerflansch lösen. Dichtung und Distanzstück vorsichtig entfernen

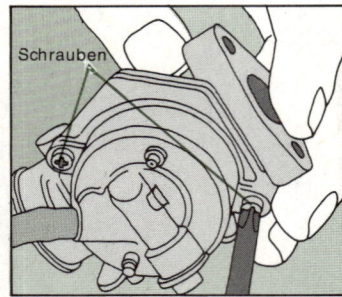

6. Die beiden Kreuzschlitzschrauben entfernen, mit denen das Schwimmergehäuse am Vergaser befestigt ist

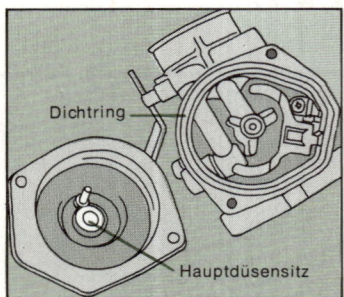

7. Schwimmerunterteil entfernen und Dichtring am Schwimmerflansch und am Hauptdüsensitz prüfen

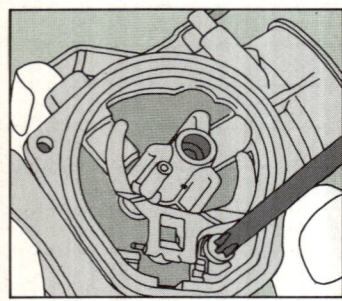

8. Schraube des Schwimmerarms lösen, Schwimmer herausnehmen, um Zugang zur Schwimmernadel zu erhalten

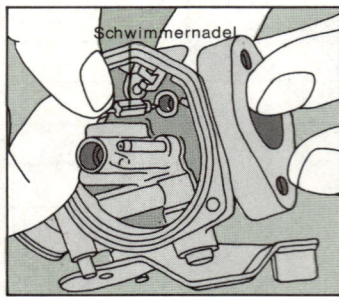

9. Schwimmernadel herausnehmen. Ist Nadelsitz abgenutzt, neue komplette Schwimmernadel einsetzen

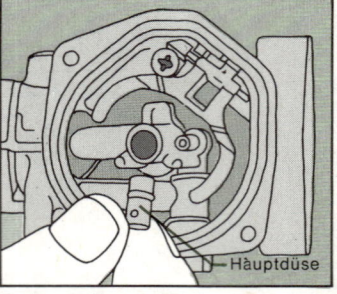

10. Hauptdüse am Boden der Nadeldüse entfernen und mit Druckluft durchblasen, wenn sie verstopft ist

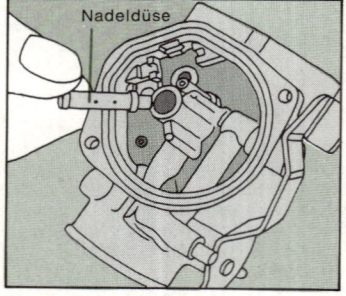

11. Nadeldüse herausheben. Sie muß sauber, darf nicht verstopft sein. Wenn nötig, mit Druckluft reinigen

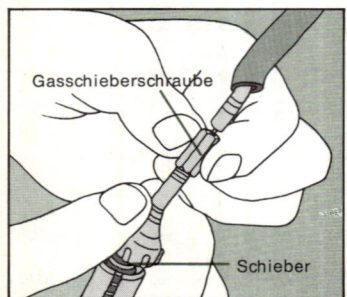

12. Stellschraube für Gasschieberkabel so weit herunterschrauben, daß man das Kabel entfernen kann

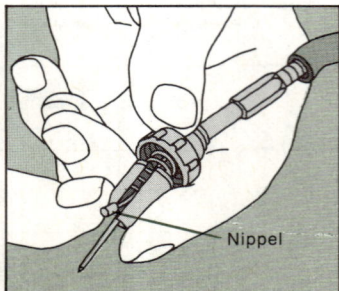

13. Kabelnippel aus dem Schieber nehmen. Wenn Nadel abgenutzt oder verbogen ist, neue Nadel einsetzen

14. Beim Einsetzen des Gasschiebers muß der Schlitz genau auf den Paßstift ausgerichtet sein

15. Vergaser mit neuen Dichtungen und neuem Distanzstück zusammenbauen. Gaskabel wieder einstellen

Einen Luftfilter reinigen

Ein verschmutzter Luftfilter drosselt die Luftzufuhr, was zu Leistungsabfall und erhöhtem Kraftstoffverbrauch führt. Bei jeder Wartung baut man den Filter aus und reinigt ihn, indem man ihn aus der Filterkammer nimmt und mit Benzin wäscht. Vor dem Einbau mit Motorenöl benetzen.

Material:	Benzin
Werkzeug:	Schraubenzieher, Pinsel, Behälter, sauberer Lappen

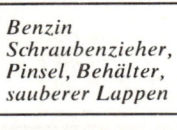

1. Den Einbauplatz des Filters feststellen. Schrauben der Filterabdeckung lösen und die Verkleidung abnehmen

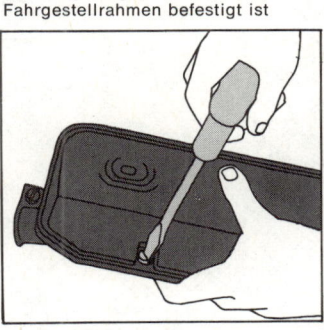

2. Sämtliche Halteschrauben lösen, mit denen die Filterkammer sowohl am Vergasergehäuse als auch am Fahrgestellrahmen befestigt ist

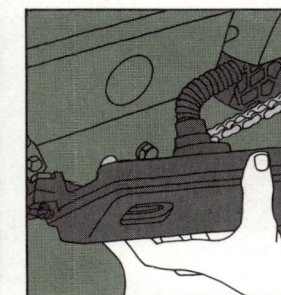

3. Schrauben sorgfältig aufbewahren und die Filterkammer vom Fahrgestellrahmen abnehmen. Ansaugleitung von der Filterkammer abschrauben

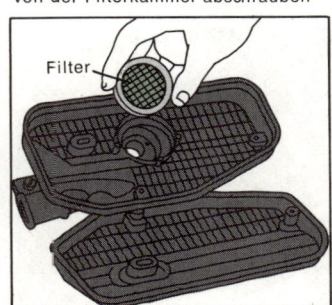

4. Die Filterkammer besteht aus zwei Teilen, die miteinander verschraubt sind. Die Schrauben lösen und Filterkammer auseinandernehmen

5. Sieb und Filterkammer mit Benzin auswaschen. Vor Wiedereinbau Filter mit Motorenöl benetzen und überschüssiges Öl abtropfen lassen

Scheinwerfer einstellen

Es ist gefährlich, bei Dunkelheit zu fahren, wenn der Scheinwerfer nicht richtig eingestellt ist. Man prüft deshalb die Neigung des Scheinwerferstrahls regelmäßig und stellt ihn, wenn nötig, neu ein. Ebenfalls muß kontrolliert werden, ob Abblendlicht und Fernlicht, wenn vorhanden, in Ordnung sind.

Material:	Ersatzglühbirnen
Werkzeug:	Schraubenzieher Schraubenschlüssel

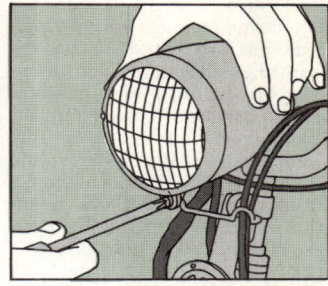

1. Halteschraube unten am Zierring des Scheinwerfers lösen und den ganzen Scheinwerfereinsatz vorsichtig aus dem Gehäuse herausnehmen

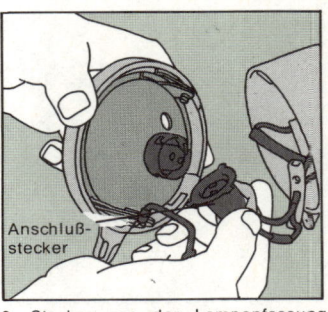

2. Stecker von der Lampenfassung abziehen und die Fassung durch vorsichtiges Eindrücken und leichtes Linksdrehen vom Reflektor abnehmen

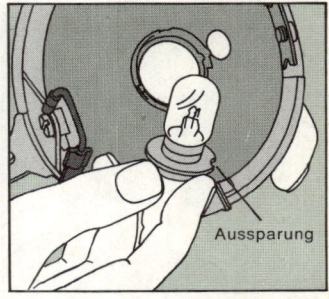

3. Beim Einsetzen der neuen Glühbirne darauf achten, daß die Aussparung und die Nase am Reflektor zusammenpassen

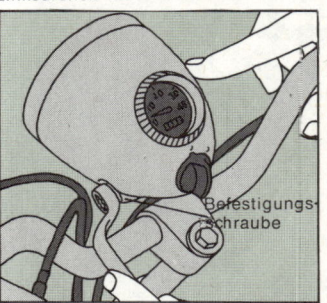

4. Scheinwerfer-Befestigungsschraube etwas lockern und den Scheinwerfer so einstellen, daß der Lichtstrahl ungefähr 20 m weit reicht

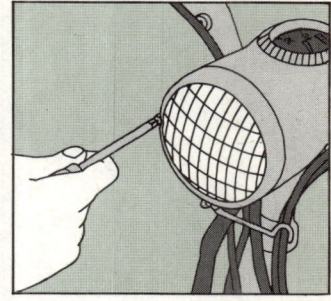

5. Läßt sich der Scheinwerfer seitlich verstellen, Stellschraube so drehen, daß der Lichtstrahl zum rechten Straßenrand gerichtet ist

---

BATTERIE LADEN

Bei Zweirädern mit Batterie muß diese von Zeit zu Zeit — besonders nach längeren Standpausen oder nach dem Winter — nachgeladen werden, denn jede Batterie entlädt sich von selbst. Eingefrorene Batterien werden langsam aufgetaut und später geladen.

Material:	Batterieladegerät (Kleinlader)
Werkzeug:	Schraubenzieher, Schraubenschlüssel, Putzlappen

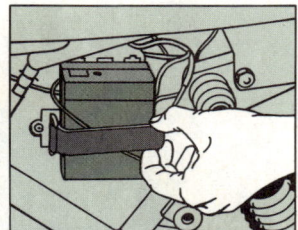

1. Verkleidung abnehmen und Batteriehalter entfernen, damit Batterie herausgenommen werden kann

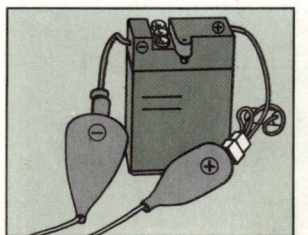

2. Stopfen entfernen, evtl. destilliertes Wasser zufüllen. Plus- an Plus-Minus- an Minuspol anschließen

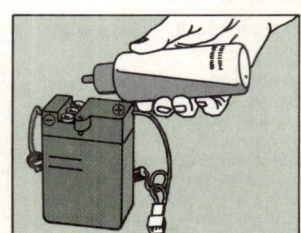

3. Nach dem Laden evtl. nochmals destilliertes Wasser nachfüllen; Verschlußstopfen einsetzen

Mofa, Moped und Mokick

Zündung prüfen und einstellen

Den Strom für die Zünd- und Beleuchtungsanlage eines Zweirads älterer Bauart liefert ein Schwungradmagnetzünder in einem Gehäuse am Motor. Unter einem kleinen Schwungrad erkennt man durch Schlitze die Kontakte. Durch Öffnen und Schließen wird der Zündfunke dann erzeugt, wenn das Kraftstoffgemisch im oberen Totpunkt am besten verdichtet ist. Klingelt der Motor, ist vielleicht der Abstand zwischen den Unterbrechern zu groß oder der Zündzeitpunkt verstellt.

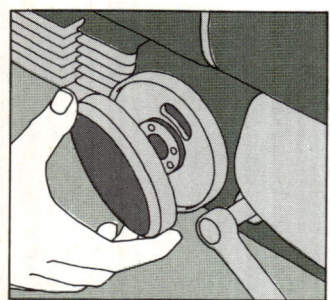

1. Den Verschlußdeckel des Schwungradmagnetzünders abnehmen. Der Deckel ist entweder mit einer Federraste aufgesteckt oder festgeschraubt

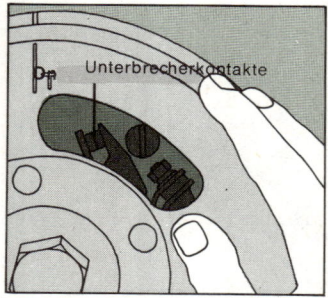

2. Das Schwungrad drehen, bis linke Markierung F am Rad mit der Kerbe im Motorgehäuse übereinstimmt und der Unterbrecher zugänglich ist

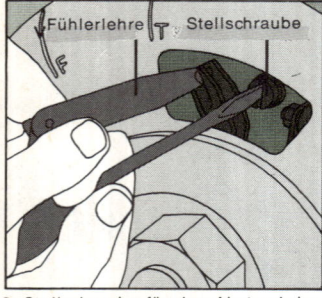

3. Stellschraube für den Abstand der Unterbrecherkontakte lösen, Blatt der Fühlerlehre zwischen die Kontakte schieben und Schraube anziehen

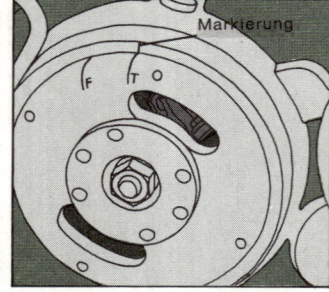

4. Schwungrad drehen, bis Markierung T mit Kerbe am Motorgehäuse übereinstimmt, und prüfen, ob die Unterbrecherkontakte sich eben öffnen

BREMSVERSCHLEISSANZEIGE

Damit man ohne größere Montagearbeiten die Bremsbelagstärke auch von außen prüfen kann, haben moderne Zweiräder an der Bremsankerplatte häufig Bremsindikatoren. Wenn der Bremshebel die im Bild gezeigte Marke erreicht, sollte man den Bremsbelag erneuern, sonst besteht die Gefahr, daß die Bremse unwirksam wird oder die Bremstrommel schadhaft wird.

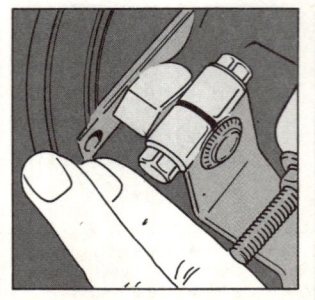

Bremsbacken am Hinterrad austauschen

Wenn die Bremswirkung nachläßt, können die Bremskabel nachgestellt werden. Tritt der gewünschte Erfolg nicht ein, sind die Bremsbeläge wahrscheinlich so weit abgefahren, daß Austauschbacken eingebaut werden müssen. Neue Bremsbeläge haben eine Stärke von 3,5–4 mm und sollen höchstens bis auf 1,5 mm abgefahren werden. Um die Belagstärke zu kontrollieren oder Austauschbacken einzubauen, muß man das ganze Rad abmontieren und die Bremse völlig auseinandernehmen.

Die Kette kann durch Lösen eines Steckglieds getrennt oder nach Losschrauben des Hinterrads vom Kettenrad leicht abgenommen werden. Beim Ausbau des Rads beachtet man für den späteren Wiedereinbau genau, in welcher Reihenfolge die einzelnen Unterlegscheiben auf die Achse aufgesetzt waren.

Material: Austauschbremsbacken mit neuem Belag Werkzeug: Schraubenschlüssel, Gummihammer, Schraubenzieher

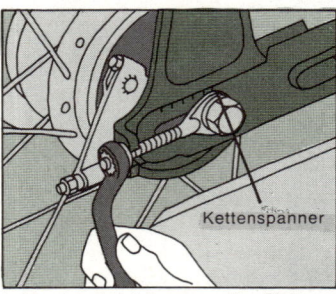

1. Man merkt sich genau die Stellung des Kettenspanners nach der Markierung auf dem Rahmen und löst die Einstellschraube des Kettenspanners

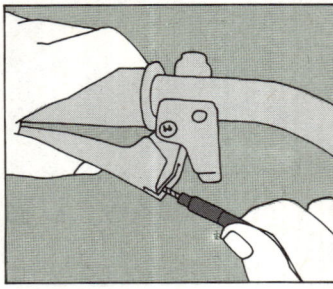

2. Den Bremshebel bis zum Anschlag anziehen, den Bremskabelschlauch vom Bremshebel wegziehen und das Kabel aus der Halterung aushängen

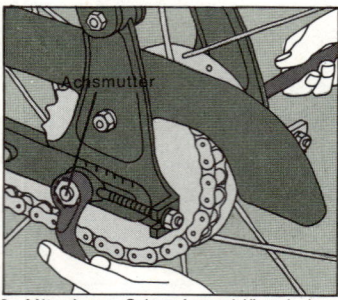

3. Mit einem Schraubenschlüssel den Kopf der Steckachse festhalten und mit einem zweiten Schraubenschlüssel entgegengesetzt die Achsmutter lösen

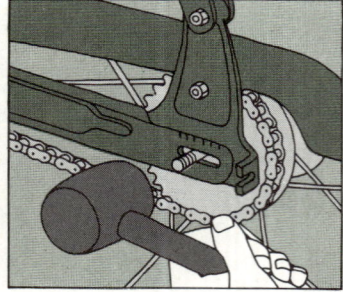

4. Nun den Kettenspanner auf der Seite der Achsmutter von der Steckachse abnehmen und die Achse mit einem Gummihammer hineinklopfen

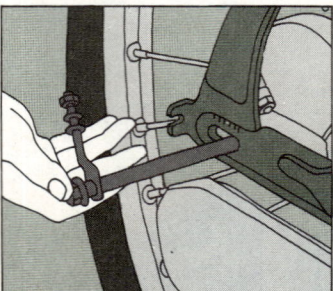

5. Auf der anderen Seite wird dann die Steckachse mit dem zweiten Kettenspanner darauf aus der Radnabe herausgezogen

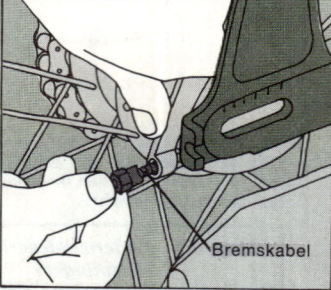

6. Das Rad nach vorne schieben, um dem Bremskabel genug Spielraum zu geben, damit man es aus dem Bremshebel nehmen kann

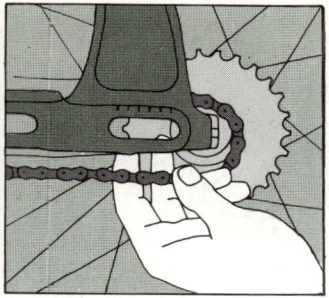

7. Jetzt wird das große Distanzstück zwischen der Radnabe und dem Fahrgestellrahmen herausgezogen und damit das Hinterrad freigemacht

8. Das Rad nach vorn schieben und die Kette vom Kettenrad abheben. Manche Ketten trennt man durch Lösen eines Steckglieds

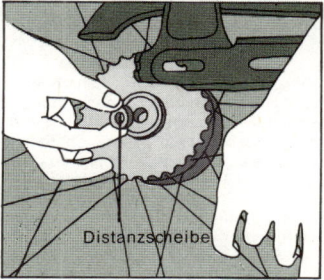

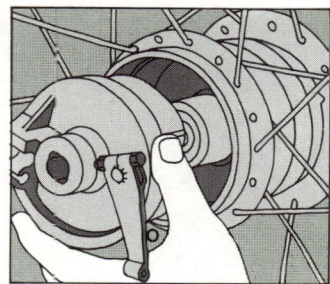

9. Hinterrad aus der Gabel herausheben. Dabei darauf achten, daß die kleine Distanzscheibe, die im Kettenrad sitzt, nicht verlorengeht

10. Die Bremsankerplatte, auf der die Bremsbacken befestigt sind, wird vorsichtig gelöst und aus der Radnabe herausgenommen

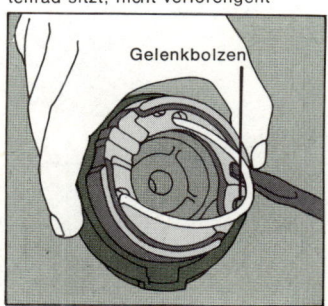

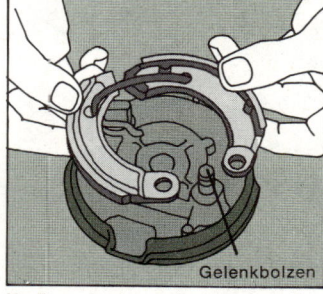

11. Zum Ausbau der Bremsbacken hebt man zuerst die Federklammer vom Gelenkbolzen und entfernt dann die Klammer

12. Eremsbacken mit den alten Belägen vom Gelenkbolzen abnehmen und Austauschbacken mit neuen Belägen einsetzen. Mit Klammer sichern

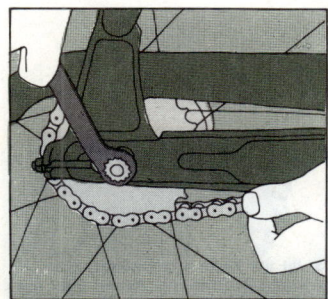

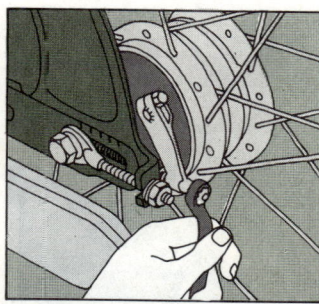

13. Hinterrad wieder einbauen und die Kettenspanner so einstellen, daß sich die Kette in der Mitte um jeweils 10 mm eindrücken läßt

14. Bremskabel im Handbremshebel einhängen und am Bremshebel befestigen. Bremse so einstellen, daß der neue Belag nicht schleift

Vorderrad mit Steckachse ausbauen

Wenn das Vorderrad quietscht oder wenn die Bremswirkung nachgelassen hat, muß man das Rad ausbauen, das Radlager schmieren und die Bremsen kontrollieren. Die meisten Mopeds und auch Mofas haben am Vorderrad eine Steckachse, mit der ein schneller Ein- und Ausbau möglich ist.

Material: Austauschbremsbacken, Lagerfett
Werkzeug: Schraubenschlüssel, Schraubenzieher, Gummihammer

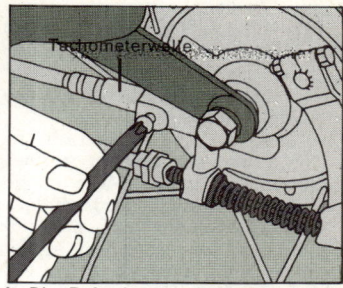

1. Die Befestigungsschraube von der Antriebswelle des Tachometers lösen und das Antriebskabel aus der Führung im Nabenkörper langsam herausziehen

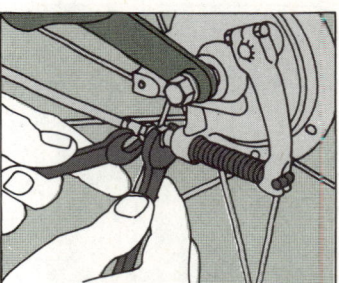

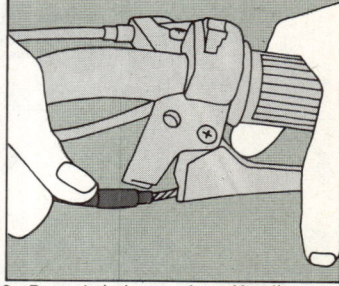

2. Je einen Schraubenschlüssel an der Gegenmutter und an der Bowdenzug-Stellschraube für die Bremse ansetzen und das Bremskabel entspannen

3. Bremskabel aus dem Handbremshebel herausheben, damit der Bremshebel, der an der Bremstrommel befestigt ist, mehr Spiel bekommt

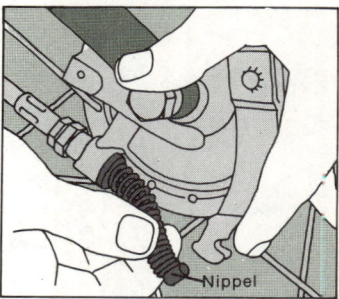

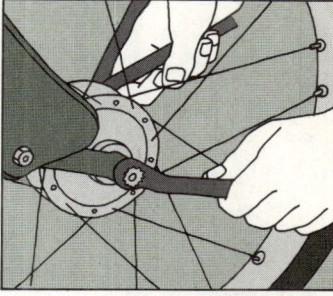

4. Den Bremshebel fest andrücken, den Bremskabelnippel aus dem Bügel am Bremshebel aushängen und das Bremskabel aus dem Widerlager nehmen

5. Zwei Schraubenschlüssel gleichzeitig ansetzen, um die Steckachse abzuschrauben. Dann Achsmutter abnehmen und Achsbolzen hineinklopfen

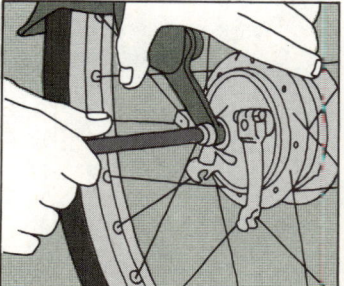

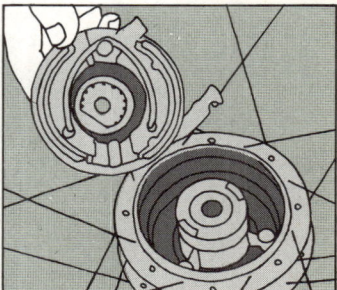

6. Den Achsbolzen auf der anderen Seite aus dem Nabenkörper herausziehen. Das Vorderrad kann jetzt aus der Gabelschwinge genommen werden

7. Nach Abnehmen der Bremsplatte die Beschaffenheit der Bremsbeläge kontrollieren, Austauschbacken einbauen oder Vorderradlager einfetten

Mofa, Moped und Mokick

Eine Kette wechseln und spannen

Eine Zweiradkette sollte immer gut eingefettet sein. Man nimmt die Kette nach ca. 5000 km ab und reinigt sie in Petroleum oder Waschbenzin. Anschließend in heißes Kettenfett legen.

Die Kette sollte möglichst häufig geprüft und so gespannt werden, daß sie sich in der Mitte jeweils um 10 mm zusammendrücken läßt. Mit Kettensprays kann man die Kette nach jeder Fahrt einsprühen und so frühzeitigen Verschleiß verhindern. Die Sprays sind sehr kriechfähig und dringen in die beweglichen Teile ein.

VERSCHIEDENE KETTENSPANNER

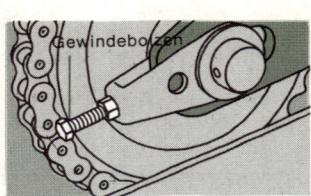

Zugspanner: Wenn man den Gewindebolzen am Kettenspanner eindreht, wird das Rad nach hinten gezogen und die Kette gespannt

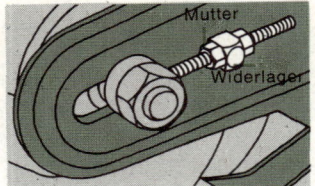

Druckspanner: Durch Anziehen der Mutter am Widerlager des Kettenspanners wird das Rad nach hinten gedrückt und die Kette gespannt

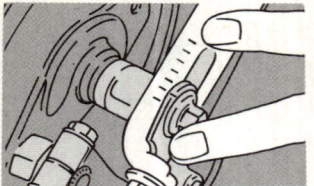

Einstellmarkierungen: Nach dem Spannen der Kette sollte das Hinterrad gerade in der Radschwinge laufen

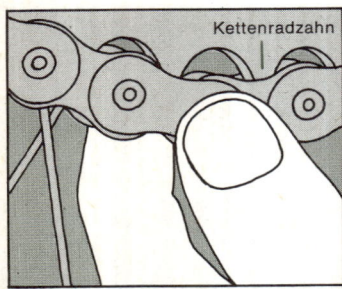

1. Man prüft, wie weit sich die Kette am hinteren Kettenrad anheben läßt. Hat die Kette mehr als eine halbe Zahnhöhe Luft, muß sie erneuert werden

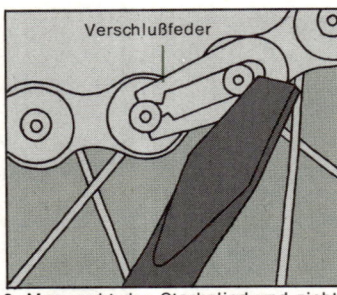

2. Man sucht das Steckglied und zieht die Verschlußfeder mit dem Schraubenzieher ab. Dann werden die Lasche und das Steckglied abgenommen

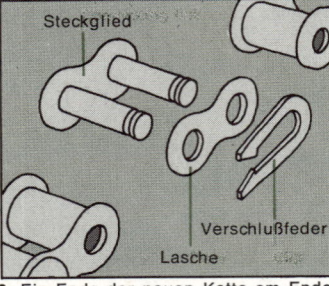

3. Ein Ende der neuen Kette am Ende der alten Kette befestigen, indem man das Steckglied zwischen die Endglieder der beiden Ketten steckt

ERSATZKETTE

Bei leistungsstarken Fahrzeugen sind Zweiradketten einem hohen Verschleiß ausgesetzt. Die Kette bleibt dabei zwar gebrauchsfähig, weitet sich aber immer mehr aus, so daß eines Tages die Verstellmöglichkeit des Spanners nicht mehr ausreicht. Dann ist zu prüfen, ob man eine neue Kette kaufen muß. Dies ist der Fall, wenn Zahnkranz und Kette nicht mehr zusammenpassen. Gelegentlich braucht man nur ein Kettenglied zu entfernen, damit sie wieder paßt.

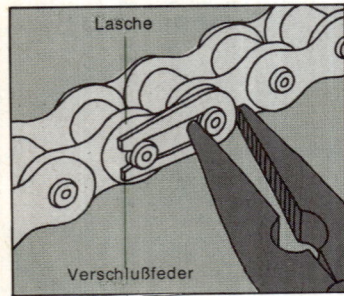

4. Die Lasche wieder aufstecken und die Verschlußfeder dann so aufschieben, daß ihre geschlossene Seite in Laufrichtung der Kette weist

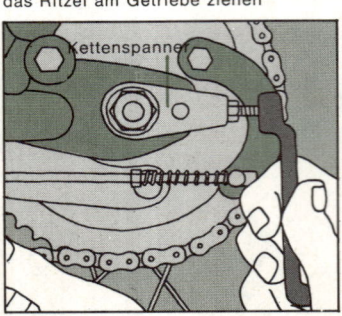

5. Mit der rechten und linken Hand jeweils ein Kettenende fassen und die neue Kette mit Hilfe der alten über das Ritzel am Getriebe ziehen

6. Die Verbindung zwischen der alten und der neuen Kette wieder lösen und jetzt die beiden Enden der neuen Kette mit dem Steckglied verbinden

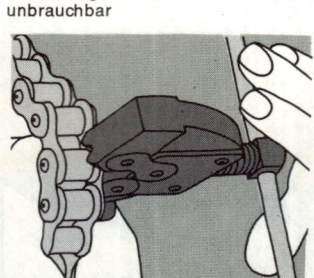

1. Die Kette mit zusammengeschobenen und auseinandergezogenen Gliedern abmessen. Bei einem Unterschied von mehr als 6 mm auf einer Länge von 30 cm ist die Kette unbrauchbar

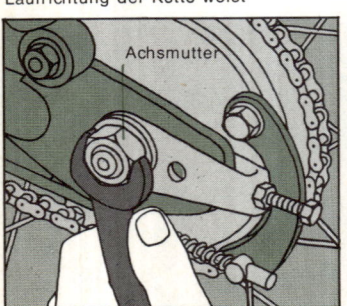

7. Die Lasche und die Verschlußfeder (mit der geschlossenen Seite in Laufrichtung) auf das Steckglied aufsetzen. Die Achsmutter etwas lockern

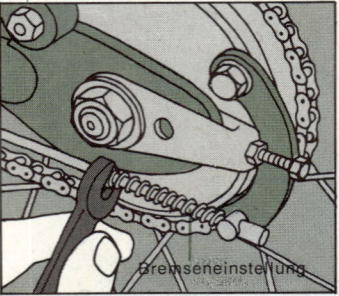

8. Kettenspanner auf beiden Seiten des Rads gleichmäßig anziehen, bis sich die Kette in der Mitte um jeweils 10 mm durchdrücken läßt

9. Achsmuttern anziehen und überprüfen, ob das Rad fluchtet und die Bremse richtig eingestellt ist. Rad ausrichten und Bremse nachstellen

2. Ist die Kette ausgeweitet, aber im übrigen in Ordnung, nimmt man mit dem Abzieher lediglich ein Kettenglied heraus und baut die Kette wieder zusammen (siehe auch S. 519)

Einen Zweitaktmotor entkohlen

Manchmal muß man einen Zweitaktmotor bereits nach 5000 km entkohlen: Im Auspuff, im Brennraum und auf den Kohleböden hat sich Ölkohle abgesetzt – die Motorleistung läßt nach.

Zum Entkohlen des Motors wird der Zylinderkopf und evtl. auch der Zylinder ausgebaut. Vorsicht, damit keine Stehbolzen abreißen! Festsitzende Schrauben vorsichtig mit einem Lötbrenner erwärmen und lösen. Im Zweifelsfall sollte man das Zweirad lieber in einer Werkstatt instand setzen lassen.

Werden Ersatzteile, etwa eine neue Auspuffanlage, benötigt, nur die vom Hersteller zugelassenen Originalteile verwenden. Keinesfalls dürfen z. B. andere Kolben eingesetzt werden, die den Hubraum des Fahrzeugs verändern und es damit schneller machen.

> *Material: Zylinderkopf- und Zylinderfußdichtung, Auspuffflanschdichtung, Kolbenringe, Dichtringe, Unterlegscheiben Werkzeug: Kerzenschlüssel, Steck-, Ring- und Gabelschlüssel, altes Sägeblatt, Flachzange, Schraubenzieher, Kupferblättchen, möglichst saubere Lappen*

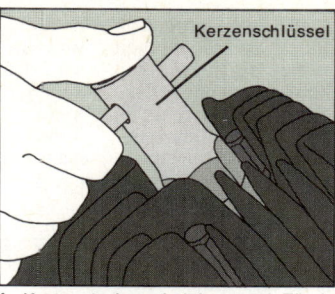

1. Kerzenstecker abziehen und Zündkerze herausschrauben. Kerze reinigen und den Elektrodenabstand überprüfen bzw. neu einstellen (siehe S. 486)

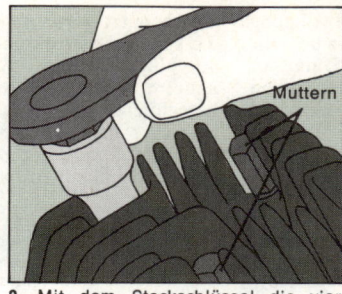

2. Mit dem Steckschlüssel die vier Zylinderkopfmuttern über Kreuz abwechselnd jeweils um eine halbe Umdrehung lockern und losschrauben

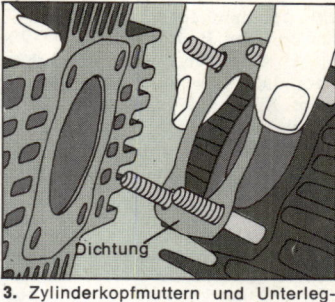

3. Zylinderkopfmuttern und Unterlegscheiben von Stehbolzen entfernen; Zylinderkopf vom Zylinder abheben. Zylinderkopfdichtung wegwerfen

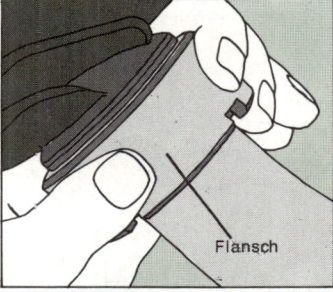

4. Den Flansch abschrauben, mit dem das Auspuffrohr am Zylinder befestigt ist. Dann die Flanschdichtung entfernen und ebenfalls wegwerfen

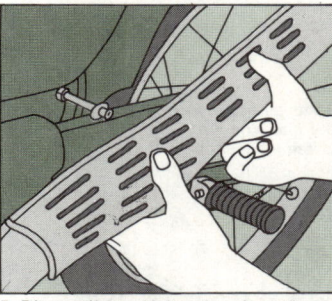

5. Die restlichen Halteschrauben lösen, mit denen das Auspuffrohr am Fahrzeug befestigt ist. Auspuffrohr und Schalldämpfer abnehmen

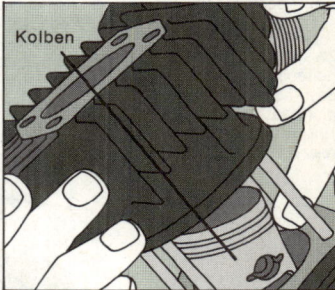

6. Zylinderkopf von den Stehbolzen abheben und dabei den Kolben mit den Fingern festhalten. Zylinderfußdichtung abnehmen und wegwerfen

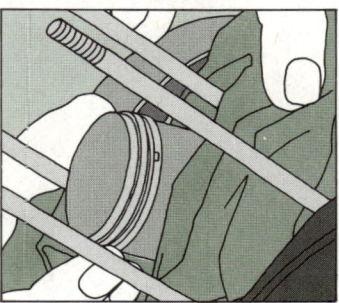

7. Kolben möglichst weit nach unten drücken. Zwischen Kolben und Kurbelgehäuse Lappen stopfen, damit kein Schmutz ins Kurbelgehäuse fällt

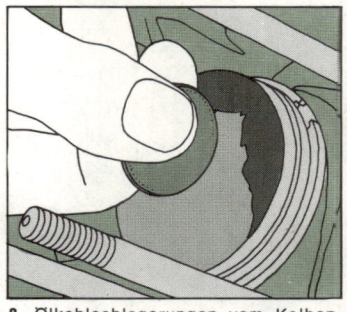

8. Ölkohleablagerungen vom Kolbenboden mit einem Kupferblättchen oder einer Kupfermünze abkratzen, dabei aber nicht fest aufdrücken

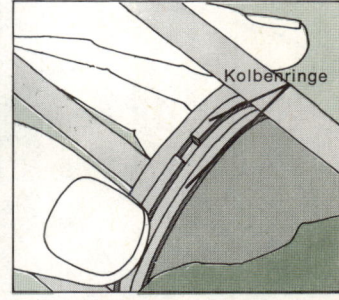

9. Kontrollieren, ob sich die Kolbenringe in ihren Nuten frei verschieben lassen. Sind die Ringe abgenutzt, werden neue eingesetzt

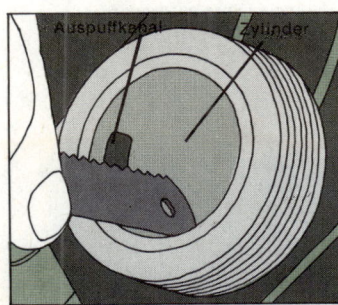

10. Die Ölkohleablagerungen im Auspuffkanal des Zylinders mit weichem Schaber abkratzen. Notfalls Rücken eines alten Sägeblatts verwenden

11. Auch aus dem Zylinderkopf die abgelagerte Ölkohle mit dem Kupferblättchen herauskratzen, um die Gußlegierung nicht zu beschädigen

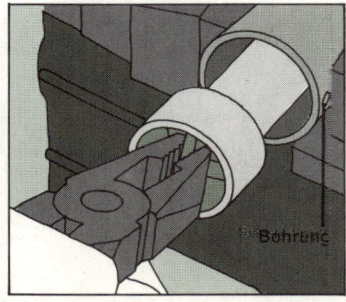

12. Der Einsatz im Auspufftopf wird von einer Schraube festgehalten. Nach dem Lösen der Schraube den Einsatz mit der Zange herausziehen

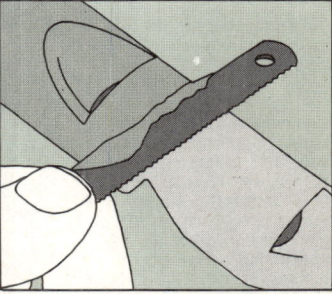

13. Ölkohleablagerung von Schalldämpfereinsatz und Innenwand des Schalldämpfers abbrennen. Zusammenbau mit neuen Dichtungen

Wohnwagen

Einrichtung und Ausstattung

Der Wohnanhänger, eine kleine Zweitwohnung auf engstem Raum, dient viele Wochen im Jahr als Urlaubs- und Freizeitunterkunft. Damit er über Jahre Freude bereitet, sollte man schon beim Kauf auf zweckmäßige Einrichtung und Ausstattung achten. Wichtige Einzelheiten zeigt die Abbildung unten.

Da der Wohnanhänger auf öffentlichen Stra-

ßen benutzt wird, muß er alle zwei Jahre dem TÜV zur Überprüfung der Verkehrssicherheit vorgeführt werden. Auch die Gasanlage muß man im Turnus von zwei Jahren von einem dazu berechtigten Fachmann kontrollieren lassen. Es ist daher ratsam, eine gute Fachwerkstatt mit der kompletten Inspektion zu beauftragen. In den Wintermonaten, also nach der Saison, kann

man dies in aller Ruhe erledigen. Die Vorbereitung im Frühjahr – zu Beginn der Reisezeit – wird dadurch auf ein Minimum reduziert. Vieles an Pflege und Wartung, was am Caravan notwendig ist, kann der Eigentümer aber auch selbst durchführen, wenn er ein bißchen Arbeit nicht scheut und das erforderliche Werkzeug hat.

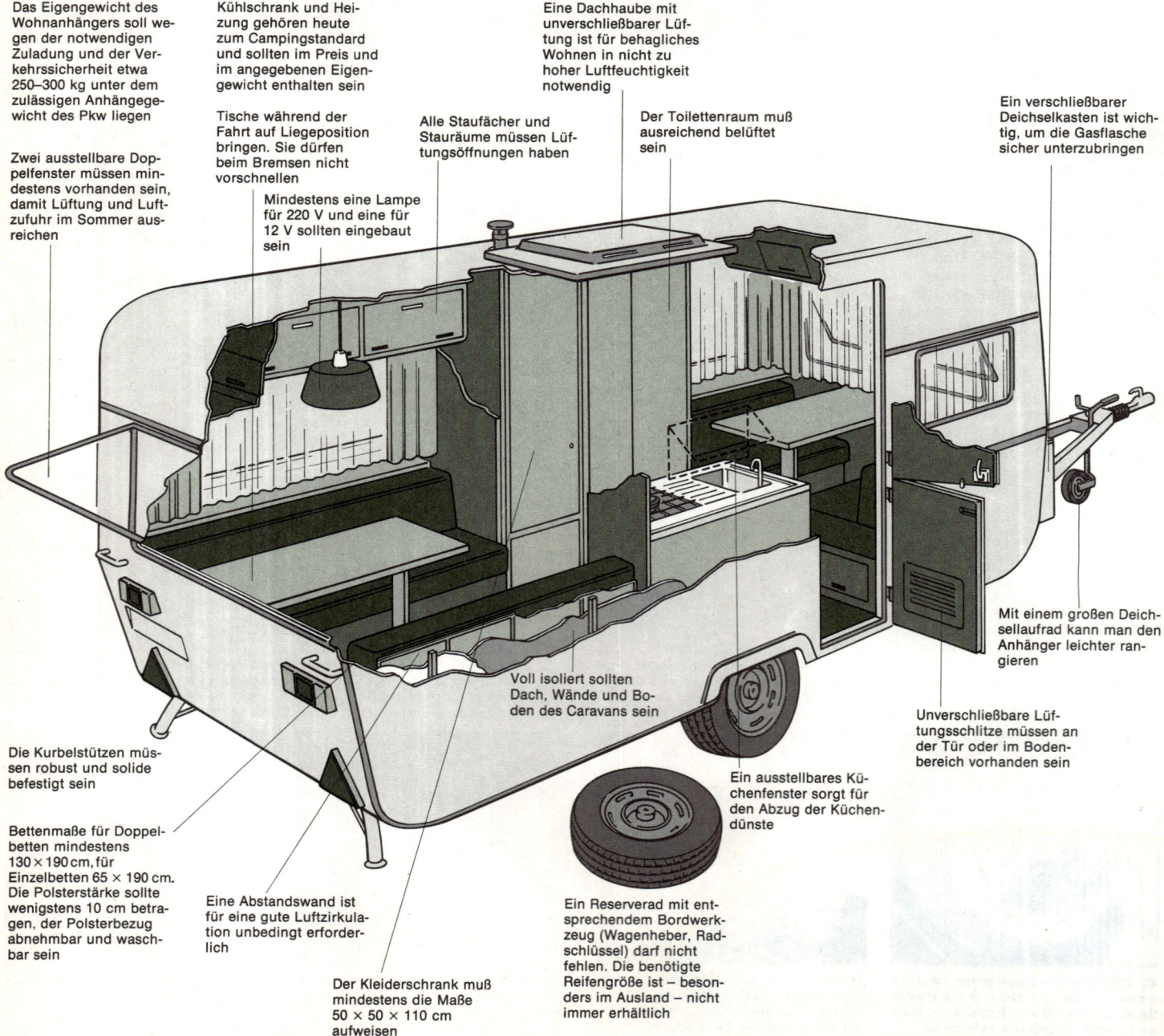

Das Eigengewicht des Wohnanhängers soll wegen der notwendigen Zuladung und der Verkehrssicherheit etwa 250–300 kg unter dem zulässigen Anhängegewicht des Pkw liegen

Zwei ausstellbare Doppelfenster müssen mindestens vorhanden sein, damit Lüftung und Luftzufuhr im Sommer ausreichen

Kühlschrank und Heizung gehören heute zum Campingstandard und sollten im Preis und im angegebenen Eigengewicht enthalten sein

Tische während der Fahrt auf Liegeposition bringen. Sie dürfen beim Bremsen nicht vorschnellen

Mindestens eine Lampe für 220 V und eine für 12 V sollten eingebaut sein

Alle Staufächer und Stauräume müssen Lüftungsöffnungen haben

Eine Dachhaube mit unverschließbarer Lüftung ist für behagliches Wohnen in nicht zu hoher Luftfeuchtigkeit notwendig

Der Toilettenraum muß ausreichend belüftet sein

Ein verschließbarer Deichselkasten ist wichtig, um die Gasflasche sicher unterzubringen

Die Kurbelstützen müssen robust und solide befestigt sein

Bettenmaße für Doppelbetten mindestens 130 × 190 cm, für Einzelbetten 65 × 190 cm. Die Polsterstärke sollte wenigstens 10 cm betragen, der Polsterbezug abnehmbar und waschbar sein

Eine Abstandswand ist für eine gute Luftzirkulation unbedingt erforderlich

Der Kleiderschrank muß mindestens die Maße 50 × 50 × 110 cm aufweisen

Voll isoliert sollten Dach, Wände und Boden des Caravans sein

Ein Reserverad mit entsprechendem Bordwerkzeug (Wagenheber, Radschlüssel) darf nicht fehlen. Die benötigte Reifengröße ist – besonders im Ausland – nicht immer erhältlich

Ein ausstellbares Küchenfenster sorgt für den Abzug der Küchendünste

Mit einem großen Deichsellaufrad kann man den Anhänger leichter rangieren

Unverschließbare Lüftungsschlitze müssen an der Tür oder im Bodenbereich vorhanden sein

Pflege von Einrichtung und Aufbau

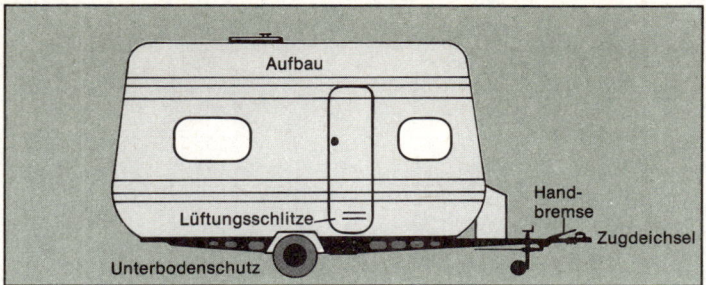

Aufbau

Lüftungsschlitze

Unterbodenschutz

Handbremse

Zugdeichsel

Wird der Wohnanhänger im Winter nicht genutzt, muß man ihn winterfest machen. Folgende Arbeiten sind durchzuführen:

Unterbodenschutz, wenn nötig, ausbessern oder erneuern. Kurbelstützen, bewegliche Teile und Gestänge einfetten oder ölen. Freie Lüftungsschlitze nicht zukleben, damit die Luftzirkulation erhalten bleibt. Gegen Kondenswasser eine offene Schüssel mit trockenem Salz aufstellen; während des Winters mehrmals auswechseln. Aufbau nach undichten Stellen absuchen, abdichten, feuchte Teile trocknen. Gasleitungen und Anschlüsse müssen dicht, Gasverbrauchsgeräte in einwandfreiem Zustand sein. Alle Schrauben nachziehen, Verschlüsse und Arretierungen kontrollieren, wenn nötig, erneuern. Handbremse lösen. Zugdeichsel mit Plastikhaube abdecken

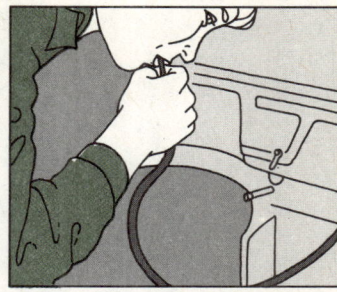

Alle Wasserbehälter müssen entleert werden. Pumpen und Leitungen gut durchblasen

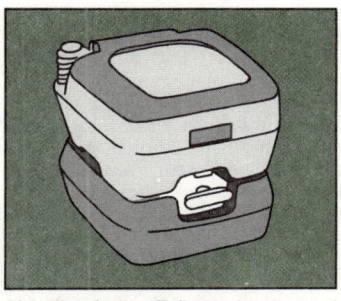

Die chemische Toilette leeren und gründlich säubern und die Funktion überprüfen

Polster trocken lagern, z.B. auf dem Speicher. Im Wohnanhänger von den Wänden abrücken und hochkant stellen

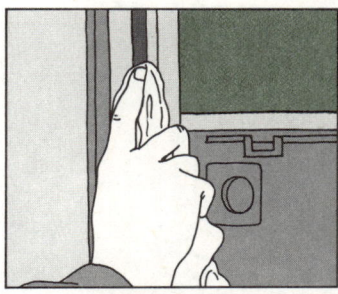

Gummidichtungen an Türen, Fenstern usw. überprüfen, wenn nötig, erneuern. Mit Glyzerin oder Talkum einreiben

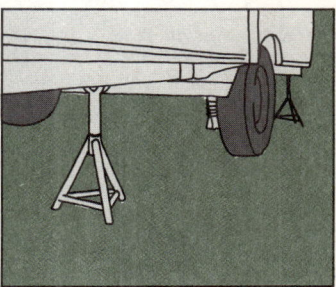

Wohnwagen aufbocken, Stützböcke zur Entlastung der Reifen unter Rahmen stellen. Kurbelstützen herunterdrehen

Wartung des Fahrgestells

Für bestimmte Teile wird nach einer gewissen Kilometerzahl eine Inspektion empfohlen. Hinweise in der Betriebsanleitung sollte man beachten. Besondere Sorgfalt gilt den Bremsen, den Rädern, der Bereifung, der Federung und der Anhängerkupplung. Von ihnen hängt die Fahrsicherheit ab.

Gewindestangen der Kurbelstützen regelmäßig reinigen. Vor der Fahrt mit dünnem Öl schmieren, vor der Stilllegung einfetten

Lagerzapfen und Ausgleichsarme des Bremsgestänges schmieren

Lagerzapfen am Hebel der Feststellbremse und Rasten ölen

Nabendeckel abnehmen und Radlager alle 7500 km abschmieren

Radmuttern alle 1500 km auf festen Sitz prüfen. Gewinde gut einfetten

Nippel der Zugkupplung alle 1500 km oder alle sechs Monate mit Fett abschmieren

Wohnwagen

Eine beschädigte Kurbelstütze auswechseln

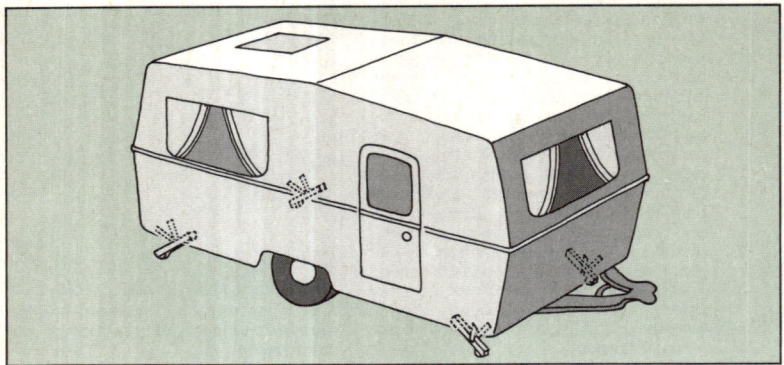

Die Kurbelstützen eines Caravans sollen den Anhänger abstützen, wenn er bewohnt ist oder abgestellt wird. Sie sollen nicht das Gewicht des Caravans tragen, sondern ihn in der Waage halten, während das Hauptgewicht weiterhin auf der Achse ruht. Die Kurbelstützen lassen sich verschieden weit herunterdrehen, damit der Wohnwagen auch auf unebenem Gelände waagrecht abgestellt werden kann. Werden die Kurbelstützen beim Fahren nicht genügend weit hinaufgedreht oder etwa beim Radwechsel zu stark belastet, kann sich eine verbiegen oder abbrechen.

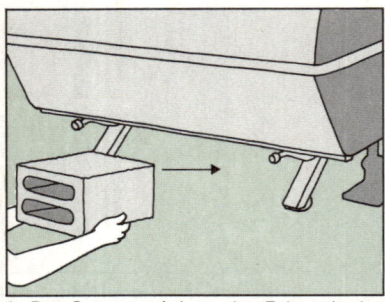

1. Der Caravan wird an der Ecke mit der auszuwechselnden Stütze mit dem Wagenheber etwas angehoben und mit einem Stützbock oder Holzklotz unterbaut

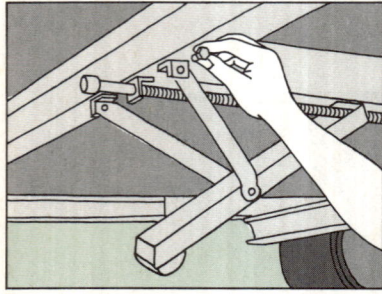

2. Die Kurbelstützen sind mit versplinteten Gabelstiften am Fahrgestell befestigt. Die Splinte werden gelöst, die Gabelstifte herausgezogen und sorgfältig aufbewahrt

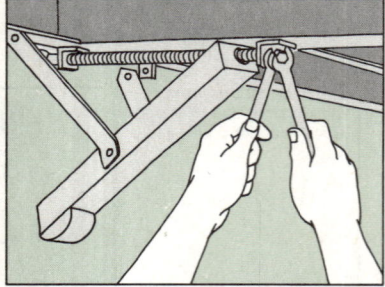

3. Am entfernteren Ende des Gewindebolzens unter dem Caravan sitzt eine Mutter mit Kontermutter. Um sie zu entfernen, braucht man zwei Schraubenschlüssel

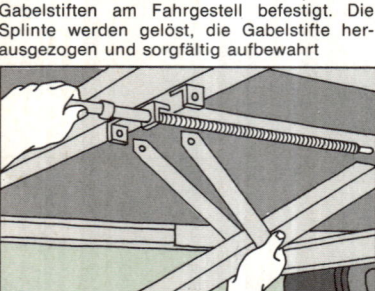

4. Der Gewindebolzen wird aus dem Drehzapfen im Fuß der Stütze herausgeschraubt, indem man den Bolzen gegen den Uhrzeigersinn dreht

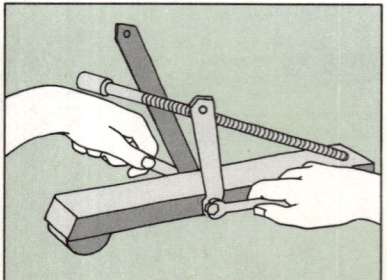

5. Die verbogenen Teile werden ausgerichtet oder erneuert, die Stütze wieder zusammenmontiert und mit neuen Splinten am Fahrgestell des Caravans befestigt

Wartung der Anhängerkupplung

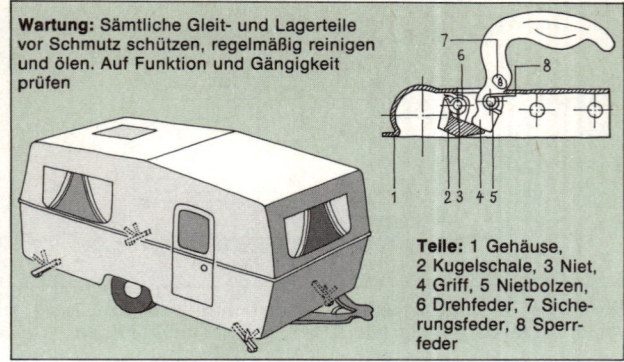

Wartung: Sämtliche Gleit- und Lagerteile vor Schmutz schützen, regelmäßig reinigen und ölen. Auf Funktion und Gängigkeit prüfen

Teile: 1 Gehäuse, 2 Kugelschale, 3 Niet, 4 Griff, 5 Nietbolzen, 6 Drehfeder, 7 Sicherungsfeder, 8 Sperrfeder

Der Kupplungskopf verbindet Zugfahrzeug und Wohnanhänger. Bei jedem Ankuppeln ist darauf zu achten, daß die Kugel voll umfaßt wird.

Ist die Kugelkupplung ausgeschlagen oder defekt, darf man zur Reparatur nur Originalteile verwenden. Schweißen und Bohren sind an der gesamten Auflaufvorrichtung nicht gestattet.

Fast alle Wohnanhänger sind heute mit einer Auflaufbremse ausgerüstet. Sie sorgt dafür, daß der Bremsweg des Pkw durch den Anhänger nicht wesentlich verlängert wird. Die Rückfahrsperre, die heute meist nur noch zusätzlich angebracht ist, verhindert, daß die Bremse anspricht. Beim Vorwärtsfahren springt der Sperrhebel von selbst wieder heraus. Die heute übliche Rückfahrautomatik erleichtert das Rückwärtsfahren wesentlich. Bei diesem System ist die auflaufende Bremsbacke so gelagert, daß sich die Bremswirkung beim Rückwärtsfahren automatisch auflöst.

Funktionsprüfung der Kupplung

Störung	Abhilfe
Kugel rastet beim Auflegen nicht ein	Der Spreizhebel ist nicht ganz offen oder schon eingerastet. Griff ganz nach oben oder nach vorne ziehen. Der Durchmesser der Anhängerkugel am Pkw darf im Neuzustand zwischen 49,5 und 50 mm betragen. Die Innenteile der Kupplung sind verschmutzt und arbeiten nicht mehr selbständig. Gut säubern und anschließend unbedingt gut abschmieren
Bremsergebnisse schlecht	Bremsanlage nachstellen. Bremsseile kontrollieren (Freihängigkeit). Radbremsen verölt, Bremsbeläge abgenutzt. Spreizwerk und Nachstelleinrichtung sowie Rückzugfedern überprüfen
Bremse zieht einseitig	Radbremsen ungleich eingestellt, nachstellen. Ein Bremsseil oder Ausgleich nicht beweglich
Ruckartiges Bremsen	Zugstange wird zu weit eingeschoben. Radbremse muß nachgestellt werden
Anhänger bremst ungewollt schon beim Gaswegnehmen	Radbremse nachstellen. Dämpfer überprüfen (Zugstange darf sich nicht ohne Widerstand einschieben lassen)
Rückfahrautomatik fällt aus	Gesamte Bremsanlage neu einstellen lassen. Freigängigkeit vom Backenträger zum Belagträger sowie Bolzen und Kurve überprüfen

Einen neuen Dämpfer in die Deichsel einbauen

Der im Gleitrohr eingebaute Stoßdämpfer ist auf Zug und Druck wirksam und dämpft die beim Bremsen auftretenden Stöße sowie ruckartiges Anziehen ab. Bockt der Anhänger beim Beschleunigen oder Abbremsen, so ist meist der Dämpfer defekt.

Der Stoßdämpfer kann außerhalb des Gleitrohrs angebracht sein, dann entfällt die Demontage der Auflaufvorrichtung. Ist der Stoßdämpfer mit der Kolbenstange in den Halter eingeschraubt, wird die Arbeit aufwendiger.

Zur Demontage muß die Kugelkupplung abgeschraubt werden. Die Systeme sind unterschiedlich, so daß im Einzelfall genau darauf geachtet werden muß, wie die Teile zusammengehören. Diese Arbeit sollte man vom Fachmann ausführen oder zumindest kontrollieren lassen. Fehler können hier lebensgefährlich sein.

Stabilisatoren

Stabilisatoren sind Schlingerdämpfer, die nachträglich angebracht werden können. Diese zusätzliche Einrichtung verbessert die Richtungsstabilität eines Wohnanhängergespanns erheblich. Das gefürchtete Schlingern oder Schwänzeln, das sich zum Schleudern aufschaukeln kann, wird dadurch weitgehend unterbunden. Der Einbau muß exakt nach der jeweiligen Einbauanweisung des Herstellers erfolgen, um Funktion und Wirkungsweise zu gewährleisten. Der Stabilisator muß vor der Auflaufbremse montiert sein, damit die Bremswirkung nicht beeinträchtigt wird.

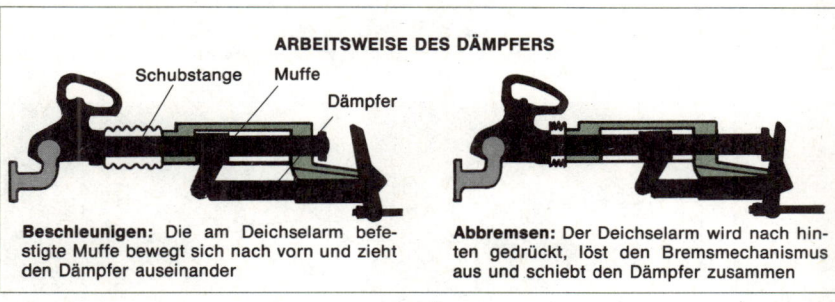

ARBEITSWEISE DES DÄMPFERS

Schubstange — Muffe — Dämpfer

Beschleunigen: Die am Deichselarm befestigte Muffe bewegt sich nach vorn und zieht den Dämpfer auseinander

Abbremsen: Der Deichselarm wird nach hinten gedrückt, löst den Bremsmechanismus aus und schiebt den Dämpfer zusammen

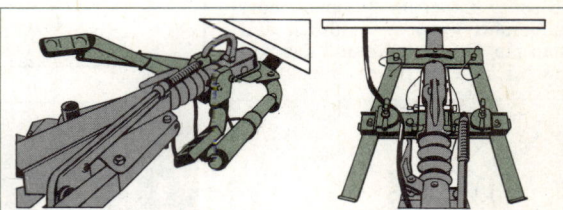

Der hydraulisch wirkende Stabilisator arbeitet nach dem Prinzip des Stoßdämpfers

Der Reibungsdämpfer wirkt wie ein angedrückter Bremsklotz auf eine Metallschiene

Ersatzteilliste für Auflaufbremsen

Bestellt man Ersatzteile für Reparaturen oder zum Auswechseln ganzer Teile, ist es sehr wichtig, die richtigen Benennungen zu verwenden. Damit die Funktionsfähigkeit erhalten bleibt, dürfen nur Originalersatzteile verwendet werden.

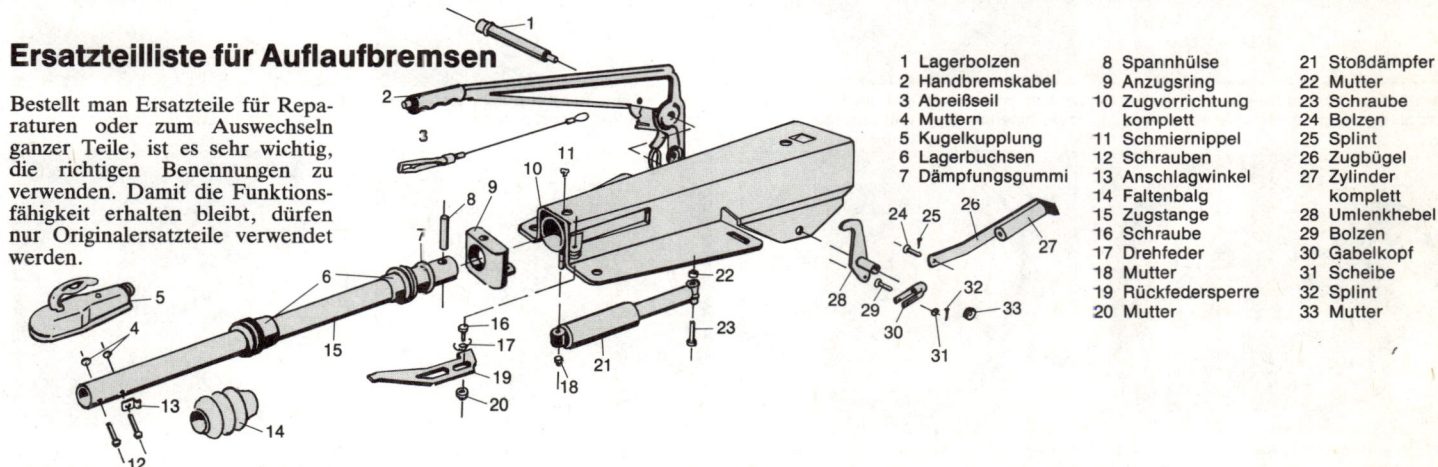

1 Lagerbolzen	8 Spannhülse	21 Stoßdämpfer
2 Handbremskabel	9 Anzugsring	22 Mutter
3 Abreißseil	10 Zugvorrichtung komplett	23 Schraube
4 Muttern	11 Schmiernippel	24 Bolzen
5 Kugelkupplung	12 Schrauben	25 Splint
6 Lagerbuchsen	13 Anschlagwinkel	26 Zugbügel
7 Dämpfungsgummi	14 Faltenbalg	27 Zylinder komplett
	15 Zugstange	28 Umlenkhebel
	16 Schraube	29 Bolzen
	17 Drehfeder	30 Gabelkopf
	18 Mutter	31 Scheibe
	19 Rückfedersperre	32 Splint
	20 Mutter	33 Mutter

Ankerplatte mit Bremstrommel

Zum Auswechseln der Bremsbacken muß die Bremstrommel abgenommen werden. Wird sie wieder zusammengebaut, muß man das Lagerspiel (siehe S. 546) neu einstellen.

Wenn die Radbremsen heißlaufen, können sie zu scharf eingestellt sein. Dann werden sie über Spannschloß oder Gabelkopf zurückgestellt. Andere Ursachen können sein: ein Knick im Bowdenzug, lahme oder gebrochene Rückzugfedern, Rostansatz in der Bremstrommel.

Zieht die Bremse einseitig, so daß das Fahrzeug aus der Spur kommt, den Anhänger aufbocken, die Bremse, die nicht zieht, nachstellen, Bremsseile kontrollieren und eventuell ersetzen.

Bremst der Anhänger bereits, wenn man das Gas wegnimmt, Bremsausgleich auf Gängigkeit, Stoßdämpfer in der Auflaufvorrichtung überprüfen. Ist der Stoßdämpfer ölverschmiert, dann sind die Dichtungen beschädigt, und der Stoßdämpfer muß ersetzt werden.

Wenn der Anhänger ruckartig bremst, beide Bremsen neu einstellen,

Bremsseile auf unzulässig große Dehnung untersuchen, Spiel im Bremsgestänge kontrollieren und Stoßdämpfer überprüfen.

Läßt sich der Anhänger nicht mit normalem Kraftaufwand zurückstoßen, sitzen wahrscheinlich die

Gleitrollen an der gefederten Bremsbacke fest. Etwas Öl macht sie wieder gängig.

1 Abschlußkappe		
2 Splint		
3 Kronenmutter		
4 Sicherungsscheibe		
5 Kegelrollenlager		
6 Radschraube		

7 Bremstrommel	13 Nachstellmutter	
7 Bremstrommel	11 Druckfeder	17 Kegelrollenlager
8 Lagerbolzen	12 Nachstellschraube	18 Bremsbacken
9 Splint	13 Nachstellmutter	19 Zugfeder
10 Übersetzungshebel	14 Bremsschild	20 Bremsbacken
	15 Wellendichtung	21 Zugfeder
	16 Spreizschloß	22 Bowdenzug

545

Wohnwagen

Radlager auswechseln

Radlager sind Verschleißteile und können auf einer Urlaubsreise, fern eines Ersatzteillagers und der heimatlichen Werkstatt, defekt werden. Die erforderlichen Ersatzteile zu beschaffen, kostet oft viel Zeit und Geld. Ein Radlager selbst auszuwechseln ist keine schwierige Arbeit, wenn man schon vor der Abreise an ein gut sortiertes Ersatzteilset gedacht hat. Es sollte immer im Wohnanhänger mitgeführt werden. Natürlich darf man nur Originalteile und das vorgeschriebene Fett verwenden.

Material: *Radlager, Radlagerfett, Waschbenzin*
Werkzeug: *Radkreuz, Wagenheber, Spezialsteckschlüssel, Abzieher, Kombizange, Hammer, Schraubenzieher, Durchschlag, Unterstellbock, Pinsel*

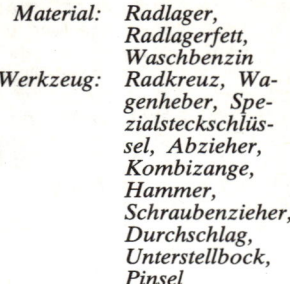

1. Den Wohnanhänger gesichert abstellen und die Radmuttern lockern

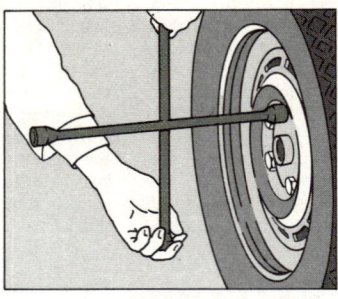

2. Wohnanhänger aufbocken und das Rad entfernen

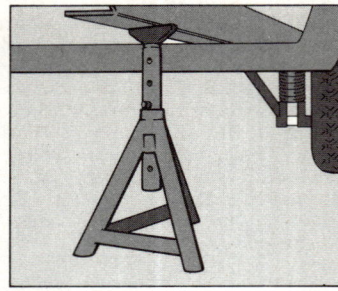

3. Mit Hammer und Durchschlag Nabenkappe rundum lockern und abnehmen

4. Achsmuttersplint mit der Kombizange zusammendrücken und herausziehen

5. Die Achsmutter mit einem passenden Spezialschlüssel abschrauben

6. Das vordere Lager mit dem Abzieher herausnehmen und überprüfen

7. Ist die Handbremse gelöst, läßt sich nun die Bremstrommel abnehmen

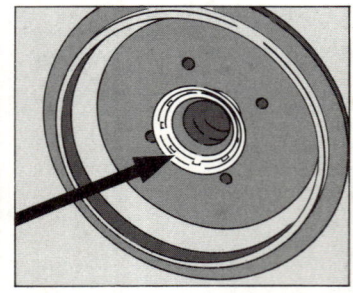

8. Simmering herausnehmen, wenn nötig, erneuern. Hinteres Lager abziehen

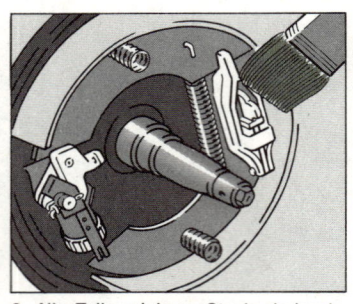

9. Alle Teile reinigen, Staub abpinseln und die Gelenke ölen

10. Neue Radlager mit Fett füllen. In umgekehrter Folge zusammenbauen

Seitenspiel der Achslager einstellen

Radnabenlagerungen alle 10000 km oder einmal im Jahr neu fetten. Lagerseitenspiel kontrollieren, falls erforderlich, neu einstellen.

ACHTUNG
Man muß darauf achten, daß die Achsmutter nicht zu stark eingestellt wird, denn sonst können Lagerschäden auftreten

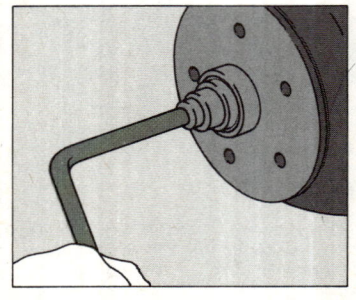

1. Achsmutter anziehen, bis der Lauf des Rades leicht gehemmt ist

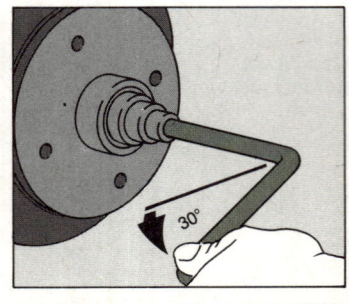

2. Achsmutter um 30° bis zum Sicherungsloch für den Splint zurückdrehen

3. Den Splint durch das Sicherungsloch der Achse stecken und aufbiegen

4. Den Lauf des Rades prüfen. Es soll langsam auslaufen

Bremsanlage

Die Bremsen müssen regelmäßig (spätestens nach 5000 km oder nach einem Jahr) überprüft, gewartet und sogar neu eingestellt oder überholt werden. Das sollte man besser einer guten Fachwerkstatt überlassen, da von der Funktion der Bremsanlage die Verkehrssicherheit des ganzen Gespanns abhängt.

Bremsbacken auswechseln

Beim Aus- und Zusammenbau verfährt man zunächst wie beim Auswechseln der Radlager.

1. Bremsbacken mit Rückholfeder anheben und nach vorn abnehmen

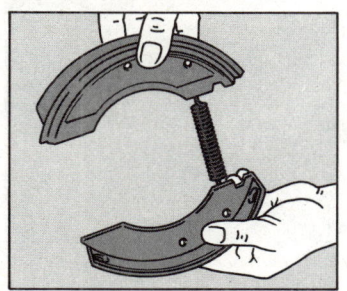

2. Bremsbacken auswechseln; nur Originalteile verwenden

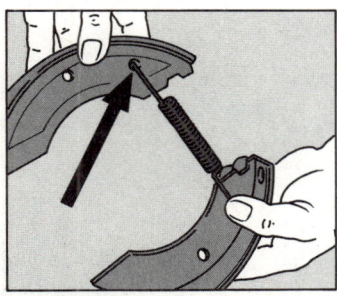

4. Rückholfeder einhängen, Bremsbacken einsetzen, Sitz prüfen

3. Exzenter an der Nachstellmutter ganz zurückstellen

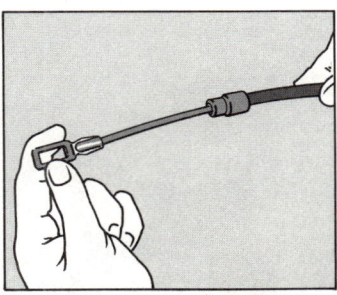

5. Auf Gängigkeit von Bremsseilen und Gestänge achten

BREMSEN EINSTELLEN

1. Belagverschleiß gleicht man durch Nachstellen der Bremsbacken aus. **2.** Die Nachstellmutter wird unter ständigem Vorwärtsdrehen des Rades so lange in Richtung des Nachstellpfeils gedreht, bis das Rad fest ist. **3.** Dann dreht man die Nachstellmutter wieder zurück, bis das Rad in Vorwärtsrichtung frei läuft. **4.** Nun prüft man, ob die Bremsen gleichmäßig ansprechen, und gleicht Unterschiede durch entsprechendes Nachstellen aus. **5.** Der Auflaufweg ist am Bremsgestänge nachzustellen. **6.** Die Gleitstellen an der Auflaufbremsvorrichtung müssen geschmiert werden.

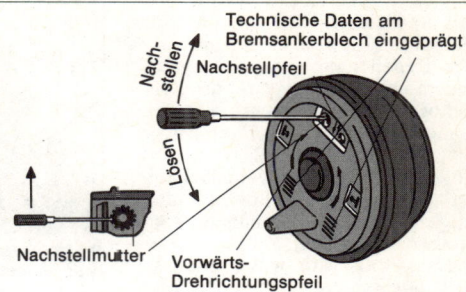

Technische Daten am Bremsankerblech eingeprägt

Achtung: Die Bremsen dürfen nie am Spannschloß oder am Gabelkopf des Bremsgestänges nachgestellt werden, sondern nur an der Nachstellmutter am Bremsankerblech

EINBAU- UND EINSTELLHINWEISE ZUR BREMSANLAGE

● Montage der Auflaufvorrichtung und Achse am Fahrgestell.
● Auffädeln des Handbremsbügels und Bremszylinders auf das Bremsgestänge.
● Befestigen des Bremsgestänges am Gabelkopf der Auflaufvorrichtung. Gabelkopf mit Sechskantmutter kontern.
● Bremsgestänge über das Ausgleichseisen mit den Bowdenzügen verbinden. Kugelbundmuttern verwenden und mit Sechskantmutter sichern.
● Bremsgestänge mit Kugelbundmuttern anziehen, bis kein totes Spiel mehr in der Bremsanlage ist.
● Selbstsichernde Mutter so weit an den Federzylinder herandrehen, daß ca. 1 mm Spiel zwischen Bügel und Mutter bleibt.
Zur Kontrolle, ob die Bremse richtig eingestellt ist, muß beim Betätigen der Handbremse (Klinke rastet im zweiten Zahn ein) eine leicht spürbare Bremsung an den Rädern vorhanden sein. Eine zu scharfe Einstellung erschwert das Rückwärtsfahren.

Achtung: Beim Abstellen am Berg Handbremse so weit anziehen, daß der Federspeicher ganz gespannt ist

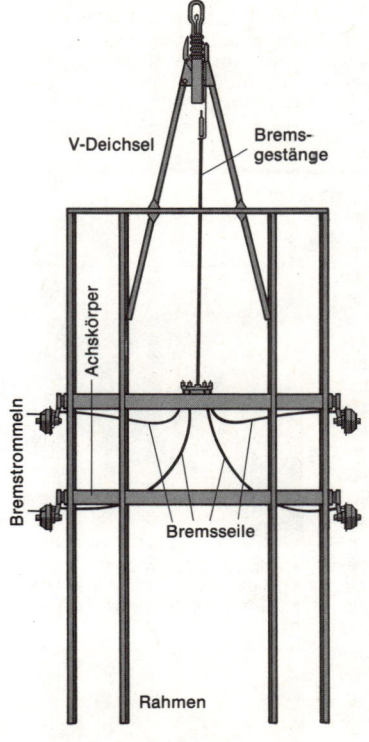

V-Deichsel
Bremsgestänge
Achskörper
Bremstrommeln
Bremsseile
Rahmen

AUFLAUFVORRICHTUNG

Die Auflaufvorrichtung muß auf jeden Fall regelmäßig gepflegt und gewartet werden. Beim Einbau von Teilen in die Radbremsen ist es lebenswichtig, sich genau an die Einbauanleitung der Herstellerfirma zu halten. Auflaufvorrichtung und Radbremsen müssen aufeinander abgestimmt sein

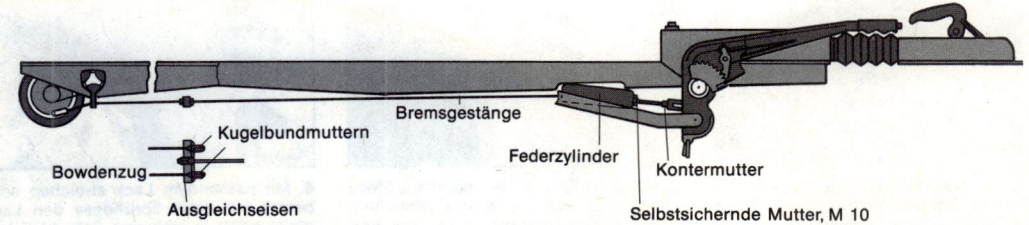

Bremsgestänge
Kugelbundmuttern
Bowdenzug
Ausgleichseisen
Federzylinder
Kontermutter
Selbstsichernde Mutter, M 10

Wohnwagen

Reifenpflege und Reifenwechsel

Für die Reifen eines Caravans gelten die gleichen Richtlinien wie für die eines Autos. Die Lebensdauer der Reifen kann man verlängern, indem man sie bei direkter Sonnenbestrahlung abdeckt und den Caravan aufbockt, wenn er länger als für die Dauer des Urlaubs abgestellt wird. Der vom Hersteller empfohlene Luftdruck muß eingehalten und regelmäßig kontrolliert werden.

Das Profil wird wohl selten so weit abgefahren, daß man deswegen den Reifen wechseln muß. Trotzdem sollten die Reifen nach spätestens 5–6 Jahren vom Fachmann geprüft und eventuell ausgewechsel werden. Ist eine Verletzung der Lauffläche oder der Flanke sichtbar, die bis zum Stahlgürtel reicht, wird man den Reifen gleich fachmännisch prüfen und wenn nötig reparieren lassen.

Für einen Reifenwechsel im Pannenfall sollte man immer ausgerüstet sein. Man benötigt dazu außer einem passenden Radkreuz oder Radschlüssel einen Wagenhe-

Profil kontrollieren. Die vorgeschriebene Mindesttiefe beträgt 1 mm

Steinchen und Fremdkörper regelmäßig aus dem Profil entfernen

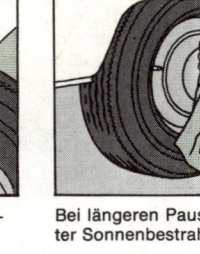

Bei längeren Pausen Reifen vor direkter Sonnenbestrahlung schützen

ber, der auch für die Bodenhöhe und das Gewicht des Caravans geeignet ist.

Wenn es die bisher verwendete Reifenart nicht mehr gibt und man gezwungen ist, von Diagonal- auf Radialreifen zu wechseln, muß man beim Wohnwagenhersteller eine Unbedenklichkeitsbescheinigung anfordern, aus der hervorgeht, welche Reifen erlaubt sind. Die neue Reifenart und -größe muß vom TÜV in die Fahrzeugpapiere eingetragen werden.

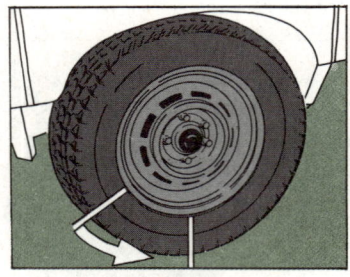

Hilft gegen Abplattungen: alle 3–4 Wochen um ⅛ weiter drehen

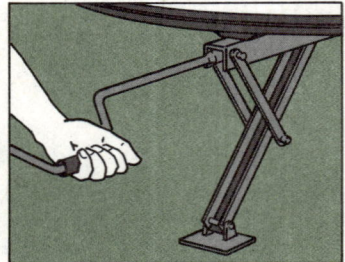

Beim Radwechsel zum Absichern die Kurbelstützen herunterdrehen

---

Außenwandreparatur

Auf der Fahrt, beim Einparken oder durch andere widrige Umstände kann die Außenwand beschädigt werden. Ein Loch oder Riß bedeutet, daß Wasser in den Aufbau eindringen kann, und nichts wäre für einen Wohnwagen schädlicher: Das Holz vom Rahmenaufbau verrottet, und die Isolation wird zerstört. Deshalb muß man jede Öffnung, durch die Wasser eindringen könnte, sofort abdichten. Größere Schäden, bei denen auch der Rahmenaufbau repariert werden muß, läßt man in einer Caravan-Fachwerkstatt beheben, denn dazu sind meistens Spezialwerkzeug und geeignetes Material erforderlich.

Kleinere Reparaturen kann man auf folgende Weise schnell selbst erledigen:

Material:	Polyesterreparaturset (Spachtelmasse) Glasgewebe Lack (Sprühdose)
Werkzeug:	Schleifmaschine Schleifpapier Spachtel

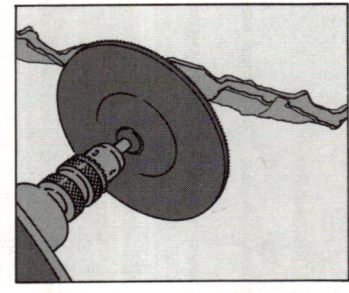

1. Die Ränder um den Riß sauber abschleifen. Am besten verwendet man dazu eine Schleifmaschine und bessert mit Schleifpapier nach

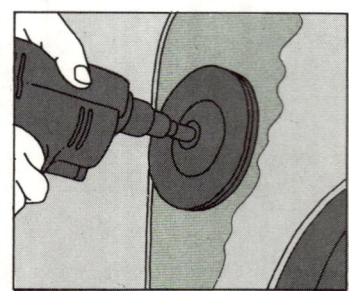

4. Wenn die Füllmasse getrocknet ist, mit einer Schleifmaschine oder einer Feile die unebenen Stellen sorgfältig beseitigen

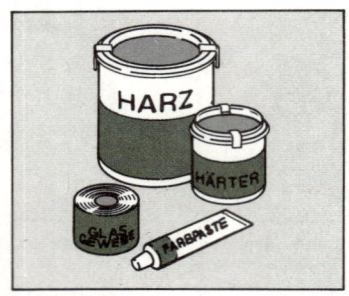

2. Handelsüblichen Füllspachtel oder Polyester mit Härter nach der Bedienungsanleitung auf dem Etikett anmischen

5. Mit Schleifpapier die reparierte Stelle abschleifen, den Staub abwischen und einen glatten Übergang zum Lack herstellen

3. Füllung mit Glasgewebe in den Riß drücken und mit Spachtel oder Ziehklinge bis über die abgeschliffenen Ränder glatt auftragen

6. Mit passendem Lack streichen oder besser mit einer Sprühdose den Lack gleichmäßig in mehreren Schichten fein auftragen

Dachlüfterhaube auswechseln

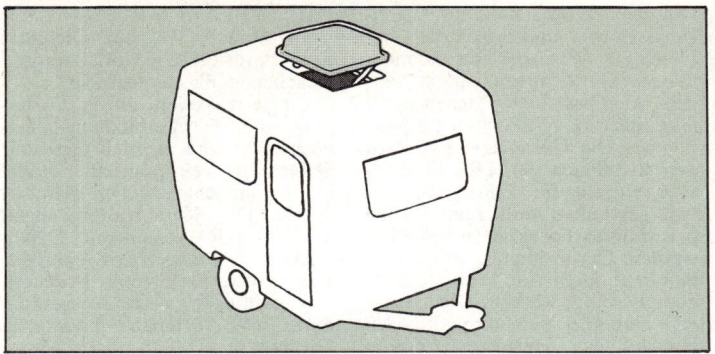

Ein Dachlüfter kann durch herabfallende Äste bzw. Steinschlag beschädigt werden oder ist nicht mehr wasserdicht. Manchmal muß auch nur der Hebemechanismus ausgewechselt werden. Immer ist wichtig, daß man die Abdichtung sorgfältig einpaßt und ausreichend Dichtungsmasse verwendet.

> *Material: Passender Dachlüfter (Lichtkuppel), Dichtung aus Neopren*
> *Werkzeug: Kreuzschlitz-Schraubenzieher, Handbohrer mit Einsatz, Reißnadel*

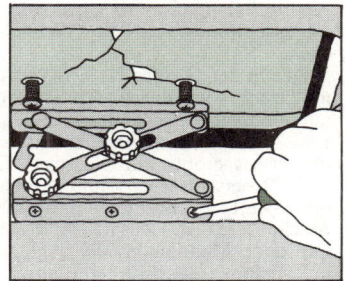

1. Blechschrauben mit dem Kreuzschlitz-Schraubenzieher lösen und die beiden Träger des Hubmechanismus vom Dach des Caravans abschrauben

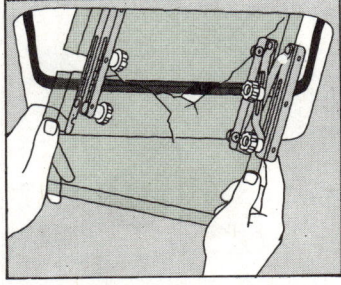

2. Den Dachlüfter von innen hochheben und schräg stellen, so daß er diagonal durch die Lukenöffnung hereingenommen werden kann

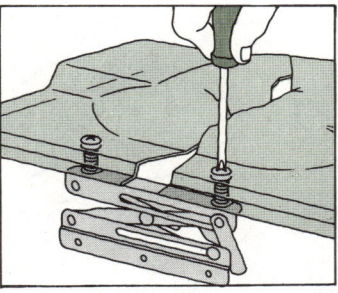

3. Dann die federhaften Bolzen abschrauben, mit denen der Scherenmechanismus an der Dachlüfterhaube (Kunststoffkuppel) befestigt ist

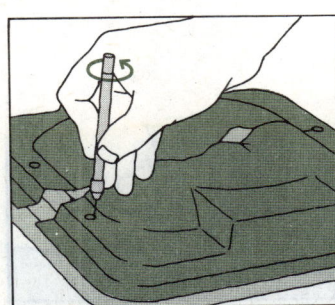

4. Die alte Dachlüfterhaube auf die neue legen, die Löcher für die Befestigungsschrauben anreißen und vorsichtig ausbohren

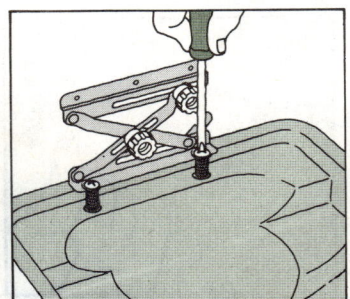

5. Den Scherenmechanismus mit den Drehknöpfen nach innen in die Löcher einschrauben. Unter die Schraubenköpfe etwas Dichtungsmasse streichen

Fenster auswechseln

Moderne Caravans haben Fensterrahmen aus Leichtmetall, meist Aluminium. Bei ausstellbaren Fenstern ist die obere Rahmenleiste mit einem hakenförmigen Profil versehen und wird in das Gegenprofil der darüber liegenden Scharnierleiste eingeschoben, die mit Blechschrauben an der Karosserie befestigt ist.

Die Abdichtung zwischen Fensterrahmen und Karosserie bildet ein Profilstreifen aus Neopren, der in einer Rille im Rahmen sitzt. Bei geschlossenem Fenster wird das Hohlprofil der Dichtung zwischen Rahmenleiste und Karosserie zusammengedrückt.

Zwischen Glasscheibe und Fensterrahmen sitzt eine zweite Dichtung aus Neopren mit U-förmigem Profil. Sie wird in eine Innenrille im Fensterrahmen eingepaßt und die Scheibe dann in das U-Profil geschoben. Diese Neoprendichtung muß aus einem Stück sein.

Zeigen sich an diesen Dichtungen Schäden oder Altersrisse, müssen die Fenster komplett ausgewechselt werden, denn sie werden bei der Herstellung fest eingepreßt. Passende Fenster führt der Fachhandel. Der Aus- und Einbau starrer Fenster ist nur mit Spezialwerkzeug möglich. Bei unsachgemäßer Behandlung besteht Bruchgefahr.

> *Material: Passendes Fenster, Abdeckband*
> *Werkzeug: Schraubenzieher mit Flach- und Kreuzschlitzklinge, Zange*

Aluminiumrahmen

Vernachlässigt man die Aluminiumrahmen, kommt es zu fortschreitender Korrosion. Leider machen sich solche Schäden oft sehr spät bemerkbar.

Beim Reinigen der Rahmen werden die Fenster möglichst weit ausgestellt, um den Lack vor Reinigungs- und Poliermitteln zu schützen. Grober Schmutz wird von den Fensterrahmen mit der Drahtbürste, Stahlwolle oder Schleifpaste entfernt. Oberflächliche Verunreinigungen lassen sich mit Nitroverdünnung abwaschen. Zur Nachbehandlung der Alurahmen verwendet man Silberpolitur oder Markenpflegemittel wie für Chromleisten am Auto.

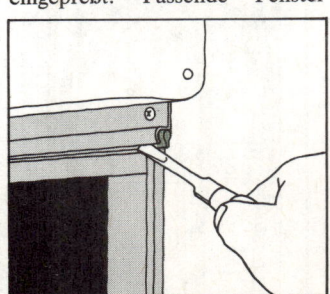

1. Um beim Ausbau älterer Fenster die Dichtung der Scharnierleiste zu schonen, werden die Enden des Hakenprofils leicht aufgebogen

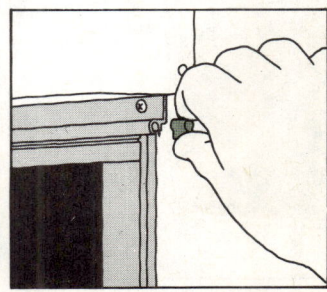

2. Dabei lockert und entfernt man die beiden Plastikstopfen, die als Abschluß der offenen Profilenden in der Scharnierleiste sitzen *(Forts. S. 550)*

Wohnwagen

(Fortsetzung von S. 549)

3. Die Arretierschraube oben an der Seite, an der das Fenster herausgeschoben werden soll, herausschrauben

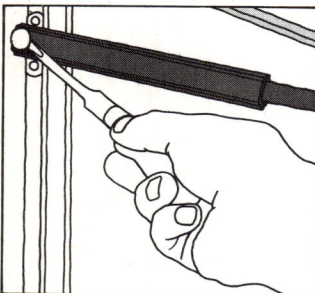

4. Das Fenster wird ganz ausgestellt, der Federring vom Gelenk des Fensterhebels abgenommen und der Hebelmechanismus entfernt

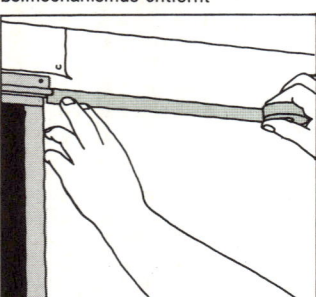

5. In der Verlängerung der Scharnierleiste Abdeckband aufkleben, um zu vermeiden, daß der Lack Kratzer bekommt

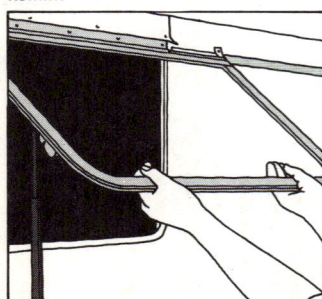

6. Nun klappt man das Fenster hoch und schiebt den Fensterrahmen seitlich heraus. Die Montage erfolgt in umgekehrter Reihenfolge

---

FENSTER AUSTROCKNEN

Die Doppelfenster in Wohnwagen sind nicht vakuumverpreßt. Es kommt daher vor, daß Feuchtigkeit eindringt und die Fenster zwischen den Scheiben beschlagen. Der Caravaner kann sich selbst helfen, wenn im Fenster Stöpsel sind, die man herausnehmen kann. Dazu zieht man die kleinen Stöpsel im oberen Bereich an der Innenseite der Fenster heraus. Dann läßt man das Fenster von der Sonne oder einem kleinen Heizlüfter austrocknen. Wenn dann die Scheiben wieder ganz klar sind, können die Stöpsel wieder eingesetzt werden

---

LÜFTUNG

Die Be- und Entlüftung im Wohnanhänger geschieht über Kiemenschlitze, die für die Zuluft meistens unten an der Tür sitzen und für die entweichende Luft oben an den Seiten. Frischluft kann auch über die Heizung kommen, während die Dachlüftungshaube zur Entlüftung dient. An der Lüftung selbst fallen keine Reparaturen an, nur darf sie auf keinen Fall zugeklebt werden. Denn sonst besteht die Gefahr, daß man im Schlaf erstickt.

Die Lüftung ist auch wichtig für ein komfortables Wohngefühl, das bei zu hoher Luftfeuchtigkeit im Innenraum und Schwitzwasser an den Wänden kaum zu erwarten wäre. Deshalb muß feuchte Luft in jedem Fall nach oben entweichen können. Am besten läßt man die Dachhaube zu diesem Zweck immer ein wenig offen, wenn der Wagen bewohnt wird – auch im Winter

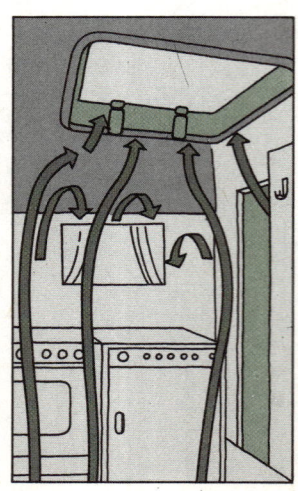

Die Pfeile zeigen die Luftbewegung im Wohnwagen an

Gasausrüstung

Um die Verbrauchsgeräte – Heizung, Kocher und Leuchten – mit Flüssiggas versorgen zu können, müssen Gasleitungen verlegt werden. Als Gasbehälter stehen meist 5-kg- oder 11-kg-Flaschen zur Verfügung. **Die Gasanlage darf nach den Richtlinien der TRF (Technische Regeln für Flüssiggas) nur von geschulten und zum Einbau berechtigten Fachkräften installiert werden.** Der ordnungsgemäße Einbau muß durch eine Prüfbescheinigung bestätigt werden. Die Gasanlage muß alle zwei Jahre vom dazu berechtigten Fachmann erneut überprüft werden. Unsachgemäße Arbeiten können unter Umständen folgenschwere Schäden verursachen.

Der in der Gasflasche vorhandene Druck wird durch den Regler auf 500 mm Wassersäule reduziert. Eine Zweiflaschenanlage bringt in der Praxis große Vorteile, da sich die Reserveflasche automatisch einschaltet, wenn die Betriebsflasche leer ist. Zusätzlich kann mit dem Manometer die Anlage auf Dichtheit überprüft werden.

Für die Verbindung Flasche-Regler darf nur ein Gasschlauch nach DIN 4815 verwendet werden.

Der Schlauch muß mindestens vor jeder Urlaubsfahrt auf Dichtheit bzw. Porosität überprüft werden. Gegebenenfalls auswechseln.

Um festzustellen, ob die Gasleitung und die Verbindungsstellen noch dicht sind, werden diese mit Seifenlauge eingepinselt, wobei sich bei undichten Stellen Bläschen bilden. Die Schraubverbindungen können mit passenden Gabelschlüsseln nachgezogen werden. Das Auswechseln und Erneuern von Leitungen sowie Gasgeräten muß dem Fachmann überlassen werden.

Gasleuchten sind heute in der Regel wartungsfrei, und man kann daran selbst gar nichts verändern. Sollten Störungen auftreten, zieht man am besten einen Fachmann zu Rate. Selbst kann man nur den defekten Gasstrumpf oder den Schirm auswechseln. Um den Schirm abzunehmen, klappt man ihn nach vorn und zieht ihn hoch. Der defekte Glühstrumpf wird herausgeschraubt und der neue eingesetzt. Die Glühkörper sind mit Vorsicht zu behandeln und vor Inbetriebnahme ohne Gas, aber bereits aufgeschraubt, abzubrennen.

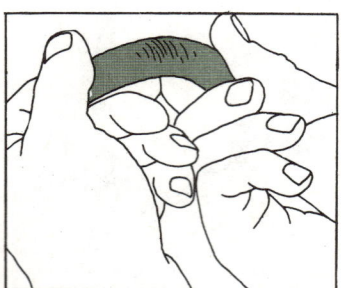

1. Den am Regler angeschlossenen Schlauch prüfen. Zeigen sich Risse, muß er durch einen neuen ersetzt werden

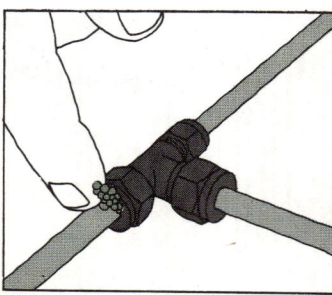

2. Verdächtige Stellen werden mit Spülmittel bestrichen. Dann Gashahn öffnen und beobachten, ob sich dort Blasen bilden

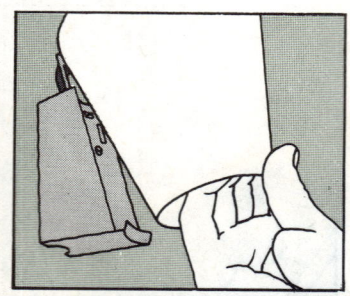

3. Den Leuchtenschirm gegen die Haltefeder drücken und abnehmen. Vorsicht, dabei darf man nicht an den Glühstrumpf stoßen!

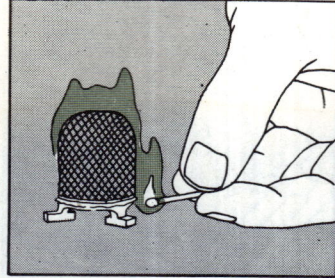

4. Der Glühstrumpf wird aufgesteckt und mit einem Streichholz abgebrannt, bevor man die Leuchte in Betrieb nimmt

Gasversorgung im Ausland

Im Ausland gibt es die gewohnten Flüssiggasbehälter nicht. Damit Behälter mit anderem Anschluß-gewinde verwendet werden kön-nen, sollte man immer geeignete Übergangsstücke mitführen. Die-ses Euro-Set gibt es in Fach- und Sportgeschäften.

EURO-SET

Diese vier Übergangsstutzen er-möglichen es, jedes europäische Gerät an jede beliebige europäi-sche Gasflasche anzuschließen, sofern es sich um marktgängige Modelle handelt

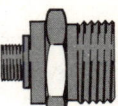

Der Übergangsstutzen Nr. 1 gilt für Italien und die Schweiz. **Gas:** Vetta-Gas

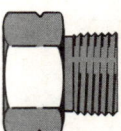

Der Übergangsstutzen Nr. 2 gilt für Italien. **Gas:** Liqui-, Butan-, Agip-, Mi-, Pibi-Gas

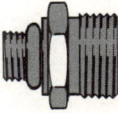

Nr. 3 ist für Belgien, Dänemark, Finnland, Norwegen, Luxemburg, Österreich, Portugal, Schottland, Schweiz, Italien und Schweden. **Gas:** Pibi-, Primus- und Kosan-Gas

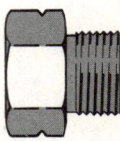

Nr. 4 ist für Dänemark, England, Frankreich, Holland, Italien, Öster-reich, die Schweiz und Spanien. **Gas:** Nordisk-Flaskengas, Calor-, Botto-, Esso-, Thermo-, Drachen-, Primus-, Butano- und Oba-Gas

---

Reserveflasche

Betriebsflasche

Gasflaschen müssen aus Si-cherheitsgründen immer ste-hend angeschlossen werden

Zweiflaschen-Gasanlage

Diese Zweiflaschen-Gasanlage schaltet vollautomatisch auf Reserveflasche. Der Manometer ermöglicht die Prüfung der Gasan-lage auf Dichtheit. Die beiden Sicherheitsregler sind mit Überdruck-sicherung, Kombinationsanschluß für alle Flaschen, Schutzkappe gegen Nässe und Rückschlagventilen versehen

Dies ist der Sicherheitsreg-ler nach G 607. Bei Undicht-heiten sollte zuerst die Über-wurfmutter des Reglers (Achtung, Linksgewinde) fe-ster angezogen werden. Erst dann die Leitungen und An-schlüsse überprüfen

Ein Eis-Ex verhindert das Vereisen des Reglers. An-schußwert: 12 V/4 W

Wohnwagen

Elektrische Anschlüsse

Die elektrischen Anschlüsse von Zugfahrzeug und Anhänger werden mit einer genormten 7poligen Steckkupplung verbunden. Diese Kupplung besitzt eine Führungsnase, die dafür sorgt, daß man den Stecker nur in der korrekten Stellung in die Kupplung einführen kann. In der Verschlußkappe der Kupplung befindet sich eine Kralle, die umgelegt wird, sobald die Steckverbindung hergestellt ist; dadurch ist sichergestellt, daß sich die Verbindung nicht von selbst lösen kann.

Die einzelnen Stromkreise des Wohnanhängers sind im Sicherungskasten des Zugfahrzeugs mit untergebracht und abgesichert.

Damit der Wohnanhänger-Innenraum über die Autobatterie beleuchtet werden kann, muß

die Klemme 54 g mit einem Kabel verbunden werden, das ständig Strom führt.

Bevor man sich mit dem Wohnanhänger auf die Reise macht, muß man prüfen, ob die vorgeschriebene Beleuchtungseinrichtung funktioniert. Auch die Blinkerkontrolleuchte am Armaturenbrett unterliegt dieser Funktionsprüfung.

Wenn eines oder gar mehrere Lichter am Anhänger nicht leuchten, kann es an den Kontakten der Steckkupplung liegen. In den meisten Fällen genügt es dann, die Kontaktbuchsen und Stifte mit feinem Schleifpapier zu säubern, um den Kontakt wieder herzustellen.

Es ist auch möglich, daß eine Lampe defekt ist. Wenn man sie auswechselt, sollte man

darauf achten, daß man eine Ersatzlampe mit demselben Volt- und Wattwert einsetzt.

Sind die Klemmstellen an der Steckdose oxydiert oder durch Streusalz zerfressen, muß man die Dose ganz auswechseln.

Das Verbindungskabel zwischen Zugfahrzeug und Anhänger darf während der Fahrt nicht zu weit durchhängen; es könnte am Boden scheuern. Ein zu kurzes Kabel kann dagegen bei starkem Lenkeinschlag reißen.

Wenn Kabel ausgerissen sind, kann man sie ohne Schwierigkeiten mit Hilfe des Schaltschemas erneut anschließen. Die einzelnen Stromkreise im Kabelstrang sind mit verschiedenfarbiger Isolierung markiert und müssen der jeweiligen Nummer zugeordnet werden.

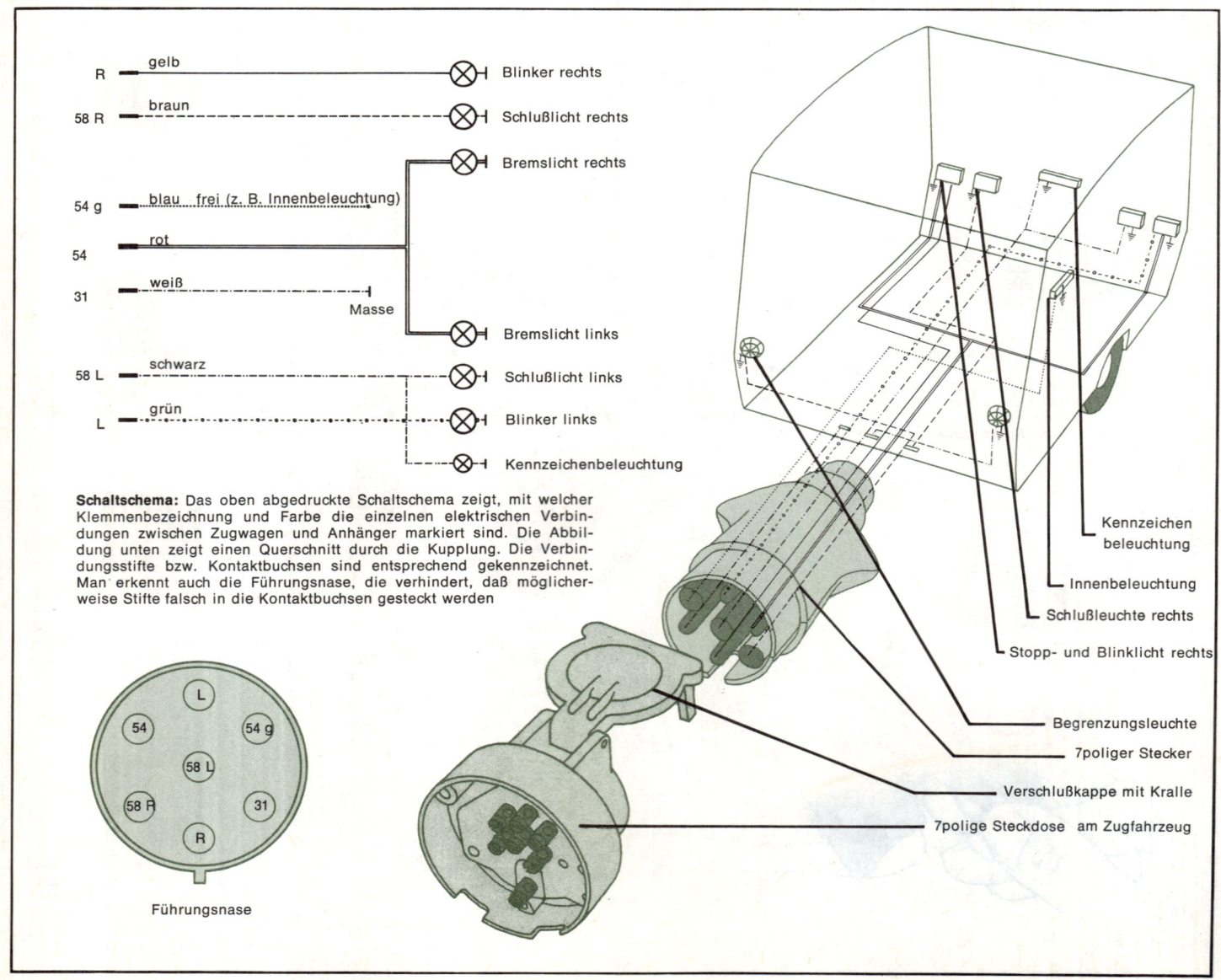

Schaltschema: Das oben abgedruckte Schaltschema zeigt, mit welcher Klemmenbezeichnung und Farbe die einzelnen elektrischen Verbindungen zwischen Zugwagen und Anhänger markiert sind. Die Abbildung unten zeigt einen Querschnitt durch die Kupplung. Die Verbindungsstifte bzw. Kontaktbuchsen sind entsprechend gekennzeichnet. Man erkennt auch die Führungsnase, die verhindert, daß möglicherweise Stifte falsch in die Kontaktbuchsen gesteckt werden

(Schematic labels:)
R — gelb — Blinker rechts
58 R — braun — Schlußlicht rechts
— Bremslicht rechts
54 g — blau frei (z. B. Innenbeleuchtung)
54 — rot
31 — weiß — Masse
— Bremslicht links
58 L — schwarz — Schlußlicht links
L — grün — Blinker links
— Kennzeichenbeleuchtung

Führungsnase

(Labels right side:)
Kennzeichen beleuchtung
Innenbeleuchtung
Schlußleuchte rechts
Stopp- und Blinklicht rechts
Begrenzungsleuchte
7poliger Stecker
Verschlußkappe mit Kralle
7polige Steckdose am Zugfahrzeug

Stromkabelanschluß für 220 V

Nach den neuen DIN-Bestimmungen müssen alle Wohnwagen ab 31.10.1983 dreipolige Stecker haben

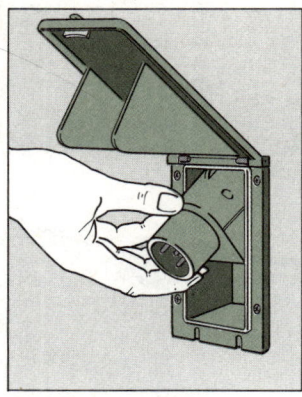

Außenstecker für 220 V

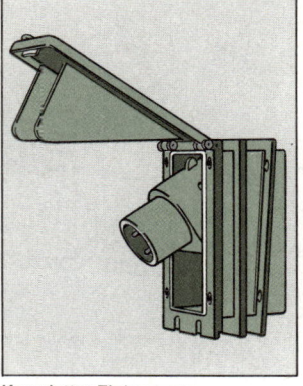

Kompletter Einbaukasten

KÜHLSCHRANK

Reparaturen am Kühlschrank – wie auch an anderen gasbetriebenen Geräten – dürfen nur vom Fachmann ausgeführt werden. Der Kühlschrank funktioniert nur dann richtig, wenn man ihn, wie in der Betriebsanleitung angegeben, aufstellt und in Betrieb nimmt. Dabei muß man folgendes beachten:

● Damit die volle Kühlwirkung erreicht wird, muß der Kühlschrank genau in der Waage stehen.
● Den Wohnwagen möglichst so aufstellen, daß der Kühlschrank nicht direkter Sonnenbestrahlung ausgesetzt ist.
● Die Lüftungsschlitze müssen stets frei gehalten werden.
● Bevor man wegfährt, kühlt man den Kühlschrank zu Hause mit Netzstrom oder mit Gas vor.
● Wegen des hohen Stromverbrauchs sollte man mit 12 V nur dann kühlen, wenn der Motor des Zugwagens läuft.

KOCHER

Reparaturen am Kocher darf ebenfalls nur der Fachmann ausführen – einige Defekte kann der Caravaner jedoch auch selbst beheben:

● Wenn die Flamme hellgelb brennt, über dem Brenner zusammenschlägt oder rußt, deutet das auf mangelnde Luftzufuhr hin. Man säubert das Luftrohr mit einer Pinzette oder Nadel und bläst es kräftig durch. Bei Ruß muß man eventuell den Topfrost auswechseln.
● Erlischt die Flamme beim Anzünden immer wieder, ist meist die Fühlerspitze der Zündsicherung zu weit von der Flamme entfernt. Man montiert den Zündfühler dann so, daß die Spitze auch bei kleiner Flamme ausreichend erhitzt wird.
● Wenn der Kocher in Betrieb ist, für ausreichende Lüftung durch Dachluke, Tür oder Fenster sorgen.
● Der Kocher darf nicht zum Beheizen des Wohnanhängers benutzt werden.

Heizung

An der Gasheizung dürfen Reparaturen grundsätzlich nur vom Fachmann durchgeführt werden. Es gibt jedoch ein paar Wartungsarbeiten, die der Caravaner selbst erledigen kann. Die folgenden Texte und die nebenstehenden Illustrationen geben ein paar Hinweise darauf.
● Alkaline Batterien für den Zündautomaten verwenden.
● Abgasrohr muß richtig verlegt sein.
● Abgasrohr nach Verpuffung (Fehlzündung) überprüfen, damit keine Abgase eindringen.
● Abgasrohre von vor 1978 ersetzen.
● Der Dichtring des Abgasrohrs darf nicht beschädigt oder verdreht sein.
● Wenn das Gebläse lauter wird oder an Leistung verliert, muß man das Lüfterrad reinigen.
● Im Winter vor dem Heizen Kamin von Schnee befreien und Kaminverlängerung aufstecken.

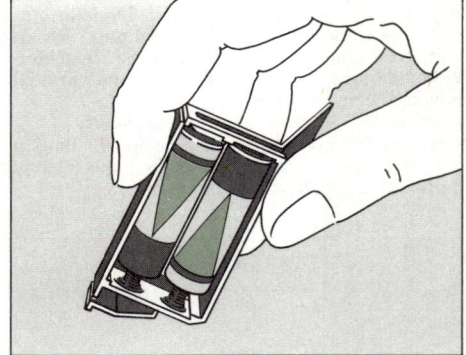

Batterien Für den Zündautomaten sollte man nur alkaline Batterien verwenden; sie funktionieren auch noch bei extremen Minustemperaturen

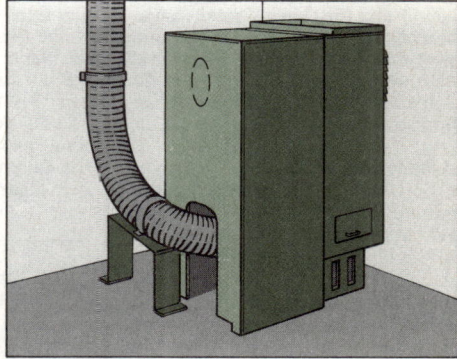

Abgasrohr richtig verlegen Das Abgasrohr muß auf seiner ganzen Länge steigend verlegt sein. Beim Ofenausgang baut man eine Stütze unter

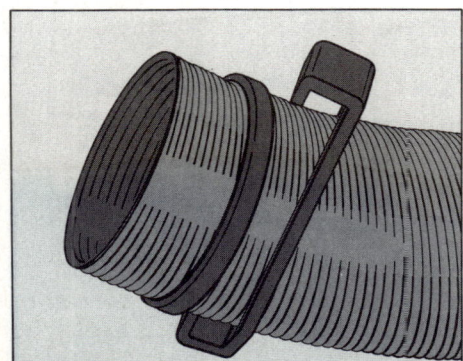

Das neue Rohr muß man soweit wie möglich in den Ofen einführen; dabei darauf achten, daß der Dichtring nicht beschädigt oder verdreht wird

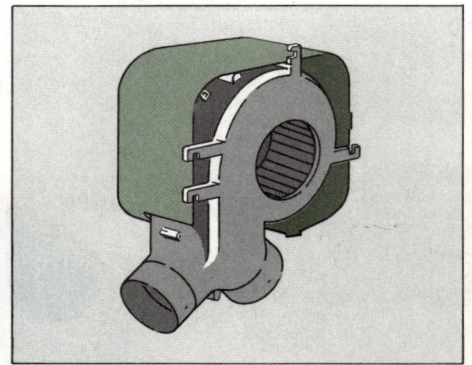

Lüfterrad Wenn man feststellt, daß das Gebläse lauter wird oder an Leistung verliert, muß man das Lüfterrad reinigen

Kamin Bevor man im Winter die Heizung in Betrieb nimmt, befreit man den Kamin vom Schnee und steckt die Kaminverlängerung auf

Wohnwagen

Wasserversorgung

Der Wohnanhänger wird meist über einen Kanister mit 12–15 l Inhalt (siehe Abbildung unten) versorgt, der entweder im Deichselkasten oder im Toilettenraum untergebracht ist. Dazu gehört eine kleine elektrische Pumpe, die mit Batterien betrieben wird.

Wasserentsorgung

Abwasser kann und darf man nicht einfach ablaufen lassen. Man muß es in einem Eimer oder in einem geschlossenen Behälter auffangen und an dafür vorgesehenen Stellen des Campingplatzes entleeren. Die Abbildung unten zeigt einen Auffangbehälter und seinen Anschluß an den Abwasserschlauch.

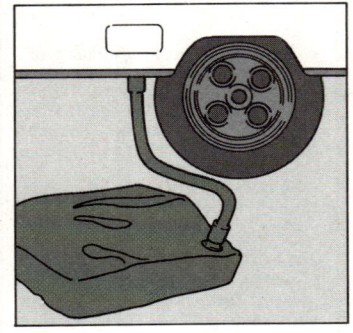

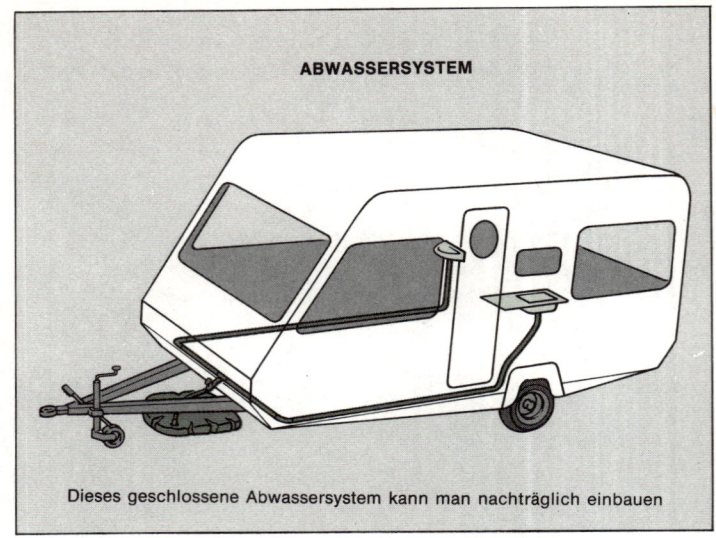

ABWASSERSYSTEM

Dieses geschlossene Abwassersystem kann man nachträglich einbauen

Ein Vorzelt anbringen

Meist sind am Wohnanhänger keine Ösen für ein Vorzelt angebracht. Damit das Vorzelt stramm sitzt und keine Falten wirft, muß man die Ösen genau, wie es in der Anbauanleitung angegeben ist, anbringen.

Arbeitsablauf:
● Zelt auslegen. Die Befestigungspunkte ermitteln und am Wohnwagen anzeichnen.
● Mit einem Dorn oder Nagel das Aluminiumblech an der angezeichneten Stelle durchschlagen.
● Am Durchschlag Dichtungsmaterial anbringen und die Ösen anschrauben.
● Bei längeren Standzeiten ist es zweckmäßig, zusätzliche Stütz- und Tragegestänge anzubringen.
● Zelt nach dem Aufstellen mit festen Abspannleinen sichern.

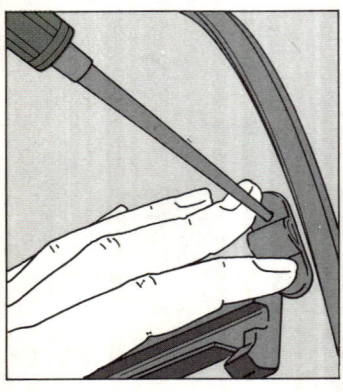

Einen Spoiler anbringen

Einen Spoiler kann man nachträglich selbst montieren – über seinen Nutzen sind sich jedoch selbst die Fachleute noch nicht einig, denn bei der für Wohnanhänger zulässigen Geschwindigkeit von 80 km/h kommt der verringerte Luftwiderstand nicht genügend zur Geltung. Ein falsch montierter Spoiler kann sich sogar negativ auf das Fahrverhalten und den Spritverbrauch auswirken. Deshalb muß man die Anbauanleitung des Herstellers genauestens beachten, um diese Nachteile zu vermeiden.

Arbeitsablauf:
● Der Spoiler muß genau nach den Angaben des Herstellers montiert werden.
● Der Abstand des Spoilers zum Dach des Personenwagens soll möglichst gering gehalten werden.
● Der Winkel zwischen Dach und Spoiler soll etwa so eingestellt werden, daß die gedachte Verlängerung der Abweisfläche des Spoilers etwa 30 cm vor dem Anhängerdach verläuft.

DACHSPOILER AN PKW

TEIL 6

Enzy-klopädisches Register

Dieses alphabetische Register ist eine Kombination aus Schlagwortregister und Enzyklopädie. Unter den einzelnen Stichwörtern findet man rasch die Buchseiten, auf denen die betreffenden Stichwörter erwähnt oder abgehandelt sind. Werkzeuge, Materialien und Arbeitsmethoden werden in ausführlichen enzyklopädischen Artikeln beschrieben. Manche Stichwörter des enzyklopädischen Teils sind oft unter einem übergeordneten Begriff zusammengefaßt und werden dort im Zusammenhang abgehandelt: So findet man beispielsweise unter Emailglas den Verweis auf einen ausführlichen Artikel über Glas.

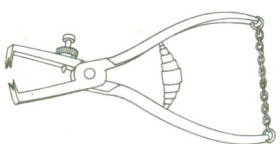
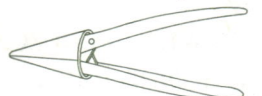
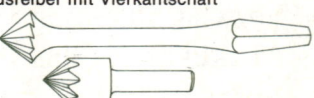

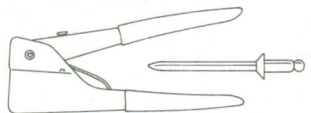

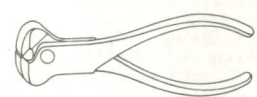
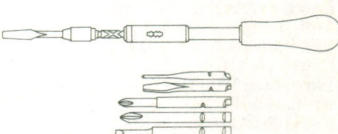

Enzyklopädisches Register

Durchlüfter (Aquarium) 285
Durchschlag (Durchschläger) Konisch zulaufender Stahlstift, dessen Spitze flach oder leicht hohl ist. Wichtig zum Einreiben von Nagelköpfen unter die Holzoberfläche
Dusche 228–229
Dynamo 531

Eckrohrzange Zum Festhalten und Drehen von Rohren an schwer zugänglichen Stellen. Die Backen stehen im Winkel von 52° zu den Griffen

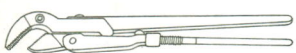

Eckschienen setzen 201
Edelsteine 376
Einbautürrahmen 186
Einbohrbänder 161, 179
Einpreßdübel Stahlplättchen mit aufrecht stehenden Zähnen auf beiden Seiten, zum Verbinden von Holzteilen
Einrahmen (Gemälde) 305, 307
Einrohrsystem (Zentralheizung) 259
Einwindaufnahme 179
Einzäunung Abtrennung oder Einfriedung z. B. mit Maschendrahtzäunen 456
Eisen streichen 134, 138, 140, 141
Eisenbahn, elektrische 393–397
Eislaufschuh 410
Elektrikerschraubenzieher Siehe Schraubenzieher
Elektrische Anschlüsse (Wohnwagen) 552–553
Elektromäher 442–443
Elektropumpe 449
Elektroschleifgerät 368
Elektrospeicher 239
Email Undurchsichtige, oft farbige Glasur, die meistens auf Metalluntergrund angebracht wird. Das Metall erhält dadurch eine glatte, ebene Oberfläche, ist gegen Korrosion geschützt und leicht zu reinigen. Beim Bau werden emaillierte Teile zur Verkleidung von Fassaden und als Wandfliesen benutzt
Emailglas Siehe Glas
Energieberatung 278
Energiebilanz 281
Energieeinsparungsgesetz 278, 281–282
Energieeinsparungsmöglichkeiten 282
Energie sparen (Auto) 496–502
Entfernungsmesser 304
Entlüftungsrohr 210, 217
Entrosten 128
Entstörung (Auto) 494, 495
EP-Lackfarbe 141
Epoxydharzkleber 308
Epoxydharzlackfarbe 141
Eselsrücken Gemauerte schräge Abdeckung von Garten- und anderen Mauern zum schnellen Abfließen des Regenwassers
Espagnolette Verschluß für Fensterflügel und Schranktüren, bei dem ein Drehgriff in mittlerer Höhe zwei Stangen bewegt, deren Enden oben und unten in den Blendrahmen greifen
Estrichboden 98
Estrichgips 106
Etagenheizkessel 264

Fadenspannung, fehlerhafte 353
Fahrgemeinschaften 496
Fahrgestell (Wohnwagen) 543
Fahrradbaugruppen 516
Fahrräder 516–531

Fahrradkette 518–519
Fahrradrahmen lackieren 522–523
Fahrtrichtungsschalter 396–397
Fahrzeugreparatur 462–493
Falle 180
Fallrohr 132, 216, 222–225
Faltboote 504
Falttür Eine innerhalb des Türrahmens zusammenschiebbare Tür 174
Faltwand Zusammenschiebbare Trennwand, besteht aus Holz-, Kunststoff- oder Kunstlederstreifen, die durch Scharniere miteinander verbunden sind und unten und auch oben in Schienen geführt werden
Falz Umgebogener, versteifend wirkender Rand von Dachrinnen, Fallrohren und Zinkblechdächern. Auch Einschnitt entlang des Randes von Platten, Balken, Rahmen. Beim Fensterflügel nimmt der Falz die Fensterscheibe auf. Bei Türen liegt das Türblatt mit dem Falz auf der Zarge auf
Falzhobel Zum Aushobeln von Nut und Feder und Falzen, eiserner Hobel mit Tiefen- und Breitenanschlag und verschiedenen breiten Messern 328
Fangtürschließer 182
Farbabbeizmittel 137
Farbabbrenn- und Lötgerät 326
Farbabbrenner 128
Farbe 129, 130, 134
Farbgläser Siehe Glas
Farbmulde Auf der Schräge streift man vom Farbroller überschüssige Farbe ab 127

Farbpigmente 129
Farbroller Auf einer Achse drehbare Rolle mit Handgriff. Die Rolle ist mit Lammfell, synthetischem Fell oder Schaumkunststoff bezogen und dient zum Streichen großer Flächen 42, 127
Farbspritzen 128
Fassade, vorgehängte 66
Fassaden-Anstrich-System, rißüberbrückendes 134
Fassadendämmsystem 197–201
Fassadenfarbe 134
Fassadenreinigung 70
Fassadenschäden 66
Fassadenverkleidung Außer Holzverkleidung werden hauptsächlich folgende Materialien in Platten- oder Tafelform verwendet: Aluminium (natürlich oder farbig eloxiert), Stahl (farblos oder farbig lackiert), rostfreier Stahl, Kunststoff, Natursteine. Oberflächenbehandlung von Mauerwerk durch Verputzen gilt auch als Fassadenverkleidung, wenn eine der zahlreichen Edelputz- oder Strukturputzarten benutzt wird, die der Fassade ein strukturiertes Aussehen gibt
Fassadenziegel Werden für Sichtmauerwerk an Fassaden, aber auch innen verwendet. Meist handelt es sich um handgeformte Verblendziegel, die nach Qualität und Farbe ausgewählt werden
Fäustel Siehe Steinschlegel
Faustpinsel 108

Federkernpolster 357
Fehlzündungen (Moped) 533
Feile 328
Feinsäge Feingezähnt für Holz, mit stahlverstärktem Rücken, daher auch Rückensäge genannt. Hauptsächlich zum Sägen von Gehrungen und Holzverbindungen

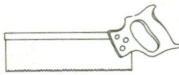

Felgenband 518
Fenster 48–57, 158, 549–550
Fensterbank 48, 135
Fensterbretter, hölzerne 48
Fensterglas Siehe Glas
Fensterheber 480–481
Fensterrahmen streichen 132, 134, 136, 138–139
Fertigbecken (Schwimmbad) 449
Fertigparkett 90
Fertigtüren 171, 186
Feuchtigkeit im Haus 58–69, 125–126
Feuchtigkeitsschäden 71
Feuerungswirkungsgrade 282
Feuerzeuge 298
Figurenschere 368
Filme 301
Filmkamera 300–301
Filmkassetten 301
Filmprojektor 302
Filmsalat 302
Filterglas Siehe Glas
Filterschicht 65
Firstanschlußziegel 23
Firstpfette 10, 14
Firstwellplatten Vorfabrizierte Wellplatten zur Dachfirstabdeckung
Firstziegel 23–25
Fischband (Aufsatzband) 174
Fischgrätenstich 425
Fischgrätmuster (Parkett) 90, 96
Flächenstreicher 42, 127
Flachfeile 425
Flachglas Siehe Glas
Flachmeißel Meißel mit breiter, flacher Schneide für Metall-, Beton- und Steinbearbeitung
Flachpinsel 127
Flachrundschraube (Schloßschraube) Universalschraube für leichte und schwere Holzarbeiten mit Vierkantansatz und Sechskantmutter, Durchmesser 5–20 mm, Länge 1,6–60 cm; zum Herstellen fester Verbindungen
Flachschliff (Schlittschuhe) 410
Flachspanplatten Aus Flachsfasern gepreßte Platten, die furniert zum Möbelbau und roh am Bau zur Wärmedämmung verwendet werden, z. B. als Dachplatten. Die Platten werden in verschiedenen, auch dekorativen Pressungen hergestellt
Flachzange Zur Bearbeitung dickerer Drähte. Die Backen sind flach und schließen genau aufeinander 372

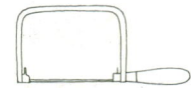

Flaschengas 230, 326
Flaschensiphon 245, 249
Flechtmuster (Parkett) 90
Fleckentfernung 70–73, 306

Flicken 416
Fliesen Unter hohem Druck gepreßte und bei hohen Temperaturen gebrannte keramische Platten für Wand- und Bodenbelag. Wandfliesen werden mit weißer oder farbig glasierter Oberfläche geliefert. Bodenfliesen können zur Erhöhung der Trittfestigkeit scharfkantige Nocken oder eine genarbte, gekörnte, geriffelte, gerippte oder gekuppte Oberfläche haben. Siehe Bodenfliesen, Fußböden, Wandfliesen
Fliesenboden 89, 91–96
Fliesenhammer Plattenlegerwerkzeug mit einer flachen Vierkantbahn und einer meißelförmigen Bahn

Fliesenplatte Kunststoffbeschichtete Hartfaserplatte mit Wandfliesenmuster
Fliesenschneider 95
Floatglas Siehe Glas
Flor 99, 104
Florteppich 102–104
Flöte 345–346
Flügelfenster 49, 139
Flügelhahn 252
Flügelmatten 195
Flüssiggas 230
Flußmittel 323, 324
Folie Kunststofffolie wird als Baufolie verwendet, z. B. zum Abdecken von Bausteinen und Sand, um sie vor dem Naßwerden und Gefrieren zu schützen, um Baugrubenwände vor Durchnässung und Einsturz zu bewahren und zum provisorischen Abdecken beschädigter Dächer und zerbrochener Scheiben. Aluminiumfolie dient als Dekorations- und Verpackungsmaterial, außerdem zur Feuchtigkeitsisolierung bei Bauten
Formgips (Modellgips) 106
Formsäge Zum Aussägen von Kurven jeglicher Art. Das Sägeblatt wird in die Befestigungsbolzen an den Enden des Bügels eingehängt. Stumpfe Blätter werden nicht geschärft, sondern durch neue ersetzt

Fotoapparat 303–304
Foto und Film 299–304
Fronthobel 328
Fuchsschwanz Handsäge mit stählernem Sägeblatt ohne Rücken, für die meisten Holzarten geeignet. Für dünne Platten muß die Säge fein gezähnt sein 425

Fügelade 328
Fugen 143
Fugenabschluß Mit Abschluß- oder Deckleisten, vor allem dort, wo Mauerwerk oder Putz an Holzteile – z. B. Fensterrahmen – anschließt. Bei Fugen-

abschluß zwischen Drehflügeln wird die Stoßfuge zwischen zwei drehbaren Fensterflügeln, Türen oder Schranktüren entweder durch ineinandergreifende Falze an beiden Flügeln oder durch eine vorstehende Deckleiste hinter dem Rand des einen Flügels verschlossen

Fugenausdehnungsprofil Profil, das den Fugen – z. B. bei Betonkonstruktionen – erlaubt, sich auszudehnen. Dadurch wird verhindert, daß große Betonflächen oder -träger sich wölben oder durchbiegen oder daß Risse auftreten

Fugendichtmasse 208

Fugeneisen Schmale, spitze, gebogene Stahlklinge mit Holzgriff zum Auskratzen und Säubern von Fugen 108

Fugenkelle Schmale Kelle mit federndem Blatt, mit der Fugen mit Mörtel gefüllt und glattgestrichen werden 108

Fugenmörtel Siehe Mauermörtel

Füllstoffe 137

Fundament Baukonstruktion, die das Gewicht eines Bauwerks auf den tragfähigen Untergrund überträgt. Man unterscheidet zwischen Flach- oder Tiefgründung. Flachgründungen bestehen aus gemauerten Teilen oder Teilen aus Beton, durch welche die Gebäudelasten über eine horizontale oder eine wenig geneigte Sohlfläche in den Boden eingeleitet werden. Es gibt starre und elastisch federnde Flachgründungen in Form von Block-, Streifen-, Rost- und Wannnenfundamenten. Tiefgründungen leiten die Auflagekräfte außer durch die Sohlfläche auch an den Seitenflächen des Gründungskörpers in den Boden. Die Pfahlgründung aus Holz-, Stahl- oder Betonpfählen ist die häufigste Tiefgründung. Die Pfahlgründung besteht immer aus Pfahlgruppen. Sind diese durch Stahlbetonkopfplatten verbunden, so spricht man von Pfahlrosten

Fünfganggetriebe (Fahrrad) 529

Fungizid 125

Funkentstörung (Spielzeugeisenbahn) 393

Furnier Dünnes Holzblatt, das vom Stamm geschält oder geschnitten wird. Furniere werden zur Verschönerung der Fläche auf ebenen Holzuntergrund geklebt. Man verwendet sie z. B. auch zur Herstellung von Sperrholz und Tischlerplatten 327

Furniersäge Ovales, zweiseitig sehr fein gezähntes Sägeblatt mit gekröpftem Griff. Wird hauptsächlich zum Sägen dünner Furniere verwendet

Furnierung 327

Fußböden 74–105

Fußbodenheizung 262

Fußbodenschleifmaschine 83–85

Fußleisten 42, 81–83, 204

Fußleistenfliesen Aufrechtstehende Bodenfliesen, die eine Fußleiste bilden

Fußleistengitter Gitter in den Fußleisten, z. B. für Warmluftheizung

Fußleistenkonvektor 273

Fußpfette 10, 14

Gabel 286

Gabelschlüssel 464

Gabelschlüssel, offene Ein- oder zwei-

seitige Schraubenschlüssel, die die Mutter von der Seite fassen und daher ohne Spielraum über und hinter der Mutter benutzt werden können. Bei Doppelgabelschlüsseln sind die Maulöffnungen jeweils um 2 mm verschieden groß

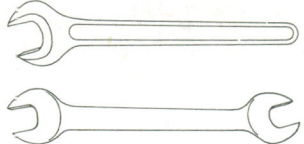

Garagenkipptür 187

Gardinen 203

Garniernadel 356, 364

Gartenliege 429, 432–433

Gartenmauern 428

Gartenmöbel 429–433

Gartenstühle 429–431

Gartenwege, befestigte 455

Gas Siehe Flaschengas

Gasausrüstung (Wohnwagen) 550–551

Gasbeton Leichtbeton mit guten wärmedämmenden Eigenschaften, hergestellt durch Zusatz gasbildender Mittel, z. B. Aluminiumpulver. Bei Schaummittelzusätzen entsteht Schaumbeton. Beide Betonarten sind porös und schwinden stark. Sie sind in Block- und Plattenform im Handel

Gasboiler 226–227

Gasbrenner 232

Gasheizkessel 264

Gasheiztherme 264

Gasheizung 264

Gasheizungskessel 264

Gasherd 231–232

Gaskocher 232

Gasschlauch 297

Gaupenziegel 23

Gehrung Eckverbindung von zwei meist länglichen Teilen, die im Winkel aufeinander stoßen (z. B. Bilderrahmen, Regale). Gehrung nennt man auch die Hälfte des Winkels, unter dem die Teile aufeinander stoßen. Die häufigsten Gehrungsverbindungen sind solche unter 90°

Gehrungsmaß Verstellbarer Winkel, der zum Anzeichnen von Gehrungen dient

Gehrungssäge Siehe Rückensäge

Gehrungsschneidlade Sägeführung aus Hartholz, die zum Sägen von 45°-Gehrungen und rechten Winkeln dient

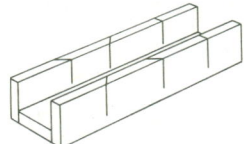

Gehrungsstoßlade Einspanngerät aus Hartholz, das zum Bestoßen von Gehrungen mit dem Hobel dient

Gehwegplatten 453

Geländer 159

Geländerstäbe, lose 167

Gemälde und Drucke 305–307

Geruchsverschluß (Wasserverschluß, Siphon) 235, 245, 248–249

Gerüst 41

Gerüstfeder 296

Getriebeölwechsel (Moped) 534

Gewächshäuser 434

Gewinde schneiden 466

Gewindeschneidzeug Werkzeug zum Schneiden von Innen- und Außengewinden. Für Innengewinde benutzt man Gewindebohrer, für Außengewinde verstellbare Windeisen oder Schneideisen mit Haltern oder Ratschen zum Drehen

Giebelabschluß 25

Gips In erster Linie das Material für Stuck- und Gipserarbeiten, zum Verputzen von Innenwänden und Decken und zum Füllen von Rissen und Löchern. Stukkaturgips bindet nach etwa 30 Minuten ab und dehnt sich dabei etwas aus. Aus Gips werden auch Gipsbretter oder -dielen, Gipshohldielen (zum Bau von Zwischenwänden), Gipskartonplatten, Schalputzplatten, Loch-, Schlitz- und Kassettenplatten hergestellt

Gipsbausteine Leichtsteine in verschiedenen Formen aus Stuck- oder Estrichgips mit Zusatz von Bims, Asche oder Schlacke als Füllstoff. Wird für Zwischenwände verwendet. Gipsbausteine mit porenbildenden Zusätzen besitzen ein gutes Schall- und Wärmedämmungsvermögen. Gipsbetonsteine sind aus Estrichgips mit Zuschlag von Sand, Kies oder Ziegelsplitt in verschiedenen Formen hergestellte Bausteine

Gipsdecke 151

Gipserarbeiten 106–123

Gipserkelle Zum Verputzen kleinerer Flächen. Die Abbildung zeigt eine Berliner oder Dreieckkelle

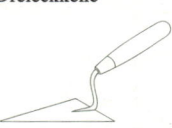

Gipskartonplatten Aus Hartgips mit beiderseitiger Rohpappschicht hergestellt, 9,5–18 mm dick, 1,25 m breit, bis 4,50 m lang. Verwendung als Bauplatten für Trockenbauweisen und als Schalputzplatten für verlorene Schalung bei Vollbetondecken, außerdem als Vorsatzplatten zur Schalldämmung 67, 113, 114, 116–117, 149, 153–156

Gipsmörtel 106, 108

Gipsputz 106

Gipssorten 106

Gitarre 347–349

Glättspachtel 137

Glas Durchsichtiges oder durchscheinendes Material, das nach dem Schmelzen der Grundstoffe im Glasofen durch verschiedene Verfahren wie Gießen, Blasen, Pressen oder Schleifen weiterverarbeitet wird. Die wichtigsten Zweige der Glasindustrie sind die Flachglas- (Tafel- und Spiegelglas), Hohlglas- (Haushalts-, Beleuchtungs-, Medizin- und Verpackungsglas), Flaschen- und Glasfaserindustrie. Zusammensetzung, Widerstandsfähigkeit und Abmessungen von Glaserzeugnissen sind durch DIN-Vorschriften geregelt. Die wichtigsten Glasarten in alphabetischer Reihenfolge:

Antikglas Echtes, alten Flachgläsern nachgebildetes Glas mit absichtlich erzeugten Verfärbungen, Blasen und Unebenheiten. Im Mundblasverfahren hergestellt. Wird für Kunstverglasungen verwendet

Antireflexglas Von störenden Lichtreflexen weitgehend freies Glas für Bilderrahmen. Auf eine Glasseite wird eine reflexmindernde Schicht durch Aufdampfen im Vakuum, chemisches Aufbringen oder Ätzen erzeugt

Bleiglas Glas mit etwa 50–80% Bleioxyd in der Schmelze. Wird als optisches Glas, Kristallglas und Strahlenschutzglas verwendet

Bleiverglasung Technik, kleine beliebig geformte Glasscheiben mit Bleiruten (H-förmigen Bleiprofilen) zu größeren Fensterflächen zusammenzusetzen

Butzenscheiben Runde Glasscheiben mit einer Erhöhung in der Mitte, dem Butzen oder Nabel. Wird aus mit der Pfeife geblasenen Kugeln hergestellt, die durch rasches Drehen flach geschleudert werden

Colorglas Siehe Wärmeschutzglas

Drahtglas Mit Stahldrahtnetz bewehrte und gegossene Glasscheiben. Brandschutzvorschriften schreiben die Verwendung von Draht glas für bestimmte Tür- und Fensteröffnungen vor. Es springt zwar unter dem Einfluß großer Hitze, das Drahtnetz hält aber die Scherben zusammen, so daß ein geringerer feuergefährlicher Zug entsteht. Bei flachen Glasdächern, die beschädigt werden, fallen weniger Scherben nach unten. In Dicken von 4–6 mm, 6–8 mm und 8–10 mm im Handel

Emailglas Glas, das mit Emailfarben aus zerstoßenem farbigen Glas geschmückt ist

Farbgläser Gläser und Glaspasten, die wegen ihrer Farbwirkung durch Zusätze zur Grundglasschmelze erzeugt werden

Fensterglas Gezogenes Tafelglas für Bauzwecke, das in zwei Gütesorten und drei Dicken im Handel ist: ED = einfache Dicke, 2 mm; MD = mittlere Dicke, 3 mm; DD = doppelte Dicke, 4 mm

Filterglas Glas mit bestimmter Lichtdurchlässigkeit in den verschiedenen Spektralbereichen, das meist farbig erscheint. Fensterglas wirkt gegen Ultraviolettstrahlung als Filter

Floatglas Tafelglas, das auf einer Metallschmelze schwimmend erstarrt. Seine Oberfläche wird dadurch so glatt und eben, daß Schleifen und Polieren entfallen können. Verwendung wie Spiegelglas

Glasmosaik Flächendekoration aus farbigen Glaswürfeln, die in Putz oder Kitt eingelassen sind. Die fertige Fläche wird oft noch geschliffen. Eine der ältesten Dekorationstechniken

Gußglas Alle durch Pressen weicher Glasmasse in Formen aus Stahl oder Berylliumlegierung erzeugten Gegenstände, z. B. Glasbausteine, Isolatoren, Haushaltswaren, Kochgeräte

Hartglas Glas, das sich vor der Flamme schwer verarbeiten läßt. Glasbläserische Bezeichnung, die mit der mechanischen Glashärte nichts zu tun hat

Kristallglas Farbloses Weißglas für meist geschliffene Gebrauchs- und Luxuswaren. Kristallglas besitzt hohen Glanz, Lichtbrechungsvermögen und ein großes spezifisches Gewicht. Man unterscheidet zwei Arten: Bleikristallglas und bleifreies böhmisches Kristallglas

Mattglas Glas mit lichtstreuender Oberfläche, die durch Ätzen oder Sand-

Enzyklopädisches Register

strahlen erzeugt wird
Milchglas In der Schmelze z. B. durch Zinnoxydzusatz getrübtes, lichtdurchlässiges, lichtverteilendes Glas
Opalglas In der Masse mäßig getrübtes, lichtdurchlässiges Glas mit einem dem natürlichen Opal ähnlichen Farbenspiel. In der Glasmalerei und für Beleuchtungskörper verwendet
Panzerglas Schußsicheres mehrschichtiges Verbundglas
Sicherheitsglas Zum Schutz gegen Verletzungen beim Bruch von Glasscheiben bei Autos, Eisenbahnwagen und Gebäuden verwendet. Man unterscheidet drei verschiedene Arten: vorgespanntes Glas, Verbundglas und Drahtglas
Spiegelglas Aus möglichst reinen Rohstoffen hergestelltes hochwertiges Flachglas. Die Rohglastafeln werden auf Drehtischen eben und matt geschliffen und dann poliert. Spiegelglas für Bauverglasung ist 4–10 mm dick, polierte Platten 10–22 mm dick. Drahtspiegelglas hat ein eingewalztes Drahtnetz oder -geflecht. Sonnenschutzglas wird in zarten Farbtönen aus besonderen Gemengen hergestellt
Tafelglas Gezogenes, klar durchsichtiges Flachglas; als Dünnglas 1–1,5 mm dick, als Fensterglas 2–4 mm und als Dickglas 4,5–6 mm
Verbundglas Sicherheitsglas aus zwei oder mehr Glastafeln, die mit einer hochelastischen Kunststoffolie zusammengepreßt sind. Bei Bruch haften die Splitter fest an der Zwischenschicht
Vorgespanntes Glas Gegen Biegung, Stoß und Schlag sehr widerstandsfähiges Sicherheitsglas. Bei Verletzung zerfällt es in kleine, ungefährliche Stücke. Herstellung durch nochmaliges Erhitzen der fertigen Glasteile und kaltes Abschrecken
Waldglas Grünliches, kunstloses Glas, das mit Holzfeuerung – z. B. im Fichtelgebirge und Böhmerwald erschmolzen wurde
Wärmeschutzglas Gegossenes, leicht getöntes Glas, das keine oder nur vermindert Infrarotstrahlen durchläßt. Auch als Colorglas bezeichnet
Glasätzung Mattieren von Glas mit verdünnter Fluorwasserstoffsäure
Glasbausteine 124
Glasdachziegel 23
Glaserhammer Siehe Hammer
Glaserkitt Kittmasse aus gemahlener Kreide und Leinöl zum Verkitten von Löchern und Rissen und, als Fensterkitt, zum Befestigen von Fensterscheiben
Glaserspachtel 54
Glaserstifte 54–55
Glasfasermatten 194
Glashobel Für Schab- und Glättearbeiten, z. B. an den Falzen hölzerner Fensterrahmen

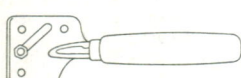

Glasleisten 57
Glasmosaik Siehe Glas
Glaspapier Starkes, aber nicht wasserfestes Schleifpapier, das geleimt und mit Glaspulver bestreut ist

Glasschneider Werkzeug zum Glasschneiden mit Diamantspitze oder Hartstählrädchen 52–54, 56

Glastüre 171
Glasur Glasartige, meist durchsichtige Schicht. Dient demselben Zweck wie Emaillierung
Glaswolle Dünne, aufeinander gelegte und meist in Papier eingeschlossene Glasfasern (Glaswolldecken). Zwischen den Fasern wird viel Luft festgehalten, wodurch der hohe Dämmwert von Glaswolle entsteht. Glaswolle ist auch in steifen und halbsteifen Platten erhältlich
Glasziegel 124
Glättraufel 108
Gleichrichter (Spielzeugeisenbahn und -autos) 399
Gleitschienen (Garagenkipptüren) 187
Gliederheizkörper 272–273
Gliedermaßstab Maßstab aus Metall oder Holz, meistens durch Drehscharniere zusammenlegbar. Gebräuchlichste Länge 2 m. Der Maßstab ist manchmal auf einer Seite mit Zentimeter-, auf der anderen mit englischer Zolleinteilung versehen

Glockenschraube 27
Glutinleime 308
Grathobel 329
Gratziegel 23, 24
Greifer (Nähmaschine) 355
Griff 310, 312–314, 317–318
Gripzange Zum selbsttätigen Festhalten von Werkteilen, mit Rastenverstellung und Auslösehebel
Grundhobel 329
Grundierdispersionen 137
Grundierfarbe Erster Anstrich beim Anstreichen oder Lackieren 130
Grundierfarben 137
Grundiermittel 137
Grundierung 138
Grundleitung 210, 211
Grundwasser 62
Gully Siehe Sinkkasten
Gummi (Naturgummi, Latex) Elastisches Baumharz, das mit Füll- und Farbstoffen, Vulkanisier- und Verstärkungsmitteln fabrikmäßig verarbeitet wird. Das Material wird am Bau in Form von Profilen und als Fußbodenbelag und Isoliermaterial und für andere Zwecke benutzt. Synthetisches Gummi mit gleichen Eigenschaften wie Naturgummi wird in ähnlicher Weise verwendet. Beim Bauen wird Gummi allerdings mehr und mehr durch Kunststoffe verdrängt
Gummiabsätze 384
Gummibelag 97
Gummifußboden Auf ebenen Untergrund geklebter Fußbodenbelag aus synthetischen oder Naturgummibahnen. Der Belag ist wasserdicht und leicht zu pflegen
Gummigurte (Sessel und Sofas) 366
Gummihammer 465
Gummiklebstoffe 308

Gummiprofil 208
Gurtaufwickler (Markisen) 386
Gußglas Siehe Glas
Gußradiator 272

Haarrisse 109, 146
Hackmesser Mit kurzem Stiel und nach vorn verbreitertem Blatt. Es dient zum Hacken von leichtem Holz, Spalten von Brennholz und Zerkleinern von Reisig

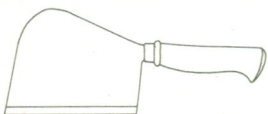

Hakenleiste 100
Halbedelstein 376
Hammer Je nach Verwendungszweck in verschiedenen Ausführungen im Handel. Zu den bekanntesten Arten gehören: Schlosserhammer, Schreinerhammer, Klauenhammer, Glaserhammer, Maurerhammer, Fliesenhammer, Holzhammer, Gummihammer, Karosseriehammer 465
Hammerstiel 426
Handblechknabber 368
Handbohrmaschine Mit Zahnradgetriebe. Mit einer Hand wird Druck ausgeübt, mit der anderen die Kurbel gedreht. Für Spiralbohrer bis 6 mm Ø geeignet 328
Handbrett 108
Handerdbohrer 456
Handlauf anbringen 168
Handrasenmäher 439
Handsägen schärfen 425
Handschleifer 286
Handschleifmaschinen 84
Handspritzen 437
Harnstoffharzleime 308
Hartalabaster 106
Härtegrad (Leitungswasser) 258
Hartfaserplatten Gepreßte Platten aus Holzfasern, die auf einer Seite vollkommen glatt und leicht zu sägen und zu streichen sind. Es gibt sie auch als Lochplatten und mit Folie belegt 86–88
Hartglas Siehe Glas
Hartlöten 324
Hartschaumklötzchen 57
Harz entfernen 130
Hausanschlußkanal (Abwasser) 210
Hausschwamm 125
Heckenschere, elektrische Mit gezähnten Messern auf beiden Seiten, mit denen sich schnell schneiden läßt. Die Schere ist mit Hilfe eines Bügelgriffs leicht zu handhaben

Heftnadel 356
Heftpistole (Tacker) Automatisches Gerät, mit dem man dünne Platten und Fliesen auf hölzernem Untergrund befestigen kann. Heftklammern dazu werden in verschiedenen Größen geliefert und durch einfachen Hebeldruck eingeschossen 149, 426

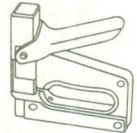

Heftstich 413, 414, 416
Heizkessel 264–265
Heizkörper 272–276
Heizkörperanstrich 140, 273
Heizkörperlackfarbe 141
Heizkörperpinsel Spezialpinsel zum Streichen von Heizkörpern, bei dem die Borsten in einer abgebogenen Blechzwinge angebracht sind, damit man auch die Innenseiten von Rippenheizkörpern streichen kann 127
Heizkosten 278
Heizkostenvergleich 279
Heizplatte 272
Heizthermen 264
Heizung (Wohnwagen) 553
Heizungsanlagenverordnung 282
Heizungsbetriebsverordnung 282
Hirnholz Senkrecht zu den Holzfasern durchgesägtes Holz. Nimmt viel Wasser auf und muß deshalb besonders sorgfältig imprägniert werden
Hobel Hobel gibt es in vielen Formen, Ausführungen und Größen für alle nur erdenklichen Aufgaben. Für die einfachste Arbeit, die man mit einem Hobel verrichtet – das Herstellen einer glatten, ebenen Oberfläche nach Maß –, benutzt der Schreiner drei Hobeltypen, bei denen das Eisen verschieden weit herausschauen: den Schropphobel für die erste grobe Arbeit, den Schlichthobel, der eine Oberfläche mittelfein glättet, und schließlich die 50–70 cm lange Rauhbank, die ganz dünne Späne abhebt. Der Doppelhobel besitzt eine Eisenplatte oder Klappe, die auf dem Hobeleisen sitzt. Diese bricht den Span und verhindert das Einreißen des Eisens ins Holz 328–329

Rauhbank

Schlichthobel

Metallener Schlichthobel

Schropphobel

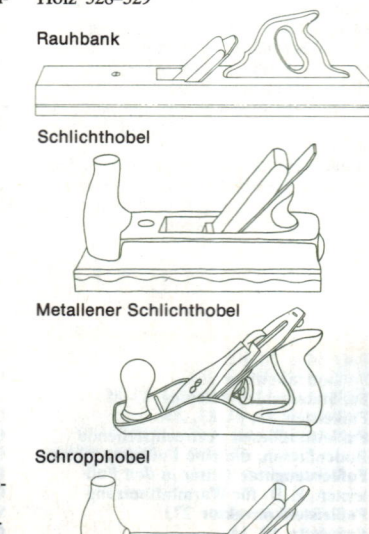

Hobeleisen einsetzen und einstellen 424
Hochdruck-Rückenspritze 437
Hohlbeitel 329
Hohleisen mit Außenschliff schärfen 424
Hohlmauer Besteht aus zwei parallel nebeneinander hochgezogenen „Schalen" mit einem Zwischenraum von 6–7 cm. Durch Drahtanker werden beide Wandschalen miteinander verbunden. Diese Mauern schützen gegen von außen eindringende Nässe und gegen Wärmeverlust von innen. Manchmal wird der Zwischenraum zur Verbesserung der Wärmedämmung mit Wärmedämmaterial gefüllt. Eine bessere Schalldämmung kann durch eine Sandfüllung erreicht werden, hierzu ist jedoch fachmännische Beratung nötig. Schließlich kann aus Konstruktionsgründen die teilweise oder ganze Ausfüllung des Zwischenraums mit Beton notwendig sein
Hohlniet 310
Hohlpfanne 23, 25
Hohlprofil Hohlbalken aus Metall, Holz oder Beton
Hohlraumversiegelung 475
Hohlschliff (Schlittschuhe) 410
Holz Flecken entfernen 72
Holzaxt Scharfe Axt mit langem Stiel (ca. 90 cm) zum Fällen von Bäumen. Die Axt hat ein Gewicht von 2 bis 2½ kg. Damit der Stiel aufquillt und fest in der Axt sitzt, soll man sie vor der Arbeit ein paar Stunden in Wasser legen

Holzbohrer Zum Bohren von Löchern in Holz mit einer Bohrwinde oder elektrischen Handbohrmaschine. Der hier abgebildete Bohrer ist ein Winden-Schlangenbohrer mit Vorschneider und Vierkantschaft

Holzfaserplatte (Hart- und Weichfaserplatten) Als Verkleidung für Innenwände und Decken. Weichfaserplatten in Verbindung mit einer Decklage von Hartfaserplatten auf dem Fußboden verbessern die Schallisolation. Hartfaserplatten mit Löchern oder Schlitzen werden als Schmuckplatten und im Innern von Küchenschränken benutzt, wo sie die Anbringung von Zwischenböden und das Aufhängen von Geräten vereinfachen. Geschlitzte Weichfaserplatten verbessern die Schalldämmung, z. B. bei Zimmerdecken
Holzfäule 125–126
Holzfußböden 77–80, 83–88, 90, 96, 97
Holzhammer Unentbehrliches Werkzeug für die Arbeit mit Stecheisen und dergleichen, da er ihr Schaftende nicht beschädigen kann. Er dient z. B. auch zum Einschlagen von Holzkeilen oder -pflöcken

Holzkeil 78
Holzleimbau Siehe Leimbau
Holzpfosten entfernen 457
Holzsäge Die Verwendbarkeit einer Säge hängt von der Größe und Form der Zähne ab: je mehr sie auf einer bestimmten Länge hat, desto feiner wird der Schnitt. Fast alle Sägen haben geschränkte Zähne, d. h., sie sind abwechselnd nach rechts und links vom Blatt weg nach außen gebogen. Dadurch verklumpt die Säge nicht und schneidet auch besser. Sägen werden in drei Gruppen eingeteilt: 1. Große Handsägen, Fuchsschwänze, Bügelsägen; 2. Feinsägen und Rückensägen für feine Arbeiten; 3. Formsägen, Schweifsägen, Laubsägen und Stichsägen zum Schneiden von Bogen und geschweiften Formen
Holzschäden mit Wachs ausbessern 344
Holzschrauben 330
Holzschutz 458
Holzschutzlasuren 129, 134
Holzschwelle 184
Holzspanplatten Mit Kunstharzleim zu festen Platten gepreßte Holzspäne. Verwendung für Decken, Trennwände, Dachverschalung, Dachböden und anderes. Auch mit Kunstharzbeschichtung erhältlich
Holzverbindungen Verbindungen und Ecken an den Holzkonstruktionen von Fenstern und Türen, Fenster- und Türrahmen, Dachbalken und -sparren, Treppen und Schwellen. Für die meisten Teile werden besonders geeignete Verbindungsarten benutzt
Holzverkleidung streichen 132
Holzwolleleichtbauplatten Aus Holzwolle und mineralischen Bindemitteln gepreßte Bautafeln in Dicken von 15 bis 100 mm und in Größen von 0,5 × 2 m. Verwendung als Wärme- und Schallschutzdämmplatten und für leichte Zwischenwände
Holzwolleplatten 149
Holzwürmer 126, 344
Holzzäune 457, 458, 460
H4-Lampe 488

Idealschere 368
Imprägnieren (Zelt) 295
Imprägniermittel Zur Behandlung von Holz, Papier, Textilien und anderen Stoffen gegen Verrotten, Schimmelbildung, auch zum Abdichten gegen Wasser. Das Mittel dringt in die Holzporen oder in die Papier- und Textilfasern ein
Industriekocher 232
Innenanstriche 130–131
Innenauskleidung (Schwimmbecken) 450
Innenjalousien Siehe Jalousetten
Innenputze 106
Innentaster Siehe Taster
Innenwandelement Vorgefertigte Bauplatten für nichttragende Innenwände. Häufig werden Gipsplatten, Gipskartonplatten oder Gips in Verbindung mit einem anderen Material benutzt. Für versetzbare Wände verwendet man Trennwandelemente
Innenwandfarbe 129, 134
Innenwandfeuchtigkeit 64
Insektenvertilgungsmittel Insektizide genannt, meist äußerst giftig. Bei Anwendung muß die Gebrauchsanweisung genau befolgt werden 126

Inspektion (Mofa, Moped und Mokick) 534
Installation 254
Isolation Siehe Feuchtigkeit im Haus, Schallisolation, Wärmedämmung
Isolationslücken 153
Isoliermaterial, loses 194
Isoliermatten 194
Isoliermauer Viertelsteinmauer aus hochkant stehenden Ziegeln, die zur besseren Isolation vor eine schon vorhandene Mauer gesetzt wird
Isolierplatten Siehe Dämmplatten
Isolierschale 193
Isolierschlauch 193
Isolierung Siehe Wärmedämmung

Jägerzaun 460
Jalousetten 388–389
Jalousien 387
Jutebespannung 358–359, 361
Juteteppich einfassen 102–103

Kabel eingipsen 120
Kabelmesser Kräftiges, scharfes Messer zum Durchschneiden von Kabeln und Entfernen der Isolierung
Kabelrinne Mit Fliesen oder Platten abgedeckte Rinne im Fußboden für elektrische Leitungen
Kalfaterung 510
Kalk Zuschlagstoff für Zementmörtel (Kalkzementmörtel)
Kalkfarben 141
Kalkmörtel Geschmeidige Masse, erhärtet langsam. Wird hauptsächlich für Innenwände benutzt, da beim Abbinden keine und beim Schrumpfen nur sehr feine Risse entstehen. Übliches Mischungsverhältnis: 1 Teil Kalk, 3 Teile Sand
Kalksandstein Häufig verwendete Bausteine, in kaltem Zustand künstlich unter Druck gepreßt und durch Dampf erhärtet. Sie bestehen aus Kalk und Sand, werden in verschiedenen Größen geliefert und sind nur für druckbeanspruchte Bauteile verwendbar
Kalksandsteinklinker Höher belastbar als gewöhnliche Kalksandbausteine, z. B. für Kellermauern geeignet
Kalkzementmörtel Für den Heimwerker der ideale Werkstoff für verschiedene Zwecke. Der Zement bedingt die hohe Festigkeit, der Kalk vermindert die Schrumpfung. Das Mischungsverhältnis ist dem jeweiligen Verwendungszweck entsprechend verschieden: Für Mauern 1 Teil Zement, 1 Teil Kalk, 6 Teile Sand; für Innenwände 1 Teil Zement, 2 Teile Kalk, 9 Teile Sand; für Schwellen, Fensterbänke und Mauerabschlüsse 1 Teil Zement, ½ Teil Kalk, 4½ Teile Sand
Kältebrücke Unterbrechung oder Lücke in der Wärmedämmung, z. B. durch Fensterrahmen oder Maueranker bei einer Doppelmauer
Kaltleim 308
Kaltmeißel Handmeißel zur kalten Bearbeitung von Metall. Auch für Abbrucharbeiten geeignet

Kaltstarthilfe (Moped) 533
Kamera Siehe Fotoapparat
Kanten 109, 332
Kantenschutz 110

Kardeele 514
Karosserie 470–475
Karosseriehammer Hammer zum Ausbeulen und Bearbeiten von Blechen mit auswechselbaren Kunststoffbahnen

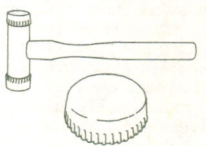

Kartätsche 108
Kaseinleime 308
Kassettenfilme 301
Kastenkonvektor 272
Kastenrinne 216
Katzenzunge Siehe Dachkelle
Kehlblech 10
Kehlleisten 121–122
Kehlrinne 216
Kehlziegel 23
Kehrschleifenschaltung 394
Keilriemenspannung 487
Kellerdämmplatten 197, 202
Keramikfliesen 94–95
Kette 375, 518–519, 540
Kettengetriebe (Fahrrad) 529
Kettenschaltung (Fahrrad) 528–529
Kies Zuschlagstoff für Beton. Auch zum Beschweren von Bitumendächern und als Belag für Gartenwege
Kiesbewurf 123
Kinderauto 392
Kipptüren 187
Kitt Dauerelastische oder erhärtende Klebemasse, zum Ausfüllen von Fugen, Löchern, Hohlräumen und Fehlstellen, oder echte Klebstoffe. Schmelzkitte sind bei Raumtemperatur fest und erweichen in der Wärme. Bei Abdunstkitten sind die Rohstoffe in einem Lösungsmittel gelöst, das allmählich abdunstet. Die Komponenten der Reaktionskitte werden kurz vor Gebrauch gemischt und erhärten durch chemische Reaktion. Die Rohstoffe zur Kittherstellung sind die gleichen wie die für Klebstoffe. Aus organischen Grundstoffen hergestellte Kitte sind Casein-, Blutalbumin-, Dextrin-, Stärke-, Naturharz-, Nitrozellulose-, Kunstharz- und Kautschukkitte. Auf mineralischer Basis werden Wasserglas-, Leinöl-, Glycerin-, Kalk-, Gips-, Magnesio-, Schwefel- und Metalloxydkitte hergestellt.
Fugen und Nahtstellen an Bauten ändern sich unter dem Einfluß der Witterung. Um eine dauerhafte Abdichtung zu erreichen, müssen die dort verwendeten Kitte nicht nur gut haften, sondern auch den Bewegungen der Bauteile folgen können. Es gibt plastische und elastisch bleibende Kitte. Plastische Kitte lassen sich verformen, kehren aber nicht in ihre ursprüngliche Form zurück. Dauerelastische Kitte nehmen nach einer Verformung ihre alte Form wieder an. Außerdem gibt es Kitte, die sowohl plastisch als auch elastisch sind. Die Wahl des richtigen Kitts hängt aber nicht nur von diesen Eigenschaften ab, es spielen auch andere Gesichtspunkte mit: ihre Dauerhaftigkeit, Beständigkeit gegenüber chemischen Einflüssen, ihre leichte Verarbeitung, die Fugenbreite usw. Wenn

man Kitt für einen bestimmten Zweck braucht, sollte man den Rat des Herstellers oder Verkäufers einholen und genau befolgen. Im folgenden einige häufig benutzte Kittarten: dauerelastische Kitte auf der Basis von
Butylkautschuk Zum Abdichten von Fugen und Nahtstellen, die fast nicht arbeiten; für alle Baustoffe
Kunstharz Für Fassadenverkleidung mit kleineren Teilen und Fugen zwischen Blendrahmen und Mauerwerk
Ölen, Fetten und Kunstharzen Für einfache Verglasungen (Glaserkitt) und Verbundscheiben
Plastische Kitte auf der Basis von
Polyacrylharz Zum Abdichten von Fassadenverkleidungen und -ausdehnungsfugen, zum Versiegeln von Verglasungen, Stoßfugen an Fensterkonstruktionen, zum Abdichten gegen Zug
Polybutylen Zum Abdichten von Fugen und Nahtstellen, die fast nicht arbeiten; für alle Baumaterialien
Polysulfiden Zum Abdichten von Fassadenverkleidungen, Ausdehnungsfugen, Verglasungen
Polyurethan Zum Ausfüllen von Fugen und Nahtstellen bei fast allen Baumaterialien innen und außen, die nur geringfügig arbeiten
Siliconkautschuk Zum Versiegeln von Verglasungen, zum Anschließen sanitärer Installationen an gekachelte Wände in Bad und Küche
Kittmesser Werkzeug aus federndem Stahl für Glaser und Anstreicher zum Verkitten von Löchern und Rissen, zum Entfernen von Farbresten und anderen Unebenheiten und zum Einsetzen neuer Glasscheiben 54

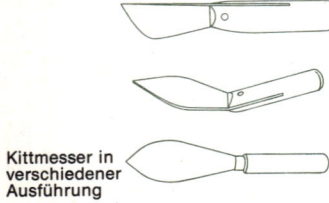

Kittmesser in verschiedener Ausführung

Klapptisch 336–337
Klärgase 210
Klauenhammer Hammer mit einer gebogenen Klaue zum Ausziehen von Nägeln. Auch zum Entfernen von Holzteilen – z. B. Kistendeckeln – geeignet, der Hammerstiel dient dabei als Hebel

Klavier 350–351
Klebstoffe und Leime 308–309, 331
Kleidung Siehe Stoffe und Kleidung
Kleinkläranlage 210
Kleinwasserheizer 226
Kleister 32
Klemmverbindungen 256
Klingen prüfen 423
Klinker Siehe Ziegel
Klinkerbelag 455
Klosett 233–238
Knarrenschraubenzieher Schraubenzieher, in verschiedenen Größen erhältlich,

bei dem sich im Griff eine Knarre befindet, die auf Rechts- und Linksdrehung umgestellt werden kann; außerdem läßt sich die Klinge feststellen

Knetholz 130
Knopflochstich 415
Kocher 553
Koffer und Taschen 310–316
Kohlebürsten (Spielzeugeisenbahn) 393, 395, 396
Kolbendichtung (Lötlampe) 325
Kombizange Kombination verschiedener Zangenarten, u. a. von Flachzange und Seitenschneider, mit der sich vielfältig arbeiten läßt. Geeignet zum Halten, Biegen und Schneiden von Blech, Draht und Rohren. Meist mit isolierten Griffen versehen, vielgebrauchtes Elektrikerwerkzeug

Kondensation 68
Kondensprofil Aluminiumprofil am unteren Rand von Fensterscheiben, das Kondenswasser von der Scheibe auffängt und abführt. Bei älteren Fenstern ist in den Rahmen meistens eine Rinne gefräst, die das Kondenswasser durch dafür gebohrte Löcher abführt
Kondenswasserschäden 71
Konsole (Heizkörper) 274
Kontaktkleber 308
Konterlatten 10–12
Kontrollschacht 210–211
Konvektionsplattenheizkörper 272
Konvektor 272–273
Körbe 317–319
Korkbelag 153–154
Korkfliesen 93–94
Korkfußboden 97
Korklinoleum 154
Korkplatten 43
Korrosion Durch feuchte Luft und darin enthaltene Chemikalien angegriffene Metalle bilden Oxydschichten. Auf Eisen und Stahl entsteht dabei Rost, der sich in das Metall frißt und gründlich entfernt werden muß. Auf Aluminium entsteht dagegen eine widerstandsfähige, das Metall schützende Oxydschicht
Kraftpapier Sehr festes, braunes Packpapier aus Sulfatzellstoff. Bituminiert wird es beim Bauen zur Feuchtigkeitsisolierung verwendet
Kraftstoffilter 492
Kraftstoffpumpen 492–493
Kragen 413
Kratzeisen (Fugenkratzer) Dreieckig oder gebogen, dient zum Entfernen alter Farbe von Profilleisten und Fugen 108

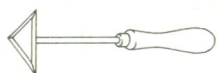

Krauskopf Siehe Ausreiber
Kreisglasschneider 53
Kreissäge Runde gezähnte Stahlscheibe mit einem Mittelloch für die motor-

getriebene Achse. Es gibt Kreissägen mit integriertem Motor und Kreissägevorsätze für elektrische Handbohrmaschinen. Siehe Kreissägeblätter

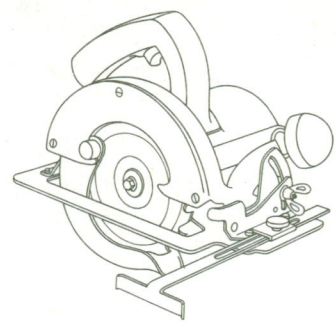

Kreissägeblätter Gezähnte kreisförmige Stahlscheiben. Das Loch in der Mitte muß genau auf die Achse der Handbohrmaschine oder Kreissäge passen. Das Sägeblatt muß vollkommen eben sein, damit es beim Drehen nicht schlingert. Form und Größe der Zähnung können verschieden sein, je größer und dicker das zu sägende Material ist, desto größer sind auch Sägeblatt und Zähne. Auch die Härte des Holzes kann eine besondere Zähnung erfordern. Für feine Arbeit benutzt man sehr feine Zähne, um den Materialverlust gering zu halten. Für sehr weiches Holz dienen Sägeblätter, bei denen nach fünf Zähnen jeweils zwei oder drei ausgelassen sind, damit sich Sägespäne und -mehl leichter entfernen

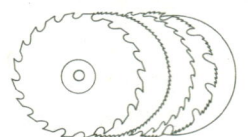

Krempziegel 23
Kreuzmeißel Stahlmeißel mit scharfer Spitze zur Metallbearbeitung, in verschiedenen Größen lieferbar

Kreuzschlitzschraubenzieher Patentierter Schraubenzieher für Schrauben, deren Kopf nicht mit einem durchgehenden Schlitz, sondern mit einer kreuzförmigen Vertiefung versehen ist. Der Schraubenzieher hat ein in diese Vertiefung passendes kreuzförmiges Ende

Kreuzverband 144
Kristallglas Siehe Glas
Küchenbeil Kleines Handbeil mit angeschweißtem, gummiüberzogenem Stiel, für viele Arbeiten im Haushalt brauchbar

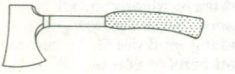

Küchengeräte 320
Küchenmesser 286
Küchenspüle 247
Kuhfuß Eisenstab, der am einen Ende eine leicht gebogene Klaue zum Anheben und am anderen eine stark abgewinkelte zum Ausziehen von Nägeln besitzt

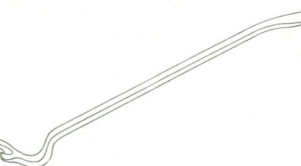

Kühlschrank (Wohnwagen) 553
Kunstgranit Aus Granit- und Marmorsplitt und weißem Beton hergestellter Kunststein mit polierter Oberfläche. Für Spültischplatten und -becken, gelegentlich auch für Fußböden
Kunstharz 129, siehe auch Kitt
Kunstharzleime 308
Kunstharzspachtel 137
Kunstkautschukklebstoffe 308
Kunststoffbehälter abdichten 297
Kunststoffbelag 97
Kunststoff-Dichtungsprofil 208
Kunststoffe Sammelname für verschiedene Plastikarten. Die bekanntesten sind: Acryl- oder Polyacrylharz, Epoxydharz, Neopren, Nylon, Polyäthylen, Polyester, Polypropylen, Polytyren, Polyvinylchlorid (PVC) u. a.
Kunststofffliesen 91–92
Kunststoffkuppel Siehe Lichtkuppel
Kunststoffolie Siehe Folie
Kunststoffpuppen 400
Kunststoffrohre Für viele Zwecke verwendbar, besonders als Wasserleitungen, Dachrinnen mit Fallrohren, Kanalisation 210
Kunststoffschichtplatte Sehr harte Preßplatte aus Kunststoff (Melaminharz) und Papier. Besser bekannt unter einer Reihe von Firmenbezeichnungen
Kunststoffstrukturputz 134
Kunststofftür Mit Kunststoffplatte bekleidete Tür
Kunststoffwellplatte 27–28
Kupfer Rötliches Buntmetall. Wird beim Bau für Gas- und Wasserleitungen, für elektrische Leitungen, als Blech zum Dachdecken und als Dachhaken bei Schieferdeckung verwendet. Kupfer erhält durch Oxydation eine grüne Patina
Kupferfittings 258
Kurbelstütze 544

Lack Flüssiges Erzeugnis aus synthetischen Harzen oder Naturharzen 129–134
Lackpflege (Auto) 470–474
Lager einer Rücktrittbremse (Fahrrad) 530
Lagerfugen 143
Laibung (Leibung) Bezeichnung für die der Öffnung zugekehrte Mauerfläche bei Fenstern und Türen
Lambris Holzverkleidung des unteren Wandteils
Lamellenzaun 458
Lampenschirme 321–322
Langlaufski 405, 409
Langverband (Parkett) 90
Lasurenanstrichstoff 141
Latex Siehe Gummi

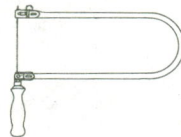

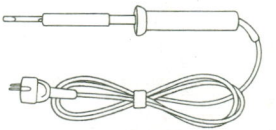

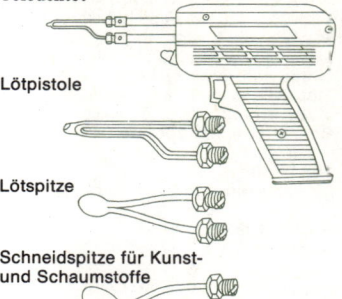
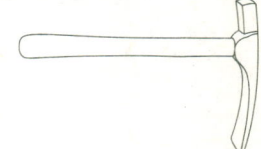

Enzyklopädisches Register

Mechanikerhammer Mit flacher und runder Bahn, dient zum Aushämmern von Höhlungen in Blech

Mehrkomponentenlackfarben 141
Messer 286
Metallfensterrahmen Rahmen aus Stahl, Aluminium, Bronze o. ä. Oft bestehen Blendrahmen und Fensterflügelrahmen aus dem gleichen Material, doch können Fensterflügel aus Metall oder Kunststoff auch in Holzblendrahmen eingesetzt werden 138
Metallklappstuhl 429, 430
Metallprofil (Zugschutz an Türen) 205
Metallrohr, biegsames Als Rauchkanal in Schornsteinen, zum Ummanteln von Leitungen, Mantelrohre mit Krümmungen in Bauten
Metallsäge 466

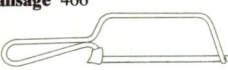

Metallsäge mit federndem Bügel

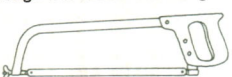

Metallsäge mit Flügelmutter zum Spannen

Metallschutz Um Eisenmetalle gegen Rost zu schützen, müssen sie vorbeugend behandelt werden, wobei zugleich eine gute Haftfläche für Anstriche oder Lackierungen erreicht wird. Die übliche Behandlung besteht aus Entrosten, Entfetten und einem oder mehreren Anstrichen mit Bleimennige 70
Milchglas Siehe Glas
Mineralwolle 194–195, siehe auch Glaswolle und Steinwolle
Mischbatterie 229, 250, 253
Mischsystem (Abwasser) 210
Mittelpfette 10, 14
Möbel 327–344
Modellgips (Formgips) 106
Mofa, Moped und Mokick 532–541
Mokick Siehe Mofa, Moped und Mokick
Montagebaudecken Fertigbaudecken, vorfabrizierte ganze Decken oder Deckenteile wie Träger, Platten, Hohlsteine, die auf dem Bau nur zusammengesetzt zu werden brauchen. Die Unterseite von Fertigdecken kann so glatt sein, daß sie keinen Putz benötigt, sondern nur noch mit Farbe gespritzt wird. Die Oberseite, der Fußboden, besteht in der Regel aus Beton, der mit beliebigem Fußbodenbelag, auch mit Fliesen, belegt werden kann
Montagebauplatten Vorfabrizierte Bauteile, die mit Fensterrahmen und -brüstungen und mit Türrahmen versehen einen Teil der Hausfassade bilden. Sie werden fabrikmäßig auch aus Ziegeln hergestellt und auf der Baustelle zusammengefügt
Moped Siehe Mofa, Moped und Mokick
Mörtel Gemisch aus Bindemitteln, Zuschlagstoffen und Wasser zur Verbindung von Steinen oder Ziegeln, auch zum Verputzen von Mauerwerk. Siehe Mauermörtel, Zementmörtel, Kalkmörtel, Kalkzementmörtel, Mörtelzusätze 106, 108

Mörtelbett 96
Mörtelmischungsverhältnisse 142
Mörtelzusätze Beschleunigen oder verlangsamen das Erstarren des Mörtels. Man verwendet sie auch, um die Dichte des Mörtels zu verändern oder ihn frostsicher zu machen
Mosaik Kleine Würfel oder Plättchen aus keramischem Material oder Glas. Das Material wird meistens als Fläche auf Papierunterlage geliefert, so daß es sich leicht anbringen läßt. Nach dem Verlegen wird die Papierschicht weggewaschen, die Fugen werden gefüllt
Motor 440–447, 515, 537, 541
Motorhaubenverriegelungen 479
Motorstörungen (Auto) 467–469
Muffe Erweitertes Ende eines Rohrs, für manche Rohre auch einzeln erhältlich
Muldenziegel 23
Musikinstrumente 345–351

Nabenschaltung 526–527
Nachtriegel 178
Nadelfeile 372, 425
Nagelbohrer Handbohrer mit Schneckengewinde zum Vorbohren von Löchern in Holz. Ähnlich ist der Theaterbohrer

Nagelbohrer

Theaterbohrer

Nagelheber Stahlstab mit Holzgriff und klauenförmigem Ende, das mehr oder weniger abgebogen ist; dient zur Entfernung tiefsitzender Nägel

Nähmaschinen 352–355
Nahtroller 31
Naßfäule 125–126
Naßschleifen 128
Naturharze Harze von verschiedenen Baumarten, die als Zusätze zu Klebstoffen und Kitten dienen. Kopalharz wird zum Kleben von Bodenbelägen und Deckenplatten benutzt
Natursteine Sammelname für aus Steinbrüchen gewonnene und auf verschiedene Weise weiter bearbeitete Steine im Gegensatz zu künstlichen Steinen. Bei Bauten zur Mauerverblendung und als Böden und Schmuck verwendet. Als Blöcke, Platten, Fliesen und in anderen Formen erhältlich. Oft verwendete Natursteinarten sind Granit, Basalt, Sandstein, Marmor, Solnhofener Kalkstein und Schiefer
Natursteinfliesen ersetzen 95
Nennwärmeleistungen 282
Nichteisenmetalle Alle Metalle und Metallegierungen außer Eisen und Stahl
Niete (Koffer und Taschen) 310, 315
Notausgänge Bei Gebäuden und Räumen mit vielen Menschen wie Sälen, Kinos, Theatern baurechtlich vorgeschriebene zusätzliche Ausgänge ins Freie, die durch eine Notbeleuchtung kenntlich sein und sich durch einfachen Druck von innen öffnen lassen müssen

Nuthobel 184, 329
Nut und Feder Holzverbindung zwischen Dielen, Brettern und Bohlen, wobei die Federn in die Nuten passen, so daß sich eine geschlossene Holzfläche ergibt
Nut- und Federbretter (Wandverkleidung) 45–46
Nylonleine 420

Oberfaden 353, 355
Oberleitungsbetrieb (Spielzeugeisenbahn) 397
Oberlicht Bezeichnung für Glasdächer, Lichtkuppeln, Dachfenster
Oberputz 106
Ohrklips 374
Ökonometer 496–497
Ölfarben 129, 141
Ölgemälde 305, 307
Ölheizkessel 264, 265
Ölstein 421
Ölwechsel 445, 534
Opalglas Siehe Glas
Ortziegel 23, 25

Paddel 505
Palisadenzaun 460
Paneel Vertiefte Felder in einer Holztäfelung oder die gesamte Wandvertäfelung, auch die aus mehreren Feldern und Rahmungen zusammengesetzte Vertäfelung selbst 44, 47
Paneeltür Eine Tür, die aus einem Holzrahmen und vertieft eingesetzten Holzbrettern besteht
Panzerglas Siehe Glas
Parianalabaster 106
Parkett Aus Einzelteilen bestehender Fußbodenbelag aus Holz, für den meist Eiche, Buche, Kiefer oder überseeische Holzarten verwendet werden. Die Hölzer – in Form von Stäben, Riemen, Dielen, Tafeln, Mosaikparkettlamellen oder Mehrschichtenparkettdielen – werden auf die Unterlage geklebt oder verdeckt genagelt und – mit Ausnahme von Mosaikparkett – durch Nut und Feder miteinander verbunden. Parkettstäbe sind 25 bis 100 cm lang – Längen von über 60 cm heißen Langstäbe – und werden meist in Fischgrätmuster oder parallel mit wechselnden Stößen verlegt. Parkettafeln sind aus einzelnen Hölzern zusammengesetzte Verlegeeinheiten, die massiv oder furniert sein können. Mosaikparkettlamellen sind bis 25 mm breit und 165 mm lang und ergeben – zu Platten zusammengesetzt – Muster verschiedener Art. Parkettriemen sind 45 bis 80 mm breit und 25 bis 100 cm lang. Parkettdielen bestehen aus Hölzern, die zu Verlegeeinheiten in Dielenform verbunden sind. Sie sind ab 120 cm lang und 10 bis 24 cm breit. Bei Mehrschichten-Parkettdielen sind die Parketthölzer so auf eine Unterlage geklebt, daß sie eine Verlegeeinheit in Dielenform ergeben. Parkett wird entweder mit Fußbodenlack versiegelt oder muß in regelmäßigen Abständen gewachst werden 83–85, 90, 96
Patentdichtung 158
Pedale (Kinderauto) 392
Pelikanschere 368
Pergolen 460
Periodenschema (Arbeitsplan) 131
Perlenkette 373–374
Persenning 510

Pfahllocher 456
Pfetten 10, 14
Pflanzensprüher 437–438
Pfosten 456, 457
Pinnengelenk 513
Pinsel 127
Plattenheizkörper 272–274
Plattenkonvektor Flacher Heizkörper im Gegensatz zu Rippenheizkörpern 272–273
Plattenverkleidungen 43
Polstern 356–366
Polyacrylharz Siehe Kitt
Polyätherschaum Schaumstoff, wesentlich preiswerter als Latexschaum und für Polsterarbeiten gut geeignet. Er wird in verschiedenen Raumgewichten hergestellt; je höher das Raumgewicht (abgekürzt RG), desto fester der Schaumstoff
Polybutylen Siehe Kitt
Polyesterschaum Billiger Schaumstoff, fühlt sich rauh und spröde an. Er ist viel weniger elastisch als Polyätherschaum und nur zur Verpackung u. ä. geeignet
Polyesterspachtel 137
Polymerisatharz-Fassadenfarbe 134
Polymerisatharz-Lackfarben 141
Polystyrolhartschaum Fabrikmäßig durch Zufügung gasbildender Mittel hergestellter Kunststoff, der zahlreiche luftgefüllte Hohlräume enthält und dadurch einen hohen Dämmwert erreicht
Polystyrolkleber 308
Polystyrolplatten 196
Polystyrolrumpf 508
Polystyroluntertapete 69
Polysulfide Siehe Kitt
Polyurethan Siehe Kitt
Polyurethanlackfarben 141
Portlandzement Viel benutzte Zementsorte für Beton- und Mauermörtel. Siehe auch Zement
Präzisionsanschlagwinkel 329
Präzisionsstreichmaß 329
Profilbretterdecke 47
Profilfußleisten Profilierte Fußleisten aus Holz oder Kunststoff
Profilleisten (Möbel) 327
Profilstahl Stahlschienen oder -träger mit einem bestimmten Profil. Die Bezeichnung ist zum Teil von Buchstabenformen abgeleitet: I-, H-, T-, U-, L-Profil, ferner Winkelprofil u. a.
Projektor 302
Propangas 230, 326
Propangasgarnitur 324
Pultdach 10, 16
Pumpenauswahldiagramm 277
Puppen 400
PUR-Lackfarben 141
Putz 106–123, 201
Putz, kunstharzgebundener 141
Putzgips 106
Putzhobel 329
Putzsanierung 71
PVA-Leime 308
PVC-Klebstoffe 308

Radiator 272
Radio 493–494
Radkreuzschlüssel Mit vier verschiedenen Schlüsselweiten, zum Lösen und Anziehen von Muttern, insbesondere von Radmuttern
Radlager (Fahrrad) prüfen und erneuern 520–521
Radlager (Wohnwagen) 546
Rahmentür verkleiden 172
Rasenmäher 439–447

Raspel 328
Rauchgase Verbrennungsrückstände, die teils in Form von Rauch, teils in Form von unsichtbaren, gefährlichen Verbrennungsgasen durch den Schornstein abgeführt werden müssen
Rauchkanal 18
Rauchrohr Galvanisiertes stählernes Mantelrohr, das in Schornsteinen zur Rauchabführung dient
Rauhbank 328, 329
Rauhbankeisen 329
Raumthermostat 276–277
Regenflecken 66
Regenleiste (Türen) 183
Regiestuhl 429, 431
Reibebrett 108
Reibeputz 134, 141
Reibscheibe 108
Reifen (Auto) 499
Reifen (Wohnwagen) 548
Reinacrylatfarbe 134
Reinigungsmittel, alkalische 72–73
Reinigungsöffnung (Abwasser) 210
Reinigungsschacht (Abwasser) 210–212
Reinigungsspirale (Abwasser) 211
Reinigungstür (Badewanne) 214
Reißverschluß 315, 316, 414, 415
Rennsporträder 516
Revolverlochzange Zum Stanzen von Löchern in Leder, Kunstleder, Folie u. ä. Die drehbaren Lochpfeifen haben verschiedene Durchmesser, meist zwischen 2 und 5 mm

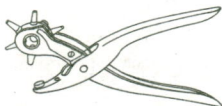

Richtscheit (Richtholz, Richtlatte) Schmales gerades Holzstück mit parallelen Flächen, das der Maurer zur Herstellung ebener Flächen benutzt 108
Richtstab 179
Riegel (Türen) 181
Riemenböden 90
Ringgabelschlüssel 464
Ringpinsel 127
Ringschlüssel Schraubenschlüssel für Muttern, bei denen der Ring die Mutter ganz einschließt, so daß mehr Kraft ausgeübt werden kann. Ringschlüssel gibt es in gerader und, wie in der Abbildung gezeigt, gekröpfter Form

Rinne, halbrunde 216
Rinnenboden 219, 220
Rinnenträger 216, 218, 220, 221
Rinnenwinkel (Winkelstück) 216, 218, 219
Rippenheizkörper 272
Rohrbänder 256
Röhrenradiator 272
Rohrensiphon 245
Rohrgeflecht 342–343
Rohrisolierung 192–193
Rohrlötungen 255, 256
Rohrmatten Aus Schilfrohrstengeln mit Draht oder Schnur gebundene Matten, die als Windschutz bei Außenarbeiten

und als Frostschutz bei frischem Mauerwerk oder Beton am Bau dienen. Die früher als Putzträger an Wänden und Decken verwendeten Rohrmatten sind heute durch Drahtgeflechte und Drahtziegelgewebe ersetzt
Rohrschelle 216, 222–225, 256
Rohrverbindungen 210, 255–256
Rolladen Aus Holz-, Metall- oder Kunststofflamellen bestehender, aufziehbarer oder aufschiebbarer Verschluß für Fenster, Türen, Möbel, Durchreichen und andere Öffnungen 367
Rolladenkasten 158
Rollage Eine Schicht im Mauerverband, die nur aus auf der schmalen Seite stehenden Bindern besteht. Wird u. a. über Tür- und Fensteröffnungen, als Deckschicht für freistehende Mauern, z. B. Gartenmauern, und zur Verbindung von verschiedenen Ziegelformaten verwendet
Rollbandmaß Aufgerolltes Maßband aus Stahl im Kunststoffgehäuse mit oder ohne Rückholfeder. Im Taschenformat für Haushaltzwecke meist 2 m lang, für gewerblichen Gebrauch bis 30 m lang in einer Kapsel oder einem offenen Messingrahmen

Rollbandmaß im Taschenformat, 2 bis 3 m lang

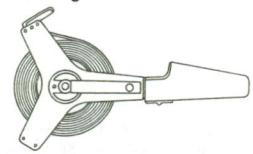

Rollbandmaß zum Messen großer Flächen in offener Haspel mit Handgriff, bis 30 m lang

Rollgabelschlüssel Siehe Schraubenschlüssel, verstellbarer
Rollo Siehe Rouleau
Rollrost 273, 275
Rollschuhe 401
Rostflecken 70, 72–73
Rostschutz Behandlung von Eisen und Stahl, um Rostbildung zu verhüten. Der einfachste Rostschutz besteht aus zwei Anstrichen mit Bleimennige auf dem gründlich gesäuberten Stahl. Fabrikmäßiger Rostschutz wird durch Verzinken oder durch das moderne Verfahren der Kunststoffbeschichtung erreicht
Rotgußfittings (Wasserleitungen) 258
Rouleau Aufrollbarer Sonnenschutz aus lichtdurchlässigem Material 390
Rückenpolster 361
Rückensäge Holzsäge mit feinen Zähnen und stahlverstärktem Rücken, hauptsächlich als Furnier- und Gehrungssäge und für andere Feinarbeiten gebraucht 425

Rücklaufleitung (Schwimmbad) 449
Rückstich 414
Rumpfstück (Boote) 509

Rundholz Entrindete, roh belassene Baumstämme, die für Leitern, Gartenzäune, Pergolen u. ä. verwendet werden
Rundnadel (Polsternadel) 356
Rundzange Zangen mit runden, konischen Backen, wird u. a. zum Biegen von Metalldraht verwendet 372

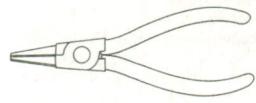

Rüttelbeton Nach dem Gießen oder Schütten durch Vibratoren verdichteter Beton

Säge Siehe Holzsäge und Metallsäge
Sägespannkluppen Werkzeug aus Stahl mit breiten Spannbacken zum Festhalten von Sägeblättern beim Schränken und Schärfen

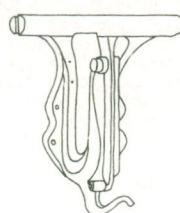

Saiten (Gitarre) 347–348
Saiten (Tennisschläger) 411
Salzsäure Wird am Bau in verdünnter Form (5–10 %) zum Entfernen von Mörtelresten von Fassaden und Fliesenböden benutzt. Behandelte Flächen müssen gründlich mit Wasser nachgespült werden
Salzschäden 71
Sander Siehe Schwingschleifer
Sandplatten, polygonale 455
Satteldach 10
Säulen Teile von Baukonstruktionen, die Balken, Träger oder Decken stützen. Aus Stahl, Beton oder Mauerwerk hergestellt
Saumstich 413, 415, 416
Sauna 448
Säureprüfer Ein in einem Säureheber schwimmendes Aräometer (Senkwaage), an dem sich die Dichte der Säure und damit der Ladezustand der Autobatterie ablesen läßt
Säureheber (Batterie) 441
Schaber Werkzeug mit Holz- oder Metallgriff für alle Schabarbeiten an Fußböden und anderen größeren Flächen. Er ist leichter in der Handhabung als eine einfache Ziehklinge. Skarstenschaber besitzen auswechselbare Klingen und sind in mehreren Größen erhältlich 328
Schabhobel (Stuhlhobel) 328
Schabwerkzeuge schärfen 422
Schallbrücke 153, 158
Schalldämmung Siehe Schallisolation
Schalldämpfer 490
Schalldurchgang 158
Schallisolation 86, 149–158, 160
Schaltungsarten (Wärmepumpen) 271
Schalung Aus Holzbrettern oder -platten hergestellte Form, auf die oder in die Beton gegossen wird. Nach dem Erhär-

ten muß sich die Schalung wieder leicht abnehmen lassen. Die Schalung wird vom Lehrgerüst gestützt; sie muß so stabil sein, daß sie das schwere Betongewicht aushält. Für ornamental vertiefte Betonflächen gibt es besonders ornamentierte Schalungsplatten. Die Herstellung von Schalungen ist Fachmannsarbeit
Schamotteziegel Feuerfester Ziegel zur Auskleidung von Kaminen, offenen Herden und Schornsteinen. Schamotte besteht aus Ton, der bei sehr hoher Temperatur gebrannt ist. Schamottesteine aus einem Gemenge aus zerkleinerter Schamotte und feuerfestem Ton. Schamotteziegel werden mit feuerfestem Schamottemörtel vermauert, der aus gemahlenem Ton, gemahlener Schamotte und Wasser besteht
Scharnier (Möbel) 327, 332–333
Schaumbeton Siehe Gasbeton
Schaumgummi (Latexschaum) Elastisches Latexerzeugnis mit einem hohen Polstereffekt, das als glatte Vollplatte oder als Lochplatte in verschiedenen Stärken und Härtegraden erhältlich ist
Schaumkunststoff Starrer oder elastischer geschäumter Kunststoff, hauptsächlich zur Schall- und Wärmedämmung
Schaumrücken (Teppiche) 103
Schaumstoffkissen 365
Scheibenschloß 476
Scheibenwaschanlage 483
Scheibenwischer 482
Scheinbalken 47
Scheinwerfer 531, 537
Scheren 368
Schieblehre Meßwerkzeug aus Stahl, Messing oder Kunststoff zum Messen von Innen- und Außendurchmessern, Blechstärken und Lochtiefen. Meßbereich bis 135 mm, Meßgenauigkeit mit Nonius 1/10 mm

Schiebetor 1. Metalltor, das sich ziehharmonikaartig zusammenschieben läßt und in geöffnetem Zustand wenig Platz einnimmt; 2. Tor, das wie eine Schiebetür auf einer Gleitschiene zur Seite zurückgerollt werden kann
Schiebetür Für Möbel und als Durchgangstür dort verwendet, wo Drehflügeltüren aus Platzmangel hinderlich wären. Leichte Schiebetüren laufen in oben und unten in die Möbelkörper eingeschnittenen Nuten oder in Gleitschienen aus Metall, Holz oder Kunststoff. Schwere Schiebetüren und Zimmertüren werden mit Spezialbeschlägen mit Gleitschiene und Gleitern oder Rollen aufgehängt
Schiebetürbeschlag Besteht aus Gleitschienen und an der Tür befestigten Rollen oder Gleitern aus Metall oder Kunststoff. Dazu kann noch eine Führungsschiene an der Türunterkante kommen
Schienenunterbau (Spielzeugeisenbahn) 395
Schiffhobel 329
Schiffsverband 96
Schifter 10, 15–16
Schirme 369–371

Schlackenwolle Durch ein besonderes Verfahren zu Flocken geformte Hochofenschlacke, dient zur Wärmedämmung
Schlauchboot 503
Schlauchwagen Fahrbares Garten- oder Feuerwehrgerät mit einer Schlauchhaspel, auf die, beim Gartengerät, bis zu 60 m Wasserschlauch gerollt werden können. Die Haspel hat einen Mittelanschluß zur Wasserleitung
Schlegel 356
Schleifdichtung 158
Schleifer 396, 398
Schleifgerät 368
Schleifklotz Holz- oder Korkblock, um den das Schleifpapier gelegt wird, damit die ganze Papierfläche mit der abzuschleifenden Fläche in Berührung kommt 128, 328
Schleifmaschinen 83–85
Schleifpapier 128
Schleifscheibe Runde Schleifpapier- oder Schleifleinenscheibe, die auf dem Gummiteller der Handbohrmaschine befestigt wird. In allen gängigen Körnungen erhältlich

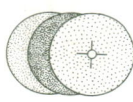

Schleifscheibenschärfer Werkzeug zum Glätten und Schärfen von Schleifsteinen und -scheiben. Auf einer Achse sind gezähnte Stahlrädchen angebracht, die fest gegen die drehende Schleifscheibe gedrückt werden und dabei Unebenheiten, stumpfe Schleifkörnchen und Schmutz entfernen

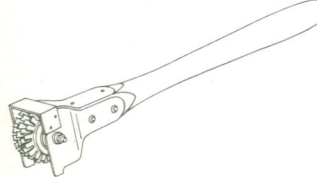

Schleifstein 286
Schleifteller 84–85
Schlichthobel Siehe Hobel
Schlichthobeleisen 329
Schließblech 50, 177, 181
Schließkolben 178
Schließplatte 476, 477, 478
Schließzylinder 178, 180
Schlitten 403–404
Schlittschuhe 410
Schloß 177–178, 310, 316
Schlosserhammer Siehe Hammer
Schloßschraube Siehe Flachrundschraube
Schmiedeeisen 138
Schmiege 329
Schmieren 477, 532
Schmuck 372–376
Schmuckbeton Dekorativer Sichtbeton mit strukturierter Oberfläche oder mit Zuschlagstoffen wie Granit, Quarz, Basalt, die die Fläche lebendiger erscheinen lassen
Schmuckplatten 43
Schmutzablagerungen 66

Schnappverschluß Schlüsselloser Verschluß mit einer gefederten Stahlkugel, vorwiegend für Schranktüren benutzt; heute weitgehend durch Magnetverschlüsse ersetzt
Schneidblock 154
Schneidwerkzeuge schärfen 421
Schnellkochtopf 320
Schornsteine 18–20
Schornsteinformsteine Vorfabrizierte Leichtbetonsteine mit runder oder quadratischer Öffnung, die aufeinandergemauert den Rauch- oder Abgaskanal bilden
Schornstein-Reinigungsöffnung Vorgeschriebene Öffnung am Fuß von Schornsteinen, die der Reinigung und Inspektion dient. Die Öffnung muß rauchdicht und wärmedämmend verschlossen sein; dazu dient eine Tür aus Stahlblech oder Beton
Schornsteinverwahrung Aus verschiedenen Materialien aufgebaute Verkleidung des unteren Schornsteinteils 19, 20
Schränkzange Zange zum Schränken von Sägezähnen vor dem Schärfen. Die Zangen haben verstellbare Anschläge für verschiedene Zahngrößen. Zuerst wird jeder zweite, dann die ungeradzähligen Zähne ausgebogen 425

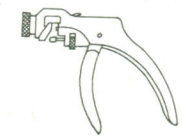

Schrauben entfernen 466
Schraubenschlüssel, verstellbarer Werkzeug, das zu vielen Muttergrößen paßt und das in vielen verschiedenen Ausführungen erhältlich ist. Die Abbildung zeigt einen Rollgabelschlüssel

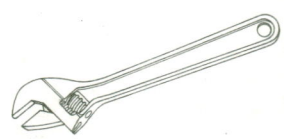

Schraubensicherungen 463
Schraubenzieher (Schraubendreher) Werkzeug zum Eindrehen und Lösen von Schrauben, das es in vielen verschiedenen Größen und Ausführungen gibt. Gute Schraubenzieher bestehen aus hartem Chrom-Vanadium-Stahl und haben angeschliffene Klingen. Zu den meistgebrauchten Schraubenziehern gehören: Elektrikerschraubenzieher mit isoliertem Griff oder Griff und Schaft; kleine Instrumentenschraubenzieher; Vergaserschraubenzieher für Ventileinstellung; Universalschraubenzieher mit auswechselbaren Klingen; Knarrenschraubenzieher; Winkelschraubenzieher; Drillschraubenzieher; Kreuzschlitzschraubenzieher; Schraubenzieher mit Schraubenhalter; Schraubenzieher für Bohrwinden und für elektrische Handbohrmaschinen 422, 465

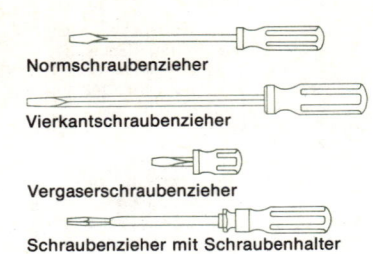

Normschraubenzieher

Vierkantschraubenzieher

Vergaserschraubenzieher

Schraubenzieher mit Schraubenhalter

Uhrmacherschraubenzieher für Präzisionsarbeit

Schraubknecht und -zwinge Werkzeuge zum Einspannen verleimter Werkstücke während der Abbindezeit. Schraubknechte und -zwingen üben den erforderlichen Druck mit Hilfe einer Gewindespindel aus. Schraubzwingen sind in Spannweiten von 5 bis 40 cm, Schraubknechte von 50 bis 200 cm erhältlich

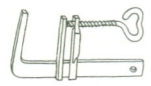

Schraubzwinge

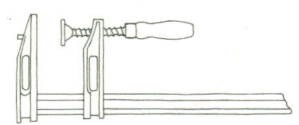

Schraubknecht

Schraubstock Vorrichtung zum Einspannen von Werkstücken aus Holz und anderen Materialien. Die eine der beiden Backen, die das Werkstück fassen, wird durch eine Schraubenspindel gegen die andere bewegt. Das geschieht entweder über ein Gelenk, wie beim Schmiedeschraubstock, oder über eine Parallelführung beim Parallelschraubstock. Es gibt zwei Arten von Schraubstöcken: den auf der Werkbank festgeschraubten und den mit Schraubspindeln festgeklemmten und leicht wieder abnehmbaren Schraubstock. Manche Schraubstöcke können auf ihrem Sockel gedreht werden, andere sind sogar in der Höhe verstellbar. Eine Sonderausführung für Holzbearbeitung wird unter der Werkbank befestigt; das Werkstück liegt dann in einer Ebene mit der Bank. Auswechselbare Backen erlauben es, außer flachen auch runde Werkstücke, z. B. Rohre, festzuhalten. Holzgefütterte Backen schonen empfindliche Werkstücke. Beim Kauf eines Schraubstocks

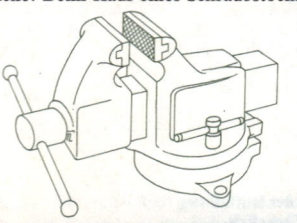

Schwenkbarer Schraubstock für feste Montage mit auswechselbaren Backen

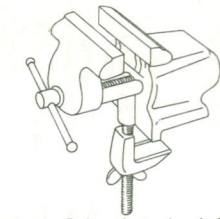

Abnehmbarer Schraubstock mit festen Backen

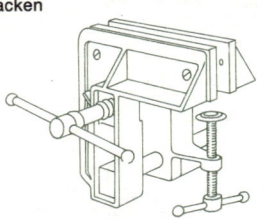

Abnehmbarer Schraubstock mit holzgefütterten Backen zur Montage unter der Werkbank

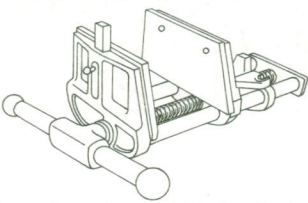

Fester Schraubstock mit holzgefütterten Backen zur Montage unter der Werkbank

ist zu überlegen, ob ein Typ, der auf der Werkbank festgeschraubt wird, bestimmten Arbeiten nicht stört, andererseits lassen sich vielleicht mit einem unter die Bank geschraubten Schraubstock nicht alle vorkommenden Arbeiten ausführen
Schraubzwinge 328
Schreibmaschine 377–382
Schreibplatten 327
Schreinerhammer Siehe Hammer
Schropphobeleisen 329
Schublade 327, 338
Schuhe 383–384
Schwamm 31
Schwanenhals 216, 217, 222–223, 225
Schweißerhammer Kleiner Spitzhammer zum Entfernen des Grats an Schweißnähten
Schwellendichtung 208
Schwenkhähne 252
Schwertplatte 512–513
Schwimmbad 449–450
Schwimmer (Spülkasten) 238
Schwindungsriß Riß in hölzernen oder steinartigen Teilen, der durch Trocknen des Materials entsteht
Schwingflügelfenster Ganz um eine waagrechte Achse drehbarer Fensterflügel, auch als Dachfenster gebräuchlich
Schwingschleifer Elektrische Handschleifmaschine, deren flache Sohle mit Schleifpapier bespannt wird; dient zum Feinschleifen oder Fertigschleifen sowie zum Anschleifen oder Anrauhen von Farb- oder Lackschichten vor einem weiteren Anstrich

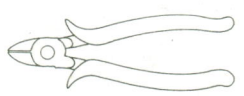

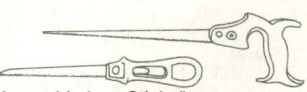

Enzyklopädisches Register

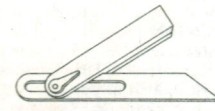